de Gruyter Lehrbuch

Allgemeines Verwaltungsrecht

Herausgegeben von

Hans-Uwe Erichsen und Dirk Ehlers

Bearbeitet von

Martin Burgi, Markus Möstl
Dirk Ehlers, Hans-Jürgen Papier
Bernd Grzeszick, Hermann Pünder
Elke Gurlit, Barbara Remmert
Matthias Jestaedt, Matthias Ruffert
Arno Scherzberg

14., neu bearbeitete Auflage

Mit Jura-Kartei (JK) auf CD-ROM

De Gruyter

Das Lehrbuch wurde begründet und von der 1. bis zur 7. Auflage gemeinsam herausgegeben von Hans-Uwe Erichsen und Wolfgang Martens.

Zitiervorschlag: *Burgi* in: Ehlers, AllgVerwR, 14. Aufl, § 8 Rn 19

broschierte Ausgabe:
ISBN 978-389949-622-2
gebundene Ausgabe:
ISBN 978-389949-623-9

Bibliografische Information der Deutschen Nationalbibliothek

Die Deutsche Nationalbibliothek verzeichnet diese Publikation in der Deutschen Nationalbibliografie; detaillierte bibliografische Daten sind im Internet über http://dnb.d-nb.de abrufbar.

Datenkonvertierung/Satz: WERKSATZ Schmidt & Schulz, Gräfenhainichen
Druck: Bercker Graphischer Betrieb GmbH & Co. KG, Kevelaer
∞ Gedruckt auf säurefreiem Papier

Printed in Germany

www.degruyter.com

Vorwort zur 14. Auflage

Nach der völligen Neubearbeitung des Lehrbuchs in der Vorauflage geht auch die nunmehr vorliegende 14. Auflage über eine bloße Aktualisierung des Werkes hinaus den Wandlungen des Verwaltungsrechts nach. Unter anderem wurde ein neuer Paragraph in das Lehrbuch aufgenommen (§ 4: Internationales Verwaltungsrecht). Unverändert geblieben ist die Grundkonzeption des Buches. Nach wie vor geht es darum, vor allem den Studierenden und Referendaren eine gut lesbare Darstellung des Verwaltungsrechts auf systematischer Grundlage zur Verfügung zu stellen, um sie in die Lage zu versetzen, verwaltungsrechtliche Fragestellungen zu verstehen und beantworten zu können. Das Werk soll mehr als eine Einführung oder ein Kurzlehrbuch sein, an denen es im Schrifttum nicht mangelt, ohne dass es einen Vollständigkeitsanspruch erhebt. Darüber hinaus möchte das Lehrbuch auch alle sonstigen Personen, die sich mit dem Allgemeinen Verwaltungsrecht befassen – wie den Verwaltungsbediensteten, Richtern, Anwälten und sonstigen Rechtsanwendern –, eine Orientierungshilfe anbieten. Die einzelnen Abschnitte des Lehrbuchs sind miteinander verzahnt. Die Behandlung allgemeiner Rechtsfiguren und Problemstellungen ist vielfach „vor die Klammer" gezogen worden – etwa in den ersten Paragraphen des Buches oder in dem Abschnitt „Verwaltungshandeln und Verwaltungsrechtsverhältnisse im Überblick". Die späteren Ausführungen nehmen hierauf vertiefend Bezug.

Für die Neubearbeitung wurde die Entwicklung der Gesetzgebung, der Rechtsprechung und der wissenschaftlichen Diskussion bis Ende des Jahres 2009 berücksichtigt. Viele der zitierten Gerichtsentscheidungen sind in der Kartei (JK) der Ausbildungszeitschrift „JURA" wiedergegeben und kommentiert worden. Die gesamte Kartei ist auf einer CD-ROM, die sich in einer Klebetasche des hinteren Buchdeckels befindet, beigefügt und kann über die Verweise in den Fußnoten der Abschnitte des Buches erschlossen werden. Auf diese Weise wird den Lesern des Buches die vertiefende Auseinandersetzung mit wichtigen Gerichtsentscheidungen erleichtert.

In Fortsetzung und Ergänzung des „Allgemeinen Verwaltungsrechts" liegt in derselben Lehrbuchreihe der von Eberhardt Schmidt-Aßmann und Friedrich Schoch herausgegebene Band „Besonderes Verwaltungsrecht" in 14. Auflage 2008 vor. Beide Lehrbücher verstehen sich als Verbund.

Besonderen Dank schulden die Herausgeber und Autoren Herrn Dr. Ulrich Jan Schröder, Mitarbeiter im Institut für öffentliches Wirtschaftsrecht der Westfälischen Wilhelms-Universität Münster, der die Arbeiten an dem Lehrbuch koordiniert hat.

Für Anregungen und Kritik sind die Autoren und Herausgeber dankbar. Sie können auch auf elektronischem Wege (etwa ehlersd@uni-muenster.de) übermittelt werden.

Münster, im Februar 2010

Hans-Uwe Erichsen *Dirk Ehlers*

Aus dem Vorwort zur 1. Auflage

Das Allgemeine Verwaltungsrecht mit seinen Rechtsinstituten, seinen Grundsätzen und seiner inneren Systematik muss sich an dem Fortgang der Staatsaufgaben und an der Entwicklung der Rechtsformen des Verwaltungshandelns orientieren. Autoren und Herausgeber haben sich das Ziel gesetzt, die damit gestellten Anforderungen zu erreichen. Das Buch ist zuerst auf die Bedürfnisse der Studenten zugeschnitten. Ihnen will es allerdings mehr geben als eine Einführung oder ein Kurzlehrbuch. Auf der anderen Seite bringt es die Absicht, ein Hilfsmittel für Studium und Prüfung zur Verfügung zu stellen, mit sich, dass nach Stoffverarbeitung und Darstellung nicht die Ansprüche eines großen Lehrbuchs oder Handbuchs angestrebt werden. Autoren und Herausgeber haben freilich auch das Ziel verfolgt, durch die selbständige Behandlung des umfangreichen Materials und durch die Auseinandersetzung mit Literatur und Rechtsprechung zur wissenschaftlichen Durchdringung des Allgemeinen Verwaltungsrechts beizutragen und dem Interesse der Praxis an den dogmatischen Grundlagen und Zusammenhängen des Verwaltungsrechts entgegenzukommen.

Das Werk ist eine Gemeinschaftsarbeit. Autoren und Herausgebern war von Anbeginn klar, dass die Gesamtdarstellung des Allgemeinen Verwaltungsrechts durch mehrere Autoren ein Wagnis ist. Diese Überzeugung hat sich im Verlauf der Entstehung des Werkes bestätigt und noch verstärkt. Sie hoffen aber, dass es – bei aller Unterschiedlichkeit der acht Autoren in einzelnen Standpunkten – gelungen ist, ein Werk zustande zu bringen, dass durch die Verbindung systematischen Vorgehens mit eingearbeiteten Fällen und Beispielen sowohl eine Veranschaulichung der Fragestellungen und Probleme des Allgemeinen Verwaltungsrechts als auch eine wissenschaftliche Fundierung dieses Rechtsgebiets fördern kann.

Autoren- und Inhaltsübersicht

Inhaltsverzeichnis

ERSTER ABSCHNITT

Verwaltung und Verwaltungsrecht im demokratischen und sozialen Rechtsstaat

ZWEITER ABSCHNITT

Verwaltungsorganisationsrecht

DRITTER ABSCHNITT

Maßstäbe des Verwaltungshandelns

VIERTER ABSCHNITT

Subjektiv-öffentliche Rechte

FÜNFTER ABSCHNITT

Verwaltungsverfahren

SECHSTER ABSCHNITT

Verwaltungshandeln und Verwaltungsrechtsverhältnis

2. Teil: Normative Handlungsformen

3. Teil: Verwaltungsakt

SIEBENTER ABSCHNITT

Recht der öffentlichen Sachen

ACHTER ABSCHNITT

Staatshaftungsrecht

Verzeichnis der abgekürzt zitierten Literatur

Achterberg Allg VwR	Norbert Achterberg, Allgemeines Verwaltungsrecht, 2. Aufl 1986
Achterberg/Püttner/Würtenberger, Bes VwR I, II	Norbert Achterberg/Günter Püttner/Thomas Würtenberger (Hrsg), Besonderes Verwaltungsrecht, Bd I, 2. Aufl 2000, Bd II, 2. Aufl 2000
Badura StR	Peter Badura, Staatsrecht, 3. Aufl 2003
Battis Allg VwR	Ulrich Battis, Allgemeines Verwaltungsrecht, 4. Aufl 2004
Benda/Maihofer/Vogel HdbVerfR (2. Aufl 1995)	Ernst Benda/Werner Maihofer/Hans-Jochen Vogel, Handbuch des Verfassungsrechts der Bundesrepublik Deutschland, 1. Aufl 1983; 2. Aufl 1995
Bender StHR, 3. Aufl	Bernd Bender, Staatshaftungsrecht, 3. völlig neubearbeitete Auflage auf der Grundlage des Staatshaftungsgesetzes 1981
BK	Bonner Kommentar zum Grundgesetz, Loseblattsammlung, Stand: 142. Aktualisierung (Oktober 2009)
Bleckmann EuR	Albert Bleckmann, Europarecht, 6. Aufl 1997
Bull/Mehde Allg VwR	Hans Peter Bull/Veith Mehde, Allgemeines Verwaltungsrecht mit Verwaltungslehre, 8. Aufl 2009
Calliess/Ruffert, EUV/EGV	Christian Calliess/Matthias Ruffert (Hrsg), Kommentar des Vertrages über die Europäische Union und des Vertrages zur Gründung der Europäischen Gemeinschaft, 3. Aufl 2007
Degenhart StR I	Christoph Degenhart, Staatsrecht I (Staatsorganisationsrecht), 25. Aufl 2009
Detterbeck Allg VwR	Steffen Detterbeck, Allgemeines Verwaltungsrecht, 7. Aufl 2009
Drews/Wacke/Vogel/Martens, Gefahrenabwehr	Bill Drews/Gerhard Wacke/Klaus Vogel/Wolfgang Martens (Hrsg), Gefahrenabwehr, 9. Aufl 1986
Ehlers, Europäische Grundrechte	Dirk Ehlers (Hrsg), Europäische Grundrechte und Grundfreiheiten, 3. Aufl 2009
Ehlers/Schoch, Rechtsschutz	Dirk Ehlers/Friedrich Schoch (Hrsg), Rechtsschutz im öffentlichen Recht, 2009
Erbguth Allg VwR	Wilfried Erbguth, Allgemeines Verwaltungsrecht, 3. Aufl 2009
Erichsen StR u VerfGbkt I, II	Hans-Uwe Erichsen, Staatsrecht und Verfassungsgerichtsbarkeit Bd I, 3. Aufl 1982; Bd II, 2. Aufl 1979
Erichsen VwR u VwGbkt I	Hans-Uwe Erichsen, Verwaltungsrecht und Verwaltungsgerichtsbarkeit, Bd I, 2. Aufl 1984
Eyermann, VwGO	Erich Eyermann (Begr), Verwaltungsgerichtsordnung, Kommentar, 12. Aufl 2006
Faber VwR	Heiko Faber, Verwaltungsrecht, 4. Aufl 1995
Fehling/Kastner/Wahrendorf, VerwR	Michael Fehling/Berthold Kastner/Volker Wahrendorf (Hrsg), Verwaltungsrecht – VwVfG, VwGO, 2006
Forsthoff VwR	Ernst Forsthoff, Lehrbuch des Verwaltungsrechts, Bd 1, Allgemeiner Teil, 10. Aufl 1973
Giemulla/Jaworsky/Müller-Uri VwR	Elmar Giemulla/Nikolaus Jaworsky/Rolf Müller-Uri, Verwaltungsrecht, 7. Aufl 2004
Götz Allg VwR	Volkmar Götz, Allgemeines Verwaltungsrecht, Fälle und Erläuterungen für Studierende, 4. Aufl 1997
Grabitz/Hilf, EU	Eberhard Grabitz/Meinhard Hilf (Hrsg), Das Recht der Europäischen Union, Stand: 39. Ergänzungslieferung (Juli 2009)
vd Groeben/Schwarze, EUV/EGV I, II/1, II/2, III, IV, V	Hans vd Groeben/Jürgen Schwarze (Hrsg), Kommentar zum EU-/EG-Vertrag, 4 Bände, 6. Aufl 2004
Hendler Allg VwR	Reinhard Hendler, Allgemeines Verwaltungsrecht, Grundstrukturen und Klausurfälle, 3. Aufl 2001

Herdegen EuR	Matthias Herdegen, Europarecht, 11. Aufl 2009
Hesse VerfR	Konrad Hesse, Grundzüge des Verfassungsrechts der Bundesrepublik Deutschland, 20. Aufl 1999
Hoffmann-Riem/Schmidt-Aßmann/Voßkuhle, Grundlagen I, II, III	Wolfgang Hoffmann-Riem/Eberhard Schmidt-Aßmann/Andreas Voßkuhle (Hrsg), Grundlagen des Verwaltungsrechts, Bd I 2006, Bd II 2008; Bd III 2009
Huber Allg VwR	Peter-Michael Huber, Allgemeines Verwaltungsrecht, 2. Aufl 1997
Hufen VwPrR	Friedhelm Hufen, Verwaltungsprozessrecht, 7. Aufl 2008
Ipsen Allg VwR	Jörn Ipsen, Allgemeines Verwaltungsrecht, 6. Aufl 2009
Isensee/Kirchhof I–X	Josef Isensee/Paul Kirchhof (Hrsg), Handbuch des Staatsrechts der Bundesrepublik Deutschland, Bd I, 3. Aufl 2003; Bd II, 3. Aufl 2004; Bd III, 3. Aufl 2005; Bd IV, 3. Aufl 2006; Bd V, 3. Aufl 2007; Bd VI, 3. Aufl 2008; Bd VII 3. Aufl 2009; Bd VIII 1995; Bd IX 1997; Bd X 2000
Jarass/Pieroth GG	Hans D. Jarass/Bodo Pieroth, Grundgesetz für die Bundesrepublik Deutschland, Kommentar, 10. Aufl 2009
W. *Jellinek* VwR	Walter Jellinek, Verwaltungsrecht, 3. Aufl 1931, Neudruck 1966
Kadelbach Allg VwR	Stefan Kadelbach, Allgemeines Verwaltungsrecht unter europäischem Einfluß, 1999
Knack/Henneke, VwVfG	Hans Joachim Knack/Hans-Günter Henneke (Hrsg), Verwaltungsverfahrensgesetz, Kommentar, 9. Aufl 2010
Koch/Rubel/Heselhaus Allg VwR	Hans-Joachim Koch/Rüdiger Rubel/F. Sebastian M. Heselhaus, Allgemeines Verwaltungsrecht, 3. Aufl 2003
Kopp/Schenke VwGO	Ferdinand O. Kopp/Wolf-Rüdiger Schenke, Verwaltungsgerichtsordnung, 16. Aufl 2009
Kopp/Ramsauer VwVfG	Ferdinand O. Kopp/Ulrich Ramsauer, Verwaltungsverfahrensgesetz, 10. Aufl 2008
Loeser System VwR	Roman Loeser, System des Verwaltungsrechts Bd I, II, 1994, Bd III 1997
v Mangoldt/Klein/Starck, GG I, II, III	Hermann v Mangoldt/Friedrich Klein/Christian Starck (Hrsg), Das Bonner Grundgesetz, Kommentar, Bd I, 5. Aufl 2005; Bd II, 5. Aufl 2005; Bd III, 5. Aufl 2005
Mann/Püttner HdbKWuP I	Thomas Mann/Günter Püttner (Hrsg), Handbuch der kommunalen Wissenschaft und Praxis, Bd 1, 3. Aufl 2007
Maunz/Dürig, GG	Theodor Maunz/Günter Dürig/Roman Herzog/Rupert Scholz/Hans H. Klein/Peter Lerche/Hans-Jürgen Papier/Albrecht Randelzhofer/Eberhard Schmidt-Aßmann (Hrsg), Grundgesetz, (Loseblatt-)Kommentar, Stand: 55. Ergänzungslieferung (Mai 2009)
Martens Praxis	Joachim Martens, Die Praxis des Verwaltungsverfahrens, 1985
Maurer Allg VwR	Hartmut Maurer, Allgemeines Verwaltungsrecht, 17. Aufl 2009
Maurer StR	Hartmut Maurer, Staatsrecht I, 6. Aufl 2009
Mayer/Kopp Allg VwR	Franz Mayer/Ferdinand O. Kopp, Allgemeines Verwaltungsrecht, 5. Aufl 1985
O. *Mayer* VwR I, II	Otto Mayer, Deutsches Verwaltungsrecht, 2 Bde, 3. Aufl 1924, Neudruck 1969
Meyer/Borgs VwVfG	Hans Meyer/Hermann Borgs-Maciejewski, Verwaltungsverfahrensgesetz, Kommentar, 2. Aufl 1982
v Münch/Kunig, GGK I, II, III	Ingo v Münch/Philip Kunig (Hrsg), Grundgesetz-Kommentar, 5. Aufl, Bd I 2000, Bd II 2001, Bd III, 5. Aufl 2003
Obermayer, VwVfG	Klaus Obermayer (Begr), Kommentar zum Verwaltungsverfahrensgesetz, 3. Aufl 1999
Oppermann/Classen/Nettesheim EuR	Thomas Oppermann/Claus Dieter Classen/Martin Nettesheim, Europarecht, 4. Aufl 2009
Ossenbühl StHR	Fritz Ossenbühl, Staatshaftungsrecht, 5. Aufl 1998

Peine Allg VwR	Franz-Joseph Peine, Allgemeines Verwaltungsrecht, 9. Aufl 2008
Peters, HkWP	Hans Peters (Hrsg), Handbuch der kommunalen Wissenschaft und Praxis, 3 Bde, 1956 ff
Posser/Wolff, VwGO	Herbert Posser/Heinrich Amadeus Wolff (Hrsg), Verwaltungsgerichtsordnung, 2008
Püttner Allg VwR	Günter Püttner, Allgemeines Verwaltungsrecht, 7. Aufl 1995
Redeker/v Oertzen, VwGO	Konrad Redeker/Hans-Joachim v Oertzen (Begr), Verwaltungsgerichtsordnung, Kommentar, 14. Aufl 2004
Schmalz Allg VwR	Dieter Schmalz, Allgemeines Verwaltungsrecht und Grundlagen des Verwaltungsrechtsschutzes, 3. Aufl 1998
Schmidt-Aßmann Ordnungsidee	Eberhard Schmidt-Aßmann, Das allgemeine Verwaltungsrecht als Ordnungsidee, 3. Aufl 2006 (unveränderter Nachdruck der 2. Aufl 2004)
Schmidt-Aßmann/Schoch, Bes VwR	Eberhard Schmidt-Aßmann/Friedrich Schoch (Hrsg), Besonderes Verwaltungsrecht, 14. Aufl 2008
Schmitt Glaeser/Horn VwPrR	Walter Schmitt Glaeser/Hans-Detlef Horn, Verwaltungsprozeßrecht, 16. Aufl 2008
Schoch/Schmidt-Aßmann/Pietzner, VwGO	Friedrich Schoch/Eberhard Schmidt-Aßmann/Rainer Pietzner (Hrsg), Verwaltungsgerichtsordnung, (Loseblatt-)Kommentar, Stand: 18. Ergänzungslieferung (Juli 2009)
Schuppert Verwaltungswissenschaft	Gunnar Folke Schuppert, Verwaltungswissenschaft, Verwaltung, Verwaltungsrecht, Verwaltungslehre, 2000
Schwarze Eur VwR	Jürgen Schwarze, Europäisches Verwaltungsrecht, 2. Aufl 2005
Schwarze, EU-Kommentar	Jürgen Schwarze (Hrsg), EU-Kommentar, 2. Aufl 2009
Schweickhardt, Allg VwR	Rudolf Schweickhardt (Hrsg), Allgemeines Verwaltungsrecht, 8. Aufl 2004
Schweitzer StR III	Michael Schweitzer, Staatsrecht III, 9. Aufl 2008
Schweitzer/Hummer EuR	Michael Schweitzer/Waldemar Hummer/Walter Obwexer, Europarecht, 2007
Sodan/Ziekow, VwGO	Helge Sodan/Jan Ziekow (Hrsg), Verwaltungsgerichtsordnung, 2. Aufl 2006
Sproll Allg VwR I, II	Hans-Dieter Sproll, Allgemeines Verwaltungsrecht, Bd I 1997, Bd II 1998
Statist Jb	Statistisches Jahrbuch für die Bundesrepublik Deutschland (hrsg vom Statistischen Bundesamt)
Steiner, Bes VwR	Udo Steiner (Hrsg), Besonderes Verwaltungsrecht, 8. Aufl 2006
Stelkens/Bonk/Sachs, VwVfG	Paul Stelkens/Heinz J. Bonk/Michael Sachs, Verwaltungsverfahrensgesetz, 7. Aufl 2008
Stern StR I, II, III/1, III/2, IV/1, V	Klaus Stern, Das Staatsrecht der Bundesrepublik Deutschland, Bd I, 2. Aufl 1984, Bd II 1980, Bd III/1 1988, Bd III/2 1994, Bd IV/1 2006, Bd V 2000
Streinz EuR	Rudolf Streinz, Europarecht, 8. Aufl 2008
Streinz, EUV/EGV	Rudolf Streinz (Hrsg), Vertrag über die Europäische Union und Vertrag zur Gründung der Europäischen Gemeinschaft, 2003
Ule/Laubinger VwVfR	Carl Hermann Ule/Hans Werner Laubinger, Verwaltungsverfahrensrecht, 4. Aufl 1995 (aktualisierter Nachdruck 1998)
Wallerath Allg VwR	Maximilian Wallerath, Allgemeines Verwaltungsrecht, 6. Aufl 2009
Weides VwVf	Peter Weides, Verwaltungsverfahren und Widerspruchsverfahren, 3. Aufl 1993
Wolff/Bachof VwR I, II, III	Hans J. Wolff/Otto Bachof, Verwaltungsrecht, Bd I, 9. Aufl 1974, Bd II, 4. Aufl 1976, Bd III, 4. Aufl 1978
Wolff/Bachof/Stober VwR I, II, III	Hans J. Wolff/Otto Bachof/Rolf Stober, Verwaltungsrecht, Bd I, 11. Aufl 1999, Bd II, 6. Aufl 2000, Bd III, 5. Aufl. 2004

Wolff/Bachof/Stober/Kluth VwR I	Hans J. Wolff/Otto Bachof/Rolf Stober/Winfried Kluth, Verwaltungsrecht, Bd I, 12. Aufl 2007
Zippelius/Würtenberger StR	Reinhold Zippelius/Thomas Würtenberger, Deutsches Staatsrecht, 32. Aufl 2008

Abkürzungsverzeichnis

aA	anderer Auffassung
aaO	am angegebenen Ort
AbfallR	Zeitschrift für das Recht der Abfallwirtschaft
abgedr	abgedruckt
ABl	Amtsblatt
abl	ablehnend
Abschn	Abschnitt
abw	abweichend
AcP	Archiv für die civilistische Praxis
aE	am Ende
AEUV	Vertrag über die Arbeitsweise der Europäischen Union
aF	alte Fassung
AfK	Archiv für Kommunalwissenschaften
AfP	Archiv für Presserecht
AgrarR	Agrarrecht, Zeitschrift für das gesamte Recht der Landwirtschaft, der Agrarmärkte und des ländlichen Raums
allg	allgemein
Alt	Alternative
aM	anderer Meinung
amtl Begr	amtliche Begründung
Anm	Anmerkung
AöR	Archiv des öffentlichen Rechts
ArbuR	Arbeit und Recht
ArchivPT/ArchPT	Archiv für Post und Telekommunikation
ArchVR	Archiv des Völkerrechts
Art	Artikel
Aufl	Auflage
ausf/ausführl	ausführlich
Az	Aktenzeichen
BW	Baden-Württemberg
BAG	Bundesarbeitsgericht
BAGE	Entscheidungen des Bundesarbeitsgerichts
BAnz	Bundesanzeiger
Bay	Bayern
BayObLG	Bayerisches Oberstes Landesgericht
BayVBl	Bayerische Verwaltungsblätter
BayVerfGH	Bayerischer Verfassungsgerichtshof
BayVerfGHE	Entscheidungen des bayerischen Verfassungsgerichtshofs
BayVGH	Bayerischer Verwaltungsgerichtshof
BayVGHE	Entscheidungen des Bayerischen Verfassungsgerichtshofs
BB	Der Betriebsberater
Bbg	Brandenburg
Bd/Bde	Band/Bände
BDH	Bundesdisziplinarhof
BDHE	Entscheidungen des Bundesdisziplinarhofs
BDiszG	Bundesdisziplinargericht
Bearb	Bearbeiter
Begr/begr	Begründung/begründet
Bekanntm	Bekanntmachung
Berl	Berlin

bes	besonders
Bespr	Besprechung
BFH	Bundesfinanzhof
BFHE	Entscheidungen des Bundesfinanzhofs
BGBl	Bundesgesetzblatt
BGH	Bundesgerichtshof
BGHSt	Amtliche Sammlung der Entscheidungen des Bundesgerichtshofs in Strafsachen
BGHZ	Amtliche Sammlung der Entscheidungen des Bundesgerichtshofs in Zivilsachen
Bln	Berlin
BR-Drucks	Drucksachen des Deutschen Bundesrates
BRat	Bundesrat
BReg	Bundesregierung
BremStGH	Staatsgerichtshof der Freien Hansestadt Bremen
Bsp	Beispiel(e)
Bspr	Besprechung
BStBl	Bundessteuerblatt
BT	Besonderer Teil
BT(ag)	Bundestag
BVerfG	Bundesverfassungsgericht
BVerfG (K)	Bundesverfassungsgericht, Kammerentscheidung
BVerfGE	Entscheidungen des Bundesverfassungsgerichts, Amtliche Sammlung
BVerwG	Bundesverwaltungsgericht
BVerwGE	Entscheidungen des Bundesverwaltungsgerichts, Amtliche Sammlung
BW	Baden-Württemberg
BWVP/BWVPr	Baden-Württembergische Verwaltungspraxis
bzgl	bezüglich
bzw	beziehungsweise
ca	circa
cic	culpa in contrahendo
CMLR	Common Market Law Revue
CR	Computer und Recht
DAR	Deutsches Autorecht
DB	Der Betrieb
DDR	Deutsche Demokratische Republik
dens	denselben
ders	derselbe
DGO	Deutsche Gemeindeordnung
dh	das heißt
dies	dieselben
diff	differenzierend
DIN	Deutsches Institut für Normung eV
Diss	Dissertation
DJT	Deutscher Juristentag
DM	Deutsche Mark
DöD	Der öffentliche Dienst
Dok	Dokument(e)
DÖV	Die öffentliche Verwaltung
DRiZ	Deutsche Richterzeitung
DtKomR	Deutsches Kommunalrecht
DtZ	Deutsch-Deutsche Rechtszeitschrift

DuD	Datenschutz und Datensicherheit
DV	Die Verwaltung
DVBl	Deutsches Verwaltungsblatt
DVP	Deutsche Verwaltungspraxis
DWiR/DZWiR	Deutsche Zeitschrift für Wirtschafts- und Insolvenzrecht
E	Entwurf
EAGV	Vertrag zur Gründung der Europäischen Atomgemeinschaft
ebd/ebda	ebenda
ed(s)	editor(s)
EEA	Einheitliche Europäische Akte
EG	Europäische Gemeinschaft
EGMR	Europäischer Gerichtshof für Menschenrechte
EGV	Vertrag zur Gründung der Europäischen Gemeinschaft
ehem	ehemalig
EIB	Europäische Investitionsbank
Einf	Einführung
EL	Ergänzungslieferung
EMRK	Europäische Menschenrechtskonvention
EMAS	Environmental Management and Audit Scheme
endg	endgültig
Entsch	Entscheidung
entspr	entsprechend
Entw	Entwurf
ESVGH	Entscheidungssammlung des Hessischen Verwaltungsgerichtshofs und des Verwaltungsgerichtshofs Baden-Württemberg
ESZB	Europäisches System der Zentralbanken
ET	Energiewirtschaftliche Tagesfragen
etc	und so weiter/et cetera
EU	Europäische Union
EUDUR	Handbuch zum europäischen und deutschen Umweltrecht
EuG	Europäisches Gericht Erster Instanz
EuGH	Europäischer Gerichtshof
EuGHE	Entscheidungen des Europäischen Gerichtshofs
EuGRZ	Europäische Grundrechte-Zeitschrift
EuR	Europarecht
EURATOM	Europäische Atomgemeinschaft
Europ	europäisch
EUV	Vertrag über die Europäische Union
EuZW	Europäische Zeitschrift für Wirtschaftsrecht
EV, EinV	Einigungsvertrag
evtl	eventuell
EWG	Europäische Wirtschaftsgemeinschaft
EWGV	EWG-Vertrag = Vertrag zur Gründung der Europäischen Wirtschaftsgemeinschaft
EWS	Europäisches Wirtschafts- und Steuerrecht
EWiR	Entscheidungen für Wirtschaftsrecht
EWR	Europäischer Wirtschaftsraum
EZB	Europäische Zentralbank
f	die nächste folgende Seite; für
ff	die nächsten folgenden Seiten
FFH	Fauna-Flora-Habitat
FG	Festgabe/Finanzgericht

FinArch	Finanzarchiv
FiWi	Finanzwirtschaft
Fn	Fußnote
FS	Festschrift
G/Ges	Gesetz
GA	Goltdammer's Archiv für Strafrecht
GATT	General Agreement on Tarifs and Trade
GBl	Gesetzblatt
geänd	geändert
gem	gemäß
ges/gesetzl	gesetzlich
Gesellsch	Gesellschaft
GesEntw	Gesetzentwurf
GewArch	Gewerbearchiv
ggf	gegebenenfalls
GmbH	Gesellschaft mit beschränkter Haftung
GMBl	Gemeinsames Ministerialblatt
GoA	Geschäftsführung ohne Auftrag
GR-Charta	Grundrechte-Charta
grds	grundsätzlich
GRUR	Gewerblicher Rechtsschutz und Urheberrecht
GS	Gesetzessammlung/Gedächtnisschrift
GV NRW	Gesetz- und Verordnungsblatt des Landes Nordrhein-Westfalen
GVBl, GVOBl	Gesetz- und Verordnungsblatt
Halbbd	Halbband
Hb	Handbuch
Hmb	Hamburg
Hdb	Handbuch
Hdwb	Handwörterbuch
Herv	Hervorhebung
Hess	Hessen
HessStGH	Hessischer Staatsgerichtshof
HessVGH	Hessischer Verwaltungsgerichtshof
HFR	Höchstrichterliche Finanzrechtsprechung
Hinw	Hinweis
hL	herrschende Lehre
hM	herrschende Meinung
Hrsg, hrsg	Herausgeber, herausgegeben
HS/Hs/Halbs	Halbsatz
HVerfG	Hamburgisches Verfassungsgericht
i Erg/iE	im Ergebnis
idF	in der Fassung
idR	in der Regel
idS	in diesem Sinne
ieS	im engeren Sinne
IHK	Industrie- und Handelskammer
ILM	International Legal Materials
ILO	International Labour Organization
inkl	inklusive
insbes/insb	insbesondere
insges	insgesamt

inzw	inzwischen
iS v/d	im Sinne von/des
iSe	im Sinne eines
IUR	Informationsdienst Umweltrecht
iV mit/iVm	in Verbindung mit
iwS	im weiteren Sinne
iZw	im Zweifel
JA	Juristische Arbeitsblätter
Jb	Jahrbuch
JbDBP	Jahrbuch der Deutschen Bundespost
jew	jeweils
Jh(dt)	Jahrhundert
JK	Jura-Kartei
JöR	Jahrbuch des öffentlichen Rechts der Gegenwart
JR	Juristische Rundschau
Jura	Juristische Ausbildung
Juris	Juristisches Informationssystem
JuS	Juristische Schulung
JUTR	Jahrbuch des Umwelt- und Technikrechts
JZ	Juristenzeitung
K	Kammer
K&R	Kommunikation & Recht
Kap	Kapitel
KfW	Kreditanstalt für Wiederaufbau
KG	Kommanditgesellschaft/Kammergericht
KOM	Kommissionsdokument
KomE	Kommissionsentwurf
KommunalPraxisBY	KommunalPraxis Bayern
krit	kritisch
KritV	Kritische Vierteljahresschrift für Gesetzgebung und Rechtswissenschaft
KStZ	Kommunale Steuer-Zeitschrift
lfd	laufend
lit	littera/Buchstabe
Lit	Literatur
Losebl	Loseblattsammlung
LS	Leitsatz
LSA	Sachsen-Anhalt
Lsbl	Loseblattsammlung
lt	laut
LT	Landtag
LT-Drucks	Landtags-Drucksachen
LV(erf)	Landesverfassung
m	mit
m Anm	mit Anmerkung
m krit Anm	mit kritischer Anmerkung
m zust Anm	mit zustimmender Anmerkung
maW	mit anderen Worten
MDR	Monatsschrift für deutsches Recht
MDStV	Mediendienst-Staatsvertrag

MEPolG	Musterentwurf eines einheitlichen Polizeigesetzes des Bundes und der Länder
Min	Ministerium
Mio	Million(en)
MittBayNot	Mitteilungen des Bayerischen Notarvereins, der Notarkasse und der Landesnotarkammer Bayern
MittNWStGB	Mitteilungen des nordrhein-westfälischen Städte- und Gemeindebundes
Mitw	Mitwirkung
MMR	MultiMedia und Recht
mN	mit Nachweisen
Mrd	Milliarde(n)
MV	Mecklenburg-Vorpommern
mwN	mit weiteren Nachweisen
nachgew	nachgewiesen
Nachw	Nachweise
NC	numerus clausus
Nds	Niedersachsen
NdsOVG	Niedersächsisches Oberverwaltungsgericht
NdsStGH	Niedersächsischer Staatsgerichtshof
NdsVBl	Niedersächsische Verwaltungsblätter
nF/NF	neue Fassung, neue Folge
NJ	Neue Justiz
NJOZ	Neue Juristische Onlinezeitschrift
NJW	Neue Juristische Wochenschrift
NJW-CoR	Computerreport der Neuen Juristischen Wochenschrift
NJW-RR	Rechtsprechungs-Report Zivilrecht der Neuen Juristischen Wochenschrift
NordÖR	Zeitschrift für öffentliches Recht in Norddeutschland
Nr/Nrn	Nummer(n)
NRW	Nordrhein-Westfalen
NStZ	Neue Zeitschrift für Strafrecht
NStZ-RR	Rechtsprechungs-Report der Neuen Zeitschrift für Strafrecht
NuR	Natur und Recht
NVwZ	Neue Zeitschrift für Verwaltungsrecht
NVwZ-RR	Rechtsprechungs-Report der Neuen Zeitschrift für Verwaltungsrecht
NVZ	Neue Zeitschrift für Verkehrsrecht
NWVBl	Nordrhein-westfälische Verwaltungsblätter
NWVerfGH	Nordrhein-westfälischer Verfassungsgerichtshof
NZA	Neue Zeitschrift für Arbeitsrecht
NZBau	Neue Zeitschrift für Baurecht und Vergaberecht
NZV	Neue Zeitschrift für Verkehrsrecht
o	oben
OECD	Organization for Economic Cooperation and Development
öffentl	öffentlich
OLG	Oberlandesgericht
ör	öffentlich-rechtlich
ÖR	Öffentliches Recht
ORDO	Jahrbuch für die Ordnung von Wirtschaft und Gesellschaft
OVG	Oberverwaltungsgericht
OVGE	Entscheidungen des Oberverwaltungsgerichts
pass	passim
PersR	Der Personalrat

PersV	Die Personalvertretung
Pl-Pr	Plenarprotokolle
priv	privat
PrOVG	Preußisches Oberverwaltungsgericht
PrOVGE	Entscheidungen des Preußischen Oberverwaltungsgerichts
PrPVG	Preußisches Polizeiverwaltungsgesetz
PVS	Politische Vierteljahresschrift
R	Recht
RA	Rechtsanwalt
RabelsZ	Zeitschrift für ausländisches und internationales Privatrecht, begründet von Rabel
RdA	Recht der Arbeit
RdE	Recht der Energiewirtschaft
RdL	Recht der Landwirtschaft
RdWW	Recht der Wasserwirtschaft
Reg	Regierung
RegEntw	Regierungsentwurf
RegTP	Regulierungsbehörde für Telekommunikation und Post
Rez	Rezension
RG	Reichsgericht
RGBl	Reichsgesetzblatt
RGZ	Entscheidungen des Reichsgerichts in Zivilsachen
Rh-Pf	Rheinland-Pfalz
RiA	Das Recht im Amt
RL	Richtlinie
Rn	Randnummer
RP	Rheinland-Pfalz
Rs	Rechtssache
Rspr	Rechtsprechung
Rsprübers	Rechtsprechungsübersicht
RTW	Recht, Technik, Wirtschaft
RuP	Recht und Politik
RVerwBl	Reichsverwaltungsblatt
S	Seite, Satz
s	siehe
Saarl	Saarland
SaarlOVG	Oberverwaltungsgericht des Saarlandes
SaarlVerfGH	Verfassungsgerichtshof des Saarlandes
Sachs	Sachsen
SächsOVG	Sächsisches Oberverwaltungsgericht
SächsVBl	Sächsische Verwaltungsblätter
SächsVerfGH	Sächsischer Verfassungsgerichtshof
SAE	Sammlung arbeitsrechtlicher Entscheidungen
Sart	Sartorius
SchrVfS	Schriften des Vereins für Sozialpolitik
SH	Schleswig-Holstein
Slg	Sammlung
sog	sogenannte(r)
st Rspr	ständige Rechtsprechung
StAnz	Staatsanzeiger
StGH	Staatsgerichtshof
str	strittig

StReg	Staatsregierung
StT	Der Städtetag
StuGR	Städte- und Gemeinderat
SV	Sondervotum
TA	Technische Anleitung
teilw	teilweise
Thür	Thüringen/Thüringer
ThürOVG	Thüringer Oberverwaltungsgericht
ThürVBL	Thüringer Verwaltungsblätter
ThürVerfGH	Thüringer Verfassungsgerichtshof
ThürVGRspr	Rechtsprechung der Thüringer Verwaltungsgerichte
TKMR	Zeitschrift für Telekommunikations- und Medienrecht
Tz	Textziffer
u	und/unten
ua	unter anderen(m), und andere
uam	und anderes mehr
Überbl	Überblick
UGB-KomE	BMU (Hrsg), Umweltgesetzbuch, Entwurf der Unabhängigen Sachverständigenkommission zum Umweltgesetzbuch, 1998
umstr	umstritten
UN	United Nations, Vereinte Nationen
UNO	United Nations Organization
unzul	unzulässig
unzutr	unzutreffend
u ö	und öfter
UPR	Umwelt- und Planungsrecht
Urt	Urteil
usf	und so fort
UTR	Jahrbuch des Umwelt- und Technikrechts
uU	unter Umständen
UVP	Umweltverträglichkeitsprüfung
v	von/vom
VA	Verwaltungsakt
va	vor allem
VBlBW	Verwaltungsblätter für Baden-Württemberg
VBlNW	Nordrhein-Westfälische Verwaltungsblätter
VDE	Verband deutscher Elektrotechniker eV
VDI	Verein deutscher Ingenieure eV
VEnergR	Veröffentlichungen des Instituts für Energierecht
Verf	Verfassung
VerfG	Verfassungsgericht
VerfGH	Verfassungsgerichtshof
VerkBl	Verkehrsblatt
VerkMitt	Verkehrsrechtliche Mitteilungen
Verw	Verwaltung, Die Verwaltung
VerwArch	Verwaltungsarchiv
VerWiss	Verwaltungswissenschaften
VerwPrR	Verwaltungsprozessrecht
VerwR	Verwaltungsrecht
VerwRspr	Verwaltungsrechtsprechung in Deutschland
VfG	Verfassungsgericht

VG	Verwaltungsgericht
VGH	Verwaltungsgerichtshof
vgl	vergleiche
vH	von Hundert
VIZ	Zeitschrift für Vermögens- und Immobilienrecht
VkBl	Verkehrsblatt, Amtsblatt des Bundesministers für Verkehr
VO	Verordnung
VOB	Verdingungsordnung für Bauleistungen
VOL	Verdingungsordnung für Leistungen
Voraufl	Vorauflage
Vorb/Vorbem	Vorbemerkung
vorl	vorläufig
VR	Verwaltungsrundschau
VRS	Verkehrsrechts-Sammlung
VVDStRL	Veröffentlichungen der Vereinigung Deutscher Staatsrechtslehrer
VVE	Vertrag über eine Verfassung für Europa
VwGerichtsbkt	Verwaltungsgerichtsbarkeit
VwR	Verwaltungsrecht
VwV	Verwaltungsvorschrift(en)
WiGBl	Wirtschaftsgesetzblatt
WiR	Wirtschaftsrecht
WissR	Wissenschaftsrecht, Wissenschaftsverwaltung, Wissenschaftsförderung
wistra	Zeitschrift für Wirtschaft, Steuer, Strafrecht
WiV/WiVerw	Wirtschaft und Verwaltung, Vierteljahresbeilage zum Gewerbearchiv
WM	Wertpapier-Mitteilungen
wN	weitere Nachweise
WRP	Wettbewerb in Recht und Praxis
WRV	Weimarer Reichsverfassung
WTO	World Trade Organization/Welthandelsorganisation
WUR	Wirtschaftsverwaltungs- und Umweltrecht, Wirtschaft und Recht
WuW	Wirtschaft und Wettbewerb
z Zt	zur Zeit
ZaöRV	Zeitschrift für ausländisches öffentliches Recht und Völkerrecht
ZAU	Zeitschrift für angewandte Umweltforschung
zB	zum Beispiel
ZBR	Zeitschrift für Beamtenrecht
ZfA	Zeitschrift für Arbeitsrecht
ZfB	Zeitschrift für Bergrecht
ZfBR	Zeitschrift für deutsches und internationales Baurecht
ZfPR	Zeitschrift für Personalvertretungsrecht
ZfU	Zeitschrift für Umweltpolitik
ZfW	Zeitschrift für Wasserrecht
ZG	Zeitschrift für Gesetzgebung
ZGR	Zeitschrift für Unternehmens- und Gesellschaftsrecht
ZHR	Zeitschrift für Handelsrecht
ZIP	Zeitschrift für Wirtschaftsrecht
zit	zitiert
ZK	Zollkodex
ZKF	Zeitschrift für Kommunalfinanzen
ZLR	Zeitschrift für das gesamte Luftrecht
ZLW	Zeitschrift für Luftrecht und Weltraumrechtsfragen
ZMR	Zeitschrift für Miet- und Raumrecht

ZögU	Zeitschrift für öffentliche und gemeinwirtschaftliche Unternehmen
ZRP	Zeitschrift für Rechtspolitik
zT	zum Teil
ZTR	Zeitschrift für Tarifrecht
Ztschr	Zeitschrift
zul	zuletzt
ZUR	Zeitschrift für Umweltrecht
zust	zustimmend
zutr	zutreffend
ZVI	Zeitschrift für Verbraucherinsolvenzrecht

Im Übrigen wird auf Kirchner, Abkürzungen der Rechtssprache, 6. Aufl 2008, verwiesen.

ERSTER ABSCHNITT

Verwaltung und Verwaltungsrecht im demokratischen und sozialen Rechtsstaat

Dirk Ehlers

Gliederung

§ 1
Staatliche Verwaltung

1 „Von der Wiege bis zur Bahre: Formulare, Formulare". Treffender als mit diesem Spruch kann die Einbindung des Bürgers in Verwaltungsvorgänge nicht beschrieben werden. Ein Mensch kommt idR von der Geburt (vielleicht in einem staatlichen Krankenhaus) bis zum Tode (etwa in einem kommunalen Altersheim) mit der Verwaltung in Berührung. So löst schon die Geburt zahlreiche Verwaltungsvorgänge aus (beispielsweise Eintragung der Geburt in das Geburtenbuch durch den Standesbeamten, Zahlung von Kindergeld, uU Gewährung von Entbindungsgeld, Änderung der Steuerklasse). Verfolgt man den Lebensweg weiter, zeigt sich, wie sehr der Einzelne auf die Verwaltung angewiesen bzw ihr ausgeliefert ist. Man denke nur an den Besuch kommunaler Kindergärten, staatlicher Schulen und Universitäten oder die Benutzung öffentlicher Straßen. Die Verwaltung greift sogar über Leben und Tod hinaus. ZB genießt schon der nasciturus öffentlich-rechtlichen Versicherungsschutz,[1] während der Tod für die Verwaltung verschiedene Nachwirkungen hat. So muss die Verwaltung eine ordnungsgemäße Bestattung auf einem Friedhof ermöglichen und den Hinterbliebenen ggf Pensions- oder Rentenansprüche auszahlen.

2 Wird die Polizei zur Gefahrenabwehr tätig, eine Steuerschuld durch das Finanzamt beigetrieben, einem Baubewerber eine Baugenehmigung erteilt, einem Gewerbetreibenden die Ausübung des Gewerbes untersagt oder einem Arbeitslosen Arbeitslosengeld überwiesen, kann nicht ernsthaft zweifelhaft sein, dass ein Handeln der staatlichen Verwaltung vorliegt. In anderen Fällen ist dies indessen nicht eindeutig. So stellt sich die Frage, ob auch die Wehrübungen der Bundeswehr, der Ankauf von Computern für eine Kreisverwaltung, die Bereitstellung von Verkehrsleistungen durch die Deutsche Bahn AG, die Versorgung der Bevölkerung mit Wasser und Strom durch eine teils städtische, teils sich im Anteilseigentum von Privaten befindende Gesellschaft oder die Ausstrahlung der Sportschau durch eine öffentlich-rechtliche Rundfunkanstalt etwas mit staatlicher Verwaltung zu tun haben. Keine Darstellung des Verwaltungsrechts kommt daher umhin, ihren Gegenstand – die *staatliche Verwaltung* – zu definieren.

I. Begriff der staatlichen Verwaltung

3 Der Begriff „Verwaltung" taucht in vielen Gesetzen, wie etwa den Art 83 ff GG oder den §§ 1 ff VwVfG, auf. Eine Legaldefinition der Verwaltung gibt es jedoch nicht. Die Verwaltungsrechtswissenschaft unterscheidet drei verschiedene Begriffe:

[1] Vgl dazu BVerfGE 45, 376 ff.

1. Staatliche Verwaltung im organisatorischen Sinne

Jede Organisation bedarf einer Verwaltung. Hier interessiert nur die *staatliche* Verwaltung, nicht die Verwaltung privater Organisationen (zur Verwaltung der Europäischen Union → § 5 Rn 34 ff). Im Schrifttum wird fast durchweg von öffentlicher Verwaltung gesprochen. Indessen ist der Begriff des „Öffentlichen" mehrdeutig[2] und sollte daher möglichst vermieden werden. Unter staatlicher *Verwaltung im organisatorischen Sinne* ist die Gesamtheit der Verwaltungsträger und ihrer Untergliederungen (zB in Organe, Behörden und Ämter) zu verstehen, sofern sie vom Staat getragen und in der Hauptsache materiell verwaltend tätig werden (Rn 5 ff). Als Träger von Staatsgewalt sind alle Organisationen anzusehen, hinter denen unmittelbar oder mittelbar allein der Staat steht. Dazu zählen vor allem alle *juristischen Personen des öffentlichen Rechts* (Rn 14), es sei denn, dass sie (wie die sog korporierten Religionsgemeinschaften[3] oder das Bayerische Rote Kreuz[4]) in der gesellschaftlichen Sphäre wurzeln.[5] Ferner gehören hierher sämtliche *Privatrechtssubjekte*, deren Inhaber ausschließlich eine oder mehrere der zuvor genannten juristischen Personen des öffentlichen Rechts, wie zB Bund, Länder oder Kommunen, sind.[6] Zu erwähnen sind insb die Eigengesellschaften, dh diejenigen Gesellschaften, deren Anteilseigentum unmittelbar oder mittelbar ganz und nicht nur teilweise in den Händen einer juristischen Person des öffentlichen Rechts liegt. Gemischt zusammengesetzte Privatrechtsvereinigungen (die von mindestens einer juristischen Person des öffentlichen Rechts und einer Privatperson getragen werden) sowie private Rechtssubjekte sind – nach der hier vertretenen Ansicht[7] – nur Träger von Staatsgewalt, wenn und soweit ihnen Staatsgewalt übertragen wurde. Sie werden dann als Beliehene tätig (Rn 17). 4

2. Staatliche Verwaltung im materiellen Sinne

Unter Verwaltung im materiellen Sinne wird diejenige Staatstätigkeit verstanden, welche die Wahrnehmung von *Verwaltungsaufgaben* zum Gegenstand hat. Die Verwaltungsaufgaben werden in der Lehre teils positiv, teils negativ bestimmt. In Betracht kommt auch eine Kombination dieser Ansätze. 5

[2] Vgl *Martens* Öffentlich als Rechtsbegriff, 1969, 22 ff; *Häberle* Öffentliches Interesse als juristisches Problem, 2. Aufl 2006, 22 ff.

[3] Vgl Art 140 GG iVm Art 137 V WRV. Zum Sinngehalt des Körperschaftsstatus vgl BVerfGE 102, 370, 386 ff; *Ehlers* in: Sachs (Hrsg), GG, 5. Aufl 2009, Art 140 GG/137 WRV Rn 21.

[4] Art 1 I 1 Gesetz über die Rechtsstellung des Bayerischen Roten Kreuzes v 16.7.1986, GVBl, 134.

[5] Rundfunkanstalten des öffentlichen Rechts nehmen ungeachtet der grds Staatsfreiheit des Rundfunks, der Notwendigkeit einer Beteiligung aller relevanten gesellschaftlichen Kräfte und des Grundrechtsschutzes gegenüber dem Staat Aufgaben der öffentl Verwaltung wahr (BVerfGE 31, 314, 329) und unterliegen der Grundrechtsbindung gegenüber Dritten (BVerfGE 97, 298, 314). Näher dazu *Hesse* Rundfunkrecht, 3. Aufl 2003, 140 ff; *Herrmann/Lausen*, Rundfunkrecht, 2. Aufl. 2004, 270 ff.

[6] Vgl *Ehlers* JZ 1987, 218, 224; *Erichsen* Gemeinde und Private im wirtschaftlichen Wettbewerb, 1987, 27. *Burmeister* VVDStRL 52 (1993) 190, 217 ff. AA zB *Püttner* Die öffentlichen Unternehmen, 2. Aufl 1985, 136 f, 141. Auch das europ Unionsrecht rechnet die genannten Rechtssubjekte dem Staat zu; → § 2 Rn 78, 80.

[7] Str, aA wohl BVerfG-K NJW 1990, 1783, das gemischtwirtschaftliche Unternehmen im Falle eines beherrschenden Einflusses des Staates an die Grundrechte bindet. Vgl auch BVerfG-K JZ 2009, 1069 (1070). Krit → § 3 Rn 93; ferner → § 7 Rn 11 m Fn 38.

6 a) *Positive Begriffsbestimmung.* Die positiven Umschreibungen beschränken sich idR darauf, einzelne typische Merkmale der Verwaltung hervorzuheben. So wird abgestellt auf die konkret-individuelle Normgebung in Abhängigkeit von Weisungen vorgesetzter Behörden (*Kelsen*[8]), die Verwirklichung des gesetzgeberischen Willens (*Fleiner*[9]) bzw der Staatszwecke für den Einzelfall (*Peters*[10]), die Lösung konkreter Aufgaben gem den Rechtsnormen oder innerhalb ihrer Schranken (*G. Jellinek*[11]), den Einsatz hoheitlicher Mittel (*Giese*[12]), die geleitete, richtungserhaltende, geführte Tätigkeit (*Achterberg*[13]), die soziale Gestaltung im Rahmen der Gesetze und auf dem Boden des Rechts (*Forsthoff*[14]), die Herstellung verbindlicher Entscheidungen (*Luhmann*[15]), die fremdbestimmte und fremdnützige Besorgung öffentlicher Angelegenheiten (*Stober*[16]) oder die planmäßige Tätigkeit öffentlichen Gemeinwesens zur Gestaltung und Gewährleistung des sozialen Zusammenlebens, wobei diese Tätigkeit in ihren Zielen, Zwecken, Aufgaben und Befugnissen durch die Rechtsordnung und innerhalb dieser durch die politischen Entscheidungen der Regierung bestimmt und begrenzt wird (*Bachof*[17]). Nach *Stern* bedeutet Verwaltung im materiellen Sinne die den Organen der vollziehenden Gewalt und bestimmten diesen zuzurechnenden Rechtssubjekten übertragene eigenverantwortliche ständige Erledigung der Aufgaben des Gemeinwesens durch konkrete Maßnahmen in rechtlicher Bindung nach (mehr oder weniger spezifiziert) vorgegebener Zwecksetzung.[18] Für *Roellecke* lässt sich Verwaltung als der Teil einer Organisation charakterisieren, der ohne offen legitimierbare eigene Ziele im Dienste der Aufgaben eines Betriebes durch verbindliche Entscheidung zwischen Betrieb und Umwelt vermittelt.[19] *Scherzberg* definiert öffentliches Verwalten als die Wahrnehmung politischer Handlungsoptionen im Wege des problem- und zielorientierten Einsatzes tatsächlicher oder rechtlicher Ressourcen durch ein hierauf spezialisiertes Organisationssystem.[20] Am anspruchsvollsten ist die Definition von *H. J. Wolff*. Unter öffentlicher Verwaltung im materiellen Sinne soll danach die mannigfaltige, konditional oder nur zweckbestimmte, also insofern fremdbestimmte, nur teilplanende, selbstbeteiligt entscheidend ausführende und gestaltende Wahrnehmung der Angelegenheiten von Gemeinwesen und ihrer Mitglieder als solcher durch die dafür bestellten Sachwalter des Gemeinwesens zu verstehen sein.[21] Selbst bei dieser Definition ist zweifelhaft, ob alle Merkmale der Verwaltung erfasst werden und ob sich diese Merkmale von denen sonstiger Staatsfunktionen hinreichend unterscheiden lassen. Die Begriffsbestimmung ist so abstrakt

8 Reine Rechtslehre, 1934, 80; 2. Aufl 1960, 240; zu *Kelsens* Begriff von der Rechtsnorm → § 2 Rn 7.

9 Institutionen des deutschen Verwaltungsrechts, 8. Aufl 1928; *Jesch* Gesetz und Verwaltung, 1961, 205; *Rupp* Grundfragen der heutigen Verwaltungsrechtslehre, 2. Aufl 1991, 135.

10 Lehrbuch der Verwaltung, 1949, 5 ff; Die Verwaltung als eigenständige Staatsgewalt, 1965, 7.

11 Staatslehre, 3. Aufl 1960, 610.

12 Allg VwR, 3. Aufl 1952, 6.

13 Allg VwR, § 8 Rn 7.

14 VwR, 6.

15 Theorie der Verwaltungswissenschaft, 1966, 67. Zur Entscheidungsfähigkeit der Verwaltung vgl auch *Thieme* Verwaltungslehre, 4. Aufl 1984, Rn 8 f.

16 *Wolff/Bachof/Stober* VwR I, § 3 Rn 11, 16 ff.

17 Evangelisches Staatslexikon, 2. Aufl 1987, Sp 3827 ff.

18 StR II, § 41 I 3 (738). Krit *Peine* Allg VwR, Rn 32.

19 DV 29 (1996) 1, 15.

20 Die Öffentlichkeit der Verwaltung, 2000, 76.

21 *Wolff/Bachof/Stober* VwR I, 11. Aufl 1999, § 2 Rn 19.

geraten, dass sie praktisch kaum handhabbar ist. Festzuhalten ist daher, dass es eine trennscharfe Definition der Verwaltung im materiellen Sinne nicht gibt. Sie wird sich auch in Zukunft nicht entwickeln lassen, weil die Mannigfaltigkeit, in der sich die einzelnen Verrichtungen der Verwaltung auffächern, der einheitlichen Formel spottet.[22]

b) *Negative Begriffsbestimmung.* Zumeist begnügt sich die Verwaltungsrechtslehre in Anschluss an *Otto Mayer*[23] und *W. Jellinek*[24] mit einer negativen Begriffsbestimmung der Verwaltung (im materiellen Sinne). Danach ist Verwaltung diejenige Staatstätigkeit, die nicht Gesetzgebung und Rechtsprechung ist. Diese Art der Definition wirft aber ebenfalls erhebliche Probleme auf. 7

Zunächst führt die „Substraktionsmethode" nur dann zu eindeutigen Ergebnissen, wenn sich die übrigen Staatsfunktionen Gesetzgebung und Rechtsprechung ihrerseits exakt definieren lassen. Dies ist indessen nicht der Fall. Zwar spricht Art 20 II 2 GG davon, dass die Staatsgewalt durch besondere Organe der Gesetzgebung, der vollziehenden Gewalt und der Rechtsprechung ausgeübt wird. Damit bekennt sich das Grundgesetz aber nicht zu einer strikten Gewaltenteilung.[25] So darf das *Parlament* nicht nur Gesetze im materiellen Sinne erlassen (dh abstrakt-generelle Regelungen), sondern auch lediglich formelle Gesetze (dh Einzelfallgesetze wie das grundsätzlich nur den staatlichen Innenrechtskreis betreffende Haushaltsgesetz oder die sog Maßnahmegesetze).[26] Dem Inhalt nach handelt es sich in solchen Fällen eher um verwaltende Tätigkeit. Ferner ist dem Deutschen Bundestag nicht nur die Gesetzgebung, sondern zB auch die Wahl des Bundespräsidenten (Art 54 GG[27]), des Bundeskanzlers (Art 63 GG) sowie die Kontrolle der Regierung[28] übertragen worden. Der Präsident des Bundestages darf Hausverbote aussprechen (Art 40 II 1 GG), ein parlamentarischer Untersuchungsausschuss Beweiserhebungen vornehmen (Art 44 I GG) und ein Bundestagsabgeordneter sich an der Wahl der Bundesrichter beteiligen (Art 95 II GG). Umgekehrt ist die *vollziehende Gewalt* an der Gesetzgebung beteiligt (Art 76 I, 113 I GG) und ermächtigt, selbst bestimmte Gesetze – etwa Rechtsverordnungen – zu erlassen (Art 80 GG). Die *Gerichte* werden nicht nur rechtsprechend tätig, sondern führen auch verschiedene Re- 8

[22] *Forsthoff* VwR, 1. Krit zum materiellen Verwaltungsbegriff auch *G. Winkler* Orientierungen im öffentlichen Recht, 1979, 21 f. Vgl ferner *Peine* Allg VwR, Rn 29 ff.

[23] VwR I, 7. Vgl auch *Fleiner* (Fn 9) 4 f.

[24] VwR, 5 f.

[25] Dies ergibt sich schon daraus, dass es sich um ein bloßes Rechtsprinzip handelt (vgl zB BVerfGE 2, 307, 319; 3, 225, 247 f; 9, 268, 280; 30, 1, 27 f). Im Gegensatz zu Regeln haben Prinzipien aber nicht ausschließlich definitiven Charakter. Vgl *Alexy* Theorie der Grundrechte, 3. Aufl 1996, 75 f. Zur Frage, ob sich dem GG ein Verwaltungsvorbehalt entnehmen lässt, vgl *Maurer* VVDStRL 43 (1985) 135 ff; *Schnapp* ebd, 172 ff; *Janssen* Über die Grenzen des legislativen Zugriffsrechts, 1990, 64 ff; *Kuhl* Der Kernbereich der Exekutive, 1993, 141 ff; *Ehlers* Verfassungsrechtliche Fragen der Richterwahl, 1998, 55 ff; *Möllers* Gewaltengliederung, 2005, 398 f; *Hoffmann-Riehm* in: ders/Schmidt-Aßmann/Voßkuhle, Grundlagen I, § 10 Rn 46.

[26] Zur Zulässigkeit vgl BVerfGE 25, 371, 396; 36, 383, 400. Vgl auch *G. Kirchhof* Die Allgemeinheit des Gesetzes, 2009.

[27] Der Bundespräsident wird von der Bundesversammlung gewählt, der ua alle Mitglieder des Bundestages angehören.

[28] Vgl dazu statt vieler *Krebs* Kontrolle in staatlichen Entscheidungsprozessen, 1984, 120 ff; *Achterberg* Parlamentsrecht, 1984, § 18, 410 ff; *Steffani* in: Schneider/Zeh (Hrsg), Parlamentsrecht und Parlamentspraxis in der Bundesrepublik Deutschland, 1989, § 49, 1325 ff; *Schröder* in: Isensee/Kirchhof II, § 51 Rn 49 f.

gister, wie etwa das Handelsregister (§ 8 HGB)[29], organisieren die juristischen Staatsprüfungen (zB § 3 JAG NRW) und dürfen bestimmte „Justizverwaltungsakte" (§ 23 I EGGVG) erlassen. Zudem müssen sie sich ebenso wie die Parlamente selbst organisieren und verwalten, um Funktionsfähigkeit zu erlangen.[30] Das BVerfG spricht davon, dass nur der Kernbereich der einzelnen Gewalten absolut geschützt ist.[31] Wo dieser Kernbereich beginnt, bleibt eine offene Frage.[32]

9 Weiter kann es Staatstätigkeiten geben, die weder zur Gesetzgebung und Rechtsprechung noch zur Verwaltung gehören. So spricht das Grundgesetz in Art 1 III, 20 II 2 und III GG mit Bedacht nicht von Verwaltung, sondern von vollziehender Gewalt. Dieser Begriff wird als der weitere angesehen.[33] Zur vollziehenden Gewalt, dh zur Exekutive, gehört auch der von der Verwaltung abzugrenzende Bereich der *Regierung*.[34] Dementsprechend heißt es beispielsweise in Art 3 I 1 der Verfassung von Berlin, dass die vollziehende Gewalt durch die Regierung und Verwaltung (sowie in den Bezirken im Wege von Bürgerrechtsentscheidungen) ausgeübt wird. Zur vollziehenden Gewalt, nicht zur Verwaltung, ist ferner die militärische Kommandogewalt der Bundeswehr zu zählen.[35] Auch gibt es andere *exekutive Betätigungen*, die sich nicht ohne weiteres der Verwaltung zurechnen lassen, wie zB die Kontrolle der Rechnungshöfe, des Wehrbeauftragten und der staatlichen Datenschutzbeauftragten oder das Handeln der sog Mediatoren (→ § 16) bzw Bürgerbeauftragten, die zwischen Verwaltung und Bürger vermitteln sollen.

10 Schließlich ist die negative Definition der Verwaltung (im materiellen Sinne) insofern unbefriedigend, als sie die Verwaltung als etwas „Übriggebliebenes" darstellt, was der Bedeutung dieser überaus mächtigen Staatsfunktion nicht gerecht wird.

11 c) *Kombinierte Begriffsbestimmung*. Angesichts dieser Aporie empfiehlt es sich, die verschiedenartigen Ansätze zu kombinieren. Eine erste Orientierung vermittelt die Substraktionsmethode. Abzustellen ist auf die typischen Merkmale der anderweitigen Staatsfunktionen. Als kennzeichnend für die Gesetzgebung wird die Setzung generell-abstrakter Rechtsnormen angesehen. Unter Rechtsprechung ist die zu rechtskräftiger Entscheidung führende rechtliche Beurteilung von Sachverhalten in Anwendung des geltenden objektiven Rechts durch ein unbeteiligtes Staatsorgan zu verstehen, das auf gesetzlicher Grundlage in sachlicher und personeller Unabhängigkeit tätig wird.[36] Die

[29] Vgl auch EuGH Slg 2002, I-547 Rn 14 ff – Lutz GmbH ua, wonach Gerichte in Registersachen keine Gerichte iSv Art 234 EGV sind.

[30] Näher zur Gerichtsverwaltung *Wittreck* Die Verwaltung der Dritten Gewalt, 2006.

[31] BVerfGE 9, 268, 280; 30, 1, 28; 34, 52, 59.

[32] *Hesse* VerfR, § 13 Rn 478; *Ehlers* (Fn 25) 30 ff.

[33] Bei der Beratung des Art 20 GG im Parlamentarischen Rat wurde statt des ursprünglich vorgesehenen Begriffes der „Verwaltung" der Terminus „vollziehende Gewalt" bevorzugt, weil auch die Regierung einbezogen werden sollte (*Dehler* JöR NF 1 [1951], 200). Durch Gesetz v 19.3.1956 (BGBl I, 111) ist der Begriff „Verwaltung" in Art 1 III GG durch den der vollziehenden Gewalt ersetzt worden, um die Bindung der Bundeswehr an die Grundrechte sicherzustellen.

[34] HM. Vgl statt vieler *Achterberg* Allg VwR, § 8 Rn 1 ff; *Schröder* in: Isensee/Kirchhof III, § 64 Rn 2 ff. Krit *Frotscher* Regierung als Rechtsbegriff, 1975, 173 ff, wonach es nicht gerechtfertigt sei, die Bestimmungs- und Leitungsbefugnisse der Exekutive in einem Teilbereich durch eine besondere Funktion „Regierung" herauszustellen.

[35] HM. Vgl zB *Stern* StR II, § 42 I 5.

[36] Ähnlich *Wolff/Bachof/Stober* VwR I, § 20 Rn 40. Vgl auch zu den Merkmalen der Rspr BVerfGE 18, 241, 253 f; 26, 186, 195; 27, 312, 320; 27, 355, 361 f; 48, 300, 323.

Regierung im materiellen Sinne zeichnet sich durch ihre staatsleitende, richtungsgebende und führende Tätigkeit,[37] die militärische Kommandogewalt durch die Ausbildung und Führung einer militärischen Macht aus. Im Zweifelsfall ist ergänzend auf die genannten positiven Merkmale der Verwaltung zurückzugreifen, wobei in Anlehnung an *Stern* vor allem auf die eigenverantwortliche Erledigung der Aufgaben des Gemeinwesens (besser: des Staates) durch Maßnahmen in rechtlicher Bindung nach (mehr oder weniger spezifiziert) vorgegebener Zwecksetzung abzustellen ist. Trotz der rechtlichen Bindung steuert sich die Verwaltung in einem erheblichen Ausmaße selbst (in Interaktion mit den Betroffenen).

d) *Rechtliche Verbindlichkeit.* Die relativ große Unschärfe des Begriffes der Verwal- **12**
tung im materiellen Sinne kann solange hingenommen werden, als an die Begriffsbestimmung keine Rechtsfolgen geknüpft sind. Stellen die verfassungsrechtlichen oder einfachgesetzlichen Bestimmungen auf das Vorliegen einer Verwaltungstätigkeit im materiellen Sinne ab, ist der Begriff je nach Gesetz eigenständig zu bestimmen. So kann der gesetzliche Begriff der Verwaltung im materiellen Sinne durchaus unterschiedlich verwendet werden. Wenn etwa Art 3 Verf NRW von einer Dreiteilung der Gewalten spricht und neben der Gesetzgebung und Rechtsprechung nur die Verwaltung erwähnt, die in den Händen der Landesregierung, der Gemeinden und Gemeindeverbände liegt, so wird damit die gesamte Regierungstätigkeit miterfasst. Dagegen bezieht der Begriff „Verwaltungstätigkeit" iSd § 1 I VwVfG gerade nicht die Tätigkeit der Regierung im materiellen Sinne mit ein.[38] Anderes gilt, wenn die Regierung nach Maßgabe des § 9 VwVfG tätig wird.

3. Staatliche Verwaltung im formellen Sinne

Unter staatlicher Verwaltung im formellen Sinne ist die gesamte von der staatlichen **13**
Verwaltung im organisatorischen Sinne ausgeübte Tätigkeit zu verstehen – unabhängig davon, ob es sich um Verwaltung im materiellen Sinne oder zB um Regierung oder Gesetzgebung handelt. Ob die Verwaltung die Tätigkeit wahrnehmen darf, bestimmt sich nach Verfassungsrecht und einfachem Gesetzesrecht.

II. Organisation der staatlichen Verwaltung[39]

Die Erledigung der staatlichen Verwaltungsaufgaben obliegt Verwaltungsträgern, dh **14**
rechtsfähigen oder teilrechtsfähigen Subjekten. Originärer Verwaltungsträger ist der als rechtsfähige Körperschaft des öffentlichen Rechts (also juristische Person[40]) organisierte Staat in Gestalt von Bund oder Land. Man spricht in Fällen, in denen der Staat selbst verwaltend in Erscheinung tritt, von *unmittelbarer Staatsverwaltung*. Schwerpunktmäßig wird diese von den Ländern wahrgenommen, weil der Bund nach Art 30 GG nur dann tätig werden darf, wenn er durch das Grundgesetz hierzu ermächtigt wor-

[37] *Achterberg* Allg VwR, § 8 Rn 2; *Wolff/Bachof/Stober* VwR I, § 20 Rn 26; *Hoffmann-Riem* in: ders/Schmidt-Aßmann/Voßkuhle, Grundlagen I, § 10 Rn 48.

[38] HM. Vgl *Schmitz* in: Stelkens/Bonk/Sachs, VwVfG, § 1 Rn 169, 186; *Kopp/Ramsauer* VwVfG, § 1 Rn 19c; *Kastner* in: Fehling/ders/Wahrendorf, VerwR, § 1 Rn 40 f. Vgl auch BVerfGE 63, 215, 225 ff. AA *Schnapp* AöR 108 (1983) 137, 138.

[39] Näher zum Ganzen → § 7 Rn 1 ff.

[40] Krit dazu *Böckenförde* FS H. J. Wolff, 1973, 269, 274 ff. Als Bsp für einen teilrechtsfähigen Rechtsträger vgl etwa § 3 FMStFG (Finanzmarktstabilisierungsfonds).

den ist (wie zB durch Art 87 GG). Auch die Ausführung der Bundesgesetze obliegt regelmäßig den Ländern, entweder als eigene Angelegenheit (Art 83, 84 GG) oder im Auftrage des Bundes (Art 85 GG). Wie alle anderen juristischen Personen können auch Bund und Länder nur durch bestimmte Organe tätig werden. Diese werden jedenfalls dann, wenn sie Außenzuständigkeiten der Verwaltung nach Maßgabe öffentlichen Rechts wahrzunehmen haben, Behörden genannt (→ § 14 Rn 2). Während es auf der Bundesebene normalerweise nur eine, höchstens zwei Behördeninstanzen gibt (nämlich die obersten Bundesbehörden, insb die Ministerien, und die Bundesoberbehörden)[41], verfügen die Flächenstaaten über oberste Behörden (Ministerpräsidenten, Landesminister), Oberbehörden (die wie die Landeskriminal- oder Landesbesoldungsämter einer obersten Behörde unmittelbar unterstehen und für das gesamte Land zuständig sind), Mittelbehörden (die wie die Bezirksregierungen einer obersten Landesbehörde unmittelbar unterstehen und für einen Teil des Landes zuständig sind) und untere Verwaltungsbehörden (zB Finanzämter).[42]

15 Die staatliche Verwaltung kann auch auf rechtlich verselbständigte (dezentralisierte) Verwaltungsträger übertragen werden. Es liegt dann eine *mittelbare Staatsverwaltung* vor. Die Träger der mittelbaren Staatsverwaltung können öffentlich-rechtlich oder privatrechtlich organisiert sein. Als öffentlich-rechtliche Organisationsformen haben sich die Körperschaft, Stiftung und Anstalt des öffentlichen Rechts herausgebildet. Eine *Körperschaft* ist mitgliedschaftlich organisiert (→ § 8 Rn 12). Die Körperschaftsmitglieder wählen ein Leitungsorgan oder eine Vertretung, die ihrerseits ein Leitungsorgan bestellt und die grundlegenden Entscheidungen trifft. Bei den Körperschaften handelt es sich um Selbstverwaltungsträger mit dem Recht der Satzungsgebung und damit um Demokratien im Kleinen.[43] Unter *Stiftungen* des öffentlichen Rechts sind mit einem öffentlich-rechtlichen Status versehene Vermögensmassen zu verstehen, die von einem Stifter einem bestimmten Zweck gewidmet sind.[44] Um Stiftungen staatlicher Verwaltungsträger handelt es sich, wenn der Stiftungszweck zum Aufgabenbereich des Verwaltungsträgers gehört und die Stiftung von dem Verwaltungsträger verwaltet wird.[45] Somit ist zwischen Stiftungen staatlicher Verwaltungsträger (zB einer Kommune oder einer Universität) und den von einer Behörde verwalteten Stiftungen zu unterscheiden. Die Verwendung der Stiftungsform ist nicht unproblematisch, wenn die öffentliche Hand (allein) als Stifter in Erscheinung tritt. Da der Stiftungszweck bei der Errichtung der Stiftung idR dauerhaft festgelegt wird, führt dies zu einer demokratisch nicht unbedenklichen Festlegung aller späteren Volksvertretungen[46] und Verwaltungen.[47] Es kommt hinzu, dass das Stiftungsrecht keine obligatorischen Kontrollgremien kennt. Denaturiert wird die Stiftungsform, wenn kein ausreichendes Kapital zur Verfügung ge-

[41] Vgl zu den Ministerien Art 65 S 2, zu den Bundesoberbehörden Art 87 III 1 GG.

[42] Vgl etwa §§ 3 ff LOG NRW.

[43] Zu den Grenzen der Selbstverwaltung vgl → § 8 Rn 22 ff.

[44] Vgl auch die Legaldefinition des § 46 LVwG SH. Ferner Art 1 II BayStG. Näher dazu → § 8 Rn 16. Zur Abgrenzung von Stiftungen des öffentlichen und solchen des privaten Rechts BFH NVwZ 2003, 1020 f.

[45] Vgl für kommunale Stiftungen *Twehues* Rechtsfragen kommunaler Stiftungen, 1996, 13 ff.

[46] Deshalb sehen die GOen zumeist vor, dass Gemeindevermögen nur im Rahmen der Aufgabenerfüllung der Gemeinde und nur dann als Stiftungsvermögen eingebracht werden darf, wenn der mit der Stiftung verfolgte Zweck auf andere Weise nicht erreicht werden kann (vgl zB §§ 101 IV GO BW; 100 III GO NRW).

[47] Vgl *Seifart/v Campenhausen* (Hrsg), Handbuch des Stiftungsrechts, 3. Aufl 2009, 164 ff; *Mecking/Schulte* (Hrsg), Grenzen der Instrumentalisierung von Stiftungen, 2003.

stellt wird, sondern sich die Stiftung im Wesentlichen aus Zuschüssen der öffentlichen Haushalte finanziert. Zu den *Anstalten* werden die verselbständigten Verwaltungsträger des öffentlichen Rechts gerechnet, die nicht Körperschaften oder Stiftungen sind. § 41 LVwG SH definiert die Anstalten als „von einem oder mehreren Trägern der öffentlichen Verwaltung errichtete Verwaltungseinheiten mit eigener Rechtspersönlichkeit, die mit einem Bestand an sachlichen Mitteln und Dienstkräften Aufgaben der öffentlichen Verwaltung erfüllen". Die bedeutsamsten Träger der mittelbaren Staatsverwaltung sind die als Gebiets- (im Gegensatz zu Verbands-, Personal- oder Real-)Körperschaften[48] des öffentlichen Rechts organisierten Gemeinden und Kreise. Somit lassen sich vier Hauptverwaltungsebenen unterscheiden (Bundes-, Landes-, Kreis- und Gemeindeverwaltung). Hinzu kommt die supranationale Verwaltungstätigkeit der Europäischen Union (→ § 5 Rn 33 ff).

Neben den *Organisationsformen* des öffentlichen Rechts dürfen auch diejenigen des **16**
Privatrechts in Anspruch genommen werden (formelle Privatisierung).[49] Grenzen können sich insbes aus Art 33 IV, 87 ff GG sowie aus dem einfachen Gesetzesrecht[50] ergeben. Teilweise wird eine Organisationsprivatisierung verfassungsrechtlich vorgeschrieben[51] oder zugelassen.[52] Am häufigsten kommt die Form der GmbH und des Vereins vor, doch bedient sich die Verwaltung auch der Form der Aktiengesellschaft (→ § 3 Rn 78 ff). Da sich Aktiengesellschaften wegen der Unabhängigkeit der Vorstands- und Aufsichtsratsmitglieder jedenfalls bei Nichtanwendung des Konzernrechts nur schwer steuern lassen, schreiben viele Gemeindeordnungen vor, dass sich die Kommunen der Rechtsform einer Aktiengesellschaft nur bedienen dürfen, wenn der öffentliche Zweck nicht ebenso gut in einer anderen Rechtsform erfüllt wird oder erfüllt werden kann.[53] Vor allem die Kommunen führen einen Großteil ihrer öffentlichen Einrichtungen (zB Stadthallen, Museen oder Theater) und Wirtschaftsbetriebe als Eigengesellschaften. Keine Verwaltungsträger stellen nach dem Gesagten (Rn 4) die gemischt zusammengesetzten Gesellschaften dar (also diejenigen Gesellschaften, an denen neben der öffentlichen Hand auch Privatpersonen beteiligt sind). Diese sog Public Private Partnerships[54]

[48] Mitglieder von Verbandskörperschaften sind nur oder überwiegend jur Personen. Bei Personal- und Realkörperschaften knüpft die Mitgliedschaft an eine bestimmte Eigenschaft der Person (zB Beruf eines Rechtsanwalts) oder an das Eigentum bzw ein qualifiziertes Nutzungsrecht an Grundstücken an. Vgl a *Wolff/Bachof/Stober* VwR III, § 87 Rn 32 ff. Bei Gebietskörperschaften knüpft die Mitgliedschaft für natürliche Personen an den Wohnsitz, für jur Personen an den Sitz an. Außerdem müssen Gebietskörperschaften in einem größeren Umfange Aufgaben wahrnehmen, so dass im Prinzip jeder Gebietsansässige der Gebietshoheit unterfällt (vgl aber auch VerfGH NRW DVBl 2001, 1595, 1596 f; krit *Ehlers* DVBl 2001, 1601 ff).

[49] Einen Vorrang ör Form enthalten die Gesetze nur vereinzelt (vgl zB die §§ 117 I Nr 1 GO LSA, 73 I Nr 2 Thür KO). Für einen generellen Vorrang des öffentlichen Rechts bei gleicher Eignung ör und privatrechtlicher Organisationsformen *Ehlers* Empfiehlt es sich, das Recht der öffentlichen Unternehmen im Spannungsfeld von öffentlichem Auftrag und Wettbewerb national und gemeinschaftsrechtlich neu zu regeln? Verh d 64. DJT 2002, E 107 f.

[50] Für das Kommunalrecht vgl zB die Bestimmungen nach Art des § 108 GO NRW, für das staatliche Recht § 65 der HOen.

[51] Vgl Art 87e III 1, 87f II, 143a, 143b GG.

[52] Vgl Art 87d I 2.

[53] Vgl zB die §§ 103 II GO BW; 108 III GO NRW; 95 II GO Sachs.

[54] Zu dem konturenlosen verwaltungswissenschaftlichen Begriff (*Schulze-Fielitz* in: Hoffmann-Riem/Schmidt-Aßmann/Voßkuhle, Grundlagen I, § 12 Rn 114) und den vielfältigen Formen vgl *Tettinger* DÖV 1996, 764 ff; *dens* NWVBl 2005, 1 ff; *Bauer* DÖV 1998, 89 ff; *Schuppert* Verwaltungswissenschaft, 448; *Bausback* DÖV 2006, 901 ff; *Ziekow* VerwArch 97 (2006),

erfreuen sich zunehmender Beliebtheit, werfen aber, wenn sie in Form einer gemischt zusammengesetzten Gesellschaft organisiert werden, zugleich Probleme auf, weil es nicht nur zu Synergieeffekten kommen kann, sondern vielfach Interessengegensätze bestehen bleiben, die sich nur schwer zum Ausgleich bringen lassen.

17 Ferner darf der Staat durch oder aufgrund Gesetzes Private mit der eigenständigen Wahrnehmung von Verwaltungsaufgaben und der Ausübung öffentlich-rechtlicher Handlungsbefugnisse betrauen, um die eigene Verwaltungsapparatur zu entlasten und sich die Sachkunde und Flexibilität dieser Personen zunutze zu machen.[55] Die Privaten werden dann als *Beliehene* (dh mit Staatsgewalt ausgestattete Personen und somit staatsförmig) tätig.[56] Sie stellen Behörden iSd VwVfG dar (→ § 10 Rn 24).[57] Beliehene handeln mittlerweile in so unterschiedlichen Aufgabenfeldern wie der Betreuung von Zivildienstleistenden, der förmlichen Zustellung von Schriftstücken, der Errichtung von Anlagen zur Endlagerung radioaktiver Abfälle, der Fluggastkontrolle und der Überwachung von Kasernen.[58] Die Aufgabenverantwortung und die daraus folgende, eine Rechts- und Fachaufsicht erfordernde Garantenstellung verbleiben weiterhin bei dem die Staatsgewalt übertragenden Verwaltungsträger.[59] Das Vergaberecht findet auch auf die Auswahl der Beliehenen keine Anwendung. Doch schließt dies Ausschreibungen nicht aus.[60]

18 Von den Beliehenen sind die Ehrenbeamten, ehrenamtlich Tätigen, Verwaltungsbeauftragten (Mandatare), Verwaltungshelfer und Verwaltungskonzessionäre zu unterscheiden. Auch diese Personen werden als (besondere) Amtswalter für die Verwaltung tätig. Im Gegensatz zu den *ehrenamtlich Tätigen* (zB den Schöffen, Wahlhelfern, Gemeinderatsmitgliedern) werden die *Ehrenbeamten* (zB die Leiter freiwilliger Feuerwehren) zu besonderen Beamten ernannt.[61]

19 Ein *Verwaltungsbeauftragter* (Mandatar) handelt selbständig, aber im Namen des Verwaltungsträgers. ZB kann anderen Verwaltungsträgern, anderen Behörden (sog externes Mandat), den Bediensteten einer Behörde (die im Auftrag für den Behördenleiter unterzeichnen) oder rechtsgeschäftlich bevollmächtigten Personen (etwa Anwälten, die für einen Verwaltungsträger im Prozess auftreten) – in bestimmten Grenzen – Vertretungsmacht erteilt werden. Öffentlich-rechtliche Vereinbarungen bzw Zweckvereinbarungen von Gemeinden und Gemeindeverbänden haben mandatierenden Charakter, wenn einer der Beteiligten sich verpflichtet, Aufgaben für die übrigen Beteiligten durchzuführen.[62] Kein Mandat, sondern eine Delegation liegt vor, wenn die Übertragung der Aufgabe vereinbart wurde. Während delegierende Vereinbarungen schon mangels Vor-

626 ff. Für die Kodifizierung eines Privatisierungsrechts im Hinbl auf die vertragsbasierten und die institutionalisierten Public Private Partnerships *Burgi* Verh d 67. DJT, 2008, Bd I, D 92 ff.

55 Zu den möglichen Sperrwirkungen des Art 33 IV vgl BVerwG DVBl 2006, 840 ff → JK GG Art 33/1.

56 Vgl zB die §§ 29 II 2 StVZO, 29 III Luft VG, § 44 III BHO sowie zB Art 44 III HO Bay, §§ 44 III HO BW, 44 II HO Bbg, 44 II HO NRW.

57 Ob sie zugleich Verwaltungsträger sind, ist umstritten. Befürwortend *Steiner* FS Koja, 1998, 603, 610; *Burgi* FS Maurer, 2001, 581, 594; abl *Stelkens* NVwZ 2004, 303 ff.

58 Vgl zu den Nachw *Voßkuhle* VVDStRL 62 (2003) 266, 301 f.

59 BremStGH NVwZ 2003, 81 ff.

60 Zur Frage, ob die Grundfreiheiten des Europäischen Gemeinschaftsrechts eine Ausschreibung in diesem Falle verlangen, vgl (verneinend) *Burgi* NVwZ 2007, 383 ff.

61 Vgl zB §§ 115 BRRG, 81 ff VwVfG, 28 GO NRW.

62 Näher dazu (zugleich krit, jedenfalls bei langer Geltungsdauer) *Oebbecke* in: Mann/Püttner, HdbKWuP I, § 29 Rn 65 ff.

liegens eines öffentlichen Auftrags nicht dem Vergaberecht unterfallen[63], dürfte für mandatierende Vereinbarungen Gegenteiliges anzunehmen sein.[64]

Von *Verwaltungshelfern* (→ § 10 Rn 32) wird traditionellerweise gesprochen, wenn eine Privatperson nicht selbständig nach außen tätig wird, sondern Angelegenheiten der Verwaltung im Innenverhältnis im Auftrag und nach Weisung der Behörde wahrnimmt (zB wenn sich die Polizei eines Abschleppunternehmers oder eine Gemeinde eines privaten Unternehmens für die Müllabfuhr bedient).[65] Die Aufgabenstellung der Verwaltung bleibt in solchen Fällen erhalten, die Aufgabenwahrnehmung wird aber Privaten übertragen (funktionale Privatisierung oder Erfüllungsprivatisierung). Das Verhältnis der Verwaltung zu den Verwaltungshelfern wird idR durch privatrechtlichen Vertrag gestaltet (→ § 3 Rn 57 m Fn 159).[66] Die Auswahl der Verwaltungshelfer unterfällt dem Vergaberecht. Nach Art der Einbeziehung lässt sich typischerweise zwischen vorbereitenden Verwaltungshelfern und ausführenden Verwaltungshelfern (zB Betreibern und Betriebsführern einer öffentlichen Einrichtung[67]) unterscheiden. Von vorbereitender Verwaltungshilfe (statt staatlicher Bedarfsdeckung im Wege einer Auftragsvergabe an Außenstehende) sollte nur die Rede sein, wenn die in Anspruch genommenen Personen in die Verwaltung inkorporiert werden (etwa als Sachverständige einer Verwaltungskommission, als Prüfer technischer Anlagen in einem Verwaltungsverfahren oder als Entwicklungsträger bei der Vorbereitung einer städtebaulichen Entwicklungsmaßnahme nach § 167 I BauGB).[68] In der Praxis kommt die Einbeziehung privater Dienstleistender in staatliche Verwaltungsverfahren außerordentlich häufig vor.[69] Da die Verwaltungshilfe bei Zugrundelegung der traditionellen Ansicht nur interne Bedeutung hat, würde die Heranziehung von Verwaltungshelfern nichts an der Beurteilung der Rechtsbeziehungen zwischen Verwaltung und Bürger ändern. Der Verwaltungshelfer dürfte nur an der Entscheidungsvorbereitung und der Ausführung der Entscheidung beteiligt werden, ihm dürfte aber nicht die Entscheidung selbst übertragen werden. Dies hat ua zur Konsequenz, dass der Gesetzesvorbehalt nicht gilt[70] und bei Schadenszufü- 20

[63] Str, aA OLG Naunburg NZBau 2006, 58, 60.

[64] Str, wie hier OLG Düsseldorf NZBau 2004, 398; OLG Frankfurt NZBau 2004, 692. AA zB *Burgi* NZBau 2005, 208 ff.

[65] *Maurer* Allg VwR, § 23 Rn 59 (zT abweichend von den Vorauflagen); *Ehlers* Die Erledigung von Gemeindeaufgaben durch Verwaltungshelfer, 1997, 18 ff; *Remmert* Private Dienstleistungen im staatlichen Verwaltungsverfahren, 2003, 259 ff, 350 ff.

[66] Zum Vorschlag, einen Kooperationsvertrag als neuen Vertragstypus in das Verwaltungsverfahrensgesetz aufzunehmen, vgl → § 3 Rn 57 m Fn 159; § 29 Rn 8 m Fn 37.

[67] Ein Betreiber errichtet und finanziert die Betriebsanlagen selbst, im Falle bloßer Betriebsführung bleibt die Verwaltung Eigentümerin und Betreiberin der Anlage. Vgl dazu auch SächsOVG SächsVBl 2005, 14 ff (auch zur Frage, ob von Verwaltungshilfe auch dann noch gesprochen werden kann, wenn der Private nach außen in rechtlich relevanter Weise in Erscheinung tritt).

[68] Zur Unterscheidung von Beratung und Zuarbeitung vgl *Heintzen* VVDStRL 62 (2003) 220, 251 ff.

[69] Vgl *Remmert* (Fn 65) 30 ff, 507 mit einer Umschreibung der Bestandsaufnahme im Baurecht, Umweltrecht, Recht der Straßenplanung, Recht der Verkehrsüberwachung, Recht der kommunalen Abgabenerhebung und Recht der Bearbeitung von Beihilfeanträgen unter Feststellung, dass 98 % aller befragten, mit Aufgaben der Bauleitplanung betrauten kommunalen Verwaltungseinheiten in Brandenburg im Planaufstellungsverfahren private Dienstleistungen in Anspruch nehmen.

[70] Gleichwohl steht es dem Gesetzgeber frei, die Verwaltungshilfe zu regeln. Vgl zB die §§ 16 I KrW-/AbfG, 18a II 3 WHG.

gungen im Außenverhältnis grundsätzlich nur die Verwaltung haftet[71] (wobei die Regressbegrenzung des Art 34 S 2 GG für selbständige private Unternehmer nicht gilt[72]). Da die Verwaltungshilfe die staatliche Verwaltung entlasten soll, stellt sich allerdings die Frage, ob dem Verwaltungshelfer nicht auch ein gewisser Entscheidungsspielraum (nicht nur im Hinblick auf die technischen Einzelheiten) zukommen kann. Die neuere Literatur hat die Frage teilweise bejaht und weitergehend angenommen, dass die Verwaltungshelfer in bestimmten (vielfach unklar bleibenden) Grenzen die Verwaltungsaufgabe selbständig mit privatrechtlichen Mitteln erfüllen dürfen (→ § 10 Rn 32).[73] Insb wird die Eingehung einer unmittelbaren Entgeltbeziehung zu Außenstehenden von diesen Stimmen für zulässig erachtet. Doch läge dann (zugleich) eine Verwaltungskonzession (Rn 21) in Gestalt einer Erfüllungssubstitution (Dienstleistungskonzession ersten Grades) vor. Es erscheint zweckmäßig, Verwaltungshilfe und Dienstleistungskonzessionen auseinander zu halten.[74] Die Gerichte haben eine systematische Feststellung von Park- und Halteverstößen durch private Unternehmer für nicht rechtmäßig erachtet,[75] es aber verschiedentlich zugelassen, dass Private die Berechnungsgrundlagen von Kommunalabgaben ermitteln, die Abgaben berechnen und die Abgabenbescheide ausfertigen und versenden.[76] Eine Abgabe der Entscheidungsverantwortung derart, dass beauftragte Private die Entscheidung vollständig vorbereiten und ausführen und die Verwaltungsbehörde nur der äußeren Form nach einen Verwaltungsakt erlässt, ist (auch bei gebundenen Entscheidungen) unzulässig.[77]

21 Neuartig ist die dem Europäischen Unionsrecht entlehnte Rechtsfigur der *Dienstleistungskonzession* oder – wie man verallgemeinert auch sagen könnte – Verwaltungskonzession.[78] Unter einer Dienstleistungskonzession versteht die Vergabekoordinierungsrichtlinie der Europäischen Union Verträge, die von öffentlichen Dienstleistungsaufträgen insoweit abweichen, als die Gegenleistung für die Erbringung der Dienstleistungen ausschließlich in dem Recht zur Nutzung der Dienstleistung oder in diesem Recht zuzüglich der Zahlung des Preises besteht.[79] Das trifft etwa auf Verträge über den entgeltfreien Betrieb eines städtischen Parkplatzes gegen Übertragung des Rechts zu, die Entgelte von den Parkplatzbenutzern erheben und behalten zu dürfen.[80] Dienstleistungskonzessionen unterfallen nicht dem Vergaberecht, doch sollen es die Grundfreiheiten des Europäischen Unionsrechts wie die Grundsätze der Gleichbehandlung, der Nichtdiskriminierung und der Transparenz nach der Rechtsprechung des EuGH der

[71] Vgl BGHZ 121, 161→ JK BGB § 839/7. Dagegen wird die Halterhaftung nach § 7 StVG (und anderer Tatbestände einer Gefährdungshaftung) durch die Amtshaftung des Verwaltungsträgers nicht verdrängt (BGHZ 121, 161, 168).

[72] BGHZ 161, 6 → JK GG Art 34/30.

[73] Näher dazu *Burgi* Funktionale Privatisierung und Verwaltungshilfe, 1999, 151 ff, 280 ff mwN.

[74] So nun auch *Burgi* Die Dienstleistungskonzession ersten Grades, 2004, 29; *Nettesheim* EWS 2007, 145, 148.

[75] Vgl BayObLG NJW 1997, 3454 f („funktionell originäre Staatsaufgabe"); KG Berlin NJW 1997, 2894 ff; *Scholz* NJW 1997, 14 ff.

[76] Vgl die Nachw bei *Remmert* (Fn 65) 98 f.

[77] Vgl ThürOVG, Beschl v 19.10.2009, Az 4 EO 26/09.

[78] Näher dazu *Ruhland* Die Dienstleistungskonzession, Bd 9, 2006.

[79] Art 1 IV RL 2004/18/EG. Zur Abgrenzung s auch EuGH EuZW 2009, 612; Urt v 10.9.2009, C-206/08.

[80] Grundl EuGH, Slg 2005, I-8585 – Parking Brixen. Zur Abgrenzung zum Dienstleistungsauftrag anhand des Merkmals des Betriebsrisikos vgl EuGH EuZW 2009, 810 (Übernahme einer Dienstleistung, für die ein öffentlich-rechtlicher Anschluss- und Benutzungszwang besteht).

Verwaltung grundsätzlich verbieten, eine öffentliche Dienstleistungskonzession von grenzüberschreitender Bedeutung ohne Ausschreibung zu vergeben.[81] Die Ausschreibung ist bisher gesetzlich nicht geregelt worden. Teilweise haben die Dienstleistungskonzessionen eine bereichsspezifische Normierung erfahren.[82]

Die organisations-, verfahrens- und materiellrechtliche Erfassung von Dienstleistungskonzessionen steht erst am Anfang. Entscheidend ist, ob der Konzessionär Verwaltungsaufgaben oder (nur) eigene Aufgaben wahrnimmt. Dementsprechend lässt sich zwischen Dienstleistungskonzession ersten und zweiten Grades unterscheiden. Im zunächst genannten Fall liegt eine *Erfüllungssubstitution* vor, weil nur die Erledigung der Aufgabe einem Privaten (ggf auch einem anderen Verwaltungsträger) übertragen worden ist, wobei die Übertragung im Gegensatz zur Verwaltungshilfe allerdings nicht nur verwaltungsinterne Bedeutung hat. Die Dienstleistungskonzession zweiten Grades stellt eine *Verwaltungssubstitution*[83] dar. Der Konzessionär ersetzt das Verwaltungshandeln und begründet selbst mit den Bürgern rechtliche Beziehungen. IdR ist gerade dies gewollt. Sowohl die Vergabe der Dienstleistungskonzession als auch das Handeln des Konzessionärs unterfallen dann dem Privatrecht.[84] Weder gilt für den Konzessionär Verwaltungsprivatrecht, noch finden auf ihn die Grundsätze der Staatshaftung Anwendung.[85] Falls der Konzessionär allerdings öffentlich-rechtlich tätig werden soll, liegt in Wahrheit eine (nur auf gesetzlicher Grundlage zulässige) Beleihung vor. Mittels der Vergabe von Dienstleistungskonzessionen in Gestalt einer Verwaltungssubstitution könnten nahezu alle marktwerten Leistungen der Verwaltung auf Private übertragen werden.[86] Von einer klassischen Aufgabenprivatisierung unterscheidet sich die Dienstleistungskonzession dadurch, dass die Aufgabe nur befristet aufgegeben wird und nach Fristablauf zunächst wieder in den staatlichen Bereich zurückwandert.[87] Für den Bürger können Dienstleistungskonzessionen wegen des Austausches des Partners der Rechtsbeziehungen sowie der Veränderung der Handlungsmaßstäbe erhebliche Gefahren mit sich bringen. Zwar dürften sich die (zB) aus §§ 16 II 1 KrW-/AbfG, 18a IIa 2 WHG ergebenden Anforderungen (Fachkunde, Zuverlässigkeit, Sicherstellung der übertragenen Pflichten, keine entgegenstehenden öffentlichen Interessen) verallgemeinern lassen. Auch bleibt es der Verwaltung unbenommen, den Privaten weitreichende Gemeinwohlverpflichtungen aufzuerlegen.[88] IdR dürfte sie dazu auch verpflichtet sein. Doch wirft die Realisierung einer trotz Privatisierung fortbestehenden Gewährleistungsverantwortung der Verwaltung (Rn 86) noch vielfältige Fragen auf. Anzustreben ist eine gesetzliche Regelung der Dienstleistungskonzession. 22

81 EuGH, Slg 2005, I-8585, Rn 72 – Parking Brixen; Übungsfall (Examensklausur) bei *Weyd* JURA 2009, 448 ff.

82 Vgl für den Verkehrsbereich die VO (EG) Nr 1370/2007. Näher dazu *Fehling/Niehnus* DÖV 2008, 662 ff. Zu den von den Dienstleistungskonzessionen zu trennenden Baukonzessionen vgl § 98 VI GWB.

83 Näher zur Unterteilung nach erfüllungs- und verwaltungssubstituierenden Konzessionen: *Burgi* (Fn 74) 20 ff; *Ortner* Vergabe von Dienstleistungskonzessionen, 2007, 64 ff, 69 mwN; *Hüser* Ausschreibungspflichten bei der Privatisierung öffentlicher Aufgaben, 2005, 88 ff, 295 ff.

84 AA *Nettesheim* EWS 2007 145, 150.

85 *Ruhland* (Fn 78) 122 ff.

86 *Nettesheim* EWS 2007, 145, 146.

87 Vgl auch *Ruhland* (Fn 78) 113 f.

88 Zur Einbindung des Arbeitgebers in das Lohnsteuerverfahren vgl *G. Kirchhof* Die Erfüllungspflichten des Arbeitgebers im Lohnsteuerverfahren, 2005.

23 Das *Zusammenwirken der* verschiedenen *Verwaltungsträger* sowie der verschiedenen Stellen (Behörden) innerhalb eines Verwaltungsträgers richtet sich nach bestimmten Strukturprinzipien, die sich überwiegend bereits dem Verfassungsrecht (insb dem Demokratieprinzip, Rechtsstaatsprinzip und den Art 83 ff GG) entnehmen lassen. So müssen alle öffentlich-rechtlichen Träger mittelbarer Staatsverwaltung mindestens einer Rechtsaufsicht unterliegen.[89] Soweit es sich um publizistische Privatrechtssubjekte (zB Eigengesellschaften) handelt, fehlt es an ausdrücklichen Aufsichtsbestimmungen. Doch bedürfen auch diese Subjekte einer effektiven Steuerung und Kontrolle (→ § 3 Rn 84).[90] Ferner müssen nicht nur Bund und Länder, sondern auch Verwaltungsträger aufeinander Rücksicht nehmen. Dies schränkt nicht die Kompetenz, sondern lediglich die Kompetenzausübung (geringfügig) ein.[91] Die Binnenorganisation eines mehrgliedrig strukturierten Verwaltungsträgers ist im Grundsatz hierarchisch geordnet, weil sich die Verwaltung nur so demokratisch legitimieren lässt (Rn 26; → § 6 Rn 7) und Konflikte vermieden werden können. Die Geschäftsleitungs-, Personal- und Organisationsgewalt ist bei der Spitze angesiedelt und kann jederzeit durch generelle oder einzelfallbezogene Weisungen aktiviert werden. Kommuniziert wird auf dem Dienstweg.

III. Personal der staatlichen Verwaltung

1. Beschäftigungsverhältnisse

24 In der öffentlich-rechtlich organisierten Verwaltung wurden im Jahre 2007 rund 4,5 Millionen Personen (voll- und teilzeit-)beschäftigt.[92] Dies entspricht einem Anteil von etwa 11 % an der Gesamtzahl der Erwerbstätigen (40,8 Mio). Die öffentlichen Bediensteten teilen sich vornehmlich in zwei große Gruppen auf: die Beamten einerseits und die Angestellten bzw Arbeiter des öffentlichen Dienstes andererseits. Während die *Beamten* in einem öffentlich-rechtlichen Dienst- und Treueverhältnis stehen, werden die *Angestellten* und *Arbeiter* aufgrund privatrechtlicher Dienstverträge beschäftigt. Diese Unterscheidung hat sich historisch herausgebildet. Im Vergleich zu den Angestellten und Arbeitern des öffentlichen Dienstes stehen die Beamten in einer besonders engen Beziehung zum Staat. Dieser soll sich gerade auch in schwierigen Zeiten auf die Beamten verlassen können. Die „hergebrachten Grundsätze des Berufsbeamtentums" haben in Art 33 V GG eine verfassungsrechtliche Absicherung erfahren. Seit der Föderalismusreform I stellt Art 33 V GG ausdrücklich klar, dass dies eine Fortentwicklung nicht ausschließt. Zu den hergebrachten Grundsätzen gehören insb das Prinzip der Einstellung auf Lebenszeit, das Leistungsprinzip, die überkommenen Beamtenpflichten (zB unparteiische und parteipolitisch neutrale Amtsführung, Einsatz der vollen Arbeitskraft, außerdienstliche Verhaltensanforderungen, Streikverbot), das Alimentationsprinzip[93] (Anspruch auf standesgemäße Dienst- und Versorgungsbezüge) und die Fürsorge-

[89] *Puhl* in: Isensee/ders III, § 48 Rn 45; *Waechter* Kommunalrecht, 3. Aufl 1997, Rn 188.

[90] Vgl *Püttner* DVBl 1975, 353 ff; *Ehlers* DÖV 1986, 897 ff; *Spannowsky* DVBl 1992, 1072 ff; *Dreier* Hierarchische Verwaltung im demokratischen Staat, 1991, 258 f.

[91] Zum Grundsatz der Bundestreue vgl BVerfGE 92, 203, 234, zum Grundsatz gemeindefreundlichen Verhaltens *Schmidt-Aßmann/Röhl* in: Schmidt-Aßmann/Schoch, Bes VwR, 1 Kap Rn 25.

[92] Statist Jb 2008, 594.

[93] Vgl zB BVerfGE 99, 300 → JK GG Art 33 V/14; 117, 337 → JK GG Art 33 V/16 (kein Anspruch auf Gewährung einer Ballungsraumzulage).

pflicht des Dienstherrn.[94] Die Gesetzgebungskompetenz für die Gestaltung des Beamtenrechts liegt teils beim Bund (Art 73 I Nr 8, 74 I Nr 27 GG), im Übrigen bei den Ländern. Im Einzelnen ist das Beamtenrecht insb im Bundesbeamtengesetz (BBG), Bundesbesoldungsgesetz (BBesG), Beamtenversorgungsgesetz (BeamtVG) und dem am 1.4.2009 in Kraft getretenen Beamtenstatusgesetz des Bundes[95] sowie den Landesbeamten-, -besoldungs- und -versorgungsgesetzen kodifiziert worden. Soweit der Bund in Wahrnehmung seiner früheren Kompetenz zur konkurrierenden Gesetzgebung Besoldungs- und Versorgungsvorschriften auch für die Länder und in Wahrnehmung seiner Rahmengesetzgebungskompetenz Rahmenvorschriften für die Gesetzgebung der Länder über die Rechtsverhältnisse der im öffentlichen Dienste der Länder, Gemeinden und anderen Körperschaften des öffentlichen Rechts stehenden Personen erlassen hat (Beamtenrechtsrahmengesetz), gelten die Vorschriften gem Art 125a GG als Bundesrecht fort, solange die Länder keine neuen Vorschriften erlassen haben. Dagegen wird das Recht der Arbeiter und Angestellten im öffentlichen Dienst in erster Linie in Tarifverträgen geregelt.[96] In ihrem materiellen Gehalt haben sich das Beamtenrecht und das Recht der Arbeitnehmer des öffentlichen Dienstes in den letzten Jahrzehnten immer mehr angenähert.[97] So sind im Beamtenrecht Regelungen für eine stärker leistungsorientierte Bezahlung (§§ 42 ff BBesG) und für Teilzeitbeschäftigungen (zB §§ 91 ff BBG; 65 ff LBG NRW) geschaffen worden. Auch setzen sich die Personalvertretungen in den Verwaltungen aus allen Beschäftigungsgruppen zusammen.[98] Nach wie vor gibt es aber einige bedeutende Unterschiede. So gilt das (grundsätzliche) *Streikrecht*[99] und die *Sozialversicherungspflicht* nur für die Angestellten und Arbeiter.[100] Die generelle Vergabe von Ämtern mit leitender Funktion im Beamtenverhältnis auf Zeit ist vom BVerfG als Verstoß gegen Art 33 V GG angesehen worden.[101] Mit Ausnahme von den Ausländern, welche die Staatsangehörigkeit eines anderen Mitgliedstaates der Europäischen

[94] Näher dazu *Kunig* in: Schmidt-Aßmann/Schoch, Bes VwR, 6. Kap Rn 44.

[95] BGBl 2008 I, 10

[96] Für den Bund und die Vereinigung der kommunalen Arbeitgeberverbände gilt der Tarifvertrag für den öffentlichen Dienst (TVöD), für die Tarifgemeinschaft der Länder der Tarifvertrag für den öffentlichen Dienst der Länder (TV-L) als Manteltarifvertrag. Näher dazu *Voßkuhle* in: Hoffmann-Riem/Schmidt-Aßmann/Voßkuhle, Grundlagen III, § 43 Rn 83.

[97] Vgl bereits *Studienkommission für die Reform des öffentlichen Dienstrechts*, Bd 6, 1973, Gutachten, 111 f, 134. Der Vorschlag der Studienkommission, das Dienstrecht für alle Angehörigen des öffentlichen Dienstes nach einheitlichen Grundsätzen zu gestalten, ist in der Praxis nicht aufgegriffen worden. Zur grds Zulässigkeit einer Angleichung der Beamtenversorgung an die Rentenversorgung vgl BVerfG 114, 297 ff → JK GG Art 33 V/15. Krit zur Angleichung des Beamtenrechts an das Arbeitsrecht *Janssen* ZBR 2003, 113 ff.

[98] Vgl zB §§ 12 ff BPersVG.

[99] HM. Vgl statt vieler *Stern* StR I, § 11 IV 3a, b. Nach BVerfGE 88, 103, 113 ff → JK GG Art 9 III/11, darf bei einem rechtmäßigen Streik nicht der Einsatz von Beamten auf bestreikten Arbeitsplätzen angeordnet werden, solange dafür keine gesetzliche Regelung vorhanden ist; krit dazu *Isensee* DZWir 1994, 399 ff.

[100] Vgl aber auch § 14a BBesG (Versorgungsrücklage, die sich aus der Verminderung der Besoldungs- und Versorgungsanpassungen speist). Ferner zB BVerfG-K (DVBl 2002, 114 ff), wonach weder die Fürsorgepflicht des Dienstherrn noch das Alimentationsprinzip (Art 33 V GG) eine beitragsfreie Absicherung des Beamten gegen das Risiko der Pflegebedürftigkeit gebieten.

[101] BVerfGE 121, 205. Diff. *Voßkuhle* in: Hoffmann-Riem/Schmidt-Aßmann/Voßkuhle, Grundlagen III, § 43 Rn 121.

Union besitzen (→ § 5 Rn 54), dürfen grundsätzlich nur Deutsche Beamte werden,[102] während für Angestellte und Arbeiter diese Beschränkung nicht gilt.

25 Die Wahl zwischen den beamten- und den privatrechtlichen Beschäftigungsverhältnissen steht der Verwaltung nicht frei. Nach Art 33 IV GG ist die Ausübung hoheitsrechtlicher Befugnisse als ständige Aufgabe *idR* Angehörigen des öffentlichen Dienstes zu übertragen, die in einem *öffentlich-rechtlichen Dienst- und Treueverhältnis* stehen. Nach wohl hM übt auch die grundrechtsrelevante Leistungsverwaltung hoheitsrechtliche Befugnisse iSd Vorschrift aus.[103] Angesichts einer vermehrten „Flucht" der öffentlichen Hand in privatrechtliche Beschäftigungsverhältnisse – im Jahre 2007 standen zB rund 180200 voll- und teilzeitbeschäftigte Beamte ca 1,1 Mio (dh der sechsfachen Zahl) Angestellten und Arbeitern bei den Gemeinden und Gemeindeverbänden gegenüber[104] – steht die Praxis nicht mehr in jeder Hinsicht mit den grundgesetzlichen Anforderungen in Einklang.

2. Zulässigkeit einer Mitbestimmung des Verwaltungspersonals

26 Nach Art 20 II 1 iVm Art 28 I 1 GG geht alle Staatsgewalt in Bund und Ländern vom Volke aus. Wie sich aus Art 20 II 2 GG ergibt, übt das Volk die Staatsgewalt außer durch Wahlen und Abstimmungen durch besondere Organe der Gesetzgebung, der vollziehenden Gewalt und der Rechtsprechung aus. Dies setzt voraus, dass das Volk einen effektiven Einfluss auf die Ausübung der Staatsgewalt durch diese Organe hat. Deren Akte müssen sich deshalb auf den Willen des Volkes zurückführen lassen und ihm gegenüber verantwortet werden.[105] Dies macht ua eine *personell demokratische Legitimation* der mit der Wahrnehmung von Verwaltungsaufgaben betrauten Amtswalter erforderlich.[106] Diese wird regelmäßig über das Volk bzw die vom Volk gewählte Vertretung und die Regierung oder die Minister bzw die sonstige Spitze der Exekutive hergestellt. Dagegen darf es grundsätzlich nicht außenstehenden Instanzen überlassen bleiben, darüber zu entscheiden, wer berechtigt ist, für das Volk zu sprechen. Umstritten ist, ob dies die Zulässigkeit einer Mitbestimmung des Verwaltungspersonals ausschließt. Um die Frage beantworten zu können, muss zwischen der personellen und der direktiven Mitbestimmung unterschieden werden.

27 a) *Personelle Mitbestimmung.* Diese Art der Mitwirkung bezieht sich auf die innerdienstlichen, sozialen oder persönlichen Angelegenheiten der Beschäftigten. Sie ist für das Personal in der öffentlich-rechtlich organisierten Verwaltung in den Personalvertretungsgesetzen[107], für die Beschäftigten in der privatrechtlich organisierten Verwaltung im Betriebsverfassungsgesetz[108] geregelt. Da die diesbezüglichen Beteiligungsrechte der

[102] Vgl §§ 7 I Nr 1 BBG, 4 I Nr 1 BRRG.

[103] Vgl statt vieler *Battis* in: Sachs (Fn 3) Art 33 Rn 55 ff. Näher zum Begriff der hoheitsrechtlichen Befugnisse *Remmert* (Fn 65) 438 ff. Zur Notwendigkeit der Verbeamtung von Lehrern krit *Voßkuhle* in: Hoffmann-Riem/Schmidt-Aßmann/Voßkuhle, Grundlagen III, § 43 Rn 117.

[104] Vgl Statist Jb 2008, 594.

[105] BVerfGE 83, 60, 71 f; krit *Schliesky* Souveränität und Legitimität von Herrschaftsgewalt, 2004, 281 ff.

[106] Vgl auch *Böckenförde* in: Isensee/Kirchhof II, § 24 Rn 16 ff, 23 ff; *Oebbecke* Weisungs- und unterrichtungsfreie Räume in der Verwaltung, 1986, 84; *Czybulka* Die Legitimation der öffentlichen Verwaltung, 1989, 87 ff; *Schmidt-Aßmann* AöR 116 (1991) 329, 360 ff; *Ehlers* FS Stein, 2002, 125, 127.

[107] Vgl zB §§ 75 ff BPersVG.

[108] §§ 87 ff BetrVG 1972.

Beschäftigten im Sozialstaatsgedanken wurzeln und auf Vorstellungen zurückgehen, die auch den Grundrechtsverbürgungen der Art 1, 2 und 5 I GG zugrunde liegen,[109] bedarf es insoweit keiner demokratischen Legitimation. Es ist daher nicht zu beanstanden, wenn die Personal- und Betriebsräte von den jeweiligen Beschäftigten gewählt werden und in erster Linie diese Beschäftigten und nicht das Volk vertreten.[110] Die Mitbestimmung darf sich aber nur auf innerdienstliche Maßnahmen erstrecken und nur so weit gehen, wie die spezifischen, in dem Beschäftigungsverhältnis angelegten Interessen der Angehörigen der Dienststelle sie rechtfertigen (Schutzzweckgrenze). Außerdem verlangt das Demokratieprinzip bei Entscheidungen von Bedeutung für die Erfüllung des Amtsauftrages jedenfalls, dass die Letztentscheidung eines dem Parlament verantwortlichen Verwaltungsträgers gesichert ist (Verantwortungsgrenze).[111]

b) *Direktive Mitbestimmung.* Die direktive Mitbestimmung geht erheblich über die **28**
personelle hinaus. Sie zielt auf eine Beteiligung an den staatlichen Leitungsentscheidungen ab. Darunter sind alle Entscheidungen zu verstehen, die nicht die innerdienstlichen, sozialen oder personellen Angelegenheiten, sondern die sonstigen Aufgaben des Staates betreffen (insb die Gestaltung der Außenrechtsbeziehungen zum Bürger). Diskutiert und vielfach praktiziert wird eine solche Art der Mitbestimmung zB in den wirtschaftlichen Unternehmen der öffentlichen Hand[112] und in Richterwahlausschüssen.[113] IdR wählen dann die Beschäftigten Vertreter zur Wahrnehmung ihrer Interessen in den Verwaltungsrat, den Aufsichtsrat oder ein ähnliches Leitungsgremium.[114] Da die Beschäftigten (in ihrer Eigenschaft als Dienstnehmer) nicht das Volk sind oder dieses repräsentieren, verfügen ihre Vertreter über keine demokratische Legitimation. Nach Ansicht des Verfassungsgerichtshofs für das Land Nordrhein-Westfalen[115] und anderer Gerichte[116] ist eine solche Art der Mitbestimmung daher unzulässig. Dagegen wird in der Literatur vielfach eine Veto- oder Mehrheitsposition der demokratisch legitimierten Amtswalter für ausreichend gehalten.[117] Das BVerfG ist der Auffassung, dass die verschiedenen Legitimationsformen nicht für sich Bedeutung hätten, sondern nur in ihrem Zusammenwirken einen „hinreichenden Gehalt" bzw ein „bestimmtes Legitimationsniveau" erreichen müssen.[118] Die Mitbestimmung von Arbeitnehmern sei (in gewissen

[109] BVerfGE 28, 314, 323; 51, 43, 58; SächsVerfGH ZBR 2002, 37, 38.

[110] Vgl auch *Ehlers* JZ 1987, 218, 220.

[111] BVerfGE 93, 37, 70 → JK GG Art 20 II/1, das aus diesen Vorgaben ein Drei-Stufen-Modell ableitet. Vgl dazu *Ehlers* Jura 1997, 180, 185 f.

[112] Vgl *Ossenbühl* Grenzen der Mitbestimmung im öffentlichen Dienst, 1986, 37 ff; *Tettinger* Mitbestimmung in der Sparkasse und verfassungsrechtliches Demokratiegebot, 1986, 31 ff; *Nagel/Bauer* Mitbestimmung in öffentlich-rechtlichen Unternehmen und Verfassungsrecht, 1990, 38 ff.

[113] Vgl dazu *Böckenförde* Verfassungsfragen der Richterwahl, 2. Aufl 1998, 59 ff, 71 ff.

[114] Vgl zB § 43 I h SpkG NRW.

[115] VerfGH NRW JZ 1987, 242 ff → JK GG Art 20 II/1. Im Wesentlichen zust *Ehlers* JZ 1987, 218 ff. AA *Nagel/Bauer* (Fn 112) 52.

[116] VerfGH Rh-Pf NVwZ-RR 1994, 665, 669 – allenfalls im sog Bagatellbereich verfassungsrechtlich hinnehmbar. Vgl ferner auch BVerwGE 106, 64 ff; HessStGH DVBl 1986, 936 ff.

[117] *Böckenförde* in: Isensee/Kirchhof II, § 24 Rn 19; *Tettinger* (Fn 112) 55; *R. Schmidt* FS Knöpfle, 1996, 303 ff. Entgegen BVerfGE 47, 253, 274 → JK GG Art 28 I/1, gibt es keine unwichtigen Entscheidungen, die nicht demokratisch legitimiert sein müssen. Vielmehr bedarf nach Art 20 II 1 GG „alle" Staatsgewalt der demokratischen Legitimation. Vgl auch *Jestaedt* Demokratieprinzip und Kondominialverwaltung, 1993, 376, 379.

[118] BVerfGE 93, 37, 67 → JK GG Art 20 II/1.

Grenzen) grundsätzlich vereinbar mit dem im demokratischen Prinzip wurzelnden Grundgedanken der Beteiligung Betroffener bei der Erfüllung „öffentlicher" Aufgaben.[119] Nach der hier vertretenen Ansicht ist eine Beteiligung von Beschäftigten in dieser Eigenschaft, wenn überhaupt, nur in sehr engen Grenzen zulässig. Unverzichtbar ist in jedem Falle ein Letztentscheidungsrecht der Verwaltungsspitze.[120] Das gegenwärtige Recht enthält hierfür kaum Vorkehrungen. So ermöglichen Veto-Positionen keine positiven Entscheidungen. Auf Mehrheitsverhältnisse kann es jedenfalls solange nicht ankommen, wie die Gruppendisziplin nicht rechtlich zwingend vorgeschrieben ist. ZB müssen die Mitglieder des Verwaltungs- bzw Aufsichtsrats kommunaler Unternehmen idR nach den Grundsätzen der Verhältniswahl von den Gemeinderäten bzw Kreistagen gewählt werden.[121] Es sind dann „Koalitionen" zwischen einigen von den kommunalen Vertretungen gewählten Mitgliedern und den Beschäftigtenvertretern denkbar, welche die demokratischen Mehrheitsverhältnisse in ihr Gegenteil verkehren. Nicht geklärt ist ferner, ob das Erfordernis demokratischer Legitimation unverändert für die privatrechtlich organisierten Einrichtungen und Unternehmen der Verwaltung (zB Eigengesellschaften) gilt.[122] Verlangt man, dass jede mit der Ausübung von Staatsgewalt betraute Person demokratisch legitimiert sein muss, wäre die Inanspruchnahme der privatrechtlichen Organisationsformen unzulässig, wenn nach einfachem Gesetzesrecht (MitbestG, Montan-MitbestG, BetrVG 1952 und 1972) ein Aufsichtsrat (mit Beschäftigtenvertretern) gebildet werden muss. Nicht zu folgen ist der Lehre vom Verwaltungsgesellschaftsrecht, wonach die Mitbestimmungsregelungen für die Eigengesellschaften wegen Unvereinbarkeit mit dem Demokratieprinzip nicht gelten (→ § 3 Rn 84).

29 Ungeachtet des dargestellten Meinungsstreits ist die Heranziehung des Sachverstandes der Beschäftigten oder der Mitglieder gesellschaftlicher Gruppen jedenfalls dann mit dem Demokratieprinzip vereinbar, wenn die genannten Personen zu gemeinwohlgebundenen Amtswaltern bestellt und von einem hierzu demokratisch legitimierten Organ (statt von den Beschäftigten) individuell berufen werden.[123] Auch die Bindung an Vorschlagslisten gesellschaftlicher Gruppen oder an Listen von Personalversammlungen kann hingenommen werden, falls dem demokratisch legitimierten Entscheidungsorgan eine hinreichende Auswahlmöglichkeit verbleibt.[124] Deshalb ist es zB verfassungsrechtlich nicht zu beanstanden, wenn § 12 II SpkG NRW vorschreibt, dass bestimmte Mitglieder des Verwaltungsrates der Sparkasse aus einem Vorschlag der Personalversammlung der Sparkasse zu wählen sind, wobei der Vorschlag mindestens die doppelte Anzahl der zu wählenden Mitglieder enthalten muss.

119 BVerfGE 107, 59, 98 → JK GG Art 20 II/3; BVerfG-K NVwZ 2003, 600, 601 (Gewährleistung einer funktionierenden Vertretung von Arbeitnehmerinteressen im Aufsichtsrat von Universitätskliniken); vgl auch *Britz* VerwArch 91 (2000) 418, 430 ff.
120 Vgl *Ehlers* Jura 1997, 180, 186.
121 Vgl etwa § 71 I 3, II KV M-V; 50 IV GO NRW.
122 Vgl *Schenke* JZ 1991, 581, 587 f; *R. Schmidt* (Fn 117) 317 f.
123 AA *Stober* Wasserverbandsrecht und Arbeitnehmermitbestimmung, 1989, 60.
124 Vgl *Ehlers* JZ 1987, 218, 223; *Oebbecke* VerwArch 81 (1990) 349, 367 f. Krit VerfGH Rh-Pf NVwZ-RR 1994, 665, 677 f.

3. Partizipation an Verwaltungsentscheidungen

Die Verwaltung liegt nicht allein in den Händen des Personals. Vielmehr können die Adressaten der Verwaltung an der Wahrnehmung der Verwaltungsaufgaben partizipieren. Unter *Partizipation* soll hier entgegen einem verbreiteten Sprachgebrauch nur diejenige Beteiligung der Bürger (Wahlberechtigten), Einwohner oder sonstigen Personen an der Verwaltung verstanden werden, die sich nicht als Ausübung von Staatsgewalt unmittelbar durch das Volk darstellt.[125] Soweit das Staatsvolk oder die Mitglieder der (sonstigen) Körperschaften des öffentlichen Rechts ihren Willen in Wahlen oder Abstimmungen äußern,[126] tritt der Souverän als Gesamtvolk oder vom Verfassungs- bzw Gesetzgeber eingesetztes Teilvolk[127] selbst in Erscheinung und wirkt nicht an Handlungen anderer mit. Hinzuweisen ist einerseits auf die Parlaments-, Kommunal- oder sonstigen Körperschaftswahlen, andererseits auf die Volksbegehren und Abstimmungen in Form von Volksentscheiden[128] oder die Beschlussfassungen der Mitgliederversammlungen einer Gemeinde[129] bzw einer Körperschaft. Soweit es den Bund angeht, soll die Einführung über Art 29, 118 GG hinausgehender plebiszitärer Elemente ungeachtet der Erwähnung von Volksabstimmungen in Art 20 II 2 GG nach hM[130] einer Verfassungsänderung bedürfen. Doch sind Volksbefragungen nach der hier vertretenen Ansicht über die ausdrücklichen verfassungsrechtlichen Regelungen hinausgehend als zulässig anzusehen[131], sofern dadurch nicht das Bekenntnis der Verfassung zur repräsentativen Demokratie unterlaufen und in die Kompetenzen anderer Rechtsträger eingegriffen wird.[132] 30

Das *Demokratieprinzip* gebietet eine Partizipation an Verwaltungsentscheidungen idR nicht, schließt sie aber auch nicht aus.[133] Berühren die Verwaltungsentscheidungen 31

[125] Zum Begriff der Partizipation vgl *Hartisch* Verfassungsrechtliches Leistungsprinzip und Partizipationsverbot im Verwaltungsverfahren, 1975, 80 ff; *Schmidt-Aßmann* AöR 116 (1991) 329, 371; *Kluth* Funktionale Selbstverwaltung, 1997, 236 f (Selbstverwaltung als Betroffenen-„Partizipation"); *Ehlers* FS Stein 125, 140 f. Anders als hier BVerfGE 111, 217 → JK GG Art 12 I/77.

[126] Vgl Art 20 II 2, 28 I 2 GG.

[127] Str, wie hier *Herzog* in: Maunz/Dürig, GG, Art 20 II Rn 56 f; *Oebbecke* VerwArch 81 (1990) 349, 356 ff; *Kahl* Die Staatsaufsicht, 2000, 487 ff; *Ehlers* FS Stein, 125, 132 f; *Pieroth* EuGRZ 2006, 330, 332; gegen einen Teilvolkcharakter von funktionalen (statt kommunalen) Selbstverwaltungskörperschaften *Böckenförde* (Fn 117) Rn 33 ff; *Schmidt-Aßmann* AöR 116 (1991) 329, 369 ff; *Jestaedt* (Fn 117) 213 ff; *Kluth* (Fn 125) 372.

[128] Vgl zur Volksgesetzgebung in Ländern und Kommunen die Übersicht von *Hartmann* DVBl 2001, 776 ff. Zu den Grenzen von Bürgerbegehren und Bürgerentscheiden vgl BayVerfGH DVBl 1998, 136 ff, *Schmitt Glaeser* DÖV 1998, 824, 828 ff; zu der landesrechtlich unterschiedlich beantworteten Frage, ob es ein Vollzugsverbot nach Einreichung bzw Einleitung eines Bürgerbegehrens gibt, vgl OVG NRW NVwZ-RR 1999, 140 (s nunmehr aber § 26 VI 6 GO NRW); zum Verhältnis von parlamentarischer Gesetzgebung und Volksgesetzgebung HVerfG DVBl 2005, 439 → JK HbgV Art 48/1; zu weiteren Rechtsproblemen (insb zur Frage eines Vollzugsverbotes nach Einreichung eines Bürgerbegehrens) BayVGH NVwZ 1998, 423 ff; *Schliesky* DVBl 1998, 169 ff; vgl auch *Jung* ZRP 2000, 440 ff.

[129] Art 28 I 4 GG.

[130] Vgl *Maurer* StR, § 7 Rn 30 ff.

[131] Wie hier *Pestalozza* NJW 1981, 733, 734; *Ehlers* FS Stein, 125, 140. AA *Herzog* in: Maunz/Dürig, GG, Art 20 II Rn 45.

[132] BVerfGE 8, 104, 115 ff.

[133] In Art 56 der Hamburgischen Verfassung heißt es sogar ausdrücklich: „Das Volk ist zur Mitwirkung an der Verwaltung berufen. Die Mitwirkung geschieht insbesondere durch die ehrenamtlich tätigen Mitglieder der Verwaltungsbehörden."

Rechte einzelner, kann zwar eine Beteiligung namentlich in Gestalt einer vorherigen Anhörung (etwa nach Art des § 28 VwVfG) verfassungsrechtlich geboten sein (→ § 14 Rn 27 ff). Doch wurzeln die diesbezüglichen Beteiligungsrechte der Bürger, Einwohner und sonstigen Personen zumindest schwerpunktmäßig im Rechtsstaatsprinzip und in den Grundrechten, nicht aber im Demokratieprinzip.[134]

32 Das *einfache Gesetzesrecht* kennt zahlreiche Formen der Partizipation. Als Partizipationssubjekte kommen die rechtlich Betroffenen, die Sachverständigen, die Interessenten und die Öffentlichkeit in Betracht.[135] Die Art der Beteiligung lässt sich danach systematisieren, ob dem Einzelnen die Möglichkeit gegeben wird, sich *an die Verwaltung* zu wenden, oder ob die Beteiligung *auf Seiten der Verwaltung* erfolgt. In die erste Gruppe fällt zB das Recht der Bürger, der Einwohner und uU auch der im Ausland wohnenden Ausländer,[136] sich zu Planungen und Vorhaben der Verwaltung zu äußern,[137] Fragen zu stellen (etwa in Ratssitzungen),[138] Petitionen einzureichen,[139] Einwendungen gegen ausgelegte Pläne zu erheben[140] oder Einwohneranträge zu stellen[141] (mit der Folge, dass das zuständige Verwaltungsorgan binnen einer bestimmten Frist eine Angelegenheit zu erörtern und zu entscheiden hat). Auch ohne gesetzliche Verpflichtung ist eine Beteiligung am Verwaltungsverfahren grundsätzlich als zulässig und positiv zu bewerten. Der zweiten Gruppe sind die Mitwirkungshandlungen der ehrenamtlich tätigen Bürger und Ehrenbeamten (Rn 18) sowie der Einwohner und der Angehörigen gesellschaftlicher Gruppen in den Kollegialorganen der Verwaltung[142] zuzurechnen. Erwähnt seien nur die Wahlhelfer,[143] sachkundigen Bürger[144] und sachkundigen Einwohner[145] in bestimmten Gemeindeausschüssen, Ausländer in den Ausländerbeiräten[146], zu Ehrenbeamten ernannten Bürgermeister[147] und Leiter freiwilliger Feuerwehren[148]. Bei der Mitwirkung auf Seiten der Verwaltung müssen die Bürger und Einwohner bzw Angehörigen gesellschaftlicher Gruppen im Falle der Einräumung von Mitentscheidungsrechten auf das Gemeinwohl verpflichtet werden. Sie werden somit als Volksvertreter und nicht als eigennützige Individuen oder Gruppenvertreter tätig.[149] Schließlich muss die Heranziehung der genannten Personen sachgemäß sein und darf

[134] Vgl aber auch *Schmitt Glaeser* VVDStRL 31 (1973) 179, 209 f.
[135] *Schmidt-Aßmann* AöR 116 (1991) 329, 371 f.
[136] BVerwGE 75, 285 ff → JK VwGO § 42 II/11; BVerwG DVBl 2009, 316.
[137] Zur Beteiligung vor Erlass von Rechtsnormen vgl §§ 3 BauGB; 7, 51 BImSchG; 58 ff BNatSchG. Rechtsvergleichend *Pünder* Exekutive Normsetzung in den Vereinigten Staaten von Amerika und der Bundesrepublik Deutschland, 1995, 212 ff, 246 ff.
[138] Vgl zB § 23 II GO NRW.
[139] Vgl Art 17 GG.
[140] Vgl § 73 IV VwVfG.
[141] Vgl etwa §§ 20b GO BW, 25 GO NRW.
[142] Vgl §§ 19 ff JuSchG.
[143] Vgl zB § 6 BWO.
[144] ZB § 58 III GO NRW.
[145] ZB § 58 IV GO NRW.
[146] ZB § 27 GO NRW.
[147] Vgl etwa Art 34 II BayGO.
[148] § 11 FSHG NRW.
[149] Anderes gilt für die Mitwirkung der Erziehungsberechtigten in der Schule (vgl zB §§ 4, 10, 11 SchMG NRW). Die Heranziehung der Erziehungsberechtigten dürfte in erster Linie grundrechtlich fundiert sein.

nicht zu übermäßigen Einflussmöglichkeiten führen, weil nur eine Ergänzung, nicht eine Ersetzung der demokratisch gebotenen Legitimationsanforderung iSd formalen Strukturen zulässig ist.

IV. Zielsetzung der staatlichen Verwaltung

Die Verwaltung verfolgt äußerst unterschiedliche Zielsetzungen. Wie die anderen Staatsfunktionen auch, darf sie aber immer nur im öffentlichen Interesse tätig werden.[150] Die Zuständigkeiten und Kompetenzen sind dem Staat nicht um seiner selbst, sondern um der Menschen willen übertragen worden.[151] Der Staat darf daher nur pflichtgebunden handeln. Im Gegensatz zu den Privatpersonen steht ihm gerade nicht das Recht zu, sich privatautonom zu verhalten, dh sich beliebige Ziele zu setzen.[152] Dies gilt auch für die privatrechtsförmige Verwaltung (→ § 3 Rn 86). Positivrechtlich ergibt sich (insb) aus dem Rechtsstaatsprinzip iVm den Grundrechten die Notwendigkeit einer kompetenziellen Rechtfertigung durch ein öffentliches Interesse. So vermögen niemals andere Belange die Beschränkung der grundrechtlich garantierten Freiheiten zu legitimieren. Nach wohl hM sind daher alle (zumindest alle öffentlich-rechtlich organisierten) Träger von Staatsgewalt wegen der von vornherein begrenzten Aufgabenstellung des Staates nur *teilrechtsfähig*. Dies bedeute, dass sie auch nur innerhalb eines bestimmten, gesetzlich umschriebenen Wirkungskreises handeln können. Werden die Grenzen des Wirkungskreises überschritten, sei das Handeln schlechthin unwirksam (*ultra-vires-Prinzip*)[153]. Es liege dann in Wahrheit ein Nichtakt und nicht nur ein nichtiger Akt des Staates vor.[154] Dieser Auffassung ist nicht zu folgen. Der Wirkungskreis staatlicher Rechtsträger beschränkt nur das rechtliche Dürfen, nicht das rechtliche Können.[155] Bei Überschreitung des Wirkungskreises gelten daher die allgemeinen Fehlerfolgen (Nichtigkeit oder Rechtswidrigkeit). 33

Statt von einem öffentlichen Interesse wird vielfach auch vom Erfordernis eines öffentlichen Zwecks (zB § 107 I GO NW) oder der Bindung an das Wohl der Allgemeinheit (etwa Art 14 III 1 GG und Art 3 S 2 BayVerf) gesprochen.[156] Hierbei handelt es sich 34

150 Vgl auch Art 5 II der Bundesverfassung der Schweizerischen Eidgenossenschaft (Staatliches Handeln muss im öffentlichen Interesse liegen).

151 Die staatliche Herrschaft wird daher in der Staatslehre in Anlehnung etwa an Hobbes, Pufendorf und Locke zumeist vertragstheoretisch begründet. Der Staat wird als ein auf (fiktivem) vertraglichen Zusammenschluss der Individuen beruhendes Gebilde verstanden, das geschaffen worden ist, um bestimmte Aufgaben zu erfüllen, welche die Einzelnen oder die Gesellschaft nicht selbst wahrzunehmen vermögen. Vgl auch *C. Schmitt* Verfassungslehre, 9. Aufl 1993, 61 ff.

152 *Ehlers* Verwaltung in Privatrechtsform, 1984, 86 ff; *Burmeister* VVDStRL 52 (1993) 190, 219 f.

153 Vgl BGHZ 20, 119, 126 ff; 52, 283, 286. Ferner: *Eggert* Die deutsche ultra-vires-Lehre, 1977, 56 ff; *Oldiges* DÖV 1989, 873 ff; *Burmeister* VVDStRL 52 (1993) 190, 220; vgl aber auch *Wolff/Bachof/Stober* VwR I, § 32 Rn 12.

154 Zur Unterscheidung → vgl §§ 21 Rn 23, 22 Rn 15.

155 Näher dazu *Ehlers* Die Lehre von der Teilrechtsfähigkeit juristischer Personen des öffentlichen Rechts und die Ultra-vires-Doktrin des öffentlichen Rechts, 2000, 59 ff; *Stelkens* Verwaltungsprivatrecht, 2005, 64 ff (für die Privatrechtsfähigkeit jur Personen des öffentlichen Rechts).

156 Vgl näher dazu *Rupp* Wohl der Allgemeinheit und öffentliche Interessen, 1968, 116 ff; *v Arnim* Gemeinwohl und Gruppeninteressen, 1977, 81 ff; *Link* VVDStRL 48 (1990) 7, 19 ff; *Isensee* in: ders/Kirchhof IV, § 73 Rn 5; *Schmidt-Aßmann* Ordnungsidee, 146 ff.

nur um unterschiedliche Bezeichnungen für dieselbe Sache.[157] Die Präzisierung dieser Richtschnur für das staatliche und damit zugleich das exekutive Verhalten bereitet allerdings große Schwierigkeiten. Einigkeit besteht darüber, dass das öffentliche Interesse im Interesse aller liegen kann (wie etwa das Interesse an einer staatlichen Raumplanung oder an staatlichen Umweltschutzmaßnahmen), aber nicht muss.[158] Beispielsweise haben Körperschaften des öffentlichen Rechts wie etwa die Industrie- und Handelskammern und die Handwerkskammern nur die Interessen ihrer Mitglieder zu fördern.[159] Das Wohl des Ganzen kann somit mit dem Wohl von Teilen gleichzusetzen sein. *Bonum commune* und *bonum particulare* schließen sich nicht aus. ZB liegt die Hilfe für Obdachlose oder die Förderung eines städtischen Opernhauses im öffentlichen Interesse, mag es in Zeiten des Wohlstandes vielleicht auch nur wenige Obdachlose geben und mag nur ein kleiner Teil der Bevölkerung die Oper besuchen. Selbst das Interesse *eines* Privaten kann zum Gegenstand eines inhaltsgleichen öffentlichen Interesses werden und zB ein polizeiliches Einschreiten zum Schutz privater Rechte[160] oder die Enteignung zugunsten privater Industriebetriebe[161] gebieten. Welche Maßnahmen die Verwaltung im Einzelfall zu ergreifen oder zu unterlassen hat, um dem öffentlichen Interesse zu dienen, kann ausgehend von der jeweiligen normativen Regelung nur anhand der konkreten Umstände des Einzelfalls und unter Berücksichtigung aller entscheidungserheblichen Gesichtspunkte festgestellt werden. In jedem Falle sind die Zielbestimmungen des unmittelbar anwendbaren Europäischen Unionsrechts, der Verfassungen von Bund und Ländern sowie des sonstigen Gesetzesrechts zu beachten. Ferner ergeben sich nicht nur aus den Staatszielbestimmungen nach Art der Art 20 I (Sozialstaatsprinzip) und 20a GG (Schutz der natürlichen Lebensgrundlagen und der Tiere) oder den landesverfassungsrechtlichen Zielbestimmungen etwa zur Pflege und Förderung von Kultur, Schule und Bildung Direktiven für alle Staatsgewalten, sondern auch aus den Grundrechten, weil diese in ihrer Eigenschaft als objektiv-rechtliche Normen, Prinzipien, Institutsgarantien[162] oder Schutzpflichten nicht nur staatliches Handeln begrenzen, sondern den Staat zugleich in die Pflicht nehmen, die rechtlichen und tatsächlichen Voraussetzungen der Grundrechtsverwirklichung zu gewährleisten.

35 Denkbar ist, dass die Verwaltung *verschiedene öffentliche Interessen* zu verfolgen hat, die sich nicht ohne weiteres in Einklang bringen lassen. So haben Bund und Länder nach Art 109 II GG und § 1 StabilitätsG bei ihrer Haushaltswirtschaft oder bei ihren wirtschafts- und finanzpolitischen Maßnahmen die Erfordernisse des gesamtwirtschaftlichen Gleichgewichts zu beachten. Diese Erfordernisse (Stabilität des Preisniveaus, hoher Beschäftigungsstand, außenwirtschaftliches Gleichgewicht sowie stetiges und angemessenes Wirtschaftswachstum) können aber miteinander in Konflikt treten. Der Staat muss versuchen, möglichst alle Erfordernisse zu optimaler Wirksamkeit ge-

[157] An sich haben nur Personen Ziele, Zwecke haften Gegenständen an (*Heydemann* Die Durchsetzbarkeit von Verhaltensbindungen im Recht der begünstigenden Verwaltung, 1985, 47). Doch können sich aus Zielen Zwecke ergeben und umgekehrt.

[158] *Martens* (Fn 2) 177 mwN.

[159] §§ 1 IHKG; 90 f HwO.

[160] BVerwGE 11, 95, 99; *Dietlein* Die Lehre von den grundrechtlichen Schutzpflichten, 2. Aufl 2005, 203 ff.

[161] BVerfGE 74, 264, 284 f → JK GG Art 14 III/5; *Schmidbauer* Enteignung zugunsten Privater, 1989, 35 ff; *Jarass* DVBl 2006, 1332 f.

[162] Vgl zB Art 6, 14 GG. Näher zu den Institutsgarantien des Grundgesetzes *Mager* Einrichtungsgarantien, 2003.

langen zu lassen. Dies schließt nicht aus, dass je nach Lage der eine oder andere Gesichtspunkt stärker zu betonen ist.

UU reicht es aus, wenn die Maßnahmen der Verwaltung nur *mittelbar* im öffentlichen Interesse liegen. So dient die Erzielung von Einnahmen durch die Erhebung von Steuern[163] nicht unmittelbar, wohl aber mittelbar dem öffentlichen Interesse, weil die Einnahmen zur Erfüllung der Verwaltungsaufgaben benötigt werden, der Endzweck also ein öffentlicher ist. Als verfassungsrechtlich[164] unzulässig muss dagegen eine rein erwerbswirtschaftliche Betätigung der Verwaltung angesehen werden,[165] weil die Erzielung von Einnahmen nach der Finanzordnung des Grundgesetzes prinzipiell der Steuer vorbehalten ist.[166] Das *Verbot einer erwerbswirtschaftlichen Betätigung* bezieht sich nur auf das ausschließliche oder primäre Gewinnstreben. Gegen eine angemessene *Gewinnmitnahme* als Nebenziel einer rechtlich legitimierten Hauptzielsetzung oder eine (sich in Grenzen haltende) Gewinnmitnahme bei Gelegenheit der Erfüllung einer Verwaltungsaufgabe bestehen keine rechtlichen Bedenken. Ersteres ist etwa der Fall, wenn die öffentliche Hand zum Zwecke des Erhalts von Arbeitsplätzen[167], zur Wettbewerbsbeeinflussung[168] oder zur Versorgung der Bevölkerung ein gewinnbringendes wirtschaftliches Unternehmen betreibt. Letzteres trifft zB auf die Nutzung sonst brachliegenden Wirtschaftspotentials – wie etwa die Vermietung von Werbeflächen öffentlicher Verkehrsbetriebe, die Aufnahme von Werbeannoncen in die Theaterprogramme[169] sowie auf die Erhebung einer Konzessionsabgabe für die Nutzung des Straßengrundes zum Zwecke der Verlegung öffentlicher Versorgungsleitungen der Energieversorgungsunternehmen – zu.[170] Die Zulässigkeit einer Gewinnmitnahme ergibt sich ua aus Art 110 I GG (der die Ablieferungen von Bundesbetrieben und Sondervermögen regelt, ohne sich gegen die Erwirtschaftung solcher Überschüsse zu wenden) sowie aus dem Gemeindewirtschaftsrecht.[171] Die Erzielung von Gewinnen ist grundsätzlich nur zulässig, wenn die Erfüllung des öffentlichen Zwecks nicht beeinträchtigt wird.[172] **36**

Zu ergänzen ist, dass die Verfolgung öffentlicher Interessen *kein Monopol des Staates* oder gar der staatlichen Verwaltung ist.[173] Auch das Tätigwerden gesellschaftlicher **37**

163 Zum Begriff der Steuer vgl § 3 AO.

164 Zum einfachen Gesetzesrecht vgl Art 87 I 2 BayGO, § 116 I 2 GO LSA.

165 Str; wie hier zB *Selmer* in: Stober/Vogel (Hrsg), Wirtschaftliche Betätigung der öffentlichen Hand, 2000, 75, 88; *Löwer* VVDStRL 60 (2001) 416, 418 ff; *Ehlers* (Fn 49) E 72 f; aA zB *Böckenförde* VVDStRL 60 (2001) 593, 594. Entgegen einer weit verbreiteten Ansicht (*Gersdorf* in: v Mangoldt/Klein/Starck, GG III, Art 87e Rn 53; *Windthorst* in: Sachs (Fn 3) Art 87e Rn 47) schließt auch Art 87e III 1 GG eine Gemeinwohlorientierung nicht aus.

166 Vgl BVerfGE 78, 232, 241; 249, 266 f; 82, 159, 178 → JK GG Art 101 I 2/5; 93, 319, 342 → JK GG Art 104 a/4; 101, 141, 147; *Vogel* in: Isensee/Kirchhof IV, § 87 Rn 45; Krit zum Begriff des Steuerstaats *Sacksofsky* Umweltschutz durch nicht-steuerliche Abgaben, 2000, 153 ff.

167 AA OLG Düsseldorf GewArch 2001, 370.

168 Str, vgl *Ehlers* (Fn 49) E 71.

169 Vgl zur Zulässigkeit von Werbeaktionen BVerwGE 82, 29, 34 (dazu *Ehlers* JZ 1991, 231 ff). Vgl ferner OVG NRW DVBl 2004, 133, 135 f → JK GO NW § 107 I/II.

170 Vgl § 1, 7 KAV. Dagegen ist der Bund nach § 50 I TKG befugt, Verkehrswege für die öffentlichen Zwecken dienenden Telekommunikationslinien unentgeltlich zu benutzen. Zur Verfassungsmäßigkeit vgl BVerfG-K NVwZ 1999, 520 ff; krit *Ehlers* in: ders/Krebs (Hrsg), Grundfragen des Verwaltungsrechts und des Kommunalrechts, 2000, 59, 88 ff.

171 ZB § 109 I GO NRW.

172 Vgl dazu *Ehlers* (Fn 103) 94 f; *dens* JZ 1990, 1089, 1091; *dens* DVBl 1998, 497, 498 ff.

173 Zur Unterscheidung von öffentlichen und staatlichen Aufgaben vgl *Peters* FS H. C. Nipperdey, Bd II, 1965, 877 ff; *Bull* Die Staatsaufgaben nach dem Grundgesetz, 2. Aufl 1977, 47 ff.

Vereinigungen oder einzelner Privater kann im öffentlichen Interesse liegen. So sprechen die Pressegesetze davon, dass die Presse insb dadurch, dass sie Nachrichten beschafft und verbreitet, Stellung nimmt, Kritik übt oder auf andere Weise an der Meinungsbildung mitwirkt, eine öffentliche Aufgabe erfüllt.[174] Der Staat nimmt vielfach private Unternehmen für staatliche Zwecke in seinen Dienst, verpflichtet sie zB zur Vornahme von Eigensicherungsmaßnahmen gegenüber rechtswidrigen Angriffen Dritter,[175] zur Bestellung von betrieblichen Datenschutzbeauftragten[176] oder zur Erstellung von Statistiken für die staatliche Wirtschaftsplanung.[177] Auch freiwillig kann ein Unternehmen öffentliche Verantwortung tragen (zB über den gesetzlichen Standard hinaus Umweltschutzmaßnahmen durchführen[178]). Schließlich ist es auch privaten Einzelpersonen möglich, im öffentlichen Interesse zu handeln, wie das Beispiel der Festnahme eines flüchtigen Straftäters durch Passanten zeigt.[179] Zum Zusammenwirken von Verwaltung und Privaten vgl Rn 82 ff.

V. Aufgaben der staatlichen Verwaltung

38 Die Zielsetzungen der staatlichen Verwaltung erlangen nur dann Bedeutung, wenn die Verwaltung eine Aufgabe zu erfüllen hat,[180] wobei sich aus Zielbestimmungen aber zugleich Aufgabenstellungen ergeben können. Der Aufgabenbestand der Verwaltung entscheidet maßgeblich mit über deren Reichweite und damit über die Staatsquote, während die Art der Aufgabenstellung (Rn 43 ff) präjudizielle Bedeutung für das Vorgehen der Verwaltung hat.

39 Die Aufgaben der staatlichen Verwaltung stellen einen Unterfall der Staatsaufgaben dar. Der Aufgabenbestand des Staates ist nur zu einem geringen Teil verfassungsrechtlich festgelegt,[181] im Übrigen offen.[182] So müssen etwa Aufgaben der Daseinsvorsorge (Rn 50) nicht notwendigerweise vom Staat respektive der staatlichen Verwaltung erbracht werden.[183] Dies kann auch durch Private geschehen.[184] Unter Verwaltungsaufgaben sind alle Angelegenheiten zu rechnen, welche der Verwaltung durch Rechtsnorm übertragen wurden oder welche die Verwaltung in rechtlich zulässiger Weise an sich gezogen hat, wobei es in diesem Zusammenhang unerheblich ist, ob sich die Verwaltung

174 Vgl zB § 3 PresseG NRW.
175 Vgl zB § 3 II Nr 3 12. BImSchV.
176 § 4 f BDSG.
177 ZB § 1 I LohnStaG iVm §§ 6, 10 BStatG.
178 S zum Umwelt-Audit Rn 73.
179 § 127 I StPO.
180 Vgl *Isensee* in: ders/Kirchhof IV § 73 Rn 11; *Baer* in: Hoffmann-Riehm/Schmidt-Aßmann/Voßkuhle, Grundlagen I, § 11.
181 So folgt zB aus dem grds staatlichen Gewaltmonopol, dass etwa die Gewährleistung der Sicherheit und des Rechtsschutzes in weitem Umfang den staatlichen Rechtsträgern und Organen obliegt.
182 *Osterloh* VVDStRL 54 (1995) 204, 207.
183 Vgl BVerfGE 107, 59, 93 → JK GG Art 20 II/3 *Schoch* JURA 2008, 672, 675.
184 Abzulehnen ist die Entscheidung des BVerwG, wonach die Garantie der kommunalen Selbstverwaltung einer materiellen Privatisierung von Aufgaben der Daseinsvorsorge (im konkreten Fall Betrieb eines Weihnachtsmarktes) entgegensteht, DVBl 2009, 1382. Krit *Ehlers* DVBl 2009, 1456; *Schoch* DVBl 2009, 1533; *Winkler* JZ 2009, 1169. Zust dagegen *Schönleiter* GewArch 2009, 486.

mit den Aufgaben befassen darf oder befassen muss. Vor allem die unmittelbare Staatsverwaltung hat ein weitgehendes Aufgabenzugriffsrecht.[185] Ferner können sich zB die Gemeinden gem Art 28 II 1 GG „alle(r) Angelegenheiten der örtlichen Gemeinschaft" annehmen.

Von den Verwaltungsaufgaben sind die Verwaltungszuständigkeiten, Verwaltungsbefugnisse und Verwaltungskompetenzen zu unterscheiden. Die Zuständigkeit besagt nur, welcher Verwaltungsträger (Verbandszuständigkeit) oder welche Behörde (Organzuständigkeit) mit der Wahrnehmung der Aufgabe betraut worden ist (→ § 8 Rn 35). Die sachliche Zuständigkeit ist gegeben, wenn einer Behörde die Erledigung einer Sachaufgabe zugewiesen wurde. Befugnisse ermächtigen oder verpflichten die Verwaltung zum Handeln. Wird in die Grundrechte eingegriffen oder kommt dem Handeln der Verwaltung Grundrechtsrelevanz zu (→ § 2 Rn 40 ff), bedarf es einer gesetzlichen Befugnisnorm. Ansonsten ergibt sich die Ermächtigung zum Handeln bereits aus der sachlichen Zuständigkeit. Bedarf es einer Befugnisnorm, ist der Schluss von der Aufgabe auf die Befugnis unzulässig.[186] Das gilt unabhängig davon, welcher Handlungsform sich die Verwaltung bedient (zB Verwaltungs- oder Realakt). So sagt der Umstand, dass die Polizei die Aufgabe hat, Gefahren für die öffentliche Sicherheit abzuwehren, noch nichts über die Berechtigung aus, gefahrenabwehrend tätig zu werden. Vielmehr bedarf es dazu einer Befugnisnorm (in Gestalt einer speziellen, standardbezogenen oder generalklauselartigen Ermächtigung). Allerdings kann sich aus einer als Aufgaben- oder Zuständigkeitsnorm formulierten Bestimmung im Wege der Auslegung ergeben, dass der Verwaltung zugleich die Befugnis zur Erledigung der Aufgaben übertragen worden ist. Sinnvariierend wird der Begriff der Verwaltungskompetenz verwendet. Er wird teils mit der Zuständigkeit gleichgesetzt, teils als Oberbegriff für Aufgaben, Zuständigkeiten und Befugnisse verstanden.[187] **40**

VI. Maßstäbe des Verwaltungshandelns

Bei der Wahrnehmung ihrer Aufgaben ist die staatliche Verwaltung an bestimmte Maßstäbe gebunden (→ § 11), von denen hier nur die wichtigsten erwähnt werden können.[188] Herausragende Bedeutung kommt dem sich aus der Bindung der vollziehenden Gewalt an Gesetz und Recht (Art 20 III GG) ergebenden Erfordernis der *Rechtmäßigkeit* des Verwaltungshandelns zu (→ § 2 Rn 38 ff). Rechtsnormen müssen idR erst ausgelegt oder konkretisiert werden (→ § 2 Rn 14 ff), bevor sie angewendet werden können. Soweit Gestaltungsspielräume bestehen, muss die Verwaltung die optimale („richtige") Lösung anstreben. Im Falle eines Ermessens ist dieses gem § 40 VwVfG unter Einhaltung der gesetzlichen Grenzen entsprechend dem Zweck der Ermächtigung auszuüben (Rn 60). Zu beachten sind stets das Untermaß- und Übermaßverbot (→ § 6 Rn 24), die Gleichheitsmaßstäbe sowie die Grundsätze der Rechtssicherheit und des Vertrauensschutzes.[189] Ferner verpflichtet das Haushaltsrecht die Verwaltung zur *Wirt-* **41**

185 *Schmidt-Aßmann* Ordnungsidee, 155.
186 Vgl BFH NJW 2002, 2340, 2341; *Schoch* in: Schmidt-Aßmann/ders, Bes VwR, 2. Kap Rn 33.
187 Vgl *Pieroth* AöR 114 (1989) 422, 433 f; *Schröder* Kriterien und Grenzen der Gesetzgebungskompetenz kraft Sachzusammenhangs nach dem Grundgesetz, 2007, 24 ff.
188 Vgl dazu auch *Achterberg* Allg VwR, § 19 Rn 4 ff.
189 Zu (weiteren) Garantien der Rationalität des Verwaltungshandelns *Schmidt-Aßmann* Ordnungsidee, 84, 312.

schaftlichkeit.[190] Darunter ist das Gebot zu verstehen, entweder mit den gegebenen Mitteln den größtmöglichen Nutzen zu erreichen (Maximalprinzip) oder einen bestimmten Nutzen mit den geringstmöglichen Mitteln zu stiften (Minimal- oder Sparsamkeitsprinzip).[191] Das Maximalprinzip wird auch als Effektivitäts-, das Minimalprinzip als Effizienzgebot bezeichnet.[192] Die Orientierung am Wirtschaftlichkeitserfordernis kann im Bereich der Leistungsverwaltung (Rn 50) zu einer Ausschreibung (→ § 6 Rn 57) und damit ggf zu einer (vollständigen oder teilweisen) Privatisierung führen. Des Weiteren legt das Rechtsstaatsprinzip die Verwaltung ua auf die Bestimmtheit und Berechenbarkeit des Verwaltungshandelns und auf die *Zukunftsvorsorge* etwa durch vorausschauende Planung (Rn 63 ff) und durch Rücksichtnahme auch auf künftige Generationen (zB Art 20a GG) fest.[193] Prozedural muss die Verwaltung grds Transparenz und Akzeptanz anstreben.

VII. Arten der staatlichen Verwaltung

42 Bei der Bestimmung des Begriffs der staatlichen Verwaltung ist bereits auf deren Mannigfaltigkeit hingewiesen worden. Versucht man die Fülle der verschiedenen Erscheinungsformen der Verwaltung durch Kategorisierung zu ordnen, bieten sich hierfür unterschiedliche Einteilungsschemata an.

1. Unterscheidung nach der Art der Aufgabenstellung

43 Einer Unterscheidung der Verwaltung nach Art der Aufgabenstellung kommt deshalb grundlegende Bedeutung zu, weil sich ohne Legalität und ggf Legitimität der jeweiligen Aufgabenstellung ein Tätigwerden der Verwaltung nicht rechtfertigen lässt. Besonders in Zeiten der Finanzarmut muss sich die Verwaltung einer Aufgabenkritik stellen und den Nachweis der Notwendigkeit einer unmittelbaren oder mittelbaren Aufgabenerfüllung erbringen. Umgekehrt können ein Marktversagen oder neuartige Problemlagen, deren sich der Markt bisher noch nicht angenommen hat, zu neuen Aufgaben oder zur Ausweitung bestehender Aufgaben der Verwaltung führen. Nach dem Tätigkeitsgehalt bzw der Art der Aufgabenstellung lässt sich insb zwischen Ordnungsverwaltung, Leistungsverwaltung, Abgabenverwaltung, Bedarfsverwaltung, Vermögensverwaltung und wirtschaftender Verwaltung unterscheiden.[194] Teilweise werden die planende (Rn 63) und lenkende (Rn 49)[195], die regulierende oder gewährleistende (Rn 86)[196] sowie die Risikoverwaltung (Rn 48)[197] gesondert genannt. Doch lassen sich die genannten Verwaltungstypen einer der genannten Aufgabenarten zuordnen

44 a) *Ordnungsverwaltung.* Wie der Name schon zum Ausdruck bringt, dient die Ordnungsverwaltung der Ordnung des Gemeinwesens. Teilweise schafft die Verwaltung

[190] Vgl §§ 7 I HOen.
[191] Vgl *Schulze-Fielitz* VVDStRL 55 (1996) 231, 255; *Schliesky* DVBl 2007, 1453 ff; zur Ausfüllung von Spielräumen der Verwaltung durch Wirtschaftlichkeitserwägungen vgl *Peters* DÖV 2001, 749 ff.
[192] *Schmidt-Aßmann* Ordnungsidee, 316 f.
[193] *Achterberg* Allg VwR, § 18 Rn 14.
[194] Vgl auch die Einteilung bei *Wolff/Bachof/Stober/Kluth* VwR I, § 4 Rn 4 ff.
[195] Vgl etwa *Stern* StR II, § 41 I 4.
[196] Vgl *Ruffert* AöR 124 (1999) 237, 244 ff; *Schmidt-Aßmann* Ordnungsidee, 172.
[197] Vgl dazu *Scherzberg* VVDStRL 63 (2004) 214 ff.

selbst die Ordnung auf gesetzlicher Grundlage (wie bei der Raumordnungsverwaltung). Überwiegend beschränkt sie sich darauf, das Handeln Privater zu beeinflussen. Unterschieden werden kann zwischen der bewahrenden und der gestaltenden Ordnungsverwaltung.

(1) Die *bewahrende Ordnungsverwaltung* zielt darauf ab, gesetzlich unerwünschte **45** Zustände durch Aufsicht, Überwachung oder (bewahrende) Regulierung[198] zu verhindern oder zu beseitigen. Bei der Aufsicht respektive Überwachung geht es zumeist um Gefahrenabwehr, dh um die Abwehr einer Sachlage, die bei ungehindertem Geschehensablauf in absehbarer Zeit mit hinreichender Wahrscheinlichkeit zu einem Schaden führt.[199] Wird die Ordnung gefährdet oder gestört, stehen der Verwaltung je nach Gesetzes- und Interessenlage unterschiedliche Handlungsmöglichkeiten zur Verfügung. ZB kann der Gesetzgeber vorschreiben, dass bestimmte Betätigungen unterbleiben sollen (etwa Zuwiderhandlungen gegen die Straßenverkehrsvorschriften). Halten sich die Rechtsunterworfenen nicht daran oder besteht die Gefahr einer Zuwiderhandlung, darf die Verwaltung reglementierend (durch Befehl und Zwang[200]) sowie sanktionierend (zB durch Auferlegung von Geldbußen[201] oder Verhängung von Ordnungsmaßnahmen[202]) eingreifen. In anderen Fällen ist eine private Betätigung nur zulässig, wenn sie der Behörde zuvor angezeigt worden ist (*Anzeigevorbehalt*). Beispielsweise besteht eine Anzeigepflicht für Versammlungen unter freiem Himmel[203] oder für die Ausübung bestimmter Gewerbebetätigungen[204]. Die zuständige Behörde hat dann die Möglichkeit, das Vorhaben zu prüfen und ggf ein Verbot zu erlassen. Noch einen Schritt weiter geht das *präventive Verbot mit Erlaubnisvorbehalt*. In solchen Fällen ist für das Handeln eine Zulassung (zum Begriff vgl §15 II GewO) der Verwaltung erforderlich. Die Verwaltung hat vor Ausführung der Tätigkeit zu prüfen, ob dem Vorhaben öffentlichrechtliche Vorschriften entgegenstehen. So darf der Bauherr uU erst mit dem Bauen beginnen, wenn die Behörde ihm eine Zulassung (in Form einer Baugenehmigung) erteilt hat.[205] Die Genehmigungspflicht wendet sich nicht gegen die Betätigung als solche, sondern soll nur Rechtsverstöße rechtzeitig verhindern. Man spricht in solchen Fällen daher auch von einer bloßen Kontrollerlaubnis.[206] Schließlich kann der Gesetzgeber auch ein unerwünschtes Verhalten grundsätzlich verbieten, die Verwaltung aber ermächtigen, in Ausnahmefällen eine Befreiung von diesem Verbot zu erteilen (*repressives Verbot mit Befreiungsvorbehalt*). Dies trifft etwa auf die Veranstaltung von Autorennen auf öffentlichen Straßen[207], das Demonstrieren innerhalb einer Bannmeile[208], das Führen

[198] Zum Sprachgebrauch vgl a *Gröschner* Das Überwachungsrechtsverhältnis, 1992, 66 f.

[199] Vgl *Schoch* in: Schmidt-Aßmann/ders, Bes VwR, 2 Kap Rn 84.

[200] Etwa nach Maßgabe des Polizei- und Ordnungsrechts oder spezialgesetzlicher Befugnisnormen.

[201] Vgl etwa §§ 21 ff StVG.

[202] ZB nach § 53 SchulG NRW.

[203] § 14 I VersG.

[204] § 14 I GewO.

[205] Vgl *Krebs* in: Schmidt-Aßmann/Schoch, Bes VwR, 4. Kap Rn 209 ff. Näher zur Wirkungsweise der Baugenehmigung *Ehlers* FS Bartlsperger, 2006, 463 ff.

[206] *Maurer* Allg VwR, § 9 Rn 51. Grundlegend zu den Erlaubnispflichten BVerfGE 20, 150, 154 ff; *Thoma* VerwArch 32 (1927) 242 ff. Vgl auch BVerfGE 52, 1, 41 ff → JK GG Art 14 I, III/3.

[207] §§ 29 I, 46 II StVO.

[208] § 16 I VersG iVm § 5 BefBezG ähnelt stark einem (lediglich) präventiven Verbot. Zu § 16 I VersG iVm § 1 BannmeilenG NRW vgl OVG NRW NWVBl 1994, 305 ff. Näher zum Ganzen *Werner* NVwZ 2000, 369 ff; *Wiefelspütz* NVwZ 2000, 1016 ff.

von Waffen bei öffentlichen Veranstaltungen[209], Tätigwerden von Hebammen oberhalb von Altersgrenzen[210] oder das Bebauen von Deichen[211] zu.[212]

46 Die genannten typisierenden Unterscheidungen können erhebliche *Rechtsfolgen* nach sich ziehen. Die Verletzung einer Anzeigepflicht rechtfertigt nicht die Untersagung der Betätigung, stellt aber grundsätzlich eine Ordnungswidrigkeit oder Straftat dar.[213] Besteht ein präventives Verbot mit Erlaubnisvorbehalt, hat der Einzelne bei Vorliegen der gesetzlichen Voraussetzungen in aller Regel einen grundrechtlich verbürgten Anspruch auf Erteilung der Erlaubnis, während die Ausnahmebewilligung bei einem repressiven Verbot zumeist im Ermessen der Behörde steht. Auch für das Beweismaß und die Beweislast kann es einen Unterschied ausmachen, ob ein Verhalten grundsätzlich erlaubt oder verboten ist. Wird die Erlaubnispflicht im Falle eines präventiven Verbots mit Erlaubnisvorbehalt missachtet, darf die Behörde zwar die Einstellung der Tätigkeit bis zur Erlaubniserteilung fordern, wegen der bloß formellen Illegalität aber nicht die Beseitigung des bereits Geschaffenen verlangen (zB Abbruch eines ohne Baugenehmigung errichteten, im Übrigen aber im Einklang mit den öffentlich-rechtlichen Vorschriften stehenden Hauses).[214] Das Zuwiderhandeln gegen ein repressives Verbot führt regelmäßig zu weiterreichenden Konsequenzen. ZB dürfen verbotene Waffen sichergestellt oder unbrauchbar gemacht werden.[215]

47 Anzeigepflichten, präventive Verbote und repressive Verbote greifen in die grundrechtlich geschützte Rechtssphäre ein und müssen sich daher rechtfertigen lassen. Insb muss jeweils dargelegt werden können, dass mildere Maßnahmen nicht ausreichen. Wird eine Erlaubnis bei einem Verbot mit Erlaubnisvorbehalt verweigert, handelt es sich formell gesehen nur um die Ablehnung eines begünstigenden Verwaltungsaktes, materiell dagegen um einen Eingriff in Freiheit und Eigentum, weil die Ablehnung aus dem zunächst nur vorläufigen ein endgültiges Verbot macht.[216] Dies hat etwa zur Folge, dass der Betroffene vor Ablehnung der Erlaubnis angehört werden muss[217] und dass er bei rechtswidriger Ablehnung einen Anspruch auf Entschädigung aus enteignungsgleichem Eingriff (→ § 45 Rn 69) hat. Insoweit unterscheiden sich auch präventives und repressives Verbot mit Vorbehalt nicht. Im Falle eines repressiven Verbots mit Befreiungsvorbehalt hat der Einzelne ebenfalls einen grundrechtlich fundierten Anspruch (zumindest auf ermessensfehlerfreie Entscheidung). Die Ausnahmebewilligung erweitert nicht den Rechtskreis des Einzelnen, sondern begrenzt das Verbot.

209 § 42 I, II WaffG.
210 Vgl BVerfGE 9, 338, 353.
211 BVerfGE 25, 112, 120.
212 Zur Abgrenzbarkeit von präventiven und repressiven Verboten vgl auch *Schwabe* FS Folz, 2003, 305 ff.
213 Vgl § 26 Nr 2 VersG, § 146 II Nr 1 GewO.
214 Vgl *Brohm* Öffentliches Baurecht, 3. Aufl 2002, § 29 Rn 6, *Grotefels* in: Hoppe/Bönker/dies, Öffentliches Baurecht, 3. Aufl 2004, § 15 Rn 88; *Schoch* JURA 2005, 178, 181; *Krebs* in: Schmidt-Aßmann/Schoch, Bes VwR, 4. Kap Rn 231.
215 Vgl § 46 II 1, III WaffG.
216 *Maurer* Allg VwR, § 9 Rn 52.
217 AA die hM. Vgl BVerwGE 66, 184, 186 → JK VwVfG § 28/2; *Bonk/Kallerhoff* in: Stelkens/Bonk/Sachs, VwVfG, § 28 Rn 27; *Kopp/Ramsauer* VwVfG, § 28 Rn 26; *Schwarz* in: Fehling/Kastner/Warendorf, VerwR, § 28 VwVfG Rn 11. Ausf zum Ganzen *Ehlers* Jura 1996, 617, 618 f. Vgl ferner → § 14 Rn 28.

Neben einer Gefahrenabwehr verlangen die neueren Wirtschafts- und Umweltgesetze auch eine *Gefahrenvorsorge*[218]. Hierbei geht es um nachteilige Einwirkung unterhalb der Gefahrenschwelle. Das Ziel der Vorsorge ist es, eine Sicherheitszone vor der Gefahrenschwelle zu errichten, um Fälle geringerer Eintrittswahrscheinlichkeit, zeitlich und räumlich entfernterer Schädigungen sowie Summationen erfassen zu können.[219] Lassen Lebenserfahrung und wissenschaftliche Erkenntnisse keine Vorhersage über Kausalverläufe zu – was etwa bei biomedizinischen Versuchen oder der Verwendung der Gentechnik der Fall sein kann –, können erhebliche, irreversible Nachteile aber nicht ausgeschlossen werden, ist den staatlichen Gewalten die Aufgabe der *Risikosteuerung* gestellt.[220] Auch wenn der Gesetzgeber die grundlegenden Entscheidungen zu treffen hat, verlangt dies der Verwaltung wegen der Ungewissheit der Lage und der Fehleranfälligkeit des Handelns hohe Steuerungskünste ab. Neben den Folgen des zu beurteilenden Geschehens müssen auch die möglichen Irrtumskosten eines Handelns bedacht werden. Der Umgang mit dem Risiko ist somit selbst risikobehaftet. Ein Restrisiko[221] ist hinzunehmen, wenn die Risiken der Risikosteuerung überwiegen.[222] Zusätzlich zu den Steuerungsmitteln des Ordnungsrechts kommen auch indirekte Steuerungen, etwa mittels der Zügel des Haftungsrechts, in Betracht. Vor allem aber bedarf es prozeduraler Vorgehensweisen in Gestalt einer „Risikokommunikation" mit den Betroffenen, der Öffentlichkeit und der Wissenschaft. **48**

(2) Anders als der auf Bewahrung sowie Verhinderung oder Beseitigung rechtswidriger Zustände angelegten bewahrenden Ordnungsverwaltung geht es der *gestaltenden* *Ordnungsverwaltung* darum, gesetzlich erwünschte Zustände zu erreichen. Angestrebt wird somit die Erfüllung einer positiven Zielsetzung im Wege einer *Lenkung* des Verhaltens der Privaten. Allerdings lassen sich trennscharfe Abgrenzungen zwischen bewahrender und gestaltender Ordnungsverwaltung schwer treffen. Auch werden vielfach sowohl Lenkungs- als auch Überwachungsziele verfolgt. So hat etwa die Verkehrswirtschaftsverwaltung bei der Beförderung von Personen mit Straßenbahnen oder Oberleitungsomnibussen im Linien- und teilweise auch im Gelegenheitsverkehr sowohl dem „Interesse einer ausreichenden Bedienung der Bevölkerung mit Verkehrsleistungen" (§ 8 III 1 PBefG) und der Leistungsfähigkeit der Betreiber (§ 13 I Nr 1 PBefG) Rechnung zu tragen, als auch sicherzustellen, dass die Unternehmer zuverlässig sowie fachlich geeignet sind und der Betrieb sicher ist (§ 13 I Nr 1, 2, 3 PBefG). Die zuerst genannten Zielsetzungen intendieren eine positive Gestaltung, letztere eine Abwehr von Gefahren. Lenkende Ziele verfolgt die Verwaltung zum Teil auch bei der Anwendung des Außenwirtschafts-, des Zoll- und des für den Spannungs- und Verteidigungsfall geschaffenen Bewirtschaftungsrechts.[223] Ferner ist zur gestaltenden Ordnungsverwaltung auch die sog Gewährleistungsverwaltung zu zählen (näher dazu Rn 85). **49**

[218] Vgl zB Art 174 II EGV (191 II AEUV); §§ 5 I Nr 2 BImSchG; 7 II Nr 3 AtG; 1 Nr 1 GenTG. Zur verfassungsrechtlichen Verwurzelung in Art 20 GG vgl *Steinberg* Der ökologische Verfassungsstaat, 1998, 91 ff; *Murswiek* in: Sachs (Fn 3) Art 20a Rn 36.

[219] Vgl *Ossenbühl* NVwZ 1986, 161, 163 f; *Scherzberg* VerwArch 84 (1993) 484, 490 f.

[220] Vgl *Di Fabio* Risikoentscheidung im Rechtsstaat, 1994; *Scherzberg* VVDStRL 63 (2004) 214, 223 ff; *Hoffmann-Riem* DV 38 (2005) 145 ff; *Schmidt-Aßmann* Ordnungsidee 161 ff; *Sunstein* Gesetze der Angst, 2007. Gegen ein Abstellen auf die Möglichkeit eines Schadenseintritts *Lepsius* VVDStRL 63 (2004), 264, 277 ff.

[221] Vgl dazu BVerfGE 49, 89, 137; 72, 299, 315.

[222] *Scherzberg* VVDStRL 63 (2004) 214, 223.

[223] Vgl *Ehlers* Ziele der Wirtschaftsaufsicht, 1997, 37 ff, 67 f.

50 b) *Leistungsverwaltung.* Die Leistungsverwaltung stellt einerseits die staatliche Infrastruktur bereit[224] (insb die öffentlichen Einrichtungen wie zB die Straßen, öffentlichen Schulen, Universitäten, Krankenhäuser, Theater, Museen oder Friedhöfe) und dient der Versorgung der Bevölkerung mit Gütern und Dienstleistungen (zB Energie, Wasser, Verkehr, Telekommunikationsdienstleistungen) sowie der Beseitigung von Stoffen (etwa von Abfällen und Abwasser). Gleichzeitig kann die Leistungsverwaltung einzelne Personen (zB durch die Gewährung von Sozialhilfe, Ausbildungsförderungsdarlehen oder Wirtschaftssubventionen) gezielt begünstigen (Leistungsverwaltung im engeren Sinne). Da der Einzelne vielfach auf „Daseinsvor- und fürsorge" (→ § 3 Rn 98) angewiesen ist, kommt der Leistungsverwaltung eine große Bedeutung zu.[225] Jedoch liegt die Daseinsvor- und fürsorge nicht allein in den Händen des Staates, sondern auch in denen der Privaten. Nicht selten hat der Staat seine Erfüllungsverantwortung für die Erreichung bestimmter Zustände aufgegeben, den Privaten aber nicht allein das Handeln überlassen, sondern einen Rahmen vorgegeben und eine Auffangverantwortung für die Gewährleistung von Mindestanforderungen übernommen (Rn 84). Hierfür kommen auch die Mittel der Leistungsverwaltung in Betracht.

51 c) *Abgabenverwaltung.* Die Abgabenverwaltung sorgt für die Beschaffung der staatlichen Geldmittel durch Erhebung von Steuern, Gebühren, Beiträgen, Sonderabgaben, Verbandslasten, Umlagen und sonstigen Abgaben.[226]

52 d) *Bedarfsverwaltung.* Der Bedarfsverwaltung geht es darum, die persönlichen und sachlichen Mittel zu besorgen, welche die Verwaltung zur Erfüllung ihrer Aufgaben benötigt. Dazu zählt zB die Einstellung von Personen in den öffentlichen Dienst, die Heranziehung von Privaten zur Erfüllungshilfe (etwa zur Vornahme von Straßenbauarbeiten oder zum Abschleppen von Kraftfahrzeugen für die Polizei), der Ankauf von Sachen (zB von Computern für die Verwaltung, Fahrzeugen für die Feuerwehr oder militärischen Geräten für die Streitkräfte) sowie die Vergabe sonstiger öffentlicher Aufträge (etwa zur Erbringung von Werk- oder Dienstleistungen zB für den Bau von Verwaltungsgebäuden). Das staatliche Einkaufsvolumen innerhalb der Europäischen Gemeinschaft wurde schon vor der sog Osterweiterung auf über 1,5 Billionen Euro pro Jahr und damit auf etwa 16,3 % des Bruttoinlandsproduktes der EU geschätzt, wovon fast 300 Milliarden Euro auf die Bundesrepublik Deutschland entfallen.[227] Da eine grenzüberschreitende Auftragsvergabe selten erfolgte, ist das Vergaberecht weitgehend durch Sekundärrecht der Europäischen Union[228] geregelt worden (→ § 14 Rn 2, § 15 Rn 38, 49).[229] Danach müssen öffentliche Aufträge ab bestimmten Schwellenwerten grundsätzlich offen – ggf gemeinschaftsweit – *ausgeschrieben* werden. Die Ausschreibung soll zu einer Öffnung der Märkte und zu einer optimalen Allokation öffentlicher Ressourcen beitragen. Da dann der Zuschlag unter Berücksichtigung von Fachkunde,

[224] Ausf dazu *Faber* VwR, 4. Aufl 1995, § 5 II, 33 f.

[225] Zu den tatsächlichen Erscheinungsformen sowie zu dem verfassungs- und verwaltungsrechtlichen Ordnungsrahmen *Erichsen* DVBl 1983, 289 ff. Ferner zB *Krause* VVDStRL 45 (1987) 212 ff; *Ehlers* DVBl 1986, 912 ff.

[226] Vgl zu den verschiedenen Abgaben *P. Kirchhof* in: Isensee/Kirchhof IV, § 88; *F. Kirchhof* in: Achterberg/Püttner/Würtenberger, Bes VwR II, § 20 Rn 9 ff. Zur Notwendigkeit der Zuordnung einer Abgabe zu einer Abgabenart vgl (verneinend) BVerfGE 93, 319, 345 (Wasserpfennig); BVerfGE 113, 145 ff → JK GG Art 12 I/79.

[227] Vgl *Dreher* in: Immenga/Mestmäcker (Hrsg), GWB, 4. Aufl 2007, Vor §§ 97 ff Rn 62 ff, 66.

[228] Vgl RL 17/2004/EG; RL 18/2004/EG. S auch das (multilaterale) Übereinkommen der WTO über das öffentliche Beschaffungswesen vom 15.4.1994, ABl EG 1996 Nr C 256/2.

[229] Vgl *Prieß* Handbuch des europäischen Vergaberechts, 3. Aufl 2005.

Leistungsfähigkeit und Zuverlässigkeit (§ 97 IV GWB) auf das wirtschaftlichste Angebot zu erteilen ist (§ 97 V GWB)[230], kann sich das Erfordernis einer Ausschreibung auf die Entscheidung „make or buy" auswirken. Wenn die Gebietskörperschaft über die zu beauftragende (rechtlich selbständige) Person (zB eine Eigengesellschaft) eine Kontrolle ausübt wie über eigene Dienststellen und wenn diese Person zugleich ihre Tätigkeit im Wesentlichen für die Gebietskörperschaft oder die Gebietskörperschaften verrichtet, die ihre Anteile innehaben, nimmt die Rechtsprechung[231] allerdings ein vergabefreies „In-House-Geschäft" an.[232] Das nationale Recht verlangt aus haushaltswirtschaftlichen Gründen (Wirtschaftlichkeit und Sparsamkeit) eine prinzipielle Ausschreibung auch für Aufträge unterhalb der europäischen Schwellenwerte.[233] Um den Rechtsschutz zu verbessern, hat die Union sog Rechtsmittelrichtlinien erlassen.[234] In Deutschland unterliegt die Vergabe öffentlicher Aufträge ab bestimmten Schwellenwerten grundsätzlich der Nachprüfung durch die Vergabekammern (§§ 100, 102 GWB). Gegen die Entscheidungen der Vergabekammer ist Beschwerde vor den OLG zulässig (§ 116 III GWB). Werden die Schwellenwerte unterschritten, kann sich der erfolglose Bewerber um einen öffentlichen Auftrag zwar auf Art 3 I GG berufen. Er muss bei Zugrundelegung der hM[235] aber nicht vor Erteilung des Zuschlags an den Konkurrenten informiert werden. Da etwaige Ansprüche auf Abschluss eines Vertrages mit Erteilung des Zuschlags untergehen, ist ein Primärrechtsschutz nicht gesichert. Das BVerfG hat dies mit dem Hinweis auf die Möglichkeit, Schadensersatz verlangen zu können, gebilligt.[236] Da Schadensersatzansprüche in der Vergangenheit kaum jemals erfolgreich waren (schon weil der erfolglose Bewerber nicht nachweisen kann, dass er den Zuschlag erhalten hätte), läuft dies auf eine nicht überzeugende weitgehende Verweigerung des Rechtsschutzes hinaus. Diese Rechtslage dürfte zudem nicht vollständig mit dem Europäischen Unionsrecht vereinbar sein. Auch wenn die Rechtsmittelrichtlinien der Europäischen Union nicht einschlägig sind, ergibt sich aus den Grundfreiheiten des Unionsrechts bei Vorliegen eines grenzüberschreitenden Interesses ein Anspruch auf effektiven Rechtsschutz.[237] Ein bloßer (noch dazu wenig Erfolg versprechender) Sekundärrechtsschutz dürfte nicht ausreichen. Zur Rechtsnatur der Vergabeentscheidung und zum Rechtsweg → § 3 Rn 95.

e) *Vermögensverwaltung*. Die Vermögensverwaltung dient der Pflege, Ausnutzung **53**
oder Verwertung der sich im Eigentum oder in der Verfügungsbefugnis des Staates befindenden Vermögensgegenstände (zB Veräußerungen nicht mehr benötigter Bücher durch die Universitätsbibliothek oder Privatisierung wirtschaftlicher Unternehmen).[238]

f) *Wirtschaftende Verwaltung*. Die wirtschaftende Verwaltung zeichnet sich dadurch **54**
aus, dass sie in ähnlicher Weise wie sonstige Wirtschaftssubjekte als Anbieter oder Ver-

230 Zur Zulässigkeit einer Berücksichtigung auch sog vergabefremder (zB sozialer oder ökologischer) Kriterien vgl EuGH Slg 1988, 4635 Rn 37 – Beentjes; Slg 2002, I-7213 Rn 63 ff – Concordia BB Finnland Oy Ab.

231 Grundlegend EuGH Slg 1999, I-8121 Rn 50 – Teckal; BGHZ 148, 55 ff. Näher dazu *Hüser* (Fn 83) 132 ff; *Pietzcker* NVwZ 2007, 1225, 1228 ff; *Ehlers* in: Wurzel/Schraml/Becker (Hrsg), Rechtspraxis der kommunalen Unternehmen, 2. Aufl 2009, B Rn 40 ff.

232 Sonderregelungen trifft Art 5 II lit a (VO) EG Nr 1370/2007.

233 Nach Schätzungen liegen 87 % aller Vergaben unterhalb der Schwellenwerte.

234 Vgl zuletzt die RL 2007/66/EG zur Änderung der Richtlinien 89/665/ EWG und 92/13/EWG.

235 Vgl Fn 228.

236 BVerfGE 116, 135, 149 ff → JK GG Art 20 III/43.

237 Näher dazu die Mitteilung der EG-Kommission 2006/C 179/02, Rn 2.3.3.

238 → vgl § 3 Rn 76.

teiler von Gütern oder Dienstleistungen am Markt in Erscheinung tritt (wie die Stadtwerke). Entgegen einer in der Literatur vertretenen, zwischen hoheitlicher und wirtschaftlicher Verwaltung differenzierenden Ansicht[239] bleibt die Verwaltung auch dann Verwaltung, wenn sie wirtschaftet.[240] Dies hat zur Folge, dass vorbehaltlich ausdrücklich abweichender Normierung die allgemeinen Kompetenzbestimmungen (zB das Öffentlichkeitsprinzip der Gemeinden) und die Grundrechte zu beachten sind.[241] Das Schwergewicht der staatlichen Teilnahme am Wirtschaftsleben liegt heute bei den *Kommunen*.[242] Während die Gemeindeordnungen früher in Anlehnung an § 67 I Nr 3 DGO lediglich vorsahen, dass die Gemeinden wirtschaftliche Unternehmen nur errichten, übernehmen oder wesentlich erweitern dürfen, wenn der öffentliche Zweck nicht besser und wirtschaftlicher von einem anderen erfüllt wird oder erfüllt werden kann, enthalten sie heute zumeist echte (vielfach allerdings wichtige Bereiche der Daseinsvorsorge ausnehmende) Subsidiaritätsklauseln, wonach sich die Gemeinden wirtschaftlich nur betätigen respektive Unternehmen nur errichten, übernehmen oder wesentlich erweitern dürfen, wenn der öffentliche Zweck „nicht ebenso gut und wirtschaftlich" durch einen anderen erfüllt wird oder erfüllt werden kann.[243] Soweit die Wirtschaft der Verwaltung den Zweck verfolgt, unmittelbar durch ihre Leistung dem Wohl der Bürger zu dienen (etwa durch Versorgung der Bevölkerung mit Gütern oder Dienstleistungen), handelt es sich um einen Unterfall der Leistungsverwaltung (Rn 50).

55 g) *Rechtliche Konsequenzen.* Die Unterscheidung der verschiedenen Aufgabenarten hat nicht nur beschreibenden Charakter, sondern kann auch rechtliche Folgen nach sich ziehen. ZB werden die Ordnungs-, Leistungs- und Abgabenverwaltung grundsätzlich öffentlich-rechtlich, die Bedarfs-, Vermögens- und wirtschaftende Verwaltung grundsätzlich privatrechtlich tätig (→ § 3 Rn 78 ff). Erlässt die Ordnungsverwaltung einen begünstigenden Verwaltungsakt, der mit einer Auflage verbunden ist, widerspricht es idR nicht dem Übermaßverbot, die Auflage bei Nichterfüllung zwangsweise durchzusetzen, statt den begünstigenden Verwaltungsakt zu widerrufen. Liegt dagegen Leistungsverwaltung vor, ist die zwangsweise Durchsetzung einer Auflage zumeist unzulässig. Wird etwa eine Subvention zweckwidrig verwendet, ist die Verwaltung regelmäßig gehalten, die Subventionsgewährung rückgängig zu machen, statt die Zweckbindungen mit Zwangsmitteln (womöglich einer Ersatzvornahme) durchzusetzen.[244]

2. Unterscheidung nach dem Gegenstand der Verwaltung

56 Nach dem Gegenstand können die vielfältigen Tätigkeitsbereiche der staatlichen Verwaltung unterschieden werden. ZB wird von Kultur-, Schul-, Sozial-, Wirtschafts-, Landwirtschafts-, Umweltschutz-, Finanz-, Bau-, Verkehrsverwaltung und dergleichen mehr gesprochen.

[239] Vgl zB *Hellermann* Öffentliche Daseinsvorsorge und gemeindliche Selbstverwaltung, 1998, 130; *Wieland* in: Henneke (Hrsg), Optimale Aufgabenerfüllung im Kreisgebiet? 1999, 193, 196 ff.

[240] VerfGH RP NVwZ 2000, 801, 802; *Glaser* DV 41 (2008) 483, 488.

[241] Vgl *Ehlers* (Fn 231) B Rn 59 ff.

[242] Zu den Rechtsproblemen und Reformbestrebungen vgl *Ehlers* (Fn 49); *Jarass* Kommunale Wirtschaftsunternehmen im Wettbewerb, 2002; *dens* Reform des Kommunalwirtschaftsrechts, 2005.

[243] Vgl § 102 I Nr 3 GO BW; Art 87 I Nr 4 GO Bay; 121 I Nr 3 GO Hess, 107 I 1 Nr 3 GO NRW; 85 I Nr 3 GO RP; 108 I Nr 3 KSVG Saarl; 116 I 1 Nr 3 GO LSA; 71 I Nr 4 KO ThüR.

[244] Vgl dazu *Henseler* VerwArch 77 (1986) 249, 270, 284; *Heydemann* (Fn 157) 82 ff, 99 ff.

3. Unterscheidung nach dem Verwaltungsträger

Knüpft man an den Verwaltungsträger an, lässt sich zwischen Bundes- und Landesverwaltung (→ § 7 Rn 22), ferner zwischen unmittelbarer und mittelbarer Staatsverwaltung (Rn 14 f) differenzieren. Stellt man auf die Hauptverwaltungsträger ab, sind die Bundes-, Landes- und Kommunalverwaltungen zu nennen. **57**

4. Unterscheidung nach der Rechtsform des Tätigwerdens

Die Verwaltung kann sich nicht nur der Organisations- und Handlungsformen des öffentlichen Rechts, sondern in einem bestimmten Ausmaße auch derjenigen des Privatrechts bedienen (→ § 3 Rn 78 ff). Nach der Rechtsform des Tätigwerdens kann deshalb zwischen der öffentlich-rechtlichen und der privatrechtlichen Verwaltung abgegrenzt werden. **58**

5. Unterscheidung nach der Modalität des Handelns

Eine weitere Unterscheidung betrifft die Art und Weise des Handelns der Verwaltung. **59** Vor allem geht es um die Frage, ob die Verwaltung eingreifend tätig wird oder nicht. Diese Differenzierung ist insofern bedeutsam, als die in Freiheit und Eigentum eingreifende Verwaltung bestimmten Anforderungen unterliegt (namentlich Bindung an das Prinzip vom Vorbehalt des Gesetzes, an die Grundrechte und an das Übermaßverbot), die für die sonstige Verwaltung uU nicht oder nicht in der gleichen Schärfe gelten.[245] Gebräuchlich ist die Entgegensetzung von Eingriffs- und Leistungsverwaltung. Abgesehen davon, dass damit nicht sämtliches Verwaltungshandeln erfasst werden kann, gibt die Gegenüberstellung nur dann einen Sinn, wenn man die Leistungsverwaltung insoweit nicht als Aufgabenart, sondern als Instrument der Verwaltung (Verwaltungsmittel) versteht.[246] Selbst dann ist zu beachten, dass Eingriff und Leistung bzw Belastung und Begünstigung vielfach miteinander verbunden sind. So wirken zahlreiche Verwaltungsmaßnahmen für den Adressaten sowohl begünstigend als auch belastend. Man spricht in solchen Fällen von einer *Mischwirkung*. Hinzuweisen ist etwa auf die Wasserversorgung oder Erteilung des Schulunterrichts jeweils mit Benutzungszwang, die Zwangsernährung von Häftlingen, den Erlass begünstigender Verwaltungsakte unter Beifügung einer belastenden Nebenbestimmung, die Heranziehung zu Abgaben in einer bestimmten Höhe (begünstigend, wenn sich dem Bescheid entnehmen lässt, dass nicht mehr als der angegebene Betrag bezahlt werden muss)[247] oder die Gewährung bestimmter Geldleistungen (belastend, weil die Höhe begrenzt ist, jedenfalls wenn sie hinter dem Antrag zurückbleibt). Ferner haben Verwaltungsmaßnahmen heute immer häufiger *Doppelwirkung*, dh sie begünstigen den einen (zB Genehmigungsempfänger, Bewerber um die

[245] Für Nichtgeltung des Übermaßverbotes in der Leistungsverwaltung zB *Erichsen* Jura 1988, 387, 388; vgl auch *Mußgnug* VVDStRL 47 (1989) 113, 126 ff; aA zB *Haverkate* Rechtsfragen des Leistungsstaats, 1983, 14 ff, 174 ff; *Bleckmann* JuS 1994, 177, 179.

[246] IdS etwa *Ebsen* DVBl 1988, 883, 885; Krit *Bachof* VVDStRL 30 (1972) 193, 227 f.

[247] Dies dürfte regelmäßig anzunehmen sein. Vgl auch BFH BStBl 1985, 562, 563; *Wernsmann* in: Hübschmann/Hepp/Spitaler (Hrsg), Abgabenordnung, Finanzgerichtsordnung, 2008, § 130 AO Rn 29; *Maurer* Allg VwR § 9 Rn 49; AA BVerwGE 67, 129, 134; 79, 163, 169; *Stelkens* JuS 1984, 930, 934; *Sachs* in: Stelkens/Bonk/ders, VwVfG, § 48 Rn 123 – wonach ein Abgabenbescheid nicht den Gegenschluss rechtfertige, dass von den Betroffenen mehr als der angegebene Betrag nicht verlangt werde.

ausgeschriebene Stelle eines Beamten oder Adressaten eines Subventionsbescheides), belasten aber den anderen (etwa den Nachbarn oder Konkurrenten) und greifen uU in dessen Rechte ein.[248] Belastung und Begünstigung bzw Eingriff und Leistung müssen nach ihren jeweils eigenen Regeln behandelt werden. Will etwa die Verwaltung einen teils begünstigenden, teils belastenden Verwaltungsakt (außerhalb des Widerspruchsverfahrens) aufheben, gelten für den begünstigenden Teil § 48 II, III und IV oder § 49 II, III und VI VwVfG, für den belastenden Teil dagegen nicht.

6. Unterscheidung nach der Intensität der Gesetzesbindung

60 Schließlich lässt sich danach differenzieren, in welcher Weise die Verwaltung durch das Gesetz gebunden wird. Die gesetzliche Programmierung kann relativ strikt sein, weil die gesetzlichen Tatbestandsvoraussetzungen präzise gefasst sind und die Verwaltung bei Vorliegen dieser Voraussetzungen in einem bestimmten Sinne (nach dem konditionalen Wenn-dann-Schema) tätig werden muss. Sie kann sich aber auch abschwächen, weil die Vorschriften sehr unbestimmte Rechtsbegriffe verwenden[249] bzw der Verwaltung einen Gestaltungsspielraum entweder in Form eines Beurteilungsspielraums bei der Konkretisierung der gesetzlichen Tatbestandsmerkmale oder in Form eines Ermessensspielraums bei der Bestimmung der Rechtsfolgen einräumen (→ § 11 Rn 15). Dies stellt keinen Freibrief dar. Vielmehr muss sich die Verwaltung stets zu derjenigen Entscheidung durchringen, die sie in Anbetracht der verbindlichen Normzwecke für die richtige bzw beste hält. *Gestaltungsspielräume* sind immer auf Optimierung angelegt.[250] Freie Beurteilungs- oder Ermessensspielräume können im Rechtsstaat nicht anerkannt werden.[251] Der Verwaltung ist es daher nicht gestattet, sich mit der zweitbesten Lösung zufrieden zu geben. Wenn das Gesetz in § 68 I 1 VwGO Rechtmäßigkeit und Zweckmäßigkeit nebeneinander stellt, darf dies nicht dahin missverstanden werden, dass die Zweckmäßigkeitsentscheidung der Verwaltung außerhalb des Rechts anzusiedeln ist. Eine zweckwidrige Verwaltungsentscheidung verstößt nicht nur gegen metajuristische Maßstäbe, sondern auch gegen den das Verwaltungshandeln regelnden Rechtssatz selbst (im Beispielsfall gegen § 68 I 1 VwGO)[252]. Demgemäß bestimmt auch § 40 VwVfG, dass das Ermessen einer Verwaltungsbehörde entsprechend dem Zweck der Ermächtigung ausgeübt werden muss. Dies impliziert, dass eine zweckwidrige Entscheidung rechtswidrig ist. Mit der gewählten Terminologie (Beurteilungsspielraum, Ermessensspielraum, Zweckmäßigkeit) soll nur zum Ausdruck gebracht werden, dass die gerichtliche Kontrolldichte in solchen Fällen gemindert ist.[253] Noch weniger deter-

[248] Zum Nachbarschutz → vgl § 3 Rn 70, zum Konkurrentenschutz *Huber* Konkurrenzschutz im Verwaltungsrecht, 1991.

[249] ZB den Rechtsanwender nur final programmieren, vgl → § 2 Rn 8.

[250] Zur Bedeutung von Optimierungsgeboten im Planungsrecht vgl *Hoppe* DVBl 1992, 853 ff; *dens* DVBl 1994, 1033, 1034, 1037 ff; *Koch/Hendler* Baurecht, Raumordnungs- und Landesplanungsrecht, 4. Aufl 2004, § 17 Rn 31 ff, 71 ff.

[251] Dies ist heute nicht mehr umstr. Vgl etwa *W. Schmidt* Gesetzesvollziehung durch Rechtsetzung, 1969, 267. Vgl auch bereits *Bernatzik* Rechtsprechung und materielle Rechtskraft, 1886, 41.

[252] Vgl *Erichsen* VwR u VwGbkt I, 88; *Krebs* (Fn 28) 79; *Rupp* (Fn 9) 210 f.

[253] Ist die Richtung der Ermessensbetätigung im Gesetz vorgezeichnet, spricht das BVerwG (E 72, 1, 6; vgl aE 105, 55, 57 f; 108, 1, 17 ff) von einem intendierten Ermessen. Dies verkürzt einerseits den Handlungsspielraum der Verwaltung, entlastet diese andererseits von einer Abwägung des „Für und Wider“. Krit *Borowski* DVBl 2000, 149 ff; *Pabst* VerwArch 93 (2002),

miniert ist die Verwaltung, wenn es überhaupt keine (spezial-)gesetzlichen Handlungsanweisungen gibt (nicht-gesetzesakzessorische Verwaltung, wie zB bei der Bezeichnung von Straßen). Die Verwaltung ist dann ermächtigt, aufgrund eigener Zielvorstellungen zu entscheiden.[254] Auch dann müssen aber stets die allgemeinen Bindungen und Grenzen (wie zB die Zuständigkeitsvorschriften oder verfassungsrechtlichen Vorgaben) beachtet werden. Es gibt somit kein Reservat exekutiven Wirkens, das völlig außerhalb der Sphäre des Rechts liegt.

VIII. Handlungsformen der Verwaltung

Die Handlungsformen der Verwaltung sind als Tore bezeichnet worden, durch welche 61
die in ihrer Vielfalt unüberschaubare, amorphe Tätigkeit der Verwaltung in die ordnende Welt des Rechts eingeschleust wird.[255] Mit diesen sind typische Wirkungen und Rechtsfolgen verbunden. Damit haben sie zugleich eine Bereitstellungs- und Begrenzungsfunktion.[256] Die Verwaltung kann sich zum Tätigwerden regelnder, rechtsgeschäftsähnlicher oder tatsächlicher Handlungsformen bedienen sowie darüber hinaus Rechte ausüben oder Prozesshandlungen vornehmen.[257] *Regelungen* sind final auf Bewirkung einer Rechtsfolge gerichtet, wobei es sich um normative Regelungen (Rechtsverordnungen, Satzungen und Verwaltungsvorschriften → § 20) oder einzelfallbezogene Regelungen durch Verwaltungsakt (→ § 21 Rn 24 ff), Verwaltungsvertrag (→ § 29 Rn 2), einfache verwaltungsrechtliche Willenserklärung[258] oder innerdienstliche Anordnung handeln kann. *Rechtsgeschäftsähnliche Handlungsweisen* (zB Mahnung oder Fristsetzung) zeichnen sich dadurch aus, dass sie nicht nur einen tatsächlichen Erfolg bezwecken, sondern Rechtswirkungen begründen, diese aber im Gegensatz zu den finalen Rechtshandlungen unabhängig von einem darauf gerichteten Willen des Handelnden allein nach der objektiven Rechtsordnung eintreten (vgl auch → § 28 Rn 1). *Tathandlungen* der Verwaltung (zB Öffentlichkeitsarbeit, Erteilung schlichter Auskünfte, Herstellung von Straßen oder Verwaltungsvollstreckung) sind unmittelbar nur auf die Herbeiführung eines tatsächlichen Erfolges gerichtet, können aber gleichwohl Rechtswirkungen nach sich ziehen (→ vgl auch § 36 Rn 1). Unter Rechtsausübungsakten ist die Geltendmachung von Ansprüchen (zB auf Herausgabe, Unterlassung oder Schadensersatz), unter Prozesshandlungen die Mitwirkung in gerichtlichen Verfahren zu verstehen. Handlungsformen können sowohl solche des Innen- als auch des Außenrechts sein. Neben den Formen des öffentlichen Rechts dürfen in einem erheblichen Ausmaße auch diejenigen des Privatrechts genutzt werden (→ § 3 Rn 35). Bedient sich die Verwaltung nicht einer regelnden Handlungsform oder eines rechtlich geregelten

540 ff; *Sachs* in: Stelkens/Bonk/ders, VwVfG, § 40 Rn 30; *Maurer* AllgVerwR, § 7 Rn 12 (→ § 10 Rn 57).

[254] Vgl *Weitzel* Justitiabilität des Rechtsetzungsermessens, zugleich ein Beitrag zur Theorie des Ermessens, 1998, 69 f, 97 f.

[255] *Ossenbühl* JuS 1979, 681. Grundlegend bereits *O. Mayer* VwR I, 92 f. Vgl ferner *Schmidt-Aßmann* Ordnungsidee, 298. Zur Unterscheidung von Handlungs- und Rechtsformen vgl *Schuppert* Verwaltungswissenschaft, 141 ff.

[256] Vgl *Uerpmann* BayVBl 2000, 705; *Baars* Rechtsfolgen fehlerhafter Verwaltungsvorschriften, 2009, 120 f (maschinenschriftlich).

[257] Vgl *Ehlers* (Fn 152) 418 ff.

[258] Vgl *Ernst* Die Verwaltungserklärung, 2008 (→ § 28). Zur Anfechtbarkeit schlichter Willenserklärungen vgl OVG Schleswig NVwZ-RR 2002, 821 → JK BauGB § 36/5.

Verfahrens, wird auch von einem informalen Verwaltungshandeln gesprochen (→ § 37 Rn 5 ff). So kann die Verwaltung vor der Drohkulisse vorhandener imperativer Regelungsinstrumente auch eine sog regulation by raised eyebrows betreiben.[259] Die Verwaltung bedient sich vielfach neuartiger Bewirkungsmittel (zB Zielvereinbarungen, Versteigerungen, Qualitätspakte, Zertifikatehandel), die in aller Regel aber mittels der klassischen Handlungsformen (zB eines Verwaltungsaktes oder eines Vertrages) umgesetzt werden. Um die Verwaltung zu einem beschleunigten Handeln anzuhalten, wird für den Fall der Untätigkeit zunehmend ein Verwaltungshandeln fingiert. So gelten beantragte Genehmigungen nach Ablauf einer für die Entscheidung festgelegten Frist als erteilt, wenn dies durch Rechtsvorschrift angeordnet und der Antrag hinreichend bestimmt ist (§ 42a I 1 VwVfG).

62 Das nationale Verwaltungsrecht orientiert sich – ähnlich wie dasjenige der Europäischen Union (Art 288 AEUV) – traditionellerweise schwerpunktmäßig an den Aktivitäten und damit an den Handlungsformen der Verwaltung. Diesen kommt deshalb eine besondere Bedeutung zu, weil sie die interne Entscheidungsbildung der Verwaltung zu einem Abschluss bringen und im Falle des Erlasses von Regelungen verbindlich festlegen, was rechtens ist. Die Handlungsformen sind Steuerungsfaktoren des Verwaltungshandelns und dienen zugleich der Kontrolle.[260] So sind das Widerspruchsverfahren (§§ 68 ff VwGO, 79 f VwVfG) und die verwaltungsgerichtliche Anfechtungs- und Verpflichtungsklage (§ 42 I VwGO) ganz auf die Handlungsform des Verwaltungsaktes zugeschnitten. Doch ist die Ausrichtung an Handlungsformen insofern zu eng, als es nicht nur auf das Handeln der Verwaltung, sondern auch auf dasjenige der Bürger und sonstigen Beteiligten ankommt[261], mehrseitige, komplexe Beziehungen (wie etwa auf dem Gebiet der Sozialversicherung) nur schwer am Maßstab einer Handlungsform angemessen zur Geltung gebracht werden können und die Handlungsformen als zeitpunktbezogene Entscheidungen den prozeduralen Charakter von Rechtsbeziehungen nicht zu erfassen vermögen.[262] So lassen sich bei der Gestaltung andauernder Rechtsbeziehungen durch Verwaltungsakt nach der zeitlichen Staffelung idR vier verschiedene Stufen unterscheiden: von der Vorwirkung (zB Aufklärung, Auskunft, Beratung) über das Verwaltungsverfahren bis hin zum Erlass des Verwaltungsaktes und zu den Nachwirkungen (zB Erfüllung versprochener Leistungen, Duldungspflichten oder die Rechtswirkungen des sich anschließenden weiteren Verfahrens – wie etwa der Verwaltungsvollstreckung).[263] Als Rechtsfigur zur generellen Erfassung der Rechtsbeziehungen innerhalb eines Rechtsträgers oder Organs, der Rechtsträger oder Organe zueinander oder des Staat-Bürger-Verhältnisses bietet sich die Kategorie des *Rechtsverhältnisse*s

259 Vgl *Ennuschat* Infrastrukturgewährleistung durch Privatisierung und Regulierung, 2002 Habilschrift, Typoskript, These 40 der Zusammenfassung. Näher zur Entformalisierung des Staatshandelns *Schoch* DV 25 (1992), 21 ff.

260 Vgl *Franzius* in: Hoffmann-Riem/Schmidt-Aßmann/Voßkuhle, Grundlagen I, § 4 Rn 2 ff.

261 Bei Zugrundelegung systemtheoretischer Vorstellungen stellen auch Rechtssysteme ohnehin nur Netzwerke von Kommunikationen dar. Vgl *Vesting* Jura 2001, 299, 301. Allgemein dazu *Luhmann* Soziale Systeme, 4. Aufl 1994, 191 ff.

262 Zur Unterscheidung zwischen dem Zeitpunkt, in dem eine Rechtsfolge eintritt und dem Zeitraum, für den eine Rechtsfolge eintritt, vgl *Steinweg*, Zeitlicher Regelungsgehalt des Verwaltungsaktes, 2006, 31 ff.

263 Vgl auch *Schoch* in: Hoffmann-Riem/Schmidt-Aßmann (Hrsg), Innovation und Flexibilität, 1994, 199 ff.

an (→ § 18 Rn 1 ff).[264] Begrifflich ist unter einem Rechtsverhältnis die sich aus einer rechtlichen Regelung ergebende rechtliche Beziehung (zwischen mindestens zwei Rechtssubjekten[265], uU auch zwischen einer Sache und einem Rechtssubjekt[266]) zu verstehen. Verwaltungsrechtliche Rechtsverhältnisse im engeren Sinne betreffen die sich aus einer Regelung für eine Person konkret ergebende Beziehung. Diese kann zB Gegenstand einer verwaltungsgerichtlichen Feststellungsklage nach § 43 I Alt 1 VwGO oder Anknüpfung für einen Schadensersatzanspruch wegen Verletzung des verwaltungsrechtlichen Schuldverhältnisses (→ § 18 Rn 13 f) sein.[267] Zu einem Verwaltungsrechtsverhältnis im weiteren Sinne ist der Komplex einander zweckhaft zugeordneter Sonderrechtsbeziehungen zu zählen (zB die Nutzungsverhältnisse öffentlicher Einrichtungen). Das Verwaltungsrechtsverhältnis im weiteren Sinne kann zwar ebenfalls rechtliche Bedeutung haben, vor allem aber kommt ihm eine heuristische und strukturierende Funktion zu[268], weil es als Ordnungsmodell für eine Gesamtbetrachtung des erfassten Lebenssachverhaltes zu dienen vermag. Deshalb eignet sich das Verwaltungsrechtsverhältnis im weiteren Sinne auch als Orientierungshilfe für den Gesetzgeber. So hat man versucht, das Sozialrecht mittels des Erlasses von Sozialgesetzbüchern zu erfassen. Auf vielen anderen Rechtsgebieten – wie etwa dem Umweltrecht[269] oder dem Informationsrecht (Rn 68 ff)[270] – steht diese legislatorische Systematisierungsarbeit noch aus.

IX. Planende Verwaltung

Zumindest wenn es um die Bewältigung vielschichtiger Problemstellungen geht, kommt **63**
die Verwaltung regelmäßig nicht ohne *Planung* aus. Unter Planung ist das vorausschauende Setzen von Zielen und gedankliche Vorwegnehmen der zu ihrer Verwirklichung erforderlichen Verhaltensweisen zu verstehen.[271] Es handelt sich somit um ein final determiniertes, methodisches Lenkungsmittel zukünftigen Geschehens.[272] Nach der Art der Planung lässt sich zwischen Gesamtplanungen und Fachplanungen unterscheiden. Die überörtlich räumliche Gesamtplanung erfolgt für die Bundesrepublik Deutschland auf der Grundlage des Raumordnungsgesetzes, für die Länder durch höherstufige Landesplanung und Regionalplanung.[273] Zur örtlichen raumbezogenen Planung sind die Bauleitpläne (Flächennutzungspläne und Bebauungspläne) nach Maß-

264 Vgl *Achterberg* Allg VwR, § 20; *Ehlers* DVBl 1986, 912 ff; *Schulte* Schlichtes Verwaltungshandeln, 1995, 203 ff; *Gröschner* DV 30 (1997), 301 ff.

265 Der Begriff wird in diesem Zusammenhang im weiteren Sinne unter Einschluss der innerorganisatorischen Funktionsträger (Innenrechtssubjekte) verstanden.

266 Zur sog sachbezogenen Allgemeinverfügung vgl § 35 S 2 Alt 2 VwVfG.

267 Näher dazu *Ehlers* in: ders/Schoch, Rechtsschutz, § 25 Rn 5 f.

268 *Schmidt-Aßmann* Ordnungsidee, 302 f.

269 Der nach zahlreichen Vorläuferfassungen erarbeitete Referentenentwurf für ein UGB 2009 (vgl *Guckelberger* NVwZ 2008, 1161 ff) ist in der 16. Legislaturperiode des BT nicht mehr als Gesetz verabschiedet worden.

270 Dies gilt ungeachtet der Informationsfreiheitsgesetze des Bundes und der Länder.

271 *Zippelius/Würtenberger* StR, § 46 Rn 74.

272 *Stern* StR II, 704; Krit *Hoppe* in: Isensee/Kirchhof IV, § 77 Rn 7.

273 Vgl *Koch/Hendler* (Fn 250) §§ 4, 5, 6; *Krebs* in: Schmidt-Aßmann/Schoch, Bes VwR, 4. Kap Rn 34 ff.

gabe des Baugesetzbuches[274] zu zählen. Die jeweiligen Planungen sind aufeinander abzustimmen.[275] Die Fachpläne betreffen bestimmte Sachbereiche (zB Landschaftsplanung nach § 13 ff BNatSchG oder die Krankenhausbedarfsplanung) oder einzelne Vorhaben (zB den Bau von Gewässern nach § 31 WHG, Bundeswasserstraßen nach § 14 WaStrG, Straßen nach §§ 16 ff FStrG, Flughäfen nach § 8 LuftVG, Betriebsanlagen einer Eisenbahn nach § 18 AEG, Betriebsanlagen einer Straßenbahn nach § 28 PBefG oder die Errichtung und den Betrieb von Abfallbeseitigungsanlagen nach § 31 KrW-/AbfG).

64 Die Zuständigkeit für den Erlass staatlicher Pläne liegt nicht nur bei den Verwaltungsträgern. So handelt es sich bei den im Grundgesetz erwähnten Plänen – Haushaltsplan (Art 110 GG), Finanzplanung (Art 109 III GG), Planung für den Verteidigungsfall (Art 53a II GG) – um Regierungspläne, denen zum Teil der Gesetzgeber zustimmen muss. Die *Regierungsplanung* ist oftmals nicht konkretisiert worden[276] und muss zudem von der Planung der nach Art 65 S 2 GG für ihre Geschäftsbereiche selbstverantwortlichen Minister abgegrenzt werden. Greift eine Planung in die Rechtssphäre der Bürger, des Bundes, eines Landes oder eines Selbstverwaltungsträgers (namentlich einer Gemeinde) ein, gilt der Gesetzesvorbehalt.

65 Ihrer Wirkungsweise nach lässt sich zwischen regelnden (*imperativen*), nicht regelnden (*indikativen*) und Leistungsgewährungen in Aussicht stellenden (*influenzierenden*) Plänen unterscheiden.[277] Pläne können sowohl lediglich interne Bedeutung für den planenden Rechtsträger respektive die planende Behörde als auch Außenwirkung haben. So bereitet die den Verlauf einer Trasse noch nicht grundstücksgenau absteckende Linienbestimmung einer Straße nach § 16 FStrG nur die Planfeststellung der Straße vor und hat daher nur behördeninterne Relevanz.[278] Flächennutzungspläne (§ 1 II BauGB) entfalten im Gegensatz zu den Bebauungsplänen (§ 8 I 1 BauGB) aus sich heraus keine unmittelbaren rechtlichen Bindungswirkungen gegenüber privaten Dritten.[279] Anderes gilt aber kraft gesetzlicher Anordnung des § 35 III 3 BauGB für die dort genannten Darstellungen im Flächennutzungsplan. Dementsprechend unterliegen solche Darstellungen in analoger Anwendung des § 47 I Nr 1 VwGO der (prinzipalen) gerichtlichen Normenkontrolle.[280]

66 Eine besondere *Handlungsform* für den Erlass von Plänen gibt es nicht. Pläne werden zB in Form von *Parlamentsgesetzen*, Verordnungen, Satzungen (→ § 2 Rn 33 ff), Verwaltungsakten, Verwaltungsvorschriften oder internen Einzelweisungen erlassen. So handelt es sich bei dem Bebauungsplan um eine Satzung (§ 10 I BauGB[281]), bei den meisten (verbindlichen) Fachplanungen dagegen um Planfeststellungsbeschlüsse (§ 74 I VwVfG) oder (in einfacher gelagerten Fällen) um Plangenehmigungen (§ 74 VI

[274] §§ 1 ff BauGB.
[275] Zum Anpassungsgebot vgl zB die §§ 1 IV BauGB, 78 VwVfG. Zum Gegenstromprinzip: § 1 III ROG.
[276] Vgl *Hoppe* in: Isensee/Kirchhof IV, § 77 Rn 26.
[277] Vgl *Ossenbühl* Verh d 50. DJT, 1974, B 25 ff, 29.
[278] Vgl BVerwGE 48, 56, 59; 62, 342, 344 f; *v Danwitz* in: Schmidt-Aßmann/Schoch, Bes VwR, 7. Kap Rn 25.
[279] Vgl BVerwGE 124, 132, 141.
[280] BVerwGE 128, 382, 384 ff → JK VwGO § 47/30; *Frenz* Jura 2008, 811.
[281] Zur Frage, ob es sich beim Bebauungsplan inhaltlich um eine Bündelung von Verwaltungsakten handelt oder – weil der Adressatenkreis zukunftsoffen und damit unbestimmt ist – um eine Rechtsnorm vgl *Bönker* in: Hoppe/ders/Grotefels (Fn 214) § 3 Rn 87 ff. Zu den Stadtstaaten vgl auch § 246 Abs 2 BauGB.

VwVfG[282]) und damit um Verwaltungsakte. Teilweise sind Pläne austauschbar. So können Bebauungspläne den Planfeststellungsbeschluss für den Bau von Gemeindestraßen ersetzen (falls keine Umweltverträglichkeitsprüfung durchzuführen ist).[283] Für eine konkrete Vorhabenplanung durch Parlamentsgesetz müssen wegen der Modifizierung der Gewaltenteilung, der Erschwerung des Rechtsschutzes[284] und ggf den eignungsrechtlichen Vorwirkungen „gute Gründe“ bestehen.[285] Das Verfahren einer rechtsverbindlichen Planung der Verwaltung ist in den gesetzlichen Bestimmungen näher geregelt worden. Erforderlich ist eine Beteiligung der betroffenen Bürger und Behörden[286] (näher zum Ganzen für Planfeststellungsbeschlüsse → § 15 Rn 14). Inhaltlich müssen die öffentlichen und privaten Belange gegeneinander und untereinander gerecht abgewogen werden (so § 1 VII BauGB). Der Verwaltung kommt ein Gestaltungsspielraum zu, der sich nicht von dem Verwaltungsermessen (→ § 11 Rn 10) unterscheidet.[287] Verletzt ist das Gebot gerechter Abwägung, wenn eine Abwägung nicht stattfindet (Abwägungsausfall), in die Abwägung nicht eingestellt wurde, was nach Lage der Dinge eingestellt werden muss (Abwägungsdefizit), die Bedeutung der betroffenen privaten Belange verkannt worden ist (Abwägungsfehleinschätzung) oder der Ausgleich unter den von der Planung berührten öffentlichen Belangen in einer Weise vorgenommen wurde, die zur objektiven Gewichtung der einzelnen Belange außer Verhältnis steht (Abwägungsdisproportionalität).[288] Bei der Bestimmung des Rangs der Belange wird zwischen unüberwindbaren (also strikt beachtlichen) Planungsleitsätzen und besonders gewichtigen, aber überwindbaren Optimierungsgeboten unterschieden.[289]

Die Folgen fehlerhafter Planung bestimmen sich nach der Rechtsnatur des Plans. **67**
Fehlerhafte Rechtssätze sind grundsätzlich nichtig (→ § 2 Rn 115 f), fehlerhafte Verwaltungsakte grundsätzlich rechtswidrig (→ § 22 Rn 1 ff). Das BauGB differenziert für die gerichtliche Kontrolle der Sache nach zwischen Abwägungsvorgang (Ermittlung und Bewertung der wesentlichen Belange[290], ggf Abwägungsausfall oder Abwägungsdefizit) und Abwägungsergebnis[291]. Während der Abwägungsvorgang intensiv gerichtlich kontrolliert wird, ist die gerichtliche Kontrolldichte der Überprüfung des Abwägungsergebnisses gering.[292] Nach Möglichkeit strebt das neuere Gesetzesrecht eine

282 Krit *Brohm* NVwZ 1991, 1025, 1027; *Ronellenfitsch* DVBl 1994, 441, 443 f.

283 Vgl § 9 I Nr 11, 127 II BauGB; 17b II FStrG.

284 Nach BVerfGE 70, 35, 57 → JK VwGO § 47/11, sollen ausnahmsweise in Form eines Parlamentsgesetzes beschlossene Bebauungspläne (so in Hamburg) nicht mit der Verfassungsbeschwerde, sondern mit der verwaltungsgerichtlichen Normenkontrolle nach § 47 VwGO angreifbar sein. Krit *Ehlers* Jura 2005, 171, 172.

285 Vgl BVerfGE 95, 1 ff → JK GG Art 20 II 2/2.

286 Vgl zB §§ 73 VwVfG, 3, 4 BauGB.

287 Str, wie hier *Brohm* (Fn 214) § 13 Rn 1; *Koch/Rubel/Heselhaus* Allg VwR, 3. Aufl 2003, § 5 Rn 109 ff; *Kopp/Ramsauer* VwVfG § 40 Rn 102 f.

288 Grundlegend BVerwGE 34, 301, 309. Vgl auch *Hoppe* DVBl 1974, 641 ff; *dens* DVBl 2003, 697 ff; *Bonk/Neumann* in: Stelkens/Bonk/Sachs, VwVfG § 74 Rn 55 ff; *Kopp/Ramsauer* VwVfG § 40 Rn 109 ff. Krit *Koch/Hendler* (Fn 250) § 17 Rn 62 ff.

289 Vgl zu diesem (zweifelhaften) Sprachgebrauch BVerwGE 71, 162 ff.

290 Vgl §§ 2 IV, 214 I Nr 1 BauGB.

291 § 214 III BauGB.

292 Näher dazu BVerwG NVwZ 2008, 899 ff; *Erbguth* Jura 2006, 9 ff; *Pieper* Jura 2006, 817 ff; *Happ* NVwZ 2007, 304 ff; *Kopp/Ramsauer* VwVfG § 74 Rn 53 f.

Planerhaltung an.[293] So sind bestimmte Fehler unbeachtlich. Das gilt insb für Mängel der Abwägung, die nicht offensichtlich sind oder auf das Abwägungsergebnis keinen Einfluss gehabt haben.[294] Beachtliche Fehler können bei Planfeststellungsbeschlüssen nur innerhalb eines Monats, bei Bebauungsplänen innerhalb von einem Jahr geltend gemacht werden.[295] Rechtzeitig geltend gemachte beachtliche Mängel können uU nur dann zur Aufhebung (oder Nichtigkeit) eines festgestellten Plans führen, wenn sie nicht durch Planergänzung oder durch ein ergänzendes Verfahren behoben werden können.[296] Treten nicht voraussehbare Wirkungen des Vorhabens oder der festgestellten planentsprechenden Anlagen auf das Recht eines anderen erst nach Unangreifbarkeit des Plans auf, kann der Betroffene Vorkehrungen oder die Errichtung und Unterhaltung von Anlagen verlangen, welche die nachteiligen Wirkungen ausschließen.[297] Einen Anspruch auf Planfortbestand gibt es grundsätzlich nicht, weil ein solcher Anspruch zu einer Versteinerung führen würde (→ § 46 Rn 14 ff). Doch genießen verwirklichte Vorhaben Privater Bestandsschutz und dürfen daher nur unter sehr strengen Voraussetzungen einer neuen Rechtslage angepasst werden. Auch können zum Schutz der verfassungsrechtlich geschützten Belange im Falle von Planänderungen Übergangsregelungen geboten sein. Ferner hat der Einzelne grundsätzlich keinen Anspruch auf Planbefolgung (zB darauf, dass eine Gemeinde die geplante Straße baut oder die vorgesehene Grünfläche verwirklicht[298]) oder auf Entschädigung bei Änderung, Nichteinhaltung oder Aufhebung der Planung (→ § 46 Rn 14 f). Doch kann sich im Einzelfall die Rechtslage anders darstellen.[299] Das sehr differenzierte Planungsrecht der Verwaltung gehört im Wesentlichen zum besonderen Verwaltungsrecht und wird dort behandelt.[300] Zum Planfeststellungsrecht vgl aber → § 46 Rn 13 ff, zum planungsbezogenen Staatshaftungsrecht → § 46 Rn 27 ff.

X. Informationelle Verwaltung

68 Nur wer hinreichend informiert ist, kann verantwortlich handeln.[301] Dies gilt für die Verwaltung und die Privaten[302] gleichermaßen. Dem „*Informationsverwaltungsrecht*“[303] kommt deshalb in jedem Gemeinwesen eine herausragende Bedeutung zu. Für

[293] Vgl die amtl Überschrift des 4. Abschn im 2. Teil des BauGB. Näher dazu *Hoppe* in: Berkemann ua (Hrsg), Planung und Plankontrolle, 1995, 87 ff; *Hoppe/Henke* DVBl 1997, 1407 ff; *Gaentz* UPR 2001, 201 ff.

[294] Vgl §§ 75 Ia 1 VwVfG; 214 III 2 BauGB.

[295] Vgl §§ 70, 74 VwGO, 215 I BauGB.

[296] Vgl § 75 Ia 2 VwVfG. Näher dazu *Henke* Planerhaltung durch Planergänzung und ergänzendes Verfahren, 1997.

[297] Vgl § 75 II 2 VwVfG.

[298] Vgl *Maurer* Allg VwR, § 16 Rn 33.

[299] Vgl zum Bauplanungsrecht etwa die §§ 39, 41 BauGB.

[300] Vgl zum Raumordnungs- und Bauplanungsrecht *Krebs* in: Schmidt-Aßmann/Schoch, Bes VwR, 4. Kap Rn 34 ff.

[301] Dies schließt die Notwendigkeit eines Handelns unter Ungewissheitsbedingungen nicht aus, vgl Rn 48.

[302] Vgl auch BVerfGE 27, 71, 81 f.

[303] Ein verselbständigtes Rechtsgebiet „Informationsverwaltungsrecht“ gibt es bisher nicht. Doch lässt sich mit dem Begriff der Umgang der Verwaltung mit Informationen zusammenfassen (*Masing* VVDStRL 63 [2004] 377, 432). Vgl auch *Schmidt-Aßmann* Ordnungsidee, 280 ff, sowie *Kaiser* Die Kommunikation der Verwaltung, 2009.

die Privaten ist in erster Linie entscheidend, ob sie ein Recht auf Zugang zu amtlichen Informationen haben (1.). Umgekehrt stellt sich für die im Kern aus Informationsverarbeitung bestehende Verwaltung[304] die Frage, ob sie ein Recht auf Erlangung von Informationen Privater hat (2.), ob eine Veröffentlichungspflicht der Verwaltung besteht (3.) und welchen Geheimhaltungspflichten (4.) sie unterworfen ist. Darüber hinaus bedarf die Verwendung elektronischer Informations- und Kommunikationstechniken in der Verwaltung (5.) einer gesonderten Betrachtung.

1. Recht der Privaten auf Zugang zu amtlichen Informationen

Anders als die meisten Mitglieder der Europäischen Union und der westlichen Hemi- 69
sphäre[305] ging Deutschland bis vor kurzem von einer grundsätzlich nicht öffentlichen Verwaltung aus.[306] Einen allgemein öffentlich-rechtlichen Informationsanspruch der Privaten gegen die öffentliche Verwaltung kennt das Grundgesetz bei Zugrundelegung der Rechtsprechung des BVerfG nicht. *Art 5 I 1 Alt 2 GG* schützt zwar das Recht, sich aus allgemein zugänglichen Quellen zu informieren, wobei als allgemein zugänglich eine Infomationsquelle anzusehen ist, wenn sie geeignet und bestimmt ist, der Allgemeinheit Informationen zu verschaffen.[307] Über die Zugänglichkeit und die Art der Zugangseröffnung soll aber derjenige entscheiden dürfen, der nach der Rechtsordnung über ein entsprechendes Bestimmungsrecht verfügt. Somit wird Art 5 I 1 GG kein Recht auf Eröffnung einer Informationsquelle entnommen.[308] Allerdings kann aus anderen Verfassungsbestimmungen ein verfassungsunmittelbarer Informationsanspruch abzuleiten sein. So geht das BVerwG davon aus, dass das Grundrecht aus Art 12 I GG einer Behörde gebieten kann, bereits im Vorfeld eines Verwaltungsverfahrens und damit unabhängig von einer verwaltungsverfahrensrechtlichen Beteiligtenstellung einem potentiellen Verfahrensbeteiligten Informationen zur Verfügung zu stellen, welcher dieser bedarf, um sachgerecht die Frage prüfen und entscheiden zu können, ob und in welchem Umfang er sich um eine behördliche Genehmigung bewirbt.[309] Zudem kann sich aus dem grundrechtlichen *Untermaßverbot* (→ § 6 Rn 24) iVm den *Schutzpflichten* uU ein Anspruch auf Information über bestehende Gefährdungen des betroffenen Schutzgutes ergeben.[310] Art 21 IV der Verfassung des Landes Brandenburg normiert zwar weitergehend ein Recht auf Einsicht in die Akten und sonstige Unterlagen der Behörden und

[304] *Eifert* VVDStRL 67 (2008), 286, 326.

[305] Informationsfreiheitsgesetze gibt es in über 50 Staaten. Eine Schlüsselrolle kommt dem Freedom of Information Act der USA aus dem Jahre 1966 zu. Seit 1999 hat sich die Zahl der einschlägigen Staaten mehr als verdoppelt. Vgl BT-Drucks 15/4493 S 6.

[306] Vgl *Wegener*, der von der Arkantradition spricht (Der geheime Staat. Arkantradition und Informationsfreiheit, 2006).

[307] Vgl BVerfGE 27, 71, 83 f; 90, 27, 32.

[308] BVerfGE 103, 44, 59 ff → JK GG Art 5 I/28. Krit *Kugelmann* Die informatorische Rechtsstellung des Bürgers, 2001, 60 ff; *Scherzberg* Die Öffentlichkeit der Verwaltung, 2000, 341 ff (der aus dem Untermaßverbot des Demokratie- und Rechtsstaatsprinzips eine Verpflichtung des Staates herleitet, Informationssysteme so einzurichten, dass man sich tatsächlich über die wesentlichen Fragen informieren kann). Vgl auch *Wegener* (Fn 306) 475 ff; *Schoch* Jura 2008, 25, 27, 29.

[309] Vgl BVerwGE 118, 270 ff → JK GG Art 12 I/71 (Auskunftsanspruch einer an einer Linienverkehrsgenehmigung interessierten Verkehrsgesellschaft).

[310] Als Anspruchsgrundlage kommen auch die Gewährleistungen der EMRK in Betracht. Vgl *Grabenwarter* Europäische Menschenrechtskonvention, 3. Aufl 2008, § 19 Rn 10.

Verwaltungseinrichtungen des Landes und der Kommunen, soweit nicht überwiegende öffentliche oder private Interessen entgegenstehen. Doch gilt auch dieses nur nach Maßgabe des Gesetzes.[311]

70 Das im *Verwaltungsverfahrensgesetz* geregelte Auskunftsrecht[312] (§ 25) und das Akteneinsichtsrecht (§ 29) sind sowohl von Verfahrens- als auch von bestimmten Zugangsvoraussetzungen abhängig (insb Erforderlichkeit eines Bezugs zu den Rechten oder Pflichten eines Verfahrensbeteiligten oder die Geltendmachung eines rechtlichen Interesses → § 12 Rn 3). Im Falle öffentlicher Planungs- und Genehmigungsverfahren wird der Informationszugang durch Auslegungspflichten erweitert. Die Gewährung einer darüber hinausgehenden Akteneinsicht steht in solchen Fällen im Ermessen der Verwaltung, wobei ein Anspruch auf fehlerfreie Ermessensausübung nur besteht, wenn berechtigte Interessen berührt werden.[313] Verfahrensunabhängige Informationszugangsrechte normierten in der Vergangenheit nur einige Spezialgesetze.[314]

71 Das *Europäische Unionsrecht* gewährt jedem Unionsbürger sowie jeder natürlichen oder juristischen Person mit Wohnsitz oder Sitz in einem Mitgliedstaat vorbehaltlich gewisser Ausnahmen aufgrund entgegenstehender öffentlicher oder privater Interessen[315] ein Recht auf Zugang zu Dokumenten der Organe der Union (Art 15 III 1 AEUV). Der Antrag auf Zugang zu einem Dokument muss unverzüglich bearbeitet werden. Zudem hat jedes Organ ein Dokumentenregister sowie die Dokumente öffentlich zugänglich zu machen, wobei der Zugang in elektronischer Form gewährt werden soll.[316] Im Falle der Ablehnung kann Nichtigkeitsklage (Art 263 AEUV), im Falle der Untätigkeit Untätigkeitsklage (Art 265 AEUV) erhoben werden. Einen die Mitgliedstaaten der Europäischen Union bindenden allgemeinen Rechtsgrundsatz auf Zugang zu deren amtlichen Informationen hat die Rechtsprechung dem Unionsrecht bisher nicht entnommen.[317] Ebensowenig ist bislang aus Art 10 I 2 EMRK ein Anspruch auf Eröffnung ausreichender Informationsquellen abgeleitet worden.[318] Wohl aber normiert das Unionsrecht bereichspezifische Zugangsrechte zur amtlichen Information, insb einen Anspruch auf freien Zugang zu Umweltinformationen (Art 3 I RL 2003/4/EG). Die Umweltinforma-

[311] Vgl auch III 2 der Vorschrift (Recht der Bürgerinitiativen und Verbände auf Information). Soweit die Verf der neuen Länder Auskünfte für Daten über die Umwelt begründen (Art 39 VII 2 Verf Bbg; 6 III Verf MV; 34 Verf Sachs; 6 II Verf SA; 33 Verf Thür), kommt dem heute wegen § 3 I UIG nur noch eine geringe Bedeutung zu.

[312] Zu spezialgesetzlichen Auskunftsansprüchen vgl etwa die §§ 19 BDSG; 8, 21, 22 MRRG.

[313] Vgl die §§ 72 I HS 2, 73 III VwVfG, 10 III BImSchG iVm 10a 9. BImSchVO; 7 AtG iVm § 6 I AtVfV. Vgl a BVerwGE 61, 15, 22 f → JK GG Art 12 I/3; §§ 12 GBO (Grundbucheinsicht); 39 StVG (Übermittlung von Fahrzeugdaten und Halterdaten); 61 PStG (Einsicht in die Personenstandsbücher); 3 I StUG (Stasi-Unterlagen).

[314] ZB §§ 48 II 1 GO NRW (Öffentlichkeit von Ratssitzungen); 5 PresseG Bbg, 3 PresseG Hessen, 5 MedienG Saarland, 6 MedienG RhlPf, 4 I PresseG der übrigen Länder (presserechtlicher Auskunftsanspruch); 15 I Mediendienste-Staatsvertrag (Auskunftsrecht); 5 I BArchG (Nutzung v Archivgut); 3 I StUG (Stasi-Unterlagen); 21 I MRRG; 79 BGB (Vereinsregister); 9 HGB (Handelsregister).

[315] Vgl Art 255 II EGV/15 III 2 AEUV), 2 V, 4 I–III, 9 VO EG 1049/2001. Zum Nichtbestehen eines begründungsfreien Veto-Rechts der nationalen Regierung EuGH Slg 2007, I 11389 → JK 09/08, EGV Art 255/1.

[316] Vgl Art 6 ff VO EG 1049/2001.

[317] Weitergehend aber *Scherzberg* (Fn 308) 228 ff.

[318] Vgl EGMR NVwZ 1999, 57 f – Guerra → JK EMRK Art 8, 10, 50/3; krit *Marauhn* in: Ehlers, Europäische Grundrechte, § 4 Rn 11.

tionsrichtlinie der Europäischen Union ist durch das Umweltinformationsgesetz (UIG[319]) in nationales Recht umgesetzt worden.

Die zurückhaltende Einstellung des deutschen Rechts gegen eine Transparenz der staatlichen Verwaltung wurde mittlerweile in einem erheblichen Umfang korrigiert. So sind nicht nur weitere bereichsspezifische Regelungen wie das Verbraucherinformationsgesetz (VIG[320]) geschaffen worden. Vielmehr haben Bund und Länder darüber hinausgehend Informationsfreiheitsgesetze (IFG) erlassen.[321] So garantiert § 1 IFG (des Bundes) jedermann[322] grundsätzlich einen Anspruch auf Zugang zu amtlichen Informationen gegenüber den Behörden des Bundes, den sonstigen öffentlich-rechtliche Verwaltungsaufgaben wahrnehmenden Bundesorganen und -einrichtungen sowie den zur Erfüllung öffentlich-rechtlicher Aufgaben eingeschalteten natürlichen Personen oder juristischen Personen des Privatrechts, ohne ein rechtliches Interesse darlegen zu müssen. Die Behörde kann Auskunft erteilen, Akteneinsicht gewähren oder Informationen in sonstiger Weise zur Verfügung stellen. Begehrt der Antragsteller eine bestimmte Art des Informationszugangs, darf dieser nur aus wichtigem Grund (insb bei deutlich höherem Verwaltungsaufwand) auf andere Weise gewährt werden (§ 1 II IFG). Ein Anspruch auf Informationszugang entfällt, wenn Geheimhaltungsinteressen bestehen oder überwiegen (Rn 74 f). Besteht der Anspruch auf Informationszugang nur zum Teil, ist ihm in dem Umfange stattzugeben, in dem der Zugang ohne Preisgabe der geheimhaltungsbedürftigen Informationen oder unverhältnismäßigen Verwaltungsaufwand möglich ist (§ 7 II 1 IFG). Für Amtshandlungen werden Gebühren und Auslagen erhoben, es sei denn, dass es sich um die Erteilung einfacher Auskünfte handelt (§ 10 II IFG). Wird der Antrag auf Informationszugang abgelehnt, sind gegen die ablehnende Entscheidung Widerspruch und Verpflichtungsklage zulässig (§ 9 IV 1 IFG). Der Erlass der Informationsfreiheitsgesetze hat zu einem erheblichen Fortschritt geführt. Nach wie vor gibt es aber Regelungsdefizite, auch weil das IFG des Bundes grundsätzlich subsidiär gilt (§ 1 III IFG) und einen recht weiten Ausnahmekatalog enthält (§ 3 IFG).[323] 72

2. Recht der Verwaltung auf Zugang zu privaten Informationen

Um verwalten zu können, muss die Verwaltung informiert sein. Gem § 24 I VwVfG er- 73
mittelt die Behörde den *Sachverhalt von Amts wegen* und bestimmt Art und Umfang der Ermittlung, ohne an das Vorbringen und an die Beweisanträge der Beteiligten gebunden zu sein. Nach § 26 I VwVfG bedient sie sich der Beweismittel, die sie nach pflichtgemäßem Ermessen zur Ermittlung des Sachverhalts für erforderlich hält. Hierbei kann sie insb Auskünfte einholen, Beteiligte, Zeugen und Sachverständige anhören, Urkunden und Akten beiziehen oder den Augenschein einnehmen (→ § 14 Rn 24 f). Gem § 26 II VwVfG sollen die Verfahrensbeteiligten bei der Ermittlung des Sachver-

[319] Sart Nr 294. Zum Anspruch auf Zugang zu für die Zuteilung von Emissionsberechtigungen nach dem TEHG relevanten Informationen BVerwG DVBl 2009, 1576.

[320] BGBl 2007 I S 2558. Zum Rechtsschutz gegen behördliche Entscheidungen nach dem VIG vgl *Mühlbauer* DVBl 2009, 354 ff.

[321] Vgl für den Bund Sart Nr 113. Zu den Gesetzen der Länder vgl den Überblick bei *Fluck* DVBl 2006, 1406, 1407 m Fn 9. Keine Informationsfreiheitsgesetze erlassen haben bisher nur die Länder BW, Bay, Hess, Nds und Sachs.

[322] Dazu zählen nicht Bürgerinitiativen.

[323] Vgl auch *Kloepfer/v Lewinski* DVBl 2005, 1277, 1288; *Schoch* DÖV 2006, 1, 10. Zu den verschiedenen gesetzlichen Bestimmungen im Vergleich s *Schomerus/Tolkmitt* DÖV 2007, 985 ff. Zum Verhältnis des § 99 I 2 VwGO zum IFG NRW s OVG NRW NWVBl 2009, 154.

halts mitwirken. Soweit gesetzlich nichts anderes vorgesehen ist, steht die Gestaltung der Mitwirkung im Ermessen der Behörde, wobei die Verfahrensbeteiligten kein Recht auf Mitwirkung haben, wohl aber einen Anspruch auf fehlerfreie Ermessensausübung.[324] Eine in die Grundrechtssphäre eingreifende Mitwirkungspflicht bedarf einer gesetzlichen Grundlage. Wird der Erlass einer begünstigenden Verwaltungsentscheidung begehrt, trifft den Antragsteller zumindest eine Obliegenheit. So hängen etwa die Vergabe einer Subvention, die Gewährung einer Sozialleistung, die Erteilung einer Baugenehmigung oder die Anerkennung als Asylberechtigter davon ab, dass Angaben gemacht, Unterlagen eingereicht oder ggf weitere Mitwirkungslasten erfüllt werden.[325] Dem Informationsbedarf der Eingriffsverwaltung wird nach Maßgabe des Fachrechts etwa durch Anzeigepflichten[326], Auskunftspflichten[327], die Pflicht zum persönlichen Erscheinen[328] sowie durch die Befugnis zur Erhebung von Daten, zur Observation, zum verdeckten Einsatz technischer Mittel, zum Einsatz verdeckter Ermittler[329] zum Betreten von Grundstücken[330], zur Nachschau[331] sowie zur Durchsuchung von Personen, Sachen und Wohnungen[332] Rechnung getragen. Verfassungsrechtliche Grenzen der staatlichen Informationserlangung können sich aus den Grundrechten ergeben.[333] Vergleichend kann darauf hingewiesen werden, dass auch die EU-Kommission zur Erfüllung der ihr übertragenen Aufgaben nach Maßgabe des Sekundärrechts[334] – im Rahmen der grundrechtlichen Schranken – alle erforderlichen Auskünfte einholen und alle erforderlichen Nachprüfungen vornehmen darf (Art 284 EGV/337 AEUV).

3. Informationspflichten und -befugnisse der Verwaltung gegenüber Privaten

74 Eng mit dem Demokratieprinzip und teilweise auch dem Rechtsstaatsgebot verbunden ist der Grundsatz der *Öffentlichkeit*.[335] Das gilt nicht nur für die Legislative (Art 42 I 1 GG) und Judikative (§ 169 GVG; Art 6 I 1 EMRK), sondern auch für die Exekutive. Tatsächlich informiert die Verwaltung die Privaten in einem weiten Umfange auch dann, wenn diese keinen Anspruch auf Zugang zu Informationen haben. Die Informationstätigkeit dient unterschiedlichen Zwecken – wie zB der Aufklärung der Bevölkerung, der Beratung der Betroffenen, der Aufgabenerfüllung und Kontrolle der Verwaltung, der Stärkung des demokratischen Charakters der Verwaltung, der Verbesserung des Vertrauens der Bürger oder der Schaffung von Akzeptanz – und reicht etwa von allgemeinen Gemeinde-Informationen über die Werbung für öffentliche Unternehmen bis zur Öffentlichkeitsarbeit eines Trägers oder Warnung der Bevölkerung vor Gefah-

[324] Vgl *Kallerhoff* in: Stelkens/Bonk/Sachs, VwVfG, § 26 Rn 45.
[325] Vgl zu den Beispielen §§ 3 I SubVG; 60 ff SGB I; 69 I BauO NRW; 15 AsylVfG.
[326] § 14 GewO.
[327] ZB § 29 I GewO; 22 I GastG; 93 AO.
[328] §§ 208 S 1 Nr 1 BauGB; 17 III WPflG.
[329] Vgl zB §§ 19 ff PolG BW; 15 ff PolG NRW; Art 30 ff PAG Bay.
[330] §§ 52 II BImSchG; 99 AO.
[331] §§ 29 II GewO; 22 II GastG.
[332] ZB §§ 29 ff PolG BW; 39 ff PolG NRW; Art 21 ff PAG Bay.
[333] Vgl BVerfGE 120, 274 ff; 378 ff.
[334] Vgl zB Art 17 ff KartellVerfO (Sart II Nr 165).
[335] Vgl *Scherzberg* (Fn 308) 295 ff.

ren.[336] Vielfach ist die Verwaltung zu einer aktiven „Informationsvorsorge" verpflichtet. So müssen die Gemeinden die Einwohner über die bedeutsamen Angelegenheiten und die wichtigen Planungen oder Vorhaben unterrichten und den wesentlichen Inhalt der Ratsbeschlüsse der Öffentlichkeit zugänglich machen.[337] Gem den §§ 7, 10 und 11 UIG müssen die informationspflichtigen Stellen des Bundes Maßnahmen ergreifen, um den Zugang zu verfügbaren Umweltinformationen zu erleichtern, die Öffentlichkeit zu unterrichten und einen Umweltzustandsbericht zu veröffentlichen. Für die Landesbehörden ergeben sich diese Pflichten aus der unmittelbaren Anwendung der Richtlinie 2003/4 EG, solange eine einfachgesetzliche Regelung des Landesgesetzgebers über Umweltinformationen fehlt.[338] Nach § 11 IFG sollen die Bundesbehörden Verzeichnisse führen, aus denen sich die vorhandenen Informationssammlungen und -zwecke erkennen lassen, sowie Organisations- und Aktenpläne ohne Angabe personenbezogener Daten in elektronischer Form allgemein zugänglich machen. Eine besondere Form der Informationstätigkeit stellt die Bekanntgabe von Rechtssätzen der Verwaltung und Verwaltungsakten dar (→ § 2 Rn 55, 59). Ohne Bekanntgabe sind diese Handlungsweisen der Verwaltung nicht existent. Verwaltungsakte sind dann öffentlich bekannt zu machen, wenn eine Bekanntgabe untunlich ist (etwa weil der Adressatenkreis sehr groß oder namentlich nicht bekannt ist).[339]

Wenn die Verwaltung die Öffentlichkeit informiert und damit ein Grundrechtseingriff verbunden ist, bedarf das Informationshandeln einer gesetzlichen Grundlage (vgl zB § 8 IV 3 GPSG, § 69 IV AMG, § 7 I BSIG). Nach der Rspr des BVerfG soll die Bundesregierung dagegen aufgrund ihrer Aufgabe der Staatsleitung (Art. 65 GG) und ohne einfachgesetzliche Ermächtigung überall dort zur Informationsarbeit berechtigt sein, wo ihr eine gesamtstaatliche Verantwortung zukommt, die mit Hilfe von Informationen wahrgenommen werden kann (krit → § 2 Rn 45).[340]

4. Geheimhaltungspflichten der Verwaltung

Das Demokratie- und Rechtsstaatsgebot verlangt keine grenzenlose Öffentlichkeit der **75**
Verwaltung. Vielmehr können öffentliche oder private Interessen einer freien Zugänglichkeit oder einer Verbreitung amtlicher Informationen entgegenstehen. Wie sich auch aus den §§ 3 ff IFG entnehmen lässt, kommt ein Geheimnisschutz aus vier Gründen in Betracht: dem Schutz besonderer öffentlicher Belange (1), des behördlichen Entscheidungsprozesses (2), der personenbezogenen Daten (3) oder des geistigen Eigentums sowie der Betriebs- und Geschäftsgeheimnisse (4). In den beiden zuerst genannten Fällen geht es um den Schutz staatlicher Interessen. Zu den schützenswerten *öffentlichen Belangen* gehören etwa nachteilige Auswirkungen auf internationale Beziehungen, Belange der inneren oder äußeren Sicherheit, Kontrollaufgaben der Verwaltung, vertraulich erhobene oder übermittelte Informationen sowie nachrichtendienstliche Belange.[341]

336 Zur Frage, wann die Informationstätigkeit einer Regierung in die Grundrechte eingreift und einer gesetzlichen Grundlage bedarf vgl BVerfGE 105, 252; 105, 279 → JK GG Art 4 I, II/23a. Krit dazu *Murswiek* NVwZ 2003, 1 ff; *Kahl* Der Staat 43 (2004) 167 ff.

337 Vgl die §§ 23, 52 II GO NRW; 20 GO BW; 52 GO Bay.

338 *Kugelmann* NJW 2005, 3609, 3610.

339 Vgl §§ 41 III 2, 74 V VwVfG.

340 BVerfGE 105, 252 ff.

341 Vgl näher dazu die Regelungen des § 3 IFG. Krit zu den einzelnen Bereichsausnahmen: *Arbeitsgemeinschaft der Informationsbeauftragten in Deutschland*, DuD 2005, 290, 292 f.

Der Schutz des *behördlichen Entscheidungsprozesses* ist jedenfalls insoweit angebracht, als es um Entwürfe zu Entscheidungen sowie Arbeiten und Beschlüsse zu ihrer unmittelbaren Vorbereitung geht, soweit und solange durch die vorzeitige Bekanntgabe der Informationen der Erfolg der Entscheidung oder bevorstehender behördlicher Maßnahmen vereitelt würde.[342] Besonderes Gewicht kommt dem Schutz *personenbezogener Daten* zu, weil bereits das gem Art 2 I iVm Art 1 I GG garantierte Grundrecht auf informationelle Selbstbestimmung[343] einen solchen Schutz gebietet. Danach soll der Einzelne die Befugnis besitzen, selbst über die Preisgabe und Verwendung persönlicher Daten zu bestimmen, ua auch, um einem Einschüchterungseffekt vorzubeugen.[344] Einfachgesetzlich schreiben die Datenschutzgesetze des Bundes und der Länder vor, dass die Erhebung, Verarbeitung und Nutzung personenbezogener Daten nur zulässig ist, soweit das Datenschutzgesetz oder eine andere Rechtsvorschrift dies erlaubt oder anordnet oder der Betroffene eingewilligt hat.[345] In der Regel ist der Datenschutz im Verwaltungsverfahren spezialgesetzlich geregelt worden.[346] Nach § 30 VwVfG haben die Beteiligten im Verwaltungsverfahren einen Anspruch darauf, dass ihre Geheimnisse von der Behörde nicht unbefugt offenbart werden (näher dazu → § 14 Rn 39). Die personenbezogenen Daten unterliegen einer Zweckbindung.[347] Die Änderung des Zwecks wider Willen bedarf einer hinreichend bestimmten gesetzlichen Festlegung des neuen Zwecks, der dann seinerseits für die Verarbeitung verbindlich ist. Juristische Personen und teilrechtsfähige Personenvereinigungen privater Provenienz genießen zwar keinen Persönlichkeitsschutz, wohl aber einen Funktionsschutz, der insb durch die Art 14, 12, 9 und 2 I iVm 19 III GG gewährleistet wird.[348] Ferner bedürfen das *geistige Eigentum* (insb Urheber-, Marken-, Patent-, Gebrauchs- und Geschmacksmusterrechte) sowie *Betriebs- und Geschäftsgeheimnisse* (dh Tatsachen, die im Zusammenhang mit einem wirtschaftlichen Geschäftsbetrieb stehen, nur einem begrenzten Personenkreis bekannt sind und nach dem erkennbaren Willen des Inhabers sowie dessen berechtigten wirtschaftlichen Interessen geheim gehalten werden sollten[349]) des Schutzes vor einem unbefugten Offenbaren.[350]

76 Das Interesse an einem Zugang zu Daten oder einer Verbreitung von Daten muss nicht notwendigerweise im Gegensatz zu den Datenschutzinteressen der natürlichen oder juristischen Personen stehen. So ist sowohl der Verwaltung als auch den Privaten oftmals bereits mit einer *Anonymisierung* personenbezogener Daten gedient. Eine solche Anonymisierung ist im weiten Umfang rechtlich geboten. ZB ist es nicht erforderlich, dass eine Planfeststellungsbehörde im Rahmen der öffentlichen Bekanntgabe des

342 § 4 I IFG. Abs 2 der Vorschrift sieht vor, dass ein Antragsteller auf Informationszugang über den Abschluss des jeweiligen Verfahrens informiert wird.

343 Grundlegend BVerfGE 65, 1 ff.

344 BVerfGE 113, 29, 46.

345 Vgl § 4 I BDSG.

346 Vgl zB die §§ 30, 30a AO; 35 SGB I; 67 ff SGB X; 10 II, III BImSchG; 9 I Nr 1 UEG; 10 UVPG; 9 ff PolG NRW; 9 I Nr 1 UIG; 5 JFG.

347 BVerfGE 65, 1, 46.

348 Str, vgl *Klöpfer* Informationsrecht, 2002, § 3 Rn 56.

349 BGHSt 41, 140.

350 Zum Schutz der Betriebs- und Geschäftsgeheimnisse nach § 30 VwVfG vgl → § 14 Rn 39. Krit zu § 6 II IFG wegen der fehlenden Abwägungsklausel: *Arbeitsgemeinschaft der Informationsbeauftragten in Deutschland*, DuD 2005, 290, 295. Zur Unzulässigkeit von in EG-Richtlinien enthaltenen Offenlegungspflichten, die keinem gewichtigen Interesse dienen, vgl EuGH EWS 2006, 73 – ABNA; Gundel EWS 2006, 65 ff.

Planfeststellungsbeschlusses auch die Namen, Eigentumsverhältnisse oder sonstigen wirtschaftlichen Verhältnisse von Planbetroffenen und Einwendern offenlegt.[351] Kollidiert das Offenbarungs- mit dem Geheimhaltungsinteresse, bedarf es einer verhältnismäßigen Zuordnung der schutzwürdigen Interessen nach Maßgabe der gesetzlichen Bestimmungen und grundrechtlichen Vorgaben. Teilweise enthalten die Gesetze Regelungen darüber, welche Interessen besonders schützenswert oder nicht schützenswert sind.[352] Im Übrigen muss abgewogen werden, ob das Offenbarungs- oder Geheimhaltungsinteresse überwiegt.[353]

5. Verwendung elektronischer Informations- und Kommunikationstechniken

a) *Entwicklung.* Die Verwaltung hat sich zur Informationserhebung, -verarbeitung und 77
-nutzung seit jeher der zur Verfügung stehenden technischen Mittel (Telefon, Kfz, usw) bedient. Zu einem Quantensprung hat aber erst die heute mehr oder weniger allgemein gebräuchlich gewordene Verwendung elektronischer Informations- und Kommunikationstechniken geführt.[354] Der Einsatz von *Computern*, die Inanspruchnahme allgemeiner und spezieller Computerprogramme, die Verwendung von Datenbanken, Rechnern und sonstigen Automaten sowie die Nutzung von Datenübertragungsleitungen einschließlich des Internets wirken sich nicht nur nachhaltig auf die Aufnahme, Speicherung[355] und Auswertung von Informationen, die verwaltungsinterne Arbeitsorganisation, die Steuerung des Verwaltungshandelns und die Zusammenarbeit innerhalb einer Behörde sowie mit Verwaltungsstellen im In- und Ausland[356] und auf die Kontrolle[357] der Verwaltung aus. Sie haben auch die Gestaltung der Beziehung von Verwaltung und Bürgern maßgeblich beeinflusst, weil sie für eine wesentlich aktivere Informations-„politik" der Verwaltung[358], eine vermehrte Partizipation der Privaten am Verwaltungsgeschehen[359], Kommunikation iSe Informationsaustausches und Transaktion iSd Abwicklung von rechtlich verbindlichen Verwaltungsvorgängen über ein elektronisches Netz genutzt worden sind. Das Spektrum der Transaktionsvorgänge reicht etwa von der Erbringung kommunaler Dienstleistungen „on demand" über die Zulassung von Anmeldungen per E-Mail[360] bis hin zum Erfordernis einer elektronischen Anmeldung[361]

351 Vgl BVerfG-K DVBl 1990, 1041 f.
352 Vgl etwa § 5 II u III IFG.
353 Krit zur undifferenzierten Abwägungklausel *Masing* VVDStRL 63 (2004) 377, 402 ff, 436.
354 Vgl *Groß* DÖV 2001, 159 ff; *dens* VerwArch 95 (2004), 400 ff; zur Informatisierung der Verwaltung s auch *Guckelberger* VerwArch 97 (2006), 62 ff; *Britz* in: Hoffmann-Riem/Schmidt-Aßmann/Voßkuhle, Grundlagen II, § 26.
355 ZB Dokumentierung oder Archivierung.
356 So zB durch die Nutzung des polizeilichen Informationssystems INPOL (vgl *Pieroth/Schlink/Kniesel* Polizei- und Ordnungsrecht, 4. Aufl 2007, § 15 Rn 23 ff) oder das von den Mitgliedstaaten der EU genutzte Schengener Informationssystem (Art 92 ff SDÜ, Sart II Nr 280).
357 Zu den Spezifika der Kontrolle technikunterstützter hoheitlicher Entscheidungen *U. Stelkens* in: Hill/Schliesky (Hrsg), Herausforderung e-Government, 2009, 149 ff.
358 Vgl die Feststellung von *Groß* VerwArch 95 (2004) 400, 403, wonach es kaum noch Behörden gibt, die keine Internetpräsenz haben.
359 Etwa Eingabe von Einwendungen in einem immissionsschutzrechtlichen Verfahren oder in einem Planungsverfahren auf elektronischem Wege.
360 Vgl *Boehme-Neßler* NVwZ 2001, 374, 376.
361 Vgl für die Umsatzsteuer-Voranmeldung § 18 UStG iVm der Steuerdaten-Übermittlungsverordnung vom 28.1.2003 (BGBl I 129). Zur Zollanmeldung vgl Art 1 Nr 49, 3 VO (EG) Nr 1875/2006; Art 787 ZK-DVO; § 8a ZollVO.

oder zur elektronischen Vergabe öffentlicher Aufträge[362]. Angestoßen von Initiativen in den USA,[363] orientieren sich heute sowohl die Europäische Union[364] als auch viele Verwaltungsträger in Deutschland an der Leitvorstellung eines Electronic-Government[365]. So müssen nach Art 8 I der RL 2006/123/EG (Dienstleistungsrichtlinie) die Mitgliedstaaten sicherstellen, dass alle Verfahren und Formalitäten, welche die Aufnahme oder die Ausübung einer Dienstleistungstätigkeit betreffen, problemlos aus der Ferne und elektronisch abgewickelt werden können.[366]

78 b) *Auswirkung auf die Verwaltungsorganisation.* Bei Aufkommen der elektronischen Datenverarbeitung wurde befürchtet, dass diese zu einer ebenen- und zuständigkeitsüberschreitenden Zentralisierung führen werde.[367] Auch wenn diese Gefahr mit Verbreitung der Mikroprozessorentechnik geringer geworden ist, muss darauf geachtet werden, dass die Verbands- und Organzuständigkeiten gewahrt werden. So sind etwa Kreditvergaben nach dem sparkassenrechtlichen Regionalprinzip an Personen mit Sitz oder Niederlassung außerhalb des Satzungsgebietes grundsätzlich unzulässig.[368] Das Internet ermöglicht zwar ohne besonderen Aufwand eine Kreditvergabe an auswärtige Personen. Es stellt aber nur ein anderes Medium der Kommunikation dar und vermag nicht ein Hinwegsetzen über das Regionalprinzip zu rechtfertigen.[369] Auch einer IT-gestützten, netzwerkartigen Koordinierung von Verwaltungsträgern sind Grenzen gesetzt. So darf die Hinwendung zum E-Government nicht durch Zusammenführung der verschiedenen Stränge bei einer Stelle dazu führen, dass die Zuständigkeitsregeln unterlaufen werden.[370] Dementsprechend schreibt Art 6 I der RL 2006/123/EG (Dienstleistungsrichtlinie) zwar den Mitgliedstaaten vor, sicherzustellen, dass Dienstleistungserbringer ihre Verfahren und Formalitäten über einheitliche Ansprechpartner abwickeln können.[371] Diese sollen aber nur als Verfahrenslotsen tätig werden.[372] Die Verteilung der Zuständigkeiten und Befugnisse zwischen den Behörden innerhalb der nationalen Systeme wird durch die Schaffung einheitlicher Ansprechpartner nicht berührt.[373] Ebenso darf die Computertechnik nicht dazu genutzt werden, im Wege der Direktkommunikation mittels Inanspruchnahme eines Selbsteintrittsrechts Entscheidungen zu treffen, die dem Hierarchie- und Dienstwegprinzip zuwiderlaufen.[374] Nach Art 91c GG können Bund und Länder bei Planung, Errichtung und Betrieb der

[362] Vgl dazu *Mosbacher* DÖV 2001, 573 ff.

[363] Vgl *Gore* Creating a Government that Works Better and Costs Less, The Report of the National Performance Review, 1993, 178 ff.

[364] Vgl das eEurope 2005-Konzept der EG-Kommission.

[365] Näher dazu *Schliesky* (Hrsg), eGovernment in Deutschland, 2006.

[366] Zur Umsetzung vgl statt vieler *Schliesky* Der Landkreis 2008, 135 f.

[367] Vgl *Eberle* Organisation der automatisierten Datenverarbeitung, 1976, 62 ff, 111 f, 139 ff.

[368] Vgl *Stern/Nierhaus* Das Regionalprinzip im öffentlich-rechtlichen Sparkassenwesen, 1991, 200 f; *Raskin* Das Regionalprinzip und (neue) elektronische Vertriebswege im Retailbanking, 2001, 98 ff.

[369] Vgl *Schepers* Internet-Banking und sparkassenrechtliches Regionalprinzip, 2003, 161 ff.

[370] Zur arbeitsteiligen elektronischen Verwaltung vgl *Franzius* NWVBl 2009, 121, 123 ff.

[371] Allg zur Leitidee eines One-Stop-Government *Britz* in: Hoffmann-Riem/Schmidt-Aßmann/Voßkuhle, Grundlagen II § 26 Rn 39 ff.

[372] Vgl Art 7, 8, 11 III, 21 RL 2006/123/EG (Dienstleistungsrichtlinie). Näher zur nationalen Umsetzung *Ruge* NdsVBl 2008, 305 ff.

[373] So ausdrücklich Art 6 II RL 2006/123/EG (Dienstleistungsrichtlinie).

[374] Zur grds Unzulässigkeit eines Selbsteintritts der höheren Behörde vgl *Maurer* Allg VwR, § 21 Rn 49.

für ihre Aufgabenerfüllung benötigten informationstechnischen Systeme zusammenwirken.[375]

79 c) *Auswirkung auf das Verwaltungsverfahren und das Verwaltungsprozessrecht.* Die Verwaltungsverfahrensgesetze des Bundes und der Länder lassen seit längerem in einem weiten Umfang elektronische Verfahren zu (→ § 10 Rn 5 f). Verwaltungsverfahren sind grundsätzlich nicht formgebunden (§ 10 VwVfG). Die Generalklausel des § 3a I VwVfG verdeutlicht, dass auch die Übermittlung elektronischer Dokumente zulässig ist, soweit der Empfänger hierfür einen Zugang eröffnet hat. Das betrifft sowohl die Eröffnung des Verwaltungsverfahrens von Amts wegen oder auf Antrag (§ 22 VwVfG), als auch die Ermittlung des Sachverhalts (§ 24 VwVfG), zB Äußerung von Beteiligten, Sachverständigen oder Zeugen in elektronischer Form, die Anhörung der Beteiligten (§ 28 VwVfG) und anderer Behörden, die Akteneinsicht (§ 29 VwVfG), die gegenseitige Unterstützung zwischen der einheitlichen Stelle und den zuständigen Behörden (§ 71d VwVfG), Auskunftserteilung der Behörden (§§ 25 II, 71c VwVfG), die Belehrung eines Beteiligten (§ 25 S 1 VwVfG) und die Aufklärung der Allgemeinheit (vgl § 13 SGB I).[376] Einen Zugang für die Ermittlung elektronischer Dokumente können die Behörden oder die Beteiligten auch konkludent eröffnen.[377] Ist durch Rechtsvorschrift eine Schriftform angeordnet, kann diese – soweit nichts anderes bestimmt ist – durch die elektronische Form ersetzt werden (§ 3a II 1 VwVfG). Da dies zu Beweisproblemen führen könnte, muss das elektronische Dokument in diesem Falle mit einer qualifizierten elektronischen Signatur (§§ 2 Nr 3, 5, 7 SigG) versehen werden, um eine eindeutige Identifizierung zu ermöglichen. Zulässig ist es auch, einen Verwaltungsakt auf elektronischem Wege zu erlassen (§ 37 II 1 VwVfG), wobei der Verwaltungsakt die erlassende Behörde erkennen lassen und die Unterschrift oder die Namenswiedergabe des Behördenleiters, seines Vertreters oder eines Beauftragten enthalten muss (§ 37 III 1 VwVfG). Bei berechtigtem Interesse ist der elektronische Verwaltungsakt schriftlich zu bestätigen (§ 37 II 3 VwVfG). Wird für den Verwaltungsakt die Schriftform angeordnet, darf die elektronische Form wiederum nur bei qualifizierter Signatur gewählt werden (§ 37 III 2, IV VwVfG). Wie schriftliche müssen auch elektronische oder elektronisch bestätigte Verwaltungsakte mit einer Begründung versehen werden (§ 39 I 1 VwVfG). Auch die Zugangs- und Bekanntgabefiktionen (§§ 15 S 2, 41 II 1 VwVfG) und Beglaubigungsmöglichkeiten (§ 33 IV–VI VwVfG) des Verwaltungsverfahrensgesetzes berücksichtigen die Verwendung elektronischer Dokumente. Für öffentlich-rechtliche Verträge gilt die Schriftform, soweit spezialgesetzlich nicht eine andere Form vorgeschrieben ist (§ 57 VwVfG). Streitig ist, ob über die Verweisungsnorm des § 62 S 2 VwVfG eine Urkundseinheit (§ 126 II 1 BGB) zwingend geboten ist.[378] Bei Abschluss des Vertrages in elektronischer Form gem § 3a VwVfG wird man dies jedenfalls verneinen müssen.[379] Für die Erhebung von Widersprüchen und verwaltungsgerichtlichen Klagen ist ebenfalls Schriftform oder Niederschrift vorgesehen (§§ 70, 81 VwGO). § 3a VwVfG ist insoweit nicht anwendbar. Ob

375 BGBl 2009 I, 2248. Zur verfassungsrechtlichen Notwendigkeit der Regelung *Siegel* NVwZ 2009, 1128, 1129.

376 Vgl *Laubinger* FS König, 2004, 517 ff.

377 Bei Behörden wird man die konkludente Zugangseröffnung annehmen können, wenn sie in einem Schreiben oder auf ihrer Homepage eine E-Mail-Adresse angegeben haben (vgl a § 3a I 2 VwVfG NRW). Bei Privaten dürfte eine E-Mail-Adresse im Briefkopf nicht ausreichen. Vgl *Rossnagel* NJW 2003, 469, 472 f.

378 Vgl BVerwGE 96, 326, 332 ff; *Bonk* in: Stelkens/ders/Sachs, VwVfG, § 57 Rn 19; *Kopp/Ramsauer* VwVfG § 57 Rn 9 ff.

379 Vgl auch *Schmitz-Schlatmann* NVwZ 2002, 1281, 1289.

§ 55a VwGO eine elektronische Widerspruchs- und Klageerhebung zulässt, ist streitig.[380] Die Bezugnahme des § 81 II VwGO (§ 55a II 2 VwGO) spricht dafür.[381] Allerdings setzt § 55a VwGO zum einen eine Übermittlung elektronischer Dokumente durch eine Verordnung der Bundesregierung oder einer Landesregierung voraus. Solche Verordnungen existieren nur zum Teil.[382] Zum anderen ist bei Dokumenten, die einem schriftlich zu unterzeichnenden Schriftstück gleichstehen, eine qualifizierte elektronische Signatur oder ein anderes zugelassenes sicheres Verfahren erforderlich (§ 55a I 3, 4 VwGO). Eine Einreichung durch normales E-Mail-Schreiben reicht nicht aus.

80 Weitere elektronische Verfahrensanforderungen können sich aus dem Europäischen Unionsrecht ergeben. So ist die EU-Kommission nach Art 8 III der RL 2006/123/EG (Dienstleistungsrichtlinie) ermächtigt, Durchführungsbestimmungen für den Dienstleistungsverkehr zu erlassen, um die Interoperabilität der Informationssysteme und die Nutzung der elektronischen Verfahren zwischen den Mitgliedstaaten zu erleichtern. Ferner sind die Mitgliedstaaten gehalten, dass von der Kommission zur Verfügung gestellte elektronische Amtshilfe- und Frühwarnsystem für den Austausch von Informationen zwischen den Mitgliedstaaten auf dem Dienstleistungssektor zu benutzen (Art 34 RL 2006/123/EG).

81 d) *Grenzen der Verwendung elektronischer Informations- und Kommunikationstechniken.* Die elektronische Datenverarbeitung arbeitet auf der Grundlage menschlicher Programmierung. Dies bedeutet aber nicht, dass Entscheidungen und der Umgang mit dem Bürger allein der elektronischen Datenverarbeitung überlassen bleiben dürfen. Bereits bei der Sachverhaltsermittlung sind die Grenzen der Verwaltungsautomation zu beachten. Eine elektronische Ausgestaltung des Verwaltungsverfahrens geht zumeist mit einer verstärkten Verwendung von Mustern und Formularen einher. Dies beschwört die Gefahr einer „Anpassung" des Sachverhalts an vorgegebene Standards herauf, um die automatisierte Verarbeitung zu gewährleisten. Jede Typisierung muss sich jedoch an dem rechtsstaatlich gebotenen Erfordernis der Einzelgerechtigkeit messen lassen.[383] Schleichen sich bei der computergestützten Ermittlung des Sachverhalts oder bei der Programmierung Fehler ein, die sich auf das Ergebnis auswirken, ist das Handeln der Verwaltung rechtswidrig oder nichtig. Programmierfehler sind keine offenbaren Unrichtigkeiten, welche die Verwaltung nach § 42 VwVfG jederzeit berichtigen darf.[384] Eine vollständige Ersetzung menschlicher Tätigkeit ist zB nicht zu beanstanden, wenn es um das Herstellen und Versenden von Telefonrechnungen, eine Verkehrsregelung durch Ampeln oder die Zulassung zu öffentlichen Einrichtungen (wie Schwimmbädern) durch Schließanlagen geht, die auf den Einwurf von Geldmünzen reagieren. Nach § 6a I BDSG dürfen jedoch Entscheidungen, die für den Betroffenen eine rechtliche Folge nach sich ziehen oder ihn erheblich beeinträchtigen – von Ausnahmen abgesehen (§ 6a II BDSG) – nicht ausschließlich auf eine automatisierte Ver-

[380] Vgl zum Meinungsstand (noch unter der Geltung des früheren § 86a VwGO, der weitgehend mit § 55a VwGO übereinstimmt) *Dietlein/Heinemann* NWVBl 2005, 53, 58.

[381] Vgl *Ehlers* in: ders/Schoch, Rechtsschutz, § 21 Rn 15.

[382] Vgl zum Rechtsverkehr beim BVerwG und BFH die VO v 26.11.2004 (BGBl I S 3061).

[383] Vgl bereits *Scholz* BayVBl 1981, 193, 196; *Hufen* Fehler im Verwaltungsverfahren, 4. Aufl 2002, Rn 64. Allgemein zu den Grenzen einer Typisierung in der Verwaltung *Isensee* Die typisierende Verwaltung, 1976, 133 ff, 140 ff.

[384] Für den Anwendungsbereich des § 129 AO vertritt der BFH in st Rspr (vgl zB NVwZ 1985, 448) eine aA. Doch beruht diese Rspr auf einem von § 42 VwVfG abweichenden Wortlaut des § 129 AO. Vgl *Sachs* in: Stelkens/Bonk/ders, VwVfG, § 42 Rn 15 ff.

arbeitung personenbezogener Daten gestützt werden, die der Bewertung einzelner Persönlichkeitsmerkmale dienen.[385] Die Vorschrift hat keinen abschließenden Charakter (auch weil es nur um den Schutz personenbezogener Daten geht). Unzulässig dürfte ein Verwalten allein durch elektronische Datenverarbeitung stets sein, wenn eine Anhörung erforderlich ist, den Behörden ein Beurteilungs- respektive Ermessensspielraum zukommt oder eine Kontrolle von Verwaltungsentscheidungen verlangt wird. Beispielsweise bestehen keine Bedenken, dass allein auf Veranlassung von Radarmessgeräten den Haltern von Kraftfahrzeugen bei festgestellten Geschwindigkeitsüberschreitungen automatisch ein Anhörungsbogen gem § 55 OWiG zugesandt wird. Äußert sich der Betroffene aber, muss die im Ermessen der Verwaltung liegende Entscheidung von einem Bediensteten der Behörde getroffen werden (höchstpersönliche Wertung).

XI. Administrative Steuerung und gesellschaftliche Selbstregulierung

In den verfassungsrechtlichen Grenzen bleibt es dem Staat unbenommen, Private auf gesetzlicher Grundlage durch Auferlegung öffentlich-rechtlicher Pflichten zwecks Erfüllung von Staatsaufgaben in Dienst zu nehmen. Dies ist in einem sehr weiten Umfange geschehen.[386] Da der Bürger in einer Demokratie nicht nur Objekt hoheitlichen Waltens ist und ordnungsrechtliche Instrumente alleine nicht ausreichen, um eine Gemeinwohlverwirklichung sicherzustellen, muss der Staat daran interessiert sein, sich in weitergehendem Umfange der *Mithilfe* seiner *Bürger* zu bedienen. Dies kann etwa durch eine organisatorische Zusammenarbeit – zB in juristischen Personen des öffentlichen Rechts[387] respektive gemischt zusammengesetzten Gesellschaften (Rn 4) – oder durch Heranziehung der Privaten als Verwaltungshelfer (Rn 20), Verwaltungskonzessionäre (Rn 21) oder Auftragnehmer geschehen. Darüber hinaus kann sich der Staat nicht nur den etwa in Stiftungen, Fördervereinen oder universitären An-Instituten[388] zum Ausdruck kommenden Gemeinwohlsinn, sondern auch die legitimen Eigeninteressen der Bürger zunutze machen. Erhebt der Staat zB Umweltabgaben, fördert er Emissionsvermeidungen durch Gewährung von Subventionen oder führt er handelbare kostenpflichtige Berechtigungen zur Emission von Treibhausgasen ein[389], kann er damit rechnen, dass dies die Bürger (Unternehmen) zu einem umweltschützenden Verhalten über das gesetzlich zwingend vorgegebene Maß hinaus veranlassen wird. Des Weiteren geht es darum, die Bürger anstelle eines Eigenhandelns der Verwaltung in die Verantwortung zu nehmen. **82**

Wesentliche Anstöße für eine andere Verantwortungsverteilung von Staat und Gesellschaft als in der Vergangenheit kommen aus dem internationalen Recht (namentlich dem WTO-Recht) und vor allem dem Europäischen Unionsrecht. So sind Monopole und damit auch Verwaltungsmonopole[390] wegen der grundsätzlichen Unvereinbarkeit **83**

385 Zu den Ausnahmen vgl § 6a II BDSG.

386 Vgl die Nachweise in Rn 36; ferner *Jani* Die partielle verwaltungsrechtliche Inpflichtnahme Privater zu Handlungs- und Leistungspflicht, 1992, 27 ff; zur Zulässigkeit von Erdölbevorratungspflichten vgl BVerfGE 30, 292 ff.

387 Vgl zur Zulässigkeit einer Mitgliedschaft Privater in Zweckverbänden zB § 4 II 2 GkG NRW sowie zur Zulässigkeit einer Beteiligung stiller Gesellschafter an Sparkassen § 21 SpG RP.

388 Vgl zB § 29 V HG NRW.

389 Vgl RL 2003/87/EG; ZuG 2012 (BGBl 2007 I S 1788).

390 Vgl aber auch die Art 31 EGV (37 AEUV – Handelsmonopol), 86 II EGV (106 II AEUV – Finanzmonopol).

mit den Grundfreiheiten und den Wettbewerbsvorschriften nur noch selten oder übergangsweise mit dem Europäischen Unionsrecht vereinbar.[391] Für Unternehmen[392], die mit Dienstleistungen von allgemeinem wirtschaftlichen Interesse betraut sind (insb öffentliche Unternehmen), gelten nach Art 106 II AEUV die allgemeinen Vorschriften der Verträge, insbes die Wettbewerbsregeln, soweit deren Anwendung nicht die Erfüllung der den Unternehmen übertragenen Aufgaben rechtlich oder tatsächlich verhindert. Eine Begründung von besonderen und ausschließlichen Rechten zur Durchsetzung spezifisch öffentlicher Zwecke ist zwar ebenso wie die Bereitstellung von Finanzmitteln zur Abgeltung von Gemeinwohlverpflichtungen möglich, muss sich aber konkret am strengen Maßstab des Unionsrechts rechtfertigen lassen. Die Vergünstigungen dürfen nicht über die mit der anvertrauten Aufgabe verbundenen Nettokosten hinausgehen.[393] Der Nachweis gilt als erbracht, wenn die Erbringung der Dienstleistung aufgrund eines fairen, transparenten und nicht diskriminierenden Verfahrens vergeben wurde (insb auf der Grundlage einer Ausschreibung). Demgemäß muss sich die staatliche Verwaltung immer häufiger dem Leistungsvergleich mit der Privatwirtschaft stellen. Mittelbar geht daher vom Gemeinschaftsrecht ein erheblicher Privatisierungsdruck aus. In die gleiche Richtung wirken Vorschriften des nationalen Rechts nach Art des § 7 I 2 BHO (Prüfung, inwieweit staatliche Aufgaben oder öffentlichen Zwecken dienende wirtschaftliche Tätigkeiten durch Ausgliederung und Entstaatlichung oder Privatisierung erfüllt werden können).[394] Hinzu kommt, dass dem Staat immer häufiger die personellen und finanziellen Ressourcen fehlen, um die Bedürfnisse der Bevölkerung mit ausschließlich eigenen Mitteln erfüllen zu können. Dies heißt umgekehrt nicht, dass der Staat in weitem Umfange alles dem privaten Marktgeschehen überlassen muss oder darf. Auch das Europäische Unionsrecht strebt nicht nur ein System unverfälschten Wettbewerbs an,[395] um den Binnenmarkt zu verwirklichen, sondern gleichzeitig auch eine bessere Verfügbarkeit und Qualität sowie eine Verbilligung der Leistungen der Daseinsvorsorge.[396]

[391] Nach nationalem Recht müssen sich die Monopole va an den Grundrechten und am Kartellrecht messen lassen. Zum Betreiben von öffentlichen Spielbanken vgl BVerfGE 102, 197 ff; BVerwGE 96, 302, 315; zum staatlichen Monopol für den Abschluss und die Vermittlung von Oddset-Wetten BVerfGE 115, 276 → JK GG Art 12 I/81; zum Branntweinmonopol BVerfGE 14, 105 ff; zum Briefmonopol BVerfGE 108, 370 ff; zur Wasserversorgung *Ehlers* (Fn 49) E 56 f. Allgemein zur Frage, wann der Staat zur Privatisierung von Staatsaufgaben verpflichtet ist, *Weiß* Privatisierung und Staatsaufgaben, 2002, 113 ff, 206 ff.

[392] Der EuGH versteht unter Unternehmen jede eine wirtschaftliche Tätigkeit ausübende Einheit, unabhängig von ihrer Rechtsform und der Art ihrer Finanzierung (Slg 1991, I-1979 Rn 21 – Höfner u Elser) und unter wirtschaftliche Tätigkeit jede Tätigkeit, die darin besteht, Güter oder Dienstleistungen auf einem bestimmten Markt anzubieten (Slg 2000, I-6451 Rn 75 – Pavlov). Unerheblich ist, ob eine Gewinnerzielungsabsicht besteht. Damit wird prinzipiell der gesamte Bereich erfasst, der in Deutschland der Daseinsvorsorge zugeordnet wird.

[393] EuGH, Slg 2001, I-9067 Rn 32 – Ferring.

[394] Die LHOn enthalten zT entsprechende Vorschriften. Zur kommunalwirtschaftlichen Betätigung vgl etwa § 107 V GO NRW (Marktanalyse vor Gründung oder Beteiligung an einem Unternehmen).

[395] Der Verwaltung kann es bei der Herstellung von Wettbewerb um Optimierung (Wettbewerb als Freiheit), um instrumentelle Steuerung oder um Herstellung eines gemeinwohlpflichtigen Wettbewerbs gehen, vgl *Kersten* VVDStRL 69 (2010).

[396] Vgl Art 14 AEUV. Zum Konzept der Union vgl den Gesamtbericht über die Tätigkeit der Europäischen Union (2001) 598; Gesamtbericht über die Tätigkeit der Europäischen Union (2002) 689. Art 14 S 2 AEUV enthält erstmalig auch eine Rechtsetzungsermächtigung der EU für die Grundsätze und Bedingungen der Dienste von allgemeinem wirtschaftlichen Interesse.

Damit es nicht zu unerwünschten Zuständen kommt, ist die Verwaltung vielfach gehalten, die Rahmenbedingungen zu bestimmen sowie Kontroll- und abgestufte Einstandspflichten zu übernehmen (Rn 86). Bedient sie sich der Mittel des öffentlichen Rechts, wird im Schrifttum von einer „hoheitlich regulierten gesellschaftlichen Selbstregulierung" gesprochen.[397]

Das Verwaltungsrecht kennt vielfältige Formen *privater Selbsterledigung* und *Verantwortung*.[398] So obliegt es nach vielen Gesetzen dem Antragsteller, den Sachverhalt selbst aufzuklären (zB §§ 60 ff SGB I; 6 III u IV UVPG). Nach anderen Gesetzen sind Personen zur Eigensicherung und -überwachung (zB §§ 7 II Nr 5 AtG, 19b, 20a LuftVG, 9 BDSG), zur Fremdüberwachung durch Dritte (§§ 26, 29a BImSchG, 19i WHG) sowie zur Bestellung von Betriebsbeauftragten (zB §§ 4 f BDSG, 53 BImSchG, 54 KrW-/AbfG) respektive besonderen Verantwortlichen (zB § 52a BImSchG)[399] verpflichtet. Teilweise sind Vorabverständigungen (Scoping-Verfahren) ausdrücklich vorgesehen oder zugelassen (zB §§ 71c II VwVfG, 5 UVPG, 12 BauGB). Während im Baurecht früher für fast alle Vorhaben eine Genehmigung eingeholt werden musste, verzichtet das sog Genehmigungsfreistellungsverfahren heute vielfach auf eine obligatorische präventive Kontrolle (bis hin zur Hochhausgrenze)[400] und gebietet dem Bauherrn, selbst dafür Sorge zu tragen, dass das materielle Baurecht eingehalten wird. Um die Treibhausgasemissionen zu begrenzen, hat sich der Staat auf der Grundlage des Europäischen Unionsrechts darauf beschränkt, die Emissionsmenge vorzugeben und den Emissionsausstoß der einzelnen Unternehmen nach Maßgabe gesetzlicher Regelungen dem Emissionshandel der Anlagenbetreiber mit Treibhausgasemissionszertifikaten zu überlassen.[401] Mitunter sind an die Stelle der präventiven Kontrolle private Sicherungsinstrumente getreten. So ist im Versicherungsaufsichtsrecht der Wegfall des präventiven Genehmigungsvorbehalts für Tarifänderungen durch eine Einführung von Aktuaren und Treuhändern kompensiert worden.[402] Wird die Abwehr der von einem Produkt ausgehenden Gefahren durch eigene Maßnahmen sichergestellt, sieht die Behörde von Warnungen oder anderen Maßnahmen der behördlichen Gefahrenabwehr ab.[403] Im Steuerrecht hat die Anmeldung des Steuerpflichtigen die Wirkung einer finanzbehördlichen Steuerfestsetzung unter dem Vorbehalt der Nachprüfung und macht diese entbehrlich, sofern der Vorbehalt nicht realisiert wird.[404] Ferner sollen Selbstverpflichtungen oder Selbstkontrollen nach Art des gemeinschaftsrechtlich eingeführten Um- 84

[397] *Hoffmann-Riem* DÖV 1997, 433, 441 ff (Gewährleistungs-, Erfüllungs- und Auffangverantwortung).

[398] Vgl *Schmidt-Preuß* VVDStRL 56 (1997) 160, 176 ff; *Di Fabio* ebd, 235, 242 ff; *A. Faber* Gesellschaftliche Selbstregulierungssysteme im Umweltrecht, 2001, 12 ff.

[399] Im Außenwirtschaftsrecht hat die Bundesregierung durch Verwaltungsvorschrift zur Prüfung der Zuverlässigkeit iRd §§ 6 III Nr 3 KWKG, 3 II AWG die Benennung von Ausfuhrverantwortlichen verlangt (BAnz 1990, 6406; 1991, 545).

[400] Im Einzelnen bestehen unterschiedliche landesrechtliche Regelungen. Vgl die Übersicht bei *Finkelnburg/Ortloff* Öffentliches Baurecht, Bd II, 5. Aufl 2005, 99 ff; ferner *Ehlers*, FS Bartlsperger, 2006, 463 ff.

[401] S auch *Burgi* NVwZ 2004, 1162 ff. Zur Vergabe von Umweltzeichen (Blauer Engel) vgl OVG NRW NVwZ 2001, 824 → JK GG Art 12 I/59. Zur Zuordnung von Emissionshandel und Planung vgl die problematische Entscheidung des OVG NRW ZNER 2009, 284.

[402] ZB §§ 11a, 12, 12b, 70 VAG.

[403] Vgl § 8 IV 4 GPSG.

[404] Vgl statt vieler *Heintzen* (Fn 68) 225.

welt-Audits[405], Datenschutz-Audits[406], der Selbstkontrolle der Mobilfunkbetreiber[407], Presse[408] und des Jugendmedienschutzes[409] sowie des zugelassenen Wirtschaftsbeteiligten im Zollrecht[410] zu einer Zurücknahme der behördlichen Kontrolldichte, uU einem höheren als dem gesetzlichen Standard und einem von der Öffentlichkeit und den Verbrauchern positiv aufgenommenen Gütezeichen führen. So zielt das freiwillige Umwelt-Audit darauf ab, durch innerbetriebliche Einführung, Pflege und Fortentwicklung umfassender Qualitätsmanagementsysteme und Überprüfung dieser Systeme durch einen unabhängigen, staatlich akkreditierten Gutachter den umweltschutzrelevanten Qualitätsstandard einzuhalten und kontinuierlich zu verbessern.[411] Eine immer wichtigere Rolle spielen zudem Selbstbeschränkungsabkommen der Wirtschaft, mit denen mehr oder weniger freiwillig einem staatlichen Handeln vorgebeugt wird.[412] Vielfach initiiert der Staat vor der Drohkulisse vorhandener imperativer Regelungsinstrumente solche Absprachen[413] oder beteiligt sich an ihnen. So werden Hersteller und Vertreiber von der Rücknahmepflicht für Verkaufsverpackungen nach Maßgabe der Verpackungsverordnung[414] freigestellt, wenn sie sich an einem System beteiligen, das flächendeckend eine regelmäßige Abholung gebrauchter Verkaufsverpackungen beim privaten Endverbraucher oder in der Nähe des Endverbrauchers gewährleistet (§ 6 II VerpackV). Damit hat der Staat zur Schaffung der (ursprünglich wegen ihrer Monopolstellung bedenklichen) Gesellschaft „Duales System Deutschland GmbH" beigetragen.[415] Schließlich bedürfen die staatlichen Sicherheits-, Gesundheits- und Umweltanforderungen regelmäßig der Konkretisierung durch technische Normen. Diese werden zumeist durch private Normungsgremien auf nationaler und europäischer Ebene erlassen (zB Deutsches Institut für Normung für DIN-Normen, CEN und CENELEC für europäische Produktharmonisierung → § 5 Rn 65), wobei Staat und Europäische Union durch die Gestaltung der Rahmenbedingungen, durch personelle Mitarbeit in den Normungsgremien und durch die Entscheidung, welche Normen hoheitlich rezipiert werden, auf das Ergebnis der Normierungen und ihre Umsetzung Einfluss nehmen.[416]

405 VO 761/01/EG; UAG (BGBl 2002 I, 3490).

406 § 9a BDSG.

407 Selbstverpflichtung der Mobilfunkbetreiber „Maßnahmen zur Verbesserung von Sicherheit und Verbraucher-, Umwelt, und Gesundheitsschutz, Information und vertrauensbildende Maßnahmen beim Ausbau der Mobilfunknetze" v 5.12.2001.

408 Zu Pressekodex und Beschwerdeordnung des Deutschen Presserates vgl *Löffler/Ricker* Handbuch des Presserechts, 5. Aufl 2005, 298 ff, 305 ff.

409 § 19 II iVm 16 S 2 Nr 2 JMStV.

410 Art 5a ZK. Zur EU-einheitlichen IT-gestützten Risikomanagementanalyse vgl Art 3 II ZK.

411 Vgl etwa *Sparwasser/Engel/Voßkuhle* Umweltrecht, 5. Aufl 2003, § 4 Rn 52 ff.

412 Dazu zB *Oebbecke* DVBl 1986, 793 ff; *Schulte* Schlichtes Verwaltungshandeln, 1995, 98 ff; *Knebel/Wicke/Gerhard* Selbstverpflichtungen und normersetzende Umweltverträge als Instrument des Umweltschutzes, 1999, S 291 ff; *A. Faber* (Fn 398) 12 ff, 50 ff; *Köpp* Normvermeidende Absprachen zwischen Staat und Wirtschaft, 2001, 21 ff.

413 Zur sog regulation by raised eyebrows vgl *Ennuschat* (Fn 259).

414 BGBl 1998 I, 2379.

415 Zu den verfassungsrechtlichen Problemen vgl *Hirschfeld* Staatlich initiierte Monopole und Verfassungsrecht – das Beispiel Verpackungsverordnung, 1997; zur Vereinbarkeit mit dem Gemeinschaftsrecht s EuGH, Slg 2004, I-11763 – Radlberger; Slg 2004, I-11705 – Kommission/Deutschland. Vgl auch *Fluck* DÖV 2000, 657 ff.

416 Zu den vielfältigen Rechtsproblemen vgl *Di Fabio* Produktharmonisierung durch Normung und Selbstüberwachung, 1996. Krit *Breulmann* Normung und Rechtsangleichung der Europäischen Wirtschaftsgemeinschaft, 1993.

Mit diesen und ähnlichen Verfahrensweisen geht oftmals eine Änderung des Verwaltungsauftretens einher. Statt hoheitlicher Mittel bedient sich die Verwaltung oftmals oder jedenfalls auch kooperativer, informeller (→ § 36 Rn 1) oder sonstiger nicht regelnder Handlungsformen (wie zB dem Hinweis, der Empfehlung oder der Warnung[417]). Im Falle konfliktträchtiger Verwaltungsverfahren bemüht man sich häufig um einvernehmliche Konfliktlösungen mittels Einschaltung privater Mediatoren (→ § 16 Rn 1 f), selbst wenn – wie im Planungsrecht (§ 73 VwVfG) – ohnehin ein Anhörungsverfahren vorgesehen ist. Im Umweltrecht wird das Kooperationsprinzip sogar als Leitbild der Umweltverwaltung angesehen.[418] Wirkt die Verwaltung mit Privaten zusammen, verpflichtet sie das Unionsrecht und (oder) nationale Recht vielfach zu einer Ausschreibung oder Wertermittlung. So müssen nicht nur öffentliche Aufträge grundsätzlich öffentlich vergeben[419], sondern zB auch (nicht dem Vergaberecht unterfallende) Dienstleistungskonzessionen öffentlich ausgeschrieben werden.[420] Ferner ist im Falle einer staatlichen Zuwendung oder des Verkaufs staatlicher Grundstücke eine Ausschreibung oder Wertermittlung oberhalb gewisser Mindestbeträge geboten, um beurteilen zu können, ob eine unzulässige Beihilfe iSd Art 107 AEUV vorliegt.[421] **85**

Überlässt der Staat das Handeln den privaten Akteuren, ohne auf die Vorgabe eines der Selbstregulierung gesetzten Ordnungsrahmens zu verzichten, muss die Verwaltung gewährleisten, dass die Vorgabe erreicht wird. Tritt etwa an die Stelle einer ehemals vollen Verantwortung des Staates für die Erfüllung von Staatsaufgaben seine Überwachungs-, Regulierungs- und Auffangverantwortung, verwandelt sich die Verwaltung von einer leistungsgewährenden zu einer leistungsgewährleistenden.[422] Zur Kennzeichnung dieser Art der Verwaltung (die es etwa im öffentlichen Wirtschaftsrecht seit jeher gegeben hat) wird zunehmend von Regulierungsverwaltung oder Gewährleistungsverwaltung und dementsprechend von Regulierungsverwaltungs- oder Gewährleistungsverwaltungsrecht gesprochen.[423] Als Prototyp gelten die im Wesentlichen in Umsetzung europäischer Richtlinien erlassenen Telekommunikations- und Postgesetze. Nach Art 87 f GG muss der Staat die Telekommunikations- und Postdienstleistungen zwar nicht selbst erbringen, aber flächendeckend angemessene und ausreichende Dienstleistungen gewährleisten.[424] Die Verwaltung ist deshalb ua befugt, die Märkte zu definieren und zu analysieren, den Zugang zu den Netzen zu gewähren, die Entgelte zu **86**

[417] Vgl zur Warnung vor Jugendsekten BVerfGE 105, 279 ff → JK GG Art 4 I, II/23a.

[418] Vgl *Kloepfer* Umweltrecht, 3. Aufl 2004, § 4 Rn 56 ff; *Hoppe/Beckmann/Kauch* Umweltrecht, 2. Aufl 2000, § 1 Rn 84 ff; *Breuer* in: Schmidt-Aßmann/Schoch, Bes VwR, 5. Kap Rn 18.

[419] Vgl insb Art 2004/17/EG; RL 2004/18/EG; §§ 97 ff GWB sowie die Bestimmung der HOen (zB § 55 BHO iVm mit VOL/A und VOB/A u entspr Verwaltungsvorschriften). Auch unterhalb der europäischen Schwellenwerte gebieten die Grundfreiheiten des AEUV eine Ausschreibung bei grenzüberschreitender Bedeutung.

[420] Grdl EuGH, Slg 2005, I-8585 Rn 72 – Parking Brixen.

[421] Vgl dazu die Grundstücksmitteilung der EG-Kommission, ABl EG 1997 Nr C 209 S 3.

[422] Vgl *Bullinger* DVBl 2003, 1355, 1357.

[423] Vgl *Trute* DVBl 1996, 950, 954; *Ruffert*, AöR 124 (1999), 237, 244 ff; *Fehling* Verwaltung zwischen Unparteilichkeit und Gestaltungsaufgabe, 2001, 351 ff; *Voßkuhle* (Fn 58) 307 ff; *Schmidt-Aßmann* Ordnungsidee, 173 f; *Berringer* Regulierung als Erscheinungsform der Wirtschaftsaufsicht, 2004, 81 ff; *Schorkopf* JZ 2008, 20 ff; *Schoch* NVwZ 2008, 241 ff. Allg Fehling/Ruffert (Hrsg), Regulierungsrecht, 2010.

[424] Zur ähnlichen Entwicklung im Informationsrecht (etwa Rundfunkrecht) vgl *Schoch* VVDStRL 57 (1998) 158, 210 f; *Trute* ebd 216, 230 ff.

genehmigen[425] und den Unternehmen bei nicht flächendeckender, angemessener oder ausreichender Grundversorgung eine Universaldienstleistungsverpflichtung aufzuerlegen.[426] Aufgabe der Verwaltungsrechtsdogmatik ist es, das Gewährleistungsverwaltungsrecht näher zu strukturieren. So zeichnen sich sektorübergreifende Ansätze eines Privatisierungsfolgenrechts ab.[427] Soweit die Verwaltung netzgebunden agiert (wie zB die Energieversorgungs-, Telekommunikations- und Bahnunternehmen) und nur ein Netz zur Verfügung steht, ist den Mitbewerbern ein Mitbenutzungsrecht eingeräumt worden.[428] Die Netzinfrastrukturverwaltung wird vor allem von der Bundesnetzagentur für Elektrizität, Gas, Telekommunikation, Post und Eisenbahn, teilweise aber auch von anderen Behörden, wie insb dem Bundeskartellamt, wahrgenommen (da sich Regulierungs- und Kartellrecht überschneiden respektive ergänzen[429]). Als Bausteine für ein Gewährleistungsverwaltungsrecht werden die Ergebnissicherung durch qualitative und quantitative Vorgaben für die Leistungserbringung, die Qualifikation und Auswahl privater Akteure, der Schutz der Rechte Dritter, die Sicherung notwendiger staatlicher Lenkung und Kontrolle, die Schaffung eines Systems periodischer Evaluierung und die Ausgestaltung effektiver staatlicher Rückholoptionen genannt.[430]

87 Die Verlagerung der Verantwortung auf Private ist grundsätzlich zu begrüßen. Jedoch darf weder die Verfassungs- und Gesetzesbindung noch das darauf bezogene staatliche Letztentscheidungsrecht in Frage gestellt werden. Um einer Diffusion staatlicher und gesellschaftlicher Verantwortung entgegenzuwirken, muss trotz Kooperation klar zwischen Ausübung von Staatsgewalt und der „Verfolgung von Privatinteressen in Wahrnehmung grundrechtlicher Freiheiten"[431] unterschieden werden. Auch darf der Einzelne nicht schutzlos einer gesellschaftlichen (statt staatlichen) Macht ausgeliefert werden.[432] Soweit die kollektive Eigenvornahme Kartellcharakter hat (wie bei den meisten Selbstbeschränkungsabkommen), müssen die kartellrechtlichen Vorgaben und Rechte Außenstehender beachtet werden. Sind marktwirtschaftliche Lösungen nicht ausreichend, muss der Staat regulierend eingreifen. Dementsprechend ist zB der verhandelte Netzzugang im Energiewirtschaftsrecht (§ 6 EnWG aF) durch einen ex ante regulierten Netzzugang (§§ 17, 20 EnWG nF) ersetzt worden.[433]

425 Zu den sehr weiten Beurteilungs- und Regulierungsermessensspielräumen der Verwaltung vgl BVerwGE 130, 39 ff; NuR 2008, 140; *Ludwigs* JZ 2009, 290 ff; *Franzius* DVBl 2009, 409 ff.

426 Vgl §§ 27 ff, 78 ff TKG, 11 ff, 19 ff PostG.

427 Vgl *Franzius* Der Staat 42 (2003) 493, 503.

428 Näher zu den Netzinfrastrukturen mit den Regulierungselementen (1) Marktzutritt, (2) Netznutzungsregime, (3) Kontrolle wirtschaftlicher Monopole durch Preisregulierung, (4) Sicherstellung sozial- und umweltverträglicher Belange, (5) Organisation der Regulierungsverwaltung *Masing* Verw 36 (2003) 1, 8 ff.

429 Vgl zB §§ 58 EnWG, 48 PostG, 123 TKG. Zu den Zuordnungsproblemen vgl auch *Möschel* in: Immenga/Mestmäcker (Fn 227) Anhang 1 TKG Rn 17 ff; *C. Säcker* Der Einfluss der sektorspezifischen Regulierung auf die Anwendung des deutschen und gemeinschaftlichen Kartellrechts, 2006.

430 *Voßkuhle* (Fn 58) 310 ff.

431 *Schmidt-Preuß* (Fn 398) 162f.

432 *Di Fabio* (Fn 398) 252ff.

433 Vgl dazu *Röger* DÖV 2004, 1025, 1033 f.

XII. Verwaltungskontrolle

Unter Kontrolle ist der (dynamische) *Vergleich* eines Soll-Wertes mit einem Ist-Wertes zu verstehen.[434] Ziel der Verwaltungskontrolle ist es, die Rechtmäßigkeit und Sachrichtigkeit der Verwaltungsentscheidungen zu gewährleisten.[435] Daher zielt Kontrolle auf Berichtigung ab, wenn der Ist-Wert von dem Soll-Wert abweicht. Das Hinsehen zu dem besonderen Zweck, das Objekt der Beobachtung mit irgendeinem Richtmaß in Übereinstimmung zu bringen oder zu erhalten, wird gemeinhin Aufsicht genannt.[436] 88

Die *Verwaltung* ist teils *Subjekt* (Kontrolleur), teils *Objekt der Kontrolle*. Nur wenn jedenfalls auch die zuletzt genannte Voraussetzung gegeben ist, erscheint es sinnvoll, von Verwaltungskontrolle zu sprechen.[437] So folgt die Kontrolle des Handelns Privater (zB durch die Wirtschaftsaufsicht) anderen Gesetzlichkeiten als die Überwachung der Verwaltung selbst. Die Notwendigkeit einer Verwaltungskontrolle ergibt sich von Verfassungs wegen aus dem Demokratie- und Rechtsstaatsprinzip, der Rechtsschutzgewährleistung des Art 19 IV GG und der staatlichen Justizgewährungspflicht[438] sowie der verfassungsrechtlichen Verankerung der Rechnungshofkontrolle[439]. 89

Im Einzelnen lässt sich zunächst zwischen Selbst- und Fremdkontrollen der Verwaltung unterscheiden. Die *Selbstkontrolle* ist eine verwaltungseigene Kontrolle, wobei diese derselben Behörde, einer anderen Behörde desselben Rechtsträgers oder einem anderen Verwaltungsträger (zB dem Land gegenüber der Kommunalverwaltung, dem Bund gegenüber der Landesverwaltung oder der Europäischen Union gegenüber der Bundesverwaltung) obliegen kann. So hat über einen – auch der Selbstkontrolle der Verwaltung dienenden – Widerspruch (§ 69 VwGO) zuerst die Ausgangsbehörde, sodann idR[440] die nächsthöhere Behörde (§ 73 I 2 Nr 1 VwGO) zu entscheiden. Hierbei kann es sich auch um die Behörde eines anderen Rechtsträgers handeln. Unter *Fremdkontrolle* wird hier die Kontrolle durch eine andere Staatsgewalt – also das Parlament (etwa nach Maßgabe des Art 17 GG oder durch einen Untersuchungsausschuss[441]), die Gerichtsbarkeit (namentlich die allgemeine und besondere[442] Verwaltungsgerichtsbarkeit) oder die Regierung – verstanden. Im weiteren Sinne ist zu den Fremdkontrollen auch die (nicht förmliche) Kontrolle durch die Öffentlichkeit[443], die Medien oder andere gesellschaftliche Kräfte zu rechnen. Zwischen der Selbst- und Fremdkontrolle anzusiedeln ist die Kontrolle durch die Rechnungshöfe (oder vergleichbare Rechnungsprüfungseinrichtungen) und durch die zur Eigenüberwachung eingerichteten Beauf- 90

[434] Näher zur Kontrolle *Krebs* (Fn 28); *Schmidt-Aßmann/Hoffmann-Riem* (Hrsg) Verwaltungskontrolle, 2001; *Koch/Rubel/Heselhaus* Allg VwR § 8; *Kahl* in: Hoffmann-Riem/Schmidt-Aßmann/Voßkuhle, Grundlagen III, § 47.

[435] *Krebs* (Fn 28) 50.

[436] Vgl die klassische Definition von *Triepel* Die Reichsaufsicht, 1917, S 111.

[437] Vgl auch *Kahl* Die Staatsaufsicht, 2000; *Pieper* Aufsicht, 2006, 150 f, 409 ff.

[438] Vgl BVerfGE 85, 337, 349; 107, 395, 401.

[439] Vgl für den Bund Art 114 II GG, für die Länder (statt vieler) Art 86 II Verf NRW. So kann ein Minister seiner Verantwortung für seinen Geschäftsbereich (Art 65 S 2 GG) gegenüber Parlament und Volk nur gerecht werden, wenn er diesen zu kontrollieren vermag.

[440] Vgl aber auch § 73 I 2 Nr 2, 3 VwGO.

[441] Vgl Art 44 GG.

[442] Dh Finanz- und Sozialgerichtsbarkeit.

[443] Näher dazu *Scherzberg* in: Hoffmann-Riem/Schmidt-Aßmann/Voßkuhle, Grundlagen III, § 49.

tragten der Verwaltung (zB den Wehrbeauftragten[444], den Datenschutzbeauftragten[445], die Gleichstellungsbeauftragten[446] oder den Bürgerbeauftragten[447]). Die genannten Organisationseinheiten stellen zwar keine eigene Staatsgewalt dar. Sie können auch dem zu kontrollierenden Verwaltungsträger angehören. Doch genießen sie Unabhängigkeit und haben daher mehr oder weniger eine ähnliche Distanz zu den zu kontrollierenden Verwaltungseinrichtungen wie die Fremdkontrolleure.

91 *Inhaltlich* kann sich die Kontrolle etwa auf den Aufbau, die innere Organisation, die allgemeine Geschäftsführung und die Personalangelegenheiten der Behörde (Dienstaufsicht[448]), die (gesamte) Haushalts- und Wirtschaftsführung der Verwaltung (Rechnungskontrolle[449]) sowie die Rechtmäßigkeit oder Zweckmäßigkeit[450] respektive Recht- und Zweckmäßigkeit der Aufgabenwahrnehmung beziehen (Rechts- oder Fachaufsicht), wobei sich die Kontrollen überschneiden können.[451] Als *Bezugspunkt* der Kontrolle kommen vor allem das Verfahren, das persönliche Verhalten der Bediensteten, das Ergebnis der Verwaltungstätigkeit, die Zielsetzung und Zielerreichung[452] sowie der Systemzusammenhang[453] in Betracht. *Zeitlich* kann es sich um einmalige oder wiederkehrende vorherige (präventive), begleitende oder nachträgliche (repressive), *modal* um punktuelle oder generelle (mehr oder weniger flächendeckende) Kontrollen handeln. Umfassend angelegt ist idR das bei Verwendung des Neuen Steuerungsmodells zugrunde gelegte Controlling (Rn 95). Der *Anstoß* zur Kontrolle kann selbst- oder fremdinitiiert sein. ZB wird eine Kontrolle nicht nur durch förmliche, sondern auch durch formlose Rechtsbehelfe des Bürgers (Gegenvorstellung, Aufsichtsbeschwerde, Petition[454]) ausgelöst. Als Instrumente der Kontrollinstanzen stehen je nach Gesetzeslage sowohl Regelungen (Genehmigungen, Beanstandungen, Aufhebungen, Anordnungen, Ersetzungen, Bestellung von Beauftragten)[455] als auch sonstige Maßnahmen (zB Beratung, Förderung) zur Verfügung.

92 Besondere Bedeutung kommt den förmlichen Rechtsschutzkontrollen zu. Das grundsätzlich verwaltungsaktbezogene *Widerspruchsverfahren*[456] stellt im Kern ein zweites Verwaltungsverfahren dar (§ 79 VwVfG[457]), dem gleichzeitig die Funktion eines gerichtlichen Vorverfahrens (regelmäßig für die verwaltungsgerichtliche Anfechtungs- und Verpflichtungsklage in Gestalt der Versagungsgegenklage) zukommt (§ 68 VwGO[458]). Das Widerspruchsverfahren dient nicht nur dem Rechtsschutzinteresse der

[444] Art 45b GG.
[445] § 24 BDSG.
[446] ZB § 5 GO NRW.
[447] § 36 Verf MV.
[448] Vgl zB § 12 LOG NRW.
[449] § 42 I HGrG. Vgl dazu *Schulze-Fielitz* VVDStRL 55 (1996), 231 ff.
[450] Zum Begriff der Zweckmäßigkeit vgl Rn 59.
[451] Näher zu der Vielfalt der in Betracht kommenden Kontrollparameter *Eichhorn/Friedrich* Verwaltungsökonomie I, 1976, 252; im Anschluss daran *Schmidt-Aßmann* Ordnungsidee, 229 f.
[452] *Ehlers* DVBl 1993, 861, 866 ff.
[453] Vgl *Kahl* in: Hoffmann-Riem/Schmidt-Aßmann/Voßkuhle, Grundlagen III, § 47 Rn 46 f.
[454] Vgl Art 17 GG.
[455] Vgl zu den Aufsichtsmitteln der Kommunalaufsicht *Schmidt-Aßmann/Röhl* in: Schmidt-Aßmann/Schoch, Bes VwR 1. Kap Rn 42.
[456] Vgl dazu aber auch § 126 II BBG.
[457] Vgl auch §§ 347 AO; 62 SGB X.
[458] Vgl auch §§ 44 FGO; 78 SGG.

Verwaltungsadressaten (ua Überprüfung nicht nur der Recht- sondern auch Zweckmäßigkeit) und der Selbstkontrolle der Verwaltung, sondern auch der Entlastung der Gerichte. Einer Nachprüfung im Widerspruchsverfahren bedarf es nicht in den in § 68 I 2 VwGO genannten Fällen. Viele Länder haben von der gesetzlichen Ermächtigung des § 68 I 2 VwGO Gebrauch gemacht und das Widerspruchsverfahren in den Ausführungsgesetzen zur Verwaltungsgerichtsordnung in weitem Umfange abgeschafft.[459] Begründet wurde dies mit der Verfahrensbeschleunigung, der Kostensenkung sowie der Annahme, dass es im Widerspruchsverfahren in der Praxis ohnehin selten zu einer Änderung der bereits getroffenen Verwaltungsentscheidung kommt.[460] Doch bringt eine Abschaffung des Widerspruchsverfahrens für alle Beteiligten zugleich Nachteile mit sich (zB weil eine Zweckmäßigkeitskontrolle unterbleibt, eine Korrektur selbst offensichtlicher Fehler erst im gerichtlichen Verfahren gesichert ist und die Gerichte stärker belastet werden).

Rechtsverbindlich wird die Verwaltung durch die *Gerichtsbarkeit* kontrolliert – vor **93**
allem die (allgemeine) Verwaltungsgerichtsbarkeit, aber zB auch die Verfassungsgerichte, die besonderen Verwaltungsgerichte, die ordentlichen Gerichte und die Berufsgerichte. Die Verwaltungsgerichte entscheiden nach Maßgabe der gerichtlichen Sachentscheidungsvoraussetzungen sowohl über Außen- als auch über Innenrechtsstreitigkeiten[461] der Verwaltung. Mit Erfolg können die Verwaltungsgerichte grundsätzlich nur angerufen werden, wenn sich der Kläger (Antragsteller) auf ein subjektives Recht (→ § 12) bzw eine wehrfähige Innenrechtsposition berufen kann. Doch zeigt § 42 II VwGO (soweit gesetzlich nichts anderes bestimmt ist), dass auch Interessentenklagen (Verbandsklagen) möglich sind[462], wohingegen das Gesetzesrecht bisher keine verwaltungsgerichtlichen Popularklagen kennt. Die Intensität der verwaltungsgerichtlichen Kontrolle dürfte auch im internationalen Vergleich sowohl in rechtlicher als auch in tatsächlicher Hinsicht nur selten ihresgleichen finden. Allerdings ist sie schwerpunktmäßig auf die Überprüfung der materiellen Rechtmäßigkeit zugeschnitten, Verfahrens- und Formfehler sind teils unbeachtlich (§ 46 VwVfG), teils selbst im gerichtlichen Verfahren noch heilbar (§ 45 II VwGO). Gemindert ist die gerichtliche Kontrolldichte, wenn der Verwaltung ein normativ eingeräumter Gestaltungsspielraum (Beurteilungs- und Ermessensspielraum) zukommt (→ § 11).

XIII. Verwaltungswissenschaften

Die Organisation und Tätigkeit der Verwaltung ist Gegenstand der Verwaltungswissen- **94**
schaften. Mit der Verwaltung befassen sich ganz *verschiedene Wissenschaftsdisziplinen* wie zB die Politikwissenschaft, Volkswirtschaftslehre, Betriebswirtschaftslehre[463],

[459] Vgl zB Art 15 Bay AGVwGO; §§ 16a Hess AGVwGO; 13a, b AGeRStRG MV; 8a Nds AGVwGO; 6a AGVwGO NRW; 8a AGVwGO LSA.

[460] Näher zum Ganzen *Kallerhoff* NWVBl 2008, 334 ff; *Dolde/Porsch* in: Schoch/Schmidt-Aßmann/Pietzner, VwGO, Vorb § 68 Rn 16 f; *Schoch* in: Ehlers/ders, Rechtsschutz, § 20 Rn 94.

[461] Vgl dazu *Schoch* in: Ehlers/ders, Rechtsschutz, § 28.

[462] Vgl zB §§ 8 IV, 12 HandwO; 61 BNatSchG, 1 ff URG (BGBl I 2006, 2816).

[463] *Reichard* Betriebswirtschaftslehre der öffentlichen Verwaltung, 2. Aufl 1987; *Gornas/Barthel* Betriebswirtschaft in der öffentlichen Verwaltung, 2. Aufl 2005; *Schmidt* Betriebswirtschaftslehre und Verwaltungsmanagement, 6. Aufl 2004.

Finanzwirtschaftslehre, Soziologie[464], Verwaltungsgeographie, Urbanistik, Statistik, Psychologie und Verwaltungsgeschichte[465]. So haben sich in der neuen Institutionsökonomik[466] eine Transaktionskostentheorie, eine Theorie der ökonomischen Verfügungsrechte und eine Principal-Agent-Theorie herausgebildet[467], die ebenso wie die Systemtheorie[468] für die Verwaltung fruchtbar gemacht werden können. Auch die Verwaltungsrechtswissenschaft, der es um die rechtliche Ausgestaltung der Verwaltung geht (→ § 3 Rn 97 ff), kann als ein (besonders wichtiges) Teilgebiet der Verwaltungswissenschaften bezeichnet werden. Statt von Verwaltungswissenschaften wird häufig auch nur von der Verwaltungswissenschaft oder Verwaltungslehre gesprochen. Diese Begriffsbildung ist problematisch, weil eine Integration der beteiligten Disziplinen in *eine* Wissenschaft oder Lehre kaum möglich, jedenfalls bisher aber nicht verwirklicht worden ist.[469] Als Einführung in die Verwaltungswissenschaften eignen sich für den Juristen die Bücher[470] von *Thieme*[471], *Lecheler*[472], *Püttner*[473] und *Schuppert*[474], *Snellen*[475], *Ziekow*[476], *König*[477] und *Bogumil/Jann*[478].

95 Um die Verwaltung den Anforderungen der Zeit anzupassen, sind sowohl für die Binnenstruktur der Verwaltung als auch für die Gestaltung der Beziehungen zum Bürger zahlreiche Managementkonzepte entwickelt worden.[479] Die größte Wirkkraft hat das von der Kommunalen Gemeinschaftsstelle für Verwaltungsvereinfachung (KGSt) im Jahre 1993 vorgelegte sog *Neue Steuerungsmodell* (New Public Management) entfaltet, das weithin in den Kommunen und teilweise auch in der staatlichen Verwaltung

[464] Vgl etwa *Mayntz* Soziologie der öffentlichen Verwaltung, 4. Aufl 1997; *Rehbinder* Rechtssoziologie, 6. Aufl 2007, 209 ff.

[465] Ausf dazu *Heyen* Geschichte der Verwaltungsrechtswissenschaft in Europa, 1982; *Jeserich/Pohl/v Unruh* (Hrsg), Deutsche Verwaltungsgeschichte, 5 Bde und Registerband; *Robbers* in: Schulze (Hrsg), Europäische Rechts- und Verfassungsgeschichte, 1991, 153 ff; *Stolleis* Geschichte des öffentlichen Rechts in Deutschland, 2002.

[466] Grundlegend *Coase* The Nature of the Firm, Economica 11 (1937) 386 ff. Vgl dazu *Eidenmüller* Effizienz als Rechtsprinzip, 2. Aufl 1998, 59 ff.

[467] Vgl die Angaben von *Pünder* Kommunales Haushaltsrecht im Umbruch, 2003, 16 f.

[468] Immer noch grdl *Luhmann* (Fn 15).

[469] Zur wissenschaftstheoretischen Einordnung vgl auch *Luhmann* (Fn 15); *König* Erkenntnisinteressen der Verwaltungswissenschaft, 1970; *Ziekow* (Hrsg), Verwaltungswissenschaften und Verwaltungswissenschaft, 2003. Zu den verschiedenen Aspekten der Verwaltungswissenschaften: *König/v Oertzen/Wagener* (Hrsg), Öffentliche Verwaltung der Bundesrepublik Deutschland, 1981; *Becker/Thieme* Handbuch der Verwaltung, 1978.

[470] Zur älteren Lit vgl *Ellwein* Einführung in die Regierungs- und Verwaltungslehre, 1966; *B. Becker* Öffentliche Verwaltung, 1989.

[471] Verwaltungslehre, 4. Aufl 1984.

[472] Verwaltungslehre, 1988.

[473] Verwaltungslehre, 4. Aufl 2007. Vgl a *H. Maier* Die ältere deutsche Staats- und Verwaltungslehre, 2. Aufl 1980; *Joerger/Geppert* (Hrsg), Grundzüge der Verwaltungslehre, 3. Aufl 1983.

[474] Verwaltungswissenschaft, 2000.

[475] Grundlagen der Verwaltungswissenschaft, 2006.

[476] Entwicklungslinien in der Verwaltungspolitik, 2007.

[477] Moderne öffentliche Verwaltung, 2008.

[478] Verwaltung und Verwaltungswissenschaft in Deutschland, 2. Aufl 2009.

[479] Einen Überbl über die verschiedenen, auf Delegation und die Zusammenführung von dezentraler Fach- und Ressourcenverantwortung hinauslaufenden Modelle geben *Thieme* (Fn 471) Rn 441 ff, 667 f, und *Püttner* (Fn 473) 276 ff.

praktiziert wird.[480] Das Modell folgt dem Leitbild „Dienstleistungsunternehmen Verwaltung", das Verwaltungsleistungen als „Produkte" und die Beziehungen der Verwaltung zum Bürger als „Kundenbeziehung" deutet. Einerseits soll es zu einer an den Verwaltungsleistungen orientierten klaren Abgrenzung zwischen der „politischen" und administrativen Ebene kommen (zB zwischen Rat und Gemeindeverwaltung), andererseits sollen die einzelnen „Fachbereiche" und Mitarbeiter der Verwaltung durch Zusammenführung der Fach- und Ressourcenverantwortung im Rahmen ausgehandelter Zielvorgaben (Kontrakte) und eines begleitenden Controlling Freiräume für eine kostenbewusste Selbststeuerung erhalten. Diese Art der Programmierung beruht auf zutreffenden ökonomischen Grundannahmen. Doch dürfen diese nur insoweit in der Verwaltung umgesetzt werden, als sie mit den zwingenden rechtlichen Vorgaben vereinbar sind.[481] ZB lassen sich die Leitungsbefugnisse der Minister für ihren Geschäftsbereich (Art 65 S 2 GG) oder die dem Rat einer Gemeinde von Verfassungs wegen und einfachgesetzlich zugewiesenen Vorbehaltsaufgaben nicht durch Kontrakte mit behördlichen Fachbereichen oder Verwaltungsmitarbeitern rechtsverbindlich beschränken (was die Gewährung tatsächlich zugestandener Freiräume nicht ausschließt).[482] Auch kann in einer Demokratie nur der Bürger und nicht der Kunde Leitbild der Verwaltung sein.[483] In neuerer Zeit sind Good Governance-Vorstellungen für Regierung und Verwaltung entwickelt worden (also für eine gute Regierung und Verwaltung). Der Gehalt dieser Vorstellung bleibt bisher zwar eher allgemein und vage[484], doch hat Art 41 GRCh ein „Recht auf eine gute Verwaltung" gegenüber den Organeinrichtungen und sonstigen Stellen der Europäischen Union ausdrücklich normiert (→ § 5 Rn 41).

Entsprechend ihrem weiten Gegenstandsbereich befassen sich die Verwaltungswissenschaften mit ganz *unterschiedlichen Fragestellungen*: etwa den Verwaltungsaufgaben, der sachlichen und personellen Organisation, der Planung, dem Vollzug und der Kontrolle, dem Einsatz der modernen Techniken, dem Umgang mit dem Bürger oder den Fragen des Büro-Alltags.[485] Gegenwärtig wird – auch wegen der hohen Verschuldung des Staates, des weltweiten Standortwettbewerbs und des Nachholbedarfs in den neuen Ländern – besonders über die Privatisierung von Verwaltungsleistungen[486], den weiteren Einsatz ökonomischer Instrumente, die Neuordnung von Regionen[487] und großstädtischen Verdichtungsräumen[488] sowie die Deregulierung, Rechts- und Verwal- **96**

480 Vgl dazu den KGSt-Bericht Nr 5/1993. *Schmidt-Aßmann* Ordnungsidee, 23 ff.

481 Vgl auch *Krebs* in: Schmidt-Aßmann/Hoffmann-Riem (Hrsg), Methoden der Verwaltungsrechtswissenschaft, 2004, 209 ff; *Schmidt-Aßmann* Ordnungsidee, 24 ff.

482 Vgl auch *Pünder* DÖV 1998, 63, 66 ff.

483 Vgl auch *Penski* DÖV 1999, 85 ff; *Janssen* ZBR 2003, 113, 119.

484 Näher dazu *Schuppert* (Hrsg) Governance-Forschung, 2005; *Trute/Denkhaus/Kühlers* DV 37 (2004) 451 ff; *Voßkuhle* in: Hoffmann-Riem/Schmidt-Aßmann/ders, Grundlagen I, § 1 Rn 68 ff.

485 Zu den Merkmalen der bürokratischen Verwaltung nach wie vor grundlegend *M. Weber* Wirtschaft und Gesellschaft, 5. Aufl 1976.

486 Vgl *Schoch* DVBl 1994, 1 ff; *dens* Jura 2008, 672 ff; *Osterloh* VVDStRL 54 (1995) 204 ff; *Bauer* ebd, 243 ff; *Burgi* Verh d 67 DJT, Bd I, 2008 D 1 ff.

487 Vgl zu der unter europarechtlichen Vorzeichen geführten Diskussion etwa *Eichenberger* in: Ossenbühl (Hrsg), Föderalismus und Regionalismus in Europa, 1990, 17 ff; *Schink* DÖV 1992, 385 ff; *Zuleeg* DVBl 1992, 1329 ff; *Benz* VerwArch 84 (1993) 328 ff.

488 Vgl statt vieler *Kilian/Müllers* VerwArch 89 (1998) 25 ff; *Henneke* (Hrsg), Optimale Aufgabenerfüllung im Kreisgebiet?, 1999.

tungsvereinfachung und Beschleunigung von Verwaltungsvorgängen[489] diskutiert. Ferner haben die kooperativen, informalen und optionalen Handlungsmöglichkeiten der Verwaltung besondere Aufmerksamkeit gefunden.[490] Schließlich wird zu Recht verlangt, die administrative „Regelgeheimhaltung" durch das Prinzip der regelmäßigen Transparenz und Öffentlichkeit zu ersetzen (vgl auch Rn 75).[491]

§ 2
Rechtsquellen und Rechtsnormen der Verwaltung

1 Das Handeln der öffentlichen Verwaltung wird durch das *Recht* gesteuert. Das macht es erforderlich, sich mit dem Recht, den Rechtsquellen und Rechtsnormen zu befassen.

I. Recht, Rechtsquelle und Rechtsnorm

1. Begriff des Rechts

2 Die Vielzahl der Versuche, das Recht zu definieren[1], lässt Zweifel darüber aufkommen, ob es einen zeitlosen, für alle Kulturen gleichermaßen geltenden *Begriff des Rechts* mit identischem Inhalt gibt. Im Folgenden soll unter Recht die Gesamtheit der heteronom gesetzten oder heteronom anerkannten verbindlichen Vorgaben verstanden werden, die das menschliche Zusammenleben ordnen.

3 Durch die *heteronom gesetzte* oder heteronom anerkannte Verbindlichkeit unterscheidet sich das Recht von Sitte und Moral respektive von religiösen, ethischen und sozialen Anforderungen, die nur kraft autonomer Bestimmung oder Anerkennung gelten.[2] Jedenfalls in der westlichen Welt obliegt die Setzung des Rechts den Staaten oder supranationalen sowie ggf auch den internationalen Gemeinschaften. Dies schließt weder eine private Rechtsetzung (Rn 73) noch Gewohnheitsrecht (Rn 60) aus. Doch können die solchermaßen erzeugten Normen nur dann Rechtsgeltung beanspruchen, wenn diese Art der Rechtsetzung von den Staaten oder supranationalen (respektive internationalen) Gemeinschaften anerkannt wird. Gleiches gilt für das ius divinum, das – wenn man es überhaupt als Recht anerkennen will[3] – als eigengeartetes Recht zu qualifizieren ist, allerdings ebenso wie moralische Gebote oder das Naturrecht vom weltlichen Recht übernommen oder in Bezug genommen und damit im Sinne der weltlichen Rechtsord-

[489] Vgl zur Beschleunigungsgesetzgebung *Steiner* NVwZ 1994, 313 ff. Krit *Erbguth* JZ 1994, 477 ff.

[490] Vgl nur *Hoffmann-Riem* DÖV 1997, 433 ff mwN.

[491] Vgl. *Scherzberg* (Fn 20); *Wegener* (Fn 306).

[1] Vgl statt vieler *Alexy* Begriff und Geltung des Rechts, 2. Aufl 1994, 27 ff; *Zippelius* Rechtsphilosophie, 5. Aufl 2007, 3 ff; *Rüthers* Rechtstheorie, 4. Aufl 2008, Rn 48 ff; ferner *H.L.A. Hart* Recht und Moral, 1971, 14 ff.

[2] Vgl *Kant* Grundlegung zur Metaphysik der Sitten, in: Werke in sechs Bänden, hrsg v Weischedel, Bd IV, 1983, 65 f. Die heteronome Setzung bezieht sich auf den einzelnen Menschen. Es schließt eine autonome Rechtsetzung durch Körperschaften nicht aus (Rn 56).

[3] Vgl dazu *Ehlers* FS Obermayer, 1986, 275, 280 f.

nung verrechtlicht werden kann. So verweisen die Art 4 III, 38 I 2 GG auf das Gewissen und die Generalklausel der meisten Polizeigesetze auf die öffentliche Ordnung, die als Gesamtheit der ungeschriebenen Regeln definiert wird, deren Befolgung nach den jeweils herrschenden sozialen und ethischen Anschauungen als unerlässliche Voraussetzung eines geordneten menschlichen Zusammenlebens innerhalb eines bestimmten Gebiets angesehen wird.[4] Nicht zum Recht zu zählen ist ferner das sog soft law, da es weder durch gerichtliche noch durch außergerichtliche rechtsförmliche Verfahren zur Geltung gebracht werden kann.[5]

Verbindlichkeit bedeutet, dass die Anerkennung als Recht gegenüber jedermann be- **4**
ansprucht wird. Dies besagt nicht, dass das Recht für alle von Bedeutung sein muss. Zum einen wenden sich Rechtsbefehle oftmals nur an einen bestimmten (abgrenzbaren) Personenkreis. Zum anderen gibt es nicht nur Recht, das unbedingte Geltung beansprucht (ius cogens bzw ius strictum), sondern auch abdingbares, also dispositives Recht (ius dispositivum).[6] Des Weiteren setzt Verbindlichkeit nicht Erzwingbarkeit oder – im Falle der Missachtung – Sanktionierbarkeit voraus.[7] So lassen sich Innenrechtsverstöße vielfach nicht (adäquat) ahnden.[8] Auch im Außenrechtskreis kann etwas rechtswidrig, aber straffrei[9], nicht bußgeldbewehrt[10] oder nicht korrigierbar[11] sein. Ferner sind Aufgabenzuweisungen an die Verwaltung nicht deshalb irrelevant, weil es an einer Befugnis der Verwaltung fehlt, in den Rechtskreis anderer einzugreifen. Selbst eine nur symbolische Gesetzgebung bleibt Rechtsetzung.[12] Schließlich besteht das Recht nicht nur aus Regelungen, dh aus der Setzung von Rechtsfolgen, sondern kann auch einen anderen Inhalt – beispielsweise nur einen empfehlenden Charakter[13] – haben.

Seit jeher bestehen Meinungsverschiedenheiten darüber, ob das positive Recht seinen **5**
Charakter verliert, wenn es in einem unerträglichen Ausmaße in Widerspruch zur materiellen *Gerechtigkeit* tritt. Sowohl die Existenz überpositiven Rechts (Naturrechts) als auch dessen ggf in Betracht kommender Inhalt sind umstritten.[14] In der Regel bedarf es eines Rekurses auf überpositives Recht schon deshalb nicht, weil das, was ein solches Recht herzugeben vermöchte, ohnehin innerstaatlich durch das Grundgesetz (insbesondere Art 1 I GG) und die Menschenrechtsgewährleistungen des Völkerrechts garantiert wird. Anders stellt sich die Rechtslage nach Regimewechseln dar, wenn es um die Beurteilung einer vor-rechtsstaatlichen Vergangenheit geht. Das Bundesverfassungsgericht hat in solchen Fällen (etwa der rechtlichen Bewertung nationalsozialistischen „Unrechts“ oder der Beurteilung einer Strafbarkeit von Mauerschützen nach der Wiedervereinigung Deutschlands) einen Rückgriff auf die Radbruchsche Formel – wonach

[4] Vgl *Schoch* in: Schmidt-Aßmann/Schoch, Bes VwR, 2. Kap Rn 79.

[5] *Ruffert* in: Hoffmann-Riem/Schmidt-Aßmann/Voßkuhle, Grundlagen I, § 17 Rn 79.

[6] Vgl für das Völkerrecht etwa *Ipsen* (Hrsg) Völkerrecht, 5. Aufl 2004, § 15 Rn 36 ff.

[7] AA *Kelsen* Reine Rechtslehre, 1. Aufl 1934, 25 f.

[8] Vgl *Ehlers* in: Henneke/Meyer (Hrsg), Kommunale Selbstverwaltung zwischen Bewahrung, Bewährung und Entwicklung, 2006, 185, 204 f.

[9] ZB § 218a IV 1 StGB.

[10] Zu der am 31.12.2008 außer Kraft getretenen Regelung des § 67 PStG (aF) vgl *Ehlers* FS Hollerbach, 2001, 811 ff; *Schwab* FamRZ 2008, 1121 f.

[11] Etwa, weil Erledigung eingetreten ist.

[12] Vgl demgegenüber aber *Meyer* DÖV 2005, 551, 559. Vgl auch *Schmehl* ZRP 1991, 251 ff; *Enders/Lange* JZ 2006, 105, 112; *Führ* KritV 2003, 5 ff.

[13] Vgl zB Art 288 V AEUV; zu einem gesetzlichen Beispiel: *Schneider* DÖV 1989, 26 f.

[14] Zur Auslegung des Art 20 III GG (Gesetz und Recht) vgl *Schulze-Fielitz* in: Dreier (Hrsg), GG, Bd II, 2. Aufl 2006, Art 20 Rn 92 ff.

das Gesetz der Gerechtigkeit zu weichen hat, wenn der Widerspruch zur Gerechtigkeit ein unerträgliches Maß erreicht[15] – iVm den Menschenrechtspakten gebilligt.[16] In der Literatur wird dies – nach der hier vertretenen Ansicht zu Recht – vielfach anders gesehen.[17]

2. Begriff der Rechtsquelle

6 Unter einer *Rechtsquelle* – im weiteren Sinne[18] – ist der Entstehungs- und Geltungsgrund des Rechts zu verstehen.[19] In der Literatur wird zwischen Rechtserzeugungsquellen, Rechtswertungsquellen und Rechtserkenntnisquellen unterschieden.[20] Mit der Bezugnahme auf die *Rechtserzeugungsquellen* wird der Blick sowohl auf die außerrechtlichen Entstehungsbedingungen des Rechts gelenkt[21] (zB Beeinflussung durch die Wirtschaft und Religion) als auch auf den Schöpfer des Rechts (zB den Gesetzgeber beim geschriebenen Recht oder die Bevölkerung respektive Teile der Bevölkerung beim Gewohnheitsrecht). *Rechtswertungsquellen* sollen die zentralen Maßstäbe sein, anhand derer man die geltende Rechtsordnung beurteilen kann (wie Gerechtigkeit, Rechtssicherheit, Vernunft). Vielfach haben diese Maßstäbe heute ihren Niederschlag in den obersten Normschichten der Rechtsordnung – zB im Rechtsstaatsprinzip des Grundgesetzes oder in den allgemeinen Grundsätzen des Unionsrechts (Rn 29) – gefunden und stellen daher selbst Recht dar. Bei der Orientierung an *Rechtserkenntnisquellen* wird darauf abgestellt, was „Entstehungsgrund für etwas als Recht" ist.[22] So waren die Grundrechte der Europäischen Union bis zum Inkrafttreten des Vertrages von Lissabon nur sehr partiell positiviert. Sie mussten deshalb erst gefunden werden, wobei die Europäische Menschenrechtskonvention und die gemeinsamen Verfassungsüberlieferungen der Mitgliedstaaten als Rechtserkenntnisquellen gewirkt haben (Rn 29).

3. Begriff der Rechtsnorm

7 Die Rechtsordnung besteht aus Rechtsnormen, welche die Sozialbereiche gestalten sollen. Wie der Begriff des Rechts (Rn 2) wird auch derjenige der Rechtsnorm in der Rechtssprache sinnvariierend verwendet. So versteht etwa Kelsen – einen durchgängigen Stufenbau der Rechtsordnung zugrunde legend – unter Rechtsnorm sowohl generelle als auch individuelle Rechtsakte (einschließlich Richtersprüche oder Verwaltungs-

[15] Vgl *Radbruch* Gesetzliches Unrecht und übergesetzliches Recht, 2002, 11.

[16] Vgl BVerfGE 3, 58, 119; 23, 98, 106 – Nationalsozialistisches Unrecht; 95, 96, 134 ff mwN – Mauerschützen; BVerfG-K NJW 2000, 1480 – Fall Krenz ua; hierzu auch EGMR NJW 2001, 3035 ff; zu den Mauerschützen vgl auch EGMR NJW 2001, 3042 ff. Zur Rspr des Internationalen Gerichtshofs für Kriegsverbrechen (im früheren Jugoslawien) vgl zB die Urteile IT-94-1-T (Rn 9) v 14.7.1997 – Tadic; IT-96-22-T (Rn 38, 70) v 29.11.1996 – Erdemovic; zum Internationalen Strafgerichtshof *Satzger* Internationales und europäisches Strafrecht, 2. Aufl. 2008, § 13.

[17] Vgl die Referate und Diskussionen in VVDStRL 51 (1992) 9 ff.

[18] Zum Begriff der Rechtsquelle im engeren Sinne vgl Rn 7.

[19] *Wolff/Bachhof/Stober/Kluth* VwR I § 24 Rn 2.

[20] Vgl *Ossenbühl* in: Erichsen/Ehlers (Hrsg), Allgemeines Verwaltungsrecht, 12. Aufl, § 5 Rn 3 ff mwN; *ders* in: Isensee/Kirchhof V § 100 Rn 1 ff. Vgl zum Ganzen auch *Park* Rechtsfindung im Verwaltungsrecht, 1999, 136 f; *Röhl* Allgemeine Rechtslehre, 3. Aufl 2008, 519 ff.

[21] *Ruffert* (Fn 5) § 17 Rn 1.

[22] So *Ross* Theorie der Rechtsquellen, 1929, 291 f.

akte).[23] Üblicherweise wird dagegen zwischen Rechtserzeugung und Rechtsanwendung unterschieden[24] und somit nur eine bestimmte Art der Rechtserzeugung als *Rechtsetzung* respektive – was nur ein anderer Ausdruck ist – als Normgebung qualifiziert. Angeknüpft wird sowohl an das Subjekt der Rechtsetzung (Normgebung) als auch an die Form und den Inhalt. Im innerstaatlichen Rechtskreis werden Rechtssätze (Rechtsnormen) vor allem durch die Legislative in Gestalt von Parlamentsgesetzen erzeugt. Doch können Rechtssätze auch durch das Volk (Rn 36), die Exekutive und uU sogar die Richter (Rn 63 f) oder weitere Subjekte wie die Tarifvertragsparteien[25] geschaffen werden. In jedem Falle muss sich das Auftreten als Normgeber verfassungsrechtlich rechtfertigen lassen. Keine Rechtsnormen sind zB allgemeine Verwaltungsbedingungen, die für eine Vielzahl von Verwaltungsverträgen entwickelt worden sind, weil sie erst durch die jeweilige Einbeziehung in den Vertrag als Vertragsbestandteil rechtliche Wirkung entfalten. Ungeklärt ist, ob es einen Numerus clausus von Normen gibt (Rn 18). Anerkannt wird jedenfalls der Normcharakter von Parlamentsgesetzen, Verordnungen, Satzungen, Verwaltungsvorschriften und von Gewohnheitsrecht. In Zweifelsfällen kommt es wiederum auf die verfassungsrechtliche Beurteilung an. Inhaltlich sollen sich Rechtssätze dadurch auszeichnen, dass generell-abstrakte Regelungen getroffen werden (im Gegensatz zu Einzelfallentscheidungen). Statt von Rechtssätzen oder Rechtsnormen spricht man auch von *Gesetzen im materiellen Sinne*.[26] Doch wurde bereits dargelegt, dass Rechtssätze (Rechtsnormen) keine Regelung enthalten müssen (Rn 4). Auch kann die Form eines Rechtssatzes (einer Rechtsnorm) gewählt werden, obwohl die Regelung inhaltlich einen Einzelfall oder nur eine Person betrifft. Es stellt sich dann die Frage, ob auf die Form oder den Inhalt abzustellen ist. Nach der hier vertretenen Ansicht muss sich der Staat an der gewählten Form festhalten lassen, mag wegen Formenmissbrauchs die Formenwahl uU auch zur Ungültigkeit des Rechtssatzes (der Rechtsnorm) führen.[27] Im Völkerrecht und Unionsrecht sind zum Teil andere Rechtsnormen als im innerstaatlichen Rechtskreis anerkannt (Rn 21 u 32).

4. Wirkungsweise von Rechtsnormen

Rechtsnormen sollen unmittelbar oder mittelbar ein *Verhalten regeln*, wobei mehrere **8**
Rechtssätze zusammen wirken können: zB weil eine Rechtsnorm juristische Personen in die Pflicht nimmt oder eine sachenrechtliche Regelung trifft und andere Rechtsnormen die juristische Person definieren oder an die sachenrechtliche Regelung Verhaltenskonsequenzen knüpfen. Die *Bindungswirkungen* einer Norm können je nach Funktion, Struktur, Programmierungsgehalt und Kontrolldichte sehr unterschiedlich sein (→ § 11 Rn 6). *Funktional* lässt sich zwischen Handlungs- und Kontrollnormen unterscheiden.[28] Jene enthalten einen Verhaltensauftrag, diese einen Kontrollmaßstab. In der Regel dient ein und dieselbe Norm sowohl der Verhaltenssteuerung als auch der

[23] *Kelsen* Reine Rechtslehre, 2. Aufl 1960, 73 ff.

[24] ZB versteht die Rspr unter einer Änderung der Rechtslage iSd § 51 I Nr 1 VwVfG nur eine Änderung der Rechtsnormen, nicht der Rechtsanwendung. Vgl Stelkens/Bonk/Sachs, VwVfG, § 51 Rn 96 ff; *Meyer* in: Henneke/Knack, VwVfG, § 51 Rn 33 ff; *Kopp/Ramsauer* VwVfG, § 51 Rn 30.

[25] Vgl BVerfGE 44, 322, 341; 94, 268, 283. *Scholz* Die Koalitionsfreiheit als Verfassungsproblem, 1971, 15 f; *ders* in: Maunz/Dürig, GG, Art 9 Rn 238.

[26] Vgl *Erichsen* Jura 1995, 550; *Detterbeck* Jura 2002, 235.

[27] Vgl *Pestalozza* Formenmißbrauch des Staates, 1973, 107 ff.

[28] Vgl auch *Franzius* in: Hoffmann-Riem/Schmidt-Aßmann/Voßkuhle, Grundlagen I, § 4 Rn 2 ff.

Kontrolle. Inhaltlich können sich Handlungs- und Kontrollmaßnahmen entsprechen, müssen dies aber nicht. Das Verwaltungsrecht regelt primär die Steuerung des Verwaltungshandelns (vgl auch → § 3 Rn 7 f). Die Kontrolle (→ § 1 Rn 88 ff; vgl auch Rn 130 ff) knüpft daran an und überprüft – im Falle einer Rechtskontrolle – teils das Vorliegen von Handlungsunrecht (dh die Vereinbarkeit eines Tuns, Duldens oder Unterlassens mit den rechtlichen Vorgaben), teils aber auch von Erfolgsunrecht (dh die Vereinbarkeit des Ergebnisses eines Tuns, Duldens oder Unterlassens mit den rechtlichen Vorgaben).[29] So stellen zB die Generalermächtigungen des Polizei- und Ordnungsrechts auf den Handelnden und die Beurteilung der Gefahrenlage ex ante, nicht den Zeitpunkt der gerichtlichen Kontrolle ab[30] (Weil sie die Befugnis regeln, „Maßnahmen (zu) treffen, um eine Gefahr... abzuwehren"). Stellt sich im Nachhinein heraus, dass die ex ante zutreffend angenommene Gefahr nicht bestand, hat der in Anspruch Genommene aber einen Anspruch auf Entschädigung[31], was auf eine Haftung für Erfolgsunrecht hinausläuft. *Strukturell* bestehen die Normen in der Regel aus einem Tatbestand und einer Rechtsfolge. In ihrem *Gehalt* lassen sich offene (auf Konkretisierung angelegte) und strikte Programmierungen unterscheiden.[32] In der Rechtstheorie wird dies mit der Entgegensetzung von Prinzip und Regel zum Ausdruck gebracht.[33] Rechtsprinzipien werden als Finalprogramme oder Optimierungsgebote bezeichnet, die im Gegensatz zu Regeln nicht definitiven Charakter haben. Klassisches Beispiel für eine Regel ist ein konditional gefasster Rechtssatz (Wenn ..., dann ...). Während Prinzipien der Abwägung unterliegen, bedürfen Regeln grds nur der Subsumtion (Rn 15). Stellt man auf die *Kontrolldichte* ab, dh darauf, in welchem Ausmaße das Verhalten der angesprochenen Normadressaten einer gerichtlichen Überprüfung unterliegt, lässt sich jedenfalls im Hinblick auf die Normen des Verwaltungsrechts zwischen Normen mit oder ohne *Gestaltungsspielraum* differenzieren.[34] Die Gestaltungsspielräume können die Tatbestandsseite (Beurteilungsspielraum), die Rechtsfolgenseite (Ermessensspielraum) oder beide Seiten (Kopplungsvorschriften) betreffen. Im Einzelnen gibt es zahlreiche Überlappungen (Näher dazu → § 11 Rn 10 ff). Auch wenn das Recht mehrdeutig ist oder Gestaltungsspielräume eröffnet, muss sich die Rechtsanwendung an der regulativen Idee der richtigen Entscheidung orientieren.

5. Allgemeine Rechtsgrundsätze und ihre Wirkungsweise

9 Der Begriff der allgemeinen Rechtsgrundsätze wird zwar vielfältig verwendet, aber selten näher erläutert.[35] Unter allgemeinen Rechtsgrundsätzen sollen hier *fundamentale*

[29] Die Unterscheidung von Handlungs- und Erfolgsunrecht stellt sich in allen Rechtsgebieten (also auch im Privatrecht und Strafrecht), wird aber in den jeweiligen Gebieten unterschiedlich gehandhabt.

[30] Vgl *Schoch* in: Schmidt-Aßmann/ders, Bes VwR 2. Kap Rn 88.

[31] Grdl BGHZ 117, 303 ff.

[32] Vgl *Luhmann* Recht und Automation in der öffentlichen Verwaltung, 1966, 35 ff; *ders* Zweckbegriff und Systemrationalität, 2. Aufl 1977, 257 ff; zur normativen Offenheit auch *Höfling* Offene Grundrechtsinterpretation, 1987, 92 ff.

[33] Grundlegend *Dworkin* Bürgerrechte ernst genommen, 1984, 54 ff; *Alexy* Theorie der Grundrechte, 3. Aufl 1996, 71 ff. Vgl auch *Koch/Rüßmann* Juristische Begründungslehre, 1982, 97 ff; *Maitra* Regeln und Prinzipien, 2006; krit *Enderlein* Abwägung in Recht und Moral, 1992, 80 ff.

[34] Zum Verfassungsrecht vgl *Alexy* VVDStRL 61 (2002) 7, 15 ff.

[35] Vgl auch *Ossenbühl* in: FG 50 Jahre BVerwG, 2003, 289, der eine babylonische Sprachverwirrung feststellt.

Rechtsnormen verstanden werden, die nicht nur für ein eng umgrenztes Rechtsgebiet gelten, sondern generelle Bedeutung haben. Vielfach wird davon ausgegangen, dass allgemeine Rechtsgrundsätze in ihrer hohen Abstraktion und ihrer Allgemeinheit nur Wegweiser, nicht unmittelbar anwendbare Normen sind. Sie bedürften im Prozess der Rechtsanwendung noch der Konkretisierung im Angesicht des jeweils zu ordnenden Sach- und Lebensbereichs.[36] Doch trifft dies auf viele Normen zu, deren unmittelbare Anwendbarkeit gleichwohl nicht in Frage gestellt wird. Keineswegs braucht es sich bei den allgemeinen Rechtsgrundsätzen um Prinzipien, im Gegensatz zu Regeln (Rn 8), zu handeln. Allgemeine Rechtsgrundsätze sind sowohl im Völkerrecht (Rn 25) als auch im Unionsrecht (Rn 29 f) und in der nationalen Rechtsordnung anerkannt.[37] Im Verwaltungsrecht haben sie früher eine noch größere Rolle als heute gespielt, weil das Verwaltungsverfahrensrecht (von Schleswig-Holstein abgesehen) erst im Jahre 1977 in den Verwaltungsverfahrensgesetzen, im SGB X und in der Abgabenordnung näher kodifiziert worden ist und man vorher zB die Maßstäbe, die für die Rücknahme und den Widerruf von Verwaltungsakten gelten, zumeist allgemeinen Rechtsgrundsätzen entnommen hat.[38]

Die allgemeinen Rechtsgrundsätze stellen *keine eigene Kategorie* von Rechtsnormen 10
oder Rechtsquellen dar.[39] Vielmehr wurzeln sie in den Rechtsnormen der unterschiedlichen Stufen, auf nationaler Ebene zB im Verfassungsrecht, einfachen Gesetzesrecht, Gewohnheitsrecht oder ggf auch dem Richterrecht. Sie teilen den Charakter des Rechts, dessen Ergänzung sie dienen.[40] Für eine Ableitung unmittelbar aus überpositiven Gerechtigkeitsvorstellungen[41] wäre nur Raum, wenn man ein Naturrecht anerkennt (Rn 5). Es ist auch nicht anzunehmen, dass die Bestimmung des Art 20 III GG (Gesetz und Recht) das überpositive Recht in die Verfassungsrechtsordnung inkorporieren will.[42]

Die Herleitung allgemeiner Rechtsgrundsätze bereitet dann keine Schwierigkeiten, 11
wenn diese ausdrücklich und abschließend normiert worden sind. Ob es sinnvoll ist, in solchen Fällen von allgemeinen Rechtsgrundsätzen zu sprechen, dürfte primär eine Frage der terminologischen Verständigung sein. Doch lässt sich durch den Sprachgebrauch die Ausstrahlungswirkung sowie der generelle (konkretisierungsbedürftige) Charakter zum Ausdruck bringen. Fehlt es an Normierungen der genannten Art, heißt dies noch nicht, dass es sich bei den allgemeinen Rechtsgrundsätzen um ungeschriebene Rechtsnormen handelt. Vielmehr können sie *mitgeschriebene Teilelemente* abstrakt gehaltener Rechtssätze sein, die diesen im Wege der Auslegung zu entnehmen sind. So lassen sich die wichtigsten allgemeinen Grundsätze des Verwaltungsrechts aus dem Rechtsstaatsprinzip (Art 28 I 1 GG) und den Grundrechten ableiten. Dies trifft insbesondere auf den Vorrang und Vorbehalt des Gesetzes (Rn 38), das Bestimmtheits-

[36] So etwa *Ossenbühl* (Fn 35) 291 im Anschluss an *Esser* Grundsatz und Norm in der richterlichen Fortbildung des Privatrechts, 4. Aufl 1990, 95. Ähnlich *Wolff/Bachof/Stober/Kluth* VwR I § 25 Rn 8.

[37] Vgl zum nationalen Recht statt vieler *Ossenbühl* (Fn 20) § 6 Rn 84 ff.

[38] Ob es dessen bedurfte, ist zweifelhaft, weil es um die Zuordnung von verfassungsrechtlichen Prinzipien (nämlich dem Gesetzmäßigkeitsprinzip einerseits und dem Vertrauensschutzgrundsatz andererseits) geht.

[39] Ebenso *Maurer* Allg VwR, § 4 Rn 29; *Ruffert* (Fn 5) § 17 Rn 97.

[40] BVerwGE 126, 388, 391.

[41] Vgl dazu *Maurer* Allg VwR, § 4 Rn 33.

[42] Vgl aber auch *Schulze-Fielitz* (Fn 14) Art 20 Rn 94.

gebot[43], die Grundsätze der Verhältnismäßigkeit[44] und Rechtssicherheit[45], den Schutz des Vertrauens[46], das Rückwirkungsverbot[47], den Folgenbeseitigungsanspruch[48] oder die Haftung für enteignungsgleiche oder enteignende Eingriffe[49] (→ § 45 Rn 62 ff) zu.

12 Problematischer stellt sich die Rechtslage dar, wenn es zwar Normen gibt, diese aber nur eine partielle Regelung treffen. Dies ist etwa der Fall, wenn Regelungen des Privatrechts in das öffentliche Recht übertragen werden sollen. Es ist allgemein anerkannt, dass der in § 242 BGB positivierte Grundsatz von Treu und Glauben auch im öffentlichen Recht gilt[50] (und beispielsweise zu einer Verwirkung führen kann[51]). Dies lässt sich entweder mit einer analogen Anwendung der Norm im öffentlichen Recht oder damit erklären, dass § 242 BGB Ausdruck eines allgemeinen Rechtsgedankens (Rechtsgrundsatzes) ist, der als solcher auch im öffentlichen Recht unmittelbare Geltung hat. *Analogien* und allgemeine Rechtsgrundsätze liegen eng beieinander. Zwar schließt man im Falle eines Analogieschlusses nach Feststellung einer planwidrigen Lücke bei gleicher Interessenlage vom Besonderen auf ein Besonderes, bei der Annahme eines allgemeinen Rechtsgrundsatzes dagegen vom Besonderen auf das Allgemeine.[52] Doch kommt auch eine Analogie nur in Betracht, wenn sich die ratio legis verallgemeinern lässt, dh sich der spezielle, anzuwendende Rechtssatz wenigstens insoweit auf einen allgemeinen Rechtssatz zurückführen lässt, als er zumindest auf einen weiteren, ungeregelten Sachverhalt übertragbar ist.[53] Ein Unterschied bleibt aber insofern bestehen, als Analogien nur im jeweiligen Hoheitsbereich als zulässig angesehen werden können: anders ausgedrückt, die Schließung der Lücke der Kompetenz des Gesetzgebers zugänglich sein muss, der die analog anzuwendende Vorschrift erlassen hat.[54] Dies schließt die analoge Anwendung einer Landesbestimmung im Bundesrecht oder in einem anderen Landesrecht aus, nicht dagegen die Anwendung von Bundesrecht in einem Land (sofern der Bundesgesetzgeber befugt gewesen wäre, die Lücke zu schließen). Dagegen gelten allgemeine Grundsätze unabhängig davon, in welcher Rechtsordnung sie ihren positiven Niederschlag gefunden haben, sofern der Nachweis erbracht wird, dass sie in der anzuwendenden Rechtsordnung anerkannt werden sollen. Eine Bezugnahme des öffentlichen Rechts auf das BGB dient dann nur der inhaltlichen Verdeutlichung des ohnehin im öffentlichen Recht geltenden Rechtsgrundsatzes.[55] Ungeachtet des methodischen Vorgehens müssen in jedem Falle Vorrang und Vorbehalt des (Parlaments-)Ge-

[43] BVerfGE 49, 168, 181; 59, 104, 114; 62, 169, 182 f; 80, 103, 106 f.
[44] Vgl etwa einerseits BVerfGE 61, 126, 134, andererseits BVerfGE 81, 310, 338. Näher dazu *Schlink* in: FS 50 Jahre BVerfG, Bd II, 2001, 445, 447.
[45] BVerfGE 13, 261, 271; 60, 253, 267.
[46] BVerfGE 13, 261, 271; 30, 392, 403 f; 50, 244, 250; 59, 128, 164 ff; 63, 215, 223 f.
[47] BVerfGE 63, 343, 356 f; 72, 200, 242 ff.
[48] *Schoch* VerwArch 79 (1988) 1.
[49] *Ehlers* VVDStRL 51 (1992) 211, 243, 246.
[50] *Heinrichs* in: Palandt, BGB, 68. Aufl 2009, § 242 Rn 17; OVG NRW GewArch 2003, 331 → JK GG Art 12 I/69; BVerwG DVBl 2003, 1550 → JK VwVfG § 59 II/1; OVG NRW NWVBl 2000, 128 → JK Allg VerwR, Verwirkung/2.
[51] Vgl *Ehlers* in: Schoch/Schmidt-Aßmann/Pietzner, VwGO, Vorb § 40 Rn 103 ff.
[52] *Canaris* Die Feststellung von Lücken im Gesetz, 2. Aufl 1983, 98; *De Wall* Die Anwendbarkeit privatrechtlicher Vorschriften im Verwaltungsrecht, 1999, 69 f.
[53] Vgl auch *Larenz* Methodenlehre der Rechtswissenschaft, 6. Aufl 1991, 384; *Esser* (Fn 36) 283; *De Wall* (Fn 52) 70; *Müller/Christensen* Juristische Methodik, Bd 1, 10. Aufl 2009, Rn 371.
[54] S *Weyreuther* DÖV 1989, 321, 326 m Fn 123.
[55] *Maurer* Allg VwR § 3 Rn 43.

setzes (Rn 38) beachtet werden. Der Vorrang schließt nicht aus, privatrechtliche Vorschriften in das öffentliche Recht zu übertragen[56] oder umgekehrt öffentlich-rechtliche Bestimmungen auf die privatrechtlich tätig werdende Verwaltung zu erstrecken (→ § 3 Rn 87 ff). Doch muss dies stets mit der Interessenlage und den getroffenen Regelungen vereinbar sein. So ist etwa für die Heranziehung der §§ 119 ff BGB im öffentlichen Recht insoweit kein Raum, als die §§ 48, 49 VwVfG Spezialregelungen für die Beseitigung verwaltungsrechtlicher Willenserklärungen enthalten. Auch würde zB die Zulassung einer Anfechtung des gemeindlichen Einvernehmens iSd § 36 II BauGB nach Maßgabe des § 119 BGB die Fristbestimmung des § 36 II 2 BauGB konterkarieren.[57] Die analoge Anwendung privatrechtlicher Vorschriften im öffentlichen Recht führt zumeist nur zu einer Rechtsfolgenverweisung, nicht zur Rechtsgrundverweisung.[58] Einer Lückenfüllung zu Lasten des Einzelnen[59] steht zumeist der Vorbehalt des Gesetzes entgegen. Anders als im Strafrecht (Art 103 II GG) lässt sich ein generelles Analogieverbot oder ein generelles Verbot der Heranziehung allgemeiner Rechtsgrundsätze in solchen Fällen aber nicht nachweisen (→ § 3 Rn 8). Um dem Gesetzesvorbehalt zu genügen, neigt die Rechtsprechung – um auf der sicheren Seite zu stehen – dazu, sich auf Gewohnheitsrecht (oder ggf Richterrecht) zu stützen. So stünde die Nichtübertragbarkeit des § 818 III BGB in das öffentliche Recht (→ § 35 Rn 27) einer analogen Anwendung des § 812 BGB an sich nicht entgegen. Doch geht das BVerwG davon aus, dass der öffentlich-rechtliche Erstattungsanspruch ein eigenständiges Rechtsinstitut des öffentlichen Rechts auf gewohnheitsrechtlicher Grundlage darstellt[60] (→ § 35 Rn 24). Die Berufung auf Gewohnheitsrecht respektive Richterrecht liegt um so näher, als sich im Falle einer gefestigten Rechtsprechung sowohl eine andauernde Übung als auch eine opinio iuris feststellen lässt (näher dazu Rn 60 f), so dass es des Rekurses auf Analogieschlüsse oder der Heranziehung allgemeiner Rechtsgrundsätze – anders als bei der Herausbildung nicht geschriebener Rechtsnormen – nicht bedarf.

Fehlt vollständig ein Anknüpfungspunkt im geschriebenen Recht, lassen sich allgemeine Rechtsgrundsätze nur aus *Gewohnheitsrecht* oder ggf aus dem *Richterrecht* herleiten. Dem kommt sowohl im Völkerrecht (Rn 24 f) als auch im Unionsrecht (Rn 29) eine erhebliche Bedeutung zu, während in der innerstaatlichen Rechtsordnung die Relevanz des ungeschriebenen Rechts wegen der immer weiter fortschreitenden Vergesetzlichung rückläufig sein dürfte. **13**

6. Rechtsauslegung, Rechtskonkretisierung und Rechtsanwendung

Recht zielt auf Wirksamkeit ab.[61] Um rechtmäßige Verwaltungsentscheidungen herbeiführen zu können, lässt sich vereinfachend zwischen Rechtsauslegung, -konkretisierung und -anwendung unterscheiden. Der *Rechtsauslegung* geht es darum, den Sinn- **14**

[56] Ausf dazu *De Wall* (Fn 52) 53 ff.

[57] Vgl OVG Schleswig NVwZ-RR 2002, 821 → JK BauGB § 36/5.

[58] *Maurer* Allg VwR § 3 Rn 44.

[59] Zur grundsätzlichen Zulässigkeit von Analogieschlüssen zugunsten des Bürgers im öffentlichen Recht vgl BVerfGE 25, 167, 183; 34, 269, 287; 65, 182, 190 f; 108, 150, 159 f; 111, 54, 81 f.

[60] Grundlegend BVerwGE 71, 85, 87 ff. Dagegen gibt es kein Gewohnheitsrecht des Inhalts, das öffentlich-rechtliche Erstattungsansprüche der Verwaltung durch Verwaltungsakt geltend gemacht werden dürfen (→ § 35 Rn 31). Zur gewohnheitsrechtlichen Befugnis einer Aufrechnung im öffentlichen Recht durch Verwaltungsbehörden vgl *Ehlers* JuS 1990, 777.

[61] *Schmidt-Aßmann* Ordnungsidee, 2. Kap Rn 20 ff.

gehalt aus sich heraus nicht eindeutiger Normen – genauer: das Normprogramm – herauszuarbeiten. Dies mag man als teleologische Auslegung bezeichnen. Doch ist die Ermittlung des telos einer Norm das Ziel jeder Auslegung, besagt aber noch nicht, mit welchen Mitteln (Methoden) der Normzweck erkannt werden kann. Im Großen und Ganzen bedient man sich dazu auch heute noch der von F. C. v. Savigny beschriebenen Interpretationsmethoden: nämlich der grammatischen, logischen, historischen und systematischen Auslegung.[62] Ausgangspunkt und Grenze jeder Auslegung ist der Wortlaut einer Norm. Die logische Methode (nach Savigny: „Gliederung des Gedankens, also auch das logische Verhältnis, in welchem die einzelnen Teile desselben zueinander stehen") spielt heute eine eher geringe Rolle. Bei der historischen Auslegung[63] kommt es nach Ansicht des Bundesverfassungsgerichts nicht entscheidend auf die subjektive Vorstellung der am Gesetzgebungsverfahren beteiligten Organe oder einzelner ihrer Mitglieder für die Bedeutung einer Norm an. Maßgebend für die Auslegung einer Gesetzesbestimmung sei vielmehr der in dieser zum Ausdruck kommende objektivierte Wille des Gesetzgebers.[64] Besondere Bedeutung kommt der systematischen Auslegung zu, die besagt, dass eine Norm nicht isoliert, allein aus sich heraus, sondern aus dem Gesamtzusammenhang des Gesetzes und weiterer Normenkomplexe in Konformität mit dem höherrangigen Recht ausgelegt werden muss.[65] Kollidieren oder konkurrieren mehrere Regelungen gleicher Normstufe, ist nach dem Gebot praktischer Konkordanz nach Möglichkeit ein schonender Ausgleich herzustellen.[66] Sieht man von dem Fall eindeutigen Wortlauts ab, haben die Interpretationsmethoden gleichen Rang und wirken zusammen.

15 Von *Rechtskonkretisierung* wird hier gesprochen, wenn der Programmgehalt einer Norm so unvollständig ist, dass er zunächst der rechtsschöpferischen Auffüllung oder Ergänzung bedarf: etwa weil die Norm lückenhaft ist, nur eine vage finale Programmierung enthält (Rn 8) oder überhaupt keine spezielle Handlungsanweisung vorsieht (→ § 1 Rn 60). Bei der *Rechtsanwendung* geht es zum einen um die Tatsachenfeststellung (Sachverhaltsermittlung), zum anderen um die Subsumtion (Feststellung der Beziehung zwischen Rechtsnorm und Sachverhalt). Dem schließt sich der Ausspruch einer Rechtsfolge an. Diese kann im Verwaltungsrecht zB auf Rechtsetzung, das Gebot oder Verbot eines konkreten Tuns, Duldens oder Unterlassens, Rechtsgestaltung (zB Einbürgerung), Feststellung oder ein Realhandeln gerichtet sein.

16 Rechtsauslegung, -konkretisierung und -anwendung lassen sich oftmals *nicht eindeutig* auseinander halten. So wird vielfach die Ermittlung des Sachverhalts der Rechtsauslegung vorausgehen. Auch kann bei einer Auslegung der Normbereich, dh der vom Normprogramm als rechtserheblich in Bezug genommene Sach- und Lebensbereich[67],

[62] *Savigny* System des heutigen römischen Rechts, 1840, Bd I, 213; Bd III, 244.

[63] Vielfach wird weiter zwischen der historischen Auslegung, die den Inhalt der Norm aus dem entstehungsgeschichtlichen Zusammenhang zu erschließen sucht, und der genetischen Auslegung, die auf die Entstehungsgeschichte der Norm abstellt, unterschieden. Vgl zB *Ossenbühl* in: Merten/Papier (Hrsg), Handbuch der Grundrechte in Deutschland und Europa, Bd I, 2004, § 15 Rn 7.

[64] Vgl etwa BVerfGE 1, 299, 312; 105, 135, 157.

[65] In Bezug auf das Grundgesetz spricht das BVerfG davon, dass die Einheit der Verfassung „vornehmstes Interpretationsprinzip" ist. Vgl BVerfGE 19, 206, 220; 44, 37, 49 f.

[66] Näher dazu *Hesse* VerfR, Rn 72.

[67] Vgl *F. Müller/Christensen* Juristische Methodik, 7. Aufl 1997, 168 ff.

nicht außer Betracht bleiben.[68] Methodisch wird von der Notwendigkeit eines Hin- und Herwanderns des Blickes zwischen Norm und Sachverhalt gesprochen.[69] Änderungen des Sach- und Lebensbereiches können Rückwirkungen auf das Normprogramm haben und sogar zu einem Bedeutungswandel der Norm führen. Ferner enthält fast jede Rechtsauslegung ein schöpferisches Moment, was es schwer macht, Auslegung und Konkretisierung voneinander zu trennen.

Die hier geschilderten Merkmale der Rechtsauslegung, -konkretisierung und -an- **17**
wendung enthalten vereinfachend nur die Kernelemente. In Wahrheit läuft der Prozess der „Rechtsgewinnung" vielfach *komplex*er ab. Für das Verwaltungsrecht kommt es vor allem darauf an, die gerade für die Verwaltung bedeutsamen zusätzlichen Bestimmungsfaktoren der Rechtsauslegung, -konkretisierung und -anwendung auszuarbeiten.[70] Ausgehend davon, dass es dem Verwaltungsrecht neben dem Rechtsschutzauftrag vor allem auf die Verhaltenssteuerung der Bürger ankommt (→ § 3 Rn 100 f), dürften als solche Faktoren etwa die Einbeziehung der Bürger, das prozedurale Vorgehen namentlich bei komplexen Entscheidungssituationen, die Verfeinerung der Sachverhaltsermittlung, die Folgenanalyse und Folgenbewertung sowie das Streben nach Ressourcenschonung (Effizienz), Akzeptanz und Implementierbarkeit anzusehen sein.

II. Arten der Rechtsnormen

Rechtsnormen lassen sich vor allem nach dem *Normgeber*, ihrem Geltungsbereich so- **18**
wie ihrem *Rang* unterscheiden. Die *Normgebung* obliegt im Wesentlichen den Staaten respektive den für sie tätig werdenden Organen (Parlamenten, Regierungen, Verwaltungen) oder Rechtsträgern (zB Selbstverwaltungsträgern). Doch können auch von dem Staat abgeleitete internationale (Rn 23) oder supranationale (Rn 32) Organisationen sowie nach Maßgabe des staatlichen Rechts das Volk (Rn 36) oder sogar Private (Rn 73) Recht setzen. Nach ihrem *Geltungsbereich* lässt sich zwischen den Normen des internationalen Rechts (Völkerrecht und Europäisches Unionsrecht) und des nationalen Rechts (innerhalb dieser Bereiche zwischen Außen- und Innenrecht) differenzieren. Der *Rang* einer Norm sagt etwas darüber aus, welche Wertigkeit einer Norm im Falle von Normkonflikten zukommen soll (Rn 94) und ob die Norm auf einer originären oder abgeleiteten Rechtsetzungsmacht beruht. Weiter lassen sich Normen etwa danach einteilen, wie sie erzeugt werden, ob sie dem positiven oder ungeschriebenen Recht angehören, welche Wirkungen sie entfalten und ob sie fehlerhaft (Rn 115 ff) sowie einer gerichtlichen Kontrolle (Rn 129 ff) zugänglich sein können. Im Folgenden sollen nur die *charakteristische*n *Merkmale* der wesentlichen Normen des internationalen und des nationalen Rechts herausgearbeitet werden, soweit sie für die Verwaltung Bedeutung haben. Nicht abschließend eingegangen werden kann auf die Frage, ob es einen Numerus clausus von Rechtsnormen gibt.[71] Im Völkerrecht wird dies zumeist ab-

[68] AA wohl *Hillgruber* VVDStRL 67 (2008) 8, 14 ff, der zwischen Auslegung und Anwendung (des Grundgesetzes) unterscheidet und für die Auslegung fordert, dass die außerrechtliche Wirklichkeit „außen vor bleiben" müsse.

[69] Vgl *Engisch* Logische Studien zur Gesetzesanwendung, 3. Aufl 1963, 15; *Larenz* (Fn 53) 278 ff; *Röhl* (Fn 20) 501.

[70] Vgl statt vieler Schmidt-Aßmann/Hoffmann-Riem (Hrsg), Methoden der Verwaltungsrechtswissenschaft, 2004.

[71] Vgl *Kaltenborn* Rechtstheorie 34 (2003) 459 ff.

gelehnt.[72] Auch das Europäische Unionsrecht kennt zahlreiche so genannte ungekennzeichnete Rechtsakte (→ § 5 Rn 24). Im nationalen Rechtskreis existiert vor allem im Sozialversicherungsrecht ein „Gewirr" aus Normverträgen, Bedarfsplänen, Richtlinien[73], Grundsatzentscheidungen, Bewertungs- und Honorarverteilungsmaßstäben, die sich dem herkömmlichen Schema der untergesetzlichen Rechtsquellen nur schwer zuordnen lassen.[74] Ferner kann etwa die Einfügung von Plänen (zB von Entwicklungsplänen[75]) und Geschäftsordnungen (Rn 65) in die Formentypologie Probleme bereiten. Die Anerkennung eigenständiger Regelungstypen ist auch in der nationalen Rechtsordnung nicht völlig ausgeschlossen, aber am Maßstab des höherrangigen Rechts (vor allem des Verfassungsrechts) rechtfertigungsbedürftig.

1. Normen des internationalen Rechts

19 Bei den Normen des internationalen Rechts handelt es sich um solche des *Völkerrechts*. Besonderen Charakter hat das – nach der hier vertretenen Ansicht auf Völkerrecht beruhende (Rn 85) – Recht der Europäischen Union, auf das wegen der außerordentlichen Bedeutung gesondert eingegangen wird (Rn 26 ff).

20 a) *Völkerrecht.* Unter Völkerrecht ist die Summe der Rechtsnormen zu verstehen, welche die Beziehung der Völkerrechtssubjekte untereinander regeln.[76] Zu den Völkerrechtssubjekten zählen in erster Linie die Staaten, ferner die internationalen Organisationen, welche – die Anzahl der Staaten bei weitem übertreffend – als abgeleitete Völkerrechtssubjekte[77] ihre Regelungsbefugnisse dem Vertragsschluss der Staaten verdanken. Hinzu kommt eine Gruppe von Völkerrechtssubjekten, die in einer Beziehung zum Staat stehen oder diesen Status historisch erlangt haben (wie der Heilige Stuhl oder das Internationale Komitee vom Roten Kreuz).[78] Schließlich kann auch Individuen und Unternehmen partielle Völkerrechtssubjektivität zukommen.[79] So sind die genannten

[72] Vgl *Verdross/Simma* Universelles Völkerrecht, 3. Aufl 1984, § 518; *Kadelbach* Zwingendes Völkerrecht, 1992, 146; *Dahm/Delbrück/Wolfrum* Völkerrecht, Bd I/1 2. Aufl 1989, 44 f; *Tietje* Zeitschrift für Rechtssoziologie 2003, 27, 29 ff; s auch *Heintschel v Heinegg* in: Ipsen (Fn 6) Einleitung vor § 9 Rn 3.

[73] Vgl zB § 92 VIII SGB V.

[74] *Kaltenborn* Rechtstheorie 34 (2003) 459, 479. Näher dazu *Ebsen* in: Schulin (Hrsg), Handbuch des Sozialversicherungsrechts, Bd I, 1994, § 7; *ders* Handbuch Krankenversicherung, § 7 Rn 158; *Axer* in: Schnapp/Wigge (Hrsg), Handbuch des Vertragsarztrechts, 2. Aufl 2006, § 10; *ders* Normsetzung der Exekutive in der Sozialversicherung, 1999, 52 ff; zu den Richtlinien des Gemeinsamen Bundesausschusses *Kingreen* NJW 2006, 877, 878. Vgl auch im Wirtschaftsrecht die Festlegungen der Bundesnetzagentur gem § 21a I EnWG (hierzu *Britz* RdE 2006, 1 ff) bzw § 29 I EnWG.

[75] BVerfGE 76, 107, 114 (Regelungen eines Raumordnungsprogramms als Gegenstand einer Kommunalverfassungsbeschwerde); VerfGH NRW NWVBl 1997, 333, 334.

[76] *Schweitzer* StR III, Rn 7; *Vitzthum* in: ders (Hrsg), Völkerrecht, 4. Aufl 2007, 1. Abschn Rn 32; *Herdegen* in: Maunz/Dürig, GG, Art 25 Rn 14.

[77] *Hailbronner* in: Vitzthum (Fn 76) 3. Abschn Rn 12.

[78] Vgl *Epping* in: Ipsen (Fn 6) § 8. Zu den im Völkerrecht bedeutsamen Non-Governmental Organizations sowie den Aufständischen und Befreiungsbewegungen vgl *Herdegen* Völkerrecht, 8. Aufl 2009, § 10 Rn 10 f, § 11. Zunehmend hat das Völkerrecht auch mit innerstaatlichen Vorgängen zu tun. Zur völkerrechtlichen Strafgerichtsbarkeit vgl Fn 16, zu den Möglichkeiten einer Verhinderung von Völkermord, Kriegsverbrechen und Verbrechen gegen die Menschlichkeit *Verlage* Responsibility to Protect, 2009.

[79] Str, vgl statt vieler *Herdegen* (Fn 78) §§ 12, 13.

Personen zB berechtigt, Individualbeschwerde gegen einen Staat beim Europäischen Gerichtshof für Menschenrechte zu erheben[80] oder die auf der Grundlage von Investitionsabkommen errichteten völkerrechtlichen Schiedsgerichte anzurufen.[81] Dem braucht hier aber nicht weiter nachgegangen zu werden, weil die nichtstaatlichen oder nichtinternationalen Rechtssubjekte nicht am Rechtserzeugungsprozess teilnehmen. Das interne Organisationsrecht der Internationalen Organisationen gilt zwar nicht zwischen Völkerrechtssubjekten, ist aber gleichwohl dem Völkerrecht zuzurechnen.[82]

Die *klassischen Völkerrechtsnormen* (internationale Übereinkünfte zwischen Staaten; **21** internationales Gewohnheitsrecht als Ausdruck einer allgemeinen, als Recht anerkannten Übung; die von den Kulturvölkern anerkannten allgemeinen Rechtsgrundsätze) sind in Art 38a–c des *Statuts des Internationalen Gerichtshofs* (IGH) kodifiziert worden und gemäß Art 92 S 2 zugleich Bestandteil der Charta der Vereinten Nationen. Dagegen sind richterliche Entscheidungen (vorbehaltlich des Art 59 IGH-Statut) und die Lehrmeinung der fähigsten Völkerrechtler der verschiedenen Nationen nur Hilfsmittel zur Feststellung von Rechtsnormen (Art 38 Id IGH-Statut). Soweit weitere Rechtsnormen (Rechtsquellen) des Völkerrechts anerkannt werden (Rn 18) – wie etwa die Beschlüsse oder Resolutionen internationaler Organisationen –, lassen sich diese zumeist auf eine vertragliche Grundlage zurückführen und so in das klassische Rechtsquellensystem einordnen.[83]

(1) *Verträge.* Völkerrechtliche Verträge sind die Hauptrechtsquelle des Völkerrechts. **22** Begrifflich ist unter völkerrechtlichen Verträgen eine Vereinbarung zwischen Völkerrechtssubjekten auf dem Gebiet des Völkerrechts (nicht nur des Staatsrechts) zu verstehen.[84] Eine Form ist nicht zwingend erforderlich. Verträge kommen durch Zustimmung zustande, die durch Unterzeichnung (Art 12 WVK), Austausch von Urkunden (Art 13 WVK), völkerrechtliche Ratifikation, Annahme oder Genehmigung (Art 14 iVm 2 Ib WVK), Beitritt (Art 15 WVK) oder eine andere vereinbarte Art ausgedrückt werden kann. Die Vertretungsbefugnis obliegt den Repräsentanten der Vertragsparteien (Art 7 WVK). Alles Nähere bestimmt sich ebenso wie die Auslegung der Verträge (Art 31 WVK) nach dem Wiener Übereinkommen über das Recht der Verträge (WVK[85]), soweit ein Staat durch Ratifizierung gebunden ist oder die Norm der WVK gewohnheitsrechtliche Geltung erlangt hat. Noch nicht in Kraft getreten ist das Wiener Übereinkommen über das Recht der Verträge zwischen Staaten und Internationalen Organisationen oder zwischen Internationalen Organisationen vom 21.3.1986.[86] Die Verträge können bi- oder pluri- respektive multilateralen Charakter haben. Viele Verträge beziehen sich auch oder gerade auf Aufgabenstellungen der Verwaltung (etwa Polizei-, Kultur- oder Wirtschaftsabkommen). Soweit die Staaten zwischen Staatsverträgen und Verwaltungsabkommen (vgl Art 59 II GG) unterscheiden, wird damit nur die unterschiedliche Befugnis zum Vertragsabschluss zum Ausdruck gebracht. Gemäß Art 59 II 1 GG bedürfen Verträge, welche die politischen Beziehungen des Bundes regeln oder sich auf Gegenstände der Bundesgesetzgebung beziehen, der Zustimmung oder der Mitwirkung der jeweils für

80 Art 34 EMRK.

81 Näher dazu *Griebel* in: Ehlers/Wolffgang/Schröder (Hrsg), Rechtsfragen internationaler Investitionen, 2009, 187, 195 ff; *Braun* ebda, 155, 159 ff.

82 Str, wie hier *Klein* in: Vitzthum (Fn 76) 4. Abschn Rn 115.

83 *Herdegen* (Fn 78) § 14 Rn 4.

84 Vgl aber auch die zu enge Definition des Art 2 Ia WVK.

85 Sartorius II 320.

86 BGBl 1990 II, 1414.

die Bundesgesetzgebung zuständigen Körperschaften in der Form eines Bundesgesetzes, während Verwaltungsabkommen nach Art 59 II 2 GG von der Exekutive (ohne Beteiligung des Bundestages) abgeschlossen werden können.[87] Soweit Bund und Länder oder die Länder untereinander Verträge abschließen, haben diese keine völkerrechtliche, sondern je nach Inhalt nur staats- oder verwaltungsrechtliche Natur.[88] Staatsrechtliche Verträge[89] sind nur mit parlamentarischer Zustimmung wirksam. In der Regel bedarf es nach dem jeweils geltenden Verfassungsrecht eines Gesetzes.[90] Teilweise gibt sich das Verfassungsrecht aber auch mit einem parlamentarischen Zustimmungsbeschluss zufrieden.[91] In jedem Falle bedarf der Norminhalt der Publikation.[92] Dagegen sind Verwaltungsabkommen zwischen Bund und Ländern oder zwischen den Ländern einfache öffentlich-rechtliche Verträge, wobei die Abschlusskompetenz je nach Inhalt entweder der Regierung oder der Exekutivspitze (zB dem jeweiligen Fachminister) zukommt.

23 Große Bedeutung kommt heute den durch völkerrechtliche Verträge geschaffenen *Internationalen Organisationen* zu. Dies gilt insbesondere, wenn die Beachtung des Rechts dieser Organisationen mittels Durchführung eines Streitbeilegungsverfahrens erzwungen werden kann, weil sich die Staaten der internationalen „Gerichtsbarkeit" unterworfen haben. Eine Schlüsselrolle nehmen der Internationale Gerichtshof, der als Hauptorgan der Vereinten Nationen eingerichtet wurde (Art 7 I UN-Charta)[93], sowie auf dem Gebiet des Welthandelsrechts die Gremien[94] des Streitbeilegungsorgans (Dispute Settlement Body) der Welthandelsorganisation (WTO) ein[95]. Soweit die Internationalen Organisationen (wie zB die UNO, ihre Sonderorganisationen oder die NATO) mit Außenwirkung handeln, entfalten die Akte (Beschlüsse) jedenfalls dann verbindliche Rechtswirkungen für die Staaten, wenn dies in den Gründungsverträgen vorgesehen ist oder die Staaten die Akte als verbindlich anerkennen. Unabhängig davon können die von diesen Organisationen gesetzten Standards – insbesondere des Umwelt- und Technikrechts – das Verhalten der Staaten nachhaltig beeinflussen und zur Bildung von Völkergewohnheitsrecht beitragen.[96]

24 (2) *Gewohnheitsrecht*. Völkergewohnheitsrecht beruht auf einer von der Rechtsüberzeugung getragenen Übung[97] und kann je nach Entstehung universelle oder lediglich regionale Bedeutung haben und sich zum ius cogens verdichten (Art 53 S 2 WVK). An der Entstehung universellen Völkerrechts müssen nicht alle Staaten beteiligt sein, doch wird der „persistent objector" nicht gebunden.

25 (3) *Allgemeine Rechtsgrundsätze*. Zu den „von den Kulturvölkern"[98] anerkannten allgemeinen Rechtsgrundsätzen des Völkerrechts gehören die allseits verbreiteten

[87] Vgl *Stein/v Buttlar* Völkerrecht, 12. Aufl 2009, Rn 207 ff; *Streinz* in: Sachs (Hrsg) GG, 5. Aufl 2009 Art 59 Rn 47 ff, 76 ff.

[88] Vgl *Pietzcker* in: Starck (Hrsg), Zusammenarbeit der Gliedstaaten im Bundesstaat, 1988, 46 ff; *Sommermann* in: v Mangoldt/Klein/Starck, GG II, Art 20 Rn 50 f.

[89] Vgl dazu *Vedder* Intraföderale Staatsverträge, 1996.

[90] Vgl *Schladebach* VerwArch 98 (2007), 238, 248 f.

[91] Vgl BVerwGE 74, 139, 141 ff.

[92] BVerfGE 90, 60, 86.

[93] Zur Zuständigkeit vgl Art 36 IGH-Statut.

[94] Panel oder Standing Appellate Body.

[95] Vgl die Vereinbarung über Regeln und Verfahren zur Beilegung von Streitigkeiten vom 15.4. 1994 BGBl 1994 II, 1749. Näher dazu *Tietje* in: Ehlers/Schoch, Rechtsschutz, § 3.

[96] Vgl *Heintschel v Heinegg* in: Ipsen (Fn 6) § 18 Rn 22.

[97] Vgl BVerfGE 96, 68, 86 f; 109, 13, 27 f.

[98] Art 38 Ic IGH-Statut.

Grundsätze (Rn 9) der staatlichen Rechtsordnungen, wie zB die Prinzipien der deliktischen Haftung, der ungerechtfertigten Bereicherung und der Billigkeit.

26 b) *Europäisches Unionsrecht.* Unter dem Europäischen Unionsrecht (im folgenden Unionsrecht) ist das Recht der 1957 gegründeten (seinerzeit Europäische Wirtschaftsgemeinschaft, später Europäische Gemeinschaft genannten) *Europäischen Union*[99] und der Europäischen Atomgemeinschaft[100] zu verstehen.[101] Die durch den Vertrag von Maastricht 1992 gegründete Europäische Union stellte ein völkerrechtliches Dach dar, das auf drei Säulen ruhte, nämlich den Europäischen Gemeinschaften (EG, EAG), einer Gemeinsamen Außen- und Sicherheitspolitik (GASP) und einer polizeilichen und justitiellen Zusammenarbeit in Strafsachen (PJZS). Durch den Vertrag von Lissabon[102] wurde die Säulenstruktur der Europäischen Union im Wege der Verschmelzung von Union und Europäischer Gemeinschaft aufgelöst. Die Union ist an die Stelle der Europäischen Gemeinschaft getreten, deren Rechtsnachfolgerin sie ist (Art 1 III 3 EUV). Das bisherige Unionsrecht ist supranationales Recht geworden. Das supranationale Recht lässt sich in das primäre und das sekundäre Recht einteilen.

27 (1) *Primärrecht.* Das Primärrecht bestimmt sich nach dem Vertrag über die Europäische Union (EUV) und dem Vertrag über die Arbeitsweise der Europäischen Union (AEUV) nebst den (zum Teil neu ausgehandelten) Protokollen und der Charta der Grundrechte der Europäischen Union (Art 6 I EUV).

28 (a) *Verträge.* Der EUV regelt vor allem die Grundlagen der Europäischen Union sowie das auswärtige Handeln und die gemeinsame Außen- und Sicherheitspolitik. Der AEUV verfolgt wirtschaftliche Ziele und Aufgaben, die vor allem durch die Errichtung eines Binnenmarktes (Art 26 AEUV) sowie die Errichtung einer Wirtschafts- und Währungsunion (Art 119 AEUV) erreicht werden sollen, enthält darüber hinaus aber auch zahlreiche Regelungen über die Verfolgung nichtwirtschaftlicher Ziele (wie etwa die Bestimmungen über das Kommunalwahlrecht, Art 22 AEUV, die Kultur, Art 167 AEUV, oder das Gesundheitswesen, Art 168 AEUV, zeigen). Besondere Relevanz kommt insbesondere dem (nur subsidiär anwendbaren) allgemeinen Diskriminierungsverbot des Art 18 AEUV[103], den Bestimmungen über die Unionsbürgerschaft[104] (Art 20 ff AEUV), den auf den grenzüberschreitenden Wirtschaftsverkehr bezogenen Diskriminierungs- und Beschränkungsverboten der Grundfreiheiten[105] – dh der Freiheit des Warenverkehrs (Art 28 ff AEUV), der Arbeitnehmerfreizügigkeit (Art 45 ff AEUV), der Niederlassungsfreiheit (Art 49 ff AEUV), der Dienstleistungsfreiheit (Art 56 ff AEUV) und der Freiheit des Kapital- und Zahlungsverkehrs (Art 63 ff AEUV) –, den Wettbewerbsvorschriften (Art 101 ff AEUV) einschließlich der für öffentliche Unternehmen besonders bedeutsamen Normierung des Art 106 AEUV sowie den Beihilfevorschriften (Art 107 f AEUV) zu. Die Grundfreiheiten gelten nur für grenzüberschreitende Sachverhalte, so dass bloße Inländerdiskriminierungen nicht verboten sind.[106]

99 BGBl 1957, 766; zuletzt geändert durch Beitrittsvertrag v 16.4.2003, BGBl 2003 II, 1410.

100 BGBl 1957, 1014; zuletzt geändert durch Beitrittsvertrag v 16.4.2003, BGBl 2003 II, 1410.

101 BGBl 1992 II, 1253; zuletzt geändert durch Beitrittsvertrag v 16.4.2003, BGBl 2003 II, 1410.

102 ABl EG Nr C 306/1. Zur Zulässigkeit der deutschen Ratifizierung vgl BVerfG NJW 2009, 2267 → JK GG Art 38 I/18 a,b.

103 Vgl *Kingreen* in: Ehlers, Europäische Grundrechte, § 13.

104 Zu den Unionsbürgerrechten vgl *Kadelbach* in: Ehlers, Europäische Grundrechte, § 19.

105 Vgl *Ehlers* in: ders, Europäische Grundrechte, §§ 7 ff.

106 Auch die deutschen Grundrechte (namentlich Art 12 GG) stehen einer Inländerdiskriminierung nicht entgegen, es sei denn, dass das Regelungsziel wegen der Ausklammerung der EG-Ausländer nicht mehr erreicht werden kann. Ein Verstoß gegen den Gleichheitssatz des

Der Schutzbereich der Grundfreiheiten wird sehr weit ausgelegt. Eine Beschränkung der Grundfreiheiten wird angenommen, wenn die Ausübung der Freiheit in irgendeiner Weise behindert oder weniger attraktiv gemacht wird.[107] Nach der zu Art 34 AEUV entwickelten (auf andere Grundfreiheiten übertragbaren) Keck-Rechtsprechung des EuGH[108] sollen Beschränkungsverbote der Grundfreiheiten nur vor Maßnahmen schützen, die einen spezifisch grenzüberschreitenden Bezug aufweisen und den Markt- oder Berufszugang behindern. Gerechtfertigt können Beeinträchtigungen der Grundfreiheiten sein, wenn die Maßnahmen auf eine ausdrückliche Schrankenregelung gestützt werden können (Art 36, 45 III, 52 iVm 62, 64 I, 65 I AEUV) oder ein zwingendes Erfordernis iSd Cassis-Rechtsprechung des EuGH[109] besteht und die Maßnahmen dem Verhältnismäßigkeitsprinzip genügen.[110]

29 (b) *Ungeschriebene allgemeine Rechtsgrundsätze*. Auf der Grundlage des Art 19 I EUV (Wahrung des Rechts) hat der EuGH allgemeine Rechtsgrundsätze im Wege der richterlichen Rechtsfortbildung entwickelt. Zu nennen sind zunächst die Unionsgrundrechte. Von einzelnen Gewährleistungen wie den Unionsbürgerrechten (Art 20 ff AEUV) abgesehen, kannte das geschriebene Vertragsrecht bis zum Inkrafttreten des Vertrages von Lissabon keinen Grundrechtskatalog. Der EuGH leitete die Unionsgrundrechte aus der EMRK und im Wege einer wertenden Rechtsvergleichung aus den gemeinsamen Verfassungsüberlieferungen der Mitgliedstaaten ab.[111] Die EMRK und die Verfassungsüberlieferungen der Mitgliedstaaten fungierten nicht als Rechtsquellen des damaligen Gemeinschaftsrechts, sondern als Rechtserkenntnisquellen, aus denen der EuGH auf der Grundlage einer wertenden Rechtsvergleichung die Grundrechte gewann. An dieser Art der Rechtsgewinnung hatte sich durch die Einführung des Art 6 II EUV durch den Vertrag von Maastricht nichts geändert. Mit dem Inkrafttreten des Vertrages von Lissabon wurde auch die *Charta der Grundrechte* der Europäischen Union (Rn 27) rechtlich verbindlich.

30 Neben den Unionsgrundrechten hat der EuGH zahlreiche *rechtsstaatliche Grundsätze* (zB Gesetzmäßigkeit der Verwaltung, Rechtssicherheit und Vertrauensschutz, Anspruch auf rechtliches Gehör, Recht auf Akteneinsicht und Aufklärung der Verwaltung, Beweisverwertungsverbot usw) der Unionsrechtsordnung entnommen.[112] Die Grundsätze gehen teilweise weiter als im deutschen Recht.[113] Wichtige Gewährleistungen des rechtstaatlichen Verwaltungsverfahrens sowie der Justizgewährung normieren die Art 41 und 47 der Charta der Grundrechte der Europäischen Union (Recht auf eine

Art 3 I GG scheidet aus, weil die Vorschrift nur Bindungswirkung für den jeweiligen Hoheitsträger innerhalb seines Kompetenzbereichs entfaltet. Näher zum Ganzen *Gundel* DVBl 2007, 269 ff.

[107] Vgl EuGH Slg 1974, 837 Rn 5 – Dassonville; Slg 1991, I-4221 Rn 12 f – Säger/Dennemeyer & Co Ltd; Slg 2001, I-2189 Rn 22 f – Mazzoleni und ISA.

[108] EuGH Slg 1993, I-6097 Rn 16 – Keck.

[109] EuGH Slg 1979, 649 ff – Cassis de Dijon.

[110] Näher zum Ganzen *Ehlers* in: ders, Europäische Grundrechte, § 7 Rn 72 ff.

[111] Erstmalig EuGH Slg 1969, 419, 425 – Stauder; grundlegend EuGH Slg 1970, 1125 Rn 4 – Internationale Handelsgesellschaft; Slg 1974, 491 Rn 13 – Nold. Näher hierzu sowie zum Inhalt der Grundrechte *Ehlers* Europäische Grundrechte, §§ 1, 14 ff; *Jarass* EU-Grundrechte, 2005.

[112] Vgl *Schweitzer/Hummer* EuR, Rn 1102 f, 1118 f; *Schwarze* Eur VwR, 911 ff, 1135 ff.

[113] ZB kennt das Unionsrecht ein Recht auf Verteidigung (EuGH Slg 1982, 1575 Rn 23 – AM and S; Slg 1989, 2859 Rn 1 – Hoechst), welches über das Anhörungsrecht iSd § 28 VwVfG hinausgeht.

gute Verwaltung und Recht auf einen wirksamen Rechtsbehelf).[114] Die Vorschriften geben im Wesentlichen aber nur wieder, was sich bereits vorher dem geschriebenen Gemeinschaftsrecht oder der Rechtsprechung des EuGH entnehmen ließ. Ferner müssen die Mitgliedstaaten ebenso wie die Union (Art 340 II AEUV) für Verstöße gegen das Unionsrecht bei dessen Durchführung haften.[115] Voraussetzung ist, dass die Rechtsnorm, gegen die verstoßen worden ist, den Zweck verfolgt, dem Einzelnen Rechte zu verleihen, der Verstoß hinreichend qualifiziert ist und zwischen dem Verstoß gegen die dem Staat obliegende Verpflichtung und dem den geschädigten Personen entstandenen Schaden ein unmittelbarer Kausalzusammenhang besteht (→ § 47 Rn 4, 24). Die allgemeinen Rechtsgrundsätze stehen den Verträgen im Rang gleich und haben daher auch Maßstabscharakter für das Sekundärrecht. Dies schließt die Geltung unionsrechtlicher Prinzipien des Verwaltungsrechts unterhalb der Primärebene nicht aus.[116]

(c) *Gewohnheitsrecht.* Keine große Bedeutung kommt bisher dem Gewohnheits- **31**
recht im Unionsrecht zu.[117] Dies dürfte auch an der rechtsschöpferischen Rolle liegen, die der EuGH bei der Konstituierung und Konkretisierung der allgemeinen Rechtsgrundsätze spielt.[118]

(2) *Sekundärrecht.* Als Sekundärrecht wird das von den Organen der Union auf der **32**
Grundlage der Gründungsverträge erlassene Recht bezeichnet. Nach Art 288 AEUV kann die Europäische Union Verordnungen, Richtlinien und Beschlüsse erlassen sowie Empfehlungen und Stellungnahmen abgeben (→ § 5 Rn 10 ff). Der Vertrag über die Arbeitsweise der Europäischen Union (Rn 27) spricht von Beschlüssen statt von Entscheidungen (→ § 5 Rn 26) und bezeichnet die Verordnungen, Richtlinien und Beschlüsse auch als Gesetzgebungsakte (Art 289 III AEUV). Die *Verordnung* hat allgemeine Geltung, ist in allen ihren Teilen verbindlich und gilt unmittelbar in jedem Mitgliedstaat. Die *Richtlinie* ist für jeden Mitgliedstaat, an den sie gerichtet wird, hinsichtlich des zu erreichenden Ziels verbindlich, überlässt den innerstaatlichen Stellen aber die Wahl der Form und der Mittel. Ein *Beschluss* ist in allen seinen Teilen verbindlich. Er kann an bestimmte Adressaten gerichtet sein. Dagegen kommt den Empfehlungen und Stellungnahmen keine Verbindlichkeit zu. Der Erlass von Sekundärrechtsakten bedarf einer vertraglichen Rechtsgrundlage.[119] Soweit das Sekundärrecht die EU-Kommission zum Erlass von Durchführungsbestimmungen ermächtigt (vgl Art 290, 291 II AEUV, → § 5 Rn 6), wird teilweise auch von tertiärer Rechtsetzung (respektive übertragener Gesetzgebung oder delegierten Rechtsakten[120]) gesprochen.[121] Will der Rat der EU-Kommission Durchführungsbefugnisse übertragen, ist er gehalten, die wesentlichen Entscheidungen selbst zu treffen[122] und im Basisrechtsakt Ziele, In-

[114] Näher dazu *Gundel* in: Ehlers, Europäische Grundrechte, § 19.
[115] Grundlegend EuGH Slg 1996, I-1029 Rn 1 – Brasserie de Pêcheur.
[116] *Rengeling* VVDStRL 53 (1994) 202, 217 ff.
[117] Vgl *Bleckmann/Pieper* in: Dauses (Hrsg), Handbuch des EU-Wirtschaftsrechts, Bd 1, Stand Mai 2008, B I, Rn 161 ff.
[118] *Schwarze* Eur VwR, 57 ff.
[119] Zur rechtlichen Zulässigkeit einer Ersetzung der Rechtsgrundlage im Falle einer Änderung vgl *Görisch* EuR 2007, 103 ff.
[120] Art 290 AEUV.
[121] Vgl *Härtel* Europäische Rechtsetzung, 2006, § 15 Rn 8 f; *Möllers* in: Schmidt-Aßmann/Schöndorf-Haubold (Hrsg), Der Europäische Verwaltungsverbund, 2005, 293 ff.
[122] So bereits EuGH Slg 2005, I-10553 Rn 48 – Vereinigtes Königreich/Parlament und Rat; *Ohler* JZ 2006, 359 ff.

halt, Geltungsbereich sowie Dauer der Befugnisübertragung ausdrücklich festzulegen (Art 290 I UA 2 AEUV). Neben den in Art 288 AEUV geregelten kennt das Unionsrecht sonstige Rechtshandlungen, zB Verträge oder Handlungsformen, die sich nicht einer der im Vertragsrecht genannten Handlungskategorien zuordnen lassen, aber teilweise verbindlich sind und dann Rechtsquellencharakter haben und damit Rechtsnormen darstellen (→ § 5 Rn 24 ff).

2. Normen des nationalen Rechts

33 Die Normen des nationalen Rechts lassen sich danach unterscheiden, welchen *Rang* sie in der innerstaatlichen Rechtsordnung einnehmen (Rn 18, 114). Es kann dann (insbesondere) zwischen dem Verfassungsrecht (Rn 34), den (Parlaments-)Gesetzen (Rn 35 ff), den Rechtsverordnungen (Rn 49 ff), den Satzungen (Rn 56 ff) und den Verwaltungsvorschriften (Rn 65 ff) differenziert werden. Eine gesonderte Betrachtung verdienen das Gewohnheitsrecht (Rn 60 ff), Richterrecht (Rn 63 f), die privatrechtlichen Rechtsetzungsakte der Verwaltung (Rn 72) und die von Privaten erlassenen Rechtsnormen (Rn 73).

34 a) *Verfassungsnormen.* Das vom Volk in seiner Eigenschaft als verfassungsgebende Gewalt[123] geschaffene Verfassungsrecht nimmt in der innerstaatlichen Rechtsordnung den höchsten Rang ein (Rn 114) und genießt eine besondere Bestandsfestigkeit. So darf das Grundgesetz nur mit einer Zweidrittelmehrheit der parlamentarischen Körperschaften geändert werden (Art 79 II GG). Greift die sog Ewigkeitsgarantie des Art 79 III GG ein, muss die verfassungsgebende Gewalt tätig werden[124]. Unter Verfassungsrecht wird hier das im Grundgesetz und in den Landesverfassungen kodifizierte Recht (Verfassungsgesetze oder *Verfassungsrecht im formellen Sinne* im Gegensatz zu dem auf inhaltliche Merkmale abstellenden Verfassungsrecht im materiellen Sinne) sowie das Verfassungsgewohnheitsrecht verstanden. Wie auch ansonsten (Rn 60) setzt das Gewohnheitsrecht eine von der Rechtsüberzeugung getragene ständige Übung voraus.[125] Übung und Rechtsüberzeugung müssen sich beim Verfassungsgewohnheitsrecht allerdings auf die verfassungsrechtliche Ebene beziehen. Vom Verfassungsrecht ist das *Staatsrecht* zu unterscheiden, das sich als Recht der obersten Staatsorgane charakterisieren lässt: unabhängig davon, ob es in den Verfassungen oder – wie das Wahlrecht und die Geschäftsordnungen der Regierungen und Parlamente – außerhalb desselben geregelt worden ist.[126] Da das Staatsrecht zwar weitgehend, aber nicht durchweg in den Verfassungsgesetzen kodifiziert wurde, bilden Staatsrecht und Verfassungsrecht zwei sich überschneidende Kreise. Inhaltlich lässt sich das Verfassungsrecht in das verfassungsrechtliche Staatsorganisationsrecht und die Grundrechte einteilen. Nach Ansicht des Bundesverfassungsgerichts muss sich nicht jede vom Staat ergriffene Maßnahme auf eine verfassungsrechtliche Ermächtigung zurückführen lassen können. Das Grundgesetz gehe vielmehr von der generellen Befugnis des Staates zum Handeln im Gemeinwohlinteresse aus, lege ihm dabei aber sowohl formell als auch materiell bestimmte Be-

[123] Pouvoir constituant im Gegensatz zu pouvoir constitué (konstituierte Gewalt). Zur Gleichsetzung mit der Volkssouveränität vgl die Präambel des GG.

[124] Zum ohne Handeln der verfassungsgebenden Gewalt unantastbaren Kerngehalt der Verfassungsidentität des GG nach Art 79 III iVm 23 I 3 GG – in Bezug auf die Übertragung weiterer Hoheitsrechte auf die Europäische Union – vgl BVerfG NJW 2009, 2267 → JK GG Art 38 I/18a, b.

[125] Vgl *Maurer* StR, § 1 Rn 45.

[126] Vgl *Stein/Frank* Staatsrecht, 20. Aufl 2007, § 2 V; *Maurer* StR, § 1 Rn 29 ff.

schränkungen auf.[127] Zu den Ausstrahlungswirkungen des Verfassungsrechts auf das Verwaltungsrecht vgl → § 6 Rn 1 ff.

b) *Gesetzesnormen.* (1) *Gesetzesbegriff.* Der Begriff des Gesetzes wird mehrdeutig verwendet. Im 19. Jahrhundert hat sich vor allem in Abgrenzung der Kompetenzen von monarchischer Exekutive und Legislative ein dualistischer Gesetzesbegriff herausgebildet, der zwischen Gesetzen im materiellen und formellen Sinne unterscheidet. Unter einem Gesetz im materiellen Sinne wurden Regelungen verstanden, welche (1) die Willenssphären von Rechtssubjekten abgrenzen[128], (2) zu Eingriffen in die bürgerliche Freiheits- und Eigentumssphäre ermächtigen[129] oder (3) einen generell-abstrakten Inhalt haben.[130] Vorherrschend waren die beiden zuerst genannten Deutungen. Da Gesetz und Recht gleichgesetzt wurden und Rechtssubjekte wie der Staat selbst als impermeabel (nicht vom Recht durchdrungen) galten, führte dies zugleich dazu, dass die sogenannten besonderen Gewaltverhältnisse (wie zB das Beamtenverhältnis oder die Anstaltsnutzungsverhältnisse) aus der Sphäre des Rechts ausgegliedert wurden.[131] Dies hat sich erledigt, da seit langem Einverständnis darüber besteht, dass es sich bei den Verhältnissen innerhalb des Staates oder eines Verwaltungsträgers um Recht handelt[132] (→ § 7 Rn 7). Wenn heute von Gesetzen im materiellen Sinne gesprochen wird, sind damit die abstrakt-generellen Rechtsnormen gemeint (wozu grundsätzlich auch die Verordnungen und Satzungen gehören). Demgegenüber wurden und werden unter Gesetz im formellen Sinne nur die Parlamentsgesetze verstanden. IdR sind die Parlamentsgesetze zugleich materielle Gesetze. Nur formellen Charakter haben aber die sogenannten Einzelfall- oder Maßnahmegesetze (die nur einen konkreten Fall zum Gegenstand haben) wie zB das den Haushaltsplan feststellende Haushaltsgesetz (Art 110 II 1 GG), das Zustimmungsgesetz zu völkerrechtlichen Verträgen (Art 59 II 1 GG), das eine Legalenteignung anordnende Gesetz (Art 14 III 2 GG) oder ein Gesetz mit einem anlagenbezogenen fachplanerischen Inhalt[133]. Solche Gesetze werden auch dann, wenn sie nicht ausdrücklich in der Verfassung erwähnt werden, als grundsätzlich zulässig angesehen. Soweit ein Grundrecht eingeschränkt werden kann, muss das Gesetz nach Art 19 I 1 GG zwar allgemein und nicht nur für den Einzelfall gelten. Dies wird aber zumeist nur dahingehend gedeutet, dass dem Gesetzgeber verboten wird, aus einer Reihe gleichartiger Sachverhalte willkürlich einen Fall herauszugreifen.[134] Zulässig soll die Regelung eines Einzelfalls sein, wenn der Sachverhalt so beschaffen ist, dass es nur einen Fall dieser Art gibt und die Regelung dieser singulären Sachverhalte von sachlichen Gründen getragen wird.[135] Nicht verletzt ist Art 19 I 1 GG ferner, wenn von einer Vorschrift gegenwärtig nur ein Fall betroffen ist, die Vorschrift aber in Zukunft weitere Anwen- 35

[127] BVerfGE 98, 218, 246 (Rechtschreibreform).

[128] Vgl *G. Jellinek* Gesetz und Verordnung, Neudruck 1964, 240; *Laband* Das Staatsrecht des Deutschen Reiches, Bd II, 5. Aufl 1911, 181.

[129] *Anschütz* Die gegenwärtigen Theorien über den Begriff der gesetzgebenden Gewalt und den Umfang des Königlichen Verordnungsrechts nach preußischem Staatsrecht, 2. Aufl 1901, 68 f.

[130] Näher dazu *Böckenförde* Gesetz und gesetzgebende Gewalt, 2. Aufl 1981, 226 ff.

[131] Vgl etwa *Fleiner* Institutionen des Deutschen Verwaltungsrechts, 8. Aufl 1928, 66, wonach die Anstaltsbenutzer als „Rad im Anstaltsgetriebe" dem Staat gegenüber keine eigene Existenz führen.

[132] Vgl nur *Jesch* Gesetz und Verwaltung, 2. Aufl 1968, 15 ff.

[133] Vgl BVerfGE 95, 1, 15 ff (Südumfahrung Stendal).

[134] BVerfGE 25, 371, 399.

[135] BVerfGE 85, 360, 374; vgl auch *Huber* in: v Mangoldt/Klein/Starck, GG I, Art 19 I Rn 49 ff; *Krebs* in: v Münch/Kunig, GGK I, Art 19 Rn 11.

dungsfälle haben kann.[136] Der dualistische Gesetzesbegriff ist vielfach kritisiert worden, weil die Aufspaltung des Gesetzes keine Grundlage im geltenden Verfassungsrecht finde.[137] Nach der hier vertretenen Ansicht kommt es auf den formellen Gesetzesbegriff an. In diesem Sinne wird der Gesetzesbegriff im Folgenden auch verwendet. Allerdings ist zu berücksichtigen, dass die Rechtsprechung Parlamentsgesetze in Einzelfällen prozessual wie untergesetzliche Normen behandelt (Rn 133). Außerdem berücksichtigt die herkömmliche Literatur zumeist nicht, dass es nicht nur Parlamentsgesetze, sondern auch Volksgesetze gibt.

36 (2) *Volksgesetze.* Wie der Name bereits besagt, ist unter Volksgesetzgebung der Erlass, die Änderung oder die Aufhebung eines Gesetzes unmittelbar durch das Volk zu verstehen. Dies geschieht regelmäßig in zwei Stufen, nämlich in einem Begehren und, bei Erreichen des vorgesehenen Quorums, dem Entscheid. Das Grundgesetz kennt bislang keine Volksgesetzgebung, sondern nur für den Fall der Neugliederung des Bundesgebiets die Bestätigung eines Gesetzes durch den Volksentscheid (Art 29 II) sowie eine Volksbefragung (Art 29 IV; 118 S 2). Die Einführung einer Volksgesetzgebung auf Bundesebene bedürfte einer Grundgesetzänderung.[138] Dagegen ist eine Volksgesetzgebung in allen Ländern verfassungsrechtlich vorgesehen.[139] Ihrem Rang nach entsprechen die Volksgesetze einem Parlamentsgesetz (Rn 37). Die Volksgesetze und Volksgesetzgebung unterliegen der Grundrechtsbindung. Dies schließt einen Grundrechtsschutz bestimmter Handlungsweisen (Antrag auf Zulassung des Begehrens, Abstimmungskampf, Zielfindung und Entwurfsfertigung) nicht aus.[140] Auf kommunaler Ebene entspricht einem Volksbegehren und Volksentscheid das Bürgerbegehren und der Bürgerentscheid. Letzterem kommt aber nicht Gesetzes- sondern nur Satzungsrang zu (Rn 56 ff).

37 (3) *Parlamentsgesetze.* Parlamentsgesetze lassen sich als diejenigen parlamentarischen Entscheidungen charakterisieren, die in der Form und in dem Verfahren zustande kommen, welche die Verfassung für Gesetze vorsieht. Nach dem Normengeber lässt sich zwischen Bundes- und Landesgesetzen, nach der Gesetzgebungskompetenz zwischen ausschließlicher, konkurrierender und Grundsatzgesetzgebungsbefugnis (→ § 6 Rn 11) unterscheiden. In einer parlamentarischen Demokratie enthalten die Parlamentsgesetze die grundlegenden Handlungsmaßstäbe für die Rechtsprechung, Verwaltung und in abgemilderter Weise auch für die sonstigen Rechtsunterworfenen. Die Gesetzgebungsflut[141] sowie die mangelnde Gesetzesklarheit und Gesetzessystematik werden zunehmend kritisiert.[142] Doch beruht diese seit langem andauernde Entwicklung weniger auf dem Fehlen einer Gesetzgebungskunst[143] als vielmehr darauf, dass die Gesetze von Politikern erlassen werden und damit den Anfälligkeiten der Politik ausgesetzt sind (zB Aktionismus, Einflussnahme der Lobbyisten, Kompromissbildung oftmals in „letzter Minute").

[136] BVerfGE 13, 225, 228 f; 24, 33, 52; 99, 367, 400.
[137] Vgl statt vieler *Hesse* VerfR, Rn 502 ff.
[138] Vgl auch *Dreier* in: ders (Fn 14), Art 20 (Demokratie) Rn 110.
[139] Vgl Art 60 Verf BW; 74 Verf Bay; 61 ff Verf Berl; 76 ff Verf Bbg; 69 ff Verf Bre; 50 Verf Hmb; 124 Verf Hess; 60 Verf MV; 48 f Verf Nds; 68 Verf NRW; 109 Verf RP; 99 f Verf Saarl; 72 Verf Sachs; 81 Verf LSA; 42 Verf SH; 82 Verf Thür.
[140] Vgl aber BVerfGE 96, 231 ff; teilweise krit *Hartmann* Volksgesetzgebung und Grundrechte, 2005.
[141] Vgl *Ossenbühl* in: Isensee/Kirchhof V § 100 Rn 77 ff; *Redeker* ZRP 2004, 160 ff.
[142] Vgl *W. Leisner* Krise des Gesetzes, 2001.
[143] Vgl zur Gesetzgebungslehre bzw -wissenschaft *G. Müller* Elemente einer Rechtsetzungslehre, 2. Aufl 2006, Rn 66 ff; *H. Schneider* Gesetzgebung, 3. Aufl 2002, § 4 Rn 80.

(4) *Vorrang und Vorbehalt der Parlamentsgesetze.* Für die Verwaltung können die Gesetze Organisationsstatut, Aufgaben- und Befugnisnorm, Verfahrensregelung und Ausgabenermächtigung sein.[144] Bezugnehmend auf das Handeln der Verwaltung entfalten die Parlamentsgesetze für die Verwaltung eine zweifache Wirkung. Einerseits gelten sie vorrangig (*Vorrang der Parlamentsgesetze*), andererseits kann das Handeln der Verwaltung einer gesetzlichen Ermächtigungsgrundlage bedürfen (*Vorbehalt des Parlamentsgesetzes*). **38**

(a) *Vorrang der Parlamentsgesetze.* Nach Art 20 III GG sind die vollziehende Gewalt und die Rechtsprechung an Gesetz und Recht gebunden. Die Bindung erstreckt sich auf alle unmittelbar anwendbaren Rechtsnormen mit Außenwirkung (einschließlich des Unionsrechts, der Verordnungen und Satzungen[145]) und damit auch und gerade auf die Parlamentsgesetze. Die Bindung wirkt sich für die genannten Gewalten als Anwendungsgebot und Abweichungsverbot aus.[146] So muss die Verwaltung zum einen so handeln, wie die Gesetze ihr dies vorschreiben. Wurde der Verwaltung Ermessen eingeräumt, hat sie dieses entsprechend dem Zweck der Ermächtigung auszuüben (§ 40 VwVfG). Zum anderen darf die Verwaltung, wenn sie handelt – selbst wenn dieses Handeln nicht gesetzlich vorgeschrieben ist –, nicht gegen die Gesetze (vor allem nicht die Parlamentsgesetze) verstoßen. Zur Frage, ob das Anwendungsgebot auch dann gilt, wenn die Verwaltung das einschlägige Gesetz für nicht vereinbar mit höherrangigem Recht hält, vgl Rn 128. **39**

(b) *Vorbehalt der Parlamentsgesetze.* Wie bereits ausgeführt wurde (Rn 38), besagt der Vorbehalt des Gesetzes, dass die Verwaltung (Regierung) nur tätig werden darf, wenn sie dazu durch (formelles) Gesetz ermächtigt wurde. Das Grundgesetz und die Landesverfassungen verweisen an zahlreichen Stellen sowohl im Bereich der Grundrechte[147] als auch des Staatsorganisationsrechts[148] auf das Erfordernis einer gesetzlichen Regelung. Die grundrechtlichen Gesetzesvorbehalte engen einerseits zugleich die legislativen Gestaltungsmöglichkeiten des Gesetzgebers nach Maß abgestufter Gesetzesvorbehalte ein, können andererseits aber auch gesetzgeberische Ausprägungs- und Ausformungsgebote enthalten.[149] Sie ermächtigen die Verwaltung und ggf auch die Richter[150] zu Grundrechtseinschränkungen, wobei teilweise qualifizierende Anforderungen gestellt werden.[151] Fehlt eine ausdrückliche Verfassungsbestimmung, ist zwar nicht die Geltung, wohl aber die genaue Herleitung des (allgemeinen) Vorbehalts des Gesetzes umstritten.[152] Richtigerweise wird im Wesentlichen auf das Demokratie- und Rechtsstaatsprinzip abgestellt.[153] Aus dem Demokratieprinzip ergibt sich, dass das Parlament als unmittelbar demokratisch legitimiertes Organ die bedeutsamen Entscheidungen zu **40**

144 Vgl *Schmidt-Aßmann* Ordnungsidee, 2. Kapitel Rn 10.

145 Zu den Verwaltungsvorschriften vgl BVerfGE 78, 214, 227.

146 Vgl BVerwGE 74, 241, 248; *Ossenbühl* in: Isensee/Kirchhof V, § 101 Rn 5 ff; *Erichsen* Jura 1995, 550; *Detterbeck* Jura 2002, 235.

147 Vgl zB Art 2 II 3, 5 II, 8 II, 10 II, 11 II GG.

148 ZB Art 23 I 2, 24 I, 29 II 1, 59 II 1, 110 II 1, 115 I GG.

149 Vgl *Ossenbühl* in: Isensee/Kirchhof V, § 101 Rn 21.

150 Vgl Art 13 II, 104 II GG. Vgl auch *Huber* in: v Mangoldt/Klein/Starck, GG I, Art 19 Rn 461 mwN.

151 Vgl etwa Art 5 II, 11 II, 12a II 3 GG.

152 Vgl zB BVerfGE 40, 237, 248 f; BVerwGE 72, 265, 266: Art 20 III GG.

153 Vgl *Jesch* (Fn 132) 171 ff; *Rupp* Grundfragen der heutigen Verwaltungsrechtslehre, 2. Aufl 1991, 113 ff; *Ossenbühl* in: Isensee/Kirchhof V, § 101 Rn 41 ff; *Jarass* in: ders/Pieroth GG, Art 20 Rn 44 ff.

treffen hat. Das (allgemeine) Rechtsstaatsprinzip iVm den Grundrechtsbestimmungen fordert, dass die Rechtsbeziehungen zwischen Staat und Bürger durch berechenbare, messbare und kontrollierbare förmliche Regelungen gestaltet werden. Der Vorbehalt des Gesetzes bezieht sich auf das Handeln der Verwaltung.[154] Nicht hinreichend geklärt ist, ob auch das Handeln von Privaten vom Vorliegen eines Gesetzes abhängig gemacht werden darf. So hat der Hessische Verwaltungsgerichtshof vor Erlass des Gentechnikgesetzes entschieden, dass Anlagen, in denen mit gentechnischen Methoden gearbeitet wird, nur auf Grund einer ausdrücklichen Zulassung durch den Gesetzgeber errichtet und betrieben werden dürfen.[155] Dieser Ansicht ist nicht zu folgen, weil zumindest bei der Geltung von Grundrechten das Gesetz die Privaten nicht erst zum Handeln ermächtigt, das Gesetz vielmehr nur das Handeln begrenzt.[156] Vom Vorbehalt des Parlamentsgesetzes abzugrenzen ist der (schlichte) Parlamentsvorbehalt, der das staatliche Handeln zwar vom Vorliegen einer Entscheidung des Parlaments abhängig macht, hierfür aber nicht ein Gesetz verlangt. So bedarf nach der Rechtsprechung des Bundesverfassungsgerichts der Einsatz bewaffneter Streitkräfte grundsätzlich der vorherigen Zustimmung des Bundestages, die durch schlichten Parlamentsbeschluss, nicht durch generell-abstraktes Gesetz, zu erteilen ist (wehrverfassungsrechtlicher Parlamentsvorbehalt).[157] Seiner Art nach lässt sich zwischen dem Vorbehalt des Parlamentsgesetzes im Staat-Bürger-Verhältnis und im staatsorganisatorischen Bereich unterscheiden. Gesonderte Bedeutung kommt den finanzverfassungsrechtlichen Gesetzesvorbehalten (Rn 47) und den für die Gestaltung der internationalen Beziehungen geltenden Gesetzesvorbehalten (Rn 48) zu.

41 *Vorbehalt des Parlamentsgesetzes im Staat-Bürger-Verhältnis.* Es besteht seit dem Ende des 19. Jahrhunderts Einigkeit darüber, dass sich der Vorbehalt des Parlamentsgesetzes jedenfalls auf Eingriffe in Freiheit und Eigentum, also grundrechtlich geschützte Interessen, bezieht.[158] Da vorbehaltlos gewährleistete Grundrechte durch kollidierendes Verfassungsrecht, vor allem zum Schutz der Grundrechte anderer, begrenzt werden können,[159] das kollidierende Verfassungsrecht der Präzisierung bedarf und Eingriffe[160] in die besonders geschützten Grundrechte „erst recht" einer gesetzlichen Grundlage bedürfen, gilt dies auch, wenn die Grundrechtsbestimmungen keine Gesetzesvorbehalte kennen.[161] Grundrechtseingriffe liegen jedenfalls vor, wenn der Staat final, unmittelbar mit rechtlichem Befehl und Zwang handelt.[162] Doch schützen die Grundrechte auch vor

[154] Zu den verfassungsrechtlichen Gesetzgebungsaufträgen (etwa nach Art des Art 14 I 2 GG) vgl *Hesse* VerfR, Rn 303 ff. *Gellermann* Grundrechte in einfachgesetzlichem Gewande, 2000, 89 ff.

[155] HessVGH NJW 1990, 336 ff; krit *Rupp* JZ 1990, 91; *Rose* DVBl 1990, 279 ff; *Gersdorf* DÖV 1990, 514 ff; *Sendler* NVwZ 1990, 231 ff.

[156] Das schließt nicht aus, dass die Privatrechtsordnung der gesetzlichen Ausgestaltung bedarf (zB Verleihung und Bestimmung der Reichweite der Rechtsfähigkeit).

[157] BVerfGE 90, 286, 381 ff; 121, 135, 154 → JK GG Art 24 II/31; vgl weiter etwa Art 29 VIII 6 GG; 85 II 1 GG (Zustimmung des Bundesrates). Zu den Staatsverträgen zwischen Bundesländern vgl BVerwGE 74, 139, 140 f.

[158] *Ossenbühl* in: Isensee/Kirchhof V, § 101 Rn 21.

[159] Vgl BVerfGE 28, 243, 260 f; 103, 293, 306.

[160] Zur Frage, ob kollidierendes Verfassungsrecht bereits den Schutzbereich der Grundrechte begrenzt, vgl *Pieroth/Schlink* Grundrechte Staatsrecht II, 24. Aufl 2008, Rn 321 ff.

[161] Vgl BVerfGE 83, 130, 142; BVerwGE 90, 112, 122.

[162] Vgl *Pieroth/Schlink* (Fn 160) Rn 238.

bestimmten faktisch mittelbaren Nachteilszufügungen.[163] Nach Ansicht des Bundesverfassungsgerichts ist es nicht selbstverständlich, dass der Gesetzesvorbehalt mit der Ausweitung des Schutzes auf faktisch mittelbare Beeinträchtigungen in den Grundrechten in jeder Hinsicht mitgewachsen ist. Deshalb soll der Vorbehalt des Gesetzes über die Aufgabenzuweisung hinaus keine besondere gesetzliche Ermächtigung der Bundesregierung zum Informationshandeln erfordern.[164] Doch ist daran festzuhalten, dass staatliches Handeln stets einer gesetzlichen Ermächtigung bedarf, wenn die grundrechtliche Eingriffsschwelle überschritten worden ist. Lediglich die Anforderungen an die gesetzliche Fundierung können sich abschwächen, wenn es sich um Eingriffe faktisch mittelbarer Art handelt.

Nach heutiger Ansicht reicht es nicht aus, den Gesetzesvorbehalt nur auf die Ein- **42**
griffsverwaltung zu beziehen. Zwar wird ein *Totalvorbehalt*, wonach alle Hoheitsakte der Verwaltung mit Außenwirkung auf eine besondere rechtsatzmäßige, in einem förmlichen Gesetz enthaltene Ermächtigung zurückgeführt werden können müssen[165], nach wie vor abgelehnt, weil nach dem Gewaltenteilungsprinzip (Art 20 II 2 GG) Eigenverantwortungsbereiche der Exekutive anzuerkennen sind und eine Beschränkung auf den bloßen Gesetzesvollzug deren Handlungsmöglichkeiten zu sehr einengen würde.[166] Nach ständiger Rechtsprechung des Bundesverfassungsgerichts muss der Gesetzgeber aber – losgelöst von dem in der Praxis fließenden Abgrenzungsmerkmal des Eingriffs – staatliches Handeln in grundlegenden Bereichen durch förmliches Gesetz legitimieren und alle wesentlichen Entscheidungen selbst treffen (sog *Wesentlichkeitstheorie*).[167] Auf diese Weise soll sichergestellt werden, dass derartige Regelungen aus einem Verfahren hervorgehen, das sich durch Transparenz auszeichnet, die Beteiligung der parlamentarischen Opposition gewährleistet und auch den Betroffenen und dem Publikum Gelegenheit bietet, ihre Auffassungen auszubilden und zu vertreten.[168] Ist eine Regelung wesentlich, muss der parlamentarische Gesetzgeber selbst entscheiden. Umstritten ist, ob dies von vornherein jegliche Delegation an den Verordnungsgeber ausschließt[169] oder ob das Bestimmtheitsgebot des Art 80 I 2 GG im Lichte der Wesentlichkeitstheorie auszulegen ist.[170] Die Unterschiede zwischen diesen Auffassungen sind gering, weil der par-

163 Vgl etwa *Bleckmann/Eckhoff* DVBl 1988, 373 ff; *Lübbe-Wolff* Grundrechte als Eingriffsabwehrrechte, 1988, 69 ff; *Bethge* VVDStRL 57 (1998) 7 ff.

164 BVerfGE 105, 279, 304 f. Krit *Murswiek* NVwZ 2003, 1; *Kahl* Der Staat 43 (2004) 167; *Klement* DÖV 2005, 507, 514 f.

165 So *Obermayer* in: Maunz/ders/Berg/Knemeyer (Hrsg), Staats- und Verwaltungsrecht in Bayern, 5. Aufl 1988, 132. Ausdrückl ablehnend BVerfGE 68, 1, 109.

166 Zur Frage, ob es neben einem Gesetzesvorbehalt auch einen Verwaltungs- oder Exekutivvorbehalt gibt vgl *Maurer* VVDStRL 43 (1985) 135 ff; *Schnapp* VVDStRL 43 (1985) 172 ff; *Ossenbühl* in: Götz/Klein/Starck (Hrsg), Die öffentliche Verwaltung zwischen Gesetzgebung und richterlicher Kontrolle, 1985, 9, 28 ff; *Janssen* Über die Grenzen des legislativen Zugriffsrechts, 1990.

167 BVerfGE 40, 237, 249; 49, 89, 126; 83, 130, 142, 151 f; 95, 267, 307; 98, 218, 251 f; 108, 282, 311.

168 BVerfGE 85, 386, 403 f.

169 So etwa *Erichsen* Jura 1995, 550, 552; *v Bogdandy* Gubernative Rechtsetzung, 2000, 415 ff; *Seiler* Der einheitliche Parlamentsvorbehalt, 2000, 147, 199; *v Danwitz* Jura 2002, 93, 99; *Mann* in: Sachs (Fn 87) Art 80 Rn 21 f.

170 Die Rspr des BVerfG ist nicht eindeutig. Vgl hierzu sowie zum Meinungsstand in der Lit *Busch* Das Verhältnis des Art 80 I 2 GG zum Gesetzes- und Parlamentsvorbehalt, 1992, 114 ff; *Cremer* AöR 122 (1997) 248 ff; *Nierhaus* FS Stern, 1997, 717 ff.

lamentarische Gesetzgeber in jedem Falle die wesentlichen Entscheidungen selbst zu treffen hat, das Weitere aber dem Verordnungsgeber überlassen darf (näher dazu → § 20 Rn 2 ff). Art 80 I 2 GG findet auf das Verhältnis von Gesetz und Satzung keine Anwendung.[171] Das ändert nichts daran, dass auch insoweit der Wesentlichkeitsvorbehalt zu Gunsten der parlamentarischen Gesetzgebung gilt, insbesondere Eingriffe in Freiheit und Eigentum also einer formell-gesetzlichen Grundlage (und nicht nur einer satzungsrechtlichen Grundlage) bedürfen (Rn 57; → § 20 Rn 12).[172]

43 Die Schwäche – und zugleich Stärke – der Wesentlichkeitstheorie besteht darin, dass sich das Kriterium der Wesentlichkeit nicht präzise bestimmen lässt. Die Wesentlichkeit erweist sich vielmehr als eine Art *Gleitformel.* Je wesentlicher eine Angelegenheit für die Bürger oder die Allgemeinheit ist, desto stärker ist der parlamentarische Gesetzgeber gefordert und desto detaillierter und genauer muss die gesetzliche Regelung sein.[173] Maßgebend sind die Vorgaben des Demokratie- und Rechtsstaatsgebots iVm den Grundrechten. Das Bundesverfassungsgericht stellt vor allem auf die Grundrechtsrelevanz der staatlichen Maßnahmen ab. Danach kommt es darauf an, was wesentlich für die Verwirklichung der Grundrechte ist.[174] Von Bedeutung sind zB die Normprägung des Grundrechts, die Einschlägigkeit verfassungsrechtlich geforderter Schutzpflichten, das Aufeinandertreffen von Grundrechtspositionen oder die Folgen für die zukünftige Grundrechtsbetätigung.[175] Die Tatsache, dass eine Frage politisch umstritten ist, führt dagegen für sich genommen nicht dazu, dass diese als wesentlich verstanden werden müsste.[176]

44 Die Ausdehnungen des dem Gesetzgeber vorbehaltenen Regelungsbereichs hat auf vielen Gebieten zu einer weitergehenden *Flexibilisierung des Gesetzes* geführt. Um der Vielgestaltigkeit und Dynamik des für notwendig erachteten Verwaltungshandelns gerecht werden zu können, ist der Gesetzgeber vermehrt dazu übergegangen, Generalklauseln, standardisierte Konditionalbefugnisse sowie verfahrensbezogene oder prozessuale Steuerungsregelungen vorzusehen.[177]

45 Im Einzelnen gilt Folgendes: Nicht mehr streitig ist heute, dass die (früher als besondere Gewaltverhältnisse bezeichneten) *Sonderrechtsverhältnisse* (zB der Beamten, Soldaten und Anstaltsnutzer) dem Vorbehalt des Parlamentsgesetzes unterfallen. So bedürfen etwa Maßnahmen des Strafvollzugs[178], Quotenregelung zur Frauenförderung im öffentlichen Dienst[179], die Einführung eines Kopftuchverbots für Lehrerinnen[180], die Nichtversetzung und Schulentlassung[181], die Festlegung der Pflichtfremdsprache[182], die Einführung eines Sexualkundeunterrichts[183] und die politische Werbung in Schulen[184] einer gesetzlichen Regelung. Anderes wurde angenommen für die Einführung der

[171] Vgl BVerfGE 33, 125, 156 ff; 49, 343, 362; 97, 332, 343.
[172] Grundlegend BVerfGE 33, 125, 156 ff.
[173] *Maurer* AllgVwR, § 6 Rn 14.
[174] Vgl BVerfGE 47, 46, 79; 83, 130, 142; 98, 218, 251 f.
[175] Vgl *Baars* Rechtsfolgen fehlerhafter Verwaltungsvorschriften, 2009, 64 (maschinenschriftlich).
[176] Vgl BVerfGE 49, 89, 126.
[177] Ausführlich dazu *Wißmann* Generalklauseln, 2008.
[178] BVerfGE 33, 1, 6 f.
[179] OVG NRW DVBl 1989, 1162.
[180] BVerfGE 108, 282, 321 (mit abw Meinung, 314 ff).
[181] BVerfGE 58, 257, 268 ff.
[182] BVerwGE 64, 308, 312 ff.
[183] BVerfGE 47, 46, 79 ff.
[184] BayVerfGH DÖV 1982, 691.

Rechtschreibreform[185], die Einführung der Fünf-Tagewoche[186] und die Ermittlung der Versetzungsnote[187]. Besonders umstritten ist, wie weit der Vorbehalt des Parlamentsgesetzes die *Leistungsverwaltung* erfasst.[188] Nach der Rechtsprechung reicht für die Vergabe von Subventionen grundsätzlich eine Bewilligung in dem (keine Außenwirkung entfaltenden[189]) Haushaltsgesetz oder in der Haushaltssatzung (der Selbstverwaltungsträger) aus.[190] Ein erheblicher Teil der Literatur fordert demgegenüber, Subventionsvergaben vom Vorliegen eines Subventionsgesetzes abhängig zu machen.[191] Einer formell-gesetzlichen Grundlage bedarf es ebenfalls, wenn die Subvention den Empfänger in die Lage versetzen soll, gegen Dritte vorzugehen[192], wenn die Subventionsgewährung in Freiheitsgrundrechte der nachteilig betroffenen Konkurrenten eingreift[193] oder wenn besonders grundrechtssensible Bereiche betroffen sind[194]. Ein Gesetz ist ferner erforderlich, wenn die Verwaltung Auswahlentscheidungen zu treffen hat, welche sich nachhaltig auf die Berufsausübung auswirken.[195] Dagegen ist es bisher nicht für erforderlich gehalten worden, die Vergabe öffentlicher Aufträge unterhalb der Schwellenwerte (→ § 3 Rn 48) gesetzlich zu regeln.[196] Nach der Transparenzlistenentscheidung des Bundesverwaltungsgerichts bedarf ein staatliches *Informationsverhalten* mit berufsregelnder Tendenz einer gesetzlichen Ermächtigungsgrundlage.[197] Demgegenüber nimmt das Bundesverfassungsgericht an, dass marktbezogene Informationen des Staates den grundrechtlichen Gewährleistungsbereich der betroffenen Wettbewerber aus Art 12 I GG nicht beeinträchtigen, sofern der Einfluss auf wettbewerbserhebliche Faktoren ohne Verzerrung der Marktverhältnisse nach Maßgabe der rechtlichen Vorgaben

185 BVerfGE 98, 218, 250 ff. Das BVerfG stützt sich nur darauf, dass es keiner über die bestehenden gesetzlichen Regelungen der Bildungs- und Erziehungsziele sowie der Grundkenntnisse und Grundfertigkeiten hinausgehenden gesetzlichen Grundlage bedarf.

186 BVerwGE 47, 201, 205 ff.

187 BVerwG DVBl 1998, 969.

188 Teilweise schreibt das einfache Gesetzesrecht vor, dass Leistungen nur begründet, festgestellt, geändert oder aufgehoben werden dürfen, soweit ein Gesetz dies vorschreibt oder zulässt (vgl § 31 SGB I).

189 Vgl § 3 II HGrG.

190 Vgl BVerwGE 6, 282, 287; 90, 112, 126; BVerwG NJW 1977, 1838 f; BayVGH NVwZ 2000, 829 f; *Wolff/Bachof/Stober/Kluth* VwR I, § 18 Rn 16 ff; *Frotscher/Kramer* Wirtschaftsverfassungs- und Wirtschaftsverwaltungsrecht, 5. Aufl 2008, Rn 561.

191 Vgl *Huber* Konkurrenzschutz im Verwaltungsrecht, 1981, 500; *Haverkate* in: R. Schmidt (Hrsg), Öffentliches Wirtschaftsrecht, Besonderer Teil, Bd 1, 1995, § 4 Rn 29 ff; *Sommermann* in: v Mangoldt/Klein/Starck, GG II, Art 20 Rn 281 f; *Maurer* Allg VwR, § 6 Rn 21.

192 BVerwGE 90, 112, 126; BVerfG 105, 279 ff; ferner Rn 41 m Fn 158.

193 Grundlegend BVerwGE 39, 329, 336 f; vgl auch BVerwG NJW 1995, 2938 f; NJW 1978, 1539 f.

194 So im Falle der Vergabe von Pressesubventionen (wenn eine solche überhaupt zulässig sein sollte) OVG Berlin DVBl 1975, 905.

195 Vgl BVerfGE 33, 303, 345 ff (Numerus Clausus bei Studienplätzen); 73, 280, 296 (Notarstellen); 86, 28, 40 (öffentliche Bestellung von Sachverständigen); BVerfG-K NJW 2004, 2725 (richterliche – nicht zur Rspr zählende – Auswahl von Insolvenzverwaltern; ohne ausdrückliche Bezugnahme auf das Legalitätsprinzip); BVerwGE 64, 238, 244 ff – Taxikonzessionen.

196 *Pietzcker* Die Zweiteilung des Vergaberechts, 2001; *Pünder* VerwArch 95 (2004) 38 ff; *Hollands/Sauer* DÖV 2006, 55, 63 ff.

197 BVerwGE 71, 183. Vgl auch BVerfGE 116, 365.

für staatliches Informationshandeln erfolgt.[198] Zumindest staatliche Warnungen bedürfen nach der hier vertretenen Ansicht stets einer gesetzlichen Grundlage. Des Weiteren muss der parlamentarische Gesetzgeber zB über die Zulässigkeit einer friedlichen Nutzung der Kernenergie[199], die Stationierung von C-Waffen[200] oder der Grundlinien der Rundfunkordnung entscheiden[201].

46 *Organisationsrechtlicher Vorbehalt des Parlamentsgesetzes:* Juristische Personen und rechtsfähige Subjekte können unabhängig davon, ob sie dem öffentlichen oder privaten Recht zuzuordnen sind, nur durch oder aufgrund Gesetzes errichtet werden.[202] Obwohl juristische Personen nur handlungsfähig sind, wenn sie über Organe verfügen, besagt dies noch nicht zwangsläufig, dass auch die Bestimmung der Organe (Behörden) und deren Zuständigkeiten nur durch Gesetz erfolgen kann. So schreibt das Grundgesetz zwar verschiedentlich diesbezügliche gesetzliche Regelungen vor[203], lässt es aber auch zu, dass die Bundesregierung die Einrichtung der Behörden regelt (soweit gesetzlich nichts anderes bestimmt ist, Art 86 S 2 GG) und der Bund bestimmte Behörden mit Zustimmung des Bundesrates und der Mehrheit der Mitglieder des Bundestages vorsieht (Art 87 III 2 GG). Auch die Landesverfassungen[204] verlangen keine durchgehende gesetzliche Normierung der Verwaltungsorganisation. ZB muss nach Art 77 S 1 Verf NRW nur die Organisation der „allgemeinen Landesverwaltungen" und die Regelung der Zuständigkeiten durch Gesetz erfolgen. Die Errichtung der Behörden im Einzelnen obliegt nach Art 77 S 2 Verf NRW der Landesregierung und aufgrund der von ihr erteilten Ermächtigung den einzelnen Landesministern. Aus diesem Befund wird gefolgert, dass der parlamentarische Gesetzgeber nur die grundlegenden respektive wesentlichen Regelungen für Aufbau, räumliche Gliederung und Zuständigkeit der Verwaltung treffen muss. Dazu gehört die Entscheidung, welche Behörden zur hoheitlichen Durchführung von Verwaltungsmaßnahmen im Außenverhältnis berufen sein sollen.[205] Die Zuständigkeiten bedürfen dann einer gesetzlichen Regelung, wenn sie wichtig für die Grundrechtsausübung sind (→ näher dazu § 8 Rn 4). Wählt der Gesetzgeber eine Organisationsform der Selbstverwaltung, muss er die Bildung der Organe sowie ihre Aufgaben und Handlungsbefugnisse und die Mitwirkungsrechte der Mitglieder in einem parlamentarischen Gesetz ausreichend bestimmen.[206]

47 *Finanzverfassungsrechtlicher Gesetzesvorbehalt.* Die finanzverfassungsrechtlichen Gesetzesvorbehalte sollen das Budgetrecht des Parlaments sichern (zB Art 110 II GG) sowie die Zuweisung der Einnahmen an Bund, Länder und Kommunen (zB Art 106 III,

[198] BVerfGE 105, 252 ff. Krit hierzu sowie zu der Parallelentscheidung BVerfG 105, 279 ff ein Großteil der Literatur, vgl Fn 164.
[199] BVerfGE 49, 89, 127.
[200] BVerfGE 77, 170, 231.
[201] BVerfGE 57, 295, 324; 89, 144, 152.
[202] Für die juristischen Personen des öffentlichen Rechts vgl *Böckenförde* Die Organisationsgewalt im Bereich der Regierung, 1964, 96 f; *Ossenbühl* Verwaltungsvorschriften und Grundgesetz, 1968, 271 ff; *Burmeister* Herkunft, Inhalt und Stellung des institutionellen Gesetzesvorbehalts, 1991, 264 ff. Zu den staatsorganisatorischen Gesetzesvorbehalten des GG vgl auch *Ossenbühl* in: Isensee/Kirchhof V, § 101 Rn 37.
[203] Vgl Art 87 I 2, III, 108 I 2, II, IV GG. Zum Gesetzesvorbehalt für die Finanzverwaltung vgl BVerfGE 106, 1, 22 ff (kein Parlamentsvorbehalt iS eines Delegationsverbots); vgl zum Finanzverfassungsrecht ferner Rn 47.
[204] Vgl *Köttgen* VVDStRL 16 (1966) 154, 163; *Schmidt-Aßmann* FS H. P. Ipsen, 1977, 333, 341 f.
[205] Vgl auch *Maurer* Allg VwR, § 21 Rn 66.
[206] Vgl BVerfG 111, 191, 217 → JK GG Art 12 I/77.

IV, VI, 107 I GG), den Finanzausgleich (zB Art 107 II GG) und die Haushaltsgrundsätze (Art 109 III GG) regeln.

Geltung des Vorbehalts des Gesetzes für die Gestaltung der internationalen Beziehungen. Die Übertragung von Hoheitsrechten auf zwischenstaatliche Einrichtungen (Art 24 I GG) sowie die Zustimmung zu völkerrechtlichen Verträgen (Art 59 II 1 GG) kann auf der Grundlage eines einfachen Parlamentsgesetzes erfolgen, wobei die Länder ggf der Zustimmung der Bundesregierung bedürfen (Art 32 III GG). Dagegen gilt für die Begründung der EU sowie für Änderungen ihrer vertraglichen Grundlagen das Zweidrittelerfordernis des Art 79 II GG (23 I 3 GG). Soweit der Deutsche Bundestag und Bundesrat an der Ausgestaltung der EU zu beteiligen sind, verlangt das Bundesverfassungsgericht in weitem Umfange eine nähere Regelung durch Gesetz.[207] **48**

c) *Rechtsverordnungen*[208]. (1) *Begriff und Funktion.* Der Normierungsbedarf des heutigen Gemeinwesens kann nicht allein durch Parlamentsgesetze befriedigt werden. Deshalb sind auch der Exekutive Normsetzungsbefugnisse übertragen worden. Hierbei kommt der Befugnis zum Erlass von Rechtsverordnungen besondere Bedeutung zu. Die Zahl der Verordnungen übersteigt die Zahl der Parlamentsgesetze bei weitem. So sind in der 13.–15. Wahlperiode des Deutschen Bundestages 4236 Verordnungen gegenüber 1485 Parlamentsgesetze erlassen worden.[209] *Begrifflich* ist unter einer Rechtsverordnung eine allgemein verbindliche Rechtsnorm der Regierung oder Verwaltung auf der Grundlage einer von der Legislative punktuell verliehenen Rechtsetzungsmacht zu verstehen. Von den Parlamentsgesetzen (Rn 37) unterscheidet sich die Verordnung durch den anderen Normgeber und die regelmäßig geringere Bedeutsamkeit, von der Verwaltungsvorschrift (Rn 65) durch die allgemein verbindliche Wirkung (Bindungswirkung sowohl gegenüber allen Normadressaten als auch gegenüber den Gerichten), von der Satzung (Rn 56) durch eine andere Ableitung der Rechtsetzungsmacht (→ § 20 Rn 11). Zwar beruht auch die Satzungsgebung auf staatlicher Verleihung. Doch wird die Satzungsgewalt ohne Bindung an Art 80 I 2 GG (Rn 42) und die entsprechenden Landesverfassungsbestimmungen zum Zwecke einer autonomen Rechtsetzung delegiert. Dagegen werden dem Verordnungsgeber nur punktuelle Befugnisse zur gesetzesakzessorischen (und damit heteronom vorgegebenen, Rn 3) „Vervollständigung“ des Gesetzes übertragen. Zu Recht pflegt man die Verordnungen als Ausdruck einer dekonzentrierten, Satzungen dagegen als Instrumente einer dezentralisierten Rechtsetzung zu bezeichnen.[210] Die Verordnung ist sowohl Rechtsnorm als auch Gesetzesvollziehung und Handlungsinstrument der Verwaltung (→ § 20 Rn 1 ff). Sie soll vor allem den parlamentarischen Gesetzgeber entlasten, indem sie ihm die Möglichkeit gibt, sich auf die politischen Leitentscheidungen zu konzentrieren und die Einzelheiten dem Verordnungsgeber zu überlassen.[211] Die Verordnung erlaubt eine rasche Anpassung an sich ändernde Verhältnisse und ist im Falle eines Erlasses durch die mittleren oder unteren Behörden besser in der Lage, regionale Unterschiede zu berücksichtigen.[212] Besonders verbreitet sind Verordnungen im Sozial-, Umwelt- und Technikrecht. So sind allein zum Bundesimmissionsschutzgesetz bisher 38 und zum Kreislaufwirtschafts- und Abfallge- **49**

[207] BVerfG NJW 2009, 2267 – Vertrag von Lissabon → JK GG Art 38 I/18a, b.
[208] Näher zum Ganzen → § 20 Rn 1 ff.
[209] Statist Jb 2008, 109.
[210] Vgl *Ossenbühl* in: Isensee/Kirchhof V, § 103 Rn 8.
[211] *v Danwitz* Jura 2002, 93, 94.
[212] *Maurer* Allg VwR, § 4 Rn 18.

setz 22 Verordnungen des Bundes ergangen. Unberührt bleiben das Zugriffsrecht des Parlaments und der Gesetzesvorrang (Rn 39 ff).

50 (2) *Verhältnis zum Gesetz und Gesetzgeber.* Die Zulässigkeit einer Rechtsetzung der Exekutive durch Verordnungen ergibt sich ausdrücklich aus Art 80 GG und den entsprechenden Bestimmungen der Landesverfassungen.[213] Jede Verordnung bedarf der Ermächtigung durch ein zum Zeitpunkt des Erlasses bereits in Kraft getretenes (formelles) Bundes- oder Landesgesetz. Das nachträgliche Erlöschen[214] oder die nachträgliche Änderung des Parlamentsgesetzes[215] ändern nichts an dem Rechtsbestand der Verordnung, solange der Vorrang des Gesetzes gewahrt wird. Vorkonstitutionelle Ermächtigungen gelten – nach Maßgabe des Art 123 GG als Bundes-[216] oder Landesrecht – fort und gehen auf die nunmehr zuständige Stelle über (Art 129 GG), wenn sie nicht unzulässigerweise zum Erlass gesetzesvertretender Verordnungen ermächtigen (Art 129 III GG).[217] Ein Gesetz darf die Exekutive auch zu punktuellen Gesetzesänderungen oder -ergänzungen ermächtigen (weil die Grundlage dafür im Gesetz selbst angelegt ist).[218] Dem Gesetzgeber kommt auch die Befugnis zu, Verordnungen im Wege eines Parlamentsgesetzes zu ändern oder aufzuheben[219] und dem Verordnungsgeber die Kompetenz einzuräumen, die gesetzlichen Einfügungen künftig wieder zu ändern (sog Entsteinerungsklausel).[220] In solchen Fällen wird den im Gesetz geänderten Verordnungsbestimmungen von der Rechtsprechung der Gesetzesrang für das gerichtliche Verfahren abgesprochen (Rn 133).

51 Das *Bestimmtheitsgebot* des Art 80 I 2 GG verlangt, dass Inhalt, Zweck und Ausmaß der erteilten Ermächtigungen im Gesetz bestimmt werden (sonst ist die Ermächtigungsgrundlage ungültig und keine tragfähige Grundlage für die Verordnung). Da die rechtsstaatlichen und demokratischen Grundsätze über die Abgrenzung von Gesetzgebungsgewalt und Verordnungsgewalt kraft Bundesverfassungsrecht auch für die Landesgesetzgebung maßgebend sind[221], gilt das Bestimmtheitsgebot auch für die Länder, falls die Landesverfassungen keine entsprechenden Normierungen kennen. Der Einzelne muss anhand der gesetzlichen Ermächtigungsgrundlage zumindest vorhersehen können, in welchen Fällen und mit welcher Tendenz von der Ermächtigung Gebrauch gemacht werden wird und welchen Inhalt die aufgrund der Ermächtigung erlassenen Verordnungen haben können.[222] Es reicht aus, wenn sich Inhalt, Zweck und Ausmaß nach den allgemeinen Auslegungsgrundsätzen ermitteln lassen. Je schwerwiegender die Auswirkungen sind, desto höhere Anforderungen sind an die Bestimmtheit zu stellen.[223] Auch kommt es auf die Besonderheiten der Regelungsmaterien an (zB darauf, ob Sach-

[213] Art 61 Verf BW, Art 55 Nr 2 Verf Bay, Art 64 Verf Berl, Art 80 Verf Bbg, Art 124 Verf Brem, Art 53 Verf Hmb, Art 57 Verf MV, Art 43 Verf Nds, Art 70 Verf NRW, Art 110 Verf RP, Art 104 Verf Saarl, Art 75 Verf Sachs, Art 79 Verf LSA, Art 38 Verf SH, Art 85 Verf Th – anders Art 118 Verf Hess.

[214] BVerfGE 9, 3, 12.

[215] BVerfGE 14, 245, 249.

[216] Vgl die Art 124, 125 GG.

[217] Dagegen hält *Ossenbühl* (Fn 20) § 6 Rn 19, VOen iSd Art 129 III GG ausnahmsweise für zulässig.

[218] Vgl *Ossenbühl* in: Isensee/Kirchhof V, § 103 Rn 27.

[219] Vgl *Külpmann* NJW 2002, 3436 ff; teilw krit *Uhle* DÖV 2001, 241 ff.

[220] Vgl BVerwGE 117, 313.

[221] BVerfGE 7, 244, 253; 55, 207, 226; 102, 197, 222.

[222] Vgl BVerfGE 1, 14, 60; 41, 251, 266; 56, 1, 12.

[223] BVerfGE 58, 257, 277 f; 62, 203, 210.

verhalte einem schnellen Wandel unterliegen).[224] Bei der Umsetzung des Unionsrechts greift der Zweck des Art 80 GG, den Gesetzgeber an einer Entäußerung seiner Verantwortung zu hindern, wegen des Vorrangs des Unionsrechts nicht in gleicher Weise ein.[225] Genauso bestimmt müssen jedoch die Regelungen in den überlassenen oder eröffneten Spielräumen des Unionsrechts sein.[226] Darüber hinaus sind gänzlich pauschale, zur Umsetzung von Unionsrechtsakten ermächtigende gesetzliche Bestimmungen mit Art 80 I 2 GG nicht vereinbar.[227]

(3) *Kreis der Ermächtigungsadressaten.* Nach Art 80 I 1 GG kann nur die Bundesregierung, ein Bundesminister oder die Landesregierung[228] (nicht aber fakultativ zB ein Bundes[229]- oder Landesminister[230]) zum Erlass von Verordnungen ermächtigt werden. Die Landesverfassungen entfalten keine entsprechenden Einschränkungen, so dass auch selbständige Verwaltungsträger oder untere Verwaltungsbehörden Verordnungen erlassen dürfen (zB Polizeiverordnungen oder ordnungsbehördliche Verordnungen). Nicht ausgeschlossen ist eine Subdelegation (Art 80 I 4 GG). Verordnungen von Bundesorganen sind Bundes-, Verordnungen von Landesorganen Landesrecht. Kommt dem Verordnungsgeber ein Ermessen zu, muss dieses ordnungsgemäß ausgeübt werden (→ § 11 Rn 55 ff). **52**

(4) *Mitwirkungsrechte an der Verordnungsgebung.* Nach Art 80 II GG bedürfen bestimmte Verordnungen der Zustimmung des Bundesrats. Des Weiteren darf sich das Parlament als Minus gegenüber einer unbeschränkten Delegation die Zustimmung vorbehalten.[231] Dies wird man auch noch zu Gunsten von Parlamentsausschüssen für zulässig erachten können.[232] Schließlich ist die in der Praxis nicht seltene[233] (→ § 32 Rn 2) gesetzlich vorgesehene Mitwirkung anderer Stellen (zB pluralistischer Gremien oder von Sachverständigenausschüssen) solange unbedenklich, als sie nicht in eine Mitentscheidungsbefugnis umschlägt.[234] Unterbleibt die Mitwirkung (Anhörung) ist die Verordnung nichtig.[235] **53**

(5) *Zitiergebot.* Um die Rechtsetzungsdelegation verständlich und kontrollierbar zu machen[236], sehen Art 80 I 3 GG und die entsprechenden Landesverfassungsbestimmungen vor, dass die Rechtsgrundlage (dh nicht nur das ermächtigende Gesetz als solches, sondern die ermächtigende Einzelvorschrift) in der Verordnung anzugeben ist. Ist die Verordnung auf mehrere Einzelermächtigungen gestützt, müssen diese vollständig genannt werden.[237] Nicht zu folgen ist der Ansicht des Bundesverwaltungsgerichts, wonach das Zitiergebot nur der Wahrung des Parlamentsvorbehalts, nicht aber der Kontrolle der Vereinbarkeit mit höherrangigem Recht im Übrigen dienen soll, so dass **54**

224 BVerfGE 48, 210, 221 f.
225 Wie hier zB *Pieroth* in: *Jarass/ders* GG, Art 80 Rn 12b. AA *v Danwitz* Jura 2002, 93, 99.
226 Vgl auch BVerwGE 121, 382, 386 ff; krit *Härtel* JZ 2007, 431 ff; vgl auch *Sauer* JZ 2007, 1073 ff.
227 Vgl auch *Mann* in: Sachs (Fn 87) Art 80 Rn 30.
228 Zum Zugriffsrecht des Landesgesetzgebers in solchen Fällen vgl § 80 IV GG.
229 Vgl BVerfGE 8, 155, 163.
230 Vgl BVerfGE 11, 77, 85 f; 15, 268, 271 f; 88, 203, 332.
231 BVerfGE 8, 274, 321.
232 Vgl *Ossenbühl* in: Isensee/Kirchhof V, § 103 Rn 65.
233 Vgl zB §§ 51 BImSchG, 40 HandwO.
234 Vgl auch *v Danwitz* Jura 2002, 93, 97.
235 Vgl *Jarass* BImSchG, 7. Aufl 2007, § 51 Rn 4. AA *Maurer* Allg VwR, § 13 Rn 11.
236 BVerwGE 101, 1, 41 f.
237 BVerfGE 20, 283, 292; 101, 1, 42.

Art 80 I 3 GG nicht auf das Unionsrecht zu erstrecken sei.[238] Eine Missachtung des Zitiergebots führt zur Nichtigkeit der Verordnung.[239] Einer Begründungspflicht unterliegt der Verordnungsgeber nach deutschem Recht – im Gegensatz zum Unionsgesetzgeber (Art 296 AEUV) – nicht.

55 (6) *Verkündung.* Wie jede Rechtsnorm muss auch die Rechtsverordnung öffentlich bekannt gegeben werden. Der Bundesgesetzgeber hat von dem Vorbehalt des Art 82 I 2 GG Gebrauch gemacht, so dass neben einer Verkündung im Bundesgesetzblatt auch eine anderweitige Verkündung (namentlich im Bundesanzeiger) in Betracht kommt.[240]

56 d) *Satzungen.*[241] (1) *Begriff und Funktion.* Unter Satzungen sind im vorliegenden Zusammenhang nur die im Wege der Selbstverwaltung erlassenen Rechtsnormen der öffentlich-rechtlich organisierten Verwaltungsträger zur einseitig hoheitlichen Regelung ihrer Angelegenheiten zu verstehen (nicht zB die Satzungen eines von der Verwaltung getragenen Vereins oder einer Aktiengesellschaft[242]). Das Bundesverfassungsgericht versteht unter Satzungen Rechtsvorschriften, die von einer dem Staat eingeordneten juristischen Person des öffentlichen Rechts im Rahmen der ihr gesetzlich verliehenen Autonomie mit Wirksamkeit für die angehörigen und unterworfenen Personen erlassen werden.[243] Üblicherweise werden Satzungen von den (mitgliedschaftlich strukturierten) Körperschaften des öffentlichen Rechts erlassen, nämlich den Gemeinden und Gemeindeverbänden (Art 28 II GG) oder den sog funktionalen Selbstverwaltungskörperschaften[244]. Doch sind auch Anstalten und Stiftungen des öffentlichen Rechts zum Erlass von Satzungen befugt, wenn und soweit sie selbstverwaltend tätig werden dürfen.[245] Von den Parlamentsgesetzen unterscheiden sich die Satzungen durch die regelmäßig geringere Anzahl der Normadressaten und den geringeren Bedeutungsgehalt sowie vor allem durch den Normgeber (zur Abgrenzung von den Verordnungen vgl Rn 49). Sachlich erstreckt sich die Satzungsbefugnis auf den (gesetzlich bestimmten) Aufgaben- und Zuständigkeitsbereich der juristischen Person, personell auf den Selbstverwaltungsträger selbst oder diejenigen Personen, welche die Selbstverwaltung legitimieren[246] respektive die Einrichtungen der Selbstverwaltungsträger benutzen. Ggf können auf der Grundlage gesetzlicher Normierung durch Satzungsbestimmungen die Beziehungen zu weiteren Personen geregelt werden (→ § 20 Rn 13).[247] Satzungsbestimmungen können sowohl auf die Gestaltung der Außenbeziehung als auch der internen Organisationsverhältnisse gerichtet sein. Letzteres trifft etwa auf die (obligatorischen) Haupt- und Haushaltssatzungen der Kommunen zu.[248] Werden die Außenrechtsbeziehungen der Selbstverwaltungsträger gestaltet, handelt es sich idR um abstrakt-generelle

[238] BVerwGE 118, 70, 73 f; 121, 382, 386. Vgl auch BFHE 203, 243, 249. Wie hier zB *Nierhaus* in: BK, Art 80 Rn 327.

[239] BVerfGE 101, 1, 42 f.

[240] Vgl das Gesetz über die Verkündung von Rechtsverordnungen vom 30.1.1950 (Sart. Nr. 70).

[241] Näher zum Ganzen → § 20 Rn 11 ff.

[242] Vgl die §§ 25 BGB, 23 AktG.

[243] BVerfGE 10, 20, 49 f; 33, 125, 156.

[244] BVerfGE 107, 59, 89; *Kluth* Funktionale Selbstverwaltung, 1997. Zur Frage, ob Körperschaften auch zur Regelung vom Staat übertragener Angelegenheiten Satzungen erlassen dürfen → § 20 Rn 11 aE.

[245] Zu den Anstalten vgl BVerwGE 111, 191, 215 f → JK GG, 12 I/77. Zu den Stiftungen *Ruffert* (Fn 5) § 17 Rn 64 m Fn 277.

[246] Bei Gemeinden und Kreisen also die Bürger.

[247] ZB die Besteuerung von „Nur-Einwohnern" kommunaler Gebietskörperschaften.

[248] Vgl zB §§ 7 III, 77 GO NRW.

Regelungen. Doch finden sich ebenso wie bei den Gesetzen (Rn 35) Satzungen, die sich inhaltlich nur schwer in das Norm-Einzelakt-Schema einordnen lassen.[249] So werden Bebauungspläne nach § 10 BauGB als Satzung erlassen, obwohl der Gesetzgeber auch die Handlungsform eines Planfeststellungsbeschlusses (Verwaltungsakt) hätte wählen können.

(2) *Verhältnis zum Gesetz und Gesetzgeber.* Wie die Verordnungen (Rn 49) stellen auch die Satzungen vom höherrangigen Recht abgeleitete Rechtsnormen dar. Die Befugnis zum Erlass von Satzungen kann sich nur unmittelbar aus dem Verfassungsrecht (Art 28 II, 87 II GG) oder aus dem einfachen Gesetzesrecht ergeben. Mit der gesetzlichen Errichtung von Selbstverwaltungsträgern ist auch im Falle des Fehlens ausdrücklicher Bestimmungen die Befugnis zur Satzungsgebung verbunden. Da der Erlass von Satzungen nicht nur auf staatlicher Delegation, sondern auch auf der demokratischen Legitimation des satzungsgebenden Organs beruht und die Selbstverwaltungsträger im Rahmen der verliehenen Rechtsetzungsmacht autonom Recht setzen (Rn 49), ist das Verhältnis zum Gesetz gelockerter als bei den Verordnungen. Dies hat insbesondere zur Konsequenz, dass Art 80 I 2 GG und die entsprechenden Vorschriften der Landesverfassung nicht gelten (Rn 49). Doch muss neben dem Vorrang auch der Vorbehalt des Parlamentsgesetzes (Rn 38 ff) beachtet werden. Danach bedürfen Eingriffe in Freiheit und Eigentum sowie die sonstigen wesentlichen Entscheidungen im Bereich der Grundrechtsausübung einer Grundlage im Parlamentsgesetz.[250] An das Ausmaß der gesetzlichen Vorprogrammierung können wegen der unmittelbar demokratischen Legitimation des Satzungsgebers durch das „Teilvolk“ der Selbstverwaltungsmitglieder[251] geringere Anforderungen als ansonsten zu stellen sein. So reichen im Bereich gemeindlicher Einrichtungen die allgemeinen kommunalrechtlichen Satzungsermächtigungen[252] aus, soweit es um Regelungen zur Benutzung der Einrichtung geht, die mit dem Einrichtungszweck (nicht nur dem Nutzungsvorteil, sondern auch den entsprechenden Belastungen) unmittelbar verbunden sind.[253] Dagegen bedarf die Begründung eines Anschluss- und Benutzungszwangs auf der Grundlage einer Satzung einer besonderen Ermächtigung in Gestalt eines präzisen Parlamentsgesetzes. 57

(3) *Verhältnis zu den Mitgliedern der Selbstverwaltungsträger.* Die autonome Rechtsetzung durch Satzung beruht auf der mitgliedschaftlichen Verfasstheit der Selbstverwaltungsträger. Satzungen müssen deshalb das Ergebnis eines demokratischen Willensbildungsprozesses im Inneren sein.[254] Dies setzt voraus, dass die Mitglieder einen bestimmenden Einfluss auf das satzungsgebende Organ ausüben können. Ungültig sind deshalb zB Anschlusssatzungen, welche die eigenen Körperschaftsmitglieder der Satzungsgewalt einer anderen Körperschaft unterwerfen, ohne dass die eigenen Mitglieder über die Wahl von Repräsentanten in das satzungsgebende Organ an der Normsetzung mitwirken können.[255] 58

(4) *Verfahren der Satzungsgebung.* Das Satzungsgebungsverfahren ist in den Gesetzen zumeist detailliert geregelt worden. Satzungen bedürfen vielfach einer Genehmigung und müssen – wie alle anderen Außenrechtssätze auch – öffentlich bekannt ge- 59

[249] Vgl auch *Schmidt-Aßmann* in: ders/Schoch, Bes VwR, Kap 1 Rn 94.
[250] Grundlegend BVerfGE 33, 125, 159 f.
[251] Näher dazu *Ehlers* FS Stein, 2002, 125, 131 ff.
[252] ZB § 7 GO NRW.
[253] Vgl OVG RP NVwZ-RR 2009, 394 f → JK Heft 11/2009 GG Art 12/15.
[254] BVerfGE 111, 191, 215 ff → JK GG Art 12 I/77.
[255] Vgl BVerfG-K NVwZ 2002, 851 f.

geben werden, wobei eine Publikation im Amtsblatt, in einer Zeitung oder den Bekanntmachungstafeln ausreicht. Näher dazu → § 20 Rn 14.

60 (e) *Gewohnheitsrecht*. Unter Gewohnheitsrecht versteht man eine lang andauernde Übung (longa consuetudo), die sich als Rechtssatz formulieren lässt und von deren Rechtmäßigkeit die Beteiligten überzeugt sind (opinio iuris).[256] Somit müssen objektive (longa consuetudo), formale (Formulierbarkeit) und subjektive (opinio iuris) Elemente zusammenkommen. Kritische Stimmen, die sich darauf berufen, dass das Gewohnheitsrecht dem Gesetzesvorbehalt nicht genügt, die Annahme der Rechtsüberzeugung der Beteiligten eine Fiktion sei, Gewohnheitsrecht undemokratisch zustande komme und nicht erklärt werden könne, wie aus der Wiederholung rechtswidrigen Verhaltens Recht werden soll[257], haben sich nicht durchgesetzt.[258] Auch heute noch dürfte die Rechtsordnung ohne die Anerkennung von Gewohnheitsrecht nicht auskommen. Wegen der Vielzahl der geschriebenen Rechtsnormen, der überaus regen Normenproduktion der Parlamente, Regierungen und Verwaltungen (Rn 37 ff), des raschen sozialen Wandels und der sich ändernden Auffassungen in einer pluralistischen Gesellschaft, spielt das Gewohnheitsrecht heute aber nicht mehr dieselbe Rolle wie in früheren Zeiten.

61 Im Gegensatz zum staatlich gesetzten Recht wird das Gewohnheitsrecht von den Beteiligten selbst geschaffen. Da letztlich die Gerichte entscheiden, ob eine Übung von der Rechtsüberzeugung getragen wird, weist das Gewohnheitsrecht enge Berührungspunkte mit dem *Richterrecht* (Rn 63) auf. Gewohnheitsrecht kann sich auf allen Stufen der Rechtsordnung bilden und ist dem Kompetenzbereich zuzuordnen, den es durch seine Übung aktualisiert. Wächst es auf einem Felde, das dem Gesetzgebungsrecht der Länder unterliegt, verbleibt es dort, unbeschadet dessen, ob es bundesweit gilt.[259] Im Bereich eines kodifizierten Rechtsgebiets kann sich ein Gewohnheitsrecht nur in seltenen Fällen bilden.[260] Dies trifft in besonderem Maße auf das Verfassungsgewohnheitsrecht zu (Rn 34).[261] Örtlich beschränktes Gewohnheitsrecht (das besonders im Wasser-, Wege- und Nachbarrecht vorkommt) wird Observanz genannt.[262] IdR entwickelt sich Gewohnheitsrecht praeter legem als Ergänzung zu geschriebenen Rechtsordnungen und tritt damit in eine Konkurrenz zur Lückenfüllung im Wege der Analogie (Rn 12) bzw der richterlichen Rechtsfortbildung (Rn 63 f).[263] Ausnahmsweise kann sich Gewohnheitsrecht auch contra legem mit derogierender Wirkung gegenüber dem geschriebenen Recht entwickeln und durchsetzen (consuetudo abrogatoria).[264] Bei der Annahme derogierenden Gewohnheitsrechts ist äußerste Zurückhaltung angebracht. Insbesondere können die Parlamentsgesetze (idR) oder gar das geschriebene Verfassungsrecht nicht

256 Vgl *Wolff/Bachof/Stober/Kluth* VwR I, § 25 Rn 15.
257 Vgl statt vieler *Schmidt* NVwZ 2004, 930, 932 f.
258 Vgl BVerfGE 78, 214, 227.
259 BVerfGE 61, 149, 203 f.
260 Vgl auch BVerfGE 9, 109, 117.
261 Vgl auch BVerfGE 1, 144, 151 (Anzahl der Lesungen im Bundestag kein Verfassungsgewohnheitsrecht); *Pieroth* in: *Jarass/ders* GG, Art 40 Rn 1 (Wahl des Bundestagspräsidenten aus der stärksten Fraktion kein Verfassungsgewohnheitsrecht, sondern parlamentarisches Gewohnheitsrecht).
262 Vgl *Ossenbühl* in: Isensee/Kirchhof V, § 100 Rn 58. Andere Begriffsbildung (iSd Rechts innerhalb substaatlicher juristischer Personen des öffentlichen Rechts) *Röhl* (Fn 20) § 66 I; *Maurer* Allg VwR, § 4 Rn 27.
263 Vgl auch *Schmidt* NVwZ 2004, 930, 933 f.
264 Vgl BVerfGE 9, 213, 221; BVerwGE 8, 317, 321; BVerwG DVBl 1979, 116, 118; VGH BW DÖV 1978, 696; *Koller* Theorie des Rechts, 2. Aufl 1997, 115.

durch Gewohnheitsrecht verdrängt werden. Ob und ggf wann Gewohnheitsrecht dem *Vorbehalt des Gesetzes* genügt, ist unklar.[265] Das Bundesverfassungsgericht hat gegen die Anerkennung gewohnheitsrechtlicher Beschränkungen von Freiheitsrechten Bedenken angemeldet.[266] Doch würde das Gewohnheitsrecht dann wegen der Gewährleistung der allgemeinen Handlungsfreiheit durch Art 2 I GG niemals als Ermächtigungsgrundlage für Eingriffe in Betracht kommen. Dies hätte etwa zur Folge, dass behördliche Hausrechtsmaßnahmen im Falle des Fehlens einer ausdrücklichen Befugnisnorm entgegen der ganz hM (→ § 3 Rn 61) stets als rechtswidrig angesehen werden müssen. Nach der hier vertretenen Ansicht ist je nach Grundrecht zu differenzieren. ZB stellt Gewohnheitsrecht keine gesetzliche Bestimmung iSd Art 103 II[267] oder des Art 104 I 1 GG[268] dar. Auch erfüllt (jedenfalls nachkonstitutionelles) Gewohnheitsrecht nicht die Anforderungen des Regelungsvorbehalts iSd Art 12 I 2 GG.[269] Wohl aber gehört das inhaltlich mit der Verfassung übereinstimmende Gewohnheitsrecht zur verfassungsmäßigen Ordnung iSd Art 2 I GG. Auch das gem Art 123 I GG fortgeltende (mittlerweile vielfach überholte) vorkonstitutionelle Gewohnheitsrecht kann dem Gesetzesvorbehalt genügen. Gewohnheitsrecht erlischt, wenn es mit höherrangigem Recht kollidiert oder seine Entstehungsvoraussetzungen (dh die Übung oder die Rechtsüberzeugung) wegfallen.

Die Rechtsprechung beruft sich vielfach auch dann auf Gewohnheitsrecht, wenn sich **62** eine Grundlage im geschriebenen Recht findet. Das trifft etwa auf den Folgenbeseitigungsanspruch sowie die Haftungsinstitute der Aufopferung und des aufopferungsgleichen, enteignungsgleichen und enteignenden Eingriffs zu (→ § 45 Rn 62 ff). Andererseits lassen sich Regelungen, die im *Privatrecht* ihre Ausprägung gefunden haben (wie die Bestimmungen über das Schuldverhältnis, die Aufrechnung oder den Bereicherungsanspruch) wegen der Problematik einer Übertragung in das öffentliche Recht und einer Analogie zu Lasten Privater wohl nur dann im öffentlichen Recht auf eine gesicherte Grundlage stellen, wenn eine gewohnheitsrechtliche Anerkennung angenommen wird (Rn 12). Stets bedacht werden muss, dass sich auch Gewohnheitsrecht wandeln kann. So haben die Gerichte früher die Befugnis der Verwaltung zur Inanspruchnahme der Handlungsform des Verwaltungsaktes auch auf Gewohnheitsrecht gestützt.[270] Ein so weit reichendes, den Parlamentsvorbehalt ersetzendes Gewohnheitsrecht lässt sich aber zumindest heute nicht mehr ausmachen (→ § 22 Rn 27 ff).[271]

f) *Richterrecht.* Richter haben in Wahrnehmung ihres Rechtsschutzauftrags die Auf- **63** gabe, das Recht im Streitfall letztverbindlich auszulegen (Rn 14), zu konkretisieren (Rn 15) und anzuwenden (Rn 15). Ihre Entscheidungen reichen oftmals über den Einzelfall hinaus[272], weil sie die künftige Judikatur bestimmen und die Praxis anleiten.[273]

[265] Vgl *Ruffert* (Fn 5) § 17 Rn 111. Näher zum Ganzen *Witthohn* Gewohnheitsrecht als Eingriffsermächtigung, 1997 (idR ist dem Gesetzesvorbehalt Genüge getan).

[266] BVerfGE 32, 54, 75.

[267] Vgl BVerfGE 71, 108, 115; 73, 206, 235; 92, 1, 12.

[268] BVerfGE 29, 183, 195 f; *Dürig* in: Maunz/ders, GG, Art 104 Rn 15.

[269] Vgl BVerfGE 22, 114, 121; 34, 293, 303; 76, 171, 188.

[270] Vgl BVerwGE 19, 243, 245.

[271] Vgl auch *Ehlers* Verw 31 (1998) 53, 58 f; *dens* Verw 37 (2004) 255, 267.

[272] Eine Präjudizienbindung wie im anglo-amerikanischen Rechtsraum ist in Deutschland nicht anerkannt. Vgl aber *Kriele* Theorie der Rechtsgewinnung, 2. Aufl 1976, 243 ff: Präsumptive im Gegensatz zu strikter Verbindlichkeit (Vermutung zugunsten des Präjudizes).

[273] Im Steuerrecht wird dagegen die Finanzverwaltung oftmals angewiesen, eine Entscheidung des BFH über einen entschiedenen Fall hinaus nicht anzuwenden (vgl BT-Drucks 15/4614). Zur

Das gilt auch dann, wenn sie keine Gesetzeskraft oder allgemein verbindliche Wirkungen entfalten (wie in den Fällen der §§ 31 II BVerfGG, 47 V 2 VwGO), sondern nur inter partes gelten. So löst die Abweichung der Verwaltung von der höchstrichterlichen Rechtsprechung ohne neue und gewichtige Gründe im Schadensfall die Amtshaftung aus.[274] Will ein Spruchkörper von der vorliegenden Rechtsprechung eines mindestens gleichwertigen Spruchkörpers abweichen, kann er zur Vorlage an ein Bundesgericht[275] oder zur Anrufung des Großen Senats[276] respektive des Gemeinsamen Senats der obersten Gerichtshöfe des Bundes[277] verpflichtet sein. Rechtsauslegung, -konkretisierung und -anwendung sind von der Rechtsetzung zu unterscheiden, mag die Grenze auch schwer zu ziehen sein, weil die Richter auch in den zuerst genannten Fällen nicht nur als „bouche de la loi" (Montesquieu) fungieren und Rechtsanwendung stets Rechtsverwirklichung innerhalb mehr oder weniger weiter subjektiver Divergenzspannen ist[278]. Ob Richterrecht, dh Rechtsnormen, die in der gesetzlichen Rechtsordnung nicht enthalten, sondern von den Gerichten im Wege der *Rechtsfortbildung* geschaffen worden sind, eine eigenständige „Rechtsquelle" darstellt, ist umstritten. Das Völkerrecht ist eher zurückhaltend, weil Gerichtsentscheidungen nur als Hilfsmittel zur Feststellung von Rechtsnormen dienen sollen (Rn 21). Dagegen spielt die richterliche Rechtsfortbildung im Unionsrecht eine herausragende Rolle (Rn 29). Im innerstaatlichen Rechtskreis fehlt eine Regelung, wie sie Art 1 S 2 des Schweizerischen Zivilgesetzbuchs trifft („Kann dem Gesetz keine Vorschrift entnommen werden, so soll das Gericht nach Gewohnheitsrecht und, wo auch ein solches fehlt, nach der Regel entscheiden, die es als Gesetzgeber aufstellen würde").

64 Das Bundesverfassungsgericht hat Richterrecht anerkannt und davon gesprochen, dass es die Aufgabe der Rechtsprechung erfordern könne, Wertvorstellungen, die der verfassungsmäßigen Rechtsordnung immanent, aber in den Texten der geschriebenen Gesetze nicht oder nur unvollkommen zum Ausdruck gelangt seien, in einem Akt des bewertenden Erkennens, dem auch willenshafte Elemente nicht fehlen, ans Licht zu bringen und in Entscheidungen zu realisieren. Die richterliche Entscheidung schließe dann die Lücke nach den Maßstäben der praktischen Vernunft und den „fundierten allgemeinen Gerechtigkeitsvorstellungen der Gemeinschaft".[279] Dem hat sich die Literatur zumeist angeschlossen.[280] Auch die Prozessordnungen nehmen auf die richterliche „Fortbildung des Rechts" Bezug.[281] Doch ist die richterliche Rechtsfortbildung in mehrfacher Hinsicht begrenzt. Zum einen sind die Gerichte nach Art 20 III GG an das Gesetz (und damit insbesondere auch an die Verfassungsgesetze) gebunden.[282] Das lässt

rechtlichen Zulässigkeit vgl *Ossenbühl* AöR 92 (1976) 478 ff; *Lange* NJW 2002, 3657 ff; *Wieland* DStR 2004, 1 ff; *Pezzer* DStR 2004, 525 ff; *Spindler* DStR 2007, 1061 ff.

274 *Ossenbühl* StHR, 50.

275 Vgl zB 121 II GVG.

276 Vgl zB §§ 11, 12 VwGO.

277 Vgl Gesetz v 19.6.1968, BGBl I, 661.

278 *Rupp* VVDStRL 34 (1976) 287.

279 So BVerfGE 34, 269, 287 m Hinw auf BVerfGE 9, 338, 349.

280 Vgl *Kirchhof* in: Starck/Drath (Hrsg), Bundesverfassungsgericht und Grundgesetz II, 1976, 50, 98 ff; *Jestaedt* in: Erbguth/Masing (Hrsg), Die Bedeutung der Rechtsprechung im System der Rechtsquellen: Europarecht und nationales Recht, 2005, 25, 46.

281 Vgl zB die §§ 11 IV VwGO, 132 IV GVG.

282 Vgl auch BVerfGE 96, 375, 394.

eine richterliche Rechtsfortbildung nur im Falle des Bestehens einer Lücke zu und schließt insbesondere eine Fortbildung contra legem (bei Konkretisierung verfassungsrechtlicher Vorgaben contra constitutionem) jedenfalls idR aus.[283] Zum anderen vermag Richterrecht den Gesetzesvorbehalt nicht zu ersetzen.[284] Teilweise wird dafür plädiert, nur eine Rechtsfortbildung oberster Gerichte zuzulassen.[285]

g) *Verwaltungsvorschriften*[286]. (1) *Begriff und Funktion.* Das Verwaltungshandeln wird nachhaltig durch Verwaltungsvorschriften gesteuert.[287] Unter Verwaltungsvorschriften sind abstrakt-generelle Regelungen innerhalb der Verwaltungsorganisation von übergeordneten Verwaltungsinstanzen oder Vorgesetzten an nachgeordnete Stellen oder Amts- respektive Organwalter zu verstehen.[288] Da juristische Personen des öffentlichen Rechts nicht impermeabel sind (Rn 35), wird der Rechtssatzcharakter der Verwaltungsvorschriften heute allgemein anerkannt. Terminologisch werden die Verwaltungsvorschriften zum Teil von den (Außen-)Rechtsnormen abgegrenzt.[289] Eine Notwendigkeit, den Begriff der Rechtsnorm für Außenrechtssätze zu reservieren, besteht indessen nicht (zumal auch Parlamentsgesetze – wie die Haushaltsgesetze – nur Innenrecht regeln und Verwaltungsvorschriften uU Außenrecht setzen können). In der Verwaltungspraxis wird statt von Verwaltungsvorschriften auch von Richtlinien, Erlassen, Rundverfügungen etc gesprochen. Funktionell sollen die Verwaltungsvorschriften die Organisation und das Handeln der Verwaltung näher bestimmen. Die *Organisationsvorschriften* beziehen sich auf die innere Gliederung der Verwaltung und den Dienstbetrieb.[290] Besondere Organisationsvorschriften stellen die Geschäftsordnungen von Kollegialorganen dar (wie zB die Geschäftsordnungen der Gemeindevertretungen oder der Senate staatlicher Universitäten), welche die Organisation und den Verfahrensablauf innerhalb dieser Organe mit bindender Wirkung nur für die Organmitglieder regeln.[291] Das Handeln der Verwaltung wird durch *verhaltenslenkende Verwaltungsvorschriften* gesteuert. Sie lassen sich in ermessenslenkende, norminterpretierende und normkonkretisierende Regelungen einteilen. Die *ermessenslenkenden* Vorschriften regeln, ob und ggf wie von einem Gestaltungsspielraum der Verwaltung Gebrauch gemacht werden soll, die *norminterpretierenden* bestimmen die Auslegung der gesetzlichen Rechtsnormen und die *normkonkretisierenden* füllen unbestimmte Rechtsbegriffe oder unvollständige Normen aus (Rn 68; näher → § 20 Rn 22). Den genannten Arten verhaltenslenkender Verwaltungsvorschriften lassen sich auch die sog gesetzesvertretenden Regelungen (wie zB die nicht auf einer gesetzlichen Ermächtigung beruhenden Subventionsrichtlinien), die internen Anstalts- und Benutzungsregelungen für 65

283 Vgl auch BVerfGE 69, 315, 369.
284 Wie hier *Ruffert* (Fn 5) § 17 Rn 110. Vgl auch BVerfGE 34, 269, 286 ff; 96, 375, 393 ff; 98, 48, 59 f.
285 *Classen* JZ 2007, 53 ff.
286 Näher dazu → § 20 Rn 16 ff.
287 Zu den Verwaltungsvorschriften des Bundes vgl das Bestandsverzeichnis unter www.verwaltungsvorschriften-im-internet.de.
288 Vgl auch *Ossenbühl* in: Isensee/Kirchhof V, § 104 Rn 4; *Remmert* Jura 2004, 728 ff.
289 Vgl BVerwGE 58, 45, 49; *Jarass* JuS 1999, 105; *Maurer* Allg VwR, § 24 Rn 3. Vgl auch BVerwGE 107, 338, 340.
290 Vgl *Ossenbühl* in: Isensee/Kirchhof V, § 104 Rn 19 ff; → § 7 Rn 4 ff.
291 Vgl *Ehlers* in: Püttner/Mann (Hrsg), Handbuch der kommunalen Wissenschaft und Praxis, 3. Aufl 2006, § 21 Rn 45 f.

Verwaltungseinrichtungen[292] sowie die der Sachverhaltsermittlung dienenden Pauschalierungs- und Typisierungsrichtlinien[293] zuordnen.

66 (2) *Geltungsgrund der Verwaltungsvorschriften.* Bei den Verwaltungsvorschriften kann es sich um intra- oder intersubjektive Regelungen handeln. Die „normalen" *intrasubjektiv*en Vorschriften entfalten ihre Wirkung innerhalb eines Verwaltungsträgers, die *intersubjektiv*en Bestimmungen richten sich an die Amtswalter eines anderen Verwaltungsträgers. Die Befugnis zum Erlass von intrasubjektiven Verwaltungsvorschriften vermittelt die exekutive Organisations-, Geschäftsleitungs- und Dienstgewalt[294], welche die Verwaltungsspitze zur Ordnung und Leitung ihres Geschäftsbereichs und damit insbesondere auch zur Verhaltenssteuerung nachgeordneter Stellen und Amtswalter ermächtigt. Die Rechtsgrundlage für intersubjektive Verwaltungsvorschriften im Bund-Länder-Verhältnis stellen die Art 84 II, 85 II GG dar. Zulässig sind nur Vorschriften der Bundesregierung mit Zustimmung des Bundesrates.[295] Im Übrigen bedarf der Erlass intersubjektiver Verwaltungsvorschriften einer gesetzlichen Ermächtigungsgrundlage.[296]

67 (3) *Bindungswirkungen der Verwaltungsvorschriften.* (a) *Innenwirkung.* Nach herkömmlicher und nach wie vor hM (→ § 20 Rn 19) entfalten die Verwaltungsvorschriften grundsätzlich nur verwaltungsinterne Bindungswirkungen, weil sie sich nur an nachgeordnete Stellen oder Amtswalter wenden. Eine lediglich interne Bindungswirkung wird auch den intersubjektiven Verwaltungsvorschriften zugesprochen, obwohl verschiedene Verwaltungsträger betroffen sind.[297] Jedoch ist zu differenzieren. Wenn das Grundgesetz von (intersubjektiven) Verwaltungsvorschriften spricht, sind damit nur Normen gemeint, die nicht auf unmittelbare Rechtswirkungen nach außen gerichtet sind.[298] Vorbehaltlich abweichender Gesetzesbestimmungen kommen ferner denjenigen Verwaltungsvorschriften lediglich interne Wirkungen zu, die (sonstige) Auftragsangelegenheiten (zB zwischen Land und Kommunen) betreffen. Dies lässt sich auf die Institutionen- oder Organleihe der in die Pflicht genommenen Verwaltungsträger respektive Organwalter (im Beispielsfall: den Kommunen oder Hauptverwaltungsbeamten) und das regelmäßig unbeschränkte Weisungsrecht des die Wahrnehmung seiner Aufgaben übertragenen Verwaltungsträgers (im Beispielsfall: des Landes) zurückführen. Handelt es sich dagegen um Pflichtaufgaben zur Erfüllung nach Weisung und werden diese Aufgaben vom Staat den Kommunen als Selbstverwaltungsaufgaben übertragen[299], dürfte es sich bei den allgemeinen Weisungen[300] in Wahrheit nicht um (interne) „Verwaltungsvorschriften", sondern um (externe) Allgemeinverfügungen han-

[292] Zur Zeit der Anerkennung besonderer Gewaltverhältnisse (→ § 6 Rn 20) wurden die diesbezüglichen Regelungen zT aus der Kategorie der Verwaltungsvorschriften ausgeschieden und der eigenständigen Regelungsgattung „Sonderverordnungen" zugewiesen. Ablehnend hierzu bereits *Erichsen* FS Wolff, 1973, 231 ff; ferner → § 19 Rn 12.

[293] Vgl *Vogel* FS Thieme 1993, 605 ff.

[294] *Jarass* JuS 1999, 105, 106.

[295] Zur Unzulässigkeit ministerieller Verwaltungsvorschriften (mit Zustimmung des Bundesrates) vgl BVerfGE 100, 249, 261.

[296] Vgl auch *Erichsen/Klüsche* Jura 2000, 540, 542.

[297] Vgl *Jarass* JuS 1999, 105, 106.

[298] Vgl BVerfGE 100, 249, 258.

[299] Str. Für Selbstverwaltungscharakter zB VerfGH NRW VBl 1985, 685, 687; VfG Bbg NVwZ-RR 1997, 352; OVG NRW NWVBl 1995, 300, 301; AA zB *Schmitt-Kammler* FS Stern, 1997, 763 ff.

[300] ZB nach § 9 IIa OBG NRW.

deln; es sei denn, dass sich aus dem Gesetz etwas anderes ergibt. Keinerlei Auswirkungen zugunsten oder zu Lasten des Bürgers sowie gegenüber den Gerichten kommt bei Zugrundelegung der hM prinzipiell den *norminterpretierenden* (dh das Gesetz auslegenden) *Verwaltungsvorschriften* zu.[301] Maßgeblich ist allein das Gesetz, nicht seine Deutung durch die Verwaltungsvorschrift. Anders stellt sich die Rechtslage dar, wenn die (norminterpretierenden oder ermessenslenkenden) Verwaltungsvorschriften die Ausübung eines Beurteilungs- oder Ermessensspielraums der Verwaltung determinieren. Insoweit kann den Verwaltungsvorschriften *mittelbar* eine *Außenwirkung* zukommen, wenn und soweit sie durch ständige Anwendung die Verwaltungspraxis steuern. Die Bürger können sich dann darauf berufen, dass die Verwaltung gem Art 3 I GG von der durch die Verwaltungsvorschrift begründeten – rechtmäßigen[302] – Praxis nur abweichen darf, wenn hierfür ein hinreichender Grund besteht (etwa ein atypischer Fall gegeben ist). Ansonsten haben die Bürger wegen der Selbstbindung der Verwaltung einen Anspruch auf Gleichbehandlung. Anknüpfungspunkt und gerichtlicher Kontrollmaßstab für die Gleichheitsprüfung sind indessen nicht die Verwaltungsvorschriften, sondern die ständige Verwaltungspraxis.[303] Wurde die Verwaltungsvorschrift zwar erlassen, gibt es aber noch keine Verwaltungspraxis, behilft sich die Rechtsprechung mit der Vermutung der künftigen Anwendung der Verwaltungsvorschrift (sog antizipierte Verwaltungspraxis).[304] Statt an die Verwaltungspraxis iVm Art 3 I GG anzuknüpfen, wird die mittelbare Außenwirkung von Verwaltungsvorschriften im Schrifttum teilweise auch unmittelbar aus Art 3 I GG[305] sowie aus dem Vertrauensschutzgrundsatz[306] hergeleitet.

(b) *Außenwirkung*. Nach der Rechtsprechung soll der Grundsatz, dass Verwal- **68**
tungsvorschriften keine unmittelbare Außenwirkung entfalten, nicht für die *normkonkretisierenden Verwaltungsvorschriften* gelten. So sind zur Konkretisierung schädlicher Umwelteinwirkungen iSd § 3 BImSchG nach Anhörung der beteiligten Kreise (§ 51 BImSchG) die Technischen Anleitungen „Luft“ und „Lärm“ auf der Grundlage des § 48 BImSchG als Verwaltungsvorschriften erlassen worden. Die Gerichte haben die Technischen Anleitungen zunächst als antizipierte Sachverständigengutachten eingestuft[307], ihnen seit Mitte der neunziger Jahre aber unmittelbare Bindungswirkung gegenüber den Gerichten[308] und Bürgern[309] zuerkannt. Drittbetroffene sollen die Ein-

301 Vgl *Ossenbühl* in: Isensee/Kirchhof V, § 104 Rn 24; *Maurer* Allg VwR, § 24 Rn 29. *Erichsen* FS H. W. Kruse, 2001, 39, 51 f. Ferner *Rogmann*, Die Bindungswirkung von Verwaltungsvorschriften, 1998, 180 ff, 185 ff, der auf die Letztentscheidungsbefugnis der Verwaltung abstellt.

302 Vgl *Remmert* Jura 2004, 728, 730 m Fn 24.

303 BVerwG NJW 1996, 1766, 1767; BVerwGE 104, 220, 223; *Lerche* in: Maunz/Dürig, GG, Art 84 Rn 101; *Erichsen/Klüsche* Jura 2000, 540, 545; *Ossenbühl* in: Isensee/Kirchhof V, § 104 Rn 65; vgl auch BVerwG NVwZ 2003, 1384, 1385, das erwägt, ob sich Gleichheitsverstöße auch ohne Feststellung einer entgegenstehenden Praxis aus der Verletzung einer absolut eindeutigen und unmissverständlichen Richtlinienbestimmung ergeben können → JK VwVfG § 48 I/26.

304 Vgl BVerwGE 19, 48, 55; 52, 193, 199; BVerwG DVBl 1982, 195, 197; *Maurer* Allg VwR, § 24 Rn 22; *Uerpmann* Bay VBl 2000, 705, 706. Abl zB *Erichsen/Klüsche* Jura 2000, 540, 546.

305 Vgl *Bumke* Relative Rechtswidrigkeit, 2004, 138 ff; → § 20 Rn 21

306 Vgl *Jarass* JuS 1999, 105, 108; *Erichsen/Klüsche* Jura 2000, 540, 546.

307 Vgl BVerwGE 55, 250, 256 ff; grundl *Breuer* DVBl 1978, 34 ff.

308 Grundlegend BVerwGE 72, 300, 315 f. Vgl ferner BVerwG DVBl 1995, 516, 517; BVerwGE 107, 338, 341; 114, 342 ff.

309 BVerwG NuR 1996, 522, 523.

haltung nachbarschützender Vorschriften der Technischen Anleitungen einklagen können.[310] Die Außenwirkung normkonkretisierender Verwaltungsvorschriften ist nicht nur im Umwelt- und Technikrecht[311], sondern auch in anderen Rechtsgebieten anerkannt worden. So werden zB auch die beamtenrechtlichen Beihilfevorschriften[312] und die Vorschriften zur Pauschalierung der Sozialhilfe[313] als normkonkretisierende Verwaltungsvorschriften eingestuft.

69 Ein Teil der Literatur stimmt dieser Rechtsprechung zu oder plädiert dafür, eine unmittelbare Außenwirkung von Verwaltungsvorschriften grundsätzlich oder jedenfalls weitgehend anzuerkennen (→ § 20 Rn 19).[314] Doch stellt sich bereits die Frage nach der *verfassungsrechtlichen Zulässigkeit* einer originären Außenrechtsetzungsbefugnis der Verwaltung. Die Rechtsetzung ist grundsätzlich Aufgabe der Legislative. Dem Grundgesetz lässt sich jedenfalls nicht ausdrücklich entnehmen, dass die Verwaltung auch durch den Erlass von Verwaltungsvorschriften unmittelbar Außenrecht setzen darf. Die wesentlichen Entscheidungen müssen ohnehin vom parlamentarischen Gesetzgeber selbst getroffen werden (Rn 40 f).[315] Ist der Gesetzgeber bereits tätig geworden, wäre es eine Umgehung des Art 80 I GG und der entsprechenden Landesverfassungsbestimmungen, wenn die Verwaltung ohne Bindung an die verfassungsrechtlichen Vorgaben außenwirksames Recht schaffen dürfte. Ob es ein Bedürfnis für die Anerkennung einer administrativen Außenrechtsetzung im gesetzesfreien Raum gibt, ist zweifelhaft. Soll die Verwaltungsvorschrift auch in solchen Fällen nicht oder nur eingeschränkt einer gerichtlichen Kontrolle unterliegen, stellt sich die Frage nach der normativen Ermächtigungsgrundlage.[316] Im Übrigen sind die *Bindungswirkungen* von Verwaltungsvorschriften mit Außenwirkung gegenüber den Gerichten und Bürgern bisher vage geblieben. Zumeist wird es gerade als Vorzug der Verwaltungsvorschriften angesehen, dass diese im Gegensatz zu den Parlamentsgesetzen, Verordnungen und Satzungen keine stabile, sondern „eine labile und gegenüber Erkenntnisfortschritten offene Wirkung" haben, „die sich in einer Regelvermutung ausdrückt, im atypischen Fall oder durch neue Entwicklungen aber ausgeräumt werden kann".[317] Nur dann werde auch die grundge-

[310] BVerwG NuR 1996, 522, 523.

[311] Vgl auch BVerwGE 72, 300, 320; 107, 338, 340 ff → JK AllgVerwR/1.

[312] Vgl BVerwGE 119, 265 → JK SG § 30 I/1.

[313] BVerwGE 122, 264 → JK GG Art 20 III/41.

[314] Vgl bereits *Vogel* VVDStRL 24 (1966), 125, 162 f; *dens* FS Thieme, 1993, 605, 608. Aus neuerer Zeit *Schmidt-Aßmann* FS Vogel, 2000, 477, 491 ff; *Uerpmann* BayVBl 2000, 705 ff; *Leisner* JZ 2002, 219 ff; *Wahl* FG 50 Jahre BVerwG, 2003, 571 ff; *Ossenbühl* in: Isensee/Kirchhof V, § 104 Rn 48 ff; *Baars* (Fn 175). AA *Ipsen* VVDStRL 48 (1989) 177, 191; *Wolf* DÖV 1992, 849, 852 ff; *Erichsen/Klüsche* Jura 2000, 540, 548.

[315] Deshalb hat das BVerwG zu Recht entschieden, dass die als Verwaltungsvorschriften erlassenen Beihilfevorschriften des Bundes für die Beamten nicht den Anforderungen der verfassungsrechtlichen Gesetzesvorbehalts genügen und nur noch für eine Übergangszeit anwendbar sind (E 121, 103 → JK GG Art 20 III/40).

[316] Allg zum Erfordernis einer normativen Ermächtigung für Ausnahmen von dem Grundsatz vollständiger richterlicher Rechtskontrolle *Schmidt-Aßmann* in: Maunz/Dürig, GG, Art 19 IV Rn 185 ff.

[317] *Schmidt-Aßmann* Ordnungsidee, 6. Kap Rn 90. Vgl auch BVerwG NVwZ 1995, 994; NuR 1996, 522, 523; NVwZ-RR 1997, 279; *Ossenbühl* in: Isensee/Kirchhof V, § 104 Rn 61. AA *Remmert* Jura 2004, 728, 733 mit Hinw darauf, dass es ebenso wie bei Gesetzen nur um die Bestimmung des Anwendungsbereichs und die Auslegung der Verwaltungsvorschrift geht. Vgl auch *Maurer* Allg VwR, § 24 Rn 26.

setzliche Differenzierung zwischen Verordnungen und Verwaltungsvorschriften verständlich.[318] Wenn Flexibilität gewollt ist, kann dies indessen ohne weiteres auch im Gesetzes-, Verordnungs- und Satzungsrecht (etwa durch bloße Regelbestimmungen, Dispensvorschriften usw) zum Ausdruck gebracht werden. Wegen der geringeren und nicht hinreichend vorhersehbaren Bindungswirkungen hat der EuGH entschieden, dass die Verwaltungsvorschriften kein taugliches Instrument für die Umsetzung von EU-Richtlinien sind (→ § 5 Rn 13). Nach der hier vertretenen Ansicht sollten Verordnungen oder Satzungen anstelle von Verwaltungsvorschriften mit außenwirksamem Verbindlichkeitsanspruch zum Einsatz kommen (→ vgl § 20 Rn 20).

(c) *Innen- und Außenwirkung.* Teilweise entfalten Innenrechtsnormen sowohl Innen- als auch Außenrechtswirkungen. So kommt Flächennutzungsplänen, dh vorbereitenden Bauleitplänen (§ 1 II BauGB), aus sich heraus keine unmittelbare rechtliche Bindungswirkung gegenüber Außenstehenden zu.[319] Doch erweitert § 35 III 1 Nr 1 BauGB die Wirkung flächennutzungsplanerischer Darstellungen, indem er sie zu öffentlichen Belangen erklärt, die einem Außenbereichsvorhaben entgegenstehen können. Nach § 35 III 3 BauGB können öffentliche Belange einem Vorhaben idR auch dann entgegenstehen, soweit hierfür durch Darstellungen im Flächennutzungsplan eine Ausweisung an anderer Stelle erfolgt ist. Damit kommt dem Flächennutzungsplan jedenfalls insoweit Außenwirkung gegenüber Bauantragstellern und Vorhabenträgern zu. Das Bundesverwaltungsgericht hat daraus den Schluss gezogen, dass Darstellungen im Flächennutzungsplan mit den Rechtswirkungen des § 35 III 3 BauGB in entsprechender Anwendung des § 47 I Nr 1 VwGO der (prinzipalen) Normenkontrolle unterliegen.[320] **70**

(4) *Verfahren zum Erlass von Verwaltungsvorschriften.* Verwaltungsvorschriften werden von der Stelle erlassen, bei welcher die Organisations-, Geschäftsleitungs- oder Dienstgewalt konzentriert ist (regelmäßig der Verwaltungsspitze). Das Verfahren kann so ausgestaltet sein, dass es der Mitwirkung anderer Stellen oder Kreise (zB des Bundesrates, der Vertreter von Wissenschaft, der Betroffenen usw) bedarf (→ § 20 Rn 23). Nach der Rechtsprechung genügt es, wenn Verwaltungsvorschriften verwaltungsintern bekannt gegeben worden sind.[321] Dagegen müssen Verwaltungsvorschriften mit unmittelbarer Außenwirkung so publiziert werden, dass die Betroffenen sie zur Kenntnis nehmen können.[322] Solche Vorschriften unterliegen auch einer Normenkontrolle nach § 47 VwGO, soweit das Landesrecht dies vorsieht (Rn 133).[323] **71**

h) *Privatrechtliche Rechtsetzungsakte der Verwaltung.* Der Erlass von Rechtsätzen durch die Verwaltung ist grundsätzlich ein Akt des öffentlichen Rechts. Doch kann die Verwaltung in bestimmten Fällen auch auf der Grundlage des Privatrechts rechtsetzend tätig werden. So sind die in Art 9 III GG geschützten Koalitionen zum Abschluss von – sich als Rechtsnormen darstellenden[324] – Tarifverträgen berechtigt.[325] Da die tarifvertragliche Normensetzung dem Privatrecht unterfällt und es im Hinblick auf die Rechtsnatur keinen Unterschied ausmacht, ob der Tarifvertrag zwischen privaten Tarifver- **72**

318 *Jarass* JuS 1999, 105, 110.
319 BVerwGE 68, 311, 313 ff; 77, 300, 305; 124, 122, 141.
320 Vgl BVerwGE 128, 382 → JK VwGO § 47/3; *Ehlers* in: ders/Schoch, Rechtsschutz, § 27 Rn 32 f.
321 BVerwGE 104, 220, 223 f → JK Allg VerwR, Verwaltungsvorschrift/2.
322 Vgl BVerwG NVwZ 2005, 602 → JK GG Art 20 III/41.
323 Vgl BVerwGE 94, 335, 338 → JK VwGO § 47/20.
324 Vgl § 4 I TVG.
325 Vgl BVerfGE 84, 212, 224 f.

tragsparteien oder einem staatlichen Verwaltungsträger und einer privaten Tarifvertragspartei abgeschlossen wird, sind auch die tarifvertraglichen Normsetzungsakte für die Angestellten und Arbeiter des öffentlichen Dienstes privatrechtlich zu beurteilen.[326] Nichts anderes gilt für die an die Angestellten und Arbeiter des öffentlichen Dienstes nicht in ihrer Eigenschaft als Amtswalter, sondern als Außenrechtssubjekte gerichteten generellen Weisungen: etwa in Gestalt von Verwaltungsanordnungen iSd § 78 I 1 BPersVG.[327] Schließlich können die privatrechtlich organisierten Verwaltungsträger privatrechtliche Betriebsvereinbarungen mit normativer Wirkung abschließen[328] oder privatrechtliche Satzungen – zB in Gestalt einer Vereinssatzung (§ 25 BGB) oder einer Satzung für eine Aktiengesellschaft (§ 23 AktG) – erlassen.

73 i) *Privat gesetztes Recht.* Wie sich aus den vorstehenden Ausführungen ergibt, können auch Private allein Recht setzen.[329] Dieses dürfte für die Verwaltung idR kaum relevant sein. Anderes gilt für die von der privaten Rechtsetzung zu unterscheidende *Beteiligung Privater an der staatlichen Rechtsetzung*. Zum einen kann der Staat privat erarbeitete Regelwerke (Vereinbarungen, Standards, Empfehlungen) anerkennen oder als Grundlage einer gesetzlichen Vermutung in Bezug nehmen und auf diese Weise in das staatlich gesetzte und verantwortete Recht inkorporieren. Solche Fallgestaltungen kommen vor allem im Technik- und Umweltrecht, mehr und mehr aber auch in anderen Rechtsgebieten vor.[330] So knüpft das staatliche Sicherheitsrecht in einem weiten Umfange an die von dem Deutschen Institut für Normung (DIN), dem Verband Deutscher Elektrotechniker (VDE), dem Verband Deutscher Ingenieure (VDI) oder ähnlichen Organisationen erlassenen Normen an.[331] Entsprechender Mechanismen bedient sich das Unionsrecht (→ § 5 Rn 64 ff) und das WTO-Recht.[332] Zulässig sind statische und normkonkretisierende Verweisungen mit widerlegbarer Vermutung, nicht dagegen dynamische Verweisungen.[333] Zum anderen arbeiten private Sachverständige oder Interessenvertreter fakultativ oder obligatorisch an der Setzung von Normen mit, welche der Staat erlässt.[334] So ist das zur Überwindung der im Jahre 2008 einsetzenden Finanz- und Wirtschaftskrise erlassene Finanzmarktstabilisierungsgesetz von Anwalts-

[326] Vgl *Ehlers* Verwaltung in Privatrechtsform, 1984, 423 f. Eine Allgemeinverbindlichkeitserklärung von Tarifverträgen (§ 5 TVG) qualifiziert das BVerfG als Rechtsetzungsakt eigener Art zwischen autonomer Regelung und staatlicher Rechtsetzung, der seine eigenständige Grundlage in Art 9 III GG findet, vgl BVerfGE 44, 322, 341.

[327] Näher dazu *Ehlers* (Fn 326) 424 ff.

[328] Vgl § 77 IV BetrVG. Näher zu dieser Normensetzung *Waltermann* Rechtsetzung durch Betriebsvereinbarung zwischen Privatautonomie und Tarifautonomie, 1996.

[329] Vgl *F. Kirchhof* Private Rechtsetzung, 1987, 107 ff.

[330] Vgl etwa § 342 II HGB. Ferner §§ 32 I 1 Nr 4 LuftVG iVm § 20 II Nr 1 LuftVZO iVm den Regelungen der JAR-FCL der Joint Aviation Authorities (Altersgrenzen für Verkehrspiloten – dazu BVerfG-K GewArch 2007, 149).

[331] Näher zum Ganzen *Marburger* Die Regeln der Technik im Recht, 1979, 208 ff; *Ruffert* (Fn 5) § 17 Rn 86 ff.

[332] Vgl Art 2.4, 2.5 iVm Anhang 1. Nr 2 des Übereinkommens über technische Handelshemmnisse (TBT, ABl EG 1994 L 336/86) und Art 3 des Übereinkommens über die Anwendung gesundheitspolizeilicher und pflanzenschutzrechtlicher Maßnahmen (SPS, ABl EG 1994 L 336/40). Näher dazu *Fischer* Die Behandlung technischer Handelshemmnisse im Welthandelsrecht 2004, 26 ff, 217 ff.

[333] Vgl *Marburger* (Fn 331) 390 ff; Sparwasser/Engel/Vosskuhle, Umweltrecht, 5. Aufl 2003, § 1 Rn 198 ff; Kloepfer/Kohls/Ochsenfahrt, Umweltrecht, 3. Aufl 2004, § 3 Rn 85.

[334] Vgl zB die §§ 7, 48, 51 BImSchG; 7, 12, 23 f, 60 KrW-/AbfG; 14 II GPsG.

kanzleien vorbereitet worden.[335] Der Gesetzgeber oder zumindest die Verwaltung sind im Falle der Beteiligung Privater an der staatlichen Rechtsetzung verpflichtet, sicherzustellen, dass die Transparenz des Verfahrens, die Ausgewogenheit der herangezogenen Personen oder Institutionen, die qualitativen Anforderungen und – im Falle einer Übernahme der erarbeiteten Standards – die Entscheidungsverantwortung der rechtsetzenden staatlichen Organe gewahrt bleiben.[336] Die Abgrenzung zwischen der nicht abgeleiteten Rechtsetzung von Privaten, der privaten Rechtsetzung aufgrund hoheitlicher Ermächtigung und der Beteiligung Privater an der hoheitlichen Rechtsetzung kann sich als problematisch erweisen.[337]

III. Geltungsbereich der Rechtsnormen

Normative Geltung erlangen Rechtsnormen, wenn sie Bindungswirkungen – für die staatlichen Rechtsträger und Organe und/oder die Privaten[338] – entfalten (Rn 4). Die Geltung beruht auf einen Geltungsgrund, der die Verbindlichkeit legitimiert. Er ergibt sich jeweils aus dem höherrangigen Recht, bei der höchsten Normstufe (innerstaatlich zB dem Verfassungsrecht) uU aus außerrechtlichen Axiomen.[339] **74**

1. Normen des internationalen Rechts

a) *Völkerrecht.* (1) *Zeitlicher Geltungsbereich.* Ein *völkerrechtlicher Vertrag* tritt zu **75** dem von den Vertragsparteien bestimmten Zeitpunkt (Art 24 I WVK) oder in Ermangelung einer solchen Bestimmung dann, wenn alle Vertragsparteien ihrer Bindung an den Vertrag zugestimmt haben (Art 24 II WVK), idR ex nunc (Art 28 WVK), in Kraft. Tritt ein Staat einem bereits in Kraft getretenen Vertrag bei, wird dieser für ihn mit der Zustimmungserklärung wirksam (Art 24 III WVK). Das Inkrafttreten wird bei multilateralen Verträgen oft an die Bedingung geknüpft, dass eine bestimmte Zahl von Staaten den Vertrag ratifiziert. *Völkergewohnheitsrecht* gilt mit dem Vorliegen seiner Erzeugungsvoraussetzung (Rn 24). Die allgemeinen Rechtsgrundsätze des Völkerrechts können im Gegensatz zum Gewohnheitsrecht auch durch formlose Anerkennung der Staatengemeinschaft ohne vorherige Übung wirksam werden.[340]

(2) *Räumlicher Geltungsbereich.* Fehlt es an einer anderweitigen Bestimmung, er- **76** streckt sich die Geltung eines völkerrechtlichen Vertrages auf das gesamte Hoheitsgebiet einer Vertragspartei (Art 29 WVK). Das Gewohnheitsrecht beruht auf Staatenpraxis, so dass auch nur diejenigen Völkerrechtssubjekte gebunden werden, die sich der Übung und Rechtsüberzeugung angeschlossen haben. Trifft dieses zu, kann sich ein Staat nicht durch einseitiges entgegenstehendes Verhalten wieder von der gewohnheitsrechtlichen Regelung lösen.[341] Da die *allgemeinen Rechtsgrundsätze* durch Vergleich des innerstaatlichen Rechts der „Kulturvölker" gewonnen werden,[342] ergibt sich hier-

[335] FAZ v 13.08.2008, 2.

[336] Vgl auch *Schmidt-Aßmann* Ordnungsidee, Kap 6 Rn 92, 94.

[337] Vgl zur Beleihung Privater mit Rechtsetzungsbefugnissen *Rennert* JZ 2009, 976 ff.

[338] Vgl auch *Larenz* (Fn 53) 250 ff.

[339] *Kelsen* (Fn 7, 83) spricht von einer Grundnorm. Zur verfassungsgebenden Gewalt → § 6 Rn 2.

[340] *Vitzthum* in: ders (Fn 76) 1. Abschn Rn 145.

[341] Vgl *Vitzthum* in: ders (Fn 76) 1. Abschn Rn 133.

[342] Art 38 Ic IGH-Statut.

aus der räumliche Geltungsbereich. Wegen der souveränen Gleichheit aller Staaten sind heute alle anerkannten Staaten zu den Kulturvölkern zu zählen.[343]

77 (3) *Persönlicher Geltungsbereich.* Adressat der Rechte und Pflichten einer *völkerrechtlichen Übereinkunft* sind die Vertragsparteien. Als solche kommen nur Völkerrechtssubjekte in Betracht. Will die Partei eines multilateralen Vertrages einzelne Regelungen für sich ausschließen, kann sie einen Vorbehalt erklären.[344] Auch kann der Vertrag selbst die Möglichkeit einer nur partiellen Bindung vorsehen. Rechte und Pflichten an ihm nicht beteiligter Völkerrechtssubjekte vermag ein Vertrag nicht zu begründen (Art 35 WVK). Dies trifft prinzipiell auch für die Bürger oder Einwohner der vertragschließenden Staaten zu. So können etwa aus der Welterbekonvention (und den Beschlüssen des Welterbekomitees) keine Rechte Einzelner hergeleitet werden.[345] Jedenfalls zu unbestimmt, um einer Erhebung allgemeiner Studienabgaben entgegengesetzt werden zu können, ist der eine allmähliche Unentgeltlichkeit des Hochschulunterrichts vorschreibende Art 13 IIc) IPwirtR.[346] Doch kann ein Vertrag anderes bestimmen. So lässt sich seit Ende des Zweiten Weltkrieges eine vom Gedanken der Universalität der Menschenrechte ausgehende Stärkung der völkerrechtlichen Stellung des Einzelnen verzeichnen, die zB in der Möglichkeit eines völkerrechtlichen Gerichtsverfahrens gegen den Heimatstaat[347] oder in der Gewährung von Rechten durch die Genfer Flüchtlingskonvention[348] ihren Ausdruck findet.[349] Auch das Völkerwirtschaftsrecht gestattet Privaten zT, andere Staaten zu verklagen (Rn 20). Das *Gewohnheitsrecht* bindet nur diejenigen Völkerrechtssubjekte, die es durch Übung geschaffen haben (vgl aber auch Rn 24). Ausnahmsweise kann ein Entschädigungsanspruch natürlicher Personen aus Gewohnheitsrecht hergeleitet werden. Die *allgemeinen Rechtsgrundsätze* berechtigen und verpflichten ebenfalls grundsätzlich nur Staaten und internationale Organisationen.

78 (4) *Geltung im Europäischen Unionsrecht.* Als Völkerrechtssubjekt ist die Europäische Union sowohl an die von ihr abgeschlossenen völkerrechtlichen Verträge als auch an das Völkergewohnheitsrecht[350] und die allgemeinen Rechtsgrundsätze des Völkerrechts gebunden. Unionsabkommen sind Bestandteil des Unionsrechts (Art 216 II AEUV). Dies heißt noch nicht zwingend, dass sie im Unionsrecht unmittelbar anwendbar sind. So sollen die WTO-Übereinkünfte nach der umstrittenen[351], aber ständigen Rechtsprechung des EuGH nicht zu den Vorschriften gehören, an denen der Gerichtshof die Rechtmäßigkeit von Handlungen der Unionsorgane misst (es sei denn, das Unionsrecht verweist auf das WTO-Recht).[352] Dies soll selbst dann gelten, wenn die

343 Vgl *Vitzthum* in: ders (Fn 76) 1. Abschn Rn 143; *Heintschel v Heinegg* in: Ipsen (Fn 6) § 17 Rn 2.

344 Art 19 ff WVK.

345 Vgl auch BVerfG-K DVBl 2007, 901 Rn 34 ff.

346 Vgl BVerwG DVBl 2009, 1055; OVG NRW DVBl 2007, 1394 → JK 4/08, GG Art 12 I/86.

347 Vgl Art 34 EMRK.

348 Abkommen über die Rechtsstellung der Flüchtlinge, BGBl 1953 II, 560 (Sart II Nr 8).

349 Näher dazu *Hailbronner* in: Vitzthum (Fn 76) 3. Abschn Rn 18.

350 Vgl zB EuGH Slg 1998, I-3655 Rn 45 – Racke.

351 Vgl statt vieler *Herdegen* Europarecht, 10. Aufl 2008, § 29 Rn 9 ff, *Stoll/Schorkopf* WTO – Welthandelsordnung und Welthandelsrecht, 2002, Rn 679 ff; *Weiß/Hermann* Welthandelsrecht, 2. Aufl 2007, Rn 129 ff.

352 Vgl EuGH Slg 1994, I-4973, Rn 9 f – Deutschland/Rat; Slg 1999, I-8395, Rn 40 – Portugal/Rat → JK EGV Art 300/1.

Verletzung des WTO-Rechts durch einen Unionsrechtsakt von den Streitbeilegungsorganen der WTO festgestellt worden ist.[353]

(5) *Geltung im innerstaatlichen Recht.* Soll das Völkerrecht in der innerstaatlichen Rechtsordnung gelten, muss es nach den herrschenden dualistischen Theorien zum Verhältnis von Völkerrecht und innerstaatlichem Recht[354] in das innerstaatliche Recht überführt werden.[355] *Völkerrechtliche Verträge*, welche politische Beziehungen[356] regeln oder sich auf Gegenstände der Bundesgesetzgebung beziehen, bedürfen eines Zustimmungsgesetzes (Art 59 II 1 GG), Verwaltungsabkommen (Rn 22) einer administrativen Anerkennung oder eines Umsetzungsaktes (zB einer Verordnung oder – bei fehlender Verpflichtung zur innerstaatlichen Rechtsetzung – einer Verwaltungsvorschrift). Da es in Art 59 II GG um den Gegensatz von Gesetzgebung und Verwaltung geht, ist ein Gegenstand der Bundesgesetzgebung auch gegeben, wenn die Durchführung des Vertrages ein Landesgesetz erfordert, sofern die Abschlusskompetenz des Bundes (Art 32 GG) gegeben ist.[357] Nach der Transformationslehre erlangt Völkerrecht dadurch innerstaatliche Geltung, dass es durch einen nationalen Geltungsbefehl (etwa das Zustimmungsgesetz zu einem völkerrechtlichen Vertrag) in nationales Recht umgeformt wird und als innerstaatliches Recht anzuwenden ist. Demgegenüber führt der innerstaatliche Geltungsbefehl nach der Vollzugslehre nur dazu, dass völkerrechtliche Normen von innerstaatlichen Organen angewendet werden, ohne ihren Charakter als Völkerrecht zu verlieren.[358] Vorzuziehen ist die zuletzt genannte Ansicht, weil völkerrechtliche Verträge nach völkerrechtlichen Regeln auszulegen sind und ein völkerrechtlicher Vertrag nur solange innerstaatlich anzuwenden ist, als er völkerrechtlich gilt. Jedenfalls das universal geltende *Völkergewohnheitsrecht* sowie die *allgemeinen Rechtsgrundsätze* des Völkerrechts sind zu den allgemeinen Regeln des Völkerrechts zu rechnen, die gem Art 25 S 1 GG Bestandteil des Bundesrechtes sind.[359] Vielfach wird auch das partikuläre oder regionale Völkergewohnheitsrecht hierzu gezählt.[360] **79**

b) *Europäisches Unionsrecht.* (1) *Zeitlicher Geltungsbereich.* Die Verträge der Europäischen Union und der Europäischen Atomgemeinschaft gelten „auf unbegrenzte Zeit"[361]. Da die Mitgliedstaaten die Herren der Verträge geblieben sind[362], muss es die Möglichkeit geben, aus der Union auszutreten. Dies sieht nunmehr Art 50 EUV vor. Für neu beitretende Staaten richtet sich der Zeitpunkt des Inkrafttretens nach der Beitrittsakte. Vertragsänderungen treten nach den jeweiligen Vereinbarungen, das Sekundärrecht der Europäischen Union (→ § 5 Rn 10 ff) zum festgelegten Zeitpunkt, am zwanzigsten Tag nach der Veröffentlichung im Amtsblatt oder nach Bekanntgabe[363] in Kraft. **80**

[353] EuGH Slg 2005, I-1465, Rn 38 ff, 41 – Van Parys.
[354] Vgl *Schweitzer* (Fn 76) Rn 31 ff.
[355] Zu internationalen Regulierungen jenseits des Völkervertragsrechts und zur grundsätzlichen Unzulässigkeit dynamischer Verweisungen vgl *Poscher* VVDStRL 67 (2008), 160, 165 f.
[356] Vgl BVerfGE 1, 372, 382.
[357] BVerfGE 1, 372, 388 ff; *Jarass* in: ders/Pieroth GG, Art 59 Rn 13; *Kempen* in: v. Mangoldt/Klein/Starck GG II, Art 59 Rn 70.
[358] Vgl zB *Kunig* in: Vitzthum (Fn 76) 2. Abschn Rn 111 ff; *Herdegen* (Fn 78) § 22 Rn 7. Das BVerfG hat sich bisher nicht eindeutig festgelegt. Vgl einerseits BVerfGE 90, 286, 364 (Vollzug), andererseits BVerfGE 111, 307, 316 (Transformation).
[359] BVerfGE 96, 68, 86; 109, 38, 53.
[360] Vgl *Streinz* in: Sachs (Fn 87) Art 25 Rn 26.
[361] Art 356 AEUV; 208 EAGV. Vgl auch Art 53 EUV.
[362] BVerfG NJW 2009, 2267, 2271, 2276.
[363] Vgl Art 297 I UA 3, II UA 2, III AEUV.

Zwischen der Veröffentlichung von Rechtsnormen und dem Inkrafttreten muss regelmäßig eine angemessene Frist liegen, damit sich die Rechtsunterworfenen auf die neue Rechtslage einstellen können.[364] Echte Rückwirkungen mit belastender Wirkung (vgl Rn 91) sind nur zulässig, wenn das angestrebte Ziel sie verlangt und das berechtigte Vertrauen der Betroffenen gebührend beachtet wird.[365] Dagegen trifft eine unechte Rückwirkung, dh eine Umgestaltung noch nicht abgeschlossener Sachverhalte, grundsätzlich nicht auf Bedenken.[366]

81 (2) *Räumlicher Geltungsbereich*. Räumlich gilt das Unionsrecht grundsätzlich im Staatsgebiet der Mitgliedstaaten sowie in deren überseeischen und sonstigen Hoheitsgebieten.[367] Das Sekundärrecht kann je nach Gestaltung einen engeren Anwendungsbereich haben. Auch über die Außengrenzen der Union hinaus muss das Unionsrecht uU beachtet werden.[368]

82 (3) *Persönlicher Geltungsbereich*. Welche Rechtssubjekte als verpflichtete oder berechtigte Adressaten des Unionsrechts anzusehen sind, bestimmt sich nach den Inhalten der Rechtssätze. Neben Unionsbürgern (Art 20 AEUV) können uU auch Drittstaatler oder juristische Personen und Personenmehrheiten außerhalb der Union Zuordnungssubjekte der Unionsrechtsnormen sein.[369]

83 (4) *Geltung in den Mitgliedstaaten*. Um normative Kraft entfalten zu können, muss das Unionsrecht nicht nur auf Unionebene, sondern auch in den Mitgliedstaaten gelten. Geltung in den Mitgliedstaaten bedeutet, dass das Unionsrecht auch im innerstaatlichen Rechtskreis als verbindliches Recht anerkannt wird, ohne dass es noch eines weiteren mitgliedstaatlichen Aktes bedarf. Auch wenn es sich beim Unionsrecht und bei dem mitgliedstaatlichen Recht um eigenständige und getrennte Rechtsordnungen handelt, sind beide eng miteinander verzahnt[370], weil sowohl das Primärrecht als auch das Sekundärrecht Verbindlichkeit im innerstaatlichen Recht beanspruchen. Eine generell gehaltene ausdrückliche Normierung diesbezüglicher Art lässt sich dem Unionsrecht zwar nicht entnehmen. Wenn aber zB Art 4 III UA 2 EUV von Verpflichtungen der Mitgliedstaaten spricht, „die sich aus den Verträgen oder den Handlungen der Organe der Union ergeben", liegt es nahe, dass nicht nur an eine allgemeine völkerrechtliche Inpflichtnahme gedacht ist. Auch der Umstand, dass sich bereits aus dem Primärrecht der Europäischen Union zahlreiche Berechtigungen (und Verpflichtungen) Privater ergeben, die vor den mitgliedstaatlichen Behörden oder Gerichten durchsetzbar sind[371], spricht eindeutig für eine unmittelbare Geltung des Unionsrechts im innerstaatlichen Rechtskreis. Erst recht trifft dies auf das Sekundärrecht zu, weil jedenfalls die Verordnungen der Europäischen Union in allen ihren Teilen verbindlich und unmittelbar in jedem Mitgliedstaat gelten (Art 288 II AEUV). Dementsprechend wird heute allgemein von einer (unmittelbaren) Geltung des gültigen (Rn 112) Unionsrechts im innerstaatlichen Rechtskreis der Mitgliedstaaten ausgegangen.[372]

[364] Vgl *Oppermann/Classen/Nettesheim* EuR, § 12 Rn 92.
[365] EuGH Slg 1979, 69, Rn 20 – Racke.
[366] AA offenbar *Oppermann/Classen/Nettesheim* EuR § 12 Rn 90.
[367] Vgl Art 349, 355 AEUV.
[368] Vgl *Ehlers* in: ders, Europäische Grundrechte, § 7 Rn 56.
[369] Vgl für die Grundfreiheiten zB *Ehlers* in: ders, Europäische Grundrechte, § 7 Rn 46.
[370] Vgl *Streinz* EuR, Rn 197.
[371] Vgl EuGH, Slg 1963, 3, 25 – van Gend & Loos.
[372] Vgl etwa BVerfGE 31, 145, 174.

Bis heute umstritten ist die *Grundlage* des Geltungsanspruchs des Unionsrechts im innerstaatlichen Recht. Im Wesentlichen lässt sich zwischen einer völkerrechtlichen und einer europarechtlichen Grundlegung unterscheiden.[373] **84**

(a) *Völkerrechtlicher Geltungsgrund.* Nach traditioneller Auffassung[374] ist das primäre Unionsrecht als Völkerrecht zu qualifizieren, weil es durch völkerrechtliche Verträge der Mitgliedstaaten entstanden ist. Dies soll auch auf das vom primären Unionsrecht abgeleitete Sekundärrecht zutreffen. Völkerrechtliche Verträge werden durch Zustimmungsgesetz verbindlich. Dementsprechend geht das Bundesverfassungsgericht davon aus, dass der im Zustimmungsgesetz enthaltene Rechtsanwendungsbefehl zum Vertrag zur Gründung der Europäischen Union (früher: Gemeinschaft) wie zu den Änderungsverträgen die Brücke für die Geltung des Unionsrechts im innerstaatlichen Rechtskreis darstellt.[375] Dies schließe unabhängig davon, welchen Theorien über das Verhältnis von Völkerrecht und nationalem Recht man folgt (Rn 79), eine unmittelbare, nicht eines weiteren nationalen Zustimmungs- oder Transformationsaktes bedürftige Geltung des Unionsrechts im innerstaatlichen Rechtskreis nicht aus. Das staatliche Recht dürfe sich nämlich dem Völkerrecht derart öffnen, dass der ausschließliche Herrschaftsanspruch des nationalen Rechts zurückgenommen wird.[376] Eine solche Rechtsfolge wurde in Deutschland früher dem Art 24 I GG entnommen. Heute wird Art 23 I GG als maßgebliche Norm für die Übertragung von Hoheitsrechten auf die Europäische Union angesehen.[377] **85**

(b) *Europarechtlicher Geltungsgrund.* Nach aA ist das Unionsrecht zwar durch völkerrechtliche Verträge geschaffen worden, hat sich aber von dieser Grundlage gelöst. Es soll eine eigenständige (autonome) Rechtsordnung mit originärem Hoheitsanspruch darstellen. So geht der EuGH seit seiner Grundsatzentscheidung Costa/ENEL in ständiger Rechtsprechung davon aus, dass der EWG-Vertrag (heute EUV/AEUV) im Unterschied zu den gewöhnlichen internationalen Verträgen „eine eigene Rechtsordnung kreiert hat, die sowohl für die Mitgliedstaaten als auch für ihre Angehörigen verbindlich ist".[378] **86**

(5) *Unmittelbare Anwendbarkeit (Wirksamkeit) des Unionsrechts.* Von der unmittelbaren Geltung des Unionsrechts in den Mitgliedstaaten ist die unmittelbare Anwendung oder Wirkung zu unterscheiden. Beide Begriffe werden in der Rechtsprechung und Literatur sinnvariierend verwendet.[379] Nach der hier vertretenen Auffassung sind die Termini Anwendbarkeit und Wirksamkeit synonyme Ausdrücke. Unmittelbar anwendbar respektive unmittelbar wirksam ist das Unionsrecht in den Mitgliedstaaten, wenn die Adressaten des innerstaatlichen Rechtskreises – dh die Mitgliedstaaten oder Privaten – berechtigt oder verpflichtet werden. Da das Unionsrecht in der Regel nicht nur für die Union selbst bedeutsam ist, sondern auch und gerade die Mitgliedstaaten sowie die Privaten angesprochen werden und da es – von Ausnahmen nach Art des Art 288 V AEUV abgesehen – regelnden Charakter hat, ist eine unmittelbare Anwend- **87**

373 Vgl die Meinungsübersicht bei *Kadelbach* Allg VwR, 184 ff mwN.
374 Vgl statt vieler *Streinz* Bundesverfassungsgerichtlicher Grundrechtsschutz und Europäisches Gemeinschaftsrecht, 1989, 100.
375 BVerfGE 52, 187, 199; 73, 339, 375; 75, 223, 240 f; 89, 155 ff.
376 BVerfGE 37, 271, 280.
377 Vgl BVerfGE 102, 147, 163 ff.
378 EuGH Slg 1964, 1251, 1269 – Costa/ENEL.
379 Vgl ferner *Jarass/Beljin* Casebook Grundlagen des EG-Rechts, 2003, 55 ff; *Ruffert* in: Calliess/ders, EUV/EGV, Art 249 EGV Rn 32.

barkeit (Wirksamkeit) in den Mitgliedstaaten grundsätzlich zu bejahen. So sind die an die Mitgliedstaaten adressierten Richtlinien der Europäischen Union (Art 288 III AEUV) immer unmittelbar anwendbar (wirksam), weil die mitgliedstaatlichen Gesetzgeber verpflichtet werden, die Richtlinien in nationales Recht umzusetzen.

88 Vielfach wird der Begriff der *unmittelbaren Anwendbarkeit* (Wirksamkeit) *in einem engeren Sinne* gebraucht.[380] Danach soll es nur darauf ankommen, ob das Unionsrecht den Unionsbürgern und sonstigen Privatpersonen Rechte verleiht oder Pflichten auferlegt.[381] Ob dies der Fall ist, hängt von der Auslegung der Regelungen ab. Einer ausdrücklichen Anordnung bedarf es nicht.[382] So berechtigen die Grundfreiheiten die Unionsangehörigen (und andere Privatpersonen), ohne dass sich dies dem Normtext ohne weiteres entnehmen lässt. Ferner leitet der EuGH aus den Grundfreiheiten auch Verpflichtungen Privater her.[383] Die unmittelbare Anwendbarkeit von Verordnungen ergibt sich ausdrücklich aus Art 288 II AEUV. Zur unmittelbaren Anwendbarkeit von Richtlinien vgl → § 5 Rn 14.

2. Normen des nationalen Rechts

89 a) *Zeitlicher Geltungsbereich.* Das Grundgesetz ist mit Ablauf des 23.5.1949 mit der in Art 146 GG genannten Geltungsdauer in Kraft getreten (Art 145 II GG). Vorkonstitutionelles Recht, das dem Grundgesetz nicht widerspricht, gilt gem Art 123 I GG als Bundes- oder Landesrecht (Art 124 f GG), das Recht der ehemaligen DDR nach Maßgabe des Art 9 des Einigungsvertrages[384] als Landesrecht fort. Gleichzeitig ist mit Beitritt der ehemaligen DDR das Bundesrecht gem Art 8 des Einigungsvertrages in den neuen Bundesländern in Kraft getreten. Die Parlamentsgesetze, Verordnungen und Satzungen legen den Zeitpunkt des Inkrafttretens idR selbst fest. Fehlt eine Bestimmung, treten Parlamentsgesetze und Rechtsverordnungen des Bundes mit dem 14. Tag nach Ablauf des Tages in Kraft, an dem das Gesetzblatt ausgegeben worden ist.[385] Das Landesrecht sieht für Parlamentsgesetze[386] und vor allem für Verordnungen und Satzungen[387] zT abweichende Regelungen vor. Gewohnheits- und Richterrecht gilt von dem Tag an, an dem seine Erzeugungsvoraussetzungen erfüllt sind. Verwaltungsvorschriften entfalten ihre Bindungswirkung vorbehaltlich anderweitiger Anordnung mit ihrem Erlass.

[380] Vgl *Schmidt* in: vd Groeben/Schwarze, EUV/EGV IV, Art 249 EGV Rn 9 f; *Ruffert* in: Calliess/ders, EUV/EGV, Art 249 EGV Rn 31 f; *Oppermann/Classen/Nettesheim* EuR § 10 Rn 16 f.

[381] Vgl EuGH Slg 1963, 3, 24 ff – van Gend & Loos; Slg 1978, 629, 643 ff – Simmenthal II; *Kadelbach* Allg VwR, 57 ff; *Borchardt* Die rechtlichen Grundlagen der Europäischen Union, 3. Aufl 2006, Rn 149. Vgl aber a EuGH Slg 1995, I-2189 Rn 26 – Großkrotzenburg.

[382] Vgl EuGH Slg 1963, 3, 25 – van Gend & Loos.

[383] Vgl EuGH Slg 2000, I-4139 ff – Angonese. Krit *Ehlers* in: ders, Europäische Grundrechte, § 7 Rn 53.

[384] BGBl 1990 II, 885 ff.

[385] Art 82 II 2 GG.

[386] Vgl zB Art 126 I LV Bremen (Inkrafttreten am Tag nach der Verkündung); Art 71 III LV NRW (14 Tage nach Verkündung). Zu den sonstigen Landesverfassungsbestimmungen vgl *Ruffert* in: Hoffmann-Riem/Schmidt-Aßmann/Voßkuhle, Grundlagen I, § 17 Rn 112 m Fn 456.

[387] Zu ordnungsbehördlichen Verordnungen und Satzungen vgl zB §§ 34 S 1 OBG NRW (eine Woche nach dem Tage ihrer Verkündung), 7 IV 2 GO NRW (mit dem Tag nach der Bekanntmachung).

90 Rechtsnormen treten mit Ablauf einer selbst oder in einer anderen (mindestens gleichrangigen) Rechtsnorm[388] gesetzten Befristung sowie durch Aufhebung oder Ersetzung durch den ranggleichen oder ranghöheren Normgeber *außer Kraft*. Trifft eine spätere Vorschrift mindestens gleicher Rangordnung eine zu einer früheren Bestimmung unvereinbare Anordnung, gilt der Satz: lex posterior derogat legi priori. Die Aufhebung einer Ermächtigungsgrundlage berührt bei Wahrung des Vorrangs des Gesetzes grundsätzlich nicht die Geltung der untergesetzlichen Rechtsnorm (Rn 50). Aufgehobene Vorschriften bleiben auf die während ihrer Geltung entstandenen Sachverhalte anwendbar, bis letztere vom neuen Recht erfasst werden. Bei Untergang eines Hoheitsträgers, dem der Normgeber angehört, oder im Falle von Gebietsveränderungen gelten vielfach Sonderregelungen.[389] Bebauungspläne sollen nach ständiger Rechtsprechung des Bundesverwaltungsgerichts nicht nur durch derogierendes Gewohnheitsrecht (Rn 61), sondern auch wegen Funktionslosigkeit außer Kraft treten können.[390]

91 Eine *Rückwirkung* von Normen mit belastender Wirkung muss sich an den aus dem Rechtsstaatsprinzip resultierenden Grundsätzen des Vertrauensschutzes und der Rechtssicherheit[391] oder den Grundrechten[392] messen lassen.[393] Zu unterscheiden ist zwischen echter und unechter Rückwirkung. Synonym wird auch von Rückbewirkung der Rechtsfolge und tatbestandlicher Rückanknüpfung gesprochen.[394] Eine *echte Rückwirkung* liegt vor, wenn eine Norm nachträglich ändernd in abgewickelte, der Vergangenheit angehörige Tatbestände eingreift.[395] Eine *unechte Rückwirkung* ist anzunehmen, wenn eine Norm auf gegenwärtige, noch nicht abgeschlossene Sachverhalte und Rechtsbeziehungen für die Zukunft einwirkt und damit zugleich die getroffene Rechtsposition nachträglich entwertet.[396] Die echte Rückwirkung ist grundsätzlich verboten. Anderes soll gelten, wenn (1) der Betroffene zu dem Zeitpunkt, auf den sich die Rückwirkung bezieht, mit der Neuregelung rechnen musste, (2) die bisherige Regelung unklar und verworren ist und dieser Mangel durch eine rückwirkende Neuregelung bereinigt werden soll, (3) die bisherige Regelung verfassungswidrig und nichtig ist und sie durch eine rückwirkende Neuregelung ersetzt werden soll, (4) die Belastung durch die Rückwirkung unwesentlich ist oder (5) überwiegende Gründe des Allgemeinwohls die Rückwirkung erfordern.[397] Die zugelassenen Durchbrechungen des Verbots einer echten Rückwirkung sind so weit gefasst, dass sie das Regel-Ausnahme-Verhältnis ins Gegenteil verkehren können. Eine unechte Rückwirkung bzw tatbestandliche Rückan-

[388] Vgl Art 115 k II GG, zu landesrechtlichen Bestimmungen etwa für die Geltungsdauer von Verordnungen die Nachw bei *Ossenbühl* in: Erichsen/Ehlers (Hrsg), Allgemeines Verwaltungsrecht, 12. Aufl 2002, § 8 Rn 3 m Fn 4.

[389] Näher zum Ganzen *Heckmann* Geltungskraft und Geltungsverlust von Rechtsnormen, 1997, 193 ff; vgl a *Dietlein* Nachfolge im öffentlichen Recht, 1999, 489 ff.

[390] Vgl BVerwGE 54, 5, 8 ff; BVerwG NJW 1984, 138 ff; BayVBl 1990, 90; BVerwGE 108, 71, 76; NVwZ 2004, 1244 ff → JK BauGB § 1 III/2; *Grooterhorst* Der Geltungsverlust von Bebauungsplänen durch nachträgliche Veränderung der tatsächlichen Verhältnisse, 1988, 96 ff; *Degenhart* BayVBl 1990, 71 ff; *Bier* UPR 2004, 335 ff.

[391] BVerfGE 72, 200, 242.

[392] BVerfGE 92, 277, 325; 97, 67, 78 f; 105, 17, 37 f; 109, 133, 181.

[393] Zu den Grundlagen des Vertrauensschutzes vgl *Maurer* in: Isensee/Kirchhof IV, § 79.

[394] So die Rspr des 2. Senats des BVerfG. Vgl BVerfGE 72, 200, 241 f; 105, 17, 37.

[395] BVerfGE 57, 361, 391; 68, 287, 306; 72, 175, 196.

[396] BVerfGE 101, 239, 263.

[397] Vgl BVerfGE 13, 261, 272; 72, 200, 258 ff.

knüpfung wird grundsätzlich als zulässig angesehen.[398] Doch müssen die Gemeinwohlinteressen des Staates auch dann die schutzwürdigen Interessen der Normadressaten am Fortbestand einer ihnen günstigen Rechtslage überwiegen.[399] Greifen die Grundrechte – namentlich Art 14 I GG – ein, können flexible Überleitungen geboten sein.[400] Für die Beurteilung der Zulässigkeit einer Rückwirkung von Verordnungen[401] und Satzungen[402] gelten dieselben Grundsätze wie für Parlamentsgesetze.

92 b) *Räumlicher Geltungsbereich*. Der räumliche Geltungsbereich einer Rechtsnorm erstreckt sich beim gesetzten Recht idR auf den örtlichen Zuständigkeitsbereich des rechtsetzenden Organs, beim Gewohnheitsrecht auf das Verbreitungsgebiet des Gewohnheitsrechts[403], beim Richterrecht auf dessen Verbreitungsgebiet. Dementsprechend gelten Landesnormen nur für das Landesterritorium. Doch können Hoheitsträger auch lediglich für einen Teil ihres Hoheitsgebietes Normen erlassen (zB als partielles Bundes- und Landesrecht). Wendet eine Landesbehörde Bundesrecht an und erlässt sie dazu einen Verwaltungsakt, ist diese Rechtsanwendung auch für Behörden anderer Länder in derselben Weise beachtlich und verbindlich, als habe die zuständige Behörde ihres Landes gehandelt. Bei staatlichen oder kommunalen Gebietsänderungen ändert sich grundsätzlich nicht der räumliche Geltungsbereich der zuvor erlassenen Rechtsnorm. Doch wird hierüber in aller Regel gesondert entschieden. Da zwischen dem Anwendungsbereich von Normen und dem räumlichen Geltungsbereich (dh dem Raum, innerhalb dessen die angeordneten Rechtsfolgen durchgesetzt werden können) zu unterscheiden ist[404], können Normen auch außerhalb des räumlichen Geltungsbereich zu beachten sein. So unterliegen deutsche Regierungsmitglieder, Amtswalter der Verwaltung und die Bundeswehrsoldaten auch im Ausland der Bindung an die deutschen Grundrechte[405], mag diese auch nur im Inland justitiabel sein. Ferner können Rechtsgewährungen auch exterritorial wirken (→ § 4 Rn 8). So hat das BVerwG einem in den Niederlanden wohnenden niederländischen Staatsangehörigen das Recht zugestanden, sich vor deutschen Gerichten unter Berufung auf die Vorschriften des deutschen Rechts gegen eine gem § 7 AtomG erteilte (nur innerhalb der deutschen Grenzen geltende) atomrechtliche Genehmigung zu wehren.[406] Schließlich kann das der Umsetzung von Unionsrecht dienende nationale Recht transnationale Wirkungen entfalten (→ § 5 Rn 50).

93 c) *Persönlicher Geltungsbereich*. Der persönliche Geltungsbereich von Rechtsnormen knüpft an den sachlichen an und betrifft innerhalb des räumlichen Geltungsbereichs alle Normadressaten. Auch Ausländer unterstehen prinzipiell dem Recht des

398 BVerfGE 13, 261, 271; 95, 64, 86; 101, 239, 263. Zur Einführung eines Studienkonten- und Finanzierungsgesetzes vgl OVG NRW DVBl 2005, 518 ff.

399 BVerfGE 105, 17, 37 f. Näher zur Rspr *Jarass* in: *ders/Pieroth* GG, Art 20 Rn 73 ff.

400 Vgl a *Maurer* StR, § 17 Rn 124.

401 Vgl BVerfGE 45, 142, 168, 174; BVerwG DVBl 2001, 1215, 1217.

402 Zur rückwirkenden Inkraftsetzung von Bauleitplänen vgl § 214 IV BauGB. Näher dazu BVerwG NVwZ 2001, 203, 205.

403 *Stober* in: *Wolff/Bachhof/Stober/Kluth* VwR I, § 27 Rn 17.

404 Vgl *Ehlers* Europäisierung des Verwaltungsprozessrechts, 1999, 67; *Feldmüller* Die Rechtsstellung fremder Staaten und sonstiger juristischer Personen des ausländischen öffentlichen Rechts im deutschen Verwaltungsprozessrecht, 1999, 31.

405 Vgl BVerfGE 57, 9, 23; 94, 315, 324 f; *Starck* in: v Mangoldt/Klein/Starck, GG I, Art 1 Rn 212; *Sachs* in: ders (Fn 87) Vor Art 1 Rn 19. Zu den Auslandsinsätzen der Streitkräfte vgl auch *Zimmermann/Geiß* Der Staat 46 (2007) 377, 387 ff; *Werner* Die Grundrechtsbindung der Bundeswehr bei Auslandseinsätzen, 2006.

406 BVerwGE 75, 285 ff. Vgl ferner § 4 Rn 8.

Gebietes, in dem sie sich aufhalten, sofern nicht spezielle Befreiungen (wie zB für die Mitglieder diplomatischer Missionen, konsularischer Vertretungen und die Repräsentanten anderer Staaten nach Maßgabe der §§ 18 ff GVG) bestehen. Sofern nichts anderes bestimmt wird, gelten die Normen auch gegenüber anderen Hoheitsträgern. ZB muss das Landesrecht (etwa das Polizei- und Ordnungsrecht) auch von den Bundesbehörden beachtet werden. Ob mit obrigkeitlichen Mitteln (Erlass eines Verwaltungsaktes) in die öffentlich-rechtliche Verwaltungstätigkeit einer anderen Behörde oder eines anderen Rechtsträgers eingegriffen werden darf, beurteilt sich nach der jeweils einschlägigen Vorschrift. Im Polizei- und Ordnungsrecht wird dies vielfach nur in Ausnahmefällen für zulässig erachtet (etwa wenn ein Eilfall gegeben ist).[407] Doch stößt diese nicht auf das Gesetz gestützte traditionelle Ansicht auf Bedenken.[408] Zutreffend hat das BVerwG die bodenschutzrechtliche (Zustands-) Verantwortlichkeit des Bundes mit entsprechender Pflicht zur Kostenerstattung im Falle einer Ersatzvornahme anerkannt[409], eine Unterschutzstellung wasserbaulicher Anlagen des Bundes unter die Landesdenkmalschutzgesetze für zulässig erachtet[410], die Anordnungsbefugnis staatlicher Immissionsschutzbehörden gegenüber kommunalen Betreibern nicht genehmigungsbedürftiger Anlagen bejaht[411] sowie die Ersatzvornahme einer Kommune nach allgemeinem Gefahrenabwehrrecht mit Kostenfolgen für den untätig gebliebenen Bund für rechtmäßig erklärt[412]. Dagegen sind Zwangsmittel gegen Behörden und juristische Personen des öffentlichen Rechts grundsätzlich unzulässig (§ 17 VwVG).

IV. Rangordnung der Rechtsquellen

1. Notwendigkeit einer Rangordnung

In einem Rechtsraum mit unterschiedlichen Ebenen (→ § 6 Rn 2), Normsetzern und 94
Normschichten kann es zu Normwidersprüchen kommen, die der Auflösung bedürfen. Maßgeblich ist zum einen das Verhältnis der verschiedenen Rechtskreise zueinander (also zB des Völkerrechts, Unionsrechts und nationalen Rechts oder des Bundes- und Landesrechts), zum anderen kommt es auf den Rang der streitentscheidenden Norm in der jeweiligen (zumeist gestuften, dh nach Art einer Pyramide geordneten[413]) Rechtsordnung an. Stets geht das vorrangige Recht dem niederrangigen vor. Mit dem Vorrang verbunden ist sowohl eine Kollisions- als auch eine Auslegungsregel. Im Kollisionsfall ist das niederrangige Recht entweder ungültig (lex superior derogat legi inferiori) oder jedenfalls nicht anwendbar. Eine Kollision setzt voraus, dass mehrere Normen auf den Sachverhalt anwendbar sind[414] und unvereinbare Normbefehle enthalten[415]. Von einer

[407] Vgl *Wallerath/Strätker* JuS 1999, 127, 130; *Schenke* Polizei- und Ordnungsrecht, 6. Aufl 2009, Rn 234; Würtenberger/Heckmann, Polizeirecht in Baden-Württemberg, 6. Aufl 2005, Rn 492.

[408] Vgl a *Britz* DÖV 2002, 891, 899; *Schoch* Jura 2005, 324 ff; *ders* in: Schmidt-Aßmann/Schoch, Bes Vwr, 2 Kap Rn 125.

[409] BVerwG DÖV 1999, 786 f.

[410] BVerwGE NVwZ 2009, 588 → JK 09/09 GG Art 74 I Nr 21.

[411] BVerwGE 117, 1, 7 → JK BImSchG § 24/3.

[412] BVerwG NVwZ 2003, 1252, 1253.

[413] Vgl grundlegend *Merkl* JurBlätter 1918, 425 ff; *dens* FS Kelsen, 1931, 252 ff; *Kelsen* (Fn 23) 196.

[414] Vgl BVerfGE 26, 116, 135 f; 98, 145, 159.

[415] Vgl *Dreier* in: ders (Fn 14) Art 31 Rn 36 ff.

Anwendbarkeit mehrerer Normen lässt sich nur sprechen, wenn die verschiedenen Normgeber eine Kompetenz zur Rechtsetzung besitzen. Hat etwa der Bundesgesetzgeber von seiner konkurrierenden Gesetzgebungszuständigkeit Gebrauch gemacht, ohne dass die Länder abweichende Regelungen treffen dürfen (Art 72 III GG), fehlt es bereits an einer Gesetzgebungszuständigkeit des Landes, so dass sich die Frage einer Kollision des Landesrechts mit dem Bundesrecht nicht stellt.[416] Bloße Wertungswidersprüche von Normen reichen für die Annahme einer Kollision nicht aus.[417] Auch im Falle von inhaltsgleichem Recht liegt keine Kollision vor.[418] Fehlt es an einer Kollision, ist das niederrangige Recht im Falle eines Auslegungsspielraums zur Vermeidung von Wertungswidersprüchen iSe Konformität mit dem höherrangigen Recht auszulegen.[419] ZB muss das nationale Recht völkerrechtsfreundlich (Rn 97) und unionsrechtskonform (Rn 108), das einfache Recht verfassungskonform (Rn 114) und das untergesetzliche Recht gesetzeskonform ausgelegt werden. Die Rangordnung der Rechtsquellen begründet zwar einen Geltungsvorrang des höherrangigen Rechts, nicht aber einen *Anwendungsvorrang*. Ist das niederrangige Recht mit dem höherrangigen vereinbar und ergeben sich aus beiden Rechtsquellen gleiche Rechtsfolgen, muss das niederrangige Recht angewendet werden, weil es idR konkreter als das höherrangige bestimmt, was rechtens ist (→ § 6 Rn 4).

2. Stufen der Völkerrechtsordnung

95 Das Völkerrecht kennt an sich keine Normenpyramide, doch beanspruchen die UN-Charta (Art 103 UN-Charta) und das ius cogens (Art 53 WVK) im Kollisionsfall Vorrang. Auch geht Vertragsrecht dem Gewohnheitsrecht vor. Allgemeine Rechtsgrundsätze gelten nur subsidiär.[420] Beim Widerspruch aufeinander folgender Verträge über den gleichen Gegenstand gilt grds der später geschlossene Vertrag (Art 30 WVK).

3. Verhältnis von Völkerrecht und Unionsrecht

96 Die von der Europäischen Union abgeschlossenen völkerrechtlichen Verträge gehen zwar nicht dem Primärrecht der Union vor[421], wie sich im Gegenschluss zu Art 218 XI 2 AEUV ergibt. Sie sind als „integrierende Bestandteile" des Unionsrechts[422] gem

[416] Vgl *Degenhart* in: Sachs (Fn 87) Art 72 Rn 38.

[417] Vgl *Jarass* AöR (2001) 588, 592 ff; *Haack* Widersprüchliche Regelungskonzeptionen im Bundesstaat, 2002, 92 ff. Krit zum Anwendungsbereich des Art 31 GG daher *U.J. Schröder* Kriterien und Grenzen der Gesetzgebungskompetenz kraft Sachzusammenhangs nach dem Grundgesetz, 2007, 164.

[418] Für das Verhältnis von Grundrechten des Grundgesetzes und der Landesverfassungen vgl Art 142 GG. Das Bundesverfassungsrecht bricht a im Übrigen nicht inhaltsgleiches Landesverfassungsrecht (vgl BVerfGE 36, 342, 347 ff). Das grundsätzliche Normwiederholungsverbot von EG-Verordnungen im nationalen Recht (→ § 5 Rn 3) beruht auf einer Kompetenzsperre.

[419] Zur sog Teilnichtigerklärung einer Norm ohne Normtextreduzierung vgl *Schlaich/Korioth* Das Bundesverfassungsgericht, 7. Aufl 2007, Rn 386 ff.

[420] Vgl *Heintschel v Heinegg* (Fn 72) § 20 Rn 3 ff.

[421] Nach Inkrafttreten des Vertrages von Lissabon tritt die Europäische Union an die Stelle der Europäischen Gemeinschaft (Art 1 III 3 EUV).

[422] Vgl EuGH Slg 1972, 1219 Rn 7 ff – International Fruit Company; Slg 1974, 449 Rn 2 ff – Haegeman.

Art 216 II AEUV aber für die Organe der Union und für die Mitgliedstaaten verbindlich (Rn 78). Somit stehen sie im Rang zwischen dem Primär- und Sekundärrecht der Union (Rn 98)[423], haben Vorrang vor dem Sekundärrecht[424] und gelten unmittelbar, falls die Vertragsbestimmungen eine klare und unbedingte Verpflichtung begründen (so dass sich alle Betroffenen darauf vor den innerstaatlichen Gerichten berufen können[425]). Doch dürfen die internationalen Übereinkünfte nicht die „Verfassungsgrundsätze" des EUV bzw AEUV beeinträchtigen. Deshalb unterliegen Unionsrechtsakte, die Resolutionen des Sicherheitsrats der Vereinten Nationen umsetzen, der gerichtlichen Kontrolle der Unionsgerichtsbarkeit im Hinblick auf ihre Vereinbarkeit mit den Unionsgrundrechten.[426] Keinen Maßstab für die Beurteilung der Rechtmäßigkeit des Unionsrechts bildet nach der umstrittenen Rechtsprechung des EuGH grds das WTO-Recht (Rn 78). Auch das völkerrechtliche Gewohnheitsrecht und die allgemeinen Rechtsgrundsätze des Völkerrechts wirken in das Unionsrecht hinein (wenn dieses lückenhaft ist). Im Übrigen sind die Normen des Unionsrechts möglichst im Lichte des Völkerrechts auszulegen.[427]

4. Verhältnis von Völkerrecht und innerstaatlichem Recht

Völkerrechtliche Verträge haben im innerstaatlichen Recht den *Rang des Zustimmungsgesetzes*, regelmäßig also den Rang eines Bundesgesetzes (Art 59 II 1 GG), bei Abschlusskompetenz der Länder (Rn 79) den Rang eines Landesgesetzes. Verwaltungsabkommen teilen den Rang des administrativen Anerkennungs- oder Umsetzungsaktes (Rn 79). Die allgemeinen Regeln des Völkerrechts (vgl Rn 25) gehen nach Art 25 S 2 GG den Gesetzen vor (stehen also zwischen Verfassungsrecht und Gesetzesrecht) und erzeugen Rechte und Pflichten unmittelbar für die Bewohner des Bundesgebietes. Dem Grundgesetz lässt sich ferner das *Gebot einer völkerrechtsfreundlichen Auslegung* des nationalen Rechts entnehmen.[428] Dies gilt auch für Gesetze, die nach Inkrafttreten eines völkerrechtlichen Vertrages erlassen worden sind. Es ist nämlich nicht anzunehmen, dass der Gesetzgeber, sofern er dies nicht klar bekundet hat, von völkerrechtlichen Verpflichtungen der Bundesrepublik abweichen und eine Verletzung solcher Verpflichtungen ermöglichen wollte.[429] Besondere Bedeutung kommt der EMRK-konformen Auslegung des nationalen Rechts zu.[430] Das Konformitätsgebot ist auch bei der Auslegung der Vorschriften des Grundgesetzes zu berücksichtigen. Dies hat zur Folge, dass die Rechtsprechung des EGMR zur EMRK[431] als Auslegungshilfe insbesondere für die Bestimmung von Inhalt und Reichweite der Grundrechte und rechtsstaatlichen Grundsätze des Grundgesetzes herangezogen werden müssen. Mittelbar kann dem Völker- 97

[423] Vgl statt vieler *Streinz* EuR, Rn 693.
[424] EuGH DVBl 2009, 175 – Kadi → JK 06/09 EGV Art 301/1.
[425] Vgl EuGH Slg 1982, 3641 Rn 13 ff – Kupferberg.
[426] EuGH DVBl 2009, 175 – Kadi → JK 06/09 EGV Art 301/1.
[427] EuGH Slg 1998, I-4301 Rn 22 – Safety Hi-Tech.
[428] Vgl BVerfGE 6, 309, 362; 31, 58, 75 f; 111, 307, 317 f → JK GG Art 20 III/39.
[429] BVerfGE 74, 358, 370.
[430] Zur Verpflichtung, das nationale Recht im Rahmen der Auslegung soweit wie möglich im Wortlaut und Zweck der Rahmenbeschlüsse der EU auszurichten, vgl EuGH Slg 2005, I-5285 – Pupino → JK EUV Art 34 II/1. Nach Inkrafttreten des Vertrages von Lissabon gehört das gesamte EU-Recht (das heißt auch die zweite und dritte Säule) nicht mehr zum Völker- sondern zum supranationalen Recht.
[431] Grundl BVerfGE 74, 358, 370; 83, 119, 128; 111, 307, 317 → JK GG Art 20 III/39.

recht wegen dieser Wirkungsweise im innerstaatlichen Recht ein quasi verfassungsrechtlicher Rang zukommen.[432]

5. Stufen der Unionsrechtsordnung

98 Das Unionsrecht besteht aus dem Primärrecht (Rn 27 ff), insbesondere den Unionsverträgen, und dem Sekundärrecht (Rn 32), insbesondere den Verordnungen und Richtlinien. Das Primärrecht geht dem Sekundärrecht vor. Allerdings hat der EuGH bisher kaum Sekundärrecht aus inhaltlichen Gründen für nicht vereinbar mit dem Primärrecht erklärt.[433] Eine Normenhierarchie zwischen den Akten des Sekundärrechts legt das Unionsrecht nicht fest. Soweit das Sekundärrecht zum Erlass von Durchführungsbestimmungen ermächtigt (vgl Art 290, 291 II AEUV, sog Tertiärrecht → § 5 Rn 6), muss es sich dabei im Rahmen der Ermächtigungsgrundlage halten. Dies gilt auch dann, wenn Grund- und Ausführungsvorschriften von denselben Organen erlassen wurden, aber das Europäische Parlament nur zur Grundverordnung angehört werden musste.[434] Ebenfalls müssen sich die sog ungekennzeichneten Rechtshandlungen (→ § 5 Rn 24) nicht nur am Maßstab des Primärrechts, sondern auch der EU-Verordnungen messen lassen. Die ständige Rechtsprechung des EuGH geht von der Vermutung der Rechtmäßigkeit aller Unionsrechtsakte aus. Als rechtlich inexistent, das heißt in diesem Zusammenhang als nichtig, zu betrachten sein sollen nur Rechtsakte, die mit einem Fehler behaftet sind, dessen Schwere so offensichtlich ist, dass er von der Unionsrechtsordnung nicht geduldet werden kann und deshalb davon auszugehen ist, dass die Rechtsakte keine – auch nur vorläufige – Rechtswirkungen zu entfalten vermögen.[435]

6. Verhältnis von Unionsrecht und innerstaatlichem Recht

99 a) *Vorrang des Unionsrechts.* Es besteht Übereinstimmung darüber, dass das primäre und sekundäre Unionsrecht dem Recht der Mitgliedstaaten jedenfalls grundsätzlich vorgeht. Die Begründung für dieses Ergebnis ist allerdings unterschiedlich und mit der Frage nach dem Geltungsgrund verknüpft (Rn 85 f).

100 (1) *Unionsrechtliche Begründung des Vorrangs.* Obwohl die Verträge zur Gründung der Europäischen Gemeinschaften sowie der Europäischen Union bis zum Inkrafttreten des Vertrages von Lissabon (Rn 106) keine ausdrückliche Regelung des Rangverhältnisses zwischen Unionsrecht und nationalem Recht der Mitgliedstaaten enthielten,[436] geht der EuGH bereits seit seiner Leitentscheidung *Costa/ENEL* im Jahr 1964 von einem *strikten Vorrang des Unionsrechts* aus.[437] Begründet wird dies zum einen mit der Eigenständigkeit des Unionsrechts, zum anderen mit dem teleologisch ermittelten Prinzip der Sicherung der Funktionsfähigkeit der Union.[438] Hat sich das Unionsrecht von

[432] Vgl *Ehlers* in: ders, Europäische Grundrechte, § 2 Rn 14.

[433] Vgl a EuGH Slg 2005, I-10423 – ABNA Ltd; vgl auch Craig/de Búrca EU Law, 4. Aufl 2008, 389 ff.

[434] Vgl. EuGH Slg 1997, 1453 Rn 20 ff – Directeur General; Slg 1996, I-2943 Rn 23, 30 f – EP-Rat; *Streinz* EuR, Rn 425.

[435] Vgl EuGH Slg 1994, I-2555 Rn 48 – Kommission/BASF; Slg 2004, I-8923 Rn 19 – Kommission/Helenische Republik → JK EGV Art 90 I/1.

[436] Vgl demgegenüber für das Wettbewerbsrecht schon Art 83 IIe EGV (heute Art 103 IIe AEUV). Vgl ferner Rn 106.

[437] EuGH Slg 1964, 1251, 1296 ff – Costa/ENEL.

[438] Vgl a *Streinz* EuR, Rn 201 ff.

seiner völkerrechtlichen Grundlage gelöst und stellt es nunmehr eine autonome Rechtsordnung dar (Rn 86), kann es anders als das Völkerrecht (Rn 97) die Art und Weise seiner Durchführung und damit den Rang im innerstaatlichen Rechtskreis nicht dem innerstaatlichen Recht der Vertragsstaaten überlassen. Dementsprechend geht der Gerichtshof davon aus, dass es den Mitgliedstaaten unmöglich sei, gegen eine – von ihnen auf der Grundlage der Gegenseitigkeit angenommene – Rechtsordnung nachträglich einseitige Maßnahmen ins Feld zu führen. Denn es würde eine Gefahr für die Verwirklichung der Ziele des Vertrags bedeuten und dem Grundsatz der Vertragstreue zuwiderlaufen, wenn das Unionsrecht je nach der nachträglichen innerstaatlichen Gesetzgebung von einem Staat zum anderen verschiedene Geltung haben könnte.

Inhaltlich wird der Vorrang des Unionsrechts einschränkungslos sowohl auf *sämtliches Unionsrecht* als auch auf das *gesamte mitgliedstaatliche Recht* bezogen (unabhängig davon, ob es sich um Verfassungsrecht, Parlamentsgesetze, Rechtsverordnungen, Satzungen oder Verwaltungsvorschriften handelt). Dies hat bei Zugrundelegung der Rechtsprechung des EuGH ua zur Konsequenz, dass auch bloße Sekundärrechtsakte der Europäischen Union dem mitgliedstaatlichen Recht vorgehen, selbst wenn es sich beim letzteren um Verfassungsrecht handelt.[439] Auf die Frage, wann das nationale Recht erlassen wurde, kommt es nicht an. Die *lex posterior* – Regel gilt nicht, so dass auch späteres mitgliedstaatliches Recht nicht das ältere Unionsrecht derogiert. Ebenso muss das mitgliedstaatliche Recht auch dann zurücktreten, wenn es speziellerer Natur ist.[440] **101**

(2) *Mitgliedstaatliche Begründung des Vorrangs.* Alle Mitgliedstaaten der Europäischen Union akzeptieren zwar im Grundsatz den Vorrang des Unionsrechts. Vielfach wird aber davon ausgegangen, dass es sich beim Unionsrecht nicht um eine eigengeartete Rechtskategorie, sondern um Völkerrecht – besonderer Art – handelt, das kraft innerstaatlichen Rechtsanwendungsbefehls mittels Zustimmungsgesetz im innerstaatlichen Rechtskreis gilt (Rn 85). Welcher Rang dem Unionsrecht zukommt, bestimmt sich folglich nach diesem *Rechtsanwendungsbefehl.* Wenn Art 24 I GG die Übertragung von Hoheitsrechten auf zwischenstaatliche Einrichtungen durch Gesetz ermöglicht, besagt dies nach Auffassung des Bundesverfassungsgerichts nicht nur, dass die Übertragung von Hoheitsrechten auf zwischenstaatliche Einrichtungen überhaupt zulässig ist, sondern auch, dass die Hoheitsakte dieser Organe anzuerkennen sind.[441] Deshalb müssten die deutschen Gerichte (und andere nationale Instanzen) auch solche Rechtsvorschriften anwenden, die zwar einer außerstaatlichen Rechtsordnung zuzurechnen seien, aber dennoch im innerstaatlichen Raum unmittelbare Wirkung entfalten und entgegenstehendes nationales Recht überlagern und verdrängen. Der Sache nach ist damit der Vorrang des Unionsrechts kraft verfassungsrechtlicher Ermächtigung anerkannt worden. Heute ist allerdings nicht mehr Art 24 I GG, sondern Art 23 I GG die maßgebliche Norm für die Öffnung der deutschen Rechtordnung gegenüber dem Unionsrecht. Unklar geblieben ist das Verhältnis von Art 23 I 2 und 3 GG. Während Satz 2 ein einfaches (zustimmungsbedürftiges) Gesetz ausreichen lässt, verlangt Satz 3 für die Begründung und jede Änderung der Europäischen Union sowie für Änderungen ihrer vertraglichen Grundlagen und vergleichbare Regelungen, durch die das Grundgesetz seinem Inhalt nach geändert oder ergänzt wird oder solche Änderungen oder Ergän- **102**

[439] Vgl EuGH Slg 1970, 1125 Rn 3 – Internationale Handelsgesellschaft; Slg 1978, 629 Rn 21 ff – Simmenthal II.

[440] Vgl *Jarass/Beljin* NVwZ 2004, 1, 2.

[441] BVerfGE 31, 145, 174.

zungen ermöglicht werden, ein verfassungsänderndes Gesetz gem Art 79 II und III GG (Zweidrittelmehrheit). Teilweise wird die Auffassung vertreten, dass jede Kompetenzübertragung auf die Europäische Union eines verfassungsändernden Gesetzes bedarf, weil jede Kompetenzübertragung inhaltlich die Verfassung berührt.[442] Nach anderer Ansicht soll für „geringfügige Hoheitsübertragungen" die Mehrheit des Art 23 I 2 GG genügen, weil die Vorschrift sonst ihre Bedeutung verlieren würde.[443]

103 Das Bundesverfassungsgericht geht in ständiger Rechtsprechung davon aus, dass das Grundgesetz eine Übertragung von Hoheitsrechten auf zwischenstaatliche Einrichtungen nicht schrankenlos zulässt. In seiner sog *Solange*-Rechtsprechung hat das Gericht davon gesprochen, das Grundgesetz ermächtige nicht dazu, die *Identität der geltenden Verfassungsordnung* der Bundesrepublik durch Einbruch in ihr Grundgefüge aufzugeben.[444] Heute ergeben sich die *Schranken der Übertragung* von Hoheitsrechten auf die Europäische Union aus Art 23 I 1 (iVm S 3) GG. Danach darf die Bundesrepublik Deutschland zur Verwirklichung eines Vereinten Europas nur bei Entwicklung einer solchen Europäischen Union mitwirken, die demokratischen, rechtsstaatlichen, sozialen und föderativen Grundsätzen und dem Grundsatz der Subsidiarität verpflichtet ist und einen dem Grundgesetz im Wesentlichen vergleichbaren Grundrechtsschutz gewährleistet. Damit werden an die Europäische Union bestimmte Strukturanforderungen gestellt. Allerdings bezieht sich die Bindung nur auf „Grundsätze" sowie auf einen „im Wesentlichen" vergleichbaren Grundrechtsschutz. Grundsätze sind verschiedener Ausgestaltung zugänglich. Zudem können an eine supranationale Gemeinschaft ohnehin nicht genau dieselben Strukturanforderungen wie an den Staat gestellt werden.[445] Aus dem Demokratieprinzip (Art 20 I GG) und dem in Art 38 GG gewährleisteten Recht, durch die Wahl an der Legitimation von Staatsgewalt teilzunehmen und auf deren Ausübung Einfluss zu gewinnen, hat das Bundesverfassungsgericht in seinem *Maastricht*-Urteil jedoch nicht nur die Folgerung gezogen, dass der Deutsche Bundestag am Prozess der Übertragung von Hoheitsrechten auf die Europäische Union beteiligt sein muss. Verlangt wird vielmehr weiterhin, dass der Bundesrepublik Deutschland Aufgaben und Befugnisse von substantiellem Gewicht verbleiben. Ferner könne das Unionsrecht in Deutschland nur im Rahmen des durch das Zustimmungsgesetz Übertragenen Geltung beanspruchen. *Ausbrechende Rechtsakte* der europäischen Einrichtungen und Organe, die sich nicht in den Grenzen der ihnen eingeräumten Hoheitsrechte halten, sind im deutschen Hoheitsbereich nicht verbindlich und dürften daher nicht angewendet werden (sog ultra vires-Akte).[446] Somit beschränkt das Bundesverfassungsgericht den Vorrang des Unionsrechts in zweifacher Hinsicht: nämlich durch die *Grenze des Nichtübertragbaren* und die *Grenze des Nichtübertragenen.*[447]

104 Beide Grenzen haben bisher keine praktische Relevanz erlangt. Doch könnte sich dies in Zukunft ändern. So hat das Bundesverfassungsgericht in seinem Lissabon-Urteil zum einen deutlich gemacht, dass das Grundgesetz die für Deutschland handelnden Organe nicht ermächtige, durch einen Eintritt in einen europäischen Bundesstaat das

[442] Vgl *Randelzhofer* in: Maunz/Dürig, GG, Art 24 I Rn 203; *Streinz* in: Sachs (Fn 87) Art 23 Rn 65.

[443] Vgl *Scholz* in: Maunz/Dürig, GG, Art 23 Rn 83 ff; *Jarass* in: *ders/Pieroth* GG, Art 23 Rn 21.

[444] BVerfGE 37, 271, 279 – Solange I; 73, 339, 375 ff – Solange II.

[445] Vgl *Streinz* (Fn 442) Art 23 Rn 22.

[446] BVerfGE 89, 155 ff.

[447] Krit zur Rspr statt vieler *Büdenbender* Das Verhältnis des Europäischen Gerichtshofs zum Bundesverfassungsgericht, 2005, 177 ff.

Selbstbestimmungsrecht des Deutschen Volkes in Gestalt der *völkerrechtlichen Souveränität* Deutschlands aufzugeben (zum Handeln der deutschen Regierungsvertreter im Europäischen Rat bzw Rat → § 5 Rn 8). Dieser Weg setze eine freie Entscheidung des deutschen Volkes jenseits der Geltungskraft des Grundgesetzes voraus (vgl Art 146 GG). Die europäische Vereinigung auf der Grundlage einer Vertragsunion souveräner Staaten dürfe nicht so verwirklicht werden, dass für die Mitgliedstaaten kein ausreichender Raum zur politischen Gestaltung der wirtschaftlichen, kulturellen und sozialen Lebensverhältnisse mehr bleibe. Dies gelte insbesondere für Sachbereiche, welche die Lebensumstände der Bürger, vor allem ihren von den Grundrechten geschützten privaten Raum der Eigenverantwortung und der persönlichen und sozialen Sicherheit prägen, sowie für solche politischen Entscheidungen, die in besonderer Weise auf kulturelle, historische und sprachliche Vorverständnisse angewiesen sind, und die sich im parteipolitisch und parlamentarisch organisierten Raum einer politischen Öffentlichkeit diskursiv entfalten.[448] Dagegen erkennt das Bundesverfassungsgericht seit seiner zweiten *Solange*-Entscheidung aus dem Jahre 1986 an, dass der in der ersten Solange-Entscheidung[449] noch vermisste Grundrechtsschutz auf Unionsebene mittlerweile vorhanden ist.[450] Deshalb werde das Gericht erst und nur dann im Rahmen seiner Gerichtsbarkeit wieder tätig werden, wenn der als unabdingbar gewertete Grundrechtsschutz im Unionsrecht „generell" nicht mehr gewährleistet sei.[451] Demgemäß werden auch innerstaatliche Vorschriften, die zwingende Vorgaben einer Richtlinie umsetzen, nicht mehr auf ihre Vereinbarkeit mit nationalen Grundrechten hin überprüft.[452] *Kompetenzüberschreitungen* von Organen der Europäischen Union scheint das Bundesverfassungsgericht auch dann die Gefolgschaft versagen zu wollen, wenn es sich um ausbrechende Rechtsakte unwesentlicher Art handelt.[453]

Die vom Bundesverfassungsgericht vertretene Ansicht wird in ähnlicher Weise auch **105** von vielen Verfassungsgerichten oder Obersten Gerichtshöfen der anderen Mitgliedstaaten geteilt.[454]

(3) *Vorrang des Unionsrechts nach dem Vertrag von Lissabon.* Dem Vertrag von **106** Lissabon (Rn 26) ist die Erklärung Nr 17 zum Vorrang des Unionsrechts (im Einklang mit der Rechtsprechung des EuGH unter den in dieser Rechtsprechung festgelegten Bedingungen) beigefügt worden. Doch haben sich die Meinungsstreitigkeiten über die Reichweite des Vorrangs damit nicht erledigt. So geht das Bundesverfassungsgericht davon aus, dass die Mitgliedstaaten auch nach Inkrafttreten des Vertrages von Lissabon die Herren der Verträge bleiben und der europarechtliche Vorrang weiterhin

448 BVerfG NJW 2009, 2267 – Vertrag von Lissabon, Rn 228, 249 → JK 10/09 GG Art 38 I/18a, b.

449 Vgl BVerfGE 37, 271, 277 ff.

450 Vgl BVerfGE 73, 339, 378, 387.

451 Vgl a BVerfGE 102, 147, 161 ff.

452 BVerfGE 118, 79, 95 f → JK 01/08 ZuG § 12/1.

453 Vgl BVerfG NJW 2009, 2267, Rn 301 ff → JK 10/09 GG Art 38 I/18; s aber auch BVerfGE 89, 155, 188 („wesentliche Änderungen" des im Unions-Vertrag angelegten Integrationsprogramms und seiner Handlungsermächtigungen). AA *Hirsch* NJW 1996, 2457, 2466; *Pernice* in: Dreier (Fn 14) Art 23 Rn 30.

454 Vgl die Nachw bei *Ehlers* in: Schulze/Zuleeg (Hrsg), Europarecht, Handbuch für die deutsche Rechtspraxis, 2006, § 11 Rn 22; zuletzt tschechisches Verfassungsgericht, Urt v 26.11.2008, PlÚS 19/08.

ein völkervertraglich übertragenes, demnach abgeleitetes Institut darstellt, dass nur durch das Zustimmungsgesetz in Deutschland in dessen Rahmen Rechtswirkung entfaltet.[455]

107 b) *Wirkungsweise des Vorrangs des Unionsrechts.* (1) *Relevanz der Unterscheidung von direkten und indirekten Kollisionen.* In der Literatur (nicht in der Rechtsprechung) wird vielfach zwischen zwei Arten von Kollisionen unterschieden: nämlich direkten und indirekten.[456] Eine *direkte Kollision* liegt vor, wenn ein Unionsrechtsakt und ein nationaler Rechtsakt für dieselbe (Teil-) Frage eines Sachverhalts oder für den Sachverhalt im Ganzen unterschiedliche Rechtsfolgen anordnen.[457] Dagegen wird eine indirekte Kollision angenommen, wenn es zu Konflikten zwischen Normen kommt, die verschiedene Materien regeln (zB Art 108 AEUV einerseits, § 48 VwVfG andererseits → § 5 Rn 46).[458] Im Falle direkter Kollision soll die Unionsrechtsnorm die Rechtsfolge selbst festlegen, also als Regel wirken. Es gelte dann der (Anwendungs-)Vorrang des Unionsrechts. Bei *indirekten Kollisionen* bestünden aus der Perspektive des Unionsrechts dagegen lediglich Rahmenbedingungen, denen die Auslegung des staatlichen Rechts genügen müsse. Das Unionsrecht habe somit bloßen Prinzipiencharakter und sei daher einer Abwägung mit dem nationalen Recht zugänglich und bedürftig.[459] Die Unterscheidung von direkten und indirekten Kollisionen hat insofern ihre Berechtigung, als sie den Blick darauf lenkt, dass Kollisionen zwischen dem Unionsrecht und dem mitgliedstaatlichen Recht nicht immer leicht zu erkennen sind. Aus ihr kann aber keine Relativierung des Vorrangs des Unionsrechts hergeleitet werden.[460] Auch im Falle des Vorliegens einer (nur) indirekten Kollision gilt der Vorrang des Unionsrechts. Dieser hängt auch nicht von einer Abwägung mit dem nationalen Recht ab.

108 (2) *Gebot unionsrechtskonformer Auslegung.* Da das höherrangige Recht vorrangig bei der Auslegung des niederrangigen Rechts beachtet werden muss, ergibt sich aus dem Vorrang des Unionsrechts zugleich das Gebot unionsrechtskonformer Auslegung des mitgliedstaatlichen Rechts.[461] Die rechtsanwendenden nationalen Gerichte und Verwaltungsbehörden haben bei der Auslegung nationaler Rechtsvorschriften nicht nur die *Regelungen* und *allgemeinen Rechtsgrundsätze* des Unionsrechts, sondern nach der Rechtsprechung des EuGH auch die (rechtlich unverbindlichen) *Empfehlungen* und *Stellungnahmen* der Union (Art 288 V AEUV) mit zu berücksichtigen.[462] Nicht erforderlich ist die unmittelbare Anwendbarkeit (Wirksamkeit) des Unionsrechts, damit eine Regelung zur Auslegung herangezogen werden kann. Demgemäß kommt das Konformitätsgebot beispielsweise auch dann zum Tragen, wenn eine Richtlinie keine unmittelbare Wirkung entfaltet (→ § 5 Rn 14). Doch muss die Umsetzungsfrist abgelaufen sein[463] oder eine Richtlinie Vorwirkungen (→ § 5 Rn 15) entfalten. Eine unionsrechtskonforme Auslegung des mitgliedstaatlichen Rechts setzt voraus, dass dieses ausgelegt

455 BVerfG NJW 2009, 2267 – Vertrag von Lissabon, Rn 331 ff → JK 10/09 GG Art 38 I/18a, b.
456 Vgl statt vieler *Kadelbach* Allg VwR, 23 ff.
457 *Jarass/Beljin* NVwZ 2004, 1, 3 mit Verweisung auf *Niedobitek* VerwArch 92 (2001) 58, 67.
458 *Kadelbach* Allg VwR, 26.
459 Vgl *Kadelbach* Allg VwR, 27, 31 ff, 46 ff, 486 ff.
460 *Ehlers* (Fn 454) § 11 Rn 27; *Ehlers/Eggert* JZ 2008, 585, 587. Anders *Burgi* Verwaltungsprozeß und Europarecht, 1996, 23, 47; *Streinz* FS Söllner, 2000, 1139, 1149 ff.
461 Zu richtlinienkonformer Auslegung vgl auch → § 5 Rn 14 f.
462 EuGH Slg 1989, I-4407 Rn 18 – Grimaldi.
463 EuGH Slg 2006, I-6057 – Adeneler → JK EGV Art 249/3.

werden kann, dh mehrere Deutungen zulässt.[464] Ob das nationale Recht auslegbar ist, bestimmt sich allein nach den nationalen Auslegungsregeln.[465] Die Grenze der Auslegung bildet jedenfalls im deutschen Recht grundsätzlich der Wortlaut (Rn 14). Dagegen soll nach Ansicht des BGH der Grundsatz der richtlinienkonformen Auslegung von den nationalen Gerichten über eine Gesetzesauslegung im engeren (durch den Wortsinn bestimmten) Sinne hinaus auch verlangen, das nationale Recht, wo dies nötig und möglich ist, richtlinienkonform fortzubilden.[466] Ist eine unionsrechtskonforme Auslegung möglich, gebührt dieser der Vorrang vor anderen (nationalen) Auslegungsmethoden.[467]

(3) *Nichtanwendbarkeit kollidierenden mitgliedstaatlichen Rechts.* (a) *Unterscheidung von Geltungs- und Anwendungsvorrang.* Kraft seines Vorrangs muss sich das Unionsrecht im Falle der Kollision mit dem (nicht unionsrechtskonform auslegbaren) mitgliedstaatlichen Recht durchsetzen. Dies kann dadurch erreicht werden, dass das nationale Recht entweder als nichtig oder als nicht anwendbar angesehen wird. Im ersten Falle lässt sich von einem Geltungs-, im zweiten von einem Anwendungsvorrang sprechen. Rechtsprechung und Literatur nehmen einen bloßen *Anwendungsvorrang* an.[468] Hierfür spricht, dass das Unionsrecht und das mitgliedstaatliche Recht nach wie vor zwei Rechtsordnungen darstellen und dem Unionsrecht eine dem Art 31 GG entsprechende Kollisionsregelung nicht entnommen werden kann. Vor allem aber ist ein Anwendungsvorrang für die Zuordnung von Unionsrecht und mitgliedstaatlichem Recht im Kollisionsfall teils schonender[469], teils angemessener als ein *Geltungsvorrang.* **109**

Zum einen ist es nicht notwendig, das mitgliedstaatliche Recht für nichtig zu erklären, um den Vorrang des Unionsrechts zu sichern (zumal der EuGH nicht befugt ist, über die Nichtigkeit des mitgliedstaatlichen Rechts zu entscheiden[470]). Zum anderen würde ein Geltungsvorrang teils zu weit, teils nicht weit genug gehen. Gilt eine nationale Norm für Sachverhalte sowohl mit als auch ohne Unionsrechtsbezug, kann sie nämlich bei einem Verstoß gegen das Unionsrecht nicht als nichtig (sondern allenfalls als teilweise nichtig) angesehen werden. Schließen mitgliedstaatliche Bestimmungen etwa Ausländer vom kommunalen Wahlrecht aus, sind die Normen als gültig anzusehen, auch wenn sie gegenüber Unionsbürgern wegen der Verbürgung des Art 22 AEUV nicht zum Zuge kommen dürfen. Gleichzeitig geht die Kollisionsregel des Anwendungsvorrangs aber auch weiter als die des Geltungsvorrangs, weil sowohl die Fälle der *indirekten Kollision* (in denen ein Geltungsvorrang problematisch sein muss[471]) als auch der *Anwendungskollision* (und nicht nur der Normenkollision) erfasst werden. Wendet eine deutsche Behörde etwa eine Vorschrift des deutschen Verwaltungsverfahrensgesetzes statt des einschlägigen Zollkodexes der Europäischen Union an, mögen die Normen nicht kollidieren, doch darf das Verwaltungsverfahrensgesetz nicht angewendet werden. Nicht geklärt ist, ob ein nationales Gericht die vorläufige Weiteranwen- **110**

[464] Vgl EuGH Slg 1984, 1891 Rn 26 ff – von Colson und Kamann; Slg 1987, 3969 Rn 11 ff – Kolpinghuis Nijmegen; Slg 1988, 673 Rn 10 ff – Murphy; 2006, I-6057 Rn 110 – Adeneler (keine Auslegung contra legem).

[465] *Brechmann* Die richtlinienkonforme Auslegung, 1994, 77 ff.

[466] BGH NJW 2009, 427, 428 f; Pfeiffer NJW 2009, 412 f.

[467] Näher dazu *Ruffert* in: Calliess/Ruffert, EUV/EGV, Art 249 EGV Rn 117 ff.

[468] EuGH Slg 1991, I-297 Rn 19 ff – Nimz; BVerfGE 75, 223, 244; 85, 191, 204; BVerwGE 87, 154, 158 ff; *Oppermann/Classen/Nettesheim* EuR, § 11 Rn 27 ff.

[469] *Zuleeg* VVDStRL 53 (1994) 155, 162 ff; *Isensee* FS Stern, 1997, 1239, 1243.

[470] Vgl EuGH Slg 1984, 483 Rn 6 – Kaas.

[471] *Jarass/Beljin* NVwZ 2004, 1, 4.

dung unionsrechtswidrigen nationalen Rechts gestatten darf, wenn ansonsten eine inakzeptable Rechtslücke entstünde und der EuGH nach Art 267 AEUV angerufen worden ist.[472]

111 (b) *Adressaten des Anwendungsvorrangs.* Der Anwendungsvorrang wendet sich sowohl an die nationalen Gesetzgeber als auch an die rechtsanwendenden innerstaatlichen Verpflichtungsadressaten des Unionsrechts. Die Gesetzgeber sind jedenfalls in den Fällen der direkten Kollision des staatlichen Rechts mit dem Unionsrecht verpflichtet, die ganz oder teilweise unanwendbare nationale Norm aufzuheben oder zu ändern, um keinen falschen Rechtsschein oder keine Unklarheiten aufkommen zu lassen. Zu den rechtsanwendenden innerstaatlichen Verpflichtungsadressaten des Unionsrechts gehören vor allem die mitgliedstaatlichen Regierungen, Verwaltungsträger und Verwaltungsbehörden jeder Stufe (Rn 78) sowie die mitgliedstaatlichen Gerichte[473]. Im Falle der Annahme einer Unvereinbarkeit des nationalen Rechts mit dem Unionsrecht darf jenes grundsätzlich nicht angewendet werden. Schließlich können auch Privatpersonen unmittelbar durch das Unionsrecht verpflichtet werden. Es kommt dann ebenfalls der Anwendungsvorrang des Unionsrechts zum Tragen. Folgt man etwa der Ansicht des EuGH, dass die Grundfreiheiten auch Privatpersonen unmittelbar binden können,[474] müssen sie sich im Kollisionsfall an die Grundfreiheiten und nicht an das entgegengesetzte nationale Recht halten.

112 (4) *Ungültigkeit kollidierenden staatlichen Rechts kraft deutschen Rechts?* Der Anwendungsvorrang des Unionsrechts hindert die Mitgliedstaaten nicht daran, im Falle einer Kollision des nationalen Rechts mit dem Unionsrecht über die bloße Nichtanwendbarkeit des nationalen Rechts hinausgehend die Nichtigkeit des mitgliedstaatlichen Rechts anzuordnen. In Deutschland wird ohne nähere Prüfung davon ausgegangen, dass der deutschen Rechtsordnung eine solche Anordnung nicht entnommen werden kann.[475] Dem ist nach der hier vertretenen Auffassung nicht gänzlich zu folgen. Zwar führt ein Verstoß gegen das Unionsrecht grundsätzlich nicht zur Nichtigkeit des deutschen Rechts. Nach deutschem Recht ist ein Gesetz aber ungültig, wenn dem Staat die Verbands- respektive Gesetzgebungskompetenz fehlt. Erlässt der Bund zB ein Gesetz, obwohl die Gesetzgebungskompetenz den Ländern zusteht, ist das Bundesgesetz nichtig (Rn 94). Es ist nicht ersichtlich, warum etwas anderes gelten sollte, wenn die Bundesrepublik Deutschland ihre Kompetenzen vollständig an die Europäische Union abgegeben hat. Ein kompetenzloses Gesetz kann von vornherein nicht beanspruchen, Rechtswirkungen zu erzeugen. Allerdings ist eine vollständige Kompetenzübertragung auf die Europäische Union selten.[476] Das Unionsrecht unterscheidet zwischen ausschließlicher und mit den Mitgliedstaaten geteilter Zuständigkeit der Europäischen Union.[477] Der Vertrag von Lissabon greift dies erstmalig ausdrücklich auf.[478] Besteht eine *ausschließliche Zuständigkeit der Europäischen Union*, kann „nur" diese „gesetz-

472 Näher dazu *Ehlers/Eggert* JZ 2008, 585 ff.

473 Vgl EuGH Slg 2007, I-6199, Rn 49 ff – Lucchini.

474 Vgl EuGH, Slg 1974, 1405 Rn 16 ff – Walrave; Slg 1995, I-4921 Rn 84 – Bosman; Slg 2000, I-4139 Rn 34 ff – Angonese. Krit zu dieser Rspr *Ehlers* in: ders, Europäische Grundrechte, § 7 Rn 53.

475 Vgl *Kadelbach* Allg VwR, 57; *Niedobitek* VerwArch 92 (2001) 58, 62 (insbes Fn 26).

476 Übersicht bei *Calliess* in: ders/Ruffert, EUV/EGV, Art 5 EGV Rn 18 ff (insbes Rn 26).

477 Vgl *Jarass* AöR 121 (1996) 173, 185 ff. Zu Kompetenzkonflikten im Falle paralleler Mitgliedschaften in internationalen Organisationen vgl *Steinbach* EuZW 2007, 109 ff.

478 Art 2 I, II AEUV.

geberisch tätig werden und verbindliche Rechtsakte erlassen; die Mitgliedstaaten dürfen in einem solchen Fall nur tätig werden, wenn sie von der Union hierzu ermächtigt werden oder Rechtsakte der Union durchführen".[479] Erlässt der deutsche Gesetzgeber im Bereich einer ausschließlichen Gesetzgebungskompetenz der Union ein Gesetz, ohne dass die Ausnahmevoraussetzungen für ein Tätigwerden vorliegen, ist dieses nach der hier vertretenen Auffassung ungültig und nicht nur unanwendbar, weil den deutschen Gesetzgebern die Kompetenz zur Gesetzgebung fehlt.[480] Die Rangfrage stellt sich in solchen Fällen nicht. Unbeschadet der Nichtigkeit ist der Gesetzgeber aus denselben Gründen wie beim Anwendungsvorrang (Rn 109) gehalten, die nichtige Norm aufzuheben, um keinen falschen Rechtsschein aufkommen zu lassen. Grundsätzlich steht der Europäischen Union nur eine mit den Mitgliedstaaten geteilte Zuständigkeit zu. Es kommt dann darauf an, ob die Union von dieser Zuständigkeit durch Setzung unmittelbar geltenden Rechts abschließend Gebrauch gemacht hat. In dem Umfang, in dem dies geschehen ist, tritt eine Kompetenzsperre ein. Im praktischen Ergebnis macht es nur einen geringen Unterschied aus, ob eine Norm des innerstaatlichen Rechts wegen kompetenzieller Unzuständigkeit der Bundesrepublik Deutschland generell unanwendbar oder ungültig ist.

7. Verhältnis von Unionsrecht und EMRK-Recht

Da das vom Europarat erlassene (völkerrechtliche Konventions-)Recht – wie insbesondere die Europäische Menschenrechtskonvention – nur die Mitglieder des Europarates **113**
und somit nur Staaten bindet,[481] zu denen die Europäische Union nicht gehört, kann es derzeit noch nicht zu einer direkten Kollision von Unionsrecht und EMRK-Recht kommen. Nach der Rechtsprechung des EGMR bleiben die Konventionsstaaten aber auch dann an die EMRK gebunden, wenn sie Hoheitsrechte auf eine internationale Organisation übertragen haben.[482] Damit sind *indirekte Kollisionen* zwischen dem Unionsrecht und dem in Deutschland im Rang eines einfachen Bundesgesetzes geltenden EMRK-Recht[483] (und der dazu ergangenen Rechtsprechung des EGMR) möglich. Der EGMR misst somit das Verhalten der Mitgliedstaaten der Europäischen Union auch dann an der EMRK, wenn diese Unionsrecht anwenden. In seiner *Bosphorus*-Entscheidung hat er seine Kontrolldichte aber zurückgenommen.[484] Überträgt ein Staat die Souveränitätsrechte auf eine internationale Organisation und schützt diese Organisation die Menschenrechte sowohl im Hinblick auf die Garantien als auch im Hinblick auf die Kontrolle in einer vergleichbaren Weise wie die EMRK – was hinsichtlich der Europäischen Union bejaht wurde –, soll die Vermutung gelten, dass ein Staat von den Erfordernissen der Konvention nicht abweicht, wenn er lediglich die sich aus seiner Mitgliedschaft in der Organisation ergebenden Verpflichtungen erfüllt. Allerdings kann diese Vermutung widerlegt werden, wenn der Nachweis erbracht wird, dass der Schutz der Konventionsrechte „manifestly deficient" ist. Außerhalb einer strikten Bindung an das internationale Recht bleibt die Konventionsverantwortlichkeit der Staaten in vollem Umfange bestehen. Dies ist insbesondere dann der Fall, wenn das internationale

[479] Art 2 I HS 2 AEUV.
[480] Vgl *Ehlers* (Fn 454), § 11 Rn 42.
[481] Vgl Art 59 I EMRK iVm Art 42 der Satzung des Europarates.
[482] Vgl grundl EGMR NJW 1999, 3107 ff – Matthews.
[483] BVerfGE 111, 307, 315 f.
[484] EGMR NJW 2006, 197 – Bosphorus → JK EMRK Art 1/3.

Recht – hier Unionsrecht – den Mitgliedstaaten Ermessensspielräume einräumt. Dann bleibt es dabei, dass sich der EGMR ohne jede Einschränkung die Letztentscheidungskompetenz über die Konventionsmäßigkeit der Ausübung hoheitlicher Gewalt der Konventionsstaaten vorbehält. Mit Inkrafttreten des Vertrages von Lissabon tritt die Union der EMRK bei (Art 6 II EUV). Bisher können dem Europarat nur Staaten beitreten. Doch ermöglicht Art 17 II des (noch nicht in Kraft getretenen) 14. ZP EMRK einen Beitritt der Europäische Union. Kommt es zum Inkrafttreten des *14. ZP EMRK* und einem Beitritt, würde dies bedeuten, dass das Unionsrecht an der EMRK zu messen ist und somit keinen Vorrang gegenüber diesem beanspruchen kann. Auch nach derzeitigem Unionsrecht ist die Gefahr einer Kollision gering. Gemäß Art 6 III EUV sind die Grundrechte, wie sie in der EMRK gewährleistet sind und wie sich sich aus den gemeinsamen Verfassungsüberlieferungen der Mitgliedstaaten ergeben, als allgemeine Grundsätze Teil des Unionsrechts. Dies dürfte als dynamischer Verweis zu verstehen sein.[485] Die Grundrechte der aufgrund von Art 6 I EUV im Rang von Primärrecht stehenden Charta der Grundrechte der Europäischen Union sind in weiten Teilen der EMRK nachgebildet worden und haben, soweit sie den Konventionsrechten entsprechen, gemäß Art 52 III 1 GRCh die gleiche Bedeutung und Tragweite wie in der EMRK. Gemäß Art 53 GRCh darf keine Bestimmung der Charta als Einschränkung oder Verletzung des durch die EMRK gewährten Schutzniveaus ausgelegt werden.

8. Stufen der innerstaatlichen Rangordnung

114 Gem Art 31 GG bricht Bundesrecht (jeder Stufe) Landesrecht. Auch eine Rechtsverordnung des Bundes genießt daher im Kollisionsfall Vorrang vor Landesverfassungsrecht. Art 31 GG normiert einen *Geltungsvorrang*, nicht einen bloßen Anwendungsvorrang, so dass die verdrängte Vorschrift des Landesrechts ungültig (nichtig) ist und auch bei Fortfall des Bundesrechts nicht wiederauflebt.[486] Unterfällt eine Gesetzgebungsmaterie der sog Abweichungskompetenz, geht im Verhältnis von Bundes- und Landesrecht das jeweils spätere Gesetz vor (Art 72 III 3 GG). Das jeweils frühere Recht ist nicht nichtig, sondern darf nicht angewendet werden.[487] Bei Wegfall des späteren Rechts lebt das frühere wieder auf. Innerhalb des Bundesrechts oder des Landesrechts sind Normenkollisionen in der Weise aufzulösen, dass die ranghöhere Norm vorgeht. Für die Auslegung der Normen (Rn 14) gilt das Gebot, Kollisionen mit höherrangigem Recht zu vermeiden. Daher muss das niederrangige Recht konform mit dem höherrangigen ausgelegt werden. An der Spitze der Normenpyramide sowohl des Bundes als auch der Länder steht das Verfassungsrecht, gefolgt von den Parlamentsgesetzen, dem untergesetzlichen Außenrecht (Verordnungen und Satzungen) und dem Innenrecht (Verwaltungsvorschriften). Gewohnheitsrecht (Rn 60) und Richterrecht (Rn 63) können sich auf jeder Stufe der Rechtsordnung bilden. Da die in Art 79 III GG genannten Einrichtungen und Normen des Grundgesetzes auch durch eine Verfassungsänderung nicht

[485] So dass die EMRK nicht mehr nur Rechtserkenntnisquelle für das Unionsrecht ist, vgl *Ehlers* in: ders, Europäische Grundrechte, § 2 Rn 18, § 14 Rn 15 f.

[486] HM vgl *Pieroth* in: *Jarass/ders* GG, Art 31 Rn 5. AA *Heckmann* (Fn 389) – grds nur Vernichtbarkeit nichtautoritative Geltungsbeendigung sowie ggf Nichtanwendbarkeit. Für einen bloßen Anwendungsvorrang des Bundesrechts gegenüber dem Landesverfassungsrecht *Bernhardt/Sacksofsky* in: BK, Art 31 Rn 60 ff. Zur parallelen Geltung von Bundes- und Landesverfassungsrecht vgl Rn 94 m Fn 416.

[487] Vgl *Degenhart* in: Sachs (Fn 87) Art 72 Rn 40; *Pieroth* in: *Jarass/ders* GG, Art 73 Rn 32.

geändert werden dürfen, kommt der Vorschrift ein gegenüber sonstigem Verfassungsrecht höherer Rang zu.[488] Hieraus folgt zugleich, dass es verfassungswidriges Verfassungsrecht geben kann.[489] Doch ist es zu solchen Fallgestaltungen bisher nicht gekommen.[490] Vereinzelt wird dem Verfassungsrecht auch ein gestufter Gesetzgebungsauftrag entnommen, der einen unterschiedlichen Rang von Parlamentsgesetzen zur Folge haben soll. So ist der Bundesgesetzgeber bei der Gestaltung des Länderfinanzausgleichs gem Art 107 GG nach Ansicht des Bundesverfassungsgerichts verpflichtet, in einem Maßstäbegesetz zunächst abstrakte, langfristig anwendbare Verteilungskriterien zu normieren, welche den die konkrete Finanzverteilung vornehmenden Gesetzgeber binden.[491] Eine derart gestufte Gesetzgebung ist zwar politisch sinnvoll, um den politischen Aushandlungsprozess zu rationalisieren. Doch dürfte sich dem Grundgesetz eine den Gesetzgeber selbst bindende und damit den demokratischen Spielraum des Gesetzgebers einengende Differenzierung zwischen vorrangigen Programm- oder Planungsgesetzen einerseits und nachrangigen Vollzugsgesetzen andererseits – möglicherweise abgesehen von dem Fall des Art 109 IV GG[492] – nicht entnehmen lassen.[493] Sind Parlamentsgesetze mit dem Verfassungsrecht vereinbar, gilt auf derselben Stufe nur der Grundsatz „lex posterior derogat legi priori". Auch plebiszitär zustande gekommene Landesgesetze können vom Parlament aufgehoben werden.[494] Schließlich geht das staatliche Recht dem autonomen Recht der Träger mittelbarer Staatsverwaltung (→ § 1 Rn 15), wie der kommunalen und funktionalen Selbstverwaltungsträger, vor, da dieses auf einer Ermächtigung durch jenes beruht.

V. Fehlerfolgen bei Verstößen gegen das höherrangige Recht

1. Folgen fehlerhafter Normen des Völker- und Unionsrechts sowie fehlerhafter Parlamentsgesetze

Kollidiert eine Rechtsnorm mit dem höherrangigen Recht, ist sie – jedenfalls bei Kollisionen innerhalb ein und derselben Rechtsordnung – idR als ungültig oder *nichtig* anzusehen. Dies ergibt sich teilweise ausdrücklich aus dem geschriebenen Recht. So ordnen die Art 53, 64 WVK an, dass völkerrechtliche Verträge, die dem ius cogens widersprechen, nichtig sind. Da Art 31 GG davon spricht, dass Bundesrecht Landesrecht „bricht", kann dies nur im Sinne der Anordnung einer Nichtigkeit verstanden werden (Rn 114). Im Übrigen ergibt sich die Nichtigkeit fehlerhafter Rechtsnormen idR im Wege der Auslegung aus dem Vorrang des höherrangigen Rechts (näher zum Nichtigkeitsdogma fehlerhafter Rechtssätze → § 19 Rn 35). Jedoch müssen Normenkolli- 115

[488] Vgl *Dreier* in: ders (Fn 14) Art 79 Rn 11.

[489] Vgl a BVerfGE 109, 279 ff.

[490] Vgl zur gebotenen engen Auslegung des Art 79 III GG BVerfGE 30, 1, 25; 109, 279, 310.

[491] BVerfGE 101, 158, 214 ff; zust *Degenhart* ZG 2000, 79, 84; *Huber* in: von Mangoldt/Klein/Starck, GG III, Art 107 Rn 46 ff. Vgl a *Ossenbühl* FS Vogel, 2000, 227 ff; *Henneke* Jura 2001, 767 ff; *Maciejewski* in: Rensen/Brink (Hrsg), Linien der Rechtsprechung des Bundesverfassungsgerichts – erörtert von den wissenschaftlichen Mitarbeitern, 2009, 391 ff.

[492] Zum Streitstand vgl *Siekmann* in: Sachs (Hrsg), GG, 5. Aufl 2009, Art 109 Rn 37 ff.

[493] Vgl a die Kritik von *Pieroth* NJW 2000, 1086; *Rupp* JZ 2000, 269; *Linck* DÖV 2000, 325; *Wieland* DVBl 2000, 1310.

[494] HVerfG DVBl 2005, 439 → JK HbgV Art 48/1.

sionen nicht stets zur Nichtigkeit führen.[495] Vor allem lösen Kollisionen zwischen dem Unionsrecht und dem nationalen Recht grundsätzlich nur eine Anwendungssperre für das nationale Recht aus (Rn 109 f).

116 Ob die *Verwaltungsbehörden* selbst die Vereinbarkeit einer Norm mit dem höherrangigen Recht überprüfen und im Falle der Annahme eines Normwiderspruchs die Norm außer Acht lassen dürfen, ist eine Frage ihrer Prüfungs-, Aussetzungs-, Nichtanwendungs- und Verwerfungskompetenz (Rn 120 ff). Grundsätzlich ist die Nichtigkeitsfeststellung den *Gerichten* vorbehalten. So geht der EuGH davon aus, dass die Rechtsakte der Unionsorgane (insbesondere die Verordnungen und Richtlinien) die Vermutung der Rechtmäßigkeit für sich in Anspruch nehmen können und daher Rechtswirkungen entfalten, solange sie nicht zurückgenommen oder von den Unionsgerichten für nichtig erklärt worden sind.[496] Eine Ausnahme soll nur für Rechtsakte gelten, die mit einem Fehler behaftet sind, dessen Schwere so offensichtlich ist, dass die Rechtsakte als inexistent betrachtet werden müssen.[497] Auch die Feststellung dieser Voraussetzung ist Sache des EuGH. Wie sich aus Art 100 I GG ergibt, obliegt die Feststellung der Nichtigkeit von (nachkonstitutionellen) Parlamentsgesetzen in Deutschland nur den Verfassungsgerichten (Rn 134). Die gerichtliche Nichtigkeitsfestellung ist insofern konstitutiv, als erst mit der Gerichtsentscheidung die Bindung an die fehlerhafte Norm entfällt.[498] Doch vernichtet das Gericht die Norm regelmäßig nicht selbst, sondern stellt die Nichtigkeit nur deklaratorisch fest.[499] Das trifft grundsätzlich auch dann zu, wenn das Gesetz dem Gericht die Aufgabe zuweist, Normen, die mit dem höherrangigen Recht nicht vereinbar sind, für nichtig zu „erklären".[500] Anderes gilt für das Unionsrecht, weil Nichtigkeitserklärungen des EuGH nach Art 263, 264 I AEUV Gestaltungswirkungen haben, dh den fehlerhaften Unionsrechtsakt aufheben (woraus sich zugleich ergibt, dass solche Akte idR nur rechtswidrig und nicht ungültig sind).[501] In jedem Fall hat die Nichtigkeitsfeststellung oder -erklärung prinzipiell ex tunc-Wirkung.[502] Dies bedeutet, dass die Norm seit dem Zeitpunkt der Kollisionsentstehung als ungültig anzusehen ist. War die Maßstabsnorm schon in Kraft, als die geprüfte Norm erlassen wurde, hat sie nie Gültigkeit erlangt. Tritt die Maßstabsnorm erst nach der geprüften Norm in Kraft, ist dies der entscheidende Zeitpunkt.[503] Die ex tunc-Nichtigkeit einer Norm muss sich nicht notwendig auf alle Rechtsakte auswirken. Erklärt der EuGH eine Verordnung für nichtig, kann er gem Art 264 II AEUV diejenigen Wirkungen bezeichnen, die als fortgeltend zu betrachten sind. Vereinzelt hat der EuGH nichtige Verordnungen wegen des Zustandes der Rechtsunsicherheit oder aufgrund schutzwürdigen Vertrauens vorüber-

[495] Vgl BVerfGE 103, 332, 390.

[496] Vgl EuGH Slg 1994, I-2555 Rn 48 – Kommission/BASF; Slg 1999, I-4643 Rn 93 – Chemie Linz/Kommission. Näher zum Ganzen *Annacker* Der fehlerhafte Rechtsakt im Gemeinschafts- und Unionsrecht, 1998, 79 ff.

[497] EuGH, Slg 2004, I-8923 Rn 19 – Kommission/Griechenland → JK EGV Art 90 I/1.

[498] Anderes gilt nur, wenn der Verwaltung eine Normverwerfungskompetenz zugestanden wird (Rn 122 ff). Für Volksgesetze bestehen dieselben Rechtsschutzmöglichkeiten wie gegen Parlamentsgesetze, vgl *Hartmann* Volksgesetzgebung und Grundrechte, 2004, 183 f.

[499] Vgl *Schlaich/Korioth* (Fn 419) Rn 380 ff.

[500] Vgl § 78 S 1 BVerfGG.

[501] Vgl *Cremer* in: Calliess/Ruffert, EUV/EGV, Art 230 EGV Rn 1; *Schwarze* in: ders, EU-Kommentar, Art 231 EGV Rn 3; *Ehlers* in: ders/Schoch, Rechtsschutz, § 8 Rn 1, 61.

[502] Dies lässt sich etwa dem § 79 BVerfGG entnehmen. Für das Unionsrecht vgl *Schwarze* in: ders, EU-Kommentar, Art 231 EGV Rn 5; *Ehricke* in: Streinz, EUV/EGV Art 231 EGV Rn 5.

[503] Vgl *Benda/Klein* Verfassungsprozessrecht, 2. Aufl 2001, Rn 1251.

gehend fortwirken lassen.[504] Art 264 II AEUV ist entsprechend auf die Nichtigkeitserklärung von Richtlinien, Entscheidungen oder anderen EU-Regelungen angewandt worden.[505] In Ausnahmefällen hat der EuGH auch die zeitlichen Wirkungen seiner Vorabentscheidung nach Art 267 AEUV beschränkt.[506] Gem § 79 II 1 BVerfGG bleiben vorbehaltlich abweichender besonderer Regelungen die nicht mehr anfechtbaren Entscheidungen (der Behörden oder Gerichte), die auf einer für nichtig erklärten Norm beruhen, unberührt.[507] Daraus ergibt sich, dass die Behörde auch nicht verpflichtet ist, nach § 51 VwVfG ein bereits abgeschlossenes Verwaltungsverfahren aufzugreifen. Allerdings ist die Vollstreckung aus einer nicht mehr anfechtbaren, auf einer nichtigen Norm beruhenden Entscheidung unzulässig.[508]

Statt die Nichtigkeit einer Norm festzustellen oder zu erklären[509], können auch an- **117**
derweitige Tenorierungen des Gerichts in Betracht kommen. So begnügt sich das Bundesverfassungsgericht in vielen Fällen mit der Feststellung der *Unvereinbarkeit* einer Norm mit dem Grundgesetz.[510] Dies kommt zum einen vor allem dann vor, wenn der Ausspruch der Nichtigkeit zu einer Rechtsfolge führen würde, welche der verfassungsmäßigen Ordnung noch ferner stünde als der bisherige Zustand (beispielsweise weil staatliche Einrichtungen funktionslos würden).[511] Zum anderen wird die Unvereinbarkeits- statt Nichtigkeitserklärung häufig dann gewählt, wenn der Gesetzgeber mehrere Möglichkeiten hat, den verfassungswidrigen Zustand zu beseitigen. Dies trifft vor allem auf Normen zu, die unter Verstoß gegen den Gleichheitssatz Personen von der gewährten Begünstigung ausschließen.[512] Eine Unvereinbarkeitserklärung verpflichtet den Gesetzgeber zur Herstellung einer der Verfassung entsprechenden Gesetzeslage. Die Behörden und Gerichte können verpflichtet werden, die verfassungswidrige Norm nicht mehr anzuwenden.[513] Doch kommt auch eine zeitlich begrenzte Weitergeltung der verfassungswidrigen Norm bis zu einem dem Gesetzgeber gesetzten Stichtag in Betracht.[514]

2. Folgen fehlerhafter untergesetzlicher Normen des Außenrechts

Kollidiert das untergesetzliche Außenrecht mit dem höherrangigen nationalen Recht, **118**
hat dies grundsätzlich die – von jedem Gericht feststellbare (Rn 134) – Nichtigkeit zur Folge.[515] Allerdings kann sich aus dem Fachrecht ergeben, dass bestimmte Verfahrens-

[504] EuGH Slg 1985, 849 Rn 32 – T-Corporation.
[505] Vgl *Ehlers/Eggert* JZ 2008, 585, 587.
[506] Vgl EuGH Slg 1980, 2917 Rn 51 ff – Roquette Frères; Slg 2007, I-1835 Rn 35 – Meilicke.
[507] Vgl a §§ 82 I, 95 III 3 BVerfGG.
[508] Vgl § 79 II 2 BVerfGG.
[509] In Betracht kommt auch eine Teilnichtigkeit (vgl zB BVerfGE 47, 285, 286 f; 60, 162; 63, 131, 132) oder die Erstreckung der Nichtigkeit auf weitere Bestimmungen (vgl § 78 S 2 BVerfGG).
[510] Vgl zB BVerfGE 13, 248, 249. Im Jahre 1970 ist diese Art der Unvereinbarkeitserklärung a gesetzlich anerkannt worden (vgl §§ 31 II 2, 3, 79 I BVerfGG).
[511] Vgl etwa BVerfGE 33, 1, 13; 33, 303, 347; 41, 251, 266 f; 85, 386, 401. Für eine (limitierte) Übertragung dieses Rechtsgedankens auf das Europäische Unionsrecht vgl Rn 116, *Ehlers/Eggert* JZ 2008, 585 ff.
[512] Vgl zB BVerfGE 37, 217, 260 f; 66, 100, 105; 93, 165, 178. Zu weiteren Fallgestaltungen der Unvereinbarkeitserklärung vgl *Benda/Klein* (Fn 503) Rn 1270 ff.
[513] Vgl BVerfGE 73, 40, 101 f; 105, 73, 134.
[514] Vgl BVerfGE 61, 319, 356; 73, 40, 101 f; 91, 186, 207.
[515] Krit *Schnelle* Eine Fehlerfolgenlehre für Rechtsverordnungen, 2007, 149 ff.

und Formfehler von vornherein *unbeachtlich* sind, also weder zur Nichtigkeit noch zur Rechtswidrigkeit führen. Dies trifft gem § 214 BauGB vor allem auf die baurechtlichen Satzungen (und den Flächennutzungsplan[516]) zu, gilt aber nur für das gerichtliche Verfahren, da gem § 216 BauGB die Verpflichtung der für das Genehmigungsverfahren zuständigen Behörde zur Rechtmäßigkeitsüberprüfung unberührt bleibt. Andere Fehler werden unbeachtlich (vgl § 215 BauGB) oder können nicht mehr geltend gemacht werden (vgl zB § 7 VI GO NRW[517]), wenn sie nicht innerhalb einer bestimmten Frist gerügt werden. Ähnliches kann es auch für Verordnungen geben.[518] Da eine Rüge oder das Unterlassen einer Rüge die Rechtmäßigkeit einer Norm nicht berühren kann, müssen die mit einem beachtlichen Fehler behafteten Satzungen entweder rechtswidrig oder nichtig sein. Die Fehlerfolge dürfte von der gesetzlichen Ausgestaltung abhängen.[519] Spricht das Gesetz davon, dass die Mängel unbeachtlich werden, ergeben sich abweichend von dem Nichtigkeitsdogma rechtswidriger Normen dieselben *Fehlerfolgen wie beim Verwaltungsakt*. Nach Ablauf der Rügefrist bleiben fehlerhafte Normen dann zwar rechtswidrig, sind aber bestandskräftig.[520] Darf nach der gesetzlichen Bestimmung ein Fehler nach Ablauf der Frist nicht mehr geltend gemacht werden, dürfte dies dahingehend zu verstehen sein, dass die Satzung nichtig ist und bleibt, die *Geltendmachung der Nichtigkeit* nach Ablauf der Frist aber *präkludiert* wird.[521] Um nach Möglichkeit eine „Planerhaltung“[522] zu erreichen, können Flächennutzungspläne und baurechtliche Satzungen gem § 214 IV BauGB durch ein ergänzendes Verfahren zur Behebung von Fehlern auch rückwirkend in Kraft gesetzt werden. Bis zur Behebung der Fehler entfalten die Normen keine Rechtswirkungen.[523] Näher zur Normerhaltung → § 19 Rn 35.

3. Folgen fehlerhafter Innenrechtsnormen

119 Verwaltungsvorschriften sind fehlerhaft, wenn sie Außenrechtssätzen, den Verwaltungsvorschriften hierarchisch übergeordneter Verwaltungsstellen (Behörden) oder neueren Verwaltungsvorschriften widersprechen.[524] Welche Folgen fehlerhafte Innenrechtsnormen (Verwaltungsvorschriften) haben, ist weitgehend ungeklärt. Vielfach wird davon ausgegangen, dass fehlerhafte Innenrechtsakte *nichtig* sind.[525] Zwar ergebe sich aus der Verfassung keine bestimmte Fehlerfolge. Es entspreche aber dem deutschen Rechtssystem und der Rechtstradition, beim Fehlen besonderer gesetzlicher Regelungen über die Fehlerfolgen einem gesetzeswidrigen hoheitlichen Rechtsakt die Wirksamkeit

[516] Zur Rechtsnatur vgl Rn 70.

[517] Zu den vergleichbaren Gemeindeordnungsbestimmungen der anderen Ländern vgl *Schmidt-Aßmann/Röhl* in: Schmidt-Aßmann Bes VwR, 1. Kap Rn 99 m Fn 406.

[518] Vgl BVerfGE 103, 332, 389.

[519] Zur Zulässigkeit vgl BVerfGE 103, 332, 390; *Ossenbühl* NJW 1986, 2805, 2807.

[520] Von Bestandskraft spricht auch BVerfGE 103, 332, 389.

[521] Str, vgl a *Maurer* FS Bachof 1984, 215 ff; *dens* in: Hill (Hrsg) Zustand und Perspektiven der Gesetzgebung, 1989, 233; *Morlok* Die Folgen von Verfahrensfehlern am Beispiel von kommunalen Satzungen, 1988.

[522] So die Überschrift des 4. Abschnitts des Zweiten Teils des 3. Kapitels des BauGB. Vgl zum Ganzen a *Hoppe/Henke* DVBl 1997, 1407 ff.

[523] Vgl a *Battis* in: ders/Krautzberger/Löhr, Baugesetzbuch, 11. Aufl 2009, § 214 Rn 2.

[524] Ausführlich dazu *Baars* (Fn 175), 111 ff.

[525] Vgl VG Dresden LKV 2005, 34, 39; *Papier* DÖV 1980, 292, 299; *Fehrmann* NWVBl 1989, 303, 309; *Schoch* JuS 1987, 783, 789.

abzusprechen. Schließt man sich dieser Ansicht an, sind Verwaltungsvorschriften, die gegen das Außenrecht verstoßen, nicht nur rechtswidrig, sondern auch nichtig.[526] Doch müssen die Organ- und Amtswalter die Verwaltungsvorschriften selbst im Falle der Annahme einer Nichtigkeit grundsätzlich befolgen (Rn 122, 128). Dies könnte für eine prinzipiell bloße Rechtswidrigkeit fehlerhafter Verwaltungsvorschriften sprechen. Hierfür ließe sich auch anführen, dass die in erster Linie einschlägigen Beamtengesetze[527] nicht zwischen Anordnung im Einzelfall und allgemeinen Anordnungen (Verwaltungsvorschriften) differenzieren. Da es keinen Grund gibt, die Nichtigkeit aller rechtswidrigen verwaltungsinternen Einzelanordnungen anzunehmen, liegt es nahe, sich an den *Fehlerfolgen des Verwaltungsaktes* zu orientieren und diese auch auf die Verwaltungsvorschriften zu übertragen. Fehlerhafte Verwaltungsvorschriften sind dann idR nur rechtswidrig. Nichtigkeit ist in Anwendung der beamtenrechtlichen Remonstrationsvorschriften[528] anzunehmen, wenn das aufgetragene Verhalten die Würde des Menschen verletzt oder erkennbar strafbar oder ordnungswidrig ist.[529] Im praktischen Ergebnis unterscheiden sich die verschiedenen Sichtweisen nur geringfügig.[530]

VI. Normprüfungs-, -aussetzungs-, -nichtanwendungs- und -verwerfungskompetenzen der Verwaltung

Die Bestimmung der Fehlerfolgen von Rechtsnormen sagt noch nichts darüber aus, ob 120
auch die *Verwaltung* befugt ist, die Vereinbarkeit einer Norm mit dem höherrangigen Recht zu überprüfen und im Falle der Annahme eines Normwiderspruchs Konsequenzen in Gestalt einer Aussetzung des anhängigen Verwaltungsverfahrens bis zur autoritativen Klärung der Rechtslage, der Nichtanwendung der Norm im Einzelfall oder der generellen Normverwerfung (dh der generellen Nichtanwendung der Norm oder der Feststellung der Nichtigkeit der Norm mit Wirkung erga omnes) zu ziehen.[531]

Da die Verwaltung an Gesetz und Recht gebunden ist (Art 20 III GG), bestehen ge- 121
gen eine *Normprüfung* keine Bedenken.[532] Die Verwaltung dürfte zu einer solchen Prüfung sogar verpflichtet sein (vgl auch Rn 127 f), wenn bei der Rechtsanwendung ernsthafte Zweifel an der Gültigkeit der Norm bestehen (auch um ggf gerichtliche Schritte einleiten zu können). Werden die Zweifel von der Verwaltungsspitze geteilt, sind die Beteiligten hierauf hinzuweisen, damit sie eine gerichtliche Überprüfung herbeiführen können.

Ob die Verwaltung anhängige Verwaltungsverfahren *aussetzen* oder die Norm im 122
Einzelfall nicht anwenden respektive generell *verwerfen* darf, ist umstritten.[533] Geht es

526 Von Rechtswidrigkeit und Unwirksamkeit sprechen Jarass JuS 1999, 105, 106, und Remmert Jura 2004, 728, 729. Grundsätzlich bloße Rechtswidrigkeit annehmend Baars (Fn 175) 174 ff, 231 ff. Vgl auch → § 19 Rn 37.

527 §§ 62 I S 1 BBG; 35 S 2 BeamtStG.

528 §§ 63 II BBG; 36 II BeamtStG.

529 Vgl auch *Baars* (Fn 175) 255 f.

530 Zum Kommunalrecht vgl aber a *Ehlers* (Fn 291) § 21 Rn 101 mwN in Fn 472. Ferner → § 19 Rn 35.

531 Zum divergierenden Sprachgebrauch in der Literatur vgl *Schmidt-Aßmann* FS Stern, 1997, 745, 759.

532 Teilweise anderer Auffassung *Wehr* Inzidente Normverwerfung durch die Exekutive, 1998, 71 ff.

533 Vgl *Stern* StR III/1 § 74 II 2c) ff; *Maurer* AllgVwR, § 4 Rn 55 ff.

nicht um die Einwirkung des Unionsrechts, sondern nur um die Anwendung deutschen Rechts, ist zu berücksichtigen, dass die Amtswalter die Auffassung der Behördenspitze und diese die Entscheidung der nächsthöheren Behörde, uU auch der Aufsichtsbehörde, einzuholen haben, wenn sie die anzuwendende Norm für nicht vereinbar mit dem höherrangigen Recht halten. In Eilfällen ist schon wegen der Kürze der Zeit im Zweifelsfall von der Gültigkeit der Norm auszugehen. Falls die Verwaltungsspitze (Rechtsaufsichtsbehörde) zu dem Ergebnis kommt, dass die Norm gültig ist und angewendet werden muss, ist dem Folge zu leisten. Es kann von den Bediensteten allerdings nicht verlangt werden, dass sie sich strafbar machen, eine Ordnungswidrigkeit begehen oder eine Verletzung der Menschenwürde hinnehmen.[534] Somit kommt es außerhalb des Einwirkungsbereichs des Unionsrechts entscheidend auf die *Auffassung* der *Verwaltungsspitze* (Rechtsaufsichtsbehörde) an.

123 Eine *Aussetzung* anhängiger Verwaltungsverfahren kommt jedenfalls dann in Betracht, wenn die Verwaltung ein Klagerecht (zB nach Art 263 II, III AEUV, 93 I Nr 2 GG, 47 II 1 VwGO) gegen die für nichtig erachtete Norm hat und hiervon (möglicherweise) Gebrauch gemacht werden soll oder die Verwaltung die Norm selbst erlassen hat und prüfen will, ob sie aufgehoben wird. Jedoch kann eine Aussetzung je nach Fallgestaltung erhebliche Belastungen und Zeitverzögerungen mit sich bringen sowie die Autorität des Unionsgesetzgebers und des parlamentarischen Gesetzgebers beschädigen. Daher sollte eine Aussetzung nur dann als zulässig angesehen werden, wenn keine überwiegenden Rechtsnachteile mit der Aussetzung verbunden sind.

124 Eine (generelle) *Normverwerfungskompetenz* kann der Verwaltung allenfalls zukommen, wenn ihr eine solche Kompetenz gesetzlich verliehen worden ist.[535] Solche gesetzlichen Bestimmungen sind nicht ersichtlich. Sie dürften ohnehin nur mit höherrangigem Recht vereinbar sein, wenn der Verwaltungsträger die Rechtsnorm selbst erlassen hat. Dann aber besteht kein Bedürfnis für eine Normverwerfung, weil die Norm aufgehoben werden kann.

125 Somit spitzt sich die Problemstellung auf die Frage zu, ob die Verwaltung befugt ist, für rechtswidrig oder nichtig erachtete Normen im Einzelfall *nicht anzuwenden*. Hierbei ist zwischen den Kompetenzen der Unionsverwaltung und der staatlichen Verwaltung zu unterscheiden.

1. Nichtanwendung von Normen durch die Unionsverwaltung

126 Nach der Rechtsprechung des EuGH steht den Verwaltungsträgern oder Verwaltungsbehörden *nicht* die *Kompetenz* zu, sekundäres Unionsrecht wegen einer angenommenen Unvereinbarkeit mit dem Primärrecht nicht anzuwenden.[536] Dies wird mit der Vermutung der Rechtmäßigkeit von Unionsrechtsakten (Rn 116) begründet. Zwar kennt das Unionsrecht auch Akte, die an einem schweren und offensichtlichen Fehler leiden und deshalb als inexistent angesehen werden (Rn 116). Selbst insoweit beansprucht der

[534] Vgl die verallgemeinerungsfähigen Bestimmungen der §§ 56 II 3 BBG; 36 II 4 BeamtStG. Vgl auch BVerwGE 127, 302 ff → JK GG Art 4/9, wonach die Gehorsamspflicht nach § 11 I SG ihre Grenze in der Gewissensfreiheit (Art 4 I GG) finden kann.

[535] Vgl auch *Schmidt-Aßmann* (Fn 531) 759.

[536] Vgl EuGH Slg 1979, 623 Rn 4 f – Granaria BV; Slg 1989, 1839 Rn 32 ff – Costanzo. Die Entscheidungen betreffen zwar die mitgliedstaatlichen Behörden, beziehen sich aber ebenso auf die Unionsverwaltung.

EuGH aber ein Nichtigkeitsfeststellungsmonopol für sich oder uU das Gericht erster Instanz (Rn 116).[537]

2. Nichtanwendung von Normen durch die nationale Verwaltung

a) *Nichtanwendung des Unionsrechts oder des unionsrechtswidrigen nationalen* **127**
Rechts. Geht ein nationaler Verwaltungsträger oder eine nationale Verwaltungsbehörde von der Ungültigkeit des sekundären Unionsrechts aus, gilt dasselbe wie für die Unionsverwaltung (Rn 126). Eine Kompetenz zur Nichtanwendung kommt der Verwaltung nicht zu. Gänzlich anders stellt sich die Rechtslage dar, wenn es um die Konformität des nationalen Rechts mit dem Unionsrecht geht. Die nationalen Verwaltungsträger und Behörden sind nach der Rechtsprechung des EuGH von Amts wegen und nicht nur auf Antrag[538] verpflichtet, zu prüfen, ob das *mitgliedstaatliche Recht* mit dem Unionsrecht vereinbar ist. Trifft dieses nach ihrer Auffassung nicht zu, dürfen „alle Träger der Verwaltung einschließlich der Gemeinden und der sonstigen Gebietskörperschaften" es *nicht anwenden.*[539] Es wird auch nicht als zulässig angesehen, die Beachtung des Vorrangs von einer gesonderten richterlichen Feststellung abhängig zu machen.[540] Damit wird der Vorrang des Primärrechts der Union gegenüber dem Sekundärrecht anders behandelt als der Vorrang des Unionsrechts gegenüber dem nationalen Recht. Primärrechtswidriges Sekundärrecht darf nicht, unionsrechtswidriges nationales Recht muss von der Verwaltung außer Acht gelassen werden. Die Nichtanwendung kann die Verwaltung in erhebliche Schwierigkeiten bringen. So ist der Sinngehalt des Unionsrechts häufig unklar. Ferner sind die Verwaltungsbehörden vielfach überfordert, wenn sie zB entscheiden sollen, ob eine Richtlinie unmittelbar anwendbar ist. Anders als die nationalen Gerichte (Art 267 AEUV) haben sie nicht die Möglichkeit, bei Zweifeln über die Auslegung des Unionsrechts den EuGH anzurufen. Zudem wird der Verwaltung ein zweifaches Haftungsrisiko aufgebürdet.[541] Verwirft sie zu Unrecht eine nationale Norm, muss sie nach innerstaatlichen Grundsätzen (insbesondere des Amthaftungsrechts) für den Schaden einstehen. Wendet sie die Norm dagegen fälschlicherweise an, kann dies eine Haftung wegen Missachtung des Vorrangs des Unionsrechts nach sich ziehen (→ § 47 Rn 10 ff). In der Literatur wird teilweise vorgeschlagen, die Verwerfungspflicht auf eindeutige Verstöße des nationalen Rechts gegen das Unionsrecht zu begrenzen.[542] Dies läuft aber auf eine zu weit gehende Relativierung des Anwendungsvorrangs hinaus. In Betracht kommen könnte die Konzentration der Entscheidung über die Nichtanwendbarkeit bei der Verwaltungsspitze des Rechtsträgers,

[537] Dies ergibt sich daraus, dass selbst die nationalen Gerichte die Vollziehung eines Unionsrechtsaktes wegen erheblicher Zweifel an der Gültigkeit nur vorläufig und nur dann aussetzen dürfen, wenn die Gültigkeitsfrage dem EuGH vorgelegt wird. Vgl Rn 130.

[538] EuGH Slg 1989, 1839 Rn 20 ff – Costanzo.

[539] EuGH Slg 1989, 1839 Rn 32 ff – Costanzo. Krit *Semmroth* NVwZ 2006, 1378, 1380. Einschränkend EuGH Slg 2003, I-8055 Rn 53 – CFI (die Nichtanwendung der unionsrechtswidrigen nationalen Norm darf für die Vergangenheit nicht zu straf- oder verwaltungsrechtlichen Sanktionen führen).

[540] Vgl EuGH Slg 1978, 629 Rn 21 ff – Simmenthal.

[541] Vgl *Kadelbach* Allg VwR, 159 f.

[542] Vgl *Everling* DVBl 1985, 1201, 1202; *Jarass* Grundfragen der innerstaatlichen Bedeutung des EG-Rechts, 1994, 103; *Pietzcker* FS Everling, Bd II, 1995, 1095, 1109; *Böhm* JZ 1997, 53, 56 ff.

der die Norm erlassen hat.[543] Doch würde dies eine Änderung der Costanzo-Rechtsprechung des EuGH voraussetzen.

128 (b) *Nichtanwendung nationaler Rechtsvorschriften wegen Verstoßes gegen höherrangiges nationales Recht.* Nachkonstitutionelle *Parlamentsgesetze* müssen von der Verwaltung wegen des sich aus Art 100 I GG ergebenden Entscheidungsmonopols des Bundesverfassungsgerichts und der Landesverfassungsgerichte stets angewendet werden.[544] Dies gilt auch dann, wenn die Verwaltung die Nichtigkeit für evident hält. Betrifft die angenommene Nichtigkeit oder Ungültigkeit eine *untergesetzliche Norm* (Verordnung oder Satzung), dürfte der richtige Weg primär die Aufhebung der Norm sein. Doch ist hierzu nur der Normgeber (bei Bebauungsplänen der Gemeinderat, nicht der Bürgermeister[545]) befugt. Andere Behörden (insbesondere die übergeordneten Behörden und die Rechtsaufsichtsbehörden[546]) können nur auf die Aufhebung der Norm hinwirken. Im Übrigen wird ihnen zumeist das Recht eingeräumt, für nichtig erachtete untergesetzliche Normen im Einzelfall nicht anzuwenden.[547] Jedenfalls muss die Verwaltungsbehörde die Kompetenz zur Nichtanwendung untergesetzlicher Normen haben, wenn ein Gericht die Nichtigkeit in einem Einzelfall bereits festgestellt hat[548], wegen eines Eilfalls die Anrufung der Gerichte nach § 47 II 1 VwGO nicht in Betracht kommt oder ein Evidenzfall[549] gegeben ist. Über die Anwendbarkeit von Innenrechtsvorschriften hat, von den erwähnten Ausnahmen für die Amtswalter abgesehen[550], ausschließlich die erlassende Behörde zu entscheiden. *Gewohnheitsrecht* und *Richterrecht* dürfen unangewendet bleiben, wenn die Verwaltung nach sorgfältiger Prüfung zu dem Ergebnis kommt, dass die Grundlagen entfallen sind.

VII. Gerichtlicher Rechtsschutz in Bezug auf Normen

1. Streitbeilegung im Völkerrecht

129 Auch im Völkerrecht dürfen Streitigkeiten gem Art 2 Nr 3 UN-Charta grundsätzlich nur – mit den in Art 33 I genannten – friedlichen Mitteln beigelegt werden. Eine besondere Bedeutung kommt hierbei dem *Internationalen Gerichtshof* zu (Rn 23), weil dieser nicht auf ein Rechtsgebiet beschränkt ist, nahezu von allen Staaten angerufen werden kann (Art 35 IGH-Statut) und weitreichende Prüfungsbefugnisse hat, wenn sich die Parteien eines Rechtsstreits der Zuständigkeit des Gerichtshof unterworfen haben (Art 36 IGH-Statut). Auf wirtschaftlichem Gebiet sind vor allem die Streitbeilegungsgremien der WTO zu nennen (Rn 23). Zudem sind mittlerweile weitere Gerichtshöfe

543 Vgl *Schmidt-Aßmann* in: Ehlers/Krebs (Hrsg), Grundfragen des Verwaltungsrechts und Kommunalrechts, 2000, 1, 18 f.

544 Im Ergebnis ebenso *Schulze-Fielitz* (Fn 14) Art 20 (Rechtsstaat) Rn 89.

545 Näher zur Anwendung, Aussetzung und Verwerfung von Bebauungsplänen *Herr* Behördliche Verwerfung von Bebauungsplänen, 2003.

546 Zur fehlenden Verwerfungskompetenz der Aufsichtsbehörde gegenüber kommunalen Satzungen vgl BVerwGE 75, 142, 143 ff.

547 Vgl *Stern* StR III/1 § 74 2c) a); *Starck* in: v. Mangoldt/Klein/Starck, GG I, Art 1 Rn 2013; *Kunig* in: v Münch/Kunig, GGK I, Art 1 Rn 61; *Schulze-Fielitz* (Fn 14) Art 20 (Rechtsstaat) Rn 99; *Jarass* in: *ders/Pieroth* GG, Art 20 Rn 40.

548 BVerwGE 112, 373, 383 f.

549 *Maurer* Allg VwR, § 4 Rn 58.

550 Vgl Fn 535.

wie der Internationale Seegerichtshof oder der Internationale Strafgerichtshof geschaffen worden.[551] Über die Einhaltung der Menschenrechte wacht in Europa der Europäische Gerichtshof für Menschenrechte (→ § 5 Rn 70). Im Übrigen obliegt die Streitbeilegung im Völkerrecht in einem gerichtsförmigen (nicht nur diplomatischen) Verfahren den vielfach vertraglich vereinbarten *internationalen Schiedsgerichten*. So ermöglichen die zahlreichen Investitionsschutzverträge heute idR die Einschaltung von internationalen Schiedsgerichten, die auch von Privaten gegenüber dem Gaststaat angerufen werden können.[552]

2. Gerichtlicher Rechtsschutz im Unionsrecht

Rechtsschutz gegen Sekundärrechtsnormen der Europäischen Union kann von den Organen der Europäischen Union und den Mitgliedstaaten nach Maßgabe des Art 263 AEUV erlangt werden (*Nichtigkeitsklage*). Diese haben auch die Möglichkeit, Untätigkeitsklage zu erheben (Art 265 AEUV). Nach Inkrafttreten des Vertrages von Lissabon wird *Individualrechtsschutz* gegen Unionsrechtsnormen dadurch gewährt, dass natürliche oder juristische Personen Nichtigkeitsklage erheben können, wenn sie unmittelbar und individuell betroffen sind oder wenn im Falle eines Rechtsakts mit Verordnungscharakter dieser den Kläger unmittelbar betrifft und keine Durchführungsmaßnahmen nach sich zieht (Art 263 IV AEUV, → § 5 Rn 68). Unter Rechtsakten mit Verordnungscharakter iSv Art 263 IV AEUV dürften allerdings nur Durchführungsverordnungen zu verstehen sein.[553]. Daneben kann mit einer gegen den nationalen Verwaltungsträger (zB Bund oder Land) gerichteten verwaltungsgerichtlichen Klage die Feststellung begehrt werden, dass aus einer EU-Verordnung oder einer unmittelbar anwendbaren EU-Richtlinie keine Verpflichtungen erwachsen. Geht das Verwaltungsgericht von der Rechtswidrigkeit des Sekundärrechts aus, hat es – auch wenn es sich um ein erstinstanzliches Gericht handelt[554] – dem EuGH gem Art 267 AEUV die Gültigkeitsfrage vorzulegen, weil nur die Unionsgerichte befugt sind, Handlungen der Unionsorgane für ungültig zu erklären.[555] Die Unanwendbarkeit einer Norm kann vor der Unionsgerichtsbarkeit auch inzident geltend gemacht werden (Art 277 AEUV).[556] Soweit es um die Vereinbarkeit des Unionsrechts mit dem Völkerrecht oder um die Umsetzung von Völkerrecht durch das Unionsrecht geht, versagen die Unionsgerichte bisher zT effektiven Individualrechtsschutz. So befinden die Unionsgerichte, von dem Fall der Bezugnahme auf das WTO-Recht abgesehen, bisher nicht über die WTO-Kompatibilität des Unionsrechts (Rn 78). Dagegen unterliegen Unionsrechtsakte, die Resolutionen des Sicherheitsrats der Vereinten Nationen umsetzen, der gerichtlichen Kontrolle der Unionsgerichtsbarkeit im Hinblick auf ihre Vereinbarkeit mit 130

[551] Vgl *Fischer* in: Ipsen (Fn 6), § 62 Rn 50, 56. Zur Frage, welchen Rechtsschutzanforderungen internationale Organisationen nach innerstaatlichem Recht genügen müssen und welche Maßnahmen solche Organisationen Rechtswirkungen im Inland entfalten, vgl BVerfG-K NJW 2001, 2705, 2706; BVerfGK 2006, 1403 → JK GG Art 24 I/2.

[552] Näher dazu *Tietje* in: Ehlers/Schoch, Rechtsschutz, § 4.

[553] Vgl *Ehlers* in: ders/Schoch, Rechtsschutz, § 8 Rn 41.

[554] Vgl *Ehlers* (Fn 404) 114 ff.

[555] Vgl Rn 126. EuGH Slg 1987, 4199 Rn 16 ff – Foto Frost.

[556] Vgl *Schwarze* in: ders, EU-Kommentar, Art 241 EGV Rn 2 (Ausdruck eines allgemeinen Rechtsgrundsatzes).

den Unionsgrundrechten.[557] Die Vereinbarkeit der mitgliedstaatlichen Rechtsnormen mit dem Europäischen Unionsrecht kann im Wege der Vertragsverletzungsklage überprüft werden (Art 258, 259 AEUV).

3. Gerichtlicher Rechtsschutz im nationalen Recht

131 Im nationalen Rechtskreis lässt sich zwischen prinzipalen (a) und inzidenten (b) Normenkontrollen sowie Normerlass- und Normunterlassungsklagen (c) unterscheiden. Ist die Überprüfung einer Norm unmittelbarer Gegenstand des gerichtlichen Verfahrens und nicht nur Vorfrage für die Beurteilung einer auf die Normen gestützten Maßnahme, handelt es sich um eine *prinzipale Normenkontrolle*. Erklären die Gesetze die Norm für nichtig, hat dies erga omnes-Wirkung. Kommt es im Einzelfall nur mittelbar auf die Gültigkeit einer Norm an, kann von einer *inzidenten Normenkontrolle* gesprochen werden. Diesbezügliche Gerichtsentscheidungen binden nur die Beteiligten des gerichtlichen Verfahrens. *Normerlass-* und Norm*unterlassungsklagen* richten sich auf den Erlass, die Änderung oder Ergänzung einer Norm respektive auf das Unterlassen einer Normsetzung.

132 a) *Prinzipale Normenkontrollen.* (1) *Verfassungsgerichtliche Kontrollen.* Gegen eine Rechtsnorm kann nach Art 93 I Nr 4a GG und ggf auch dem Landesverfassungsrecht[558] *Individualverfassungsbeschwerde* wegen Verletzung der Grundrechte oder grundrechtsgleichen Rechte sowie nach Art 93 I Nr 4b GG und den entsprechenden Landesverfassungsbestimmungen[559] *kommunale Verfassungsbeschwerde* wegen Verletzung des Rechts auf Selbstverwaltung beim Bundesverfassungsgericht oder den Landesverfassungsgerichten erhoben werden. Dies setzt voraus, dass der Beschwerdeführer selbst, gegenwärtig und unmittelbar durch das Gesetz beschwert wird und nicht erst durch den bei den Gerichten angreifbaren Vollzug des Gesetzes.[560] Tauglicher Beschwerdegegenstand sind Gesetze erst nach Abschluss des Gesetzgebungsverfahrens. Dagegen dürfen Zustimmungsgesetze zu völkerrechtlichen Verträgen bereits vor der Ausfertigung und Verkündung angegriffen werden.[561] Nach dem in der Rechtsprechung entwickelten Grundsatz der *Subsidiarität* der *Individualverfassungsbeschwerde*[562] sind Verfassungsbeschwerden gegen untergesetzliche Normen grundsätzlich unzulässig, weil die Beschwerdeführer entweder einen Normenkontrollantrag nach § 47 VwGO einreichen oder eine verwaltungsgerichtliche Feststellungsklage mit dem Antrag erheben können, feststellen zu lassen, dass die Norm auf ihren Fall nicht anwendbar ist.[563] Auch einer Verfassungsbeschwerde unmittelbar gegen ein Gesetz kann uU der Grundsatz der Subsidiarität der Verfassungsbeschwerde entgegenstehen, weil in zumutbarer Weise fachgerichtlicher Rechtsschutz gegen die Anwendung des Gesetzes im Wege der Erhebung einer verwaltungsgerichtlichen Feststellungsklage zu erlangen ist.[564] Ferner haben

[557] EuGH DVBl 2009, 175 – Kadi → JK 6/09, EGV Art 301/1.
[558] Vgl Art 6 II Verf Bbg; 131 I, III Verf Hess; 53 Nr 6 Verf MV; 130a Verf RP; 81 I Nr 4 Verf Sachs; 75 Nr 6 Verf LSA; 80 I Nr 1 Verf Thür.
[559] Vgl Art 53 Nr 8 Verf MV; 75 Nr 4 Verf NRW iVm § 52 VGHG NRW; Art 75 Nr 7 Verf LSA; 80 I Nr 2 Verf Thür.
[560] Vgl BVerfGE 67, 157, 170; 100, 313, 354.
[561] BVerfGE 1, 396, 411 ff; 24, 33, 53 f.
[562] Vgl *Benda/Klein* (Fn 503) Rn 523 ff.
[563] Vgl BVerfG-K NVwZ 2000, 1407 f → JK BVerfGG § 90 II/7.
[564] Vgl BVerfG-K NVwZ 2004, 977 → JK BVerfGG § 90 II/8. Fälle dieser Art dürften selten sein.

die Bundesregierung, eine Landesregierung oder ein Drittel des Bundestages die Möglichkeit, die Vereinbarkeit von Bundesrecht mit dem Grundgesetz oder von Landesrecht mit dem sonstigen Bundesrecht im Wege einer *abstrakte*n *Normenkontrolle* von dem Bundesverfassungsgericht kontrollieren zu lassen (Art 93 I Nr 2 und 2 a GG).[565] Ebenso entscheidet das Bundesverfassungsgericht Meinungsverschiedenheiten über die Fortgeltung von Recht als Bundesrecht (Art 126 GG).[566] Bestehen Meinungsverschiedenheiten oder Zweifel über die Vereinbarkeit von Landesrecht mit dem Landesverfassungsrecht, kann die Regierung oder ein Quorum von Landtagsmitgliedern das Landesverfassungsgericht nach Maßgabe des Landesverfassungsrechts anrufen.[567]

(2) *Verwaltungsgerichtliche Normenkontrollen.* Gem *§ 47 I VwGO* entscheiden die Oberverwaltungsgerichte im Wege der abstrakten Normenkontrolle über untergesetzliche Normen des Baurechts und – sofern das Landesrecht dies bestimmt[568] – über sonstige im Rang unter den Landesgesetzen stehende Rechtsvorschriften. Zu diesen Vorschriften rechnen die Gerichte auch die Allgemeinverbindlichkeitserklärungen von Tarifverträgen[569], die Geschäftsordnungen[570] sowie die normkonkretisierenden Verwaltungsvorschriften (Rn 68), nicht aber Verwaltungsvorschriften im Übrigen.[571] Auf die Flächennutzungspläne kann § 47 VwGO uU analog anwendbar sein (Rn 70). Bebauungspläne, die ausnahmsweise nicht in Form einer Satzung, sondern eines Parlamentsgesetzes erlassen werden, sollen wie untergesetzliche Normen zu behandeln sein.[572] Ändert das Parlament bestehende Rechtsverordnungen oder fügt es in diese neue Regelungen ein, ist das dadurch entstandene Normgebilde aus Gründen der Normenklarheit nach Ansicht des Bundesverfassungsgerichts insgesamt als Rechtsverordnung zu qualifizieren[573], so dass bei Zugrundelegung dieser sehr zweifelhaften Ansicht eine verwaltungsgerichtliche Normenkontrolle, wegen der Subsidiarität nicht aber eine Verfassungsbeschwerde oder eine Vorlage nach Art 100 I GG[574] in Betracht kommt. Gegen untergesetzliche Normen, die nicht unter § 47 I VwGO fallen (weil das Landesrecht dies nicht bestimmt oder es sich um Bundesrecht handelt), kann sich der Betroffene mittels einer auf Nichtanwendung im Einzelfall gerichteten verwaltungsgerichtlichen Feststellungsklage wehren.[575] Neben dem geschriebenen Recht dürfte auch Gewohnheitsrecht tauglicher Gegenstand einer Normenkontrolle sein können. **133**

b) *Inzidente Normenkontrollen.* Hält ein Gericht ein Gesetz, auf dessen Gültigkeit es bei der Entscheidung im Einzelfall ankommt, für verfassungswidrig oder ein Landesgesetz für unvereinbar mit dem Bundesgesetz, ist das Verfahren auszusetzen und die **134**

565 Vgl *Mückl* in: Ehlers/Schoch, Rechtsschutz, § 15.

566 Antragsberechtigt sind der Bundestag, der Bundesrat, die Bundesregierung und die Landesregierung (§ 86 I BVerfGG). Ferner müssen Gerichte die Entscheidung des BVerfG einholen (§ 86 II BVerfGG). Insoweit handelt es sich um eine konkrete Normenkontrolle.

567 Vgl zB Art 68 I Nr 2 Verf BW; 131 Verf Hess; 75 Nr 3 Verf NRW; 130 I Verf RP; 81 I Nr 2 Verf Sachs.

568 Keinerlei Bestimmungen gibt es nur in Berlin, Hamburg und Nordrhein-Westfalen.

569 BVerwGE 80, 355 ff.

570 BVerwG NVwZ 1988, 1119; VGH BW NVwZ-RR 2003, 56, 57.

571 Krit *Ehlers* Jura 2005, 171, 173. Zur mittelbaren Überprüfung von in dienstliche Anordnungen umgesetzten Verwaltungsvorschriften vgl BVerwGE 125, 85.

572 BVerfGE 70, 35, 57. Krit *Schenke* DVBl 1985, 1367, 1368; *Kosmider* JuS 1988, 447, 450.

573 BVerfGE 114, 196, 234 ff (m abw Meinung der Richter Osterloh und Gerhardt, 250 ff); 303, 311 ff; BayVGH DÖV 2007, 79.

574 BVerfG DVBl 2005, 1513 → JK GG Art 100/14.

575 Vgl BVerfG-K NVwZ 1998, 169, 170; BVerwGE 111, 276 → JK VwGO § 43/11.

Entscheidung des Bundesverfassungsgerichts oder eines Landesverfassungsgerichts gem *Art 100 I GG* einzuholen. Einer solchen Kontrolle unterliegen von vornherein nur Parlamentsgesetze, die jünger sind als die Maßstabsnorm[576], somit nicht vorkonstitutionelle Parlamentsgesetze oder untergesetzliche Normen. Letztere können von den Fachgerichten selbst mit inter partes-Wirkung für ungültig erklärt werden. Ist zweifelhaft, ob eine Regel des Völkerrechts Bestandteil des Bundesrechtes ist und ob sie unmittelbar Rechte und Pflichten für den Einzelnen erzeugt, hat das Gericht die Entscheidung des Bundesverfassungsgerichts gem *Art 100 II GG* einzuholen (sog völkerrechtliches Verifikationsverfahren).

135 c) *Normerlass- und -unterlassungsklagen.* Normerlassklagen kennt das Völkerrecht nicht. Im Unionsrecht kann Untätigkeitsklage erhoben werden, wenn es das Europäische Parlament, der Rat oder die Kommission unter Verletzung der Verträge unterlassen, einen Beschluss zu fassen (Art 265 AEUV). Wird der Erlass eines Parlamentsgesetzes begehrt, handelt es sich um eine verfassungsrechtliche Streitigkeit. In Betracht kommen kann eine auf Verletzung einer grundrechtlichen Schutzpflicht gestützte *Verfassungsbeschwerde*[577] (die aber nur in Extremfällen erfolgreich sein wird). Außerdem kann das gesetzgeberische Unterlassen gem § 64 I BVerfGG und den entsprechenden Landesbestimmungen Gegenstand eines verfassungsgerichtlichen *Organstreitverfahren*s sein. Für gerichtliche Streitigkeiten auf Erlass einer untergesetzlichen Norm des Außenrechts (insbesondere auf Erlass von Verordnungen oder Satzungen) oder auf die Unterlassung einer diesbezüglichen Rechtsetzung ist der Verwaltungsrechtsweg[578] zu den allgemeinen oder besonderen Verwaltungsgerichten (Finanzgerichten, Sozialgerichten) gegeben. Als Klageart soll nur, primär oder jedenfalls auch die allgemeine Feststellungsklage in Betracht kommen.[579] Die Verfolgung des Klagebegehrens durch eine Feststellungsklage trage eher als eine Leistungsklage dem Gewaltenteilungsprinzip Rechnung, weil auf die Entscheidung des rechtsetzenden Organs gerichtlich nur in dem für den Rechtsschutz des Bürgers unumgänglichen Umfang eingewirkt werde. Dieser Ansicht ist wegen der Subsidiarität der Feststellungsklage (§ 43 II 1 VwGO) nicht zu folgen.[580] Richtige Klageart einer auf Erlass, Änderung oder Ergänzung respektive auf Unterlassen einer untergesetzlichen Norm gerichteten Klage ist die allgemeine *Leistungsklage*. Auch Ansprüche auf Erlass untergesetzlicher Normen sind eine Seltenheit.

[576] Vgl *Ehlers* in: Schoch/Schmidt-Aßmann/Pietzner, VwGO, Anh § 40/Art 100 I GG Rn 21 ff.

[577] Grundsätzlich kann nur ein erlassenes Gesetz, nicht ein Unterlassen Gegenstand einer Verfassungsbeschwerde sein (BVerfGE 11, 255, 261). Anderes gilt, wenn sich der Beschwerdeführer auf einen ausdrücklichen Auftrag des Grundgesetzes berufen kann (BVerfGE 6, 257, 264).

[578] Zum Vorliegen einer nichtverfassungsrechtlichen Streitigkeit vgl BVerfGE 68, 319, 325 f; 71, 305, 343 ff; BVerwGE 80, 355, 357; NVwZ 2002, 1505 → JK VwGO § 43/13; aA *Schenke* Verwaltungsprozessrecht, 12. Aufl 2009, Rn 347.

[579] Vgl BVerwGE 80, 355, 363; 111, 276, 278; *Sodan* NVwZ 2000, 601, 608.

[580] *Hufen* VwPrR, § 20 Rn 8; *Ehlers* in: ders/Schoch, Rechtsschutz, § 24 Rn 12.

§ 3
Verwaltungsrecht

I. Begriff des Verwaltungsrechts

Der Begriff des Verwaltungsrechts kann in einem weiten oder engen Sinne verwendet werden. Da zum Recht der Verwaltung sowohl das öffentliche als auch das private Recht gehört, lässt sich bei *weiter Begriffsbildung* unter Verwaltungsrecht die Summe der Rechtssätze verstehen, welche die Verwaltung organisieren oder von der Verwaltung zu beachten sind.[1] Zumeist wird der *Begriff* des Verwaltungsrechts *enger* gefasst. Das Verwaltungsrecht kann dann als die Gesamtheit der geschriebenen und ungeschriebenen Rechtssätze des öffentlichen Rechts definiert werden, die entweder die staatliche Verwaltung im organisatorischen Sinne konstituieren oder gerade die Tätigkeit der staatlichen Verwaltung (im organisatorischen Sinne) regeln, mit Ausnahme der Vorschriften anderer Rechtsordnungen, des Verfassungsrechts, des Staatsrechts und des Verwaltungsprozessrechts. Im Folgenden wird dieser Begriff des Verwaltungsrechts zugrunde gelegt. Im Einzelnen bedeutet dies Folgendes: **1**

Das Verwaltungsrecht (im engeren Sinne) ist ein Teilgebiet des *öffentlichen Rechts* (Rn 10 ff). Da sich die staatliche Verwaltung auch der Organisations- und Handlungsformen des Privatrechts bedienen darf (Rn 35 ff), regelt es nur einen Teil der Erscheinungsformen und Aktivitäten der Verwaltung. **2**

Zuordnungssubjekt des Verwaltungsrechts ist die staatliche Verwaltung. Dies heißt nicht, dass sich das Verwaltungsrecht nur an die *Verwaltung* wendet. Die meisten Rechtssätze des Verwaltungsrechts regeln die Rechtsbeziehungen zwischen Verwaltung und Bürgern (Privaten), sprechen also auch letztere an, aber nur im Verhältnis zur Verwaltung. So berechtigen die meisten Vorschriften des Polizeirechts die Verwaltung zum Einschreiten und verpflichten die Bürger, den Anordnungen der Verwaltung Folge zu leisten. Da es sich beim Zuordnungssubjekt um *staatlich*e Verwaltung handeln muss, scheiden jene Rechtsgebiete des öffentlichen Rechts aus, die sich an andere Verwaltungsträger (etwa die öffentlich-rechtlich organisierten Religionsgemeinschaften) oder sonstige Rechtssubjekte (wie zB die an jedermann adressierten Vorschriften des Strafrechts oder des Zivil- und Strafprozessrechts) wenden. **3**

Die staatliche Verwaltung kann auch durch das *Völkerrecht* (→ § 4) oder *Europäische Unionsrecht* (→ § 5 Rn 9 ff, 43 ff) gesteuert werden. Ob deren Rechtssätze dem öffentlichen Recht angehören, ist nicht zweifelsfrei (Rn 13), aber anzunehmen, wenn unter dem öffentlichen Recht die an Hoheitsträger adressierten Rechtssätze verstanden werden. Zum Verwaltungsrecht im engeren Sinne sind jedoch nur die Rechtssätze des staatlichen Rechts zu zählen. **4**

Nicht zum Verwaltungsrecht gehören ferner das auf einer höheren Stufe der Normenpyramide angesiedelte (formelle) *Verfassungsrecht* und das *Staatsrecht*, mögen sie auch – wie etwa die Grundrechte, Art 35 I GG oder die Art 83 ff GG – für die Verwaltung von größter Bedeutung sein. Zur Unterscheidung von Verfassungsrecht und Staatsrecht → § 2 Rn 34. **5**

Auszuklammern ist schließlich das *Verwaltungsprozessrecht*, weil es sich in erster Linie um Justizrecht handelt (vgl aber auch Rn 95 f). **6**

[1] Zum Verwaltungsrecht gehört dann zB auch das GmbH- und das Kaufrecht des BGB, wenn und soweit dies auf die Verwaltung anwendbar ist.

II. Arten des Verwaltungsrechts

7 Das Verwaltungsrecht lässt sich in vielfältiger Weise untergliedern. ZB kann zwischen dem Organisations- und dem Verhaltensrecht, dem Innen- und Außenrecht, dem formellen und materiellen Recht sowie dem allgemeinen und besonderen Verwaltungsrecht unterschieden werden. Das *Organisationsrecht* bezieht sich auf die Verwaltung als Institution, das *Verhaltensrecht* auf die Entscheidungstätigkeit. Während das (ua durch Verwaltungsvorschriften geregelte) *Innenrecht* unmittelbar zumindest grundsätzlich nur verwaltungsinterne Bedeutung hat,[2] betrifft das *Außenrecht* die Gestaltung der Rechtsbeziehungen zu den sonstigen Rechtssubjekten. Das *formelle Verwaltungsrecht* regelt die Rechtmäßigkeit des Verwaltungshandelns in formeller Hinsicht (insbesondere die Zuständigkeit, das korrekte Verfahren und die Form des Handelns), das *materielle Verwaltungsrecht* den Inhalt des ge- oder verbotenen Tuns, Duldens oder Unterlassens. Besondere Bedeutung kommt im vorliegenden Zusammenhang der Differenzierung von allgemeinem und besonderem Verwaltungsrecht zu, da im Folgenden nur auf den zuerst genannten Rechtsstoff eingegangen wird.

8 Das *allgemeine Verwaltungsrecht* umfasst diejenigen Verwaltungsrechtsnormen, die grundsätzlich für die gesamte Verwaltung maßgebend sind. Dazu gehört etwa das Verwaltungsorganisationsrecht (→ § 7 Rn 1 ff), das Verwaltungsverfahrensrecht (→ § 13 Rn 1 ff), das Recht der öffentlich-rechtlichen Handlungsformen (→ § 17 Rn 1 ff), das Recht der Anstaltsnutzung (→ § 38 Rn 24 ff), das öffentliche Sachenrecht (→ § 38 Rn 1 ff), das Verwaltungsvollstreckungsrecht (→ § 27 Rn 1 ff) und das Staatshaftungsrecht (→ § 43 Rn 1 ff). Das allgemeine Verwaltungsrecht ist für die öffentlich-rechtlich tätig werdenden Bundesbehörden in dem *Verwaltungsverfahrensgesetz* des Bundes,[3] für die Landesbehörden in den Verwaltungsverfahrensgesetzen der Länder kodifiziert worden. Für die Finanz- und Sozialverwaltung gelten die – weithin inhaltsgleichen – Vorschriften der Abgabenordnung[4] und des SGB X, so dass von einem „Drei-Säulen-Konzept“[5] (VwVfG, AO, SGB X) gesprochen wird (→ § 13 Rn 6). Die verwaltungsverfahrensrechtlichen Regelungen betreffen nicht nur das Verfahren (Amtshilfe, Verfahrensgrundsätze, Fristen, Beglaubigung, formelles Verwaltungsverfahren, ehrenamtliche Tätigkeit, Ausschüsse), sondern auch und vor allem das materielle Verwaltungsrecht (Verwaltungsakt, öffentlich-rechtlicher Vertrag, Planfeststellung). Einzelne Verfahrensabschnitte sind in den Verwaltungsvollstreckungsgesetzen und den Verwaltungszustellungsgesetzen normiert worden. Daneben sind noch die Landesorganisations- bzw Landesverwaltungsgesetze zu erwähnen. Die genannten Gesetze sind lückenhaft und enthalten auch zusammengenommen keine vollständige Kodifikation des allgemeinen

[2] Zum Innenrecht gehört etwa die Beaufsichtigung der unteren Verwaltungsbehörden durch die höheren oder die Regelung der Amtspflichten der Beamten. Zur Frage, ob Verwaltungsvorschriften Außenrechtssätze sein können, vgl → § 2 Rn 68 f; § 19 Rn 4.

[3] Zur Abgrenzung von Bundes- und Landesrecht vgl § 1 I–III (B-)VwVfG, zur Frage, wann das (Bundes- oder Landes-)VwVfG überhaupt anwendbar ist, § 1 I (keine inhaltsgleichen oder entgegenstehenden Bestimmungen), § 2 (keine Ausnahmen), § 1 I (öffentlich-rechtliche Verwaltungstätigkeit) und § 9 (Ausrichtung auf Verwaltungsakt und öffentlich-rechtlichen Vertrag).

[4] §§ 78 ff AO.

[5] Vgl dazu *Sachs* in: Stelkens/Bonk/ders, VwVfG, Einl Rn 50 ff. Krit zu den Abweichungen des SGB X, die überwiegend nicht auf sozialrechtlichen Besonderheiten, sondern auf Überlegungen beruhen, die auch für das allgemeine Verwaltungsverfahrensrecht gelten könnten, *Ule* VSSR 8 (1980) 283 ff. Zum Sozialverwaltungsrecht vgl *Dörr* DÖV 1999, 110 ff.

Verwaltungsrechts. Beispielsweise fehlt es an allgemein gehaltenen Regelungen über die Realakte der Verwaltung oder über die Rechtsnachfolge im öffentlichen Recht.[6] Teilweise lassen sich wichtige Rechtsfiguren – wie das Übermaßverbot, die Selbstbindung der Verwaltung, der Vertrauensschutz des Bürgers oder der Anspruch der Grundrechtsinhaber auf Unterlassung bzw zur (Folgen-)Beseitigung rechtswidriger Eingriffe der Verwaltung in Freiheit und Eigentum – unmittelbar dem Verfassungsrecht entnehmen (→ § 6 Rn 24). In anderen Fällen kann mit allgemeinen Rechtsgedanken oder mit Analogieschlüssen gearbeitet werden (→ § 2 Rn 12). Nach einer Kammerentscheidung des Bundesverfassungsgerichts verstößt es gegen Art 2 I GG iVm dem Rechtsstaatsprinzip, die gesetzliche Ermächtigungsgrundlage für einen belastenden Verwaltungsakt im Wege der analogen Anwendung einer Norm zu gewinnen.[7] Ein generelles Analogieverbot zu Lasten des Einzelnen dürfte es im Verwaltungsrecht, anders als im Strafrecht, aber nicht geben. ZB lassen sich aus der sinngemäßen Übertragung der Regeln des bürgerlichen Schuldrechts in das öffentliche Recht auch Schadensersatzansprüche ableiten (→ § 46 Rn 17 ff). Hält man diese Konstruktion für nicht tauglich, Ansprüche der Verwaltung gegen den Bürger zu begründen, wird man auch Ansprüche des Bürgers gegen die Verwaltung entfallen lassen müssen. Dies entspricht aber nicht dem Schutzgedanken. Schließlich gibt es Regelungen des Verwaltungsrechts, die kraft Gewohnheitsrechts gelten (→ § 2 Rn 57 ff). ZB ist der öffentlich-rechtliche Erstattungsanspruch (→ § 35 Rn 17), soweit er nicht ausdrücklich geregelt ist, gewohnheitsrechtlich fundiert.[8] Auch wird etwa das Haftungsinstitut des enteignungsgleichen und enteignenden Eingriffs (→ § 45 Rn 62 ff) teilweise auf Gewohnheitsrecht gestützt.[9]

Das *besondere Verwaltungsrecht* umfasst das Recht der einzelnen Tätigkeitsbereiche 9
der Verwaltung. Zu nennen sind etwa das Beamtenrecht, Kommunalrecht, Polizei- und Ordnungsrecht, Baurecht, Wirtschaftsverwaltungsrecht, Umweltrecht, Straßenrecht usw. Allgemeines und besonderes Verwaltungsrecht sind aufeinander zu beziehen. Die „vor die Klammer" gezogenen Rechtsfiguren des allgemeinen Verwaltungsrechts sollen den Rechtsstoff strukturell ordnen, einer Zerfaserung entgegentreten und unnötige Sonderentwicklungen unterbinden. Umgekehrt beeinflusst das wirklichkeitsbezogene, dynamisch auf die Problemlagen eingehende besondere Verwaltungsrecht das allgemeine Verwaltungsrecht.[10]

[6] Eine bereichsspezifische Regelung der Rechtsnachfolge findet sich zB in § 4 III 1 BBodSchG. Allg zur Rechtsnachfolge im öffentlichen Recht *Dietlein* Nachfolge im öffentlichen Recht, 1999, 36 ff; *Rau* Jura 2000, 37 ff; *Nolte/Niestedt* JuS 2000, 1071 ff.

[7] NJW 1996, 3146 → JK Art 2 I/29. Zust *Konzak* NVwZ 1997, 872 f; krit *Schwabe* DVBl 1997, 352 f; vgl auch *Ehlers* Verw 31 (1998) 53, 79 f; *de Wall* Die Anwendbarkeit privatrechtlicher Vorschriften im Verwaltungsrecht, 1999, 62 ff, 97 ff. Näher zu den Schranken einer analogen Anwendung von Vorschriften des öffentlichen Rechts zu Lasten des Bürgers *Schmidt* VerwArch 97 (2006), 139, 156 ff; *Beaucamp* AöR 134 (2009), 83, 89 ff.

[8] BVerwGE 71, 85, 88 → JK Öff-rechtl Erstattg Anspr/2.

[9] Vgl *Papier* in: Maunz/Dürig, GG, Art 14 Rn 681; *Ossenbühl* StHR, 216 f. Hierzu *Ehlers* VVDStRL 51 (1992) 211, 243.

[10] Näher dazu *Schmidt-Aßmann* Ordnungsidee, Kap 1 Rn 9 ff m Hinw auf die Bedeutung von Referenzgebieten.

III. Verwaltungsrecht als Teilgebiet des öffentlichen Rechts

1. Notwendigkeit einer Unterscheidung von öffentlichem und privatem Recht

10 Im Schrifttum ist verschiedentlich die Ansicht vertreten worden, der Unterschied von öffentlichem und privatem Recht sei „nahezu völlig zertrümmert" und habe seine „Existenzberechtigung verloren".[11] So wird darauf hingewiesen, dass die Zweiteilung der Rechtsordnung auf der *überholten Vorstellung einer Trennung* von Obrigkeitsstaat und bürgerlicher Gesellschaft beruhe. Auch träten im öffentlichen und privaten Recht häufig die gleichen Problemstellungen auf (zB Schutzbedürftigkeit Einzelner vor staatlicher oder gesellschaftlicher Macht). Ferner habe sich die ursprüngliche Andersartigkeit von öffentlichem und privatem Recht stark relativiert. So seien Rechtsgebiete wie das Arbeits-, Wirtschafts- und Sozialrecht längst aus dem Privatrecht herausgewachsen, ohne deshalb dem öffentlichen Recht zugerechnet werden zu können.

11 Dieser Ansicht kann in Übereinstimmung mit der hM[12] nicht gefolgt werden. Zunächst ist zu berücksichtigen, dass sich die Zweiteilung des Rechts in öffentliches und privates Recht in einem langen geschichtlichen Prozess[13] als qualitative Differenzierung innerhalb der Rechtsordnung herausgebildet hat. Sie beruht auf der Annahme, dass für den Staat weithin andere Regelungen als für den Einzelnen gelten müssen. An der Notwendigkeit einer Unterscheidung von Staat und Gesellschaft[14] hat sich ungeachtet zahlreicher faktischer Verschränkungen und sonstiger Annäherungen rechtlich gesehen bis heute nichts geändert. So werden die Träger von Staatsgewalt nicht in Wahrnehmung menschlicher Freiheit, sondern in Ausübung von Kompetenzen tätig.[15] Während die Privatpersonen grundsätzlich (dh in den Grenzen der privatrechtlichen Rahmenordnung) Privatautonomie genießen, ist jedes staatliche Handeln auf eine Rechtfertigung angewiesen[16] (→ § 1 Rn 28 ff). Dementsprechend unterliegt der Staat

[11] *Wiethölter* Rechtswissenschaft, 1968, 23, 167 f. Vgl zur Kritik auch *Kelsen* AöR 31 (1913) 53, 75 ff; *Bullinger* Öffentliches Recht und Privatrecht, 1968, 75 ff; *dens* FS Rittner, 1991, 69 ff; *dens* in: Hoffmann-Riem/Schmidt-Aßmann (Hrsg), Öffentliches Recht und Privatrecht als wechselseitige Auffangordnungen, 1996, 239 ff.

[12] Vgl *Ehlers* Verwaltung in Privatrechtsform, 1984, 42 ff; *D. Schmidt* Die Unterscheidung von privatem und öffentlichem Recht, 1985, 23 ff; *Kempen* Formenwahlfreiheit der Verwaltung, 1989, 5 ff; *Di Fabio* VVDStRL 56 (1997) 235, 275; *Axer* in: Eichenhofer (Hrsg), Soziale Sicherheit durch öffentliches und Privatrecht, 2004, 111, 113; *U. Stelkens* Verwaltungsprivatrecht, 2005, 23 ff; *Burgi* in: Hoffmann-Riem/Schmidt-Aßmann/Voßkuhle, Grundlagen I, § 18 Rn 2 ff.

[13] Vgl *Stolleis* Geschichte des öffentlichen Rechts in Deutschland, Bd 1, 1988, 126 ff, 394 ff; *dens* in: Hoffmann-Riem/Schmidt-Aßmann (Fn 11) 41 ff; *Schröder* FS Gernhuber, 1993, 961 ff. Nach *Wyduckel* Ius Publicum, 1984, 111 ff ist die Zweiteilung des Rechts nicht erst in der Zeit des Absolutismus, sondern schon weit davor entstanden. Auch in England, das ursprünglich die Unterscheidung von öffentlichem und privatem Recht nicht kannte, hat sich längst ein public law als Sonderrecht der vollziehenden Gewalt etabliert. Vgl *Wade/Forsyth* Administrative Law, 8. Aufl 2000, 614; *Schwarze* DÖV 1996, 771 ff.

[14] *Rupp* in: Isensee/Kirchhof II, § 31 Rn 25 ff; *Kahl* Jura 2002, 721 ff; *Heintzen* VVDStRL 62 (2003) 220, 235 ff.

[15] Vgl BVerfGE 61, 82, 101 → JK GG Art 19 III/3; 68, 193, 206 → JK GG Art 19 III/5; *Bethge* Die Grundrechtsberechtigung juristischer Personen nach Art 19 III GG, 1985, 67 f.

[16] Dies gilt für den Gesetzgeber wie für die Verwaltung, der Gestaltungsspielräume eingeräumt worden sind (weshalb es im öffentlichen Recht, nicht aber im Privatrecht, beispielsweise eine ausgeformte Ermessenslehre gibt).

nach dem Grundgesetz prinzipiell anderen Anforderungen als der Einzelne. ZB binden das Demokratie-, Rechtsstaats-, Gesetzmäßigkeits- und Sozialstaatsprinzip ebenso wie die Grundrechte[17] (unmittelbar) nur den Staat, nicht die sonstigen Rechtssubjekte. Andererseits gebieten es die Friedenssicherungsfunktion und Gemeinwohlverantwortung des Staates, diesem besondere Befugnisse vorzubehalten (zB Steuern zu erheben oder polizeiliche Verfügungen zu erlassen). Es ist daher nach wie vor *sachgerecht*, *zwischen* dem *öffentlichen Recht* als dem „Amtsrecht" des Staates[18] *und* dem *Privatrecht* als dem „Jedermannsrecht" *zu unterscheiden*.

Vor allem aber knüpft das *geltende Recht* an die Unterscheidung von öffentlichem und privatem Recht an. Dies gilt bereits für das *Verfassungsrecht*. Beispielsweise hängt die Verteilung der Gesetzgebungszuständigkeit davon ab, ob das bürgerliche Recht (Art 74 I Nr 1 GG) oder das öffentliche Recht berührt ist. Gem Art 33 IV GG ist die Ausübung hoheitsrechtlicher Befugnisse als ständige Aufgabe idR Personen zu übertragen, die in einem öffentlich-rechtlichen Dienst- und Treueverhältnis (statt in einem privatrechtlichen Arbeits- oder Angestelltenverhältnis) stehen. Verletzt jemand in Ausübung eines ihm anvertrauten öffentlichen Amtes, dh im Zusammenhang mit einem öffentlich-rechtlichen Tätigwerden (→ § 44 Rn 6), die ihm einem Dritten gegenüber obliegende Amtspflicht, richtet sich die Haftung nach Art 34 GG, ansonsten nach Privatrecht.[19] Vor allem aber unterscheiden die *einfachgesetzlichen Bestimmungen* zwischen dem öffentlichen und privaten Recht. So gelten die Vorschriften des Verwaltungsverfahrensgesetzes lediglich für die „öffentlich-rechtliche Verwaltungstätigkeit" (§ 1 I VwVfG). Verwaltungsakt und verwaltungsrechtliche Verträge können schon nach ihrer Legaldefinition nur „auf dem Gebiet des öffentlichen Rechts" erlassen bzw abgeschlossen werden (§§ 35, 54 VwVfG). Die Vorschriften des Verwaltungsvollstreckungsgesetzes beziehen sich ua auf die Vollstreckung „öffentlich-rechtlicher Geldforderungen" (§ 1 VwVG). Eine Baugenehmigung oder eine immissionsschutzrechtliche Genehmigung ist zu erteilen, wenn dem Vorhaben „öffentlich-rechtliche Vorschriften" nicht entgegenstehen (zB §§ 75 BauO NRW, 6 I Nr 2 BImSchG). Für „öffentlich-rechtliche Streitigkeiten" sind grundsätzlich die Verwaltungsgerichte (§ 40 I VwGO) oder Verfassungsgerichte (zB Art 93 I Nr 4 GG), für die „bürgerlichen Rechtsstreitigkeiten" grundsätzlich die ordentlichen Gerichte (§ 13 GVG) zuständig. **12**

Im Übrigen ist die Unterscheidung von öffentlichem und privatem Recht auch im *Europäischen Unionsrecht* bekannt, wie Art 272 AEUV oder verschiedene Richtlinien der EU[20] zeigen. In diesem Rechtsgebiet kommt der Trennung von öffentlichem und privatem Recht bisher allerdings keine systemprägende Bedeutung zu. Dies liegt daran, dass es keine ausgebaute unionsrechtliche Privatrechtsordnung gibt, auf deren Grundlage die Union oder Unionsbürger agieren können. Wenn die Union privatrechtlich handeln will und darf (zB zum Zwecke der Vergabe unionsunmittelbarer Subventionen **13**

[17] Zu Ausnahmen vgl Rn 14. Zur „Privatrechtswirkung" der Grundrechte siehe *Ruffert* Vorrang der Verfassung und Eigenständigkeit des Privatrechts, 2001, 61 ff; *Jestaedt* VVDStRL 64 (2005) 298, 330 ff.

[18] *Wolff/Bachof/Stober/Kluth* VwR I, § 22 Rn 28.

[19] Vgl zB BGH NVwZ 2004, 1526, 1527. Für eine Anwendbarkeit des Art 34 S 1 GG im Falle der Verletzung öffentlich-rechtlicher Pflichten auch bei einem Verwaltungshandeln in Privatrechtsform *Becker* Verwaltungsprivatrecht und Verwaltungsgesellschaftsrecht am Beispiel des Rechtsschutzes bei Entscheidung der Treuhandanstalten, 1994, 169 f; *U. Stelkens* (Fn 12) 1047. Näher zum Ganzen → § 44 Rn 39 ff.

[20] Vgl etwa RL 83/2180/EWG.

oder zur Anschaffung von Geräten)[21], muss sie sich (jedenfalls idR) des nationalen Privatrechts eines Mitgliedstaates bedienen.[22] Überträgt man die für die Unterscheidung des öffentlichen und privaten Rechts auf der nationalen Ebene entwickelten Kriterien der Subjektstheorie (Rn 17 ff) sinngemäß auf die EU-Ebene, müsste das Unionsrecht ganz überwiegend dem öffentlichen Recht zugeordnet werden, weil zumindest einer der in den EU-Rechtssätzen angesprochenen Adressaten in aller Regel ausschließlich die Europäische Union oder ein Mitgliedstaat ist. Privatrechtlich zu qualifizieren wären im Wesentlichen nur diejenigen EU-Verordnungen und unmittelbar anwendbaren Richtlinien[23], welche Jedermann berechtigen und verpflichten.[24] Aus Art 335 S 1 AEUV ergibt sich, dass die Union sich auch des nationalen öffentlichen Rechts bedienen darf.[25] Im Übrigen überlässt es das Unionsrecht, von Ausnahmen abgesehen (Rn 53), den Mitgliedstaaten, ob zwischen öffentlichem und privatem Recht unterschieden werden und ggf wann öffentliches Recht, wann privates Recht zur Anwendung kommen soll.[26]

2. Abgrenzung des öffentlichen und privaten Rechts

14 Bei der Abgrenzung von öffentlichem und privatem Recht geht es um die Unterscheidung von *Rechtssätzen*, nicht um die Qualifizierung von Rechtsverhältnissen[27], Rechtsstreitigkeiten, Handlungsweisen oder (bereichsspezifischen) Rechtsgebieten. Die Zuordnung von Rechtsverhältnissen, Rechtsstreitigkeiten und Handlungsweisen zum öffentlichen oder privaten Recht richtet sich – von den Fällen einer eindeutigen Formwahl der Verwaltung abgesehen (Rn 52)[28] – danach, welche Rechtssätze einschlägig sind, sie ist also nur die Folge von deren Klassifizierung. Rechtsgebiete lassen sich idR[29] nicht gänzlich dem einen oder anderen Rechtsregime zuweisen. So enthält selbst das Grundgesetz privatrechtliche Vorschriften (Art 9 III 2 GG) und das Bürgerliche Gesetzbuch Normen des öffentlichen Rechts (zB § 22 BGB). Auch die verschiedenen Gebiete des besonderen Verwaltungsrechts bestehen oftmals nicht nur aus Rechtssätzen des öffentlichen Rechts, wie für das Wirtschaftsverwaltungs- und Umweltrecht etwa die §§ 20 EnWG, 14 BImSchG zeigen.

[21] Zu den Möglichkeiten und Grenzen der Inanspruchnahme privatrechtlicher Organisations- und Handlungsformen vgl *Brenner* Der Gestaltungsauftrag der Verwaltung in der Europäischen Union, 1996, 132 ff.

[22] Zur Rechtsfähigkeit der Europäischen Union vgl Art 47 EUV, 335 AEUV, zur Privatrechtsfähigkeit *Schweitzer/Hummer* EuR, Rn 1093 ff.

[23] → § 5 Rn 14.

[24] Zu den Rechtsetzungskompetenzen der EU auf dem Gebiet des Privatrechts vgl *Deckert/Lilienthal* EWS 1999, 121 ff; *Basedow* AcP 200 (2000) 445, 473 ff.

[25] Vgl *Becker* in Schwarze, EU-Kommentar, Art 282 EGV Rn 6 ff. Für die Zulässigkeit einer „Anleihe" nationalen öffentlichen Rechts (zwecks Abschlusses öffentlich-rechtlicher Verträge) auch EuGH Slg 2001, I-7211 Rn 55 ff; OVG NRW NVwZ 2001, 691, 692 → JK VwGO § 40 I/31.

[26] *Skouris* EuR 1998, 111, 112; *Kadelbach* Allgemeines Verwaltungsrecht unter Europäischem Einfluss, 1999, 350 ff; *U. Stelkens* (Fn 12) 363 ff.

[27] Vgl Rn 95 m Fn 307.

[28] Vgl auch *Ehlers* in: ders/Schoch, Rechtsschutz, § 21 Rn 65.

[29] Lediglich öffentlich-rechtlichen Charakter haben zB die Verwaltungsverfahrensgesetze oder Polizeigesetze.

Um die Rechtssätze dem einen oder anderen Rechtsgebiet zuweisen zu können, haben Rechtsprechung und Schrifttum eine Vielzahl von *Theorien* entwickelt.[30] Im Jahre 1904 wurden bereits 17 solcher Theorien gezählt.[31] Heute sind etliche dazugekommen.[32] Im Wesentlichen wird aber nur über vier Theorien gestritten: nämlich die Gesetzgebungskompetenz-, die Interessen-, die Subordinations- und die Subjektstheorie. Die Gerichte haben es bisher vermieden, sich generell auf eine dieser Theorien festzulegen. Sie bedienen sich vielmehr je nach Sachverhaltsgestaltung mal des einen, mal des anderen Ansatzes oder verzichten ganz auf die Heranziehung allgemeiner Abgrenzungskriterien.[33] Alles in allem scheint in der Rechtsprechung nach wie vor die Subordinationstheorie am verbreitesten zu sein, während im Schrifttum die Subjektstheorie vorherrscht. **15**

a) *Die Gesetzgebungskompetenztheorie:* Diese Theorie geht davon aus, dass sich sowohl die Rechtsnatur von Rechtssätzen als auch deren Anwendungsbereich nach der Verteilung der Gesetzgebungskompetenzen von Bund und Ländern bestimmen.[34] Privatrecht soll danach (offenbar) nur vorliegen, wenn der Bund von seiner Gesetzgebungskompetenz nach Art 74 I Nr 1 GG Gebrauch gemacht hat („Bürgerliches Recht"). Außerdem soll der sich aus Art 3 I GG ergebende Grundsatz der Privatrechtsbindung „bedeutsam" sein (weil die Bindung auch die Regelungskompetenz des Bundes als Privatrechtsgesetzgeber bestimme). Selbst wenn man entgegen der wohl hM[35] das bürgerliche Recht iSd Art 74 I Nr 1 GG mit dem Privatrecht gleichsetzt, sagt dies indessen noch nichts darüber aus, woran man erkennt, ob ein vom Bund erlassener Rechtssatz zum Privatrecht gehört. Allein die Berufung des Bundes auf Art 74 I Nr 1 GG würde nicht ausreichen. Zudem können die zahlreichen weiteren Gesetzgebungskompetenzen des Bundes (zB Recht der Wirtschaft, Art 74 I Nr 11 GG; Arbeitsrecht einschließlich Sozialversicherung, Art 74 I Nr 12 GG; Verhütung des Missbrauchs wirtschaftlicher Machtstellung, Art 74 I Nr 16 GG) nach allgemeiner Auffassung sowohl das private als auch das öffentliche Recht betreffen, obwohl sie nicht auf den Kompetenztitel „Bürgerliches Recht" gestützt sind. Ferner handelt es sich bei Art 74 I Nr 1 GG nur um eine konkurrierende Gesetzgebungszuständigkeit. Es ist also nicht schlechthin ausgeschlossen, dass auch die Länder privatrechtliche Vorschriften erlassen dürfen. **16**

30 Krit *Manssen* Privatrechtsgestaltung durch Hoheitsakt, 1994, 92 ff (weil die Begriffe öffentlich- und privatrechtlich je nach Kontext unterschiedliche Bedeutung haben könnten).

31 *Holliger* Das Kriterium des Gegensatzes zwischen dem öffentlichen und dem privaten Recht, 1904, 11 ff.

32 So die sog „Wichtigkeitstheorie" (*Püttner* Allg VwR, 80), wonach wichtige, das ganze soziale Leben oder Grundfragen betreffende Regelungen als öffentlich-rechtlich und weniger wichtige Detailregelungen als privatrechtlich anzusehen sind. Die meisten neueren Ansätze beziehen sich allerdings nicht auf die Unterscheidung von öffentlichem und privatem Recht, sondern auf den Geltungsbereich der jeweiligen Regelungen. Vgl Rn 33 ff. Näher zum Ganzen *Ehlers* in: Schoch/Schmidt-Aßmann/Pietzner, VwGO, § 40 Rn 220 ff. Vgl auch *Bull/Mehde* Allg VwR, Rn 67 ff, *Detterbeck* Allg VwR, Rn 21 ff, *Ipsen* Allg VwR, Rn 15 ff, *Maurer* Allg VwR, § 3 Rn 14, *Peine* Allg VwR, Rn 116 ff; *Koch/Rubel/Heselhaus* Allg VwR, § 3 Rn 149 ff.

33 Krit zum Hin- und Herspringen der Rechtsprechung *Bachof* in: Festgabe aus Anlass des 25jährigen Bestehens des BVerwG, 1978, 1, 6.

34 Vgl *Renck* JuS 1978, 459, 461; 1986, 268 f; 1999, 361, 363 f; *U. Stelkens* (Fn 12) 328 ff.

35 *Manssen* (Fn 30) 97 f; BVerfGE 11, 192, 199; 45, 297, 344; 61, 149, 176; BVerwGE 27, 131, 134; *Degenhart* in: Sachs, GG, Art 74 Rn 4; *Kunig* in: v. Münch/Kunig, GGK III Art 74 Rn 8; *Oeter* in: v Mangoldt/Klein/Starck GG II, Art 74 Rn 10; *Umbach/Clemens* in: Umbach/Clemens, GG, Art 74 Rn 9.

Dass die Unterscheidung von öffentlichem und privatem Recht nicht nur ein Problem des Föderalismus ist, ergibt sich zudem daraus, dass selbst in einem Zentralstaat mit einheitlicher Gesetzgebungskompetenz die Differenzierung bestehen bliebe. Schließlich sagt die Privatrechtsbindung der Verwaltung nur etwas über die Rechtsfolgen aus, wenn die Verwaltung sich des Privatrechts bedient hat, gibt aber für die Abgrenzung von öffentlichem und privatem Recht nichts her.

17 *b) Die Interessentheorie.* Wie schon der Name zum Ausdruck bringt, unterscheidet die Interessentheorie öffentliches und privates Recht nach Art der Interessen, die durch einen Rechtssatz geschützt werden. Sie weist diejenigen Rechtssätze, die dem *öffentlichen Interesse* oder Allgemeininteresse dienen, dem öffentlichen Recht zu. Dagegen soll es sich um Privatrecht handeln, wenn die Rechtssätze dem Schutz von *Privat- oder Individualinteressen* zu dienen bestimmt sind.[36] Gegen diese Art der Abgrenzung spricht, dass öffentliche und private Interessen keine unbedingten Gegensätze sind, der Schutz individueller Interessen auch im öffentlichen Interesse liegen kann (wie die Grundrechtsbestimmungen zeigen) und sich die öffentlichen Interessen nicht hinreichend präzise definieren lassen.[37] Die Interessentheorie wird daher – als alleiniger Ansatz für die Unterscheidung von öffentlichem und privatem Recht – kaum noch vertreten.

18 c) *Die Subordinationstheorie.* Nach der Subordinationstheorie (auch Subjektionstheorie genannt) sind Rechtssätze, die das Verhalten von Hoheitsträgern regeln, dann öffentlich-rechtlich, wenn sie ein *Über-* bzw *Unterordnungsverhältnis* betreffen.[38] Diese Theorie ist verschiedenen Einwänden ausgesetzt.[39] Sie lässt zunächst offen, was unter Hoheitsträgern zu verstehen ist. Da es auch im Privatrecht Über- und Unterordnung gibt – wie etwa Hausrechtsmaßnahmen oder arbeitsrechtliche Anweisungen zeigen[40] – kommt es jedoch auf diese Frage an. Weiterhin kann unter der Herrschaft des Grundgesetzes ein vorrechtliches Über- und Unterordnungsverhältnis zwischen dem Staat und

[36] Vgl etwa BVerfGE 58, 300, 344 → JK GG Art 14 I 2/13; BVerwGE 13, 47, 49 f; 47, 229, 230; 247, 250. Aus dem Schrifttum (zT in Kombination mit anderen Theorien) *Rennert* in: Eyermann, VwGO, § 40 Rn 43; *Redeker/v Oertzen* VwGO, § 40 Rn 8; *Kissel/Mayer* GVG, 4. Aufl 2005, § 13 Rn 14. Die Interessentheorie beruft sich ua auf eine dem römischen Juristen Ulpian zugeschriebene Digestenstelle: Publicum ius est quod ad statum rei Romanae spectat, privatum quod ad singulorum utilitatem: sunt enim quaedam publice utilia, quaedam privatim! (Dig 1, 1, 1, 2). Eine besondere Variante der Interessentheorie vertritt *Achterberg* Allg VwR, § 1 Rn 27. Danach ist öffentliches Recht die Summe der Rechtsnormen, die Rechtsverhältnisse determinieren, in denen zumindest eines der an ihnen beteiligten Rechtssubjekte aufgrund eines weiteren, es hierzu legitimierenden Rechtsverhältnisses als Sachwalter des Gemeinwohls auftritt. Krit dazu *Ehlers* Verw 20 (1987) 373, 380.

[37] Zur Kritik der Interessentheorie vgl etwa *Erichsen* Jura 1982, 537, 538 f; *D. Schmidt* (Fn 12) 86 ff; *Ipsen/Koch* JuS 1992, 809, 810.

[38] Vgl GmS-OGB BGHZ 97, 312, 314; 102, 280, 283 – Kombination mit Subjektstheorie; 108, 284, 286; BVerwGE 14, 1, 4; 37, 243, 245; BGHZ 14, 222, 227; 66, 229, 233 ff; *Rennert* in: Eyermann, VwGO, § 40 Rn 42; *Schmitz* in: Stelkens/Bonk/Sachs, VwVfG, § 1 Rn 95.

[39] Vgl zur Kritik etwa *Erichsen* Jura 1982, 537, 539 f; *Zuleeg* VerwArch 73 (1982) 384, 391 f; *Ehlers* (Fn 12) 55 ff; *D. Schmidt* (Fn 12) 95 ff.

[40] Der Vorschlag, die Subordinationstheorie durch eine Verbindlichkeitstheorie zu ersetzen und eine öffentlich-rechtliche Streitigkeit dann anzunehmen, wenn es um Grund oder Reichweite einseitig verbindlicher Entscheidungen des Staates oder anderer Körperschaften geht (so zB *Hufen* VerPrR, § 11 Rn 16; *Leisner* JZ 2006, 869, 873 f), hilft deshalb nicht entscheidend weiter.

dem Einzelnen nicht mehr anerkannt werden.[41] Stellt man dagegen darauf ab, dass das Über- bzw Unterordnungsverhältnis erst durch Rechtssätze konstituiert wird, dürfte die Über- bzw Unterordnung erst die Folge der Anwendung öffentlichen Rechts sein und damit nicht zur Begründung des öffentlich-rechtlichen Charakters der Rechtssätze herangezogen werden können.[42] Vor allem aber gibt die Subordinationstheorie auf viele Fragen keine Antwort. Sie orientiert sich ausschließlich am Staat-Bürger-Verhältnis und vermag daher zB keine Aussagen über die Einstufung des Organisationsrechts zu treffen. Ferner hilft sie nicht weiter, wenn ein Verhältnis der Gleichordnung vorliegt, wie zB bei vertraglicher Gestaltung. Früher ist in solchen Fällen Privatrecht angenommen worden. Heute ist anerkannt, dass ein solcher Schluss unzulässig ist.[43] Schließlich versagt die Subordinationstheorie etwa bei der Qualifizierung exekutiver Realakte (zB der Erteilung von Auskünften oder Vornahme von Verrichtungen) oder bestimmter Anspruchsberechtigungen der Verwaltung (zB des Anspruchs auf Herausgabe ungerechtfertigter Bereicherungen).

d) *Die Subjektstheorie.* Für die Subjektstheorie liegt der Unterschied zwischen öffentlichem und privatem Recht in der Verschiedenheit der *Zuordnungssubjekte* der die Rechtsordnung bildenden Rechtssätze. Normen, die jedermann berechtigen und verpflichten (wie zB §§ 433, 611 BGB), gehören dem Privatrecht an. Dagegen sind Rechtssätze, die sich an den Staat wenden (wie zB die Vorschriften des Steuer- oder Polizeirechts), dem öffentlichen Recht zuzurechnen. Da sich das öffentliche Recht als Amts- bzw Sonderrecht des Staates entwickelt hat,[44] vermag diese Art der Abgrenzung grundsätzlich zu überzeugen. Die genaue Fassung der Subjektstheorie bereitet allerdings erhebliche Schwierigkeiten. Im Wesentlichen wird die Theorie heute in einer formalen und einer materiellen Ausprägung vertreten. **19**

(1) *Formale Subjektstheorie.* Nach der von *H. J. Wolff* entwickelten Subjektstheorie ist öffentliches Recht „der Inbegriff derjenigen Rechtssätze, deren berechtigtes oder verpflichtetes Zuordnungssubjekt ausschließlich ein Träger hoheitlicher Gewalt ist".[45] *Erichsen* definiert das öffentliche Recht als die Gesamtheit jener Rechtssätze, bei denen zumindest ein Zuordnungssubjekt ausschließlich der Staat oder eine seiner Untergliederungen ist.[46] Gegen die *Wolff*sche Fassung der Subjektstheorie lässt sich eine Reihe von Einwendungen erheben. Ein Teil dieser Einwendungen betrifft auch die von *Erichsen* vorgeschlagene Abgrenzung. **20**

(a) Stellt man auf die „Träger hoheitlicher Gewalt" als *Zuordnungssubjekt* ab, ist fraglich, welche Rechtsgebilde hierunter zu verstehen sind. Geht man davon aus, dass sich die Hoheitsgewalt durch die Fähigkeit zu einem Handeln nach Maßgabe des öffentlichen Rechts auszeichnet, wird der zu definierende Begriff in der Definition vorausgesetzt. Werden unter Hoheitsträgern die rechtlich notwendigen Subjekte verstan- **21**

[41] *Ehlers* DVBl 1986, 912, 913; *Schnapp* DÖV 1986, 811, 813.

[42] Vgl zu dem Vorwurf des Zirkelschlusses statt vieler *Erichsen* Jura 1982, 537, 539.

[43] GmS-OGB BGHZ 97, 312, 314; 108, 284, 286.

[44] Vgl etwa *Leuthold* Annalen des deutschen Reiches, 1884, 321, 346; *O. Mayer* VwR I, 15; *Wolff* AöR 76 (1950/51) 205, 208 ff.

[45] *Wolff/Bachof* VwR I, § 22 IIc (99). Ganz oder grunds zust zB *Menger* FS H. J. Wolff, 1973, 160 ff; *Pestalozza* Formenmissbrauch des Staates, 1973, 173 f; *Stern* StR I, 6 f; *D. Schmidt* (Fn 12) 147 ff; *Ipsen/Koch* JuS 1992, 809, 812 f; *Scherzberg* JuS 1992, 205, 206; *Koch* Der rechtliche Status kommunaler Unternehmen in Privatrechtsform, 1994, 83 ff; *Kopp/Schenke* VwGO, § 40 Rn 11; *Schmitz* in: Stelkens/Bonk/Sachs, VwVfG, § 1 Rn 97. Vgl auch *Wolff/Bachof/Stober/Kluth* VwR I, § 22 Rn 28 f.

[46] Jura 1982, 537, 540.

den, in dem Sinne, dass diese Subjekte stets durch Rechtssatz oder aufgrund Rechtssatzes durch Staatsakt errichtet sein müssen,[47] lässt sich dem entgegenhalten, dass auch Privatrechtssubjekte durch Rechtssatz[48] oder sonstigen Staatsakt[49] errichtet werden können. Hebt man mit *Erichsen* auf den Staat oder seine Untergliederungen ab und versteht man unter Untergliederungen nur solche öffentlich-rechtlicher Art, ergibt sich wiederum das Problem einer definitio per idem. Bezieht man auch privatrechtliche Untergliederungen ein, müssten Vorschriften, die das Handeln von Privatrechtsträgern regeln, dem öffentlichen Recht zugeordnet werden.

22 (b) Ferner berücksichtigt die *Wolff*sche Fassung der Subjektstheorie nicht, dass die meisten Vorschriften des öffentlichen Rechts sowohl den Staat als auch den einzelnen ansprechen (wie zB die Grundrechte). Notwendig ist also nur, dass *ein*es der angesprochenen *Zuordnungssubjekte* ausschließlich ein Träger von Staatsgewalt ist.

(c) Des weiteren entziehen sich die *Organisationsnormen*, die den Hoheitsträger erst konstituieren, bei der *Wolff*schen Fassung der Subjektstheorie der Einordnung.

23 (d) Am schwersten wiegt der Einwand, dass die Anknüpfung an das Zuordnungssubjekt eines Rechtssatzes kein endgültiges Urteil über den Rechtscharakter des Rechtssatzes erlaubt. So gibt es Rechtssätze, die an einen Träger von Staatsgewalt adressiert sind, diesen aber nur in seiner Eigenschaft als Privatrechtssubjekt ansprechen. Dies heißt nicht, dass der Staat seine Rechtssubjektivität dem Privatrecht verdankt und dem Privaten gleichgestellt werden darf (Rn 78, 86 ff). Vielmehr soll mit dem Begriff Privatrechtssubjektivität nur zum Ausdruck gebracht werden, dass der *Staat Zurechnungssubjekt der Rechtssätze des Privatrechts* sein kann. So besteht kein Zweifel daran, dass Vorschriften, welche die privatrechtlich organisierten Träger von Staatsgewalt (zB Eigengesellschaften) in Bezug auf die allgemeine Teilnahme am Rechtsverkehr berechtigen oder verpflichten – etwa die Deutsche Bahn AG –, dem Privatrecht zuzuordnen sind. Weshalb dies anders sein sollte, wenn nur das privatrechtliche Handeln öffentlich-rechtlich organisierter Träger von Staatsgewalt geregelt wird, ist nicht ersichtlich. ZB findet nach § 89 I BGB die Vorschrift des § 31 BGB über die privatrechtliche Haftung des Vereins für Organe auf Körperschaften, Stiftungen und Anstalten des öffentlichen Rechts entsprechende Anwendung. Durch die Tarifverträge der Angestellten und Arbeiter des öffentlichen Dienstes (→ § 1 Rn 24) werden die privatrechtlichen Verhältnisse der Arbeitnehmer öffentlich-rechtlicher Dienstherren geregelt. Vor Privatisierung der Bundespost bestimmte § 7 S 1 PostG[50], dass die durch die Inanspruchnahme der Einrichtungen des Postwesens entstehenden Rechtsbeziehungen privatrechtlicher Natur sind. Alle genannten Vorschriften wenden (bzw wandten) sich an einen öffentlich-rechtlich organisierten Träger von Staatsgewalt, betreffen (bzw betrafen) diesen aber nur in seiner Stellung als Privatrechtssubjekt. Solche Vorschriften gehören dem Privatrecht an.[51] Dies dürfte auch für Legalzessionen nach Art der §§ 76 BBG, 116 SGB X, 94 SGB

[47] *Wolff/Bachof* VwR I, § 22 IIc (99 f).

[48] So zB die Deutsche Bahn AG (BGBl I 1993, 2386) oder – im Zeitpunkt ihrer Errichtung – die Deutsche Post AG, Deutsche Postbank AG und Deutsche Telekom AG (BGBl I 1994, 2340).

[49] ZB verdanken wirtschaftliche Vereine gem § 22 BGB ihre Rechtsfähigkeit einer staatlichen Verleihung.

[50] IdF der Bekanntmachung v 3.7.1989 (BGBl I, 1449).

[51] Auch *Wolff* räumt diese Möglichkeit ein (vgl *dens/Bachof* VwR I, § 22 IIc, 101), allerdings ohne dies bei der Formulierung der Subjektstheorie zu berücksichtigen und ohne Kriterien zu nennen, wann der Hoheitsträger als Privatrechtssubjekt berechtigt oder verpflichtet wird. Vgl auch BVerwGE 94, 229, 230 f → JK VwGO § 40 I/25; *Rennert* in: Eyermann, VwGO, § 40

XII gelten, weil privatrechtliche Ansprüche auf staatliche Verwaltungsträger übertragen werden, ohne dass sich dadurch etwas an dem Rechtscharakter der Ansprüche ändert.[52]

Anders ist die Rechtslage, wenn ein und dieselbe Bestimmung sowohl das öffentlich- 24
rechtliche als auch das privatrechtliche Handeln eines Verwaltungsträgers regelt, wie dies insbesondere auf die Grundrechte zutrifft (Rn 87). Solche Normen gehören dem öffentlichen Recht an. Ob der Gesetzgeber befugt ist, Bestimmungen für das öffentlichrechtliche und privatrechtliche Verwaltungshandeln zu erlassen, hängt von den Gesetzgebungskompetenzen ab. So stünde zB einer Landesregelung, durch welche die Vertreter einer Gemeinde in allen wirtschaftlichen Unternehmen (und damit nicht nur in Gesellschaften mit beschränkter Haftung oder Eigenbetrieben, sondern zB auch in Aktiengesellschaften) einer Weisungsbindung unterworfen werden, die Zuständigkeit des Bundes für das Aktienrecht entgegen (weil der Bund insoweit von seiner konkurrierenden Gesetzgebungskompetenz abschließend Gebrauch gemacht hat).[53] Das Fehlen einer Gesetzgebungskompetenz der Länder für das Privatrecht nimmt der Bundesgerichtshof in ständiger Rechtsprechung auch für die in allen Gemeindeordnungen[54] geforderte Schriftform solcher gemeindlicher Verpflichtungserklärungen an, die sich nicht nur auf Geschäfte der laufenden Verwaltung beziehen. Da dem Landesgesetzgeber nach Art 55 EGBGB der Erlass privatrechtlicher Formvorschriften verwehrt sei, müsse es sich bei den Formerfordernissen um öffentlich-rechtliche Vertretungsregelungen handeln, soweit nicht das öffentlich-rechtliche, sondern privatrechtliche Verwaltungshandeln berührt werde.[55] Indessen sind Formvorschriften, die sich gleichermaßen auf das öffentlich-rechtliche und privatrechtliche Verwaltungshandeln beziehen, nach der hier vertretenen Ansicht dem öffentlichen Recht zuzuordnen, so dass Art 55 EGBGB dem Erlass solcher Vorschriften nicht entgegensteht.[56] Steht dem Gesetzgeber die Kompetenz zu, öffentlich-rechtliche Regelungen zu treffen, kann dies auch in anderen Fällen die Befugnis umfassen, privatrechtsgestaltende Teilregelungen mit zu erlassen[57], ohne dass sich diese notwendigerweise auf die Rechtsnatur der Rechtsbeziehungen auswirken müssen.[58] ZB ändert der Ausschluss privatrechtlicher Abwehransprüche gem § 14 BImSchG oder § 75 II 1 VwVfG nichts an dem privatrechtlichen Charakter der Beziehung zwischen den privaten Anlagenbetreibern und ihren Nachbarn.

(e) Nach einer im Schrifttum vertretenen Ansicht können Rechtssätze ferner dann 25
dem öffentlichen Recht zuzurechnen sein, wenn sie an „jedermann" adressiert sind, also nicht speziell einen Träger von Staatsgewalt als Zuordnungssubjekt ausweisen. Dies ist der Fall, wenn ein Rechtssatz in beiden Rechtsgebieten gemeinsam gilt (wie dies

Rn 44. AA *Erichsen* Jura 1982, 537, 541, der auch die hier angesprochenen Rechtssätze dem öffentlichen Recht zuordnet. Vgl auch BVerwGE 94, 229 ff (Erklärungen eines Sozialhilfeträgers nach § 554 II 1 Nr 2 2. Alt BGB sind zivilrechtlicher Natur).

[52] AA zB *U. Stelkens* (Fn 12) 426 ff. Erfolgt die Überleitung durch Anzeige, kann es sich um einen Verwaltungsakt handeln (vgl zB § 93 III SGB XII). Insoweit liegt dann in Gestalt der Anzeige und Überleitung regelnden Norm öffentliches Recht vor.

[53] Vgl Rn 84.

[54] Vgl zB § 64 I GO NRW.

[55] Vgl BGH, NJW 1980, 117, 118; DVBl 2001, 1273 → JK GO BW § 54/1.

[56] Vgl *Ehlers* (Fn 12) 237; *Ludwig/Lange* NVwZ 1999, 136 ff.

[57] Vgl zB BVerfGE 98, 145, 157 (Regelung der Rechtsstellung des Vorstandsmitglieds einer Aktiengesellschaft durch das Landeswahl- und Landesabgeordnetenrecht).

[58] Vgl auch *U. Stelkens* (Fn 12) 380 ff, der in solchen Fällen „Privatverwaltungsrecht" annimmt.

etwa auf § 242 BGB oder § 70 GewO[59] zutrifft). Sind gleiche Regelungen im privaten und im öffentlichen Recht angezeigt, ist der Gesetzgeber nicht verpflichtet, inhaltsgleiche Normen des privaten oder öffentlichen Rechts zu schaffen. Er kann es vielmehr bei einem Rechtssatz belassen. Der Rechtssatz gehört dann beiden Rechtskreisen gemeinsam an.[60] Dieses *gemeinsame Recht* ist keine dritte Kategorie neben dem privaten und dem öffentlichen Recht, sondern je nach Sachzusammenhang, in dem es im Einzelfall aktuell wird, entweder dem privaten oder dem öffentlichen Recht zuzuordnen. So gibt § 3 AbgG dem Bewerber um einen Sitz im Bundestag einen Urlaubsanspruch zur Vorbereitung seiner Wahl. Wird der Anspruch von einem Arbeiter oder Angestellten gegen seinen privaten Arbeitgeber geltend gemacht, handelt es sich um Privatrecht. Dagegen liegt öffentliches Recht vor, wenn ein Beamter sich auf die Vorschrift beruft. Die Anhänger der formalen Subjektstheorie müssten dagegen immer Privatrecht annehmen, weil sich der Rechtssatz an „jedermann" wendet. Da die Beurlaubung eines Beamten aber unstreitig ein Vorgang des öffentlichen Rechts ist, käme man zu dem seltsamen, mit dem Sinn der Unterscheidung von öffentlichem und privatem Recht nicht zu vereinbarenden Ergebnis, dass aus einer privatrechtlichen Norm ein Anspruch auf ein öffentlich-rechtliches Verhalten hergeleitet wird.

26 Als weitere Beispiele für gemeinsames Recht sei auf die Vorschriften der *Gefährdungshaftung* hingewiesen. Nimmt ein Beamter oder sonstiger Angehöriger des öffentlichen Dienstes in Ausübung einer hoheitsrechtlichen Tätigkeit am Straßenverkehr teil, wird er öffentlich-rechtlich tätig.[61] Nichts anderes trifft auf eine Gemeinde zu, die Abwässer in ein Gewässer einleitet.[62] Wird in Ausübung der öffentlich-rechtlichen Tätigkeit in rechtswidriger und schuldhafter Weise ein Schaden verursacht, greift die Amtshaftung (§ 839 BGB iVm Art 34 GG) ein. Gleichzeitig kommen aber die Bestimmungen der §§ 7 I StVG, 22 I WHG zum Zuge, die eine Gefährdungshaftung normieren.[63] Da die §§ 7 I StVG, 22 I WHG jedermann berechtigen und verpflichten, müssten sie bei Zugrundelegung der formalen Subjektstheorie zum Privatrecht gezählt werden. Das hätte zur Konsequenz, dass für ein und dieselbe (rechtswidrige und schuldhafte) öffentlich-rechtliche Handlung sowohl öffentlich-rechtlich (nach den Grundsätzen der Amtshaftung) als auch privatrechtlich (nach §§ 7 I StVG, 22 I WHG) gehaftet würde, der Geschädigte also sowohl einen öffentlich-rechtlichen als auch einen privatrechtlichen Anspruch auf Schadensersatz besäße. Folgt man der hier vertretenen Auffassung, gehören die Vorschriften der Gefährdungshaftung dem gemeinsamen Recht an. Wird

[59] Vgl *Ehlers* in: Achterberg/Püttner/Würtenberger, Bes VwR I, § 2 Rn 84; ferner OLG Frankfurt GewArch 2007, 87; Tettinger/Wank GewO, 7. Aufl 2004, § 70 Rn 57 (ambivalente Natur); abl *Burgi* in: Hoffmann-Riem/Schmidt-Aßmann/Voßkuhle, Grundlagen I, § 18 Rn 62 (privatrechtlicher Natur).

[60] Grundlegend *Bettermann* NJW 1977, 513, 515 f; *ders* DVBl 1977, 180, 183; *Bachof* (Fn 33) 11 f. Vgl ferner *Ehlers* (Fn 12) 60; *Koch* (Fn 45) 85; *Schliesky* Öffentliches Wettbewerbsrecht, 1997, 296. *Sodan* in: ders/Ziekow, VwGO, § 40 Rn 309. AA *Erichsen* Jura 1982, 537, 541; *D. Schmidt* (Fn 12) 238 ff; *Kopp/Schenke* VwGO, § 40 Rn 11; *Burgi* in: Hoffmann-Riem/Schmidt-Aßmann/Voßkuhle, Grundlagen I, § 18 Rn 62 (überflüssige Kategorie, widersprüchlich dann aber Fn 170).

[61] Vgl BGHZ 29, 38, 40; 42, 176, 179; 121, 161, 166; BGH DÖV 1979, 865; DÖV 2001, 563 → JK GG 34/21.

[62] BVerwG NJW 1974, 817, 818; BGH NJW 1984, 615, 617; *Breuer* Öffentliches und privates Wasserrecht, 3. Aufl 2004, Rn 1081; *Czychowski/Reinhardt* Wasserhaushaltsgesetz, 9. Aufl 2007, § 18a Rn 14, 16.

[63] Vgl BGHZ 55, 180, 182 f.

öffentlich-rechtlich gehandelt, richtet sich auch die Gefährdungshaftung nach öffentlichem Recht.[64]

(f) Möglicherweise gibt es weitere Fälle, in denen öffentliches Recht anzunehmen ist, obwohl der Rechtssatz keinen Träger von Staatsgewalt als Zuordnungssubjekt ausweist. Dies soll nach einer im Schrifttum vertretenen Ansicht der Fall sein, wenn ein Rechtssatz isoliert gesehen zwar keinen Träger von Staatsgewalt ausdrücklich benennt, der Träger aber durch einen anderen Rechtssatz, der im systematischen Zusammenhang mit dem ersten Rechtssatz steht, in diesen einbezogen und dadurch dessen Zuordnungssubjekt wird. Ein solcher Fall liege insbesondere dann vor, wenn ein Träger von Staatsgewalt Garant für die Durchsetzung dieses Rechtssatzes sei.[65] So zählen nach dieser Ansicht die Vorschriften des Straßenverkehrsrechts, die sich an jedermann wenden, deshalb zum öffentlichen Recht, weil der Staat die Einhaltung der jedermann obliegenden Pflichten überwacht und erforderlichenfalls erzwingt.[66] Dieser Auffassung ist jedoch nicht zu folgen, weil der Staat zahlreiche Verstöße gegen „Jedermann-Normen" sanktioniert, diese Normen deshalb aber nicht alle zum öffentlichen Recht gezählt werden können. **27**

(2) *Materielle Subjektstheorie.* Den Einwänden gegen ein rein formales Abstellen auf das Zuordnungssubjekt versucht die materielle Subjektstheorie Rechnung zu tragen. Nach ihr ist öffentliches Recht die Gesamtheit jener Rechtssätze, bei denen zumindest ein Zuordnungssubjekt Träger von Staatsgewalt als *solcher* ist (weil es als solches berechtigt, verpflichtet oder organisiert wird).[67] Dieser Ansatz wird hier zugrunde gelegt. **28**

Als *Träger der Staatsgewalt* sind neben dem Staat alle Organisationen anzusehen, hinter denen unmittelbar oder mittelbar allein der Staat steht. Wie schon ausgeführt wurde, kann es sich hierbei auch um privatrechtlich organisierte Einrichtungen handeln, während private Rechtssubjekte und Privatrechtsvereinigungen, die nur teilweise von einer juristischen Person des öffentlichen Rechts getragen werden (zB gemischtwirtschaftliche Unternehmen), nach der hier vertretenen Ansicht (→ § 1 Rn 4) lediglich dann als Träger von Staatsgewalt anzusehen sind, wenn und soweit ihnen im Wege der Beleihung oder in anderer Weise Staatsgewalt übertragen wurde. Letzteres ist zB der Fall, wenn Private öffentlich-rechtliche Verträge mit anderen Privaten abschließen können, weil sie über das öffentliche Recht disponieren dürfen (Rn 56). Nicht ausreichend ist die Wahrnehmung öffentlicher Aufgaben oder gar nur die Erbringung öffentlicher Dienstleistungen. Auch wenn die in dieser Weise tätig werdenden Privaten einer besonderen Bindung unterstellt werden (wie dies zB nach § 3 I iVm § 2 I Nr 2 UIG zutrifft), **29**

[64] AA im Hinblick auf § 22 I WHG zB *Breuer* (Fn 64) Rn 1095 ff; *Czychowski* (Fn 64) § 22 Rn 3, 29 (jeweils ohne Problematisierung). Nach hM sind nicht nur Amtshaftungsansprüche, sondern auch Ansprüche auf Schadensersatz aus Gefährdungshaftung gegen die öffentliche Hand gem § 40 II 1 3. Var VwGO vor den ordentlichen Gerichten geltend zu machen (BVerwGE 75, 362, 364; *Redeker/v Oertzen* VwGO, § 40 Rn 43; *Hufen* VwPrR § 11 Rn 71). Dieser Ansicht ist nicht zu folgen, da § 40 II 1 3. Var VwGO eine Pflichtverletzung voraussetzt, während die Gefährdungshaftung auch bei ordnungsgemäßem Verhalten eintritt. Allerdings greift bei einer Kumulation von Amtshaftung und Gefährdungshaftung § 17 II GVG ein, so dass das Zivilgericht auch über die Gefährdungshaftung mitentscheiden darf.

[65] *Bachof* (Fn 33) 13.

[66] Für öffentlich-rechtlichen Charakter auch *Barbey* WiVerw 1978, 77, 82 ff; *W. Schmidt* Einführung in die Probleme des Verwaltungsrechts, 1982, 147.

[67] *Ehlers* Verw 20 (1987) 373, 379. Vgl auch *Wolff/Bachof/Stober/Kluth* VwR I, § 22 Rn 29 ff. Auf den Hoheitsträger als solchen hat bereits *O. Mayer* VwR I, 15, abgestellt.

handelt es sich entweder um Privatrecht oder (wenn auch und gerade die staatliche Verwaltung als solche gebunden wird[68]) um gemeinsames Recht (Rn 25).[69] Unbenommen bleibt es dem Gesetzgeber, für privatrechtliche Streitigkeiten ebenfalls den Verwaltungsrechtsweg zu eröffnen.[70]

30 Ob die Rechtssätze einen Träger von Staatsgewalt *als solchen* oder als Privatrechtssubjekt ansprechen, ist den Rechtssätzen im Wege der Auslegung zu entnehmen. Handelt es sich bei den Trägern von Staatsgewalt um *juristische Personen des öffentlichen Rechts* oder teilrechtsfähige Vereinigungen des öffentlichen Rechts, ist idR davon auszugehen, dass diese Personen als solche berechtigt oder verpflichtet werden. Etwas anderes gilt, wenn eindeutige Hinweise dafür sprechen, dass die juristischen Personen des öffentlichen Rechts oder teilrechtsfähigen Vereinigungen gerade nicht Sonderrecht in Anspruch nehmen, sondern wie ein Jedermann auftreten sollen. Dies ist insbesondere anzunehmen, wenn durch Außenrechtssatz eine Verhaltensweise geregelt wird, die sich auf die *Bedarfsdeckung* (Beschaffung der Mittel zur Erfüllung der Verwaltungsaufgaben etwa durch Vergabe öffentlicher Aufträge, s u Rn 81), *Vermögensverwaltung* (zB Verkauf ausrangierter Gegenstände, s u Rn 82) oder *Teilnahme am allgemeinen Wirtschaftsverkehr* (zB unternehmerisches Auftreten der Verwaltung als Anbieter am Güter- und Dienstleistungsmarkt, s u Rn 83) bezieht. Insoweit werden nur mittelbar öffentliche Zwecke verfolgt, dh nicht gegenüber dem Partner der Rechtsbeziehungen. Es fehlt an Anzeichen dafür, dass der Gesetzgeber auch in derartigen Fällen die Träger der Staatsgewalt als solche statt als Privatrechtssubjekte ansprechen will. Abgrenzungsprobleme lassen sich wie bei jeder materiellen Unterscheidung nicht vermeiden. Diese erscheinen aber handhabbar.[71]

31 Sind die Gesetze ausschließlich an Träger der Staatsgewalt adressiert, die in einer *„jedermann zur Verfügung stehenden Rechtsform“* organisiert wurden (zB an Eigengesellschaften), ist im Zweifel davon auszugehen, dass die Träger auch als Jedermann (Privatrechtssubjekte) berechtigt oder verpflichtet werden sollen.[72] Dagegen sprechen Rechtssätze, die sich an Private wenden, denen die Befugnis zur Wahrnehmung von Staatsaufgaben im Außenverhältnis übertragen worden ist (Beliehene), diese idR als Träger von Staatsgewalt in ihrer Eigenschaft als solche an, sind also dem öffentlichen Recht zuzuordnen.

32 e) *Kombination verschiedener Theorien.* Vielfach werden die verschiedenen Abgrenzungstheorien miteinander kombiniert.[73] Dies erscheint unzulässig, wenn man der for-

[68] So § 3 I iVm § 2 I Nr. 1 UIG.

[69] AA *Fischer-Lescano* JZ 2008, 373, 377 (öffentliches Recht nicht Sonderrecht des Staates, sondern Sonderrecht öffentlicher Auftraggeber jedweder Rechtsform).

[70] Vgl § 6 I, V UIG.

[71] Zur Frage, wie zu verfahren ist, wenn gleichzeitig mittelbar und unmittelbar öffentliche Zwecke verfolgt werden (wenn zB bei der Auftragsvergabe gezielt bestimmte Personenkreise zu bevorzugen sind), vgl *Ehlers* (Fn 12) 202 ff. Ferner BVerwGE 82, 278 ff; OVG NRW NWVBl 2001, 19, 20, wonach eine Veräußerung öffentlich-rechtlich einzustufen ist, wenn sie Subventionscharakter hat.

[72] Vgl auch BVerwG NVwZ 1990, 754.

[73] Für eine Kombination von Subjekts- und Subordinationstheorie zB GmS-OGB BGHZ 102, 280, 283; *Schmitt Glaeser/Horn* VwPrR, 15. Aufl 2000, Rn 52; von Subjekts- und Interessentheorie: *Bachof* (Fn 33) 15 ff; von Subordinations- und Interessentheorie: *Rennert* in: Eyermann, VwGO, § 40 Rn 41 f; *Redeker/v Oertzen* VwGO, § 40 Rn 8. Für eine Verwendung sämtlicher Theorien *Pietzner/Ronellenfitsch* Assessorexamen im öffentlichen Recht, 11. Aufl 2005, § 5 Rn 23; *Sodan* in: ders/Ziekow, VwGO, § 40 Rn 306 f; *Maurer* Allg VwR, § 3 Rn 14.

malen Subjektstheorie folgt, weil diese keinen Raum für alternative Abgrenzungen lässt. Im Übrigen kommt eine Kombination der verschiedenen Theorieansätze in Betracht. So ist die materielle Subjektstheorie zur Klärung der Frage, wann ein Träger von Staatsgewalt als solcher angesprochen wird, auf materielle Kriterien angewiesen, welche die Theorie selbst nicht zu liefern vermag. Werden dem Träger von Staatsgewalt besondere Herrschaftsbefugnisse (dh übergeordnete Befugnisse im Sinne der Subordinationstheorie) zugestanden, spricht dies für öffentliches Recht, während die bloß mittelbare Erfüllung von Staatsaufgaben (dh eine bestimmte Art der Interessenverfolgung) eine privatrechtliche Einstufung nahe legt. Zudem kann der Umstand, auf welche Gesetzgebungskompetenz sich der Gesetzgeber gestützt hat, von Bedeutung sein. Folgt man der Subordinations- oder der Interessentheorie, muss ohnehin auf weitere Kriterien abgestellt werden, weil die Subordinationstheorie nur eine partielle Zuordnung zum öffentlichen oder privaten Recht erlaubt und die Interessentheorie als alleiniges Qualifizierungsmerkmal keinen hinreichenden Abgrenzungswert besitzt. Letzteres gilt auch für die Gesetzgebungskompetenztheorie. In jedem Falle ist es methodisch nicht angängig, die Theorien als bloße „Probiersteine" zu benutzen, die man je nach Belieben berücksichtigen oder außer Acht lassen kann, wie dies die Gerichte regelmäßig tun.[74] Werden mehrere Theorieansätze vertreten, müssen diese einander systematisch zugeordnet werden. Die materielle Subjektstheorie ist zunächst heranzuziehen, weil sie immer vom Zuordnungssubjekt ausgeht, dieses formale Kriterium aber mit weiteren – nämlich materiellen – Gesichtspunkten kombiniert.

3. Geltungsbereich des öffentlichen und privaten Rechts

Die Unterscheidung des öffentlichen und privaten Rechts sagt noch nichts über die Geltung der beiden Rechtskreise aus. Vielfach kommen für die Beurteilung von Rechtsverhältnissen, an denen die Verwaltung beteiligt ist, sowohl Bestimmungen des öffentlichen als auch des privaten Rechts in Betracht, ohne dass Klarheit darüber herrscht, welche Rechtssatzgruppe zur Anwendung gelangen soll. So nützt es wenig, zu wissen, dass Art 34 GG eine Norm des öffentlichen, § 823 BGB eine Norm des privaten Rechts ist, wenn offen bleibt, welche der beiden Normen auf die schadensverursachende Handlung anzuwenden ist. Ebenso kann nicht zweifelhaft sein, dass die §§ 54 ff VwVfG dem öffentlichen, die §§ 433 ff BGB dem privaten Recht angehören. Die Frage ist aber gerade, ob die einen oder die anderen Vorschriften für den von der Verwaltung abgeschlossenen Vertrag maßgebend sind. Erst die Bestimmung des Geltungsbereichs der Rechtssätze entscheidet somit darüber, ob ein Handeln bzw Begehren den Regelungen des öffentlichen oder privaten Rechts unterfällt.[75] **33**

a) *Der Normbezug*. Entscheidend für die Qualifizierung ist zunächst der Normbezug. Lässt sich etwa ein Handeln nur unter einen (Außen-)Rechtssatz des öffentlichen Rechts subsumieren, ist es als öffentlich-rechtlich anzusehen. So stehen für die mit Eingriffsmitteln arbeitende Verwaltung in aller Regel nur öffentlich-rechtliche Normen zur Verfügung. Die Eingriffsverwaltung wird daher öffentlich-rechtlich tätig. Wird umgekehrt der Sachverhalt allein von einer Norm des privaten Rechts geregelt, gilt Pri- **34**

[74] Zum Vorwurf des Methodensynkretismus vgl *Menger* (Fn 45) 163; *Erichsen* StR u VerfGbkt I, 22.

[75] Grundlegend dazu *Pestalozza* (Fn 45) 170 ff. Vgl auch *Erichsen* Jura 1982, 537, 542; *Christ* Die Verwaltung zwischen öffentlichem und privatem Recht, 1984, 40. Zu den Einzelheiten *Ehlers* in: Schoch/Schmidt-Aßmann/Pietzner, VwGO, § 40 Rn 239 ff.

vatrecht. Problematisch ist die Geltung des öffentlichen und privaten Rechts somit nur, wenn keine abschließende spezialgesetzliche Normierung vorliegt und beide Rechtssatzgruppen Regelungen enthalten.

35 b) *Die Lehre von der Wahlfreiheit der Verwaltung*. Nach hM ist die Verwaltung berechtigt, sich auch der Organisations- und Handlungsformen des Privatrechts zu bedienen, sofern nicht die Rechtsordnung die Verwendung dieser Form verbietet.[76] Nimmt die Verwaltung eine *Organisationsform* des Privatrechts in Anspruch – gründet sie zB einen Verein oder eine Gesellschaft –, ist sie vorbehaltlich abweichender Sonderregelungen nach allgemeiner Ansicht hinsichtlich des *Handeln*s auf das Privatrecht festgelegt. Wird der Übertritt in das Privatrecht vollzogen, müssen die daran geknüpften Konsequenzen übernommen werden. Hat die Verwaltung dagegen eine öffentlich-rechtliche Organisationsform gewählt, soll es ihr regelmäßig immer noch offen stehen, welchem Rechtskreis sie ihr Tätigwerden nach außen hin unterstellen will.

36 Die Lehre von der Formenwahlfreiheit wird *selten konsequent* vertreten. Stellt man beispielsweise nur auf das Fehlen spezialgesetzlicher Festlegungen einerseits, die Geeignetheit der Formen des öffentlichen und privaten Rechts andererseits ab, müsste es die Verwaltung in der Hand haben, öffentlich-rechtliche Verträge über den Ankauf von Bleistiften und den Verkauf ausrangierter Büromöbel abzuschließen. Ein solches Ergebnis wird – soweit ersichtlich – aber gerade nicht vertreten. Vielmehr wird die Wahlfreiheit (zumeist implizit) nur auf die Erledigung „unmittelbarer Verwaltungsaufgaben" bezogen.[77] Hinzu kommt, dass als Handlungsform der privatrechtlich agierenden Verwaltung grundsätzlich nur der Vertrag in Betracht kommt. Bei der Abgrenzung von öffentlich-rechtlichen und privatrechtlichen Verträgen wird aber gemeinhin auf den Gegenstand des Vertrages (Rn 55), dh auf ein objektives Kriterium, und gerade nicht auf ein subjektives Bestimmungsrecht der Verwaltung abgestellt (→ § 30 Rn 3).[78]

37 Vielfach bleibt unklar, welches Rechtsregime die Verwaltung gewählt hat. Die hM versucht, den Willen der Verwaltung anhand von *Indizien*[79] zu ermitteln, fragt nach der bisher üblichen *Qualifikation* (sog Traditionstheorie)[80] oder arbeitet mit *Vermutungsregeln*[81]. Das Abstellen auf Indizien und auf die Tradition ist vielfach nicht ergiebig. Die Vermutungsregeln gehen davon aus, dass jedes Handeln der öffentlichen Verwaltung, das im Zusammenhang mit der Erfüllung einer durch öffentlich-rechtlichen Rechtssatz zugewiesenen Aufgabe oder Zuständigkeit erfolgt, nach öffentlichem Recht beurteilt werden muss, solange der Wille, in privatrechtlicher Handlungsform tätig zu werden,

[76] Vgl BVerwGE 13, 47, 54; BVerwG MDR 1976, 874 f; NJW 1990, 134 → JK PartG § 5/1; BVerwGE 92, 56, 61 ff; 94, 229 ff → JK VwGO § 40 I/25; BGHZ 37, 1, 27; 91, 84, 86 → JK Verw Priv Recht/1; 115, 311, 313; BayVerfGH NVwZ 1998, 727 f; *Roth* Die kommunalen öffentlichen Einrichtungen, 1998, 33 ff; *Becker/Sichert* JuS 2000, 144, 145; *Dietlein* Jura 2002, 445, 451; *Schmidt-Aßmann/Röhl* in: Schmidt-Aßmann/Schoch, Bes VwR, 1. Kap Rn 106, 111 ff, 123 ff.

[77] Vgl die Bsp bei *Maurer* Allg VwR, § 3 Rn 26 f.

[78] Zur Widersprüchlichkeit der Verfahrensweise *Bosse* Der subordinationsrechtliche Verwaltungsvertrag als Handlungsform öffentlicher Verwaltung, 1974, 22f; *Ehlers* JZ 1990, 594; *Scherzberg* JuS 1992, 205, 206 u 208; *Krebs* VVDStRL 52 (1993) 248, 275 f.

[79] Vgl BGHZ 35, 49, 52; VGH BW DÖV 1978, 569 ff; *Hufen* VwPrR, § 11 Rn 43.

[80] Vgl *Püttner* Allg VwR, 80 f; *Bull/Mehde* Allg VwR, Rn 76; *Wolff/Bachof/Stober/Kluth* VwR I, § 22 Rn 41 ff; Maurer Allg VwR, § 3 Rn 40.

[81] BGH DVBl 1970, 273, 274; OLG Naumburg NVwZ 2001, 353 f; *Erichsen* Jura 1982, 537, 544; *ders* Jura 1994, 418, 421; *Zuleeg* VerwArch 73 (1982) 384, 397. Krit *Wolff/Bachof/Stober* VwR I, § 22 Rn 44.

nicht in Erscheinung tritt.[82] Sie beruhen auf der zutreffenden Annahme, dass mit dem öffentlichen Recht ein Sonderrecht zur Verfassung und Disziplinierung des Staates und seiner Untergliederungen geschaffen worden ist. Gerade dann stellt sich aber die Frage, warum es die Verwaltung mittels einer eindeutigen Klarstellung in der Hand haben soll, zB die gesamte nicht spezialgesetzlich geregelte Leistungsverwaltung mit privatrechtlichen Mitteln wahrzunehmen.

c) *Die Zweistufen-Lehre.* Die von *H. P. Ipsen*[83] Anfang der 50er Jahre entwickelte Zweistufen-Lehre zielt darauf ab, bestimmte Rechtsverhältnisse der Verwaltung jedenfalls teilweise dem öffentlichen Recht zu unterstellen. Dies geschieht dadurch, dass zwischen einem Grundverhältnis und einem Abwicklungsverhältnis unterschieden wird. Während die Entscheidung über das Grundverhältnis öffentlich-rechtlicher Art sein soll, wird die Abwicklung des Rechtsverhältnisses dem Privatrecht überlassen.[84] **38**

Die Zweistufen-Lehre ist ursprünglich für die rechtliche Ausgestaltung des *Subventionswesens* entwickelt worden und hat dort besonders weite Verbreitung gefunden. So wird insbesondere bei der Vergabe zinsverbilligter Darlehen[85] und bei der Übernahme von Bundesbürgschaften und Bundesgarantien im Ausfuhrgeschäft[86] Zweistufigkeit im Sinne einer öffentlich-rechtlichen Bewilligung und privatrechtlichen Abwicklung angenommen, während die Vergabe verlorener Zuschüsse fast durchweg allein als Vorgang des öffentlichen Rechts (Verwaltungsakt) gedeutet wird.[87] Als gesetzliche Ausprägung der Zwei-Stufen-Lehre galt (bis zu seiner Außerkraftsetzung) §102 II WoBauG.[88] Bei der *Nutzung öffentlicher Einrichtungen* wird teilweise (wenn auch in der Praxis selten) zweistufig verfahren, indem über die Benutzung bzw die Zulassung öffentlich-rechtlich entschieden wird, während die Ausgestaltung der Nutzung durch Abschluss eines privatrechtlichen Vertrages erfolgt.[89] Selbst wenn die Einrichtung in Form einer juristi- **39**

82 Vgl statt vieler *Erichsen* Jura 1982, 537, 544.

83 Vgl *Ipsen* FS Wacke, 1972, 139 ff.

84 Vgl zur Zweistufen-Lehre erstmalig BVerwGE 1, 308, 310. Ferner: BVerwG NJW 1990, 134 f → JK PartG § 5/1; BGH BB 1973, 258 f; BGHZ 61, 296, 299; BGH NVwZ 1988, 472, 473; *Stern/Blanke* Verwaltungsprozessrecht in der Klausur, 9. Aufl 2008, Rn 175; *Schenke* Verwaltungsprozessrecht, 12. Aufl 2009, Rn 118 f; *Schmitt Glaeser/Horn* VwPrR, 15. Aufl 2000, Rn 46; *Bonk* in: Stelkens/ders/Sachs, VwVfG, § 54 Rn 48 ff; *Rennert* in: Eyermann, VwGO, § 40 Rn 45 f; *Schmidt-Aßmann* Ordnungsidee, 6. Kap Rn 22 f; *Peine* Allg VwR, Rn 892 ff; *Sodan* in: ders/Ziekow, VwGO, § 40 Rn 327 ff; *U. Stelkens* (Fn 12) 968 ff; *Burgi* in: Hoffmann-Riem/Schmidt-Aßmann/Voßkuhle, Grundlagen I, § 18 Rn 71 (hochmoderner Bestandteil der Verbund-Systematik); *Hufen* VwPrR, § 11 Rn 33 (allgemein anerkannt, sachgerecht); *Weißenberger* GewArch 2009, 417 ff, 465 ff.

85 BVerwGE 1, 308, 310; 7, 180, 182; 13, 47, 52; 35, 170, 171 f; 45, 13, 14; BGHZ 40, 206, 210; 52, 155, 160 ff; 61, 296, 299.

86 Vgl BGH NJW 1997, 328 f; *Scheibe* in: Ehlers/Wolffgang/Pünder (Hrsg), Rechtsfragen der Ausfuhrförderung, 2003, 101, 105 ff. Vgl auch *Ehlers* FS Selmer, 2004, 287, 302 f.

87 BVerwG NJW 1969, 809; NJW 1977, 1838; BGHZ 57, 130, 133, 135; NJW 1985, 517; WM 1999, 150 f; OLG Naumburg NVwZ 2001, 354, 355; *Schenke* (Fn 84) Rn 118. Die Notwendigkeit der Annahme eines Verwaltungsakts wird zumeist damit begründet, dass es dem Vertragsrecht an einer geeigneten Rechtsform fehle (*Ipsen* Öffentliche Subventionierung Privater, 1956, 68 ff). Dies überzeugt nicht, da es atypische Verträge gibt. Krit auch *Schetting* Rechtspraxis der Subventionierung, 1973, 312 ff; aA auch OVG NRW DVBl 2005, 1276 → JK VwGO § 40 I/36.

88 Krit *Zuleeg* VerwArch 73 (1982) 384, 394 f: § 13 III WoFG beschränkt sich nunmehr darauf, die Förderzusage dem öffentlichen Recht zu unterstellen. Vgl auch § 26 AFBG.

89 Vgl HessVGH DÖV 1994, 438 f; *Gries/Willebrand* JuS 1990, 103, 108; *Schmidt-Aßmann/Röhl* in: Schmidt-Aßmann/Schoch, Bes VwR, 1. Kap Rn 112. Für die Notwendigkeit eines rein

schen Person des Privatrechts betrieben wird, ist es denkbar, dass sich der öffentlich-rechtliche Träger der juristischen Person die Entscheidung über die Benutzung vorbehält. Nach herrschender,[90] nicht unbestrittener[91] Auffassung schließt auch die Verhängung eines öffentlich-rechtlichen Anschluss- und Benutzungszwangs eine privatrechtliche Abwicklung nicht aus. Ferner nehmen vereinzelte Stimmen in der Literatur an, dass auch öffentliche Auftragsvergaben zweistufig erfolgen (öffentlich-rechtliche Auswahlentscheidung und privatrechtliche Abwicklung).[92]

40 d) *Die Lehre von der grundsätzlichen Geltung des öffentlichen Rechts.* Die traditionelle Ausprägung der Lehre von der Formenwahlfreiheit der Verwaltung stößt zunehmend auf Kritik. Bereits der Ausdruck Formenwahlfreiheit ist problematisch. Einerseits geht es nicht primär um die Wahl der Form (sowohl das öffentliche als auch das private Recht kennen die Handlungsformen des Vertrages und des Realaktes), sondern des Rechtsregimes.[93] Andererseits kommt einem Träger von Staatsgewalt niemals „Freiheit", sondern höchstens ein pflichtgebundener Gestaltungsspielraum zu. Da sich der Ausdruck „Formenwahlfreiheit" eingebürgert hat, soll an ihm gleichwohl festgehalten werden. Inhaltlich wird bemängelt, dass die hergebrachte Meinung der Verwaltung gestattet, sich in erheblichem Ausmaße dem eigens zu ihrer Disziplinierung geschaffenen Rechtsregime zu entziehen: beispielsweise die Anwendung der (nur für öffentlich-rechtliches Handeln geltenden) Verwaltungsverfahrensgesetze und Staatshaftungsregelungen auszuschließen oder über die gerichtliche Kontrollzuständigkeit zu disponieren (Verdrängung der Kontrollzuständigkeit der Verwaltungsgerichte durch Begründung einer Zuständigkeit der ordentlichen Gerichte).

41 Die Kritik trifft auch die *Zweistufen-Lehre*, weil sie zwar nicht die Grund-, wohl aber die Abwicklungsverhältnisse dem Privatrecht unterstellt. Im Übrigen kommt Zweistufigkeit ohnehin nur in Betracht, wenn sich wirklich zwei Rechtshandlungen unterscheiden lassen. In der Praxis ist dies zumeist nicht der Fall, da nur eine Handlung vorliegt, diese aber nicht zugleich Hoheitsakt und Angebot zum Abschluss eines privatrechtlichen Vertrages sein kann.[94] Denkbar ist nur, dass sich ein äußerlich einheitliches Handlungsgeschehen in Wirklichkeit aus zwei Rechtshandlungen zusammensetzt, die einerseits dem öffentlichen und andererseits dem privaten Recht angehören. Dies darf aber nicht einfach unterstellt werden. Vielmehr müssen eindeutige Anhaltspunkte für eine zweistufige Verfahrenweise vorliegen. Des Weiteren bringt die Aufspaltung einheitlicher Lebensverhältnisse in zwei Rechtsverhältnisse unterschiedlicher Rechtsnatur nicht nur eine Rechtswegspaltung mit sich, sondern beschwört auch Abgrenzungsprobleme zwischen der ersten und der zweiten Stufe herauf.[95] So hat sich im

öffentlich-rechtlichen Vorgehens *Ossenbühl* DVBl 1973, 289, 291 f; *ders* in: Püttner, HkWP, Bd 1, 2. Aufl 1981, 379 ff.

[90] BGH NVwZ 1983, 58, 60; NVwZ 1991, 606, 607; NVwZ-RR 1992, 223; BGHZ 115, 311, 313; KG NVwZ-RR 2004, 397, 397; OVG Lüneburg NJW 1977, 450 f; NVwZ 1999, 566, 567; OVG NRW OVGE 39, 49 ff; SächsOVG DVBl 1997, 507 f; *Erichsen* Kommunalrecht des Landes Nordrhein-Westfalen, 2. Aufl 1997, 260; *U. Stelkens* (Fn 12) 742.

[91] Vgl *Frotscher* Die Ausgestaltung kommunaler Nutzungsverhältnisse bei Anschluss- und Benutzungszwang, 1974, 15 ff; *Ehlers* (Fn 12) 176; *Gries/Willebrand* JuS 1990, 103, 104; *v Danwitz* JuS 1995, 1, 5.

[92] Vgl Rn 48 m Fn 124.

[93] *Schmidt-Aßmann* DVBl 1989, 533, 535 m Fn 14.

[94] Vgl *Ehlers* VerwArch 74 (1983) 112, 117; zum Vergaberecht vgl Rn 48.

[95] Vgl auch *Maurer* Allg VwR, § 17 Rn 16 ff.

Subventionsrecht gezeigt, dass eine eindeutige Abgrenzung nach dem „Ob" (erste Stufe) und „Wie" (zweite Stufe) vielfach nicht durchführbar ist, weil zur Entscheidung über das „Ob" zumindest die Festlegung der wesentlichen Leistungsbedingungen gehört.[96] Kommt es zu einer Änderung der Geschäftsgrundlage oder Leistungsstörungen, bleibt unklar, auf welcher Stufe darauf zu reagieren ist. Schließlich hat sich das rechtsstaatliche Anliegen der Zweistufen-Lehre weitestgehend erledigt. Zweck der Lehre war es, bestimmte, bis dahin rein privatrechtlich qualifizierte Leistungsverhältnisse der Verwaltung den öffentlich-rechtlichen Bindungen zu unterwerfen und die Einhaltung dieser Bindungen durch gerichtliche Kontrolle zu sichern. Zur Gewährleistung dieser Zwecksetzung bedarf es heute jedoch nicht mehr einer Zerstückelung der Leistungsbeziehungen in einen öffentlich-rechtlichen und einen privatrechtlichen Teil. Vielmehr lassen sich die Rechtsverhältnisse zumeist ohne weiteres öffentlich-rechtlich konstruieren, zB indem die Verwaltung statt eines privatrechtlichen Vertrages einen öffentlich-rechtlichen Vertrag abschließt. Selbst wenn sich die Verwaltung des Privatrechts bedienen darf und will, besteht in der Regel keine Notwendigkeit, den privatrechtlichen Handlungsweisen einen öffentlich-rechtlichen Begründungsakt aufzupfropfen, da die Verwaltung dem Verwaltungsprivatrecht (s u Rn 78 ff) ohnehin nicht entgehen kann. Nicht erforderlich ist ein sowohl öffentlich-rechtliches als auch privatrechtliches Vorgehen ferner, wenn dem Betroffenen vor Abgabe einer privatrechtlichen Willenserklärung zum Zwecke der Ermöglichung eines Konkurrentenschutzes eine Auswahlentscheidung mitgeteilt wird. Unterfallen die Einstellung von Arbeitnehmern des öffentlichen Dienstes und die Vergabe öffentlicher Aufträge dem privaten Recht, kann für die jeweilige Auswahlentscheidung nichts anderes gelten.[97]

(1) *Alternative Abgrenzungen im Schrifttum.* Die Kritik an der Lehre von der Formenwahlfreiheit der Verwaltung und an der Zweistufen-Lehre hat es bisher nicht vermocht, einen Konsens über die einzunehmende Gegenposition herbeizuführen. Vielmehr werden insoweit ganz unterschiedliche Ansätze vertreten. **42**

Nach der *Lehre von der zwingenden Geltung des öffentlichen Rechts* (*Pestalozza*[98]) soll Privatrecht wegen des zwingenden Charakters des öffentlichen Rechts höchstens dann zur Anwendung gelangen können, wenn es an einer öffentlich-rechtlichen Norm zur Regelung eines Sachverhaltes fehlt. Indessen besteht das öffentliche Recht keineswegs nur aus zwingenden Rechtssätzen. Nach der sog *Kompetenzlehre* (*Gern*[99]) soll die Wahl der Privatrechtsform nur wirksam sein, wenn sie ausdrücklich durch den Gesetzgeber oder zumindest die Verwaltung vorgenommen wird. Damit wird die Formenwahl der Verwaltung in keiner Weise beschränkt, sieht man davon ab, dass die Inanspruchnahme des Privatrechts zum Ausdruck gebracht werden muss. Die *Normenfiktionslehre* (*Wolff*[100]) will das Handeln der Verwaltung dann dem öffentlichen Recht zuordnen, wenn die Regelung, wäre sie normativ erfolgt, eine Norm des öffentlichen Rechts sein würde. Dieser Ansicht kann nicht zugestimmt werden, weil es nach der Normenfik- **43**

[96] Näher zu den Ungereimtheiten der Zweistufen-Lehre *Götz* Recht der Wirtschaftssubventionen, 1966, 62; *Ehlers* VerwArch 74 (1983) 112, 117.

[97] Vgl zum Arbeitsrecht BAGE 104, 295, 298; zum Vergaberecht Rn 48.

[98] *Pestalozza* (Fn 45) 170 ff.

[99] ZRP 1985, 56, 60 f.

[100] *Wolff/Bachof* VwR I, § 22 IIIb 2 (102), § 44 IIa (345). Vgl auch *v Mutius* Jura 1979, 223, 224; *Schimpf* Der verwaltungsrechtliche Vertrag unter besonderer Berücksichtigung seiner Rechtswidrigkeit, 1982, 61 f; *Efstratiou* Die Bestandskraft des öffentlich-rechtlichen Vertrags, 1988, 161; *Wolff/Bachof/Stober/Kluth* VwR I, § 22 Rn 51.

tionstheorie auf die Ausschließlichkeit eines Zuordnungssubjekts des Rechtssatzes ankommt, sich dieses Zuordnungssubjekt jedoch bei der Fiktion einer rechtssatzmäßigen Regelung nicht ändern, vielmehr immer die Verwaltung Zuordnungssubjekt des Rechtssatzes bleiben würde, so dass jedes Verwaltungshandeln dem öffentlichen Recht zugeordnet werden müsste. Knüpft man die Privatrechtsfähigkeit des Staates an die *Grundrechtsfähigkeit* (*Kempen*[101]), dürfte es mangels Grundrechtsfähigkeit des Staates ebenfalls kein privatrechtliches Verwaltungshandeln geben. Stellt man darauf ab, ob staatliche oder gesellschaftliche *Prinzipien* zur Anwendung gelangen sollen (*Schmidt*[102]), gilt nichts anderes. Schließlich wirft die sog *Hoheitstheorie* (*Zuleeg*[103]), welche der Verwaltung nur bei Bestehen eines sachlichen Grundes den Wechsel in das Privatrecht gestatten will, mehr Fragen auf, als Antworten gegeben werden.

44 (2) *Die Notwendigkeit einer normativen Ableitung von Formenwahlfreiheit und zweistufigen Verfahrensweisen.* Nach der hier vertretenen Auffassung stellt das öffentliche Recht das Amtsrecht des Staates dar (Rn 19). Der Staat darf sich diesem Amtsrecht nicht nach Belieben entziehen. Vielmehr entscheidet das öffentliche und private Recht selbst über seinen Geltungsbereich.[104] Aus der Gesamtheit der Vorschriften des öffentlichen Rechts lässt sich daher herleiten, dass es eine Formenwahlfreiheit der Verwaltung nur geben kann, wenn und soweit sie sich aus dem positiven Gesetzesrecht oder zumindest aus Gewohnheitsrecht herleiten lässt.[105]

45 So muss aus Gründen der demokratischen Legitimation, der parlamentarischen Verantwortlichkeit und der Gewährleistung rechtsstaatlicher Verhältnisse jede Ausgliederung aus der unmittelbaren Staatsverwaltung in Form juristisch verselbständigter Personen auf ein Gesetz zurückgeführt werden können.[106] Dies gilt auch für die Verwendung privatrechtlicher *Organisationsformen*. Allerdings genügen dem Gesetzesvorbehalt grundsätzlich auch Bestimmungen, die sich darauf beschränken, die allgemeinen Voraussetzungen der Inanspruchnahme privatrechtlicher Organisationsformen zu regeln (wie dies für § 65 I BHO und die entsprechenden Haushaltsbestimmungen der Länder zutrifft).[107] Das gesetzlich eingeräumte Selbstverwaltungsrecht der Körperschaften umfasst idR auch das Recht, die körperschaftseigenen Einrichtungen selbst zu organisieren. Das schließt grundsätzlich die Befugnis ein, sich auch der Organisationsformen des Privatrechts zu bedienen.[108] Insbesondere steht den Kommunen bereits von Verfassungs wegen eine gewisse Organisationshoheit[109] und damit – vorbehaltlich entgegenstehender Gesetzesbestimmungen – zugleich der Rückgriff auf die Organisations-

[101] Die Formenwahlfreiheit der Verwaltung, 1989, 122 ff. Krit zu Recht *Schnapp* DÖV 1990, 826 ff; *Manssen* (Fn 30) 68 m Fn 105; *U. Stelkens* (Fn 12) 33 f.

[102] *D. Schmidt* (Fn 12) 166 ff. Zust *Neumann* DÖV 1992, 154, 158 ff.

[103] VerwArch 73 (1982) 384, 393 ff.

[104] Vgl auch *Scherzberg* JuS 1992, 205, 208.

[105] Ebenso *Schlette* Die Verwaltung als Vertragspartner, 2000, 130.

[106] *Ossenbühl* Bestand und Erweiterung des Wirkungskreises der Deutschen Bundespost, 1980, 135; *Ehlers* (Fn 12) 155 ff. AA zB *Ronellenfitsch* in: Isensee/Kirchhof IV, § 98 Rn 39.

[107] *Ehlers* (Fn 12) 91; krit *R. Schmidt* Öffentliches Wirtschaftsrecht Allgemeiner Teil, 1990, § 11 II 1d, 528, 530.

[108] Vgl zB BayVGH DVBl 1977, 177, 179; *Hendler* DÖV 1986, 675, 681 f; *Pietzcker* NJW 1987, 305, 306; *Schoch* DÖV 1993, 377, 381; *Ehlers* Empfiehlt es sich, das Recht der öffentlichen Unternehmen im Spannungsfeld von öffentlichem Auftrag und Wettbewerb national und gemeinschaftsrechtlich neu zu regeln?, 64. DJT 2002, E 105, 126.

[109] BVerfGE 91, 228, 236 ff; NVwZ 1987, 123 f; VerfGH NRW NJW 1979, 1201, 1202.

formen des Privatrechts zu.[110] Dementsprechend gehen die einfachgesetzlichen Bestimmungen des Kommunalrechts ausdrücklich von der Zulässigkeit der Verwendung bestimmter Organisationsformen des Privatrechts aus.[111] Von einem Recht auf freie Wahl der Organisationsform kann gleichwohl keine Rede sein, weil die Verwendung privatrechtlicher Organisationsformen in jedem Falle einer rechtfertigenden Begründung bedarf.[112] Auch muss eine effektive Steuerung und Kontrolle der privatrechtlich organisierten Verwaltungsträger sichergestellt werden (Rn 84).

Eine Wahlfreiheit zwischen öffentlich-rechtlichen und privatrechtlichen *Handlungsformen* kommt der Verwaltung zB bei der Ausgestaltung der Nutzungsverhältnisse der öffentlich-rechtlich organisierten kommunalen Einrichtungen zu.[113] Dies lässt sich verschiedenen kommunalrechtlichen Bestimmungen mit hinreichender Deutlichkeit entnehmen. So können die Kommunen Satzungen zur öffentlich-rechtlichen Regelung der Rechtsverhältnisse der öffentlichen Einrichtungen erlassen, müssen dies aber nicht tun. Dürfen die Kommunen ihre Einrichtungen in privatrechtlichen Organisationsformen mit der Folge führen, dass die Einrichtungen auf die Verwendung privatrechtlicher Handlungsformen festgelegt sind, spricht dies allgemein für die Zulässigkeit einer privatrechtlichen Ausgestaltung der Nutzungsverhältnisse. Bestätigt wird dies durch kommunalabgabenrechtliche Regelungen, die es den Kommunen überlassen, ob sie für die Benutzung ihrer Einrichtungen Gebühren erheben oder privatrechtliche Entgelte fordern wollen.[114] Ferner begründet das Eigenbetriebsrecht die Befugnis der Gemeindevertretungen, (idR als privatrechtliche Geschäftsbedingungen zu deutende) Lieferbedingungen und Tarife festzusetzen.[115] Dies bestätigt das Recht der als Eigenbetriebe geführten öffentlichen Einrichtungen, die Nutzungsverhältnisse dem Privatrecht zu unterstellen. Statt sich des öffentlichen oder des privaten Rechts zu bedienen, dürfen die Kommunen auch zweistufig verfahren. 46

(3) *Qualifizierung des Handelns öffentlich-rechtlich organisierter Verwaltungsträger.* Bei Zugrundelegung der hier vertretenen Ansicht unterfällt das Handeln öffentlich-rechtlich organisierter Träger von Staatsgewalt immer dem öffentlichen Recht, es sei denn, dass sich aus dem positiven Recht oder Gewohnheitsrecht etwas anderes ergibt oder die Verwaltung zum Zwecke der Bedarfsdeckung, Vermögensverwaltung oder Teilnahme am allgemeinen Wirtschaftsverkehr tätig wird. Die Konsequenzen einer solchen Zuordnung sind beträchtlich. So müssen alle Maßnahmen der Leistungsverwaltung vorbehaltlich abweichender gesetzlicher oder gewohnheitsrechtlicher Regelungen dem öffentlichen Recht unterstellt werden. Dies bedeutet zB, dass Subventionsvergaben entgegen der hM[116] prinzipiell als öffentlich-rechtlich zu qualifizieren sind. 47

110 *Ehlers* DÖV 1986, 897, 898 m Fn 6; *Wolff/Bachof/Stober* VwR II, 5. Aufl 1987, § 104a Rn 20; *Schmidt-Aßmann/Röhl* in: Schmidt-Aßmann/Schoch, Bes VwR, 1. Kap Rn 106, 123 ff.

111 Vgl zB Art 91 I BayGO; § 103 I GO BW; § 108 I GO NRW.

112 Vgl *Ehlers* DÖV 1986, 897, 903 f; *Schoch* DÖV 1993, 377, 381 ff; *dens* DVBl 1994, 1, 5 f. AA *Püttner* Zur Wahl der Privatrechtsform für kommunale Unternehmen und Einrichtungen, 1993, 30 ff; *Knemeyer/Kempen* in: Achterberg/Püttner/Würtenberger, Bes VwR II, § 17 Rn 67.

113 Vgl BayVerfGH NVwZ 1998, 727 f; *Erichsen* Jura 1986, 196, 198 ff; *Ehlers* DVBl 1986, 912, 917; *Schmidt-Aßmann/Röhl* in: Schmidt-Aßmann/Schoch Bes VwR, 1. Kap Rn 111. Krit *v Danwitz* JuS 1995, 1, 5 ff.

114 Vgl zB Art 8 I 2 BayKAG; § 6 I 1 KAG NRW.

115 Vgl zB § 8 II Nr 4, 5 EigBG BW iVm § 39 II Nr 15 GO BW; § 5 Nr 5 EigBG Hessen.

116 *Wolff/Bachof/Stober/Kluth* VwR I, § 22 Rn 42, 64; *Reidt* in: Jarass, Wirtschaftsverwaltungsrecht, 3. Aufl 1997, § 10 Rn 54; *R. Schmidt* in: Achterberg/Püttner/Würtenberger (Hrsg), Bes VwR I, § 1 Rn 172; *Ziekow* Öffentliches Wirtschaftsrecht 2007 § 6 Rn 57 ff; *Ruthig/Storr*

48 Dass die Verwaltung grundsätzlich als Privatrechtssubjekt angesprochen wird, wenn sie zum Zwecke der *Bedarfsdeckung*, *Vermögensverwaltung* oder *Teilnahme am allgemeinen Wirtschaftsverkehr* tätig werden soll, ergibt sich bereits aus den obigen Ausführungen (Rn 30). Zwar könnte der Gesetzgeber etwas anderes bestimmen, hat dies, von Ausnahmefällen abgesehen, aber nicht getan. So wenden sich die *Vergabevorschriften* der §§ 97 ff GWB nicht nur an öffentlich-rechtlich organisierte Träger von Staatsgewalt, sondern auch an bestimmte natürliche oder juristische Personen des privaten Rechts[117], ohne dass diesen Personen die Stellung eines Beliehenen zukommt.[118] Dies bedeutet, dass die Vorschriften privatrechtlichen Charakter haben und auch die staatliche Auftragsvergabe gerade nicht dem öffentlichen Recht unterstellen (näher dazu → § 30 Rn 6). Unerheblich ist, dass der Auftragsvergabe ein Verwaltungsverfahren iSd § 9 VwVfG in Gestalt eines Nachprüfungsverfahrens vor der Vergabekammer vorausgehen kann[119], weil dieses Verfahren nichts über die Rechtsnatur der Auswahlentscheidung oder des Zuschlages besagt. Erreicht das Auftragsvolumen nicht die in der Vergabe-VO festgelegten Schwellenwerte (§ 100 I GWB) oder sind die GWB-Vorschriften nicht anwendbar (§ 100 II GWB), gibt es für eine öffentlich-rechtliche Qualifikation der Auftragsvergabe ohnehin keine Anhaltspunkte. Dementsprechend hat das Bundesverwaltungsgericht[120] angenommen, dass die Verwaltung bei der Vergabe öffentlicher Aufträge wie sonstige Nachfrager am Markt als Privatrechtssubjekt tätig wird und privatrechtliche Verträge[121] abschließt. Die Zweistufen-Lehre[122] findet keine Anwendung, weil das Vergabeverfahren nicht zweistufig ausgestaltet ist, die Entscheidung über die Auswahl vielmehr unmittelbar durch Abschluss eines privatrechtlichen Vertrages mittels Zuschlag erfolgt. Anders kann sich die Rechtslage darstellen, wenn bei der Vergabe eines öffentlichen Auftrags die gesetzliche Verpflichtung zur bevorzugten Berücksichtigung eines bestimmten Personenkreises zu beachten ist.[123]

49 (4) *Qualifizierung des Handelns privatrechtlich organisierter Verwaltungsträger.* Das Handeln privatrechtlich organisierter Träger von Staatsgewalt (wie zB der Eigengesellschaften) ist grundsätzlich privatrechtlich zu qualifizieren, weil den privatrechtlich verselbständigten Verwaltungsträgern die Befugnis fehlt, sich der Handlungsformen des öffentlichen Rechts zu bedienen. Anders ist die Rechtslage nur, wenn den

Öffentliches Wirtschaftsrecht, 3. Aufl 2008, § 9 Rn 803 ff. *Kahl/Diederichsen* in: Schmidt/Vollmöller (Hrsg), Kompendium Öffentliches Wirtschaftsrecht, 3. Aufl 2007, § 7 Rn 64 f. Wie hier grds *Flaig* in: Klein (Hrsg), Öffentliches Finanzrecht, 2. Aufl 1993, Abschn VI, Rn 97 f, 125 ff mwN. Zur Vergabe verlorener Zuschüsse vgl Fn 89. Zur Rückforderung von Subventionen durch öffentlich-rechtliche Kreditinstitute aus eigenem Recht vgl BVerwG NJW 2006, 2568 (ordentlicher Rechtsweg).

117 Vgl § 98 GWB.

118 Zur Nichtanwendbarkeit des Vergaberechts auf Dienstleistungskonzessionen und auf die interkommunale Zusammenarbeit vgl EuGH Slg 2005, I-8585, Rn 72 – Parking Brixen, sowie EuGH NVwZ 2009, 898 – Kommission/Deutschland → JK 1/10 EG RL 92/50/EWG.

119 Vgl § 114 III 1 GWB, wonach die Entscheidung der Vergabekammer in Form eines Verwaltungsaktes ergeht. Zum privatrechtlichen Charakter des Vergabeverfahrens außerhalb des Nachprüfungsverfahrens *Ziekow/Siegel* ZfBR 2004, 30, 33. Vgl aber auch *U. Stelkens* (Fn 12) 417 ff.

120 BVerwGE 129, 9, 10 ff m umfangr Nachw zum Streitstand.

121 → § 30 Rn 6.

122 Dafür plädierend *Hermes* JZ 1997, 909, 915; *Huber* JZ 2000, 877, 882; *Sodan* in: ders/Ziekow, VwGO, § 40 Rn 340. Vgl demgegenüber *Siegel* DVBl 2007, 942 ff.

123 Vgl BVerwGE 129, 9, 12 ff.

Privatrechtssubjekten durch Gesetz Hoheitsbefugnisse übertragen worden sind. Demgemäß wird zB die Deutsche Bahn AG schon deshalb (grundsätzlich) privatrechtlich tätig, weil es sich um ein Privatrechtssubjekt handelt.

e) *Ablehnung einer Doppelqualifikation von Maßnahmen.* Nach einer vielfach ver- **50**
tretenen Ansicht kann ein und dieselbe Maßnahme uU sowohl öffentlich-rechtlich als auch privatrechtlich einzustufen sein. Dies wird jedenfalls für möglich gehalten, wenn verschiedene Personen betroffen sind.[124] So sollen bestimmte öffentlich-rechtliche Maßnahmen der Verwaltung – etwa die Mitgliederwerbung gesetzlicher Krankenkassen – gegenüber den Wettbewerbern (im Beispielsfall den privaten Krankenkassen) privatrechtlich zu beurteilen sein mit der Folge, dass die Wettbewerber einen privatrechtlichen Unterlassungsanspruch geltend machen können.[125] Ebenso ist das Ausstrahlen einer Rundfunksendung durch eine öffentlich-rechtliche Rundfunkanstalt sowohl öffentlich-rechtlich (Erfüllung des Programmauftrags gegenüber den Gebührenzahlern) als auch privatrechtlich (gegenüber den in der Sendung kritisierten und uU in ihrer Ehre gekränkten Personen) qualifiziert worden.[126] Schließlich hält es die Rechtsprechung für möglich, dass ein öffentlich-rechtlich tätig werdender Verwaltungsträger im Wege der Geschäftsführung ohne Auftrag zugleich das privatrechtliche Geschäft eines Dritten besorgt.[127] Den genannten Auffassungen kann nicht gefolgt werden. Öffentlich-rechtliche und privatrechtliche Normen können zwar nebeneinander zur Anwendung gelangen (Rn 85 ff) und das öffentliche Recht kann ein privatrechtliches Handeln steuern. Umgekehrt vermag eine privatrechtliche Norm aber kein öffentlich-rechtliches Verhalten zu ge- oder zu verbieten, weil dies dem Sondercharakter des öffentlichen Rechts widerspräche, Sonderberechtigungen oder -verpflichtungen sich also nur aus dem Sonderrecht, nicht aus dem allgemeinen (Privat-)Recht ergeben können. Dies schließt nicht aus, dass die Wettbewerbs- und Kartellbestimmungen auch dann als Ausdruck allgemeiner Rechtsgedanken im öffentlichen Recht anwendbar sind, wenn sie privatrechtlichen Charakter haben. Von Maßnahmen sind Rechtsverhältnisse zu unterscheiden. Versteht man unter einem Rechtsverhältnis die sich aus „einer" Regelung ergebenden rechtlichen Beziehungen (Rechtsverhältnis im engeren Sinne, → § 1 Rn 62), kann ein

[124] Vgl zum Ganzen auch *U. Stelkens* (Fn 12) 336 ff, 512, 563 ff, 634 ff, 657 ff.

[125] St Rspr vgl GmSOGB BGHZ 102, 280 ff; BGHZ 66, 229 ff; 67, 81 ff; 82, 375 ff; 121, 126, 128 f. Krit *Bettermann* DVBl 1977, 180 ff; *Ehlers* (Fn 12) 363 ff; *Schricker* Wirtschaftliche Tätigkeit der öffentlichen Hand und unlauterer Wettbewerb, 2.Aufl 1987, 102 ff; *Scherer* NJW 1989, 2724 ff; *Kopp/Schenke* VwGO, § 40 Rn 30 (m Hinw auf §§ 3, 4 Nr 11 UWG); *Redeker/v Oertzen* VwGO, § 40 Rn 21; *Brohm* NJW 1994, 281, 286 ff; *Schliesky* DÖV 1994, 114 ff; *ders* (Fn 60) 310; *Röhl* VerwArch 86 (1995) 531, 572; *Sodan* in: ders/Ziekow, VwGO, § 40 Rn 376. Vgl aber auch BGHZ 150, 343 → JK UWG § 1/1, wonach ein Verstoß gegen öffentlich-rechtliche Marktzutrittsbestimmungen (im Streitfall Zulässigkeit kommunalwirtschaftlicher Betätigung) nicht unlauter iSd § 3 UWG (nF) ist (dazu *Ehlers* JZ 2003, 318 ff).

[126] BGHZ 66, 182, 185 ff; BVerwG NJW 1994, 2500. Krit *Bettermann* NJW 1977, 513 ff; *Ehlers* (Fn 12) 502 m Fn 442; *Sodan* in: ders/Ziekow, VwGO, § 40 Rn 379.

[127] Vgl etwa BGHZ 40, 28, 30 – Funkenflug-Fall; 63, 167, 169 – Tankwagen-Fall; 65, 384, 387 f – Lukendeckel-Fall; BVerwGE 80, 170, 172 ff; VGH BW NVwZ-RR 2004, 473 → JK Öff-rechtl GoA § 677/1; vgl aber auch BGHZ 156, 394 ff (abschließende Regelung des Polizeirechts bei unmittelbarer Ausführung einer Maßnahme und Ersatzvornahme). Krit zur herrschenden Rspr *Ehlers* (Fn 12) 471 ff; *Schoch* Jura 1994, 241, 245, 247; *ders* Verw 38 (2005) 91 ff; *Schneider* DVBl 2000, 1250, 1259. Zum Ganzen auch *Nedden* Die Geschäftsführung ohne Auftrag im öffentlichen Recht, 1994, 198 ff; *Kapp* Geschäftsführung ohne Auftrag bei Beteiligung von Trägern öffentlicher Verwaltung, 1999, 70 ff. Ferner → § 35 Rn 9 ff.

und dasselbe Rechtsverhältnis nicht sowohl dem öffentlichen als auch dem privaten Recht angehören. Für den Komplex einander zweckhaft zugeordneter Sonderrechtsbeziehungen (Rechtsverhältnis im weiteren Sinne, → § 1 Rn 62), gilt dies indes nicht. Die Ordnung solcher Sachverhalte kann mehrseitig und mehrstufig unter Rückgriff auf das öffentliche und private Rechtsregime erfolgen. So bestehen etwa die sozialversicherungsrechtlichen Rechtsverhältnisse aus vielseitigen Rechtsbeziehungen (zB zwischen Patient und Arzt, Arzt und Sozialversicherungsträger, Sozialversicherungsträger und Patient), die teils dem öffentlichen, teils dem privaten Recht unterfallen.

51 f) *Unbeachtlichkeit eines abweichenden Kausalverlaufs*. Die Qualifikation des Verwaltungshandelns wird durch einen von den Vorstellungen des Handelnden abweichenden Kausalverlauf nicht beeinflusst. ZB verwandelt sich ein öffentlich-rechtliches Übungsschießen der Bundeswehr wegen eines Querschlägers nicht in ein privatrechtliches.[128] Die Rechtsnatur einer Maßnahme bestimmt sich nach dem Zeitpunkt ihrer Vornahme. Will die Verwaltung öffentlich-rechtlich tätig werden, stellt daher auch die „aberratio ictus" den öffentlich-rechtlichen Charakter der Vorgehensweise nicht in Frage.[129] Demgemäß behalten zB beamtenrechtliche Beihilfezahlungen, die dem Erben des Beihilfeberechtigten zugeflossen sind, ihren öffentlich-rechtlichen Charakter.[130] Dagegen wird in der Rechtsprechung vielfach versucht, zwischen Zahlungen an einen vermeintlich Berechtigten und die sonstigen Nichtberechtigten zu differenzieren. Hat die Behörde einer Person aufgrund eines vermeintlichen, in Wahrheit aber nicht bestehenden öffentlich-rechtlichen Leistungsverhältnisses eine Zahlung zukommen lassen, soll diese öffentlich-rechtlich zu beurteilen sein. Ist dagegen eine öffentlich-rechtliche Geldleistung nach dem Tode des Anspruchsberechtigten an den Erben gelangt, da die Behörde den Todesfall nicht registriert und den Geldbetrag auf das Konto des Verstorbenen überwiesen hat, wird die Zahlung dem privaten Recht zugeordnet.[131] Diese Art der Unterscheidung vermag nicht zu überzeugen.[132] Öffentlich-rechtliche Akte verwandeln sich bei abweichendem Kausalverlauf nicht in privatrechtliche Maßnahmen.

52 g) *Eindeutige rechtsgeschäftliche Erklärungen*. Für die Qualifizierung der Handlungsweise eines öffentlich-rechtlich organisierten Trägers von Staatsgewalt kommt es ausnahmsweise nicht auf den Geltungs- bzw Anwendungsbereich der Rechtssätze an, wenn eine rechtsgeschäftliche, dh final auf Bewirkung einer bestimmten Rechtsfolge gerichtete Erklärung vorliegt, aus der sich eindeutig ergibt, dass sich der Handelnde nur auf das öffentliche bzw private Recht gestützt hat. Es liegt grundsätzlich im Rahmen des rechtlichen Könnens der Träger von Staatsgewalt, öffentlich-rechtliche oder privatrechtliche Erklärungen abzugeben. Hat der Träger eine eindeutige Formenwahl getroffen, gilt das gewählte Rechtsregime unabhängig davon, ob das öffentliche bzw private Recht gewählt werden durfte. Rechtmäßigkeit und Rechtsnatur einer Maßnahme müssen auseinander gehalten werden. Entscheidend für die Rechtsnatur ist nur, was der Verwaltungsträger getan hat, nicht, was er hätte tun müssen oder tun dürfen.[133] So ist

[128] Vgl auch *Renck* JuS 1978, 459, 462.

[129] *Bethge* NJW 1978, 1801 f; *Ehlers* (Fn 12) 508.

[130] Vgl auch BVerwG DVBl 1990, 870.

[131] Vgl etwa BVerwGE 84, 274, 275 ff; BSGE 32, 145, 148; 61, 11, 14 f; BGHZ 71, 180 ff; 73, 202, 203 f; VGH BW NVwZ 1989, 892, 893; BayVGH NJW 1990, 933, 934; vgl demgegenüber aber auch BVerwG NVwZ 1991, 168 f; BFH NJW 1987, 1039.

[132] Vgl zur Kritik *Bethge* NJW 1978, 1801 f; *Ehlers* (Fn 12) 508; *Maurer* JZ 1990, 863 ff; *Hänlein* JuS 1992, 559 ff; *Kopp/Schenke* VwGO, § 40 Rn 21; *Meyer-Ladewig* SGG, 9. Aufl 2008, § 51 Rn 11a; *Martens* NVwZ 1993, 27. AA zB *U. Stelkens* (Fn 12) 578.

[133] Vgl auch BGH NJW 1997, 328, 329; *Kopp/Ramsauer* VwVfG, § 35 Rn 16.

eine mit einer Rechtsbehelfsbelehrung im Sinne der VwGO und der Androhung der Verwaltungsvollstreckung versehene Zahlungsaufforderung der Verwaltung auch dann als Verwaltungsakt sowohl iSd § 35 VwVfG als auch des Prozessrechts einzustufen,[134] wenn eine privatrechtliche Forderung geltend gemacht wird, die Verwaltung also gar nicht zum Erlass eines Verwaltungsaktes befugt war.[135]

4. Einwirkungen des Europäischen Unionsrechts

Das geltende Unionsrecht unterscheidet idR nicht zwischen öffentlichem und privatem **53** Recht (Rn 13). Wird die Europäische Union selbst tätig, bestimmt sich ihr Handeln regelmäßig nur nach Unionsrecht. Allerdings ergibt sich aus dem Art 335 AEUV, dass sich die Union auch des mitgliedstaatlichen Rechts bedienen kann. Dies ist namentlich dann vielfach der Fall, wenn sie vertraglich tätig wird. Soll das deutsche Recht zur Anwendung gelangen, stellt sich die Frage, ob das öffentliche oder private Recht gilt (→ § 5 Rn 25). Für die Zuordnung unionsrechtlicher Normen zum öffentlichen oder privaten Recht im innerstaatlichen Rechtskreis interessiert sich das Unionsrecht grundsätzlich nicht. Die Entscheidung wird den mitgliedstaatlichen Rechtsordnungen überlassen.[136] Klagt zB ein Bürger einen Anspruch aus einer EU-Verordnung ein, kommt es bei Zugrundelegung der Kriterien der formalen Subjektstheorie darauf an, ob ein Zuordnungssubjekt des Rechtssatzes ausschließlich ein Träger von Staatsgewalt (als solcher) ist oder ob jedermann berechtigt respektive verpflichtet wird. Im zuerst genannten Fall ist eine öffentlich-rechtliche Streitigkeit iSd § 40 I 1 VwGO, im zuletzt genannten eine bürgerliche Rechtsstreitigkeit gem § 13 GVG gegeben. Geht man mit dem EuGH[137] davon aus, dass neben den Mitgliedstaaten und der Europäischen Union auch Private Verpflichtungsadressaten der Grundfreiheiten sind, müssten diese dem Privatrecht zugewiesen werden. Näher dürfte es liegen, die Grundfreiheiten zum gemeinsamen Recht (Rn 25) zu zählen. Für die Rechtswegbestimmung kommt es bei Zugrundelegung der hM nur auf die Rechtsnatur des Rechtsverhältnisses und damit auf den Rechtscharakter des Verwaltungshandelns an (Rn 95). Bedarf das Unionsrecht der Umsetzung in nationales Recht, beurteilt sich die Rechtsnatur des nationalen Rechts allein nach diesem. Mittelbar kann die Deregulierungs- und Liberalisierungsgesetzgebung der Europäischen Union allerdings die Reichweite des öffentlich-rechtlichen und privatrechtlichen Rechtsregimes beeinflussen. ZB hat der unionsrechtlich bedingte Abbau staatlicher Monopole auf dem Gebiet des Telekommunikationswesens zu einer Beseiti-

[134] AA *U. Stelkens* in: Stelkens/Bonk/Sachs, VwVfG, § 35 Rn 15 ff; *ders* (Fn 12) 127 ff, welcher (ungeachtet der dienenden Funktion des Prozessrechts) zwischen einem materiellen und prozessualen Verwaltungsakt unterscheidet und für den gewählten Beispielsfall annimmt, dass die Verwaltung keinen Verwaltungsakt erlassen „kann" (was die Annahme eines Nichtaktes zur Folge haben müsste), sich aber prozessual so behandeln lassen muss, als habe sie einen erlassen.

[135] Vgl auch BVerwGE 13, 307, 308 f; 17, 242 ff; 30, 211 ff; 105, 302 ff. Vgl auch BVerwG NVwZ-RR 1993, 251 f; *Druschel* Die Verwaltungsaktsbefugnis, 1999, 112 f. Allgemein zur VA-Befugnis *v Mutius* Liber amicorum Erichsen, 2004, 135 ff.

[136] Vgl auch *Skouris* EuR 1998, 111, 112; *Kadelbach* Allgemeines Verwaltungsrecht unter europäischem Einfluß, 1999, 350 ff; *Dünchheim* Verwaltungsprozessrecht unter europäischem Einfluss, 2003, 70 f; *U. Stelkens* (Fn 12) 366.

[137] ZB EuGH, Slg 1974, 1405, Rn 16 ff – Walrave; Slg 1995, I-4921, Rn 84 – Bosman; Slg 2000, I-4139 ff – Angonese. Krit *Ehlers* in ders, Europäische Grundrechte, § 7 Rn 50 ff.

gung des staatlichen Übertragungswege- und Telefondienstmonopols sowie zu einer (teils formellen, teils materiellen) Privatisierung geführt.[138] Im Gegensatz zu der (aufgelösten) Deutschen Bundespost dürfen die Telekommunikationsunternehmen nicht öffentlich-rechtlich handeln, sondern müssen „privatwirtschaftlich" (vgl auch Art 87 f II GG), dh privatrechtlich tätig werden: und zwar auch dann, wenn der Staat oder die Kommunen an ihnen beteiligt sind.[139] Dagegen zwingen die Vergaberichtlinien der Europäischen Union die Mitgliedstaaten nicht dazu, staatliche Auftragsvergaben auf der Grundlage öffentlichen Rechts zu vergeben.[140] Zwar muss die dem Vertragsschluss vorausgehende Auswahlentscheidung der Behörde den Beteiligten zur Kenntnis gebracht und ggf einer Nachprüfung in einem Verwaltungsverfahren zugänglich gemacht werden. Damit wird aber nur zum Ausdruck gebracht, dass die Zuschlagserteilung effektiv gerichtlich überprüfbar sein muss, ohne dass eine bestimmte Rechtsnatur des Zuschlags erforderlich ist[141] (vgl auch Rn 48). Im Schrifttum ist die Auffassung vertreten worden, dass es im Falle des Vollzuges von Unionsrecht eine Wahlfreiheit der Verwaltung nicht gebe, weil die Verwaltung um der effektiven Durchsetzung des Unionsrechts willen auf das Rechtsregime des öffentlichen Rechts festgelegt werde.[142] Indessen stellt sich die Frage einer Wahlfreiheit im Bereich der Eingriffsverwaltung zumeist ohnehin nicht. Zudem gilt der Vorrang des Unionsrechts (→ § 2 Rn 95 ff) auch gegenüber dem nationalen Privatrecht. Verstöße gegen das Unionsrecht sind idR als Verstöße gegen ein gesetzliches Verbot (§ 134 BGB) zu qualifizieren. Verfahrensrechtlich können und müssen ggf die Möglichkeiten des vorläufigen Gerichtsschutzes genutzt werden. Daher ermöglicht auch ein privatrechtliches Auftreten der Verwaltung die effektive Durchsetzung des Unionsrechts (etwa die Rückforderung einer Beihilfe, die bei Vergabe mit dem Gemeinsamen Markt unvereinbar war oder später unvereinbar wird[143]).

5. Einzelfälle

54 Die vielfältigen Probleme der Zuordnung von öffentlichem und privatem Recht können hier nicht erschöpfend abgehandelt werden.[144] Vielmehr soll nur auf einige, sich immer wieder stellende Abgrenzungsfragen eingegangen werden.

55 a) *Vertragliches Handeln.* Hinsichtlich der Abgrenzung von öffentlich-rechtlichen und privatrechtlichen Verträgen werden heute im Wesentlichen noch drei Auffassungen vertreten: nämlich die Gegenstandslehre, die Vorbehaltslehre und die Aufgabentheorie.

138 Vgl *Skouris* Der Einfluss des europäischen Gemeinschaftsrechts auf die Unterscheidung zwischen Privatrecht und öffentlichem Recht, 1997, 14 ff; *de Wall* (Fn 7) 41 f.

139 Zur Zulässigkeit kommunaler Telekommunikationsdienstleistungen vgl *Gersdorf* in: v Mangoldt/Klein/Starck, GG III, Art 87 f Rn 65.

140 Nach EuGH Slg 1999, I-7671 Rn 48 – Alcatel Austria (bestätigend EuGH EuZW 2004, 606 Rn 21 – Kommission/Österreich).

141 Vgl *Gurlit* Verwaltungsvertrag und Gesetz, 2000, 331; *Pietzcker* Die Zweiteilung des Vergaberechts, 2001, 21.

142 *Brenner* (Fn 21) 153 ff, 421.

143 AA OVG Berlin-Bbg NVwZ 2006, 104 f → JK EGV Art 87 I/2, wonach die Rückforderung einer gemeinschaftsrechtswidrigen Beihilfe auf der Grundlage eines privatrechtlichen Vertrages nach einem Rückforderungsverlangen der EG-Kommission durch Verwaltungsakt erfolgen kann (und konsequenterweise dann auch erfolgen muss). Krit *Ludwigs* Jura 2007, 612 ff.

144 Vgl *Ehlers* in: Schoch/Schmidt-Aßmann/Pietzner, VwGO, § 40 Rn 298 ff.

Nach hM[145] bestimmt sich die Rechtsnatur des Vertrages nach dessen *Gegenstand* (→ ausführlich § 30 Rn 3 ff). Der Gegenstand soll öffentlich-rechtlicher Art sein, wenn der Vertrag auf von der gesetzlichen Ordnung öffentlich-rechtlich geregelte Sachverhalte einwirkt. Das ist auch der Fall, wenn sich der Bürger zu einer einseitigen Leistung verpflichtet, sich aus dem Zusammenhang aber ergibt, dass die Behörde auf der Grundlage öffentlichen Rechts eine Gegenleistung zu erbringen hat (hinkender Vertrag).[146] Ist ein Gegenstand des Vertrages öffentlich-rechtlicher Art, muss der Vertrag insgesamt dem öffentlichen Recht zugeordnet werden. Gemischt öffentlich-privatrechtliche Verträge sind nicht anzuerkennen.[147] Unklar bleibt vielfach, welches Ausmaß an öffentlich-rechtlicher Vorordnung zu verlangen ist. Bei konsequenter Anwendung der Gegenstandslehre müsste ferner das gesamte nicht spezialgesetzlich geregelte Vertragshandeln der Verwaltung dem Privatrecht unterstellt werden. Diese Folgerung wird idR aber gerade nicht gezogen. ZB hat die Rechtsprechung Subventionsverträge vielfach als verwaltungsrechtliche Verträge iSd § 54 S 1 VwVfG angesehen, obwohl keine öffentlich-rechtliche Vorordnung bestand.[148] Ist die gesetzliche Vorordnung entscheidend, kann es schließlich entgegen der hM (Rn 35 f) keine grundsätzliche Wahlfreiheit der Verwaltung geben.

Nach der *Vorbehaltslehre* gehört ein Vertrag dem öffentlichen Recht an, wenn mindestens ein Zuordnungssubjekt des Gegenstandes der vertraglichen Rechtsbeziehungen nur ein Träger öffentlicher Gewalt sein kann, weil es um die Regelung der nur diesem vorbehaltenen Rechte und Pflichten geht.[149] Diese Art der Abgrenzung ist insofern zutreffend, als Einigkeit darüber besteht, dass ein Vertrag zB dann als öffentlich-rechtlich anzusehen ist, wenn er einen Hoheitsakt (etwa eine Baugenehmigung) ersetzt oder den Verwaltungsträger zum Erlass eines Hoheitsaktes verpflichtet. In problematischen Fällen ermöglicht das Kriterium aber auch keine klare Zuordnung. Beispielsweise bleibt offen, wann sich der Träger öffentlicher Gewalt des Privatrechts bedienen darf oder muss. Auch kann es öffentlich-rechtliche Verträge zwischen Privaten geben (→ § 30 Rn 8 ff). Dies ist der Fall, wenn Private mit verbindlicher Wirkung über das öffentliche Recht disponieren können.[150] **56**

Nach der hier vertretenen Ansicht kommt es zunächst darauf an, ob die Verwaltung eine eindeutige Formenwahl getroffen, also zB zu erkennen gegeben hat, dass sie sich nur öffentlich-rechtlich binden will. Liegt diese Voraussetzung vor, steht die Rechtsnatur des Vertrages – unabhängig von der Rechtmäßigkeit der Formenwahl[151] – fest. Im Übrigen ist nach der normativen Vorordnung zu fragen. Liegt kein gesetzesakzessorisches Handeln vor, sind alle Verträge mit Beteiligung eines Verwaltungsträgers dem **57**

145 Vgl statt vieler *Gurlit* (Fn 146), 25 Verwaltungsvertrag und Gesetz, 2000, 25. S ferner *Röhl* Verwaltung durch Vertrag, 2002.

146 Vgl § 30 Rn 4; *U. Stelkens* DÖV 2009, 850 ff.

147 Vgl § 30 Rn 5; OLG Schleswig NJW 2004, 1052 → JK VwGO § 40 I 1/35.

148 Vgl zB BGHZ 57, 130, 133 f; BGH WP 1999, 150, 151; NJW 2003, 3767 → JK AbzG § 1/1; BVerwGE 84, 236 ff → JK VwVfG § 56/1, m krit Anm *Ehlers* JZ 1990, 594; vgl auch *U. Stelkens* (Fn 12) 745 f, der Verwaltungsverträge idR als privatrechtliche Verträge qualifiziert (785), für Arbeitsverträge der öffentlichen Bediensteten und Verwaltungshelferverträge „an sich" anderes annimmt, sich hieran aber durch Art 33 IV GG gehindert sieht (1196).

149 Vgl *Lange* NVwZ 1983, 313, 316 f. Ähnlich OVG NRW NJW 1991, 61; *Wolff/Bachof/Stober/Kluth* VwR I, § 22 Rn 51.

150 Vgl *Ehlers* in: Schoch/Schmidt-Aßmann/Pietzner, VwGO, § 40 Rn 294, 317.

151 Rechtmäßig ist die Formenwahl, wenn die Verwaltung befugt ist, sich der Handlungsformen des öffentlichen oder privaten Rechts zu bedienen.

öffentlichen Recht zuzuordnen, es sei denn, dass die Verwaltung nur mittelbar Verwaltungsaufgaben wahrnimmt, dh zur Bedarfsdeckung (Rn 81), Vermögensverwaltung (Rn 82) oder Teilnahme am Wirtschaftsverkehr (Rn 83) tätig wird (sog *Aufgabentheorie*).[152] Verträge über die Vergabe von Dienstleistungskonzessionen sind danach – unabhängig davon, ob es sich um Erfüllungs- oder Verwaltungssubstitution handelt (→ § 1 Rn 22) – als privatrechtliche Verträge anzusehen.[153] Änderungen könnten sich ergeben, wenn der öffentlich-rechtliche Kooperationsvertrag (Beteiligung Privater an der Erfüllung öffentlicher Aufgaben) im Verwaltungsverfahrensgesetz geregelt wird.[154]

58 b) *Realakte.* Unter Realakten (Tathandlungen) sind Handlungsweisen zu verstehen, die nicht final auf Bewirkung bestimmter Rechtsfolgen, sondern auf die Herbeiführung eines tatsächlichen Erfolges gerichtet sind (→ § 36 Rn 1), wie zB Auskünfte ohne Regelungscharakter oder Verrichtungen wie der Bau einer Straße. Werden solche Akte in Vollziehung einer Rechtsnorm vorgenommen, teilen sie die Rechtsnatur dieser Norm. Die nicht normgeleiteten Realakte werden verschiedentlich dem privaten Recht zugeordnet.[155] Nach anderer Auffassung ist ein auf die Erfüllung öffentlich-rechtlich festgelegter Aufgaben gerichteter Realakt der Verwaltung anhand öffentlich-rechtlicher Normen zu beurteilen, solange der Wille, sich privatrechtlich zu verhalten, nicht in Erscheinung tritt (→ § 36 Rn 8).

59 Gegen die privatrechtliche Qualifizierung aller nicht spezialgesetzlich geregelten Realakte der Verwaltung spricht, dass das öffentliche Recht gerade zur Disziplinierung der Staatsgewalt geschaffen worden ist. Eine Qualifizierung mittels „Willensvermutung“ stößt auf Bedenken, weil nach der hier vertretenen Ansicht eine Formenwahlfreiheit der Verwaltung nur bei normativer Ableitung anzuerkennen ist und es bei den nichtfinalen Handlungsweisen auf den Willen des Handelnden nicht ankommen kann. Nach der hier vertretenen Ansicht ist die Unterscheidung von öffentlich-rechtlichen und privatrechtlichen Realakten daher allein objektiv zu treffen.[156] Die Realakte der öffentlich-rechtlich organisierten Verwaltung sind *immer öffentlich-rechtlich* zu qualifizieren, sofern sie nicht in einem engen inneren und äußeren *Zusammenhang* mit der Wahrnehmung privatrechtlich zu erfüllender Aufgaben stehen.

60 Zum Beispiel müssen die nicht auf Setzung einer Rechtsfolge gerichteten *Erklärungen* der (öffentlich-rechtlich organisierten) Verwaltungsträger – einschließlich solcher ehrkränkender Art – grundsätzlich dem öffentlichen Recht unterstellt werden. Anderes

[152] Vgl *Ehlers* (Fn 12) 194 ff, 444 ff. Grds zust *Spannowsky* Grenzen des Verwaltungshandelns durch Verträge und Absprachen, 1994, 98, 110; ähnlich *Schlette* (Fn 105) 127 (Kombination von modifizierter Subjektstheorie und materiellen Kriterien). Vgl auch *Rennert* in: Eyermann, VwGO, § 40 Rn 45. Nicht zu folgen ist *Röhl* VerwArch 86 (1995) 531, 535 ff, wonach die auf den Abschluss eines privatrechtlichen Vertrages gerichtete Willenserklärung der Verwaltung eine öffentlich-rechtliche Handlung darstellt (schon weil dies einen privatrechtlichen Vertrag ausschlösse). Krit auch *Kahl* FS v Zezschwitz, 2005, 151 155; vgl demgegenüber aber HessVGH GewArch 2003, 376, 377 → JK VwGO § 40 I/34). Zur Zweistufenlehre vgl Rn 38 ff. Für eine Zuordnung der städtebaulichen Verträge im Allgemeinen (§ 11 BauGB) und der sog Einheimischen-Verträge im Besonderen (entgegen BVerwGE 92, 56, 65) zum öffentlichen Recht *Brohm* JZ 2000, 321 ff. Zur Qualifizierung von Folgekostenverträgen vgl VGH BW NVwZ-RR 1999, 698, von Erschließungsverträgen OLG Rostock NJW 2006, 2563.

[153] Teilweise anderer Auffassung OVG NRW NVwZ 2006, 1083; *Burgi* NVwZ 2007, 737, 742.

[154] Vgl *Schmitz* DVBl 2005, 21 ff; *Maurer* in: FS Püttner, 2007, 43, 49 ff. Näher dazu → § 30 Rn 2, 8.

[155] Vgl *Christ* (Fn 75) 94 f.

[156] Vgl *Ehlers* (Fn 12) 497 ff.

gilt etwa, wenn ein Beamter einem Unternehmer vorhält, dieser habe die Verwaltung bei der Abrechnung eines öffentlichen Auftrags zu betrügen versucht.[157] Die Erklärung steht dann im Sachzusammenhang zu der Auftragsvergabe, so dass der privatrechtliche Charakter des Auftragsgeschäftes auf die Erklärung abfärbt. Ebenfalls privatrechtlich zu beurteilen sind Erklärungen eines Bürgermeisters, die dieser in seiner Eigenschaft als Aufsichtsratsvorsitzender einer kommunalen Gesellschaft abgibt.[158] Gehen *Emissionen* oder *Immissionen* von einer öffentlichen Einrichtung aus (zB einer Straße, einem Gemeindevolksfest oder einer Stadthalle), hängt die Zuordnung zum öffentlichen oder privaten Recht davon ab, ob die Nutzungsverhältnisse öffentlich-rechtlich oder privatrechtlich ausgestaltet worden sind.[159] Zum Beispiel sind die Lärmemissionen eines öffentlich-rechtlich genutzten Sportplatzes öffentlich-rechtlich,[160] die Emissionen eines privatrechtlich genutzten Jugendzeltplatzes einer Gemeinde privatrechtlich zu beurteilen.[161] Die *Teilnahme* eines Amtswalters *am Straßenverkehr* ist als öffentlich-rechtlicher Realakt einzustufen, wenn die Zielsetzung den öffentlich-rechtlich wahrzunehmenden Aufgaben zuzurechnen ist und zwischen Fahrt und Zielsetzung ein enger innerer und äußerer Zusammenhang besteht.[162] Ziehen die Verwaltungsträger zur Ausführung der ihnen obliegenden Realakte Privatpersonen heran (→ § 1 Rn 16 f), hat die Rechtsprechung früher dazu geneigt, die Handlungen der *Privatpersonen* dem Privatrecht zuzuordnen, es sei denn, dass die Behörde in einem solchen Ausmaß auf die Durchführung der Arbeiten Einfluss nehme, dass sie die Arbeiten des Privaten wie eigene gegen sich gelten lassen müsse (sog Werkzeug- oder Ingerenztheorie).[163] Von dieser Auffassung ist der Bundesgerichtshof jedenfalls für den Bereich der Eingriffsverwaltung zu Recht abgerückt (→ § 44 Rn 12). So könne sich die öffentliche Hand zumindest in diesem Bereich der Amtshaftung für fehlerhaftes Verhalten ihrer Bediensteten grundsätzlich nicht dadurch entziehen, dass sie die Durchführung einer von ihr angeordneten Maßnahme durch privatrechtlichen Vertrag auf einen privaten Unternehmer überträgt.[164] Dementsprechend ist das Abschleppen von Fahrzeugen durch einen von der Polizei beauftragten Unternehmer – ungeachtet des privatrechtlichen Rechtsverhältnisses zwischen Polizei und Unternehmer – dem öffentlichen Recht unterstellt worden. Für die Leistungsverwaltung kann nichts anderes gelten.[165] Wegen weiterer Einzelheiten vgl → § 36 Rn 8.

157 Vgl BGHZ 34, 99 ff (Großer Zivilsenat).

158 AA OVG RP NVwZ-RR 2008, 722 (Verwaltungsrechtsweg).

159 Bei den Emissionen und Immissionen handelt es sich genau genommen nicht um Handlungen, sondern um die Folge von Handlungen (*Robbers* DÖV 1987, 272, 273). Dies ändert aus Gründen der anzulegenden Rechtmäßigkeitsmaßstäbe, des Rechtsschutzes und der Haftung aber nichts an der Notwendigkeit einer Zuordnung zum öffentlichen oder privaten Recht. Abzustellen ist auf das verursachende Handeln oder Unterlassen. Zur Qualifizierung der Nachbarrechtsverhältnisse mit Verwaltungsbeteiligung durch die Gerichte vgl *U. Stelkens* (Fn 12) 465 ff.

160 Vgl auch BVerwGE 81, 197, 199 → JK BImSchG § 22 I/1; 88, 143, 144.

161 Vgl BGH NJW 1993, 1656 f.

162 Vgl Fn 63.

163 Vgl BGHZ 48, 98, 103; BGH NJW 1971, 2220, 2221; NJW 1980, 1679; NVwZ 1984, 677; OLG Hamm NVwZ-RR 2003, 885, 886.

164 BGHZ 121, 161, 167 m Anm *Würtenberger* JZ 1993, 1003 ff; vgl auch BGHZ 161, 6, 8; BGH NJW 1996, 2431, 2432.

165 Vgl *Ehlers* in: Schoch/Schmidt-Aßmann/Pietzner, VwGO, § 40 Rn 427; *Sodan* in: ders/Ziekow, VwGO, § 40 Rn 367 f.

61 c) *Hausrechtsmaßnahmen.* Hinsichtlich der Hausverbote differenziert die traditionelle Auffassung nach dem Zweck des Besuches. Geht es dem Adressaten eines Hausverbotes um die Erledigung öffentlich-rechtlicher Angelegenheiten, soll das Verbot öffentlich-rechtlichen Charakter tragen. Erfolgt es im Rahmen privatrechtlicher Rechtsbeziehungen, wird es dem Privatrecht unterstellt.[166] Angeknüpft wird also an die Rechtsnatur des Hauptaktes. Diese Ansicht vermag nicht zu überzeugen. Zweck des Behördenhausrechts ist es, die Funktionsfähigkeit der Verwaltung, dh die ungestörte Wahrnehmung von Verwaltungsaufgaben in einem räumlich geschützten Bereich, sicherzustellen. In Räumlichkeiten, die dem Gemeingebrauch, Anstaltsgebrauch oder Verwaltungsgebrauch dienen, geht es der Verwaltung aber immer nur um öffentlich-rechtliche Aufgabenerfüllung. Auf die Eigentums- und Besitzverhältnisse kommt es nicht an, da sich die Störung nicht gegen das Eigentum oder den Besitz richtet.[167] Die Anknüpfung an den Hauptakt hilft zB nicht weiter, wenn es an einem Hauptakt fehlt (zB sich der Störer nur im Gebäude aufwärmen will). Ferner kann ein öffentlich-rechtliches Zugangsrecht bestehen (etwa das Recht zur Benutzung der kommunalen öffentlichen Einrichtungen). Ein privatrechtliches Verbot ist aber nicht in der Lage, einen öffentlich-rechtlichen Anspruch zum Wegfall zu bringen. Mit der neueren Rechtsprechung[168] und der heute wohl überwiegenden Meinung im Schrifttum[169] ist daher davon auszugehen, dass ein der Abwehr von Störungen der öffentlich-rechtlichen Aufgabenstellung der Verwaltung dienendes Hausverbot immer öffentlich-rechtlichen Charakter hat.[170] Privatrechtlich zu beurteilen sind zum Beispiel behördliche Hausverbote, die sich auf Sachen des „Finanzvermögens" (zB vermietete Häuser einer Kommune) oder auf Räumlichkeiten beziehen, die von einer Eigengesellschaft oder sonstigen juristischen Person des Privatrechts[171] genutzt werden.

62 d) *Nutzung der kommunalen öffentlichen Einrichtungen.* Aus den bisherigen Ausführungen (Rn 46) ergibt sich, dass den Kommunen bei der Ausgestaltung der von ihnen selbst (und nicht einem Privatrechtssubjekt) betriebenen öffentlichen Einrichtungen eine Formenwahlfreiheit zukommt. Die Kommunen können also die Rechtsverhältnisse öffentlich-rechtlich, zweistufig öffentlich- und privatrechtlich oder nur privatrechtlich regeln. Fehlt es an einer eindeutigen Entscheidung, soll nach hM eine *Vermutung* für das öffentliche Recht streiten.[172] Der Auffassung kann in dieser All-

166 BVerwGE 35, 103 ff; BGHZ 33, 230, 231; BGH NJW 1967, 1911 f; OVG NRW NJW 1995, 1573; 1998, 1425 f; NVwZ-RR 1998, 595, 596 → JK VwGO § 40 I/29.

167 Entgegen *Wolff/Bachof/Stober/Kluth* VwR I, § 22 Rn 47 sind die Verwaltungsgebäude keine öffentlichen Sachen. Vgl *Ehlers* NWVBl 1993, 327 ff.

168 BayVGH BayVBl 1980, 723; NJW 1982, 1717; OVG NRW NVwZ-RR 1989, 316 → JK VwGO § 40 I/20. Vgl auch OVG Bremen NJW 1990, 931; VG Frankfurt NJW 1998, 1424; VG Düsseldorf NWVBl 2001, 69; OVG NRW NWVBl 2006, 101.

169 *Knemeyer* DÖV 1970, 596 ff; *ders* VBlBW 1982, 249, 250; *Ehlers* DÖV 1977, 737, 739 f; *ders* NWVBl 1993, 327, 330; *Ipsen* Allg VwR Rn 45; *Bull/Mehde* Allg VwR Rn 957; *Maurer* Allg VwR, § 3 Rn 34; *Hufen* VwPrR, § 11 Rn 38; *Redeker/v Oertzen* VwGO, § 40 Rn 28. Vgl auch *Klenke* NWVBl 2006, 84, 85 f. Näher zum Ganzen mit Differenzierungen *U. Stelkens*, Jura 2010 (Heft 6).

170 Existieren Spezialnormen (zB Art 40 II 1 GG, zum Schulrecht vgl OVG NRW NWVBl 2006, 101 → JK SchulG NRW § 59 Abs 2/1), ergibt sich dies ohnehin aus dem öffentlich-rechtlichen Charakter der Norm.

171 Vgl BGH, NJW 2006, 1054 → GG Art 8 I/21 (dazu *Kersten/Meinel* JZ 2007, 1127 ff).

172 VGH BW DÖV 1978, 569, 570 → JK VwGO § 40 I/2; *Erichsen* Jura 1982, 537, 545; *Schmidt-Aßmann/Röhl* in: Schmidt-Aßmann/Schoch, Bes VwR, 1. Kap Rn 112.

gemeinheit nicht gefolgt werden. Vielmehr ist zu differenzieren. Soll die Zulassung zur Nutzung oder die Ausgestaltung der Nutzungsverhältnisse rechtsgeschäftlich erfolgen, ist im Zweifelsfall von privatrechtlichen Nutzungsverhältnissen auszugehen. Da der öffentlich-rechtliche Vertrag wegen des Schriftformerfordernisses (§ 57 VwVfG) in aller Regel ausscheidet[173], es faktische Verträge des öffentlichen Rechts nicht gibt[174] und ein Verwaltungsakt zumindest bei der Begründung eines Anschluss- und Benutzungszwangs, der Erhebung einer Abgabe und der Zulassung von Minderjährigen[175] einer satzungsmäßigen Grundlage bedarf, würde die Zugrundelegung der hM rechtswidrige Zustände zur Folge haben. Sollen die Rechtsverhältnisse ganz oder teilweise dem öffentlichen Recht zugeordnet werden, bedarf es im Falle einer nicht eindeutigen Formenwahl einer entsprechenden Bestimmung durch Satzung. Erfolgt die Gewährung und Inanspruchnahme der Leistungen faktisch, wie zB bei der Benutzung von Kinderspielplätzen oder Trimm-Dich-Pfaden, spricht die Vermutung für öffentliches Recht.[176]

e) *Handeln von Privatpersonen.* Das öffentliche Recht regelt nicht nur das Handeln **63**
der Träger von Staatsgewalt, sondern auch dasjenige von Privaten. Diese treten als solche (und nicht nur als Beliehene oder Werkzeuge der Verwaltung) öffentlich-rechtlich in Erscheinung, wenn sie Beteiligte eines öffentlich-rechtlichen Rechtsverhältnisses – dh einer Sonderbeziehung – sind (etwa wenn sie Akteneinsicht gem § 29 VwVfG begehren, den Erlass eines Verwaltungsaktes beantragen, einen öffentlich-rechtlichen Vertrag mit einem Verwaltungsträger abschließen oder als Mitglieder eines Zweckverbandes in der Verbandsversammlung ihre Stimme abgeben). Für das öffentlich-rechtliche Handeln der Privaten gelten weithin andere Maßstäbe als für das Handeln der Verwaltungsträger. ZB sind die Privaten nicht an das Prinzip vom Vorbehalt des Gesetzes oder an die Grundrechte gebunden.

6. Grenzfälle

In Grenzfällen bereitet die Zuordnung der Verwaltungshandlungen zum öffentlichen **64**
oder privaten Recht immer wieder Schwierigkeiten. Eine Zauberformel, die rechtslogische Gewissheit verschafft oder alle Zweifel beseitigt, gibt es nicht. Tröstlich mag sein, dass auch berufene Stellen ihre Probleme mit der Abgrenzung haben. So hat sich schon ein Bundesjustizminister (Dehler), der den Bundeskanzler (Adenauer) vor den Zivilgerichten auf Herausgabe des Tonbandprotokolls eines Regierungskoalitionsgespräches verklagt hat, vom Bundesgerichtshof darüber belehren lassen müssen, dass sich die Streitigkeit nach öffentlichem Recht richte, also nicht die ordentlichen, sondern die Verwaltungsgerichte zuständig seien.[177] Der Vollständigkeit halber sei erwähnt, dass auch die Entscheidung des Bundesgerichtshofs nicht über jeden Zweifel erhaben ist. Es stellt sich bereits die Frage, ob Koalitionsvereinbarungen überhaupt rechtlichen (oder nur politischen) Charakter haben. Selbst wenn man dies bejaht, kommt es darauf an,

[173] Zur Frage, ob die Schriftform durch Satzung (ohne gesetzliche Ermächtigung) abbedungen werden kann, vgl verneinend *Bonk* in: Stelkens/ders/Sachs, VwVfG, § 57 Rn 2a, bejahend *Maurer* Allg VwR § 14 Rn 29.

[174] AA *W. Schmidt* Staats- und Verwaltungsrecht, 3. Aufl 1999, Rn 243. Zur Ablehnung von Schuldverhältnissen aus dem faktischen bzw sozialtypischen Verhalten im Privatrecht vgl *Ellenberger* in: Palandt, BGB, 69. Aufl 2010, Einführung vor § 145 Rn 25.

[175] Vgl *Ehlers* DVBl 1986, 912, 918 f.

[176] AA wohl die hM. Vgl *Börner* Sportstätten-Haftungsrecht, 1985, 86 ff mwN.

[177] BGHZ 29, 187, 192.

wer die Koalitionsvereinbarungen abschließt. Handelt es sich um die Fraktionen[178], liegt eine verfassungsrechtliche Streitigkeit vor.[179] Treten die Parteien als Partner der Vereinbarung in Erscheinung (und lehnt man es ab, die Parteien als „Verfassungsorgane" zu qualifizieren[180]), ist eine privatrechtliche Streitigkeit anzunehmen.

7. Einwirkungen des öffentlichen und privaten Rechts aufeinander

65 Gilt das öffentliche oder private Recht, bedeutet dies noch nicht, dass das jeweils andere Rechtsgebiet für die Rechtsgestaltung ohne Bedeutung ist. Beide Rechtsregime sind Teilgebiete einer einheitlichen Rechtsordnung und wirken in vielfältiger Weise aufeinander ein.[181] Die Gegensätzlichkeiten dürfen daher nicht überzeichnet werden.[182] Im Folgenden kann dies nur anhand einiger Beispiele verdeutlicht werden.

66 a) *Die Einwirkungen des öffentlichen Rechts auf das Privatrecht.* Das öffentliche Recht strahlt in einem sehr starken Ausmaße auf das Privatrecht aus. Seitens der Privatrechtler ist dem öffentlichen Recht sogar (zu Unrecht) vorgehalten worden, dass es eine Usurpation des Zivilrechts anstrebe.[183]

67 Bedient sich die Verwaltung des Privatrechts, regelt dieses niemals ausschließlich das Tätigwerden der Verwaltung. Vielmehr gilt sog *Verwaltungsprivatrecht* (Rn 86 ff). Darüber hinaus entfalten Verfassungsrecht und Verwaltungsrecht zahlreiche weitere Wirkungen im Privatrecht. Hinsichtlich des *Verfassungsrechts* sei auf die sog mittelbare Drittwirkung der Grundrechte hingewiesen, dh auf die Ausstrahlung der Grundrechte auf die auslegungsfähigen und auslegungsbedürftigen Rechtsbegriffe des Privatrechts.[184] Das *Verwaltungsrecht* kann privatrechtsbindende und indizielle Wirkungen entfalten. Im ersten Fall müssen die Vorgaben des Verwaltungsrechts im Privatrecht zwingend berücksichtigt werden, im zweiten stellen sie nur zu beachtende Anhaltspunkte dar.[185]

68 So schreiben das Verwaltungsrecht oder das auf öffentlich-rechtliche Regelungen der Verwaltung Bezug nehmende Privatrecht vielfach ausdrücklich eine *privatrechtsgestal-*

[178] In der Praxis werden – soweit ersichtlich – Koalitionsvereinbarungen nicht von den Fraktionen abgeschlossen.

[179] Im Ergebnis wie hier *Ule* VwPrR, 9. Aufl 1987, 48; *Schmitt Glaeser/Horn* VwPrR, 15. Aufl 2000, Rn 57; *Ehlers* in: Schoch/Schmidt-Aßmann/Pietzner, § 40 Rn 174.

[180] Vgl *Schlaich/Korioth* Das Bundesverfassungsgericht, 7. Aufl 2007, Rn 92; *Voßkuhle* in: v Mangoldt/Klein/Stark, GG III, Art 93 Rn 106; *Pietzcker* in: Badura/Dreier (Hrsg), FS 50Jahre Bundesverfassungsgericht, Bd I, 2001, 595; *Ehlers* Jura 2003, 315, 317. Anders aber die st Rspr des BVerfG, vgl BVerfGE 24, 260, 263; 84, 290, 298.

[181] Vgl bereits *v Gierke* Die soziale Aufgabe des Privatrechts, 1948, 34 (Privatrecht und öffentliches Recht sind Kinder einer Mutter).

[182] Näher dazu das Sammelwerk von *Hoffmann-Riem/Schmidt-Aßmann* (Fn 11); *Schmidt-Aßmann* Ordnungsidee, 6. Kap Rn 28 ff. Krit *Spannowsky* AöR 123 (1998) 307 ff; *Calliess* Verw 34 (2001) 169, 192 ff; *U. Stelkens* (Fn 12) 345 f. Vgl auch *Bydlinski* AcP 194 (1994) 319, 322.

[183] *Diederichsen* in: Vhdl des 56. DJT, Bd II, 1986, L 48, 69. Vgl auch *Medicus* NuR 1990, 150 (der von der Notwendigkeit spricht, das zivilrechtliche „Urgestein" von dem öffentlich-rechtlichen „Schutt" zu befreien).

[184] Vgl BVerfGE 7, 198, 205 f; 73, 261, 269 → JK GG Art 1 III/4. *Ruffert* Vorrang der Verfassung und Eigenständigkeit des Privatrechts, 2001, 13 ff; *Jestaedt* VVDStRL 64 (2005) 298, 330 ff.

[185] Vgl zu dieser Unterscheidung sowie zu den Einzelheiten *Jarass* VVDStRL 50 (1991) 238, 250 ff; *Hoffmann-Riem* in: ders/Schmidt-Aßmann, Grundlagen I, 305 f; *Brinktrine* Publifizierung des Privatrechts durch Verwaltungshandeln, 2010 (maschinenschriftlich).

tende Wirkung vor.[186] Beispielsweise kann die Wirksamkeit privatrechtlicher Geschäfte von einer behördlichen Genehmigung abhängen.[187] Ferner wird der Verwaltung verschiedentlich die Befugnis zugestanden, vertragliche Abmachungen Privater zu modifizieren oder zu vernichten. So kann eine Gemeinde durch Ausübung eines Vorkaufsrechts mittels Verwaltungsaktes gem § 28 II BauGB in einen privatrechtlichen Vertrag eintreten oder Miet- und Pachtverhältnisse, die einer städtebaulichen Sanierung widersprechen, aufheben (§ 182 I BauGB). Soweit es eine Preisaufsicht gibt, dürfen selbst nicht genehmigungsbedürftige Entgelte uU für unwirksam erklärt werden (§ 25 III PostG). Schließlich enthalten viele gesetzliche Regelungen Präklusionsklauseln. Insbesondere im Immissionsschutzrecht (§ 14 BImSchG), Atomrecht (§ 7 VI AtG), Wasserrecht (§ 11 I 1 WHG), Gentechnikrecht (§ 23 GenTG) und Planungsrecht (§ 75 II 1 VwVfG) schließen bestimmte Genehmigungen und Zulassungen des öffentlichen Rechts privatrechtliche Ansprüche aus.[188]

Nicht selten knüpfen ferner die *Tatbestandsmerkmale der privatrechtlichen Normen* 69
an die Vorschriften des Verwaltungsrechts oder verwaltungsrechtliche Handlungen an. So stellt etwa das Umwelthaftungsgesetz auf besondere Betriebspflichten ab und definiert diese als „solche, die sich aus verwaltungsrechtlichen Zulassungen, Auflagen und vollziehbaren Anordnungen und Rechtsvorschriften ergeben, soweit sie die Verhinderung von solchen Umwelteinwirkungen bezwecken, die für die Verursachung des Schadens in Betracht kommen".[189] Umgekehrt ist eine Ersatzpflicht des Herstellers nach dem Produkthaftungsgesetz ausgeschlossen, wenn das Produkt beim Inverkehrbringen „zwingenden Rechtsvorschriften entsprochen hat".[190] Hierbei kann es sich um Vorschriften des öffentlichen Rechts handeln. Auch können die Regelungen des Verwaltungsrechts Verbotsgesetze iSd § 134 BGB bzw Schutzgesetze iSd § 823 II BGB darstellen[191] und die Lauterkeit für die Teilnahme der Verwaltung am Wettbewerb iSd § 3 UWG (iVm § 4 Nr 11) verbindlich präzisieren.[192]

Fehlen ausdrückliche Regelungen, ist heftig umstritten, ob und ggf inwieweit das 70
Verwaltungsrecht respektive nicht normative öffentlich-rechtliche Handlungsweisen

186 Näher dazu *Manssen* (Fn 30) 12 ff, 274 ff; *Brinktrine* (Fn 185) 19 ff; zum privatrechtsgestaltenden Verwaltungsakt vgl ferner *Tschentscher* DVBl 2003, 1424 ff.

187 Vgl etwa §§ 85 SGB IX, 9 III MuSchG, 18 I KSchG, 2 I 1 GrdstVG, 144 I Nr 2 BauGB, 1 IV KultSchG. Weitere Beispiele bei *Manssen* (Fn 30) 123 f.

188 Vgl zum Ganzen auch *Ossenbühl* DVBl 1990, 963, 965.

189 Vgl § 6 III UmweltHG. Zur Auslegung dieser Norm vgl *Salje* in: ders/Peter, Umwelthaftungsgesetz, Kommentar, 2. Aufl 2005, § 6 Rn 6 ff.

190 Vgl § 1 II Nr 4 ProdHaftG.

191 Zu § 134 BGB vgl *Canaris* Gesetzliches Verbot und Rechtsgeschäft, 1983, 16; *Ellenberger* in: Palandt (Fn 174) § 134 BGB Rn 2 ff. Entgegen der Rspr (vgl etwa BGH LKV 2005, 84, 86; Bay ObLGZ 2001, 54, 56 ff) nimmt *U. Stelkens* (Fn 12) 926 f an, dass mittels Privatrechts kein „Sonderprivatrecht" geschaffen werden kann, das Verwaltungsträger weiter gehenden Bindungen als Private unterwirft. Zu § 823 II BGB vgl *Sprau* in: Palandt (Fn 174) § 823 BGB Rn 56; *U. Stelkens* (Fn 12) 619 ff.

192 Anders als früher vertritt der BGH (Z 150, 343, 346 ff m Anm *Ehlers* JZ 2003, 318 ff → JK UWG § 1/1) nunmehr die Auffassung, dass öffentlich-rechtliche Marktzutrittsregeln für die eigenwirtschaftliche Betätigung der öffentlichen Hand (wie zB die kommunalwirtschaftsrechtlichen Bestimmungen nach Art des Art 87 GO Bay) nicht über § 3 UWG sanktioniert werden können, weil sich die wettbewerbsrechtliche Beurteilung nur auf die Art und Weise der Beteiligung der öffentlichen Hand am Wettbewerb und nicht auf das „Ob" beziehe.

der Verwaltung[193] als Vorgabe für das Privatrecht in Betracht kommen. In der Praxis stellt sich vor allem die Frage, ob öffentlich-rechtliche Planungsentscheidungen, öffentlich-rechtliche Genehmigungen sowie die Standards des öffentlichen Umweltrechts (etwa TA-Luft und TA-Lärm) das private *Nachbarrecht* zu beeinflussen vermögen.[194] § 906 I BGB verweist nunmehr zwar ausdrücklich auf das BImSchG.[195] Doch sollen die Maßstäbe dieses Gesetzes nur „in der Regel“ gelten. Auch die Gerichte haben eine strikte Bindung an das Verwaltungsrecht seit jeher abgelehnt. So soll die Benutzung eines in einem Bebauungsplan zugelassenen Tennisplatzes uU noch privatrechtlich verhindert werden können.[196] Wird ein immissionsschutzrechtlich genehmigter Kupolofen genehmigungskonform betrieben, schließt dies nach Ansicht des Bundesgerichtshofs nicht aus, dass der Betriebsinhaber zum Schadensersatz wegen nicht vorhersehbaren Funkenflugs aus der Anlage verpflichtet ist.[197] In solchen Fällen entfaltet das außenverbindliche Verwaltungsrecht jedoch *indizielle Wirkungen*. Dies trifft zB auch auf Baugenehmigungen zu, soweit diese Planungsentscheidungen verbindlich konkretisieren, obwohl Baugenehmigungen kraft ausdrücklicher Bestimmung „unbeschadet der privaten Rechte Dritter“ erteilt werden.[198] Die indiziellen Wirkungen sind besonders stark, soweit es um das „Ob“ der Anlage (statt nur das „Wie“ der Nutzung) geht. So darf die prinzipielle Zulässigkeit einer öffentlich-rechtlich geplanten oder genehmigten Anlage idR nicht mehr privatrechtlich in Frage gestellt, die anlagentypische Nutzung im Normalfall nicht gänzlich untersagt werden.[199] UU geht die Bindungswirkung des öffentlichen Rechts weiter. Dies ist etwa dann anzunehmen, wenn zwar an sich ein privatrechtlicher Anspruch gegeben ist, das öffentliche Recht aber der Erfüllung des Anspruchs zwingend entgegensteht. Da die Rechtsordnung von dem Einzelnen nicht etwas rechtlich Unmögliches verlangen darf, greift in solchen Fällen der privatrechtliche Anspruch nicht durch. So hat der Eigentümer trotz Vorliegens der Anspruchsvoraussetzungen keinen Anspruch darauf, dass der Nachbar Maßnahmen gegen das Quaken der im Nachbargarten angesiedelten Frösche unternimmt, wenn das Naturschutzrecht dem Nachbarn ein entsprechendes Tätigwerden verbietet.[200] IdR sieht das öffentliche Recht

193 Neben den Verwaltungsakten können auch verwaltungsrechtliche Verträge oder hoheitliche Handlungen der Verwaltung (zB Produktwarnungen oder kommunale Mietspiegel) privatrechtsrelevante Wirkungen entfalten. Näher dazu *Brinktrine* (Fn 185) 326 ff.

194 Vgl *Hoppe/Beckmann/Kauch* Umweltrecht, 2. Aufl 2000, § 2 Rn 20 ff; *Kloepfer* Umweltrecht, 4. Aufl 2008, § 6 Rn 14 ff; *Hager* Jura 1991, 303, 307; *Breuer* in: Schmidt-Aßmann/Schoch, Bes VwR, 5. Kap Rn 102 ff. Für eine weitgehende Führungsrolle des öffentlichen Rechts *Dolderer* DVBl 1998, 19 ff.

195 Vgl (vor der Gesetzesänderung bereits) BVerwGE 79, 254, 258; BGHZ 111, 63, 65.

196 Vgl BGH NJW 1983, 751; zust *Seidel* Öffentlich-rechtlicher und privatrechtlicher Nachbarschutz, 2000, Rn 885. Da sich der BGH auf die „Besonderheiten im Einzelfall“ beruft (das Schlafzimmer des Nachbarn befand sich fünf Meter vom Tennisplatz entfernt), kann die Entscheidung nicht ohne weiteres verallgemeinert werden.

197 BGHZ 92, 143, 148.

198 Vgl zB § 75 III 1 BauO NRW.

199 Str. Vgl zum Meinungsstand *Breuer* in: Schmidt-Aßmann/Schoch, Bes VwR, 5. Kap Rn 103 ff; *Papier* in: Koch (Hrsg), Schutz vor Lärm, 1990, 129 ff; *Jarass* (Fn 185) 259 ff; *Trute* in: Hoffmann-Riem/Schmidt-Aßmann (Fn 11) 183 ff.

200 Vgl BGHZ 120, 239 ff; zust *Roth*: in Staudinger, BGB, 2002, § 906 BGB Rn 19 ff; krit *Endres* Eigentumsfreiheitsklage contra Naturschutz, 1997, 116 ff. Ebenso ist die Rechtslage, wenn ein Eigentümer einen privatrechtlichen Anspruch darauf hat, dass der Nachbar den an der Grenze gepflanzten Baum fällt, eine öffentlich-rechtliche Baumschutzsatzung dem Nachbarn dies aber untersagt.

in solchen Fällen allerdings Härteklauseln vor, die eine Freistellung im Einzelfall ermöglichen.[201]

b) *Die Einwirkungen des Privatrechts auf das öffentliche Recht.* Auch das öffentliche Recht kann ausdrücklich oder stillschweigend auf das Privatrecht verweisen.[202] Eine ausdrückliche Verweisung enthält etwa § 62 S 2 VwVfG, wonach die Vorschriften des Bürgerlichen Gesetzbuches unter bestimmten Voraussetzungen für öffentlichrechtliche Verträge gelten. Stillschweigend auf das Privatrecht verweist Art 14 I GG, weil das Eigentum im Sinne dieser Vorschrift nicht nur durch das öffentliche, sondern auch und gerade durch das private Recht bestimmt wird.[203] Ferner kann auch das Privatrecht auf das Verwaltungsrecht ausstrahlen. ZB stützt sich das Sozialversicherungsrecht und das Steuerrecht an vielen Stellen auf privatrechtliche Vorgaben (zB §§ 125 SGB IX, 3 ErbStG). Ebenso knüpfen Vorschriften nach Art der §§ 12 VwVfG, 49a II VwVfG, 5 II PolG NRW (Zustandsverantwortlichkeit) an Bestimmungen des bürgerlichen Rechts an. Weiterhin können die Vorschriften des Privatrechts in vielen Fällen zur Auslegung und Lückenschließung im öffentlichen Recht herangezogen werden: sei es, dass sie einen allgemeinen Rechtsgedanken wiedergeben, der auch im öffentlichen Recht gilt, sei es, dass sie sich im Wege des Analogieschlusses in das öffentliche Recht übertragen lassen (→ § 2 Rn 12).[204] Vor allem gelten die Regelungen des privaten Schuldrechts häufig sinngemäß im öffentlichen Recht. Werden etwa die sich aus einem verwaltungsrechtlichen Schuldverhältnis ergebenden Pflichten in rechtswidriger und schuldhafter Weise verletzt, sind die Haftungsregeln des bürgerlichen Vertragsrechts (§ 280 BGB) als Ausdruck allgemeiner Rechtsgrundsätze anzuwenden (→ § 46 Rn 18 ff).[205] Schließlich kann Privaten die Befugnis zukommen, im Wege des privatrechtlichen Vertragsabschlusses über die Übernahme und Ausübung öffentlicher Rechte und Pflichten zu disponieren (zB Studientauschverträge abzuschließen). Sie wirken damit mittelbar auf öffentlich-rechtliche Sachverhalte ein. So ist es hinzunehmen, wenn sich ein Privater oder eine Bürgerinitiative in einem Abfindungsvertrag gegen Zahlung einer Geldsumme gegenüber einem anderen Privaten verpflichtet, keinen Widerspruch gegen eine immissionsschutzrechtliche Genehmigung einzulegen. Der Vertrag dürfte aber gegen die guten Sitten (§ 138 BGB) verstoßen, wenn sich ein Träger von Staatsgewalt an der Zahlung der Geldsumme beteiligt. Gleichwohl hat der Bundesgerichtshof in der Bergkamen-Entscheidung einen entsprechenden Vertragsschluss für wirksam gehalten.[206] 71

c) *Das Zusammenwirken von öffentlichem und privatem Recht.* Dass es zwischen öffentlichem und privatem Recht zu Norm- und Wertungswidersprüchen kommen kann, zeigt etwa die Froschteich-Entscheidung des Bundesgerichtshofs (Rn 70). Da die 72

[201] Vgl zB § 62 I BNatSchG. Auf die Vorgängervorschrift (§ 31) hat der BGH in der zuvor angegebenen Entscheidung abgestellt.

[202] Ausf dazu *de Wall* (Fn 7) 109 ff; vgl ferner *Lehmann* Bürgerlich-rechtliche Probleme der öffentlichen Verwaltung, 4. Aufl 2005.

[203] Vgl BVerfGE 58, 300, 335 f; *Ehlers* VVDStRL 51 (1992) 211, 217.

[204] Vgl etwa BVerwGE 71, 85, 87 ff → JK Allg VwR, Öff-rechtl Erstattg-Anspr/2. Zur Zulässigkeit einer Aufrechnung von öffentlich-rechtlichen und privatrechtlichen Forderungen vgl BVerwGE 66, 218, 220; *Ehlers* JuS 1990, 777, 782.

[205] Die sinngemäße Anwendung des vertraglichen Schuldrechts auf öffentlich-rechtliche Verhältnisse sei Ausdruck allgemeiner Rechtsgedanken, BGH NJW 2006, 1121, 1123 mwN.

[206] BGHZ 79, 131, 135 ff → JK BGB § 134/1. Die Besonderheit des vom BGH entschiedenen Falles lag allerdings darin, dass die Geldbeträge von einem privaten Unternehmen zur Verfügung gestellt wurden. Krit zu der genannten Entscheidung des BGH *Ehlers* (Fn 12) 446 m Fn 163; *Pietzner/Ronellenfitsch* (Fn 73) § 36 Rn 3.

Widerspruchsfreiheit aber ein wesentlicher Teil unserer Rechtsordnung ist (→ §§ 2 Rn 90, 6 Rn 11), müssen solche Widersprüche möglichst vermieden werden.[207] Oftmals wirken öffentliches und privates Recht denn auch nicht gegeneinander, sondern zusammen (was ua in der Annahme eines gemeinsamen Rechts, Rn 25 f, zum Ausdruck kommt). So übernimmt im Nachbarrecht das öffentliche Recht häufig die Grob-, das Privatrecht die Feinsteuerung.[208] Auch ist schon darauf hingewiesen worden, dass das Privatrecht nicht selten die Verletzung verwaltungsrechtlicher Vorgaben zusätzlich sanktioniert (zB durch Gewährung von Schadensersatz nach § 823 II BGB). Schließlich kann das Privatrecht auch ohne Bindung an öffentlich-rechtliche Vorgaben ähnliche Ziele wie das Verwaltungsrecht verfolgen und ähnliche Konsequenzen hervorrufen[209]: etwa neben dem öffentlichen Umweltschutzrecht durch Haftungsregelungen die Unternehmen zu einem effektiven Umweltschutz zwingen. Im Schrifttum ist deshalb davon gesprochen worden, dass öffentliches und privates Recht wechselseitige Auffangordnungen[210] oder Verbundordnungen[211] darstellen. Allerdings hängt dies von der jeweiligen Interessenlage und ihrer normativen Bewertung ab.

8. Einwirkungen des Verwaltungsrechts und Strafrechts aufeinander

73 Das Straf- und Ordnungswidrigkeitenrecht stellen eigengeartete Teilgebiete des öffentlichen Rechts dar, die ein bestimmtes Tun oder Unterlassen verbieten und im Falle eines rechtswidrigen, schuldhaften Zuwiderhandelns die Verhängung einer Kriminalstrafe, einer Geldbuße oder einer anderen Maßregel vorsehen. Die straf- oder ordnungswidrigkeitsrechtliche Bewehrung kann auch dem *Schutz des Verwaltungsrechts und Verwaltungshandelns* dienen.[212] Sie tritt dann uU neben oder an die Stelle eines Verwaltungshandelns oder einer Verwaltungssanktion (zB vollstreckungs-, aufsichts-, disziplinar- oder haftungsrechtlicher Art). So wird etwa das Strafrecht[213] auch zur Bekämpfung der Vollzugsdefizite im Umweltverwaltungsrecht genutzt.[214] Teilweise knüpft das Strafgesetzbuch ausdrücklich an verwaltungsrechtliche Sachverhalte an.[215] Vor allem aber enthalten zahlreiche Verwaltungsgesetze Bußgeld-[216] oder Strafbestimmungen[217].

74 Umgekehrt kann auch das Straf- und Ordnungswidrigkeitenrecht *Vorgaben für das Verwaltungshandeln* entfalten. So stellen bevorstehende Straftaten oder Ordnungswidrigkeiten eine Gefahr für die öffentliche Sicherheit dar und berechtigen die Polizei oder Ordnungsbehörden auf der Grundlage der Generalklauseln des Polizei- und Ordnungs-

[207] Vgl auch *Burgi* in: Hoffmann-Riem/Schmidt-Aßmann/Voßkuhle, Grundlagen I, § 18 Rn 39 f.

[208] Krit *Calliess* Verw 34 (2001) 169, 192 ff.

[209] Zur Bedeutung des bürgerlichen Rechts neben dem öffentlichen Recht bei der Abwehr von Störungen durch die Deutsche Bahn vgl *Roth* NVwZ 2001, 34 ff.

[210] *Hoffmann-Riem* DVBl 1994, 1381, 1386 f; *ders* in: ders/Schmidt-Aßmann (Fn 11) 261 ff; *Schmidt-Aßmann* Ordnungsidee, 6. Kap Rn 28 ff. Zur Krit vgl Fn 187.

[211] *Burgi* in: Hoffmann-Riem/Schmidt-Aßmann/Voßkuhle, Grundlagen I, § 18 Rn 37.

[212] Ausf dazu *Heghmanns*, Grundzüge einer Dogmatik der Straftatbestände zum Schutz von Verwaltungsrecht und Verwaltungshandeln, 2000.

[213] Vgl §§ 324 ff StGB.

[214] Vgl *Burgi* in: Hoffmann-Riem/Schmidt-Aßmann/Voßkuhle, Grundlagen I, § 18 Rn 83 m w Nachw.

[215] Vgl zB § 113 StGB (Widerstand gegen Vollstreckungsbeamte), §§ 324a I, 325 II, 325a, 326 III, 328 III StGB (Verletzung verwaltungsrechtlicher Pflichten).

[216] Etwa nach Art der §§ 62 BImSchG, 144 ff GewO.

[217] ZB §§ 28 VersG; 58 LFGB.

rechts[218] zu einem Einschreiten. Zudem dürfen sich die Bediensteten der Verwaltung nicht selbst strafbar machen oder ordnungswidrig verhalten. Die Beachtung dieses Gebots kann sehr aufwendige und kostenverursachende Verwaltungsmaßnahmen zur Folge haben (zB Sicherung von öffentlichen Gewässern oder Brunnen, damit sich die Verantwortlichen nicht einer fahrlässigen Tötung schuldig machen, oder Vornahme von Schutzmaßnahmen zwecks Vermeidung einer Umweltstraftat).[219]

Eine Anknüpfung des Straf- und Ordnungswidrigkeitenrechts an *Verordnungen* oder *Satzungen* ist zulässig, wenn diese den gesetzlichen Tatbestand spezifizieren.[220] Für normenkonkretisierende *Verwaltungsvorschriften* gilt dies allenfalls, wenn man ihnen unmittelbare Außenwirkung zuspricht (→ § 2 Rn 68).[221] Soweit die Straf- oder Ordnungswidrigkeiten-Tatbestände auf das nichtnormative Verwaltungshandeln Bezug nehmen, lässt sich zwischen Bestimmungen unterscheiden, die ein ungenehmigtes – aber genehmigungsbedürftiges – Verhalten sanktionieren[222], und solchen, die ein Zuwiderhandeln gegen hoheitliche Anordnungen (Verwaltungsakte oder Verträge) unter Strafe stellen oder mit einem Bußgeld belegen.[223] Im zuerst genannten Fall ist das *Nichtvorliegen einer* verwaltungsbehördlichen *Genehmigung* Tatbestandsmerkmal, wohingegen jede – sei es auch rechtswidrige – Gestattung den Tatbestand ausschließt (es sei denn, die Gestattung ist nichtig). Allerdings kann das Gesetz Modifizierungen vorsehen. So stellt § 330d Nr 5 StGB für den Bereich des Umweltstrafrechts ein Handeln aufgrund einer durch Drohung, Bestechung oder Kollusion erwirkten oder durch unrichtige oder unvollständige Angaben erschlichenen Genehmigung (Planfeststellung oder sonstigen Zulassung) dem Handeln ohne Genehmigung (Planfeststellung oder sonstigen Zulassung) gleich.[224] Dies kann zur Konsequenz haben, dass die Strafverfolgungsbehörden einschreiten müssen, obwohl das Verhalten auf einer wirksamen Verwaltungsentscheidung beruht. Nicht gefolgt werden kann der im Strafrecht verbreitet vertretenen Auffassung, dass sich auch bei einem Fehlen gesetzlicher Regelungen nach Art des § 330d Nr 5 StGB strafbar macht oder ordnungswidrig verhält, wer von einer Genehmigung missbräuchlich Gebrauch macht.[225] Wegen des Gesetzesvorbehalts des Art 103 II GG dürfen Verstöße gegen *pflichtenbegründende behördliche Anordnungen* nur dann bestraft oder mit einem Bußgeld geahndet werden, wenn die Anordnung ein gesetzlich vorgesehenes Verbot konkretisiert.[226] Umstritten ist, ob die Anordnungen wirksam oder auch rechtmäßig sein müssen. Nach hM kommt es auf die Rechtmäßigkeit nicht an, weil nicht auf die Verletzung eines Rechtsguts, sondern auf das Zuwiderhandeln gegen dieAnordnung abzustellen ist und auch rechtswidrige Verwaltungsakte 75

[218] ZB §§ 8 I PolG NRW; 14 I OBG NRW.

[219] Zum Verhältnis von Verwaltungsrecht und Umweltstrafrecht vgl *Breuer* NJW 1988, 2072 ff; *Papier* NJW 1988, 1113 ff; zum Verhältnis von Parteienfinanzierung und Steuerstrafrecht *Schröder* VVDStRL 50 (1991), 196, 200.

[220] Vgl BVerfGE 75, 329, 432; 78, 374, 383.

[221] Für eine „prinzipielle" Bindung der Strafjustiz an normenkonkretisierende Verwaltungsvorschriften *Schröder* VVDStRL 50 (1991), 196, 217 f; krit zu Recht *Heghmanns* (Fn 212) 96 ff (mit Differenzierung zwischen statischen und dynamischen Verweisungen).

[222] Vgl etwa §§ 284, 311 (iVm § 330d Nr 4), 327, 328 StGB, 144 I, 145 I Nr 1, 62 I Nr 1 GewO.

[223] So zB §§ 25 I Nr 2, 29 I Nr 1 VersG, 95 I Nr 4 AufenthG, 62 I Nr 5 BImSchG,146 I Nr 1 GewO.

[224] Ähnlich § 34 VIII AWG.

[225] Näher zum Streitstand *Lenckner* in: Schönke/Schröder StGB, 27. Aufl 2006, Vorbem §§ 32 ff Rn 63 ff. Wie hier *Schröder* VVDRStRL 50 (1991) 196, 325.

[226] Ebenso *Heghmanns* (Fn 212) 282 ff.

nach Bestandskraft oder sofortigen Vollziehbarkeit beachtet werden müssen (strenge Verwaltungsakt-Akzessorietät).[227] Konsequenterweise müsste dann auch die spätere Aufhebung eines Verwaltungsaktes (zB nach § 48 VwVfG) unbeachtlich sein.

76 Neben den grundsätzlich für alle natürlichen Personen geltenden Vorschriften sieht das Straf- und Ordnungswidrigkeitenrecht für die Amtsträger, die für den öffentlichen Dienst besonders Verpflichteten, die Mandatsträger, die ehrenamtlich Tätigen[228] oder die auf die Genannten einwirkenden Personen[229] spezielle Sanktionsnormen vor. Diese haben im Zuge der Korruptionsbekämpfung gesteigerte Aktualität erlangt. Zu nennen sind namentlich die Vorschriften über die Vertraulichkeit des Wortes (§ 201 III StGB), die Offenbarung eines Privatgeheimnisses (§ 203 II Nr 1 StGB), die Vorteilsnahme und Bestechlichkeit (§ 331f StGB) oder die Verletzung eines Dienstgeheimnisses (§ 353b I Nr 1 StGB). Die Begriffe des Amtsträgers und des für den öffentlichen Dienst besonders Verpflichteten sind in § 11 I Nr 2, 4 StGB legal definiert worden. Als Amtsträger iSd Strafrechts sind auch die Beliehenen, die Geschäftsführer einer städtischen GmbH[230], nicht dagegen die kommunalen Volksvertreter[231] und die Mitarbeiter öffentlicher Gesellschaften[232] angesehen worden.

77 Die Verfolgung der Straftaten und Ordnungswidrigkeiten sowie die Ahndung von Ordnungswidrigkeiten[233] obliegt grundsätzlich der Verwaltung, nämlich der Staatsanwaltschaft, Polizei oder einer Verwaltungsbehörde. Wird die Polizei sowohl repressiv als Justizbehörde iSd § 23 I EGGVG oder der StPO als auch präventiv nach Maßgabe des Polizeirechts tätig, soll es bei Zugrundelegung der hM für die Bestimmung des Rechtswegs darauf ankommen, wo der Schwerpunkt der Tätigkeit liegt.[234]

IV. Verwaltungsprivatrecht

1. Tätigwerden der Verwaltung in privatrechtlichen Formen

78 a) *Die Fiskuslehren.* Dass die Verwaltung grundsätzlich befugt ist, privatrechtlich zu agieren, wurde bereits ausgeführt.[235] Tatsächlich bedient sich die Verwaltung schon seit jeher der Organisations- und Handlungsformen des Privatrechts. Man spricht in solchen Fällen auch von Fiskalverwaltung. Unter dem *Fiskus* ist im Laufe der Zeiten Unterschiedliches verstanden worden. So wurde und wird der Fiskus

[227] BGHSt 23, 86, 90 ff; BGH NJW 1990, 918; OLG Hmbg NJW 1972, 666; OLG Karlsruhe, NJW 1978, 116 f; Odenthal NStZ 1991, 418, 419, *Waldhoff* in: Hoffmann-Riem/Schmidt-Aßmann/Voßkuhle, Grundlagen III, § 46 Rn 206 f; *Cramer/Heine* in: Schönke/Schröder (Fn 225), Vorbem §§ 324 ff, Rn 16a ff (m zahlr Nachw auch der Gegenauffassung).

[228] Vgl etwa die §§ 29 III, 30 iVm 43 II GO NRW.

[229] Vgl etwa §§ 333, 334 StGB.

[230] BGH NJW 2004, 693.

[231] BGHSt 51, 44 ff; *Deiters* NStZ 2003, 453 ff; *Niehaus* ZIS 2008, 49 ff; aA *Ehlers* in: Henneke/Meier (Hrsg), Kommunale Selbstverwaltung zwischen Bewahrung und Bewährung und Entwicklung?, 2006, 185; *ders* in: Mann/Püttner (Hrsg), Hb der kommunalen Wissenschaft und Praxis, 3. Aufl 2007, § 21 Rn 12.

[232] Vgl BGH NJW 1999, 2378 f (Flughafengesellschaft); BGHSt 49, 214 ff (Deutsche Bahn AG).

[233] Vgl § 35 OWiG.

[234] Vgl BVerwGE 47, 255, 264 f; OVG NRW NJW 1980, 855; BayVGH BayVBl 1993, 429, 430; VGH BW NVwZ-RR 2005, 540; krit *Schoch* in: Schmidt-Aßmann/ders, Bes VwR 2. Kap Rn 11; *Ehlers* in: ders/Schoch, Rechtsschutz, § 21 Rn 124 f.

[235] Krit *Unruh* DÖV 1997, 653 ff.

- als eine neben dem obrigkeitlich handelnden Staat stehende selbstständige Rechtsperson,
- als Staat in seiner Eigenschaft als Privatrechtssubjekt,
- als Staat in seiner Eigenschaft als Vermögenssubjekt oder
- als Staat in seiner Eigenschaft als Teilnehmer am Wirtschaftsleben

angesehen.[236] Der zuerst genannte Begriff hat seine Hochblüte in der ersten Hälfte des 19. Jahrhunderts erlebt.[237] Hoheitliche Eingriffe (Polizeiverfügungen) hatte der Bürger in dieser Zeit nach dem Motto „the king can do no wrong" rechtsschutzlos hinzunehmen. Um den Staat bei einem Fehlverhalten wenigstens finanziell gerichtlich in Anspruch nehmen zu können, wurde der Fiskus als weiteres Rechtssubjekt und damit als „Untertan"[238], „Prügelknabe"[239], „alter ego"[240] oder „Biedermann"[241] des Hoheitsverbandes fingiert. Es galt dann der Satz „dulde und liquidiere". Die Lehre von der Doppelpersönlichkeit des Staates – dh eines Staates, der, um mit Stevenson zu sprechen, gewissermaßen aus einem Dr. Jekyll und seinem mystischen Doppelgänger Mr. Hyde besteht – ist bereits in der zweiten Hälfte des 19. Jahrhunderts mit der Gewährleistung eines gerichtlichen Primärrechtsschutzes gegen die Staatsgewalt obsolet geworden. Heute bestehen keine Zweifel daran, dass das Grundgesetz den Staat als einheitliche Rechtsperson begreift.[242] Es ist daher auch nicht zulässig, zwischen hoheitlich und (privat-)wirtschaftlich tätig werdender Verwaltung zu unterscheiden und letztere von einer Bindung an die Kompetenzgrenzen (zB des Art 28 II und Art 30 GG) freizustellen.[243] Sind somit das öffentlich-rechtliche und privatrechtliche Auftreten des Staates (und seiner verselbständigten Teile, zB juristischen Personen des öffentlichen Rechts) nur verschiedene Äußerungsformen ein und derselben Rechtsperson, ist der Fiskus nichts anderes als ein Name der Verwaltung in bestimmten Angelegenheiten. Er bringt zum Ausdruck, dass der Staat in Zivil statt in Uniform auftritt.[244] Welchem Fiskusbegriff man – abgesehen von dem bereits zurückgewiesenen – folgen will, ist allein eine Frage der terminologischen Verständigung. Rechtsfolgen hängen von der Begriffsbildung nicht ab. Wegen des verschiedenartigen Sprachgebrauchs empfiehlt es sich, auf den Fiskusbegriff ganz zu verzichten.[245]

b) *Art und Ausmaß der privatrechtsförmigen Verwaltung.* Die Verwaltung wird zum **79**
Zwecke der Gewährung von Leistungen sowie der Bedarfsdeckung, Vermögensverwaltung und Teilnahme am Wirtschaftsleben ganz oder teilweise privatrechtlich tätig. Das Ausmaß der Aktivitäten ist alles andere als eine quantité négligeable.

236 Vgl zu den verschiedenen Fiskusbegriffen O. *Mayer* VwR I, 119; *Ehlers* (Fn 12) 75.

237 Ausf dazu *Rüfner* Verwaltungsrechtsschutz in Preußen von 1749 bis 1842, 1962, 172.

238 O. *Mayer* VwR I, 51.

239 *Bornhak* Preußisches Staatsrecht, Bd 2, 1889, 464.

240 *Burmeister* DÖV 1975, 695, 699.

241 *Zeidler* VVDStRL 19 (1961) 208, 222.

242 Vgl statt vieler *Burmeister* VVDStRL 52 (1993) 190, 217 ff.

243 So aber zB *Wieland* in: Henneke (Hrsg), Optimale Aufgabenerfüllung im Kreisgebiet?, 1998, 193, 196 ff, *Hellermann* Örtliche Daseinsvorsorge und gemeindliche Selbstverwaltung, 1998, 130, für die wirtschaftliche Betätigung des Staates und der Kommunen. Krit statt vieler *Ehlers* (Fn 108), E 43 f; *Heilshorn* VerwArch 96 (2005) 88, 97 f.

244 So ein Ausdruck von *W. Jellinek* VwR, 25.

245 Krit zum Fiskusbegriff *Burmeister* DÖV 1975, 695, 700 u 703; *Ehlers* (Fn 12) 77 f; *Schachtschneider* Staatsunternehmen und Privatrecht, 1986, 8. Für Beibehaltung des Fiskusbegriffs *Wolf/Bachoff/Stober/Kluth* VwR I § 23 Rn 3.

80 Diese Feststellung trifft bereits auf die *Leistungsverwaltung* zu. So bedient sich die Verwaltung etwa bei der Versorgung der Bevölkerung mit Elektrizität, Gas, Fernwärme und Wasser, der Erbringung von Verkehrs- und Infrastrukturleistungen (etwa durch die Deutsche Bahn AG, die Flughäfen, die Autobahn Tank & Rast AG oder die kommunalen Verkehrsbetriebe) und der Darreichung von Post- und Telekommunikationsleistungen durch die Deutsche Post AG, Deutsche Postbank AG und Deutsche Telekom AG[246] der Organisations- und Handlungsformen des Privatrechts. Selbst die staatliche Forschung (zB Großforschungseinrichtungen wie das Forschungszentrum Jülich GmbH), Forschungsförderung (etwa Volkswagen-Stiftung),[247] Kulturpolitik (zB Goethe-Institute, Berliner Festspiele GmbH), Entwicklungspolitik (etwa Deutsche Gesellschaft für Technische Zusammenarbeit GmbH) und Umweltschutzpolitik (Deutsche Bundesstiftung Umwelt)[248] greifen heute in einem nicht geringen Ausmaße auf die Rechtsformen des Privatrechts zurück.

81 Soweit es um die *Bedarfsdeckung* geht, ist darauf hinzuweisen, dass jedes Jahr dreistellige Milliardenbeträge in Euro für die Herstellung oder Anschaffung von Sachgütern (zB den Bau von Straßen, Schulen und Universitäten, den Kauf von Panzern und Flugzeugen oder die Anschaffung von Computern) ausgegeben werden (→ § 1 Rn 52). Außerdem steht die Mehrzahl des Personals der staatlichen Verwaltung in einem privatrechtlichen Beschäftigungsverhältnis (→ § 1 Rn 24 f).

82 Eine *Vermögensverwaltung* in Form einer Vermögensverwertung (Privatisierung) hat im großen Stil die Treuhandanstalt betrieben. Sie wurde 1990 gegründet,[249] um die ehemals volkseigenen Kombinate, Betriebe, Einrichtungen und sonstigen juristisch verselbständigten Wirtschaftseinheiten der DDR, die in Kapitalgesellschaften umgewandelt wurden, zu verwalten, und galt seinerzeit als der größte Konzern der Welt. Bis Ende 1993 hatte die Treuhandanstalt, die mit Ablauf des Jahres 1994 aufgelöst und von Nachfolgeeinrichtungen ersetzt wurde, 13643 Unternehmen, Unternehmensteile und Bergwerksrechte privatisiert.[250] Zur Vermögensverwaltung gehört aber beispielsweise auch die Sondernutzung öffentlicher Straßen ohne Beeinträchtigung des Gemeingebrauchs zum Zwecke der Verlegung und des Betriebs von Versorgungsleitungen. Die Gebietskörperschaften schließen hierüber mit den Versorgungsunternehmen auf der Grundlage des § 48 EnWG iVm der Konzessionsabgabenordnung privatrechtliche Konzessionsverträge ab, in denen sich die Unternehmen zur Zahlung einer Konzessionsabgabe verpflichten. Die Einnahmen der Gemeinden aus den Konzessionsabgaben belaufen sich auf mehrere Milliarden Euro jährlich.

[246] Die Deutsche Telekom AG ist mittlerweile (zu über 65 %) teilprivatisiert, ebenso die Deutsche Post AG und die Deutsche Postbank AG.

[247] Stifter der Volkswagen-Stiftung sind die Bundesrepublik und das Land Niedersachsen. Das Stiftungsvermögen beläuft sich auf mehr als 2 Milliarden €. Vgl dazu *Möller* ZögU 17 (1994) 368 ff.

[248] Vgl BGBl 1990 I, 1448. Der Bund hat diese Stiftung mit einem Kapital von mehr als 2,5 Milliarden DM ausgestattet.

[249] Treuhandgesetz v 17.6.1990, GBl DDR I, 300. Die Treuhandanstalt ist durch die Bundesanstalt für vereinigungsbedingte Sonderaufgaben abgelöst worden, die nur noch als Rechts- und Vermögensträgerin besteht und durch Gesetz zur Abwicklung der Bundesanstalt für vereinigungsbedingte Sonderaufgaben (v. 28.10.2003, BGBl 2003 I, 2081) mittels eines Abwicklers aufgelöst werden soll.

[250] Jahresabschluss der Treuhandanstalt v 31.12.1993, 1994, 9. Zu den Rechtsfragen vgl *Becker* Verwaltungsprivatrecht und Verwaltungsgesellschaftsrecht, 1994, 43 ff.

Schließlich tritt die Verwaltung als Unternehmer und damit als *Teilnehmer am Wirtschaftsleben* privatrechtlich auf. Die Wirtschaftsaktivitäten sind breit gestreut. ZB unterhalten die Verwaltungsträger Banken (etwa Kreditanstalt für Wiederaufbau, Landesbanken, Sparkassen), Wohnungsbau-, Wasserversorgungs- und Entsorgungsgesellschaften, Versicherungsunternehmen, Spielbanken und Lotterien.[251] Selbst als Hotelier und Produzent von Damenstrümpfen hat sich die Verwaltung schon versucht. Vielfach geht es ihr nicht um die Erbringung bestimmter Wirtschaftsleistungen, sondern nur um die Sicherung von Arbeitsplätzen[252] oder um die Beeinflussung des Wettbewerbs. Manches Engagement lässt sich nur historisch erklären (zB Porzellanmanufakturen in staatlicher, Bierbrauereien in kommunaler Hand). Der Großteil der Wirtschaftsunternehmen ist privatrechtlich organisiert. Während der Bund seit vielen Jahrzehnten eine materielle Privatisierungspolitik[253] verfolgt und dementsprechend viele Beteiligungen an Unternehmen (wie der Industrieverwaltungsgesellschaft AG, Lufthansa AG, Veba AG, Viag AG, Volkswagen AG und Salzgitter AG) seit langem aufgegeben hat, lässt sich auf Landes- und Kommunalebene ein eindeutiger Trend nicht feststellen. In der gegenwärtigen Finanz- und Wirtschaftskrise hat sich der Staat zum Teil an privaten Unternehmen beteiligt, um diese vor einer Insolvenz zu bewahren. So hat der Bund alle Anteile der Hypo Real Estate Holding AG erworben und hierfür Milliardenbeträge aufgewendet sowie Garantien in Höhe von mehr als 87 Milliarden Euro übernommen. Zu den Grenzen einer materiellen Privatisierung vgl → § 1 Rn 39. 83

2. Steuerung der privatrechtlich organisierten Verwaltung

Wie ausgeführt wurde (→ § 1 Rn 23), bedürfen auch die privatrechtlich organisierten Unternehmen und Einrichtungen der Verwaltung einer effektiven *Steuerung* und *Kontrolle* durch die „öffentlichen Anteilseigner". Entsprechende Vorgaben hierfür finden sich insbesondere im Haushaltsrecht (zB §§ 65 ff BHO, 53 f HGrG) und im Kommunalrecht (etwa §§ 108 ff GO NRW). IdR bedient sich die privatrechtlich organisierte Verwaltung der Gesellschaftsform. Nach der Lehre vom *Verwaltungsgesellschaftsrecht* soll nicht nur dispositives, sondern auch zwingendes Gesellschaftsrecht außer Anwendung bleiben, wenn den Bindungen des öffentlichen Rechts ansonsten nicht genügt werden kann.[254] So sollen Weisungen der Gesellschafter an den Vorstand einer von der öffentlichen Hand getragenen Aktiengesellschaft trotz Unabhängigkeit des Vorstands 84

[251] Über die Beteiligung des Bundes berichtet jährlich der Beteiligungsbericht des Bundesministers der Finanzen. Eine aussagekräftige Berichterstattung für Länder und Kommunen gibt es nur zum Teil. Vgl den Überbl bei *Storr* Der Staat als Unternehmer, 2001, 11 ff. Zu den verschiedenen Rechtsfragen zur wirtschaftlichen Betätigung der öffentlichen Hand s *Ehlers* JZ 1990, 1089 ff; *dens* (Fn 108), E 33 f; *Hellermann* (Fn 243) 65 ff; *Pielow* Grundstrukturen öffentlicher Versorgung, 2001, 471 ff.

[252] Zur Zulässigkeit → § 1 Rn 16.

[253] Im Gegensatz zur bloßen Organisationsprivatisierung, die an der Inhaberschaft des Staates nichts ändert, zeichnet sich die materielle Privatisierung dadurch aus, dass der Staat seine Beteiligungen veräußert (→ § 1 Rn 16, 39). Zu deren Grenzen *Di Fabio* JZ 1999, 586 ff; *Kämmerer* Privatisierung, 2001, 85 ff.

[254] Vgl *Kraft* Das Verwaltungsgesellschaftsrecht, 1982, 254 ff; *Stober* NJW 1984, 449, 454 f; *Haverkate* VVDStRL 46 (1988) 217, 226 ff; *v Danwitz* AöR 120 (1995) 595 ff; *Ossenbühl* ZGR 1996, 504, 516 ff; *Wahl* in: Hoffmann-Riem/Schmidt-Aßmann (Hrsg), Verwaltungsorganisationsrecht als Steuerungsressource, 1997, 332. Vgl auch *Krebs* Verw 29 (1996) 309 ff.

(§ 76 AktG) zulässig sein, wenn nur so die verfassungsmäßige Ingerenzpflicht der Verwaltung durchgesetzt werden kann. Auch sollen die privatrechtlichen Vorschriften der unternehmerischen Mitbestimmung nicht gelten (→ § 1 Rn 28). Damit wird indessen das Gesetzmäßigkeitsprinzip verletzt.[255] Falls die Inanspruchnahme der privatrechtlichen Organisationsformen mit den öffentlich-rechtlichen Vorgaben nicht vereinbar ist, muss die öffentliche Hand das Privatrecht meiden und die Formen des öffentlichen Rechts in Anspruch nehmen.[256] Um Kollisionen zu vermeiden, schreiben viele Gemeindeordnungen vor, dass sich die Kommunen der Rechtsform einer Aktiengesellschaft nur bedienen dürfen, wenn der öffentliche Zweck nicht ebenso gut in einer anderen Rechtsform erfüllt wird oder erfüllt werden kann.[257]

3. Bindung der Verwaltung an das Privatrecht beim Handeln in Privatrechtsform

85 Greift die Verwaltung auf die privatrechtlichen Handlungsformen zurück, ist sie grundsätzlich an das Privatrecht bei der Erfüllung seiner Tatbestände gebunden, kann also *nicht* allein wegen ihres staatlichen Charakters eine sie bevorzugende *Sonderstellung* beanspruchen.[258] Hat sich die Verwaltung dafür entschieden, ihre Aufgaben mit Mitteln des Privatrechts wahrzunehmen, muss sie vielmehr auch die daraus resultierenden Konsequenzen in Kauf nehmen, mögen ihr diese auch unerwünscht sein.[259] Aus diesem Grunde darf die Verwaltung bei ihrer „Flucht in das Privatrecht", von rechtfertigungsbedürftigen Ausnahmefällen abgesehen,[260] auch nicht Hoheitsrechte als „Fluchtgepäck" mitnehmen.[261] Insbesondere ist es ihr untersagt, privatrechtliche Forderungen mittels des Erlasses eines Verwaltungsaktes durchzusetzen (Rn 52). Dies schließt (materielle) „Fiskusprivilegien" des Privatrechts nicht aus.[262] Auch diese Privilegien müssen sich aber rechtfertigen lassen. Unbedenklich sind „Fiskusprivilegien", wenn sie der Verwaltung eine Vergünstigung im Privatrechtsverkehr einräumen, durch die andere nicht belastet werden, wie dies auf die §§ 45 III, 928 II, 981 und 1936 BGB zutrifft.[263] Eine Bindung an das Privatrecht kann auch für die Verwaltung eine erhebliche Reglementierung zur Folge haben.

[255] Vgl auch BGHZ 36, 296, 303 ff; 69, 334, 338 ff; 105, 168, 174 ff; *Leisner* GewArch 2009, 337 ff.
[256] *R. Schmidt* ZGR 1996, 345, 351; *Spannowsky* ZGR 1996, 400, 422 ff; *Ehlers* DVBl 1997, 137, 139; *ders* (Fn 108), E 108; *Mann* VerwArch 35 (2002) 463 ff.
[257] Vgl §§ 101 II GO BW; 108 III GO NRW; 87 II GO RP; 95 II GO Sachs.
[258] Vgl *U. Stelkens* (Fn 12) 52 ff.
[259] BVerfGE 27, 364, 374.
[260] Vgl § 1 II VwVG NRW, wonach die Beitreibung wegen Geldforderungen des bürgerlichen Rechts unter bestimmten Voraussetzungen im Wege der Verwaltungsvollstreckung für zulässig erklärt werden kann.
[261] Vgl auch *Steiner* Verwaltung durch Private, 1975, 206.
[262] Vgl zu einem Bsp BVerfGE 18, 121, 125.
[263] Vgl *U. Stelkens* (Fn 12) 85.

4. Bindung der Verwaltung an das öffentliche Recht beim Handeln in Privatrechtsform

a) *Bindung der öffentlich-rechtlich organisierten Verwaltung.* Bedient sich die Verwaltung des Privatrechts, heißt dies nicht, dass für sie nur Privatrecht gilt und die Verwaltungsträger die Fähigkeit verlieren, als Zuordnungssubjekt von Rechtssätzen des öffentlichen Rechts angesprochen zu werden.[264] Vielmehr besteht heute Übereinstimmung darüber, dass die privatrechtliche Verwaltung zusätzlichen Bindungen des öffentlichen Rechts unterliegt. Man spricht in solchen Fällen auch von *Verwaltungsprivatrecht*.[265] Dieses zeichnet sich dadurch aus, dass die Normen des Privatrechts durch Bestimmungen des öffentlichen Rechts ergänzt, überlagert oder modifiziert werden. Das Verwaltungsprivatrecht ist demnach keine dritte Art von Recht neben dem öffentlichen und dem privaten Recht. Der Begriff soll nur zum Ausdruck bringen, dass auf die Verwaltung sowohl privatrechtliche als auch öffentlich-rechtliche Rechtsnormen Anwendung finden. **86**

Das *traditionelle*, auf *Siebert*[266] und *Wolff*[267] zurückgehende *Verständnis des Verwaltungsprivatrechts* unterscheidet zwischen der fiskalischen und der Leistungs- bzw Lenkungsverwaltung. Für erstere soll nur Privatrecht, für die letzteren Verwaltungsprivatrecht gelten.[268] Eine solche kategoriale Aufspaltung der Verwaltung ist indessen *nicht angängig*. Da die Inanspruchnahme des Privatrechts die Verwaltung nicht zum Privaten macht, der Staat vielmehr Staat und die Verwaltung damit Verwaltung bleibt,[269] ist eine Gleichstellung der privatrechtlichen Verwaltung mit den sonstigen Rechtssubjekten des Privatrechts in keinem Falle zulässig. Es gilt daher niemals nur Privatrecht.[270] Bleibt der Staat Zurechnungssubjekt aller Ausübung von Staatsgewalt und verdankt er seine Rechtspersönlichkeit dem öffentlichen Sonderrecht, müssen die grundsätzlichen verfassungsrechtlichen Bindungen der Staatsgewalt – wie die Kompetenzvorschriften sowie die Schranken des Wirkungskreises von Bund, Ländern, Gemeinden und sonstigen Verwaltungsträgern oder die verfassungsrechtlichen Grundentscheidungen der Art 20 und 28 I GG – auf die privatrechtliche Verwaltung erstreckt werden.[271] Nichts anderes trifft auf die Grundrechtsbestimmungen zu. Nach Art 1 III GG binden die *Grundrechte* die Gesetzgebung, vollziehende Gewalt und Rechtsprechung als unmittelbar geltendes Recht. Die Erwähnung der vollziehenden Gewalt im Zusammenhang mit der Gesetzgebung und Rechtsprechung deutet darauf hin, dass der **87**

[264] Vgl statt vieler *Krebs* in: Schmidt-Aßmann/ders, Rechtsfragen städtebaulicher Verträge, 2. Aufl 1992, 143.

[265] Vgl zB BGHZ 155, 166, 175. Krit *Unruh* DÖV 1997, 653, 662 ff; *Schlette* (Fn 107) 124 f; *Burgi* in: Hoffmann-Riem/Schmidt-Aßmann/Voßkuhle, Grundlagen I, § 18 Rn 65 ff.

[266] Privatrecht im Bereich öffentlicher Verwaltung, FS Niedermeyer, 1953, 215, 219 ff.

[267] Vgl *Wolff/Bachof* VwR I, § 23 II. Nur leicht verändert *Wolff/Bachof/Stober/Kluth* VwR I, § 23 Rn 1, 61 ff.

[268] Ebenso zB *Schmalz* Allg VwR, Rn 658 ff.

[269] *Haenel* Staatsrecht I, 1892, 161. Dies gilt auch dann, wenn die Verwaltung wirtschaftet. Vgl VerfGH Rh-Pf DVBl 2000, 992 ff → JK GG Art 28 II 1/25; OVG NRW NVwZ-RR 2003, 800, 801; *Ehlers* DVBl 1983, 422 ff; *Erichsen* Gemeinde und Private im wirtschaftlichen Wettbewerb, 1987, 18 f; *Kempen* (Fn 12) 90; *Burmeister* VVDStRL 52 (1993) 190, 217 ff; *Pielow* NWVBl 1999, 369, 373.

[270] *Ehlers* (Fn 12) 246; vgl aber auch *F. Kirchhof* in: Henneke (Hrsg), Kommunale Aufgabenerfüllung in Anstaltsform, 2000, 31, 36.

[271] Vgl *Ehlers* DVBl 1983, 422, 424 f; *Burmeister* VVDStRL 52 (1993) 190, 213 ff, 217 ff.

Grundgesetzgeber in der Sprache der Gewaltenteilungslehre die Exekutive in allen ihren Erscheinungsformen – und somit auch die gesamte Verwaltung – in die Pflicht nehmen wollte. Bestätigt wird diese Auslegung durch die Entstehungsgeschichte der Norm. Statt von vollziehender Gewalt sprach Art 1 III GG ursprünglich von „Verwaltung“. Mit Änderung des Grundgesetzes im Jahre 1956 sollte die Geltung der Grundrechtsbestimmungen auch gegenüber den damals neu geschaffenen Streitkräften sichergestellt werden.[272] Der Begriff der vollziehenden Gewalt wurde gegenüber dem der Verwaltung als der umfassendere angesehen. Da zur Verwaltung aber auch die Verwaltung in privatrechtlichen Formen gehört, ist diese ebenfalls an die Grundrechte[273] und damit zB auch an die grundrechtlichen Gesetzesvorbehalte und an das Übermaßverbot gebunden.[274] Besonders bedeutsam ist die Bindung an den Gleichheitssatz, weil sich hieraus zB ein Kontrahierungszwang und ein Kopplungsverbot ergeben kann.[275] Aus der Bindung folgt zugleich, dass sich die privatrechtliche Verwaltung mit Ausnahme der allen Personen zugute kommenden Prozessgrundrechte[276] nicht auf die Grundrechte berufen kann.[277]

88 Wie sich aus diesen Ausführungen ergibt, gelten die prinzipiellen Handlungsmaßstäbe der Verwaltung rechtsformunabhängig. Die Verwaltung kann sich des Privatrechts also nur im Sinne eines technischen Normenkomplexes bedienen. Die Berufung auf irgendeine – und sei es auch bloß abgeschwächte – *Privatautonomie* bleibt ihr versagt.[278] Vielmehr bedarf auch das privatrechtliche Tätigwerden der Verwaltung stets der Rechtfertigung durch ein öffentliches Interesse bzw einen öffentlichen Zweck (→ § 1 Rn 33 ff).[279]

89 Da jede *Rechtsnorm* selbst über ihren *Anwendungsbereich* entscheidet, lässt sich die genaue Bindung der privatrechtlichen Verwaltung nur ermitteln, wenn die jeweils in

272 Vgl → § 1 Rn 9 m Fn 33.

273 *Erichsen/Ebber* Jura 1999, 373, 375; *Möstl* Grundrechtsbindung öffentlicher Wirtschaftstätigkeit, 1999, 73 ff; *Dörr* DÖV 2001, 1014, 1015; *Starck* in: v Mangoldt/Klein/Starck, GG I, Art 1 Rn 227 ff; *Jarass* in: *ders/Pieroth* GG, Art 1 Rn 38. Zum Vergaberecht vgl BVerfGE 116, 135 ff → JK GG Art 20 III. Die Rspr legt zumeist das traditionelle Verständnis des Verwaltungsprivatrechts zugrunde. Vgl zB BGHZ 29, 76, 80; 33, 230, 233; 36, 91, 96; 52, 325, 327 ff; BGHZ 154, 146 ff; NJW 2004, 1031. Umfassend zum Streitstand *Ehlers* (Fn 12) 212 ff; *Stern* StR III/1, § 74 IV, 1394 ff; *Koch* (Fn 45) 35 ff; *Röhl* VerwArch 86 (1995) 531, 577 ff.

274 Die grundrechtlichen Gesetzesvorbehalte und das (subjektivrechtliche) Übermaßverbot kommen allerdings nur zum Zuge, wenn ein Grundrechtseingriff vorliegt. Dies ist nicht der Fall, wenn der Einzelne in zulässiger Weise von seinen Grundrechten Gebrauch gemacht bzw auf seine Grundrechte verzichtet hat. Da sich die privatrechtliche Verwaltung der Vertragsform bedient, liegen diese Voraussetzungen vielfach vor. Vgl *Ehlers* (Fn 12) 220 ff; *Krebs* in: Schmidt-Aßmann/ders (Fn 264) 144 ff.

275 Die Freiheitsrechte können insb einschlägig sein, wenn die Verwaltung einseitig privatrechtlich handelt (zB Hausverbot in Bezug auf Sachen des Finanzvermögens) oder auf der Grundlage eines Anschluss- und Benutzungszwangs privatrechtliche Verträge abschließt.

276 Vgl BVerfGE 6, 45, 49 f; 21, 362, 373; 61, 82, 104 → JK GG Art 19 III/3.

277 Vgl BVerfGE 61, 82, 108 → JK GG Art 19 III/3; BVerfG NJW 2005, 45, 46 (kein Grundrechtsschutz für den „Fiskus“ als Erben).

278 Vgl auch *Pietzcker* Der Staatsauftrag als Instrument des Verwaltungshandelns, 1978, 364; *Erichsen* StR u VerfGbkt I, 113 f; *Ehlers* DVBl 1983, 422, 424; *Scherer* NJW 1989, 2724, 2728.

279 Aus diesem Befund wird vielfach der Schluss gezogen, eine Dogmatik des Verwaltungsvertrags zu entwickeln, die sowohl die öffentlich-rechtlichen als auch die privatrechtlichen Verträge der Verwaltung einbezieht, vgl *Krebs* VVDStRL 52 (1993) 248, 256; *Röhl* (Fn 145); → § 30 Rn 10.

Frage kommenden Normen daraufhin untersucht werden, ob sie auch für die privatrechtliche Verwaltung gelten.[280] So gibt es Rechtssätze, die sich nur an die öffentlich-rechtlich agierende Verwaltung wenden (zB Art 34 GG; § 1 VwVG). Andere Vorschriften (wie etwa § 55 BHO oder Art 117 II GO Bay) sprechen allein die privatrechtlich tätig werdende Verwaltung an. Schließlich können die Bestimmungen an die öffentlich-rechtlich und privatrechtlich handelnde Verwaltung gleichermaßen adressiert sein, wie die Grundrechte oder die öffentlich-rechtlichen Vertretungsregeln (zB die Regelungen nach Art des § 64 I 2 GO NRW: Unterzeichnung von Erklärungen durch den Bürgermeister und eine zweite Person).[281]

Fraglich ist, ob die privatrechtsförmige Verwaltung an die *Verwaltungsverfahrensgesetze* gebunden ist (→ § 13 Rn 6). Gem § 1 I der VwVfGe gelten diese nur für die öffentlich-rechtliche Verwaltungstätigkeit der Behörden. Gleichwohl sind die verwaltungsverfahrensrechtlichen Bestimmungen auf die privatrechtliche Verwaltung zu erstrecken, wenn und soweit sie sich auf höherrangiges, die Verwaltung durchgehend bindendes Verfassungsrecht zurückführen lassen oder als Ausfluss allgemeiner bzw analogiefähiger Rechtsgedanken angesehen werden können (→ § 2 Rn 12).[282] Diese Voraussetzungen treffen etwa auf die §§ 14, 20, 21, 28, 30 und 40 VwVfG zu.[283] Zu weit geht es, wenn prinzipiell alle verwaltungsverfahrensgesetzlichen Bestimmungen auf die Verwaltung in Privatrechtsform angewendet werden.[284] 90

b) *Bindung der privatrechtlich organisierten Verwaltung.* Da die allein von der öffentlichen Hand getragenen privatrechtlich organisierten Verwaltungsrechtssubjekte wie zB die Eigengesellschaften nur rechtstechnisch abgesonderte Erscheinungsformen der Staatsgewalt darstellen, gelten die grundsätzlichen verfassungsrechtlichen Bindungen der Staatsgewalt auch für diese Rechtspersonen. So gehören die privatrechtlichen „Trabanten" der Verwaltung ebenfalls zur vollziehenden Gewalt iSd Art 1 III GG und unterliegen daher der *Grundrechtsbindung.*[285] Das Bundesverfassungsgericht hat – soweit ersichtlich – bisher noch keine Gelegenheit gehabt, zur Grundrechtsbindung der privatrechtlich organisierten Verwaltungsträger Stellung zu nehmen. Wohl aber hat es einen Grundrechtsschutz mehrfach abgelehnt, weil die Organisationsform nicht entscheidend sei.[286] Sind die öffentlich-rechtlich und privatrechtlich organisierten Verwaltungsträger jedoch hinsichtlich des Grundrechtsschutzes gleich zu behandeln, kann für die Grundrechtsbindung nichts anderes gelten. Dementsprechend haben auch der Bun- 91

280 Vgl auch *Krebs* VVDStRL 52 (1993) 248, 274.

281 Zur Wirkungsweise der Zuständigkeitsvorschriften, wenn die Verwaltungszuständigkeit und die privatrechtliche Rechtsstellung auseinander fallen (wie zB bei der Verwaltung der Bundesstraßen durch die Länder bei gleichzeitiger Eigentümerstellung des Bundes) vgl *U. Stelkens* (Fn 12) 174 ff.

282 Zust BGHZ 155, 166, 175.

283 Näher dazu *Ehlers* DVBl 1983, 422 425 ff; *v Zezschwitz* NJW 1983, 1873, 1881. Zu § 20 VwVfG vgl OLG Brandenburg NVwZ 1999, 1142, 1146 → JK VwVfG § 20/2 (Flughafen Berlin-Schönefeld); vgl auch OLG Stuttgart NVwZ-RR 2001, 29, 32. Zur Anwendbarkeit von Bestimmungen des VwVfG auf das Vergaberecht unterhalb der Schwellenwerte *Kahl* (Fn 152) 164 ff.

284 So aber zB *Achterberg* Allg VwR, § 12 Rn 25.

285 So zB auch BVerwGE 113, 208, 211.

286 Vgl BVerfGE 45, 63, 80; BVerfG-K NJW 1980, 1093 → JK Art 19 III/1. AA *U. Stelkens* (Fn 12) 41 f, der auf die Aufgaben abstellen will und deshalb eine Grundrechtsberechtigung von Eigengesellschaften für möglich hält.

desgerichtshof[287] und das Bundesverwaltungsgericht[288] eine Grundrechtsbindung von Eigengesellschaften bejaht. Im Schrifttum wird teilweise eine andere Auffassung vertreten.[289]

92 Welche *weiteren Vorschriften des öffentlichen Rechts* die privatrechtlich organisierten Verwaltungsträger zu beachten haben, hängt wiederum von dem Geltungswillen der in Rede stehenden Normen ab. Dieser ist ggf durch Auslegung zu ermitteln.[290] Soweit die Privatrechtssubjekte der Verwaltung nicht Adressat der Vorschriften des öffentlichen Rechts sind, diese aber Verhaltensanforderungen statuieren, für welche die öffentlichrechtlichen Träger der Verwaltung die Verantwortung tragen, müssen diese auf eine Einhaltung der Bindung hinwirken. So richtet sich der in den Gemeindeordnungen geregelte Anspruch der Einwohner auf Benutzung der öffentlichen Einrichtungen einer Gemeinde nur gegen die Gemeinde selbst, nicht gegen die gemeindeeigenen Gesellschaften.[291] Lässt die Gemeinde ihre öffentliche Einrichtung aber durch eine Eigengesellschaft betreiben, ist sie verpflichtet, darauf hinzuwirken, dass diese den kommunalrechtlichen Benutzungsanspruch beachtet.[292] Notfalls kann sie durch Klage vor den Verwaltungsgerichten zu einem Einschreiten gezwungen werden.[293]

93 c) *Bindung der gemischtpublizistischen Privatrechtssubjekte.* Keine Staatsgewalt üben nach der hier vertretenen Ansicht (→ § 1 Rn 4) die gemischtpublizistischen Privatrechtssubjekte aus, also diejenigen privatrechtlichen Organisationsgebilde, an denen sowohl die staatliche Verwaltung als auch Private beteiligt sind.[294] Da sich in solchen Fällen nicht nur die äußere Form des Auftretens, sondern auch die Trägerschaft ändert, können derartige Rechtspersonen selbst dann nicht der Staatsorganisation zugerechnet werden, wenn die Verwaltung einen beherrschenden Einfluss auszuüben vermag. Findet sich die staatliche Verwaltung auf der Ebene des Privatrechts zur Zusammenarbeit mit privaten Kräften bereit (etwa indem sie sich in ein Unternehmen „einkauft"), ist daher prinzipiell kein Raum für eine Bindung des gemeinsam getragenen Rechtssubjektes an das öffentliche Recht. Im Einzelfall kann anderes gelten. So wird die behördliche Auskunftspflicht gegenüber der Presse auch auf gemischt zusammengesetzte Gesellschaften erstreckt, auf welche die öffentliche Hand einen beherrschenden Einfluss hat.[295] Erfolgt die Zusammenarbeit mit den Privaten unter öffentlich-rechtlichen Vorzeichen, färbt dies auf die Kooperation ab. So sind die in Gestalt von öffentlich-rechtlichen Körper-

[287] BGHZ 52, 325, 328.

[288] BVerwG NVwZ 1991, 59; BVerwGE 113, 208, 211.

[289] Vgl etwa *Dickersbach* WiVerw 1983, 187, 206; *Badura* FS Schlochauer, 1981, 11, 21; *Püttner* Die öffentlichen Unternehmen, 2. Aufl 1985, 119 ff. Wie hier dagegen zB *Erichsen* (Fn 269) 26.

[290] Vgl auch BGHZ 93, 358, 364 → JK AGBG § 8/2 (Bindung an das Kommunalabgaberecht); BGH NVwZ-RR 2000, 703, 704 (Bindung an ein die Gemeinde verpflichtendes Gesetz); BGHZ 155, 166, 175 (Bindung an das im Rechtsstaatsprinzip verankerte Übermaßverbot); BGH NJW 2004, 1031 → JK GG Art 1 III/7 (Bindung der Postbank an das Willkürverbot und an Art 21 II GG).

[291] Vgl statt vieler BVerwG NVwZ 1991, 59; *Ehlers* (Fn 12) 247. AA *Ossenbühl* DVBl 1973, 289, 293 f.

[292] Vgl zur Einwirkungspflicht BVerwG NJW 1990, 134 f. Vgl ferner → § 1 Rn 16 f.

[293] BVerwG NJW 1990, 134 f; NVwZ 1991, 59.

[294] Nach *Berger* Staatseigenschaft gemischtwirtschaftlicher Unternehmen, 2006, 96 ff, soll es darauf ankommen, ob das gemisch-wirtschaftliche Unternehmen Adressat einer (grds vertraglich bestimmten) Wahrnehmungszuständigkeit des Staates ist (mit der Folge, dass ein und dasselbe Unternehmen idR sowohl staatliche als private Entscheidungen treffen kann).

[295] BGH NJW 2005, 1720; dazu *Köhler* NJW 2005, 2337 ff.

schaften organisierten Zweckverbände auch dann als Träger von Staatsgewalt und damit als öffentlich-rechtlich gebundene Rechtssubjekte anzusehen, wenn an ihnen nur eine Gemeinde und ein Privater beteiligt sind. Für die *Grundrechtsgeltung* bedeutet die hier zugrunde gelegte Auffassung, dass die gemischtpublizistischen Privatrechtssubjekte durch die Grundrechte geschützt, aber nicht gebunden werden. Demgegenüber hat das Bundesverfassungsgericht in Kammerentscheidungen die Meinung vertreten, dass die gemischtwirtschaftlichen Unternehmen in Privatrechtsform keinen Grundrechtsschutz genießen, soweit sie „öffentliche Aufgaben" wahrnehmen und von der öffentlichen Hand beherrscht werden.[296] Damit bleiben die Rechte der privaten Anteilseigner unberücksichtigt.[297] Von einer Grundrechtsbindung im Falle einer staatlichen Beherrschung geht auch das Bundesverwaltungsgericht aus.[298]

Der Gefahr, dass die staatliche Verwaltung zur Abschüttelung der öffentlich-recht- **94**
lichen Bindungen auf gemischt zusammengesetzte Privatrechtssubjekte ausweicht, ist nicht durch eine Ausweitung der öffentlich-rechtlichen Bindung, sondern eine Stufe früher durch Bekämpfung einer missbräuchlichen Zusammenarbeit mit Privaten zu begegnen. So darf die Verwaltung nur dann mit Privaten in einer Gesellschaft des privaten Rechts kooperieren, wenn dies durch ein wichtiges Interesse gerechtfertigt wird. Im Übrigen ist der staatlichen Verwaltung eine Flucht in die Bindungslosigkeit ohnehin nicht möglich, da sie selbst niemals der öffentlich-rechtlichen Bindung entrinnen kann, vielmehr im Rahmen der Beteiligungsquote verpflichtet ist, ihre mit den Anteilen verbundenen *Einwirkungsrechte* unter Beachtung der öffentlich-rechtlichen Bindungen auszuüben.[299] Diese Verpflichtung ist auch justitiabel.[300] Das Unterlassen einer gebotenen Einwirkung kann sich als mittelbarer Grundrechtseingriff darstellen. Mittelbar können damit die von der Verwaltung beherrschten gemischtpublizistischen Privatrechtssubjekte dazu gezwungen werden, sich an den Grundrechten und sonstigen für die Verwaltung unabdingbaren öffentlich-rechtlichen Bindungen zu orientieren.

5. Rechtsweg im Falle einer Bindung der privatrechtlichen Verwaltung an das öffentliche Recht

Prozessual stellt sich die Frage, in welcher Gerichtsbarkeit die öffentlich-rechtliche Bin- **95**
dung der privatrechtlichen Verwaltung geltend zu machen ist. Soweit es an aufdrängenden oder abdrängenden Spezialregelungen fehlt[301], sind die ordentlichen Gerichte bzw

[296] BVerfG-K NJW 1990, 1783 → JK GG Art 19 III/7; BVerfG-K JZ 2009, 1069, 1070. Ähnlich VerfGH Berlin DÖV 2005, 515 ff (unabhängig davon, ob die Wahrnehmung öffentlicher Aufgaben betroffen ist). Von einer Grundrechtsfähigkeit der Deutschen Telekom AG geht (bei Zugrundelegung der damaligen Anteilseignerquote) BVerwGE 114, 160, 189; 118, 226, 238; BVerwG NVwZ 2004, 745, 746 f, aus.

[297] Zur Kritik der Rspr des BVerfG vgl *Schmidt-Aßmann* AöR 116 (1991) 329, 346; *Dreier* in: ders (Hrsg), GG, Bd I, 2. Aufl 2004, Art 1 III Rn 70 f; *Höfling* in: Sachs (Hrsg), GG, 5. Aufl 2009, Art 1 Rn 104; *Pieroth/Schlink* Grundrechte, 25. Aufl 2009, Rn 187; *Möllers* Staat als Argument, 2000, 331. Diff *Erichsen/Ebber* Jura 1999, 373, 376 ff.

[298] BVerwGE 112, 208, 211; ebenso Hess VGH NVwZ 2003, 874, 875. Offengelassen vom BGH NJW 2006, 1054 f → JK GG Art 8 I/21.

[299] *Ehlers* (Fn 12) 250; *ders* JZ 1990, 1089, 1096; *Erichsen* (Fn 269) 24 ff.

[300] Vgl die Nachw in Fn 297 u 298.

[301] Vgl zum Kartellrecht etwa §§ 63 IV, 74 GWB sowie zum Primärrechtsschutz gegen Auftragsvergaben ab Erreichen der gemeinschaftsrechtlich vorgegebenen Schwellenwerte (§ 100 GWB) §§ 116 III, 124 II GWB.

Zivilgerichte für die bürgerlich-rechtlichen Streitigkeiten (§ 13 GVG), die (allgemeinen) Verwaltungsgerichte für die öffentlich-rechtlichen Streitigkeiten (§ 40 VwGO) zuständig. Ob eine Streitigkeit dem bürgerlichen oder öffentlichen Recht unterfällt, beurteilt sich nach ständiger Rechtsprechung nach der *Rechtsnatur des Rechtsverhältnisses*, aus dem der Klageanspruch (bzw das sonstige Rechtsschutzbegehren) hergeleitet wird.[302] Das Rechtsverhältnis wird nicht nach der streitentscheidenden Norm, sondern dem „Basisrecht"[303] bestimmt. Abgestellt wird auf die Rechtsform des Verwaltungshandelns. Dementsprechend sollen die ordentlichen Gerichte im Rahmen ihrer Rechtswegzuständigkeit nach § 13 GVG über die öffentlich-rechtlichen Bindungen eines privatrechtlichen Verwaltungshandelns mit zu entscheiden haben.[304] ZB wird angenommen, dass für eine Klage auf Zugang zu der öffentlichen Einrichtung einer Gemeinde, die sich gegen eine mit dem Betrieb der Einrichtung beauftragte Eigengesellschaft richtet, der Rechtsweg zu den Verwaltungsgerichten selbst dann nicht gegeben ist, wenn sich der Kläger lediglich auf Grundrechtspositionen (Art 3 I GG) beruft. Zwar müsse die Eigengesellschaft in Einklang mit den Grundrechten geführt werden, die hieraus resultierende Grundrechtsbindung der Gesellschaft sei aber nicht rechtswegbestimmend.[305] Auch soll für Streitigkeiten über die Vergabe von öffentlichen Aufträgen mit einem Auftragswert unterhalb der Schwellenwerte wegen der privatrechtlichen Rechtsnatur der Vergabeverträge (Rn 48) nicht der Rechtsweg zu den Verwaltungsgerichten, sondern der ordentliche Rechtsweg gegeben sein, auch wenn nur über das Gleichbehandlungsgebot des Art 3 I GG (also eine Norm des öffentlichen Rechts) gestritten wird.[306] Die Rechtsprechung verfährt jedoch vielfach inkonsequent. So werden die Nutzungsverhältnisse der kommunalen öffentlichen Einrichtungen idR privatrechtlich ausgestaltet, weil sich die Kommunen bei der Teilnahme am Wirtschaftsleben überwiegend der privatrechtlichen Handlungsformen bedienen. Dennoch werden Streitigkeiten zwischen Einwohnern und einer Kommune über den Zugang zu einer kommunalen öffentlichen Einrichtung[307] oder zwischen den privaten Konkurrenten kommunalwirtschaftlicher Unternehmen und einer Kommune über die Zulässigkeit eines Marktzutritts der Kommune[308] als öffentlich-rechtliche Streitigkeiten angesehen. Statt auf das Basisrecht wird in solchen Fällen also doch auf die streitentscheidende (Bindungs-)Norm der privatrechtlich tätig werdenden Verwaltung abgestellt. Das erscheint nur folgerichtig, wenn das Rechtsverhältnis entweder iSd Zweistufenlehre (Rn 38 f) aufgespalten wird oder zwischen verschiedenen Rechtsverhältnissen (etwa dem privatrechtlichen Rechtsverhältnis zu den Leistungsempfängern und dem

302 ZB GmS-OGB BSGE 37, 292; GmS-OGB BGHZ 97, 312, 313 f; 102, 280, 283; 108, 284, 286; BVerwGE E 129, 9 ff → JK VwGO § 40 I/37. Krit *Pietzcker* Verw 30 (1997) 281, 285 ff.

303 Zum Ausdruck vgl *Pietzcker* NVwZ 1983, 121, 124.

304 BVerfG NJW 1992, 493 f; GmS-OGB 97, 312, 317; BVerwGE 84, 271 ff; BVerwG NVwZ 1991, 59; BGHZ 91, 84, 96 → JK Allg VwR VerwPrivR/1; OVG Berlin NJW 1991, 715, 716 → JK VwGO § 40 I/23; *Dickersbach* in: Stober (Hrsg), Rechtsschutz im Wirtschaftsverwaltungs- und Umweltrecht, 1993, § 1 V.

305 BVerwG NVwZ 1991, 59. Vgl a BVerwGE 35, 103, 106; BGHZ 91, 84, 96 f → JK Allg VwR VerwPrivR/1; BGHZ 93, 372, 381.

306 BVerwGE 129, 9 → JK VwGO § 40/37. Für den Verwaltungsrechtsweg OVG RP DVBl 2005, 988 f; *Puhl* VVDStRL 60 (2001), 456, 484; *Hermes* JZ 1997, 909, 915; *Huber* JZ 2000, 877, 882.

307 Vgl BVerwG NJW 1990, 134 f; *Schmidt-Aßmann/Röhl* in Schmidt-Aßmann/Schoch, Bes VwR, 1. Kap Rn 109.

308 Vgl zB OVG NRW DVBl 2003, 133 → JK GO NW § 107 I/2; DVBl 2004, 1500 → JK GO NW § 107 I 1/3; Hess VGH NVwZ 2003, 238 f.

öffentlich-rechtlichen Rechtsverhältnis zu den Konkurrenten) differenziert werden könnte und müsste.[309] Zu einer anderen Rechtswegbestimmung kommt man, wenn nur auf das Rechtsschutzbegehren und die hierfür maßgebliche streitentscheidende Norm (Regelung) abgestellt wird (wie dies die Literatur – vielfach ohne Problematisierung – tut).[310] Der Streit über die Anwendung und Auslegung einer das Privatrecht überlagernden öffentlich-rechtlichen Norm oder die Herleitung eines Anspruchs auf Abschluss eines privatrechtlichen Vertrages aus Art 3 I GG gehört dann vor die Verwaltungsgerichte. Kumulieren öffentlich-rechtliche und privatrechtliche Ansprüche (etwa Art 3 I GG einerseits und § 20 GWB oder § 826 BGB andererseits), hätte der Rechtsschutzsuchende die Möglichkeit, zwischen dem Verwaltungsrechtsweg und dem Rechtsweg zu den ordentlichen Gerichten zu wählen, wobei das angerufene Gericht gemäß §17 II 1 GVG den Rechtsstreit unter allen in Betracht kommenden rechtlichen Gesichtspunkten zu entscheiden hätte.

In jedem Falle muss der Rechtsschutz effektiv sein. Finden die Vergabevorschriften des GWB keine Anwendung (was auf mehr als 90% aller Auftragsvergaben zutrifft), wird der erfolglose Bewerber um einen öffentlichen Auftrag vor Erteilung des Zuschlags an den Konkurrenten idR nicht informiert. Etwaige Ansprüche auf Abschluss eines Vertrages gehen mit Erteilung des Zuschlags unter. Damit ist ein Primärrechtsschutz nicht gesichert. Das Bundesverfassungsgericht hat dies mit Hinweis darauf gebilligt, dass der nichtberücksichtigte Bieter Schadensersatz verlangen könne, wenn er der Meinung ist, in seinen Rechten verletzt zu sein.[311] Dies vermag indessen nicht zu überzeugen. Schadensersatzansprüche sind kaum jemals erfolgreich, insbesondere weil der Bieter nicht nachweisen kann, dass er den Zuschlag erhalten hätte. Soweit die Grundfreiheiten des Europäischen Unionsrechts einschlägig sind (was das Vorliegen eines grenzüberschreitenden Interesses voraussetzt), dürfte die Praxis in Deutschland auch mit dem Unionsrecht nicht vereinbar sein, weil dieses einen Anspruch auf effektiven Rechtsschutz garantiert und ein bloßer (noch dazu wenig Erfolg versprechender) Sekundärrechtsschutz nicht ausreicht.[312] **96**

V. Verwaltungsrechtswissenschaft

1. Grundlegung und Ausformung

Das neuzeitliche, am Rechtsstaatsprinzip orientierte Verwaltungsrecht geht einerseits vor allem auf die Mitte des 19. Jahrhunderts zunächst in Baden (1863), sodann in Preußen (1872/75) und in den anderen Ländern geschaffene *Verwaltungsgerichtsbarkeit,* andererseits ganz maßgeblich auf die *Verwaltungsrechtswissenschaft* zurück. Zu nennen sind insbesondere die Werke von *F. F. Mayer*[313], *Hue de Grais*[314], *O. v Sarwey*[315] **97**

[309] Vgl *Ehlers* in: ders/Schoch, Rechtsschutz, § 21 Rn 67.

[310] Vgl *Ehlers* in: Schoch/Schmidt-Aßmann/Pietzner, VwGO, § 40 Rn 205 ff; *U. Stelkens* (Fn 12), 1024 ff m w Nachw.

[311] BVerfGE 116, 135, 149 ff → JK GG Art 20 III/43.

[312] Näher dazu die Mitteilung der Kommission, ABl 2006 C/179/02 Rn 2.3.3.

[313] Grundsätze des Verwaltungsrechts mit besonderer Rücksicht auf gemeinsames deutsches Recht, 1862.

[314] Handbuch der Verfassung und Verwaltung in Preußen und dem Deutschen Reiche, 1882. Das Lehrbuch hat insges 25 Auflagen erlebt.

[315] Allgemeines Verwaltungsrecht, 1883.

und vor allem *Otto Mayer*[316]. Letzterer hat unter dem Einfluss des französischen Verwaltungsrechts erstmals ein geschlossenes System der allgemeinen Lehren des Verwaltungsrechts vorgelegt und hierbei viele Begriffe und Rechtsinstitute entwickelt, die heute nicht mehr aus dem Verwaltungsrecht hinweggedacht werden können. Dies gilt etwa für die Rechtsfigur des Verwaltungsaktes, der nach wie vor die wichtigste Handlungsform der staatlichen Verwaltung darstellt (→ § 21 Rn 2). Mayer bediente sich hierbei nicht der früher üblichen sog staatswissenschaftlichen, sondern der juristischen Methode. Ersterer ging es vornehmlich um die Beschreibung der verschiedenen Verwaltungszweige und der sich hierauf beziehenden rechtlichen Regelungen. Letztere versuchte die verschiedenartigen Erscheinungsformen des Verwaltungsrechts in einem dogmatischen System zu erfassen. An der juristischen Methode führt auch heute kein Weg vorbei. Freilich darf diese nicht zu einer Ausblendung der Verwaltungswirklichkeit und der auf dem Spiel stehenden Interessen führen. Um die weitere Ausformung der allgemeinen Lehren des Verwaltungsrechts haben sich dann vor allem *K. Kormann*[317], *J. Hatschek*[318], *F. Fleiner*[319], *A. Merkel*[320] und *W. Jellinek*[321] verdient gemacht.

98 Die ersten drei Jahrzehnte nach dem Zweiten Weltkrieg sind von zwei Verwaltungsrechtslehrbüchern geprägt worden[322]: nämlich denen von *E. Forsthoff*[323] und von *H. J. Wolff*[324]. Während es *Forsthoff* ua darum ging, die Leistungsverwaltung im Dienste der Daseinsvorsorge[325] (einem der Philosophie entlehnten Begriff) stärker herauszustellen, hat *Wolff* die Verwaltungsrechtswissenschaft „zu bisher höchster terminologischer und systematischer Prägnanz“ geführt.[326] Das Werk von *Wolff*, das von *Bachof/Stober/Kluth* fortgeführt wird,[327] ist weniger ein Lehr- als ein Handbuch bzw Nachschlagewerk.

99 Seit *Mitte der 70er Jahre* sind zahlreiche weitere Lehrbücher des allgemeinen Verwaltungsrechts vorgelegt worden.[328] Nach Kodifizierung des Verwaltungsverfahrens-

[316] Deutsches Verwaltungsrecht, 2 Bde, 1. Aufl 1895/96; 3. Aufl 1924. Vgl dazu *Heyen* Otto Mayer, Studien zu den geistigen Grundlagen seiner Verwaltungsrechtswissenschaft, 1981; *Hueber* Otto Mayer, Die „juristische Methode“ im Verwaltungsrecht, 1982.

[317] System der rechtsgeschäftlichen Staatsakte, 1910.

[318] Institution (später Lehrbuch) des deutschen und preußischen Verwaltungsrechts, 1. Aufl 1919, 7./8. Aufl 1931 mit Nachtrag 1932 (bearbeitet von *P. Kurtzig*).

[319] Institution des deutschen Verwaltungsrechts, 1. Aufl 1911, 8. Aufl 1928.

[320] Allgemeines Verwaltungsrecht, 1927.

[321] Verwaltungsrecht, 1. Aufl 1928; 3. Aufl 1948.

[322] Vgl aber auch *Hans Peters* Lehrbuch der Verwaltung, 1949.

[323] VwR, Bd 1, 1. Aufl 1950; 10. Aufl 1973.

[324] Verwaltungsrecht I, 1. Aufl 1952; Verwaltungsrecht II, 1. Aufl 1962; Verwaltungsrecht III, 1. Aufl 1966.

[325] Vgl bereits *Forsthoff* Die Verwaltung als Leistungsträger, 1938; *dens* Rechtsfragen der leistenden Verwaltung, 1959. Zum Begriff der Daseinsvorsorge vgl zB *Krajewski* VerwArch 99 (2008), 174 ff.

[326] So die zutreffende Einschätzung von *Achterberg* Allg VwR, § 2 Rn 70.

[327] *Wolff/Bachof* VwR I–III; *Wolff/Bachof/Stober/Kluth* VwR I–II.

[328] Kürzere Darstellungen stammen etwa von *Battis* Allg VwR; *Detterbeck* Allg VwR; *Driehaus/Pietzner* Einführung in das Allgemeine Verwaltungsrecht, 3. Aufl 1996; *Götz* Allg VwR; *Huber* Allg VwR; *Jachmann/Drüen* Allgemeines Verwaltungsrecht, 3. Aufl 2009; *Koch/Rubel/Heselhaus* Allg VwR; *Obermayer* Grundzüge des Verwaltungsrechts und Verwaltungsprozeßrechts, 3. Aufl 1988; *Peine* Allg VwR; *Püttner* Allg VwR; *Schmalz* Allg VwR; *W. Schmidt* Staats- und Verwaltungsrecht, 3. Aufl 1999; *Wittern* Grundriß des Verwaltungsrechts, 18. Aufl 1994. Umfangreicher gehalten sind die Werke von *Achterberg* Allg VwR, 1988; *Bull/Mehde* Allg VwR; *Faber* VwR; *Maurer* Allg VwR; *Wallerath* Allg VwR.

rechts in den Verwaltungsverfahrensgesetzen haben zudem die Kommentare zu den Verwaltungsverfahrensgesetzen erhebliche Bedeutung erlangt.[329]

2. Reform des Verwaltungsrechts und Neuausrichtung der Verwaltungsrechtsdogmatik

Die Forderung, das allgemeine Verwaltungsrecht müsse reformiert und den Gegenwartsaufgaben der Verwaltung angepasst werden, ist so alt wie das Verwaltungsrecht selbst. Die nunmehr mehr als 30 Jahre bestehenden Verwaltungsverfahrensgesetze des Bundes und der Länder sind zwar verschiedentlich geändert worden. Die Bedeutung dieser Änderungen hält sich aber in Grenzen. Im Wesentlichen ging es dem Gesetzgeber um Beschleunigung[330], die Nutzbarmachung der modernen Kommunikationstechniken[331] sowie die Anpassung an europäische Vorgaben[332]. In der Literatur wird demgegenüber seit geraumer Zeit eine grundsätzliche Reform des Verwaltungsrechts sowie auch und vor allem eine Neuorientierung der Verwaltungsrechtswissenschaft gefordert. So wird eine *Neue Verwaltungsrechtswissenschaft* propagiert, deren Kennzeichen die verhaltensbezogene Steuerungsperspektive im Gegensatz zu der als rechtsaktsbezogen beschriebenen Perspektive der klassischen juristischen Methode sein soll.[333] Statt von Steuerung wird zunehmend auch der – international gebräuchlich gewordene, aber vieldeutige und nicht juristische, sondern heuristische – Ausdruck *Governance* oder Good Governance verwendet.[334] Der Governance-Ansatz soll nicht nach Akteuren fragen, sondern nach Regelungsstrukturen, innerhalb derer verschiedene staatliche und nichtstaatliche Akteure auf unterschiedlichen Ebenen zur Regelung kollektiver Sachverhalte zusammenwirken.[335] Als Steuerungs- bzw Governance-Determinanten werden ua die Rechtsetzungsorientierung, Realbereichsananlyse, Wirkungs- und Folgenorientierung im Umgang mit dem Recht, Bereitschaft zur Intra-, Multi-, Trans- und Interdisziplinarität sowie das Arbeiten mit Schlüsselbegriffen, Leitbildern und Referenzgebieten ge- 100

[329] Vgl auch Bader/Ronellenfitsch (Hrsg), VwVfG, 2010; Fehling/Kastner/Wahrendorf, VerwR; Henneke/Knack, VwVfG; *Kopp/Ramsauer* VwVfG; Obermayer, VwVfG; Stelkens/Bonk/Sachs, VwVfG; *Ule Laubinger* VwVfR; *Wolff/Decker* Studienkommentar VwGO/VwVfG, 2. Aufl 2007; *Ziekow* Verwaltungsverfahrensgesetz, 2. Aufl 2009.

[330] Vgl BGBl I 1996, 1354; dazu *Schmitz/Wessendorf* NVwZ 1996, 955 ff.

[331] BGBl I 2002, 3322; dazu *Schmitz/Schlatmann* NVwZ 2002, 1281 ff.

[332] Vgl namentlich das 4. VwVfÄndG (BGBl 2008 I, 2418) und Art 4a des Gesetzes vom 17.7.2009 (BGBl I, 2091). Dazu *Schmitz/Prell* NVwZ 2009, 1 ff, 1121 ff.

[333] Die empfohlene Neuorientierung ist durch zehn von *Hoffmann-Riem/Schmidt-Aßmann* veranstalteten Tagungen vorbereitet worden (Veröffentlichung der Tagungsbände in der Schriftenreihe „Reform des Verwaltungsrechts", 1993–2004). Vgl nunmehr *Hoffmann-Riem/Schmidt-Aßmann/Voßkuhle*, Grundlagen I, II, III. Näher zum Ganzen *Appel/Eifert*, VVDStRL 67 (2008) 226 ff, 286 ff. Krit *Lepsius* Steuerungsdiskussion, Systemtheorie und Parlamentarismuskritik, 1999; *Schmidt* VerwArch 91 (2000) 149 ff (mit der Warnung vor verbalen Innovationen); *Wahl* Herausforderungen und Antworten: Das Öffentliche Recht der letzten fünf Jahrzehnte, 2006, 87 ff; *Schoch* DV 2007, Beiheft 7, 177, 203 ff; *Grzeszick* DV 42 (2009) 105 ff; *Rixen* DV 42 (2009) 309, 310 ff (neue Verwaltungsrechtswissenschaft zwischen theoriepolitischer Übersteuerung und empirischer Untersteuerung). Vgl ferner die Diskussion in VVDStRL 67 (2008) 334 ff.

[334] Vgl dazu zB *Franzius* VerwArch 97 (2006) 186 ff; *Schuppert* DV 40 (2007) 463 ff; *dens* AöR 133 (2008) 79, 100 ff.

[335] So *Appel* VVDStRL 67 (2008) 226, 245.

nannt.[336] Nach der hier vertretenen Ansicht widersprechen sich Verhaltenssteuerung und juristische Methode nicht. Vielmehr geht es um unterschiedliche Akzentuierungen und Ergänzungen der tradierten Verwaltungsrechtswissenschaft.[337] So hebt das für die Verwaltung maßgebliche Recht nicht nur auf das Entscheidungsergebnis im Einzelfall aus der gerichtlichen Kontrollperspektive, sondern auch auf den Entscheidungsprozess, den Gestaltungsauftrag der Verwaltung und die Wirkungen von Entscheidungen ab. Der soziale Kontext des Rechts, dh der rechtserheblich in Bezug genommene Sach- und Lebensbereich, muss stets mitberücksichtigt werden, weil er auf das Normprogramm und normgemäße Verhalten zurückwirkt (→ § 2 Rn 16). Jedoch ist weiterhin zwischen dem Recht und den außerrechtlichen Bestimmungsfaktoren des Verwaltungshandelns und damit zwischen der Rechtsdogmatik, den Nachbarwissenschaften und der Empirie zu unterscheiden.[338] Eine *völlige* Neuordnung des Verwaltungsrechts oder Neuorientierung der Verwaltungsrechtswissenschaft ist weder realistisch noch wünschenswert, zumal das deutsche Verwaltungsrecht den Vergleich mit dem Verwaltungsrecht anderer Rechtsordnungen nicht zu scheuen braucht. Wohl aber geht es darum, das Neue mit dem Bewährten zu verbinden. Traditio und innovatio sind daher gleichermaßen vonnöten. In diesem Sinne müssen und werden sich Verwaltungsrecht und Verwaltungsrechtswissenschaft ständig ändern.

101 Acht Punkte verdienen besondere Aufmerksamkeit. Zunächst muss berücksichtigt werden, dass das Verwaltungsrecht eine Doppelaufgabe zu erfüllen hat: nämlich der Verwaltung die effektive Wahrnehmung ihrer Aufgaben zu ermöglichen und den Bürger in seinen Rechten zu schützen.[339] Deshalb muss es zB das Bestreben des Verwaltungsrechts sein, Effizienz, Beschleunigung und Vereinfachung mit den rechtsstaatlichen Postulaten in ein ausgewogenes Verhältnis zu bringen (1). Ferner ist dem Verwaltungsverfahren (einschließlich des exekutiven Normsetzungsverfahrens → § 19 Rn 1 ff) mehr Beachtung zu schenken (2). Das Verwaltungsverfahren ist in Deutschland – etwa im Vergleich zu den Vereinigten Staaten (→ § 13 Rn 27) – unterentwickelt.[340] Neuere gesetzliche Bestimmungen wie die §§ 45 II, 46 VwVfG nF werten das Verwaltungsverfahren sogar weiter ab (→ § 13 Rn 8).[341] Auch im Europäischen Unionsrecht kommt dem Verwaltungsverfahren eine gewichtigere Rolle als im deutschen Recht zu, so dass die zuvor genannten Vorschriften im Falle der Durchführung von Unionsrecht teilweise nicht anwendbar sind (→ § 5 Rn 42, 46; § 14 Rn 62, 67). Soweit das in nationales Recht umgesetzte Unionsrecht eine bestimmte Verfahrensgestaltung vorschreibt, handelt es sich um bereichsspezifische Normierungen. Des Weiteren sind nur Teile des allgemeinen Verwaltungsrechts in

[336] *Voßkuhle* in: Hoffmann-Riem/Schmidt-Aßmann/ders, Grundlagen I, § 1 Rn 15 ff.

[337] So auch *Schoch* DV 2007, Beiheft 7, 177, 203.

[338] Für einen „Behavioral Law and Economics"-Ansatz zwar im Rahmen der Rechtsetzung, nicht aber der Rechtsanwendung *Eidenmüller* Effizienz als Rechtsprinzip, 2. Aufl 1998; *ders* JZ 2005, 216 ff (grdl krit *Rittner* JZ 2005, 668 ff). Krit zur unbedarften Heranziehung der Sozialwissenschaften im Recht *Naucke* Über die juristische Relevanz der Sozialwissenschaften, 1972; *Krebs* DV 1999, Beiheft 2, 127 ff; *Möllers* VerwArch 89 (1999) 187, 203 ff; *Lepsius* Besitz und Sachherrschaft im öffentlichen Recht, 2002, 398 ff.

[339] Vgl *Schmidt-Aßmann* Ordnungsidee, VII (Vorwort).

[340] Vgl *Ehlers* Jura 1996, 617 f.

[341] Zur Verfassungsmäßigkeit des § 45 II VwVfG vgl einerseits *Bracher* DVBl 1997, 534 ff; *Erbguth* UPR 2000, 81, 85 ff; andererseits *Schmidt-Wessendorf* NVwZ 1996, 955, 957. Siehe auch *Rennert* in: Eyermann, VwGO, § 114 Rn 84 ff. Allgemein zur Fehlerlehre im Verwaltungsrecht vgl *Hill* Das fehlerhafte Verfahren und seine Folgen im Verwaltungsrecht, 1986, 13 f, 301 ff; *Hufen* Fehler im Verwaltungsverfahren, 4. Aufl 2002, Rn 1 f.

den Verwaltungsverfahrensgesetzen kodifiziert worden. ZB gehört auch das Verwaltungsinformationsrecht und das für die Verwaltung geltende Datenschutzrecht zum allgemeinen Verwaltungsrecht. Wird an gesonderten Normierungen festgehalten, müssen diese miteinander verzahnt werden. Soweit (außenrechtswirksame) Regelungen des allgemeinen Verwaltungsrechts fehlen, wie dies etwa auf die unterschwelligen Auftragsvergaben zutrifft, sind diese zu schaffen (3). Zudem wäre viel gewonnen, wenn für einzelne Gebiete des besonderen Verwaltungsrechts (zB das Umweltrecht, Subventionsrecht usw) ein Ordnungsrahmen geschaffen wird, der die einzelnen Instrumente aufeinander abstimmt und nicht nur die Handlungsformen der Verwaltung, sondern auch die Vorwirkungen des Handelns, das Verwaltungsverfahren, den Vollzug und die Nachwirkungen in den Blick nimmt (→ § 1 Rn 62).[342] Neuartige verallgemeinerungsfähige Rechtsinstitute und Bewirkungsmodalitäten (→ § 1 Rn 61) könnten dann in das System des allgemeinen Verwaltungsrechts eingefügt werden (4).[343] Da sich die Verwaltung bei der Erfüllung von Staatsaufgaben immer häufiger der Hilfe Privater bedient (→ § 1 Rn 16 f) und sie andererseits zunehmend das Verhalten Privater zu überwachen oder iSd Erreichung gesetzlich vorgeschriebener Zustände zu regulieren hat (→ § 1 Rn 86 f), kommt sowohl der rechtlichen Strukturierung der Zusammenarbeit mit den Privaten als auch der Gewährleistungsverwaltung besondere Bedeutung zu (5). Sodann wird es darauf ankommen, die für das heutige Verwaltungsgeschehen prägenden komplexen Verwaltungsentscheidungen (zB Planfeststellungsbeschlüsse, umweltrechtliche Genehmigungen usw), die einen Ausgleich zwischen Gemeinwohlinteressen und den divergierenden Interessen einer Mehrzahl von Personen herzustellen haben, bestmöglich auszuformen und den jeweiligen Anforderungen der Zeit anzupassen (6).[344] Schließlich fordert die Internationalisierung (→ § 4) und Europäisierung (→ § 5) der nationalen Rechtsordnung auch das Verwaltungsrecht kontinuierlich heraus, selbst außerhalb der Reichweite verbindlicher Einwirkungen fremder Rechtsordnungen (7). Dies erfordert ua eine Rechtsvergleichung. Wissenschaftlich gesehen ist es unverzichtbar, den traditionellen kontinentaleuropäischen und deutschen rechtswissenschaftlichen Ansatz des Systemdenkens beizubehalten und nach Möglichkeit auf die Europäische Union zu übertragen (8). Die Feststellung und Mahnung von *Hans-Julius Wolff* „Rechtswissenschaft zumindest ist systematisch oder sie ist nicht"[345] hat nichts von ihrer Gültigkeit verloren. Soweit eine konturenlose Gesetzgebung eine Systembildung gefährdet, ist zumindest auf die Systembrüche hinzuweisen.

342 Vgl *Ehlers* DVBl 1986, 912, 914 ff. Im Sozialrecht ist dies mit der Schaffung eines Sozialgesetzbuches gelungen. Dagegen ist das seit langem verfolgte Vorhaben eines Umweltgesetzbuches bisher nicht in die Tat umgesetzt worden (vgl *Köck* ZUR 2009, 57). Zum Informationsgesetzbuch siehe → § 1 Rn 72.

343 Das besondere Verwaltungsrecht dient insoweit als „Referenzgebiet" des allgemeinen Verwaltungsrechts (vgl zu diesem Ausdruck erstmalig *Schmidt-Aßmann* in: Hoffmann-Riem/ders/Schuppert (Hrsg), Reform des Allgemeinen Verwaltungsrechts, 1993, 14, 26 ff. Zur Funktion des allgemeinen Verwaltungsrechts als Ordnungsidee vgl die gleichnamige Schrift von *Schmidt-Aßmann*, 2. Aufl 2006.

344 Vgl dazu etwa *Schmidt-Preuß* Kollidierende Privatinteressen im Verwaltungsrecht, 1992, 1 ff, 17 ff, 495 ff. Zur Flexibilisierung des Verwaltungsrechts durch Kompensationen vgl *Voßkuhle* Das Kompensationsprinzip, 1999.

345 *Wolff* Typen im Recht und in der Rechtswissenschaft, Studium Generale, Bd 5, 1952, 195, 205. Vgl dazu auch *Schmidt-Aßmann* in: Ehlers/Krebs (Hrsg), Grundfragen des Verwaltungsrechts und des Kommunalrechts, 2000, 1 ff. Krit zur Einschätzung der Verwaltungswissenschaft aber *Stolleis* in: Verein Deutscher Verwaltungsrichtertag (Hrsg), Dokumentation zum 14.Deutschen Verwaltungsrichtertag 2004, 33, 45 ff.

§ 4
Internationales Verwaltungsrecht

1 Die Globalisierung und Internationalisierung der Lebens- und Rechtsbeziehungen auf immer mehr Gebieten fordern nicht nur die Staaten, sondern auch die staatlichen Verwaltungen heraus. Diese haben es zunehmend mit *grenzüberschreitenden Sachverhalten* zu tun: zB mit einem grenzüberschreitenden Wirtschaftsverkehr, mit Umweltbelastungen, die nicht an der Grenze Halt machen, mit einem international agierenden Terrorismus oder mit weltweit nutzbaren Informations- und Kommunikationssystemen (Internet). Gefordert ist eine internationale Koordination und vielfach auch organisatorische Kooperation auf völkerrechtlicher Grundlage. Ferner muss das grenzüberschreitende nationale Verwaltungshandeln in geordnete rechtliche Bahnen gelenkt werden. Soweit der auf die Europäische Union bezogene europäische Rechtsraum berührt wird, hält das Europäische Unionsrecht einschlägige Regelungen bereit. Hierauf wird an späterer Stelle eingegangen (→ § 5). Im Übrigen verspricht man sich eine Lösung der Rechtsfragen von dem – erst noch zu entwickelnden – Internationalen Verwaltungsrecht.

2 Der *Begriff* des Internationalen Verwaltungsrechts wird sinnvariierend verwendet. Teils wird unter dem Begriff in Parallele zum Internationalen Privatrecht das nationale Kollisionsrecht öffentlich-rechtlicher Provenienz[1], teils das im Völkerrecht begründete Verwaltungsrecht[2], teils – ganz allgemein – das Recht der „die staatliche(n) Grenzen transzendierende(n) Aufgabenerledigung" der Verwaltung verstanden.[3]

I. Öffentliches Kollisionsrecht

3 Anders als das Internationale Privatrecht[4] verfügt das öffentliche Recht bisher nicht über ein Regelungswerk, das bei Sachverhalten mit einer Verbindung zum Recht eines ausländischen Staates darüber entscheidet, welche Rechtsordnung anzuwenden ist. Dies ist vor allem darauf zurückzuführen, dass das Privatrecht weltweit als prinzipiell gleichwertig angesehen wird[5], während für das öffentliche Recht eine solche Wertentscheidung bisher nicht getroffen worden ist.[6] Zudem geht es im öffentlichen Recht nicht nur um das Verhältnis zum Recht ausländischer Staaten, sondern auch zum Völkerrecht (und damit zugleich zum Recht supranationaler oder Internationaler Organisationen). Innerstaatlich gesehen entfaltet das Verfassungsrecht weitergehende Sperrwirkungen als im Privatrecht, weil es gerade auch der Disziplinierung der (eigenen)

[1] Grdl *Neumeyer* Internationales Verwaltungsrecht, Bd IV, 1936; vgl ferner *Kopp* DVBl 1967, 469 ff; *Hoffmann* in: v Münch (Hrsg), Besonderes Verwaltungsrecht, 7. Aufl 1985, 854, 863 ff; *Linke* Europäisches Internationales Verwaltungsrecht, 2002; *Ohler* Die Kollisionsordnung des Allgemeinen Verwaltungsrechts, 2005 (der nur von öffentlichem Kollisionsrecht spricht).

[2] ZB *Schmidt-Aßmann* Der Staat 2006, 315, 336; ausführlich zum einschlägigen Völkerrecht *Tietje* Internationalisiertes Verwaltungshandeln, 2001.

[3] *Ruffert* in: Möllers/Voßkuhle/Walter (Hrsg), Internationales Verwaltungsrecht, 2007, 395, 402.

[4] Vgl Art 3 I 1 EGBGB.

[5] Auch im Internationalen Privatrecht handelt es sich um eine Fiktion, die das theoretische Gerüst dieses Rechtsgebietes trägt, jedoch nicht belegt ist. Zum Ordre public-Vorbehalt des IPR vgl Art 6 EGBGB.

[6] Ohler (Fn 1) 90 ff, 132 f.

Staatsgewalt dient und zudem der öffentlich-rechtlichen Übertragung von Hoheitsgewalt auf nichtstaatliche Rechtsträger Grenzen setzt.

4 Überwiegend wird aus dem völkerrechtlichen Territorialitätsprinzip abgeleitet, dass es ein öffentliches Kollisionsrecht nicht gibt, jedenfalls wenn dieses nicht nur die Anwendung eigenen Rechts regelt (einseitiges Kollisionsrecht[7]), sondern eine Auswahl zwischen dem innerstaatlichen und ausländischen Sachrecht trifft.[8] Doch verbietet das Völkerrecht nicht, fremdes öffentliches Recht für anwendbar zu erklären[9] (wie auch das zahlreiche Kollisionsvorschriften enthaltende Europäische Unionsrecht zeigt[10]). Es steht nur der Vornahme von Hoheitsakten auf fremdem Staatsgebiet entgegen (keine jurisdiction to enforce), wenn nicht der fremde Souverän in die extraterritoriale Hoheitsausübung eingewilligt hat oder Gewohnheitsrecht das Handeln erlaubt.[11] Auch das Verfassungsrecht hindert den Gesetzgeber im Falle einer Beachtung der verfassungsrechtlichen Standards[12] nicht daran, (punktuell) auf fremdes Recht zu verweisen. Demgemäß ist es nicht ausgeschlossen, zB das Handeln grenzüberschreitend tätig werdender Zweckverbände[13], fremder Polizeikräfte[14] oder ausländischer Flugverkehrsbehörden[15] (nur oder jedenfalls auch) dem Recht eines anderen Staates zu unterstellen. Ferner achtet oder anerkennt das inländische Recht – idR auf der Grundlage gem Art 59 II GG in das innerstaatliche Recht überführter völkerrechtlicher Abkommen – im großen Ausmaße ausländische Verwaltungsentscheidungen (zB Fahrerlaubnisse oder Diplome).[16] Wenn und soweit nicht nur fremde Rechtstatsachen anerkannt werden[17] – Anknüpfung des innerstaatlichen Rechts an ausländische Sachverhalte oder ausländische Rechtslagen (zB im Falle der Feststellung einer Asylberechtigung, Berücksichtigung ausländischer Einkünfte bei der Entscheidung über die Gewährung von Sozialleistungen,

[7] Vgl zB § 130 II GWB.

[8] Vgl BGHZ 31, 367, 371; 64, 183, 189; *Vogel* Der räumliche Anwendungsbereich der Verwaltungsrechtsnorm, 1965, 237; *v Bar/Mankowski* Internationales Privatrecht, Bd 1, 2. Aufl 2003, 238 ff; *Kegel/Schurig* Internationales Privatrecht, 9. Aufl 2004, 36, 1092 ff; *Niedobitek* Das Recht der grenzüberschreitenden Verträge, 2001, 349 ff, 363 ff; *Classen* VVDStRL 67 (2008) 365, 395 f.

[9] Ausführlich zum mehrseitigen öffentlichen Kollisionsrecht *Kment* Grenzüberschreitendes Verwaltungshandeln, 2009, 211 ff (maschinenschriftlich); siehe ferner *Linke* (Fn 1) 103 ff.

[10] Zum europäisierten transnationalen Verwaltungsrecht vgl → § 5 Rn 50 f.

[11] Zur Immunität der Internationalen Organisationen und Staaten (grundsätzlich keine Unterwerfung unter eine fremde Gerichtsbarkeit im hoheitlichen Bereich) vgl *Herdegen* Völkerrecht, 8. Aufl 2009, §§ 10 Rn 21 f; 37.

[12] Vgl *Ohler* (Fn 1) 160 ff; *Kment* (Fn 9) 171 ff.

[13] Zur Möglichkeit, das Handeln dem Recht eines der beteiligten Staaten, aller beteiligten Staaten jeweils als einzelne, aller beteiligten Staaten zur gesamten Hand oder ausschließlich dem Vertragsrecht zu unterstellen, vgl *Ehlers* Verwaltung in Privatrechtsform, 1984, 347.

[14] Zum deutsch-schweizerischen Polizeivertrag, der das deutsche und schweizerische Recht für anwendbar erklärt (BGBl II, 946, 2001), vgl *Cremer* ZaöRV 60 (2000) 103 ff, 116 ff; zum Auslandseinsatz von Polizeivollzugsbeamten der Bundespolizei oder von Vollzugsbeamten anderer Staaten die §§ 8, 64 IV, 65 II BPolG.

[15] Vgl Art 87d I 2 GG („Aufgaben der Flugsicherung können auch durch ausländische Flugsicherungsorganisationen wahrgenommen werden, die nach Recht der Europäischen Gemeinschaft zugelassen sind").

[16] Vgl *Ohler* DVBl 2007, 1083, 1087; *Linke* (Fn 1) 49 ff, 69 ff (mit zahlr weiteren Beispielen); *Kment* (Fn 9) 466 ff.

[17] Dies dürfte außerhalb des Geltungsbereichs des europäischen Gemeinschaftsrechts zumeist der Fall sein. Vgl *Ohler* (Fn 1) 48, 54.

Berücksichtigung im Ausland gezahlter Steuern zwecks Vermeidung einer Doppelbesteuerung) –, sondern aus der ausländischen Verwaltungsentscheidung diejenigen rechtlichen Folgerungen abgeleitet werden, die ihr in der fremden Rechtsordnung zugedacht werden[18], wird damit mittelbar zugleich das ausländische Sachrecht übernommen.

5 Kollisionslagen ergeben sich, wenn deutsches Recht durch eine deutsche Behörde im Inland aufgrund eines Auslandssachverhaltes, ausländisches Recht durch eine deutsche Behörde im Inland, deutsches Recht durch eine deutsche Behörde im Ausland und ausländisches Recht durch eine ausländische Behörde im Inland vollzogen wird.[19]

6 Das öffentliche Kollisionsrecht ist staatliches Recht (im Gegensatz zum internationalen oder ausländischen), das dem innerstaatlichen Gesetzesvorbehalt oder (wie bei Auslandseinsätzen der Bundeswehr[20]) jedenfalls dem Erfordernis eines parlamentarischen Beschlusses unterliegt. An die gesetzliche Fundierung sind wegen der anderen Rechts- und Interessenlage strengere Anforderungen als im Internationalen Privatrecht zu stellen. Insbesondere muss die Anwendbarkeit fremden Rechts – durch eine deutsche oder gar ausländische Behörde – auf eine eindeutige gesetzliche Grundlage zurückgeführt werden können. Wird deutsches Recht im Ausland oder aufgrund eines Auslandssachverhaltes vollzogen, hängt das Erfordernis einer gesetzlichen Grundlage vor allem davon ab, ob in Grundrechte eingegriffen wird.

II. Völkerrechtlich begründetes Verwaltungsrecht

7 Wie sich aus den vorstehenden Ausführungen bereits ergibt, hat auch und gerade das Völkerrecht vermehrt mit verwaltungsrechtlichen Vorgängen zu tun. Zum einen geht es um das administrative Innenrecht der zahlreichen global oder teilweise auch regional tätig werdenden Internationalen Organisationen[21] sowie der netzwerkartig verbundenen zwischenstaatlichen Institutionen und Diskussionsforen[22] (zB um die internen Abstimmungsregularien oder die Personalverwaltung einschließlich der damit zusammenhängenden – häufig defizitären – Rechtsschutzprobleme). Des Weiteren erarbeiten diese Institutionen verwaltungsrechtliche Regelungswerke[23], betreiben Benchmarking[24] oder sprechen Empfehlungen aus. Darüber hinaus werden sie zT selbst rechtsetzend[25], streit-

[18] Vgl *Hoffmann* (Fn 1) 868 f.
[19] Vgl *Ohler* (Fn 1) 69 ff, 121 ff, 370.
[20] Vgl BVerfGE 90, 286, 381, 387 f; 118, 244, 255 → JK 2/08, GG Art 59 II/2.
[21] Zum ersteren vgl zB die Welthandelsorganisation (WTO, Sart II Nr 500), zum letzteren die Organisation für wirtschaftliche Zusammenarbeit und Entwicklung (OECD, Sart II Nr 70) oder Europol (Sart II Nr 300).
[22] ZB Baseler Ausschuss für Bankenaufsicht (näher hierzu sowie zu weiteren Behördenkooperationen *Möllers* ZaöRV 65 (2005), 351, 355 ff).
[23] So zB im Kyoto-Protokoll, in der Aarhus-Konvention, im Washingtoner Artenschutzabkommen, im Berner Abkommen über die Erhaltung der europäischen wild lebenden Pflanzen und Tiere und ihre natürlichen Lebensräume (vgl *Rossi* in: Möllers/Voßkuhle/Walter, (Hrsg), Internationales Verwaltungsrecht 2007, 165, 171). Zur internationalen Standardsetzung vgl *Röhl* in: Möllers/Voßkuhle/Walter, ebd, 319 ff.
[24] ZB die als PISA bezeichneten Tests der OECD im Schulbereich.
[25] Vgl zB Art 25 UN-Charta, 5 OECD; 21 WHO; 19 (5), (6) ILOC.

entscheidend[26] oder im Wege des Verwaltungsvollzugs[27] tätig. Beispielsweise hat der Sicherheitsrat der Vereinten Nationen von den nationalen Verwaltungen zu beachtende bzw umzusetzende sog smart sanctions gegen Personen verhängt, die als Terroristen eingestuft wurden.[28] Fallgestaltungen dieser Art werden als vertikale Internationalisierungen bezeichnet.[29] Schließlich arbeiten die nationalen Verwaltungen sehr häufig bi- oder multilateral zusammen, beispielsweise im Wege der grenzüberschreitenden Erledigung gemeinsamer Aufgaben (etwa im Rahmen der Finanzmarktaufsicht) oder der Amts- und Vollstreckungshilfe[30]. Insoweit lässt sich von horizontaler Internationalisierung sprechen.

III. Grenzüberschreitend bedeutsame Verwaltungstätigkeit

Stellt man nur auf die administrative Aufgabenerledigung ab, welche die staatlichen Grenzen überschreitet, kommt es nicht entscheidend auf die Rechtsordnung (Völkerrecht, Europäisches Gemeinschaftsrecht, nationales Recht) oder den handelnden Akteur (Internationale Organisation, Europäische Gemeinschaft, grenzüberschreitendes Behördennetzwerk, nationaler Verwaltungsträger) an. Grenzüberschreitende Bedeutung können auch die sich (primär) auf inländische Sachverhalte beziehenden, nur innerhalb der inländischen Grenzen geltenden Verwaltungsentscheidungen deutscher Behörden auf der Grundlage deutschen Rechts haben. Dies trifft namentlich auf das Umwelt- und Planungsrecht zu.[31] So berühren die atomrechtliche Genehmigung eines grenznah gelegenen inländischen Atomkraftwerkes und die (auch eine Planungsentscheidung darstellende) luftverkehrsrechtliche Konversionsgenehmigung eines grenznah gelegenen Flugplatzes neben den Inländern zugleich die im Ausland ansässigen ausländischen Personen. Eine drittschützende Wirkung der einschlägigen inländischen Vorschriften[32] kommt auch den ausländischen Personen zugute. Hieraus ergeben sich Beteiligungsrechte im Verwaltungsverfahren sowie Klagebefugnisse.[33] Entsprechende Rechtspositionen vermitteln den ausländischen Personen oder anerkannten ausländischen Vereinigungen auch viele andere Umwelt- und Planungsgesetze (wie vor allem 8

[26] Vgl das DSU der WTO (Sart II Nr 515). Zum Investitionsschutz vgl das (idR) zugrunde gelegte ICSID-Übereinkommen (Sart II Nr 475). Näher dazu *Tietje* in: Ehlers/Schoch, Rechtsschutz, §§ 3, 4. Ferner *Weiß* in: Herrmann/Weiß/Ohler, Welthandelsrecht, 2. Aufl. 2007, § 10; *Weiss* u *Reinisch* in: Tietje (Hrsg), Internationales Wirtschaftsrecht, 2009, §§ 17, 18; Ehlers/Wolffgang/Schröder (Hrsg), Rechtsfragen internationaler Investitionen, 2009, 171 ff.

[27] ZB Übernahme der Verwaltung eines Staates durch die UNO (Bosnien, Kosovo); Vergabe von Krediten durch die Weltbank oder den internationalen Währungsfonds; Impfaktionen durch die WHO; Verwaltung durch die Rheinschifffahrtskommission; Aufteilung von Funkfrequenzen durch die internationale Fernmeldeunion; Abrüstungsinspektionen; Personalverwaltung der eigenen Organisation. Vgl zu diesen und weiteren Beispielen *Classen* VVDStRL (Fn 8) 365, 369 ff.

[28] Zum Rechtsschutz vgl EuGH DVBl 2009, 175 → JK 6/09, EGV Art 301/1.

[29] *Classen* VVDStRL (Fn 8) 365, 368.

[30] *Classen* VVDStRL (Fn 8) 365, 398 ff.

[31] Vgl zum Ganzen auch *Kment* (Fn 9) 279 ff.

[32] §§ 7 II AtG; 8 V 1 iVm 6 IV 2 LuftVG. Drittschützende Wirkung hat insbesondere das fachplanerische Abwägungsgebot. Vgl BVerwGE 67, 74 f; 72, 15, 24; 74, 109 f.

[33] Vgl BVerwGE 75, 285 ff; BVerwG DVBl 2009, 315 ff.

das Umwelt-Rechtsbehelfsgesetz[34]). Ferner können sich aus den deutschen Grundrechten Beteiligungsrechte und eine Klagebefugnis ergeben. Die Erweiterung korreliert mit einer entsprechenden Ausdehnung des Anwendungsbereichs nationaler Präklusionsvorschriften.[35]

IV. Fortentwicklung des Internationalen Verwaltungsrechts

9 Völkerrecht und nationales Recht müssen – ebenso wie das Europäische Unionsrecht – bestrebt sein, einen stärker konturierten Ordnungsrahmen für die internationale und grenzüberschreitende nationale Verwaltungstätigkeit einschließlich des damit zusammenhängenden Kollisionsrechts zu entwickeln. Hierfür bedarf es der Ausarbeitung allgemeiner Lehren in Rechtsprechung und Wissenschaft, an denen sich die internationalen Gremien und nationalen Gesetzgeber orientieren können. So ist insbesondere das völkerrechtliche Aktionsrecht der internationalen Verwaltungsinstanzen, das Determinationsrecht für die nationalen Verwaltungsrechtsordnungen sowie das vertikale und horizontale Kooperationsrecht der Verwaltung weiter zu entfalten und zu systematisieren.[36] Soweit das nationale Recht berührt wird, empfiehlt es sich, mehrgleisig vorzugehen: nämlich völkerrechtlich tragfähige Lösungen erstens für die grenzüberschreitende organisatorische Zusammenarbeit, zweitens für die grenzüberschreitenden Handlungsinstrumente[37] der Verwaltung (also die administrative Rechtsetzung, den Verwaltungsakt[38], den öffentlich-rechtlichen Vertrag und die Verwaltungsrealakte[39]) sowie drittens für bereichsspezifische Rechtsgebiete (etwas das Umwelt- und Planungsrecht) zu entwerfen. Hierbei sind die völker- und verfassungsrechtlichen Grenzen zu beachten. Insbesondere müssen die Verantwortlichkeit klargestellt und die rechtsstaatlichen Standards (einschließlich des Rechtsschutzes) gewahrt werden.

§ 5
Europäisches Recht und Verwaltungsrecht

1 Das in Deutschland geltende Recht wird in einem immer stärkeren Ausmaße vom Europäischen Unionsrecht beeinflusst. Das gilt auch und gerade für das Verwaltungsrecht. Wegen der vielfältigen Verzahnungen im Unionsraum ist nicht nur das Unionsrecht als solches, sondern auch seine Umsetzung sowie die Vollziehung durch die Europäische Union und die Mitgliedstaaten in den Blick zu nehmen. Zunächst wird auf die Rechtsetzung (I.) und die Handlungsformen (II.) der Europäischen Union und die Umsetzung

[34] Gesetz v 7.12.2006, BGBl I, 2816.

[35] Vgl *Kment* (Fn 9) 429 ff.

[36] Vgl *Schmidt-Aßmann* (Fn 2) 315, 336 f; *Biaggini* VVDStRL 67 (2008), 413, 427 ff, 437 ff (mit Anleihen an das Bundesstaatsrecht und das Europäische Gemeinschaftsrecht für eine Theoriebildung plädierend).

[37] In diesem Sinne aus neuerer Zeit *Kment* (Fn 9) 466 ff.

[38] Zur Bekanntgabe inländischer Verwaltungsakte im Ausland vgl *Ohler* DÖV 2009, 93 ff.

[39] ZB Übermittlung von Daten in das Ausland, Empfang von Daten aus dem Ausland, Datengewinnung im Ausland. Vgl *Kment* (Fn 9) 557 ff.

des Unionsrechts (III.) eingegangen. Sodann soll das Augenmerk auf das System seiner Vollziehung (IV.), die Vollziehung durch die Europäische Union (V.) sowie durch die Mitgliedstaaten (VI.), die Erscheinungsformen der Verwaltungskooperation (VII.) und die Vollziehung durch Private (VIII.) geworfen werden. Abschließend wird kurz zum Rechtsschutz (IX.) Stellung genommen.

I. Rechtsetzung der Europäischen Union

1. Zuständigkeiten der Europäischen Union

Die Europäische Union verfügt nur über diejenigen Kompetenzen, die ihr übertragen worden sind. Es gilt somit das *Prinzip der begrenzten Einzelermächtigung* (vgl Art 5 I 1, II EUV).[1] Dies schließt ebenso wie im nationalen (→ § 6 Rn 11) und US-amerikanischen Recht[2] die Annahme einer „implied power" nicht aus. Doch handelt es sich dann in Wahrheit nicht um eine ungeschriebene, sondern um eine im Wege der Auslegung der Kompetenznorm zu ermittelnde stillschweigend mitgeschriebene Zuständigkeit. So hat der EuGH in Bereichen, in denen die Europäische Union innergemeinschaftliche Maßnahmen erlassen darf, auf eine Kompetenz auch für die Gestaltung der Außenbeziehungen geschlossen.[3] Erscheint ein Tätigwerden der Union erforderlich, um im Rahmen der in den Verträgen festgelegten Politikbereiche eines der Ziele der Verträge zu verwirklichen, und sind in den Verträgen die hierfür erforderlichen Befugnisse nicht vorgesehen, darf der Rat nach der Vertragsabrundungskompetenz des Art 352 I 1 AEUV einstimmig geeignete Vorschriften erlassen. Der Rückgriff auf Art 352 AEUV ist gegenüber anderen Ermächtigungsgrundlagen subsidiär. Dies wird vom EuGH streng überprüft.[4] Nach der Rechtsprechung des Bundesverfassungsgerichts darf die Auslegung des Art 352 AEUV im Ergebnis nicht einer Vertragserweiterung gleichkommen, wenn das erlassene Recht Bindungswirkungen in Deutschland entfalten soll.[5] Außerdem hängt die Zustimmung des deutschen Vertreters im Rat von einem vorherigen Bundesgesetz mit Zustimmung des Bunderates ab.[6] 2

2. Arten der Zuständigkeiten

Ihrer Art nach lässt sich zwischen ausschließlichen Zuständigkeiten der Europäischen Union und Zuständigkeiten unterscheiden, die zwischen der Europäischen Union und den Mitgliedstaaten geteilt sind (konkurrierende Zuständigkeiten, vgl auch → § 2 Rn 112). Eine *ausschließliche Zuständigkeit* hat die Europäische Union für die Zoll- 3

[1] Weit ausgelegt wird insbesondere die Rechtsangleichungsvorschrift des Art 114 AEUV. Vgl zur Vorläuferbestimmung des Art 95 EGV EuGH Slg 2006, I-11573 – Deutschland/Europäisches Parlament und Rat (Tabakwerbung II) → JK EGV Art 95/4.

[2] Vgl US Supreme Court McCulloch vs Maryland, 17 U.S. (4 Wheat.) 316, 4 L. Ed. 579 (1819).

[3] EuGH Slg 1971, 263 Rn 15 ff – AETR. Krit dazu *Mittmann* Die Rechtsfortbildung durch den Gerichtshof der Europäischen Gemeinschaften und die Rechtsstellung der Mitgliedstaaten der Europäischen Union, 2000, 13 ff. Vgl nunmehr aber den im Vergleich zu Art 133 EGV weiteren Anwendungsbereich des Art 207 AEUV.

[4] EuGH Slg 1987, 1493 Rn 13 ff – APS.

[5] Vgl bereits BVerfGE 89, 155, 210 (zur Vorläuferbestimmung des Art 308 EG).

[6] BVerfG NJW 2009, 2267 – das BVerfG bezieht sich einerseits auf Art 23 I 2 u 3 GG (Rn 328), andererseits nur auf Art 23 I 2 GG (Rn 417).

union, die Festlegung der für das Funktionieren des Binnenmarktes erforderlichen Wettbewerbsregeln, die Währungspolitik für die Mitgliedstaaten, deren Währung der Euro ist, die Erhaltung der biologischen Meeresschätze im Rahmen der gemeinsamen Fischereipolitik und die gemeinsame Handelspolitik. Ferner wird die Europäische Union als ausschließlich zuständig für den Abschluss internationaler Übereinkünfte angesehen, wenn der Abschluss in einem Gesetzgebungsakt der Union vorgesehen ist, wenn er notwendig ist, damit die Europäische Union ihre interne Zuständigkeit ausüben kann, oder soweit er gemeinsame Regeln beeinträchtigen oder deren Tragweise verändern könnte.[7] *IdR* sind die Zuständigkeiten zwischen der Europäischen Union und den Mitgliedstaaten *geteilt*. Für die Kompetenzverteilung kommt es dann darauf an, ob die Europäische Union durch Setzung von unmittelbar geltendem Recht von ihrer Kompetenz abschließend Gebrauch gemacht hat. In dem Umfang, in dem dies geschehen ist, tritt eine Kompetenzsperre ein. Zum Beispiel ist es den nationalen Rechtsetzungsorganen verwehrt, die Regelung einer EU-Verordnung nochmals inhaltsgleich als verbindliches nationales Recht zu erlassen.[8] Zulässig sein können dagegen deklaratorische Vorschriften, dh Normen, die selbst keinen Regelungscharakter haben, sondern nur zur besseren Verständlichkeit auf das Unionsrecht hinweisen (→ § 2 Rn 94). So werden vor allem im Außenwirtschaftsrecht EU-Verordnungen vielfach zum Gegenstand gleichlautender deutscher Rechtsakte gemacht, weil hieran nationale Strafvorschriften anknüpfen. Auch als deklaratorische Bestimmungen dürfen die nationalen Rechtsakte nicht den Unionscharakter der zugrunde liegenden Unionsregelungen verschleiern und die einheitliche Anwendung des Unionsrechts gefährden.

3. Kompetenzausübungsschranken

4 Bei der Ausübung ihrer Kompetenzen müssen die Organe der Europäischen Union neben der Achtung der nationalen Identität der Mitgliedstaaten (Art 4 II EUV) und des Grundsatzes der loyalen Zusammenarbeit (Art 4 III EUV) das Subsidiaritätsprinzip (Art 5 III EUV) und den Verhältnismäßigkeitsgrundsatz (Art 5 IV EUV) beachten. Nach dem *Subsidiaritätsprinzip* darf die Union in Bereichen, die nicht in ihre ausschließliche Zuständigkeit fallen (Rn 3), nur tätig werden, sofern und soweit die Ziele der in Betracht gezogenen Maßnahmen von den Mitgliedstaaten weder auf zentraler noch auf regionaler oder lokaler Ebene ausreichend verwirklicht werden können. Zum einen ist zu prüfen, ob bereits die Mitgliedstaaten die Ziele der beabsichtigten Unionsmaßnahmen ausreichend verwirklichen können (Effizienztest), und zum anderen muss sich nachweisen lassen, dass das Unionshandeln einen Mehrwert mit sich bringt.[9] Die Vereinbarkeit mit dem Subsidiaritätsprinzip unterfällt der Begründungspflicht für Rechtsakte (Art 296 II AEUV), wobei nach der Rechtsprechung eine ausdrückliche Erwähnung des Subsidiaritätsprinzips in der Begründung einer Richtlinie nicht notwendig ist, wenn sich aus den Begründungserwägungen ergibt, dass der Unionsgesetzgeber der Auffassung war, das mit seinem Tätigwerden verfolgte Ziel könne wegen der Dimension der vorgesehenen Maßnahme besser auf Unionsebene verwirklicht werden.[10] Die

[7] Vgl Art 3 AEUV.
[8] Zu den Rechtsfolgen vgl → § 2 Rn 99 ff.
[9] Näher zum Ganzen *Calliess* Subsidiaritäts- und Solidaritätsprinzip in der Europäischen Union, 2. Aufl 1999, 104 ff; *Oppermann/Classen/Nettesheim* EuR § 12 Rn 25.
[10] EuGH Slg 1997, I-2405, Rn 26 f – Deutschland/Europäisches Parlament und Rat.

Wahrung des im Unionsrecht seit langem in Gestalt eines allgemeinen Rechtsgrundsatzes anerkannten *Prinzips der Verhältnismäßigkeit*[11] ist nach Art 5 IV EUV auch kompetenzielle Voraussetzung dafür, dass die Union überhaupt handeln darf. Obwohl ausdrücklich nur die Erforderlichkeit der Unionsmaßnahmen erwähnt wird, müssen die Maßnahmen auch geeignet und angemessen sein. Verstöße gegen das Subsidiaritäts- und Verhältnismäßigkeitsprinzip führen zur Ungültigkeit des (sekundären) Unionsrechts. Soweit ersichtlich hat die Rechtsprechung solche Verstöße bisher aber kaum festgestellt (wohl aber Begründungsdefizite). Um die Anwendung der Grundsätze der Subsidiarität und der Verhältnismäßigkeit praktikabel auszugestalten, enthält der Vertrag von Lissabon ein Protokoll (Nr 2) über die Rechtfertigungslast der Europäischen Union.

4. Organzuständigkeiten und Formen des Rechtsetzungsverfahrens

Hauptrechtsetzungsorgan der Europäischen Union ist der *Rat*, der sich aus je einem 5
Vertreter jedes Mitgliedstaates auf Ministerebene zusammensetzt (Art 16 EUV; 237 AEUV).[12] Der Rat entscheidet entweder mit einfacher Mehrheit (Art 238 AEUV), qualifizierter Mehrheit (Art 16 III–V EUV) oder einstimmig (zB Art 113, 352 AEUV).[13] In der Regel bedarf es einer qualifizierten Mehrheit. Entscheidet der Rat auf Vorschlag der Kommission, muss dann ab dem 1.11.2014 grundsätzlich eine Mehrheit von mindestens 55% der Mitglieder des Rates zusammenkommen, gebildet aus mindestens 15 Mitgliedern, sofern die von diesen vertretenen Mitgliedstaaten zusammen zumindest 65% der Bevölkerung der Union ausmachen.[14]

Von Ausnahmefällen abgesehen darf der Rat nur auf Vorschlag der *Kommission* 6
Rechtsakte erlassen (Art 17 II EUV; 244 AEUV). Bleibt die Kommission untätig, kann der Rat sie zum Handeln auffordern (Art 241 AEUV) und gegebenenfalls Untätigkeitsklage erheben (Art 265 AEUV). Darüber hinaus hat die Kommission in einigen Bereichen eigenständige Rechtsetzungskompetenzen (vgl zB Art 106 III AEUV). Vor allem aber kann der Rat der Kommission in den von ihm beschlossenen Gesetzgebungsakten die Befugnis übertragen, Rechtsakte ohne Gesetzescharakter mit allgemeiner Geltung zur Ergänzung und Änderung bestimmter, nicht wesentlicher Vorschriften des betreffenden Gesetzgebungsaktes zu erlassen (*delegierte Rechtsakte* – Art 290 I AEUV). Soweit es unionsweiter einheitlicher Durchführungsregeln bedarf, kann die Kommission gem Art 291 II AEUV (oder ausnahmsweise der Rat) ermächtigt werden, die notwendigen *Durchführungsrechtsakte* zu erlassen. Die Kontrolle der Wahrnehmung der Durchführungsbefugnisse obliegt nach Festlegung der Kontrollmodalitäten durch das Europäische Parlament und den Rat den Mitgliedstaaten (Art 291 III AEUV). Für diese Art

[11] Vgl *Pache* NVwZ 1999, 1033 ff; *Schwab* Der Europäische Gerichtshof und der Verhältnismäßigkeitsgrundsatz, 2001; *v Danwitz* EWS 2003, 393 ff; *Koch* Der Grundsatz der Verhältnismäßigkeit in der Rechtsprechung des Gerichtshofs der Europäischen Gemeinschaften, 2003, 39 ff.

[12] UU kann es sich um Landesminister handeln. In der Praxis werden auch Staatssekretäre des Bundes zugelassen.

[13] Ausf zur europäischen Rechtsetzung (allerdings noch auf der Grundlage des alten Rechts sowie des nicht in Kraft getretenen Vertrages über eine Verfassung für Europa) *Härtel* Handbuch europäische Rechtsetzung, 2006.

[14] Vgl Art 16 IV 1 EUV iVm Art 238 II, III AEUV. Für die Übergangszeit bis zum 31.10.2014 vgl Art 16 V EUV iVm dem Protokoll über die Übergangsbestimmungen.

der Rechtsetzung hat der Rat schon in seinem Komitologiebeschluss v 28.6.1999[15] bestimmte Verfahrensmodalitäten vorgesehen, insbesondere die Einschaltung von Ausschüssen (Rn 37). Hieran dürfte auch in Zukunft festgehalten werden. Doch bedarf es eines neuen Komitologiebeschlusses. Dieser müsste berücksichtigen, dass nur die Modalitäten für die Kontrolle der Mitgliedstaaten geregelt werden dürfen.[16] Während für die delegierten Rechtsakte Ziele, Inhalt, Geltungsbereich und Dauer der Befugnisübertragung in dem Gesetzgebungsakt ausdrücklich festgelegt werden müssen (Art 290 I 2 AEUV), ist für die Durchführungsrechtsakte ein entsprechendes Bestimmtheitsgebot nicht vorgesehen.[17]

7 Eine große Bedeutung im Rechtsetzungsverfahren kommt heute ferner dem Europäischen *Parlament* (Art 14 EUV; 223 AEUV) zu, auch wenn es sich bei diesem wegen des Fehlens einer alleinigen positiven Letztentscheidungsmöglichkeit noch nicht um ein Legislativorgan im üblichen Sinne handelt. Falls nicht ein bloßes Anhörungsverfahren (zB Art 128 II, 188 AEUV), ein besonderes Gesetzgebungsverfahren (Art 289 II AEUV) oder ein Zustimmungsverfahren (zB Art 19 I, 352 I AEUV) vorgesehen ist, wird das Parlament im Mitentscheidungsverfahren (Art 294 AEUV) beteiligt. Gesetze (Verordnungen, Richtlinien, Beschlüsse) kommen dann im Falle der Einigung von Rat und Parlament zustande. Bei Divergenz ist ein Vermittlungsverfahren mit einem paritätisch von Rat und Parlament besetzten Vermittlungsausschuss vorgesehen (Art 294 X–XII AEUV).

5. Mitwirkung der Mitgliedstaaten an der Setzung des Unionsrechts

8 Über ihre Vertretung im Rat sind die Mitgliedstaaten an der Setzung des Unionsrechts beteiligt. Die Mitwirkung des nationalen Vertreters ist auch Ausübung nationaler Staatsgewalt.[18] Die deutschen Ratsvertreter sind im Rahmen ihrer Einflussmöglichkeiten verpflichtet, auf eine den Anforderungen des *Art 23* I *GG* genügende Beschlussfassung des Rates hinzuwirken. Diese Verpflichtung ist auch justitiabel.[19] Eine strikte Bindung an alle Bestimmungen des Grundgesetzes ergibt sich daraus aber nicht. So sollen nur bestimmte Grundsätze gewahrt und ein lediglich „im Wesentlichen" mit dem Grundgesetz vergleichbarer Grundrechtsschutz gewährleistet werden. Zudem ist der nationale Vertreter im Rat nicht nur Repräsentant der nationalen Staatsgewalt, sondern zugleich Organwalter eines europäischen Organs. Dies verpflichtet ihn im besonderen Maße zu der nach Art 4 III EUV gebotenen konstruktiven Zusammenarbeit und zur

15 Sart II Nr 236, vgl dazu *Falke* in: Joerges/ders (Hrsg), Das Ausschußwesen der Europäischen Union, 2000, 101 ff.

16 Nach *Biervert* in: Schwarze, EU-Kommentar, Art 249 EGV Rn 48, steht ein Verfahren, bei dem der Kommissionsvorschlag an den Rat zurückkehrt, nicht im Einklang mit Art 291 III AEUV. Dieser Auffassung ist indessen nicht zu folgen, da Parlament und Rat die Wahrnehmung der Durchführungsbefugnisse regeln dürfen.

17 Zur Abgrenzung der Gesetzgebungsbefugnisse von Rat und Parlament gegenüber den Durchführungsbefugnissen der Kommission vgl auch bereits EuGH Slg 2005, I-10553 – Vereinigtes Königreich/Europäisches Parlament und Rat.

18 Vgl *Streinz* Bundesverfassungsgerichtliche Kontrolle über die deutsche Mitwirkung am Entscheidungsprozess im Rat der Europäischen Gemeinschaften, 1990, 23f; *Huber* Recht der Europäischen Integration, 2. Aufl 2002, 183 Rn 50; *Herdegen* EuR, § 8 Rn 34. AA *Nikolaysen* Europarecht I, 1991, 82.

19 Vgl BVerfGE 92, 203, 227; BVerfG NJW 2009, 2267 ff, insb Rn 406 ff.

Rücksichtnahme auf die Belange der Union.[20] Sofern die Verwirklichung der Ziele der Union dies zwingend verlangt und der „Tabubereich“[21] des Art 79 III GG nicht erreicht wird, darf daher auch der deutsche Vertreter im Rat unionsrechtlichen Akten zustimmen, die inhaltlich vom Grundgesetz abweichen.[22] Dies gilt aber nicht uneingeschränkt. Wie das Bundesverfassungsgericht in seinem Lissabon-Urteil entschieden hat, kommt neben dem deutschen Vertreter im Europäischen Rat (Art 15 EUV) bzw Rat auch den gesetzgebenden deutschen Körperschaften eine besondere Integrationsverantwortung zu.[23] Daher darf der deutsche Vertreter zum Beispiel vereinfachten Vertragsänderungen (Art 48 VI UA 2, 3 EUV), Beschlussvorschlägen aufgrund der allgemeinen Brückenklausel (Art 48 VII EUV), besonderen Vertragsänderungen (zB Art 218 VIII UA 2 S 2 AEUV), Beschlussvorschlägen bei sogenannten Brückenklauseln (zB Art 31 III EUV, 81 III UA 2, 153 II UA 4, 312 II UA 2 AEUV), Kompetenzerweiterungsklauseln (zB Art 83 I UA 3 AEUV) oder der Anwendung der Flexibilitätsklausel (Art 352 AEUV) nur zustimmen oder sich bei einer Beschlussfassung enthalten, wenn der Bundestag, gegebenenfalls auch der Bundesrat, hierzu einen Beschluss gefasst haben respektive ein Gesetz in Kraft getreten ist. Das Nähere bestimmt sich nach dem Integrationsverantwortungsgesetz.[24]

Um eine Beteiligung der *Bundesländer* an der Setzung von Rechtsakten der Europäischen Union zu sichern, schreibt Art 23 II bis V GG iVm dem Gesetz über die Zusammenarbeit von Bund und Ländern in Angelegenheiten der Europäischen Union vor, dass neben dem Bundestag auch der Bundesrat an der Willensbildung des Bundes zu beteiligen ist.[25] Wenn im Schwerpunkt Gesetzgebungsbefugnisse der Länder, die Einrichtung ihrer Behörden oder ihre Verwaltungsverfahren betroffen sind, ist bei der Willensbildung des Bundes die Auffassung des Bundesrates[26] maßgeblich zu berücksichtigen (Art 23 V 2 GG).[27] Stimmt die Auffassung der Bundesregierung nicht mit der Stellungnahme des Bundesrates überein, ist ein Einvernehmen anzustreben. Kommt dieses nicht zustande und bestätigt der Bundesrat seine Auffassung mit einem mit zwei Dritteln seiner Stimmen gefassten Beschluss, ist die Auffassung des Bundesrates maßgebend.[28] Sind im Schwerpunkt ausschließliche Gesetzgebungsbefugnisse der Länder auf den genannten Gebieten betroffen, wird die Wahrnehmung der Rechte, die der Bundesrepublik Deutschland als Mitgliedstaat der Europäischen Union zustehen, vom Bund auf einen vom Bundesrat benannten Vertreter der Länder übertragen (Art 23 VI 1 GG). Die genannten Regelungen, die eine „Mischverwaltung in auswärtigen Angelegenheiten“ einführen,[29] werfen zahlreiche Zweifelsfragen auf. Zum Beispiel lässt sich darüber streiten, ob die Gewichte von Bundestag und Bundesrat richtig verteilt sind.[30] Auch ist 9

[20] Vgl *Ehlers* in: Erichsen (Hrsg), Steuerung kommunaler Aufgabenerfüllung durch das Gemeinschaftsrecht, 1999, 21 ff.

[21] *Herdegen* EuR, § 8 Rn 38.

[22] Vgl auch BVerfGE 92, 203, 236.

[23] BVerfG NJW 2009, 2267 ff.

[24] BGBl 2009 I, 3022, geändert durch Gesetz v 1.12.2009 (BGBl 2009 I, 3822).

[25] BGBl 1993 I, 311, 313.

[26] Statt des Bundesrates kann die Europakammer entscheiden. Vgl Art 52 IIIa GG.

[27] S BVerfGE 92, 203 ff.

[28] § 5 II 3–5 Gesetz über die Zusammenarbeit von Bund und Ländern in Angelegenheiten der Europäischen Union.

[29] *Herdegen* EuGRZ 1992, 589 ff.

[30] *Di Fabio* Staat 32 (1993) 191, 209 f; aA *Hilf* VVDStRL 53 (1994) 7, 19.

es nicht unbedenklich, ein Bundesorgan (Bundesrat) zum Treuhänder der Länder zu machen, zumal die Landesparlamente dadurch ausgeschlossen werden.[31] Das Letztentscheidungsrecht des Bundesrates in den Fällen der schwerpunktmäßigen Betroffenheit von Gesetzgebungsbefugnissen erschwert die Kompromissfindung im Ministerrat und steht damit in einem Spannungsverhältnis zu Art 4 III EUV.[32] Ferner wirft die Vertretung des Bundes im Ministerrat durch einen Repräsentanten der Länder die Frage auf, wie die gesamtstaatliche Verantwortung des Bundes (Art 23 VI 2 2. Hs GG) realisiert werden kann.

II. Handlungsformen der Europäischen Union

10 Welcher Handlungsformen sich die Europäische Union bedienen darf, beurteilt sich hauptsächlich nach *Art 288 AEUV*. Daneben werden in einem gewissen Ausmaß aber auch sonstige (*ungekennzeichnete*) *Handlungsformen* anerkannt, die sich teils aus anderweitigen Vertragsbestimmungen, teils aus der Unionspraxis ergeben. Im letzteren Fall kommt Gewohnheitsrecht als Rechtsquelle in Betracht. Inhaltlich lässt sich ebenso wie im deutschen Recht (→ § 1 Rn 61) danach unterscheiden, ob die Handlungen Regelungsakte oder Realakte (Tathandlungen) sind. Die Regelungsakte (Verordnungen, Richtlinien und Beschlüsse) müssen mit Gründen versehen werden und auf die Vorschläge oder Stellungnahmen Bezug nehmen, die nach dem EU-Vertrag eingeholt werden müssen (Art 296 AEUV). Zur Veröffentlichungspflicht und zum Zeitpunkt des Inkrafttretens vgl → § 2 Rn 80.

1. Verordnungen

11 Verordnungen haben *allgemeine Geltung* (dh für eine unbestimmte Vielzahl von Personen), sind in allen ihren Teilen verbindlich und wirken (ohne Transformationsakt) unmittelbar in jedem Mitgliedstaat (Art 288 II AEUV). Sie berechtigen oder verpflichten neben der Europäischen Union nicht nur die Mitgliedstaaten als solche, sondern auch deren Behörden und Gerichte, ferner die in der Verordnung angesprochenen Individuen. Die allgemeine Geltung schließt nicht Regelungen aus, welche die Personengruppe abstrakt umschreiben, obwohl tatsächlich nur eine Person oder nur ein sehr bestimmter Kreis von Normadressaten betroffen ist (Maßnahmeverordnungen).[33] Die Verordnungen, die grundsätzlich vom Parlament und Rat gemeinsam auf Vorschlag der Kommission erlassen werden (im Gegensatz zu den Verordnungen der Kommission), erfüllen dieselben Funktionen wie die Parlamentsgesetze im nationalen Rechtskreis. Dementsprechend werden sie (ebenso wie die Richtlinien und die durch das Europäische Parlament und den Rat angenommenen Beschlüsse) im „ordentlichen“ Gesetzgebungsverfahren erlassen (Art 289 AEUV). Die Bekanntgabe richtet sich, ebenso wie die Bekanntgabe der anderen Regelungsakte, nach Art 297 AEUV (zum Rechtsschutz vgl Rn 68, zum grundsätzlichen Wiederholungsverbot im nationalen Recht vgl Rn 3).

[31] Krit auch *Pernice* DVBl 1993, 909, 910; *Schweitzer* VVDStRL 53 (1994) 48, 60 ff.

[32] Vgl auch *Oppermann/Classen* NJW 1993, 5, 12; *Everling* DVBl 1993, 936, 943 u 945; *Pernice* DVBl 1993, 909, 918 f; *T. Stein* VVDStRL 53 (1994) 26, 36.

[33] Vgl auch *Biervert* in: Schwarze, EU-Kommentar, Art 249 EGV Rn 18; *Ruffert* in: Calliess/Ruffert, EUV/EGV, Art 249 EGV Rn 40.

Verstößt ein nationaler Rechtsakt gegen eine Verordnung, bestimmen sich die Fehlerfolgen nach den allgemeinen Regeln des mitgliedstaatlichen Rechts. Zum Beispiel ist ein Verwaltungsakt grundsätzlich nur rechtswidrig, aber nicht nichtig.[34]

2. Richtlinien

Die hauptsächliche Handlungsform der Europäischen Union ist bislang die Richtlinie. Sie versucht zwischen dem Streben nach notwendiger Einheitlichkeit des Unionsrechts einerseits und der Wahrung der Vielfalt nationaler Eigenarten andererseits zu vermitteln und dient somit vor allem der Rechtsangleichung.[35] Im Gegensatz zur Verordnung sind die Richtlinien grundsätzlich allein für die Mitgliedstaaten geltendes Recht und für diese lediglich im Hinblick auf das zu erreichende *Ziel verbindlich* (Art 288 III AEUV). Die Richtlinien bedürfen daher der *Umsetzung* in nationales Recht, wobei den innerstaatlichen Stellen die Wahl der Form und Mittel überlassen bleibt (zweistufiges Rechtsetzungsverfahren). Dies schließt allerdings detaillierte Regelungen, die den Mitgliedstaaten nur einen geringen oder gar überhaupt keinen Umsetzungsspielraum belassen, nicht aus,[36] da sich Ziele und Mittel nicht eindeutig voneinander abgrenzen lassen und ein Mittel zur Erreichung eines weitergehenden Ziels selbst Zwischenziel sein kann. Auf Vollständigkeit angelegte Regelungen sollen auch und gerade dazu dienen, einer vertragswidrigen Umsetzung der Mitgliedstaaten entgegenzuwirken.[37] In der Praxis nähert sich der Regelungsinhalt der Richtlinien damit vielfach stark demjenigen der Verordnungen an. Besonders im Bereich der technischen Normen sowie im Umweltschutz bleibt den Mitgliedstaaten heute vielfach kein nennenswerter Spielraum mehr für eine eigene sachliche Gestaltung. Die Richtlinie muss vollständig und innerhalb der in ihr vorgesehenen Frist in nationales Recht umgesetzt werden. Sollte die Umsetzung auf tatsächliche oder rechtliche Schwierigkeiten stoßen, sind diese auf der Ebene der Union, nicht im nationalen Alleingang zu lösen.[38] Aus Art 10 II und Art 249 III EGV (heute 4 III UA 3 EUV, 288 III AEUV) folgert der EuGH, dass ein Mitgliedstaat schon vor Ablauf der Umsetzungsfrist einer Richtlinie alle Maßnahmen zu unterlassen hat, die geeignet sind, die Erreichung des in der Richtlinie vorgeschriebenen Ziels ernstlich in Frage zu stellen (Vereitelungsverbot).[39] Somit entfalten die Richtlinien bei Zugrundelegung dieser Rechtsprechung bereits ab dem Zeitpunkt ihres Inkrafttretens gewisse Vorwirkungen. Diese erstrecken sich auch auf das Gebot richtlinienkonformer Auslegung (Rn 15), gegebenenfalls das Gebot der Nichtanwendung einer widersprechenden nationalen Regelung (negative unmittelbare Wirkung) sowie uU auch auf die Verpflichtung der Mitgliedstaaten, schon vor Ablauf der Umsetzungsfrist Maßnahmen zu ergreifen.[40] 12

Wenngleich die Form und die Mittel der Umsetzung einer Richtlinie den Mitgliedstaaten obliegen sollen, ist es erforderlich, dass diese den unionsrechtlichen Anforde- 13

34 Vgl BVerwG NVwZ 2000, 1039 f.

35 *Borchardt* Die rechtlichen Grundlagen der Europäischen Union, 3. Aufl 2006, § 5 Rn 445.

36 Vgl EuGH Slg 1976, 497 Rn 69/73 – Royer; Slg 1977, 2203 Rn 9/10 f – Enka. Überhaupt keinen Spielraum lässt zB RL 2000/84/EG (Regelung der Sommerzeit).

37 Vgl *v Danwitz* JZ 2007, 697 ff.

38 EuGH Slg 1996, I-4845 Rn 54 – Dillenkofer.

39 EuGH Slg 1997, I-7411 Rn 45 ff – Inter-Environment Walonie; Slg 2006, I-6057 Rn 115 – Adeneler; näher zum Ganzen *Schliesky* DVBl 2003, 631 ff.

40 Grundlegend EuGH Slg 2005, I-9981 – Mangold; vgl zu dieser (viel kritisierten) Entscheidung *Herrmann* EuZW 2006, 69 ff; *v Danwitz* JZ 2007, 697, 700.

rungen genügen. Zum einen müssen die Richtlinien in *verbindliche* innerstaatliche Vorschriften umgesetzt werden,[41] des Weiteren den Erfordernissen der *Rechtssicherheit* und *Rechtsklarheit* genügen[42] und schließlich die praktische Wirksamkeit des vom Unionsgesetzgeber verfolgten Ziels bestmöglich verwirklichen.[43] Dies wird insbesondere dann streng kontrolliert, wenn Rechte oder Pflichten Einzelner begründet werden sollen. So hat der EuGH die Umsetzung von Umweltrichtlinien durch bloße Verwaltungsvorschriften („Technische Anleitung Luft") wegen der ungesicherten Bindungswirkung ebenso wenig ausreichen lassen[44] wie die Umsetzung von vergaberechtlichen Rechtsmittelrichtlinien durch das nationale Haushaltsrecht[45] wegen des fehlenden gerichtlichen Rechtsschutzes. Eine förmliche und wörtliche Übernahme der unionsrechtlichen Bestimmungen sowie eine ausdrückliche, besondere Vorschrift ist aber nicht stets erforderlich (etwa wenn das bisherige Recht schon den Vorgaben der Richtlinie entspricht). Um Transparenz zu schaffen, enthalten die neueren Richtlinien die Verpflichtung zum Erlass eines *Umsetzungshinweises*. Dieser kann entweder im Text der nationalen Umsetzungsvorschrift selbst oder im Rahmen der amtlichen Veröffentlichung gegeben werden.[46]

14 Ausnahmsweise kann eine Richtlinie auch *unmittelbare Wirkung* für Außenstehende (insbesondere Unionsbürger[47] oder juristische Personen) entfalten, was zur Konsequenz hat, dass sich diese Personen vor innerstaatlichen Behörden und Gerichten auf die Vorschriften berufen können und die innerstaatlichen Stellen zur Anwendung verpflichtet sind.[48] Zum einen darf sich ein Staat, der eine Richtlinie nicht oder nicht korrekt umgesetzt hat, nach dem Grundsatz von Treu und Glauben nicht zu seinen Gunsten gegenüber anderen auf sein eigenes pflichtwidriges Verhalten berufen (sogenannte Estoppel-Prinzip).[49] Zum anderen könnte die Wirksamkeit (effet utile) der Richtlinie unterlaufen werden, wenn es die Mitgliedstaaten in der Hand hätten, die Verwirklichung der mit den Richtlinien zu verfolgenden Ziele dadurch zu vereiteln, dass sie diese nicht oder nicht ordnungsgemäß in staatliches Recht umsetzen.[50] Den Richtlinien kommt unter *vier Voraussetzungen* eine *unmittelbare Wirkung* zu: nämlich (1) wenn der Mitgliedstaat seiner Umsetzungspflicht nicht rechtzeitig oder nicht vollständig nachgekommen ist, (2) die Richtlinie inhaltlich unbedingt und hinreichend bestimmt ist,[51] (3) die An-

[41] Vgl EuGH Slg 1977, 2203 Rn 9/10 f – Enka; Slg 1991, I-2567 Rn 15 – TA-Luft; Slg 1995, I-2303 Rn 18 – Kommission/Deutschland.

[42] EuGH Slg 1985, 1661 Rn 23 – Kommission/Deutschland; Slg 1991, I-791 Rn 12 – Kommission/Italien; Slg 1999, I-5087 Rn 32 f – Kommission/Italien.

[43] EuGH Slg 1976, 497 Rn 69/73 – Royer.

[44] EuGH Slg 1991, I-2567 Rn 15 ff – TA-Luft.

[45] EuGH Slg 1995, I-2303 Rn 17 ff – Kommission/Deutschland.

[46] Vgl *Schroeder* in: Streinz EUV/EGV, Art 249 EGV Rn 92.

[47] Art 20 AEUV.

[48] St Rspr, vgl EuGH Slg 1974, 1337 Rn 12 – van Duyn; Slg 1979, 1629 Rn 18 ff – Ratti; Slg 1982, 53 Rn 21 – Becker/Finanzamt Münster.

[49] EuGH Slg 1979, 1629 Rn 22 f – Ratti; Slg 1982, 53 Rn 24 – Becker/Finanzamt Münster; Slg 1986, 723 Rn 47 – Marshall.

[50] EuGH Slg 1974, 1337 Rn 12 – van Duyn; Slg 1977, 113 Rn 10/11 – Nederlandse Ondernemingen; Slg 1978, 2327 Rn 18/21 – Delkvist.

[51] Dann kommt es bei einer auf Art 114 AEUV gestützten RL auch nicht darauf an, dass ein Mitgliedstaat aufgrund des Abs 4 abweichende Regelungen treffen darf, EuGH Slg 1999, I-3143 Rn 24 ff – Kortas.

wendung der Richtlinie keines weiteren Ausführungsaktes bedarf (also Self-executing-Charakter hat[52]) und (4) die Richtlinie allein den Mitgliedstaat gegenüber der Europäischen Union oder gegenüber den Bürgern respektive sonstigen Personen verpflichtet (sei es etwa durch Auferlegung von Mitteilungspflichten gegenüber der Union [sogenannte objektive Wirkung], oder durch Auferlegung begünstigender Maßnahmen gegenüber dem Bürger [sogenannte vertikale Wirkung]).[53] Den Mitgliedstaaten gleichzustellen sind Private, die Staatsaufgaben wahrnehmen oder staatsähnlich agieren.[54] Verpflichtet eine Richtlinie den Mitgliedstaat und Private, entfaltet sie bei Vorliegen der sonstigen genannten Voraussetzungen nur unmittelbare Wirkung gegenüber dem Mitgliedstaat. Dagegen kommt einer Richtlinie keine unmittelbare Wirkung zu, wenn der Mitgliedstaat begünstigt oder Private belastet werden (sogenannte umgekehrte vertikale Wirkung).[55] Strittig ist die sogenannte „horizontale" Wirkung von Richtlinien, dh die *Wirkung zwischen Privaten.*[56] Nach der Rechtsprechung des EuGH scheidet eine unmittelbare Richtlinienwirkung zwischen Privaten grundsätzlich aus.[57] Nichts anderes gilt für Privatbelastungen im Verhältnis zwischen Staat und Privaten, wenn die Richtlinienbestimmung den Einzelnen direkt erreichen würde[58] (dh wenn sich ein Privater gegenüber dem Staat auf eine Verpflichtung beruft, die unmittelbar im Zusammenhang mit der Erfüllung einer anderen Verpflichtung steht, die aufgrund der Richtlinie einem Dritten obliegt[59]). Dagegen rechtfertigen bloße negative Auswirkungen auf die Rechte Dritter es nicht, selbst wenn sie gewiss sind, dem Einzelnen das Recht der Berufung auf die Bestimmung einer Richtlinie gegenüber dem betreffenden Mitgliedstaat zu versagen.[60] Gedacht ist vor allem an die Fälle, dass die Richtlinie erst über ein Handeln mitgliedstaatlicher Instanzen zu einer Verschlechterung der Rechtslage des Privaten führt.[61] In solchen Fällen ergibt sich die Rechtsgrundlage für die Belastung nicht aus der Richtlinie, sondern aus dem (richtlinienkonform auszulegenden) nationalen Recht. Die unmittelbare Wirkung setzt weder das Bestehen eines subjektiven Rechts noch die Begründung eines solchen Rechts durch die Richtlinie voraus, bringt allerdings häufig ein subjektives Recht zur Entstehung.[62] De lege ferenda sollte die unmittelbare Wirkung von Richtlinien eindeutig im Primärrecht geregelt werden.

[52] Insb darf den nationalen Gesetzgebern kein Ermessensspielraum eingeräumt sein.

[53] Vgl EuGH Slg 1984, 1075, Rn 7 ff – Kloppenburg; Slg 1984, 1891, Rn 22 ff – von Colson und Kamann; Slg 1986, 723 Rn 48 – Marshall.

[54] Vgl EuGH Slg 1995, I-4921 Rn 84 – Bosman; *Ehlers* in: ders, Europäische Grundrechte, § 7 Rn 48 f.

[55] Vgl EuGH Slg 1987, 2141 Rn 24 – Oscar Traen; Slg 1987, 3969 Rn 9 – Kolpinghuis Nijmegen.

[56] Vgl etwa *Streinz* EuR Rn 447 ff.

[57] Vgl EuGH Slg 1994, I-3325 Rn 20, 24 ff – Faccini Dori.

[58] Vgl *Jarass/Beljin* EuR 2004, 714, 736.

[59] Vgl EuGH Slg 1990, I-495 Rn 23 ff – Busseni; Slg 1997, I-6843 Rn 24 ff – Daihatsu; Slg 2004, I-723 Rn 55 ff – Wells.

[60] Vgl EuGH Slg 1989, I-1839 Rn 28 ff – Costanzo; Slg 1999, I-5613 Rn 69 ff – WWF; Slg 2000, I-7535 Rn 45 ff – Unilever; Slg 2004, I-723 Rn 57 – Wells.

[61] Vgl zum Ganzen *Herrmann* Richtlinienumsetzung durch die Rechtsprechung, 2003, 81 f; *Jarass/Beljin* EuR 2004, 714, 737.

[62] Vgl auch EuGH Slg 1991, I-3757 Rn 23 – Verholen; Slg 1991, I-5357 Rn 11 – Francovich; Slg 1995, I-2189 Rn 24 – Kommission/Deutschland; *Ruffert* in: Calliess/Ruffert, EUV/EGV, Art 249, Rn 94 ff; *Streinz* EuR Rn 445.

15 Enthält eine Richtlinie Vorgaben für das mitgliedstaatliche Recht, ist dieses *richtlinienkonform* auszulegen (→ § 2 Rn 108).[63] Dies gilt auch dann, wenn eine unmittelbare Anwendung der Richtlinie ausscheidet.[64] Somit können Private auch durch nicht rechtzeitig umgesetzte Richtlinien – selbst in rein privatrechtlichen Konflikten – belastet werden.[65] Die Belastung entspringt dann wiederum nicht dem Unionsrecht, sondern dem mitgliedstaatlichen Recht, das lediglich richtlinienkonform ausgelegt wird.[66] Lässt eine Richtlinie Raum für verschiedene Umsetzungen, muss der den Mitgliedstaaten überlassene Gestaltungsspielraum bei der richtlinienkonformen Auslegung berücksichtigt werden. Umstritten ist, ob eine richtlinienkonforme Auslegung *auch schon vor Ablauf der Umsetzungsfrist* zulässig und geboten ist.[67] Der Bundesgerichtshof hat dies bejaht, wenn sich die Konformität mittels Auslegung herstellen lässt und dem Gesetzgeber kein Spielraum gegeben ist.[68] Auch der EuGH befürwortet eine Verpflichtung zur richtlinienkonformen Auslegung vor Ablauf der Umsetzungsfrist, falls bereits das Vereitelungsverbot (Rn 12) dies gebietet.[69] Bei verspäteter Umsetzung einer Richtlinie sind die mitgliedstaatlichen Gerichte und Behörden verpflichtet, das innerstaatliche Recht jedenfalls ab dem Ablauf der Umsetzungsfrist soweit wie möglich im Licht des Wortlauts und des Zwecks der betreffenden Richtlinie auszulegen.[70] Eine richtlinienkonforme Auslegung setzt voraus, dass das mitgliedstaatliche Recht mehrere Deutungen zulässt.[71] Die richtlinienkonforme Auslegung wird also durch die nationalen Auslegungsregeln begrenzt, deren Handhabung ausschließlich in die Kompetenz der nationalen Gerichte bzw Rechtsanwender fällt (→ § 2 Rn 108). Eine richtlinienkonforme Auslegung *gegen* den *Wortlaut* des Gesetzes ist abzulehnen (→ § 2 Rn 108). Soweit dem Mitgliedstaat ein Gestaltungsspielraum zukommt, müssen die Vorgaben des nationalen Verfassungsrechts beachtet werden.[72]

16 Scheiden eine unmittelbare Wirkung der Richtlinie und eine richtlinienkonforme Auslegung des mitgliedstaatlichen Rechts aus,[73] kommt im Falle der Nichtumsetzung oder nicht korrekten Umsetzung einer Richtlinie eine *Haftung* des Mitgliedstaats in Betracht. Die Haftungsvoraussetzungen bestimmen sich nach den allgemeinen Grundsätzen (→ 47 Rn 10 ff). Notwendig ist die Verletzung eines Rechts durch einen (bei Nichtumsetzung stets zu bejahenden) hinreichend qualifizierten Unionsrechtsverstoß, der kausal für einen Schaden ist. Der Mitgliedstaat haftet auch für die nicht rechtzeitige oder fehlerhafte Umsetzung von Richtlinien, welche die Rechtsverhältnisse zwischen Privaten regeln. Wirkt die Richtlinie unmittelbar, ist die Nichtanwendung des Unionsrechts bzw die Anwendung des unionsrechtswidrigen mitgliedstaatlichen Rechts durch

[63] Vgl EuGH Slg 1984, 1891 Rn 28 – von Colson und Kamann; Slg 1994, I-1657 Rn 10 – Habermann-Beltermann; *Brechmann* Die richtlinienkonforme Auslegung, 1994.
[64] *Frisch* Die richtlinienkonforme Auslegung nationalen Rechts, 2000, 107 ff.
[65] Vgl EuGH Slg 1991, I-3757 Rn 15 ff – Verholen.
[66] Vgl *Zuleeg* VVDStRL 53 (1994) 154, 166.
[67] Vgl *Ruffert* in: Calliess/Ruffert, EUV/EGV, Art 249 EGV Rn 119.
[68] Vgl BGHZ 138, 55, 61 ff. Krit *Ehricke* EuZW 1999, 553, 557.
[69] Vgl EuGH Slg 2005, I-9981 Rn 66 ff – Mangold. Vgl auch EuGH Slg 2006, I-7569 Rn 27 ff – Alonso (Wirkung einer RL vom Zeitpunkt des In-Kraft-Tretens an, wenn die RL das vorsieht).
[70] EuGH Slg 2006, I-6057 Rn 28 – Adeneler.
[71] Vgl EuGH Slg 1984, 1891, 25 f – von Colson und Kamann; Slg 1984, 1921, 27 f – Harz; Slg 1988, 673 Rn 11 – Murphy.
[72] Vgl BVerfGE 118, 79, 95.
[73] EuGH Slg 1996, I-4705 Rn 41 – Arcaro.

die Exekutive wegen des Vorrangs des Unionsrechts (→ § 2 Rn 99 ff) rechtswidrig und löst bereits aus diesem Grunde vielfach eine Haftung nach nationalem Recht aus (soweit der Geschädigte nicht Primärrechtsschutz erlangen konnte).

3. Beschlüsse

Die Handlungsform des Beschlusses (Art 288 IV AEUV) wurde im Vertrag von Lissabon an die Stelle der früheren „Entscheidung" (Art 249 IV EGV) gesetzt. Da die Entscheidung nur für diejenigen verbindlich war, die sie bezeichnete, hatte sie keinen Rechtssatzcharakter (iSe abstrakt-generellen Rechtsnorm), sondern stellte eine individuelle Einzelfallregelung dar.[74] Das hinderte die Europäische Union nicht, die Entscheidung an einen oder alle Mitgliedstaaten zu richten und damit auch zur Verfolgung legislativer Ziele (im Gegensatz zu exekutiven) zu nutzen. Wie sich aus einem Gegenschluss zu Art 288 IV 2 AEUV ergibt, kann ein Beschluss, anders als die Entscheidung, nicht nur auf die *Regelung von Einzelfällen*, sondern auch auf *allgemeine Verbindlichkeit* gerichtet sein. Dadurch ergeben sich in noch weitergehendem Ausmaße als früher Überschneidungen mit den Verordnungen und gegebenenfalls auch Richtlinien. Wie diese können auch Beschlüsse im ordentlichen Gesetzgebungsverfahren (Art 289 AEUV) erlassen werden. Damit stellen sich Beschlüsse als vielseitig verwendbare „Mehrzweckwaffen" dar. Für die Zuordnung des Handelns zu den Handlungsformen der Europäischen Union kommt es nach der Rechtsprechung nur auf den Inhalt – dh die objektive Würdigung des in der Erklärung zum Ausdruck kommenden Rechtsfolgewillens – und nicht auf die Bezeichnung der Maßnahme an.[75] Wenn und soweit ein kompetenzgemäßes Handeln seinem Inhalt nach aber verschiedenen Handlungsformen zugeordnet werden kann, ist die Wahl der Handlungsform (und damit in erster Linie die Bezeichnung) entscheidend. In der Praxis sind in der Vergangenheit Entscheidungen (heute Beschlüsse) auch gelegentlich dazu eingesetzt worden, Richtlinien (bzw den Anhang von Richtlinien) abzuändern. Das stellt eine unzulässige Formvermischung dar, mag das Unionsrecht innerhalb des Sekundärrechts – von dem Verhältnis zu den delegierten Rechtsetzungsakten und Durchführungsbestimmungen abgesehen (Rn 6) – auch keine Stufenordnung kennen. **17**

Zuständig für den Erlass von Beschlüssen sind die Organe der Europäischen Union (Art 288 I AEUV iVm Art 13 I 2 EUV) nach Maßgabe der ihnen in den Verträgen zugewiesenen Befugnisse. Typischerweise bedient sich die EU-Kommission der Handlungsform des Beschlusses, um im unionseigenen Vollzug (Rn 33 ff) Exekutivaufgaben wahrzunehmen (wie zum Beispiel auf dem Gebiet des Kartellverwaltungs-, Beihilfeaufsichts- oder Marktordnungsrechts). Wie sich aus Art 263 I 2 AEUV herleiten lässt, sind neben Beschlüssen der Unionsorgane auch solche von Einrichtungen (Agenturen, Rn 35 f) oder sonstigen Stellen der Union anzuerkennen, wenn das Primär- oder Sekundärrecht (→ § 2 Rn 27 ff) ein solches Handeln zulässt. **18**

An *bestimmte Adressaten* iSd Art 288 IV 2 AEUV gerichtet ist ein Beschluss auch dann, wenn die Adressaten nicht namentlich bezeichnet werden, die Individualisierbar- **19**

[74] Näher zur Rechtsnatur und den Wirkungen von Entscheidungen *Scherzberg* in: Siedentopf (Hrsg), Europäische Integration und nationalstaatliche Verwaltung, 1991, 16 ff; *Bockey* Die Entscheidung der EG, 1988; *Mager* EuR 2001, 661 ff; *Röhl* in: Schmidt-Aßmann/Schöndorf-Haubold (Hrsg), Der Europäische Verwaltungsverbund, 2005, 319 ff.

[75] Vgl EuGH Slg 1999, I-7877 – Söhl & Söhlke; *Natzel* Der zugelassene Wirtschaftsbeteiligte, 2007, 47.

keit des angesprochenen Personenkreises sich zum Zeitpunkt der Bekanntgabe des Beschlusses aber aus der Regelung ergibt.[76] Werden mehrere Personen angesprochen, liegt in der Regel ein Bündel von Beschlüssen vor, die jeweils selbständig mit der Nichtigkeitsklage (Art 263 IV AEUV) angreifbar sind. Nicht ausgeschlossen sein dürfte aber auch ein einziger Beschluss (nach Art des § 35 S 2 Alt 1 VwVfG).

20 *Verbindlichkeit* kommt einem Organhandeln zu, wenn es auf Setzung einer Rechtsfolge gerichtet ist. Da Art 288 IV AEUV keine Unterscheidung von Innen- und Außenrecht trifft, muss angenommen werden, dass sich Beschlüsse nicht nur an Privatpersonen oder die Mitgliedstaaten, sondern auch an andere Unionsorgane respektive Unionsträger oder Unionsbehörden richten können.[77] Verbindliche Rechtswirkung kann ein Beschluss nicht nur für seine Adressaten, sondern uU auch für *sonstige Personen* (zB Nachbarn und Konkurrenten), die von ihm unmittelbar und individuell betroffen sind, entfalten. Während nach dem deutschen Verwaltungsrecht Mitwirkungsakte anderer Behörden in einem gestuften Verwaltungsverfahren idR keine Verwaltungsakte sind (→ § 21 Rn 63), stellen sich bindende Mitwirkungshandlungen der EU-Kommission bei Durchführung mitgliedstaatlicher Verfahren als Beschlüsse iSd Art 288 IV AEUV dar.[78] Verpflichtet der Beschluss den Mitgliedstaat zu einem Umsetzungsakt gegenüber den Bürgern, kann er unter den gleichen Voraussetzungen wie eine Richtlinie unmittelbare Wirkung entfalten (Verletzung der Umsetzungspflicht, inhaltlich unbedingte und hinreichend bestimmte Bindung, Entbehrlichkeit weiterer Ausführungsakte, Begünstigung des Bürgers).[79] Darüber hinaus kann ein Beschluss, der dem Mitgliedstaat ein Verhalten aufgibt, das für die Bürger belastende Wirkung hat, aber auch per se unmittelbare Doppelwirkung für den Bürger haben. Dies trifft etwa auf Entscheidungen nach Art 108 II AEUV zu (Rn 46).[80]

21 Die *Bekanntgabe* eines Beschlusses richtet sich nach Art 297 AEUV. Beschlüsse, die als Gesetzgebungsakte erlassen werden oder die an keinen bestimmten Adressaten gerichtet sind, sind im Amtsblatt der Europäischen Union zu veröffentlichen. Sie treten zu dem festgelegten Zeitpunkt oder andernfalls am zwanzigsten Tag nach ihrer Veröffentlichung in Kraft. Dagegen sind Beschlüsse, die an einen bestimmten Adressaten gerichtet sind, denjenigen, für die sie bestimmt sind, bekannt zu geben. Erwächst ein Beschluss gegenüber dem Mitgliedstaat in *Bestandskraft*, ergeben sich aber bei der Durchsetzung des Beschlusses unvorhergesehene und unvorhersehbare Schwierigkeiten, ist die EU-Kommission auf die Initiative des Mitgliedstaats hin gehalten, mit diesem redlich zusammenzuwirken, um die Schwierigkeiten zu überwinden.[81] Führt der Mitgliedstaat den bestandskräftigen Beschluss nicht aus, kann er in einem Vertragsverletzungsverfahren einer Verurteilung nur entgehen, wenn die Durchführung des Beschlusses ihm absolut unmöglich war.[82] Ein solcher Nachweis dürfte kaum jemals ge-

[76] Vgl auch EuGH Slg 1965, 547, 556 – Alfred Töpfer KG; Slg 1971, 411, 422 – International Fruit Company; Slg 1978, 1019 Rn 9 – Toepfer.

[77] Vgl auch *v Danwitz* Europäisches Verwaltungsrecht, 2008, 243.

[78] Vgl *Stelkens* ZEuS 2005, 61, 71.

[79] Grundlegend EuGH Slg 1970, 825 Rn 2 ff – Grad (die Entscheidung ist noch vor der Rspr zur unmittelbaren Wirkung von Richtlinien ergangen). Ferner zB EuGH Slg 1987, 2345 Rn 19 ff – Albako. Vgl aber auch EuGH Slg 2007, I-6095 – Emleri (ein Einzelner kann sich in einem gegen einen anderen geführten Rechtsstreit nicht auf eine gegen den Mitgliedstaat gerichtete Entscheidung berufen).

[80] Vgl *Ehlers* GewArch 1999, 305, 308 f; aA *Classen* JZ 1997, 724 ff.

[81] EuGH Slg 1989, 175 Rn 9 – Stute.

[82] EuGH Slg 1986, 89 Rn 14 – Kommission/Belgien.

lingen. Vollstreckbar sind nur Beschlüsse, die Privaten eine Zahlung auferlegen, nicht Rechtsakte gegenüber Staaten (Art 299 I AEUV). Normierungen über die Rücknahme oder den Widerruf von Beschlüssen (insbesondere in Gestalt von Einzelfallregelungen) gibt es in der Regel nicht. Die *Aufhebung* eines Beschlusses richtet sich dann nach Allgemeinen Rechtsgrundsätzen, so dass eine Abwägung zwischen der Rechtmäßigkeit einerseits und dem Vertrauensschutz andererseits vorgenommen werden muss.[83]

Greift ein Privater vor einem nationalen Gericht die Rücknahme eines nationalen **22**
Verwaltungsaktes an, der in Ausführung eines an den Mitgliedstaat gerichteten Beschlusses ergangen ist, oder wendet er sich gegen einen nationalen Verwaltungsakt, der sich hinsichtlich einer Vorfrage auf einen an ihn ergangenen Beschluss stützt, stellt sich die Frage, ob er sich auf die Rechtswidrigkeit des Beschlusses berufen kann. Wird der Private von dem Beschluss unmittelbar und individuell betroffen, steht ihm das vor dem Gericht (erster Instanz[84]) geltend zu machende *Klagerecht* nach Art 263 IV, V AEUV zu. Die Klage muss binnen einer Frist von zwei Monaten nach Bekanntgabe oder Erlangung der Kenntnis von dem Beschluss erhoben werden (Art 263 VI AEUV). Lässt der Bürger die Frist trotz Bekanntgabe oder Kenntnis verstreichen, ist der Beschluss auch ihm gegenüber bestandskräftig.[85] Erlangt er erst in dem von der nationalen Behörde eingeleiteten Verwaltungsverfahren oder dem gerichtlichen Verfahren Kenntnis von dem Beschluss, muss er diesen vor dem Gericht (erster Instanz) angreifen und die nationale Behörde oder das nationale Gericht das Verfahren so lange aussetzen.[86] Vgl auch Rn 67 ff.

4. Empfehlungen und Stellungnahmen

Da Empfehlungen und Stellungnahmen der Unionsorgane nicht verbindlich sind **23**
(Art 288 V AEUV), handelt es sich bei ihnen um gerichtlich nicht überprüfbare[87] *Realakte*, nicht um Regelungsakte. Die meisten Empfehlungen und Stellungnahmen werden von der Kommission als „Motor, Wächter und ehrlicher Makler" (W. Hallstein)[88] erlassen. Empfehlungen legen den Adressaten ein bestimmtes Verhalten nahe, ohne diese rechtlich zu verpflichten (so zum Beispiel Art 117 I 2 AEUV). Stellungnahmen sind Meinungsäußerungen ohne verbindliche Wirkung (so zB die Stellungnahme der Kommission nach Art 242 AEUV, des Wirtschafts- und Sozialausschusses nach Art 258 I AEUV und des Ausschusses der Regionen nach Art 307 AEUV). Die wesentliche Bedeutung von Empfehlungen und Stellungnahmen liegt im politischen Bereich.[89] Dennoch können sie auch rechtliche Wirkungen entfalten: etwa als Prozessvoraussetzung (Art 258 AEUV) oder Voraussetzung eines Organhandelns (Art 117 II 1 AEUV). Darüber hinaus können Empfehlungen und Stellungnahmen einen Vertrauenstatbestand schaffen.

[83] Näher dazu *D. Schroeder* Bindungswirkungen von Entscheidungen nach Art 249 EG im Vergleich zu denen von Verwaltungsakten nach deutschem Recht, 2006, 118 ff.

[84] Vgl Art 256 AEUV.

[85] Vgl auch EuGH Slg 1994, I-833 Rn 13 – Deggendorf; Slg 1997, I-585 Rn 19 – Wiljo NV; Slg 1999, I-5363 Rn 43 – Kommission/Kraft ua. Zu den Grenzen der Bestandskraft: EuG Slg 1997, II-1185 Rn 58 f – Kraft ua; zu den Konsequenzen im Subventionsrecht: *Ehlers* GewArch 1999, 305, 309.

[86] Vgl aber auch EuGH Slg 1983, 2771 Rn 10 ff – Universität Hamburg.

[87] Vgl Art 263 I AEUV.

[88] Vgl *Oppermann/Classen/Nettesheim* EuR § 7 Rn 93.

[89] *Borchardt* (Fn 35) § 5 Rn 469.

Schließlich werden sie von den nationalen Gerichten bei der Auslegung nationaler Rechtsvorschriften berücksichtigt.[90]

5. Sonstige Rechtshandlungen

24 Art 288 AEUV erfasst nicht alle Rechtshandlungen der Europäischen Union. Vielmehr kennt das Unionsrecht *sonstige Handlungsformen.*[91] Diese lassen sich danach einteilen, ob sie auf der Grundlage der Unionsverträge bzw des Sekundärrechts oder ohne eine solche Grundlage vorgenommen werden, ob es sich um Regelungs- oder Realakte[92] handelt und ob sie sich auf den Außen- oder Innenrechtskreis beziehen. Regelungsakte unterfallen zwar grundsätzlich der Bestimmung des Art 288 I bis IV AEUV, weil jedenfalls die Voraussetzungen eines Beschlusses gegeben sind. Dies gilt nach der hier vertretenen Ansicht ebenso, wenn es sich nur um interne Rechtsakte mit verbindlicher Wirkung handelt (Rn 20). Auch wenn die Europäische Union nicht selbst tätig wird, sondern deren Einrichtungen (wie zB die Europäische Investitionsbank[93], die Europäische Zentralbank[94] oder die Agenturen[95]) in Erscheinung treten oder die nicht den Organen zuzurechnenden sonstigen Stellen der Union handeln, kann eine Verwendung der in Art 288 AEUV genannten Handlungsformen in Betracht kommen. Die Zuordnung der Regelungsakte zu Art 288 AEUV gilt aber nicht ausnahmslos. So werden Verträge von dieser Vorschrift nicht erfasst. Einer (unmittelbaren) Kontrolle durch die Unionsgerichtsbarkeit unterliegen die sonstigen Rechtshandlungen nur, wenn sie verbindliche Wirkungen bzw Rechtswirkung gegenüber Dritten entfalten.[96] De lege ferenda bedürfen die sonstigen Rechtshandlungen der Europäischen Union der näheren rechtlichen Strukturierung.[97] Im Folgenden wird nur auf einige sonstige Rechtsakte eingegangen. Zu den Rechtshandlungen im Rahmen der Verwaltungskooperation vgl Rn 61 ff.

25 *a) Verträge.* Obwohl die Art 272, 340 I AEUV die Möglichkeit eines vertraglichen Handelns voraussetzen, es darüber hinausgehend sekundärrechtliche Bestimmungen gibt, welche die Europäische Union zur Verwendung der Vertragsform verpflichten,[98] und die Europäische Union tatsächlich in großem Ausmaße Verwaltungsverträge abschließt,[99] fehlt es bisher an einem ausgeformten Verwaltungsvertragsrecht.[100] Das gilt

[90] EuGH Slg 1989, I-4407 Rn 18 – Grimaldi.

[91] Auch atypische Rechtsakte, Rechtsakte sui generis oder schlicht „soft law“ genannt. Gegen eine Einstufung als eigenständige Handlungsform *Schweitzer* StR III Rn 356 ff.

[92] Vgl *v Danwitz* (Fn 77) 256 ff.

[93] Art 308 AEUV.

[94] Art 127 AEUV.

[95] Vgl Rn 35 ff.

[96] Vgl für die Nichtigkeitsklage Art 263 I AEUV (einerseits Ausklammerung von Empfehlungen und Stellungnahmen, andererseits von Handlungen ohne Rechtswirkung gegenüber Dritten).

[97] Ein allgemein anerkannter Kanon der sonstigen Rechtsakte besteht bisher nicht. Vgl aber die Kategorisierungsversuche von *Härtel* (Fn 13), §§ 13 ff; *v Danwitz* (Fn 77) 246 ff; *Oppermann/Classen/Nettesheim* EuR § 10 Rn 67 ff; *Ruffert* in: Calliess/Ruffert EUV/EGV Art 249 EGV Rn 131 ff.

[98] Vgl für das Beschaffungswesen und die Vergabe von Finanzhilfen Art 88 I, 108 I 2 VO 1605/2002/EG, Euratom (Haushaltsordnung).

[99] Vgl *Priebe* in: Schmidt-Aßmann/Hoffmann-Riem (Hrsg), Strukturen des Europäischen Verwaltungsrechts, 1999, 87 ff.

[100] Näher zum Verwaltungsvertrag als Handlungsformen der Gemeinschaft (Union) *v Danwitz* (Fn 77) 253 ff.

insbesondere für den Fall, dass der Verwaltungsvertrag nur dem Europäischen Unionsrecht unterfallen soll. Sind spezielle unionsrechtliche Normierungen nicht vorhanden,[101] werden teilweise Allgemeine Bedingungen in den Vertrag einbezogen.[102] Im Übrigen bleibt nur der Rückgriff auf Allgemeine Rechtsgrundsätze und das mitgliedstaatliche Recht als Rechtsquelle des Unionsrechts in Gestalt der gemeinsamen Verfassungsüberlieferungen der Mitgliedstaaten. Da die Union nach Art 335 AEUV in jedem Mitgliedstaat Rechts- und Geschäftsfähigkeit besitzt, kann sie sich ferner des *Rechts der Mitgliedstaaten* bedienen. In Betracht kommt sowohl eine Ausleihe des öffentlichen Rechts[103] als auch und vor allem des privaten Rechts. In der Praxis wird den Verträgen zumeist eine ausdrückliche Rechtswahlklausel beigefügt, bei reinen Beschaffungsverträgen herrscht die Wahl des Rechts desjenigen Mitgliedstaates vor, in dem das vertragschließende Unionsorgan seinen Sitz hat. Im Übrigen wird zumeist das Recht des Leistungsorts gewählt.[104] Anders als nach deutschem Recht (→ § 31 Rn 2) geht der EuGH davon aus, dass die Entscheidung über den Vertragsabschluss einen vom Vertrag selbst zu unterscheidenden Beschluss (Entscheidung) iSd Art 288 IV AEUV darstellt, der von einem Dritten mit der Nichtigkeitsklage gem Art 263 IV AEUV angefochten werden kann.[105] Welche Konsequenzen eine Nichtigkeitsklage für einen bereits geschlossenen Vertrag hat, ist ungeklärt. Soweit dies möglich ist, dürfte der Vertrag aufzulösen sein.[106] Die Rückabwicklung bestimmt sich dann nach den Allgemeinen Rechtsgrundsätzen. Gesonderte Regelungen gelten für den Abschluss völkerrechtlicher Verträge (Art 216 ff AEUV) und die sogenannte interinstitutionellen Vereinbarungen.[107]

b) Uneigentliche Beschlüsse. Das Unionsrecht erwähnt in zahlreichen Vorschriften **26**
das Handeln in Form von Beschlüssen.[108] Ob alle genannten Beschlüsse den Anforderungen des Art 288 IV AEUV genügen müssen (Rn 17 ff), lässt sich den Vorschriften nur im Wege der jeweiligen Auslegung entnehmen. Soweit die im Europäischen Rat (Art 15 EUV) oder Rat (Art 16 EUV) vereinigten Vertreter der Mitgliedstaaten als solche (im Gegensatz zum Europäischen Rat oder Rat selbst) entscheiden, wird ihnen der Charakter von Unionsrecht mit der Folge abgesprochen, dass auch eine Nichtigkeitsklage nach Art 263 EUV nicht in Betracht kommt.[109]

c) Entschließungen, Mitteilungen, Erklärungen, Leitlinien und Bekanntgaben. Die **27**
Terminologie für Verlautbarungen der EU-Kommission ist nicht einheitlich. Die Be-

[101] Für Finanzhilfevereinbarungen vgl die Art 117 ff VO 1605/2002/EG, Euratom, die ua einseitige Anordnungsrechte auf vertraglicher Grundlage zulassen. Vgl *Stelkens* EuZW 2005, 299, 302.

[102] So die Beschäftigungsbedingungen für die sonstigen Bediensteten der Gemeinschaften (unter Ausschluss des nationalen Arbeitsrechts). Vgl *Kalbe* in: vd Groeben/Schwarze (Hrsg), EUV/EGV IV, Art 283 EGV Rn 31.

[103] Vgl OVG NRW NVwZ 2001, 691 f → JK VwGO § 40 I 1/31; *Ehlers* DVBl 2004, 1441, 1444. → § 3 Rn 13.

[104] *Stelkens* EuZW 2005, 299, 301.

[105] EuGH Slg 1976, 1807 Rn 17 ff – Pellegrini; Slg 1978, 761 Rn 10 ff – Agence Européene D'Interims; EuG Slg 2002, II-609 Rn 188 ff – Esedra.

[106] Vgl *Stelkens* EuZW 2005, 299, 302 f.

[107] Vgl dazu *Härtel* (Fn 13) § 14.

[108] Vgl etwa Art 17 V, 25 lit b, 26 II, 28, 31, 42 II UA 1 S 3, 48 III UA 2 S 1 EUV; 218 III, 311 III, 312 II UA 2 AEUV. Zum Rechtscharakter von Beschlüssen (vor dem Inkrafttreten des Vertrages von Lissabon) vgl auch *v Bogdandy/Bast/Arndt* ZaöRV 62 (2002) 77, 99 ff.

[109] Näher dazu *Streinz* EuR, Rn 314 ff; *Schroeder* in: Streinz, EUV/EGV Art 249 EGV Rn 25; *Ruffert* in: Calliess/Ruffert EUV/EGV Art 249 EGV Rn 139.

griffe werden zum Teil austauschbar verwendet.[110] Unter Entschließungen versteht man zuvörderst selbstauferlegte politische Verpflichtungen, unter Mitteilungen rechtsanwendungsbezogene Äußerungen und unter Erklärungen Bekundungen, welche die Vorstellungen zur Auslegung eines bestimmten Sekundärrechtsaktes dokumentieren.[111] Die Leitlinie ist als Handlungsform für die Unionsorgane sowie die Festlegung der Unionspolitik oder Koordinierung der Politik der Mitgliedstaaten ausdrücklich vorgesehen.[112] Darüber hinaus wird der Begriff der Leitlinie ebenso wie derjenige der Bekanntgabe[113] häufig mit demjenigen der Mitteilung gleichgesetzt. Die genannten Handlungen sind grundsätzlich nicht verbindlich. Doch kann sich dies im Einzelfall anders darstellen. So binden norm- oder ermessenskonkretisierende Mitteilungen die EU-Kommission wegen der Geltung des Gleichheitsgrundsatzes[114] insoweit als sie sich im Rahmen des Primär- oder Sekundärrechts halten.[115] Sie vermögen dann auch einen Vertrauensschutz zu begründen.[116] Demgegenüber scheidet eine Bindungswirkung nationaler Instanzen an Verlautbarungen der Kommission bei Fehlen einer Ermächtigungsgrundlage aus.[117] Auch aus Art. 4 III EUV lässt sich eine derartige Wirkung nicht ableiten, da dieser Vorschrift nur eine Ergänzungsfunktion zukommt und der Kommission nicht die Befugnis verleiht, verbindliche Rechtsakte ohne notwendige Vertragsänderungen bzw Sekundärrechtsakte an die Mitgliedstaaten zu adressieren.[118] Faktische Bindungswirkung schließt dies nicht aus.[119] Leitlinien kann Verbindlichkeit zukommen, wenn sich dies dem Primär- bzw. Sekundärrecht entnehmen lässt.[120] Falls sich diese Verbindlichkeit aus dem Primär- oder Sekundärrecht ergibt, dürfte es sich bei der Handlungsweise in Wahrheit um Beschlüsse iSd Art 288 IV AEUV handeln. Das gilt auch dann, wenn der Verbindlichkeitsgrad schwach ausgeprägt ist (etwa iSe bloßen Berücksichtigungspflicht)

[110] Zur Begrifflichkeit und zur Rechtsnatur der Handlungen *Pampel* EuZW 2005, 11 ff; *Thomas* EuR 2009, 423 ff. Zur Einordnung von Vermerken vgl *Ehricke* EuZW 2004, 359 ff.

[111] Vgl *Schroeder* in: Streinz, EUV/EGV Art 249 EGV Rn 32 ff.

[112] Art 26 I EUV; 148 II, 171 I AEUV, Art 12 I, 13 I EUV, Art 128 II EGV. Vgl dazu *Schmidt* in: vd Groeben/Schwarze (Hrsg) EUV/EGV Art 249 EGV Rn 18; *Mickel/Bergmann*, Handlexikon der Europäischen Union, 3. Aufl 2005, unter „Leitlinien-Kompetenz". Zur Bedeutung der Leitlinien als Instrument zur Gewährleistung eines einheitlichen Verwaltungsvollzug im Europäischen Zollrecht vgl *Henke* in: FS Steiner, 2009, 274, 283 ff.

[113] Vgl *Schmude* Die kartellrechtliche Konkurrentenklage im Europäischen Gemeinschaftsrecht, 2007, 141 ff.

[114] EuGH Slg 2002, I-451 Rn 35 – Libèros; Slg 2005, I-5425 Rn 209 – Dansk Rørindustri; *Thomas* EuR 2009, 423, 426.

[115] Vgl EuG Slg 1991, II-1711 Rn 53 – Hercules Chemicals; Slg 2003, II-1433 Rn 242 – Royal Philips; Slg 2004, II-3541 Rn 54 – Pollmeier.

[116] EuGH, Slg 1975, 1663 Rn 555 – Suiker Unie; *Seemann* Schranken des EG-Kartellrechts für die Ausgestaltung von Handelsvertreterverträgen 1995, 17.

[117] *Mögele* BayVBl 1993, 552, 553; *Gundel* EuR 1998, 90, 100; *Siegel* NVwZ 2008, 620 ff; *Pohlmann* WuW 2005, 1005, 1009.

[118] Vgl EuGH Slg 1987, 3757 – Brother Industries; EuG Slg 1990, II-843 Rn 79 – Prodifarma; *Pampel* EuZW 2005, 11, 12; aA *Weitbrecht* EuZW 2003, 69, 70; *Bahr/Loest* EWS 2002, 263, 271; in diese Richtung wohl auch *Geiger* EuZW 2000, 325 ff.

[119] Vgl *Siegel* NVwZ 2008, 620 ff, der Mitteilungen aufgrund dieser faktischen Folgewirkung als Tertiärrecht bezeichnet.

[120] Für eine Verbindlichkeit der Leitlinien iSd Art 171 I, 172 II AEUV zB *Calliess* in: ders/Ruffert EUV/EGV, Art 155 EGV Rn 4, 156 Rn 5; *van Vormizeele* in: Schwarze, EU-Kommentar Art 155 Rn 6. Zu Art 128 II EGV (heute 148 II AEUV) vgl *Niedobitek* in: Streinz, EUV/EGV, Art 128 EGV Rn 11; *Krebber* in: Calliess/Ruffert EUV/EGV, Art 128 Rn 6.

oder sich die Verbindlichkeit nur auf das Innenrecht bezieht (Rn 20). Über die Zulässigkeit der Erhebung einer Nichtigkeitsklage iSd Art 263 AEUV ist damit noch nichts gesagt. So kommen nicht alle Beschlüsse als Gegenstand einer Nichtigkeitsklage in Betracht.[121] Auch kann es an sonstigen Zulässigkeitsvoraussetzungen – namentlich der Klagebefugnis nach Art 263 IV AEUV – fehlen.[122] Im Falle sonstiger Leitlinien oder im Falle von Bekanntmachungen kann sich ebenso wie bei den Mitteilungen aus dem Gleichheitssatz eine Selbstbindung der EU-Kommission ergeben. Überschreitet die EU-Kommission ihre Befugnisse und ordnet sie selbst eigenständige Verpflichtungen an, können letztere nach der Rechtsprechung des EuGH unabhängig von der Rechtsnatur der Maßnahme Gegenstand einer Nichtigkeitsklage (Art 263 AEUV) sein.[123] Dementsprechend spricht Art 263 IV AEUV nur von den an Personen gerichteten oder sie unmittelbar und individuell betreffenden „Handlungen“.

d) Aktionsprogramme sowie Weiß- oder Grünbücher. Aktionsprogramme werden vom Rat sowie der Kommission erstellt und dienen der Konkretisierung der in den Gemeinschaftsverträgen niedergelegten Gesetzgebungsprogramme und allgemeinen Zielvorstellungen. Soweit die Programme in den Verträgen ausdrücklich vorgesehen sind, binden sie die Unionsorgane an den Planungsinhalt.[124] *Weiß- oder Grünbücher* verstehen sich als Orientierungshilfen. Während die Weißbücher förmliche Vorschläge für bestimmte Politikbereiche enthalten, wird in Grünbüchern eine breite Palette an Ideen präsentiert und zur öffentlichen Diskussion gestellt. 28

III. Umsetzung des Unionsrechts

Entfaltet das auf Umsetzung angelegte Unionsrecht in den Mitgliedstaaten keine unmittelbare Wirkung, muss es zunächst in staatliches Recht überführt werden. Maßgeblich für die Gesetzgebungszuständigkeit sind in Deutschland die *Art 70 ff GG*.[125] Eine europafreundliche Auslegung der Normen zugunsten des Bundes ist unzulässig.[126] Ein Tätigwerden des Bundesgesetzgebers ist daher nur zulässig und gegebenenfalls erforderlich, wenn es sich um Gegenstände der ausschließlichen, der konkurrierenden oder der Grundsatz-Gesetzgebung handelt (→ § 6 Rn 11). Im Übrigen liegt die Gesetzgebungskompetenz bei den Ländern. Besteht kein Umsetzungsspielraum, dürften die Voraussetzungen der Erforderlichkeitsklausel des Art 72 II GG zumeist gegeben sein. Die automatische Bejahung eines gesamtstaatlichen Interesses an einer Rechts- oder 29

[121] ZB setzen Nichtigkeitsklagen gegen Handlungen des Europäischen Parlaments und des Europäischen Rates sowie der Einrichtung oder sonstigen Stellen der Union eine Rechtswirkung gegenüber Dritten voraus.

[122] Zum Rechtsschutz vgl auch EuGH Slg 1997, I-1627 Rn 7 – Frankreich/Kommission. Die Klage Deutschlands (Rs T-258/06, AblEU Nr C 294 v 2.12.2006) gegen die Mitteilung der Kommission zu Auslegungsfragen in Bezug auf das Gemeinschaftsrecht, das für die Vergabe öffentlicher Aufträge gilt, die nicht oder nur teilweise unter die Vergaberichtlinien fallen, ist bisher noch nicht beschieden.

[123] Vgl EuGH Slg 1993, I-3283 Rn 23 – Frankreich Kommission; Slg 1997, I-1627 – Frankreich Kommission; *Schmude* (Fn 113), 143 f; *Thomas* EuR 2009, 423, 425; *Ehlers* in: Ehlers/Schoch, Rechtsschutz, § 8 Rn 14, 19.

[124] *Borchardt* (Fn 35) § 6 Rn 473.

[125] Vgl *Trüe* EuR 1996, 179, 190; *Rozek* in: v Mangoldt/Klein/Starck, GG II, Art 70 Rn 10; *Pieroth* in: Jarass/Pieroth, GG, Art 70 Rn 2.

[126] *Gramm* DÖV 1999, 540, 545 f; *Haslach* DÖV 2004, 12, 16 ff.

Wirtschaftseinheit ist aber abzulehnen. Umgekehrt kann die Erforderlichkeit nicht allein deshalb verneint werden, weil die Länder das Unionsrecht ohnehin umsetzen müssen.[127] Die Fortgeltung des Bundesrechts, das wegen der Änderung des Grundgesetzes nicht mehr als Bundesrecht erlassen werden dürfte, richtet sich nach Art 125a–c GG. Die Länder sind dem Bund nach dem Grundsatz der Bundestreue[128] zu einem Tätigwerden und zu einer korrekten Umsetzung des Unionsrechts verpflichtet. Für die Form der Umsetzung (Parlamentsgesetze, Verordnungen oder Satzungen) gelten die allgemeinen Regeln des deutschen Rechts, insbesondere das Prinzip vom Vorbehalt des Gesetzes. An das Bestimmtheitsgebot des Art 80 I 2 GG sind geringere Anforderungen als im deutschen Recht zu stellen, da das Parlament durch das Unionsrecht ohnehin weitgehend festgelegt ist, so dass gegen eine Übertragung der Rechtsetzung auf die Exekutive nicht dieselben Bedenken wie ansonsten bestehen[129] (→ § 2 Rn 49, zur Art der Umsetzung vgl Rn 12). In großzügigerer Weise als im nationalen Recht[130] können auch dynamische Verweisungen auf das Unionsrecht zulässig sein.[131] Selbst wenn das Unionsrecht dies nicht verlangt (Rn 12), sollte bei Umsetzungsakten die unionsrechtliche Grundlage angegeben werden, damit die Betroffenen und die nationalen Gerichte erkennen können, ob Unionsrecht einschlägig und gegebenenfalls eine Vorlage nach Art 267 AEUV geboten ist.[132] In der Praxis hat sich eingebürgert, durch amtliche Anmerkungen darauf hinzuweisen, dass ein Gesetz der Umsetzung von Unionsrecht dient.[133]

30 Werden Richtlinien oder Beschlüsse in deutsche Rechtsvorschriften umgesetzt, stellt sich die Frage, ob die Umsetzungsakte noch einer *Überprüfung* am *Maßstab des Grundgesetzes* unterliegen. Hierbei ist zu differenzieren. Sind die Umsetzungsvorschriften auslegungsfähig, müssen sie richtlinien- bzw beschlusskonform interpretiert werden (Rn 15). Widersprechen sich unions- und verfassungskonforme Auslegung, setzt sich erstere wegen des Vorrangs des Unionsrechts durch.[134] Kommen bei Beachtung des Unionsrechts mehrere Umsetzungsmöglichkeiten in Betracht, die teils mit dem Grundgesetz in Einklang stehen, teils ihm widersprechen, muss die verfassungsmäßige gewählt werden.[135] Besteht kein Umsetzungsspielraum und sind die Umsetzungsvorschriften zwar richtlinien- oder beschlusskonform, aber verfassungswidrig, bleiben sie (bei Wahrung der Identität der Verfassungsordnung) gleichwohl gültig und anwendbar.[136]

[127] Vgl zum Ganzen auch *Lechleitner* Jura 2004, 746, 747; *Degenhart* in: Sachs (Hrsg), GG, 5. Aufl 2009, Art 72 Rn 14.

[128] Vgl *Stern* StR I, § 19 III 4.

[129] Im Ergebnis wie hier *Bauer* in: Dreier (Hrsg), GG, Bd II, 2. Aufl 2006, Art 80 Rn 36. AA *Weihrauch* NVwZ 2001, 265 ff.

[130] → § 6 Rn 12 mit Fn 49.

[131] Vgl EuGH Slg 1997, I-1653, 1678 ff – Kommission/Deutschland; OVG NRW DVBl 1997, 670, 672 (Fall summarischer Prüfung); *Klindt* DVBl 1998, 373 ff. Zu problematischen Verweisungstechniken vgl (am Beispiel des § 23 TKG) *Hoffmann-Riem* DVBl 1999, 125, 130 f.

[132] Zu Art 80 I 2 GG → § 2 Rn 51.

[133] Vgl zB die amtlichen Anmerkungen zum UIG oder UVPG.

[134] AA *Di Fabio* NJW 1990, 947, 952.

[135] Vgl auch BVerfGE 118, 79, 95.

[136] Vgl auch BVerfGE 80, 74 ff.

IV. System der Vollziehung des Unionsrechts

31 Um reale Wirkungen entfalten zu können, bedarf das Unionsrecht der Vollziehung (vornehmlich) durch Verwaltungsträger respektive Verwaltungsbehörden. Eine Union kann nur funktionieren, wenn der Vollzug nicht dem Belieben der Mitglieder überlassen bleibt. Deshalb ist die Europäische Union auch eine Verwaltungsgemeinschaft. Gesteuert wird das Verwaltungshandeln der Union durch das *Unionsverwaltungsrecht*.[137] Darunter ist die Summe aller geschriebenen oder ungeschriebenen Normen des Unionsrechts zu verstehen, welche die Verwaltung im Unionsraum regeln.[138] Das Unionsrecht wird durch die Europäische Union, die Mitgliedstaaten der Europäischen Union oder die kooperierenden Verwaltungen der genannten Rechtssubjekte vollzogen. Organisatorisch und strukturell kann von einer *Mehrebenenverwaltung*[139] gesprochen werden. Dem Trennungsprinzip folgend sind die Verwaltungsaufgaben und Verwaltungszuständigkeiten auf die Europäische Union und die Mitgliedstaaten aufgeteilt. Dies schließt kollegial besetzte Gremien mit Vertretern der Europäischen Union und den Mitgliedstaaten nicht aus (Rn 37). Verfahrens- und handlungsbezogen wird das Trennungsprinzip vielfach durch das die Verwaltung zur Zusammenarbeit verpflichtende Kooperationsprinzip ergänzt. Bedarf das Handeln der Mitwirkung mehrerer Verwaltungen – sei es der Europäischen Union und der Mitgliedstaaten oder nur der Mitgliedstaaten – lässt sich dies als *Mehrstufenverwaltung* bezeichnen. Schließlich kann das Unionsrecht nicht nur durch hoheitliche Verwaltungsträger, sondern auch durch Private vollzogen werden (Rn 64 ff).

32 Wird die Europäische Union selbst verwaltend tätig, kommt ihr *Eigenverwaltungsrecht* zur Anwendung. Ganz überwiegend wird das Unionsrecht aber durch die Mitgliedstaaten vollzogen, weil der Europäischen Union die Kompetenzen und Mittel fehlen, um selbst verwaltend tätig werden zu können. Eine europäische Zentralverwaltung größeren Ausmaßes wäre auch rechtspolitisch nicht wünschenswert. Der Vollzug des Unionsrechts durch die Mitgliedstaaten richtet sich einerseits nach dem für die Mitgliedstaaten relevanten Unionsverwaltungsrecht, andererseits nach dem *mitgliedstaatlichen Verwaltungsrecht*. Beide Rechtsquellen wirken in einem fortgeschrittenen und unumkehrbaren Prozess,[140] welcher der ständigen konzeptionellen Begleitung und Abstimmung seitens der Verwaltungsrechtswissenschaft bedarf, aufeinander ein.

V. Vollziehung des Unionsrechts durch die Europäische Union

1. Betroffene Rechtsgebiete

33 Soweit der EU-Vertrag oder das auf seiner Grundlage erlassene Sekundärrecht dies vorsehen, obliegt der Europäischen Union selbst die Anwendung des Unionsrechts.[141] Der unionseigene oder direkte Vollzug des Unionsrechts kann sich auf *interne oder externe*

[137] Näher dazu *v Danwitz* (Fn 77).

[138] Zu der nicht einheitlichen Begriffsbildung vgl auch *Rengeling* VVDStRL 53 (1994) 202, 205 ff; *Schmidt-Aßmann* Ordnungsidee, 388.

[139] Zur Terminologie vgl statt vieler *Sydow* Verwaltungskooperation in der Europäischen Union, 2004, 5 ff; *Winter* in: Dokumentation zum 14. Deutschen Verwaltungsrichtertag 2004, 135, 145.

[140] *Schmidt-Aßmann* DVBl 1993, 924.

[141] Vgl – im Hinblick auf die Kommission – Art 17 I 2 EUV.

Angelegenheiten beziehen.[142] Ersteres ist etwa der Fall, wenn es um die Aufgaben der Personal- und Materialverwaltung, die Vergabe und Kontrolle von Haushaltsmitteln (Art 317 AEUV) oder die interne Organisation der Europäischen Union geht. Das Recht zur Selbstorganisation ist den Organen der Europäischen Union im Wege der „implied powers" übertragen worden. Extern wird die Europäische Union bei der Verwaltung ihrer eigenen Politikbereiche und der damit verbundenen Gestaltung der Rechtsbeziehungen zu Außenstehenden tätig. Zu nennen sind insbesondere die Maßnahmen der Unionsorgane auf den Gebieten des Wettbewerbsrechts (Art 101 ff AEUV[143]) und des Beihilfenrechts (Art 107 f AEUV[144]), ferner des Außenwirtschaftsrechts (Art 207 AEUV[145]), des Rechts der beruflichen Bildung (Art 166 AEUV), der Strukturfondsverwaltung (Art 175 III AEUV[146]), der Forschungsförderung (Art 179 f AEUV) und der Gestaltung der Außenbeziehungen. Darüber hinausgehend sind der EU-Kommission oder anderen Organisationseinheiten der Europäischen Union auf der Grundlage des Art 202 UA 3 EGV (heute 291 II AEUV) oder anderer Vorschriften, wie namentlich des Art 308 EGV (heute 352 AEUV), durch sekundärrechtliche Bestimmungen zahlreiche weitere Verwaltungsaufgaben übertragen worden. Diese betreffen vor allem diejenigen Rechtsgebiete, die von der Europäischen Union harmonisiert worden sind. Hinzuweisen ist beispielhaft auf das Veterinär- und Lebensmittelrecht[147] oder das Marken- und Sortenrecht.[148] Allein die Vielzahl der mittlerweile ins Leben gerufenen besonderen Organisationseinheiten (Rn 35 ff) vermittelt einen Eindruck von dem Bedeutungszuwachs der unionseigenen Verwaltung, die allerdings oftmals mit den mitgliedstaatlichen Verwaltungen kooperiert (Rn 61). Die Aufgabenstellung der unionseigenen Verwaltung lässt sich der Ordnungs-, Lenkungs-, Leistungs- und Bedarfsverwaltung (→ § 1 Rn 43 ff) zuordnen. Zu den Handlungsformen vgl Rn 10 ff.

2. Organisationsrecht der Eigenverwaltung

34 *a) Allgemeines.* Das Schwergewicht der Eigenverwaltungstätigkeit der Europäischen Union liegt bei der *Kommission*. Darüber hinaus werden auch die anderen Organe der Europäischen Union (Rat, Parlament, Gerichtshof, Europäische Zentralbank, Rechnungshof) teilweise verwaltend tätig. Die in voller Unabhängigkeit als Kollegium unter der politischen Führung des Präsidenten arbeitende Kommission ist ressortmäßig geordnet und gliedert sich in Generaldirektionen und gleichgestellte Dienste, die ihrerseits in Direktorien und Referate untergliedert sind.[149] Um die ständig anwachsenden Exe-

[142] Vgl *Stettner* in: Dauses (Hrsg), Handbuch des EU-Wirtschaftsrechts, 24. Aufl (EL März 2009), B III Rn 19 f; *Rengeling* VVDStRL 53 (1994) 202, 205.

[143] Vgl dazu Art 4 ff KartellVerf-VO 1/2003/EG; Art 4 ff EG-Fusionskontroll-VO 139/2004/EG.

[144] Vgl näher dazu Art 2 ff Beihilfeverfahrens-VO 659/1999/EG.

[145] Zu den Handelsschutzmechanismen in Gestalt des EG-Antidumpingrechts, EG-Antisubventionsrechts und des Rechts zur Abwehr sonstiger unlauterer Handelspraktiken vgl *Ehlers/Wolffgang/Pünder* (Hrsg), Rechtsfragen des Handelsschutzes im globalen Wettbewerb, 2000; *Nettesheim/Duvigneau* in: Streinz, EUV/EGV, Art 133 EGV Rn 68 ff, 99 ff, 113 ff.

[146] Strukturfonds betreffen den Europäischen Ausrichtungs- und Garantiefonds für die Landwirtschaft, den Europäischen Sozialfonds und den Europäischen Fonds für regionale Entwicklung. Näher zur Verwaltung der Strukturfonds der EG *Schöndorf-Haubold* in: Schmidt-Aßmann/ders (Fn 74) 25 ff.

[147] Vgl die Übersicht von *Knipschild* in: Schmidt-Aßmann/Schöndorf-Haubold (Fn 74) 87 ff.

[148] Vgl VO 40/94/EG; VO 2100/94/EG.

[149] Vgl Art 21 der Geschäftsordnung der Kommission (Sart II Nr 235).

kutivaufgaben sachgerecht wahrnehmen zu können, differenziert sich die Verwaltung der Europäischen Union immer mehr aus.

b) Juristische Personen. Teilweise sind verselbständigte juristische Personen unionsrechtlicher Art als Träger mittelbarer Unionsverwaltung geschaffen worden. Hierbei lässt sich nach der Ermächtigungsgrundlage zwischen ausdrücklich *vertraglich verankerten Einrichtungen*, auf vertraglicher Ermächtigung beruhenden Einrichtungen, auf der Grundlage der Vertragsabrundungkompetenz des Art 352 AEUV geschaffenen Einrichtungen sowie den auf einem sekundärrechtlichen Rahmenbeschluss[150] basierenden Einrichtungen unterscheiden.[151] Zur ersten Gruppe sind die mit Unabhängigkeit ausgestattete Europäische Zentralbank (EZB), die Europäische Investitionsbank (EIB) und – für die Europäische Atomgemeinschaft – die EAG-Agentur zur Versorgung der Union mit spaltbarem Material zu zählen.[152] Die sonstigen verselbständigten Rechtsträger werden hier verallgemeinernd als *Agenturen* bezeichnet, auch wenn in der Praxis mitunter andere Namen (Zentrum, Stiftung, Amt, Stelle) gebräuchlich sind.[153] Auch um das Erfordernis der Einstimmigkeit zu vermeiden, wird die Errichtung von Agenturen zunehmend nicht auf Art 352 AEUV (früher 308 EGV), sondern auf eine Annexkompetenz zur Sachkompetenz gestützt, wobei selbst die Rechtsangleichungsvorschrift des Art 114 AEUV (früher 95 EGV) als ausreichend erachtet worden ist.[154] Derzeit gibt es 36 der Europäischen Union oder Europäischen Atomgemeinschaft zuzuordnende Agenturen.[155] Die EU-Kommission differenziert (noch auf der Grundlage der früheren Säulenstruktur der Europäischen Union) zwischen Gemeinschaftsagenturen[156] (Rn 36), 35

150 VO 58/2003/EG.

151 Vgl *Görisch* Demokratische Verwaltung durch Unionsagenturen, 2009, 189 ff.

152 Art 127 ff, 308 ff AEUV, 52 ff EAGV. Die EIB hat auf der Grundlage des Art 30 ihrer EIB-Satzung einen Europäischen Investitionsfonds mit eigener Rechtspersönlichkeit ausgegliedert.

153 Vgl *Fischer-Appelt* Agenturen der Europäischen Gemeinschaft, 1999, 38 ff; *Uerpmann* AöR 125 (2000) 551, 554 ff; *Sydow* (Fn 139) 63 ff; *dens* VerwArch 97 (2006) 1 ff; *Görisch* (Fn 151) 185 ff.

154 Vgl zur Errichtung der Europäischen Agentur für Netz- und Informationssicherheit EuGH Slg 2006, I-3771 → JK EGV Art 95/3.

155 Als Gemeinschaftsagenturen sind zu nennen: Europäisches Zentrum für die Förderung der Berufsausbildung, Europäische Stiftung zur Verbesserung der Lebens- und Arbeitsbedingungen, Europäische Umweltagentur, Europäische Stiftung für Berufsbildung, Europäische Beobachtungsstelle für Drogen und Drogensucht, Europäische Arzneimittel-Agentur, Harmonisierungsamt für den Binnenmarkt, Europäische Agentur für Sicherheit und Gesundheitsschutz am Arbeitsplatz, Gemeinschaftliches Sortenamt, Übersetzungszentrum für die Einrichtungen der Europäischen Union, Europäische Stelle zur Beobachtung von Rassismus und Fremdenfeindlichkeit, Europäische Agentur für den Wiederaufbau, Europäische Behörde für Lebensmittelsicherheit, Europäische Agentur für die Sicherheit des Seeverkehrs, Europäische Agentur für Flugsicherheit, Europäische Agentur für Netz- und Informationssicherheit, Europäisches Zentrum für die Prävention und die Kontrolle von Krankheiten, Europäische Eisenbahnagentur.

156 Agentur der Europäischen Union für Grundrechte, Europäische Agentur für operative Zusammenarbeit an den Außengrenzen, Europäische Agentur für die Sicherheit des Seeverkehrs, Europäische Agentur für Flugsicherheit, Europäische Agentur für Netz- und Informationssicherheit, Europäische Agentur für Sicherheit und Gesundheitsschutz am Arbeitsplatz, Europäische Arzneimittel-Agentur, Europäische Behörde für Lebensmittelsicherheit, Europäische Beobachtungsstelle für Drogen und Drogensucht, Europäische Chemikalienagentur, Europäische Eisenbahnagentur, Europäische Fischereiaufsichtsbehörde, Europäische GNSS-Aufsichtsbehörde, Europäisches Institut für Gleichstellungsfragen, Europäische Stiftung für Be-

Agenturen für die Gemeinsame Außen- und Sicherheitspolitik[157], Agenturen für die polizeiliche und justizielle Zusammenarbeit in Strafsachen[158], Exekutivagenturen[159] (Rn 36) sowie den Agenturen und sonstigen Organen von Euratom[160]. Nicht zu den Agenturen zu rechnen sind die zwischenstaatlichen Einrichtungen wie das Europäische Patentamt, das Europäische Hochschulinstitut oder die Europäischen Schulen und die privatrechtlich organisierten Wirtschaftseinrichtungen der Europäischen Union.[161]

36 Mit der Errichtung von Agenturen verfolgt die Europäische Union vielfältige Zwecke (zum Beispiel Stärkung der Handlungsfähigkeit durch Auslagerung, Ausformung der Kooperation mit den Mitgliedstaaten durch Bündelung des Fach- und Expertenwissens, Abschirmung gegenüber politischen Einflussnahmen von Seiten der Unionsorgane, örtliche Dezentralisation durch Verlagerung des Sitzes in möglichst alle Mitgliedstaaten).[162] In jedem Fall muss das Subsidiaritätsprinzip beachtet werden, das auch organisatorische Bedeutung hat.[163] Im Übrigen ist zwischen Gemeinschaftsagenturen (heute Unionsagenturen) und Exekutivagenturen zu unterscheiden.[164] Unter einer *Gemeinschaftsagentur* (vielfach auch Regulierungsagentur genannt) versteht die Kommission eine mit den Unionsinstitutionen (wie Rat und Kommission) zusammenhängende Einrichtung des europäischen öffentlichen Rechts mit eigener Rechtspersönlichkeit, deren Schaffung durch Rechtsakt erfolgt, in dem die technischen, wissenschaftlichen und administrativen Aufgaben der Agentur geregelt sind.[165] Demgegenüber werden Exekutivagenturen auf der Basis einer Grundverordnung[166] von der Kommission selbst eingesetzt.[167] IdR weisen die Agenturen eine dualistische Struktur mit einem Direktor an der Spitze und einem Verwaltungsrat (Lenkungsausschuss) auf. Die auf unterschiedliche

rufsbildung, Europäische Stiftung für Verbesserung der Lebens- und Arbeitsbedingungen, Europäisches Zentrum für die Förderung der Berufsbildung, Europäisches Zentrum für die Prävention und die Kontrolle von Krankheiten, Europäische Umweltagentur, Gemeinschaftliches Sortenamt, Harmonisierungsamt für den Binnenmarkt, Übersetzungszentrum für die Einrichtung der Europäischen Union.

157 Europäische Verteidigungsagentur, Institut der Europäischen Union für Sicherheitsstudien, Satellitenzentrum der Europäischen Union.

158 Einheit für justizielle Zusammenarbeit der Europäischen Union, Europäische Polizeiakademie, Europäisches Polizeiamt.

159 Exekutivagentur Bildung, Audiovisuelles und Kultur, Exekutivagentur des Europäischen Forschungsrates, Exekutivagentur für das transeuropäische Verkehrsnetz, Exekutivagentur für die Forschung, Exekutivagentur für Gesundheit und Verbraucher, Exekutivagentur für Wettbewerbsfähigkeit und Innovation.

160 Euratom-Versorgungsagentur, Fusion for Energy.

161 Vgl zum Europäischen Patentamt *Bartodziej* Reform der EG-Wettbewerbsaufsicht und Gemeinschaftsrecht, 1994, 193 ff; zum Europäischen Hochschulinstitut *Kaufmann* Das Europäische Hochschulinstitut, 2003; zu den Europäischen Schulen *Gruber* ZaöRV 65 (2005) 1015 ff, zu den privatrechtlich organisierten Wirtschaftseinrichtungen *Berger* Vertraglich vorgesehene Einrichtungen des Gemeinschaftsrechts mit eigener Persönlichkeit, 1999, 24 f.

162 Die zuletzt genannten Gründe treffen nur auf Gemeinschaftsagenturen zu. Zu den Gründen vgl auch *Uerpmann* AöR 125 (2000) 551, 562 ff; *Fuchs* Lebensmittelsicherheit in der Mehrebenenverwaltung der Europäischen Gemeinschaft, 2004, 54.

163 *Winter* EuR 2005, 255, 260 f.

164 Vgl *Sydow* (Fn 139) 65 ff.

165 Vgl http://europa.eu/agencies/index_de.htm.

166 VO 58/2003/EG.

167 Als Beispiel vgl die Exekutivagentur für intelligente Energie (Beschluss 2004/20/EG der Kommission).

Rechtsgrundlagen (Rn 35) und eine sektorspezifische Verordnung gestützten *Regulierungsagenturen* sind Körperschaften des öffentlichen Rechts, weitgehend unabhängig (nicht weisungsgebunden) und haben eine eigene Personalhoheit und Haushaltsautonomie. Ihre Aufgabe ist die Regulierung eines Sektors, wobei die Regulierung im weitesten Sinne zu verstehen und nicht mit Regelung gleichzusetzen ist. Teilweise sind die Regulierungsagenturen befugt, bindende Einzelentscheidungen zu treffen, teilweise werden sie aber auch nur operativ, unterstützend oder zur Sammlung, Analyse und Weitergabe von Informationen tätig.[168] Unterschiedlich geregelt ist die Finanzierung[169], Aufsicht und Finanzkontrolle.[170] Regulierungsagenturen müssen sich sachlich rechtfertigen lassen. Da den Mitgliedstaaten grundsätzlich die Vollziehung des Unionsrechts obliegt, führt die Errichtung von Agenturen zu einem Zuständigkeitsverlust der Mitgliedstaaten. Dieser muss sich am Maßstab des unionsrechtlichen Subsidiaritätsprinzips (Art 5 III EUV) messen lassen.[171] Begründungsbedürftig ist insbesondere die Errichtung von Agenturen auf der Grundlage des Art 114 AEUV zwecks Herstellung eines einheitlichen Vollzugs, weil die Union ansonsten im Hinblick auf ihr gesamtes harmonisiertes Sekundärrecht zu Lasten der Vollzugszuständigkeit der Mitgliedstaaten Verwaltungseinrichtungen schaffen könnte.[172] Insbesondere dürfte sich ein territorialer Agenturunterbau kaum rechtfertigen lassen. Weitere Grenzen ergeben sich aus dem unionsrechtlichen Demokratieprinzip und den rechtsstaatlichen Anforderungen des Unionsrechts (Art 2 EUV). Soweit die Regulierungsagenturen regelnd tätig werden dürfen, wirft die fehlende Einordnung in hierarchische Strukturen und die Unabhängigkeit von Parlament und Rat Legitimationsprobleme auf. Nach der traditionellen Meroni-Rechtsprechung des EuGH ist eine Zuständigkeitsübertragung auf verselbständigte Rechtssubjekte nur für genau umgrenzte Durchführungs- und Ausführungsbefugnisse zulässig, deren Ausübung unter strenger Kontrolle der Kommission stehen muss und keine Ermessensentscheidung zum Inhalt haben darf.[173] Doch kann die Rechtsprechung nicht ohne weiteres verallgemeinert bzw unverändert auf die heutige Zeit übertragen werden. Beruht die Unabhängigkeit der verselbständigten Verwaltungseinrichtung auf einer primärrechtlichen Festschreibung, ist dies hinzunehmen. Üben die Agenturen kein Ermessen aus, dürfte eine verstärkte personelle Rückbindung und Budgetsteuerung den demokratischen Anforderungen genügen. Im Falle eines Ermessens erscheint eine Fachaufsicht erforderlich.[174] Zu Recht ist bisher davon abgesehen worden, die Agenturen mit komplexen Abwägungsentscheidungen bedeutender konfligierender Interessen zu betrauen.[175] Aus rechtsstaatlichen Gründen müssten bei der Aufgabenübertragung die Grundsätze der Bestimmtheit und Transparenz gewahrt werden. Der Rechtsschutz ge-

168 Vgl die Auflistung in KOM (2008) 135 ENDG, 8.

169 Im Jahre 2008 beschäftigten die Regulierungsagenturen etwa 3800 Mitarbeiter und verfügten über ein Jahresbudget von 1,1 Mrd EURO.

170 Näher dazu *Görisch* (Fn 151) 209 ff.

171 Vgl auch *Winter* EuR 2005, 255, 260 f; *Brenner* in: FS Rengeling, 2008, 193, 201 f.

172 Vgl auch *Vetter* DÖV 2005, 721, 725; *Ohler* EuZW 2006, 372, 374.

173 Vgl EuGH Slg 1958, 11 ff; 53 ff – Meroni. Die Entscheidungen bezogen sich auf den Fall der Aufgabenverlagerung von der Hohen Behörde (als Kommissionsvorläufer) auf eine hoheitliche beliehene Privateinrichtung. Vgl auch EuGH Slg 2005, I-4071 Rn 41 ff – Tralli.

174 Vgl *Görisch* (Fn 151) 392 ff (mit Bedenken gegen die Organisation der Europäischen GNSS-Aufsichtsbehörde); ausf ferner *Fischer-Appelt* (Fn 153) 184 ff; *Uerpmann* AöR 125 (2000) 551, 557 ff, 571 ff, 580 ff; krit *Lübbe-Wolff* VVDStRL 60 (2001) 246, 269 ff.

175 Vgl zu dieser Grenzziehung *Winter* EuR 2005, 255, 263, 267.

gen Entscheidungen der Agenturen richtet sich nach Art 263 I 2, V, 265 I 2 AEUV.[176] Ferner haftet die Union grundsätzlich[177] für Schadenszufügungen der Agenturen. Weniger Probleme bereiten die von der Kommission auf der Basis der VO 58/203/EG selbst eingesetzten, am Sitz der Kommission (Brüssel oder Luxemburg) angesiedelten *Exekutivagenturen*, weil sie (trotz fehlenden Einzelweisungsrechts) so eng an die Kommission angebunden sind, dass sie sich wenig von nachgeordneten Instanzen der Kommission unterscheiden.[178]

37 *c) Ausschüsse.* Schon der EU-Vertrag sieht zahlreiche Ausschüsse vor, die allerdings zumeist nicht der Kommission zugeordnet sind.[179] Auf sekundärrechtlicher Grundlage oder im Wege der Selbstorganisation sind zahlreiche Ausschüsse bei der Kommission gebildet worden,[180] durch die etwa in Gestalt von Beamtenausschüssen oder (mit Wissenschaftlern oder Interessenvertretern besetzten) Sachverständigenausschüssen Wissensbestände und Erfahrungen bei der Vorbereitung oder Durchführung von Maßnahmen aktiviert werden sollen.[181] Von diesen Ausschüssen sind die *Komitologie-Ausschüsse* zu unterscheiden, welche die Kommission bei der Ausübung der ihr durch Basisrechtsakte übertragenen Durchführungsbefugnisse (Rn 6) unterstützen sollen. Im Jahre 2008 gab es 270 solcher Ausschüsse. Sie bestehen aus einem Vertreter der Kommissionsdienststelle, der den Vorsitz innehat, und Regierungsvertretern jedes Mitgliedstaates. Ihre Aufgabe besteht darin, Stellungnahmen zu den Entwürfen für Durchführungsmaßnahmen abzugeben, die von den Dienststellen der Kommission vorgelegt werden. Damit erhalten die Mitgliedstaaten die Möglichkeit, Einfluss auf die Wahrnehmung der Durchführungsbefugnisse zu nehmen[182] (sowie die Verwaltungspraxis der Mitgliedstaaten aufeinander abzustimmen und Vollzugsprobleme zu erörtern[183]). Die Komitologiepraxis ist durch den Komitologiebeschluss des Rates vom 28.6.1999 geregelt worden.[184] Er schreibt vier Verfahrensarten (Beratungsverfahren, Verwaltungsverfahren, Regelungsverfahren und Verfahren bei Schutzmaßnahmen) vor, die einen Typenzwang für die Basisrechtsakte begründen. Hinzugekommen ist das durch Beschluss 2006/512/EG des Rates eingeführte Regelungsverfahren mit Kontrolle. Die Basisrechtsakte schreiben vor, welches Verfahren zur Anwendung kommen soll. Ein negatives Votum der *Beratungsausschüsse* gegenüber einem Kommissionsvorschlag löst nur eine die Kommission nicht bindende Berücksichtigungspflicht aus. Stimmt eine Stellungnahme des Ausschusses im *Verwaltungsverfahren* nicht mit dem Vorschlag überein, kann die Kommission zwar die Maßnahme durchführen, der Rat aber mit qualifizierter Mehrheit anders entscheiden. Im *Regelungsverfahren* obliegt bei ablehnender

[176] Vgl zu früherem Recht bereits EuG EuR 2009, 369 – Sogelma/AER → JK 2/10 AEUV Art 263 I, IV/1 (Rechtsschutz gegen die Europäische Agentur für Wiederaufbau).

[177] Zur Europäischen Zentralbank vgl Art 340 III AEUV.

[178] Vgl *Schenk* in: Schmidt-Aßmann/Schöndorf-Haubold (Fn 74) 281 ff, 565.

[179] Vgl zB Art 134 (Wirtschafts- und Finanzausschuss); 150 (Beschäftigungsausschuss), 301 (Wirtschafts- und Sozialausschuss), 305 AEUV (Ausschuss der Regionen). Anders aber zB Art 99 AEUV (Beratender Ausschuss zu Verkehrsfragen bei der Kommission). Näher zum Ausschusswesen *Joerges/Falke* (Hrsg), Das Ausschusswesen der Europäischen Union, 2000.

[180] Zur Zulässigkeit vgl auch EuGH Slg 1970, 1161 Rn 13 ff – Köster.

[181] Vgl *Schmidt-Aßmann* in: ders/Schöndorf-Haubold (Fn 74) 19; zur Sicherstellung der Qualität der Beratung durch Fachkompetenz, Unabhängigkeit und Pluralität der Sachverständigen vgl KOM (2002) 713 endg.

[182] Vgl *Priebe* in: Hill/Pitschas (Hrsg), Europäisches Verwaltungsverfahrensrecht 2004, 337, 349 f.

[183] *Sydow* (Fn 139) 82.

[184] Vgl Fn 15.

Stellungnahme des Ausschusses nach Benachrichtigung des Parlaments dem Rat die Entscheidung. Nur wenn der Rat keine fristgemäße Entscheidung trifft, darf die Kommission handeln. Das *Regelungsverfahren mit Kontrolle* soll dem Parlament und dem Rat gestatten, die Annahme eines Entwurfs der Kommission mit der Begründung abzulehnen, dass dieser über die im Basisrechtsakt vorgesehenen Durchführungsbefugnisse hinausgeht oder mit dem Ziel und dem Inhalt des Rechtsaktes nicht vereinbar ist oder gegen Grundsätze der Subsidiarität oder Verhältnismäßigkeit verstößt. Die Kommission darf dann die vorgeschlagenen Maßnahmen nicht erlassen, sondern nur einen geänderten Entwurf unterbreiten. Im Falle der *Verfahren bei Schutzmaßnahmen* genießt die Kommission weitgehend freie Hand, muss aber den Rat und die Mitgliedstaaten informieren. Auf Verlangen eines Mitgliedstaates muss sich der Rat mit dem Beschluss der Kommission befassen und kann durch qualifizierte Mehrheit die Entscheidung an sich ziehen. In der Praxis sind negative Voten der Komitologie-Ausschüsse selten.

d) Ausgegliederte Ämter oder Einrichtungen. Des Weiteren verfügt die Europäische Union über eine große Zahl von Ämtern oder ähnlichen Einrichtungen, die der Kommission zugeordnet, aber mehr oder weniger ausgegliedert worden sind, wie etwa das Statistische Amt der EU (Eurostat).[185] Teilweise handelt es sich um sogenannte interinstitutionelle,[186] teilweise um unabhängige Einrichtungen mit weitreichenden Befugnissen. So genießt das Amt für Betrugsbekämpfung (*OLAF*) einerseits vollständige Unabhängigkeit, hat aber andererseits erhebliche Kontrollbefugnisse.[187] **38**

e) Rechnungshof und Beauftragte. Erheblichen Einfluss auf die Eigenverwaltung der Europäischen Union haben schließlich auch der Europäische Rechnungshof (Art 285 AEUV) und verschiedene Beauftragte der Europäischen Union (wie der vom Europäischen Parlament eingesetzte *Bürgerbeauftragte*[188] oder der Europäische *Datenschutzbeauftragte*[189]), auch wenn diese nicht der Kommission zuzuordnen sind. **39**

3. Handlungsbefugnisse, Handlungsformen und Handlungsmaßstäbe der Eigenverwaltung

Während die *Kommission* je nach Ermächtigungsgrundlage sowohl rechtsetzend tätig werden darf (Rn 6) als auch Entscheidungen erlassen, Verträge abschließen und Realakte vornehmen kann (Rn 23 ff), sind die Handlungsbefugnisse und Handlungsformen der juristischen Personen, Ausschüsse und ausgegliederten Ämter oder sonstigen Einrichtungen sehr unterschiedlich. Die EZB kann zur Erfüllung ihrer währungspolitischen Aufgaben Verordnungen, Beschlüsse, Empfehlungen und Stellungnahmen erlassen respektive abgeben (Art 132 AEUV). Die EIB ist zur Vornahme der üblichen Bankgeschäfte vor allem nach Maßgabe des mitgliedstaatlichen Rechts berechtigt.[190] Die *Agenturen* sind idR nur mit Unterstützungsaufgaben betraut worden (Rn 36).[191] Be- **40**

185 Vgl VO 322/97/EG.

186 So das Amt für amtliche Veröffentlichungen der Europäischen Gemeinschaft und das Europäische Amt für Personalauswahl.

187 Vgl Kommissionsbeschluss 1999/352/EG; VO 1073/99/EG. Näher dazu *Schoo* in: Schwarze, EU-Kommentar, Art 280 EGV Rn 31 ff; *Gemmel* Kontrollen des OLAF in Deutschland, 2002, 49 ff. Zur heutigen Rechtslage vgl Art 325 AEUV.

188 Art 228 AEUV, 43 GRCh.

189 Art 41 ff VO 45/2001/EG. Vgl auch Art 16 II 2 AEUV.

190 Vgl Art 28 des Protokolls über die Satzung der EIB, Sart II 266.

191 Vgl *Fischer-Appelt* (Fn 153) 46 ff; *Groß* EuR 2005, 54, 57 f.

schlüsse mit verbindlicher Wirkung gegenüber Dritten treffen aber zum Beispiel das Harmonisierungsamt für den Binnenmarkt, das Gemeinschaftliche Sortenamt und die Europäische Agentur für Flugsicherheit.[192] Die Handlungsmöglichkeiten der Ausschüsse hängen davon ab, ob es sich um beratende Ausschüsse, Verwaltungsausschüsse, Regelungsausschüsse oder Ausschüsse für Schutzmaßnahmen handelt (Rn 37). IdR lediglich vorbereitende Aufgaben haben auch die ausgegliederten Ämter und sonstigen Einrichtungen zu erfüllen. Doch kann sich die Rechtslage im Einzelfall anders darstellen, wie das Beispiel des Amtes für Betrugsbekämpfung zeigt (Rn 38).

41 Für das Handeln der Eigenverwaltung gelten die *rechtstaatlichen Anforderungen*, wie sie sich im EU-Vertrag niedergeschlagen haben oder von der Rechtsprechung als allgemeine Rechtsgrundsätze entwickelt worden sind (→ § 2 Rn 29 f) – etwa das Prinzip der begrenzten Einzelermächtigung, die Wahrung der Subsidiarität, Gesetzmäßigkeit der Verwaltung und Rechtssicherheit, der Schutz des Vertrauens, der wohlerworbenen Rechte und des guten Glaubens sowie die Beachtung der Grundrechte und der Verhältnismäßigkeit.[193] Art 41 GRCh garantiert zudem jeder Person nunmehr ausdrücklich ein Recht auf eine gute Verwaltung[194] iSe fairen (unparteiischen, gerechten und zügigen) Verwaltungsverfahrens der Organe, Einrichtungen und sonstigen Stellen der Union (→ § 13 Rn 18 ff).[195] Dazu gehören das Recht auf Anhörung, Akteneinsicht[196], Begründung von Entscheidungen[197], Schadensersatz[198] und die Wahl der Sprache[199]. Vor allem das Recht auf „gerechte" Behandlung ist entwicklungsoffen.[200] Obwohl nur die Europäische Union (einschließlich ihrer Untergliederungen) verpflichtet wird, dürften die kodifizierten Garantien als Ausdruck Allgemeiner Rechtsgrundsätze auch von den Mitgliedstaaten bei der Durchführung des Unionsrechts zu beachten sein. Zugeordnet ist dem Recht auf eine gute Verwaltung das Recht auf Zugang zu Dokumenten (Art 42 GRCh).[201] Ein einheitliches Verwaltungsverfahrensrecht kennt die Europäische Union bisher nicht. Teilweise existieren aber verfahrensrechtliche Spezialregelungen.[202]

42 Vergleicht man das Eigenverwaltungsrecht der Europäischen Union mit dem deutschen Verwaltungsrecht, lassen sich viele Gemeinsamkeiten feststellen. Zum Beispiel gelten für Entscheidungen ähnliche Fehlerfolgen (→ § 2 Rn 115 ff), Bestandskraft-

[192] Vgl *Groß* EuR 2005, 54, 58: Die Europäische Agentur für Flugsicherheit kann auch technische Regeln abstrakter Natur erlassen.

[193] Näher zum Ganzen *Schwarze* Eur VwR, Kapitel 3 ff.

[194] Vgl bereits EuGH Slg 1992, I-2253 – Burban; Slg 1994, I-2885 Rn 39 – Fiskano; EuG Slg 1995, II-2589 – Nölle; Slg 1999, II-2403 Rn 38 ff – New Europe Consulting; Slg 2002, II-313 Rn 48 ff – max.mobil Telekommunikation.

[195] Näher dazu *Bauer* Das Recht auf eine gute Verwaltung im Europäischen Gemeinschaftsrecht, 2002; *Jarass*, EU-Grundrechte, 2005, § 36; *Galetta/Grzeszick* in: Tettinger/Stern, Hrsg, Kölner Gemeinschaftskommentar zur Europäischen Grundrechte-Charta, 2006, Art 41; *Gundel* in: Ehlers, Europäische Grundrechte, § 20 Rn 10 ff.

[196] In den Grenzen des Art 16 AEUV.

[197] Vgl auch Art 296 AEUV.

[198] Vgl auch Art 340 AEUV.

[199] Vgl auch Art 24 IV AEUV.

[200] Vgl Art 41 GRCh.

[201] Vgl auch Art 15 III AEUV.

[202] ZB VO 2988/74/EWG (für Verfolgungs- und Vollstreckungsverjährung) VO 1/2003/EG (für das Kartellverfahren); VO 139/2004/EG (für die Fusionskontrolle); VO 2913/92/EWG (Zollkodex).

regeln[203] und Rücknahme- sowie Widerrufsgrundsätze[204] wie für Verwaltungsakte deutscher Behörden. Doch gibt es auch erhebliche Unterschiede. So wird im Unionsrecht anders als im deutschen Verwaltungsrecht (→ § 11 Rn 10 ff) bisher nicht kategorisch zwischen unbestimmten Rechtsbegriffen mit Beurteilungsspielräumen, Ermessensspielräumen und sonstigen Rechtsbindungen unterschieden. Auch werden der Verwaltung tendenziell weiter gehende *Gestaltungsspielräume* als im deutschen Recht zugestanden, was etwa in einer grobmaschigeren Verhältnismäßigkeitsprüfung durch die Gerichtsbarkeit zum Ausdruck kommt.[205] Andererseits kommt dem *Verfahrensrecht* eine sehr viel gewichtigere Rolle als im deutschen Recht zu. So können Verfahrensrechte in weiter gehendem Ausmaße als in Deutschland ohne weitere Beschränkungen selbständig (und nicht nur gleichzeitig mit den gegen die Sachentscheidung zulässigen Rechtsbehelfen[206]) gerichtlich geltend gemacht werden. Auch gestattet das Unionsrecht, anders als § 45 II VwVfG, keine Heilung von Verfahrensfehlern im gerichtlichen Verfahren.[207] Ferner hat der Grundsatz der Öffentlichkeit der Verwaltung stärkere Ausprägung als (traditionellerweise) in Deutschland erfahren (→ § 1 Rn 74).

VI. Vollziehung des Unionsrechts durch die Mitgliedstaaten

1. Arten der Vollziehung

Grundsätzlich wird das Unionsrecht durch die Mitgliedstaaten vollzogen (Rn 32). **43**
Nach dem *anzuwendenden Recht* lässt sich zwischen unmittelbarer und mittelbarer Vollziehung, nach der *Wirkung* zwischen einer Vollziehung pro statu, pro communitate und per recognitionem unterscheiden.

a) *Anwendbares Recht. (1) Unmittelbare Vollziehung.* Im Falle einer unmittelbaren **44**
Vollziehung wendet die mitgliedstaatliche Verwaltung direkt anwendbares Unionsrecht (insbesondere Primärrecht, Verordnungen, unmittelbar anwendbare Richtlinien oder Beschlüsse) an. Teilweise enthält das Unionsrecht auch unmittelbar anwendbares Vollzugsrecht. So richtet sich die Ausfuhrkontrolle der nationalen Behörden für Güter mit doppeltem Verwendungszweck nach der Dual-Use-Verordnung der EU[208] und das von den nationalen Zollverwaltungen anzuwendende Verwaltungsverfahren nach dem Zollkodex und der dazu ergangenen Durchführungsverordnung.[209] Fehlen solche Regelungen, richtet sich das Verfahren grundsätzlich nach dem Recht der Mitgliedstaaten. Doch wird deren Verfahrensautonomie[210] vor allem in zweifacher Hinsicht eingeschränkt. Zum einen darf das Verfahren im Vergleich zu denjenigen, in denen über gleichartige, rein nationale Fälle entschieden wird, nicht ungünstiger sein (*Grundsatz der Äquivalenz*). Zum anderen ist es den nationalen Verwaltungen untersagt, die Verwirklichung des Unionsrechts praktisch unmöglich zu machen oder übermäßig zu

[203] Anders als im deutschen Recht gilt eine Frist von zwei Monaten (vgl Art 263 VI AEUV).
[204] Vgl *Haratsch* EuR 1998, 387 ff; *v Danwitz* (Fn 77) 396 ff.
[205] Vgl *Ehlers* DVBl 2004, 1441, 1449.
[206] Vgl § 44a VwGO.
[207] Vgl EuGH Slg 2004, I-1073 – Mattila; *Kahl* VerwArch 95 (2004) 1, 20 f.
[208] VO 428/2009/EG.
[209] VO 2913/92/EWG, zuletzt geändert durch die Beitrittsakte von 2003, ABl L 236 v 23.09.2003, 33; Durchführungs-VO 2454/93/EWG.
[210] Vgl *Iglesias* EuGRZ 1997, 289 ff; *Kadelbach* Allg VwR, 110 ff; *Schmidt-Aßmann* FG 50 Jahre BVerwG, 2004, 487, 489; v Danwitz (Fn 77), 310 ff, 483 ff.

erschweren (*Grundsatz der Effektivität*).[211] Während die Berücksichtigung des Äquivalenzgrundsatzes wenig Probleme aufwirft, kann dem Effektivitätsgrundsatz eine erhebliche Sprengkraft zukommen. Soweit sich Probleme ergeben, muss der Mitgliedstaat mit der Kommission zusammenarbeiten, um die Schwierigkeiten unter vollständiger Beachtung der Bestimmungen des EUV und AEUV zu überwinden.[212] Aus Art 4 III EUV folgt zudem die Pflicht der Mitgliedstaaten, die Einhaltung des Unionsrechts durch entsprechende Sanktionsnormen sicherzustellen[213] sowie für hinreichend qualifizierte Verletzungen des Unionsrechts Schadensersatz zu leisten (→ § 47 Rn 9 ff).

45 Die *Einwirkungen* des Unionsrechts auf das nationale Verwaltungs(verfahrens)recht vollziehen sich *mehrgestaltig*. Entweder ist das Unionsrecht in die unbestimmten Rechtsbegriffe der nationalen Vorschriften hineinzulesen, oder es sind die nationalen Ermessensermächtigungen der Verwaltung[214] im Lichte des Unionsrechts auszuüben. UU ist beides geboten. Zum Beispiel hat ein Widerspruch gegen einen (belastenden) Verwaltungsakt nach § 80 I 1 VwGO grundsätzlich aufschiebende Wirkung (sofern die Erhebung des Widerspruchs überhaupt statthaft ist). Die Behörde kann aber auch die sofortige Vollziehung des Verwaltungsaktes anordnen, wenn dies im öffentlichen Interesse liegt (§ 80 II Nr 4 VwGO). Ergeht der Verwaltungsakt im Vollzug von EU-Recht und verpflichtet dieses dazu, die notwendigen Maßnahmen zur Einhaltung der Unionsvorschriften zu treffen, ist das öffentliche Interesse iSd Unionsinteresses auszulegen. Zugleich ist eine Ermessensreduzierung auf Null anzunehmen, wenn das Unionsrecht die Anordnung der sofortigen Vollziehung gebietet.[215] Widerspricht das nationale Recht den unionsrechtlichen Vorgaben, darf es nicht angewendet werden (→ § 2 Rn 99 ff).

46 Im Einzelfall kann die Einwirkung des Unionsrechts zu einer *Denaturierung* des nationalen Verwaltungs(verfahrens)rechts führen. So richtet sich die Rücknahme begünstigender Verwaltungsakte und die Rückforderung der erbrachten Leistungen wegen Verstoßes gegen Unionsrecht idR nach dem nationalen Recht und damit grundsätzlich nach den Bestimmungen der §§ 48, 49a VwVfG, weil das Unionsrecht zumeist keine eigenen Rücknahme- und Rückforderungsvorschriften kennt (Rn 32). Hat die EU-Kommission auf der Grundlage des Art 108 II AEUV eine bereits gewährte staatliche Beihilfe bestandskräftig für unvereinbar mit dem Binnenmarkt erklärt und die Rückforderung der gezahlten Beträge angeordnet, beschränkt sich die Rolle der nationalen Behörden auf die Durchführung der Entscheidung der Kommission. § 48 VwVfG kommt dann zwar formal zur Anwendung, es gelten aber völlig andere Maßstäbe, weil die Vorschrift nur noch der Implementierung des Unionsrechts dient. So kommt den nationalen Behörden entgegen § 48 I VwVfG kein Ermessen zu. Auch können sich die Beihilfeempfänger regelmäßig weder auf den nationalen Vertrauensschutz[216] noch auf

[211] Grundlegend EuGH Slg 1983, 2633 Rn 23 – Deutsches Milchkontor. Vgl ferner (zB) EuGH Slg 1999, I-579 Rn 25 – Dilexport; Slg 2006, I-8559 – i-21 Germany und Arcor → JK EGV Art 10/6.

[212] EuGH Slg 1995, I-343 Rn 13 – Kommission/Italien; Slg 1995, I-673 Rn 17 – Kommission/Italien.

[213] EuGH Slg 1977, 137 Rn 32 – Amsterdam Bulb.

[214] Zur Einschränkung des Ermessens der Kommunalaufsichtsbehörden vgl *Ehlers* DÖV 2001, 412, 415.

[215] EuGH Slg 1990, I-2879 Rn 34 – Kommission/Deutschland.

[216] Der Schutz des Vertrauens gehört zwar zu den allgemeinen Rechtsgrundsätzen des Unionsrechts (Rn 41), er muss aber gegen die Beschlüsse der Kommission geltend gemacht werden. Für einen die Bestandskraft eines Beschlusses durchbrechenden Vertrauensschutz nach Maßgabe nationalen Rechts ist kein Raum mehr.

den Ablauf der Frist des § 48 IV VwVfG berufen.[217] Vielmehr *muss* der Verwaltungsakt zurückgenommen werden, wenn nicht seine Durchführung absolut unmöglich ist oder auf unvorhergesehene und unvorhersehbare Schwierigkeiten trifft (→ § 24 Rn 1 ff).[218] Ist die Beihilfe unter Verstoß gegen Art 108 III AEUV nicht notifiziert, aber später gleichwohl von der EU-Kommission genehmigt worden, ist die Verwaltung zwar nicht verpflichtet, diese vollständig rückabzuwickeln. Das Unionsrecht gebietet es aber, dem Beihilfeempfänger jedenfalls aufzugeben, für die Dauer der Rechtswidrigkeit (vorzeitiger Erhalt der Beihilfe) Zinsen zu zahlen.[219] Gibt es kein vorgelagertes Verfahren von EU-Behörden, richtet sich die Rücknahme unionsrechtswidriger nationaler Verwaltungsakte nicht nur der formalen Hülse nach, sondern auch materiell nach § 48 VwVfG. Doch müssen ebenfalls die diesbezüglichen Tatbestandsmerkmale und Ermessensermächtigungen im Lichte des Unionsrechts ausgelegt werden. So ist der Ablauf der Jahresfrist des § 48 IV VwVfG[220] ausnahmsweise unbeachtlich, wenn die Behörde die Frist bewusst zum Nachteil der EU verstreichen lässt.[221] Eine Pflicht zur Aufhebung unionsrechtswidriger Verwaltungsakte nach Eintritt der Bestandskraft besteht nur, wenn besondere Umstände hinzutreten.[222] Eine nach Bestandskraft eines Verwaltungsakts ergehende Entscheidung des EuGH, die das Unionsrecht anders als die Verwaltungsbehörde auslegt, stellt keine nachträgliche Rechtsänderung iSd § 51 I Nr 1 VwVfG darf. Der Gerichtshof stellt nur deklaratorisch fest, wie das Unionsrecht auszulegen ist. Ergibt sich aus der Entscheidung des EuGH, dass der bestandskräftige Verwaltungsakt nicht rechtmäßig sein kann, ist die Behörde verpflichtet, ein Wiederaufgreifen des Verfahrens zu prüfen. Liegt ein Verstoß gegen Art 267 AEUV vor, besteht die Pflicht zum Wiederaufgreifen. Über die Aufhebung des Verwaltungsakts ist dann – anders als bei einem Wiederaufgreifen nach § 51 I VwVfG (mit der Rechtsfolge der Rückversetzung in die Lage vor der letzten Verwaltungsentscheidung) – nach § 48 I VwVfG zu entscheiden. Hat der Beteiligte alles ihm Mögliche getan, um bereits im ersten Anlauf eine für ihn günstige Entscheidung herbeizuführen,[223] entspricht eine Rücknahme des unionsrechtswidrigen Verwaltungsaktes dem Effektivitätsgebot des Unionsrechts. Eine generelle Ermessensreduzierung auf Null kann indessen nicht angenommen werden. Vielmehr kommt es auf die Umstände des Einzelfalls (zB auch die Wahrung der Belange Dritter) an. Im Zweifel ist davon auszugehen, dass unionsrechtskonforme Zu-

[217] Vgl EuGH Slg 1989, 175 Rn 1 ff – Alcan I; Slg 1997, I-1591 Rn 24 – Alcan II; BVerwGE 106, 328 ff; BVerfG-K NJW 2000, 2015 f; *Ehlers* Verw 37 (2004) 255, 258 f.

[218] Das unionsrechtlich Geforderte darf nicht dadurch unterlaufen werden, dass die nationale Verwaltung Beihilfeempfängern anstelle der zurückgeforderten unionsrechtswidrigen Beihilfe Schadensersatz gewährt.

[219] Vgl EuGH Slg 2008, I-469 Rn 52 – CELF; *Gundel* EWS 2008, 161 ff.

[220] Zur grundsätzlichen Vereinbarkeit von nationalen Fristen- und Bestandskraftregeln mit dem Unionsrecht vgl *Ehlers* DVBl 2004, 1441, 1446 f.

[221] EuGH Slg 1997, I-1591 Rn 38 – Alcan II.

[222] Vgl EuGH Slg 2004, I-837 Rn 28 – Kühne & Heitz → JK EGV Art 10/3; Slg 2006, I-8559 Rn 63 – i-21 Germany und Arcor → JK EGV Art 10/6; Slg 2008, I-411 Rn 46 – Kempter → JK 10/08 EGV Art 10/7; Vgl auch VBlBW 2009, 226 → JK 9/09 VwVfG § 51/5; *Gärditz* NWVBl 2006, 441 ff; *Potacs* FS Ress, 2005, 729, 734; *v Danwitz* (Fn 77), 546 ff. Näher zum Ganzen → § 24 Rn 17 f; *Weiß* DÖV 2008, 477 ff.

[223] Nicht erforderlich ist es, dass sich der Betroffene im Rahmen des gerichtlichen Rechtsbehelfs, den er gegen die Verwaltungsentscheidung eingelegt hat, auf das Unionsrecht berufen hat. Vgl EuGH Slg 2008, I-411 Rn 46 – Kempter.

stände herzustellen sind. Verstoßen Subventionsverträge gegen das Unionsrecht, sind sie als nichtig anzusehen (→ § 22 Rn 4).[224]

47 Die Einwirkung des Unionsrechts auf das Verwaltungsrecht bewirkt vielfach dessen *Spaltung*, je nachdem, ob ein Lebenssachverhalt nur einen nationalen oder unionsrechtlichen Bezug hat. Die Sogkraft des Unionsrechts dürfte aber die Tendenz begünstigen, sich möglichst auch dann am Standard des Unionsrechts auszurichten, wenn der Mitgliedstaat nicht dazu verpflichtet ist.

48 *(2) Mittelbare Vollziehung.* Wenden die nationalen Verwaltungsträger respektive Behörden nationales Recht an, das der Umsetzung oder Ausführung von Unionsrecht dient (zB der Umsetzung einer Richtlinie oder Ergänzung einer Verordnung), kann von mittelbarer Vollziehung des Unionsrechts gesprochen werden. In diesem Falle muss den unionsrechtlichen Vorgaben (zB durch richtlinienkonforme Auslegung, Rn 15) Rechnung getragen werden. Es gelten daher dieselben Grundsätze wie für die unmittelbare Vollziehung.[225] Insbesondere müssen das *Äquivalenz-* und *Effektivitätsgebot* (Rn 44) beachtet werden.[226]

49 b) *Wirkungsweise der Verwaltung.* (1) *Vollziehung pro statu.* Stellt man auf die Wirkungen der Vollziehung des Unionsrechts ab, lässt sich danach differenzieren, ob diese auf den Hoheitsbereich des Staates begrenzt bleiben oder darüber hinausreichen. Grundsätzlich trifft ersteres zu. Die Mitgliedstaaten vollziehen das Unionsrecht dann *jeder* nur *für sich,*[227] also pro statu.[228] Dies bedeutet nicht notwendigerweise, dass die mitgliedstaatlichen Verwaltungen vollkommen alleine entscheiden. Vielmehr kann auch insoweit eine Zusammenarbeit mit der Europäischen Union oder den anderen Mitgliedstaaten geboten sein (Rn 61 ff).

50 *(2) Vollziehung pro communitate.* Unionsrecht kann auch in der Weise vollzogen werden, dass ein Mitgliedstaat unionsweit – und damit grenzüberschreitend – für alle Mitglieder handelt (*einer für alle*[229]). Die mitgliedstaatliche Entscheidung entfaltet dann zum Beispiel als single licence unmittelbar transnationale Wirkungen. In Deutschland wird von einem *transnationalen Verwaltungsakt* gesprochen (→ § 21 Rn 71 f).[230] Beispielhaft sei auf die Typenzulassung von Kraftfahrzeugen, die Freisetzungsgenehmigung für das Inverkehrbringen gentechnisch veränderter Organismen, die Zulassung neuer Lebensmittel nach der Novel-Food-VO der Europäischen Union[231] sowie die Erlaubnis zum Betrieb von Bank-, Versicherungs- und Wertpapiergeschäften[232] hingewiesen. So darf ein Versicherungsunternehmen, das in einem Mitgliedstaat eine Betriebserlaubnis erhalten hat, ohne zusätzliche Erlaubnis im Inland Zweigniederlassungen errichten oder grenzüberschreitende Dienstleistungen erbringen. Die unionsweite Wir-

224 Vgl BGH EuZW 2003, 444; entgegen OVG Berlin-Bbg NVwZ 2006, 104 f → JK EGV Art 87 I/2, gebietet das Unionsrecht nicht, zwecks Durchführung der Kommissionsentscheidung Beihilfebeträge unionsrechtswidriger Subventionsverträge durch Verwaltungsakt zurückzufordern, vgl § 3 Rn 53.

225 Str wie hier zB *Streinz* EuR, Rn 559.

226 AA *Borchardt* (Fn 35) § 5 Rn 518.

227 Vgl *Sydow* (Fn 139) 127.

228 Vgl *Winter* EuR 2005, 255, 256.

229 *Sydow* (Fn 139) 138.

230 Vgl *Schmidt-Aßmann* DVBl 1993, 924, 935 ff; *Groß* JZ 1994, 596 ff; *Neßler* NVwZ 1995, 863 ff; *Kadelbach* Allg VwR, 36; *Ruffert* Verw 34 (2001) 453 ff; *Gundel* in: Schulze-Zuleeg (Hrsg), Europarecht, Handbuch für die deutsche Rechtspraxis, 2006, § 3 Rn 160 ff.

231 Näher hierzu statt vieler *Sydow* (Fn 139) 164 ff.

232 Vgl *Royla* Grenzüberschreitende Finanzmarktaufsicht in der EG, 2000, 48 ff.

kung transnationaler Verwaltungsakte beruht auf Geltungserstreckungsanordnungen der EU-Verordnungen oder von in nationales Recht umgesetzten Richtlinien.[233] Der Rechtmäßigkeitsmaßstab ist neben dem Unionsrecht nur das Recht des Erlassstaates.[234] Eine Rechtmäßigkeitskontrolle anderer Mitgliedstaaten nach eigenem Recht oder dem Recht des Erlassstaates ist grundsätzlich unzulässig. Auch die Aufhebung der transnationalen Verwaltungsakte durch die Verwaltung sowie der Gerichtsschutz obliegen nur den Behörden und Gerichten des Erlassstaates. Teilweise sieht das Sekundärrecht der Europäischen Union vor, dass vor Erlass transnationaler Verwaltungsakte die Union oder die Behörden anderer Mitgliedstaaten beteiligt werden müssen, die Wirkungen der Verwaltungsakte anderer Mitgliedstaaten bei Annahme einer Unionsrechtswidrigkeit im Inland vorläufig *suspendiert* werden dürfen[235] oder nach einer Suspensionsanordnung die Europäische Union entscheidet.[236] So sind die Behörden der Mitgliedstaaten verpflichtet, ein Konsultationsverfahren einzuleiten, bevor eine Freisetzungsgenehmigung für gentechnisch veränderte Organismen erteilt wird. Ein Einspruch der entsprechenden Behörden anderer Mitgliedstaaten hat *Devolutiveffekt*. Sofern die Mitgliedstaaten Divergenzen nicht untereinander beilegen können (Divergenzbereinigungsverfahren), geht die Verfahrensherrschaft auf die EU-Kommission über.[237] Die Sachentscheidung trifft dann nach Beteiligung des zuständigen Komitologieausschusses (und damit der mitgliedstaatlichen Verwaltungen) gemäß Art 5 des Komitologiebeschlusses[238] die *Kommission* oder der *Rat* in Form einer staatengerichteten Entscheidung. Werden die Regelungswirkungen eines von einem anderen Staat erlassenen transnationalen Verwaltungsaktes nach Maßgabe der sekundärrechtlichen Schutz- oder Notstandsklauseln des Unionsrechts in Deutschland vorläufig suspendiert,[239] handelt es sich nicht um eine Rücknahme oder einen Widerruf, sondern um einen belastenden *Verwaltungsakt eigener Art*. Es müssen dann (wiederum) die EU-Kommission oder der Rat entscheiden, ob der transnationale Verwaltungsakt oder die Suspensionsanordnung aufgehoben wird.[240]

(3) Vollziehung per recognitionem. Schließlich kann das Unionsrecht mittels Aner- **51**
kennung in anderen Mitgliedstaaten getroffener Entscheidungen vollzogen werden (per recognitionem). Es entscheidet dann der Herkunftsstaat nach Maßgabe des unmittelbar anwendbaren Unionsrechts oder seines eigenen Rechtes *vorab* iSe Art Referenzentscheidung. Der Begriff der *Anerkennung* wird allerdings sinnvariierend verwendet. Von Anerkennung soll im vorliegenden Zusammenhang nur gesprochen werden, wenn eine Entscheidung des Herkunftsstaates im Tätigkeitsstaat keine unmittelbar verbindliche transnationale Wirkung hat, es vielmehr noch einer selbständigen Entscheidung der zuständigen Behörde des Tätigkeitsstaates bedarf, wobei diese Entscheidung aber weit-

[233] Vgl *Ehlers* Die Europäisierung des Verwaltungsprozessrechts, 1999, 11.

[234] Eine Ausnahme für nichtige Verwaltungsakte annehmend *Hatje* Die gemeinschaftsrechtliche Steuerung der Wirtschaftsverwaltung 1998, 212; *Ruffert* DV 34 (2001) 453, 475 f; dagegen zutreffend *Sydow* (Fn 139) 149 f.

[235] Vgl zB die auf der Umsetzung von Gemeinschaftsrecht beruhenden §§ 20 II GenTG, 30 Ia, II AMG.

[236] Näher dazu *Sydow* (Fn 139) 151 ff.

[237] Art 28 I RL 2001/18/EG.

[238] Vgl Rn 6.

[239] Vgl zB Art 23 RL 2001/18/EG.

[240] Vgl auch *Sydow* DÖV 2006, 66, 70.

gehend durch die Entscheidung des Herkunftsstaates präjudiziert wird.[241] Erfolgt die (gegenseitige) Anerkennung automatisch, ohne dass Raum für eine neue Entscheidung des Tätigkeitsstaates ist, liegt ein transnationales Verwaltungshandeln vor. Das Anerkenntnisverfahren koordiniert das Handeln der Mitgliedstaaten, gibt dem Tätigkeitsstaat aber die Möglichkeit, seine Besonderheiten zur Geltung zu bringen. Sowohl die Grundfreiheiten[242] (vor allem die Freiheit des Warenverkehrs, ferner auch die Niederlassungs- und Dienstleistungsfreiheit) als auch das Sekundärrecht der Europäischen Union können eine Anerkennung (in dem umschriebenen Sinne) gebieten. Solche Fälle kommen etwa im Produktzulassungsrecht vor.[243] Dagegen lassen die auf Art 53 AEUV erlassenen Richtlinien zur gegenseitigen Anerkennung von Diplomen und Zeugnissen – idR[244] – keine weiteren Behördenentscheidungen zu. Auch müssen zum Beispiel in anderen Mitgliedstaaten der Union ausgestellte Führerscheine ohne Überprüfungsbefugnis im Inland anerkannt werden.[245] Kommt es im Anerkennungsverfahren zu Meinungsverschiedenheiten, kann das Sekundärrecht der Europäischen Union vorsehen, dass ein *Divergenzbereinigungsverfahren* mit dem Ziel einer Einigung der nationalen Behörden durchzuführen ist. Scheitern die Einigungsbemühungen, entscheidet wiederum die Europäische Union im *Komitologieverfahren*.[246]

2. Auswirkungen auf die Verwaltungsorganisation

52 Obwohl die Verwaltungsorganisation grundsätzlich Sache der Mitgliedstaaten ist, wirkt sich das Unionsrecht auch hierauf aus.[247] So ist die Organisation der Verwaltungsbehörden in einer den Anforderungen der *Grundfreiheiten* nicht entsprechenden Form unzulässig.[248] Aus Art 4 III EUV (Unionstreue) folgt die Pflicht der Mitgliedstaaten, ein System von Verwaltungskontrollen zu schaffen, das die ordnungsgemäße Erfüllung der Voraussetzungen für die Anwendung von Unionsrecht sicherstellt.[249] Art 130 AEUV legt die in das Europäische System der Zentralbanken integrierten Mitgliedstaaten darauf fest, ihren nationalen Banken Unabhängigkeit einzuräumen. Ferner kann die Einstufung einer staatlichen Verwaltungsmaßnahme als Beihilfe iSd Art 107 AEUV eine Privatisierung des begünstigten Verwaltungsträgers nach sich ziehen, weil die Beihilfe nur dann genehmigt wird.[250] Vor allem aber enthält das *Sekundärrecht* zahlreiche Vorgaben für die Verwaltungsorganisation der Mitgliedstaaten. So verpflichtet Art 6 der

241 Vgl zu dieser Konstruktion *Sydow* (Fn 139) 181 ff, der von Referenzentscheidungsmodell spricht.

242 Vgl die vor der Regelung für die Niederlassung von Rechtsanwälten (RL 5/1998/EG) erlassene Entscheidung des EuGH Slg 1991, I-2357 Rn 15 ff – Vlassopulou.

243 Vgl *Sydow* (Fn 139) 190 ff (Genehmigungsverfahren für Human- und Tierarzneimittel sowie für Pflanzenschutzmittel und für Biozide).

244 Nach *Schlag* in: Schwarze, EU-Kommentar, Art 47 EGV Rn 13 ff, gilt dies für alle Richtlinien.

245 Vgl Art 1 II RL 91/439 EWG; dazu EuGH Slg 2004, I-5205 Rn 45 – Kapper.

246 Vgl *Sydow* DÖV 2006, 66, 68.

247 Vgl *Gundel* (Fn 230) § 3 Rn 112 ff; *Kugelmann* VerwArch 98 (2007) 78 ff; *v Danwitz* (Fn 77), 499 ff.

248 Vgl EuGH, Slg 1990, I-3239 Rn 12, 22 ff – Kommission/Italien.

249 EuGH Slg 1990, I-2321 Rn 20 – Deutschland/Kommission.

250 Zur Umwandlung der Berliner Bank aus beihilferechtlichen Gründen vgl *Thiemann* Rechtsprobleme der Marke Sparkasse, 2008, 66 f; zur Abschaffung der Gewährträgerhaftung und Modifizierung der Anstaltslast in Bezug auf die Landesbanken und Sparkassen *Ehlers* in: Wurzel/Schraml/Becker, Rechtspraxis der kommunalen Unternehmen, 2. Aufl 2009 Kap B Rn 19.

EU-Dienstleistungsrichtlinie (2006/123/EG) die Mitgliedstaaten dazu, einen einheitlichen Ansprechpartner für alle Verfahren und Formalitäten vorzusehen, die für die Aufnahme einer Dienstleistungstätigkeit erforderlich sind.[251] Im Bereich der Produktsicherheit gebieten die Binnenmarktrichtlinien, „Benannte Stellen" zwecks Durchführung der vorgesehenen Konformitätsverfahren einzurichten.[252] Das unionsrechtliche Vergaberecht hat es erforderlich gemacht, Nachprüfungsinstanzen zu schaffen.[253] Die netzgebundene Wirtschaft und die Post müssen von einer gesonderten nationalen Regulierungsbehörde überwacht werden[254] (in Deutschland der Bundesnetzagentur für Elektrizität, Gas, Telekommunikation, Post und Eisenbahn[255]). Im Marktordnungsrecht sind die Staaten zur Unterhaltung von Zahlstellen, Schaffung eines Informationsnetzes, Einführung von Erzeugergemeinschaften und besonderen Kontrollstellen sowie zur Einbindung Privater in die Marktverwaltung verpflichtet.[256] Des Weiteren müssen bei bestimmten Behörden elektronische Datenbanken vorgehalten werden (vgl auch → § 1 Rn 74).[257] Im Falle von Ausweisungen müssen sich Unionsbürger oder ihnen gleichgestellte Personen – von Ausnahmefällen abgesehen – an eine Stelle wenden können, welche nicht nur die Rechtmäßigkeit, sondern auch die Zweckmäßigkeit überprüfen kann.[258] Deshalb darf das Widerspruchsverfahren nicht abgeschafft werden.[259] Auf den Flughäfen der Union ist die Stelle eines Flughafenkoordinators erforderlich, der als organisatorisch unabhängige Verwaltungsstelle für die Zuweisung von Zeitnischen zuständig ist.[260] Zu mannigfaltigen organisatorischen Vorkehrungen verpflichten des Weiteren zahlreiche Umwelt-Richtlinien der Europäischen Union. Schließlich können sich organisatorische Anforderungen aus den unionsrechtlichen Kooperationspflichten ergeben (Rn 61 ff).

3. Auswirkungen auf die Verwaltungskompetenzen

Wenden die deutschen Behörden im unmittelbaren Vollzug Unionsrecht an, sind die Art 83 ff GG zwar nicht direkt anwendbar, weil es nicht um die Ausführung von Bundes- oder Landesgesetzen, sondern von Rechtsnormen einer eigenständigen Rechtsordnung geht. Doch gelten die Kompetenzverteilungsregelungen des Grundgesetzes 53

251 Näher dazu *Schlachter/Ohler* Europäische Dienstleistungsrichtlinie, 2008. Als einheitliche Ansprechpartner sind in den Ländern teils die Kreise und kreisfreien Städte (zB § 1 II EAG NRW), teils die Kammern oder Kreise und kreisfreien Städte (zB § 2 I, II EAG BW) genannt worden, wobei vielfach eine Zusammenarbeit zwischen den Kreisen, kreisfreien Städten und Kammern vorgesehen ist (vgl zB § 2 EAG NRW).

252 Zur Frage, ob die Benannten Stellen als Verwaltungsstellen (Beliehene) anzusehen sind, vgl Rn 65.

253 Vgl Art 1 ff RL 89/665/EWG; 1 ff RL 92/13/EWG; §§ 102 ff GWB.

254 Vgl Art 23 I RL 2003/54/EG; 25 I RL 2003/55/EG; 3 RL 2002/21/EG; 22 RL 1997/67/EG; 30 RL 2001/14/EG.

255 BGBl I 2005, 1970.

256 Vgl *Mögele* Die Behandlung fehlerhafter Ausgaben im Finanzierungssystem der gemeinsamen Agrarpolitik, 1997, 51 ff.

257 Vgl zB Art 22 VO 1798/2003/EG.

258 Vgl Art 31 III RL 38/2004/EG. Zur Auslegung des dort verwendeten Begriffes „Tatsachen und die Umstände" vgl EuGH Slg 2004, I-5257 Rn 110 – Orfanopoulos.

259 Vgl auch BVerwGE 124, 243 (noch zur alten RL 64/221/EWG).

260 Vgl Art 4 VO 95/1993/EG.

sinngemäß.[261] Werden deutsche Durchführungsbestimmungen des Unionsrechts angewendet (mittelbarer Vollzug), richtet sich die Zuständigkeit unmittelbar nach den Art 83 ff GG. Somit sind im Grundsatz die Länder für den Vollzug des Unionsrechts zuständig. In der Praxis sind die Verwaltungskompetenzen teilweise auf den Bund verlagert worden, weil dieser von den Möglichkeiten des Art 87 III GG Gebrauch gemacht[262] und sich überdies die Verwaltung der Abgaben vorbehalten hat (Art 108 I GG). Wird das Unionsrecht nicht durch die bundeseigene Verwaltung, sondern durch bundesunmittelbare Körperschaften oder Anstalten bzw durch die Länder oder deren verselbständigte Verwaltungsträger vollzogen, gebietet der (innerstaatliche) Grundsatz des bundesfreundlichen Verhaltens den genannten Rechtsträgern, Rücksicht auf die Verpflichtung des Bundes zu einer korrekten Durchführung des Unionsrechts zu nehmen. So müssen nach diesem Grundsatz die Kommunen beabsichtigte Beihilfen iSd Art 107 AEUV den Ländern melden und diese die Meldung an den Bund weiterreichen, damit der Bund seiner Unterrichtungspflicht gegenüber der Kommission gem Art 108 III 1 AEUV nachkommen kann.[263] *Kollidiert* das nationale Recht mit dem Unionsrecht, ist die Verwaltung verpflichtet, das nationale Recht unangewendet zu lassen (→ § 2 Rn 109 f). Ziehen Unionsrechtsverstöße finanzielle Lasten nach sich, ist im Verhältnis von Bund und Ländern diejenige staatliche Ebene zur Zahlung verpflichtet, in deren innerstaatlichem Zuständigkeits- und Aufgabenbereich die lastenbegründende Pflichtverletzung erfolgt ist. Sind mehrere Länder betroffen, bemisst sich der Anteil ihrer Lasten nach deren Verhältnis zueinander.[264] Wollen Bund und Länder die Lastentragung auf Träger mittelbarer Staatsverwaltung (zum Beispiel die Kommunen) überwälzen, weil diese gegen Unionsrecht verstoßen haben, bedarf es dazu einer gesonderten gesetzlichen Grundlage.

4. Auswirkungen auf das Verwaltungspersonal

54 Das Unionsrecht hat ferner Auswirkungen auf das Personalwesen der Verwaltung. So knüpfte das deutsche Beamtenrecht früher an die deutsche Staatsangehörigkeit an, während das Unionsrecht einen Ausschluss von Arbeitnehmern aus anderen Mitgliedstaaten nur in den Grenzen des eng zu interpretierenden Art 45 IV AEUV zulässt.[265] Die Kollision zwischen Beamtenrecht und Unionsrecht hätte auch nicht durch einen generellen Übergang auf privatrechtliche Beschäftigungsverhältnisse ausgeräumt werden können, weil nach dem (weit zu interpretierenden) Art 33 IV GG die Ausübung hoheitsrechtlicher Befugnisse als ständige Aufgabe idR Angehörigen des öffentlichen Dienstes zu übertragen ist, die in einem öffentlich-rechtlichen Dienst- und Treueverhältnis stehen (→ § 1 Rn 24). Wegen der unterschiedlichen Rechtsfolgen der Dienstverhältnisse wäre es als Diskriminierung (iSd Art 45 AEUV) zu werten gewesen, wenn deutsche Bedienstete in einem Beamtenverhältnis, die mit gleichen Arbeiten in der Bundesrepublik betrauten EU-Ausländer dagegen in einem privatrechtlichen Rechtsverhält-

[261] Str, teils wird eine unmittelbare Anwendbarkeit, teils eine analoge befürwortet. Vgl BVerwGE 102, 119, 126; *Kadelbach* Allg VerwR, 237; *Trute* in: v Mangoldt/Klein/Starck, GG III, Art 83 Rn 66.

[262] So ist etwa die Bundesanstalt für Landwirtschaft und Ernährung eingerichtet worden (BGBl 1994 I, 2018, 2019).

[263] Vgl *Ehlers* DÖV 2001, 412, 416.

[264] Art 104a VI 1 GG iVm § 1 ff LastG (BGBl 2006 I, 2098). Vgl auch BVerwG NVwZ 2007, 1198 → JK GG Art 104a VI/VII; *Ehlers* in: ders/Schoch, Rechtsschutz, § 7 Rn 36.

[265] Zur Auslegung des Art 45 IV AEUV vgl *Becker* in: Ehlers, Europäische Grundrechte, § 9 Rn 27.

nis beschäftigt worden wären. Der deutsche Gesetzgeber hat daraus die Konsequenz gezogen und das Beamtenrecht dahingehend geändert, dass nicht nur Deutsche, sondern auch Ausländer, welche die Staatsangehörigkeit eines anderen Mitgliedstaates der Europäischen Union besitzen, sowie gleichgestellte Personen in ein Beamtenverhältnis berufen werden dürfen.[266]

5. Auswirkungen auf das Verwaltungsverfahren

Wie ausgeführt wurde, legt das Europäische Unionsrecht im Falle seiner Durchführung das nationale Verwaltungsrecht – und damit auch das Verwaltungsverfahrensrecht – auf die *Grundsätze der Äquivalenz und Effektivität* fest, verbietet also eine Diskriminierung von EU-Ausländern und verpflichtet die nationalen Behörden zu einer wirksamen Durchsetzung des Unionsrechts (Rn 44, 48). Damit hat es aber nicht sein Bewenden. Inhaltlich geht es dem Unionsrecht immer häufiger um Grenzöffnung, europäische Zusammenarbeit (Rn 61 ff), Vereinfachung der Verwaltungsverfahren, Gewährung von Informationen (→ § 1 Rn 69 ff), Nutzung der modernen Techniken (→ § 1 Rn 77 ff), Beschleunigung, Wettbewerbsausrichtung und Erbringung qualitativ hochwertiger Daseinsvorsorgeleistungen. 55

So zwingt die *Dienstleistungsrichtlinie* der Europäischen Union[267] dazu, einen einheitlichen Ansprechpartner vorzusehen (Rn 52), der grenzüberschreitend alle Verfahren und Formalitäten abwickelt[268], die Amtshilfe der Mitgliedstaaten zu regeln[269], für vereinfachte Verfahren zu sorgen[270], die Zugänglichmachung bestimmter Informationen zu garantieren[271], eine elektronische Verfahrensabwicklung zu ermöglichen[272] und Genehmigungen fristgemäß zu erteilen, weil die Genehmigung ansonsten als erteilt gilt[273]. Die nationalen Verwaltungsverfahrensgesetze haben diese Vorgaben vor allem in den §§ 8a ff, 42a sowie 71a ff VwVfG umgesetzt, wobei die Umsetzung, von den §§ 8a ff VwVfG abgesehen, über die Dienstleistungsrichtlinie hinausgegangen ist, weil die verfahrensrechtlichen Verbesserungen auch für Inlandssachverhalte gelten, auf welche die Dienstleistungsrichtlinie keine Anwendung findet.[274] 56

Die *Wettbewerbsausrichtung* zeigt sich vor allem daran, dass das Europäische Recht die nationalen Verwaltungen immer häufiger auf eine *Ausschreibung* und *Nachprüfung* festlegt. Dieser Ansatz geht weit über das europäisierte Vergaberecht[275] hinaus. So können staatliche Zuwendungen oder der Verkauf staatlicher Grundstücke eine Beihilfe iSd Art 107 AEUV darstellen. Um dies beurteilen zu können, muss von den Bagatellfällen abgesehen, grundsätzlich entweder ausgeschrieben werden oder eine Wertermittlung (etwa nach den §§ 192 ff BauGB) durchgeführt werden.[276] Da die ein Benchmarking 57

[266] Vgl die §§ 7 I Nr 1 BBG, 7 I BeamtStG.
[267] RL 2006/123/EG.
[268] Vgl Art 6 RL 2006/123/EG.
[269] Art 28 f RL 2006/123/EG.
[270] Art 5 RL 2006/123/EG.
[271] Art 7 RL 2006/123/EG.
[272] Art 8 RL 2006/123/EG.
[273] Art 13 IV RL 2006/123/EG.
[274] Näher zum Ganzen *Schmitz/Prell* NVwZ 2009, 1 ff; 1121 ff. Zum Einfluss auf das nationale „Verfahrenskonzept" *Burgi* JZ 2010, 105, 106 ff.
[275] RL 2004/18/EG; §§ 97 ff GWB.
[276] Vgl einerseits EuGH, Slg 2003, I-7747 Rn 88 ff – Altmark Trans, andererseits die Grundstücksmitteilung der EG-Kommission AblEG 1997 C-209, 3 ff.

voraussetzende Wertermittlung vor allem dann auf Schwierigkeiten stößt, wenn es keinen vergleichbaren Markt gibt, bleibt oftmals nur die Ausschreibung. Nichts anderes gilt im Ergebnis, wenn eine Freistellung nach Art 106 II AEUV beansprucht wird.[277] Zum einen wirken die Grundfreiheiten des Unionsrechts oftmals auf eine Ausschreibung hin. So dürfen Dienstleistungskonzessionen grundsätzlich erst nach einer Ausschreibung vergeben werden (→ § 1 Rn 21 f).[278] Bei Auftragsvergabe unterhalb der Schwellenwerte verlangt der EuGH bei grenzüberschreitender Bedeutung einen angemessenen Grad von Öffentlichkeit.[279]

58 Schließlich strebt die Europäische Union immer häufiger die Ermöglichung oder Gewährleistung einer hochwertigen, preisgünstigen, effizienten und allseits verfügbaren Daseinsvorsorge an. So enthält Art 14 AEUV erstmals eine Ermächtigung für das Europäische Parlament und den Rat, diejenigen Grundsätze und Bedingungen festzulegen, welche für das Funktionieren der Dienste von allgemeinem wirtschaftlichen Interesse notwendig sind. Dies kann auch in erheblichem Ausmaße das Verwaltungsverfahren beeinflussen.

6. Auswirkungen auf die Verwaltungskontrolle

59 Die Kontrolle[280] des mitgliedstaatlichen Vollzugs liegt in erster Linie in den Händen des Mitgliedstaates selbst. Die EU-Kommission kann aber beim Mitgliedstaat und erforderlichenfalls auch bei den innerstaatlich zuständigen Stellen, gegebenenfalls auf Beschwerde der Bürger[281] oder auf Presseberichte hin, insbesondere auf der Grundlage des Art 337 AEUV iVm dem einschlägigen Sekundärrecht Auskünfte einholen und Nachprüfungen vornehmen.[282] Werden Mängel festgestellt, kann die Kommission hierzu nach Anhörung des Mitgliedstaates eine mit Gründen versehene Stellungnahme (Art 258 I AEUV) abgeben. Kommt der Mitgliedstaat dieser Stellungnahme innerhalb der von der Kommission gesetzten Frist nicht nach, kann die Kommission den EuGH wegen Vertragsverletzung anrufen und auf diese Weise eine objektive Rechtskontrolle herbeiführen (Art 258 II AEUV). Als Vertragsverletzung wird auch der Verstoß gegen sekundäres Unionsrecht angesehen.[283] Kommt der Mitgliedstaat dem Urteil des Gerichtshofs nicht nach, kann dieser die Zahlung eines Pauschalbetrags oder Zwangsgelds auf Antrag der EU-Kommission verhängen (Art 260 II AEUV).[284] Darüber hinaus nimmt die Kommission für sich in Anspruch, durch Bekanntgabe ihrer Rechtsansichten den Verwaltungsvollzug der Mitgliedstaaten präventiv zu steuern (vgl auch Rn 27).[285]

[277] Vgl zB KOM (2001) 598 Rn 19.
[278] Grdl EuGH Slg 2005, I-8585 Rn 72 – Parking Brixen.
[279] Vgl zB EuGH Slg 2000, I-10745 Rn 62 – Telaustria; Slg 2005, I-8585 Rn 49 – Parking Brixen.
[280] Allg zur Kontrolle → § 1 Rn 88.
[281] Vgl zu dem von der Kommission eingerichteten Beschwerdeverfahren *Jarass* Grundfragen der innerstaatlichen Bedeutung des EG-Rechts, 1994, 107 f.
[282] Eine Art Unionsaufsicht ermöglicht das Rechnungsabschlussverfahren (Art 5 II VO 729/70/EG, ersetzt durch VO 1258/1999) im Geflecht der Agrarfinanzierung, weil es vor Kostenüberlastung auf die Union eine Überprüfung der von den Mitgliedstaaten verausgabten Mittel vorsieht. Zur Betrugsbekämpfung durch OLAF vgl Rn 38. Ausf zu den verschiedenen Aspekten der Kontrolle *Kadelbach* in: Schmidt-Aßmann/Hoffmann-Riem (Hrsg), Verwaltungskontrolle, 2001, 205 ff.
[283] EuGH Slg 1983, 467, 477; *Geiger* EUV/EGV, 4. Aufl 2004, Art 226 EGV Rn 3.
[284] Vgl EuGH Slg 2000, I-5047 ff – Kommission/Griechenland.
[285] Vgl auch Rn 31 ff; *Kadelbach* (Fn 282) 224.

Ein Weisungsrecht zur Steuerung der innerstaatlichen Durchführungsmaßnahmen steht der Kommission dagegen grundsätzlich nicht zu.[286] Doch kann das Unionsrecht auch insoweit anderes vorsehen und der Kommission Einzelentscheidungsbefugnisse gegenüber den Mitgliedstaaten oder den Bürgern einräumen.[287] Dies trifft etwa auf das Beihilfenaufsichtsrecht,[288] das Recht der öffentlichen Unternehmen (Art 106 III AEUV) oder das Vergaberecht[289] zu. Verschiedentlich schreibt das Sekundärrecht auch eine Genehmigung der Kommission vor (vgl auch Rn 50).[290] Ferner sind die Mitgliedstaaten gehalten, wirksame, verhältnismäßige und abschreckende Sanktionen für die Verletzung von Unionsrecht bereitzustellen (vgl auch Rn 44).[291]

Führen die Länder unmittelbar Unionsrecht aus, hat der Bund in analoger Anwendung des Art 84 II–V GG die dort genannten Ingerenzbefugnisse, wenn die Normen des Unionsrechts, wären sie nach Maßgabe der innerstaatlichen Gesetzgebungskompetenz zu beurteilen, in den Bereich des Bundes fallen würden (sinngemäße Gleichsetzung von Unionsrecht mit Bundesrecht).[292] Handelt es sich um die Vollziehung von landesrechtlichen Durchführungsbestimmungen, kann der Bund unter Berufung auf den Grundsatz des bundesfreundlichen Verhaltens notfalls im Wege des Bundeszwangs (Art 37 GG) ein unionsrechtskonformes Verhalten der Länder erzwingen.[293] Da die Mitgliedstaaten ferner für das unionsrechtskonforme Verhalten der verselbständigten Verwaltungsträger einzustehen haben, Verantwortung aber nur tragen kann, wer Einfluss hat, ergibt sich auch aus unionsrechtlicher Sicht[294] die Notwendigkeit, diesbezügliche Steuerungs- und Kontrollmöglichkeiten vorzusehen. Dies betrifft insbesondere die Gestaltung der Beziehung zu den privatrechtlich organisierten Verwaltungsträgern. Zu den Regressmöglichkeiten des Bundes im Falle einer Haftung wegen Verletzung des Unionsrechts durch die Länder oder Kommunen vgl Rn 53. **60**

VII. Verwaltungskooperation

Wie sich vor allem aus Art 4 III, 20 EUV iVm 326 ff AEUV (Pflicht zur loyalen Zusammenarbeit, verstärkte Zusammenarbeit), weiteren Primärrechtsbestimmungen wie den Art 33 AEUV (Zusammenarbeit im Zollwesen), 74 AEUV (Verwaltungszusammenarbeit im Rahmen der Freiheit, der Sicherheit und des Rechts), 81 AEUV (justizielle Zusammenarbeit in Zivilsachen), 82 ff AEUV (justizielle Zusammenarbeit in Strafsachen), 87 ff AEUV (polizeiliche Zusammenarbeit) sowie zahlreichen Sekundärrechtsbestimmungen der Europäischen Union ergibt, sind die Verwaltungen im Unionsraum **61**

[286] Vgl auch *Weber* Rechtsfragen der Durchführung des Gemeinschaftsrechts in der Bundesrepublik, 1987, 66 f; *Kössinger* Die Durchführung des Europäischen Gemeinschaftsrechts im Bundesstaat, 1989, 146.

[287] Vgl *v Danwitz* (Fn 77), 338, 622 f.

[288] Art 108 II AEUV iVm Art 11 und 14 VO 659/1999/EG.

[289] Vgl Art 3 II u III der RL 89/665/EWG.

[290] Vgl zB Art 7 I iVm Art 13 VO 258/97/EG (Novel-Food).

[291] EuGH Slg 1989, 2965 – Kommission/Griechenland. Zur uneinheitlichen Praxis vgl *Spannowsky* JZ 1994, 326, 330 ff.

[292] Vgl *Trute* in: v Mangoldt/Klein/Starck, GG III, Art 84 Rn 46.

[293] Vgl *König* DVBl 1997, 581 ff; *Suerbaum* Die Kompetenzverteilung beim Verwaltungsvollzug des Europäischen Gemeinschaftsrechts in Deutschland, 1998, 172 ff.

[294] Zum nationalen Recht → § 1 Rn 23; → § 3 Rn 84.

in einem weiten Umfange zur *Zusammenarbeit* verpflichtet.[295] So obliegt etwa der Vollzug der Fauna-Flora-Habitat-Richtlinie zwar den Mitgliedstaaten, die Schutzgebietsauswahl aber der EU-Kommission, die sich eines Ausschussverfahrens bedient, an dem die Mitgliedstaaten beteiligt sind.[296] Befinden sich genehmigungspflichtige Güter mit doppeltem Verwendungszweck in einem anderen Mitgliedstaat als dem, in dem sich der Ausführer niedergelassen hat, muss der andere Mitgliedstaat vor einer Ausfuhr der Ware konsultiert werden. Erhebt er Einwände, hat dies bindende Wirkung.[297] Ohne einen aufeinander abgestimmten intensiven Verwaltungsverbund ist eine sachgerechte Verwaltung im Mehrebenensystem der Europäischen Union nicht mehr vorstellbar. Demgemäß enthält nunmehr auch das Verwaltungsverfahrensgesetz allgemeine Regelungen über die europäische Verwaltungszusammenarbeit.[298] Die der Umsetzung der Dienstleistungsrichtlinie dienenden Vorschriften[299] gehen über die traditionelle Amtshilfe (§§ 4 ff VwVfG) weit hinaus. Sie begründen einen Verbund permanenter Verwaltungszusammenarbeit.[300]

62 Der *Struktur* nach kann zwischen einer vertikalen, horizontalen, gemischt vertikal-horizontalen, drittgerichteten und staatsinternen Kooperation unterschieden werden. *Vertikale* Kooperationsverhältnisse bestehen zwischen der Europäischen Union und den Verwaltungen der Mitgliedstaaten,[301] *horizontale* zwischen den Verwaltungen der Mitgliedstaaten,[302] gemischt vertikal-horizontale zwischen der Europäischen Union, den Verwaltungen der Mitgliedstaaten sowie diesen untereinander[303] und *drittgerichtete* zwischen der Europäischen Union oder den Verwaltungen der Mitgliedstaaten und Drittstaaten oder internationalen Organisationen.[304] Von *staatsinternen* Kooperationen lässt sich sprechen, wenn das Unionsrecht die Mitgliedstaaten zur Zusammenarbeit der eigenen Verwaltungsträger oder Verwaltungsbehörden verpflichtet. So gebietet eine sachgerechte Verfahrensabwicklung über die unionsrechtlich erforderliche Einrichtung eines einheitlichen Ansprechpartners (Rn 52) eine enge Zusammenarbeit und Abstim-

[295] Vgl bereits die vorstehenden Ausf; ferner zB *Schmidt-Aßmann* EuR 1996, 270 ff; *dens* NVwZ 2007, 40, 42; Schmidt-Aßmann/Schöndorf-Haubold (Fn 74); *Pache* VVDStRL 66 (2007) 106, 116 ff; *Groß* VVDStRL 66 (2007) 152, 163 ff.

[296] Vgl Art 20 RL 92/43/EWG.

[297] Art 7 I 3 VO 1334/2000/EG.

[298] § 8a ff VwVfG; vgl Rn 61 ff; → § 15 Rn 49 ff.

[299] Vgl Art 28 ff RL 2006/123/EG.

[300] *Schmitz/Prell* NVwZ 2009, 1121, 1123.

[301] Zu den Beispielen der zoll-, luftverkehrs- und beihilfenaufsichtsrechtlichen Verwaltungsverfahren sowie den Strukturfonds der EG vgl etwa *Nehl* Europäisches Verwaltungsverfahren und Gemeinschaftsverfassung, 2002, 41 ff, 51 ff, 61 ff, 71 ff.

[302] Zum Beitreibungsrecht vgl etwa *Schmidt-Aßmann* EuR 1996, 270, 278 f; zur horizontalen Amtshilfe *Wettner* in: Schmidt-Aßmann/Schöndorf-Haubold (Fn 74) 181 ff. Zur grenzüberschreitenden Zusammenarbeit der Polizei- und Zollverwaltung vgl *Harings* in: Schmidt-Aßmann/Schöndorf-Haubold (Fn 74) 127 ff; zur horizontalen Zusammenarbeit im Abgaben- und Sozialrecht *Pitschas* in: Hill/ders (Hrsg), Europäisches Verwaltungsverfahrensrecht, 2004, 301, 323 f; zur Amtshilfe im Bereich der Steuern RL 77/799/EWG.

[303] Zu solchen teils vertikalen, teils horizontalen Dreiecksverhältnissen vgl *Hombergs* Europäisches Verwaltungskooperationsrecht auf dem Sektor der elektronischen Kommunikation, 2006, 59.

[304] So etwa die Zusammenarbeit auf der Grundlage des deutsch-schweizerischen Polizeivertrags. Vgl *Cremer* ZaöRV 60 (2000) 103 ff; *Eisel* Kriminalistik 2000, 706 ff.

mung des Ansprechpartners mit den zuständigen Behörden.[305] Stellt man auf die *Anzahl* der beteiligten Kooperationspartner ab, lässt sich zwischen bi-, tri- und multilateralen Kooperationen differenzieren. Bilateralen Charakter hat etwa das Beihilfeverfahren des Art 108 AEUV, multilateralen Charakter haben die mitgliedstaatlichen Verfahren, die in ein Komitologieverfahren überführt werden (Rn 37). *Organisatorisch* kann die Zusammenarbeit in einer Einrichtung (zB einer Agentur oder einem Ausschuss der Europäischen Union [Rn 35 ff]) oder in Form einer Kooperation verschiedener Verwaltungsstellen stattfinden. Häufig wird auch von Netzwerken gesprochen, wobei dieser schillernde (sozialwissenschaftliche, nicht juristische[306]) Begriff aber sehr unterschiedlich verwendet wird.[307] Rechtlich macht es einen Unterschied aus, ob die Kooperationsstrukturen institutionalisiert bzw formalisiert sind oder nicht. *Personell* wird die Zusammenarbeit des Öfteren durch einen Austausch des Verwaltungspersonals gefördert (insbesondere durch Abordnung von nationalen Beamten zur Europäischen Union). Die Kooperation verändert grundsätzlich nicht die *Verwaltungszuständigkeit*, kann aber auch zu einem Zuständigkeitswechsel führen. So geht im Falle des Inverkehrbringens gentechnisch veränderter Organismen bei Einwänden der EU-Kommission oder der Behörden anderer Mitgliedstaaten die Zuständigkeit auf die Europäische Union über (Rn 50). Ihrer *Wirkungsdauer* nach kann es sich um eine punktuelle (auf einen Einzelfall bezogene) oder um eine dauerhafte (zum Beispiel auf generellen Erfahrungsaustausch gerichtete) Kooperation handeln.[308] *Prozedural* kann die Zusammenarbeit der Behördenentscheidung vorausgehen, ihr nachgelagert sein oder sich auf das gesamte Verwaltungsverfahren erstrecken. So sind die nationalen Behörden etwa gehalten, die vorherige Zustimmung der EU-Kommission für den Erlass bestimmter Einfuhr- und Ausfuhrabgaben einzuholen,[309] einem Verlangen der Kommission auf Aufhebung luftverkehrsrechtlicher Verteilungsentscheidungen nachzukommen[310] und Beihilfen vor der Gewährung bei der Kommission anzumelden sowie gegebenenfalls nach einer Entscheidung der Kommission zurückzufordern (Rn 46). Nach *Art des Verfahrens* kann es sich etwa um bloße Konsultationsverfahren, Divergenzbereinigungsverfahren, Suspensionsverfahren und Stichentscheidungsverfahren (vgl auch Rn 37, 50) handeln.[311] Hebt man auf die *Verbindlichkeit* der Kooperation ab, ist zwischen informellen Abstimmungen und Kooperationsverfahren mit Bindungswirkung für die Beteiligten zu unterscheiden. Als *Mittel* der Zusammenarbeit kommen vor allem Informationen in Betracht. So bestehen in einem weiten Umfang Informationsbeschaffungspflichten oder Informationsübermittlungspflichten der Mitgliedstaaten und Informationsweitergabepflichten der EU-Kommission.[312]

305 Vgl §§ 71a ff VwVfG (die nicht von einem einheitlichen Ansprechpartner, sondern einer einheitlichen Stelle sprechen).

306 Vgl aber die Erwägung 15 zur KartellverfahrensVO 1/2003/EG (Die Kommission und die Wettbewerbsbehörden der Mitgliedstaaten sollen gemeinsam ein Netz von Behörden bilden, die die EG-Wettbewerbsregeln in enger Zusammenarbeit anwenden).

307 Vgl *Sydow* (Fn 139), 78 f; *Schulze-Fielitz* in: Erbguth/Masing (Hrsg) Verwaltung unter dem Einfluss des Europarechts, 2006, 91, 124 f; *Pache* VVDStRL 66 (2007) 106, 132 f.

308 ZB verpflichtet die Amtshilfe-RL 77/799/EWG die Behörden generell zur gegenseitigen Hilfe im Rahmen der direkten Steuern.

309 Vgl Art 905, 907 VO 2454/93/EWG.

310 Art 19 VO 1008/2008/EG.

311 Vgl auch *Sydow* Verw 2001, 517, 526 f.

312 ZB Verpflichtung zu einem Monitoring, zu einer Auskunft oder zu einer Unterrichtung. Näher dazu *Hombergs* (Fn 303) 67 ff.

63 Eine Kooperation der Verwaltungen im Unionsraum ist nicht nur notwendig und vorteilhaft, sondern beschwört auch die Gefahren herauf, die mit jeglicher „Mischverwaltung“ verbunden sind.[313] Die Kooperationsvorgänge müssen daher so ausgestaltet werden, dass die demokratische und rechtsstaatliche Verantwortlichkeit sichergestellt wird.[314] Die demokratische Legitimation wirft in einem Mehrebenensystem zwar besondere Probleme auf. Doch gelten für die Handlungsbeiträge der Europäischen Union und der einzelnen Mitgliedstaaten – gegebenenfalls pro rata – die jeweiligen demokratischen Legitimationsanforderungen. Die Beteiligung der Öffentlichkeit und Partizipation der Betroffenen können (und sollten nach Möglichkeit) hinzutreten, vermögen die demokratische Legitimation aber nicht zu ersetzen. Gewahrt werden müssen auch die rechtsstaatlichen Standards und Handlungsmaßstäbe einer guten Verwaltung[315] (zum Beispiel klare Zuständigkeits- und Kompetenzausstattungsregeln, Transparenz und Effektivität des Handelns, Gewährleistung der Haftung und des gerichtlichen Rechtsschutzes). Die berechtigten Interessen der Mitgliedstaaten sollten in einem Ordre-public-Vorbehaltberücksichtigungsverfahren geltend gemacht werden können. Ferner müssen die Grundrechte der Einzelnen garantiert werden (insbesondere das Grundrecht auf informationelle Selbstbestimmung in Form eines ausreichenden Daten- und Geheimnisschutzes).[316]

VIII. Vollziehung des Unionsrechts durch Private

64 Die Zusammenarbeit von Hoheitsträgern und Privaten ist ein Charakteristikum unserer Zeit (→ § 1 Rn 77 ff). Dementsprechend sind Private auch in den Vollzug des Unionsrechts eingeschaltet. Dies lässt sich am *Beispiel* des *Produktsicherheitsrecht*s verdeutlichen.

65 Wenn jeder Mitgliedstaat unter Rückgriff auf Art 36 AEUV oder zwingende Erfordernisse iSd Cassis-Rechtsprechung des EuGH (→ § 2 Rn 28) die an Waren zu stellenden Sicherheitsanforderungen selbst festlegen dürfte, könnte sich die Freiheit des Warenverkehrs (Art 34 AEUV) kaum entfalten. Die Europäische Union hat deshalb Richtlinien erlassen,[317] welche das zu wahrende Schutzniveau beim Inverkehrbringen von Produkten umschreiben.[318] Die Konkretisierung dieser sehr allgemein gehaltenen Regelungen wird *privaten* europäischen *Normungsorganisationen* – nämlich den nach belgischem Zivilrecht gegründeten Vereinen CEN (Comité Européen de Normalisation) und CENELEC (Comité Européen de Normalisation Electrotechnique) sowie dem halbstaatlichen Europäischen Institut für Telekommunikationsnormen (ETSI) – über-

[313] Zur innerstaatliche Bewertung der Mischverwaltung → § 6 Rn 12 ff.

[314] Vgl auch *Pache* VVDStRL 66 (2007), 106, 136 ff; *Groß* ebd, 169 ff (mit der Betonung variabler Regelungsstrukturen, die immer wieder neu aktualisiert werden müssen).

[315] Vgl auch Art 41 GRCh.

[316] Näher zum Ganzen *Schmidt-Aßmann* Ordnungsidee, 404 ff; *Hombergs* (Fn 303), 104 ff.

[317] In Deutschland umgesetzt durch das Gesetz über technische Arbeitsmittel und Verbraucherprodukte – GPSG (BGBl 2004 I, 2) und das Medizinproduktegesetz – MPG (BGBl 2002 I, 3146).

[318] Die RLen basieren auf der Entschließung des Rates über eine „neue Konzeption auf dem Gebiet der technischen Harmonisierung und der Normung“ (1985/C136/1). Vgl auch 465/1993/EWG; 2003/C282/3.

tragen.[319] Die private Normung ist zwar nicht verbindlich, die Richtlinienkonformität eines Produkts wird jedoch vermutet, wenn es den harmonisierten Normen entspricht.[320] Die Produkte dürfen idR nur dann in Verkehr gebracht werden, wenn die Konformität mit den Richtlinien durch Anbringung eines CE-Zeichens bestätigt wird. Vielfach kann der Hersteller selber das CE-Zeichen anbringen. Bei Produkten mit einem höheren Gefahrenpotential muss eine „*Benannte Stelle*" die Konformitätsprüfung durchführen.[321] Hierbei handelt es sich idR um zugelassene Private, die bestimmten, durch eine Akkreditierung festzustellenden Anforderungen iSv Unabhängigkeit, Ausstattung und Sachkunde entsprechen müssen.[322] Der Hersteller kann zwischen den zur Verfügung stehenden Benannten Stellen im In- und Ausland auswählen. Die Benannte Stelle entscheidet verbindlich mit unionsweiter Wirkung über die Marktzulassung oder Nichtzulassung (uU nach vorheriger unangemeldeter Betriebsbesichtigung) und ist auch befugt, eine Konformitätsbescheinigung wieder aufzuheben.[323] Die rechtliche Stellung der Benannten Stellen ist umstritten. Sie werden teilweise als Beliehene – also Träger von Staatsgewalt – angesehen, die auf unionsrechtlicher Grundlage für den Mitgliedstaat national und transnational tätig werden,[324] teilweise als Repräsentanten einer unionsrechtlich gegründeten eigenen Hoheitsgewalt eingestuft.[325] Es dürfte aber mehr für die Auffassung sprechen, dass die Benannten Stellen im Verantwortungsbereich des Herstellers als private Vollzugsinstanzen im Dienste des unionsrechtlichen Verwaltungsrechts tätig werden (→ § 15 Rn 54).[326] Zur Abwehr von Gefahren, die von den Produkten ausgehen, findet ferner eine Marktüberwachung durch die mitgliedstaatlichen Behörden statt, die wiederum mit den Behörden der anderen Mitgliedstaaten und mit der EU-Kommission kooperieren müssen. So muss ein mitgliedstaatliches Produktverbot zuvor bei der EU-Kommission notifiziert werden. Es hat nur Bestand, wenn es nach einem unionsrechtlichen Kontrollverfahren (Art 114 X AEUV) unter Beteiligung aller Mitgliedstaaten und idR auch des Herstellers durch die Kommission bestätigt wird.[327]

319 Auf internationaler Ebene erfüllen diese Aufgaben die International Organisation for Standardization (ISO) und die International Electronical Commission (IEC). Eine in etwa vergleichbare Standardsetzung wie im Produktsicherheitsrecht gibt es etwa im Lebensmittelrecht (Codex Alimentarius Kommission), im Luftverkehrsrecht (International Civil Aviation Organisation) und Kapitalmarktrecht (Basel Committee on Banking Supervision).

320 Vgl *Di Fabio* Produktharmonisierung durch Normung und Selbstüberwachung, 1996, 6 ff; *v Danwitz* in: Rengeling (Hrsg), Umweltnormung, 1998, 187, 205 ff. Die Widerlegung der Vermutung dürfte idR sehr schwer fallen.

321 Näher dazu *Seidel* Privater Sachverstand und staatliche Garantenstellung im Verwaltungsrecht, 2000, 216 ff; *Röhl* in: Schmidt-Aßmann/Schöndorf-Haubold (Fn 74) 153, 163 ff.

322 Die Akkreditierung erfolgt am Maßstab von Standards europäischer bzw internationaler Normungsgremien durch eine Akkreditierungsstelle (in Deutschland unter dem Dach des Deutschen Akkreditierungsrates). Vgl zB den Beschluss des Rates 93/465/EWG m Anhang I A m.

323 Die Aufhebungsbefugnis ist teils gesetzlich verliehen worden (§ 16 MPG), im Übrigen Gegenstand der (durch die Richtlinien oder die Akkreditierungsstellen vorgegebenen) vertraglichen Vereinbarungen mit dem Hersteller.

324 Vgl *Scheel* DVBl 1999, 442, 446 f; *ders* Privater Sachverstand im Verwaltungsvollzug des Europäischen Rechts, 1999, 97 f; ferner *Kadelbach* Allg VwR, 329 f.

325 *Röhl* Akkreditierung und Zertifizierung im Produktsicherheitsrecht, 2000, 28 ff.

326 So im Ergebnis auch *Peine* Gesetz über technische Arbeitsmittel (Gerätesicherheitsgesetz), 3. Aufl 2002, § 9 Rn 21; *Hofmann* Rechtsschutz und Haftung im europäischen Verwaltungsverbund, 2004, 28 f; *Merten* DVBl 2004, 1211 ff; *Schmidt-Aßmann* Ordnungsidee, 3. Kap Rn 57.

327 *Röhl* in: Schmidt-Aßmann/Schöndorf-Haubold (Fn 74) 158.

66 Der Vollzug des Unionsrechts durch Private muss sich daran messen lassen, ob er den der Unionsrechtsordnung innewohnenden *demokratischen* und *rechtsstaatlichen Anforderungen* Rechnung trägt. Unzulässig ist eine *Delegation* von Rechtsetzungsbefugnissen auf Private. In Betracht kommt dagegen eine *Übernahme* privat erarbeiteter Standards oder eine *statische Verweisung* hierauf. Auch dann stellt sich die Frage, inwieweit Hoheitsträger Standards zugrunde legen dürfen, deren inhaltliche Richtigkeit sie selbst nicht überprüft haben. Rechtliche Bedenken bestehen gegen normkonkretisierende *dynamische Verweisungen* auf private Standardsetzungen.[328] Die Zulässigkeit der Einbeziehung privater Normungsorganisationen in die Regulierung des Produktsicherheitsrechts wird mit der Unverbindlichkeit der Normung begründet.[329]

IX. Rechtsschutz

67 In den Fällen des unionseigenen Vollzugs des Unionsrechts gewähren die *Gerichte der Union* – dh der Gerichtshof (EuGH), das Gericht (EuG) und gegebenenfalls die Fachgerichte[330] –, beim mitgliedstaatlichen Vollzug die *nationalen Gerichte* Rechtsschutz. Kooperieren die Verwaltungen der EU und der Mitgliedstaaten bzw letztere untereinander, gilt grundsätzlich das *Trennungsprinzip*. Dies heißt, dass inländischer Rechtsschutz gegen Handeln im hoheitlichen Verwaltungsverbund nur „pro rata" des nationalen Handlungsbeitrags zu erlangen ist.[331] Wendet sich der Kläger gegen das Verhalten der deutschen Behörde, ist deutsche Gerichtsgewalt gegeben. Im Übrigen muss die Gerichtsbarkeit der Union oder der anderen Mitgliedstaaten angerufen werden (was den Rechtsschutz erschweren kann). Im Einzelnen hängt der Rechtsschutz von der Art und Weise der Kooperation ab. Trifft etwa die EU-Kommission Entscheidungen und sind ihr die Verfahrenshandlungen der vorbereitend tätig werdenden nationalen Behörden (zum Beispiel Durchführung von Ermittlungen, Anhörung der Beteiligten oder Übersendung der Akten) zuzurechnen, können die Bürger Rechtsschutz vor dem EuG erlangen.[332] Die isolierte Geltendmachung von Verfahrensfehlern der deutschen Behörden vor deutschen Verwaltungsgerichten scheitert an § 44a VwGO. Wegen der fehlenden Gerichtsgewalt kommt auch ein Rechtsschutz gegen die Sachentscheidung in Deutschland nicht in Betracht. Präjudizieren dagegen die Verfahrenshandlungen der nationalen Behörden aufgrund ihrer inhaltlichen Bindungswirkung die endgültige Entscheidung der Kommission, verlangt der EuGH zur Gewährung effektiven Rechtsschutzes unter Verdrängung nationaler Verfahrensvorschriften nach Art des § 44a VwGO eine direkte Klagemöglichkeit vor den mitgliedstaatlichen Gerichten.[333] Ein gänzlich anderes Rechts-

[328] Vgl zu den dynamischen Verweisungen auch bereits § 2 Rn 73

[329] Vgl *Di Fabio* (Fn 320) 6 ff; *v Danwitz* in: Rengeling (Fn 320) 205 ff; *Marbuger* in: FS Feldhaus, 1999, 387, 395. AA *Breulmann* Normung und Rechtsangleichung in der Europäischen Wirtschaftsgemeinschaft, 1993, 175 ff; *Rönck* Technische Normen als Gestaltungsmittel des Europäischen Gemeinschaftsrechts, 1995, 170 ff; *Schulte* in: Rengeling (Hrsg), Handbuch zum deutschen und europäischen Umweltrecht, Bd 1, 2. Aufl 2003, § 17 Rn 104 ff.

[330] Vgl Art 19 I 1 EUV.

[331] Vgl BVerfGE 63, 343, 375 ff; *Schmidt-Aßmann* EuR 1996, 270, 296; *Ehlers* in: ders/Schoch, Rechtsschutz § 6 Rn 9.

[332] Vgl EuG Slg 1995, II-2841 Rn 28 ff – France Aviation; Slg 1999, II-2403 Rn 38 ff – New Europe Consulting; Slg 2000, II-15 Rn 45 ff – Mehibas Dordtselaan BV.

[333] EuGH Slg 1992, I-6313 Rn 10 ff – Borelli Spa.

schutzkonzept verfolgt das *Schengen-Durchführungsübereinkommen* in Bezug auf die Datenspeicherung im Schengener Informationssystem, weil jeder das Recht hat, im Hoheitsgebiet jeder Vertragspartei eine Klage gegen eine seine Person betreffende Aufzeichnung insbesondere auf Berichtigung, Löschung, Auskunftserteilung oder Schadensersatz vor dem nach nationalem Recht zuständigen Gericht zu erheben.[334] Dies hat den Vorteil, dass nicht mehrere Prozesse in verschiedenen Ländern geführt werden müssen und die inländischen Gerichte auch das Handeln ausländischer Staaten nach dem „Recht von Schengen" und dem nationalen Recht überprüfen dürfen. Für die Weitergabe von Daten im Rahmen des Europol-Übereinkommens gilt dieser Rechtsschutz nicht.[335]

Der *unionsrechtliche Rechtsschutz*[336] unterscheidet sich in vielerlei Hinsicht von dem 68 deutschen. So kennt das Unionsrecht nur einen sehr eingeschränkten Individualrechtsschutz gegen Normen (→ § 2 Rn 130), keine Verpflichtungsklagen iSd deutschen Rechts (§ 42 I VwGO) und keine individuellen Leistungs- und Feststellungsklagen. Als Rechtsschutzformen sind im Wesentlichen die Vertragsverletzungs-, Nichtigkeits-, Untätigkeits- und Schadensersatzklage vorgesehen.[337] Neu eingeführt wurde die Subsidiaritäts- und Fundamentalverletzungsklage.[338] Stellt der EuGH eine Vertragsverletzung fest, hat der Staat die Maßnahmen zu ergreifen, die sich aus dem Urteil des Gerichtshofs ergeben (Art 260 I AEUV). So kann eine Verwaltungsbehörde auf entsprechenden Antrag hin nach Art 4 III AEUV verpflichtet sein, eine bestandskräftige Verwaltungsentscheidung zu überprüfen,[339] um der mittlerweile vom EuGH vorgenommenen Auslegung der einschlägigen Bestimmung Rechnung zu tragen.[340] Kommt der Mitgliedstaat einem Urteil des EuGH nicht nach, kann die Zahlung eines Pauschalbetrags oder Zwangsgeldes verhängt werden (Art 260 II AEUV). Die auf Aufhebung gerichtete und damit eine Gestaltungsklage darstellende Nichtigkeitsklage kann gegen sämtliche Rechtsbindungswirkungen entfaltende Handlungen der EU-Organe, Einrichtungen oder sonstigen Stellen der Union erheben werden (Art 263 I AEUV). Natürliche oder juristische Personen haben aber nur eine Klagebefugnis, wenn die Handlungen an sie gerichtet sind oder sie unmittelbar und individuell betreffen (Art 263 IV 1 AEUV). Bei Rechtsakten mit Verordnungscharakter reicht eine unmittelbare Betroffenheit. Damit dürften aber nur Verordnungen iSd Art 290 AEUV gemeint sein.[341] Neben der Inanspruchnahme des gerichtlichen Rechtsschutzes haben die Unionsbürger und sonstigen Personen mit Wohnsitz oder Sitz in einem Mitgliedstaat auch das Recht, eine Petition an das Europäische Parlament zu richten (Art 44 GRCh).

Entscheiden die deutschen Gerichte, richtet sich das gerichtliche Verfahren nach 69 *deutschem Prozessrecht*, das damit zugleich der Durchsetzung des Unionsrechts dient, wegen des Anwendungsvorrangs des Unionsrechts (→ § 2 Rn 99 ff) aber gegebenenfalls

334 Vgl Art 111 des Schengen-Durchführungsübereinkommens (BGBl 1993 II, 1013).
335 Vgl *Ehlers* in: ders/Schoch, Rechtsschutz, § 6 Rn 12.
336 Vgl zB *Rengeling/Middeke/Gellermann* Handbuch des Rechtsschutzes in der Europäischen Union, 2. Aufl 2003; *Pechstein* EU/EG-Prozessrecht, 3. Aufl 2007.
337 Vgl Art 258 f, 263, 265, 268 AEUV.
338 Vgl Art 8 des Protokolls über die Anwendung der Grundsätze der Subsidiarität und der Verhältnismäßigkeit sowie Art 7 EUV iVm 269 AEUV sowie Art 23 Ia GG.
339 Zur Vereinbarkeit der nationalen Bestandskraftregelungen mit dem Unionsrecht vgl Rn 46.
340 Näher dazu EuGH Slg 2004, I-837 – Kühne & Heitz.
341 Näher dazu *Ehlers* in: ders/Schoch, Rechtsschutz, § 8 Rn 41.

modifiziert werden muss.[342] Geht es um die Auslegung des Unionsrechts, können die Instanzgerichte eine Vorabentscheidung des EuGH nach Art 267 AEUV einholen, während das im Streitfall letztinstanzliche Gericht – bei Verwaltungsstreitigkeiten in aller Regel das BVerwG[343] – zur Anrufung des Gerichtshofs verpflichtet ist. Soll die Gültigkeit einer unionsrechtlichen Handlung verneint werden, ist jedes Gericht zur Vorlage an den EuGH verpflichtet.[344] Kommt ein nationales Gericht seiner Pflicht zur Anrufung des EuGH im Wege des Vorabentscheidungsverfahrens nicht nach, verstößt es jedenfalls bei offensichtlich unhaltbarer Handhabung der Vorlagepflicht zugleich gegen das Verfassungsgebot des gesetzlichen Richters (Art 101 I 2 GG).[345] Das in Form eines Zwischenverfahrens durchzuführende Vorabentscheidungsverfahren verklammert den nationalen und unionseigenen Rechtsschutz und stellt das entscheidende Bindeglied zur Wahrung der Einheitlichkeit und Kohärenz der Unionsrechtsordnung dar.

70 Da die Grundrechte, wie sie in der *Konvention zum Schutz der Menschenrechte und Grundfreiheiten* (EMRK) gewährleistet sind, nach Art 6 III EUV als allgemeine Grundsätze Teil des Unionsrechts sind, wirken die EMRK und die dazu ergangene Rechtsprechung des EGMR ebenfalls auf das Verwaltungsverfahren und den Rechtsschutz ein. So verlangt der sich auch auf bestimmte Verwaltungsprozesse beziehende Art 6 I EMRK[346] eine Verhandlung (und damit auch eine Entscheidung) innerhalb angemessener Frist. Darüber hinaus garantiert Art 13 EMRK ein Recht auf eine wirksame Beschwerde. Um lange Gerichtsverfahren rügen zu können, muss eine innerstaatliche Beschwerdemöglichkeit bestehen.[347] Bei den Urteilen des EGMR handelt es sich um Feststellungsurteile (wie sich aus Art 41 EMRK ergibt). Die Vertragsparteien sind verpflichtet, in allen Rechtssachen, in denen sie Partei sind, das endgültige Urteil des EGMR zu befolgen (Art 46 EMRK) und gegebenenfalls die vom Gerichtshof auferlegte Entschädigung zu bezahlen (Art 41 EMRK). Ist ein Gerichtsverfahren rechtskräftig oder ein Verwaltungsverfahren bestandskräftig abgeschlossen, ist dieses gem §§ 580 Nr 8 ZPO, 153 VwGO, 51 I 3 VwVfG wieder aufzugreifen, wenn der EGMR festgestellt hat, dass die Entscheidung die Konvention verletzt. Greift ein verwaltungsrechtlicher Vertrag in durch die EMRK geschützte Rechte eines Dritten ein, wird er gem § 58 I VwVfG erst wirksam, wenn der Dritte zustimmt. Sind (ausnahmsweise) Konventionsrechte des privaten Vertragspartners verletzt worden, ist der Vertrag jedenfalls nach § 59 I VwVfG nichtig.

[342] Näher dazu *Dünchheim* Verwaltungsprozessrecht unter europäischem Einfluss, 2003, 84 ff; *Schoch* in: FG 50 Jahre BVerwG, 2003, 507 ff.

[343] Vgl BVerfGE 82, 159, 196; BVerwG NJW 1996, 1423; NVwZ 2000, 62, 63; 193, 194.

[344] Grdl EuGH Slg 1987, 4199 Rn 15 ff – Foto Frost.

[345] Vgl BVerfGE 73, 339, 366 ff; 82, 159, 192; BVerfG-K NJW 2001, 1267 f; NJW 2007, 1521. Krit *Ehlers* in: ders/Schoch, Rechtsschutz, § 6 Rn 18; *Wernsmann* ebd § 11 Rn 60.

[346] Vgl EGMR NVwZ 2000, 661 Rn 60 ff – Pellegrin; NJW 2002, 3087, 3089 – Volkmer.

[347] Vgl EGMR NJW 2001, 2694 ff – Kudla; NJW 2006, 2389 Rn 137 f – Sürmeli. Der deutsche Gesetzgeber ist dem bisher nicht nachgekommen.

§ 6
Verfassungsrecht und Verwaltungsrecht

I. Allgemeines

Als *Otto Mayer* im Jahre 1924 die 3. Auflage seines Lehrbuchs „Deutsches Verwaltungsrecht“ veröffentlichte, lagen zwischen diesem Jahr und dem Erscheinungsjahr der Vorauflage ein verlorener Weltkrieg, der Sturz der Monarchie, eine Revolution und eine neue Verfassung. Gleichwohl schrieb *Otto Mayer* in das Vorwort der Neuauflage die berühmt gewordenen Worte: „Groß Neues ist ja seit 1914 und 1917 nicht nachzutragen. ‚Verfassungsrecht vergeht, Verwaltungsrecht besteht‘; dies hat man anderwärts schon längst beobachtet.“ Dagegen veröffentlichte *Fritz Werner*, der damalige Präsident des Bundesverwaltungsgerichts, ein halbes Menschenalter später eine Abhandlung mit dem Titel: „Verwaltungsrecht als konkretisiertes Verfassungsrecht“.[1] Offensichtlich liegen hier gegensätzliche Auffassungen vor.[2] Wer hat Recht? **1**

Innerstaatlich gliedert sich die Rechtsordnung – schon um Widersprüche zu vermeiden – in eine Rangfolge ihrer Rechtssätze. Man spricht auch von einem Stufenbau der Rechtsordnung oder von einer Normenpyramide (→ § 2 Rn 94). Auf welcher Stufe der Pyramide ein Rechtssatz anzusiedeln ist, bestimmt sich nach der Autorität des Normerzeugers sowie nach dem Inhalt der Kollisionsregelungen. Da der verfassungsgebenden Gewalt des Volkes („pouvoir constituant“ im Gegensatz zu der verfassungsgebundenen Gewalt „pouvoir constitué“)[3] die höchste Autorität zukommt, nimmt in einem Verfassungsstaat die Verfassung den obersten Rang ein.[4] In Deutschland kommt hinzu, dass die (Bundes-)Verfassung – das Grundgesetz für die Bundesrepublik Deutschland – nicht nur ein Organisationsstatut oder eine rudimentäre Rahmenordnung geschaffen hat, sondern grundlegende Bestimmungen für das Zusammenleben im Staat trifft. Insbesondere enthält das Grundgesetz auch Leitprinzipien für das Gesetzesrecht, das untergesetzliche Recht (Verordnungen und Satzungen) und den Vollzug des Gesetzesrechts. Dies bedeutet, dass sich auch (und gerade) das Verwaltungsrecht am Verfassungsrecht messen lassen muss. So legt Art 20 III GG ausdrücklich fest, dass die Gesetzgebung an die verfassungsmäßige Ordnung gebunden ist. Da die Verwaltung die Gesetze vollzieht und hierbei nach Art 20 III GG zur Beachtung von Gesetz und Recht verpflichtet ist, ergibt sich auch für sie eine ständige Anbindung an die Verfassung. Für die Grundrechte wird dies zusätzlich in Art 1 III GG bekräftigt. Dementsprechend werden Gesetzgebung und Verwaltungsrechtsdogmatik heute im starken Maße durch die Rechtsprechung des BVerfG geprägt.[5] Die Landesverfassungen haben zwar nicht die gleiche Wirkkraft wie **2**

[1] DVBl 1959, 527 ff.

[2] Zwar ist zu Recht darauf hingewiesen worden, dass auch Otto Mayer die Verfassungsabhängigkeit des Verwaltungsrechts nicht in Frage stellen wollte (vgl *Bachof* VVDStRL 30 [1973] 193, 204 f; *Heyen* Otto Mayer, Studien zu den geistigen Grundlagen seiner Verwaltungsrechtswissenschaft, 1981, 125). Das Ausmaß der Verfassungsabhängigkeit ist aber heute ein völlig anderes, als Otto Mayer dies im Jahre 1924 annahm.

[3] Vgl *Murswiek* Die verfassungsgebende Gewalt nach dem Grundgesetz für die Bundesrepublik Deutschland, 1978, 163 ff.

[4] Zur Bedeutung und Funktion der Verfassung vgl *Stern* StR I, § 3 III; *Hesse* in: Benda/Maihofer/Vogel, HdbVerfR, 3 ff; *dens* VerfR, Rn 16 ff.

[5] Vgl dazu (krit) *Fischer* Die Auswirkungen der Rechtsprechung des Bundesverfassungsgerichts auf die Dogmatik des Allgemeinen Verwaltungsrechts, 1997.

das Grundgesetz, entfalten aber strukturell entsprechende Wirkungen.[6] Die Konstitutionalisierung des Rechts[7] kommt zwar auch im Privatrecht und Strafrecht zum Tragen, wirkt sich aber besonders intensiv im Verwaltungsrecht aus. Die Bindung an das Verfassungsrecht besagt in Bezug auf das Verwaltungsrecht nicht nur, dass Gesetzgebung und Verwaltung die Verfassung nicht verletzen dürfen. Vielmehr müssen die genannten Gewalten aktiv auf die Verwirklichung der verfassungsrechtlichen Inhalte hinwirken, damit diese zu optimaler Wirksamkeit gelangen können.[8] Dies bestätigt die Annahme von *Fritz Werner*, dass das *Verwaltungsrecht konkretisiertes Verfassungsrecht* ist bzw sein soll. Allerdings wird die Maßgeblichkeit der Verfassung immer häufiger durch die Vorgaben des Europäischen Unionsrechts ersetzt (→ § 5).

3 Die Verfassungsabhängigkeit des Verwaltungsrechts bedeutet nicht, dass sich Verwaltungsrecht mehr oder weniger aus den Verfassungsrechtssätzen deduzieren lässt. Zwar sind viele Regelungen und Rechtsfiguren des Verwaltungsrechts (wie zB die Verfahrensrechte auf Anhörung und Akteneinsicht) *im Kern verfassungsrechtlich* garantiert und damit vor einer ersatzlosen Abschaffung gesichert.[9] Hinsichtlich der Ausgestaltung im Einzelnen verbleibt dem Gesetzgeber aber in aller Regel ein erheblicher Spielraum.[10] Das gilt besonders dann, wenn kollidierende Verfassungsprinzipien miteinander in Einklang gebracht werden müssen. So lässt sich zum Beispiel aus dem Grundgesetz nicht ablesen, ab welchem Zeitpunkt ein Verwaltungsakt bestandskräftig werden soll (mit der Folge, dass dann das Verfassungsprinzip der Gesetzmäßigkeit hinter dem der Rechtssicherheit zurücktreten muss). Die Monatsfrist der §§ 70 I, 74 I VwGO ist daher nicht verfassungsrechtlich festgeschrieben.[11]

4 Kollidieren Verfassungsrecht und Verwaltungsrecht, ist wegen des *Geltungsvorrang*s des Verfassungsrechts das Verwaltungsrecht ungültig bzw nichtig (→ § 2 Rn 115). Lässt sich eine Rechtsfolge sowohl dem Verfassungsrecht als auch dem Verwaltungsrecht entnehmen, besteht ein *Anwendungsvorrang* der rangniedrigeren Verwaltungsrechtsnorm (→ § 2 Rn 109 ff), weil diejenige Rechtsquelle anzuwenden ist, die dem zu entscheidenden Fall am nächsten steht.[12] So lässt sich zwar aus den Art 1, 2, 12 und 14 GG ein Anspruch der Rechtsunterworfenen darauf herleiten, dass ihre Geheimnisse, insbes die zum persönlichen Lebensbereich gehörenden Geheimnisse sowie die Betriebs- und Geschäftsgeheimnisse, nicht ohne rechtfertigenden Grund von der Behörde offenbart werden.[13] Da

[6] Zur Bedeutung gliedstaatlichen Verfassungsrechts in der Gegenwart vgl *Graf Vitzthum* VVDStRL 46 (1988) 7 ff. Zur Zulässigkeit von Landesverfassungsbeschwerden gegen Maßnahmen von Landeseinrichtungen in bundesrechtlich geregelten Verfahren vgl BVerfGE 96, 345 ff. Krit *Dietlein* Jura 2000, 19 ff.

[7] Vgl *Schuppert/Bumke* Die Konstitutionalisierung der Rechtsordnung, 2000; *Jarass* in: Scholz/Lorenz/Pestalozza/Kloepfer/Jarass/Degenhart/Lepsius, Kolloquium P. Lerche, 2008, 75 ff.

[8] Zur Verwirklichung der Verfassung vgl *Hesse* VerfR, Rn 41 ff.

[9] Näher dazu *Hill* Das fehlerhafte Verfahren und seine Folgen im Verwaltungsrecht, 1986, 200 ff; *Riedl* in: Obermayer, VwVfG, Einl Rn 96 ff; *Kopp/Ramsauer* VwVfG, Einführung Rn 18 ff.

[10] Vgl auch *Ehlers* Verwaltung in Privatrechtsform, 1984, 227; *Bonk/Schmitz* in: Stelkens/Bonk/Sachs, VwVfG, § 1 Rn 41.

[11] Zur grundsätzlichen Zulässigkeit angemessener Fristen vgl BVerfGE 60, 253, 269 f.

[12] Vgl auch *Maurer* Allg VwR, § 4 Rn 50.

[13] Vgl zum sog informationellen Selbstbestimmungsrecht BVerfGE 65, 1, 41 ff → JK GG Art 2 I/7, zum Geheimnisschutz juristischer Personen vgl BVerfG-K NJW, 1997, 1784; NJW 2001, 503, 504; NdsOVG DVBl 2009, 855 → JK 11/09, GG Art 2 I iVm 1 I/52. *Ehlers/Heydemann* DVBl 1990, 1, 2 f; *Schoch* JURA 2008, 352, 356. Zum Grundrecht auf Gewährleistung der Vertraulichkeit und Integrität informationstechnischer Systeme vgl BVerfGE 120, 274.

§ 30 VwVfG eine entsprechende ausdrückliche Regelung enthält (→ § 14 Rn 39), ist es aber weder notwendig noch zulässig, unmittelbar auf das Verfassungsrecht zu rekurrieren, wenn die Vorschrift des § 30 VwVfG zum Zuge kommt.

Lässt eine Verwaltungsrechtsnorm mehrere Deutungsmöglichkeiten zu, muss sie *verfassungskonform* ausgelegt werden.[14] Bestehen Zweifel daran, ob eine Norm dem Individualrechtsschutz zu dienen bestimmt ist (also ein subjektives Recht gewährt), ist die Ausstrahlungswirkung der *Grundrechte* zu beachten (→ § 12 Rn 13). Ebenso sind bei der Auslegung unbestimmter Rechtsbegriffe individualbezogene Normen sowie bei der Ermessensausübung die grundrechtlich geschützten Interessen und damit auch das sich aus den Grundrechtsbestimmungen und dem Rechtsstaatsprinzip ergebende Übermaßverbot[15] zu berücksichtigen (Rn 24). 5

II. Die Bedeutung der verfassungsrechtlichen Grundentscheidungen für das Verwaltungsrecht

Die Verzahnung des Verfassungsrechts mit dem Verwaltungsrecht braucht hier nicht im Einzelnen geschildert zu werden, weil in den folgenden Abschnitten näher auf das Zusammenspiel der beiden Gebiete eingegangen wird. Es genügt, einen kurzen Blick auf die verfassungsrechtlichen *Grundentscheidungen* für die Demokratie, Bundesstaatlichkeit und Rechtsstaatlichkeit sowie auf die Verfassungsaufträge zu werfen. 6

1. Demokratie

Gem Art 20 I, 28 I GG sind Bund und Länder demokratische Staaten. Da alle Staatsgewalt vom Volke ausgeht (Art 20 II 1 GG) und unter Staatsgewalt sämtliches Handeln des Staates zu verstehen ist,[16] bedarf auch die Verwaltung – unabhängig von der Art der Aufgabenstellung, der Organisationsform, der Rechtsform des Tätigwerdens und dem Regelungscharakter ihres Handelns[17] – einer *demokratischen* Legitimation. Grundsätzlich müssen sich deshalb alle Akte der Verwaltung auf den Willen des Volkes zurückführen lassen und entweder diesem oder dem Parlament als dem Repräsentanten des Volkes gegenüber verantwortet werden (→ § 1 Rn 26). Die *parlamentarische Verantwortung* wird über die Regierung und Minister hergestellt. Da Verantwortung nur derjenige tragen kann, der über ausreichende Leitungsbefugnisse verfügt, schreibt Art 65 S 2 GG vor, dass jeder Bundesminister seinen Geschäftsbereich selbständig leitet. Vergleichbare Regelungen enthalten die Landesverfassungen.[18] Somit stellen sich hierarchi- 7

[14] Vgl *Hesse* VerfR, Rn 79 ff; *Pieroth/Schlink* Grundrechte, 25. Aufl 2009, Rn 103.

[15] Zur verfassungsrechtlichen Fundierung des Übermaßverbotes und ihrer Bedeutung vgl die Übersicht von *Krebs* Jura 2001, 228 ff. Für eine Herleitung sowohl aus den Grundrechten als auch aus dem Rechtsstaatsprinzip auch BVerfGE 19, 342, 348 f; 61, 126, 134; 76, 1, 50 f.

[16] Abzulehnen daher BVerfGE 47, 253, 274, wonach es unwichtige Aufgaben gibt, die nicht unter den Begriff „Ausübung der Staatsgewalt“ fallen. Vgl auch → § 1 Rn 28.

[17] Vgl aber auch BVerfGE 47, 253, 273; 83, 60, 75 f; 93, 37, 68, wonach sich „jedenfalls“ alles amtliche Handeln mit Entscheidungscharakter als Ausübung von Staatsgewalt darstellt. Für eine Freistellung staatlicher Handlungsweisen ohne Entscheidungscharakter vom Erfordernis einer demokratischen Legitimation auch *Oebbecke* Weisungs- und unterrichtungsfreie Räume in der Verwaltung, 1986, 81.

[18] Vgl zB Art 49 I 4 Verf BW; Art 37 I 2 Verf Nds; Art 55 II Verf NRW; Art 63 II Verf Sachs.

sche Aufbau- und Ablaufprinzipien heute als „Funktionserfordernis(se) demokratischer Staatlichkeit"[19] dar. Dennoch kennt das geltende Recht in nicht unerheblichem Ausmaße ministerialfreie – dh weisungsfreie und damit dem Einflussbereich des zuständigen Ministers entzogene – Räume (→ § 8 Rn 47 f). Das bekannteste Beispiel bildet die Deutsche Bundesbank, die gem Art 130 AEUV, § 12 S 1 BBankG weisungsunabhängig ist. Unabhängigkeit ist ferner etwa den Vergabekammern eingeräumt worden.[20] Entsprechendes wird vielfach für die Beschlussabteilungen des Bundeskartellamts oder der Bundesnetzagenturen angenommen.[21] Soweit die ministerialfreien Einrichtungen des Staates entscheidend (und nicht nur vorbereitend oder beratend) tätig werden, lassen sie sich vorbehaltlich einer unionsrechtlichen[22] oder (anderweitigen) verfassungsrechtlichen Absicherung nur rechtfertigen, wenn man mit dem BVerfG davon ausgeht, dass nur ein bestimmtes Legitimationsniveau erforderlich ist[23] und dieses Niveau im konkreten Fall keine Weisungsbindung verlangt (→ § 8 Rn 47 f). Im Schrifttum werden ministerialfreie Entscheidungsfreiräume nicht selten bereits dann als gerechtfertigt angesehen, wenn die gesetzlich übertragene und umschriebene Aufgabe nach ihrer spezifischen Eigenart eine solche Weisungsfreiheit erfordert (wie etwa im Prüfungswesen).[24] Auch werden Mischformen akzeptiert. So hat ein Bewilligungsausschuss, in dem die wissenschaftlichen Vertreter gegenüber den für die Wissenschaft zuständigen Ministern des Bundes und der Länder die Mehrheit haben, über die Vergabe öffentlicher Mittel in Höhe von ca 1.9 Mrd € zur Förderung von Wissenschaft und Forschung an deutschen Hochschulen im Rahmen der Exzellenzinitiative des Bundes und der Länder entschieden.[25] Das Gebot einer grundsätzlich hierarchischen Ausrichtung der Verwaltung schließt eine rechtliche Verselbständigung von (ihrerseits hierarchisch strukturierten) Verwaltungseinrichtungen nicht aus. Doch bedürfen die verselbständigten Einrichtungen der Beaufsichtigung durch die unmittelbare Staatsverwaltung.[26] Im Falle der Selbst-

[19] *Dreier* Hierarchische Verwaltung im demokratischen Staat, 1991, 137. Krit zum „Maschinenmodell des hierarchischen Verwaltungsaufbaus" *Blanke* KJ 1998, 452, 465 ff; *Bryde* Staatswissen und Staatspraxis, 1994, 305; *Rinken* KritV 1996, 282. Dazu *Ehlers* FS Stein, 2002, 125, 134 f.

[20] § 105 IV 2 GWB.

[21] Zu den Beschlussabteilungen des Bundeskartellamts (§ 51 II GWB) vgl *Klaue* in: Immenga/Mestmäcker (Hrsg), Wettbewerbsrecht, 4. Aufl 2007, § 51 Rn 5, vgl aber auch Rn 11 ff; ferner *Becker* in: Löwenheim/Meessen/Riesenkampff, Kartellrecht, 2. Aufl 2009, § 51 Rn 2 ff; zur Regulierungsbehörde im Telekommunikationsrecht *Oertel* Die Unabhängigkeit der Regulierungsbehörde nach §§ 66 ff TKG, 2000; *Ruffert* in: Trute/Groß/Röhl/Möllers (Hrsg), Allgemeines Verwaltungsrecht – zur Tragfähigkeit eines Konzepts, 2008, 431. Allg *Britz* in: Ruffert/Fehling (Hrsg), Regulierungsrecht, 2010, § 21 Rn 39. Vgl auch Fn 22.

[22] Für variable Regelungsstrukturen im Mehrebenensystem *Groß* VVDStRL 66 (2007), 152, 177. Zur unionsrechtlich gebotenen Unabhängigkeit der nationalen Regulierungsbehörden vgl EuGH MMR 2010, 119 Rn 54. Ferner → § 5 Rn 63.

[23] BVerfGE 83, 60, 72; 93, 37, 66 f.

[24] Vgl dazu *Böckenförde* in: Isensee/Kirchhof II, § 24 Rn 24; (*Lerche* in: Maunz/Dürig, GG, Art 86 Rn 70; aA *Ibler* in: Maunz/Dürig, GG, Art 86 Rn 57 ff.

[25] Vgl § 4 der Bund-Länder-Vereinbarung gemäß Artikel 91b des Grundgesetzes (Forschungsförderung) über die Exzellenzinitiative des Bundes und der Länder zur Förderung von Wissenschaft und Forschung an deutschen Hochschulen, BAnz 2005, 13347. Zur Problemstellung: *Kämmerer* RdJB 2004, 152 ff.

[26] *Kahl* Die Staatsaufsicht, 2000, 498 ff; zu den privatrechtlich organisierten Einrichtungen → § 1 Rn 23.

verwaltung darf es sich nur um Rechtsaufsicht handeln, ansonsten muss grundsätzlich eine Fachaufsicht vorgesehen werden (→ § 8 Rn 42).

Träger der demokratischen Legitimation und damit Legitimationsspender ist das *Volk*. Es muss sich nicht notwendigerweise um das Staatsvolk – dh die Gesamtheit der deutschen Staatsangehörigen und die in Art 116 I GG gleichgestellten Personen – handeln. Vielmehr kommt uU auch ein durch den Verfassungs- oder Gesetzgeber eingesetztes sog *Teilvolk* in Betracht (str → § 1 Rn 30). Den Charakter eines Teilvolkes können und dürfen von Verfassungs wegen aber nur die Mitglieder von Selbstverwaltungsträgern haben. Die Selbstverwaltung stellt sich als ganz oder teilweise selbständige, fachaufsichtsfreie Wahrnehmung staatlicher Angelegenheiten durch unterstaatliche Träger der Verwaltung in eigenem Namen dar.[27] Durch Beteiligung der Staatsbürger an der Gestaltung ihres engeren Lebenskreises soll ein weiteres Stück Demokratie gesichert werden. Anders als im Falle von Bund und Ländern können dem Teilvolk (Selbstverwaltungsmitgliedern) auch Ausländer angehören.[28] Für die kommunalen Teilvölker garantieren die Art 22 AEUV, 28 I 3 GG dies den Unionsbürgern. 8

Hinsichtlich der verschiedenen Arten der *Selbstverwaltung* ist zwischen der kommunalen und der funktionalen Selbstverwaltung zu unterscheiden.[29] Die *kommunale Selbstverwaltung* wird durch Art 28 II GG gewährleistet. Danach wird den Gemeinden das Recht eingeräumt, alle Angelegenheiten der örtlichen Gemeinschaften im Rahmen der Gesetze in eigener Verantwortung zu regeln.[30] Auch die Gemeindeverbände (insbesondere die Kreise) haben im Rahmen ihres gesetzlichen Aufgabenbereichs nach Maßgabe der Gesetze das Recht der Selbstverwaltung. Die *funktionale Selbstverwaltung* bestimmt sich nicht ausschließlich nach der Wohnsitznahme im Hoheitsbereich einer Körperschaft, sondern nach gruppenspezifischen Kriterien, wie besonderen Eigenschaften, Funktionen oder Interessen.[31] Zu dieser Art der Selbstverwaltung gehören zum Beispiel die Hochschulen, die Sozialversicherungsträger, die Kammern der freien Berufe (für Rechtsanwälte, Patentanwälte, Steuerberater, Wirtschaftsprüfer, Ärzte, Zahnärzte, Tierärzte, Apotheker und Architekten), die wirtschaftsständischen Kammern (Industrie- und Handelskammern, Handwerkskammern, Landwirtschaftskammern), die Handwerksinnungen, die Wasser- und Bodenverbände, die Teilnehmergemeinschaften bei der Flurbereinigung sowie die öffentlich-rechtlichen Jagd- und Fischereigenossenschaften.[32] In welchem Umfang eine funktionale Selbstverwaltung vorgesehen werden 9

27 Vgl *Stern* StR I, § 12 I 3; *Hendler* Selbstverwaltung als Ordnungsprinzip, 1984, 284 ff; → § 8 Rn 19 ff. Die auf einer Übertragung der früher vom Staat wahrgenommenen Aufgaben beruhenden kommunalen Pflichtaufgaben zur Erfüllung nach Weisung stellen Selbstverwaltungsaufgaben besonderer Art dar (str, näher dazu *Schmidt-Aßmann/Röhl* in: Schmidt-Aßmann/Schoch, Bes VwR, 1. Kap Rn 37 ff). Die Kommunen unterliegen insoweit einer über die bloße Rechtsaufsicht hinausgehenden, der Zweckmäßigkeitskontrolle unterliegenden und damit der Fachaufsicht angenäherten Sonderaufsicht (vgl zB §§ 3 I, 9 OBG NRW).

28 Dementsprechend haben die Ausländer (grds) das aktive und passive Wahlrecht. Die für das Kommunalwahlrecht – abgesehen von den Unionsbürgern – geltenden Beschränkungen (vgl BVerfGE 83, 37, 50 ff; 60, 80 ff) beziehen sich nicht auf die funktionale Selbstverwaltung (BVerfGE 83, 37, 55).

29 Zum kommunalen Selbstverwaltungsrecht vgl *Stern* StR I, § 12 I 1 mwN.

30 Näher zum Inhalt der verfassungsrechtlichen Gewährleistung *Ehlers* DVBl 2000, 1301 ff.

31 BVerfGE 83, 37, 55.

32 Näher dazu *Hendler* (Fn 27) 208 ff; *Wolff/Bachof/Stober* VwR III, § 97; *Kluth* Funktionale Selbstverwaltung, 1997, 33 ff.

kann, steht grundsätzlich im Ermessen des Gesetzgebers. Allerdings verlangt das Demokratieprinzip, dass die der Staatsgewalt unterworfenen Personen im Wesentlichen identisch mit den Personen sein müssen, denen die Staatsgewalt ihre Einsetzung verdankt.[33] Auch der Gesetzgeber darf daher eine Selbstverwaltung nur einrichten, wenn das Prinzip der Selbstbetroffenheit beachtet wird.[34] Somit ist es unzulässig, Selbstverwaltungsträger mit der Wahrnehmung von Aufgaben zu betrauen, die alle Staatsbürger betreffen (zB Außenpolitik, Verteidigung, Steuererhebung). Ferner müssen die Grundrechte der Verbandsmitglieder beachtet werden. Nach hM stellt sich nicht nur die Begründung der Zwangsmitgliedschaft als rechtfertigungsbedürftiger Grundrechtseingriff dar,[35] vielmehr sollen die Zwangsmitglieder auch einen grundrechtlichen Anspruch auf Einhaltung des gesetzlich zugewiesenen Aufgabenkreises haben.[36] Schließlich darf sich der Gesetzgeber seiner Rechtsetzungsbefugnisse nicht völlig entäußern und die Regelung des Selbstverwaltungsbereichs ganz den körperschaftlichen Organen überlassen. Insbesondere bedürfen Eingriffe im Grundrechtsbereich einer Ermächtigungsgrundlage in einem Parlamentsgesetz (→ § 2 Rn 41 f, 58).[37]

2. Bundesstaat

10 Kennzeichen eines Bundesstaates ist es, dass auf demselben Staatsgebiet zwei staatliche Gewalten gleichzeitig wirken. Daher sind die Gesetzgebungs- und Verwaltungskompetenzen geteilt.

11 a) *Verteilung der Gesetzgebungskompetenzen zwischen Bund und Ländern.* Nach Art 70 I GG haben die Länder das Recht der Gesetzgebung, soweit das Grundgesetz nicht dem Bund Gesetzgebungsbefugnisse verleiht. Bei den Kompetenzen des Bundes kann es sich um *ausschließliche* (Art 73 GG), konkurrierende (Art 74 GG) oder Grundsatzgesetzgebungsbefugnisse (Art 109 IV GG) handeln. Im Bereich der *konkurrierenden* Gesetzgebung haben die Länder die Befugnis zur Gesetzgebung, solange und soweit der Bund von seiner Gesetzgebungszuständigkeit nicht durch Gesetz Gebrauch gemacht hat (Art 72 I GG). Im Übrigen ist zwischen Kern-, Erforderlichkeits- und Abweichungskompetenz zu unterscheiden. Auf den in Art 72 II nicht genannten Gebieten darf der Bund ohne weitere Beschränkung von seiner konkurrierenden Gesetzgebungskompetenz Gebrauch machen (*Kernkompetenz*). Ansonsten hat der Bund das Gesetzgebungsrecht nur, wenn und soweit die Herstellung gleichwertiger (nicht: einheitlicher) Lebensverhältnisse im Bundesgebiet oder die Wahrung der Rechts- oder Wirtschaftseinheit im gesamtstaatlichen Interesse eine bundesgesetzliche Regelung *erforderlich* macht (Art 72 II GG). Ein Beurteilungs- oder Ermessensspielraum kommt dem Gesetzgeber nicht zu. Doch wird ihm ein Prognosespielraum hinsichtlich der Einschätzung der Entwicklung eingeräumt, soweit er sorgfältig ermittelte Sachverhaltsannahmen zugrunde gelegt hat, die Prognose methodisch auf ein angemessenes Prognoseverfahren gestützt

[33] *Herzog* in: Maunz/Dürig, GG, Art 20 II Rn 56 f.

[34] Vgl *Hendler* (Fn 27) 284; *Ehlers* JZ 1987, 218, 221. Selbstbetroffenheit liegt vor, wenn die Mitglieder stärker als andere von der Verwaltung berührt werden.

[35] BVerfGE 10, 89, 102; BVerfG-K NVwZ 2002, 335, 336; *Kluth* NVwZ 2002, 298 ff.

[36] Vgl BVerfGE 10, 89, 102; 15, 235, 239 ff; BVerwGE 34, 69, 74; 59, 231, 233; 64, 115, 119; 298, 301 f; BVerwG NVwZ-RR 2001, 93, 94; *Ehlers/Lechleitner* Die Aufgaben der Rechtsanwaltskammern, 2006, 52 ff. Krit *Laubinger* VerwArch 74 (1983) 262, 277; *Kluth* (Fn 32) 301 ff, 330 ff.

[37] Erstmalig und grundlegend BVerfGE 33, 125, 158.

und dies konsequent verfolgt hat und in die Prognose keine sachfremden Erwägungen eingeflossen sind.[38] Im Falle eines Wegfalls der Erforderlichkeit kann eine Freigabe nach Maßgabe des Art 72 IV GG erfolgen. Besteht eine *Abweichungskompetenz* der Länder (Art 72 III GG), dürfen diese eine andere Regelung erlassen, ohne dass ein erneutes gesetzgeberisches Tätigwerden des Bundes gesperrt wird. Es besteht dann eine (wenig sinnvolle) doppelte Vollkompetenz, sodass sich ein „Ping-Pong-Spiel" nicht ausschließen lässt. Vorbehaltlich eines qualifizierten Bundesvorbehalts (Art 84 I 5 GG), dürfen die Länder auch von den Bundesgesetzen iSd Art 84 I 2 GG abweichende Regelungen treffen. Bundesgesetze, die nach der nunmehr geltenden Rechtslage nicht mehr erlassen werden dürfen, gelten nach Maßgabe der Art 125a–c GG fort. Soweit der Bund seine Gesetzgebung wegen der Einführung der Erforderlichkeitsklausel des Art 72 II GG verloren hat, bleibt er auch für Änderungen zuständig, soweit und solange die wesentlichen Elemente der bisherigen Regelung beibehalten werden.[39] Nicht geklärt ist in der Rechtsprechung bisher, ob der Bund auch das nach Art 125a I GG zunächst fortbestehende Bundesrecht ändern darf. Dies dürfte im Falle des Wegfalls der Sachkompetenz zu bejahen sein (solange die wesentlichen Elemente der bisherigen Regelung bestehenbleiben). Dagegen ist das die Organisation betreffende, den finanziellen Schutz der Kommunen sicherstellende kommunale Durchgriffsverbot der Art 84 I 7, 85 I 2 GG nach der hier vertretenen Auffassung stets zu beachten.[40] Hat der Bund von seiner Gesetzgebungsbefugnis Gebrauch gemacht, sollen die Länder schließlich in einigen Fällen abweichende Regelungen treffen dürfen (Abweichungsgesetzgebung).[41] Neben den enumerativ aufgeführten Gesetzgebungszuständigkeiten des Bundes werden auch ungeschriebene Bundeskompetenzen kraft *Natur der Sache* oder *Sachzusammenhangs* sowie *Annexkompetenzen* als zulässig angesehen.[42] In Wahrheit handelt es sich lediglich um mitgeschriebene Kompetenzen, die der Verfassung im Wege der Auslegung zu entnehmen sind.[43] Aus dem Rechtsstaatsprinzip leitet das BVerfG einen Grundsatz der *Widerspruchsfreiheit* ab, der sich im Rahmen der bundesstaatlichen Ordnung zugleich als *Kompetenzausübungsschranke* für den Gesetzgeber auswirken soll. So dürfe der Landessteuergesetzgeber nicht eine Regelung treffen, die der Gesamtkonzeption des für die sachliche Regelung zuständigen Bundesgesetzgebers zuwiderlaufe.[44] Ferner soll eine kommunale Satzung über die Erhebung einer kommunalen Verpackungssteuer deshalb mit der bundesstaatlichen Ordnung der Gesetzgebungskompetenz iVm dem Rechtsstaatsprinzip nicht vereinbar sein, weil sie dem vom Bund im Rahmen des Abfallrechts verfolgten Kooperationsprinzip zuwiderlaufe.[45] Indessen liegt ein von der Rechtsord-

[38] BVerfGE 106, 62, 152 f.

[39] BVerfGE 111, 10, 31; 226, 269.

[40] Ebenso *Kallerhoff* Die übergangsrechtliche Fortgeltung von Bundesrecht nach dem Grundgesetz, 2010. Vgl auch *Henneke* NdsVBl 2007, 65 ff; NdsVBl 2008, 3 ff; *dens* Bundesstaat und kommunale Selbstverwaltung nach den Föderalismusreformen, 2009, 32 ff; *Burgi* DVBl 2007, 77 ff; *Schoch* DVBl 2007, 256 ff.

[41] Vgl Art 72 III GG.

[42] Vgl *Stern* StR I, § 19 III 3.

[43] Vgl *Ehlers* Jura 2000, 323 ff; *Pieroth* in Jarass/Pieroth GG, Art 70 Rn 9 ff; *U. J. Schröder* Kriterien und Grenzen der Gesetzgebungskompetenz kraft Sachzusammenhangs nach dem Grundgesetz, 2007, 28 f.

[44] BVerfGE 98, 83, 97 ff.

[45] BVerfGE 98, 106, 177 ff.

nung nicht hinnehmbarer Normkonflikt grundsätzlich erst vor, wenn zwei Regelungen an den gleichen Tatbestand miteinander unvereinbare Rechtsfolgen knüpfen.[46]

12 Ein einheitliches Rechtsgebiet „*Verwaltungsrecht*" kennt das Grundgesetz nicht. Die Kompetenzen verteilen sich somit auf Bund und Länder, so dass sowohl das allgemeine als auch das besondere Verwaltungsrecht aus Bundes- und Landesrecht besteht. Das Schwergewicht liegt trotz der Änderung des Grundgesetzes durch die Föderalismusreformen I und II oftmals auf dem Bundesrecht. Zum Beispiel wird ein Großteil des Wirtschaftsrechts (insbesondere über Art 74 I Nr 11 GG) und des Umweltrechts (insbesondere über Art 74 I Nr 20, 24, 28 bis 32 GG) in Bundesgesetzen geregelt. Zu den Rechtsgebieten des Landesrechts, die sich der Sogkraft des „unitarischen Bundesstaates"[47] entziehen konnten, gehören insbesondere das (Landes-)Verwaltungsverfahrens-, Kommunal-, Polizei- und Ordnungs-, Schul- und Hochschul- sowie das Rundfunkrecht. Vielfach haben die Länder ihre Rechtsetzung aber freiwillig untereinander abgestimmt. So bestehen zwischen den Polizeigesetzen der Länder kaum nennenswerte Unterschiede. Nicht selten findet auch eine Kooperation mit dem Bund statt. Insbesondere haben die Länder ihre Verwaltungsverfahrensgesetze dem Verwaltungsverfahrensgesetz des Bundes durch Erlass nahezu inhaltsgleicher Landesgesetze angeglichen (→ § 13 Rn 5).[48]

13 b) *Verteilung der Verwaltungskompetenzen zwischen Bund und Ländern.* Während bei der Gesetzgebung häufig das Bedürfnis nach einer Rechts- oder Wirtschaftseinheit für eine Kompetenz des Bundes spricht, kann die Ausführung der Gesetze in der Regel sachgerechter und lebensnäher durch eine föderal strukturierte bzw dezentralisierte Verwaltung „vor Ort" bewerkstelligt werden.[49] Demgemäß liegt das Schwergewicht der Verwaltungskompetenzen bei den Ländern.

14 Die grundsätzliche Verteilung der Verwaltungskompetenzen zwischen Bund und Ländern ergibt sich aus den Art 30, 83 ff, 108 und 120a GG.[50] Danach ist die Ausübung der staatlichen Befugnisse und die Erfüllung der staatlichen Aufgaben Sache der Länder, soweit das Grundgesetz keine andere Regelung trifft oder zulässt. Insbesondere obliegen den Ländern der Vollzug der *Landesgesetze* und die Erledigung aller sonstigen Verwaltungsaufgaben, die nicht dem Bund zugewiesen worden sind. Grundsätzlich führen die Länder auch die *Bundesgesetze* als eigene Angelegenheiten aus (Art 83, 84 GG). Wenn die Bundesgesetze die Einrichtung der Behörden oder das Verwaltungsverfahren regeln, dürfen die Länder – von dem Fall des Art 84 I 5 GG (mit Zustimmung des Bundesrates) abgesehen – abweichende Regelungen treffen (Art 84 I 2 GG). Gemäß Art 84 II GG ist die Bundesregierung mit Zustimmung des Bundesrates zum Erlass von

[46] Krit zur Rspr des BVerfG zB *Lege* Jura 1999, 125, 127 f; *Jarass* AöR 126 (2001) 588 ff; *U. J. Schröder* ZG 2007, 239 ff.

[47] Vgl dazu *Hesse* Der unitarische Bundesstaat, 1962, 12 ff.

[48] In Berlin, Rheinland-Pfalz und Sachsen verweisen die Landesverwaltungsverfahrensgesetze (→ § 13 Rn 5) auf das Verwaltungsverfahrensgesetz des Bundes „in der jeweils geltenden Fassung" (vgl auch § 1 VwVfG Nds). Es handelt sich also um dynamische Verweisungen (→ § 19 Rn 21). Zur Zulässigkeit solcher Verweisungen vgl BVerfGE 47, 285, 311 ff; *Clemens* AöR 111 (1986) 63, 100 ff – die zumindest Verweisungen in grundrechtsrelevanten Bereichen als verfassungswidrig ansehen (weiter gehend *Ehlers* DVBl 1977, 693 – Ungültigkeit einer dynamischen Verweisung des Landesrechts auf das Bundesrecht im Bereich ausschließlicher Landeskompetenz). Allg zur Bewertung des sog kooperativen Föderalismus *Hesse* VerfR, Rn 234.

[49] Vgl auch *Maunz/Zippelius* Deutsches Staatsrecht, 32. Aufl 2008, § 46 Rn 14 ff.

[50] Die Regierungstätigkeit ist nicht Verwaltung iSd Art 83 ff GG, BVerfGE 105, 279, 307. Vgl auch → § 1 Rn 9, 12.

Verwaltungsvorschriften sowie nach Maßgabe des Art 84 III GG zur Ausübung der Aufsicht über die Länder in Bezug auf die Ausführung der Bundesgesetze befugt. Falls ein Zustimmungsgesetz dies vorsieht, darf der Bundesregierung die Befugnis verliehen werden, in besonderen Fällen Einzelweisungen zu erteilen (Art 84 V GG). Für bestimmte Sachbereiche sieht das Grundgesetz obligatorisch oder fakultativ einen Vollzug der Bundesgesetze durch die Länder im Auftrag des Bundes vor (*Bundesauftragsverwaltung*, Art 85 GG).[51] Die Länderbehörden unterstehen insoweit der Weisungsgewalt und der Fachaufsicht des Bundes.[52] Nicht ausgeschlossen sollen auch unmittelbare Kontakte des Bundes nach außen sein, einschließlich etwaiger informaler Absprachen.[53] Schließlich hat sich der Bund den Vollzug von Bundesgesetzen und sonstige Verwaltungsaufgaben in bestimmten Sachgebieten (Art 87 ff, 108 I GG) selbst vorbehalten. Soweit sich aus dem Grundgesetz nichts anderes ergibt, tragen Bund und Länder nach dem sog Konnexitätsprinzip (Art 104a I GG) gesondert die Ausgaben, die sich aus der Wahrnehmung ihrer Aufgaben ergeben. Um die Kommunen vor finanziellen Belastungen zu schützen, die der Bund veranlasst hat, sehen die Art 84 I 7, 85 I 2 GG vor, dass durch Bundesgesetz den Gemeinden und Gemeindeverbänden Aufgaben nicht übertragen werden dürfen. Überträgt der Bund eine Aufgabe den Ländern, dürfen diese zwar Übernahme und Durchführung an die Kommunen delegieren. Doch greifen dann die landesverfassungsrechtlichen Konnexitätsbestimmungen ein, wonach den Kommunen ein finanzieller Ausgleich für die entstehenden notwendigen durchschnittlichen Aufwendungen zu gewähren ist.[54]

Die Verteilung der Verwaltungszuständigkeiten zwischen *Bund und Länder*n ist vom **15**
Grundgesetz erschöpfend geregelt worden. Die Verwaltungszuständigkeiten von Bund und Ländern sind grundsätzlich getrennt und können selbst mit Zustimmung der Beteiligten nur in den vom Grundgesetz vorgesehenen Fällen zusammengeführt werden. Damit ist von begrenzten Ausnahmen abgesehen eine *Mischverwaltung* – etwa in Gestalt von Mitplanungs-, Mitverwaltungs- und Mitentscheidungsbefugnissen gleich welcher Art von Bundes- und Landesverwaltungen – ausgeschlossen.[55] Ausnahmen sehen etwa die Art 91a–d, 108 II 3, 120a I GG vor. Zum Beispiel wird eine Reihe von Forschungseinrichtungen von Bund und Ländern gemeinsam getragen. Außerdem sind die Behörden des Bundes und der Länder verpflichtet, sich gegenseitig Rechts- und Amtshilfe zu leisten und bei Notfällen kompetenzüberschreitend zusammenzuwirken (Art 35 GG).

Im Bereich ihrer Verwaltungszuständigkeiten haben die *Länder* die Möglichkeit, **16**
durch Abkommen *Gemeinschaftseinrichtungen* zur Wahrnehmung gemeinsamer Länderaufgaben zu errichten. Dabei konzentrieren sich die Abkommen insbesondere auf die Gebiete Rundfunk und Fernsehen (zB Zweites Deutsches Fernsehen), Wissenschaft und Ausbildung (zB Verwaltungshochschule Speyer, Zentralstelle für die Vergabe von Studienplätzen) sowie Kultur (zB Sekretariat der Ständigen Konferenz der Kultusminister der Länder). Näher zum Ganzen → § 7 Rn 22 f.

[51] Zur obligatorischen Auftragsverwaltung vgl Art 90 II, 104a III 2, 108 III GG, zur fakultativen Art 87b II, 87 X, 87d II, 89 II 3 u 4, 120a GG.

[52] Zur Rechtsnatur des Weisungsrechts vgl BVerfGE 81, 310, 335 ff.

[53] BVerfGE 104, 249 → JK GG Art 85 III/3.

[54] Vgl etwa Art 78 III Verf NRW. Näher zum ganzen *Hennecke* NdsVBl 2007, 57 ff; NdsVBl 2008, 1 ff.

[55] Vgl BVerfGE 63, 1, 38 ff; 108, 169, 182; 119, 331, 365 → JK 10/08 GG Art 28 II/30, 331, 364 f. Zum Verbot einer Doppelzuständigkeit von Bund und Ländern siehe auch BVerfGE 67, 299, 321; BVerfGE 104, 249, 264 ff → JK GG Art 85 III/3; *Oebbecke* in: Isensee/Kirchhof VI,

3. Rechtsstaatlichkeit

17 Von großer Bedeutung für die Verwaltung und das Verwaltungsrecht ist das Bekenntnis des Grundgesetzes zum Rechtsstaat.[56] Die Festlegung auf den Rechtsstaat kommt in Art 28 I 1 GG in Gestalt eines Strukturprinzips für die Verfassungsordnung auch der Länder explizit zum Ausdruck. Die wichtigsten Teilelemente des Rechtsstaatsprinzips, wie die Bindung an Verfassung, Gesetz und Recht (Art 20 III GG), Grundrechtsgeltung (Art 1 III GG) und Rechtsweggarantie[57] (Art 19 IV GG), werden in weiteren Bestimmungen des Grundgesetzes konkretisierend geregelt. In solchen Fällen bedarf es nicht des Rückgriffs auf das allgemeine Rechtsstaatsprinzip. Jedoch ist dieses Prinzip mehr als nur eine Sammelbezeichnung für einzelne Gewährleistungen des Verfassungsrechts. Es hat einen über die Bündelungsfunktion hinausgehenden *eigenständigen Sinngehalt.*[58]

18 Das BVerfG zählt das Rechtsstaatsprinzip zu den elementaren Prinzipien des Grundgesetzes.[59] Es sei eine „Leitidee"[60], ein Verfassungsgrundsatz, der je nach den sachlichen Gegebenheiten einer Konkretisierung bedürfe.[61] Unterschieden wird idR zwischen dem formellen und dem materiellen Rechtsstaat. Der *formelle Rechtsstaat* bezeichnet einen Staat, in dem alle staatlichen Machtäußerungen anhand von Gesetzen messbar sind. Für den *materiellen Rechtsstaats*begriff ist wesentlich, dass der Staat auf bestimmte Inhalte (zB die Verhältnismäßigkeit aller staatlichen Gewalt) einschließlich der Idee der Gerechtigkeit bezogen ist.[62] Der Rechtsstaatsbegriff des Grundgesetzes umfasst sowohl das formelle als auch das materielle Verständnis.[63] So gesehen ist der Ausspruch der Bürgerrechtlerin Bärbel Bohley nach der Wiedervereinigung Deutschlands „Wir wollten Gerechtigkeit und haben den Rechtsstaat bekommen" mit einem juristischen Fragezeichen zu versehen.

19 Die *Einwirkungen* des Rechtsstaatsprinzips *auf das Verwaltungsrecht* sind so vielfältig und zahlreich, dass sie hier nicht im Einzelnen dargestellt werden können.[64] Einzugehen ist nur kurz auf die Gesetzesbindung der Verwaltung sowie die Bindung an die

§ 136 Rn 10. Auch kann im wirtschaftlichen Bereich eine organisatorische Kooperation in Wahrnehmung je eigener Aufgaben (zB in Form von Gesellschaftsbeteiligungen) zulässig sein.

[56] Vgl zum Rechtsstaatsprinzip *Kunig* Das Rechtsstaatsprinzip, 1986; *Sobota* Das Prinzip Rechtsstaat, 1997; *Schmidt-Aßmann* in: Isensee/Kirchhof II, § 26 Rn 21 ff; *Benda* in: ders/Maihofer/Vogel, HdbVerfR, § 17, 719 ff.

[57] Von der Rechtsweggarantie des Art 19 IV GG zu unterscheiden ist der allgemeine (vor allem in bürgerlichen Rechtstreitigkeiten akut werdende) Justizgewährungsanspruch, der überwiegend unmittelbar aus dem Rechtsstaatsprinzip abgeleitet wird (BVerfGE 85, 337, 345; 107, 395, 401, 407 f). Die Abgrenzung kann sich als problematisch erweisen. So soll der Ausschluss des Primärrechtsschutzes im Vergaberecht (krit → § 3 Rn 95 f) nicht an Art 19 IV GG, sondern an dem Justizgewährungsanspruch zu messen sein (BVerfGE 116, 135, 149 ff → JK GG Art 20 III/43).

[58] AA *Kunig* (Fn 56) 85 ff, 481 ff; *Schnapp* in: v Münch/Kunig, GGK II, Art 20 Rn 24; wie hier *Schmidt-Aßmann* in: Isensee/Kirchhof II, § 26 Rn 8 f.

[59] BVerfGE 1, 14 ff, 33; 20, 323, 331.

[60] BVerfGE 2, 380, 403.

[61] BVerfGE 7, 89, 92 f.

[62] BVerfGE 20, 323, 331; 52, 131, 144 f; 70, 297, 308. Krit *Schnapp* in: v Münch/Kunig, GGK II, Art 20 Rn 22; *Sobota* (Fn 56) 457. Gerechtigkeit ist nicht mit überpositivem Recht gleichzusetzen. Vielmehr lassen sich auch aus dem positivem Verfassungsrecht (zB Art 1 I GG) Gerechtigkeitspostulate ableiten.

[63] Vgl statt vieler *Schmidt-Aßmann* in: Isensee/Kirchhof II, § 26 Rn 18 f.

[64] Vgl dazu *Kunig* (Fn 56) 373 ff, 421 ff, 438 ff; *Sobota* (Fn 56) 27 ff, 140 ff u passim. Zum Grundsatz der Widerspruchsfreiheit vgl Rn 11.

Grundrechte (Art 1 III GG), die rechtsstaatlichen Verfahrensanforderungen sowie die rechtsstaatlichen Handlungsmaßstäbe der Verwaltung.

a) *Gesetzesbindung der Verwaltung.* Die Verwaltung hat sowohl den Vorbehalt (→ § 2 Rn 40 ff) als auch den Vorrang des Gesetzes (→ § 2 Rn 39) zu beachten. Zum einen kann das Tätigwerden von dem Bestehen einer gesetzlichen Ermächtigungsgrundlage abhängen (Gesetzesvorbehalt), zum anderen dürfen keine gegen Gesetze verstoßenden Maßnahmen getroffen werden (Gesetzesvorrang). Grundsätzlich berühren Vollzugsdefizite nicht die Verfassungsmäßigkeit des zu vollziehenden Gesetzes. Wird dagegen ein Gesetz, das zu Eingriffen in die Rechtssphäre der Bürger ermächtigt, im großen Stil ungleich angewendet (strukturelles Vollzugsdefizit), kann dies die Verfassungswidrigkeit des Gesetzes wegen Verstoßes gegen Art 3 I GG nach sich ziehen. So hat das BVerfG angenommen, dass sich widersprüchlich auf Ineffektivität der Steuererhebung angelegte Steuernormen verfassungsrechtlich nicht rechtfertigen lassen[65], und das BVerwG geht davon aus, dass bei einer wesentlichen Lücke zwischen der Zahl der verfügbaren Wehrpflichtigen und dem Personalbedarf der Bundeswehr sowie einer willkürlichen Einberufungspraxis die Regelungen über die Wehrpflicht gleichheitswidrig werden.[66] Ebenso kann sich ein an sich gerechtfertigtes staatliches Monopol für Sportwetten als unvereinbar mit dem Grundrecht der Berufsfreiheit des Art 12 I GG erweisen, wenn es der Gesetzgeber versäumt hat, durch strukturelle Vorgaben sicherzustellen, dass die Gesetzesanwendung konsequent am Ziel der Bekämpfung von Suchtgefahren ausgerichtet ist.[67] 20

b) *Verwaltung und Grundrechte.* Wie schon ausgeführt wurde, binden die Grundrechte die gesamte Verwaltung, einschließlich der privatrechtlich organisierten oder tätig werdenden (→ § 3 Rn 91). Dies gilt auch für die Sonderrechtsverhältnisse bzw Sonderstatusverhältnisse, die früher auch als *besondere Gewaltverhältnisse* bezeichnet wurden (→ § 2 Rn 45).[68] Darunter werden Verhältnisse verstanden, die eine engere Beziehung des Einzelnen zum Staat begründen, weil sich der Einzelne in staatlichen Einrichtungen aufhält oder betätigt: also etwa die Verhältnisse der Beamten, Soldaten, Schüler in öffentlichen Schulen, Studenten, Strafgefangenen oder Benutzer der öffentlichen Einrichtungen (zB Theater oder Museen). Der Einzelne steht in solchen Rechtsverhältnissen nicht als verwaltungsinternes „Rädchen im Anstaltsbetriebe“,[69] sondern als Rechtssubjekt. Es greift daher der Schutz der Grundrechte ein.[70] Der Grundrechtsinhaber verzichtet auch nicht etwa mit Eintritt in das Sonderrechtsverhältnis auf seine Grundrechte oder deren Ausübung. Der Satz „volenti non fit iniuria“ kann schon deshalb keine Geltung beanspruchen, weil teilweise Zwang ausgeübt wird (wie bei den Strafgefangenen), der Bürger auf die staatlichen Leistungen angewiesen ist und die staatliche Macht nicht dazu benutzt werden darf, den Einzelnen zu einer Preisgabe seiner Grundrechte zu nötigen. Allerdings zeigen Bestimmungen wie Art 17a I und 33 IV

65 BVerfGE 84, 239 ff; 110, 94 ff.
66 BVerwGE 122, 331 ff.
67 BVerfGE 115, 276, 309 ff → JK GG Art 12/13.
68 Vgl O. *Mayer* VwR I, 101 f. Näher dazu *Erichsen* FS H. J. Wolff, 1973, 219 ff; *Ronellenfitsch* DÖV 1981, 933 ff; *ders* VerwArch 73 (1982) 245 ff; *ders* DÖV 1984, 781 ff; *Loschelder* Vom besonderen Gewaltverhältnis zur öffentlich-rechtlichen Sonderbindung, 1982; *Hesse* VerfR, Rn 321 ff.
69 So aber die Doktrin des besonderen Gewaltverhältnisses. Vgl *Fleiner* Institutionen des Deutschen Verwaltungsrechts, 8. Aufl 1928, § 4, 66.
70 Dies hat das BVerfG erstmalig in seiner Strafgefangenen-Entscheidung (BVerfGE 33, 1, 10 ff) festgestellt.

und V GG, dass die Grundrechte in Sonderrechtsverhältnissen nach Maßgabe der allgemeinen verfassungsrechtlichen Regeln uU stärker beschränkt werden dürfen, als dies ansonsten zulässig ist.[71]

21 Inhaltlich entfalten die Grundrechte verschiedene Wirkungen. Als *subjektive Rechte* stellen sie in erster Linie *Abwehrrechte* des Bürgers gegenüber dem Staat dar, verpflichten also auch die Verwaltung, ungerechtfertigte Eingriffe in die Freiheit des Einzelnen zu unterlassen und die Folgen rechtswidriger Eingriffe zu beseitigen.[72] Ungerechtfertigt ist ein Eingriff insbesondere, wenn er nicht auf einer gesetzlichen Ermächtigungsgrundlage beruht, unerlaubte Zwecke verfolgt oder das Übermaßverbot (Rn 24) verletzt. Ferner wird den Grundrechten unter bestimmten Voraussetzungen ein *Anspruch* des Einzelnen *auf Schutz* vor rechtswidrigen Eingriffen Privater entnommen.[73] Die Schutzpflichten sind von der Verwaltung und der Rechtsprechung im Rahmen des rechtlich Möglichen auch ohne gesetzliche Grundlage zu erfüllen.[74] Ein (gerichtlich durchsetzbares) Recht auf Schutzmaßnahmen hat der Einzelne erst, wenn das Untermaßverbot (Rn 24) verletzt wurde (str). In der Praxis besonders wichtig ist der Anspruch des Einzelnen auf ermessensfehlerfreie Entscheidung über das Einschreiten der Polizei- bzw Ordnungs- oder sonstigen zur Gefahrenabwehr tätig werdenden Behörden, der allerdings nicht unmittelbar aus den Grundrechten, sondern aus dem einfachen Recht hergeleitet wird, wenn eine Gefahr für die Rechte des Einzelnen besteht.[75] Weiterhin können die Grundrechtsbestimmungen subjektiv-rechtlich bewehrte Maßstäbe für die *organisatorische Ausgestaltung staatlicher Einrichtungen*, wie zum Beispiel der Universitäten, enthalten.[76] Schließlich haben die Grundrechte eine *verfahrensrechtliche Bedeutung*. Angesprochen werden damit nicht nur Grundrechte, die überhaupt erst im Verwaltungsverfahren realisiert werden können (wie zB das Recht der Kriegsdienstverweigerung oder das Asylrecht). Vielmehr lassen sich aus den Grundrechten Verfahrensrechte zum vorbeugenden Schutz materieller Grundrechtspositionen entnehmen.[77] Zum Beispiel zwingt Art 12 I GG dazu, öffentliche Stellen grundsätzlich auszuschreiben[78] und Beteiligten im Vorfeld eines Verwaltungsverfahrens diejenigen Informationen zur Verfügung zu stellen, welche sie für eine Bewerbung benötigen.[79] Aus Art 33 II iVm Art 19 IV GG folgt die Verpflichtung des Staates, die Konkurrenten (zur Ermöglichung eines gerichtlichen Rechtsschutzes) vor Vergabe einer Beamtenstelle zu benachrichti-

[71] Näher zum Grundrechtsverzicht *Sachs* in: ders (Hrsg), GG, 5. Aufl 2009, Vor Art 1 Rn 52 ff.

[72] Zur Herleitung des Folgenbeseitigungsanspruchs aus den Grundrechten vgl *Schoch* VerwArch 79 (1988) 1, 34 ff.

[73] Vgl zu den staatlichen Schutzpflichten etwa BVerfGE 39, 1, 42 ff; 46, 160, 164; 77, 170, 214 f; 79, 174, 201 f; 88, 203, 251 ff; 120, 274, 319 ff; *Dietlein* Die Lehre von den grundrechtlichen Schutzpflichten, 1992, 26 ff; *Jarass* in: FS 50 Jahre Bundesverfassungsgericht, Bd II, 2002, 35, 39 f; *Szczekalla* Die sogenannten grundrechtlichen Schutzpflichten im deutschen und europäischen Recht, 2002.

[74] BVerfGE 84, 212, 227; 96, 56, 64.

[75] Grdl BVerwGE 11, 95, 98. Vgl auch *Dietlein* (Fn 73) 204 ff; *Schoch* in: Schmidt-Aßmann/ders, Bes VwR, 2. Kap Rn 115.

[76] Vgl BVerfGE 35, 79, 120 ff; *Sachs* in: ders (Fn 71) Vor Art 1 Rn 34.

[77] Vgl BVerfGE 63, 131, 143.

[78] Vgl BVerfGE 73, 280, 296.

[79] BVerwGE 118, 270, 271 ff → JK GG Art 12 I/71. Zu der nach Art 12 I GG gebotenen angemessenen Verfahrensausgestaltung bei der Vorauswahl von Insolvenzverwaltern vgl BVerfG-K NJW 2004, 2725 ff → JK GG Art 19 IV 1/26.

gen.[80] Art 2 II 1 GG verlangt nicht nur Vorkehrungen zum Schutz von Leben und Gesundheit, sondern auch eine entsprechende Verfahrensgestaltung, so zum Beispiel im atomrechtlichen Genehmigungsverfahren[81] oder im Falle von Schwangerschaftsabbrüchen.[82] Ferner muss bei der Aktualisierung von Eigentumsbeschränkungen zugleich über den gegebenenfalls erforderlichen Ausgleich zumindest dem Grunde nach mitentschieden werden.[83] Dagegen verbürgen die Grundrechte nach hM grundsätzlich keine originären Teilhabe- und Leistungsrechte.[84]

Als *Elemente der objektiven Ordnung* stellen die Grundrechte verfassungsrechtliche Grundentscheidungen dar, von der alle staatlichen Gewalten ihre Richtlinien und Impulse empfangen.[85] Vielfach ist der Gesetzgeber verpflichtet, die Grundrechtsvoraussetzungen zu schaffen. Zum Beispiel werden nach Art 14 I 2 GG nicht nur die Schranken, sondern auch der Inhalt des Eigentums durch die Gesetze bestimmt, was notwendigerweise ein vorgängiges gesetzgeberisches Tätigwerden erforderlich macht. Die Gewährleistung von Forschung und Lehre (Art 5 III 1 GG) oder die Garantie der Vereinigungsfreiheit (Art 9 I GG) laufen weitgehend leer, wenn der Staat nicht wissenschaftliche Einrichtungen wie die Universitäten respektive rechtliche Selbständigkeit vermittelnde Organisationsformen zur Bildung privater Zusammenschlüsse (etwa in Gestalt von rechtsfähigen Vereinen oder Gesellschaften) zur Verfügung stellt. Neben dem Gesetzgeber ist auch die Verwaltung gehalten, im Rahmen des Möglichen reale Freiheit zu gewährleisten, dh die Voraussetzungen für die Verwirklichung der grundrechtlich geschützten Interessen zu schaffen.[86] Ein grundrechtlicher Anspruch auf Tätigwerden der staatlichen Rechtsträger bzw Organe ist wiederum (Rn 21) erst gegeben, wenn das Untermaßverbot (Rn 24) verletzt worden ist. 22

c) *Rechtsstaatsprinzip und Verwaltungsverfahren.* Aus dem Rechtsstaatsprinzip ergeben sich auch Anforderungen an die Organisation und das Verfahren der öffentlichen Verwaltung, die über die bereits aus den Grundrechten zu gewinnenden Direktiven hinausgehen.[87] Was das Organisatorische anbelangt, müssen insbesondere *klare*, für den Bürger einsichtige *Zuständigkeiten* und Verantwortlichkeiten geschaffen werden.[88] Verfahrensrechtlich bedarf es einer Anhörung oder Beiladung derjenigen, die vom Ver- 23

[80] Vgl BVerfG-K NJW 1990, 501; DVBl 2002, 1633; DVBl 2003, 1524 → JK GG Art 33 II/19; BVerwGE 118, 370 → JK GG Art 19 IV/25.

[81] BVerfGE 53, 30, 59 ff.

[82] Vgl BVerfGE 88, 203, 296 ff.

[83] BVerfGE 100, 226, 246.

[84] Vgl *Stern* StR III/1, § 67; *Pieroth/Schlink* (Fn 14) Rn 78 ff, 104 ff. Zu Art 7 IV GG vgl aber BVerfGE 75, 40, 62 f; BVerfGE 90, 107 ff (staatliche Schutz- und Förderungspflicht). Zu Art 1 I GG iVm dem Sozialstaatsprinzip vgl BVerfG NJW 2010, 505 (Grundrecht auf Gewährleistung eines menschenwürdigen Existenzminimums).

[85] Wegweisend BVerfGE 7, 198, 205. Vgl ferner zB BVerfGE 73, 261, 269.

[86] Grundlegend dazu *Hesse* VerfR, Rn 290 ff.

[87] Vgl zum Folgenden *Kopp* Verfassungsrecht und Verwaltungsverfahrensrecht, 1971, 54 ff; *Kunig* (Fn 56) 36 ff; *Schmidt-Aßmann* in: Isensee/Kirchhof II, § 26 Rn 75 ff. Vgl ferner die Nachw in Fn 8, 9.

[88] Die Organisation der Staatsverwaltung und die Regelung der Zuständigkeiten bedürfen nur grundsätzlich, aber nicht durchgehend einer gesetzlichen Normierung. Vgl BVerfGE 40, 237, 250; *Schmidt-Aßmann* FS H. P. Ipsen, 1977, 333, 345 ff; *Maurer* § 21 Rn 66 (mit der Unterscheidung zwischen Errichtung – gesetzliche Grundlage – und Einrichtung – keine gesetzliche Grundlage).

fahrensergebnis unmittelbar in ihren Rechten beeinträchtigt werden können. Rechtsstaatlich geboten (→ § 13 Rn 10 ff) ist ferner zum Beispiel die Verpflichtung zur umfassenden Klärung der Sach- und Rechtslage, der Ausschluss von befangenen Amtswaltern im Verwaltungsverfahren, das Recht der Beteiligten, sich prinzipiell eines Bevollmächtigten oder eines Beistands bedienen zu dürfen, sowie die grundsätzliche Begründung und die Bekanntmachung von Verwaltungsakten. Für den Bereich der exekutiven Normsetzung gilt das Gebot der Publikation (→ § 19 Rn 23). Es betrifft Verordnungen (→ § 2 Rn 49), Satzungen (→ § 2 Rn 56) und Verwaltungsvorschriften mit Außenwirkung (→ § 2 Rn 68). Ferner lässt sich aus dem Rechtsstaatsprinzip (im Zusammenspiel mit dem europäischen Unionsrecht und anderen verfassungsrechtlichen Verbürgungen wie dem Demokratieprinzip oder den Grundrechten) ein Grundsatz der Öffentlichkeit der Verwaltung entnehmen (→ § 1 Rn 68 ff).[89]

24 d) *Rechtsstaatliche Handlungsmaßstäbe.* Ferner enthalten das Rechtsstaatsprinzip bzw die Grundrechte weitere Handlungsmaßstäbe für die Verwaltung, wie etwa den Grundsatz der Rechtssicherheit, der Einzelfallgerechtigkeit sowie das Untermaß- und das Übermaßverbot. So beruhen etwa die Regelungen der §§ 48, 49 VwVfG auf einer Abwägung zwischen dem Gesetzmäßigkeitsprinzip (Art 20 III GG) einerseits und der Rechtssicherheit (bzw dem Vertrauensschutz) andererseits.[90] Rechtssicherheit und Vertrauensschutz stehen auch im Vordergrund bei der Selbstbindung der Verwaltung durch eine ständige Verwaltungspraxis.[91] Gesichtspunkte der Einzelfallgerechtigkeit können die Verwaltung dazu zwingen, Dispense zu erteilen oder einen Härteausgleich zu gewähren.[92] Das *Untermaßverbot* gebietet den Trägern von Staatsgewalt, den rechtlich (hier verfassungsrechtlich) gebotenen Mindeststandard nicht zu unterschreiten.[93] Zum Beispiel sind der Gesetzgeber und (auf der Grundlage der Gesetze) die Verwaltung gem Art 2 II 1 GG gehalten, das ungeborene Leben wirksam zu schützen.[94] Besonders wichtig ist das *Übermaßverbot*. Es verpflichtet die Verwaltung (wie den Gesetzgeber), bei Verfolgung legitimer Zwecke nur die geeigneten, erforderlichen und verhältnismäßigen (angemessenen) Mittel einzusetzen.[95] Die getroffenen Maßnahmen müssen den angestrebten Zweck verwirklichen (Geeignetheit), dürfen den Adressaten (bei mehreren möglichen und geeigneten Maßnahmen) nicht mehr als unbedingt notwendig belasten (Erforderlichkeit) und nicht zu einem Nachteil führen, der zu dem erstrebten Erfolg außer Verhältnis steht (Verhältnismäßigkeit im engeren Sinne respektive Angemessenheit).[96] Nicht hinreichend geklärt ist, ob das Übermaßverbot auch die Leistungsverwal-

[89] Näher dazu *Scherzberg* Die Öffentlichkeit der Verwaltung, 2000, 289 ff.

[90] Zum Grundsatz des Vertrauensschutzes vgl *Bullinger* JZ 1999, 905 ff. Näher dazu → § 24 Rn 19 ff.

[91] Vgl *Scheuing* VVDStRL 40 (1982) 153 ff; *Hoffmann-Riem* ebd, 187 ff; *Raschauer* ebd, 240 ff.

[92] Zur Rechtsfigur der ausgleichspflichtigen Inhaltsbestimmungen vgl BVerfGE 58, 137, 147, 149 f; 100, 226 ff.

[93] Vgl zu dieser Rechtsfigur *Scherzberg* Grundrechtsschutz und „Eingriffsintensität", 1989, 208 ff; im Rahmen des Art 14 GG *Ehlers* VVDStRL 51 (1992) 211, 216 ff.

[94] BVerfGE 88, 203, 254.

[95] Eine Erforderlichkeits- und Angemessenheitsprüfung setzt eine Abwägung mit einer anderen Rechtsposition (zB den Grundrechten) voraus, die der Staat als Grundentscheidung zu respektieren hat.

[96] Näher hierzu *Hirschberg* Der Grundsatz der Verhältnismäßigkeit, 1981; *Dechsling* Das Verhältnismäßigkeitsgebot, 1989; *Stern* FS Lerche, 1993, 165 ff; *Bleckmann* JuS 1994, 177 ff; *Remmert* Verfassungs- und Verwaltungsrechtsgeschichtliche Grundlagen des Übermaßverbotes, 1995; *Krebs* Jura 2001, 228 ff.

tung bindet.[97] Die Frage dürfte zu bejahen sein, da auch der Leistungsempfänger des Schutzes vor ungeeigneten, nicht erforderlichen oder unangemessenen Verhaltensbindungen bedarf.[98] Zur Geltung des Übermaßverbotes im Europäischen Unionsrecht vgl § 5 Rn 4.

4. Weitere Verfassungsaufträge

Anders als früher entfaltet die Verfassung ihre Wirkung nicht mehr nur als Schranke **25**
und Mäßigung der Staatlichkeit, sondern auch als Anleitung staatlichen Handelns.[99] Verfassungsaufträge lassen sich nicht nur den Grundrechtsbestimmungen im Wege der Auslegung entnehmen. Vielmehr enthält das Grundgesetz auch ausdrückliche Aufträge. Zu nennen sind etwa das *Sozialstaatsprinzip* (Art 20 I, 28 I 1 GG) sowie die Pflicht des Staates zur Förderung der *Gleichberechtigung* (Art 3 II 2 GG), zum Schutz von *Ehe und Familie* (Art 6 I GG) und zum *Schutz der natürlichen Lebensgrundlagen und der Tiere* (Art 20a GG). Die Konkretisierung dieser Aufträge obliegt in erster Linie dem Gesetzgeber.[100] Aber auch für die Verwaltung haben die Aufträge in mehrfacher Hinsicht Bedeutung. Zum einen sind sie bei der Auslegung unbestimmter Rechtsbegriffe und Ausübung von Ermessensspielräumen zu beachten. Zum anderen kann sich aus den Aufträgen in Ausnahmefällen ein unmittelbarer Handlungsauftrag der Verwaltung ergeben. Beispielsweise verpflichtet das Sozialstaatsprinzip die Verwaltung dazu, in Notfällen schnelle und unbürokratische Hilfe im Einzelfall zu leisten.

97 Abl zB *Erichsen* Jura 1988, 388; *Mußgnug* VVDStRL 47 (1989) 112, 126 ff. AA *Haverkate* Rechtsfragen des Leistungsstaates, 1983, 14 ff, 174 ff.

98 Vgl *Heydemann* Die Durchsetzbarkeit von Verhaltensbindungen im Recht der begünstigenden Verwaltung, 1995, 111 ff.

99 *Badura* in: Kitagawa ua (Hrsg), Das Recht vor der Herausforderung eines neuen Jahrhunderts: Erwartungen in Japan und Deutschland, 1998, 174, 157.

100 Vgl zum Sozialstaatsprinzip BVerfGE 1, 97, 104 f; 8, 274, 329; 22, 180, 204; 27, 253, 283; *Stern* StR I, § 21.

ZWEITER ABSCHNITT

Verwaltungsorganisationsrecht

Martin Burgi

Gliederung

§ 7
Grundlagen

1 Während die Regeln der Organisation privater oder unternehmerischer Vereinigungen in Gestalt des Gesellschaftsrechts ein eigenständiges Kerngebiet des Zivilrechts bilden, fristet das Verwaltungsorganisationsrecht zumeist ein Dasein am Rande des studentischen Interesses.[1] Seiner Bedeutung in Rechtspraxis und Rechtsdogmatik entspricht dies ebenso wenig wie den Anforderungen von Ausbildung und Examen, was vorerst nur mit dem Hinweis auf die in keinem Prüfungsschema fehlenden Stichwörter „richtiger Klagegegner" bzw „Zuständigkeit" illustriert sei. Entgegen einem weit verbreiteten Vorurteil handelt es sich keinesfalls um ein eher statisches Rechtsgebiet, das sich weitgehend in der „Verwaltungsgeographie"[2] erschöpfte. Der Gegenstand des Verwaltungsorganisationsrechts, die Organisation der staatlichen Verwaltung, befindet sich vielmehr in einem *dynamischen Pluralisierungsprozess*, in dessen Verlauf der „Behörde" im herkömmlichen Sinne immer neue Organisationsformen an die Seite gestellt werden, unter deren Dach wiederum neben den Amtswaltern im herkömmlichen Sinne Sachverständige, Private oder Betroffene agieren. Als Antriebskräfte beim Einsatz der Verwaltungsorganisation als Instrument politischer Gestaltung wirken außer den klassischen (Verfassung) wie neuartigeren (Europarecht) rechtlichen Faktoren politisch-ökonomische Strömungen, unter ihnen bereits der besonders populäre Globalisierungsprozess[3] und die Herausforderung der neuen Informations- und Kommunikationstechniken; auch auf dem Felde der Terrorismusbekämpfung wird dem Organisationsrecht eine

[1] Nicht selten auch in den Lehrplänen u -büchern; die entspr Diagnose von *Forsthoff* VwR, 431 (vgl ferner *Schnapp* Jura 1980, 68 f), trifft unverändert zu.

[2] Diese Teildisziplin der Verwaltungswissenschaften (→ § 1 Rn 94 ff) beschäftigt sich mit der territorialen Gliederung der Verwaltung, insbes im Zusammenhang mit Neugliederungen u der Raumordnung u Landesplanung (vgl *Benzing/Mäding/Tesdorpf* Verwaltungsgeographie, 1978, sowie *Knemeyer* Verwaltungsgeographie, 1991).

[3] Zu den Globalisierungsprozessen im Kontext der öffentlichen Verwaltung vgl *König* VerwArch 92 (2001) 475 ff.

zentrale Rolle zugeschrieben.[4] Sie alle sind wiederum den Beharrungskräften eines tradierten, vielfach ja bewährten Institutionengefüges ausgesetzt.

Der klassische Zugriff des Verwaltungsrechts (und des studentischen Klausurbearbeiters) ist freilich auf das *Staat-Bürger-Verhältnis* gerichtet, in dem die Verwaltung vor allem durch den Einsatz ihrer Handlungsformen (insbesondere den Erlass von Verwaltungsakten) wahrgenommen wird. Das Erkenntnisinteresse war lange Zeit vorwiegend auf die rechtsstaatliche Domestizierung der „Endprodukte" konzentriert. Aus dieser Perspektive sind die im Inneren der staatlichen Verwaltung angesiedelten Organisationsfragen zu Verwaltungsträgern und Behörden auf den verschiedenen Ebenen lediglich bei Gelegenheit aufgeworfen. Sie stellen sich außer bei den bereits erwähnten Prüfungspunkten vor allem beim Begriff des Verwaltungsaktes (welcher gem § 35 VwVfG von einer „Behörde" erlassen sein muss) und bei der Ermittlung der zuständigen Widerspruchsbehörde gem § 73 VwGO, was überdies zum Thema „Aufsicht" führen kann. Der weitaus größere Teil der organisationsrechtlichen Sachverhalte ist aber weder im VwVfG noch in der VwGO geregelt, die Zahl rezeptionsfähiger (und studienpflichtiger) Gerichtsentscheidungen zum Verwaltungsorganisationsrecht ist vergleichsweise niedrig. Nun ist die hier aufscheinende Unterscheidung von „Außen" und „Innen" unverändert existent und rechtlich relevant (beispielsweise bei der Anerkennung und Durchsetzung subjektiver Positionen [→ § 8 Rn 52 ff])[5], zudem gibt es Verschränkungen (Beispiel: das Recht der Beziehungen zwischen den Gemeinden als selbständige Verwaltungsträger und dem Land [→ § 8 Rn 52]).[6] Unter den Rahmenbedingungen des Grundgesetzes (anders in der konstitutionellen Monarchie)[7] ist das *Innenrecht* aber kein Recht minderer Qualität. Der Rechtscharakter des Innenrechts ist heute unstr,[8] es unterscheidet sich vom *Außenrecht* durch seinen Gegenstand und dadurch, dass viele seiner Regeln nicht in Gesetzen oder Verordnungen, sondern in Verwaltungsvorschriften niedergelegt sind und vielfach nur das nachzeichnen, was sich auf der politisch-verwaltungspraktischen Ebene bereits herausgebildet hat.[9] 2

Mit der nachfolgenden Darstellung werden zwei Anliegen verfolgt, ein deskriptives und ein dogmatisches. Beide sind unverzichtbar: Zum einen sollen die zahlreichen Begriffe mit ihren Bedeutungsgehalten erläutert werden und der gegenwärtige Bestand der Verwaltungsorganisation, dh die Aufbauorganisation in Bund und Ländern veranschaulicht werden. Zum anderen geht es um die Entfaltung, ggf Anpassung und Fortentwicklung[10] der Prinzipien und Strukturen des Verwaltungsorganisationsrechts zwi- 3

[4] *Mehde* JZ 2005, 815.

[5] Ebenso *Schnapp* Rechtstheorie, 1978, 275, 285; *Krebs* in: Isensee/Kirchhof V, § 108 Rn 34; zu stark daher *Brohm* VVDStRL 30 (1972) 245 ff, 292 Fn 140.

[6] Weitere Bsp bei *Schmidt-De Caluwe* JA 1993, 77, 115 f.

[7] Wo Organisationsfragen als Verwaltungssache in der Kompetenz des monarchischen Staatsoberhauptes betrachtet wurden u der Gesetzesbegriff nur Gesetze mit Relevanz für Freiheit u Eigentum umschloss (vgl zB *Loening* Lehrbuch des Deutschen Verwaltungsrechts, 1884, 55 ff, aber auch *Haenel* Das Gesetz im formellen und materiellen Sinne, 1888, 207 f); eine weitere Ursache bildete die sog Impermeabilitätslehre (vgl hierzu Rn 7).

[8] *Rupp* Grundfragen der heutigen Verwaltungsrechtslehre, 2. Aufl 1991, 24 ff; *Groß* Das Kollegialprinzip in der Verwaltungsorganisation, 1999, 13 ff; *Schnapp* AöR 105 (1980) 261 f.

[9] Vgl *Faber* VwR, 65 f (mit Überbetonung).

[10] Bereits gefordert v *Brohm* VVDStRL (Fn 5) 245 ff, u v *Schnapp* AöR 105 (1980) 243 ff; vgl aus neuerer Zeit va *Schmidt-Aßmann* in: ders/Hoffmann-Riem (Hrsg), Verwaltungsorganisationsrecht als Steuerungsressource, 1997, 1, 32; *John-Koch* Organisationsrechtliche Aspekte der Aufgabenwahrnehmung im modernen Staat, 2005.

schen verfassungs- und europarechtlicher Determinierung, Gesetzgebung und Verwaltungspolitik bzw -praxis. Die der Dogmatik des allgemeinen Verwaltungsrechts zugeschriebenen Funktionen Entlastung der Rechtsanwendung, Systembildung, Rationalisierung und Orientierung[11] sind unter den skizzierten Ausgangsbedingungen umso notwendiger.

I. Begriff und Bedeutung der Verwaltungsorganisation

1. Organisation und Organisationsrecht

4 Unter Berücksichtigung der Bestimmungsversuche der anderen Verwaltungswissenschaften[12] (Rn 16 ff) und unter Konzentration auf das rechtswissenschaftliche Erkenntnisinteresse kann unterschieden werden zwischen einer institutionellen und einer instrumentellen Sichtweise der Organisation. Die *institutionelle Sichtweise* gilt der Verwaltung als Organisation, dh als existierende und agierende Wirkeinheit („Organisation als Erscheinungs- und Verwirklichungsform von Verwaltung").[13] Mit der *instrumentellen Sichtweise* gelangt zum Ausdruck, dass jene Institution zur Erfüllung von Aufgaben geschaffen und eingesetzt wird, eben als Instrument zur Bewältigung bestimmter Anforderungen oder, in moderner Terminologie (Rn 18), zur Steuerung.[14] So verstanden ist Organisation, und erst recht Verwaltungsorganisation, nicht etwa nur ein in der Lebenswirklichkeit vorgefundenes soziales Gebilde, sondern von vornherein durch das Recht (mit)konstituierte Institution.[15]

5 Gegenstand rechtlicher Regelung in diesem Bereich sind die *Aufbauorganisation*, dh die Verteilung von Aufgaben und Kompetenzen bzw Zuständigkeiten auf die verschiedenen Stellen innerhalb der Gesamtorganisation, die *Koordinationsmechanismen* (dh die Verknüpfung der verschiedenen Stellen untereinander durch Weisungen, Vereinbarungen etc) und das innere Verfahren, verstanden als derjenige Teil der *Ablauforganisation,* der nicht über den Innenraum der Verwaltung hinausragt. Zum Verwaltungsorganisationsrecht gehören ferner die Regeln über das Wer und Wie des *Organisierens*, welche Auskunft über Kompetenz und Verfahren bei der Schaffung und Veränderung der vorgenannten Regeln geben.[16] Die Regeln der Ablauforganisation im Übrigen sind

[11] Vgl *Brohm* VVDStRL (Fn 5) 246 f; *Schmidt-Aßmann* Ordnungsidee, 1. Kap Rn 4 ff; *Burgi* Funktionale Privatisierung und Verwaltungshilfe, 1999, 13 ff.

[12] Vgl *Mayntz* Soziologie der öffentlichen Verwaltung, 4. Aufl 1997, 82 ff; Eichhorn (Hrsg), Verwaltungslexikon, 3. Aufl 2003, 779, sowie *Bea/Göbel* Organisation, 3. Aufl 2006, 3 ff; *Schreyögg* Organisation, 5. Aufl 2008, 4 ff.

[13] *Krebs* in: Isensee/Kirchhof V, § 108 Rn 1.

[14] So oder ähnlich *Bull/Mehde* Allg VwR, Rn 372; *Loeser* System VwR II, § 10 Rn 2 ff; *Schmidt-Preuß* DÖV 2001, 45 f.

[15] Vgl *Böckenförde* FS Wolff, 1973, 292, 293 ff; *Trute* in: Schmidt-Aßmann/Hoffmann-Riem (Fn 10) 253 ff; vgl auch *Wolff/Bachof/Stober* VwR III, § 80 Rn 1 ff; *König* VerwArch 97 (2006) 482; *Groß* in: Hoffmann-Riem/Schmidt-Aßmann/Voßkuhle, Grundlagen I, § 13 Rn. 4 f.

[16] Vgl *Groß* (Fn 8) 18; *Schmidt-Preuß* (Fn 14) 47; zur Unterscheidung zwischen Aufbauorganisation u Ablauforganisation in der Organisationstheorie vgl *Sadler* in: Becker/Thieme (Hrsg), Handbuch der Verwaltung, Heft 3.3 1976, 1 ff; *Siepmann/Siepmann* Verwaltungsorganisation, 6. Aufl 2004, 3 ff; Pippke/Gourmelon/Meixner/Mersmann Organisation, 2. Aufl 2007, 111 ff.

nicht dem Verwaltungsorganisationsrecht, sondern dem Recht des Verwaltungsverfahrens (Vierter Abschnitt) zuzurechnen.[17]

6 Weitere Berührungspunkte bestehen zu zwei Rechtsgebieten, auf die hier nur aufmerksam gemacht werden kann, nämlich zum Recht des Personals der öffentlichen Verwaltung, dh das Recht derer, die die Funktionen der organisierten Institution ausüben einschließlich der mitbestimmungsrechtlichen Fragen (→ § 1 Rn 26 ff)[18] sowie zu den zumeist im Kontext des Finanzverfassungsrechts erörterten, jedoch elementar (auch) auf die Verwaltungsorganisation bezogenen Regeln des Haushaltswesens und der Haushaltskontrolle.[19]

2. Verwaltungsorganisation als Teil organisierter Staatlichkeit

7 Bei der Bestimmung von Standort und Reichweite der Verwaltungsorganisation muss zuerst Klarheit hergestellt werden über den Charakter des Staates, dessen Teil die Verwaltungsorganisation bildet. Dabei ist anzuknüpfen an die in der Staatslehre[20] und in der Rechtsprechung des Bundesverfassungsgerichts[21] zugrunde gelegte Unterscheidung von „Staat im weiteren Sinne“ und „Staat im engeren Sinne“. Während der Staat *im weiteren Sinne* die Gesamtheit der staatlich verbundenen Bürger in Allgemeinheit, dh das Gemeinwesen bildet, versteht man unter dem *Staat im engeren Sinne* eine Wirkeinheit, die ihren Sitz innerhalb des Gemeinwesens hat und grundsätzlich von einer anderen Wirkeinheit, der Gesellschaft, zu unterscheiden ist (dazu sogleich). Der Staat im engeren Sinne ist es, auf den sich die Verwaltungsorganisation bezieht. Dabei ist der Staat selbst als eine Organisationseinheit anzusehen, als „Entscheidungs- und Wirkeinheit, durch die das Gemeinwesen eine von den handelnden Personen unabhängige Stetigkeit gewinnt, als souveränes Rechtssubjekt gegenüber dem einzelnen Menschen und gegenüber anderen Staaten handeln kann, sein inneres Gefüge als gewaltengeteilte, bundesstaatliche Einheit formt und zusammenhält, staatsrechtlicher Verfasstheit einen Gegenstand und staatsrechtlichen Pflichten einen Schuldner gibt“.[22] Organisationsstatut dieser ausschließlich dem Gemeinwohl verpflichteten Organisation ist das Grundgesetz.[23] Der Staat des Grundgesetzes ist in Bund und Länder gegliedert und bei beiden handelt es sich um *juristische Personen*, dh um rechtlich verselbständigte Organisationen, die ihre Existenz der staatlichen Rechtsordnung verdanken und denen Aufgaben und Befugnisse, vor allem aber Pflichten, zugeordnet sind.[24] Die dem Bund und den

[17] Zu den Berührungspunkten v Verwaltungsorganisation u Verwaltungsverfahren vgl *Schmidt-Aßmann* in: Isensee/Kirchhof V, § 109 Rn 7.

[18] Vgl ferner *Püttner* Verwaltungslehre, 4. Aufl 2007, 149 ff; *Schuppert* Verwaltungswissenschaft, 2000, 625 ff, sowie zu diesbezüglichen Reformüberlegungen Blanke ua (Hrsg), Handbuch zur Verwaltungsreform, 3. Aufl 2005, 229 ff.

[19] Insbes zum Haushaltsrecht als Steuerungsressource *Kirchhof* DÖV 1997, 749 ff; *Püttner* (Fn 18) 134 ff, 189 ff; *Schuppert* Verwaltungswissenschaft, 698 ff, sowie zu den diesbezüglichen Reformvorhaben Blanke ua (Fn 18) 313 ff, sowie → § 10 Rn 2 f.

[20] Vgl nur *Isensee* in: Isensee/Kirchhof II, § 15 Rn 151, u *dens* in: Isensee/Kirchhof IV, § 71 Rn 20 f; *Horn* Verw 26 (1993) 549 f, 554.

[21] BVerfGE 20, 162, 174 f; BVerfGE 69, 92, 111.

[22] *Kirchhof* in: Isensee/Kirchhof V, § 99 Rn 118.

[23] Nähere Kennzeichnungen des Staates bei *Herzog* Allgemeine Staatslehre, 1971, 84 ff; *Depenheuer* VVDStRL 55 (1996) 94 f.

[24] Zur Genese der Deutung des Staates als juristische Person u ihrer heutigen Bedeutung vgl *Schnapp* Jura 1980, 70 ff; *Krebs* in: Isensee/Kirchhof V, § 108 Rn 29 f, sowie *Wolff* Organschaft und juristische Person, Bd 1, Nachdruck 1968, 131 ff; *Böckenförde* FS Wolff (Fn 15) 272 f, 287 ff.

Ländern damit zukommende Rechtsfähigkeit schließt es nach heutiger Auffassung indes nicht aus, auch Organisationseinheiten innerhalb des Bundes bzw Landes die Rechtsfähigkeit zuzuerkennen.[25] Dies gilt sowohl im Hinblick auf „Verwaltungsträger" (→ § 8 Rn 6 ff), die im Verhältnis zum Bürger Zurechnungsendsubjekt von Rechten und Pflichten sind, als auch im Hinblick auf Organe oder Organteile, denen Innenrechtsfähigkeit zukommen kann (→ vgl § 8 Rn 52 ff). Die aus vorkonstitutioneller Zeit stammende Impermeabilitätslehre, wonach der Staat ein rechtlich ungegliedertes Rechtssubjekt sei, ist überwunden.[26]

8 Der Staat im engeren Sinne (als Organisationseinheit) und damit auch die auf einen Teil hiervon bezogene Verwaltungsorganisation, ist abzugrenzen gegenüber dem *Wirkbereich der Gesellschaft*. Dort, wo die organisierte Staatlichkeit endet, endet auch die Verwaltungsorganisation. Schon ein flüchtiger Blick über die Wirklichkeit der Erfüllung von Aufgaben im öffentlichen Interesse, der sog öffentlichen Aufgaben,[27] zeigt, dass damit keinesfalls nur Behörden von Bund, Ländern oder Gemeinden, Körperschaften bzw Anstalten des öffentlichen Rechts beschäftigt sind, sondern auch Organisationseinheiten in den Rechtsformen des Privatrechts (AGs, GmbHs etc), die einem staatlichen Träger entweder ganz oder teilweise gehören oder die von ihm finanziell unterstützt werden (wie beispielsweise das Goethe-Institut eV, welches mit der Förderung der internationalen kulturellen Zusammenarbeit befasst ist)[28] und natürlich auch „echte Private", die in keiner Verbindung zur Verwaltungsorganisation stehen. Vorwiegend aus politik- bzw verwaltungswissenschaftlicher Perspektive wird ua daraus die These abgeleitet, dass die Unterscheidung zwischen Staat und Gesellschaft nicht mehr aufrecht zu erhalten sei und dass es jedenfalls Zwischenbereiche wachsenden Ausmaßes gebe.[29]

9 Unter der Geltung des Grundgesetzes ist sie nach hM aber unverändert gültig, weil nur mit ihr die im Verfassungsstaat vordringlich zu beantwortenden Fragen nach Legitimation und Begrenzung staatlicher Macht sowie nach einem Adressaten für die Geltendmachung von Abwehr- wie Leistungsrechten durch die Bürger beantwortet werden können. Aus dem größeren Kreis der öffentlichen Aufgaben kann daher ein kleinerer Ausschnitt gebildet werden, in dem die *Staatsaufgaben* versammelt sind.[30] Dieser Ausschnitt erfasst diejenigen öffentlichen Aufgaben, die durch den Staat wahrgenommen werden, deren Träger also der Staat ist. Der unter dem Grundgesetz gültige Staatsauf-

[25] Zum Begriff der Rechtsfähigkeit vgl nur *Röhl* Allgemeine Rechtslehre, 3. Aufl 2008, 448 ff; *von Lewinski* JA 2006, 517, 518.

[26] Vgl *Schnapp* AöR 105 (1980) 245 mwN.

[27] Diese sind dadurch gekennzeichnet, dass ihre Wahrnehmung im öffentlichen Interesse liegt (vgl näher *Peters* FS Nipperdey II, 1965, 877 f; *Martens* Öffentlich als Rechtsbegriff, 1969, 117; *Müller* Rechtsformenwahl bei der Erfüllung öffentlicher Aufgaben, 1993, 6). Wie sogleich gezeigt wird, sind sie strikt zu unterscheiden v den Staatsaufgaben.

[28] Zur Zurechnung des Goethe-Instituts eV zur Bundesverwaltung vgl *Burgi* in: v Mangoldt/Klein/Starck (Hrsg), GG III, Art 87 Rn 23 mwN.

[29] Klassisch: *Ehmke* in: Böckenförde (Hrsg), Staat und Gesellschaft, 1976, 241, 265 ff; später etwa *Schuppert* in: Hood/Schuppert (Hrsg), Verselbständigte Verwaltungseinheiten in Westeuropa, 1988, 202 f. Zu den Institutionen im „Zwischenreich" vgl *Engel* Verw 34 (2001) 1 ff.

[30] Vgl *Isensee* Subsidiaritätsprinzip und Verfassungsrecht, 1968, 149 ff; *Rupp* in: Isensee/Kirchhof II, § 31 Rn 25 ff; *Krebs* in: Schmidt-Aßmann/Hoffmann-Riem (Fn 10) 348 f; *Burgi* (Fn 11) 22 ff. Als teilw neuer Aufgabenansatz *John-Koch* (Fn 10) 143 ff.

gabenbegriff ist somit formaler Natur (allgM).[31] Um Staatsaufgabe sein zu können, muss sich die betreffende öffentliche Aufgabe auf den Staat als letztverantwortliches „Zurechnungsendsubjekt“[32] zurückführen lassen. Nur dann, wenn das Tätigwerden eines bestimmten Aufgabenträgers dem Staat zugerechnet werden kann, handelt es sich bei der betreffenden Aufgabe um eine Staatsaufgabe.

Vergleichsweise einfach ist die Zuordnung des Tätigwerdens von *öffentlich-rechtlich organisierten Rechtsträgern*, vor allem den Körperschaften, Anstalten und Stiftungen des öffentlichen Rechts, weil die Verwendung der öffentlich-rechtlichen Organisationsform als gewichtiges Indiz für die Zuordnung von Organisation und Aufgabe zum staatlichen Bereich fungiert. Ausgenommen sind nur (1) Organisationen, die institutionell wie funktionell von vornherein außerhalb des Staatsverbandes stehen (wie die Religionsgemeinschaften mit Körperschaftsstatus nach Art 140 GG, 137 V WRV)[33] sowie das als Körperschaft organisierte Bayerische Rote Kreuz[34] und (2) diejenigen öffentlich-rechtlich organisierten Einheiten, die zwar als solche dem Staat zuzurechnen sind, jedoch einzelne Aufgaben wahrnehmen, die gerade nicht Staatsaufgaben, sondern Grundrechtsausübung sind. Dies gilt im Bereich der Rundfunkanstalten (vor allem im Hinblick auf die Programmgestaltung),[35] bei den staatlichen Hochschulen im Hinblick auf die Aufgaben von Forschung und Lehre[36] sowie bei staatlichen Kultureinrichtungen im Hinblick auf die dort stattfindende Kunstausübung. In diesen Fällen bildet die öffentlich-rechtliche Organisationsform einen Rahmen zur Verwirklichung grundrechtlich geschützter Freiheit, keinen Teil der Staatsorganisation, und damit auch nicht der Verwaltungsorganisation (und des Verwaltungsorganisationsrechts). 10

Schwieriger ist die Zurechnung zum Staat, wenn *natürliche oder juristische Personen des Privatrechts* agieren. Grundsätzlich gilt, dass die Zurechnung zum Staat als letztverantwortlichem Aufgabenträger auch in solchen Fällen möglich sein kann, dass es also Staatsaufgaben gibt, die der Staat durch Private wahrnimmt. Diese Privaten sind Funktionäre des Staates, ohne in einem Dienst- oder Beschäftigungsverhältnis zu stehen. Man kann sie treffend als „Verwaltungsstellen in Privatrechtsform“ bezeichnen.[37] Voraussetzung für die Zurechnung zum Staat ist, dass der „Unternehmensgegenstand“ dieser Privaten zugleich Gegenstand staatlicher Aufgabenwahrnehmung ist. Das ist regelmäßig der Fall bei der Einschaltung von privaten Organisationseinheiten, die dem Staat vollständig gehören (den sog Eigengesellschaften), nach herrschender Auffassung aber auch dann, wenn er lediglich über die Anteilsmehrheit verfügt (sog gemischt-wirt- 11

[31] Vgl *Peters* (Fn 27) 880; *Ossenbühl* VVDStRL 29 (1971) 153 f; *Burgi* (Fn 11) 48 ff (mit ausf Herleitung aus der Staatstheorie).

[32] Der Terminus geht zurück auf *Wolff* (Fn 24) 203 f.

[33] Vgl *Lorenz* ZevKR 45 (2000) 360 ff; zu den Voraussetzungen des Körperschaftsstatus vgl BVerfGE 102, 370; BVerwGE 105, 117; BVerwG NVwZ 2001, 924.

[34] Vgl zu diesem *Di Fabio* BayVBl 1999, 449 ff.

[35] Vgl BVerfGE 12, 205, 259 ff; *Bumke* Die öffentliche Aufgabe der Landesmedienanstalten, 1995, 56 ff, 86 ff, 348 ff; *Hoffmann-Riem* in: Schmidt (Hrsg), Öffentliches Wirtschaftsrecht, Besonderer Teil 1, 1995, 563, 607; *Schuppert* Verwaltungswissenschaft, 556 ff.

[36] Vgl dazu *Sachs* NJW 1987, 2338, 2340. Zur neueren organisationsrechtlichen Entwicklung in diesem Bereich vgl die Berichte v *Huber* WissR 2006, 196; *Geis* Verw 41 (2008) 77 ff, sowie *Schuppert* Verwaltungswissenschaft, 560 ff; *Wolff/Bachof/Stober* VwR III, § 97 Rn 34 ff; *Braukmann*, JZ 2004, 662 (zu „Stiftungsuniversitäten“); *Kahl* AöR 130 (2005) 225 („Hochschulräte“).

[37] *Ossenbühl* ZGR 1996, 504 ff; vgl auch *Burgi* (Fn 11) 68 f.

schaftliche Unternehmen)[38] bzw die betreffende Organisationseinheit ihm aus anderen formalen Gründen, insbesondere auf Grund einer überwiegenden Finanzierung, in ihrem Bestand zuzurechnen ist.[39] All diese Organisationseinheiten sind im Anschluss an einen Vorgang der Organisationsprivatisierung entstanden, durch den nicht die betreffende Aufgabe selbst, sondern die Organisation bei ihrer Wahrnehmung in privatrechtliche Formen überführt worden ist. Die Rechtsbeziehungen zwischen dem jeweiligen staatlichen Träger und der privaten Organisationseinheit gehören damit dem Verwaltungsorganisationsrecht an und sind unten (→ § 10 Rn 11 ff) näher zu beschreiben. Demgegenüber ist das Handeln von privaten Verwaltungshelfern (nach funktionaler Privatisierung) und erst recht von „echten" Privaten nach einer Aufgabenprivatisierung nicht mehr Bestandteil staatlicher Aufgabenträgerschaft, weswegen die sie betreffenden Organisationsfragen nicht unmittelbar verwaltungsorganisationsrechtlicher Natur sind. In dem Umfang aber, in dem ihr Verhalten den Gegenstand staatlicher Regulierungsmaßnahmen bildet, hat man es wieder mit der Wahrnehmung von Staatsaufgaben (regulierenden Charakters) zu tun, für die Einheiten der Verwaltungsorganisation bestellt sind (vgl näher → § 10 Rn 38).

12 Eine letzte Präzisierung dessen, was Verwaltungsorganisation ist, ergibt sich daraus, dass der Staat als Organisationshoheit nicht nur verwaltende, sondern auch legislative, judikative und regierende Tätigkeiten ausübt. Dies macht es erforderlich, den Bereich der „Verwaltung" abzugrenzen, wobei an den oben (→ § 1 Rn 3 ff) beschriebenen Begriff der staatlichen Verwaltung angeknüpft werden kann. Von vornherein ausgeschieden werden können damit neben denjenigen Organisationen, die mit Aufgaben der *Rechtsetzung* oder *Rechtsprechung* befasst sind, auch diejenigen Organisationen, die mit Aufgaben der Regierung (verstanden als „staatsleitende, richtungsgebende und führende Tätigkeit")[40] befasst sind. In der Organisationseinheit „oberste Bundes- bzw Landesbehörde" (va die Ministerien, → § 9 Rn 3) treffen allerdings regierende mit verwaltenden Tätigkeiten zusammen.[41] Einzubeziehen in die Verwaltung sind all diejenigen Organisationen, die mit Aufgaben *erwerbswirtschaftlich-fiskalischen Charakters* befasst sind. Dies gilt für die Bedarfsdeckungsverwaltung (Beschaffungstätigkeit) und für die Teilnahme am Wirtschaftsleben (zum Spektrum vgl → § 1 Rn 43 ff). Die Wahrnehmung jener Aufgaben betrifft funktionell unterscheidbare Teilmengen des Gesamtbestandes an Staatsaufgaben innerhalb der Staatsfunktion Verwalten (hM).[42] Mit der Zugehörigkeit der hiermit befassten Einheiten zur Verwaltungsorganisation ist freilich noch nicht

[38] BVerfG NJW 1990, 1783 → JK GG Art 19 III/7; *Badura* DÖV 1990, 353 ff; *Burgi* (Fn 11) 77 f; *Groß* (Fn 8) 39 f; abl *Ehlers* Verwaltung in Privatrechtsform, 1984, 85, u → § 1 Rn 4; *Schmidt-Aßmann* AöR 116 (1991) 329 ff, 346. Die abl Einschätzung entspringt vielfach dem Anliegen, den gemischt-wirtschaftlichen Organisationseinheiten nicht die Grundrechtsträgerschaft nach Art 19 III GG vorenthalten zu wollen. Indes ist die Frage nach der Grundrechtsträgerschaft zu trennen v der Frage nach der Zurechnung zur Verwaltungsorganisation.

[39] Zu den im Einzelnen maßgeblichen Kriterien vgl vorerst nur *Ehlers* (Fn 38) 6 f; *Trute* Die Forschung zwischen grundrechtlicher Freiheit und staatlicher Institutionalisierung, 1994, 217 f; *Krebs* in: Schmidt-Aßmann/Hoffmann-Riem (Fn 10) 346 ff; *Burgi* (Fn 11) 71 ff.

[40] → § 1 Rn 9, sowie zu benachbarten Tätigkeitsfeldern in Rn 9 f. Synonym: „Gubernative".

[41] Darauf macht *Krebs* in: Isensee/Kirchhof V, § 108 Rn 45, aufmerksam.

[42] Vgl *Ehlers* (Fn 38) 87; *Isensee* in: Isensee/Kirchhof IV, § 73 Rn 73; *Krebs* in: Isensee/Kirchhof V, § 108 Rn 12; *Burgi* (Fn 11) 45 f; aA *Weber* in: v Beckerath ua (Hrsg), Handwörterbuch der Sozialwissenschaften XI, 1961, 276.

über ihre grundsätzliche Statthaftigkeit („Ob") bzw über die fortgeltende Bindung an die öffentlich-rechtlichen Maßstäbe, insbesondere die Grundrechte, entschieden (→ vgl § 10 Rn 18 ff).

In Anknüpfung an die Unterscheidung zwischen der „Verwaltung im organisatorischen Sinne" und der „Verwaltung im materiellen Sinne" (→ § 1 Rn 4 ff) bezieht sich das Verwaltungsorganisationsrecht jedenfalls auf die *Verwaltung im organisatorischen Sinne*, verstanden als die Gesamtheit aller Verwaltungsträger und ihrer Untergliederungen, die vom Staat getragen sind und in der Hauptsache materiell verwaltend tätig werden. Daneben gibt es aber auch Handlungs- und Wirkeinheiten, die mit Verwaltungsaufgaben im materiellen Sinne befasst sind, auf Grund ihres Aufgabenschwerpunktes aber der legislativen (Beispiel: Parlamentsverwaltung) bzw der judikativen Gewalt (Beispiel: gerichtsverwaltende Tätigkeiten) zuzurechnen sind. Diese Einheiten sind dem Begriff der *Verwaltung im materiellen Sinne*, nicht aber der Verwaltung im organisatorischen Sinne zuzurechnen. Die sie in diesem Umfang betreffenden organisatorischen Vorschriften sind richtigerweise ebenfalls Bestandteil des Verwaltungsorganisationsrechts.[43] Im Grundsatz, dh vorbehaltlich hier nicht darzustellender Besonderheiten, gelten auch für sie die verfassungs- und europarechtlichen Determinanten, auch sind sie teilweise in die Strukturen und in die Entwicklungslinien der Verwaltungsorganisation nach Maßgabe der nachfolgenden Abschnitte einbezogen. Auf Grund ihrer Verortung unter dem Dach des Parlaments bzw der Gerichtsbarkeit können allerdings die Spezifika und insbesondere die Aufbauorganisation nicht thematisiert werden. 13

3. Funktionen des Verwaltungsorganisationsrechts

Anknüpfend an die Unterscheidung zwischen dem institutionellen und dem instrumentellen Begriff der Verwaltungsorganisation (Rn 4) besteht deren erste und klassische Funktion in der *Konstituierung* der Verwaltung als Entscheidungs- und Wirkeinheit, vor allem in Gestalt der Festlegung des Aufbaus, der Koordinationsmechanismen und der internen Verfahrensregeln. Darin erschöpft sich die Funktion des Verwaltungsorganisationsrechts aber nicht, weil die Verwaltungsorganisation als Teil organisierter Staatlichkeit nicht um ihrer selbst willen geschaffen ist und existieren kann, sondern Instrument (auch: Werkzeug)[44] der Hervorbringung des Gemeinwohls ist. Im freiheitlich-pluralistischen Verfassungsstaat, in dem Gemeinwohlwerte nicht durchgängig vorgegeben sein können, erscheint die Frage nach dem Gemeinwohl vornehmlich als Kompetenz- (und überdies als Verfahrens-)frage.[45] In den vergangenen Jahren wurden diese staatstheoretischen Erkenntnisse aus der Perspektive der Verwaltungswissenschaft (vgl noch Rn 16 ff) mit einem Steuerungsansatz neu belebt und weiter geführt: Die Verwaltung erscheint hierbei als Objekt der Steuerung, eingesetzt durch die Parlamente oder übergeordnete Stellen innerhalb der Verwaltung, wobei die *Steuerung* ein Mittel zur Erreichung bestimmter Ziele ist. Dem Verwaltungsorganisationsrecht ist somit als weitere 14

43 Ebenso *Peine* Allg VwR, Rn 27.

44 In Anknüpfung an *Krüger* Allgemeine Staatslehre, 2. Aufl 1966, 677.

45 Zu diesen Zusammenhängen *Häberle* Rechtstheorie 14 (1983) 270 ff; *Horn* (Fn 20) 545 ff; *Schuppert* in: Hoffmann-Riem/Schmidt-Aßmann/Voßkuhle, Grundlagen I, § 16 Rn 3 f. Zum diesbezüglichen Beitrag der Verwaltungsorganisation vgl auch BVerfGE 93, 37, 74 → JK GG Art 20 II/1.

Funktion die der „Steuerungsressource" zuzuschreiben.[46] Die Ziele ergeben sich aus und im Zusammenhang mit den jeweils zu erfüllenden Aufgaben der Verwaltung, dh „die Organisation eines Staates wird immer durch die Aufgaben bestimmt werden, die diesem Staate gestellt worden sind".[47] Dabei ist allerdings zu berücksichtigen, dass bei der Verarbeitung der materiell-rechtlichen und der organisationsrechtlichen Vorgaben innerhalb der Organisation eine gewisse Eigenlogik freigesetzt wird und dass weitere Elemente (Personalstruktur, Zeitbudget, Mittelausstattung etc) einzubeziehen sind.[48]

15 Wichtigstes und erstes *Ziel des Verwaltungshandelns* ist die Verwirklichung des jeweils zu beachtenden materiellen Rechts, welches sich in Abhängigkeit vom jeweils zugrunde liegenden Entscheidungsprogramm (Planungsaufgaben, Vollzugsaufgaben etc) in unterschiedlicher Weise auf die Organisation auswirkt. Weitere Ziele treten hinzu, und zwar je stärker, je mehr auf Grund der Sachgegebenheiten der jeweiligen Aufgabe die strikte Umsetzung materieller Vorgaben nicht möglich ist. Jedes dieser Ziele wirkt sich wiederum auf die Organisation und damit auf das Organisationsrecht aus. So mag die Zielsetzung der Wirtschaftlichkeit des Verwaltungshandelns den Einsatz privatrechtlicher Organisationsformen nahe legen, während das Ziel der Akzeptanzsteigerung die Einbeziehung der Aufgabenbetroffenen in die Verwaltungsorganisation sinnvoll erscheinen lassen kann. Die bei komplexen Aufgaben naturwissenschaftlich-technischen Charakters notwendige Einbeziehung von Sachverstand wird sich uU im plural zusammengesetzten Entscheidungsgremium niederschlagen. Unspezifischer, aber nicht weniger wirkmächtig sind Ziele wie Verantwortungsklarheit[49] und Effizienz des Verwaltungshandelns, welche namentlich eine starke Triebfeder der Aktivitäten der Verwaltungsmodernisierung (→ § 10 Rn 2 f) darstellen. Bei alldem liegt der Unterschied zur sonst ganz im Vordergrund stehenden inhaltsbezogenen Steuerung, die dem Verhalten der Bürger und der einzelnen Verwaltungsstellen gilt, darin, dass nicht unmittelbar die Ergebnisse des Verwaltungshandelns determiniert werden, sondern die Strukturen zur Erarbeitung jener Ergebnisse.

4. Verwaltungswissenschaftliche Zugänge

16 In der Verwaltungswissenschaft – verstanden als Summe der Beiträge aller hiermit befassten Teildisziplinen, insbesondere der politischen Wissenschaften und der Betriebswirtschaftslehre der öffentlichen Verwaltung (→ § 1 Rn 94 ff)[50] – wird der Beschäftigung mit der Verwaltungsorganisation seit jeher große Aufmerksamkeit gewidmet, die in den vergangenen Jahren noch gewachsen ist und heute vor allem den Teilbereichen Verwaltungsmodernisierung, Privatisierung und Pluralisierung der Strukturen gilt; kontinuierlich begleitet werden ferner die Themen der Neuordnung von Organisationsstrukturen in räumlicher wie funktionaler Hinsicht. Ein Streifzug durch die aktuelleren

[46] Vgl hierzu neben den verschiedenen Beiträgen in Schmidt-Aßmann/Hoffmann-Riem (Fn 10); *Groß* (Fn 8) 19 ff; *Schmidt-Preuß* (Fn 14).

[47] *Köttgen* Die rechtsfähige Verwaltungseinheit, 1939, 1; vgl ferner *Schmidt-Aßmann* Ordnungsidee, 5. Kap Rn 15 ff. Zu einzelnen wichtigen Zielen der Verwaltung *Voßkuhle* VerwArch 92 (2001) 184, 196 ff.

[48] Darauf hat *Trute* in: Schmidt-Aßmann/Hoffmann-Riem (Fn 10) 257 f, aufmerksam gemacht.

[49] Zur Funktion der Verteilung v Aufgaben vgl bereits *Rupp* Grundfragen (Fn 8) 48 f.

[50] Vgl hier nur *Brede* Grundzüge der öffentlichen Betriebswirtschaftslehre, 2. Aufl 2005, 39 ff, 79 ff.

verwaltungswissenschaftlichen Lehrbücher von *Püttner*[51] und *Schuppert*[52] sowie durch die Standardwerke von *Becker*[53] und *Mayntz*[54] beantwortet die in diesem Zusammenhang häufig gestellte Frage "Does Organization Matter?"[55] mit einem uneingeschränkten Ja. Wie aber steht es mit der Frage "Do the theories of Organizations matter?", dh, ob und inwieweit verwaltungswissenschaftliche Erkenntnisse bei der Beschäftigung mit dem Organisations*recht* einbezogen werden können, ja müssen? Die Beantwortung dieser Frage wird dadurch erschwert, dass es nicht die eine, sondern mehrere, teilweise miteinander verflochtene bzw im historischen Ablauf fortentwickelte Organisationstheorien gibt.

Ein erster Schwerpunkt liegt in den von Anbeginn an entwickelten *Organisations- und Entscheidungstheorien*,[56] die sich mit der Organisation als Handlungs- und Entscheidungsmechanismus sowie mit ihren Mitgliedern und mit dem Standort von Organisationen in ihrer Umwelt beschäftigen. Am bekanntesten ist bis heute die klassische Organisationstheorie, die unter weitgehender Ausblendung der Umwelt und des Verhaltens der Menschen in der Organisation eine Art mechanischen Apparat zur Bewältigung von Arbeits- und Entscheidungsprozessen in einem arbeitsteiligen System nach dem Bürokratiemodell von *Max Weber* erblickt.[57] Ein ganz anderer Erklärungsansatz wird durch die sog neue Institutionenökonomik bereit gestellt, die darauf abzielt, die innerhalb von Organisationen bestehenden Beziehungen als vertragsähnliche Beziehungen mit Austauschcharakter zu strukturieren. Das gilt insbesondere für den sog Principal-Agent-Ansatz, welcher die Beziehungen zwischen verschiedenen Verwaltungsstellen oder auch (Privatisierungsdiskussion!) zwischen Verwaltungsstellen und Aufgabenträgern aus dem gesellschaftlichen Bereich als Auftragsbeziehungen mit Anreiz-, Kontroll-, Informations- und Kostenmechanismen konstruiert.[58] 17

Diese und andere Organisationstheorien finden Platz in einem *sozialwissenschaftlichen Steuerungsmodell*, dem es allgemein darum geht, „Kommunikationsbeziehungen zwischen Akteuren zu analysieren, Steuerungsvorgaben und Steuerungsinstrumente in Beziehung zu setzen und wegen der Zielerreichung miteinander zu vergleichen". Im Zentrum der Betrachtung stehen Wirkungszusammenhänge, in denen Instrumente, Motivationsstrukturen und Zielvariablen als Steuerungskomponenten fungieren.[59] 18

[51] (Fn 18) 54 ff.

[52] (Fn 18) 544 ff; einen hervorragenden Überblick über die verschiedenen Organisationstheorien bietet ferner *Groß* (Fn 8) 139 ff; die vergleichende Perspektive eröffnet *Knill* Verw 34 (2001) 291 f. Als Überblick über die Verwaltungslehre: *Thieme* Jura 1990, 337 ff; als politikwissenschaftliches Werk: *Bogumil/Jann* Verwaltung und Verwaltungswissenschaft in Deutschland, 2. Aufl 2009.

[53] Öffentliche Verwaltung. Lehrbuch für Wissenschaft und Praxis, 1989, 529 ff.

[54] Soziologie der Organisation, 9. Aufl 1997.

[55] Nach *Scharpf* Does Organization Matter?, in: Burack/Negandi (Hrsg), Organization Design: Theoretical Perspectives and Empirical Findings, 1977, 149 ff.

[56] Vgl nur *Becker* Öffentliche Verwaltung, 1989, 519 ff bzw 414 ff; Kieser/Ebers (Hrsg), Organisationstheorien, 6. Aufl 2006; Fuchs (Hrsg), Organisationshandbuch für Behörden, 2002.

[57] Nachzulesen in der nachgedruckten 5. Aufl 1972 des Werkes „Wirtschaft und Gesellschaft", 833 f; krit vorgestellt bei *Kieser/Ebers* (Fn 56) 63 ff.

[58] Vgl zur Einführung u zu weiteren Ausprägungen *Schenk* Zeitschrift für Wirtschafts- und Sozialwissenschaften 112 (1992) 337 ff; *Groß* (Fn 8) 147 ff; zur Herrschaftssoziologie Webers vgl *Hebeler* Verw 37 (2004) 119; *Schuppert* Verwaltungswissenschaft, 575 ff, 581 f, 621 ff, 685 ff.

[59] *Schmidt-Aßmann* in: ders/Hoffmann-Riem (Fn 10) 16 f. Vgl ferner *König/Dose* in: dies (Hrsg), Instrumente und Formen staatlichen Handelns, 1993, 7 ff, 13 ff, 79 ff, sowie 123 ff, 153 ff,

Dieses Modell ermöglicht es, die verschiedenen Steuerungsinstrumente des modernen Staates (Personal, Finanzen, Organisation etc) jedes für sich und im Verbund zu analysieren[60] und konkret im Bereich der Verwaltungsorganisation die potenziellen Alternativen bei der Wahl des jeweiligen Verwaltungsträgers (→ § 8 Rn 6 ff), der handelnden Einheit innerhalb des jeweiligen Verwaltungsträgers (→ § Rn 26 ff), der Organisationsrechtsform (→ § 10 Rn 11 ff) oder der Wahl des Organisationsprinzips (Hierarchie, Selbstverwaltung etc) zu beschreiben.[61] Das Recht der Verwaltungsorganisation erscheint hierbei als Steuerungsressource, womit an die bereits oben (Rn 14) vorgestellte Unterscheidung zwischen der Konstituierungsfunktion und der Steuerungsfunktion angeknüpft werden kann. An dieser Schnittstelle treffen sich Verwaltungswissenschaft und Verwaltungsrechtswissenschaft.

19 Das allerdings bedeutet nicht, dass verwaltungswissenschaftliche Erkenntnisse einfach in den Prozess der Norminterpretation eingeschleust werden dürfen. So kann etwa bei der Ermittlung der Anforderungen an die Zurechnung des Verhaltens von Personen oder Institutionen in einer demokratischen Verwaltungsorganisation (Beispiel: von privaten Sachverständigen) nicht ohne Weiteres an betriebswirtschaftliche oder politikwissenschaftliche Erkenntnisse zu den Möglichkeiten und Grenzen administrativer Steuerung angeknüpft werden, solange kein methodischer Rahmen existiert.[62] Auch im Verwaltungsorganisationsrecht gilt, dass die Rechtsdogmatik zwar einen Bezug zur Lebenswirklichkeit besitzt, sich aber doch von dieser abhebt, weswegen die sozialwissenschaftlichen Steuerungserkenntnisse der *dogmatischen Verarbeitung bedürfen*.[63] Diese Arbeiten sind in vollem Gange.[64] Um auf das Beispiel der Zurechnung von Verwaltungsaktivitäten in der Demokratie zurückzukommen: Das sozialwissenschaftliche Steuerungsmodell kann eine Interpretation der verfassungsrechtlichen Grundlagen weder ersetzen noch etwaige Defizite in der einfachrechtlichen Ausgestaltung durch den bloßen Hinweis auf Effizienz- oder Partizipationsvorteile der gewählten Ausgestaltung rechtfertigen. Es kann aber durch empirisch gewonnene Aussagen über die Lebenswirklichkeit, über das Aufzeigen von Zusammenhängen innerhalb des gesamten Steuerungssystems und im Vergleich mit anderen Steuerungsinstrumenten sowie durch das

519 ff; *Schuppert* in: Hoffmann-Riem/Schmidt-Aßmann/Schuppert (Hrsg), Reform des Allgemeinen Verwaltungsrechts, 1993, 67 ff; *Pitschas* in: Reform, aaO, 219 ff, ferner *Willke* Systemtheorie III: Steuerungstheorie, 1995, 17 ff; zum Verhältnis von Governance Theory und Steuerungstheorie *Mayntz* in: Schuppert (Hrsg), Governance-Forschung, 2. Aufl 2006, 11, u zum Nutzen der Governance-Forschung für die Rechtswissenschaft *Hoffmann-Riem* aaO, 195.

60 Vgl *Voßkuhle* VerwArch 92 (2001) 184, 194 f.

61 Vgl *Schuppert* Verwaltungswissenschaft, 585 ff.

62 Hierauf machen ua *Wahl* in: Schmidt-Aßmann/Hoffmann-Riem (Fn 10) 309 f, u *Möllers* VerwArch 93 (2002) 22, 33, aufmerksam; zu weitgehend dagegen die Fundamentalkritik am steuerungswissenschaftlichen Ansatz bei *Lepsius* Steuerungsdiskussion, Systemtheorie und Parlamentarismuskritik, 1999, 10 ff, 35 ff, 52 ff. Auf die Notwendigkeit eines Bewusstseins für die Grenzen des steuerungswissenschaftlichen Ansatzes im juristischen Kontext machen aufmerksam *Schmidt-Aßmann* Ordnungsidee, 1. Kap Rn 33 ff; *Bumke* in: Schmidt-Aßmann/Hoffmann-Riem (Hrsg), Methoden der Verwaltungsrechtswissenschaft, 2004, 73, 126 ff.

63 Vgl bereits *Schnapp* AöR 105 (1980) 258; *Schmidt-Aßmann* in: ders/Hoffmann-Riem (Fn 10) 21.

64 Vgl neben den bereits in den vorangegangenen Fn Genannten *Dreier* Hierarchische Verwaltung im demokratischen Staat, 1991, 5 ff, 164 ff; *Schuppert* in: Hoffmann-Riem/Schmidt-Aßmann/Schuppert (Fn 59) 65 ff; ferner *Hoffmann-Riem* in: Schmidt-Aßmann/ders (Fn 10) 355, 356 ff; *Schmidt-Preuß* (Fn 14) 47 ff.

Aufzeigen von Perspektiven der künftigen Entwicklung auf der Ebene der Gesellschaft wie des Staates Anlass geben, hergebrachte, keinesfalls durchgehend auf zwingender verfassungsrechtlicher Vorgabe beruhende dogmatische Begriffe und Figuren (im Beispiel: das hierarchische System mit ununterbrochenen Weisungssträngen) zu hinterfragen. Gerade das Verwaltungsorganisationsrecht ist mehr als nur eine Schrankenordnung, vielmehr trägt es – positiv-gestalterisch – dazu bei, eine Steuerung durch materielles Recht erst zu ermöglichen.[65]

II. Verfassungsrecht

1. Bedeutung und Bestand

20 Die verfassungsrechtlichen Vorgaben werden noch vor denen des Europarechts dargestellt, weil das Verfassungs-Organisationsrecht naturgemäß einen weitaus größeren Anteil an der Konstituierung der nationalen Verwaltung besitzt. Dabei stehen ganz im Vordergrund die Normen des Grundgesetzes, wobei die meisten Landesverfassungen konkretisierende Aussagen zu einzelnen Aspekten der Verwaltungsorganisation auf Landesebene enthalten.[66] Die Erschließung der verwaltungsorganisationsrechtlichen Aussagen des Grundgesetzes bereitet Schwierigkeiten, weil diese über die ganze Verfassung verstreut sind und vielfach der sorgfältigen Interpretation sowie der Konkretisierung auf der Ebene des einfachen Rechts bedürfen. Abgesehen von den Art 83 ff GG, die auch unmittelbar organisationsbezogene Aussagen enthalten (vgl Rn 24), bilden vor allem die Staatsstrukturnormen des Art 20 I-III GG (Demokratie- und Rechtsstaatsprinzip) den Sitz des Verfassungs-Verwaltungsorganisationsrechts. Diese Normen enthalten wichtige Richtungsentscheidungen, ihnen lassen sich aber nicht immer explizite Rechtsfolgen entnehmen. Das meint das BVerfG, wenn es betont, dass es „eines weiten Spielraums bei der organisatorischen Ausgestaltung der Verwaltung bedarf ..., um den – verschiedenartigen und sich ständig wandelnden – organisatorischen Erfordernissen Rechnung tragen und damit eine wirkungsvolle und leistungsfähige Verwaltung gewährleisten zu können".[67] Nachfolgend werden Bestand und wichtigste Norminhalte des Verfassungs-Verwaltungsorganisationsrechts dargestellt (in Anknüpfung an *Ehlers* → § 6 Rn 6 ff) und die ihnen zuzuordnenden Rechtsprobleme benannt. Bei deren Bewältigung in den nachfolgenden Abschnitten kann dann hierauf Bezug genommen werden.

2. Verfassungsaussagen mit föderalem Gehalt

21 Im föderalen System der Bundesrepublik ist sowohl die Gesetzgebung als auch die Verwaltung zwischen Bund und Ländern aufgeteilt. Die *Gesetzgebungskompetenz* für das Verwaltungsorganisationsrecht steht nach der Regel des Art 70 I GG den Ländern zu,

[65] So bereits (ohne Bezug zum steuerungswissenschaftlichen Ansatz) *Schnapp* AöR 105 (1980) 246 f; weiterführend dann *Schuppert* in: Grimm (Hrsg), Wachsende Staatsaufgaben – sinkende Steuerungsfähigkeit des Rechts, 1990, 217 ff.

[66] Art 69, 70 Verf BW; Art 77 Verf Bay; Art 66 Verf Berl; Art 96 Verf Bbg; Art 127, 124 u 129 Verf Brem; Art 55–57 Verf Hmb; Art 69 u 70 Verf MV; Art 56 sowie 38 Verf Nds; Art 77 Verf NRW; Art 112 Verf Saarl; Art 82 u 83 Verf Sachs; Art 86 Verf LSA; Art 45 Verf SH; Art 90 Verf Thür.

[67] BVerfGE 63, 1, 34; ferner *Krebs* in: Isensee/Kirchhof V, § 108 Rn 86 ff.

soweit nicht dem Bund durch das Grundgesetz Gesetzgebungsbefugnisse verliehen worden sind. Gesetzgebungsbefugnisse des Bundes bestehen im Hinblick auf das Recht der Verwaltungsorganisation auf Landesebene nur ausnahmsweise, nämlich unter den Voraussetzungen der Art 84 I und 85 I GG. Dies betrifft die sogleich vorzustellenden Verwaltungstypen des Vollzugs der Bundesgesetze durch die Länder als eigene Angelegenheit (Art 84 GG) bzw des Vollzugs der Bundesgesetze im Auftrag des Bundes (Art 85 GG). Im Falle der Ausführung von Bundesgesetzen durch die Länder als eigene Angelegenheit kann der Bund zwar ohne besondere Voraussetzungen organisations- und verfahrensrechtliche Regelungen treffen, jedoch können die Länder seit der Föderalismusreform I hiervon abweichende Vorschriften erlassen. Eine Sperrung dieses Abweichungsrechts ist nur in Ausnahmefällen für das Verwaltungsverfahren möglich, sofern ein besonderes Bedürfnis nach einer bundeseinheitlichen Regelung besteht und der Bundesrat zustimmt, Art 84 I 5 u 6 GG. Die Bundesauftragsverwaltung eröffnet dem Bund weitergehend die Möglichkeit des Erlasses von Vorschriften zur Einrichtung der Behörden und richtigerweise auch zum Verwaltungsverfahren mit Zustimmung des Bundesrates.[68] Dem Bund steht ferner die Gesetzgebungsbefugnis für das Recht seiner eigenen Verwaltungsorganisation zu, was sich aus der jeweils thematisch einschlägigen Zuordnungsnorm in den Art 87 ff GG ergibt (Beispiel: Art 87 III 1 GG: Gesetzgebungsbefugnis für die Errichtung selbständiger Bundesoberbehörden und neuer bundesunmittelbarer Körperschaften und Anstalten des öffentlichen Rechts).

22 Das System der Verteilung der *Verwaltungskompetenzen* zwischen Bund und Ländern ist in den Art 83 ff GG niedergelegt; vorrangige Sonderregelungen enthalten Art 108 GG (Finanzverwaltung)[69] und Art 120a GG (Durchführung des Lastenausgleichs). Durch Art 83 ff GG werden vier verschiedene Verwaltungstypen konstituiert:

- Die Eigenverwaltung nach Art 84 GG (Vollzug der Bundesgesetze durch die Länder als eigene Angelegenheit). Hierbei handelt es sich um originäre Landesverwaltung.
- Die Auftragsverwaltung (Vollzug der Bundesgesetze im Auftrag des Bundes) nach Art 85 GG. Auch hier handelt es sich um Landesverwaltung, jedoch sind dem Bund weitergehende Aufsichtsrechte eingeräumt. Die Auftragsverwaltung ist nur dann möglich, wenn dies im Grundgesetz ausdrücklich vorgesehen oder zugelassen ist. Hierbei ist zu unterscheiden zwischen der obligatorischen (zwingend vorgesehenen) Auftragsverwaltung und der fakultativen (auf Antrag einzurichtenden) Auftragsverwaltung. Als wichtiges Beispiel für eine obligatorische Auftragsverwaltung sei die Bundesstraßenverwaltung gem Art 90 II GG genannt, als Beispiel für die fakultative

[68] Vgl. hierzu *Groß* in: Hoffmann-Riem/Schmidt-Aßmann/Voßkuhle, Grundlagen I, § 13 Rn 39 f; *Jestaedt* aaO, § 14 Rn 8 f; *Wißmann* aaO, § 15; *Oebbecke* in: Isensee/Kirchhof VI, § 136 Rn 19 ff u 55 ff; *Hermes* in: Dreier (Hrsg), Kommentar zum GG III, 2. Aufl 2008, Art 84 Rn 25 ff, Art 85 Rn 27 ff; *Schnapp* Jura 2008, 241 f. Problematisch ist, mit welcher Intensität der Bund auf dieser Grundlage die Verwaltungsstruktur auf Landesebene determinieren kann. Eine bundesgesetzliche Aufgabenzuweisung an die Gemeinden und Gemeindeverbände ist durch Art 84 I 7 u 85 I 2 GG ausdrücklich ausgeschlossen (ausf *Burgi* Kommunalrecht, 2. Aufl 2008, § 8 Rn 6 ff). Zur Stellung der Kommunen im Rahmen der Verfassungsreformen siehe auch Henneke (Hrsg), Kommunen in den Föderalismusreformen I und II, 2008.

[69] Zu dessen Charakter als lex specialis vgl *Seer* in: BK, Art 108 Rn 30.

Auftragsverwaltung kann die Bundeswasserstraßenverwaltung nach Art 89 II 3 GG gelten.[70]

- Die Bundesverwaltung (beschrieben in Art 86 GG; konstituiert durch die über das ganze Grundgesetz verstreuten Zuordnungsnormen).[71] Hierbei handelt es sich um originäre Bundesverwaltung, die dann zur Anwendung kommt, wenn und soweit dies durch das Grundgesetz in den sog Zuordnungsnormen geregelt wird. Zu unterscheiden ist zwischen der obligatorischen Bundesverwaltung und der fakultativen Bundesverwaltung. Die wichtigste Zuordnungsnorm ist Art 87 GG, der zB in I 1 wichtige Gegenstände obligatorischer Bundesverwaltung (etwa den „Auswärtigen Dienst") und in I 2 in Gestalt der „Bundesgrenzschutzbehörden" und „Zentralstellen" wichtige Gegenstände fakultativer Bundesverwaltung normiert.[72] Art 87 III GG ermöglicht die Schaffung von Verwaltungsstellen des Bundes bei vorhandener Gesetzgebungskompetenz und bildet die Grundlage zahlreicher neuer „selbständiger Bundesoberbehörden" und von Stellen der mittelbaren Bundesverwaltung. Unter bestimmten Voraussetzungen sind auch ungeschriebene Verwaltungskompetenzen des Bundes möglich (näher zum Bestand der unmittelbaren Bundesverwaltung vgl → § 9 Rn 1 ff).[73]
- Im Umkehrschluss ergibt sich, dass die Länder für den Vollzug der Landesgesetze kompetent sind und hierfür eine Landes-Verwaltungsorganisation einrichten können.

Gemeinsame Verwaltungseinrichtungen im Sinne von institutionell verfestigten Formen der Kooperation und Koordination im Bundesstaat[74] gibt es in Gestalt von Gremien, Ausschüssen oder gar Verwaltungsträgern (ZVS; vgl sogleich), sowohl zwischen Bund und Ländern (zB die Oberfinanzdirektionen; vgl noch → § 9 Rn 10) als auch zwischen den Ländern (zB die als rechtsfähige Anstalt des öffentlichen Rechts errichtete „Zentralstelle für die Vergabe von Studienplätzen [ZVS]").[75] Sie beruhen auf Staatsverträgen oder Abkommen[76] und sind verfassungsrechtlich nicht von vornherein ausgeschlossen. Statt eines strikten Verbots der „Mischverwaltung" kennt das Grundgesetz legitimie-

[70] Eine Zusammenstellung aller Verfassungsgrundlagen findet sich bei *Trute* in: v Mangoldt/Klein/Starck (Hrsg), GG III, Art 85 Rn 1; vgl zur Bundesauftragsverwaltung auch *Oebbecke* in: Isensee/Kirchhof VI, § 136 Rn 55 ff.

[71] Zum nur beschränkten föderalen Gehalt des Art 86 vgl *Burgi* in: v Mangoldt/Klein/Starck (Hrsg), GG III, Art 86 Rn 4, 29 ff.

[72] Sämtliche anderen Zuordnungsnormen sind systematisch zusammengestellt bei *Burgi* in: v Mangoldt/Klein/Starck (Hrsg), GG III, Art 86 Rn 11 ff; vgl auch *Oebbecke* in: Isensee/Kirchhof VI, § 136 Rn 90 ff.

[73] Vgl hierzu *Trute* in: v Mangoldt/Klein/Starck (Hrsg), GG III, Art 83 Rn 79 f mwN.

[74] Vgl dazu *Kisker* Kooperation im Bundesstaat, 1971; *Krebs* in: Isensee/Kirchhof V, § 108 Rn 73 f; *Rudolf* in: Isensee/Kirchhof VI, § 141 Rn 18 ff; *Oeter* Integration und Subsidiarität im deutschen Bundesstaat, 1998, 266 ff.

[75] Auf Grund des Staatsvertrags der Länder über die Vergabe v Studienplätzen v 22.6.2006 (zB GV NRW 2006, 604). Die ZVS soll nach dem Entwurf eines neuen Staatsvertrages, der am 14.6.2007 von der Kultusministerkonferenz verabschiedet wurde, in eine Serviceeinrichtung für Hochschulzulassung in der Rechtsform einer Stiftung des öffentlichen Rechts umgewandelt werden.

[76] Vgl *Grawert* Verwaltungsabkommen zwischen Bund und Ländern in der Bundesrepublik Deutschland, 1967; *Vedder* Intraföderale Staatsverträge, 1996.

rende Einzelbestimmungen (zB Art 91a II, 108 IV 1 GG) sowie deren ausnahmsweise Statthaftigkeit bei Vorliegen sachlicher Gründe (bei Wahrung zusätzlicher kompetenzrechtlicher Voraussetzungen).[77] Die durch § 44b SGB II (sog Hartz IV-Gesetz) geschaffenen sog Arbeitsgemeinschaften zwischen der Bundesagentur für Arbeit und Kommunen wurden mittlerweile vom BVerfG[78] für verfassungswidrig erklärt, weil die Beeinträchtigung der kommunalen Kooperations- und Personalhoheit nicht hinreichend gerechtfertigt werden könne. Letztlich scheiterten die Arge's daran, dass das Gesetz selbst in Gestalt der sog Optionskommunen eine zweite, die Eigenverantwortlichkeit weniger beeinträchtigende Organisationsform bereitgestellt hatte.[79] Die zukünftige Organisationsstruktur in diesem Bereich ist (Stand Frühjahr 2009) noch offen.

23 Die hier in aller Kürze skizzierten föderalen Aussagen sind für folgende Problemkreise des Verwaltungsorganisationsrechts relevant: Für die Organisationsstrukturen, weil das föderale System zugleich das Aufbauprinzip der „Dezentralisation" verwirklicht (→ § 8 Rn 7 f), sodann als Grundlage der obersten Aussage zur Zuständigkeit (→ § 8 Rn 34 ff) und schließlich im Hinblick auf den Bestand der Verwaltungsorganisation auf Landesebene und vor allem auf Bundesebene (→ § 9 Rn 1 ff). Im Zuge der seit 2007 beratenen sog *Föderalismusreform II* sind neben der Finanzverfassung verschiedene „Verwaltungsthemen" angegangen worden, über die die Beiträge im Themenheft (Nr 2) der „Zeitschrift für Staats- und Europawissenschaften" informieren. Der Deutsche Bundestag hat das „Gesetz zur Änderung des Grundgesetzes (Art 91c, 91d, 104b, 109, 109a, 115, 143d)" mittlerweile angenommen (Gesetz v 29. Juli 2009, BGBl I, 2248). Am Wichtigsten sind die Einfügung eines Art 91c (Zusammenarbeit im IT-Bereich) und eines Art 91d (Benchmarking) in das Grundgesetz.

3. Verfassungsaussagen mit Organisationsbezug

24 a) *Aus unmittelbar organisationsbezogenen Normen.* Um mit den Vorschriften für Sonderbereiche zu beginnen: Art 28 II GG gewährleistet den Gemeinden und den Gemeindeverbänden das Recht der Selbstverwaltung und bildet die Verfassungsgrundlage der Verwaltungsorganisation auf der kommunalen Ebene. Lediglich hingewiesen werden kann auf die durch Art 88 GG begründete verwaltungsorganisatorische Sonderstellung der Bundesbank, insbesondere auf die Diskussion um das Bestehen einer Unabhängigkeit von der Bundesregierung,[80] sowie auf die Organisationsfragen der durch Art 114 GG konstituierten Institution des Bundesrechnungshofes.[81]

25 Organisationsbezogene Aussagen für den jeweils geregelten Verwaltungstyp (Rn 22) sind den *Art 84 ff GG* zu entnehmen. Diese sind nach allgM mehr als reine Kompetenznormen und können organisationsrechtliche Sekundär-, ggf auch Primärgehalte be-

[77] Näher BVerfGE 63, 1, 39; *Ronellenfitsch* Die Mischverwaltung im Bundesstaat, 1975; *Loeser* Theorie und Praxis der Mischverwaltung, 1976; *Trute* in: v Mangoldt/Klein/Starck (Hrsg), GG III, Art 83 Rn 28 ff; *Schnapp* Jura 2008, 241; *Burgi* FS Schnapp, 2008, 15.

[78] BVerfGE 119, 331.

[79] Vgl *Burgi* Kommunalrecht, 2. Aufl 2008, § 6 Rn 45; → § 8 Rn 17.

[80] Vgl neben den Grundgesetz-Kommentaren die neueren Arbeiten v *Brosius-Gersdorf* Deutsche Bundesbank und Demokratieprinzip, 1997; *Sodan* NJW 1999, 1521 ff; *Mehde* Verw 34 (2001) 93, 103 f mwN.

[81] Zu dessen Status u Befugnissen vgl nur *Schulze-Fielitz* VVDStRL 45 (1996) 231, 237 f; *Groß* VerwArch 95 (2004) 194.

sitzen.[82] So gilt bei der Ermittlung von Befugnissen zum Erlass von Verwaltungsvorschriften im Bereich der Eigenverwaltung bzw der Bundesauftragsverwaltung der erste Blick den Art 84 II bzw 85 II 1 GG und zur Beurteilung der Statthaftigkeit von Einzelweisungen in diesen beiden Bereichen ist auf Art 84 III, IV, V bzw 85 III, IV GG zu rekurrieren. Vielschichtiger noch ist der organisationsrechtliche Gehalt in den die Bundesverwaltung betreffenden Vorschriften. So enthalten etwa Art 87d I 2 aF, Art 87e III 1 und Art 87f III GG explizite Aussagen zur Verwendung der öffentlich-rechtlichen bzw privatrechtlichen Organisationsform, weswegen sie bei Privatisierungsvorhaben relevant werden können (→ § 10 Rn 18 ff), und durch Art 87e II und Art 87f II 2 GG wird für die Verwaltungsaufgaben der „Regulierung“ nach Durchführung der Bahn- bzw Postreformen in Grundzügen das Verwaltungsorganisationsrecht der Regulierungsbehörden konstituiert. Die beiden allgemeineren Vorschriften, Art 86 und 87 GG, sind im Bereich der Bundesverwaltung dann zu befragen, wenn es um die Beschreibung einzelner Organisationsformen geht (etwa: „Körperschaften … des öffentlichen Rechts“; vgl Art 86 S 1 GG) und vor allem, wenn die Statthaftigkeit der Verwendung einer bestimmten Organisationsform geklärt werden muss, wobei ein numerus clausus zulässiger Organisationsformen oder gar ein Typenzwang im Verwaltungsorganisationsrecht grundsätzlich nicht besteht.[83] Beispiele: Darf ein Unterbau geschaffen werden oder nicht (vgl zB Art 87 III 2 GG)? Ist die Schaffung verselbständigter Verwaltungseinheiten möglich, etwa solcher mit Privatrechtsform oder mit Selbstverwaltungsrechten? Wem steht die Organisationsgewalt zu, bedarf es insbesondere eines Gesetzes (vgl etwa Art 87 III 1 GG)? Beim Umgang mit diesen Vorschriften bietet sich die folgende Vorgehensweise an: Nach Ermittlung der einschlägigen Zuordnungsnorm (zB Art 87 I 1 GG bei einem Gegenstand des „Auswärtigen Dienstes“; Art 87 II 1 GG bei einem Gegenstand der Sozialversicherung etc) ist die jeweils einschlägige Vorschrift auf das Vorhandensein des jeweils fraglichen organisationsrechtlichen Gehaltes hin zu befragen.

Noch breiter gestreut sind die Problemstellungen, die von der Determinationskraft **26**
des *Demokratieprinzips* nach Art 20 I, II GG erfasst werden. Hier geht es um die Statthaftigkeit neuartiger Organisationsformen und -strukturen (vor allem bei der Einbeziehung Privater oder hinsichtlich der Reichweite von Weisungs- und Aufsichtsbefugnissen). Von ihrer Anerkennung hängen die Spielräume der Reform- und Modernisierungsgesetzgebung ab: Muss die Verwaltung hierarchisch organisiert sein oder sind plurale Strukturen möglich? Unter welchen Voraussetzungen können Selbstverwaltungsträger geschaffen werden und wie müssen deren Organe zusammengesetzt, wie die Mehrheitsverhältnisse beschaffen sein? Müssen Aufsichtsbefugnisse vorhanden sein?

Im Mittelpunkt der Verfassungsentscheidung für die Demokratie steht das sog *Legi-* **27**
timationsgebot.[84] Es zielt auf die Rückführbarkeit der durch die Verwaltung ausgeüb-

[82] Grundlegend *Pestalozza* Staat 11 (1972) 161, 183 f; ferner *Jestaedt* Demokratieprinzip und Kondominialverwaltung, 1993, 448 ff; *Burgi* in: v Mangoldt/Klein/Starck (Hrsg), GG III, Art 86 Rn 3.

[83] Dieser Gestaltungsspielraum kann jedoch im Einzelfall verfassungsrechtlich beschränkt sein, so etwa im Rahmen von Art 87 III 1 GG, der die zulässigen Organisationsformen vorgibt, vgl *Jestaedt* in: Hoffmann-Riem/Schmidt-Aßmann/Voßkuhle, Grundlagen I, § 14 Rn 29.

[84] Teilweise mit ihm verschränkt, teilweise am Rande angelagert, teilweise mehr dem Verfahren denn der Organisation zuzuordnen sind die bei *Schmidt-Aßmann* Ordnungsidee, 2. Kap Rn 102 ff, genannten weiteren „Bestimmungsfaktoren eines demokratischen Verwaltungsrechts“ Akzeptanz, Partizipation u Öffentlichkeit.

ten staatlichen Herrschaft („Staatsgewalt" iSd Art 20 II GG) auf das Volk als dem Legitimationssubjekt.[85] Art 20 II GG konstituiert die „Wahlen und Abstimmungen" als Nahtstellen zwischen Gesellschaft und Staat. Das aus Wahlen hervorgegangene Parlament und der durch dieses eingesetzte Regierungs- und sodann Verwaltungsapparat bilden einen Zurechnungszusammenhang, wobei sichergestellt sein muss, „dass das Volk einen effektiven Einfluss auf die *Ausübung der Staatsgewalt* durch diese Organe hat. Deren Akte müssen sich daher auf den Willen des Volkes zurückführen lassen und ihm gegenüber verantwortet werden".[86] Nur dasjenige Verhalten der Verwaltung, das „Ausübung von Staatsgewalt" iSv Art 20 II GG ist, löst die Legitimationspflicht aus. Es genügt mithin nicht, dass überhaupt eine Verwaltungstätigkeit vorliegt, darüber hinaus muss eine Intensitätsschwelle überschritten werden, was mit dem Begriff der „Entscheidung" erfasst wird (Staatsgewalt im formellen Sinne).[87] Dieses Erfordernis wird jedenfalls durch sämtliche rechtserhebliche Wirkungsweisen, gleichgültig ob sie öffentlichrechtlichen oder privatrechtlichen Charakters sind, erfüllt. Bloße Vorbereitungshandlungen und beratende Tätigkeiten sind nicht erfasst.[88]

28 Ist der Tatbestand des Legitimationsgebots erfüllt, so verpflichtet dieses zur *Erreichung eines bestimmten Legitimationsniveaus*. Dies ist im Wege einer Gesamtbetrachtung der beiden zentralen Legitimationsstränge, der personell-organisatorischen und der sachlich-inhaltlichen Legitimation im Hinblick auf die konkret in Frage stehende Aufgabe[89] zu bestimmen. Der *personell-organisatorische* Legitimationsmodus sieht eine Rückführung der Ernennungsakte auf den jeweiligen Minister vor, welcher dem Parlament verantwortlich ist und nach Art 65 S 2 GG die „Verantwortung" für den jeweiligen Geschäftsbereich trägt; die einzelnen Funktionsträger sind in ein „Amt" eingewiesen, das gekennzeichnet ist durch Sachkunde, persönliche Zuverlässigkeit, Neutralität und Objektivität.[90] Der *sachlich-inhaltliche* Legitimationsmodus zielt auf die Bindung der Verwaltung an die inhaltlichen Vorgaben des Parlaments und betrifft neben der Gesetzesbindung (hier besteht eine Schnittstelle zwischen Rechtsstaatsprinzip [→ § 6 Rn 17 ff] und Demokratieprinzip) die Sicherstellung der parlamentarischen Verantwortung durch Kontrolle, vor allem durch Weisungs- und Aufsichtsbefugnisse.[91] Die Aufsicht (→ vgl noch § 8 Rn 39 ff) ist damit im Kern verfassungsrechtlich zwingend.[92] Obgleich das Bundesverfassungsgericht dies nicht ausdrücklich formuliert hat, lässt es

[85] Grundlegend *Schmidt-Aßmann* AöR 116 (1991) 329 ff; *Jestaedt* Demokratieprinzip (Fn 83) 138 ff; *Kluth* Funktionale Selbstverwaltung, 1997, 353 ff; *Classen* Demokratische Legitimation im offenen Rechtsstaat, 2009.

[86] BVerfGE 83, 60, 71 f; BVerfGE 93, 37, 66 → JK GG Art 20 II/1.

[87] BVerfGE 83, 60, 73; *Böckenförde* in: Isensee/Kirchhof II, § 24 Rn 12 f; *Jestaedt* Demokratieprinzip (Fn 83) 257 u passim.

[88] BVerfGE 47, 253, 273 → JK GG Art 28 I 2/1; BVerfGE 83, 60, 73; BVerfGE 93, 37, 68 → JK GG Art 20 II/1, wonach die Ausübung v Vorschlagsrechten dann erfasst sei, wenn ein anderer Verwaltungsträger bei der Ausübung v Entscheidungsbefugnissen davon rechtlich abhängig sei (näher *Oebbecke* Weisungs- und unterrichtungsfreie Räume in der Verwaltung, 1986, 79 ff; *Burgi* [Fn 11] 375 f, sowie die in den vorgenannten Fn Genannten). Zu den Legitimationsanforderungen bei der Einbeziehung privater Interessenorganisationen vgl *Dederer* Kooperative Staatsgewalt, 2004, 125 ff.

[89] Vgl *Dreier* (Fn 64) 277 ff.

[90] Prägnant *Isensee* in: Isensee/Kirchhof IV, § 71 Rn 132 ff.

[91] BVerfGE 93, 37, 67 → JK GG Art 20 II/1.

[92] Ausf *Pitschas* DÖV 1998, 910; *Kahl* Die Staatsaufsicht, 2000, 483 ff mwN.

doch erkennen, dass die hierarchisch-bürokratische Ministerialorganisation als Regeltypus administrativer Organisation unter dem Grundgesetz anzusehen ist.[93]

Das heißt aber nicht, dass jede einzelne Ausprägung dieses tradierten Organisationsmodells verfassungsrechtlich unantastbar wäre. Unzutreffend ist es auch, einzelne seiner Charakteristika zu Verfassungspostulaten zu erheben und aus diesen sodann weitere Rechtsfolgen abzuleiten. So steht nicht ohne Weiteres fest, dass es durchgehend keine sog ministerialfreien Räume geben kann, in denen die dort Handelnden teilweise Weisungsfreiheit genießen (→ näher § 8 Rn 47 f).[94] Ausschlaggebend bei der Beurteilung von hiervon *abweichenden Organisationsformen* ist, ob das verfassungsrechtlich gebotene Legitimationsniveau erreicht wird.[95] Danach ist eine Gesamtsaldierung aller für den Zurechnungszusammenhang relevanter Faktoren vorzunehmen unter Einbeziehung derjenigen Verfassungsbestimmungen, die (wie etwa Art 83 ff GG oder auch Art 28 II GG) die Grundlagen einer Pluralisierung der Verwaltungsorganisation bilden.[96] Hierbei ist zu beachten, dass die Verfassung auch die Verwaltung als eigene Gewalt konstituiert hat, die deswegen nicht ohne Weiteres „einem allumfassenden Parlaments- oder Gesetzesvorbehalt unterworfen" werden kann (sog *institutionell-funktionelle Legitimation*).[97] 29

b) *Aus aufgabenbezogenen Normen.* Aus dem Bezug der Verwaltungsorganisation zu den jeweiligen Aufgaben (vgl Rn 15) folgt die Beachtlichkeit der diese determinierenden Verfassungsvorgaben. Das Rechtsstaatsprinzip und die Grundrechte, die dem Rechtsanwender vom Umgang mit dem Verwaltungshandeln her vertraut sind, bilden damit zugleich wichtige Bestandteile des Verwaltungsorganisationsrechts. Die *Grundrechte* entfalten insoweit ihre Wirkung allerdings weniger in ihrer klassischen Funktion als Abwehrrechte (als solche sind sie bei der Beurteilung von Zwangsmitgliedschaften bei Selbstverwaltungskörperschaften relevant, → § 8 Rn 22). Vielmehr geht es um objektiv-rechtliche Wirkungen, was das Bundesverfassungsgericht zunächst für die Sonderbereiche (Rn 10) von Wissenschaft und Rundfunk,[98] sodann aber auch im Hinblick auf die Organisation der Bundesprüfstelle für jugendgefährdende Schriften (am Maßstab des Art 5 III) entfaltet hat.[99] Im Zusammenwirken mit dem *Rechtsstaatsprinzip*, dem es insbesondere um die Sicherung der Gesetzesbindung der Verwaltung nach Art 20 III GG geht, ergibt sich hier ein verfassungsrechtliches Gebot, die Verwaltungsorganisation auf die Ziele der Sach- und Gemeinwohlrichtigkeit auszurichten, dh eine 30

[93] Vgl BVerfGE 83, 60, 70; BVerfGE 93, 37, 67 ff → JK GG Art 20 II/1; *Böckenförde* (Fn 87) § 24 Rn 24; *Emde* Die demokratische Legitimation der funktionalen Selbstverwaltung, 1991, 338 f; *Dreier* (Fn 64) 134 ff.

[94] So aber *Loschelder* in: Isensee/Kirchhof V, § 107 Rn 20 ff; *Jestaedt* (Fn 83) 314, sowie *Groß* (Fn 8) 184 ff u passim. Entspr gilt für den Topos der „Einheit der Verwaltung" (vgl hierzu *Haverkate* VVDStRL 46 [1988] 217 ff; *Kahl* [Fn 92] 472 ff [mwN u mit krit Tendenz]).

[95] BVerfGE 83, 60, 72; BVerfGE 93, 37, 67 → JK GG Art 20 II/1; BVerfGE 107, 59, 86 ff → JK GG Art 20 II/3, u dazu *Jestaedt* JUS 2004, 649.

[96] Näher *Bryde* VVDStRL 46 (1988) 181, 186 ff; *Schmidt-Aßmann* in: ders/Hoffmann-Riem (Fn 10) 58 ff; *Mehde* Verw 34 (2001) 93, 101 f (aus methodischer Perspektive).

[97] *Böckenförde* (Fn 87) § 24 Rn 15; *Schmidt-Aßmann* AöR 116 (1991) 363 ff.

[98] BVerfGE 35, 79; BVerfGE 47, 327, 370, bzw BVerfGE 12, 205, 261 ff; BVerfGE 57, 295, 325 → JK GG Art 5 I 2/2; BVerfGE 73, 118, 152 f → JK GG Art 5 I 2/6; BVerfGE 83, 238, 295 ff.

[99] BVerfGE 83, 130, 149 ff; zur organisationsrechtlichen Bedeutung der Grundrechte vgl *Bethge* NJW 1982, 1 ff; *Krebs* in: Isensee/Kirchhof V, § 108 Rn 76 ff; *Denninger* in: Isensee/Kirchhof V, 2. Aufl 2000, § 113 Rn 19 ff; *Groß* (Fn 8) 209 ff.

rationale Zuordnung von Organisationen zu Aufgaben und eine klare Kompetenzordnung sicherzustellen (Beispiel: Die grundrechtssensible Aufgabe der Indizierung meinungsrelevanter bzw künstlerischer Schriften kann die Einbeziehung qualifizierter Personen aus dem gesellschaftlichen Bereich erfordern). Dabei ist auch dem rechtsstaatlichen Erfordernis der Effizienz sowie dem in Art 114 II 1 GG verankerten Gebot der Wirtschaftlichkeit[100] Rechnung zu tragen.[101] Teilweise wird in der Summe all dessen der Verfassung ein „Grundsatz funktionsgerechter Organisationsstruktur" entnommen.[102] Die aufgabenbezogenen Verfassungsaussagen sind jedenfalls bei der Beurteilung abweichender Organisationsformen (gegenüber dem Typus der Ministerialverwaltung) einzubeziehen. Anerkannt ist, dass das Rechtsstaatsprinzip einen weiteren Pfeiler der Rechtsaufsicht (→ vgl § 8 Rn 42) bildet[103] sowie zur Sicherung der Neutralität durch organisatorische Vorkehrungen zwingt.[104]

III. Europarecht

31 Das Unionsrecht regelt nicht nur die Tätigkeit der gemeinschaftseigenen Verwaltung,[105] sondern es erfasst auch die Verwaltungsorganisation und das Verwaltungsorganisationsrecht auf mitgliedstaatlicher Ebene, wenngleich auch in bescheidenerem Ausmaß als in den übrigen Bereichen (→ § 5). Die Feststellung *Scheuners*, dass die „Verwaltungsorganisation eines Staates im besonderen Maße dessen Eigenart und Identität widerspiegelt",[106] erweist sich hier als gültig. Allerdings ist die Verwaltung in Bund, Ländern und Gemeinden im immer weiter ausgreifenden Anwendungsbereich des Unionsrechts eben nicht nur nationale Verwaltung, sondern ihr obliegt zugleich der *Vollzug des materiellen Europarechts* (sog mitgliedstaatlicher bzw indirekter Vollzug; → § 5 Rn 43 ff). Damit verbindet sich die Auferlegung immer weiterer einzelner Aufgaben und Befugnisse, sei es auf Grund des unmittelbar wirksamen, dh vollzugspflichtigen Europarechts, sei es infolge einer Veränderung des nationalen Rechts im Wege der

[100] Vgl zu diesem *Burgi* in: Butzer (Hrsg), Wirtschaftlichkeit durch Organisations- und Verfahrensrecht, 2004, 53 ff.

[101] Vgl *Schmidt-Aßmann* in: ders/Hoffmann-Riem (Fn 10) 40 f; *dens* (Fn 11) 2. Kap Rn 44; *Krebs* in: Isensee/Kirchhof V, § 108 Rn 90 ff.

[102] Näher *Schmidt-Aßmann* GS Martens, 1987, 249 ff, 263 f; *v Danwitz* Staat 35 (1996) 329 ff; *Groß* (Fn 8) 200 ff mwN; *Burgi* VVDStRL 62 (2003) 405, 429 f.

[103] Vgl *Lange* VVDStRL 44 (1986) 169, 201; *Schulze-Fielitz* in: Dreier (Hrsg), Kommentar zum GG, 2. Aufl 2006, Art 20 Rn 191; *Kahl* (Fn 92) 495 f.

[104] Vgl dazu *Fehling* Verwaltung zwischen Unparteilichkeit und Gestaltungsaufgabe, 2001.

[105] Zur gemeinschaftseigenen Verwaltung vgl hier nur *Priebe* in: Schmidt-Aßmann/Hoffmann-Riem (Hrsg), Strukturen des Europäischen Verwaltungsrechts, 1999, 71 ff; *Schmidt-Aßmann* Ordnungsidee, 7. Kap Rn 4; *Wolff/Bachof/Stober* VwR III, § 99; *Groß* in: Hoffmann-Riem/Schmidt-Aßmann/Voßkuhle, Grundlagen I, § 13 Rn 24 f; *Niedobitck* FS Siedentopf, 2008, 87. Die Union erweitert ihre Verwaltungsorganisation durch Schaffung immer neuerer Verwaltungsstellen u Bauformen (vgl *Schmidt-Aßmann* FS Steinberger, 2002, 1375, 1390 ff; EuGH EuZW 2006, 369, zur Errichtung der Europäischen Agentur für Netz- und Informationssicherheit [ENISA]) bis hin „zu gemeinschaftsgeschaffenen juristischen Personen des öffentlichen Rechts" (hierzu *Uerpmann* AöR 125 [2000] 551 ff). Dabei besteht hinsichtlich der Kontrolle europäischer Verwaltungseinheiten deutlicher Nachholbedarf, vgl *Sommermann* FS Siedentopf, 2008, 117, 127 f.

[106] DÖV 1963, 714 ff.

sog europarechtskonformen Auslegung. All dies führt zu einem gesteigerten Organisationsbedarf auf nationaler Ebene,[107] wobei die öffentlichen Verwaltungen der Mitgliedstaaten zusammen mit der unionseigenen Verwaltung einen europäischen Verwaltungsraum bilden, dessen Aufgabe die möglichst optimale Verwirklichung der Unionsziele bildet.[108]

Die Einwirkungen des Europarechts beschränken sich freilich nicht auf die der Organisation gestellten Aufgaben und auf deren Bestand in quantitativer Hinsicht. Vielmehr hat die *Instrumentalisierung* der mitgliedstaatlichen Verwaltung für Unionszwecke teilweise auch eine Änderung bzw Ergänzung des zu beachtenden Verwaltungsorganisationsrechts zur Folge.[109] Die Organisationshoheit liegt allerdings bei den Mitgliedstaaten, der EU fehlt die Kompetenz für eine bereichsübergreifende Reglementierung der nationalen Verwaltungsorganisation.[110] Sowohl die Errichtung von Behörden als auch die Wahl der Organisationsform einschließlich der Entscheidung für oder gegen private Rechtsformen liegt grundsätzlich bei den Mitgliedstaaten. Umgekehrt können sich diese gegenüber dem Vorwurf einer Missachtung unionsrechtlicher Vollzugspflichten nicht auf angeblich entgegenstehende organisatorische Umstände berufen.[111] **32**

Unionsrechtliche Bestimmungen für die Verwaltungsorganisation beim mitgliedstaatlichen Vollzug von Unionsrecht (bis Lissabon: Gemeinschaftsrecht)[112] finden sich zunächst im *Primärrecht*. Abgesehen von dem die Organisation der unternehmerischen Verwaltung betreffenden Art 106 AEUV (vgl noch → § 10 Rn 13) und den gar auf die Anstaltsorganisation angewendeten Beihilfevorschriften der Art 107, 108 AEUV (vgl → § 8 Rn 14), unterwirft der EuGH die Mitgliedstaaten den ungeschriebenen primärrechtlichen Grundsätzen des Diskriminierungsverbots und des Effizienzgebots **33**

[107] Dies ist beschrieben u analysiert bei Majone (Hrsg), Deregulation or Re-regulation? Regulatory Reform in Europe and the United States, 1990. Ausnahmsweise bewirken solche Veränderungen auf der Ebene des materiellen Europarechts eine Verringerung des Organisationsbedarfs, so etwa im Bereich der Zollverwaltung (*Battis* DÖV 2001, 989). Zum Konzept der Verwaltungsvereinfachung im Rahmen der Richtlinie 2006/123/EG über Dienstleistungen im Binnenmarkt s *Ohler* BayVBl 2006, 261 (noch zum Vorschlag der Kommission zum Erlass einer solchen Richtlinie, KOM [2004] 2 endg 2). Der durch die RL erforderlich werdende Reformbedarf in der öffentlichen Verwaltung wird eingehend beschrieben bei *Schliesky*, Das Recht auf gute Verwaltung, 2006, 11 f, u mit dem Schwerpunkt einer Europäisierung der Amtshilfe in diesem Zusammenhang bei *dems* Die Europäiisierung der Amtshilfe, 2008, 13 ff; vgl ferner Rn 34.

[108] Vgl dazu *Wasilewski* FS Siedentopf, 2008, 131 ff; *Ziller* aaO, 174 ff. Zum Teil wird in diesem Zusammenhang auch von einer europäischen Verwaltungsgemeinschaft gesprochen, s *Siedentopf/Speer* DÖV 2002, 753, 763, bzw von einem „Europäischen Verwaltungsverband" (s *Schmidt- Aßmann* in: Hoffmann-Riem/Schmidt-Aßmann/Voßkuhle, Grundlagen I, § 5 mwN; *Siegel* Entscheidungsfindung im Verwaltungsverbund, 2009).

[109] Insoweit gilt das Gleiche wie in anderen Bereichen der Europäisierung des Verwaltungsrechts, weswegen auf *Ehlers* → § 5 Rn 43 ff verwiesen werden kann; vgl ferner *Wolff/Bachof/Stober* VwR I, § 12 Rn 13 ff, u § 17, sowie den Überblick bei *Burgi* Verwaltungsprozeß und Europarecht, 1996, 45 ff.

[110] EuGH Slg 1971, 1107 Rn 3/4 – International Fruit; EuGH Slg 1987, 2141 Rn 22 – Oscar Traen; *Kahl* NVwZ 1996, 1082; *Kadelbach* Allg VwR, 110 f.

[111] EuGH Slg 1982, 153 Rn 4 f – Kommission/Belgien; vgl auch *Everling* DVBl 1983, 649, 653.

[112] Weiterführend zur Europäisierung des Verwaltungsorganisationsrechts: *Oebbecke* in: Ipsen (Hrsg), Verfassungsrecht im Wandel, 1995, 607 ff; *Kahl* Verw 29 (1996) 341 ff.

(über Art 4 III UAbs 2 u 3 EUV, früher Art 10 EGV). Im Zentrum steht die Pflicht, durch die Verwaltungsorganisation die ordnungsgemäße und erfolgreiche Anwendung des materiellen Unionsrechts sicherzustellen.[113] Dies erfordert ein effektives Kontrollsystem, wodurch das nationale Recht der Staatsaufsicht (vgl → § 8 Rn 39 ff) determiniert wird.[114]

34 Im *Sekundärrecht*, va in Verordnungen und Richtlinien, finden sich häufig als Annex zu den materiell-rechtlichen Regelungen organisationsbezogene Aussagen. Diese lassen sich unterteilen in kontrollbezogene Aussagen und in Aussagen zur Schaffung eines Rahmens der Kooperation[115] zwischen mitgliedstaatlicher Verwaltung und unionseigener Verwaltung (mit Informations-, Auskunfts- und Zustimmungsrechten)[116] bis hin zur Errichtung von Verwaltungsstellen (auf nationaler Ebene).[117] Bei der Umsetzung der entsprechenden Vorgaben sind im föderalen System der Bundesrepublik wiederum die Vorgaben der Art 83 ff GG (vgl Rn 21 ff) zu beachten.[118] Neben solchen punktuellen Einwirkungen sind Strukturveränderungen wichtig, die mit grundstürzenden Änderungen auf der materiellen Ebene einhergehen, wie dies etwa bei der Begründung von Regulierungsaufgaben im Gefolge der Marktliberalisierung in den Feldern von Post und Telekommunikation der Fall war – mit der Konsequenz der Schaffung des neuen Organisationstyps der Regulierungsbehörden (vgl noch → § 10 Rn 38). Vergleichbar wirkmächtig ist die Dienstleistungsrichtlinie des Europäischen Parlaments und des Rates v 12.2.2006 (ABlEU Nr L 376/36), die es bis zum 28.12.2009 allen Dienstleistern ermöglichen möchte, sämtliche Verfahren und Formalitäten in allen Mitgliedstaaten über eine aus ihrer Sicht einheitliche Stelle („einheitliche Ansprechpartner") abwickeln zu können. Eine erste Umsetzung auf der Ebene des VwVfG ist durch das 4. VwVfG-ÄnderungsG v 11.12.2008 (BGBl 2008 I, 2418) erfolgt; dabei wurde in den §§ 71a–71e

[113] EuGH Slg 1990, I-2321 Rn 13 – Kommission/Deutschland; näher → § 5 Rn 52.

[114] Vgl hierzu *Kadelbach* Allg VwR, 239 f, u *dens* in: Schmidt-Aßmann/Hoffmann-Riem (Hrsg), Verwaltungskontrolle, 2001, 205 ff, 223 ff; ferner *Hatje* Die gemeinschaftsrechtliche Steuerung der Wirtschaftsverwaltung, 1998, 163 ff, 171 f.

[115] Zum Recht der Verwaltungskooperation in Europa vgl *Groß* aaO, 152, 153 ff, sowie zu Einzelbereichen *Lenz* in: Strukturen (Fn 102) 45 ff (Strukturpolitik); *Hufen* aaO, 99 ff (Lebensmittel- u Veterinärrecht); *Pitschas* aaO, 123 ff (Sozial- u Gesundheitsrecht); *Barth/Demmke/Ludwig* NuR 2001, 133 (Umweltrecht); *Groß* EuR 2005, 54 (Agenturen); *Sydow*, Verwaltungskooperation in der EU, 2004; *Schwarze*, Eur VwR, C I ff; *Pache* VVDStRL 66 (2007) 106, 116 ff; *v Danwitz* Europäisches Verwaltungsrecht, 2008, 609 ff.

[116] Art 7 der Richtlinie 96/61/EG des Rates v 24.9.1996 über die integrierte Vermeidung u Verhinderung der Umweltverschmutzung (ABl 1996 Nr L 257/26), heute als Art 7 I der konsolidierenden RL 2008/1/EG v 16.1.2008 (ABlEU 2008 Nr L 24/8) zur Anwendung kommend (vgl *Jarass* NVwZ 2009, 65), verpflichtet die Mitgliedstaaten zu Maßnahmen der „vollständigen Koordinierung" umweltrechtlicher Genehmigungsverfahren (hierzu *Maaß* DVBl 2002, 364 ff). Grundlegend *Sommer* Verwaltungskooperation am Beispiel administrativer Informationsverfahren im europäischen Umweltrecht, 2003.

[117] Beispielhaft genannt sei die Verordnung (EWG) Nr 13/78 des Rates v 19.7.1978 (ABl 1978 Nr L 166/1), die den Mitgliedstaaten die Bildung v „Erzeugergemeinschaften" mit eigener Rechtspersönlichkeit vorschreibt; weitere Bsp bei *Kahl* Verw 29 (1996) 354 f.

[118] So hat der Bund unter Berufung auf Art 87 III 1 GG im Vollzug der Gemeinsamen Marktordnungen des Agrarrechts die Bundesanstalt für Landwirtschaft u Ernährung errichtet (d Gesetz v 2.8.1994 [BGBl 1994 I, 2018]); näher hierzu *Burgi* in: v Mangoldt/Klein/Starck (Hrsg), GG III, Art 86 Rn 38 u Art 87 Rn 93. Allgemein zur Bedeutung der Art 83 ff GG beim Vollzug v Unionsrecht vgl → § 5 Rn 53.

VwVfG ein neues Verfahrensmodell für den Fall des Verfahrens über eine einheitliche Stelle gewählt. Die spannende Frage, welche Stelle denn nun einheitliche Stelle sein soll (kommunale Ebene, Kammern etc) ist noch nicht beantwortet; sie obliegt dem Landesorganisationsrecht.[119]

§ 8
Strukturen und Organisationseinheiten

I. Organisationsgewalt

Wer Inhaber der sog Organisationsgewalt ist, darf neue Verwaltungsebenen schaffen **1** bzw bestehende abschaffen, Behörden gründen oder aufheben, die Behördenstruktur festlegen, Privatrechtsformen einführen oder beseitigen, Kollegialorgane gründen – kurz, ihm kommt im Staate die Befugnis zum Organisieren zu. Das hiermit angesprochene Wer und Wie des Organisierens verdient gerade in einer Zeit, in der Organisationsreformen gefordert und teilweise umgesetzt werden, Beachtung. Dabei geht es im vorliegenden Zusammenhang nur um die Organisationsgewalt im Bereich der Verwaltung, nicht im Bereich der Regierung (vgl allg → § 7 Rn 12), in welchem immer wieder ihre Verteilung zwischen Exekutive und Legislative im politischen und juristischen Streit steht.[1] Der auf *Maurenbrecher*[2] zurückgehende Begriff der Organisationsgewalt, welcher im monarchischen Zeitalter die Zuordnung der entsprechenden Befugnisse zur Exekutivgewalt markieren sollte, bezieht sich heute als „beschreibender Sachbegriff" auf die Verteilung der Befugnisse im Bereich der Organisation, sei es innerhalb der Verwaltung, sei es innerhalb anderer Bereiche.[3]

1. Inhalt

Gegenstand der Verteilung jener organisatorischen Befugnisse sind die Errichtung und **2** die Einrichtung von Organisationseinheiten einschließlich deren Aufhebung. Mit *Einrichtung* wird die Schaffung von Organisationseinheiten, die Zuweisung von Aufgaben,

[119] Vgl zu den Anforderungen der Dienstleistungsrichtlinie *Ziekow/Windoffer* Ein Einheitlicher Ansprechpartner für Dienstleister, 2007, u *Schliesky* Die Umsetzung der EU-Dienstleistungsrichtlinie in der deutschen Verwaltung, Teil 1, 2008; *dens* VerwArch 99 (2008) 313, sowie zur Umsetzung im VwVfG *Schmitz/Prell* NVwZ 2009, 1 ff.

[1] Zuletzt etwa aus Anlass der geplanten Zusammenlegung v Justiz- u Innenministerium in NRW (vgl VerfGH NRW NJW 1999, 1243, sowie *Böckenförde* Die Organisationsgewalt im Bereich der Regierung, 1964, 86 ff; *Schmidt-Aßmann* FS Ipsen, 1977, 333, 341 f, 351 f; ferner *Baer* Staat 40 [2001] 25 ff).

[2] Grundsätze des heutigen deutschen Staatsrechts, 1837, § 185, 324.

[3] Vgl *Böckenförde* (Fn 1) 37 f; *Butzer* Verw 27 (1994) 157, 158 f; *Traumann* Die Organisationsgewalt im Bereich der bundeseigenen Verwaltung, 1998, 18 ff; *Wolff/Bachof/Stober* VwR III, § 82 Rn 1 ff; *Dünchheim* in: GS Burmeister, 2005, 125; *Ohler* AöR 131 (2006) 336, 349 ff. Kritik an diesem Begriff übt *Möllers* in: Trute/Groß/Röhl/ders (Hrsg), Allgemeines Verwaltungsrecht – zur Tragfähigkeit eines Konzepts, 2008, 489, 498 f.

dh die Regelung der Zuständigkeit (vgl Rn 34 f) und die Etablierung der Grundstrukturen bezeichnet (beispielsweise die Schaffung von weisungsfreien (Teil-)Räumen, von Kollegialgremien[4] oder die Wahl der privaten Rechtsform[5]). Der Begriff der *Errichtung* erfasst die interne Struktur der jeweiligen Organisationseinheit und ihre Ausstattung mit Räumen, Personen, Sach- wie Finanzmitteln sowie die Entscheidung über ihren Sitz.[6] Die jeweils ergehenden *Organisationsakte* sind – wenn sie nicht in der Form des Parlamentsgesetzes ergehen – nach allgemeinen Regeln als Verordnung, Verwaltungsvorschrift oder Verwaltungsakt zu qualifizieren oder aber mangels Außenwirkung als verwaltungsinterne Akte. Außenwirkung kommt einem Organisationsakt insbesondere dann zu, wenn durch ihn Bürger (Beispiel: Schließung einer Schule, die fortan von den Schülern nicht mehr besucht werden kann) oder Träger von Selbstverwaltungsrechten (va Gemeinden) betroffen werden.[7] Von der Organisationsgewalt wird teilweise unterschieden die sog Geschäftsleitungsgewalt.[8]

2. Verteilung

3 Unsicherheit und Streit über die Verteilung der Organisationsgewalt kann im Verhältnis zwischen verschiedenen Institutionen bestehen, wobei die Verteilung im Verhältnis zwischen dem Bund und den Ländern (sie richtet sich nach den oben, → § 7 Rn 21 ff, dargestellten föderalen Regeln der Art 83 ff GG) und die Verteilung zwischen dem *Parlament und der Exekutive* im Vordergrund des Interesses stehen.[9] Die Verteilung der Organisationsgewalt in diesem letztgenannten Verhältnis bereitet große Schwierigkeiten, wobei sich folgende Prüfungsreihenfolge empfiehlt:

4 In einem ersten Schritt ist nach dem Bestehen eines sog *institutionell-organisatorischen Gesetzesvorbehalts* zu suchen. Im Grundgesetz (vgl zB Art 87 III 1 und III 2; im Näheren → § 7 Rn 24 ff) und in den Landesverfassungen (vgl etwa Art 77 S 1 NWVerf betreffend die „allgemeine Landesverwaltung und die Regelung der Zuständigkeiten" bzw Art 70 I 2 VerfBW betreffend „Aufbau, Gliederung und Zuständigkeiten der Landesverwaltung") gibt es an verschiedenen Stellen explizite Zuweisungen der Organisationsgewalt an den Gesetzgeber.[10] Außerhalb von deren Anwendungsbereich ist im Grundsatz ein ungeschriebener organisatorisch-institutioneller Gesetzesvorbehalt an-

[4] Ausf hierzu *Groß* Das Kollegialprinzip in der Verwaltungsorganisation, 1999, 240 ff.

[5] *Ossenbühl* VVDStRL 29 (1971) 137 ff, 173; *Püttner* Die öffentlichen Unternehmen, 2. Aufl 1985, 123.

[6] Vgl im Einzelnen *Schnapp* Jura 1980, 296 f; *Schmidt-De Caluwe* JA 1993, 116 ff; *Burgi* in: v Mangoldt/Klein/Starck, GG III, Art 86 Rn 76, sowie zur Auslegung der entspr Tatbestandsmerkmale in Art 84 I, 85 I u 86 S 2 GG in Rn 75 mwN.

[7] Ausf zu den Organisationsakten *Schnapp* AöR 105 (1980) 261 f; *Maurer* Allg VwR, § 21 Rn 67 ff.

[8] Zur Kennzeichnung des Instrumentariums der Leitung innerhalb der Verwaltungsorganisation vgl *Schnapp* Jura 1980, 296 f; *Burgi* in: v Mangoldt/Klein/Starck, GG III, Art 86 Rn 57; für eine durchgehende Zuordnung zur Organisationsgewalt dagegen *Schmidt-De Caluwe* JA 1993, 117. Außerhalb v Sonderregelungen (zB Art 86 S 1 GG, betreffend den Erlass v „Verwaltungsvorschriften") gelten im Wesentlichen die sogleich skizzierten Verteilungsregeln.

[9] Zu weiteren potenziellen Trägern der Organisationsgewalt vgl *Loeser* System VwR II, § 10 Rn 21 f.

[10] Die grundgesetzlichen Aussagen sind zusammengestellt bei *Ossenbühl* in: Isensee/Kirchhof V, § 101 Rn 37.

erkannt. Dessen Grundlage bildet der organisatorische Grundrechtsgehalt (vgl → § 7 Rn 30)[11] sowie der Gedanke der „Wesentlichkeit" der Verwaltungsorganisation für die Erfüllung der jeweiligen Sachaufgaben, dh als Steuerungsinstrument im oben (→ § 7 Rn 14) geschilderten Sinne.[12] Einer gesetzlichen Regelung bedarf somit die Einrichtung von Verwaltungsträgern (zu diesen vgl Rn 6 ff) und die Errichtung von Organisationseinheiten im Binnenbereich von Verwaltungsträgern (va von Behörden), wenn diese für außenwirksame Tätigkeiten zuständig sind, hingegen nicht, wenn lediglich eine bestehende Zuständigkeit unter verschiedenen Behörden neu aufgeteilt wird; die jeweiligen Aufhebungsentscheidungen unterfallen ebenfalls dem Gesetzesvorbehalt.[13] Die Einrichtungsakte im Übrigen und die Errichtungsakte, insbesondere die Maßnahmen der sog internen Organisationsgewalt, dh die Verteilung der Zuständigkeiten innerhalb von Behörden auf einzelne Abteilungen und Ämter, unterliegen keinem Gesetzesvorbehalt.[14]

Außerhalb bestehender Gesetzesvorbehalte ist die Verwaltung selbst Inhaberin der Organisationsgewalt. Die davon erfassten Befugnisse sind nicht etwa Bestandteil eines „Hausgutes",[15] sondern Ausfluss der ihrerseits verfassungsrechtlich begründeten Stellung der Exekutive, die auch „sie selbst" sein darf.[16] Dies zieht auch dem ansonsten eröffneten, teilweise ausdrücklich in der Verfassung eingeräumten (vgl Art 86 S 2 GG) Zugriffsrecht des Gesetzgebers eine äußerste, kaum einmal praktisch werdende Grenze. In der Diskussion um das etwaige Bestehen eines „Verwaltungsvorbehaltes" ist immer wieder das rechte Maß zwischen der „Eigenständigkeit der Verwaltung"[17] und der demokratisch-rechtsstaatlich begründeten parlamentarischen Durchdringung zu suchen. 5

II. Die Ebene der Verwaltungsträger

Verwaltungsträger sind Verwaltungseinheiten, die die Eigenschaft einer juristischen Person haben, dh Rechtsfähigkeit oder zumindest Teilrechtsfähigkeit besitzen. Verwaltungsträger sind neben dem Staat in Gestalt von Bund und Ländern somit all diejenigen 6

[11] Ausdrücklich für die mit Beschränkungen der Kunstfreiheit befasste Indizierungsverwaltung festgestellt durch BVerfGE 83, 130, 152 ff.

[12] Ausf *Burmeister* Herkunft, Inhalt und Stellung des institutionellen Gesetzesvorbehalts, 1991; *Schmidt-Aßmann* Ordnungsidee, 1. Kap Rn 26 ff. Zu den notwendigen bzw möglichen Inhalten eines Organisationsgesetzes auf Landesebene *König* Kodifikation des Landesorganisationsrechts, 2000, 137 ff.

[13] Vgl BVerfGE 40, 237, 250 f; *Loeser* System VwR II, § 10 Rn 24; *Maurer* Allg VwR, § 21 Rn 66.

[14] Vorbehaltlich dennoch ergangener gesetzlicher Regelungen ist hier der Behördenleiter bzw die Aufsichtsbehörde Inhaber der Organisationsgewalt (vgl *Wallerath* Allg VwR, § 5 Rn 13 f).

[15] Zu dieser überholten Begrifflichkeit vgl *Butzer* (Fn 3) 157 ff mwN.

[16] *Schmidt-Aßmann* FS Ipsen (Fn 1) 347; vgl ferner *Ossenbühl* in: Isensee/Kirchhof V, § 101 Rn 72. Forderungen nach einer durchgehenden gesetzlichen Grundlage sind daher überholt (vgl noch *Spanner* DÖV 1957, 640).

[17] Stärker betont bei *Schnapp* VVDStRL 43 (1984) 172, 187 f; *Krebs* in: Isensee/Kirchhof V, § 108 Rn 99; *Hoffmann-Riem* in: Schmidt-Aßmann/Hoffmann-Riem (Hrsg), Verwaltungsorganisationsrecht als Steuerungsressource, 1997, 355, 382. Auf die sich damit verbindenden Vorteile der Flexibilität u Elastizität hat bereits *Forsthoff* VwR, 436 f, hingewiesen.

verselbständigten Verwaltungseinheiten, die Rechtsfähigkeit besitzen.[18] Die Verwaltungsträger besitzen ihrerseits eine differenzierte Binnenorganisation, bestehend aus Behörden, Ämtern etc, welche im nächsten Abschnitt (III) dargestellt wird. Die Verwaltungsträger sind zugleich als Rechtsträger iSd Verwaltungsprozessrechts anzusehen, gegen die grundsätzlich nach § 78 I Nr 1 VwGO die Anfechtungs- und die Verpflichtungsklage und nach allgemeinen prozessrechtlichen Grundsätzen alle übrigen Klagen zu erheben sind (vgl Rn 25 ff).

1. Bund, Länder und verselbständigte Verwaltungseinheiten (Dezentralisation)

7 Das Vorhandensein mehrerer Verwaltungsträger ist neben den auf der Ebene der Binnenorganisation erkennbaren Erscheinungsformen der Dekonzentration (vgl Rn 26 ff) Ausdruck der Pluralisierung der Verwaltungsorganisation in Deutschland. Es ist formal-rechtstheoretisch möglich geworden durch die Abkehr von der exklusiven Behandlung des Staates (in Gestalt von Bund und Ländern) als juristische Person in der Organisationsrechtsdogmatik.[19] *Rechtsfähigkeit* bezeichnet die Fähigkeit, Zurechnungssubjekt bestimmter Rechtssätze zu sein, wobei zwischen der privatrechtlichen Rechtsfähigkeit (im Sinne der Fähigkeit, am Privatrechtsverkehr teilzunehmen) und der Qualität einer juristischen Person des öffentlichen Rechts unterschieden wird. Hinzukommen muss im Hinblick auf Einheiten der Verwaltungsorganisation, dass das Handeln der betreffenden Einheit keiner anderen Verwaltungseinheit mehr zugerechnet wird. Da Rechtsfähigkeit nur relativ gesehen werden kann, gibt es in der Verwaltung auch Gebilde mit Teilrechtsfähigkeit, die im Umfang der ihnen zugeschriebenen Rechte und Pflichten Verwaltungsträger sein können, was beispielsweise auf die Fakultäten einer Universität zutrifft.[20] Der Einsicht in die Relativität der Rechtsfähigkeit entspricht im Bereich des Öffentlichen Rechts der von der hL gezogene Schluss auf die Nicht-Existenz von Handlungen außerhalb des jeweiligen Wirkungskreises (etwa bei einem Handeln der Länder über die Landesgrenzen hinweg oder einem Handeln der Gemeinden außerhalb der Verbandskompetenz).[21]

8 Die Teilung von Aufgaben und Befugnissen zwischen dem Staat (Bund und Länder) und verschiedenen anderen Verwaltungsträgern wird mit dem Begriff *Dezentralisation* umschrieben. Aus einer steuerungswissenschaftlichen Perspektive (vgl → § 7 Rn 18) bezeichnet dieser Begriff eine Option bei der Schaffung neuer Verwaltungseinheiten bzw bei der Zuordnung neuer Aufgaben zu bestehenden Verwaltungseinheiten: Schaffung eines neuen Verwaltungsträgers bzw Zuweisung der Aufgaben an verschiedene bestehende Verwaltungsträger oder aber Zentralisierung, dh Zuordnung der betreffenden

[18] *Krebs* in: Isensee/Kirchhof V, § 108 Rn 37; *Jestaedt* in: Hoffmann-Riem/Schmidt-Aßmann/Voßkuhle, Grundlagen I, § 14 Rn 20 ff.

[19] Vor allem durch die Arbeiten v *Böckenförde* FS Wolff, 1973, 297 ff; *Rupp* Grundfragen der heutigen Verwaltungsrechtslehre, 2. Aufl 1991, 19 ff.

[20] BVerwGE 45, 39, 42; ein weiteres Bsp ist der Personalrat (BVerfGE 90, 76, 80 ff); vgl zum Ganzen *Schnapp* Rechtstheorie 9 (1978) 275, 283 f; *Krebs* in: Isensee/Kirchhof V, § 108 Rn 37 ff; klassisch: *Bachof* AöR 83 (1958) 208, 266 ff.

[21] Dies ist in neuerer Zeit v *Ehlers* in Frage gestellt worden, der dargelegt hat, dass der Wirkungskreis der betroffenen Personen nicht das rechtliche Können, sondern das rechtliche Dürfen beschränke (Die Lehre von der Teilrechtsfähigkeit juristischer Personen des öffentlichen Rechts und die Ultra-vires-Doktrin des öffentlichen Rechts, 2000).

Aufgaben und Befugnisse bei einem bestimmten Verwaltungsträger. Die Entscheidung für die Option der Dezentralisation kann nur in Abhängigkeit von den jeweils zu bewältigenden Aufgaben getroffen werden.[22] Dabei sind verschiedene verfassungsrechtliche Vorgaben zu beachten, namentlich die organisationsrechtlichen Gehalte der Art 83 ff GG (vgl → § 7 Rn 24 ff) und weitere Vorgaben, die vor allem dann relevant werden, wenn die betreffenden Verwaltungsträger auch über das Recht der Selbstverwaltung verfügen sollen (vgl näher Rn 19 ff). Durch Dezentralisation wird eine Entlastung der unmittelbaren Staatsverwaltung und zugleich eine Teilung der Gewalten in vertikaler Richtung bewirkt. Weitere Vorteile können in der größeren Sach- und Bürgernähe, größerer Flexibilität, der erleichterten Möglichkeit der Einbeziehung von Sachverständigen bzw der Schaffung von Distanz gegenüber dem eigentlichen Behördenapparat bestehen. Nachteile können in einer uU geringeren Effizienz, einer verminderten Leistungskraft und vor allem in der Gefahr von Steuerungs- und Kontrollverlusten liegen. Dass eine Mehrzahl von Entscheidungs- und Handlungszentren die Gefahr divergierender Entscheidungen birgt, liegt auf der Hand;[23] zum Problem wird dies dann, wenn partikulare Interessen ein Übergewicht erlangen.

Weiter als der Begriff der Dezentralisation reicht der aus der Verwaltungswissen- **9**
schaft stammende Begriff der *verselbständigten Verwaltungseinheit.* Er umfasst auch Verwaltungseinheiten, die nicht rechtsfähig sind, aber infolge einer Verselbständigung von Personal- und Sachmitteln oder der Willensbildung (etwa durch Einbeziehung plural zusammengesetzter Gremien) oder durch eine Verselbständigung der Entscheidungstätigkeit gekennzeichnet sind. Sie sind keine Verwaltungsträger, für sie gelten aber die soeben skizzierten Hinweise zu den Vor- und Nachteilen und damit zu den Aufmerksamkeitsfeldern für die verfassungsrechtliche Beurteilung gleichermaßen.[24]

2. Unmittelbare und mittelbare Staatsverwaltung

a) *Unmittelbare Staatsverwaltung* umfasst diejenigen Verwaltungseinheiten, die nicht **10**
selbst Verwaltungsträger sind, sondern als Organe eines Verwaltungsträgers dessen Aufgaben erfüllen. Dies gilt sowohl auf Bundes- als auch auf Landesebene für den Behördenapparat aus Ministerien, Mittelbehörden und Unterbehörden (vgl → § 9). Auf der Ebene der anderen Verwaltungsträger (den Gemeinden, anderen Körperschaften, Anstalten etc) kann ebenfalls zwischen unmittelbarer und mittelbarer Verwaltung unterschieden werden.[25]

[22] Zur Dezentralisation vgl *Becker* Öffentliche Verwaltung, Lehrbuch für Wissenschaft und Praxis, 1989, 194 ff; *Oldiges* NVwZ 1987, 737, 740 f. Zur Deutung der Option des Einsatzes v selbständigen Verwaltungseinheiten als Steuerungsoption vgl *Müller* Rechtsformenwahl bei der Erfüllung öffentlicher Aufgaben, 1993, 161 ff, 190 ff, 201 ff, 387 ff.

[23] Zu den Vor- u Nachteilen der Schaffung verselbständigter Verwaltungseinheiten vgl *Bryde* VVDStRL 46 (1988) 182 f; *Schmidt-Aßmann* Ordnungsidee, 5. Kap Rn 36 ff; *Schuppert* Verwaltungswissenschaft, 832 ff.

[24] Zu Begriff u Spektrum der verselbständigten Verwaltungseinheiten vgl *Schuppert* Die Erfüllung öffentlicher Aufgaben durch verselbständigten Verwaltungseinheiten, 1981; *Dreier* Hierarchische Verwaltung im demokratischen Staat, 1991, 225 f; *Müller* (Fn 22); *Kahl* Die Staatsaufsicht, 2000, 460 ff.

[25] Die Existenz jener Verwaltungsträger ist eine Erscheinungsform der mittelbaren Staatsverwaltung. Sind dem einzelnen Verwaltungsträger nicht weitere Verwaltungsträger untergliedert (wie etwa die v einer Gemeinde getragene rechtsfähige Anstalt; vgl Rn 13), dann hat man es

11 b) *Mittelbare Staatsverwaltung* umfasst diejenigen Verwaltungseinheiten, die selbst Verwaltungsträger sind, und insofern dem Hauptverwaltungsträger (Bund oder Land) „mittelbar zuzurechnen" sind. Erscheinungsformen sind die Körperschaften, Anstalten und Stiftungen des öffentlichen Rechts sowie die Beliehenen und andere natürliche oder juristischen Personen des Privatrechts, die dem Staat zuzurechnen sind (nach den oben, → § 7 Rn 7 ff, geschilderten Grundsätzen). Innerhalb der mittelbaren Staatsverwaltung ist zu unterscheiden zwischen Verwaltungsträgern mit Selbstverwaltungsbefugnissen (va Kommunen) und Verwaltungsträgern ohne Selbstverwaltungsbefugnisse (wie etwa die Beliehenen, vgl → § 10 Rn 23 ff). Die bisweilen geübte Kritik an der Verwendung des Begriffs „mittelbare Staatsverwaltung" für Selbstverwaltungsträger ist unberechtigt, da auch die Selbstverwaltungsträger im Verhältnis zur Gesellschaft jedenfalls dem Staat zuzurechnen sind.[26]

12 *Körperschaften des öffentlichen Rechts* sind durch staatlichen Hoheitsakt geschaffen, mitgliedschaftlich verfasst, vom Wechsel der Mitglieder unabhängig und zu dem Zweck eingerichtet, zur Erfüllung bestimmter öffentlicher Aufgaben in der Regel mit hoheitlichen Verwaltungsmitteln und unter staatlicher Rechtsaufsicht zu dienen. Nach dem Anknüpfungspunkt der Mitgliedschaft kann man unterscheiden zwischen Gebietskörperschaften (zB Gemeinden und Kreise), Realkörperschaften (zB Industrie- und Handelskammern, Wasser- und Bodenverbände), Personalkörperschaften (zB Rechtsanwaltskammern) und Verbandskörperschaften (zB Kommunale Zweckverbände).[27]

13 *Anstalten des öffentlichen Rechts* sind nach der klassischen Begriffsbestimmung *Otto Mayers*[28] zu Rechtspersonen erhobene Bestände von sachlichen und persönlichen Mitteln, die in der Hand eines Trägers öffentlicher Verwaltung einem besonderen öffentlichen Zweck dauernd zu dienen bestimmt sind.[29] Die Verwaltungspraxis kennt auch nichtrechtsfähige Anstalten (zB die Schulen oder Krankenhäuser), welche dann aber nicht zur mittelbaren Staatsverwaltung rechnen.[30] Einen vermehrt auftretenden Sonderfall bildet die Einbeziehung Privater in die Anstaltsstruktur (näher → § 10 Rn 16). Die Anstalt wird im Unterschied zur Körperschaft nicht von Mitgliedern getragen. Die

auf der Ebene des Verwaltungsträgers mit unmittelbarer Verwaltung zu tun, anderenfalls wiederum mit mittelbarer Verwaltung (vgl zum Ganzen *Krebs* in: Isensee/Kirchof V, § 108 Rn 18).

[26] Ähnlich *Bull/Mehde* Allg VwR, Rn 101; grundlegend *Forsthoff* VwR, 478 f; sehr krit, dabei aber die Bedeutung der Unterscheidung überschätzend *Kahl* (Fn 24) 443 ff; weiterführend *Hendler* Selbstverwaltung als Ordnungsprinzip, 1986, 297 ff. Zu Begriff u Bestand der mittelbaren Staatsverwaltung vgl ferner *Becker* (Fn 22) 222 ff; ausführlicher *von Lewinski* JA 2006, 517, 521; *Jestaedt* in: Hoffmann-Riem/Schmidt-Aßmann/Voßkuhle, Grundlagen I, § 14 Rn 27 f.

[27] *Loeser* System VwR II, § 10 Rn 125 ff; näher *Löer* Körperschafts- und anstaltsinterne Rechts- und Zweckmäßigkeitskontrolle, 1999, 12 ff; *Wolff/Bachof/Stober* VwR III, § 87. Klassisch: *Scheuner* in: GS Peters, 1967, 797 ff; *Bieback* Die öffentliche Körperschaft, 1976.

[28] VwR II, 268 u 331.

[29] Vgl *Loeser* System VwR II, § 10 Rn 28 f. Zur Anstalt des öffentlichen Rechts als Wettbewerbsunternehmen vgl die gleichnamige Arbeit v *Wolf*, 2002.

[30] Zu Begriff u Vorkommen der Anstalt des öffentlichen Rechts vgl *Lange/Breuer* VVDStRL 44 (1986) 169 ff, 172; *Wolff/Bachof/Stober* VwR III, § 88. Zu den privat- (vgl §§ 301 ff UmwandlungsG) u arbeitsrechtlichen Determinanten einer Ausgliederung aus dem Vermögen eines Landes auf eine Anstalt vgl BAG NJW 2002, 916; zu den Finanzbeziehungen zwischen Muttergemeinwesen u Anstalt vgl *Bostedt/Fehling* VBlBW 1998, 247; zur Abspaltung solcher Rechtsträger aus Körperschaften vgl *Volkert* NVwZ 2004, 1438.

Rechtsverhältnisse der *Benutzung* von Einrichtungen (öffentlich-rechtlicher Anstalten oder anderer Träger) gehören nicht zum Verwaltungsorganisationsrecht, sondern zum Recht der öffentlichen Sachen, wo das Benutzungsverhältnis vorherrschend als „Anstaltsgebrauch“ gekennzeichnet wird. Diese Kennzeichnung ist allerdings insoweit unzutreffend, als zur „anstaltlichen Benutzung“ allgemein die Benutzung von öffentlichen Einrichtungen (zB Sportplätzen, Schwimmbädern, Kultureinrichtungen etc) gehört, darunter Einrichtungen von Trägern, welche nicht dem hier referierten Anstaltsbegriff im organisationsrechtlichen Sinne unterfallen.[31]

Mit der Trägerschaft einer Anstalt des öffentlichen Rechts wird herkömmlich verbunden die sog *Anstaltslast* (die Verpflichtung, die Anstalt zur Erfüllung ihrer Aufgaben instand zu halten) und die bei den als Anstalten organisierten staatlichen bzw kommunalen Banken (va den Sparkassen) praktizierte sog *Gewährträgerhaftung* (wonach der Gewährträger unmittelbar in Anspruch genommen werden kann, falls die Gläubiger sich nicht aus dem Vermögen der Bank befriedigen können; es handelt sich mithin um eine Art öffentlich-rechtliche Ausfallbürgschaft). Beide Institute sind nur teilweise gesetzlich fixiert und es ist nicht geklärt, ob und inwieweit sie zwingende Elemente der Organisationsform „Anstalt des öffentlichen Rechts“ sind. Im Bereich der öffentlich-rechtlichen Kreditinstitute ist das hierauf beruhende Haftungssystem ins Visier der Europäischen Kommission geraten. Die in den vergangenen Jahren intensiv geführte Diskussion um die Aufrechterhaltung des Systems in Anbetracht der strengen Beihilferegeln des Vertrages über die Arbeitsweise der Europäischen Union (Art 107 und 108 AEUV, vormals Art 87 und 88 EGV)[32] ist in eine am 17. Juli 2001 zwischen der Europäischen Kommission und einer Gruppe aus Vertretern der Bundesregierung und der Bundesländer getroffene Vereinbarung gemündet. Diese verpflichtet zur Abschaffung der Gewährträgerhaftung und zur Ersetzung der Anstaltslast in ihrer bestehenden Form mit dem Ziel, jegliche Verpflichtung des öffentlichen Eigners zur wirtschaftlichen Unterstützung und jeglichen Automatismus wirtschaftlicher Unterstützung zugunsten des Kreditinstituts auszuschließen.[33] 14

Neben den öffentlich-rechtlichen Kreditinstituten sind die Bundesanstalt für Post und Telekommunikation (vgl Art 87 III GG), die Bundesanstalt für Finanzdienstleistungsaufsicht (BaFin)[34] und die Bundesagentur für Arbeit (problematisch)[35] als wichtige Beispielsfälle zu nennen. 15

Stiftungen des öffentlichen Rechts sind rechtsfähige (wobei es auch nichtrechtsfähige Stiftungen gibt, welche dann aber nicht der mittelbaren Staatsverwaltung zugehören) 16

[31] Ausf *Laubinger* FS Maurer, 2001, 641, 653 ff.

[32] Vgl aus der umfangreichen Literatur *Thode/Peres* VerwArch 89 (1998) 439 ff; *Kirchhof/Henneke* Entscheidungsperspektiven kommunaler Sparkassen in Deutschland, 2000; *Stern* FS Maurer (Fn 31) 815 ff; *Möschel* WM 2001, 1895; weiterführend *Kemmler* Die Anstaltslast, 2001.

[33] Zu dieser Vereinbarung u zu den bestehenden Reaktionsmöglichkeiten ausf *Oebbecke* VerwArch 93 (2002) 278 ff. Am 28.2.2002 erfolgte eine konkretisierende Verständigung zwischen Vertretern der Kommission u der Bundesrepublik; vgl sodann zB §§ 6 iVm 44 SparkassenG NRW idF d Bekanntm v 18.11.2008 (GV, 696).

[34] Vgl *Möller* Kapitalmarktaufsicht, 2006, 66 ff.

[35] Zur unverändert zwischen Körperschaft u Anstalt changierenden Rechtsnatur der in § 367 I SGB III als „Körperschaft“ bezeichneten Agentur vgl *Waibel* ZfS 2004, 225; ferner *Dittmann* Die Bundesverwaltung, 1983, 247; *Geis* in: Schnapp (Hrsg), Funktionale Selbstverwaltung und Demokratieprinzip – am Bsp der Sozialversicherung, 2001, 65, 72 f.

Organisationseinheiten zur Verwaltung eines von einem Stifter zweckgebunden übergebenen Bestands an Vermögenswerten. Wichtige Beispiele sind die „Stiftung Preußischer Kulturbesitz“[36] und die mit der Auszahlung der Entschädigung von Zwangsarbeitern befasste Stiftung „Erinnerung, Verantwortung und Zukunft“.[37] Die dem Verwaltungsorganisationsrecht zuzurechnenden Stiftungen des öffentlichen Rechts dürfen nicht verwechselt werden mit den im Zuge der verstärkten Mobilisierung Privater für das Gemeinwohl in den letzten Jahren forcierten Einrichtungen des privaten Stiftungswesens.[38] Ebenso wie Körperschaften und Anstalten können auch Anstalten und Stiftungen nicht trennscharf abgegrenzt werden.

17 *Privatrechtliche Organisationen und einzelne Private* sind dann, wenn ihr Tätigwerden dem Staat zuzurechnen ist (vgl oben → § 7 Rn 8 f), ebenfalls als Verwaltungsträger und damit als Erscheinungsformen mittelbarer Staatsverwaltung anzusehen.[39] Sie entstehen als Ergebnis einer Organisationsprivatisierung und werden daher im Kontext der Privatisierung dargestellt (→ § 10 Rn 11 ff). Als Schulbeispiel für die Modellvielfalt des Verwaltungsorganisationsrechts und zugleich für die Schwierigkeiten bei der Auswahl der erfolgsversprechenden und verfassungskonformen Form im Einzelfall kann die Reform der Arbeitsverwaltung mit dem „Höhepunkt“ der Schaffung von sog Arbeitsgemeinschaften von Bundesagentur für Arbeit (vgl Fn 34) und Kommunen gelten (vgl § 44b SGB II; sog Hartz IV-Gesetz).[40]

18 c) *Übersicht*

Staat (Bund, Länder)

↙ ↘

Unmittelbare Staatsverwaltung durch Behörden etc (III)

Mittelbare Staatsverwaltung durch (voll- oder teilrechtsfähige) verselbständigte Verwaltungseinheiten (Körperschaften, Anstalten, Stiftungen des öffentlichen Rechts, privatrechtliche Organisationseinheiten)

↙ ↘

Ohne Selbstverwaltung

Mit Selbstverwaltung (3)

3. Selbstverwaltung

19 a) *Begriff und Bedeutung.* Einordnung und Beurteilung der mit dem Konzept der Selbstverwaltung zusammenhängenden Fragen werden dadurch erschwert, dass seit jeher verschiedene Selbstverwaltungsbegriffe angeboten werden und dass die wichtigste Erscheinungsform der Selbstverwaltung, die kommunale Selbstverwaltung, nicht zuletzt auf Grund ihrer expliziten verfassungsrechtlichen Basis in Art 28 II GG teilweise

[36] Auf Grund G v 25.7.1957 (BGBl I, 841; vgl hierzu BVerfGE 10, 20, 40 ff).

[37] Auf Grund G v 2.8.2000 (BGBl I, 1263).

[38] Vgl zu diesen *Andrick/Suerbaum* Stiftung und Aufsicht, 2001, 58 ff, 102 ff; allg zu Begriff u Bedeutung der Stiftungen des öffentlichen Rechts vgl *Andrick/Suerbaum* aaO, 75 ff; *Wolff/Bachof/Stober* VwR III, § 89; *Klappstein* in: GS Sonnenschein, 2003, 811 ff; *Alscher*, Die Stiftung des öffentlichen Rechts, 2006; *Krebs* in: Isensee/Kirchhof V, § 108 Rn 38.

[39] Ebenso *Krebs* in: Isensee/Kirchhof V, § 108 Rn 44 f; *Oebbecke* in: Isensee/Kirchhof VI, § 136 Rn 10 ff; *Peine* Allg VwR, Rn 62 u 107; unklar *Maurer* Allg VwR, § 21 Rn 15 ff; *Jestaedt* in: Hoffmann-Riem/Schmidt-Aßmann/Voßkuhle, Grundlagen I, § 14 Rn 30 f.

[40] Vgl → § 7 Rn 22.

eigenen Regeln unterworfen ist, die in einem eigenständigen Rechtsgebiet – dem Kommunalrecht – zusammengefasst sind. Diesbezüglich kann auf die Darstellung im Band zum Besonderen Verwaltungsrecht[41] sowie auf → § 9 Rn 19 verwiesen werden. Nachfolgend geht es um die allgemeine Einordnung und um die andere wichtige Erscheinungsform, die sog funktionale Selbstverwaltung. Im Anschluss an die bisherigen Ausführungen bezeichnet „Selbstverwaltung" zunächst einmal ein *Motivbündel* innerhalb der allgemein für die Heranziehung verselbständigter Verwaltungseinheiten (oben Rn 9) geltend gemachten Gründe. Dabei treten neben die in der Verselbständigung als solcher liegenden Vorteile die Aspekte der Integration gesellschaftlicher Interessen in die Staatsorganisation, der Partizipation Betroffener in den Prozess der staatlichen Willensbildung und, zumindest bei einzelnen Selbstverwaltungsträgern, der Aspekt der Disziplinierung des jeweils betroffenen Sozialbereiches.[42]

Auf der Grundlage des Selbstverwaltungskonzepts von *Rudolf von Gneist* zielt der **20**
politische Selbstverwaltungsbegriff auf den Aspekt der Beteiligung von Bürgern an der Staatsverwaltung, während der von *Hans Julius Wolff* geprägte juristische Begriff der Selbstverwaltung „die selbständige, fachweisungsfreie Wahrnehmung enumerativ oder global überlassener oder zugewiesener eigener öffentlicher Angelegenheiten durch unterstaatliche Träger oder Subjektive öffentlicher Verwaltung in eigenem Namen" bezeichnet.[43] Als Arbeitsbegriff hat sich heute ein *materialer Selbstverwaltungsbegriff* durchgesetzt, der vom Prinzip der Betroffenenpartizipation getragen ist und die politische Idee der Selbstbestimmung mit den formaljuristischen Elementen der Eigenverantwortlichkeit und der Dezentralisation vereint.[44] Auch diese Begriffsbestimmung enthebt freilich nicht von der notwendigen Einbettung in die verfassungsrechtlichen Strukturen unter dem Grundgesetz. Konkret: Der bloße Verweis auf das Bestehen von Selbstverwaltung kann weder die Zwangsmitgliedschaft in einer Selbstverwaltungskörperschaft noch das Fehlen demokratisch gebotener Ernennungs- und Aufsichtsstrukturen rechtfertigen.

b) *Funktionale Selbstverwaltung*. Hierunter fallen Verwaltungsträger aus ganz **21**
unterschiedlichen thematischen Bereichen, die über eigene Entscheidungsbefugnisse bezüglich eigener Angelegenheiten verfügen. Wichtige Erscheinungsformen sind die universitäre Selbstverwaltung, die sog verfassten Studierendenschaften (nach Maßgabe des jeweiligen Landesgesetzes), die Kammern der freien Berufe (Ärztekammern, Rechts-

[41] *Schmidt-Aßmann/Röhl* in: Schmidt-Aßmann/Schoch (Hrsg), Bes VwR, Kap I Rn 8 ff; vgl ferner *Burgi* Kommunalrecht, 2. Aufl 2008, § 6.

[42] Zum Begriff der Selbstverwaltung *Hendler* in: Isensee/Kirchhof VI, § 143 Rn 12 ff; zu den einzelnen Selbstverwaltungsfunktionen u ihren Steuerungsleistungen vgl *Hendler* (Fn 26) 155 ff; *Schmidt-Aßmann* in: GS Martens, 1987, 249 ff; *Schuppert* Verwaltungswissenschaft, 598 ff; *Oebbecke* u *Burgi* VVDStRL 62 (2003) 366 ff bzw 405 ff; zu Wesen u Wert eines allg Selbstverwaltungsbegriffs vgl *Jestaedt* Verw 35 (2002) 293ff. Als Handbuch der Selbstverwaltung: v Mutius (Hrsg), Selbstverwaltung im Staat der Industriegesellschaft, FG v Unruh, 1983.

[43] Zur Selbstverwaltungslehre v *v Gneist* u zur Unterscheidung zwischen juristischer u politischer Selbstverwaltung grundlegend *Laband* Das Staatsrecht des Deutschen Reiches, Band 1, Neudruck der 5. Aufl v 1911, 1964, 95 ff, u *Rosin* in: Annalen des Deutschen Reichs, 1883, 265, 319 f.

[44] *Hendler* (Fn 26) 309 ff; *ders* in: Isensee/Kirchhof VI, § 143 Rn 14 ff, 19 ff; *Schmidt-Aßmann* in: GS Martens (Fn 42) 249, 252 f; fortführend u differenzierend *Kluth* Funktionale Selbstverwaltung, 1997, 18 ff, 541 ff; *ders* Verw 35 (2002) 349 ff; *Wolff/Bachof/Stober* VwR III, § 97; *Oebbecke* u *Burgi* VVDStRL 62 (2003) 366 ff bzw 405 ff.

anwaltskammern[45] etc), die auf den verschiedenen Feldern der Wirtschaft tätigen Industrie- und Handelskammern, die Handwerkskammern und die Landwirtschaftskammern[46] sowie die Realkörperschaften mit Selbstverwaltung (Wasserverbände,[47] Jagdgenossenschaften etc). Eine Untergruppe in einem sozial wie wirtschaftlich hochbedeutsamen Gebiet mit zahlreichen komplexen Rechtsproblemen bilden die Träger der sozialen Selbstverwaltung gem § 29 I SGB IV (zB in der Krankenversicherung: Krankenkassen und Kassenärztliche Vereinigungen; vgl §§ 4 I u 77 V SGB V).[48] In Gestalt der sog gemeinsamen Selbstverwaltung[49] sind neue Organisationsformen mit wichtigen Aufgaben entstanden, die vor dem Hintergrund einer kaum noch zu durchschauenden Interessenstruktur tätig sind.[50]

22 Spezifische Probleme der funktionalen Selbstverwaltung bestehen zunächst in *grundrechtlicher Hinsicht,* soweit die zwangsweise Mitgliedschaft der jeweils Betroffenen vorgesehen ist (vgl zB § 2 IHK-G). Nach gefestigter und erst jüngst wieder bestätigter Rechtsprechung[51] besteht hiergegen zwar kein Schutz nach Art 9 I GG (va weil die öffentlich-rechtliche Körperschaft nicht dem Vereinigungsbegriff unterfällt), wohl aber folge aus Art 2 I GG die Voraussetzung, dass der Zwangs-Selbstverwaltungsträger legitime öffentliche Aufgaben erfüllen muss. Im Hinblick auf die den Wirtschaftskammern übertragenen Aufgaben der Vertretung der gewerblichen Wirtschaft und der Wahrnehmung von Verwaltungsaufgaben auf wirtschaftlichem Gebiet sieht die Rechtsprechung diese Voraussetzung als grundsätzlich erfüllt an. Unabhängig davon ist der Aufgabenkreis der Selbstverwaltungsträger, dh die Wahrung der sog *Verbandskompetenz*, immer wieder streitbefangen. Ein bekanntes Beispiel hierfür bietet der Streit um die Reichweite des Aufgabenkreises der verfassten Studierendenschaften mit dem Verbot der Ausübung eines allgemein-politischen Mandats.[52] Umstritten sind ferner Bestand und Reichweite der Rechtsetzungskompetenz von Selbstverwaltungsträgern, vor allem

[45] Im Hinblick auf die Rechtsanwaltskammern macht der EuGH die Anwendbarkeit des europäischen Wettbewerbsrechts (Art 101 f AEUV) davon abhängig, ob die v der Kammer verabschiedeten Regeln allein ihr zuzurechnen sind oder ob die Letztentscheidungsbefugnis letztlich beim Staat liegt (EuGH NJW 2002, 877 – Wouters mit Anm *Lörcher* NJW 2002, 1092; vgl auch EuGH NJW 2002, 882 – Arduino u zum Ganzen *Waldhorst* Die Kammern zwischen Kartell- und Verwaltungsorganisationsrecht, 2005).

[46] Ausf zum Kammerwesen *Tettinger* Kammerrecht, 1997; zum Status v Landwirtschaftskammern vgl BVerwG NJW 2000, 3150; zum Reformbedarf im Kammerrecht *Stober* in: Ennuschat/Geerlings/Mann/Pielow (Hrsg), GS Tettinger, 2007, 189.

[47] Vgl hierzu *Tettinger/Mann* Wasserverbände und demokratische Legitimation, 2000; BVerfGE 107, 59, 86 ff → JK GG Art 20 II/3, u dazu *Jestaedt* JuS 2004, 649.

[48] Vgl hierzu *Axer* Verw 35 (2002) 377; *Schnapp* VSSR 2006, 191; zu den Kassenärztlichen Vereinigungen *Kaltenborn* GesR 2008, 317.

[49] Etwa im Gemeinsamen Bundesausschuss, vgl § 91 SGB V; vgl *Butzer/Kaltenborn* MedR 2001, 333; krit *Burgi* NJW 2004, 1365.

[50] Ausf Darstellungen u weiterführende Erörterungen zu den verschiedenen Arten der funktionalen Selbstverwaltung bei *Kluth* (Fn 44) 30 ff; zur beruflichen Selbstverwaltung *Mann* in: Isensee/Kirchhof VI, § 146.

[51] BVerfG NVwZ 2002, 335 → JK GG Art 2 I/35, u hierzu *Kluth* NVwZ 2002, 298; vgl bereits zuvor BVerfGE 10, 89 ff; BVerfGE 78, 320 ff; BVerwG NJW 1998, 3510, BVerwGE 107, 169 → JK GG Art 9 I/3; NJW 1999, 2292 ff.

[52] Vgl nur BVerwGE 34, 69 ff; BVerwGE 59, 231 ff → JK GG Art 9 I/2; BVerwGE 64, 298 ff → JK GG Art 9 I/3. Zum mitgliedschaftlichen Anspruch auf Einhaltung der Verbandskompetenz vgl *Meßerschmidt* VerwArch 81 (1990) 55 ff.

im Hinblick auf Außenstehende; dieser Problemkreis gehört zur Rechtsquellenlehre (→ § 2 Rn 56 ff).[53]

Die *Binnenorganisation* der verschiedenen Träger funktionaler Selbstverwaltung lässt gemeinsame Strukturen, aber auch in der Tradition und der Aufgabenstellung begründete Unterschiede erkennen, die sich aus den jeweiligen Spezialgesetzen ergeben. Bereichsübergreifend umstritten ist die *Reichweite des Verfassungsgebots demokratischer Legitimation* (vgl → § 7 Rn 26 f) im Hinblick auf das Bestehen teilweiser Weisungsfreiheit (vgl dazu im Gesamtzusammenhang von Aufsicht und Weisung unten, Rn 47 f) und im Hinblick darauf, dass die in der funktionalen Selbstverwaltung tätigen Personen aus den von den Verwaltungsaufgaben Betroffenen (den Mitgliedern) rekrutiert werden. Im Unterschied zu den herkömmlichen Organisationsformen lässt sich die Ernennung jener Funktionsträger nicht auf den parlamentarisch verantwortlichen Minister zurückführen. Sie leiten ihre Befugnisse ab von einer eben nach funktionalen Merkmalen abgegrenzten Gruppe mit Partikularinteressen, die nicht eine schlichte Teilmenge des Gesamtvolkes (wie bei der kommunalen Selbstverwaltung; vgl Art 28 I 2 GG) darstellt. Daraus wird im Anschluss an *Böckenförde* vielfach geschlossen, dass die personelle Legitimation fehle und daher insgesamt ein Defizit an demokratischer Legitimation bestehe.[54] **23**

In dieser Situation müsse die sachlich-inhaltliche Legitimation (über das staatliche Gesetz und durch die Kontrolle der Verwaltungsträger) umso höheren Anforderungen entsprechen und unterliege die Einrichtung von Selbstverwaltung einem Rechtfertigungsbedürfnis. Diesem sei vorzugsweise durch die Verankerung in der Verfassung (sei es in den Grundrechten [wissenschaftliche Selbstverwaltung, vgl Art 5 III GG], sei es uU aus Art 87 II GG [zugunsten der sozialen Selbstverwaltung][55]) zu entsprechen.[56] Diese Auffassung ist stark an Hierarchievorstellungen orientiert (vgl bereits oben → § 7 Rn 28 f) und auf das Gesetz als zentrales Steuerungsmittel fixiert. Dies erscheint im Hinblick auf das materielle Anliegen der Selbstverwaltung, Entscheidungsspielräume zu eröffnen, widersprüchlich. **24**

Diesem Einwand kann man dadurch entgehen, dass man von einer dualen Ordnung ausgeht, in der die durch Art 20 II GG vermittelte demokratische Legitimation durch eine sog *autonome Legitimation* ergänzt wird. Diese wurzelt in der mitgliedschaftlich-partizipatorischen Komponente der funktionalen Selbstverwaltung.[57] Unabdingbar ist **25**

[53] Ausf zu den Rechtsetzungsformen im Sozialversicherungsrecht *Axer* Normsetzung der Exekutive in der Sozialversicherung, 1999, 117 ff.

[54] *Böckenförde* in: Isensee/Kirchhof II, § 24 Rn 25 ff; *Jestaedt* Demokratieprinzip und Kondominialverwaltung, 1993, 214 ff, 500 ff. Vgl zur Problematik ferner *Emde* Die demokratische Legitimation der funktionalen Selbstverwaltung, 1991; *Dederer* NVwZ 2000, 403; *Schnapp* (Fn 35). Über die Richtervorlagen des BVerwG in Sachen „Lippeverband" (BVerwG NVwZ 1999, 870) u in Sachen „Emschergenossenschaft" (BVerwGE 106, 64; krit u weiterführend hierzu *Britz* VerwArch 91 (2000) 418, 425 ff; *Unruh* VerwArch 92 [2001] 531) hat das BVerfG mittlerweile entschieden (BVerfGE 107, 59, 86 ff → JK GG Art 20 II/3); teilweise krit hierzu *Jestaedt* JuS 2004, 649; *Musil* DÖV 2004, 116.

[55] Ausf hierzu *Burgi* in: v Mangoldt/Klein/Starck, GG III, Art 87 Rn 74 ff mwN. Zum Sozialverwaltungsorganisationsrecht *Tettinger* VVDStRL 64 (2005) 199, 216 ff.

[56] *Böckenförde* in: Isensee/Kirchhof II, § 24 Rn 33 f; *Sachs* in: ders (Hrsg), GG, 5. Aufl 2009, Art 20 Rn 44.

[57] Vgl etwa *Brohm* Strukturen der Wirtschaftsverwaltung, 1969, 243 ff; *Emde* (Fn 54) 302 ff; *Schmidt-Aßmann* Ordnungsidee, 2. Kap Rn 90 ff u so wohl auch BVerfGE 107, 59, 92 → JK GG Art 20 II/3 („Die funktionale Selbstverwaltung ergänzt und verkürzt insofern das demo-

die Vorherbestimmung der Aufgaben und Befugnisse der Selbstverwaltungsorgane im Parlamentsgesetz sowie die Staatsaufsicht über das Organhandeln.[58] Dieses Lösungsmodell ermöglicht die Einbeziehung der den Selbstverwaltungsträgern gestellten Aufgaben und trägt dem Umstand Rechnung, dass es außerhalb des Gesetzes andere Steuerungsmittel gibt; auch ist es weniger konstruktivistisch und damit näher an der Lebenswirklichkeit der Verwaltungsorganisation. Der neueren verfassungsrechtlichen Einsicht, dass es letztlich nicht so sehr auf die einzelnen Legitimationsstränge, sondern auf das Erreichen des Legitimationsniveaus ankommt und dass verschiedene Verfassungsprinzipien zusammenfließen (→ § 7 Rn 28 f), entspricht ein solch pluralistisch-differenziertes Konzept demokratischer Legitimation jedenfalls besser.[59] Allen Ansichten gemeinsam ist jedenfalls die Forderung, dass die Selbstverwaltung ausschließlich oder ganz überwiegend auf die eigenen Angelegenheiten im Sinne eines Sonderinteresses beschränkt ist und nicht in die Wahrnehmung allgemeinwohlbezogener Grundanliegen umschlagen darf.[60]

III. Die Ebene der Binnenorganisation

1. Verschiedene Verwaltungsstellen innerhalb eines Verwaltungsträgers (Dekonzentration)

26 Innerhalb der öffentlich-rechtlich organisierten Verwaltungsträger (zur Binnenorganisation bei den privatrechtsförmigen Verwaltungsträgern vgl → § 10 Rn 14) sind die Verwaltungsbefugnisse keineswegs auf jeweils eine einzige Stelle konzentriert (Konzentration). Vielmehr ergibt sich auf den Ebenen von Bund und Ländern das Bild einer ausdifferenzierten Binnenorganisation, dh, die Verwaltungsbefugnisse sind auf eine Vielzahl von Verwaltungsstellen verteilt. Entsprechendes gilt innerhalb der mittelbaren Staatsverwaltung, vor allem innerhalb der Kommunen. Diese Phänomene werden mit dem Begriff der Dekonzentration erfasst. Dabei ist zu differenzieren zwischen der *vertikalen Dekonzentration* (Verteilung der Verwaltungsbefugnisse von oben nach unten, dh unter Schaffung eines Verwaltungsunterbaus) und der *horizontalen Dekonzentration*. Dieser Begriff steht wiederum für zwei verschiedene Arten von Aufgliederungen. Zum einen die räumliche Gliederung in parallel nebeneinander tätige Verwaltungseinheiten (sie ist abhängig von der Größe des Gebietszuschnitts [Beispiel: Bezirksregierung Köln und Bezirksregierung Münster]), welche wiederum durch Gebietsreformen verändert werden kann;[61] und zum anderen die fachlich orientierte Verwaltungsgliederung. Ein

kratische Prinzip“). I Erg ebenso, aber mit eigenständigen, neuen Begründungsansätzen *Kluth* (Fn 44) 369 ff; *Groß* (Fn 4) 197 ff.

58 Eingehend zu den Anforderungen an institutionelle gesetzliche Regelungen BVerfG NJW 2005, 45, 47 f (Notarkassen).

59 Dabei mag es konsequenter sein, nicht mit einem dualen Ansatz zu arbeiten, sondern den Standort des Legitimationsmodells vollständig innerhalb v Art 20 II GG zu sehen (ausf *Kahl* [Fn 24] 485 ff). Vgl zu diesem Ansatz *Eickhoff* Berufsaufsicht der freien Berufe in geteilter Verantwortung zwischen Kammern und Staat, 2007, 79 ff. Jüngst zum Verhältnis der funktionalen Selbstverwaltung zum Demokratieprinzip BVerwG NVwZ 2008, 314, 316.

60 So explizit BVerwG NVwZ 1999, 870, 873; BVerwGE 106, 64, 76f; BVerfGE 107, 59, 94 → JK GG Art 20 I/3; vgl auch *Oebbecke* VerwArch 81 (1990) 349 ff.

61 Ausf hierzu *Wagener* Neubau der Verwaltung, 2. Aufl 1974; ferner *Püttner* Verwaltungslehre, 4. Aufl 2007, 61 ff.

Beispiel für eine fachliche Dekonzentration ist die Ausgliederung bestimmter Aufgaben aus den allgemeinen Verwaltungsbehörden (namentlich den Bezirksregierungen bzw Regierungspräsidien) und ihre Zuweisung zu Sonderbehörden (etwa die staatlichen Schulämter oder die staatlichen Umweltämter). Hierauf zielen Maßnahmen der Funktionalreform auf Landesebene,[62] die die Vorgaben des jeweiligen Bundesrechts beachten müssen.[63]

Als *Vorteile* der Dekonzentration können angesehen werden die größere Überschaubarkeit und Fachkompetenz bei den einzelnen Stellen, die erhöhten Einwirkungsmöglichkeiten der Bürger und die Aufreihung von Einzelfachinteressen. Insoweit decken sich die Vorteile mit denen der Dezentralisation, weil auch die Dekonzentration eine weitere Ausprägung der Pluralisierung der Verwaltungsorganisation darstellt (vgl bereits Rn 8). *Nachteile* sind demzufolge die erschwerte Durchsetzbarkeit politischer Vorgaben, die uU geringere Effizienz bei höherer Kostenlast und die Gefahr der Überbetonung von Sonderinteressen sowie das Entstehen eines erhöhten Koordinationsbedarfs.[64] Die Entscheidung für oder gegen die Steuerungsoption der Dekonzentration ist teilweise verfassungsrechtlich determiniert. Insbesondere Art 87 GG macht dem Bund bestimmte Vorgaben hinsichtlich der Verwendung von Organisationsformen (zB dürfen für das „polizeiliche Auskunfts- und Nachrichtenwesen“ nur „Zentralstellen“ geschaffen werden; I 2) und sogar bei der Schaffung eines ganzen Verwaltungsunterbaus (va III 2). **27**

2. Organ, Behörde, Amt

Der Begriff des *Organs* bezeichnet diejenige Verwaltungseinheit, der das Handeln der für den Staat tätigen Menschen zugerechnet wird. Damit wird die Handlungsfähigkeit von Verwaltungsträgern nach Innen und/oder Außen begründet.[65] So ist beispielsweise der Regierungspräsident ein Organ des Landes und der Bürgermeister ein Organ der Gemeinde. Diejenigen Menschen, die konkret die den Organen zugewiesenen Zuständigkeiten ausüben, nennt man Organwalter. Ob es im Verhältnis zwischen Organen untereinander subjektive Positionen geben kann und, daran anknüpfend, Rechtsschutz zu gewähren ist, ist in Rn 52 f gesondert dargestellt. **28**

Für die Bearbeitung von Fällen wichtiger ist der Begriff der *Behörde*. Dies hat seinen Grund darin, dass sich zahlreiche gesetzliche Bestimmungen auf die „Behörde“ beziehen, etwa § 1 IV VwVfG (Behördendefinition), § 3 VwVfG (örtliche Zuständigkeit), § 20 VwVfG (Geheimhaltung), § 35 VwVfG (Verwaltungsakt) sowie die §§ 61 Nr 3, 78 I Nr 1 und 2, II VwGO (vgl zu diesen beiden Vorschriften noch unten Rn 50 u 51). **29**

[62] Vgl hierzu *Püttner* (Fn 61) 49 ff; *Wißmann* DÖV 2004, 197, sowie → § 9 Rn 13 ff. Zur jüngst durchgeführten Funktionalreform in Baden-Württemberg vgl *Bogumil/Ebinger* Die große Verwaltungsstrukturreform in Baden-Württemberg, 2005; zu NRW Burgi/Palmen (Hrsg), Symposium. Die Verwaltungsstrukturreform des Landes Nordrhein-Westfalen, 2008.

[63] Daran scheiterte zunächst die Auflösung des Landesversorgungsamtes in NRW (LSG NRW NWVBl 2001, 401); vgl nunmehr *Palmen/Schönenbroicher* NVwZ 2008, 1173.

[64] Ausf *Becker* (Fn 22) 213 ff, 232 ff; *Müller* (Fn 22) 162 ff; *Loeser* System VwR II, § 10 Rn 36.

[65] Grundlegend *Wolff* Organschaft und juristische Person. Bd II: Theorie der Vertretung, 1934, 224 ff; vgl ferner *Schnapp* Jura 1980, 73 f; *Wolff/Bachof/Stober* VwR III, § 82 Rn 129 ff; *Fügemann* Zuständigkeit als organisationsrechtliche Kategorie, 2004, 35 ff. Zur Binnenorganisation der Verwaltung auch *Jestaedt* in: Hoffmann-Riem/Schmidt-Aßmann/Voßkuhle, Grundlagen I, § 14 Rn 33 ff.

Namentlich § 1 IV VwVfG meint „Behörde" in einem funktionellen Sinne, dh alle Organe (jede Behörde ist zugleich Organ, aber nicht jedes Organ ist immer zugleich Behörde[66]), wenn und soweit sie zur hoheitlichen Durchführung konkreter Verwaltungsmaßnahmen im Außenverhältnis berufen sind. Solche Maßnahmen können Verwaltungsakte, aber auch andere hoheitliche Einzelmaßnahmen im Außenverhältnis sein; auf Grund des begrenzten Anwendungsbereichs des VwVfG (vgl → § 10) sind dort nur Stellen erfasst, die Verwaltungsakte erlassen und Verwaltungsverträge abschließen können. Unter den Behördenbegriff im funktionellen Sinne können auch Organe der Legislative (Beispiel: Der Bundestagspräsident) oder der Judikative fallen, wenn sie im Einzelfall eine verwaltende Tätigkeit ausüben. Demgegenüber versteht man unter Behörden im organisatorischen Sinne nur die der Verwaltung im organisatorischen Sinne (vgl → § 7 Rn 13) zuzurechnenden Stellen. Die jeweils relevante Außenzuständigkeit ergibt sich aus den einschlägigen materiell-rechtlichen Normen. Wird beispielsweise durch ein bestimmtes Gesetz die „untere Verwaltungsbehörde" für außenzuständig erklärt und handelt es sich hierbei nach dem betreffenden Landesrecht um das Landratsamt bzw den Landrat, so ist dieses bzw dieser Behörde, nicht hingegen das dort gebildete Umwelt- oder das Sozialamt.[67] Welche Bezeichnung die dem Behördenbegriff unterfallende Stelle im Einzelnen führt (Amt, Direktion, Präsidium etc) ist ebenso gleichgültig wie die Anknüpfung an den Leiter der Behörde (sog monokratische Bezeichnung: zB „der Regierungspräsident", „der Landrat") oder an die Institution (zB: das „Regierungspräsidium" oder gar „die Regierung von Oberbayern").[68]

30 Das *Amt* im organisatorisch-funktionellen Sinne kennzeichnet den Aufgabenbereich, der einer bestimmten natürlichen Person (dem Amtswalter) zur Wahrnehmung zugewiesen ist. Als Beispiel sei genannt der Aufgabenbereich des Leiters der Naturschutzabteilung in einer Kreisverwaltung.[69] Dieser Begriff des Amtes ist zu unterscheiden von den Amtsbegriffen des Beamtenrechts, die die dienstrechtliche Stellung der einzelnen Bediensteten der öffentlichen Verwaltung betreffen. Verwirrenderweise wird der Begriff des Amtes vielfach zur Bezeichnung von Behörden verwendet (zB das Finanzamt, das Landratsamt etc) oder zur Bezeichnung von einzelnen Abteilungen innerhalb einer Behörde (zB Umweltamt, Ordnungsamt etc).

31 Zur Illustration der verschiedenen Begriffsbestimmungen mag folgendes Beispiel dienen: Der Beamte X beim Regierungspräsidium Stuttgart ist Amtswalter (da ihm der Aufgabenbereich der Erteilung von Waffenscheinen zugeordnet ist), er agiert „iA" (im Auftrag) für den Regierungspräsidenten (welcher Organwalter ist und zwar des Organs „Regierungspräsidium Stuttgart"). Dieses Organ ist in dem Umfang, in dem es Außenzuständigkeiten wahrnimmt zugleich Behörde, wobei seine Handlungen dem Land Baden-Württemberg als Verwaltungsträger zuzurechnen sind.

[66] Der Gemeinderat ist zwar ein Organ der Gemeinde, agiert aber vielfach nicht im Außenverhältnis u unterfällt dann nicht dem Behördenbegriff. Grundlegend zu einer „Dogmatik der behördlichen Vertretungsordnung": *Hufeld* Die Vertretung der Behörde, 2003, 198 ff; zum Verhältnis von Organ- und Behördenbegriff auch *Fügemann* (Fn 65) 41 ff.

[67] Vgl auch *Maurer* Allg VwR, § 21 Rn 30 ff; *König* VerwArch 97 (2006) 482, 487.

[68] Näher hierzu u zu den Hintergründen *Püttner* (Fn 61) 89 f; krit, auch mit berechtigtem Hinweis auf die Problematik der Geschlechtsbezeichnung *Ipsen* Allg VwR, Rn 218.

[69] Vgl *Forsthoff* VwR, 442 f; *Schnapp* Jura 1980, 74 f mwN.

3. Einzelne öffentlich-rechtliche Organisationsformen

Neben der schlichten, regelmäßig in verschiedene Abteilungen (die, wie erwähnt, irreführenderweise in der Regel als Ämter bezeichnet werden) gegliederten Verwaltungsbehörde gibt es innerhalb der unmittelbaren Verwaltung eine Vielfalt von Organisationsformen (des Öffentlichen Rechts). Einige von ihnen sind sogar verfassungsrechtlich konturiert (zB die „Zentralstellen" in Art 87 I 2 GG oder die „selbständige Bundesoberbehörde" in Art 87 III 1 GG) und dürfen dann nur unter bestimmten Voraussetzungen eingesetzt werden. Zur Illustration der hier bestehenden Vielfalt seien genannt: Die nichtrechtsfähigen Anstalten,[70] die Beiräte, Gremien, Ausschüsse, Räte, Kommissionen, Sondervermögen (rechtlich unselbständige abgesonderte Teile des Bundes- bzw Landesvermögens, die durch Gesetz entstanden und zur Erfüllung von Spezialaufgaben bestimmt sind [vgl zB § 26 II BHO]), die Betriebe (Bundesbetriebe oder Landesbetriebe, zB auf der Grundlage des § 14a LOG NRW),[71] welche nach dem Grad der Verselbständigung in Regie- und Eigenbetriebe unterteilt werden können,[72] sowie die Beauftragten.[73] Diese Aufzählung ist nicht abschließend, insbesondere können erst in Zukunft praktizierte Formen hinzutreten.[74] Als „Behörde" sind die betreffenden Verwaltungseinheiten dann anzusehen, wenn die bei Rn 29 genannten Voraussetzungen erfüllt sind. Zumeist wegen der fachlichen Besonderheiten der betroffenen Aufgaben eingerichtet (etwa bei bestehender Notwendigkeit der Einbeziehung technisch-naturwissenschaftlichen Sachverstandes) und/oder der Einbeziehung gesellschaftlicher Interessenvertretungen bzw gesellschaftlichen Sachverstandes sowie der Akzeptanzsteigerung verpflichtet (va bei Selbstverwaltungsträgern) sind *kollegiale Organisationsstrukturen*, dh Verwaltungseinheiten, bei denen die Zuständigkeiten von mehreren Mitgliedern wahrgenommen werden (zB Ausschüsse, Beiräte, Kommissionen etc; vgl auch § 88 VwVfG).[75] Besonders bei pluralistischen Kollegialorganen (die teilweise mit Privaten besetzt sind) muss auf die Einhaltung der uU modifizierten demokratierechtlichen Anforderungen geachtet werden.[76] 32

Was bei den Kollegialorganen evident ist, gilt in der Sache ebenso für alle anderen Organisationseinheiten, dass nämlich Regeln über die Binnenorganisation und über das Binnenverfahren existieren (müssen). Dabei sind die monokratisch strukturierten Organisationseinheiten typischerweise anhand von Kategorien wie Dezernat, Abteilung, Gruppe, Referat etc untergliedert. Die Einzelheiten ergeben sich aus Organisations- und Geschäftsverteilungsplänen für den Bereich der jeweils betroffenen Organi- 33

70 Vgl bereits Rn 13.

71 Näher hierzu *Burgi* NWVBl 2001, 1, 4 f; *König* DÖV 2009, 21, u → § 10 Rn 13.

72 Näher *Püttner* (Fn 61) 91.

73 Ausf zu Vorkommen, Organisation, Maßgabe u Entstehungsgründe *Becker* (Fn 22) 245 f; *Schmitt Glaeser/Mackeprang* Verw 24 (1991) 15.

74 Ausf Darstellungen bei *Loeser* System VwR II, § 10 Rn 106 ff, sowie bei *Traumann* (Fn 3) 130 ff, 226 ff.

75 Eine typologische Erfassung findet sich bei *Groß* (Fn 4) 63 ff. Dort sind auch die relevanten organisations- u verfahrensrechtlichen Fragen sowie die verwaltungswissenschaftlichen Aspekte erörtert (45 ff, 105 ff, 163 ff). Vgl bereits zuvor *Dagtoglou* Kollegialorgane und Kollegialakte der Verwaltung, 1960; *Sodan* Kollegiale Funktionsträger als Verfassungsproblem, 1986; ferner Sommermann (Hrsg), Gremienwesen und staatliche Gemeinwohlverantwortung, 2001.

76 Vgl im Einzelnen *Jestaedt* (Fn 54) einerseits; *Groß* (Fn 4) 163 ff, andererseits, sowie noch unten Rn 47 f.

sationseinheit.[77] Auf die Verbesserung der dortigen Strukturenabläufe zielt ein Teil der Maßnahmen zur Verwaltungsmodernisierung (vgl noch → § 10 Rn 2 f).

IV. Zuständigkeit

34 Auf das Vorliegen der „Zuständigkeit" ist bei der Prüfung der formellen Aspekte von Klagebegehren bei allen Klagearten einzugehen. Prüfungsrelevant ist vielfach auch § 73 VwGO, betreffend die Zuständigkeit der Widerspruchsbehörde.

1. Begriff und Arten

35 Hinter der „Zuständigkeit" verbergen sich Aussagen über die Zuordnung bestimmter Aufgaben zur Wahrnehmung entweder durch einen Verwaltungsträger (man spricht dann von Verbandskompetenz)[78] oder durch eine Behörde im og Sinne (Rn 29). Bezieht sich die Zuständigkeitsaussage auf eine Abteilung, ein Amt etc innerhalb einer Behörde, dann spricht man von *funktioneller Zuständigkeit*. Diesbezügliche Fehler führen nicht zur Rechtswidrigkeit der betroffenen Verwaltungsmaßnahme. So ist ein Verwaltungsakt nicht deshalb rechtswidrig, weil ihn innerhalb der zuständigen Behörde „Bürgermeister" oder „Regierungspräsidium" die unzuständige Abteilung (etwa das Bauamt statt dem Naturschutzamt etc) erlassen hat.[79]

36 Die *sachliche Zuständigkeit* betrifft die Zuordnung von Aufgaben als solche, dh von bestimmten Gegenständen. Sie ist regelmäßig im Kontext der jeweiligen materiell-rechtlichen Normen bzw in einer darauf gestützten Ausführungsverordnung geregelt.[80] Die Zuordnung kann entweder enumerativ, dh bezogen auf einzelne Sachgegenstände erfolgen, oder der betroffenen Verwaltungsstelle ist die sog Kompetenz-Kompetenz eingeräumt und sie darf selbst über die Wahrnehmung der Aufgaben entscheiden. Dies ist der Fall im Hinblick auf die „Angelegenheiten der örtlichen Gemeinschaft" zugunsten der Gemeinden nach Art 28 II 1 GG. Die *örtliche Zuständigkeit* umschreibt den räumlichen Bereich, in dem die sachliche Zuständigkeit ausgeübt werden darf. Sie ergibt sich aus § 3 VwVfG, sofern nicht sondergesetzliche Bestimmungen oder Verwaltungsanordnungen bestehen. Von *instanzieller Zuständigkeit* spricht man, um die Verteilung innerhalb der vertikal dekonzentrierten Verwaltungsorganisation (vgl Rn 26) zu kennzeichnen. Es geht mithin darum, ob zunächst die unterste Behörde im Instanzenzug oder sogleich eine höhere Behörde entscheidet.[81] So ist etwa § 73 VwGO eine Regelung über die instanzielle Zuständigkeit, indem er bestimmt, dass über den Widerspruch regelmäßig die „nächsthöhere Behörde" entscheidet (I 2 Nr 1). Besitzt eine im Instanzenzug untergeordnete Behörde die Zuständigkeit, so kann die übergeordnete Behörde

[77] Vgl als Bsp den Muster-Produkt- und Leistungskatalog für die Bezirksregierungen in NRW v Mai 2003, der nach § 5 III Geschäftsordnung für die Bezirksregierungen (Runderlass des Innenministeriums v 26.3.2008 [MBl NRW 2008, 288]) Grundlage für die Geschäftsverteilung durch die Regierungspräsidentin oder den Regierungspräsidenten ist, sowie *Püttner* (Fn 61) 116 ff, 122 ff, 129 ff.

[78] *Bull/Mehde* Allg VwR, Rn 387.

[79] Sofern die Amtswalter der unzuständigen Abteilung allg zeichnungsberechtigt waren (BVerwGE 46, 14); vgl ferner OVG NRW ZfW 1988, 300.

[80] Zur Frage des Vorbehalts des Gesetzes vgl *Faber* VwR, 63.

[81] Näher hierzu *Faber* VwR, 61 f.

ausnahmsweise befugt sein, die betreffende Aufgabe wahrzunehmen, so bei Bestehen einer ausdrücklichen gesetzlichen Ermächtigung (vgl zB § 44 I 2 StVO) oder bei Gefahr im Verzug (sog Selbsteintrittsrecht).[82]

2. Bedeutung und Fehlerfolgen

Die Bestimmung der jeweils zuständigen Behörde ist angesichts der Pluralisierung der Verwaltungsorganisation von großer Bedeutung für das rechtsstaatlich begründete Anliegen der Verantwortungsklarheit und für das Ziel einer erfolgreichen Erledigung der Sachaufgaben.[83] Die Erfüllung einer Aufgabe durch die hierfür sachkompetente Behörde verspricht eine erfolgreichere und gesetzeskonforme Aufgabenerledigung. So dürfte etwa die Handhabung des Opportunitätsprinzips im Polizeirecht bei den im Umgang mit Gefahren und Störern ausgebildeten und mit den einschlägigen Normen vertrauten Polizeibeamten besser aufgehoben sein als bei einer Straßenbaubehörde, die sich im Zuge der Verwaltung der innerstädtischen Straßen ein Vorgehen gegen Obdachlose anmaßen will. Kommt es zu Kompetenzkonflikten, weil sich entweder mehrere Stellen für die Wahrnehmung einer bestimmten Aufgabe für zuständig halten oder gar keine, dann entscheidet die gemeinsame Aufsichtsbehörde. Fehlt eine solche, dann haben die fachlich zuständigen Aufsichtsbehörden eine gemeinsame Entscheidung herbeizuführen (vgl § 3 II VwVfG). **37**

Welche Konsequenzen hat das Handeln einer unzuständigen Behörde? Gem § 44 II Nr 3 VwVfG ist ein Verwaltungsakt nichtig, den eine Behörde außerhalb ihrer durch § 3 I Nr 1 VwVfG begründeten Zuständigkeit (für ortsgebundene Angelegenheiten) erlassen hat. Gem § 44 III Nr 1 VwVfG ergibt sich im Falle einer Missachtung der anderen Vorschriften über die örtliche Zuständigkeit keine Nichtigkeit, ebenso wenig in anderen, in § 44 III Nr 2–4 VwVfG genannten Fällen. In diesen Fällen, wie durchgehend beim Handeln einer sachlich oder instanziell unzuständigen Behörde, bleibt es vielmehr bei der schlichten Rechtswidrigkeit der erlassenen Verwaltungsakte.[84] Diese sind nach den allgemeinen Regeln anfechtbar, wobei § 46 VwVfG zu beachten ist, der bestimmt, dass die Aufhebung eines Verwaltungsakts „nicht allein deshalb beansprucht werden" kann, weil er unter Verletzung von Vorschriften über die „örtliche Zuständigkeit" zustande gekommen ist, wenn offensichtlich ist, dass die Verletzung die Entscheidung in der Sache nicht beeinflusst hat. Nach § 38 I 1 VwVfG sind Zusicherungen nur wirksam, wenn sie von der „zuständigen Behörde" erteilt worden sind. Konsequenz der durch Art 2 I GG bewirkten Subjektivierung der Rechtsordnung ist es, dass der Bürger durch einen allein gegen die Zuständigkeitsvorschriften verstoßenden Verwaltungsakt in seinen Rechten verletzt sein kann, also den Aufhebungsanspruch nach § 113 I 1 VwGO ausschließlich auf eine Rechtswidrigkeit qua Zuständigkeitsmangel stützen **38**

[82] Vgl hierzu *Herdegen* Verw 23 (1990) 183 ff; *Guttenberg* Weisungsbefugnisse und Selbsteintritt, 1992. Umfassend zu den Erscheinungsformen v „Zuständigkeitsverlagerungen" *Wolff/Bachof/Stober* VwR III, § 84 Rn 56 ff. Übersichtlich zu den Zuständigkeiten *Ohler* AöR 131 (2006) 336, 365 ff, mit weitergehender Ausdifferenzierung *Fügemann* (Fn 65) 147 ff; *Jestaedt* in: Hoffmann-Riem/Schmidt-Aßmann/Voßkuhle, Grundlagen I, § 14 Rn 43 ff.

[83] Zu den verfassungsrechtlichen Direktiven der Zuständigkeitsordnung vgl *Oebbecke* FS Stree und Wessels, 1993, 119 ff; *Collin/Fügemann* JuS 2005, 694.

[84] Bei absoluter sachlicher Unzuständigkeit, dh bei Tätigwerden einer Behörde, die unter keinem Umstand mit der Sache befasst sein kann, ist Nichtigkeit nach § 44 I VwVfG anzunehmen (BVerwG NJW 1974, 1961, 1963; *Schiedeck* JA 1994, 483, 486).

kann.[85] Ob auch im Binnenbereich Sanktionierungsmöglichkeiten bestehen, ob also die übergangene Behörde (das übergangene Organ) durch den Zuständigkeitsübergriff in subjektiven Positionen verletzt ist und Rechtsschutz in Anspruch nehmen kann, ist in Rn 52ff gesondert darzustellen.

V. Staatsaufsicht

39 Die Aufsicht über nachgeordnete Verwaltungsträger und Behörden ist ein wichtiges Steuerungsmittel mit langer historischer Tradition.[86] Auf Grund der zunehmenden Anerkennung subjektiver Positionen der Aufsichtsunterworfenen (vgl Rn 53 f) sind Bestand und Reichweite von Aufsichtsbefugnissen auch zum Gegenstand verwaltungsgerichtlicher Verfahren (und damit auch vermehrt klausurpraktisch) geworden. Die außerhalb des Aufsichtsverhältnisses stehenden Bürger haben allerdings keine klagbaren Rechte auf eine Ausübung von Aufsichtsbefugnissen, weil die Aufsicht ausschließlich im öffentlichen Interesse erfolgt.[87] Der Begriff der „Staatsaufsicht" wird hier im weiteren Sinne verwendet und umfasst die Aufsicht gegenüber öffentlich-rechtlich organisierten Verwaltungsträgern (insbesondere gegenüber Selbstverwaltungsträgern sowie die Aufsicht des Bundes über die Länder) und die sog Organ- bzw Behördenaufsicht, die innerhalb der jeweiligen Verwaltungsträger angesiedelt ist. Die Staatsaufsicht ist strikt zu unterscheiden von der Wirtschaftsaufsicht und ihren verschiedenen Erscheinungsformen (Gewerbe-, Bau-, Bankenaufsicht etc), deren Gegenstand das Verhalten Privater innerhalb der Gesellschaft bildet.[88]

1. Funktion und Standort

40 Die Aufsicht fungiert als Steuerungsmittel innerhalb der Organisation und sichert (je nach Umfang) die Rechtmäßigkeit und die Zweckmäßigkeit einschließlich der einheitlichen Wirksamkeit des Verwaltungshandelns. Sie bildet somit einen *Teil der Koordinationsmechanismen*, welche in der pluralen Verwaltungsorganisation umso wichtiger sind.[89] Sie betrifft die Koordination im vertikalen Verhältnis, während im horizontalen Verhältnis der Kooperation und Koordination Instrumente wie die Anhörung, das Benehmen oder die Zustimmung anderer Behörden sowie die Amtshilfe wichtig sind.[90]

[85] Ebenso BVerwG NJW 2005, 2330; *Schnapp* AöR 105 (1980) 243, 272 ff; *Faber* VwR, 62; *Ipsen* Allg VerwR, Rn 226. Grundlegend: *Mußgnug* Das Recht auf den gesetzlichen Verwaltungsbeamten, 1970.

[86] Diese ist ausf nachgezeichnet bei *Kahl* (Fn 24) 37 ff.

[87] Vgl *Schröder* JuS 1986, 375.

[88] Zu den beiden Kategorien der Staatsaufsicht vgl sogleich 2a u b; ausf zum heutigen Begriff v Staatsaufsicht *Kahl* (Fn 24) 347 ff, der selbst den Begriff nur im engeren Sinne der Aufsicht über verselbständigte Verwaltungseinheiten mit Selbstverwaltungsbefugnissen verwendet, 356 f. Zur Abgrenzung u zur Funktion der Wirtschaftsaufsicht vgl nur *Ehlers* Ziele der Wirtschaftsaufsicht, 1997, 6. Davon wiederum zu unterscheiden ist die Wahrnehmung der veränderten staatlichen Verantwortung gegenüber privaten bzw privatrechtsförmigen Aufgabenträgern nach Privatisierung (vgl → § 10 Rn 19 f, 34); staatsaufsichtsrechtliche Befugnisse bestehen dort nach einer Beleihung (vgl → § 10 Rn 29 f).

[89] Klassisch: *Triepel* Die Reichsaufsicht, 1917; *Salzwedel* VVDStRL 22 (1965) 206 ff, ferner *Schröder* JuS 1986, 371; *Kahl* (Fn 24) 347 ff; *Jestaedt* in: Hoffmann-Riem/Schmidt-Aßmann/Voßkuhle, Grundlagen I, § 14 Rn 59 f.

[90] Vgl zu ihnen *Püttner* (Fn 61) 105 f, 284 ff.

Die Aufsicht ist abzugrenzen von Maßnahmen der Leitung, mit denen sie sich aber teilweise überschneidet. So ist die Weisung sowohl ein Instrument der Leitung als auch der Aufsicht[91] des Verwaltungshandelns. Als Lenkungsmaßnahme, durch die Maßstäbe gesetzt werden, auf deren Einhaltung sodann die Aufsicht bezogen ist, dienen namentlich die Verwaltungsvorschriften (→ § 2 Rn 65 ff).[92] Als organisationsbezogenes Steuerungsmittel kontrollierenden Charakters bildet die Staatsaufsicht wiederum eine Unterkategorie der *Verwaltungskontrolle*.[93] Verwaltungskontrolle wird teilweise im Verbund, teilweise unkoordiniert ausgeübt durch Institutionen wie das Parlament, den Rechnungshof, die Verwaltungsgerichte und die ordentlichen Gerichte sowie durch die Öffentlichkeit.[94] Von den anderen Erscheinungsformen der Kontrolle unterscheidet sich die Staatsaufsicht dadurch, dass sie innerhalb der Exekutive stattfindet, also Eigenkontrolle ist. Hierbei wird sie ergänzt durch das verwaltungsinterne Rechtsbehelfsverfahren (§§ 79 f VwVfG), das der Erhebung von Anfechtungs- und Verpflichtungsklage gem § 68 VwGO nach Maßgabe des Landesrechts vorgeschaltet ist. **41**

2. Arten

a) *Staatsaufsicht ieS und Bundesaufsicht.* Ihr Objekt sind Verwaltungsträger im oben **42**
(Rn 7 ff) umschriebenen Sinne. Das Bestehen von Staatsaufsicht ist hier notwendiges Korrelat der Dezentralisierung und im Grundsatz demokratisch-rechtsstaatlich zwingend.[95] Insbesondere die Selbstverwaltung „begreift nach ihrem inneren Sinn ... eine Beteiligung des Staates im Wege der Kommunalaufsicht ... in sich".[96] Namentlich die Staatsaufsicht über die Kommunen, welche teilweise als „Kommunalaufsicht" bezeichnet wird, ist in den meisten Landesverfassungen (vgl nur Art 83 IV 1 BayVerf; Art 78 IV NWVerf) und in den Gemeinde- bzw Landkreisordnungen der Länder geregelt. Nach heute hA unterliegt die Ausübung von Staatsaufsicht gegenüber Selbstverwaltungsträgern dem Vorbehalt des Gesetzes.[97] Die Staatsaufsicht ieS erstreckt sich stets auf die Rechtmäßigkeit des Handelns der Verwaltungsträger (*Rechtsaufsicht*), während die Zweckmäßigkeit einschließlich der Wirtschaftlichkeit und der Effizienz[98] (*Fachaufsicht*) typischerweise der Beurteilung durch den gerade deshalb verselbständig-

[91] Vgl *Kluth* (Fn 44) 271 f; *Kahl* (Fn 24) 357.

[92] Zum Verhältnis v Verwaltungsvorschriften u Aufsicht vgl *Jestaedt* (Fn 54) 340 f; *Kahl* (Fn 24) 361 f.

[93] Zur Abgrenzung v Verwaltungskontrolle u Staatsaufsicht vgl *Schmidt-Aßmann* in: ders/Hoffmann-Riem (Hrsg), Verwaltungskontrolle, 2001, 9, 10 ff, 18 ff; *Kahl* (Fn 24) 402 ff; zum Verwaltungskontrollrecht vgl *Wolff/Bachof/Stober* VwR III, §§ 101–103.

[94] Klassisch: *Meyn* Kontrolle als Verfassungsprinzip, 1982; *Krebs* Kontrolle in staatlichen Entscheidungsprozessen, 1984. Zu den Wechselbezüglichkeiten, Anliegen u Ausgestaltungen im Einzelnen: *Becker* (Fn 22) 624 ff, 870 ff, sowie die Beiträge v *Schmidt-Aßmann* (9 ff), *Lüder* (45 ff), *Schneider* (271 ff), *Schulze-Fielitz* (291 ff), *Hoffmann-Riem* (325 ff) in: Schmidt-Aßmann/Hoffmann-Riem (Fn 93).

[95] Vgl → § 7 Rn 27 u 29.

[96] VerfGH NRW OVGE 9, 74, 83; vgl ferner BVerfGE 78, 331, 341 → JK GG Art 28 II/16. Grundlegend zur Staatsaufsicht ieS *Kahl* (Fn 24) 349 ff; zur Staatsaufsicht über die Träger der sozialen Selbstverwaltung iSd § 29 I SGB IV *Schnapp* VSSR 2006, 191, 200 ff.

[97] Vgl *Brohm* (Fn 57) 104 f; *Salzwedel* VVDStRL 22 (1965) 205, 254 f; *Kahl* (Fn 24) 501 ff. Allg zum Vorbehalt des Gesetzes im Verwaltungsorganisationsrecht vgl Rn 4.

[98] Hierauf weist *Schmidt-Aßmann* Ordnungsidee, 6. Kap Rn 89 f, hin. Zum fehlenden dogmatischen Charakter des Fachaufsichtsbegriffs vgl *Groß* DVBl 2002, 793 ff.

ten Verwaltungsträger unterliegt. Damit ist das verfassungsrechtliche Problem der Statthaftigkeit sog weisungsfreier Räume aufgeworfen (sogleich 3b). Sind dem Selbstverwaltungsträger staatliche Aufgaben übertragen (vgl noch → § 9 Rn 19) bzw besteht von vornherein ein gesetzlich normiertes Weisungsrecht (wie bei den sog Pflichtaufgaben nach Weisung des Kommunalrechts, etwa auf der Grundlage des Art 78 IV 2 NWVerf), dann ist Fachaufsicht möglich.

43 Die Aufsicht, die der Bund gegenüber den Ländern als Verwaltungsträger ausübt und die nach Inhalt und Umfang in den Art 83 f GG geregelt ist, nennt man *Bundesaufsicht*. Sie wird überwiegend im staatsrechtlichen Zusammenhang diskutiert. Insbesondere die Reichweite der Weisungsbefugnisse des Bundes gegenüber den Ländern im Rahmen der sog Bundesauftragsverwaltung nach Art 85 GG hat immer wieder das Bundesverfassungsgericht beschäftigt.[99]

44 b) *Organ- bzw Behördenaufsicht.* Sie findet innerhalb des einzelnen Verwaltungsträgers statt und ergibt sich innerhalb der unmittelbaren Staatsverwaltung auf Bundes- wie auf Landesebene grundsätzlich aus dem hierarchischen Aufbau. In den Landesorganisationsgesetzen der Länder (vgl → § 9 Rn 13) finden sich teilweise Bestimmungen (vgl zB §§ 11–13 LOG NRW).[100] Speziellere Strukturen gibt es innerhalb der Träger mittelbarer Staatsverwaltung, wo regelmäßig ein kollegial strukturiertes Organ (zB der Gemeinderat) Aufsichtsbefugnisse gegenüber den anderen Organen besitzt.[101] Die Organ- bzw Behördenaufsicht erstreckt sich auf den Aufbau, die innere Ordnung, die allgemeine Geschäftsführung und die Personalangelegenheiten der Behörde. Sie wird teilweise auch als „Dienstaufsicht“ bezeichnet. Dies ist missverständlich, weil die Dienstaufsicht im eigentlichen Sinne die im Dienstrecht wurzelnden Befugnisse des Vorgesetzten gegenüber den einzelnen Amtswaltern umfasst.[102] Häufig hiermit verbunden ist die *besondere Organ- bzw Behördenaufsicht*, welche sich neben der Rechtmäßigkeit auch auf die Zweckmäßigkeit der Aufgabenwahrnehmung erstreckt (Fachaufsicht). Trotz der vergleichsweise besseren „Papierform“ ist der praktische Einsatz von Aufsichtsbefugnissen auch innerhalb des einzelnen Verwaltungsträgers die Ausnahme, nicht die Regel, und auch hier gibt es infolge der Verselbständigung von Verwaltungseinheiten weisungsfreie Räume (dazu sogleich 3b).

3. Instrumente

45 a) *Präventive und repressive Instrumente.* Während die präventiven Aufsichtsmittel durch eine Vorwegkontrolle rechtswidrige Akte verhindern (in Gestalt des sog Genehmigungsvorbehalts; vgl zB § 6 BauGB) bzw eine sofortige Kontrolle ermöglichen sollen (in Gestalt des sog Anzeigevorbehalts), sind repressive Instrumente (geordnet nach dem Maß der Beschränkung des Beaufsichtigten) das Auskunftsverlangen, die Beanstandung und Anordnung, die Aufhebung der erfolglos beanstandeten Handlung bzw die Vor-

[99] Vgl BVerfGE 81, 310, 335 (atomrechtliches Genehmigungsverfahren – KKW Kalkar); BVerfGE 84, 25, 31 → JK GG Art 85 III/1 (atomrechtliches Planfeststellungsverfahren – Endlager Salzgitter); BVerfGE 102, 167, 172 → JK GG Art 85 III/2 (Herabstufung einer Bundesstraße); BVerfG DVBl 2002, 549 (Biblis), BVerfGE 104, 249 → JK GG Art 85 III/3.

[100] Weiterführend *Strößenreuther* Die behördeninterne Kontrolle, 1991.

[101] Weiterführend hierzu *Löer* (Fn 27).

[102] Vgl *Schröder* JuS 1986, 372; *Krebs* in: Isensee/Kirchhof V, § 108 Rn 51. Missverständlich daher *Maurer* Allg VerwR, § 22 Rn 32; ausf *Kahl* (Fn 24) 394 f.

nahme einer trotz entsprechender Anordnung unterlassenen Handlung anstelle der Verwaltungseinheit (aufsichtliche Ersatzvornahme), die Einsetzung eines Staatskommissars und die aufsichtsbehördliche Auflösung von Vertretungen auf Körperschafts- und Anstaltsebene. Existenz, Inhalt und Umfang der Aufsichtsinstrumente im Einzelnen hängen von der jeweiligen gesetzlichen Ausgestaltung ab.[103] Im Bereich der Organ- bzw Behördenaufsicht fließen präventive und repressive Steuerung im Instrument der Weisung zusammen, verstanden als rechtsverbindliche Anordnung gegenüber der weisungsunterworfenen Stelle.

Der Einsatz von Aufsichtsmitteln ist bei der Staatsaufsicht ieS vielfach in das Ermessen der Aufsichtsbehörde gelegt (Opportunitätsprinzip) und durchgehend am Übermaßverbot zu orientieren. Das bedeutet, dass der Einsatz des staatsaufsichtlichen Instrumentariums nach der Eingriffsintensität zu staffeln ist. Bei der Staatsaufsicht ieS, aber durchaus auch bei der Organ- bzw Behördenaufsicht, spielen daher vor bzw neben den genannten Aufsichtsinstrumenten informelle Kontakte bis hin zur durchgehenden Kooperation eine immer wichtigere (und immer stärker in das juristische Bewusstsein dringende) Rolle.[104] Einem modernen Verständnis entspricht es, die Aufsicht weniger als punktuell-korrigierendes denn als *handlungsbegleitend-steuerndes Instrument* zu begreifen. Dieser Wandel wird beschleunigt durch die Prozesse der Verwaltungsmodernisierung (vgl → § 10 Rn 2 f), vor allem im Rahmen des sog Neuen Steuerungsmodells.[105] Dabei halten ua durch eine Verlagerung der Fach- und Ressourcenverantwortung (Budgetierung) auf nachgeordnete Stellen und Mitarbeiter neue Instrumente wie Zielvereinbarungen und Kontraktmanagement Einzug. Aus „Aufsicht" wird teilweise „Controlling", ohne dass gegenwärtig im Einzelnen feststünde, wie aus diesen verschiedenartigen Ansätzen ein wirkungsvoller Verbund hergestellt werden kann.[106] 46

b) *Weisungsfreie Räume?* Weisungen und andere Aufsichtsmaßnahmen der Zweckmäßigkeit dienen zur Sicherung der reellen Willensübereinstimmung jenseits des Gesetzes zwischen dem jeweiligen Ressortminister (daher wird die hiesige Problemstellung auch als „ministerialfreie Räume?" bezeichnet)[107] bis hinunter zum einzelnen Verwaltungsangehörigen. Im Rahmen der bisherigen Darstellung ist wiederholt darauf hingewiesen worden, dass es gegenüber verselbständigten Verwaltungseinheiten (mit und ohne Selbstverwaltung; vgl Rn 9) teilweise „weisungsfreie Räume" gibt, dh Bereiche, in denen entsprechende Weisungs- bzw Aufsichtsbefugnisse nicht zur Verfügung stehen. Dies kann die verschiedensten Gründe haben, wobei allen Konstellationen gemeinsam sein dürfte, den jeweils handelnden Verwaltungsstellen im Interesse einer erfolgreichen Aufgabenwahrnehmung ein gewisses Maß an Selbständigkeit zuzuerkennen. Verfassungsrechtlich liegt hierin ein Defizit an demokratischer Legitimation, weil Weisungen die Legitimation in sachlich-inhaltlicher Hinsicht sicherstellen (vgl → § 7 Rn 28). 47

Da es entscheidend auf das Legitimationsniveau im Ganzen ankommt (vgl → § 7 Rn 28 f), führt das konstatierte Defizit an sachlich-inhaltlicher Legitimation nicht von vornherein zu einem Verbot weisungsfreier Räume. Bei der Beurteilung ist zunächst zu 48

[103] Weitere Ausdifferenzierung bei *Schröder* JuS 1986, 373 f; *Groß* DVBl 2002, 793 f.

[104] Vgl *Ibler* in: Hoffmann ua (Hrsg), Kommunale Selbstverwaltung im Spiegel von Verfassungsrecht und Verwaltungsrecht, 1996, 201; *Pitschas* DÖV 1998, 909 f; grundlegend zur Dogmatik einer „kooperativen Staatsaufsicht" *Kahl* (Fn 24) 472 ff.

[105] Vgl hier nur *Schmidt-Aßmann* in: ders/Hoffmann-Riem (Fn 93) 27 f; *Lüder* ebd, 54 ff.

[106] Ansätze hierzu bei *Wallerath* DÖV 1997, 57 ff; *Pitschas* DÖV 1998, 912 f.

[107] Ausf zur Begrifflichkeit *Jestaedt* (Fn 54) 103 f; s auch *Ohler* AöR 131 (2006) 336, 371 ff.

berücksichtigen, dass die anerkannten Formen der *funktionalen Selbstverwaltung* (vgl Rn 21 f) dem Gesetzgeber einen verfassungsrechtlich anerkannten Titel zur Abweichung vom Regeltypus der Ministerialverwaltung verschaffen.[108] Bei der *kommunalen Selbstverwaltung* legitimiert Art 28 II GG das weitgehende Fehlen von Fachaufsichtsbefugnissen, indem er das Gemeindevolk als Teil-Staatsvolk konstituiert und der kommunalen Selbstverwaltung zu einem Legitimationsniveau vergleichbar dem der Ministerialverwaltung verhilft.[109] Bei einer aufgabenbezogenen Betrachtungsweise unter Einbeziehung der grundrechtlich-rechtsstaatlichen Determinanten für die Verwaltungsorganisation (vgl → § 7 Rn 30), können Abweichungen *auch außerhalb der* (funktionalen) *Selbstverwaltung* gerechtfertigt werden. So kann uU die Einbeziehung von definitionsgemäß weisungsfreien Sachverständigen in Entscheidungsgremien als Ausdruck eines verfassungsrechtlich legitimierten weisungsfreien Raumes gesehen werden.[110] Die sich im Verlauf einer seit vielen Jahren geführten Diskussion[111] abzeichnende Tendenz besteht in der ausnahmsweisen Anerkennung weisungsfreier Räume unter strengen, verfassungsrechtlich begründbaren Voraussetzungen. Dabei spielt auch die verwaltungswissenschaftlich gewonnene Einsicht, dass die Steuerungskraft des Aufsichtsinstruments Weisung nicht überschätzt werden darf, eine Rolle.[112]

VI. Verwaltungsprozessrecht

49 Das öffentlich-rechtliche Handeln der öffentlich-rechtlich organisierten Organisationseinheiten bildet den Gegenstand von Rechtsschutzersuchen vor den Verwaltungsgerichten nach näherer Maßgabe der Verwaltungsgerichtsordnung (VwGO).[113] Welche Organisationseinheit innerhalb der geschilderten pluralisierten Verwaltungsorganisation ist richtiger Klagegegner? Wie sind Beteiligtenfähigkeit und Prozessfähigkeit zu beurteilen (1)? Und schließlich: Ist es möglich, dass Organisationseinheiten untereinander Rechtsstreitigkeiten führen (2)?

108 Ausf *Emde* (Fn 54) 363 ff; *Jestaedt* (Fn 54) 537 ff; *Kluth* (Fn 44) 369 ff.

109 Vgl hier nur *Isensee* in: Isensee/Kirchhof VI, § 126 Rn 178.

110 Näher ausgeführt bei *Di Fabio* VerwArch 81 (1990) 193, 209 ff, 216 ff; weiterführend *Voßkuhle* in: Isensee/Kirchhof III, § 43.

111 Beginnend etwa mit *Klein* Die verfassungsrechtliche Problematik des ministerialfreien Raumes, 1974; *Oebbecke* Weisungs- und unterrichtungsfreie Räume in der Verwaltung, 1986; *Waechter* Geminderte demokratische Legitimation staatlicher Institutionen im parlamentarischen Regierungssystem, 1994. Zu unabhängigen Regulierungsbehörden im Lichte des Demokratieprinzips *Pöcker* VerwArch 98 (2008) 380. Eine rechtsvergleichende Betrachtung zu verselbständigten Verwaltungseinheiten findet sich bei *Ruffert* in: Trute/Groß/Röhl/Möllers (Hrsg), Allgemeines Verwaltungsrecht – zur Tragfähigkeit eines Konzepts, 2008, 431, u speziell zu den „unabhängigen Verwaltungsbehörden“ in Frankreich bei *Masing* aaO, 399.

112 Weiterführend *Groß* (Fn 4) 184 f mwN; *Krebs* in: Isensee/Kirchhof V, § 108 Rn 90 ff.

113 Den prozessualen Sonderproblemen der privatrechtsförmig organisierten Verwaltung bzw des privatrechtsförmigen Verwaltungshandelns, die aufgrund des § 40 I VwGO („öffentlich-rechtliche Streitigkeit“) regelmäßig außerhalb des Verwaltungsrechtsweges liegen, kann nicht nachgegangen werden; zur Beleihung vgl → § 10 Rn 30.

1. Verwaltungsorganisation im Verwaltungsprozess

Bei der Prüfung der Zulässigkeit verwaltungsgerichtlicher Klagen ist unabhängig von der jeweiligen Klageart die *Beteiligtenfähigkeit* auf der Beklagtenseite zu klären. Einschlägig ist § 61 Nr 1 VwGO oder § 61 Nr 3 VwGO. Nach § 61 Nr 1 VwGO sind „juristische Personen" beteiligtenfähig. Dies gilt für den Bund, die Länder und alle Körperschaften, Anstalten und Stiftungen des öffentlichen Rechts. Nach § 61 Nr 3 VwGO ist es den Landesgesetzgebern möglich, in Abweichung hiervon zu bestimmen, dass nicht diese Verwaltungsträger, sondern die „Behörden" beteiligtenfähig sind. Von dieser Ermächtigung haben in ihren Ausführungsgesetzen zur Verwaltungsgerichtsordnung die Länder Brandenburg, Mecklenburg-Vorpommern, Nordrhein-Westfalen und das Saarland (für alle Behörden) sowie Niedersachsen, Rheinland-Pfalz, Sachsen-Anhalt und Schleswig-Holstein für einen Teil der Landesbehörden Gebrauch gemacht. In diesen Ländern handeln die betroffenen Behörden in „Prozessstandschaft" für den jeweiligen Verwaltungsträger, dh sie streiten nicht über eigene, sondern über dessen Rechte und Pflichten.[114] Die *Prozessfähigkeit*, dh die Fähigkeit, einen Prozess selbst oder durch einen Bevollmächtigten zu führen, ergibt sich in den Fällen des § 61 Nr 1 und Nr 3 VwGO gleichermaßen aus § 62 III VwGO. Danach handeln für den betreffenden Beteiligten die „gesetzlichen Vertreter und Vorstände". Wer dies im Einzelfall ist, beurteilt sich nach dem Verwaltungsorganisationsrecht. So ergibt sich zB aus der jeweiligen Kommunalordnung, dass der Bürgermeister die Gemeinde vertritt. 50

Hiervon zu unterscheiden ist die dem materiellen Recht zugehörige Frage der *Passivlegitimation*. Passiv legitimiert ist derjenige, der durch ein bestimmtes Recht verpflichtet wird, gegen den zB der geltend gemachte Anspruch auf Erteilung einer Baugenehmigung besteht. Diese Frage ist im Rahmen der Prüfung der Begründetheit der Klage zu klären. Hingegen betrifft die *passive Prozessführungsbefugnis* die Befugnis, für denjenigen, dessen Verpflichtung durch den Kläger behauptet wird, als Beklagter (Antragsgegner) in eigenem Namen den Prozess zu führen. Nach richtiger und im Vordringen befindlicher Auffassung ist die passive Prozessführungsbefugnis für die beiden wichtigsten Klagearten, die Anfechtungs- und Verpflichtungsklage, in § 78 VwGO geregelt.[115] Danach ist im Rahmen der Zulässigkeitsprüfung nach § 78 I Nr 1 VwGO grundsätzlich die Klage zu richten gegen „den Bund, das Land oder die Körperschaft, deren Behörde den angefochtenen Verwaltungsakt erlassen oder den beantragten Verwaltungsakt unterlassen hat" (mithin gegen den Verwaltungsträger).[116] Auf der Grundlage des § 78 I Nr 2 VwGO sehen verschiedene Landesgesetze (vgl zB § 5 II AGVwGO NRW) vor, dass die Anfechtungs- bzw Verpflichtungsklage statt dessen gegen die Behörde, die den angefochtenen Verwaltungsakt erlassen oder den beantragten Verwaltungsakt unterlassen hat, selbst zu richten ist. Außerhalb der Anfechtungs- und Verpflichtungsklage findet § 78 VwGO keine Anwendung. Die allgemeine Leistungsklage ist gegen denjenigen 51

114 BVerwGE 45, 207, 209.

115 Vgl etwa *Ehlers* FS Menger, 1985, 381 ff; *Jestaedt* NWVBl 1998, 45; *Lorenz* Verwaltungsprozessrecht, 2000, § 21 Rn 5; *Schenke* Verwaltungsprozessrecht, 11. Aufl 2007, Rn 546; aA etwa *Happ* in: Eyermann, VwGO, § 78 Rn 1.

116 Im Falle der Organleihe des Landrats durch das Land (vgl → § 9 Rn 17) ist somit richtiger Klagegegner das Land; der Kreis ist dann richtiger Klagegegner, wenn es um die Wahrnehmung einer Kreisaufgabe geht. Auch dann, wenn diese sachlich eine staatliche Aufgabe im in → Rn 42 genannten Sinne ist, bleibt doch der Kreis (Entsprechendes gilt für die Gemeinden) nach § 78 I Nr 1 VwGO passiv prozessführungsbefugter Rechtsträger (vgl näher *Schenke* [Fn 114] Rn 547).

Verwaltungsträger zu richten, gegenüber dem der Kläger das von ihm geltend gemachte Recht behauptet, während die Feststellungsklage nach § 43 VwGO nur zulässig ist, wenn der beklagte Verwaltungsträger Beteiligter des streitigen Rechtsverhältnisses ist.

2. Der verwaltungsgerichtliche Innenrechtsstreit

52 Die bisherigen Überlegungen haben das Bild einer pluralen Verwaltungsorganisation mit zahlreichen verschiedenen Organisationseinheiten, die für jeweils unterschiedliche Belange und Interessen zuständig sind, ergeben. Ob es innerhalb dieser Verwaltungsorganisation Rechtsschutzmöglichkeiten gibt, hängt im System des deutschen Verwaltungsrechtsschutzes davon ab, ob es subjektive Positionen gibt, die sodann vor den Verwaltungsgerichten durchgesetzt werden können. Dabei sind zunächst diejenigen Konstellationen auszuscheiden, in denen sich eine Auseinandersetzung zwar innerhalb der Verwaltungsorganisation des Staates als Wirkeinheit (in Abgrenzung zur Wirkeinheit der Gesellschaft; vgl → § 7 Rn 8) bewegt, auf Grund der Verselbständigung der beteiligten Verwaltungseinheiten (Verwaltungsträger) aber eine *Außenrechtsbeziehung* zugrunde liegt. Dann ist Rechtsschutz nach allgemeinen Grundsätzen zu gewähren, so etwa im Bund-Länder-Verhältnis (vor dem BVerfG; vgl Art 93 I Nr 3 u 4 GG), bei den Klagen von Zwangsmitgliedern von Trägern der funktionalen Selbstverwaltung (zB eines Studierenden gegen den Asta) wegen Überschreitung der Verbandskompetenz,[117] und vor allem bei Konflikten zwischen den Ländern und den Kommunen. Hier steht die Reichweite des durch Art 28 II GG und die jeweilige Landesverfassung gewährten Rechts der kommunalen Selbstverwaltung gegenüber staatlichen Aufsichtsmaßnahmen in Frage, weswegen es sich um einen Streit im Außenrechtsverhältnis handelt. Problematisch ist das Bestehen subjektiver Positionen soweit es um die Wahrnehmung von übertragenen Aufgaben bzw von Pflichtaufgaben nach Weisung geht (vgl noch → § 9 Rn 19). Dann hängt die Anerkennung subjektiver Positionen und damit die Rechtsschutzgewährung von der Einordnung dieser Aufgaben und damit von spezifisch kommunalrechtlichen Umständen ab.[118]

53 Um einen *Innenrechtsstreit*[119] handelt es sich dann, wenn es auf der materiellen Ebene um eine Auseinandersetzung zwischen Organisationseinheiten oder zwischen Teilen von Organisationseinheiten innerhalb ein und desselben Verwaltungsträgers geht.[120] Der Umgang mit Rechtsschutzbegehren aus diesem Bereich bereitet bis heute Schwierigkeiten, obwohl die früher bestehende Undurchdringlichkeit des staatlichen Innenbereichs (Impermeabilität) mittlerweile überwunden ist (vgl → § 7 Rn 7; als Beleg

[117] Hierbei geht es um die Reichweite des Grundrechtsschutzes des Zwangsmitgliedes; vgl nur OVG Bremen NVwZ 1999, 211; *Meßerschmidt* VerwArch 81 (1999) 55; sowie Rn 22.

[118] Vgl näher *Schmidt-Aßmann/Röhl* in: Schmidt-Aßmann/Schoch (Hrsg), Bes VwR, Kap 1 Rn 39 u 45.

[119] Zur Terminologie vgl *Lorenz* (Fn 115) § 25 Rn 2. Weit verbreitet sind die Bezeichnungen „Organstreitigkeiten", bzw „Insichprozess", die beide zu eng sind, da es nicht nur um Streitigkeiten zwischen Organen im o genannten Sinne (Rn 28) bzw um den Aspekt der Beteiligung desselben Rechtsträgers in beiden Parteirollen geht.

[120] Weiterführend *Erichsen* FS Menger (Fn 115) 423; *Bauer/Krause* JuS 1996, 411 ff, 512 ff, sowie aus neuerer Zeit *Wahl/Schütz* in: Schoch/Schmidt-Aßmann/Pietzner, VwGO, § 42 II Rn 91 ff; *Lorenz* (Fn 115) § 25; *Roth* Verwaltungsrechtliche Organstreitigkeiten, 2001; *Diemert* Der Innenrechtsstreit im Öffentlichen Recht und im Zivilrecht, 2002.

hierfür kann auch der verfassungsgerichtliche Organprozess nach Art 93 I Nr 1 GG gelten).[121] Die Verwaltungsgerichtsordnung ist auf Streitigkeiten im Außenrechtsverhältnis zugeschnitten (vgl aber § 47 II 1 Var 2: Antragsbefugnis der Behörden im Normenkontrollverfahren) und die legitimatorische Basis des Verwaltungsrechtsschutzes, Art 19 IV GG, umfasst nach allgM nur personale Rechtsstellungen.[122] Jedoch hat es der Gesetzgeber in der Hand, darüber hinaus zu gehen, und *Positionen jenseits des Außenverhältnisses zu versubjektivieren.* Ergibt sich eine solche Versubjektivierung aus den jeweils einschlägigen verwaltungsorganisationsrechtlichen Bestimmungen, dann besteht die nach § 42 II VwGO erforderliche „Klagebefugnis". Zur Realisierung entsprechender Rechtsschutzbegehren stehen die Leistungs- bzw die Feststellungsklage zur Verfügung, während die Anfechtungs- und Verpflichtungsklage mangels Außenwirkung (vgl § 35 S 1 VwVfG) nicht möglich ist.[123] Infolge der grundsätzlichen Anerkennung des Innenrechtsstreits ist bei der Handhabung der übrigen Zulässigkeitsvoraussetzungen pragmatisch zu verfahren.[124]

Ob eine durchsetzungsfähige subjektive Position besteht, hängt davon ab, ob die **54**
Interpretation der jeweiligen verwaltungsorganisationsrechtlichen Bestimmungen unter Berücksichtigung des Standorts und der Funktion der handelnden Organisationseinheiten Anhaltspunkte für die Zuweisung spezifischer Interessen ergibt. Die betreffenden Organisationseinheiten können dann als *„Kontrastorgane"* bezeichnet werden.[125] Hierdurch wird es den betreffenden Organisationseinheiten ermöglicht, die Verwaltungsgerichte zu mobilisieren und eine externe Verwaltungskontrolle (vgl Rn 41) in Gang zu setzen. Die Gerichte werden dadurch zur Konfliktbereinigung innerhalb der Verwaltungsorganisation herangezogen.[126]

Herkömmlich wird unterschieden zwischen *Interorganstreitigkeiten* (über die Zu- **55**
ständigkeitsabgrenzung und die Statthaftigkeit von Aufsichtsmaßnahmen zwischen verschiedenen Organisationseinheiten) und *Intraorganstreitigkeiten.*[127] Hierbei geht es vor allem um Verfahrenspositionen innerhalb von Kollegialorganen (rechtzeitige Einladung aller Mitglieder, Ausschluss von Mitgliedern aus bestimmten Gründen, Öffentlichkeit der Sitzungen etc). Ein Schwerpunkt dieser Streitigkeiten wie auch der Interorganstreitigkeiten (zB zwischen Bürgermeister und Gemeinderat) liegt im Bereich des Kommunalrechts (sog Kommunalverfassungsstreit).[128] In beiden Fallgruppen ist die Anerkennung subjektiver Positionen umso eher möglich, je mehr Verselbständigungen bestehen und Partikularinteressen unterschiedlichen Organisationseinheiten zugeordnet sind. Dort, wo die Verwaltungsorganisation hierarchisch geordnet ist, ist für einen

121 Zur Verrechtlichung des staatlichen Innenraums *Pöcker* JZ 2006, 1108.

122 Vgl Sächs OVG NJW 1999, 2832 → JK VwGO/Sächs DSG §§ 61, 42 II/3; *Krebs* Jura 1981, 575.

123 Die ursprüngliche Konstruktion einer „Klage sui generis" (vgl noch OVG NRW OVGE 27, 25, 260) ist heute aufgegeben. Zum Rechtsschutz gegen Organisationsrechtsakte vgl noch Rn 2.

124 Schwierigkeiten bereitet insbes die Beurteilung der Beteiligtenfähigkeit der klagenden bzw beklagten Organisationseinheiten (vgl hierzu nur *Lorenz* [Fn 115] § 25 Rn 20 f).

125 Nach *Kisker* Insichprozess und Einheit der Verwaltung, 1968, 38 ff. *Ruffert* DÖV 1998, 897, spricht von „Interessenausgleich".

126 Vgl *Krebs* in: Isensee/Kirchhof V, § 108 Rn 57 ff; *Schmidt-Aßmann* Ordnungsidee, 4. Kap Rn 75.

127 Vgl *Schnapp* AöR 105 (1980) 276.

128 Vgl hierzu *Schmidt-Aßmann/Röhl* in: Schmidt-Aßmann/Schoch (Hrsg), Bes VwR, Kap 1 Rn 82 ff; *Burgi* Kommunalrecht, 2. Aufl 2008, § 9.

Innenrechtsstreit grundsätzlich kein Raum, so zB zwischen den verschiedenen Abteilungen einer Bezirksregierung oder zwischen einer mittleren und einer unteren Sonderbehörde (vgl noch → § 9 Rn 14 f).

§ 9
Bestand und Aufbau der unmittelbaren Staatsverwaltung

I. Unmittelbare Bundesverwaltung

1 Wie bereits geschildert (→ § 8 Rn 10 f), umfasst die unmittelbare Bundesverwaltung diejenigen Verwaltungseinheiten des Bundes, die nicht selbst Verwaltungsträger sind. Im Folgenden wird der Aufbau der unmittelbaren Bundesverwaltung veranschaulicht und ein Überblick über den Bestand der wichtigsten hierzu zählenden Organisationseinheiten gegeben, in Anknüpfung an die Darstellung zur Vielfalt der Organisationsformen in der unmittelbaren Staatsverwaltung (→ § 8 Rn 32 f). Der Gesamtbestand der Bundesverwaltung wird komplementiert durch die Organisationseinheiten der mittelbaren Bundesverwaltung, dh den Körperschaften, Anstalten und Stiftungen des öffentlichen Rechts sowie den privatrechtsförmigen Verwaltungsträgern auf Bundesebene (vgl → § 8 Rn 11 ff).

1. Struktur

2 a) *Überblick.* Das Bild der unmittelbaren Bundesverwaltung ist unübersichtlich und lässt eine große Diversifizierung erkennen. Dabei fällt eine vergleichsweise starke Konzentration in vertikaler Richtung auf (vgl → § 8 Rn 26), was an der föderalen Verteilung der Verwaltungskompetenzen nach Art 83 ff GG liegt. Verwaltungsaufgaben, die bei fehlender föderaler Untergliederung durch Mittel- und Unterbehörden des Bundes wahrzunehmen wären, werden unter dem Grundgesetz zum großen Teil durch die Länder wahrgenommen. Wie bereits ausgeführt, ist der Bund dann für die Verwaltung zuständig, wenn eine der Zuordnungsnormen der Art 87 ff GG zu seinen Gunsten eingreift (vgl → § 7 Rn 22). Die Bundesverwaltung verfügt daher nicht über allgemeine Verwaltungsbehörden, sondern über Sonderverwaltungsbehörden, die für jeweils bestimmte, dem Bund durch jene Normen zugeordnete Aufgaben zuständig sind. Die Zuordnungsnormen geben auch Auskunft darüber, ob die jeweils gewählte Organisationsform statthaft ist (vgl bereits oben → § 7 Rn 25). Dabei werden entweder einzelne Organisationsformen für zulässig erklärt (etwa die „selbständige Bundesoberbehörde" in Art 87 III 1 GG) oder der Bund wird schlicht dazu ermächtigt, die betreffenden Gegenstände in „bundeseigener Verwaltung" zu führen. Dieser Begriff ist synonym mit dem Begriff der unmittelbaren Bundesverwaltung[1] und zB in Art 87 I 1, 87b I 1, 87 f II 2 GG genannt.[2]

[1] Vgl *Stern* StR II, 817.
[2] Neben den Kommentierungen zu Art 86, 87 GG befassen sich mit Bestand u Aufbau der Bundesverwaltung va *Dittmann* Die Bundesverwaltung, 1983; *Loeser* Die Bundesverwaltung in der Bundesrepublik Deutschland, 1986; *Becker* Öffentliche Verwaltung, Lehrbuch für Wissen-

Ordnet man die Organisationseinheiten der unmittelbaren Bundesverwaltung in vertikaler Richtung, stehen an der Spitze die *obersten Bundesbehörden*. Sie sind primär mit Aufgaben der Regierung, aber auch mit Verwaltungsaufgaben befasst (vgl → § 7 Rn 12) und besitzen Verfassungsrang. Oberste Bundesbehörden sind die Bundesregierung, der Bundeskanzler (einschl Bundeskanzleramt, Presse- und Informationsamt sowie Beauftragter für Angelegenheiten der Kultur und der Medien), die Bundesminister bzw die Bundesministerien. Für die Organisationsgewalt in diesem Bereich sind die Art 64, 65 GG maßgeblich.[3] Die obersten Bundesbehörden sind keiner anderen Behörde untergeordnet. 3

Im Weiteren ist danach zu differenzieren, ob die betreffende Organisationseinheit über einen Verwaltungsunterbau verfügt oder nicht. Ohne Verwaltungsunterbau, dh mit örtlicher Zuständigkeit für das ganze Bundesgebiet, agieren die *Bundesoberbehörden*. Sie sind organisatorisch verselbständigte, jedoch den Bundesministerien nachgeordnete Behörden, die insbesondere auf der Grundlage des Art 87 III 1 GG („selbständige Bundesoberbehörden") errichtet worden sind.[4] Wichtige Beispiele sind das Bundeskartellamt,[5] das Kraftfahrt-Bundesamt, das Statistische Bundesamt, das Deutsche Patentamt oder die Bundesprüfstelle für jugendgefährdende Schriften. Neue Verwaltungsaufgaben, denen sich der Bund auf Grund veränderter politischer, technischer und/oder ökonomischer Entwicklungen widmen will, werden häufig einer Bundesoberbehörde zugeordnet. Dies gilt etwa für das Umweltbundesamt, die Bundesnetzagentur[6] und für das Bundesamt für Sicherheit in der Informationstechnik. Gem Art 87 III 1 GG erfolgt ihre Einrichtung durch „Bundesgesetz". Ein Beispiel aus neuerer Zeit bildet die mit der Zertifizierung von Produkten der sog Riester-Rente befasste Zertifizierungsstelle beim Bundesamt für das Versicherungswesen.[7] In den vergangenen Jahren neu geordnet wurden die Bundesschuldenverwaltung[8] und die Bank- und Börsenaufsicht.[9] 4

Eine auf Grund verfassungsrechtlicher Anordnung (vgl Art 87 I 2 GG) bestehende besondere Organisationsform bildet die *Zentralstelle*. Sie ist auf Grund des spezifischen Anforderungsprofils der betroffenen Sachmaterien durch eine Verknüpfung mit den entsprechenden Stellen der Länder gekennzeichnet.[10] Auch sie verfügt nicht über einen 5

schaft und Praxis, 1989, 289 ff; *Oebbecke* in: Isensee/Kirchhof VI, § 136 Rn 80 ff. Über den tatsächlichen Bestand Auskunft geben: Das im Heymanns-Verlag erschienene Staatshandbuch Bund 2007, u die Seite www.bund.de.

3 Vgl *Kölble* in: Jeserich/Pohl/v Unruh (Hrsg), Deutsche Verwaltungsgeschichte V, 1987, 174 ff; *Burgi* in: v Mangoldt/Klein/Starck, GG III, Art 86 Rn 45 mwN.

4 Vgl hierzu *Britz* DVBl 1998, 1167.

5 Vgl zu diesem *Jochum* VerwArch 94 (2003) 512.

6 Zur teilweise bestehenden Unabhängigkeit der Bundesnetzagentur von der Ministerialverwaltung *Masing* FS Schmidt, 2006, 521. Obgleich sie eine Bundesoberbehörde ist, kann die Bundesnetzagentur im Wege der Organleihe auch Regulierungsaufgaben eines Bundeslandes wahrnehmen und wird in diesem Fall zu einem in die Verwaltungsstrukturen des jeweiligen Landes eingebetteten Landesorgan, vgl BGHZ 176, 256; aA OLG Düsseldorf RdE 2007, 163.

7 Auf Grund G v 26.6.2001 (BGBl I, 1310, 1322).

8 Durch das Gesetz zur Neuordnung des Schuldbuchrechts des Bundes u der Rechtsgrundlagen der Bundesschuldenverwaltung v 11.12.2001 (BGBl I, 3519).

9 Durch das Finanzdienstleistungsgesetz v 22.4.2002 (BGBl I, 1310); aus der Diskussion vgl *Häde* JZ 2001, 105, u *Junker* Gewährleistungsaufsicht über Wertpapierdienstleistungsunternehmen, 2003, 70 ff.

10 Vgl *Gusy* DVBl 1993, 1117; *Baumann* DVBl 2008, 758.

Unterbau und ist bundesweit tätig. Zentralstellen sind das Bundeskriminalamt und das Bundesamt für Verfassungsschutz (vgl noch Rn 9).

6 Ist ein eigener Verwaltungsunterbau (bezogen auf die Bundesministerien) statthaft, so trifft man in verschiedenen Bereichen *Bundesbehörden der Mittelstufe* (etwa die Wasser- und Schifffahrtsdirektionen) und zusätzlich (jenen nachgeordnete) *Bundesbehörden der Unterstufe* an (etwa die Wasser- und Schifffahrtsämter oder die Standortverwaltungen der Bundeswehr). Davon zu unterscheiden sind bloße Außenstellen (etwa einer Bundesoberbehörde), die bei sämtlichen Organisationsformen bestehen können.

7 b) *Schaubild*

Oberste Bundesbehörde (Ministerium)

↙ ↘

Ohne Verwaltungsunterbau:	Mit Verwaltungsunterbau:
Bundesoberbehörden, Zentralstellen	↓
	Bundesbehörden der Mittelstufe
	↓
	Bundesbehörden der Unterstufe

2. Einzelne Aufgabenfelder

8 Im Bereich der *„auswärtigen Angelegenheiten“* iSv Art 73 Nr 1 bzw Art 32 I GG sind unterhalb des Auswärtigen Amtes (des Außenministeriums) sowie unterhalb der für Teilbereiche zuständigen anderen Ministerien (das Umweltministerium oder das für Entwicklungshilfe zuständige Ministerium) die Auslandsvertretungen des Bundes (nach § 3 I des Gesetzes über den auswärtigen Dienst[11] Botschaften, Generalkonsulate und Konsulate sowie Ständige Vertretungen bei zwischenstaatlichen und überstaatlichen Organisationen) tätig. Der mittelbaren Bundesverwaltung zuzurechnen sind eine Reihe privatrechtsförmig organisierter Einheiten wie etwa der Deutsche Akademische Auslandsdienst eV (DAAD) oder das Goethe-Institut zur Pflege der deutschen Sprache im Ausland und zur Förderung der internationalen kulturellen Zusammenarbeit eV.[12] Die Aufgaben der *Verteidigung* sind zum einen „den Streitkräften“ zugewiesen (Art 87a GG), zum anderen ordnet Art 87b I 1 iVm 2 für das Personalwesen und die Deckung des Sachbedarfs der Streitkräfte die Zuständigkeit der „Bundeswehrverwaltung“ an. Die übrige Verteidigungsverwaltung kann nach Art 87b II GG ebenfalls der „bundeseigenen Verwaltung mit eigenem Verwaltungsunterbau“ zugewiesen werden. Die sog territoriale Bundeswehrverwaltung gliedert sich in das Bundesministerium der Verteidigung, dem ihm als Bundesoberbehörde nachgeordneten Bundesamt für Wehrverwaltung sowie andere dem Ministerium unterstellte Dienststellen (zB das Bundessprachenamt), während die mittlere Ebene gebildet wird aus den Wehrbereichsverwaltungen und die Unterstufe va von den Kreiswehrersatzämtern und den Standortverwaltungen. Die zweite Säule (der Rüstungsbereich) besteht dagegen ohne Mittel- und Unterinstanz lediglich aus dem Bundesamt für Wehrtechnik und Beschaffung als Bundesoberbehörde und einer Reihe ihm nachgeordneter Dienststellen.[13] Auf dem Gebiet der Beschaffung

11 G v 30.8.1990 (BGBl I, 1842).

12 Vgl zum Ganzen *Burgi* in: v Mangoldt/Klein/Starck (Hrsg), Art 87 Rn 15 f mwN, sowie *Rösler* Jura 1998, 220.

13 Vgl zum Ganzen die aktuellen Kommentierungen zu Art 87a u Art 87b GG.

und Verwertung ist sogar in diesem Bereich eine privatrechtsförmige Organisationseinheit tätig, nämlich die „Gesellschaft für Entwicklung, Beschaffung und Betrieb (g.e.b.b.) mbH".

Auf dem Gebiet der *inneren Sicherheit* sind neben den „Bundespolizeibehörden" (Bundespolizeipräsidium, Bundespolizeidirektionen, Bundespolizeiakademie und die Bundespolizeiämter) im Verantwortungsbereich des Bundesministeriums des Inneren (vgl §§ 1, 57 BPolG), deren Aufgabenbereich je nach Sicherheitslage immer wieder in der Diskussion steht,[14] die bereits erwähnten Zentralstellen Bundeskriminalamt (für das polizeiliche Auskunfts- und Nachrichtenwesen und für die Kriminalpolizei) und Bundesamt für Verfassungsschutz tätig, jeweils auf der verfassungsrechtlichen Grundlage des Art 87 I 2 GG. Im Übrigen obliegt die Verwaltungstätigkeit im Bereich der inneren Sicherheit den Ländern. Der „Militärische Abschirmdienst" (MAD) im Geschäftsbereich des Bundesministeriums der Verteidigung beruht hingegen auf Art 87a GG, der Bundesnachrichtendienst (BND)[15] ist eine auf der Grundlage des § 1 I 1 BundesnachrichtendienstG[16] errichtete Bundesoberbehörde. 9

Die *Bundesfinanzverwaltung* beschäftigt sich mit „Zöllen, Finanzmonopolen, den bundesgesetzlich geregelten Verbrauchsteuern einschließlich der Einfuhrumsatzsteuer und den Abgaben im Rahmen der Europäischen Gemeinschaften" (Art 108 I 1 GG). Sie gliedert sich in das Bundesministerium der Finanzen, die Oberfinanzdirektionen und die Hauptzollämter sowie das Zollkriminalamt und die Zollfahndungsämter nach näherer Maßgabe des Finanzverwaltungsgesetzes idF v 4.4.2006.[17] Eine Besonderheit besteht darin, dass nach Art 108 I 3 GG die Leiter der Mittelbehörden (der Oberfinanzdirektionen) „im Benehmen mit den Landesregierungen" zu bestellen sind. Durch §§ 8a, 9a FinanzverwaltungsG sind die bundes- und landesrechtlichen Mittelbehörden zu einer gemeinsamen Behörde, den Oberfinanzdirektionen, mit einem Präsidenten an der Spitze, der zugleich Bundes- und Landesbeamter ist und von Bund und Ländern einvernehmlich zu bestellen ist, verschmolzen worden (vgl Art 108 IV GG). Bei genauer Betrachtung zerfällt jede Oberfinanzdirektion in zwei organisatorisch, haushaltsrechtlich und personell relativ deutlich getrennte Behörden (die Bundesabteilung und die Landesabteilung). Unterhalb der Oberfinanzdirektion stehen innerhalb der Landesverwaltungsorganisation die Finanzämter. 10

In den Bereichen von *Bahn, Post* und *Telekommunikation* haben sich im Zuge der Liberalisierungs- und Privatisierungspolitik (vgl näher → § 10 Rn 37 f), teilweise infolge europarechtlicher Anstöße, grundlegende organisatorische Veränderungen ergeben, die in Art 87e GG (Eisenbahnen des Bundes; vgl ferner Art 143a GG) bzw Art 87f GG (Postwesen und Telekommunikation; vgl ferner Art 143b GG) genau festgelegt sind. Danach ist auf staatlicher Seite insbesondere zu unterscheiden zwischen der Erbringung der jeweiligen Dienstleistungsaufgaben als „privatwirtschaftliche Tätigkeiten" im oben, → § 7 Rn 12, genannten Sinne, die in den Formen des Privatrechts, also durch mittelbare Bundesverwaltung, erfolgt und der Erfüllung der jeweils verbliebenen Hoheitsaufgaben (der Regulierung; vgl → § 10 Rn 9) in „bundeseigener Verwaltung" 11

[14] Vgl nur *Ronellenfitsch* VerwArch 90 (1999) 239; *Schütte* DÖD 2002, 105; *Wagner* DÖV 2009, 66.

[15] Vgl hierzu *Brenner* Bundesnachrichtendienst im Rechtsstaat, 1990; *Gröpl* Die Nachrichtendienste im Regelwerk der deutschen Sicherheitsverwaltung, 1993.

[16] G idF v 31.7.2009 (BGBl I, 2499).

[17] BGBl I, 846, ber 1202; zuletzt geändert durch G v 10.8.2009 (BGBl I, 2702).

(Art 87e I 1; Art 87f II 2 GG). Sonderfälle betreffen die Verwaltung von Unternehmensanteilen bzw des Personals aus der Zeit vor den jeweiligen Reformen.[18]

II. Unmittelbare Landesverwaltung

12 In der Mehrzahl der Aufgabenbereiche geht es entweder um den Vollzug von Landesrecht oder um den Vollzug von Bundesrecht, der nach Art 83 GG außerhalb der soeben thematisierten Bereiche der Bundesverwaltung ebenfalls der Landesverwaltung zugewiesen ist (vgl → § 7 Rn 22). Die Organisationseinheiten auf Landesebene (zur mittelbaren Staatsverwaltung vgl → § 8 Rn 11 f) sind demnach mit dem Vollzug in so wichtigen Materien wie dem Polizei- und Ordnungsrecht,[19] weiten Teilen des Umweltrechts, des Baurechts, des Wirtschaftsverwaltungsrechts oder im Schulrecht betraut. Der nachfolgende Überblick spart die Stadtstaaten Berlin, Bremen und Hamburg aus. Das jeweilige Gesamtspektrum mit zahlreichen weiteren praktischen Informationen (Anschriften, Amtswalter etc) spiegelt sich in den im *Heymanns-Verlag* erscheinenden Staatshandbüchern für die einzelnen Bundesländer wider. Vorauszuschicken ist, dass die Verwaltungsstrukturen in den einzelnen Bundesländern sehr unterschiedlich sind und sich im Zuge von Reformmaßnahmen uU teilweise noch weiter auseinander entwickeln dürften.

1. Normenbestand und Struktur

13 Neben den einzelnen Landesverfassungen (vgl → § 7 Rn 20) gibt es in einigen Ländern Landesorganisationsgesetze,[20] nämlich in Baden-Württemberg,[21] Brandenburg,[22] Mecklenburg-Vorpommern,[23] Nordrhein-Westfalen,[24] Saarland,[25] Sachsen[26] und Schleswig-Holstein.[27] Sowohl in diesen Ländern als auch in den übrigen Ländern, in denen sich die Struktur der Verwaltungsorganisation aus verschiedenen, verstreuten gesetzlichen

[18] Vgl neben den jeweiligen Grundgesetz-Kommentaren *Gersdorf* JZ 2008, 831, 835 (zur Bahn), bzw *Stern* DVBl 1997, 309 (zu Post u Telekommunikation).

[19] Außerhalb der soeben, Rn 9, genannten Bereiche; hierbei ergeben sich auf der Ebene des einzelnen Landesrechts organisatorische Besonderheiten infolge der Trennung zwischen den Polizei- bzw Ordnungsbehörden u dem polizeilichen Vollzugsbereich.

[20] Zu deren Bestand, Zielsetzungen u Zukunftsperspektiven *König* Kodifikation des Landesorganisationsrechts, 2000, 101 ff.

[21] Landesverwaltungsgesetz idF v 14.10.2008 (GBl, 313, 314), erlassen als Teil des Verwaltungsstrukturreform- und Weiterentwicklungsgesetzes vom 14.10.2008 (GBl, 313).

[22] Landesorganisationsgesetz idF v 24.5.2004 (GVBl I, 186), zuletzt geändert durch G v 19.12.2008 (GVBl I, 367).

[23] Landesorganisationsgesetz v 14.3.2005 (GVOBl, 98).

[24] Landesorganisationsgesetz v 10.7.1962 (GV, 421), zuletzt geändert durch G v 18.11.2008 (GV, 706) u dazu *Stähler* Landesorganisationsgesetz NRW, 2004.

[25] Landesorganisationsgesetz idF v 27.3.1997 (ABl, 410), zuletzt geändert durch G v 21.11.2007 (ABl 2008, 278).

[26] Verwaltungsorganisationsgesetz v 25.11.2003 (GV, 899), zuletzt geändert durch G v 29.1.2008 (GV, 138).

[27] Landesverwaltungsgesetz idF v 2.6.1992 (GVOBl, 243, 534), zuletzt geändert durch G v 24.9.2009 (GVOBl, 633).

Regelungen (einschl Verordnungen) sowie aus Verwaltungsanordnungen ergibt,[28] sind die jeweiligen Gemeinde- und Kreisordnungen einzubeziehen (vgl sogleich 2). In den öffentlich-rechtlichen Fachzeitschriften auf Landesebene finden sich bisweilen Beiträge, die über den Bestand der jeweiligen Verwaltungsorganisation, zumeist aus Anlass von Reformvorhaben, berichten.[29] Der Zugang wird durch die Verwendung uneinheitlicher Bezeichnungen für die einzelnen Behörden erschwert (vgl bereits → § 8 Rn 29).

a) *Aufbaustrukturen.* Auch innerhalb der (unmittelbaren) Landesverwaltung kann zwischen der Oberstufe, der Mittelstufe und der Unterstufe unterschieden werden. Ein weiteres Unterscheidungskriterium ergibt sich aus dem Aufgabenkreis der jeweiligen Organisationseinheit, dh der sachlichen Zuständigkeit (vgl → § 8 Rn 36). So gibt es *Sonderverwaltungsbehörden*, die nur für bestimmte Verwaltungsaufgaben zuständig sind, und *allgemeine Verwaltungsbehörden*, die für die übrigen Aufgaben zuständig sind. **14**

Auf der Oberstufe sind zunächst die *obersten Landesbehörden* angesiedelt, dh die Landesregierung, der jeweilige Ministerpräsident bzw die Ministerpräsidentin und die einzelnen Ministerien. Daneben gibt es auch hier sog obere Landesbehörden (*Landesoberbehörden*), die einem Minister unmittelbar nachgeordnet, sachlich für einen bestimmten Aufgabenkreis und örtlich für das gesamte Landesgebiet zuständig sind. Man kann sie als Sonderverwaltungsbehörden der Oberstufe bezeichnen. Im Unterschied zur Bundesebene können sie auch über einen Verwaltungsunterbau (in Gestalt von unteren Sonderbehörden) verfügen. Beispiele: Statistisches Landesamt, Landesamt für Besoldung und Versorgung, Landesamt für Denkmalpflege etc; als Beispiel für eine Landesoberbehörde mit Unterbau: Landesversorgungsamt mit Versorgungsämtern. **15**

Auf der Mittelstufe gibt es zum einen *Sonderverwaltungsbehörden* (Beispiel: Schulamt). Als *allgemeine Verwaltungsbehörde* fungiert in den meisten Bundesländern der Regierungspräsident (bzw je nach gewählter Bezeichnung die Bezirksregierung, das Regierungspräsidium oder auch die „Regierung von Oberbayern"). Im Regierungspräsidium werden, zur Entlastung der Ministerien, die Zuständigkeiten für die verschiedensten Verwaltungsaufgaben gebündelt. Dies ermöglicht zugleich eine Koordination der nachgeordneten Behörden. Gegenüber den größeren Gemeinden und Kreisen als Träger der kommunalen Selbstverwaltung übt das Regierungspräsidium regelmäßig die Aufsicht aus. Das Regierungspräsidium ist somit das Produkt einer horizontalen Konzentration in fachlicher Hinsicht. Gibt es innerhalb eines Landes mehrere Regierungspräsidien, so liegt zugleich ein Fall der horizontalen räumlichen Dekonzentration vor (vgl allgemein oben → § 8 Rn 26). Auf Grund ihrer etwas zufällig anmutenden Aufgabenkreise und des Bestrebens nach Verkürzung des Instanzenzuges sind die Regierungspräsidien immer wieder Gegenstand von Funktionalreformdiskussionen.[30] In **16**

[28] Gesamtüberblicke über die Verwaltungsorganisation auf Landesebene bei *Becker* (Fn 2) 318 ff; *Wahl* in: Jeserich/Pohl/v Unruh (Fn 3) 208 ff; *König* (Fn 20) 114 ff; *Wolff/Bachof/Stober* VwR III, § 80 Rn 253 ff.

[29] Aus neuerer Zeit: *Thörmer* NdsVBl 2000, 187; *Häusler* NdsVBl 2004, 145; *Munding* VBlBW 2004, 448; *König* LKV 2005, 190 (zu Brandenburg); *Meyer* LKV 2005, 233 (zu Mecklenburg-Vorpommern); *Beck* LKV 2005, 473, u *Miller* LKV 2005, 478 (beide zu Sachsen-Anhalt); *Schenk* VBlBW 2006, 228; *Peißl* BayVBl 2006, 205; *Sponer* LKV 2006, 337 (zu Sachsen); *Ruffert* ThürVBl 2006, 265; *Schaefer* VBlBW 2007, 447; *Reimers* VBlBW 2008, 281; *Palmen/Schönenbroicher* NVwZ 2008, 1173 (zu Nordrhein-Westfalen).

[30] Vgl *Wahl* in: Jeserich/Pohl/v Unruh (Fn 3) 227 ff; *Schrapper* DÖV 1994, 157; *Twenhöven/Feller-Elverfeld* NWVBl 2002, 26. Gesamtüberblick über den Stand der Verwaltungsreformen bei

Brandenburg, Mecklenburg-Vorpommern, Niedersachsen, im Saarland und in Schleswig-Holstein gibt es kein Regierungspräsidium bzw keine Bezirksregierung; in Thüringen nimmt ein „Landesverwaltungsamt" mit Zuständigkeit für das gesamte Land die ansonsten dem Regierungspräsidium zugewiesenen Aufgaben wahr.[31] In Rheinland-Pfalz sind zum 1.1.2000 die Bezirksregierungen durch zwei „Struktur- und Genehmigungsdirektionen" bzw eine „Aufsichts- und Dienstleistungsdirektion" (auf der Oberebene) abgelöst worden,[32] in Sachsen-Anhalt besteht seit 1.1.2004 ein „Landesverwaltungsamt" statt der Regierungspräsidien.[33] Auch in Nordrhein-Westfalen sind auf der Mittelstufe durch die Auflösung verschiedener Sonderbehörden und eine Verschlankung der Bezirksregierungen (erste) Reformschritte sichtbar geworden.[34] Die Trennlinie zwischen der allgemeinen Verwaltung und den Sonderverwaltungsbehörden wird durchbrochen, wenn eine untere Sonderbehörde dem Regierungspräsidenten nachgeordnet ist (zB: die Bergämter unterhalb der Bezirksregierung Arnsberg nach § 5 Gesetz zur Straffung der Behördenstruktur in Nordrhein-Westfalen).[35]

17 Auf der Unterstufe tritt das Land als Verwaltungsträger zunächst mit den *unteren Sonderbehörden* in Erscheinung (Bsp: Eichämter, Gewerbeaufsichtsämter, Finanzämter, Schulämter). Im Bereich der *allgemeinen Verwaltung* findet hingegen eine Verknüpfung mit der kommunalen Ebene statt. Die Einzelheiten divergieren von Land zu Land und hängen von der jeweiligen kommunalrechtlichen Situation ab. Dabei können grob zwei verschiedene Modelle der Organisation der *„unteren allgemeinen Verwaltungsbehörde"* unterschieden werden:

- Aufgaben der unteren Verwaltungsbehörde sind kommunalisiert, dh die kreisfreien Städte (Stadtkreise), weitere Gemeinden ab einer bestimmten Größe (zB die Großen Kreisstädte in Baden-Württemberg) und für das Gebiet der übrigen Gemeinden die Landkreise, nehmen diese Aufgaben als Verwaltungsträger wahr, dh innerhalb des Systems der kommunalen Aufgaben. Es erfolgt insoweit eine Dezentralisation durch Überführung auf die Ebene der mittelbaren Staatsverwaltung. Darauf ist sogleich (2) kurz zurückzukommen. In einigen Ländern werden alle Aufgaben der unteren Verwaltungsbehörde von Kommunen wahrgenommen (sog Vollkommunalisierung; so in Niedersachsen und in Sachsen[36]).
- Außerhalb der Zuständigkeit der kreisfreien Städte (Stadtkreise) bzw der anderen größeren Städte fungieren in Bundesländern, in denen keine Vollkommunalisierung erfolgt ist (namentlich in Bayern und Nordrhein-Westfalen) für einen Teil der Aufgaben die Landräte als untere Verwaltungsbehörde. Hierbei handelt es sich um einen Fall der sog *Organleihe*, indem der betreffende Landrat als Organ des Verwaltungsträgers Landkreis neben den Aufgaben dieses (seines) Verwaltungsträgers Aufgaben

Ruge ZG 2006, 129. Zu Modellvarianten und Parametern einer Reform der Mittelbehörden *Reimers* der moderne staat (dms) 2008, 303, 305 ff.

[31] Vgl hierzu *Laßleben* ThürVBl 1995, 11; für Niedersachsen *Bogumil/Kottmann* Verwaltungsstrukturreform – die Abschaffung der Bezirksregierungen in Niedersachsen, 2006.

[32] Vgl §§ 5 ff des Landesgesetzes zur Reform u Neuorganisation der Landesverwaltung v 12.10. 1999 (GVBl, 325).

[33] Vgl *Leimbach/Borschel* LKV 2004, 484.

[34] *Palmen/Schönenbroicher* NVwZ 2008, 1173, 1177 f.

[35] G v 12.12.2006 (GV, 622).

[36] Vgl *Sponer* Die Abschaffung der unteren staatlichen Verwaltungsbehörden im sächsischen Landratsamt, 2001. Weiterführend zur „Kommunalisierung" *Burgi* DV 42 (2009) 155.

eines anderen Verwaltungsträgers wahrzunehmen hat; diese Landräte befinden sich in einer Doppelstellung, da sie hinsichtlich eines Teils ihrer Aufgaben Behörde des Verwaltungsträgers Landkreis und hinsichtlich eines anderen Teils ihrer Aufgaben Behörde des Verwaltungsträgers Land sind. Von der Art der jeweils wahrgenommenen Aufgabe hängen ua ab die Wahl des richtigen Klagegegners, die zuständige Aufsichtsbehörde und die Bestimmung des Schuldners bei Haftungs- und Entschädigungsansprüchen.[37]

b) *Schaubild.* Vereinfacht, dh ohne Berücksichtigung der Besonderheiten in einzelnen Bundesländern, lassen sich diese Strukturen wie folgt darstellen: 18

Oberste Landesbehörden (va Ministerien)

↓ ↓

Allgemeine Verwaltungsbehörden | **Sonderverwaltungsbehörden**

Landesoberbehörden

Regierungspräsident (Bezirksregierung) | Mittlere Sonderbehörden

↓ ↓

Untere allgemeine Verwaltungsbehörde (Verzahnung mit der kommunalen Ebene) | Untere Sonderbehörden

2. Ausblick auf die kommunale und regionale Ebene

Wie soeben veranschaulicht, ergibt sich, wenn auch in unterschiedlichem Umfang, eine Verzahnung der staatlichen mit der kommunalen Ebene durch vollständige oder teilweise Kommunalisierung der Aufgaben der unteren staatlichen Verwaltungsbehörde (Dezentralisation). Die Kommunen (Gemeinden und Kreise) werden hierdurch zu Trägern mittelbarer Staatsverwaltung. Im System der kommunalen Aufgaben ergibt sich das Problem der *Qualifizierung jener „staatlichen Verwaltungsaufgaben“*. Die Einordnung hängt davon ab, ob das jeweilige Kommunalrecht dem sog dualistischen Modell der kommunalen Aufgaben folgt und zwischen Aufgaben im übertragenen Wirkungskreis (Auftragsangelegenheiten) und Selbstverwaltungsaufgaben differenziert oder aber eine einheitliche Qualifizierung als kommunale Aufgaben mit unterschiedlich gestaffelten staatlichen Weisungsbefugnissen (sog monistisches Modell) vorsieht. Stets ist nämlich der Aufgabenkreis der Kommunen nicht auf die Aufgaben der unteren Verwaltungsbehörde beschränkt. Ausdruck des ihnen durch Art 28 II GG und den entsprechenden Bestimmungen in den Landesverfassungen verliehenen Rechts der kommunalen Selbstverwaltung ist vielmehr gerade die Wahrnehmung der „örtlichen Aufgaben“ (sog freiwillige Aufgaben und Pflichtaufgaben ohne Weisung). Hierbei handelt es sich um Selbstverwaltungsangelegenheiten, bei denen allenfalls eine Pflicht zur Aufgaben- 19

[37] Näher *Erichsen* Kommunalrecht des Landes Nordrhein-Westfalen, 2. Aufl 1997, 148 f; *Maurer* Allg VwR, § 21 Rn 54 f; *Wallerath* Allg VwR, § 5 Rn 55 ff, mit Hinweisen zu den hiervon zu unterscheidenden Formen der Inanspruchnahme anderer Verwaltungsstellen, der Delegation u dem Mandat; *Burgi* Kommunalrecht, 2. Aufl 2008, § 8 Rn 10 f.

wahrnehmung vorgesehen ist, aber keine Fachaufsicht besteht (vgl → § 8 Rn 42). Bezüglich der Einzelheiten der Aufgabenwahrnehmung auf kommunaler Ebene und vor allem auch bezüglich der Organisation auf Gemeinde- und Kreisebene (Bürgermeister/Gemeinderat; Landrat/Kreistag etc) ist auf die Darstellungen zum Kommunalrecht zu verweisen.[38]

20 In diesen Kontext gehört auch die *regionale Ebene*, dh die Herausbildung von Verwaltungsträgern über die Kreisgrenzen hinaus, jedoch mit einem Aufgabenkreis, der über die Wahrnehmung von planerischen Aufgaben nach dem Raumordnungs- und Landesplanungsrecht (zB: Regionalverbände in Baden-Württemberg) hinausgeht. Das können Verwaltungsträger sein, die aus dem Bedürfnis nach einer besseren Bewältigung der Stadt-Umland-Beziehungen heraus entstanden sind (wie etwa die Region Stuttgart[39] oder die Region Hannover[40]), oder sog *höhere Kommunalverbände*, denen je nach Tradition oder sachlichem Bedürfnis verschiedene Verwaltungsaufgaben übertragen sind. Beispiele hierfür sind die Landschaftsverbände Rheinland und Westfalen-Lippe[41] und die „Bezirke" in Bayern (nicht zu verwechseln mit den Regierungen; vgl Rn 16).[42] Eine neue Form der Verzahnung von kommunaler und staatlicher Verwaltungsorganisation würde das bisweilen vorgeschlagene Modell einer Regionalverwaltung (unter Zusammenführung von Bezirksregierung und höherem Kommunalverband sowie der von beiden wahrgenommenen Aufgaben) bedeuten.[43]

§ 10
Entwicklungslinien

I. Geschichte

1 Die historische Entwicklung der Verwaltungsorganisation ist untrennbar mit der Entwicklung der zu erfüllenden Verwaltungsaufgaben verbunden, welche wiederum Teil der Entwicklung der Staatlichkeit ist. Die Geschichte der Verwaltungsorganisation ist damit Teil der Staats- und Verwaltungsgeschichte und wird überwiegend in diesem Zu-

[38] Neben *Schmidt-Aßmann/Röhl* in: Schmidt-Aßmann/Schoch (Hrsg), Bes VwR, Kap 1 Rn 55 ff u 145 ff, seien an dieser Stelle genannt: *Maurer* Allg VwR, § 23 Rn 2 ff; *Burgi* (Fn 37) § 8 Rn 1 ff u § 10 Rn 2 ff.

[39] Errichtet durch G v 7.2.1994 (GBl, 92), zuletzt geändert durch G v 4.5.2009 (GBl, 185).

[40] Vgl hierzu *Priebs* DÖV 2002, 144.

[41] Zu deren Rechtsstellung vgl VerfGH NRW DVBl 2001, 1595, mit krit Anm *Ehlers*, u *Burgi* NWVBl 2004, 131. Grundlage für deren Tätigwerden ist die Landschaftsverbandsordnung NRW idF v 14.7.1994 (GV, 657), zuletzt geändert durch G v 24.3.2009 (GV, 254).

[42] Vgl zum Ganzen nur *Becker* (Fn 2) 359 ff; *Gern* Deutsches Kommunalrecht, 3. Aufl 2003, Rn 948 ff; *Mecking* Höhere Kommunalverbände im politischen Spannungsverhältnis, 1994; *Bovenschulte* Gemeindeverbände als Organisationsformen kommunaler Selbstverwaltung, 2000; *Hörster* in: Mann/Püttner (Hrsg), Handbuch der kommunalen Wissenschaft und Praxis. Band 1, 3. Aufl 2007, § 31; *Schmidt-Aßmann/Röhl* in: Schmidt-Aßmann/Schoch (Hrsg), Bes VwR, Kap 1 Rn 155; *Burgi* (Fn 37) § 20 Rn 1 ff. Zum Modell einer „intraföderativen Regionalkörperschaft" vgl *Hoffmann* ZRP 2004, 20.

[43] Eingehend u teilw krit hierzu *Erichsen/Büdenbender* NWVBl 2001, 161 ff; *Müller* LKV 2002, 212 ff; *Burgi* NWVBl 2004, 131.

sammenhang dargestellt.[1] Sie verläuft vor allem entlang der bis heute gültigen Linien Reichs- bzw Bundesverwaltungsorganisation/Verwaltungsorganisation auf Landesebene und Zentralisation/Herausbildung und Fortentwicklung der kommunalen Selbstverwaltung. Historische Zäsuren wirken sich auch in der Verwaltungsorganisation aus. Dies kann nachvollzogen werden am Verwaltungsorganisationsrecht des Nationalsozialismus,[2] in der unmittelbaren Nachkriegszeit (nach 1945)[3] sowie in der DDR[4] und schließlich im Prozess der Wiedervereinigung.[5] Als Beispiel einer Sonder-Verwaltungseinheit zur Erfüllung von Sonderverwaltungsaufgaben sei die mit der Überführung der sozialistischen Planwirtschaft der ehemaligen DDR in die soziale Marktwirtschaft befasste Treuhandanstalt genannt.[6]

II. Verwaltungsmodernisierung

Die Verwaltungsorganisation in Bund, Ländern und bei den anderen Verwaltungsträgern befindet sich in einem kontinuierlichen Reformprozess, innerhalb dessen vor allem Gebiets- und Funktionalreformen (→ § 8 Rn 26) regelmäßig größere Aufmerksamkeit erregen. Seit mehreren Jahren ist nun eine außerordentliche Zunahme und Intensivierung der organisationsbezogenen Reformbemühungen zu beobachten. Diese sind als Teil von Gesamtkonzepten neben verfahrens-, haushalts- und personalbezogenen Maßnahmen Teil von Strategien der sog *Verwaltungsmodernisierung*. Grundsatzcharakter und Gesamthaftigkeit dieses Ansatzes werden auch dadurch unterstrichen, dass vermehrt über die „Verwaltungskultur“ nachgedacht und die Verwaltungskulturen verschiedener Länder miteinander verglichen werden.[7] Eine gewisse Vorreiterrolle bei der Verwaltungsmodernisierung ist der hier ausgeblendeten kommunalen Ebene zuzu- 2

[1] Neben den speziell auf die Geschichte der Verwaltungsorganisation bezogenen Darstellungen bei *Wolff/Bachof/Stober* VwR III, § 80 Rn 97 ff; *Knauth* Geschichte der Verwaltungsorganisation, 1961; *Forsthoff* VwR, 18 ff, 432 ff, u *Rudolf* in: Erichsen (Hrsg), Allg VwR, 11. Aufl 1998, § 6 Rn 3 ff, 15 ff; *Groß* in: Hoffmann-Riem/Schmidt-Aßmann/Voßkuhle, Grundlagen I, § 13 Rn 14 ff, sowie den neueren, wichtigen Einzelbereichen gewidmeten Darstellungen v *Müller* Rechtsformenwahl bei der Erfüllung öffentlicher Aufgaben, 1993, 25 ff, u *Kahl* Die Staatsaufsicht, 2000, 37 ff, ist daher auf die großen Werke zur Verwaltungsgeschichte zu verweisen: *Huber* Deutsche Verfassungsgeschichte seit 1789, Bd III, 3. Aufl 1988, 57 ff; Bd IV, 2. Aufl 1982, 129 ff; Bd V, 1978, 194 ff; Bd VI, 1981, 55 ff, 307 ff; Jeserich/Pohl/v Unruh (Hrsg), Deutsche Verwaltungsgeschichte, Bd III, 1984, 71 ff, 138 ff, 186 ff, 407 ff, 678 ff; Bd IV, 1985, 66 ff, 112 ff, 138 ff, 330 ff, 540 ff. Für den größeren Rahmen des „Öffentlichen Rechts in Deutschland“ vgl die drei Bände von *Stolleis* zur „Geschichte des Öffentlichen Rechts in Deutschland“ (Bd I [1600–1800], 1988; Bd II [1800–1914], 1992, u Bd III [1914–1945], 1999).

[2] Vgl hier nur die in eine Gesamtdarstellung eingebetteten Ausführungen von *Grawert* in: Isensee/Kirchhof I, § 6, sowie (auf die Staatsaufsicht fokussiert) *Kahl* (Fn 1) 220 ff.

[3] Vgl hierzu *Stolleis* in: Isensee/Kirchhof I, § 7 Rn 7 ff, 43 ff.

[4] Vgl *Bauer* BayVBl 1990, 263; König (Hrsg), Verwaltungsstrukturen der DDR, 1991; *Loschelder* in: Isensee/Kirchhof IX, § 217 Rn 16 ff.

[5] Zu „Organisation und Personal der DDR“ im Übergang vgl *Trute* in: Isensee/Kirchhof IX, § 215; *Loschelder* in: Isensee/Kirchhof IX, § 217 Rn 39 ff.

[6] Zu dieser vgl *Schmidt-Preuß* in: Isensee/Kirchhof IX, § 219, sowie *Spoerr* Treuhandanstalt und Treuhandunternehmen im Verfassungs-, Verwaltungs- und Gesellschaftsrecht, 1993.

[7] *Fisch* Verw 33 (2000) 303; *Wallerath* Verw 33 (2000) 351; Kluth (Hrsg), Verwaltungskultur, 2001.

schreiben.[8] Die dortige Entwicklung wurde eingeleitet durch eine Untersuchung der sog „Kommunalen Gemeinschaftsstelle für Verwaltungsvereinfachung“ (KGSt) zum sog „Tilburger Modell“, die durch eine Vielzahl weiterer Berichte fortentwickelt wurde.[9]

3 Die Modernisierungsmaßnahmen bei Bund und Ländern sind teilweise sehr breit angelegt. Ziele und Ergebnisse sind häufig auf eigenen Internetseiten dokumentiert. Die Überlegungen des *Bundes*[10] sind zur Zeit (Stand Dezember 2009) gebündelt in dem Programm „Zukunftsorientierte Verwaltung durch Innovationen“, das die Bundesregierung am 13. September 2006 beschlossen hat.[11] Die Modernisierungsaktivitäten in den einzelnen *Bundesländern* sind unterschiedlich ambitioniert.[12] Wissenschaftlich begleitet bzw angestoßen sind diese Maßnahmen durch Arbeiten und Untersuchungen va aus dem Bereich der Verwaltungswissenschaft bzw der öffentlichen Betriebswirtschaftslehre (vgl allg → § 7 Rn 16 ff).[13] Verwaltungsmodernisierung ist zu unterscheiden von den teilweise auf den gleichen Gründen beruhenden Maßnahmen der Privatisierung (vgl sogleich Rn 9) und der *Deregulierung* bzw des *„Bürokratieabbaus“*. Diese zielt darauf ab, vor allem auf der materiell-rechtlichen Ebene Regelungen zu vermeiden und zu verringern, um dadurch das Recht einfacher, überschaubarer und effektiver zu machen.[14]

4 Die *Gründe* dieser verstärkten Reformorientierung sind vielfältig. Neben den konstanten Faktoren Finanznot und Komplexität der (eher zunehmenden) Staatsaufgaben sind vor allem zwei Aspekte wichtig: Das gewachsene Bewusstsein von der Notwendig-

[8] Vgl zu Modernisierungsbestrebungen auf kommunaler Ebene *Burgi* Kommunalrecht, 2. Aufl 2008, § 10 Rn 9 ff.

[9] Überblick u (teilw) Kritik bei *von Mutius* FS Stern, 1997, 685; *Oebbecke* DÖV 1998, 853; *Pippke/Gourmelon/Meixner/Mersmann* Organisation, 2. Aufl 2007, 187 ff.

[10] Vgl zum Ganzen *König/Füchtner* „Schlanker Staat“ – eine Agenda der Verwaltungsmodernisierung im Bund, 2000. S auch Wegweiser GmbH (Hrsg), Jahrbuch Verwaltungsmodernisierung Deutschland 2010, 2009.

[11] www.staat-modern.de, sowie *Bundesministerium des Innern* Umsetzungsplan 2007, 2007; Umsetzungsplan 2008, 2008; Umsetzungsplan 2009, 2009.

[12] Aus dem Schrifttum: *Konzendorf* Verwaltungsmodernisierung in den Ländern, 1998; Kißler (Hrsg), Politische Steuerung und Reform der Landesverwaltung, 2000; *Bauer/Bogumil/Knill/Ebinger/Krapf/Reißig* Modernisierung der Umweltverwaltung, 2007; *Schliesky* VerwArch 98 (2008) 313, 321 ff. Aus österreichischer Perspektive: *Wimmer*, Dynamische Verwaltungslehre, 2004.

[13] Stellvertretend seien genannt: *König* Modernisierung von Staat und Verwaltung, 1997; *Hill* in: Schmidt-Aßmann/Hoffmann-Riem (Hrsg), Verwaltungsorganisationsrecht als Steuerungsressource, 1997, 65 ff; *Budäus/Finger* Verw 32 (1999) 313; *Fangmann* VerwArch 91 (2000) 117; *König* DÖV 2001, 617; *Nagel* Verwaltung anders denken, 2001; Wallerath (Hrsg), Verwaltungserneuerung, 2001; Blanke ua (Hrsg), Handbuch zur Verwaltungsreform, 3. Aufl 2005; *Göbel/Lauen* Die Modernisierung der modernen Verwaltung, Verw 35 (2002) 263 ff; *Elsenhaus/Kulke/Roschmann* Verw 38 (2005) 315. Schon klassisch zu nennen sind die Beiträge v *Hood* Public Administration 69 (1991) 3 ff; *Budäus* Public Management, 1995; *Damkowski/Precht* Public Management, 1995; *Brede* Grundzüge der öffentlichen Betriebswirtschaftslehre, 2. Aufl 2005. Vgl ferner *Bogumil/Jann* Verwaltung und Verwaltungswissenschaft in Deutschland, 2. Aufl 2009.

[14] Vgl hierzu *Stober* DÖV 1995, 125 ff; *Burgi* Funktionale Privatisierung und Verwaltungshilfe, 1999, 2 f; *Voßkuhle* VerwArch 92 (2001) 184, 207 f, mit dem wichtigen Hinweis darauf, dass mit einer Deregulierung vielfach Maßnahmen der Re-Regulierung verbunden sein können u i Erg ein Mehr an (überdies komplizierteren) Regelungsstrukturen entstehen kann; *Bull*, Verw 38 (2005) 285.

keit einer neuen Aufgabenverteilung zwischen Staat und Gesellschaft, mit der notwendigerweise Veränderungen in der Verwaltungsorganisation verbunden sein müssen (Stichwort: „aktivierender" statt „leistender" Staat) und die Erweiterung bzw Veränderung auf der Ebene der Maßstäbe des Verwaltungshandelns. So sind neben die Maßgabe eines erfolgreichen und vor allem gesetzeskonformen Verwaltungsvollzugs Maßstäbe wie Wirtschaftlichkeit und Effizienz (vgl bereits oben → § 7 Rn 15) getreten. Bereichsübergreifend wird das Verwaltungshandeln auch als ökonomisch relevantes Handeln begriffen und, soweit dies möglich erscheint, an Marktgrundsätzen auszurichten versucht. Die Logik des Rechtsstaats soll durch die Logik des Marktes ergänzt werden. Die Verwaltungsorganisation wird nicht nur als Vollzugsapparat, sondern auch als Dienstleistungsunternehmen begriffen.

Seit einiger Zeit ergeben sich im Gefolge der Entwicklung zur *„Informationsgesellschaft"* weitere Modernisierungsimpulse. Mit dem zunehmenden Einsatz moderner Informationstechnik (va des Internet) in allen Bereichen der Verwaltung (Stichwort: *Electronic Government*)[15] verändert sich nicht nur das Außenverhältnis zum Bürger, sondern auch die Organisationsstruktur. Als Beispiel: Mit der technischen Vernetzung innerhalb der Verwaltung wird sich die Ablauforganisation verändern und ein Bedarf an organisatorischen Vorkehrungen bei der Dokumentation und Zurechnung von Verwaltungsaktivitäten entstehen. Werden dadurch die überwiegend hierarchisch geordneten Beziehungen durch horizontale Beziehungen bis hin zu organisatorischen Netzwerkstrukturen überlagert? Wie kann unter diesen Umständen eine rechtsstaatlich akzeptable Zuständigkeitsordnung gewährleistet werden etc?[16] 5

Kernelement des sog *Neuen Steuerungsmodells,* das wiederum an international diskutierte Leitbilder wie das des „New Public Management"[17] anknüpft, ist neben einem veränderten Personal- und Fortbildungsmanagement und Maßnahmen der Leistungsmessung[18] ein neues behördeninternes Steuerungskonzept. Dieses ist gekennzeichnet durch einen zentralen Steuerungs- und Controllingbereich, ein modifiziertes Steuerungsinstrumentarium, das sich vor allem im Haushaltswesen auswirkt (Schlagwort: Budgetierung) und bei dem mit Teileinheiten und Mitarbeitern Zielvereinbarungen abgeschlossen werden.[19] All dies soll der Entlastung der politischen Führung von Einzelfragen und der stärkeren Output- und Kundenorientierung dienen. Viele dieser Ansätze sind eher Programm als Weg, nicht überall kann in Marktkategorien gedacht werden. So dürfte sich etwa der Adressat einer Ausweisungsverfügung (oder auch eines Sozialhilfebescheids) kaum als „Kunde" empfinden. Tritt an die Stelle einer Orientierung an 6

[15] Beschrieben bei Lenk/Traunmüller (Hrsg), Öffentliche Verwaltung und Informationstechnik, 1999; *Voßkuhle* in: Hoffmann-Riem/Schmidt-Aßmann (Hrsg), Verwaltungsrecht in der Informationsgesellschaft, 2000, 349 ff; *Boehme-Neßler* NVwZ 2001, 374; *Groß* DÖV 2001, 159, *dems* VerwArch 95 (2004) 401; *Eifert* Electronic Government, 2006; *Brüggemeier* u *Lenk* FS Reichard, 2006, 303 ff u 321 ff; *Schliesky* VerwArch 98 (2008) 313, 339 ff. Zum Einsatz des electronic Government beim Vollzug von Steuergesetzen *Seer* DStJG 31 (2008) 7, 19 ff.

[16] Erste Überlegungen bei *Reinermann* DÖV 1999, 20; *Hoffmann-Riem* u *Schmidt-Aßmann* in: Hoffmann-Riem/Schmidt-Aßmann (Fn 15) 9, 31 ff, bzw 405, 415 ff; *Groß* DÖV 2001, 159 ff; *Bär ua* Rechtskonformes eGovernment, 2005; *Schliesky* DÖV 2005, 809, 810 ff.

[17] Vgl. *Budäus* FS Reichard, 2006, 173 ff.

[18] Vgl *Machura* Verw 32 (1999) 403 ff; *Schliesky* VerwArch 98 (2008) 313, 336 f; *Koch* FS Siedentopf, 2008, 595.

[19] S zu Zielvereinbarungen im öffentlichen Dienst *Laubinger* FS Siedentopf, 2008, 611, 616, u zu einer leistungsabhängigen Bezahlung in diesem Bereich *Mühlenkamp* aaO, 637.

Hierarchien und strikten Vorgaben eine Orientierung an Kontrakten und Ergebnissen, dann kommen die verfassungsrechtlichen Grundsätze von der Gebundenheit des Verwaltungshandelns an das Gesetz und vom Erfordernis demokratischer Legitimation ins Spiel. Die juristische Auseinandersetzung mit der Verwaltungsmodernisierung muss daher intensiviert werden.[20]

III. Privatisierung

7 Die wichtigste Entwicklungslinie verläuft entlang der Einbeziehung Privater (Einzelpersonen bzw juristische Personen des Privatrechts) im Zusammenhang mit der Erfüllung von Staatsaufgaben. Der hiervon betroffene Gesamtbereich liegt im Grenzbereich zwischen staatlichen und privaten Aktivitäten. Dort kommt es zu Veränderungen in der Arbeitsteilung bei der Erfüllung von öffentlichen Aufgaben (vgl → § 7 Rn 8), angestoßen durch den Staat, wodurch ein neues Mischungsverhältnis von staatlicher und gesellschaftlicher Handlungsrationalität entsteht. Für das Verwaltungsorganisationsrecht von Interesse sind die *aufgabenbezogenen Privatisierungen*, dh diejenigen Vorgänge, die die Aufgabenträgerschaft oder die Organisation bei der Wahrnehmung von Staatsaufgaben im oben (→ § 7 Rn 9) genannten Sinne betreffen. Die nicht selten damit einhergehenden Vermögensprivatisierungen sind ohne organisationsrechtliche Relevanz.[21] Die in den verschiedensten Aufgabenbereichen stattfindenden Privatisierungen vollziehen sich zumeist außerhalb von expliziten gesetzlichen Grundlagen (§ 7 I 2 BHO verpflichtet zu der Prüfung, „inwieweit staatliche Aufgaben [...] durch Ausgliederung und Entstaatlichung und Privatisierung erfüllt werden können")[22] und es gibt vergleichsweise wenig Rechtsprechung. Die juristische Bewältigung ist damit eine wichtige Aufgabe für die Dogmatik gerade des Allgemeinen Verwaltungsrechts. Das diesbezügliche Schrifttum hat sich, anknüpfend an ältere Arbeiten,[23] dieser Aufgabe gestellt.[24] Dabei wird zunehmend die Notwendigkeit vorurteilsfreier und differenzierter Betrachtung erkannt. Die Tendenz geht zur grundsätzlichen Akzeptanz der Privatisierung als „Zukauf

[20] Vgl hierzu *Mehde* Neues Steuerungsmodell und Demokratieprinzip, 2000; *Wallerath* JZ 2001, 209 ff; *Ziekow* in: Hoffmann-Riem/Schmidt-Aßmann (Hrsg), Verwaltungsverfahren und Verwaltungsverfahrensgesetz, 2002, 349; *Pünder* Haushaltsrecht im Umbruch, 2003; *Dahm* Das neue Steuerungsmodell auf Bundes- und Länderebene sowie die Neuordnung der öffentlichen Finanzkontrolle in der Bundesrepublik Deutschland, 2004; *Mehde* in: Burgi/Palmen (Hrsg), Symposium. Die Verwaltungsstrukturreform des Landes Nordrhein-Westfalen, 2008, 37.

[21] Zu ihnen *Burgi* Privatisierung öffentlicher Aufgaben – Gestaltungsmöglichkeiten, Grenzen, Regulierungsbedarf, Gutachten für den 67. DJT, hrsg von der Ständigen Deputation des Deutschen Juristentages, 2008, Bd I, D 30.

[22] Vgl dazu *Sanden* Verw 38 (2005) 367.

[23] Genannt seien *Krautzberger* Die Erfüllung öffentlicher Aufgaben durch Private, 1971; *Steiner* Öffentliche Verwaltung durch Private, 1975; *Ossenbühl* u *Gallwas* VVDStRL 29 (1979) 137 ff bzw 211 ff; *v Heimburg* Verwaltungsaufgaben und Private, 1982.

[24] Als bereichsübergreifende, umfassend angelegte Beiträge: *Di Fabio* JZ 1999, 585; *Burgi* (Fn 14); *ders* NVwZ 2001, 601; *ders* in: Isensee/Kirchhof IV, § 75; *ders* (Fn 21); *Gramm* Privatisierung und notwendige Staatsaufgaben, 2001; *Kämmerer* Privatisierung: Typologie – Determinanten – Rechtspraxis – Folgen, 2001; *Weiß* Privatisierung und Staatsaufgaben, 2002; *Heintzen* u *Voßkuhle* VVDStRL 42 (2003) 220 ff bzw 266 ff; *John-Koch* Organisationsrechtliche Aspekte der Aufgabenwahrnehmung im modernen Staat, 2005, 312 ff; *Schoch* Jura 2008, 672.

gesellschaftlicher Rationalität",[25] während die früher verbreitete Furcht vor einer „Flucht in das Privatrecht" abnimmt.[26] Daran dürfte jedenfalls auf mittlere Sicht auch die Finanzkrise (seit Herbst 2008) nichts ändern. Die mit großer Mehrheit gefassten Beschlüsse des 67. DJT 2008 dokumentieren auf der Grundlage des Gutachtens von *Burgi*[27] den Stand der juristischen Privatisierungsdebatte nebst Entwicklungsperspektiven.

Der Gesamtbereich der Privatisierung wird teilweise auch mit dem Begriff der *„Verantwortungsteilung"* umschrieben, mit dem zum Ausdruck gebracht werden kann, dass sich zwischen Staat und Gesellschaft Verschiebungen auf einer Skala von der staatlichen „Erfüllungsverantwortung" bis hin zur bloßen „Gewährleistungsverantwortung" ergeben.[28] Dabei entwickelt sich die Verwaltung schrittweise in Richtung einer „Ausschreibungsverwaltung" (*Burgi*). Einen Ausschnitt aus diesem Gesamtbereich bezeichnet der Begriff *„Public Private Partnership"* (PPP oder ÖPP), bei dem es um die Kooperation als Verwirklichungsmodus einer Verantwortungsteilung geht, verengt auf die bereits rechtlich fixierten (regelmäßig durch Vertrag) herbeigeführten Kooperationen (Beispiel: Unternehmen mit staatlichen und privaten Anteilseignern).[29] Auf Bundesebene wird über eine Aufnahme von Regeln über „verwaltungsrechtliche Kooperationsverhältnisse (PPP)" in das Verwaltungsverfahrensgesetz nachgedacht,[30] vorzugswürdig wäre ein Allgemeines PPP-Gesetz, weil nur damit die viel bedeutsamere Kategorie der durch privatrechtlichen Vertrag bewirkten Privatisierungen (vgl demgegenüber § 9 VwVfG) erfasst werden könnte.[31] Neben der auf Kooperation beruhenden Verantwortungsteilung sind aber auch Formen der Zwangsprivatisierung anzutreffen. Als bekanntestes Beispiel kann die „Inpflichtnahme" der privaten Arbeitgeber zum Lohnsteuerabzug durch § 38 III EStG gelten.[32] 8

1. Gründe und Überblick

Die zu Gunsten einer Privatisierung angeführten Gründe überschneiden sich teilweise 9
mit den der Verwaltungsmodernisierung (vgl Rn 4) bzw der Schaffung verselbständigter Verwaltungseinheiten (→ § 8 Rn 8) zugrunde liegenden Motiven. Sie variieren

[25] *Burgi* (Fn 14) 381.

[26] Vgl aber *Peine* DÖV 1997, 353; *Ronellenfitsch* DÖV 1999, 705; diff *Mayen* DÖV 2001, 110; *Remmert* Private Dienstleistungen im staatlichen Verwaltungsverfahren, 2003, 181 ff, 251 ff, will mit Hilfe der „Zuständigkeitsordnung" den Einsatz privater Dienstleister auf enge Ausnahmebereiche begrenzen.

[27] *Burgi* (Fn 21) Bd I. Die Beschlüsse sind veröffentlicht in Band II, 2009.

[28] Ausf entfaltet in dem von Schuppert hrsg Bd „Jenseits von Privatisierung und ‚schlankem Staat'", 1999; *Burgi* DVBl 2003, 949.

[29] Zum Spektrum vgl *Schuppert* Verwaltungswissenschaft, 2000, 277 ff; mit Recht krit zum juristischen Gehalt *Tettinger* DÖV 1996, 764. Vgl aber nunmehr das aus mehreren Spezialregelungen zusammengesetzte ÖPP-BeschleunigungsG v 8.7.2005 (BGBl I, 2676).

[30] Die hierzu erstatteten Gutachten v *Ziekow* u *Schuppert* sind veröffentlicht in: Bundesinnenministerium (Hrsg), Verwaltungskooperationsrecht, 2001.

[31] Näher begründet bei *Burgi* (Fn 21) D 110 f.

[32] Vgl hierzu BVerfG DB 1964, 204. In diesen Zusammenhang gehört auch die Auferlegung der Erdölbevorratungspflicht (BVerfGE 30, 292). Zum Ganzen: *Burgi* GewArch 1999, 393 ff. Die aus Anlass dieser u ähnlicher Einzelfälle entwickelten dogmatischen Figuren der „Inpflichtnahme" bzw „Indienstnahme" konnten sich nicht durchsetzen u sind daher aufzugeben; ausf hierzu jüngst *Kirchhof* Die Erfüllungspflichten des Arbeitgebers im Lohnsteuerverfahren, 2005; *Kube* DV 41 (2008) 1.

selbstverständlich in Abhängigkeit von dem jeweils betroffenen Aufgabenbereich. Gleichsam bereichsübergreifende Motive sind: Die Zunahme der Staatsaufgaben bei gleichzeitig wachsender Komplexität, die Finanznot auf allen Ebenen des Staates (Bund, Länder, Gemeinden etc) und die veränderten politischen und ökonomischen Einsichten in die Rolle, die Stärken und Schwächen der Akteure aus Staat, Wirtschaft und Gesellschaft. Diese Einsichten führen zum Gedanken der Staatsentlastung einerseits, der Mobilisierung gesellschaftlicher Potenziale zur Verbesserung der Aufgabenerfüllung, aber auch zur Stärkung des Freiheitsinteresses der gesellschaftlichen Träger andererseits. Das nachfolgende Schaubild soll zeigen, dass sich die verschiedenen Erscheinungsformen in der Praxis vier verschiedenen Privatisierungskategorien zurechnen lassen. Dabei sind „Organisationsprivatisierung" bzw „Beleihung" und (teilweise) funktionale Privatisierung Rechtsbegriffe, während die Phänomene der Aufgabenprivatisierung und der regulierten Selbstregulierung noch der dogmatischen Entfaltung bedürfen. Die Ausführungen zu 2–4 beginnen jeweils mit Gegenstand und Ergebnis der Privatisierung und nennen Anwendungsbeispiele. Sodann geht es um die aufgeworfenen Rechtsfragen, getrennt danach, ob das Ob, der Vorgang oder die Situation nach einer Privatisierung (sog Privatisierungsfolgenrecht) in Frage stehen. Im Bereich der funktionalen Privatisierung und der Aufgabenprivatisierung setzt sich zunehmend der Begriff „Gewährleistungsverwaltungsrecht" durch (zur Zusammenfassung der für das Privatisierungsfolgenrecht typischen Handlungs- und Organisationsformen).[33]

10 Schaubild:

	Staatsaufgabe	
↙	↓	↘
Verwendung privatrechtlicher Organisationsformen bei der Erfüllung (Organisationsprivatisierung)	Übertragung der Verantwortung für Teilbeiträge der Durchführung und/oder Vorbereitung (funktionale Privatisierung)	Rückzug aus der Aufgabe bzw Veranlassung gesellschaftlicher Selbstregulierung (Aufgabenprivatisierung bzw regulierte Selbstregulierung)
↓	↓	↓
Eigengesellschaft, institutionalisierte PPP, Beliehener (*handelt* öffentlichrechtlich)	Verwaltungshelfer, Dienstleistungskonzessionär, Private in projektbezogener PPP	Private/gesellschaftliche Aufgabenträger
↑	↑	↑
Staatliche Erfüllungsverantwortung bzw (intensive) Gewährleistungsveranwortung	Staatliche Gewährleistungsverantwortung mittlerer Intensität	Staatliche Gewährleistungsverantwortung (schwach)

2. Organisationsprivatisierung einschließlich Beleihung

11 a) *Gegenstand, Ergebnis und Anwendungsbeispiele.* Mit „Organisationsprivatisierung" können alle Vorgänge bezeichnet werden, an deren Ende die Wahrnehmung von Staatsaufgaben im oben, → § 7 Rn 9, genannten Sinne durch Private steht. Diese kön-

[33] Ausf *Burgi* (Fn 21) D 94 ff mwN.

nen vollständig staatlich beherrschte juristische Personen des Privatrechts sein (vgl 2) oder extern, also anders als durch Beteiligung beeinflusste Organisationseinheiten (zB solche, die ausschließlich durch den Staat finanziert werden). Stets bleibt die betreffende Aufgabe in staatlicher Verantwortung, es wird jedoch eine juristische Person des Privatrechts (oder auch eine einzelne Person) als Verwaltungsträger (vgl → § 8 Rn 11) dazwischengeschaltet. Es handelt sich daher um privatrechtsförmig organisierte verselbständigte Verwaltungseinheiten als Teil der mittelbaren Staatsverwaltung. Dabei ist der Grad der Verselbständigung tendenziell größer als bei öffentlich-rechtlich organisierten Verwaltungseinheiten, da die Privatrechtsform größere Gestaltungsspielräume, nicht zuletzt im Hinblick auf Personal, Haushalt und uU Steuern eröffnet. Trotzdem handelt es sich lediglich um einen *Wechsel der Form*, mit dem der Staat nicht etwa von der das Handeln der „echten" Privaten charakterisierenden Privatautonomie profitieren kann. Konsequenz einer Organisationsprivatisierung (die teilweise auch als „formelle Privatisierung" bezeichnet wird) ist, dass auch auf der Ebene des Handelns die Privatrechtsform zwingend ist.[34] Eine Ausnahme hiervon bildet die Beleihung (vgl näher c). Hier ermöglicht es der Staat Privatpersonen oder juristischen Personen des Privatrechts, das ansonsten ihm vorbehaltene öffentlich-rechtliche Instrumentarium einzusetzen.[35]

Auf Grund der Beschränkung auf das privatrechtsförmige Handeln kommen privatrechtsförmig organisierte Organisationseinheiten vor allem im Bereich der Leistungsverwaltung und bei den Staatsaufgaben erwerbswirtschaftlich-fiskalischen Charakters (vgl → § 7 Rn 12) vor. Wichtige Beispiele auf der Bundesebene bilden die auf Grund ausdrücklicher verfassungsrechtlicher Regelung privatrechtsförmig zu organisierenden Nachfolgeunternehmen der Bundesbahn (vgl Art 87e III 1 GG: Deutsche Bahn AG) und die vor allem auf der kommunalen Ebene angesiedelten Unternehmen der Versorgung (mit Strom, Wasser, Verkehrsdienstleistungen etc) und Entsorgung sowie des sozialen (Städtische Krankenhaus-GmbH) oder kulturellen Bereichs (Städtische Kunsthallen-GmbH). So ist etwa die Trägerschaft an kommunalen öffentlichen Einrichtungen (zB Stadthallen) häufig einer der jeweiligen Gemeinde gehörenden privatrechtsförmig organisierten GmbH oder AG anvertraut, mit entsprechenden Konsequenzen für den kommunalrechtlichen Zulassungsanspruch der Einwohner (→ § 3 Rn 62 f). **12**

(1) *Öffentliche Unternehmen.* Dieser häufig im Zusammenhang der Organisationsprivatisierung verwendete Begriff umfasst „jede eine wirtschaftliche Tätigkeit ausübende Einheit, die in ihrem Bestand dem Staat zuzurechnen ist",[36] und zwar unab- **13**

[34] Zu Begriff u Legitimationsgrundlage v Organisationsprivatisierungen bzw der „Verwaltung in Privatrechtsform" ausf *Vitzthum* AöR 104 (1979) 580, 616 ff; *Ehlers* Verwaltung in Privatrechtsform, 1984; *Burgi* (Fn 15) 76 ff; *Wolff/Bachof/Stober* VwR III, § 91; *John-Koch* (Fn 24).

[35] Beliehen werden können „echte" Private, aber auch private Organisationseinheiten, die bereits das Produkt einer Organisationsprivatisierung darstellen (ebenso OVG Lüneburg NWVBl 1998, 16; aA *Steiner* FS Koja, 1998, 603, 610).

[36] Nach EuGH Slg 1991, I-1979, Rn 21 – Höfner u Mactron/Elser; Slg 1997, I-7119, Rn 21 – Job Centre; vgl ferner die Richtlinie 80/723/EWG über die Transparenz der finanziellen Beziehungen zwischen den Mitgliedstaaten u den öffentlichen Unternehmen v 25.6.1980 (ABlEG Nr L 195/35), zuletzt geändert durch RL 2006/111/EG v 16.11.2006 (ABlEU Nr L 318/17). Allg zu Begriff u Rechtsfragen des „öffentlichen Unternehmens" *Püttner* Die öffentlichen Unternehmen, 2. Aufl 1985, 23 ff, 35; *Gersdorf* Öffentliche Unternehmen im Spannungsfeld zwischen Demokratie- und Wirtschaftlichkeitsprinzip, 2000; *Storr* Der Staat als Unternehmer, 2001; *Ehlers* Gutachten E für den 64. DJT, Band I, 2002.

hängig von der Rechtsform. Neben den privaten Organisationsformen ist es in den vergangenen Jahren teilweise zu einer Renaissance der öffentlich-rechtlichen Organisationsformen gekommen, sowohl auf der Landesebene (vgl zB § 14a LOG NRW „Landesbetrieb“) als auch auf der Kommunalebene (vgl zB Art 89 GO Bay; § 114a GO NRW).[37] Die die Organisation unternehmerischer Staatstätigkeit betreffenden Fragen gehören zum Verwaltungsorganisationsrecht und werden, soweit es die privatrechtsförmigen öffentlichen Unternehmen betrifft, in diesem Abschnitt behandelt. Der Umstand, dass der Staat (bzw eine Kommune) überhaupt als Unternehmer auftritt, betrifft hingegen die Ebene des Handelns, weswegen die diesbezüglichen Rechtsfragen in den Kontext des öffentlichen Wirtschaftsrechts gehören.[38] Dabei geht es va um die Vereinbarkeit mit den Grundsätzen des europäischen Binnenmarktes (vgl va Art 106 AEUV), mit den Grundrechten (Grundrechtseingriff durch Wirtschaftsteilnahme?) und um die Vereinbarkeit mit den kommunalrechtlichen Anforderungen an die Wirtschaftsteilnahme (Erfordernis eines öffentlichen Zwecks?[39]), auch im Hinblick auf ein etwaiges überörtliches Tätigwerden. Schließlich werden wettbewerbsrechtliche Bindungen diskutiert.[40]

14 (2) *Eigengesellschaften und gemischtwirtschaftliche Unternehmen (Institutionalisierte PPP).* Befinden sich die privaten Organisationseinheiten ausschließlich in staatlicher bzw kommunaler Hand, dann handelt es sich um sog publizistische Privatrechtsvereinigungen. Zumeist sind es Kapitalgesellschaften, wofür sich der Begriff *„Eigengesellschaften“* eingebürgert hat.[41] Es kann auch vorkommen, dass mehrere öffentlich-rechtliche Träger gemeinsam beteiligt sind. Sind an der privaten Organisationseinheit neben öffentlich-rechtlichen Trägern auch Private beteiligt, so hat man es mit einem *gemischtwirtschaftlichen Unternehmen* zu tun. Diesbezüglich ist insbesondere die Frage nach dem Bestehen der Grundrechtsträgerschaft bzw einer Bindung an die Grundrechte umstritten (→ § 3 Rn 93). Bei privatbeherrschten Organisationseinheiten mit staatlicher Minderheitsbeteiligung ist der Unternehmensgegenstand nicht mehr Wahrnehmung einer Staatsaufgabe und das Unternehmen damit definitiv nicht mehr der Verwaltungsorganisation zuzurechnen (vgl bereits → § 7 Rn 11); diesbezüglich ist lediglich die Verwaltung des Minderheitsanteils staatliche Tätigkeit. In der Praxis finden sich häufig hochkomplizierte, an Industriekonzerne erinnernde Strukturen mit zahlreichen Verästelungen.[42] Erhebliche Schwierigkeiten bereitet bis heute die Einordnung der Organisationseinheiten mit staatlicher Mehrheitsbeteiligungen, dh der gemischtwirtschaftlichen Unternehmen im eigentlichen Sinne. Sie werden herkömmlich[43] mit den Eigengesellschaften zusammen der Kategorie der Organisationsprivatisierung zugeordnet. Im Unterschied zu dieser handelt es sich aber infolge des Hinzutretens echter Pri-

[37] Ausf zu den öffentlich-rechtlichen Organisationsformen unternehmerischer Staatstätigkeit *Mann* Die öffentlich-rechtliche Gesellschaft, 2002, 317 ff.

[38] Vgl *Badura/Huber* in: Schmidt-Aßmann/Schoch (Hrsg), Bes VwR, Kap 3 Rn 121 ff.

[39] Vgl hierzu *Schmidt-Aßmann/Röhl* in: Schmidt-Aßmann/Schoch (Hrsg), Bes VwR, Kap 1 Rn 120; *Burgi* (Fn 8) § 17.

[40] An dieser Stelle sei lediglich hingewiesen auf *Löwer* VVDStRL 60 (2001) 416 ff; *Burgi* (Fn 8) § 17 Rn 22 ff.

[41] Zu ihnen vgl *Ehlers* (Fn 35) 7 ff; *Loeser* System VwR II, Rn 138. Aus gesellschaftsrechtlicher Sicht: *Schön* ZGR 25 (1996) 429.

[42] Näher *Berger* Staatseigenschaft gemischtwirtschaftlicher Unternehmen, 2006, 23, sowie aus gesellschaftsrechtlicher Perspektive *Habersack* ZGR 25 (1996) 544. Zu „Notwendigkeit und Struktur eines Verwaltungsgesellschaftsrechts“ vgl *Krebs* Verw 29 (1996) 309 ff.

[43] So auch noch in der 13. Auflage dieses Lehrbuchs, § 9 Rn 11 ff.

vater innerhalb des gemischtwirtschaftlichen Unternehmens nicht nur um eine Rechtsregimewahl, sondern um eine Arbeitsteilung. Das Hinzutreten der Privaten reißt einen gleichermaßen tiefen wie leicht erkennbaren Graben zwischen der Eigengesellschaft und den gemischtwirtschaftlichen Unternehmen. Es erscheint daher im Interesse der Lösung der hiermit verbundenen Einzelfragen vorzugswürdig, in der Schaffung gemischtwirtschaftlicher Unternehmen einen eigenen Privatisierungstyp zu sehen, und zwar unter der Bezeichnung „Institutionalisierte PPP". Dies sichert auch die Anschlussfähigkeit an die EU-Terminologie (dh an das Grünbuch der EU-Kommission zu öffentlich-privaten Partnerschaften und die gemeinschaftlichen Rechtsvorschriften für öffentliche Aufträge und Konzessionen).[44] Im nationalen Recht ist eine a priori-Zuordnung dieser Unternehmen (im Unterschied zu den Eigengesellschaften) nicht möglich. Ihre Staatseigenschaft ist vielmehr relativ, dh, sie hängt von Einzelvorschriften ab und besteht nur dann, wenn diese jene Unternehmen zum Zurechnungsendsubjekt einer Zuständigkeit bestimmen. Umstandslos staatliche Tätigkeit ist nur die Verwaltung des staatlichen Anteils, nicht das, was das Unternehmen tut.[45] Die Verbindung von Staat und privaten Einzelpersonen in einer neuen Rechtsperson birgt in besonderem Maße die Gefahr der Vermischung bis zur Unkenntlichkeit der jeweiligen Beiträge. Diejenigen Felder, in denen Institutionalisierte PPP am häufigsten vorkommen, sind in den Aufgabenfeldern von Infrastruktur und Versorgung anzutreffen. So gilt beispielsweise das von Siemens, IBM und der Bundeswehr gegründete Gemeinschaftsunternehmen zur Modernisierung der IT bei der Bundeswehr („Herkules") als voluminösestes PPP-Projekt in ganz Europa.

Die bevorzugten Rechtsformen sind die Gesellschaft mit beschränkter Haftung und **15** die Aktiengesellschaft. Die gesetzlichen Regelungen über die *GmbH* ermöglichen eine weitgehende Anpassung an die Bedürfnisse der öffentlichen Unternehmensträger im Gesellschaftsvertrag, während bei der *AG* der direkte Durchgriff der Eigentümer auf die Geschäftsführung schwer fällt und es sich daher um die am weitesten verselbständigte Organisationsform handelt.[46] Hinsichtlich der Gestaltungsanforderungen und -optionen kann eine erste Orientierung in einschlägigen Handbüchern erfolgen.[47]

Eine neue Qualität wird erreicht, wenn Private mit Hilfe eines komplizierten Ge- **16** flechts privatrechtlicher Verträge (und regelmäßig nach entsprechender Änderung der einschlägigen Gesetze) in eine Anstalt des öffentlichen Rechts „einbezogen werden", um eine Alternative zum umgekehrten Fall der Gründung eines gemischtwirtschaftlichen Unternehmens zu schaffen. Eine solche Gestaltung wurde bei der Neuorganisation der Berliner Wasserversorgung gewählt, wo ein gemischtwirtschaftliches Unternehmen aus dem Land Berlin und Privaten sich als stille Gesellschafterin gem § 230 HGB am Anstaltsunternehmen (den Berliner Wasserbetrieben) beteiligt und Weisungsbefugnisse gegenüber der Anstalt erhalten hat. Dadurch werden Private über ihre Stellung als Gesellschafter eines gemischtwirtschaftlichen Unternehmens (der „Holding") zum „Kapitaleigner" an öffentlich-rechtlichen Anstalten. Dies bewirkt in der Sache eine

[44] V 30.4.2004 KOM (2004) 327 endg Ziffer 3 sowie die Mitteilung der Kommission v 15.11. 2005 KOM (2005), 569 endg.

[45] Ausf *Schmidt-Aßmann* Allgemeines Verwaltungsrecht als Ordnungsidee, 2. Aufl 2004, 5. Kap Rn 63; *Berger* (Fn 42) 94 f, 114 f; für eine Zurechnung zum Staat dagegen *Ehlers* (Fn 34) 6 f.

[46] Näher *Schmidt* ZGR 25 (1996) 345; *Mann* (Fn 37) 173 ff.

[47] Vgl *Cronauge/Westermann* Kommunale Unternehmen, 5. Aufl 2006, Rn 121 ff; Fabry/Augsten (Hrsg), Handbuch Unternehmen der öffentlichen Hand, 2. Aufl 2006; Hoppe/Uechtritz (Hrsg), Handbuch kommunale Unternehmen, 2. Aufl 2007.

Pluralisierung der Trägerschaft der öffentlich-rechtlichen Anstalt und wirft neben spezifisch anstaltsrechtlichen Problemen[48] wiederum das Legitimationsproblem (vgl allgemein → § 7 Rn 26 ff) auf. Der hiermit befasste VerfGH Berlin sah die sich hieraus ergebenden Anforderungen als erfüllt an.[49]

17 (3) *Private in öffentlich-rechtlichen Verwaltungseinheiten.* Keinen Fall der Verwendung privatrechtlicher Organisationsformen stellt es dar, wenn private Einzelpersonen oder juristische Personen des Privatrechts innerhalb von öffentlich-rechtlichen Verwaltungseinheiten (außerhalb der funktionalen Selbstverwaltung) mitwirken. Da aber häufig vergleichbare Motive zugrunde liegen bzw eine solche Gestaltung als Alternative zu einer Organisationsprivatisierung (vor allem im Recht der öffentlichen Unternehmen, wenn die öffentlich-rechtliche Organisationsform gewählt worden ist; vgl sogleich) zum Einsatz gelangt, besteht eine thematische Nachbarschaft auch deswegen, weil wiederum vor allem das Gebot demokratischer Legitimation berührt ist. Ein fast schon klassisch zu nennendes Beispiel bilden Private in Kollegialgremien (vgl → § 8 Rn 32), etwa die privaten Mitglieder in der Bundesprüfstelle für jugendgefährdende Schriften, in der Kommission für die Biologische Sicherheit nach § 4 GentechnikG oder im Umweltgutachterausschuss nach §§ 21 f Umweltauditgesetz.[50] Hierbei handelt es sich zumeist um Interessenvertreter oder Sachverständige.

18 b) *Rechtsprobleme.* (1) *Grenzen* der Organisationsprivatisierung können sich zunächst aus dem *Verfassungsrecht* ergeben, das den Rahmen der oft beschworenen „Formenwahlfreiheit der Verwaltung" bildet (→ § 3 Rn 85 ff).[51] Wie bereits oben beschrieben (→ § 7 Rn 24 ff), sind in den Art 87 ff GG bestimmte Organisationsformen festgelegt, deren Verwendung obligatorisch oder fakultativ sein kann. Soll im Hinblick auf einen der davon betroffenen Aufgabenbereiche eine Organisationsprivatisierung erfolgen, so ist daher zu prüfen, ob die Verwendung der Privatrechtsform mit der verfassungsrechtlichen Festlegung vereinbar ist.[52] Beispiel: Kann eine Institution wie das „Goethe-Institut e.V." im Verantwortungsbereich des Auswärtigen Amtes gerechtfertigt sein, obgleich Art 87 I 1 GG bestimmt, dass der „Auswärtige Dienst ... in bundeseigener Verwaltung mit eigenem Verwaltungsunterbau" zu führen ist?[53] Dabei finden sich durchaus auch Aussagen zugunsten der Organisationsprivatisierung. So rief Art 87d I 2 GG aF den Bundesgesetzgeber dazu auf, über die „öffentlich-rechtliche oder privat-rechtliche Organisationsform" der Luftverkehrsverwaltung zu entscheiden, bei allerdings unverändert notwendiger Zuordnung zur „bundeseigenen Verwaltung", woran letztlich die Privatisierung der Flugsicherung im Jahre 2006 gescheitert ist.[54] Teilweise wird behauptet,

[48] Ausf hierzu bereits *Siekmann* NWVBl 1993, 361 ff; *Becker* DÖV 1998, 97 ff, u *Hecker* VerwArch 92 (2001) 261, 268 ff; *Blessing* Öffentlich-rechtliche Anstalten unter Beteiligung Privater, 2008.

[49] NVwZ 2000, 794 → JK GG Art 20 I/2 (ua unter Berufung auf das sog Prinzip der doppelten Mehrheit [vgl bereits BVerfGE 93, 37, 72 → JK GG Art 20 II/1]); vgl hierzu *Wolfers* NVwZ 2000, 765; *Hecker* VerwArch 92 (2001) 261 ff.

[50] Vgl hierzu *Ewer* Der Umweltgutachterausschuss, 1999.

[51] Zur Formenwahlfreiheit in der Verwaltungsorganisation vgl *Bull* FS Maurer, 2001, 545 ff.

[52] Neben den jeweiligen Kommentierungen sei auf die bündige Darstellung bei *Burgi* (Fn 14) verwiesen.

[53] Ausf hierzu *Burgi* in: v Mangoldt/Klein/Starck (Hrsg), GG III, Art 87 Rn 23 ff. Zur Frage, ob ein Land durch Private als „Behörde" iSd Art 84 I GG Bundesgesetze vollziehen kann, vgl *Lindner* NVwZ 2005, 907.

[54] Vgl das negative Votum des Bundespräsidenten nach Ausübung seines Prüfungsrechts, BT-Drucks 16/3262; *Schoch* Verw, Beiheft 6, 2006.

dass sich darüber hinaus aus einer Gesamtschau der verwaltungsorganisationsrechtlichen Aussagen des Grundgesetzes ein Prinzip der quantitativen Begrenzung ergebe, wonach der Einsatz privater Organisationseinheiten die Ausnahme darstellen solle[55] (dies wird vor allem aus der wiederholten Verwendung der Bezeichnung „Behörde" im Grundgesetz geschlossen). Umstritten ist ferner, ob aus Art 33 IV GG, wonach „die Ausübung hoheitsrechtlicher Befugnisse ... als ständige Aufgabe in der Regel Angehörigen des öffentlichen Dienstes zu übertragen ist" (sog Funktionsvorbehalt), eine Grenze der Organisationsprivatisierung folgt. Dies hängt in erster Linie davon ab, wie man den Begriff der Ausübung „hoheitsrechtlicher Befugnisse" interpretiert, da nach einer Organisationsprivatisierung nur noch privatrechtlich gehandelt wird.[56] Nach der Regel vom institutionell-organisatorischen Vorbehalt des Gesetzes (vgl → § 8 Rn 4) müssen Organisationsprivatisierungen schließlich auf einer gesetzlichen Grundlage beruhen.[57]

Keine Vorgaben für die Wahl der Rechtsform beim Einsatz öffentlicher Unternehmen enthielt und enthält das europäische Primärrecht, weswegen die EU-Kommission insoweit zu Recht von „Neutralität und Gestaltungsfreiheit" spricht.[58] Auf der Ebene des *einfachen Rechts* sind auf den einzelnen Gliederungsstufen des Staates unterschiedliche Anforderungen zu beachten (für die Bundes- und Landesebene: §§ 53 f HGrG, 65 BHO;[59] für die kommunale Ebene überdies die formbezogenen Vorschriften des kommunalen Wirtschaftsrechts[60]). Das Umwandlungsgesetz (UmwG) ermöglicht den Rechtsformwechsel einer öffentlich-rechtlichen Körperschaft in eine Kapitalgesellschaft (§§ 301 ff).[61] **19**

(2) *Der Vorgang* der Organisationsprivatisierung vollzieht sich nach den für die jeweils gewählte Privatrechtsform aufgestellten privatrechtlichen Regeln. Das in den §§ 97 ff GWB geregelte sog Kartellvergaberecht ist grundsätzlich weder bei der Gründung einer Eigengesellschaft noch bei der Veräußerung von Anteilen an Private mit dem Ziel der Gründung eines gemischtwirtschaftlichen Unternehmens anwendbar,[62] weil es hierbei nicht um die Erteilung eines entgeltlichen Auftrags zur Erbringung von Bau-, Liefer- oder Dienstleistungen iSd § 99 I GWB geht. Hingegen sind die kartellvergaberechtlichen Regeln zu beachten, wenn ein gemischtwirtschaftliches Unternehmen vom Staat oder einer Kommune mit der Erfüllung eines öffentlichen Auftrags betraut wird, weil es sich dann nicht lediglich um einen innerstaatlichen Vorgang auf der Grundlage der sog Organisationsgewalt handelt (als sog Inhouse-Geschäft), sondern ein formal externes Unternehmen mit eigener Entscheidungsgewalt eingeschaltet wird.[63] **20**

[55] Formulierung nach *Huber* Wirtschaftsverwaltungsrecht I, 2. Aufl 1953, 543; ferner *Ehlers* (Fn 34) 117 f.

[56] Umfangreiche Darstellung des Meinungsstandes u Diskussion bei *Jachmann* in: v Mangoldt/Klein/Starck (Hrsg), GG II, Art 33 IV Rn 31 f, 35, 38 mwN (mit der Tendenz zur Einbeziehung des privatrechtsförmigen Handelns in der Leistungsverwaltung).

[57] Näher → § 2 Rn 46.

[58] Weißbuch zu Dienstleistungen v allg Interesse v 12.5.2004 (KOM [2004] 374 endg, sub 4.3.).

[59] Hierzu *Will* DÖV 2002, 319 ff.

[60] Vgl hierzu *Schmidt-Aßmann/Röhl* in: Schmidt-Aßmann/Schoch (Hrsg), Bes VwR, Kap 1 Rn 123; *Burgi* (Fn 8) § 17 Rn 37 ff.

[61] Ausf hierzu *Lecheler* FS Maurer (Fn 51) 665 ff.

[62] Eingehend zu etwaigen Ausschreibungspflichten bei der Veräußerung v Gesellschaftsanteilen *Dietlein* NZBau 2004, 472; *Frenz* NZBau 2008, 673.

[63] Zu den Einzelheiten, die im Anschluss an die Entscheidung des EuGH in der Rechtssache „Teckal" (EuZW 2000, 246 Rn 50) intensiv diskutiert werden, vgl *Burgi* (Fn 21) D 75 ff mwN; *Siegel* NVwZ 2008, 7, u zuletzt EuGH, NZBau 2009, 54 (Coditel).

21 (3) *Privatisierungsfolgenrecht.* Während die grundrechtlichen und finanzverfassungsrechtlichen Maßstäbe des Grundgesetzes und die einfachrechtlichen Normen des VwVfG und der anderen Verwaltungsgesetze das *Handeln* der privatrechtsförmig organisierten Verwaltungseinheiten betreffen (insoweit → § 3 Rn 85 ff), ergeben sich aus dem *Gebot demokratischer Legitimation* (vgl → § 7 Rn 27 ff) unmittelbar organisationsbezogene Anforderungen. Das demokratische Legitimationsgebot entfällt durch eine Organisationsprivatisierung nicht, weil unverändert Staatsaufgaben wahrgenommen werden und daher die Erfüllungsverantwortung beim Staat verbleibt, bei gemischtwirtschaftlichen Unternehmen hat sich die ursprüngliche Erfüllungsverantwortung bereits in die (weniger intensive) Gewährleistungsverantwortung (vgl noch unten Rn 35) verwandelt. Das Grundproblem der Verwendung privatrechtlicher Organisationsformen durch den Staat, nämlich das Auseinanderfallen von Funktion (Staatsaufgabenerfüllung) und Form (die herkömmlich auf die Privatautonomie bezogen ist) verstärkt die mit der Verselbständigung von Verwaltungseinheiten generell einhergehenden Gefahren (vgl → § 8 Rn 8).[64] Analysen der Wirklichkeit der Steuerung öffentlicher Unternehmen belegen Steuerungsdefizite, nicht zuletzt auf Grund des durchaus nachvollziehbaren Umstandes, dass sich die in den Unternehmen Verantwortlichen eher als Manager denn als Vollstrecker eines politisch vorformulierten Willens verstehen.[65]

22 Sind die tatbestandlichen Voraussetzungen für das Eingreifen des Legitimationsgebotes erfüllt, dann ist auch nach einer Organisationsprivatisierung ein ausreichendes Legitimationsniveau sicherzustellen.[66] An die Stelle der im Falle einer Aufgabenerfüllung mit öffentlich-rechtlichen Organisationseinheiten (va an die Stelle der Staatsaufsicht) tritt dann das Institut der sog *Einwirkungspflicht*. Demnach ist der staatliche bzw kommunale Träger der privatrechtsförmigen Organisationseinheit verfassungsrechtlich dazu verpflichtet, Einwirkungsmöglichkeiten zu schaffen und zu realisieren, um den parlamentarisch gebildeten politischen Willen verwirklichen zu können.[67] Die Einwirkungspflicht wird näher konkretisiert durch die bereits zu (1) genannten einfachrechtlichen Vorschriften, insbesondere durch § 65 I Nr 3 BHO.[68] Zur Verwirklichung der Einwirkungspflicht muss das Gesellschaftsrecht herangezogen werden, wobei es an verschiedenen Stellen Schwierigkeiten geben kann, in besonderem Maße bei den gemischtwirtschaftlichen Unternehmen. So kann die Einwirkungspflicht etwa die Einräumung von Weisungsrechten gegenüber dem Leitungsorgan verlangen, während § 76 AktG die Weisungsfreiheit des Vorstands in der Aktiengesellschaft statuiert. Weitere Konfliktfälle betreffen die Bildung der Gesellschaftsorgane und die Steuerung durch Kontrolle (va Informations- und Berichtspflichten) sowie Stimmbindungen.[69] Immerhin gibt es in Ge-

[64] Näher analysiert bei *Ehlers* (Fn 34) 251 ff; s auch *Möllers* in: Trute/Groß/Röhl/ders (Hrsg), Allgemeines Verwaltungsrecht – zur Tragfähigkeit eines Konzepts, 2008, 489, 510 f.

[65] Eine Realanalyse bietet *Schuppert* Zur Kontrollierbarkeit öffentlicher Unternehmen, Anlage zur Drucks 9/4545 der Bürgerschaft der Freien u Hansestadt Hamburg; vgl ferner *Loeser* System VwR II, Rn 148 ff; *Löwer* (Fn 40) 440 f mwN.

[66] Vgl *Böckenförde* in: Isensee/Kirchhof II, § 24 Rn 13.

[67] Zur Begründung der Einwirkungspflicht: *Püttner* DVBl 1975, 353; *Ehlers* (Fn 34) 124 ff; vgl auch BVerwG DÖV 2001, 124.

[68] Systematisierende Darstellung bei *Stober* NJW 1998, 454 f.

[69] Näher zum Ganzen neben den oben in Fn 65 genannten Autoren vgl *Kraft* Das Verwaltungsgesellschaftsrecht, 1982; *v Danwitz* AöR 120 (1995) 595; *Spannowsky* ZGR 26 (1996) 400; *Wahl* in: Schmidt-Aßmann/Hoffmann-Riem (Fn 13) 301 ff; *Mehde* VerwArch 91 (2000) 540, 558 ff; *Mann* Verw 35 (2002) 463; *Burgi* (Fn 21) D 107 ff.

stalt der §§ 394 f AktG einige Spezialvorschriften. Die Bewältigung dieser Schwierigkeiten gelingt nicht mit einem von formalen Vorstellungen geprägten Verständnis, sondern wiederum nur mit einem aufgabenbezogenen Ansatz mit Hilfe des Grundsatzes funktionsgerechter Organstruktur (vgl → § 7 Rn 30).[70] Kann der Einwirkungspflicht nicht entsprochen werden, so muss eine der öffentlich-rechtlichen Organisationsformen gewählt werden.

c) *Beleihung.* Eine klassische Figur im Allgemeinen Verwaltungsrecht, deren klassische Repräsentanten der TÜV-Sachverständige bei der Erteilung oder Verweigerung der Prüfplakette nach § 29 II 2 StVZO[71] und der Bezirksschornsteinfeger[72] aus dem Alltagsleben bekannt sind, ist der Beliehene. Im Zuge der allgemeinen Privatisierungsentwicklung ist diese Figur neu entdeckt worden und findet sich, teilweise modifiziert, in immer weiteren Aufgabenfeldern. Ihre dogmatische Einordnung ist nicht ganz einfach.[73] **23**

(1) *Begriff und Anwendungsbeispiele.* Beliehene sind nach heute allgM Privatrechtssubjekte, die mit der hoheitlichen Wahrnehmung bestimmter Verwaltungsaufgaben betraut sind, dh dazu befugt sind, Staatsaufgaben in den Handlungsformen des öffentlichen Rechts (durch Verwaltungsakt, Verwaltungsvertrag oder schlichthoheitlich) selbständig wahrzunehmen. Ausschlaggebendes Kriterium für die Zurechnung ihres Tätigwerdens ist also die Berechtigung zum Einsatz des von Rechts wegen ausschließlich dem Staat vorbehaltenen öffentlich-rechtlichen Instrumentariums.[74] Der Beliehene ist Verwaltungsträger und Teil der mittelbaren Staatsverwaltung. Neben die die Privatisierung allgemein tragenden Legitimationsgründe (vgl Rn 9) kann in Einzelfällen der Aspekt der Situationsnähe und -beherrschung treten, wie im Beispiel des Flugkapitäns, welcher in Notfällen zum Einsatz öffentlich-rechtlicher Befugnisse berechtigt ist.[75] **24**

In der Sache handelt es sich mithin um eine weitere Form der Organisationsprivatisierung.[76] Im Unterschied zum Verwaltungshelfer (nach funktionaler Privatisierung), dessen Tätigwerden funktional auf eine staatliche Tätigkeit bezogen ist (vgl sogleich 3), erbringt der Beliehene die intendierte Verwaltungstätigkeit „aus einer Hand".[77] Beliehener kann entweder eine einzelne, selbständig agierende natürliche Person sein (beispielsweise der Bezirksschornsteinfeger) oder eine einzelne juristische Person des **25**

[70] Zu weitgehend ist daher der Schluss *Gersdorfs* (Fn 36) 47 ff, 222 ff, v einer angeblich unauflöslichen Spannung zwischen Demokratie- u Wirtschaftlichkeitsprinzip auf die Versagung des staatlichen Marktzutritts.

[71] Vgl BGH NJW 1973, 458; *Steiner* JuS 1969, 69.

[72] Auf der Grundlage der §§ 3 II 2, 5, 13 I 2 SchfG (vgl nur BGHZ 62, 372; OVG SH NVwZ-RR 1993, 395).

[73] Um sie haben sich ua bemüht *Frenz* Die Staatshaftung in den Beleihungstatbeständen, 1992; *Burgi* FS Maurer (Fn 51) 581 ff; *Steiner* FS Schmidt, 2006, 293; *Schmidt am Busch*, DÖV 2007, 577.

[74] Vgl nur BVerwG DVBl 1970, 73; BVerwG NJW 1981, 2482; *Krebs* in: Isensee/Kirchhof V, § 108 Rn 45. Die namentlich von *Steiner* Öffentliche Verwaltung durch Private, 1975, 46 ff, neu belebte sog Aufgabentheorie, die auf die Wahrnehmung einer „materiell-staatlichen Aufgabe" abstellt, konnte sich nicht durchsetzen. Als Bsp: Beleihungsvereinbarung v Mai 2005 zwischen dem Land NRW u der Deutschen Post Immobilienservice GmbH (GV, 628).

[75] Vgl hierzu *Steiner* (Fn 35) 606.

[76] Ebenso *Peine* DÖV 1997, 362.

[77] Hingegen ist die Formulierung, er „handle in eigenem Namen" irreführend, weil es nicht um die Abgabe u Entgegennahme v Willenserklärungen geht.

Privatrechts (beispielsweise die nach § 28 Umweltauditgesetz zur Zertifizierung der Umweltgutachter berufene Zulassungsstelle).[78] Ferner ist es möglich, dass eine einzelne natürliche Person, die wirtschaftlich und rechtlich betrachtet aber nicht selbständig ist, sondern auf der Grundlage einer vertraglichen Beziehung zu einer juristischen Person des Privatrechts agiert, beliehen wird. So liegen die Dinge bei dem mit der Kfz-Überprüfung betrauten TÜV-Sachverständigen. Die Finanzierung erfolgt entweder dadurch, dass der Beliehene überdies zur Erhebung von Gebühren bei den Aufgabenbetroffenen legitimiert wird oder (so vor allem in der Eingriffsverwaltung, wo es regelmäßig keine gebührenpflichtigen Benutzungstatbestände geben kann) dadurch, dass der Beliehene auf die Abgeltung seiner Bemühungen durch die verantwortlichen staatlichen Stellen angewiesen ist (auf der Grundlage eines „öffentlich-rechtlichen Auftragsverhältnisses“).

26 Aktuelle Anwendungsbeispiele finden sich zunächst im Sicherheits- und Ordnungsrecht. Hier ist neben die bereits erwähnten klassischen Beliehenen[79] das bei der Bewachung militärischer Anlagen auf der Grundlage des § 1 III UZwGBw tätige Sicherheitspersonal getreten und sind vor allem die in weiten Teilen des Bau-, Umwelt- und Sicherheitsrechts tätigen Sachverständigen zu nennen. Anwendungsbeispiele für künftige Beleihungen könnten in der Bestreifung von öffentlichen Räumen und Verkehrsanlagen durch private Sicherheitsdienstleister (uU gemeinsam mit Polizeibeamten), in der Durchführung von Häftlingstransporten oder in der Übernahme von Überwachungstätigkeiten im Strafvollzug liegen.[80] In den Aufgabenfeldern der Darbietung moderner Infrastruktur agieren Beliehene zB auf der Grundlage des § 2 Fernstraßenbauprivatfinanzierungsgesetz.[81] Wichtig ist ferner die Verwaltung von Subventions- und Fördermitteln auf der Grundlage des § 44 III BHO und den entsprechenden Vorschriften des Landesrechts,[82] diskutiert wird die Beleihung Privater mit der Trägerschaft bei einer Anstalt des öffentlichen Rechts im Zuge der Neuordnung der Landesbanken (als Alternative zu der zu c) geschilderten Konzeption).[83]

27 (2) *Voraussetzungen und Schranken.* Die Beleihung unterfällt zunächst dem ungeschriebenen institutionell-organisatorischen *Gesetzesvorbehalt* für die Verselbständigung von Verwaltungseinheiten (vgl → § 8 Rn 4).[84] Gegenstand der bisweilen erst nach mühevoller Interpretation aussagekräftigen gesetzlichen Regelung müssen insbesondere Art und Umfang der übertragenen Befugnisse sein – ohne Befugnisse keine Beleihung. Solange die erforderlichen gesetzlichen Grundlagen fehlen, handelt es sich um eine sog faktische, rechtswidrige Beleihung. Dies wurde jüngst zu Recht der Betrauung Privater mit der Verfolgung von Ordnungswidrigkeiten iSd § 35 OWiG im ruhenden[85] bzw im fließenden Verkehr bescheinigt.[86] Vor Aufnahme einer konkreten Beleihungstätigkeit

[78] Vom 7.12.1995 (BGBl I, 1591) iVm der Beleihungsverordnung v 18.12.1995 (BGBl I, 2013).

[79] Zur verkehrsrechtlichen Überprüfung vgl BGH DVBl 2001, 988.

[80] Vgl zu diesen Optionen *Bonk* JZ 2000, 435; *Stober* NJW 2008, 2301.

[81] Vom 30.8.1994 (BGBl I, 2243). Sie sind hier Mauteintreiber beim Betrieb besonders exponierter Straßenabschnitte (vgl hierzu *Schmidt* NVwZ 1995, 38 f; *Burgi* DVBl 2007, 649).

[82] Aktuelle Zusammenstellungen mit weiteren Bsp bei *Stelkens/Schmidt* in: Stelkens/Bonk/Sachs, VwVfG, § 1 Rn 239; *Ehlers* in: Schoch/Schmidt-Aßmann/Pietzner, VwGO, § 40 Rn 440. Zu § 44 III BHO *Burgi* NVwZ 2007, 383. Zur Möglichkeit der Beleihung eines Unternehmers im Rahmen der Endlagerung radioaktiver Abfälle *Rengeling* DVBl 2008, 1141, 1143 ff.

[83] Vgl *Wolfers/Kaufmann* DVBl 2002, 507.

[84] OVG NRW NJW 1980, 1406; *Ossenbühl* (Fn 23) 169 f.

[85] Vgl AG Tiergarten NStZ-RR 1996, 277; KG NZV 1997, 48; BayObLG NZV 1997, 486.

[86] Vgl OLG Frankfurt aM NJW 1995, 2570; BayObLG DÖV 1997, 601; NJW 1999, 2200.

bedarf es in der Regel zusätzlich eines zustimmungsbedürftigen Verwaltungsakts mit Nebenbestimmungen bzw des Abschlusses eines Verwaltungsvertrages.[87]

Da die Beleihung durch die Übertragung von Befugnissen zur „Ausübung öffentlicher Gewalt" (vgl Art 62, 51 AEUV) gekennzeichnet ist, ist eine Berufung auf die Grundfreiheiten des Personenverkehrs im Unionsrecht grundsätzlich nicht möglich. Neben den Grundrechten der an der Ausübung des Beliehenen-Berufes interessierten Privaten[88] bildet der sog *Funktionsvorbehalt des Art 33 IV GG* den zentralen verfassungsrechtlichen Maßstab für Beleihungsgesetze. Dessen Tatbestand („Ausübung hoheitsrechtlicher Befugnisse") ist unzweifelhaft erfüllt. Im Hinblick auf die Schaffung immer neuer Beleihungstatbestände vor allem im Ordnungs- und Sicherheitsbereich ist auf die Geltendmachung von Legitimationsgründen sowie darauf zu achten, dass das Schwergewicht hoheitlicher Aufgabenerfüllung unverändert bei den staatlichen Bediensteten liegt („als ständige Aufgabe in der Regel Angehörigen des öffentlichen Dienstes ... zu übertragen"). Wichtige Kriterien bei der hierbei anzustellenden bereichsspezifischen Prüfung sind die Intensität der eingesetzten Hoheitsmittel und das etwaige Vorliegen eines Sanktionscharakters. Eine aufgabenfeldbezogene Betrachtung dürfte daher zu einer negativen Beurteilung der Beleihung mit Befugnissen der unmittelbaren Bewachung in Vollzugsanstalten führen,[89] wohingegen die seit 2007 diskutierte Beleihung der Gerichtsvollzieher ohne Verfassungsänderung möglich wäre.[90] 28

(3) *Rechtsfolgen.* Da es sich bei der Beleihung um einen Fall der Erfüllung von Staatsaufgaben (wenn auch durch private Träger) handelt, besteht die staatliche Erfüllungsverantwortung fort. Bezüglich der Geltung der verfassungsrechtlichen Maßstäbe für das *Handeln* des Beliehenen ist auf die Ausführungen von *Grzeszick* (→ § 44 Rn 15) zu verweisen.[91] Das *Erfordernis demokratischer Legitimation* ist auch nach einer Beleihung zu beachten und führt zur Unterwerfung des Beliehenen unter die Rechts- und regelmäßig auch Fachaufsicht. Diese ist in Abhängigkeit von der Intensität der übertragenen Befugnisse einerseits, der berührten Dritt- und Gemeinwohlbelange andererseits auszuüben.[92] Die entsprechenden Vorgaben müssen in dem die Beleihung vorsehenden Gesetz enthalten sein und sind sodann im Wege der Bestellung und innerhalb des entstehenden Beleihungsrechtsverhältnisses an den Gegebenheiten des Einzelfalls auszurichten.[93] 29

Verwaltungsrechtlich unterfällt der Aktionsradius des einzelnen Beliehenen dem *Behördenbegriff* der §§ 1 IV, 35 VwVfG (vgl → § 8 Rn 29), ua mit der Konsequenz, dass die §§ 20 f VwVfG (Befangenheit) anwendbar sind und mit ihnen den spezifischen Gefahren, die sich aus der Divergenz von Status und Funktion ergeben können, entge- 30

[87] Zur diesbezüglichen Anwendbarkeit des Vergaberechts vgl *Burgi* NVwZ 2007, 383; teilw aA jetzt BGH NZBau 2009, 201.

[88] Zu der im Einzelnen noch ungeklärten berufsgrundrechtlichen Situation der Beleihung vgl BVerwG DVBl 2000, 1624; *Burgi* FS Maurer (Fn 51) 589 mwN.

[89] Ebenso *Strauß* Funktionsvorbehalt und Berufsbeamtentum, 221 f; *Jachmann/Strauß* ZBR 1999, 298; *Gramm* VerwArch 90 (1999) 329, 359; zum Maßregelvollzug *Willenbusch/Bischoff* NJW 2006, 1776; *Burgi* (Fn 21) D 60 f.

[90] Ausf *Burgi* (Fn 21) D 63; aA *Pilz* DÖV 2009, 102.

[91] Vgl ferner *Burgi* FS Maurer (Fn 51) 592 f.

[92] Vgl BremStGH NVwZ 2003, 81; *Dreier* Hierarchische Verwaltung im demokratischen Staat, 1991, 249 f; *Steiner* (Fn 35) 603, 614 f.

[93] Ebenso *Maurer* Allg VwR, § 23 Rn 57. Eingehend jüngst *Freitag* Das Beleihungsrechtsverhältnis, 2005.

gengewirkt werden kann. Aus der Eigenschaft des Beliehenen als Verwaltungsträger folgt, dass er selbst als „Körperschaft, deren Behörde den angefochtenen Verwaltungsakt erlassen oder den beantragten Verwaltungsakt unterlassen hat" (vgl allg → § 8 Rn 51) anzusehen ist, gegen die gem § 78 I Nr 1 VwGO die Anfechtungs- bzw Verpflichtungsklage zu erheben ist.[94]

3. Funktionale Privatisierung (Verwaltungshilfe)

31 a) *Gegenstand, Ergebnis und Anwendungsbeispiele.* Die funktionale Privatisierung ist dadurch gekennzeichnet, dass nicht die Organisationsstruktur, sondern die Verantwortungsstruktur im Hinblick auf die betreffende Staatsaufgabe verändert wird, indem Teilbeiträge von der umfassenden staatlichen Erfüllungsverantwortung abgespalten und Privaten anvertraut werden. Dabei handelt es sich vor allem um Teilbeiträge durchführenden Charakters, indem beispielsweise eine kommunale Abfall- oder Abwasserentsorgungsanlage[95] von einem privaten Unternehmen betrieben wird (sog Betreiber- oder Betriebsführungsmodelle), indem nach staatlicher Anordnung Kraftfahrzeuge durch private Abschleppunternehmer weggebracht werden oder indem Dienstleistungen des EDV- bzw Gebäudemanagements bei staatlichen Einrichtungen erbracht werden. In einigen Gesetzen ist diese Möglichkeit ausdrücklich vorgesehen (Beispiel: § 16 I KrW-/AbfG, wonach „Dritte" mit der Erfüllung der Pflichten der entsorgungspflichtigen Kommunen beauftragt werden können).[96] Richtigerweise ist der Begriff aber nicht auf die Durchführungsprivatisierungen beschränkt, vielmehr ist auch die Abspaltung von Beiträgen vorbereitenden Charakters einzubeziehen. Demnach ist es auch eine funktionale Privatisierung, wenn Private planerische Entwürfe fertigen (etwa im Bauplanungs- oder Fachplanungsrecht), wenn sie staatliche Stellen sachverständig beraten oder wenn sie einzelne Schritte innerhalb eines Verwaltungsverfahrens managen, was teilweise mit dem Begriff „Verfahrensprivatisierung" zu erfassen versucht wird.[97] Ebenso wie beim Einsatz privater Dritter im Rahmen der Überwachung von Anlagen im Umwelt- und Technikrecht (Beispiel: § 40 II KrW-/AbfG) werden die abschließenden Entscheidungen unverändert durch staatliche Stellen getroffen, jedoch sind die betreffenden Privaten teilweise über einen längeren Zeitraum hinweg auf sich gestellt. Später ist es vielfach nicht mehr möglich, die unterbreiteten Vorschläge zu hinterfragen oder gar zu verwerfen. Die funktionale Privatisierung ist vor allem im kommunalen Bereich weit verbreitet, nicht nur, weil der ihr allgemein innewohnende Vorteil des moderateren Weges zwischen dem völligen Rückzug und der vollständigen Beibehaltung der Aufgabenverantwortung besticht, sondern auch deswegen, weil zahlreiche der potenziell pri-

[94] In Bundesländern, in denen iSd § 78 I Nr 2 VwGO bestimmt ist, dass gegen die „Behörde" selbst zu klagen ist, ist ebenfalls der Beliehene selbst richtiger Klagegegner, dann in seiner Eigenschaft als Behörde iSd Vorschrift (näher zum Ganzen *Ehlers* FS Menger, 1985, 379, 388 f; *Meissner* in: Schoch/Schmidt-Aßmann/Pietzner, VwGO, § 78 Rn 25; *Frenz* [Fn 73] 57 f; *Burgi* FS Maurer [Fn 51] 594).

[95] Vgl hierzu *Zacharias* DÖV 2001, 454 ff.

[96] *Osterloh* VVDStRL 54 (1995) 204, 223; *Ipsen* Allg VwR, Rn 274; *Wallerath* Allg VwR, § 6 Rn 96. Ausf zu Begriff u Spektrum *Burgi* (Fn 14) 100 ff, 145 ff.

[97] Ausf hierzu in Hoffmann-Riem/Schneider (Hrsg), Verfahrensprivatisierung im Umweltrecht, 1996, 20 ff; ausf zum Spektrum *Burgi* Verw 33 (2000) 183, 185 ff, mit dem Hinweis darauf, dass Verfahrensbeiträge aber auch Gegenstand von Organisationsprivatisierungen, Beleihungen oder gar Aufgabenprivatisierungen sein können; *Scherzberg* NVwZ 2006, 377.

vatisierungsgeeigneten Aufgaben auf der kommunalen Ebene sog kommunale Pflichtaufgaben sind (wie etwa die Aufgaben der Hausmüllentsorgung; vgl § 16 I KrW-/AbfG), im Hinblick auf die sich eine vollständige Abgabe der kommunalen Verantwortung verbietet.[98]

Es spricht nichts dagegen, zur Kennzeichnung der Figur, die als Ergebnis einer funktionalen Privatisierung gegen Entgelt tätig ist, die Bezeichnung *„Verwaltungshelfer"* zu verwenden. Dieser Begriff wurde früher verwendet zur Umschreibung unselbständig tätiger Privater, die „Hilfstätigkeiten im Auftrag und nach Weisung der Behörde" wahrnehmen.[99] Das Erkenntnisinteresse an der so verstandenen Figur war vorwiegend staatshaftungsrechtlicher Natur, weil man mit Hilfe der Qualifizierung dieser Privaten als „Werkzeuge" die Zurechnung ihres Fehlverhaltens zum Staat, und damit das Eingreifen des Amtshaftungsanspruchs nach Art 34 GG, § 839 BGB begründen wollte.[100] Mittlerweile ist die Entwicklung im Staatshaftungsrecht weitergegangen, indem sich der BGH von der Werkzeugtheorie gelöst hat.[101] Für die Dogmatik des Allgemeinen Verwaltungsrechts macht es unabhängig davon Sinn, den Begriff des Verwaltungshelfers zur Kennzeichnung des Ergebnisses einer funktionalen Privatisierung zu verwenden. Die Reduzierung auf das Merkmal der „Unselbständigkeit" entsprach schon früher weitgehend nicht den tatsächlichen Verhältnissen (der Abschleppunternehmer entscheidet eben eigenverantwortlich über den gesamten technischen Ablauf des Abschleppvorgangs); der Wortbestandteil „Hilfe" ist nicht durch Unselbständigkeit geprägt, sondern durch den Umstand, dass das Tätigwerden jener Privaten funktional unverändert auf ein staatliches Tätigwerden bezogen ist. Dies und der Umstand, dass sie nicht zum Einsatz öffentlich-rechtlicher Befugnisse berechtigt sind, unterscheidet die Verwaltungshelfer von den Beliehenen (vgl bereits Rn 25). Auch ist das, was der Verwaltungshelfer tut, nicht mehr Bestandteil der Staatsaufgabe, der Verwaltungshelfer selbst nicht Teil der Verwaltungsorganisation.[102] **32**

Als weitere Erscheinungsform der funktionalen Privatisierung hat sich in den vergangenen Jahren die sog *Dienstleistungskonzession* herausgebildet. Gem Art 1 IV Vergabekoordinierungsrichtlinie 2004/18/EG[103] besteht der Unterschied zur Verwaltungshilfe darin, dass kein Entgelt gezahlt wird, sondern das Recht zur Nutzung der selbst erbrachten Dienstleistung bei typischerweise größeren Handlungsspielräumen übertragen wird. Beispiele hierfür finden sich in einigen Bundesländern in der Abwasserentsorgung, im Rettungsdienstwesen oder auch bei der Schülerversorgung, wenn ein Cateringunternehmen nicht von dem Schulträger bezahlt wird, sondern sich über die Eltern refinanzieren muss.[104] Die Unterscheidung zwischen Verwaltungshilfe und Dienstleis- **33**

[98] Explizit OVG Koblenz DVBl 1985, 176, 177.

[99] Vgl etwa noch *Maurer* Allg VwR, 13. Aufl, 2000, § 23 Rn 60. Wichtige Bsp bilden der Schülerlotse (OLG Köln NJW 1968, 655) u der sog Ordnungsschüler, der während der Abwesenheit des Lehrers auf die Mitschüler aufpassen soll (LG Rottweil NJW 1970, 474).

[100] Nachzuvollziehen bei *Ossenbühl* StHR, 118 ff; vgl ferner → § 44 Rn 15.

[101] Mit der Entscheidung BGHZ 121, 161 → JK BGB § 839/7, teilw missverstanden durch OLG Hamm NJW 2001, 375 → JK GG Art 34/19.

[102] Im Anschluss an *Burgi* (Fn 15) 71 ff, 145 ff; *Schuppert* (Fn 29) 840 ff; *Mehde* VerwArch 91 (2000) 543; *Schmidt-Aßmann* Verw 2001, Beiheft 4, 253, 261; vgl ferner *Stelkens/Schmidt* in: Stelkens/Bonk/Sachs, VwVfG, § 1 Rn 114 (vgl aber *dies* § 1 Rn 236). Zurückhaltend *Bull/Mehde* Allg VwR, Rn 1110.

[103] V 31.3.2004 (ABlEU Nr L 134/114).

[104] Ausf hierzu *Burgi* NZBau 2005, 610; *Ruhland* Die Dienstleistungskonzession, 2006, 47 ff.

tungskonzession wirkt sich vor allem im Vergaberecht aus, wo unmittelbar nur die erstere erfasst wird.

34 Nach der Intensität der Zusammenarbeit und der Komplexität der von beiden Partnern erbrachten Beiträge kann in Gestalt der sog *projektbezogenen PPP* schließlich eine dritte Erscheinungsform unterschieden werden. Im Einzelfall kann es sich hier durchaus auch um eine Kombination der Elemente Verwaltungshilfe, Dienstleistungskonzession bzw institutionalisierte PPP handeln. Jedenfalls versteht man unter einer projektbezogenen PPP „die langfristige, vertraglich geregelte Zusammenarbeit zwischen öffentlicher Hand und Privatwirtschaft zur wirtschaftlichen Erfüllung öffentlicher Aufgaben, wobei die erforderlichen Ressourcen (zB Know-how, Betriebsmittel, Kapital) von den Partnern in einen gemeinsamen Organisationszusammenhang eingestellt und vorhandene Projektrisiken entsprechend der Risikomanagementkompetenz der Projektpartner angemessen verteilt werden". Neben Schulen und Verwaltungsgebäuden sind Straßen und Krankenhäuser gegenwärtig wichtige bzw potenzielle Einsatzbereiche. Die Bundesregierung verfolgt trotz Finanzkrise das politische Ziel, den in anderen Industrieländern (angeblich) erreichten Wert von 17 % des Gesamtvolumens der öffentlichen Investitionen in diesem Bereich zu erreichen.[105]

35 b) *Rechtsprobleme.* Die Rechtsprobleme nach einer funktionalen Privatisierung sind überwiegend nicht organisationsrechtlicher Natur, da der Verwaltungshelfer bzw der Dienstleistungskonzessionär sowie der private Partner einer Projekt-PPP eben nicht Teil der Verwaltungsorganisation sind.[106] Macht sich eine Verwaltungsbehörde die fehlerhaften Vorarbeiten eines Verwaltungshelfers zu eigen (Beispiel: einen Planentwurf, in dem zentrale Abwägungsbelange nicht berücksichtigt sind), dann kann die behördliche Entscheidung infiziert und als rechtswidrig zu qualifizieren sein.[107] Die staatliche bzw kommunale Verantwortung wandelt sich nach erfolgter funktionaler Privatisierung in eine *Gewährleistungsverantwortung* um. Die betroffenen staatlichen Stellen sind daher verpflichtet, Kontrollbefugnisse und Haftungsregelungen bis hin zu Anpassungs- und Kündigungsklauseln vertraglich vorzusehen.[108] Beispiel: Weisungsbefugnisse, um den Zulassungsanspruch der Einwohner bei einer von einem privaten „Helfer" betriebenen Einrichtung diesem gegenüber weiterhin durchsetzen zu können. Dies kann uU Anpassungen innerhalb der Verwaltungsorganisation erforderlich machen. Aus dem Gebot demokratischer Legitimation (vgl allgemein oben → § 7 Rn 26 ff) kann sich überdies die Pflicht ergeben, auf die Schaffung von Organisations- und Verfahrensstrukturen bei den privaten Verwaltungshelfern hinzuwirken (als Ausfluss einer sog Strukturschaffungspflicht). Dadurch soll dem Umstand Rechnung getragen werden, dass der Staat in den Fällen der Vorbereitungsprivatisierung häufig nur noch formal, nicht aber materiell betrachtet Inhaber der Entscheidungsgewalt ist.[109]

[105] Vgl zu den Einzelheiten Weber/Schäfer/Hausmann (Hrsg), Praxishandbuch PPP, 2006; *Littwin/Schöne* Public Private Partnership im öffentlichen Hochbau, 2006.

[106] Ausf zu den verfassungsrechtlichen Grenzen u Impulsen sowie der Frage nach dem Bestehen eines Vorbehalts des Gesetzes vgl *Burgi* (Fn 14) 175 ff.

[107] Zu einer entspr Fallgestaltung aus dem Polizeirecht *Burgi* JuS 1997, 1106.

[108] Vgl hierzu *Bauer* DÖV 1998, 89.

[109] Dies ist näher ausgeführt bei *Burgi* (Fn 21) D 94 ff.

4. Aufgabenprivatisierung

a) *Gegenstand, Ergebnis und Anwendungsbeispiele.* Der Logik des formalen Staatsaufgabenbegriffs (→ § 7 Rn 9 ff) entspricht es, dass die Staatsaufgabe mit dem vollständigen Rückzug des Staates aus der Erfüllungsverantwortung endet und fortan (zumeist als öffentliche Aufgabe, da unverändert im öffentlichen Interesse liegend) von Privaten wahrgenommen wird. Dies bezeichnet man als Aufgabenprivatisierung (bisweilen auch als „materielle Privatisierung").[110] Der hierdurch entstehende Bereich hat lange Jahrzehnte nicht die Aufmerksamkeit des Öffentlichen Rechts gefunden. Seit jeher hat sich der Staat von einzelnen Aufgaben zurückgezogen (Bsp: In der unmittelbaren Nachkriegszeit wurde die Lebensmittelversorgung durch staatliche Stellen per Lebensmittelkarte bewirkt, bevor dann die privaten Bäcker und Metzger diese Aufgabe übernommen und ausgebaut haben), in der Regel unter der Begleitung staatlicher Ordnungsbehörden im Interesse der Gefahrenabwehr. Mit der zunehmenden Planmäßigkeit jener Vorgänge als Bestandteil der neuen Verantwortungsteilung zwischen Staat und Gesellschaft und im Zusammenhang mit Konzepten der Verwaltungsmodernisierung bilden sich nun spezifische Strukturen heraus und es zeichnen sich erste, teilweise bereits dogmatische Konturen ab. 36

Ein besonders prominenter Anwendungsbereich ist im Zuge der *Liberalisierungspolitik*, dh des häufig europarechtlich veranlassten Abbaus staatlicher Monopolstellungen (etwa in den Bereichen Post und Telekommunikation [vgl bereits → § 9 Rn 11] und Energie) entstanden. Dadurch hat sich nicht nur der Staat in einen Unternehmensträger (etwa in Gestalt der Deutschen Telekom AG oder der Deutschen Post AG) verwandelt, sondern neben ihm agieren zahlreiche Private innerhalb eines „Wettbewerbs im Markt", und zwar in einem regulierten Markt.[111] In einer Liberalisierung liegt somit zumeist eine Kombination von Aufgabenprivatisierung und Organisationsprivatisierung. 37

In der wissenschaftlichen Diskussion wird ein breites Teilspektrum im Zusammenhang mit Aufgabenprivatisierungen zunehmend mit dem Begriff *„regulierte Selbstregulierung"*[112] umschrieben. Dabei geht es um die Mobilisierung gesellschaftlicher Kräfte, die durch spezifische Dienstleistungen eine eigene kollektive Ordnung hervorbringen. Ihr Tätigwerden ist (im Unterschied zur Verwaltungshilfe) nicht funktional auf eine Staatsaufgabe bezogen, aber auch nicht „schlicht gesellschaftlich". Vielmehr vollzieht es sich innerhalb eines staatlich gesetzten Rahmens, innerhalb eines gemeinsamen Ordnungssystems. Viele der Erscheinungsformen gehen auf europäische Anstöße zurück.[113] 38

110 *Burgi* (Fn 14) 86 f; *Bull/Mehde* Allg VwR, Rn 367; *Ipsen* Allg VwR, Rn 276 f.

111 Eingehend *Masing* Gutachten D zum 66. DJT, 2006.

112 Bzw staatlich veranlasste gesellschaftliche Selbstregulierung (so bei *Schmidt-Preuß* VVDStRL 56 [1997] 160 ff; *Di Fabio* VVDStRL 56 [1997] 235 ff).

113 Weiterführende Darstellungen bei *Hoffmann-Riem* in: ders/Schmidt-Aßmann (Hrsg), Öffentliches Recht und Privatrecht als wechselseitige Auffangordnungen, 1996, 300 ff; *Trute* DVBl 1996, 950; *Faber* Gesellschaftliche Selbstregulierungssysteme im Umweltrecht, 2001, u die als Beiheft 4 zur Zeitschrift Verw 2001 publizierten Beiträge unter dem Titel „Regulierte Selbstregulierung als Steuerungskonzept des Gewährleistungsstaates" (vgl va *Schmidt-Aßmann*, 253 ff); zur regulierten Selbstregulierung im Steuerrecht durch Einführung eines Selbstveranlagungssystems *Seer* DStJG 31 (2008) 7, 32 ff. Eine neue Erscheinungsform in diesem Bereich stellt auch die private Selbstorganisation durch einen von den Betroffenen zu bestimmenden Aufgabenträger im Rahmen der Einrichtung von sog Business Improvement Districts dar (s *Huber* DVBl 2007, 466, 468 f).

Anwendungsbeispiele finden sich im Baurecht (mit dem durch private Investoren aufgestellten Vorhaben- und Erschließungsplan nach § 12 BauGB), im Umweltrecht (zB Pflicht zur Bestellung von Umweltbeauftragten nach § 53 BImSchG[114]; Öko-Audit nach dem Umweltauditgesetz, Vorschriften zur Eigenüberwachung anstelle der behördlichen Überwachung) und im Produktsicherheitsrecht. Dort agieren neben den Herstellern und privaten Sachverständigen die sog Benannten Stellen, die nach Akkreditierung durch den Staat auf Grund eines Vertrages mit dem Produkthersteller die Konformität von dessen Produkt mit den Anforderungen der jeweils einschlägigen EU-Richtlinie beurteilen und ohne deren Zertifizierung das Produkt nicht in den Verkehr gebracht werden kann (vgl zB § 4 I Geräte- und ProduktsicherheitsG).[115]

39 b) *Rechtsprobleme.* Eine Aufgabenprivatisierung ist grundsätzlich möglich, wenn nicht durch verfassungsrechtliche und/oder einfachrechtliche Bestimmungen der Staat zur Aufgabenerfüllung verpflichtet wird.[116] Sollen Private zwangsweise herangezogen werden, sind die Grundrechte als Abwehrrechte zu beachten.[117] Den Staat trifft vielfach auch hier eine (freilich gegenüber der funktionalen Privatisierung deutlich abgeschwächte) *Gewährleistungsverantwortung*, gerichtet auf die Verwirklichung des Gemeinwohls unter veränderten Rahmenbedingungen. Zur Erfüllung der sich hieraus uU ergebenden Regulierungsaufgaben werden bisweilen neuartige Organisationsstrukturen geschaffen. Prominentestes Beispiel ist die Bundesnetzagentur für Elektrizität, Gas, Telekommunikation, Post und Eisenbahnen (vormals: Regulierungsbehörde für Telekommunikation und Post). Hierbei handelt es sich um eine hochstufige, fachliche Sonderbehörde, die verschiedene organisatorische Besonderheiten (etwa eine teilweise Weisungsfreiheit) aufweist.[118] Unter bestimmten Voraussetzungen kann der Staat überdies verpflichtet sein, für den Aufbau bestimmter Organisations- und Verfahrensstrukturen bei den solchermaßen in die Gemeinwohlverwirklichung einbezogenen Privaten zu sorgen (sog Strukturschaffungspflicht; vgl bereits Rn 35).[119]

114 Hierbei handelt es sich mangels öffentlich-rechtlicher Befugnisse nicht um eine Beleihung.

115 Zu den Einzelheiten vgl *Merten* DVBl 2004, 1211; *Pünder* ZHR 170 (2006) 586. Hierbei handelt es sich nicht um Beliehene (vgl *Burgi* [Fn 21] D 42 f, 68 f).

116 Systematisierende Entfaltung der verschiedenen staatlichen Sicherstellungsaufträge bei *Butzer* in: Isensee/Kirchhof IV, § 74.

117 Vgl bereits o Rn 8.

118 Näher *Ruffert* AöR 124 (1999) 237, 277 ff; *Bullinger* DVBl 2003, 1355 ff.

119 Näher hierzu *Burgi* in: Hoffmann-Riem/Schmidt-Aßmann (Hrsg), Verwaltungsverfahren und Verwaltungsverfahrensgesetz, 2002, 155, 179 ff; *Mayen* DÖV 2004, 45 ff.

DRITTER ABSCHNITT

Maßstäbe des Verwaltungshandelns

Matthias Jestaedt

Gliederung

§ 11
Maßstäbe des Verwaltungshandelns

I. Maßstäbe des Rechts und Recht als Maßstab

1. Rechtmäßigkeit und Zweckmäßigkeit des Verwaltungshandelns

Das Handeln der Verwaltung soll nicht nur rechtens, es soll in einem viel umfassenderen Sinne richtig – man könnte auch sagen: rational – sein. So wie das Recht nicht den einzigen (Rationalitäts-)Maßstab des Verwaltungshandelns bildet, so markiert das Recht auch nicht dessen einziges Steuerungsmedium. Dass das Verwaltungshandeln nicht nur am Maßstab der Rechtmäßigkeit oder auch Rechtlichkeit zu messen ist, sondern darüber hinaus am Maßstab zahlreicher weiterer kontextabhängiger Sachrichtig- 1 keiten, belegt exemplarisch § 68 I 1 VwGO, wenn darin die Nachprüfung nicht nur der Rechtmäßigkeit, sondern auch der Zweckmäßigkeit des Verwaltungsaktes in einem behördlichen (Widerspruchs-)Verfahren angeordnet wird. Neben die Rechtmäßigkeit, also die juristische Richtigkeit, treten andere Richtigkeitsziele und -maßstäbe, so etwa – ohne Anspruch auf Vollständigkeit und Überschneidungsfreiheit – die Wirtschaftlichkeit und die Sparsamkeit, die Gemeinwohlverpflichtung und die Bürgernähe, die Transparenz und die Akzeptanz, die Effektivität und die Effizienz, die Gleichbehandlung und die Fairness, die Vorhersehbarkeit und die Verlässlichkeit, die Praktikabilität und die Nachhaltigkeit, die Flexibilität und die Innovationsoffenheit, die Risiko- und die Zeitangemessenheit, die Sozial- und die Umweltverträglichkeit administrativer Tätigkeit.[1]

2 Freilich bilden Rechtmäßigkeit und Zweckmäßigkeit, wiewohl zumeist im Sinne eines polaren Verhältnisses verstanden (vgl namentlich § 68 I 1 VwGO), keine substanziell getrennten Bereiche, die sich nach dem Schema konträrer oder auch kontradiktorischer Begriffe voneinander scheiden ließen und die zueinander im Verhältnis der Kontravalenz oder der Exklusion stünden: so ist rechtmäßiges Verhalten selbstredend nicht per se unzweckmäßig oder gar zweckfrei, wie umgekehrt zweckmäßiges Verhalten nicht aus sich heraus rechtswidrig oder auch nur rechtlich neutral ist. Zwischen Rechtmäßigkeit und darüber hinausgehender, also nicht an der Binärcodierung rechtmäßig/rechtswidrig ausgerichteten Sachrichtigkeit (Zweckmäßigkeit) besteht überhaupt kein abstrakt oder logisch beschreibbares, aus dem Wesen beider folgendes und stets gleich zu bestimmendes inhaltliches Verhältnis. Im Kontext des Rechts ist das Begriffspaar Rechtmäßigkeit versus Zweckmäßigkeit vielmehr einseitig von der Rechtmäßigkeit her zu bestimmen: Wegen der Rechtsbindung der Verwaltung und des damit korrespondierenden Vorrangs der Verfassung, des Gesetzes wie der Verordnung (Art 20 III GG)[2] stellt sich die Frage der rechtmäßigkeitsüberschießenden Zweckmäßigkeit nur dann, wenn das zu beurteilende Verhalten zumindest rechtmäßig ist. Fehlt es nämlich bereits an der Rechtmäßigkeit – ist das Verhalten also rechtswidrig –, so spielt es, soweit das positive Recht nicht ausnahmsweise Abweichendes anordnet, keine Rolle mehr, ob das Verhalten für sich genommen zweckmäßig oder unzweckmäßig ist. Zweckmäßigkeit lässt sich danach als die Sachangemessenheit definieren, die aus Sicht des Rechtsanwenders nicht schon durch das ihn bindende Recht – also heteronom – vorgegeben ist, sondern der er sich im bestehenden rechtlichen Rahmen selbst – also autonom – unterwirft. Auf die Verwaltung gemünzt: Zweckmäßig ist jenes Verwaltungshandeln, welches sich am – selbstredend verfassungs- und gesetzesdirigierten[3] – Maßstab verwaltungsautonom gesetzter Zwecke orientiert.[4]

[1] Grundsätzlich dazu *Schmidt-Aßmann* Ordnungsidee, Kap 2 Rn 22 sowie Kap 4 Rn 49 mwN; *ders* Kap 6 Rn 57–71 mwN, entfaltet auch Ansätze zu einer Lehre von den Maßstäben des Verwaltungshandelns. Vgl auch jüngst *Müller-Franken* Maßvolles Verwalten, 2004, 19 ff, 46 ff; *Fehling* in: Trute/Groß/Röhl/Möllers (Hrsg), Allgemeines Verwaltungsrecht – zur Tragfähigkeit eines Konzepts, 2008, 461 ff, bes 469 ff; *Schoch* ebd, 543 ff, bes 548 ff, 554 ff; *Pitschas* in: Hoffmann-Riem/Schmidt-Aßmann/Voßkuhle, Grundlagen II, § 42 Rn 7 ff, 25 ff, 30 ff, 157 ff, 201 ff, 226 ff u ö.

[2] Entsprechendes gilt für den Vorrang des Unionsrechts vor mitgliedstaatlichem Recht sowie für die Vorrangrelationen innerhalb des Unionsprimär- wie -sekundärrechts.

[3] Dazu näher unten Rn 5 ff, 34 ff.

[4] In diesem Sinne auch *Koch/Rüßmann* Juristische Begründungslehre, 1982, 242 f.

2. Verrechtlichung außerrechtlicher Maßstäbe

Wann und in welchem Maße die Verwaltung ihr Handeln an außerrechtlichen Maßstäben ausrichten darf – und insoweit am Maßstab der Zweckmäßigkeit zu messen ist –, hängt folglich von den von der Verwaltung zu beachtenden (heteronomen) rechtlichen Vorgaben ab. Diese Feststellung mag unter dem Aspekt des Vorrangs der lex superior banal erscheinen. Sie gewinnt jedoch ihre Brisanz angesichts der fortschreitenden Verrechtlichung einzelner Sach- und Lebensbereiche. Denn zahlreiche der zunächst nicht dem Recht entstammenden „normativen Orientierungen“[5] mutieren zu rechtlichen Orientierungen, indem das positive Recht sie – in Gestalt sog Verweisungsbegriffe – zu Bedingungen der Rechtmäßigkeit erhebt. So hat das Verwaltungshandeln von Rechts wegen „die Grundsätze der Wirtschaftlichkeit und Sparsamkeit zu beachten“ (§ 6 I HGrG und § 7 I BHO, vgl auch Art 317 I AEUV und § 97 V GWB); unwirtschaftliches oder verschwenderisches Verwaltungsgebaren ist danach rechtswidrig. Die „nach dem Stand von Wissenschaft und Technik erforderliche Vorsorge gegen Schäden“ ist zwingende Genehmigungsvoraussetzung für den Betrieb eines Kernkraftwerkes (§ 7 II Nr 3 AtG, s entsprechend § 4 II Nr 3, § 6 II Nr 2 AtG), die „partnerschaftliche“ Zusammenarbeit mit der freien Jugendhilfe markiert eine rechtlich verbindliche Leitlinie für die öffentliche Jugendhilfe (§ 4 I 1 SGB VIII). Ursprünglich außerrechtliche Maßgaben wie die Umweltverträglichkeit (vgl UVPG) oder die Nachhaltigkeit (bspw § 6 S 1 Wohnraumförderungsgesetz), gar die Schönheit der Landschaft (§ 2 I Nr 13 S 1 BNatSchG) sind mittlerweile ebenso zu Voraussetzungen rechtmäßigen Verhaltens erhoben worden wie etwa die bei der Jagd zu beachtenden „allgemein anerkannten Grundsätze deutscher Weidgerechtigkeit“ (§ 1 III BJagdG) oder die im Landschaftsschutzrecht maßstäblichen Grundsätze „der guten fachlichen Praxis“ (§ 5 IV BNatSchG, § 17 II BBodSchG).[6] Kurzum: Soweit nicht das geltende Recht selbst Rezeptionssperren aufrichtet, kann *jeder* außerrechtliche Maßstab zu einem Rechtsmaßstab erhoben werden.[7] Es wäre indes ein Trugschluss anzunehmen, dass nach der Verrechtlichung zunächst nicht-rechtlicher Maßstäbe diese sich in Auslegung und Anwendung ohne weiteres und grundsätzlich wie autochthone Rechtsmaßstäbe verhielten. Für die Auslegungs- und Anwendungsschwierigkeiten, die für rechtliche Verweisungsbegriffe nicht untypisch sind, mögen, pars pro toto, der Aufwand und die Unsicherheit stehen, die zum einen die Ermittlung der „nach dem Stand von Wissenschaft und Technik“ erforderlichen Schadensvorsorge im Anlagenrecht und zum anderen die Antwort auf die Frage kennzeichnen, was die zuvörderst haushaltswirtschaftlichen Grundsätze der Wirtschaftlichkeit und Sparsamkeit im Einzelfall erheischen; gerade das Wirtschaftlichkeits- und das Sparsamkeitsprinzip, die zum einen ein optimales ökonomisches Kosten-Nutzen-Verhältnis und zum anderen die möglichste Schonung der ökonomischen Ressourcen fordern,[8] können als Sekun- 3

[5] Begriff: *Schmidt-Aßmann* Ordnungsidee, Kap 2 Rn 22.

[6] Näher zu letzterem *Sparwasser/Engel/Voßkuhle* Umweltrecht, 5. Aufl 2003, § 6 Rn 89, 316 f und § 9 Rn 114 f mwN.

[7] Zur Vielgestaltigkeit der – verrechtlichten – Maßstäbe des Verwaltungshandeln: *Pitschas* in: Hoffmann-Riem/Schmidt-Aßmann/Voßkuhle, Grundlagen II, § 42 Rn 74–240.

[8] Nach Ansicht des BVerwG markiert der Grundsatz der Wirtschaftlichkeit als allgemeines Rechtsgebot öffentlichen Verwaltungshandelns das Oberprinzip für die Grundsätze der Sparsamkeit (Erreichung eines vorab fixierten Ergebnisses mit geringstmöglichem Mitteleinsatz) und der Ergiebigkeit (Erzielung des bestmöglichen Ergebnisses mit vorab festgelegten Mitteln): BVerwG NVwZ 2007, 475, 476 (Rn 97 f, bes 98).

där- oder auch Relationswerte nicht für sich, dh isoliert interpretiert und konkretisiert werden, sondern entfalten ihre Steuerungswirkung erst auf der Folie und im Rahmen der vorgängigen, primären Wertsetzungen der Verwaltung.[9] Unbeschadet dessen können Umfang und Dichte,[10] Technik[11] und Wirkung der Verrechtlichung außerrechtlicher Maßstäbe variieren. Auch das Sanktions- und Kontrollregime kennt zahlreiche Abstufungen:[12] so spielt es eine erhebliche Rolle, ob ein Verstoß gegen eine Rechtsmäßigkeitsvoraussetzung wie die Wirtschaftlichkeit der Verwaltungstätigkeit einer verwaltungsbehördlichen und einer verwaltungsgerichtlichen Kontrolle oder aber einer „bloßen" Rechnungshofkontrolle unterliegt; gegen manche Rechtserzeugungsbedingungen kann sanktionsfrei verstoßen werden (sog Ordnungsvorschriften), die Verletzung anderer kann etwa durch aufsichtsbehördliches Einschreiten oder durch die Eröffnung von Individualrechtsschutz vor Behörden und Gerichten sanktioniert sein.[13] Wie das rechtliche Kontroll- und Sanktionsregime in concreto ausgestaltet ist, kann nur den jeweils einschlägigen Rechtsvorschriften entnommen werden; pauschale Aussagen sind

[9] So steuern die beiden haushaltswirtschaftlichen Grundsätze etwa nicht die Antwort auf die vorausliegende Frage, ob eine bestimmte soziale oder infrastrukturelle Aufgabe von der Verwaltung wahrgenommen werden darf oder nicht (vgl stellvertretend BVerwG NVwZ 2007, 475, 476 [Rn 98]). Näher zur rechtlichen Seite der ökonomischen Effizienz des Verwaltungshandelns: *Fehling* (Fn 1) 476–487; *Schoch* (Fn 1) 562–564; *Pitschas* in: Hoffmann-Riem/Schmidt-Aßmann/Voßkuhle, Grundlagen II, § 42 Rn 122 ff, je mwN.

[10] Insbes ist angesichts des Umstandes, dass aus Sicht des entscheidungsberufenenen Organwalters rechtliche und außerrechtliche Maßstäbe in Gestalt eines Steuerungsverbundes gleichzeitig und nebeneinander zu beachten sind, darauf Bedacht zu nehmen, *wieweit* außerrechtliche Maßstäbe rechtlich positiviert worden sind. Denn *nur insoweit* ist ihre Beachtung von Rechts wegen gefordert und ihre Nichtbeachtung rechtlich sanktioniert. Mag es im Einzelfall auch Schwierigkeiten bereiten, anhand der positivrechtlichen Vorschriften zu bestimmen, welche – zunächst – außerrechtlichen Maßstäbe in welcher Reichweite zu Recht(lichkeit)smaßstäben erhoben worden sind, so ändert das doch aus Sicht des Rechts, des Rechtsanwenders und des Rechtsdogmatikers nichts daran, dass auf die Frage nach der Rechtsgeltung eines konkreten Maßstabes stets nur alternativ mit „ja" oder mit „nein" geantwortet werden kann. Kategorien wie „gleitende Übergänge", „latente Rechtsgehalte", „integrierende Maßstabssteuerung" oder auch die „‚innere' Verschränkung" (so *Pitschas* in: Hoffmann-Riem/Schmidt-Aßmann/Voßkuhle, Grundlagen II, § 42 Rn 3, 25, 35, 192 u passim; ähnlich *Fehling* [Fn 1] 469 ff) von rechtlichen und außerrechtlichen Maßstäben mögen *verwaltungswissenschaftlichen* und *steuerungssoziologischen* Beschreibungs- und Erklärungswert besitzen; in *verwaltungsrechtsdogmatischen* Kontexten verwendet, bergen sie die Gefahr in sich, die Scheidelinie zwischen dem Verbindlichkeitsbereich, der dem Regime des Rechts untersteht, und allen übrigen Verbindlichkeitsbereichen zu verwischen. Rechtsgeltung gibt es nicht in mehr oder minder hoher Dosierung; sie kommt einem Maßstab zu oder sie tut es nicht – tertium non datur. Wie hier der Sache nach *Schoch* (Fn 1) 543 ff, bes 546 f u 554–556.

[11] Von Bedeutung ist es namentlich, ob die Verweisung auf außerrechtliche Maßstäbe statisch erfolgt oder aber dynamisch. Näher zu den Rezeptionsmechanismen, die das positive Recht in Bezug auf außerrechtliche Maßstäbe kennt: *Fehling* (Fn 1) 473 f; *Schoch* (Fn 1) 556–559.

[12] Zu nennen ist etwa die verwaltungsgerichtliche Kontrolle, die Kontrolle durch die Fach-, Dienst- und unionsrechtliche Beihilfenaufsicht, durch spezielle Beauftragte (Datenschutzbeauftragter ua), durch den Rechnungshof, durch das Parlament, durch die Öffentlichkeit usf. Zum Stichwort der „Pluralisierung der Verwaltungskontrollen": *Schmidt-Aßmann* Ordnungsidee, Kap 4 Rn 89 ff mwN.

[13] Grds zur Rechtswidrigkeit als kontextabhängigem Relationsbegriff: *Bumke* Relative Rechtswidrigkeit, 2004.

hier angesichts der Vielfältigkeit und Vielgestaltigkeit, mit denen das positive Recht auf Maßstabsverletzungen reagiert, fehl am Platze.

Ein nicht zu unterschätzender Verrechtlichungsschub – und damit der Trend, die Zweckmäßigkeit zugunsten der Rechtmäßigkeit in den Hintergrund treten zu lassen – ist schließlich auf die verfassungsfundierten Grundsätze der *Verhältnismäßigkeit* einer- und der *Gleichbehandlung* andererseits zurückzuführen. Denn auch wenn die Verwaltung selbstgewählte Zwecke verfolgt, hat sie sich doch stets bei ihrer Mittelwahl vor dem Verhältnismäßigkeitsgrundsatz zu rechtfertigen;[14] die verfassungsrechtlich eingeforderte Verhältnismäßigkeit ist aber normstrukturell betrachtet nichts anderes als ein Sonderfall allgemeiner Zweckmäßigkeit.[15] Und unter dem Regime des allgemeinen Gleichheitssatzes (Art 3 I GG) kann ein zunächst aus Gründen bloßer Zweckmäßigkeit gewähltes Handeln zur sog „Selbstbindung der Verwaltung" führen.[16] 4

II. Bindung an Recht und Gesetz

1. Die Gesetzesbindung der Verwaltung

Nach Art 20 III GG ist die Verwaltung – neben der Regierung Teil der vollziehenden Gewalt – an Gesetz und Recht gebunden.[17] Die Gesetzesbindung fungiert als der zentrale Mechanismus, mit dem sichergestellt wird, dass der in der Volksvertretung, genauer: in den gesetzgebenden Körperschaften, demokratisch gebildete Wille sich auch in der Vollziehung durchsetzt.[18] Dabei bedient sich das Legalitätsprinzip gegenüber der Exekutive zweier komplementär wirkender Mechanismen zur Sicherstellung der Herrschaft des Gesetzes: des Vorrangs und des Vorbehalts des Gesetzes, dh des Verbotes, gegen das Gesetz, und des Verbotes, ohne Gesetz zu handeln.[19] 5

Doch sowenig Verwaltung sich auf der einen Seite im Gesetzesvollzug erschöpft, sowenig bedeutet Gesetzesvollzug andererseits, dass die Verwaltung nur im Einzelfall nachspräche, was der Gesetzgeber abstrakt-generell vorgesprochen hat. Gesetzesbindung – genauer: Verfassungs-, Gesetzes- und sonstige Rechtsbindung – kann für die vollziehende Gewalt vielmehr höchst Unterschiedliches bedeuten. Gesetzesbindung ist eben nicht gleich Gesetzesbindung. Namentlich sind es Funktion, Struktur und Regelungsdichte des Gesetzes, die Art und Maß der konkreten Gesetzesbindung determinieren. Typisierend und damit notwendig vereinfachend lassen sich die Funktionen des 6

[14] Zum Verhältnismäßigkeitsgrundsatz als Ermessensschranke unten Rn 64.

[15] Vgl näher *Achterberg* Allg VwR, § 19 Rn 18.

[16] Näher u Rn 64 f.

[17] Näher zur Bedeutung der Formel „Gesetz und Recht" iSv Art 20 III GG: *Schulze-Fielitz* in: H. Dreier (Hrsg), GG, Bd II, 2. Aufl 2006, Art 20 (Rechtsstaat) Rn 92–94, bes 94, einerseits und *Sommermann* in: v Mangoldt/Klein/Starck, GG II, Art 20 Abs 3 Rn 261–269, bes 265 mwN, andererseits. Zum dogmatischen Standort des Unionsrechts in der Formel „Gesetz und Recht": *Sachs* in: ders (Hrsg), GG, 5. Aufl 2009, Art 20 Rn 107; *Sommermann* ebd, Rn 265, je mwN.

[18] Richtungweisend *Merkl* Demokratie und Verwaltung, 1923; *Kelsen* Allgemeine Staatslehre, 1925, 361 ff, 366 ff; aus neuerer Zeit *Lepsius* Steuerungsdiskussion, Systemtheorie und Parlamentarismuskritik, 1999, 10 ff, 21 ff mwN.

[19] Dazu oben → § 2 Rn 38 ff; ergänzend: *Reimer* in: Hoffmann-Riem/Schmidt-Aßmann/Voßkuhle, Grundlagen I, § 9 Rn 23 ff, 73 ff; *Ossenbühl* in: Isensee/Kirchhof V, 3. Aufl 2008, § 101, je mwN.

Gesetzes – in Anlehnung an die normativen Operatoren Gebot, Verbot und Erlaubnis – beschreiben als Auftrag an die Verwaltung, ein näher definiertes öffentliches Interesse zu verfolgen, als Schranke für administratives Tätigwerden sowie schließlich als Ermächtigung, in den Rechtskreis des Bürgers (oder anderer Träger subjektiver Rechte) einzugreifen.[20] Von der Normstruktur her sind konditional von final strukturierten Normen zu unterscheiden: Erstere sind durch die Wenn-dann-Struktur, dh durch die konditionale Verknüpfung von Tatbestand und Rechtsfolge gekennzeichnet („wenn“ die Tatbestandselemente erfüllt sind, „dann“ muss oder darf eine Rechtsfolge festgesetzt werden), letztere hingegen dadurch, dass sie grundsätzlich nur das zu erreichende Ziel vorgeben, ohne jedoch einen entsprechenden Tatbestand oder die zur Zielerreichung einzusetzenden Mittel zu fixieren; normative Finalprogramme finden sich insbesondere, aber keineswegs ausschließlich im Planungsrecht.[21]

2. Die Eigenständigkeit der Verwaltung im Prozess der Rechtserzeugung

7 Je nach gewählter Regelungstechnik und -dichte variieren Modus und Intensität der Gesetzesbindung und bleibt der gesetzesgebundenen Verwaltung ein größerer oder kleinerer Freiraum der Selbstprogrammierung. Bereits darin wird deutlich, dass die Gesetzesbindung der Verwaltung nicht als mechanistisch-kausale Steuerung der Verwaltung durch den Gesetzgeber im Sinne eines Ursache-Wirkung-Modells begriffen werden darf. Die Verwaltung wird durch das Grundgesetz nicht nur als eigenständige Funktion anerkannt und verbürgt,[22] ihr kommt auch als vollziehender Gewalt Eigenrecht zu.[23] Es gilt Abschied zu nehmen von einem – zumindest unterschwellig noch weitverbreiteten – einseitig am Gesetz als Rechts(erzeugungs)quelle orientierten Verständnis von Rechtsgewinnung. Die Grundannahmen der subsumtionspositivistischen Begriffsjurisprudenz, dass nämlich alles Recht bereits im Gesetz beschlossen und die in concreto zu fällende Einzelfallentscheidung dem Gesetz allein auf logisch-deduktivem Wege zu entnehmen, der Richter oder der Verwaltungsbeamte also nichts anderes sei als die „viva vox legis“ (sog „Subsumtionsautomatismus“), müssen heute als widerlegt gelten.[24] Der Verabsolutierung des Gesetzes als einziger Quelle des Rechts[25] und der damit einher-

[20] Grundlegend *Scheuner* DÖV 1969, 585 ff.

[21] Beispiele für final konditionierte Normen: § 1 V–VII BauGB. Entsprechend allgemein formulierte Abwägungsgebote etwa in § 17 I 2 FStrG, § 28 I 2 PBefG, § 18 I 2 AEG, § 14 I 2 WaStrG, § 9 I 2 LuftVG. Näher zur Unterscheidung von Konditional- und Finalprogrammierung nachfolgend Rn 16.

[22] Zur Eigenständigkeit der Verwaltung stellvertretend *H. Dreier* Hierarchische Verwaltung im demokratischen Staat, 1991, 174 ff; *ders* Verw 25 (1992), 137 ff mwN. Initialzündung für die deutsche Diskussion: *Peters* Die Verwaltung als eigenständige Staatsgewalt, 1965. Zum Diskurs, ob zugunsten der Administrative ein verfassungsrangiger Verwaltungsvorbehalt streitet: *H. Dreier* Hierarchische Verwaltung, 182 ff.

[23] Richtungweisend *Kelsen* Hauptprobleme der Staatsrechtslehre, 1. Aufl 1911 (unveränd 2. Aufl 1923), 504–514, bes 505 u 507 (= Jestaedt [Hrsg], Hans Kelsen Werke 2, 2008, 21, 653–662, bes 654 u 655 f).

[24] Exemplarisch *Schmidt-Aßmann* in: Maunz/Dürig, GG, Art 19 IV Rn 182; *Hoffmann-Riem* in: ders/Schmidt-Aßmann/Voßkuhle, Grundlagen I, § 10 Rn 63 mwN. Zudem gilt es zu berücksichtigen, dass sich mit sinkender Steuerungsfähigkeit des Gesetzes die Lösung von Interessenkonflikten zunehmend auf die Ebene des Gesetzesvollzuges verlagert (so *Schoch* in: Isensee/Kirchhof III, 3. Aufl 2005, § 37 Rn 43, s auch Rn 117).

[25] Ausdruck dessen ist namentlich das nach wie vor herrschende Verständnis von Rechtsnorm, wonach darunter nur generell-abstrakte Rechtssätze fallen, indessen konkret-individuellen

gehenden Vereinseitigung des Verhältnisses von Gesetzgebung und Verwaltung als Gesetzesvollziehungsrelation widerstreitet die Erkenntnis, dass unsere Rechtsordnung als rechtsquellenpluraler, gestuft-arbeitsteiliger Prozess der Konkretisierung und Individualisierung von Recht organisiert ist.[26]

Stark vergröbernd lässt sich der *Rechtsindividualisierungs- und -konkretisierungsprozess* dahin beschreiben, dass über formal und funktional, hierarchisch und legitimatorisch unterschiedliche Stufen abstrakt-genereller Rechtssätze (bspw Verfassung, Gesetz, Rechtsverordnung, Satzung) letztlich für den und im Einzelfall konkret-individuelle Rechtssätze (bspw Verwaltungsakt, Verwaltungsvertrag, Gerichtsentscheidung, aber auch etwa das private Rechtsgeschäft) hervorgebracht werden. Das (Parlaments-) Gesetz markiert in diesem Rechtsgewinnungskontinuum zwar einen – besonders unter demokratisch-legitimatorischen wie rechtsstaatlichen Auspizien – herausragenden Ausschnitt; dieser darf aber nicht für das Ganze genommen werden, zumal er auch gegenüber den sonstigen Rechts(erzeugungs)quellen keine rechtsgewinnungstheoretische Allein- oder auch nur Sonderstellung beanspruchen kann. Im Prozess der Rechtskonkretisierung und -individualisierung relativiert sich die zumeist substanziell verstandene Alternative von Rechtsetzung und Rechtsanwendung (Rechtsvollziehung) zu einem bloß perspektivischen Gegensatz:[27] In Anbetracht des Umstandes, dass sich der Rechtserzeugungszusammenhang aus zahllosen Einzelstufen der Rechtserzeugung zusammensetzt und die Rechtserzeugung sich auf sämtlichen[28] Stufen in strukturell gleicher Weise vollzieht – es wird neues Recht in Bindung und im Rahmen von bestehendem, also altem Recht gewonnen (etwa: Gesetzgebung in Bindung und im Rahmen der Verfassung; Verordnungsgebung in Bindung und im Rahmen von Verfassung und Gesetz; Verwaltungsaktsetzung in Bindung und im Rahmen von Verfassung, Gesetz, Rechtsverordnung usf) –, wird grundsätzlich auf jeder Stufe sowohl Recht gesetzt als auch Recht angewendet. Im Verhältnis zu den bedingenden Normen – bildlich gesprochen: im Stufenbau „nach oben" gerichtet – wird Recht angewendet; im Verhältnis zu allen weiteren Stufen – also im Blick „nach unten" – wird hingegen Recht erzeugt. Dies gilt für das Gesetz in strukturell gleicher Weise wie für die Verwaltungs- oder Gerichtsentscheidung. Was ersteres von letzteren unterscheidet, ist – abgesehen von den besonderen verfassungsrechtlichen (und damit konkreten positivrechtlichen) Funktionen – insbesondere die Dichte und der Umfang, in denen die anzuwendenden Rechtssätze den Rechtserzeugungsprozess determinieren: Die Verfassung gibt dem verfassungsanwendenden Gesetzgeber eben sehr viel weniger vor als das gesamte Gesetzesrecht den gesetzesanwendenden Gewalten. Unterschiedlich ist also lediglich das konkrete Mi- 8

Rechtssätzen, insbesondere Verwaltungsakten, Verträgen und Gerichtsentscheidungen, der Normcharakter rundweg abgesprochen wird. Was letztere stattdessen sein sollen – sind sie etwa nicht normativ? –, wird nicht klar.

[26] Zu Begriff und Sache des „Stufenbaus" der Rechtsordnung grundlegend *Merkl* (1931) in: *ders* Gesammelte Schriften Bd I/1, 1993, 437 ff.

[27] Die Entdeckung der Januskköpfigkeit der Rechtskonkretisierung geht namentlich auf *Merkl* zurück, der dafür den plastischen Begriff des „doppelten Rechtsantlitzes" geprägt hat: *Merkl* (1918), in: ders, Gesammelte Schriften, Bd I/1, 1993, 227 ff. Vgl weitergehend *Kelsen* Reine Rechtslehre, 2. Aufl 1960, 228 ff, bes 239–242 sowie 266–271. Dazu *Lippold* Recht und Ordnung, 2000, 369–380.

[28] Für die historisch erste Verfassung ist hier aus rechtstheoretischen Gründen eine – freilich für den Rechtsanwendungsprozess zu vernachlässigende – Ausnahme zu machen. Näher ausgeführt bei *Jestaedt* Grundrechtsentfaltung im Gesetz, 1999, 298 ff, 307 ff mwN.

schungsverhältnis (das Mischungs-„Wie“) von Fremdprogrammierung und Selbstprogrammierung, nicht aber die Mischung (das Mischungs-„Ob“) von Fremdprogrammierung und Selbstprogrammierung als solche.[29]

9 Was nach der einen Seite Rechtsanwendung ist, stellt sich nach der anderen Seite als Rechtserzeugung dar. Fremdprogrammierung durch das anzuwendende Recht geht folglich stets mit Selbstprogrammierung im Blick auf das zu erzeugende Recht einher. Nichts anderes meint *Hans Julius Wolff*, wenn er formuliert: „Jede abstrakte oder konkrete Rechtserzeugung steht zwischen den Polen völliger *Freiheit* und strenger *Gebundenheit*, ohne diese äußersten Möglichkeiten je zu verwirklichen.“[30] Für die Gesetzesbindung der Verwaltung kann daraus folgendes vorläufige Resümee gezogen werden: Das Gesetz (wie jede sonstige das Verwaltungshandeln bestimmende Vorgabe aus der Verfassung, aus dem Unionssrecht usf) dirigiert zwar die Verwaltung, es determiniert diese aber keineswegs vollumfänglich. Gesetzesanwendung ist eben nicht nur Wiederholung dessen, was das Gesetz bereits festgesetzt hat, sondern bedarf in der einen oder anderen Hinsicht des (rechts)produktiven Zutuns des Gesetzesanwenders. *Jeder* Gesetzesanwendungsakt bekräftigt daher nicht nur die Gesetzesbindung der Verwaltung, sondern erfordert zugleich einen – nach Art und Umfang freilich unterschiedlich ausfallenden – Akt administrativen Eigenrechts.[31] Dem nach wie vor hochgehaltenen „Prinzip der einzigen richtigen (rechtmäßigen) Entscheidung“[32] ist damit freilich der Boden entzogen. Die Gesetzesbindung der Verwaltung einer- und deren Eigenständigkeit andererseits verhalten sich zueinander wie zwei Seiten derselben Medaille: Sie weisen in entgegengesetzte Richtungen, und doch ist die eine nicht ohne die andere zu haben. Die bekanntesten Erscheinungsformen administrativen Eigenrechts werden unter den Begriffen „Ermessen“ und „(unbestimmter Rechtsbegriff mit) Beurteilungsspielraum“ thematisiert.

[29] Wie hier bereits *Merkl* Allgemeines Verwaltungsrecht, 1927, 142 ff, bes 142 u 143. Jüngst gleichsinnig *Ulrike Lembke*, Einheit aus Erkenntnis?, 2009, 171 ff u bes 302 ff mwN.

[30] *H. J. Wolff* in: Wolff/Bachof, VwR I, § 31 vor I a, 186 (Hervorhebungen im Original); so wortidentisch bereits *ders* VwR I, 1. Aufl 1956, § 31 vor Ia, 114.

[31] Zur „Unhintergehbarkeit der Konkretisierung“ näher *H. Dreier* Hierarchische Verwaltung (Fn 22) 165 ff mwN. Einen anderen – prinzipientheoretischen – Ansatz wählt *Hain* FS Starck, 2007, 35 ff, bes 40–42, dem zufolge sich die „Vervollständigung unvollständiger Regeln durch die Anwendung von Prinzipien“ vollziehe (aaO 45 f); dieser Ansatz läuft indes Gefahr, als Methodenproblem auszugeben, was ein Kompetenzproblem ist (zur Unterscheidung nachfolgend Rn 21 f).

[32] Für den hier relevanten Kontext administrativer Entscheidungsfreiheit stellvertretend: *Erichsen* 12. Aufl 2002, § 10 Rn 27 (dort auch die zitierte Wendung) mwN; entsprechend bspw *Herdegen* JZ 1991, 747, 750; *Schoch* Jura 2004, 612, 614; *Maurer* Allg VwR, § 7 Rn 29 (144 f); vgl dazu auch die Kritik bei *Koch* Unbestimmte Rechtsbegriffe und Ermessensermächtigungen im Verwaltungsrecht, 1979, 75–79. Selbst gegen die abgemilderte Variante, dem Gedanken der einzig richtigen Entscheidung zumindest den Platz einer „regulativen Idee“ zuzuweisen (so etwa jüngst *Schoch* [Fn 1] 551), werden mit Recht Bedenken geltend gemacht: *Hoffmann-Riem* in: ders/Schmidt-Aßmann/Voßkuhle, Grundlagen I, § 10 Rn 64.

III. Die Dogmatik zu unbestimmtem Rechtsbegriff und Ermessen im Wandel

1. Unbestimmter Rechtsbegriff und Ermessen als traditionelle Doppel-Thematik

Herkömmlicherweise wird weniger vom Regelfall administrativen Eigenrechts als vielmehr vom – damit bereits als gewissermaßen pathologisch gekennzeichneten – Sonderfall der „Lockerung und Abschwächung der Gesetzesbindung" gesprochen. Diese würden vor allem durch zwei Instrumente bewerkstelligt, nämlich „durch die Einstellung sog unbestimmter Rechtsbegriffe in den Gesetzestatbestand und durch die Einräumung von Wahlfreiheit der Verwaltung auf der Rechtsfolgenseite der Norm (sog Verwaltungsermessen)".[33] Es stehen sich also unbestimmter Rechtsbegriff auf der Tatbestandsseite des anzuwendenden Gesetzes und Ermessen auf dessen Rechtsfolgenseite gegenüber.[34] Nach herrschender Auffassung sind beide, wiewohl sie unter dem Aspekt der gelockerten Gesetzesbindung und der reduzierten Kontrolldichte markante Ähnlichkeiten aufweisen, strikt voneinander zu scheiden:[35] Das (allgemeine Verwaltungs-) Ermessen sei weit verbreitet, in aller Regel leicht am gesetzlichen Sprachgebrauch zu erkennen (die Behörde „darf", „kann", „soll", „ist ermächtigt") und wird verfassungsrechtlich nicht ernsthaft in Zweifel gezogen. Demgegenüber seien unbestimmte Rechtsbegriffe[36] in solche mit und solche ohne Beurteilungsspielraum zu unterscheiden; letztere stellten die seltene Ausnahme dar;[37] ausdrückliche gesetzliche Zuweisungen sucht man fast vergebens,[38] weswegen die für das Ermessen nahezu unstreitige These, 10

[33] Sämtliche Zitate: *Erichsen* 12. Aufl 2002, § 10 Rn 2; ähnlich *Schoch* Jura 2004, 462, 463; *Maurer* Allg VwR, § 7 Rn 6 (135). Wie zu zeigen sein wird (vgl u Rn 17), ist dieser Wortgebrauch zumindest missverständnisanfällig: Zwar wird im Falle der gesetzlichen (sic!) Einräumung eines administrativen Entscheidungsfreiraumes die Dichte der Fremddeterminierung der Verwaltung zurückgenommen; aber zum einen ist diese Rücknahme ihrerseits Ausfluss des Gesetzes, und zum anderen gibt es im Umfange gesetzlicher Determinierung des Verwaltungshandelns auch bei Bestehen eines administrativen Entscheidungsfreiraumes weder eine „Lockerung" noch eine „Abschwächung" der Gesetzesbindung. Offenbar ist der Wortgebrauch (ebenso wie jener von der „strengen Gesetzesbindung" [*Erichsen* 12. Aufl 2002, § 10 Rn 2]) inspiriert von der – rechtsgewinnungstheoretisch indes unhaltbaren (Stichwort: „Subsumtionsautomat"; dazu o Rn 7 ff) – Vorstellung, dass das Gesetz „an sich" das Verwaltungshandeln zu 100 Prozent determiniert und jede dahinter zurückbleibende Bindungsdichte per se rechtfertigungsbedürftig ist.

[34] Mit wenigen Ausnahmen behandeln die Lehrbücher zum Allgemeinen Verwaltungsrecht die Thematik denn unter der (nur selten und geringfügig variierten) Doppel-Überschrift „Ermessen und unbestimmter Rechtsbegriff"; statt vieler *Achterberg* Allg VwR, § 18 III (339 ff); *Wallerath* Allg VwR, § 6 III u IV (Rn 21 ff u 51 ff); *Bull/Mehde* Allg VwR, § 16 (Rn 556 ff); *Maurer* Allg VwR, § 7 (133 ff); exemplarisch aus der sonstigen Ausbildungsliteratur *Schoch* Jura 2004, 462 ff und 612 ff. Richtungweisend für den thematischen Zugriff: *Bachof* JZ 1955, 97 ff.

[35] Pars pro toto: *Erichsen* 12. Aufl 2002, § 10 Rn 46; *Schoch* Jura 2004, 462 Fn 5; *Maurer* Allg VwR, § 7 Rn 55 (157).

[36] Beispiele s u Rn 23.

[37] Aus der Judikatur vgl BVerwGE 94, 307, 309; 100, 221, 225.

[38] Das wohl markanteste Beispiel stammt aus dem Wettbewerbsrecht: § 71 V 2 GWB. Diskussion weiterer Beispielsfälle bei *Ibler* Rechtspflegender Rechtsschutz im Verwaltungsrecht, 1999, 442 ff (zu Art 7 V GG, § 8 Nr 2 GO Nds, § 9 Nr 3 DRiG, § 71 V 2 GWB).

es bedürfe einer gesonderten gesetzlichen Einräumung,[39] im Blick auf den Beurteilungsspielraum mit Argwohn betrachtet[40] und stattdessen auf die von der Rechtsprechung herausgearbeiteten Fallgruppen rekurriert wird;[41] und verfassungsrechtlich werden unbestimmte Rechtsbegriffe mit Beurteilungsspielraum unter Hinweis auf die Rechtsschutzgarantie des Art 19 IV GG problematisiert, weil mit ihnen eine Freistellung von gerichtlicher Kontrolle einhergehe, die die Gewährleistung umfassenden Rechtsschutzes in tatsächlicher und rechtlicher Hinsicht zu unterlaufen drohe.[42] Zusammenfassend ruht die herrschende Ansicht vor allem auf vier Thesen:

- Gebundene Verwaltung und Ermessensverwaltung sind qualitativ unterschiedliche Modalitäten des Verwaltungshandelns.
- Kehrseite der Ermesseneinräumung ist die Reduktion (verwaltungs)gerichtlicher Kontrolldichte.
- Der Beurteilungsspielraum ist aus dem sog unbestimmten Rechtsbegriff zu entwickeln; er stellt einen Unterfall desselben dar.
- Beurteilungsspielraum und Ermessen unterscheiden sich kategorial.

11 Folge wie Ausdruck der postulierten Trennung sind unter anderem,

- dass die Dogmatik des unbestimmten Rechtsbegriffs nur zu Beurteilungs- und nicht auch zu Ermessensspielräumen in Bezug gesetzt wird;
- dass Erhebung und Bestimmung von Ermessens- und Beurteilungsspielräumen unterschiedlichen normativen Parametern folgen;
- dass im Grundsatz je spezifische Fehler(- und Kontroll)lehren für Ermessensspielräume einer- und Beurteilungsspielräume andererseits bestehen;
- dass der angenommene Verfassungskonflikt mit der Rechtsweggarantie nur für Beurteilungs- und nicht für Ermessensspielräume diskutiert wird;
- dass schließlich einige Phänomene wie namentlich das Planungs- und das Regulierungsermessen oder überhaupt administrative Entscheidungsfreiräume im Bereiche final konditionierter Rechtsnormen aus der systematischen Betrachtung ausgeklammert werden oder ihnen doch zumindest ein Sonderstandort zugewiesen wird.

2. Die Dichotomie von unbestimmtem Rechtsbegriff und Ermessen in der Kritik

12 Die Trennung und Gegenüberstellung von Ermessen auf der einen und unbestimmtem Rechtsbegriff mit Beurteilungsspielraum auf der anderen Seite hat sich seit Mitte der Fünfziger Jahre des letzten Jahrhunderts sowohl in Lehre[43] wie Rechtsprechung[44] gegen ältere Konzeptionen durchgesetzt. Diese gingen überwiegend von einem einheitlichen Ermessensbegriff aus, der freilich phänomenologische Ausdifferenzierungen gefunden habe, die man als „Tatbestands-“ und als „Rechtsfolgenermessen“ respektive als „kog-

[39] Zur sog normativen Ermächtigungslehre näher nachfolgend Rn 34 ff.

[40] Vgl namentlich *Ossenbühl* FS Redeker, 1993, 55 ff, bes 64; *Maurer* Allg VwR, § 7 Rn 34 (146 f).

[41] Dazu unten Rn 45 ff.

[42] Stellvertretend *Maurer* Allg VwR, § 7 Rn 56 u 62 (158 u 160). Dazu u Rn 38 f.

[43] Die wegbereitenden Arbeiten aus den fünfziger Jahren: *Reuss* DVBl 1953, 649 ff; *Bachof* JZ 1955, 97 ff; *Ule* GS W. Jellinek, 1955, 309 ff; *Jesch* AöR 82 (1957) 163 ff.

[44] Markant etwa BVerwGE 72, 38, 53.

nitives“ und als „volitives“ Ermessen zu rubrizieren pflegte.[45] Die Überwindung dieser älteren, überwiegend noch dem spätkonstitutionalistischen Rechts(gewinnungs)verständnis des ausgehenden 19. Jahrhunderts verhafteten Lehren hat zweifelsohne ihre entwicklungsgeschichtlichen Meriten, hat sie doch sowohl zu genauerer Bestimmung der Freistellung von (verwaltungs)gerichtlicher Kontrolle als auch zu genauerer Bestimmung des Freistellungs-Umfangs beigetragen[46] und darüber hinaus die Bedeutung der Entgegensetzung von „kognitiv“ und „volitiv“ für die Fragestellung administrativer Entscheidungsfreiräume mit Recht deutlich relativiert.

Ungeachtet dieser Verdienste stellt sich aber die Frage, ob die Dichotomie von un- **13**
bestimmtem Rechtsbegriff und Ermessen nicht ihrerseits angesichts des erreichten Entwicklungsstandes der verwaltungs- wie verfassungsrechtlichen Dogmatik[47] einer kritischen Überprüfung bedarf, ob sie, anders gewendet, die Problemsicht auch heute noch mehr erhellt als verstellt. Dazu besteht umso mehr Anlass, als seit längerem Stimmen laut werden, die für eine Aufgabe der strikten Unterscheidung von Beurteilungsspielraum und Ermessen, teils sogar für eine Verabschiedung der Kategorie des unbestimmten Rechtsbegriffes eintreten.[48] Dass es sich bei dieser Auseinandersetzung nicht lediglich um eine vordergründige Frage der verwendeten Terminologie und der gewählten Darstellung handelt, sondern weitergehend um eine solche des dogmatischen Zugriffs, sei anhand folgender vier Thesen illustriert:

- Die traditionelle Dichotomie von unbestimmtem Rechtsbegriff und Ermessen behauptet kategoriale Alternativen, wo allenfalls von fließenden Zuordnungen und Übergängen gesprochen werden kann (dazu a).

[45] Eingehend zur Entwicklungsgeschichte der Ermessenslehre von ihren Anfängen bis zum Ende der Weimarer Zeit: *Held-Daab* Das freie Ermessen, 1996 (mit dem – hier geteilten – Vorwurf an die herrschende Lehre, dass eine Auseinandersetzung mit der „positivistischen Ermessenslehre“ – gemeint ist die Ermessenslehre, wie sie *Kelsen* und *Merkl* auf dem Boden der Reinen Rechtslehre entwickelt haben [dazu namentlich *Kelsen* (Fn 23) 503–514 (= Jestaedt [Hrsg], Hans Kelsen Werke 2, 2008, 21, 651–662); *ders* (Fn 27) 242–244; *Merkl* (Fn 29) 142–157] – bis heute nicht stattgefunden habe, ebd, 236 ff, bes 250 ff; vgl dazu auch *H. Dreier* in: Walter [Hrsg], Adolf J. Merkl, Werk und Wirksamkeit, 1990, 55, 73–76); die Entwicklung bis in die Gegenwart fortzeichnend: *Bullinger* JZ 1984, 1001, 1001–1005; *Pache* Tatbestandliche Abwägung und Beurteilungsspielraum, 2001, 52 ff; *Hoffmann-Riem* in: ders/Schmidt-Aßmann/Voßkuhle, Grundlagen I, § 10 Rn 71 f je mwN.

[46] Herausgearbeitet bei *W. Schmidt* NJW 1975, 1753 ff, bes 1757.

[47] Dh angesichts des derzeitigen Erkenntnis- und Entwicklungsstandes der ordnenden Beschreibung des gegebenen Rechts.

[48] Vgl bes *Ehmke* „Ermessen“ und „unbestimmter Rechtbegriff“ im Verwaltungsrecht, 1960, 23 ff; *W. Schmidt* Gesetzesvollziehung durch Rechtssetzung, 1969, 150 ff; *dens* NJW 1975, 1753 ff; *Schmidt-Eichstaedt* AöR 98 (1973) 173, 176 f; *Scholz* VVDStRL 34 (1976) 145, 164 ff; *Koch* (Fn 32) 126 ff, 138 ff; *Bullinger* JZ 1984, 1001 ff; *Rupp* FS Zeidler, 1987, Bd 1, 455, 463 ff; *Schuppert* DVBl 1988, 1191, 1198 f; *Herdegen* JZ 1991, 747 ff; *Starck* FS Sendler, 1991, 167 ff, bes 168 f; *Brinktrine* Verwaltungsermessen in Deutschland und England, 1998, 58 ff; *Pache* (Fn 45) 108 ff, 449 ff, 453 ff, bes 482 f mwN. – Auffällig ist, dass die Behauptung, die administrative Selbstprogrammierung in Bezug auf den Tatbestand unterscheide sich kategorial von jener in Bezug auf die Rechtsfolge, heute nahezu ausschließlich von der Rspr sowie der ganz auf die Bedürfnisse der Praxis ausgerichteten Ausbildungs- und Kommentarliteratur hochgehalten wird. In der, wenn man so sagen darf, juridischen Forschungsliteratur trifft die behauptete Unterschiedlichkeit hingegen, soweit ersichtlich, durchweg auf Skepsis bis Ablehnung.

- Sie lässt sich nur um den Preis durchhalten, dass bedeutsame Erscheinungsformen administrativer Entscheidungsfreiheit, bes das sog Planungsermessen, ausgeklammert werden (nachfolgend b).
- Auf ihrer Grundlage wird die administrative Ermessens-Dogmatik dadurch isoliert, dass die strukturellen Übereinstimmungen mit der legislativen wie der judikativen Ermessens-Dogmatik vernachlässigt oder sogar geleugnet werden (unten c).
- Und schließlich verkennt sie die rechtstheoretische wie rechtsdogmatische Familienähnlichkeit von Beurteilungsspielraum und Ermessen nicht zuletzt deswegen, weil sie die Ableitungsbeziehung zwischen unbestimmtem Rechtsbegriff und Beurteilungsspielraum zu einer exklusiven Relation stilisiert, obwohl diese weder eigentümlich noch gar einzigartig ist (näher d).

14 a) *Fließende Zuordnungen statt kategorialer Alternativen.* Kennzeichen wie Grundlage jeder strikten dogmatischen Trennung von Beurteilungsspielraum und Ermessen ist eine Reihe von streng alternativ verstandenen Binärcodierungen. Die beiden wichtigsten markieren die Disjunktion von Tatbestand und Rechtsfolge sowie, dieser vorausliegend, die Disjunktion von Konditionalprogrammierung (Wenn-Dann-Programmierung) und Finalprogrammierung (Zweckprogrammierung). Mit beiden steht und fällt die These, dass die dogmatischen Raster, mit denen der Beurteilungsspielraum einer- und das Ermessen andererseits zu erfassen seien, nicht nur im Detail, sondern bereits im Grundsatz divergierten. Doch sowohl die Unterscheidung von Tatbestand und Rechtsfolge als auch jene von Konditional- und Finalprogrammierung erweisen sich bei näherem Hinsehen weniger als kategoriale Alternativen denn als teils fließende, teils austauschbare Zuordnungen.

15 Ob ein administrativer Entscheidungsfreiraum auf der *Tatbestandsseite* einer Ermächtigungsnorm eingeräumt wird und daher die Gestalt eines Beurteilungsspielraumes erhält, oder aber auf deren *Rechtsfolgenseite* eingeräumt wird und damit als Ermessensspielraum zu kennzeichnen ist, ist aus Sicht des ermächtigenden Rechtsetzers häufig kaum mehr als eine Frage der in concreto gewählten Gesetzesformulierung.[49] Denn nicht selten lässt sich die gesetzgeberische Einräumung administrativer Entscheidungsfreiheit gesetzessprachlich und gesetzestechnisch sowohl als Beurteilungsermächtigung als auch als Ermessensermächtigung fassen. Beispielsweise könnte eine Gefahrenabwehrregelung zugunsten der Volksgesundheit als Beurteilungsermächtigung im Rahmen sog gebundener Verwaltung etwa folgende Textierung haben: „Wenn die Volksgesundheit gefährdet ist und Schutzimpfungen erfolgversprechend erscheinen, hat die Behörde Impfpflichten festzusetzen." In Gestalt einer Ermessensvorschrift könnte die nämliche Regelungsabsicht – weithin inhaltsgleich – wie folgt formuliert werden: „Wenn die Volksgesundheit gefährdet ist, kann die Behörde Impfpflichten festsetzen."[50] Gerade bei sog Koppelungsvorschriften, bei denen sowohl auf der Tatbestandsseite eine Beurteilungs- als auch auf der Rechtsfolgenseite eine Ermessensermächtigung eingeräumt wird, lässt sich die wechselseitige Substituierbarkeit von Beurteilungs- und Er-

[49] Wie hier namentlich *Gerhardt* in: Schoch/Schmidt-Aßmann/Pietzner, VwGO, § 114 Rn 58.

[50] Beispiel nach *Starck* (Fn 48) 168. Weitere Beispiele einer Austauschbarkeit respektive wechselseitiger Überführbarkeit von Beurteilungs- und Ermessensermächtigung bei *Starck* (Fn 48) 169 (aus dem Gewerberecht und dem allgemeinen Polizei- und Ordnungsrecht), sowie *Herdegen* JZ 1991, 747, 748 und 749 (aus dem Beamten- und dem Außenwirtschaftsrecht). Die Probleme, die sich der Austauschbarkeit in den Weg stellen, erläutert am eindringlichsten *Koch* (Fn 32) 177 ff.

messensermächtigung besonders gut demonstrieren.[51] Dem legistisch-pragmatischen Befund wechselseitiger Substituierbarkeit korreliert die normstrukturelle These, dass eine Ermessensermächtigung als eine „Ermächtigung zur Tatbestandsergänzung" begriffen werden kann,[52] was ja nichts anderes darstellt als eine Umschreibung für die tatbestandsbezogene Beurteilungsermächtigung; beide sind danach lediglich zwei unterschiedliche Darstellungsformen für administrative Entscheidungsfreiräume, zwischen denen zu wählen der Gesetzgeber zumindest nicht aus normstrukturellen Zwangsläufigkeiten gehindert ist. – Dem entspricht es, dass Beurteilungs- und Ermessensspielräume nicht sinnvoll und schon gar nicht trennscharf anhand ihres Einräumungszwecks unterschieden werden können; vielmehr sind es regelmäßig dieselben Gründe, die als Zweck einer Beurteilungs- bzw einer Ermessensermächtigung in Betracht kommen (wie namentlich das „taktische Ermessen", das „Dispens-Ermessen", der „Freiraum für Sachverstand", das „Planungs-Ermessen" sowie das „Management-Ermessen").[53]

Die Unterscheidung von Beurteilungsspielraum und Ermessen basiert auf der Ent- **16** gegensetzung von Tatbestand und Rechtsfolge, diese wiederum darauf, dass die wechselseitige Bezogenheit von Tatbestand und Rechtsfolge von sonstigen Normstrukturen eindeutig abgrenzbar ist. Anders formuliert: Im Hintergrund steht die Vorstellung, dass die im Wenn-dann-Schema sich spiegelnde *Konditionalprogrammierung*, die auf sog input-Steuerung, also Verhaltenssteuerung aus ist, sich kategorial von der output-, also zielorientierten *Finalprogrammierung* unterscheidet.[54] Angesichts des Umstandes, dass final programmierte Normen nicht die Wenn-dann-Verknüpfung von Tatbestand und Rechtsfolge kennen, nimmt es nicht wunder, dass die Doppel-Dogmatik von Beurteilungsspielraum und Ermessen nur für konditional programmierte Rechtssätze Geltung beansprucht.[55] Stellt man indes in Rechnung, dass, erstens, Finalprogrammierungen so umformuliert werden können, dass sie konditionale Strukturen aufweisen,[56] dass, zweitens, sowohl Mischungsverhältnisse konditionaler und finaler Normstrukturen als auch gleitende Übergänge zwischen beiden bestehen,[57] Konditional- und Finalpro-

[51] Eines der markantesten Exempel dürfte § 163 S 1 AO 1977 sein: „Steuern können niedriger festgesetzt und einzelne Besteuerungsgrundlagen, die die Steuern erhöhen, können bei der Festsetzung der Steuer unberücksichtigt bleiben, wenn die Steuer nach Lage des einzelnen Falles unbillig wäre." Vgl des weiteren §§ 21, 30 TKG (zu ihnen *Ludwigs* JZ 2009, 290 unter II.).

[52] Richtungweisend *W. Schmidt* Gesetzesvollziehung (Fn 48) 157 u ö; *Koch* (Fn 32) 126 ff, 172 ff; *Koch/Rüßmann* (Fn 4) 89, 90, 239 (dort jeweils die zitierte Wendung), s auch 95 („Berechtigung zur *normzweckgebundenen Tatbestandsergänzung*" – Hervorhebung im Original), die diese Einsicht wesentlich auf die Bindung der Verwaltung an den allgemeinen Gleichheitssatz gem Art 3 I GG stützen.

[53] Typenbildung nach *Bullinger* JZ 1984, 1001, 1007–1009; entsprechend etwa *Starck* (Fn 48) 171 f.

[54] Die Unterscheidung von Konditional- und Finalprogramm ist in die Jurisprudenz eingeführt worden von *Luhmann* Recht und Automation, 1966, 35 ff; *dems* Rechtssystem und Rechtsdogmatik, 1974, 45 f; ausführlich *ders* Das Recht der Gesellschaft, 1993, 195–204 mit der zentralen These: „Programme des Rechtssystems sind immer *Konditionalprogramme*" (195 – Hervorhebung im Original). Vgl des Weiteren *Wahl* Rechtsfragen der Landesplanung und Landesentwicklung, Bd I, 1978, 27 ff, bes 35–37; *Breuer* AöR 127 (2002) 523, 525 ff mwN.

[55] Vgl stellvertretend *Schoch* Jura 2004, 462; ähnlich auch *Erichsen* 12. Aufl 2002, § 10 Rn 11.

[56] Eingehend belegt bei *Koch/Rüßmann* (Fn 4) 85 ff, bes 88–90, und 91 ff, bes 95 f; *Rubel* Planungsermessen: Norm- und Begründungsstruktur, 1982, passim.

[57] Dazu *Wahl* (Fn 54) 84 f unter Hinweis namentlich auf § 7 I Nr 5 AtG aF (heute im Wesentlichen in § 7 II Nr 6 AtG aufgegangen); *Koch/Rüßmann* (Fn 4) 79, 85 ff, bes 87 und 88 f, 236

grammierung mithin lediglich zwei Endpunkte in einem rechtstechnischen Kontinuum sind,[58] und dass, drittens, die Charakteristik des Finalprogramms just in der Einräumung administrativer Selbstprogrammierung gesehen wird,[59] so wird deutlich, dass auch die Unterschiede zwischen konditional und final strukturierten Rechtssätzen sich derart relativieren, dass sich schwerlich die Ansicht aufrechterhalten lässt, dass sie kategorial verschiedene Normstrukturen darstellen. Am Beispiel des (Planungs-)Ermessens lässt sich die Relativität der Zuordnungen demonstrieren: Die Ermessensermächtigung kann so umformuliert werden, dass sie als Ermächtigung zur Tatbestandsergänzung – also auf der Tatbestandsseite der Norm – erscheint; als solche stellt sie just das finale Element in einer im Übrigen konditional strukturierten Norm dar.

17 Damit gerät auch eine weitere zentrale Unterscheidung ins Visier der Kritik: jene von („streng") *„gebundener Verwaltung"* einerseits und *„Ermessensverwaltung"* andererseits.[60] Sowenig dieser Differenzierung heuristischer Wert im Sinne einer ersten Groborientierung oder auch Grobrasterung abgesprochen werden kann, sowenig darf sie als parzellenscharfe Abgrenzung genommen und darauf eine Kaskade feinsinniger dogmatischer Ableitungen gestützt werden. Dafür können mindestens drei Gründe angeführt werden: Erstens befördert die Unterscheidung das Missverständnis, als existierten zwei voneinander substanziell trennbare Bereiche der Verwaltung, die gebundene Verwaltung hier und die Ermessensverwaltung dort; da und soweit administrative Entscheidungsfreiräume nur punktuell (was nicht zu verwechseln ist mit: selten), dh ausschließlich in Mischungsverhältnissen mit sog gebundenen, also fremdprogrammierten Rechtserzeugungsanteilen auftreten, kann nur im Blick auf *einzelne* (Teile von) Rechtsanwendungsakte(n) von Verwaltungshandeln mit Ermessensanteilen gesprochen werden. Zweitens ist grundsätzlicher einzuwenden, dass der Gegenbegriff zur Ermessensverwaltung – die „strenge Gesetzesgebundenheit" der Verwaltung – einem unhaltbaren Verständnis von Rechtsgewinnung entspringt. Dabei ist es gleichgültig, in welcher Weise man die „strenge Gesetzesgebundenheit" der Verwaltung deutet: Auf der einen Seite kann „strenge Gesetzesbindung" im Sinne einer gesetzlichen Totalprogrammierung der Verwaltung verstanden werden – in diesem Verständnis feierte der von allen (mit Recht) totgesagte subsumtionssyllogistische Automatismus fröhliche Urständ'.[61] Und auf der anderen Seite kann „strenge Gesetzesbindung" als Gegenbegriff zur „gelockerten" oder auch „abgeschwächten" Gesetzesbindung gedeutet werden: in dieser Deutung würde übersehen, dass es (neben höherrangigem Recht) nur das Gesetz selbst sein kann, welches der Verwaltung (unter bestimmten verfassungsrechtlich niedergelegten Voraussetzungen und Vorkehrungen) Entscheidungsfreiräume einräumen

am Beispiel von § 17 BImSchG; in ähnlichem Sinne *Krautzberger* in: Battis/Krautzberger/Löhr, BauGB, 5. Aufl 2001, § 1 Rn 88.

[58] In diesem Sinne bes *Söfker* in: Ernst/Zinkahn/Bielenberg/Krautzberger (Hrsg), BauGB, § 1 Rn 181.

[59] So insbes *Koch/Rüßmann* (Fn 4) 236, die „Finalprogramme" als Gesetze bezeichnen, „die Ermessen oder Planungsermessen einräumen".

[60] Vgl stellvertretend *Erichsen* 12. Aufl 2002, § 10 passim, bes Rn 2; *H. A. Wolff* in: Sodan/Ziekow, VwGO, § 114 Rn 9 f; *Maurer* Allg VwR, § 7 Rn 6 (135).

[61] Zu Begründung und Überwindung eines Verständnisses von Gesetzesvollzug, welches die Anwendung des Gesetzes als die ausschließlich nach den zwingenden Regeln der Logik sich vollziehende Aufdeckung von im Gesetz bereits vollständig Gegebenem betrachtet und auf dessen Grundlage der Gesetzesanwender zum bloßen „Subsumtionsautomaten" mutiert, o Rn 7 ff sowie 10.

darf; die sog „Lockerung" der Gesetzesbindung ist daher eine notwendig gesetzesgebundene. Das Paradoxon einer gesetzesgebundenen Gesetzesbindungslockerung wäre perfekt.[62] Und schließlich ist die allein auf die Rechtsfolgenbindung abstellende Entgegensetzung von „gebundener" und „Ermessensverwaltung" deswegen zu entschärfen und zu relativieren, weil, wie gezeigt, nicht selten Ermessensvorschriften ohne großen Aufwand in – funktional äquivalente – (rechtsfolgen)gebundene Regelungen mit (tatbestandlicher) Beurteilungsermächtigung umformuliert werden können.

b) *Planungsermessen als aliud?* Die Dichotomie von unbestimmtem Rechtsbegriff **18**
(mit Beurteilungsspielraum) und Ermessen beruht auf Unterscheidungen, die eine Erstreckung auf das sog Planungsermessen – dh administrative Gestaltungsfreiräume im Planungsrecht – nicht ohne weiteres zulassen. Folgerichtig wird das Planungsermessen mehr oder minder scharf vom sog allgemeinen Verwaltungsermessen abgegrenzt und als aliud gesonderter dogmatischer Behandlung zugewiesen.[63] Im selben Zuge wird das Planungsermessen – im terminologischen Gewande der „planerischen Gestaltungsfreiheit" – an das sog Normsetzungsermessen[64] angenähert, wie es für den Gesetz-, Verordnung- und Satzungsgeber typisch ist. Diese Ausgrenzung des Planungsermessens aus der allgemeinen dogmatischen Diskussion um administrative Entscheidungsfreiräume vermag indes nicht zu überzeugen. Ganz im Gegenteil ist sie ihrerseits Beleg dafür, dass die von der herrschenden Ansicht angeführten Entgegensetzungen und Abgrenzungen sich nicht logisch bruchlos durchhalten lassen.[65] So wie das allgemeine Verwaltungsermessen als Ermächtigung zur (normzweckgebundenen) Tatbestands*ergänzung* verstanden werden kann, so kann das Planungsermessen als Ermächtigung zur (normzweckgebundenen) Tatbestands*bildung* begriffen werden.[66] Die behaupteten Unterschiede zwischen allgemeinem Verwaltungs- und Planungsermessen sind denn auch nicht struktureller, qualitativer oder kategorialer Art, sondern Unterschiede in der Dosierung und im Grad administrativer Entscheidungsfreiheit.[67]

[62] S auch vorstehend Fn 33.

[63] Vgl stellvertretend *Erichsen* 12. Aufl 2002, § 10 Rn 10, s auch Rn 49; *Maurer* Allg VwR, § 7 Rn 2 u 63 (133 u 161 f).

[64] Die Entgegensetzung von Verwaltungsermessen (im Gesetzesvollzug) und von Normsetzungsermessen beruht zu wesentlichen Teilen auf einem auf abstrakt-generelle Rechtssätze verengten Normbegriff und auf einem substantiell verstandenen Gegensatz von Rechtsetzung und Rechtsvollziehung (zu beidem vorstehend Rn 7–9). Begreift man auch den Erlass eines Verwaltungsaktes oder eines Gerichtsurteiles als Normsetzungs- oder auch Normerzeugungsakt und dementsprechend sowohl Verwaltungsakt als auch Gerichtsurteil als (konkret-individuelle) Rechtsnorm, so verliert die Unterscheidung von Verwaltungs- und Normsetzungsermessen terminologisch wie sachlich an Überzeugungskraft.

[65] Auch die nicht dem binären Schema der hM folgende Behandlung sog normkonkretisierender Verwaltungsvorschriften darf als Beleg dafür gewertet werden, dass sich die als alternativ ausgegebene Grundunterscheidung nicht konsequent durchhalten lässt; dazu *Herdegen* JZ 1991, 747, 749.

[66] Richtungweisend ausgeführt bei *Koch/Rüßmann* (Fn 4) 85 ff, 91 ff, 236 ff mwN.

[67] Wie hier bes *Schmidt-Aßmann* in: Maunz/Dürig, GG, Art 19 IV Rn 186 ff, 188 ff, 191 ff, 208 ff und 217 f mwN. Näher dazu unten Rn 27 ff. – Zur Vermeidung eines Missverständnisses: Zum einen sind die zwischen den unterschiedlichen Arten administrativer Entscheidungsfreiheit bestehenden Unterschiede deswegen durchaus nicht ohne weiteres gering zu veranschlagen; bei der verwaltungsplanerischen Gestaltungsfreiheit etwa sind viel komplexere und offenere Abwägungsentscheidungen zu treffen; darüber hinaus ist das Planungsermessen – auch und gerade unter demokratischen (und rechtsstaatlichen) Auspizien bedeutsam! – in

19 c) *Abkoppelung von der legislativen und judikativen Ermessens-Thematik.* Durch die Leit-Unterscheidung von unbestimmtem Rechtsbegriff und Ermessen wird die Lehre des administrativen Entscheidungsfreiraumes darüber hinaus[68] bereits vom Problemzugriff her abgesondert von den – nicht nur unter normstrukturellen Gesichtspunkten – verwandten Fragestellungen eines judikativen, gubernativen und legislativen Entscheidungsfreiraumes (richterliches Ermessen, Verordnungsermessen, gesetzgeberischer Gestaltungsspielraum). Mit dieser Pfadabhängigkeit wird die Möglichkeit verbaut, allgemeine Strukturen einer „margin of appreciation"/„marge d'appréciation"[69] zu entwickeln und die verwaltungsdogmatischen Konstruktionen in ihrer Passfähigkeit wie Besonderheit daran zu erproben.

20 d) *Trennung von Zusammengehörigem und Verkoppelung von zu Trennendem.* Der gewichtigste Einwand gegen den herkömmlichen Problemzugriff besteht indes darin, dass auf der einen Seite unterschiedliche Problemebenen nicht (hinreichend) auseinandergehalten werden und dass – infolgedessen – auf der anderen Seite Zusammengehöriges durch Schein-Unterschiede getrennt wird. Gleichsam die dogmatische Scheidelinie markiert dabei die Kategorie des unbestimmten Rechtsbegriffs: Sie erscheint als das Gegenüber des (Rechtsfolgen-)Ermessens[70] und zugleich – mangels Pendant beim judikativen, gubernativen und legislativen Ermessen – als das specificum der verwaltungsrechtlichen Entscheidungsfreiraum-Dogmatik. Die dem unbestimmten Rechtsbegriff zugewiesene Hauptrolle bekleidet dieser indes zu Unrecht. Dies schon deswegen, weil angesichts des Umstandes, dass praktisch alle – generell-abstrakten[71] – Rechtsbegriffe mehr oder minder unbestimmt sind, der unbestimmte Rechtsbegriff ohne wirklichen Gegenbegriff – in Gestalt des *bestimmten* Rechtsbegriffs – ist[72] und daher über keinerlei relevante Aus- wie Eingrenzungsfunktion verfügt. Er integriert alles und trennt nichts: Unbestimmte Rechtsbegriffe finden Verwendung nicht nur auf der Tatbestandsseite, sondern gleichermaßen auf der Rechtsfolgenseite einer Norm; unbestimmte Rechtsbegriffe machen keinen Unterschied zwischen konditional und final programmierten Normen; sie beschränken sich nicht auf die normative Steuerung der Administrative, sondern treten in gleicher Häufigkeit bei der normativen Steuerung der Legislative, der Gubernative und der Judikative, ja selbst bei der normativen Steuerung

geringerem Maße auf der Gesetzesebene (dh vom Gesetzgeber) vorstrukturiert. Und zum anderen wird hier auch nicht behauptet, dass sämtliche administrativen Gestaltungsfreiräume positivrechtlich dieselbe Ausgestaltung erfahren hätten. Eine völlige Nivellierung der nach wie vor bestehenden Unterschiede zwischen den unterschiedlichen Typen der Gestaltungsfreiheit ist also nicht Konsequenz des hier vertretenen Ansatzes. Dazu unten Rn 43.

68 Zum Versuch der Ausgrenzung des sog Planungsermessens s vorstehend Rn 18.

69 So die begriffliche Fassung des mitgliedstaatlichen Beurteilungsfreiraumes im Rahmen der Beschränkung von Grundfreiheiten der EMRK; dazu grundlegend EGMR Serie A 24, Z 47 ff – Handyside; s ergänzend *Bleckmann* Ermessensfehlerlehre, 1997, 88 ff; *Grabenwarter* Europäische Menschenrechtskonvention, 3. Aufl 2008, § 18 Rn 20 f (117 f), je mwN.

70 Exemplarisch *Erichsen* 12. Aufl 2002, § 10 Rn 24; *Schoch* Jura 2004, 612, 614.

71 Soweit in diesem Zusammenhang Rechtsbegriffe thematisiert werden, handelt es sich – dem (noch) herrschenden Normverständnis als abstrakt-generelle Rechtsfolgenanordnungen entsprechend – grundsätzlich nur um abstrakt-generelle Rechtsbegriffe; bei individuell-konkreten Rechtsbegriffen, wie sie namentlich (aber nicht nur) in konkret-individuellen Rechtsnormen (sprich: Verwaltungsakten und -verträgen, Gerichtsentscheidungen und privaten Rechtsgeschäften) Verwendung finden, stellt sich die Frage der (Un-)Bestimmtheit von Rechtsbegriffen zu wesentlichen Teilen anders.

72 Dazu nachfolgend Rn 24.

des Privatrechtsverkehrs[73] auf. Zugespitzt: Der unbestimmte Rechtsbegriff hat nicht mehr mit dem Beurteilungsspielraum zu tun als mit dem Ermessen – und taugt daher nicht als zentraler Bezugspunkt der Unterscheidung beider. Dass unbestimmte Rechtsbegriffe in solche aufzuteilen sind, die eine Beurteilungsermächtigung enthalten, und in solche, bei denen dies nicht der Fall ist, lässt sich mit gleicher Berechtigung in Bezug auf Ermessensermächtigungen formulieren: Es gibt unbestimmte Rechtsbegriffe, die im Zusammenhang mit einer Ermessensermächtigung stehen, und solche, die keinen von gerichtlicher Kontrolle freigestellten Ermessensspielraum eröffnen. Dass der unbestimmte Rechtsbegriff die ihm zugedachte Hauptrolle nicht auszufüllen vermag, wird darüber hinaus deutlich, wenn die unterschiedlichen Frageebenen und die ihnen korrespondierenden verfassungsrechtlichen Fragestellungen betrachtet werden. Jeweils dreierlei ist auseinanderzuhalten:

Die Interpretations-, die Konkretisierungs- und die Kontrollperspektive. (1) Auf der *Interpretationsebene* stellt sich die Frage, wie die anzuwendende lex lata auszulegen ist, welche Determinanten ihr also für den auf ihren Vollzug gerichteten Rechtsanwendungsakt entnommen werden können. Hier spielt der methodisch angeleitete Umgang mit der Unbestimmtheit von Rechtsbegriffen eine zentrale Rolle. Bei der *Bestimmung* von Art und Umfang normativer Fremdprogrammierung handelt es sich – ausschließlich – um ein Erkenntnis- und insofern um ein Methodenproblem.[74] Der Inhalt des auszulegenden Rechtssatzes kann, soll er nicht perplex sein, nur *eine* Bedeutung haben.[75] Mag auch die Frage, welche der möglichen Deutungen die richtige, nämlich vom dazu befugten Normsetzer festgesetzte ist, zu erheblichen Differenzen und Unsicherheiten führen: Weder die Meinungsunterschiede noch die Aufklärungshindernisse als solche entbinden für den Interpreten so etwas wie Wahlfreiheit; ein Rechtserkenntnis- oder auch Auslegungsspielraum[76] existiert, im Gegensatz zum Rechtserzeugungs- oder Kon- 21

[73] Unbestimmte Rechtsbegriffe sind denn auch keine auf das Öffentliche Recht im Allgemeinen oder gar auf das Verwaltungsrecht im Besonderen beschränkte Phänomene; auch abstrakt-generelle Rechtssätze des Privat- wie des Strafrechts kommen nicht ohne unbestimmte Rechtsbegriffe aus.

[74] Genau genommen ist die gewählte Ausdrucksweise nicht eindeutig; sie erklärt sich denn auch nur daraus, dass herkömmlich unter Methoden nur Rechtserkenntnis- (Auslegungs-) und nicht auch Rechtserzeugungsmethoden thematisiert werden.

[75] Die Ein-Deutigkeit des Norminhalts, dh des konkreten Umfangs und Inhalts normativer Fremdprogrammierung, ist indes nicht zu verwechseln mit dem häufig behaupteten „Prinzip der einzigen richtigen (rechtmäßigen) Entscheidung“ (Nachw und Kritik o Rn 9; zur Unterscheidung von „Richtigkeit“ und Rechtmäßigkeit des Verwaltungshandelns o Rn 1 f). Überdies schließt die Ein-Deutigkeit des Norminhalts es nicht aus, dass unter Umständen erhebliche Unsicherheiten und Differenzen bei der Bestimmung dieses einen Norminhalts auftreten; des Weiteren folgt aus der These, dass es nur *eine* richtige Normauslegung geben kann, – einem verbreiteten Missverständnis zum Trotze – keineswegs mit Zwangsläufigkeit, dass dieser *eine* Norminhalt dem Normanwender nur *eine* Handlungsoption offen lässt; ganz im Gegenteil wird der eine Norminhalt in aller Regel zu vielfältigen Normkonkretisierungs- und -individualisierungsakten ermächtigen.

[76] Anders aber ausdrücklich BVerfGE 95, 28, 38 (Hervorhebungen nicht im Original): „Der Ausgleich widerstreitender Rechtspositionen ist verfassungsrechtlich regelmäßig nicht festgelegt. Er obliegt dem Gesetzgeber, der dabei beträchtlichen *Gestaltungsspielraum* besitzt. Aber auch für den gesetzesanwendenden Richter bleibt in der Regel ein *Interpretationsspielraum*, zumal wenn das Gesetz das umstrittene Problem [...] nicht ausdrücklich geregelt hat, so daß zur Lösung des Falles auf allgemeine Grundsätze zurückgegriffen werden muss.“

kretisierungsspielraum, nicht. – (2) Auf der *Konkretisierungsebene* werden demgegenüber die Fragen virulent, in welchem Umfange der zur Rechtsanwendung Berufene zu eigener Rechtserzeugung – dh zu eigenen Rechtskonkretisierungs- und -individualisierungsbeiträgen, maW zur Selbstprogrammierung seines Handelns – befugt ist und in welcher Weise er diese vornimmt.[77] Hier handelt es sich nicht um ein Rechtserkenntnis- und damit um ein Methoden-, sondern um ein Rechtserzeugungs- und damit um ein Kompetenzproblem.[78] Am Beispiel der „öffentlichen Ordnung" kann die Unterscheidung von Interpretation und Konkretisierung verdeutlicht werden: Dass der unbestimmte Rechtsbegriff der „öffentlichen Ordnung" die Gesamtheit jener Sozialnormen umfasst, die für ein gedeihliches Zusammenleben als unabdingbar gehalten werden, lässt sich im Wege der Normauslegung ermitteln; dass aber eine Sozialnorm des Inhalts, dass der „Zwergenweitwurf" auf einem Jahrmarkt das gedeihliche Zusammenleben in einem (örtlich, zeitlich und sachlich) bestimmten sozialen Kontext stört, existiert und daher Teil der „öffentlichen Ordnung" ist, lässt sich allenfalls im Wege der Konkretisierung des ausgelegten Rechtsbegriffs feststellen. – (3) Schließlich ist auf der *Kontrollebene* danach zu fragen, ob und ggf in welchem Umfang die vom Rechtsanwender betriebene Rechtskonkretisierung und -individualisierung einer Kontrolle – vornehmlich einer Gerichtskontrolle – unterworfen ist. In Frageform gekleidet: Wem steht die Kompetenz zur Letztkonkretisierung und -individualisierung zu? Nicht selten werden just die beiden letzten Ebenen vermengt, so etwa, wenn als notwendiges Korrelat einer administrativen Konkretisierungskompetenz die Freistellung von gerichtlicher Kontrolle betrachtet wird.[79] Demgegenüber ist – ungeachtet der bestehenden Korrelationen und ungeachtet des Umstandes, dass es in beiden Relationen grundsätzlich der Gesetzgeber ist, der die maßstabsetzenden Vorgaben macht – auf einer terminologischen wie dogmatischen Differenzierung beider Perspektiven zu beharren: Während die Konkretisierungsperspektive den Fokus auf das Verhältnis der Verwaltung zum Gesetzgeber richtet (Handlungsnorm), zielt die Kontrollperspektive auf das Verhältnis der Verwaltung zur (Verwaltungs-)Rechtsprechung (Kontrollnorm).[80] Sowohl die Frage der Konkretisierungs- als auch jene der Kontroll- oder Letztkonkretisierungskompetenz stellt sich gleichermaßen beim Beurteilungsspielraum und beim Ermessen, was belegt, dass es sich

[77] Dazu s o Rn 7 ff. Der Einfachheit halber und dem gewöhnlichen Sprachgebrauch folgend wird im Weiteren nur von der Konkretisierungsbefugnis gesprochen; unter rechtstheoretischen Aspekten wäre es präziser zu sagen: Konkretisierungs- und Individualisierungsbefugnis.

[78] Stellvertretend *Gerhardt* in: Schoch/Schmidt-Aßmann/Pietzner, VwGO, § 114 Rn 55. – Voraussetzung der Unterscheidung von Methoden- und Kompetenzproblem ist freilich, dass Interpretation und Konkretisierung auch methodologisch unterschieden werden (können). Dazu u Rn 26.

[79] Ausdrücklich etwa *Gerhardt* in: Schoch/Schmidt-Aßmann/Pietzner, VwGO, § 114 Rn 55. Die beiden Perspektiven werden zB auch vermengt in BVerwGE 131, 41, 47 (Rn 20); dazu näher u Fn 214. – Mit *Schmidt-Aßmann* Ordnungsidee, Kap 4 Rn 46 f, ist darin ein Beleg für die der herkömmlichen Dogmatik eigene Fixierung auf die Richter- oder auch Kontrollperspektive zu erblicken; die Kontrollperspektive ist indes um die Handlungsperspektive zu erweitern.

[80] Ansätze zu einer Unterscheidung der Perspektiven zur ersten und zur dritten Gewalt etwa bei *Bullinger* JZ 1984, 1001; *Battis* Allg VwR, 139. Eingehend entfaltet sind Trennung und Zuordnung beider Perspektiven nunmehr bei *Hoffmann-Riem* in: ders/Schmidt-Aßmann/Voßkuhle, Grundlagen I, § 10 Rn 56 ff einerseits („Eigenständigkeit der Verwaltung gegenüber dem Gesetzgeber") und 70 ff andererseits („Eigenständigkeit der Verwaltung gegenüber Kontrollinstanzen, insbesondere den Gerichten"), bes deutlich Rn 77.

dabei nicht um qualitativ oder kategorial unterschiedliche Phänomene handelt. Der normstrukturelle Standort – ob im Tatbestand oder in der Rechtsfolge – spielt demgegenüber allenfalls eine sekundäre Rolle.

Bestimmtheitsgrundsatz, Vorbehalt des Gesetzes, Grundrechtsschutz. Den drei vorstehend genannten Perspektiven korrespondieren je spezifische verfassungsrechtliche Maßgaben: Die Verwendung von – auf der Auslegungsebene angesiedelten – unbestimmten Rechtsbegriffen findet ihre verfassungsrechtliche Grenze im rechtsstaatlichen *Bestimmtheitsgrundsatz.* Demgegenüber beantwortet sich die Frage, ob und in welchem Maße die Verwaltung ohne gesetzliche Vorgaben – also selbstprogrammiert – agieren darf, nach dem sowohl dem Rechtsstaats- als auch dem Demokratieprinzip entnommenen *Vorbehalt des Gesetzes.* Das Maß der Kontrollfreistellung schließlich richtet sich, sei es nach den Anforderungen der *Rechtsschutzgarantie* des Art 19 IV GG, sei es danach, welchen gerichtlichen Rechtsschutz die materiellen *Grundrechtsverbürgungen* erheischen.[81] – Während die Unbestimmtheit eines Rechtsbegriffs als solche (konkretisierungs- wie kontroll)kompetenzneutral ist und als bloße Erkenntnisproblematik isoliert werden kann, sind Beurteilungs- und Ermessensermächtigungen gemeinsam auf der jeweils zweiten und dritten Ebene anzusiedeln. Verfassungsdogmatisch gewendet: während unbestimmte Rechtsbegriffe die Gesetzesbindung sub specie hinreichender Bestimmtheit thematisieren, geht es bei Beurteilungs- und Ermessensspielraum um die Reichweite sowohl der Gesetzesbindung als auch der Kontrollunterwerfung der Verwaltung. Weder der Vorbehalt des Gesetzes noch das verfassungsrechtlich geforderte Maß gerichtlicher Kontrolldichte unterscheiden qualitativ nach Tatbestand und Rechtsfolge einer Norm; für beide ist vielmehr jeweils ein – unabhängig von der konkreten Normstruktur – insgesamt zu erreichendes Niveau, sei es legislativer Autorisierung (Vorbehalt des Gesetzes), sei es gerichtlichen Rechtsschutzes (Art 19 IV GG respektive die verfahrensrechtlichen Anforderungen der materiellen Grundrechte), entscheidend. Kurzum: Auch unter verfassungsdogmatischen Gesichtspunkten sind Beurteilungsspielraum und Ermessen gemeinsamer Behandlung zu unterziehen, indes die Unbestimmtheit eines Rechtsbegriffs an davon abweichenden verfassungsrechtlichen Maßgaben zu messen ist. **22**

IV. Der sogenannte unbestimmte Rechtsbegriff

1. Bestimmtheit und Unbestimmtheit von Rechtsbegriffen

Keine Darstellung zum Problem von Beurteilungsspielraum und Ermessen kommt ohne die Kategorie des unbestimmten Rechtsbegriffs aus. Umso überraschender ist es, dass sich nur selten brauchbare Begriffsbestimmungen finden. Zumeist wird der Begriffsinhalt nicht in Gestalt einer Definition, sondern anhand von Beispielen und Verwendungsgründen erläutert.[82] So etwa werden als Beispiele unbestimmter Gesetzesbegriffe genannt: die „Gefahr im Verzug" (zB § 28 II Nr 1 VwVfG), die „öffentliche Sicherheit oder Ordnung" (zB § 15 I VersG), das „Wohl des Bundes oder eines Landes" (zB § 5 II 1 Nr 2, § 29 II VwVfG), das „öffentliche Interesse" (zB § 28 II Nr 1, § 48 II 1 und **23**

[81] Näher dazu unten Rn 38–40.

[82] Stellvertretend: *Erichsen* 12. Aufl 2002, § 10 Rn 23; *Schoch* Jura 2004, 612, 613; *Maurer* Allg VwR, § 7 Rn 27 f (143 f). Eine eingehende Erörterung der Struktur unbestimmter Rechtsbegriffe findet sich bei *Koch* (Fn 32) 14–44 mwN.

III 1 VwVfG), das „Wohl der Allgemeinheit" (zB § 31 II Nr 1 BauGB), das „körperliche, geistige oder seelische Wohl von Kindern oder Jugendlichen" (zB § 7 S 1 JuSchG), die „öffentlichen und privaten Belange" (zB § 1 VII BauGB), „schwere Nachteile für das Gemeinwohl" (zB § 60 I 2 VwVfG), „erhebliche Nachteile für die Allgemeinheit und die Nachbarschaft" (§ 5 I 1 Nr 1 BImSchG), die „verfassungsmäßige Ordnung" (zB Art 2 I, Art 9 II, 20 III GG, § 3 I 1 VereinsG, § 54 Nr 7 AufenthG), die „Sicherung des Staates oder des öffentlichen Lebens" (zB § 2 II BRRG, § 4 Nr 2 BBG), die „ordnungsgemäße Erfüllung der Aufgaben" (zB § 29 II VwVfG, vgl auch § 56 I 1 VwVfG), das „dringende dienstliche Bedürfnis" (zB § 4 III 1 BRRG, § 7 III BBG, s auch § 17 I, § 18 I 1 BRRG), die „verständige Würdigung des Sachverhalts oder der Rechtslage" (§ 55 VwVfG), die „Angemessenheit der Gegenleistung" (§ 56 I 2 VwVfG), die „unbillige Härte" (zB § 80 IV 3 VwGO), der „erforderliche Schutz gegen Störmaßnahmen" (§ 7 II Nr 5 AtG), die „erforderliche Sachkenntnis" (zB § 5 I Nr 2, § 6 I BtMG), „Stand von Wissenschaft und Technik" (zB § 6 II 2 AtG, § 6 II, § 11 I Nr 4 GenTG), die „(Un-)Zuverlässigkeit" (zB § 35 GewO, § 4 I 1 Nr 1 GaststättenG), die „Dienstunfähigkeit" (vgl zB § 26, § 26a, § 27 BRRG) oder „unsittliche Medien" (§ 18 I 2 JuSchG). Allen angeführten Begriffen ist gemein, dass sie im Einzelfall ein erhebliches Maß an Anwendungsanstrengungen zeitigen. Als Gründe für die Verwendung unbestimmter Rechtsbegriffe lassen sich – ohne Anspruch auf Vollständigkeit – anführen: Neben den Grenzen sprachlichen Ausdrucksvermögens ist es zunächst und vor allem der Umstand der Allgemeinheit gesetzlicher Normierung;[83] daneben sind Verweisungen auf außerrechtliche Maßstäbe,[84] Prognoseentscheidungen und sonstige Entscheidungen, die ein von den konkreten Umständen oder auch den spezifischen Fähigkeiten abhängiges Werturteil des Rechtsanwenders erfordern, in besonderer Weise auf den Einsatz unbestimmter Rechtsbegriffe angewiesen.[85]

24 Die mit den genannten Beispielen umrissene Gruppe von Rechtsbegriffen zeichnet sich indes gegenüber sonstigen – man müsste hier dann wohl formulieren: bestimmten – Rechtsbegriffen keineswegs durch eine qualitative Andersartigkeit aus, sondern lediglich durch ein höheres Maß an Vagheit. Grundsätzlich eignet sämtlichen Rechtsbegriffen eine mehr oder minder große Unbestimmtheit.[86] Angesichts des bloß graduellen oder auch quantitativen Unterschiedes in der Bestimmtheit respektive Unbestimmtheit suggeriert der unbestimmte Rechtsbegriff infolgedessen „ein Gegensatzpaar, das es so nicht gibt".[87] Darüber hinaus lässt sich auch die weitere Behauptung, unbestimmte Rechtsbegriffe tauchten nur oder doch vornehmlich auf der Tatbestandsseite der Norm auf,[88] nicht verifizieren.[89]

[83] Anschaulich, wenngleich ungenau ließe sich von der logisch wie sprachlich unüberbrückbaren Kluft zwischen allgemeinem Gesetz und konkretem Sachverhalt sprechen.

[84] Dazu o Rn 3.

[85] Mit Beispielen: *Erichsen* 12. Aufl 2002, § 10 Rn 23; s auch *Schoch* Jura 2004, 612, 613.

[86] So bspw auch *Erichsen* 12. Aufl 2002, § 10 Rn 23. Anders etwa *Maurer* Allg VwR, § 7 Rn 27 f (143 f), der zwar von einer „ganze[n] Skala von zunehmender bzw. abnehmender inhaltlicher Bestimmtheit" (Rn 27 [143]) spricht, zugleich aber (1) „ziemlich eindeutig[e]", (2) zwar „nicht bestimmt[e], aber im konkreten Fall bestimmbar[e]" sowie (3) „unbestimmte Rechtsbegriffe" unterscheidet.

[87] Zitat: *Schoch* Jura 2004, 612, 613.

[88] Nachw o Fn 70.

[89] Diese These dürfte von der herkömmlichen Darstellung des Rechtsanwendungsschemas inspiriert sein, wonach sich Rechtsanwendung in den vier Schritten „Ermittlung und Feststellung des Sachverhalts", „Heranziehung, Auslegung und inhaltliche Feststellung des gesetzlichen

2. Notwendige, aber nicht hinreichende Bedingung administrativer Entscheidungsfreiheit

Als praktische Regel mag gelten, dass mit zunehmender Unbestimmtheit eines Rechtsbegriffs – auf der Auslegungsebene – der Interpretationsaufwand größer wird; je vager der Begriff, desto unzuverlässiger und unergiebiger die Aussagekraft namentlich der Wortlautinterpretation.[90] Wenn auch mit erheblichen Abstrichen und Vorbehalten, wird man eine entsprechende Korrelation auch für die Konkretisierungsebene behaupten dürfen: je unbestimmter die anzuwendende Norm ist, desto weiter reicht *tendenziell* die dem Rechtsanwender zustehende Konkretisierungs- und Individualisierungsbefugnis.[91] Indessen lässt sich eine analoge Beziehung zwischen Ausmaß an Unbestimmtheit und Kontrollfreistellung der Rechtsanwendung nicht feststellen. So eröffnen die Tatbestandsmerkmale der polizei- und ordnungsrechtlichen Generalklausel – wonach eine „Gefahr für die öffentliche Sicherheit oder Ordnung" Einschreitensvoraussetzung ist – ungeachtet ihres hohen Maßes an Unbestimmtheit nach allgemeiner Auffassung keinen behördlichen, von den Verwaltungsgerichten zu achtenden Beurteilungsspielraum.[92] Für das Vorliegen eines von gerichtlicher Kontrolle freigestellten behördlichen Beurteilungs- oder Ermessensspielraumes ist die Unbestimmtheit denn allenfalls eine notwendige, keineswegs aber eine hinreichende Bedingung. Da aber jeder (abstrakt-generelle) Rechtsbegriff mehr oder minder unbestimmt ist und ein konkretes Schwellenmaß an Unbestimmtheit für die Annahme einer Kontrollfreistellung nicht angegeben werden kann, entbehrt die Kategorie des unbestimmten Rechtsbegriffs des spezifischen Wertes für die Dogmatik von Beurteilungsspielraum und Ermessen. Nicht die Unbestimmtheit der in der anzuwendenden Norm verwendeten Rechtsbegriffe als solche ist es, die den Rechtsanwender von gerichtlicher Kontrolle freistellt und zur Letztkonkretisierung ermächtigt;[93] vielmehr müssen weitere Umstände hinzutreten, um eine Reduktion verwaltungsgerichtlicher Kontrolle zu rechtfertigen.[94] 25

Tatbestandes", „Subsumtion" sowie „Feststellung der Rechtsfolge" vollzieht (Zitate: *Maurer* Allg VwR, § 7 Rn 3 [133 f]; unter Bezugnahme auf *Maurer* auch *Schoch* Jura 2004, 612, 613); während es in Bezug auf den Tatbestand der anzuwendenden Norm vor dessen „Feststellung" zunächst der „Auslegung" bedarf, kann man sich bei der Rechtsfolge offenbar damit begnügen, diese „festzustellen" – an eine Auslegung der Rechtsfolge der anzuwendenden Norm ist in dem Schema nicht gedacht.

90 Ausführlich zur Auslegungsproblematik unbestimmter Rechtsbegriffe *Koch* (Fn 32) 44 ff, bes 61–71 mwN.

91 Zur Unterscheidung der Ebenen o Rn 21 f und nachfolgend 33. – Betrachtet man die Relation von rechtsbegrifflicher Unbestimmtheit und Rechtserzeugungsbefugnis des Gesetzesanwenders indes genauer, so zeigt sich, dass das Maß der Unbestimmtheit der verwendeten Rechtsbegriffe durchaus nicht zwingend mit der Reichweite der Konkretisierungs- und Individualisierungsbefugnis korrelieren muss. Die im Text formulierte Tendenzaussage ist daher mit Vorsicht zu genießen. S auch nachfolgend Rn 26.

92 Statt aller: *Schoch* in: Schmidt-Aßmann/Schoch, Bes VwR, Kap 2 Rn 62. – Im Übrigen darf just für die – an Unbestimmtheit schwer zu überbietende – polizeiliche Generalklausel als gesichert gelten, dass sie keinen Verstoß gegen die verfassungsrechtlichen Bestimmtheitsanforderungen markiert (so namentlich BVerfGE 54, 143, 144 f mwN; ausführlich begründet auch für § 7 I und II AtG in BVerfGE 49, 89, 133–140). Zu den nach Sachgebiet unterschiedlichen Anforderungen des rechtsstaatlichen Bestimmtheitsgebots im Überblick: *Sachs* (Fn 17) Art 20 Rn 126–130.

93 Wie hier namentlich *Schmidt-Aßmann* in: Maunz/Dürig GG, Art 19 IV Rn 183 u 184.

94 Nichts anderes ist der Sache nach gemeint, wenn in Bezug auf unbestimmte Rechtsbegriffe die „normtheoretisch-methodische Sicht" von der „funktionellrechtlichen Sicht" unterschieden

3. Die Funktion des unbestimmten Rechtsbegriffs als Kontrastfigur

26 Nach dem Vorstehenden[95] hat die dogmatische Kategorie des unbestimmten Rechtsbegriffs keine engere und spezifischere Beziehung zu Beurteilungsermächtigungen als zu Ermessensermächtigungen und taugt daher nicht als Merkmal zur Unterscheidung beider; darüber hinaus besitzt der unbestimmte Rechtsbegriff auch keinerlei besondere Aussagekraft für die Einräumung administrativer Entscheidungsfreiräume. Gleichwohl besteht kein Anlass, den unbestimmten Rechtsbegriff rundweg aus der Dogmatik des administrativen Entscheidungsfreiraums zu verbannen.[96] Vielmehr sollte er als heuristisch nützliche „*Kontrastfigur*"[97] in der Lehre des administrativen Entscheidungsfreiraums erhalten bleiben.[98] Denn mit seiner Hilfe lässt sich der doppelte Zusammenhang – man könnte auch sagen: die doppelte Abhängigkeit – in Erinnerung rufen, der bzw die zwischen Interpretationsperspektive einerseits und Kompetenz- und Kontrollperspektive andererseits besteht. Indem, erstens, mit dem unbestimmten Rechtsbegriff die Frage nach der Erkenntnis und Bestimmung der gesetzlichen Fremdsteuerung, also eine anhand der Interpretationsmethoden zu beantwortende Auslegungsfrage, aufgeworfen wird, wird erkennbar, dass die Thematik administrativer Gesetzesbindung nicht einseitig als eine Frage von (Letzt-)Konkretisierungskompetenzen betrachtet werden darf.[99] (Letzt-)Konkretisierungsbefugnisse bestehen nur dort, wo sie sich mittels Interpretation den einschlägigen Ermächtigungsnormen entnehmen lassen – auch hier folgt aus einer etwaigen „Natur der Sache", nenne man sie „Eigenständigkeit der Verwaltung" oder auch „Funktionsgrenzen der Verwaltungsgerichtsbarkeit", schlichtweg nichts. Ohne dass die einschlägigen Normen zunächst mittels Auslegung befragt werden, ob und ggf in welchem Umfang sie (Letzt-)Konkretisierungsbefugnisse enthalten, geht es also auch hier nicht; Auslegungsschwierigkeiten lassen sich infolgedessen nicht unter Hinweis auf Konkretisierungsbefugnisse ausräumen. Und zweitens wird, indem die Methodenperspektive (Interpretationsebene) mit der Kompetenzperspektive iwS (Kompetenz- und Kontrollperspektive) kontrastiert wird, umgekehrt nahegelegt, kein Auslegungsverständnis zu wählen, welches Interpretation kurzerhand als Konkretisierung der auszulegenden Norm ausgibt und damit die zu trennenden Ebenen von Methode und Kompetenz zulasten der letzteren vermengt;[100] „Spielräume" des Rechtsanwenders – sprich: Befugnisse desselben zur Selbstprogrammierung[101] – existieren, will man nicht die Verfassungs- und Gesetzesbindung als bloße Chimäre abtun, nur auf der Rechtserzeugungs-, nicht aber auf der Rechtserkenntnisseite. Somit kann die Figur

wird (so namentlich *Erichsen* 12. Aufl 2002, § 10 Rn 25–30, zitierte Wendungen: Rn 27 und 29; *Schoch* Jura 2004, 612, 614); zur Vermeidung von Missverständnissen sollte indessen deutlicher hervorgehoben werden, dass die „funktionellrechtliche Frage der Letztentscheidungskompetenz" (*Schoch* Jura 2004, 612, 614) nicht nach dem Maß oder auch der Art der Unbestimmtheit des Rechtsbegriffes beantwortet werden kann. Dazu näher nachfolgend Rn 34 ff.

[95] Vgl Rn 20 ff.

[96] In diesem Sinne am entschiedensten *W. Schmidt* NJW 1975, 1753, bes 1757 f.

[97] Begriff: *W. Schmidt* NJW 1975, 1753 (Vorspann).

[98] Heuristischen Wert erkennt auch *Schmidt-Aßmann* in: Maunz/Dürig, GG, Art 19 IV Rn 184 der Unbestimmtheit des Rechtsmaßstabs zu.

[99] Zur Kritik an dieser Vorgehensweise: *Koch* (Fn 32) 79 ff, bes 84 f.

[100] Zu Phänomen und Kritik der namentlich im Bereich der Verfassungsauslegung verbreiteten Gleichsetzung von (Verfassungs-)Interpretation und (Verfassungs-)Konkretisierung: *Jestaedt* (Fn 28) 133 ff, 155 ff mwN; *ders* Hommage an Isensee, 2002, 183 ff, bes 197–201.

[101] Dazu vorstehend Rn 7–9.

des unbestimmten Rechtsbegriffs nach beiden Richtungen hin als Warnschild fungieren, weder die Methodenfrage auf Kosten der Kompetenzfrage zu beantworten noch umgekehrt die Kompetenzfrage auf Kosten der Methodenfrage.[102]

V. Der administrative Entscheidungsfreiraum

1. Grundlinien einer Dogmatik des administrativen Entscheidungsfreiraums

Die vielfach behaupteten kategorialen Unterschiede zwischen dem Beurteilungsspielraum einerseits und dem Ermessen andererseits lassen sich nicht verifizieren; was bleibt, sind eher *graduell-quantitative Unterschiede*. Ganz im Gegenteil weisen beide Phänomene so viele und bedeutsame Übereinstimmungen unter rechtstheoretischen, positivrechtlichen und dogmatischen Auspizien auf, dass der unterschiedliche normstrukturelle Sitz – im Tatbestand (Beurteilungsspielraum) bzw in der Rechtsfolge (Ermessen) – seine Funktion als dogmatische Leitunterscheidung einbüßt. Gleichsam hinter den Gemeinsamkeiten wird ein beide übergreifendes, einheitliches *Grundmodell eines administrativen Entscheidungsfreiraums*[103] sichtbar.[104] Dieses erstreckt sich nicht nur auf den Beurteilungsspielraum und das (allgemeine Verwaltungs-)Ermessen, sondern erfasst auch alle übrigen Formen administrativer Selbstprogrammierung wie insbesondere das sog Planungsermessen und das sog Regulierungsermessen, das Verordnungs- und das Satzungsermessen.[105] Weitergehend lassen sich mit ihm auch sonstige „Freiheiten" des administrativen Rechtsanwenders beschreiben und vermessen, wie sie vor allem im Rahmen kollisionslösender Abwägungsentscheidungen, dh im Rahmen der Anwendung des Verhältnismäßigkeitsgrundsatzes,[106] auftreten. Noch weiter ausgreifend hat 27

[102] Auf der Unterscheidung beider Ebenen beruht nicht zuletzt die Unterscheidung von norm*interpretierenden* und norm*konkretisierenden* Verwaltungsvorschriften; während erstere für die Verwaltungsgerichte unverbindliche Normauslegungsbemühungen seitens der Verwaltung darstellen, sind letztere gerichtlich nur wie (genauer: als) Aktualisierungen von Beurteilungsermächtigungen kontrollierbar (dazu *Gerhardt* in: Schoch/Schmidt-Aßmann/Pietzner, VwGO, § 114 Rn 65).

[103] In gleiche Richtung geht es, wenn etwa *Herdegen* JZ 1991, 747, 749, 750, 751 u ö vom „administrativen Gestaltungsspielraum" oder wenn *Schmidt-Aßmann* in: Maunz/Dürig, GG, Art 19 IV Rn 188 ff von „administrativen Letztentscheidungsermächtigungen" sprechen; im Unterschied zu den beiden vorerwähnten Begriffen versteht sich der hier verwendete Terminus des administrativen Entscheidungsfreiraums insofern weiter, als er nicht notwendigerweise auch eine Reduktion gerichtlicher Kontrolldichte impliziert. Dazu nachfolgend Rn 30 sowie 31–33.

[104] Richtungweisend *Scholz* VVDStRL 34 (1976) 145, 164–170, bes 167 f.

[105] In ähnlicher Weise thematisiert *Schmidt-Aßmann* in: Maunz/Dürig, GG, Art 19 IV Rn 188 ff mwN unter dem Begriff der „administrativen Letztentscheidungsermächtigungen" das Verwaltungsermessen (Rn 189 f), Beurteilungsermächtigungen ieS (Rn 191–196), Einschätzungsprärogativen (Rn 197–197a), Prognoseermächtigungen (Rn 198–201), Rezeptionsbegriffe (Rn 202), Technikklauseln (Rn 203–207), das Planungs- (Rn 208–216) sowie das Normsetzungsermessen (Rn 217–217a). Dazu, dass auch die vom BVerwG jüngst entwickelte Kategorie des „Regulierungsermessens" hierher zählt: *Ludwigs* JZ 2009, 290 II u III mwN. Zum Verordnungs- und Satzungsermessen vgl ergänzend *Weitzel* Justitiabilität des Rechtsetzungsermessens, 1999; zum Planungsermessen: *Krebs* in: Schmidt-Aßmann/Schoch, Bes VwR, Kap 4 Rn 98–109, bes 100 mwN.

[106] Dem zur Kollisionslösung aufgerufenen Rechtsanwender steht, weil und soweit die Abwägung widerstreitender (Grund-)Rechtspositionen grundsätzlich nicht nur zu einem „richtigen" Er-

ein derartiges allgemeines Modell administrativer Selbstprogrammierung den nicht zu unterschätzenden Vorteil, dass die Gemeinsamkeiten mit und die Unterschiede zu den Modellen gubernativer, legislativer und judikativer Selbstprogrammierung prägnanter herausgearbeitet und formuliert werden können.

28 Schließlich steigert sich mit dem einheitlichen Grundmodell die Anschlussfähigkeit der deutschen Verwaltungsrechtsdogmatik an die Dogmatik des europäischen Unions(verwaltungs)rechts: Dem *Unionsrecht* ist sowohl der Zusammenhang von unbestimmtem Rechtsbegriff und Beurteilungsspielraum einerseits als auch die Unterscheidung von Beurteilungsspielraum und Ermessen andererseits fremd.[107] Daraus folgt zwar nicht, dass das Unionsrecht eine Angleichung der mitgliedsstaatlichen Rechtsordnungen[108] dergestalt verlangt, dass diese nur mehr eine einzige und einheitliche Ausprägung administrativer Selbstprogrammierung – etwa nach dem französischen Vorbild des „pouvoir discrétionnaire“[109] oder dem englischen Modell der „discretionary power“[110] – vorsehen dürften.[111] Doch bereitet es einem Einheitsmodell deutlich weniger Schwierigkeiten, das einheitliche unionsrechtliche Ermessen mit seinen Wirkungen in das deutsche Verwaltungsermessen einer- und den deutschen Beurteilungsspielraum andererseits zu „übersetzen“, weil beide als eng verwandte Ausprägungen desselben Grundmusters erkannt werden.[112] Im Übrigen dürfte sich damit auch umgekehrt die „Exportfähigkeit“ der deutschen Entscheidungsfreiraum-Dogmatik in Bezug auf das Unionsrecht und dessen – entwicklungsfähige – Dogmatik erhöhen.[113]

gebnis führen kann, sondern in aller Regel mehrere Abwägungsergebnisse begründbar sind, ebenfalls eine mehr oder minder große Befugnis zur Selbstprogrammierung zu. Ob und inwieweit deren Betätigung auch von gerichtlicher Kontrolle frei ist, ist indes eine weitere, anhand des positiven Rechts zu entscheidende Frage.

107 So spricht der EuGH auch in dem Falle, in dem nach deutscher Nomenklatur ein Beurteilungsspielraum anzunehmen wäre, von einem „Ermessenspielraum“; vgl bspw EuGH Slg 1999, I-223 Rn 34 – Upjohn, m zahlr Nachw; von „Beurteilungsspielraum“ spricht der Gerichtshof aber etwa in EuGH Slg 1991, I-5469 Rn 12 f – TU München. Näher dazu *Schwarze* in: ders/Schmidt-Aßmann (Hrsg), Das Ausmaß der gerichtlichen Kontrolle im Wirtschaftsverwaltungs- und Umweltrecht, 1992, 203, 204 ff; *v Danwitz* Verwaltungsrechtliches System und europäische Integration, 1996, 184 ff; *ders* Europäisches Verwaltungsrecht, 2008, 299 f, 361–371 mwN; *Bleckmann* (Fn 69) 59 ff, 74 ff u bes 80 ff sowie 215 ff; *Pache* DVBl 1998, 380, 384 ff; *ders* (Fn 45) 390; *Hoffmann-Riem* in: ders/Schmidt-Aßmann/Voßkuhle, Grundlagen I, § 10 Rn 66; *Groß* ZÖR 61 (2006) 625 ff; *Streinz* EuR, Rn 598.

108 Knappe und vergleichende Darstellung des britischen, französischen, italienischen, polnischen und spanischen Modells bei *v Danwitz* (Fn 107) Verwaltungsrecht, 33 u 45 ff, 50 f u 65 ff, 71 u 82 ff, 87 u 91 ff, 107 f u 120 ff mwN; vgl ergänzend, auch das österreichische, das schweizerische, belgische und kanadische Recht berücksichtigend: *Bleckmann* (Fn 69), 97–119, 171–200 m zahlr N.

109 Stellvertretend dazu *Chapus* Droit administratif général, Bd 1, 15. Aufl 2001, Rn 1248–1252; *Rivero/Waline* Droit administratif, 20. Aufl 2004, Rn 406, je mwN.

110 Eingehend dazu *Brinktrine* (Fn 48) 169–449 mwN; *Craig* in: Trute/Groß/Röhl/Möllers (Hrsg), Allgemeines Verwaltungsrecht – zur Tragfähigkeit eines Konzepts, 2008, 699, 717–720.

111 Näher dazu *v Danwitz* (Fn 107) Verwaltungsrecht, 589 ff, bes 591 f.

112 Ausf dazu *Kadelbach*, Allg VwR, 443 ff, 451 ff; *Pache* (Fn 45) 302 ff, bes 389 ff, je mwN. Auf der Grundlage eines deutsch-englischen Rechtsvergleichs votiert auch *Brinktrine* (Fn 48) 554 ff für die Ersetzung der strikten Dichotomie von Ermessen und Beurteilungsspielraum bzw der Dreiteilung in (allgemeines Verwaltungs-)Ermessen, Beurteilungsspielraum und Planungsermessen „durch die Figur des einheitlichen Verwaltungsermessens“ (ebd, 554).

113 In ähnliche Richtung *Hoffmann-Riem* in: ders/Schmidt-Aßmann/Voßkuhle, Grundlagen I, § 10 Rn 73 ff, der ua auf den auch insoweit bestehenden „Konvergenztrend in Europa“ (Rn 79)

Das dogmatische Raster des administrativen Entscheidungsfreiraums bewegt sich auf der mittleren Abstraktionshöhe einer offenen Typenreihe: es fasst auf der einen Seite auffällige Gemeinsamkeiten in einem einheitlichen Modell – einem Typus – zusammen, ist aber auf der anderen Seite offen für und angelegt auf eine Vielzahl positivrechtlicher Konkretisierungen.[114] Indem es vorgeblich scharfe Trennlinien wie die zwischen gebundener und Ermessensverwaltung sowie die zwischen Tatbestands- und Rechtsfolgenfreiraum in Frage stellt, mahnt es Rechtsanwender wie Rechtswissenschaftler, nicht blind auf dogmatische Konstrukte zu vertrauen, sondern deren Leistungsfähigkeit immer wieder an der Vielzahl und Vielfalt positivrechtlicher Ausgestaltungen zu überprüfen. Im Letzten leistet damit das Modell einen Beitrag, das positive Recht in seiner kontingenten Gestalt ernst(er) zu nehmen. Das bedeutet zugleich, dass das von der *Dogmatik* erarbeitete binnendifferenzierte Einheitsmodell des administrativen Entscheidungsfreiraums nicht dadurch in Frage gestellt wird, dass das positive Recht bestimmte Vorschriften wie etwa § 40 VwVfG und § 114 VwGO nur für *eine* Ausprägung – im Beispielsfalle: nur für das Verwaltungsermessen[115] – und nicht für sämtliche Varianten des administrativen Entscheidungsfreiraums vorhält. 29

An typusprägenden Gemeinsamkeiten sind zuvörderst[116] zu nennen: 30

- Der *rechtsgewinnungstheoretische* Aspekt: Der administrative Entscheidungsfreiraum thematisiert eine von der inhaltlichen Fremdsteuerung durch Verfassung, Gesetz und sonstiges Recht nicht erfasste Befugnis zur Eigensteuerung des Verwaltungshandelns (dazu a).
- Die *verfassungsrechtlichen* Aspekte: Die Befugnis zur administrativen Selbstprogrammierung muss der Verwaltung im Rahmen ihrer Rechtsbindung durch höherrangiges Recht eingeräumt worden sein; in gleicher Weise bedarf eine damit gegebenenfalls einhergehende Reduzierung verwaltungsgerichtlicher Kontrolldichte, also die Zuerkennung einer Letztkonkretisierungsermächtigung an die Verwaltung, einer verfassungs- und gesetzesrechtlichen Grundlage. Diese normativen Ermächtigungen können nicht durch einen Verweis auf vorgebliche Sach- oder Funktionsgesetzlichkeiten ersetzt werden (nachfolgend b und c).
- Der *dogmatische* Aspekt: Soweit der administrative Entscheidungsfreiraum die Gestalt einer administrativen Letztentscheidungsermächtigung annimmt, erfolgt die – reduzierte – verwaltungsgerichtliche Kontrolle einem Raster, welches als Abwägungskontrolle bezeichnet wird (unten d).

a) *Notwendige und gewillkürte Rechtsanwendungsfreiräume aus rechtstheoretischer Perspektive.* Mit dem administrativen Entscheidungsfreiraum steht eine Kategorie be- 31

hinweist. Bei aller Sensibilität für eine derartige Konvergenz darf freilich nicht übersehen werden, dass die im nicht-deutschsprachigen Raum verfochtenen Einheits-Modelle administrativer Letztentscheidungsbefugnisse den in Deutschland diskutierten Modellen sowohl methodisch als auch dogmatisch keineswegs per se überlegen sind.

114 Zu den Vorzügen und Aufgaben eines derartigen einheitlichen Modells grundlegend *Schmidt-Aßmann* in: Maunz/Dürig, GG, Art 19 IV Rn 185 ff, bes 187–187a mwN.

115 Dazu stellvertretend *H. A. Wolff* in: Sodan/Ziekow, VwGO, § 114 Rn 34 ff, bes 37–42.

116 Als „gemeinsame Fragen administrativer Entscheidungsspielräume" thematisieren *Kopp/Ramsauer* VwVfG, § 40 Rn 22, 23–23c, 24–24b, 25–28, 29, 30–31a, 32–35 sowie 36–40 das Ermächtigungserfordernis, die Ermächtigungszwecke, das Gleichbehandlungsgebot und die Selbstbindung der Verwaltung, den Grundsatz der Verhältnismäßigkeit, die Spielraumreduktion auf Null, die Ansprüche auf fehlerfreie Wahrnehmung der Handlungsermächtigungen sowie die Bedeutung von Verfahrensvorschriften.

reit, mit der der (Doppel-)Erkenntnis Ausdruck verliehen werden kann, dass (1) die konkrete Verwaltungsentscheidung nicht bereits vollauf im abstrakten Gesetz enthalten und lediglich durch Auslegung aufzudecken ist, sondern immer auch einer rechtserzeugenden Eigenleistung der Verwaltung bedarf, und dass (2) die (Gemeinschafts-, Verfassungs-, Gesetzes- usf)Rechtsbindung der Verwaltung folglich nicht mit vollständiger Fremdsteuerung des Verwaltungshandelns gleichgesetzt werden darf, sondern dass stets mehr oder minder große Bereiche normativer Eigensteuerung verbleiben.[117]

32 Die der gesetzesdirigierten Verwaltung zugebilligten Rechtsanwendungs- oder Entscheidungsfreiräume lassen sich unterscheiden in *strukturell notwendige* und in *rechtsinhaltlich gewillkürte*.[118] Erstere werden der Verwaltung bereits dadurch eingeräumt, *dass* ein – abstrakt-generelles – Gesetz, da und soweit es sich nicht selbst vollzieht, also auf Vollziehung angewiesen ist, zur Anwendung der vollziehenden Gewalt anvertraut wird. Bereits in der bloßen Tatsache, *dass* der Gesetzgeber sich einerseits zum Erlass eines vollzugsbedürftigen Gesetzes entschließt und andererseits die Verwaltung mit dem Vollzug desselben beauftragt, liegt die – notwendigerweise mitzudenkende – Delegation von Rechtserzeugungsmacht an die zuständige Verwaltungsbehörde, die zur Rechtskonkretisierung und -individualisierung im Einzelfall erforderlichen Rechtserzeugungsanteile im Rahmen der vorgegebenen Bindung nach eigenen Wertungen beizusteuern.[119] Es handelt sich um strukturell notwendige administrative Entscheidungsfreiräume, weil sie durch die Struktur des Gesetzes als *abstrakt-genereller* Fremdprogrammierung bedingt sind.[120] – Davon zu unterscheiden sind die gewillkürten administrativen Entscheidungsfreiräume: Sie beruhen anders als jene nicht bereits auf dem nicht weiter spezifizierten Auftrag des Gesetzgebers an die Verwaltung, das Gesetz zu vollziehen, sondern bedürfen einer darüber hinausgehenden gesetzgeberischen Anweisung an die Verwaltung, welche über die Vollzugsnotwendigkeiten hinausgehenden Entscheidungsfreiräume der Verwaltung zukommen sollen. Diese Ermächtigung muss zwar nicht ausdrücklich im Gesetzestext Niederschlag gefunden haben, sie muss sich aber mittels Auslegung dem Gesetz entnehmen lassen.[121]

33 Daneben sind administrative Entscheidungsfreiräume zu unterscheiden in solche *mit* und in solche *ohne* Letztentscheidungsbefugnis:[122] Erstere enthalten zwar im Verhältnis zum Gesetz(geber) eine Konkretisierungs- und Individualisierungsermächtigung;[123]

[117] Näher dazu vorstehend Rn 7 ff, bes 9.

[118] Dazu *Jestaedt* in: Erbguth/Masing (Hrsg), Die Bedeutung der Rechtsprechung im System der Rechtsquellen: Europarecht und nationales Recht, 2005, 25, 77 ff.

[119] Vgl *Forsthoff* VwR, 59; *H. Dreier* Hierarchische Verwaltung (Fn 22) 165 ff.

[120] Richtungweisend *Merkl* (Fn 27) 142 ff, bes 142 u 143. – Der *strukturell notwendige* Rechtsanwendungsfreiraum der Verwaltung (bzw der Gerichte) kann gleichsam als das missing link betrachtet werden zwischen der Erkenntnis, dass Rechtsvollzug sich nicht als rein logisch-deduktiver Prozess beschreiben lässt, und der Lehre vom Ermessen und Beurteilungsspielraum. Denn er beschreibt den bislang nicht näher bezeichneten und vermessenen „Zwischenraum“ zwischen normativer, durch Auslegung zu bestimmender Fremdsteuerung des Rechtsanwenders einerseits sowie besonders zugewiesener und von gerichtlicher Kontrolle freigestellter Konkretisierungs- und Individualisierungsbefugnis andererseits.

[121] Zur normativen Ermächtigungslehre nachfolgend Rn 34 ff.

[122] Zur Unterscheidung der Konkretisierungs- von der Kontrollperspektive oben Rn 21 f. Anders als hier aber bspw *Hain* (Fn 31) 45 f u 46–52 auf der Grundlage eines prinzipientheoretischen Ansatzes.

[123] Die regelmäßig übrigens auch eine Konkretisierungs- und Individualisierungs*verpflichtung* ist.

diese ist indes nicht exklusiv der Verwaltung vorbehalten, sondern steht in gleicher Weise der Verwaltungsgerichtsbarkeit zu. Letztere hingegen kombinieren die Konkretisierungs- und Individualisierungsmacht im Verhältnis zum Gesetz(geber) mit der Letztentscheidungsmacht der Verwaltung im Verhältnis zur Rechtsprechung. In diesem Falle hat die Verwaltungsgerichtsbarkeit die Konkretisierungs- und Individualisierungsentscheidung der Verwaltung – selbstredend nur, soweit letztere sich im Rahmen ihrer gesetzlichen Ermächtigung hält – zu respektieren. Was die herkömmliche Doktrin Beurteilungsspielraum und Ermessen nennt, sind administrative Entscheidungsfreiräume *mit* Letztentscheidungsmacht oder, kürzer: *administrative Letztentscheidungsermächtigungen.*[124] Diese sind stets administrative Entscheidungsfreiräume der rechtsinhaltlich gewillkürten Art. Freilich müssen umgekehrt gewillkürte administrative Entscheidungsfreiräume nicht zwangsläufig – und noch nicht einmal regelmäßig – die Gestalt administrativer *Letzt*entscheidungsbefugnisse haben: Denn der Gesetzgeber kann der Verwaltung sehr wohl ein über die bloßen Vollzugsnotwendigkeiten hinausgehendes Maß an Konkretisierungs- und Individualisierungsmacht, also einen rechtsinhaltlich gewillkürten Entscheidungsfreiraum, zuweisen, ohne zugleich auch eine Reduktion der gerichtlichen Kontrolldichte zu verfügen. Das ist sogar die Regel, wie sich am markantesten an den sog Generalklauseln[125] wie der „öffentlichen Sicherheit und Ordnung" oder „Treu und Glauben" demonstrieren lässt: Obwohl der Gesetzgeber mit ihnen dem administrativen Rechtsanwender eine ganz erhebliche Konkretisierungsmacht an die Hand gibt, ist dieser in der Aktualisierung seiner Konkretisierungsmacht nach allgemeiner Meinung doch nicht von verwaltungsgerichtlicher Kontrolle freigestellt, steht ihm folglich kein Beurteilungsspielraum zu. Die Letztkonkretisierungsbefugnis steht hier also nicht der Verwaltung, sondern der Rechtsprechung zu.[126] Jene kann freilich vom Verwaltungsgericht nur unter der Bedingung ausgeübt werden, dass es überhaupt zu einem einschlägigen gerichtlichen Sachurteil kommt.[127] Liegen dessen Voraussetzungen aber in concreto nicht vor – sei es, dass schon der Rechtsweg nicht beschritten worden ist, sei es, dass zwar Klage erhoben worden, diese aber unzulässig oder aus einem anderen Grund unbegründet ist –, so steht der judikativen Letztkonkretisierungsbefugnis ein Ausübungshindernis im Wege; es verbleibt dann bei der verwaltungsbehördlichen Konkretisierungsentscheidung.

b) *Normative Ermächtigung und Vorbehalt des Gesetzes.* Eine Befugnis zur Erzeu- **34**
gung von Rechtssätzen – seien es solche abstrakt-genereller oder solche konkret-indivi-

[124] Begriff: *Schmidt-Aßmann* in: Maunz/Dürig, GG, Art 19 IV Rn 188 u ö. – Stellvertretend die Definition des weit verstandenen, auch den Beurteilungsspielraum erfassenden Ermessens bei *Bullinger* JZ 1984, 1001 (Hervorhebung nicht im Original): „Verwaltungsermessen ist also stets durch eine *doppelte* Unabhängigkeit gekennzeichnet, durch die Unabhängigkeit von den beiden anderen staatlichen Gewalten, der Legislative und der Justiz."

[125] Zum Zusammenhang von Generalklauseln mit administrativen (Letzt-)Konkretisierungsbefugnissen: *Wißmann*, Generalklauseln, 2008, 306 ff, bes 308–313, 314 ff, 318 ff.

[126] Plastisch spricht *Ramsauer* FG BVerwG, 2003, 699 ff von der Kontrolle der Verwaltung mittels „Selbstentscheidung" seitens der Gerichte.

[127] Der Vorbehalt verwaltungsgerichtlicher Befassung ist in seiner rechtspraktischen Bedeutung nicht zu unterschätzen. Denn zum einen kann das Gericht nicht von sich aus, also ex officio, auf eine Rechtsfrage zugreifen; es bedarf einer Klage oder eines sonstigen verfahrenseröffnenden Antrags. Und zum anderen gibt es zahlreiche Zulässigkeits- und Begründetheitsfragen, die ein gerichtliches Eingehen auf die betreffende Konkretisierungsfrage überflüssig machen oder verhindern können.

dueller Art – muss sich stets auf eine andere, eben eine Ermächtigungsnorm zurückführen lassen. Wie der Gesetzgeber nur innerhalb der Ermächtigungen der Verfassung tätig werden darf, so bedarf der Verwaltungsbeamte einer – wegen des Vorbehalts des Gesetzes regelmäßig:[128] – gesetzlichen Rechtserzeugungsermächtigung. Der Vorbehalt des Gesetzes regelt in diesem Zusammenhang das von Verfassungs wegen erforderliche Maß normativer Fremdsteuerung der Verwaltung: Er beantwortet also die Frage, in welchem Umfange der Gesetzgeber selbst die Konkretisierungs- und Individualisierungsleistungen zu erbringen hat und in welchem Umfange er letztere der Verwaltung delegieren darf. Stets ist es aber das Gesetz – respektive die von der Verwaltung zu vollziehende Norm (des Primär- oder Sekundärrechts, des Verfassungsrechts usf) – selbst, dem die Antwort auf die administrativen Befugnisse zur (Letzt-)Konkretisierung und Individualisierung zu entnehmen ist.[129] Dies ist der Kern der sog *normativen Ermächtigungslehre*, die das BVerwG wie folgt umreißt: „Ob der Gesetzgeber in einer Rechtsnorm für die Behörde eine Handlungsbindung bestimmt oder ihr einen Handlungsspielraum eingeräumt hat, kann immer nur aus dem Inhalt der betreffenden Rechtsnorm entnommen werden."[130] Das gilt in gleicher Weise für die Einräumung von Beurteilungs- wie von Ermessensermächtigungen; daran ändert sich nichts dadurch, dass letztere in aller Regel bereits im Wortlaut der Norm („kann", „darf", „soll" usf) Ausdruck finden, indes bei ersteren ganz regelmäßig ein größerer Auslegungsaufwand zu treiben ist.

35 Die Berechtigung und die Tauglichkeit der normativen Ermächtigungslehre werden namentlich unter Hinweis darauf in Zweifel gezogen, dass die Gesetze in aller Regel nicht so beschaffen seien, dass ihnen mit hinreichender Sicherheit oder doch zumindest Plausibilität eine entsprechende (Beurteilungs-)Ermächtigung durch den Gesetzgeber entnommen werden könne; nicht selten werde nach einem gesetzgeberischen Willen geforscht, der gar nicht existiere.[131] Auf diese Kritik, die vor allem Praktikabilitätsdefizite rügt, ist zweierlei zu erwidern: Erstens taugen die – nicht zu bestreitenden – tatsächlichen Auslegungsschwierigkeiten bei der Feststellung, ob der Verwaltung eine (gewillkürte Letzt-)Entscheidungsermächtigung eingeräumt worden ist, nicht dazu, die normative Notwendigkeit eines Ermächtigungsnachweises als solches in Frage zu stellen; darauf, dass die Deutung des positiven Rechtes im Einzelfall mühevoll und in ihrem konkreten Ergebnis bestreitbar sein kann, kann nicht das Argument gestützt werden, dass das positive Recht in seiner Kontingenz und mit seinen Deutungsproblemen beiseite geschoben und zu mehr oder minder groben Plausibilitätserwägungen (möge man sie auch mit dem wohlklingenden Attribut des „Funktionellrechtlichen" versehen) gegriffen werden dürfe. Wie wenig fundiert die Kritik ist, zeigt sich auch daran, dass die Alternativen, die genannt werden, weit grundsätzlicheren Einwänden ausgesetzt sind. So vermag namentlich der sog funktionellrechtliche Ansatz – seiner großen Beliebtheit

[128] Die Ermächtigung kann aber selbstverständlich auch unmittelbar aus der Verfassung, aus Unionsrecht oder aus anderen Rechtsquellen fließen.

[129] Stellvertretend *Papier* in: Isensee/Kirchhof VI, 1. Aufl 1989, § 154 Rn 66 mwN.

[130] BVerwGE 62, 86, 98; vgl des Weiteren BVerwGE 94, 307, 309; 100, 221, 225; 129, 27, 33 (Rn 26) mwN – st Rspr. Grundlegend zur normativen Ermächtigungslehre: *Wahl* NVwZ 1991, 409, 410 ff; *Schmidt-Aßmann* in: Maunz/Dürig, GG, Art 19 IV Rn 184, 185 ff; *ders* FS Scholz, 2007, 539, 549–552.

[131] So namentlich *Erichsen* 12. Aufl 2002, § 10 Rn 33; *Pache* (Fn 45) 74–76 mwN. Zur weitergehenden, namentlich im Blick auf die sog gesetzesfreie Verwaltung geäußerte Kritik: *H. A. Wolff* in: Sodan/Ziekow, VwGO, § 114 Rn 58, 72, 296 u 306.

zum Trotze – den Platz der normativen Ermächtigungslehre nicht auszufüllen. Ihm zufolge sind administrative Letztentscheidungsermächtigungen am Maße der je spezifischen Leistungsfähigkeit und der Funktionsgrenzen von Verwaltung einerseits und von Verwaltungsgerichtsbarkeit andererseits zu bestimmen sowie ergänzend danach, ob Entscheidungen kraft Natur der Sache der verwaltungsgerichtlichen Kontrolle entzogen bleiben müssen.[132] Ungeachtet der Vorbehalte, denen eine Argumentation mit der Natur der Sache stets ausgesetzt ist, lassen sich auf dieser Grundlage gewiss – für nicht wenige Situationen passfähige – Anforderungen plausibler, gar *vernünftiger* Verteilung von Letztentscheidungsbefugnissen zwischen Verwaltung und Verwaltungsgerichtsbarkeit formulieren; die Plausibilität und die Vernünftigkeit als solche ersetzen aber nicht den Nachweis, dass diese Machtverteilung auch der (verfassungs- oder gesetzes)rechtlich positivierten Verteilungsentscheidung entspricht.[133] Die Kriterien, deren sich der funktionellrechtliche Ansatz bedient, sind denn auch normferner als jene der normativen Ermächtigungslehre.[134]

Und zweitens beruht ein nicht geringer Teil der Kritik auf einem verengten, um nicht zu sagen naiven *Normanwendungsverständnis*: Wenn von der Anwendung „einer" Norm gesprochen wird, so darf das nicht dahin missverstanden werden, als würde tatsächlich auf der Grundlage einer *einzigen* bestehenden Norm – verstanden als eine mit eigenem Paragraphen oder auch nur eigenem Absatz bezeichnete Regelungseinheit – eine neue, konkretere und individuellere Norm (ein Verwaltungsakt, eine Gerichtsentscheidung usf) erzeugt; vielmehr vollzieht sich die Normerzeugung – der Rechtsanwendungsakt – stets auf der Grundlage einer Vielzahl von determinierenden Normen. Neben der – als solchen bezeichneten – Ermächtigungsnorm spielen für den konkreten Rechtserzeugungsakt zahlreiche Regelungen des materiellen und prozessualen, des organisatorischen und des institutionellen Rechts unterschiedlichster Provenienz (Gemeinschafts-, Bundes-, Landes-, Kommunalrecht) und unterschiedlichsten Ranges (bspw Primär- und Sekundärrecht, Verfassungs- und Gesetzesrecht, Verordnungs- und Satzungsrecht) eine nicht wegzudenkende Rolle,[135] wie nicht zuletzt die Rechtmäßigkeitsprüfung mit der Heranziehung einer Reihe von formellen (Zuständigkeit, Verfahren, Form – sog formelle Rechtmäßigkeit) und materiellen Anforderungen (materielle Normen des besonderen und des allgemeinen Verwaltungsrechts, des Verfassungs- und des Unionsrechts – sog materielle Rechtmäßigkeit) belegt. Eine Beurteilungs- oder Ermessensermächtigung muss sich keineswegs stets und ausschließlich aus der materiellen Ermächtigungsnorm ieS ergeben. Nichts spricht dagegen, dass aus dem Zusammenwirken unterschiedlicher normativer Determinanten – etwa auch solcher verfahrens- und organisationsrechtlicher Art – oder auch ergänzend aus der Struktur 36

[132] Die Aufzählung der aus Sicht des funktionellrechtlichen Ansatzes einschlägigen Parameter erfolgt hier nur beispielhaft und keineswegs erschöpfend. Eingehend zum funktionellrechtlichen Ansatz *Pache* (Fn 45) 76–108 mwN. Richtungweisend *Erichsen* 12. Aufl 2002, § 10 Rn 34 ff: „Kontrolldichte nach Entscheidungstypen", s ergänzend Rn 29 f. Soweit die Lösung des Problems in den von der Rechtsprechung im Laufe der Zeit entwickelten Fallgruppen erblickt wird, bleibt die Frage unbeantwortet (u wohl auch unbeantwortbar), auf welcher normativen Grundlage die Rechtsprechung ihrerseits die Fallgruppen entwickelt hat.

[133] Im Ergebnis wie hier etwa *Schoch* Jura 2004, 612, 616 mwN.

[134] Prononciert *Herdegen* JZ 1991, 747, 751: „... in der Tradition des Freiherrn von Münchhausen."

[135] Zu den unterschiedlichen Konkretisierungsperspektiven von Verwaltung und Rechtsprechung: *Möllers* Gewaltengliederung, 2005, 163–167.

bestimmter Gesetze Ob und Wie einer administrativen Letztentscheidungsermächtigung hergeleitet werden.[136] Bei dieser normativen Einzelanalyse mögen einzelne Aspekte des funktionellrechtlichen Ansatzes, namentlich die sog Funktionsgrenzen der Rechtsprechung,[137] Indizcharakter haben;[138] sie erübrigen aber nicht, dass das Auslegungsergebnis sich auf die Norm zurückführen lassen muss und nicht etwa auf die bloße – tatsächliche oder vermeintliche – Sachgesetzlichkeit gegründet werden kann. Die strikte und ausnahmslose Abhängigkeit einer administrativen Letztentscheidungsbefugnis von einer konkreten normativen Ermächtigung verbietet es auch, der Verwaltung pauschal für ganze Verwaltungsbereiche – wie beispielsweise das sog Regulierungsrecht wegen der darin zum Ausdruck gelangenden Gestaltungsaufgabe[139] – eine Letztkonkretisierungsbefugnis zuzusprechen: Auch hier begründen (tatsächliche oder vermeintliche) Sachgesetzlichkeiten nichts, auch hier muss für jeden in Anspruch genommenen administrativen Entscheidungsspielraum individualiter ein normativer Einzelnachweis geführt werden; dass dabei mit Indizien gearbeitet werden kann (und in der statistischen Regel auch muss), versteht sich von selbst.[140]

37 Schließlich ist zu betonen, dass es nicht darum gehen kann, die normative Ermächtigung gegen die sachliche Rechtfertigung auszuspielen oder umgekehrt. Denn es bedarf, wenn auch aus unterschiedlichen Gründen, beider: Zunächst kann von einer Beurteilungs- oder Ermessensermächtigung nur dort gesprochen werden, wo der kompetente Normsetzer – vorzugsweise: der Gesetzgeber – eine derartige Ermächtigung auch ausgesprochen hat. Um jedoch insbesondere vor den Grundrechten der Betroffenen Bestand zu haben, muss sich die mit der Letztentscheidungsermächtigung verbundene Kontrollfreistellung anhand sachlicher Gründe (wie etwa Unwiederholbarkeit der zu beurteilenden Situation oder Notwendigkeit bestimmten, nicht ersetzbaren Vergleichs- oder Erfahrungswissens) rechtfertigen lassen; andernfalls ist die vom Gesetzgeber gewollte Letztentscheidungsermächtigung verfassungswidrig und im Zweifelsfalle nichtig.

38 c) *Reduzierte Kontrolldichte und Rechtsschutzgarantie.* Mit dem Erfordernis einer normativen Ermächtigung ist aus verfassungsrechtlicher Sicht zwar der Grund adminis-

136 Wie hier etwa *Schmidt-Aßmann* Ordnungsidee, Kap 4 Rn 67; *ders* FS Scholz, 2007, 539, 550; *Hoffmann-Riem* in: ders/Schmidt-Aßmann/Voßkuhle, Grundlagen I, § 10 Rn 69. Diese Betrachtung der Ermächtigungsnorm ieS in ihrer normativen Einbettung entspricht im Übrigen auch der Sicht und Praxis des BVerwG; vgl stellvertretend dafür BVerwGE 94, 307, 309–316 (zu § 11 II Nr 3 und § 12 I 2 WeinG); BVerwGE 100, 221, 225–228 (zu § 2 I lit i 1. DVO-HeilprG idF der 2. DVO-HeilprG); 129, 27, 32–39 (Rn 25–38 – die frühere Rspr in BVerwGE 94, 307, 309 ff zum WeinG aufgebend).

137 Vgl BVerwGE 99, 74, 76; 106, 263, 267. In diesem Sinne auch *Schoch* Jura 2004, 612, 616. Wenn *Ludwigs* eine kumulative Anwendung von normativer Ermächtigungslehre und funktionellrechtlichem Ansatz vorschlägt (JZ 2009, 290, 295), so kann dem mit der im Text gemachten Einschränkung zugestimmt werden: funktionellrechtliche Indizien können nur im Rahmen der Suche nach einer normativen Ermächtigung Berücksichtigung finden, erübrigen oder ersetzen diese Suche aber in keinem Falle.

138 Ähnlich zB BVerwGE 130, 39, 48 f (Rn 29). Zu Indizien u Rn 51–53.

139 So aber stellvertretend *Trute* in: ders/Spoerr/Bosch, TKG, 2001, § 1 Rn 13.

140 Was ja nicht heißt, dass es dem Gesetzgeber verwehrt wäre, der Verwaltung in einer gleichsam vor die Klammer gezogenen Norm einen Konkretisierungsfreiraum für eine Vielzahl unterschiedlicher Entscheidungen einzuräumen. Wie hier namentlich *Ludwigs* JZ 2009, 290, 294 ff mwN. Vgl ergänzend zur lediglich punktuellen Natur von Selbstprogrammierungsbefugnissen u Rn 41.

trativer Letztentscheidungsbefugnisse umrissen, aber noch nicht deren Grenze benannt. Vielfach werden in Rechtsprechung und Lehre verfassungsrechtliche Grenzen lediglich für die Einräumung von Beurteilungsspielräumen, und zwar unter Rekurs auf die *Rechtsschutzgarantie* des Art 19 IV GG thematisiert.[141] Da diese eine lückenlose gerichtliche Kontrolle der öffentlichen Gewalt in tatsächlicher und rechtlicher Hinsicht gewährleiste,[142] stünden Beurteilungsermächtigungen tendenziell im Widerspruch zur Rechtsschutzgarantie und könnten nur ausnahmsweise, nämlich „nur in engen Grenzen und nur aus guten Gründen"[143] Anerkennung finden.[144] Dieser Argumentation kann indes nicht gefolgt werden, beruht sie doch auf einem unzutreffenden Verständnis von Art 19 IV GG: Denn die Bestimmung gewährt lediglich Schutz bereits bestehender Rechte, setzt diese also voraus und begründet sie nicht selbst.[145] Im Falle einer Beurteilungs- oder einer Ermessensermächtigung besteht das von der Rechtsschutzgewährleistung erfasste Recht des Betroffenen jedoch lediglich darin, dass die Verwaltung ihre Letztentscheidungsbefugnis in einer ermächtigungszweckkonformen, dh ermessensfehler- bzw beurteilungsfehlerfreien Weise ausübt.[146] Seinem eindeutigen Wortlaut nach beschränkt sich Art 19 IV GG auf eine Rechtmäßigkeitskontrolle, erstreckt sich also nicht auf die Zweckmäßigkeit des Verwaltungshandelns als solche.[147] Lediglich die Einhaltung der Rechtmäßigkeitsanforderungen wird in rechtlicher wie tatsächlicher Hinsicht vollumfänglich kontrolliert.[148] Die Vollumfänglichkeit der Kontrolle bezieht sich infolgedessen auf den Maßstab (die Rechtmäßigkeit) und nicht den Gegenstand (die Verwaltungsentscheidung).[149] Anders gewendet: Art 19 IV GG sichert im Wege des Individualrechtsschutzes die von Art 20 III GG statuierte Gesetzes- und Rechtsbindung der Verwaltung. Soweit das Handeln der Verwaltung nicht durch Gesetzes- oder anderes Recht fremdprogrammiert ist, ist Art 19 IV GG bereits tatbestandlich nicht einschlägig.[150] Die Ansicht, die Einräumung von Beurteilungs- und Ermessensermächti-

141 Prononciert namentlich *Maurer* Allg VwR, § 7 Rn 34 und 56 (146–148 u 158); der Sache nach auch *Schulze-Fielitz* in: H. Dreier (Hrsg), GG, Bd I, 2. Aufl 2004, Art 19 IV Rn 117 ff, bes deutlich Rn 127 und 128; *P. M. Huber* in: v Mangoldt/Klein/Starck, GG I, Art 19 IV Rn 506 ff, bes 508–510. Aus der Rspr: BVerwGE 94, 307, 309; 100, 221, 225; 129, 27, 33 (Rn 26) u 37 f (Rn 35 f).

142 Statt aller BVerfGE 103, 142, 156 mwN.

143 Zitat: BVerwGE 129, 27, 38 (Rn 35) mwN.

144 Ganz in diesem Sinne misst *v Danwitz* (Fn 107) Verwaltungsrecht, 30 der Unterscheidung zwischen Ermessen und Beurteilungsspielraum „eine spezifisch verfassungsrechtliche Bedeutungsdimension" bei.

145 Stellvertretend BVerfGE 78, 214, 226; 83, 182, 194 f; 84, 34, 49; 103, 142, 156 – st Rspr.

146 Prozessual korrespondiert mit diesem Recht das Bescheidungs- im Gegensatz zum Vornahmeurteil gem § 113 V 2 VwGO. Lediglich im Sonderfalle einer sog Ermessensreduktion auf Null hat der Rechtsschutzsuchende Anspruch auf eine bestimmte Entscheidung; dazu nachfolgend Rn 67.

147 Zum Verhältnis von Rechtmäßigkeit und Zweckmäßigkeit vgl o Rn 1 f.

148 Vgl BVerfGE 88, 40, 56; 103, 142, 156.

149 Bei Lichte betrachtet handelt es sich denn auch gar nicht um eine Frage reduzierter Kontroll*dichte*, sondern um eine solche der Reichweite des Kontroll*maßstabes* (zu dieser Unterscheidung näher *Jestaedt* DVBl 2001, 1309, 1315 ff): Auch im Falle von Beurteilungs- und Ermessensermächtigungen kontrolliert die Verwaltungsgerichtsbarkeit die Einhaltung der rechtlichen Vorgaben zu 100 Prozent.

150 Wie hier namentlich *Papier* in: Isensee/Kirchhof VI, 1. Aufl 1989, § 154 Rn 7, 61, 62 und 63–67; *Ramsauer* (Fn 126), 714 ff; iE auch *H. A. Wolff* in: Sodan/Ziekow, VwGO, § 114 Rn 26–31 u 292–296 mwN. Der Sache nach auch das BVerfG in st Rspr: BVerfGE 61, 82, 111;

gungen bedürfe als „Verkürzung des Rechtsschutzes“,[151] nämlich als Einschränkung der an sich von Art 19 IV GG geforderten Kontrolldichte, einer Rechtfertigung, sitzt der Fehlvorstellung auf, gesetzlich eingeräumte Beurteilungs- oder Ermessensermächtigungen stellten einen Unterfall der „Lockerung und Abschwächung der Gesetzesbindung“ dar.[152]

39 Dass Art 19 IV GG der Einräumung von Beurteilungs- wie Ermessensermächtigungen keine Schranken setzt, bedeutet indes nicht, dass überhaupt keine verfassungsrechtlichen Grenzen bestehen. Diese ergeben sich vielmehr aus den (materiellen) *Grundrechten*, genauer gesagt aus dem verfahrensrechtlichen Schutz, den die materiellen Grundrechte vermitteln.[153] So stellen die Kunstfreiheit aus Art 5 III 1 GG oder die Berufsfreiheit aus Art 12 I GG spezifische Rechtfertigungsanforderungen an den Gesetzgeber, wenn er etwa in den grundrechtssensiblen Bereichen medienrelevanten Jugendschutzes einerseits oder berufsbefähigender Universitäts- bzw Staatsprüfungen andererseits der Verwaltung Konkretisierungs- und Individualisierungsbefugnisse einräumt, ohne dass dem gleichlaufende Konkretisierungs- und Individualisierungsbefugnisse der (Verwaltungs-)Gerichtsbarkeit entsprechen.[154] Dass administrative Letztentscheidungsermächtigungen nicht die Regel darstellen dürfen, folgt mithin – entgegen verbreiteter Ansicht – nicht aus der Rechtsschutzgarantie des Art 19 IV GG, sondern aus den Verfahrensanforderungen der materiellen Grundrechtsverbürgungen.

40 Die materiellen Grundrechte errichten Schranken indes nicht nur für die gesetzgeberische Einräumung administrativer Handlungsfreiräume, sondern steuern in nicht minder großem Umfang auch deren Ausfüllung. Das ist seit jeher nicht nur für den Beurteilungsspielraum anerkannt, sondern auch für das Ermessen: Grundrechte fungieren als Ermessensschranken und können im Einzelfall dazu führen, dass von der Handlungs- und Entscheidungsbefugnis nur mehr in einer einzigen Weise Gebrauch gemacht werden darf (sog Ermessensreduzierung auf Null).[155]

41 d) *Die dogmatische Perspektive: Das Modell der Abwägungskontrolle.* Sinn wie Wirkung einer administrativen Letztentscheidungsermächtigung ist es, das Handeln der Verwaltung der Kontrolle durch die Verwaltungsgerichte zu entziehen. Das darf jedoch

84, 34, 49 f; 88, 40, 56; 103, 142, 156. Das BVerfG hat indes insofern Anteil an den verwirrenden Ausführungen zu Art 19 IV GG, als es zB in seiner Entscheidung zu prüfungsrechtlichen Bewertungsspielräumen bei multiple choice-Prüfungen eine Verletzung der Rechtsschutzgarantie des Art 19 IV GG feststellt (BVerfGE 84, 59, 77 ff).

151 So BVerwGE 129, 27, 38 (Rn 37).

152 Zitat: *Erichsen* 12. Aufl 2002, § 10 Rn 2; entspr etwa auch *Maurer* Allg VwR, § 7 Rn 6 (135). Zur Kritik s bereits o Rn 10 m Fn 23 sowie Rn 17.

153 Wie hier etwa *Schoch* Jura 2004, 612, 615 mwN; s auch *H. A. Wolff* in: Sodan/Ziekow, VwGO, § 114 Rn 297. Deutlich BVerfGE 84, 34, 53: „Die den Gerichten verbleibende Kontrolle muß bei berufsbezogenen Prüfungen für einen wirksamen Schutz der Berufsfreiheit zweckgerichtet, geeignet und angemessen sein (vgl BVerfGE 60, 253, 269).“

154 Aus der Rspr des BVerfG: BVerfGE 83, 130, 148 – Jugendschutz im Medienrecht (Art 5 III 1 GG); 84, 34, 50 ff – Bewertungsspielraum für Prüfer in Juristischer Staatsprüfung (Art 12 I iVm Art 3 I GG); 84, 59, 77 ff – Bewertungsspielraum für Prüfer in multiple choice-Prüfungen (Art 12 I GG). S näher u Rn 47. Mag auch dem Ansatz zuzustimmen sein, so ist doch zu kritisieren, wie dichte und ausgreifende Vorgaben der Erste Senat des BVerfG den Grundrechten entnimmt; wie hier bereits *Schmidt-Aßmann* FS Scholz, 2007, 539, 544–547.

155 Näher u Rn 64. – Entsprechend spricht das BVerwG im Blick auf eine Beurteilungsermächtigung von einer „Reduzierung des Prognosespielraums“ (BVerwGE 82, 295, 300; ihm folgend etwa *Herdegen* JZ 1991, 747, 751).

nicht dahin (miss)verstanden werden, dass die Verwaltung, wenn sie auf der Grundlage einer Beurteilungs- oder Ermessensermächtigung handelt, vollständig von gerichtlicher Kontrolle freigestellt wäre. Die Kontrollfreistellung bezieht sich vielmehr ausschließlich auf jene Aspekte der Verwaltungsentscheidung, für die der Administrative ein Beurteilungs- oder Ermessensspielraum zusteht. Und so wie diese Ermächtigungen zur administrativen Selbstprogrammierung stets nur punktueller Natur sind,[156] so punktuell stellen sich auch die Kontrollreduktionen dar. Es wäre ungenau und irreführend, davon zu sprechen, den Verwaltungsgerichten stehe insofern nur eine Vertretbarkeits- oder eine Evidenzkontrolle zu; denn die Gerichte haben, nicht anders als sonst auch, die Einhaltung der – hier eben nur reduzierten – Rechtmäßigkeitsanforderungen vollständig und vollumfänglich zu überprüfen. Das schließt freilich umgekehrt nicht aus, dass ein Raster für die gemeinsamen Besonderheiten gerichtlicher Kontrolle in den Fällen formuliert werden kann, in denen der Verwaltung die Befugnis zur Letztentscheidung zukommt. Als ein solches kann, in einer ersten Annäherung, das vom BVerwG in ständiger Rechtsprechung für die eingeschränkte gerichtliche Kontrolle von Beurteilungsspielräumen formulierte Kontrollprogramm gelten: Danach hat das VG „zu überprüfen, ob die gültigen Verfahrensbestimmungen eingehalten worden sind, ob die Behörde (...) von einem richtigen Verständnis des anzuwendenden Gesetzesbegriffs ausgegangen ist, ob sie ferner den erheblichen Sachverhalt vollständig und zutreffend ermittelt hat, ob sie sich des weiteren bei der eigentlichen Beurteilung an allgemein gültige Wertungsmaßstäbe gehalten und schließlich das Willkürverbot nicht verletzt hat".[157] Da die Freiheit von gerichtlicher Kontrolle sich just auf administrative Vorgänge „des Erwägens, Gewichtens und Abwägens"[158] bezieht, wird dieser Typus (verwaltungs)gerichtlicher Kontrolle, der exemplarisch in § 114 VwGO seinen Ausdruck gefunden hat, als „Abwägungskontrolle" bezeichnet.[159]

[156] Näher o Rn 5 ff, bes 7 ff.

[157] BVerwGE 129, 27, 39 (Rn 38) unter Bezugnahme auf BVerwGE 60, 245, 246 f; 77, 75, 85; 103, 200, 204; 117, 81, 82; vgl zuletzt BVerwGE 131, 41, 48 (Rn 21). – Der EuGH zählt in st Rspr zu Handlungsmaßstab und Kontrollprogramm im Unionsrecht „insbesondere die Verpflichtung des zuständigen Organs, sorgfältig und unparteiisch alle relevanten Gesichtspunkte des Einzelfalles zu untersuchen, das Recht des Betroffenen, seinen Standpunkt zu Gehör zu bringen, und das Recht auf ausreichende Begründung der Entscheidung. Nur so kann der Gerichtshof überprüfen, ob die für die Wahrnehmung des Beurteilungsspielraums maßgeblichen sachlichen und rechtlichen Umstände vorgelegen haben" (EuGH Slg 1991, I-5469 Rn 14 – TU München).

[158] *Gerhardt* in: Schoch/Schmidt-Aßmann/Pietzner, VwGO, Vorb § 113 Rn 20.

[159] Dazu und zum Folgenden *Gerhardt* in: Schoch/Schmidt-Aßmann/Pietzner, VwGO, Vorb § 113 Rn 20 sowie § 114 Rn 4–12, bes 4, 5 und 7 mwN; s ergänzend *Schmidt-Aßmann* in: Maunz/Dürig, GG, Art 19 IV Rn 187a mwN; *ders* DVBl 1997, 281, 288 f; *ders/Groß* NVwZ 1993, 617, 623 f; *ders* FS Scholz, 2007, 539, 552–554; *Ramsauer* (Fn 126) 720 ff; *Hoffmann-Riem* in: ders/Schmidt-Aßmann/Voßkuhle, Grundlagen I, § 10 Rn 96–99. Das Modell der Abwägungskontrolle ist zunächst im Planungsrecht – dh am Beispiel des Planungsermessens – entwickelt worden. – Der Terminus „Abwägungskontrolle" hat überdies den Vorteil, daran zu erinnern, dass die Frage des Ob und des Wie einer behördlichen Letztkonkretisierungs- und Letztindividualisierungsbefugnis sich im Kontext einer *jeden* Abwägungsentscheidung stellt – und damit grds in jedem Fall, in dem der Grundsatz der Verhältnismäßigkeit relevant wird. – Noch weitergehend, einen grds Perspektivenwechsel von der verwaltungsgerichtlichen „Selbstentscheidung" hin zur bloß „nachvollziehenden Kontrolle" durch die Verwaltungsgerichte vorschlagend: *Ramsauer* FS Kopp, 2007, 71 ff, bes 90.

42 Die Abwägungskontrolle zeichnet sich, idealtypisch betrachtet, durch einen dreistufigen Aufbau aus:[160]

- In rechtlicher Hinsicht prüft das Gericht uneingeschränkt, „ob die Verwaltung die Ermächtigungsgrundlage in allen ihren Tatbestands[- und Rechtsfolge]merkmalen und systematischen Einbindungen (auch mit Blick auf höherrangiges Recht) exakt erfasst und die darin enthaltenen Gestaltungskompetenzen erkannt hat."[161] Dazu gehören etwa Fragen wie: Lässt sich im Wege der Auslegung der Ermächtigungsgrundlage – und gegebenenfalls in welchem Umfange – eine Befugnis zu administrativer Letztentscheidung ermitteln? Ist diese auch in concreto einschlägig? Ist dabei zwingendem Recht (Unionsrecht, Verfassungsrecht usf) Rechnung getragen worden? Sind die im anzuwendenden Recht statuierten Abwägungsdirektiven in ihrem Rechtsgehalt zutreffend ermittelt worden? Sind die verfahrensrechtlichen Vorkehrungen beachtet worden?[162]
- Ebenfalls uneingeschränkt überprüft das Gericht, ob die Verwaltung die entscheidungserheblichen Tatsachen – „gegebenenfalls unter Beachtung für die behördliche Sachermittlung geltender besonderer Regeln"[163] – vollständig und zutreffend ermittelt hat.
- Eingeschränkt ist hingegen die gerichtliche Überprüfung der eigentlichen Abwägungsentscheidung. Dabei liegt das Schwergewicht der gerichtlichen Kontrolle auf dem Vorgang und auf der Begründung des Abwägens, indes das Abwägungs*ergebnis* nur mehr daraufhin befragt wird, ob von Rechts wegen einzustellende Belange „in einer zu ihrer objektiven Gewichtigkeit außer Verhältnis stehenden Weise behandelt" worden sind.[164] Je dichter die gleichgerichteten[165] Abwägungsdirektiven sind, desto geringer ist der Freiraum administrativer Selbstprogrammierung und desto eher wird sich ein Rechtsfehler feststellen lassen.[166] Entsprechend gilt aber auch umgekehrt, dass grds desto seltener von einem Rechtsfehler gesprochen werden kann, je diver-

[160] Der Aufbau darf indes nicht im Sinne einer strengen chronologischen Abfolge missverstanden werden. Damit würde der Wechselwirkung, die zwischen Elementen unterschiedlicher Stufe bestehen, nicht Rechnung getragen werden können.

[161] Zitat: *Schmidt-Aßmann* in: Maunz/Dürig, GG, Art 19 IV Rn 187a (Einfügung in eckigen Klammern nicht im Original).

[162] Zur besonderen Bedeutung verfahrensrechtlicher Kautelen angesichts reduzierter materiellrechtlicher Fremdprogrammierung: *Schmidt-Aßmann* DVBl 1997, 281, 287 f, der treffend von der „eigenständigen *Rechtswahrungsfunktion von Verwaltungsverfahren*" (ebd, 288 – Hervorhebungen im Original) spricht. Die Bedeutung der Verfahrensvorschriften bei Ermessensentscheidungen wird durch § 46 VwVfG unterstrichen.

[163] Zitat: *Gerhardt* in: Schoch/Schmidt-Aßmann/Pietzner, VwGO, § 114 Rn 7.

[164] Zitat: *Schmidt-Aßmann* in: Maunz/Dürig, GG, Art 19 IV Rn 187a.

[165] Die häufig anzutreffende Wendung, dass mit zunehmender Dichte der Abwägungsdirektiven rechtsrelevanter Abwägungsfehler aufträten (so etwa *Gerhardt* in: Schoch/Schmidt-Aßmann/Pietzner, VwGO, § 114 Rn 7), kann nicht unbesehen übernommen werden: soweit nämlich die betreffenden Abwägungsdirektiven in unterschiedliche Steuerungsrichtungen weisen, eröffnen sie just durch ihr Zusammentreffen neue Abwägungsspielräume. Als besonders anschauliches Beispiel mag insofern der Katalog des § 1 VI BauGB gelten, der nicht weniger als zwölf teils zielkonfligierende (Haupt-)Belange aufführt. In zugespitzter Formulierung: Wer *sämtliche* Belange zu berücksichtigen hat, kann *jede* Entscheidung rechtfertigen.

[166] Dem Modell der Abwägungskontrolle entspricht eine allgemeine Fehlerlehre für administrative Letztentscheidungsermächtigungen; zu Grundlinien einer Abwägungsfehlerlehre bes im Planungsrecht vgl *Sparwasser/Engel/Voßkuhle* (Fn 6) § 4 Rn 186 ff.

gierender, heterogener und inkommensurabler die zu berücksichtigenden Abwägungsgesichtspunkte sind.

e) *Beurteilungsspielraum und Ermessen als Spielarten des Grundmodells administrativer Entscheidungsfreiheit.* Beurteilungsspielraum und Ermessen erweisen sich nach alledem als zwei strukturverwandte Spielarten der administrativen Letztentscheidungsermächtigung. Sie unterscheiden sich zunächst und vor allem anhand ihres verschiedenen normstrukturellen Sitzes im Tatbestand bzw in der Rechtfolge. Das allein würde die Beibehaltung der dogmatischen Unterscheidung kaum rechtfertigen, zumal die damit bisweilen in Zusammenhang gebrachten Rationalitätsgewinne[167] sich nicht haben verifizieren lassen. Dass im Folgenden gleichwohl eine nach Beurteilungsspielraum und Ermessen getrennte Darstellung gewählt wird, stützt sich auf drei Erwägungen: Erstens lassen sich die beiden Typen administrativer Letztermächtigung regelmäßig anhand ihrer normativen Textierung unterscheiden; so lässt sich die Einräumung von Ermessen in aller Regel leichter am Wortlaut der Ermächtigungsnormen erkennen, der Auslegungsaufwand gestaltet sich dementsprechend geringer als typischerweise bei Beurteilungsermächtigungen. Zweitens enthält das positive Recht hier und da Bestimmungen, die das Ermessen thematisieren; so gilt etwa das positivrechtliche Handlungs- wie Kontrollregime, welches § 40 VwVfG und § 114 VwGO aufrichten, ausdrücklich nur für Ermessensermächtigungen.[168] Und drittens schließlich folgt die getrennte Erörterung eingeübten Darstellungsgewohnheiten, von denen nicht ohne Not abgewichen werden sollte. 43

2. Der Beurteilungsspielraum

a) *Begriff und Bestandteile.* Unter einem behördlichen Beurteilungsspielraum – auch von behördlicher Beurteilungsermächtigung bzw Einschätzungsprärogative ist die Rede – versteht man die Befugnis der vollziehenden Gewalt zur *letzt*verbindlichen Konkretisierung und/oder Individualisierung eines oder mehrerer Tatbestandsmerkmale der administrativen Ermächtigungsgrundlage.[169] Die zuständige Verwaltungsbehörde kann also, soweit sie den rechtlich gezogenen Konkretisierungs- und Individualisierungsrahmen nicht verlässt, die ihr delegierte und sich auf den Tatbestand der Ermächtigungsgrundlage beziehende Rechtserzeugungsmacht nach „selbstverantworteten Richtigkeitsüberlegungen"[170] ausüben, ohne insoweit der Kontrolle und gegebenenfalls der Korrektur durch die Rechtsprechung zu unterliegen. Kürzer: Ein behördlicher Beurteilungsspielraum ist eine *tatbestandsbezogene Letztentscheidungsbefugnis der Verwaltung*. Eine Beurteilungsermächtigung besteht danach aus drei Elementen: der (1) auf den Tatbestand bezogenen (2) Befugnis zur normativen Selbstprogrammierung, deren Ausübung (3) von gerichtlicher Kontrolle freigestellt ist. 44

b) *Typologie herkömmlich anerkannter Beurteilungsspielräume.* Stets bedarf die in der Befugnis zur tatbestandlichen Selbstprogrammierung liegende Rechtserzeugungs- 45

[167] Ohne weitere Begründung etwa *Gerhardt* in: Schoch/Schmidt-Aßmann/Pietzner, VwGO, § 114 Rn 55.

[168] Dazu stellvertretend *Gerhardt* in: Schoch/Schmidt-Aßmann/Pietzner, VwGO, § 114 Rn 3.

[169] Der Sache nach wie hier: *H. A. Wolff* in: Sodan/Ziekow, VwGO, § 114 Rn 286 mwN. – Zur Unterscheidung der „gegenüber" dem Gesetzgeber bestehenden Konkretisierungs- und Individualisierungsbefugnis von der gegenüber der Rechtsprechung wirkenden *Letzt*konkretisierungs- und *Letzt*individualisierungsbefugnis o Rn 21 f und 33.

[170] Begriff: *Hoffmann-Riem* in: ders/Schmidt-Aßmann/Voßkuhle, Grundlagen I, § 10 Rn 68.

macht einer normativen Delegation, sprich: einer rechtlichen Ermächtigung.[171] Ob und inwieweit diese Ermächtigung in (formell)gesetzlicher Form zu ergehen hat, entscheidet sich nach Maßgabe des Vorbehalts des Gesetzes. Nur selten lässt sich freilich – anders als typischerweise bei Ermessensspielräumen – bereits am Gesetzestext selbst ablesen, ob und inwieweit der Gesetzgeber der Verwaltung die Befugnis zur Letztentscheidung über die Konkretisierung und Individualisierung eines unbestimmten Rechtsbegriffes auf Tatbestandsseite hat einräumen wollen.[172] Dann ist der Inhalt der gesetzgeberischen Entscheidung anhand anderer Indizien interpretatorisch zu ermitteln.[173]

46 Die Rechtsprechung[174], die vom Grundsatz umfassender gerichtlicher Kontrolle des Verwaltungshandelns ausgeht und Beurteilungsspielräume nur ausnahmsweise anerkennt,[175] und, ihr folgend, weithin auch das Schrifttum[176] bedienen sich zur Feststellung behördlicher Beurteilungsspielräume einer doppelten Zuordnungsstrategie: Neben einer sogleich zu behandelnden kasuistischen Typologie entnimmt das BVerwG einem Gesetz „ua dann eine Beurteilungsermächtigung, wenn der zu treffenden Entscheidung in hohem Maße wertende Elemente anhaften und das Gesetz für sie deshalb ein besonderes Verwaltungsorgan für zuständig erklärt, das weisungsfrei, mit besonderer fachlicher Legitimation und in einem besonderen Verfahren entscheidet“,[177] wenn folglich das betreffende Gesetz in materieller Hinsicht eine wertende Gestaltungsentscheidung in formeller (institutionell-prozeduraler) Hinsicht einem eigens dafür eingerichteten und ausgestatteten Verwaltungsorgan zuweist. Die namentlich in der älteren Judikatur und Lehre in den Vordergrund gestellte Typologie setzt sich – bei schwankenden Zuordnungen im Detail[178] – zusammen aus: (1) Prüfungsentscheidungen, (2) beamten-

[171] Dazu näher o Rn 34 ff. – Dass der Gesetzgeber im Einzelfall sogar kraft Gemeinschafts(sekundär)rechts dazu verpflichtet sein kann, einen behördlichen Beurteilungsspielraum vorzusehen: BVerwGE 131, 41, 45–47 (Rn 17–19).

[172] Als Beispiel kann § 10 II 2 TKG genannt werden, wonach die für eine Regulierung in Betracht kommenden Telekommunikationsmärkte „von der Bundesnetzagentur im Rahmen des ihr zustehenden Beurteilungsspielraums bestimmt“ werden; vgl dazu BVerwGE 131, 41, 44–48 (Rn 14–21, bes 16).

[173] Dazu, dass hier die materielle Ermächtigungsnorm (im engeren Sinne) nicht isoliert, sondern auch und gerade in ihrer verfahrens- und organisationsrechtlichen Einbettung zu betrachten ist, o Rn 36.

[174] Dazu im Überblick *Maurer* Allg VwR, § 7 Rn 37–46, bes 37–42 (150–154, bes 150 f).

[175] Geprüft, im Ergebnis jedoch verneint wurde das Bestehen eines behördlichen Beurteilungsspielraums etwa in BVerwGE 15, 207, 208; 24, 60, 63 f; 45, 162, 164 ff; 56, 71, 75; 59, 1, 2; 62, 86, 101 f; 65, 19, 21 f; 68, 268, 271; 81, 12, 17; 88, 35, 37 ff; 94, 307, 309; 100, 221, 225; 107, 245, 253 f (Zusammenstellung nach *Maurer* Allg VwR, § 7 Rn 35 [149]). Zahlr weit Nachw bei *Kopp/Ramsauer* VwVfG, § 40 Rn 79–81. Wenn nicht alles täuscht, scheint gerade das BVerwG bei der Anerkennung administrativer Beurteilungsspielräume in den letzten Jahren großzügiger vorzugehen; vgl stellvertretend BVerwGE 118, 15, 20; 121, 72, 84; 129, 27, 33 ff (Rn 28 ff); 130, 39, 48 ff (Rn 28 ff); 130, 180, 194 ff (Rn 42 ff); 130, 299, 360 f (Rn 202); 131, 41, 44 ff (Rn 14 ff); NVwZ 2007, 475, 476 (Rn 100).

[176] Stellvertretend *Erichsen* 12. Aufl 2002, § 10 Rn 34–45; *Schoch* Jura 2004, 612, 616–618, je mwN.

[177] Zitat: BVerwGE 130, 180, 194 f (Rn 43); vgl etwa auch BVerwGE 39, 197, 203; 59, 213, 217; 72, 195, 201; 91, 211, 215 f; 129, 27, 33 (Rn 27); 130, 39, 49 (Rn 29); 131, 41, 47 f (Rn 20).

[178] Anders etwa, nach „phänomenologischen“ sowie „legitimatorischen“ Gesichtspunkten unterscheidend, die beiden Typologien bei *Gerhardt* in: Schoch/Schmidt-Aßmann/Pietzner, VwGO, § 114 Rn 59 u 60; vgl auch *H. A. Wolff* in: Sodan/Ziekow, VwGO, § 114 Rn 316 u 317–350 mwN.

rechtlichen Beurteilungen, (3) Wertentscheidungen durch unabhängig gestellte Sachverständigen- oder pluralistisch zusammengesetzte Interessenvertreterausschüsse sowie schließlich (4) Prognose-, Risiko- und Planungsentscheidungen.[179] So hilfreich diese Typologie als „erste, grobe Orientierungshilfe"[180] auch sein mag, sie ist doch nicht mehr als das. So kann sie die Rückführung der Beurteilungsbefugnis auf eine konkrete normative Ermächtigung nicht erübrigen. Darüber hinaus markiert die Typologie weder ein exaktes noch ein im Detail verlässliches Arbeitsinstrumentarium: Denn auf der einen Seite ist sie nicht als abschließende Aufzählung bestehender (oder gar möglicher) Beurteilungsermächtigungen zu verstehen; dem Gesetzgeber steht es, selbstredend nur innerhalb gemeinschafts- wie grundrechtlicher Grenzen, frei, abweichend von der vorgenannten Typologie der Verwaltung neue Beurteilungsermächtigungen einzuräumen und bestehende zu entziehen.[181] Und auf der anderen Seite darf die Typologie auch insofern nicht beim Wort genommen werden, als die davon umfassten behördlichen Entscheidungen keineswegs zur Gänze als diskretionäre, der verwaltungsgerichtlichen Überprüfung entzogene Verwaltungsentscheidungen begriffen werden dürfen; administrative Letztentscheidungsbefugnisse beziehen sich stets nur auf *einzelne* Merkmale und Aspekte der regelmäßig komplexen Entscheidungen.[182] In der einen wie der anderen Richtung erübrigt der Schlagwort-Katalog also nicht die konkrete Einzelanalyse, sondern kann bestenfalls als Einstiegsstufe eines mehrstufigen interpretativen Prüfverfahrens[183] qualifiziert werden.[184] Mit diesen Vorbehalten können die einzelnen Katalog-Typen knapp wie folgt umrissen werden:

Prüfungsentscheidungen und prüfungsähnliche Entscheidungen: Prüfungsentscheidungen im engeren (Abitur, Universitäts- oder Staatsexamen) und im weiteren Sinne (zB Versetzung in die nächsthöhere Schulklasse) sind typischerweise gekennzeichnet durch die Unwiederholbarkeit sei es der Prüfungs-, sei es der Entscheidungssituation; darüber hinaus wird eine Prüfungsleistung nicht an einem absoluten Maßstab, sondern in einem relativen Bezugssystem, nämlich im Vergleich zu den Prüfungsleistungen der übrigen Prüfungsteilnehmer und damit letztlich auch unter Rekurs auf die Prüfererfah- **47**

[179] Bisweilen werden – als Ausdruck der sog Faktorenlehre (dazu *Schenke* in: BK, Art 19 IV Rn 579–582) – zusätzlich „Entscheidungen als Faktoren rechtlicher Beurteilung" (so etwa *Erichsen* 12. Aufl 2002, § 10 Rn 45) genannt.

[180] Zitat: *Schoch* Jura 2004, 612, 616.

[181] Wie hier *Gerhardt* in: Schoch/Schmidt-Aßmann/Pietzner, VwGO, § 114 Rn 57. Als Beleg mögen auch die in Fn 177 aufgezählten Judikate des BVerwG dienen.

[182] Gerade unter grundrechtlichen Auspizien darf nicht als ausgemacht gelten, dass die traditionell anerkannten Beurteilungsspielräume auch weiterhin in unvermindertem Ausmaß Bestand haben werden. Das markanteste Beispiel einer grundrechtsinduzierten Beschränkung einer traditionell anerkannten Beurteilungsermächtigung stellt die verfassungsgerichtliche Intervention in Bezug auf den Wertungsspielraum des Prüfers (in juristischen wie medizinischen Staatsprüfungen) dar: BVerfGE 84, 39, 49 ff; 84, 59, 77 ff.

[183] Zu einem „offenen Topoikatalog" (*Gerhardt* in: Schoch/Schmidt-Aßmann/Pietzner, VwGO, § 114 Rn 57) s nachfolgend Rn 51–53.

[184] Wie hier namentlich *Schoch* Jura 2004, 612, 616. Beispiele für eingehende Einzelanalysen aus der Rspr: BVerwGE 94, 307, 309–316 (zu § 11 II Nr 3 und § 12 I 2 WeinG); BVerwGE 100, 221, 225–228 (zu § 2 I lit i 1. DVO-HeilprG idF der 2. DVO-HeilprG); BVerwGE 129, 27, 32–39 (Rn 25–38) (zu § 19 WeinG iVm § 21 WeinV – unter Aufgabe der Gegenansicht in BVerwGE 94, 307, 309 ff). Einen ausgreifenden Überblick über die „Anwendungsfelder" behördlicher Beurteilungsermächtigungen gibt *Gerhardt* in: Schoch/Schmidt-Aßmann/Pietzner, VwGO, § 114 Rn 66–80 m zahlr Nachw.

rungen bewertet.[185] Beide Aspekte setzen der gerichtlichen Kontrolle von Prüfungsentscheidungen Grenzen. Diese werden denn auch, vereinfacht gesagt, nur daraufhin verwaltungsgerichtlich kontrolliert, „ob die Prüfer (1) den Prüfungsmaßstab richtig verstanden und angewendet haben, (2) die Verfahrensvorschriften eingehalten worden sind, (3) die Prüfer vom richtigen Sachverhalt ausgegangen sind, (4) keine allgemeingültigen Bewertungsmaßstäbe verletzt worden sind und (5) die Prüfer sich nicht von sachfremden Kriterien haben leiten lassen".[186] Freilich bedarf diese, der früheren verwaltungsgerichtlichen Praxis entsprechende Aufzählung im Blick auf die letzten beiden Aspekte der Modifikation, soweit es sich bei den Prüfungen um berufszugangsrelevante Prüfungen handelt. Unter Bezugnahme auf Art 12 Abs 1 iVm Art 3 Abs 1 GG unterscheidet das BVerfG der Sache nach zwischen prüfungs(situations)spezifischen und lediglich fachspezifischen Wertungen: Erstere sind solche, die in den Besonderheiten der Prüfungssituation wurzeln, Letztere hingegen situationsunabhängige Fragen fachlicher Richtigkeit oder Vertretbarkeit. Nur für Erstere anerkennt das BVerfG die Einräumung eines administrativen Letztentscheidungsrechts; für fachspezifische Beurteilungen lehnt es demgegenüber einen kontrollfreien Beurteilungsspielraum des Prüfers ab.[187]

48 *Beamtenrechtliche Beurteilungen:* In Begründung wie Kontrollraster[188] vergleichbar finden sich Beurteilungsermächtigungen im Rahmen beamtenrechtlicher Befähigungs- und Leistungsnachweise.[189] Die nach Art 33 II GG („Eignung, Befähigung und fachliche Leistung") verpflichtende Bestenauslese wird „als Akt wertender Erkenntnis des für die Beurteilung zuständigen Organs" für nur eingeschränkt gerichtlich überprüfbar gehalten.[190] Maßgeblicher Gesichtspunkt für die Kontrollfreistellung ist zum einen der Umstand, dass die Bewertung der nach Art 33 II GG maßgeblichen persönlichen Merkmale der Bewerber nur in Bezug auf das in der Dienstpostenbeschreibung niedergelegte Anforderungsprofil erfolgen kann, das Anforderungsprofil aber vom Dienstherrn festgelegt wird,[191] und zum anderen, dass infolge des teils wertenden, teils prognostischen Charakters beamtenrechtlicher Beurteilungsentscheidungen nur der Dienstherr in der Lage ist, „den Gleichbehandlungsanspruch im Hinblick auf den Zugang zu den von ihm eingerichteten öffentlichen Ämtern zu wahren".[192] Abzuwarten bleibt, ob nicht – auch insofern vergleichbar den Prüfungsentscheidungen – aus verfassungsrechtlichen Gründen differenzierter vorzugehen und der Beurteilungsspielraum im Ergebnis enger zu fassen ist.

49 *Wertentscheidungen durch unabhängig gestellte Sachverständigen- oder pluralistisch zusammengesetzte Interessenvertreterausschüsse:* Weit weniger geklärt ist, ob und gegebenenfalls wieweit der Verwaltung, wenn sie künstlerische, moralisch-ethische oder

[185] Das BVerfG spricht hier vom „Gesamtzusammenhang des Prüfungsverfahrens" (BVerfGE 84, 34, 50); näher dazu BVerfGE 84, 34, 50–52.

[186] Zitat: *Erichsen* 12. Aufl 2002, § 10 Rn 35.

[187] Richtungweisend: BVerfGE 84, 34, 53–56. Des Weiteren BVerwG NVwZ 2000, 921. Während die Rspr der Verwaltungsgerichte sich mittlerweile auf die verfassungsgerichtlichen Vorgaben eingestellt hat (zahlr Nachw bei *Maurer* Allg VwR, § 7 Rn 43 [151–153]), haben diese im Schrifttum nach beiden Seiten hin (zu kontrollintensiv – zu kontrollextensiv) Kritik erfahren; statt vieler *Ibler* (Fn 38) 371 ff mwN.

[188] Dazu bes BVerwGE 85, 177, 180; 106, 263, 266 – st Rspr.

[189] Nachw etwa bei *Maurer* Allg VwR, § 7 Rn 39 (150).

[190] Zitat: BVerwGE 115, 58, 60; vgl auch BVerwGE 106, 263, 266 ff – st Rspr.

[191] Stellvertretend BVerwGE 115, 58, 60 f mwN.

[192] So BVerwGE 106, 263, 267.

pädagogische Werturteile durch unabhängig gestellte Sachverständige oder gruppenpluralistisch zusammengesetzte Gremien – wie etwa die Filmförderungsanstalt im Blick auf die Prädikatisierung eines Films als „guter Unterhaltungsfilm"[193] oder die Bundesprüfstelle für jugendgefährdende Medien im Blick auf die Indizierung von Medien als jugendgefährdend[194] – trifft, ein Beurteilungsspielraum zukommt. Die Fachweisungsfreiheit der entscheidenden Gremien ist indes durchaus ambivalent: Auf der einen Seite scheint die Fachweisungsfreiheit die Kontrollreduktion geradezu als ihr Komplement zu fordern; für künstlerische, moralisch-ethische oder pädagogische Werturteile scheinen Gremien, die mit Vertretern der insoweit gesellschaftlich relevanten Gruppen besetzt sind, in besonderer Weise berufen zu sein.[195] Eine nachträgliche Korrektur durch den Richter würde den pluralistischen Mehrwert der Entscheidung zunichte machen. Auf der anderen Seite wirft just die Weisungsfreistellung die Frage auf, ob nicht die demokratisch-legitimatorischen Defizite, die derartigen Gremien innewohnt, nur durch eine den Grundrechtsschutz verbürgende gerichtliche Vollkontrolle kompensiert werden können.[196]

Prognose-, Risiko- und Planungsentscheidungen: Auch im Blick auf Prognose-, Risiko- und Planungsentscheidungen, die im Übrigen nicht selten getrennt behandelt werden,[197] lassen sich keine sowohl griffigen als auch im Detail verlässlichen Leitlinien formulieren. Sowenig Prognose-, Risiko- und Planungselemente gleichsam sachgesetzlich eine Anerkennung eines behördlichen Beurteilungsspielraums und damit eine Reduktion gerichtlicher Kontrolle nach sich ziehen,[198] so sehr sind gerade im Zusammenhang mit derlei Elementen gehäuft gesetzlich eingeräumte administrative Letztentscheidungsermächtigungen anzutreffen. In Bezug auf Prognoseentscheidungen kann etwa die Entscheidung gem § 13 III PBefG darüber, wie sich neu erteilte Genehmigungen auf die Existenz des örtlichen Droschkengewerbes auswirken, genannt werden;[199] in Bezug auf Risikoentscheidungen sei beispielhaft die Schadensvorsorge-Regelung gem § 7 II Nr 3 AtG angeführt;[200] als Planungsentscheidung auf der Grundlage einer konditio- **50**

[193] Zu Zusammensetzung und Weisungsfreistellung des Verwaltungsrates sowie der Vergabekommissionen der Filmförderungsanstalt vgl §§ 6, 8 FilmFördG.

[194] Vgl § 18 JuSchG, zur personellen Besetzung der Bundesprüfstelle § 19 JuSchG. Die maßgebliche Entscheidung des BVerfG: BVerfGE 83, 130, 148.

[195] In diese Richtung etwa *Erichsen* 12. Aufl 2002, § 10 Rn 37 mwN.

[196] In diesem Sinne bspw *Schoch* Jura 2004, 612, 618 mwN; *Maurer* Allg VwR, § 7 Rn 45 (153).

[197] Stellvertretend *Erichsen* 12. Aufl 2002, § 10 Rn 38–40 (Prognosen), 41 f (Risikoentscheidungen) sowie 43 f (Planungsentscheidungen), je mwN.

[198] Insoweit ist etwa der Argumentation entgegenzutreten, Prognosen seien „keine Subsumtionen, sondern Wahrscheinlichkeitsurteile. Subsumtion bedeutet die Verknüpfung eines *ermittelten* feststehenden vergangenen oder gegenwärtigen Sachverhaltes mit dem abstrakten Tatbestand des Gesetzes. Prognose ist die Vorausschau *künftiger* Sachverhalte. [...] Subsumtion ist Wahrheitsfindung, Prognose ein Wahrscheinlichkeitsurteil" (so *Erichsen* 12. Aufl 2002, § 10 Rn 38 – Hervorhebungen im Original). Dem liegt nicht nur ein überholtes und unterkomplexes Verständnis von Subsumtion und überhaupt von Rechtsanwendung zugrunde; auch die Charakterisierung der Prognose erscheint irreführend: denn bei ihr handelt es sich um die *aktuelle* Erwartung, welche Tatsachen künftig eintreten werden. Wie wäre etwa die Gefahreneinschätzung nach der polizeilichen Generalklausel zu bewerten? Wäre sie, weil Subsumtion, keine Prognose oder umgekehrt, weil Prognose, keine Subsumtion?

[199] Vgl BVerwGE 64, 238, 242. Zu § 13 IV PBefG vgl BVerwGE 79, 208, 213.

[200] Dazu BVerwGE 72, 300, 316 f. Entspr für das Gentechnikrecht (§ 11 I Nr 4 GenTG): BVerwG DVBl 1999, 1138, 1139 f.

nal[201] strukturierten Ermächtigungsgrundlage wird ua die Bedarfsprognose zu Rettungsdienstleistungen im Rettungsdienstrecht genannt.[202] Selbst die aus Rechts- oder Sachgründen gespeiste Komplexität von Prognose-, Risiko- und Planungsentscheidungen entbindet *als solche* aber keine Letztentscheidungsbefugnis der Verwaltung. Stets muss Weiteres hinzutreten, müssen sich in concreto belastbare Indizien für einen gesetzgeberischen Willen zur Kontrollfreistellung nachweisen lassen.[203] Das jedoch lässt sich nur anhand des spezifischen rechtlichen Settings in jedem Einzelfall abschließend beurteilen.

51 c) *Indizien für und gegen die Einräumung eines Beurteilungsspielraums.* Deutlich umständlicher in der Handhabung, dafür aber auch deutlich treffsicherer in den Ergebnissen ist die Auslegungshilfe, die ein unabgeschlossener („offener") Katalog von Indizien zu leisten imstande ist, deren Vorliegen für bzw gegen die gesetzliche Einräumung einer administrativen Letztentscheidungsermächtigung spricht. Die umständliche Handhabung ist dabei nicht nur der größeren Zahl von Indizien geschuldet, sondern auch und gerade dem Umstand, dass die Indizien je nach rechtlicher Einbettung im Einzelfall gewichtet und ggf zueinander ins Verhältnis gesetzt werden müssen.

52 Als *positive* Indizien werden genannt:[204]

- normativ nicht fassbare Richtigkeitskontrollen;[205]
- konträre, auf Abwägung in politisch-administrativer Verantwortung angelegte Zielvorgaben, die ggf Aspekte der Planung und Bewirtschaftung einschließen;[206]
- Erkenntnisdefizite prinzipieller Art, die modellgestützte Abschätzungen aufgrund bestimmter Annahmen, insbes solche künftiger Entwicklungen, mit dem Vorbehalt steter Nachbesserung – Stichwort: „dynamischer Grundrechtsschutz",[207] iterative Problembewältigung – notwendig machen;[208]
- Bezugnahme auf typische Faktoren des administrativen Binnenrechts;[209]
- behördliche Einführung von Regelwerken, die in Fachkreisen als verbindlich anerkannt werden und in einem geordneten, sachangemessenen Verfahren zustande kommen;[210]
- bes Verfahrensvorschriften zur Rechtswahrung und/oder Berücksichtigung von Belangen, insbes bei Zuständigkeit oder Beteiligung repräsentativ besetzter Ausschüsse;

[201] Bei final strukturierten Rechtsgrundlagen müsste, auf der Grundlage der noch herrschenden Ansicht, von Planungsermessen oder planerischer Gestaltungsfreiheit gesprochen werden. Dazu o Rn 18.

[202] Vgl BVerwG DVBl 2000, 124. – Weitere Nachw zB bei *Maurer* Allg VwR, § 7 Rn 40 f (150 f).

[203] Eine Kontrollfrage mag etwa sein, ob und inwiefern die von der Behörde zu treffende Entscheidung in gleicher Weise vom Gericht unter Zurateziehung eines Sachverständigen getroffen werden könnte. Dazu bes BVerwGE 129, 27, 38 (Rn 36).

[204] Die nachfolgende Darstellung folgt im Wesentlichen *Gerhardt* in: Schoch/Schmidt-Aßmann/Pietzner, VwGO, § 114 Rn 58; die dortigen Klammerzusätze sind hier der Übersichtlichkeit halber in die Fn plaziert worden. Vgl ergänzend *H. A. Wolff* in: Sodan/Ziekow, VwGO, § 114 Rn 305 ff, bes 312–315; *Hoffmann-Riem* in: ders/Schmidt-Aßmann/Voßkuhle, Grundlagen I, § 10 Rn 91, je mwN.

[205] ZB Regierungsentscheidungen, Prüfererfahrung, künstlerische Bewertungen.

[206] Vgl bes Umweltvorsorge, Wirtschaftslenkung, Preisrecht.

[207] Zur „Dynamisierung des Rechtsgüterschutzes": BVerfGE 49, 89, 140.

[208] Namentlich in der Risikobewertung, Umweltnachsorge, Wirtschafts- und Strukturpolitik.

[209] Hier ist insbes an Konstellationen im Dienstrecht zu denken.

[210] Bes technische Regelwerke, Regeln der Baukunst und der Arbeitssicherheit.

- die Erwägung, dass eine gleichwertige Gesetzesaussage durch Normierung von Verwaltungsermessen erzielbar und zulässig wäre;
- fehlende Eignung des gerichtlichen Verfahrens zu fallübergreifender, zeit- und sachrichtiger Konkretisierung;[211]
- höhere Rechtsschutzeffektivität bei Abwägungskontrolle.

Gegen das Vorliegen eines Beurteilungsspielraums sprechen namentlich: **53**

- Grundrechtsberührungen, abgestuft nach ihrer abstrakten Eingriffsintensität zwischen Grundrechtsentzug und abstimmbarem Sozialgestaltungsbereich;
- volle Justitiabilität in anderen Rechtsordnungen.

d) *Beurteilungsfehlerlehre und gerichtliche Kontrolle.* Die gerichtliche Kontrolle administrativer Entscheidungen, die in Ansehung eines behördlichen Beurteilungsspielraumes getroffen worden sind, vollzieht sich – vorbehaltlich positivrechtlicher Modifikationen – nach dem Modell der sog Abwägungskontrolle, in dem Bereiche vollständiger Kontrolle mit punktuellen Bereichen „begrenzter" gerichtlicher Nachprüfbarkeit kombiniert sind.[212] Die Dichte[213] verwaltungsgerichtlicher Überprüfung steht dabei in strikter Abhängigkeit von der gesetzlich verfügten Kontrollfreistellung des Verwaltungshandelns bzw, aus umgekehrter Warte, in strikter Abhängigkeit von der Dichte der Beurteilungs- oder auch Abwägungsdirektiven.[214] Sosehr diese von Beurteilungsermächtigung zu Beurteilungsermächtigung in Thematik, Umfang und Intensität variieren, sowenig lässt sich ein starres und identisches Schema gerichtlicher Kontrolle für behördliche Beurteilungsermächtigungen formulieren.[215] Was indes generell gesagt werden kann: Keinerlei Kontrollbesonderheiten bestehen im Blick auf die Auslegung des anzuwendenden Rechts (der Ermächtigungsgrundlage ieS, höherrangigen Rechts usf), die Sachverhaltsermittlung, die Einhaltung der vorgeschriebenen Verfahrensanforderungen (Anhörung, Begründung, Aufklärungs- und Ermittlungspflichten usf), die Beachtung allgemeingültiger Beurteilungsmaßstäbe und das Willkürverbot. Ein Zweites: Nur Beurteilungsfehler markieren relevante Rechtsfehler, nur sie können daher gerichtlich moniert und ggf korrigiert werden. Anders gewendet: Das Maß gerichtlicher Kontrolle findet sein materiellrechtliches Pendant in der Beurteilungsfehlerlehre. Im Ergebnis unterscheidet sich die gerichtliche Kontrolle administrativer Letztentscheidungen – anders als es die gesonderte Behandlung der Thematik nahelegen könnte – daher immer nur in einzelnen wenigen[216] Punkten von der gerichtlichen Kontrolle von Administrativakten, bei denen der Verwaltung kein Beurteilungsspielraum eröffnet ist. **54**

[211] Vgl Prüfungswesen, Sanierungskonzept TA Luft.

[212] Dazu Rn 41 f.

[213] Bezogen auf den Gegenstand und nicht den Maßstab. Dazu o Rn 38.

[214] Unzutreffend dagegen BVerwGE 131, 41, 47 (Rn 20), wonach „die Pflicht zur gerichtlichen Überprüfung nicht weiter [reicht] als die materiellrechtliche Bindung der Exekutive". Denn hier werden zwei auseinander zu haltende Fragen vermengt: jene nach dem Umfang der Selbstprogrammierungszuständigkeit der Verwaltung (administrative Konkretisierungsbefugnis) auf der einen und jene nach dem Umfang der Kontrollfreistellung der Verwaltung auf der anderen Seite (administrative *Letzt*konkretisierungsbefugnis). Dazu näher o Rn 21 f u 33.

[215] Eine Vielzahl relevanter Aspekte trägt etwa *Sachs* in: Stelkens/Bonk/Sachs, VwVfG, § 40 Rn 222–230 zusammen.

[216] „Wenig" muss selbstredend nicht gleichbedeutend sein mit „unwichtig".

3. Das Ermessen

55 a) *Begriff und Arten.* Unter verwaltungsbehördlichem Ermessen ist die auf den Rechtsfolgenausspruch bezogene Befugnis der Verwaltung zur *letzt*verbindlichen Konkretisierung und/oder Individualisierung zu verstehen: Ermessen ist also die *rechtsfolgenbezogene Letztentscheidungsbefugnis der Verwaltung.* Die gemeinhin übliche Definition, Ermessen sei die Ermächtigung an die Verwaltung zur Alternativenwahl auf der Rechtsfolgenseite, dh durch die behördliche Entscheidungsfreiheit auf der Rechtsfolgenseite der Handlungsnorm gekennzeichnet,[217] erfasst das specificum des Ermessens demgegenüber nur unzulänglich: Denn bei *jedem* echten[218] Rechtsanwendungsakt – dh bei *jedem* rechtserzeugenden Akt der Konkretisierung und/oder Individualisierung einer abstrakteren und/oder generelleren Norm – verfügt der Rechtsanwender über mehr oder minder große Konkretisierungs- und Individualisierungsfreiräume.[219] Gewiss könnte man diese – unspezifische, da jedem Rechtserzeugungsakt anhaftende – Befugnis zur Selbstprogrammierung (auf der Rechtsfolgenseite) als Ermessen bezeichnen. Damit freilich verlöre sich zunächst der besondere Bezug des Ermessens zur Verwaltung – beim hier gemeinten Ermessen wäre daher stets vom *Verwaltungs*ermessen zu sprechen; das mag man noch als Frage der Terminologie abtun. Entscheidend ist denn auch etwas anderes: Wäre das Erkennungszeichen für Ermessen die Entscheidungsfreiheit des Rechtsanwenders auf der Rechtsfolgenseite, so käme *jedem* Rechtsanwender in *jeder* Rechtsanwendungssituation Ermessen zu;[220] das, was herkömmlicherweise – und auch hier – mit Ermessen gemeint ist, bedürfte folglich eines neuen, dieses Sonderphänomen vom allgemeinen Phänomen absetzenden Namens und einer zusätzlichen Charakterisierung. Diese freilich wäre allein darin zu erblicken, dass das Ausmaß, also die *Quantität* des eingeräumten Ermessens bei „Ermessensentscheidungen" größer ausfällt als bei sog „gebundenen Entscheidungen".[221] Der Unterschied wäre ein bloß quantitativer und kein qualitativer.[222] Das specificum des Ermessens (im üblichen Wortgebrauch) liegt denn auch nicht im Umstand der Wahlfreiheit als solcher und damit sozusagen in der Blickrichtung zum Gesetzgeber, sondern in anderer Blickrichtung, nämlich jener

[217] Statt aller *Gerhardt* in: Schoch/Schmidt-Aßmann/Pietzner, VwGO, § 114 Rn 13; *Erichsen* 12. Aufl 2002, § 10 Rn 10 f; *Schoch* Jura 2004, 462; *H.A. Wolff* in: Sodan/Ziekow, VwGO, § 114 Rn 9; *Maurer* Allg VwR, § 7 Rn 7 (135 f). Vgl auch *Merkl* (Fn 29) 151, 152 u ö (zu *Merkls* Ansicht s aber auch nachfolgend Fn 222).

[218] Als „unecht" könnte jener „Rechtsanwendungsakt" bezeichnet werden, der ausschließlich die bestehenden Normen in ihrer Aussage wiederholt (etwa Rechtsauskünfte).

[219] Näher o Rn 7–9 sowie 31–33.

[220] Wenn *Schoch* Jura 2004, 462 formuliert: „Die gesetzlich unvollständig vorgenommene Programmierung des Verwaltungshandelns ist kennzeichnend für das behördliche Ermessen", so wird darin offenbar vorausgesetzt, dass bei der sog gebundenen Verwaltung das Handeln gesetzlich *vollständig*, also ohne jeden Konkretisierungs- und Individualisierungsfreiraum, programmiert ist – eine Auffassung, die, wenn auch nicht bewusst, dem Rechtsgewinnungsmodell der konstruktiven Begriffsjurisprudenz und dem aus ihr folgenden Verständnis des Rechtsanwenders als bloßem „Subsumtionsautomaten" verhaftet ist. Dazu bereits vorstehend Rn 7 ff, 10 sowie 17.

[221] Zu dieser Gegenüberstellung o Rn 17. Genauer ließe sich formulieren: Ermessen im üblichen Wortsinne beruht stets auf *rechtsinhaltlich gewillkürten* Konkretisierungs- und Individualisierungsermächtigungen (dazu vorstehend Rn 31).

[222] Grundlegend *Merkl* (Fn 29) 142 f unter Bezugnahme auf *Kelsen* (Fn 23) 507 (= Jestaedt [Hrsg], Hans Kelsen Werke 2, 2008, 21, 655 f).

zur Rechtsprechung: Administratives Ermessen zeichnet sich dadurch aus, dass die Konkretisierungs- und Individualisierungsleistung der Verwaltung nicht durch eine gleichartige Konkretisierungs- und Individualisierungsleistung der Rechtsprechung „überholt" und korrigiert werden kann; Erkennungszeichen des Ermessens ist also – wie beim Beurteilungsspielraum,[223] dem Planungsermessen, dem Regulierungsermessen und verwandten Phänomenen – die Befugnis zu einer von späterer gerichtlicher Kontrolle und Korrektur freigestellten (Letzt-)Entscheidung.[224]

Nicht anders als bei sonstigen (administrativen) Letztentscheidungsbefugnissen auch besteht behördliches Ermessen nur dann und nur in dem Umfange, wenn und in dem durch Rechtssatz (üblicherweise: durch Gesetz) der Verwaltung die entsprechende (Letzt-)Konkretisierungsbefugnis zu- und der Rechtsprechung die entsprechende (kontrollierende) Konkretisierungsbefugnis abgesprochen worden ist.[225] In aller Regel lässt sich eine Ermessensermächtigung unschwer am Wortlaut der ermächtigenden Norm ablesen, so namentlich, wenn der Behörde ausdrücklich „Ermessen" eingeräumt ist,[226] wenn sie in gewisser Weise einschreiten „darf", „kann" oder auch „soll", wenn sie dazu „ermächtigt" oder „befugt ist", wenn sie ein Einschreiten für „erforderlich", „angemessen" oder schlicht „zweckmäßig" hält oder wenn sie zum Handeln „nach pflichtgemäßem Ermessen" verpflichtet ist. So stark dieses Wortlaut-Indiz auch regelmäßig[227] ist: es ist nach zwei Seiten hin widerleglich und daher nicht stets verlässlich. Zum einen kann der Verwaltung auch ohne die typischen gesetzestextlichen Indizien Ermessen eingeräumt sein, insbesondere wenn sich dies aus dem Sinnzusammenhang der Norm erschließen lässt.[228] Und zum anderen kann trotz entsprechender gesetzestextlicher Indizien die Auslegung der Norm – sei es generell, sei es im Blick auf den Einzelfall[229] – dazu führen, dass sich das – zunächst kontrollfrei gedachte – Können insbes aus grundrechtlichen oder unionsrechtlichen[230] Rücksichten zu einem – gerichtlich voll kontrollierbaren – Müssen verdichtet.[231] 56

Das Ermessen bezieht sich – je nach Art und Intensität normativer Einräumung – auf das schlichte Ob und/oder auf das Wie des Verwaltungshandelns (an welchem Ort, zu welcher Zeit, gegenüber welchen Adressaten, mit welchen Mitteln, unter welchen zu- 57

[223] Dazu vorstehend Rn 44.

[224] Vgl auch o Rn 33. Der Sache nach wie hier *Hoffmann-Riem* in: ders/Schmidt-Aßmann/Voßkuhle, Grundlagen I, § 10 Rn 85, 87 u 89.

[225] Zur normativen Ermächtigungslehre näher o Rn 34–37.

[226] Bsp: § 22 S 1, § 36 II VwVfG, § 4 II BSHG, entsprechend die Generalklauseln des Polizei- und Sicherheitsrechts („nach pflichtgemäßem Ermessen").

[227] Im Einzelnen ist freilich Vorsicht geboten, wie sich namentlich am „kann" zeigt, welches sowohl ein „Ermessens-Kann" als auch ein ermessensneutrales „Kompetenz-Kann" sein kann (zu Begriffen und Sache: *Maurer* Allg VwR, § 7 Rn 9 [136 f.] am Beispiel von § 48 StVO; weitere Beispiele bei *Brinktrine* [Fn 48] 43). Zum sog intendierten Ermessen bei „Soll"-Vorschriften nachfolgend Rn 57.

[228] Als Beispiel kann hier die Entscheidung der Straßenbehörde über eine über den Gemeingebrauch hinausgehende (Sonder-)Nutzung der Straße gem § 18 I iVm II StrWG NW betrachtet werden; näher dazu: *Brinktrine* (Fn 48) 49 f mwN.

[229] Zur sog Ermessensreduzierung auf Null nachfolgend Rn 64.

[230] Bsp: BVerwGE 74, 357, 361. Vgl dazu auch EuGH Slg 1997, I-1591 Rn 27 ff, bes 34 und 36 – Land Rheinland-Pfalz/Alcan Deutschland GmbH; *Streinz* (Fn 107) Rn 561 mwN.

[231] Die hM nennt insofern die für die Zulässigkeit nicht privilegierter Bauvorhaben im Außenbereich einschlägige Bestimmung des § 35 II BauBG (dazu, mit Nachw zum Streitstand: *Brinktrine* [Fn 48] 44 ff, bes 46 f); weitere Beispiele etwa in BVerwGE 74, 357, 361; 108, 64, 70.

sätzlichen Bedingungen?); im ersten Falle spricht man vom *Entschließungs-*, im zweiten Falle vom *Auswahl-* oder *Gestaltungsermessen.*[232] – Namentlich von der Judikatur wird als Sonderform des Ermessens das im Gesetzeswortlaut regelmäßig als „Soll"-Vorschrift[233] zum Ausdruck gebrachte „gelenkte" oder auch *„intendierte Ermessen"* betrachtet.[234] Das hat insofern seine Berechtigung, als „Soll"-Vorschriften die Ermessensausübung dahingehend dirigieren, dass in den typischen, den Sinngehalt der Regelung vollauf erfüllenden Fallkonstellationen die in der Bestimmung statuierte („Soll"-) Rechtsfolge ohne weitere Ermessenserwägungen durch die Behörde auszusprechen ist und der Verwaltung lediglich in atypischen Fallkonstellationen Raum für ergänzende Ermessenserwägungen bleibt.[235] Die behördliche Feststellung des – ermessenseröffnenden – Vorliegens atypischer Besonderheiten ist seinerseits (noch) nicht von der Ermesseneinräumung umfasst und unterliegt daher ungeschmälerter verwaltungsgerichtlicher Kontrolle.[236] Ob zur Kennzeichnung dieser besonderen Form administrativer Handlungsermächtigung der Begriff des „intendierten Ermessens" glücklich gewählt und notwendig ist, steht freilich auf einem anderen Blatt.[237] Man könnte wohl ohne sachlichen Verlust auf ihn verzichten.

58 b) *Individuelle und generelle Ermessensausübung.* Das Recht zur (gerichts)kontrollfreien behördlichen Selbstprogrammierung – sprich: eine administrative Letztentscheidungsermächtigung – ist nicht dem einzelnen Organwalter oder auch dem einzelnen Organ als Eigenrecht zugewiesen,[238] sondern der Verwaltung – genauer: dem betreffenden Verwaltungsträger.[239] Die Ermesseneinräumung betrifft das Verhältnis der Verwaltung (als Ganzer) sowohl zum Gesetzgeber (Konkretisierungsbefugnis) als auch und gerade zur Rechtsprechung (*Letzt*konkretisierungsbefugnis).[240] Eine Behörde verfügt

[232] Zu dieser Unterscheidung am Beispiel des Polizei- und Ordnungsrechts: *Schoch* in: Schmidt-Aßmann, Bes VwR, 2. Kap Rn 102 f.

[233] Bsp: § 12 IV WPflG; § 20 I 2 BImSchG; § 68 I und II GewO; § 21 IV SchwbG; § 48 II 1 VwVfG.

[234] Dazu bes BVerwGE 72, 1, 6; 91, 82, 90 f; 105, 55, 57 f mwN. Nachw zu kritischen Stimmen aus dem Schrifttum bei *Maurer* Allg VwR, § 7 Rn 12 (137 f).

[235] Mit *Gerhardt* in: Schoch/Schmidt-Aßmann/Pietzner, VwGO, § 114 Rn 16 kann man die Atypizität der Fallkonstellation als „ermessenseröffnende Tatbestandsvoraussetzung" ansehen.

[236] Statt aller BVerwGE 90, 275, 278 mwN – st Rspr.

[237] Eher noch ließe sich von „bedingtem Ermessen" sprechen, nämlich einer Ermessensermächtigung unter der Bedingung, dass eine – von der gesetzlichen Regelkonstellation aus betrachtet abweichende – Sonderkonstellation gegeben ist. Zur Unterscheidung von Soll-Vorschriften und intendiertem Ermessen *H. A. Wolff* in: Sodan/Ziekow, VwGO, § 114 Rn 138–142 u 143–150 mwN zum Streitstand.

[238] Genauer: Im Außenverhältnis zum Bürger ist sehr wohl das zuständige Organ (die sachlich, örtlich und instanziell zuständige Behörde) jenes, welches den Anforderungen der Ermessensermächtigung Genüge leisten muss; der im Außenverhältnis relevanten *Wahrnehmungs*befugnis, die dem nach außen hin formaliter in Erscheinung tretendem Rechtsträger zukommt, ist die im Innenverhältnis relevante *Sach*befugnis entgegenzustellen, die dem im behördlichen Innenverhältnis materialiter entscheidenden Rechtsträger vorbehalten ist; hier spielen die Weisungsrechte übergeordneter Behörden eine herausgehobene Rolle (zur Unterscheidung grundlegend BVerfGE 81, 310, 332 ff).

[239] Zum Begriff des Verwaltungsträgers: *Jestaedt* in: Hoffmann-Riem/Schmidt-Aßmann/Voßkuhle, Grundlagen I, § 14 Rn 20 ff.

[240] Zur Unterscheidung und Inbezugsetzung von Konkretisierungs- und Letztkonkretisierungsbefugnis o Rn 21 f sowie 33.

demnach über Ermessen gegenüber (dem Gesetzgeber und) der Rechtsprechung, nicht aber gegenüber der ihr übergeordneten, vorgesetzten Behörde, wie sich beispielhaft am Widerspruchsverfahren nach § 68 I 1 VwGO zeigen lässt. In dem Maße, in dem eine höhere Behörde (wie regelmäßig) einer nachgeordneten Behörde individuelle und generelle Weisungen (Einzelweisungen sowie Richtlinien/Runderlasse/Verwaltungsvorschriften) erteilen kann, die sich nicht nur auf die Rechtmäßigkeit, sondern auch auf die Zweckmäßigkeit beziehen, kann sie als sachzuständige Behörde die nachgeordnete und nach außen hin handelnde, also wahrnehmungszuständige Behörde anweisen, das Ermessen in bestimmter Weise auszuüben.

Soweit nicht außergewöhnliche Umstände des Falles dies erheischen, hat eine vorgesetzte Behörde kaum Anlass und in aller Regel auch nicht die personellen Ressourcen, nachgeordneten Behörden die einzelfallgenaue Ermessensausübung im Wege einer Einzelweisung vorzuschreiben.[241] Das typische Mittel, mithilfe dessen eine vorgesetzte Behörde den ihr nachgeordneten Behörden Vorgaben für die Ermessensausübung macht, sind denn auch generelle Weisungen in Gestalt sog *Ermessensrichtlinien*. Derartige ermessensdirigierende Verwaltungsvorschriften dienen der einheitlichen und gleichmäßigen Handhabung des Ermessens durch die Verwaltung.[242] Sie haben im Gleichheitssatz nicht nur ihren Grund, sondern finden in ihm zugleich ihre bedeutendste Grenze.[243] Ermessensrichtlinien setzen nämlich voraus, dass es einen typischen und damit typisierbaren Einzelfall, also einen Regelfall, gibt. Anders gewendet: Nur soweit der Gleichheitssatz Typisierungen zulässt,[244] ist eine generelle Ermessensausübung überhaupt statthaft; für atypische Konstellationen sind Abweichungsmöglichkeiten vorzusehen.[245] Das bedeutsamste Einsatzgebiet für Ermessensrichtlinien sind denn auch die Massenverwaltung sowie jene Verwaltungszweige, in denen die gesetzliche Programmierung der Verwaltung nur schwach ausgeprägt ist wie in der Subventionsverwaltung. Neben dem Gleichheitssatz ist es die gesetzliche Ermessensermächtigung selbst, die einer generellen Ermessensausübung im Wege stehen kann: Soweit nämlich die behördliche Ermessensausübung daran geknüpft ist, dass „nach den zur Zeit des Erlasses der Verfügung erkennbaren Umständen“ eine unmittelbare Gefahr für die öffentliche Sicherheit oder Ordnung besteht (so § 15 I VersG), hängt alles an den konkreten und nicht weiter typisierbaren Einzelfallumständen und scheidet eine (abstrakt-)generelle Ermessensbetätigung, die gleichsam auf Vorrat vorgenommen wird, aus.[246] Hat die Verwaltung in rechtlich zulässiger Weise eine Ermessensrichtlinie erlassen, so vollzieht sich die Ermessensausübung zweistufig, wobei sich die individuelle Ermessensausübung in dem durch die generelle Ermessensausübung gesteckten Rahmen halten muss.[247] Ein Verstoß gegen die Ermessensrichtlinie macht die individuelle Ermessensausübung nur 59

[241] Vgl aber am Beispiel des Atomrechts, welches in Gestalt der Bundesauftragsverwaltung gem Art 85 GG ausgeführt wird: BVerfGE 81, 310, 331 ff.

[242] Dazu statt vieler *Erichsen/Klüsche* Jura 2000, 540, 543 ff; *H. A. Wolff* in: Sodan/Ziekow, VwGO, § 114 Rn 88–114, je mwN.

[243] Zur ermessensdirigierenden Funktion des Gleichheitssatzes vgl auch nachfolgend Rn 64 f.

[244] Dazu stellvertretend *Starck* in: v Mangoldt/Klein/Starck, GG I, Art 3 I Rn 23 mwN.

[245] Dazu bes BVerwGE 70, 127, 142 mwN; des Weiteren *Kopp/Ramsauer* VwVfG, § 40 Rn 27a.

[246] Wie hier etwa *Maurer* Allg VwR, § 7 Rn 15 f (139 f) mwN.

[247] Eine strikte Berücksichtigungspflicht ergibt sich für die nach außen auftretende Behörde indes nur, soweit die Ermessensrichtlinie von einer übergeordneten Behörde erlassen worden ist; hat die handelnde Behörde dagegen die Richtlinie *selbst* erlassen, ist sie daran nur nach Maßgabe des Gleichheitssatzes gebunden. Dazu *Kopp/Ramsauer* VwVfG, § 40 Rn 25 f.

dann aus Sicht des Betroffenen unmittelbar anfechtbar, wenn die Ermessensrichtlinie diesem ein klagbares, dh subjektives Recht einräumt; andernfalls kann sich ein anfechtbarer Rechtsverstoß nur mittelbar – nämlich unter dem Aspekt der Selbstbindung der Verwaltung – ergeben.[248]

60 c) *Ermessensfehler.* Nach § 40 VwVfG[249] hat die Behörde „ihr Ermessen entsprechend dem Zweck der Ermächtigung auszuüben und die gesetzlichen Grenzen des Ermessens einzuhalten". Soweit sie diesen Anforderungen nicht Genüge leistet, handelt sie ermessensfehlerhaft – und damit rechtswidrig. Dass die Verwaltungsgerichte derartige Ermessensfehler beanstanden können, stellt § 114 S 1 VwGO klar. Von Ermessensfehlern wird ausschließlich in Bezug auf die Nichteinhaltung *rechtlicher* Determinanten der Ermessensausübung gesprochen; Akte behördlicher Selbstprogrammierung, die lediglich unzweckmäßig, nicht aber darüber hinaus auch unverhältnismäßig sind, fallen nicht darunter. Ermessensfehler sind folglich nichts anderes als mit der Ermessensausübung im Zusammenhang stehende Rechtsfehler.[250]

61 *Die traditionelle Trias der Ermessensfehler.* Die überkommene Ermessensfehlerlehre unterscheidet drei Arten von Ermessensfehlern:[251] Die Ermessensunterschreitung (auch: Ermessensmangel oder Ermessensnichtgebrauch), den Ermessensfehlgebrauch (auch: Ermessensmissbrauch oder Ermessenswillkür) sowie die Ermessensüberschreitung. – Von einer *Ermessensunterschreitung* spricht man, wenn die Behörde von der Möglichkeit der Ermessensbetätigung überhaupt keinen oder doch nur unzureichenden Gebrauch macht. Die Einräumung von Ermessen geht in aller Regel mit der Pflicht einher, das Ermessen auch zu betätigen. Häufigster Ermessensmangel ist die Ermessensnichtbetätigung infolge der irrtümlichen Annahme der Behörde, gesetzlich gebunden zu sein.[252] Ein Ermessensnichtgebrauch trotz Bestehens einer Ermessensermächtigung ist grundsätzlich nur dann unschädlich, wenn die Behörde auf der Grundlage einer Soll-Vorschrift feststellt, dass kein von der Regel abweichender Sonderfall vorliegt.[253] – Ermessensfehlgebrauch und Ermessensüberschreitung zielen demgegenüber auf eine fehlerhafte Ermessensbetätigung, wobei unterschieden wird nach sog inneren und sog äußeren Ermessensgrenzen: Die „inneren" Ermessensgrenzen bemessen sich nach dem Zweck der Ermessenseinräumung (vgl § 40 1. Alt VwVfG: „entsprechend dem Zweck der Ermächtigung"); werden sie verletzt, wird beispielsweise eine wegerechtliche Sondernutzungserlaubnis aus fiskalischen,[254] wirtschaftspolitischen[255] oder abfallrechtlichen[256] Gründen versagt, liegt ein *Ermessensfehlgebrauch* vor. Im Unterschied dazu

[248] Am Beispiel einer nicht beachteten Subventionsrichtlinie: BVerwG NVwZ 2003, 1384 f. Allgemein zur Selbstbindung der Verwaltung nachfolgend Rn 64 f.

[249] Vergleichbare Vorschriften enthalten § 5 AO, § 39 I 1 SGB I sowie § 114 VwGO, § 102 FGO, § 54 II 2 SGG.

[250] Statt aller: *Alexy* JZ 1986, 701, 705; *Sachs* in: Stelkens/Bonk/Sachs, VwVfG, § 40 Rn 55; *Schoch* Jura 2004, 462, 465.

[251] Dazu sowie zu anderen Modellierungen der Ermessensfehlerlehre: *Alexy* JZ 1986, 701; eingehend *H. A. Wolff* in: Sodan/Ziekow, VwGO, § 114 Rn 80–84 u 85–188 mwN.

[252] Dazu m zahlr Beispielen *Kopp/Ramsauer* VwVfG, § 40 Rn 59.

[253] Dazu vorstehend Rn 57.

[254] Allgemein zur Berücksichtigungsfähigkeit fiskalischer Gesichtspunkte im Rahmen des Ermessens: *Maurer* Allg VwR, § 7 Rn 22 (142); ergänzend *Sachs* in: Stelkens/Bonk/Sachs, VwVfG, § 40 Rn 65 f.

[255] Bsp: BayVGH NVwZ 2002, 782.

[256] Bsp: BVerwGE 104, 331, 334 ff.

werden die „äußeren" Ermessensgrenzen durch die „gesetzlichen Grenzen des Ermessens" (§ 40 2. Alt VwVfG) umschrieben; eine *Ermessensüberschreitung* liegt demnach vor, wenn die Behörde eine im Gesetz nicht vorgesehene Rechtsfolge wählt oder aber wenn sie fälschlicherweise davon ausgeht, dass Tatbestandselemente vorliegen, die eine Ermessensentscheidung eröffnen.

Die Unterscheidung von „inneren" und „äußeren" Ermessensgrenzen ist jedoch nur **62**
scheinbar klar und überschneidungsfrei; nicht selten wird man darüber streiten können, ob ein Ermessensfehler eher als Ermessensfehlgebrauch oder aber als Ermessensüberschreitung einzustufen ist. Namentlich die gemeinschafts- und verfassungsrechtlichen Ermessensdirektiven[257] lassen sich sowohl als „innere" als auch als „äußere" Ermessensgrenzen rubrizieren:[258] Die Grundrechte wie das Unionsrecht können sowohl bei der Bestimmung des Ermessenszwecks – dann: „innere Ermessensgrenze" – als auch bei der Bestimmung des Kreises zulässiger Rechtsfolgen – dann: „äußere Ermessensgrenze" – eine Rolle spielen.[259] Indessen kommt es weder für die Frage der Rechtswidrigkeit noch für die der Aufhebbarkeit darauf an, ob der – als solche fraglose – Ermessensfehler dogmatisch als Ermessensfehlgebrauch oder aber als Ermessensüberschreitung zu qualifizieren ist. Damit stellt sich weitergehend die Frage, welchen dogmatischen Erkenntniswert die herkömmliche Dreiteilung der Ermessensfehlerlehre überhaupt besitzt, zumal sie die Annahme nahelegt, als ergebe sich allein aus der Rubrizierung in einer der Fehlerkategorien etwas für die konkrete Falllösung oder als könne nur dann von einem Ermessensfehler geredet werden, wenn zuvor die Zuordnung zu einer der drei Fehlertypen gelungen sei. Dem ist indes nicht so.[260] Überdies bleibt offen, ob und ggf in welcher Weise ermessensrelevante Verfahrensfehler in die Fehlertypentrias eingestellt werden können.

Ungeachtet der – eine restriktivere Auslegung nahelegenden – Textierung sowohl von **63**
§ 40 VwVfG als auch von § 114 S 1 VwGO ist allgemein anerkannt, dass *jeder* Ermessensfehler als Rechtsfehler gerichtlicher Kontrolle zugänglich ist. Anders gewendet: Für die Rechtmäßigkeit der Ermessensausübung kommt es darauf an, dass sämtliche Ermessensdirektiven eingehalten worden sind. Diese ergeben sich insbesondere unmittelbar aus der Ermächtigungsnorm (Zweck der Ermessenseinräumung), aus Verfahrensvorschriften sowie aus höherrangigem Recht (Verfassungs- und primäres wie sekundäres Unionsrecht). Die gerichtliche Kontrolle gestaltet sich nach dem Modell der Abwägungskontrolle.[261] Besonderes Augenmerk verdient dabei zum einen die sorgfältige Ermittlung von Sinn und Zweck der Ermessenseinräumung: Welche Zwecke sind der Behörde zu verfolgen gestattet – und welche nicht?[262] Nur innerhalb des von der Ermächtigungsnorm gezogenen Rahmens darf die Behörde autonome Zwecksetzungen verfolgen. Zum anderen kommt den Ermessensdirektiven kraft höheren (Verfassungs- und Gemeinschafts-)Rechts eine herausgehobene Stellung zu. So dirigieren sowohl die

257 Dazu sogleich Rn 63, 64 f.

258 Vgl einerseits *Erichsen* 12. Aufl 2002, § 10 Rn 18; andererseits *Schoch* Jura 2004, 462, 466.

259 Ähnlich *Maurer* Allg VwR, § 7 Rn 23 (142). Speziell zum Unionsrecht: *Sachs* in: Stelkens/Bonk/Sachs, VwVfG, § 40 Rn 10 f mwN.

260 Pointiert aus österreichischer Sicht *Raschauer* Allgemeines Verwaltungsrecht, 2. Aufl 2003, Rn 616: „Anachronismus".

261 Vorstehend Rn 41 f.

262 Nachw o Rn 61. Weitere Bsp etwa bei *Sachs* in: Stelkens/Bonk/Sachs, VwVfG, § 40 Rn 64 ff; *Kopp/Ramsauer* VwVfG, § 40 Rn 49 ff.

Freiheitsrechte, namentlich[263] in Gestalt des Verhältnismäßigkeitsgrundsatzes auf der Schrankenebene,[264] als auch die Gleichheitsrechte, namentlich sub specie des allgemeinen Gleichheitssatzes gem Art 3 I GG,[265] sowohl die Bestimmung des Ermessenszwecks als auch die sonstige Ausübung des Ermessens. Von rapide steigender Bedeutung sind die unionsrechtlichen Ermessensdirektiven wie das allgemeine Diskriminierungsverbot gem Art 18 AEUV, die besonderen Diskriminierungs- und Beschränkungsverbote, die aus den Marktfreiheiten gem Art 34, 45, 49, 56 und 63 AEUV folgen, sowie das grundsätzlich jeden Unionsrechtssatz erfassende Prinzip des effet utile.[266]

64 d) *Ermessensreduzierung und Selbstbindung.* Die Direktivwirkungen insbesondere des höherrangigen Rechts (Verfassungsrecht, Unionsrecht) können je nach Einzelfall eine Dichte und Stringenz entfalten, dass nur mehr eine einzige Verwaltungsentscheidung den einschlägigen Ermessensdirektiven Genüge leistet; diese Konstellation ist bekannt unter der Wendung von der *Ermessensschrumpfung oder -reduzierung auf Null.*[267] Da hier keinerlei Befugnis der Verwaltung mehr besteht, das eigene Handeln sowohl selbst als auch gerichtskontrollfrei zu programmieren, liegt bei Lichte betrachtet kein Fall einer Ermessensermächtigung vor.[268] Eine Ermessensreduzierung auf Null kann sich sowohl unabhängig vom Verhalten der Verwaltung als auch, wenngleich nur selten, in Abhängigkeit vom behördlichen Verhalten ergeben: In der erstgenannten Konstellation regieren namentlich die Freiheitsgrundrechte[269] mit dem Verhältnismäßigkeitsgrundsatz[270] und das Unionsrecht[271] (soweit es nicht die Diskriminierungsverbote betrifft) die „Ermessens"-Ausübung. In der zweitgenannten Konstellation

263 Aber keineswegs nur, wie der Schutz für Ehe und Familie gem Art 6 I GG als Ermessensdirektive bspw im Ausländerrecht oder wie die Meinungsfreiheit gem Art 5 I GG als Ermessensdirektive bei der Entscheidung über die Erteilung einer straßenrechtlichen Sondernutzungserlaubnis belegen (zu zahlreichen weiteren Grundrechtsbestimmungen Nachw bei *Sachs* in: Stelkens/Bonk/Sachs, VwVfG, § 40 Rn 85–90).

264 Bei der Handhabung des Verhältnismäßigkeitsgrundsatzes ist darauf zu achten, dass dieser in aller Regel nicht nur ein einziges Abwägungsergebnis als rechtskonform ausweist. Andernfalls würde nicht nur die Abwägungsstruktur in ihrer Offenheit verkannt, sondern würden überdies über den Verhältnismäßigkeitsgrundsatz just jene Entscheidungsfreiräume beseitigt, die die Ermessensermächtigung eingeräumt hat. Zum Zusammenhang von Konkretisierungsfreiräumen und Verhältnismäßigkeitsprinzip o Rn 27 m Fn 106.

265 Zu Art 3 I GG s a nachfolgend Rn 64 f.

266 Zur Bedeutung des Unionsrechts im Rahmen von § 48 II VwVfG bspw *Sachs* in: Stelkens/Bonk/Sachs, VwVfG, § 48 Rn 166–173 mwN.

267 Dazu: *Di Fabio* VerwArch 86 (1995), 214; *Hain/Schlette/Schmitz* AöR 122 (1997), 32, bes 39 ff u 44 ff; *H. A. Wolff* in: Sodan/Ziekow, VwGO, § 114 Rn 128–137; für das Polizei- und Ordnungsrecht: *Schoch* in: Schmidt-Aßmann/Schoch, Bes VwR, Kap 2 Rn 110–114.

268 Differenzierend aber *Kopp/Ramsauer* VwVfG, § 40 Rn 30; anders als hier *Gerhardt* in: Schoch/Schmidt-Aßmann/Pietzner, VwGO, § 114 Rn 27 mwN; wohl auch *H.A. Wolff* in: Sodan/Ziekow, VwGO, § 114 Rn 138.

269 Bsp: BVerwGE 47, 280, 283 (der Antragsteller besitzt infolge einer auf Bundesverfassungsrecht gestützten Ermessensreduzierung auf Null im Regelfall einen Anspruch darauf, dass ihm in – nach Umfang und Aufstellungsort – angemessener Weise eine Wahlsichtwerbung auf öffentlichen Straßen ermöglicht werde).

270 Vgl BVerwGE 78, 40, 46. Zum Verhältnismäßigkeitsgrundsatz s auch vorstehend Rn 27 m Fn 106 und Rn 63.

271 Bsp: EuGH Slg 1997, I-6959 Rn 33 ff – Kommission/Frankreich.

resultiert die Bindung an eigenes, vorausgegangenes Verhalten aus dem Gleichheitssatz[272] (einschließlich der unionsrechtlichen Diskriminierungsverbote).[273]

65 Da die Ermessensreduzierung – außer im Falle von Ermessensrichtlinien[274] – nicht schon durch das behördliche Verhalten als solches,[275] sondern erst durch die davon ausgelöste Direktivwirkung des Gleichheitsbehandlungsgrundsatzes gem Art 3 I GG eintritt,[276] ist die Bezeichnung des Ermessensreduzierungstatbestandes als *„Selbstbindung der Verwaltung"* nur cum grano salis zu verstehen.[277] Auch darf die dadurch erzeugte Bindung nicht als starr und unabänderlich missdeutet werden: Auf der einen Seite sind Abweichungen von einer ständigen Praxis stets möglich, soweit sachliche, dem Ausmaß und der Bedeutung der Abweichung entsprechende Sachgründe vorgebracht werden können. So wird es regelmäßig keinen Verstoß gegen den Gleichheitssatz darstellen, wenn die Verwaltung aus der Vielzahl der Fälle einen – typischen – Musterfall herausgreift. Und zum anderen ist es der Verwaltung grundsätzlich unbenommen, von einer in der Vergangenheit geübten ständigen Praxis zugunsten einer neuen gleichmäßigen Ermessenshandhabung abzugehen; die Bindung an die überkommene Verwaltungspraxis steht also unter dem Vorbehalt der Änderung dieser Praxis in der Zukunft.[278] Beide Aspekte beanspruchen auch bei Ermessensrichtlinien[279] Beachtung: Die Ermessensrichtlinie muss ihrerseits Raum für atypische, nicht dem Regelfall entsprechende Konstellationen enthalten; und dem Richtliniengeber steht es frei, unter Beachtung des Vertrauensschutzgrundsatzes seine Richtlinie zu modifizieren oder sogar aufzuheben.[280] Infolgedessen wird sich auf der Grundlage des Gleichheitssatzes nur ausnahmsweise eine Ermessensreduzierung auf Null einstellen.[281] Mangels eines Anspruchs auf Fehlerwiederholung vermag eine rechtswidrige Praxis grundsätzlich keine behördliche Selbstbindung herbeizuführen.[282]

66 e) *Anspruch auf fehlerfreie Ermessensausübung und gerichtliche Kontrolle.* Jeder Ermessensfehler untersteht als Rechtsfehler gerichtlicher Kontrolle. Auch hier gilt, dass die gerichtliche Kontrolldichte von Ermessensentscheidungen die prozessrechtliche

[272] Eingehend dazu *Seibert* in: FG BVerwG, 2003, 535, bes 539 ff mwN.

[273] Daneben kann eine Selbstbindung der Verwaltung auch durch eine rechtmäßige behördliche Zusicherung erzeugt werden (dazu BVerwGE 76, 243, 246 mwN; *Sachs* in: Stelkens/Bonk/Sachs, VwVfG, § 40 Rn 121).

[274] Sie wirken unmittelbar ermessensbindend (str, wie hier etwa *Gerhardt* in: Schoch/Schmidt-Aßmann/Pietzner, VwGO, § 114 Rn 22); ihre Verletzung durch die zuständige Behörde löst freilich als solche keinen Aufhebungsanspruch des Betroffenen aus, soweit Ermessensrichtlinien nicht subjektivrechtlich bewehrt sind.

[275] Soweit nicht ausnahmsweise eine Rechtspflicht zum Handeln besteht, löst behördliche Untätigkeit, etwa das Dulden sog Schwarzbauten, keinerlei Selbstbindung aus.

[276] Zur Rolle des rechtsstaatlichen Vertrauensschutzgrundsatzes im hiesigen Zusammenhang *Sachs* in: Stelkens/Bonk/Sachs, VwVfG, § 40 Rn 83, 104 u 113 mwN.

[277] Dazu stellvertretend *H. A. Wolff* in: Sodan/Ziekow, VwGO, § 114 Rn 151–158.

[278] Am Beispiel der Schließung einer zunächst für Großveranstaltungen geöffneten öffentlichen Einrichtung („Bonner Hofgartenwiese"): BVerwGE 91, 135, 137 f.

[279] Dazu, das eine Ermessensrichtlinie als antizipierte Verwaltungspraxis gedeutet werden kann: *Kopp/Ramsauer* VwVfG, § 40 Rn 27 u 31.

[280] Vgl BVerwGE 104, 220, 223 f.

[281] Zutreffend *Sachs* in: Stelkens/Bonk/Sachs, VwVfG, § 40 Rn 125 mwN.

[282] Wie hier statt vieler *Erichsen* 12. Aufl 2002, § 10 Rn 20; *Sachs* in: Stelkens/Bonk/Sachs, VwVfG, § 40 Rn 117 ff mwN; *Schoch* Jura 2004, 462, 467.

Entsprechung der materiellrechtlichen Ermessensfehlerlehre darstellt.[283] Insoweit besteht – bezogen auf die Einhaltung der heteronomen rechtlichen Determinanten des Verwaltungshandelns, also auf die Bindung der Verwaltung an „Gesetz und Recht" (Art 20 III GG) – umfassender Rechtsschutz durch die Verwaltungsgerichte in tatsächlicher wie rechtlicher Hinsicht.[284] Die Kontrolldichte beträgt, gemessen an der behördlichen Rechtsbindung, folglich 100 Prozent. Nur ist die behördliche Ermessensentscheidung nicht zur Gänze normativer Fremdsteuerung zugänglich: es ist just das Kennzeichen der durch die Ermessensermächtigung eingeräumten Befugnis letztverbindlicher administrativer Selbstprogrammierung, dass fremdgesetzte (Handlungs- wie Kontroll-)Maßstäbe – seien es abstrakt-generelle Konkretisierungsdirektiven (Verfassung, Gesetz usf), seien es nachträgliche Konkretisierungsleistungen von Seiten der Rechtsprechung[285] – insoweit fehlen.[286]

67 Infolgedessen richtet sich der Anspruch des Rechtsschutzsuchenden zwar, soweit diesem ein subjektives Recht eingeräumt ist,[287] auf rechtmäßiges Verwaltungshandeln; da Rechtmäßigkeit in Bezug auf Ermessensentscheidungen aber nichts anderes als Ermessensfehlerfreiheit bedeutet, verfügt der Rechtsschutzsuchende lediglich über einen Anspruch auf ermessensfehlerfreie Entscheidung. Soweit die normative Ermächtigung die Verwaltung in den Stand setzt, die Selbstprogrammierung in unterschiedlicher Weise vorzunehmen – wenn sich also mehrere Verwaltungsentscheidungen im Ermächtigungsrahmen bewegen –, kann der Rechtsschutzsuchende nicht erreichen, dass das Gericht die Verwaltung zu *einer* bestimmten Verwaltungsentscheidung verpflichtet. Ist die Verpflichtungsklage erfolgreich, so ergeht mithin lediglich ein Bescheidungsurteil gem § 113 V 2 VwGO: das Verwaltungsgericht hebt den ermessensfehlerhaften Akt auf und verpflichtet die Behörde, den Kläger unter Beachtung der Rechtsauffassung des Gerichts erneut – und zwar dieses Mal ermessensfehlerfrei – zu bescheiden. Lediglich im Falle der sog Ermessensreduzierung auf Null – dh wenn, bei Lichte betrachtet, keinerlei Ermessen besteht[288] – ist die Sache spruchreif und kann ein Vornahmeurteil iSv § 113 V 1 VwGO ergehen. Wendet sich der Kläger dagegen mit der Anfechtungsklage gegen eine belastende Ermessensentscheidung, so ist jene gem § 113 I 1 VwGO zwar an sich bereits immer schon dann begründet, wenn die Behörde eine (zumindest auch) den Kläger schützende Ermessensdirektive nicht gebührend beachtet hat. Zu beachten ist aber, dass, soweit die Verwaltungsentscheidung ausschließlich wegen Nichtbeachtung von Vorschriften über das Verfahren, die örtliche Zuständigkeit oder die Form rechtswidrig ist, bei Ermessensentscheidungen gem § 46 VwVfG das subjektive Klagerecht entfällt.[289]

[283] Zur Ermessensfehlerlehre vorstehend Rn 60 ff. Entsprechend für den Beurteilungsspielraum o Rn 54.
[284] Zur Bedeutung von Art 19 IV GG im hiesigen Kontext vgl o Rn 38.
[285] Zur grundsätzlich gleichartigen Konkretisierungs- und Individualisierungsbefugnis von Verwaltung und (Verwaltungs-)Gerichtsbarkeit o Rn 31 ff, bes 33.
[286] Dazu vorstehend Rn 31 ff sowie 55.
[287] Das Ob und der Umfang subjektivrechtlicher Bewehrung bestimmen sich nach den Regeln der Schutznormlehre. Hier bestehen keinerlei Besonderheiten gegenüber sonstigen, „gebundenen" Verwaltungsentscheidungen (eingehend dazu, mit zahlr Beispielsfällen *Sachs* in: Stelkens/Bonk/Sachs, VwVfG, § 40 Rn 131–146).
[288] Dazu vorstehend Rn 64.
[289] Dazu stellvertretend *Sachs* in: Stelkens/Bonk/Sachs, VwVfG, § 46 Rn 1, 3, 10 ff mwN.

VIERTER ABSCHNITT

Subjektiv-öffentliche Rechte

Arno Scherzberg

Gliederung

§ 12
Subjektiv-öffentliche Rechte

I. Begriff und Funktion des subjektiv-öffentlichen Rechts

1. Die Unterscheidung von subjektivem und objektivem Recht

1 Als Recht bezeichnet man im deutschen Sprachgebrauch zum einen die geltende normative Ordnung und zum anderen die individuelle Berechtigung, die einem Rechtssubjekt in ihr zugewiesen wird. Der Sprachgebrauch indiziert die enge Verknüpfung von objektiver und subjektiver Seite des Normbefehls: erhält der Einzelne sein Recht, wird gleichzeitig verwirklicht, was objektiv rechtens ist. Die dergestalt rezipierte, jedenfalls partielle Subjektivierung des objektiven Rechts ist das Ergebnis eines ideen- und dogmengeschichtlichen Ringens um die Begründung und Bestimmung der Rechtsstellung des Individuums, das seine entscheidenden Impulse durch *v Savignys* Fundierung der individuellen Berechtigung in der Freiheitslehre des Idealismus,[1] *Winscheids* Abkehr vom actionenrechtlichen Denken,[2] und *v Jherings* funktionaler Strukturbestimmung des Rechts[3] erhielt.[4] Heute besteht weitgehend Einigkeit darüber, dass im privaten wie im öffentlichen Rechtskreis zwischen objektivem und subjektivem Recht zu unterscheiden und das subjektive Recht anhand der objektiven Rechtsordnung zu bestimmen ist.[5] Grundlage des subjektiven Rechts ist die für jeden Rechtssatz konstitutive objektive Sollensanordnung, dh sein unmittelbar auf die Herbeiführung bestimmter Rechtsfolgen und mittelbar auf die Erzielung von Realfolgen gerichteter Normbefehl. Essentielles Element dieses Normbefehls ist seine verhaltenssteuernde Wirkkraft. Ein Rechtssatz begründet deshalb stets die Beachtenspflicht seiner Adressaten. Er *kann* darüber hinaus auch auf die Zuweisung von Rechtsmacht an ein Rechtssubjekt und damit auf die Begründung eines subjektiven Rechts gerichtet sein.[6]

2. Eine Typologie subjektiv-öffentlicher Rechte

2 Im Verwaltungsrecht finden sich drei Typen von individuellen Berechtigungen, die anhand ihrer Zielrichtung als Einräumungs-, Ausübungs- und Abwehrrechte bezeichnet und unterschieden werden können.[7] Um die *Einräumung* einer tatsächlichen oder

[1] *Savigny* System des heutigen Römischen Rechts, 1840, Bd 1, 331 ff, Bd 2, 2 ff.

[2] *Winscheid* Die Actio des römischen Civilrechts vom Standpunkt des heutigen Rechts, 1856, 2 ff; *ders* Lehrbuch des Pandektenrechts, Bd 1, 9. Aufl 1906, 155 ff.

[3] *Jhering* Der Zweck im Recht, Bd 1, 4. Aufl 1904; *ders* Geist des römischen Rechts auf verschiedenen Stufen seiner Entwicklung, Teil 3, 5. Aufl 1906, 327 ff.

[4] Zu den staatstheoretischen Grundlagen vgl *Bauer* Geschichtliche Grundlagen der Lehre vom subjektiven öffentlichen Recht, 1986, 22 ff, 69 ff, 133 ff; *Röhl/Röhl* Allgemeine Rechtslehre, 3. Aufl 2008, § 43.

[5] Vgl *Bühler* Die subjektiven öffentlichen Rechte und ihr Schutz in der Verwaltungsrechtsprechung, 1914, 15 f, 224; *Somlo* Juristische Grundlehre, 2. Aufl 1927, 430 ff, 444; *Nawiasky* Allgemeine Rechtslehre als System der rechtlichen Grundbegriffe, 2. Aufl 1948, 152 ff; *Röhl/Röhl* (Fn 4) 375; *Engisch* Einführung in das juristische Denken, 10. Aufl 2005, 22 ff.

[6] Vgl *Scherzberg* DVBl 1988, 129, 130.

[7] Zur tradierten Terminologie vgl *Wolff/Bachof/Stober* VwR I, § 43 I, VI, VII; ferner *Scherzberg* DVBl 1988, 129, 133; *Nettesheim* AöR 132 (2007) 333, 346; krit *Masing* Die Mobilisierung des Bürgers für die Durchsetzung des Rechts, 1997, 190.

rechtlichen Begünstigung geht es etwa beim beamtenrechtlichen Anspruch auf Dienst- und Versorgungsbezüge gem § 3 I BBesG, beim Anspruch auf Anhörung im Verwaltungsverfahren gem § 28 I VwVfG oder beim Anspruch auf die Erteilung einer Erlaubnis oder Genehmigung, etwa gem § 2 I GastG, §§ 8, 10 GüKVG. Um die *Ausübung* einer Befugnis geht es bei den grundrechtlichen Freiheitsrechten,[8] bei Gestaltungsrechten wie dem Recht zur Kündigung eines öffentlich-rechtlichen Vertrages, bei politischen Mitwirkungsrechten wie dem Wahlrecht gem § 12 BWahlG, bei Emissionsberechtigungen gem § 3 IV 1, § 6 TEHG[9] oder bei Rechten aus einer behördlichen Erlaubnis oder Genehmigung. Ein (bloßes) *Abwehrrecht* steht vielfach in mehrseitigen Konfliktlagen in Frage, etwa wenn ein Nachbar gem § 55 II LBO BW die Verletzung baurechtlicher Abstandsregeln gem § 5 LBO BW durch ein Bauvorhaben oder gem § 10 III 2, VI BImSchG die Verletzung immissionsschutzrechtlicher Vorgaben durch eine genehmigungsbedürftige Anlage gem § 4 I BImSchG geltend macht oder ein Wirtschaftsunternehmen gem Art 3 I GG die gleichheitswidrige Subvention eines Konkurrenten rügt.

3. Das subjektiv-öffentliche Recht als Recht auf Normvollzug

Mit der Zuweisung von Einräumungs-, Ausübungs- und Abwehrrechten stellt die Rechtsordnung eine *rechtliche* Verknüpfung zwischen dem jeweiligen Normbefehl und der Rechtssphäre eines Rechtssubjekts her. Dadurch unterscheidet sich das subjektiv-öffentliche Recht von lediglich *tatsächlich* begünstigenden sog Rechtsreflexen.[10] Eine Verknüpfung von Sollensanordnung und Individualrechtssphäre liegt vor, wenn einem Rechtssubjekt über die *faktische* (Reflex-)Wirkung der Begünstigung hinaus auch die *rechtliche* Wirkkraft der zugrunde liegenden Sollensanordnung zugute kommt, ihm also die Befugnis zur Einforderung, Ausübung oder sonstigen rechtlichen Geltendmachung der Begünstigung zugewiesen wird.[11] Das subjektive Recht lässt sich mithin kennzeichnen als Recht auf Normvollzug,[12] verkürzt gesagt: als *Gesetzesvollziehungsanspruch*. 3

Literatur und Rechtsprechung knüpfen demgegenüber zur Definition des subjektiv- 4
öffentlichen Rechts traditionell an die seit Ende des 19. Jahrhunderts im Privatrecht herrschende sog Kombinationstheorie an, die *v Savignys* Verständnis vom subjektiven Recht als rechtlich anerkannter individueller Willensmacht und *v Jherings* Auffassung vom subjektiven Recht als rechtlich geschütztem Interesse vereinigte.[13] Das subjektive Recht wird danach gekennzeichnet als „Interessenschutz, der eine Willensmacht des

[8] Dazu näher unten Rn 6, 12 f.

[9] *Vierhaus* in: ders/Körner, TEHG/ZuG 2007: Kommentar, 2005, § 3 TEHG Rn 10; *Schweer/von Hammerstein,* TEHG: Kommentar, 2004, § 6 Rn. 7.

[10] Vgl *Rupp* Grundfragen der heutigen Verwaltungsrechtslehre: Verwaltungsnorm und Verwaltungsrechtsverhältnis, 2. Aufl 1991, 171 f, 222, 245; *Masing* (Fn 7) 67; *Röhl/Röhl* (Fn 4) 374; *Bachof*, GS Jellinek, 1955, 287, 287 ff; *dens* VVDStRL 12 (1954) 36, 62; BVerwG DVBl 2003, 403, 405.

[11] So schon *Scherzberg* DVBl 1988, 129, 130.

[12] Näher *Scherzberg* DVBl 1988, 129, 130; *Wahl* in: Schoch/Schmidt-Aßmann/Pietzner, VwGO, Vorb § 42 II Rn 46; *Reiling* Zu individuellen Rechten im deutschen und im Gemeinschaftsrecht, 2004, 201 ff; *Huber* Konkurrenzschutz im Verwaltungsrecht, 1991, 223.

[13] Vgl *Bauer* (Fn 4) 73 ff; *Bachof* (Fn 10) 287, 292; *dens* VVDStRL 12 (1954) 36, 63; *Enneccerus* Allgemeiner Teil des Bürgerlichen Rechts, Bd 1, 15.–17. Aufl 1921 (8. Bearb), § 65 II, 159; *Medicus* Allgemeiner Teil des BGB, 9. Aufl 2006, § 10 II, 31; zum Ganzen auch *Scherzberg* DVBl 1988, 129, 131.

Geschützten begründet“[14] oder in einer heute geläufigeren Formulierung als „die dem Rechtssubjekt eingeräumte Willens- oder Rechtsmacht, mit Hilfe der Rechtsordnung eigene Interessen zu verfolgen.“[15] Die Anerkennung und der Schutz der Willensmacht ist danach das formale, das damit verfolgte Ziel der Förderung eines eigenen individuellen Gutes oder Interesses das materiale Element eines subjektiven Rechts.[16] Jedenfalls für das *öffentliche* Recht erweist sich diese Begriffsbestimmung indes nicht als weiterführend. Zum einen dient letztlich die gesamte vom öffentlichen Recht begründete rechtsstaatliche Ordnung – mittelbar oder unmittelbar – dem Schutz individueller Güter und Interessen.[17] Zum anderen steht es dem Gesetzgeber frei, den Bürger bei Bedarf auch zur Durchsetzung primär allgemeinwohlbezogener Belange oder Belange Dritter zu berechtigen,[18] wovon er nicht zuletzt aufgrund europarechtlicher Vorgaben[19] auch zunehmend Gebrauch macht. Etwa gewähren § 3 I UIG, § 1 I 1 IFG und § 1 I 1 VIG jedermann ein subjektiv-öffentliches Recht auf Zugang zu staatlicherseits vorgehaltenen Informationen,[20] für dessen Inanspruchnahme es der Verfolgung und Geltendmachung *eigener Interessen* gerade nicht bedarf.[21] Dem subjektiv-öffentlichen Recht kommt hier eine formal-instrumentelle Funktion zu. Seine tradierte Ausrichtung auf die Verfolgung „eigener“, privater Angelegenheiten[22] ist damit überholt. Schließlich ist der Begriff der *Willensmacht* zur Bezeichnung der Position des vom Staat eine Begünstigung einfordernden Bürgers ungeeignet. Der Staat ist bei seinem Handeln nicht fremder Willensmacht, sondern ausschließlich dem objektiven Recht und den sich daraus ergebenden Verpflichtungen unterworfen. So verbleibt als brauchbares Definitionselement der tradierten Lehre nur das Merkmal der *Rechtsmacht*.[23]

Rechtsmacht lässt sich heute, nach der Überwindung des actionenrechtlichen Denkens,[24] nur als materiell-rechtliche Berechtigung verstehen. Sie ist damit von der Gewährung von Klage- und Beschwerdebefugnissen zu unterscheiden. Sie liegt in der für

[14] *Bekker* System des heutigen Pandektenrechts, Bd 1, 1886, § 18, 46 ff; ähnlich *W. Jellinek* Verwaltungsrecht, 3. Aufl 1931, 201.

[15] *Rupp* (Fn 10) 170; *Maurer* Allg VwR, § 8 Rn 2; *Schmidt-Aßmann* Ordnungsidee, 81 ff.

[16] *G. Jellinek* System der subjektiven öffentlichen Rechte, 2. Aufl 1905, 45.

[17] Vgl *S. Meyer* Gemeinwohlauftrag und föderatives Zustimmungserfordernis – eine Antinomie der Verfassung?, 2004, 27 ff; *Reiling* (Fn 12) 196 ff; *Thiere* Die Wahrung überindividueller Interessen im Zivilprozeß, 1980, 32 ff; *Häberle* Öffentliches Interesse als Rechtsproblem, 1970, 87, 95; *Hellbach* Öffentliche Interessen und Unternehmenseigentum, 1989, 9 ff; *Bachof* (Fn 10) 287, 290, 296 f; *dens* VVDStRL 12 (1954) 36, 77. Zum *Rechtsbegriff* des öffentlichen Interesses *Wiefelspütz* NVwZ 2002, 10 ff.

[18] *Masing* (Fn 7) 225 ff; s auch *Röhl/Röhl* (Fn 4) 281.

[19] Dazu unten Rn 31 ff.

[20] Gesetz zur Regelung des Zugangs zu Informationen des Bundes (Informationsfreiheitsgesetz IFG), BGBl I 2005, 2722; im gleichen Sinne § 3 I IFG Berl, § 1 AIG Bbg, § 1 BremIFG, § 1 HmbIFG iVm IFG Bund, § 4 IFG M-V, § 4 I IFG NRW, § 1 SIFG iVm IFG Bund, § 1 IZG LSA, § 4 IFG SH, § 1 ThürIFG iVm IFG Bund.

[21] Dazu etwa *Ehlers* Die Europäisierung des Verwaltungsprozeßrechts, 1999, 63; ferner *Schoch*, IFG, 2009, § 1 Rn 16; *Röger* NuR 1994, 125, 126; *Hölscheidt* EuR 2001, 376, 390; zu Unrecht bezweifeln den subjektivrechtlichen Charakter des Informationszugangsrechts *Wahl/Schütz* in: Schoch/Schmidt-Aßmann/Pietzner, VwGO, § 42 II Rn 216.

[22] Dazu *Masing* (Fn 7) 55 ff, 106, 128 f, 198 ff; *Ekardt* ThürVBl 2001, 223, 224.

[23] *Scherzberg* DVBl 1988, 129, 131 f; *Wahl* (Fn 12) Rn 46.

[24] Vor allem durch *Winscheid* (Fn 2); *Sarwey* Das öffentliche Recht und die Verwaltungsrechtspflege, 1880; dazu auch *Jhering* Geist (Fn 3), 352 f; *Rupp* (Fn 10) 155.

das subjektive Recht nach den obigen Überlegungen konstitutiven Berechtigung, einen Normbefehl gegenüber einem verpflichteten Rechtssubjekt geltend zu machen. Rechtsschutz ist nicht sein Inhalt, sondern das rechtstechnische Mittel zu seiner Durchsetzung.[25]

Damit ist der Begriff des subjektiv-öffentlichen Rechts freilich nicht auf den des An- 5
spruchs und schon gar nicht auf den eines Reaktionsanspruchs reduziert. Insoweit bedarf das neuerdings wieder verstärkt erörterte Verhältnis von Rechten und Ansprüchen im öffentlichen Recht besonderer Betrachtung.[26] Gelegentlich wird in der Literatur der subjektiv-rechtliche Charakter eines dem Bürger eingeräumten Ausübungsrechts – etwa als grundrechtliche Freiheit oder als einfachgesetzlich begründete Gestaltungsmacht – verneint. Ein subjektives Recht soll sich erst als Reaktion auf staatliche Normverstöße ergeben und dann als Unterlassungs- oder Beseitigungsanspruch zu konstruieren sein. Nicht schon die Zuweisung eines Gutes oder die Eröffnung einer Freiheit, sondern erst die Begründung der Befugnis zur Abwehr rechtswidriger Beeinträchtigungen bildet nach dieser Auffassung also den Kern eines subjektiv-öffentlichen Rechts.[27] Rechtslogisch ist indes zwischen der durch rechtswidriges Handeln beeinträchtigten Rechtsposition und dem Anspruch zu unterscheiden, der aus deren Verletzung erwächst. So knüpfen etwa Art 19 IV GG, § 42 II, § 113 I 1 und IV 1 VwGO die Gewährung von Rechtsschutz an die (Möglichkeit der) Verletzung eines eigenen Rechts und nicht an das Bestehen des daraus folgenden, prozessual durchgesetzten Reaktionsanspruchs. Dessen Entstehung ist mithin nicht Voraussetzung, sondern regelmäßige Folge der Existenz (und der Verletzung) eines subjektiv-öffentlichen Rechts.[28]

4. Die Funktion des subjektiv-öffentlichen Rechts

Das subjektiv-öffentliche Recht ist ein zentraler Bestandteil einer Rechtsordnung, die 6
ihre privaten Adressaten nicht als Objekt hoheitlicher Gewalt betrachtet, sondern in ihrer Individualität und Personalität anerkennt.[29] Im subjektiv-öffentlichen Recht verwirklicht sich die Subjektstellung des Bürgers, der nicht nur dem Recht unterworfen und durch das Recht verpflichtet sein soll, sondern sich auch auf das Recht berufen und aus ihm Befugnisse ableiten kann.[30] Deshalb bewährt sich die Qualifizierung rechtlich begründeter Befugnisse und Freiheiten als subjektiv-öffentliche Rechte vor allem anhand derjenigen Verfassungsnormen, die unbestritten individuelle Rechte begründen sollen: der Grundrechte.[31] Wenn Art 2 I GG jedermann ein „Recht auf die freie Entfal-

[25] *Wahl* (Fn 12) Rn 45; dazu auch unten Rn 28 ff.

[26] Vgl etwa *Grzeszick* Rechte und Ansprüche, 2002; *Röhl/Röhl* (Fn 4) 387 f.

[27] Grundlegend *Rupp* (Fn 10) 165, 171 ff; ferner etwa *H. Dreier* Jura 1994, 505, 506 f mwN.

[28] Vgl *Scherzberg* DVBl 1988, 129, 132; *Wagner* AcP 193 (1993) 319, 342 f; *Masing* (Fn 7) 65 f; *Reiling* (Fn 12) 76; *Bachof* (Fn 10) 287, 300; *dens* Die verwaltungsgerichtliche Klage auf Vornahme einer Amtshandlung, 2. Aufl 1968, 65.

[29] So *Schmidt-Aßmann* in: Maunz/Dürig, GG, Art 19 IV Rn 117; krit zur Funktion des subjektiv-öffentlichen Rechts *Roellecke* AöR 114 (1989) 589 ff.

[30] Vgl auch *Bühler* (Fn 5) 269 ff; *Masing* (Fn 7) 92, 128 f; *Lorenz* FS Menger, 1985, 143, 148; *Grzeszick* (Fn 26) 174; *Wagner* AcP 193 (1993) 319, 342; *Bucher* Das subjektive Recht als Normsetzungsbefugnis, 1965, 1, 18 f; *Reiling* (Fn 12) 125 f, 135; *Bachof* (Fn 10) 287, 301 f, 305; BVerwG NJW 1954, 1541 f.

[31] Vgl *Grzeszick* (Fn 26) 50 f, 157; *Masing* (Fn 7) 148; *Reiling* (Fn 12) 95; *Bachof* VVDStRL 12 (1954) 36, 67; *Wahl* (Fn 12) Rn 49.

tung seiner Persönlichkeit“ und Art 8 I GG allen Deutschen „das Recht, sich [...] zu versammeln“, einräumen, werden damit objektivrechtliche und subjektivrechtliche Zuweisungen getroffen. Objektivrechtlich wird die betreffende individuelle Betätigung der staatlichen Verfügung (grundsätzlich) entzogen und der privaten Selbstbestimmung überantwortet. Subjektivrechtlich wird dem Grundrechtsträger die Rechtsmacht zur Durchsetzung der objektiven Regelungsanordnung eingeräumt. Das individuelle Freiheitsrecht enthält mithin die Befugnis, die zugewiesene Freiheit auszuüben, und die Berechtigung, die Einhaltung der diesbezüglichen objektiv-grundrechtlichen Steuerungsvorgaben, etwa des Gebots der Unterlassung grundrechtserheblicher Beeinträchtigungen ohne gesetzliche Grundlage, durch den Staat zu fordern.[32]

7 Die Subjektstellung des Bürgers verwirklicht sich *materiell-rechtlich* neben den Grundrechten in einer Vielzahl einfachgesetzlicher subjektiver Rechte, mit denen der Gesetzgeber dem Verfassungsauftrag zur Konkretisierung, Ausgestaltung und wechselseitigen Begrenzung grundrechtlich geschützter Güter und Interessen nachkommt,[33] und *verfahrensrechtlich* in der Eröffnung gerichtlichen Rechtsschutzes, den Art 19 IV GG für den Fall einer Verletzung subjektiver Rechte sichert. Gerichtlicher, dh für den Schutz subjektiv-öffentlicher Rechte gem § 40 VwGO *verwaltungsgerichtlicher* Rechtsschutz ist im deutschen Rechtsschutzsystem, wie unten noch zu zeigen ist,[34] durchweg auf den Schutz subjektiver Rechte angelegt. Abweichungen von dieser Grundentscheidung, etwa durch die Einführung einer altruistischen Verbandsklage, sind nach § 42 II 1. Hs VwGO dem Gesetzgeber vorbehalten.[35] Damit ist grundsätzlich sowohl eine *Popularklage* ausgeschlossen, bei der sich jedermann zum Sachwalter der Allgemeinheit oder von Interessen Dritter machen kann, als auch die *Interessentenklage*, mit der die Beeinträchtigung autonom definierter wirtschaftlicher, kultureller oder ideeller Interessen geltend gemacht wird.[36]

II. Die Voraussetzungen des subjektiv-öffentlichen Rechts

1. Ausdrückliche Normierungen

8 Soweit ihn die Grundrechte nicht auf die Gewährung eines Mindestbestandes an individueller Rechtsmacht verpflichten,[37] ist der Gesetzgeber bei der Entscheidung darüber frei, welche Begünstigungen er einem Rechtssubjekt zur individuellen Geltendmachung zuweist.[38] Eine Reihe von Normen, die staatliche Leistungs- oder sonstige Handlungspflichten begründen, räumen den Begünstigten ausdrücklich ein subjektiv-öffentliches Recht ein (§ 4 I BSHG, § 4 I UIG, § 1 BaFöG, §§ 38, 39 SGB I, § 97 VII GWB) oder schließen ein solches aus (§ 1 III 2, § 123 III BauGB, § 3 II HGrG, § 29 I 2 VwVfG).

[32] *Scherzberg* DVBl 1989, 1128, 1134.

[33] Dazu näher Rn 12.

[34] Dazu Rn 28 ff.

[35] Beispiele hierfür sind die Behindertenverbandsklage gem § 13 BGG, die naturschutzrechtliche Vereins- und die umweltrechtliche Verbandsklage gem § 61 I 1 BNatSchG bzw § 2 UmwRG; zu letzterer ausführl unten Rn 31.

[36] *Wahl/Schütz* in: Schoch/Schmidt-Aßmann/Pietzner (Fn 21) Rn 7; *Ehlers* VerwArch 84 (1993) 139, 140.

[37] Dazu unten Rn 14 ff.

[38] *Masing* in: Hoffmann-Riem/Schmidt-Aßmann/Voßkuhle, Grundlagen I, § 7 Rn 100.

Problematisch ist die Ermittlung subjektiv-öffentlicher Rechte, wenn eine ausdrückliche normative Entscheidung fehlt.

2. Die herrschende Schutznormlehre

a) In diesen Fällen ist einem Rechtssatz nach der herrschenden sog Schutznormlehre[39] im Wege der Auslegung ein subjektiv-öffentliches Recht zu entnehmen, wenn er 9

- eine objektive Verhaltenspflicht begründet, die
- nicht ausschließlich zur Verwirklichung von öffentlichen Interessen, sondern zumindest auch der Befriedigung von Individualinteressen dient, und er
- dem Betroffenen die Rechtsmacht einräumt, die normgeschützten Interessen gegenüber dem Verpflichteten durchzusetzen.[40]

b) Dieser Fassung der Schutznormlehre liegt allerdings die Unterscheidung von öffentlichen und privaten Interessen zugrunde, die sich als „Interessentheorie"[41] schon für die Abgrenzung von öffentlichem und privatem Recht als wenig trennscharf erwiesen hat (→ § 3 Rn 17, 32).[42] Sie ist vor allem fragwürdig, soweit der Gesetzgeber, wie vielfach im Ordnungsrecht, die Regelung der zwischen Privaten bestehenden Konflikte in das öffentliche Recht verlagert und sie den Staatsorganen anvertraut.[43] Die damit bewirkte Verzahnung privater und öffentlicher Belange ist Ausdruck der grundgesetzlichen Entscheidung, in den Grundrechten die Wahrung und Sicherung privater Interessen zu höchstrangigen öffentlichen Anliegen zu bestimmen und dem Staat selbst nur die Rolle eines *Instruments*, nicht die eines *Ziels* der Gemeinwohlverwirklichung zuzuweisen. Können deshalb „öffentliche" Interessen letztlich nur gewichtete und aggregierte Individualinteressen sein,[44] und werden diese wiederum auch im Interesse eines wohlgeordneten Zusammenlebens der Rechtsgemeinschaft geschützt, kann die von der Schutznormlehre vorgeschlagene Anknüpfung an die Schutzrichtung des jeweiligen Rechtssatzes konzeptionell nicht überzeugen.

Hinzu kommt, dass auch der praktische Nachweis dieser Schutzrichtung auf Schwierigkeiten stößt. Für die Beurteilung, ob eine Norm zumindest auch den Interessen des Einzelnen dienen soll, fragt die Rechtsprechung regelmäßig danach, ob die Norm durch individualisierende Tatbestandsmerkmale einen Kreis von Begünstigten bezeichnet, der sich von der Allgemeinheit unterscheidet.[45] Das wird etwa für den Kreis der Nachbarschaft iSd § 5 I Nr 1 BImSchG angenommen. Welcher Grad der Individualisierung insoweit ausreichen soll, ist indes offen. Frühere Präzisierungsversuche, die darauf abstellten, ob sich der geschützte Personenkreis als räumlich abgrenzbar und zahlenmäßig

[39] Hierzu *Reiling* (Fn 12) 53, 83 ff, 182; *Grzeszick* (Fn 26) 56; *Röhl/Röhl* (Fn 4) 375 ff; *Ramsauer* AöR 111 (1986) 501, 509 ff; *Dietlein* JuS 1996, 593, 595; *Schmidt-Aßmann*, Ordnungsidee, 76 ff; *ders* (Fn 29) Rn 127 ff. Grundlegend *Bühler* (Fn 5) 21 ff, 224; *ders* GS Jellinek, 1955, 269, 272; OVG Rh-Pf IÖD (Informationsdienst Öffentliches Dienstrecht) 2004, 64; BVerwG DÖV 1995, 909 → JK BJagdG § 21/1; BVerwGE 81, 329, 334 → JK GG Art 14 I/27; 92, 313, 317; BayVGH BayVBl 2004, 314 ff; BVerfGE 27, 297, 307; 107, 215, 220 mwN.

[40] Dazu näher Rn 11.

[41] Vgl *Maurer* Allg VwR, § 3 Rn 14.

[42] Dazu auch oben im Text bei Rn 4.

[43] *Bachof* (Fn 10) 296 f; *Bleckmann* DVBl 1986, 666, 667.

[44] *S. Meyer* (Fn 17) 27.

[45] Vgl BVerwGE 117, 93, 99; 94, 151, 158; bereits BVerwGE 2, 288, 290.

nicht übermäßig groß darstellt, haben sich nicht bewährt.[46] Für die Subjektivierung des Rechts kann der Grad seiner Individualisierung aber auch allenfalls indizielle Bedeutung haben. Schließlich kann der Gesetzgeber, wie gezeigt, auch solche Regelungen individueller Geltendmachung übertragen, die nicht auf eine Begünstigung individueller Interessen gerichtet sind, wenn er ein entsprechendes („öffentliches") Interesse an der individuellen Rechtsdurchsetzung bejaht.

c) Die Feststellung, dass es sich bei öffentlichen Interessen letztlich nur um aggregierte Individualinteressen handelt, lässt andererseits nicht den Schluss zu, dass die Durchsetzung der Vorgaben des objektiven Rechts schlechthin subjektiver Rechtsmacht übertragen ist. Vielmehr liegt der Zuweisung einer Aufgabe an den Staat die Überzeugung zugrunde, dass deren Erfüllung in zweckmäßiger Weise nicht privat, sondern eben öffentlich zu organisieren ist. Diese Überführung der Aufgabenerledigung in die besonderen Befugnis- und Kontrollstrukturen des öffentlichen Rechts und des von diesem konstituierten staatlichen Organisationsgefüges hat für Bürger, Verwaltung und Gerichte nicht zuletzt auch eine Entlastungsfunktion.[47] Im öffentlichen Recht ist deshalb nicht mit jeder objektiven Pflicht des Staates ein subjektives Recht auf Normvollzug der Betroffenen verbunden. Das Bestehen eines *allgemeinen* Gesetzesvollziehungsanspruchs wird heute zu Recht verneint.[48] So bleiben subjektivierte und nicht subjektivierte Normgehalte zu unterscheiden, und bedarf es einer Weiterentwicklung der Schutznormlehre, die deren Defizite überwindet.

3. Die Weiterentwicklung der Schutznormlehre

10 a) Hierzu sind in der Literatur bereits verschiedene Ansätze unternommen worden. Zu Recht nicht durchgesetzt hat sich die Auffassung, der Rückgriff auf einfachgesetzliche subjektive Rechte sei entbehrlich, weil sich der Einzelne gegen rechtswidrige Belastungen in jedem Falle auf die Grundrechte berufen könne.[49] Zutreffend wird der grundrechtliche Freiheitsschutz damit nicht auf solche staatliche Einwirkungen beschränkt, die mittels Befehl und Zwang, mithin durch Eingriff in die Freiheitssphäre des Bürgers erfolgen. Ein Schutzbedürfnis besteht wegen der vielfältigen Abhängigkeiten der individuellen Entfaltung von rechtlichen, sozialen und wirtschaftlichen Rahmenbedingungen vielmehr auch im Hinblick auf mittelbare und faktische Beeinträchtigungen der Grundrechtsausübung.[50] Angesichts der Uferlosigkeit von Folge- und Nebenwirkungen staat-

[46] Vgl BVerwG DVBl 1987, 476, 477 → JK BauGB § 31/1; DVBl 1987, 1265, 1266, wo das Kriterium der (räumlichen) Abgegrenztheit des geschützten Personenkreises ausdr aufgegeben wird; ebenso BVerwGE 94, 151, 158. Gegen ein Abstellen auf die Zahl der Begünstigten auch *Kopp/Schenke* VwGO, § 42 Rn 72; *Wahl* JuS 1984, 577, 585; *König* Drittschutz, 1993, 123; anders noch *Kluth/Neuhäuser* NVwZ 1996, 738, 744.

[47] *Wahl* (Fn 12) Rn 60; *Eckardt* ThürVBl 2001, 223, 228 f.

[48] Dazu BVerfG NJW 2001, 1751 → JK GG Art 12 I/60; BVerfGE 72, 1, 8; *Wahl* (Fn 12) Rn 60, 70.

[49] Vgl *Zuleeg* DVBl 1976, 509, 514 ff; ähnlich *Bernhardt* JZ 1963, 302, 306 f (zur Klagebefugnis); *Sening* NuR 1980, 102, 105; *ders* BayVBl 1986, 161, 165 f.

[50] Vgl BVerwGE 71, 183, 191; vgl auch *Erichsen* DVBl 1983, 289, 293 ff; *Ramsauer* VerwArch 72 (1981) 89, 94 ff; *Kirchhof* Verwalten durch „mittelbares" Einwirken, 1977, 189 ff; *Discher* JuS 1993, 463, 464; *Albers* DVBl 1996, 233, 234; *Pieroth/Schlink* Grundrechte, 24. Aufl 2008, Rn 238 ff. Grundlegend zu faktischen Grundrechtseingriffen *Gallwas* Faktische Beeinträchtigungen im Bereich der Grundrechte, 1970; *A. Roth* Verwaltungshandeln mit Drittbetroffenheit und Gesetzesvorbehalt, 1991; *W. Roth* Faktische Eingriffe in Freiheit und Eigentum, 1994.

lichen Handelns auf die tatsächlichen Entfaltungschancen des Einzelnen kann den Grundrechten insoweit aber kein striktes Unterlassungsgebot, sondern lediglich ein Verfassungsauftrag an den Gesetzgeber zur Herstellung und Sicherung angemessener Voraussetzungen der Grundrechtsausübung entnommen werden.[51] Der Gesetzgeber bestimmt mithin das Ausmaß der staatlichen Grundrechtsvorsorge und grenzt damit auch den Bereich des von jedem selbst zu bewältigenden allgemeinen Lebensrisikos ab.[52] Der Gesetzgeber gestaltet insoweit die Rechtssphäre des Einzelnen aus und bestimmt dabei auch, in welchem Umfang diesem ein Recht auf Normvollzug gegenüber der Verwaltung zusteht.[53]

b) Wenig Gefolgschaft hat deshalb auch die Auffassung gefunden, ein subjektiv-öffentliches Recht sei immer dann anzunehmen, wenn ein gesetzwidriges Verhalten den Bürger „in seinen eigenen Angelegenheiten" betrifft.[54] Zur Begründung wird teilweise auf Art 19 IV GG verwiesen, dessen Grundentscheidung für eine eigene Rechtssphäre des Bürgers nicht durch einfaches Gesetzesrecht entwertet werden dürfe.[55] Dem ist entgegenzuhalten, dass der Bürger den Kreis seiner eigenen Angelegenheiten – in den Grenzen der grundrechtlichen Entfaltungsfreiheit – selbst bestimmt. Soll aber die Begründung eines subjektiven Rechts nicht im Belieben der Betroffenen stehen, bedarf es einer *rechtlichen* Eingrenzung der Sphäre individueller Zuständigkeit, die Art 19 IV GG selbst nicht erbringt.

c) Schließlich wird versucht, das Bestehen eines subjektiv-öffentlichen Rechts aus einer Gesamtbetrachtung der jeweiligen Rechtsbeziehung, mithin aus dem zwischen den Beteiligten bestehenden Rechtsverhältnis herzuleiten.[56] Zutreffend lässt sich darauf hinweisen, dass sich aus der Gesamtheit der ein Rechtsverhältnis konstituierenden Rechtsbeziehungen Indizien für das Verständnis eines Teilelements des betreffenden Regelungsgefüges ergeben können.[57] Andererseits lassen sich aus der Qualifizierung eines Beziehungsgefüges als Rechtsverhältnis als solcher keine neuen, normativ nicht fundierten Rechtsfolgen herleiten. Deshalb ist insoweit nur der umgekehrte Schluss zwingend: besteht ein subjektiv-öffentliches Recht, begründet dies ein Rechtsverhältnis zwischen den durch den Rechtssatz Berechtigten und Verpflichteten, innerhalb dessen über

[51] Vgl *Erichsen* VwR u VwGbkt I, 147 ff mwN; ebenso *Lerche* JurA 1970, 821, 847 ff; *Breuer* DVBl 1983, 431, 436; *Scherzberg* DVBl 1989, 1128, 1131 f; *Huber* (Fn 12) 189 ff; *E. Klein* NJW 1989, 1633, 1637 f; *Preu* Subjektivrechtliche Grundlagen des öffentlichrechtlichen Drittschutzes, 1992, 29 f; *Schmidt-Preuß* Kollidierende Privatinteressen im Verwaltungsrecht: das subjektive öffentliche Recht im multipolaren Verwaltungsrechtsverhältnis, 2. Aufl 2005, 37 ff; *Blankenagel* Verw 26 (1993) 1, 10; *Wahl* DVBl 1996, 641, 644 f; *Krebs* FS Menger, 1985, 191, 206.

[52] *S. Meyer* (Fn 17) 88 f mwN; *Krebs* (Fn 51) 206; *Ramsauer*, AöR 111 (1986) 501, 514.

[53] So i Erg auch *Maurer* Allg VwR, § 8 Rn 13; *Gerstner* Die Drittschutzdogmatik im Spiegel des französischen und britischen Verwaltungsgerichtsverfahrens, 1995, 196 ff; *Schmidt-Preuß* (Fn 51) 37 ff; vgl auch BVerfGE 78, 214, 226 → JK GG Art 19 IV 1/13.

[54] *Henke* Das subjektiv-öffentliche Recht, 1968, 57 ff, 60; *ders* FS W. Weber, 1974, 495, 510 f; ähnlich *Bartlsperger* VerwArch 60 (1969) 35, 49; *Lorenz* Der Rechtsschutz des Bürgers und die Rechtsweggarantie, 1973, 60.

[55] *Lorenz* (Fn 54) 56 ff.

[56] *Bauer* (Fn 4) 610 ff. Auch *Henke* DÖV 1980, 621, 623 bezeichnet das Rechtsverhältnis als „Grundlage aller subjektiven Rechte". Krit Auseinandersetzung mit der Rechtsverhältnislehre bei *Grzeszick* (Fn 26) 320 ff.

[57] Vgl *Bauer* AöR 113 (1988) 582, 612.

die Modalitäten der Rechtsausübung und über Nebenpflichten und Obliegenheiten zu entscheiden ist. So ist letztlich nicht das Rechtsverhältnis die Grundlage eines subjektiv-öffentlichen Rechts, sondern dieses ein Entstehungsgrund für jenes.

11 d) Die hier vorgeschlagene Weiterentwicklung der Schutznormlehre knüpft an den oben entwickelten Begriff des subjektiv-öffentlichen Rechts als eines Rechts auf Normvollzug an. Dessen Begründung setzt, wie gezeigt, kein im *natürlichen* Sinne eigenes Interesse des Begünstigten voraus,[58] sondern obliegt *rechtlicher* Entscheidung.[59] Deshalb kann es für seine Existenz nicht auf die *tatsächliche* Zurechenbarkeit eines Interesses zu einem Rechtssubjekt ankommen, sondern nur darauf, ob die Norm eine *normative* Verknüpfung herstellt, also dem Begünstigten die Rechtsmacht zur Geltendmachung des fraglichen Normbefehls gegenüber dem Verpflichteten zuweist.[60] Das zweite im Rahmen der Schutznormlehre entwickelte Merkmal eines subjektiv-öffentlichen Rechts erweist sich damit als entbehrlich. Einem Rechtssubjekt kommt vielmehr ein subjektiv-öffentliches Recht zu, wenn

- die Norm den Schutz eines bestimmten Rechtsguts oder Interesses als ein Regelungsziel verfolgt, es sich dabei also nicht um eine beiläufig eintretende Nebenfolge handelt (Schutzziel),
- sie eine über die objektive Rechtsbindung und deren verwaltungsinterne Sicherung hinausgehende Durchsetzung dieses Regelungsziels anordnet (Durchsetzungsanordnung) und dazu
- einem bestimmten, nicht notwendig begrenzten Adressatenkreis die dazu erforderliche Rechtsmacht zuweist (Rechtsmachtzuweisung).[61]

III. Die Funktion der Grundrechte bei der Bestimmung des subjektiv-öffentlichen Rechts

1. Norminterne Wirkung

12 Sowohl im bipolaren Verhältnis zwischen Bürger und Staat als auch in mehrseitigen Konfliktlagen unter Einschluss privater Dritter kann fraglich sein, ob und unter welchen Voraussetzungen bei der Suche nach dem subjektiv-öffentlichen Recht auf die Grundrechte zurückgegriffen werden darf. Dass es sich bei den Grundrechten des Grundgesetzes um subjektiv-öffentliche Rechte handelt, steht außer Streit.[62] Fraglich ist indes, inwieweit sie auch in verwaltungsrechtlichen Rechtsbeziehungen Anwendung finden.[63] Die Konkretisierung und Begrenzung der Grundrechte obliegt, wie in ihren im einzelnen unterschiedlich ausgestalteten Schrankenregeln zum Ausdruck kommt, dem Gesetzgeber. Bei der Suche nach dem subjektiv-öffentlichen Recht ist deshalb ein An-

[58] So bereits *G. Jellinek* (Fn 16) 71; *Bachof* (Fn 10) 287, 292; *Lorenz* (Fn 54) 76 Fn 11.

[59] Vgl etwa *Scholz* VVDStRL 34 (1976) 145, 203 f.

[60] So schon *Scholz* VVDStRL 34 (1976) 145, 203 f; ferner *Scherzberg* DVBl 1988, 129, 132; ähnlich *Masing* (Fn 38) Rn 107 ff, 115; *Reiling* (Fn 12) 112, 115.

[61] Bei dieser Auslegung kommt den Grundrechten besondere Bedeutung zu, dazu sogleich Rn 12 ff.

[62] Zum Verständnis der Grundrechte in früheren deutschen Verfassungsordnungen vgl *Stern* StR III/1, 519 f.

[63] Unterschiedliche Meinungen hierzu etwa bei *Huber* (Fn 12) 284 ff; *Schmidt-Preuß* (Fn 51) 49 ff; *Wahl* DVBl 1996, 641 ff.

wendungsvorrang des Gesetzes und nachgeordneter Rechtsquellen (des sog „einfachen Rechts") zu beachten. Diese sind primär daraufhin zu befragen, ob sie subjektive Rechte begründen.[64] Sind einschlägige gesetzliche Regelungen vorhanden, besteht Individualschutz regelmäßig nur, „soweit ihn der Gesetzgeber auch normiert hat".[65]

Bei dieser Prüfung kann eine verfassungskonforme oder eine verfassungsorientierte Auslegung[66] geboten sein: steht die Lösung eines grundrechtsrelevanten Interessenkonflikts in Frage, ist den einschlägigen Gesetzesbestimmungen vor dem Hintergrund der verfassungsrechtlichen Grundentscheidung für Selbstbestimmung und Eigenverantwortung des Bürgers regelmäßig die Zielsetzung zu entnehmen, die betroffenen Grundrechtsträger auch selbst zur Durchsetzung der normativen Anordnung zu ermächtigen.[67] Das trifft insbesondere zu, wenn der Gesetzgeber mit der fraglichen Regelung einer grundrechtlichen Schutzpflicht nachkommt.[68] Die Grundrechte wirken insoweit *normintern*.[69] **13**

2. Normexterne Wirkung

Fehlt es an einer einschlägigen einfachgesetzlichen Normierung oder sieht diese eine verfassungsrechtlich gebotene Subjektivierung nicht vor, ist umstritten, ob zur Lösung eines grundrechtsrelevanten Konflikts von der Verwaltung unmittelbar auf die Grundrechte zurückgegriffen werden darf, die Grundrechte mithin auch *normextern* wirken. Während die Rechtsprechung dies, meist unter der Voraussetzung einer qualifizierten Grundrechtsbeeinträchtigung, bejaht,[70] sieht ein Teil der Literatur die Grundrechte **14**

[64] Vgl *Maurer* Allg VwR, § 8 Rn 11, 13; *Wahl* (Fn 12) Rn 92; *Schmidt-Preuß* (Fn 51) 37 ff.

[65] So BVerfG NJW 2005, 2289, 2295; BVerwGE 107, 215, 219 → JK BauGB § 1 VI/1; 101, 364, 373; 83, 182, 195; 78, 214, 226 → JK GG Art 97 I/1.

[66] Zu diesen Auslegungsmaximen u ihrer Unterscheidung etwa *Schlaich* Das Bundesverfassungsgericht, 7. Aufl 2007, Rn 440 ff; *Scherzberg* Grundrechtsschutz und Eingriffsintensität, 1989, 31 f.

[67] Vgl *Breuer* DVBl 1983, 431, 437; *Wahl* JuS 1984, 577, 585 f; *Scherzberg* Jura 1988, 455, 458 f; *Bauer* AöR 113 (1988) 582, 624 ff; *Huber* (Fn 12) 200 ff, *Grzeszick* (Fn 26) 174; *Reiling* (Fn 12) 125 f, 134 ff.

[68] Dazu *Enders* AöR 115 (1989) 610, 627; zu grundrechtlichen Schutzpflichten vgl BVerfGE 46, 160, 164; 49, 89, 142; 53, 30, 57 f; 56, 54, 73 → JK GG Art 2 II 1/2; 77, 170, 214 f → JK GG Art 116 I/1; 88, 203, 251 ff; BVerfG NJW 2002, 1638 ff → JK BGB § 249/33; BVerwG NJW 1996, 1297 f → JK GG Art 2 II 1/3; *Dietlein* Die Lehre von den grundrechtlichen Schutzpflichten, 2. Aufl 2005; *H.H. Klein* DVBl 1994, 489 ff; *Szczekalla* Die sogenannten grundrechtlichen Schutzpflichten im deutschen und europäischen Recht, 2002; *Krings* Grund und Grenzen grundrechtlicher Schutzansprüche, 2003; *Scherzberg/Mayer* JA 2004, 51 ff.

[69] Zur Terminologie *Schmidt-Aßmann* in: Maunz/Dürig (Fn 29) Rn 125; *Wahl/Schütz* (Fn 21) Rn 58.

[70] Im Rahmen des nachbarrechtlichen Eigentumsschutzes nach Art 14 I GG forderte die Rspr urspr eine nachhaltige Situationsveränderung, die den Nachbarn „schwer und unerträglich" trifft, vgl BVerwGE 30, 191, 198; 32, 173, 179; BVerwG DÖV 1984, 70, 71; zum heutigen Verständnis des baurechtlichen Nachbarschutzes unten Rn 19. Aus der übrigen Rspr vgl VGH BW DÖV 2004, 755 ff (Art 12 I GG); NdsOVG NdsVBl 2005, 101 f (Art 5 III GG); VG Berl NJW 1995, 2650, 2651 f; BVerwGE 111, 276 ff (Art 2 II GG); BVerwGE 102, 12, 15 (Art 6 GG); BVerwG NVwZ 1998, 732, 732 f (Art 14 GG). Geradezu lakonisch zur unmittelbaren Anwendbarkeit der Grundrechte im Verwaltungsrecht BVerwGE 96, 293, 294; zust etwa *Schmidt-Aßmann* in: Maunz/Dürig (Fn 29) Rn 125 f; *ders* Ordnungsidee, 77 f; *Maurer* Allg VwR, § 8 Rn 11.

insoweit nicht als individuell zu aktivierende Rechtspositionen, sondern lediglich als Direktive an den Gesetzgeber an.[71] Ohne dessen Konkretisierungsleistung fehle angesichts des prinzipienhaften Charakters der Grundrechte ein Maßstab für den Ausgleich widerstreitender Grundrechtspositionen im Einzelfall. Werde der Subjektivierungsauftrag an den Gesetzgeber verfehlt, sei ein unmittelbarer Durchgriff der Verwaltung auf die Grundrechte unzulässig und sei es Sache der (Fach-)Gerichte, die grundrechtlichen Vorgaben im Wege richterlicher Rechtsfortbildung zu konkretisieren. Soweit eine solche Rechtsfortbildung unzulässig ist, bleibe nur ein Rückgriff auf die Normenkontrolle gem Art 100 I GG bzw Art 93 I Nr 2 GG.

15 Ob die Grundrechte als objektive Steuerungsvorgaben und als subjektive Rechte stets eine derartige „Vermittlung" durch Richterrecht benötigen, ist indes zweifelhaft. Dagegen sprechen vor allem die Anordnung der unmittelbaren Grundrechtsbindung der Verwaltung in Art 1 III GG und die individualrechtsbegründende Zielsetzung der Grundrechtsgewährleistungen. Überdies kann der Anwendungsvorrang des einfachen Rechts nicht weiter reichen als dessen Regelungs- und damit Anwendungsanspruch. Deshalb ist zu unterscheiden:

Ist ein Konflikt grundrechtlich geschützter Güter gesetzlich nicht oder nur im Rahmen von Generalklauseln vorentschieden, richten sich die grundrechtlichen Steuerungsvorgaben gem Art 1 III GG unmittelbar an die Verwaltung. Dazu zählen insbesondere das Verbot des Eingriffs in die grundrechtliche Freiheit ohne gesetzliche Grundlage, die Verpflichtung auf das grundrechtliche Über- und Untermaßverbot sowie das Gebot der Berücksichtigung grundrechtlicher Schutzpflichten und sonstiger Wertentscheidungen bei der Wahrnehmung administrativer Ermessens- und Gestaltungsspielräume. Auf die Beachtung dieser freiheitsschützenden Regelungsgehalte richtet sich das grundrechtliche subjektive Recht.[72] Der Anwendungsvorrang des Gesetzesrechts steht in diesem Fall nicht entgegen. Würden die Grundrechte insoweit erst im Zuge einer richterrechtlichen Vermittlung beachtlich, wäre die Durchsetzung ihrer Steuerungsziele erheblich erschwert. So dürfte ihre vorherige Verfehlung nicht als Rechtsverstoß gelten und wären damit sowohl der Erfolg der verwaltungsinternen Rechtskontrollen als auch die Zulässigkeit der Inanspruchnahme von Rechtsschutz fraglich.[73] Die Befugnis der Gerichte zur lückenfüllenden Rechtsfortbildung wird im Übrigen durch den allgemeinen grundrechtlichen Vorbehalt des Gesetzes begrenzt.[74] Auch deshalb kann der Grundrechtsträger nicht auf eine richterliche Rechtsfortbildung verwiesen werden, wenn er sich gegen ein ihn belastendes grundrechtlich erhebliches Verwaltungshandeln wehrt.

Anders liegt der Fall, wenn eine gesetzliche Regelung erlassen ist, diese aber die grundrechtlich gebotene Berücksichtigung der Belange des Betroffenen verfehlt und insoweit auch keiner verfassungskonformen Auslegung zugänglich ist. Verwaltung und

[71] So vor allem *Wahl* DVBl 1996, 641 ff; *ders* (Fn 12) Rn 85; weiter zur Problematik *Köpfler* Die Bedeutung von Art 2 I GG im Verwaltungsprozess, 2008, 19 ff; *Schmidt-Aßmann* Ordnungsidee, 75.

[72] Zur konstruktiven Grundlage *Scherzberg* DVBl 1989, 1128, 1135 f; das grundrechtlich fundierte subjektiv-öffentliche Recht kann etwa auf eine fehlerfreie Berücksichtigung grundrechtlicher Wertvorgaben im Rahmen einer Ermessensentscheidung gerichtet sein, dazu unten Rn 17.

[73] Zum Erfordernis der Existenz eines (möglicherweise verletzten) subjektiv-öffentlichen Rechts im Rahmen der Klagebefugnis vgl unten Rn 29 f.

[74] Vgl *Stern* StR II, 581 ff; *Hillgruber* JZ 1996, 118 ff.

Gerichte besitzen im Anwendungsbereich des Art 100 I GG keine Kompetenz zur Normverwerfung.[75] Das Gesetzmäßigkeitsprinzip des Art 20 III GG sichert vielmehr den Vollzug auch der grundrechtswidrigen parlamentarischen Entscheidungen.[76] Verwaltung und (Fach-)Gerichten ist es daher verwehrt, unter dem Vorhalt der Grundrechtswidrigkeit eines Gesetzes eine eigene, abweichende Grundrechtskonkretisierung zu betreiben. Ein unmittelbarer Rückgriff auf die Grundrechte findet insoweit nicht statt.

Besonders umstritten sind die – nach der früheren Rechtsprechung etwa im Baurecht anzutreffenden[77] – Fälle, in denen nicht der objektive Regelungsgehalt eines Gesetzes, sondern nur das Fehlen seiner *Subjektivierung* grundrechtswidrig erscheint. Die Regelung mag dann zwar zum Ausgleich grundrechtlich geschützter Interessen bestimmt sein, sie schließt aber ihre individuelle Durchsetzung generell oder zugunsten bestimmter Betroffener unzulässig aus.[78] Fraglich ist, ob sich diese dann unmittelbar auf die Grundrechte berufen können.[79] Im Rahmen des Art 14 GG hat die Rechtsprechung dies – vor der Entwicklung des einfachgesetzlichen baunachbarrechtlichen Rücksichtnahmegebots[80] – bei Vorliegen einer „schweren und unerträglichen" Beeinträchtigung des Eigentums bejaht[81] und dem Grundrecht damit einen Mindeststandard an individueller Rechtsmacht zur Abwehr von administrativen Eigentumsbeeinträchtigungen entnommen. Hier könnte der Anwendungsvorrang des einfachen Rechts einem Rückgriff auf die Grundrechte entgegenstehen. Freilich kann dies nur der Fall sein, soweit der Regelungsanspruch des einschlägigen Gesetzes reicht. Dieser wird sich regelmäßig aber auf die Zuweisung von Rechtsmacht zur Durchsetzung der *gesetzlichen* Konfliktlösung beschränken und keinen Ausschluss des Rückgriffs auf *verfassungsrechtliche* Steuerungsimpulse intendieren. Wenn sich die grundrechtlichen Steuerungsvorgaben ausnahmsweise, etwa im Rahmen des Untermaßverbots, zu einer strikten Verhaltenspflicht des Staates verdichten[82] und dem – der individualschützenden Funktion der Grundrechte entsprechend – ein grundrechtliches subjektiv-öffentliches Recht entspricht,[83] steht die fehlende Subjektivierung des einfachen Rechts einer Berufung auf die 16

[75] BVerfGE 1, 184, 197; 63, 131, 141 → JK GG Art 100 I/6. Dazu *Hillgruber* JZ 1996, 118 ff; *Schlaich* (Fn 66) Rn 134 f, *Stern* StR III/2, 1262 f; zur abweichenden Rechtslage im Anwendungsbereich des Unionsrechts vgl EuGH Slg 1989, 1839 Rn 29 – Costanzo; *Epiney* DVBl 1996, 409, 412, ferner unten Rn 31 ff.

[76] Vgl *Hutka* Prüfungs- und Verwerfungskompetenz der deutschen Verwaltung gegenüber Rechtsnormen nach europäischem Gemeinschaftsrecht und nach deutschem Recht, 1997, 129 ff; *Grzeszick* in: Maunz/Dürig, GG, Art 20 VI Rn 22 f.

[77] BVerwGE 32, 173, 178 f zu § 34 BauGB, überholt seit Entwicklung des – teilweise drittschützenden – baurechtlichen Gebots der Rücksichtnahme, BVerwGE 67, 334 → JK GG Art 28 II/9; BVerwG DVBl 1981, 928 ff; NVwZ 1996, 170 f; dazu unten Rn 19.

[78] S dazu BVerwGE 96, 302, 306; VG Berl NJW 1995, 2650, 2561 f; dazu *Wahl* DVBl 1996, 641, 643; *Ramsauer* AöR 111 (1986) 501, 521; *Gurlit* Die Verwaltung 28 (1995) 449, 468.

[79] Dazu einerseits *Wahl* (Fn 12) Rn 75 ff; andererseits *Schmidt-Aßmann* Ordnungsidee, 78; *Maurer* Allg VwR, § 8 Rn 11; BVerwGE 89, 69, 78.

[80] Dazu unten IV 1.

[81] Vgl dazu BVerwGE 30, 191, 198; 32, 173, 179; BVerwG DÖV 1984, 70, 71.

[82] BVerfGE 88, 203, 254; BVerfG NJW 1996, 651; *Michael* JuS 2001, 148 ff; *Sodan* NVwZ 2000, 601 ff; *Dietlein* ZG 1995, 131 ff; *Lübbe-Wolff* Die Grundrechte als Eingriffsabwehrrechte, 1988, 118 f, 122 ff; *Scherzberg* (Fn 66) 193 ff.

[83] Zum Verhältnis von objektiv-grundrechtlichen Steuerungsvorgaben und subjektivem Grundrecht *Scherzberg* DVBl 1989, 1128 ff.

Grundrechte deshalb nicht entgegen. Anderes gilt, soweit dem Gesetz ausnahmsweise ein *umfassender* Ausschluss individueller Rechtsdurchsetzung zu entnehmen wäre. Dieser ließe sich im Anwendungsbereich des Art 100 I GG wiederum nur durch Vorlage der ggf grundrechtswidrigen Norm an das BVerfG beheben.[84]

17 Räumt schließlich die anzuwendende Norm der Verwaltung Ermessen ein, so entfalten die Grundrechte, soweit grundrechtlich geschützte Interessen betroffen sind, unmittelbare Wirkung im Rahmen der Ermessensausübung.[85] Allerdings darf die Behörde einschlägige verfassungsrechtliche Wertvorgaben zugunsten des Adressaten einer Ermessensentscheidung oder des von ihr mittelbar betroffenen Dritten nur beachten, soweit sich dies innerhalb der – ggf verfassungskonform verstandenen – Zweckbestimmung der einfachgesetzlichen Ermessenseinräumung hält.[86] Davon ist die – nach allgemeinen Regeln zu entscheidende – Frage nach der Verleihung von Rechtsmacht zur *Geltendmachung* des (einfachgesetzlichen) Normbefehls zu unterscheiden.[87]

IV. Zur Ermittlung des subjektiv-öffentlichen Rechts im Einzelnen

18 Denjenigen Normen, die die Befugnis des Staates zur Ausgestaltung oder Verkürzung grundrechtlich geschützter Freiheiten oder Rechtsgüter regeln, ist wie gezeigt regelmäßig die Zielsetzung zu entnehmen, den betroffenen Grundrechtsträger auch zur Wahrnehmung und Durchsetzung des ihm einfachgesetzlich bemessenen Freiheitsraumes zu ermächtigen.[88] Damit sind im bipolaren Verhältnis zwischen Bürger und Staat regelmäßig alle jene Normen subjektiviert, die die Voraussetzungen der Beeinträchtigung des grundrechtlichen Schutzbereichs und damit die Reichweite des grundrechtlichen Unterlassungsgebots steuern.[89] Gleiches gilt für Regelungen, die eine Verpflichtung des Staates zur Gewährung einer Leistung oder Erlaubnis begründen, wenn diese dem Ziel der grundrechtlichen Entfaltung dient.

Außerhalb des Einflusses grundrechtlicher Wertvorgaben kann die Sachkompetenz und Regelungsnähe betroffener Personen oder Einrichtungen als Indiz für die Begründung eines subjektiv-öffentlichen Rechts gelten. So liegt der Fall der anerkannten Na-

[84] So i Erg auch *Wahl* DVBl 1996, 641, 650; *Köpfler* (Fn 71), 46 f.

[85] BVerwGE 114, 356, 361 f: Anspruch auf Beachtung der Religionsfreiheit gemäß Art 4 I 2 GG der inländischen Mitglieder eines religiösen Vereins bei der Ermessensentscheidung über die Einreise des ausländischen religiösen Oberhaupts; BVerfGE 76, 1, 49 f u BVerwGE 102, 12, 23: Anspruch der Ehefrau auf Berücksichtigung der Wertentscheidung aus Art 6 I GG bei der Entscheidung über die Verlängerung der Aufenthaltserlaubnis ihres ausländischen Ehemanns; s ferner BVerwG NJW 1996, 1297 f → JK GG Art 2 II 1/3; BVerwGE 111, 276 ff; 107, 215, 219 ff → JK BauGB § 1 VI/1; *Stern* StR III/1, 1349 ff.

[86] Vgl BVerfG NJW 2005, 2289, 2295: Gibt das Entscheidungsprogramm des Gesetzes der Behörde auf, bei der Ermessensausübung auch rechtlich geschützte Interessen des Betroffenen zu berücksichtigen, greife die Rechtsschutzgarantie des Art 19 IV GG. Schützt die Norm demgegenüber keine rechtlichen Interessen des Betroffenen, müsse die Ermessensentscheidung für ihn nicht justitiabel sein; im Grenzbereich verdiene die grundrechtsfreundliche Interpretation den Vorzug; s auch BVerwGE 92, 153, 156 f.

[87] Zum Recht auf fehlerfreien Ermessensgebrauch sogleich Rn 23.

[88] Dazu bereits oben Rn 13.

[89] *Erichsen* in: Isensee/Kirchhof VI, § 152 Rn 17 ff, 45; *Wahl/Schütz* in: Schoch/Schmidt-Aßmann/Pietzner (Fn 21) Rn 48; zu der in diesem Zusammenhang vielfach vertretenen Adressatentheorie unten Rn 30.

turschutzverbände, die in §§ 58 ff BNatSchG als in besonderer Weise zur Durchsetzung naturschutzrechtlicher Belange befähigte Einrichtungen konstituiert werden und denen ein subjektiv-öffentliches Beteiligungsrecht an bestimmten Verwaltungsverfahren eingeräumt ist.[90] Die besondere Betroffenheit und das Bedürfnis nach effektiver Rechtskontrolle dürften etwa auch Anlass dafür gegeben haben, einem Ausländer bei der Bescheidung seines Einbürgerungsantrags gem § 8 StAG ein subjektiv-öffentliches Recht (auf fehlerfreie Ermessensentscheidung[91]) zuzuerkennen, obwohl bei der Entscheidung ausschließlich „öffentliche" Interessen einzustellen sind.[92]

Auch in mehrpoligen Konfliktlagen hat, wie gezeigt, primär der Gesetzgeber über die Reichweite der Durchsetzungsmacht der von administrativem Handeln Betroffenen zu entscheiden. In diesen Fällen, in denen es – wie häufig im öffentlichen Wirtschaftsrecht, im Bau- und Anlagenzulassungsrecht oder im Umweltrecht – um die Abwehr der Begünstigung eines Konkurrenten oder die Durchsetzung einer Auflage an einen Nachbarn und damit um „Drittschutz" geht, ist bei der Bestimmung der Reichweite privater Durchsetzungsmacht auch das grundrechtlich geschützte Interesse des durch den Drittschutz belasteten Privaten, des Bauherrn oder Investors, an einem rechtssicheren Erhalt der ihm gewährten Begünstigung zu berücksichtigen. Die gesetzlich intendierte Verteilung von Rollen und Befugnissen ist insoweit – bei Fehlen einer ausdrücklichen Regelung – durch eine Gesamtbetrachtung des einschlägigen Regelungsprogramms zu ermitteln.[93] Die Zuweisung subjektiv-öffentlicher (Abwehr-)Rechte ist regelmäßig ein Element einer umfassenden, kollidierende Nutzungs- und Entfaltungsinteressen regelnden Ausgleichsordnung, deren Beteiligte sich typischerweise durch räumliche Nähe oder wirtschaftliche Konkurrenzbeziehungen von außenstehenden „Vierten" abgrenzen.[94] Deshalb ist der Kreis der abwehrberechtigten Dritten regelmäßig auf diejenigen Personen begrenzt, die von der gerügten Normverletzung „in qualifizierter Weise betroffen" sind.[95] In einigen Rechtsgebieten hat die Rechtsprechung diese Regel bereichsspezifisch konkretisiert.

1. Baurecht

Bestimmungen des Bauplanungsrechts begründen subjektiv-öffentliche Rechte grundsätzlich dann, wenn sie der Lösung eines nachbarschaftlichen Interessenkonflikts dienen und die dem Bauherrn gestatteten und vom Nachbarn zu duldenden Nutzungen des Grundeigentums definieren.[96] Die drittschützende Wirkung eines Bebauungsplans hängt grundsätzlich von dem Willen der planenden Gemeinde ab.[97] Die Festsetzungen 19

[90] Vgl BVerwGE 87, 62, 72 → JK VwGO § 42 II/17, mit dem Hinw, der Gesetzgeber habe damit das öffentliche Interesse am Natur- u Landschaftsschutz „subjektiviert".

[91] Dazu unten Rn 23.

[92] BVerwG NJW 1987, 856 f.

[93] *Wahl* (Fn 12) Rn 97.

[94] *Schmidt-Preuß* (Fn 51) 31 ff, 247 ff; *Wahl/Schütz* in: Schoch/Schmidt-Aßmann/Pietzner (Fn 21) Rn 50; freilich kann der Gesetzgeber einem Konfliktbeteiligten die Durchsetzung der getroffenen Ausgleichsregelung auch versagen.

[95] BVerwG NJW 1983, 1507, 1508.

[96] BVerwG DVBl 1987, 476 → JK BauGB § 31 II/1; BVerwGE 101, 364, 376; näher *Dürr* JuS 2007, 431, 434.

[97] BVerwG NVwZ 1985, 748, 749; *Koch/Hendler* Baurecht, Raumordnung und Landesplanungsrecht, 4. Aufl 2004, § 28 Rn 30 ff; *Erbguth* in: Achterberg/Püttner/Würtenberger, VwR I, § 8 Rn 277; *Wahl/Schütz* in: Schoch/Schmidt-Aßmann/Pietzner (Fn 21) Rn 117.

über die Regel- und Ausnahmebebauung nach §§ 2 ff BauNVO sind kraft Bundesrechts allerdings immer, die Festlegungen über Maß und Bauweise gem §§ 16 ff BauNVO können je nach Willen der Gemeinde Ausdruck einer nachbarschaftlichen Ausgleichsordnung sein.[98] Auf die konkrete Betroffenheit eines Nachbarn kommt es für die Frage nach der Subjektivierung insoweit nicht an. Außerhalb der Festlegungen eines Bebauungsplans folgt der Nachbarschutz aus dem nach Rechtsprechung und herrschender Lehre in § 31 II,[99] § 34 I[100] und § 35 I, III[101] BauGB sowie § 15 I BauNVO[102] verankerten planungsrechtlichen Gebot der Rücksichtnahme.[103] Dieses fordert die Anpassung baurechtlich im übrigen zulässiger Vorhaben an die konkrete bauliche Situation und die Vermeidung schwerwiegender Beeinträchtigungen konfligierender rechtlich geschützter nachbarschaftlicher Belange. Diesem zunächst objektiven Ausgleichsgebot wird drittschützender Gehalt zuerkannt, soweit danach in qualifizierter und zugleich individualisierter Weise auf besondere Rechtspositionen Rücksicht zu nehmen ist oder das Betroffensein Dritter wegen der besonderen Umstände so handgreiflich ist, dass dies die notwendige Qualifizierung, Individualisierung und Eingrenzung bewirkt.[104] Die Entstehung des subjektiv-öffentlichen Rechts ist insoweit von der konkreten Betroffenheit des Klägers abhängig.[105]

Im Bereich des Bauordnungsrechts können nach Maßgabe der jeweils einschlägigen BauO vor allem Bestimmungen zur Abstandsfläche, feuer- und gesundheitspolizeiliche Normen und Regelungen über die Lage und Beschaffenheit von Garagen und Stellplätzen drittschützende Wirkung zeitigen. Dabei geht es regelmäßig um den Schutz des Nachbargrundstücks vor Emissionen und anderen Einwirkungen.[106] Für Vorgaben zur Baugestaltung wird ein subjektiv-rechtlicher Charakter überwiegend verneint.[107]

2. Umweltrecht

20 Im Umweltrecht sind die Paradigmen des Drittschutzes derzeit im Wandel. Unstreitig sind nicht alle der Erhaltung der natürlichen Lebensgrundlagen dienenden Vorgaben subjektiviert. Herkömmlich wird insoweit zwischen Regeln der *Gefahrenabwehr* und solchen der *Vorsorge* unterschieden. Geht es, wie etwa im Rahmen des § 5 I Nr 1

[98] BVerwGE 94, 151, 155; näher *Wahl/Schütz* in: Schoch/Schmidt-Aßmann/Pietzner (Fn 21) Rn 117. S auch *Schmidt-Aßmann/Schoch* Bes VwR, 4. Kap Rn 235.

[99] Vgl BVerwG DVBl 1987, 476 → JK BauGB § 31 II/1; NVwZ-RR 1999, 8; im Rahmen des § 31 II BauGB kann auch die Abweichung von nicht-nachbarschützenden Festlegungen mittelbar einen Abwehranspruch begründen, wenn daraus entsprechend intensive Nachteile für eine nachbarrechtlich geschützte Position folgen, BVerwG NJW 1993, 469, 470.

[100] Zum Merkmal des Sich-Einfügens vgl BVerwG NJW 1981, 1973; DVBl 1981, 928. Die *Art* der baulichen Nutzung ist allerdings wiederum unmittelbar drittschützend kraft Bundesrechts, ein Rückgriff auf das Rücksichtnahmegebot dort also nicht erforderlich.

[101] Das Rücksichtnahmegebot wird einzelnen der dort genannten entgegenstehenden öffentlichen Belange bei individueller Betroffenheit des Nachbarn entnommen, insbes § 35 III Nr 3 BauGB iVm dem BImSchG. Hierzu insgesamt *Jäde* JuS 1999, 961 ff.

[102] BVerwGE 67, 334, 339; 82, 343, 345; 98, 235, 243.

[103] Dazu allgemein *Jäde* JuS 1999, 961 ff; *Schulte* UPR 1984, 212 ff; *Dürr* JuS 2007, 431, 433 ff.

[104] BVerwGE 52, 122, 131; *Schmidt-Aßmann/Schoch* Bes VwR, 4. Kap Rn 233, 237 f.

[105] BVerwG NVwZ 2005, 328 ff mwN, st Rspr; *Schoch* Jura 2004, 317, 320 f.

[106] Vgl etwa §§ 15 ff ThürBO, §§ 13 ff LBO BW; *Schoch* Jura 2004, 317, 323 f.

[107] Dazu im Überblick *Finkelnburg/Ortloff* Bauplanungsrecht II, 5. Aufl 2005, 262 ff, 286 f. S auch *Schmidt-Aßmann/Schoch* Bes VwR, 4. Kap Rn 236.

BImSchG, um das Verbot schädlicher Umwelteinwirkungen, die in zurechenbarer Weise und mit hinreichender Wahrscheinlichkeit einen Schaden für ein gesetzliches Schutzgut herbeiführen, mithin um die Abwehr einer Gefahr, wird dem Träger des geschützten Gutes die Rechtsmacht zur Durchsetzung der umweltrechtlichen Unterlassungspflichten gewährt.[108] Soll hingegen, wie etwa im Rahmen des § 5 I Nr 2 BImSchG, Vorsorge gegen umweltrelevante Einwirkungen unterhalb der Gefahrenschwelle geleistet werden, etwa bei unklaren Zurechnungszusammenhängen, zeitlicher oder räumlicher Fernwirkung oder in Fällen geringer Eintrittswahrscheinlichkeit, ist die Einhaltung der umweltrechtlichen Vorgaben nach herrschender Auffassung individueller Geltendmachung entzogen.[109] Freilich ist diese Differenzierung vor dem Hintergrund des Umstandes fragwürdig, dass grundrechtliche Schutzpflichten auch im Vorfeld der Gefahrenabwehr entstehen und gesetzliche Vorsorgemaßnahmen erzwingen können.[110] Auch spiegelt sie nicht angemessen wider, dass in vielen Bereichen des Umwelt- und Technikrechts die Schadenspotentiale durch aggregierte Verursachungsbeiträge höher, individuelle Zurechnungen schwieriger, die Eintrittswahrscheinlichkeit ungewisser und Maßnahmen des Rechtsgüterschutzes deshalb immer präventiver und abstrakter werden.[111] Für einzelne neue Technologien mit hohem Risikopotential wie die Atomenergie und die Gentechnik ist die tradierte Unterscheidung von individualschützender Gefahrenabwehr und objektivrechtlicher Vorsorge deshalb mittlerweile auch aufgegeben.[112] Aber auch im übrigen Umweltrecht dürfte es vorzugswürdig sein, bei der Auslegung der einschlägigen Rechtsgrundlagen darauf abzustellen, ob diese einem grundrechtsbezogenen Schutzzweck oder der Abwehr grundrechtsunspezifischer Effekte dienen, wie dies etwa bei der ressourcenökonomischen Vorsorge der Fall ist.[113] Letzterenfalls wird eine Subjektivierung nur zu bejahen sein, wenn das Gesetz – etwa in Anknüpfung an unionsrechtliche Verpflichtungen oder in Umsetzung der Verpflichtungen aus Art 9 II Aarhus-Konvention[114] – einen besonderen Bedarf an der individuellen Durchsetzung der jeweiligen Umweltnorm erkennen lässt.

[108] Vgl BVerwGE 68, 58 ff; 79, 254 ff; *Koehl* DVP 2004, 447 ff.

[109] BVerwGE 119, 329, 331 f; 65, 313, 320 → JK VwGO § 79 II/4; VGH BW NVwZ 1996, 297, 303; BayVGH NvWZ 1998, 1191, 1194; *Jarass* NJW 1983, 2844, 2845; krit *Wagener* NuR 1988, 71 ff; *Murswiek* DV 38 (2005) 243, 245; zur Vorsorgepflicht *Neuser* UPR 2001, 366 ff; *Kutscheidt* in: Bender (Hrsg), Rechtsstaat zwischen Sozialgestaltung und Rechtsschutz: FS für Konrad Redeker, 1993, 437 ff. Zur Abgrenzung Gefahrenabwehr u Vorsorge *Kutscheidt* ebd; *Murswiek* DV 38 (2005) 243, 245. S auch *Schmidt-Aßmann/Schoch* Bes VwR, 5. Kap Rn 182 ff.

[110] *Kloepfer* Umweltrecht, 3. Aufl 2004, § 3 Rn 48; *Murswiek* DV 38 (2005) 243, 254 ff; s a BVerfGE 56, 54, 77 f → JK GG Art 2 II 1/2; freilich besteht keine Pflicht zum Einschreiten gegen „rein hypothetische Gefährdungen", vgl BVerfG NJW 2002, 1638 f.

[111] Dazu *Scherzberg* VVDStRL 63 (2004) 214, 216 f, 220 f, 228 ff.

[112] Zum Atomrecht BVerwGE 72, 300, 315; BVerwG NVwZ 1989, 1168 f; zum Gentechnikrecht: VG Neustadt NVwZ 1992, 1008, 1010 f; *Hirsch* Gentechnikgesetz, 1991, § 6 Rn 19.

[113] Ähnlich *Wahl/Schütz* in: Schoch/Schmidt-Aßmann/Pietzner (Fn 21) Rn 160; nicht zuletzt anerkennt auch das Unionsrecht den individualschützenden Charakter vorsorgeorientierter Grenzwerte, vgl EuGH Slg 1991, I-825, Rn 7; Slg 1991, I-4983, Rn 14; dazu *Callies* NVwZ 1996, 339, 340 f.

[114] Zum Unionsrecht unten Rn 31 ff; zur Aarhus-Konvention (UN/ECE-Konvention über den Zugang zu Informationen, die Öffentlichkeitsbeteiligung an Entscheidungsverfahren und den Zugang zu Gerichten in Umweltangelegenheiten, http://www.bmu.de/buergerbeteiligungsrechte/downloads/doc/2875.php) allg *Epiney* ZUR Sonderheft 2003, 176 ff; *Rüffel* Das Institut der Klagebefugnis zur Verfolgung von Umweltinteressen, 2008, 176 ff; zu den Folgerungen für die Verbandsklage im Umweltrecht unten Rn 31.

3. Wirtschaftsverwaltungsrecht

21 Die Drittschutzprobleme des Wirtschaftsverwaltungsrechts betreffen zumeist Streitigkeiten, in denen die Zulassung oder Begünstigung eines Konkurrenten abgewehrt, die eigene Zulassung oder Begünstigung auf dessen Kosten herbeigeführt oder die Gleichstellung mit einem Wettbewerber erstritten werden soll.[115] Den verfassungsrechtlichen Hintergrund dieser Begehren bildet die in Art 12 I, 14 I und 3 I GG und Art 40 EinigungsV iVm Art 11, 14 des Vertrages über die Schaffung einer Währungs-, Wirtschafts- und Sozialunion getroffene Entscheidung für einen marktwirtschaftlichen Wettbewerb mit gleichen Zugangsbedingungen und Teilnahmechancen.[116] Dem Gesetzgeber kommt bei dessen Ausgestaltung allerdings ein weiter wirtschafts- und sozialpolitischer Gestaltungsspielraum zu.[117] Soweit er die rechtlichen Bedingungen der Teilnahme am Wettbewerb regelt, ist damit regelmäßig auch die Durchsetzungsmacht der am konkreten Konkurrenzverhältnis Beteiligten begründet.[118] Das gilt entgegen der Auffassung des BVerwG auch für § 23 I 1 LSchlG.[119] Ein Schutz „vor Konkurrenz" wird freilich in einer marktwirtschaftlichen Ordnung grundsätzlich nicht gewährt.[120] Nur ausnahmsweise werden, wie im Falle des § 13 II Nr 2 PBefG, von einer zugangsbeschränkenden Norm auch vorhandene Wettbewerber in rechtlich durchsetzbarer Weise begünstigt.[121] Auch die kommunalrechtlichen Restriktionen der wirtschaftlichen Betätigung der Gemeinden werden in einigen Bundesländern als drittschützend verstanden.[122] Fehlt es, wie weitgehend im Subventionsrecht, an einer gesetzlichen Ausgestaltung der Wettbewerbsbeziehung, soll nach hM nur eine schwere und unerträgliche Wettbewerbsbeeinträchtigung verfassungsunmittelbar abwehrfähig sein.[123] Damit liefe die grundrechtliche Wettbewerbsfreiheit indes weitgehend leer.[124] Grundrechtlich relevant und damit abwehrfähig ist eine gleichheitswidrige Subvention bereits, wenn sie eine Einschränkung der Wettbewerbsfähigkeit des Mitbewerbers herbeiführt.[125]

4. Beamtenrecht

22 Für beamtenrechtliche Konkurrentenverhältnisse bestimmen Art 33 II GG und dessen Konkretisierungen in § 8 I BBG, § 9 BeamtStG sowie den LBG Eignung, Befähigung

115 Zu den sich insoweit stellenden Rechtsproblemen *Erichsen* Jura 1994, 385 ff.

116 Zur grundrechtlichen Fundierung der Wettbewerbsfreiheit einerseits BVerwGE 30, 191, 196 ff; 65, 167, 173 ff → JK VwGO § 42 II/5; andererseits BVerfGE 32, 311, 317 f; 46, 120, 137; 50, 290, 362 → JK GG Art 9 I/1; 86, 28, 37 ff → JK GewO § 36/1; *Scholz* Wirtschaftsaufsicht und subjektiver Konkurrentenschutz, 1971, 128 f.

117 *Breuer* in: Isensee/Kirchhof VI, § 148 Rn 77.

118 *Huber* (Fn 12) 400 ff; *Wahl/Schütz* in: Schoch/Schmidt-Aßmann/Pietzner (Fn 21) Rn 295 f.

119 *Huber* (Fn 12) 390; *Wahl/Schütz* in: Schoch/Schmidt-Aßmann/Pietzner (Fn 21) Rn 320; differenziert BVerwGE 65, 167, 172 → JK VwGO § 42 II/ 5.

120 Vgl etwa BVerfGE 34, 252, 256; 55, 261, 269; 94, 372, 395 → JK GG Art 12 I/42; BVerwG NVwZ 1984, 306, 307. S auch *Schmidt-Aßmann/Schoch* Bes VwR, 3. Kap Rn 89 f.

121 *Wahl/Schütz* in: Schoch/Schmidt-Aßmann/Pietzner (Fn 21) Rn 316.

122 OVG NRW DVBl 2004, 133, 134; VerfGH Rh-Pf NVwZ 2000, 801, 804; aA BayVGH JZ 1976, 641 ff; VGH BW VBlBW 1983, 78; dazu *Schliesky* Öffentliches Wettbewerbsrecht, 1997, 442 ff; *Faber* DVBl 2003, 761, 764 f; *Kluth* WiVerw 2000, 184, 205 f.

123 BVerwGE 30, 191, 197; 65, 167, 174 → JK VwGO § 42 II/5; *Brohm* FS Menger, 235, 244; *Erichsen* Jura 1994, 385, 387. S auch *Schmidt-Aßmann/Schoch* Bes VwR, 3. Kap Rn 109, 113 ff.

124 *Breuer* in: Isensee/Kirchhof VI, § 148 Rn 75.

125 *Wahl/Schütz* in: Schoch/Schmidt-Aßmann/Pietzner (Fn 21) Rn 300.

und fachliche Leistung zum Maßstab der beamtenrechtlichen Auswahlentscheidung. Diese Vorschriften sollen die bestmögliche Erfüllung der öffentlichen Aufgaben sicherstellen.[126] Sie berücksichtigen allerdings auch „das berechtigte Interesse des Beamten an einem angemessenen beruflichen Fortkommen" und begründen deshalb den Anspruch auf eine beurteilungs- und ermessensfehlerfreie Entscheidung.[127] Mit diesem sog *Bewerbungsverfahrensanspruch* kann der übergangene Bewerber eine Verletzung der genannten Maßstäbe geltend machen. Dies gilt für die Fälle der sog *Anstellungskonkurrenz*, bei der es um die erstmalige Vergabe eines Amtes im öffentlichen Dienst geht,[128] wie auch für die *Beförderungskonkurrenz* bei dem Streit um eine *Beförderungsstelle*. §§ 28 I HGrG, 49 BHO/LHO machen die Vergabe eines Amtes im statusrechtlichen Sinne von der vorherigen Einweisung des Kandidaten in eine besetzbare Planstelle abhängig.[129] Ein unterlegener Bewerber kann nur die Einweisung des siegreichen Konkurrenten in den Dienstposten angreifen, jedoch nach hM regelmäßig[130] nicht mehr eine bereits erfolgte statusrechtliche Ernennung in ein höheres Amt. Begründet wird dies mit dem Prinzip der Ämterstabilität,[131] das den Fortbestand des Zulassungsanspruchs eines Mitbewerbers nach der Ernennung des Konkurrenten ausschließe.[132] Auch fehle es nach der Ernennung an einer verfügbaren Stelle, so dass Erledigung der Hauptsache eingetreten sei.[133] Verbleibt danach nur die einstweilige Anordnung gem § 123 VwGO als geeignetes Instrument zur Durchsetzung des subjektiv-öffentlichen Rechts, erwächst den übergangenen Mitbewerbern daraus wiederum ein subjektiv-öffentliches Recht auf rechtzeitige Mitteilung der bevorstehenden Ernennung.[134] Unterlässt der Dienstherr diese Information, ernennt er den siegreichen Konkurrenten während des Verfahrens des Erlasses einer einstweiligen Anordnung oder missachtet gar eine einstweilige Anordnung, so ist ausnahmsweise doch der Rechtsweg eröffnet.[135] Notfalls hat der Dienstherr dann eine weitere besetzbare Stelle zu schaffen.[136]

V. Dogmatische Einzelfragen

1. Das Recht auf fehlerfreien Ermessensgebrauch

Auch ein Rechtssatz, der die Verwaltung verpflichtet, unter bestimmten Voraussetzungen ihr Ermessen auszuüben, kann ein subjektiv-öffentliches Recht begründen: das Recht auf fehlerfreien Ermessensgebrauch (→ § 11 Rn 10 ff, 27 ff).[137] Die Entstehung 23

[126] Vgl BVerwG DÖV 2005, 694, 694 f; BVerwGE 115, 58, 59; BVerfG NVwZ 1997, 54, 55.

[127] Vgl BVerwG DÖV 2005, 694, 694 f; BVerwGE 101, 112, 115; vgl ferner BVerwGE 80, 123, 124; 115, 58, 59; BGH MDR 2005, 239; *Erichsen* Jura 1994, 385, 388. S auch *Schmidt-Aßmann/Schoch* Bes VwR, 6. Kap Rn 110 f.

[128] Vgl *Wahl/Schütz* in: Schoch/Schmidt-Aßmann/Pietzner (Fn 21) Rn 322 f.

[129] Dazu *Wernsmann* DVBl 2005, 276, 277.

[130] Vgl BVerwGE 118, 370 ff.

[131] Vgl *Frenz* Verwaltungsgerichtlicher Rechtsschutz in Konkurrenzsituationen, 1999, 87 ff; *Schmidt-Preuß* (Fn 51) 475 ff; *Sodan* in: ders/Ziekow, VwGO, § 42 II Rn 354.

[132] Krit etwa *Wahl/Schütz* in: Schoch/Schmidt-Aßmann/Pietzner (Fn 21) Rn 325 f.

[133] BVerwGE 80, 127, 129 → JK GG Art 33 II/12.

[134] BVerfG DVBl 1989, 1247 f.

[135] Dazu näher *Wernsmann* DVBl 2005, 276, 283 ff.

[136] BVerwGE 118, 370, 375.

[137] Dazu *Schmidt-Aßmann* (Fn 29) Rn 135 mwN.

eines solchen Rechts richtet sich nach allgemeinen Regeln.[138] Auch insoweit ist also zu fragen, ob die Vorschrift dem Betroffenen die Rechtsmacht zur Durchsetzung der Normbindungen verleiht. Dies kann sich wiederum daraus ergeben, dass sie auf die Lösung eines grundrechtsrelevanten Interessenkonflikts zielt.[139] Wird etwa ein grundrechtlich geschütztes Interesse an der Nutzung einer öffentlichen Einrichtung geltend gemacht, gründet sich darauf ein Anspruch auf ermessensfehlerfreie Entscheidung, auch wenn sich die Nutzung außerhalb des Widmungszwecks der Einrichtung hält.[140] Auch der Anspruch auf ermessensfehlerfreie Entscheidung über ein Auskunftsbegehren wurde – vor Inkrafttreten des IFG – vielfach auf ein „berechtigtes", dh regelmäßig grundrechtlich begründetes Interesse des Antragstellers gestützt.[141] Hingegen soll die Berufung auf den Gleichheitssatz des Art 3 I GG nach hM kein eigenständiges subjektiv-öffentliches Recht begründen.[142] Andernfalls würde auf dem Umweg über die Rüge der Verletzung des Art 3 I GG – die Behörde verfahre in anderen Fällen (objektiv) rechtmäßig – die gesetzliche Entscheidung gegen einen individuellen Gesetzesvollzugsanspruch überspielt.[143] Das spricht indes nicht gegen die Anerkennung eines subjektiv-öffentlichen Rechts. Nur kann dieses nicht weiter reichen als der zugrundeliegende Normbefehl. Ist ein freiheits- oder gleichheitsrechtlich fundiertes Interesse bei der Ermessensentscheidung zu berücksichtigen, ergibt sich daraus kein genereller Drittschutz; vielmehr hat der Private, wie das BVerwG unlängst im Kontext des Planungsrechts festgestellt hat, „ein subjektives Recht darauf, dass sein Belang in der Abwägung seinem Gewicht entsprechend ‚abgearbeitet' wird."[144] Die Folge ist ein auf die Beachtung der grundrechtlichen Wertvorgaben beschränktes Recht auf fehlerfreie Ermessensausübung.[145] Im Falle einer „Ermessenreduzierung auf Null" richtet sich das subjektiv-öffentliche Recht stets auf den Erlass der danach bei fehlerfreier Ermessensausübung zu ergreifenden Maßnahme (→ § 11 Rn 64 ff).

2. Verfahrensrechte als subjektiv-öffentliche Rechte

24 Ein subjektiv-öffentliches Recht kann auch die Geltendmachung verfahrensrechtlicher Vorgaben zum Gegenstand haben. Subjektiv-öffentliche Rechte ergeben sich vornehmlich aus denjenigen Verfahrensnormen, die die effektive Rechtsverfolgung eines Beteiligten im Verwaltungsverfahren und die Einbringung der ihm zugewiesenen sachlichen Interessen in das Verfahren regeln. Dazu gehören das Akteneinsichtsrecht gem § 29

[138] Grundlegend: BVerwGE 39, 235. Vgl BVerwGE 2, 288, 290; 28, 155, 161; 45, 197, 198 f; 51, 264, 267; 92, 153, 156 f; OVG Rh-Pf IÖD (Informationsdienst Öffentliches Dienstrecht) 2004, 64 ff.

[139] S etwa BVerwGE 91, 24, 39 f.

[140] BVerwGE 91, 135, 139 f.

[141] S insbes BVerwGE 118, 270, 274 f; ferner BVerwG NJW 1990, 2761, 2764; NdsOVG NJW 1994, 2634, 2635; OVG NW NWVBl 1992, 360, 361.

[142] BVerwGE 39, 235, 238 f; BVerwG DÖV 1979, 911 f → JK GG Art 3 I/4; anderes soll gelten, soweit das in Art 3 I GG verankerte Willkürverbot geltend gemacht wird, vgl BVerwGE 45, 197, 199; BVerwG NJW 1993, 2065, 2066; DÖV 2003, 683, 684; OVG Rh-Pf DVBl 2004, 261 ff.

[143] BVerwG DÖV 1979, 911 f → JK GG Art 3 I/4; einschränkend *Wahl/Schütz* in: Schoch/Schmidt-Aßmann/Pietzner (Fn 21) Rn 85.

[144] BVerwGE 107, 215, 221 → JK BauGB § 1 VI/1; vgl auch BVerwGE 48, 56, 63 f.

[145] Vgl auch *Wahl/Schütz* in: Schoch/Schmidt-Aßmann/Pietzner (Fn 21) Rn 85 für die Geltendmachung des Art 3 I GG.

VwVfG, das Anhörungsrecht des § 28 VwVfG und die Befangenheitsvorschriften gem §§ 20 f VwVfG,[146] ferner die Rechte auf Beteiligung an Genehmigungs- und Planungsverfahren, etwa gem § 73 VwVfG. Die insoweit zu restriktive Rechtsprechung, die drittschützende Wirkung bislang im Wesentlichen nur einigen besonderen Beteiligungsregeln des Atom- und Immissionsschutzrechts zuerkennt,[147] trägt der grundrechtssichernden Funktion des Verfahrensrechts[148] nicht hinreichend Rechnung. Jedenfalls soweit Verfahrensnormen in Erfüllung grundrechtlicher Schutzpflichten erlassen sind,[149] ist die Verfahrensgestaltung in besonderem Maße zur Verstärkung des unter Umständen nur beschränkten materiellen Rechtsgüterschutzes bestimmt[150] und deshalb auch subjektivrechtlich „bewehrt".

Freilich sind verfahrensrechtliche Anforderungen grundsätzlich kein Selbstzweck, sondern dienen der Erzielung einer materiell richtigen Verwaltungsentscheidung.[151] Das Verfahrensrecht *erleichtert* also das Auffinden der richtigen Entscheidung,[152] seine Missachtung führt aber nicht notwendig zu einem materiellen Rechtsverstoß. Dem tragen § 46 VwVfG und § 44a VwGO Rechnung. Gem § 46 VwVfG besteht kein Anspruch auf Aufhebung eines verfahrensfehlerhaften Verwaltungsaktes, wenn der Verfahrensfehler die Entscheidung in der Sache offensichtlich nicht beeinflusst hat (→ § 13 Rn 63 ff).[153] Maßstab für die Prüfung der Rechtsbeständigkeit eines verfahrensfehlerhaften Verwaltungsaktes bleibt damit im Grundsatz die materielle Richtigkeit der Sachentscheidung.[154] § 44a I VwGO lässt deshalb einen Rechtsbehelf gegen eine behördliche Verfahrenshandlung auch nur im Zusammenhang mit der Anfechtung der Sachentscheidung zu. Somit sind Verfahrensnormen auch als subjektiv-öffentliche Rechte grundsätzlich *nicht selbstständig einklagbar*. Ein Betroffener muss vielmehr die Möglichkeit der Verletzung eines materiellen subjektiv-öffentlichen Rechts geltend machen, wenn er unter Hinweis auf einen Verfahrensverstoß eine Verwaltungsentscheidung angreift.[155] Der Verstoß gegen ein subjektiv-öffentliches Verfahrensrecht verrin-

146 Vgl *Hufen* Fehler im Verwaltungsverfahren, 4. Aufl 2002, Rn 539 ff, dort auch zum subjektivrechtlichen Gehalt anderer Verfahrensnormen; ferner *ders* VwPrR, § 14 Rn 90; einschränkend *Wahl/Schütz* in: Schoch/Schmidt-Aßmann/Pietzner (Fn 21) Rn 78.

147 S dazu BVerwGE 61, 256, 275 → JK VwGO § 42 II/11; 75, 285, 291 → JK VwGO § 42 II/11; 85, 368, 374; BVerwG NJW 1983, 1507; OVG NW NVwZ-RR 1995, 61 f.

148 Zum Grundrechtsschutz durch Verfahren grundlegend BVerfGE 53, 30, 65; BVerfG NJW 1999, 3623; NVwZ-RR 2000, 487 f; *P.-M. Huber* Grundrechtsschutz durch Organisation und Verfahren als Kompetenzproblem der Gewaltenteilung und im Bundesstaat, 1988, 72 ff.

149 Weshalb ihre Verletzung nach Auffassung des BVerfG als Grundrechtsverletzung zu betrachten ist, vgl BVerfGE 53, 30, 65 f; vgl auch BVerfGE 56, 216, 241 f → JK GG Art 16 II/2; 77, 381, 406.

150 BVerfGE 53, 30, 58 u 75 ff (abw Meinung); vgl auch BVerfGE 44, 105, 116; BVerfG DVBl 1994, 465.

151 Vgl dazu ausdr BVerwGE 92, 258, 261 → JK VwGO § 42 II/21; *Appel/Singer* JuS 2007, 913, 915 f; krit dazu *Ziekow* NVwZ 2005, 263, 264.

152 Vgl *Schmidt-Preuß* NVwZ 2005, 489, 490.

153 Näher zur Auslegung des § 46 VwVfG *Schmidt-Preuß* NVwZ 2005, 489, 492; vgl auch BVerwG DVBl 1998, 1184, 1185; SächsOVG SächsVBl 1997, 60, 63.

154 Vgl BVerwG NVwZ 2004, 1486, 1488; *Stelkens* in: Schoch/Schmidt-Aßmann/Pietzner, VwGO, § 44a Rn 3.

155 Dazu unten Rn 28 ff sowie *Schmidt-Aßmann* (Fn 29) Rn 151; s ferner BVerfG NVwZ-RR 2000, 487 iVm BVerwG NVwZ-RR 2000, 487 f; NdsOVG ET 2004, 546 ff.

gert insoweit lediglich die Darlegungslast eines Betroffenen bezüglich der Möglichkeit eines Verstoßes gegen materielles Recht.[156]

25 Eine Ausnahme von diesem Grundsatz hat die Rechtsprechung bei sogenannten *absoluten Verfahrensrechten* anerkannt, deren Auslegung ergibt, dass abweichend von § 44a VwGO ihre selbständige Durchsetzung zulässig sein und ihre Verletzung folglich unabhängig von der Rechtswidrigkeit der Sachentscheidung im Übrigen zu deren Aufhebung führen soll.[157] Hierzu gehören die Beteiligungsrechte der Gemeinden im luftverkehrsrechtlichen Genehmigungsverfahren gem § 6 LuftVG[158] sowie in bauordnungsrechtlichen Verfahren nach § 36 BauGB.[159] Gleiches galt nach bislang hM auch bei Verstößen gegen die Beteiligungsrechte von anerkannten Naturschutzverbänden an Planfeststellungsverfahren gem §§ 58 I, 60 II BNatSchG.[160] Nach der Einführung der altruistischen Vereinsklage in § 61 BNatSchG ist hierfür nach Auffassung des BVerwG allerdings das Bedürfnis entfallen.[161]

26 Die eigenständige Durchsetzung von Verfahrensrechten kann auch im Verfassungs- und Unionsrecht gründen. Ist eine Verfahrensvorschrift Ausdruck einer grundrechtlichen Schutzpflicht,[162] wird das durch sie begründete Beteiligungsrecht regelmäßig als absolutes Verfahrensrecht zu verstehen sein.[163] Soweit sich aus Unionsrecht ein im nationalen Rechtskreis unmittelbar anwendbares individuelles Verfahrensrecht ergibt,[164] darf das nationale Recht effektiven gerichtlichen Rechtsschutz nicht beeinträchtigen und die Ausübung der vom Unionsrecht eingeräumten Rechte nicht unmöglich machen.[165] Je nach den an die Durchsetzung des unionsrechtlich begründeten Verfahrensrechts gestellten Anforderungen kann daraus die Pflicht der nationalen Organe folgen, dem unionsrechtlich begründeten Verfahrensrecht unabhängig davon innerstaatliche Durchsetzung zu verschaffen, ob auch die Verletzung eines materiellen subjektiv-öffentlichen Rechts des Klägers in Frage steht oder ob der Verfahrensverstoß die Entscheidung in der Sache beeinflusst haben kann.[166]

[156] Dazu *Wahl/Schütz* in: Schoch/Schmidt-Aßmann/Pietzner (Fn 21) Rn 75.

[157] Vgl BVerwGE 116, 175, 185; 105, 348, 354 → JK EGV Art 48/1; *Kopp/Ramsauer* VwVfG, § 46 Rn 18; *Wahl/Schütz* in: Schoch/Schmidt-Aßmann/Pietzner (Fn 21) Rn 73.

[158] Das BVerwG leitet das Beteiligungsrecht unmittelbar aus Art 28 II 1 GG her, vgl BVerwG DÖV 1969, 428 f; NVwZ 1988, 731 f; BVerfGE 56, 110, 137; 81, 95, 106 → JK GG Art 12 I/23.

[159] BVerwG NVwZ 1986, 556 f; NuR 1989, 344; VGH BW VBlBW 1995, 364.

[160] Vgl BVerwGE 116, 175, 185; 102, 358, 361 f; 87, 62, 69 → JK VwGO § 42/17; BVerwG NVwZ-RR 1996, 141; DVBl 1998, 334, 335 f; HessVGH NVwZ 1988, 1040; OVG SH NVwZ 1994, 590, 591; OVG Bbg LKV 1995, 326, 327 mwN. Zu weiteren Fallgruppen vgl *Wahl/Schütz* in: Schoch/Schmidt-Aßmann/Pietzner (Fn 21) Rn 73.

[161] Vgl BVerwG NVwZ 2002, 1103, 1105; DVBl 2003, 1069; NVwZ 2004, 1486, 1488 f; allg *Schmidt* JZ 2003, 933, 942; krit *Murswiek* DV 38 (2005) 243, 276 ff.

[162] Dazu oben Rn 23.

[163] *Appel/Singer* JuS 2007, 913, 916.

[164] Allg zur Begründung subjektiver Rechte aus Unionsrecht unten Rn 32 ff.

[165] EuGH Slg 1986, 2633 Rn 19, 22 – Deutsche Milchkontor GmbH ua/Deutschland; Slg 1990, I-3437 Rn 12 – Kommission/Deutschland; Slg 1997, I-1591 Rn 24, 37 – Land Rheinland-Pfalz/Alcan; Slg 1999, I-579 Rn 26 – Dilexport Srl/Amministrazione delle Finanze dello Stato.

[166] *Obermayer* VwVfG, § 46 Rn 17; *Kopp/Ramsauer* VwVfG, § 46 Rn 5a, 5b; *Murswiek* DV 38 (2005) 243, 266 ff am Bsp des Anspruchs auf Durchführung einer den Anforderungen der Richtlinie 85/337/EWG (UVP-Richtlinie) entsprechenden Umweltverträglichkeitsprüfung; zur Auslegung des hierfür neuerdings einschlägigen § 10a UVP-Richtlinie einerseits *Ekardt/Pöhlmann* NVwZ 2005, 532 ff, andererseits *Durner* ZUR 2005, 285 ff. Das BVerwG hielt insoweit bislang § 46 VwVfG für anwendbar, vgl BVerwG Az 4 B 257/92 v 22.6.1993, zust *Siems* NuR

3. Staatliche Kompetenzen und Befugnisse als subjektiv-öffentliche Rechte

Ob es sich auch bei staatlichen Kompetenzen und Befugnissen um subjektiv-öffentliche Rechte handeln kann, ist umstritten.[167] Es dürfte sich insoweit um einen im wesentlichen terminologischen Streit handeln.[168] Einigkeit besteht jedenfalls darüber, dass keine Rechte der in Art 19 IV GG angesprochenen Art vorliegen, deren gerichtliche Durchsetzbarkeit verfassungsrechtlich gewährleistet ist.[169] **27**

a) Gegen die Anerkennung subjektiv-öffentlicher Rechte des Staates und seiner rechtsfähigen Untergliederungen wird auf der Basis der tradierten Lehre vom subjektiv-öffentlichen Recht[170] vor allem eingewandt, dass dieses Rechtsinstitut auf die Durchsetzung *eigener Interessen* der Rechtssubjekte ziele, mithin als „personalisierte Rechtsposition“ zu verstehen sei.[171] Diese Sichtweise ist allerdings stark am subjektiven Privatrecht orientiert,[172] das naturgemäß nur von individuellen Interessen handelt.[173] Der Ablehnung subjektiver Rechte des Staates liegt im übrigen die historische Vorstellung einer ursprünglichen, durch Recht lediglich begrenzten staatlichen Souveränität zugrunde, die eines speziellen rechtlichen Schutzes nicht bedarf.[174] Vergegenwärtigt man sich jedoch, dass ein allgemeines Gewaltverhältnis im Sinne einer vorrechtlichen Unterworfenheit des Bürgers unter den Staat unter dem Grundgesetz nicht anzuerkennen ist,[175] das Recht vielmehr die Konfliktentscheidung auch zwischen staatlichen Befugnissen und Individualinteressen darstellt,[176] so liegt es nahe, dem Staat in gleicher Weise wie dem Bürger subjektive Rechte zuzubilligen, wenn er eine rechtlich konstituierte Verhaltenspflicht des Bürgers mit Hilfe der ihm verliehenen Rechtsmacht durchsetzen kann.[177] Das gilt nicht nur bei den aus öffentlich-rechtlichen Verträgen resultierenden Rechten oder beim Auftreten als Privatrechtssubjekt, sondern auch bei gesetz-

2006, 359 ff; s auch BVerwGE 100, 238 → JK UVP-RL Art 2/1. Nunmehr ist hierfür § 4 UmwRG einschlägig, vgl HessVGH Az 6 C 1600/07.T v 24.09.2008.

167 Vgl *W. Roth* Verwaltungsrechtliche Organstreitigkeiten, 2001; *Erichsen* FS Menger, 1985, 211, 225 ff; *Böckenförde* FS Wolff, 1973, 269, 300 ff; *Fehrmann* NWVBl 1989, 303, 306; *Wahl/Schütz* in: Schoch/Schmidt-Aßmann/Pietzner (Fn 21) Rn 92; *Bethge* DVBl 1980, 824, 825; *Schmidt-Aßmann* (Fn 29) Rn 147 f; *Schnapp* VerwArch 78 (1987) 407, 424 f.

168 AA *Wahl* (Fn 12) Rn 120.

169 *Schmidt-Aßmann* in: Schoch/Schmidt-Aßmann/Pietzner, VwGO, Einl Rn 18; die Ausgrenzung innenrechtlicher Kompetenzen aus dem Regelungsbereich der Rechtsweggarantie folgt schon aus der fehlenden Grundrechtsträgerschaft staatlicher Organe, vgl *Jarass* in: Jarass/Pieroth, GG, Art 19 Rn 18.

170 Dazu oben Rn 4.

171 Vgl *Krebs* (Fn 51) 209; *Huber* (Fn 12) 168; *Wahl/Schütz* in: Schoch/Schmidt-Aßmann/Pietzner (Fn 21) Rn 103.

172 Vgl *Bühler* (Fn 5) 9; dazu *Bauer* (Fn 4) 73 ff.

173 Näher zur Entwicklung des subjektiven Privatrechts *Schapp* Das subjektive Recht im Prozeß der Rechtsgewinnung, 1977, 69 ff; *Bauer* (Fn 4) 73 ff.

174 Vgl etwa O. *Mayer* VwR I, 105 f; G. *Jellinek* (Fn 16) 197 f; dazu *Schapp* (Fn 173) 155 ff; *Bauer* (Fn 4) 48 ff, 95 ff, 167 ff; zusammenfassend *ders* DVBl 1986, 208, 209 ff.

175 Dazu *Hesse* VerfR, Rn 280 ff; *Erichsen* Jura 1982, 537, 539.

176 Vgl *Schapp* (Fn 173) 14 ff, 156 ff.

177 *Schapp* (Fn 173) 156; ebd 173 ff zu den Konsequenzen im Bereich des Steuerrechts und des Baurechts; *Schenke* Rechtsschutz bei normativem Unrecht, 1979, 238 ff; *Gröschner* Das Überwachungsrechtsverhältnis, 1992, 324, 326 ff. Zur Problematik subjektiv-öffentlicher Rechte im Bund-Länder-Verhältnis vgl *Bauer* Die Bundestreue, 1992, 282 ff, 288 ff.

lich begründeten oder zugelassenen und etwa durch Verwaltungsakt konkretisierten, dem Bürger gegenüber einforderbaren Verhaltenspflichten.[178]

b) Im staatlichen Binnenbereich können Kompetenzen staatlicher Organe und Organteile im Rahmen der einschlägigen Prozessordnungen vor den Gerichten im sog Innenrechtsstreit geltend gemacht werden, wenn es sich um der intrapersonalen Machtbalance dienende, sog „wehrfähige Innenrechtspositionen" handelt.[179] Die Begründung solcher Befugnisse zielt nicht vorrangig auf den Schutz des vom jeweiligen Organ wahrgenommenen Sachinteresses, sondern auf die Optimierung der Entscheidung durch eine die Entscheidungszuständigkeit auffächernde Verfahrensgestaltung. Ihre Zuweisung ist auch nicht Ausdruck der grundsätzlichen Subjektstellung eines Kompetenzträgers gegenüber der Ausübung staatlicher Hoheitsgewalt, sondern der diesem bei der Verwirklichung des Gemeinwohls zukommenden Funktion. Dennoch wird auch insoweit dem berechtigten Organ bzw Organteil gegenüber dem Verpflichteten die Rechtsmacht zur eigenständigen Wahrnehmung und Durchsetzung der übertragenen Handlungsoptionen zugewiesen, so dass eine strukturelle Ähnlichkeit zu den subjektiv-öffentlichen Rechten des Außenrechts unverkennbar ist.

VI. Das subjektiv-öffentliche Recht im Verwaltungsprozess

28 Gem Art 19 IV GG steht jedem, der durch die öffentliche Gewalt in seinen (subjektiven) Rechten verletzt ist, der Rechtsweg offen. Damit trägt das GG der Funktion des subjektiven Rechts als eines Rechts auf Normvollzug Rechnung. Für den Rechtsweg zu den Verwaltungsgerichten wird dies durch §§ 40 ff VwGO konkretisiert. Gem § 42 II VwGO ist die Erhebung einer Anfechtungs- und Verpflichtungsklage grundsätzlich nur zulässig, wenn der Kläger geltend macht, durch den Verwaltungsakt oder seine Ablehnung oder Unterlassung in seinen Rechten verletzt zu sein. Auch die Leistungsklage ist nach allgemeiner Auffassung nur zulässig, wenn der Kläger behauptet, dass ihm das geltend gemachte (subjektiv-öffentliche) Recht zusteht.[180] In der neueren Rechtsprechung wird die besondere Sachentscheidungsvoraussetzung der Klagebefugnis gem § 42 II VwGO sogar auf Feststellungsklagen gem § 43 I VwGO bezogen.[181] Zumindest dürfte die Betroffenheit des Klägers in seinen Rechten regelmäßig für das Bestehen des Feststellungsinteresses nach § 43 I VwGO vorauszusetzen sein.[182] Schließlich setzt nach der Neufassung des § 47 II 1 VwGO durch das 6. VwGOÄndG aus dem Jahre 1996

178 *Schenke* (Fn 177) 233 ff; *Schapp* (Fn 173) 152 ff, 172 ff; *Henke* DÖV 1980, 621, 623 Fn 12, 625 ff; *Bauer* (Fn 4) 166 f, 172 ff; *Gröschner* (Fn 177) 324, 326 ff. Bedenken bei *Krebs* (Fn 51) 209 f; *Bleckmann* DVBl 1986, 666.

179 Vgl Näher *Erichsen* (Fn 167) 211 ff; *Erichsen/Biermann* Jura 1997, 157, 159 mit umfassenden Nachw aus der Rspr.

180 Meinungsunterschiede bestehen insoweit nur im Hinblick darauf, ob dieses Erg durch eine analoge Anwendung des § 42 II VwGO zu erreichen ist, so die hM, etwa BVerwGE 36, 192, 199; 100, 262, 271; BVerwG NVwZ 1991, 184; *Wahl/Schütz* in: Schoch/Schmidt-Aßmann/Pietzner (Fn 21) Rn 33; *Hufen* VwPrR, § 17 Rn 8; *Ehlers* (Fn 21) 45, oder durch einen Rückgriff auf das allgemeine prozessrechtliche Institut der Prozessführungsbefugnis, so *Erichsen* DVBl 1982, 95, 100; *Schoch* Übungen im Öffentlichen Recht II, 1992, 87 f.

181 BVerwGE 99, 64, 66 → JK VwGO § 43/9; 100, 262, 271; BVerwG BayVBl 1990, 728; BayVGH DVBl 1995, 12; OVG NRW NWVBl 1997, 232. Dazu *Pietzcker* in: Schoch/Schmidt-Aßmann/Pietzner, VwGO, § 43 Rn 28 f; *Ehlers* VerwArch 84 (1993) 139, 144.

182 So die ältere Rspr, etwa BVerwGE 74, 1, 4; BVerwGE 84, 306, 309; BVerwG NJW 1982, 2205; dazu auch *Schoch* JuS 1987, 783, 790; *Erichsen* Jura 1994, 385, 386.

auch die Zulässigkeit eines Normenkontrollantrags voraus, dass der Antragsteller eine Verletzung eigener Rechte geltend macht. Im Bereich des verwaltungsgerichtlichen Rechtsschutzes – und ebenso auch in finanz- und sozialgerichtlichen Verfahren[183] – wird die Zulässigkeit der Klage mithin durchweg an eine besondere Klage- bzw Antragsbefugnis und diese wiederum an die Geltendmachung eines subjektiv-öffentlichen Rechts des Rechtsschutzsuchenden geknüpft. Das erlaubt die Feststellung: grundsätzlich dient der Verwaltungsprozess der Durchsetzung des subjektiv-öffentlichen Rechts.[184]

Gelegentlich besteht Unsicherheit, wieweit die Darlegungslast eines Klägers reicht. **29**
Die herrschende „Möglichkeitstheorie", nach der die Klagebefugnis vorliegt, sofern „die Verletzung eigener Rechte zumindest möglich erscheint",[185] lässt offen, ob damit die Möglichkeit der Existenz eines eigenen Rechts und seiner Verletzung oder die Möglichkeit der Verletzung eines *sicher* bestehenden eigenen Rechts vorausgesetzt wird. Der Wortlaut der Rechtsschutzgarantie des Art 19 IV GG weist in die letztere Richtung. Der Rechtsweg soll danach nur offenstehen, wenn es um die Verletzung subjektiver Rechte des Klägers geht. Auch Gesichtspunkte der Prozessökonomie sprechen dagegen, im Rahmen der Zulässigkeit der Klage nach oberflächlicher Prüfung die Existenz eines eigenen Rechts des Klägers zu bejahen und dieses dann in der Begründetheitsprüfung mit ausführlicher Begründung zu verwerfen.[186] Die behauptete Verletzung eines subjektiv-öffentlichen Rechts bildet den Anlass und bestimmt den Gegenstand der gerichtlichen Vollzugskontrolle. Die sichere Existenz eines subjektiv-öffentlichen Rechts des Klägers und die Möglichkeit einer Verletzung dieses Rechts sind deshalb konstitutiv für die Klage- bzw Antragsbefugnis des verwaltungsgerichtlichen Rechtsschutzes.[187]

Für Anfechtungsklagen wird die Frage nach dem Vorliegen der Klagebefugnis viel- **30**
fach mit der sog „Adressatentheorie" beantwortet.[188] Danach ist stets klagebefugt, wer

[183] Für sozialgerichtliche Verfahren vgl § 54 I 2 SGG; BSGE 92, 113, 114 f; 77, 130, 133 mwN; 42, 256, 257; *Castendiek* in: Binder Hk-SGG, 2003, § 54 Rn 23 f. Für finanzgerichtliche Verfahren vgl § 40 II FGO; BFH DStRE 2005, 609, 611 mit ausdr Verweis auf die Rspr des BVerwG zur VwGO und auf die Schutznormlehre; BFHE 129, 117; 140.

[184] *Röhl/Röhl* (Fn 4) 395, dort 397 auch zu den Ausnahmen von diesem Grundsatz; zur Verbandsklage sogleich Rn 31.

[185] Die gebräuchliche Rechtsprechungsformel lautet „Die Klagebefugnis setzt voraus, dass der Kläger geltend macht, durch den Verwaltungsakt oder seine Ablehnung in eigenen Rechten verletzt zu sein, und dass nach seinem Vorbringen die Verletzung dieser Rechte möglich ist [...]. Diese Möglichkeit ist dann auszuschließen, wenn offensichtlich und nach keiner Betrachtungsweise subjektive Rechte des Klägers *verletzt sein können*", vgl BVerwG NJW 2004, 698 f; BVerwGE 117, 93, 95; 117, 209, 211; 104, 115, 118; 98, 118, 120 → JK BJagdG § 21/1 mwN (Hervorhebung des Verfassers). Eine zweite, gelegentlich vorzufindende Formel verneint zwar die Klagebefugnis, wenn offensichtlich und eindeutig nach keiner Betrachtungsweise die von dem Kläger geltend gemachten Rechte *bestehen oder ihm zustehen können* (vgl BVerwGE 18, 154, 157; 36, 92, 199 f; 44, 1, 3; 81, 329, 330 → JK GG Art 14 I/27; 82, 246, 248 f; 102, 12, 16; BVerwG NJW 1993, 3002 f). Die Fundstellen beider Formeln verweisen aber aufeinander, so dass der Umfang der Darlegungslast bzgl der Existenz eines subjektiv-öffentlichen Rechts unklar bleibt.

[186] So aber BVerwGE 117, 93, 95 ff, 98 ff.

[187] So auch *Ehlers* VerwArch 84 (1993) 139, 147 f; *Schoch* Übungen im öffentlichen Recht II, 1992, 88.

[188] Dazu BVerwG NJW 1988, 2752, 2753; *Papier* in: Isensee/Kirchhof VI, § 154 Rn 45; *Hufen* VwPrR, § 14 Rn 60; *Gurlit* Die Verwaltung 28 (1995) 449 ff; krit *Schmidt-Aßmann* Ordnungsidee, 77.

Adressat eines belastenden Verwaltungsaktes ist, weil „zumindest eine Verletzung der allgemeinen Freiheitsgewährleistung nach Art 2 I GG in Betracht kommt".[189] Damit wird Bezug genommen auf die frühe Feststellung des BVerfG, die Freiheit der Entfaltung der Persönlichkeit umfasse auch den grundrechtlichen Anspruch, „durch die Staatsgewalt nicht mit einem Nachteil belastet zu werden, der nicht in der verfassungsmäßigen Ordnung begründet ist".[190] Diese Rechtsauffassung setzt freilich implizit voraus, dass Art 2 I GG als Auffanggrundrecht zu verstehen ist, das etwa auch dann eingreift, wenn ein besonderes Freiheitsrecht zwar thematisch einschlägig ist, aber im konkreten Fall keinen Schutz gewährt. Damit würden indes die grundgesetzliche Differenzierung der Freiheitsrechte, die unterschiedlichen Schutzbereichsbegrenzungen und Gesetzesvorbehalte, mithin die Spezialität der ggf einschlägigen besonderen Freiheitsrechte relativiert.[191] Auch würde verkannt, dass diese in ihrem Anwendungsbereich keinen allgemeinen, durch die bloße Einwirkung auf geschützte Interessen ausgelösten Gesetzesvollziehungsanspruch auslösen.[192] Ein grundrechtlicher Abwehranspruch besteht vielmehr nur bei einem Verstoß gegen diejenigen Rechtsnormen, die die staatlichen Befugnisse gerade mit dem Ziel des Schutzes der grundrechtlichen Entfaltung determinieren.[193] Die Adressatentheorie verkennt insoweit auch den oben erläuterten Anwendungsvorrang des einfachen Rechts. Soweit sie sich dazu auf Gründe der Prozessökonomie stützt, ist einzuwenden, dass bei der Prüfung der Klagebefugnis, wie gezeigt, neben dem Nachweis eines subjektiven Rechts auch die Möglichkeit seiner Verletzung, mithin der Rechtswidrigkeit des fraglichen Verwaltungsakts gegeben sein muss. Hierzu ist ohnehin auf die Rechtsgrundlage der belastenden Verfügung einzugehen. Dieser kann dann auch das subjektiv-öffentliche Recht entnommen werden, dessen Verletzung im Rahmen der Begründetheit der Klage ohnehin zu prüfen und festzustellen ist. Einer dogmatisch unzutreffenden, allenfalls heuristisch brauchbaren Bezugnahme auf Art 2 I GG bedarf es deshalb nicht.[194]

31 Gelegentlich gewährt der Gesetzgeber, wie oben (Rn 7) angesprochen, die Klage- bzw. Antragsbefugnis im Rahmen des verwaltungsgerichtlichen Rechtsschutzes auch ohne das Vorliegen eines subjektiv-öffentlichen Rechts. Besondere Beachtung verdient insoweit das Ende 2006 in Kraft getretene Umwelt-Rechtsbehelfsgesetz (UmwRG), das der Umsetzung der Verpflichtungen der Bundesrepublik aus Art 9 II Aarhus-Konvention[195] und Art 3, 4 Richtlinie 2003/35/EG[196] dient. Das UmwRG führt unter anderem

[189] BVerwG NJW 2004, 698 f.

[190] BVerfGE 9, 83, 88; 19, 206, 215; 29, 402, 408; BVerfG NJW 2005, 1927, 1928; DVBl 2005, 175, 176.

[191] Näher *Erichsen* in: Isensee/Kirchhof VI, § 152 Rn 13 ff, 26 ff.

[192] *Erichsen* in: Isensee/Kirchhof VI, § 152 Rn 18; *Wahl/Schütz* in: Schoch/Schmidt-Aßmann/Pietzner (Fn 21) Rn 48.

[193] *Krebs* (Fn 51) 204; *Erichsen* in: Isensee/Kirchhof VI, § 152 Rn 18; *Wahl/Schütz* in: Schoch/Schmidt-Aßmann/Pietzner (Fn 21) Rn 48.

[194] Statt dessen ließe sich darauf hinweisen, dass die gesetzliche Grundlage des Eingriffsaktes, wenn sie der Lösung eines grundrechtsrelevanten Interessenkonflikts dient, regelmäßig die Rechtsmacht zur Geltendmachung der Kollisionslösung begründet; vgl bereits oben Rn 13. Von einer Vermutung für den Schutznormcharakter des einfachgesetzlichen Normprogramms sprechen etwa *Wahl/Schütz* in: Schoch/Schmidt-Aßmann/Pietzner (Fn 21) Rn 49.

[195] S oben Fn 114.

[196] RL 2003/35/EG des Europäischen Parlaments und des Rates v 26.5.2003 über die Beteiligung der Öffentlichkeit bei der Ausarbeitung bestimmter umweltbezogener Pläne und Programme und zur Änderung der RL 85/337/EWG und 96/61/EG des Rates in Bezug auf die Öffentlich-

die umweltrechtliche Verbandsklage ein[197] und modifiziert dazu die Vorschriften der VwGO zur Zulässigkeit und Begründetheit von Rechtsbehelfen gegen den Erlass oder das Unterlassen bestimmter umweltrechtlicher Entscheidungen, namentlich über alle UVP-pflichtigen und bestimmte immissionsschutz-, abfall- und wasserrechtlich zulassungsbedürftige Anlagen.[198] Gem § 2 I Nr 1 UmwRG sind die gem § 3 UmwRG anerkannten Vereinigungen[199] rechtsbehelfsbefugt, wenn sie geltend machen, dass eine in den Anwendungsbereich des UmwRG fallende Entscheidung oder deren Unterlassen Rechtsvorschriften widerspricht, die dem Umweltschutz dienen, *Rechte Einzelner begründen* und für die Entscheidung von Bedeutung sein könnten. Gem § 2 I Nr 2 UmwRG muss die Vereinigung ferner geltend machen, durch die Maßnahme in ihrem satzungsgemäßen Aufgabenbereich der Förderung der Ziele des Umweltschutzes berührt zu sein.[200] Des Vorbringens der Verletzung *eigener Rechte der Vereinigung* bedarf es hingegen nicht.

Die damit eingeführte „schutznormabhängige Verbandsklage" ist ein hybrides Konstrukt. Wie bei einem objektiven Beanstandungsverfahren ist für die Zulässigkeit der Rechtsbehelfe eine Verletzung subjektiv-öffentlicher Rechte der antragstellenden Vereinigung nicht erforderlich. Wie bei subjektiven Rechtsschutzverfahren sind aber nur solche Vorschriften rüge- und prüfungsfähig, die ein Recht auf Normvollzug begründen, einem bestimmten Adressatenkreis also die Rechtsmacht zu ihrer Durchsetzung zuweisen. Unerheblich ist, ob im konkreten Fall ein Rechtssubjekt existiert, das diesem Adressatenkreis angehört, und ob es die Vereinigung gar zu ihrer Vertretung ermächtigt.[201] Man könnte insoweit von einer „hypothetischen Prozessstandschaft" sprechen.[202] Den Vereinigungen bleibt damit allerdings die Rüge von Verletzungen der nicht subjektivrechtlich bewehrten Teile des Umweltrechts verwehrt, nach herrschendem Verständnis vor allem der Vorsorgenormen.[203] Ob dies den völker- und europarechtlichen Vorgaben entspricht, die einen weiten und effektiven Zugang der nach nationalem Recht anerkannten Nichtregierungsorganisationen zu gerichtlichem Rechtsschutz intendieren, ist äußerst zweifelhaft.[204]

keitsbeteiligung und den Zugang zu Gerichten, ABlEG L 156/17. Neu eingeführt wurden dadurch vor allem Art 10a UVP-Richtlinie und Art 15a IVU-Richtlinie.

197 Umwelt-Rechtsbehelfsgesetz v 7.12.2006, BGBl I, 2816; dazu *Ziekow* NVwZ 2007, 259 ff; *Kerkmann* BauR 2007, 1527 ff; *Schlacke* NuR 2007, 8 ff. Von der (allgemeinen) umweltrechtlichen Verbandsklage ist die naturschutzrechtliche Vereinsklage gem § 61 I 1 BNatSchG zu unterscheiden. Ob zwischen beiden ein Spezialitätsverhältnis besteht, wie in der Begründung des UmwRG-Entwurfs BT-Drucks 16/2495, 11 vorgesehen, ist umstr; ausf *Schlacke* Überindividueller Rechtsschutz, 2008, 292 ff, 299 f.

198 Zum Anwendungsbereich gem § 1 UmwRG *Schlacke* NuR 2007, 8, 10.

199 Die Anerkennung wird vom Bundesumweltamt ausgesprochen, § 2 I iVm § 3 UmwRG. Unter den Voraussetzungen des § 2 II UmwRG können ausnahmsweise auch noch nicht anerkannte Vereinigungen einen Rechtsbehelf nach dem UmwRG einlegen.

200 § 2 I Nr 3 UmwRG präkludiert die Rechtsbehelfsbefugnis, sofern die Vereinigung von ihrem Recht auf Beteiligung am Verwaltungsverfahren keinen Gebrauch gemacht hat. Darüber hinaus sind gem § 2 III UmwRG Einwendungen ausgeschlossen, die im Verwaltungsverfahren nicht geltend gemacht wurden.

201 *Kerkmann* BauR 2007, 1527, 1533.

202 Vgl auch *Schlacke* NuR 2007, 8, 15.

203 Vgl oben Rn 20.

204 Ausf *Genth* NuR 2008, 28, 29 f; *Schlacke* NuR 2007, 8, 14; *Schmidt/Kremer* ZUR 2007, 57, 60 ff.

VII. Das subjektiv-öffentliche Recht im Europäischen Unionsrecht

1. Der Ausgangsbefund

32 Im Mehrebenenverbund der Europäischen Rechtsordnungen stehen sich das Unionsrecht und das nationale Recht der Mitgliedstaaten nicht als getrennte, einander fremde Normenbestände gegenüber, sondern sind durch Vorrangregeln, Effektivitäts- und Rücksichtnahmegebote mehrfach miteinander verschränkt.[205] Daraus empfängt auch das Rechtsinstitut des subjektiv-öffentlichen Rechts weiterführende Impulse. So verleiht das Unionsrecht innerstaatlich unmittelbar anwendbare, individuell klagbare Rechtspositionen[206] oder verpflichtet die Mitgliedstaaten zu entsprechender Gewährung, ohne dass die innerstaatlichen Voraussetzungen für die Begründung eines subjektiv-öffentlichen Rechts vorlägen.[207] Über solche direkten und bereichsspezifischen Erweiterungen hinaus nimmt das Unionsrecht auch indirekt auf die Entwicklung des nationalen Rechtsinstituts Einfluss, vornehmlich wenn auftretende Wertungswidersprüche zwischen der Behandlung unionsrechtlich determinierter und innerstaatlich geregelter Sachverhalte oder indirekte Kollisionen zwischen Unionsrecht und nationalen Regelungsstrukturen das nationale Recht zu langfristigen Anpassungen veranlassen. So werden auch die Perspektiven des deutschen subjektiv-öffentlichen Rechts durch die unionsrechtliche Rechtsentwicklung mitbestimmt.[208]

33 Dem Unionsrecht ist der im deutschen Recht ausgebildete Begriff des subjektiv-öffentlichen Rechts fremd.[209] Stattdessen ist meist von „Rechten des Einzelnen“[210] oder von „individuellen Rechten“ die Rede.[211] Dass das primäre und sekundäre Unionsrecht solche Rechte zu begründen vermag, ist seit der Aufgabe einer rein völkerrechtlichen Konzeption der Europäischen Gemeinschaften in den 60'er Jahren unbestritten.[212] Im Rahmen des Primärrechts sind hier vor allem die Grundrechte und die Grundfreiheiten zu nennen.[213] Im Hinblick auf die Voraussetzungen, die Funktion und den Inhalt des unionsrechtlich begründeten Individualrechts besteht allerdings Streit. Insoweit sind drei Problemfelder zu unterscheiden.

[205] Dazu oben Rn 26, 31; ferner *Scherzberg* Die Öffentlichkeit der Verwaltung, 2000, 207 ff.

[206] S etwa RL 80/68/EWG des Rates v 17. Dezember 1979 über den Schutz des Grundwassers gegen Verschmutzung durch bestimmte gefährliche Stoffe, ABlEG 1980 L 20, 43; RL 80/779/EWG des Rates vom 15. Juli 1980 über Grenzwerte und Leitwerte der Luftqualität für Schwefeldioxid und Schwefelstaub, ABlEG 1980 L 229, 30.

[207] S etwa Art 7 RL 90/314/EWG des Rates v 13. Juni 1990 über Pauschalreisen, ABlEG 1990 L 158, 59.

[208] *Masing* (Fn 7) 230 ff; aus prozessrechtlicher Perspektive auch *Wahl* (Fn 12) Rn 17 ff.

[209] EuGH Slg 1963, 1, 25 – van Gend en Loos; Slg 1964, 1251, 1270 f – Costa/E.N.E.L.; Slg 1991, I-5357 Rn 32 – Francovich; äußerst seltene Ausnahmen, bei denen der EuGH von „subjektiven Rechten“ gesprochen hat, bilden Slg 1960, 1165, 1189 – Humblet/Belgien; Slg 1976, 1185, 1200 – Watson und Belmann.

[210] Vgl hierzu *Stüber* JURA 2001, 798, 799; *Schoch* NVwZ 1999, 457, 463; *Classen* VerwArch 88 (1997) 645, 656.

[211] *Triantafyllou* DÖV 1997, 192, 193; *v Danwitz* DÖV 1996, 481, 484.

[212] EuGH Slg 1960, 1165, 1187 ff – Humblet/Belgien; EuGH Slg 1963, 1, 25 – van Gend en Loos; Slg 1964, 1253, 1273 f – Costa/E.N.E.L.; zur Entwicklungsgeschichte des individuellen Rechts im Unionsrecht ausf *Reiling* (Fn 12) 231; instruktiv ferner *Nettesheim* AöR 132 (2007) 333 ff.

[213] Vgl dazu *Triantafyllou* DÖV 1997, 192, 193; *Bleckmann* FS Sasse, 1981, Bd II, 665 ff; *Reich* Bürgerrecht in der Europäischen Union, 1991, 450 f.

2. Die Problemfelder

a) Die Voraussetzungen, unter denen das Unionsrecht den Unionsbürgern ein individuelles Recht *gegen die Union* verleiht, sind im Kontext des deutschen Verwaltungsrechts vornehmlich von rechtsvergleichendem Interesse. Insoweit ist zu bemerken, dass der EuGH die Gewährung von individuellen Rechten als ein das Unionsrecht durchgängig kennzeichnendes Prinzip bezeichnet hat.[214] Soweit individuelle Unionsrechte nicht ausdrücklich begründet sind, wie etwa in den Bestimmungen über die Grundfreiheiten, das Petitionsrecht gem Art 227 AEUV, die Wahl zum Europäischen Parlament gem Art 14 III EUV oder die Amtshaftung der EU gem Art 340 II AEUV, kann sich ein Unionsbürger auf eine objektive Regelungsanordnung berufen, wenn sie personenbezogene Güter schützt – wobei alle Interessen in Betracht kommen, die die Union zu wahren verpflichtet ist – und er von dem Rechtsakt in bestimmter, nachstehend dargestellter Weise nachteilig betroffen ist.[215] 34

Wenn sich ein Unionsbürger zur Durchsetzung des Normvollzugs gegenüber den Unionsorganen gem Art 263 IV AEUV gegen einen Rechtsakt der Union wehrt, so ist er klagebefugt, wenn er Adressat der Regelung ist oder ihn die Maßnahme, obwohl sie an Dritte ergangen ist, „unmittelbar und individuell" betrifft. Nach der dazu entwickelten „Plaumann-Formel" muss der Kläger dazu aus dem Kreis aller übrigen Dritten durch persönliche Eigenschaften oder tatsächliche Umstände ähnlich wie ein Adressat hervorgehoben sein.[216] Hierfür ist eine Verletzung individueller Rechte nicht erforderlich,[217] vielmehr würde auch die Beeinträchtigung wirtschaftlicher Interessen genügen.[218] So wird die individuelle Betroffenheit etwa durch die existenzgefährdenden Folgen des Rechtsakts vermittelt.[219] Aber auch die Einräumung von Informations- und Mitwirkungsrechten im Verwaltungsverfahren wurde als Indiz für eine hinreichende individuelle Betroffenheit gewertet.[220] Für die Begründetheit der Klage kommt es dann aber stets nur auf die Verletzung des objektiven Rechts, nicht aber auf die Verletzung der Rechte des Klägers an.[221] Im Unionsrecht fungiert das individuelle Recht mithin nicht als Voraussetzung für die Gewährung von subjektivem Rechtsschutz, sondern als Mittel zur angemessenen Abgrenzung der Klagebefugnis bei der Durchsetzung des objektiven Rechts.[222] 35

[214] EuGH Slg 1963, 1, 25 – van Gend en Loos; Slg 1991, I-5357 Rn 31 – Francovich; Slg 1991, I-6084 Rn 21, – EWR-Gutachten 1/91.

[215] *Gellermann* in: Rengeling/Middeke/ders, Handbuch des Rechtsschutzes in der Europäischen Union, 2. Aufl 2003, § 36 Rn 13 ff, 22; *Kadelbach* Allgemeines Verwaltungsrecht unter europäischem Einfluss, 1999, 371; *Reiling* (Fn 12) 330.

[216] Zum Verständnis dieser Voraussetzungen allg EuGH Slg 1971, 897 Rn 4–10 – Bock/Kommission; ferner Slg 1963, 211, 237 – Plaumann; Slg 1993, I-1993 Rn 10 ff – Chiquita Banana ua/Rat; EuG Slg 1997, II-481 Rn 46 f – Bananenmarktverordnung; Slg 1999, II-179 Rn 43 f – Arbeitsgemeinschaft Deutscher Luftfahrt Unternehmen und Hapag Lloyd/Kommission.

[217] *Ehlers* VerwArch 84 (1993) 139, 151; *Rengeling/Middeke/Gellermann* Rechtsschutz in der Europäischen Union, 1994, Rn 159.

[218] EuGH Slg 1991, I-2501 Rn 16 f – Extramet/Rat; Slg 1981, 2639 Rn 9 – IBM/Kommission.

[219] EuGH Slg 1991, I-2501 Rn 17 – Extramet/Rat; EuG Slg 1994, II-121 Rn 79–82 u II-323 Rn 44–47 – Air France/Kommission; dazu *Winter* NVwZ 1999, 467, 470.

[220] EuGH Slg 1983, 2913 Rn 28 – Fediol/Kommission; Slg 1993, I-1125 Rn 28–30 – CIRFS/Kommission; Slg 1998, I-1719 Rn 47 f – Kommission/Sytraval; EuG Slg 1995, II-1213 Rn 25–47 – CCE/Kommission; Slg 1995, II-1247 Rn 35–60 – Vittel/Kommission.

[221] *Wahl* (Fn 12) Rn 122; *Reiling* (Fn 12) 453 f; *Stüber* Jura 2001, 798, 803.

[222] *Kokott* DV 31 (1998) 335, 352 f; *Masing* (Fn 7) 36, 50 ff; *Schmidt-Aßmann* DVBl 1993, 924,

36 b) Bei der Frage, ob und inwieweit das Unionsrecht einem Unionsbürger eine *im innerstaatlichen Rechtskreis* unmittelbar verbindliche und individuell geltend zu machende Rechtsposition vermittelt, ist zwischen der unmittelbaren Anwendbarkeit der einschlägigen Norm und ihren individualrechtserheblichen Folgen zu unterscheiden.[223] Bekanntlich wird eine Richtlinie, sofern sie hinreichend bestimmt und inhaltlich unbedingt ist und keiner weiteren Konkretisierung durch innerstaatliche Rechtsakte oder solche der Union bedarf,[224] nach Ablauf der Umsetzungsfrist unmittelbar anwendbar, ohne dass es dazu auf eine individualschützende Zielsetzung ankäme.[225] Die Begründung individueller Rechte ist also nicht Voraussetzung, sondern (eine mögliche) Folge der unmittelbaren Anwendbarkeit von Unionsrecht.[226] Innerstaatlich geltende individuelle Rechte werden nicht nur bestimmten primärrechtlichen Vorgaben wie den Grundfreiheiten und den Beihilferegelungen der Art 108 II, III AEUV entnommen,[227] sondern auch aus sekundärrechtlichen Regelungen des Vergaberechts,[228] des Umweltschutzes,[229] des Verbraucherschutzes[230] und des Gesundheitsschutzes[231] hergeleitet. Dabei kommt es nicht darauf an, ob sich die Bestimmung an den Bürger oder an die Mitgliedstaaten richtet.[232] Zur Begründung wies der EuGH in seiner Entscheidung zur Pauschalreise-Richtlinie darauf hin, dass sich der mit dieser Richtlinie angestrebte Verbraucherschutz zwangsläufig beim Einzelnen niederschlage und gerade dies Sinn der Staatsverpflichtung sei.[233] Damit genügt der Schutz aggregierter personaler Güter für die Begründung eines individuellen Rechts.[234] Das gilt selbst dann, wenn der personale Bezug – wie bei vielen Richtlinien des Natur- und Umweltschutzes – nur ein mittelbarer ist.[235] So liegt es etwa bei der Luft-

934; *Schoch* in: Schmidt-Aßmann/Hoffmann-Riem, Strukturen des europäischen Verwaltungsrechts, 1999, 279, 310.

223 EuGH Slg 1995, I-2189 Rn 26 – Großkrotzenburg; ferner etwa *Ehlers* (Fn 21) 48 f; *Burgi* Verwaltungsprozeß und Europarecht, 1996, 52 f.

224 St Rspr EuGH Slg 1986, 723 Rn 46 – Marshall; Slg 1989, 53 Rn 25 ff – Becker; Slg 1994, I-3325 Rn 21 f – Faccini Dori; Slg 1995, I-2189 Rn 24 ff – Großkrotzenburg; *Hölscheidt* EuR 2001, 376, 383; ausf dazu *Langenfeld* DÖV 1998, 955 ff.

225 EuGH Slg 1995, I-2189 Rn 24 ff – Großkrotzenburg; Slg 1996, I-5403 Rn 55 ff – Kraaijeveld; BVerwGE 100, 238, 242 → JK UVP-RL Art 2/1; *Jarass* Grundfragen der innerstaatlichen Bedeutung des EG-Rechts, 1994, 59 f; aA *Fischer* NVwZ 1992, 635, 636; *Gellermann* DÖV 1996, 433, 438.

226 EuGH Slg 1995, I-2189 Rn 26 – Großkotzenburg; *Triantafyllou* DÖV 1997, 192, 195; *Ruffert* DVBl 1998, 69, 71; *ders* ZUR 1996, 235, 236 f; *Kadelbach* (Fn 215) 170; *Schoch* NVwZ 1999, 457, 463; *Scherzberg* Jura 1993, 225, 228.

227 S etwa *Kingreen/Störmer* EuR 1998, 263, 265 ff, dort 278 ff auch zur Frage der Bindungswirkung der Unionsgrundrechte gegenüber den Mitgliedstaaten.

228 Bspw Art 2 Ia, b iVm VI UAbs 2 RL 89/665/EWG; EuGH Slg 1999, I-7671 Rn 43 – Alcatel Austria ua/Bundesministerium für Wissenschaft u Verkehr; dazu auch EuGH Slg 2001, I-9233 Rn 36 – Lombardini u Mantovani; *Classen* VerwArch 88 (1997) 645, 661 f.

229 EuGH Slg 1991, I-825 Rn 7; Slg 1991, I-2567 Rn 16; Slg 1991, I-2607 Rn 19; Slg 1991, I-4983 Rn 14; Slg 1996, I-6755 Rn 15 f alle Kommission/Deutschland.

230 EuGH Slg 1996, I-4845 Rn 34 ff – Dillenkofer ua/Deutschland.

231 EuGH Slg 1991, I-2567 Rn 14 – Kommission/Deutschland.

232 *Hölscheidt* EuR 2001, 376, 382.

233 EuGH Slg 1996, I-4845 Rn 35 – Dillenkofer ua/Deutschland.

234 *Schoch* NVwZ 1999, 457, 464; *Hölscheidt* EuR 2001, 376, 387.

235 EuGH, Slg 1991, I-825 Rn 7; Slg 1991, I-2567 Rn 16; Slg 1991, I-2607 Rn 19; Slg 1991, I-4983 Rn 14; Slg 1996, I-6755 Rn 15 f; Slg 1996, I-6747 Rn 16 alle Kommission/Deutschland; dazu

qualitätsrahmenrichtlinie 1996/62/EG, die in unmittelbarer Anwendung einen Anspruch Betroffener auf Aufstellung eines Aktionsplans zur Minderung der Feinstaubbelastung begründet.[236] Dienen die mitgliedstaatlichen Pflichten hingegen, wie bei der Bankenaufsicht, nicht nur dem Gesundheits- oder Verbraucherschutz, sondern auch anderen, ggf kollidierenden öffentlichen Interessen, wird ihre individuelle Durchsetzbarkeit verneint.[237]

Der Kreis der zur Durchsetzung berechtigten Personen ist dabei auf die von einer Rechtsverletzung *Betroffenen* begrenzt.[238] Betroffener ist, wer tatsächliche, auch potentielle Auswirkungen der Rechtsverletzung auf die ihm rechtlich zugeordneten Güter einschließlich seines Vermögens aufzeigt.[239] Nichts anderes soll die gelegentlich verwandte Formel indizieren, wonach es zur Geltendmachung einer unmittelbaren Wirkung eines *unmittelbaren Interesses* bedarf.[240] Diesen etwa bei umweltbezogenen Vorgaben wenig griffigen Maßstäben liegt erkennbar die Absicht des EuGH zugrunde, die Unionsbürger möglichst weitgehend für die Durchsetzung des Unionsrechts zu aktivieren.[241] **37**

Daraus ist in der Literatur auf das Bestehen eines allgemeinen Normvollziehungsanspruchs in bezug auf unmittelbar anwendbares Unionsrecht geschlossen worden.[242] Vor dem Hintergrund des Ziels einer dezentralen Vollzugskontrolle unter Einbeziehung der Unionsbürger müssten sich unmittelbare Anwendbarkeit und individuelles Recht entsprechen[243] und wären Merkmale wie die Zugehörigkeit zum Kreis der normativ Begünstigten oder die Individualisierbarkeit des Schutzziels ungeeignet zur Unterscheidung von objektivem und subjektiv-öffentlichem Unionsrecht.[244] Während die Gegenposition eine weitgehende Übertragung der Schutznormlehre deutscher Prägung auf das unionsrechtliche individuelle Recht vorschlägt,[245] ist nach vermittelnder Auffassung

Wegener Rechte des Einzelnen – Die Interessentenklage im europäischen Umweltrecht, 1998, 184.

236 EuGH EuZW 2008, 573 Rn 37 ff. – Janecek/Bayern; dazu *Fonk*, NVwZ 2009, 69 ff.

237 EuGH, Slg 2004, I-9425 Rn 29 f – Paul ua/Deutschland; instruktiv dazu Schlußantrag GA Stix-Hackl, ebenda Rn 75 ff.

238 EuGH Slg 1974, 1337 Rn 13/14 – Van Duyn/Home Office; Slg 1994, I-571 Rn 43 – M. A. Roks ua/Bestuur van de Bedrijfsvereniging voor de Gezondheid; ähnlich EuGH Slg 1976, 455 Rn 40 – Defrenne II; Slg 1991, I-825 Rn 6 – Kommission/Deutschland; dazu *Eckardt* ThürVBl 2001, 223, 227; *Kadelbach* (Fn 215) 371; *Schoch* NVwZ 1999, 457, 463.

239 Ausführliche Analyse der Rspr des EuGH bei *Wegener* (Fn 235) 184 ff.

240 EuGH Slg 1991, I-3757 Rn 23 f – Verholen; ebenso *Erichsen/Frenz* Jura 1995, 422, 426; *Pasemann* Die Entwicklung des Schutzes subjektiver öffentlicher Rechte unter Berücksichtigung des Europäischen Einflusses, 2005, 258; *Stüber* Jura 2001, 798, 801; *Baumgartner* Die Klagebefugnis nach deutschem Recht vor dem Hintergrund der Einwirkungen des Gemeinschaftsrechts, 2005, 177.

241 Dazu *Everling* NVwZ 1991, 209, 215; *Masing* (Fn 7) 42 ff, 50; *Baumgartner* (Fn 240) 85; *Kingreen/Störmer* EuR 1998, 263, 264; *Schroeder* Das Gemeinschaftsrechtssystem, 2002, 463.

242 *V Danwitz* Verwaltungsrechtliches System und europäische Integration, 1996, 365; *ders* DÖV 1996, 481, 489; *Breuer* Entwicklungen des europäischen Umweltrechts, 1993, 15.

243 *V Danwitz* (Fn 242) 365; *ders* DÖV 1996, 481, 489; ferner *Masing* (Fn 7) 42 ff, 50 ff; *Everling* NVwZ 1993, 209, 215.

244 *V Danwitz* (Fn 242) 232.

245 *Triantafyllou* NVwZ 1994, 943, 944; *ders* DÖV 1997, 192, 196 f; zu einer unionsrechtlichen Schutznormlehre tendierend *Ehlers* (Fn 21) 55 ff; dagegen *v Danwitz* (Fn 242) 485; *Hölscheidt* EuR 2001, 376, 387; *Scheuing* NVwZ 1999, 475, 484; *Calliess* NVwZ 1996, 339, 340 f.

eine zumindest „funktionelle Subjektivierung" zu fordern.[246] Dafür soll es genügen, dass die unmittelbar anwendbare Norm Interessen einzelner zu fördern vermag und deshalb auf die Verleihung von Rechten an Individuen gerichtet ist.[247]

38 Soweit es, wie häufig, um die unmittelbare Anwendung einer in nationales Recht umzusetzenden *Richtlinienbestimmung* geht, müssen sich die Rechtsfolgen an der Rechtslage bei einer ordnungsgemäßen innerstaatlichen Umsetzung orientieren. Es wäre widersprüchlich, wenn eine Richtlinie dem Bürger in unmittelbarer Anwendung weitergehende Rechtsmacht verleiht, als sie dem Mitgliedstaat bei ordnungsgemäßer Umsetzung zu gewähren aufgibt.[248] Eine Richtlinie räumt deshalb nur dann in unmittelbarer Anwendung individuelle Rechte ein, wenn sie den nationalen Gesetzgeber zur Einräumung individueller Rechtspositionen verpflichtet.[249] Das ist der jeweiligen unionsrechtlichen Norm durch Auslegung zu entnehmen. Ein Rückgriff auf die in den nationalen Rechtsordnungen zur Begründung subjektiv-öffentlicher Rechte entwickelten Kriterien, etwa der deutschen Schutznormlehre, kommt insoweit nicht in Betracht.[250]

39 c) Für die Frage, ob die Verleihung individueller Durchsetzungsmacht zum verbindlichen Regelungsgehalt einer in das nationale Recht umzusetzenden Norm des Unionsrechts gehört, ist deren Regelungszweck maßgeblich.[251] Dem Unionsrecht selbst ist eine Popularklage fremd. Deshalb wird die Einführung einer solchen regelmäßig auch von den Mitgliedstaaten nicht verlangt sein.[252] Für das Verständnis der an den nationalen Gesetzgeber gerichteten Gestaltungsvorgaben kommt im Übrigen dem Gesichtspunkt des „effet utile" traditionell besonderes Gewicht zu.[253] Zur Gewährleistung vollständiger innerstaatlicher Umsetzung des Unionsrechts reichen die Strukturen staatlicher Selbstkontrolle erfahrungsgemäß vielfach nicht aus. Deshalb werden die Mitgliedstaaten vielfach zur Gewährung individueller Durchsetzungsmacht verpflichtet.[254] Indiziell kann hierbei die Bestimmung des Kreises der Verfahrensbeteiligten und die Ausrichtung der Norm an einem Schutz personaler Güter oder Interessen sein.[255] Für die Zugehörigkeit zum Kreis der begünstigten Personen genügt regelmäßig die potentielle faktische Betroffenheit.[256] So müssen Unionsbürger, die infolge einer Verletzung von

[246] *Ruffert* DVBl 1998, 69, 71; *Calliess* Göttinger Online-Beiträge zum Europarecht, Nr 3, http://www.europarecht.uni-goettingen.de/Paper3.pdf, 2004, 4; *Schoch* NVwZ 1999, 457, 463 f; *Masing* (Fn 7) 186 f.

[247] *Kadelbach* (Fn 215) 370 f; *Calliess* NVwZ 1996, 339, 340 f; *Ruffert* DVBl 1998, 69, 71; *Schoch* NVwZ 1999, 457, 463 f; der EuGH hat einen solchen Individualbezug bislang nur in einigen wenigen Fällen verneint, vgl EuGH Slg 1989, 2491 Rn 23 f – Enichem Base Spa ua/Comune di Cinisello Balsamo; Slg 1994, I-571 Rn 41 ff – M. A. Roks ua/Bestuur van de Bedrijfsvereniging voor de Gezondheid.

[248] *Classen* VerwArch 88 (1997) 645, 653; *Wegener* (Fn 235) 129 ff; *Frenz* DVBl 1995, 408, 413.

[249] *Ehlers* (Fn 205) 59 Fn 269; näher dazu sogleich Rn 40.

[250] EuGH Slg 1987, 2141, 2160 – Traen; Slg 1991, I-5357 Rn 42 ff – Francovich/Italien; *Scherzberg* Jura 1993, 225, 226.

[251] S auch *Ehlers* (Fn 205) 53, 59.

[252] Vgl GA *Capotorti* EuGH Slg 1991, I-1805, 1856; vgl ebenso *Ruffert* DVBl 1998, 69, 73; *Kokott* DV 31 (1998) 335, 357; *Stern* JuS 1998, 769, 771; *Wegener* (Fn 235) 163 ff.

[253] EuGH Slg 1974, 1337 Rn 12 – Van Duyn/Home Office; Slg 1976, 497 Rn 69/73b – Jean Noeel Royel.

[254] *Masing* (Fn 7) 50 ff; *Ruffert* DVBl 1998, 69, 71; *Frenz* DVBl 1995, 408, 408.

[255] *Wahl* (Fn 12) Rn 127.

[256] *Stüber* Jura 2001, 798, 801; *Wegener* (Fn 235) 178 ff; *Winter* NVwZ 1999, 467, 470; *Schoch* NVwZ 1999, 457, 461 ff.

Grenzwerten einer umwelt- oder naturschutzrechtlichen Richtlinie in ihrer Gesundheit gefährdet werden könnten, die Einhaltung der Grenzwerte geltend machen können, ohne dass es dazu auf eine konkrete oder qualifizierte Betroffenheit oder den individualschützenden Charakter der Grenzwerte ankäme.[257]

Wenn danach im nationalen Recht eine klagbare Rechtsposition zu begründen ist, **40**
ohne dass die von der tradierten Schutznormlehre postulierten Voraussetzungen des deutschen subjektiv-öffentlichen Rechts vorliegen, wird die Einpassung des unionsrechtlich fundierten Individualrechts in das deutsche Rechtsschutzsystem fraglich.[258] Die europäische Judikatur beschränkt sich insoweit auf allgemein gültige Aussagen, die in allen nationalen Rechtsschutzsystemen Beachtung fordern. Insoweit ist vornehmlich das unionsrechtliche Diskriminierungsverbot des Art 18 I AEUV zu beachten, wonach unionsrechtlich begründete Rechtspositionen hinsichtlich ihrer Durchsetzbarkeit nicht schlechter gestellt werden dürfen als vergleichbare nationale Gewährungen.[259] In der deutschen Diskussion werden insoweit zwei Ansätze vertreten. Die materiell-rechtliche Lösung betrachtet die im Unionsrecht wurzelnde individuell klagbare Rechtsposition generell als subjektiv-öffentliches Recht.[260] Wann der Einzelne sich auf ein Recht im Sinne des § 42 II 2. Hs VwGO berufen kann, dürfe nicht nach innerstaatlichen Kriterien der Schutznormlehre, sondern müsse nach unionsrechtlichen Maßstäben bewertet werden.[261] Die Vertreter der prozessualen Lösung sehen in einer einklagbaren unionsrechtlichen Rechtsposition nicht zwingend zugleich auch ein subjektiv-öffentliches Recht.[262] Lägen die Voraussetzungen des deutschen Rechtsinstituts nicht vor, sei die Klagebefugnis vielmehr im Rahmen des § 42 II 1. Hs VwGO zu gewähren und zwar als durch Unionsrecht „gesetzlich bestimmt". Die Inanspruchnahme der damit eröffneten Rechtskontrolle würde allerdings am Schutz des Art 19 IV GG nicht teilhaben.[263] Auch bliebe der materielle Gehalt der im Unionsrecht gründenden Rechtspositionen fraglich.[264] Vor dem Hintergrund des hier entwickelten Verständnisses des subjektiv-öffentlichen Rechts ist darauf abzustellen, dass das Unionsrecht in den fraglichen Fällen gerade darauf gerichtet ist, dem Begünstigten die Rechtsmacht zur Geltendmachung der unionsrechtlich intendierten Konfliktentscheidung einzuräumen,[265] also regelmäßig auf die Begründung eines materiellen subjektiv-öffentlichen Rechts im Sinne einer fortentwickelten deutschen Dogmatik zielt. Unionsrechtlich veranlasste individuelle Rechte sind deshalb innerstaatlich als subjektiv-öffentliche Rechte iSd § 42 II 2. Hs VwGO zu gewähren. Anders ist dies nur, wenn lediglich eine prozessuale Berechtigung vermittelt werden soll.[266]

[257] EuGH Slg 1977, 113 Rn 20 ff – Ratti; Slg 1991, I-825 Rn 7 – Kommission/Deutschland; Slg 1991, I-2567 Rn 16 – Kommission/Deutschland; Slg 1991, I-2607 Rn 19 – Kommission/Deutschland; Slg 1991, I-4983 Rn 14 – Kommission/Deutschland; Slg 1996, I-6755 Rn 15 f – Kommission/Deutschland; dazu ausführlich *Wegener* (Fn 235) 167 ff.

[258] Dazu *Nettesheim* AöR 132 (2007) 333, 366 f, 378 ff.

[259] Dazu *Classen* VerwArch 88 (1997) 645, 678; *Ruffert* DVBl 1998, 69, 74; *Frenz* DVBl 1995, 408, 411.

[260] *Classen* VerwArch 88 (1997) 645, 678; *Ruffert* DVBl 1998, 69, 74.

[261] *Wegener* (Fn 235) 113 f; *Schenke* Verwaltungsprozessrecht, 11. Aufl 2007, Rn 531b; differenzierend *Ruffert* DVBl 1998, 69, 74.

[262] *Remmert* DV 29 (1996) 465, 477 ff; *Wahl* (Fn 12) Rn 128; *v Danwitz* (Fn 242) 484, 488.

[263] *Kokott* DV 31 (1998) 335, 349; *Schoch* (Fn 222) 311.

[264] *Ruffert* DVBl 1998, 69, 74.

[265] *Kadelbach* (Fn 215) 378 sowie Fn 441.

[266] S auch *Ehlers* (Fn 21) 64.

VIII. Entwicklungstendenzen des subjektiv-öffentlichen Rechts

41 Der gegenwärtigen Gestalt des subjektiv-öffentlichen Rechts im deutschen Verwaltungsrecht liegen zwei Systementscheidungen zugrunde: zum einen die mit der Abkehr vom actionenrechtlichen Denken verbundene Trennung und Unterscheidung von materiellrechtlicher Rechtsbegründung (und daraus resultierend: materiellem Freiheitsraum) und prozessrechtlicher Schutzgewährung, zum anderen die Entscheidung für eine normative und nicht nur faktische Bestimmung und Begrenzung der Adressaten und des Umfangs der jeweils materiell ausgesprochenen Begünstigung. Diese Grundlagen sind heute im Wesentlichen unbestritten, zumal der Gesetzgeber, gem § 42 II 1. Hs VwGO, wie gezeigt,[267] sachgebietsspezifischen Bedürfnissen durch Ausnahmeregelungen, etwa zugunsten der Einführung der Verbandsklage im Umweltschutz, Rechnung tragen kann.

42 Freilich sieht sich das deutsche Verwaltungsrecht im Zuge der enger werdenden europäischen Integration in zunehmendem Maße dem Vergleich und auch der Konkurrenz der anderen nationalen Rechtsordnungen in Europa und des Unionsrechts ausgesetzt.[268] Im Zuge dieser Entwicklung werden die Rechtsordnungen im europäischen Umfeld füreinander verstärkt als Reservoir auf der Suche nach geeigneten rechtskonstruktiven Lösungen nutzbar und stellt sich mittel- und langfristig die Frage nach dem „ob“ und dem „wie“ einer Angleichung in Richtung auf ein gemeineuropäisches Verwaltungsrecht. Dabei erweisen sich das primär materiell-rechtliche Verständnis des subjektiv-öffentlichen Rechts und seine strengen Voraussetzungen in Deutschland – und in Österreich[269] – als singulär in Europa. Das zeigt nicht nur der Blick auf das Unionsrecht, sondern auch ein Vergleich mit der britischen und französischen Rechtsordnung.[270]

43 Im actionenrechtlichen System des *britischen* Verwaltungsrechts von England und Wales sind die Rechtbehelfe gegen Handlungen der Verwaltungsbehörden im *claim for judicial review* zusammengefasst.[271] Nach den hierfür einschlägigen Civil Procedure Rules setzt die Prüfung der Hauptsache eine gerichtliche Zulassungsentscheidung, die sog *permission to proceed* voraus. Diese wird bei Vorliegen eines *sufficient interest in the matter* gewährt. Bei dessen Bestimmung herrscht eine großzügige Betrachtung vor, in die auch das öffentliche Interesse an der Beseitigung eines rechtswidrigen Zustandes einfließt.[272] Einem Steuerzahler wurde etwa die Befugnis zur Klage gegen Zahlungen des Vereinigten Königreiches an die Europäische Union eingeräumt,[273] Greenpeace erhielt die Befugnis, umweltrechtliche Genehmigungen von Testläufen einer atomaren Anlage vor Gericht zu bringen.[274] Dahinter steht die Vorstellung, dass es im (britischen) öffentlichen Recht nicht um die Geltendmachung von subjektiven Rechten, sondern um die Beseitigung objektiver Rechtsverletzungen geht: „Public law is not at base about rights ... it is about wrongs ... and the courts have always been alive to the fact that a person or organization with no particular stake in the issue or the outcome may, without in any sense being a mere meddler, wish and be well-placed to call the attention of

[267] S oben Rn 7, 31.
[268] *Wahl* (Fn 12) Rn 18 f.
[269] Dazu im Überblick *Wahl* (Fn 12) Rn 27 f.
[270] Dazu *Wahl* (Fn 12) Rn 20 ff; ausführlich *Gerstner* (Fn 53) 171 ff, 249 ff.
[271] S. *Rüffel* (Fn 114) 122 ff.
[272] Näher *Rüffel* (Fn 114) 132 ff, 151 f.
[273] R. v. Her Majesty’s Treasury ex parte Smedley [1985] 2 WLR 576.
[274] R. v. Inspectorate of Pollution, ex parte Greenpeace Ltd (No 2 [1994] 4 All ER 329.

the court to an apparent misuse of public power."[275] Auf dieser Grundlage bedarf es der Rechtsfigur des subjektiv-öffentlichen Rechts nicht.[276]

Auch dem französischen Recht ist das Institut des subjektiv-öffentlichen Rechts fremd. Der Staat ist nur objektiven Pflichten unterworfen.[277] Selbst die Grundrechte werden lediglich unvollkommen als subjektive Rechte gewährleistet, wie das Fehlen einer Verfassungsbeschwerde zeigt.[278] Die auf objektive Verwaltungskontrolle zielende Anfechtungsklage (recours pour excès de pouvoir) ist bereits zulässig, wenn der Kläger ein direktes und persönliches *intérêt pour agir* nachweist.[279] Dafür gilt als ausreichend, dass ihn der Verwaltungsakt in einer rechtlichen Lage betrifft, die ihn von anderen Bürgern unterscheidet.[280] Das wurde etwa für den Inhaber eines Kurhotels für Schüler angenommen, der sich gegen die Verkürzung der Schulferien wehrte,[281] oder für einen Beamten, der die Beförderung eines Kollegen mit der Begründung angriff, dass ihm dadurch in Zukunft ein Konkurrent erwachsen könnte.[282] Nur im Bereich des *contentieux de pleine juridiction*, der vornehmlich vertrags- und haftungsrechtliche Klagen umfasst, geht es um die Wiederherstellung einer individuellen subjektiven Rechtsstellung.[283] Die insoweit geltend gemachten *droits subjectifs* sind aber wie zivilrechtliche Ansprüche auf bestimmte, vertraglich oder gesetzlich definierte Leistungen beschränkt. Im Übrigen ist für das französische Recht das Modell der Interessentenklage prägend.[284] 44

In der Dogmatik des *Unionsrechts* schließlich hat sich zwar das materiell-rechtliche Verständnis individueller Rechte gegenüber actionenrechtlichen Konzeptionen durchgesetzt. Die Gewährung individueller Rechte hat hier aber eine ausgeprägt instrumentelle Funktion[285] und dient, jedenfalls soweit das Unionsrecht auf die nationalen Rechtsordnungen einwirkt, weniger der Schaffung individueller Freiheitsräume als vielmehr der Förderung einer effektiven Umsetzung des Unionsrechts.[286] Die unionsrechtliche Dogmatik ist deshalb – anders als die deutsche Schutznormlehre – tendenziell auf die *Hervorbringung* klagbarer Rechte und nicht auf deren *Eingrenzung* ausgerichtet.[287] Ob dies in jedem Einzelfall *im Ergebnis* überzeugt, sei hier dahingestellt. *Konzeptionell* aber legt auch die europäische Rechtsentwicklung nahe, die tradierte Beschränkung des subjektiv-öffentlichen Rechts auf die Fälle der Verfolgung eigener, *individueller Interessen* aufzugeben und statt dessen schlicht nach der Verleihung von Rechtsmacht zur Durchsetzung 45

[275] *J. Sedley* in: Ex parte Richard Dixon, CO/3410/96 (High Court of Justice, QB Div., Crown Office, 20.4.1997).
[276] *Gerstner* (Fn 53) 173 f; *Dünchheim* Verwaltungsprozeßrecht unter europäischem Einfluß, 2003, 124 f.
[277] *Nettesheim* AöR 132 (2007) 333, 340.
[278] Dazu *Gerstner* (Fn 53) 186; Conseil d'Etat 22.10.1979, Rec. 384.
[279] Dazu *Hübner/Constantinesco* Einführung in das französische Recht, 4. Aufl 2001, 114.
[280] *Debbasch/Ricci* Contentieux administratif, 8e éd. 2001, 325.
[281] Conseil d'Etat 28.5.1971, Rec. 391.
[282] Conseil d'Etat 1.7.1955, Rec. 379.
[283] *Woehrling* NVwZ 1985, 21, 25; *Peiser* Contentieux administratif, 13e éd. 2004, 158.
[284] Ausführlich *Gerstner* (Fn 53) 64 ff.
[285] *Burgi* (Fn 223) 55.
[286] *Masing* (Fn 7) 184 ff; *Ruffert* Subjektive Rechte im Umweltrecht der EG, 1996, 220 ff; *Calliess* (Fn 264) 4; *Burgi* (Fn 223) 52; *Stüber* Jura 2001, 798, 801; einschr. *Nettesheim* AöR 132 (2007) 336.
[287] *Kokott* DV 31 (1998) 335, 356; *Schoch* in: Schmidt-Aßmann ua, Festgabe 50 Jahre BVerwG, 2003, 507, 517.

des Normbefehls zu fragen. Dergestalt ist die Figur des subjektiv-öffentlichen Rechts auch für Konstellationen nutzbar, in denen es vornehmlich um die Sicherung eines „*allgemeinen Rechtsdurchsetzungsinteresses*"[288] geht. Damit ist eine Position gewonnen, auf deren Grundlage die Synthese des materialen Rechtsschutzkonzepts deutscher Tradition mit dem instrumentalen Verständnis europäischer Rechtsschutzsysteme gelingt.[289]

[288] *Schmidt-Aßmann* Ordnungsidee, 225 f.
[289] Zur Problematik zuletzt *Schmidt-Preuß* NVwZ 2005, 489, 492 ff.

FÜNFTER ABSCHNITT

Verwaltungsverfahren

Hermann Pünder

Gliederung

§ 13
Grundlagen

Verwaltungsverfahrensrecht bestimmt Weg und Form der *Willensbildung der Verwaltung* von der Vorbereitung und dem Beginn des Verwaltungshandelns bis hin zur Entscheidung selbst und deren Durchsetzung.[1] Die Materie wird – mit den Regelungen zur Verwaltungsorganisation (→ §§ 7 ff) – dem *formellen Verwaltungsrecht* zugeordnet und damit vom materiellen Recht geschieden, das die Rechtsbeziehungen zwischen Verwaltung und Bürger sowie zwischen Verwaltungsträgern inhaltlich regelt.[2] Diese Einteilung darf nicht zu einer Geringschätzung des Verwaltungsverfahrensrechts führen (zur sogenannten „dienenden Funktion" des Verwaltungsverfahrens → § 14 Rn 57). Denn die Art der behördlichen Willensbildung ist nicht nur für eine *effektive und effiziente Aufgabenerfüllung* (Rn 11, 15 f), sondern auch für den *Rechtsschutz der Betroffenen* (Rn 12 f) und die *demokratische Legitimierung* der Entscheidung (Rn 14) wichtig. Dabei kommt dem Verwaltungsverfahren um so mehr Bedeutung zu, je geringer die Steuerungskraft materieller Gesetzesvorgaben und entsprechend beschränkt die inhaltliche Gerichtskontrolle ist. Nur selten ist die Rechtsanwendung der Verwaltung bloß das Ergebnis einer formal-logischen Subsumtion, die zu einer „richtigen" Entscheidung führt.[3] Meist steht einer Behörde eine Vielfalt von Entscheidungsmöglichkeiten zur Verfügung. Die Verwaltung hat einen eigenen – je nach den tatsächlichen Verhältnissen und rechtlichen Vorgaben unterschiedlichen – Anteil an der Konkretisierung der administrativen Handlungsaufträge (→ § 11 Rn 7 ff).[4] Diesen Prozess der Rechtsverwirklichung steuert das Verwaltungsverfahrensrecht, indem es die behördlichen Entscheidungsabläufe ordnet, die Zusammenarbeit mit anderen Verwaltungsstellen koordiniert und die Einbeziehung der betroffenen Bürger regelt.[5] Als Ordnungsidee liegt dem die kooperative Gemeinwohlkonkretisierung zugrunde (Rn 7). Verwaltungsverfahrensrecht ist daher nicht eine lästige Formalie oder gar bloß Sand im Getriebe des Verwaltungshandelns. Vielmehr ist die Einhaltung der Verfahrensvorgaben entscheidende Voraussetzung dafür, dass die Verwaltungsentscheidung von den Betroffenen, wenn schon nicht als die einzig richtige, so doch zumindest als richtig zustande gekommen akzeptiert wird. 1

[1] Vgl BVerfGE 37, 363, 390; 55, 274, 320 f. Zur Verwaltungsvollstreckung → § 27.

[2] Zu den Problemen der Abgrenzung s etwa *Schmidt-Aßmann* in: Isensee/Kirchhof V, § 109 Rn 5 ff.

[3] Zur Kritik an der formal-logischen Subsumtionsmethode etwa *Engisch* Einführung in das juristische Denken, 10. Aufl 2005, 137 ff; *Müller/Christensen* Juristische Methodik, Bd 1, 9. Aufl 2004, 234 ff; *Kaufmann* Das Verfahren der Rechtsgewinnung, 1999, 1 ff.

[4] Vgl etwa *Dreier* Hierarchische Verwaltung im demokratischen Staat, 1991, 160 ff; *Pitschas* Verwaltungsverantwortung und Verwaltungsverfahren, 1990, 320 ff; *Schmidt-Aßmann* Ordnungsidee, Kap 4 Rn 38 ff; *Schulze-Fielitz* Theorie und Praxis parlamentarischer Gesetzgebung, 1988, 136, 143 f; *Schuppert* Verwaltungswissenschaft, 2000, 514 ff.

[5] Zum Entscheidungsablauf *Hoffmann-Riem* in: ders/Schmidt-Aßmann (Hrsg), Innovation und Flexibilität des Verwaltungshandelns, 1994, 9, 29 ff; *Hufen* Fehler im Verwaltungsverfahren, 4. Aufl 2002, Rn 46 ff; *Schmidt-Aßmann* Ordnungsidee, Kap 6 Rn 154 ff.

I. Entwicklung des Verwaltungsverfahrensrechts

1. Verwaltungsverfahren in der Entwicklung zum bürgerlichen Rechtsstaat

2 Die Rechtsschutzfunktion des Verwaltungsverfahrens ist eng mit der Wandlung des absolutistischen Fürstenstaates zum bürgerlichen *Rechtsstaat* verbunden. Grundregeln, die die Rechtslage bis heute prägen, kristallisierten sich vor allem am Enteignungsrecht aus.[6] So gab es Regelungen, die die „Zuziehung" der Betroffenen in das Enteignungsverfahren verlangten.[7] Durch die *Verfassungen* im 19. Jahrhundert – zunächst in den süd- und mitteldeutschen Staaten, 1850 in Preußen[8] – erfuhr das Verwaltungsverfahren eine Aufwertung. Der Rechtsstaat verlangte zum Schutz der Individualrechte die Gesetzesbindung der monarchischen Behörden.[9] Gesetzgebung war kein einseitig vom Monarchen auszuübendes Majestätsrecht mehr. Es wirkten Gesetzgebungskammern mit (Art 62 preuß Verf), in denen das Bürgertum vertreten war. Die Gesetze, an die sich die Verwaltung bei Individualeingriffen zu halten hatten, regelten auch Verfahren und Form des behördlichen Handelns. Als Prototyp eines rechtsstaatlich geordneten Verfahrens kann das *preußische Enteignungsgesetz* v 11.6.1874 gelten.[10] Um komplexe Sachverhalte zu klären und unbestimmte Generalklauseln rechtsstaatlich zu konkretisieren, sah es ähnlich der heutigen Planfeststellung (§§ 72 ff VwVfG, → § 15 Rn 2 ff) ein gestuftes Verfahren vor. Zunächst musste durch königliche Verordnung (die einem Prüfungsrecht der Gesetzgebungskammern unterlag, Art 106 S 2 preuß Verf) festgestellt werden, dass das den Privaten auferlegte Opfer durch ein „allgemeines Interesse" gerechtfertigt sei (§ 2 EnteignungsG). Das Recht zur Enteignung konnte staatlichen, aber auch – vor allem beim Bau von Eisenbahnenlinien – privaten Unternehmen „verliehen" werden. Dem mit der Vorprüfung betrauten Ressortministerium musste ein Plan vorgelegt werden, der sowohl die Vorteile des Vorhabens als auch die betroffenen Privat-

[6] Vgl *Frenzel* Der Staat 18 (1979) 592 ff. Zum Beteiligungsrecht u zur Beteiligungspraxis im 18. und frühen 19. Jhdt *Cancik* Verwaltung und Öffentlichkeit in Preußen, 2007, 209 ff.

[7] Dies galt etwa nach dem Edikt v 18.4.1792 über die Verbindlichkeiten der Untertanen in der Kurmark in Ansehung des Chausseebaus, wiedergegeben bei *v Rönne* Das Staats-Recht der Preußischen Monarchie, Bd 1, 1869, § 94, 102. Zum historischen Kontext *Cancik* (Fn 6), 342 ff.

[8] Verfassungsurkunde f den Preuß Staat v 31.1.1850 (GS, 17), sog revidierte Verf, abgedr in *Huber* (Hrsg) Dokumente zur Deutschen Verfassungsgeschichte, Bd 1, 3. Aufl 1978, 501 ff. Ausf *Huber* Deutsche Verfassungsgeschichte, Bd 2 1960; *Wahl* in: Isensee/Kirchhof I, § 3 Rn 21 ff. Für Österreich *Schäffer* ZÖR 59 (2004) 285, 289 ff.

[9] So ließ die preuß Verf eine Enteignung „nur aus Gründen des öffentlichen Wohls ... nach Maßgabe des Gesetzes" zu (Art 9). Vgl *Layer* Principien des Enteignungsrechts, 1902, 137 ff; *Erichsen* Verfassungs- und verwaltungsrechtsgeschichtliche Grundlagen der Lehre vom fehlerhaften belastenden Verwaltungsakt und seiner Aufhebung im Prozess, 1971, 135 ff. Allg *Böckenförde* Gesetz und gesetzgebende Gewalt, 1958; *Jesch* Gesetz und Verwaltung, 1961.

[10] GS 221. S auch das sog Vorflutedikt v 15.11.1811 (GS 352) u das Preuß EisenbahnG v 3.11. 1838 (GS 305). Dazu *Cancik* (Fn 6), 298 ff, 348 ff; *Grünhut* Das Enteignungsrecht, 1873, 57 ff; *Layer* (Fn 9) 285 ff; *Bullinger* Der Staat 1 (1962) 449, 460 ff; *Fisahn* Demokratie und Öffentlichkeitsbeteiligung, 2002, 16 ff, 25 ff. Allg zur historischen Entwicklung des Planfeststellungsrechts *Blümel* Die Bauplanfeststellung, 1. Teil, 1961; *Diekmann* Die wasserwirtschaftliche Planfeststellung, 1972, 100 ff; *Erat* Förmliche Verwaltungsverfahren und gerichtliche Kontrolle, 1995, 39 ff; *Fickert* Planfeststellung für den Straßenbau, 1978, 3 ff; *Frenzel* Der Staat 18 (1979) 592 ff.

rechte aufzuzeigen hatte. Ein Anhörungsrecht der Grundeigentümer war in diesem Verfahrensstadium zwar nicht normiert, doch wurde aus rechtsstaatlichen Gründen als „wichtiger Schutz für das Privatrecht" ein *„Recht zur Bemerkung"* eingeräumt.[11] Nachdem die Gemeinwohldienlichkeit der Enteignung generell festgestellt war, hatten die Enteignungsbehörden der staatlichen Mittelinstanzen in einem förmlichen Verfahren das Enteignungsvorhaben parzellenscharf zu konkretisieren (§§ 15–23 EnteignungsG). Der Enteignungsplan wurde offengelegt. Alle Beteiligten – nicht nur die betroffenen Eigentümer – hatten die Möglichkeit, *Einwendungen* zu erheben. In einem sich anschließenden *Erörterungstermin* konnten die die Enteignung betreibende Unternehmen und die Betroffenen ihre widerstreitenden Interessen darlegen. Auf dieser Grundlage entschied die Enteignungsbehörde über den konkreten Umfang der Enteignung. Dann wurde die Entschädigung festgelegt und schließlich die Enteignung durch Besitzeinweisung vollzogen.

Im 19. Jahrhundert begann auch die wissenschaftliche Beschäftigung mit dem Verwaltungsrecht.[12] Die sogenannte *juristische Methode* kam auf, der es weniger um die bloße Sammlung des Rechtsstoffes, sondern in Anlehnung an die als mustergültig angesehene Zivilrechtslehre um die „Dogmatik" des geltenden Rechts ging.[13] Bei der Entfaltung allgemeiner Regeln stand das Verwaltungsverfahren freilich *im Schatten des materiellen Rechts*. Der Verwaltungsrechtswissenschaft war es vorrangig darum zu tun, das Verwaltungshandeln in Gestalt des „Verwaltungsaktes" rechtsstaatlich zu binden. Bahnbrechend wirkte *Otto Mayer* (→ § 3 Rn 97). Für ihn stand die „Justizförmigkeit der Verwaltung" im Vordergrund. Dabei bezog er die Parallele nicht auf das Verfahren, sondern auf die rechtsverbindliche Entscheidung dessen, was „im Einzelfall Rechtens" ist (→ § 21 Rn 2).[14] 3

2. Kodifikation des Verwaltungsverfahrensrechts

a) *Vorgeschichte.* Die Idee einer *Kodifizierung* des Verwaltungsrechts hatte es schwer. 4
Weder im Kaiserreich noch in der Weimarer Republik war dem Bestreben, die Erträge der liberalen Verwaltungsdoktrin auf den Gebieten des allgemeinen Verwaltungsrechts, des Verwaltungsverfahrens und des Prozessrechts gesetzgeberisch zusammenzufassen, Erfolg beschieden.[15] Das Verwaltungsverfahrensrecht war *uneinheitlich* und *verstreut* in

[11] S *Grünhut* (Fn 10) 201 ff (m rechtsvergleichenden Hinw). Vgl auch *Jellinek* VwR, 290 (auch zur Rspr des preuß OVG).

[12] Vgl *Forsthoff* VwR, 40 ff; *W. Jellinek* VwR, 98 ff; *Meyer-Hesemann* Methodenwandel in der Verwaltungsrechtswissenschaft, 1981; *Stolleis* in: Jeserich/Pohl/v Unruh (Hrsg), Deutsche Verwaltungsgeschichte, Bd 2, 1983, 56, 88 ff; Bd 3, 1984, 85 ff; *dens* in Hoffmann-Riem/Schmidt-Aßmann/Voßkuhle, Grundlagen I, § 2 Rn 26 ff Rn 47 ff. Aus heutiger Sicht *Möllers* in Hoffmann-Riem/Schmidt-Aßmann/Voßkuhle, Grundlagen I, § 3 Rn 23 ff; *Voßkuhle* in Hoffmann-Riem/Schmidt-Aßmann/Voßkuhle, Grundlagen I, § 1 Rn 2 ff.

[13] Ziel war nach *Paul Laband* Das Staatsrecht des Deutschen Reiches, Bd 1, 2. Aufl 1888, Vorwort, IX, „die Zurückführung der einzelnen Rechtssätze auf allgemeine Begriffe und andererseits die Herleitung der aus diesen Begriffen sich ergebenden Folgerungen."

[14] S O. *Mayer* VwR I, §§ 5 u 6.

[15] Zum Funktionswandel der Beteiligungsrechte „im Kontext autoritärer Vergemeinschaftung" *Fisahn* (Fn 10) 55 ff, 85 ff (Kaiserreich), 98 ff (Weimarer Republik); zur Entwicklung der Kodifizierung des Verwaltungsverfahrensrechts *Kahl* in: Hoffmann-Riem/Schmidt-Aßmann (Hrsg), Verwaltungsverfahren und Verwaltungsverfahrensgesetz, 2002, 67 ff; *Ule* in: Jeserich/Pohl/v Unruh (Fn 12) Bd 5, 1987, 1162 ff.

besonderen Verwaltungsgesetzen des Reiches und der Einzelstaaten bzw Länder geregelt. Auf Reichsebene gab es verfahrensrechtliche Vorschriften nur für die Gewerbeverwaltung in der Reichsgewerbeordnung (1869), die Sozialversicherungsträger in der Reichsversicherungsordnung (1911) und für die Steuerbehörden in der Reichsabgabenordnung (1919). In Preußen regelte das Gesetz über die allgemeine Landesverwaltung von 1883 nicht das allgemeine, sondern nur das sogenannte Beschlussverfahren vor kollegialen Ausschüssen der Behörden auf Kreis- und Bezirksebene.[16] Ein Pionierwerk der Kodifikation war das *österreichische Allgemeine Verwaltungsverfahrensgesetz* von 1925.[17] Es beruhte auf Grundsätzen, die der 1876 eingerichtete VGH entwickelt hatte, dem es auch oblag, verwaltungsbehördliche Entscheidungen wegen Verfahrensmangels aufzuheben.[18] Zudem konnte auf eine bewährte Verwaltungspraxis und Vorarbeiten der Rechtswissenschaft zurückgegriffen werden. In Deutschland kam es zu Kodifikationen nur in Thüringen (1926) und Bremen (1931).[19] Der Nationalsozialismus erstickte alle rechtsstaatlichen Bemühungen.[20] Im *Grundgesetz* fehlen Regelungen zum Verwaltungsverfahren.[21] Das aus der Zeit der Diktatur gespeiste Misstrauen gegenüber der Exekutive schlug sich nur in Normierungen zum *gerichtlichen Rechtsschutz* nieder, insbes. in der Garantie eines gerichtlichen Verfahrens bei behaupteten Rechtsverletzungen durch die öffentliche Gewalt (Art 19 IV GG), Regelungen über die Unabhängigkeit der Richter (Art 97 GG) und in der Gewährleistung des rechtlichen Gehörs vor Gericht (Art 103 I GG). Dementsprechend war die kodifizierende Gesetzgebung im Verwaltungsrecht zunächst auf die Neuordnung der Gerichtsbarkeit konzentriert. Erlassen wurde als erstes das Sozialgerichtsgesetz (1953), dann die Verwaltungsgerichtsordnung (1960) und schließlich die Finanzgerichtsordnung (1965).

5 b) *Erlass der Verwaltungsverfahrensgesetze des Bundes und der Länder.* Gegenüber dieser Entwicklung des Verwaltungs*prozesses* blieb das Verwaltungs*verfahren* weit zurück. Es galten *ungeschriebene allgemeine Rechtsgrundsätze.*[22] Teilfragen wurden im Verwaltungszustellungsgesetz und Verwaltungsvollstreckungsgesetz geregelt.[23] Zudem

[16] G v 30.7.1883 (GS, 195). Außerdem fanden sich Vorgaben zur Organisation der Verw u – als Vorläufer des heutigen Verwaltungsprozesses zum „Verwaltungsstreitverfahren". Vgl dazu *Ibler* Rechtspflegender Rechtsschutz im Verwaltungsrecht, 1999, 214 ff, 256 ff.

[17] Österreichisches BundesG über das allg Verwaltungsverfahren v 21.7.1925 (BGBl 273 ff). Vgl aus der zeitgenössischen Lit *Merkl* Allgemeines Verwaltungsrecht, 1927, § 15; *Herrnritt* Das Verwaltungsverfahren, 1932; aus dem neueren Schrifttum etwa *Brauneder* in: Heyen (Hrsg), Geschichte der Verwaltungsrechtswissenschaft in Europa, 1982, 131 ff; *Hasiba* in: Geschichte und Gegenwart, 1987, 162 ff; *Kopp* Verfassungsrecht und Verwaltungsverfahrensrecht 1971, 6 f; *Melichar* VVDStRL 17 (1959) 183 ff; *Novak* FS Obermayer, 1986, 125 ff; *Öhlinger* 60 Jahre Verwaltungsverfahrensgesetze, Gutachten zum 9. Österreichischen Juristentag, 1985; *Schäffer* ZÖR 59 (2004) 285, 289 ff; *Thaler* ZÖR 2009, 433 ff.

[18] Vgl *Tezne*, Hdb des österreichischen Administrativverfahrens, 1896; *dens* Das österreichischen Administrativverfahren, 2. Aufl 1925.

[19] S die Landesverwaltungsordnung f Thüringen v 1926 idF d Bek v 22.7.1930 (GS 123); u das G über das Verwaltungsverfahren u den Verwaltungszwang Bremens v 11.4.1934 (GBl 132 ff).

[20] Zum Rückbau der Öffentlichkeitsbeteiligung *Fisahn* (Fn 10) 111ff. Zur Verwaltungsrechtswissenschaft *Stolleis* in Hoffmann-Riem/Schmidt-Aßmann/Voßkuhle, Grundlagen I, § 2 Rn 79 ff.

[21] Näher *Kunig* Das Rechtsstaatsprinzip, 1986, 373.

[22] Vgl etwa *König* DVBl 1959, 189 ff; *Kopp* (Fn 17); *Stern* JZ 1962, 297 ff; *Ule* DVBl 1963, 475 ff; *Wolff* VwR, Bd III, 3. Aufl 1972, 273 ff. IÜ *Fisahn* (Fn 10) 160 ff. Zur Übernahme der Grundsätze BT-Drucks 7/910, 29.

[23] VwZG v 3.7.1952 (BGBl I 379); VwVG v 27.4.1953 (BGBl I 157).

wurden das Verfahren für die Kriegsopferversorgung normiert und Regelungen zur Planfeststellung bei Infrastrukturvorhaben sowie über die Öffentlichkeitsbeteiligung bei der Erstellung von Bauleitplänen getroffen.[24] Landesverwaltungsverfahrensgesetze wurden zunächst im Saarland, dann in Baden-Württemberg, Berlin und Bremen erlassen.[25] Im Übrigen wurde – ermutigenden rechtsvergleichenden Untersuchungen zum Trotz[26] – *bezweifelt*, ob es gelingen könne, in einem einheitlichen verfahrensrechtlichen Gesetzbuch den praktischen Bedürfnissen gerecht zu werden. Während die Staatsrechtslehrer noch 1958 auf ihrer Wiener Tagung Skepsis gegenüber einer Kodifikation äußerten[27], gab der *Deutsche Juristentag* 1960 zur Frage, ob es sich empfehle, den allgemeinen Teil des Verwaltungsrechts zu kodifizieren, ein positives Votum ab.[28] Dies gab der Kodifikationsidee Auftrieb. Bund und Länder bildeten auf innenministerieller Ebene einen gemeinsamen Ausschuss, der 1963 einen *Musterentwurf* für ein einheitliches Verwaltungsverfahrensrecht vorlegte.[29] Indes mussten noch 14 Jahre ins Land gehen, bis das Werk getan war. 1977 trat das *Bundesverwaltungsverfahrensgesetz* in Kraft[30] (nachdem Schleswig-Holstein 1967 mit dem Erlass eines eigenen Verwaltungsgesetzes vorgeprescht war[31]). Unter den Innenministern und -senatoren bestand Einigkeit darüber, dass nach dem Erlass des Verwaltungsverfahrensgesetzes des Bundes inhaltsgleiche *Landesverfahrensgesetze* erlassen werden sollten.[32] Dem sind alle alten und nach der Wiedervereinigung Deutschlands auch alle neuen Bundesländer nachgekommen.[33] Die Unterschiede

[24] G über das Verwaltungsverfahren der Kriegsopferversorgung v 2.5.1955 (BGBl I 202); BundesbahnG v 13.12.1951 (BGBl I 955); BundesfernstrG v 12.8.1953 (BGBl I 908), WHG v 27.7.1957 (BGBl 1110); LuftverkehrsG v 5.12.1958 (BGBl 899); PersonenbefG v 16.1.1961 (BGBl 241); BundeswasserstrG v 2.4.1968 (BGBl I 173); BundesbauG v 23.6.1960 (BGBl 341). Dazu *Fisahn* (Fn 10) 116 ff.

[25] G über die allg Landesverwaltung im Saarl v 13.7.1950 (AB 796); LandesverwaltungsG BW v 7.11.1955 (GBl 225); G über das Verfahren der Berl Vw v 2.10.1958 (GVBl 951); VwVfG Brem idF v 1.4.1960 (GBl 37).

[26] Vgl *Becker* Das Allg Verwaltungsverfahren in Theorie und Praxis, 1960; *Kopp* (Fn 17); *Langrod* DVBl 1961, 305 ff; *dens* La doctrine allemande et la procédure administrative non contentieuse, 1961; *Ule/Becker* Verwaltungsverfahren im Rechtsstaat, 6 ff.

[27] Vgl *Bettermann* VVDStRL 17 (1959) 118 ff; positiver *Melichar* VVDStRL 17 (1959) 183 ff. In der Diskussion sprach sich eine Vielzahl der Redner gegen eine Kodifizierung des Verwaltungsverfahrensrechts aus, 219 ff. Aus heutiger Sicht etwa *Bredemeier* Kommunikative Verfahrenshandlungen i deutschen u europäischen Verwaltungsrecht, 2007, 276 ff; *Schneider* in Hoffmann-Riem/Schmidt-Aßmann/Voßkuhle, Grundlagen II, § 28 Rn 10.

[28] Näher *Ule* in: Jeserich/Pohl/v Unruh (Fn 12) Bd 5, 1987, 1162, 1170.

[29] BMI (Hrsg), Musterentw eines VwVfG, 1964, 2. Aufl 1968. Zu den Stationen der Gesetzesgenese im Überblick *Bredemeier* (Fn 27), 33 ff; *Schneider* in Hoffmann-Riem/Schmidt-Aßmann/Voßkuhle, Grundlagen II, § 28 Rn 9.

[30] VwVfG v 25.6.1976, BGBl I 1253; Inkrafttreten nach § 103 VwVfG.

[31] VwVfG v 18.4.1967, GVBl 131. Positiv *Sendler* AöR 94 (1969) 130, 156f („Schrittmacherdienste").

[32] Vgl den Beschluss d Std Konferenz d Innenminister der Länder v 20.2.1976, wiedergegeben v *Ule/Laubinger* VwVfR, § 8 Rn 16. Ebenso d Gesetzesbegr BT-Drucks 7/910, 28 f.

[33] BW, Bay, Bbg, Brem, Hmb, Hess, MV, NRW, Saarl, LSA, SH u Thür haben sog *Vollgesetze* erlassen, in denen – bis auf SH, das an der vorher entwickelten Regelungssystematik festhielt – die Vorschriften des BVwVfG ganz überwiegend wörtlich u m derselben Paragraphenzahl übernommen worden sind. Die sonstigen Landesverwaltungsverfahrensgesetze enthalten nur wenige Bestimmungen u *verweisen* im Übrigen auf das BVwVfG. In Nds wird „statisch", in Berl, RP u Sachs „dynamisch" auf das BVwVfG verwiesen. Zur verfassungsrechtlichen Problematik *Ehlers* DVBl 1977, 693 ff; *Brugger* VerwArch 78 (1987) 1 ff.

der landes- und bundesrechtlichen Regelungen sind minimal.[34] Dies ist für Landesbehörden vorteilhaft, die zugleich gem Art 84 GG Bundesrecht auszuführen haben. Allerdings wurden Chancen zu einem Wettbewerb um die besten Verwaltungsverfahrensregelungen nicht genutzt.[35] Die mit der Gleichförmigkeit verbundene Rechtssicherheit stand im Vordergrund.

6 c) *Beschränkungen der verfahrensgesetzlichen Regelungen.* Anders als es der Name vermuten lässt, erfassen die Verwaltungsverfahrensgesetze nicht das gesamte Verwaltungsverfahrensrecht. Vor allem haben *spezielle* Verfahrensregelungen *Vorrang* (vgl § 1 I aE, II 1 aE VwVfG).[36] Während sich manche Gesetze nur auf einzelne Punkte beschränken, enthalten andere – wie etwa das BImSchG (→ § 15 Rn 39) – ein nahezu vollständiges eigenes Verfahrensrecht. Einige Verwaltungsbereiche sind von der Anwendung der Verwaltungsverfahrensgesetze sogar vollständig ausgenommen (§ 2 I, II VwVfG). Dies gilt vor allem für die *Finanz- und Sozialverwaltung* (§ 1 II Nr 1 und 4 VwVfG). Hier sind die Abgabenordnung (AO) und Teil X des Sozialgesetzbuches (SGB X) maßgebend.[37] Die Regelungen sind – korrespondierend zum gerichtlichen Rechtsschutz der Finanzgerichtsordnung und des Sozialgerichtsgesetzes – abschließend. Inhaltlich entsprechen sie freilich weitgehend den verfahrensgesetzlichen Normierungen. Weiter erfassen die Verwaltungsverfahrensgesetze (mit Ausnahme von Schleswig-Holstein[38]) *nur* „die nach außen wirkende Tätigkeit, die auf die Prüfung der Voraussetzungen, die Vorbereitung und den Erlass eines *Verwaltungsaktes* oder auf den Abschluss eines *öffentlich-rechtlichen Vertrages* gerichtet ist" (§ 9 VwVfG). Die übrigen exekutiven Handlungsformen wurden leider ausgeblendet. Soweit Verfahrensregeln fehlen, muss auf Analogieschlüsse, allgemeine Lehren oder unmittelbar auf Verfassungsrecht (Rn 10ff) zurückgegriffen werden.[39] Dies gilt für Verfahren zum Erlass abstrakt-genereller Rechtsakte (Rechtsverordnungen und Satzungen → § 2 Rn 56 ff; §§ 19 ff)[40], die behördliche Willensbildung vor rein tatsächlichen Erklärungen oder

[34] Sonderwege wurden etwa in Fragen des Selbsteintrittsrechts vorgesetzter Behörden (vgl Art 3a VwVfG Bay), bei den Kosten des Vorverfahrens (vgl Art 80 VwVfG Bay), den Beweismitteln (vgl §§ 26 VwVfG BW, Berl VwVfG, VwVfG Bbg; Hmb VwVfG; VwVfG NRW) u der Akteneinsicht bzw der Geheimhaltung (vgl §§ 2a u 4a Berl VwVfG; § 3a VwVfG BW; §§ 3a u 29 VwVfG Bbg; § 3a VwVfG NRW) beschritten.

[35] Krit zur Zersplitterung des Verwaltungsverfahrensrechts zwischen dem Bund u den Ländern u zwischen den einzelnen Länder *Kahl* (Fn 15) 67, 79 ff („vertikale Dekodifikation").

[36] Vgl BT-Drucks 7/910, 30 ff. Auch die Länder haben – m Ausnahme v Brem, Berl u Sachs – Regelungen zugunsten v Spezialgesetzen getroffen. S näher *Ule/Laubinger* VwVfR, § 8 Rn 17 ff. Spezielles Bundesrecht geht den Landesgesetzen gem Art 31 GG ohnehin vor. Allg zum Anwendungsbereich des VwVfG *Ehlers* Jura 2003, 30 ff.

[37] Man spricht v „Drei-Säulen-Prinzip" des Verwaltungsverfahrensrechts. Zu den als „vierte Säule" konzipierten Verfahrensregelungen im Entwurf f ein Umweltgesetzbuch s Fn 46.

[38] Hier wird der Erlass v Rechtsverordnungen (§§ 53 ff LVwG SH) u Satzungen (§§ 65 ff LVwG SH) geregelt. Vgl *Gößwein* Allgemeines Verwaltungs(verfahrens)recht der administrativen Normsetzung, 2001, 111 ff.

[39] So schon d Gesetzesbegr BT-Drucks 7/910, 42. Krit auch *Schneider* in Hoffmann-Riem/Schmidt-Aßmann/Voßkuhle, Grundlagen II, § 28 Rn 13.

[40] Vgl im Überbl *Hufen* (Fn 5) Rn 446 ff; *Schmidt-Aßmann* Ordnungsidee, Kap 6 Rn 84 ff. Ausf *Hill* in Hoffmann-Riem/Schmidt-Aßmann/Voßkuhle, Grundlagen II, § 34. F die Verordnungsgebung finden sich Vorgaben in den Verf des Bundes u der Länder, in Geschäftsordnungen u in Verkündungsgesetzen. Näher *Fehling* Verwaltung zwischen Unparteilichkeit und Gestaltungsaufgabe, 2001, 331 ff; *Gößwein* (Fn 38); *Pünder* Exekutive Normsetzung in den Vereinigten Staaten v Amerika und der Bundesrepublik, 1995. Vorgaben f den Satzungserlass finden sich

Verrichtungen (sogenannte Real- oder Tathandlungen → §§ 36 f)[41] sowie für Verfahren im Innenverhältnis eines Verwaltungsträgers (abstrakt-generelle Verwaltungsvorschriften → § 2 Rn 65 ff; § 20 Rn 16, konkret-individuelle Weisungen → § 21 Rn 44 ff, Kontraktmanagement, Controlling)[42]. Schließlich gelten die Verwaltungsverfahrensgesetze *nur* für die *„öffentlich-rechtliche Verwaltungstätigkeit"* (§ 1 I VwVfG) und blenden damit den Umstand aus, dass die Verwaltung auch nach Privatrecht tätig wird.[43] Insgesamt ist die „Verlustliste der Rechtseinheit" lang und wird beklagt[44], da Rechtszersplitterung die Rechtssicherheit und Berechenbarkeit des Verwaltungsverfahrensrechts beeinträchtigt. Allerdings haben sich die Verfahrensgesetzgeber in den letzten Jahren um Rechtsvereinheitlichung durch Abbau von Spezialvorschriften bemüht.[45] Ob die Uniformität einer *Gesamtkodifikation* erreichbar ist, erscheint angesichts des nicht zu verkennenden Bedarfs an Sonderregeln zweifelhaft. Zumindest zunächst sollte es um *Bereichskodifikationen* gehen. Aber auch hier stocken die Bemühungen, etwa um ein Umwelt-, Wirtschafts- und ein Informationsgesetzbuch.[46]

im Kommunalrecht (*Schmidt-Aßmann/Röhl* in: Schmidt-Aßmann, Bes VwR, Kap 1 Rn 94 ff) u im BauGB (*Krebs* in: Schmidt-Aßmann, Bes VwR, Kap 4 Rn 110 ff).

41 Vgl *Hufen* (Fn 5) Rn 476 ff. Verfahrensvorgaben enthält vor allem das Vollstreckungsrecht sowie das Polizei- und Ordnungsrecht. Vgl *Hanewinkel* Verfahrensnormen im Polizeirecht, 2004, 87 ff. Zum informalen Verwaltungshandeln *Fehling* in Hoffmann-Riem/Schmidt-Aßmann/Voßkuhle, Grundlagen II, § 38; *Schmidt-Aßmann* Ordnungsidee, Kap 6 Rn 125 ff; zum schlichten Verwaltungshandeln *Hermes* in: Hoffmann-Riem/Schmidt-Aßmann/Voßkuhle, Grundlagen II, § 39.

42 Vgl *Hufen* (Fn 5) Rn 488 ff; zu VwV *Grupp* in: Blümel/Pitschas (Hrsg), Reform des Verwaltungsverfahrensrechts, 1994, 215 ff; *Schmidt-Aßmann* Ordnungsidee, Kap 6 Rn 84 ff. Es gelten regelmäßig nur die allg Ermächtigungen m vergleichsweise geringen verfahrensrechtlichen Vorgaben (vgl Art 84 II GG, Art 85 II GG u die GO der BReg). F Technische Anweisungen u andere normative Umweltstandards finden sich einige Verfahrensregeln zB in § 51 BImSchG. Neuere Entwicklungen betreffen das Kontraktmanagement u das Controlling. Dazu *Pünder* DÖV 1998, 63 ff; *ders* Haushaltsrecht im Umbruch 2003, 374 ff, 380 ff, 516 ff, 542 ff; *Ziekow* in: Hoffmann-Riem/Schmidt-Aßmann (Fn 15) 349 ff.

43 Vgl zur Bindung der privatrechtsförmigen Verw an das Verwaltungsverfahrensrecht *Ehlers* Verwaltung in Privatrechtsform, 1984, 226 f; *Hufen* (Fn 5) Rn 427 ff; *Schmidt-Aßmann* Ordnungsidee, Kap 6 Rn 21 ff; zur öffentlichen Auftragsvergabe *Kahl* FS v Zezschwitz, 2005, 151 ff.

44 Zur Rechtfertigung der gesetzgeberischen Selbstbeschränkung s BT-Drucks 7/910, 41f. Krit etwa *Hufen* (Fn 5) Rn 319, 426; *Kahl* (Fn 15) 67 ff; *Pitschas* in: Blümel/Pitschas (Fn 42) 229, 232 ff; *Schmidt-Aßmann* in: Lerche/Schmitt Glaeser/Schmidt-Aßmann (Hrsg), Verfahren als staats- und verwaltungsrechtliche Kategorie, 1984, 1, 20 ff; *ders* in: Hoffmann-Riem/Schmidt-Aßmann (Fn 15) 429, 446 ff; *Schoch* Verw 25 (1992) 21, 33 f.

45 Krit gegenüber den Bemühungen der Rechtsvereinheitlichung *Bonk/Schmitz* in: Stelkens/Bonk/Sachs, VwVfG, § 1 Rn 14, 269 ff; *Hufen* (Fn 5) Rn 3; *Kahl* (Fn 15) 67, 72 ff.

46 Vgl *Kahl* (Fn 15) 67, 105 ff; *Wahl* in: Blümel/Pitschas (Fn 42) 83 ff. Krit zu einem allg Umweltgesetzbuch *Breuer* in: Schmidt-Aßmann, Bes VwR, Kap 5 Rn 51 ff. Ein neuer Entwurf wurde Ende 2008 veröffentlicht (http://www.bmu.de/umweltgesetzbuch/downloads/doc/40448.php). Vgl dazu etwa *Burbat* ZUR 2008, 610 ff, *Kahrl* DÖV 2009, 160 ff; *Kloepfer* Verw 41 (2008), 195 ff; *Oldiges* ZG 2008, 263 ff; *Sanden* ZUR 2009, 3 ff; *Schrader* ZRP 2008, 60 ff; *Sellner* in: Trute/Groß/Röhl/Möllers, Allgemeines Verwaltungsrecht – zur Tragfähigkeit eines Konzepts, 2008, 191 ff; *Winter* ZUR 2008, 337 ff.

3. Verfahrenseuphorie

7 Bedeutsamer als die (Teil-)Kodifizierung des Verwaltungsverfahrensrechts durch die Gesetzgeber waren Entscheidungen des *BVerfG*, in denen Anforderungen, die für einen effektiven Rechtsschutzes vor Gericht entwickelt worden waren[47], auf das Verwaltungsverfahren erstreckt wurden. Damit trat das Verwaltungsverfahren aus dem Schatten des Gerichtsverfahrens und des materiellen Rechts heraus. Das Gericht hob hervor, „dass *Grundrechtsschutz* weitgehend auch *durch* die Gestaltung von *Verfahren* zu bewirken ist und dass die Grundrechte demgemäss nicht nur das gesamte materielle, sondern auch das Verfahrensrecht beeinflussen, soweit dieses für einen effektiven Grundrechtsschutz von Bedeutung ist" (Rn 12).[48] Angesichts der schwachen Steuerungskraft des materiellen Rechts und dem korrespondierend weiten Beurteilungs- und Gestaltungsspielraum der Verwaltung bzw den strukturellen Grenzen der gerichtlichen Kontrollintensität wurde der grundrechtlichen Schutzfunktion des Verfahrens eine eigene Bedeutung zuerkannt. Die Literatur nahm diese Rechtsprechung ganz überwiegend mit Zustimmung auf, entsprach sie doch dem Zeitgeist eines gewandelten Verhältnisses zwischen Verwaltung und „mündigem" Bürger.[49] Schon 1971 hatte *Häberle* auf der Regensburger Staatsrechtslehrertagung einen „*status activus processualis*" als „Inbegriff aller Normen und Formen, die die Verfahrensbeteiligung der in ihren Grundrechten Betroffenen regeln", entwickelt. Die teilweise Wirkungslosigkeit des gerichtlichen Rechtsschutzes sei durch wirkungsvollen Verfahrensschutz zu kompensieren, so dass vorweggenommener Rechtsschutz gegeben sei.[50] *Kopp* hatte die verfassungsrechtliche Fundierung des Verwaltungsverfahrensrechts auch unter Einbeziehung rechtvergleichender Erkenntnisse sorgfältig untersucht.[51] Die neue Judikatur des BVerfG führte zunächst zu einer *Verfahrenseuphorie*. Das Verwaltungsverfahren galt als „Ordnungsidee kooperativer Gemeinwohlkonkretisierung".[52] Der Grundrechtsschutz durch Verfahren wurde näher entfaltet, die demokratische Bedeutung des Verwaltungsverfahrens für die Akzeptanz der Verwaltungsentscheidungen hervorgehoben (Rn 14).[53]

[47] Nachw bei BVerfGE 53, 30, 65 u im abw Sondervotum 72 f.

[48] Zusammenfassend *Bredemeier* (Fn 27), 296 ff; *Schmidt-Aßmann* in: Isensee/Kirchhof V, § 109 Rn 21 ff.

[49] Vgl BVerfGE 45, 297, 335: „Die Notwendigkeit eines Gesprächs zwischen Vw und Bürger entspricht dem grundgesetzlichen Verständnis der Stellung des Bürgers im Staat." Zu den Werteentwicklungen *Wölki* Verwaltungsverfahrensgesetz im Wertewandel, 2004, 29 ff.

[50] *Häberle* VVDStRL 30 (1972) 43, 80, 86 ff, 121 ff. Vgl auch *Schmidt-Aßmann* in Hoffmann-Riem/ders/Voßkuhle, Grundlagen II, § 27 Rn 66.

[51] *Kopp* (Fn 17).

[52] Vgl *Schmitt Glaeser* in: Lerche/ders/Schmidt-Aßmann (Fn 44) 37, 53 ff; *Schmidt-Aßmann* in: Isensee/Kirchhof V, § 109 Rn 2 ff.

[53] Vgl etwa *Redeker* NJW 1980, 1593 ff; *Goerlich* Grundrechte als Verfahrensgarantien, 1981; *Bethge* NJW 1982, 1 ff; *Hoffmann-Riem* VVDStRL 40 (1982) 187, 211 ff, 220 ff; *Schenke* VBlBW 1982, 313 ff; *Pietzcker* VVDStRL 41 (1983) 193, 207 ff; *Wahl* VVDStRL 41 (1983) 151, 166 ff; *Held* Der Grundrechtsbezug des Verwaltungsverfahrens, 1984; *Grimm* NVwZ 1985, 865 ff; *Hill* Das fehlerhafte Verfahren und seine Folgen im Verwaltungsrecht, 1986, 233 ff; *Hufen* (Fn 5) Rn 21 ff, 161; *Kunig* (Fn 21) 373 ff; *Lerche/Schmitt Glaeser/Schmidt-Aßmann* (Fn 44); *Schuppert* (Fn 4) 791 ff; *Alexy* Theorie der Grundrechte, 4. Aufl 2006, 428 ff. Zusammenfassend *Bredemeier* (Fn 27), 303 ff.

4. Ernüchterung

8 Mittlerweile hat sich Ernüchterung breit gemacht. In der Diskussion um den „Standort Deutschland“ in der global gewordenen Weltwirtschaft wird das Verwaltungsverfahrensrecht als *Belastung* angesehen (was empirische Untersuchungen freilich nicht bestätigen[54]). Die Gesetzgeber haben hierauf in den 1990er Jahren reagiert.[55] So wurden mit dem Ziel einer „nachfragegerechten“ *Beschleunigung* insbesondere umweltrechtlicher Genehmigungen und Planungen Verfahrenstypen ohne Öffentlichkeitsbeteiligung normiert: Präventive Kontrollerlaubnisse wurden durch bloße Anzeigepflichten und Anmeldevorbehalte ersetzt (→ § 1 Rn 45 ff; § 14 Rn 49), Plangenehmigungen ohne vorangehendes Planfeststellungsverfahren zugelassen (§ 74 VI VwVfG → § 15 Rn 3). Präklusionsregeln wurden verschärft (→ § 15 Rn 8). Vor allem aber wurden die Vorschriften über die Unbeachtlichkeit und Heilung von Verfahrensfehlern ausgeweitet (→ § 14 Rn 57 ff). Diese Gesetzgebung wird zum Teil heftig kritisiert.[56] Ein Niedergang des Verfahrensgedankens wird apostrophiert.[57] Die Verwaltung werde zu einem „laxen Umgang mit dem Verfahrensrecht“ regelrecht ermuntert.[58] In der Verwaltungspraxis werde bisweilen sogar das grundrechtlich fundierte (Rn 12 f) Anhörungsgebot im Vertrauen auf die Heilungsmöglichkeiten oder gar darauf, dass der Betroffenen keinen (fristgemäßen) Rechtsbehelf einlegen wird, schlicht missachtet.[59] Schließlich werden selbst in der Rechtsprechung „Defizite verfahrensrechtlichen Denkens“ ausgemacht: Subjektive Verfahrensrechte der Beteiligten werden eng ausgelegt, Ausnahmevorschriften zugunsten der Verwaltung oftmals extensiv gehandhabt und Heilungsmöglichkeiten mehr als großzügig angewendet.[60] Die Gesetzgebung ließ sich von all diesen Einwänden nicht beeindrucken. Die Beschleunigungseuphorie hält an. Die jüngsten Gesetze zur Beschleunigung von Verwaltungsverfahren stammen aus den Jahren 2006/2007 (→ § 15

[54] Vgl *Fisahn* (Fn 10) 340 ff; *Martin* Heilung von Verfahrensfehlern im Verwaltungsverfahren, 2004, 165 ff; *Wölki* (Fn 49) 98 ff, 105 ff. Für eine Evaluation von Regelungen zur Verfahrensbeschleunigung *Ziekow/Windoffer/Oertel* DVBl 2006, 1469 ff.

[55] Im Überbl *Bonk* NVwZ 1997, 320 ff; *Fisahn* (Fn 10) 279 ff. Vgl den Bericht der Unabhängigen Expertenkommission zur Vereinfachung u Beschleunigung v Planungs- und Genehmigungsverfahren in: Bundesministerium f Wirtschaft (Hrsg), Investitionsförderung durch flexible Genehmigungsverfahren, 1994; zusammengefasst v *Schlichter* DVBl 1995, 173 ff. Zum Hintergrund *Schmitz* in: Hoffmann-Riem/Schmidt-Aßmann (Fn 15) 135, 136 ff. Zu neueren Vorschlägen *Ziekow/Oertel/Windhofer* Beschleunigung von Genehmigungsverfahren, 2004.

[56] Vgl etwa *Berkemann* DVBl 1988, 446, 447 f; *Erbguth* VVDStRL 61 (2001) 221, 254 ff; *Hoffmann-Riem* in: ders/Schmidt-Aßmann (Fn 15) 9, 46 f; *Holznagel* in: Hoffmann-Riem/Schmidt-Aßmann (Hrsg), Effizienz als Herausforderung an das Verwaltungsrecht, 1998, 205, 224 ff; *Hufen* (Fn 5) Rn 5; *Schmidt-Aßmann* Ordnungsidee Kap 6 Rn 55 ff; *Schoch* in: Schmidt-Aßmann/Hoffmann-Riem (Hrsg), Strukturen des europäischen Verwaltungsrechts, 1999, 279, 291 f. Zusammenfassend *Erbguth* DÖV 2009, 921 ff. Aus rechtsvgl Sicht relativierend *Pietzcker* FS Maurer, 2001, 695 ff.

[57] *Schuppert* (Fn 4) 780 ff.

[58] *Bonk* NVwZ 1997, 320, 326. Allerdings gilt Entsprechendes auch f den Verwaltungsprozess. Verfahrensmängel sind in der Revision unbeachtlich, wenn die Entscheidung nicht darauf beruht (§ 132 II Nr 3, § 144 IV VwGO). Vgl *Sendler* AöR 94 (1969) 130, 150.

[59] Vgl *Sendler* DVBl 1982, 812, 818; zum Sozialrecht *Nehls* NVwZ 1982, 494, 495.

[60] So *Schoch* Verw 25 (1992) 21, 41 ff (mwN). Aus neuerer Zeit *Erbguth* DÖV 2009, 921, 927 ff.

Rn 3 ff).[61] *Gegenläufige* – allerdings auf ökologische Fragen beschränkte – *Impulse* ergeben sich freilich aus dem Unionsrecht und auch aus dem Völkerrecht (Rn 17 ff). Dahinter steckt die – auch in den USA verfolgte (Rn 27) – Strategie, die Bürger zur Durchsetzung des objektiven Rechts zu mobilisieren.[62] Insbesondere sind den Vorgaben zur Heilung von Verfahrensfehlern und den Unbeachtlichkeitsregeln unionsrechtliche Grenzen gesetzt (→ § 14 Rn 62, 67, § 15 Rn 48).

II. Verfassungsrechtliche Vorgaben

1. Kompetenz zur Normierung von Verwaltungsverfahrensrecht

9 Vor diesem Hintergrund stellt sich zunächst die Frage nach verfassungsrechtlichen Vorgaben für die Normierung und Anwendung des Verwaltungsverfahrensrechts. Die *Gesetzgebungskompetenz* für das Verfahren der bundeseigenen Verwaltung (Art 86 GG) obliegt nach den Art 73 ff, 83 ff GG dem Bund[63], für das Verfahren der Landesverwaltung bei Ausführung von Landesgesetzen den Ländern. Werden Bundesgesetze durch die Länder ausgeführt, ist dies im Regelfall deren „eigene Angelegenheit“ (Art 83 GG). Sie regeln auch das Verwaltungsverfahren selbst (Art 84 I 1 GG). Durch Bundesgesetz kann aber etwas anderes bestimmt werden; dann können die Länder wiederum abweichende Regelungen treffen (Art 84 I 2 GG), sofern der Bund dies „in Ausnahmefällen“ nicht „wegen eines besonderen Bedürfnisses nach bundeseinheitlicher Regelung“ ausgeschlossen hat (Art 84 I 5 GG). Daneben hat der Bund die Kompetenz zur Regelung des Verwaltungsverfahrens, wenn die Länder Bundesgesetze „im Auftrage des Bundes“ ausführen (Art 85 GG). Dies wird zwar nicht ausdrücklich erwähnt; Art 85 I GG spricht im Unterschied zu Art 84 I GG lediglich von der gesetzlichen Regelung der Behördeneinrichtung. Es ist jedoch nicht einzusehen, warum die Befugnis des Bundes zur Regelung des Verwaltungsverfahrens hier weniger weit gehen sollte als wenn die Länder Bundesgesetze als eigene Angelegenheit ausführen.[64] Viele halten sogar die Zustimmung des Bundesrates für verfahrensrechtliche Bundesregelungen im Rahmen der Auftragsverwaltung nicht für erforderlich.[65] Dem ist nicht zu folgen, da schon der Erlass von bloßen Verwaltungsvorschriften durch die Bundesregierung an die Zustimmung des Bundesrates gebunden ist (Art 85 II 1 GG). Der Bund hat seine Kompetenzen zum Erlass verwaltungsverfahrensrechtlicher Vorschriften für die Ausführung von Bundesrecht durch die Länder im *Bundesverwaltungsverfahrensgesetz* nicht voll ausgeschöpft. Zwar gilt das Regelwerk nicht nur für die unmittelbare und mittelbare Bundesverwaltung (§ 1 I Nr 1 VwVfG), sondern grundsätzlich auch für die Bundesauftragsverwaltung der Länder (§ 1 I Nr 2 VwVfG) und den sonstigen Vollzug von Bundesrecht durch Landesbehörden (§ 1 II VwVfG). Doch wurde die Anwendung des Gesetzes durch Landesbehörden davon abhängig gemacht, dass die Verwaltungstätig-

[61] Gesetz zur Beschleunigung von Planungsverfahren für Infrastrukturvorhaben v 9.12.2006 (BGBl I, 2833); Gesetz zur Reduzierung und Beschleunigung v immissionsschutzrechtlichen Genehmigungsverfahren v 23.10.2007 (BGBl I 2470).
[62] Vgl *Masing* Die Mobilisierung d Bürgers für d Durchsetzung des Rechts, 1997.
[63] Zum umstr Verhältnis d Art 70 ff GG zu Art 83 ff GG *Hermes* in: Dreier (Hrsg), GG, Art 83 Rn 20 ff (mwN).
[64] So BVerfGE 26, 388, 385.
[65] S etwa *Bull* in: AK-GG, Art 85 Rn 11; *Lerche* in: Maunz/Dürig, GG, Art 85 Rn 28. AA *Dittmann* in: Sachs (Hrsg), GG, Art 85 Rn 10; *Hermes* in: Dreier, GG, Bd 3, Art 85 Rn 29.

keit nicht landesrechtlich durch ein Verwaltungsverfahrensgesetz geregelt ist (§ 1 III BVwVfG). Da alle Länder eigene Verwaltungsverfahrensgesetze erlassen haben, kommt das Bundesverwaltungsverfahrensgesetz nicht zur Anwendung. Bundes- und landesrechtlichen Vorgaben stimmen weitgehend überein (Rn 5). Zudem wird die *Rechtseinheit* dadurch gesichert, dass die landesrechtlichen Vorschriften, die mit dem Bundesverwaltungsverfahrensgesetz übereinstimmen, vor dem BVerwG *revisibel* sind (§ 137 I Nr 2 VwGO).[66] Eine einheitliche bundesgesetzliche Regelung besteht für das *Widerspruchsverfahren* (§§ 68 ff VwGO; §§ 79 f VwVfG → § 15 Rn 41). Insoweit kann sich der Bund im Hinblick auf die Eigenschaft des Widerspruchsverfahrens als verwaltungsgerichtliches Vorverfahren auf eine Kompetenz kraft Sachzusammenhanges (Art 74 I Nr 1 GG) stützen.[67]

2. Verfahrensbezogene Verfassungsprinzipien: Effektivität, Rechtsschutz, Legitimation und Effizienz

Für die Beantwortung der Frage, welche inhaltlichen Verfassungsvorgaben die Gesetzgeber bei der Regelung des Verwaltungsverfahrens und die Verwaltungen bei der Anwendung der Vorschriften bzw – soweit es an Regelungen fehlt – unmittelbar zu beachten haben, muss auf grundgesetzliche *Verfassungsprinzipien*[68] zurückgegriffen werden, da es keine ausdrückliche Bestimmungen gibt. Bei der Ableitung konkreter Vorgaben ist freilich Behutsamkeit angezeigt; das verfassungsrechtlich Gebotene ist vom rechtspolitisch Gewollten zu trennen. Der Gesetzgeber verfügt über einen *Gestaltungsspielraum*.[69] Nicht alles Verwaltungsrecht ist „konkretisiertes Verfassungsrecht"![70] **10**

a) *Effektivität durch Verfahren.* Das Verwaltungsverfahrensrecht hat seit alters her die Aufgabe, der Verwaltung eine sachgerechte Aufgabenerfüllung zu ermöglichen.[71] Die Verpflichtung der Verwaltung, die aus dem betroffenen Sachbereich und den einschlägigen Rechtsvorgaben herzuleitenden Anforderungen zu beachten, ist im *Rechtsstaatsprinzip*, vor allem in der Bindung an Gesetz und Recht (Art 20 III GG), fundiert.[72] **11**

[66] Vgl etwa BVerwGE 66, 111 → JK VwVfG § 45/2; BVerwGE 66, 291 ff → JK VwVfG § 45/3.

[67] Näher *Dolde/ Porsch* in: Schoch/Schmidt-Aßmann/Pietzner, VwGO, Vorb § 68 Rn 5 ff.

[68] Vgl etwa *Kopp* (Fn 17) 4 f; *Schmidt-Aßmann* in: Isensee/Kirchhof V, § 109 Rn. 20 ff. Allg zur Unterscheidung zwischen „Rechtsregeln", die nur entweder erfüllt oder nicht erfüllt werden können, u „Rechtsprinzipien", die in unterschiedlichem Grade erfüllt werden können, *Alexy* Theorie der juristischen Argumentation, 2001, 21, 229, 319; *ders* (Fn 53) 71 ff, 75 ff; *Dreier* NJW 1986, 890, 892; *Eidenmüller* Effizienz als Rechtsprinzip, 3. Aufl 2005, 461 ff; *Häberle* FS Boorberg-Verlag, 1977, 47, 52 ff; *Koch/Rüßmann* Juristische Begründungslehre, 1982, 97 ff; *Larenz/Canaris*, Methodenlehre der Rechtswissenschaft, 3. Aufl 1995, 302 ff.

[69] Vgl etwa BVerfGE 56, 216, 236; 60, 253, 294; 69, 1, 25; *Dolde* NVwZ 1982, 65, 70; *Grimm* NVwZ 1985, 865, 867 ff; *Häberle* (Fn 68) 47, 52; *Kopp* (Fn 17) 6; *Pietzcker* VVDStRL 41 (1983) 193, 207 ff; *Pitschas* in: Konrad (Hrsg), Grundrechtsschutz und Verwaltungsverfahren, 1985, 23, 49; *Wahl* VVDStRL 41 (1983) 151, 167 ff.

[70] Die – auch im Ausland (vgl *Sommermann* DÖV 2002, 113, 135 Fn 14) – viel zit Formel geht auf Fritz *Werner* DVBl 1959, 527 ff, zurück. Wie hier etwa *Grimm* NVwZ 1985, 865, 869; *Möllers* in Hoffmann-Riem/Schmidt-Aßmann/Voßkuhle, Grundlagen II, § 3 Rn 13 ff; *Schmidt-Aßmann* Ordnungsidee, Kap 2 Rn 43.

[71] Vgl in hist Perspektive *Cancik* (Fn 6) 367 f.

[72] Vgl etwa BVerfGE 46, 325, 333; 52, 131, 153; 53, 30, 74; *Bredemeier* (Fn 27), 269; *Schoch* Verw 25 (1992) 21, 23 ff; *Voßkuhle* VerwArch 92 (2001) 184, 197 f; rechtsvgl *Pünder* (Fn 40) 22 f; *ders* NuR 2005, 71, 72.

Unter dem Gesichtspunkt der *Effektivität* muss gewährleistet werden, dass das „Output" des Verwaltungshandeln den „Output-Zielen" (dh den Anforderungen aus der Sache und den rechtlichen Vorgaben) möglichst weitgehend entspricht.[73] Das Verwaltungsverfahren gilt als der „Verwirklichungsmodus des Verwaltungsrechts".[74] Einer effektiven Aufgabenerfüllung dient aus Sicht der Verwaltung vor allem der *Untersuchungsgrundsatz* (→ § 14 Rn 24 ff).[75] Von Bedeutung für eine effektive Aufgabenerfüllung sind zudem die Vorgaben zur *Unparteilichkeit* der Amtsführung (→ § 14 Rn 4 ff) und Regelungen zur *Beteiligung* sachverständiger Gremien oder *anderer Behörden* (→ § 14 Rn 43 ff). Schließlich veranlasst die *Begründungspflicht* (→ § 14 Rn 51 ff) die Behörde dazu, die tatsächlichen und rechtlichen Voraussetzungen der Verwaltungsentscheidung sorgfältig zu prüfen.[76] Allerdings ist der – vor allem von *Max Weber* gepriesene – „bürokratische Mechanismus" nicht immer die „rationalste Form der Herrschaftsausübung".[77] Zwischen dem, was die Entscheidungsadressaten und andere Interessierte über das zu regelnde Problem und seinen Lösungsmöglichkeiten wissen, und dem, was die Verwaltung weiß, klafft vielfach eine Lücke, die am besten mit primären Wissensträgern geschlossen wird. Insofern tragen auch die Rechte, die das Verwaltungsverfahrensrecht den *Beteiligten* einräumt (→ § 14 Rn 10 ff), zu einer effektive Aufgabenerfüllung bei, eine Überlegung, die vor allem auch dem US-amerikanischen Verfahrensrecht zugrunde liegt (Rn 27). Insbesondere ist die *Anhörung* (→ § 14 Rn 27 ff) „Voraussetzung einer richtigen Entscheidung".[78] Deswegen ergibt sich aus der Beteiligtenstellung auch die „Obliegenheit", an der Ermittlung des Sachverhaltes *mitzuwirken* (→ § 14 Rn 26). Ggf können gemeinsam Alternativen entwickelt werden, die der Sache gerechter werden, als die von der Verwaltung „am grünen Tisch" ausgearbeiteten (zur Mediation → § 16).[79] Zudem wird durch geregelte Einflussmöglichkeiten und vor allem *Akteneinsichtsrechte* (→ § 14 Rn 32 ff) der Gefahr begegnet, dass mächtige, gut organisierte Interessengruppen im Sinne einer *„agency capture"* die Entscheidungsfindung der Behörde informell zu ihren Gunsten einseitig beeinflussen und so sachgerechte Entscheidungen verhindern.[80] Effektive Zusammenarbeit zwischen

[73] Inhalt u Abgrenzung der Begriffe „Effektivität" u „Effizienz" sind unsicher. Zuweilen werden beide Begriffe nicht unterschieden. Vgl etwa *Degenhart* DVBl 1982, 872 ff; *Wahl* VVDStRL 41 (1983) 151, 162 ff. Nach hier zugrunde gelegter Terminologie wird unter dem Gesichtspunkt der Effektivität das Verhältnis zwischen den Zielen des Verwaltungshandelns u dem tatsächlich Realisierten in den Blick genommen, während es beim verfassungsrechtlichen Erfordernis der Effizienz (Rn 15) um den Einsatz der Mittel zur Erreichung der Ziele, dh um das Verhältnis v Aufwand u Nutzen, geht. Näher *Pitschas* in Hoffmann-Riem/Schmidt-Aßmann/Voßkuhle, Grundlagen II, § 42 Rn 112 f; *Pünder* (Fn 42) Haushaltsrecht, 59 ff; *Schmidt-Aßmann* Ordnungsidee, Kap 6 Rn 64 ff.

[74] *Wahl* VVDStRL 41 (1983) 151 ff.

[75] Vgl *Kopp* (Fn 17) 39 ff, 71 ff; *Ule/Laubinger* VwVfR, 7 Rn 9. Vgl dagegen zum britischen R, Rn 23.

[76] Ausf zu den Funktionen der Begründung *Kischel* Die Begründung, 2003, 39 ff.

[77] Vgl *Max Weber* Wirtschaft und Gesellschaft, 1922, 5. Aufl besorgt v Winckelmann, 1925, 561 ff. Sonst etwa *Fehling* (Fn 40) 162 ff; *Dienel* Verw 4 (1971) 151, 152 ff; *Pünder* (Fn 42) Haushaltsrecht, 236 f.

[78] So BVerfGE 9, 89, 95. Vgl auch etwa *Rossen-Stadtfeld* in Hoffmann-Riem/Schmidt-Aßmann/Voßkuhle, Grundlagen II, § 29, Rn 5 ff; *Schmidt-Preuß* NVwZ 2005, 489 f.

[79] Näher *Pünder* NuR 2005, 71 ff.

[80] Vgl *Dagtoglou* DVBl 1972, 712, 718; *Hoffmann-Riem* VVDStRL 40 (1982) 187, 206 ff; *Pünder* (Fn 40) 206 f, 237 f, 244 f.

Bürger und Verwaltung setzt ein Vertrauensverhältnis voraus. Dem dienen die *Beratungs- und Auskunftspflichten* der Verwaltung (→ § 14 Rn 40 ff, § 15 Rn 45) und vor allem das *Verbot der Geheimnisoffenbarung* (→ § 14 Rn 39).

b) *Rechtsschutz durch Verfahren.* Zum anderen hat das Verwaltungsverfahren die Aufgabe, dem Betroffenen *Rechtsschutz* zu gewähren. Dies ist eine Erkenntnis, die vor allem auch das US-amerikanische Verfahrensrecht prägt (Rn 27). Wie erwähnt (Rn 7), hat das BVerfG wiederholt betont, dass die *Grundrechte* nicht nur einen materiellrechtlichen, sondern auch einen prozeduralen Gewährleistungsgehalt haben und Ansprüche auf ein geordnetes Verfahren vermitteln. Neben dem – selbstverständlichen – Grundrechtsschutz *im* Verfahren[81] (der eine gesetzesfreie Ableitung von Mitwirkungspflichten aus dem Verfahrensrechtsverhältnis unmöglich macht → § 14 Rn 10), steht der Grundrechtsschutz *durch* Verfahren.[82] Auch das *Rechtsstaatsprinzip* verlangt, dass der Staat den Bürgern die Mittel an die Hand gibt, um ihre materiellen Rechte wirksam durchzusetzen und zu verteidigen.[83] Die Abwehr-, Schutz- und Leistungsfunktionen der Grundrechte[84] müssen vor allem dann durch Verfahrensregelungen verwirklicht werden, wenn inhaltliche Gesetzesvorgaben nur eine geringe Steuerungskraft entfalten – etwa weil der Verwaltung ein Ermessens- oder Beurteilungsspielraum eingeräumt wird – und die von Art 19 IV GG garantierte Gerichtskontrolle entsprechend beschränkt ist.[85] Da der Verfahrensrechtsschutz *frühzeitig* einsetzt, ist er vielfach effektiver als der Rechtsschutz durch Gerichte. Eine „Mathematik der austauschbaren Größen" kann es **12**

[81] Vgl hierzu nur *Held* (Fn 53) 161 ff.

[82] So wirkt Art 14 GG auf das Verfahren der Zwangsversteigerung ein (BVerfGE 46, 325, 333 ff), verlangt Art 2 II GG bei der Genehmigung v KKW ein Verfahren, das dem GR auf Leben u körperliche Unversehrtheit Rechnung trägt (BVerfGE 53, 30, 65 ff), u fordert Art 8 GG eine „den Grundrechtsschutz effektuierende Verfahrensgestaltung" u eine „versammlungsfreundliche" Anwendung vorhandener Verfahrensvorschriften (BVerfGE 69, 315, 355 f). Weiter schreibt Art 16a GG ein rechtsstaatliches Asylverfahren vor (BVerfGE 52, 391, 407; 56, 216, 236 ff; 60, 253, 294 f), beeinflusst Art 12 GG berufsqualifizierende Prüfungen (BVerfGE 52, 380, 389 ff; 84, 34, 45 f), fordert das Kriegsdienstverweigerungsrecht (Art 4 III, Art 12a II GG) ein „sachgerechtes, geeignetes u zumutbares" Verfahren (BVerfGE 69, 1, 25 ff) u gebietet das R auf informationelle Selbstbestimmung verfahrensrechtliche Vorkehrungen, die der Gefahr einer Verletzung des Persönlichkeitsrechts entgegenwirken (BVerfGE 65, 1, 44 ff). Verfahrensansprüche können auch aus Art 3 GG folgen. So müssen öffentliche Aufträge grds ausgeschrieben werden, *Pünder* VerwArch 95 (2004) 1 ff; allg *Fehling* (Fn 40) 17 f; *Kopp* (Fn 17) 166 ff. Schließlich ergibt sich aus Art 19 IV GG, dass das Verwaltungsverfahren den gerichtlichen Rechtsschutz nicht vereiteln oder unzumutbar erschweren darf (BVerfGE 61, 82, 110).

[83] S *Laubinger* VerwArch 73 (1982) 60, 83 ff; *Schmidt-Aßmann* in: Isensee/Kirchhof V, § 109 Rn 28.

[84] Vgl zu den verschiedenen dogmatischen Herleitungen *Cremer*, Freiheitsgrundrechte, 2003, 392 ff.

[85] Vgl BVerfGE 49, 89, 133 ff, das Sondervotum der Richter *Simon* u *Heußner* in BVerfGE 53, 30, 69 ff; sowie etwa *Brohm* VVDStRL 30 (1972) 245, 279; *Degenhart* DVBl 1982, 872, 873; *Erbguth* VVDStRL 61 (2001) 221, 242 ff; *Grimm* NVwZ 1985, 865 ff; *Held* (Fn 53) 45 ff; *Hufen* (Fn 5) Rn 38; *Kopp* (Fn 17) 2 f, 181 ff; *Pietzcker* VVDStRL 41 (1983) 193, 201 f; *Schneider* in Hoffmann-Riem/Schmidt-Aßmann/Voßkuhle, Grundlagen II, § 28 Rn 1; *Schoch* Verw 25 (1992) 21, 27 f; *Wahl* VVDStRL 41 (1983) 151, 169 ff; rechtsvgl *Pünder* (Fn 40) 276 ff; *ders* ZG 1998, 242, 255 ff; *ders* International and Comparative Law Quarterly (ICLQ) 58 (2009), 353 ff.

in Deutschland freilich nicht geben.[86] Verfahrensvorgaben können Anforderungen an die inhaltliche Bestimmtheit der Ermächtigungsnorm und die nachträgliche inhaltliche Gerichtskontrolle nicht voll ersetzen, sondern allenfalls in Einzelfällen ergänzen.

13 Wenngleich nicht jeder Verfahrensfehler als Grundrechtsverletzung zu beurteilen ist[87], hat das Verfahren jedoch einen Mindeststandard zu wahren.[88] Er hat sich in den Ansprüchen niedergeschlagen, die die Verwaltungsverfahrensgesetze den *Verfahrensbeteiligten* einräumen (→ § 14 Rn 10 ff). Den Betroffenen – dem Adressaten und ggf hinzuzuziehenden Dritten – wird die eigenständige Wahrnehmung ihrer Rechte innerhalb des Verfahrens ermöglicht. Da die Behörde nicht nur wie ein Gericht unparteiische Entscheidungsinstanz, sondern zugleich Partei ist, muss „Waffengleichheit" hergestellt werden.[89] Manche sehen in der Verfahrensbeteiligung sogar einen Ausfluss der Menschenwürdegarantie (Art 1 I GG).[90] Aus dem Rechtsschutzerfordernis ergeben sich erstens Ansprüche auf *Information*. Die Behörde muss Betroffene über die für die Verteidigung der grundrechtlich geschützten Positionen wichtigen rechtlichen und tatsächlichen Grundlagen des Verfahrens unterrichten (→ § 14 Rn 40 ff)[91] und ihnen Akteneinsicht gewähren (→ § 14 Rn 32 ff), wobei allerdings die im Anspruch auf informationelle Selbstbestimmung[92] wurzelnden Rechte anderer auf Geheimhaltung, aber auch staatliche Gemeinhaltungsinteressen zu beachten sind (→ § 14 Rn 39 ff).[93] Zudem sind belastende Entscheidungen zu begründen (→ § 14 Rn 51 ff), damit der Betroffene die Entscheidung überprüfen und die Erfolgsaussichten von Rechtsbehelfen abschätzen kann. Zweitens ergibt sich aus den Grundrechten ein Anspruch auf *Einbeziehung* in die behördliche Entscheidungsfindung. Betroffenen muss – den (freilich nicht stets verfassungsrechtlich begründeten) Vorgaben anderer Rechtsordnungen entsprechend (Rn 23 ff) – die Gelegenheit gegeben werden, ihren Standpunkt im Verfahren vorzubringen (→ § 14 Rn 27 ff).[94] Eine mündliche Erörterung in Rede und Gegenrede mag nützlich sein (zum Erörterungstermin → § 15 Rn 10), ist verfassungsrechtlich aber nicht gefordert. Drittens verlangen das Rechtsstaatsprinzip und Grundrechte eine *„faire Ver-*

[86] So *Schmitt Glaeser* VVDStRL 31 (1973) 179, 241. Vgl auch *Voßkuhle* Das Kompensationsprinzip, 1999, 44 ff. Allg zu den Gefahren der Aufwertung des VwVf *Pietzcker* VVDStRL 41 (1983) 193, 203 ff.

[87] BVerfGE 53, 30, 65. Ebenso im Sondervotum die Richter *Simon* u *Heußner*, BVerfGE 53, 30, 77 f.

[88] Vgl etwa *Calliess* Rechtsstaat und Umweltstaat, 2001, 397 ff; *Grimm* NVwZ 1985, 865, 869 f; *Häberle* (Fn 68) 47 ff; *Held* (Fn 53) 175 ff; *Laubinger* VerwArch 73 (1982) 60, 73 ff.

[89] Vgl *Fehling* (Fn 40) 297 ff; *Kopp* (Fn 17) 172.

[90] So vor allem *Kopp* (Fn 17) 16 ff. Krit *Bartels* Anhörung Beteiligter im Verwaltungsverfahren, 1985, 25 ff. Zur sog Objektformel BVerfGE 9, 167, 171; 30, 1, 26; 45, 187, 228; 50, 166, 175; 72, 105, 116; 87, 209, 228.

[91] BVerfGE 46, 325, 334; 52, 380, 389 f.

[92] Vgl BVerfGE 65, 1 ff.

[93] Vgl BVerfGE 67, 100, 142 ff.

[94] Auf Art 103 I GG kann nicht zurückgegriffen werden, da die Vorschrift nur das rechtliche Gehör „vor Gericht" gewährleistet. Diese Regelung spielt nur dann eine Rolle, wenn spätere Einwendungen im gerichtlichen Verfahren durch Präklusionsvorschriften abgeschnitten werden (→ § 15 Rn 8). Einer analogen Anwendung bedarf es nicht, da sich das rechtliche Gehör im VwVf – soweit § 28 VwVfG nicht anwendbar ist – aus dem Rechtsstaatsprinzip u den Grundrechten ergibt. Vgl auch BVerfGE 101, 397, 404; *Degenhart* DVBl 1982, 872, 877 f. Anders *Feuchthofen* DVBl 1984, 170, 172; *Rüping* NVwZ 1985, 304, 308.

fahrensführung".[95] Die Behörde muss entscheidungserhebliche Tatsachen sorgfältig ermitteln (→ § 14 Rn 24 ff) und dabei unbefangen vorgehen (→ § 14 Rn 4 ff).[96] Zudem hat die Behörde eine auch im Sozialstaatsprinzip verwurzelte Betreuungs- und Fürsorgepflicht.[97] Sie muss den Betroffenen angemessen beraten (→ § 14 Rn 41, § 15 Rn 45). Der Bürger ist davor zu bewahren, dass die Verwirklichung seiner Rechte an seiner Unkenntnis, Unerfahrenheit oder Unbeholfenheit im Umgang mit den Behörden scheitert. Schließlich muss die Verwaltung Betroffenen das Recht gewähren, sich im Verfahren vertreten zu lassen oder sich eines Beistandes zu bedienen (→ § 14 Rn 15); denn sie sind erfahrungsgemäß häufig gar nicht in der Lage, ihre Belange alleine wirksam geltend zu machen.[98]

c) *Legitimation durch Verfahren.* Das Verwaltungsverfahren trägt zur *demokratischen Legitimation* der Verwaltungsentscheidungen bei. Zwar ist die Verwaltung über die „ununterbrochene Legitimationskette" zum Parlament sowie durch die parlamentarisch und gerichtlich kontrollierte inhaltliche Bindung an die Gesetze (Art 20 III GG) demokratisch legitimiert.[99] Auf diese Weise „geht alle Staatsgewalt vom Volke aus" (Art 20 II 1 GG). Doch reicht diese herkömmliche Form der demokratischen Legitimierung oft nicht aus, um der Verwaltungsentscheidung *Akzeptanz* zu verschaffen. In einer Demokratie genügt es nicht, dass die Behörde recht handelt. Die Entscheidungen sollen die Betroffenen, jedenfalls die Mehrzahl der „gerecht und billig denkenden Bürger", auch überzeugen.[100] Die akzeptanzfördernde Verfahrensgestaltung ist nicht allein eine Frage der Verwaltungsklugheit[101], sondern auch eine Forderung des Demokratieprinzips.[102] Der *prozeduralen demokratischen Legitimation* dienen *Anhörungs-, Akten-* 14

[95] Vgl etwa BVerfGE 46, 325, 334; 49, 220, 225; 52, 380, 389; *Berkemann* JR 1989, 221 ff; *Dörr* Faires Verfahren, 1984.

[96] Vgl BVerwGE 70, 143 ff. S auch *Fehling* (Fn 40) 235 ff; *Kopp* (Fn 17) 175 ff.

[97] Vgl BVerfGE 46, 325, 334; 52, 380, 389 ff; OVG Münster NVwZ-RR 2005, 449 ff; BGH NVwZ-RR 2006, 634, sowie *Alpert* Beteiligung am Verwaltungsverfahren, 1998, 18 ff; *Häberle* (Fn 68) 47, 64 f; *Hattstein* Verwaltungsrechtliche Betreuungspflichten, 1999, 96 ff; *Hill* (Fn 53) 206; *Kopp* (Fn 17) 40 ff; *Ule/Laubinger* VwVfR, § 26 Rn 1; *Stelkens/Schmitz* in: Stelkens/Bonk/Sachs, VwVfG, § 25 Rn 1, 7.

[98] UU ist f einen Beteiligten, dessen GRe durch den Verfahrensausgang bedroht sind, v Amts wegen ein Vertreter zu bestellen. Vgl § 16 VwVfG; ferner § 81 AO, § 15 SGB X. Ausf *Laubinger/Repkewitz* VerwArch 85 (1994) 86 ff.

[99] Vgl BVerfGE 83, 60, 73, sowie etwa *Böckenförde* in: Isensee/Kirchhof II, § 24 Rn 16 ff, 21 ff; *Trute* in Hoffmann-Riem/Schmidt-Aßmann/Voßkuhle, Grundlagen I, § 6 Rn 7 ff; *Schmidt-Aßmann* Ordnungsidee, Kap 2 Rn 82 ff. Zu den staatstheoretischen Grundlagen der hierarchischen Demokratie *Fisahn* (Fn 10) 216 ff, 308 ff.

[100] So *Kopp* (Fn 17) 195 f. Vgl auch das Sondervotum der Richter *Simon* u *Heußner* in BVerfGE 53, 30, 81 f. Allg *Benz* Kooperative Verwaltung, 1994, 52ff, 61 ff; *Martin* (Fn 54) 161 ff; *Schmidt-Aßmann* Ordnungsidee, Kap 2 Rn 103 ff; *Schuppert* (Fn 4) 815 ff (m Hinw zu empirischen Untersuchungen); *Würtenberger* Akzeptanz von Verwaltungsentscheidungen, 1996, 30 ff, 50 ff.

[101] Vgl f Überlegungen zur angemessenen Gestaltung v VwVf *Pünder* NuR 2005, 71 ff. Skeptisch *Bora* Differenzierung und Inklusion: Partizipative Öffentlichkeit im Rechtssystem, 1998. Anders aber *Wölki* (Fn 49) 226 f.

[102] Grundlegend *Kopp* (Fn 17) 180 ff. Siehe auch *Pitschas* in Hoffmann-Riem/Schmidt-Aßmann/Voßkuhle, Grundlagen II, § 42 Rn 212 f; *Schmidt-Aßmann* in: Isensee/Kirchhof V, § 109 Rn 33, 36; *Trute* in Hoffmann-Riem/Schmidt-Aßmann/Voßkuhle, Grundlagen I, § 6 Rn 47 ff, 97 ff. Dezidiert dagegen *Schmitt Glaeser* in: Lerche/ders/Schmidt-Aßmann (Fn 44) 37, 49: „Partizipation hat keine zusätzliche Legitimationsfunktion." Dazu *Fisahn* (Fn 10) 237 ff.

einsichts- und verfahrensunabhängige Informationsrechte der Bürger (→ § 14 Rn 27 ff, 32 ff, zum Erörterungstermin § 15 Rn 10) auf der einen sowie *Unterrichtungs-* und vor allem *Begründungspflichten* der Behörde (→ § 14 Rn 51 ff) auf der anderen Seite.[103] Gesetzgeber haben bei der konkreten Gestaltung des Verfahrens einen breiten Spielraum. Dies gilt jedenfalls für Verfahren, die in inhaltlicher Hinsicht gesetzlich hinreichend deutlich gesteuert sind und insofern gerichtlich kontrolliert werden können. Je mehr es daran fehlt, weil es den Gesetzgebern wegen der Komplexität der Regelungsprobleme nicht gelingt, die wesentlichen inhaltlichen Entscheidungen selbst zu treffen[104], muss Legitimation durch Verfahren die vom Grundgesetz verlangte institutionelle, personelle und sachliche demokratische Legitimation ergänzen.[105] Mitwirkungsrechte können allerdings – anders als in den USA (Rn 27) – gesetzgeberische Entscheidungen nicht ersetzen.[106] Auch muss sich im Konfliktfall die parlamentarische Entscheidung durchsetzen (→ § 1 Rn 27).[107]

15 d) *Effizienz durch Verfahren.* Die Gebote der Effektivität, des Rechtsschutzes und der demokratischen Legitimation legen ein aufwändiges Verwaltungsverfahren nahe. Allerdings kostet dies Zeit, Personal, Sachmittel und Geld. Vor allem in der Diskussion um den Wirtschaftstandort Deutschland wird geltend gemacht, dass Partizipationsrechte letztlich eine *effiziente* Aufgabenerledigung der Verwaltung verhindern (Rn 8). Es geht es um das Verhältnis zwischen dem erreichten „Output" und dem dazu verwendeten „Input" (Rn 11). Befürchtet wird, dass die Aufwertung des Verwaltungsverfahrens und die Einräumung von Verfahrensrechten die Verfahrensdauer verlängert

Rechtsvgl zum Konzept der partizipatorischen Demokratie *Pünder* NuR 2005, 71 ff; *ders* ZG 1998, 242 ff; *ders* (Fn 40) 212 ff. Aus rechtsphilosophischer Sicht *Tschentscher* Prozedurale Theorien der Gerechtigkeit, 2000. Zusammenfassend *Bredemeier* (Fn 27), 252 ff.

103 S *Kopp* (Fn 17) 193 f. Vgl auch *Hoffmann-Riem* VVDStRL 40 (1982) 187, 229; *Mengel* Verw 23 (1990) 377, 382 ff; *Partsch* Die Freiheit des Zugangs zu Verwaltungsinformationen, 2002, 29 ff; *Pitschas* (Fn 4) 459 ff; *Scherzberg* Die Öffentlichkeit der Verwaltung, 2000, S 403 ff; *Trantas* Akteneinsicht und Geheimhaltung im Verwaltungsrecht, 1998, 332 ff; *Wegener* Der geheime Staat, 2006, 390 ff; *dens* FS Bartlsperger, 2006, 165 ff. Relativierend f die Begr *Lücke* Begründungszwang und Verfahren, 1987, 95 ff; *Kischel* (Fn 76) 106 ff. Zweifelnd hins der Legitimierungsfähigkeit v Begr aufgrund der geübten Praxis *Luhmann* Legitimation durch Verfahren, 1969, 214.

104 Vgl zur Wesentlichkeitstheorie etwa BVerfGE 49, 89, 127. Zur „fast schon zum negativen Selbstverständnis hochstilisierten demokratischen Unterernährung unseres Gemeinwesens", insb zur „Verunsicherung des Individuums durch wachsende ... Undurchschaubarkeit der Entscheidungsprozesse" s *Schmitt Glaeser* VVDStRL 31 (1973) 179, 180. Zur nachlassenden Steuerungskraft des Gesetzes im Überblick *Franz Reimer* in Hoffmann-Riem/Schmidt-Aßmann/Voßkuhle, Grundlagen I, § 9 Rn 84 ff.

105 Vgl *Brohm* VVDStRL 30 (1972) 245, 270; *Gusy* in Hoffmann-Riem/Schmidt-Aßmann/Voßkuhle, Grundlagen II, § 23 Rn 21; *Fisahn* (Fn 10) 335 ff; *Hufen* (Fn 5) Rn 16, 160; *Rossen-Stadtfeld* in Hoffmann-Riem/Schmidt-Aßmann/Voßkuhle, Grundlagen II, § 29 Rn 9; *Schmidt-Aßmann* Ordnungsidee, Kap 2 Rn 111; *Wahl* VVDStRL 41 (1983) 151, 158 f. Krit *Ossenbühl* NVwZ 1982, 465, 466; *Schmitt Glaeser* in: Lerche/ders/Schmidt-Aßmann (Fn 44) 37, 49; im Hinblick auf das europäische Verfassungsrecht *Lübbe-Wolff* VVDStRL 60 (2001), 246, 279 ff.

106 S *Pünder* (Fn 40) 264 ff; *dens* ZG 1998, 242, 252 ff; *dens* International and Comparative Law Quarterly (ICLQ) 58 (2009), 353 ff. Ähnlich *Fisahn* (Fn 10) 318, 322. Allg zum am politischen „output" orientierten Demokratieverständnis des GG u am „input" orientierten Demokratietheorien *Schmitt Glaeser* VVDStRL 31 (1973) 179, 210 ff.

107 Vgl *Dagtoglou* DVBl 1972, 712, 719; *Pietzcker* VVDStRL 41 (1983) 193, 204 ff; *Schmitt Glaeser* VVDStRL 31 (1973) 179, 238 f.

und wegen „verfahrensrechtlicher Stolperdrähte“ die Sachentscheidung noch fehleranfälliger macht.[108] Dieser Einwand ist nicht nur rechtspolitisch von Bedeutung. Die Effizienz des Verwaltungshandelns ist verfassungsrechtlich geboten.[109] Der *Aufwand*, den das Verfahren für alle Beteiligten hervorruft, muss *so gering wie möglich* gehalten werden. Falls die Ausübung eines Grundrechts von einem vorherigen Verwaltungsverfahren abhängig gemacht wird, kann der Betroffene insbesondere eine Entscheidung ohne unnötige Verzögerungen verlangen.[110] Zur Herstellung einer *„praktischen Konkordanz“*[111] zwischen den Verfassungswerten der Effektivität, des Rechtsschutzes und der demokratischen Legitimation einerseits und der Effizienz andererseits sind in erster Linie die *Gesetzgeber* berufen (Rn 10). Wo es an normativen Verfahrensvorgaben fehlt, muss die Verwaltung entscheiden. Dem Nutzen des Verwaltungsverfahrens sind die sogenannten Transaktionskosten gegenüberzustellen.[112] Dabei muss auch berücksichtigt werden, dass die Beteiligung der in ihren Rechten Betroffenen oder sonst Interessierten die behördlichen Kosten der Informationsgewinnung verringern helfen kann.[113] Ggf kann eine mündliche Erörterung in Rede und Gegenrede Missverständnisse rasch beseitigen und offene Frage zügig klären (zum Erörterungstermin → § 15 Rn 10; zur Mediation → § 16). In kurzfristiger Betrachtung ärgerlich erscheinenden Verfahrenskosten sind in langfristiger Hinsicht rentabel, wenn sie Entscheidungen verhindern, deren Fehler die Verfahrenskosten bei weitem übersteigen.[114] Insbesondere hat die Verfahrensbeteiligung eine Entlastungsfunktion, da ein frühzeitiger Rechtsschutz im Verwaltungsverfahren einen nachgeholten Rechtsschutz im Verwaltungsprozess teilweise entbehrlich macht. Jedenfalls vermindert eine frühzeitige Rechtmäßigkeitskontrolle durch Verfahrensrechte die Gefahr, dass Verwaltungsentscheidungen später gerichtlich aufgehoben werden. Schließlich lassen Verwaltungsentscheidungen, die in einem offenen Verfahren unter organisierter Einbeziehung kontroverser Standpunkte zustande gekommen und ausführlich begründet sind, eine verbesserte Akzeptanz erwarten, was die Kosten der Durchsetzung verringert.

[108] So *Pietzcker* VVDStRL 41 (1983) 193, 194. Zu R weist *v Mutius* NJW 1982, 2150, relativierend darauf hin, dass Entscheidungsadressaten häufig an einer raschen Klärung der Sach- u Rechtslage interessiert sind.

[109] Vgl *v Arnim* Wirtschaftlichkeit als Rechtsprinzip, 1998, 72 f; *Bredemeier* (Fn 27), 269 f; *Hoffmann-Riem* in: ders/Schmidt-Aßmann (Fn 56) Effizienz, 11, 23 ff, 49 f; *Kopp* (Fn 17) 200 ff; *Pitschas* in Hoffmann-Riem/Schmidt-Aßmann/Voßkuhle, Grundlagen II, § 42 Rn 111 ff; *Pünder* (Fn 42) Haushaltsrecht, 63 ff; *Schmidt-Aßmann* in: Hoffmann-Riem/ders (Fn 56) Effizienz, 245 ff; *Voßkuhle* VerwArch 92 (2001) 184, 197 f. Zur Frage, ob auch der parlamentarische *Gesetzgeber* an das Wirtschaftlichkeitsprinzip verfassungskräftig gebunden ist, s nur *Puhl* Budgetflucht und Haushaltsverfassung, 1996, 6 mwN.

[110] Vgl etwa BVerfGE 61, 82, 116; NVwZ 1999, 1102, 1103; *Bullinger* JZ 1993, 492, 493 ff; *dens* in: Blümel/Pitschas (Fn 42) 127, 130; *Calliess* (Fn 88) 403 ff; *Hattstein* (Fn 97) 92 f; *Hufen* (Fn 5) Rn 54, 56 ff; *Kopp* (Fn 17) 104 ff; *Schenke* VBlBW 1982, 313, 322.

[111] Dazu allg *Hesse* Grundzüge des Verfassungsrechts der Bundesrepublik, 20. Aufl 1999, Rn 72. Zum VwVf *Pietzcker* VVDStRL 41 (1983) 193, 207 ff; *Tschentscher* in: Demel ua (Hrsg), Funktionen und Kontrolle der Gewalten, 2000, 165, 184 ff; *Wahl* VVDStRL 41 (1983) 151, 157 ff.

[112] Vgl zur sog Transaktionskostentheorie *Pünder* (Fn 42) Haushaltsrecht, 15 ff mwN.

[113] Vgl *Pünder* (Fn 40) 233 ff, 285 ff mwN; *Schneider* in Hoffmann-Riem/Schmidt-Aßmann/Voßkuhle, Grundlagen II, § 28 Rn 16. Relativierend *Luhmann* (Fn 103) 213 ff.

[114] Vgl *Lübbe-Wolff* ZfG 1991, 219 ff; *v Mutius* NJW 1982, 2150, 2151; *Pünder* (Fn 40) 291 ff.

16 In den verwaltungsverfahrensgesetzlichen Regelungen haben die Gesetzgeber zwischen den verfahrensbezogenen Verfassungswerten einen Ausgleich vorgenommen.[115] Ausdrücklich wurde programmatisch festgelegt, dass das Verwaltungsverfahren „einfach, zweckmäßig und zügig durchzuführen ist" (§ 10 S 2 VwVfG). Dem dienen aus der Sicht der Verwaltung in erster Linie der *Untersuchungsgrundsatz* (→ § 14 Rn 24 ff) und die grundsätzliche *Nichtförmlichkeit* des Verfahrens (→ § 14 Rn 23). Kosten bei der Sachverhaltsermittlung werden durch *Mitwirkungsobliegenheiten* der Betroffenen gemindert (→ § 14 Rn 26). *Amtshilfeverpflichtungen* verhindern, dass Verwaltungsaufgaben wegen der organisatorischen Trennung und Ausdifferenzierung der Behörden nicht wirtschaftlich durchgeführt werden (→ § 14 Rn 44 f). Anhörungs- und Akteneinsichtsrechte sind – wie in anderen Ländern (→ Rn 23 ff) – eingeschränkt, wenn sie die ordnungsmäßige Aufgabenerfüllung beeinträchtigen (→ § 14 Rn 30, 36). Vor allem aber dienen – ausländischen Verfahrensrechten entsprechend (→ Rn 23 ff) – *Heilungsmöglichkeiten* für Verfahrensverstöße und *Unbeachtlichkeitsgründe* einer effizienten Aufgabenerledigung (→ § 14 Rn 57 ff). Weitere Verfahrenserleichterungen gibt es in den sogenannten *Masseverfahren* (→ § 15 Rn 42 ff). Schließlich dient einer effizienten Verfahrensgestaltung auch die *Stufung von Verwaltungsverfahren* durch Vorbescheid oder Teilgenehmigung (→ § 14 Rn 47).

III. Vorgaben aus europäischem Unionsrecht und internationalem Recht

17 Bei Normierung und Anwendung des Verwaltungsverfahrensrechts sind nicht nur verfassungsrechtliche Vorgaben, sondern auch Regelungen des *europäischen Unionsrechts* und des *Völkerrechts* zu beachten.

1. Unionsrechtliche Vorgaben für das Verwaltungsverfahren der Mitgliedstaaten

18 a) *Grundsatz der mitgliedstaatlichen Verfahrensautonomie. Unionsrecht* wird in der Regel nicht direkt durch Organe der Union, sondern auf *indirektem* Wege durch die Mitgliedstaaten in ihrem Hoheitsgebiet vollzogen (→ § 5 Rn 32, 43 ff). Um Wettbewerbsverzerrungen zu verhindern und Akzeptanz für die prinzipielle Anerkennung einer nationalen Verwaltungsentscheidung durch die übrigen Mitgliedstaaten zu sichern, gibt es freilich zunehmend Formen vertikaler und horizontaler Verwaltungskooperation mit der EU-Eigenverwaltung und zwischen den Mitgliedstaaten (→ § 5 Rn 61 ff, § 15 Rn 49). Hierzu gehören Mitteilungs-, Melde- und Berichtspflichten[116],

[115] Vgl *Degenhart* DVBl 1982, 872, 881 ff; *Holznagel* (Fn 56) 205, 207 ff; *Martin* (Fn 54) 213 ff; *Wahl* VVDStRL 41 (1983) 151, 172 f.

[116] Vgl *v Bogdandy* in: Hoffmann-Riem/Schmidt-Aßmann (Hrsg), Verwaltungsrecht in der Informationsgesellschaft, 2000, 133 ff; *dens* in Hoffmann-Riem/Schmidt-Aßmann/Voßkuhle, Grundlagen II, § 25; *v Danwitz* Europäisches Verwaltungsrecht, 2008, 618 ff; *Kahl* in: Trute/Groß/Röhl/Möllers, Allgemeines Verwaltungsrecht – zur Tragfähigkeit eines Konzepts, 2008, 71, 98 ff; *Sommer* Verwaltungskooperation am Beispiel administrativer Informationsverfahren, 2003; *Sydow* Verwaltungskooperation in der EU, 2004, 104 ff. S auch *David* Inspektionen im europäischen Verwaltungsrecht, 2003.

die zum Teil auch ausdrücklich geregelte (vgl etwa Art 28 ff DLRL[117] → § 14 Rn 44, § 15 Rn 45) Pflicht der Mitgliedstaaten zur Amtshilfe untereinander und gegenüber Organen der Union[118] sowie die rechtserhebliche Mitwirkung der Kommission und anderer Mitgliedstaaten an nationalen Verwaltungsverfahren (→ § 15 Rn 49 ff). Im indirekten Vollzug wenden die mitgliedstaatlichen Behörden, obgleich sie funktional Teil der Unionsverwaltung sind[119], im Grundsatz ihr nationales Verfahrensrecht an.[120] Die *Verfahrensautonomie der Mitgliedstaaten* gilt sowohl für die unmittelbare Anwendung von Unionsverordnungen und (ausnahmsweise) unmittelbar geltender Richtlinienbestimmungen als auch für den mittelbaren Vollzug von Unionsrecht durch Anwendung mitgliedstaatlicher Vorschriften, die zur Umsetzung von EU-Recht erlassen wurden. Allerdings ist das nationale Verfahrensrecht nur insoweit anzuwenden, als das Unionsrecht nicht allgemein oder für den jeweiligen Sachbereich unmittelbar geltend Verfahrensvorgaben macht.[121] So wird das mitgliedstaatliche Verwaltungsrecht „europäisiert". Die Maßgeblichkeit des sogenannten *Unionsverwaltungsrechts* liegt im *Anwendungsvorrang* des Unionsrechts gegenüber kollidierendem nationalen Recht begründet.[122] Hiernach ist entgegenstehendes nationales Recht zwar nicht ungültig (was der Geltungsvorrang im Rahmen einer Normenhierarchie verlangen würde, vgl Art 31 GG), wohl aber muss es im Einzelfall unangewendet bleiben, wenn nicht eine Modifikation des mitgliedstaatlichen Rechts durch unionsrechtskonforme Auslegung und Rechtsfortbildung in Betracht kommt (→ § 2 Rn 108).

b) *Diskriminierungsverbot und Effektivitätsgebot, sekundärrechtliche Vorgaben.* 19
Beim nationalen Vollzug von Unionsrecht gilt vor allem der Grundsatz, dass die Mitgliedstaaten ihr Verfahrensrecht nur insoweit anwenden dürfen, als dies nicht zu einer verfahrensrechtlichen Schlechterstellung von Angehörigen anderer Mitgliedstaaten führt und nicht die effektive Durchsetzung des Unionsrechts und des nationalen Umsetzungsrechts behindert. Diese Anforderungen gehen auf die sogenannte Milchkontor-Entscheidung des EuGH zurück.[123] Rechtliche Grundlage für das *Diskriminierungsverbot* ist Art 18 AEUV. Das *Effektivitätsgebot*, das in der traditionellen völkerrechtlichen Auslegungsmaxime des *effet utile* seinen Ursprung hat, lässt sich auf Art 4 III EUV stüt-

[117] RL 2006/123/EG d Europ Parl und d Rates v. 12.12.2006 über Dienstleistungen im Binnenmarkt (ABl EG Nr L 376 S 36 ff). Näher zur europäischen Amtshilfe *Schliesky* Die Europäisierung der Amtshilfe, 2008.

[118] Vgl *Becker* DVBl 2001, 855, 863 ff; *Classen* Verw 31 (1998) 307, 314; *Bothe/Kilian* Rechtsfragen grenzüberschreitender Datenflüsse, 1992; *Pitschas* in: Hill/ders (Hrsg), Europäisches Verwaltungsverfahrensrecht, 2004, 301 ff; *Sommer* (Fn 116) 448 ff; *Schmidt-Aßmann* EuR 1996, 270 ff; *Sydow* (Fn 116) 33 ff (Pflicht zur loyalen Zusammenarbeit).

[119] Vgl *Cassese* Der Staat 33 (1994) 25, 26 („kodependente Organisationen").

[120] EuGH Slg 1971, 49 Rn 4 – Fleischkontor; Slg 1971, 1107 Rn 3/4 – International Fruit Company.

[121] Grundlegend: EuGH Slg 1983, 2633 Rn 17 – Deutsche Milchkontor. Krit *v Danwitz* DVBl 1998, 421 ff; *Iglesias* EuGRZ 1997, 289 ff; *Kadelbach* Allg VwR, 1999, 110 ff.

[122] Vgl EuGH Slg 1964, 1251, 1269 f – Costa/E.N.E.L.; Slg 1978, 629 Rn 21/23– Simmenthal II; Slg 1991, I-297 Rn 19 ff; BVerfGE 75, 223, 244; 85, 191, 204; BVerwGE 87, 154, 158 ff; sowie etwa *Ehlers* DVBl 1991, 605, 608 f; *Gundel* in Schulze/Zuleeg Europarecht, 2006, § 3 Rn 101 ff; *Hatje* Die gemeinschaftsrechtlicheSteuerung der Wirtschaftsverwaltung, 1997, 52 ff. Begriffsprägend zur Unterscheidung zwischen dem EG-Eigenverwaltungsrecht und dem Gemeinschaftsverwaltungsrecht *Schmidt-Aßmann* DVBl 1993, 924 ff; *ders* Ordnungsidee, Kap 7 Rn 12 ff; *ders* in Hoffmann-Riem/ders/Voßkuhle, Grundlagen I, § 5 Rn 29 ff.

[123] EuGH Slg 1983, 2633. Vgl *v Danwitz* (Fn 116), 279 ff; *Kadelbach* (Fn 121) 115 ff, 131 ff.

zen. Praktische Bedeutung hat es vor allem bei der Nichtanwendung der Anwendung der Vertrauensschutzregeln des § 48 VwVfG für die Rücknahme von Subventionsbewilligungen (→ § 5 Rn 46, § 24 Rn 21, 29).[124] Über selbständige Kompetenzen zur Regelung des Verwaltungsverfahrens der Mitgliedstaaten verfügt die Europäische Union nicht. Allerdings bestehen zu sachlichen Regelungsbefugnissen verfahrensrechtliche Annexkompetenzen (sogenannte *implied powers*).[125] Hiervon wurde zum Teil durch Erlass von *Verordnungen* (→ § 5 Rn 11) Gebrauch gemacht.[126] Meist verpflichten *Richtlinien* (→ § 5 Rn 12 ff) die Mitgliedstaaten, Bestimmungen über die Verwaltungsverfahren zu erlassen oder anzupassen (vgl etwa zur UmweltinformationsRL → § 14 Rn 32, zur UVP- und ÖffentlichkeitsbeteiligungsRL → § 15 Rn 46, zu den Vergaberichtlinien → § 15 Rn 38 und zur DienstleistungsRL → § 14 Rn 46, § 15 Rn 45). Weiter kann die Europäische Kommission *Durchführungsbestimmungen* erlassen (→ § 5 Rn 6). Voraussetzung ist – in gewisser Parallele zum nationalen Verordnungserlass (Art 80 I GG) – eine Ermächtigung des Rates (Art 290 AEUV, Art 17 I EUV, sogenannte Habilitation). Schließlich kann die Kommission die Kompetenz zum Erlass von Beschlüssen, Empfehlungen und Stellungnahmen (Art 17 I EUV, Art 288 IV und V AEUV) für – Verwaltungsvorschriften ähnliche – *Vollzugsregelungen* nutzen.[127] Das Sekundärrecht der Union setzt deutschen Bemühungen um eine *Beschleunigung* der Verwaltungsverfahren (Rn 8) *Grenzen*.

20 c) *Allgemeine Verfahrensgrundsätze des Unionsrechts*. Soweit es an ausdrücklichen Verfahrensregelungen des Primär- und Sekundärrechts für den indirekten Vollzug des Unionsrechts durch die Mitgliedstaaten fehlt, ist das für den direkten Vollzug durch Unionsorgane geltende sogenannte *Eigenverwaltungsrecht* der Europäischen Union *ergänzend* heranzuziehen.[128] Maßgeblich sind vor allem die vom EuGH in einer vergleichenden Betrachtung der Verfahrensordnungen der Mitgliedstaaten (Rn 22 ff) entwickelten *allgemeinen Verfahrensgrundsätze*, die im Grundsatz der Unionstreue (Art 4 III EUV), dem Diskriminierungsverbot (Art 18 AEUV) und den Grundfreiheiten (Art 34 ff AEUV) ihre Grundlagen und daher höheren Rang als das Sekundärrecht haben (→ § 1 Rn 21).[129] Dem kann die Autonomie des nationalen Verfahrensrechts nicht

[124] Vgl EuGH Slg 1989, 175 Rn 6 ff – Alcan I; Slg 1990, I-3437 Rn 12, 19 – BUG-Alutechnik; Slg 1997, I-1591 Rn 27 ff – Alcan II; sowie BVerfG-K NJW 2000, 2015 f; BVerwGE 106, 328 ff.

[125] Vgl *Classen* Verw 31 (1998) 307, 331; *v Danwitz* Verwaltungsrechtliches System und Europäische Integration, 1996, 431 f („Kompetenzreserven"); *dens* DVBl 1998, 421, 430. Art. 197 II 4 AEUV enthält keine Ermächtigung zur Schaffung eines allg VwVfG f Union u Mitgliedstaaten. Vgl dazu *Schwarze* International and Comparative Law Quarterly (ICLQ) 53 (2004) 939, 981.

[126] Unmittelbar anwendbare Regelungen des Verwaltungsverfahrens finden sich etwa im Zollkodex (VO 2913/92/EWG; zur Modernisierung *Fuchs* ZfZ 2004, 398 ff), in Regelwerken des Agrarrechts (vgl *Ehlers/Wolffgang* Rechtsfragen der europäischen Marktordnungen, 1998), in der EU-Verfahrensverordnung zur unionsrechtlichen Beihilfekontrolle (VO 659/1999/EG) u i d Personenverkehrsdiensteverordnung 1370/2007 (vgl *Pünder* Europarecht 2007, 564 ff. Allg zu den Bereichskodifikationen *Ladenburger* in: Trute/Groß/Röhl/Möllers, Allgemeines Verwaltungsrecht – zur Tragfähigkeit eines Konzepts, 2008, 107, 109 ff.

[127] Vgl *Adam* Die Mitteilungen der Kommission, 1999, 74 ff; *v Bogdandy/Bast/Arndt* ZaöRV 62 (2002) 77, 116 f; *Ehlers* DVBl 1991, 606 f; *Groß* DÖV 2004, 20 ff; *Sydow* (Fn 116) 52 ff.

[128] Ausführlich zum Eigenverwaltungsrecht *Bredemeier* (Fn 27), 386 ff.

[129] Vgl *Bredemeier* (Fn 27), 504 ff; *Classen* Verw 31 (1998) 307 ff; *Ehlers* DVBl 1991, 605, 606; *Everling* NVwZ 1987, 1, 8 ff; *Gassner* DVBl 1995, 16 ff; *Grabitz* NJW 1989, 1776 ff; *Haibach* NVwZ 1998, 456 ff; *Kasten* DÖV 1985, 570 ff; *Kahl* VerwArch 95 (2004) 1, 18; *dens* in: Mül-

entgegengehalten werden. Denn in einer „Mehrebenenverwaltung" (→ § 5 Rn 31) sind grundsätzlich parallele rechtsstaatliche Wertungen im Interesse der Einheit und Widerspruchsfreiheit der Rechtsordnung unverzichtbar.[130] Die allgemeinen Verfahrensgrundsätze der Union entsprechen dem deutschen Verfahrensstandard[131] (wobei zu beachten ist, dass im EU-Eigenverwaltungsrecht die gerichtliche Kontrolle vergleichsweise weniger dicht ist[132]). Sie gehören zum „Recht auf eine gute Verwaltung" nach Art 41 der Charta der Grundrechte der EU, der freilich nur „Organe, Einrichtungen und sonstige Stellen der Union" bindet.[133] Da sich die allgemeinen unionsrechtlichen Verfahrensgrundsätze im deutschen Verfahrensrecht wiederfinden, beschränken sich Konflikte vor allem auf die Regelungen zur Heilung und Unbeachtlichkeit von Verfahrensfehlern (→ § 14 Rn 62, 67).

2. Völkerrechtliche Vorgaben für das Verwaltungsverfahren

Die innerstaatliche Rechtsverbindlichkeit völkerrechtlicher Verfahrensvorgaben setzt – anders als beim Unionsrecht – jeweils eine innerstaatliche Anordnung voraus (→ § 2 Rn 79 ff). Und auch dann haben die Regelungen gegenüber den verfahrensrechtlichen Gesetzen im Regelfall keinen Vorrang; doch sind völkerrechtliche Normen im Rahmen **21**

ler-Graff (Hrsg), Perspektiven des Rechts in der EU, 1998, 131, 139 ff; *Schwarze* NJW 1986, 1067 ff.

130 S *Kahl* VerwArch 95 (2004) 1, 16 (ausf Auseinandersetzung m der Autonomiethese) sowie etwa *Classen* Verw 31 (1998) 307, 308; *Gundel* (Fn 122), Rn 109 ff, 174 ff; *Schwarze* NJW 1986, 1067, 1068. Restriktiv *v Danwitz* DVBl 1998, 421 ff; *Hegels* EG-Eigenverwaltungsrecht und Gemeinschaftsverwaltungsrecht, 2001, 46, 195 ff; *Rengeling* DVBl 1986, 306, 309 f.

131 Vgl zu den allg Verfahrensgrundsätzen *Classen* Verw 31 (1998) 307 ff; *v Danwitz* (Fn 121) 170 ff; *dens* (Fn 116), 227 ff, 259 ff, 412 ff 532 ff; *David* (Fn 116) 306 ff; *Fengler* Anhörung im europäischen Gemeinschaftsrecht und deutsches Verwaltungsverfahrensrecht, 2003, 47 ff; *Gassner* DVBl 1995, 16 ff; *Gornig/Trüe* JZ 2000, 395, 404 ff; *Haibach* NVwZ 1998, 456 ff; *Hatje* (Fn 122) 193 ff, 242 ff; *Hix* Recht auf Akteneinsicht im europäischen Wirtschaftsverwaltungsrecht, 1992; *Holoubek* in: Hoffmann-Riem/Schmidt-Aßmann (Fn 15) 193, 201 ff; *Kadelbach* (Fn 121) 135 ff; *Maier* Befangenheit in Verwaltungsverfahren, 2001, 260 ff; *Müller-Ibold* Die Begründungspflicht im europäischen Gemeinschaftsrecht und im deutschen Recht, 1990, 31 ff; *Nehl* Europäisches Verwaltungsverfahren und Gemeinschaftsverfassung, 2002; *Schoch* (Fn 56) 279, 297 ff, 301; *Schwarze* Eur VwR, 2. Aufl 2005, LXXXII f; *Wahl* in: Hill/Pitschas (Fn 113) 357, 370 f; *Wittkopp* Sachverhaltsermittlung im Gemeinschaftsverwaltungsrecht, 1999.

132 Zum Ausgleich der reduzierten Ergebniskontrolle durch eine strenge Verfahrenskontrolle *Classen* Die Europäisierung der Verwaltungsgerichtsbarkeit, 1996, 169 ff; *v Danwitz* (Fn 121) Integration, 178 ff; *Kokott* Verw 31 (1998) 335, 336 ff, 365 ff.

133 Vgl *Barriga* Die Entstehung der Charta der Grundrechte der EU, 2003, 137; *Grzeszick* EuR 41 (2006), 161, 167 f; *Kanska* European Law Journal, 2004, 310. Zum R auf eine gute Verw EuGH Slg 1989, 4097 Rn 15 – Heylens; Slg 1989, 3283 Rn 35 – Orkem; Slg 1992, I-2253 Rn 7 – Burban; Slg 1991, I-5469 Rn 14 – TU München; EuG Slg 1995, II-2589 Rn 73 – Nölle; Slg 1999, II-2403 – New Europe Consulting; sowie *Bauer* Das Recht auf eine gute Verwaltung im Europ Gemeinschaftsrecht, 2002; *Kanska* European Law Journal 2004, 296 ff; *Pfeffer* Das Recht auf eine gute Verwaltung, 2006; *Nehl* (Fn 131); *Rengeling/Szczekalla* Grundrechte in der EU, 2004, 885 ff. Zum vom Europ Bürgerbeauftragten ausgearbeiteten „Musterkodex für gute Verwaltungspraxis" *Bredemeier* (Fn 27), 393 ff; *Grzeszick* EuR 41 (2006), 161, 167, 175 ff; *Ladenburger* (Fn 126), 114; *Schmidt-Aßmann* in Hoffmann-Riem/Schmidt-Aßmann/Voßkuhle, Grundlagen II, § 27 Rn 30.

der allgemein gebotenen *völkerrechtsfreundlichen Auslegung und Anwendung* allen nationalen Rechts zu berücksichtigen.[134] Von Bedeutung für das Verwaltungsverfahrensrecht ist vor allem der Europarat. Allerdings werden in der *Europäischen Menschenrechtskonvention* (EMRK) Verfahrensrechte des Bürgers in Verwaltungsverfahren an keiner Stelle explizit gewährt.[135] Prozedurales „Konventionsverwaltungsrecht"[136] findet sich als *soft law* ohne Rechtsverbindlichkeit in Entschließungen und Empfehlungen des Ministerkomitees. So sollen die Mitgliedstaaten in Verwaltungsverfahren Ansprüche auf Gehör und Akteneinsicht, Rechtsbeistand und Vertretung, Begründung und Rechtsbehelfsbelehrung beachten, den bestmöglichen Zugang zu Informationen gewährleisten und die Betroffenen in Massenverfahren angemessen beteiligen.[137] Verfahrensrechtliche Vorgaben aus vom Europarat unabhängigen Völkerrecht ergeben sich vor allem aus der im Jahr 1998 unterzeichneten – regional freilich auf Europa begrenzten – *Aarhus-Konvention*.[138] Zum Schutz der Umwelt wurden Rechte auf Information („erste Säule"), Beteiligung („zweite Säule") und gerichtliche Überprüfung („dritte Säule") vereinbart. *Kofi Annan*, damals UN-Generalsekretär, bezeichnete das Übereinkommen als „the most ambitious venture in the area of ‚environmental democracy', so far undertaken under the auspices of the United Nations".[139] Die Konvention wurde ua durch die Öffentlichkeitsinformationsrichtlinie und die Öffentlichkeitsbeteiligungsrichtlinie sowie durch darauf beruhende nationale Gesetze umgesetzt (→ § 14 Rn 32, § 15 Rn 39, 46 ff).[140] Zudem entwickelt sich ein internationales prozedurales „*Umweltmenschenrecht*".[141] Schließlich ist völkergewohnheitsrechtlich der *Grundsatz der*

134 S BVerfGE 111, 307 ff (zur EMRK). Vgl *Kadelbach* Jura 2005, 480 ff; *Sauer* ZaöR 2005, 35 ff; BVerwGE 75, 288. Vorrang haben völkerrechtliche Vorgaben nur dann, wenn sie zu den allg Regeln des Völkerrechts gehören (Art 25 GG) oder auf einer Übertragung v Hoheitsrechten gem Art 24 I GG beruhen.

135 Nahe liegt eine analoge Anwendung des Rechts auf ein faires gerichtliches Verfahren (Art 6 I EMRK). Dies wurde freilich bereits in den 1960er Jahren von der Europäischem Kommission für Menschenrechte abgelehnt. S *Schwarze* EuGRZ 1993, 377, 381 mwN.

136 *Schmidt-Aßmann* DVBl 1993, 924, 927; *ders* FS Lerche, 1993, 513, 515 f.

137 Entschließung Nr 77/31 v 28.9.1977 über den Schutz des einzelnen gegenüber Akten der Vw; Empfehlung Nr R (81) 19 v 25.11.1981 über den Zugang zu Informationen der Behörden; Empfehlung Nr R (87) 16 v 17.9.1987 über die Gestaltung v Massenverfahren der Verwaltung. Weitere Hinweise bei *Bredemeier* (Fn 27), 589 ff; *Schmidt-Aßmann* DVBl 1993, 924, 927; *ders* in Hoffmann-Riem/Schmidt-Aßmann/Voßkuhle, Grundlagen II, § 27 Rn 41. Zum „soft law" vgl etwa *Tietje* Internationalisiertes Verwaltungshandeln, 2001, 255 ff.

138 UN/ECE-Konvention über den Zugang zur Informationen, die Öffentlichkeitsbeteiligung an Entscheidungsverfahren u den Zugang zu Gerichten in Umweltangelegenheiten v 25. Juni 1998 (ILM 2001, Bd 38, 517 ff). Im Überblick etwa *v Danwitz* NVwZ 2004, 272 ff; *Walter* EuR 2005, 302 ff; *Wolfrum* in:Trute/Groß/Röhl/Möllers, Allgemeines Verwaltungsrecht – zur Tragfähigkeit eines Konzepts, 2008, 665 ff.

139 Vorwort zu *Stec/Casey-Lefkowitz/Jendroska* The Aarhus-Convention – An Implementation Guide, 2000; zitiert nach *v Danwitz* NVwZ 2004, 273.

140 RL 2003/4/EG d Europ Parl u d Rates v 28.1.2003 über d Zugang d Öffentlichkeit z Umweltinformationen u z Aufhebung d RL 90/313/WEG d Rates (ABl EG L 41, 26); RL 2003/35/EG d Europ Parl u d Rates v 26.5.2003 über d Beteiligung d Öffentlichkeit bei d Ausarbeitung bestimmter umweltbezogener Pläne und Programme u z Änderung der RL 85/336/EWG und 96/61/EG d Rates in Bezug auf d Öffentlichkeitsbeteiligung u d Zugang zu Gerichten (ABl EG L 156, 17).

141 Vgl Principle 10 der Rio Declaration on Environment and Development v 13.6.1992. Näher *Kokott* Verw 31 (1998) 335, 361.

guten Nachbarschaft anerkannt, woraus sich zwischenstaatliche Informationspflichten ergeben können.[142]

IV. Rechtsvergleichende Hinweise

„*Comparativa est omnis investigatio*", erkannte schon *Nicolaus von Cues*[143], alles Forschen ist Vergleichen. Der *interterritoriale Rechtsvergleich* hat in Deutschland schon deshalb Tradition, weil man im 19. Jahrhundert, als die wissenschaftliche Beschäftigung mit dem Verwaltungsrecht begann (Rn 3), verschiedene Landesrechte betrachten musste, um das deutsche Verwaltungsrecht zu erfassen. Damals wurde aber auch auf das europäische Ausland geblickt.[144] Vor allem wurde das französische Recht von *Otto Mayer* sorgfältig untersucht („Theorie des französischen Verwaltungsrechts", 1886) und im Lehrbuch „Deutsches Verwaltungsrecht" (1895) fruchtbar gemacht. Mit dem englischen Verwaltungsrecht beschäftigte sich vergleichend *Rudolf Gneist*.[145] Umso mehr erstaunt, dass beim Erlass des Verwaltungsverfahrensgesetzes die Chancen der Rechtsvergleichung nicht genutzt wurden. Man meinte, dass ausländische Gesetze zu sehr auf die Bedürfnisse des jeweiligen Verfassungs- und Verwaltungsprozessrechts zugeschnitten seien.[146] In der Tat darf beim Rechtsvergleich der rechtskulturelle Kontext konkreter rechtlicher Vorgaben nicht unberücksichtigt bleiben. Doch erscheint das eigene Recht „viel plastischer", wenn „man es von außen her, gleichsam als in fremden Vorstellungen Aufgewachsener, betrachtet".[147] 22

1. Verwaltungsverfahrensrecht in Europa, Herausbildung eines gemeineuropäischen Verwaltungsrechts

In *England* gibt es kein kodifiziertes allgemeines Verwaltungsverfahrensrecht. Sondergesetze sehen vor allem im Sozial- und Gesundheitswesen ein spezielles *administrative tribunal* vor, eine Einrichtung, die im Zwischenbereich von Verwaltung und Justiz an- 23

[142] Vgl *Beyerlin* Rechtsprobleme der lokalen grenzüberschreitenden Zusammenarbeit, 1988, 22; *Curtius* Entwicklungstendenzen im Genehmigungsrecht, 2005, 201. Umfassend *Tietje* (Fn 137) 2001.

[143] De docta ignorantia, Erstausgabe Straßburg 1488 (dt-lateinische Ausgabe, hrsg v P. Wilpert, 1964), Liber I cap 1.

[144] S die 1829 ua v *Carl Solomo Zachariae* gegründete „Kritische Zeitschrift für Rechtswissenschaft und Gesetzgebung des Auslandes"; sowie etwa *Grünhut* (Fn 10) 44 ff, 60 ff; *Thiel* Das Expropriations-Recht und das Expropriations-Verfahren nach dem neuesten Standpunkt der Wissenschaft und der Praxis, 1866, 79ff. Aus heutiger Sicht *Heyen* in: Jahrbuch für Europäische Verwaltungsgeschichte 8 (1996), 163 ff; *ders* (Hrsg), Jahrbuch für Europäische Verwaltungsrechtsgeschichte 2 (1990). Relativierend *Scheuner* DÖV 1963, 714 ff.

[145] *Gneist* Das engl VwR der Gegenwart in Vergleichung m den deutschen Verwaltungssystemen, 3. Aufl 1883.

[146] Vgl BT-Drucks 7/910, 32. Krit etwa *Ule/Becker* (Fn 26) 6 f. Vorbildlich rechtsvgl *Kopp* (Fn 17).

[147] *W. Jellinek* VwR, 114. Vgl zur Bedeutung der Rechtsvergleichung *Bernhardt* ZaöRV 24 (1964) 431, 434 ff, 441 ff; *Groß* Die Autonomie der Wissenschaft im europäischen Rechtsvergleich, 1992, 26 ff; *Jaluzot* RIDC 2005, 29 ff; *Möllers* in Hoffmann-Riem/Schmidt-Aßmann/Voßkuhle, Grundlagen I, § 3 Rn 40 f; *Pünder* (Fn 40) 20 f; *Ruffert* in: Schmidt-Aßmann/Hoffmann-Riem (Fn 5) 165, 168 ff; *Schwarze* (Fn 131) 76 ff, 87 ff; *Sommermann* DÖV 1999, 1017 ff; *Starck* JZ 1997, 1021, 1023 ff; *Zweigert/Kötz* Einführung in die Rechtsvergleichung, Bd 1, 3. Aufl 1996, 12 ff; *Zweigert* RabelsZ 28 (1964) 611 ff.

gesiedelt ist und sich mit Konflikten zwischen Behörden und Bürgern nach den Prinzipien der *openness, fairness* und *impartiality* befasst.[148] Zum Teil wird zur Vorbereitung von Verwaltungsentscheidungen eine öffentliche Anhörung verlangt, die dem deutschen Planfeststellungsverfahren ähnelt. *Public inquiries* gibt es bei der Erstellung von Regionalplänen (*structure plans*) durch die *counties*, von – den deutschen Bauleitplänen entsprechenden – *local plans* durch die *districts* und bei der Entscheidung über Baugenehmigungen.[149] Allgemein gilt im englischen Verwaltungsverfahrensrecht im Gegensatz zur deutschen Rechtsordnung (→ § 14 Rn 24 ff) zum Schutz privater Interessen das *adversary system*, also der Beibringungsgrundsatz. Das *inquisitorial system* steht im Verdacht, die Parteilichkeit des Entscheidungsträgers zu begünstigen.[150] Für die alltägliche Eingriffsverwaltung fehlt es an spezialgesetzlichen Regelungen. Die Verwaltungsbehörden können das Verfahren nach ihren Bedürfnissen gestalten. Allerdings gelten bei Entscheidungen, die *rights, privileges* oder *legitimate expectations* betreffen, *rules of natural justice*, um ein Mindestmaß an Fairness sicherzustellen.[151] Hierzu gehören die Grundsätze *nemo judex in causa sua*[152] und vor allem *audi alteram partem*. Dem Betroffenen muss mitgeteilt werden, um welche Maßnahmen es geht und auf welches Beweis- und Entscheidungsmaterial sich die Behörde stützt.[153] Allerdings bestehen eine Reihe von Ausnahmen von der Anhörungspflicht. Sie kann gesetzlich ausgeschlossen sein oder entfällt bei vertraulichen Informationen[154], Gefahr im Verzug, lediglich vorbereitenden Entscheidungen, Eigenverschulden des Betroffenen und bei legislativer Tätigkeit[155]. Akteneinsicht ist seit dem 1.1.2005 aufgrund des Freedom of Information Act 2000 möglich.[156] Eine Entscheidungsbegründung schreibt das *common law* nicht

[148] Die Verfahrensregeln finden sich im Tribunals and Inquiries Act 1992. Vgl *Wade/Forsyth* Administrative Law, 9. Aufl 2004, 905 ff.

[149] Vgl zB Town and Country Planning Act 1990, sections 42, 320; *Jannasch* Regionalplanung und Bauleitplanung in England, 1979.

[150] S *Riedel* in: Schwarze/Starck (Hrsg), Vereinheitlichung des Verwaltungsverfahrensrechts in der EG, EuR-Beiheft 1/1995, 49, 53 f; *Holoubek* in: Hoffmann-Riem/Schmidt-Aßmann (Fn 15) 193, 199 f; *v Loeper* Verwaltungsrechtspflege in England, 1983, 451 ff; *Pietzcker* (Fn 56) 695, 700 f.

[151] Leitentscheidung: Ridge v Baldwin [1964] AC 40. Vgl *Wade/Forsyth* (Fn 148) 489 ff; *Craig* Administrative Law, 5. Aufl 2003, Kap 13; *dens* in:Trute/Groß/Röhl/Möllers, Allgemeines Verwaltungsrecht – zur Tragfähigkeit eines Konzepts, 2008, 699, 713 ff; *Bailey* in: Feldman (Hrsg), English Public Law, 2004, Rn 15, 19 ff; *Pünder* International and Comparative Law Quarterly (ICLQ) 58 (2009), 353, 372 ff sowie *v Danwitz* (Fn 116), 36 ff; *Dörr* (Fn 95) 50 ff; *Freivogel* Audi Alteram Partem – Das rechtliche Gehör im englischen Verwaltungsverfahren, 1979; *Schmidt-Aßmann* in Hoffmann-Riem/ders/Voßkuhle, Grundlagen II, § 27 Rn 18.

[152] Vgl Dimes v Grand Junction Canal Proprietors (1852) 3 HL Cas 759; R v Gough [1993] AC 646.

[153] Vgl R v Secretary of State for the Home Department, ex p Hickey (No 2) [1995] 1 WLR 734; R v Secretary of State for the Home Department, ex p Fayed (No 1) [1998] 1 WLR 763.

[154] Vgl R v Secretary of State for the Home Department, ex p Hosenball [1977] 1 WLR 766 (national security); R v Chief Constable of the West Midlands Police, ex p Wiley [1995] 1 AC 274 (public interest immunity). Vgl *Leyland/Woods* Administrative Law, 5. Aufl 2005, 418 ff.

[155] Vgl R v Secretary of State for Transport, ex p Pegasus Holdings (London) Ltd [1988] 1 WLR 990; R v Falmouth and Truro Port Health Authority, ex p South West Water Ltd [2001] QB 445; Al-Mehdawi v Secretary of State for the Home Department [1990] 1 AC 876; Bates v Lord Hailsham of St Marylebone [1972] 1 WLR 1373.

[156] Vgl *Birkinshaw* Freedom of Information, 3. Aufl 2001; *MacDonald/Jones* (Hrsg) The Law of Freedom of Information, 2003; sowie *Müller* Informationsfreiheit im Vereinigten Königreich als Vorbild für Deutschland?, 2004.

generell vor.[157] Eine Ausnahme besteht, wenn ein besonders hochrangiges Rechtsgut wie zB Freiheit betroffen ist oder die Entscheidung anormal erscheint.[158] Gerichte – seit dem Jahr 2000 vor allem der *Administrative Court* genannte Gerichtszweig des Londoner *High Court of Justice* – kontrollieren das Verfahren recht genau. Die *procedural impropriety* ist neben der *illegality* und der *irrationality* ein Klagegrund.[159] Eine Missachtung der *natural justice*-Regeln führt zur Nichtigkeit der Entscheidung. ZT verweigern britische Richter eine – dem Urteil auf eine Anfechtungsklage vergleichbare – *quashing order*, wenn sich der Verfahrensfehler nicht in der Sache ausgewirkt hat.[160] Zudem ist wie in Deutschland (→ § 14 Rn 58 ff) eine Heilung möglich.[161]

In *Frankreich* wurde die Bedeutung des Verwaltungsverfahrensrechts lange Zeit unterschätzt. Man glaubte, dass die Möglichkeit, Rechtsmittel gegen Verwaltungsent- **24**
scheidungen einzulegen, zum Rechtsschutz genügt.[162] Einer Kodifikation des Verwaltungsverfahrensrechts wird bis heute Skepsis entgegengebracht.[163] Verfahrensregeln entwickelte der *Conseil d' Etat* als *„jurislateur"*.[164] Allerdings finden sich in jüngere Zeit einzelne normative Festlegungen (die allerdings nicht alle den Rang eines formellen Gesetzes haben). Stets gilt wie in Deutschland (→ § 14 Rn 24 ff) der Untersuchungsgrundsatz.[165] Kernelement der *procédure administrative non-contentieuse* – der Begriff steht im Gegensatz zum Verwaltungsprozessrecht (*procédure administrative contentieuse*) – ist die Wahrung der *droits de la défense*. Dem dient, wenn ein Verwaltungsakt eine gewisse Schwere (*gravité*) hat, das „kontradiktorische" Verfahren.[166] Dabei muss die Behörde – wie in Deutschland (→ § 14 Rn 20 ff) – Betroffene benachrichtigen (*avertisement préalable*) und ihnen Gelegenheit geben, Einwendungen (*observations*) zu erheben.[167] Von der Anhörung kann aus Gründen der Dringlichkeit und des

[157] Vgl R v Secretary of State for the Home Department, ex p Doody [1994] 1 AC 531, 564; aA R v Lambeth London Borough Council, ex p Walters (1994) 26 HLR 170.

[158] Vgl R v Higher Education Funding Council, ex p Institute of Dental Surgery [1994] 1 WLR 242, 264. Ausf *Wade/Forsyth* (Fn 148).

[159] Vgl Council of Civil Service Unions v Minister for the Civil Service [1985] AC 374, 410; sowie etwa *v Danwitz* (Fn 116), 46 f; *Eppiney* VVDStRL 61 (2002), 362, 377 ff; *Ruffert* in: Schmidt-Aßmann/Hoffmann-Riem (Fn 5) 155, 174.

[160] Vgl Malloch v Aberdeen Corp [1971] 1 WLR 1578; Glynn v Keele University [1971] 1 WLR 487; aA Annamunthodo v Oilfields Workers' Trade Union [1961] AC 945; zurückhaltend John v Rees [1970] Ch 345, 402.

[161] Vgl Calvin v Carr [1980] AC 574.

[162] Vgl *Maclouf* in: Blümel/Pitschas (Fn 42) 173 ff; *Ladenburger* Verfahrensfehlerfolgen im französischen und im deutschen Verwaltungsrecht, 1999, 23 ff; *Riedel* (Fn 150) 49, 63.

[163] Vgl *v Danwitz* (Fn 116), 52 f; *Sommermann* DÖV 2002, 133, 137 mwN.

[164] Vgl *Chapus* Droit administratif général, Bd 1, 15. Aufl 2001, Rn 116; *Lebreton* Droit administratif général, 2. Aufl 2000, 48; sowie *Ruffert* in: Schmidt-Aßmann/Hoffmann-Riem (Fn 5) 165, 178 ff.

[165] Vgl *Holoubek* in: Hoffmann-Riem/Schmidt-Aßmann (Fn 15) 193, 197 f.

[166] Vgl *Rivero/Waline* Droit administratif, 21. Aufl 2006, Rn 407; *Braibant/Stirn* Le droit administratif français, 6. Aufl 2002, 271 f. Zum Einfluss des Gemeinschaftsrechts *Flauss* in: Schwarze, Eur VwR, 31, 70 ff.

[167] Leitentscheidung: C.E. Sect. v 5.5.1944 Rec, 133 (*„Dame veuve Trompier Gravier"*). Mittlerweile normiert in Art 8 des Décret no 83-1025 du 28 novembre 1983 concernant les relations entre l'administration et les usager, J. O. v 3.12.1983, 3492. Näher *v Danwitz* (Fn 116), 56 ff; *Ladenburger* (Fn 162) 41 ff; *Eisenberg* Die Anhörung des Bürgers im Verwaltungsverfahren und die Begründungspflicht f VAe, 1999, 55 ff, 136 ff.

ordre public abgesehen werden. Keine Anhörung ist vor präventiven *mesures des police*[168] und bei Entscheidungen notwendig, die auf Antrag des Betroffenen ergehen. Eine bei uns selbstverständliche (→ § 14 Rn 51 ff) Begründungspflicht (*motivation*) wurde von der Rechtsprechung lange abgelehnt. Heute ist sie gesetzlich fundiert.[169] Das verfahrensakzessorische Akteneinsichtsrecht (*règle de la communication du dossier*) hat ein eng begrenztes Anwendungsfeld.[170] Es gilt vor allem bei wirtschaftsverwaltungsrechtlichen Sanktionen. Allerdings wurde ein allgemeines verfahrensunabhängiges Aktenzugangsrecht normiert.[171] So wird das traditionelle *secret administratif* zunehmend zurückgedrängt. Neben dem kontradiktorischen Verfahren gibt es noch das Konsultativverfahren (*procédure consultative*) als Expertenanhörung[172] und vor allem die *enquête publique*, die – der deutschen Planfeststellung (→ § 15 Rn 2 ff) und britischen *inquiries* ähnlich – insbesondere bei Enteignungsverfahren, der Stadt- und Raumplanung sowie im Umweltschutzrecht die Informationsbasis der Behörde erweitern und zudem auch das Verfahren „demokratisieren" soll.[173] Die auf die *annulation* einer Verwaltungsentscheidung gerichtete gerichtliche Kontrolle (*recours pour excès de pouvoir*) bezieht sich nicht nur auf die materielle, sondern auch auf die formelle Rechtmäßigkeit (*légalité interne* und *externe*).[174] Verstöße gegen die Zuständigkeit (*incompétence*) oder Form- und Verfahrensvorschriften (*vice de forme ou de procédure*) führen grundsätzlich zur Aufhebung der Entscheidung.[175] Verfahrensfehler sind aber wie in Deutschland (→ § 14 Rn 63 ff) unbeachtlich, wenn sie eine gebundene Entscheidung (*compétence liée*) betreffen. Hat die Behörde *pouvoir discrétionnaire*, ist nur eine Verletzung unwesentlicher Förmlichkeiten (*formalités accessoires* oder *non-substantielles*) als bloße Unregelmäßigkeit (*irrégularité*), die die *légalité* unberührt lässt, unerheblich. Es kommt vor allem darauf an, ob der Fehler für das Ergebnis relevant war oder der Zweck der Verfahrensvorgabe auf andere Weise erreicht wurde. Die Heilung wesentlicher Verfahrensfehler ist im Grundsatz ausgeschlossen.

[168] Krit *David/Jauffret-Spinosi* Les grands systèmes de droit contemporains, 9. Aufl 1988, Rn 87.

[169] Loi no 79-587 du 11.7.1979 relative à la motivation des actes administratifs et à l'amélioration des relations entre l'administration et le public, J.O. v 12.7.1979, 1711. Vgl *Chapus* (Fn 164) Rn 1318 ff; *Flauss* (Fn 166). Rechtsvgl *Classen* (Fn 132) 161; *v Danwitz* (Fn 116), 54 ff; *Eisenberg* (Fn 167) 71 ff, 136 ff; *Ladenburger* (Fn 162) 28 ff.

[170] Vgl *Ladenburger* (Fn 162) 36 ff.

[171] Loi no 78-735 du 17.7.1978 portant diverses mesures d'améliorations des relations entre l'administration et le public et diverses dispositions d'ordre administratif, social et fiscal (J. O. du 18.7.1978, 2851); loi no 2000-321 du 12 avril 2000, art 7. Ggf muss man sich an die *Commission d'accès aux documents administratifs* (CADA) wenden. Danach kommt der gerichtliche Rechtsweg in Betracht. Vgl *Chapus* (Fn 164) Rn 645 ff; *Bräutigam* DÖV 2005, 376, 378; rechtsvgl *Trantas* (Fn 103) 1998.

[172] Vgl *Debbasch* Institutions et droit administratifs, Bd 2, 2. Aufl 1986, 160 f; *Ladenburger* (Fn 162) 99 ff.

[173] S Loi no 83-630 du 12.7.1983 relative à la démocratisation des enquêtes publiques et à la protection de l'environnement (J. O. du 13.7. 1983, p 2156). Vgl *Braibant/Stirn* (Fn 166) 495 f; *Charlonneau* in: Hélin/Hostiou/Jegouzo/Thomas, Les nouvelles procédures d'enquête publique, 1986, 105 ff; *Fromont* in: Hill/Pitschas (Fn 118) 79 f; *Lasserre/Lenoir/Stirn*, La transparence administrative, 1987, 22 ff; sowie *Ladenburger* (Fn 162) 60 ff; *Riedel* (Fn 150) 49, 71 f.

[174] Vgl *Eppiney* VVDStRL 61 (2002), 362, 370 ff mwN.

[175] Vgl zum Folgenden *Chapus* (Fn 164) Rn 1213 ff; sowie *v Danwitz* (Fn 116), 59 ff, 65 ff; *Ladenburger* (Fn 162) 156 ff; *Schmidt-Aßmann* in Hoffmann-Riem/ders/Voßkuhle, Grundlagen II, § 27 Rn 19.

25 Unter den Rechtsordnungen, die ihr Verwaltungsverfahrensrecht kodifiziert haben, war *Österreich* Vorreiter (Rn 4). Das 1925 erlassene Bundesgesetz über das allgemeine Verwaltungsverfahren gilt im Wesentlichen fort.[176] Bis heute spürt man die Verwandtschaft zum deutschen Recht. Das österreichische Vorbild war vor allem in den Ländern *Osteuropas* prägend, die mit dem Land ehedem ganz oder teilweise verbunden gewesen waren.[177] In der *Schweiz* wurde 1968 das Bundesgesetz über das Verwaltungsverfahren erlassen.[178] In *Finnland* gilt das Verwaltungsverfahrensgesetz von 1982, in *Dänemark* die Kodifikation von 1987, in den *Niederlanden* das *Algemene wet bestuursrecht* von 1992.[179] Das französische Vorbild verliert auch in jenen Staaten an Boden, in denen es im 19. Jahrhundert prägend war.[180] So gibt es gesetzliche Regelungen des Verwaltungsverfahrens in *Italien* (1990), *Griechenland* (1999) und *Spanien* (1992, 1999 novelliert).[181] In der Begründung zur *portugiesischen* Verwaltungsverfahrensordnung (1991, 1996 novelliert) heißt es sogar ausdrücklich, dass bei den rechtsvergleichenden Vorarbeiten dem deutschen Verwaltungsverfahrensgesetz und dessen reicher Entfaltung durch die Rechtslehre („*a riquíssima elaboração doutrinal*") besondere Aufmerksamkeit gewidmet worden sei.[182]

26 Insgesamt lassen sich in Europa vor dem Hintergrund der Vorgaben des europäischen Unionsrechts und des „Konventionsverwaltungsrechts" (Rn 17 ff), aber auch wegen der überall sich verstärkenden rechtswissenschaftlichen Befassung mit ausländischem Recht Tendenzen zur *Angleichung der Verwaltungsverfahrensrechte* feststellen.[183] Teils nor-

[176] G v 21.7.1925 (BGBl Nr 274), im Jahr 1991 verlautbart als Allg VwVfG (AVG, BGBl Nr 51). Vgl *Fasching/Schwarz* Gründzüge des österreichischen Verwaltungsverfahrensrechts, 2003; *Hengstschläger* Verwaltungsverfahrensrecht, 4. Aufl 2009, S. 43 f; *Schäffer* ZÖR 59 (2004) 285 ff; *Walter/Mayer* Verwaltungsverfahrensrecht, 8. Aufl 2003; sowie bereits *Ule/Becker* (Fn 26) 9 ff. Zum Einfluss des Unionsrechts *Irresberger* in: Hill/Pitschas (Fn 118) 40 ff; *Potacs/Pollak* in: Schwarze (Hrsg), Das Verwaltungsrecht unter europäischem Einfluss, 1996, 789 ff.

[177] Vgl die Länderberichte in Wieser/Stolz (Hrsg), Vergleichendes Verwaltungsrecht in Ostmitteleuropa, 2004. Zum polnischen Recht *v Danwitz* (Fn 116), 85 ff.

[178] G v 20.12.1968 (AS 737). Vgl etwa *Fleiner-Gerster* Grundzüge des allgemeinen und schweizerischen Verwaltungsrechts, 2. Aufl 1980; *Gygi* Bundesverwaltungsrechtspflege, 2. Aufl 1983; *Haefelin/G. Müller* Grundriss des allgemeinen Verwaltungsrechts, 3. Aufl 1998; *Kölz/Häner* Verwaltungsverfahren und Verwaltungsrechtspflege des Bundes, 2. Aufl 1998; *Saladin* Das Verwaltungsverfahrensrecht des Bundes, 1979; *Suhr* Möglichkeiten und Grenzen der Kodifizierung des allgemeinen Teils des schweizerischen Verwaltungsrechts, 1975.

[179] Zum Einfluss des Unionsrechts auf das finnische VwR *Tallroth* in: Hill/Pitschas (Fn 118) 107 ff; zum dänische R s *Germer* in: Schwarze (Fn 176), 377 ff; zum niederländischen R *de Lange/Widdershoven* in: Schwarze (Fn 176) 657 ff; *de Moor-van Vugt* in: Hill/Pitschas (Fn 118) 84 ff.

[180] Vgl *Sommermann* DÖV 2002, 133 ff mwN.

[181] Vgl zu Italien *della Cananea* in: Hill/Pitschas (Fn 118) 115 ff; *Chiti* in: Schwarze (Fn 176), 229 ff; *v Danwitz* (Fn 116), 73 ff; *Galetta* in Magiera/Sommermann (Hrsg), Verwaltungsrecht in der EU, 2001, 63 ff; *Masucci* AöR 121 (1996) 261 ff; zu Griechenland *Flogaitis* in: Schwarze (Fn 176), 409 ff; *Markantonatou-Skaltsa* Verw 39 (2006), 119 ff; *Zygoura* in: Hill/Pitschas (Fn 118) 155 ff; zu Spanien *v Danwitz* (Fn 116), 104 ff; *Garica de Enterria/Ortega* in: Schwarze (Fn 176) VwR, 733 ff; *Montoro-Chiner* in: Hill/Pitschas (Fn 118) 127 ff; *Oriol Mir Puigpelat* DÖV 2006, 841 ff.

[182] Zit nach *Sommermann* DÖV 2002, 133, 138. Zum Einfluss des Unionsrechts *Bothelho Moniz/Moura Pinhiro* in: Schwarze (Fn 176), 657 ff.

[183] S *v Danwitz* (Fn 116), 128 ff („Konvergenzentwicklungen"); *Sommermann* DÖV 2002, 133, 135 f („indirekte Konvergenzimpulse"). Vgl auch *Bredemeier* (Fn 27) 504 ff; *Everling* NVwZ

miert (manchmal sogar aufgrund ausdrücklicher verfassungsrechtlicher Vorgaben[184]), teils durch ungeschriebene, aber funktionsadäquate Regelungen abgesichert, sind rechtsstaatlicher Prinzipien wie die Unparteilichkeit der Verwaltung, Begründungspflichten und das rechtliche Gehör verankert. Zum anderen wurde zur Verbesserung des Verhältnisses zwischen Verwaltung und Bürger Partizipations- und Informationsrechte ausgebaut.[185] Auch nimmt das konsensuale, insbesondere vertragliche Handeln gegenüber einseitig-hoheitlichem Entscheiden an Bedeutung zu. Schließlich findet die auch in Deutschland beobachtete Ökonomisierung des Verfahrens im ausländischen Recht Parallelen.[186] Insbesondere sollen Fristen ein zügiges Verfahren sicherstellen. Der Weg zu einem *gemeineuropäischen Verwaltungsverfahrensrecht* – einem *ius commune europaeum* – ist beschritten, aber angesichts nationaler Eigenarten, die auf einer langen, in den Staaten höchst unterschiedlichen Entwicklung beruhen und Grundstrukturen und Grundprinzipien der jeweiligen Rechtsordnungen betreffen[187], noch weit.[188] Jedenfalls fehlt für eine sachgebietsübergreifende Kodifikation der für den indirekten Vollzug von Unionsrecht geltenden Vorgaben derzeit eine ausreichende Rechtsgrundlage.[189]

2. Verwaltungsverfahrensrecht im außereuropäischen Raum

27 Im außereuropäischen Raum lohnt der Blick auf den *US-amerikanischen Administrative Procedure Act* (APA) von 1946.[190] Im Hinblick auf den Erlass einer *Einzelfallentscheidung* (*order*, § 555 (4) APA) wird zwischen der *formal adjudication* (§§ 554, 556 und 557 APA) und *informal actions* unterschieden.[191] Im förmlichen Verfahren findet ein *hearing* vor einem relativ unabhängigen Behördenbediensteten (für den deutschen Juristen missverständlich *administrative law judge* genannt) statt, das freilich eher einer deutschen Zivilgerichtsverhandlung gleicht als dem Erörterungstermin im förmlichen Verfahren und bei Planfeststellungen (§§ 68, 73 VI VwVfG, → § 15 Rn 35, 10). Zeugen

1987, 1 ff; *Pietzcker* (Fn 56) 695 ff; *Schmidt-Aßmann* DVBl 1993, 924, 928 ff; *dens* (Fn 136) 513, 515 f; sowie die Beiträge in *Schwarze* (Fn 176). Zur Integration durch Koordination und Benchmarking *Engel* in: Hill/Pitschas (Fn 118) 409 ff.

184 Vgl Art 9, 103, 105 f der spanischen; Art 266 ff der portugiesischen; § 16 der finnischen sowie im Ansatz auch Art 97 I der italienischen Verf.

185 Ausf rechtsvgl *Bräutigam* DÖV 2005, 376 ff.

186 Vgl *Ruffert* in: Schmidt-Aßmann/Hoffmann-Riem (Fn 5) 155, 184 ff mwN.

187 Näher *v Danwitz* (Fn 116), 124 ff („Traditionsprägungen"); *Everling* NVwZ 1987, 1, 2 ff; *Wahl* in: Hill/Pitschas (Fn 118) 357, 361 ff.

188 Vgl zur Diskussion *Kahl* VerwArch 95 (2004) 1, 28 ff mwN. Hoffnungsvoll *Schmidt-Aßmann* Ordnungsidee, Kap 6 Rn 52; *ders* in: Müller-Graff (Fn 129) 131, 160 f; *Schwarze* DVBl 1996, 881 ff; *ders* in: ders (Fn 169) 789, 805 ff; *Sommermann* DÖV 2002, 133 ff; *Pernice/Kadelbach* DVBl 1996, 1100, 1114; *Rengeling* VVDStRL 53 (1994) 202, 230 f. Zurückhaltender *Groß* Verw 33 (2000) 415, 432 ff; *Hegels* (Fn 130) 199 ff; *Ladeur* in: Trute/Groß/Röhl/Möllers, Allgemeines Verwaltungsrecht – zur Tragfähigkeit eines Konzepts, 2008, 796 ff; *Schröder* Verw 31 (1998) 256, 257.

189 Näher zur Kodifikation der Grundsätze des indirekten Vollzuges *Kahl* (Fn 116), 98 ff; *Ladenburger* (Fn 126), 107 ff; *Schwarze* DVBl 1996, 881, 886 ff.

190 60 Stat 237, 1946, 5 U.S.A.C.

191 S *Brugger* Einführung in das öffentliche R der USA, 2. Aufl 2001, 239 ff, 243 ff; *Erat* (Fn 10) 5 ff; *Fehling* (Fn 40) 100 ff; *Jarass* DÖV 1985, 377, 380 ff; *Wolfram* Prozeduralisierung des Verwaltungsrechts, 2005, 105 ff.

und Sachverständige werden von den Parteien des Verfahrens – der Ermittlungsabteilung der *agency*, dem Adressaten der geplanten Verwaltungsmaßnahme und ggf von Dritten (*intervention*) – vernommen. *Informal actions* regelt der APA nicht. Verfahrensanforderungen ergeben sich allerdings aus *due process clause* im V. und XIV. Amendment der US-Verfassung.[192] Anders als in den deutschen verfahrensgesetzlichen Kodifikationen (Rn 6) finden sich im APA ausführliche Vorgaben für die exekutive *Normsetzung*.[193] Auch hier ist das *informal rulemaking* (§ 553 (b)–(e) APA) vom *formal rulemaking* mit *hearing* (§§ 553 (c), §§ 556, 557 APA) zu unterscheiden. Zudem werden im APA auch das *negotiated rulemaking* (§§ 561–570 AP) und die alternativen Streitbeilegung (*alternative dispute resolution*) geregelt (§§ 571–583)[194], Normierungen, die in Deutschland bei einer Mediation fruchtbar gemacht werden können (→ § 16).[195] Der deutschen Verwaltungstradition diametral entgegengesetzt (→ § 14 Rn 32) ist das seit dem *Freedom of Information Act* von 1976 geltende Prinzip der *Aktenöffentlichkeit* (§ 552 APA).[196] Die Unterlagen der Verwaltung sind – von Ausnahmen abgesehen – nicht nur den Verfahrensbeteiligten, sondern jedermann zugänglich. Insgesamt liegt dem amerikanischen Recht die Überlegung zugrunde, dass sich die durch Verwaltungsentscheidungen von hoher Komplexität oder großem Konfliktpotential ausgelösten Spannungen am besten durch detailliert geregelte und gerichtlich kontrollierte *Einflussmöglichkeiten für alle Interessierten* lösen lassen.[197] Vor allem soll einer „*agency capture*" entgegengewirkt werden.[198] „*Open government leads to better government*", heißt es zu Recht (Rn 11 ff).[199] Betont wird, dass die kurzfristig kostenaufwendigen Vorschriften des Verwaltungsverfahrens geeignet sind, sachgerechtere Entscheidungen hervorzubringen, so dass in langfristiger Betrachtung Kosten, die durch fehlerhafte Beschlüsse verursacht werden, vermieden werden können.[200] Außerdem wird auf die für die Behörde eingesparten *information costs* und darauf hingewie-

[192] Vgl *Pierce/Shapiro/Verkuil* Administrative Law and Process, 4. Aufl 2004, 231 ff; *Brugger* (Fn 191) 223 ff; *Dörr* (Fn 95) 5 ff; *Fehling* (Fn 40) 290 ff.

[193] S *Pünder* (Fn 40); *dens* ZG 1998, 242 ff; sowie *Brugger* (Fn 191) 233 ff; *Fehling* (Fn 40) 159 ff, 329 ff; *Jarass* DÖV 1985, 377, 383 ff; *Wolfram* (Fn 191) 102 ff. Für eine rechtsvergleichende Perspektive *Pünder* International and Comparative Law Quarterly (ICLQ) 58 (2009), 353 ff. („Democratic Legitimation of Delegated Legislation – A Comparative View on the American, British and German Law").

[194] Vgl *Brugger* (Fn 191) 238 f; *Ruthig* in: Riedel (Hrsg), Bedeutung von Verhandlungslösungen im Verwaltungsverfahren 2002, 152, 172 ff, 184 ff.

[195] Ausf *Pünder* Verw 38 (2005) 1 ff; *ders* NuR 2005, 71 ff.

[196] Rechtsvgl *Bräutigam* DÖV 2005, 376 ff; *Wegener* Der geheime Staat – Arkantradition u Informationsfreiheitsrecht, 2006, 416.

[197] Vgl *Pünder* NuR 2005, 71 ff.

[198] Vgl *Sunstein* Stanford Law Review 38 (1985), 29, 61 ff; sowie *Fehling* (Fn 40) 273 ff; *Pünder* (Fn 40) 206 f, 237 f, 244 f.

[199] *Aman/Mayton* Administrative Law, 1993, 616. Schon *Justice Brandeis* Other People's Money, 1933, 67, betonte: "*Publicity is justly commended as a remedy for social and industrial disease. Sunlight is said to be the best disinfectant and electric light the most effective policeman*". Auf diese Äußerung geht der Titel des *Government in the Sunshine Act* v 1976 zurück. S hierzu *Pünder* (Fn 40) 131 f.

[200] Vgl *Bonfield* State Administrative Rule Making, 1986, 448; *Mayton* Emory Law Journal 33 (1984) 889, 896 f. Allerdings mehren sich Stimmen, die dafür eintreten, der „Verknöcherung" („*ossification*") des Verwaltungsverfahrens entgegenzuwirken. Vgl zum Stand der Diskussion *Pünder* (Fn 40) 291 ff.

sen, dass Verwaltungsentscheidungen, die in einem offenen Verfahren unter organisierter Einbeziehung kontroverser Standpunkte zustande gekommen sind, eine verbesserte Akzeptanz erwarten lassen und Kosten der Durchsetzung verringern.[201] Das amerikanische Recht geht davon aus, dass ein „faires" Verfahren das Vertrauen in die behördliche Entscheidungsfindung festigt und dazu beiträgt, dass Verwaltungsentscheidungen durch direkte Rückkoppelung an das Volk als *„worthy of deference and respect"* und damit als demokratisch legitimiert akzeptiert werden.[202] Hintergrund dieser Konzeption ist, dass der *Supreme Court* die sogenannte *non delegation doctrine*, die der Legislative einst ähnlich der deutschen Wesentlichkeitstheorie vorschrieb, die *important subjects* selbst zu regeln, nicht mehr durchsetzt[203] und es dem Kongress freistellt, Entscheidungsbefugnisse auch auf solche Stellen der Exekutive zu delegieren, die weder dem Präsidenten noch dem Kongress politisch verantwortlich sind (sogenannte *independent regulatory commissions*).[204] Schließlich soll das Verfahrensrecht auch die *rule of law* sichern.[205] Es ist ein Charakteristikum des amerikanischen Rechts, dass es – anders als das deutsche (→ § 14 Rn 57) – Gerechtigkeit nicht in der „inhaltlich richtigen Entscheidung", sondern in der „prozeduralen Fairness des waffengleichen Streits" sucht.[206] Rechtsschutz wird weniger durch materiellrechtliche, sondern mehr durch prozedurale Anforderungen an die Ausübung der exekutiven Entscheidungsbefugnis verwirklicht.[207] Die Unterschiede setzen sich in der gerichtlichen Kontrolle fort. Während deutsche Gerichte in erster Linie prüfen, ob sich die Behörde inhaltlich im Rahmen von Verfassung und Ermächtigungsnorm gehalten hat, ist in den USA die Kontrolle der inhaltlichen Rechtmäßigkeit vergleichsweise unergiebig. Gerichte müssen sich dort deshalb im Wesentlichen auf eine Kontrolle des als Ausgleich für mangelnde inhaltliche Anforderungen an die Ermächtigungsnorm zwingend und vergleichsweise detailliert geregelten Verwaltungsverfahrens beschränken.[208]

[201] Vgl *Grunewald* Duke Law Journal 41 (1991) 274, 315 ff; *Mayton* Emory Law Journal 33 (1984) 889, 897. S auch *DeLong* Virginia Law Review 65 (1979) 257, 319 ff.

[202] *Bonfield* (Fn 200) 151. Vgl für eine umfassende Auseinandersetzung mit dem *„democratic process ideal"*, wie es insb v *Stewart* Harvard Law Review 88 (1975) 1669, 1760 ff, entwickelt wurde, *Sargentich* The American University Law Review 36 (1987) 419, 433 ff. Rechtsvergl *Pünder* (Fn 40) 246 ff; *ders* ZG 1998, 242, 249 ff.

[203] Vgl *Lowi* The American University Law Review 36 (1987) 295 ff (*„legiscide"*). S auch die *concurring opinion* v *Rehnquist* im Fall Industrial Union Department v American Petroleum Institute, 448 U.S. (1980) 607, 686 f, u die *dissenting opinion* v *Rehnquist* u *Burger* im Fall American Textile Manufacturers Institute v Donovan, 452 U.S. (1981) 490, 547 f. Rechtsvgl *Pünder* (Fn 40) 40 ff; *ders* ZG 1998, 243 ff; *dens* International and Comparative Law Quarterly (ICLQ) 58 (2009), 353, 372 ff; sowie *Brugger* (Fn 191) 210 ff; *Jarass* Verw 9 (1976) 94, 100 ff; *Lepsius* VwR unter dem Common Law, 1997, 184 ff.

[204] Vgl *Pünder* (Fn 40) 70 ff mwN; sowie *Brugger* (Fn 191) 210 ff; *Dolzer* DÖV 1982, 578 ff; *Jarass* Verw 9 (1976) 94, 101 f; *dens* DÖV 1985, 377, 379 f.

[205] Vgl *Pünder* (Fn 40) 25 ff (zum Verhältnis v Rechtsstaat u *rule of law*), 269 ff (zum amerikanischen Modell der administrativ gewährleisteten Rechtsstaatlichkeit).

[206] *Scharpf* Die politischen Kosten des Rechtsstaates, 1970, 38. Allerdings gibt es eine Gegenbewegung hin zum materiellen Recht. S *Pünder* (Fn 40) 240 ff u 250 ff; *Pietzcker* VVDStRL 41 (1983) 193, 202 Fn 25; *Dolzer* DÖV 1982, 78, 581 ff.

[207] Vgl *Aman/Mayton* (Fn 199) 36; *Stewart* The American University Law Review 36 (1987) 323, 333 f; *Sunstein* Stanford Law Review 38 (1985) 29, 60 f.

[208] Ähnlich *Jarass* DÖV 1985, 377, 383; *Schwarze* Der funktionale Zusammenhang von Verwaltungsverfahrensrecht und verwaltungsgerichtlichem Rechtsschutz, 1974, 27ff. Die Kontrolle der behördlichen Entscheidungsfindung führen amerikanische Gerichte streng durch. Sie geht

Blickt man rechtsvergleichend schließlich auf *Asien*, zeigen sich erhebliche rechtskulturelle Unterschiede. So war der *Konfuzianismus* vor allem durch moralische Verhaltensregeln zur Aufrechterhaltung einer hierarchisierten Gesellschaftsordnung geprägt; das Gesetz wurde als ein notwendiges Übel gering geschätzt, da es auf äußeren Zwang angewiesen war.[209] Bis heute besteht eine Tendenz zur Streitbeilegung durch Vermittlung, die den „Gesichtsverlust" einer Partei vermeidet, eine Konzeption, die im Westen für die Mediation (→ § 16) fruchtbar gemacht wurde.[210] In der VR *China* sollen die Gesetze traditionell die Untertanen abschrecken.[211] Der Sicherung individueller Freiheit dienen sie nicht. Auch das Verwaltungsverfahren hat keine Rechtsschutzfunktion. In neuerer Zeit deuten sich freilich Veränderungen an. In der Rechtswissenschaft ist ein „Verfahrensfieber" ausgebrochen.[212] Ein Verwaltungsverfahrensgesetz wird als „Grundstein für der Modernisierung des Verwaltungsrechtssystems" diskutiert.[213] Jedoch werden die Verfahrensrechte häufig missachtet; die Mittel zur Ahndung verfahrenswidriger Handlungen sind schwach.[214] Schließlich spielen vom Konfuzianismus geprägte informelle Beziehungsnetzwerke eine herausgehobene Rolle („Jeder hat dreitausend Meilen entfernt einen Neffen").[215] *Japan* besitzt schon seit 1993 ein Verwaltungsverfahrensgesetz.[216] Es finden sich Verfahrensregelungen zum Erlass belastender Verfügungen, zur Bescheidung von Anträgen und zum als *gyôsei shidô* („Verwaltungsanleitung") bezeichneten informalen Verwaltungshandeln. 28

sogar soweit, dass sich daraus Rückwirkungen f die Inhaltskontrolle ergeben: Indem die Gerichte die Vollständigkeit des *record* überprüfen, kontrollieren sie m Strenge die Plausibilität der sachl Entscheidungsgrundlagen (sog *arbitrary or capricious test*). Damit verwandelt sich die Verfahrenskontrolle in eine Inhaltskontrolle, die letztlich sogar weiter geht als die Inhaltskontrolle der deutschen Gerichte. S *Fehling* (Fn 40) 79 ff; *Pünder* (Fn 40) 270 f mwN.

209 S zu China *Chen* Das Institut der Vertretung im Verwaltungsverfahren, 1999, 37 ff (a zur Gegenbewegung der Legalisten). Vgl auch *Allee* Law and local society in late imperial China, Stanford 1994; *Greiner* FS Steiniger, 1985, 415 ff; *Heuser* Einführung in die chinesische Rechtskultur, 2002, 66 ff, 77 ff; *Senger* Einführung in das chinesische Recht, 1994, 17 ff.

210 Vgl *Pünder* Verw 38 (2005), 1, 14 mwN. Zur chinesischen Schlichtung (*tiaojie*) *Gerke* Die Schlichtung im chinesischen Recht, 1992 ff; *Heuser* (Fn 209) 457 ff, 466 ff.

211 Vgl *Heuser* JZ 1988, 895.

212 So *Heuser* Sozialistischer Rechtsstaat und Verwaltungsrecht in der Volksrepublik China (1982–2002), 2003, 70 mit ausf Hinw zum Schrifttum, 174 ff.

213 Näher *Heuser* (Fn 209) 2003, 74 ff mwN.

214 Zum Verwaltungswiderspruch als verwaltungsinterner Kontrolle und zum Verwaltungsprozess *Heuser* (Fn 209) 2003, 87 ff.

215 Vgl *Chen* (Fn 209) 52 ff.

216 Ges 88/1993 v 12.11.1993 (Übersetzung in ZJapanR 1998, 169 ff). Vgl – vor allem auch zum informellen Handeln – *Bullinger* VerwArch 84 (1993) 65 ff; *Fujita* NVwZ 1994, 133 ff; *Leiße* DÖV 2008, 802 ff; *Ohashi* in: Riedel (Fn 194), 51 ff; *dens* in: Trute/Groß/Röhl/Möllers, Allgemeines Verwaltungsrecht – zur Tragfähigkeit eines Konzepts, 2008, 513 ff; *Shiono* VerwArch 84 (1993), 45 ff; *Takada* DÖV 2002, 265 ff; *Yamamoto* DÖV 2006, 848 ff; *dens* in: Trute/Groß/Röhl/Möllers, Allgemeines Verwaltungsrecht – zur Tragfähigkeit eines Konzepts, 2008, 899, 920.

§ 14
Grundmodell des Verwaltungsverfahrens

1 Die Verwaltungsverfahrensgesetze beziehen sich auf den Erlass von Verwaltungsakten und den Abschluss öffentlich-rechtlicher Verträge (§ 9 VwVfG). Als Grundmodell liegt den Regelungen das in Anlehnung an § 10 VwVfG sogenannte *nichtförmliche Verfahren* zugrunde. Die „allgemeinen Vorschriften über das Verwaltungsverfahren" (2. Teil VwVfG) bestimmen, wer am Verfahren beteiligt ist (I.) und was für die Einleitung (II.), den Fortgang (III.) und den Abschluss des Verfahrens (IV.) gilt. Außerdem werden die Folgen von Zuständigkeits-, Verfahrens- und Formfehlern festgelegt (V.). Die §§ 9 ff VwVfG kommen zur Anwendung, wenn keine der „besonderen Verfahrensarten" (5. Teil VwVfG, → § 15 Rn 2 ff, 35) angeordnet ist, und soweit dort oder in den Vorgaben für das Rechtsbehelfsverfahren (6. Teil VwVfG, → § 15 Rn 41) bzw in Spezialgesetzen (→ § 15 Rn 36 ff) Regelungen fehlen. Soweit die Normierungen Ausdruck eines allgemeinen Rechtsgedankens sind, kommt eine analoge Anwendung auf Verwaltungstätigkeiten in Betracht, die nicht Verwaltungsverfahren iSv § 9 VwVfG sind (→ § 13 Rn 6).

I. Subjekte des Verwaltungsverfahrens

1. Die zur Entscheidung berufene Behörde

2 Das Verwaltungsverfahren wird von der *zur Entscheidung* über den Verfahrensgegenstand *berufenen Behörde* durchgeführt. Ggf wirken andere Behörden mit (Rn 43 ff), manchmal auch Organe der EU und anderer Mitgliedstaaten (→ § 15 Rn 49 ff). Behörde ist nach § 1 IV VwVfG jede Stelle, die Aufgaben der öffentlichen Verwaltung wahrnimmt. Als im Außenverhältnis für den „Verwaltungsträger" (etwa den Bund, ein Land oder eine Gemeinde) handelndes Organ (→ § 8 Rn 28) darf sie nur in dessen Zuständigkeitsbereich tätig werden (sogenannte Verbandskompetenz). Meist legt der Gesetzgeber unmittelbar die Zuständigkeit der Behörden fest (→ § 8 Rn 34 ff). Die *sachliche Zuständigkeit* bezieht sich auf die zugewiesenen Sachaufgaben, die in § 3 VwVfG geregelte *örtliche Zuständigkeit* auf den räumlichen Tätigkeitsbereich der Behörden.[1] Bei einem mehrstufigen Behördenaufbau ist regelmäßig die unterste Behörde zuständig. Daneben finden sich Regelungen zur sogenannten *instanziellen Zuständigkeit* (etwa in § 73 I Nr 1 VwGO, wonach über den Widerspruch die „nächsthöhere Behörde" entscheidet).[2] *Zuständigkeitsfehler* werden verfahrensgesetzlich streng geahndet. Ein Verstoß gegen die örtliche Zuständigkeit nach § 3 I Nr 1 VwVfG (der sich auf unbewegliches Vermögen und ortsgebundene Rechte bezieht) führt zur Nichtigkeit (§ 44 I Nr 3 VwVfG).[3] Sonst ist ein Verwaltungsakt zwar nur dann iSv § 44 I VwVfG nichtig, wenn

[1] Vgl §§ 48 V, 49 V, 51 IV VwVfG. Dazu OVG Rh-Pf DVBl 1985, 1076 → JK VwVfG § 3/1; *Hößlein* Verw 40 (2007), 281 ff.

[2] Im Übrigen kann die übergeordnete Behörde die Entscheidung u damit das VwVf an sich ziehen (sog Selbsteintritt), wenn eine ges Ermächtigung besteht, Gefahr im Verzug ist oder eine Weisung nicht befolgt wird. Vgl *Guttenberg* Weisungsbefugnis und Selbsteintritt, 1992; *Herdegen* Verw 23 (1990) 183 ff; *Ule/Laubinger* VwVfR, § 10 Rn 21.

[3] Bei sonstigen Verstößen gegen die örtl Zuständigkeit sollte die Nichtigkeitsfolge ausgeschlossen werden. Vgl die Gesetzesbegr BT-Drucks 7/910, 64.

die Behörde unter keinerlei sachlichen Gesichtspunkten zuständig sein kann (sogenannte absolute Unzuständigkeit).[4] Doch kann die Aufhebung eines von einer sachlich unzuständigen Behörde erlassenen Verwaltungsaktes selbst dann begehrt werden, wenn keine andere Entscheidung in der Sache hätte getroffen werden können; anderes gilt nur, wenn eine örtlich unzuständige Behörde gehandelt hat und der Verwaltungsakt nicht nichtig ist (§ 46 VwVfG, Rn 63 ff).[5] Eine Heilung von Zuständigkeitsmängeln durch Zustimmung der zuständigen Behörde sieht § 45 VwVfG (vgl Rn 58 ff) zum Schutz der Kompetenzordnung nicht vor.[6] Der Verwaltungsakt muss neu erlassen werden. Änderungen der örtlichen Zuständigkeit können gem § 3 III VwVfG unerheblich sein, damit es nicht zu einer Verzögerung kommt.[7]

Behörden sind – was in historischer Perspektive nicht selbstverständlich ist[8] – meist **3** *monokratisch* organisiert. Naturgemäß entscheidet regelmäßig nicht der Behördenleiter selbst, sondern in seiner Vertretung oder seinem Auftrag ein ihm behördenintern verantwortlicher und seinen Weisungen unterworfener Mitarbeiter.[9] Ein Verstoß gegen die behördeninterne Geschäftsverteilung durch Verwaltungsvorschrift macht die Verwaltungsmaßnahme im Außenverhältnis nicht rechtswidrig. Anderes gilt, wenn die sogenannte *funktionelle Zuständigkeit* gesetzlich geregelt ist. Ein „Behördenleitervorbehalt" findet sich etwa im Polizeirecht.[10] Eine *Kollegialbehörde* wird durch ein Gremium geleitet.[11] Der Ablauf ist vielfach – wie etwa bei den Beschlusskammern der Regulierungsbehörde oder den Vergabekammern (→ § 15 Rn 37 f) – stark formalisiert und an das Verwaltungsgerichtsverfahren angelehnt. Willensbildung und Beschlussfassung kollegialer Einrichtungen wurden verfahrensgesetzlich geregelt (§§ 88 ff VwVfG).[12] Die Normierungen sind nur subsidiär anwendbar (§ 88 aE VwVfG). Als Modell haben sie sich nicht durchsetzen können. Sie sind nicht differenziert genug, um die verschiedenen Typen von Kollegialgremien hinreichend zu erfassen.[13] Die fehlende oder fehlerhafte Mitwirkung eines Ausschusses führt nicht zur Nichtigkeit des Verwaltungsakts (§ 44 III Nr 3 VwVfG). Der erforderliche Beschluss eines mitwirkenden Ausschusses kann auch *nachträglich* gefasst werden (§ 45 I Nr 4 VwVfG, Rn 59). Über den Wortlaut der Heilungsvorschrift hinaus gilt dies auch, wenn der Beschluss zwar gefasst wurde, aber etwa wegen fehlender Beschlussfähigkeit oder eines Verstoßes gegen Befangenheitsvorschrif-

[4] Vgl BVerwG DVBl 1974, 562, 564 f; HessVGH NVwZ-RR 1991, 226, 227; VG Freiburg NVwZ 1990, 594; *Bettermann* FS Ipsen, 1977, 271, 273.

[5] Ein Verstoß gegen die Verbandskompetenz (u nicht bloß die örtl Zuständigkeit) liegt vor, wenn die Behörde eines anderen Verwaltungsträgers tätig wurde. Vgl OVG NRW NJW 1979, 105 → JK VwVfG § 3 III/1. § 46 VwVfG gilt dann nicht.

[6] Vgl OVG Rh-Pf DVBl 1985, 1076 → JK VwVfG § 3/1. Allg zu den Folgen von Zuständigkeitsmängeln *Jestaedt* in Hoffmann-Riem/Schmidt-Aßmann/Voßkuhle, Grundlagen I, § 14 Rn 51.

[7] Vgl BT-Drucks 7/910, 37; BVerwGE 98, 313, 316; NVwZ 1987, 224; *Louis/Abry* DVBl 1986, 331 ff.

[8] Vgl *Cancik* Verwaltung und Öffentlichkeit in Preußen, 2007, 45 ff („Kollegialprinzip versus Büroprinzip").

[9] Vgl *Pünder* Haushaltsrecht im Umbruch, 2003, 99 f, 149 f, 172 ff.

[10] Vgl *Lisken/Mokros* NVwZ 1991, 609 ff.

[11] Näher m Bsp *Groß* Das Kollegialprinzip in der Verwaltungsorganisation, 1999; *ders* in Hoffmann-Riem/Schmidt-Aßmann/Voßkuhle, Grundlagen I, § 13 Rn 49 ff.

[12] Zum Umlaufverfahren nach § 90 I 2 VwVfG *Anderheiden* VerwArch 97 (2006), 165 ff.

[13] *Groß* Das Kollegialprinzip in der Verwaltungsorganisation, 1999, 281.

ten (Rn 4 ff) rechtswidrig ist.[14] Eine heilende Nachholung scheidet allerdings aus, wenn der Zweck der Mitwirkung nur erreicht werden kann, wenn sie vor der Entscheidung stattfindet.[15]

2. Ausschluss befangener Amtswalter

4 Für Behörden handeln sogenannte Amtswalter. Dienstrecht verpflichtet sie zu einer uneigennützigen und unparteiischen Amtsführung.[16] Verwaltungsverfahrensrecht bestimmt, unter welchen Voraussetzungen *befangener Amtswalter* an Verwaltungsverfahren kraft Gesetzes (§ 20 VwVfG) bzw aufgrund behördlicher Anordnung nicht mitwirken dürfen (§ 21 VwVfG). Vergleichbare Vorschriften finden sich im Prozessrecht, Spezialregelungen vor allem im Kommunalrecht.[17] Die verfahrensgesetzlichen Vorgaben sind Ausdruck eines verfassungsrechtlich fundierten (→ § 13 Rn 11) allgemeinen Rechtsgedankens, der im Gebot *nemo judex in re sua* wurzelt und sich auch in ausländischen Rechtsordnungen findet (→ § 13 Rn 23 ff). Auf Verwaltungstätigkeiten, die nicht Verwaltungsverfahren iSv § 9 VwVfG sind (→ § 13 Rn 6), sind die Vorgaben entsprechend anzuwenden.[18] Dies gilt beispielsweise für die Vergabe öffentlicher Aufträge (→ § 13 Rn 38)[19], die Vorbereitung eines Verwaltungsverfahrens[20] und auch für die Konfliktlösung im Rahmen einer Mediation (→ § 16). Zudem sind die Befangenheitsvorschriften auf Sachverständige analog anzuwenden.[21] Stets geht es um die Verhinderung individueller Parteilichkeit. Dass die Behörde als solche oft eigene Interessen verfolgt, also nicht die Unparteilichkeit und Distanziertheit eines Gerichts aufweist, ist ihr nicht nur nicht vorzuwerfen, sondern als gegebene Prämisse zu akzeptieren.[22]

5 a) *Ausschluss kraft Gesetzes.* Unter den Voraussetzungen des § 20 VwVfG darf ein Amtswalter *kraft Gesetzes* nicht für die Behörde tätig werden. Die Norm enthält eine

[14] S *Kopp/Ramsauer* VwVfG, § 45 Rn 29; *Sachs* in: Stelkens/Bonk/Sachs, VwVfG, § 45 Rn 93.

[15] Deswegen soll die unterbliebene Anhörung des Personalrats vor der fristlosen Entlassung eines Beamten auf Probe nicht nachgeholt werden können. Vgl BVerwGE 66, 291 ff → JK VwVfG § 45/3; OVG NRW NJW 1982, 1663.

[16] S §§ 35 I 1, 36 S 2 BRRG u etwa §§ 52, 59 BBGG f Beamte sowie § 8 BAT f Angestellte u Arbeiter des öffentlichen Dienstes. Vgl *Fehling* Verwaltung zwischen Unparteilichkeit und Gestaltungsaufgabe, 2001, 242 ff; *Kunig* in: Schmidt-Aßmann/Schoch, Bes VwR, Kap 6 Rn 135; *Wagner* DÖV 1988, 277, 279; in historischer Perspektive *Uerpmann* Das öffentliche Interesse, 1999, 46 ff.

[17] Vgl § 54 VwGO iVm §§ 41 ff ZPO; zum Kommunalrecht etwa *Fehling* (Fn 16) 216 ff; *Glage* Mitwirkungsverbote in den Gemeindeordnungen, 1995; *Schmidt-Aßmann/Röhl* in: Schmidt-Aßmann/Schoch, Bes VwR, Kap 1 Rn 61. Rechtsvgl *Fehling* (Fn 16) 198 ff.

[18] Vgl schon BT-Drucks 7/910, 42. Differenzierend *Fehling* (Fn 16) 228 ff. AA für dienstrechtliche Beurteilungen BVerwGE 106, 318, 320; BVerwG Buchholz 232 § 23 BBG Nr 43, 6.

[19] Vgl OLG Brandenburg NVwZ 1999, 1142, 1146 → JK VwVfG § 20/2; BayOLG NZBau 2000, 94, 95; *Kahl* FS von Zezschwitz, 2005, 151, 165. Für Auftragsvergaben oberhalb der vergaberechtlichen Schwellenwerte (§ 100 GWB) wurde mittlerweile in § 16 VgV ein Ausschlusstatbestand ausdrücklich normiert.

[20] Vgl *Hammer* Interessenkollision im Verwaltungsverfahren, 1989, 30 f; *Kazele* Interessenkollisionen und Befangenheit im Verwaltungsrecht, 1990, 358; *Kopp/Ramsauer* VwVfG, § 20 Rn 7; *Scheuing* NVwZ 1982, 487, 490; *Ule/Laubinger* VwVfR, § 12 Rn 5. AA f dienstrechtliche Beurteilungen m der zweifelhaften Begr, dass kein VA vorliegt, BVerwG DVBl 1987, 1159, 1160.

[21] *Bonk/Schmitz* in: Stelkens/Bonk/Sachs, VwVfG, § 21 Rn 7; NdsOVG NVwZ 1996, 606, 609.

[22] *Schoch* Verw 25 (1992) 21, 39. Allg *Fehling* (Fn 16) 124 ff.

unwiderlegbare Vermutung für die persönliche Befangenheit der für die Behörde handelnden Personen.[23] Dem Mitwirkungsverbot unterliegen zunächst diejenigen, die selbst an dem Verfahren iSv § 13 VwVfG (Rn 10 ff) *beteiligt* sind (§ 20 I 1 Nr 1 VwVfG). Sonst wird zum einen auf das *Näheverhältnis* des Amtswalters *zu einem Beteiligten* abgestellt. So sind dessen Angehörige und gesetzliche Vertreter oder Bevollmächtigte sowie (übertriebenerweise[24]) Angehörige eines Beteiligtenvertreters von einer Mitwirkung am Verwaltungsverfahren ausgeschlossen (§ 20 I 1 Nr 2–4 VwVfG). Auch dürfen Amtswalter nicht tätig werden, die in einem (vor allem wirtschaftlichen) Abhängigkeitsverhältnis zu einem Beteiligten stehen, weil sie bei ihm entgeltlich beschäftigt sind oder dem Vorstand, Aufsichtsrat oder einem anderen leitenden oder kontrollierenden Organ eines Beteiligten angehören (§ 20 I 1 Nr 5 VwVfG). Dies gilt auch, wenn die Tätigkeit in amtlicher Eigenschaft wahrgenommen wird, weil schon der bloße Schein von Parteilichkeit auszuschließen ist.[25] Allerdings ist derjenige nicht ausgeschlossen, dessen „Anstellungskörperschaft" beteiligt ist (§ 20 I 1 Nr 5 Hs 2 VwVfG), damit eine Behörde bei sogenannten In-sich-Verfahren – etwa wenn das Landratsamt über die Genehmigung eines Bauvorhabens des Landkreises zu entscheiden hat – nicht insgesamt lahmgelegt ist.[26] Zum anderen kann sich ein Ausschlussgrund aus dem *Näheverhältnis zum Verfahrensgegenstand* ergeben. So ist im Regelfall ausgeschlossen, wer privat in der Sache ein Gutachten erstellt oder sonst tätig geworden ist (§ 20 I 1 Nr 6 VwVfG).[27] Der Begriff des *Angehörigen* wurde in Anlehnung an das prozessuale Zeugnisverweigerungsrecht (vgl § 98 VwGO iVm § 383 ZPO) durch einen Fallkatalog legaldefiniert. Vor allem darf der Ehegatte nicht am Verfahren mitwirken (§ 20 V 1 Nr 2 VwVfG), selbst wenn die Ehe nicht mehr besteht (§ 20 V 2 Nr 1 VwVfG). *Nichteheliche Lebensgemeinschaften* wurden – anders als Verlöbnisse (§ 20 V 1 Nr 1 VwVfG) – nicht erfasst. Eine dem Prozessrecht vergleichbare Regel (§ 98 VwGO iVm § 383 I Nr 1 und 2a ZPO) fehlt.[28] Allerdings ist eine entsprechende Anwendung der Vorgaben über Ehegatten angebracht, wenn eine gleichgeschlechtliche Gemeinschaft nach dem

[23] Vgl die Gesetzesbegr BT-Drucks 7/910, 47.

[24] Hins der Angehörigen des Vertreters hätte § 20 I 2 VwVfG ausgereicht. Ebenso *Hufen* Fehler im Verwaltungsverfahren, 4. Aufl 2002, Rn 75.

[25] AA *Kopp* WiVerw 1983, 226 ff. Wie hier BVerwGE 69, 256, 265 f; BGH NVwZ 2002, 509, 510 f; BayVGH NVwZ 1982, 510 → JK VwVfG § 20/1; *Scheuing* NVwZ 1982, 487, 489. Näher *Fehling* (Fn 16) 210 ff; *Hufen* (Fn 24) Rn 76 ff; *Schneider* in Hoffmann-Riem/Schmidt-Aßmann/Voßkuhle, Grundlagen II, § 28 Rn 33. In der Entwurfsfassung wurde die Organtätigkeit in amtlicher Eigenschaft noch ausdr ausgenommen. Vgl die Gesetzesbegr BT-Drucks 7/910, 46.

[26] § 20 I 1 Nr 5 Hs 2 VwVfG kann nicht analog heranzogen werden, weil eine Regelungslücke fehlt. Vgl BayVGH NVwZ 1982 → JK VwVfG § 20/1; *Pietzcker* VVDStRL 41 (1983) 193, 213 f, *Scheuing* NVwZ 1982, 487 ff. Ausf zum „Amtskonflikt" u zur „institutionellen Befangenheit" *Maier* Befangenheit in Verwaltungsverfahren, 2001, 61 ff, 67 ff. Vgl zur verfassungsrechtlichen Zulässigkeit v In-sich-Verfahren BVerfGE 3, 377, 381 f; *Fehling* (Fn 16) 251 ff.

[27] Dies gilt nicht bei rein wiss Tätigkeit ohne Bezug zum Einzelfall oder wenn die frühere Tätigkeit nicht in einem engen Zusammenhang mit dem nunmehr zu beurteilenden Lebenssachverhalt steht oder mehr als fünf Jahre zurückliegt. Vgl VG Karlsruhe NVwZ 1996, 616, 620; *Rittgen* in: Knack/Henneke, VwVfG, § 20 Rn 22; *Maier* (Fn 26) 57.

[28] Nach § 11 I LPartG gilt ein Lebenspartner als Familienangehöriger des anderen, allerdings nur „soweit nicht etwas anderes bestimmt ist". Das verfahrensrechtliche Regelungen vorsehende LebenspartnerschaftsergänzungsG (Art 2 § 1 G-Entw, BT-Drucks 14/4545) erhielt nicht die Zustimmung des BRats.

LPartG rechtlich verfestigt ist.[29] Denn sonst würden Ehegatten schlechter als „Lebenspartner“ gestellt, was weder mit Art 6 I GG noch mit Art 3 I GG vereinbar ist. Sonst verbietet sich aus Gründen der Rechtssicherheit eine Analogie.[30] Im Übrigen ist der Kreis der Angehörigen weit gefasst. Ausgeschlossen sind in gerader Linie Verwandte und Verschwägerte[31] sowie Geschwister, Kinder und Ehegatten der Geschwister, Geschwister der Ehegatten und Geschwister der Eltern (§ 20 V 1 Nr 3 bis 7 VwVfG). Hinzu kommen Pflegeeltern und Pflegekinder (§ 20 V 1 Nr 8 VwVfG). Zu den ausgeschlossenen Verwandten gehören allerdings nicht die Kinder von Onkeln und Tanten. Einer „Vetternwirtschaft“ wirkt aber § 20 I 2 VwVfG (Rn 6) oder die Befangenheitsvorschrift des § 21 VwVfG (Rn 8) entgegen.

6 Liegen die Kriterien des § 20 I 1 VwVfG nicht vor, kommt ein gesetzlicher Verfahrensausschluss nach § 20 I 2 VwVfG in Betracht. Danach steht einem Beteiligten gleich, wer durch die Tätigkeit oder die Entscheidung einen *unmittelbaren Vorteil oder Nachteil* erlangen kann. Wegen der Gleichstellung mit einem Beteiligten ist nicht nur der Amtswalter ausgeschlossen, der selbst einen unmittelbaren Vor- oder Nachteil erlangen könnte, sondern auch derjenige, der zu ihm iSv § 20 I 1 Nr 1–5 VwVfG in einem besonderen Näheverhältnis steht, also etwa ein Angehöriger oder eine von ihm oder einem seiner Angehörigen vertretene Person. Unerheblich ist, ob die Besser- oder Schlechterstellung rechtlicher, wirtschaftlicher, ideeller oder sonstiger Art ist.[32] Ausreichend ist die *Möglichkeit einer Besser- oder Schlechterstellung*, der „böse Schein“. Als Korrektiv wirkt das Kriterium der *Unmittelbarkeit*. Die Auslegung macht Schwierigkeiten. Ausdrücklich wird nur klargestellt, dass ein Vorteil, der allein aufgrund der Zugehörigkeit zu einer Berufs- oder Bevölkerungsgruppe entsteht, den Verfahrensausschluss nicht begründen kann (§ 20 I 3 VwVfG). Unmittelbarkeit ist jedenfalls gegeben, wenn der Vor- oder Nachteil direkt ohne weitere Zwischenschritte eintritt.[33] Sonst kommt es auf eine Wertung der Umstände des Einzelfalles an, vor allem darauf, ob ein individuelles Sonderinteresse an der Entscheidung besteht, und noch erforderliche Zwischenschritte zur Realisierung der Begünstigung oder Benachteiligung zwangsläufig und üblich sind.[34]

7 Gesetzlich ausgeschlossenen Personen dürfen *„nicht für die Behörde tätig werden“* (§ 20 I 1 VwVfG). Auf den förmlichen Status des Amtswalters kommt es ebenso wenig an wie auf die Art der Handlung. Infolge des Schutzzwecks der Norm sind allerdings

[29] Vgl *Ehlers* Verw 37 (2004), 255, 256. AA *Ritgen* in: Knack/Henneke, VwVfG, § 22 Rn 30; *Maier* (Fn 26) 54 f.

[30] AA *Hufen* (Fn 24) Rn 73.

[31] Das sind gem § 1589 I BGB die Eltern, Großeltern, Kinder, Enkel u Urenkel bzw gem § 1590 I BGB die Schwiegereltern, deren Eltern, die Ehegatten der Kinder u der Enkel.

[32] Die Minderung oder Erhöhung einer Lärmbelästigung f die Bewohner eines Ortsteils, der Grundbesitz in dem Gebiet, das unter Landschaftsschutz gestellt werden soll, oder sogar der mit einer Tätigkeit verbundene Prestigegewinn oder -verlust bei Bekannten u Freunden genügen. Vgl BayVGH DVBl 1985, 805; VGH BW DVBl 1993, 904; VG Minden NVwZ-RR 1990, 273 f. Weniger streng *Neßler* NVwZ 1999, 1081, 1083.

[33] *Ule/Laubinger* VwVfR, § 12 Rn 14, beschränken die Unmittelbarkeit auf diese Fälle.

[34] So ist Unmittelbarkeit etwa gegeben, wenn Mitarbeiter einer ges Krankenversicherung als Kreistagsabgeordnete am Beschluss über eine Gebührensatzung für den Rettungsdienst mitwirken. S NdsOVG NVwZ 1982, 44. Allg *Borchmann* NVwZ 1982, 17, 19, *Hassel* DVBl 1988, 711 ff; *Maier* (Fn 26) 57 ff; *Schink* NWVBl 1989, 109, 111 ff; *Stüer/Hönig* DÖV 2004, 642, 645 ff.

solche Verrichtungen unerheblich, die – wie etwa Boten-, Schreib- oder Kraftfahrdienste – auf die konkrete Sachentscheidung keinen Einfluss haben können. Im Übrigen ist wegen der verfassungsrechtlichen Fundierung der behördlichen Neutralität ein strenger Maßstab zugrunde zu legen. Zum Teil wird verlangt, dass eine konkrete und beabsichtigte Einflussnahme auf die zu treffende Sachentscheidung mit hinreichender Sicherheit festgestellt werden kann, oder dass „Weichenstellungen" auf die ausgeschlossene Amtsperson zurückzuführen sind.[35] Diese Einschränkungen sind abzulehnen, da häufig nicht auszumachen ist, in welchem Maß sich eine Beteiligung auf den Inhalt der Sachentscheidung auswirkt. Abzustellen ist vielmehr auf die *Gefahr irgendeiner inhaltlichen Einflussnahme*.[36] Beispielsweise reicht es aus, dass die ausgeschlossene Person an Besprechungen teilnimmt oder Akten gegenzeichnet.[37] Im Übrigen bestimmt § 20 VwVfG selbst, wann ein Ausschlussgrund nicht vorliegt. Infolge des Grundsatzes, dass im politischen Bereich jeder für sich selbst stimmen kann, gelten die Ausschlussgründe *nicht* bei *Wahlen* zu einer ehrenamtlichen Tätigkeit und bei *Abberufungen* von ehrenamtlichen Tätigen (§ 20 II VwVfG). Schließlich darf das Mitwirkungsverbot nicht dazu führen, dass bei *Gefahr im Verzug* keine unaufschiebbaren Maßnahmen getroffen werden können (§ 20 III VwVfG). Damit wird dem verfassungsrechtlichen Gebot einer effektiven Aufgabenerfüllung Rechnung getragen (→ § 13 Rn 10).

b) *Ausschluss kraft behördlicher Anordnung*. Über die kraft Gesetzes wirkenden **8**
Ausschlussgründe hinaus wird in § 21 VwVfG die Neutralität der Verwaltungstätigkeit bei *Besorgnis der Befangenheit* durch einen Auffangtatbestand gesichert. Voraussetzung ist, dass ein Grund vorliegt, der geeignet ist, Misstrauen gegen eine unparteiische Amtsausübung zu rechtfertigen (§ 21 1 VwVfG). Hierunter fallen die von § 20 VwVfG nicht erfassten persönlichen oder wirtschaftlichen Beziehungen zwischen dem Amtswalter und einem Beteiligten sowie sonstige Gründe, die wie etwa eine abfällige Äußerung auf die Unvoreingenommenheit des Entscheidungsträgers deuten.[38] Allerdings werden betroffene Amtswalter – anders als bei den unwiderlegbaren Ausschlussgründen des § 20 VwVfG – nicht automatisch von der Beteiligung am Verfahren ausgeschlossen. Vielmehr muss der Betroffene den Behördenleiter oder dessen Beauftragten unterrichten und hat sich erst auf deren Anordnung hin einer Mitwirkung zu enthalten (§ 21 I 1 VwVfG). Ggf kann er seinen Verfahrensausschluss bei Gewissenskonflikten mittels einer Leistungsklage erzwingen.[39] Ist der Behördenleiter selbst betroffen, so hat er sich selbst einer Mitwirkung zu enthalten bzw einer entsprechenden Anordnung der Aufsichtsbehörde Folge zu leisten (§ 21 I 2 VwVfG). Ein förmliches *Recht zur Ablehnung eines Amtswalters*, wie es im förmlichen Verwaltungsverfahren vor Ausschüssen (§ 71 III VwVfG) oder im Gerichtsverfahren (vgl § 54 I VwGO iVm §§ 41–49 ZPO) besteht, wurde wegen der damit verbundenen Missbrauchs- und Verzögerungsgefahren *nicht* normiert.[40] Verfassungsrechtlich genügt der nachträgliche gerichtliche Rechts-

[35] S BVerwGE 69, 256, 268; 75, 214, 228; OVG Rh-Pf DVBl 1999, 1597 → JK VwVfG § 21/1; BayVGH NVwZ 1982, 508, 509 f. Vgl auch *Neßler* NVwZ 1999, 1081, 1083. Ähnlich *Stüer/Hönig* DÖV 2004, 642, 644 (nur eigenständige Entscheidungsträger).

[36] Vgl OLG Brandenburg NVwZ 1999, 1142 → JK VwVfG § 20/2; *Scheuing* NVwZ 1982, 487, 490.

[37] Vgl *Scheuing* NVwZ 1982, 487, 490; weniger streng BayVGH NVwZ 1982, 508, 510; *Maier* (Fn 26) 77.

[38] Vgl *Maier* (Fn 26) 64 ff; *Stüer/Hönig* DÖV 2004, 642, 648.

[39] Ein VA liegt nicht vor, da es nicht um das Amt im statusrechtlichen Sinne geht. Vgl BVerwG NVwZ 1994, 785 f.

[40] S die Gesetzesbegr BT-Drucks 7/910, 47. Vgl auch BVerwG DÖD 1974, 279 ff.

schutz.[41] Das bedeutet allerdings nicht, dass nur der Amtswalter die verwaltungsinterne Überprüfung einleiten kann. Vielmehr muss, wenn ein Verfahrensbeteiligter eine entsprechende Behauptung aufstellt (§ 21 I 1 VwVfG), die Befangenheit von Amts wegen geprüft werden. Dabei sollte die Gefahr der nachträglichen gerichtlichen Aufhebung der Verwaltungsentscheidung bedacht werden. Aus der Mitwirkungslast der Beteiligten wird gefolgert, dass es einem Betroffenen verwehrt sein soll, wegen eines ihm bekannten und nicht unverzüglich geltend gemachten Befangenheitsgrund die fehlerhafte Entscheidung der Behörde später anzugreifen.[42] Dem kann, wenn eine Regelung (wie etwa für förmliche Verfahren vor Ausschüssen, § 71 III 3 VwVfG) fehlt, wegen der grundrechtlichen Fundierung der behördlichen Neutralität und des auch in Verwaltungsverfahrensrechtsverhältnissen geltenden Gesetzesvorbehalts (→ § 13 Rn 12) grundsätzlich nicht gefolgt werden. Es wäre auch widersprüchlich, Beteiligten das förmliche Ablehnungsrecht zu verwehren, sie aber gleichzeitig – unter Androhung des Verlustes ihres subjektiven Rechtes – zu einer unverzüglichen Rüge zu verpflichten. Im Widerspruchsverfahren ist eine Rüge schon deshalb nicht notwendig, weil ein Widerspruch nicht begründet werden muss und die Fristbestimmungen (§§ 70 I, 74 II VwGO) nicht durch eine Rügefrist unterlaufen werden dürfen. Allerdings kann eine Verwirkung eintreten.[43] *De lege ferenda* sollte ein Rügerecht mit Präklusion freilich gesetzgeberisch festgelegt werden.

9 c) *Folgen bei Verstößen gegen die Befangenheitsvorschriften.* Ein Verstoß gegen die Befangenheitsvorschriften führt zu einem *Verfahrensfehler*. Eine isolierte Geltendmachung ist nicht möglich, damit der Entscheidungsablauf nicht verzögert wird (§ 44a VwGO, Rn 68). Allerdings besteht so das Risiko, dass die Entscheidung im Nachhinein aufgehoben wird.[44] Ob der Rechtsverstoß einen Verwaltungsakt *nichtig* macht, hängt von den Umständen des Einzelfalles ab. Ausdrücklich bestimmt § 44 III Nr 2 VwVfG, dass die Mitwirkung einer nach § 20 I Nr 2 bis 6 VwVfG (also wegen eines besonderen Näheverhältnisses zu einem Beteiligten oder zum Verfahrensgegenstand) ausgeschlossenen Person nicht zur Nichtigkeit des Verwaltungsaktes führt. Sonst gilt die Grundregel des § 44 I VwVfG. Regelmäßig wird die Mitwirkung einer Amtsperson, die als Verfahrensbeteiligte (§ 20 I Nr 1 VwVfG) ausgeschlossen ist, zur Nichtigkeit führen.[45] Im Übrigen braucht, obwohl Verstöße gegen Mitwirkungsverbote in der Heilungsregelung des § 45 VwVfG (Rn 59) nicht genannt werden, das Verfahren in diesen Fällen nicht abgebrochen und neu begonnen werden. Eine *erneute Entscheidung* eines unbefangenen Amtswalters kann den Fehler ausmerzen.[46] Schließlich führt die unerlaubte Mit-

[41] Vgl BVerwGE 29, 70, 71; *Fehling* (Fn 16) 227. Rechtspolitische Kritik bei *Hufen* (Fn 24) Rn 97.

[42] Vgl OVG Rh-Pf DVBl 1999, 1597 → JK VwVfG § 21/1; *Badura* in der 12. Aufl, § 35 Rn 6; *Bonk/Schmitz* in: Stelkens/Bonk/Sachs, VwVfG, § 21 Rn 6; *Kopp* BayVBl 1994, 109; *Kopp/Ramsauer* VwVfG, § 21 Rn 2; *Maier* (Fn 26) 79; *Neumann* NVwZ 2000, 1244, 1245 f; *Ule/Laubinger* VwVfR, § 12 Rn 29.

[43] Vgl VGH BW DVBl 1988, 1122 f; OVG NRW NWVBl 1993, 293, 295; einschränkend OVG NRW NVwZ 1988, 458. Vgl auch OVG Rh-Pf NVwZ 1986, 398; *Abramenko* DVBl 1999, 1599 ff. Allg zur Verwirkung *Ehlers* in: Schoch/Schmidt-Aßmann/Pietzner, VwGO, Vorb § 40 Rn 103 ff.

[44] Vgl *Hufen* (Fn 24) Rn 98; *Kösling* NVwZ 1994, 455 f.

[45] Weniger streng *Engelhardt* in: Obermayer, VwVfG, § 20 Rn 142; *Kazele* (Fn 20) 367 ff; *Stüer/Hönig* DÖV 2004, 642, 648; *Ule/Laubinger* VwVfR, § 12 Rn 23.

[46] S *Bonk/Schmitz* in: Stelkens/Bonk/Sachs, VwVfG, § 20 Rn 69; *Ritgen* in: Knack/Henneke, VwVfG, § 20 Rn 34; *Hufen* (Fn 24) Rn 96; *Kopp/Ramsauer* VwVfG § 20 Rn 67; *Wais* NJW 1982, 1263, 1264, jew mwN aus der Rspr.

wirkung, wenn sie den Verwaltungsakt nicht nichtig macht, dann *nicht* zu dessen *Aufhebung*, wenn sie sich auf die Sachentscheidung offensichtlich nicht ausgewirkt hat (§ 46 VwVfG, Rn 63 ff). Hier gelten strenge Maßstäbe, weil der Gesetzgeber in § 20 VwVfG ja gerade unterstellt, dass die Entscheidung in der Sache beeinflusst wird.[47]

3. Beteiligte iSd § 13 VwVfG

Wer außer der entscheidungsbefugten oder einer mitwirkungsberechtigten oder um Mitwirkung ersuchten Behörde (Rn 43 ff) am Verwaltungsverfahren beteiligt ist, regelt § 13 VwVfG. Den Vorgaben für den Verwaltungsprozess (§ 63 VwGO) entsprechend, wird der Kreis derjenigen bestimmt, denen die gesetzlich angeordneten *Verfahrensrechte* – vor allem die Anhörung und Akteneinsicht (Rn 27 ff, 32 ff) – zustehen. Zu unterscheiden ist zwischen Beteiligten kraft Gesetzes (§ 13 I Nr 1 bis 3 VwVfG) und den von der Behörde Hinzugezogenen (§ 13 I Nr 4, II VwVfG). Verfassungsrechtlich wird damit der Rechtsschutz durch Verfahren konkretisiert (→ § 13 Rn 12 f), aber auch der demokratischen Legitimierung der Verwaltungsentscheidung gedient (→ § 13 Rn 14 f). Dass die Verfahrensbeteiligung zudem für die verfassungsrechtlich gebotene Effektivität und Effizienz des Verwaltungshandelns (→ § 13 Rn 11, 15 f) von Bedeutung ist, kommt in gesetzlich angeordneten *Mitwirkungsobliegenheiten* (Rn 26) zum Ausdruck. Vielfach werden die Beziehungen zwischen den Verfahrenssubjekten als ein *Verfahrensrechtsverhältnis* gedeutet, das ähnlich wie beim vorvertraglichen Schuldverhältnis im Zivilrecht (§ 311 II BGB) zwischen der verfahrensleitenden Behörde und den Beteiligten wechselseitige Rechte, Pflichten und Obliegenheiten begründet (allgemein → § 18).[48] Der gesetzesfreien Ableitung von *Pflichten* Privater steht allerdings der auch innerhalb eines Verfahrens geltende *Gesetzesvorbehalt* entgegen.[49] Das Verfahrensverhältnis ist kein „besonderes Gewaltverhältnis". Auch besteht keine allgemeine behördliche Betreuungs-, Hinweis- und Beratungspflicht (Rn 40 ff). Nur zur Verdeutlichung gesetzlich umschriebener Spielräume kann von einem „Gebot der Rücksichtnahme"[50] gesprochen werden. **10**

a) *Beteiligte kraft Gesetzes.* Wird das Verwaltungsverfahren auf Antrag eröffnet, so ist der *Antragsteller* ein Verfahrensbeteiligter (§ 13 I Nr 1 VwVfG). Antragsteller ist, wer von der Behörde den Erlass eines Verwaltungsaktes oder den Abschluss eines Verwaltungsvertrages (vgl § 9 VwVfG) in eigener Sache verlangt. Allerdings muss der Verfahrensgegenstand dem Dispositionsprinzip unterliegen (Rn 17). Bloße Anzeigen verschaffen die Beteiligtenstellung nicht.[51] Die Beteiligtenstellung beginnt mit dem Eingang **11**

[47] Vgl *Hufen* (Fn 24) Rn 96.

[48] Vgl etwa *Bull/Mehde* Allg VwR, Rn 287 ff; *Ritgen* in: Knack/Henneke, VwVfG, vor § 9 Rn 10; *Ipsen* Allg VwR, Rn 935; *Schmitt Glaeser* in: Lerche/Schmitt Glaeser/Schmidt-Aßmann, Verfahren als staats- und verwaltungsrechtliche Kategorie, 1984, 37, 84 ff. *P. Stelkens/Schmitz* in: Stelkens/Bonk/Sachs, VwVfG, § 9 Rn 5 ff; 30 ff. Krit *Maurer* Allg VwR, § 8 Rn 25.

[49] Vgl. *Schmidt-Aßmann* in: Isensee/Kirchhof V (3. Auflage 2007) § 109 Rn 60 (deutlicher in der 2. Auflage 1996, § 70 Rn. 31). Vgl auch *dens* Ordnungsidee, Kap 6 Rn 156; *Masing* in Hoffmann-Riem/Schmidt-Aßmann/Voßkuhle, Grundlagen I, § 7 Rn 120 ff; *Schneider* in Hoffmann-Riem/Schmidt-Aßmann/Voßkuhle, Grundlagen II, § 28 Rn 17.

[50] Vgl *Hill* Das fehlerhafte Verfahren und seine Folgen im Verwaltungsrecht, 1986, 280 f.

[51] So stellt die Anregung v Mietern, ein wohnungsaufsichtsrechtliches Verfahren gegen den Vermieter wegen der Nichtbeseitigung v Mängeln einzuleiten, keinen Antrag iSd § 13 I Nr 1 VwVfG dar. Vgl VG Berlin DVBl 1984, 1186, 1187. Allg *Schnell* Antrag im Verwaltungsverfahren, 1986, 44 ff.

des Antrages bei der Behörde. Zwar scheint § 22 1 VwVfG dafür zu sprechen, dass Verfahrensrechte erst mit der Entscheidung der Behörde zur Einleitung des Verwaltungsverfahrens (Rn 17) begründet werden.[52] Dies hieße jedoch, dass bei einer Ablehnung der Verfahrenseröffnung Beteiligtenrechte gar nicht entstehen würden, was wegen deren verfassungsrechtlicher Fundierung nicht akzeptabel ist. Ausdrücklich wird bestimmt, dass auch der *Antragsgegner* ein Verfahrensbeteiligter ist (§ 13 I Nr 1 VwVfG). Dies ist missverständlich, da das Verwaltungsverfahren kein kontradiktorisches Verfahren ist, in dem zwei Parteien miteinander streiten. Nicht gemeint ist die Behörde, an die der Antrag gerichtet wird, da sie nicht im Rechtssinne am Verfahren beteiligt, sondern Trägerin des Verfahrens ist (Rn 2 ff). Antragsgegner ist vielmehr derjenige, gegen den sich der Antrag richtet, weil er nach dem Willen des Antragstellers *Adressat der begehrten Regelung* sein soll.[53] Das ist etwa bei Anträgen auf polizeiliches Einschreiten gegen Dritte der Fall. Wird das Verfahren von Amts wegen betrieben, sind diejenigen beteiligt, an die die Behörde einen *Verwaltungsakt richten* bzw mit denen sie einen öffentlich-rechtlichen *Vertrag schließen will* (§ 13 I Nr 2 und 3 VwVfG). Es kommt darauf an, wer nach dem Willen der Behörde Adressat des Verwaltungsaktes gemäß 41 I 1 *Hs 1* VwVfG sein soll. Personen, die von dem Verwaltungsakt iSv § 41 I 1 *Hs 2* VwVfG bloß betroffen sein werden, sind keine Beteiligten kraft Gesetzes, da sonst die Hinzuziehung nach § 13 I Nr 4, II VwVfG keinerlei Anwendungsbereich hätte. So können bei wohnungsaufsichtsrechtlichen Maßnahmen, die sich unmittelbar nur gegen den Hauseigentümer richten, Mieter nur durch Hinzuziehung am Verfahren beteiligt werden.[54] Da schließlich auch derjenige ein Verfahrensbeteiligter ist, an den die Behörde bereits in der Vergangenheit einen *Verwaltungsakt gerichtet* bzw mit dem sie einen *Verwaltungsvertrag geschlossen hat* (§ 13 I Nr 2 und 3 VwVfG), bleiben die Beteiligungsrechte auch im Widerspruchsverfahren (vgl § 79 VwVfG, → § 15 Rn 41) und beim Wiederaufgreifen des Verfahrens (→ § 26) sowie bei einer Kündigung, Anfechtung etc eines öffentlich-rechtlichen Vertrages bestehen.

12 b) *Hinzugezogene.* Beteiligt *kraft* einer *Behördenentscheidung* ist, wer von der verfahrensleitenden Behörde zum Verfahren hinzugezogen wird (§ 13 I Nr 4 VwVfG). Damit wird auch denjenigen Rechtsschutz bereits im Verwaltungsverfahren und nicht erst nachholend vor Gericht gewährt, die nicht kraft Gesetzes am Verwaltungsverfahren beteiligt sind. Voraussetzung für die *einfache Hinzuziehung* ist, dass der Betroffene durch den Ausgang des Verfahrens in eigenen *rechtlichen Interessen berührt* werden kann (§ 13 II 1 VwVfG). Notwendig ist ein subjektives Recht, das auch dem Privatrecht entstammen kann.[55] Wirtschaftliche, ideelle oder soziale Interessen genügen nicht. Ausreichende Voraussetzung der Hinzuziehung ist die konkrete Möglichkeit, dass subjektive

[52] So *Alpert* Beteiligung am Verwaltungsverfahren, 1998; 83 ff. Nach *Bonk/Schmitz* in: Stelkens/Bonk/Sachs, VwVfG § 13 Rn 16, ist auf den Zeitpunkt abzustellen, zu dem nach den Umständen des Einzelfalles eine Bearbeitung des Antrages durch die Behörde erwartet werden kann. Dadurch wird die Bestimmung des genauen Zeitpunkts aber unnötig erschwert. Wie hier *Ritgen* in: Knack/Henneke, VwVfG, § 13 Rn 8; *Kopp/Ramsauer* VwVfG, § 13 Rn 18.

[53] Ähnlich *Ritgen* in: Knack/Henneke, VwVfG, § 13 Rn 8; *Gusy* BayVBl 1985, 484, 487; *Hufen* (Fn 24) Rn 165; *Schneider* in Hoffmann-Riem/Schmidt-Aßmann/Voßkuhle, Grundlagen II, § 28 Rn 23; *Ule/Laubinger* VwVfR, § 15 Rn 6. Anders *Horn* DÖV 1987, 20, 22.

[54] VG Berlin DVBl 1984, 1186, 1187. Krit *Tietzsch* DVBl 1985, 410. Wie hier *Bonk/Schmitz* in: Stelkens/Bonk/Sachs, VwVfG, § 13 Rn 21.

[55] VG Berlin DVBl 1984, 1186, 1188; *Ule/Laubinger* VwVfR § 15 Rn 15; *Weides* VwVf, 121.

Rechte „berührt werden können".[56] Dies ist etwa der Fall, wenn die Feststellung eines Anspruchs zu Schadensersatz- oder Rückgriffsansprüchen gegen einen Dritten führen kann. Die einfache Hinzuziehung steht im behördlichen Ermessen. Dabei ist vor allem der Gleichheitssatz zu beachten.[57] Die Hinzuziehung ist auf Antrag geboten, wenn Grundrechte tangiert sind.[58] Hat der Ausgang des Verfahrens *rechtsgestaltende Wirkung* für einen Dritten, *muss* dieser auf Antrag hinzugezogen werden (§ 13 II 2 Hs 1 VwVfG). Die Hinzuziehung ist *notwendig*. Die Behörde hat den Betroffenen von der Verfahrenseinleitung zu benachrichtigen, um ihm die Stellung des Antrages zu ermöglichen (§ 13 II 2 Hs 2 VwVfG). Eine Verwaltungsentscheidung hat rechtsgestaltende Wirkung, wenn sie unmittelbar Rechte eines Dritten begründet, aufhebt oder ändert.[59] Dies ist typischerweise bei Verwaltungsakten mit Drittwirkung der Fall. So sind Dritte in Verfahren zur Erteilung einer Baugenehmigung zu beteiligen, wenn durch Ausnahmen oder Befreiungen in eine geschützte Rechtsposition eingegriffen wird.[60] Entgegen dem Wortlaut des § 13 II 2 Hs 1 VwVfG („*Hat* der Ausgang des Verfahren rechtsgestaltende Wirkung für einen Dritten ...") ist es – der Judikatur zur notwendigen Beiladung nach § 65 II VwGO folgend – wie bei der einfachen Hinzuziehung ausreichend, dass die Verwaltungsentscheidung möglicherweise rechtsgestaltende Wirkung für einen Dritten hat,[61] da zum Zeitpunkt der Entscheidung über die Hinzuziehung eine abschließende Klärung dieser Frage nicht immer möglich ist. Da die Hinzuziehung einen Verwaltungsakt darstellt, ist gegen ihre Ablehnung die *Verpflichtungsklage* statthaft. Das Verbot der isolierten Anfechtung von Verfahrenshandlungen (§ 44a S 1 VwGO, Rn 68) gilt nicht[62], da die Hinzuziehung von einer stattgebenden Entscheidung der Behörde abhängt, der Kläger im Falle ihrer Verweigerung ein Nichtbeteiligter und somit unter die Ausnahmeregelung des § 44a S 2 Hs 2 VwGO fällt. Nicht zu folgen ist der Annahme, es gebe keinen durchsetzbaren *Anspruch auf Hinzuziehung*.[63] Im Fall der notwendigen Hinzuziehung weisen das Antragsrecht des Betroffenen und die Informationspflicht der Behörde darauf hin, dass ein subjektives Recht bestehen soll. Für die

[56] VG Berlin DVBl 1984, 1186, 1188; *Alpert* (Fn 52) 110 ff; *Ritgen* in: Knack/Henneke, VwVfG, § 13 Rn 15. Zu Verfahren vor der Bundesanstalt f Finanzdienstleistungsaufsicht OLG Frankfurt DB 2003, 1371, 1372; 1373, 1374; 2537, 2538 f; zu Altlastenverfahren BVerwG NVwZ 2000, 1179, 1180.

[57] Vgl *Hufen* (Fn 24) Rn 59 ff.

[58] Vgl *Hufen* (Fn 24) Rn 172 ff.

[59] VG Berlin DVBl 1984, 1186, 1187; *Alpert* (Fn 52) 116 ff; *Bartels* Anhörung Beteiligter im Verwaltungsverfahren, 1985, 60 f; *Kopp/Ramsauer* VwVfG, § 13 Rn 40; *Weides* VwVf, 121. Weitergehend *Kopp* FS Boorberg-Verlag, 1977, 159, 166 (Unmittelbare Betroffenheit v Rechten u oder rechtlich geschützten Interessen).

[60] Vorschriften der Landesbauordnungen zum Nachbarschutz haben Vorrang. Ob ein Rückgriff auf § 13 VwVfG erlaubt ist, kann nur durch Auslegung der jew Regelung beantwortet werden. So ist etwa § 74 BauO NRW nur f Nachbarn, deren Grundstücke unmittelbar angrenzen, abschließend. S *Schenke* in: Achterberg/Püttner/Würtenberger, Bes VwR I, § 9 Rn 108; *Stelkens* BauR 1986, 390, 395 ff; aA *Krebs* in: Grimm/Papier, Nordrhein-Westfälisches Staats- und Verwaltungsrecht, 1986, 405; offen gelassen OVG NRW NVwZ 1988, 74.

[61] S OVG NRW NVwZ 1988, 74; *Bonk/Schmitz* in: Stelkens/Bonk/Sachs, VwVfG, § 13 Rn 42; *Hauth* LKV 1995, 387, 388; *Ule/Laubinger* VwVfR, § 15 Rn 17. Zu § 65 II VwGO BVerwGE 18, 124, 128; *Benkel* Die Verfahrensbeteiligung Dritter, 1996, 91 ff.

[62] VG Berlin DVBl 1984, 1186, 1187; *Riedl* in: Obermayer, VwVfG, § 13 Rn 62; *Schneider* in: Hoffmann-Riem/Schmidt-Aßmann/Voßkuhle, Grundlagen II, § 28 Rn 75.

[63] So aber *Ule/Laubinger* VwVfR, § 15 Rn 21.

einfache Hinzuziehung kann nichts anderes gelten, soweit Grundrechte eine Verfahrensbeteiligung erzwingen, etwa weil gerichtlicher Rechtsschutz zu spät käme. Fehlt es an einem Antrag, kann die Behörde den Betroffenen von Amts wegen hinzuziehen. Beantragt ein Bauherr die Hinzuziehung eines Nachbarn, ist das Ermessen der Behörde im Regelfall auf Null reduziert, da mit der Bekanntgabe der Baugenehmigung an die Verfahrensbeteiligten (§§ 41, 43 VwVfG) die Widerspruchsfrist des § 70 VwGO zu laufen beginnt.[64] Im Übrigen ist die Einbeziehung Dritter ein Gebot der Verwaltungsklugheit, da die Entscheidung sonst kaum auf Akzeptanz treffen wird (→ § 13 Rn 14).[65] Ggf kann die unterlassene Hinzuziehung eines Beteiligten durch *Nachholung* geheilt werden. Eine ausdrückliche Regelung fehlt (anders § 41 I Nr 6 SGB X). Doch kann § 45 I Nr 3 VwVfG (Rn 59) analog angewendet werden.[66] Denn wenn schon das einzelne Verfahrensrecht der Anhörung nachgeholt werden kann, dann muss dies auch für die umfassende Beteiligung gelten.

13 c) *Sonderregelungen.* Rechtssubjekte, die nicht unter § 13 VwVfG fallen, haben grundsätzlich keinen Beteiligtenrechte. Allerdings sehen *Sonderregelungen* bestimmte Verfahrensrechte auch für nicht im Rechtssinne Beteiligte vor. Vor allem dürfen die von einer beabsichtigten Planfeststellung in eigenen Belangen Berührten Einwendungen erheben (§ 73 IV 1 VwVfG, → § 15 Rn 8). Anerkannte Naturschutzvereine haben ggf Mitwirkungsrechte (→ § 15 Rn 9). Weitgehende Regelungen zur Beteiligung der Öffentlichkeit finden sich in europarechtlich determinierten Verfahrensgestaltungen des Umweltrechts (→ § 15 Rn 39). Die Handwerkskammer ist anzuhören, bevor eine Ausnahmebewilligung zur Eintragung in die Handwerksrolle erteilt wird.[67] Jeweils wird – was § 13 III VwVfG klarstellt – eine umfassende Beteiligtenstellung mit allen Rechten, Pflichten und Obliegenheiten nicht begründet.[68] Die *Einbeziehung weiterer Personen* ohne ausdrückliche Regelung verbietet § 13 VwVfG nicht. Dies folgt schon aus dem verfassungsrechtlich fundierten (→ § 13 Rn 15 f) § 10 S 2 VwVfG, wonach das Verwaltungsverfahren *zweckmäßig* durchzuführen ist. Eine gesetzgeberische Klarstellung wäre wünschenswert. Eine Einbeziehung in das Verwaltungsverfahren über den Kreis der Beteiligten hinaus erscheint bei besonders konfliktträchtigen Verwaltungsentscheidungen sinnvoll.[69] Ggf können die Interessen durch eine Mediation ausgeglichen werden (→ § 16).

4. Beteiligungs- und Handlungsfähigkeit, Einbeziehung von Bevollmächtigten und Beiständen

14 Die allgemeine Fähigkeit, an einem Verwaltungsverfahren als Träger von Rechten und Pflichten teilzunehmen, haben – Regelungen für den Verwaltungsprozess entsprechend (§ 61 Nr 1 und 2 VwGO) – natürliche und juristische Personen sowie Vereinigungen,

[64] Vgl *Hauth* LKV 1995, 387, 387 ff; *Horn* DÖV 1987, 20 ff.

[65] Vgl *Pünder* NuR 2005, 71 ff. Krit gegenüber der Gesetzeslage *Schoch* Verw 25 (1992) 21, 34 f.

[66] Vgl *Kopp/Ramsauer* VwVfG, § 13 Rn 51a; ähnlich auch OVG Bremen NVwZ-RR 1994, 189; aA *Alpert* (Fn 52) 154 f; *Ule/Laubinger* VwVfR, § 15 Rn 22. Im Verwaltungsprozess wird eine unterbliebene Beiladung geheilt, wenn der Nichtbeigeladene die Prozessführung nachträglich genehmigt. Vgl *Kopp/Schenke* VwGO, § 65 Rn 44.

[67] § 8 III 1 HwO. Weitere Beispiele bei *Bonk/Schmitz* in: Stelkens/Bonk/Sachs, VwVfG, § 13 Rn 9.

[68] Vgl zur Anhörung d Personalrats BVerwGE 66, 291 ff → JK VwVfG § 45/3. Allg *Kopp* (Fn 59), 159, 163 f.

[69] Vgl *Pünder* NuR 2005, 71 ff.

soweit ihnen ein Recht zustehen kann (§ 11 Nr 1 und 2 VwVfG). Anknüpfungspunkt für die *Beteiligungsfähigkeit* ist mithin die *Rechtsfähigkeit* (allgemein → § 18 Rn 5 ff). Im Falle des § 11 Nr 2 VwVfG müssen – wie bei § 61 Nr 2 VwGO – der Vereinigung die im konkreten Verfahren in Frage stehenden Rechte oder Pflichten zustehen können.[70] Sonst würde die nach materiellem Recht verliehene bloße Teilrechtsfähigkeit verfahrensrechtlich zur Vollrechtsfähigkeit erstarken. Nach verbreiteter Auffassung sollen – einer entsprechenden Ansicht im Prozessrecht folgend – trotz fehlender Vollrechtsfähigkeit zu den juristischen Personen nach § 11 Nr 1 VwVfG auch offene Handelsgesellschaften und Kommanditgesellschaften, Gewerkschaften und sonstigen Tarifparteien sowie die politischen Parteien gehören.[71] Da § 11 VwVfG zwischen vollrechtsfähigen und teilrechtsfähigen Vereinigungen unterscheidet, überzeugt dies nicht. Die genannten Organisationen fallen vielmehr unter § 11 Nr 2 VwVfG. Schließlich sind im Verwaltungsverfahren *Behörden* stets – also anders als im Verwaltungsprozess nicht nur, wenn das Landesrecht dies vorsieht (§ 61 Nr 3 VwGO) – beteiligungsfähig (§ 11 Nr 3 VwVfG). Da die verfahrensleitende Behörde keine Beteiligte iSv § 13 VwVfG ist, bezieht sich die Regelung auf andere Behörden, die die Voraussetzungen des § 13 I VwVfG erfüllen. Zu denken ist zB an eine Bundesbehörde, die zur Errichtung eines Regierungsgebäudes beim Land Berlin eine Baugenehmigung beantragt. § 11 Nr 3 VwVfG regelt eine Verfahrensstandschaft. Die Verfahrenshandlungen der Behörde gelten mit Wirkung für und gegen ihren Rechtsträger. Die Antwort auf die Frage, wer im Verwaltungsverfahren *handlungsfähig* ist, also Verfahrenshandlungen wie die Antragsstellung selbst vornehmen oder Adressat der für die Wirksamkeit eines Verwaltungsaktes erforderlichen Bekanntgabe (§ 43 VwVfG) sein kann, wird in § 12 VwVfG gegeben. Die Regelung entspricht weitgehend den Vorgaben zur Prozessfähigkeit nach § 62 VwGO. *Natürliche Personen* sind handlungsfähig, soweit sie nach bürgerlichem Recht geschäftsfähig sind (§ 12 I Nr 1 VwVfG). Beschränkt Geschäftsfähige haben Handlungsfähigkeit, soweit sie für den Gegenstand des Verfahrens durch Vorschriften des bürgerlichen Rechts als geschäftsfähig[72] oder durch Vorschriften des öffentlichen Rechts als handlungsfähig anerkannt sind (§ 12 I Nr 2 VwVfG). Letzteres gilt etwa für minderjährige Ausländer, Wehrpflichtige und Kriegsdienstverweigerer oder für Schüler über 14 Jahren hinsichtlich des Religionsunterrichts.[73] Im Übrigen sind Minderjährige handlungsfähig, wenn sie ein Verfahren zur Wahrung eines Grundrechts betreiben und wegen ihrer Einsichtsfähigkeit die sogenannte Grundrechtsmündigkeit besitzen.[74] So

[70] AA die Gesetzesbegr BT-Drucks 7/910, 42. Wie hier NdsOVG BauR 1978, 470 → JK VwVfG § 11/1; *Schnell* (Fn 51) 49 f. Zu § 61 Nr 2 VwGO *Bier* in: Schoch/Schmidt-Aßmann/Pietzner, VwGO, § 61 Rn 6.

[71] S etwa *Bonk/Schmitz* in: Stelkens/Bonk/Sachs, VwVfG, § 11 Rn 14. Wie hier *Weides* VwVf, 116.

[72] Vgl §§ 112, 123 BGB, aber auch gem §§ 107, 108 BGB bei einer Einwilligung der ges Vertreter für das konkrete Verfahren. S *Schnell* (Fn 51) 52 ff; aA *Meyer* Stellung des Minderjährigen im öffentlichen Recht, 1988, 77 ff.

[73] S § 80 AufenthaltsG (anders vor der Neuregelung BVerwG NJW 1982, 539 → JK VwVfG § 12/2; BayObLG DÖV 1979, 62 → JK VwVfG § 12/1, krit *Kunz* NJW 1982, 2707 ff); § 44 I 5 WPflG, § 2 IV KDVG (vgl BVerwGE 7, 66 ff; 84, 50 ff); § 5 RelKEG. Ausf *Meyer* (Fn 72) 130 ff; 137 ff; *Schnell* (Fn 51) 54 ff. S auch *Robbers* DVBl 1987, 709, 711 ff.

[74] AA etwa *Bonk/Schmitz* in: Stelkens/Bonk/Sachs, VwVfG, § 12 Rn 13; *Robbers* DVBl 1987, 709, 713 ff; *Schnell* (Fn 51) 57 f; *Ule/Laubinger* VwVfR, § 16 Rn 13. Wie hier VG Köln NVwZ 1985, 217 ff; *Kopp/Ramsauer* VwVfG, § 12 Rn 9. Krit zur verfassungsrechtlichen Grundrechtsmündigkeit *Fehnemann* Die Innehabung und Wahrung von Grundrechten im Kindesalter, 1983, 53; *Hohn* NJW 1986, 3107 ff.

können wegen Art 5 I GG Schülerzeitungsredakteure ohne Zustimmung ihrer gesetzlichen Vertreter handeln. *Juristische Personen* und (teilrechtsfähige) *Vereinigungen* müssen sich durch gesetzliche Vertreter[75] oder besondere Beauftragte vertreten lassen (§ 12 I Nr 3 VwVfG). Entsprechend handeln für Behörden die Leiter, deren Vertreter oder Beauftragte (§ 12 I Nr 4 VwVfG).

15 Den Verfahrensbeteiligten ist es nicht verwehrt, sich durch einen *Bevollmächtigten* (insbesondere einen Rechtsanwalt[76]) vertreten zu lassen (§ 14 I 1 VwVfG) oder zu Verhandlungen und Besprechungen mit einem *Beistand* zu erscheinen (§ 14 IV 1 VwVfG). Diese Rechte dienen vor allem dem verfassungsrechtlich fundierten Rechtsschutz durch Verfahren (→ § 13 Rn 13), da Verfahrensbeteiligte erfahrensgemäß häufig gar nicht in der Lage sind, ihre Belange alleine wirksam geltend zu machen.[77] Die Vollmacht ist grundsätzlich unbeschränkt und ermächtigt zu allen Verfahrenshandlungen, sofern sich aus ihrem Inhalt nichts anderes ergibt (§ 14 I 2 VwVfG). Sie führt nicht dazu, dass der Vertretene in seinem Recht beschränkt wird, selbst Verfahrenshandlungen vorzunehmen.[78] Beschränkungen der Vollmacht sind nur wirksam, wenn sie der Behörde bekannt gemacht worden sind. Gleiches gilt für einen Widerruf der Vollmacht (§ 14 I 4 VwVfG). Im Übrigen sind Grundsätze des bürgerlichen Rechts entsprechend anzuwenden. Dies gilt etwa für die Vertretung ohne Vertretungsmacht (Möglichkeit einer Genehmigung, ggf Schadensersatzpflicht des Vertreters, §§ 177 I, 179 BGB) oder die Anscheins- und Duldungsvollmacht[79]. Den Schutz der Behörde verlangt das verfassungsrechtliche Effizienzgebot (→ § 13 Rn 15 f).[80] Ist ein Bevollmächtigter bestellt, soll sich die Behörde an ihn wenden (§ 14 III 1 VwVfG).[81] Andenfalls ist er zu benachrichtigen (§ 14 III 3 VwVfG). Einen Anspruch darauf hat er freilich nicht, da die Regelung den Interessen des Verfahrensbeteiligten dient.[82] Während der Bevollmächtigte den Beteiligten vertritt, also an dessen Stelle handelt, erscheint der Beistand neben und mit dem Beteiligten, um ihn beim mündlichen Vortrag zu unterstützen. Einen Sachvortrag

[75] So ist der handlungsfähige Vertreter einer GmbH der Geschäftsführer gem § 35 I GmbHG; f eine Aktiengesellschaft handelt der Vorstand nach § 78 I AktG.

[76] § 3 III BRAO begr kein Recht auf Hinzuziehung eines Anwalts, sondern setzt einen Anspruch aufgrund des jew maßgebenden Rechts voraus. Andernfalls wäre die Vorschrift verfassungswidrig, da sie auch in Verfahren vor Landesbehörden Anwendung fände, wozu dem Bund die Gesetzgebungsbefugnis fehlt (→ § 13 Rn 9). Vgl BVerwG NJW 1974, 715, 716; BVerwGE 62, 169 ff → JK VwVfG § 2 III 2/2.

[77] UU ist f einen Beteiligten, dessen GRe durch den Verfahrensausgang bedroht sind, v Amts ein Vertreter zu bestellen. Vgl § 16 VwVfG; ferner § 81 AO, § 15 SGB X. Ausf *Laubinger/Repkewitz* VerwArch 85 (1994) 86 ff.

[78] BayVGH BayVBl 1976, 220, 221; *Chen* Das Institut der Vertretung im Verwaltungsverfahren, 1999, 103.

[79] Vgl *BSGE* 52, 245, 247; OVG NRW NVwZ-RR 2004, 72; *Bonk/Schmitz* in: Stelkens/Bonk/Sachs, VwVfG, § 14 Rn 16; *Chen* (Fn 78) 83 ff; *Kopp/Ramsauer* VwVfG, § 14 Rn 22. Zum zivilrechtlichen Streit um die Anerkennung der Anscheinsvollmacht u die Rechtsnatur der Duldungsvollmacht etwa *Faust* BGB AT, 2005, § 26 Rn 31 ff, 39 f.

[80] Krit *Kropshofer* Verwaltungsverfahren und Vertretung, 1982, 148 ff.

[81] Die Behörde kann sich auch unmittelbar an den Adressaten wenden u ihm gegenüber einen VA wirksam bekannt geben. Vgl die Gesetzesbegr BT-Drucks 7/910, 44; BVerwGE 105, 302; *Kopp/Ramsauer* VwVfG, § 14 Rn 29 f. AA *Drescher* NVwZ 1988, 680 ff.

[82] Ein RA kann sich nicht auf das Rechtsstaatsprinzip, eine analoge Anwendung des Art 104 IV GG, Art 12 GG oder auf Art 3 II u III BRAO berufen. Vgl BVerwG NJW 1985, 339 → JK VwVfG § 14/1.

des Beistandes muss der Beteiligte gegen sich gelten lassen, wenn er nicht unverzüglich widerspricht (§ 14 I 2 VwVfG). Bevollmächtigte und Beistände müssen *keine Rechtsanwälte* sein. Allerdings sind sie zurückzuweisen, wenn sie gegen § 3 des Rechtsdienstleistungsgesetzes verstoßen (§ 14 V VwVfG).[83] Nicht zurückgewiesen werden können Personen, die nach § 67 II 1, 2 Nr 3 bis 7 VwGO zur Vertretung im verwaltungsgerichtlichen Verfahren befugt sind (§ 14 VI 2 VwVfG). Die Rechte zur Bevollmächtigung und Zuziehung eines Beistandes gelten *nicht* für *Leistungs-, Eignungs- und ähnlichen Prüfungen* (§ 2 III Nr 2 VwVfG). Viele beziehen diese Einschränkung auf alle Verfahren, in denen es – wie etwa bei einem Vorstellungsgespräch zur Einstellung als Beamter – für die Urteilsbildung der Behörde auf höchstpersönliche Äußerungen des Betroffenen und dem gerade hieraus gewonnenen Eindruck von seiner Persönlichkeit ankommt.[84] Dies ist mit der rechtstaatlich geforderten Waffengleichheit im Verfahren (→ § 13 Rn 13) nicht vereinbar. Ein gerichtlich nicht voll überprüfbarer Beurteilungs- und Entscheidungsspielraum muss durch effektiven Rechtsschutz während des Verfahrens ausgeglichen werden, was eine – ggf auch anwaltliche – Beratung einschließt. Zwar kann bei einer Eignungsprüfung ein Bevollmächtigter selbstverständlich nicht für den Betroffenen antworten. Ein beratender Beistand kann aber etwa notwendig sein, um vor der Beantwortung unzulässiger Fragen zu warnen.

II. Einleitung des Verwaltungsverfahrens

1. Verfahren von Amts wegen (Offizialprinzip)

Die Grundsätze, nach denen die Behörde über die *Einleitung eines Verwaltungsfahrens* 16
zu entscheiden hat, regelt § 22 VwVfG. Während ein Verwaltungsgericht nur auf Verlangen tätig werden darf (§ 88 VwGO), der Verwaltungsprozess von der sogenannten Dispositionsmaxime beherrscht wird, gilt im Verwaltungsverfahren grundsätzlich das *Offizialprinzip*. Dass die Behörde im Regelfall aus eigenem Antrieb – also von Amts wegen (*ex officio*) – entscheidet, ob und wann sie ein Verwaltungsverfahren durchführt (§ 22 S 1 VwVfG), erklärt sich daraus, dass das Verfahren in erster Linie Belangen der Allgemeinheit und nicht Interessen des Einzelnen dienen soll.[85] Deswegen sind, soweit das Offizialprinzip gilt, „Anträge“ der Bürger als bloße Anregungen ohne Anspruch auf Verfahrenseröffnung zu verstehen. Andernfalls wäre die von Verfassungs wegen gefor-

[83] Vgl BVerwG Buchholz 428 § 30a VermG Nr 25, 44.

[84] BVerwGE 62, 169, 172 → JK VwVfG § 2 III 2/2; *Bonk/Schmitz* in: Stelkens/Bonk/Sachs, VwVfG, § 14 Rn 4; *Ritgen* in: Knack/Henneke, VwVfG, § 13 Rn 5; *Sonnek* Die gewillkürte Vertretung des Beteiligten im Verwaltungsverfahren nach § 14 VwVfG, 1983, 60 ff; *Wagner* DÖV 1988, 277, 278. Im Erg ebenso vor Erlass des VwVfG OVG Berlin ZBR 1974, 335; OVG Bremen DÖV 1976, 62, 63. AA etwa *Maurer* Allg VwR, § 19 Rn 24; *Schoch* NJW 1982, 545, 547. Vgl *Ratz* ZRP 1975, 135; *Plagemann* NJW 1977, 564 f. Bes relevant war die Streitfrage in den 1970er Jahren, als aus Angst vor Linksextremisten im öffentlichen Dienst in Vorstellungsgesprächen die Verfassungstreue der Bewerber oft angesprochen wurde. Vgl den Beschluss des Bundeskanzlers u der Regierungschefs der Länder über „Grundsätze über die Mitgliedschaft v *Beamten in extremen* Organisationen“, sog Radikalenerlass, abgedr bei *Stern* Zur Verfassungstreue der Beamten, 1974, 1. Zur Amtshilfe durch den Verfassungsschutz *Meyer-Teschendorf* ZBR 1979, 261 ff.

[85] Vgl *Ritgen* in: Knack/Henneke, VwVfG, § 13 Rn 5.

derte effiziente Aufgabenerfüllung (→ § 13 Rn 15) gefährdet.[86] Verfahren von Amts wegen finden sich vor allem, wenn die Verwaltung eingreifend tätig wird. Im Regelfall steht es im Ermessen der Verwaltung, ob und wann und mit welchem Gegenstand sie ein Verwaltungsverfahren einleitet (§ 22 S 1 VwVfG). Das sogenannte *Opportunitätsprinzip* trägt der Tatsache Rechnung, dass die Notwendigkeit von Verwaltungsverfahren meist von Umständen des Einzelfalls abhängt. Es gilt, wenn die materielle Verwaltungsentscheidung, die das Verfahren abschließt, im Ermessen der Behörde steht. Geht es um eine gebundene Entscheidung, *muss* die Verwaltung bei Vorliegen der Tatbestandsvoraussetzungen tätig werden (§ 22 S 2 Nr 1 Var 1 VwVfG). Das *Legalitätsprinzip* gilt auch, wenn eine „Ermessensreduzierung auf Null" vorliegt. Das Verfahren muss bereits dann eröffnet werden, wenn Anhaltspunkte dafür bestehen, dass der Tatbestand der einschlägigen Rechtsnorm erfüllt ist. Es sind keine überspitzten Anforderungen zu stellen, weil es gerade Ziel des Verwaltungsverfahrens ist, den entscheidungserheblichen Sachverhalt zu ermitteln (§ 24 I VwVfG, Rn 24).

2. Antragsverfahren (Dispositionsprinzip)

17 Wenn die Verwaltung begünstigend tätig wird, gilt vielfach das *Dispositionsprinzip*. Der Bürger kann selbst entscheiden, ob und wann ein Verwaltungsverfahren eingeleitet wird. Fehlt es an einem Antrag, darf die Verwaltung nicht tätig werden (vgl § 22 S 2 Nr 2 VwVfG). Eine Verpflichtung, einen Antrag zu stellen, besteht ohne gesetzliche Regelung nicht.[87] Ein ohne die vorgeschriebene Mitwirkung des Betroffenen erlassener Verwaltungsakt ist fehlerhaft. Allerdings ist der Fehler heilbar (§ 45 I Nr 1 VwVfG, Rn 58). Da das Antragsrecht nicht immer ausdrücklich geregelt ist, muss durch *Auslegung* der spezialgesetzlichen Rechtsgrundlage ermittelt werden, ob ein Antragsverfahren vorliegt. Das Offizialprinzip gilt, wenn das Verwaltungsverfahren öffentlichen Interessen dienen soll. Dagegen greift das Dispositionsprinzip, wenn Anlass für das Verfahren grundrechtlich geschützte Interessen des Einzelnen sind.[88] So bedarf es eines Antrags, wenn die Tätigkeit einer Erlaubnis bedarf oder die Verwaltung Leistungen gewährt. Es kommt auch zu einer Kombination beider Möglichkeiten. Dann muss die Behörde auf Antrag, kann aber auch von Amts wegen tätig werden. Die gilt etwa für die Eintragung in die Handwerksrolle (§ 10 I HandwO). Auch im Rahmen des Dispositionsprinzips sind zwei Konstellationen zu unterscheiden. Maßgeblich sind die sondergesetzlichen Regelungen. Im Regelfall *muss* die Behörde, wenn ein Antrag vorliegt, tätig werden (§ 22 S 2 Nr 1 Alt 2 VwVfG). Dies gilt vor allem bei Verfahren, in denen dem Einzelnen ein grundrechtlich gewährleisteter Vorteil gewährt wird. Ausnahmsweise liegt nach einem Antrag die Entscheidung der Behörde, ob sie tätig werden will, in deren *Ermessen*. Dann hat der Bürger nur einen Anspruch auf ermessensfehlerfreie Entscheidung über die Einleitung des beantragten Verwaltungsverfahrens. Ein solcher Anspruch kann auch bei Ermessensvorschriften bestehen, die zwar ausdrücklich kein Antragsrecht vorsehen, aber neben öffentlichen auch private Interessen schützen, wie es

[86] Allerdings entlastet die Mobilisierung von Privaten als Informationsquelle und Kontrollinstrument die öffentlichen Kontrollressourcen. Vgl *Schneider* in Hoffmann-Riem/Schmidt-Aßmann/Voßkuhle, Grundlagen II, § 28 Rn 16 sowie (→ § 13 Rn 15).

[87] Vgl NdsOVG NVwZ-RR 1993, 7 f. Zum Baugebot nach § 175 ff BauGB BVerwGE 84, 335, 348; *Fislake* NVwZ 1990, 1046 ff.

[88] Vgl *Schnell* (Fn 51) 21 ff. AA *Berger* DVBl 2009, 401, 404.

etwa bei den polizei- und ordnungsrechtlichen Generalklauseln der Fall ist. Im Falle einer „Ermessensreduzierung auf Null" besteht ein Anspruch auf Einleitung des Verwaltungsverfahrens. Zudem kann eine Verfahrenseröffnung auf Grundlage einer Zusicherung iSv § 38 VwVfG verlangt werden.

a) *Antragsinhalt, Form und Fristen.* Der Antrag ist eine *Verfahrenshandlung*. Der Bürger fordert die Einleitung eines Verwaltungsverfahrens, dh die Aufnahme der „nach außen wirkenden Tätigkeit", die „auf die Prüfung der Voraussetzungen, die Vorbereitung und den Erlass eines Verwaltungsaktes oder auf den Abschluss eines öffentlich-rechtlichen Vertrages gerichtet" ist (§ 9 VwVfG). Bei sogenannten *mitwirkungsbedürftigen Verwaltungsakten*[89] liegt im Antrag zudem die für die Sachentscheidung erforderliche *materiell-rechtliche Zustimmungshandlung*. Es liegt eine einheitliche Willenserklärung mit Doppelnatur vor.[90] Denn ein Antrag auf Einleitung des Verwaltungsverfahrens ist mangels Rechtsschutzbedürfnis unzulässig, soweit nicht zugleich die für den Erlass des Verwaltungsaktes notwendige materielle Willenserklärung abgegeben worden ist.[91] Ob die Gestaltung oder Feststellung eines materiellen Rechts durch die Behörde vom Wollen des Betroffenen abhängt, entscheidet das Fachrecht. Für einen mitwirkungsbedürftigen Verwaltungsakt spricht, dass es der Verwaltung ohne gesetzliche Ermächtigung verwehrt ist, Berechtigungen und Begünstigungen demjenigen aufzudrängen, der sie nicht wünscht. Dies gilt insbesondere, wenn die Entscheidung mit wirtschaftlichen oder rechtlichen Nachteilen (Auflagen, Kosten, Gebühren usw) verbunden ist.[92] Da es für öffentlich-rechtliche Willenserklärungen an Sonderregeln des Verwaltungsrechts fehlt, ist die *Auslegungsregel* der §§ 133, 157 BGB entsprechend anzuwenden.[93] Ggf ist in Analogie zu § 140 BGB eine Umdeutung möglich.[94] Da der Antrag die Funktion hat, den Verfahrensgegenstand eindeutig festzulegen, muss er so klar gefasst sein, dass ersichtlich wird, welcher Sachverhalt durch die Verwaltung mit welchem Inhalt geregelt werden soll. Dabei sind keine überspitzten Anforderungen zu stellen, da es zu den Pflichten der Verwaltung gehört, darauf hinzuwirken, dass sachdienliche Anträge gestellt, unklare Anträge erläutert und ungenügende Angaben ergänzt werden (§ 25 I 1 VwVfG, Rn 40 f). Eine *Begründung* des Antrages ist nur in Ausnahmefällen gesetzlich vorgesehen[95] und muss sonst nur erfolgen, soweit dies zum Erkennen des angestrebten Ziels erforderlich ist. Allerdings ist zu beachten, dass den Antragsteller die *Beweislast* für die anspruchsbegründenden Umstände trifft (Rn 26). Eine *bedingte* Antragstellung wird vielfach für unzulässig gehalten. Verwiesen wird auf den Grundsatz des Prozessrechts, dass Prozesshandlungen bedingungsfeindlich sind. 18

[89] O. *Mayer* VwR I, 98; II, 221 ff sprach v VA auf Unterwerfung, *W. Jellinek* VwR, 249 ff v zweiseitigen VA.

[90] AA (zwei separate Willenserklärungen) *Schmitz* in: Stelkens/Bonk/Sachs, VwVfG, § 22 Rn 19; *Wolff/Bachof/Stober* VwR II, § 60 I 1 Rn 4. Wie hier OVG Rh-Pf NVwZ 1986, 576, 578; *Erlenhardt* in: Obermayer, VwVfG, § 22 Rn 86 ff; *Kopp/Ramsauer* VwVfG, § 22 Rn 23.

[91] Anders verhält es sich bei Verfahren zum Abschluss eines öffentlich-rechtlichen Vertrages, da – insbes bei komplexen Vertragsmaterien – nicht stets verlangt werden kann, dass m dem Antrag auf Eröffnung des Verfahrens bereits das konkrete Vertragsangebot abgegeben wird.

[92] Vgl *Hufen* (Fn 24) Rn 115; *Schnell* (Fn 51) 19 f. Anders *Berger* DVBl 2009, 401, 404.

[93] S BVerwGE 16, 198, 203 ff; HessVGH NVwZ 85, 498, 499; ThürOVG NVwZ-RR 2003, 232 f. Anders → § 28 Rn 88 f.

[94] Dazu OVG NRW NVwZ 1990, 676 f.

[95] Vgl etwa § 2 II 3 KDVG; § 15 I Nr 4 GenTG.

Dasselbe müsse für Verfahrenshandlungen gelten.[96] Indes kommt es auf die Umstände des Einzelfalles an. Liegt eine aufschiebende Bedingung vor und sind die Voraussetzungen für den Bedingungseintritt eindeutig, ist die Rechtssicherheit nicht beeinträchtigt. Anträge können auch hilfsweise und alternativ gestellt werden, wenn die notwendige Verfahrensklarheit nicht leidet.[97]

19 Der Antrag ist im Regelfall – dem Grundsatz der Nichtförmlichkeit (§ 10 VwVfG) entsprechend – nicht an eine bestimmte *Form* gebunden. Er kann somit *schriftlich, mündlich* oder auch *konkludent* gestellt werden.[98] Eine elektronische Antragstellung setzt voraus, dass die Behörde – worauf kein Anspruch besteht (vgl aber § 71e VwVfG → § 15 Rn 45)[99] – hierfür einen Zugang errichtet hat (§ 3a I VwVfG). Auch wenn Schriftlichkeit vorgeschrieben ist[100], muss eine mündliche Erklärung des Bürgers von der Behörde durch Anfertigen einer Niederschrift entgegengenommen werden.[101] Manchmal wird die Nutzung von Formblättern oder die Vorlage von Unterlagen verlangt.[102] Für die Schriftform gilt § 126 BGB entsprechend. Wenn nichts anderes bestimmt ist, genügt eine elektronische Antragstellung dem Schriftformerfordernis (§ 3a II 1 VwVfG).[103] Voraussetzung ist freilich – § 126a BGB entsprechend – eine qualifizierte elektronische Signatur iSv § 2 Nr 3 Signaturgesetz (§ 3a II 2 VwVfG → § 1 Rn 79 ff).[104] Wenn die Behörde das elektronisch übermittelte Dokument nicht bearbeiten kann, muss sie dies dem Absender unter Angabe ihrer technischen Rahmenbedingungen unverzüglich mitteilen (§ 3a III 1 VwVfG). Anträge, die einer vorgeschriebenen Form nicht genügen, muss die Behörde schon wegen Art 17 GG entgegennehmen (vgl § 24 III VwVfG) und die Berichtigung des Formfehlers anregen (§ 25 I 1 VwVfG). Erst dann kann der Antrag als unzulässig zurückgewiesen werden. Unerheblich ist, ob Formerfordernisse lediglich eine Ordnungsfunktion haben.[105] Denn der Betroffene ist nicht schutzwürdig, wenn er trotz eines Hinweises Formvorgaben nicht beachtet. Dasselbe gilt, wenn die Behörde zur sachgemäßen Bearbeitung eine schriftliche oder formularmäßige Antragstellung ohne spezielle normative Grundlage fordert, es sei denn, dass der Antrag dadurch unzumutbar erschwert wird.[106] Werden gesetzlich vorgesehene *Fristen* versäumt, führt dies im Regelfall zum Ausschluss des Anspruchs. Allerdings hat

[96] Vgl BVerwG NVwZ 1989, 476 f; *Kopp/Ramsauer* VwVfG, § 22 Rn 37; *Schnell* (Fn 51) 60 ff; *Schmitz* in: Stelkens/Bonk/Sachs, VwVfG, § 22 Rn 76.

[97] Vgl BVerwG NJW 1984, 2481.

[98] Vgl HessVGH NVwZ 1985, 498 ff.

[99] Vgl *Schmitz* in: Stelkens/Bonk/Sachs, VwVfG, § 3a Rn 13; *Britz* in Hoffmann-Riem/Schmidt-Aßmann/Voßkuhle, Grundlagen II, § 26 Rn 48.

[100] Vgl etwa § 64 VwVfG, § 2 I 1 KDVNG, § 69 BauO NRW, § 12 I GenTG.

[101] Vgl OVG NRW DÖV 1955, 315 m dem Hinw, dass eine mündliche Erklärung im Falle eines offensichtlichen Rechtsmissbrauch nicht entgegengenommen werden müsse.

[102] Vgl etwa § 5 der 9. BImSchVO; § 4 der 9. BImSchVO, § 3 AtVfV, § 6 UVPG, § 15 GenTG.

[103] Zu spezialgesetzlichen Ausschlüssen d elektronischen Kommunikation *Britz* in: Hoffmann-Riem/Schmidt-Aßmann/Voßkuhle, Grundlagen II, § 26 Rn 53.

[104] Zugrunde liegen d RL 1999/93/EG v. 13.12.1999 über gemeinschaftliche Rahmenbedingungen f elektronische Signaturen (ABl EG 2000 Nr L 13) u d RL 2000/31/EG v. 8.6.2000 über d elektronischen Rechtsverkehrs (ABl EG Nr L 178). Vgl etwa *Dietlein/Heinemann* NWVBl 2005, 53 ff; *Schmitz* DÖV 2005, 885 ff. Allg *Britz* in: Hoffmann-Riem/Schmidt-Aßmann/Voßkuhle, Grundlagen II, § 26; *Eifert* Electronic Government, 2006. Eine Sonderregelung wurde in Hamburg getroffen (§ 3a IV HambVwVfG).

[105] AA *Badura* in der 12. Aufl, § 36 Rn 7.

[106] AA *Schnell* (Fn 51) 67; *Kallerhoff* in: Stelkens/Bonk/Sachs, VwVfG, § 24 Rn 91.

die Behörde den Betroffenen auf die Möglichkeiten einer Wiedereinsetzung in den vorigen Stand (§ 32 VwVfG) hinzuweisen.[107] Liegen die Voraussetzungen hierfür nicht vor, ist der Betroffene nach der gesetzlichen Wertung nicht schutzwürdig. Allerdings gilt dies nur für „gesetzliche Fristen" (§ 32 I 1 VwVfG). Behördliche Fristen können – ggf sogar rückwirkend nach Fristablauf – verlängert werden (§ 31 VII VwVfG), wozu die Verwaltung in entsprechender Anwendung von § 31 I VwVfG verpflichtet ist, wenn der Betroffene die Frist ohne Verschulden nicht einhalten konnte oder kann.[108]

b) *Widerruf, Rücknahme, Änderung und Anfechtung von Anträgen, Antragsverwirkung und -verzicht.* Ein Antrag kann *bis* zum *Zugang* bei der Behörde frei widerrufen und geändert werden. Dies ergibt sich aus der Dispositionsmaxime (Rn 17) und der entsprechenden Anwendung von § 130 I 2 und III BGB, wonach empfangsbedürftige Willenserklärungen erst mit dem Zugang wirksam werden.[109] *Nach Zugang* ist eine Rücknahme und Änderung des wirksamen Antrags solange zulässig, als der Verwaltungsakt noch nicht erlassen bzw der Verwaltungsvertrag noch nicht abschlossen ist. *Nach* der *Bekanntgabe des Verwaltungsaktes* (vgl § 43 VwVfG) scheiden Rücknahme und Änderungen aus,[110] denn das Verwaltungsverfahren ist damit abgeschlossen (Rn 46). Es gilt der Rechtsgedanke des § 183 BGB zur Widerruflichkeit einer Einwilligung. Der Betroffene ist nicht schutzlos, denn es kommt ein behördlicher Widerruf des Verwaltungsaktes in Betracht (§ 49 VwVfG). Die Antragsrücknahme kann in einen *Antrag auf Widerruf* umgedeutet werden. Das behördliche Ermessen wird im Regelfall „auf Null reduziert" sein. Anderes gilt, wenn Rechte Dritter betroffen sind. Bezog sich der Antrag auf den Abschluss eines Verwaltungsvertrages, ergibt sich die fehlende Rücknehmbarkeit aus § 62 S 2 VwVfG iVm § 145 BGB. Fehlt es an der Rücknehmbarkeit, kann der Antrag in entsprechender Anwendung der §§ 119 ff BGB *angefochten* werden[111], soweit schutzwürdige Interessen Dritter oder der Allgemeinheit nicht entgegenstehen[112] und das Verwaltungsrecht keine adäquaten Lösungen bietet.[113] Für den öffentlich-recht- 20

[107] Der Verlust des Antragsrechtes soll nach Ablauf der Wiedereinsetzungsfrist aus § 32 III VwVfG auch bei einem behördlichen Beratungsfehler eintreten (zw). Vgl BVerwG NJW 1997, 2966, 2968; *Neumann* NVwZ 2000, 1244, 1245.

[108] Vgl *Ritgen* in: Knack/Henneke, VwVfG, § 31 Rn 40 mwN.

[109] Gegen die Anwendung v § 130 I BGB *Schnell* (Fn 51) 104.

[110] AA (Rücknahme bis zur Unanfechtbarkeit der Verwaltungsentscheidung, ggf also sogar während des gerichtlichen Verfahrens) BVerwG NJW 1988, 275; NVwZ 1989, 860, 861 f; BayVGH DVBl 1982, 1011, 1012; offen gelassen bei BVerwG NVwZ 1989, 476. Wie hier *Sachs* VerwArch 76 (1985), 398, 422 f; *Schmitz* in: Stelkens/Bonk/Sachs, VwVfG, § 22 Rn 70; *Stelkens* NuR 1985, 213, 216. Vgl auch NdsOVG NVwZ 1985, 431; VGH BW NVwZ-RR 1991, 270. Zum Streitstand *Kluth* NVwZ 1990, 608, 612 f; *de Wall* Die Anwendbarkeit privatrechtlicher Vorschriften im Verwaltungsrecht, 1999, 162 ff.

[111] Vgl BVerwGE 37, 19, 20; OVG Rh-Pf NVwZ 1984, 316, 317; OVG NRW DVBl 1952, 605, 606 f; *Gusy* BayVBl 1985, 484, 490; *F Kirchhof* DVBl 1985, 651, 659; *Schnell* (Fn 51) 145 ff. AA *Kurz* BayVBl 1980, 587 ff; *Schmitz* in: Stelkens/Bonk/Sachs, VwVfG, § 22 Rn 78 f; F einen fachgebietsübergreifenden Vergleich des Irrtums u seiner Folgen *Rönnau/Faust/Fehling* JuS 2004, 667 ff.

[112] Vgl NdsOVG NVwZ 1999, 1031 f; VGH BW NJW 1985, 1723 (keine Irrtumsanfechtung einer Baulasterklärung wegen des öffentlichen Sicherungszwecks). Wegen der Interessen des Bauherrn ist die Anfechtungsmöglichkeit der Zustimmung des Nachbarn zum Antrag auf Baugenehmigung (etwa Art 71 BayBauO; § 74 III BauO NRW) umstr. Vgl *Hartmann* DÖV 1990, 8, 13 f.

[113] Hat die Vw einen Irrtum des Bürgers durch falsche Auskünfte oder mangelnde Beratung verschuldet, führt der Verstoß gegen § 25 I 1 VwVfG zumindest zur formellen Rechtswidrigkeit

lichen Vertrag gilt der Generalverweises in § 62 S 2 VwVfG.[114] Mit Zugang der Anfechtungserklärung wird der Antrag *ex tunc* unwirksam. Dann leidet der Verwaltungsakt an einem – freilich heilbaren (§ 45 I Nr 1 VwVfG, Rn 58) – Fehler. Wird die Anfechtung nach Ablauf der Widerspruchsfrist erklärt, so ändert sie im Regelfall nichts an der Bestandskraft des Verwaltungsaktes. Anders verhält es sich nur, wenn die Anfechtung zur Nichtigkeit des Verwaltungsaktes nach § 44 I VwVfG führt.[115] Dies ist stets bei einer Anfechtung wegen Täuschung oder Drohung (§ 123 BGB) der Fall. Dann gilt die lange Anfechtungsfrist des § 124 BGB entsprechend. Die Anfechtung muss nicht analog § 121 BGB unverzüglich verfolgen[116], da es bei nichtigen Verwaltungsakten kein schützenswertes öffentliches Interesse am Bestand des Verwaltungsaktes gibt.

21 Da der Grundsatz von Treu und Glauben (§ 242 BGB) im Öffentlichen Recht entsprechend gilt, ist auch eine *Verwirkung des Antragsrechtes* möglich.[117] Eine unzulässige Rechtsausübung liegt vor, wenn der Antragsteller trotz Kenntnis des Sachverhalts über einen längeren Zeitraum keinen Antrag gestellt hat, so dass die Verwaltung und Dritte nicht mehr mit einer Antragstellung rechnen mussten. Ein *Antragsverzicht* ist möglich, soweit der Erklärende die Befugnis hat, über das Antragsrecht zu verfügen, die Verzichtserklärung sich auf eine konkrete Angelegenheit bezieht und unmissverständlich ist. Der Verzicht ist bedingungsfeindlich, unanfechtbar und unwiderruflich. Anderes gilt nur, wenn ein Wiederaufnahmegrund nach § 51 VwVfG vorliegt oder der Verzicht aufgrund einer Täuschung oder Drohung erklärt worden ist.[118] Während ein gegenüber der Behörde erklärter Verzicht von Amts wegen zu berücksichtigen ist, begründet ein gegenüber einem Dritten abgegebener Verzicht nur eine Einrede, die vom Erklärungsempfänger in das Verfahren eingeführt werden muss.

22 c) *Antragsbearbeitung.* Anträge sind *zügig* zu bearbeiten. Hierauf haben Antragsteller einen verfassungsrechtlich fundierten Anspruch (→ § 13 Rn 15). Wie sich aus § 24 III VwVfG ergibt, differenziert das Verwaltungsverfahrensrecht ebenso wie das Verwaltungsprozessrecht zwischen unzulässigen und unbegründeten Anträgen. Zu den *Sachentscheidungsvoraussetzungen* gehören die Zuständigkeit der Behörde (Rn 2), die Beteiligungs- und Handlungsfähigkeit (§ 12 VwVfG, Rn 14), die Antragsbefugnis[119] so-

des VAs u diese wiederum zur Rücknehmbarkeit (§ 48 I 1 VwVfG), wobei das Rücknahmeermessen auf der die Behörde betr Folgenbeseitigungslast typischerweise auf Null reduziert wird. Vgl *de Wall* (Fn 110) 169.

114 Beruht der Vertragsschluss auf einem beiderseitigen Irrtum, so lässt sich – an § 313 II BGB anknüpfend – § 60 I 1 VwVfG, der unmittelbar nur den nachträglichen Wegfall der Geschäftsgrundlage erfasst, analog anwenden. AA *Schliesky* in: Knack/Henneke, VwVfG § 60 Rn 8.

115 Verbreitet wird Nichtigkeit beim Verzicht auf die Staatsbürgerschaft gem § 26 StAG u beim Antrag auf Entlassung aus dem Beamtenverhältnis nach § 30 I BBG angenommen. Vgl *Schmidt-de Caluwe* Jura 1993, 402, 405; *Battis* BBG, 3. Aufl 2004, § 30 Rn 3.

116 So aber BVerwGE 37, 19, 20; OVG NRW DVBl 1952, 605, 606 f; VGH BW NVwZ-RR 1991, 490 f; *Riedl* in: Obermayer, VwVfG, vor § 9 Rn 142; *Schnell* (Fn 51) 156 f; *Stichlberger* BayVBl 1980, 393, 394; *Weides* VwVf, 74.

117 Vgl BVerwG DÖV 1970, 498.

118 Vgl *Kopp/Ramsauer* VwVfG, § 22 Rn 52.

119 Antragsbefugnis ist in Analogie zu § 42 II VwGO gegeben, wenn zumindest die Möglichkeit besteht, dass der Antragsteller einen Anspruch auf Erlass des begehrten VAs oder zumindest auf eine ermessenfehlerfreie Entscheidung über den Erlass hat. Vgl *Gusy* BayVBl 1985, 484, 484 ff; *Ule/Laubinger* VwVfR, § 19 Rn 20. Geringere Anforderungen stellt *Weides* VwVf, 68. Gegen die Analogie *Schnell* (Fn 51) 81 ff.

wie ein berechtigtes Interesse an der Entscheidung über den Antrag[120]. Unzulässige Anträge lösen zwar ein Verwaltungsverfahren aus, können jedoch ohne Sachprüfung zurückgewiesen werden. Bei Unzuständigkeit ist wegen Art 17 GG aber grundsätzlich eine Weiterleitung geboten.[121] Nicht selten stellt sich das Problem, dass in derselben Angelegenheit Anträge von *verschiedenen Antragstellern* gestellt werden, die sich gegenseitig ausschließen, etwa weil bei der Zulassung zu einem Jahrmarkt (vgl § 70 GewO) die Zahl der Bewerber die Kapazität übersteigt. Soweit die Vergabekriterien nicht gesetzlich geregelt sind (was das Verfassungsrecht verlangen kann[122]), werden die Anträge regelmäßig in der Reihenfolge des Eingangs bearbeitet werden (sogenanntes *Prioritätsprinzip*).[123] Der Staat darf sich aber nicht ohne weiteres unter Hinweis auf Effizienzgesichtspunkte seiner Verantwortung für eine grundrechtssichernde Mängelverwaltung entziehen und zur Vermeidung von Kritik auf das „Windhundverfahren" ausweichen. Der Grundsatz „Wer zuerst kommt, mahlt zuerst" ist daher nur zulässig, wenn inhaltliche Auswahlkriterien nicht zur Verfügung stehen. In materieller Hinsicht kommen die Attraktivität des Angebots sowie die Bekanntheit und Bewährung als Auswahlkriterien in Betracht. Allerdings müssen Neubewerber in absehbarer Zeit eine Zulassungschance erhalten.[124] Daher sind das Prioritätsprinzip und die materielle Kriterien nach Möglichkeit durch zeitliche Befristungen bei der Vergabe, „rollierende" Verteilungsmechanismen etc abzufedern.[125] Es kommt auch ein Losverfahren unter den geeigneten Bewerbern in Betracht.[126] Besondere Regeln gelten für die Vergabe öffentlicher Aufträge (→ § 15 Rn 38) und die Versteigerung von Lizenzen und Frequenzen nach dem TKG[127].

III. Fortgang des Verwaltungsverfahrens

Der Fortgang des begonnenen Verfahrens wird durch die Behörde bestimmt (sogenannter *Amtsbetrieb*). Dabei kann sie das Geschehen grundsätzlich so gestalten, wie sie es für richtig hält (1.). An bestimmte Formen ist sie nicht gebunden, soweit keine be- **23**

120 Ein berechtigtes Sachentscheidungsinteresse fehlt, dem prozessualen allg Rechtsschutzinteresse entspr, wenn der Antragsteller sein Ziel einfacher erreichen kann, der VA dem Antragsteller nichts nützt oder der Antragsteller nicht schutzwürdige Ziele verfolgt. Dies gilt etwa bei einer Verwirkung (Rn 21) u in den Fällen, in denen eine Erlaubnis beantragt wird, die gar nicht erforderlich ist, oder wenn ein abgelehnter Antrag wiederholt gestellt wird, ohne dass eine Änderung der Sach- oder Rechtslage eingetreten ist, welche eine erneute Prüfung erfordern könnte. Vgl BVerwGE 20, 124 ff; BayVGH BayVBl 1989, 312, 313; *Schnell* (Fn 51) 88 ff. S auch *Dinger/Koch* (Hrsg), Querulanz in Gericht und Verwaltung, 1991.

121 Vgl *Schnell* (Fn 51) 47 ff.

122 Vgl zu Taxikonzessionen BVerwGE 64, 238 ff; zur Auftragsvergabe *Pünder* VerwArch 95 (2004) 38, 53 ff.

123 Vgl BVerwGE 16, 1990 (= DÖV 1964, 54 m Anm *Czermak)*; NJW 1990, 1376; OVG Hamburg DVBl 1963, 153, 154; *Schmitz* in: Stelkens/Bonk/Sachs, VwVfG, § 22 Rn 60.

124 Vgl zur Zulassung zu einem Jahrmarkt OVG Nds NJW 2003, 531 → JK GewO § 70/1; *Schalt* GewArch 2002, 137 ff.

125 Näher *Voßkuhle* Verw 32 (1999) 21, 40 f. Zur Auftragsvergabe *Pünder* VerwArch 95 (2004) 38 ff.

126 Vgl für die Zulassung zu einem Jahrmarkt OVG Nds NVwZ-RR 2006, 177 → JK GewO § 70/2. Anders etwa *Heitsch* GewArch 2004, 225, 228 f.

127 Dazu *Curtius* Entwicklungstendenzen im Genehmigungsrecht, 2005, 234 f; *Grzeszick* DVBl 1997, 878 ff; *Leist* Versteigerung als Regulierungsinstrument, 2004; *Voßkuhle* in: Hoffmann-Riem/Schmidt-Aßmann (Hrsg), VwVf u VwVfG, 2002, 277, 302 ff.

sonderen Rechtsvorschriften bestehen (§ 10 S 1 VwVfG). Der Grundsatz der *Nichtförmlichkeit* verwirklicht das verfassungsrechtliche Erfordernis einer effizienten Aufgabenerfüllung (→ § 13 Rn 15 f), ermöglicht aber keine beliebige Verfahrensgestaltung. Ausdrücklich normiert ist die Pflicht, das Verfahren einfach, zweckmäßig und zügig durchzuführen (§ 10 S 2 VwVfG). Vor allem aber sind die verfassungsrechtlich verwurzelten (→ § 13 Rn 11 ff) *Anhörungs-* (2.) und *Akteneinsichtsrechte* (3.) der Beteiligten sowie behördliche *Beratungs-, und Auskunftspflichten* (4.) zu beachten. Ggf wirken *andere Behörden* mit (5.).

1. Untersuchungsgrundsatz und Mitwirkungsobliegenheiten

24 Den entscheidungserheblichen Sachverhalt hat die Behörde von Amts wegen zu ermitteln (§ 24 I 1 VwVfG) und dabei alle für den Einzelfall bedeutsamen – also auch die für die Beteiligten günstigen – Umstände zu berücksichtigen (§ 24 II VwVfG). Der sogenannte *Untersuchungsgrundsatz* (auch Inquisitionsmaxime genannt) gilt auch für die Verwaltungs-, Finanz- und Sozialgerichte sowie im Strafprozess, nicht aber im Zivilgerichtsverfahren, das vom Beibringungsgrundsatz beherrscht wird.[128] Da der Untersuchungsgrundsatz verfassungsrechtlich fundiert ist (→ § 13 Rn 11 ff), prägt er nicht nur Verwaltungsverfahren iSv § 9 VwVfG, sondern auch Verfahren, die Rechtsverordnungen und Satzungen, Realakte sowie verwaltungsprivatrechtliche Handlungen zum Gegenstand haben (→ § 13 Rn 6). Im Übrigen gilt der Grundsatz auch beim Vollzug europäischen Unionsrechts (→ § 13 Rn 18 ff) und in den meisten ausländischen Verwaltungsverfahrensrechten (→ § 13 Rn 24 ff). Nur die englische Rechtsordnung steht ihm kritisch gegenüber (→ § 13 Rn 21).

25 a) *Art und Umfang der Sachverhaltsermittlung.* Ausfluss des Untersuchungsgrundsatzes ist, dass die Behörde Art und Umfang der Ermittlungen selbst bestimmt (§ 24 I 2 Hs 1 VwVfG) und sich der *Beweismittel* bedienen kann, die sie nach pflichtgemäßen Ermessen für erforderlich hält (§ 26 I 1 VwVfG).[129] Nach § 26 I 2 VwVfG kann die Behörde insbesondere Auskünfte einholen, Urkunden und Akten beiziehen, Augenschein einnehmen, Beteiligte anhören (was mit der Anhörung nach § 28 VwVfG verbunden werden kann[130]) sowie Zeugen und Sachverständige vernehmen. Eine Pflicht der Beteiligten sowie der Zeugen und Sachverständigen zur Aussage besteht ohne gesetzliche Anordnung (vgl für das förmliche Verfahren etwa § 65 VwVfG → § 15 Rn 35) nicht. Aus dem Wortlaut („insbesondere") folgt, dass – anders als im Verwaltungsprozess – der *Freibeweis* gilt.[131] Allerdings gibt es *Ermittlungs- und Beweisverbote.* Rechtswidrig erlangte Erkenntnisse dürfen entsprechend den strafverfahrensrechtlichen Grundsätzen (§§ 136a, 163a IV StPO) nicht verwertet werden.[132] Die behördliche Ver-

[128] Vgl § 86 VwGO, § 76 FGO, § 103 SGG, § 155 StPO. Vergleichend *Ule* VerwArch 62 (1971) 114, 126 ff. Zum Zivilprozess etwa *Stadler* in: Musielak, ZPO, 6. Aufl 2008, § 138 Rn 12.

[129] Vgl dazu BVerwG NVwZ 1999, 535, 536; OVG NRW DVBl 1988, 152, 155. Ausf zu Sachverständigengutachten *Fehling* (Fn 16) 396 ff.

[130] Zur Abgrenzung *Bartels* (Fn 59) 19 f.

[131] Danach kann jedes Erkenntnismittel herangezogen werden, das die Überzeugung v der Existenz oder Nichtexistenz v Tatsachen begründen u damit dem Nachw der Richtigkeit der zu ermittelnden Tatsache dienen kann. S BVerwGE 82, 272, 276; *Kallerhoff* in: Stelkens/Bonk/Sachs, VwVfG, § 26 Rn 21. Im Verwaltungsprozess gilt grds der Strengbeweis. Vgl *Lorenz* Verwaltungsprozessrecht, 2000, § 33 Rn 42 mwN.

[132] Dies gilt zB, wenn Informationen unter Verletzung des Brief-, Post- oder Fernmeldegeheimnisses nach Art 10 GG, des Datengeheimnisses nach § 5 BDSG oder der Verschwiegenheitspflicht

pflichtung zur Aufklärung der entscheidungserheblichen Tatsachen schließt es nicht aus, dass *Beteiligte* durch eigenes Vorbringen oder Beweisanträge auf die Sachverhaltsermittlung Einfluss nehmen. Aufgrund des Untersuchungsgrundsatzes ist die Behörde daran *nicht gebunden* (§ 24 I 2 Hs 2 VwVfG). Nach § 24 I 2 VwVfG bestimmt die Behörde auch den *Umfang der Ermittlungen.* Diese Regelung verführt dazu, der Behörde insoweit ein Ermessen zu zuschreiben.[133] Dem ist schon deshalb nicht zu folgen, weil ausdrücklich bestimmt ist, dass die Behörde alle für den Einzelfall bedeutsamen Umstände zu berücksichtigen hat (§ 24 II VwVfG). Allerdings ist die Ermittlungspflicht durch den Verhältnismäßigkeitsgrundsatz begrenzt.[134] Dabei können insbesondere auch Effizienzgesichtspunkte eine Rolle spielen → § 13 Rn. 15). Das Gericht ist aber an die behördliche Einschätzung nicht gebunden. Es erforscht den Sachverhalt in eigener Verantwortung von Amts wegen (§ 86 VwGO). Die Behörde kann die gerichtliche Sachverhaltsermittlung unterstützen und eigene Unterlassungen insoweit heilen. Ein Verstoß gegen den Untersuchungsgrundsatz kann nicht selbständig gerichtlich geltend gemacht werden (§ 44a VwGO, Rn 68).[135] Weil im verwaltungsgerichtlichen Verfahren der verfahrensrechtliche Untersuchungsgrundsatz durch den verwaltungsprozessualen überlagert wird, kann die ungenügende Sachaufklärung durch die Behörde allein im Regelfall *nicht* die *gerichtliche Aufhebung* der Entscheidung bewirken.[136] Anderes kann gelten, soweit die noch erforderlichen Ermittlungen nach Art oder Umfang erheblich sind (§ 113 III 1 VwGO).[137] Dann kann das Gericht den Verwaltungsakt aufheben und die Sache an die Behörde zurückverweisen. Die Verwaltung kann also nicht darauf vertrauen, dass ein Verstoß gegen § 24 VwVfG folgenlos bleibt. Im Übrigen kann eine mangelhafte Sachaufklärung eine Amtspflichtverletzung iSd Amtshaftungsrechtes sein.[138]

b) *Mitwirkungsobliegenheit der Beteiligten.* Trotz des Untersuchungsgrundsatzes **26**
sind die Beteiligten für den Fortgang des Verwaltungsverfahrens mit verantwortlich. Bei der Ermittlung des Sachverhaltes sollen sie *mitwirken*, insbesondere ihnen bekannte Tatsachen und Beweismittel angeben (§ 26 II Sätze 1 und 2 VwVfG). Allerdings kann die Mitwirkung nicht erzwungen werden.[139] Normiert wurde nur eine *Obliegenheit.*

v Ärzten, Rechtsanwälten u Seelsorger erlangt wurden. Näher *Frieberger* Beweisverbote im Verwaltungsverfahren, 1997 (zum österreichischem Recht); *Hufen* (Fn 24) Rn 143 ff; *Macht* Verwertungsverbote bei rechtswidriger Informationserlangung im Verwaltungsverfahren, 1999.

133 Vgl *Engelhardt* in: Obermayer, VwVfG, § 24 Rn 172; *Schneider* in Hoffmann-Riem/Schmidt-Aßmann/Voßkuhle, Grundlagen II, § 28 Rn 36; *Wolff/Bachof/Stober* VwR II, § 60 Rn 32. AA *Ritgen* in: Knack/Henneke, VwVfG, § 24 Rn 11; *Kopp/Ramsauer* VwVfG, § 24 Rn 11 f; *Ule/Laubinger* VwVfR, § 21 Rn 2; *v Pestalozza* FS Boorberg-Verlag, 1977; *Schink* DVBl 1989, 1182, 1183.

134 Vgl BVerwG NJW 1988, 1104, 1105; OVG Rh-Pf NuR 1986, 134 f; *Berg* Verw 9 (1976) 161, 165 ff; *Ritgen* in: Knack/Henneke, VwVfG, § 24 Rn 11; *Di Fabio* JuS 1997, 1, 6; *Kallerhoff* in: Stelkens/ Bonk/Sachs, VwVfG, § 24 Rn 36. AA im Hinblick auf die abwehrrechtliche Struktur des Verhältnismäßigkeitsgrundsatzes *Schneider* in: Hoffmann-Riem/Schmidt-Aßmann/Voßkuhle, Grundlagen II, § 28 Rn 36.

135 Vgl *Kallerhoff* in: Stelkens/Bonk/Sachs, VwVfG, § 24 Rn 7 u 58.

136 Vgl BVerwGE 7, 100, 106; 10, 202, 204; 12, 186, 189; 78, 285, 296; NJW 1957, 515; *Hufen* (Fn 24) Rn 136.

137 Zur Auslegung BVerwGE 117, 200, 207 → JK VwVfG § 28/3. Vgl auch *Schoch* Verw 25 (1992) 21, 40.

138 Vgl BGH DÖV 1966, 467; BGH NJW 1989, 99; BayObLG DÖV 1977, 257. Allg zum Amtshaftungsanspruch bei Verfahrensfehlern *Hufen* (Fn 24) Rn 575 ff.

139 Vgl OVG Rh-Pf NuR 1987, 185, 186. Allg zur Mitwirkungslast *Schmitt Glaeser* (Fn 48) 66 ff.

Ausdrücklich bestimmt § 26 II 3 VwVfG, dass eine weitergehende „Pflicht“ bei der Sachverhaltsaufklärung vorbehaltlich anderer Rechtsvorschriften nicht besteht. Damit wird grundsätzlich niemand zur Aufklärung solcher Umstände gezwungen, die für ihn nachteilig sind.[140] Echte, auch durchsetzbare Auskunfts- und sonstige Mitwirkungspflichten unterliegen dem Gesetzesvorbehalt (→ § 13 Rn 12). Sie finden sich als Strukturelement kooperativer Verwaltungsverfahren etwa im Steuer-, Sozialleistungs- und im besonderen Verwaltungsrecht.[141] Ob und inwieweit sich grundrechtsbeeinträchtigende Gefahrerforschungsmaßnahmen auf die polizei- und ordnungsrechtlichen Generalklauseln stützen lassen, ist umstritten.[142] Jedenfalls bietet das allgemeine Verwaltungsverfahrensrecht im Untersuchungsgrundsatz des § 24 VwVfG dafür keine ausreichende Ermächtigungsgrundlage. Mitwirkungspflichten erleichtern die Sachverhaltsermittlung, ohne freilich die Verantwortlichkeit der Behörde nach § 24 I 2 VwVfG zu verdrängen.[143] Soweit nur eine Mitwirkungsobliegenheit besteht, ist es – wenn nichts anderes bestimmt ist (vgl zur Planfeststellung → § 15 Rn 8) – *nicht* zulässig, eine verspätete Mitwirkungshandlung durch *Präklusion* unberücksichtigt zu lassen. Denn dies würde dem Ziel des § 26 II VwVfG widersprechen, den Beteiligten nicht zur Sachaufklärung zu verpflichten. Allerdings müssen diejenigen, die der Mitwirkungsobliegenheit nicht nachkommen, *Nachteile* hinnehmen. Da es der Verwaltung nicht zuzumuten ist, Tatsachen zu ermitteln, die in der Sphäre des Bürgers liegen und von diesem ohne weiteres vorgetragen werden können, wird die Aufklärungspflicht der Behörde durch die Verletzung der Mitwirkungsobliegenheit reduziert.[144] Auch kann die Behörde eine unterlassene Mitwirkung zum Nachteil des Beteiligten bewerten.[145] Wird die Beweisführung der Behörde erschwert oder vereitelt, kann dem Rechtsgedanken des § 444 ZPO entsprechend sogar eine Umkehr der Beweislast eintreten.[146] Die Geltung einer formellen *Beweislast* schließt der Untersuchungsgrundsatz zwar aus, doch gelten die Grundsätze der materiellen Beweislast, die beim belastenden Verwaltungsakt der Behörde, beim begünstigenden Verwaltungsakt dem Antragssteller zufällt, wenn ein für die Entscheidung erheblicher Umstand nicht aufklärbar ist (sogenannter *non liquet*), so dass die Regelung nicht getroffen werden kann.[147] Schließlich muss derjenige, der an der Aufklärung des

140 S die Gesetzesbegr BT-Drucks 7/910, 50.

141 Vgl § 90 AO, §§ 60 ff SGB I sowie etwa die Auskunftspflichten nach § 22 I GastG u § 17 I HwO. Im Überblick *Schneider* in: Hoffmann-Riem/Schmidt-Aßmann/Voßkuhle, Grundlagen II, § 28 Rn 38, 41.

142 Vgl zum Streit etwa *Schenke* POR, 5. Aufl 2007, Rn 86 ff; *Schoch* in: Schmidt-Aßmann/Schoch, Bes VwR, Kap 2 Rn 97 f.

143 Vgl *Kallerhoff* in: Stelkens/Bonk/Sachs, VwVfG, § 24 Rn 6; *Weber/Hellmann* NJW 1990, 1625, 1629.

144 Vgl BVerwG NJW 1959, 2134; OVG NRW NVwZ-RR 1994, 386, 387; *Ritgen* in: Knack/Henneke, VwVfG, § 26 Rn 36; *Hufen* (Fn 24) Rn 125; *Kallerhoff* in: Stelkens/Bonk/Sachs, VwVfG, § 26 Rn 48.

145 Vgl die Gesetzesbegr BT-Drucks 7/910, 50; zur Weigerung, an einer angeordneten medizinisch-psychologischen Untersuchung zur Überprüfung der Fahrtauglichkeit teilzunehmen BVerwGE 8, 29, 30.

146 Vgl BVerwG NVwZ 1992, 772.

147 Vgl *Hatje* Die gemeinschaftsrechtliche Steuerung der Wirtschaftsverwaltung, 1997, 217 ff; *Pitschas* Verwaltungsverantwortung und Verwaltungsverfahren, 1990, 697 ff. Die Beweislast für die tatsächlichen Voraussetzungen einer Einwendung gegen die Ausübung einer Eingriffsbefugnis der Behörde trägt der Einwendende. Vgl BVerwG DÖV 1979, 601. Allg *Fehling* (Fn 16) 479 ff.

Sachverhaltes nicht mitwirkt, damit rechnen, dass ihm die Kosten des Verwaltungsgerichtsverfahren nach § 154 VwGO auferlegt werden oder sein Verhalten in einem Schadensersatzprozess wegen Amtspflichtverletzung (§ 839 BGB, Art 34 GG) als Mitverschulden iSv § 254 BGB angerechnet wird.[148] Negative Folgen können den Betroffenen jedoch nur treffen, wenn er auf die Mitwirkungsobliegenheit zuvor *hingewiesen* wurde. Zudem ist der *nemo tenetur*-Grundsatz zu beachten, der im Einzelfall vor Selbstbelastungen schützt.[149]

2. Anhörungsrecht der Beteiligten

Bevor die Behörde durch Verwaltungsakt in die Rechte eines Beteiligten eingreift, **27**
muss[150] sie dem Betroffenen die Gelegenheit geben, sich zu den entscheidungserheblichen Tatsachen zu äußern (§ 28 I VwVfG). Die *Anhörung* wurde für Planfeststellungs- und sogenannte förmliche Verwaltungsverfahren[151] (§§ 73, 66 VwVfG, → § 15 Rn 7 f, 35) sowie in Spezialgesetzen (etwa im UPVG → § 15 Rn 46) besonders ausgestaltet.[152] Sie dient vor allem dem Verfahrensrechtsschutz des Betroffenen (→ § 13 Rn 12 ff), aber auch der demokratischen Legitimierung der Verwaltungsentscheidung (→ § 13 Rn 14) und einer effektiven und effiziente Aufgabenerfüllung (→ § 13 Rn 11, 15 ff). Im Übrigen gehört die Anhörung zu den Rechtsgrundsätzen, die sich auch in ausländischen Rechtsordnungen finden (→ § 13 Rn 23 ff) und vor allem auch für den Vollzug europäischen Unionsrechts gelten (→ § 13 Rn 20). § 28 I VwVfG bezieht sich ausdrücklich nur auf den *Erlass eines Verwaltungsaktes*. Da der Vorschrift aber ein allgemeiner Rechtsgrundsatz zugrunde liegt, muss sie auf sonstige hoheitliche Maßnahmen *entsprechend angewendet* werden. Die Gegenansicht, die auf den Wortlaut und (fälschlich) die Entstehungsgeschichte der Normierung verweist[153], verkennt die verfassungsrechtliche Fundierung der Anhörung. Allerdings besteht ein Anspruch nur bei Grundrechtseingriffen. Dies kommt vor allem bei Warnungen in Betracht.[154] Nicht erforderlich ist die Anhörung bei vorbereitender Tätigkeit, soweit Rechtspositionen Betroffener noch nicht endgültig berührt werden.[155] Bei einer Mediation gilt wegen der zumindest faktischen Bindung § 28 VwVfG entsprechend (→ § 16 Rn 12). Bei privatrechtlichem Handeln ist

148 Vgl die Gesetzesbegr BT-Drucks 7/910, 50; BGH DVBl 1964, 146, 147.

149 Vgl *Hufen* (Fn 24) Rn 126.

150 In Vorentwürfen war noch eine bloße Soll-Vorschrift vorgesehen. Krit *Ule* VerwArch 62 (1971) 114, 128 f; *Sendler* AöR 94 (1969) 130, 148; *Spanner* JZ 1970, 671, 672. Eine Soll-Vorschrift findet sich heute in § 91 AO.

151 Zur Anhörung im Planfeststellungsverfahren vgl BVerwG NVwZ-RR 1998, 90, 91.

152 Vgl etwa § 90b BBG; §§ 5, 57 FlurbG; § 23 I 2 WPflG; § 19 IV ZDG; § 91 AO.

153 S *Grünewald* in: Obermayer, VwVfG, § 28 Rn 8. Vgl auch OVG RP, NuR 1998, 209, 210. In der Gesetzesbegr, BT-Drucks 7/910, 42, wird ausdrücklich eine entspr Anwendung der Vorgaben zum rechtlichen Gehör auf nicht erfasste Verfahrensarten hingewiesen. Für Rechtsprechungsbeispiele *Berg* JZ 2005, 1039, 1042.

154 Vgl *Hermes* in: Hoffmann-Riem/Schmidt-Aßmann/Voßkuhle, Grundlagen II, § 38 Rn 91; *Hochhut* NVwZ 2003, 30 ff; *Ossenbühl* Umweltpflege der behördliche Warnungen und Empfehlungen, 1986, 68 ff; *Kopp/Ramsauer* VwVfG, § 28 Rn 4a; zur Warnung vor (Jugend)-Sekten BVerwGE 82, 76; BVerfGE 105, 279, 288 ff, allg zur Grundrechtsrelevanz staatlicher Informationstätigkeiten *Breuer* in: Schmidt-Aßmann/Schoch, Bes VwR, Kap 5 Rn 84 ff; *Bumke* Verw 37 (2004) 3, 16 ff.

155 Vgl BVerwG NJW 1990, 2637, 2638 (zur Aufforderung, an einer medizinisch-psychologischen Untersuchung zur Feststellung der Fahrtauglichkeit teilzunehmen).

eine Anhörung erforderlich, wenn von einseitigen Gestaltungsrechten (Kündigung, Anfechtung, Rücktritt) im Rahmen der Leistungsverwaltung Gebrauch gemacht wird, die – um eine Flucht ins Privatrecht zu vermeiden – den öffentlich-rechtlichen Bindungen des sogenannten Verwaltungsprivatrechts unterliegt.[156] Keiner Anhörung bedarf es bei rein fiskalischer Tätigkeit und beim Abschluss öffentlich-rechtlicher Verträge. Denn der Bürger hat hier die Möglichkeit, seine Belange im Wege der Vertragsverhandlungen einzubringen. Allerdings ist bei der Vergabe öffentlicher Aufträge (→ § 15 Rn 38), eine Anhörung erforderlich, wenn ein Unternehmen wegen Unzuverlässigkeit von weiteren Vergabeverfahren ausgeschlossen werden soll.[157]

28 a) *Voraussetzungen, Gegenstand, Form und Zeitpunkt der Anhörung.* § 28 I VwVfG gesteht das Anhörungsrecht nur einem *Beteiligten* iSv § 13 VwVfG (Rn 10 f). Dritte müssen – wenn sie nicht Antragsgegner sind (§ 13 I Nr 1 VwVfG) – nur angehört werden, wenn sie zum Verwaltungsverfahren hinzugezogen wurden (§ 13 I Nr 4 iVm II VwVfG). Ggf besteht darauf ein Anspruch (Rn 12). Entscheidend für das Anhörungsrecht ist, ob die Entscheidung der Verwaltung „in die Rechte eines Beteiligten eingreift". Dies ist jedenfalls der Fall, wenn die bisherige Rechtslage – der *status quo* – im Rahmen der *Eingriffsverwaltung* zum Nachteil des Beteiligten verändert wird. Im *Widerspruchsverfahren* soll eine Anhörung erfolgen, wenn die Aufhebung oder Änderung eines Verwaltungsaktes in der Abhilfeentscheidung oder im Widerspruch erstmalig mit einer Beschwer verbunden ist (§ 79 VwVfG iVm § 71 VwGO, → § 15 Rn 41).[158] Dies gilt nicht nur für erstmalig beschwerte Dritte, sondern auch für den Widerspruchsführer selbst, der mit einer *reformatio in peius* nicht rechnen und die Gelegenheit haben muss, den Widerspruch zurückzunehmen. Ob die Entscheidung auf neuen Tatsachen beruht, ist unerheblich.[159] Im Hinblick auf den Wortlaut des § 28 I VwVfG und die Gesetzesbegründung wird im Rahmen der *Leistungsverwaltung* das Anhörungsrecht vor allem von der Rspr nicht anerkannt.[160] Dem ist schon aus verfassungsrechtlichen Gründen nicht zu folgen, da auch die Ablehnung einer Begünstigung zu einer nicht unerheblichen Belastung führen kann. Einzubeziehen sind jedenfalls Kontrollerlaubnisse (beim präventiven Verbot mit Erlaubnisvorbehalt, → § 1 Rn 345; § 21 Rn 55). Auch lässt sich § 28 II Nr 3 VwVfG entnehmen, dass der Gesetzgeber das Anhörungsrecht auf die Ablehnung von Anträgen ausdehnen wollte. Der Betroffene hat bei der Antragsstellung regelmäßig ausreichend Gelegenheit, seine Belange vorzutragen. Eine Anhörung ist jedoch erforderlich, wenn die Verwaltung ihre Entscheidung auf

[156] Vgl *Ehlers* Verwaltung in Privatrechtform, 1984, 228 f; *Kopp/Ramsauer* VwVfG, § 28 Rn 5; *v Zezschwitz* NJW 1983, 1873, 1881.

[157] *Kahl* (Fn 19) 167.

[158] V einer Anhörung kann in atypischen Fällen – wie sie sich in § 28 II, III VwVfG finden – abgesehen werden.

[159] S BVerwG NVwZ 1999, 1218, 1219 → JK VwGO § 71/2; *Dolde/Porsch* in: Schoch/Schmidt-Aßmann/Pietzner, VwGO, § 71 Rn 5; aA OVG Rh-Pf NVwZ 1992, 386 f; VGH BW NVwZ 1995, 1220 → JK VwVfG § 28 I/1.

[160] Vgl BT-Drucks 7/910, 51; BVerwGE 66, 184, 186 → JK VwVfG § 28/2; *Bonk/Kallerhoff* in: Stelkens/Bonk/Sachs, VwVfG, § 28 Rn 27 f; *Ritgen* in: Knack/Henneke, VwVfG, § 28 Rn 8; *Nehls* NVwZ 1982, 494; offen gelassen v OVG NRW DÖV 1983, 986 → JK VwVfG § 28/3; VGH BW NVwZ 1994, 919. Wie hier etwa *Bartels* (Fn 59) 41 ff; *Ehlers* Jura 1996, 617, 618 f; *Bredemeier* Kommunikative Verfahrenshandlungen im deutschen und europäischen Verwaltungsrecht, 2007, 333 f; *Hufen* (Fn 24) Rn 181; *Laubinger* VerwArch 75 (1984) 55, 64 ff; *Schoch* Verw 25 (1992) 21, 43; *Ule/Laubinger* VwVfR, § 24 Rn 2.

nicht vorgetragene Tatsachen stützen will.[161] Weit verbreitet ist die Auffassung, dass es vor Erlass einer *Anordnung zur sofortigen Vollziehbarkeit* iSv § 80 II 1 Nr 4 VwGO keiner eigenständigen Anhörung bedarf.[162] § 28 I VwVfG ist nicht anwendbar, da die Vollziehbarkeitsanordnung bloß ein unselbständiger Annex eines Verwaltungsaktes ist, der nicht in Bestandskraft erwächst.[163] Eine Analogie scheidet aus, weil es sich bei § 80 II Nr 4, III VwGO um eine abschließende Regelung handelt, es mithin an einer planwidrigen Regelungslücke fehlt. Allerdings stellt sich die Anordnung der sofortigen Vollziehbarkeit als eine zusätzliche Belastung dar, die oft sogar vollendete Tatsachen schafft. Deswegen muss der Betroffene aus verfassungsrechtlichen Gründen (Grundrechtsschutz durch Verfahren → § 13 Rn 12) zu der Frage Stellung nehmen können, warum sein Interesse an einer aufschiebenden Wirkung seines Rechtsbehelfs ausnahmsweise zurückstehen soll. Anderes gilt, wenn die vorherige Anhörung das Vollzugsinteresse gefährden würde. Dann bleiben nur die Eilverfahren nach § 80 IV 1 und V 1 VwGO, die freilich die Gefahr, dass der Betroffene seine Rechtsposition einbüßt, nicht vollends bannen.

Gegenstand der Anhörung sind die *„für die Entscheidung erheblichen Tatsachen"* **29**
(§ 28 I VwVfG). Hierbei kommt es auf die behördliche Einschätzung an.[164] Gerichte können sie freilich kontrollieren. Unerheblichkeit liegt bei verfassungskonformer Auslegung nur vor, wenn nahezu ausgeschlossen ist, dass ein bestimmter Aspekt für das Verfahrensergebnis von Bedeutung ist. Bei neuen Erkenntnissen – etwa Ermittlungsergebnissen, die erst aufgrund einer Beweisaufnahme oder von Äußerungen anderer Beteiligter gewonnen wurden – ist die Anhörung zu wiederholen. Entgegen dem engen Wortlaut des § 28 I VwVfG erstreckt sich die Anhörung auch auf *Rechtsfragen*[165], da sie für die Entscheidung genau so ausschlaggebend sind wie die Erfassung des Sachverhaltes. Den Beteiligten ist *Gelegenheit zur Äußerung* zu geben. Kritisches hat die Behörde zu erwägen, was sie in der Regel in den Entscheidungsgründen auch dokumentieren muss.[166] Grundsätzlich reicht die Gelegenheit zur schriftlichen oder – unter der Voraussetzung des § 3a I VwVfG (Rn 19) – zur elektronischen Stellungnahme aus. Aus Sicht der Bürger empfehlen sich freilich mündliche Anhörungen mit der Möglichkeit zur Rücksprache.[167] Die Anhörung muss erfolgen, *bevor* der Verwaltungsakt erlas-

[161] OVG NRW DÖV 1983, 986 → JK VwVfG § 28/3. Vgl *Ehlers* Jura 1996, 617, 620. Strenger *Schneider* in Hoffmann-Riem/Schmidt-Aßmann/Voßkuhle, Grundlagen II, § 28 Rn 45.

[162] Vgl OVG Berlin NVwZ-RR 1993, 198; OVG SH NVwZ-RR 1993, 587; VGH BW NVwZ-RR 1995, 17, 19; OVG NRW BauR 1995, 69; NdsOVG NVwZ-RR 2002, 822; *Ehlers* Verw 37 (2004) 255, 262; *Kaltenborn* DVBl 1999, 828, 830 f; *Schoch* in: ders/Schmidt-Aßmann/Pietzner, VwGO, § 80 Rn 181 ff; *dens* Jura 2001, 671, 687. AA OVG Nds NVwZ-RR 1993, 585, 586; *Grigoleit* Die Anordnung der sofortigen Vollziehbarkeit, 1997, 122 ff.

[163] Vgl BVerwGE 24, 92, 94; OVG Berlin NVwZ 1993, 198; VGH BW NVwZ-RR 1995, 17, 19; OVG NRW BauR 1995, 69; OVG SH NVwZ-RR 1993, 587; *Schoch* in: ders/Schmidt-Aßmann/Pietzner, VwGO, § 80 Rn 140. Anders *Ganter* DÖV 1984, 970, 971.

[164] Vgl BVerwGE 66, 184, 190 f → JK VwVfG § 28/2.

[165] AA *Ule/Laubinger* VwVfR, § 24 Rn 4; *Schoch* Jura 2006, 833, 836 f; *Weides* JA 1984, 648, 652. Wie hier *Bonk/Kallerhoff* in: Stelkens/Bonk/ Sachs, VwVfG, § 28 Rn 39; *Kopp/Ramsauer* VwVfG, § 28 Rn 30 f; *Krasney* NVwZ 1986, 337, 339; *Hufen* (Fn 24) Rn 191; *Schenke* VBlBW 1982, 313, 321.

[166] AA *Bartels* (Fn 59) 85 f.

[167] Hinw auf empirische Untersuchungen bei *Wölki* Verwaltungsverfahrensgesetz im Wertewandel, 2004, 261 ff.

sen wird. Dabei kann eine angemessene Frist zur Stellungnahme gesetzt werden.[168] Bei einem „Bürgerbüro" als „One-Stop-Shop" innerhalb der Verwaltung muss gewährleistet sein, dass die Ergebnisse der Anhörung dem „Back Office" zugehen.[169] Eine Spezialregelung enthält § 71b VwVfG für Verfahren, die über eine „einheitliche Stelle" abgewickelt werden (→ § 15 Rn 45). Macht ein Beteiligter von seinem Äußerungsrecht keinen Gebrauch, so wird der Fortgang des Verfahrens nicht beeinträchtigt. Allerdings sollten Betroffene stets ausdrücklich darüber *informiert* werden, dass sie sich äußern können. Der Gegenansicht, die auf einen solchen Hinweis dann verzichten will, wenn die Beteiligten über ihr Anhörungsrecht bereits Kenntnis haben[170], greift zu kurz; denn es ist nicht erkennbar, nach welchem Maßstab die Behörde beurteilen soll, wann jemand vorab ausreichend informiert ist. Außerdem kann es zu Beweisschwierigkeiten kommen, wenn sich ein Beteiligter nachträglich auf die fehlende Kenntnis beruft. Zumindest ist ein Hinweis erforderlich, wenn die Behörde ihre Entscheidung auf Gründe stützen will, die bislang keine Rolle gespielt haben.[171] Der Hinweis muss so gestaltet sein, dass für den Betroffenen erkennbar ist, weshalb und wozu er sich äußern soll. Im Ermessen der Behörde steht, ob die Aufforderung schriftlich, mündlich oder telefonisch ergeht.[172] Die elektronische Form kommt in Betracht, wenn der Bürger hierfür einen Zugang eröffnet hat (§ 3a VwVfG).

30 b) *Ausnahmen von der Anhörungspflicht.* Die Behörde kann von einer Anhörung absehen, wenn sie nach den Umständen des Einzelfalles *nicht geboten* ist (§ 28 II VwVfG). Wegen der verfassungsrechtlichen Fundierung des Anhörungsrechts muss das Ermessen restriktiv gehandhabt werden.[173] Die Anhörung ist grundsätzlich intendiert. Allerdings kann die Entscheidung von Gerichten nur auf Ermessensfehler kontrolliert werden. Voll überprüfbar ist das Merkmal der Gebotenheit.[174] Um die Anwendung des unbestimmten Tatbestandes zu erleichtern, wurden in einem – nicht abschließenden – Katalog fünf *Regelbeispiele* aufgeführt, bei deren Vorliegen auf die Anhörung verzichtet werden kann. Damit wird den auch verfassungsrechtlich begründeten Erfordernissen einer effektiven und effizienten Aufgabeerfüllung Rechnung getragen (→ § 13 Rn 11, 15). In ausländischen Rechtsordnungen finden sich vergleichbare Regelungen (→ § 13 Rn 23 ff). Ein abschließender Ausnahmekatalog würde der Bedeutung des Anhörungsrechts freilich besser gerecht werden. Von der Anhörung kann abgesehen wer-

168 Vgl BSG NJW 1993, 1614 ff (z § 24 SOG X); BayVGH GewArch 1984, 17, 19; *Bartels* (Fn 59) 75; *Bonk/Kallerhoff* in: Stelkens/Bonk/Sachs, VwVfG, § 28 Rn 43 f; *Krasney* NVwZ 1986, 337, 341.

169 Vgl *Britz* in: Hoffmann-Riem/Schmidt-Aßmann (Fn 127) 213, 241. Mit Blick auf das „E-Government" *Britz* in Hoffmann-Riem/Schmidt-Aßmann/Voßkuhle, Grundlagen II, § 26 Rn 39; *Eifert* Electronic Government, 2006, 172 ff.

170 Vgl HessVGH NVwZ-RR 1989, 137; *Ritgen* in: Knack/Henneke, VwVfG, § 28 Rn 18. Wie hier *Bartels* (Fn 59) 70.

171 Vgl OVG NRW DÖV 1983, 986 → JK VwVfG § 28/3.

172 Vgl BVerwGE 20, 160, 166; BayVGH BayVBl 1985, 399, 402; *Kopp/Ramsauer* VwVfG, § 28 Rn 39.

173 Vgl *Bonk/Kallerhoff* in: Stelkens/Bonk/Sachs, VwVfG, § 28 Rn 47; *Häberle* FS Boorberg-Verlag, 1977, 68; *Hufen* (Fn 24) Rn 195 ff; *Kopp/Ramsauer* VwVfG, § 28 Rn 46; *Maurer* Allg VwR, § 19 Rn 20; *Weides* JA 1984, 648, 653. Zu verfassungsrechtlichen Bedenken *Bartels* (Fn 59) 88 f.

174 Vgl *Rothkegel* DÖV 1982, 511, 512; *Bonk/Kallerhoff* in: Stelkens/Bonk/Sachs, VwVfG, § 28 Rn 47; *Kopp/Ramsauer* VwVfG, § 28 Rn 49; *Ritgen* in: Knack/Henneke, VwVfG, § 28 Rn 22.

den, wenn eine *sofortige Entscheidung* wegen Gefahr im Verzug oder im öffentlichen Interesse notwendig erscheint[175] oder durch die Anhörung die Einhaltung einer für die Entscheidung maßgeblichen *Frist* in Frage gestellt würde (§ 28 II Nr 1 und 2 VwVfG).[176] Die Regelung ist restriktiv zu handhaben.[177] Gefahr im Verzug liegt nur vor, wenn durch eine vorherige Anhörung auch bei Gewährung kürzester Fristen ein Zeitverlust einträte, der mit hoher Wahrscheinlichkeit zur Folge hätte, dass die Regelung zu spät käme. Zudem verlangt das Übermaßverbot, dass zum Zwecke der sofortigen Abwehr einer drohenden Gefahr ohne Anhörung zunächst nur vorläufige Maßnahmen ergriffen werden.[178] Eine Anordnung der sofortigen Vollziehung (§ 80 II 1 Nr 4 VwGO) befreit die Behörde nicht ohne weiteres von der Pflicht, den Betroffenen vor Erlass des eigentlichen Verwaltungsaktes anzuhören.[179] Im Gegenteil: Die Anhörung ist dann von besonderem Gewicht (und muss sich regelmäßig auch auf die Vollziehbarkeitsanordnung beziehen, vgl Rn 28). Weiter kann auf eine Anhörung verzichtet werden, wenn aus Sicht des Betroffenen *keine Notwendigkeit* zur Anhörung besteht, weil von den tatsächlichen Angaben, die ein Beteiligter in seinem Antrag oder einer Erklärung gemacht hat, nicht zu seinen Ungunsten abgewichen werden soll (§ 28 II Nr 3 VwVfG). Zudem braucht keine Anhörung durchgeführt zu werden, wenn die Behörde eine Allgemeinverfügung, gleichartige Verwaltungsakte in größerer Zahl oder Verwaltungsakte mit Hilfe von automatischen Einrichtungen erlassen will (§ 28 II Nr 4 VwVfG), denn solche *Massenentscheidungen* könnten nicht rationell getroffen werden, wenn jeweils eine individuelle Anhörung zu erfolgen hätte. Es ist allerdings ein strenger Maßstab unter Berücksichtigung des Verhältnismäßigkeitsprinzips anzulegen.[180] Schließlich kann die Anhörung bei Maßnahmen der *Verwaltungsvollstreckung* entfallen (§ 28 II Nr 5 VwVfG), was einer effektiven Durchsetzung von Verwaltungsakten dienen und auch bei Maßnahmen der unmittelbaren Ausführung gelten soll.[181] Allerdings kommt es auf die Umstände des Einzelfalls an; denn im Regelfall ist nicht einzusehen, warum der Betroffene sich nicht zu den die Vollstreckung betreffenden Tatsachen bzw zu möglichen Vollstreckungshindernissen äußern können soll. Im Übrigen *muss* die Anhörung unterbleiben, wenn ihr ein *zwingendes öffentliches Interesse* entgegensteht (§ 28 III VwVfG). Angesichts der Unbestimmtheit vermisst man Regelbeispiele. Wegen der verfassungsrechtlichen Garantie des rechtlichen Gehörs ist der Tatbestand eng auszulegen.[182] Weil überragende

[175] Zum Anhörungsverzicht bei einem Vereinsverbot u der damit verbunden Sicherstellung des Vereinsvermögens BVerwG DVBl 2005, 590, 591; BVerwG Buchholz 402.45 VereinsG Nr 38, 61 f; zum Anhörungsverzicht bei einem Versammlungsverbot ThürOVG DVBl 1996, 1446 f.

[176] Dies soll auch gelten, wenn die Eilbedürftigkeit schuldhaft durch die Behörde verursacht wurde. Vgl *Grünewald* in: Obermayer, VwVfG, § 28 Rn 40; *Ritgen* in: Knack/Henneke, VwVfG, § 28 Rn 25. Dagegen zu Recht *Bartels* (Fn 59) 98.

[177] S ThürOVG NVwZ-RR 1997, 287, 288; *Bartels* (Fn 59) 96 ff. Zu großzügig BVerwG NVwZ 1995, 587.

[178] Vgl BVerwGE 68, 267 ff → JK VwVfG § 28/4.

[179] Anders wohl die Gesetzesbegr BT-Drucks 7/910, 51. Wie hier OVG Rh-Pf DÖV 1979, 606 → JK VwVfG § 28/1; OVG Bremen DÖV 1980, 180, 181; HessVGH NVwZ 1987, 510; *Weides* JA 1984, 648, 655.

[180] Vgl BGH NVwZ 2002, 509, 510.

[181] Vgl BVerwG DVBl 1983, 997, 998 f; VGH BW DÖV 1981, 971, 973; *Ritgen* in: Knack/Henneke, VwVfG, § 28 Rn 30; *Kopp/Ramsauer* VwVfG, § 28 Rn 72; *Weides* JA 1984, 648, 656. Krit *Hufen* (Fn 24) Rn 203.

[182] Vgl *Kopp/Ramsauer* VwVfG, § 28 Rn 46; *Bonk/Kallerhoff* in: Stelkens/Bonk/Sachs, VwVfG, § 28 Rn 47; *Weides* JA 1984, 648, 653; *Maurer* Allg VwR, § 19 Rn 20; *Häberle* (Fn 173) 68.

Gemeinschaftsinteressen (etwa die Sicherheit der Bundesrepublik, eine Vielzahl von Menschen oder bedeutende Sachwerte) gefährdet sein müssen, hat die Vorschrift nur eine geringe praktische Relevanz. Aufgrund der verfassungsrechtlichen Verankerung des Anhörungsrechts muss die Behörde, wenn keine Gefahr im Verzug ist, dem Betroffenen gegenüber *begründen*, weshalb sie von der Anhörung absieht.[183] § 39 VwVfG ist freilich nur analog, nicht direkt anwendbar[184], da das Absehen von der Anhörung kein Verwaltungsakt, sondern eine verfahrensleitende Entscheidung ist.

31 c) *Folgen eines Verstoßes gegen die Anhörungspflicht.* Trotz ihrer verfassungsrechtlichen Bedeutung handelt es sich bei der Anhörung um eine reine Verfahrenshandlung. Deswegen kann gegen ihr Fehlen *nicht isoliert*, sondern nur zusammen mit der Hauptsacheentscheidung vorgegangen werden (§ 44a VwGO, Rn 68). In der Regel bleibt die unterbliebene Anhörung sanktionslos, da sie im Widerspruchsverfahren und vor Gericht *nachgeholt* werden kann (§ 45 I Nr 3 iVm II VwVfG, Rn 60 f). Dies gilt auch für die Anhörung vor Erlass einer Anordnung der sofortigen Vollziehbarkeit (§ 80 II Nr 4 VwGO, Rn 28).[185] Selbst wenn es an einer Nachholung fehlt, bleibt die unterlassene Anhörung *unbeachtlich*, wenn sie sich auf die Sachentscheidung nicht ausgewirkt hat (§ 46 VwVfG, Rn 63 ff). Die Regelung steht unter erheblichem unionsrechtlichem Druck (→ Rn 67, § 15 Rn 48). Verletzt die Widerspruchsbehörde die Anhörungspflicht nach § 71 VwGO, liegt ein „wesentlicher" Verfahrensmangel vor, der die isolierte Anfechtung und Aufhebung des Widerspruchsbescheids ermöglicht, wenn die Entscheidung – der Regelung in § 46 VwVfG entsprechend[186] – auf dem Verfahrensfehler „beruht" (§ 79 II 2 VwGO). Allerdings ist auch hier eine Heilung möglich (§ 79 iVm § 45 I Nr 3 VwVfG, → § 15 Rn 41). Hinsichtlich der Kosten gilt § 80 I 2 VwVfG (Rn 50).

3. Recht auf Akteneinsicht und Information sowie auf Geheimhaltung und Datenschutz

32 Die Behörde hat den Beteiligten die Einsicht in die das Verfahren betreffenden Akten zu gestatten, soweit dies zur Geltendmachung oder Verteidigung der rechtlichen Interessen erforderlich ist (§ 29 I VwVfG). Das *Akteneinsichtsrecht*, das es auch in gerichtlichen Verfahren gibt[187], gilt auch für den Vollzug europäischen Unionsrechts (→ § 13 Rn 18 ff). Die meisten Landesgesetzgeber haben die bundesrechtliche Regelung übernommen.[188] Im finanzbehördlichen Verfahren fehlt eine ausdrückliche Normierung.[189]

183 AA VGH BW DÖV 1981, 971, 973. Wie hier *Ehlers* Verw 17 (1984) 295, 308 f; *Mandelartz* DVBl 1983, 112, 114. Rechtspolitisch *Hill* NVwZ 1985, 449, 454 f.

184 AA OVG NRW NJW 1978, 1764, 1765; NVwZ 1982, 326; OVG Bremen DÖV 1980, 180, 181; *Ule/Laubinger* VwVfR, § 24 Rn 10.

185 Vgl OVG Berlin NVwZ 1993, 198; ähnlich BayVGH BayVBl 1990, 211.

186 Vgl BVerwGE 49, 307; 61, 45; VGH BW NVwZ 1995, 1220 → JK VwVfG § 28 I/1; *Pietzcker* in: Schoch/Schmidt-Aßmann/Pietzner (Hrsg), VwGO, § 79 Rn 15.

187 S etwa § 100 VwGO, § 78 FGO, § 120 SGG u §§ 20, 35a ff BVerfGG (dazu *Palm* Akteneinsicht im öffentlichen R, 2002, 144 ff, 244 ff, 274 ff, 283 ff; *Pawlita* AnwBl 1986, 1 ff) sowie § 147 StPO, § 299 ZPO.

188 Art 29 VwVfG Bay begrenzt den Anspruch auf die einzelnen einschlägigen Teile der Akte. Außerdem wird den Organen der Rechtpflege ein Ermessensanspruch auf Mitnahme der Akten in ihre Geschäftsräume eingeräumt. § 88 LVwG SH erkennt einen Anspruch auf Akteneinsicht nur in ges vorgeschriebenen Fällen an.

189 Akteneinsicht wird hier nach Ermessen gewährt. Ausf *Palm* (Fn 187) 235 ff.

Da § 29 VwVfG einen verfassungsrechtlich fundierten Rechtsgrundsatz konkretisiert (→ § 13 Rn 11 ff), ist die Regelung auf Verfahren, die nicht auf den Erlass eines Verwaltungsaktes bzw Abschluss eines öffentlich-rechtlichen Vertrages gerichtet sind (§ 9 VwVfG, → § 13 Rn 6), analog anzuwenden, wenn es um Grundrechtseingriffe geht.[190] Das Akteneinsichtsrecht besteht auch, wenn die Behörde zur unmittelbaren Aufgabenerfüllung (verwaltungs-)privatrechtlich tätig wird[191], nicht aber bei der bloßen wirtschaftlichen Betätigung, da die Behörde hier nicht in Grundrechtspositionen eingreifen kann.[192] In *spezialgesetzlichen* Regelungen wurde das Akteneinsichtsrecht zum Teil erweitert[193], zum Teil an ein besonderes persönliches Interesse[194] oder persönliche Eigenschaften geknüpft[195]. Ein *verfahrensunabhängiger* Anspruch auf Zugang zu Unterlagen der öffentlichen Verwaltung, den das Unionsrecht kennt (vgl Art 15 AEUV, VO 1049/2001)[196], entspricht der deutschen Verwaltungstradition nicht.[197] Allerdings haben die meisten Bundesländer (Brandenburg sogar auf verfassungsrechtlicher Grundlage, Art 21[198]) und mittlerweile auch der Bund – dem US-amerikanischen Beispiel folgend (→ § 13 Rn 27) – sogenannte *Akteneinsichts- und Informationsgesetze* erlassen, um Bürgern bessere Möglichkeiten zur Teilnahme am demokratischen Meinungs- und Willensprozess einzuräumen (→ § 1 Rn 72).[199] Zudem gewährt das auf unionsrechtliche Vorgaben zur Umsetzung der Aarhus-Konvention (→ § 13 Rn 21) zurückgehende *Umweltinformationsgesetz* (UIG) jedem einen Anspruch auf freien Zugang zu Umwelt-

190 Vgl schon die Gesetzesbegr BT-Drucks 7/910, 42.

191 AA *Bonk/Kallerhoff* in: Stelkens/Bonk/Sachs, VwVfG, § 29 Rn 14; wie hier *Achterberg* JA 1985, 503, 510; *Ehlers* Verwaltung in Privatrechtsform, 1984, 228; *Kopp/Ramsauer* VwVfG, § 29 Rn 5; *v Zezschwitz* NJW 1983, 1873, 1881.

192 Zur Akteneinsicht im Vergaberecht *Kahl* (Fn 19) 151.

193 So etwa f die Einsichtnahme in das Handelsregister (§ 9 HGB) u das Vereins- oder das Güterrechtsregister (§§ 79, 1563 BGB).

194 Vgl § 12 GBO (Grundbucheinsicht), § 19 BDSG (dazu *Knemeyer* JZ 1992, 348 ff).

195 So bei Personalakten v Beamten u Soldaten (§ 90c BBG; § 56c BRRG; § 29 III SoldG; dazu BVerwG DVBl 1984, 53 → JK VwVfG § 29/2; *Battis* NVwZ 1992, 956; *ders* BBG, 3. Aufl 2004, § 90c Rn 1 ff; *Gola* NVwZ 1993, 552; *Palm* (Fn 187) 124 ff) oder bei Einsichtnahmen nach dem Stasi-Unterlagen-G (§§ 12 ff StUG).

196 VO Nr 1049/2001 d Europäischen Parlaments und d Rates v 30.5.2001 über den Zugang der Öffentlichkeit zu Dokumenten d Europäischen Parlaments, des Rates und der Kommission. Zur Zeit wird an einer Neufassung der Verordnung gearbeitet. Vgl. den Vorschlag der Kommission v 30.4.2008, KOM(2008) 229 endg. Siehe auch *Bartelt/Zeitler* EuR 2003, 487; *Bock* DÖV 2002, 556; *Boysen* Verw 42/2009), 215 ff; *Marsch* DÖV 2005, 639 ff; *Nowak* DVBl 2004, 272 ff; *Partsch* NJW 2001, 3154 ff; *Riemann* Die Transparenz der Europäischen Union, 2004; *Schmitz* FS BVerwG, 2003, 677 ff; *Schnichels* EuZW 2002, 577 ff; *Wägenbaur* EuZW 2001, 680 ff.

197 Ausführlich *Wegener* Der geheime Staat – Arkantradition und Informationsfreiheitsrecht, 2006.

198 Vgl *Partsch* NJW 1998, 2559 ff; *Rossen-Stadtfeld* in: Schmidt-Aßmann/Hoffmann-Riem (Hrsg), Verwaltungskontrolle, 2001, 117, 140 ff. Aus dem GG ergibt sich nach hM kein allg Akteneinsichtsrecht. Vgl *Palm* (Fn 187) 6 ff. Anders etwa *Bieber* DÖV 1991, 857, 865 f.

199 Für die Bundesverwaltung gilt d Informationsfreiheitsgesetz v. 5.9.2005 (BGBl I, 2722). Vgl etwa *Fluck* DVBl 2006, 1406 ff; *Gusy* in: Hoffmann-Riem/Schmidt-Aßmann/Voßkuhle, Grundlagen II, § 23 Rn 81 ff; *Kloepfer/v Lewinski* DVBl 2005, 1277 ff; *Kugelmann* Die informatorische Rechtsstellung d Bürgers, 2001; *Schneider* in: Hoffmann-Riem/Schmidt-Aßmann/Voßkuhle, Grundlagen II, § 28 Rn 58 f. *Scherzberg* Die Öffentlichkeit d Verwaltung, 2000. Zur Rechtsprechung *Fluck/Merenyi* VerwArch 97 (2006), 381, 384 ff.

informationen, ohne dass es des Nachweises eines rechtlichen Interesses bedarf (§ 3 I UIG).[200] Dies gilt freilich nur gegenüber der Bundesverwaltung; in den Ländern muss es eigene Regelungen geben.[201] Im Übrigen lassen sich verfahrensunabhängige Ansprüche auf Information auch verfassungsrechtlich begründen (→ § 13 Rn 14).

33 a) *Voraussetzungen, Gegenstand und Form der Akteneinsicht.* Das verwaltungsverfahrensrechtliche Akteneinsichtsrecht steht nur den *Verfahrensbeteiligten* iSv § 13 VwVfG zu. Ggf bedarf es einer förmlichen Hinzuziehung (Rn 10 ff). Für diejenigen, die *nicht*, noch nicht oder nicht mehr am Verfahren beteiligt sind, gilt der allgemeine Verwaltungsgrundsatz, dass die Behörde nach *Ermessen* unter Berücksichtigung des Verwaltungsaufwandes und berechtigter Interessen des Antragstellers über die Gewährung von Akteneinsicht entscheidet.[202] Allerdings kann sich aus rechtsstaatlichen Gründen das Ermessen zur Rechtspflicht verdichten, wenn die Kenntnis des Akteninhaltes für eine wirksame Rechtsverfolgung (etwa zur Durchsetzung von Sekundäransprüchen) unabdingbar ist. *Rechtsanwälte* haben trotz ihrer Stellung als „unabhängiges Organ der Rechtspflege" (§ 1 BRAO) keine eigenen Akteneinsichtsrechte.[203] Notwendig ist die Bevollmächtigung durch einen Berechtigten (§ 14 VwVfG). In sogenannten *Massenverfahren* (→ § 15 Rn 42 ff) haben nur die Vertreter einen Anspruch auf Akteneinsicht (§ 29 I 3 VwVfG), da die Einsicht durch Einzelne das Verwaltungsverfahren lahm legen würde.[204] Die Kenntnis des Akteninhaltes muss für die Beteiligten „zur *Geltendmachung* oder Verteidigung ihrer *rechtlichen Interessen erforderlich*" sein. Dies muss der Antragsteller substantiiert darlegen. Ein berechtigtes Interesse lediglich wirtschaftlicher, sozialer oder ideeller Art genügt nicht. Allerdings kann die Behörde dem Akteneinsichtsbegehren nicht entgegenhalten, dass die Rechtverfolgung keine Erfolgsaussichten hat. Vielmehr muss sie Akteneinsicht bereits gewähren, wenn das geltend gemachte rechtliche Interesse nicht offensichtlich rechtsmissbräuchlich wahrgenommen wird und eine Beeinträchtigung rechtlicher Interessen ohne die Akteneinsicht möglich erscheint.[205] Der Anspruch aus § 29 VwVfG gilt nur für das *laufende Verfahren*.[206] Freilich endet das Verfahren nicht bereits mit dem Erlass, sondern erst mit der Bestands-

[200] RL 2003/4/EG d Europ Parl u d Rates v 28.1.2003 über d Zugang d Öffentlichkeit z Umweltinformationen u z Aufhebung d RL 90/313/EWG d Rates (ABl EG L 41, 26). F d Bundesverwaltung ist am 22.12.2004 unter Aufhebung d bisherigen Umweltinformationsgesetzes ein neues UIG geschaffen worden (BGBl I 3704). Näher *Näckel/Wasielewsiki* DVBl 1351 ff; *Strohmeyer* Das europäische Umweltinformationszugangsrecht als Vorbild eines nationalen Rechts der Aktenöffentlichkeit, 2003.

[201] Vgl dazu u z Rechtsprechung *Fluck/Merenyi* VerwArch 97 (2006), 381 f, 397 ff.

[202] Vgl BVerwGE 69, 278, 279 f → JK VwVfG § 25/2; DVBl 84, 53 → JK VwVfG § 29/2; OVG NRW DÖV 1980, 222 → JK VwGO § 44a/2; OVG Rh-Pf DVBl 1991, 1367 → JK VwVfG § 29/3; VGH BW BaWüVerwPr 1979, 109 → JK VwVfG § 25/1. Siehe auch *Gusy* in: Hoffmann-Riem/Schmidt-Aßmann/Voßkuhle, Grundlagen II, § 23 Rn 92 ff.

[203] Vgl BVerwGE 69, 278 ff → JK VwVfG § 25/2; DVBl 1981, 683; BayVBl 1981, 284 → JK VwVfG § 29/1; 1984, 1078, 1079; VGH BW BaWüVerwPr 1979, 109 → JK VwVfG § 25/1; *Ule/Laubinger* VwVfR, § 25 Rn 1. Zur Frage, ob Art 12 GG RA ein generelles Recht auf Einsicht in VwV ergibt, *Lübbe-Wolff* DÖV 1980, 594 ff.

[204] Vgl *Bonk/Kallerhoff* in: Stelkens/Bonk/Sachs, VwVfG, § 29 Rn 54; *v Mutius*, DVBl 1978, 665 ff.

[205] S *Bonk/Kallerhoff* in: Stelkens/Bonk/Sachs, VwVfG, § 29 Rn 48; vgl auch VGH BW NJW 1984, 1911, 1912.

[206] Vgl BVerwGE 67, 300; 84, 375; BVerwG DVBl 1984, 53, 54 → JK VwVfG § 29/2. Anders *Gurlit* Die Verwaltungsöffentlichkeit im Umweltrecht, 1989, 145.

kraft des Verwaltungsaktes (Rn 46). Hierfür spricht auch der Umkehrschluss aus § 29 I 2 VwVfG. Soweit der Akteneinsichtsanspruch zwischen dem Erlass des Verwaltungsakts und der Einleitung des Widerspruchsverfahrens verneint wird[207], ist dem entgegenzuhalten, dass die Frage, ob es sich lohnt, Widerspruch einzulegen, häufig nur bei Kenntnis des Inhalts der Verfahrensakte beantwortet werden kann.

Das Akteneinsichtsrecht bezieht sich auf die *das Verfahren betreffende Akten*. Der sogenannte materielle Aktenbegriff umfasst sämtliche Informationen, also etwa auch elektronische Daten, Fotos, Filme und Tondokumente sowie auch solche Vorgänge, die, ohne in der eigentlichen Verfahrensakte enthalten zu sein, einen Bezug zum laufenden Verfahren haben.[208] Deswegen können auch Akten anderer Behörden eingesehen werden, wenn sie im Wege der Amtshilfe (Rn 44 f) oder zu Beweiszwecken beigezogen wurden. Ein Anspruch auf Zuziehung bestimmter Akten einer anderen Behörde allein zum Zwecke der Akteneinsicht gibt es freilich nicht.[209] Weil das Akteneinsichtsrecht nur besteht, „soweit" dies zur Geltendmachung oder Verteidigung des rechtlichen Interesses erforderlich ist, dürfen Aktenteile ausgeschlossen werden, wenn an deren Kenntnis offensichtlich kein rechtliches Interesse besteht. Die Beurteilung der Erforderlichkeit ist gerichtlich voll überprüfbar. Aus § 29 VwVfG ergibt sich die Verpflichtung zur ordnungsgemäßen Aktenführung, denn das Einsichtsrecht würde leer laufen, wenn sich der entscheidungserhebliche Sachverhalt nicht vollständig durch den Inhalt der Akten belegen ließe.[210] Vor allem dürfen keine geheimen Nebenakten geführt werden. Besondere Anforderungen gelten für die elektronische Aktenführung.[211] *Nicht* umfasst von dem Recht auf Akteneinsicht sind bis zum Abschluss des Verwaltungsverfahrens *Entwürfe* zu Entscheidungen sowie *Arbeiten* zu ihrer *unmittelbaren Vorbereitung* (§ 29 I 2 VwVfG). Diese Beschränkung rechtfertigt sich aus den verfassungsrechtlich fundierten Erfordernissen einer effektiven und effizienten Aufgabenerfüllung (→ § 13 Rn 11, 15 f); die Unbefangenheit der Aktenführung und die inhaltliche Vollständigkeit der Akten werden gesichert und – vor dem Hintergrund, dass Entwürfe mit den späteren Sachentscheidungen häufig nicht übereinstimmen – verfahrensbelastende Missverständnisse vermieden.[212] Allerdings ist es der Behörde nicht verboten, Einsicht in Entwürfe und Vorbereitungsarbeiten zu gewähren. Im Gegenteil muss sie darüber nach pflichtgemäßem Ermessen entscheiden. Dabei sollte berücksichtigt werden, dass die unvor- 34

[207] Vgl *Grünewald* in: Obermayer, VwVfG, § 29 Rn 9. AA *Kopp/Ramsauer* VwVfG, § 29 Rn 22b; *Bonk/Kallerhoff* in: Stelkens/Bonk/Sachs, VwVfG, § 29 Rn 37; *Ritgen* in: Knack/Henneke, VwVfG, § 29 Rn 21.

[208] Vgl *Bonk/Kallerhoff* in: Stelkens/Bonk/Sachs, VwVfG, § 29 Rn 41; *Ritgen* in: Knack/Henneke, VwVfG, § 29 Rn 19, 21; *Hufen* (Fn 24) Rn 238; *Palm* (Fn 187) 49 ff; *Preussner* VBlBW 1982, 1, 2; *Wolff/Bachhof/Stober* VwR II, § 60 Rn 92. Zu elektronischen Daten *Britz* in: Hoffmann-Riem/Schmidt-Aßmann (Fn 127) 213, 228 ff.

[209] Vgl BVerwG NVwZ 1999, 535, 536; *Ritgen* in: Knack/Henneke, VwVfG, § 29 Rn 22; *Kopp/Ramsauer* VwVfG, § 29 Rn 14; *Preussner* VBlBW 1982, 1, 2.

[210] Vgl BVerfG NJW 1983, 2135; BVerwG NVwZ 1988, 621, 622; VGH BW DVBl 1995, 1358, 1359; *Bonk/Kallerhoff* in: Stelkens/Bonk/Sachs, VwVfG, § 29 Rn 29; *Ritgen* in: Knack/Henneke, VwVfG, § 29 Rn 7; *Kopp/Ramsauer* VwVfG, § 29 Rn 11; *Hufen* (Fn 24) Rn 241 ff; *Palm* (Fn 187) 59 ff. Allg *Ladeuer* in: Hoffmann-Riem/Schmidt-Aßmann/Voßkuhle, Grundlagen II, § 21 Rn 1 ff.

[211] Vgl *Britz* in: Hoffmann-Riem/Schmidt-Aßmann/Voßkuhle, Grundlagen II, § 26 Rn 74 ff.

[212] S die Gesetzesbegr BT-Drucks 7/910, 53; *Bonk/Kallerhoff* in: Stelkens/Bonk/Sachs, VwVfG, § 29 Rn 51; *Ritgen* in: Knack/Henneke, VwVfG, § 29 Rn 24; *Palm* (Fn 187) 90 ff.

eingenommene Entscheidungsfindung eines Sachbearbeiters beeinträchtigt werden kann, wenn er damit rechnen muss, dass seine Entwürfe herausgegeben werden. Die Beschränkung des Akteneinsichtsrechts gilt in einem sich anschließenden Widerspruchsverfahren oder Verwaltungsprozess nicht[213], weil die Entscheidungsfindung des Sachbearbeiters dann nicht mehr beeinträchtigt werden kann.

35 Die Akteneinsicht vollzieht sich dadurch, dass dem Berechtigten durch *Bereitstellung der Akten* zu zumutbaren Bedingungen Gelegenheit zum Aktenstudium gegeben wird. Ein Anspruch auf Erläuterung besteht nicht. Grundsätzlich hat die Akteneinsicht bei der *aktenführenden Behörde* zu erfolgen (§ 29 III 1 VwVfG). Sind mehrere Behörden beteiligt, findet die Akteneinsicht bei der Behörde statt, die das Verfahren durchführt, im Einzelfall auch bei einer anderen Behörde oder einer diplomatischen oder berufskonsularischen Vertretung im Ausland (§ 29 III 2 VwVfG). Die Entscheidung über die Versendung von Akten zur Einsichtnahme an eine andere Behörde liegt im Ermessen der aktenführenden Behörde. Unbillige Härten bei weiten Anfahrtswegen müssen vermieden werden. Im Übrigen kann die Behörde eigene Regelungen zur Durchführung der Akteneinsicht treffen (§ 29 III 2 aE VwVfG), insbesondere die *Mitnahme* der Akten gestatten.[214] Im Landesrecht wird für Rechtsanwälte zum Teil ein Anspruch auf fehlerfreie Ermessensentscheidung normiert.[215] Sonst scheidet ein solcher Anspruch aus. Gegen eine analoge Anwendung der Vorgaben für den Verwaltungsprozess (§ 100 II 3 VwGO) spricht, dass sich der Gesetzgeber bewusst gegen eine Normierung des Anspruchs auf Überlassung der Akten an Rechtsanwaltskanzleien ausgesprochen hat.[216] Die Rechtslage sollte geändert werden, weil die Begründung, dass die Behörden im Verfahren ständig auf die Akten zurückgreifen müssen[217], zweifelhaft ist und diese Umstände bei der Ermessensentscheidung berücksichtigt werden könnten. Die Frage, ob ein Beteiligter oder dessen Bevollmächtigter *Abschriften oder Kopien* anfertigen kann bzw ihnen solche Materialien zugeschickt werden, wird zum Teil verwaltungsverfahrensrechtlich geregelt.[218] Sonst besteht nur ein Anspruch auf *ermessensfehlerfreie Entscheidung* darüber.[219] Im Einzelfall wird freilich der Ermessensanspruch „auf Null reduziert" sein, etwa wenn der laufende Verwaltungsbetrieb durch das Anfertigen von Kopien nicht nennenswert beeinträchtigt wird.

36 b) *Einschränkungen der Akteneinsicht.* Zum Schutz einer effektiven und effizienten Aufgabenerfüllung (→ § 13 Rn 11, 15 f) sowie staatlicher oder – in Grundrechten fundierter (→ § 13 Rn 13) – privater Geheimhaltungsinteressen wurde ein *Ausnahmekatalog* normiert (§ 29 II VwVfG). Die Regelung ist angesichts der verfassungsrechtlichen Bedeutung des Akteneinsichtsrechts abschließend und – soweit es um staatliche Inte-

213 Vgl BVerwGE 67, 300, 304; *Bonk/Kallerhoff* in: Stelkens/Bonk/Sachs, VwVfG, § 29 Rn 53; *Ritgen* in: Knack/Henneke, VwVfG, § 29 Rn 24; *Grünewald* in: Obermayer, VwVfG, § 29 Rn 23; *Kopp/Ramsauer* VwVfG, § 29 Rn 25.

214 Vgl OVG NRW MDR 1966, 83, 84.

215 S Art 29 III 2 VwVfG Bay.

216 Vgl die Gesetzesbegr BT-Drucks 7/910, 53; *Palm* (Fn 187) 104 f; *Pawlita* AnwBl 1986, 1, 5.

217 Vgl Gesetzesbegr BT-Drucks 7/910, 53; sowie OVG NRW NJW 1980, 722; BayVGH BayVBl 1980, 94; *Ritgen* in: Knack/Henneke, VwVfG, § 29 Rn 35 f. Krit *Preussner* VBlBW 1982, 1, 8; *Ule* DVBl 1976, 421, 428.

218 Vgl § 88 V LVwG SH, § 25 V SGB X.

219 Vgl *Bonk/Kallerhoff* in: Stelkens/Bonk/Sachs, VwVfG, § 29 Rn 85 f; *Kopp/Ramsauer* VwVfG, § 29 Rn 42; *Ritgen* in: Knack/Henneke, VwVfG, § 29 Rn 36. Zur Einsicht in Prüfungsunterlagen *Kunz* VR 1994, 217, 221; *Steike* NVwZ 2001, 868, 871.

ressen geht – restriktiv zu handhaben. Die Tatbestandsvoraussetzungen sind gerichtlich voll überprüfbar.[220] Liegen sie vor, ist die Behörde zur Gestattung der Akteneinsicht auch dann *nicht verpflichtet*, wenn der Beteiligte an der Verfolgung seiner Ansprüche gehindert wird.[221] Soweit es um öffentliche Interessen geht, ist die Akteneinsicht freilich nicht verboten. Allerdings hat der Bürger keinen Anspruch auf eine ermessensfehlerfreie Entscheidung, da der Gesetzgeber – im Gegensatz zu den in § 28 II VwVfG genannten Ausnahmegründen vom Anhörungsgebot (Rn 30) – einen anspruchsausschließenden Tatbestand geschaffen hat.[222] Da sich die Verweigerung der Akteneinsicht – was aus der Formulierung „soweit" zu erkennen ist – auch auf Teile der Akte beziehen kann, darf die Einsicht nur dann vollständig versagt werden, wenn sich der Ausschlussgrund auf den gesamten Akteninhalt bezieht.[223] In der Regel ist es möglich, vom Ausschlussgrund betroffene Teile aus der Akte herauszunehmen (worüber der Ansichtnehmende zu informieren ist) oder zu schwärzen. Deswegen kann das Akteneinssichtsbegehren nur in seltenen Fällen vollständig versagt werden.

Die Verpflichtung zur Gewähr von Akteneinsicht entfällt zum einen, soweit durch sie **37**
die *ordnungsgemäße Erfüllung* der Aufgaben der Behörde *beeinträchtigt* würde (§ 29 II Var 1 VwVfG). Die Funktionsfähigkeit der Behörde soll vor einer übermäßigen Belastung durch Akteneinsichtsgesuche geschützt werden.[224] Auch ein einzelner Antrag kann die behördliche Aufgabenerfüllung beeinträchtigen, etwa wenn dadurch die geheimhaltungsbedürftige Identität eines Informanten bekannt oder die Kenntnis des Akteninhaltes den Erfolg des konkreten Verwaltungsverfahren gefährden würde. Zum anderen besteht kein Akteneinsichtsrecht, soweit das Bekanntwerden des Inhalts der Akten dem *Wohl des Bundes oder eines Landes* Nachteile bereiten würde (§ 29 II Var 2 VwVfG).[225] Nachteile drohen nicht schon deshalb, weil der Behörde ein negativer Verfahrensausgang bevorsteht, sondern erst, wenn die äußere oder innere Sicherheit gefährdet ist. Dies kann etwa bei geheimzuhaltenden Angelegenheiten der Verteidigung, des Zivilschutzes, des Verfassungsschutzes oder für Angelegenheiten von erheblicher staatspolitischer Bedeutung der Fall sein. Schließlich ist das Akteneinsichtrecht ausgeschlossen, soweit die Vorgänge nach einem Gesetz oder „dem Wesen nach", „namentlich wegen der berechtigten Interessen der Beteiligten oder dritter Personen," geheim gehalten werden müssen (§ 29 II Var 3 VwVfG). *Gesetzliche Geheimhaltungsbestimmungen* finden sich bei der Amtshilfe (§ 5 II VwVfG, Rn 44 f) sowie im verwaltungsverfahrensrechtlichen Verbot des Offenbarens von Geheimnissen (§ 30 VwVfG)[226] und in Spezial-

220 Vgl BayVGH BayVBl 1978, 86; NVwZ 1990, 778, 779 (zu § 99 I VwGO).

221 Vgl VGH BW DVBl 1974, 817, 819; *Kopp/Ramsauer* VwVfG, § 29 Rn 35; *Ritgen* in: Knack/Henneke, VwVfG, § 29 Rn 29.

222 S *Grünewald* in: Obermayer, VwVfG, § 29 Rn 26.

223 Vgl auch die Gesetzesbegr BT-Drucks 7/910, 53.

224 Vgl BT-Drucks 7/910, 53; BayVGH NVwZ 1990, 775, 778; *Bonk/Kallerhoff* in: Stelkens/Bonk/Sachs, VwVfG, § 29 Rn 55; *Ritgen* in: Knack/Henneke, VwVfG, § 29 Rn 28; *Grünewald* in: Obermayer, VwVfG, § 29 Rn 30 f; *Kopp/Ramsauer* VwVfG, § 29 Rn 30 ff; *Palm* (Fn 187) 93 ff, 137 ff; *Widhofer-Mohnen* VR 1980, 285, 288.

225 Vgl *Palm* (Fn 187) 95 ff. Entspr wurde etwa bei der Beschränkung der Aktenvorlage im Verwaltungsprozess (§ 99 I VwGO) oder bei der Verweigerung der Aussagegenehmigung für Beamten (§ 39 III BRRG, § 62 I BBG, dazu BVerwGE 66, 39, 43) normiert. Vgl *Cosack/Tomerius* NVwZ 1993, 841 ff; *Palm* (Fn 187) 164 ff; *Ziegler* ZRP 1988, 25 ff; *Ziekow* BayVBl 1992, 132 ff.

226 AA wegen des undifferenzierten Normgehaltes der Vorschrift *Ritgen* in: Knack/Henneke, VwVfG, § 29 Rn 32.

gesetzen (Rn 39). Dass die Akteneinsicht auch verweigert werden kann, wenn die Vorgänge *„ihrem Wesen nach"* geheim zu halten sind, ist im Hinblick auf die rechtsstaatlichen Bestimmtheitsanforderungen und die Wesentlichkeitsrechtsprechung des BVerfG[227] bedenklich. Jedenfalls steht der Behörde kein Beurteilungsspielraum zu; die Abwägung zwischen dem öffentlichen oder privaten Interesse an der Geheimhaltung einerseits und dem Informationsinteresse des Antragstellers anderseits ist gerichtlich voll überprüfbar.[228] Keine Geheimhaltung besteht im *Prüfungswesen*. Weil Berufsqualifizierungen wegen Art 12 GG der gerichtlichen Nachprüfung unterliegen[229], muss der Betroffene in die Prüfungsunterlagen (Protokolle, Korrekturbemerkungen, Schlussbeurteilungen uä) einsehen können.[230] § 2 III Nr 2 VwVfG trägt dem Rechnung. Schließlich kann die Geheimhaltungsbedürftigkeit auch in der *Person des Antragstellers* liegen, etwa wenn die Kenntnis des Akteninhaltes wegen des streng persönlichen Charakters unzumutbar wäre.[231]

38 c) *Folgen eines Verstoßes gegen das Akteneinsichtsrecht.* Die Verweigerung der Akteneinsicht ist ein *Verwaltungsakt*, weil dies nur ausnahmsweise zulässig ist.[232] Unabhängig davon ist die behördliche Entscheidung in einem laufenden Verfahren gem § 44a VwGO gerichtlich nicht selbständig anfechtbar (Rn 68).[233] Die rechtswidrige Versagung der Akteneinsicht ist ein *Verfahrensfehler*, der wegen der engen Verbindung der Akteneinsicht mit dem Anhörungsrecht in analoger Anwendung von § 45 I Nr 3 iVm II VwVfG (Rn 58 ff) geheilt werden kann[234] bzw unter den Voraussetzungen des § 46

227 Grundlegend BVerfGE 40, 237, 249; 47, 46, 78 f; 49, 89, 126.

228 Berechtigte Geheimhaltungsinteressen wurden etwa bei der Einsicht in Sicherheitsakten (vgl BVerwGE 55, 186, 189) sowie in Akten des Verfassungsschutzes (vgl HessVGH DVBl 1977, 428, 429; BayVGH NVwZ 1990, 778 zu § 99 I VwGO), der Jugendämter (vgl HessVGH JZ 1965, 319 f) oder des Bundeskartellamtes (KG Berlin ZIP 1986, 1614, 1616 f) anerkannt.

229 Vgl BVerfGE 84, 34, 45 ff; 49 ff; 84, 59, 72. Zur Heilung v Verfahrensfehlern im Prüfungsverfahren *Martin* Heilung von Verfahrensfehlern im Verwaltungsverfahren, 2004, 70 ff.

230 Vgl BVerwGE 91, 262, 267; 95, 237, 252; OVG Rh-Pf NJW 1968, 1899; NdsOVG NJW 1973, 638; BayVGH BayVBl 1986, 150, 151; VGH BW NVwZ 1987, 1010, 1011; *Bonk/Kallerhoff* in: Stelkens/Bonk/Sachs, VwVfG, § 29 Rn 75; *Kopp/Ramsauer* VwVfG, § 29 Rn 37a; *Kunz* VR 1994, 217 ff; *Palm* (Fn 187) 71 ff; *Zimmerling/Brehm* Prüfungsrecht, 2. Aufl 2000, Rn 281 ff. AA noch BVerwGE 7, 153, 154 ff; 14, 31, 33 f; 15, 267, 268 (Sicherung der Unabhängigkeit der Prüfung).

231 Vgl BVerfGE 65, 1, 46; 67, 100, 144; BVerwGE 74, 115, 119; BayVGH NVwZ 1990, 775, 777; *Bonk/Kallerhoff* in: Stelkens/Bonk/Sachs, VwVfG, § 29 Rn 71 ff; *Ritgen* in: Knack/Henneke, VwVfG, § 29 Rn 33; *Grünewald* in: Obermayer, VwVfG, § 29 Rn 41; *Hufen* (Fn 24) Rn 251; *Preussner* VBlBW 1982, 1, 6.

232 S die Gesetzesbegr BT-Drucks 7/910, 54; sowie BVerwGE 31, 301, 307; OVG Rh-Pf DVBl 1991, 1367 → JK VwVfG § 29/3; *Bonk/Kallerhoff* in: Stelkens/Bonk/Sachs, VwVfG, § 29 Rn 86; *Grünewald* in: Obermayer, VwVfG, § 29 Rn 66; *Kopp/Ramsauer* VwVfG, § 29 Rn 44; *Palm* (Fn 187) 109. AA etwa *Hufen* (Fn 24) Rn 253 f.

233 Vgl BVerwG BayVBl 1978, 444 → JK VwGO § 44a/1; NJW 1979, 177; NJW 1982, 120 → JK VwGO § 44a/4; OVG NRW DÖV 1980, 222 → JK VwGO § 44a/2; BayVGH BayVBl 1995, 631 f; OVG Rh-Pf DÖD 2000, 140; VG Köln NJW 1978, 1397 → JK VwGO § 44a/1; *Ritgen* in: Knack/Henneke, VwVfG, § 29 Rn 37; *Ule/Laubinger* VwVfR, § 25 Rn 10; *Grünewald* in: Obermayer, VwVfG, § 29 Rn 57 f. AA *Kopp/Ramsauer* VwVfG, § 29 Rn 44; *Preussner* VBlBW 1982, 1, 9 (für die Zulässigkeit eines Antrags auf einstweilige Anordnung); *Redeker/v Oertzen* VwGO, § 44a Rn 3b; *Plagemann* NJW 1978, 2261; *Schneider* in: Hoffmann-Riem/Schmidt-Aßmann/Voßkuhle, Grundlagen II, § 28 Rn 55.

234 Näher *Hufen* (Fn 24) Rn 256.

VwVfG unbeachtlich ist (Rn 63 ff). Entsteht dem Betroffenen durch die rechtswidrige Verweigerung der Akteneinsicht ein Schaden, steht ihm ein Ersatzanspruch auf Grundlage von § 839 BGB, Art 34 GG zu.[235]

d) *Anspruch auf Geheimhaltung.* Die Beteiligten haben einen Anspruch darauf, dass ihre *Geheimnisse* nicht unbefugt offenbart werden (§ 30 VwVfG). Dies ist das notwendige Gegenstück zur Öffnung des Verwaltungswissens durch Akteneinsichtsrechte.[236] Spezialgesetzliche Regeln finden sich etwa im Datenschutz-, Steuer-, Sozial- und Beamtenrecht sowie zum Schutz von Betriebs- und Geschäftsgeheimnissen im Wirtschaftsverwaltungsrecht.[237] Der Anspruch auf Geheimhaltung ist verfassungsrechtlich im Recht auf informationelle Selbstbestimmung fundiert (→ § 13 Rn 13)[238] und ein ungeschriebener Grundsatz des europäischen Verwaltungsverfahrensrechts (→ § 13 Rn 20). Unter Hinweis auf sein Persönlichkeitsrecht wehrte sich zB Altbundeskanzler *Helmut Kohl* erfolgreich gegen die Herausgabe von Stasi-Unterlagen mit personenbezogenen Informationen an die Presse.[239] Nach dem Wortlaut von § 30 VwVfG besitzt nur der Beteiligte (Rn 10 ff) in einem laufenden Verwaltungsverfahren iSv § 9 VwVfG (→ § 13 Rn 6) einen Geheimhaltungsanspruch. Aus verfassungsrechtlichen Gründen ist der Anwendungsbereich freilich auszudehnen. Vor allem gilt der Geheimhaltungsanspruch über den Abschluss, ja sogar *über das Ende des Verwaltungsverfahrens* (Rn 46) *hinaus*; denn mit der Verkündung einer Entscheidung endet der Schutz des Persönlichkeitsrechts eines Beteiligten nicht. Zudem ist der Rechtsgedanke auf die Geheimnisse *Dritter* anwendbar (zB von Zeugen, Sachverständigen, Informanten und Familienangehörigen der Beteiligten), die in einem Verwaltungsverfahren zur Kenntnis der Behörde gelangt sind. Schließlich hängt der Anspruch auf Geheimhaltung auch nicht vom Bestehen eines Verwaltungsverfahren iSv § 9 VwVfG ab, sondern gilt entsprechend bei *sonstigen Handlungsformen*, einschließlich verwaltungsprivatrechtlicher Tätigkeiten.[240] Nimmt die Verwaltung privatrechtlich bloß am Wirtschaftsleben teil, gelten die strafrechtlichen Vorgaben (§§ 203 ff StGB). *Geheimnisse*, die unter den Schutz des § 30 VwVfG fallen, sind in Anlehnung an den strafrechtlichen Geheimnisbegriff alle Tatsachen, die sich auf eine bestimmte Person und dessen Lebens- und Betriebsverhältnisse beziehen, nur einem begrenzten Personenkreis bekannt sind und an deren Nichtverbreitung der Rechtsträger ein berechtigtes Interesse hat.[241] Besonders aufgeführt sind die Betriebs- und Geschäftsgeheimnisse (etwa Umsatz- und Ertragszahlen, Bilanzen, Produktions- 39

[235] Vgl LG Aachen NJW 1989, 531 f.

[236] *Schneider* in: Hoffmann-Riem/Schmidt-Aßmann/Voßkuhle, Grundlagen II, § 28 Rn 64.

[237] S § 5 BDSG (Datengeheimnis), § 30 AO, § 355 StGB (Steuergeheimnis, hierzu OLG Celle NJW 1990, 1802), § 35 SGB I u §§ 67a ff SGB X (Sozialgeheimnis); § 61 BBG, § 39 BRRG (Amtsverschwiegenheit, dazu *Kunig* in: Schmidt-Aßmann/Schoch, Bes VwR, Kap 6 Rn 137 f) sowie etwa § 10 II, III BImschG, § 139b I 3 GewO, § 7 IV AtG, § 17a GenTG, § 22 II ChemG, § 17 UWG; § 136 TKG. Vgl *Palm* (Fn 187) 98 f. Allg z Umgang m personenbezogenen Informationen u Daten *Albers* in: Hoffmann-Riem/Schmidt-Aßmann/Voßkuhle, Grundlagen II, § 22.

[238] Vgl BVerfGE 65, 1 ff (Volkszählungsurteil); *Kurreck* Der Geheimhaltungsanspruch im Verwaltungsverfahren, 1998, 40 ff; *Schlink* NVwZ 1986, 249, 251 ff, 253 ff.

[239] Vgl BVerwGE 121, 115 (zu § 32 StUG). Sehr krit *Arndt* NJW 2004, 3157. Z Stasi-UnterlagenG *Geiger/Klinghardt* Kommentar, 2. Aufl 2006.

[240] Vgl *Achterberg* JA 1985, 503, 510; *Kurreck* (Fn 238) 17 ff; *Ehlers* (Fn 191) 228; *v Zezschwitz* NJW 1983, 1873, 1881.

[241] Vgl BT-Drucks 7/910, 54. Näher *Kurreck* (Fn 238) 17 ff. Zum strafrechtlichen Geheimnisbegriff s *Fischer* StGB, 56. Aufl 2009, § 203 Rn 4 ff.

verfahren oder Geschäftsverbindungen). Ob ein Geheimnis vorliegt, ist gerichtlich voll überprüfbar. Der Behörde steht kein Beurteilungsspielraum zu.[242] *Kein Geheimhaltungsschutz* besteht, wenn die Behörde *zur Offenbarung befugt* ist. Die Befugnis ergibt sich zum einen aus *gesetzlichen Vorschriften*, insbesondere solchen, die eine Informationsübermittlung im Sozial- und Abgabenrecht im Rahmen einer Amtshilfe (Rn 44 f) gestatten.[243] Sonst kann das Institut der Amtshilfe das Offenbaren von Geheimnissen zwischen Verwaltungsträgern nicht rechtfertigen. Dies stellt § 5 II 2 VwVfG klar.[244] Zum anderen besteht eine Befugnis zur Offenbarung in den Fällen, in denen der *Betroffene zugestimmt* hat.[245] Viele meinen, dass das subjektive Geheimhaltungsinteresse darüber hinaus auch hinter höher zu bewertenden Rechtsgütern der Allgemeinheit zurücktreten muss.[246] Dies müsste aber gesetzlich normiert werden, weil die Offenbarung von Geheimnissen einen Eingriff in grundrechtlich geschützte Persönlichkeitsrechte darstellt.

4. Beratungs- und Auskunftspflichten der Behörde

40 In gewissem Umfang haben Behörden eine *Beratungs- und Auskunftspflicht*. So sollen sie die Abgabe oder Berichtigung von Erklärungen und Anträgen anregen, wenn die Erklärungen und Anträge offensichtlich nur versehentlich oder aus Unkenntnis unterblieben oder nicht richtig abgegeben oder gestellt worden sind (§ 25 I 1 VwVfG). Zudem haben die Behörden, soweit erforderlich, Auskunft über die den Beteiligten im Verwaltungsverfahren zustehenden Rechte und die ihnen obliegenden Pflichten zu erteilen (§ 25 I 2 VwVfG). Niemand soll aus Unkenntnis seiner Rechte verlustig gehen.[247] Weitergehende Verpflichtungen bestehen im Sozialrecht.[248] Der Adressatenkreis der verfahrensgesetzlichen Verpflichtungen beschränkt sich trotz des Wortlauts von § 25 I 2 VwVfG nicht auf die formal iSv § 13 VwVfG Beteiligten (Rn 10 ff), sondern erfasst auch betroffene Dritte sowie Zeugen, Sachverständige oder Bevollmächtigte.[249] Als Ausdruck eines allgemeinen, verfassungsrechtlich verwurzelten (→ § 13 Rn 11 ff) Rechtsgedankens ist § 25 VwVfG zudem auf nicht von § 9 VwVfG erfasste öffentlichrechtliche Handlungsformen und verwaltungsprivatrechtliche Tätigkeiten – nicht aber bei bloß fiskalischer Betätigung – anzuwenden (→ § 13 Rn 6).[250] Spezielle Auskunfts-

[242] Vgl BayVGH NVwZ 1990, 778; *Kopp/Ramsauer* VwVfG, § 30 Rn 8.

[243] S § 35 II SGB I, §§ 67 ff SGB X, § 117 SGB XII, § 25 WoGG; § 30 ff AO.

[244] Anders HessVGH NVwZ 2003, 755; *Ritgen* in: Knack/Henneke, VwVfG, § 30 Rn 14; *Bullinger* NJW 1978, 2121, 2127; *Meyer-Teschendorf* ZBR 1979, 261, 266; *Steinbömer* DVBl 1981, 340, 341; *Knemeyer* NJW 1984, 2241, 2244; *Ule/Laubinger* VwVfR, § 23 Rn 10. Zu den datenschutzrechtlichen Grenzen der Amtshilfe *Bull* DÖV 1979, 689 ff; *Scherzberg* in: Hoffmann-Riem/Schmidt-Aßmann (Hrsg), Verwaltungsrecht in der Informationsgesellschaft, 2000, 195, 213 ff; *Simitis* NJW 1986, 2795 ff; *Riegel* DVBl 1988, 121 ff; *Schlink* NVwZ 1986, 249 ff.

[245] Vgl BT-Drucks 7/910, 54; BVerfGE 27, 344, 352; *Ule/Laubinger* VwVfR, 23 Rn 10.

[246] Vgl BT-Drucks 7/910, 54; BVerwGE 35, 225, 228; 49, 89, 93 f; 74, 115, 119; 84, 375, 381; VGH BW DVBl 1992, 1309, 1310; BayVGH BayVBl 1987, 119; *Kurreck* (Fn 238) 146 ff; *Ule/Laubinger* VwVfR, § 23 Rn 10.

[247] So die Gesetzesbegr BT-Drucks 7/910, 49.

[248] S §§ 13 ff SGB I. Vgl BVerwGE 69, 278 ff → JK VwVfG § 25/2.

[249] Für eine Beschränkung auf die Beteiligten iSv § 13 VwVfG *Engelhardt* in: Obermayer, VwVfG, § 25 Rn 33.

[250] Vgl *Achterberg* JA 1985, 503, 510; *Kahl* (Fn 19) 251, 166; *Kopp/Ramsauer* VwVfG, § 25 Rn 6; *Kallerhoff* in: Stelkens/Bonk/Sachs, VwVfG, § 25 Rn 9; *v Zezschwitz* NJW 1983, 1873, 1881.

und Beratungsverpflichtungen zur Beschleunigung von Genehmigungsverfahren gab es bis 2008 für „wirtschaftliche Unternehmungen" (§ 71c aF VwVfG).[251] Nachdem die §§ 71a ff aF VwVfG durch Regelungen zum Verfahren über eine „einheitliche Stelle" ersetzt wurden (→ § 15 Rn 45 ff),[252] gilt nun allgemein, dass die Behörde – soweit erforderlich – bereits vor Antragsstellung mit dem Antragssteller erörtern soll, welche Nachweise und Unterlagen von ihm zu erbringen sind und wie das Verfahren beschleunigt werden kann (§ 25 II 1 VwVfG).[253] Zudem soll die Behörde dem Antragssteller nach Eingang des Antrages unverzüglich Auskunft über die voraussichtliche Verfahrensdauer und die Vollständigkeit der Antragsunterlagen geben (§ 25 II 2 VwVfG).[254] Dies sollte eigentlich eine Selbstverständlichkeit sein. Eine allgemeine Pflicht zur Rechtsauskunft oder Rechtsberatung gibt es allerdings nicht.[255] Weitergehende Mitteilungen *außerhalb eines anhängigen Verfahrens* oder an *Nichtbeteiligte* stehen im Ermessen der Behörde.[256] Die behördliche Entscheidung ist deswegen ein Verwaltungsakt. Ein Anspruch auf ermessensfehlerfreie Entscheidung besteht bei einem berechtigten Interesse, das insbesondere aus dem Grundsatz des effektiven Rechtsschutzes (Art 19 IV GG) folgen kann. Im Einzelfall kann sich ein Auskunfts- und Informationsanspruch unmittelbar aus Grundrechten ergeben, wenn es die Information nötig ist, um über die Einleitung eines Verwaltungsverfahrens entscheiden zu können.[257] Im Übrigen entspricht eine großzügige Auskunft und Beratung den Anforderungen an eine bürgerfreundliche Verwaltung.[258] Spezielle Informationsverpflichten gibt es, wenn ein Verfahren – den Vorgaben der Dienstleistungsrichtlinie entsprechend – über eine „einheitliche Stelle" durchgeführt wird (§ 71c VwVfG, → § 15 Rn 45).

Die *Beratungspflicht* des § 25 I 1 VwVfG bezieht sich auf alle Willens- oder Wis- **41**
sensbekundungen und sämtliche Verfahrens- und Sachanträge. Sie umfasst auch *Rechtsfragen.*[259] Obwohl die Gesetzesüberschrift von „Beratung" spricht, ist die Behörde nur verpflichtet, die Abgabe einer richtigen Erklärung oder die Stellung eines richtigen An-

[251] Vgl dazu in der Vorauflage § 14 Rn 45.

[252] Die Regelungen des § 25 II VwVfG wurden durch das ViertesG z Änderung verwaltungsverfahrensrechtlicher Vorschriften v 11.11.2008 (BGBl 2008 I, 2418) eingefügt.

[253] Ob Beratungs- und Auskunftspflichten auch schon vor Beginn eines Verwaltungsverfahrens bestehen, war bislang umstritten. Vgl einerseits restriktiv *Engelhardt* in: Obermayer, VwVfG, § 25 Rn 13 u 47, und andererseits großzügig *Kopp/Ramsauer* VwVfG, § 25 Rn 4, sowie *Pünder* in der Vorauf1 § 13 Rn 40.

[254] Die Mitteilungspflicht in § 25 II 2 VwVfG wurde im Unterschied zu § 73c III aF VwVfG bewusst als Sollvorschrift ausgestaltet, um einen unnötigen Verwaltungsaufwand zu vermeiden. Vgl die Gesetzesbegründung zum 4. VwVfÄndG BT-Drucks 16/10493, S 15.

[255] Vgl BVerwG NJW 1965, 1450; HessVGH DÖV 1962, 757; NdsOVG DVBl 1967, 859; *Kopp/Ramsauer* VwVfG, § 25 Rn 4; *Ritgen* in: Knack/Henneke, VwVfG, § 25 Rn 15; *Ule/Laubinger* VwVfR, § 26 Rn 12 u 24; *Kallerhoff* in: Stelkens/Bonk/Sachs, VwVfG, § 25 Rn 10; *Pipkorn* DÖV 1970, 171.

[256] Vgl BVerwGE 30, 154, 159 f; 31, 301, 306; 35, 225, 226; 61, 15, 22 ff; 69, 278 ff → JK VwVfG § 25/2; VGH BW BaWüVerwPr 1979, 109 → JK VwVfG § 25/1; OVG NRW NWVBl 1992, 360 → JK VwVfG § 25/3; OVG Rh-Pf NVwZ 1992, 384.

[257] Vgl BVerwGE 118, 270, 271 ff (Anspruch aus Art 12 I GG im Hinblick auf eine auslaufende Linienverkehrsgenehmigung). Dass der Anspruchssteller RA ist, reicht nicht aus. Vgl BVerwGE 69, 287 ff → JK VwVfG § 25/2. Zur Frage, ob Art 12 GG RA ein generelles Recht auf Einsicht in VwV ergibt, *Lübbe-Wolff* DÖV 1980, 594 ff.

[258] Hinw auf empirische Untersuchungen *Wölki* (Fn 167) 273 ff.

[259] Vgl BVerwGE 36, 264, 267 (zu § 86 III VwGO); OVG NRW NVwZ 86, 134 (zur Hinweispflicht im Zusammenhang einer irrtümlich verfrühten Widerspruchseinlegung).

trages *anzuregen*. Deutlich wird, dass die behördliche Betreuungspflicht keine den Rechtsanwälten vorbehaltene Rechtsberatung umfasst, bei der sich die Behörde uU auch dem Vorwurf der Parteilichkeit aussetzen würde.[260] Die Behörde muss tätig werden, wenn die Beteiligten bei ihren Erklärungen und Anträgen von einer anderen Rechtsauffassung als die Behörde ausgehen oder ihnen die Bedeutung bestimmter Rechtsvorschriften nicht bewusst ist. Die Beratungspflicht wird nur ausgelöst, wenn Erklärungen und Anträge *offensichtlich* nur versehentlich oder aus Unkenntnis unterblieben oder unrichtig abgegeben wurden. Der Fehler muss sich der Behörde aufdrängen. Allerdings handelt es sich bei § 25 I 1 VwVfG um eine Sollvorschrift. Daher kann eine Anregung in besonderen Fällen unterbleiben, vor allem wenn ein Beteiligter durch einen Rechtsanwalt vertreten wird.[261] Auf der anderen Seite ist die Beratung zu intensivieren, wenn der Betroffene in einer besonderen Abhängigkeit zur Verwaltung steht oder nur über einen unzureichenden Kenntnisstand verfügt.[262] Die *Auskunftspflicht* beschränkt sich nicht auf die prozeduralen Rechte und Pflichten, sondern umfasst *auch* das *materielle Recht*.[263] Mit der Bezugnahme auf das Verwaltungsverfahren in § 25 I 2 VwVfG wird lediglich zum Ausdruck gebracht, dass sich die Auskunftsverpflichtung nur auf die Inhalte bezieht, die für das Verwaltungsverfahren von Belang sind. Allerdings beschränkt sich die Auskunftspflicht auf den vom Beteiligten nachgefragten Inhalt und darf *nicht* zu einer *allgemeinen Rechtsauskunft* führen. Die behördliche Pflicht erstreckt sich nur auf solche Auskünfte, die für den Beteiligten zur Wahrnehmung seiner Rechte bzw zur Erfüllung seiner Pflichten *erforderlich* sind. Dieses Tatbestandsmerkmal ist gerichtlich voll nachprüfbar. Die Betroffenen können freilich nur verlangen, was sie tatsächlich benötigen. Hierzu kann auch die Auskunft über verwaltungsinterne Vorschriften, Weisungen oder sonstige Informationsquellen gehören.[264] Begrenzt wird die Auskunftserteilung auch dadurch, dass die Behörde bei mehreren Beteiligten den Grundsatz der Waffengleichheit beachten muss und *keine einseitige* Auskunft erteilen darf. Die Behörde darf sich nicht dem Verdacht der Parteilichkeit aussetzen.[265] Schließlich dürfen durch die Auskunftserteilung keine Geheimhaltungspflichten (vgl Rn 39) verletzt werden. Aus der Auskunft kann kein Anspruch auf ein bestimmten Verwaltungshandeln hergeleitet werden. Hierin liegt der Unterschied zur Zusage, insbesondere der Zusicherung, einen bestimmten Verwaltungsakt später zu erlassen oder zu unterlassen (§ 38 VwVfG).[266]

[260] Vgl hierzu *Hattstein* Verwaltungsrechtliche Betreuungspflichten, 1999, 134 ff; *Jäde* BayVBl 1988, 264 ff; *Kopp/Ramsauer* VwVfG, § 25 Rn 12.

[261] Vgl BVerwGE 21, 217, 218; 29, 261, 268; 49, 252, 256 zu § 86 III VwGO.

[262] Vgl schon RGZ 146, 35, 40 zur Belehrungspflicht gegenüber einer unkundigen Beamtenwitwe. IÜ *Fehling* (Fn 16) 306 ff; *Hufen* (Fn 24) Rn 225 ff.

[263] AA *Kopp/Ramsauer* VwVfG, § 25 Rn 13; *Kallerhoff* in: Stelkens/Bonk/Sachs, VwVfG, § 25 Rn 44. Wie hier BVerwGE 69, 287 ff → JK VwVfG § 25/2; *Bieback* DVBl 1983, 159, 168; *Ritgen* in: Knack/Henneke, VwVfG, § 25 Rn 28; *Engelhardt* in: Obermayer, VwVfG, § 25 Rn 35; *Ule/Laubinger* VwVfR, § 26 Rn 9.

[264] Vgl BVerwGE 69, 278 ff → JK VwVfG § 25/2; VGH BW BaWüVerwPr 1979, 109 → JK VwVfG § 25/1. Zur Frage, ob die Garantie des effektiven Rechtsschutzes nach Art 19 IV GG eine Pflicht zur Veröffentlichung v VwV begr, OVG Berlin DÖV 1976, 53 ff; *Ossenbühl* Verwaltungsverfahren und Grundgesetz, 1986, 462 ff.

[265] Vgl *Jäde* BayVBl 1988, 264; *Kopp/Ramsauer* VwVfG, § 25 Rn 16; *Kallerhoff* in: Stelkens/Bonk/Sachs, VwVfG, § 25 Rn 21.

[266] Vgl zur Übung die Fallbearbeitung *Pünder* JA 2004, 467 ff.

Die Verletzung einer Beratungs- bzw Auskunftspflicht stellt einen *Verfahrensfehler* dar. Das Fehlverhalten der Behörde kann aber nicht isoliert geltend gemacht werden (§ 44a VwGO, Rn 68).[267] Zudem kann die gerichtliche Aufhebung des Verwaltungsaktes nur dann verlangt werden, wenn nicht auszuschließen ist, dass sich der Fehler auf das Ergebnis der Entscheidung ausgewirkt hat (§ 46 VwVfG, Rn 63 ff). Eine Fehlerheilung ist nicht vorgesehen, jedoch kommt eine analoge Anwendung des § 45 I Nr 3 VwVfG in Betracht, da nicht einzusehen ist, warum nicht auch die mit dem Anhörungsrecht eng verbundene Verletzung der Beratungs- und Auskunftspflicht geheilt werden kann (Rn 58 ff). Eine unrichtige Beratung oder Auskunft kann einen Schadensersatzanspruch wegen *Amtspflichtverletzung* auslösen (§ 839 BGB, Art 34 GG), auch wenn eine Rechtspflicht zum Rat oder der Auskunft nicht bestand.[268] Der Betroffene hat zudem einen *Anspruch auf Folgenbeseitigung*.[269] Eine falsche Auskunft ist zu berichtigen. Hat der Betroffene eine gesetzliche Frist versäumt, ist ihm Wiederseinsetzung in den vorherigen Stand zu gewähren. Der *sozialrechtliche Herstellungsanspruch* geht darüber hinaus, weil der Betroffene hier insgesamt so zu stellen ist, wie er stünde, wenn die Behörde ihrer Betreuungs- und Fürsorgepflicht nachgekommen wäre.[270] Eine Übernahme in das allgemeine Verwaltungsrecht wird abgelehnt.[271] Einsichtig ist das nicht, weil sich sozialrechtliche Besonderheiten kaum ausmachen lassen.[272] **42**

5. Mitwirkung anderer Behörden

a) *Mitwirkungsberechtigung anderer Behörden.* Ob und in welchem Umfang neben der **43**
entscheidungszuständigen Behörde *andere Behörden* und Verwaltungsträger zur Mitwirkung an Verwaltungsverfahren *berechtigt* sind, bestimmt das jeweilige Fachrecht (zur vertikalen und horizontalen Verwaltungskooperation in der EU → § 15 Rn 49 ff). Zum Teil haben die Stellen lediglich einen *beratenden* Einfluss, weil nur ihre „Anhörung“ oder „Stellungnahme“ vorgeschrieben ist, oder bloß verlangt wird, dass die Entscheidung auf „Vorschlag“ einer anderen Stelle oder „im Benehmen“ mit ihr zu treffen ist.[273] Die entscheidungsbefugte Behörde wird nicht gebunden und kann eine abweichende Sachentscheidung treffen. Anders verhält es sich, wenn die „Zustimmung“ oder das „Einvernehmen“ der mitwirkungsberechtigten Stelle verlangt und ihr damit ein *bestimmender* Einfluss zugewiesen wird.[274] Bei einem solchen „mehrstufigen“ Ver-

267 Vgl *Hattstein* (Fn 260) 221 ff.

268 Vgl BGHZ 20, 178, 182; 30, 19, 26 f; 99, 249, 251; BGH NJW 1978, 371; 1980, 2573, 2574; 1985, 1335, 1337; OLG Düsseldorf NVwZ-RR 1993, 173; *Hattstein* (Fn 260) 229 ff; *Hufen* (Fn 24) Rn 232.

269 Vgl *Hattstein* (Fn 260) 231 ff.

270 Vgl hierzu BVerwGE 25, 183, 185; NJW 1997, 2966; *Ule/Laubinger* VwVfR, § 26 Rn 29 ff; *Adolf* Der sozialrechtliche Herstellungsanspruch, 1991; *Bieback* DVBl 1983, 159 ff; *Hattstein* (Fn 260) 235; *Wallerath* DÖV 1987, 505 ff; *Schmidt/Schmidt* Jura 2005, 372.

271 Vgl BVerwGE 79, 192, 194; *Neumann* NVwZ 2000, 1244, 1245; *Kallerhoff* in: Stelkens/Bonk/Sachs, VwVfG, § 25 Rn 17; *Engelhardt* in: Obermayer, VwVfG, § 25 Rn 76; offen gelassen bei BVerwGE 105, 288, 298.

272 Näher *Hattstein* (Fn 260) 240 ff.

273 S zB § 16 IfSG; 5 IV FStrG; § 14 PBefG; § 10 LuftVG; § 21d WHG. Ausf *Siegel* Verfahrensbeteiligung von Behörden und anderen Trägern öffentlicher Belange, 2001, 78 ff.

274 S zB §§ 31, 36 I BauGB (Einvernehmen der Gemeinde); § 9 II FStrG (Zustimmung der obersten Landesstraßenbaubehörde bei Baugenehmigungen). Zu den Formen der Mitentscheidung *Siegel* (Fn 273) 91 ff.

waltungsakt[275] kann sich die entscheidende Behörde über die Willensäußerung der anderen Stelle nicht hinwegsetzen. Sie ist an eine Versagung der Zustimmung selbst dann gebunden, wenn sie diese für rechtswidrig hält.[276] Wegen der rechtlichen Bindung liegt eine Regelung vor. Ob ein Verwaltungsakt gegeben ist, hängt nicht von der Außenwirkung gegenüber dem betroffenen Bürger, sondern davon ab, ob die Verwaltungsstellen unterschiedliche Verwaltungsträger haben.[277] Führt die entscheidungsbefugte Behörde eine vorgeschriebene Mitwirkung anderer Stellen nicht herbei, ist der erlassene Verwaltungsakt wegen eines *Verfahrensmangels* fehlerhaft (nicht jedoch nichtig, § 44 III Nr 4 VwVfG). Freilich kann die erforderliche Mitwirkung nachgeholt werden (§ 45 I Nr 5 VwVfG, Rn 59), es sei denn, dass der Zweck des Mitwirkungserfordernisses nur bei einer Einbeziehung vor der Entscheidung erreicht werden kann.[278] Die Mitwirkung anderer Behörden und Verwaltungsträger dient grundsätzlich nur den verfassungsrechtlich fundierten (→ § 13 Rn 11, 15 f) Erfordernissen einer effektiven und effizienten Aufgabenerfüllung. Deswegen kann der Mangel einer gebotenen Mitwirkung von den Verfahrensbeteiligten regelmäßig nicht gerügt werden.[279] Anderes gilt, wenn die zugrundeliegende Rechtsnorm der mitwirkungsberechtigten Stelle ein subjektives Recht vermittelt. Wird etwa eine Baugenehmigung trotz fehlenden oder versagten Einvernehmens nach §§ 31, 36 I BauGB erteilt, kann die betroffene Gemeinde im Hinblick auf ihre Planungshoheit Anfechtungsklage erheben.[280] Der antragstellende Bürger kann, wenn der erstrebte Verwaltungsakt nur deshalb abgelehnt wurde, weil die mitwirkungsberechtigte Stelle ihre Zustimmung versagt hat, nicht isoliert gegen die Mitwirkungshandlung vorgehen. Unabhängig davon, ob die Mitwirkungshandlung ein Verwaltungsakt ist oder nicht[281], steht einer Klage – dem Rechtsgedanken des § 44a VwGO entsprechend (Rn 68) – das fehlende Rechtsschutzbedürfnis entgegen, da es dem Bürger letztlich nicht auf die Mitwirkung der anderen Behörde, sondern auf den ihn begünstigenden Verwaltungsakt der entscheidungsbefugten Behörde ankommt. Verwaltungsgerichtlicher Rechtsschutz ist demnach durch eine *Verpflichtungsklage gegen die entscheidungszuständige Behörde* wegen der abgelehnten Begünstigung zu erlangen. Dann entscheidet das Gericht inzident über diejenigen Anspruchsvoraussetzungen, die von der mitwirkungsberechtigten Behörde bestimmend zu beurteilen waren.[282] Deren Verwaltungsträger ist im Prozess zur Wahrung seiner Rechte gem § 65 II VwGO beizuladen.[283] Wenn allerdings die Entscheidung der mitwirkungsberechtigten Behörde

[275] Vgl *Henneke* in: Knack/Henneke, VwVfG, § 35 Rn 57; *Maurer* Allg VwR, § 9 Rn 28; *Weides* VwVf, 103 f. Ein mehrstufiger VA liegt auch bei einem Vorbescheid u einer Teilgenehmigung (Rn 47) vor.

[276] Vgl BVerwGE 22, 342, 345; NVwZ 1986, 556, 557 (zu § 36 BauGB). AA etwa *Weides* VwVf, 105.

[277] Anders *Badura* 12. Aufl, § 37 Rn 23. Wie hier *Erichsen* 12. Aufl § 12 Rn 44.

[278] Vgl BVerwGE 9, 69, 72 (Anhörung der Hauptfürsorgestelle vor der Entlassung eines Schwerbeschädigten).

[279] Vgl BVerwGE 28, 268, 270 f; BVerwG NJW 1974, 1961, 1964. Zum Zweck der Beteiligung *Siegel* (Fn 273) 63 ff.

[280] Vgl BVerwG NVwZ 1986, 556 ff. Näher *Möstl* BayVBl 2003, 225 ff.

[281] Anders *Badura* in der 12. Aufl, § 37 Rn 23.

[282] Allerdings ist eine isolierte Anfechtungsklage statthaft, wenn die mitwirkungsberechtigte Stelle den Mitwirkungsakt zu Unrecht dem Betroffenen als Bescheid eröffnet. Sie ist ohne sachl Prüfung allein deswegen begr, weil die Mitwirkungsregelung zu einem derartigen VA nicht ermächtigt. Vgl VGH BW DVBl 1967, 205 ff.

[283] Vgl BVerwGE 42, 8, 11; 67, 173 ff.

dem Bürger gegenüber eine eigene und unmittelbare Rechtswirkung entfaltet, muss der Betroffene mittels der Anfechtungsklage direkt gegen den Mitwirkungsakt vorgehen und kann erst dann auf die Genehmigung klagen.[284]

b) *Mitwirkungsverpflichtung im Rahmen der Amtshilfe.* Von der Mitwirkungsberechtigung ist die *Mitwirkungsverpflichtung* im Rahmen der *Amtshilfe* zu unterscheiden. Nach § 4 I VwVfG leistet jede Behörde anderen Behörden auf Ersuchen „ergänzende Hilfe".[285] Amtshilfehandlungen sind beispielsweise Auskünfte, die Überlassung von Akten, die Vernehmung von Zeugen oder die Vollzugs- und Vollstreckungshilfe. Da es nur um ergänzende Hilfsleistungen auf Ersuchen geht, gehört ungefragte Spontanhilfe oder die vollständige Übernahme von Verwaltungsaufgaben nicht dazu. Andernfalls wäre die Kompetenzordnung gefährdet. Zudem ist die Hilfeleistung *innerhalb eines bestehenden Weisungsverhältnisses* keine Amtshilfe (§ 4 II Nr 1 VwVfG), unabhängig davon, ob eine unter- oder eine übergeordnete Behörde Hilfe leistet.[286] Schließlich muss es um die Erfüllung fremder Aufgaben gehen. Handlungen, die der ersuchten Behörde als „eigene Aufgaben obliegen", sind keine Amtshilfe (§ 4 II Nr 2 VwVfG). Zwischen Behörden des Bundes und der Länder ist die Amtshilfe *verfassungsrechtlich* ausdrücklich geregelt (Art 35 I GG). Sonst entspricht sie dem grundgesetzlichen Effektivitäts- und Effizienzgebot (→ § 13 Rn 11, 15 f).[287] Als Ausdruck eines allgemeinen Kooperationsprinzips, das angesichts vielfältiger Gewaltenteilungen ein Mindestmaß an Einheit der Staatsgewalt herstellt[288], sind die verwaltungsverfahrensgesetzlichen Amtshilfevorschriften auf die nicht von § 9 VwVfG erfassten Handlungsformen – auch bei verwaltungsprivatrechtlicher Tätigkeit der Verwaltung (nicht aber bei bloßer Erwerbswirtschaft) – entsprechend anwendbar.[289] Auch die *Mitgliedstaaten der EU* sind einander zur Amtshilfe verpflichtet (→ § 13 Rn 18). Eine spezielle Regelung zur gegenseitigen Unterstützung in Verfahren, die über eine „einheitliche Stelle" abgewickelt werden, enthält § 71d VwVfG (→ § 15 Rn 45). Zudem finden sich zur Umsetzung der Dienstleistungsrichtlinie allgemeine Regelungen über die „europäische Verwaltungszusammenarbeit" in den §§ 8a ff VwVfG.[290] Dabei stellt § 8b I VwVfG – der allgemeinen Regelung in § 23 I VwVfG („Die Amtssprache ist deutsch") folgend – klar, dass die 44

[284] Indiz dafür ist, dass der zustimmungsberechtigten Behörde die ausschließliche Wahrnehmung bestimmter Aufgaben u die alleinige Geltendmachung besonderer Gesichtspunkte übertragen sind. S *Maurer* Allg VwR, § 9 Rn 28. Vgl auch BVerwGE 16, 301, 303; 55, 280, 285; Buchholz 424.01 Nr 72; DVBl 2003, 616 f; OVG NRW DVBl 1985, 1247, 1248 f; BayVGH DÖV 1973, 826.

[285] Vgl zum Begriff BT-Drucks 7/910, 38; BVerwGE 31, 328, 329; 38, 336, 339 f; *Arndt* NJW 1963, 24, 26; *Bonk/Schmitz* in: Stelkens/Bonk/Sachs, VwVfG, § 4 Rn 27, 32, 35 ff; *Bull* DÖV 1979, 689, 692; *Kähler* Amtshilfe nach dem Verwaltungsverfahrensgesetz, 1977, 34 ff; *Kopp/F. J. Kopp* BayVBl 1994, 229, 232; *Kopp/Ramsauer* VwVfG, § 4 Rn 10 ff; *Ule/Laubinger* VwVfR, § 11 Rn 14. Zur polizeirechtlichen Vollzugshilfe *Köhler* BayVBl 1998, 453 ff.

[286] Vgl *Bonk/Schmitz* in: Stelkens/Bonk/Sachs, VwVfG, § 4 Rn 34; *Schliesky* in: Knack/Henneke, VwVfG, § 4 Rn 17; *Kopp/Ramsauer* VwVfG, § 4 Rn 15; *Ule/Laubinger* VwVfR, § 11 Rn 11 Rn 9.

[287] Zur länderübergreifenden Amts- u Vollstreckungshilfe *Kopp/F. J. Kopp* BayVBl 1994, 229 ff.

[288] Vgl BVerfGE 7, 183, 190; 31, 43, 46; 42, 91, 95; *Bull* DÖV 1979, 689 ff. Krit *Schlink* NVwZ 1986, 249 ff.

[289] Vgl *Bonk/Stelkens* in: Stelkens/Bonk/Sachs, VwVfG, § 4 Rn 14; *Foerster* Staats- und Kommunalverwaltung 1975, 271 ff; *Kähler* (Fn 285) 33 f; *Kopp/Ramsauer* VwVfG, § 4 Rn 5; wohl auch *Ule/Laubinger* VwVfR, § 11 Rn 6.

[290] Die Vorschriften gelten seit dem 28.12.2009. Näher etwa *Schmitz/Prell* NVwZ 2009, 1121 ff.

Hilfeersuchen an ausländische Behörden in deutscher Sprache abzufassen sind; zur Arbeitserleichterung soll jedoch eine Übersetzung beigefügt werden. Umgekehrt dürfen Ersuchen ausländischer Behörden gemäß § 8b II VwVfG nur erledigt werden, wenn sich ihr Inhalt in deutscher Sprache aus den Akten ergibt. Sichergestellt wird, dass die ordnungsgemäße Zusammenarbeit nicht von Sprachkenntnissen einzelner Bediensteter abhängt. Aus rechtsstaatlichen Gründen muss dies auch für die Aufsichtsbehörden und die Gerichte gelten. Im Anwendungsbereich der Dienstleistungsrichtlinie wird derzeit ein elektronisches „Internal Market Information System" (IMI) erprobt, das den Mitgliedstaaten vorformulierte Fragen und passende Antworten in allen Amtssprachen der Union zur Verfügung stellt. § 8b IV 1 VwVfG erklärt, dass solche Einrichtungen und Hilfsmittel der Kommission von den Verwaltungsbehörden genutzt werden sollen.

45 Ob die entscheidungsbefugte Behörde Amtshilfe in Anspruch nimmt, steht nach § 5 Abs 1 VwVfG in ihrem *Ermessen*. Behörden haben ihre Aufgaben im Grundsatz selbst wahrzunehmen. Regelbeispiele für die Amtshilfe finden sich in § 5 I VwVfG. So kommt eine Hilfeleistung in Betracht, wenn eine Behörde eine Amtshandlung aus rechtlichen[291] oder – etwa weil Dienstkräfte oder Einrichtungen fehlen – aus tatsächlichen Gründen[292] nicht selbst vornehmen kann, zur Durchführung von Aufgaben auf die Kenntnis der von ihr unbekannten und nicht ermittelbaren Tatsachen angewiesen ist oder Urkunden oder sonstige Beweismittel benötigt (§ 5 I Nr 1–4 VwVfG). Schließlich kann Amtshilfe beansprucht werden, wenn die ersuchende Behörde die entsprechende Amtshandlung nur mit wesentlich größeren Aufwand vornehmen könnte als die ersuchte (§ 5 I Nr 5 VwVfG). Eingeleitet wird das Amtshilfeverfahren – dem allgemeinen Grundsatz der Nichtförmlichkeit entsprechend (Rn 23) – durch ein formloses Ersuchen der das Hauptverfahren betreibenden Behörde.[293] Kommen mehrere Behörden für die Hilfe in Betracht, so entscheidet die hilfesuchende Behörde nach pflichtgemäßen Ermessen darüber, an welche Behörde sie sich wendet. Dabei soll sie das Ersuchen möglichst an die Behörde der untersten Stufe eines Verwaltungszweiges richten (§ 6 VwVfG). Die ersuchte Behörde ist grundsätzlich *verpflichtet*, die erbetene Amtshilfe zu leisten.[294] Sie *muss* das Amtshilfeersuchen *ablehnen*, wenn sie zur Hilfeleistung aus rechtlichen Gründen – insbesondere wegen Geheimhaltungspflichten (§ 5 II 2 VwVfG, Rn 39) – nicht in der Lage ist[295] oder dem Wohl des Bundes oder Landes erhebliche Nachteile bereiten würde (§ 5 II 1 Nr 1 und 2 VwVfG). Sie *kann ablehnen*, wenn eine andere Behörde die Hilfe wesentlich einfacher oder mit wesentlich geringeren Aufwand leisten kann, die ersuchte Behörde die Hilfe nur mit unverhältnismäßig großem Aufwand leisten könnte oder unter Berücksichtigung der Aufgaben der ersuchenden Behörde durch die Hilfe-

[291] Dies ist etwa der Fall, wenn der Behörde die Befugnis zur Abnahme v eidesstattlichen Versicherungen oder es ihr für eine Amtshandlung an der örtl Zuständigkeit fehlt. § 5 I Nr 1 VwVfG muss restriktiv interpretiert werden, damit die Kompetenzzuweisungen nicht ausgehöhlt werden. Vgl *Bull* DÖV 1979, 689, 692; *Schlink* NVwZ 1986, 249, 254.

[292] Einschränkend wird hier jedoch gefordert, dass die Behörde bzw der Rechtsträger, dem sie angehört, das tatsächliche Unvermögen nicht selbst zu vertreten hat. Vgl hierzu *Kopp/Ramsauer* VwVfG, § 5 Rn 9.

[293] AA Schriftform – ohne nähere Begr – *Bonk/Schmitz* in: Stelkens/Bonk/Sachs, VwVfG, § 4 Rn 31.

[294] Vgl VGH BW NVwZ-RR 1990, 337 ff; *Bonk/Schmitz* in: Stelkens/Bonk/Sachs, VwVfG, § 5 Rn 5; *Schnapp/Friehe* NJW 1982, 1422, 1423; *Kopp/Ramsauer* VwVfG, § 5 Rn 5a.

[295] Maßgeblich ist das f die ersuchte Behörde geltende Recht. Vgl BVerwG DVBl 1986, 1199, 1200; VGH BW NVwZ-RR 1990, 337 ff.

leistung die Erfüllung ihrer eigenen Aufgaben ernstlich gefährdet würde (§ 5 III Nr 1–3 VwVfG). Weitere Gründe zur Ablehnung eines Amtshilfebegehrens gibt es – was § 5 IV VwVfG klarstellt – nicht.[296] Insbesondere darf die ersuchte Behörde die Voraussetzungen des Amtshilfebegehrens nach § 5 I VwVfG oder die Rechtmäßigkeit der zu unterstützenden Hauptmaßnahme nicht überprüfen.[297] Die ersuchende Behörde trägt gegenüber der ersuchten für die Rechtmäßigkeit der zu treffende Maßnahme die Verantwortung (§ 7 II 1 VwVfG). Maßgeblich ist das für sie geltende Recht (§ 7 I Hs 1 VwVfG). Damit wird die gesetzlichen Kompetenzzuweisungen gesichert. Die ersuchte Behörde ist für die Durchführung der Amtshilfe verantwortlich (§ 7 II 2 VwVfG). Dafür kommt es auf das für sie maßgebliche Recht an (§ 7 I Hs 2 VwVfG), denn der ersuchten Behörde werden durch die Amtshilfe keine zusätzlichen Befugnisse verliehen.[298] Die zur Amtshilfe verpflichtete Behörde kann von der Behörde des Hauptverfahrens die *Erstattung der Auslagen* verlangen (§ 8 I 2 VwVfG), es sei denn, dass beide Behörden denselben Rechtsträger haben (§ 8 I 3 VwVfG). Eine Verwaltungsgebühr kann nicht gefordert werden (§ 8 I 1 VwVfG). Sind die Amtshandlungen kostenpflichtig, bleiben die Einnahmen (Verwaltungs- und Gebühren sowie Auslagen) bei der ersuchten Behörde (§ 8 II VwVfG). Wird das *Amtshilfebegehren abgelehnt*, kann die ersuchende Behörde eine Entscheidung der gemeinsamen oder allein für die ersuchte Behörde zuständigen Aufsichtsbehörde herbeiführen (§ 5 V 2 VwVfG) und ggf gegen deren Entscheidung klagen.[299] Der Bürger hat keinen Anspruch darauf, dass die ersuchte Behörde eine bestimmte Amtshilfehandlung vornimmt.[300] Er kann sich aber gegen eine spätere Sachentscheidung mit der Begründung wehren, dass die entscheidungszuständige Behörde den Sachverhalt als Folge einer unterbliebenen Amtshilfe nicht genügend ermittelt hat.

IV. Abschluss des Verwaltungsverfahrens

1. Arten und Rechtswirkungen des Verfahrensabschlusses; Genehmigungsfiktion

a) *Abschluss des Verwaltungsverfahrens mit und ohne Sachentscheidung; Genehmigungsfiktion.* Da das Verwaltungsverfahren auf den Erlass eines *Verwaltungsaktes* oder den Abschluss eines *öffentlich-rechtlichen Vertrages* gerichtet ist (§ 9 VwVfG), wird es durch diese Maßnahmen *abgeschlossen*. Dies bedeutet nicht zwingend, dass das Ver- **46**

[296] Freilich muss einem offensichtlich rechtsmissbräuchlichen Amtshilfeersuchen – über den Wortlaut des § 5 IV VwVfG hinaus – nicht nachgekommen werden. Vgl *Kopp/Ramsauer* VwVfG, § 5 Rn 36; *Ule/Laubinger* VwVfR, § 11 Rn 29 Fn 88; *Bonk/Schmitz* in: Stelkens/Bonk/Sachs, VwVfG, § 5 Rn 37.

[297] Vgl VGH BW NVwZ-RR 1990, 337, 338; *Kähler* (Fn 285) 107; *Kopp/Ramsauer* VwVfG, § 5 Rn 28; *Schnapp/Friehe* NJW 1982, 1422, 1425; *Steinbömer* DVBl 1981, 340, 341; *Ule/Laubinger* VwVfR; § 11 Rn 28 ff. AA *Schlink* Die Amtshilfe, 1982, 255 ff.

[298] Vgl BT-Drucks 7/910, 40; BVerwGE 119, 123, 134; DVBl 1986, 1199, 1200; *Bull* DÖV 1979, 689, 692 f.

[299] Statthaft ist die allg Leistungsklage bzw – wenn die Behörden unterschiedlichen Rechtsträgern angehören u die Entscheidung daher ein VA ist (str, vgl *Ule/Laubinger* VwVfR, § 11 Rn 32 ff; *Kopp/Ramsauer* VwVfG, § 5 Rn 41 f) – die Anfechtungsklage. Näher *Schnapp/Friehe* NJW 1982, 1422, 1427 ff.

[300] Vgl BVerwG NVwZ 1999, 535, 536.

fahren dadurch schon beendet wäre.[301] *Beendet* ist das Verfahren erst, wenn der Verwaltungsakt wegen Unanfechtbarkeit bestandskräftig bzw der Verwaltungsvertrag unbedingt wirksam geworden ist.[302] Hierfür spricht, dass auch diejenigen als Verfahrensbeteiligte gelten, an die die Behörde den Verwaltungsakt gerichtet oder mit denen sie einen öffentlich-rechtlichen Vertrag geschlossen hat (§ 13 I Nr 2 und 3 VwVfG, Rn 11). Damit können der Adressat eines Verwaltungsaktes und der Partner eines Verwaltungsvertrages noch nach dem Verfahrensabschluss ihre – verfassungsrechtlich verwurzelten (→ § 13 Rn 11 ff) – Beteiligtenrechte wahrnehmen. Auch ein Widerspruch führt nicht zur Einleitung eines neuen, sondern zur Fortsetzung des laufenden Verfahrens.[303] Nur so lässt sich erklären, dass im Widerspruchsverfahren eine Anhörung nur ausnahmsweise vorgesehen ist (§ 71 VwGO). Wäre das Widerspruchsverfahren ein selbständiges Verfahren[304], müsste dem Rechtsgedanken des § 28 VwVfG entsprechend stets eine neue Anhörung durchgeführt werden. Dass Abschluss und Ende des Verfahrens auseinander fallen können, zeigt auch § 58 VwVfG, wonach die Wirksamkeit des Vertrages noch von Zustimmungen und Mitwirkungshandlungen abhängen kann. Selbstverständlich kann das Verwaltungsverfahren auch *ohne Sachentscheidung* ein Ende finden, etwa wenn die Sache, auf die sich das Verfahren bezieht, untergeht, ein Beteiligter stirbt, die Behörde ein von Amts wegen eingeleitetes Verfahren nicht mehr weiterführen will, ein Antrag zurückgenommen wird oder Vertragsverhandlungen abgebrochen werden. In diesen Fällen hat sich das Verwaltungsverfahren erledigt und ist daher *einzustellen*. Zum Teil ist vorgesehen, dass die Beteiligten hiervon zu benachrichtigen sind (vgl § 69 III, § 74 I 2 VwVfG). Im Übrigen ist dies ein *nobile officium*.[305] Die Einstellung eines Offizialverfahrens (Rn 16) ist eine bloße Verfahrenshandlung und kein anfechtbarer Verwaltungsakt. Anders verhält es sich bei Antragsverfahren (Rn 17 f). Ist der Antragsteller mit der Ablehnung nicht einverstanden, muss er Verpflichtungsklage auf Erlass des begehrten Verwaltungsaktes erheben. Eine isolierte Anfechtung der Ablehnung ist unzulässig, da das Rechtsschutzbedürfnis fehlt.[306] Zu einer *Genehmigungsfiktion* durch bloßen Fristablauf kommt es, wenn dies fachgesetzlich angeordnet ist.[307] Allgemeine Vorgaben enthält § 42a VwVfG. Die Vorschrift wurde 2008 zur Umsetzung von Art 13 IV der *Dienstleistungsrichtlinie* v 12.6.2006 (vgl auch → § 15 Rn 45) geschaffen.[308] Voraussetzung für den Eintritt der Fiktion ist ein hinreichend bestimmter

[301] AA BayVGH NJW 1988, 1615; SaarlOVG NVwZ 1987, 508; *Riedl* in: Obermayer, VwVfG, § 9 Rn 36 u 50; *Schmitz* in: Stelkens/Bonk/Sachs, VwVfG, § 9 Rn 193 ff; *Ule/Laubinger* VwVfR, § 20 Rn 7.

[302] Vgl BVerwGE 98, 313, 316; VG Berlin NVwZ 1982, 576, 577; BSG MDR 1980, 348, 349; *Ritgen* in: Knack/Henneke, VwVfG, § 9 Rn 32; *Kopp/Ramsauer* VwVfG, § 9 Rn 30; *Louis/Abry* DVBl 1986, 331, 332; *Schneider* in: Hoffmann-Riem/Schmidt-Aßmann/Voßkuhle, Grundlagen II, § 28 Rn 118.

[303] Vgl BVerwG NVwZ 1987, 224, 225; OVG NRW NJW 1980, 356 → JK VwVfG § 2/3.

[304] So SaarlOVG NVwZ 1987, 508. Ähnlich *Ritgen* in: Knack/Henneke, VwVfG, § 9 Rn 32.

[305] So *Ule/Laubinger* VwVfR, § 20 Rn 7. Ähnlich *Ritgen* in: Knack/Henneke, VwVfG, § 9 Rn 33. Zu Problemen der Rechtsnachfolge *Spannowsky* NVwZ 1992, 426 ff.

[306] Vgl *Kopp/Schenke* VwGO, § 42 Rn 30, m Hinw auf Ausnahmefälle.

[307] Solche Regelungen finden sich vor allem im Baurecht (vgl. § 22 V 4 BauGB, sowie zur Fiktion einer Baugenehmigung § 67 IV 2 BauO Brem; § 61 III 4 BauO Hbg; § 57 II 3 BauO Hess; § 63 II 2 BauO MV; § 66 IV 5 BauO RP; § 64 III 5 BauO Saarl; § 69 V 1 BauO Sachs; § 75 XI BauO SchlH; § 63b II 2 BauO Thür). Vgl. auch § 8 Va TierSchG, § 105 I AMG, § 15 I 5 PBefG.

[308] ABl EG Nr L 376 S 36 ff; Viertes G z Änderung verwaltungsverfahrensrechtlicher Vorschriften v 11.11.2008 (BGBl 2008 I, S 2418). Krit zum Erfordernis einer fachgesetzlichen Anordnung *Schulz* NdsVerwBl 2009, 97, 99; *Windhofer* DÖV 2008, 797, 800. Im Anwendungsbereich der

Antrag (§ 41a I 1 VwVfG). Maßgeblich sind die jeweiligen Genehmigungsvoraussetzungen. Die *Frist* beträgt drei Monate nach Eingang der vollständigen Unterlagen, soweit die Fachgesetze keine abweichenden Regelungen treffen (§ 42a II 1 u 2 VwVfG). Die Bearbeitungsfrist wird freilich durch die Zugangsfiktion nach § 41 II VwVfG (drei Tage nach Aufgabe zur Post; Rn 56) gekürzt. Im Anwendungsbereich eines Verfahrens über eine einheitliche Stelle stehen bei postalischer Versendung des Verwaltungsaktes ins Ausland wegen § 71b VI 1 VwVfG, der eine Monatsfrist zur Bekanntgabe vorsieht, sogar nur zwei Monate zur Verfügung (vgl → § 15 Rn 45). Allerdings ist eine einmalige Fristverlängerung zulässig, wenn dies „wegen der Schwierigkeit der Angelegenheit gerechtfertigt ist" (§ 42 II 2 u 3 VwVfG). Ausdrücklich bestimmt § 42 I 2 VwVfG, dass die Vorschriften über die Bestandskraft von Verwaltungsakten (§ 43 ff VwVfG) und über das Rechtsbehelfsverfahren (§ 79 VwVfG iVm § 68 ff VwGO, → § 15 Rn 41) entsprechend gelten. Soll die fingierte Genehmigung *zurückgenommen* (§ 48 VwVfG) oder *widerrufen* (§ 49 VwVfG) werden, ist bei der Ermessensausübung das schutzwürdige Interesse des Genehmigungsinhabers am Fortbestand der fingierte Genehmigung zu bedenken. Gerichte werden im Rahmen des § 114 VwGO darauf zu achten haben, dass die Regelungen zur Genehmigungsfiktion nicht durch Aufhebungsentscheidungen umgangen werden. Auch darf es nicht zu einer Flucht in die Ablehnung kommen.[309] Im Einzelfall kann der Grundsatz der Verhältnismäßigkeit gebieten, dass die fingierte Genehmigung nachträglich bloß mit einschränkenden Nebenbestimmungen versehen wird.[310] Auf Verlangen desjenigen, dem der Verwaltungsakt gem § 41 I VwVfG hätte bekannt gegeben werden müssen, ist der Eintritt der Genehmigungsfiktion *schriftlich zu bescheinigen* (§ 42a III VwVfG). Dies kommt nicht nur dem Begünstigten, sondern auch Drittbetroffenen zugute. Die Bescheinigung ist ein feststellender Verwaltungsakt, der eventuelle Zweifel über den Eintritt und maßgeblichen Zeitpunkt der Genehmigungsfiktion beseitigt.[311] Zugleich markiert der Empfang der Bescheinigung den für die Rechtsbehelfsfristen (§§ 70, 74 VwGO) maßgeblichen Zeitpunkt. Ohne Bescheinigung gibt es keine Fristen. Es gilt auch nicht die Jahresfrist des § 58 II VwGO, da es gerade an der Bekanntgabe des Verwaltungsaktes als Anknüpfungspunkt fehlt.[312] Es kommt nur eine Verwirkung des Rechtsbehelfs in Betracht. Mittels der Bescheinigung gegenüber Drittbetroffenen kann der Begünstigte die Anfechtungsmöglichkeit Dritter begrenzen.

b) *Teilentscheidungen und vorläufige Regelungen.* Die Frage, ob die Verwaltung **47**
auch Entscheidungen treffen kann, die den Gegenstand des Verwaltungsverfahrens nur teilweise abschließen, ist verwaltungsverfahrensgesetzlich nicht ausdrücklich geregelt. Es gibt spezielle Normierungen.[313] Vor allem sehen die Landesbauordnungen der

Richtlinie *muss* das Fachrecht die Genehmigungsfiktion vorsehen, soweit nicht zwingende Gründe des Allgemeininteresses iSv Art 4 Nr 8 DLR eine andere Regelung rechtfertigen. Vgl die Gesetzesbegründung zum 4. VwVfÄndG, BT-Drucks 16/10493 v 7.10.2008 S 16. Andernfalls ist die Richtlinie nach Ablauf der Umsetzungsfrist selbst als anordnende Rechtsvorschrift iSd § 42a I VwVfG anzusehen. S etwa *Schulz* NdsVwVBl 2009, 97, 99.

309 Vgl *Ramsauer* NordÖR 2008, 417, 424 f; *Biermann*, NordÖR 2009, 377 ff.

310 Gesetzesbegründung zum 4. VwVfÄndG, BT-Drucks 16/10493 v 7.10.2008 S 16.

311 *Schmidt/Prell* NVwZ 2009, 1, 8.

312 *Caspar*, AöR 125 (2000), 131, 146 f.

313 S für Teilregelungen § 8 BImSchG; § 18 AtVfV; § 8 III GenTG; § 13 UVPG; f Vorbescheide § 7a AtG; § 9 BImSchG; § 13 UVPG. Zum Immissionsschutzrecht *Breuer* in: Schmidt-Aßmann/Schoch, Bes VwR, Kap 5 Rn 200.

Länder den Erlass einer Teilgenehmigung und eines Bauvorbescheides vor (→ § 21 Rn 59 f).[314] Mit einer *Teilgenehmigung* wird über einen *Sachverhaltsteil* abschließend entschieden. So kann etwa eine Baugenehmigung auf Teilabschnitte eines Bauwerks beschränkt sein. Ein *Vorbescheid* regelt einzelne *Rechtsfragen* abschließend, welche zu den Voraussetzungen einer noch zu erteilenden Genehmigung gehören.[315] Da Verwaltungsverfahren auch von Verfassungs wegen (→ § 13 Rn 15) zweckmäßig zu gestalten sind (§ 10 S 2 VwVfG), sind „Verfahrenstufungen" durch Teilregelungen und Vorbescheide auch ohne ausdrückliche Ermächtigung zulässig.[316] Gerade bei der Genehmigung von Großprojekten ist es häufig sinnvoll, das Verfahren mehrstufig zu gestalten, indem über bestimmte Vorfragen oder Teile der Gesamtanlage vorweg und für alle Beteiligten verbindlich durch einen bestandskräftig werdenden Verwaltungsakt entschieden wird. Von Vorteil ist, dass später erhobene Einwendungen gegen die so entschiedenen Vorfragen ausgeschlossen sind (Präklusionswirkung). Erforderlich ist stets ein vorläufiges positives Gesamturteil der Behörde über die Zulässigkeit des Vorhabens, das sich durch spätere Entscheidungen verfestigt.[317] Vielfach findet sich eine abschnittsweise Planfeststellung beim Bau von längeren Straßen und Schienenwegen (näher → § 15 Rn 13). Nicht mit dem Vorbescheid zu verwechseln ist der *vorläufige Verwaltungsakt*, der unter dem Vorbehalt einer späteren endgültigen Regelung steht.[318] Damit soll eine zügige vorläufige Entscheidung über eilbedürftige Fälle nach einer nur summarischen Prüfung der Sach- und Rechtslage ermöglicht werden. Aufgrund der Pflicht zur vollständigen Aufklärung des Sachverhalts *vor* Erlass einer Sachentscheidung (§ 24 VwVfG), der Gesetzesbindung der Verwaltung und des Gesetzesvorbehalts bedürfen vorläufige Regelungen, die den Bürger belasten, einer gesetzlichen Ermächtigung.[319] Das gilt auch für Gefahrerforschungsmaßnahmen.[320] Zugunsten des Bürgers ist eine gesetzliche Ermäch-

[314] Vgl *Krebs* in: Schmidt-Aßmann/Schoch, Bes VwR, Kap 4 Rn 210.

[315] So kann verbindlich etwa festgestellt werden, dass die Abstandsflächen eines geplanten Bauwerkes nicht gegen bauordnungsrechtliche Vorschriften verstoßen u somit einer Baugenehmigung nicht im Wege stehen.

[316] Vgl *Kopp* Verfassungsrecht u Verwaltungsverfahrensrecht, 1971, 114 ff; *Kopp/Ramsauer* VwVfG, § 9 Rn 16; *Maurer* Allg VwR, § 9 Rn 63, 63a; *Rumpel* NVwZ 1989, 1132, 1133; *Schmidt-Aßmann* FS BVerwG, 1978, 569, 574 f; *U. Stelkens* in: Stelkens/Bonk/Sachs, VwVfG, § 35 Rn 252.

[317] Vgl zu gestuften Verfahren BVerwGE 24, 23; 70, 365; 72, 300; 80, 207; 92, 185; 96, 258; sowie etwa *Becker* Die Bindungswirkung von Verwaltungsakten, 1997; *Dietlein/Thiel* Verw 38 (2005), 211 ff; *Fluck* VerwArch 80 (1989) 223 ff; *Ipsen* AöR 107 (1982), 259 ff; *Kutscheidt* FS Sendler, 1991, 303 ff; *Maurer* Allg VwR, § 19 Rn 7a ff; *Ossenbühl* NJW 1980, 1353 ff; *Roßnagel* DÖV 1995, 624 ff; *Salis* Gestufte Verwaltungsverfahren im Umweltrecht, 1990, 341 ff; *Selmer* Vorbescheid und Teilgenehmigung im Immissionsschutzrecht, 1979; *dens/Schulze-Osterloh* JuS 1981, 393 ff; *Schenke* DÖV 1990, 489 ff; *Schmidt-Aßmann* (Fn 316) 569 ff; *Schmidt-Preuß* Kollidierende Privatinteressen im Verwaltungsrecht, 1992, 504 ff; *Weber* DÖV 1980, 397 ff.

[318] Vgl BVerwGE 67, 99; NVwZ 1987, 44, 45 f; OVG NRW DVBl 1991, 1365 f; NWVBl 1994, 107.

[319] Vgl *Henneke* in: Knack/Henneke, VwVfG, § 35 Rn 123; *Kemper* Der vorläufige Verwaltungsakt, 1990, 94 ff; *dens* DVBl 1989, 981; *Kopp/Ramsauer* VwVfG, § 9 Rn 18; *Peine* DÖV 1986, 849, 857. Ausf *Lücke* Vorläufige Staatsakte, 1991, 139 ff. S etwa § 9a WHG; § 11 GastG; § 20 PBefG; § 33 KrW-/AbfG; § 14 II WaStrG. AA *König* BayVBl 1989, 33, 38.

[320] Vgl *Schenke* POR, 5. Aufl 2007, Rn 89; *dens* FS Friauf 1996, 455, 496 f; *dens/Ruthig* VerwArch 87 (1996) 329, 356; *Kniesel* DÖV 1997, 905, 908; *Kemper* (Fn 319) 101 f; aA *Di Fabio* DÖV 1991, 629, 634 ff; *Losch* DVBl 1994, 781, 782 f.

tigung dagegen nicht nötig, wenn noch nicht alle Tatbestandsmerkmale als erfüllt festgestellt werden können, weil der Bürger dann mehr bekommt, als ihm zum Entscheidungszeitpunkt zustünde. Eine vorläufige Regelung darf allerdings nicht getroffen werden, wenn die Tatbestandsvoraussetzung geben sind, da sonst die Vertrauensschutzregeln der §§ 48 ff VwVfG ausgehebelt werden könnten.[321]

c) *Verbindung, Trennung und Aussetzung von Verfahren.* Mehrere Verwaltungsver- **48**
fahren können von der entscheidungsbefugten Behörde zu einem Verfahren *verbunden* werden. Dies bietet sich bei gleichliegenden Verfahrensgegenständen an, etwa wenn mehrere Beteiligte den gleichen Antrag stellen oder der prozessualen Streitgenossenschaft entsprechend (vgl § 64 VwGO iVm §§ 59 ff ZPO) in einer notwendigen Verfahrensgenossenschaft verbunden sind.[322] Umgekehrt kann ein Verwaltungsverfahren in mehrere Verfahren *getrennt* werden. Verbindung und Trennung von Verfahren sind verwaltungsverfahrensgesetzlich nicht ausdrücklich normiert. Ihre prinzipielle Zulässigkeit ergibt sich – verfassungsrechtlich im Effizienzgebot verankert (→ § 13 Rn 15 f) – aus dem Grundsatz der Nichtförmlichkeit des Verfahrens und aus der Vorgabe, dass die Behörde einen Verfahrensabschluss einfach, zweckmäßig und zügig herbeizuführen hat (§ 10 VwVfG).[323] Verbindung und Trennung von Verfahren liegen im Ermessen der Behörde. Freilich darf die Verbindung oder Trennung nicht zur Entscheidung einer unzuständigen Behörde führen. Auch müssen die Verfahrensrechte der Beteiligten gewahrt bleiben. Bestehen für den Fortgang eines Verfahrens rechtliche oder tatsächliche Hindernisse oder sind bestimmte Vorfragen von anderen Behörden oder in einem verwaltungs- oder verfassungsrechtlichen Normenkontrollverfahren von Gerichten zu entscheiden[324], kann eine Behörde das Verfahren *aussetzen.* Eine ausdrückliche Regelung fehlt auch hier.[325] Zum Teil wird analog auf die verwaltungsprozessuale Regelung des § 94 VwGO zurückgegriffen.[326] Das ist nicht nötig, da die Möglichkeit zur Aussetzung – ebenso wie bei der Verbindung oder Trennung – bereits durch § 10 VwVfG hinreichend eröffnet ist. Die Aussetzung bewirkt eine Unterbrechung des Verfahrens. Etwaige Fristen müssen nicht beachtet werden. Verfahrenshandlungen, die während der Aussetzung vorgenommen werden, entfalten keine Wirksamkeit. Mit Wegfall des Aussetzungsgrundes ist die Behörde verpflichtet, das Verfahren sofort wieder aufzunehmen.

321 Vgl *Schneider* in: Hoffmann-Riem/Schmidt-Aßmann/Voßkuhle, Grundlagen II, § 28 Rn 103.

322 Vgl *Kopp/Ramsauer* VwVfG, § 9 Rn 46 ff.

323 Ähnlich *Ritgen* in: Knack/Henneke, VwVfG, § 9 Rn 24; *Kopp/Ramsauer* VwVfG, § 9 Rn 46; *Schmitz* in: Stelkens/Bonk/Sachs, VwVfG, § 9 Rn 201 ff.

324 Aufgrund des Gesetzmäßigkeitsgrundsatzes darf die Behörde ein entscheidungserhebliches Gesetz nicht unangewendet lassen, wenn sie es für verfassungswidrig hält. Es ist eine Weisung der höheren Behörde, zul der obersten Bundes- oder Landesbehörde einzuholen, die ggf die Entscheidung der Reg über einen Antrag auf abstrakte Normenkontrolle beim BVerfG (Art 93 I Nr 2 GG) oder einem Landesverfassungsgericht herbeiführt. Bei VOen, Satzungen oder VwV sind Geltungszweifel auf die Dienstweg bzw durch die zur Rechtsaufsicht zuständigen Behörde zu klären.

325 Zu sonderges Aussetzungsregelungen *Mühlbauer* Aussetzung von Verwaltungsverfahren, 2003, 89 ff, 211 ff.

326 Vgl *Ule/Laubinger* VwVfR, § 20 Rn 8; *Riedl* in: Obermayer, VwVfG, § 9 Rn 61. Wie hier i Erg *Ritgen* in: Knack/Henneke, VwVfG, § 9 Rn 29; *Mühlbauer* (Fn 325) 119 ff; *Schmitz* in: Stelkens/Bonk/Sachs, VwVfG, § 9 Rn 203.

2. Form des Verwaltungsaktes

49 Ebenso wie das Verwaltungsverfahren selbst im Grundsatz an eine bestimmte Form nicht gebunden ist (§ 10 S 1 VwVfG), bleibt die Form des Verwaltungsaktes grundsätzlich dem *Ermessen* der Behörde überlassen. Den verfassungsrechtlich verwurzelten Erfordernissen einer effektiven und effizienten Aufgabenerfüllung entsprechend (→ § 13 Rn 11, 15 f), kann ein Verwaltungsakt schriftlich, elektronisch, mündlich oder in anderer Weise erlassen werden (§ 37 II 1 VwVfG). Auch Zeichen (etwa Gebärden von Polizeibeamten) oder Verkehrseinrichtungen[327] können Verwaltungsakte sein. Ggf genügt konkludentes Verhalten wie die Auszahlung eines Geldbetrages.[328] Elektronisch darf ein Verwaltungsakt nur erlassen werden, wenn der Bürger hierfür einen Zugang eröffnet hat (§ 3a VwVfG, (Rn 19). Wenn der Adressat das elektronische Dokument nicht öffnen kann, hat die Behörde es erneut entweder in einem geeigneten elektronischen Format oder als Schriftstück zu übermitteln (§ 3a III 2 VwVfG). Bloßes Stillschweigen reicht nicht aus, wenn nicht zur Verfahrensbeschleunigung ein Verwaltungsakt nach Fristablauf gesetzlich fingiert wird (§ 42a VwVfG, Rn 46). Darüber hinaus finden sich in einigen Landesbauordnungen bloße *Anzeigeverfahren*.[329] Die *Schriftform* wird zum Teil – etwa für Verwaltungsakte, die das förmliche Verwaltungsverfahren abschließen, und Planfeststellungsbeschlüsse (§ 69 II 1, § 74 I 2 VwVfG → § 15 Rn 35, 18) – ausdrücklich vorgeschrieben. Im Übrigen kann sich aus der Art des Verwaltungsaktes die Notwendigkeit der Schriftlichkeit ergeben, wenn es auf den Wortlaut ankommt.[330] Die Schriftform kann, soweit nichts anderes bestimmt ist, durch die *elektronische Form* ersetzt werden (§ 3a II 1 VwVfG), wenn der Empfänger einen Zugang eröffnet hat (§ 3a I VwVfG) und das elektronische Dokument mit einer qualifizierten elektronischen Signatur nach dem Signaturgesetz versehen ist (§ 3a II 2 VwVfG, Rn 19, → § 1 Rn 79). Ein schriftlicher oder elektronischer Verwaltungsakt muss die erlassende Behörde erkennen lassen und die Unterschrift oder (anders als nach § 126 I BGB) die Namenswiedergabe des Behördenleiters, seines Vertreters oder seines Beauftragten enthalten (§ 37 III 1 VwVfG).[331] Bei einer bloßen Namenswiedergabe wird ein Beglaubigungsvermerk rechtlich nicht verlangt[332], aber im Regelfall geboten sein. Wird ein schriftlicher Verwaltungsakt „mit Hilfe automatischer Einrichtungen" erlassen, also insbesondere mit elektronischen Datenverarbeitungsanlagen, können die Unterschrift und Namenswiedergabe sogar fehlen (§ 37 V 1 VwVfG). Lässt sich die Behörde nicht erkennen, ist der Verwaltungsakt nichtig (§ 44 II Nr 1 VwVfG). Der *äußere Aufbau* eines schriftlichen Verwaltungsaktes ist gesetzlich nicht vorgegeben. Üblicherweise steht am Anfang der sogenannte Verfügungssatz, ggf gefolgt von Nebenbestimmungen, der Kostenentscheidung und der Begründung.[333] Wird ein Verwaltungsakt mündlich erlassen, kann der Betroffene unverzüglich, dh ohne schuldhaftes Zögern (vgl § 121 BGB), eine *schriftliche oder elektronische Bestätigung* verlangen, wenn daran ein be-

[327] Vgl § 36 II, §§ 39 ff StVO.
[328] Vgl BVerwGE 28, 353, 358.
[329] Vgl *Krebs* in: Schmidt-Aßmann/Schoch, Bes VwR, Kap 4 Rn 221.
[330] Vgl *BSGE* 21, 52, 54; sonst *Badura* FS Boorberg-Verlag, 1977, 205, 209.
[331] Die behördenintern übl Paraphe genügt. S BVerwG Buchholz 316 § 37 VwVfG Nr 12. Auch soll ein gerichtliches Protokoll die Anforderungen erfüllen. S BVerwG NVwZ 2000, 1186.
[332] Dies ist umstr. Vgl *Kopp/Ramsauer* VwVfG, § 37 Rn 35 mwN.
[333] Vgl zum äußeren Aufbau *Pünder/Queng* Die Assessorklausur in NRW, 1997, 123 ff.

rechtigtes Interesse besteht (§ 37 II 2 VwVfG).[334] Weil die Bestätigung mit einer Begründung zu versehen ist (§ 39 I 1 VwVfG, Rn 51), ist dies insbesondere dann der Fall, wenn Rechtsbehelfe eingelegt werden sollen. Eine elektronischen Bestätigung ist zulässig, wenn der Empfänger hierfür einen Zugang eröffnet hat (§ 3a I VwVfG). Einer qualifizierten Signatur bedarf es nicht; denn § 3a II VwVfG gilt nur, wenn eine gesetzlich angeordnete Schriftform ersetzt werden soll (Rn 19). Eine schriftliche Bestätigung kann auch bei einem elektronischen Verwaltungsakt verlangt werden (§ 37 II 3 VwVfG). In dieser Konstellation gilt § 3a II VwVfG nicht (§ 37 II 3 aE VwVfG), dh es wird die herkömmliche Schriftform verlangt. Für den Fall, dass ein Verwaltungsakt „auf andere Weise" – etwa durch Handzeichen – erlassen wird, fehlt es an einer Normierung. Doch ist bei einem berechtigten Interesse § 37 II 2 und 3 VwVfG analog anzuwenden.[335]

3. Kostenentscheidung

Liegt eine kostenpflichtige Amtshandlung vor[336], muss eine *Kostenentscheidung* getroffen werden. Sie soll zusammen mit der Sachentscheidung ergehen (§ 14 I 2 VwKostG), kann aber auch in einem selbständigen Kostenbescheid getroffen werden.[337] Die Entscheidung kann zusammen mit der Sachentscheidung oder isoliert angefochten werden (§ 22 I VwKostG). In einem *Widerspruchs- oder Abhilfebescheid* muss stets entschieden werden, wer die Kosten trägt (§§ 72, 73 III 3 VwGO). Maßgeblich ist § 80 VwVfG bzw eine entsprechende Landesregelung. Hat der Widerspruch *Erfolg* oder nur deshalb keinen Erfolg, weil die Verletzung einer Verfahrens- oder Formvorschrift *geheilt* wurde (§ 45 VwVfG, Rn 60), so sind dem Widerspruchsführer die zur Rechtsverfolgung oder -verteidigung notwendigen Aufwendungen zu erstatten (§ 80 I 1 und 2 VwVfG).[338] Ist der Widerspruch *erfolglos*, muss der Widerspruchsführer der Behörde, die den Verwaltungsakt erlassen hat, die Aufwendungen erstatten (§ 80 I 3 VwVfG). Bei *teilweise erfolgreichem* Widerspruch sind die Kosten zu teilen, da nach § 80 I 1 und 3 VwVfG die Kosten jeweils nur auferlegt werden dürfen, *soweit* der Widerspruch erfolgreich bzw erfolglos war.[339] Soweit die Kostenentscheidung im Falle der Erledigung des Widerspruchs *ohne Sachentscheidung* (etwa durch Rücknahme des Widerspruchs, Tod des 50

334 Vgl bereits *Kopp* (Fn 316) 137 f. Für Ausnahmen s § 95 VwVfG. Zur elektronischen Bestätigung etwa *Dietlein/Heinemann* NWVBl 2005, 53 ff; *Schmitz* DÖV 2005, 885 ff. Allg *Eifert* Electronic Government, 2006.

335 Vgl *Kopp/Ramsauer* VwVfG, § 39 Rn 8; *Ruffert* in: Knack/Henneke, VwVfG, § 39 Rn 14. AA *Ule/Laubinger* VwVfR, § 51 Rn 6.

336 Nach den KostenG des Bundes u der Länder werden Kosten – dh Verwaltungsgebühren u Auslagen – nur erhoben, soweit dies in den einschlägigen Fachgesetzen ausdr vorgesehen ist (§ 1 I, II VwKostG). Solche Regelungen finden sich f Amtshandlungen, die nicht überwiegend im öffentlichen Interesse liegen. S etwa § 80 I GWB; §§ 142 ff TKG; § 22 SigG iVm § 12 u Anl 2 SigV; § 21 AtG; § 38 StAG iVm der StAGebV.

337 Vgl *Schoch* in: Schoch/Schmidt-Aßmann/Pietzner, VwGO, § 80 Rn 119.

338 Die Gebühren u Auslagen eines RA sind dabei nur zu berücksichtigen, wenn dessen Hinzuziehung in der Kostenentscheidung für notwendig erklärt worden ist (§ 80 II, III 2 VwVfG). Dazu *Chen* (Fn 78) 105 ff.

339 Vgl *Repp* in: Obermayer, VwVfG, § 80 Rn 15; *Dürr* in: Knack/Henneke, VwVfG, § 80 Rn 23. Nach aA ergibt sich die Kostenteilung aus § 155 VwGO analog. So *Ule/Laubinger* VwVfR, § 47 Rn 2. Art 80 I VwVfG Bay u § 80 I VwVfG Thür erklären § 155 VwGO ausdrücklich für anwendbar.

Widerspruchsführers, Untergang der Sache, auf die sich der Verwaltungsakt bezieht) nicht ausdrücklich geregelt ist, muss zugunsten des Widerspruchsführers § 161 II VwGO analog angewendet werden.[340] Der Gegenmeinung[341] ist der Grundsatz der „Waffengleichheit" entgegenzuhalten. In jedem Fall sind der Behörde die Kosten aufzuerlegen, wenn sie die Erledigung des Verwaltungsakts aus widerspruchsbezogenen Gründen verursacht, um die Kosten zu vermeiden.[342] Weil die Kosten des Widerspruchsverfahrens zu den Kosten des sich anschließenden gerichtlichen Verfahrens gehören (§ 162 I VwGO), wird die Kostenentscheidung des Widerspruchsbescheides im gerichtlichen Verfahren durch die gerichtliche Kostenentscheidung ersetzt. Die Kostenentscheidung der Widerspruchsbehörde hat daher nur dann eine praktische Bedeutung, wenn sich kein gerichtliches Verfahren anschließt.

4. Begründung des Verwaltungsaktes

51 a) *Voraussetzungen und Inhalt der Begründungspflicht.* Die verfassungsrechtlich verwurzelte (→ § 13 Rn 11 ff) und auch vom europäischen Unionsrecht geforderte (→ § 13 Rn 20), aber nicht in allen ausländischen Rechtsordnungen selbstverständliche (→ § 13 Rn 24) *Begründung* eines Verwaltungsaktes wird in § 39 VwVfG geregelt. Als Ausdruck eines allgemeinen Rechtsgedankens ist die Vorschrift entsprechend auf andere öffentlich-rechtliche oder privatrechtliche Maßnahmen anzuwenden, die wie ein eingreifender Verwaltungsakt wirken.[343] Die Pflicht zur Begründung, die auch das Verwaltungsprozessrecht kennt[344], besteht *de lege lata* nur, wenn der Verwaltungsakt *schriftlich oder elektronisch erlassen oder* schriftlich oder elektronisch *bestätigt* worden ist (§ 39 I 1 VwVfG, Rn 49). Damit muss der von einem mündlichen Verwaltungsakt Betroffene, wenn er eine Begründung erhalten will, einen Antrag auf schriftliche oder elektronische Bestätigung stellen (§ 37 II S 2 und 3 VwVfG).[345] Wie gesehen, kann ein Anspruch auf Bestätigung und damit auf Begründung auch dann bestehen, wenn der Verwaltungsakt in anderer Form – zB durch Handzeichen – erlassen wurde (Rn 49). Für die Anordnung der sofortigen Vollziehbarkeit ist die Begründungspflicht speziell geregelt (§ 80 III VwGO, Rn 53). *Entbehrlich* ist die Begründung, wenn sie zur Er-

[340] Vgl VGH BW NJW 1981, 1524 f; BayVGH BayVBl 1983, 246; VG Bremen DVBl 1979, 824 ff; *Kopp/Ramsauer* VwVfG, § 80 Rn 19; *Huxholl* Die Erledigung eines VAs im Widerspruchsverfahren, 1995, 246 f, 405 ff; nur für die Erledigung *Redeker/v Oertzen*, VwGO, § 73 Rn 31. Eine ausdrückliche Regelung enthalten § 80 I 5 VwVfG BW, Art 80 I 5 VwVfG Bay, § 80 I 5 VwVfG Saarl u § 80 I 6 VwVfG Thür.

[341] Vgl BVerwGE 62, 201, 204; 62, 296, 300; 77, 268, 275 f; OVG Hamburg NVwZ-RR 1999, 706; *P. Kallerhoff* in: Stelkens/Bonk/Sachs, VwVfG, § 80 Rn 5, 51, 53; *Kopp/Schenke* VwGO, § 73 Rn 17; *Dolde/Porsch* in: Schoch/Schmidt-Aßmann/Pietzner, VwGO, § 73 Rn 62; *Ule/Laubinger* VwVfR, § 47 Rn 7.

[342] Vgl BVerwGE 101, 64, 71; OVG Hamburg NVwZ-RR 1999, 706, 707; VG Osnabrück NVwZ-RR 1997, 200; *Kopp/Ramsauer* VwVfG, § 80 Rn 18. Übungsfall bei *Pünder*, JuS 2000, 682 ff.

[343] Vgl *Kopp/Ramsauer* VwVfG, § 39 Rn 8 ff; *Koenig* AöR 117 (1992) 514, 524; *Hufen* (Fn 24) Rn 442; *Kahl* (Fn 19) 151, 171; *Schmidt-Aßmann* in: Schoch/Schmidt-Aßmann/Pietzner, VwGO, Einl Rn 206; aA *Liebetanz* in Obermayer, VwVfG, § 39 Rn 12; *U. Stelkens* in: Stelkens/Bonk/Sachs, VwVfG, § 39 Rn 18 ff. Zur Rechtslage vor Erlass des VwVfG *Schick* JuS 1971, 1 ff.

[344] Vergleichend *Ule* VerwArch 62 (1971) 114 ff, 129 ff.

[345] Krit *Kischel* Die Begründung, 2003, 239 ff.

füllung der Rechtsschutzfunktion nicht erforderlich ist, weil der Verwaltungsakt dem Willen des Adressaten entspricht und nicht in Rechte Dritter eingreift oder der Betroffene die Gründe für den Erlass des Verwaltungsaktes bereits kennt (§ 39 II Nr 1, 2 VwVfG).[346] Zudem entfällt die Begründungspflicht, wenn dies eine spezielle Vorschrift vorsieht (§ 39 II Nr 4 VwVfG).[347] Ferner kann bei einer größeren Zahl von gleichartigen oder mit Hilfe automatischer Einrichtungen erlassenen Verwaltungsakten eine Begründung entbehrlich sein (§ 39 II Nr 3 VwVfG), jedoch nur dann, wenn sie „nach den Umständen des Einzelfalles nicht geboten" ist. Diese Ausnahme ist restriktiv zu handhaben.[348] Darüber hinaus bedarf es einer Begründung nicht, wenn eine Allgemeinverfügung öffentlich bekannt gegeben wird (§ 39 II Nr 5 VwVfG). Dies ist aus rechtsstaatlichen Gründen nicht zu halten, soweit die Allgemeinverfügung nicht aus sich selbst heraus verständlich ist.[349] Für eine schriftliche oder elektronische Allgemeinverfügung ergibt sich ohnehin aus § 41 IV 2 VwVfG, dass sie stets zu begründen ist.[350] Schließlich soll nach dem Willen der Gesetzgeber keine Begründungspflicht bei *Leistungs-, Eignungs- und ähnlichen Prüfungen* bestehen (§ 2 III Nr 2 VwVfG). Dies kann aus verfassungsrechtlichen Gründen allerdings dann nicht gelten, wenn die Prüfungen die Aufnahme eines Berufs, eine Ausbildung oder den Nachweis beruflicher Fähigkeiten betreffen; denn bei Regelungen, die in die Freiheit der Berufswahl (Art 12 GG) eingreifen, verlangen der Grundrechtschutz durch Verfahren (→ § 13 Rn 12 f) und Art 19 IV GG, dass es den Gerichten möglich sein muss, die Wertungen der Prüfungsbehörden effektiv zu kontrollieren.[351] Auch die eingeschränkte verwaltungsgerichtliche Kontrolldichte bei Prüfungsentscheidungen kann das Fehlen einer Begründung, welche eine rechtliche Überprüfung der Verwaltungsentscheidung komplett ausschließt, nicht tragen. Daher sind Prüfungsentscheidungen stets zu begründen, was in den speziellen Prüfungsregelungen zumeist auch vorgesehen ist.[352]

In der Begründung sind die tragenden *tatsächlichen und rechtlichen Gründe*, auf welche die Entscheidung gestützt wird, mitzuteilen (§ 39 I 2 VwVfG). Die Begründung von Ermessensentscheidungen soll auch die Gesichtspunkte erkennen lassen, von denen die Behörde bei der Ausübung ihres Ermessens ausgegangen ist (§ 39 I 3 VwVfG). Dies muss auch für die Ausfüllung von Beurteilungsspielräumen gelten.[353] Die Begründung darf sich nicht in formelhaften allgemeinen Darlegungen erschöpfen, sondern muss auf **52**

[346] Krit *Decksling* DÖV 1985, 714 ff; *Kischel* (Fn 345) 232 ff.

[347] Vgl etwa § 66 BauGB (hierzu BGH NVwZ 1991, 1022).

[348] Eine Begr ist nur entbehrlich, wenn vergleichbare Fälle zu Nr 1 u 2 vorliegen, so dass die Nr 3 kaum eigenständige Bedeutung hat. Vgl *Ruffert* in: Knack/Henneke, VwVfG, § 39 Rn 46; *Hufen* (Fn 24) Rn 304; *Kischel* (Fn 345) 243 ff; *Kopp/Ramsauer* VwVfG, § 39 Rn 48.

[349] Davon ging aber der Gesetzgebers aus. Vgl BT-Drucks 7/910, 61. Krit *Bredemeier* (Fn 160), 351 f; *Kischel* (Fn 345) 245 ff; *Kopp/Ramsauer* VwVfG, § 39 Rn 55.

[350] AA *U. Stelkens* in: Stelkens/Bonk/Sachs, VwVfG, § 39 Rn 71; *Ruffert* in: Knack/Henneke, VwVfG, § 39 Rn 50; *Kischel* (Fn 345) 246.

[351] Vgl BVerfGE 84, 34, 45 f, 49; 84, 59, 72.

[352] S etwa § 22 IV JAG Hmb. § 109 II LVwG SH sieht für alle Leistungs-, Eignungs- u ähnliche Prüfungen eine mündliche u auf Antrag auf eine schriftliche Begr vor. Allg BVerwGE 91, 262, 265; 99, 185, 189 f; NVwZ-RR 2000, 503; *Becker* NVwZ 1993, 1129, 1134 f; *Ruffert* in: Knack/Henneke, VwVfG, § 39 Rn 52; *Kischel* (Fn 345) 251 ff; *Müller-Franken* VerwArch 92 (2001) 507 ff; *Nienhues* NJW 1991, 3001, 3003. Keine Zweifel an der Verfassungsmäßigkeit v § 2 III Nr 2 VwVfG hat *Dolzer* DÖV 1985, 9, 14.

[353] Vgl *Günther* NWVBl 1991, 181 ff.

den konkreten Fall abstellen.[354] Das schließt eine mehrfache Verwendung gleichlautender Begründungen nicht aus, soweit die Fälle gleich liegen. Da die rechtlichen und tatsächlichen Gründe darzulegen sind, ist der entscheidungserhebliche Sachverhalt darzustellen und rechtlich zu bewerten. Beides muss allerdings nicht wie bei einem Urteil streng getrennt sein.[355] In einfachen Fällen kann die Begründung knapp ausfallen. Die Anforderungen hängen von der Komplexität des Sachverhalts und der Rechtslage sowie insbesondere davon ab, ob und in welchem Maße der Verwaltungsakt in geschützte Rechtspositionen, insbesondere Grundrechte, eingreift. Regelmäßig ist es geboten, die einschlägigen Gesetze und ggf Verwaltungsvorschriften zu zitieren, um den Betroffenen Anhaltspunkte zur Überprüfung der Entscheidung zu geben.[356] Jedenfalls sollte auf Verständlichkeit geachtet werden. Empirische Untersuchungen zeigen, dass es hieran vielfach hapert.[357] Wenn die Begründung nicht mit der Rechtslage übereinstimmt, liegt darin kein Verstoß gegen § 39 I VwVfG. Vielmehr wird nur die materielle Rechtmäßigkeit des Verwaltungsaktes in Frage gestellt (Rn 54 ff).[358]

53 b) *Folgen einer fehlenden oder unzureichenden Begründung.* Gegen eine fehlende oder unzureichende Begründung kann in der Regel nur *indirekt* im Rahmen einer *Anfechtung* des Verwaltungsaktes vorgegangen werden, da für eine Leistungsklage auf Erteilung einer Begründung kein Rechtsschutzbedürfnis besteht, wenn am Bestand des Verwaltungsaktes nicht gerüttelt wird.[359] Allerdings kann die Behörde die Begründung bis zum Abschluss der letzten Tatsacheninstanz eines gerichtlichen Verfahrens *nachholen* (§ 45 I Nr 2, II VwVfG Rn 60 f), muss dann ggf aber die Kosten tragen (Rn 50).[360] Viele meinen, dass auch das Fehlen der nach § 80 III VwGO erforderlichen *Begründung für die Anordnung der sofortigen Vollziehbarkeit* (§ 80 II 1 Nr 4 VwGO) geheilt werden kann.[361] Dem ist *nicht* zu folgen. Die Vollziehbarkeitsanordnung ist kein Verwaltungsakt, sondern nur eine Nebenentscheidung zum Zeitpunkt der Wirksamkeit.[362] Eine Analogie zu §§ 39, 45 I Nr 2, II VwVfG scheidet aus, da § 80 III VwGO eine abschließende Spezialregelung ist. Allerdings dürfte in der nachträglichen Begründung eine erneute Anordnung einer sofortigen Vollziehung zu sehen sein, die aber nur ex nunc wirkt und damit die gerichtliche Entscheidung nicht beeinflusst.

[354] Zu den Anforderungen an die Begr BVerwGE 22, 215, 217; 38, 191, 194; 72, 1, 6; 74, 196, 205; 84, 375, 388; NVwZ 1986, 374, 375; OVG NRW NWVBl 1989, 250; OVG LSA NVwZ 1995, 614, 615; *Kopp/Ramsauer* VwVfG, § 39 Rn 19; *Schoch* DÖV 1984, 401, 402 ff; *Müller-Ibold* Die Begründungspflicht im europäischen Gemeinschaftsrecht und im deutschen Recht, 1990, 218.

[355] Vgl *Pünder/Queng* (Fn 333) 126 ff.

[356] Wie hier *Hufen* (Fn 24) Rn 311; *Kischel* (Fn 345) 363 f; *Weides* VwVf, 197; weniger streng insoweit BVerwGE 71, 354, 358; ThürOVG ThürVBl 1995, 113.

[357] Vgl *Wölki* (Fn 167) 258 ff.

[358] Vgl BVerwG NVwZ 1999, 303; *Koenig* AöR 117 (1992) 513, 522; *U. Stelkens* in: Stelkens/Bonk/Sachs, VwVfG, § 39 Rn 30.

[359] Vgl BayVGH BayVBl 1985, 278.

[360] Vgl im einzelnen *Hufen* (Fn 24) Rn 318; *Kischel* Folgen von Begründungsfehlern, 2004, 155 ff. Zu den Kostenfolgen einer Nachholung der Begr im gerichtlichen Verfahren s *Kopp/Ramsauer* VwVfG, § 45 Rn 38.

[361] Vgl OVG Bln/Bdbg NVwZ-RR 2008, 727 f → JK VwGO § 80/III/4; OVG MV NVwZ-RR 1999, 409; *Redeker/v Oertzen* VwGO, § 80 Rn 27a; *Tietje* DVBl 1998, 124, 126 ff; *Ronellenfitsch* NVwZ 1999, 583, 590. Wie hier *Kopp/Schenke* VwGO, § 80 Rn 87; *Meyer* in: Knack/Henneke, VwVfG, § 45 Rn 25; *Puttler* in Sodan/Ziekow, VwGO, § 80 Rn 99, 153; *Schoch* in: Schoch/Schmidt-Aßmann/Pietzner, VwGO, § 80 Rn 175, 179; *ders* Jura 2001, 671, 679.

[362] S *Schoch* in: Schoch/Schmidt-Aßmann/Pietzner, VwGO, § 80 Rn 140.

c) *Nachschieben von Gründen im Verwaltungsprozess.* Wenn die Begründung zwar den formellen Anforderungen des § 39 I VwVfG genügt, aber inhaltlich fehlerhaft ist, stellt sich die Frage, ob die Behörde andere *Gründe im Verwaltungsprozess nachschieben* kann. Eine ausdrückliche Regelung fehlt: Die verwaltungsverfahrensrechtliche Heilungsvorschrift (§ 45 I Nr 2, II VwVfG) betrifft nur die formelle, nicht aber die materielle Rechtmäßigkeit des Verwaltungsaktes.[363] Auch § 47 VwVfG hilft nicht weiter, weil die Regelung zur Umdeutung von Verwaltungsakten nur eingreift, wenn nicht nur die Begründung, sondern auch die Entscheidungsformel geändert werden muss.[364] Schließlich werden in § 114 S 2 VwGO nur die verwaltungsprozessrechtlichen Voraussetzungen, unter denen eine Ergänzung der Ermessenserwägungen während eines laufenden Verwaltungsprozesses Eingang in den Streitstoff des Gerichtsverfahrens findet, normiert.[365] Die – auch für den einstweiligen Rechtsschutz geltende[366] – Regelung macht bloß deutlich, dass das Nachschieben von Gründen nicht zu einer Änderung des Streitgegenstandes führt. Für eine allgemeine Regelung der materiellrechtlichen Wirkungen im Hinblick auf die Rechtmäßigkeit des Verwaltungsaktes fehlt es dem Bund an der Gesetzgebungskompetenz. Vergleichsweise unproblematisch ist das Nachschieben von Gründen bei *gebundenen Entscheidungen*. Da das Gericht ohnehin verpflichtet ist, den Sachverhalt selbst zu erforschen (§ 86 I VwGO), darf es auch Tatsachen berücksichtigen, die in der ursprünglichen Begründung des Verwaltungsaktes nicht enthalten sind. An die Rechtsauffassung der Behörde ist es nicht gebunden. Bei Entscheidungen mit *Ermessens- oder Beurteilungsspielraum* darf das Gericht nur die Erwägungen der Behörde kontrollieren, aber selbst kein Ermessen ausüben. Die nachgeschobenen Erwägungen müssen daher stets von der Behörde selbst stammen[367] und schon bei Erlass des Verwaltungsaktes vorgelegen haben[368]. Dass defizitäre Ermessenserwägungen im Prozess nur „ergänzt" werden können, ein Ermessensnichtgebrauch mithin nicht geheilt werden kann, stellt § 114 S 2 VwGO ausdrücklich klar.[369] Allgemein gilt, dass – was bereits in der Rechtsprechung des Preußischen Oberverwaltungsgerichts anerkannt war[370] – das Nachschieben von Gründen nicht dazu führen darf, dass der Kläger in seiner Rechtsverteidigung beeinträchtigt oder der Verwaltungsakt in seinem Wesen verändert wird.[371] Die *Rechtsverteidigung* des Klägers ist zB *beeinträchtigt*, wenn das Gericht 54

363 Ebenso *Meyer* in: Knack/Henneke, VwVfG, § 45 Rn 27; *Sachs* in: Stelkens/Bonk/Sachs, VwVfG, § 45 Rn 45 f. Vgl auch *Martin* (Fn 229) 54; *R. P. Schenke* JuS 2000, 230; *Schoch* DÖV 1984, 401, 402ff. Zu Abgrenzungsfragen *Schneider* in: Hoffmann-Riem/Schmidt-Aßmann/Voßkuhle, Grundlagen II, § 28 Rn 117.

364 S *Brischke* DVBl 2002, 429, 430 mwN.

365 Vgl BVerwGE 106, 351, 364 f; *Durner* VerwArch 97 (2006), 345, 357 ff; *W.-R. Schenke* NJW 1997, 81, 88; *R. P. Schenke* VerwArch 90 (1999) 232, 260 f; aA *Bader* NVwZ 1999, 120, 121; *Redeker* NVwZ 1997, 625, 627.

366 Vgl OVG Nds NVwZ-RR 2008, 776 → JK VwGO § 114/3.

367 Vgl *Horn* Verw 25 (1992) 203, 230; *Schmitt Glaeser/Horn* VwPrR, Rn 531.

368 Dieser Vorbehalt erklärt sich daraus, dass nach hM für die Entscheidung über die Rechtmäßigkeit eines VAs grds nur die Tatsachen berücksichtigt werden dürfen, die bereits zum Zeitpunkt des Erlasses vorgelegen haben. Vgl *Schenke* VwPrR, Rn 782; *Schmidt* in: Eyermann, VwGO, § 113 Rn 45 ff.

369 S BVerwG NVwZ 2007, 470, 471; OVG Nds NVwZ-RR 2008, 776 → JK VwGO § 114/3. Vgl *Tschentscher* in: Demel ua (Hrsg), Funktionen und Kontrolle der Gewalten, 165, 193.

370 Vgl *Durner* VerwArch 97 (2006), 345, 357; *Rupp* Nachschieben von Gründen im verwaltungsgerichtlichen Verfahren, 1987, 24 ff.

371 Vgl BVerwGE 8, 46, 54; 8, 234, 238; 64, 356, 358; 71, 363, 368; 105, 55, 59; OVG Nds

seine Entscheidung auf Gründe stützt, die dem Kläger vorher weder durch die Verwaltung noch durch das Gericht mitgeteilt wurden.[372] Eine *Wesensänderung* liegt vor, wenn der Verwaltungsakt konkludent aufgehoben und durch einen neuen ersetzt wird.[373] Das ist der Fall, wenn die Entscheidungsformel oder der wesentliche Sachverhalt, auf den diese gestützt wird, verändert wird.[374] Zwar ist es der Behörde nicht verboten, einen Verwaltungsakt während des Prozesses aufzuheben. Sie beseitigt damit aber den ursprünglichen Streitgegenstand. Der Kläger kann die Klage nach Änderung fortführen (§ 91 VwGO) oder, wo dies nicht möglich ist (etwa weil zunächst ein Vorverfahren durchgeführt werden muss[375]), den Rechtsstreit für erledigt erklären. Teilweise wird angenommen, dass bei Ermessensentscheidungen das Nachschieben stets zu einer Veränderung des den Verwaltungsakt tragenden Sachverhalts und damit zu einer Veränderung des Streitgegenstandes führe.[376] Dies überzeugt aber nicht, soweit die nachgeschobenen Gründe bereits angestellte Erwägungen lediglich ergänzen. Eine Wesensänderung des Verwaltungsaktes liegt daher nur vor, wenn der entscheidungserhebliche Sachverhalt durch die neuen Ermessenserwägungen im Wesentlichen ausgetauscht wird oder bisher gar keine Ermessenserwägungen vorlagen.[377] Eine unzulässige Wesensänderung des Verwaltungsaktes stellt auch die Korrektur einer Ermessensüberschreitung dar, da sie nicht ohne Veränderung der Entscheidungsformel möglich ist.[378]

5. Rechtsbehelfsbelehrung

55 Die Behörde ist grundsätzlich *nicht verpflichtet*, den Betroffenen über seine Rechtsbehelfe zu belehren. Allerdings beginnt die *Frist* für einen Rechtsbehelf – etwa die Monatsfrist für Widerspruch und Klage (§§ 70, 74 VwGO) – *nur* zu laufen, wenn der Betroffene über die *Rechtsbehelfe belehrt* wurde (§ 58 I VwGO). Ist die Belehrung unterblieben oder unrichtig erteilt worden, kann der Rechtsbehelf innerhalb eines Jahres eingelegt werden (§ 58 II 1 VwGO). Zum Teil wurde eine Rechtsbehelfsbelehrung gesetzlich angeordnet.[379] Doch führt auch dies nicht dazu, dass der Verwaltungsakt bei deren Fehlen rechtswidrig ist. Vielmehr werden nur die Folgen des § 58 VwGO ausgelöst. Damit sind die Vorschriften im Grunde überflüssig.

NVwZ-RR 2008, 776 → JK VwGO § 114/3. Vgl *Durner* VerwArch 97 (2006), 345, 357 ff; *Horn* Verw 25 (1992) 203, 231 ff; *Hufen* VwPrR, § 24 Rn 22; *Maurer* Allg VwR, § 10 Rn 40.

[372] Vgl *Schmitt Glaeser/Horn* VwPrR, Rn 536; *R. P. Schenke* JuS 2000, 230, 231.

[373] Vgl BVerwGE 85, 163, 166; *Schenke* NJW 1997, 81, 89; *Dolderer* DÖV 1999, 104, 106; *Durner* VerwArch 97 (2006), 345, 373; *Sachs* in: Stelkens/Bonk/Sachs, VwVfG, § 45 Rn 48, 51 f, 66.

[374] Insoweit gilt der gleiche Maßstab wie bei einer Klageänderung. Vgl dazu *Kopp/Schenke* VwGO, § 91 Rn 2.

[375] Vgl BVerwGE 85, 163, 166 f.

[376] Vgl BVerwGE 75, 26, 29; 85, 163, 165 f; *Schoch* DÖV 1984, 401, 410; *Schenke* NVwZ 1988, 1, 5; relativierend *R. P. Schenke* JuS 2000, 230, 232.

[377] Vgl OVG Nds NVwZ-RR 2008, 776 → JK VwGO § 114/3; SächsOVG SächsVBl 1998, 32, 33; VG München NVwZ 1998, 1325, 1326; *Gerhardt* in: Schoch/Schmidt-Aßmann/Pietzner, VwGO, § 114 Rn 12e; *Schmitt Glaeser/Horn* VwPrR, Rn 535.

[378] I Erg ebenso *Schmitt Glaeser/Horn* VwPrR, Rn 535.

[379] Dies gilt etwa für den Widerspruchsbescheid (§ 73 III 1 VwGO), schriftliche VAe v Bundesbehörden (§ 59 VwGO), im Abgaben- u Sozialrecht (vgl etwa § 157 I 3 u § 279 II 1 Hs 2 AO; § 36 SGB X) sowie nach landesrechtlichen Vorschriften (etwa nach § 3 VwVfG Bln; § 108 V LVwG SH).

6. Bekanntgabe des Verwaltungsaktes

Der Verwaltungsakt ist eine empfangsbedürftige öffentlich-rechtliche Willenserklärung; er wird nicht schon mit seinem Erlass, sondern erst mit seiner *Bekanntgabe* an denjenigen wirksam, für den er bestimmt ist oder der von ihm betroffen wird (§ 43 I 1 VwVfG). Damit ist wie im Zivilrecht (§ 130 BGB) zwischen der Abgabe der Willenserklärung und deren Wirksamkeit durch *Zugang* zu unterscheiden. Bei einem mündlich oder konkludent erlassenen Verwaltungsakt (§ 37 II VwVfG) fallen beide Zeitpunkte zusammen. Für die Bekanntgabe genügt wie im Zivilrecht die Möglichkeit der Kenntnisnahme.[380] Schriftliche oder elektronische Verwaltungsakte gelten drei Tage nach Aufgabe zur Post bzw Absendung als bekannt gegeben, außer wenn sie dem Adressaten später oder gar nicht zugehen (§ 41 II VwVfG).[381] Die Zugangsvermutung für elektronische Übermittlungen gilt seit 2008 auch für das Ausland.[382] Für die postalische Bekanntgabe ins Ausland gibt es in § 71b VI VwVfG eine Spezialregelungen, der die Dienstleistungsrichtlinie zugrunde liegt (→ § 15 Rn 45). Es gilt eine Frist von einem Monat. Eine *öffentliche Bekanntgabe* durch ortsübliche Bekanntmachung zB in Amtsblättern oder Tageszeitungen genügt, wenn dies durch Rechtsvorschrift zugelassen ist[383], oder es sich um eine Allgemeinverfügung handelt und eine Bekanntgabe an die Beteiligten untunlich ist (§ 41 III, 4 VwVfG). Als weitere Form der Bekanntgabe sieht § 41 V VwVfG die *Zustellung* vor. Zuzustellen sind etwa Verwaltungsakte im förmlichen Verfahren (§ 69 II 1 Hs 1 VwVfG, → § 15 Rn 35), Planfeststellungsbeschlüsse (§ 74 IV 1 VwVfG → § 15 Rn 18) und Widerspruchsbescheide (§ 73 III 1 VwGO).[384] Auch wenn die Zustellung nicht gesetzlich vorgeschrieben ist, darf sich die Behörde für diese Form der Bekanntgabe entscheiden (vgl § 1 III Alt 2 VwZG). Sie muss dann die Vorschriften des Zustellungsrechts befolgen.[385] 56

V. Behandlung von Zuständigkeits-, Verfahrens- und Formfehlern

Wird ein Verwaltungsakt unter Verstoß gegen Zuständigkeits-, Verfahrens- und Formvorschriften erlassen, ist er formell rechtswidrig. Allerdings kann die Entscheidung inhaltlich rechtmäßig sein. Wie „bloß" formell rechtswidrige Verwaltungsakte zu behandeln sind, war vor Erlass der Verwaltungsverfahrensgesetze umstritten.[386] Nach gel- 57

380 Vgl *Kopp/Ramsauer* VwVfG, § 41 Rn 7b; *Hufen* (Fn 24) Rn 285.

381 Die Drei-Tage-Frist des § 41 II 1 VwVfG gilt selbst dann, wenn der VA nachweislich früher zugegangen ist. Vgl BVerwGE 22, 11, 13 f; OVG Berlin NJW 1966, 1379 f; *Ruffert* in: Knack/Henneke, VwVfG, § 41 Rn 30; *Liebetanz* in: Obermayer, VwVfG, § 41 Rn 34.

382 Viertes G z Änderung verwaltungsverfahrensrechtlicher Vorschriften v 11.11.2008 (BGBl 2008 I, S 2418).

383 Entspr Regelungen finden sich etwa in den §§ 69 II 3 u III 2, 72 II, 74 V VwVfG.

384 Weit Bsp bei *Ruffert* in: Knack/Henneke, VwVfG, § 41 Rn 23.

385 Vgl OVG NRW NVwZ-RR 1995, 623; OVG SH NVwZ-RR 1994, 22, 23; *Kopp/Ramsauer* VwVfG, § 41 Rn 60; *U. Stelkens* in: Stelkens/Bonk/Sachs, VwVfG, § 41 Rn 199 ff. Die bundesrechtlichen Vorgaben (VwZG) wurden kürzlich modernisiert. Vgl *Rosenbach* DVBl 2005, 816 ff. Die Länder werden ihre ZustellungsG demnächst anpassen.

386 Vgl etwa BVerwGE 19, 216, 221; 24, 23, 32; 27, 295, 301; 29, 282, 283 f; *Bettermann* DVBl 1963, 826, 827 f; *Groschupf* DVBl 1962, 627 ff; *König* DVBl 1959, 189; *Kopp* VerwArch 61 (1970), 219 ff; *dens* (Fn 316) 33 ff, 93 ff; *Weyreuther* DVBl 1972, 93 ff; sowie *Fisahn* Demokratie und Öffentlichkeitsbeteiligung, 2002, 167 ff.

tendem Recht können bestimmte formelle Fehler – wenn sie den *Verwaltungsakt nicht* nach § 44 VwVfG *nichtig* machen (→ § 22 Rn 4 ff)[387] – gem § 45 VwVfG durch Nachholung *geheilt* werden (1.). Selbst wenn die Heilung nicht möglich oder nicht rechtzeitig erfolgt ist, hat der Betroffene nach § 46 VwVfG *keinen Aufhebungsanspruch*, wenn offensichtlich ist, dass die Verletzung die Entscheidung in der Sache nicht beeinflusst hat (2.). Den Regelungen, denen beim Satzungserlass differenzierte Ausnahmen von Nichtigkeitsdogma entsprechen (→ § 17 Rn 8)[388], liegt die Vorstellung zugrunde, dass das Verwaltungsverfahren lediglich eine *dienende Funktion* hat.[389] Ziel ist die materiell „richtige" Entscheidung, der Weg dorthin und die Form der Entscheidung sind nachrangig. Diese rechtspolitische Einschätzung ist nicht zweifelsfrei (→ § 13 Rn 1), aber auch in ausländischen Rechtsordnungen anzutreffen (→ § 13 Rn 23 ff).[390] Dem amerikanischen Rechtsverständnis läuft sie diametral entgegen. Allerdings sind hier die Gerichte in ihrer inhaltlichen Überprüfung von Verwaltungsentscheidungen beschränkt (→ § 13 Rn 27).[391] Die Relativierung formeller Fehler kann auch im Interesse des Bürgers liegen. Wenn ein Verwaltungsakt nach Aufhebung in einem anschließenden Verfahren sofort formell ordnungsgemäß erlassen werden kann, bekäme der Kläger nur „Steine statt Brot". Schließlich können behördliche Verfahrenshandlungen im Regelfall nach § 44a VwGO *nicht selbständig angefochten* werden (3.). Der Bürger hat die abschließende Sachentscheidung abzuwarten.

1. Heilung von Verfahrens- und Formfehlern

58 Die Möglichkeit zur Fehlerheilung dient der Effizienz des Verwaltungshandelns, insbesondere der Notwendigkeit einer *Verfahrensbeschleunigung*. Da diese Gesichtspunkte verfassungsrechtlich verankert sind (→ § 13 Rn 15 f) und der Gesetzgeber bei der Ausgestaltung verfahrensrechtlicher Verfassungsprinzipien über einen Spielraum verfügt (→ § 13 Rn 10), ist gegen die Heilungsmöglichkeit *verfassungsrechtlich* im Grundsatz nichts einzuwenden.[392] Immerhin wird die Gesetzesbindung (Art 20 II GG) gesichert, weil Verfahrensfehler nachträglich beseitigt werden. Allerdings ist bei der *Auslegung* der Heilungsvorschrift zu beachten, dass das Verwaltungsverfahren für einen effektiven Grundrechtsschutz von Bedeutung ist (→ § 13 Rn 12). Der Betroffene darf durch die

[387] Dazu *Hufen* (Fn 24) Rn 506 ff.

[388] Vgl zum Kommunalrecht etwa *Schmidt-Aßmann/Röhl* in: Schmidt-Aßmann/Schoch, Bes VwR, Kap 1 Rn 98 f; zum BauR (sog Planerhaltung) *Krebs* in: Schmidt-Aßmann/Schoch, Bes VwR, Kap 4 Rn 121 ff.

[389] Vgl BT-Drucks 7/910, 65; 13/1445, 6; sowie etwa BVerwGE 92, 258, 261; *Bonk* NVwZ 1997, 320, 322; *Morlok* Die Folgen von Verfahrensfehlern am Beispiel von kommunalen Satzungen, 1988, 90 ff; *Pietzcker* VVDStRL 41 (1983) 193, 221 ff; *H. A.Wolff* FS R. Scholz, 2007, 97. Ausf Kritik bei *Hufen* (Fn 24) Rn 586 ff. Zusammenfassend *Möllers* in: Trute/Groß/Röhl/Möllers, Allgemeines Verwaltungsrecht – zur Tragfähigkeit eines Konzepts, 2008, 489 ff.

[390] Vgl etwa *Schmidt-Aßmann* Ordnungsidee Kap 6 Rn 46; *Wahl* in: Hill/Pitschas (Hrsg), Europäisches Verwaltungsverfahrensrecht, 2004, 357, 371 ff.

[391] Vgl auch *Wahl* DVBl 2003, 1285, 1291: „Man kann die Kontrolle nicht auf beiden Seiten maximieren, sowohl beim Verfahren wie beim materiellen Recht, jedenfalls tut dies keine Rechtsordnung der Welt."

[392] AA etwa VG Arnsberg DVBl 1981, 648, 649; *Niedobitek* DÖV 2000, 761 ff. Wie hier *Bredemeier* (Fn 160), 356; *v Mutius* NJW 1982, 2150, 2159; *Pietzcker* VVDStRL 41 (1983) 193, 223; *Schenke* DÖV 1986, 305, 311 ff; *Wahl* VVDStRL 41 (1983), 151, 177.

Nachholung keine Nachteile erleiden. Er muss so gestellt werden, wie er ohne den Verfahrensfehler gestanden hätte. Notwendig ist eine „reale Fehlerheilung“.[393]

a) *Voraussetzungen und Rechtsfolgen der Heilung.* Eine Heilung erfolgt gem § 45 I Nr 1 bis 5 VwVfG, wenn der für den Erlass des Verwaltungsaktes erforderliche *Antrag* nachträglich gestellt (Rn 17 ff), die erforderliche *Begründung* nachträglich gegeben (Rn 51 ff), die erforderliche *Anhörung* nachgeholt (Rn 27 ff), der Beschluss eines mitwirkungsberechtigten *Ausschusses* nachträglich gefasst (Rn 3) und die erforderliche Mitwirkungshandlung einer *anderen Behörde* nachgeholt wird (Rn 43). Vergleichbare Regelungen finden sich im Abgaben- und im Sozialrecht (freilich mit der Ausnahme, dass im Sozialverfahren Anhörungsfehler nicht geheilt werden können).[394] Heilbar ist auch die Nichtdurchführung einer Umweltverträglichkeitsprüfung (§ 4 I UmRG → § 15 Rn 48). Im Übrigen kann die gesetzgeberische Wertung analog auf andere, mit den geregelten Fehlern vergleichbare Form- und Verfahrensmängel angewandt werden, wenn der Betroffene nicht in der Wahrnehmung seiner Rechte beeinträchtigt und der Zweck der Regelung nicht vereitelt wird.[395] Heilend wirken etwa die Nachholung einer Beteiligung iSv § 13 II VwVfG (Rn 12) und die nachträgliche Akteneinsicht (Rn 38). Die fehlende Mitwirkung eines Naturschutzverbandes soll hingegen nicht geheilt werden können (→ § 15 Rn 25). Wird die versäumte oder fehlerhafte Verfahrenshandlung ordnungsgemäß nachgeholt, ist die *Rechtsverletzung „unbeachtlich“*. Der Verwaltungsakt ist ab diesem Zeitpunkt – also *ex nunc* – als rechtmäßig anzusehen[396]; der gerichtliche Aufhebungsanspruch (§ 113 I 1 VwGO) entfällt. Allerdings kann der Betroffene durch eine Fortsetzungsfeststellungsklage (§ 113 I 4 VwGO) feststellen lassen, dass der Verwaltungsakt bis zur Heilung rechtswidrig war[397], und ggf Schadensersatzansprüche wegen Amtspflichtverletzung (Art 34 GG, § 839 BGB) geltend machen. Die Auffassung, nach der die Heilung *ex tunc* eintritt,[398] überzeugt *nicht*, da sie keine Konsequenzen aus der ursprünglichen Rechtswidrigkeit des Verwaltungsaktes zieht. Versäumt ein Beteiligter die rechtzeitige Anfechtung eines Verwaltungsakts (§§ 70 und 74 VwGO), weil dieser nicht die nach § 39 VwVfG erforderliche Begründung enthält oder eine nach § 28 VwVfG erforderliche Anhörung nicht oder fehlerhaft[399] stattgefunden hat, gilt die Versäumung der Rechtsbehelfsfrist als nicht verschuldet (§ 45 III 1 VwVfG). Damit wird der Betroffene durch die Heilung in seiner Rechtsverteidigung nicht eingeschränkt. Ein 59

[393] Vgl *Bonk* NVwZ 1997, 320, 325; *Fisahn* (Fn 385) 347; *Hatje* DÖV, 1997, 477, 483 f; *Hill* (Fn 50) 99 f; *Hufen* (Fn 24) Rn 616; *Meyer* in: Knack/Henneke, VwVfG, § 45 Rn 31; *Schoch* NVwZ 1983, 249, 253. Krit *Bumke* Relative Rechtswidrigkeit, 2004, 206 f; *Martin* (Fn 229) 261 ff.

[394] § 126 AO u § 41 SGB X. Vgl *Martin* (Fn 229) 60 ff; 66 ff; *Schoch* NVwZ 1983, 249 ff; *Pickel* FS Gründer, 1982, 399 ff. Krit zum Sozialrecht *Felix* NZS 2001, 341 ff.

[395] AA *Badura* 12. Aufl, § 38 Rn 38; *Hill* (Fn 50) 98; *Hufen* (Fn 24) Rn 597; *Meyer* in: Knack/Henneke, VwVfG, § 45 Rn 18; *Wolff/Bachof/Stober* VwR II, § 49 Rn 65 Wie hier i Erg etwa BayVGH NVwZ-RR 1999, 119, 120; *Durner* VerwArch 97 (2006), 345, 356; *Kopp/Ramsauer* VwVfG, § 45 Rn 8; *Sachs* in: Stelkens/Bonk/Sachs, VwVfG, § 45 Rn 135 ff.

[396] Vgl *Bartels* (Fn 59) 129; *Hufen* (Fn 24) Rn 613; *dens* JuS 1999, 313, 318; *Kischel* (Fn 345) 160 ff; *Kopp/Ramsauer* VwVfG, § 45 Rn 14; *Martin* (Fn 229) 266; *Morlok* (Fn 388) 149; *Ule/Laubinger* VwVfR, § 58 Rn 16; *Hill* (Fn 50) 98; *Schenke* JuS 2000, 230, 234.

[397] Krit *Tschentscher* (Fn 369) 195 ff.

[398] Vgl *Sachs* in: Stelkens/Bonk/Sachs, VwVfG, § 45 Rn 21 f; *Meyer* in: Knack/Henneke, VwVfG, § 45 Rn 15; *Maurer* Allg VwR, § 10 Rn 39; *Horn* Verw 25 (1992) 203, 206. Die Gesetzesbegr BT-Drucks 7/910, 65, hat die Frage offen gelassen, da sie „allenfalls von rechtstheoretischem, nicht aber von praktischen Interesse sein dürfte“.

[399] Vgl *Meyer* in: Knack VwVfG, § 45 Rn 51; *Kopp/Ramsauer* VwVfG, § 45 Rn 49, 49a.

Anspruch auf *Wiedereinsetzung in den vorigen Stand* ist gegeben, wenn der Verfahrensfehler für die Versäumung der Rechtsbehelfsfrist kausal war. Die Voraussetzung darf nicht allzu streng gehandhabt werden. Kausalität ist gegeben, wenn nicht auszuschließen ist, dass der Betroffene bei ordnungsgemäßer Begründung oder Anhörung den Rechtsbehelf ergriffen hätte.[400] Mit der Nachholung der Verfahrenshandlung beginnt die Wiedereinsetzungsfrist (§ 45 III 2 VwVfG).[401] Maßgeblich ist – anders als es § 45 III 2 VwVfG nahe legt – nicht die verwaltungsverfahrensgesetzliche Regelung in § 32 VwVfG, sondern das Verwaltungsprozessrecht (§ 60 VwGO).[402] Dies gilt nicht nur für die Klagefrist (§ 74 I VwGO), sondern auch für die Widerspruchsfrist (§ 70 VwGO), da § 32 VwVfG – wie dem § 79 VwVfG zu entnehmen ist (→ § 15 Rn 41) – insoweit verdrängt wird.

60 b) *Heilung im Widerspruchs- und im gerichtlichen Verfahren.* Die Heilung ist bis zum Abschluss der letzten Tatsacheninstanz eines verwaltungsgerichtlichen Verfahrens möglich (§ 45 II VwVfG). Heilt die Behörde ihren Fehler im *Widerspruchsverfahren* und bleibt der Widerspruch nur deswegen erfolglos, entsteht dem Widerspruchsführer kein Schaden, da ihm vom Rechtsträger der Behörde, die den Verwaltungsakt erlassen hat, die *Aufwendungen* für das Vorverfahren zu *erstatten* sind (§ 80 I 2 iVm I 1 VwVfG, Rn 50). Die erforderliche *Begründung* kann nicht nur von der Ausgangsbehörde, sondern auch von der Widerspruchsbehörde nachgeholt werden;[403] denn das Begründungserfordernis soll vor allem die getroffene Sachentscheidung erklären (Rn 51 ff). Anderes gilt für die *Anhörung*. Sie muss zeitversetzt so vorgenommen werden, wie sie in § 28 I VwVfG geregelt ist. Deswegen kann grundsätzlich nur die *Ausgangsbehörde* die Anhörung nachholen und dann darüber befinden, ob sie dem Widerspruch gem § 72 VwGO abhilft. Dies gilt selbst dann, wenn die Widerspruchsbehörde – wie im Regelfall (§ 68 VwGO) – zu einer umfassenden Zweckmäßigkeitskontrolle befugt ist.[404] Denn es ist nicht auszuschließen, dass die Ausgangsbehörde eine für den Betroffenen günstigere Entscheidung trifft. Die Widerspruchsbehörde kann die Anhörung nur nachholen, wenn es um eine gebundene Entscheidung geht. Denn dann könnte auch die Ausgangsbehörde nicht anders entscheiden. Soll die Anhörung im Widerspruchsverfahren nachgeholt werden, muss der Betroffene im Regelfall darauf ausdrücklich *hingewiesen* werden. Dass der Betroffene über die Möglichkeit, Widerspruch einzulegen, informiert wurde und mit der Einlegung des Widerspruchs Gelegenheit zur Stellungnahme hat, reicht nicht aus.[405] Andernfalls würde das

[400] Strenger BGHZ 144, 210, 218 ff, allerdings aufgehoben durch BVerfG NVwZ 2001, 1392 f. S deswegen nunmehr BGH NVwZ 2002, 509, 510. Krit *Allesch* NVwZ 2003, 444, 445 f.

[401] Vgl BGH NVwZ 2002, 509, 510; anders noch die durch BVerfG NVwZ 2001, 1392 f, aufgehobene Entscheidung in BGHZ 144, 210 ff. S auch *Bartels* (Fn 59) 131.

[402] Bei dem Hinw in S 2 auf § 32 II VwVfG handelt es sich um einen Redaktionsfehler. Vgl *Allesch* NVwZ 2003, 444 („Gesetzgebungsschrott"); *Sachs* in: Stelkens/Bonk/Sachs, VwVfG, § 45 Rn 154; *Kopp* DVBl 1977, 29 f.

[403] AA *Kischel* (Fn 360) 177 ff.

[404] AA (Zuständigkeit auch der Widerspruchsbehörde, wenn sie zu einer umfassenden Rechts- u Zweckmäßigkeitskontrolle befugt ist) BVerwGE 66, 111, 114 f → JK VwVfG § 45/2; NVwZ 1984, 578, 579 (jew 1. Senat); *Bumke* in: Hoffmann-Riem/Schmidt-Aßmann/Voßkuhle, Grundlagen II, § 35 Rn 181; *Durner* VerwArch. 97 (2006), 345, 352; *Ehlers* Jura 1996, 617, 621 f; *Hufen* JuS 1999, 313, 316; *Laubinger* VerwArch 72 (1981) 333, 341; *Sachs* in: Stelkens/Bonk/Sachs, VwVfG, § 45 Rn 78; *Schneider* in: Hoffmann-Riem/Schmidt-Aßmann/Voßkuhle, Grundlagen II, § 28 Rn 49; *Ule/Laubinger* VwVfR, § 58 Rn 10. Wie hier BVerwGE 66, 184, 187 ff (3. Senat) → JK VwVfG § 28/2; *Weides* JA 1984, 648, 659.

[405] So aber BVerwGE 66, 111, 114 f → JK VwVfG § 45/2; 66, 184, 189 f → JK VwVfG § 28/2;

Anhörungsrecht im Ausgangsverfahren ausgehöhlt werden, da der Widerspruchsführer stets ein Recht darauf hat, seine Sicht der Dinge darzulegen. Der Behörde würde ein Verzicht auf die Anhörung nicht schaden: Legt der Betroffene Widerspruch ein, träte automatisch eine Heilung ein. Verzichtet er auf den Widerspruch, wird der Verwaltungsakt trotz des Verfahrensmangels nach Ablauf der Widerspruchsfrist bestandskräftig. Das Fehlen der Anhörung wäre danach nur in den seltenen Fällen erheblich, in denen ein Widerspruchsverfahren nicht stattfindet (§ 68 I 2 VwGO).

Nach § 45 II VwVfG können die formellen Fehler sogar noch *im gerichtlichen Verfahren* (auch in Eilverfahren nach § 80 V bzw § 123 VwGO[406]) geheilt werden. Entsprechende Regelungen enthalten § 126 II AO und § 41 II SGBX. Die Normierungen sind Ausdruck des gesetzgeberischen Bemühens, das Verwaltungsverfahren zusätzlich zu beschleunigen (→ § 13 Rn 8). Bis 1996 war die Heilung nur bis zum Abschluss eines Vorverfahrens oder, falls ein Vorverfahren nicht stattfindet, bis zur Erhebung der verwaltungsgerichtlichen Klage möglich (§ 45 II VwVfG aF).[407] Nachdem zunächst sogar eine Heilung im Revisionsverfahren vorgesehen war, wurde die Nachholung der Handlungen nach heftiger Kritik zum 1.2.2003 auf den Abschluss der letzten Tatsacheninstanz beschränkt.[408] In den Bundesländern ist die Rechtslage uneinheitlich.[409] Die Heilungsmöglichkeit im gerichtlichen Verfahren ist bedenklich. Es ist – was die sozialgerichtliche Rechtsprechung zur Ablehnung veranlasst[410] – kaum denkbar, den Betroffenen im Klageverfahren so zu stellen, wie er ohne den Fehler gestanden hätte. Schon die Gesetzesbegründung von 1973 hatte betont, dass das rechtliche Gehör aus rechtsstaatlichen Gründen vor Klageerhebung zu gewähren ist. Es gehe nicht an, dass der Betroffene die Gründe erst nach Einleitung des Gerichtsverfahrens erfahre.[411] Hinzu kommt, dass die formellen Vorgaben funktionslos zu werden drohen, wenn Verstöße keine gerichtliche Sanktion nach sich ziehen. Auch wird die Behörde im Prozess regelmäßig auf ihrer einmal getroffenen Entscheidung beharren, weil es ansonsten ja nicht zu einer gerichtlichen Auseinandersetzung gekommen wäre. Wegen des gesetzgeberischen Gestaltungsspielraums bei der Verwirklichung verfahrensbezogener Verfassungswerte (→ § 13 Rn 10) ist die – auch schon in der Rechtsprechung des Preußischen Oberverwaltungsgerichts anerkannte[412] – Heilung von Anhörungs- und Begründungsmängeln im Prozess aber nicht verfassungswidrig.[413] Vor finanziellen Nachteilen wird der 61

OVG NRW NVwZ 1985, 132, 133; NdsOVG NVwZ 1987, 511; 1990, 786, 787; OVG Rh-Pf NVwZ 1987, 1098; BayVGH BayVBl 1988, 496, 497. Anderes soll gelten, wenn Ausgangsbehörde u Widerspruchsführer nach Auffassung der Widerspruchsbehörde entscheidungserhebliche Tatsachen übersehen haben. Vgl BVerwGE 66, 111, 114 → JK VwVfG § 45/2. Wie hier OVG NRW DVBl 1981, 689 → JK VwVfG § 45/1; *Eisenberg* Die Anhörung im Verwaltungsverfahren und die Begründungspflicht für Verwaltungsakte, 1999, 216 ff; *Fisahn* (Fn 386) 347; *Hufen* (Fn 24) Rn 610.

406 AA vor Erlass der Regelung BVerwGE 68, 267 ff → JK VwVfG § 28/4.

407 Vgl OVG Rh-Pf DÖV 1979, 606 → JK VwVfG § 28/1.

408 Vgl nur *Martin* (Fn 229) 26 f mwN.

409 Näher *Martin* (Fn 229) 40 f.

410 Nachw bei *Martin* (Fn 229) 62 ff, 289 f.

411 BT-Drucks 7/910, 66.

412 Nachw bei *Durner* VerwArch 97 (2006), 345, 351.

413 AA *Bredemeier* (Fn 160), 359 ff; *Bracher* DVBl 1997, 534, 538; *Erbguth* UPR 2000, 81, 85 ff; *Hatje* DÖV 1997, 477, 483; *Martin* (Fn 229) 286 f; *Meyer* in: Knack/Henneke, VwVfG, § 45 Rn 45; *Niedobitek* DÖV 2000, 761 ff; *Sodan* DVBl 1999, 729, 738.

Kläger dadurch bewahrt, dass der Behörde nach erfolgreicher Heilung im Prozess die *Kosten* aufzuerlegen sind, wenn die Klage daraufhin zurückgenommen oder der Rechtsstreit für erledigt erklärt wird (§ 92 II bzw § 161 II iVm § 155 IV VwGO).[414] Allerdings muss eine verfassungskonforme Auslegung der Heilungsregelung sicherstellen, dass die Heilung so früh wie möglich – also regelmäßig noch im Widerspruchsverfahren und nicht erst vor Gericht – erfolgt und dass die nachgeholte Anhörung ihre Funktion auch im Prozess noch erfüllt. Zu einer Heilung kommt es nur, wenn die Behörde die im verwaltungsgerichtlichen Verfahren nachgeholte Stellungnahme des Betroffenen in ihre Erwägungen tatsächlich einbezieht.[415] Verweist sie auf die Stellungnahme lediglich formelhaft, um ihren ursprünglichen Verwaltungsakt vor Gericht „zu retten", wird der Verfahrensfehler nicht geheilt.

62 c) *Heilung bei Vollzug von europäischem Unionsrecht.* Die Heilung von Verfahrens- und Formfehlern ist prinzipiell auch beim indirekten Vollzug europäischen Unionsrechts erlaubt, da hier im Grundsatz die nationalen Verfahrensregelungen Anwendung finden. Allerdings müssen unionsrechtliche Vorgaben beachtet werden (→ § 13 Rn 18 ff). Im direkten Vollzug des Unionsrechts durch Unionsbehörden ist die Heilung von Verfahrensfehlern zwar im Verwaltungsverfahren[416], *nicht* aber *im gerichtlichen Verfahren* möglich[417] (auch wenn der EuGH dies in einer früheren Entscheidung noch angenommen hatte[418]). Besonders strikt ist der EuGH bei Begründungs- und Anhörungsmängeln.[419] Weil die Vorgaben für den direkten Vollzug im Interesse der Einheit und Widerspruchsfreiheit des Unionsrechts auch im indirekten Vollzug zu beachten sind (→ § 13 Rn 20), muss § 45 I Nr 2 und 3 iVm II VwVfG unionsrechtskonform so ausgelegt werden, dass die Fehlerheilung beim Vollzug des Unionsrechts nur bis zum Abschluss des Verfahrens möglich und im gerichtlichen Verfahren ausgeschlossen ist.[420]

[414] Vgl *Olbertz* in: Schoch/Schmidt-Aßmann/Pietzner, VwGO, § 155 Rn 26; *Rennert* in: Eyermann, VwGO, § 155 Rn 10; *Tschentscher* (Fn 369) 169.

[415] Vgl BVerwGE 66, 111, 114 f → JK VwVfG § 45/2; HessVGH NVwZ 1987, 510 → JK VwVfG § 45 II/4; HessVGH DÖV 1988, 1023, 102, 1025; *Hatje* DÖV 1997, 477, 483; *Hufen* (Fn 24) Rn 600, 616.

[416] Vgl EuGH Slg 1983, 3151 Rn 29; Slg 1987, 3259 Rn 10 – Hochbaum u Rawes.

[417] Vgl EuGH Slg 1996, I-5151 Rn 22, 48 – Deutschland ua/Kommission; EuG Slg 1995, II-1775 Rn 98, 103 – Solvay; Slg 1995, II-1825 Rn 53 – Solvay; Slg 1995, II-1847 Rn 108, 113 – ICI; Slg 1995, II-2841 Rn 39 – France-Aviation; *Bredemeier* (Fn 160), 414 f; *v Danwitz* Europäisches Verwaltungsrecht, 2008, 541 ff; *Booß* in: Grabitz/Hilf, EU, Art 230 EGV, Rn 102; *Ehlers* DVBl 2004, 1441, 1449 f; *Fengler* Die Anhörung im europäischen Gemeinschaftsrecht und deutschen Verwaltungsverfahrensrecht, 2003, 102 ff; *Kokott* Verw 31 (1998) 335, 367; *Kahl* VerwArch 95 (2004) 1, 20 f.

[418] Vgl EuGH Slg 1979, 461 Rn 15 – Hoffmann-La Roche.

[419] Vgl EuGH Slg 1958/59, 89, 115 f – Nold; Slg 1967, 99, 125 – Aktiengesellschaft Cimenteries; Slg 1979, 321 Rn 6 ff – Frankreich/Kommission; Slg 1980, 3333 Rn 37 – Roquette Frères; Slg 1981, 1805 Rn 26 f – Rewe; Slg 1987, 4013 Rn 22 – Deutschland/Kommission; Slg 1996, I-5151 Rn 48 – Deutschland ua/Kommission; Slg 2001, I-5281 Rn 31 f – Ismeri Europa/Rechnungshof; *Müller-Ibold* (Fn 354) 116 ff.

[420] Näher dazu *Bredemeier* (Fn 160), 564 f, 566; *Classen* Verw 31 (1998) 307, 324; *v Danwitz* (Fn 417), 541 ff; *Kahl* VerwArch 95 (2004) 1, 20 f; *Kment* EuR 2006, 201, 223 ff; *Kokott* Verw 31 (1998) 335, 367 f. F eine teilw Unionsrechtswidrigkeit der Fehlerfolgenregelung *Erbguth* UPR 2000, 81, 92; wohl auch *Schoch* VBlBW 2000, 41, 43 („präsumtive Europarechtswidrigkeit" der §§ 45, 46 VwVfG). Gegen eine pauschale Übertragung der Vorgaben zum direkten Vollzug *Bumke* in: Hoffmann-Riem/Schmidt-Aßmann/Voßkuhle, Grundlagen II, § 35 Rn 185.

Zudem hat nach europäischer Judikatur eine nachgeholte Verfahrenshandlung keine rückwirkende Kraft, wenn dadurch – wie im Fall der beihilferechtlichen Notifizierungspflicht – die praktische Wirksamkeit der Verfahrensvorschrift beeinträchtigt wird.[421] Doch gilt dies nach hier vertretener Auffassung ohnehin allgemein (Rn 59).

2. Kein Aufhebungsanspruch trotz Verfahrens-, Form- und (örtlichen) Zuständigkeitsfehlern

Werden Verfahrens- und Formfehler nicht geheilt oder ist eine Heilung nicht möglich, so hat der Betroffene grundsätzlich einen Anspruch darauf, dass der Verwaltungsakt gerichtlich aufgehoben wird (§ 113 I 1 VwGO).[422] Dies gilt allerdings dann nicht, wenn *offensichtlich* ist, dass die Verletzung von Vorschriften über das Verfahren, die Form und die örtliche Zuständigkeit *die Entscheidung in der Sache nicht beeinflusst* hat (§ 46 VwVfG). Entsprechende Regelungen finden sich für das Widerspruchsverfahren (§ 79 II 2 VwGO), im Abgaben- und Sozialrecht[423] und auch im Verfahrensrecht ausländischer Rechtsordnungen (Rn 23 ff). Der Ausschluss des Aufhebungsanspruchs ist bedenklich, weil die Verfahrens-, Form- und Zuständigkeitsanforderungen über die Heilungsregelung des § 45 VwVfG hinaus relativiert werden. Zu befürchten ist ein „laxer Umgang" mit den gesetzgeberischen Vorgaben (→ § 13 Rn 8). In der Behörde mag es zur Vorstellung kommen, dass es sich bei Verstößen gegen formelles Recht um „lässliche Sünden" handelt.[424] Freilich dient die Unbeachtlichkeitsregelung der Verfahrensökonomie. Dies ist ein verfassungsrechtlich verwurzelter Gesichtspunkt (→ § 13 Rn 15). Da bei der Umsetzung verfahrensbezogener Verfassungswerte ein gesetzgeberischer Gestaltungsspielraum besteht (→ § 13 Rn 10), ist § 46 VwVfG nicht verfassungswidrig.[425] Jedoch muss die Regelung verfassungskonform ausgelegt werden. Zudem gebührt der Heilung, die die Gesetzesbindung (Art 20 III GG) bestärkt, Vorrang vor der Unbeachtlichkeitsregel.[426] Bei heilbaren Fehlern scheidet § 46 VwVfG aus. **63**

a) *Voraussetzungen für den Ausschluss des Aufhebungsanspruchs.* § 46 VwVfG gilt für Verstöße gegen *Vorschriften über das Verfahren, die Form und die örtliche Zuständigkeit.* Die Vorgaben können aus dem VwVfG oder aus anderen Gesetze stammen.[427] Wegen des Ausnahmecharakters der Unbeachtlichkeitsregelung scheidet eine analoge Anwendung aus.[428] Nicht erfasst sind Verstöße gegen die sachliche, instanzielle oder **64**

[421] Vgl EuGH Slg 1991, I-5505 Rn 16 f – FNCE; Slg 1996, I-3547 Rn 67 – SFEI; *Classen* Verw 31 (1998) 307, 323; *Kahl* VerwArch 95 (2004) 1, 20; *Kment* EuR 2006, 201, 229.

[422] Vgl ausf *Hufen* (Fn 24) Rn 537 ff.

[423] Vgl § 127 AO (dazu *Rößler* NJW 1981, 436 f) u § 42 SGB X.

[424] *Meyer* in: Knack/Henneke, VwVfG, § 46 Rn 8.

[425] So aber *Niedobitek* DÖV 2000, 761 ff. Vgl auch die Bedenken v *Schenke* VBlBW 1982, 313, 325; *Sodan* DVBl 1999, 729 ff. Wie hier *Bonk* NVwZ 2001, 636, 641; *dens* NVwZ 1997, 320, 326; *Bumke* (Fn 393) 211 f; *Grimm* NVwZ 1985, 865, 870 ff; *Hatje* DÖV 1997, 477, 485; *Hattstein* (Fn 260) 215 f; *Hufen* (Fn 24) Rn 626; *dens* JuS 1999, 313, 318; *Kopp/Ramsauer* VwVfG, § 46 Rn 5; *Meyer* in: Knack/Henneke, VwVfG, § 46 Rn 11; *Pietzcker* VVDStRL 41 (1983) 193, 223 ff; *Schmidt*-Aßmann in: Maunz/Dürig, GG, Art 19 IV Rn 158; *Wahl* VVDStRL 41 (1983), 151, 175 ff.

[426] AA etwa *Kopp/Ramsauer* VwVfG, § 46 Rn 11. Wie hier *Martin* (Fn 229) 271.

[427] S die Zusammenstellung bei *Kopp/Ramsauer* VwVfG, § 46 Rn 16 ff.

[428] Vgl *Meyer* in: Knack/Henneke, VwVfG, § 46 Rn 22; *Kopp/Ramsauer* VwVfG, § 46 Rn 23; *Ule/Laubinger* VwVfR, § 58 Rn 21; *Sachs* in: Stelkens/Bonk/Sachs, VwVfG, § 46 Rn 20 f.

Verbandszuständigkeit (Rn 2).[429] Gegen die Verbands-, nicht bloß die örtliche Zuständigkeit wird verstoßen, wenn die Behörde eines anderen Verwaltungsträgers an Stelle der an sich zuständigen Behörde handelt.[430] Dem Schutz der formellen Vorgaben dient, dass der Aufhebungsanspruch nur ausgeschlossen ist, wenn die Rechtsverletzung die *Entscheidung in der Sache offensichtlich nicht beeinflusst* hat. Daher bleibt der Aufhebungsanspruch bestehen, wenn die Möglichkeit besteht, dass die Behörde ohne den Rechtsverstoß anders entschieden hätte. Zweifel gehen zu Lasten der Behörde. Die fehlende Kausalität des Verfahrensfehlers für die getroffene Sachentscheidung muss „offensichtlich", dh in Anlehnung an § 44 I VwVfG unschwer und eindeutig erkennbar sein.[431] Bei *gebundenen Entscheidungen* ist der Aufhebungsanspruch grundsätzlich ausgeschlossen.[432] Denn hier müsste die Behörde die Sachentscheidung mit dem gleichen Inhalt auch dann treffen, wenn sie die formellen Rechtmäßigkeitsvoraussetzungen beachtet hätte. Dasselbe gilt, wenn ein Ermessen „auf Null reduziert" ist.[433] Soweit es zur getroffenen Entscheidung keine rechtliche Alternative gibt, fehlte dem Verlangen des Betroffenen, den Verwaltungsakt allein wegen des formellen Mangels aufzuheben, ohnehin das Rechtsschutzbedürfnis. Anderes gilt, wenn bei der Konkretisierung unbestimmter Rechtsbegriffe nicht auszuschließen ist, dass die behördliche Anhörung zu einer anderen Tatsachenermittlung geführt hätte, und das Gericht den Verwaltungsakt ohne Entscheidung in der Sache aufheben kann (§ 113 III VwGO).[434] Hat die Behörde einen *Ermessens- oder Beurteilungsspielraum*, kann § 46 VwVfG grundsätzlich nicht zur Anwendung kommen.[435] In diesen Fällen sind die Verfahrensrechte gerade dazu da, die Sachentscheidung zu beeinflussen. Der Verfahrensfehler kann wegen der begrenzten richterlichen Kontrolle nicht durch das Gericht ausgeglichen werden. Allerdings wollte der Gesetzgeber den Anwendungsbereich des § 46 VwVfG auch auf Ermessensentscheidungen erstrecken. Nach früherer Rechtslage war ein formeller Fehler unbeacht-

[429] Vgl OVG Rh-Pf DVBl 1985, 1076 → JK VwVfG § 3/1.

[430] Dies gilt etwa, wenn die Behörde eines Landes an Stelle der an sich zuständigen Behörde eines anderen Landes handelt. Vgl OVG NRW NJW 1979, 105 → JK VwVfG § 3 III/1.

[431] Vgl *Fehling* (Fn 16) 472; *Maurer* Allg VwR, § 10 Rn 41; *Obermayer,* VwVfG, § 46 Rn 33; *Schmidt-Preuß* NVwZ 2005, 489, 492; *Schmitz/Wessendorf* NVwZ 1996, 955, 958; *Schöbener* Verw 33 (2000) 447, 468; *Sodan* DVBl 1999, 729, 734; wohl auch *Meyer* in: Knack/Henneke, VwVfG, § 46 Rn 35; aA *Kopp/Ramsauer* VwVfG, § 46 Rn 36 (wie in § 75 Ia VwVfG); *Sachs* in: Stelkens/Bonk/Sachs, VwVfG, § 46 Rn 78 ff.

[432] Vgl für die Altfassung BVerwGE 62, 108, 116; BVerwG NVwZ 1988, 525, 526 → JK VwVfG § 46/3; BVerwG DVBl 1983, 997, 998; OVG Rh-Pf DVBl 1985, 1076 → JK VwVfG § 3/1; *Krebs* DVBl 1984, 109, 112 f; *Bettermann* (Fn 4) 271, 277; *dens* DÖV 1986, 305, 314; *dens* NVwZ 1988, 1, 13. Zu § 46 VwVfG nF *Hufen* (Fn 24) Rn 625; *dens* JuS 1999, 313, 318; *Kopp/Ramsauer* VwVfG, § 46 Rn 30; *Schöbener* Verw 33 (2000) 447, 476 f.

[433] Vgl BVerwGE 62, 108, 116; BVerwG NVwZ 1988, 525 → JK VwVfG § 46/3. AA VG Hamburg ZBR 1983, 71, 72 → JK VwVfG § 46/2. Krit *Degenhardt* DVBl 1981, 201, 207; *Schnapp/Cordewener* JuS 1999, 147, 150.

[434] Vgl OVG NRW BauR 1989, 315, 319; OVG NRW DÖV 1983, 986 → JK VwVfG § 28/3; VGH BW NVwZ 1995, 1220 → JK VwVfG § 28 I/1. Vgl auch *Schoch* Verw 25 (1992) 21, 46 ff; *Schöbener* Verw 33 (2000) 447, 473 f. AA BVerwGE 65, 287 → JK VwVfG § 46/1.

[435] Ebenso die Gesetzesbegr v 1973, BT-Drucks 7/910, 66; sowie BVerwGE 61, 45, 50; OVG Rh-Pf DVBl 1985, 1076 → JK VwVfG § 3/1; VGH BW NVwZ 1995, 1220 → JK VwVfG § 28 I/1; *Bumke* in: Hoffmann-Riem/Schmidt-Aßmann/Voßkuhle, Grundlagen II, § 35 Rn 201; *Eisenberg* (Fn 405) 149; *Hatje* DÖV 1997, 477, 479; *Hufen* (Fn 24) Rn 629; *dens* JuS 1999, 313, 318; *dens* DVBl 1988, 69, 76; *v Danwitz* DVBl 1993, 422, 425; *Meyer* in: Knack/Henneke, VwVfG, § 46 Rn 32 f; *Sachs* in: Stelkens/Bonk/Sachs, VwVfG, § 46 Rn 60; *Schoch* Verw 25 (1992) 21, 46.

lich, „wenn keine andere Entscheidung in der Sache hätte getroffen werden können" (§ 46 aF VwVfG).[436] Diese Regelung wurde auch angewendet, wenn der formelle Fehler zwar nicht aus rechtlichen, wohl aber aus tatsächlichen Gründen bei Ermessensentscheidungen auf die konkrete Entscheidung ohne Einfluss war.[437] Da dies mit dem Wortlaut und der Entstehungsgeschichte nur schwer vereinbar war[438], wollte der Gesetzgeber eine Klärung herbeiführen und festlegen, dass § 46 VwVfG auch Ermessensentscheidungen in den Fällen der sogenannten tatsächlichen Alternativlosigkeit erfasst.[439] Dem ist freilich entgegenzuhalten, dass bei einem Entscheidungsspielraum stets die Möglichkeit besteht, dass die Behörde bei Beachtung der Verfahrensvorgaben zu einer anderen Entscheidung in der Sache gekommen wäre.[440] Lediglich bei einem Verstoß gegen Formvorschriften könnte im Einzelfall ausgeschlossen sein, dass sich die Verletzung auf die Sachentscheidung ausgewirkt hat.

Die Unbeachtlichkeitsregel gilt nicht für sogenannte *absolute Verfahrensfehler*. Sie **65**
haben unabhängig von ihrem Einfluss auf die Sachentscheidung auch dann einen Aufhebungsanspruch zur Folge, wenn die Sachentscheidung die materiell einzig richtige ist. Zum Teil gibt es ausdrücklichen Regelungen. So ist nach § 42 SGB X ein Verwaltungsakt zwingend aufzuheben, wenn die erforderliche Anhörung unterblieben oder nicht wirksam nachgeholt ist. Auch folgt im Umkehrschluss aus § 46 VwVfG, dass die Verletzung der sachlichen, funktionellen und instanziellen Zuständigkeit ein absoluter Verfahrensfehler ist (Rn 2, 64). Sonst muss durch *Auslegung der verletzten Vorschrift* ermittelt werden, ob die Regelung nicht allein der Ordnung des Verfahrensablaufs dient, sondern von der Sachentscheidung unabhängige Zwecke im Verfahren verwirklicht, so dass dem Betroffenen eine selbständig durchsetzbare verfahrensrechtliche Rechtsposition gewährt wird.[441] Das ist nicht schon dann der Fall, wenn Grundrechte betroffen sind.[442] Zu den absoluten Verfahrensfehlern zählt zB ein Verstoß gegen das Recht der Gemeinde auf Herstellung des Einvernehmens aus § 36 BauGB.[443] Das Mitwirkungsrecht der Naturschutzverbände (§ 58 BNatSchG) ist mittlerweile als relatives Verfah-

436 Vgl zur früheren Rechtslage *Badura* 12. Aufl, § 38 Rn 34 ff; *Bettermann* (Fn 4) 271, 295; *Sachs* in: Stelkens/Bonk/Sachs, VwVfG, § 46 Rn 51. Zur Verfassungsmäßigkeit BVerwGE 70, 143, 147; *Ossenbühl* NJW 1981, 375, 377 f; *dens* NVwZ 1982, 465, 471; *v Mutius* NJW 1982, 2150, 2159; *Krebs* DVBl 1984, 109, 114 ff; *Grimm* NVwZ 1985, 865, 870 ff.

437 Vgl BVerwGE 75, 214, 228; 78, 280, 284; BayVGH NVwZ 1982, 510, 513; *Dolde* NVwZ 1991, 960, 962. Krit *Meyer* NVwZ 1986, 513, 520; *Laubinger* VerwArch 72 (1981) 333, 347; *Hill* (Fn 50) 122.

438 Vgl die Gesetzesbegr v 1973 BT-Drucks 7/910, 66 (nicht bei Ermessensentscheidungen), dagegen die Stellungsnahme des BRats, BT-Drucks 7/910, 103, hiergegen wiederum die Gegenäußerung der BReg, BT-Drucks 7/910, 110. Näher *Schöbener* Verw 33 (2000) 447, 448, 460; *Breuer* FS Sendler, 1991, 357, 381.

439 Vgl BT-Drucks 13/3995, 8.

440 Vgl *Hufen* (Fn 24) Rn 629; *Kopp/Ramsauer* VwVfG, § 46 Rn 25, 32; *Detterbeck* Allg VwR, Rn 638; *Meyer* in: Knack/Henneke, VwVfG, § 46 Rn 31; *Sachs* in: Stelkens/Bonk/Sachs, VwVfG, § 46 Rn 61 f.

441 Vgl BVerwGE 41, 58, 64; 44, 235, 239; NJW 1981, 239, 240; *Hill* (Fn 50) 373 ff; *Kopp/Ramsauer* VwVfG, § 46 Rn 18 ff; *Schäfer* in: Obermayer, VwVfG, § 45 Rn 15; *Sachs* in: Stelkens/Bonk/Sachs, VwVfG, § 46 Rn 30. Krit *Meyer* in: Knack/Henneke, VwVfG, § 46 Rn 23.

442 Vgl *Kopp/Ramsauer* VwVfG, § 46 Rn 20; *Ossenbühl* NVwZ 1982, 465, 471; aA *Schäfer* in: Obermayer, VwVfG, § 46 Rn 14; *Grimm* NVwZ 1985, 865, 872.

443 Vgl BayVGH GewArch 1991, 238, 239. Nach Ansicht von *Kischel* (Fn 360) 98 ff, ist auch ein Begründungsmangel aufgrund der verfassungsrechtlichen Verankerung u wegen der Parallele zum Prozessrecht, wo bei Fehlen einer Entscheidungsbegründung nach § 138 Nr 6 VwGO ein

rensrecht einzuordnen (→ § 15 Rn 32); die Nichtdurchführung einer UVP hingegen als absoluter Verfahrensfehler (§ 4 I UmwRG → § 15 Rn 48).

66 b) *Rechtsfolgen.* Liegen die Voraussetzungen des § 46 VwVfG vor, ist die *Klage* als *unbegründet* zurückzuweisen. Bei Offensichtlichkeit fehlt es bereits an der Klagebefugnis nach § 42 II VwGO. Allerdings wird durch § 46 VwVfG nur der Anspruch darauf ausgeschlossen, dass das Gericht den Verwaltungsakt nach § 113 I 1 VwGO aufhebt. An der Rechtswidrigkeit des Verwaltungsaktes ändert sich nichts (was sich auch aus § 59 II Nr 3 VwVfG ergibt).[444] Deswegen hat der Betroffene die Möglichkeit, die Rechtswidrigkeit des Verwaltungsakts im Wege einer *Fortsetzungsfeststellungsklage* (§ 113 I 4 VwGO analog) feststellen zu lassen.[445] Zudem können ggf *Schadensersatzansprüche* aus § 839 BGB iVm Art 34 GG wegen der Rechtswidrigkeit des Verwaltungsakts geltend gemacht werden.[446] Der – auch in der Rechtsprechung vertretenen – Ansicht, dass es in den Fällen des § 46 VwVfG schon an einer Verletzung subjektiven Rechts mangelt[447], ist entgegenzuhalten, dass dem Wortlaut nach nur die Aufhebung nicht beansprucht werden kann und § 113 I 1 VwGO keine subjektiven Rechte begründet, sondern diese voraussetzt. Der Behörde ist es nicht verwehrt, den rechtswidrigen Verwaltungsakt gemäß § 48 VwVfG auch dann *zurückzunehmen*, wenn der Anspruch auf Aufhebung nach § 46 VwVfG ausgeschlossen ist. Dies folgt schon daraus, dass sich die Vorschrift allein gegen den Betroffenen, nicht aber gegen die Behörde wendet. Freilich ist im Rahmen des Rücknahmeermessens zu berücksichtigen, ob die Behörde nicht wegen rechtlicher Alternativlosigkeit gezwungen ist, den Verwaltungsakt erneut zu erlassen.

67 c) *Unbeachtlichkeit bei Vollzug von europäischem Unionsrecht.* Auch das europäische Unionsrecht verlangt – mit Ausnahme der Regelungen zur Umweltverträglichkeitsprüfung (→ § 15 Rn 48) – nicht, dass Verfahrensfehler unabhängig von ihren Auswirkungen in der Sache zur Aufhebung der Entscheidung führen müssen. So berechtigt im direkten Vollzug des Unionsrechts nur die Verletzung *„wesentlicher" Verfahrensvorschriften* zur Erhebung einer Nichtigkeitsklage (Art 263 II AEUV). Es gilt das *„harmless error principle"*.[448] Dies kann auch für den indirekten Vollzug gelten. Wesentlich ist eine Form- oder Verfahrensvorschrift nur, wenn ihre Verletzung geeignet ist, den Inhalt der Rechtshandlung zu beeinflussen.[449] Dabei wurden Verfahrensverstöße nicht nur bei rechtlicher Alternativlosigkeit der Sachentscheidung[450], sondern auch dann als unbe-

absoluter Revisionsgrund vorliegt, ein absoluter Verfahrensfehler. AA etwa *Sachs* in: Stelkens/Bonk/Sachs, VwVfG, § 46 Rn 33.

444 AA *Badura* in der 12. Aufl, § 38 Rn 31. Anders *Bumke* (Fn 393) 208 ff.

445 Vgl *Kopp/Schenke* VwGO, § 113 Rn 108; *Sachs* in: Stelkens/Bonk/Sachs, VwVfG, § 46 Rn 11; *Schenke* DÖV 1986, 305, 317. AA *Kopp/Ramsauer* VwVfG, § 46 Rn 43 unter Hinw darauf, dass die Fortsetzungsfeststellungsklage die Fortsetzung einer erledigten Anfechtungsklage darstelle, die wegen § 46 VwVfG erfolglos geblieben wäre.

446 Vgl *Ule/Laubinger* VwVfR, § 58 Rn 27; *Schenke* DÖV 1986, 305, 312. AA *Kopp/Ramsauer* VwVfG, § 46 Rn 47 unter Hinw darauf, dass der Ausschluss des Primärrechtsschutzes den Ausschluss des Sekundärrechtschutzes nach sich ziehe.

447 Vgl BVerwGE 65, 287, 289 f; DVBl 1981, 683, 685; *Krebs* DVBl 1984, 109, 111; *Messerschmidt* NVwZ 1985, 877, 880; *Ehlers* Verw 37 (2004) 255, 265. Wie hier *Schenke* DÖV 1986, 305, 309; *Kopp/Schenke* VwGO, § 113 Rn 55 mwN.

448 Vgl *Kahl* VerwArch 95 (2004) 1, 22 mwN.

449 Vgl EuGH Slg 1980, 2229 Rn 26 – Distillers Company; Slg 1983, 2191 Rn 7 – Geist; Slg 1990, I-307 Rn 31 – Frankreich/Kommission; *Booß* in: Grabitz/Hilf, EU, Art 230 EGV Rn 103; *Kahl* VerwArch 95 (2004) 1, 22; *Wahl* (Fn 390) 379 ff.

450 Vgl EuGH Slg 1983, 2191 Rn 7 – Geist.

achtlich angesehen, wenn der Behörde zwar ein Ermessenspielraum zustand, die getroffene Entscheidung aber aus tatsächlichen Gründen nicht anders hätte ausfallen können.[451] Freilich geht der EuGH bei Anhörungs- und Begründungsmängeln regelmäßig von der Wesentlichkeit eines Verstoßes aus.[452] § 46 VwVfG bedarf daher insoweit einer unionsrechtskonformen Auslegung.[453] Das Kriterium der Offensichtlichkeit darf nicht großzügig gehandhabt werden. Ein Verfahrensfehler kann nur dann unbeachtlich sein, wenn die Behörde tatsächlich keine andere Entscheidung hätte treffen dürfen.

3. Keine selbständige gerichtliche Geltendmachung von Verfahrensfehlern

Macht die Behörde einen Verfahrensfehler, kann hiergegen regelmäßig nicht unmittelbar vorgegangen werden. Rechtsbehelfe gegen behördliche Verfahrenshandlungen können nur *gleichzeitig* mit den *gegen die Sachentscheidung* zulässigen Rechtsbehelfen geltend gemacht werden (§ 44a S 1 VwGO). Dagegen ist verfassungsrechtlich nichts einzuwenden. Die Regelung verhindert die Verzögerung des laufenden Verwaltungsverfahren durch einen isolierten Rechtsstreit über Verfahrensfehler.[454] Der Effektivität der Verwaltung wird Vorrang vor der jederzeitigen Sicherung eines korrekten Verfahrensablaufs eingeräumt. Allerdings wird gleichzeitig die Bestandskraft verfahrensgestaltender Verwaltungsakte hinausgeschoben.[455] Dies kann für die Behörde oder Entscheidungsbegünstigte durchaus nachteilig sein. Der Wortlaut der Vorschrift setzt kein anhängiges Verwaltungsverfahren voraus. Da gesonderte Rechtsbehelfe vermieden werden sollen, gilt § 44a VwGO auch, wenn der Rechtsbehelf nach einem abgeschlossenen und im Rahmen eines zukünftigen Verwaltungsverfahrens erhoben wird.[456] Vor der Sachentscheidung sind *Widersprüche* und *Klagen unzulässig*. Das Rechtsschutzbedürfnis fehlt.[457] Unzulässig sind auch *vorläufige Rechtsbehelfe*.[458] Zwar sind die damit ver- 68

[451] Vgl EuGH Slg 1976, 1415 Rn 10 f – Morello; Slg 1986, 2263 Rn 30 – Belgien/Kommission; Slg 1987, 4393 Rn 13 – Frankreich/Kommission; Slg 1990, I-307 Rn 31 – Frankreich/Kommission; Slg 1990, I-959 Rn 48 – Tubemeuse; *Classen* Verw 31 (1998) 307, 328; *Fengler* (Fn 416) 93 ff; *Kahl* VerwArch 95 (2004) 1, 23.

[452] Vgl EuGH Slg 1985, 849 Rn 31 – Timex; Slg 1991, I-2283 Rn 21 – Oliveira; Slg 1991, I-2257 Rn 17 – Interhotel; Slg 1992, I-3525 Rn 20 – Infortec; Slg 1993, I-2667 Rn 34 – Sart-Tilman; Slg 1996, I-5151 Rn 38, 48, 58 – Deutschland ua/Kommission; Slg 1998, I-1719 Rn 74, 78 – Kommission ua/Sytraval u Brink's France; EuG Slg 1995, II-503 Rn 65 – France Aviation; Slg 1996, II-1827 Rn 30 ff, 55 f – Rendo.

[453] Näher *Bredemeier* (Fn 160), 575 ff; *Classen* Verw 31 (1998) 307, 327 ff; *Eppiney* VVDStRL 61 (2002) 362, 412 in Fn 209; *Kment* EuR 2006, 201, 202 ff; *Kokott* Verw 31 (1998) 335, 367 f; *Kahl* VerwArch 95 (2004) 1, 25; *Pietzcker* FS Maurer, 2001, 695, 710; *Wahl* DVBl 2003, 1285, 1291; *Wegener* Rechte des Einzelnen, 1998, 296 ff. Ohne Bedenken *Gellermann* DÖV 1996, 433, 443; *Nitschke* Harmonisierung des nationalen Verwaltungsvollzugs v EG-Umweltrecht, 2000, 74 ff; *Sachs* in: Stelkens/Bonk/Sachs, VwVfG, § 45 Rn 158 ff.

[454] Vgl BT-Drucks 7/910, 97; *Ossenbühl* NVwZ 1982, 465, 470 f; *Pietzcker* VVDStRL 41 (1983) 193, 226 f. Krit *Hufen* (Fn 24) Rn 633 ff.

[455] S *Ehlers* Verw 37 (2004) 255, 266.

[456] Vgl OVG NRW DVBl 2000, 572, 573; *Kopp/Schenke* VwGO, § 44a Rn 12; aA VG Berlin NVwZ 1982, 576.

[457] Vgl *Hufen* (Fn 24) Rn 633; *dens* VwPrR, Rn 18; *Schmidt* JuS 1982, 745, 747 f; aA (Verfahrenskonkurrenzregelung) *Schenke* Verwaltungsprozessrecht, 11. Aufl 2007, Rn 566.

[458] Vgl OVG NRW DVBl 1980, 964 → JK VwGO § 44a/3; BayVGH NVwZ 1988, 1054 → JK VwGO § 44a/5; *Hill* Jura 1985, 61, 63. AA etwa *Preussner* VBlBW 1982, 1, 9.

bundenen Verfahrensverzögerungen gering, jedoch darf vorläufig nichts gewährt werden, was nicht auch im Klageverfahren zugesprochen werden könnte. Zudem spricht die systematische Einordnung der Regelung als allgemeine Sachentscheidungsvoraussetzung für einen Ausschluss von Anträgen nach §§ 80 V, 123 VwGO. Problematisch ist das Zusammenspiel von § 44a VwGO mit § 46 VwVfG (Rn 63): Ein Verfahrensfehler bleibt ohne jegliche Sanktion, wenn ein selbständiger gerichtlicher Rechtsbehelf unzulässig ist und auch die Aufhebung des Verwaltungsaktes nicht beansprucht werden kann. Wenngleich diese Rechtsfolge verfassungsrechtlich hinzunehmen ist[459], zeigt sich doch, dass das Verbot der selbstständigen Geltendmachung von Verfahrensfehlern restriktiv zu handhaben ist, wenn die Verfahrensvorgaben verfassungsrechtlich verwurzelt sind.[460] Auch deswegen ist der Rechtsgedanke des § 44a VwGO nicht auf finanz- oder sozialgerichtliche Verfahren, in denen es an einer entsprechenden Regelung fehlt, anwendbar.[461] Im Übrigen bezieht sich § 44a VwGO auf alle *Verwaltungsverfahren iSv § 9 VwVfG*, unabhängig davon, ob sie formlose (§ 10 VwVfG, Rn 1) oder förmliche Verwaltungsverfahren (§ 63 ff VwVfG, → § 15 Rn 35), Planfeststellungsverfahren (§§ 72 ff VwVfG, → § 15 Rn 2 ff) oder Rechtsbehelfsverfahren (zB Widerspruchsverfahren nach §§ 79 f VwVfG, → § 15 Rn 41) sind.[462] Allerdings sind nur Verfahren zum Erlass eines Verwaltungsaktes gemeint.[463] Dies ergibt sich aus dem Begriff der „Sachentscheidung". Ausgenommen sind öffentlich-rechtliche Verträge, aber auch Realakte, Rechtsverordnungen und Satzungen. Eine analoge Anwendung der Ausnahmebestimmung, die Art 19 IV GG berühren würde, scheidet aus.[464] Zu den *Verfahrenshandlungen*, die nicht isoliert angegriffen werden können, zählen alle im Laufe eines Verwaltungsverfahrens von der Behörde ergriffenen Maßnahmen, soweit sie das Verfahren nicht abschließen.[465] Auf die Rechtsnatur der Verfahrenshandlung kommt es nicht an.[466] Ein *isolierter Rechtsbehelf* ist möglich, wenn die Verfahrenshandlung – wie etwa bei der Anordnung einer ärztlichen Untersuchung – gegen den Willen des Betroffenen ggf auch disziplinarrechtlich durchgesetzt werden kann[467] oder gegen einen Nichtbeteiligten (vgl § 13 I VwVfG, Rn 10 ff) ergeht (§ 44a S 2 VwGO).[468] Zudem verlangt eine verfassungskonforme Auslegung, dass gegen eine Verfahrenshandlung auch

459 Vgl BVerwG NJW 1982, 120 → JK VwGO § 44a/4.

460 Vgl *Bredemeier* (Fn 160), 370 ff; *Hill* Jura 1985, 61, 62; *Hufen* VwPrR, § 23 Rn 18.

461 Wie hier *Schmidt-De Caluwe* in: Sodan/Ziekow, VwGO, § 44a Rn 7. AA BSG NVwZ 1989, 901, 902; *SG Kiel* NVwZ-RR 1992, 672; *Hill* (Fn 50) 54; *Stelkens* in: Schoch/Schmidt-Aßmann/Pietzner, VwGO, § 44a Rn 7; *Kopp/Schenke* VwGO, § 44a Rn 3; *Geiger* in: Eyermann, VwGO, § 44a Rn 2. Vgl aber auch BVerfG NJW 1991, 415.

462 Vgl BVerwG NJW 1982, 120 → JK VwGO § 44a/4; *Schmidt-De Caluwe* in: Sodan/Ziekow, VwGO, § 44a Rn 28 ff. Anders *Eichberger* Einschränkung des Rechtsschutzes gegen behördliche Verfahrenshandlungen, 1986, 147 ff; *Hill* Jura 1985, 61, 62; *Stelkens* in: Schoch/Schmidt-Aßmann/Pietzner, VwGO, § 44a Rn 13.

463 Vgl *Hufen* (Fn 24) Rn 638; *Schmidt-De Caluwe* in: Sodan/Ziekow, VwGO, § 44a Rn 28.

464 AA für Realakte *Günther* NVwZ 1986, 697, 702.

465 S *BFH* NVwZ 1987, 174, 175. Beispiele bei *Kopp/Schenke* VwGO, § 44a Rn 5; *Stelkens* in: Schoch/Schmidt-Aßmann/Pietzner, VwGO, § 44a Rn 17.

466 Vgl *Hill* Jura 1985, 61, 63; *Hufen* VwPrR, § 23 Rn 19; *Schmidt-De Caluwe* in: Sodan/Ziekow, VwGO, § 44a Rn 38; *Stelkens* NJW 1982, 1137.

467 Vgl BVerwGE 115, 373, 378 ff; NdsOVG NVwZ 1990, 1194; HessVGH NVwZ-RR 1995, 47 ff, *Stelkens* in: Schoch/Schmidt-Aßmann/Pietzner, VwGO, § 44a Rn 26.

468 Zur Frage, ob auch Einwender im atomrechtl Genehmigungsverfahren erfasst werden, BayVGH NVwZ 1988, 1054 → JK VwGO § 44a/5.

dann unmittelbar vorgegangen werden kann, wenn die *Rüge* im Rahmen des Rechtsbehelfs *gegen die Sachentscheidung zu spät* käme und dadurch ein Recht des Betroffenen, das über das bloße Recht auf Einhaltung des Verfahrens hinausgeht, vereitelt oder wesentlich erschwert werden würde.[469] Von vornherein ausgeschlossen ist die Anwendung des § 44a VwGO schließlich bei Verfahrenshandlungen, die unabhängig von einem Verwaltungsverfahren vorgenommen werden.[470] Das gilt zB für materielle und verfahrensunabhängige Auskunfts- und Akteneinsichtsrechte wie den Anspruch auf Erteilung von Umweltinformationen nach § 4 UIG (Rn 32).[471]

§ 15
Modifikationen des Grundmodells: Planfeststellungsverfahren und andere besondere Verfahrensarten und -gestaltungen

Das vom Grundsatz der Nichtförmlichkeit (§ 10 S 1 VwVfG) geprägte Grundmodell des Verwaltungsverfahrens wird durch die Verwaltungsverfahrensgesetze und spezialgesetzliche Vorgaben in mehrfacher Hinsicht modifiziert. Unter den besonderen Verfahrensarten (5. Teil VwVfG) ist das *Planfeststellungsverfahren* am meisten formalisiert (I.). *Sonstige förmliche Verwaltungsverfahren* finden sich vor allem im Fachrecht (II.). Hinzu treten für alle Verfahrensarten geltende *besondere Verfahrensgestaltungen* (III.) und unionsrechtliche Vorgaben zur *Beteiligung* von *EU-Behörden* und *anderen Mitgliedgliedstaaten* (IV.). Schließlich ist auf Erscheinungsformen der *Verfahrensprivatisierung* hinzuweisen (V.). 1

I. Planfeststellungsverfahren

Das Planfeststellungsverfahren zielt auf die *umfassende Genehmigung* eines *raumbezogenen Vorhabens*. Die Exekutive übt Aufgaben der Fachplanung in einem Einzelfall aus. Damit unterscheidet sich die Planfeststellung von der Raumordnung, Landesplanung und örtlichen Bauleitplanung. Hier wird die bauliche und sonstige Nutzung des Bodens normativ hinsichtlich aller raumbeeinflussenden Vorhaben geregelt.[1] Der Planfeststellungsbeschluss ersetzt die an sich erforderliche Mehrzahl von Genehmigungen durch eine Gesamtentscheidung über das Vorhaben (Rn 13 ff). Dabei sind die Interessen des 2

469 Vgl BVerwG DVBl 1993, 51, 52; *Bredemeier* (Fn 160), 370 ff; *Hill* Jura 1985, 61, 63; *Hufen* (Fn 24) Rn 637; *Kopp/Schenke* VwGO, § 44a Rn 8 ff; *Stelkens* in: Schoch/Schmidt-Aßmann/Pietzner, VwGO, § 44a Rn 29.

470 Vgl BVerwGE 50, 255; DVBl 1984, 53; NJW 1982, 120; *Stelkens* in: Schoch/Schmidt-Aßmann/Pietzner, VwGO, § 44a Rn 18; *Kopp/Schenke* VwGO, § 44a Rn 4a.

471 Vgl *Erichsen* NVwZ 1992, 409, 417; *Turiaux* UIG, 1995, § 5 Rn 35.

1 Vgl zur raumbezogenen Planung ausf *Krebs* in: Schmidt-Aßmann/Schoch, Bes VwR, Kap 4 Rn 34 ff.

sogenannten Vorhabensträgers mit den von der Planung betroffenen privaten und öffentlichen Belangen auszugleichen. Das Planfeststellungsrecht hat lange Tradition (→ § 13 Rn 2).

1. Rechtliche Grundlagen

3 Die verfahrensgesetzlichen Regelungen zur Planfeststellung (§§ 72 ff VwVfG) sind unmittelbar anwendbar, wenn die Durchführung eines Planfeststellungsverfahrens gesetzlich angeordnet ist (§ 72 I Hs 1 VwVfG). *Planfeststellungsbedürftig* ist nach Bundesrecht etwa der Bau von Bundesfernstraßen, Schienenwegen, Verkehrsflughäfen, Bundeswasserstraßen, Deponien und Anlagen für die Endlagerung radioaktiver Abfälle.[2] Vielfach enthalten die Fachplanungsgesetze allerdings Sonderregelungen.[3] Dann gelten die allgemeinen Vorschriften nur subsidiär. Zu einer beklagenswerten weiteren Zersplitterung des Rechts ist es durch das *Gesetz zur Beschleunigung von Planungsverfahren für Infrastrukturvorhaben* (InfrastrPlVBeschlG) gekommen, das am 17.12.2006 in Kraft getreten ist.[4] Die Unterschiedlichkeit der Regelungen ist vor allem für in einer Vielzahl von Verfahren engagierte Behörden und Verbände sowie für die betroffene Öffentlichkeit ärgerlich.[5] Anstelle des Planfeststellungsverfahrens kann ein Verfahren zur Erteilung einer *Plangenehmigung* durchgeführt werden (§ 74 VI 1 VwVfG). Voraussetzung ist, dass Rechte anderer nicht – bzw nach dem InfrastrPlVBeschlG: „nur unwesentlich"[6] – beeinträchtigt werden oder sich Betroffene mit der Inanspruchnahme ihres Rechts schriftlich einverstanden erklärt haben und mit den Trägern öffentlicher Belange, deren Aufgabenbereich berührt wird, das Benehmen hergestellt worden ist. Eine Plangenehmigung kommt, wie sich aus Fachplanungsgesetzen ergibt, nicht in Betracht, wenn eine Umweltverträglichkeitsprüfung (Rn 46) durchzuführen ist.[7] Die Plangenehmigung geht auf das nach der Wiedervereinigung für Berlin und die neuen Bundesländer geschaffene Verkehrswegeplanungsbeschleunigungsgesetz (VerkPlBeschlG) zurück und wurde mit anderen Neuerungen in das allgemeine Verwaltungsverfahrensrecht überführt.[8] Sie hat die Rechtswirkungen eines Planfeststellungsbeschlusses mit Ausnahme der enteignungsrechtlichen Vorwirkung (§ 74 VI 2 Hs 1 VwVfG, Rn 15).[9]

[2] §§ 17 ff FStrG (dazu *v Danwitz* in: Schmidt-Aßmann/Schoch, Bes VwR, Kap 7 Rn 26 ff); §§ 18 ff AEG; §§ 8 ff LuftVG; §§ 14 ff; WaStrG; §§ 9a III 1, 9b I 1 AtG. Vgl aus dem weiteren Bundesrecht § 28 I 1, § 41 I PBefG; §§ 1 ff MBPlG; § 31 II 1 WHG, § 41 III FlurbG, § 31 II 1 KrW-/AbfG, § 52 IIa 1 BBergG. Nachw zu den landesrechtlichen Vorschriften bei *Dürr* in: Knack/Henneke, VwVfG, vor § 72 Rn 37 ff.

[3] Das erklärt sich auch daraus, dass es sich zT um die älteren Regelungen handelt. Das erste bundesrechtliche Planfeststellungsverfahren wurde in den §§ 17, 18 FStrG v 6.8.1953 (BGBl I 903) geregelt.

[4] BGBl I, 2833. Geändert wurden das AEG, FStrG, WaStrG, LuftVG, MBPlG und das EnWG. Z d verschiedenen Entwürfen für das Gesetz *Teßmer* ZUR 2006, 469 ff.

[5] Krit auch *Wickel* UPR 2007, 201 ff.

[6] Vgl § 18b Nr 2 AEG, § 14b Nr 2 WaStrG, § 2a Nr 2 MBPlG sowie – bereits nach altem Recht – § 17b I Nr 2 FStrG. Krit *Wickel* UPR 2007, 201, 205.

[7] § 17b I Nr 1 FStrG; § 14b Nr 1 WaStrG; § 18b Nr 1 AEG; § 28 Ia 1 PBefG; § 8 II 1 LuftVG; § 2a Nr 1 MBPlG.

[8] Vgl VerkPlBG v 16.12.1991 (BGBl I, 2174); sowie PlanungsvereinfachungG v 26.6.1993 (BGBl I, 2123); GenehmigungsverfahrensbeschleunigungsG v 12.9.1996 (BGBl I, 1354).

[9] Anders hingegen nach § 22 AEG; § 19 FStrG; § 30 PBefG. Kritisch *Erbguth* DÖV 2009, 921, 924.

Im Übrigen finden die Vorschriften über das Planfeststellungsverfahren keine Anwendung (§ 74 VI 2 Hs 2 VwVfG). Es gilt das verfahrensrechtliche Grundmodell. Das Verfahren wird vereinfacht und beschleunigt (→ § 13 Rn 8).[10] Planfeststellung und Plangenehmigung *entfallen* in Fällen von unwesentlicher Bedeutung (§ 74 VII 1 VwVfG).[11]

2. Das Anhörungsverfahren

Instrument der Konfliktbewältigung ist das detailliert geregelte *Anhörungsverfahren* 4
mit umfassenden Beteiligungsmöglichkeiten der von den Planung betroffenen Behörden und Privatpersonen (§ 73 VwVfG). Es dient im Hinblick auf die oft gravierenden Auswirkungen und Risiken raumbezogener Vorhaben (man denke nur an die Planung von Zwischen- oder Endlagern für radioaktive Abfälle nach § 9b AtG) dem *Grundrechtsschutz durch Verfahren* und vermittelt demokratische Legitimation (→ § 13 Rn 12 ff). Zudem ermöglicht das Anhörungsverfahren die Sammlung von entscheidungserheblichen Informationen und damit eine effektive und effiziente Aufgabenerfüllung (→ § 13 Rn 11, 15 f). Welche *Behörde* das *Anhörungsverfahren leitet*, regeln die Fachgesetze. Das allgemeine Verwaltungsverfahrensrecht geht davon aus, dass das Verfahren nicht von der Planfeststellungsbehörde, sondern der sogenannten Anhörungsbehörde durchgeführt wird (vgl § 73 IX VwVfG). Das ist oft misslich, weil auf diese Weise eine Behörde über den Plan entscheidet, die von den zu bewältigenden Problemen keinen unmittelbaren Eindruck gewonnen hat. Da das Rechtsstaatsprinzip keine „Gewaltenteilung" innerhalb der Exekutive verlangt, ist gegen Vorschriften, die eine Identität von Anhörungs- und Planfeststellungsbehörde vorsehen, rechtlich nichts einzuwenden.[12]

a) *Planeinreichung bei der Anhörungsbehörde.* Das Planfeststellungsverfahren ist ein 5
Antragsverfahren (→ § 14 Rn 17 ff). Es beginnt mit der *Einreichung* des *Plans* bei der Anhörungsbehörde (§ 73 I 1 VwVfG). *Träger des Vorhabens* kann auch eine öffentliche Stelle und sogar der Rechtsträger der Planfeststellungsbehörde sein. Verfassungsrechtliche Bedenken bestehen nicht.[13] Es findet nur eine Akzentverschiebung von einer rea-

10 So kommt es etwa im Bereich der Verkehrswegeplanung durchschnittlich spätestens in einem halben Jahr nach Antragstellung zu einer Plangenehmigung, während ein Planfeststellungsbeschluss mindestens ein Jahr braucht, vielfach sogar weit mehr. Vgl den Erfahrungsbericht der *BReg* zum VerkPlBG, BT-Drucks 15/2311, 9. Krit *Hufen* Fehler im Verwaltungsverfahren, 4. Aufl 2002, Rn 389c. Allg *Steiner* in: Blümel/Pitschas (Hrsg), Reform des Verwaltungsverfahrensrechts, 1994, 151, 162 ff.

11 Das gilt, wenn öffentliche Belange nicht berührt sind oder die erforderlichen behördlichen Entscheidungen vorliegen und dem Plan nicht entgegenstehen (§ 74 VII 2 Nr 1 VwVfG). Vgl § 18 Nr 4 AEG; § 28 II PBefG; § 17b Nr 4; § 14b Nr. 4 WaStrG; § 8 III LuftVG. Weiterhin darf der Plan Rechte anderer nicht beeinflussen; sonst müssen entspr Vereinbarungen getroffen worden sein (§ 74 VII 2 Nr 2 VwVfG). Teilw sieht das Fachplanungsrecht Freistellungen v der Planfeststellungspflicht nur bei Änderungen oder Erweiterungen einer bestehenden Anlage vor. Ein Rückgriff auf § 74 VII VwVfG scheidet dann bei einer Neuerrichtung aus. Vgl *Siegel* NZV 2004, 545, 547 mwN in Fn 36. Krit *Pöckler* DÖV 2007, 915 ff.

12 S etwa § 14 I 3 Hs 1 WaStrG. Vgl BVerwGE 58, 344, 350; BVerwG NVwZ 2002, 1103, 1104 mwN; *Allesch/Häußler* in: Obermayer, VwVfG, § 73 Rn 10; *Bonk/Neumann* in: Stelkens/Bonk/Sachs, VwVfG, § 73 Rn 4; *Fehling* Verwaltung zwischen Unparteilichkeit und Gestaltungsaufgabe, 2001, 264 ff; *Pietzcker* VVDStRL 41 (1983) 193, 213 f; *Ule/Laubinger* VwVfR, § 40 Rn 5. Krit *Hufen* (Fn 10) Rn 376; *Meyer* FG BVerwG, 2003, 551, 567 („Fehltritt" des BVerwG).

13 S *Ule/Laubinger* VwVfR, § 40 Rn 5. Krit *Fehling* (Fn 12) 258 ff.

gierenden Genehmigung zur originären staatlichen Planung statt. Der *Plan* besteht aus Zeichnungen und Erläuterungen, die das Vorhaben, seinen Anlass und die von dem Vorhaben betroffenen Grundstücke und Anlagen erkennen lassen (§ 73 I 2 VwVfG). Die Unterlagen müssen Einsichtnehmenden deutlich machen, ob und in welchem Umfang ihre Belange von dem Vorhaben berührt werden.[14] Ist der Plan unvollständig und wird er vom Vorhabensträger auf Verlangen der Anhörungsbehörde nicht ergänzt, so ist der Antrag auf Planfeststellung zurückzuweisen. Dafür ist allerdings nicht die Anhörungsbehörde, sondern die Planfeststellungsbehörde zuständig.[15] *Ausgearbeitet* wird der Plan durch den Vorhabensträger vor der Einleitung des Verfahrens.[16] Für Vorarbeiten auf fremden Grundstücken (zB Vermessungen) sehen die Fachplanungsgesetze regelmäßig *Duldungspflichten* der Eigentümer vor.[17] Später ist der Planfeststellungsbeschluss Rechtsgrundlage (Rn 15). Problematisch für die Neutralität der Behörde sind *frühzeitige Kontakte zwischen Vorhabensträgers und Planfeststellungsbehörde* zur Klärung der Realisierungschancen des Vorhabens. Es besteht die Gefahr, dass Vorhabensträger und Behörde sich verabreden, den Plan gegen jeden Widerstand „durchzupauken“. Andererseits können gerade bei größeren Projekten nicht alle Entscheidungen bis zur Abwägung am Ende des Verfahrens zurückgestellt werden. Vorgeschaltete Besprechungen, Abstimmungen, Zusagen etc sind regelmäßig unerlässlich, um sachgerecht zu planen und eine effektive Realisierung zu gewährleisten.[18] Auch um den Eindruck einer Konspiration zwischen Vorhabensträger und Planfeststellungsbehörde zu verhindern, kann es sinnvoll sein, die Ausarbeitung des Plans zum Gegenstand einer *Mediation* zu machen (→ § 16).[19] Jedenfalls darf sich die Behörde keiner wirtschaftlichen oder politischen Einflussnahme aussetzen, die ihr die Freiheit zu eigenem planerischen Gestalten und Abwägen nimmt.[20]

6 b) *Stellungnahmen der betroffenen Behörden.* Nach Zugang des Plans fordert die Anhörungsbehörde innerhalb eines Monats die *Behörden*, deren Aufgabenbereich durch das Vorhaben berührt wird, zur *Stellungnahme* auf (§ 73 II 1 Hs 1 VwVfG).[21] Im Zweifelsfall empfiehlt sich eine großzügige Handhabung. Behörden sind jedenfalls zu beteiligen, wenn sie für eine Entscheidung zuständig sind, die durch den Planfeststel-

[14] Vgl zum Inhalt der eingereichten Planunterlagen *Bonk/Neumann* in: Stelkens/Bonk/Sachs, VwVfG, § 73 Rn 18 ff.

[15] Vgl BVerwG NVwZ 2006, 1170 ff; BayVGH NVwZ 1996, 284, 287; *Allesch/Häußler* in: Obermayer, VwVfG, § 73 Rn 24; *Bonk/Neumann* in: Stelkens/Bonk/Sachs, VwVfG, § 73 Rn 28; *Dürr* in: Knack/Henneke, VwVfG, § 73 Rn 21; *Kopp/Ramsauer* VwVfG, § 73 Rn 24. AA *Meyer* in: Meyer/Borgs VwVfG, § 73 Rn 12; *Ule/Laubinger* VwVfR, § 40 Rn 9. Die Zurückweisung stellt grds einen VA dar. Anderes gilt nur, wenn der Vorhabensträger u Anhörungsbehörde dem gleichen Rechtsträger angehören, da es in diesem Fall an der Außenwirkung der Regelung mangelt.

[16] S zu Verfahrensregelungen für die Planausarbeitung *Ule/Laubinger* VwVfR, § 40 Rn 2.

[17] Diese sind im Einzelnen sehr unterschiedlich ausgestaltet. Vgl § 16a FStrG; § 17 AEG; § 3 MBPlG; § 16 WaStrG; § 30 KrW-/AbfG; § 32 PBefG; § 7 LuftVG; § 9 f AtG. Ausf zu den Duldungspflichten *Kirchberg* in: Ziekow, Praxis des Fachplanungsrechts, 2004, Rn 49 ff. S auch *Siegel* NZV 2004, 545, 552 f. Eine allg Regelung der Duldungspflicht im VwVfG sieht der Gesetzesantrag Hbgs im BRat v 7.6.2005 vor. S BR-Drs 467/05 S 2.

[18] So BVerwGE 45, 309, 317 zur Bauleitplanung.

[19] Vgl *Pünder* Verw 38 (2005) 1 ff.

[20] So BVerwGE 75, 214 (Flughafen München II).

[21] In Planungsverfahren des Bundes, die Belange des Naturschutzes u der Landschaftspflege berühren können, sind die für diese Belange zuständigen Behörden bereits bei der Vorbereitung der Planung zu unterrichten (§ 6 II 2 BNatSchG).

lungsbeschluss ersetzt wird, oder wenn mit ihnen das Benehmen oder Einvernehmen herzustellen wäre (Rn 14). Das Verfahren hat insoweit eine **Kompensationsfunktion.** Nehmen Behörden ausschließlich private Interessen des Rechtsträgers als Grundstückseigentümer wahr, sind sie im Einwendungsverfahren (Rn 8) zu beteiligen.[22] Die Behörden haben gem § 73 IIIa 1 VwVfG innerhalb einer von der Anhörungsbehörde zu setzenden *Frist von maximal drei Monaten* Stellung zu nehmen. Bei besonders komplexen Vorhaben kann die Frist verlängert werden.[23] § 73 IIIa 2 VwVfG bestimmt allerdings nur, dass Stellungnahmen, die *nach dem Erörterungstermin* eingehen, nicht mehr berücksichtigt werden dürfen. Diese Präklusionsregelung gilt nicht ohne Ausnahmen. Nach dem Erörterungstermin eingehende Stellungnahmen müssen berücksichtigt werden, wenn die vorgebrachten Belange der Planfeststellungsbehörde bereits bekannt sind, hätten bekannt sein müssen oder für die Rechtmäßigkeit der Entscheidung von Bedeutung sind (§ 73 IIIa 2 aE VwVfG). Die letzte Variante ist so weitgehend, dass die Fristenregelung kaum Bedeutung hätte, wenn das Fachrecht nicht zum Teil abweichende Regelungen vorsehen würde. Das InfrastrPlVBeschlG (Rn 3) hat den Zeitpunkt der Behördenpräklusion erheblich vorverlegt; in seinem Anwendungsbereich kommt es nicht auf den Erörterungstermin, sondern auf den *Ablauf der* von der Behörde *gem § 73 IIIa 1 VwVfG gesetzten Frist* an.[24] Wenn man die erwähnten Ausnahmen von der Präklusion bedenkt, ist dagegen nichts einzuwenden.[25]

c) *Planauslegung, Einwendungsverfahren und Präklusion.* Zeitgleich mit der Behör- **7**
denbenachrichtigung veranlasst die Anhörungsbehörde, dass der Plan in den Gemeinden, in denen das Vorhaben (voraussichtlich)[26] Auswirkungen hat, für die Dauer eines Monats zur Einsicht *ausgelegt* wird (§ 73 II Hs 2, III 1 VwVfG).[27] Die Auslegung muss nicht nur dort erfolgen, wo Grundstücksflächen überplant werden, sondern auch in Gemeinden, die nur mittelbar betroffen sind (etwa durch Immissionen oder eine Erschwerung der Zufahrtsverhältnisse). Stellen sich Auswirkungen erst später heraus, muss die Auslegung nachgeholt werden.[28] § 73 VIII VwVfG (Rn 11) ist entsprechend anzuwenden. Die Gemeinden haben die Auslegung ortsüblich *bekannt* zu *machen*[29] und dabei auf die Rechtsfolgen hinzuweisen, die mit der Unterlassung von Einwendungen

22 Vgl BVerwG NVwZ 1996, 895; *Bonk/Neumann* in: Stelkens/Bonk/Sachs, VwVfG, § 73 Rn 35; *Kopp/Ramsauer* VwVfG, § 73 Rn 30.

23 AA *Allesch/Häußler* in: Obermayer, VwVfG, § 73 Rn 35; *Ziekow/Siegel* Gesetzliche Regelungen der Verfahrenskooperation von Behörden und anderen Trägern öffentlicher Belange, 2001, 81 f. Wie hier *Bonk/Neumann* in: Stelkens/Bonk/Sachs, VwVfG, § 73 Rn 39; *Kopp/Ramsauer* VwVfG, § 73 Rn 31; tendenziell auch *Ronellenfitsch* DVBl 1994, 447 m Fn 98.

24 Vgl § 18a Nr 7 S 4 AEG, § 17a Nr 7 S 4 FStrG, § 14a Nr 7 4 WaStrG, § 2 Nr 7 S 4 MBPlG, § 43a Nr 7 S 4 EnWG.

25 Krit aber *Dürr* in: Knack/Henneke, VwVfG, § 73 Rn 28; *Wickel* UPR 2007, 201, 204. Zur Verfassungsmäßigkeit *Siegel* DÖV 2004, 549, 592 f; *ders* Verfahrensbeteiligung von Behörden und anderen Trägern öffentlicher Belange, 2001, 180 ff.

26 Auf die Voraussichtlichkeit kommt es nach dem InfrastrPlVBeschlG an: § 18a Nr 1 AEG, § 17a Nr 1 FStrG, § 14a Nr 1 WaStrG, § 2 Nr 1 MBPlG, § 43a Nr 1 EnWG.

27 Der Fall, dass auf die Auslegung verzichtet werden darf, weil der Kreis der Betroffenen bekannt ist u ihnen innerhalb einer angemessenen Frist Gelegenheit zur Einsichtnahme gegeben wird (§ 73 III 2 VwVfG), wird in der Praxis nur bei Vorhaben in sehr dünn besiedelten Gebieten vorkommen.

28 *Allesch/Häußler* in: Obermayer, VwVfG, § 73 Rn 58; *Bonk/Neumann* in: Stelkens/Bonk/Sachs, VwVfG, § 73 Rn 30; *Dürr* in: Knack/Henneke, VwVfG, § 73 Rn 34.

29 Welche Form der Bek ortsüblich ist, ergibt sich aus dem anzuwendenden Landes- u Gemeinderecht. Vgl BVerwGE 104, 337, 340; *Steinberg/Berg/Wickel* Fachplanung, 3. Aufl 2000, § 2 Rn 73.

oder der Nichtteilnahme am Erörterungstermin verbunden sind (§ 73 IV 4, V 1 und 2 VwVfG). Dies betrifft insbesondere die Einwendungspräklusion (Rn 8). Nicht ortsansässigen Betroffene, deren Person und Aufenthalt bekannt sind oder sich innerhalb angemessener Frist ermitteln lassen, sollen auf Veranlassung der Anhörungsbehörde benachrichtigt werden (§ 73 V 3 VwVfG). Das InfrastrPlVBeschlG hat die Ermittlungspflicht in einzelnen Sektoren entfallen lassen.[30] Dies ist aufgrund der gravierenden Folgen einer Einwendungspräklusion für Personen, die von der enteignungsrechtlichen Vorwirkung betroffen sind, problematisch. Auszulegen sind nicht alle *Planunterlagen*, sondern nur die Angaben und Verzeichnisse, die an der rechtsgestaltenden Wirkung des Planfeststellungsbeschlusses teilnehmen oder für die vollständige Unterrichtung der Betroffenen über die Auswirkungen des Vorhabens erforderlich sind (etwa bereits vorliegende Gutachten).[31] Die Auslegung hat so zu erfolgen, dass nach Größe, Zahl und Lage der Räumlichkeiten sowie der Zahl des Aufsichtspersonals und der Planexemplare eine *Einsicht* in die Unterlagen *in angemessener Zeit gewährleistet* ist. Da das Recht zur Einsichtnahme weder einen Anspruch auf Überlassung der Unterlagen an eine Rechtsanwaltskanzlei noch auf Zusendung von Ablichtungen begründet[32], sollten vor Ort Fotokopiermöglichkeiten bestehen.[33] In Modifikation der allgemeinen Regelung (§ 29 VwVfG → § 14 Rn 32 ff) liegt eine darüber hinausgehende *Akteneinsicht* im Ermessen der Behörde (§ 72 I Hs 2 VwVfG), weil es meist um Massenverfahren geht.[34] Das Ermessen ist aber auf Null reduziert, soweit die Verfahrensakten für die Betroffenen wichtige Informationen enthalten, die nicht ausgelegt worden sind (etwa Stellungnahmen anderer Behörden zu den Auswirkungen des Vorhabens).

8 Jeder, dessen Belange durch das Vorhaben berührt werden, kann bis zwei Wochen nach Ablauf der Auslegungsfrist gegen den Plan *Einwendungen* erheben (§ 73 IV 1 VwVfG). Eine umfassende Beteiligtenstellung wird durch diese Regelung nicht begründet (§ 13 III VwVfG → § 14 Rn 13).[35] Die Einwendungsbefugnis setzt voraus, dass *eigene Belange* des Einwenders berührt sind. Weil dazu nicht nur subjektive Rechte, sondern auch anerkennenswerte ideelle, soziale und ökologische Interessen gezählt werden, ist die Einwendungsbefugnis von einem Popularrecht kaum zu unterscheiden.[36]

[30] Vgl 18a Nr 4 AEG, § 17a Nr 4 FStrG; § 14a Nr 4 WStrG, § 10 II LuftVG, § 2 Nr 4 MBPlG, § 43a EnWG. Vgl auch bereits § 3 II 3 VerkPlBG.

[31] BVerwGE 98, 339, 344. Grundstückseigentümer dürfen aufgrund des Daten- u Persönlichkeitsschutzes idR nur anonymisiert aufgeführt werden. Vgl BVerfG DVBl 1990, 1041, 1042; aA VGH BW DVBl 1990, 108. Nach § 73 I 2 VwVfG BW dürfen die Grundstückseigentümer nach dem Grundbuch bezeichnet werden.

[32] BayVGH NuR 1987, 270 f; NdsOVG GewArch 1976, 206; unverständlich dazu *Dürr* in: Knack/Henneke, VwVfG, § 73 Rn 51, der übersieht, dass das NdsOVG nicht die Anfertigung, sondern nur eine Pflicht der Behörde zur Übersendung v Fotokopien ausgeschlossen hat.

[33] Ein Anspruch auf die Benutzung v behördlichen Kopierern besteht nicht, wohl aber darauf, m eigenen Mitteln eine Kopie zu erstellen. Vgl *Mecking* NVwZ 1992, 316 ff.

[34] S BT-Drucks 7/910, 84. Zur Ermessensausübung *Bonk/Neumann* in: Stelkens/Bonk/Sachs, VwVfG, § 72 Rn 95; *Breuer* FS Sendler, 1991, 357, 367. § 139 I LVwGSchlH enthält diese Einschränkung nicht.

[35] S *Alpert* Zur Beteiligung am Verwaltungsverfahren, 1999, 137 ff m Nachw zur Gegenauffassung.

[36] S *Henle* BayVBl 1981, 1, 4; *Kirchberg* (Fn 17) Rn 184; *Steinberg/Berg/Wickel* (Fn 29) § 2 Rn 84; *Ronellenfitsch* in: Marschall/Schroeter/Kastner, Bundesfernstraßengesetz, 5. Aufl 1998, § 17 Rn 84; *Stühler* VBlBW 1991, 321. Vgl auch *Papier* NJW 1980, 313, 315; zu immissionsschutzrechtlichen Verfahren *Breuer* NJW 1978, 1558, 1559.

Allerdings bleiben Belange Dritter oder des Allgemeinwohls außer Betracht. Da die Auswirkungen eines Vorhabens oft nicht an der Landesgrenze halt machen, können auch im Ausland ansässige Personen einwendungsbefugt sein.[37] Mit Ablauf der *Einwendungsfrist* sind – was schon in § 17 der GewO v 1869 vergleichbar geregelt war – alle Einwendungen ausgeschlossen, die nicht – wie etwa Verträge mit dem Vorhabensträger[38] – auf privatrechtlichen Titeln beruhen (§ 73 IV 3 VwVfG). Die *Präklusion* wirkt *materiell*, dh die Einwendungen können auch in einem späteren verwaltungsgerichtlichen Verfahren nicht mehr geltend gemacht werden. Das gilt selbst dann, wenn die Folgen für den Betroffenen sehr gravierend sind.[39] Die materielle Präklusion geht auf die Beschleunigungsgesetzgebung zurück (→ § 13 Rn 8).[40] Verfassungsrechtlich ist dagegen nichts einzuwenden. Der Zwang, Einwendungen innerhalb einer Frist zu erheben, ist eine zumutbare und konsequente Folge der breit angelegten Verfahrensteilhabe[41], zumal die Präklusion nicht zum Verlust von Entschädigungsansprüchen (Rn 17) führt.[42] Die Einwendungsfrist steht nicht zur Disposition der Behörde.[43] Zur Vermeidung der Präklusion müssen die Einwendungen hinreichend *konkret und substantiiert* sein.[44] Eine allgemein gehaltene Ablehnung reicht nicht aus. Eine Teilpräklusion mit einzelnen Belangen ist möglich, wenn der Betroffene seine Einwendung ausschließlich auf andere Belange gestützt hat.[45] Im Erörterungstermin einvernehmlich erledigte Einwendungen sind ebenfalls präkludiert.[46] Die Präklusion tritt nicht ein, wenn darauf in der Bekanntmachung der Auslegung oder bei der Bekanntgabe der Einwendungsfrist nicht hingewiesen worden ist (§ 73 IV 4 VwVfG) oder die ausgelegten Unterlagen unvollständig waren. Hat der Einwender die Frist unverschuldet versäumt, kommt eine

[37] Vgl BVerwGE 75, 285, 286 ff zur Genehmigung nach § 7 AtG; *Weber* DVBl 1980, 330 ff.

[38] Vgl *Allesch/Häußler* in: Obermayer, VwVfG, § 73 Rn 118. Die dort vertretene Auffassung, dass auch dingliche Rechte an den v Vorhaben in Anspruch genommenen Grundstücken privatrechtliche Titel darstellen, die v einer Einwendungspräklusion ausgeschlossen sind, steht im Widerspruch zur Rspr des BVerwG, nach der auch Einwendungen gegen eine Enteignung unter die Präklusion fallen. Vgl BVerwG UPR 1996, 386 ff.

[39] BVerwGE 104, 337, 345. Abw sieht § 73 IV 3 VwVfG NRW die Präklusion nur unter der zusätzlichen Voraussetzung vor, dass das Verfahren durch die verspätete Einwendung verzögert wird.

[40] GenehmigungsverfahrensbeschleunigungsG v 12.9.1996 (BGBl I, 1354). Früher sah das Planfeststellungsrecht nur eine formelle Präklusion vor, wonach der Einwender nicht am Erörterungstermin beteiligt wurde. Vgl BT-Drucks 7/910, 88; *Holznagel* in: Hoffmann-Riem/Schmidt-Aßmann (Hrsg), Effizienz als Herausforderung an das Verwaltungsrecht, 1998, 205, 214 ff. Zu den Wirkungen formeller u materieller Präklusion *Papier* NJW 1980, 313, 316 ff; *Stühler* VBlBW 1991, 321, 322.

[41] Vgl BVerfGE 88, 118, 123 ff; BVerwG DÖV 1984, 467. Zur Rechtfertigung der Präklusionswirkung s ausf BVerfGE 61, 82, 114 ff. S auch *Breuer* in: Schmidt-Aßmann/Schoch, Bes VwR, Kap 5 Rn 193; *Pietzcker* VVDStRL 41 (1983) 193, 205 f. Zur Vereinbarkeit mit d europ Unionsrecht *Kment* EuR 2006, 201, 222 f; *Schneider* in: Hoffmann-Riem/Schmidt-Aßmann/Voßkuhle, Grundlagen II, § 28 Rn 81.

[42] BVerwGE 66, 99, 101 ff; BGHZ 92, 114, 116.

[43] BVerwG NVwZ 1996, 399 f; NVwZ-RR 1999, 162, 163 mwN; UPR 1999, 66.

[44] BVerwG NVwZ 1997, 171, 172; 2002, 726; *Dürr* in: Knack/Henneke, VwVfG, § 73 Rn 69.

[45] Vgl BVerwG NVwZ 1995, 904 f.

[46] BVerwG LKV 1997, 328.

Wiedereinsetzung in den vorigen Stand nach § 32 VwVfG in Betracht.[47] Allerdings sind strenge Anforderungen zu stellen.

9 d) *Mitwirkung von Umweltschutzverbänden.* Umweltschutzverbände haben meist ein kritisches Interesse an planfeststellungsbedürftigen Vorhaben. Sie frühzeitig einzubeziehen, ist schon ein Gebot der Verwaltungsklugheit, da die Verbände über einen spezifischen Sachverstand verfügen und die Öffentlichkeit politisch mobilisieren können.[48] Gelegentlich kaufen Umweltschutzverbände sogenannte Sperrgrundstücke, um als Eigentümer einwendungs- und gegebenenfalls klagebefugt zu sein (Rn 8, 27 ff). Im Übrigen unterstützen sie einwendungsbefugte Personen häufig inhaltlich und finanziell. Bestimmten, vom Bundesumweltministerium bzw den jeweiligen Landesministerien *anerkannten*[49] *Umweltschutzvereinen* wird in Planfeststellungsverfahren[50] ein eigenes Recht auf *Stellungnahme* und zur *Einsicht* (nur) *in die* einschlägigen *Sachverständigengutachten* eingeräumt (§ 58 I Nr 2 iVm § 60 II 1 Nr 6 BNatSchG).[51] Eine weitergehende Form der Mitwirkung können die Länder festlegen (§ 60 II 2 BNatSchG).[52] Hat der Verein Gelegenheit zur Äußerung gehabt, ist er im Rechtsbehelfsverfahren mit allen nicht geltend gemachten Einwendungen *ausgeschlossen* (§ 61 III BNatSchG; vgl auch § 2 III UmwRG, Rn 48). Eine Frist zur Stellungnahme wurde nicht normiert. Da die Vorgaben zur Behörden- und Betroffenenpräklusion (Rn 8) nicht analog anwendbar sind,[53] müssen selbst die nach dem Erörterungstermin eingehenden Stellungnahmen noch berücksichtigt werden, soweit das einschlägige Fachplanungsrecht keine ausdrückliche Regelung enthält.[54] Dieses missliche Ergebnis kann nur durch die Gesetzgeber verändert werden. Verhindert werden muss, dass Verbände zur Verzögerung des Verfahrens immer wieder neue Gesichtspunkte vorbringen. Sinnvoll erscheint eine Angleichung an § 73 IIIa VwVfG (Frist von maximal drei Monaten, Rn 6), da die Beteiligung dem öffentlichen Naturschutzinteresse dient und somit den Behördenstellungnahmen näher steht als den eigennützigen Einwendungen nach § 73 IV VwVfG (bei denen eine Frist von zwei Wochen nach Abschluss der Auslegungsfrist von einem Monat besteht, Rn 8). Im *InfrastrPlVBeschlG* (Rn 3), das die Beteiligungsanforderungen für Vereinigungen nach dem Naturschutzgesetz und nach dem Umweltrechtsbehelfgesetz

[47] BVerwGE 66, 99, 109; BVerwG UPR 1996, 386, 387 f. Vgl auch *Hoppe/Schlarmann/Buchner* Rechtsschutz bei der Planung von Straßen und anderen Verkehrsanlagen, 3. Aufl 2001, Rn 150; *Kirchberg* (Fn 17) Rn 208. S zu den Rechtsfolgen einer Wiedereinsetzung, die nach dem Erlass des Planfeststellungsbeschlusses erfolgt ist, BVerwG UPR 1999, 66 f.

[48] Vgl allg *Pünder* NuR 2005, 71 ff.

[49] Die Anerkennung ist ein VA, der auf Antrag erteilt wird (§ 59 I 1 BNatSchG).

[50] In Plan*genehmigungs*verfahren des *Bundes* werden Verbände nur einbezogen, wenn – was bislang nicht geschehen ist – eine Öffentlichkeitsbeteiligung angeordnet wurde (§ 58 I Nr 3 BNatSchG).

[51] Ein Zugriff auf den gesamten Akteninhalt wird nicht gewährt. Vgl OVG MV LKV 2002, 194. V der Mitwirkung kann – wie v der Betroffenenanhörung des verfahrensrechtlichen Grundmodells (→ § 13 Rn 30) – abgesehen werden, wenn ihr ein zwingendes öffentliches Interesse entgegensteht. Vgl § 58 II BNatSchG iVm § 28 II Nr 1 u 2, III VwVfG.

[52] Dazu etwa *Niederstadt/Weber* NuR 2009, 297 ff.

[53] *Siegel* DÖV 2004, 589, 591 f.

[54] Vgl BVerwGE 118, 15 f (zu § 17 IV 1 FStrG aF); *Kirchberg* (Fn 17) Rn 149 f; *Ziekow/Siegel* Anerkannte Naturschutzverbände als „Anwälte der Natur", 2000, 79 ff; aA NdsOVG NVwZ-RR 1995, 195 f.

(Rn 48) in seinem Anwendungsbereich vereinheitlicht hat, wurde leider anders entschieden. Hier gilt die kurze Frist des § 73 IV VwVfG.[55]

e) *Erörterungstermin.* Nach Ablauf der Einwendungsfrist hat die Anhörungsbehörde die rechtzeitigen Einwendungen und die Stellungnahmen der Behörden mit dem Träger des Vorhabens, den Behörden, den Betroffenen sowie den Personen, die Einwendungen erhoben haben, im sogenannten *Erörterungstermin* zu erörtern (§ 73 VI 1 VwVfG). Die Erörterung ist mindestens eine Woche vorher ortsüblich bekannt zu machen; die beteiligten Behörden, der Vorhabensträger, die Einwender (§ 73 VI 2, 3 VwVfG) und auch die beteiligten Naturschutzverbände[56] (Rn 9) sind zu benachrichtigen.[57] Zur *Durchführung des Erörterungstermins* wird auf die Vorgaben für das förmliche Verfahren (Rn 35) verwiesen (§ 73 VI 6 VwVfG). Der Erörterungstermin ist demnach nicht öffentlich (§ 68 I VwVfG). Abgesehen von Vertretern und Beiständen (→ § 14 Rn 15) ist die Einbeziehung weiterer Personen nur zulässig, wenn kein Beteiligter widerspricht (§§ 68 I 3VwVfG). Üblicherweise wird die Presse zugelassen. Das Gesetz geht davon aus, dass der Erörterungstermin möglichst an nur einem Verhandlungstermin erledigt wird (§§ 67 III VwVfG). Dies ist bei Großvorhaben, bei denen im Erörterungstermin zuweilen mehrere tausend Personen versammelt sind, nicht mehr als ein frommer Wunsch. Außerdem soll die Erörterung innerhalb von drei Monaten nach Ablauf der Einwendungsfrist abgeschlossen werden (§ 73 VI 7 VwVfG).[58] Nähere Vorgaben für den Ablauf des Erörterungstermins wurden nicht normiert. Daher obliegt es der Anhörungsbehörde, den Ablauf festzulegen. Üblicherweise eröffnet der Veranstaltungsleiter die Zusammenkunft mit einer Vorstellung der Hauptansprechpartner im Erörterungstermin und überlässt dem Vorhabensträger die Darstellung seines Plans. Anschließend werden die Stellungnahmen der Behörden und Verbände und die Einwendungen erörtert.[59] Bei Verfahren mit einer Vielzahl von Stellungnahmen und Einwendungen werden häufig Themengruppen gebildet, die nacheinander mit den Beteiligten diskutiert werden. Bei einer solchen Einteilung ist es zulässig, die Beteiligten nur zu den Verhandlungsterminen einzuladen, an denen ihre eigenen Belange erörtert werden.[60] Bei den oft emotional aufgeladenen Terminen sind *Befangenheitsanträge* gegen den Verhandlungsleiter nicht selten. Sie sind nach den allgemeinen Regeln zu behandeln (§ 21 VwVfG → § 14 Rn 4 ff).[61] In der Praxis üblich und sinnvoll ist es, wenn sich meh- 10

[55] Vgl § 18a Nr 3 AEG, § 17a Nr 3 FStrG, § 14a Nr 3 WaStrG, § 10 II Nr 3 LuftVG, § 2 Nr 3 MBPlG, § 43a EnWG. Krit auch *Teßmer* ZUR 2006, 469, 471 f; *Wickel* UPR 2007, 201, 203.

[56] *Bonk/Neumann* in: Stelkens/Bonk/Sachs, VwVfG, § 73 Rn 114.

[57] Bei mehr als 50 zu benachrichtigenden Einwendern kann die persönliche Benachrichtigung durch die öffentliche Bek im amtlichen Veröffentlichungsblatt der Anhörungsbehörde u zusätzlich in örtl verbreiteten Tageszeitungen ersetzt werden (§ 73 VI 4, 5 VwVfG). Der Erörterungstermin darf auch bereits mit der Planauslegung öffentlich bekannt gemacht werden (§ 73 VII VwVfG). Individuellen Benachrichtigungen entfallen dann.

[58] Viele fachgesetzl Beschleunigungsregeln verdrängen diese Soll-Vorschrift durch bindende Zeitvorgaben ohne Verlängerungsmöglichkeit. Vgl § 18 Nr 5 AEG; § 29 Ia Nr 4 1 PBefG; § 17a Nr 5 FStrG; § 14a Nr 5 WaStrG; § 10 II Nr 4 S 2 LuftVG. Eine Überschreitung der Frist hat aber keine Folgen f die Rechtmäßigkeit des Planfeststellungsbeschlusses; *Dürr* in: Knack/Henneke, VwVfG, § 73 Rn 97; *Ronellenfitsch* (Fn 36) § 17 Rn 105.

[59] Vgl zum Ablauf des Erörterungstermins *Fehling* (Fn 12) 310 ff; *Hattstein* Verwaltungsrechtliche Betreuungspflichten, 1999, 143 ff; *Kirchberg* (Fn 17) Rn 213.

[60] Dazu BVerwG NVwZ 1988, 527, 530. Vgl auch *Bonk/Neumann* in: Stelkens/Bonk/Sachs, VwVfG, § 73 Rn 125.

[61] Ausf *Stüer/Hönig* DÖV 2004, 642 ff. S auch *Kirchberg* (Fn 17) Rn 224.

rere Personen der Anhörungsbehörde die Verhandlungsleitung teilen, damit der Befangenheitsantrag nicht zu einer Unterbrechung des Termins führt. Der Verhandlungsleiter ist für die Ordnung im Erörterungstermin verantwortlich und darf Personen, die seine Anordnungen nicht befolgen, entfernen lassen (vgl § 68 III VwVfG).[62] Über den Erörterungstermin ist eine *Niederschrift* anzufertigen (§ 68 IV 1 VwVfG). Inhaltlich ist eine *substantielle Erörterung* geboten. Allen Beteiligten muss Gelegenheit gegeben werden, auf die wesentlichen Punkte und entscheidungserheblichen Unterlagen (insbesondere Gutachten) einzugehen.[63] Wie sich aus § 74 II 1 VwVfG ergibt, ist wesentliches Ziel des Erörterungstermins, Einwendungen durch *Einigung* auszuräumen.[64] Dieser Konfliktbewältigungsfunktion kann die Erörterung oft nicht gerecht werden, da sie zu einem Zeitpunkt stattfindet, zu dem die gegensätzlichen Positionen meist schon verhärtet sind (→ § 16 Rn 1).[65] Vor diesem Hintergrund sollte der Anhörungsbehörde die Möglichkeit gegeben werden, den Erörterungstermin durch eine frühzeitige Bürger- und Behördenbeteiligung (in Anlehnung an die Regelungen für die Bauleitplanung, §§ 3 I, 4 I BauGB) oder eine Mediation (→ § 16) zu ersetzen.[66] Das *InfrastrPlVBeschlG* (Rn 3), das den *Verzicht auf den Erörterungstermin* – bislang noch beschränkt auf diverse Fachgesetze[67] – ohne weitere Einschränkungen erlaubt, ist zu weit gegangen. Die mit der Erörterung verbundenen wichtigen Partizipationschancen sollten nicht ersatzlos entfallen, sondern nur früher oder besser als bislang zum Tragen kommen. Die Ermessensentscheidung zum Verzicht auf den Erörterungstermin ist insofern kritisch von den Gerichten zu überprüfen. Nach allgemeinem Recht ist der Erörterungstermin entbehrlich, wenn dem Antrag des Vorhabensträgers im Einvernehmen mit allen Beteiligten in vollem Umfang entsprochen wird oder alle Beteiligten auf den Erörterungstermin verzichtet haben (§ 73 VI 6 iVm § 67 II Nr 1 und 4 VwVfG).[68]

11 f) *Verfahren bei Planänderungen im Anhörungsverfahren.* Soll ein bereits *ausgelegter Plan geändert* werden und werden dadurch der Aufgabenbereich einer Behörde oder

[62] S dazu BVerwGE 115, 373, 382 ff.

[63] BVerwGE 75, 214, 226 f. Vgl *Büllesbach/Diercks* DVBl 1991, 469, 475; *Kuschnerus* DVBl 1990, 235, 236 ff.

[64] Denkbar sind Zusagen zur Änderung des Plans oder zur Aufnahme v Schutzanordnungen, fin Kompensationen, Grundstückskäufe des Vorhabensträgers oder schlichte Überzeugungsarbeit. Vgl *Dürr* in: Knack/Henneke, VwVfG, § 73 Rn 96. Zu d Funktionen d Erörterungstermins *Gucklberger* DÖV 2006, 97, 99 ff.

[65] In der Praxis wird der Erörterungstermin daher vielfach lediglich als Protestforum der Einwender genutzt. Vgl *Schuppert* Verwaltungswissenschaft, 2000, 818 ff (m Hinw auf empirische Untersuchungen).

[66] Vgl auch *Freie u Hansestadt Hbg* (Hrsg) Bericht der Kommission zur Beschleunigung und Effizienzsteigerung bei Planfeststellungen, 2005, 16 ff (Der Verfasser war Mitglied der sog Westphal-Kommission). Zum Gesetzesvorschlag (BR-Drucks 467/05 v 7.6.2005) *Lecheler* DVBl 2005, 1533 ff. Zu den Möglichkeiten einer Verbindung von Mediation und Erörterungstermin *Pünder* Verw 38 (2005), 1, 23 f.

[67] Vgl § 18a Nr 5 AEG; § 17a Nr 5 FStrG, § 14a Nr 5 WaStrG, § 2 Nr 5 MBPlG; § 43a Nr 5 EnWG. Krit auch *Erbguth* DÖV 2009, 921, 924; *Schneider* in: Hoffmann-Riem/Schmidt-Aßmann/Voßkuhle, Grundlagen II, § 28 Rn 83; *Teßmer* ZUR 2006, 469, 472; *Wickel* UPR 2007, 201, 204. Positiv *Lecheler* DVBl 2005, 1533, 1538 f; *Schröder* NuR 2007, 380, 381.

[68] Eine Ausdehnung auf die Fälle, in denen kein Beteiligter Einwendungen gegen die vorgesehene Maßnahme oder die von der Behörde geäußerte Absicht, ohne mündliche Verhandlung zu entscheiden, erhoben hat (§ 67 II Nr 2, 3 VwVfG), erscheint sinnvoll, wenngleich die in § 67 II VwVfG geregelten Fälle des Konsenses aller Beteiligten in der Realität des Planfeststellungsverfahrens mit seiner Vielzahl von Betroffenen selten vorkommen werden.

Belange Dritter erstmalig oder stärker als bisher berührt, so ist diesen die Änderung mitzuteilen und Gelegenheit zu Stellungnahmen und Einwendungen innerhalb von zwei Wochen zu geben (§ 73 VIII 1 VwVfG). Lediglich geringfügige Neubelastungen reichen allerdings nicht aus.[69] Zu beteiligen sind – auch wenn dies nicht ausdrücklich geregelt ist – die anerkannten Naturschutzvereine, wenn deren Aufgabenbereich durch die Planänderung erstmalig oder stärker als zuvor betroffen wird.[70] Wirkt sich die Änderung eines Plans auf das Gebiet einer Gemeinde aus, so ist der neue Plan dort auszulegen (§ 73 VIII 2 Hs 1 VwVfG).[71] Zudem ist der *Erörterungstermin* zu *wiederholen*, wie sich aus dem Verweis auf die Absätze 3 bis 6 des § 73 VwVfG ergibt. Da § 73 VIII 1 VwVfG einen entsprechenden Verweis nicht enthält, besteht sonst keine Verpflichtung zu einem neuen Erörterungstermin.[72] Eine neue Erörterung kann aber sinnvoll sein, wenn die neuen Einwendungen und Stellungnahmen so zahlreich und nachhaltig sind, dass sie nur im Zusammenhang mit den bereits abgegebenen Äußerungen gewürdigt werden können oder wenn ihre Ausräumung die Belange oder Rechte anderer Behörden und Einwender berühren würde. § 73 VIII VwVfG gilt nur für eine Änderung des Plans, die das Gesamtkonzept nicht berührt.[73] Andernfalls handelt es um ein *aliud* zur bisherigen Planung, für das ein *neues Planfeststellungsverfahren* durchzuführen ist. Auch außerhalb des Anwendungsbereichs von § 73 VIII VwVfG kann ein ergänzendes Anhörungsverfahren erforderlich sein, etwa weil neue Planungsalternativen bekannt werden, die den Umfang oder die Art der Betroffenheit von Beteiligten in den von der Planung berührten Belangen und die Möglichkeit der Abhilfe in einem grundlegend anderen Licht erscheinen lassen.[74] Die erneute Beteiligung eines Naturschutzverbandes kann nötig sein, wenn die Planfeststellungsbehörde neue Untersuchungen zum Naturschutz angestellt hat und ihre Planungsentscheidung darauf stützen will.[75] Für eine Planänderung *nach Erlass des Planfeststellungsbeschlusses* gilt § 76 VwVfG (Rn 23).

g) *Abschluss des Anhörungsverfahrens.* Zum Ergebnis des Anhörungsverfahrens 12
gibt die *Anhörungsbehörde* (soweit sie nicht mit der Planfeststellungsbehörde identisch ist, Rn 4) eine *Stellungnahme* ab und leitet diese möglichst innerhalb eines Monats[76]

[69] *Bonk/Neumann* in: Stelkens/Bonk/Sachs, VwVfG, § 73 Rn 137; aA *Meyer* in: Meyer/Borgs, VwVfG, § 73 Rn 59; *Kopp/Ramsauer* VwVfG, § 73 Rn 119 (mit dem Argument, dass es in dem ergänzenden Verfahren gerade um die Ermittlung des Gewichts der zusätzlichen Betroffenheit gehe).

[70] BVerwGE 105, 348, 350; weit Nachw zur Rspr bei *Stüer/Hermanns* DVBl 2003, 711, 714, Fn 28.

[71] Die Auslegung ist in diesem Fall nicht davon abhängig, dass der Aufgabenbereich einer Behörde oder Belange Dritter erstmalig oder stärker als bisher berührt werden. Vgl *Bonk/Neumann* in: Stelkens/Bonk/Sachs, VwVfG, § 73 Rn 138.

[72] Ausdrücklich in § 18a Nr 6 AEG, § 17a Nr 6 FStrG, § 14a Nr 6 WaStrG, § 2 Nr 6 MBPlG, § 43a Nr 6 EnWG, § 10 II 1 Nr 6 LuftVG; *Allesch/Häußler* in: Obermayer, VwVfG, § 73 Rn 163; *Bonk/Neumann* in: Stelkens/Bonk/Sachs, VwVfG, § 73 Rn 137; *Dürr* in: Knack/Henneke, VwVfG, § 73 Rn 107; f eine weitergehende Pflicht zur Planauslegung u -erörterung *Kuschnerus* DVBl 1990, 235, 239 f.

[73] BVerwGE 112, 140, 145; *Bonk/Neumann* in: Stelkens/Bonk/Sachs, VwVfG, § 73 Rn 134; *Dürr* in: Knack/Henneke, VwVfG, § 73 Rn 104; *Kuschnerus* DVBl 1990, 235, 240; *Stüer* DVBl 1990, 35, 36.

[74] BVerwGE 102, 331, 338 ff.

[75] BVerwGE 105, 348, 350.

[76] Eine Fristüberschreitung hat – wie das Wort „möglichst" klarstellt – keine Konsequenzen. Zum Teil legen Fachgesetze zur Beschleunigung die Monatsfrist bindend fest (vgl § 29 Ia Nr 4 S 2 PBefG; § 17a Nr 5 FStrG; § 10 II Nr 4 S 2 LuftVG). Allerdings wurden keine Rechtsfolgen für die Überschreitung der Frist normiert. Vgl *Dürr* in: Knack/Henneke, VwVfG, § 73 Rn 115.

nach Abschluss der Erörterung mit dem Plan, den Behördenstellungnahmen und den nicht erledigten Einwendungen der Planfeststellungsbehörde zu (§ 73 IX VwVfG). Die Anhörungsbehörde soll in einer zusammenfassenden Äußerung das Ergebnis des Verfahrens schildern, insbesondere, welche Einwendungen sich erledigt haben, und für Schutzvorkehrungen und Entschädigungszahlungen (§ 74 II 2, 3 VwVfG, Rn 17) Vorschläge machen. Der Stellungnahme ist die Niederschrift über den Erörterungstermin beizufügen. Bei UVP-pflichtigen Vorhaben hat die Anhörungsbehörde außerdem die Pflicht zur zusammenfassende Darstellung der Umweltauswirkungen (§ 11 UVPG, Rn 46). Ist die Sache *entscheidungsreif*, stellt die Planfeststellungsbehörde entweder den Plan fest (vgl § 74 I 1 VwVfG) oder lehnt den Antrag des Vorhabensträgers ab. Erledigt sich das Verfahren durch Rücknahme des Planfeststellungsantrages oder auf andere Weise, stellt die Planfeststellungsbehörde das Verfahren ein und teilt dies den Betroffenen sowie denjenigen, die Einwendungen erhoben haben, mit (§ 74 I iVm § 69 III VwVfG).[77] Hält die Planfeststellungsbehörde den Sachverhalt für *noch nicht ausreichend aufgeklärt*, kann sie von der Anhörungsbehörde die Ergänzung und Erläuterung der Stellungnahme verlangen. Sie kann die Anhörungsbehörde auch zur Ergänzung des Anhörungsverfahrens auffordern oder selbst tatsächliche Feststellungen treffen. Bei umfangreichen Lücken der Sachverhaltsaufklärung sollte aber das Anhörungsverfahren durch die zuständige Behörde wiederholt werden.[78]

3. Der Planfeststellungsbeschluss

13 a) *Entscheidungsinhalt und Rechtswirkungen.* Der Planfeststellungsbeschluss ist ein Verwaltungsakt, durch den die Zulässigkeit des Vorhabens im Hinblick auf alle berührten öffentlichen Belange festgestellt wird (§ 75 I 1 Hs 1 VwVfG). Aus Sicht des Vorhabensträgers handelt es sich um einen begünstigenden Verwaltungsakt mit *Genehmigungswirkung*. Regelungsgegenstand sind ausdrücklich auch notwendige *Folgemaßnahmen* (§ 75 I 1 Hs 1 VwVfG) zum Ausgleich für Veränderungen an öffentlichen Einrichtungen und Anlagen oder von Auswirkungen auf private Grundstücke.[79] Denkbar sind etwa Verkehrsanschlüsse[80], Anlagen zur Deponierung von abgetragenem Erdreich[81] oder die Bereitstellung von Flächen zur Durchführung von naturschutzrechtlichen Ausgleichs- und Ersatzmaßnahmen[82]. Die Einbeziehung der notwendigen Folgemaßnahmen in den Planfeststellungsbeschluss ist eine Ausprägung des *Grundsatzes der umfassenden Konfliktbewältigung*, wonach die durch eine Planung aufgeworfenen Probleme nicht ungelöst bleiben dürfen.[83] Ein Konflikttransfer in die Zukunft ist ausnahmsweise zulässig, wenn eine abschließende Entscheidung noch nicht möglich ist und ein ausdrücklicher[84] *Entscheidungsvorbehalt* in den Planfeststellungsbeschluss auf-

[77] Nach *Dürr* in: Knack/Henneke, VwVfG, § 74 Rn 54, soll vor Übersendung der Verfahrensunterlagen an die Planfeststellungsbehörde die Anhörungsbehörde für die Benachrichtigung zuständig sein.

[78] S BVerwGE 75, 214, 226, wonach auf der Grundlage neu eingeholter Gutachten eine erneute Anhörung geboten sein kann.

[79] Vgl BVerwGE 57, 297, 301 f; 61, 307, 311.

[80] *Kopp/Ramsauer* VwVfG, § 75 Rn 6a.

[81] VGH BW NuR 1998, 371.

[82] BVerwG NVwZ 1996, 896, 899; NVwZ-RR 1997, 607, 608. Vgl auch *Ramsauer* NuR 1997, 419, 424 mwN; aA *de Witt/Burmeister* NVwZ 1994, 38 ff.

[83] S zu diesem Grds BVerwGE 57, 297, 301 f; 58, 281, 284; 101, 73, 79; 102, 331, 346 f; jew mwN.

[84] NdsOVG DVBl 2001, 1307.

genommen wird (§ 74 III Hs 1 VwVfG). Dieser Vorbehalt ermöglicht es, noch nicht entscheidungsreife Probleme auszuklammern. Er ist unzulässig, wenn eine an sich mögliche Aufklärung des Sachverhalts unterblieben ist.[85] Außerdem darf der Entscheidungsvorbehalt die Abgewogenheit der Planungsentscheidung nicht insgesamt in Frage stellen. Da der Planfeststellungsbeschluss auch ohne die vorbehaltene Teilentscheidung eine ausgewogene, abwägungsfehlerfreie Entscheidung treffen muss, darf der Vorbehalt sich nur auf Randprobleme der Planung beziehen, deren Bewältigung die planerische Abwägung im Grundsatz nicht berührt.[86] Nicht unter § 74 III VwVfG fällt die *abschnittweise Planfeststellung* durch Aufspaltung eines Planfeststellungsbeschlusses in mehrere selbständige Teilentscheidungen (→ § 14 Rn 47), was sich vor allem beim Bau von längeren Straßen und Schienenwegen anbietet.[87] Problematisch ist sie wegen der Schaffung vollendeter Tatsachen (sogenannte *Zwangspunkte*), weil die Planfeststellung des ersten Streckenabschnitts die weiteren Planfeststellungen bindet, sobald sie bestandskräftig geworden ist. Deshalb muss bereits bei der Entscheidung über das erste Teilstück in einer vorgezogenen Gesamtabwägung ein vorläufiges positives Gesamturteil über alle Abschnitte gefällt werden. Zusätzlich muss bei der Straßenplanung jeder Abschnitt eine eigene Verkehrsbedeutung haben, damit, wenn die späteren Teilstücke nicht realisiert werden, kein Planungstorso übrig bleibt.[88] Verfahrensrechtlich muss die Bindungswirkung der ersten Teilentscheidung kompensiert werden, indem bereits in diesem Verfahren Personen die Einwendungs- und Klagebefugnis zuerkannt wird, die erst von der Planfeststellung anderer Streckenabschnitte sein werden.[89]

Der Planfeststellungsbeschluss hat *Konzentrationswirkung*. Andere behördliche Entscheidungen, insbesondere öffentlich-rechtliche Genehmigungen, Verleihungen, Erlaubnisse, Bewilligungen, Zustimmungen und Planfeststellungen sind nicht erforderlich (§ 75 I 1 Hs 2 VwVfG).[90] Die ersetzten Entscheidungen müssen im Planfeststellungsbeschluss nicht ausdrücklich genannt werden. Wird das Planfeststellungsverfahren von einer Bundesbehörde geleitet, werden Entscheidungen von Landesbehörden selbst dann ersetzt, wenn sie auf Landesrecht beruhen.[91] Umgekehrt hat der Bund den Ländern das Recht eingeräumt, die Konzentrationswirkung einer landesrechtlichen Planfeststellung auch gegenüber bundesrechtlichen Verwaltungsentscheidungen anzuordnen (§ 100 **14**

[85] BVerwGE 112, 221, 226.

[86] Vgl BVerwGE 104, 123, 138; BVerwG NVwZ 1986, 640, 641; BayVGH DVBl 1990, 120; *Bonk/Neumann* in: Stelkens/Bonk/Sachs, VwVfG, § 74 Rn 199 ff.

[87] Vgl BVerwGE 62, 342, 352 f; 72, 282, 289; NVwZ 1993, 572 ff; NVwZ 1997, 491 f; NVwZ 1998, 508, 511; *Bonk/Neumann* in: Stelkens/Bonk/Sachs, VwVfG, § 74 Rn 199; *Broß* DÖV 1985, 253, 259, 261; *v Danwitz* in: Schmidt-Aßmann/Schoch, Bes VwR, Kap 7 Rn 28; *Dürr* in: Kodal/Krämer, Straßenrecht, 6. Aufl 1999, Kap 34 Rn 26.4; *ders* in: Knack/Henneke, VwVfG, § 74 Rn 24 f, 26; *Kopp/Ramsauer* VwVfG, § 74 Rn 130.

[88] BVerwGE 104, 144, 152 f mwN. Für Eisenbahntrassen wird die eigenständige Verkehrsfunktion des Teilstücks nicht verlangt, da dies wegen der viel geringeren Verknüpfungen des Eisenbahnnetzes nicht zu erreichen ist bzw zu überlangen Streckenabschnitten führen müsste; BVerwG NVwZ 1996, 896; NVwZ 1997, 391, 392.

[89] BVerwGE 62, 342, 354; näher *Dürr* in: Knack/Henneke, VwVfG, § 74 Rn 27 m krit Auswertung der weiteren Rspr.

[90] Zu denken ist in erster Linie an bauordnungs- u immissionsschutzrechtliche Genehmigungen. Die Ersetzungswirkung gilt auch für evtl erforderliche Befreiungen, Ausnahmen u Zustimmungen. Umfassend z Konzentrationswirkung *Wittreck* VerwArch 100 (2001), 71 ff.

[91] BVerwGE 82, 17, 22.

Nr 2 VwVfG). Die Konzentrationswirkung ist formeller Art. Die materiellen bundes- und landesrechtlichen Vorgaben für die ersetzten Verwaltungsentscheidungen hat die Planfeststellungsbehörde in vollem Umfang zu beachten,[92] soweit im einschlägigen Fachplanungsrecht keine abweichende Regelung getroffen worden ist.[93] Der Bundesgesetzgeber hat nämlich nicht die Kompetenz, sich aus landesrechtlichen Vorschriften ergebende Hinderungsgründe für das Vorhaben zur Disposition der Planfeststellungsbehörde zu stellen.[94]

15 Durch die Planfeststellung werden alle öffentlich-rechtlichen Beziehungen zwischen dem Träger des Vorhabens und den durch den Plan Betroffenen rechtsgestaltend geregelt (§ 75 I 2 VwVfG). Aufgrund dieser *Gestaltungswirkung* ist für weitere Entscheidungen – etwa die Widmung einer Straße – die sich aus dem Planfeststellungsbeschluss ergebende Rechtslage maßgebend.[95] Privatrechtliche Beziehungen werden nicht erfasst. Benötigt der Vorhabensträger Grundstücke Dritter, muss er sie kaufen. Andernfalls ist ein gesondertes Enteignungsverfahren durchzuführen. Insofern entfaltet der Planfeststellungsbeschluss gemäß vieler Fachplanungsgesetze eine Bindungswirkung.[96] Wegen der sogenannten *enteignungsrechtlichen Vorwirkung* wird im Enteignungsverfahren nicht mehr geprüft, ob das Vorhaben rechtmäßig ist und dem Wohl der Allgemeinheit iSd Art 14 III 1 GG (→ § 45 Rn 24 f) dient. Geklärt wird nur noch, ob die Enteignung zur Verwirklichung des Vorhabens erforderlich ist, die verfahrensrechtlichen Voraussetzungen für eine Enteignung vorliegen und in welcher Höhe die Entschädigung festzusetzen ist.[97] Aufgrund der enteignungsrechtlichen Vorwirkung ist die materielle Rechtmäßigkeit des Plans selbst an Art 14 III GG zu messen (Rn 19). Ist der Planfeststellungsbeschluss unanfechtbar, sind öffentlich- und privatrechtliche Ansprüche auf Unterlassung des Vorhabens, auf Beseitigung oder Änderung der Anlagen oder auf Unterlassung ihrer Benutzung ausgeschlossen (§ 75 II 1 VwVfG).[98] Die *Duldungspflicht* wird durch öffentlich-rechtliche Ansprüche auf Schutzvorkehrungen und ggf Billigkeitsausgleich (Rn 17) kompensiert. Freilich erfasst die Duldungswirkung keine Rechtstitel, die auf den Vorhabensträger bindenden Verträgen beruhen.[99] Denn wenn der Vorhabensträger freiwillig schuldrechtliche Verpflichtungen eingegangen ist, besteht kein

[92] BVerwG DVBl 1992, 1435, 1436 f; ebenso *Gaentzsch* FS Sendler, 1991, 403, 414; *Kühling* FS Sendler, 1991, 391, 396; *Laubinger* VerwArch 77 (1986) 77 ff; *Uechtritz* NVwZ 1988, 316, 317; *Wahl* NVwZ 1990, 426, 430. Für eine auch materielle Konzentrationswirkung *Erbguth* NVwZ 1989, 608, 614; tendenziell auch *Fickert* Planfeststellung für den Straßenbau, 1978, 438 ff.

[93] Vgl zu dieser Möglichkeit BVerwGE 82, 17, 21; *Ronellenfitsch* (Fn 36) § 17 Rn 186.

[94] Zudem regeln die Verwaltungsverfahrens- u Fachgesetze kaum materielle Voraussetzungen für die Planfeststellung, so dass kein gesetzgeberischer Wille zur Schaffung eines abschließenden Sonderrechts der Planfeststellung erkennbar ist.

[95] BVerwG BauR 2002, 1679, 1680.

[96] § 19 II FStrG; § 44 II WaStrG; § 28 II LuftVG; § 22 II AEG; § 30 PBefG. Die enteignungsrechtliche Vorwirkung tritt nur dann ein, wenn sie ausdrücklich gesetzl angeordnet ist. Vgl BVerwG NVwZ 1991, 873; *Bonk/Neumann* in: Stelkens/Bonk/Sachs, VwVfG, § 75 Rn 26 ff; *Kopp/Ramsauer* VwVfG, § 75 Rn 12, 13. AA *Dürr* in: Knack/Henneke, VwVfG, § 75 Rn 19.

[97] Vgl *Siegel* NZV 2004, 545, 554; *Jarass* DVBl 2006, 1329 ff.

[98] *Bonk/Neumann* in: Stelkens/Bonk/Sachs, VwVfG, § 75 Rn 61, 62; *Ule/Laubinger* VwVfR, § 41 Rn 24; aus der Rspr BVerwGE 58, 281, 284 f; NdsOVG NVwZ-RR 1997, 90, 91; BGH NJW 2005, 660, 661 ff (zur privatrechtsgestaltenden Duldungswirkung).

[99] *Bonk/Neumann* in: Stelkens/Bonk/Sachs, VwVfG, § 75 Rn 62; *Kopp/Ramsauer* VwVfG, § 75 Rn 10; *Ule/Laubinger* VwVfR, § 41 Rn 24.

Anlass ihn daraus über den Hebel des Planfeststellungsrechts zu entlassen. Ferner entscheidet die Planfeststellungsbehörde im Planfeststellungsbeschluss über solche *Einwendungen*, über die bei der Erörterung vor der Anhörungsbehörde *keine Einigung* erzielt worden ist (§ 74 II 1 VwVfG). Gemeint sind alle nicht erledigten Einwendungen, die Gegenstand des Erörterungsverfahrens waren.[100] In der Entscheidungsformel des Planfeststellungsbeschlusses muss nicht jede Einwendung ausdrücklich erwähnt werden. Es reicht, wenn dem Tenor entnommen werden kann, dass über die Einwendungen entschieden wurde und sich Näheres aus der Begründung (Rn 18, → § 14 Rn 51 ff) ergibt.

Die Behörde hat bei ihrer Entscheidung nicht nur die Alternative, die Einwendungen entweder zurückzuweisen oder die Planfeststellung abzulehnen. Sie kann dem Vorhabensträger auch *Vorkehrungen* oder die Errichtung und Unterhaltung von *Anlagen* auferlegen (§ 74 II 2 VwVfG).[101] Diese Befugnis ist das wichtigste Instrument zum Ausgleich gegenläufiger Interessen und eine Ausprägung des Abwägungsgebotes.[102] § 74 II 2 VwVfG deckt keine inhaltliche Änderung des Plans, etwa die Verlegung einer Trasse.[103] Ist sie erforderlich, um die Abgewogenheit des Vorhabens zu sichern, kann die Behörde entweder den Vorhabensträger drängen, seinen Planfeststellungsantrag zu ändern (zu den verfahrensrechtlichen Folgen gemäß § 73 VIII VwVfG, Rn 11), oder den Antrag ablehnen. Der Planfeststellungsbeschluss kann auch anordnen, dass der Vorhabensträger die Kosten einer „passiven" Schutzmaßnahme (etwa für den Einbau von Schallschutzfenstern oder einer Belüftungsanlage) zu tragen hat, die der Begünstigte ausführt.[104] Die angeordneten Vorkehrungen oder Anlagen müssen zum Wohl der Allgemeinheit oder der Vermeidung nachteiliger Wirkungen auf Rechte Dritter erforderlich sein (§ 74 II 2 VwVfG). Unter das *Wohl der Allgemeinheit* fallen sämtliche von der Rechtsordnung als schützenswert anerkannten öffentliche Interessen.[105] Die Behörde darf dagegen nicht andere öffentliche Interessen, die für die Verwirklichung des Vorhabens sprechen, „aufrechnen" und sich mit dieser Erwägung gegen eine Schutzauflage entscheiden.[106] *Rechte anderer* sind von der Rechtsordnung geschützte Rechte Dritter 16

100 Eine Einwendung hat sich erledigt, wenn sie durch eine vertragliche Einigung ausgeräumt worden ist, oder der Einwender zu erkennen gibt, dass er an ihr nicht mehr festhält. Gleichgültig ist, ob die Einwendung fallen gelassen wird, weil die Forderungen des Einwenders berücksichtigt worden sind oder weil der Einwender seine Meinung geänd hat. Wie hier *Allesch/Häußler* in: Obermayer, VwVfG, § 74 Rn 75; *Ule/Laubinger* VwVfR, § 41 Rn 26; zu eng *Fickert* (Fn 92) 365, der für eine Einigung ein gegenseitiges Nachgeben verlangt.

101 Die Begriffe „Vorkehrungen" u „Anlagen" sind weit auszulegen. IdR handelt es sich um Auflagen iSd § 36 VwVfG. Anl sind etwa Geländer, Zäune, Stützmauern, Lärmschutzwälle, Brücken, Bepflanzungen u Ersatzzufahrten. Vorkehrungen sind Maßnahmen, die sich nicht auf die Errichtung v Anl beziehen – etwa die Einhaltung v Betriebsregeln, Betriebszeiten (zB Nachtflugverbote) oder Lärmgrenzen. Vgl BVerwGE 69, 256, 277; BVerwG NVwZ 2005, 933 ff; *Bonk/Neumann* in: Stelkens/Bonk/Sachs, VwVfG, § 74 Rn 164; *Jarass* DÖV 2004, 633 f; *Ule/Laubinger* VwVfR, § 41 Rn 27 f. Weitere Beispiele bei *Fickert* (Fn 92) 383; *Hoppe/Schlarmann/Buchner* (Fn 47) Rn 876; *Kopp/Ramsauer* VwVfG, § 74 Rn 97, 98.

102 BT-Drucks 7/910, 89; BVerwGE 85, 44, 49; *Kopp/Ramsauer* VwVfG, § 74 Rn 99. Allg zum „ausgleichenden Verwaltungshandeln" *Hoffmann-Riem* AöR 115 (1990), 400, 438 ff.

103 OVG NRW DÖV 1983, 212.

104 Vgl BVerwG NVwZ 1989, 255; HessVGH NVwZ 1993, 1001, 1002; *Jarass* DÖV 2004, 633 f.

105 BVerwGE 51, 1, 12 f; *Allesch/Häußler* in: Obermayer, VwVfG, § 74 Rn 82; *Jarass* DÖV 2004, 633, 634; *Kopp/Ramsauer* VwVfG, § 74 Rn 105.

106 Vgl *Kopp/Ramsauer* VwVfG, § 74 Rn 105; *Jarass* DÖV 2004, 633, 634; ähnl BVerwGE 48, 56, 68 f; weitere Nachw zur Rspr bei *Stüer/Hermanns* DVBl 2003, 711, 712, Fn 9.

jeglicher Art.[107] *Nachteilige Wirkungen* auf die Rechte Dritter bestehen nicht nur bei Rechtseingriffen, sondern auch bei bloßen Belästigungen, die dem Betroffenen aufgrund der Umstände des Einzelfalls nicht zugemutet werden können.[108] Die Zumutbarkeitsschwelle ist im Rahmen einer Güterabwägung zu bestimmen.[109] Fehlen spezielle Regelungen (wie etwa zum Verkehrslärm), dienen die Vorgaben des allgemeinen Immissionsschutzrechts, insbesondere die §§ 3 I, 22 I, 41 ff BImSchG, als Maßstab.[110]

17 Sind Schutzauflagen untunlich oder mit dem Vorhaben unvereinbar[111], hat der Betroffene Anspruch auf eine angemessene *Entschädigung* in Geld (§ 74 II 3 VwVfG). Dabei handelt es sich nicht um eine Enteignungsentschädigung, da Art 14 III GG nur die Entziehung einer konkreten Eigentumsposition durch Rechtsakt[112], nicht die Einschränkung der Nutzungsmöglichkeit betrifft (→ § 45 Rn 13).[113] Ungeschriebene Voraussetzung der Entschädigung ist, dass an sich eine Schutzauflage wegen nachteiliger Wirkungen des Vorhabens auf Rechte Dritter erforderlich wäre (§ 74 II 2 Alt 2 VwVfG).[114] Geht es um das Wohl der Allgemeinheit (§ 74 II 2 Alt 1 VwVfG), kommt eine Geldentschädigung nicht in Betracht, da Rechte Einzelner nicht beeinträchtigt werden und somit eine individuelle Kompensation nicht erforderlich ist. *Untunlich* sind Schutzvorkehrungen, wenn sie keine wirksame Abhilfe erwarten lassen oder für den Vorhabensträger wegen des damit verbundenen Aufwandes unzumutbar sind.[115] Schutzauflagen, die zu einer wesentlichen Einschränkung der Zweckbestimmung oder der Funktionsfähigkeit der Anlage führen, sind mit dem Vorhaben *unvereinbar*.[116] Diese Vorgaben sind restriktiv auszulegen, da die Geldentschädigung nicht zum Universal-

[107] Zu denken ist an die absoluten R des § 823 I BGB, vermögenswerte subjektiv-öffentliche R, GRe oder an die durch Art 28 II GG geschützte Planungshoheit der Gemeinden. Vgl *Bonk/Neumann* in: Stelkens/Bonk/Sachs, VwVfG, § 74 Rn 171; *Dürr* in: Knack/Henneke, VwVfG, § 75 Rn 44; *Kopp/Ramsauer* VwVfG, § 74 Rn 106; jew mwN zur Rspr.

[108] BVerwGE 59, 253, 261; 71, 150, 155; 84, 31, 39.

[109] S dazu BVerwGE 58, 161; 59, 253, 261; 77, 285, 287 (Zumutbarkeitsschwelle bei Verkehrsgeräuschen gem § 41 I BImSchG); BVerwG DVBl 1987, 906 zur Zumutbarkeit v Fluglärm VGH BW DVBl 1990, 108, 111 ff; BayVGH DVBl 1990, 114, 115 ff. Vgl auch *Jarass* DÖV 2004, 633, 635.

[110] BVerwGE 71, 150, 153 ff; 77, 285, 287; 84, 31, 39. Spezielle Regelungen über die Zumutbarkeit v Verkehrslärm gibt es va f Schienenwege u Straßen. Vgl § 2 I der 16. BImSchV (VerkehrslärmschutzV).

[111] Vgl zum Vorrang des realphysischen Ausgleichs *Geiger* NuR 1982, 127, 132; *Steinberg* in: Hoffmann-Riem/Schmidt-Aßmann (Hrsg), Konfliktbewältigung der Verhandlungen, Bd 1 1990, 295, 303. Eine Spezialregelung enthält § 42 BImSchG f die Entschädigung v Schallschutzmaßnahmen beim Bau v Straßen u Schienenwegen. Daneben ist § 74 II 3 VwVfG nur noch anwendbar, soweit er eine weitergehende Entschädigung gewährt (vgl § 42 II 2 BImSchG). Vgl BVerwG NVwZ 2001, 78, 79. Vgl auch BVerwGE 97, 367, 370 ff; *Jarass* DÖV 2004, 633, 637.

[112] BVerfGE 58, 300, 330 f; 74, 264, 280 mwN.

[113] BVerwG NVwZ 2003, 209, 210. S auch *Dürr* in: Knack/Henneke, VwVfG, § 74 Rn 75 f; *Jarass* DÖV 2004, 633, 639 f; aA *Kleinlein* DVBl 1991, 365, 371.

[114] *Bonk/Neumann* in: Stelkens/Bonk/Sachs, VwVfG, § 74 Rn 190 ff; bei BVerwGE 87, 332, 377 wird die Entschädigung als „Surrogat“ einer nicht realisierbaren Schutzauflage bezeichnet. S auch *Jarass* DÖV 2004, 633, 637.

[115] Vgl BT-Drucks 7/910, 89; BVerwGE 104, 123 zu § 41 II BImSchG; weitere Beispiele aus der Rspr bei *Kopp/Ramsauer* VwVfG, § 74 Rn 122. S auch *Jarass* DÖV 2004, 633, 638.

[116] *Kopp/Ramsauer* VwVfG, § 74 Rn 121.

heilmittel für unabgewogene Vorhaben werden darf. Die Entschädigung beschränkt sich auf eine *Kompensation der Beeinträchtigungen*, die durch Schutzauflagen hätten verhindert werden können. Ein darüber hinausgehender Schadensersatz für Vermögensnachteile wird nicht gewährt.[117] Als Bemessungsgrundlage wird bei der Beeinträchtigung von Grundstücken regelmäßig die Minderung des Verkehrswertes herangezogen.[118] Allerdings können die Belästigungen zu Beeinträchtigungen der Wohn- und Lebensqualität führen, die nicht immer durch eine am Grundstückswert haftende Betrachtung angemessen dargestellt werden.[119] Zahlungspflichtig ist stets der Vorhabensträger, da die Entschädigung an die Stelle einer Schutzauflage tritt, deren Adressat er nach § 74 II 2 VwVfG wäre. Ist das Grundstück von den Auswirkungen des Vorhabens in unerträglicher Weise betroffen, so kann sich aus § 74 II 3 ein Anspruch auf Aufkauf des Grundstücks durch den Vorhabensträger ergeben.[120] Aufgrund des *Konfliktbewältigungsgebotes* (Rn 13) ist über die Entschädigung bereits im Planfeststellungsbeschluss so umfassend wie möglich zu entscheiden, wenn nicht spezielle Vorschriften einen anderen Verfahrensgang anordnen.[121] Ist eine abschließende Entscheidung noch nicht möglich (etwa weil die Schäden im einzelnen noch nicht abschließend bezifferbar sind), muss sie nach § 74 III VwVfG ausdrücklich vorbehalten und durch einen Planergänzungsbeschluss nachgeholt werden, sobald die tatsächlichen und rechtlichen Fragen geklärt sind.[122] Der Planfeststellungsbeschluss muss aber mindestens eine Entscheidung über die Entschädigung dem Grunde nach enthalten, welche die tatsächlichen Voraussetzungen für einen Entschädigungsanspruch abschließend umschreibt und zur Höhe der Entschädigung die maßgeblichen Berechnungsfaktoren nennt.[123]

b) *Formelle Anforderungen an den Planfeststellungsbeschluss.* Der Planfeststellungs- **18**
beschluss muss *schriftlich* ergehen und *begründet* werden (§ 74 I 1 iVm § 69 II 1 VwVfG).[124] Für den Inhalt der *Begründung* gilt § 39 I VwVfG (→ § 14 Rn 51 ff). Die Begründung muss die wichtigsten Fragen ansprechen, insbesondere die maßgeblichen Erwägungen für die Entscheidung der Behörde wiedergeben sowie auf die sich anbietenden oder aufdrängenden Planungsvarianten und auf alle zurückgewiesenen Einwendungen eingehen.[125] Ggf muss erläutert werden, ob und gegenüber welchen Grundstücken der Plan nur im Wege der Enteignung verwirklicht werden kann.[126] Eine fehlende oder unvollständige Begründung kann auch nach Klageerhebung noch nachgeholt werden (§ 45 I Nr 3, II VwVfG → § 14 Rn 58 ff). Der Planfeststellungsbeschluss ist dem Träger des Vorhabens, den bekannten Betroffenen und denjenigen, über deren

117 Vgl *Kopp/Ramsauer* VwVfG, § 74 Rn 120.

118 Vgl BVerwGE 107, 313 f; näher zur Berechnung *Kopp/Ramsauer* VwVfG, § 74 Rn 125.

119 S zur Lärmbelastung BVerwGE 87, 332, 380; 107, 313, 335.

120 BVerwG DVBl 2002, 1494.

121 S § 19a FStrG; § 37 WaStrG; § 42 BImSchG.

122 Vgl VGH BW NVwZ-RR 1990, 227; BayVGH DVBl 1990, 114, 120; VG Regensburg BayVBl 1992, 186; *Dürr* in: Knack/Henneke, VwVfG, § 75 Rn 80; *Kopp/Ramsauer* VwVfG, § 74 Rn 128.

123 BVerwGE 71, 166, 174 f; DVBl 1987, 906; NVwZ 1989, 255, 256. S dazu auch *Fickert* FG BVerwG, 1978, 153, 160 f; *Johlen* DVBl 1989, 288; *Kastner* DVBl 1982, 669 ff.

124 Entbehrlich ist die Begr in den praktisch kaum vorstellbaren Fällen, dass die Behörde dem Antrag des Vorhabensträgers folgt u Rechte Dritter nicht berührt werden oder die Behörde VAe in größerer Zahl oder m Hilfe automatischer Einrichtungen erlässt u eine Begr nicht geboten ist (§§ 74 I 2, 69 II 1 Hs 2, 39 II Nr 1, 3 VwVfG).

125 BVerwGE 69, 256, 273; 71, 166, 172; 75, 214, 239.

126 BVerwGE 61, 295, 304; *Korbmacher* DÖV 1982, 517, 526.

Einwendungen entschieden worden ist, *zuzustellen* (§ 74 IV VwVfG).[127] Durch die Zustellung wird der Planfeststellungsbeschluss gegenüber dem Empfänger bekannt gegeben (§ 41 VwVfG) und damit die Frist zur Anfechtung des Bescheides (Rn 27) in Gang gesetzt (§ 74 I 2 VwGO). Neben der Zustellung muss eine Ausfertigung des Beschlusses mit Rechtsbehelfsbelehrung und des festgestellten Planes in den Gemeinden zwei Wochen zur Einsicht *ausliegen* (§ 74 IV 2 Hs 1 VwVfG). Zeit und Ort der Auslegung sind ortsüblich bekannt zu machen. Mit Ende der Auslegungsfrist gilt der Plan gegenüber den übrigen (dh den nicht bekannten; vgl § 74 IV 1 VwVfG) Betroffenen als zugestellt, soweit darauf in der Bekanntmachung hingewiesen worden ist (§ 74 IV 2 und 3 VwVfG).

19 c) *Materielle Anforderungen an den Planfeststellungsbeschluss.* Die Verwaltungsverfahrens- und Fachplanungsgesetze enthalten keine Tatbestandsvoraussetzungen für den Planfeststellungsbeschluss. Doch unterliegt jede hoheitliche Planung rechtsstaatlichen Bindungen.[128] Indirekt lässt sich § 75 Ia 1 VwVfG entnehmen, dass eine „Abwägung der von dem Vorhaben betroffenen öffentlichen und privaten Belange" stattfinden muss. Der Gesetzgeber hat damit das sogenannte Abwägungsgebot positiviert und sich somit die These des BVerwG zueigen gemacht, dass die im Bauplanungsrecht entwickelte Dogmatik zur *planerischen Gestaltungsfreiheit* auch im Planfeststellungsrecht gilt.[129] Die planerische Gestaltungsfreiheit ist nicht grenzenlos. Zum einen ist die Behörde an *vorherige Planungsentscheidungen* gebunden, die aufgrund fachgesetzlich vorgesehener vorbereitender bzw vorgelagerter Verfahren ergangen sind (sogenannte gestufte Planung).[130] Zum anderen bedarf es einer *Planrechtfertigung*; das Vorhaben muss den im einschlägigen Fachplanungsrecht festgelegten Zielen dienen und es muss ein konkreter Bedarf für seine Realisierung bestehen.[131] Ein strenger Maßstab ist nicht anzulegen. Es reicht, wenn die Verwirklichung des Vorhabens vernünftigerweise geboten ist.[132] Ein Beurteilungsspielraum der Behörde besteht nur, soweit es um die Prognose eines zukünftigen Bedarfs geht.[133] Bei Bundesfernstraßen und Eisenbahnstrecken ergibt sich die Planrechtfertigung bereits aus der Aufnahme in den gesetzlich Bedarfs-

[127] Zuzustellen ist nur der Planfeststellungsbeschluss, dh die Entscheidungsformel, die Begr u die Rechtsbehelfsbelehrung, nicht aber der im einzelnen festgestellte Plan. Vgl BayVGH NVwZ 1982, 128 ff.

[128] BVerwGE 56, 110, 116 f.

[129] BVerwGE 48, 56, 59 ff.

[130] Vgl § 16 FStrG (Linienbestimmung f den Bau v Bundesfernstraßen). Dazu BVerwGE 48, 56, 59 f; BVerwG NVwZ-RR 2002, 2; *Ibler* DVBl 1989, 76 ff. Eine vergleichbare Regelung enthält § 13 WaStrG für die Linienführung der Bundeswasserstraßen. Vgl *Lewin* Gestufte Planung von Bundesverkehrswegen, 2003. Außerdem stellen die Länder nach § 29 KrW-/AbfG überörtl Abfallwirtschaftspläne auf. Dazu *Dolde/Vetter* NVwZ 2001, 1103 ff. Allg *Dürr* in: Knack/Henneke, VwVfG, § 74 Rn 84; *Steinberg/Berg/Wickel* (Fn 29) § 7; *Salis* Gestufte Verfahren im Umweltrecht, 1991; *Stüer* Handbuch des Bau- und Fachplanungsrechts, 4. Aufl 2009, Rn 3260 ff; *Wahl* NVwZ 1990, 426, 435.

[131] BVerwGE 107, 142, 145 mwN. Eingehend dazu *Jarass* NuR 2004, 69 ff.

[132] BVerwGE 71, 166, 168; 84, 123, 130; 112, 140, 147 mwN. Für eine Aufgabe d Instituts *Köck* in: Hoffmann-Riem/Schmidt-Aßmann/Voßkuhle, Grundlagen II, § 37 Rn 98.

[133] BVerwGE 56, 110, 121 f; 72, 282, 286; 75, 214, 234; *Jarass* NuR 2004, 69, 70. Die Tragfähigkeit der Prognose – etwa über den Bedarf nach einem neuen Verkehrsflughafen (vgl *Pünder/Schenkel* Jura 2004, 563, 566) – hängt ausschließlich v den Erkenntnismitteln ab, die zum Zeitpunkt der Planfeststellung verfügbar waren.

plan (§ 1 II FstrAusbauG; § 1 II SchienenausbauG).[134] Das ist verfassungsrechtlich nicht zu beanstanden, da die Planung im System der Gewaltenteilung nicht ausschließlich der Exekutive zuzuordnen ist.[135] Hat der Plan eine *enteignungsrechtliche Vorwirkung* (Rn 15), ist die Planrechtfertigung an Art 14 III GG zu messen. Die mit der Planung verfolgten Ziele müssen dem Wohl der Allgemeinheit dienen und im einschlägigen Fachrecht eine gesetzliche Grundlage gefunden haben.[136] Solange hinreichende Vorkehrungen getroffen worden sind, dass der gesetzliche Enteignungszweck erfüllt wird, kann auch zugunsten eines privaten Vorhabensträgers enteignet werden (Rn 22). Weiter ist die Behörde an die sogenannten *Planungsleitsätze* gebunden. Darunter versteht das BVerwG gesetzliche Regelungen, die bei öffentlichen Planungen strikte Beachtung verlangen und deswegen nicht im Rahmen der planerischen Abwägung überwunden werden können.[137] Zu Recht wird kritisiert, dass damit nur die Selbstverständlichkeit zum Ausdruck kommt, dass die Planfeststellungsbehörde von zwingenden Rechtsvorschriften nicht abweichen darf. Bindungen ergeben sich aus einschlägigem Fachplanungsrecht[138] und den Vorgaben für Entscheidungen, die aufgrund der Konzentrationswirkung ersetzt werden (Rn 14).

Von zentraler Bedeutung für die materielle Rechtmäßigkeit des Planfeststellungsbeschlusses ist schließlich das *Abwägungsgebot*, welches verlangt, dass die Planfeststellungsbehörde die von der Planung berührten öffentlichen und privaten Belange gegeneinander und untereinander gerecht abwägt.[139] Nach traditioneller Dogmatik erfolgt die Abwägung in vier Schritten, denen jeweils ein möglicher Abwägungsfehler korrespondiert.[140] Die Abwägung darf zunächst nicht vollständig unterbleiben. Ein *Abwä-* **20**

[134] S BVerwGE 98, 339, 345 ff; 100, 388, 390; 112, 140, 146; 117, 149, 151; DVBl 2004, 1546, 1548; sowie BVerwG NVwZ 1997, 165, 167. Näher *v Danwitz* in: Schmidt-Aßmann/Schoch, Bes VwR, Kap 7 Rn 28; *Dürr* in: Knack/Henneke, VwVfG, § 74 Rn 90 ff. Nach der früheren Fassung des § 1 II FstrAusbauG stellte die Aufnahme in den Bedarfsplan hingegen nur ein Indiz für die Erforderlichkeit dar. S BVerwGE 71, 166, 169; 84, 123, 134.

[135] Vgl BVerfGE 95, 1, 16; *Bonk/Neumann* in: Stelkens/Bonk/Sachs, VwVfG, § 74 Rn 40 f.

[136] BVerwGE 71, 166, 168; *Jarass* DVBl 2006, 1329 ff.

[137] BVerwGE 48, 56, 61 ff; 71, 163, 164. Krit *Hoppe* DVBl 1992, 852, 853 f; *Paetow* FS Sendler, 1991, 425, 431.

[138] So verbietet § 1 III 1 FStrG, dass Bundesautobahnen höhengleiche Kreuzungen haben. Weit Bsp bei *Bonk/Neumann* in: Stelkens/Bonk/Sachs, VwVfG, § 74 Rn 130 ff; *Dürr* in: Knack/Henneke, VwVfG, § 74 Rn 96; *Ibler* Die Schranken planerischer Gestaltungsfreiheit im Planfeststellungsrecht, 1988, 186 f; *Tzschaschel* Rechtfertigungserfordernisse für die straßenrechtliche Planfeststellung, 1994, 91 ff.

[139] Das Abwägungsgebot wird in § 75 Ia VwVfG vorausgesetzt. In vielen Fachplanungsgesetzen ist es ausdr verankert. Vgl § 17 I 2 FStrG; § 18 I 2 AEG; § 8 I 2 LuftVG; § 14 I 2 WaStrG; § 28 I 2 PBefG; § 2 I MBPlG. Andere Fachplanungsgesetze verweisen auf § 75 Ia VwVfG; so etwa § 9 V AtG; § 34 I 1 KrW-/AbfG.

[140] S dazu BVerwGE 56, 110, 122 f mwN; 71, 166, 170 f; 90, 329, 331. Weit Nachw zur Rspr bei *Bonk/Neumann* in: Stelkens/Bonk/Sachs, VwVfG, § 74 Rn 55. Zum BauR *Krebs* in: Schmidt-Aßmann/Schoch, Bes VwR, Kap 4 Rn 108 ff. Im Bauleitplanungsrecht hat der Gesetzgeber durch das EuroparechtsanpassungsG Bau v 24.6.2004 für beträchtliche Verwirrung gesorgt, da er das Abwägungsgebot nicht mehr nur in der materiellen Rechtmäßigkeit (vgl § 1 VII BauGB nF), sondern auch in der formellen Rechtmäßigkeit des Bebauungsplans (vgl §§ 2 III, 214 I Nr 1 BauGB nF) angesiedelt hat. Die noch unklaren Konsequenzen dieser „Reform" betreffen das Planfeststellungsrecht, das unverändert geblieben ist, aber nicht, so dass hier die traditionelle Dogmatik unverändert gilt.

gungsausfall liegt vor, wenn sich die Behörde zu Unrecht in ihrer Entscheidung gebunden fühlt.[141] Weisungen einer übergeordneten Behörde an die Planfeststellungsbehörde sind nicht ausgeschlossen, müssen aber auf vollständiger Kenntnis der im Verfahren vorgebrachten und erörterten Tatsachen beruhen, den Anforderungen des Abwägungsgebotes genügen und insoweit auch begründet werden.[142] Ein Abwägungsausfall soll auch vorliegen, wenn sich die Planfeststellungsbehörde von sachfremden Erwägungen – etwa politischem Druck[143] – leiten lässt.[144] Dem ist aber nur dann zu folgen, wenn der Druck so stark ist, dass die Planfeststellungsbehörde auf eine eigenständige Entscheidungsfindung vollständig verzichtet. Im nächsten Schritt sind die in die Abwägung einzubeziehenden Belange zu ermitteln. Wird ein Belang nicht beachtet, so liegt ein *Abwägungsdefizit* vor. Was in die Abwägung einzubeziehen ist, richtet sich nach Gegenstand, Reichweite und Auswirkungen der Planungen im konkreten Einzelfall. Im Zweifel gilt ein großzügiger Maßstab.[145] Zu berücksichtigen sind nicht nur subjektive Rechtspositionen, sondern auch sonstige Belange. Private Belange werden berücksichtigt, wenn sie nicht völlig geringfügig und deshalb nicht schutzwürdig sind.[146] Ferner sind nur die Belange zu berücksichtigen, die der Planfeststellungsbehörde bekannt gemacht worden sind oder sich ihr nach dem Ergebnis des Anhörungsverfahrens aufdrängen mussten.[147] Verkennt die Behörde die Bedeutung eines Belanges, liegt eine *Abwägungsfehleinschätzung* vor. Die Gewichtung eines Belanges ist an den Wertungen der einschlägigen fachrechtlichen und sonstigen Rechtsvorschriften auszurichten. Zu denken ist dabei insbesondere an sogenannte Optimierungsgebote, die eine hervorgehobene Berücksichtigung bestimmter Belange in der Abwägung verlangen, aber im Abwägungsergebnis von anderen wichtigen Belange überwunden werden können.[148] Auch verfassungsrechtliche Wertungen spielen eine Rolle.[149] Erfolgt der Ausgleich zwischen widerstreitenden Belangen in einer Weise, die zur objektiven Gewichtigkeit einzelner Belange außer Verhältnis steht, liegt eine *Abwägungsdisproportionalität* vor. Je gewichtiger ein Belang ist, desto stärker muss er sich im Planungsergebnis niederschlagen. Ein grundsätzlicher Vorrang öffentlicher Belange gegenüber entgegenstehenden privaten Belangen besteht nicht.[150] Im Rahmen der Abwägung hat die Planfeststellungsbehörde

141 VGH BW UPR 1991, 454 f. S auch BVerwGE 74, 109, 113 zur irrtümlichen Annahme einer Bindung des Enteignungsverfahrens an ein vorgeschaltetes Planungsverfahren.

142 *Bonk/Neumann* in: Stelkens/Bonk/Sachs, VwVfG, § 74 Rn 58; *Dürr* in: Knack, VwVfG, § 74 Rn 101. Ausf dazu *Maier* BayVBl 1990, 647 ff.

143 S dazu BVerwGE 75, 214, 245.

144 *Bonk/Neumann* in: Stelkens/Bonk/Sachs, VwVfG, § 74 Rn 59.

145 BVerwGE 52, 237, 245; BVerwG NVwZ 1988, 363; VGH BW VBlBW 1991, 453, 455; *Ziekow* in: ders (Fn 17) Rn 659. Überblicke zu den abwägungsrelevanten Belangen finden sich bei *Dürr* in: Knack/Henneke, VwVfG, § 74 Rn 105 ff; *Kopp/Ramsauer* VwVfG, § 74 Rn 61 ff.

146 BVerwGE 59, 87, 102.

147 BVerwGE 59, 87, 103 f.

148 Vgl BVerwGE 71, 163, 165 f. ZB bestimmt § 50 BImSchG, dass bei raumbedeutsamen Planungen für verschiedene Nutzungen vorgesehene Flächen so voneinander zu trennen sind, dass ua schädliche Umweltauswirkungen auf überwiegend dem Wohnen dienenden Gebieten oder sonstigen schutzbedürftigen Gebieten möglichst vermieden werden. Weit Bsp für Optimierungsgebote bei BVerwGE 71, 163, 165 f.

149 Dies gilt va f Art 14 GG bei Grundstückseigentümern u f Art 28 II GG, soweit die Planungsautonomie einer Gemeinde betroffen ist.

150 Gem BVerwGE 75, 214, 254, legt der Gesetzgeber die Bedeutung der öffentlichen u priv Belange im Einzelfall fest. Für den generellen Vorrang öffentlicher Belange hingegen noch BVerwGE 48, 56, 67.

auch Planungsalternativen bis hin zur Wahl eines anderen Standorts in Betracht zu ziehen.[151] Allerdings darf sie den Plan nicht frei verändern, sondern ist – abgesehen von der Möglichkeit, Schutzauflagen zu erlassen (§ 74 II 2 VwVfG) – an den Antrag des Vorhabensträgers gebunden. Ist der Planfeststellungsantrag des Vorhabensträgers im Ergebnis nicht abgewogen, kann die Behörde höchstens auf eine Änderung des Antrags drängen (zu den verfahrensrechtlichen Folgen gemäß § 73 VIII VwVfG, Rn 11). Weigert sich der Vorhabensträger, muss die Planfeststellung abgelehnt werden.

Gegen die Übertragung der für Bebauungspläne entwickelten materiellrechtlichen Vorgaben auf die Planfeststellung wird mit einer gewissen Berechtigung eingewandt, dass es strukturelle *Unterschiede zwischen Bauleitplanung und Planfeststellung* gibt, da erstere eine eigenständige Planung darstellt, während letztere die nachvollziehende Genehmigung des Planes eines Dritten ist.[152] Die Schlussfolgerung, dass die planerische Gestaltungsfreiheit nur dem Vorhabensträger zusteht und die Planfeststellungsbehörde deswegen keine Abwägungsentscheidung treffen darf, sondern das Vorhaben genehmigen muss, wenn kein rechtlichen Hindernisse entgegenstehen[153], ist aber unzutreffend. Der Gesetzgeber hat das Abwägungsgebot in § 75 Ia 1 VwVfG und den meisten Fachgesetzen verankert.[154] Soweit die Gegenauffassung die materielle Rechtmäßigkeit eines Planfeststellungsbeschlusses anstelle des Abwägungsgebotes am Verhältnismäßigkeitsgrundsatz messen will[155], verkennt sie, dass das Abwägungsgebot eine Konkretisierung des Verhältnismäßigkeitsgrundsatzes ist.[156] Die Planfeststellungsbehörde muss in der Regel eine Vielzahl widerstreitender öffentlicher und privater Interessen zum Ausgleich bringen. Genau für solche multipolaren Konflikte ist die Abwägungsfehlerlehre entwickelt worden. 21

Teilweise abweichende materiellrechtliche Vorgaben ergeben sich für die sogenannte *privatnützige Planfeststellung*, die allein den meist wirtschaftlichen Interessen des Vorhabensträgers dient.[157] Nach Auffassung des BVerwG scheidet eine privatnützige Plan- 22

[151] BVerwGE 69, 256, 273; 71, 166, 171 f; 75, 214, 253; 81, 122, 136; 117, 149, 160; BVerwG DVBl 2004, 1546, 1549 f. S dazu auch *Bender/Pfaff* DVBl 1992, 181 ff; *Dürr* UPR 1993, 161, 167; *Hoppe/Beckmann* DVBl 1987, 1249, 1253 f; *Kühling* DVBl 1989, 221, 222.

[152] *Ule/Laubinger* VwVfR, § 41 Rn 11. Krit zum dogmatischen Ansatz des BVerwG auch *Hoppe/Just* DVBl 1997, 789 ff. S auch *Sendler* FS Schlichter, 1995, 55, 74 ff u 81 ff.

[153] So *Ule/Laubinger* VwVfR, § 41 Rn 1. Grds ebenso *Hoppe/Just* DVBl 1997, 789, 793, die einen Abwägungsspielraum der Behörde nur f die Erteilung v Auflagen u die Einbringung neuer abwägungsrelevanter Gesichtspunkte während des Verfahrens anerkennen. Wie hier i Erg auch *Stüer/Hermanns* DVBl 1999, 513, 518 ff; *Wahl/Dreier* NVwZ 1999, 606, 608; *Ziekow* in: ders (Fn 17) Rn 647 f.

[154] Vgl § 17 I 2 FStrG; § 18 I 2 AEG; § 8 I 2 LuftVG; § 14 I 2 WaStrG; § 28 I 2 PBefG; § 2 I MBPlG. Andere Fachplanungsgesetze verweisen auf § 75 Ia VwVfG; so § 9 V AtG; § 34 I 1 KrW-/AbfG.

[155] So *Ule/Laubinger* VwVfR, § 41 Rn 12.

[156] So zutr *Bonk/Neumann* in: Stelkens/Bonk/Sachs, VwVfG, § 74 Rn 54; ähnlich BVerwG NVwZ 2002, 1119, 1120 f.

[157] S dazu *Kühling* (Fn 84) 391 ff; *Ramsauer/Bieback* NVwZ 2002, 277 ff. Die Rechtsfigur ist zum Gewässerbau nach § 31 WHG entwickelt worden. S BVerwGE 55, 220, 226; 85, 155, 256; BVerwG NVwZ 1985, 340 f. Ein weit Bsp ist die Errichtung eines Werkflughafens f ein Flugzeugunternehmen. So zutr BVerfG NVwZ 2003, 197 f; offen gelassen bei OVG Hamburg NVwZ 2001, 1173, 1174 ff. Hingegen ist die abfallrechtliche Planfeststellung nicht rein privatnützig, da die Sicherung der Abfallentsorgung im öffentlichen Interesse liegt. S BVerwGE 85, 44, 45 ff; 97, 143, 149; aA *Wahl* NVwZ 1990, 426, 430.

feststellung aus, wenn private Rechte oder rechtlich fundierte öffentliche Belange davon betroffen sind.[158] Indes muss es von dieser Regel Ausnahmen geben, wenn der Vorhabensträger sich auf eine grundrechtliche Position – etwa ein Unternehmer auf Art 12 GG – berufen kann oder das Vorhaben zumindest mittelbar auch öffentlichen Interessen – etwa der Verbesserung der regionalen Infrastruktur – dient.[159] Besonderheiten ergeben sich bei Vorhaben, die eine Enteignung erforderlich machen. Zwar soll nach der Rechtsprechung des BVerfG auch eine Enteignung, die dem Allgemeinwohl nur mittelbar dient, prinzipiell möglich sein. Voraussetzung ist aber wegen Art 14 III 1 GG, dass der mittelbar verfolgte öffentliche Zweck eine hinreichend konkrete gesetzliche Grundlage gefunden hat und hinreichende Vorkehrungen getroffen wurden, das der gesetzliche Enteignungszweck auch erfüllt wird (→ § 45 Rn 25).[160] Derartige Gesetze gibt es bisher kaum[161], so dass eine *Enteignung* zugunsten eines privatnützigen Vorhabens *weithin unzulässig* ist.[162]

23 d) *Nachträgliche Änderungen und Wiederaufgreifen des Verfahrens. Nachträgliche Änderungen* des Planfeststellungsbeschlusses bedürfen grundsätzlich eines vollständig *neuen Planfeststellungsverfahrens* (§ 76 I VwVfG). Sinnvoll wäre eine Angleichung an die Planänderung während des Verfahrens (§ 73 VIII VwVfG), so dass im neuen Planfeststellungsverfahren nur die Behörden und Dritte zu beteiligen wären, deren Aufgabenbereich oder Belange erstmalig oder stärker als bisher berührt werden (Rn 11). *Entbehrlich* ist das neue Verfahren bei Planänderungen von unwesentlicher Bedeutung, wenn die Belange anderer nicht berührt werden oder die Betroffenen der Änderung zugestimmt haben (§ 76 II VwVfG).[163] Gibt der Vorhabensträger ein Vorhaben, mit dessen Durchführung er bereits begonnen hat, endgültig auf, ist der *Planfeststellungsbeschluss aufzuheben* und dem Vorhabensträger die *Wiederherstellung des früheren Zustandes* aufzuerlegen, soweit dies zum Wohle der Allgemeinheit oder zur Vermeidung nachteiliger Wirkungen auf Rechte anderer erforderlich ist (§ 77 S 1, 2 VwVfG). Hat der Vorhabensträger mit der Verwirklichung eines aufgegebenen Vorhabens noch nicht begonnen, ist ein Aufhebungsbeschluss entbehrlich, denn der Planfeststellungsbeschluss tritt nach fünf Jahren – bzw nach dem InfrastrPlVBeschlG (Rn 3) nach zehn Jah-

158 BVerwGE 55, 220, 227, 229.

159 *Dürr* in: Knack/Henneke, VwVfG, § 74 Rn 139. S auch OVG Hamburg NVwZ 2005, 105, 106; *Jarass* DÖV 2004, 633, 636, 641 f.

160 Vgl BVerfGE 74, 264, 285 f. Ähnlich bereits BVerfGE 66, 248, 257 f.

161 Vgl *Dürr* in: Knack/Henneke, VwVfG, § 74 Rn 140. S aber zum Hbg Werkflugplatz-EnteignungsG OVG Hamburg NVwZ 2005, 105, 107 f. Krit dazu *Erbguth* NordÖR 2005, 55 f.

162 *Bonk/Neumann* in: Stelkens/Bonk/Sachs, VwVfG, § 74 Rn 53. Allg *Uerpmann* Das öffentliche Interesse, 1999, 117 ff.

163 Eine unwesentliche Planänderung liegt vor, wenn der Plan in seinen Grundzügen und seiner Zielsetzung nicht berührt wird, so dass die bereits getroffene Abwägungsentscheidung in ihrer Struktur unangetastet bleibt. Vgl BVerwGE 84, 31, 34 (zu § 18c II FStrG aF); VGH BW NuR 1997, 449, 450 f; *Allesch/Häußler* in: Obermayer, VwVfG, § 76 Rn 26. Die gesetzl Definition der Fälle unwesentlicher Bedeutung in § 74 VII VwVfG kann nicht ohne weiteres auf § 76 II VwVfG übertragen werden, da es hier darum geht, ob die Planänderung wesentlich Neues zu einer bereits existierenden Planung hinzufügt. Vgl *Bonk/Neumann* in: Stelkens/Bonk/Sachs, VwVfG, § 76 Rn 17 ff; aA *Jarass* DVBl 1997, 795, 799. Wenn Dritte v der Planänderung nicht berührt werden oder ihr zugestimmt haben, ist dies ein Indiz für die Unwesentlichkeit. S *Dürr* in: Knack/Henneke, VwVfG, § 76 Rn 29.

ren mit einer Verlängerungsmöglichkeit um höchstens fünf Jahre[164] – außer Kraft (§ 75 IV VwVfG).

Wenn nach der Unanfechtbarkeit eines Planfeststellungsbeschlusses Wirkungen des Vorhabens eintreten, die nicht vorhersehbar waren, haben betroffene Dritte einen Anspruch auf *nachträgliche Schutzauflagen* (§ 75 II 2 VwVfG), auch wenn der Planfeststellungsbeschluss keinen entsprechenden Vorbehalt nach § 74 III VwVfG (Rn 13) enthält. Der Anspruch auf nachträgliche Schutzvorkehrungen entspricht hinsichtlich der Voraussetzungen und der möglichen Regelungen im Wesentlichen § 74 II 2 Alt 2 VwVfG (Rn 16). Zusätzlich darf die nachteilige Wirkung auf das Recht eines Dritten erst nach Unanfechtbarkeit des Planfeststellungsbeschlusses erkannt geworden sein.[165] Die Schutzauflage wird nur auf Antrag des Dritten erlassen.[166] Wenn der nachträgliche Erlass von Schutzauflagen untunlich oder mit dem Vorhaben unvereinbar ist, richtet sich der Anspruch auf angemessene *Entschädigung in Geld* (§ 75 II 4 VwVfG). Die Voraussetzungen entsprechen § 74 II 3 VwVfG (Rn 17). Der Vorhabensträger darf auch dann zu Schutzvorkehrungen verpflichtet werden, wenn sie notwendig geworden sind, weil nach Abschluss des Vorhabens auf einem benachbarten Grundstück Veränderungen eingetreten sind. In diesem Fall hat aber der Eigentümer des benachbarten Grundstücks die Kosten zu tragen, es sei denn, dass die Veränderungen durch natürliche Ereignisse oder höhere Gewalt verursacht worden sind (§ 75 II 5 Hs 1 VwVfG).[167] Die §§ 72 ff VwVfG bieten für Fälle, in denen ein unanfechtbarer Planfeststellungsbeschluss so grob fehlerhaft ist, dass eine Teilkorrektur nicht in Frage kommt, keine Handhabe. Ein *Wiederaufgreifen des Verfahrens* nach § 51 VwVfG ist *ausgeschlossen* (§ 72 I Hs 2 VwVfG).[168] Wegen der Art des Zustandekommens hat der Planfeststel- **24**

[164] Vgl § 18c Nr 1 AEG; § 17c Nr 1 FStrG, § 14c Nr 1 WaStrG, § 9 V LufVG, § 2b Nr 1 MBPlG, § 43c Nr 1 EnWG. Krit *Erbguth* DÖV 2009, 921, 924; *Teßmer* ZUR 2006, 469, 474; *Wickel* UPR 2007, 201, 205. Eine Möglichkeit der Verlängerung besteht nach der allg Regelung nicht.

[165] Unanfechtbar ist der Planfeststellungsbeschluss nicht erst, wenn er insgesamt bestandskräftig geworden ist, sondern bereits dann, wenn er v dem anspruchsberechtigten Dritte nicht mehr angefochten werden kann. Bereits ab diesem Zeitpunkt greift der Schutzzweck der Regelung, da der Dritte gegen den Planfeststellungsbeschluss selbst nicht mehr vorgehen kann. An der Vorhersehbarkeit der nachträglichen Auswirkungen des Vorhabens fehlt es entgegen der strengen Auffassung der Rspr (BVerwGE 80, 7, 13; BayVGH NVwZ 1996, 1125, 1127) nicht erst dann, wenn auch ein Fachmann, der sich evtl auch noch v einem Sachverständigen beraten lässt, nicht damit rechnen konnte. Es ist vielmehr auf die durchschnittliche Erkenntnisfähigkeit eines Betroffenen abzustellen. Von dem anspruchsberechtigten Dritten kann nicht verlangt werden, dass er die Richtigkeit der prognostizierten Auswirkungen des Vorhabens ebenso gut oder gar besser beurteilen kann als die Planfeststellungsbehörde. Vgl *Steinberg/Berg/Wickel* (Fn 29) § 4 Rn 130.

[166] *Dürr* in: Knack/Henneke, VwVfG, § 75 Rn 89; *Ule/Laubinger* VwVfR, § 42 Rn 4; aA *Bonk/Neumann* in: Stelkens/Bonk/Sachs, VwVfG, § 75 Rn 84. Zu Form u Frist des Antrages § 75 III VwVfG.

[167] Über die Kostentragungspflicht ist in dem VA, der die Schutzauflage anordnet, zu entscheiden. Vgl *Dürr* in: Knack/Henneke, VwVfG, § 75 Rn 99; *Kopp/Ramsauer* VwVfG, § 75 Rn 26; *Kügel* in: Obermayer, VwVfG, § 75 Rn 98.

[168] Damit soll verhindert werden, dass Einzelne eine aufwändige Änderung oder Aufhebung eines bestandskräftigen Planfeststellungsbeschlusses erzwingen können. S BT-Drucks 7/910, 87. Vgl auch *Gosch* Die Wiederaufnahme unanfechtbar abgeschlossener VwVf, 1973, 69 f. Anwendbar § 51 VwVfG bei Plangenehmigungen, da auf deren Erteilung die Vorschriften über das Planfeststellungsverfahren – u somit auch § 72 I Hs 2 VwVfG – keine Anwendung finden (§ 74 VI 2 Hs 2 VwVfG). Ebenso *Kopp/Ramsauer* VwVfG, § 72 Rn 23.

lungsbeschluss eine erhöhte Bestandskraft. Jedoch ist ein Rückgriff auf die *§§ 48, 49 VwVfG* möglich.[169] Allerdings sind diese Regelungen wegen des in § 75 Ia VwVfG niedergelegten Vorranges der Planerhaltung nur heranzuziehen, wenn die Instrumente der Planergänzung (Rn 26) keine Lösungsmöglichkeiten bieten.[170]

4. Folgen von Verfahrens- und Abwägungsfehlern

25 a) *Verfahrensfehler.* Das Planfeststellungsverfahren ist wegen der Vielzahl an Mitwirkungsrechten besonders fehlerträchtig. Gerichtlicher Rechtsschutz gegen *Verfahrensfehler* kann grundsätzlich nicht selbständig, sondern nur durch Anfechtung des Planfeststellungsbeschlusses erlangt werden (§ 44a S 1 VwGO → § 14 Rn 68). Über die Folgen von Verfahrensfehlern enthalten die §§ 72 ff VwVfG keine speziellen Regeln. Es gilt das verwaltungsverfahrensrechtliche Grundmodell (§ 72 I Hs 1 iVm §§ 44 ff VwVfG → § 14 Rn 57 ff). In Spezialgesetzen finden sich allerdings *Sonderregeln.* Vor allem wurde normiert, dass eine Verletzung von Verfahrens- und Formvorschriften nur dann zur Aufhebung des Planfeststellungsbeschlusses führt, wenn der Fehler nicht durch eine *Planergänzung* oder ein *ergänzendes Verfahren* geheilt werden kann.[171] Verallgemeinerungsfähig ist diese Regel nicht[172], da die allgemeine Vorschrift des § 75 Ia 2 VwVfG Planergänzung und ein ergänzendes Verfahren nur bei Abwägungsmängeln vorsieht (Rn 26). Eine entsprechende Normierung ist freilich zu empfehlen. *Nichtig* iSv § 44 I VwVfG ist der Planfeststellungsbeschluss nur in krassen Ausnahmefällen, etwa wenn das Anhörungsverfahren oder der Erörterungstermin gar nicht durchgeführt wurden.[173] Die weitaus häufiger vorkommende fehlerhafte Bekanntmachung und Auslegung des Plans sowie die unterbliebene Beteiligung von Naturschutzverbänden führen nicht zur Nichtigkeit.[174] Ist die *Beteiligung* Einzelner unterblieben, kann sie in entspre-

[169] BVerwGE 105, 6, 11 f, bezogen auf § 49 II Nr 5 VwVfG; VGH BW UPR 1988, 77, 78; *Dürr* UPR 1993, 161, 170; *ders* in: Knack/Henneke, VwVfG, § 72 Rn 31; *Gosch* (Fn 161) 70 f; *Kopp/Ramsauer* VwVfG, § 72 Rn 24; einschränkend HessVGH NVwZ-RR 1993, 588 ff; VGH BW NVwZ 1995, 179, 180; NVwZ-RR 1997, 682, 683; BayVGH NVwZ 1996, 1125, 1128; *Allesch/Häußler* in: Obermayer, VwVfG, § 72 Rn 41; offen gelassen bei BVerwGE 91, 17, 22; gegen die Anwendbarkeit v § 49 VwVfG OVG Berlin DVBl 1997, 73, 77.

[170] BayVGH NVwZ 1996, 1125, 1128; *Bonk/Neumann* in: Stelkens/Bonk/Sachs, VwVfG, § 72 Rn 117; *Grupp* DVBl 1990, 81, 84 ff will durch extensive Auslegung des § 77 VwVfG, m dem auch eine Folgenbeseitigung erreicht werden könne, den Anwendungsbereich der §§ 48, 49 VwVfG noch weiter einschränken.

[171] S § 17e VI 2 FStrG; dazu BVerwGE 100, 370, 372; 102, 358, 366; § 10 VIII 2 LuftVG; § 18e VI 2 AEG; § 19 § 29 VIII 2 PBefG; dazu *Siegel* NZV 2004, 545, 551.

[172] So aber *Bonk/Neumann* in: Stelkens/Bonk/Sachs, VwVfG, § 75 Rn 43; *Dürr* in: Knack/Henneke, VwVfG, § 73 Rn 122; *Stüer* NWVBl 1998, 169, 176; *ders/Hermanns* DVBl 2003, 711, 713. Wie hier *Henke* UPR 1992, 51, 54; *Storobst* NVwZ 1998, 797, 800.

[173] *Bonk/Neumann* in: Stelkens/Bonk/Sachs, VwVfG, § 73 Rn 120; *Dürr* in: Knack/Henneke, VwVfG, § 73 Rn 117; *Fischer* in: Ziekow (Fn 17) Rn 447; *Hufen* (Fn 10) Rn 389; tendenziell auch *Kopp/ Ramsauer* VwVfG, § 73 Rn 128; weitergehend *Storobst* NVwZ 1998, 797, 799. Die Rspr nimmt (ohne nähere Begr) an, dass ein unterbliebenes Anhörungsverfahren nur zur Anfechtbarkeit, nicht aber zur Nichtigkeit des Planfeststellungsbeschlusses führt. Vgl OVG Rh-Pf NuR 1988, 353, 354. S auch BVerwG NVwZ 1984, 578 f zur mündlichen Verhandlung im förmlichen VwVf.

[174] Tendenziell ebenso *Fischer* in: Ziekow (Fn 17) 449 (Nichtigkeit nur ausnahmsweise); *Dürr* in: Knack/Henneke, VwVfG, § 73 Rn 118 (keine Nichtigkeit, wenn nur die Beteiligung einiger weniger Betroffener unterbunden worden ist).

chender Anwendung der Heilungsregel des Grundmodells für eine unterbliebene Anhörung (§ 45 I Nr 3, II VwVfG → § 14 Rn 58 ff) *nachgeholt* werden.[175] Für die unterbliebene Beteiligung einer Behörde gilt § 45 I Nr 5 VwVfG. Hingegen kann die Beteiligung eines Naturschutzvereins grundsätzlich nicht nachgeholt werden, da die ihr zugedachte Funktion im verwaltungsgerichtlichen Verfahren nicht adäquat kompensiert werden kann.[176] Anderes gilt, wenn der Verband zwar grundsätzlich beteiligt worden ist, ihm aber keine rechtzeitige Einsicht in einzelne Unterlagen gewährt wurde.[177] Die Heilung tritt nur ein, wenn das bisherige Verfahrensergebnis im Lichte der nachgeholten Beteiligung überprüft wird.[178] Im Übrigen führt eine unterbliebene Anhörung – wie auch andere Verfahrensfehler[179] – nicht zur Anfechtbarkeit des Planfeststellungsbeschlusses, wenn offensichtlich ist, dass der Fehler die *Entscheidung in der Sache nicht beeinflusst* hat (§ 46 VwVfG). Es muss die konkrete Möglichkeit bestehen, dass die Planungsbehörde ohne den Fehler anders entschieden hätte (→ § 14 Rn 64).[180] Das ist der Fall, wenn durch den Verfahrensfehler ein abwägungsrelevanter Belang im Planfeststellungsverfahren nicht oder nicht ausreichend berücksichtigt wurde.

b) *Abwägungsfehler. Mängel bei der Abwägung* der vom Vorhaben berührten öffentlichen und privaten Belange sind – der Regelung für die Bauleitplanung entsprechend (§ 214 III 2 Halbsatz 2 BauGB) – nur erheblich, wenn sie offensichtlich und auf das Abwägungsergebnis von Einfluss gewesen sind (§ 75 Ia 1 VwVfG). *Offensichtlich* ist ein Abwägungsfehler, wenn er ohne weiteres aus der Planbegründung und den zugrunde liegenden Unterlagen erkennbar ist.[181] *Einfluss auf das Abwägungsergebnis* hat der Mangel der bauplanungsrechtlichen Judikatur folgend, wenn nicht nur eine abstrakte, sondern die konkrete Möglichkeit besteht, dass die Verwaltungsentscheidung ohne den Fehler anders ausgefallen wäre.[182] Eine hinreichende oder überwiegende Wahrscheinlichkeit, dass die Verwaltung anders entschieden hätte, ist nicht erforderlich. Selbst wenn ein Planfeststellungsbeschluss an einem nach diesen Kriterien erheblichen Mangel leidet, ist er im Falle einer Anfechtung nur aufzuheben, wenn er nicht durch eine Planergänzung oder ein ergänzendes Verfahren behoben werden kann (§ 75 Ia 2 VwVfG). Die Regelung entspricht dem *Grundsatz der Planerhaltung* (der auch im Baurecht Niederschlag gefunden hat, § 214 IV BauGB[183]). Die Aufhebung eines Planfeststellungsbeschlusses soll auf den Fall beschränkt sein, dass der Abwägungsfehler so gravierend ist, dass er nachträglich nicht mehr geheilt werden kann. Die (ursprünglich von der Rechtsprechung entwickelte[184]) *Planergänzung* ist ein Verwaltungsakt, durch 26

[175] BVerwGE 75, 214, 227; 98, 126, 129 f; zust *Fischer* in: Ziekow (Fn 17) Rn 449; *Storobst* NVwZ 1998, 797, 799. S zum Nebeneinander v §§ 45, 46 VwVfG u den Regelungen über Planergänzung u ergänzendes Verfahren auch *Siegel* NZV 2004, 545, 551.

[176] BVerwG DVBl 2004, 1546, 1549; aA f ein ergänzendes Verfahren nach § 17 VIc 2 FStrG BVerwGE 102, 351, 364 f.

[177] BVerwG DVBl 2004, 1546, 1549.

[178] Gem BVerwGE 75, 214, 227, ist eine substantielle Anhörung erforderlich.

[179] Umfangreiche Nachw zur Rspr zu einzelnen Verfahrensfehlern bei *Bonk/Neumann* in: Stelkens/Bonk/Sachs, VwVfG, § 73 Rn 143 ff, u bei *Dürr* in: Knack/Henneke, VwVfG, § 73 Rn 119.

[180] BVerwGE 59, 256; NVwZ 1996, 788, 791; NVwZ 1998, 616, 617; DVBl 2004, 1546, 1548. S dazu *Hien* NVwZ 1997, 422, 424; *Ronellenfitsch* NVwZ 1999, 583, 586. Krit *Hufen* (Fn 10) Rn 626 f. Allg z Fehlersanktion bei Großverfahren *Wahl* VVDStRL 41 (1983) 151, 180 ff.

[181] BVerwGE 107, 350, 356; BVerwG DVBl 1996, 925, 928.

[182] Vgl BVerwGE 69, 256, 269 f; 100, 370, 379; 107, 350, 356. Krit *Erbguth* DÖV 2009, 921, 928.

[183] Vgl *Krebs* in: Schmidt-Aßmann/Schoch, Bes VwR, Kap 4 Rn 124.

[184] BVerwGE 56, 110, 133. S dazu *Henke* UPR 1992, 51 f.

den der Planfeststellungsbeschluss nicht verändert, aber durch zusätzliche Bestimmungen, etwa Schutzvorkehrungen zugunsten Dritter, ergänzt wird. Das sogenannte *ergänzende Verfahren* findet statt, wenn eine Planergänzung nicht ohne vorbereitendes Verwaltungsverfahren möglich ist, weil schon die Ermittlungen und Bewertungen der Behörde so fehlerhaft sind, dass nicht ohne weiteres entschieden werden kann, durch welche zusätzliche Regelung der Abwägungsfehler behoben werden kann.[185] Das BVerwG wollte zur Ausgestaltung dieses Verfahrens ursprünglich § 76 VwVfG (Rn 23) entsprechend anwenden.[186] Weil aber das ergänzende Verfahren der Fehlerbeseitigung dient, passt diese Regelung – insbesondere die Entbehrlichkeit des Anhörungsverfahrens oder gar des gesamten Planfeststellungsverfahrens (§ 76 II 3 VwVfG) – nicht.[187] Vielmehr müssen in einem ergänzenden Fehlerbehebungsverfahren diejenigen Verfahrensschritte durchgeführt oder wiederholt werden, die den Abwägungsfehler verursacht haben.

5. Gerichtlicher Rechtsschutz

27 a) *Rechtsschutz Privater.* Da der Planfeststellungsbeschluss ein Verwaltungsakt ist, können ihn Dritte mit der *Anfechtungsklage* (§ 42 I Alt 1 VwGO) angreifen. Wegen der Art des Zustandeskommens des Planfeststellungsbeschlusses bedarf es keines Vorverfahrens (§ 68 I 2 Hs 1 VwGO iVm § 74 I 2, § 70 VwVfG). Die Klage kann darauf gerichtet sein, die gesamte Regelung aufzuheben, darf sich aber auch auf logisch trennbare Teilregelungen beschränken. Nach § 48 I VwGO sind in vielen Fällen die *Oberverwaltungsgerichte* zuständig.[188] Im Verkehrsbereich wurde allerdings die erstinstanzliche Zuständigkeit des *Bundesverwaltungsgerichts* durch das InfrastrPlVBeschlG (Rn 3) erheblich erweitert (§ 50 I Nr 6 VwGO).[189] Dies ist verfassungsrechtlich bedenklich, da Art 92 GG einen föderativen Gerichtsaufbau vorsieht und die obersten Bundesgerichte gem Art 95 GG vor allem der Revision dienen sollen.[190] Fachgesetzliche Beschleunigungsregelungen nach Vorbild des § 5 III VerkPlBG verpflichten den Kläger, innerhalb einer Frist von sechs Wochen nach Klageerhebung die zur Begründung seiner Klage dienenden Tatsachen und Beweismittel anzugeben, und verweisen bei einem Fristverstoß auf die Rechtsfolgen der §§ 87b III, 128a VwGO.[191] Diese Regelung ist sinnvoll und sollte verallgemeinert werden. Die Klage kann nur zur Verteidigung *eigener Rechte* erhoben werden (§ 42 II VwGO). Damit ist die Klagebefugnis enger als die Einwen-

[185] Vgl *Durner* VerwArch 97 (2006), 345, 353 f; *Gromitsaris* SächsVBl 1997, 101, 106 f; *Henke* UPR 1999, 51 ff; *Jarass* DVBl 1997, 795, 802; *Martin* Heilung von Verfahrensfehlern im VwVf, 2004, 90 ff; *Siegel* NZV 2004, 545, 551; zum Bauplanungsrecht *Stüer* DVBl 1997, 326, 330 ff. *Henke* UPR 1992, 51, 53.

[186] BVerwGE 100, 238, 256; BVerwG UPR 1996, 227, 233; ebenso *Dürr* in: Knack/Henneke, VwVfG, § 75 Rn 31.

[187] BVerwGE 102, 358, 361.

[188] Für die Kontrolle der Planfeststellung v Verkehrsflughäfen u bestimmten Verkehrswegen in den neuen Bundesländern ist nach der zeitlich beschränkten Regelung des § 5 I VerkPlBG das BVerwG erstinstanzlich zuständig. Durch diese Verkürzung der Instanzenzüge wird das gerichtliche Verfahren beschleunigt.

[189] Die erstinstanzliche Zuständigkeit des BVerwG bezieht sich auf alle Vorhaben, die im AEG, FStrG, WaStrG und MBPlG geregelt sind.

[190] Vgl *Paetow* NVwZ 2007, 36 ff; *Teßmer* ZUR 2006, 469, 472; *Wickel* UPR 2007, 201, 205 f. Das BVerfG verlangt bloß eine sachliche Rechtfertigung (E 92, 365, 410 f).

[191] S § 18e V AEG; § 29 VII PBefG; § 17e V FStrG; § 14e V WaStrG; § 10 VII LuftVG.

dungsbefugnis im Anhörungsverfahren (Rn 8).[192] Von zentraler Bedeutung ist das Recht auf eine *gerechte Abwägung der Belange des Klägers*. Damit sind nicht nur die durch subjektive Rechtspositionen gesicherten Belange gemeint, sondern alle privaten Belange, die Teil des notwendigen Abwägungsmaterials sind (Rn 20).[193] Bei einer materiellen Einwendungspräklusion (§ 73 IV 3 VwVfG, Rn 8) fehlt die Klagebefugnis.[194] Einen umfassenderen Schutz genießen Eigentümer, die von einer *enteignungsrechtlichen Vorwirkung* des Plans (Rn 15) betroffen sind. Sie können Schutz vor rechtswidrigen Enteignungen verlangen und deshalb eine Klage auf jegliche formelle oder materielle Rechtsfehler des Planfeststellungsbeschlusses stützen.[195] Das gilt aber nur, wenn die konkrete Möglichkeit besteht, dass das Grundstück bei Vermeidung des Fehlers verschont geblieben wäre.[196] Weiterhin muss der Eigentümer die entsprechenden Belange bereits in seinen Einwendungen vorgebracht haben, da ansonsten die materielle Präklusion des § 73 IV 3 VwVfG greift.[197] Einen deutlich geringeren Schutz erhält der Eigentümer eines sogenannten *Sperrgrundstücks*, das lediglich zu dem Zweck erworben wurde, eine einwendungsfähige Rechtsposition zu begründen. Eine Klage ist zwar nicht unzulässig.[198] Doch kann das Eigentumsrecht in der planerischen Abwägung mit den öffentlichen Belangen leichter überwunden werden.[199] Im Übrigen hat das BVerwG seine frühere Auffassung, dass *Mieter* nicht klagebefugt sind[200], zu recht aufgegeben[201], da nicht nur die dinglich Berechtigten von den negativen Auswirkungen eines Vorhabens – etwa Immissionen – betroffen sein können.

Nach den meisten Fachgesetzen des Bundes hat die *Anfechtung* eines Planfest- **28**
stellungsbeschlusses *keine aufschiebende Wirkung*.[202] Will ein Betroffener vollendete

[192] Auch die Aarhus-Konvention (Art 9 II, III → § 13 Rn 21) und die Richtlinie 2003/35/EG (Art 3 Nr 7, Art 4 Nr 4) verlangen für den Rechtsschutz Privater (anders als für Naturschutzverbände) nicht die Normierung einer von der Verletzung eigener Rechte unabhängigen Klagebefugnis gegen UVP-pflichtige Vorhaben. Davon geht auch das Umwelt-RechtsbehelfsG v 15.12.2006 aus, das nur eine Verbandsklage f Umweltschutzverbände vorsieht (Rn 31, 48). S auch *Seelig/Gündling* NVwZ 2002, 1033, 1040; *Walter* EuR 2005, 302, 332. AA *Rat d Sachverständigen f Umweltfragen*, www.umweltrat.de/03stellung/downlo03/stellung/Stellung_Verbandsklage_Februar2005.pdf, 11, 12 (hins Art 9 III Aarhus-Konvention).

[193] BVerwGE 107, 215, 221; BVerwG NVwZ 2000, 435, 436. Ausf *Schütz* in: Ziekow (Fn 17) Rn 867 ff. S zu drittschützenden Normen im Fachplanungsrecht auch *Stühler* VBlBW 1991, 321, 323 f.

[194] VG Berlin NVwZ-RR 1994, 150, 151 zu § 5 I 2 GenTAnhV; *Wahl/Schütz* in: Schoch/Schmidt-Aßmann/Pietzner, VwGO, § 42 II Rn 107; *Steinberg/Berg/Wickel* (Fn 29) § 6 Rn 151, Fn 530; *Hoppe/Schlarmann/Buchner* (Fn 47) Rn 401, 404. Nach aA lässt die Präklusion erst die Begründetheit der Klage entfallen. Vgl *Papier* NJW 1980, 313, 317; *Stober* AöR 106 (1981) 41, 69.

[195] BVerwGE 67, 74, 76 f; 72, 15, 25 f; ausf dazu *Schütz* in: Ziekow (Fn 17) Rn 851 ff.

[196] Vgl BVerwGE 100, 370, 382; *Schütz* in: Ziekow (Fn 17) Rn 861; *Pünder/Schenkel* Jura 2004, 563, 568.

[197] Vgl VGH BW VBlBW 2001, 278, 279; VBlBW 2001, 315, 317; *Kirchberg* (Fn 17) Rn 201.

[198] So aber BVerwGE 112, 135 → JK VwGO § 42 II/25; BayVGH NVwZ 1989, 684; OVG NRW NVwZ 1991, 387. AA BVerwGE 72, 15, 16 (Klage nur unzulässig, wenn das Grundstück nur zum Schein erworben wurde; gemeint ist wohl ein Scheingeschäft iSd § 117 I BGB).

[199] BVerwG NVwZ 1991, 781, 784; *Ehlers* in: Schoch/Schmidt-Aßmann/Pietzner, VwGO, vor § 40 Rn 98; *Pünder/Schenkel* Jura 2004, 563, 566. Krit *Fliegauf* NVwZ 1991, 748 ff.

[200] BVerwG UPR 1991, 67; 1994, 69.

[201] BVerwG UPR 1996, 109 f; DVBl 1997, 729 (Leitsätze).

[202] S 18e II 1 AEG; § 17e II 1 FStrG; § 29 VI 2 PBefG; § 2d II 1 MBPlG; § 10 VI 1 LuftVG; § 5 II 1 VerkPlBG. S zu einer allg Beseitigung der aufschiebenden Wirkung v Anfechtungsklagen gegen

Tatsachen verhindern, muss er einen Antrag nach § 80a III iVm § 80a I Nr 2, § 80 V VwGO stellen. Fachgesetzliche Beschleunigungsregelungen bestimmen, dass der Antrag innerhalb eines Monats nach der Zustellung des Planfeststellungsbeschlusse gestellt und zumeist innerhalb dieser Frist auch begründet werden muss.[203] Die sehr kurze Begründungsfrist muss wegen Art 19 IV GG verfassungskonform so gehandhabt werden, dass die Begründung zunächst nur die Tatsachen enthalten muss, die dem Antragsteller auch ohne Einsicht in die Verfahrensakten bekannt sind, und nach Fristablauf gegebenenfalls noch vertieft werden darf.[204] Die Fachgesetze sehen im Übrigen vor, dass auch nach Ablauf der Antragsfrist vorläufiger Rechtsschutz möglich ist, soweit neue Tatsachen eintreten, die die Anordnung der aufschiebenden Wirkung rechtfertigen.[205] In diesem Fall ist der Antrag innerhalb eines Monats nach Kenntnis der neuen Tatsachen zu stellen.

29 Leidet der Planfeststellungsbeschluss unter einem Fehler, der sich im Wege der *Planergänzung* oder im *ergänzenden Verfahren* beseitigen lässt (Rn 26), hat der Kläger keinen Anspruch auf Aufhebung des Planfeststellungsbeschlusses, sondern lediglich auf ergänzende Schutzauflagen (Rn 16)[206] oder – soweit Schutzauflagen entweder untunlich oder mit dem Vorhaben unvereinbar sind – auf die Festsetzung einer Entschädigung (Rn 17). Diese Ansprüche muss er mit der *Verpflichtungsklage* durchsetzen.[207] Wird eine Anfechtungsklage erhoben, obwohl eine Planergänzung möglich ist, stellt das Gericht lediglich die Rechtswidrigkeit des Plans fest und erklärt ihn für nicht vollziehbar.[208] Wird ein Dritter durch ein *rechtswidrig ohne Planfeststellung durchgeführtes Vorhaben* in eigenen Rechten verletzt, stehen ihm Abwehr- und Beseitigungsansprüche zu.[209] Ein subjektives Recht auf Durchführung eines Planfeststellungsverfahrens gibt es nicht.[210] Werden *Einwendungen* eines Privaten *als verspätet zurückgewiesen* oder wird er aus anderen Gründen nicht am Erörterungstermin beteiligt, so kann er gegen diese Verfahrenshandlungen selbständig klagen und ist nicht darauf beschränkt, den Planfeststellungsbeschluss anzufechten. § 44a S 1 VwGO steht dem nicht entgegen[211], da diese Vorschrift gemäß § 44a S 2 Alt 2 VwGO nur für Beteiligte iSv § 13 VwVfG gilt (→ § 14 Rn 10 ff), wozu die Einwender im Planfeststellungsverfahren nach umstrittener aber zutreffender Auffassung nicht zu rechnen sind.[212]

Planfeststellungsbeschlüsse u Plangenehmigungen den Gesetzesantrag v Hbg im BRat v 7.6.2005, BR-Drs 467/05.

203 Eine Stellung u Begr des Antrages innerhalb eines Monat sehen folgende Vorschriften vor: § 18e III 1 AEG; § 17e III 1 FStrG; § 29 VI 3 PBefG; § 2d II 2 MBPlG; § 10 VI 2 LuftVG; § 14e II 2 WasStrG. Nach § 5 II 2 VerkPlBG gilt die Monatsfrist nur für die Stellung, nicht aber für die Begr des Antrags.

204 BVerwG UPR 1994, 32; 1997, 108.

205 Vgl § 17e IV FStrG; § 18e IV AEG; § 29 VI 4, 5 PBefG; § 14e IV WaStrG; § 5 II 3, 4 VerkPlBG.

206 BVerwGE 56, 110, 133; 85, 44, 49; 90, 42, 53; ausf dazu *Schütz* in: Ziekow (Fn 17) Rn 898 ff.

207 BVerwGE 77, 295, 296. Vgl *Bonk/Neumann* in: Stelkens/Bonk/Sachs, VwVfG, § 74 Rn 273; *Jarass* DÖV 2004, 633, 635 f; *Siegel* NZV 2004, 545, 551; *Stühler* VBlBW 1991, 321, 325.

208 BVerwGE 121, 72, 81 mwN.

209 BVerwGE 62, 243, 248; NVwZ 2001, 89, 90 mwN; *Bonk/Neumann* in: Stelkens/Bonk/Sachs, VwVfG, § 74 Rn 270.

210 BVerwGE 85, 368, 377; NJW 1977, 2367 ff; NVwZ-RR 1999, 556. Vgl auch *Schütz* in: Ziekow (Fn 17) Rn 836.

211 S *Kopp/Schenke* VwGO, § 44a Rn 11; *Hattstein* (Fn 59) 223 ff; aA BayVGH DVBl 1988, 1179.

212 S *Alpert* (Fn 35) 137 ff m Nachw zur Gegenauffassung.

b) *Rechtsschutz von Gemeinden und sonstiger Verwaltungsträger.* Die Klagebefugnis von *Gemeinden* kann sich aus *Grundstückseigentum* ergeben. Allerdings können sie sich nicht auf Art 14 GG berufen, da sie als öffentliche Körperschaften keine Träger von Grundrechten sind.[213] Doch schließt dies eine auf das Eigentum gestützte Klage nicht aus, da den Gemeinden die zivilrechtliche Position des Eigentümers zusteht. Die Gemeinde kann aber nur eine fehlerhafte Abwägung der eigenen Belange geltend machen und somit anders als private Eigentümer (Rn 27) nicht jeden formellen oder materiellen Fehler des Planfeststellungsbeschlusses rügen, der für die Inanspruchnahme des Eigentums kausal war.[214] Außerdem kann eine Klage auf die von der kommunalen Selbstverwaltungsgarantie (Art 28 II 1 GG) umfasste *Planungshoheit* gestützt werden[215], wenn das Vorhaben eine hinreichend konkrete Planung der Gemeinde nachhaltig stört. Die Planung braucht nicht in einem Bebauungsplan fixiert zu sein. In anderer Form dokumentierte Planungskonzepte genügen, wenn sie hinreichend bestimmt sind. Ausreichend ist es jedenfalls, wenn bereits das bauplanungsrechtliche Anhörungsverfahren durchgeführt worden ist.[216] Unbeachtlich sind freilich „sinnlose" Planungen (die aus rechtlichen oder tatsächlichen Gründen nicht verwirklicht werden können[217]) und reine Negativplanungen (denen erkennbar keine positive planerische Konzeption zugrunde liegt[218]). Im Übrigen liegt ein Eingriff in die Planungshoheit auch ohne hinreichend konkrete eigene Planung der Gemeinde vor, wenn das planfeststellungsbedürftige Vorhaben wesentliche Teile des Gemeindegebiets einer durchsetzbaren kommunalen Planung entzieht.[219] Ein Eingriff in die Planungshoheit führt nicht stets zur Rechtswidrigkeit des Planfeststellungsbeschlusses. Er begründet nur einen bei der Abwägungsentscheidung zu berücksichtigenden Belang, der hinter anderen Gesichtspunkten zurücktreten kann.[220] Weitere aus Art 28 II GG folgende Belange, die zu einem Abwägungsfehler führen können, sind die *Finanzhoheit* der Gemeinde[221], in engen Grenzen das Recht der Gemeinde, das Gepräge und die Struktur des Ortes selbst zu bestimmen (sogenanntes *Selbstgestaltungsrecht*)[222], und die störungsfreie Aufgabenerledigung ***kommunaler Ein-*** 30

[213] BVerfGE 61, 82, 105 ff; 75, 192, 197; 97, 143, 151; aA *Wieland* in: Dreier, Grundgesetz, Bd I, Art 14 Rn 62.

[214] BVerwGE 100, 388, 391 f; BVerwG NVwZ 2001, 1160; VGH BW UPR 1985, 144. Vgl auch *Geiger* in: Ziekow (Fn 17) Rn 305.

[215] Vgl BVerfGE 56, 298, 310 ff, 317 ff; BVerwGE 51, 1, 13 f; 74, 124, 132; 81, 95, 106; 84, 209, 214 f; 90, 96, 100; 100, 388, 394; BVerwG NVwZ 2000, 560, 561 f. Eingehend *Sandner* UPR 1997, 279, 280 ff.

[216] BVerwG NVwZ-RR 1998, 290, 292 mwN.

[217] *Schütz* in: Ziekow (Fn 17) Rn 949.

[218] Vgl BVerwG NVwZ 1993, 884, 885; *Kirchberg/Boll/Schütz* NVwZ 2002, 550, 553; *Kraft* UPR 2001, 294 ff.

[219] BVerwGE 81, 95, 106; 84, 209, 215; 90, 96, 100; BVerwG NVwZ 1996, 895; weitergehend *Funk-Draschka* Die gerichtliche Überprüfbarkeit von Planfeststellungsbeschlüssen, 1993, 89 ff.

[220] BVerwG NVwZ-RR 1998, 289, 290.

[221] Werden der Gemeinde durch die Fachplanung zusätzliche finanzielle Lasten aufgebürdet, liegt eine Rechtsverletzung aber nur dann vor, wenn dies zu einer nachhaltigen, v der Gemeinde nicht mehr zu bewältigenden Einengung ihrer Finanzspielräume führt. Vgl BVerwG UPR 1997, 470, 471; NVwZ-RR 1998, 290, 292.

[222] BVerwG NVwZ 2000, 560, 562. S auch BayVGH NVwZ 1986, 228, 230; *Schütz* in: Ziekow (Fn 17) Rn 958; abl *Wahl/Schütz* in: Schoch/Schmidt-Aßmann/Pietzner, VwGO, § 42 II Rn 274; zweifelnd auch *Steinberg/Berg/Wickel* (Fn 29) § 6 Rn 84; offen gelassen bei VGH BW NVwZ-RR 1998, 219, 220 f.

richtungen[223]. Auf die Beeinträchtigung von staatlichen Aufgaben, deren Wahrnehmung der Gemeinde als Pflichtaufgabe nach Weisung übertragen wurde, kann die Klage nicht gestützt werden, da es im übertragenen Wirkungskreis keine klagefähigen Rechte der Gemeinde gibt.[224] Ebenso wenig kann die Gemeinde als Verteidigerin der Rechte ihrer Bürger oder der Allgemeinheit auftreten.[225] Gemeinden können eine *Verletzung von Beteiligungsrechten* (§ 73 II und IIIa oder IV VwVfG) geltend machen. Allerdings kann die Beteiligung nach § 45 I Nr 5 VwVfG nachgeholt werden (→ § 14 Rn 58 ff). Nach Auffassung des BVerwG soll Gemeinden (anders als betroffenen Bürgern[226]) ein im Wege der Leistungsklage durchsetzbarer *Anspruch auf Durchführung eines Planfeststellungsverfahrens* zustehen, wenn ihr Recht auf Verfahrensbeteiligung dadurch umgangen wird, dass das Planfeststellungsverfahren für entbehrlich erklärt wird, obwohl die Voraussetzungen des § 74 VII VwVfG (Rn 3) nicht vorliegen.[227] Das überzeugt nicht, da es für eine Behörde, die sich rechtswidrig für die falsche Verwaltungsgestaltung entschieden hat, grundsätzlich keinen Zwang gibt, das „richtige" Verfahren durchzuführen, hat sie doch alternativ die Möglichkeit, das Verfahren einzustellen. Einen Anspruch auf Fortsetzung und Abschluss des Verfahrens kann nur ein Vorhabensträger haben (vgl § 22 S 2 Nr 1 VwVfG). Soweit der Gemeinde eine Anfechtungsklage nicht weiterhilft, kann nur ein Unterlassungsanspruch gegen die Fortsetzung des Plangenehmigungsverfahrens anerkannt werden. *Andere* am Verfahren beteiligte *Verwaltungsträger* haben grundsätzlich keine Befugnis, einen Planfeststellungsbeschluss anzugreifen, da sie Kompetenzen, nicht aber eigene Rechte wahrnehmen.[228] Insbesondere haben sie kein subjektives Recht auf Einhaltung der materiellen Rechtsordnung.[229]

31 c) *Klagemöglichkeiten von Umweltverbänden.* Abweichend vom allgemeinen Grundsatz, dass Verwaltungsakte nur zur Verteidigung eigener Rechte angegriffen werden können (vgl § 42 II VwGO), hat das Naturschutzrecht 2002 für anerkannte Naturschutzvereine (Rn 9) eine sogenannte *altruistische Verbandsklage* normiert.[230] Hinzu

[223] BVerwGE 69, 256, 261; 90, 96, 100; BVerwG NVwZ 1993, 884, 886 f; 1996, 895.

[224] BVerwG NVwZ 1983, 610, 611; BayVGH UPR 1990, 32; *Kirchberg/Boll/Schütz* NVwZ 2002, 550, 551; *Schütz* in: Ziekow (Fn 17) Rn 841; *Stüer* UPR 1998, 408, 413.

[225] BVerwG NVwZ 1996, 1021, 1022 mwN; ThürOVG NVwZ-RR 1997, 558, 559; aA *Steinberg* DVBl 1982, 13, 19, soweit die Gemeinde – etwa in atomrechtlichen Verfahren – die Gesundheits- u Lebensinteressen der Gemeindebevölkerung verteidigt.

[226] BVerwGE 85, 368, 377; BVerwG NJW 1977, 2367 ff; NVwZ-RR 1999, 556.

[227] BVerwGE 81, 95, 106 ff. Die Entscheidung bezog sich zwar nicht auf eine Planfeststellung, sondern auf eine luftverkehrsrechtliche Genehmigung. Das BVerwG hat seine Auffassung aber ausdrücklich auch auf das Planfeststellungsverfahren bezogen (aaO, 107 f). Insoweit zust VG Kassel NuR 1995, 486, 488.

[228] BVerwGE 31, 263, 267; 52, 226, 234; *Johlen* DÖV 1989, 204, 208.

[229] BVerwGE 82, 17, 19 f; BVerwG NuR 1992, 185 f; zust *Treffer* UPR 1994, 378 f; *Wahl/Schütz* in: Schoch/Schmidt-Aßmann/Pietzner, VwGO, § 42 II Rn 269 ff, 277; aA *Funk-Draschka* (Fn 219) 18; *Gassner* UPR 1989, 254, 256 f; *Hoppe/Schlarmann/Buchner* (Fn 47) Rn 448 ff; *Hoppe/Schulte* Rechtsschutz der Länder in Planfeststellungen des Bundes, 1993; *Kopp* NuR 1991, 449, 450; *Laubinger* VerwArch 85 (1994) 291 ff; *Salzwedel* NuR 1984, 165, 175.

[230] Positiv zu dieser Neuerung *Gellermann* NVwZ 2002, 1025, 1032 f; Koch NVwZ 2007, 369 ff; *Rehbinder* NuR 2001, 361, 366; *Schütz* in: Ziekow (Fn 17) Rn 991; beispielhaft f die früher verbreitete abl Haltung *Breuer* NJW 1978, 1558, 1562 f; zu rechtsstaatlichen, staats- u demokratietheoretischen Einwänden gegen die m der Einf der umweltrechtlichen Verbandsklage verbundenen „Privatisierung des Gemeinwohls" *Calliess* NJW 2003, 97, 100 ff; zur Entwick-

kommt seit 2006 die – auf der völkerrechtlichen Aarhus-Konvention und der zu deren Umsetzung ergangene Öffentlichkeitsbeteiligungsrichtlinie beruhende (→ § 13 Rn 21) – *umweltschutzrechtliche Vereinsklage* nach dem Umweltrechtsbehelfsgesetz gegen Entscheidungen bei UVP-pflichtigen Vorhaben (Rn 48). Die naturschutzrechtliche Verbandsklage kann ua gegen Planfeststellungsbeschlüsse über Vorhaben, die mit Eingriffen in Natur und Landschaft verbunden sind, und gegen Plangenehmigungen, soweit eine Öffentlichkeitsbeteiligung vorgesehen ist, gerichtet werden (§ 61 I 1 Nr 2 BNatSchG).[231] Die Klage ist nur zulässig, wenn der Verein geltend macht, dass das Vorhaben dem Naturschutzrecht im engeren Sinne oder Vorschriften, die zumindest auch den Belangen des Naturschutzes und der Landschaftspflege dienen, widerspricht (vgl § 61 II Nr 1 BNatSchG).[232] Die Verletzung von Rechten Dritter oder die Beeinträchtigung sonstiger öffentlicher Belange können die Naturschutzverbände nicht rügen. Weiterhin muss der Verband in seinem satzungsgemäßen Aufgabenbereich berührt und zur Mitwirkung im Planfeststellungsverfahren berechtigt sein sowie sich in der Sache geäußert haben (§ 61 II Nr 2, 3 BNatSchG). Für landesbehördliche Planfeststellungen oder -genehmigungen können die Länder weitergehende Verbandsklagerechte vorsehen (§ 61 V 1 BNatSchG). Damit stellt sich die Frage, ob die landesrechtlichen Klagemöglichkeiten auch ausgeübt werden dürfen, wenn beim Zusammentreffen mehrerer planfeststellungsbedürftiger Vorhaben zu Unrecht die Zuständigkeit einer Bundesbehörde angenommen worden ist (vgl § 78 VwVfG). Die ablehnende Haltung des BVerwG[233] überzeugt nicht, da rechtswidrige Kompetenzanmaßungen subjektive Rechtspositionen nicht beschränken dürfen.

Im Übrigen kann ein Naturschutzverband gemäß § 42 II VwGO zur *Verteidigung eigener Rechte* klagen. Eigene Rechte können sich nicht nur aus Grundstückseigentum (Rn 27), sondern auch aus der *Missachtung von Beteiligungsrechten* (Rn 9) ergeben. Obwohl die Mitwirkung in erster Linie dem Interesse an der sachrichtigen behördlichen Entscheidung dient, wird dem Verein auch ein subjektiv-öffentliches Mitwirkungsrecht vermittelt.[234] Nach früherer Rechtslage, die noch keine altruistische Verbandsklage kannte, wurde die Verbandsbeteiligung gemäß § 29 I 1 Nr 4 BNatSchG aF als *absolutes Verfahrensrecht* eingeordnet, so dass die Klagemöglichkeit entgegen § 46 VwVfG (→ § 14 Rn. 63) unabhängig davon bestand, ob der Verfahrensfehler zu einer Verlet- **32**

lung *Seelig/Gündling* NVwZ 2002, 1033, 1035; *Wolf* ZUR 1994, 1 ff; rechtsvgl *Hauber* VR 1991, 313, 319 f; *Winkelmann* ZUR 1994, 12 ff. F e empirische Untersuchung *Schmidt* NuR 2008, 544 ff.

231 Darüber hinaus kann gegen Befreiungen von Verboten oder Geboten zum Schutz von Naturschutzgebieten, Nationalparks und sonstigen Schutzgebieten geklagt werden (§ 61 I 1 Nr 1 BNatSchG). Die Länder können die Mitwirkung anerkannter Vereine auch in anderen Verfahren vorsehen (§ 60 II 3 Nr 1 BNatSchG) und Rechtsbehelfe auch in anderen Fällen zulassen (§ 61 V 1 BNatSchG). Immissionsschutzrechtliche Genehmigungen iSd §§ 4 ff BImSchG werden freilich nicht erfasst. Vgl etwa OVG NRW, DVBl 2009, 654 ff, und *Niederstadt/Weber* 2009, 297 ff.

232 S zu den rügefähigen Rechtsvorschriften VGH München ZUR 2009, 442 ff; *Stüer/Hermanns* DVBl 2003, 711, 718.

233 BVerwGE 101, 73, 81. Vgl dazu *Diefenbach* NuR 1997, 572, 575 f. Wie hier *Schütz* in: Ziekow (Fn 17) Rn 992 f; *Steinberg/Berg/Wickel* (Fn 29) § 6 Rn 100.

234 So in Bezug auf § 29 I 1 Nr 4 BNatSchG aF BVerwGE 87, 62, 69 ff. S auch *Rudolph* JuS 2000, 478 f; *Steinberg* DÖV 2000, 85, 93 f; *Wahl/Schütz* in: Schoch/Schmidt-Aßmann/Pietzner, VwGO, § 42 II Rn 231; *Herbert* NuR 1994, 218 ff; *Waskow* Mitwirkung von Naturschutzverbänden in Verwaltungsverfahren, 79 ff.

zung materieller Rechten des Klägers geführt hatte.[235] Dies gilt nach Einführung der altruistischen Verbandsklage *nicht* mehr, weil die Verbände nun auch materielle Rechtsfehler des Planfeststellungsbeschlusses rügen können (vgl § 61 I 1 Nr 2 BNatSchG nF). Die Rechtsprechung hat schon bisher die Verbandsbeteiligung als relatives Verfahrensrecht eingeordnet, sofern das Landesrecht eine altruistische Verbandsklage vorsah.[236] Somit scheidet eine Anfechtung des Planfeststellungsbeschlusses gemäß § 46 VwVfG aus, wenn sich der Verfahrensfehler nicht auf die materielle Rechtmäßigkeit der Entscheidung auswirkt.[237] Bei UVP-pflichtigen Entscheidungen ist § 46 VwVfG allerdings unter erheblichen Druck des Völker- und europäischen Unionsrechts geraten (Rn 48).

33 *Vor Erlass des Planfeststellungsbeschlusses* kann ein Umweltverband seine Beteiligung am laufenden Verfahren im Wege der Leistungsklage und der einstweiligen Anordnung durchsetzen. § 44a S 1 VwGO (→ § 14 Rn 68) steht dem nicht entgegen. Zwar ist die frühere Begründung, die Vorschrift sei auf absolute Verfahrensrechte nicht anwendbar[238], aufgrund der Einordnung des § 59 BNatSchG nF als relatives Verfahrensrecht hinfällig geworden. Der Gesetzgeber wollte aber die verfahrensbegleitende Partizipationserzwingungsklage nicht beseitigen.[239] Mit der Reform des Naturschutzrechtes hat er vielmehr nur eine Aufwertung der Klagerechte von Naturschutzverbänden bezweckt. Wenn die zuständige Behörde rechtswidrig ein *Planfeststellungsverfahren* für *entbehrlich* erklärt oder bloß ein *Plangenehmigungsverfahren* eingeleitet hat, steht dem Verein ein Anfechtungsrecht zu, weil seine Beteiligungsmöglichkeit dadurch ausgeschlossen wird.[240] Ein im Wege der Leistungsklage durchsetzbarer *Anspruch auf Einleitung des Planfeststellungsverfahrens* scheidet aus den gleichen Gründen wie bei der einer Gemeinde aus (Rn 30).[241] Anzuerkennen ist hier wie dort neben der Anfechtung nur ein Unterlassungsanspruch gegen die Fortsetzung des Plangenehmigungsverfahrens. Wenn die zuständige Behörde eine formelle illegale Realisierung des Vorhabens

[235] BVerwGE 87, 62, 70 ff; 105, 348, 354; HessVGH NuR 1999, 159, 160 f; OVG SH NVwZ 1994, 590, 591; *Battis/Weber* JuS 1992, 1012, 1015 f; *Diefenbach* NuR 1997, 572, 576; *Wahl/Schütz* in: Schoch/Schmidt-Aßmann/Pietzner, VwGO, § 42 II Rn 266; aA *Dolde* NVwZ 1991, 960, 962 f; *Harings* NVwZ 1997, 538, 542; *Ziekow/Siegel* (Fn 54) 108 ff.

[236] BVerwGE 107, 1, 5; BVerwG NVwZ 2002, 1103, 1105. Zu den landesrechtlichen Regelungen *Battis/Weber* JuS 1992, 1012, 1016; *Harings* NVwZ 1997, 538, 540 f; *Hauber* VR 1991, 313; 317 ff.

[237] Aus diesem Grunde nun f die Einordnung als relatives Verfahrensrecht BVerwGE 121, 72, 76; *Schmidt-Preuß* NVwZ 2005, 489, 493; *Schütz* in: Ziekow (Fn 17) Rn 980; *Stüer/Hermanns* DVBl 2003, 711, 717. Die Einordnung als relatives Verfahrensrecht widerspricht allerdings der Intention des Gesetzgebers. S BT-Drucks 14/6378, 61. Gegen die Einordnung als relatives Verfahrensrecht auch *Ehlers* Verw 37 (2004) 255, 265, der sich allerdings auf die Rspr des BVerwG zur alten Rechtslage stützt.

[238] So zu § 29 BNatSchG aF *Krüger* NVwZ 1992, 552, 553; *Ziekow/Siegel* (Fn 54) 106 f; ebenso, ohne auf § 44a VwGO einzugehen, BVerwGE 87, 62, 70 f; aA *Dolde* NVwZ 1991, 960, 962; *Schmidt-De Caluwe* in: Sodan/Ziekow VwGO, § 44a Rn 82 ff.

[239] S BT-Drs 14/6378, 61. Ebenso *Schütz* in: Ziekow (Fn 17) Rn 971 ff.

[240] Restriktiv BVerwGE 104, 367, 372 ff; BVerwG NVwZ 2001, 673, 674. Krit *Schütz* in: Ziekow (Fn 17) Rn 984 mwN.

[241] Anders VG Kassel NuR 1995, 486, 488 (unter Berufung auf BVerwGE 81, 95, 106 ff); OVG LSA DÖV 1995, 780 ff (für den Fall, dass der Verzicht auf die Planfeststellung nicht durch einen separat anfechtbaren VA beschlossen wurde); abl VGH BW NuR 1996, 607 f; offen gelassen bei HessVGH NuR 1995, 159, 163.

duldet, kommt ein Anspruch auf Erlass einer Baueinstellungsverfügung nach der Landesbauordnung in Betracht.[242]

34 d) *Rechtsschutz des Vorhabensträgers.* Ob der Vorhabensträger seine Interessen vor Gericht verfolgen kann, hängt davon ab, ob er gegenüber dem Träger der Planfeststellungsbehörde ein *eigenes Rechtsubjekt* darstellt.[243] Unerheblich ist, ob der Vorhabensträger ein Subjekt des Privatrechts oder des Öffentlichen Rechts ist, da auch Verwaltungsträger untereinander subjektive Rechte haben können.[244] Zu denken ist vor allem an die Planungsautonomie der Gemeinden, die gerade gegenüber Bund und Ländern verteidigt werden muss. Wird die *Planfeststellung abgelehnt*, kommt eine Verpflichtungs- oder Bescheidungsklage in Betracht. Wegen der planerischen Gestaltungsfreiheit (Rn 19) gibt es grundsätzlich keinen Rechtsanspruch auf Feststellung des Planes, sondern nur auf fehlerfreie Betätigung des Planungsermessens.[245] Soweit dem Plan freilich nur Belange von geringem Gewicht entgegenstehen und dringende Gründe des Allgemeinwohls für seine Verwirklichung sprechen, reduziert sich die planerische Gestaltungsfreiheit auf Null.[246] Hat der Planfeststellungsbeschluss einen *anderen* als den beantragten *Inhalt*, handelt es sich um ein *aliud*, zu dem die Behörde nicht befugt ist, weil der Gegenstand des Verfahrens durch den beantragten Plan festgelegt wird.[247] Auch in diesem Fall ist die Bescheidungsklage die Klageart der Wahl. Eine *Teilanfechtung* des Planfeststellungsbeschlusses ist statthaft, wenn der Vorhabensträger mit einer logisch abtrennbaren Teilregelung (etwa einer Schutzauflage nach § 74 II 2 VwVfG) nicht einverstanden ist.[248] Für ihn nachteilig kann auch der *Verzicht* der Behörde *auf die Durchführung des Planfeststellungsverfahrens* sein (§ 74 VII VwVfG), denn ihm entgehen Vorzüge des Planfeststellungsbeschlusses – etwa die Konzentrations- und die Duldungswirkung. Ein rechtswidriges Absehen von der Planfeststellung verletzt den Anspruch des Vorhabensträgers auf eine fehlerfreie Ausübung des Planungsermes-

242 Allg *Krebs* in: Schmidt-Aßmann/Schoch, Bes VwR, Kap 4 Rn 224 ff.

243 Wenn der Rechtsträger der Planfeststellungsbehörde selbst den Antrag gestellt hat, bestehen zwischen Vorhabensträger und Planfeststellungsbehörde nur verwaltungsinterne Rechtsbeziehungen; es fehlt an eigenen subjektiv-öffentlichen Rechten des Vorhabensträgers. Vgl BVerwG NJW 1977, 2367 f; *Dürr* (Fn 87) Straßenrecht, Kap 35 Rn 27.2; *Kühling/Herrmann* Fachplanungsrecht, 2. Aufl 2000, Rn 691; *Schütz* in: Ziekow (Fn 17) Rn 995.

244 Wie hier *Hoppe/Just* DVBl 1997, 789, 793; *Schmidt-Preuß* FS Hoppe, 2000, 1071, 1079. Nach aA sollen eigene Rechte des Vorhabensträgers nur bei priv Rechtspersonen bestehen; s etwa *Schütz* in: Ziekow (Fn 17) Rn 995 mwN, der aber kommunale Gebietskörperschaften oder Zweckverbände davon ausnimmt.

245 BVerwGE 85, 348, 363; OVG NRW NWVBl 1995, 97. Vgl auch *Allesch/Häußler* in: Obermayer, VwVfG, § 74 Rn 16; *Bonk/Neumann* in: Stelkens/Bonk/Sachs, VwVfG, § 74 Rn 30; *Schink* DÖV 1994, 357, 359; *Sendler* (Fn 152) 55, 82; *Siegel* NZV 2004, 545, 550; *Stüer* FS Blümel, 1999, 565, 576 f.

246 Vgl *Ule/Laubinger* VwVfR, § 41 Rn 18; ähnlich *Bonk/Neumann* in: Stelkens/Bonk/Sachs, VwVfG, § 74 Rn 30; weitergehend *Dürr* (Fn 87) Straßenrecht, Kap 34 Rn 25.32; *ders* in: Knack/Henneke, VwVfG, § 74 Rn 13.

247 Teilw aA VGH BW VBlBW 1983, 375 f, wonach die Planfeststellungsbehörde ohne Zustimmung des Vorhabensträgers Detailkorrekturen vornehmen darf, soweit die Konzeption der Planung nicht geänd wird.

248 S zur Anfechtung v Nebenbestimmungen BVerwG 2001, 429, sowie die Übersichten zum Meinungsstand bei *Axer* Jura 2001, 248, 752; *Maurer* Allg VwR, § 12 Rn 25; *Pünder/Schenkel* Jura 2004, 563, 568.

sens.[249] Da der Planverzicht ein Verwaltungsakt[250] ist, kann sich der Vorhabensträger zur Durchsetzung seines Anspruchs nicht auf eine Bescheidungsklage beschränken, sondern muss zugleich den Verzicht anfechten.[251]

II. Sonstige besondere Verfahrensarten

1. Das sogenannte förmliche Verwaltungsverfahren der Verwaltungsverfahrensgesetze

35 Neben dem Planfeststellungsverfahren ist das sogenannte förmliche Verwaltungsverfahren (§§ 63 ff VwVfG) der zweite verfahrensgesetzlich geregelte Verfahrenstypus, der das Grundmodell des Verwaltungsverfahrens modifiziert. Die Regelungen sind den Vorgaben für das verwaltungsgerichtliche Verfahren angenähert.[252] Insbesondere ist eine *mündliche Verhandlung* vorgeschrieben (§ 67 I 1 VwVfG).[253] Anders als vor Gericht (§ 169 GVG) ist die Verhandlung nicht öffentlich (§ 68 I 1 VwVfG). Der Verhandlungsleiter hat wie der Vorsitzende des Verwaltungsgerichts (§ 86 III VwGO) die Sache mit den Beteiligten zu erörtern und darauf hinzuwirken, dass unklare Anträge erläutert, sachdienliche Anträge gestellt, ungenügende Anträge ergänzt und alle für die Feststellung des Sachverhalts wesentlichen Erklärungen abgegeben werden (§ 68 II VwVfG). Streng geregelt ist die Mitwirkung von *Zeugen und Sachverständigen* (§ 65 VwVfG).[254] Soweit sie vernommen oder Augenschein eingenommen wird, müssen die Beteiligten dabei sein und Fragen stellen können; Gutachten sollen ihnen zugänglich gemacht werden (sogenannte Parteiöffentlichkeit, § 66 II VwVfG). Der das Verfahren abschließende Verwaltungsakt ist schriftlich zu erlassen, zu begründen und den Beteiligten im Regelfall zuzustellen (§ 69 II 1 VwVfG). Für eine verwaltungsgerichtliche Klage bedarf es keiner Nachprüfung im Vorverfahren (§ 70 VwVfG iVm § 68 I 2 VwGO). Das förmliche Verwaltungsverfahren soll ein *Modell* sein, auf das Bundes- und Landesgesetzgeber zurückgreifen können (vgl § 63 I VwVfG). Gedacht war an besonders bedeutsame, vor allem eingriffsintensive Entscheidungen.[255] Neben vorbeugendem Grundrechtsschutz durch Verfahren (→ § 13 Rn 12) wird eine erhöhte Richtigkeitsgewähr (→ § 13 Rn 11) und verbesserte Akzeptanz (→ § 13 Rn 15)der gefällten Entscheidung

[249] VGH BW NVwZ 2001, 101, 103. Vgl auch *Dürr* (Fn 87) Straßenrecht, Kap 35 Rn 27.2; *Schütz* in: Ziekow (Fn 17) Rn 1001. Zu den nachteiligen Wirkungen der Verzichtsentscheidung BVerwG NJW 1977, 2367, 2368.

[250] BVerwGE 64, 325, 329 f; VGH BW NVwZ 1997, 594, 595.

[251] VGH BW NVwZ 2001, 101, 102; *Schütz* in: Ziekow (Fn 17) Rn 1002.

[252] Vgl *Fehling* (Fn 12) 120; *Häberle* FS Boorberg-Verlag, 47, 89 f; *Ule/Laubinger* VwVfR, § 32 Rn 3.

[253] Vgl *Hufen* (Fn 10) Rn 368. Ohne mündliche Verhandlung kann nur im Einklang m den Beteiligten oder bei Gefahr im Verzug entschieden werden (§ 67 II VwVfG). Restriktiv *Spranger* NWVBl 2000, 166 ff.

[254] Zeugen sind zur Aussage u Sachverständige zur Gutachtenerstattung verpflichtet (§ 65 I, II VwVfG). Ggf kann die Behörde eine eidliche Vernehmung durch das Gericht herbeiführen (§ 65 III–V VwVfG).

[255] Vgl BT-Drucks 7/910, 84. Vgl auch *Dürr* in: Knack/Henneke, Vor § 63 Rn 5; Hk-VerwR/*Fehling*, 2006, § 63 VwVfG Rn 2; *Seegmüller* in: Obermayer, Vor § 63 Rn 3 u § 63 Rn 3.

bezweckt. Die legislatorischen Hoffnungen haben sich *nicht* erfüllt.[256] Nur selten wird auf das förmliche Verwaltungsverfahren verwiesen.[257] Es scheint, dass die normierte Formenstrenge des Verfahrens zur Bewältigung heutiger Verfahrensanforderungen nicht geeignet und andererseits selbst das zentrale Verfahrensrecht der Anhörung zu dürftig ausgeprägt ist.[258] Eine Modernisierung des Regelwerks hat bisher nicht stattgefunden.

2. Andere förmliche Verwaltungsverfahren (vor allem im Telekommunikations-, Vergabe- und Umweltrecht)

Statt auf die §§ 63 ff VwVfG zu verweisen, haben bundes- und landesrechtliche Gesetzgeber förmliche Verfahren vielfach speziell geregelt. Auf solche *förmlichen Verwaltungsverfahren im weiteren Sinne* sind die verfahrensgesetzlichen Vorschriften über das förmliche Verfahren unmittelbar nicht anwendbar. Allerdings können sie zur Lückenfüllung und zur Auslegung gleicher oder ähnlicher fachgesetzlicher Verfahrensregelungen herangezogen werden.[259] **36**

a) *Förmliche Verfahren im Telekommunikationsrecht.* Nicht genutzt wurde die Chance zur Bezugnahme auf verfahrensgesetzliche Vorgaben bei der Normierung des Verfahrens vor den *Beschlusskammern der Regulierungsbehörde*. Dies betrifft die Regulierung von Märkten, auf denen kein wirksamer Wettbewerb vorliegt (§ 132 iVm §§ 9 ff TKG, dann Zugangs- und Entgeltregulierung, Missbrauchsaufsicht), die Frequenzvergabe (§ 132 iVm §§ 55 IX, 61 TKG), die Freigabe des Frequenzhandels (§ 132 iVm § 62 TKG), die Auferlegung von Universaldienstverpflichtungen (§ 132 iVm § 81 TKG) und Streitigkeiten zwischen Unternehmen (§ 133 TKG). Auch das Beschlusskammerverfahren lehnt sich an das verwaltungsgerichtliche Verfahren an, weil es typischerweise zumindest mittelbar um Streitigkeiten zwischen konkurrierenden privaten Wirtschaftssubjekten geht, also um einen gerichtsähnlichen Parteienstreit mit der Behörde als gleichsam „unbeteiligtem", nicht „in eigener Sache" entscheidendem Dritten.[260] Es finden eine Anhörung und eine grundsätzlich öffentliche mündliche Verhandlung statt (§ 135 TKG). Ermittelt wird nach zivilprozessualen Vorschriften (§ 128 TKG). Beweismittel können beschlagnahmt werden (§ 129 TKG). Betriebs- und Geschäftsgeheimnisse werden geschützt (§ 136 TKG).[261] Die Beschlusskammer entscheidet durch Verwaltungsakt (§ 132 I 2 TKG), der zu begründen und zuzustellen ist (§ 131 TKG). Für eine Klage bedarf es keines Vorverfahrens (§ 137 II TKG iVm § 68 I 2 VwGO). **37**

b) *Förmliche Verfahren im Vergaberecht.* Ohne Bezug auf verfahrensgesetzliche Vorgaben wurde auch die *Vergabe öffentlicher Aufträge* geregelt. Normierungen in diesem **38**

256 Statt vieler *Fehling* in: HK-VerwR, § 63 VwVfG Rn 9; *Kahl* in: Hoffmann-Riem/Schmidt-Aßmann (Hrsg), Verwaltungsverfahren und Verwaltungsverfahrensgesetz, 2002, 67, 132; *Wahl* NVwZ 2002, 1192 („legislatorischer Fehlschlag"). Anders *Hufen* (Fn 10) Rn 365.

257 S f Nachw *Fehling* in: HK-VerwR, § 63 VwVfG Rn 4 f.

258 So *Fehling* in: HK-VerwR, § 63 VwVfG Rn 9. Vgl auch *Hufen* (Fn 10) Rn 365; *Sachs* in: Stelkens/Bonk/Sachs, § 63 Rn 25 f; *Wahl* in: Blümel/Pitschas (Fn 10) 83, 96.

259 Vgl BVerwGE 55, 299, 304 (zur analogen Anwendung der §§ 69 II, 73 III 1 VwVfG auf das frühere förmliche Musterungsverfahren nach dem WPflG aF); *Dürr* in: Knack/Henneke, § 63 Rn 4; *Fehling* in: HK-VerwR; *Sachs* in: Stelkens/Bonk/Sachs, § 63 Rn 12; *Rudisile* DÖV 1992, 860, 863.

260 *Fehling* (Fn 12) 121 f. Für vergleichende Hinweise z „formal adjudication" im amerik Recht *Schneider* in: Hoffmann-Riem/Schmidt-Aßmann/Voßkuhle, Grundlagen II, § 28 Rn 168.

261 Vgl aber *v Danwitz* DVBl 2005, 597 ff.

Rechtsgebiet, das paradigmatische Bedeutung für Verteilungsverfahren hat[262], wurden durch unionsrechtliche Vorgaben erzwungen.[263] Die deutschen Anpassungsbemühungen scheiterten zunächst kläglich vor dem EuGH[264], insbesondere weil es erklärtes Ziel des Gesetzgebers war, „individuelle, einklagbare Rechtsansprüche der Bieter nicht entstehen zu lassen".[265] Mittlerweile ist es zu einer *Zweiteilung* des Vergaberechts gekommen. Für Aufträge *oberhalb* unionsrechtlicher *Schwellenwerte* wurde 1998 – systemwidrig[266] – in den §§ 97 ff GWB eine Regelung getroffen, die auch die Interessenlage der Bieter berücksichtigt:[267] Die Unternehmer haben einen Anspruch auf Einhaltung der Verfahrensbestimmungen (§ 97 VII GWB). Konkretisiert wurden die gesetzlichen Grundlagen durch die Vergabeverordnung[268] (vgl §§ 97 VI, 127 GWB), die ihrerseits auf sogenannte Verdingungsordnungen verweist (sogenanntes Kaskadenprinzip).[269] Gem § 101 VII 1 GWB haben die öffentlichen Auftraggeber grundsätzlich das „offene Verfahren" anzuwenden. Dabei wird eine unbeschränkte Anzahl von Unternehmern öffentlich zur Abgabe von Angeboten aufgefordert (§ 101 II GWB). Ausnahmsweise kommt die Auftragsvergabe im „nicht offenen Verfahren", in einem „wettbewerblicher Dialog" oder auch ein bloßes Verhandlungsverfahren in Betracht (§ 101 III–V GWB).[270] Es kann auch eine „elektronische Auktion" oder ein „dynamisches elektronisches Verfahren zur Beschaffung marktüblicher Leistungen" stattfinden (§ 101 VI GWB). In allen Verfahrensarten kommt der öffentliche Auftrag durch den Zuschlag – zivilrechtlich die Annahme des Angebots nach § 147 BGB – zustande.[271] Dies legt die An-

[262] Vgl *Röhl* in: Hoffmann-Riem/Schmidt-Aßmann/Voßkuhle, Grundlagen II, § 30 Rn 10 ff.

[263] Mittlerweile wurden die drei BasisRL (Liefer-, Bau- u DienstleistungskoordinierungsRL) in der VergabekoordinierungsRL 2004/18/EG zusammengefasst. F den Sektorenbereich gilt die RL 2004/17/EG. Vgl zum sog Legislativpaket *Pünder/Prieß* (Hrsg), Vergaberecht im Umbruch, 2005.

[264] S EuGH Slg 1995, I-2303 Rn 18 ff – Kommission/Deutschland.

[265] So die Begr des Gesetzentw der *BReg* zur Änderung des HaushaltsgrundsätzeG durch die §§ 57a bis c HGrG aF, BT-Drucks 12/4636, 12. S auch *Hailbronner* RIW 1992, 553, 563; *dens* WiVerw 1994, 174, 233.

[266] Systematisch angemessen wäre eine Eingliederung in Teil V des VwVfG gewesen. Ebenso *Kahl* FS v Zezschwitz, 2005, 151, 174; *ders* in: Hoffmann-Riem/Schmidt-Aßmann (Hrsg), VwVf u VwVfG, 2002, 67, 74; *Ziekow/Siegel* ZfBR 2004, 30, 35.

[267] Hierzu kam es erst, nachdem die Kommission ein Vertragsverletzungsverfahren eingeleitet (Beanstandungsschreiben abgedr in: ZIP 1995, 1940 ff) u der US-amerikanische Handelsbeauftragte politischen Druck ausgeübt (vgl BT-Drucks 13/7137, 8 f) hatte. Die §§ 97 ff GWB wurden durch Art 13 XXI d G v 25.5.2009 (BGBl I, 1102) reformiert.

[268] VO über die Vergabe öffentlicher Aufträge idF der Bek v 11.2.2003, BGBl I, 169, zuletzt geändert durch Art 2 d G v 20.4.2009 (BGBl I, 790).

[269] Krit zB *Cremer* in: Pünder/Prieß, VergabeR i Umbruch, 2005, 29, 32 f.

[270] Das nicht offene Verfahren unterscheidet sich vom offenen Verfahren dadurch, dass zunächst ein öffentlicher Teilnahmewettbewerb durchgeführt wird, bei dem ungeeignete Bewerber ausgeschieden werden. Die Aufforderung zur Angebotsabgabe erfolgt in einem zweiten Schritt. Im wettbewerblichen Dialog erfolgen eine Aufforderung zur Teilnahme und anschließend Verhandlungen mit ausgewählten Unternehmen über die Einzelheiten des Auftrags. Beim Verhandlungsverfahren wendet sich der Auftraggeber schließlich – mit oder ohne vorherige öffentliche Aufforderung zur Teilnahme – an ausgewählte Unternehmen, um mit einem oder mehreren über die Angebote zu Verhandeln. Vgl zur Abgrenzung etwa *Pünder/Franzius* ZfBR 2006, 20 ff.

[271] Vgl BVerwGE 129, 9, 19.

wendung der Zwei-Stufen-Theorie nahe.[272] Wenn man dem nicht folgt, sind die verwaltungsverfahrensgesetzlichen Vorgaben nicht unmittelbar, sondern analog oder zumindest als Ausdruck eines allgemeinen, rechtsstaatlich fundierten Rechtsgedankens ergänzend heranzuziehen.[273] Justizförmig ausgestaltet ist das *Nachprüfungsverfahren vor den Vergabekammern* (§§ 102 ff GWB).[274] Auch hier wurde auf das förmliche Verwaltungsverfahren der Verwaltungsverfahrensgesetze nicht Bezug genommen[275] (was nicht ausschließt, dass – weil die Voraussetzungen des § 9 VwVfG → § 13 Rn 6 gegeben sind – auf die Vorschriften ergänzend zurückgegriffen wird[276]). Eingeleitet wird das Verfahren auf schriftlichen Antrag eines möglicherweise in seinen Rechten verletzten Unternehmens (§§ 107, 108 GWB). Es gilt der Untersuchungsgrundsatz (§ 110 GWB). Die Beteiligten haben ein Recht auf Akteneinsicht (§ 111 GWB). Es findet eine mündliche Verhandlung statt (§ 112 GWB). Schließlich wird durch die unabhängige, grundsätzlich dreiköpfige (§ 105 GWB) Vergabekammer durch Verwaltungsakt entschieden (§ 114 III GWB), der nach den Verwaltungsvollstreckungsgesetzen des Bundes und der Länder vollstreckt werden kann.[277] Die Vergabekammer kann ein laufendes Vergabeverfahren aussetzen (vgl § 115 GWB), da ein einmal erteilter Zuschlag nachträglich nicht mehr aufgehoben werden kann (§ 114 II 1 GWB) und dem Unterlegenen dann allenfalls die Möglichkeit bleibt, Schadensersatz zu erstreiten. *Unterhalb der Schwellenwerte* ist es bei der Rechtslage geblieben, wonach allein das Haushaltsrecht und – meist durch Verweis in Verwaltungsvorschriften – die Verdingungsordnungen maßgeblich sind. Viele meinen, dass gegen die Missachtung der Vorgaben gerichtlich nicht vorgegangen werden könne, da diese Regelungen den an einem Auftrag Interessierten keine subjektiven Rechte vermitteln.[278] Unter Beachtung des grundgesetzlichen Gleichheitssatzes und der Vorgaben des EU-Primärrechts muss man zu einem anderen Ergebnis kommen. Immerhin kann es auch unterhalb der Schwellenwerte um nicht unbeträchtliche Summen gehen – im Bauwesen um bis zu 5,278 Millionen Euro, bei Liefer- und Dienstleistungen um bis zu 211.000 Euro.[279] Die Gerichte müssten eigentlich Primärrechtsschutz gewähren.[280] Das Bundesverfassungsgericht meint freilich, dass Se-

[272] Dafür *Kahl* in: Hoffmann-Riem/Schmidt-Aßmann (Hrsg), VwVf u VwVfG, 2002, 67, 75 f mwN.

[273] S *Ziekow/Siegel* ZfBR 2004, 30, 33 ff mwN.

[274] Vgl zB OLG Brandenburg NVwZ 1999, 1142 → JK VwVfG § 20/2.

[275] Gleichwohl wollte man nicht von einem „nichtförmlichen“ Verfahren sprechen. So aber *Reidt* in: Reidt/Stickler/Glahs, Vergaberecht, Kommentar, 2. Aufl 2003, § 107 GWB Rn 7. Vgl zum Verfahren etwa *Vollmöller* in: Schmidt/Vollmöller, Kompendium Öffentliches Wirtschaftsrecht, 3. Auflage 2007, § 6 Rn 63 ff. Näheres findet sich in den einschlägigen GWB-Kommentierungen.

[276] Vgl etwa OLG Naumburg ZVgR 2000, 170; sowie *Ziekow/Siegel* ZfBR 2004, 30, 31 f.

[277] *Byok* NJW 2003, 2642 ff.

[278] Vgl *Pietzcker* ZHR 162 (1998) 427, 468 („gerichtsfreier Raum“). Ihm folgend *Puhl* VVDStRL 60 (2001) 456, 479 f. Krit *Pünder* VerwArch 95 (2004) 38, 53 ff (auch zum in Betracht kommenden Sekundärrechtsschutz).

[279] Vgl §§ 100 I, 127 GWB, § 2 Nr 3 und 4 VgV. Für besondere Auftragsarten gelten gem § 2 Nr 1, 2, 5 bis 8 VgV andere Schwellenwerte. Zugrunde liegen die Schwellenwerte aus den Vergaberichtlinien (Art 7 VKR und Art 16 SKR).

[280] Vgl *Bitterich*, NVwZ 2007, 890, 893; *Braun*, VergabeR 2007, 17 ff; *Frenz*, VergabeR 2007, 1, 12 ff; *Knauff*, NVwZ 2007, 546 ff; *Krist*, VergabeR 2003, 17, 21; *Pietzcker* NJW 2005, 2881 ff; *Pünder* VerwArch 95 (2004) 38 ff; *dens* NZBau 2003, 530 ff; *Siegel* DÖV 2007, 237, 241; *Wollenschläger* DVBl 2007, 589, 591; *ders* NVwZ 2007, 389 ff.

kundärrechtsschutz ausreicht.[281] Zuständig wären – weil es sich bei den Vergaberegeln um Sonderrecht für die öffentliche Hand handelt – gem § 40 I VwGO an sich die Verwaltungsgerichte.[282] Das Bundesverwaltungsgericht sieht das jedoch anders.[283]

39 c) *Förmliche Genehmigungsverfahren im Umweltrecht.* Unter den förmlichen Verfahren iwS verdienen auch die komplexen und deshalb mehr oder minder formalisierten Genehmigungsverfahren im Umweltrecht Erwähnung. Das *immissionsschutzrechtliche Genehmigungsverfahren* nach § 10 BImSchG iVm der 9. BImSchV[284] weist eine engere Verwandtschaft zur Planfeststellung auf als zum verwaltungsverfahrensgesetzlichen förmlichen Verwaltungsverfahren.[285] Zugrunde liegen unionsrechtliche Vorgaben, die zur Umsetzung der völkerrechtlichen Aarhus-Konvention durch die Öffentlichkeitsbeteiligungsrichtlinie modifiziert wurden (→ § 13 Rn 21).[286] Am Anfang steht eine – im Planfeststellungsrecht allerdings nicht ausdrücklich geregelte (Rn 5) – „*Vorfeldkommunikation*" zwischen Antragsteller und Behörde.[287] Erst danach erfolgt ein schriftlicher Genehmigungsantrag, der durch die Behörde öffentlich bekannt gemacht wird.[288] Es finden sich Vorgaben für die *Behördenbeteiligung* und -koordination.[289] Die *Öffentlichkeit* wird durch einmonatige Auslegung der Antragsunterlagen mit der Möglichkeit, Einwendungen zu erheben, einbezogen.[290] Der Präklusionsregelung des Planfeststellungsrecht entsprechend (Rn 8) sind danach Einwendungen ausgeschlossen (§ 10 III 3 BImSchG). Schließlich findet wie bei Planfeststellungen (Rn 10) ein mündlicher *Erörterungstermin* statt.[291] Binnen sieben Monaten nach Vorliegen der vollständigen Antragsunterlagen muss eine zu begründende Entscheidung ergehen.[292] Der Genehmi-

[281] Vgl BVerfGE 116, 136 ff. Im konkreten Fall musste das Interesse des erfolglosen Bieters auf Primärrechtsschutz hinter dem Interesse an einer raschen Vergabeentscheidung zurückstehen.

[282] Vgl etwa OVG NRW, NZBau 2006, 67; OVG Rh-Pf, DVBl 2005, 988 → JK VwGO § 40/4; *Bungenberg*, WuW 2005, 899, 902 ff; *Frenz*, VergabeR 2007, 1 ff, 14; *Hermes*, JZ 1997, 909, 915; *Huber*, JZ 2000, 877, 882; *Niestedt/Hölzl*, NJW 2006, 3680, 3682; *Prieß/Hölzl*, ZfBR 2005, 593 f; *Pünder*, VerwArch 95 (2004), 38, 57.

[283] BVerwGE 129, 9 ff. Krit etwa *Braun* NZBau 2008, 160 ff; *Burgi* NVwZ 2007, 737 ff; *Kallerhoff* NZBau 2008, 97 ff.

[284] Näher dazu neben den einschlägigen Kommentierungen etwa *Breuer* in: Schmidt-Aßmann/Schoch, Bes VwR, Kap 5 Rn 192 ff; *Sparwasser/Engel/Voßkuhle* Umweltrecht, 5. Aufl 2003, § 10 Rn 215 ff; *Koch* in: ders (Hrsg), Umweltrecht, 2. Aufl 2007, § 4 Rn 143 ff.

[285] S *Fehling* in: HK-VerwR, § 63 VwVfG Rn 30. Vgl auch *Dürr* in: Knack/Henneke, VvVfG, vor § 63 Rn 13; *Voßkuhle* in: Hoffmann-Riem/Schmidt-Aßmann, VwVf u VwVfG, 2002, 277, 289; *Weinl* UPR 2001, 46, 49.

[286] RL 2003/35/EG v 26.5.2003 über die Beteiligung der Öffentlichkeit bei der Ausarbeitung bestimmter umweltbezogener Pläne und Programme und zur Änderung der RL 85/337/EWG und 96/61/EG in Bezug auf die Öffentlichkeitsbeteiligung und den Zugang zu Gerichten (ABl EG L 156, 17 ff). Die Umsetzung d RL erfolgte in verfahrensrechtlicher Hinsicht durch das ÖffentlichkeitsbeteiligungsG v 9.12.2006 (BGBl I, 2819). Die Änderungen bezogen sich vor allem auf § 10 III BImSchG.

[287] Ausf § 2 II der 9. BImSchV.

[288] S zum Antrag § 10 I BImSchG; §§ 3, 4 ff der 9. BImSchV; zur Bek § 10 III 1 BImSchG, §§ 8, 9 der 9. BImSchV. Die Anforderungen entsprechen § 63 III VwVfG. Vgl *Dürr* in: Knack/Henneke, VwVfG, Vor § 63 Rn 24.

[289] S § 10 V BImSchG, §§ 11, 11a der 9. BImSchV.

[290] S § 10 III, IV BImSchG, §§ 10, 12 der 9. BImSchV.

[291] S § 10 VI 1 BImSchG, §§ 14 ff, 18 I der 9. BImSchV. Für einem Vergleich mit dem Planfeststellungsrecht *Gucklberger* DÖV 2006, 97 ff.

[292] S § 10 VIa BImSchG.

gung kommt – wie der Planfeststellung (Rn 14 f) – *Konzentrations- und privatrechtsgestaltende Wirkung* zu (§§ 13, 15 BImSchG).[293] Das immissionsschutzrechtliche Genehmigungsverfahren ist modellprägend. Ähnliche Verfahren finden sich im *Atom- und Gentechnikrecht*.[294] Mit Recht wird gefordert, die bereichspezifischen Sonderregelungen zusammenzuführen.[295] Allerdings hat das Modell einer Vorhabengenehmigung wie auch das Gesamtprojekt eines Umweltgesetzbuches derzeit kaum Aussicht auf Umsetzung (→ § 13 Rn 6).[296]

d) *Sonstige förmliche Verfahren.* Sonstige förmliche Verfahren im weiteren Sinne finden sich im *Kartellrecht* (Verfahren vor den Beschlusskammern des Bundeskartellamts)[297] und im *Jugendschutzrecht* (Indizierung jugendgefährdender Medien).[298] Hinzu kommen das *Asyl-Anerkennungsverfahren*[299], das baurechtliche *Enteignungs-* und das *Flurbereinigungsverfahren*[300] und im öffentlichen Wirtschaftsrecht insbesondere das Genehmigungsverfahren für den *Linienverkehr*.[301] Schließlich sind *Prüfungs- und Eignungsbewertungsverfahren* zu nennen[302], auf die die Regelungen des VwVfG nur sehr eingeschränkt anzuwenden sind (§ 2 III Nr 2 VwVfG → § 14 Rn 15, 51). Das frühere förmliche Musterungsverfahren vor den Musterungsausschüssen nach §§ 17–19 WPflG aF[303] ist schon 1994 in ein nichtförmliches Verfahren vor dem Kreiswehrersatzamt umgestellt worden (§§ 17 ff WPflG nF).[304] **40**

3. Verfahrensgesetzliche Vorgaben für das Rechtsbehelfsverfahren

Verwaltungsverfahrensgesetzlich wird auch das *Widerspruchverfahren* zur Überprüfung der Recht- und Zweckmäßigkeit von Verwaltungsakten geregelt (§§ 79 f VwVfG). Das Verfahren hat eine *Doppelnatur*[305]: Zum einen ist es ein verwaltungsgerichtliches **41**

[293] Die Entscheidung ist idR auch allen Einwendern zuzustellen (§ 10 VII BImSchG), doch kann diese Zustellung ggf durch öffentliche Bekanntm des verfügenden – nicht des begründenden – Teils der Entscheidung ersetzt werden (§ 10 VIII BImSchG).

[294] Vgl §§ 7–7b AtomG iVm der AtVfV; §§ 15–18 GentechnikG. Zur Parallelstruktur der Verfahren *Fehling* in: Schneider/Theobald (Hrsg), Handbuch zum Recht der Energiewirtschaft, 2. Aufl 2008, § 8 Rn 64 ff.

[295] Statt vieler *Wahl* in: Blümel/Pitschas (Fn 10) 83 ff; *ders* NVwZ 2002, 1192, 1194 f; *Sparwasser/Engel/Voßkuhle* (Fn 284) § 4 Rn 9. Vgl *Ziekow* in: König/Merten, Verfahrensrecht, 2000, 69, 71 („konzeptionsloser Mix").

[296] Näher u krit *Breuer* in: Schmidt-Aßmann/Schoch, Bes VwR, Kap 5 Rn 51 ff. Vgl. auch die Nachw in § 13 Fn 46.

[297] Vgl §§ 54 ff GWB.

[298] Vgl §§ 19, 21 ff JuSchG iVm der dazu ergangenen DVO-JuSchG. Zu den verfassungsrechtlichen Anforderungen, die sich aus dem Grundrechtsschutz der Kunstfreiheit durch Organisation u Verfahren va an die Besetzung der Bundesprüfstelle ergeben, s BVerfGE 83, 130, 149 ff; zur Einschätzungsprärogative der Bundesprüfstelle BVerwGE 91, 211, 215 ff; zum vereinfachten Verfahren BVerwGE 91, 217 ff.

[299] §§ 23 ff AsylVerfG.

[300] Vgl §§ 104 ff BauGB, §§ 109–137 FlurBG.

[301] Vgl §§ 11–17 PBefG.

[302] Zur Einordnung v (Staats-)Prüfungsverfahren als förmliches Verfahren iwS m gewissen Parallelen zu §§ 63 ff VwVfG s *Nolte* NWVBl 1992, 301, 303 f; für die Überprüfung ehemaliger DDR-Richter u Staatsanwälte vgl *Rudisile* DÖV 1992, 860, 862 f.

[303] Zur Kennzeichnung als förmliches Verfahren (iwS) BVerwGE 55, 299, 304.

[304] Dazu *Raap* NVwZ 1994, 978 f.

[305] *Kopp/Ramsauer* VwVfG, § 79 Rn 2; S auch *Dürr* in: Knack, VwVfG, § 79 Rn 18; *Kallerhoff* in: Stelkens/Bonk/Sachs, VwVfG, § 79 Rn 1 f.

Vorverfahren. Demgemäß wird auf die Vorschriften VwGO (§§ 68 ff) verwiesen (§ 79 Hs 1 VwVfG). Zum anderen ist das Widerspruchsverfahren ein Verwaltungsverfahren. Die verfahrensgesetzlichen Regelungen sind subsidiär anwendbar (§ 79 Hs 2 VwVfG). In Betracht kommen zB die Vorschriften über die Beteiligten und ihre Vertreter (§§ 11 ff VwVfG, → § 14 Rn 14 ff), den Verfahrensablauf (§§ 22 ff VwVfG → § 14 Rn 16 ff) und die Verfahrensrechte (§§ 28 ff VwVfG → § 14 Rn 27 ff).[306] Von Bedeutung ist außerdem § 80 VwVfG, der die Erstattung von Kosten im Vorverfahren regelt (→ § 14 Rn 50).

III. Besondere Verfahrensgestaltungen

1. Massenverfahren

42 Modifikationen des Grundmodells normieren die Verfahrensgesetze auch für sogenannte *Massenverfahren* (§§ 17–19, § 69 II, § 74 V VwVfG). Dabei wurde keine eigene Verfahrensart geschaffen. Es geht um eine besondere Gestaltung derjenigen (nichtförmlichen oder förmlichen) Verwaltungsverfahren, an denen – wie etwa bei der Festlegung einer Fernverkehrsstraße oder bei der Genehmigung einer Flughafenerweiterung – eine Vielzahl von Personen beteiligt sind.[307]

43 a) *Gemeinsame Vertretung.* Um die damit verbundenen Schwierigkeiten zu bewältigen, trifft das Verwaltungsverfahrensrecht vor allem Vorgaben für eine *gemeinsame Vertretung*. Für sogenannte *gleichförmige Eingaben*, dh Anträge oder Eingaben, die von mehr als 50 Personen auf Unterschriftenlisten unterzeichnet oder in Form vervielfältigter gleichlautender Texte eingereicht worden sind, gilt aufgrund einer *gesetzlichen Fiktion* auch ohne ausdrückliche Bevollmächtigung derjenige Unterzeichner als Vertreter der Übrigen, der in den Eingaben mit Namen, Beruf und Anschrift als Vertreter bezeichnet ist (§ 17 I 1 VwVfG). Fehlt es daran, kann die Behörde die gleichförmigen Eingaben unberücksichtigt lassen, wenn sie dies ortsüblich bekannt macht (§ 17 II 1 und 2 VwVfG). Ferner brauchen Eingaben nicht berücksichtigt werden, wenn Unterzeichner ihren Namen oder ihre Anschrift nicht oder unleserlich angegeben haben (§ 17 II 3 VwVfG). Das alles soll den Kreis derjenigen gering halten, mit denen die Behörde in Massenverfahren verhandeln muss, und insoweit der Verfahrenskonzentration dienen.[308] Ein ähnliches Ziel hat § 18 VwVfG: Sind an einem Verwaltungsverfahren mehr als fünfzig Personen *im gleichem Interesse beteiligt*, ohne vertreten zu sein, kann die Behörde sie auffordern, innerhalb einer angemessenen Frist einen gemeinsamen Vertreter zu bestellen, wenn sonst die ordnungsgemäße Durchführung des Verwaltungsverfahrens beeinträchtigt wäre (§ 18 I 1 VwVfG). Wird der Aufforderung nicht fristgemäß nachgekommen, darf die *Behörde* einen gemeinsamen *Vertreter bestimmen* (§ 18 I 2 VwVfG).[309] Diese Möglichkeit ist restriktiv zu handhaben, da die Bestellung eines nicht

[306] Ausf zur Anwendung v Vorschriften aus dem VwVfG *Dürr* in: Knack/Henneke, VwVfG, § 79 Rn 19 ff.

[307] Näher zum Folgenden *Hufen* (Fn 10) Rn 327 ff.

[308] Vgl *Kopp/Ramsauer* VwVfG, § 17 Rn 1.

[309] Eine ähnliche Regelung trifft § 17 IV 3 VwVfG f den Fall, dass die nach § 17 I VwVfG fingierte Stellvertretung erlischt. Ist der Vertreter von der Behörde bestellt, hat er gegen deren Rechtsträger einen Anspruch auf angemessene Vergütung und Erstattung seiner Auslagen (§ 19 III 1 VwVfG). Die Behörde kann für ihre Aufwendungen von den Vertretenen aber zu gleichen Teilen Ersatz verlangen (§ 19 III 2 VwVfG).

gewollten Vertreters der effektiven Wahrnehmung der eigenen Rechte und damit dem Grundrechtsschutz durch Verfahren (→ § 13 Rn 12) zuwider laufen kann.[310] Im Übrigen ist in Massenverfahren die Begrenzung der Teilnehmer zwar sinnvoll[311], doch sollte sich die Behörde im eigenen Interesse stets bemühen, mit den Betroffenen einen Konsens über die Vertretung zu erzielen. Wenn die Beteiligten ihren oktroyierten Vertreter nicht akzeptieren, steigt das Widerstandspotential gegen die Verwaltungsentscheidung. Allerdings können die nach den §§ 17, 18 VwVfG Vertretenen die Vertretung jederzeit beenden (§§ 18 II, 17 III VwVfG). Der *Vertreter* bei gleichförmigen Eingaben oder für Beteiligte bei gleichem Interesse hat die Interessen der Vertretenen sorgfältig wahrzunehmen (§ 19 I 1 VwVfG). Er kann alle das Verwaltungsverfahren betreffenden Verfahrenshandlungen vornehmen (§ 19 I 2 VwVfG). An Weisungen ist er nicht gebunden (§ 19 I 3 VwVfG). Aus Sicht der Verwaltung ist besonders wichtig, dass allein dem Vertreter das Akteneinsichtsrecht zusteht (§ 29 I 3 VwVfG).

b) *Öffentliche Bekanntmachung.* Modifikationen des Grundmodells ergeben sich **44**
weiter für die Bekanntmachung der in Massenverfahren ergangenen Verwaltungsakte. So kann die im förmlichen Verwaltungsverfahren erforderliche Zustellung durch eine *öffentliche Bekanntmachung* ersetzt werden, sofern mehr als 50 Zustellungen vorzunehmen wären (§ 69 II 3 VwVfG). Dasselbe gilt für Planfeststellungen (§ 74 V 1 VwVfG).[312] Zweifel an der Verfassungsmäßigkeit öffentlicher Bekanntmachungen, die gegenüber den Betroffenen gegebenenfalls ohne deren Wissen die sehr kurze Klagefrist des § 74 I VwGO in Gang setzt (§ 74 V 3 VwVfG), hat sich die Rechtsprechung nicht zu eigen gemacht.[313] Indes wird eine persönliche Zustellung nach § 74 IV 1 VwVfG zumindest dann geboten sein, wenn sich Anhaltspunkte dafür ergeben, dass einem von der enteignungsrechtlichen Vorwirkung (Rn 15) Betroffenen die Durchführung des Planfeststellungsverfahrens vollständig unbekannt geblieben ist und sich der Aufenthaltsort der Person ohne besonderen Aufwand ermitteln lässt (vgl die Wertung des § 74 V 3 VwVfG).

2. Verfahrensbeschleunigung, Verfahren über eine „einheitliche Stelle"

Gemäß § 10 S 2 VwVfG ist jedes Verwaltungsverfahren zügig durchzuführen. Vor dem **45**
Hintergrund der Debatte um den „Wirtschaftsstandort Deutschland" (→ § 13 Rn 8) wurden 1996 gleichwohl spezielle Vorschriften zur *Beschleunigung von Genehmigungsverfahren* in die Verwaltungsverfahrensgesetze eingefügt. Die Notwendigkeit der Spezialregelungen für „wirtschaftliche Unternehmungen" war von Anfang an umstritten.[314] 2008 wurden die Vorgaben durch die Regelungen zum „Verfahren über eine ein-

[310] Zur Frage der Verfassungsmäßigkeit u Praktikabilität der §§ 17, 18 VwVfG *Blümel* FS Weber, 1974, 539, 557 ff; *ders* VerwArch 73 (1982) 5, 6 f; *Hattstein* (Fn 59) 150 ff; *Kopp* DVBl 1980, 320, 323, 327 f; *dens/Ramsauer* VwVfG, § 17 Rn 2.

[311] Vgl *Pünder* NuR 2005, 71, 76.

[312] Dabei beschränkt sich die öffentliche Bek auf den verfügenden Teil des Planfeststellungsbeschlusses, die Rechtsbehelfsbelehrung u auf einen Hinw auf die Auslegung des Beschlusses (§ 74 V 2 VwVfG). Allerdings können die Betroffenen u diejenigen, die Einwendungen erhoben haben, den Planfeststellungsbeschluss innerhalb der Rechtsbehelfsfrist v der Planfeststellungsbehörde anfordern (§ 74 V 4 VwVfG).

[313] BVerwGE 67, 203, 209 ff. Vgl auch *Bonk* NVwZ 1997, 320, 323.

[314] Vgl BT-Drucks 13/3995 v 6.3.1996, S 2; *Bull* in: Festschrift für Thieme, 2003, 9, 24; *Schmitz/Wessendorf* NVwZ 1996, 955, 959.

heitliche Stelle“ ersetzt (§ 71a ff nF VwVfG).[315] Das bedeutet freilich nicht, dass die bisherigen Beschleunigungsinstrumente obsolet sind. Nach wie vor kann es zur Verfahrensbeschleunigung geboten sein, dass die Behörde in einem sogenannten *Sternverfahren* die zu beteiligenden Träger öffentlicher Belange unter Fristsetzung zur Stellungnahme auffordert (§ 71d aF VwVfG) oder eine sogenannte *Antragskonferenz* zwischen den beteiligten Stellen und dem Antragsteller einberuft (§ 71e aF VwVfG).[316] Der Streichung lag bloß die Überlegung zugrunde, dass der ursprüngliche Gesetzeszweck, eine „Signal- und Anstoßwirkung“ zu erzielen, mittlerweile erfüllt ist.[317] Die bisherigen Regelungen über besondere Beratungs- und Auskunftspflichten (§ 71c aF VwVfG) wurden in § 25 VwVfG eingefügt (→ § 14 Rn 40). Der neugefasste Abschnitt 1a VwVfG setzt vor allem die *Dienstleistungsrichtlinie* v 12.6.2006 um, die in Art 6 zur Erleichterung grenzüberschreitender Dienstleistungen verlangt, dass alle erforderlichen Verfahren und Formalitäten – den sogenannten *front office/back-office*-Konzepten der Organisationstheorie entsprechend (→ § 14 Rn 29)[318] – über *„einheitliche Ansprechpartner“* abwickelt werden können.[319] Um eine Inländerdiskriminierung zu vermeiden, setzt die Anwendung der §§ 71a ff VwVfG keinen grenzüberschreitenden Sachverhalt voraus.[320] Zudem kommen die Verfahrenserleichterungen – anders als die §§ 71a ff aF VwVfG – nicht bloß „wirtschaftlichen Unternehmungen“ zugute. Allerdings gilt das neue Verfahrensmodell nur, wenn dies durch Rechtsvorschrift angeordnet ist (§ 71a I VwVfG). Damit kann verhindert werden, dass die Verwaltungen mit den erforderlichen Umstellungsmaßnahmen überfordert werden. Andererseits droht eine Rechtszersplitterung.[321] Zudem besteht die Gefahr, das es nicht in allen von der Richtlinie erfassten Verfahren zu einem fachgesetzlichen Anwendungsbefehl kommt. Da die Umsetzungsfrist am 28.12.2009 abgelaufen ist, muss ggf die Richtlinie selbst als „Rechtsvorschrift“ iSd § 71a VwVfG angesehen werden. Die §§ 71a ff VwVfG lassen die sachlichen Zuständigkeiten und Befugnisse zur Durchführung der jeweiligen Verwaltungsverfahren unberührt. Die einheitlichen Stellen haben keine Sach- und Entscheidungskompetenzen.[322] Als unterstützende *„Verfahrensmittler“* haben sie Anzeigen, Anträge, Willenserklärungen und Unterlagen bloß entgegenzunehmen und unverzüglich an die zuständigen Behörden weiterzuleiten (§ 71b I VwVfG).[323] Damit Fehler in der Behördenkommunikation den Antragsstellern oder Anzeigepflichtigen nicht schaden, ist eine Zugangsfiktion bei der zuständigen Behörde vorgesehen (drei Tage wie bei § 41 II VwVfG → § 14 Rn 56); Fristen werden mit Eingang bei der einheitlichen Stelle gewahrt (§ 71b II VwVfG). Im Übrigen hat die zuständige Behörde eine Empfangsbestätigung auszustel-

[315] 4. VwVfGÄndG (BGBl 2008 I 2418 ff).

[316] Vgl die Gesetzesbegründung zum 4. VwVfÄndG, BT-Drucks 16/10493 v 7.10.2008 S 15. Zu den §§ 71a ff aF VwVfG vgl Vorauflage § 14 Rn 45.

[317] Gesetzesbegründung zum 4. VwVfÄndG, BT-Drucks 16/10493 v 7.10.2008 S 16 f.

[318] Vgl etwa *Schliesky* VerwArch 99 (2008), 313, 314; *Wittreck* VerwArch 100 (2001), 71 ff („Lotsenmodell“). Ausf *Schulz* One-Stop-Government, 2007.

[319] ABl EG Nr L 376 S 36 ff. Umfassend *Ziekow/Windoffer* (Hrsg) Ein einheitlicher Ansprechpartner für Dienstleister, 2007.

[320] Vgl die Gesetzesbegründung zum 4. VwVfÄndG, BT-Drucks 16/10493 v 7.10.2008 S 2; *Ramsauer* NordÖR 2008, 417, 419.

[321] Widersprüchlich insoweit Gesetzesbegründung zum 4. VwVfÄndG BT-Drucks 16/10493, S 1 f.

[322] S Gesetzesbegründung zum 4. VwVfÄndG BT-Drucks 16/10493, S 17.

[323] Vgl Gesetzesbegründung zum 4. VwVfÄndG BT-Drucks 16/10493, S 12 f; *Schulz* NdsVwBl 2009, 97, 97.

len, die auch Hinweise zu Rechtsbehelfen enthält (§ 71b III VwVfG). Gegebenenfalls ist unverzüglich mitzuteilen, welche Unterlagen nachzureichen sind (§ 71b IV VwVfG). Die Verfahrensabwicklung über eine einheitliche Stelle ist nur ein Angebot. Antragsteller, Anzeigepflichtige oder Informationsberechtigte können frei entscheiden, ob und inwieweit sie die Hilfe nutzen. Soweit die einheitliche Stelle zur Verfahrensabwicklung in Anspruch genommen wird, soll das gesamte Verfahren einschließlich der *Bekanntgabe des Verwaltungsaktes* (→ § 14 Rn 56) über die einheitliche Stelle abgewickelt werden (§ 71b V VwVfG). Werden Verwaltungsakte postalisch ins Ausland übermittelt, gelten sie – § 122 II AO entsprechend – einen Monat nach Aufgabe zur Post als bekannt gegeben (§ 71b VI 1 u 2 VwVfG).[324] Damit wird die Regelentscheidungsfrist nach § 42a II VwVfG (Genehmigungsfiktion nach drei Monaten) empfindlich verkürzt (vgl auch → § 14 Rn 46). Bei elektronischer Verfahrensabwicklung gilt die allgemeine Regelung des § 41 II 2 VwVfG (→ § 14 Rn 56). Um eine Benachteiligung zu vermeiden, kann von ausländischer Antragstellern – abweichend von § 15 VwVfG – nicht die Bestellung eines Empfangsbevollmächtigten im Inland verlangt werden (§ 71b VI 3 VwVfG). Es muss die Auslandsadresse akzeptiert werden. In Umsetzung von Art 7 DLRL wurden ferner *Informationsverpflichtungen* normiert, die – anders als nach § 25 VwVfG (→ § 14 Rn 40) – keinen Bezug zu einem konkreten Verwaltungsverfahren voraussetzen.[325] Aufgabe der einheitliche Stellen ist es, den Interessierten zur Orientierung einen Überblick über alle für das Vorhaben maßgeblichen Vorschriften sowie über das Verfahren und die zuständigen Behörden zu verschaffen (§ 71c I VwVfG). Demgegenüber obliegt die vertiefende fachliche Beratung den zuständigen Behörden. Sie sollen über die „gewöhnliche Auslegung" der maßgeblichen Vorschriften Auskunft geben (§ 71c II VwVfG). Dass keine Pflicht zur Rechtsberatung in Einzelfällen besteht (→ § 14 Rn 40), stellt Art 7 VI DienstleistuntgsRL ausdrücklich klar. Damit – wie es in Art 8 I DLRL heißt – alle Verfahren und Formalitäten problemlos aus der Ferne abgewickelt werden können, hat der Antragsteller einen über § 3a VwVfG (→ § 14 Rn 19) hinausgehenden Anspruch auf ein *elektronisches Verfahren* (§ 71e VwVfG).[326] Dies gilt auch dann, wenn sich der Bürger nicht an die einheitliche Stelle, sondern direkt an die zuständige Behörde wendet (§ 71a II VwVfG). Maßgeblich ist der ausdrücklich oder auch nur konkludent – etwa durch Nutzung von E-Mail[327] – erklärte Wunsch des Antragstellers. Bei der einheitlichen Stelle handelt es sich um eine Behörde iSv § 1 IV VwVfG. Die *verwaltungsorganisatorische Einordnung* obliegt den Bundesländern.[328] Notwendig ist eine gesetzliche Regelung. Einheitliche Stellen können bei bereits bestehenden Verwaltungsträgern – auf kommunaler Ebene, bei Landesmittelbehörden oder auch bei Wirt-

[324] Vgl *Ramsauer* NordÖR 2008, 417, 423 f.

[325] Vgl Gesetzesbegründung zum 4. VwVfÄndG BT-Drucks 16/10493, S 119 f.

[326] § 3a VwVfG begründet keinen Anspruch gegenüber der Behörde, einen Zugang für eine elektronische Kommunikation zu eröffnen. (→ § 14 Rn 19). Zur Richtlinienkonformität des § 71e VwVfG *Schulz* NdsVerwBl 2009, 97, 100 f.

[327] Gesetzesbegründung zum 4. VwVfÄndG BT-Drucks 16/10493, S 120; *Schmitz/Prell* NVwZ 2009, 1, 6.

[328] Vgl zu den verwaltungsorganisatorischen Fragen *Bund-Länder-Ausschuss Dienstleistungswirtschaft* Verortungsmöglichkeiten für Einheitliche Ansprechpartner im föderalen System Deutschlands v 1.10.2007; sowie *Eisenmenger* NVwZ 2008, 1191 ff; *Ramsauer* NordÖR 2008, 417, 420 f; *Ruge* NdsVBl 2008, 305 ff; *Schmitz/Prell* NVwZ 2009, 1, 6; *Schulz* NdsVerwBl 2009, 97, 98.

schaftskammern[329] – angesiedelt werden. Es kommt auch die Schaffung neuer Behörden und Verwaltungsträger in Betracht. Zu denken ist etwa an eine Anstalt des öffentlichen Rechts, die von Land, Kommunen und Kammern gemeinsam getragen wird. Die Zusammenarbeit zwischen den einheitlichen Stellen und den zuständigen Behörden ist unproblematisch, wenn die Behörden demselben Verwaltungsträger angehören und derselben Aufsicht unterliegen. Ist dies nicht der Fall, bedarf das Zusammenwirken einer Rechtsgrundlage. Eine über die Amtshilfepflicht nach § 4 VwVfG (→ § 14 Rn 44 f) hinausgehende Verpflichtung zur „gegenseitigen Unterstützung" normiert § 71d I VwVfG. Die Vorgaben sind freilich vage. Zur Umsetzung der unionsrechtlichen Regelungen zur Verwaltungskooperation (Art 28 ff DienstleistungsRL) wurde im Anschluss an die Regelungen zur Amtshilfe (§§ 4 ff VwVfG) ein neuer Abschnitt über die *„europäische Verwaltungszusammenarbeit"* eingefügt (§§ 8a ff VwVfG → § 14 Rn 44 f).[330]

3. Besondere Verfahrensgestaltungen im Umweltrecht (Umweltverträglichkeitsprüfung, Strategische Umweltprüfung) und Verbandsklage nach dem Umweltrechtsbehelfsgesetz

46 a) *Umweltverträglichkeitsprüfung bei Zulässigkeitsentscheidungen.* Kein eigenständiges Verwaltungsverfahren, sondern „ein unselbständiger Teil verwaltungsbehördlicher Verfahren, die der Entscheidung über die Zulässigkeit von Vorhaben dienen" (§ 2 I 1 UVPG), ist die Umweltverträglichkeitsprüfung (UVP), die den *Umweltschutz prozedural aufwerten* will.[331] Zugrunde liegen unionsrechtliche Vorgaben, die zur Umsetzung der völkerrechtlichen Aarhus-Konvention durch die *Öffentlichkeitsbeteiligungsrichtlinie* modifiziert wurden (→ § 13 Rn 21).[332] Die UVP-pflichtigen Vorhaben sind in der umfangreichen Anlage 1 des UVPG aufgeführt (vgl § 3 I UPVG). Die fachgesetzlichen Zulassungsverfahren sind – soweit die Vorgaben nicht bereits direkt (wie zB in die 9. BImSchV) eingefügt wurden und damit dem UVPG vorgehen (§ 4 UVPG) – förmlich auszugestalten. Alle Umweltauswirkungen eines geplanten Vorhabens einschließlich der ökologischen Wechselwirkungen sollen frühzeitig medien- und fachgebietsübergreifend unter Einbeziehung der Öffentlichkeit ermittelt, beschrieben und bewertet werden (vgl § 2 I 2, 3 UVPG). Am Anfang steht die *Unterrichtung der Behörde* über ein geplantes Vorhaben durch den Vorhabensträger. Danach wird die UVP-Pflichtigkeit des Vorhabens geklärt (§ 3a UVPG) und noch vor Eintritt in das förmliche Verfahren der

329 Vgl § 73a BRAO; § 76 VII u § 164a I StBerG; § 1 IIIa u b IHKG; § 5b, § 91 Ia u IIa HandwO.

330 Die Vorschriften gelten seit dem 28.12.2009.

331 Näher dazu neben den einschlägigen Kommentierungen etwa *Breuer* in: Schmidt-Aßmann/Schoch, Bes VwR, Kap 5 Rn 49 ff; *Sparwasser/Engel/Voßkuhle* (Fn 284) § 4 Rn 21 ff; zur immissionsschutzrechtlichen Genehmigungsverfahrens m integrierter UVP etwa *Fehling* (Fn 294) § 7 Rn 64 ff; zur Unterscheidung zwischen der Umweltverträglichkeitsprüfung u anderen Umweltprüfungen im VwR *Schink* NuR 2003, 647 ff. Z den zugrundeliegenden RL, beginnend m der UVP-RL 85/337/EWG, im Überblick *Sparwasser/Engel/Voßkuhle* (Fn 284) § 4 Rn 11 f; vgl auch *Dürr* in: Knack/Henneke, VwVfG, vor § 63 Rn 18 f.

332 RL 2003/35/EG v. 26.5.2003 über die Beteiligung der Öffentlichkeit bei der Ausarbeitung bestimmter umweltbezogener Pläne und Programme und zur Änderung der RL 85/337/EWG und 96/61/EG in Bezug auf die Öffentlichkeitsbeteiligung und den Zugang zu Gerichten (ABl EG L 156, 17 ff). Die Umsetzung der Richtlinie erfolgte in verfahrensrechtlicher Hinsicht durch das ÖffentlichkeitsbeteiligungsG v 9.12.2006 (BGBl I, 2819).

Untersuchungsrahmen in einem sogenannten *Scoping* mit dem Vorhabenträger erörtert (§ 5 UVPG bzw § 2a der 9. BImSchV). Der Zulassungsantrag richtet sich nach den Vorschriften des einschlägigen Fachrechts. Die für die Durchführung der UVP erforderlichen Unterlagen müssen vorgelegt werden (§ 6 UVPG bzw § 4e der 9. BImSchV). Das weitere Verfahren ist durch die sogenannte *„nachvollziehende Amtsermittlung"* geprägt.[333] Zwar gilt der Untersuchungsgrundsatz (§ 24 VwVfG), doch wird dem Vorhabenträger im Vergleich zum Grundmodell des Verwaltungsverfahrens (→ § 14 Rn 26) eine weitreichendere Mitwirkungslast aufgebürdet. Notwendig sind weiter eine *Behörden-* (§§ 7, 8 UVPG) und eine auf der Grundlage der Vorschriften über das Planfeststellungsverfahren (Rn 4 ff) normierte *Öffentlichkeitsbeteiligung* (§ 9 I UVPG iVm § 73 III, IV bis VII VwVfG).[334] Insofern hat der Gesetzgeber in Umsetzung der unionsrechtlichen Vorgaben einige Modifizierungen vorgenommen.[335] Vor allem wurde ein detaillierter Katalog normiert, der Mindestanforderungen zu den bei der Bekanntmachung des Vorhabens zu Beginn des Beteiligungsverfahrens mitzuteilenden Informationen enthält (§ 9 Ia UVPG). Zudem wurden die Bestimmungen über die grenzüberschreitende Behörden- und Öffentlichkeitsbeteiligung (§§ 8, 9a und 9b UVPG) den Vorgaben der Öffentlichkeitsbeteiligungsrichtlinie angepasst. Abschließend sind die Umweltauswirkungen zusammenfassend darzustellen und zu bewerten (§§ 11, 12 UVPG bzw § 20 Ia, Ib 1, 2 der 9. BImSchV). Das *Ergebnis der UVP* ist bei der Zulassungsentscheidung „nach Maßgabe der geltenden (Fach-)Gesetze zu *berücksichtigen*" (vgl § 12 UVPG bzw § 20 Ib 3 der 9. BImSchV). Das Berücksichtigungsgebot hat – anders als viele meinen – nicht nur einen verfahrens-, sondern auch einen materiellrechtlichen Charakter.[336] Allerdings macht schon die Begrifflichkeit deutlich, dass das Ergebnis der Bewertung die Zulassungsbehörde nicht bindet. Soweit – wie bei der Planfeststellung (Rn 19) – ein Entscheidungsspielraum besteht, fließt das Ergebnis der UVP in die *Abwägung* ein.[337] Ein Optimierungsgebot (Rn 20) ergibt sich aus den Vorschriften über die Umweltverträglichkeitsprüfung nicht, da § 12 UVPG den Umweltauswirkungen keine Vorrangstellung vor anderen Belangen einräumt.[338] Bei gebundenen Kontrollerlaubnissen wird die *Auslegung unbestimmter Rechtsbegriffe* (Entgegenstehen öffentlicher Belange, Wohl der Allgemeinheit) beeinflusst. Bei immissionsschutzrechtlichen Genehmigungen (Rn 39) muss die UVP die Auslegung von § 6 I Nr 1 iVm § 5 I BImSchG steuern.[339]

[333] Grundl *Schneider* Nachvollziehende Amtsermittlung bei der Umweltverträglichkeitsprüfung, 1991, insbes 88 ff. S auch *Fehling* (Fn 12) 395.

[334] § 9 UVG geht über Art 6 V der UVPRL hinaus, wonach auch eine andere Form der Öffentlichkeitsbeteiligung möglich wäre.

[335] Vgl die Gesetzesbegr z ÖffentlichkeitsbeteiligungsG (BT-Drucks 16/2494), S 22 ff.

[336] S *Beckmann* in: Hoppe, UVPG, 2. Aufl 2002, § 12 Rn 2; *Di Fabio* NVwZ 1998, 329, 333 f; *Erbguth/Schink* UVPG, 2. Aufl 1996, § 12 Rn 19; *Sparwasser/Engel/Voßkuhle* (Fn 284) § 4 Rn 30; *Ziekow* NVwZ 2005, 263, 266. Anders BVerwGE 100, 370, 376; BVerwG NuR 2008, 857 ff; *Schink* NuR 2003, 647, 649; *Steinberg* DÖV 2000, 85, 90.

[337] Näher dazu *Beckmann* in: Hoppe (Fn 336) § 12 Rn 81 ff; *Erbguth/Schink* (Fn 336) § 12 Rn 69 ff. Vgl *Bunge* in: Kimminich/v Lersner/Storm (Hrsg), Handwörterbuch zum Umweltrecht, Bd II, 2. Aufl 1994, Sp 2490.

[338] *Erbguth/Schink* (Fn 336) § 12 Rn 22, 76; *Dürr* in: Knack/Henneke, VwVfG, § 74 Rn 135 f; *Steinberg* DÖV 2000, 85, 90. Vgl zu § 14k UVPG *Hendler* NVwZ 2005, 977, 983.

[339] S *Heitsch* NuR 1996, 453, 457 f; *Gallas* in: Landmann/Rohmer (Hrsg), Umweltrecht III, Vorbem UVPG, Rn 53; *Sparwasser/Engel/Voßkuhle* (Fn 284) § 4 Rn 30. Vgl auch *Feldmann* UPR 1991, 127, 130. Bedenken äußern *Erbguth/Schink* UVPG, § 12 Rn 95 ff; *Hoppe/Beckmann/Kauch* UmwR, 2. Aufl 2000, Rn 93.

47 b) *Strategische Umweltprüfung in vorgelagerten Planungsverfahren.* Vielfach kommt die UVP zu spät, weil wichtige Entscheidungen bereits in vorgelagerten Planungsverfahren getroffen worden sind. Deswegen muss bei der Aufstellung oder Änderung bestimmter *Pläne und Programme* eine sogenannte strategische Umweltprüfung (SUP) stattfinden (§ 2 IV, V UVPG).[340] Die SUP ist in den §§ 14a ff UVPG sowie in Sondervorschriften für das Raumordnungs- und Bauplanungsrecht geregelt.[341] Die einzelnen Verfahrensschritte entsprechen teilweise der UVP. Zunächst stellt die zuständige Behörde die SUP-pflichtigkeit des Plans fest (§ 14a I UVPG). Anschließend legt die Behörde in einem *Scoping* den Untersuchungsrahmen für die SUP fest (§ 14 f UVPG).[342] Ziel ist es, bei mehrstufigen Planungs- oder Zulassungsprozessen Mehrfachprüfungen durch Abschichtung zu vermeiden (vgl 14 f III UVPG).[343] Das ist insbesondere deshalb wichtig, weil sich UVP und SUP gegenseitig nicht ersetzen.[344] Das zentrale Element der SUP ist der *Umweltbericht*, in dem die zuständige Behörde die voraussichtlichen erheblichen Umweltauswirkungen der Durchführung des Plans oder Programms sowie (anders als bei der UVP) vernünftiger Alternativen in medienübergreifender Prüfung ermittelt, beschreibt und bewertet (§ 14g I UVPG).[345] Anschließend erfolgt ähnlich wie bei der UVP eine *Beteiligung anderer Behörden und der betroffenen Öffentlichkeit* zum Inhalt des entworfenen Plans oder Programms und zum Umweltbericht (§§ 14h ff UVPG)[346] sowie eine abschließende Überprüfung des Umweltberichts, deren Ergebnis im Verfahren zur Aufstellung oder Änderung des Plans oder Programms zu berücksichtigen ist (§ 14k UVPG). Für die materiellrechtlichen Wirkungen des *Berücksichtigungsgebotes* gilt das zur UVP Gesagte entsprechend (Rn 46). Als neues Element auch gegenüber der UVP führt § 14m UVPG eine Überwachung (sogenannte *Monitoring*) ein, um unvorgesehene nachteilige Auswirkungen des Plans zu ermitteln und ggf geeignete Abhilfemaßnahmen ergreifen zu können.[347]

48 c) *Klagemöglichkeiten.* In Abweichung von dem in § 42 II VwGO normierten Grundsatz, dass Verwaltungsakte nur zur Verteidigung eigener Rechte angegriffen wer-

[340] S dazu *Breuer* in: Schmidt-Aßmann/Schoch, Bes VwR, Kap 5 Rn 49; *Sydow* DVBl 2006, 65 ff. SUP-pflichtig sind nach der Anlage 3 zum UVPG ua Verkehrswegeplanungen des Bundes, bestimmte Raumordnungsplanungen, Bauleitplanungen, Luftreinhaltepläne und Abfallwirtschaftspläne nach § 29 KrW-/AbfG (vgl § 14b I UVPG).

[341] Die §§ 14a ff UVPG wurden durch das G zur Einf einer strategischen Umweltprüfung u zur Umsetzung der RL 2001/42/EG (SUPG) v 25.6.2005 eingefügt. In das BauGB und das ROG wurde die SUP wurde durch das EAG Bau v 24.6.2004 (BGBl I, 1359 ff) integriert. S § 14e UVPG zum Verhältnis zwischen den §§ 14a UVPG u Sonderregelungen. Vgl dazu *Hendler* NVwZ 2005, 977, 979.

[342] An der Festlegung des Untersuchungsrahmens sind Behörden, deren umwelt- oder gesundheitsbezogener Aufgabenbereich durch den Plan oder das Programm berührt wird, zu beteiligen (§ 14f IV UVPG). Eine Beteiligung der Öffentlichkeit ist in diesem Verfahrensstadium nicht vorgeschrieben, aber auch nicht verboten (vgl § 14 II 2 UPVG). S *Schink* NuR 2005, 143, 145.

[343] S *Hendler* NVwZ 2005, 977, 981.

[344] Das ergibt sich aus Art 11 I RL 2001/42/EG; missverständlich insoweit § 14n UVPG.

[345] Näher zum Inhalt des Umweltberichts *Hendler* NVwZ 2005, 977, 981; *Schink* NuR 2005, 143, 146.

[346] Die in § 14f III UVPG enthaltene Beschränkung des Äußerungsrechts auf die betroffene Öffentlichkeit entspricht – anders als die (insoweit widersprüchliche) Regelung f die Umweltverträglichkeitsprüfung in § 9 I 1, 2 UVPG – Art 7 S 2 u 3 der Aarhus-Konvention u Art 2 III RL 2003/35/EG.

[347] Allerdings regelt das Gesetz nicht näher, was unter Überwachung zu verstehen ist und in welcher Verfahrensstruktur sie zu erfolgen hat. S *Schink* NuR 2005, 143, 149.

den können, lässt das *Umweltrechtsbehelfsgesetz* seit Ende 2006 in Zulassungsverfahren für UVP-pflichtige Vorhaben bzw IVU-Anlagen eine *Verbandsklage* zu.[348] Die Regelungen setzen die Öffentlichkeitsbeteiligungsrichtlinie um, die ihrerseits zur Umsetzung der völkerrechtlichen Aarhus-Konvention erlassen wurde (→ § 13 Rn 21) und die UVP-Richtlinie sowie die IVU-Richtlinie im Hinblick auf den Zugang zu Gerichten um einen Art 10a bzw 15a ergänzt.[349] Zugrunde liegt die Erkenntnis, dass defizitärer Rechtsschutz eine der Ursachen für das Vollzugsdefizit im Umweltrecht ist. Klagemöglichkeiten der Verbände gibt es auch im Naturschutzrecht (§ 61 BNatSchG, Rn 31). Die Verbände haben ein Wahlrecht: Die Klage kann auf einen der Rechtsbehelfe oder auf beide gestützt werden.[350] Die umweltschutzrechtliche Verbandsklage geht über die naturschutzrechtliche hinaus, da die nach § 3 UmwRG vom Umweltbundesamt anzuerkennenden inländischen und ausländischen Vereinigungen[351] nicht nur die Verletzung von Vorschriften des Naturschutzes und der Landschaftspflege geltend machen, sondern sich gem § 2 I Nr 1 UmwRG auf *alle „Rechtsvorschriften, die dem Umweltschutz dienen“*, berufen können. Allerdings gilt dies nur, wenn die Vorschriften *„Rechte Einzelner begründen“*.[352] Dabei wird zwar nicht verlangt, dass im konkreten Fall zumindest ein Einzelner klagebefugt wäre. Die als verletzt gerügte Norm muss aber abstrakt Schutznormcharakter haben.[353] Die „Zwitterstellung“ zwischen streng subjektivem Rechtsschutz und rein objektivem Beanstandungsverfahren ist im deutschen Recht ein Novum. Allein dem Schutz der Allgemeinheit dienende Anforderungen – wie etwa die Vorsorgepflicht nach § 5 I Nr 2 BImSchG[354] – können nicht Gegenstand der umweltrechtlichen Verbandsklage sein. Dies ist ein empfindliche Einschränkung; denn im Er-

[348] G über ergänzende Vorschriften zu Rechtsbehelfen in Umweltangelegenheiten nach der EG-Richtlinie 2003/35/EG (BGBl I 2816). Zu den zulässigen Verfahrensgegenständen etwa *Ewer* NVwZ 2007, 267 ff; *Schlacke* NuR 2007, 8, 10. Aus der Rspr VGH München ZUR 2009, 442.

[349] Vgl Art 3 Nr 7 und Art 4 Nr 3 der RL 2003/35/EG v 26.5.2003 über die Beteiligung der Öffentlichkeit bei der Ausarbeitung bestimmter umweltbezogener Pläne und Programme und zur Änderung der RL 85/337/EWG und 96/61/EG in Bezug auf die Öffentlichkeitsbeteiligung und den Zugang zu Gerichten (ABl EG L 156, 17 ff). Den Richtlinienbestimmungen entspricht Art 9 II der Aarhus-Konvention. Da die Öffentlichkeitsbeteiligungsrichtlinie bis zum 25.6. 2005 in nationales Recht umzusetzen war, ordnet § 5 UmwRG eine entsprechende Rückwirkung an. Vgl auch in der Vorauflage § 14 Rn 48.

[350] Vgl *Marty* ZUR 2009, 115, 120 f; *Niederstadt/Weber* NuR 2009, 297 ff; *Schlacke* NuR 2007, 8, 13; *Schrödter* NVwZ 2009, 157, 160. Für eine Subsidiarität der Verbandsklage nach dem UmwRG VG Bremen ZUR 2008, 368. *De lege ferenda* empfiehlt sich eine Zusammenlegung der Rechtsbehelfe. S *Fischer-Lescano* JZ 2008, 373, 380.

[351] Gem § 3 I 2 UmwRG gilt ein nach dem BNatSchG oder nach landesrechtlichen Vorschriften anerkannter Verein (→ Rn 9, 31) zugleich als nach § 3 I UmwRG anerkannt. Vgl *Ewer* NVwZ 2007, 267, 269 ff; *Marty* ZUR 2009, 115, 117 ff; *Schlacke* NuR 2007, 8, 9; *Schmidt/Kremer* ZUR 2007, 57, 62.

[352] Die Beschränkung geht auf ein Rechtsgutachten von *v Danwitz*, Zur Ausgestaltungsfreiheit der Mitgliedstaaten bei der Einführung der Verbandsklage anerkannter Umweltschutzvereinigungen nach den Vorgaben der RL 2003/35/EG und der sog Aarhus-Konvention, 2005, zurück. Vgl auch *v Danwitz* NVwZ 2004, 272, 278 ff. Zur Gesetzgebungsgeschichte im Überblick *Niederstadt/Weber* NuR 2009, 297, 300 f.

[353] Der Rechtsbehelf ist schutznormakzessorisch, nicht drittschutzakzessorisch. Vgl etwa *Marty* ZUR 2009, 115 ff; *Schrödter* NVwZ 2009, 157 ff; *Schmidt/Kremer* ZUR 2007, 57 ff; *Ziekow* NVwZ 2007, 259 ff.

[354] Vgl etwa *Breuer* in Schmidt-Aßmann/Schoch, BesVwR, 5. Kap Rn 187.

gebnis ist die Verbandsklage damit lediglich eine Stellvertreterklage, bei der die Rügebefugnisse nicht weiter gehen als bei Verletztenklagen einzelner Bürger.[355] Die bloße Verdoppelung des Rechtsschutzes macht kaum Sinn. Kein anderer Mitgliedstaat kennt diese Beschränkung, selbst Österreich nicht, das ebenfalls ein subjektiv-rechtlich ausgerichtetes Rechtsschutzsystem hat (→ § 13 Rn 4, 25).[356] Viele meinen, dass die Schutznormakzessorietät des Rechtsbehelfs den Richtlinienvorgaben nicht entspricht, die einen „weiten Zugang zu Gerichten" verlangen.[357] Das OVG Münster hat die Frage, ob das Unionsrecht fordert, dass Nichtregierungsorganisationen die Verletzung auch solcher Umweltschutzvorschriften geltend machen können, die allein den Interessen der Allgemeinheit und nicht zumindest auch dem Schutz der Rechtsgüter Einzelner zu dienen bestimmt sind, dem EuGH gem Art 267 AEUV zur Entscheidung vorgelegt.[358] Vereinigungen, die im Verwaltungsverfahren Gelegenheit zur Äußerung gehabt haben (Rn 9, 46), sind im Rechtsbehelfsverfahren gem § 2 III UmwRG mit allen Einwendungen ausgeschlossen, die sie nicht oder nicht rechtzeitig geltend gemacht haben, aber hätten geltend machen können. Die – aus dem Planfeststellungsrecht (Rn 6, 8) und dem Naturschutzrecht bekannte (§ 61 III BNatSchG, Rn 9) – *materielle Präklusion* ist mit dem Unionsrecht vereinbar.[359] *§ 44a VwGO* bleibt nach § 1 I 3 UmwRG unberührt. Damit können Verfahrensfehler nicht selbstständig, sondern nur mit den Rechtsbehelfen gegen die Sachentscheidung gerichtlich geltend gemacht werden (→ § 14 Rn 68).[360] Das BVerwG hatte bislang sogar die vollständige Unterlassung einer UVP bei der Planfeststellung gemäß § 46 VwVfG (→ § 14 Rn 63 ff) als unerheblich bewertet, wenn das Abwägungsergebnis auch mit der UVP nicht anders ausgefallen wäre.[361] Dieser Beschränkung auf die „dienende Funktion" steht nunmehr § 4 I UmwRG entgegen, wonach bei *Nichtdurchführung einer erforderlichen UVP* oder einer erforderlichen UVP-Einzelfallvorprüfung – vorbehaltlich einer Fehlerheilung nach § 45 II VwVfG (→ § 14 Rn 58 ff) und anderen Rechtsvorschriften (ergänzendes Verfahren etwa nach § 75a I 2 VwVfG, Rn 25 oder § 214 IV BauGB)[362] – die Aufhebung der Entscheidung verlangt

[355] Vgl *Alleweldt* DÖV 2006, 621, 626; *Koch* NVwZ 2007, 369, 378; *Schmidt/Kremer* ZUR 2007, 57, 58 f. Relativierend *Schrödter* NVwZ 2009, 157, 159. Positiv *Lecheler* DVBl 2005, 1533, 1540 f.

[356] Vgl *Ewer* NVwZ 2007, 267, 273.

[357] Vgl etwa *Calliess* ZUR 2008, 343, 351; *Epiney* ZUR 2003, 176, 178 f; *Ewer* NVwZ 2007, 267, 272 f; *C. Franzius* NuR 2009, 384 ff; *Gellermann* NVwZ 2006, 7 ff; *Koch* NVwZ 2007, 369, 378 f; *Schlacke* NuR 2007, 8, 14; *Schmidt/Kremer* ZUR 2007, 57, 59 ff; *Wegener* UTR 98 (2008), 319, 339 ff. Für eine völker- bzw europarechtskonforme Auslegung *OVG Schleswig* ZUR 2009, 432; *OVG Lüneburg* NVwZ 2008, 1144; *Fischer-Lescano* JZ 2008, 373, 379 f. Positiv *Schmidt-Preuß* NVwZ 2005, 489, 495; *Schrödter* NVwZ 2009, 157 ff; *Marty* ZUR 2009, 115 ff.

[358] OVG Münster, DVBl 2009, 654 ff.

[359] Zweifelnd *Gellermann* NVwZ 2006, 7, 11; *Schlacke* NuR 2007, 8, 14 f.

[360] Da Art 3 Nr 7 und Art 4 Nr 4 der RL 2003/35/EG den Mitgliedstaaten die Entscheidung überlassen, in welchem Verfahrensstadium Verfahrensfehler angegriffen werden können, konnte sich der Gesetzgeber entscheiden, ob er durch Ausnahmen zu § 46 VwVfG nachträglichen Rechtsschutz oder durch Änderung des § 44a VwGO einen verfahrensbegleitenden Rechtsschutz ermöglicht. S *Ziekow* NVwZ 259, 264 ff.

[361] BVerwGE 100, 238, 247 ff; DVBl 1994, 763 f. S auch BayVGH NVwZ 1996, 284, 288; VGH BW NVwZ 1996, 304, 306.

[362] Vgl dazu und zur Möglichkeit der Aussetzung des gerichtlichen Verfahrens (§ 4 I 3 UmwRG) *Ewer* NVwZ 2007, 267, 273 f; *Ziekow* NVwZ 2007, 259, 265.

werden kann, mithin ein *absoluter Verfahrensfehler* (→ § 14 Rn 65) vorliegt, der die Anwendung von § 46 VwVfG ausschließt.[363] Dies gilt jedoch nur für das vollständige Fehlen der Prüfungen. Andere Verfahrensfehler – etwa Mängel im Rahmen der Öffentlichkeitsbeteiligung nach §§ 9–9b UVPG (Rn 46) – werden nicht erfasst. Insoweit bleibt es bei der allgemeinen Regel des § 46 VwVfG. Ob dies mit Unionsrecht vereinbar ist, das generell die Verletzung „wesentlicher" Verfahrensvorschriften sanktioniert (→ § 14 Rn 67), ist zweifelhaft.[364] Einer unionsrechtskonformen erweiternden Auslegung steht der eindeutige Wortlaut von § 4 I UmwRG entgegen. Schließlich weist § 4 III UmwRG darauf hin, dass die genannten Regelungen über die Beachtlichkeit von Verfahrensfehlern entsprechend für Rechtsbehelfe der Beteiligten nach § 61 Nr 1 und 2 VwGO – dh für natürliche und juristische Personen sowie für Vereinigungen, soweit ihnen ein Recht zustehen kann (→ § 14 Rn 10) – gelten. Damit sind Umweltschutzvereinigungen und Individualkläger im Hinblick auf die von § 4 I UmwRG erfassten Verfahrensfehler gleich zu behandeln.[365] Betroffene können geltend machen, dass sie durch die Nichtdurchführung einer UVP gem § 42 II VwGO in ihren Rechten verletzt werden. Es liegt ein absoluter Verfahrensfehler vor (→ § 14 Rn 65). § 46 VwVfG gilt insoweit nicht.

IV. Verfahrensbeteiligung der Europäischen Kommission und anderer Mitgliedstaaten

Unionsrecht wird im Regelfall indirekt allein durch die Mitgliedstaaten in ihren jeweiligen Hoheitsgebieten vollzogen. Dieses Konzept wird durch Formen vertikaler und horizontaler *Verwaltungskooperation* mit EU-Behörden und anderen Mitgliedstaaten modifiziert (→ § 5 Rn 61 ff).[366] Hier interessiert nicht der bloße Informationsaustausch **49**

[363] Krit z Einschränkung d § 46 VwVfG *Lecheler* DVBl 2005, 1533, 1540. Der Gesetzgeber hat sich maßgeblich an der Entscheidung des EuGH v 7.1.2004 in der RS Wells (C-201/02) orientiert. Vgl die Begründung des Gesetzentwurfes, BT-Drucks 16/2495, S 13 f. Bei der SUP ist die Anwendung des § 46 VwVfG nicht in Frage gestellt, weil die Aarhus-Konvention und die Öffentlichkeitsbeteiligungsrichtlinie für diese Verfahrensgestaltung nicht gelten. Art 9 II Aarhus-Konvention verweist bzgl seines Anwendungsbereichs auf Art 6. Nach Art 6 I lit a gehört nur die Zulassung der in Anh I genannten Anl zum zwingenden Anwendungsbereich. Die SUP u die Öffentlichkeitsbeteiligung nach Art 2 RL 2003/35/EG betreffen aber Planungen oberhalb der Zulassungsebene f konkrete Anl. Für sie gilt Art 6 Ib, demzufolge die Vertragsparteien des Übereinkommens frei bestimmen können, ob sie den Anwendungsbereich des Übereinkommens auf andere umweltrelevante Verfahren ausdehnen.

[364] Vgl *Alleweldt* DÖV 2006, 621, 628; *Kment* NVwZ 2007, 274, 277 f; *Schlacke* NuR 2007, 8, 15; *Schmidt/Kremer* ZUR 2007, 57, 62; *Spieth/Appel* NuR 2009, 313, 316 f; *Ziekow* NVwZ 2007, 264.

[365] Vgl *Ziekow* NVwZ 2007, 259, 261; *Kment* NVwZ 2007, 274, 279; *Schlacke* NuR 2007, 8 , 13; Anders *Spieth/Appel* NuR 2009, 313, 315 f.

[366] Vgl *Becker* DVBl 2001, 855 ff; *Bredemeier* Kommunikative Verfahrenshandlungen im deutschen und europäischen Verwaltungsrecht, 2007, 532 ff; *v Danwitz* Verwaltungsrechtliches System und Europäische Integration, 1996; *dens* Europäisches Verwaltungsrecht, 2008, 609 ff; *Gundel* in Schulze/Zuleeg Europarecht, 2006, § 3 Rn 119 ff; *Hatje* Die gemeinschaftsrechtliche Steuerung der Wirtschaftsverwaltung, 1997, 206 ff; *Kahl* in: Trute/Groß/Röhl/Möllers, Allgemeines Verwaltungsrecht – zur Tragfähigkeit eines Konzepts, 2008, 71, 98 ff; *Koch* Arbeitsebenen der Europäischen Union, 2003, 75 ff; 175 ff, 230 ff, 310 ff; *Ladeur/Möllers* DVBl 2005, 525 ff; *Mager* in: Trute/Groß/Röhl/Möllers (Hrsg) Allg VerwR – zur Tragfähigkeit eines Kon-

auf Grundlage von Mitteilungs-, Melde- Berichts- und Amtshilfepflichten (→ § 13 Rn 18, § 14 Rn 44, § 15 Rn 55), sondern allein die rechtserhebliche Mitwirkung.

1. Vertikale Verwaltungskooperation

50 Vertikale Verfahrensstufungen dienen vor allem der Verhinderung von Wettbewerbsverfälschungen.[367] So ist die Kommission zB von jeder beabsichtigten Einführung oder Umgestaltung von Beihilfen so rechtzeitig zu unterrichten, dass sie sich dazu äußern und eine Entscheidung über die Vereinbarkeit mit dem Gemeinsamen Markt treffen kann (Art 107 ff AEUV).[368] Das Verfahren ist solange auszusetzen. Wird gegen die Notifikationspflicht verstoßen, ist die Subvention rechtswidrig. Die Kommission kann den Mitgliedstaat zur Rückabwicklung verpflichten.[369] Bei vertikalen Kooperationsverfahren ist Adressat der Kommissionsentscheidung (Art 288 IV AEUV) der Mitgliedstaat (sogenannte *staatengerichtete Entscheidung*[370]). Art 296 AEUV statuiert eine *Begründungspflicht*. Im Übrigen ist für das Zwischenverfahren auf die vom EuGH entwickelten allgemeinen Rechtsgrundsätze zurückzugreifen (→ § 13 Rn 20). Hierzu gehört vor allem der Anspruch des von der abschließenden Verwaltungsentscheidung Betroffenen auf *rechtliches Gehör*. Dabei reicht es nicht aus, dass die nationale Behörde die Anhörung durchführt und das Vorgetragene an die Kommission weiterleitet (sogenannte indirekte Anhörung). Die Anhörung muss auch durch die Kommission erfolgen, damit sichergestellt ist, dass Gehör gerade zu den Gesichtspunkten gewährt wird, die die Kommission für relevant erachtet.[371]

2. Horizontale Verwaltungskooperation

51 Zu einer *horizontalen Verwaltungskooperation* der Mitgliedstaaten kommt es bei nationalen Entscheidungen mit *transnationaler* Wirkung. Bahnbrechend war das *REWE-Zentral AG*-Urteil des EuGH, wonach es keinen stichhaltigen Grund dafür gibt zu verhindern, „dass in einem Mitgliedstaat rechtmäßig hergestellte und in den Verkehr gebrachte Getränke in die anderen Mitgliedstaaten eingeführt werden."[372] Marktteil-

zepts, 2008, 369, 388; *Röhl* in: Hoffmann-Riem/Schmidt-Aßmann/Voßkuhle, Grundlagen II, § 30 Rn 50 ff; *Schmidt-Aßmann* Ordnungsidee, Kap 7 Rn 18 f; *Sommer* Verwaltungskooperation am Beispiel administrativer Informationsverfahren im Europäischen Umweltrecht, 2003; *Sydow* Verwaltungskooperation in der EU, 2004; *dens* DÖV 2006, 66 ff; *Trute* in: Hoffmann-Riem/Schmidt-Aßmann/Voßkuhle, Grundlagen I, § 6 Rn 112 ff; *Vervaele/Klip* European cooperation between tax, customs and judicial authorities, 2002; *Winter* EuR 2005, 255 ff. Zu alternativen Vereinheitlichungsmechanismen (Überführung in den direkten Vollzug, Koordinierung durch den EuGH, Aufsichts- u Weisungsrechte der Kommission) vgl *Wahl/Groß* DVBl 1998, 2, 3 f.

367 Näher u m weit Bsp *Nehl* Europäisches Verwaltungsverfahren und Gemeinschaftsverfassung, 2002, 39 ff.

368 Vgl VO 659/1999/EG über besondere Vorschriften f die Anwendung v Art 88 EGV (sog BeihilfeVO). Dazu *Sinnaeve* EuZW 1999, 270 ff; *Lübbig/Martin-Ehlers* Beihilfenrecht der EU, 2003, 189 ff.

369 Grundl EuGH Slg 1991, I-5505; Slg 1997, I-135 – Spanien/Kommission.

370 Ausf *Mager* EuR 2001, 661 ff. S auch *Sydow* Verwaltungskooperation in der EU, 2004, 56 f.

371 Näher *Nehl* (Fn 367) 318 ff.

372 EuGH Slg 1979, 649 Rn 14 – REWE-Zentral AG. S auch EuGH Slg 1987, 1227 Rn 28 ff – Kommission/Deutschland.

nehmer, die in der gesamten Union tätig werden wollen, sollen nicht in jedem Mitgliedstaat Genehmigungen einholen müssen. Eine *unmittelbare* Transnationalität liegt bei nationalen Entscheidungen vor, die unionsweite Wirkungen haben, ohne dass es einer Anerkennungsentscheidung durch die anderen Mitgliedstaaten bedarf. Man spricht von transnationalen Verwaltungsakten (→ § 5 Rn 50, § 21 Rn 71 f).[373] Die transnationale Geltung *ipso iure* beruht zum Teil auf unmittelbar anwendbaren EU-Verordnungsbestimmungen.[374] Zum Teil ergibt sie sich aus nationalen Anerkennungsklauseln, die – wie etwa für das Inverkehrbringen gentechnisch veränderter Organismen (§ 14 V GenTG) – Richtlinienvorgaben umsetzen.[375] Um eine einheitliche Rechtslage in der Europäischen Union zu gewährleisten, findet eine Rechtmäßigkeitskontrolle transnationaler Verwaltungsakte in den übrigen Mitgliedstaaten nicht statt.[376] Die Nationalstaaten verlieren die Kontrolle über ihren eigenen Rechtsraum. Der gerichtliche Rechtsschutz wird ins Ausland verlagert.[377] Verfassungsrechtlich lässt sich die weittragende innerstaatliche Wirkung auf Art 23 I 2 GG stützen, wonach zur Verwirklichung der Europäischen Union Hoheitsrechte übertragen werden können.[378] Der Übertragungsakt sorgt für ein hinreichendes demokratisches Legitimationsniveau.[379] Insofern ist von auch Bedeutung, dass den Mitgliedstaaten – allerdings nur in einigen weitreichenden und potenziell besonders umstrittenen Bereichen[380] – als *Kompensation* für die Bindungswirkung der ausländischen Entscheidung *Beteiligungskompetenzen im Erlassverfahren* eingeräumt werden.[381] Dies gilt etwa für das Inverkehrbringen gentechnisch ver-

[373] Begriff nach *Schmidt-Aßmann* DVBl 1993, 924, 935. Vgl auch *Becker* DVBl 2001, 855 ff; *Curtius* Entwicklungstendenzen im Genehmigungsrecht, 2005, 180 ff; *Gundel* (Fn 366) Rn 160 ff; *Ladeur* in: Trute/Groß/Röhl/Möllers, Allgemeines Verwaltungsrecht – zur Tragfähigkeit eines Konzepts, 2008, 795, 810 f; *Michaels* Anerkennungspflichten im Wirtschaftsverwaltungsrecht der EG und der Bundesrepublik, 2004; *Neßler* NVwZ 1995, 863 ff; *Ruffert* Verw 34 (2001) 451, 455 ff; *Sydow* (Fn 366) 141 ff; *Wahl/Groß* DVBl 1998, 2 ff; *Winter* EuR 2005, 255 ff (indirekter Vollzug v Unionsrecht *pro communitate*).

[374] Dies gilt zB f zollrechtliche Entscheidungen (Art 250 VO 291/92/EWG, Zollkodex), Ausfuhrgenehmigungen f Kulturgüter (Art 2 III VO 391/92/EWG, KulturgüterausfuhrV) u Güter m doppeltem Verwendungszweck (Art 6 Abs S VO 1334/2000/EG, Dual-Use-VO) sowie für die Erteilung v Visa m bis zu dreimonatiger Geltung (Art 10 I Schengener Durchführungsübereinkommen, SDÜ).

[375] Vgl auch § 3 II Mineral- u TafelwasserVO; § 23 I 6 iVm § 20 StVZO (zur in anderen Mitgliedstaaten erteilten EG-Typengenehmigung v Kraftfahrzeugen). Dazu *Sydow* (Fn 366) 160 ff.

[376] Vgl *Ruffert* Verw 34 (2001) 451, 455, 473 ff, zu nichtigen transnationalen Verwaltungsakten 475 f.

[377] Vgl *Burbaum* Rechtsschutz gegen transnationales Verwaltungshandeln, 2003; *Cremer* ZaöRV 60 (2000) 103, 138; *Ehlers* Die Europäisierung des Verwaltungsprozessrechts, 1999, 11 f; *Fastenrath* Verw 31 (1998) 277, 302; *Neßler* NVwZ 1995, 863, 865; *Sydow* JuS 2005, 202, 207 f (m Beispielen). Krit *Klein* in: Starck (Hrsg), Rechtsvereinheitlichung der Gesetze, 1992, 117, 140 f; *Schmidt-Aßmann* DVBl 1993, 924, 936.

[378] S *Ruffert* Verw 34 (2001) 451, 478 ff. Vgl auch *Becker* DVBl 2001, 855, 857 ff; *Michaels* (Fn 373) 378 ff.

[379] Vgl differenzierend *Michaels* (Fn 373) 394 ff; zum Konzept des „Legitimationsniveaus" BVerfGE 83, 60, 71 ff; 93, 37, 67 ff.

[380] Keine Beteiligungsverfahren bestehen im Bereich der Massenverwaltung etwa vor dem Erlass transnationaler zollrechtlicher Entscheidungen nach dem Zollkodex oder vor der Visaerteilung nach dem SDÜ.

[381] Vgl *Röhl* Akkreditierung und Zertifizierung im Produktsicherheitsrecht, 2000, 42 f; *Sydow* (Fn 366) 151 ff, 244 f; *Wahl/Groß* DVBl 1998, 2, 7 (zur Novel Food-VO).

änderter Organismen:[382] Über die EG-Kommission sind die zuständigen Behörden der anderen Mitgliedstaaten über die Absicht zum Erlass des transnationalen Verwaltungsaktes zu informieren. Das Verfahren ist bis zum Abschluss des Konsultationsverfahrens auszusetzen. Kommt nach einem Einspruch eine Einigung im Divergenzbereinigungsverfahren nicht zustande, tritt ein Devolutiveffekt ein. Zur horizontalen kommt die *vertikale Verwaltungskooperation*; denn dann trifft die *Kommission* in einem Stichentscheidverfahren unter Bindung an das Mehrheitsvotum des jeweiligen Komitologieausschusses bzw unter Einbeziehung wissenschaftlicher Ausschüsse eine staatengerichtete Entscheidung, die für den außenwirksamen Abschluss des Verfahrens durch den Erlassstaat maßgeblich ist.[383] Ein entsprechendes Verfahren ist nach der – unmittelbar anwendbaren – *Novel Food*-Verordnung bei der Genehmigung neuartiger Lebensmittel zu durchlaufen.[384] Zur Aufhebung des transnationalen Verwaltungsaktes sind allein die Behörden des Staates berufen, der die Entscheidung getroffen hat.[385] Die übrigen Mitgliedstaaten haben lediglich die Kompetenz, den Verwaltungsakt bei Gefahren, die ein unmittelbares Handeln erforderlich machen, auf Grundlagen von Schutz- oder Notstandsklauseln mit Wirkung für das eigene Hoheitsgebiet bis zu einer Entscheidung der Kommission oder des Rates einstweilig zu suspendieren oder sonstige vorläufige Maßnahmen zu ergreifen.[386]

52 Eine Kombination horizontaler und vertikaler Verwaltungskooperation findet sich auch in Fällen *mittelbarer* Transnationalität. Hier ist die unionsweite Wirkung einer Verwaltungsentscheidung von einer ausdrücklichen *Bestätigung durch die anderen Mitgliedstaaten* für ihr jeweiliges Hoheitsgebiet abhängig (transnationaler Verwaltungsakt iwS).[387] Die Referenzentscheidung des einen Mitgliedstaates hat in den anderen Staaten eine prozedurale Sperrwirkung. Sie muss deshalb nicht nur dem Bürger, sondern auch den anderen Mitgliedstaaten mitgeteilt werden; Grundlage der *Anerkennungsentschei-*

[382] S § 16 III GenTG iVm Art 12 u 13 der RL 90/220/EWG (novelliert d RL 2001/18/EG – FreisetzungsRL). Näher *Caspar* DVBl 2002, 1437 ff; *Kamann/Tegel* NVwZ 2001, 44 ff; *Kloepfer* UmwR, 3. Aufl 2004, § 18 Rn 63; *Sparwasser/Engel/Voßkuhle* (Fn 284) § 6 Rn 472 ff; *Sydow* JuS 2005, 202, 204 ff.

[383] Art 18 iVm 30 II FreisetzungsRL (RL 2001/18/EG). Zum Komitologieverfahren vgl den Beschluss des Rates v 18.6.1999 zur Festlegung der Modalitäten f die Ausübung der der Kommission übertragenen Durchführungsbefugnisse, 23; sowie etwa *Lübbe-Wolff* VVDStRL 60 (2001), 246, 267 ff; *Schmidt-Aßmann* FS Steinberger, 2002, 1375, 1393 ff; *Streinz* EuR, Rn 453 ff; *Sydow* (Fn 366) 80 ff, 221 ff.

[384] VO 258/97/EG. Vgl *Groß* Die Produktzulassung von Novel Food, 2001; *Rehbinder* ZUR 1999, 6, 10 ff; *Sparwasser/Engel/Voßkuhle* (Fn 284) § 6 Rn 476; *Wahl/Groß* DVBl 1998, 2, 5 ff.

[385] Das unmittelbar anwendbare Unionsrecht bzw die zu seiner Umsetzung erlassenen Vorschriften gehen den §§ 48 ff VwVfG als Spezialvorschriften vor. S *Ruffert* Verw 34 (2001) 451, 477 f; ähnlich *Becker* DVBl 2001, 855, 860.

[386] Vgl Art 20 II GenTG (Suspension einer Genehmigung zum Inverkehrbringen genetisch veränderter Organismen); Art 12 VO 258/97/EG (*Novel Food-VO*, Suspension einer Zulassung f ein neuartiges Lebensmittel). Allg *Michaels* (Fn 373) 377 ff; *Schmidt-Aßmann* EuR 1996, 270, 297 f; *Sydow* (Fn 366) 153 ff.

[387] Grds Anerkennungspflichten bestehen etwa f Zulassungsentscheidungen f Human- u Tierarzneimittel (Art 27 ff RL 2001/82/EG bzw Art 31 ff RL 2001/83/EG, umgesetzt durch § 25 Va–e AMG); Pflanzenschutzmittel (Art 10 RL 91/414/EWG, umgesetzt durch § 15b u c PflSchG) oder Biozide (RL 98/8/EG, umgesetzt durch § 12a ff ChemG). Vgl zum „Referenzentscheidungsmodell“ ausf *Sydow* (Fn 366) 180 ff.

dung ist ein *Beurteilungsbericht* des Referenzmitgliedstaates.[388] Ggf ist das Anerkennungsverfahren auszusetzen und ein Divergenzbereinigungsverfahren einzuleiten. Wie bei Streitigkeiten um transnationale Verwaltungsakte geht ggf die Entscheidungskompetenz auf die *Kommission* über, die im Komitologieverfahren eine staatengerichtete Entscheidung erlässt, die die Mitgliedstaaten zu vollziehen haben.[389]

3. Rechtsschutz gegen staatengerichtete Kommissionsentscheidungen

Gegen *staatengerichtete Kommissionsentscheidungen* kann der Hauptbetroffene, etwa ein Antragssteller einer Subvention, vor dem Europäischen Gericht erster Instanz (EuG) *Nichtigkeitsklage* erheben (Art 256 I, 263 IV AEUV). Allerdings muss der Kläger, da nicht er, sondern der Mitgliedstaat Adressat der angegriffenen Maßnahme ist, durch die Entscheidung unmittelbar und individuell betroffen sein (Art 263 IV AEUV). Diese Voraussetzung wird für Adressaten mitgliedstaatlicher Umsetzungsakte jedoch großzügig ausgelegt.[390] Ein Konkurrent hat es freilich schwer, die individuelle Betroffenheit geltend zu machen. Nach der sogenannten *Plaumann*-Formel muss „die Entscheidung ihn wegen bestimmter persönlicher Eigenschaften oder besonderer, ihn aus dem Kreis der übrigen Personen heraushebender Umstände berühren und ihn daher in ähnlicher Weise individualisieren wie den Adressaten".[391] Hält ein *mitgliedstaatliches Gericht* die staatengerichtete Kommissionsentscheidung für rechtswidrig, muss es über deren Gültigkeit eine *Vorabentscheidung* nach Art 237 AEUV einholen, da ihm keine Verwerfungskompetenz zusteht. **53**

V. Verfahrensprivatisierung unter staatlicher Gewährleistungsverantwortung: Zertifizierung und Akkreditierung

Verfahrensrechtliche Probleme können sich ergeben, wenn der Staat die Erfüllung öffentlicher Aufgaben Privaten überlässt und selbst nur eine „Gewährleistungsverantwortung" trägt.[392] Beispielsweise wird die Einhaltung von Qualitätsstandards zunehmend nicht hoheitlich präventiv kontrolliert, sondern von privaten Unternehmen überprüft und *„zertifiziert"*. Den Behörden bleibt die nachträgliche Überwachung sowie die *„Akkreditierung"* und Kontrolle der Zertifizierungsstellen.[393] Als Referenzge- **54**

[388] Näher *Sydow* (Fn 366) 191 ff.

[389] Vgl f Human- u Tierarzneimittel Art 34 III RL 2001/83/EG, Art 38 III 2 RL 2001/82/EG, umgesetzt durch § 25 Vc 2 AMG; f Pflanzenschutzmittel Art 10 III RL 91/414/EWG, umgesetzt durch § 15b PflSchG.

[390] Vgl *Cremer* in: Calliess/Ruffert, EUV/EGV, Art 230 Rn 44 ff; *Ehricke* in: Streinz, EU-Vertrag/EG-Vertrag, Art 230 Rn 51 ff; *Sydow* JuS 2005, 202, 207; *Mager* EuR 2001, 661, 673 ff.

[391] EuGH Slg 1963, 211, 238 – Plaumann. Im Vergleich zur deutschen Schutznormtheorie *v Danwitz* Verwaltungsrechtliches System und europäische Integration, 1996, 239 ff; *Ehlers* VerwArch 84 (1993), 139, 156; *Schmidt-Preuß* NVwZ 2005, 489, 493.

[392] Zur Erfüllungs-, Auffang- und Gewährleistungsverantwortung etwa *Hoffmann-Riem* in: Schuppert (Hrsg), Der Gewährleistungsstaat – Ein Leitbild auf dem Prüfstand, 2005, 89 ff; *Schmidt-Aßmann* Ordnungsidee, Kap 3 Rn 109 ff; *Schulze-Fielitz* in: Hoffmann-Riem/Schmidt-Aßmann/Voßkuhle, Grundlagen I, § 12 Rn 148 ff. Umfassend zur Beteiligung Privater an der Rechtsverwirklichung *Eifert* Verw 39 (2006), 309 ff; zu den Regulierungsstrategien *ders* in: Hoffmann-Riem/Schmidt-Aßmann/Voßkuhle, Grundlagen I, § 19 Rn 52 ff.

[393] Siehe zum Folgenden *Pünder* ZHR 2006 mwN.

biet für eine solche „*Verfahrensprivatisierung*"[394] gilt das *Produktsicherheitsrecht*, das von dem „*new approach*" der Europäischen Union geprägt ist.[395] Die Zertifizierungsstellen nehmen die Produktüberwachung im Auftrag des Herstellers wahr. Sie sind *keine Beliehenen* (allgemein → § 10 Rn 23 ff).[396] Deswegen sind die verwaltungsverfahrensgesetzlichen Regelungen nicht unmittelbar anwendbar. Allerdings bleibt die Verfahrensgestaltung nicht vollständig der Privatautonomie überlassen. Der Staat hat gegenüber den Unternehmen, die einer Zertifizierungspflicht unterworfen werden, eine Schutzpflicht aus Art 12 GG. Er muss den *Grundrechtsschutz durch Verfahren* (→ § 13 Rn 12) auch bei einer Verfahrensprivatisierung gewährleisten. Demgemäss ist das Zertifizierungsverfahren „rechtsstaatlich vorkonturiert"[397]: Die Zertifizierungsstellen haben Beratungs-, Anhörungs-, Geheimhaltungs- und Begründungspflichten. Soweit es an ausdrücklichen Vorgaben fehlt, müssen verwaltungsverfahrensgesetzliche Regelungen analog angewendet werden. Das Verwaltungsrecht ist insoweit eine Auffangordnung[398], ein „Privatverwaltungsrecht" – bzw im vorliegenden Zusammenhang ein „Privatverfahrensrecht" – entsteht.

§ 16
Mediation in Verwaltungsverfahren

I. Konfliktbewältigung durch Mediation

1. Schwächen der herkömmlichen Verfahren

1 Erfahrungen zeigen, dass mit umweltrelevanten Bauvorhaben (etwa Flughäfen, Verkehrswegen, Kraftwerken und Abfalldeponien) und aus sonstigen Gründen lokal umstrittenen Projekten[1] (wie die Errichtung von Einkaufszentren, Kindergärten, Alten-,

[394] Vgl im Überblick *Appel* in: Hoffmann-Riem/Schmidt-Aßmann/Voßkuhle, Grundlagen II, § 32.

[395] Entschließung des *Rates* vom 7. Mai 1985 über eine neue Konzeption auf dem Gebiet der technischen Harmonisierung und der Normung, ABl 1985 Nr C 136; *Kommission* Ein Globales Konzept für Zertifizierung und Prüfwesen, ABl 1989 Nr C 267. Umfassend *Bieback* Zertifizierung u Akkreditierung, 2008.

[396] AA *Scheel* DVBl 1999, 442, 445 ff; differenzierend *Kadelbach* Allgemeines Verwaltungsrecht unter europäischem Einfluss, 1999, 329 f. Für die Wahrnehmung einer hoheitlichen Tätigkeit allerdings ohne Beleihung *Röhl* Akkreditierung und Zertifizierung im Produktsicherheitsrecht, 2000, 26 ff; *Voßkuhle* (Fn 285), 313. Wie hier etwa *Seidel* Privater Sachverstand und staatliche Garantenstellung im Verwaltungsrecht, 2000, 269 f; *Merten* Private Entscheidungsträger und Europäisierung der Verwaltungsrechtsdogmatik, 2005, 214 ff. Anderes gilt freilich, wenn an die Zertifizierung verbindliche Rechtswirkungen geknüpft sind. So bedürfen als „Entsorgungsfachbetriebe" zertifizierte Abfallunternehmen keiner Transportgenehmigung (vgl §§ 51f KrW-/AbfG-/AbfG).

[397] Siehe *Voßkuhle* (Fn 269) 313 f mwN. Zu den Grundzügen eines „Privatverfahrensrechts" *Appel* in: Hoffmann-Riem/Schmidt-Aßmann/Voßkuhle, Grundlagen II, § 32 Rn 73 ff.

[398] Vgl *Hoffmann-Riem* in: ders/Schmidt-Aßmann (Hrsg), Öffentliches Recht und Privatrecht als wechselseitige Auffangordnungen, 1996, 261, 319 ff; *dens* in: Hoffman-Riem/Schmidt-Aßmann/Voßkuhle, Grundlagen II, § 33 Rn 69 ff; *Schmidt-Aßmann* Ordnungsidee, Kap 6 Rdn 28 ff. S auch *Fischer-Lescano* JZ 2008, 373, 375.

[1] In der US-amerikanischen Diskussion spricht man v „*LULUs*" = *locally unwanted land uses*.

Behinderten- und Asylantenheimen oder dem Bau einer Moschee) verbundene *Konflikte* durch traditionelle Verwaltungsverfahren vielfach *kaum* noch *zu bewältigen* sind.[2] Das liegt vor allem daran, dass sich die Konsenssuche typischerweise auf *rechtlich* geschützte Positionen beschränkt und erst dann eingreift, wenn die Standpunkte verhärtet sind. Betroffene sehen sich oft Vorhaben gegenüber, die zwischen Antragsteller und Behörde bereits „abgestimmt" sind (→ § 15 Rn 5). Sie hegen den Verdacht, dass ihre Verfahrensbeteiligung aufgrund von „Kungeleien" wertlos ist („*Decide-Announce-Defend*"-Verfahren). Dieses Misstrauen provoziert „strategisches" Handeln: Extrempositionen werden eingenommen und Fakten, die die eigene Position schwächen, verschwiegen. Selten besteht die Neigung, einen Interessenausgleich zu suchen. Zudem hat die Bereitschaft, Verwaltungsentscheidungen ohne gerichtliche Überprüfung hinzunehmen, abgenommen[3] – eine Erfahrung, die in den USA zur Entwicklung der „*alternative dispute resolution*" (wozu auch die Mediation gehört) geführt hat.[4] Die Situation ist *paradox*. Einerseits kann sich unser Rechtsstaat sehen lassen.[5] Den Bürgern werden umfassende Rechte zuerkannt, ihre Durchsetzung mit dem Beratungs- und Prozesskostenhilferecht unterstützt. Die Anwaltschaft expandiert. Aufklärungskampagnen haben das Wissen um das Recht gesteigert, Rechtsschutzversicherungen die finanziellen Risiken der Rechtsdurchsetzung gemindert. Verwaltung und Justiz wurden ausgebaut. Andererseits drohen Behörden und Gerichte in der Normenflut und Prozessschwemme zu ertrinken. Insbesondere bei der Bewältigung „multipolarer" und „multidimensionaler" Konflikte[6] gerät der Staat an die Grenze der Überforderung.[7] Der Versuch, Beschlüsse gegen den *Protest* der Bürger durchzusetzen, zieht erhebliche Verzögerungen sowie hohe politische und finanzielle Kosten nach sich. Vorhaben können am Widerstand der Bevölkerung scheitern. Dies alles schreckt Investoren ab, was nicht zuletzt dem „Standort Deutschland" schadet. Ein *Umdenken* ist erforderlich.

[2] Ein abschreckendes Beispiel dafür, dass herkömmliche Verwaltungsverfahren, wenn sie – wie dies bei Planfeststellungen der Fall ist (→ § 15 Rn 2 ff) – auf ausgeklügelten Vorgaben zur Öffentlichkeitsbeteiligung beruhen, große Schwächen haben, bot der Bau der Startbahn West auf dem Frankfurter Flughafen. Vgl *Pünder* Verw 38 (2005) 1 ff mwN.

[3] Vgl zu den Gründen der vielbeklagten „Prozessflut" *Blankenburg* in: ders (Hrsg), Prozessflut, 1988, 9 ff; *Caspar* DVBl 1995, 992, 995 ff; *Hoffmann-Riem* ZRP 1997, 190, 191 ff.

[4] Grundlegend *Fisher/Ury/Patton* Getting to Yes. Negotiating Agreement without giving in; 1981, dt: *Fisher/Ury/Patton* Das Harvard-Konzept – Sachgerecht verhandeln, erfolgreich verhandeln, 22. Aufl 2004. Inzwischen hat die Konfliktmittlung Eingang in das amerikanische Verwaltungsverfahrensrecht gefunden. Der *Administrative Dispute Resolution Act* u der *Negotiated Rulemaking Act* sind dokumentiert in: *Hoffmann-Riem/Schmidt-Aßmann* (Hrsg) Konfliktbewältigung durchVerhandlungen, Bd 1 1990, 319 ff. Vgl *Holznagel* Konfliktlösungen durch Verhandlungen, 1990, 129 ff; *Pünder* Exekutive Normsetzung in den Vereinigten Staaten und der Bundesrepublik Deutschland, 1996, 126 ff, 245 f. Für eine rechtsvergleichende Perspektive *Riedel* (Hrsg) Die Bedeutung von Verhandlungslösungen im Verwaltungsverfahren, Länderberichte und Generalbericht der 28. Tagung für Rechtsvergleichung 2001, 2002; zu Österreich *Ferz* in: Mehta/Rückert (Hrsg), Mediation und Demokratie, 2003, 146 ff.

[5] Vgl etwa *Hoffmann-Riem* ZRP 1997, 190, 191 f.

[6] S zur Begrifflichkeit etwa *Hoffmann-Riem* Konfliktmittler in Verwaltungsverfahren, 1990, 36.

[7] S *Ellwein/Hesse* Der überforderte Staat, 1994. Vgl auch *Mayntz* in: Matthes (Hrsg), Sozialer Wandel in Westeuropa, 1979, 55 ff („Regulative Politik in der Krise"); *Willke* Entzauberung des Staates, 1983.

2. Voraussetzungen für eine erfolgreiche Mediation

2 Seit Beginn der 1990er Jahre geht man insbesondere in der Umweltpolitik neue Wege. Zugrunde liegt die Überlegung, dass sich durch Verwaltungsentscheidungen von hoher Komplexität oder großem Konfliktpotential veranlassten Spannungen am besten durch eine *umfassende Beteiligung der Öffentlichkeit* lösen lassen.[8] Behörden, die sich als moderne Einrichtungen für „Dienstleistungen“ ohnehin „kundenorientiert“ neu aufstellen müssen[9], wissen um die Grenzen der Wirkungskraft einseitiger Anordnungen und erkennen den Wert „kooperativer Arrangements“[10], die oft schneller und besser zum Ziel führen. Dieser neue Stil entkräftet auch Vorwürfe, dass die Verwaltung durch „Kungeleien“ mit dem Projektträger erzielte Ergebnisse in förmlichen Verfahren nur noch „durchziehe“. Dies alles setzt voraus, dass kritische Bürger nicht als Störenfriede betrachtet werden, die Verfahrensabläufen hindernd im Wege stehen. Es geht um mehr „*governance*“ und weniger „*government*“.[11] Vor allem verspricht man sich – ermutigt durch positive Erfahrungen bei familien-, arbeits- und wirtschaftsrechtlichen Auseinandersetzungen sowie bei Nachbar-, Miet- und Verbraucherstreitigkeiten[12] – von einer mit Hilfe eines neutralen *Konfliktmittlers* (vgl Rn 6) erzielten einvernehmlichen Lösung eine höhere Akzeptanz behördlicher Entscheidungen.[13] Verwaltungsverfahren werden verkürzt, Rechtsstreitigkeiten vermieden, Kosten eingespart.

3 a) *Berücksichtigung aller betroffenen Gruppen.* Grundvoraussetzung für eine erfolgreiche Mediation ist die Beteiligung *aller betroffenen Gruppen*. Alle Interessen müssen zum Gegenstand der Entscheidungsfindung gemacht werden, egal ob sie rechtlich geschützt sind oder nicht.[14] Für eine umfassende Einbeziehung der Betroffenen sprechen schon praktische Gründe: Es muss der Gefahr begegnet werden, dass Außenstehende die Entscheidung gerichtlich angreifen (Rn 18), so dass die Konsenssuche weder einen Kosten-, noch einen Zeitvorteil bringt. Der Einwand, dass eine Entscheidungsfindung unter der Nichtbeteiligung betroffener Gruppen nicht leide, sofern nur die für sie relevanten Themen beachtet werden[15], überzeugt nicht. Denn das Ergebnis wird dennoch kaum auf Akzeptanz stoßen.[16] Wenngleich der Teilnehmerkreis einer gemeinsamen Konsenssuche nicht zu groß werden darf, wäre es riskant, das politische Widerstands-

[8] Vgl *Pünder* NuR 2005, 71 ff. Zur Umweltmediation etwa *Ferz* in: ders/Pichler (Hrsg), Mediation im öffentlichen Bereich, 2003, 15 ff; *Sünderhauf* Mediation bei der außergerichtlichen Lösung von Umweltkonflikten in Deutschland, 1997.

[9] Vgl zum Hintergrund des Paradigmenwechsels u f eine Warnung vor Übertreibungen *Pünder* Haushaltsrecht im Umbruch, 2003, 323 ff.

[10] *Schuppert* in: Hoffmann-Riem/Schmidt-Aßmann (Fn 4) Bd 2 1990, 31.

[11] Vgl *Meister* in: Wörner (Hrsg), Das Beispiel Frankfurt Flughafen – Mediation und Dialog als institutionelle Chance, 2003, 241, 243. Zum Begriff der Governance *Voßkuhle* in: Hoffmann-Riem/Schmidt-Aßmann/Voßkuhle, Grundlagen I, § 1 Rn 68 ff; *Schuppert* in: Hoffmann-Riem/Schmidt-Aßmann/Voßkuhle, Grundlagen I, § 16 Rn 20 ff.

[12] Vgl die Nachw bei *Pünder* Verw 38 (2005) 1, 5. Zur neuen EU-Richtlinie über „bestimmte Aspekte der Mediation in Zivil- und Handelssachen“ (RL 2008/52/EG) *von Bargen* EuR 2008, 200 ff; *Eidenmüller/Prause* NJW 2008, 2737 ff; *Wagner/Thole* ZKM 2008, 36 ff.

[13] Vgl *Härtel* JZ 2005, 753, 756; *Appel* in: Hoffman-Riem/Schmidt-Aßmann/Voßkuhle, Grundlagen II, § 32 Rn 107. Krit zur „Mediation als Akzeptanzbeschaffung“ *Schäfer* NVwZ 2006, 39, 42.

[14] Vgl *Pünder* Verw 38 (2005) 1, 6 f mwN.

[15] So offenbar *Eichel* in: Wörner (Fn 11) 51, 53 f; *Niethammer* ZKM 2000, 136, 138 ff.

[16] Vgl auch die empirischen Untersuchung v *Bora/Woplert* in: Wörner (Fn 11) 107, 118.

potential von Bürgerinitiativen und Umweltverbänden zu unterschätzen. Es empfiehlt sich daher, sie über Vertreter zu beteiligen. Es gilt, „Interessen statt Köpfe" zusammenzuführen.[17] Dabei muss die Schwierigkeit gemeistert werden, „echte" von ihrer Basis „legitimierte" Repräsentanten von selbsternannten (zugleich meist lautstarken) zu unterscheiden, die als „Könige im Exil" nur querulatorisch Profilierung suchen.[18] Mitunter kann es sinnvoll sein, andere als die „natürlichen" Sprecher zu beteiligen, um eine festgefahrene Situation nicht durch das Aufeinanderprallen von „Streithähnen" zu zementieren.[19]

b) *Notwendigkeit von Verhandlungsanreizen und Spielräumen für Kompromisse.* Da eine umfassende Beteiligung der Öffentlichkeit einen erheblichen Aufwand bedeutet, stellt sich die Frage, wann es sich lohnt, auf gemeinsame Konsenssuche zu gehen.[20] Voraussetzung sind zunächst *Verhandlungsanreize*, die vorliegen, wenn die Beteiligten „Tauschmacht" haben.[21] Diese mag auf Rechtspositionen oder auch auf politischen Drohkulissen beruhen. Notwendig sind zudem Spielräume für einen *Kompromiss*. Sie finden sich, wenn angesichts normativer Handlungsoptionen und der Komplexität der Sachverhalte (in der Begrifflichkeit der Spieltheorie) eine sogenannte *win-win*-Situation vorliegt, in der alle Beteiligten einen Kompromiss zumindest teilweise als Erfolg verbuchen können.[22] Anderes gilt, wenn sich die Konfrontation wegen eines grundlegenden Wertekonflikts – wie etwa im Streit um die Erweiterung eines Flughafens – im Sinne eines Nullsummen-Spiels (*zero-sum-game*) auf ein Alles oder Nichts reduziert.[23] Doch kann die Tatsache, dass Bemühungen zur Streitbeilegung in eine „Sackgasse" geraten sind, die Erfolgsaussichten einer Konsenssuche sogar steigern (sogenannte *impasse criterion*), weil es das Gespür für deren Dringlichkeit (*„sense of urgency"*) fördert.[24] **4**

c) *Ablauf der Konfliktmittlung.* Sind die Voraussetzungen für eine gemeinsame Konsenssuche gegeben, sollte die Behörde – auch wenn sie dazu gesetzlich nicht (wie bei Planfeststellungsverfahren, → § 15 Rn 10) gezwungen ist – einen Termin für die *ge-* **5**

[17] *Gaßner/Holznagel/Lahl* Mediation, 1992, 38. Vgl auch *Benz* Kooperative Verwaltung, 1994, 141; *Schulze-Fielitz* in: Hoffmann-Riem/Schmidt-Aßmann (Fn 4) Bd 2 1990, 55, 79; *Trieb* Konsens und Verwaltungsverfahren, 1997, 52 ff. Krit *Schneider* VerwArch 87 (1996) 38, 62.

[18] *Glasl* Konfliktmanagement, 8. Aufl 2004, 169 ff mwN. Zum von der Principal-Agent-Theorie herausgearbeiteten Spannungsverhältnis zwischen Vertretern u Vertretenen *Pünder* (Fn 9) 16 ff mwN.

[19] S *Gaßner/Holznagel/Lahl* (Fn 17) 43 f.

[20] Zu den Erfolgsbedingungen von Aushandlungsprozessen *Pünder* Verw 38 (2005) 1, 4 ff, mwN.

[21] Vgl *Bauer* in: Hoffmann-Riem/Schmidt-Aßmann/Voßkuhle, Grundlagen II, § 36 Rn 112; *Budäus* Funktion mittlerunterstützter Aushandlungsprozesse für die Lösung der typischen Interessenkonflikte bei raumbezogenen Planungen, 2001, 53 f; *Rüssel* Mediation in komplexen Verwaltungsverfahren, 2004, 90 f.

[22] S zur Spieltheorie etwa *Benz* (Fn 17) 83 ff; *Breidenbach* Mediation, 1995, 69 ff; *Eidenmüller* in: Breidenbach/Henssler, Mediation für Juristen, 1997, 31 ff; *Sacksofsky* in Hoffmann-Riem/Schmidt-Aßmann/Voßkuhle, Grundlagen II, § 40 Rn 48 ff; *Troja* in: Zilleßen/Dienel/Strubelt, Die Modernisierung der Demokratie, 1993, 84 ff u 89 ff (zu den Grenzen spieltheoretischer Axiomatik).

[23] Vgl zu den sog „Meinungskonflikten" *Raiser* Grundlagen der Rechtssoziologie: Das lebende Recht, 4. Aufl 2007, 279 ff; *Köster* DVBl 2002, 229, 231; *Ronellenfitsch* in: Hoffmann-Riem/Schmidt-Aßmann (Fn 4) Bd 2, 185, 197.

[24] S *Duve* Mediation und Vergleich im Prozess, 1999, 376 ff; *Gaßner/Holznagel/Lahl* (Fn 17) 7 ff; *Kostka* Verw 26 (1993), 87, 100.

meinsame Erörterung der anstehenden Entscheidung anberaumen. Das bietet die Chance, in einem gemeinsamen „Lernprozess" ein für alle akzeptables Ergebnis zu erzielen. Soll eine Mediation erfolgreich sein, sollten zunächst die (Rechts-)*Positionen*, dann die *Interessen* der Beteiligten besprochen werden.[25] Wenn die Beteiligten nicht nur über ihre Positionen, sondern auch über ihre Interessen verhandeln, nehmen die Kompensationsmöglichkeiten zu, weil der Verhandlungsgegenstand erweitert wird. Kommunikationsstörungen sind aufzudecken. Oft werden nämlich Positionen und Interessen für identisch gehalten, ohne dass sie es sind. Wenn sich beispielsweise im Streit um die Erweiterung eines Flughafens der Vertreter der Betreibergesellschaft für den Bau einer Landebahn ausspricht, dann handelt es sich dabei um seine Position.[26] Was er erreichen will, ist die Konkurrenzfähigkeit des Flughafens. Vielleicht ist ihm eine durch Auflagen und Bedingungen eingeschränkte Planfeststellung lieber als eine zwar „optimale", aber erst im Streit und nach vielen Jahren errungene Genehmigung. Wenn Vertreter von Bürgerinitiativen äußern, die Landebahn dürfe nicht gebaut werden, ist das ebenfalls bloß eine Position. Was sie wirklich wollen, ist, nicht vom Lärm belästigt zu werden. Ggf fürchten Anrainer auch bloß den Wertverlust ihrer Anwesen.[27] Die Beilegung komplexer Konflikte scheitert häufig daran, dass zu einem Zeitpunkt über Lösungen diskutiert wird, in dem die Interessen der Beteiligten noch gar nicht vollständig bekannt sind. Deswegen ist von der Interessenerforschung die Entwicklung von *Lösungsalternativen* zu trennen. In dieser zweiten Phase dürfen die Ideen aber noch nicht bewertet, sondern müssen als strikt unverbindlich gesammelt werden. Auf diese Weise werden meist Vorschläge zu Tage gefördert (und sogar von Antagonisten gemeinsam entwickelt), die zuvor niemand für möglich gehalten hätte. Zu einer *Bewertung* der Alternativen sollte man erst in einem dritten Stadium übergehen. Ziel ist es, ein „Nullsummenspiel" zu vermeiden, bei dem nur einer gewinnen kann und andere alles verlieren müssen. Statt dessen gilt es zu „optimieren", dh die verschiedenen Interessen durch Modifikation der Positionen soweit wie möglich zu befriedigen.[28] In einem vierten Schritt geht es darum, die Einzelheiten eines *Lösungspaketes* (das selbstverständlich den rechtlichen Vorgaben entsprechen muss, Rn 11 f) auszuarbeiten. Dabei kann der Vorhabensträger den Befürchtungen seiner Kritiker entgegenkommen, etwa über das gesetzlich Geforderte hinausgehende Schutzmaßnahmen zusagen (zur Planfeststellung → § 15 Rn 16) oder sich zu einem Ausgleich des Wertverlustes angrenzender Grundstücke verpflichten. Auch auf politischer Ebene können Lasten ausgeglichen werden, etwa durch Infrastrukturmaßnahmen für belastete Gebiete oder eine städtebauliche Aufwertung. Allerdings werden selbst größte Anstrengungen selten dazu führen, dass das Ergebnis alle vollends zufrieden stellt. Deswegen muss das Lösungspaket den nicht teilnehmenden Angehörigen der Interessengruppen eingehend *erläutert* werden. Darüber hinaus ist es unerlässlich, dass die gemeinsam entwickelte Lösung des Konflikts von den *rechtlich oder politisch Verantwortlichen* ernst genommen wird. Hierzu sollten sie

[25] Zum Ablauf der Mediation *Pünder* Verw 38 (2005) 1, 9 f mwN. Vgl auch *Vetter* Mediation und Vorverfahren, 2004, 147 ff.

[26] Allg lehrt die „Verhandlungsforschung", dass Akteure, die ihre Verhandlungsmacht als überlegen wahrnehmen, zu einem „positionsbezogenen Verhalten" neigen. S *Benz* (Fn 17) 143 ff.

[27] Vgl die Darstellung der Konfliktlinien bei *Barbian/Jeglitza* in: Zilleßen/Dienel/Strubelt (Fn 22) 108, 115 ff.

[28] Vgl etwa *Benz* (Fn 17) 150 ff; *Hoffmann-Riem* ZRP 1997, 190, 195, *Schneider* VerwArch 87 (1996) 38, 44.

sich im Vorhinein bekennen. Andernfalls kann nicht erwartet werden, dass die Beteiligten bereit sind, Zeit und Geld in mühsame Verhandlungen zu investieren. Ungeeignet ist ein aufwändiger Erörterungstermin, wenn die Behörde nur mehr Akzeptanz für eine vorgefertigte Lösung gewinnen will.

d) *Einschaltung eines neutralen Konfliktmittlers.* Eine gemeinsame Konsenssuche 6
stellt hohe Anforderungen an die Streitkultur. Das Verfahren muss professionell gesteuert werden.[29] Aufgabe des *Verhandlungsleiters* ist es, die unter den Beteiligten bestehenden Ungleichheiten in Verhandlungserfahrung, Artikulationsfähigkeit und Sozialkompetenz auszugleichen. Dabei sollte der Verhandlungsleiter sich nicht auf kommunikative Talente verlassen, sondern die auf fortgeschrittenen sozialpsychologischen, insbesondere kommunikationswissenschaftlichen Erkenntnissen beruhenden Verhandlungstechniken beherrschen.[30] Aushandlungsprozesse sind besonders erfolgversprechend, wenn sie von einem *neutralen Dritten* – einem „Mediator" als Garanten für Objektivität und Fairness des Verfahrens – geleitet werden. Manche halten eine externe Konfliktmittlung für überflüssig, weil „der Verwaltungsbeamte auf Grund seiner Ausbildung, Laufbahn und Lebenszeitanstellung über eine größere persönliche Unabhängigkeit" verfüge als ein privater Mediator.[31] Dabei wird verkannt, dass Kritiker eines Vorhabens Behörden, die zwar zur neutralen Aufgabenwahrnehmung verpflichtet sind (→ § 14 Rn 4 ff), aber vielfach doch auch *„eigene"* – etwa städtebauliche oder wirtschafts- und arbeitspolitische – *Interessen* verfolgen (müssen), zumeist nicht als neutrale Instanz ansehen.[32] Dieser Vorbehalt wird durch Untersuchungen zur *„agency capture"* bestätigt, wonach die neutralitätssichernde Distanz von Verwaltungseinheiten zu ihrer Klientel stets gefährdet ist.[33] Mehr noch: Es ist gerade der Vorteil der Mediationsphilosophie, dass der Konfliktmittler nicht mit Entscheidungsbefugnissen ausgestattet ist. Beteiligte sind häufig nur dann bereit, ihre eigentlichen Interessen (auch in vertraulichen Einzelgesprächen, *„caucuses"*) zu offenbaren, wenn sie nicht befürchten müssen, dass dies später gegen sie verwendet wird.

e) *Zeitpunkt der Konfliktmittlung.* Dass herkömmliche Verfahren vielfach ihrer 7
Konfliktbewältigungsfunktion nicht genügen, liegt vor allem daran, dass die behördliche Konsenssuche typischerweise erst dann eingreift, wenn die Standpunkte verhärtet sind (s o Rn 1). Deshalb empfiehlt es sich, dass die Behörde – auch wenn sie normativ dazu nicht (wie etwa in § 3 I BauGB) verpflichtet ist – die Bürgerbeteiligung *frühzeitig* initiiert, etwa indem sie einen Entscheidungsvorschlag veröffentlicht und allen Interes-

[29] Vgl *Pünder* Verw 38 (2005) 1, 11 f mwN.

[30] Vgl zur Einf in die Kommunikationswissenschaft etwa *Watzlawick/Beavin/Jackson* Menschliche Kommunikation, 11. Aufl 2007; *Argyle* Soziale Interaktion, 1972; *Fittkau/Müller-Wolf/Schulz v Thun* Kommunizieren lernen (und umlernen), 7. Aufl 1994, sowie etwa *Althott/Thielepape* Psychologie in der Verwaltung, 6. Aufl 2000, 192 ff; *Gößle* Praktische Psychologie und Soziologie der Verwaltung, 1981, 186 ff; *Gottwald/Haft* Verhandeln und Vergleichen als juristische Fertigkeiten, 2. Aufl 1993; *Haft* Verhandeln: die Alternative zum Rechtsstreit, 1992.

[31] So *Brohm* in: Hoffmann-Riem/Schmidt-Aßmann (Fn 4) Bd 1, 253, 256 ff. Weitere Nachw bei *Pünder* Verw 38 (2005) 1, 20.

[32] Vgl *Wölki* Verwaltungsverfahrensgesetz im Wertewandel, 2004, 205 ff (m Hinw auf empirische Studien). Krit gegenüber dieser Einschätzung *Brohm* DVBl 1990, 321, 324 ff.

[33] Vgl *Sabatier* in: Policy Sciences 6 (1975), 301 ff; sowie etwa *Fehling* Verwaltung zwischen Unparteilichkeit und Gestaltungsaufgabe, 2001, 124 ff; 273 ff; *Pünder* (Fn 4) 206 f, 237 f u 242 ff; *Schoch* Verw 25 (1992) 21, 39; *Schuppert* in: Hoffmann-Riem/Schmidt-Aßmann (Fn 4) Bd 2, 29, 45 ff.

sierten die Möglichkeit gibt, hierzu Stellung zu nehmen.[34] Freilich muss die Bürgerbeteiligung aus Sicht der Beteiligten *effektiv* sein. Deswegen sollte die Behörde die Stellungnahmen und das angesammelte Entscheidungsmaterial den Interessierten *zugänglich machen* und ihre Entscheidung unter Bezugnahme hierauf *begründen* (und dabei ggf über die Vorgaben des Akteneinsichtsrechts nach § 29 I 1 VwVfG → § 14 Rn 32 ff und des Begründungsgebots in § 39 I 2 VwVfG → § 14 Rn 51 ff hinausgehen). Bei *Planfeststellungsverfahren* stellt sich die Frage, ob die Mediation in den *Erörterungstermin* integriert werden sollte (→ § 15 Rn 10).[35] Wenn sich die Beteiligten hierauf verständigen, hat dies Kostenvorteile, da eine erneute Anhörung vermieden wird. Zudem sind alle nicht rechtzeitig zum Erörterungstermin vorgebrachten Einwendungen materiell präkludiert (§ 73 IV 3 VwVfG), dh auch im Verwaltungsprozess ausgeschlossen (→ § 15 Rn 8), so dass sich für Betroffene eine Mitwirkungsobliegenheit ergibt. Ob allerdings der gesetzlich vorgeschriebene Termin einen Ansatz zur Verständigung wirklich bieten kann, mag man bezweifeln. Für eine einvernehmliche Konfliktlösung liegt er *vielfach zu spät*. Zwar darf die Mediation nicht derart vorverlegt werden, dass sich die Interessen noch nicht herauskristallisiert haben. Im Erörterungstermin können die Positionen aber bereits verhärtet und eine ursprüngliche Kompromissbereitschaft in Frage gestellt sein. Auch ist der Erörterungstermin als *Massenveranstaltung* zur repräsentativen Entscheidungsfindung wenig geeignet. Letztlich kann der richtige Zeitpunkt für den Beginn der Mediation nur im Einzelfall bestimmt werden.[36] Rechtlich steht jedenfalls einer Konfliktmittlung *vor* dem Erörterungstermin oder gar vor Beginn des Planfeststellungsverfahrens nichts entgegen. Für eine Vorverlagerung spricht, dass der Erörterungstermin zu einer Auffangveranstaltung für Einwender werden kann, die sich am erfolgreich abgeschlossenen Verhandlungsprozess nicht beteiligt haben oder sich seinem Ergebnis nicht anschließen wollen. Denkbar ist die Konfliktmittlung aber auch *nach* dem Erörterungstermin. Dies hätte den Vorteil, dass durch das Einwendungsverfahren der Kreis der Einwender bestimmt ist, aus dem dann die Mediationsteilnehmer auszuwählen wären.

3. Das Kostenargument und Mediationserfahrungen

8 Selbstverständlich kostet die Mediation Zeit, Personal und Geld.[37] Im Rahmen eines *ökonomischen Kalküls* sind die Gewinne den Kosten gegenüberzustellen. Man könnte geltend machen, dass die Konsensfindung eine *effiziente* Entscheidung der Exekutive

[34] Vgl *Pünder* NuR 2005, 71 ff; *Freie u Hansestadt Hbg* (Hrsg) Bericht der Kommission zur Beschleunigung und Effizienzsteigerung bei Planfeststellungen, 2005, 5 ff (der Verfasser war Mitglied der sog Westphal-Kommission).

[35] Ausf zur Mediation bei Planfeststellungsverfahren *Pünder* Verw 38 (2005) 1 ff.

[36] Vgl zur Frage des richtigen Zeitpunkts einer Konfliktmittlung *Duve* (Fn 24) 379 ff („möglichst früh"); *Gaßner/Holznagel/Lahl* (Fn 17) 102 f; *Herz* in: Wörner (Fn 11) 180 ff; *Hoffmann-Riem* (Fn 6) 49 ff; *Holznagel* (Fn 4) 198 ff; *Ramsauer* in: Breidenbach/Henssler (Fn 22) 166 f; *Schmidt* ZfM 1999, 290, 292 ff; *Schmidt-Aßmann* in: Hoffmann-Riem/Schmidt-Aßmann (Fn 4) Bd 2, 9, 21; *Schulze-Fielitz* in: Hoffmann-Riem/Schmidt-Aßmann (Fn 4) Bd 2, 62 f, 74 ff; *Siegel* NuR 2002, 79, 81; *Wagner/Engelhardt* NVwZ 2001, 370, 371 f.

[37] Zur Abschätzung von Aufwand u Ertrag von Mediationsverfahren s etwa *Duve* (Fn 24) 383 ff; *Gottwald* in: Henssler/Koch (Hrsg), Mediation in der Anwaltspraxis, 2. Aufl 2004, 203, 218 ff; *Härtel* JZ 2005, 753, 756 ff; *Kostka* Verw 26 (1993) 87, 109; *Zilleßen* in: ders/Dienel/Strubelt (Fn 22) 17, 27 ff. Krit zur Mediation im Verwaltungsverfahren aufgrund der behördlichen Kostenlast *Dietz* ZRP 2004, 268.

(→ § 13 Rn 15 f) *verhindert.* Allerdings lehrt die ökonomische Analyse des Rechts, dass Marktteilnehmer nicht nur ihre Produktions-, sondern auch die sogenannten *Transaktionskosten* zu berücksichtigen haben.[38] Hierzu gehört vor allem der mit der Durchsetzung von Rechten verbundene Aufwand (einschließlich der „emotionalen Kosten"). Mit dem Konzept der Mediation ist die Hoffnung verbunden, diese Transaktionskosten zu reduzieren. Verwaltungsentscheidungen, die in einem offenen Verfahren unter organisierter Einbeziehung kontroverser Standpunkte zustande gekommen sind, lassen eine *verbesserte Akzeptanz* erwarten (→ § 13 Rn 14).[39] Ideologische Verhärtungen werden aufgebrochen, Kosten der Durchsetzung verringert. Schließlich wird durch eine *frühzeitige Rechtsmäßigkeitskontrolle* auch die Gefahr vermindert, dass Verwaltungsentscheidungen später gerichtlich aufgehoben werden (→ § 13 Rn 12). Freilich: Eine Konsenssuche kann auch *scheitern.* Selbst dann muss sie *nicht nutzlos* gewesen sein. So ist es schon ein Ertrag, wenn der Vorhabenträger die mit der Durchsetzung seines Projektes verbundenen „Transaktionskosten" besser einschätzen kann. Ggf spart er Zeit und Geld, wenn er sein Ziel nicht weiter verfolgt. Die Konsenssuche kann ferner dazu beitragen, dass sich die Diskussion versachlicht. Umstrittene Fragen können durch Gutachten, Arbeitspapiere und Anhörungen geklärt und damit Grundlagen für eine sachgerechte Verwaltungsentscheidung geschaffen werden.

Einsatzfelder für Mediatoren finden sich in vielen Bereichen des Verwaltungsrechts.[40] **9**
Sie reichen von Genehmigungs-, Planfeststellungs- und Bauplanungsverfahren über exekutive Normsetzungen bis hin zum Sozialrecht, Gemeindegebiets- und sonstigen Regionalreformen. Zu einer „gerichtsverbundenen Mediation" laufen an Verwaltungsgerichten Modellversuche.[41] Auch im Widerspruchsverfahren wird die Mediation bereits eingesetzt.[42] Vielfache Modelle gibt es, desgleichen dokumentierte Erfahrungen.[43] Die Berichte erlauben eine verhalten *positive Bilanz*: Sehr wenige Verfahren wurden frühzeitig abgebrochen. Meist gelang ein Konsens in Form einer Vereinbarung, Empfehlung oder Stellungnahme. Zumindest glückten Annäherungen anfangs weit auseinander liegender Positionen, „Klimaverbesserungen" und die Klärung strittiger Fragen. Auf der Entscheidungsebene wurden die Ergebnisse in der Regel berücksichtigt.

II. Zulässigkeit von mittlergestützten Aushandlungsprozessen

1. Zulässigkeit von Aushandlungsprozessen

a) *Rechtliche Legitimation einvernehmlicher Konfliktlösungen. Normative Vorgaben* **10**
des einfachen Rechts und des Verfassungsrechts legen eine einvernehmliche Konfliktbeilegung nahe.[44] Dass Unsicherheiten durch wechselseitiges Nachgeben ausgeräumt

[38] Vgl zur sog Transaktionskostentheorie *Pünder* (Fn 9) 16 ff mwN.

[39] S auch *Würtenberger* in: Ferz/Pichler (Fn 8), 31 ff.

[40] S f Nachw *Pünder* Verw 38 (2005) 1, 12 f.

[41] Vgl *v Bargen* DVBl 2004, 468 ff; *Breidenbach* (Fn 22) 306 ff; *Härtel* JZ 2005, 753, 759 ff; *Koch* NJ 2005, 97 ff; *Möllers* DÖV 2000, 667 ff; *Ortloff* NVwZ 2004, 384 ff; *Pitschas* NVwZ 2004, 396, 402 ff; *Seibert* NVwZ 2008, 365 ff; *Voß* in: Johlen/Oerder (Hrsg), Münchener Anwaltshandbuch Verwaltungsrecht, 2. Aufl 2003, § 3 Rn 7; *Ziekow* NVwZ 2004, 390 ff.

[42] Vgl *Maaß* VerwArch 88 (1997) 701 ff; *Pitschas* NVwZ 2004, 396, 401.

[43] S f Nachw *Pünder* Verw 38 (2005) 1, 13.

[44] Vgl *Appel* in: Hoffman-Riem/Schmidt-Aßmann/Voßkuhle, Grundlagen II, § 32 Rn 123; *Eberle* Verw 17 (1984) 439, 453; *Fehling* in: Hoffmann-Riem/Schmidt-Aßmann/Voßkuhle, Grundlagen II, § 38 Rn 71; *Hoffmann-Riem* (Fn 6) 40 ff; *dens* AöR 115 (1990) 400, 423; *dens* in:

werden können, zeigt das Verwaltungsvertragsrecht (§ 55 VwVfG → § 32 Rn 13). Im Übrigen lässt sich die Regelung des Planfeststellungsrechts, wonach über die im Erörterungsverfahren erhobenen Einwendungen nur dann von der Planfeststellungsbehörde hoheitlich zu entscheiden ist, wenn vor der Anhörungsbehörde keine „Einigung" erzielt werden konnte (§ 74 II 1 VwVfG → § 15 Rn 15), verallgemeinern. Vor allem spricht der verfassungsrechtlich fundierte (→ § 13 Rn 15 f) Verfahrensgrundsatz der Zweckmäßigkeit (§ 10 VwVfG) für die Mediation. Denn sie zeigt Entscheidungsalternativen auf, bezieht Expertensachverstand ein und erleichtert durch intensive Kommunikation einvernehmliche Lösungen – was den vielbeklagten „Vollzugsdefiziten" entgegenwirkt. Im Übrigen gebieten – entgegen einzelner Stimmen im Schrifttum[45] – das verfassungsrechtliche Übermaßverbot, der Anhörungsgrundsatz und die Verfahrensfairness, nach einer einvernehmlichen Lösung zu suchen.[46] Entsprechendes gilt aufgrund der verfassungsrechtlichen Selbstverwaltungsgarantie (Art 28 II GG) für die Einbeziehung der betroffenen Kommunen.[47] Legitimierend wirkt schließlich die mit der Konfliktmittlung ggf verbundene Verfahrensbeschleunigung (→ § 13 Rn 15).[48]

11 b) *Rechtliche Grenzen.* Aushandlungsprozesse bergen die Gefahr, dass normative Vorgaben umgangen, Allgemein- und Drittinteressen vernachlässigt sowie demokratische und rechtsstaatliche Sicherungen beeinträchtigt werden. Bei manchen löst das ein „rechtsstaatliches Schaudern" aus.[49] Deswegen muss betont werden, dass rechtliche Grenzen stets zu beachten sind (allgemein → § 36 Rn 2 ff). Die „gesellschaftliche Selbstregulierung" bleibt hoheitlich reguliert.[50] Die *Letztverantwortung* der zuständigen *Behörde* darf nicht ausgehöhlt werden. Beteiligung und Zustimmung der Betroffenen

Hoffmann-Riem/Schmidt-Aßmann (Fn 4) Bd 1, 13, 33; *Holznagel* (Fn 4) 195 f; *Schmidt-Aßmann* in: Hoffmann-Riem/Schmidt-Aßmann (Fn 4) Bd 2, 9, 15; *Zilleßen* in: Haft/ Schlieffen (Hrsg), Handbuch Mediation, 2. Auflage 2009, § 30 Rn 39, 42. Im Unterschied zu den USA gibt es im deutschen Recht nur wenige gesetzliche Vorschriften über das verwaltungsrechtliche Mediationsverfahren. Gem § 5 UVPG besteht die Möglichkeit, bereits vor Eintritt in das förmliche Verwaltungsverfahren den Gegenstand, Umfang und die Methoden der UVP unter Einbeziehung externer Dritter zu erörtern. § 4b BauGB sieht vor, dass Gemeinden insbesondere zur Beschleunigung des Bauleitplanverfahrens die Vorbereitung und Durchführung einzelner Verfahrensschritte einem Dritten übertragen können. Nach § 13 III, IV BBodSchG besteht die Möglichkeit, bei der Vorbereitung und Abstimmung von Sanierungsplan und Sanierungsvertrag einen Mediator einzusetzen. Vgl auch § 2 II 3 Nr 5 der 9. BImSchV (Einsatz eines sog Projektmanagers). Für eine gesetzliche Normierung des Mediationsverfahrens *Schäfer* NVwZ 2006, 39, 42.

[45] S etwa *Dreier* StWissStPr 1993, 647, 664; *Kaltenborn* Streitvermeidung und Streitbeilegung im Verwaltungsrecht, 2007, 124 ff.

[46] Vgl *Bauer* VerwArch 78 (1987) 241, 260 ff; *Brohm* DVBl 1990, 321, 322; *Erichsen* in der Vorauf1, § 32 Rn 5; *Kunig/Rublack* Jura 1990, 1, 11; *Pitschas* NVwZ 2004, 396, 400 f; *Trieb* (Fn 17) 278 ff.

[47] Vgl zum verfassungsrechtlichen Anspruch auf kommunale Beteiligung *Pünder* (Fn 9) 38.

[48] Diese ist inzwischen – auch unter dem Eindruck der Rechtsvergleichung m den USA – als Element des Rechtsstaatsprinzips anerkannt. Vgl *Pünder* (Fn 4) 269 ff.

[49] Begriff nach *Hoffmann-Riem* AöR 115 (1990) 400, 423. Weitere Nachw bei *Pünder* Verw 38 (2005) 1, 16 f. Zu den tats u rechtl Risiken informellen Handelns *Fehling* in: Hoffmann-Riem/ Schmidt-Aßmann/Voßkuhle, Grundlagen II, § 38 Rn 53 ff.

[50] Vgl *Hoffmann-Riem* ZRP 1997, 190, 193 ff. Zum Konzept einer „regulierten Selbstregulierung" u anderen Regulierungstypen s *dens* in: ders/Schneider (Hrsg), Verfahrensprivatisierung im Umweltrecht, 300 ff; *Schuppert* in: Hoffmann-Riem/Schmidt-Aßmann (Fn 4) Bd 2, 40 f.

können die demokratische Legitimation ergänzen, nicht aber ersetzen (→ § 13 Rn 14). Die entscheidungsbefugte Behörde muss daher an den Verhandlungen mitwirken und eine die ganze Vereinbarung umgreifende Verantwortung übernehmen. So wird der Gefahr entgegengesteuert, dass durch Kooperationen Kosten „externalisiert", also auf unbeteiligte Dritte, insbesondere auch auf künftige Generationen verlagert werden.[51] Außerdem wird eine „Aristokratie der Engagierten"[52] verhindert. Denn die „Auffangverantwortung" der Behörde kann zur Balancierung der unterschiedlichen Interessen beitragen, indem durchsetzungsschwachen Beteiligten „Drohmacht" vermittelt wird.[53]

Zu beachten sind auch *materielle Vorgaben*. Sie sind Leitlinien für Kompromisse, 12
nicht ihr Gegenstand.[54] Selbst ökonomische Erwägungen können zwingende gesetzliche Vorgaben nicht relativieren. Die einvernehmliche Ausfüllung von Ermessens- und Abwägungsspielräumen muss mit den Zwecksetzungen des materiellen Rechts in Einklang stehen. Die inhaltliche „Richtigkeit" staatlicher Maßnahmen (im Sinne einer „Interessenoptimierung"[55]) ist allerdings oft nur begrenzt durch materielle Vorgaben programmiert. Vielfach steht einer Behörde eine Vielfalt von Entscheidungsmöglichkeiten zur Verfügung (→ § 13 Rn 1). Dann reicht die Übereinstimmung der Entscheidung mit dem Gesetz zur Sicherung der Akzeptanz nicht aus. Die Klage über die Krise regulativer Politik ist nicht aus der Luft gegriffen (Rn 1). Deswegen haben Konzepte der „Prozeduralisierung" zur Ergänzung des materiellen Rechts Konjunktur. Das lenkt den Blick auf das *Verfahren* der Entscheidungsfindung. Akzeptanz für unangenehme Entscheidungen besteht nur, wenn es transparent und fair zugegangen ist (→ § 13 Rn 14).[56] Schon deshalb dürfen die gesetzlichen Verfahrensvorgaben – vor allem *Anhörungs- und Beteiligungsrechte* (→ § 14 Rn 27 ff) – nicht unterlaufen werden. Auch wenn der Aushandlungsprozess außerhalb oder vor den eigentlichen Verfahren stattfindet, sind sie wegen der zumindest faktischen Bindungswirkung des Verhandlungsergebnisses (Rn 14 f) zu beachten.[57] Den mit Kooperationen verbundenen Gefährdungen für die Verfahrenschancengleichheit (Selektivität der Interessenberücksichtigung, asymmetrischer Abbau von Distanz, Ausnutzung eines Machtgefälles[58]) muss schon im Vorfeld rechtsförm-

[51] S *Möllers* DÖV 2000, 667, 669. Zum Schutz durchsetzungsschwacher Allgemeininteressen („Viertschutz") *Fehling* in: Hoffmann-Riem/Schmidt-Aßmann/Voßkuhle, Grundlagen II, § 38 Rn 104 ff.

[52] *Kostka* Verw 26 (1993) 87, 108. S auch *Schneider* VerwArch 87 (1996), 38, 47 (Notwendigkeit der Abwehr v „Refeudalisierungsprozessen").

[53] S *Hoffmann-Riem* (Fn 6) 59 f; *dens* DVBl 1996, 225, 232; *Schneider* VerwArch 87 (1996) 38, 48 ff.

[54] Vgl *Kunig* in: Hoffmann-Riem/Schmidt-Aßmann (Fn 4) Bd 1, 43, 58 („*Soft Procedure* kann von *ius cogens* nicht dispensieren"). S auch *Appel* in: Hoffman-Riem/Schmidt-Aßmann/Voßkuhle, Grundlagen II, § 32 Rn 128; *Pitschas* NVwZ 2004, 396, 399.

[55] S *Hoffmann-Riem* (Fn 6) 5.

[56] Vgl *Pünder* (Fn 4) 246 ff, 249 ff; *dens* ZG 1998, 242 ff.

[57] Nach einer Auffassung gelten die Vorgaben auch hier unmittelbar, weil zum „Verwaltungsverfahren" iSd § 9 VwVfG auch die „Vorbereitung" eines VAs gehört. S *Holznagel* (Fn 4) 199 ff. Andere fordern eine *entspr* Anwendung, weil sie die Konsenssuche dem sog „informalen" Verwaltungshandeln zurechnen. Vgl *Bohne* VerwArch 75 (1984) 343, 352 ff; *Hoffmann-Riem* (Fn 6) 60; *Kunig/Rublack* Jura 1990, 1, 6; *Wolff/Bachof/Stober* VwR II, § 57 Rn 22a. Krit *Dreier* StWissStPr 1993, 647, 663; *Eberle* Verw 17 (1984) 439, 456 ff; *Fehling* in: Hoffmann-Riem/Schmidt-Aßmann/Voßkuhle, Grundlagen II, § 38 Rn 89 ff, *Kaltenborn* (Fn 45) 91 ff.

[58] Vgl *Hoffmann-Riem* VVDStRL 40 (1982) 187, 206 ff mwN.

licher Verfahren entgegengewirkt werden. Nach § 10 VwVfG müssen Aushandlungsbemühungen außerdem dem Gebot der Zweckmäßigkeit entsprechen und dürfen einer zügigen Entscheidungsfindung nicht entgegenstehen.[59]

2. Zulässigkeit des Einsatzes eines externen Mediators

13 Aushandlungsprozesse sind besonders erfolgversprechend, wenn sie von einem *neutralen Dritten* geleitet werden (Rn 6).[60] Manche meinen jedoch, dass die Mediation durch Externe nur außerhalb des eigentlichen Verfahrens durchgeführt werden dürfe und erst nachher in dieses zu „implantiert" ist.[61] Dem ist nicht zu folgen. Dem Mediator kommt – im Unterschied zum Schiedsgutachter – keine inhaltliche Entscheidungskompetenz zu. Vielmehr soll er eine Konfliktlösung zwischen den Beteiligten nur moderieren[62], nach Auffassung vieler nicht einmal inhaltliche Lösungsvorschläge machen.[63] Richtig ist, dass die Gestaltung des Verfahrens und die Ermittlung des Sachverhalts (§ 24 VwVfG → § 14 Rn 24 ff) *hoheitliche Aufgaben* sind, für die eine staatliche Letztverantwortung besteht.[64] Die Wahrnehmung gesetzlicher Zuständigkeiten steht nicht im Belieben der berufenen Subjekte.[65] Deshalb bedarf die „Delegation" der Verhandlungsleitung auf Externe als *Beleihung* (→ § 1 Rn 16, § 10 Rn 23 ff) einer gesetzlichen Ermächtigung.[66] Ohne weiteres zulässig ist jedoch eine „Mandatierung" des Konfliktmittlers durch die Behörde.[67] Der Mediator ist dann ein *Verwaltungshelfer* (→ § 1 Rn 17, § 9 Rn 23 ff), der den Weisungen der Behörde unterliegt.[68] Das ist für die Kon-

[59] Für die Unzulässigkeit einer „völlig aussichtslosen Mediation" *Siegel* NuR 2002, 79, 82; zu den rechtlichen Grenzen eines mediativen Vorverfahrens vgl *Vetter* (Fn 25) 180 ff.

[60] Zur Stellung des privaten Mediators in u im Umfeld von VwVf *Appel* in: Hoffman-Riem/Schmidt-Aßmann/Voßkuhle, Grundlagen II, § 32 Rn 130.

[61] S *Brohm* DVBl 1990, 321, 326 ff; *dens* NVwZ 1991, 1025, 1032; *Caspar* DVBl 1995, 992, 997; *Gaßner/Holznagel/Lahl* (Fn 17) 65 f; *Köster* DVBl 2002, 229, 234; *Siegel* NuR 2002, 79, 81 f; *P. Stelkens/Schmitz* in: Stelkens/Bonk/Sachs VwVfG, § 9 Rn 190; zum Einsatz privater Konfliktmittler *Kaltenborn* (Fn 45) 182 ff.

[62] S nur *Duve* (Fn 24) 135, 144 ff; *Gaßner/Holznagel/Lahl* (Fn 17) 23; *Hoffmann-Riem* AöR 115 (1990) 400, 434 f; *Holznagel* Jura 1999, 71, 72 ff; *Kostka* Verw 26 (1993) 87, 99 f; *Schneider* VerwArch 87 (1996) 38, 44. Vgl auch *Rüssel* (Fn 21) 85; *Budäus* (Fn 21) 24 ff; *Appel* in: Hoffman-Riem/Schmidt-Aßmann/Voßkuhle, Grundlagen II, § 32 Rn 125; *Zenk/Strob/Böttger* ZKM 2006, 43, 44.

[63] Zur Unterscheidung zwischen „aktiver und passiver" Konfliktmittlung s etwa *Benz* (Fn 17) 328 ff; *Breidenbach* (Fn 22) 149 ff; *Hoffmann-Riem* (Fn 6) 20 ff; *Kaltenborn* (Fn 45) 114; *Ronellenfitsch* in: Hoffmann-Riem/Schmidt-Aßmann (Fn 4) Bd 2, 185, 189 f; *Rüssel* (Fn 21), 92; *Härtel* JZ 2005, 753, 755.

[64] S *Ronellenfitsch* in: Hoffmann-Riem/Schmidt-Aßmann (Fn 4) Bd 2, 185, 190. Relativierend *Hill* DVBl 1993, 973, 977 f.

[65] *Pünder* DÖV 1998, 63, 66 f u 69 f; *dens* (Fn 9) 525 f; *Wolff/Bachof* VwR II, 24.

[66] S *Brohm* DVBl 1990, 321, 328; *Caspar* DVBl 1995, 992, 997; *Hoffmann-Riem* (Fn 6) 50; *Gaßner/Holznagel/Lahl* (Fn 17) 66; *Holznagel* (Fn 4) 210; *Kopp/Ramsauer* VwVfG, § 1 Rn 58; *Stelkens/Schmitz* in: Stelkens/Bonk/Sachs, VwVfG, § 1 Rn 256 f. Z d Grenzen *Kunig/Rublack* Jura 1990, 1, 8 f; *Schulze-Fielitz* in: Hoffmann-Riem/Schmidt-Aßmann (Fn 4) Bd 2, 60; *Härtel* JZ 2005, 753, 758.

[67] Abl *Köster* DVBl 2002, 229, 234; *Siegel* NuR 2002, 79, 84 f.

[68] Vgl *Schmidt-Aßmann* in: Hoffmann-Riem/Schmidt-Aßmann (Fn 4) Bd 2, 9, 26 f; *Schulze-Fielitz* in: Hoffmann-Riem/Schmidt-Aßmann (Fn 4) Bd 2, 63. Zweifelnd *Härtel* JZ 2005, 753, 758 f; AA *Pitschas* NVwZ 2004, 396, 400 („Verwaltungssubstitution"). Ausf zur organisationsrechtlichen Einordnung des Konfliktmittlers s *Kaltenborn* (Fn 45) 180 ff.

fliktmittlung nicht unbedingt schädlich[69], wenn die Behörde von ihrer „Gewährleistungsverantwortung“ (→ § 15 Rn 54) nur eingeschränkt Gebrauch macht, um die für die Verhandlungserfolg notwendige Neutralität des Mediators nicht zu erschüttern. Es sei erwähnt, dass die Behörde nicht die ganze Finanzierungslast zu tragen braucht, wenn der Mediator mit Zustimmung aller Teilnehmer beauftragt wird. Allerdings sollten die Vertragsbeziehungen offen gelegt werden, um einen Manipulationsverdacht auszuräumen.[70]

III. Umsetzung des Verhandlungsergebnisses

1. Bindung der Beteiligten

a) *Möglichkeiten der Bindung der Behörde.* Die Mediation steht und fällt mit den Möglichkeiten zur *Umsetzung* der Verhandlungsergebnisse. Fehlt es daran, wäre kaum jemand bereit, Geld und Mühen zu investieren. In Betracht kommt vor allem eine *vertragliche* Bindung.[71] Grundsätzliche Bedenken bestehen nicht. Das Verdikt *Otto Mayers*, dass „wahre Verträge zwischen dem Staat und den Unterthanen“ auf dem Gebiete des Öffentlichen Rechtes „überhaupt nicht denkbar“ seien[72], ist spätestens seit der Aufnahme des Verwaltungsvertrages in die Verwaltungsverfahrensgesetze (§§ 54 ff VwVfG) überholt.[73] Deswegen kann eine Vereinbarung eine behördliche *Genehmigung* ersetzen.[74] Allerdings müssen gesetzliche Handlungs*form*gebote beachtet werden. So schreibt das Gesetz für *Planfeststellungen* einen Planfeststellungsbeschluss vor (§ 74 I 1 VwVfG → § 15 Rn 13 ff). Ein Verfügungsvertrag wäre daher nichtig.[75] Bei Verpflichtungsverträgen ist zu differenzieren. Ausschlaggebend ist der für den Abwägungsvorgang maßgebliche Zeitpunkt.[76] Dieser liegt erst am Ende des Planfeststellungsverfahrens. Wenn die Vereinbarung dann – insbesondere also erst nach der Durchführung des Anhörungsverfahrens (→ § 15 Rn 2 ff) – geschlossen wird, steht ihrer rechtlichen Wirksamkeit nichts entgegen. Kommt es im Vorfeld des Anhörungsverfahrens zu einer Absprache, ist die vertragliche Verpflichtung nur zulässig, wenn sie den Inhalt des zu erlassenden Planfeststellungsbeschlusses unter einen Änderungsvorbehalt im Hinblick 14

[69] So aber *Schuppert* in: Hoffmann-Riem/Schmidt-Aßmann (Fn 4) Bd 2, 1990, 52 (Weisungsfreiheit des Konfliktmittlers gegenüber der Vw ist „unabdingbar“); *Schulze-Fielitz* in: Hoffmann-Riem/Schmidt-Aßmann (Fn 4) Bd 2, 64.

[70] S *Barbian/Jeglitza* in: Zilleßen/Dienel/Strubelt (Fn 22) 108, 126; *Fehling* (Fn 33) 420 f; *Gaßner/Holznagel/Lahl* (Fn 17) 36 f; *Schneider* VerwArch 87 (1996) 38, 64 ff.

[71] Zur Zusicherung gem § 38 VwVfG vgl *Brandt* in: Hoffmann-Riem/Schmidt-Aßmann (Fn 4) Bd 1, 239, 247.

[72] *Mayer* AöR 3 (1888) 3, 42.

[73] Die Aussage Mayers wird vielfach – aber fälschlich – als Ausdruck einer seitdem herrschenden Lehre zitiert. Vgl zur historischen Einordnung nur *Maurer* DVBl 1989, 798, 799 ff.

[74] S etwa *Gaßner/Holznagel/Lahl* (Fn 17) 102; *Zilleßen* in: Haft/Schlieffen (Fn 44) § 30 Rn 49; differenzierend *Maurer* Allg VwR, § 14 Rn 27.

[75] S etwa *Brandt* in: Hoffmann-Riem/Schmidt-Aßmann (Fn 4) Bd 1, 239, 245 f; *Gaßner/Holznagel/Lahl* (Fn 17) 71; *Holznagel* (Fn 4) 213; *Zilleßen* in: Haft/Schlieffen (Fn 44) § 30 Rn 49. Die Nichtigkeit ergibt sich aus § 59 I VwVfG iVm §§ 134 BGB, 54 S 1 aE VwVfG. Vgl statt vieler *Maurer* Allg VwR, § 14 Rn 42b mwN.

[76] S zum Bauplanungsrecht BVerwGE 45, 309, 316. Vgl *Eberle* Verw 17 (1984) 439, 455; *Hadlich/Rennhack* LKV 1999, 9, 10.

auf das Ergebnis des Erörterungstermins stellt. Im Regelfall ist ein Vertrag allerdings unpraktikabel[77], da seine Wirksamkeit von der schriftlichen Zustimmung derjenigen abhängt, in deren Rechte die Behörde bei der Umsetzung der Verpflichtung eingreift (→ § 32 Rn 1).[78]

15 Die Möglichkeiten einer *rechtlichen* Verpflichtung der Verwaltung sind also begrenzt. Freilich ist diese auch nicht unbedingt erforderlich. Es reicht aus, wenn die Behörde durch das Verhandlungsergebnis *faktisch gebunden* wird.[79] Die faktische Bindung kann nicht nur aus einem „*Gentlemen's agreement*", sondern etwa auch aus einer drohenden *Schadensersatzforderung* folgen, wenn die Behörde das Risiko für das Ausbleiben der in der Mediation erarbeiteten Entscheidung vertraglich übernimmt (Rn 15).[80] Vorabbindungen im Verfahren sind problematisch, da sie einer späteren umfassenden und ungebundenen Abwägung entgegenstehen. Nach dem sogenannten *Flachglasurteil* des BVerwG kann dieses „Abwägungsdefizit" aber ausgeglichen werden, wenn die Vorabbindung „sachlich gerechtfertigt", unter Wahrung der gesetzlichen Zuständigkeiten zustande gekommen und hinsichtlich einer gerechten Abwägung „inhaltlich nicht zu beanstanden" ist.[81] Es kommt daher entscheidend darauf an, ob das Mediationsergebnis dem Abwägungsgebot (→ § 15 Rn 20) entspricht und insbesondere auch die Interessen derer berücksichtigt, die an der Mediation nicht beteiligt wurden. Die Einhaltung dieser Anforderungen werden bei einer Mediation regelmäßig gesichert sein, weil die Konfliktmittlung gerade dazu dient, einen angemessenen Ausgleich aller betroffenen Belange herbeizuführen (Rn 3 ff). Die vom BVerwG entwickelten Kriterien tragen den aus Vorabbindungen drohenden Gefahren für Dritte allerdings noch nicht hinreichend Rechnung. Sie müssen um die *Verfahrensvorgaben* ergänzt werden, von denen bereits die Rede war (Rn 12).[82]

16 b) *Bindung der sonstigen Beteiligten.* Dass die Verwaltung an das Verhandlungsergebnis regelmäßig nur „faktisch" gebunden ist, schließt nicht aus, dass der *Antragsteller* sich rechtlich zur Verminderung und Kompensation nachteiliger Auswirkungen verpflichtet, also einen „hinkenden Austauschvertrag"[83] abschließt. Hierbei ist darauf zu achten, dass die Gegenleistung „im sachlichen Zusammenhang mit der vertraglichen Leistung der Behörde" steht (§ 56 I 2 aE VwVfG → § 32 Rn 12). Eine Behörde darf ihre Machtstellung nicht dazu ausnutzen, für ihre Verwaltungstätigkeit eine gesetzlich eigentlich nicht vorgesehene Gegenleistung zu verlangen. Ein solcher Machtmissbrauch

77 S *Brandt* in: Hoffmann-Riem/Schmidt-Aßmann (Fn 4) Bd 1, 239, 246; *Holznagel* (Fn 4) 214.

78 § 58 I VwVfG wird v den meisten über den Wortlaut hinaus auch auf Verpflichtungsverträge angewandt. Vgl etwa *Kopp/Ramsauer* VwVfG, § 58 Rn 7 f; *Bonk* in: Stelkens/Bonk/Sachs, VwVfG, § 58 Rn 15 ff. Die Regelung ist misslich, da kaum zu erwarten ist, dass *alle* rechtlich Betroffenen dem Vertrag zustimmen werden. Krit bereits *Maurer* DVBl 1989, 798, 799 ff. Zur Frage, unter welchen Umstanden ein nichtiger Vertrag zur Rechtswidrigkeit des auf seiner Grundlage erlassenen VAs führt, *Bonk* in: Stelkens/Bonk/Sachs, VwVfG, § 59 Rn 12 mwN.

79 AA *Sünderhauf* (Fn 8) 261. Wie hier *Barbian/Jeglitza* in: Zilleßen/Dienel/Strubelt (Fn 22) 108, 129.

80 Vgl BGH DVBl 1980, 679, 681.

81 S BVerwGE 45, 309, 321. Zur Verallgemeinerungsfähigkeit *Fehling* in: Hoffmann-Riem/Schmidt-Aßmann/Voßkuhle, Grundlagen II, § 38 Rn 112 f.

82 Vgl etwa *Hoffmann-Riem* AöR 115 (1990) 400, 430; *Schulze-Fielitz* Jura 1992, 201, 206 f.

83 S zur Einordnung des hinkenden Austauschvertrages *Holznagel* (Fn 4) 219 ff mwN. F eine Typologie mehrseitiger Verträge vgl *F. Reimer* VerwArch 94 (2003) 543, 552 ff.

wird bei mittlergestützten Verhandlungslösungen aber regelmäßig nicht vorliegen[84], da der Mediator dafür Sorge tragen soll, dass die Parteien ihre Auffassungen gleichberechtigt zur Geltung bringen können (vgl Rn 6).[85] Im Regelfall wird der Antragssteller seine Maßnahmen von Gegenleistungen der anderen Beteiligten abhängig machen. Als „Tauschobjekt“ kommt vor allem ein vertraglicher *Verzicht auf Einwendungen* und die *gerichtliche Durchsetzung* von Ansprüchen gegen das Vorhaben (Rn 18), aber auch der Verzicht auf *politischen Widerstand* in Betracht.[86] Es besteht kein Anlass zum Erheben eines „moralischen Zeigefingers“[87], wenn sich Rechtsmittelbefugte ihre Rechte „abkaufen“ lassen. Der Bürger macht von Grundrechten Gebrauch, wenn er – weil ihm dies zur Erreichung bestimmter Vorteile zweckdienlich erscheint – der Verwaltung und dem Vorhabenträger gegenüber Zugeständnisse macht.[88]

2. Art der Umsetzung und gerichtliche Kontrolle

Die Art der Umsetzung hängt vom Zeitpunkt der Mediation ab (Rn 7). Geht sie dem Verwaltungsverfahren voraus, ist dem Antragsteller zu empfehlen, seinen *Antrag zu modifizieren*, wenn er im Widerspruch zum Mediationsergebnis steht.[89] Findet die Konfliktmittlung bei *Planfeststellungen* nach Antragstellung, aber vor dem Erörterungstermin statt (→ § 15 Rn 10), so ist das Mediationsergebnis *in das Anhörungsverfahren einzubeziehen*.[90] In der Verwaltungsentscheidung kann dem Kompromiss durch *Nebenbestimmungen* (→ § 23) Rechnung getragen werden.[91] Wirkt sich die Verhandlungslösung – wie etwa ein umfassendes Nachtflugverbot – auf bereits erteilte Genehmigungen aus, so kommt ein *Widerruf* (→ § 25) dieser Entscheidungen in Betracht.[92] **17**

Grundsätzlich kann der *Antragsteller* gegen belastende Nebenbestimmungen Anfechtungsklage[93] (bzw Verpflichtungsklage auf uneingeschränkte Genehmigung[94]) er- **18**

[84] S *Hoffmann-Riem* (Fn 6) 65 f; *Holznagel* (Fn 4) 226 ff; *Schmidt-Aßmann* in: Hoffmann-Riem/Schmidt-Aßmann (Fn 4) Bd 2, 9, 24 f; *Zilleßen* in: Haft/Schlieffen (Fn 44) § 30 Rn 49a. Zweifelnd *Brohm* DVBl 1990, 321, 323.

[85] Wo dieser Schutz versagt, greift das Koppelungsverbot. Dann ist die vertragliche Zusage des Vorhabenträgers etwa zu Kompensationsleistungen an öffentliche Institutionen (wie zB Gemeinden) oder „blockierende“ gesellschaftliche Gruppen gem § 59 II Nr 4 iVm § 56 VwVfG nichtig.

[86] Ggf kann der Vorhabenträger unter Berufung auf die Mediationsvereinbarung Unterlassungsklage erheben. Zuständig sind die ordentlichen Gerichte. Vgl BGHZ 79, 131, 135; *Hoffmann-Riem* (Fn 6) 60 f; *Holznagel* (Fn 4) 231 ff.

[87] *Hufen* VwPrR, § 6 Rn 51. Ähnlich *Hoffmann-Riem* (Fn 6) 25.

[88] Vgl bereits *Maurer* DVBl 1989, 798, 805. Ein sog Grundrechtsverzicht setzt allerdings neben der Freiwilligkeit die objektive Verantwortbarkeit der Verzichtsfolgen voraus. Vgl *Kunig/Rublack* Jura 1990, 1, 9.

[89] S *Brandt* in: Hoffmann-Riem/Schmidt-Aßmann (Fn 4) Bd 1, 239, 252; *Gaßner/Holznagel/Lahl* (Fn 17) 57 f; *Hoffmann-Riem* (Fn 6) 61 f.

[90] S *Brandt* in: Hoffmann-Riem/Schmidt-Aßmann (Fn 4) Bd 1, 239, 250; *Siegel* NuR 2002, 79, 86.

[91] Vgl *Pünder* Verw 38 (2005) 1, 28 Fn 170.

[92] Vgl zu § 6 II 3 LuftVG aF (nunmehr § 6 II 4 LuftVG) *Hofmann/Grabherr* Luftverkehrsgesetz, § 6 Rn 127 f.

[93] BVerwG NVwZ 2001, 429.

[94] S zu den verschiedenen Auffassungen zur isolierten Anfechtbarkeit v Nebenbestimmungen *Axer* Jura 2001, 748, 752; *Maurer* Allg VwR, § 12 Rn 23.

heben (→ § 23 Rn 16 ff). Hat er sich mit den Anordnungen im Rahmen der Mediation vertraglich einverstanden erklärt, kann die Klage keinen Erfolg haben.[95] Die von Planfeststellungen in ihren Rechten *negativ Betroffenen* haben grundsätzlich einen Anspruch auf Schutzvorkehrungen (§ 74 II 2 VwVfG → § 15 Rn 16), ggf auch auf eine angemessene Entschädigung in Geld (§ 74 II 3 VwVfG → § 15 Rn 17). Sie können eine Verpflichtungsklage (uU auch eine Anfechtungsklage) erheben (→ § 15 Rn 27 ff). Wenn die Betroffenen allerdings im Rahmen der Mediation auf die gerichtliche Durchsetzung ihrer Ansprüche rechtswirksam verzichtet haben, fehlt diesen Klagen das Rechtsschutzbedürfnis.[96] Soweit es um Großprojekte geht, werden selten alle Betroffenen an der Mediation teilnehmen. Insofern muss stets mit *Klagen Dritter* gerechnet werden.[97] Da es keine Rechtspflicht zur Teilnahme an der Mediation gibt, sind Außenstehende in der Verteidigung ihrer Rechte weder präkludiert, noch kann ihnen der Einwand missbräuchlicher Rechtsausübung entgegengehalten werden. Die gerichtliche Kontrolle unterliegt materiell keinen anderen Kriterien als bei einer ohne Mediationsverfahren zustande gekommenen Verwaltungsentscheidung. Für das Planfeststellungsverfahren wird zwar diskutiert, die Kontrolldichte zurückzunehmen und für in der Mediation erörterte Belange einen Abwägungsfehler indiziell auszuschließen.[98] Dessen bedarf es aber nicht. Denn die gerichtliche Überprüfung ist aufgrund der planerischen Gestaltungskompetenz der Verwaltung ohnehin beschränkt (→ § 15 Rn 19 ff). Außerdem gibt es für eine solche Vermutungsregel keine Stütze im Gesetz. Richtig ist allerdings, dass eine Abwägungsentscheidung, der ein Mediationsprozess vorgeschaltet war, regelmäßig „besser" sein wird als eine ohne Konfliktmittlung. Die Gefahr einer gerichtlichen Aufhebung oder Änderung des Planfeststellungsbeschlusses ist also gering.[99] Man könnte daran denken, das Damoklesschwert drohender Klagen Außenstehender *de lege ferenda* durch eine Rechtspräklusion (→ § 15 Rn 8) für alle Betroffenen, die der Mediation ferngeblieben sind, zu entschärfen.[100] Wünschenswert wäre dies nicht, da die Freiwilligkeit als das Grundprinzip eines Mediationsverfahrens angetastet würde. Einer Verschleppung des Mediationsergebnisses wird bereits dadurch entgegengewirkt, dass Klagen gegen den Planfeststellungsbeschluss meist keine aufschiebende Wirkung haben (→ § 15 Rn 28).[101]

[95] Die Begr ist je nach Vereinbarung unterschiedlich. Bei einem Rechtsschutzverzicht ist die Klage wegen fehlenden Rechtsschutzbedürfnisses als unzulässig abzuweisen. Liegt in der Vereinbarung ein materiellrechtlicher Verzicht, fehlt entweder die Klagebefugnis (§ 42 II VwGO) oder ist die Klage unbegr. Vgl allg *Hufen* VwPrR, § 23 Rn 14; *Ehlers* in: Schoch/Schmidt-Aßmann/Pietzner, VwGO, Vorb § 40 Rn 110.

[96] Wenn die Konfliktmittlung im Erörterungstermin stattgefunden hat, kann der Klagebefugnis die materielle Präklusion der Einwendungen (§ 73 IV 3 VwVfG) entgegenstehen (→ § 14 Rn 8).

[97] Denkbar sind auch Klagen v ehemaligen Teilnehmern der Mediation, die sich aus dem Aushandlungsprozess vorzeitig zurückgezogen haben. Vgl *Holznagel* (Fn 4) 237.

[98] Vgl *Gaßner/Holznagel/Lahl* (Fn 17) 76; *Hoffmann-Riem* (Fn 6) 63 f; *Holznagel* (Fn 4) 238; *Würtenberger* NJW 1991, 257, 263. Abl *Brohm* NVwZ 1991, 1025, 1032 f.

[99] S *Gaßner/Holznagel/Lahl* (Fn 17) 77. Vgl auch *Schneider* VerwArch 87 (1996) 38, 46 f; *Würtenberger* NJW 1991, 257, 263.

[100] Vgl *Brohm* NVwZ 1991, 1025 1032 f (i Erg abl); *Schulze-Fielitz* in: Hoffmann-Riem/Schmidt-Aßmann (Fn 4) Bd 2, 65.

[101] Im Übrigen wird die Behörde auf Grundlage einer Mediation eher als in anderen Fällen bereit sein, die sofortige Vollziehbarkeit ihrer Entscheidung anzuordnen. Vgl *Gaßner/Holznagel/Lahl* (Fn 17) 75 f.

3. Rechtsfolgen des Scheiterns

Haftungsfragen können sich ergeben, wenn das Vorhaben nicht den Vereinbarungen entsprechend verwirklicht wird.[102] Ein vertraglicher *Schadensersatzanspruch* kann auch auf die Verwaltung zukommen, wenn sie die Genehmigung nicht wie versprochen erteilt und eine Haftungsvereinbarung abgeschlossen wurde (deren Wirksamkeit freilich von den Voraussetzungen abhängt, die oben für die Zulässigkeit einer Vorabbindung entwickelt wurden[103], vgl Rn 15). Hat sich die Behörde zur Genehmigung verpflichtet, kann der Vorhabenträger nicht nur Verpflichtungsklage erheben und Ersatz des Verzögerungsschadens verlangen (§ 62 S 2 VwVfG iVm §§ 280 II, 286 BGB), sondern ggf auch vom Vertrag zurücktreten und[104] Schadensersatz statt der Leistung fordern (§ 62 S 2 VwVfG iVm § 323 und §§ 280 III, 281 BGB). Wird das Mediationsergebnis aus Gründen nicht umgesetzt, die kein Beteiligter zu vertreten hat (weil zB Dritte die Verwaltungsentscheidung gerichtlich angreifen), sind die Vertragsparteien entweder durch Eintritt einer *auflösenden Bedingung* (§ 62 S 2 VwVfG iVm § 158 II BGB) oder wegen einer *Störung der Geschäftsgrundlage* (§ 60 VwVfG) nicht mehr gebunden.[105] Der Vorhabenträger kann bereits erbrachten Leistungen zurückverlangen. 19

[102] Wird das Mediationsverfahren vorzeitig v einem der Beteiligten grundlos abgebrochen, verstößt er gegen die sich aus der vertraglichen Vereinbarung einer Mediation ergebende Pflicht zur Mitwirkung an den Verhandlungen. Seine Vertragspartner sind berechtigt, v dem Mediationsverfahrensvertrag zurückzutreten (§ 323 BGB) u (§ 325 BGB) die Aufwendungen ersetzt zu verlangen, welche sie im Vertrauen auf die Fortführung der Mediation getätigt haben (§§ 280 III, 281 BGB). Allerdings kommt eine Haftung nur in Betracht, wenn eine Kündigung nicht ausdr f zulässig erklärt worden ist. Eine solche Kündigungsklausel ist sinnvoll, da eine Fortführung der Mediation m einem Partner, der das Interesse daran verloren hat, nicht im Interesse der anderen Parteien liegt.

[103] Lässt sich die Haftungsvereinbarung danach nicht rechtfertigen, scheidet ein vertraglicher Schadensersatzanspruch aus. Auch der BGH BayVBl 1984, 284, nimmt auf die Flachglas-Entscheidung des BVerwG ausdr Bezug – allerdings ohne die vertragliche Risikoübernahme ausdr an den v BVerwG f eine Vorabbindung aufgestellten Voraussetzungen zu messen. In Betracht kommen allenfalls Amtshaftungsansprüche nach § 839 BGB iVm Art 34 GG.

[104] Rücktritt u Schadensersatz schließen sich nach dem neuen Schuldrecht nicht mehr aus, vgl § 325 BGB.

[105] Ähnlich Brandt in: Hoffmann-Riem/Schmidt-Aßmann (Fn 4) Bd 1, 239, 248 f; *Gaßner/Holznagel/Lahl* (Fn 17) 70.

SECHSTER ABSCHNITT

Verwaltungshandeln und Verwaltungsrechtsverhältnis

1. Teil
Verwaltungshandeln und Verwaltungsrechtsverhältnis im Überblick

Barbara Remmert

Gliederung

§ 17
Handlungsformen der Verwaltung

I. Übersicht über die Handlungsformen der Verwaltung

Die Vielfalt der Verwaltungsaufgaben ist oben schon beschrieben worden:[1] Verwaltungseinheiten versorgen die Bevölkerung mit Energie und Wasser, unterhalten Verkehrsbetriebe, bauen und betreiben Schulen und Heime, steuern soziale und wirt- 1

[1] → § 1 Rn 1 f.

schaftliche Prozesse durch Planungen, überwachen private Verhaltensweisen mit Hilfe der Bau- oder Gewerbeaufsicht, leisten Sozialhilfe uvm. Zur Verwirklichung dieser Aufgaben müssen die Verwaltungseinheiten tätig werden, also handeln. Die dabei verwendeten *Handlungsformen* scheinen ähnlich vielfältig zu sein wie die Verwaltungsaufgaben selbst:[2] Verwaltungseinheiten zahlen, warnen, sanktionieren, verbieten, genehmigen, setzen Normen usw. Näher besehen stellt man allerdings fest, dass sich alle Handlungsformen der Verwaltung – ebenso wie die eines Menschen – zwei Grundkategorien zuordnen lassen: Das sind die Kategorie der *Tathandlung* und die der *Entscheidung*.[3] Eine *Tathandlung* ist jede Tätigkeit, die einen tatsächlichen Erfolg herbeiführt, die also die Wirklichkeit faktisch verändert und sich unmittelbar in der Realität auswirkt.[4] Sie wird auch *Realakt*[5] genannt und liegt vor, wenn ein Beamter einem Bürger ein Formular aushändigt, ein Polizist im Streifenwagen zum Einsatzort fährt oder städtische Arbeiter ein Gebäude errichten. Eine *Entscheidung* ist dagegen ein interner Willensbildungsprozess,[6] der sich als Wahl zwischen verschiedenen Alternativen begreifen lässt.[7] Eine *Verwaltungsentscheidung* ist – vereinfacht ausgedrückt[8] – eine Entschließung, ein Entschluss einer Verwaltungseinheit. Sie verändert im Gegensatz zum Realakt die Wirklichkeit nicht unmittelbar. Entschließt sich zB die Baurechtsbehörde zur Erteilung einer Baugenehmigung, so wirkt sich das in der Realität zunächst nicht aus, denn allein die in der Genehmigungserteilung liegende Entscheidung führt noch nicht zur Errichtung eines neuen Bauwerks. Eine Entscheidung liegt auch vor, wenn der städtische Arbeiter beschließt, in die von ihm zu bauende Mauer einen bestimmten Stein einzusetzen. Die Realität ändert sich erst durch den Realakt, durch den dieser Plan in die Wirklichkeit umgesetzt wird.

2 Zur Wahrnehmung von Verwaltungsaufgaben reicht es nicht aus, dass Verwaltungseinheiten durch Tathandlungen auf die Realität einwirken und diese Einwirkungen

[2] Vgl *Maurer* Allg VwR, Vor § 9; *Bull/Mehde* Allg VwR, Rn 257.

[3] *Krebs* Kontrolle in staatlichen Entscheidungsprozessen, 1984, 28. Dem folgend *Strößenreuther* Die behördeninterne Kontrolle, 1991, 39; *Remmert* Private Dienstleistungen in staatlichen Verwaltungsverfahren, 2003, 15.

[4] ZB *Erichsen* 12. Aufl 2002, § 30 Rn 1; *Wolff/Bachof/Stober* VwR II, § 57 Rn 1. Zur uneinheitlichen Terminologie *Schulte* Schlichtes Verwaltungshandeln, 1995, 17 ff; *Widmann* Abgrenzung zwischen Verwaltungsakt und eingreifendem Realakt, 1996, 31 ff; *Hermes* in: Hoffmann-Riem/Schmidt-Aßmann/Voßkuhle, Grundlagen II, § 39 Rn 1. Zum Realakt → § 36 Rn 1.

[5] ZB *Maurer* Allg VwR, § 15 Rn 1; *Erichsen* 12. Aufl 2002, § 30 Rn 1; *Faber* VwR, 261 ff; *Peine* Allg VwR, Rn 879 ff.

[6] Das Ergebnis dieses Prozesses wird ggf nach außen kundgetan.

[7] *Krebs* (Fn 3) 34. Zur Alternativenwahl als Charakteristikum der Entscheidung *Lücke* Kollektive Planungs- und Entscheidungsprozesse, 1975, 39; *Wehr* Inzidente Normverwerfung durch die Exekutive, 1998, 146 ff. Zu verschiedenen Entscheidungsbegriffen *Schuppert* Verwaltungswissenschaft, 740 ff; *Wimmer* Dynamische Verwaltungslehre, 2004, 287 ff; *Thieme* Einführung in die Verwaltungslehre, 1995, 10. Kap § 46 f.

[8] Die Vereinfachung liegt in der Ausblendung des Prozesscharakters der Entscheidung. Dazu *Krebs* (Fn 3) 32 f; *Pitschas* Verwaltungsverantwortung und Verwaltungsverfahren, 1990, bes 30 f, 34 ff; *Wehr* (Fn 7) 145 ff; *Schuppert* Verwaltungswissenschaft, 740 ff; *Lecheler* Verwaltungslehre, 1988, 288. Zu verschiedenen Entscheidungstheorien vgl *König* Erkenntnisinteressen der Verwaltungswissenschaft, 1970, 247 ff; *Becker* in: König/Siedentopf (Hrsg), Öffentliche Verwaltung in Deutschland, 1996/97, 435, 436 ff; *Wimmer* (Fn 7) 56 ff.

durch Entscheidungen vorbereiten. Oft ist es darüber hinaus erforderlich, dass Verwaltungseinheiten auf die Rechtsordnung Einfluss nehmen, indem sie bestimmte Verhaltensweisen von Privaten rechtlich erlauben oder verbieten, Rechte begründen oder aufheben usw. Das ist nur möglich, wenn die Rechtsordnung die Verwaltungseinheiten befähigt, *Entscheidungen mit Regelungscharakter* zu treffen, also solche, die darauf abzielen, rechtsverbindlich Rechtsfolgen herbeizuführen bzw einen Rechtszustand rechtsverbindlich festzustellen.[9] Das ist der Fall: Ähnlich, wie das Bürgerliche Recht Private durch die Bereitstellung des Rechtsinstituts der Willenserklärung in die Lage versetzt, rechtsverbindliche Erklärungen abzugeben, stellt die Rechtsordnung für staatliche Verwaltungseinheiten Instrumente bereit, die es ihnen ermöglichen, rechtsverbindlich zu entscheiden. Diese Instrumente sind in der Literatur oft[10] gemeint, wenn – zT in Abgrenzung zum übergeordneten Begriff der Handlungsform[11] – von den *Rechtsformen des Verwaltungshandelns*[12] die Rede[13] ist. In Bezug auf Verwaltungsentscheidungen ist

[9] Dazu, dass *Regelung* die rechtsverbindliche Festlegung einer Rechtsfolge oder Feststellung eines Rechtszustandes bedeutet zB BVerwGE 77, 268, 271; NJW 1986, 2447, 2448 → JK VwVfG § 35 S 1/11; *Maurer* Allg VwR, § 9 Rn 6; *Kopp/Ramsauer* VwVfG, § 35 Rn 47 mwN.

[10] Dazu, dass sich die Rechtsformenlehre bisher auf regelndes Verwaltungshandeln konzentriert u dazu, dass auch nicht-regelnde Handlungsformen stärker ausgebildet werden können u sollten *Schmidt-Aßmann* Ordnungsidee, 298 f; *ders* DVBl 1989, 533, 541; *Pitschas* in: Blümel/Pitschas, Reform des Verwaltungsverfahrensrechts, 1994, 229, 242. Dazu, dass auch Bedarf bestehen kann, vorhandene Formen bereichsspezifisch fortzuentwickeln *Hoffmann-Riem* in: ders/Schmidt-Aßmann/Voßkuhle, Grundlagen II, § 33 Rn 15.

[11] *Handlungsformen der Verwaltung* sind dann alle denkbaren Formen v Realakten u Entscheidungen der Verwaltung. *Rechtsformen des Verwaltungshandelns* sind die Handlungsformen, die durch die Rechtsordnung zum Zwecke der *Regelung* bereitgestellt werden, wie hier *Pauly* in: Becker-Schwarze ua (Hrsg), Wandel der Handlungsformen im öffentlichen Recht, 1991, 25, 32: „Rechtsformen des Verwaltungshandelns ... sind also selbst Recht; ihre Arten bezeichnen unterschiedliche Rechtsquellen." Anders *Schmidt-Aßmann* Ordnungsidee, 297; *Burmeister* VVDStRL 52 (1993) 190, 206 ff; *Schuppert* Verwaltungswissenschaft, 141; *Siems* Der Begriff des schlichten Verwaltungshandelns, 1999, 226; *Hoffman-Riem* in: ders/Schmidt-Aßmann/Voßkuhle, Grundlagen II, § 33 Rn 10 ff, die von *Rechtsform* sprechen, wenn ein Typ von Verwaltungshandeln rechtlich näher ausgestaltet und mit feststehenden Rechtmäßigkeitsanforderungen und Rechtsfolgen verbunden ist, während der Begriff der *Handlungsform* Typen einer Handlungspraxis der Verwaltung bezeichnet, die sich (noch) nicht zu einer Rechtsform verdichtet haben. Die Begriffswahl ist va eine Frage des Erkenntnisinteresses.

[12] Statt anderer *Hoffman-Riem* in: ders/Schmidt-Aßmann/Voßkuhle, Grundlagen II, § 33 Rn 10: „Zu ihnen sind – neben dem Gesetz – der Verwaltungsakt, der öffentlich-rechtliche Vertrag, die innerdienstliche Weisung, die Rechtsverordnung, die Satzung und (wohl auch) die Verwaltungsvorschrift zu zählen."

[13] Präziser wäre es, v den rechtlichen *Entscheidungs*formen zu sprechen. Das ist aber unüblich. Die nachfolgend beschriebenen Rechtsformen des Verwaltungshandelns sind auch nicht notwendig abschließend, vgl zB *Detterbeck* Allg VwR, Rn 419. Geht man davon aus, dass das GG keinen numerus clausus der Rechtsformen des Verwaltungshandelns kennt u dass das Gesetz nicht an die bestehende Dogmatik gebunden ist, so kann die Rechtsordnung auch andere Regelungsformen vorgeben. Bsp finden sich im Raumordnungsrecht u im Sozialrecht. Zu Letzterem *Axer* Normsetzung der Exekutive in der Sozialversicherung, 2000, 52 ff, der zu Recht feststellt (224 f): „Das Grundgesetz normiert keinen abschließenden Katalog von Rechtsquellen ... Das Grundgesetz misst der Form somit letztlich nur nachrangige Bedeutung zu und zeigt sich formenoffen."

damit zunächst festzuhalten, dass zwischen *Entscheidungen mit Regelungscharakter*, für die die Rechtsordnung bestimmte Rechtsformen zur Verfügung stellt, und *Entscheidungen ohne Regelungscharakter* zu differenzieren ist. Eine Baugenehmigung erlaubt zB rechtsverbindlich, dass ein Bürger ein bestimmtes Bauwerk errichten und nutzen darf.[14] Sie ist eine Entscheidung mit Regelungscharakter. Der Entschluss des städtischen Arbeiters, für das zu errichtende Bauwerk einen ganz bestimmten Stein zu verwenden, ist dagegen mangels der Zielrichtung, Rechtsfolgen zu setzen, eine Entscheidung ohne Regelungscharakter. Entscheidungen mit Regelungscharakter haben die Eigenschaft, *Handlungsform* und *Rechtsquelle* zugleich zu sein.

3 Entscheidungen ohne Regelungscharakter und Realakte haben trotz ihrer Zugehörigkeit zu den gegensätzlichen Kategorien der Entscheidung und der Tathandlung die Gemeinsamkeit, nicht darauf ausgerichtet zu sein, Rechtsfolgen zu setzen. Wegen dieser Gemeinsamkeit lassen sie sich sprachlich – die Terminologie ist aber uneinheitlich – als *schlichtes Verwaltungshandeln* zusammenfassen.[15] Da schlichtes Verwaltungshandeln häufig nicht normiert ist und da es – mangels Regelung – nicht von den Rechtsformen des Verwaltungshandelns erfasst ist, findet sich für das schlichte Verwaltungshandeln zT synonym[16] oder überschneidend[17] auch der Begriff des *informalen* bzw *informellen Verwaltungshandelns*[18].

4 Die bisher für eine Systematisierung der Handlungsformen der Verwaltung gefundenen Kategorien der Tathandlung einerseits sowie der Entscheidung mit und ohne Regelungscharakter andererseits sind sowohl einschlägig, wenn das Verwaltungshandeln primär durch öffentlich-rechtliche Normen geprägt ist mit der Folge, dass es als *öffentlich-rechtlich* zu bewerten ist[19], als auch dann, wenn es vorrangig durch das Privatrecht vorgezeichnet ist, so dass es als *privatrechtliches Verwaltungshandeln* eingeordnet wird.[20] So kann zB die Fahrt eines Amtswalters im Dienstwagen uU als privatrecht-

[14] Zum Regelungsgehalt der Baugenehmigung *Krebs* in: Schmidt-Aßmann/Schoch, Bes VwR, 4. Kap Rn 214 f; *Erbguth/Wagner* Grundzüge des öffentlichen Baurechts, 5. Aufl 2009, § 13 Rn 32 ff; *Brohm* Öffentliches Baurecht, 3. Aufl 2002, § 28 Rn 25 f.

[15] *Remmert* Jura 2007, 736, 736 f; ähnl *Robbers* DÖV 1987, 272, 274 ff; *Schuppert* Verwaltungswissenschaft, 252 ff. Oft werden – anders als hier – die Begriffe des Realakts oder der Tathandlung einerseits u der Begriff des schlichten Verwaltungshandelns andererseits synonym verwendet, zB *Maurer* Allg VwR, § 15 Rn 1; *Rasch* DVBl 1992, 207, 207 m Fn 2; wohl auch *Wolff/Bachof/Stober* VwR II, § 57 Rn 1 ff. Das ist ein engerer Begriff des schlichten Verwaltungshandelns als der hier verwendete.

[16] Vgl *Ipsen* Allg VwR, Rn 820: Die Verwaltung „kann auch ‚schlicht' – eben ‚nichtförmlich' – handeln." Krit dazu *Schuppert* Verwaltungswissenschaft, 233 ff mwN.

[17] *Wolff/Bachof/Stober* VwR II, § 57 Rn 4 ff; *Maurer* Allg VwR, § 15 Rn 14 ff; *Bohne* VerwArch 75 (1984) 343, 344; *Siems* (Fn 11) 241; *Schmidt-Aßmann* Ordnungsidee, 349; *Hoffmann-Riem* in: ders/Schmidt-Aßmann/Voßkuhle, Grundlagen II, § 33 Rn 34 ff.

[18] Hier wird informales Verwaltungshandeln als ein Unterfall des schlichten Verwaltungshandelns begriffen → § 37 Rn 5.

[19] Vgl dazu, dass die Prägung eines Verwaltungshandelns durch das öffentliche Recht maßgeblich ist, um dieses als öffentlich-rechtlich zu qualifizieren *Krebs* VVDStRL 52 (1993) 248, 277, der diese Aussage dort nur auf die Zuordnung v Verwaltungsverträgen zum öffentlichen oder privaten Recht bezieht, sowie allgemein → § 3 Rn 32 ff.

[20] Zur damit verbundenen Prämisse, dass die Verwaltung privatrechtlich handeln kann → § 3 Rn 33 ff mwN.

licher Realakt[21] oder der Beschaffungsvertrag zwischen einer Verwaltungseinheit und einem Privaten als Kaufvertrag und damit als privatrechtliche Regelung zu begreifen sein. Geht man davon aus, dass die Verwaltung überwiegend nach Maßgabe des für den Staat und seine Untergliederungen geltenden Sonderrechts tätig ist[22] oder sogar zu sein hat,[23] so liegt es nahe, im Folgenden die öffentlich-rechtlichen Handlungsformen der Verwaltung noch näher zu betrachten. Stellt man hier die Entscheidungen mit Regelungscharakter, also die Rechtsformen des Verwaltungshandelns in den Mittelpunkt, so lassen sich diese noch weiter differenzieren. Zunächst kann man danach unterscheiden, ob die intendierten Rechtsfolgen im *Außenrechtsverhältnis* oder *verwaltungsträgerintern* wirken sollen.[24] Für letzteren Fall stellt die Rechtsordnung die Rechtsform der *Verwaltungsvorschrift*[25] bereit, die synonym auch als Erlass, Richtlinie, Dienstanweisung oder innerdienstliche Weisung bezeichnet wird.[26] Öffentlich-rechtliche Entscheidungen mit Regelungscharakter im *Außenverhältnis* lassen sich danach untergliedern, ob sie abstrakt-generell sind, ob sich ihre Rechtsfolgen also auf eine Vielzahl von Fällen und Personen beziehen sollen, oder ob ihre Regelung nur eine bestimmte Person und einen bestimmten Sachverhalt betreffen soll mit der Folge, dass sie individuell und konkret ist. Im ersten Fall liegen – sieht man vom Sonderfall der Allgemeinverfügung[27] ab – *Rechtsnormen* vor, wobei die Rechtsordnung insoweit die *Rechtsverordnung*[28] und die *Satzung*[29] kennt. Im zweiten Fall ergeht ein *Verwaltungsakt*[30], wenn die Regelung einseitig durch eine Verwaltungseinheit getroffen wird. Setzt sich die Regelung aus zwei oder mehr Entscheidungen zusammen, ist sie also mehrseitig, liegt ein öffentlichrechtlicher *Verwaltungsvertrag*[31] vor.

Fasst man die vorangehenden Aussagen zusammen, erhält man folgende Übersicht 5
zu den Handlungsformen der Verwaltung: (siehe S. 590)

[21] Zur Qualifikation v Realakten als öffentlich-rechtlich oder privatrechtlich → § 3 Rn 58 ff; § 36 Rn 8.

[22] *Erichsen* 12. Aufl 2002, § 11 Rn 1.

[23] In diesem Sinne mwN → § 3 Rn 47.

[24] Zum Innen- u Außenrecht → § 3 Rn 7.

[25] → § 20 Rn 16 ff. Zum Überblick *Remmert* Jura 2004, 728 ff u ausf zB *Hill* in: ders/Schmidt-Aßmann/Voßkuhle, Grundlagen II, § 34 Rn 37 ff mwN. Dazu, dass Verwaltungsvorschriften ausnahmsweise auch verwaltungsträgerextern wirken → § 20 Rn 18.

[26] Zur Terminologie zB *Maurer* Allg VwR, § 24 Rn 1; *Ossenbühl* in: Isensee/Kirchhof V, § 104 Rn 4. ZT werden auch nur abstrakt-generelle innenrechtliche Regelungen als Verwaltungsvorschrift bezeichnet u v den innenrechtlichen Einzelweisungen abgegrenzt, vgl in diese Richtung *Maurer* Allg VwR, vor § 9 sowie *Ipsen* Allg VwR, Rn 144: „Verwaltungsvorschriften lassen sich als … ‚gebündelte' innerdienstliche Weisungen verstehen."

[27] → § 21 Rn 35 ff.

[28] → § 20 Rn 1 ff.

[29] → § 20 Rn 11 ff.

[30] → § 21 Rn 1 ff.

[31] → § 29 Rn 1 ff.

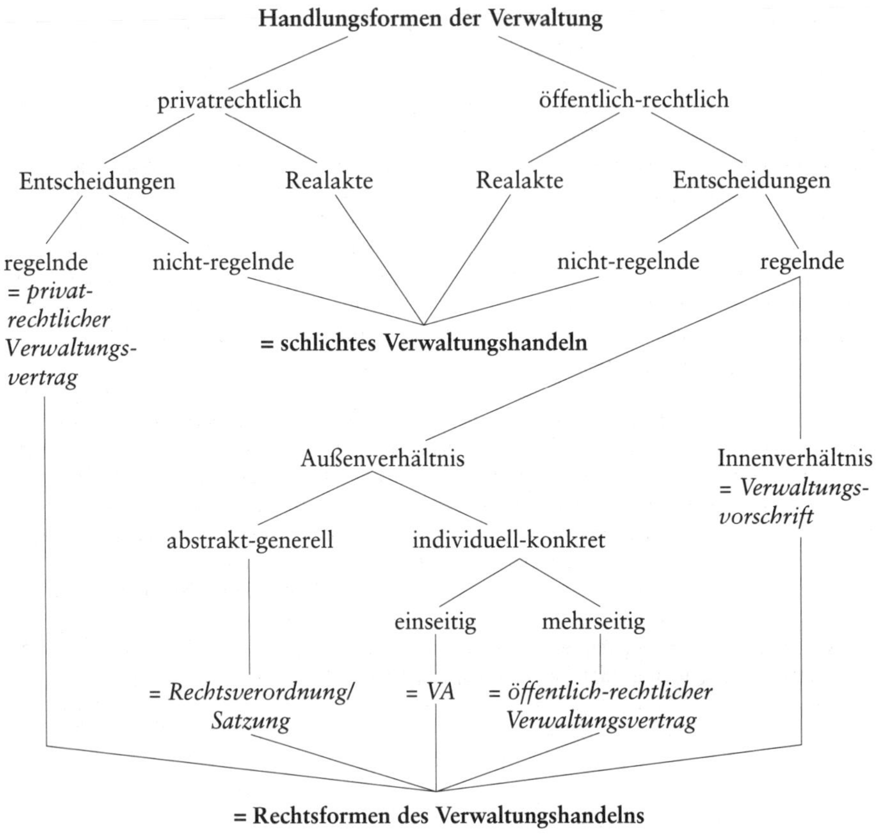

II. Rechtliche Bedeutung der Handlungsformen der Verwaltung

6 Die Handlungsformen dienen nicht nur der Systematisierung der Verwaltungstätigkeit, sondern ihnen kommt auch rechtliche Bedeutung zu. Das zeigt sich insbesondere[32] bei den Rechtsbindungen, die die Verwaltungseinheiten bei ihrem Handeln zu beachten haben, bei den Fehlerfolgen, die ein rechtswidriges Verwaltungshandeln nach sich zieht, sowie bei den Rechtsschutzmöglichkeiten gegen rechtswidriges Verwaltungshandeln.

1. Rechtsbindungen

7 Gem Art 20 III GG ist die vollziehende Gewalt an Gesetz und Recht gebunden. Der darin zum Ausdruck kommende *Vorrang des Gesetzes*[33] gilt unabhängig davon, ob die Verwaltung öffentlich-rechtlich oder privatrechtlich, regelnd oder schlicht handelt. Alle

[32] Handlungsformbedingte Unterschiede bestehen darüber hinaus im Staatshaftungsrecht → § 43 ff sowie bei den Möglichkeiten, Rechtspflichten zwangsweise durchzusetzen → § 27 Rn 1 ff.

[33] → § 2 Rn 39.

Verwaltungseinheiten sind also bei der Wahrnehmung ihrer Aufgaben ohne Rücksicht auf die verwendete Handlungsform immer an das für sie einschlägige höherrangige Recht gebunden. Höherrangig in Bezug auf jedes Verwaltungshandeln und damit *handlungsformunabhängig* zu beachten sind insbes die *Grundrechte*, die nach Art 1 III GG die vollziehende Gewalt ohne Ausnahme[34] binden, Art 30 GG[35] sowie die übrige *Zuständigkeitsordnung*. Auf der Ebene des Europäischen Unionsrechts treten als handlungsformunabhängige Rechtmäßigkeitsanforderungen unter anderem die *Grundfreiheiten*, das allgemeine *Diskriminierungsverbot* sowie die *Wettbewerbsvorschriften* des AEUV[36] hinzu. Vielfach bestehen aber auch *handlungsformspezifische Rechtmäßigkeitsanforderungen*. Das gilt insbesondere für die Rechtsformen des Verwaltungshandelns. Hier ist als erstes zu beachten, dass schon nicht jede Rechtsform des Verwaltungshandelns allen Stellen öffentlicher Verwaltung zur Verfügung steht. Die Satzung ist zB den juristischen Personen des öffentlichen Rechts mit Selbstverwaltungsaufgaben zur Wahrnehmung dieser Aufgaben vorbehalten.[37] Satzungen können also zur Regelung von Selbstverwaltungsaufgaben von Gemeinden, Universitäten, Kammern oder Sozialversicherungsträgern erlassen werden, nicht aber von einem Ministerium oder einer anderen Stelle der unmittelbaren[38] staatlichen Verwaltung. Daneben gibt es sachliche Aufgabenbereiche, die nicht in jeder Rechtsform wahrgenommen werden dürfen. So soll zB die Beamtenernennung nicht kraft Vertrages geregelt werden können.[39] Schließlich bestehen handlungsformspezifische Rechtsbindungen vor allem in Bezug auf die erforderliche Form und das Verfahren, in dem Rechtsverordnungen, Verträge, Verwaltungsakte etc zustande kommen. Während Rechtsverordnungen den Voraussetzungen des Art 80 GG bzw der parallelen landesverfassungsrechtlichen Bestimmungen[40] unterliegen, sind die Rechtmäßigkeitsanforderungen an das einem Verwaltungsakt oder einem öffentlich-rechtlichen Verwaltungsvertrag vorangehende Entscheidungsverfahren in den §§ 9 ff VwVfGe[41] geregelt, die auf privatrechtliche Verträge[42] aber ebenso wenig Anwendung finden wie auf schlichtes Verwaltungshandeln[43]. Dabei kann ein Verwaltungsakt nach § 37 II 1 VwVfGe grundsätzlich in jeder Form erlassen werden. Öffentlich-rechtliche Verwaltungsverträge bedürfen demgegenüber nach § 57 VwVfGe zumindest[44] der Schriftform, eine Anforderung, der privatrechtliche Verwaltungsverträge wiederum grundsätzlich nicht unterliegen.

34 Das ist nicht ganz unumstr. Wie hier mwN → § 3 Rn 87.

35 Auch das ist nicht unumstr. Wie hier mwN → § 3 Rn 78.

36 → vgl § 2 Rn 26.

37 → § 20 Rn 11 ff.

38 Zur mittelbaren u unmittelbaren Verwaltung → § 8 Rn 10 ff.

39 *Maurer* Allg VwR, § 14 Rn 26. Zu weiteren Vertragsformverboten → § 32 Rn 4 f.

40 Art 61 LV BW; Art 55 Nr 2 Verf Bay; Art 64 I Verf Berl; Art 80 Verf Bbg; Art 124 Verf Brem; Art 53 Verf Hmb; Art 107, 118 Verf Hess; Art 57 Verf MV; Art 43 Verf Nds; Art 70 Verf NRW; Art 110 Verf RP; Art 104 Verf Saarl; Art 75 Verf Sachs; Art 79 Verf LSA; Art 38 Verf SH; Art 84 Verf Thür.

41 → § 14 Rn 1 ff.

42 Dazu, ob Verfahrensvorschriften der VwVfGe auf privatrechtliche Verwaltungsverträge analog anzuwenden sind u dazu, dass manche Verfahrensanforderungen verfassungsrechtlich fundiert sind → § 3 Rn 90 u § 13 Rn 6, 10 ff.

43 Dazu, ob §§ 9 ff VwVfGe auf Entscheidungsverfahren, die schlichtem Verwaltungshandeln vorangehen, entspr anzuwenden sind *Bohne* VerwArch 75 (1984) 343, 351 ff, 358 ff; *Kunig* DVBl 1992, 1193, 1199 sowie → § 36 Rn 5 mwN.

44 Im Einzelfall können strengere Anforderungen bestehen, vgl *Bonk* in: Stelkens/Bonk/Sachs VwVfG, § 57 Rn 22.

2. Fehlerfolgen

8 Von der verwendeten Handlungsform hängen nicht nur manche der einschlägigen Rechtsbindungen ab. Sie entscheidet vielmehr auch darüber, welche Konsequenzen es hat, wenn gegen diese Bindungen verstoßen wird.[45] Grundsätzlich ist zwar jedes Verwaltungshandeln, das gegen höherrangiges Recht verstößt, nach Art 20 III GG *rechtswidrig*. Bei einer Regelung stellt sich allerdings die idR unter dem Stichwort der Fehlerfolgen diskutierte Frage, ob ihre Rechtswidrigkeit zwangsläufig auch zu ihrer *Unwirksamkeit* und *Nichtigkeit* führt mit der Folge, dass sie nicht gilt. Bei *Rechtsnormen* ist das im Grundsatz[46] zu bejahen.[47] Von diesem Grundsatz haben die Gesetzgeber des Bundes und der Länder in Bezug auf Satzungen allerdings erhebliche Ausnahmen geschaffen. Die Gemeindeordnungen setzen zB die Relevanz von Verfahrensfehlern herab,[48] und die §§ 214 f BauGB treffen in Bezug auf die Bebauungspläne, die von den Gemeinden gem § 10 I BauGB „als Satzung" beschlossen[49] werden, eine sehr differenzierte Fehlerfolgenregelung.[50] Ausnahmen vom Nichtigkeitsdogma bestehen gelegentlich kraft gesetzlicher Anordnung auch in Bezug auf Rechtsverordnungen.[51]

9 Bei *Verwaltungsverträgen* ist die rechtliche Grundentscheidung zu den Fehlerfolgen umgekehrt. Rechtswidrige öffentlich-rechtliche Verwaltungsverträge sind nach § 59 VwVfGe im Grundsatz wirksam.[52] Etwas anderes gilt zum einen bei besonders schwerwiegenden Fehlern, die § 59 VwVfGe näher auflistet. Sie führen zur Vertragsunwirksamkeit. Eine Ausnahme besteht zum anderen dann, wenn ein Vertrag gegen Rechte Dritter verstößt oder Mitwirkungsbefugnisse anderer Verwaltungseinheiten missachtet. Ein solcher Vertrag ist – bis zur Zustimmung des Dritten bzw bis zur erforderlichen Mitwirkung des zu beteiligenden Kompetenzträgers – gem § 58 VwVfGe schwebend

[45] Näher *Di Fabio* in: Becker-Schwarze ua (Hrsg), Wandel der Handlungsformen im Öffentlichen Recht, 1991, 47 ff mwN. Fehlerfolgen iwS wie zB das Entstehen v Schadensersatzansprüchen usw bleiben außer Betracht.

[46] Von der Frage der Unwirksamkeit einer Norm ist die der Verwerfungskompetenz zu trennen, vgl *Pietzcker* DVBl 1986, 806, 807.

[47] Das gilt auch für Verwaltungsvorschriften, vgl *M. Schröder* Verwaltungsvorschriften in der gerichtlichen Kontrolle, 1987, 78 f; *Jarass* JuS 1999, 105, 106; *Remmert* Jura 2004, 728, 729. Zur Nichtigkeit rechtswidriger Verordnungen *Maurer* Allg VwR, § 13 Rn 17; *Ossenbühl* in: Isensee/Kirchhof V, § 103 Rn 79. Dazu, dass ein Verstoß einer Verordnung gegen Art 80 I 3 GG zu deren Gesamtnichtigkeit führt, BVerfGE 101, 1, 41 ff → JK GG Art 80 I 3/4. Dagegen unterscheidet das BVerfG an anderer Stelle zwischen evidenten u nicht evidenten Fehlern im Verordnungsverfahren, vgl BVerfGE 91, 148, 175 → JK GG Art 65/2. Das ist nicht überzeugend. Zur grds Nichtigkeit rechtswidriger Satzungen *Maurer* Allg VwR, § 4 Rn 48 aE; *Ossenbühl* in: Isensee/Kirchhof V, § 105 Rn 62.

[48] § 4 IV GO BW; § 5 IV GO Bbg; § 5 IV GO Hess; § 5 V KV MV; § 6 IV GO Nds; § 7 VI GO NRW; § 24 VI GO RP; § 12 V KSVG Saarl; § 4 IV GO Sachs; § 6 IV GO LSA; § 21 IV KO Thür. § 4 III GO SH bezieht sich nur auf städtebauliche Satzungen, in Bayern fehlt eine entsprechende Norm.

[49] Ob der Bebauungsplan alle Merkmale einer Satzung erfüllt, ist fraglich. § 10 I BauGB stellt aber klar, dass das BauGB den Bebauungsplan als Satzung behandelt wissen will.

[50] Dazu *Krebs* in: Schmidt-Aßmann/Schoch, Bes VwR, 4. Kap Rn 121 ff; *Battis*/Krautzberger/Löhr BauGB, 11. Aufl 2009, Vorb §§ 214–216 Rn 1 ff; *U. Stelkens* UPR 2005, 81 ff.

[51] ZB in § 76 NatSchG BW. Zur verfassungsrechtlichen Unbedenklichkeit BVerfGE 103, 332, 389 ff.

[52] → § 32 Rn 3.

unwirksam.[53] Die Fehlerfolgen eines rechtswidrigen privatrechtlichen Verwaltungsvertrages sind nicht identisch, aber – vermittelt durch § 134 BGB – ähnlich.[54] Bei *Verwaltungsakten* entspricht die Ausgangslage der beim Vertrag. Auch rechtswidrige Verwaltungsakte sind gem §§ 43 III, 44 VwVfGe im Grundsatz wirksam und nur bei besonders schwerwiegenden Fehlern unwirksam.[55] Das gilt aber – anders als bei Verträgen – auch bei Verwaltungsakten, die Rechte Dritter verletzen. Rechtswidrige Verwaltungsakte sind zudem – ebenfalls anders als Verträge – nachträglich aufhebbar.[56]

3. Rechtsschutzmöglichkeiten

Gem Art 19 IV 1 GG steht jedem, der durch die öffentliche Gewalt in seinen Rechten **10**
verletzt ist, der Rechtsweg offen. § 40 I 1 VwGO eröffnet für den Regelfall den *Rechtsweg zu den Verwaltungsgerichten*, wenn eine *öffentlich-rechtliche Streitigkeit* nichtverfassungsrechtlicher Art vorliegt. Eine Streitigkeit ist öffentlich-rechtlich, wenn sie nach öffentlichem Recht zu entscheiden ist. Im praktischen Ergebnis ist eine öffentlich-rechtliche Streitigkeit nichtverfassungsrechtlicher Art jedenfalls dann gegeben, wenn ein Bürger die Unterlassung, Aufhebung oder Vornahme eines *öffentlich-rechtlichen Verwaltungshandelns* begehrt,[57] wenn *öffentlich-rechtliche Normen* für unwirksam erklärt werden sollen oder wenn das Bestehen oder Nicht-Bestehen *öffentlich-rechtlicher Rechtsverhältnisse* festgestellt werden soll. Umstritten ist, ob eine Streitigkeit auch dann öffentlich-rechtlich ist, wenn Ansprüche auf Vornahme oder Unterlassung *privatrechtlichen Verwaltungshandelns* eingeklagt werden. Geht man davon aus, dass Streitgegenstand und damit „Streitigkeit" iSd § 40 I 1 VwGO der konkret geltend gemachte Anspruch auf Vornahme oder Unterlassung der privatrechtlichen Handlung ist,[58] so ist auch bei Streitigkeiten im Zusammenhang mit privatrechtlichem Verwaltungshandeln eine öffentlich-rechtliche Streitigkeit gegeben, sobald der geltend gemachte Anspruch im öffentlichen Recht wurzeln kann. Begehrt ein Bürger zB auf der Grundlage von Art 3 I GG die Teilhabe an einer als privatrechtlich zu qualifizierenden Leistung oder den Abschluss eines privatrechtlichen Vertrages, liegt also eine öffentlich-rechtliche Streitigkeit vor.[59] Die Rechtsprechung neigt allerdings in derartigen Fällen dazu, bei der

[53] → § 32 Rn 1 f.

[54] Zu § 134 BGB im Vertragsrecht → § 32 Rn 21 ff.

[55] → § 22 Rn 1 ff.

[56] Bei rechtsverletzenden Verwaltungsakten kommen eine behördliche Aufhebung im Widerspruchsverfahren gem §§ 68 ff VwGO sowie eine verwaltungsgerichtliche Aufhebung nach § 113 I 1 VwGO in Frage. Daneben kann die Behörde rechtswidrige Verwaltungsakte gem § 48 I 1 VwVfG zurücknehmen → § 24 Rn 1 ff.

[57] Das folgt daraus, dass Ansprüche auf die Vornahme eines öffentlich-rechtlichen Verwaltungshandelns ebenso wie Ansprüche auf seine Beseitigung nur auf öffentlich-rechtlichen Anspruchsgrundlagen beruhen können. Streitigkeiten über derartige Ansprüche sind daher öffentlich-rechtlich.

[58] *Ehlers* in: Schoch/Schmidt-Aßmann/Pietzner, VwGO, § 40 Rn 207; *U. Stelkens* Verwaltungsprivatrecht, 2005, 1030 mwN.

[59] *Ehlers* in: Schoch/Schmidt-Aßmann/Pietzner, VwGO, § 40 Rn 207, 209, 296 f. Vgl auch *Menger/Erichsen* VerwArch 61 (1970) 375, 380 f; *Hoffmann-Becking* VerwArch 62 (1971) 191 ff; *Krebs* ZIP 1990, 1513, 1523; *Pünder* VerwArch 95 (2005) 38, 57 f sowie mwN *U. Stelkens* (Fn 58) 1031. Ausdr unter Heranziehung eines grundrechtlichen bzw öffentlich-rechtlichen Anspruchs auf Vertragsschluss auch HessVGH NVwZ 2003, 238 f; OVG NRW NVwZ-RR 2004, 795.

Rechtswegabgrenzung nicht auf den konkret geltend gemachten Anspruch, sondern allgemeiner auf die Natur der Rechtsbeziehungen zwischen den Beteiligten abzustellen. Das führt zu einer Tendenz, die Entscheidung über den einschlägigen Rechtsweg an der Qualifikation des betroffenen Verwaltungshandelns als privatrechtlich oder öffentlich-rechtlich auszurichten.[60] Träfe das zu, hätte die Qualifikation eines Verwaltungshandelns als öffentlich- oder privatrechtlich im Streitfall bereits bei der Bestimmung des Rechtswegs erhebliche Konsequenzen.

11 Aus verwaltungsprozessrechtlicher Sicht sind die Handlungsformen darüber hinaus bei der Bestimmung der *Rechtschutzform* relevant. Begehrt ein Bürger die Aufhebung eines Verwaltungsakts, stellt § 42 I Alt 1 VwGO dafür die *Anfechtungsklage* zur Verfügung. Wie die durch den angegriffenen Verwaltungsakt möglicherweise verletzten Rechte des Bürgers bereits während der Dauer des Anfechtungsprozesses vorläufig gesichert werden, regelt § 80 VwGO. Begehrt ein Bürger demgegenüber den Erlass eines Verwaltungsakts, ist die *Verpflichtungsklage* nach § 42 I Alt 2 VwGO die richtige Klageart. Vorläufiger Rechtsschutz findet nach Maßgabe des § 123 VwGO statt. Geht es um die Vornahme oder Unterlassung eines Verwaltungshandelns, das kein Verwaltungsakt ist, ist die in der VwGO nicht ausdrücklich geregelte, aber von ihr vorausgesetzte[61] *allgemeine Leistungsklage* – ggf in Form der Unterlassungsklage – die richtige Rechtsschutzform. Vorläufiger Rechtsschutz erfolgt dann ebenfalls gem § 123 VwGO. Relevant ist das insbes dann, wenn um Ansprüche auf Vornahme oder Unterlassung von Realakten gestritten wird.[62]

[60] ZB GemS OBG, BGHZ 102, 280, 283 → JK SGG § 51/2; GemS OBG, BGHZ 108, 284, 286; BVerwGE 75, 109, 112. Eine umfassende Analyse der Rspr u Lit bei *U. Stelkens* (Fn 58) 1024 ff. Relevant ist diese Frage insbes für den Primärrechtsschutz im Vergaberecht bei Aufträgen mit einem Auftragsvolumen unterhalb der Schwellenwerte des § 2 VgV. Für Streitigkeiten über größere Aufträge mit einem Volumen oberhalb der Schwellenwerte enthalten die §§ 97 ff GWB spezielle Sonderregelungen. §§ 104 II, 116 III GWB begründen insoweit eine ausschließliche Zuständigkeit der Oberlandesgerichte. Bei Aufträgen mit einem Auftragsvolumen unterhalb der Schwellenwerte bereitet es ua prozessrechtliche Probleme, wenn im Rahmen einer staatlichen Auftragsvergabe ein Bieter den Abschluss eines ausgeschriebenen Vertrages begehrt, weil er das günstigste Angebot abgegeben hat. Denkbar ist auch, dass ein Bieter auf Einbeziehung in ein Vergabeverfahren klagt, aus dem er sachwidrig ausgeschieden wurde. Grundlage derartiger Ansprüche kann Art 3 I GG sein. Welcher Rechtsweg insoweit eröffnet ist, war in Rechtsprechung und Literatur überaus umstritten. Das BVerwG hat mittlerweile entschieden, wegen der privatrechtlichen Natur des begehrten staatlichen Handelns sei der Rechtsweg zu den ordentlichen Gerichten eröffnet, BVerwGE 129, 9, 10 ff → JK VwGO § 40 I 1/37 mit umfassender Aufarbeitung des Meinungsstandes. Bei den hier zugrunde gelegten Prämissen ist das nicht richtig. Zur Frage, ob es mit Art 3 I GG vereinbar ist, dass das Gesetz den Rechtsschutz gegen Vergabeentscheidungen unterhalb der Schwellenwerte anders gestaltet als bei Vergabeentscheidungen, die die Schwellenwerte übersteigen, sowie dazu, ob der Rechtsschutz unterhalb der Schwellenwerte ausreicht BVerfGE 116, 135 149 ff → JK GG Art 20 III/43. Zum ersten Überblick über die vergaberechtliche Problematik *Gundel* Jura 2008, 288 ff mwN.

[61] Vgl §§ 43 II, 111 VwGO.

[62] Zu Einzelheiten zum Rechtsschutz im Zusammenhang mit Realakten → § 36 Rn 9 ff. Normerlassklagen, die ebenfalls im Wege der allgemeinen Leistungsklage erhoben werden können, scheitern idR an der Klagebefugnis. Vgl als Bsp für eine zulässige Normerlassklage BVerwG NVwZ 2002, 1505 ff. Das Gericht hält in derartigen Konstellationen allerdings ebenso wie zB BVerfGE 115, 81, 96 die Feststellungsklage für einschlägig, vgl a BVerwG NVwZ 2008, 423, 424. Welches die richtige Rechtsschutzform ist, ist umstritten. Zum Meinungsstand *Ehlers* in: ders/Schoch, Rechtsschutz, § 24 Rn 12.

12 Auch wenn ein Bürger durch *Satzungen* oder *Rechtsverordnungen*, also durch exekutive Normen in seinen Rechten verletzt ist, gilt die Rechtsweggarantie des Art 19 IV 1 GG. Gem § 47 I Nr 1 VwGO entscheidet das OVG auf Antrag, den gem § 47 II 1 VwGO auch ein Bürger stellen kann, über die Gültigkeit von Satzungen auf der Grundlage des BauGB. Die *prinzipale Normenkontrolle* ist nach § 47 I Nr 2 VwGO darüber hinaus auch in Bezug auf alle anderen im Rang unter dem Landesgesetz stehenden Normen einschlägig, sofern das Landesrecht das bestimmt.[63] Hält das OVG die fragliche Norm für ungültig, erklärt es sie gem § 47 V 2 VwGO mit Wirkung für jedermann für unwirksam. Im Übrigen wird die Wirksamkeit von Rechtsverordnungen und Satzungen von den Verwaltungsgerichten inzident überprüft.[64] Kommt ein Verwaltungsgericht zB im Rahmen einer Anfechtungsklage zu der Auffassung, die dem angegriffenen Verwaltungsakt zugrunde liegende Rechtsverordnung oder Satzung sei unwirksam, lässt es die entsprechende Norm im konkret zu entscheidenden Verfahren unangewendet. Art 100 I GG, der sich nur auf nachkonstitutionelle Parlamentsgesetze bezieht, steht einer entsprechenden Prüfungs- und Verwerfungskompetenz des Verwaltungsgerichts nicht entgegen.

III. Bedeutung der Handlungsformen der Verwaltung im System des Verwaltungsrechts

13 Mit der Zuordnung einer Verwaltungstätigkeit zu einer Handlungsform der Verwaltung werden Antworten auf die Fragen vorgegeben, welche Rechtsbindungen zu beachten sind, welche Konsequenzen Rechtsfehler haben und wie gerichtlicher Rechtsschutz zu erlangen ist. Steht zB fest, dass eine bestimmte Verwaltungstätigkeit als Verwaltungsakt zu qualifizieren ist, so ist damit entschieden, dass auf diese Tätigkeit die §§ 9 ff VwVfGe anwendbar sind, dass etwaige Rechtsfehler grundsätzlich nicht zur Unwirksamkeit der getroffenen Regelung führen und dass Rechtsschutz ggf im Wege der Anfechtungsklage nachzusuchen ist. Gelingt es also, eine konkrete Verwaltungstätigkeit unter eine der Handlungsformen zu subsumieren, so liefert die Handlungsform anschließend „fertige Zuordnungsmuster"[65] zur Lösung der oben angesprochenen Rechtsfragen. In der Literatur ist dieser Effekt plastisch mit dem Begriff der „Speicherfunktion"[66] bzw der damit verbundenen „Entlastungsfunk-

[63] § 4 AGVwGO BW; Art 5 AGVwGO Bay (mit Einschränkungen); § 4 I VwGG Bbg; Art 7 AGVwGO Brem; § 15 AGVwGO Hess; § 13 GerStrG MV; § 7 VwGG Nds; § 4 AGVwGO RP (mit Einschränkungen); § 18 AGVwGO Saarl; § 24 I JG Sachs; § 10 AGVwGO LSA; § 5 AGVwGO SH; § 4 AGVwGO Thür. Berlin, Hamburg u Nordrhein-Westfalen kennen das Verfahren nicht.

[64] Bedarf eine Rechtsverordnung oder Satzung keines Vollzugsakts, kann ihre Unwirksamkeit auch im Rahmen einer Klage nach § 43 I VwGO festgestellt werden, BVerwGE 111, 276, 278 f → JK VwGO § 43/11. Krit dazu *Rupp* NVwZ 2002, 286 ff. Vgl weiter zur Klage auf Feststellung der Unwirksamkeit untergesetzlicher Normen Hess VGH NVwZ 2006, 1195, 1198 f; BVerfGE 115, 81, 95 f. Dazu *Fellenberg/Karpenstein* NVwZ 2006, 1133 ff; *Weidemann* NVwZ 2006, 1259 ff.

[65] *Schmidt-Aßmann* Ordnungsidee, 298.

[66] *Schmidt-Aßmann* Ordnungsidee, 298 sowie zB *Pauly* DVBl 1991, 521, 522; *Bauer* Verw 25 (1992) 301, 310; *Heintzen* in: Becker-Schwarze ua (Hrsg), Wandel der Handlungsformen (Fn 45), 167, 168.

tion"[67] der Handlungsformen umschrieben worden. Sie kommt nicht nur, aber vor allem[68] den Rechtsformen des Verwaltungshandelns zu.

§ 18
Verwaltungsrechtsverhältnis

I. Begriff und Überblick

1 Nimmt der Staat seine Aufgaben wahr, so entstehen dabei soziale Beziehungen zu anderen Rechtssubjekten, insbesondere auch zu Bürgern. So kann ein Bürger zB auf der Grundlage einer Norm oder eines Verwaltungsakts einer Verwaltungseinheit gegenüber zu einem Verhalten rechtlich verpflichtet sein, aufgrund eines Rechtssatzes oder eines Vertrages einen Anspruch gegenüber einem Träger öffentlicher Verwaltung haben, infolge einer behördlichen Warnung, also eines schlichten Verwaltungshandelns, über eine Gefahrenlage besser informiert sein oder durch einen gewaltsamen Polizeieinsatz in seiner körperlichen Unversehrtheit verletzt werden. Eine solche soziale Beziehung wird *Rechtsverhältnis* genannt, wenn sie als eine sich aus einer *rechtlichen Regelung* ergebende *rechtliche Beziehung* zwischen mindestens *zwei Rechtssubjekten* charakterisiert werden kann.[1] Ein *Verwaltungsrechtsverhältnis* besteht, wenn wenigstens eines der beteiligten Subjekte eine Verwaltungseinheit ist.[2]

[67] *Ossenbühl,* JuS 1979, 681, 682; *Schmidt-Aßmann* Verw 27 (1994) 137 f, 140; *Schuppert* Verwaltungswissenschaft, 141; *Hoffmann-Riem* in: ders/Schmidt-Aßmann/Voßkuhle, Grundlagen II, § 33 Rn 3.

[68] Dazu, dass in Bezug auf schlichtes Verwaltungshandeln noch keine vergleichbar wirkenden „Speicher" geformt wurden, *Schmidt-Aßmann* Ordnungsidee, 299; *ders* DVBl 1989, 533, 541; *Schuppert* Verwaltungswissenschaft, 141 ff.

[1] *Hase* DV 38 (2005) 453, 455; *Ehlers* DVBl 1986, 912, 912; *Erichsen* 12. Aufl 2002, § 11 Rn 4. Vgl auch *Kellner* Haftungsprobleme bei informellem Verwaltungshandeln, 2004, 54 f. Ähnlich, aber statt allgemein auf Regelungen begrifflich jeweils (nur) auf Normen oder Gesetze abstellend *Bachof* VVDStRL 30 (1972) 194, 233; *Achterberg* Allg VwR, § 20 Rn 14; *Martens* Die Praxis des Verwaltungsverfahrens, 1985, Rn 29; *Hill* NJW 1986, 2602, 2605; *Vosniakou* Beiträge zur Rechtsverhältnistheorie, 1992, 44 mwN. Bezogen auf § 43 I VwGO BVerwGE 89, 327, 329; 100, 83, 90; 100, 262, 264 sowie BVerwG NVwZ-RR 2004, 253, 254: „Nach der ständigen Rechtsprechung des BVerwG sind unter einem feststellungsfähigen Rechtsverhältnis die rechtlichen Beziehungen zu verstehen, die sich aus einem konkreten Sachverhalt auf Grund einer öffentlich-rechtlichen Norm für das Verhältnis von (natürlichen oder juristischen) Personen untereinander oder einer Person zu einer Sache ergeben, kraft deren eine der beteiligten Personen etwas Bestimmtes tun muss, kann oder darf oder nicht zu tun braucht." Ähnl BVerwG NVwZ 2009, 1170.

[2] Vgl *Ipsen* Allg VwR, Rn 169 aE; *Peters* Verw 35 (2002) 177, 186; *Bull/Mehde* Allg VwR, Rn 303. Folgt man dem, dann kommt es für das Vorliegen eines Verwaltungsrechtsverhältnisses nicht darauf an, ob die rechtliche Beziehung öffentlich- oder privatrechtlich ist. Maßgeblich ist nur die Beteiligung einer Verwaltungseinheit. Für diese Begriffsbildung spricht, dass die grundlegenden Rechtsbindungen des Staates unabhängig davon bestehen, ob der Staat öffentlich- oder privatrechtlich handelt → § 17 Rn 7. Begrifflich in diesem Punkt trotz gleicher Prämissen anders *Ipsen* Allg VwR, Rn 195 ff, der zwischen dem öffentlich-rechtlichen Verwal-

2 *Gegenstand* eines Rechtsverhältnisses sind – im Gegensatz zu faktischen Beziehungen oder sozialen Kontakten – *rechtliche Beziehungen*. Das sind alle zwischen mindestens zwei Rechtssubjekten[3] konkret bestehenden *Berechtigungen*[4] und *Verpflichtungen*.[5] Erfasst ist zB die Befugnis einer Verwaltungseinheit, in einem bestimmten Fall auf der Grundlage einer einschlägigen Norm gegenüber einem bestimmten Bürger einen rechtsbeeinträchtigenden Verwaltungsakt zu erlassen, ihre Berechtigung, in einer konkreten Situation von einem Privaten die Zahlung von Geld zu verlangen, oder ihre Verpflichtung gegenüber einem Bürger, in einem vorliegenden Notfall zu dessen Schutz tätig zu werden. Rechtliche Beziehungen sind gleichermaßen die korrespondierende Pflicht des Betroffenen gegenüber der Verwaltungseinheit, den fraglichen Verwaltungsakt zu befolgen oder die Verbindlichkeit zu erfüllen sowie sein der staatlichen Verpflichtung uU entsprechender Anspruch[6] auf ein Tätigwerden zu seinen Gunsten. Gelegentlich heißt es, nicht nur Berechtigungen oder Verpflichtungen, sondern auch „rechtserhebliche Eigenschaften" von Sachen oder Rechtssubjekten seien Rechtsverhältnisse.[7] Ein Rechtsverhältnis wäre dann zB die Handwerkseigenschaft eines ausgeübten Gewerbes,[8] die Eigenschaft eines Gewerbetreibenden, Mitglied in einer bestimmten Industrie- und Handelskammer[9] zu sein, oder die Genehmigungsfreiheit einer konkreten baulichen Anlage. Näher besehen besteht aber auch hier die den Inhalt eines Rechtsverhältnisses bildende rechtliche Beziehung aus Berechtigungen oder Verpflich-

tungsrechtsverhältnis und dem Privatrechtsverhältnis differenziert. ZT wird stattdessen darauf abgestellt, dass die entstehende Beziehung „nach Verwaltungsrecht" zu beurteilen ist, zB *Erichsen* 12. Aufl 2002, § 11 Rn 4; *Hase* DV 38 (2005) 453, 455; *Maurer* Allg VwR, § 8 Rn 17. Das Verwaltungsrechtsverhältnis beschränkt sich dann auf öffentlich-rechtliche Beziehungen. Die hier aufgeworfene Frage entspricht der, ob als Verwaltungsvertrag jeder Vertrag bezeichnet werden soll, an dem ein Verwaltungsträger beteiligt ist, so *Krebs* VVDStRL 52 (1993) 248, 257 f sowie zB *Spannowsky* Grenzen des Verwaltungshandelns durch Verträge und Absprachen, 1994, 47 f; *Gurlit* Jura 2001, 659, 661; → § 30 Rn 2, oder ob der Begriff für öffentlich-rechtliche Verwaltungsverträge reserviert ist, zB *Schlette* Die Verwaltung als Vertragspartner, 2000, bes 115 ff, 164 ff. Der prozessrechtliche Begriff des § 43 I VwGO dürfte sich allerdings auf öffentlich-rechtliche Rechtsverhältnisse konzentrieren.

3 Näher Rn 5 ff.

4 Der Begriff der Berechtigung umfasst sowohl die Kompetenzen, Befugnisse u sonstige Berechtigungen von Verwaltungseinheiten als auch die subjektiven Rechte Privater. Auf den Streit, ob der Begriff des subjektiven Rechts den Rechtsstellungen Privater vorbehalten ist, kommt es hier nicht an → § 12 Rn 27 mwN.

5 *Ehlers* DVBl 1986, 912, 913; *Pietzcker* Verw 30 (1997) 281, 283; *ders* in: Schoch/Schmidt-Aßmann/Pietzner, VwGO, § 43 Rn 5; *Peters* Verw 35 (2002) 177, 188; *Maurer* Allg VwR, § 8 Rn 17, jew mwN sowie BVerwGE 100, 83, 90: „rechtliche Beziehungen ..., kraft deren eine der beteiligten Personen etwas Bestimmtes tun muss, kann oder darf oder nicht zu tun braucht." Wortgleich BVerwGE 100, 262, 264.

6 Eine Verwaltungseinheit kann einem Bürger gegenüber objektiv-rechtlich zu einem Verhalten verpflichtet sein mit der Folge, dass ein Rechtsverhältnis besteht, ohne dass der betroffene Bürger notwendig einen korrespondierenden Anspruch hat. Vgl *Peters* Verw 35 (2002) 177, 193 f, 216 f u → § 12 Rn 1.

7 *Pietzcker* Verw 30 (1997) 281, 283; *Peters* Verw 35 (2002) 177, 188.

8 Vgl BVerwGE 16, 92, 92 f, das den entsprechenden Klageantrag – der sonst zugrunde gelegten Definition entspr – dahingehend umdeutet, dass das Rechtsverhältnis in der Befugnis des Klägers bestehe, sein Gewerbe ohne Eintrag in die Handwerksrolle ausüben zu dürfen.

9 BVerwG NJW 1983, 2208, 2208.

tungen zwischen Rechtssubjekten,[10] im zuletzt gebildeten Beispiel etwa in der Berechtigung des Bauherrn, die konkrete bauliche Anlage ohne Baugenehmigung errichten zu dürfen. Es bleibt damit dabei, dass unter den rechtlichen Beziehungen, die den Gegenstand eines Rechtsverhältnisses bilden, alle zwischen Rechtssubjekten bestehenden Berechtigungen oder Verpflichtungen zu verstehen sind.

3 *Entstehungsgrundlage* eines Rechtsverhältnisses sind *rechtliche Regelungen*. Das sind alle staatlichen Entscheidungen, die darauf angelegt sind, rechtsverbindlich Rechtsfolgen herbeizuführen bzw einen Rechtszustand festzustellen.[11] Zu ihnen zählen alle verfassungsrechtlichen und unterverfassungsrechtlichen Rechtsnormen[12] sowie alle Verwaltungsakte und Verwaltungsverträge. Entscheidungen ohne Regelungscharakter sowie Tathandlungen, also schlichtes Verwaltungshandeln[13] ist demgegenüber kein Geltungsgrund rechtlicher Beziehungen und damit auch kein Entstehungstatbestand für Rechtsverhältnisse.[14] Das liegt daran, dass *ausschließlich* Regelungen in der Lage sind, unmittelbar auf die Rechtslage Einfluss zu nehmen. Zwar liest man oft, Rechtsverhältnisse könnten auch durch ein tatsächliches Verhalten einer Stelle öffentlicher Verwaltung oder durch Verhaltensweisen oder Erklärungen von Bürgern begründet werden,[15] zB durch Anträge. Das ist aber nicht ganz präzise. Es ist zwar möglich, dass ein Realakt einer Verwaltungseinheit oder ein Antrag eines Bürgers eine rechtliche Verhaltenspflicht einer Verwaltungseinheit und uU korrespondierende Ansprüche des Privaten faktisch auslöst. Rechtliche Grundlage der Pflicht sowie des Anspruchs ist dann aber jeweils eine Regelung, die auf den fraglichen Realakt reagiert. Beeinträchtigt zB ein Träger öffentlicher Verwaltung durch einen ihm zuzurechnenden, öffentlich-rechtlichen Realakt rechtswidrig ein subjektives Recht eines Bürgers, so kann das Folgenbeseitigungs-[16]

[10] Darauf weist *Pietzcker* in: Schoch/Schmidt-Aßmann/Pietzner, VwGO, § 43 Rn 5 ausdr hin. Vgl zur Feststellungsfähigkeit von Eigenschaften, an deren Vorliegen das Bestehen von Rechten und Pflichten geknüpft ist auch *Kopp/Schenke* VwGO, § 43 Rn 13 mwN.

[11] → § 17 Rn 2.

[12] In der Lit wird das Rechtsverhältnis zT nur unter Bezugnahme auf Normen u ohne Einbeziehung v Einzelfallregelungen definiert, zB *Bachof* VVDStRL 30 (1972) 194, 233; *Achterberg* Allg VwR, § 20 Rn 14; *Hill* NJW 1986, 2602, 2605; *Martens* Die Praxis des Verwaltungsverfahrens, 1985, Rn 29; *Hill* NJW 1986, 2602, 2605; *Vosniakou* Beiträge zur Rechtsverhältnistheorie, 1992, 44; *Detterbeck* Allg VwR, Rn 413. Ausdr Einzelfallregelungen in die Definition aufnehmend *Ehlers* DVBl 1986, 912, 912; *Erichsen* 12. Aufl 2002, § 11 Rn 4; *Kellner* (Fn 1) 54 f sowie schon *O. Mayer* VwR I, 1. Aufl 1895, 108: „Das öffentlichrechtliche Rechtsverhältnis wird begründet durch die Kraft des Rechtssatzes mit der Erfüllung des Thatbestandes, an welchen er seine Wirkung knüpft … oder durch die Kraft des Verwaltungsaktes, der den Fall unmittelbar selbst erfasst …“. Vgl auch BVerwGE 100, 83, 90: „Die Rechtsbeziehungen müssen entweder durch die Norm selbst oder vermittels eines dem öffentlichen Recht zuzuordnenden Rechtsgeschäfts konkretisiert sein.“.

[13] Zur Terminologie → § 17 Rn 3; → § 36 Rn 1.

[14] Wie hier *Ehlers* DVBl 1986, 912, 912; *Kellner* (Fn 1) 55; *Kautz* Absprachen im Verwaltungsrecht, 2002, 79 f. Vgl auch *Bull/Mehde* Allg VwR Rn 302 aE sowie BVerwGE 100, 262, 268: „Behördliche Äußerungen ohne Bindungswirkungen … treffen weder eine Regelung … noch begründen sie ein feststellungsfähiges Rechtsverhältnis.“. Krit dazu ua *Huber* JZ 1996, 893, 895.

[15] ZB *Hill* NJW 1986, 2602, 2608; *Vosniakou* (Fn 1) 45 f; *Bauer* Verw 25 (1992) 301, 320; *Hase* DV 38 (2005) 453, 456; *Maurer* Allg VwR, § 8 Rn 19; *Erichsen* 12. Aufl 2002, § 11 Rn 8; *Ipsen* Allg VwR, Rn 179 f; *Peine* Allg VwR, Rn 269.

[16] Ob der Folgenbeseitigungsanspruch nur durch öffentlich- oder auch durch privatrechtliches Verhalten ausgelöst wird, hängt davon ab, wo man ihn rechtlich verortet. Ist er Bestandteil der

oder Entschädigungspflichten auslösen. Rechtlicher Grund für diese Pflichten und die entsprechenden Ansprüche ist in einer derartigen Konstellation aber nicht der rechtsverletzende Realakt, sondern die einschlägige Anspruchsnorm. Ähnlich verhält es sich mit Anträgen von Bürgern, auf die ua § 22 VwVfGe reagiert. Schlichtes Verwaltungshandeln oder Verhaltensweisen von Bürgern können also, wenn sie den Tatbestand einer Regelung erfüllen, zwar der Auslöser für das Entstehen eines Rechtsverhältnisses, nicht jedoch dessen rechtlicher Geltungsgrund sein.

Nach der bisher gebildeten Definition ist *jede einzelne*[17] durch eine Regelung be- 4
gründete konkrete rechtliche Beziehung zwischen Rechtssubjekten ein Rechtsverhältnis. Betrachtet man zB die soziale Beziehung zwischen einem Gewerbetreibenden und dem Träger der für ihn zuständigen Gewerbeaufsichtsbehörde, so ist die Pflicht des Gewerbetreibenden, sein Gewerbe anzumelden, ebenso ein Rechtsverhältnis wie die Berechtigung der Behörde, das Gewerbe bei fehlender Anmeldung zu unterbinden oder ihre Befugnis, ggf die Ausübung des angemeldeten oder genehmigten Gewerbes nachträglich zu untersagen. In der Literatur wird der Begriff des Rechtsverhältnisses zT *übergreifend* für *alle* sich aus einer sozialen Beziehung ergebenden rechtlichen Beziehungen verwendet.[18] Er bezeichnet dann ein durch einen Lebenssachverhalt zusammengefasstes Bündel an Rechtsbeziehungen zwischen Rechtssubjekten.[19] Im gebildeten Beispiel würde folglich die Summe aller Rechtsbeziehungen, die zwischen dem Gewerbetreibenden und der Gewerbeaufsichtsbehörde bestehen (können), ein Rechtsverhältnis bilden. Terminologisch erinnert das an die aus dem Zivilrecht bekannte Unterscheidung beim Schuldverhältnis.[20] Während das Schuldverhältnis ieS nach § 241 I 1 BGB in der konkreten Berechtigung des Gläubigers besteht, vom Schuldner eine bestimmte Leistung zu fordern, bezeichnet man als Schuldverhältnis iwS die rechtliche Sonderverbindung zwischen zwei Personen (zB Käufer und Verkäufer, Mieter und Vermieter etc), die aus einer ganzen Reihe von Schuldverhältnissen ieS bestehen kann.[21] Die folgenden Ausführungen konzentrieren sich auf *Rechtsverhältnisse ieS*.

II. Einzelfragen

1. Die am Verwaltungsrechtsverhältnis Beteiligten

Rechtsverhältnisse, also Berechtigungen und Verpflichtungen, bestehen zwischen 5
Rechtssubjekten. Rechtssubjekt ist damit, wer Träger von Berechtigungen und Verpflichtungen sein kann. Das ist jeder, der *rechtsfähig* ist.[22] Grundsätzlich können so-

Grundrechte, muss er wegen der in Art 1 III GG angeordneten umfassenden Grundrechtsbindung auch bei privatrechtlichem Handeln einschlägig sein → § 36 Rn 7. Das ist umstr.

17 Wie hier *Ehlers* DVBl 1986, 912 ff.

18 Vgl in diesem Sinne *Gröschner* Das Überwachungsrechtsverhältnis, 1992, bes 141 ff; *Bauer* Verw 25 (1992) 301, 319; *Hill* NJW 1986, 2602, 2603, 2606; wohl auch *Löwer* NVwZ 1986, 793 ff.

19 Referierend *Pietzcker* Verw 30 (1997), 281, 284 f.

20 Zu dieser Parallele ausdr *Peters* Verw 35 (2002) 177, 187 f sowie *Ehlers* DVBl 1986, 912, 914; *Hase* DV 38 (2005) 453, 455.

21 Vgl *Larenz* Lehrbuch des Schuldrechts I, 14. Aufl 1987, § 2 V.

22 *Forsthoff* VwR, 180; *Erichsen* 12. Aufl 2002, § 11 Rn 9; *Maurer* Allg VwR, § 21 Rn 4; *Peine* Allg VwR, Rn 44; Wolff/Bachof/*Stober* VwR I, § 32 Rn 5 ff; *Ehlers* Die Lehre von der Teil-

wohl *natürliche Personen* als auch private oder staatliche *Organisationseinheiten* rechtsfähig sein. Über das Ob und das Ausmaß der Zuerkennung der Rechtsfähigkeit entscheidet – im Rahmen der Verfassung[23] – das einfache Recht.[24] IdR wird in Bezug auf den Umfang der Rechtsfähigkeit zwischen *voll-* und *teilrechtsfähigen Rechtssubjekten* differenziert.[25] Vollrechtsfähig sollen alle natürlichen Personen sowie solche privaten oder staatlichen Organisationen sein, die die Rechtsordnung als juristische Person qualifiziert. Von ihnen seien die teilrechtsfähigen Organisationseinheiten zu unterscheiden.[26] Richtig an dieser Differenzierung ist, dass die Rechtsordnung den Rechtssubjekten unterschiedlich viele Berechtigungen und Verpflichtungen zuordnen kann. Richtig ist auch der im Begriff der *Teilrechtsfähigkeit* zum Ausdruck kommende Umstand, dass eine Organisation zugleich in Bezug auf manche Berechtigungen und Verpflichtungen rechtsfähig und damit Rechtssubjekt sein kann, in Bezug auf andere Rechtspositionen aber nicht. Den nicht eingetragenen Verein bezeichnet das BGB in seinem § 54 sogar als „nicht rechtsfähig". Dennoch ist es möglich, ihm auf der Grundlage des § 2 I 2 GastG eine Gaststättenerlaubnis zu erteilen, und nicht eingetragene Vereine können auch nach Maßgabe des Art 19 III GG Träger von Grundrechten sein.[27] In Bezug auf diese Berechtigungen ist damit auch der nicht eingetragene Verein teilrechtsfähig und insoweit ein Rechtssubjekt, das an einem Rechtsverhältnis beteiligt sein kann.

6 Das Begriffspaar der Voll- und der Teilrechtsfähigkeit ist dennoch missverständlich, weil der Begriff der *Vollrechtsfähigkeit* suggeriert, dass es Rechtssubjekte gibt, die Träger aller denkbaren Berechtigungen und Verpflichtungen sind. Das ist jedoch nicht der Fall. Es gibt kein Rechtssubjekt, das in Bezug auf alle bestehenden oder denkbaren Berechtigungen oder Verpflichtungen rechtsfähig ist.[28] Das gilt sowohl für natürliche Personen als auch für private oder staatliche Organisationen. Für natürliche Personen bestimmt zwar § 1 BGB: „Die Rechtsfähigkeit des Menschen beginnt mit der Vollendung der Geburt". Das ändert aber nichts daran, dass natürlichen Personen zB staatliche Kompetenzen ebenso wenig zukommen wie solche Rechte aus dem BGB, die dieses ge-

rechtsfähigkeit juristischer Personen des öffentlichen Rechts und die Ultra-vires-Doktrin des öffentlichen Rechts, 2000, 22, jew mwN.

[23] Die Grundrechte regeln zB die Frage, wer aus ihnen berechtigt u verpflichtet ist, selbst. Sie können uU auch den einfachen Gesetzgeber verpflichten, subjektive Rechte zu begründen → § 12 Rn 12 f.

[24] *Erichsen* 12. Aufl 2002, § 11 Rn 9; *Schnapp* Jura 1980, 68, 70 f; vgl auch *Peine* Allg VwR, Rn 43 ff; *Loeser* System des Verwaltungsrechts II, 1994, Rn 28 ff.

[25] ZB *Erichsen* 12. Aufl 2002, § 11 Rn 11; *Maurer* Allg VwR, § 21 Rn 6; *Bonk/Schmitz* in: Stelkens/Bonk/Sachs, VwVfG, § 11 Rn 6, 16; *Peine* Allg VwR, Rn 46; Wolff/Bachof/*Stober* VwR I, § 32 Rn 8 ff; *U. Stelkens* Verwaltungsprivatrecht, 2005, 64. Vollrechtsfähig soll zB die AG, teilrechtsfähig die KG sein.

[26] ZB *Maurer* Allg VwR, § 21 Rn 6; Wolff/Bachof/*Stober* VwR I, § 32 Rn 5 ff; vgl referierend *Krebs* in: v Münch/Kunig, GGK I, Art 19 Rn 31.

[27] § 2 I GastG lautet: „Wer ein Gaststättengewerbe betreiben will, bedarf der Erlaubnis. Die Erlaubnis kann auch nichtrechtsfähigen Vereinen erteilt werden." Dazu, dass nichtrechtsfähige Vereine „juristische Person" iSd Art 19 III GG sind *Dreier* in: ders, GG, 2. Aufl 2004, Art 19 III Rn 47; *Remmert* in: Maunz/Dürig, GG, Lsbl, Art 19 Abs 3 (2009) Rn 39 mwN.

[28] Vgl schon *Wolff* Organschaft und juristische Person I, 1933, 202 f u II, 1934, 249; *Bachof* AöR 83 (1958) 208, 263, 268; *Rupp* Grundfragen der heutigen Verwaltungsrechtslehre, 2. Aufl 1991, 82 sowie zB *Schnapp* Amtsrecht und Beamtenrecht, 1977, 80 ff, 140 f; *Krebs* in: Isensee/Kirchhof V, § 108 Rn 41; *Erichsen* 12. Aufl 2002, § 11 Rn 11; *Remmert* in: Maunz/Dürig, GG, Lsbl, Art 19 Abs 3 (2009) Rn 37 mwN.

rade nur Organisationseinheiten zuweist. Umgekehrt können Organisationen nicht an Rechtsverhältnissen beteiligt sein, die an natürliche Eigenschaften oder Fähigkeiten von Menschen anknüpfen. ZB kann weder eine private Organisation noch eine staatliche Verwaltungseinheit Inhaberin des Grundrechts aus Art 6 I GG sein. Festzuhalten ist damit, dass der Begriff der Rechtsfähigkeit *relativ* ist.[29] Natürlichen Personen und Organisationen werden Berechtigungen und Verpflichtungen immer nur in Bezug auf mehr oder weniger große Ausschnitte aus der Rechtsordnung zugeordnet. Nur insoweit sind sie dann auch ein Rechtssubjekt.[30]

(Teil-)rechtsfähige *Verwaltungseinheiten* sind idR *binnendifferenziert*, dh, sie nehmen **7** die ihnen zugewiesenen Berechtigungen und Verpflichtungen mit Hilfe interner Untereinheiten wahr. Das sind die sog Organe und Ämter.[31] Die Aufgaben einer Gemeinde werden zB zu einem erheblichen Teil durch ihre beiden Hauptorgane, den Bürgermeister und den Rat, erledigt, die im Namen und mit rechtlicher Wirkung für die Gemeinde tätig sind.[32] Es stellt sich deshalb die Frage, ob nur zwischen der Gemeinde und anderen, externen Rechtssubjekten Rechtsverhältnisse bestehen, oder ob auch zwischen dem Bürgermeister und dem Rat Rechtsverhältnisse vorliegen, obwohl beide Teile ein und derselben Gemeinde sind. Übergreifend formuliert geht es also darum, ob auch innerhalb (teil-)rechtsfähiger Verwaltungseinheiten Rechtsverhältnisse zwischen Organen oder Ämtern dieser Einheit bestehen können.[33] Da auch *innerorganisatorische Beziehungen* rechtliche Beziehungen sind und da das auch für die Beziehungen innerhalb des Staates gilt,[34] sind Rechtsverhältnisse zwischen Untergliederungen einer Verwaltungseinheit denkbar, sofern eine Regelung ihnen intern in abschließender Weise wechselseitig Berechtigungen oder Verpflichtungen zuordnet. So ist zB davon auszugehen, dass innerhalb von Gemeinden der Rat gegenüber dem Bürgermeister abschließend berechtigt und verpflichtet ist, die Aufgabe der Satzungsgebung wahrzunehmen, während dem

[29] Grundlegend *Fabricius* Die Relativität der Rechtsfähigkeit, 1963. Vgl darüber hinaus Fn 28.

[30] Die Qualifikation einer Organisation als vollrechtsfähig u als juristische Person hat trotzdem besondere Bedeutung. Zum einen geht man davon aus, dass denjenigen privaten oder staatlichen Organisationen, die die Rechtsordnung als juristische Person bezeichnet, ohne weitere besondere Anordnung die *Fähigkeit* zukommt, am *Privatrechtsverkehr* teilzunehmen, *Bachof* AöR 83 (1958) 208, 266 f; Wolff/Bachof/*Stober* VwR I, § 34 Rn 7; *Krebs* in: Isensee/Kirchhof V, § 108 Rn 41. Zum anderen ist die Qualifikation von *organisationsrechtlichem Interesse*, weil das Handeln u Entscheiden einer juristischen Person organisationsrechtlich keiner anderen Stelle mehr zugerechnet wird. Vgl *Krebs* in: Isensee/Kirchhof V, § 108 Rn 30, 42; ähnlich *Schnapp* (Fn 28) 93; *Remmert* Private Dienstleistungen in staatlichen Verwaltungsverfahren, 2003, 274.

[31] → § 8 Rn 28 ff.

[32] Einzelheiten zur Aufgabenerledigung der Gemeinden u zu ihrer Binnenstruktur bei *Schmidt-Aßmann/Röhl* in: Schmidt-Aßmann/Schoch, Bes VwR, 1. Kap Rn 55 ff; *Gern* Deutsches Kommunalrecht, 3. Aufl 2003, Rn 313 ff.

[33] Zur damit verbundenen Differenzierung zwischen Außen- u Innenrecht *Rupp* (Fn 29) 19 ff, 34; *Schnapp* AöR 105 (1980) 243, 250 f; *ders* (Fn 28) 160 f; *Krebs* in: Isensee/Kirchhof V, § 108 Rn 28; *Schwabe* JA 1975, 45 ff.

[34] Darüber wird heute nicht mehr gestritten. Anders die Ende des 19. u zu Beginn des 20. Jahrhunderts vertretene Impermeabilitätstheorie, der zufolge der Staat rechtlich undurchdringbar war. Vgl statt anderer *Laband* Das Staatsrecht des Deutschen Reiches II, 5. Aufl 1911, 181 f. Zur Impermeabilitätstheorie zum Überblick *Erichsen* StR u VerfGbkt I, 88 u ausführlicher *Rupp* (Fn 28) 19 ff; *Böckenförde* Gesetz und gesetzgebende Gewalt, 1958, 234 ff; *ders/Grawert* AöR 1970, 6 ff.

Bürgermeister im Verhältnis zum Rat im Grundsatz die abschließende Kompetenz zukommt, die Angelegenheiten laufender Verwaltung wahrzunehmen.[35] Auch innerhalb eines Rechtssubjekts können damit Rechtsverhältnisse bestehen. Die Relativität der Rechtsfähigkeit setzt sich insoweit fort.

8 Überlegen lässt sich schließlich, ob an einem Rechtsverhältnis tatsächlich nur *Rechtssubjekte,* also natürliche Personen sowie (teil-)rechtsfähige Organisationen und deren teilrechtsfähige Untergliederungen beteiligt sein können,[36] oder ob auch eine Beziehung zwischen einer Person und einer *Sache* ein Rechtsverhältnis sein kann.[37] So könnte man meinen, die als Eigentum bezeichnete Rechtsstellung einer Person in Bezug auf eine Sache sei ein Rechtsverhältnis zwischen ihr und der in ihrem Eigentum stehenden Sache. Das ist aber lediglich eine verkürzte Sprachweise.[38] Zum einen können Sachen denknotwendig weder Träger von Pflichten noch von Berechtigungen sein.[39] Zum anderen beschreibt die Aussage, dass jemand Eigentümer einer Sache sei, inhaltlich ebenfalls nur rechtliche Beziehungen zwischen Rechtssubjekten, die freilich in Ansehung einer Sache bestehen.[40] Das Eigentum an einem Gegenstand zu haben, heißt für den Eigentümer beispielsweise, auf der Grundlage von § 1004 BGB bzw von Art 14 I GG von anderen Rechtssubjekten, die auf diesen Gegenstand in rechtswidriger Weise zugreifen wollen, Unterlassung und bei Beschädigung ggf Schadensersatz zB nach § 823 BGB bzw nach Art 34 GG iVm § 839 BGB verlangen zu können. Sachen sind damit nicht an Rechtsverhältnissen beteiligt.

2. Die Begründung von Verwaltungsrechtsverhältnissen

9 Entstehungsgrund für Rechtsverhältnisse sind rechtliche Regelungen. Trotz dieser allgemeingültigen Aussage sind die *konkreten Umstände der Begründung* von Rechtsverhältnissen ganz unterschiedlich. Für Rechtsverhältnisse, die auf einer *Rechtsnorm* beruhen, lässt sich zwar übergreifend sagen, dass sie entstehen, sobald der Tatbestand der – wirksamen – Norm erfüllt ist. Die Umstände, die zur Tatbestandserfüllung führen, sind aber wiederum verschieden. Sie können in einem final auf das Zustandekommen eines Rechtsverhältnisses gerichteten *Verhalten eines Bürgers* liegen, also zB in einem nach der einschlägigen Landesbauordnung[41] gestellten Antrag auf Baugenehmigung, der be-

[35] Einzelheiten bei *Schmidt-Aßmann/Röhl* in: Schmidt-Aßmann/Schoch, Bes VwR, 1. Kap Rn 69, 74.

[36] So *Rupp* (Fn 28) 17, 166 ff; *Ehlers* DVBl 1986, 912, 913; *Kopp/Schenke* VwGO, § 43 Rn 11; *Happ* in: Eyermann, VwGO, § 43 Rn 24; *Pietzcker* in: Schoch/Schmidt-Aßmann/Pietzner, VwGO, § 43 Rn 5.

[37] ZB BVerwGE 89, 327, 329; 100, 262, 264; VGH BW ESVGH 10, 138, 141 f.

[38] *Kopp/Schenke* VwGO, § 43 Rn 11; vgl auch *Schenke* Verwaltungsprozessrecht, 11. Aufl 2007, Rn 378; *Ehlers* DVBl 1986, 912, 913; *Happ* in: Eyermann, VwGO, § 43 Rn 24; *Lorenz* Verwaltungsprozessrecht, 2000, § 22 Rn 3.

[39] *Happ* in: Eyermann, VwGO, § 43 Rn 24. Zur parallelen Frage im Zivilrecht *Hadding* JZ 1986, 926, 927: „Die Sachenrechte begründen daher ebenfalls Rechtsverhältnisse nur zwischen Menschen. Ihre Eigenart liegt darin, dass durch sie menschliche Verhältnisse in Bezug auf Sachen geordnet werden."

[40] *Schenke* (Fn 38) Rn 378 f; *Sodan* in: ders/Ziekow, VwGO, § 43 Rn 8.

[41] § 52 I LBO BW; Art 64 I 1 BO Bay; § 69 I BauO Berl; § 62 I BO Bbg; § 68 I 1 LBO Brem; § 70 I BauO Hmb; § 60 I BO Hess; § 68 I LBauO MV; § 71 I BauO Nds; § 69 I 1 BauO NRW; § 63 I LBauO RP; § 69 I LBO Saarl; § 68 I BO Sachs; § 67 I BauO LSA; § 64 I LBO SH; § 64 I BO Thür.

wirkt, dass die Baurechtsbehörde nach § 22 S 2 VwVfGe verpflichtet ist, ein Verwaltungsverfahren durchzuführen. Stattdessen kann ein durch eine Norm begründetes Rechtsverhältnis auch durch ein privates Verhalten ausgelöst werden, das das Entstehen eines Rechtsverhältnisses nicht oder nicht vorrangig intendiert. So ist zB jeder, der im Gebiet einer Gemeinde wohnt, kraft Gesetzes deren Einwohner[42] mit der Folge, dass er ebenfalls kraft Gesetzes berechtigt ist, die öffentlichen Einrichtungen dieser Gemeinde nach Maßgabe der kommunalrechtlichen Bestimmungen zu nutzen.[43] Gleichermaßen kann die Erfüllung eines gesetzlichen Tatbestandes, der ein Rechtsverhältnis begründet, durch ein *staatliches Verhalten* bewirkt werden, wobei auch hier die Entstehung eines Rechtsverhältnisses beabsichtigt sein kann, aber nicht muss. Schließlich können Normen, die Rechtsverhältnisse begründen, auch durch *externe Umstände* verwirklicht werden. Nach § 17 I 2 BImSchG soll zB die zuständige Behörde im Interesse der Nachbarn einer nach Immissionsschutzrecht genehmigungsbedürftigen Anlage Anordnungen treffen, wenn sich herausstellt, dass die Nachbarn durch schädliche Umwelteinwirkungen gefährdet sind, die von dieser Anlage ausgehen. Hier löst das Auftreten schädlicher Umwelteinwirkungen, also ein tatsächlicher Zustand, der vom Verhalten der am entstehenden Rechtsverhältnis Beteiligten unabhängig ist, den Tatbestand der Norm aus mit der Folge, dass die Behörde den Nachbarn gegenüber grundsätzlich zu einem Tätigwerden verpflichtet ist und ein entsprechendes Rechtsverhältnis begründet wird. Rechtsverhältnisse, die ihren Geltungsgrund in einem *Verwaltungsakt* oder *Vertrag* haben, entstehen, sobald der Verwaltungsakt bzw Vertrag wirksam wird.[44] Auch hier sind die Umstände, die die Verwaltungseinheit bzw sie und ihren Vertragspartner dazu veranlassen, ein Rechtsverhältnis zu begründen, ganz unterschiedlich. Es kann darum gehen, zum Zweck der Gefahrenabwehr eine Verhaltenspflicht zu begründen, die Errichtung baulicher Anlagen zu genehmigen, Ansprüche auf Subventionen zu schaffen, Gegenstände zu erweben, Benutzungs- oder Dienstverhältnisse einzugehen uvm.

Bei der Begründung von Rechtsverhältnissen können *Fehler* unterlaufen. So kann ein **10** Gesetz, das Pflichten von Bürgern begründet, unverhältnismäßig sein, oder einem Verwaltungsakt kann es an der erforderlichen Ermächtigungsgrundlage[45] fehlen. Ob das Auswirkungen auf das Zustandekommen des intendierten Rechtsverhältnisses hat, hängt von den Folgen des Rechtsfehlers für die Wirksamkeit der das Rechtsverhältnis begründenden Regelung ab. Lässt der Fehler die Wirksamkeit dieser Regelung unberührt, entsteht ein wirksames Rechtsverhältnis. Ist die Regelung demgegenüber unwirksam, so entsteht kein wirksames Rechtsverhältnis – und damit auch weder Berechtigungen noch Verpflichtungen zwischen den Beteiligten. Welche dieser Rechtsfolgen eintritt, hängt von der bei der Begründung des Rechtsverhältnisses verwendeten *Rechtsform des Verwaltungshandelns*[46] ab. Insoweit kann nach oben verwiesen wer-

[42] § 10 I GO BW; Art 15 I 1 GO Bay; § 13 I GO Bbg; § 8 I GO Hess; § 13 I KV MV; § 21 I GO Nds; § 21 I GO NRW; § 13 I 1 GO RP; § 18 I KSVG Saarl; § 10 I GO Sachs; § 20 I GO LSA; § 6 I GO SH; § 10 I 1 KO Thür.

[43] § 10 II 2 GO BW; Art 21 I 1 GO Bay; § 14 I GO Bbg; § 20 I GO Hess; § 14 II KV MV; § 22 I GO Nds; § 8 GO NRW; § 14 II GO RP; § 19 I KSVG Saarl; § 10 II GO Sachs; § 22 I GO LSA; § 18 I GO SH; § 14 I KO Thür. Näher *Schmidt-Aßmann/Röhl* in: Schmidt-Aßmann/Schoch, Bes VwR, 1. Kap Rn 108 ff.

[44] → § 22 Rn 14; § 32 Rn 1.

[45] → § 2 Rn 40 ff.

[46] Zum Begriff → § 17 Rn 2.

den.[47] So sind zB *Rechtsnormen*, die gegen höherrangiges Recht verstoßen, prinzipiell nicht nur rechtswidrig, sondern zugleich nichtig mit der Folge, dass keine wirksame Regelung und damit auch kein Rechtsverhältnis entsteht. Demgegenüber führen rechtsfehlerhafte Verwaltungsakte oder Verträge idR zu wirksamen Regelungen mit der Folge, dass sie auch wirksame Rechtsverhältnisse begründen.

3. Inhalte von Verwaltungsrechtsverhältnissen

11 Ebenso vielfältig wie die Anlässe ihrer Begründung sind auch die *Inhalte* von Verwaltungsrechtsverhältnissen. Während Rechtsverhältnisse ieS zumeist aus einem konkreten und einmaligen Anlass heraus entstehen,[48] sind Rechtsverhältnisse iwS häufig auf eine gewisse Dauer angelegt. Sie werden in der Literatur ua[49] danach systematisiert, ob sie personen-, vermögens- oder benutzungsbezogen sind.[50] Zu den personenbezogenen Rechtsverhältnissen zählen zB das Beamten-,[51] das Schul- sowie das Wehrdienstverhältnis. Vermögensbezogene Rechtsverhältnisse sind ua Sozialleistungsverhältnisse[52] mit wiederkehrenden Renten- oder sonstigen Zahlungsansprüchen sowie Subventionsverhältnisse,[53] und benutzungsbezogen sind zB die Rechtsverhältnisse, die bei der Inanspruchnahme öffentlicher Einrichtungen[54] entstehen. Allerdings erfasst diese Typologie die Rechtsverhältnisse iwS nicht vollständig.[55] Zudem ist eine trennscharfe Abgrenzung der von ihr erfassten Beziehungen nicht immer möglich.[56] Versuche, Rechtsverhältnisse nach ihren Inhalten zu systematisieren, dienen damit vor allem der Beschreibung der Vielfalt der denkbaren Regelungsgegenstände.[57]

12 Was im *konkreten Einzelfall* der Inhalt eines Rechtsverhältnisses ist, welche Pflichten und Berechtigungen also bestehen, ergibt sich aus der Regelung, die dem Rechtsverhältnis zugrunde liegt. Im Zweifel ist sie *auszulegen*. Wie staatliche Regelungen auszulegen sind, ist in Bezug auf *Normen* im Ausgangspunkt nicht umstritten: Es gelten die

[47] → § 17 Rn 8 f.

[48] Vgl *Maurer* Allg VwR, § 8 Rn 20 ff, der von „Moment-Verwaltungsrechtsverhältnissen“ bzw von „ad hoc-Verwaltungsrechtsverhältnissen“ spricht u diese von „Dauer-Verwaltungsrechtsverhältnissen“ abgrenzt.

[49] Anders zB *Ipsen* Allg VwR, Rn 181 ff, der zwischen Abgabenrechtsverhältnissen, anderen Handlungs-, Unterlassungs- oder Duldungspflichtverhältnissen, Leistungsverhältnissen, Planungsrechtsverhältnissen u Statusverhältnissen unterscheidet.

[50] *Maurer* Allg VwR, § 8 Rn 22; *Peine* Allg VwR, Rn 271; *Detterbeck* Allg VwR, Rn 414; ähnlich *Bull/Mehde* Allg VwR, Rn 305 ff; *Hill* NJW 1986, 2602, 2606.

[51] Dazu näher *Kunig* in: Schmidt-Aßmann/Schoch, Bes VwR, 6. Kap Rn 68 ff mwN.

[52] Dazu näher *Krause, Tomandl* u *Häberle* in: Schriften des Dt Sozialgerichtsverbandes XVIII, 1979, 12 ff, 50 ff, 60 ff; *Löwer* NVwZ 1986, 793, 795 ff; *Bley/Kreikebohm/Marschner* Sozialrecht, 9. Aufl 2007, Rn 58 ff.

[53] Vgl *Ipsen/Zacher* VVDStRL 25 (1967) 257 ff; *Bleckmann, Friauf, Gutkowski/Thiel* 55. Deutscher Juristentag, D 9 ff, M 8 ff, M 45 ff; *Jarass* NVwZ 1984, 473 ff; *Götz* NVwZ 1984, 480 ff; *Ehlers* VerwArch 74 (1983) 112 ff; *Rodi* Die Subventionsrechtsordnung, 2000; *Oldiges* NVwZ 2001, 280 ff, 626 ff; *Gellermann* DVBl 2003, 481 ff; *Schwarz* JZ 2004, 79 ff; *Schuppert* Verwaltungswissenschaft, 213 ff.

[54] Zum Benutzungsverhältnis näher → § 35 Rn 32 ff.

[55] Nicht erfasst ist zB das Überwachungsrechtsverhältnis, dazu *Gröschner* (Fn 18).

[56] So ausdrücklich zB auch *Maurer* Allg VwR, § 8 Rn 22.

[57] Zum darüber hinausgehenden Nutzen derartiger Typologien s u Rn 20.

klassischen Auslegungsmethoden.[58] Kommen verschiedene Auslegungsergebnisse in Betracht, von denen manche mit der Verfassung übereinstimmen, andere dagegen nicht, so ist der Rechtssatz verfassungskonform zu interpretieren.[59] In Bezug auf die Auslegung von *Einzelfallregelungen*, die durch Verwaltungsakt oder Verwaltungsvertrag getroffen werden, nimmt man idR an, die §§ 133, 157 BGB seien mangels ausdrücklicher anderweitiger Regelung entsprechend anwendbar.[60] Es ist aber fragwürdig, ob insoweit eine vergleichbare Interessenlage besteht. Das ist Voraussetzung für eine Analogie.[61] Bedenken ergeben sich, weil die §§ 133, 157 BGB die Auslegung von privatautonom gebildeten Willenserklärungen betreffen. Verwaltungsträgern kommt Privatautonomie aber nicht zu.[62] Sie haben vielmehr stets rechtlich gebunden zu entscheiden. Staatlichen Regelungen liegt damit kein auf freiem Willen beruhender, an subjektiven Kriterien ausgerichteter Entschluss zugrunde. Daran knüpfen die §§ 133, 157 BGB aber an.[63] Es ist daher wenig wahrscheinlich, dass für die Ermittlung des Inhalts einer auf Privatautonomie gegründeten Willenserklärung einerseits und für die Erfassung des Regelungsgehalts einer rechtlich gebundenen Erklärung staatlicher Verwaltungseinheiten andererseits dieselben Regeln gelten.[64] Näher liegt es daher, den Inhalt von Einzelfallregelungen ebenso wie den sonstiger staatlicher Regelungen zu bestimmen. Das bedeutet, dass auch Verwaltungsakte und Verwaltungsverträge objektiv mit Hilfe der klassischen Auslegungsmethoden auszulegen sind.[65] Kommen verschiedene Auslegungsergebnisse in Betracht, von denen manche mit höherrangigen Normen übereinstimmen, andere dagegen nicht, so ist die Einzelfallregelung rechtssatzkonform auszulegen.[66] Aus dem Ergebnis dieser Auslegung ergibt sich der Inhalt des durch die Regelung begründeten Rechtsverhältnisses.

[58] → § 2 Rn 14. Näher zu den klassischen Auslegungsmethoden *Larenz/Canaris* Methodenlehre der Rechtswissenschaft, 3. Aufl 1995, 133 ff; *Rüthers* Rechtstheorie, 4. Aufl 2008, Rn 696 ff; *Kramer* Juristische Methodenlehre, 2. Aufl 2005, 47 ff; *Wank* Die Auslegung von Gesetzen, 4. Aufl 2008; *Saueressig* Jura 2005, 525 ff.

[59] Dazu BVerfGE 2, 266, 282; 48, 40, 45 f; 90, 263, 274 f; 120, 378, 423 f; *Hesse* VerfR, Rn 79 ff; *Zippelius/Würtenberger* StR, Rn 55 ff, letztere auch zur völker- und zur europarechtskonformen Auslegung Rn 59 ff.

[60] *Erichsen* 12. Aufl 2002, § 22 Rn 12; *Clausen* in: Knack, VwVfG, § 9 Rn 25; OVG NRW DVBl 1984, 1081, 1082; BVerwGE 88, 286, 292; BVerwG NJW 2002, 1137, 1139. Für öffentlichrechtliche Verträge zB Stelkens/*Bonk*/Sachs VwVfG, § 54 Rn 34.

[61] *Larenz/Canaris* (Fn 58) 202; *Rüthers* (Fn 58) Rn 889; *Kramer* (Fn 58) 176 f; *Wank* (Fn 58) 80 f.

[62] → § 3 Rn 88 mwN.

[63] Vgl *de Wall* Die Anwendbarkeit privatrechtlicher Vorschriften im Verwaltungsrecht, 1999, 114, 133; *Berger* Staatseigenschaft gemischtwirtschaftlicher Unternehmen, 2006, 124 f.

[64] Vgl *Kluth* NVwZ 1990, 608, 610, der §§ 133, 157 BGB anwendet, aber meint, es sei der „Rahmen analoger Rechtsanwendung genau abzustecken. Dazu müssen auch die Strukturunterschiede beider Rechtssysteme aufgezeigt werden."

[65] So dezidiert *Berger* (Fn 63) 126 mwN. Das entspricht der Annahme, dass es bei der Qualifikation eines Verwaltungsvertrages als öffentlich- oder privatrechtlich ebenfalls nicht auf den nach §§ 133, 157 BGB zu ermittelnden Willen der Parteien ankommt, sondern dass die Rechtsnatur objektiv zu bestimmen ist, *Bosse* Der subordinationsrechtliche Verwaltungsvertrag als Handlungsform öffentlicher Verwaltung, 1974, 24 ff; *Scherzberg* JuS 1992, 205, 206 ff; *Krebs* VVDStRL 52 (1993) 248, 275 f.

[66] *De Wall* (Fn 63) 136 ff; *Ritgen* in: Knack, VwVfG, § 9 Rn 26; *Erichsen* 12. Aufl 2002, § 22 Rn 13; *Kluth* NVwZ 1990, 608, 610; OVG NRW, DVBl 1984, 1081, 1081.

13 Grundsätzlich muss die Regelung, auf der ein Rechtsverhältnis iwS beruht, auch angeben, inwieweit die Verpflichtung, die den Kern dieses Rechtsverhältnisses bildet, um sog *Nebenpflichten* ergänzt wird, die dann jeweils als Rechtsverhältnisse ieS zu qualifizieren sind. In Rechtsprechung und Literatur werden Nebenpflichten nicht nur,[67] aber häufig im Zusammenhang mit sog *verwaltungsrechtlichen Schuldverhältnissen*[68] angesprochen. Das sind Rechtsverhältnisse iwS, die zwar nicht auf einem Vertrag beruhen, aber dennoch vertragsähnlich sind, weil zwischen den Beteiligten Leistungen ausgetauscht werden.[69] Beispiele[70] bilden auf einer Satzung oder auf einem Verwaltungsakt beruhende Leistungs- und Benutzungsverhältnisse im Bereich der Daseinsvorsorge[71] sowie die öffentlich-rechtliche Verwahrung[72] und die öffentlich-rechtliche Geschäftsführung ohne Auftrag[73]. Im Rahmen derartiger Rechtsverhältnisse sollen zwischen den Beteiligten aus dem BGB entnommene Nebenpflichten wie zB Kooperations-[74] oder Sorgfaltspflichten iSd § 242 BGB[75] bestehen können.[76] Dabei meint man zT, das *Rechtsverhältnis selbst* sei der rechtliche Grund für deren Existenz.[77] Dagegen ist einzuwenden, dass Nebenpflichten – wie alle Rechtsverhältnisse – nur bestehen können,

[67] Darüber hinaus diskutiert man auch Nebenpflichten „aus dem Polizeirechtsverhältnis", „aus dem Baurechtsverhältnis", „aus dem Prüfungsverhältnis" usw, vgl *Schmitz* in: Stelkens/Bonk/Sachs, VwVfG, § 9 Rn 35 f mwN aus der Rspr, für die *Peters* Verw 35 (2002) 177, 203 f allerdings zT nachweist, dass Grundlage der von den Gerichten angenommenen Nebenpflichten häufig eine Norm war. Weiterführend *Bauer* Verw 25 (1992) 301, 321 ff; *Peters* Verw 35 (2002) 177 ff.

[68] Dazu näher *Janson* DÖV 1979, 696 ff; *Gries/Willebrand* JuS 1990, 103 ff, 193 ff; *Windthorst* JuS 1996, 605 ff; *Ossenbühl* StHR, 336 ff; *Kluth* in: Wolff/Bachof/Stober VwR II, § 68; *Detterbeck* in: ders/Windthorst/Sproll Staatshaftungsrecht, 2000, §§ 19 ff; *Peters* Verw 35 (2002) 177, 188 ff. Vgl auch → § 35 Rn 1 ff und § 46 Rn 18 ff. Ausf *Meysen* Die Haftung aus Verwaltungsrechtsverhältnis, 2000, 19 ff.

[69] Dem BGH zufolge liegt ein verwaltungsrechtliches Schuldverhältnis vor, wenn „ein besonders enges Verhältnis des Einzelnen zur Verwaltung begründet worden ist und mangels anderer gesetzlicher Regelung ein Bedürfnis für eine angemessene Verteilung der Verantwortung innerhalb des öffentlichen Rechts vorliegt", BGHZ 21, 214, 218; 59, 303, 305; 61, 7, 11; BGH NJW 1998, 298, 299 → JK Allg VwR verw-rechtl Schuldverhältnis/1; vgl auch OVG Bremen NVwZ-RR 2005, 361, 362.

[70] Ob auch personenbezogene Rechtsverhältnisse iwS wie das Beamtenverhältnis verwaltungsrechtliche Schuldverhältnisse sind, ist umstritten. Dafür zB *Erichsen* 12. Aufl 2002, § 11 Rn 29; *Detterbeck* (Fn 68) § 21 Rn 14 ff; *Ossenbühl* StHR, 347 ff; vgl auch BVerwGE 13, 17 ff; 80, 123 ff; BGHZ 43, 178 ff und → § 35 Rn 1. Dagegen zB *Janson* DÖV 1979, 696 ff; *Wolff/Bachof/Stober* VwR II, § 55 Rn 3.

[71] ZB Lieferung von Wasser durch ein Wasserwerk der Gemeinde, BGHZ 59, 303 ff; Anschluss an die kommunale Abwasserkanalisation, BGHZ 54, 299 ff; Benutzung eines städtischen Schlachthofs, BGHZ 61, 7 ff.

[72] → § 35 Rn 4 ff.

[73] → § 35 Rn 9 ff.

[74] *Erichsen* 12. Aufl 2002, § 11 Rn 29.

[75] Möglich sind auch Schutzpflichten, Mitwirkungspflichten, Aufklärungs- u Beratungspflichten, vgl den Katalog bei *Bauer* Verw 25 (1992) 301, 322.

[76] Relevant ist das verwaltungsrechtliche Schuldverhältnis darüber hinaus vor allem für die Frage, ob Pflichtverletzungen vertragsähnliche Haftungsansprüche begründen, die etwaige Amtshaftungsansprüche ergänzen. Näher → § 35 Rn 3 mwN.

[77] *Bauer* Verw 25 (1992) 301, 321; *Gröschner* Verw 30 (1997) 301, 332; vgl auch *Kellner* (Fn 1) 82 ff. Dezidiert aA *Peters* Verw 35 (2002) 177 ff mwN insbes in Fn 18 ff.

wenn sie auf einer Regelung beruhen, da nur Regelungen die Eigenart zukommt, die Rechtslage zu verändern.[78] Daher sind Nebenpflichten nur in zwei Konstellationen denkbar. Entweder lässt sich der Regelung, die das verwaltungsrechtliche Schuldverhältnis begründet, im Wege der Auslegung entnehmen, dass Nebenpflichten entstehen sollen. ZB müssten ein Verwaltungsakt oder eine Satzung, die ein Benutzungsverhältnis begründen, erkennen lassen, dass die Beteiligten zu besonderer Sorgfalt, zur Information oä verpflichtet sind. Eine solche Auslegung wird man auch bei fehlender ausdrücklicher Regelung oft vornehmen können. Ist das nicht der Fall, ist es eine Frage der Interpretation der (analog) anzuwendenden Bestimmung des BGB, ob sie auch auf verwaltungsrechtliche Schuldverhältnisse anwendbar ist. Ist das zu bejahen, beruht die jeweilige Verpflichtung auf dieser Norm.[79] Sie ist dann allerdings – streng genommen – gar keine Nebenpflicht im Rahmen eines verwaltungsrechtlichen Schuldverhältnisses, da sie ihre Grundlage nicht in der Regelung findet, die das Schuldverhältnis begründet, sondern im Gesetz.

4. Die Verletzung von Pflichten aus einem Verwaltungsrechtsverhältnis und ihre Rechtsfolgen

Pflichten aus einem Rechtsverhältnis werden nicht immer erfüllt. Das wirft die Frage **14**
nach den Folgen einer *Nicht-* oder *Schlechterfüllung* auf. Konzentriert man sich auf Rechtsverhältnisse zwischen Bürgern und Trägern staatlicher Verwaltung,[80] bietet es sich an, danach zu differenzieren, welcher der Beteiligten seinen Verpflichtungen nicht nachkommt. Handelt es sich um den *Träger staatlicher Verwaltung*, kann der Bürger die Erfüllung der Verpflichtung beanspruchen und ggf klageweise durchsetzen, sofern die verletzte staatliche Pflicht nicht nur objektiv-rechtlich besteht, sondern subjektiv-rechtlich bewehrt ist.[81] Wie gerichtlicher Rechtsschutz gewährt wird, hängt davon ab, zu welchem Verhalten das Rechtsverhältnis den Verwaltungsträger verpflichtet bzw welches Verhalten der Rechtsschutz suchende Bürger begehrt: Geht es um die Nichterfüllung eines Anspruchs auf Erlass eines Verwaltungsakts, ist Verpflichtungswiderspruch und ggf Verpflichtungsklage zu erheben. Besteht ein Anspruch auf Aufhebung eines Verwaltungsakts, sind Anfechtungswiderspruch und Anfechtungsklage einschlägig etc. Insoweit ist auf die Ausführungen zum Rechtsschutz in Bezug auf die verschiedenen *Handlungsformen der Verwaltung* zu verweisen.[82] Führt die Pflichtverletzung zu einem Schaden, entstehen uU *Sekundäransprüche* des geschädigten Bürgers. Zu denken ist vor allem an Amtshaftungsansprüche gem Art 34 GG iVm § 839 BGB.[83] Bei verwaltungsrechtlichen Schuldverhältnissen greift man zusätzlich auf die vertraglichen Haftungsre-

[78] → § 17 Rn 2.

[79] Vgl *Peters* Verw 35 (2002) 177, 198, 206, die auch die Frage behandelt, ob es ungeschriebene Nebenpflichten gibt.

[80] Rechtsverhältnisse zwischen Verwaltungsträgern sowie verwaltungsträgerinterne Rechtsverhältnisse bleiben damit außer Betracht.

[81] Zur Differenzierung zwischen objektivem u subjektivem Recht → § 12 Rn 1. Eine Verwaltungseinheit kann einem Bürger gegenüber objektiv-rechtlich zu einem bestimmten Verhalten verpflichtet sein mit der Folge, dass ein Rechtsverhältnis besteht, ohne dass der betroffene Bürger notwendig einen korrespondierenden Anspruch hat. Vgl im gegebenen Zusammenhang auch *Peters* Verw 35 (2002) 177, 193 f, 216 f.

[82] → § 17 Rn 11 f.

[83] In Betracht kommen auch Folgenbeseitigungs- u Entschädigungsansprüche.

gelungen des BGB,[84] insbes auf § 280 I BGB analog zurück. Das ist möglich, wenn sich der Regelung, die das Schuldverhältnis begründet, entnehmen lässt, dass bei Nicht- oder Schlechterfüllung dem BGB entsprechend gehaftet werden soll. Sonst ist es auch hier eine Frage der Interpretation der (analog) anzuwendenden Norm, ob sie auf verwaltungsrechtliche Schuldverhältnisse anwendbar ist – oder nicht.

15 Betrachtet man umgekehrt die *Nicht-* bzw *Schlechterfüllung* einer Verpflichtung aus einem Rechtsverhältnis *durch einen Bürger*, so hängen die Befugnisse des beteiligten staatlichen Rechtssubjekts zur Durchsetzung der verletzten Pflicht davon ab, durch welche Form der rechtlichen Regelung die Pflicht begründet wurde. Maßgeblich ist also die zur Schaffung der Pflicht verwendete *Rechtsform des Verwaltungshandelns*[85]. Beruht die Verpflichtung des Bürgers auf einem Verwaltungsakt, kann sie von der Verwaltungseinheit im Wege der *Verwaltungsvollstreckung* einseitig und zwangsweise durchgesetzt werden.[86] Beruht die Verpflichtung demgegenüber auf einem Vertrag, ist die Verwaltungsvollstreckung nur ausnahmsweise[87] möglich. IdR muss der Bürger auf Leistung verklagt werden. Ist der Bürger unmittelbar durch eine Norm zu einem bestimmten Verhalten verpflichtet, so kann zur Durchsetzung des Normbefehls ggf ein Verwaltungsakt auf der Grundlage des besonderen oder allgemeinen Gefahrenabwehrrechts ergehen,[88] der bei seiner Missachtung wiederum im Wege der Verwaltungsvollstreckung durchgesetzt werden kann. Verursacht die Pflichtverletzung Kosten oder Schäden, können Kostenerstattungs-[89] und gesetzliche Schadensersatzansprüche[90] des betroffenen Verwaltungsträgers entstehen. Ob der Bürger beim Vorliegen eines verwaltungsrechtlichen Schuldverhältnisses zusätzlich gem § 280 I BGB analog haftet,[91] ist wegen des Gesetzesvorbehalts problematisch.[92]

5. Die Nachfolge in Verwaltungsrechtsverhältnissen

16 Mit dem Begriff der *Nachfolge*[93] ist die Frage angesprochen, ob Berechtigungen oder Verpflichtungen von einem Rechtssubjekt auf ein anderes übergehen können. Kommt es zB bei einer kommunalen Gebietsreform[94] zum Zusammenschluss zweier Gemein-

[84] Vgl zB BGHZ 21, 214, 218; 54, 299 ff; 59, 303 ff; 61, 7 ff; 109, 8, 9 ff; 115, 141, 146; 135, 341, 344; *Detterbeck* (Fn 68) § 19 Rn 1 ff; *Maurer* Allg VwR, § 29 Rn 4 mwN.

[85] Zum Begriff → § 17 Rn 2.

[86] → § 27 Rn 1 ff.

[87] Vgl für öffentlich-rechtliche Verwaltungsverträge § 62 S 1 VwVfGe sowie → § 34 Rn 1.

[88] Vgl *Schoch* in: Schmidt-Aßmann/Schoch, Bes VwR, 2. Kap Rn 65 ff, 69.

[89] ZB Ansprüche auf Erstattung der Kosten einer Ersatzvornahme, vgl aus dem Landesrecht zB § 25 VwVG BW; Art 32 S 1 VwZVG Bay; § 10 VwVG Berl; § 19 I VwVG Bbg; § 15 VwVG Brem; § 19 I 1 VwVG Hmb; § 74 I VwVG Hess; § 59 I VwVG NRW; § 63 I VwVG RP; § 21 VwVG Saarl; § 24 I 1 VwVG Sachs; § 238 LVwG SH; § 50 I VwZVG Thür.

[90] ZB Ansprüche aus § 823 I BGB.

[91] ZB BVerwG NJW 1995, 2303, 2304; VGH BW VBlBW 1982, 369 ff; NVwZ 1990, 388 ff; *U. Stelkens* DVBl 1998, 303 f; vgl auch *de Wall* (Fn 63) 349 f; *Meysen* (Fn 68) 295 f.

[92] Vgl BVerwGE 101, 51, 54 ff, das – jedenfalls im konkret zu entscheidenden Fall – eine gesetzlich nicht normierte Haftung eines Privaten wegen Verletzung einer Nebenpflicht aus einem Verwaltungsrechtsverhältnis wegen des Fehlens einer ausreichenden Rechtsgrundlage verneint hat; *Peters* Verw 35 (2002) 177, 214 ff; *Bamberger* KritV 2001, 214 ff.

[93] Obwohl es um den Übergang von *Berechtigungen* u *Verpflichtungen* geht, wird idR nur von *Rechts-* u nicht auch von *Pflichtennachfolge* gesprochen. ZT verwendet man wie hier den übergreifenden Begriff der *Nachfolge*.

[94] Dazu *Schmidt-Aßmann/Röhl* in: Schmidt-Aßmann/Schoch, Bes VwR, 1. Kap Rn 5 f, 11.

den, ist zu überlegen, ob die neu entstandene Gemeinde in die Rechtsstellung der fusionierten, rechtlich untergegangenen Gemeinde eintritt, ob sie also zB deren Forderungen eintreiben darf. Schwierigkeiten entstehen auch, wenn die Baurechtsbehörde gegenüber dem Eigentümer eines rechtswidrig errichteten Hauses eine Beseitigungsverfügung[95] erlässt und anschließend entweder das Haus an einen Dritten übereignet wird oder der Erbfall eintritt. Es ist umstritten,[96] ob der an den ursprünglichen Eigentümer gerichtete Verwaltungsakt nun auch gegenüber dem Erwerber oder Erben gilt. Die folgenden Ausführungen konzentrieren sich auf die *Pflichtennachfolge*[97] bei *privaten Rechtssubjekten*[98].

Keine Probleme bestehen, wenn *ausdrücklich geregelt* ist, dass eine einer Verwaltungseinheit gegenüber bestehende Pflicht eines Privaten auf einen anderen Privaten übergehen kann.[99] § 4 III BBodSchG ordnet zB an, dass der „Verursacher einer schädlichen Bodenveränderung oder Altlast sowie dessen Gesamtrechtsnachfolger" zur Bodensanierung verpflichtet ist,[100] und die meisten Landesbauordnungen sehen vor, dass Abrissverfügungen auch gegenüber dem Rechtsnachfolger wirken.[101] Unproble- **17**

[95] § 65 S 1 LBO BW; Art 76 BO Bay; § 79 BauO Berl; § 74 I BO Bbg; § 82 I LBO Brem; § 76 I 1 BauO Hmb; § 72 I 1 BO Hess; § 80 I 1 LBauO MV; § 89 I 2 Nr 4 BauO Nds; § 61 I BauO NRW; § 81 S 1 LBauO RP; § 82 LBO Saarl; § 80 S 1 BO Sachs; § 79 BauO LSA; § 59 II 1 Nr. 3 LBO SH; § 77 S 1 BauO Thür.

[96] Ausf zur Rechtsnachfolge *Dietlein* Nachfolge im Öffentlichen Recht, 1999; *Guckelberger* VerwArch 90 (1999) 499, 508 ff. Zum Überblick *Peine* DVBl 1980, 941 ff; *Rumpf* VerwArch 78 (1978) 269 ff; *Stadie* DVBl 1990, 501 ff; *Rau* Jura 2000, 37 ff; *Nolte/Niestedt* JuS 2000, 1071 ff, *Zacharias* JA 2001, 720 ff.

[97] *Subjektive Rechte* des Bürgers können nicht übergehen, wenn sie – wie bestimmte gewerberechtliche Genehmigungen (§ 3 I PBefG, §§ 3 ff GastG) – personenbezogen sind. Sonst ist die *Rechts*nachfolge unproblematisch, wenn Normen sie ausdr vorsehen, zB §§ 7 II, 8 VI WHG sowie § 58 II LBO BW; Art 54 II BO Bay; § 58 II BauO Berl; § 67 V BO Bbg; § 74 I 2. Hs LBO Brem; § 58 II BauO Hmb; § 53 V BO Hess; § 58 II LBauO MV; § 75 VI BauO Nds; § 75 II BauO NRW; § 70 I 2 LBauO RP; § 57 V LBO Saarl; § 58 III BO Sachs; § 57 III BauO LSA; § 59 IV LBO SH; § 60 IV BauO Thür zum Übergang der Baugenehmigung auf den Rechtsnachfolger. Fehlt es in dieser Konstellation an einer Norm, spricht aus grundrechtlicher Sicht manches für deren Übertragbarkeit u Vererbbarkeit, vgl *Dietlein* (Fn 96) 328 ff, 586 ff. Das mag erklären, warum insoweit idR von der unmittelbaren, analogen oder rechtsgrundsätzlichen Anwendung der zivilrechtlichen Rechtsübergangstatbestände ausgegangen wird, zB *Stadie* DVBl 1990, 501 ff; *Wolff/Bachof/Stober* VwR I, § 43 Rn 85 ff; *Erichsen* 12. Aufl 2002, § 11 Rn 51.

[98] Für staatliche Subjekte geht es um Kompetenzverlagerungen. Eine einmal erfolgte Zuweisung einer Kompetenz kann nur durch einen Rechtssatz verändert werden, der im Rang mindestens dem entspricht, der die Kompetenz ursprünglich begründet u zugeteilt hat, *Remmert* (Fn 30) 202 ff mwN. Für gesetzlich zugewiesene Kompetenzen heißt das, dass sie nur auf ein anderes Rechtssubjekt übergehen können, wenn ein Gesetz das vorsieht, vgl *Erichsen* 12. Aufl 2002, § 11 Rn 49; *Wolff/Bachof/Stober* VwR I, § 41 Rn 17 f; OLG Brandenburg LKV 1996, 464. Für Forderungen v Verwaltungseinheiten aus Verträgen u verwaltungsrechtlichen Schuldverhältnissen wird überlegt, ob für eine Einzelrechtsnachfolge § 398 BGB analog als rechtliche Grundlage ausreicht, *Wolff/Bachof/Stober* VwR I, § 41 Rn 17. Ausf *Schink* Rechtsnachfolge bei Zuständigkeitsveränderungen in der öffentlichen Verwaltung, 1984; *Dietlein* (Fn 96) 431 ff.

[99] Vgl *Schoch* in: Schmidt-Aßmann/Schoch, Bes VwR, 2. Kap Rn 160: Das sei „rechtsstaatlich einwandfrei."

[100] Zu dieser Norm zB *v Mutius/Nolte* DÖV 2000, 1 ff; *Kahl* Verw 33 (2000) 29, 39 ff.

[101] Art 54 II 3 BO Bay; § 58 II BauO Berl; § 52 V BO Bbg; § 58 II BauO Hmb; § 53 V BO Hess; § 58 II LBauO MV; § 89 II 3 BauO Nds; § 81 S 3 LBauO RP; § 57 V LBO Saarl; § 58 III BO

matisch ist es auch, wenn eine Pflichtennachfolge ausdrücklich gesetzlich ausgeschlossen ist.[102] Zu überlegen ist allenfalls, was gemeint ist, wenn das Gesetz die Begriffe der *Rechts-* oder *Gesamtrechtsnachfolge* verwendet. Hier spricht eine Vermutung dafür, dass an die zivilrechtlichen Tatbestände angeknüpft wird, also für die Einzelrechtsnachfolge an §§ 929 S 1, 873 I, 398 BGB und für die Gesamtrechtsnachfolge vor allem[103] an §§ 1922, 1967 I BGB.[104] Zwingend ist das nicht.[105] Die Gesetze sind vielmehr – in den Grenzen der Verfassung[106] – darin frei, den Pflichtenübergang auch an andere Personen zu ermöglichen oder vorzusehen.

18 *Fehlen Regelungen* zur Pflichtennachfolge, ist erstens zu überlegen, ob eine Pflicht von ihrem Inhalt her von einer Person auf eine andere übergehen kann, ob sie also grundsätzlich *übergangsfähig* ist.[107] Das ist für Pflichten zu bejahen, die nicht höchstpersönlich sind.[108] Richtig erscheint es, dazu auf die Intention der Regelung abzustellen, die das Rechtsverhältnis begründet.[109] Ergibt sich daraus, dass die Pflicht nur von einer bestimmten Person erfüllt werden soll[110] bzw dass für ihre Erfüllung persönliche Eigenschaften oder Fähigkeiten des ursprünglich Verpflichteten wesentlich sind,[111] spricht das für ihre Höchstpersönlichkeit und gegen ihre Übergangsfähigkeit. Ist eine Pflicht

Sachs; § 57 III BauO LSA; § 59 IV LBO SH; § 60 IV BauO Thür. In den anderen Ländern gibt es keinen entsprechenden Tatbestand.

102 § 101 OWiG: „In den Nachlass des Betroffenen darf eine Geldbuße nicht vollstreckt werden."

103 Bei juristischen Personen sind darüber hinaus die gesellschaftsrechtliche Umwandlung durch Verschmelzung (§§ 2 ff UmwG), Spaltung (§§ 123 ff UmwG) u Vermögensübertragung (§§ 174 ff UmwG) relevant.

104 Vgl *Dietlein* (Fn 96) 273 mwN. Daher trifft es zu, wenn der BayVGH NJW 1993, 82, 82 zu Art 82 S 3 BO Bay aF, wonach eine Beseitigungsanordnung gegenüber dem „Rechtsnachfolger" galt, feststellt, dass der Mieter eines Hauses nicht Rechtsnachfolger des Eigentümers ist. Das entspricht dem BGB, auf das die Norm inzident verweist.

105 Vgl *Dietlein* (Fn 96) bes 152 ff, 267 ff, 582 f. Daher ist die Aussage fragwürdig, eine Pflichtennachfolge setze als erstes voraus, dass im zivilrechtlichen Sinne eine Rechtsnachfolge gegeben sei, vgl *Schoch* in: Schmidt-Aßmann/Schoch, Bes VwR, 2. Kap Rn 164; *dens* JuS 1994, 1026, 1029. Auch die Aussage des VGH BW VBlBW 1988, 110, 111, der Pächter eines Grundstücks sei kein Rechtsnachfolger des vorherigen Pächters, ist daher nicht ohne weiteres allgemeingültig.

106 Vgl *Rumpf* VerwArch 78 (1987) 269, 283 ff.

107 Zu der – zu verneinenden – Frage, ob auch **abstrakte** Polizeipflichten übergangsfähig sind *Schoch* in: Schmidt-Aßmann/Schoch, Bes VwR, 2. Kap Rn 162 ff mwN zum unübersichtlichen Meinungsstand.

108 *Peine* JuS 1997, 984, 985 ff; *Nolte/Niestedt* JuS 2000, 1072, 1072 f; *Rau* Jura 2000, 37, 38 f; *Zacharias* JA 2001, 720, 723 f.

109 *Peine* JuS 1997, 984, 986; *Erichsen* 12. Aufl 2002, § 11 Rn 50. In der Lit wird zT darauf abgestellt, ob eine vertretbare Handlung geschuldet wird, *Schoch* in: Schmidt-Aßmann/Schoch, Bes VwR, 2. Kap Rn 164; *ders* JuS 1994, 1026, 1030; eher referierend *Pieroth/Schlink/Kniesel* Polizei- und Ordnungsrecht, 5. Aufl 2008, § 9 Rn 54. Dagegen spricht, dass vertretbare Handlungen wie die Zahlung eines Zwangsgeldes denkbar sind, die trotzdem höchstpersönlich sind, vgl *Nolte/Niestedt* Jura 2000, 1072, 1073. Früher meinte man, dass die durch eine Einzelfallregelung konkretisierten Polizeipflichten nie übergangsfähig seien, *O. Mayer* VwR I, 93, 101; *Fleiner* Institutionen des deutschen Verwaltungsrechts, 6./7. Aufl 1922, 150. Ähnl heute *Schenke* Polizei- und Ordnungsrecht, 6. Aufl 2009, Rn 292 ff.

110 *V Mutius* VerwArch 71 (1980) 93, 99; *Nolte/Niestedt* JuS 2000, 1072, 1073; *Detterbeck* Allg VwR, Rn 418.

111 *Erichsen* 12. Aufl 2002, § 11 Rn 50.

von ihrem Inhalt her übergangsfähig, schließt sich als zweites die Frage an, unter welchen Voraussetzungen sie übergehen kann. Einigkeit besteht, dass der Übergang von Pflichten auf einen Nachfolger für diesen eine *Grundrechtsbeeinträchtigung* darstellt, für die es einer *besonderen Grundlage* bedarf.[112] Worin sie liegen kann, ist in Bezug auf sog sachbezogene Pflichten von Bürgern, die durch *Verwaltungsakt* begründet wurden, umstritten. Insbesondere von der Rechtsprechung wird insoweit mit der sog *Dinglichkeit* des Verwaltungsakts argumentiert.[113] In eine bauordnungsrechtliche Beseitigungsanordnung flössen zB vorrangig mit dem Grundstück oder Bauwerk verbundene und keine personenbezogenen Erwägungen ein. Das rechtfertige die Annahme, dass sie ohne weiteres auch etwaige Rechtsnachfolger verpflichte. Das ist allerdings fragwürdig, weil die – vermeintliche[114] – Sachbezogenheit eines Verwaltungsakts nichts daran ändert, dass es für eine Grundrechtsbeeinträchtigung einer *gesetzlichen* Grundlage bedarf.[115] Außerhalb sachbezogener Regelungen wird versucht, die *zivilrechtlichen Normen* zur Gesamtrechtsnachfolge[116] unmittelbar, analog oder rechtsgrundsätzlich heranzuziehen.[117] Jedoch lässt sich diesen Normen nicht entnehmen, dass sie die Funktion haben, den Staat zu Grundrechtseingriffen zu ermächtigen. Hinzu kommen kompetenzrechtliche Bedenken.[118] Verpflichtungen eines Bürgers gegenüber einer Stelle öffentlicher Verwaltung können daher nur dann auf Dritte übergehen, wenn eine spezielle gesetzliche Grundlage dafür besteht. Sonst ist keine Pflichtennachfolge möglich.

6. Die Beendigung von Verwaltungsrechtsverhältnissen

Ein Rechtsverhältnis endet, wenn die Regelung, die es begründet hat, außer Kraft tritt. **19**
Wann das der Fall ist, hängt von der Art der rechtlichen Regelung, also von der bei der Begründung des Rechtsverhältnisses verwendeten *Rechtsform des Verwaltungshandelns*[119] ab. Berechtigungen und Verpflichtungen, die sich unmittelbar aus einer Norm ergeben, enden zB, wenn die Norm durch einen nachfolgenden Rechtssatz aufgehoben

112 *Peine* DVBl 1980, 941, 945; *Schenke* (Fn 109) Rn 294; *Schoch* in: Schmidt-Aßmann/Schoch, Bes VwR, 2. Kap Rn 164; *Rau* Jura 2000, 37, 39, 43; *Dietlein* (Fn 96) 192 ff, 276, jew mwN.

113 BVerwG DÖV 1971, 640, 641; VGH BW NVwZ 1992, 392, 392; NVwZ-RR 1994, 384, 386; BayVGH BayVBl 1983, 21, 21; OVG Hamburg NVwZ-RR 1997, 11, 12 → JK Pol- u OrdR Rechtsnachfolge/5; OVG NRW NVwZ 1987, 427; NVwZ-RR 1998, 159, 160; HessVGH NVwZ 1998, 1315, 1316; *Beljin/Micker* JuS 2003, 556, 560; *Detterbeck* Allg VwR, Rn 418. Ablehnend früher aber HessVGH NJW 1976, 1910.

114 *Schenke* (Fn 109) Rn 293 f weist zu Recht darauf hin, dass in eine Beseitigungsanordnung auch Erwägungen einfließen müssen, die sich auf die Person des Adressaten beziehen.

115 *Schoch* in: Schmidt-Aßmann/Schoch, Bes VwR, 2. Kap Rn 165, 168; *Krebs* in: Schmidt-Aßmann/Schoch, Bes VwR, 6. Kap Rn 233; *Dietlein* (Fn 96) 237 ff; *Erichsen* 12. Aufl 2002, § 11 Rn 51; *Stadie* DVBl 1990, 501, 507; *Rau* Jura 2000, 37, 42; *Zacharias* JA 2001, 720, 725, jew mwN.

116 Für die Einzelrechtsnachfolge mangelt es – insbes seit Aufhebung des § 419 BGB aF – an einem zivilrechtlichen Tatbestand.

117 ZB HessVGH DVBl 1977, 255, 256; OVG NRW NJW 1989, 2834, 2834; *Stadie* DVBl 1990, 501, 503; *Schink* VerwArch 82 (1991) 357, 385; *Rau* Jura 2000, 37, 39, 42; *Nolte/Niestedt* JuS 2000, 1172, 1175; *Erichsen* 12. Aufl 2002, § 11 Rn 51.

118 §§ 1922, 1967 BGB können als Bundesrecht keine Aussagen zum Pflichtenübergang in Bezug auf landesrechtlich begründete Pflichten treffen, *Dietlein* (Fn 97) 271 f; *Schoch* in: Schmidt-Aßmann/Schoch, Bes VwR, 2. Kap Rn 166 f.

119 Zum Begriff → § 17 Rn 2.

wird. Durch Verwaltungsakt begründete Rechtsverhältnisse bleiben gem § 43 II VwVfGe wirksam, solange und soweit der Verwaltungsakt nicht aufgehoben wird oder sich durch Zeitablauf oder auf andere Weise erledigt hat.[120] Vertraglich begründete Rechtsverhältnisse können ua durch Kündigung, Anfechtung, Aufhebungsvertrag, Fristablauf oder Eintritt einer auflösenden Bedingung beendet werden.[121] Verpflichtungen können – unabhängig von der Art der Regelung, durch die sie begründet wurden – auch durch ihre Erfüllung erlöschen. Dabei ist zu beachten, dass die Erfüllung einer einzelnen Leistungspflicht nicht notwendig zum Erlöschen des gesamten Rechtsverhältnisses führt. Das gilt insbesondere, wenn eine Regelung darauf angelegt ist, zunächst eine Leistungspflicht zu begründen und für den Fall ihrer Erfüllung anschließend den Rechtsgrund für den sich dann ergebenden Rechtszustand abzugeben.[122] Insgesamt stellen sich die Umstände der Beendigung von Rechtsverhältnissen ähnlich vielfältig dar wie die ihrer Begründung.[123]

III. Bedeutung des Verwaltungsrechtsverhältnisses im System des Verwaltungsrechts

20 Im Zentrum des deutschen Verwaltungsrechts und seiner Dogmatik stehen die *Handlungsformen der Verwaltung*[124]. Das hat die Frage aufgeworfen, ob diese Ausrichtung des Verwaltungsrechts sachgerecht ist.[125] Als Alternative wurden Konzepte entwickelt, die das Verwaltungsrechtsverhältnis in den Mittelpunkt der Betrachtung stellen.[126] Während man zT meinte, damit einen neuen „archimedischen Punkt"[127] des Verwaltungsrechts gefunden zu haben, gewannen andere den Eindruck, die Rekonstruktion des Verwaltungsrechts mit Hilfe des Rechtsverhältnisses gleiche „Münchhausens Zopf"[128]. Die vorangehenden Ausführungen haben gezeigt, dass sich im Zusammenhang mit dem Verwaltungsrechtsverhältnis viele Rechtsfragen thematisieren lassen. Auffällig ist jedoch, dass die *positive Rechtsordnung* den Begriff des Rechtsverhältnisses kaum verwendet. § 54 S 1 VwVfGe bestimmt, dass „ein Rechtsverhältnis auf dem Gebiet des öffentlichen Rechts ... durch Vertrag begründet" werden kann, und gem § 43 I VwGO[129] kann durch ein verwaltungsgerichtliches Urteil „die Feststellung des

[120] → § 22 Rn 26.
[121] → § 35 Rn 3.
[122] *Erichsen* 12. Aufl 2002, § 11 Rn 52 f; Stelkens/Bonk/*Sachs* VwVfG, § 43 Rn 216; *Enders* NVwZ 2000, 1232, 1233 ff.
[123] Vgl *Erichsen* 12. Aufl 2002, § 11 Rn 52; *Bull/Mehde* Allg VwR, Rn 326.
[124] Zum Begriff → § 17 Rn 2.
[125] Bezweifelt wird ua, ob sich mit den Handlungsformen der Verwaltung der prozedurale Charakter von Rechtsbeziehungen sowie mehrseitige Rechtsbeziehungen ausreichend erfassen lassen, vgl schon *Bachof* VVDStRL 30 (1972) 194, 231 sowie *Bauer* Verw 25 (1992) 301, 314; *Schulte* Schlichtes Verwaltungshandeln, 1995, 206 ff; *Gröschner* (Fn 18) 104, 141 f; *dens* Verw 30 (1997) 301, 330 f; *Ehlers* DVBl 1986, 912, 914 f; *Kellner* (Fn 1) 56 ff. Gegen diese Einwände *Pietzcker* Verw 30 (1997) 281, 292 ff.
[126] Zum Denken in Rechtsverhältnissen schon *Rupp* (Fn 28) 15 ff; *Achterberg* Rechtstheorie 1978, 385 ff; *ders* Allg VwR, § 20 Rn 12 ff.
[127] *Häberle* (Fn 52) 61.
[128] *Meyer* Diskussionsbeitrag, VVDStRL 45 (1987) 272.
[129] Vgl auch § 41 I FGO u § 55 I Nr 1 SGG.

Bestehens oder Nichtbestehens eines Rechtsverhältnisses" getroffen werden. Im Übrigen spielt der Begriff des Rechtsverhältnisses im positiven Recht keine große Rolle. Unmittelbare rechtliche Konsequenzen können aus dem Begriff ebenfalls nicht gezogen werden.[130] Insbesondere ist das Rechtsverhältnis *kein Entstehungsgrund*[131] für Berechtigungen oder Verpflichtungen, und viele der im Zusammenhang mit Rechtsverhältnissen auftretenden Rechtsfragen lassen sich gerade nur unter Rückgriff auf die *Rechtsformen des Verwaltungshandelns* und durch Interpretationen der durch sie gesetzten *rechtlichen Regelungen* beantworten.[132] Das spricht dafür, das Verwaltungsrecht auch künftig vorrangig an den Handlungsformen der Verwaltung auszurichten. Das heißt nicht, dass es ohne Wert ist, sich mit dem Rechtsverhältnis zu befassen.[133] Ihm kommt eine erklärende und sensibilisierende Funktion zu, indem es zu einer Gesamtbetrachtung von Lebenssachverhalten einlädt, die Gegenseitigkeit von Berechtigungen und Verpflichtungen herausstellt und den Prozesscharakter verwaltungsrechtlicher Beziehungen verdeutlicht.[134] Wenn es gelingt, Verwaltungsrechtsverhältnisse besser zu typisieren,[135] so mag das auch dazu beitragen, dass Regelungen, die derartigen typisierten Rechtsverhältnissen zugrunde liegen, sachgerechter getroffen und interpretiert und, soweit erforderlich, gesetzlich sachgerechter vorgeordnet werden können.[136]

130 Vgl *Schmidt-Aßmannn* Ordnungsidee, 303 f sowie *v Danwitz* Verw 30 (1997) 339, 360 f; *Erichsen* 12. Aufl 2002, § 11 Rn 7; *Maurer* Allg VwR, § 8 Rn 25; *Detterbeck* Allg VwR, Rn 415.

131 *Erichsen* 12. Aufl 2002, § 11 Rn 7; *Peters* Verw 35 (2002) 177, 179; *v Danwitz* Verw 30 (1997), 339, 350; *Hase* DV 38 (2005) 453, 463; s o Rn 13. AA *Bauer* Verw 25 (1992) 301, 321 ff; *Gröschner* (Fn 18) 178 ff.

132 S o Rn 10, 12 ff.

133 Daher plädiert man auch überwiegend dafür, keinen „Richtungsstreit" zwischen einer Handlungsformen- u einer Rechtsverhältnislehre zu konstruieren, sondern beide als Komplementäre zu begreifen, vgl *Schmidt-Aßmann* Ordnungsidee, 302; *Pauly* in: Becker-Schwarze ua (Hrsg), Wandel der Handlungsformen im öffentlichen Recht, 1991, 25, 40; *Bauer* Verw 25 (1992) 301, 325; *v Danwitz* Verw 30 (1997) 339, 347 ff; vgl auch *Maurer* Allg VwR, § 8 Rn 25. Dem Rechtsverhältnis demgegenüber auch eine strukturierende oder „psychologische" Funktion weitgehend absprechend *Pietzcker* Verw 30 (1997) 281, 292 ff. Skeptisch auch *Masing* in: Hoffmann-Riem/Schmidt-Aßmann/Voßkuhle, Grundlagen I, § 7 Rn 122 f.

134 *Schmidt-Aßmann* DVBl 1989, 533, 539 f; *ders* Ordnungsidee, 302 f; dem folgend zB *v Danwitz* Verw 30 (1997) 339, 347 ff.

135 Typisierungen werden zB von *Schmidt-Aßmann* Ordnungsidee, 304 sowie von *Ehlers* DVBl 1986, 912, 916 angeregt.

136 *Ehlers* DVBl 1986, 912, 916 spricht insoweit von einer „Orientierungshilfe".

2. Teil
Normative Handlungsformen

Markus Möstl

Gliederung

§ 19
Allgemeiner Teil

I. Begriff und Funktion normativer Handlungsformen – Aufgaben einer Handlungsformenlehre

1 Der Wirkungskreis der Verwaltung beschränkt sich nicht auf vollziehendes Tätigwerden im konkreten Einzelfall, sondern schließt auch einen Bereich abstrakt-genereller Normsetzung ein.[1] Dementsprechend stehen der Verwaltung nicht allein die für das

[1] *Badura* StR, G 3.

Einzelfallhandeln typischen Handlungsformen (Verwaltungsakt, Verwaltungsvertrag, Realakt) zur Verfügung, vielmehr kennt das Allgemeine Verwaltungsrecht auch ein Repertoire an normativen Handlungsformen (Rechtsverordnung, Satzung, Verwaltungsvorschrift). Im Verhältnis zum Einzelfallhandeln erfüllen normative Handlungsformen eine zweifache Funktion: Sie sind zum einen – im Blick auf die (vorbereitende) Steuerung der Verwaltungstätigkeit – ein Instrument der *Selbstprogrammierung der Verwaltung*[2]; mithilfe exekutiver Normsetzung programmiert die Verwaltung ihr Einzelfallhandeln innerhalb des bestehenden gesetzlichen Rahmens. Normative Handlungsformen können zum anderen – im Blick auf die (unmittelbare) Steuerung des Bürgers – aber auch eine Alternative zum Einzelfallhandeln darstellen; statt einer Vielzahl an Einzelakten erlässt die Verwaltung eine Norm, die aufgrund ihrer abstrakt-generellen Natur eine weitaus größere Breitenwirkung erzeugt (Beispiel: Polizeiverordnung statt einer Vielzahl einzelner Polizeiverfügungen)[3]; normative Handlungsformen fungieren insoweit als Instrument *exekutivischer Breitensteuerung*[4].

Exekutive Normen haben eine Doppelnatur: Sie sind zum einen *Rechtsquelle* (siehe dazu bereits → § 2 Rn 49 ff, 65 ff), dh Vorgabe und Maßstab administrativen Handelns (von der Verwaltung passiv zu beachten); zum anderen sind sie *Handlungsform*, dh Instrument und Gestaltungsmittel der Verwaltung zur Erreichung bestimmter Verwaltungszwecke (von der Verwaltung aktiv einzusetzen).[5] Die klassische Verwaltungsrechtslehre hat die administrativen Normen zu einseitig unter dem Aspekt der Rechtsquellen behandelt[6] – eine Blickverengung, die dazu beigetragen hat, dass die normativen Handlungsformen der Verwaltung dogmatisch so deutlich schlechter durchdrungen sind als die (Einzelfall-)Handlungsformen des VwVfG.[7] Eine Untersuchung administrativer Normsetzung speziell unter dem Aspekt der Handlungsform hat eine zweifache Aufgabe[8] zu erfüllen: Einerseits muss sie der Verwaltung ein funktionstaugliches Arsenal an Handlungsformen zur Verfügung stellen (*Bereitstellungsfunktion*), andererseits muss sie den Einsatz der einzelnen Handlungsformen an ein jeweils klar umrissenes, verlässliches Rechtsregime knüpfen (*Begrenzungsfunktion*)[9]. 2

[2] *Schmidt-Aßmann* Die kommunale Rechtsetzung im Gefüge der administrativen Handlungsformen und Rechtsquellen, 1981, 1; *ders* FS Vogel, 2000, 477, 485; *Maurer* in: Biernat/Hendler/Schoch/Wasilewski (Hrsg), Grundfragen des Verwaltungsrechts und der Privatisierung, 1994, 59, 60; *Ruffert* in: Hoffmann-Riem/Schmidt-Aßmann/Voßkuhle, Grundlagen I, § 17 Rn 58; *Hill* in: Hoffmann-Riem/Schmidt-Aßmann/Voßkuhle, Grundlagen II, § 34 Rn 1 ff.

[3] *Dittmann* in: Biernat ua (Fn 2) 107, 115 f.

[4] *Schmidt-Aßmann* (Fn 2) FS, 477, 485.

[5] *Maurer* Allg VwR, § 13 Rn 1 ff; *ders* in: Biernat ua (Fn 2) 59, 60; *Erichsen* FS Kruse, 2001, 39, 60 ff; *Dittmann* in: Biernat ua (Fn 2) 107, 109; *Gerhardt/Bier* in: Schoch/Schmidt-Aßmann/Pietzner, VwGO, Vorb § 47 Rn 2 f; *Hoffmann-Riem* § 33 Rn 6, *Hill* § 34 Rn 5, beide in: Hoffmann-Riem/Schmidt-Aßmann/Voßkuhle, Grundlagen II; allgemein: *Franzius* in: Hoffmann-Riem/Schmidt-Aßmann/Voßkuhle, Grundlagen I, § 4 Rn 2 ff.

[6] Das Kapitel zu den Quellen des Verwaltungsrechts ist der übliche Ort, an dem die administrativen Normen abgehandelt werden, vgl zB *Forsthoff* VwR, 131 ff; so auch die Vorgehensweise in diesem Lehrbuch bis zur 12. Aufl (§ 6); anders jedoch: *Achterberg* Allg VwR, § 21; *Maurer* Allg VwR, §§ 13, 24.

[7] *Schmidt-Aßmann* DVBl 1989, 533, 535 f.

[8] Die beiden Aufgaben sind nicht ohne Spannung: *Uerpmann* BayVBl 2000, 705.

[9] *Erichsen* (Fn 5) 39, 62.

3 Eine Untersuchung der normativen Handlungsformen der Verwaltung ist mit der Schwierigkeit konfrontiert, dass über den Normbegriff große Unsicherheit herrscht[10] und die zu betrachtenden Handlungsformen jedenfalls recht heterogen sind.[11] Will man die Frage nach einem Allgemeinen Teil (dh nach verallgemeinerbaren Regeln und Strukturen) nicht von vornherein fallen lassen, ist eine übergreifende Definition nichtsdestoweniger unumgänglich. Spezifisch auf das Erkenntnisinteresse einer Handlungsformenlehre zugeschnitten bietet sich insoweit an, unter „normativen Handlungsformen" – weit – alle Arten von der Exekutive erlassener abstrakt-genereller Regelungen zu verstehen.[12] Entscheidend für das Vorliegen einer *normativen* Handlungsform sind zum einen die Loslösung vom Einzelfall und einem individuellen Adressaten (*abstrakt-generell*) sowie zum anderen, dass eine Rechtsfolge gesetzt wird, die einen gewissen Grad rechtlicher Verbindlichkeit (nicht notwendig: Außenwirkung) entfaltet (*Regelung*).[13] Während die Abgrenzung normativer Handlungsformen vom Einzelfallhandeln anhand des Gegensatzpaares abstrakt-generell/konkret-individuell zwar in Grenzfällen Schwierigkeiten bereiten mag (siehe dazu → § 21 Rn 31 ff), aber im Allgemeinen doch zu eindeutigen Ergebnissen führt, bedarf vor allem das Kriterium der „Regelung" näherer Erläuterung:

4 Das Kriterium der „Regelung" verlangt allein, dass überhaupt Festlegungen verbindlicher Art getroffen werden, dh Rechtsfolgen gesetzt werden. Abgegrenzt werden normative Handlungsformen insoweit von unverbindlichen Hinweisen, Handreichungen, Empfehlungen oder Äußerungen sonstiger Art.[14] Unerheblich für die Bejahung der Normeigenschaft ist es dagegen, wie intensiv die Bindungswirkung ausfällt (strikte Beachtlichkeit, Soll-Vorschrift, bloße Berücksichtigungspflicht etc).[15] Ebenso wenig schadet es, wenn die Regelung Verbindlichkeit nur im *Innenverhältnis* (gegenüber weisungsunterworfenen Bediensteten und nachgeordneten Behörden) entfaltet, nicht aber *Außenwirkung* dergestalt, dass unmittelbar Rechte und Pflichten des Bürgers begründet würden.[16] Einbezogen in den Kreis normativer Handlungsformen sind folglich nicht allein die (mit Außenwirkung ausgestatteten) Rechtsverordnungen und Satzungen, sondern – trotz ihres innenrechtlichen Charakters – auch die *Verwaltungsvorschriften*.

Verwaltungsvorschriften den Rechtsnormcharakter abzusprechen,[17] ist bereits im Bereich der Rechtsquellenlehre problematisch, weil ansonsten nämlich ein wesentlicher Bestand an Regelungen, von denen die Verwaltung unstreitig wichtige Handlungsmaßstäbe empfängt, völlig aus dem Blick geriete (siehe dazu → § 2 Rn 62).[18] Erst recht wäre es im Bereich der Handlungsformenlehre verfehlt, die Verwaltungsvorschriften von der Betrachtung auszuschließen, weil die Verwaltung auch mithilfe von ihnen diejenigen

[10] *Axer* Normsetzung der Exekutive in der Sozialversicherung, 2000, 36. Zum Streitstand s auch: *Gerhardt/Bier* (Fn 5) Vorb § 47 Rn 4.

[11] *Ossenbühl* in: *Erichsen* 12. Aufl 2002, § 5 Rn 9 f.

[12] So auch *Axer* (Fn 10) 51 f.

[13] Ähnlich: *Lerche* in: Maunz/Dürig, GG, Art 84 Rn 93.

[14] *Schneider* Gesetzgebung, 3. Aufl 2002, § 9 Rn 272, weist zu Recht darauf hin, dass viele Verwaltungsvorschriften aufgrund ihres rein beschreibenden, hinweisenden Inhalts des normativen Charakters entbehren.

[15] *Axer* (Fn 10) 47 ff.

[16] *Axer* (Fn 10) 43 ff.

[17] So aber nach wie vor: BVerwGE 104, 220, 222; 119, 265, 267; BayVGH DVBl 2001, 311.

[18] *Ossenbühl* in: *Erichsen* 12. Aufl 2002, § 5, § 6 Rn 30 ff; vorsichtiger: *Maurer* Allg VwR, § 24 Rn 4.

Ziele – Selbstprogrammierung und Breitensteuerung (siehe oben Rn 1) – erreichen kann, die für normative Handlungsformen typisch sind. Für die Selbstprogrammierung gilt dies uneingeschränkt, weil die Innenwirkung von Verwaltungsvorschriften voll und ganz ausreicht, um das Handeln der Verwaltung innerhalb seiner gesetzlichen Spielräume zu programmieren. Aber auch Breitensteuerung im Verhältnis zum Bürger können Verwaltungsvorschriften – trotz ihrer grundsätzlich fehlenden Außenwirkung – bis zu einem gewissen Grad leisten. Hierfür ist nicht einmal in erster Linie maßgebend, dass Verwaltungsvorschriften über die Figur der sog „Selbstbindung der Verwaltung" immerhin eine Art mittelbare Außenwirkung entfalten sowie in einigen Fällen nach hM (als „normkonkretisierende" Verwaltungsvorschriften) sogar zu einer Art unmittelbarer Außenwirkung fähig sein können. Entscheidender ist vielmehr ein zweiter, häufig übersehener Punkt: Verwaltungsvorschriften brauchen keine Außenwirkung (im Sinne der Fähigkeit, unmittelbar Rechte und Pflichten der Bürger gestalten zu können), um für den Bürger in einer auch durch den Richter nicht überwindbaren Weise maßgeblich werden zu können. Völlig ausreichend ist vielmehr, dass die Verwaltung im Rahmen ihrer Vollzugstätigkeit gegenüber dem Bürger – im Einklang mit den durch Gesetzes- und Parlamentsvorbehalt gezogenen Grenzen – über gesetzlich nicht determinierte Handlungsspielräume[19] verfügt. Richtet die Verwaltung ihr Einzelfallhandeln innerhalb dieser Spielräume an selbst gesetzten Verwaltungsvorschriften aus, so haben dies Bürger und Richter gleichermaßen zu akzeptieren, und zwar nicht, weil den Verwaltungsvorschriften als solchen Außenwirkung und Allgemeinverbindlichkeit zukäme, sondern deswegen, weil die in verfassungskonformer Weise bestehenden Spielräume des außenwirksamen Rechts nicht überschritten wurden (näher → § 20 Rn 16 ff).

Die Einbeziehung innenrechtlicher Verwaltungsvorschriften in den Kreis der normativen Handlungsformen darf nicht dahin missverstanden und überspitzt werden, als sei der Unterschied von Außen- und Innenrecht überhaupt zweifelhaft und hinfällig.[20] Vielmehr bleibt dieser Unterschied von fundamentaler Bedeutung: (1) Im Bereich der Eingriffsverwaltung gilt: Während Grundrechtseingriffe (Gebote, Verbote, Befugnisnormen) grundsätzlich auch in Rechtsverordnungen und Satzungen statuiert werden können,[21] können Verwaltungsvorschriften als solche niemals als Rechtfertigung für Grundrechtseingriffe taugen. Eingreifendes Handeln auf der Basis von Verwaltungsvorschriften setzt daher stets voraus, dass bereits das außenwirksame Recht eine keiner außenrechtlichen Ergänzung mehr bedürftige Grundrechtsschranke (in Gestalt einer vollständigen Ge-/Verbots-, Befugnisnorm) vorhält (mag diese der Verwaltung in den Grenzen der Wesentlichkeitstheorie auch einzelne Beurteilungs- oder Ermessensspielräume belassen, die dann mittels Verwaltungsvorschrift auszufüllen sind).[22] (2) Im Bereich der Leistungsverwaltung ist zu bedenken: Zwar können Verwaltungsvorschriften über den Gleichheitssatz zu derivativen Anspruchspositionen des Bürgers führen; diese stehen indes nicht denjenigen originären Ansprüchen gleich, die ein (außenwirksames) Leistungsgesetz einzuräumen vermag, wie zB daran ersichtlich wird, dass ein Anspruch

[19] Vgl *Vogel* VVDStRL 24 (1966) 125, 160 ff; *Di Fabio* DVBl 1992, 1338, 1344; *Wahl* FS BVerwG, 2003, 571, 579 f; *Kautz* GewArch 2000, 230, 233 ff; *Jachmann* Verw 1995, 17, 20 ff; *Lange* in: Hoffmann-Riem/Schmidt-Aßmann/Schuppert (Hrsg), Reform des Allgemeinen Verwaltungsrechts, Grundfragen, 1993, 307, 325, 329.

[20] *Lerche* in: Maunz/Dürig, GG, Art 84 Rn 95.

[21] *Lange* (Fn 19) 307, 327.

[22] *Klein* FS Forsthoff, 1967, 163, 173; *Saurer* DÖV 2005, 587, 591 f; *Ruffert* (Fn 2) Rn 78.

auf Subventionierung gemäß einer Subventionsrichtlinie entfällt, sobald der entsprechende Haushaltstitel erschöpft ist, während einem Anspruch aus einem Leistungsgesetz haushaltsrechtliche Einwände nicht entgegengehalten werden könnten.[23] (3) Die Maßgeblichkeit von Verwaltungsvorschriften im Verhältnis zum Bürger wird ganz durch den Gleichheitssatz determiniert. Die Verwaltung hat das Recht und die Pflicht, in atypischen Fällen von der Verwaltungsvorschrift abzuweichen. Die Bindungskraft von Verwaltungsvorschriften ist insoweit von vornherein weicher und flexibler als diejenige von Außenrechtssätzen.[24] (4) Für den Richter haben Verwaltungsvorschriften keine mit Außenrechtssätzen vergleichbare Maßstabskraft. Grundsätzlich sind sie nicht Maßstab, sondern Gegenstand der gerichtlichen Kontrolle,[25] und auch soweit sie – über den Gleichheitssatz – ausnahmsweise zum Prüfungsmaßstab werden, müssen sie jedenfalls in anderer Weise ausgelegt werden, als dies bei Außenrechtssätzen der Fall ist (näher unten → § 20 Rn 21).[26]

Fazit: Einerseits darf die Handlungsformenlehre, will sie das ganze Bild gewinnen, die Verwaltungsvorschriften nicht einfach ausklammern. Andererseits bleiben Innen- und Außenrecht fundamental unterschieden, was dem Versuch, übergreifende Strukturen (im Sinne eines Allgemeinen Teils der Handlungsformenlehre) herauszuarbeiten, unweigerlich Grenzen setzt.

II. Grund und Grenzen des Mandats der Exekutive zur Normsetzung – Arten normativer Handlungsformen

1. Grundsätzlicher Rechtsetzungsvorbehalt der Legislative oder originäres Normsetzungsrecht der Exekutive?

5 Angelpunkt jeglicher Dogmatik exekutivischer Normsetzung sind die Gründe, aus denen die Exekutive ihr Mandat zur Normsetzung herleitet.[27] Grundaxiom des klassischen Verständnisses ist hierbei eine Konzeption der Gewaltenteilung, nach der allein das Parlament (die Legislative) originär, dh ohne besondere Ermächtigung, zur Rechtsetzung (iSv Setzung außenwirksamen Rechts) berufen ist, wohingegen es eine originäre, dh verfassungsunmittelbare Rechtsetzungsbefugnis der Exekutive nicht geben kann; originär berufen ist die Exekutive zu Regierung und Verwaltung, namentlich zur Vollziehung im Einzelfall; zur Setzung außenwirksamen Rechts abstrakt-genereller Art ist sie dagegen ohne entsprechenden Akt der Übertragung von Rechsetzungsgewalt durch den Gesetzgeber nicht in der Lage.[28] Von diesem Grundaxiom her erhält das System der exekutivischen Normsetzungsformen seine Struktur: Je nach der Natur des gesetzgeberischen Akts der Übertragung von Rechtsetzungsgewalt unterscheidet man

[23] BVerwGE 58, 45, 48; 104, 220, 222; BVerwG GewArch 2003, 111, 112; BVerwG DÖV 2008, 1001.

[24] *Maurer* Allg VwR, § 24 Rn 23; *Schmidt-Aßmann* (Fn 2) FS, 477, 492; *Schuppert* Verwaltungswissenschaft, 267.

[25] BVerwGE 107, 338, 340 → JK Allg VerwR/1.

[26] *Seibert* FS BVerwG, 2003, 535, 544; *Guckelberger* Verw 35 (2002) 61, 80 ff.

[27] Vgl *Di Fabio* DVBl 1992, 1338, 1343; *Axer* (Fn 10) 228 f.

[28] BVerfGE 95, 1, 15 f → JK GG Art 20 II 2/2; *Badura* DÖV 1963, 561, 665; *ders* GS Martens, 1987, 25, 27; *Jachmann* Verw 1995, 17, 23.

zum einen die beiden grundlegenden Arten exekutivischer Außenrechtsetzung,[29] nämlich einerseits die exekutive Rechtsetzung *kraft Delegation* (Rechtsverordnung), dh auf der Basis einer speziellen und inhaltlich bestimmten Ermächtigung des Gesetzgebers (Art 80 I GG), sowie andererseits die exekutive Rechtsetzung *kraft (gesetzlich verliehener) Autonomie* (Satzung), dh auf der Basis eines Akts der Verleihung von Satzungsautonomie, der zwar nicht den Bestimmtheitsanforderungen einer Verordnungsermächtigung genügen muss, dafür aber an das Vorliegen besonderer Strukturen der Selbstverwaltung gebunden ist. Die Notwendigkeit gesetzlicher Ermächtigung zur Setzung von Außenrecht scheidet zum anderen den Bereich exekutiver Außenrechtsetzung (Verordnungs- und Satzungsgebung) vom großen Bereich der exekutiven Normsetzung durch Verwaltungsvorschriften: Verwaltungsvorschriften sind derjenige Bereich exekutiver Normsetzung, der der Exekutive *kraft eigenen Rechts* zusteht,[30] dh unmittelbar und originär ihrem verfassungsrechtlichen Funktionskreis als „vollziehende Gewalt" entspringt. Eines besonderen Akts gesetzgeberischer Übertragung von Rechtsetzungsmacht bedarf es nicht – im Gegenzug können Verwaltungsvorschriften auch nicht die Kraft allgemeinverbindlichen Außenrechts haben. Grund der Befugnis zum Erlass von Verwaltungsvorschriften ist nicht eine von der Legislative abgeleitete Rechtsetzungsmacht, sondern das originäre Recht der Exekutive, gegenüber dem Bürger in den Grenzen von Gesetz- und Parlamentsvorbehalt *verwaltend* tätig zu werden und hierbei ihr Handeln – innerhalb der durch das Gesetz belassenen Spielräume – im Interesse eines gleichmäßigen Vollzugs an selbst gesetzten, internen Akten der Selbstprogrammierung (den Verwaltungsvorschriften) auszurichten.[31]

Die bis hierher umrissene klassische Lehre wird auf breiterer Front angegriffen;[32] **6**
Leitbild ist hierbei die These von einem originären Rechtsetzungsrecht der Exekutive.[33] Zwar ist es nicht etwa so, dass sich diese Lehre – zumal in der Rspr – bereits durchgesetzt hätte.[34] Dass aber auch in der Praxis bereits erste Vorboten eines größeren Paradigmenwechsels erkennbar sind, wird nicht zuletzt an der gestiegenen Bereitschaft deutlich, Fallgruppen anzuerkennen, in denen Verwaltungsvorschriften (ausnahmsweise) Außenwirkung zukommen soll.[35]

Vor allem folgende Überlegungen sind es, die zur Infragestellung der überkommenen Lehre führen: (1) Der klassische Vorbehalt parlamentsgesetzlicher Ermächtigung für exekutive Außenrechtsetzung sei Frucht des Konstitutionalismus und damit Konsequenz der damals prägenden Frontstellung von monarchischer Exekutive und zum Schutz von Freiheit und Eigentum der bürgerlichen Gesellschaft berufener Volksvertre-

[29] Zu dieser Unterscheidung (Delegation und Autonomie) *Badura* (Fn 28) GS, 25, 27 ff.

[30] *Ossenbühl* in: Isensee/Kirchhof V § 104: „Autonome Rechtsetzung"; „inhärente" Befugnis: BVerfGE 26, 338, 396; BVerwGE 67, 222, 229.

[31] *Di Fabio* DVBl 1992, 1338, 1344; *Seibert* (Fn 26) 535, 539 ff.

[32] Ausgangspunkt: *Vogel* VVDStRL 24 (1966) 125; *Ossenbühl* Verwaltungsvorschriften und Grundgesetz, 1968.

[33] Zusammenfassend mwN: *Schmidt-Aßmann* (Fn 2) FS, 477, 479 ff; *Wahl* (Fn 19) 571, 582 ff; *Leisner* JZ 2002, 219, 221 ff; *Hill* (Fn 2) Rn 24; *Schröder* Verwaltungsrechtsdogmatik im Wandel, 2007, 269 ff; aus neuerer Zeit: *Horn* Die grundrechtsunmittelbare Verwaltung, 1999; *Seiler* Der einheitliche Parlamentsvorbehalt, 2000; *v Bogdandy* Gubernative Rechtsetzung, 2000; *Sauerland* Die Verwaltungsvorschrift im System der Rechtsquellen, 2005; vermittelnd: *Reimer* in: Hoffmann-Riem/Schmidt-Aßmann/Voßkuhle, Grundlagen I, § 9 Rn 69 f.

[34] *Wahl* (Fn 19) 571, 584; *Saurer* DÖV 2005, 587, 592 zu BVerwGE 121, 103.

[35] Näher dazu unten → § 20 Rn 16.

tung. Er beruhe auf Prämissen, die im demokratischen Rechtsstaat des Grundgesetzes, in der auch die Exekutive demokratisch legitimiert sei, so nicht mehr zuträfen.[36] (2) Das Gewaltenteilungsprinzip des Grundgesetzes sei vom Leitbild einer funktionsgerechten Aufgabenverteilung[37] beherrscht, wonach jeweils diejenige Gewalt für eine Aufgabe zuständig sein solle, die aufgrund ihrer Organstruktur hierzu am besten geeignet sei. Da aber die Legislative mit der Bewältigung sämtlicher Rechtsetzungsaufgaben überfordert wäre und ein enormes Praxisbedürfnis nach exekutiver Rechtsetzung bestehe, dürfe der Gewaltenteilungsgrundsatz nicht so konzipiert werden, dass ein Rechtsetzungsmonopol der Legislative postuliert wird; vielmehr müsse der Exekutive von vornherein ein Bereich funktionsgerechter Normsetzung zugestanden werden.[38] (3) Die neuere Wesentlichkeitslehre umreiße nicht nur einen Vorbehaltsbereich des Parlaments (bzgl des Wesentlichen), sondern müsse im Umkehrschluss auch im Sinne eines korrespondierenden Vorbehaltsbereichs der Exekutive (bzgl des Unwesentlichen) verstanden werden, in dem sich ein selbständiges Rechtsetzungsrecht entfalten könne.[39] (4) In Abkehr von der überkommenen Konzeption vom Parlament als zentralem Organ demokratischer Willensbildung wird schließlich versucht, die Regierung als zentrales Organ politisch initiierter Rechtsänderung zu präsentieren.[40]

Die so umrissenen Vorstöße zeichnen sich im Ergebnis durch zwei Gemeinsamkeiten aus: Zum einen neigen sie dazu, die Bestimmtheitserfordernisse des Art 80 I 2 GG abzusenken,[41] was den Unterschied zwischen programmgeleiteter Verordnungsgebung und inhaltlich autonomer Satzungsgebung undeutlicher werden lässt.[42] Zum anderen plädieren sie für eine unbefangenere Anerkennung der Außenwirkung von Verwaltungsvorschriften,[43] was den Kontrast von Verordnungen und Satzungen (Außenrecht) auf der einen sowie Verwaltungsvorschriften (Innenrecht) auf der anderen Seite abmildert. Die Lehre vom eigenständigen Rechtsetzungsrecht der Exekutive führt in ihrer Tendenz somit zu einer zunehmenden Einebnung und Austauschbarkeit der überkommenen Handlungsformen Rechtsverordnung, Satzung, Verwaltungsvorschrift.[44]

7 Die Tendenzen hin zu einem originären Rechtsetzungsrecht der Exekutive sowie zu einer zunehmenden Einebnung der klassischen Handlungsformen gehen in die falsche Richtung. Gebot der Stunde ist es im Gegenteil, sich auf den tragenden Grund des überkommenen Rechtsetzungsvorbehalts der Legislative zu besinnen,[45] die Verschiedenartigkeit der Mandate, auf die die Exekutive bei den verschiedenen Handlungsformen ihre jeweilige Normsetzungsbefugnis stützt, neu zu entdecken sowie – damit einhergehend – auf eine möglichst scharfkantige dogmatische Unterscheidung und Konturierung der einzelnen Handlungsformen zu dringen.

[36] *Vogel* VVDStRL 24 (1966) 125, 129 ff; *Horn* (Fn 33) 43 ff; *Seiler* (Fn 33) 51 ff; *Wahl* (Fn 19) 571, 594.

[37] BVerfGE 68, 1, 86; 95, 1, 15 → JK GG Art 20 II 2/2.

[38] Vgl *Schmidt-Aßmann* (Fn 2) FS, 477, 484, 485 ff.

[39] *Horn* (Fn 33) 62 ff; *Seiler* (Fn 33); *Sauerland* (Fn 33) 290 ff.

[40] *V Bogdandy* (Fn 33).

[41] *Schmidt-Aßmann* (Fn 2) FS, 477, 491.

[42] *Saurer* Die Funktionen der Rechtsverordnung, 2005, 305 ff.

[43] *Vogel* VVDStRL 24 (1966) 125, 162 ff.

[44] Ein Titel wie „Der einheitliche Parlamentsvorbehalt" (*Seiler* [Fn 33]) macht dies auf seine Weise deutlich; vgl auch: *Ruffert* (Fn 2) Rn 78; *Hill* (Fn 2) Rn 3 f, 47.

[45] Zur Notwendigkeit einer „Rückbesinnung" s auch *Erichsen* (Fn 5) 39, 63.

Folgende Überlegungen sind hierfür maßgeblich:

- (1) Es trifft nicht zu, dass die Gründe für den überkommenen Rechtsetzungsvorbehalt des Parlaments im Übergang vom Konstitutionalismus des 19. Jh zum demokratischen Rechtsstaat der Gegenwart entfallen wären.[46] Gerade in der Demokratie findet die Weichenstellung, außenwirksame Rechtsetzung im Ausgangspunkt beim Parlament zu konzentrieren, in dessen herausragender demokratischer Legitimation als unmittelbar gewählter Volksvertretung[47] ihren tragenden und bleibenden Grund. Zu Recht sagt das BVerfG: „Im freiheitlich-demokratischen System des Grundgesetzes fällt dem Parlament als Legislative die verfassungsrechtliche Aufgabe der Normsetzung zu. Nur das Parlament besitzt hierfür die demokratische Legitimation".[48] Vom Demokratieprinzip her ist das gesamte abgestufte System exekutiver Normsetzungsformen zu erklären: Aus ihm heraus werden die Anforderungen parlamentarischer Rückbindung durch eine hinreichend bestimmte gesetzliche Ermächtigung bei der Verordnungsgebung begreiflich;[49] von ihm her wird verständlich, warum Satzungsgebung auf eine derartig bestimmte Ermächtigung nur unter der Prämisse verzichten kann, dass dieses Manko an parlamentarischer Rückbindung durch Strukturen einer besonderen demokratischen Legitimation von unten kompensiert wird;[50] vom Demokratiegebot her wird klar, warum die Verwaltung von sich aus nur zur internen Selbstprogrammierung, nicht aber zur Setzung von Außenrecht in der Lage ist.
- (2) Der Grundsatz funktionsgerechter Organstruktur als moderne Ausformung des Gewaltenteilungsgedankens wird durch einen (nur im Ausgangspunkt bestehenden) Rechtsetzungsvorbehalt der Legislative nicht verletzt. Freilich ist unbestritten, dass das Parlament nicht selbst alle Rechtsetzungsaufgaben bewältigen kann und die Exekutive jedenfalls bereichsweise zur Rechtsetzung gut qualifiziert ist. Es mag insoweit überspitzt erscheinen, wenn die – praktisch alternativlose – exekutivische Normsetzung als „Durchbrechung der Gewaltenteilung" gebrandmarkt wird.[51] Ebenso jedoch schießt es umgekehrt übers Ziel hinaus, um der Funktionsgerechtigkeit willen ein originäres Normsetzungsrecht der Exekutive zu fordern. Völlig ausreichend ist es, wenn die Verfassung dem Parlament genügend Mechanismen an die Hand gibt, durch Verordnungsermächtigungen, Einräumung von Satzungsautonomie oder Belassung von (mittels Verwaltungsvorschriften ausfüllbaren) exekutivischen Spielräumen für eine funktionsgerecht abgestufte legislative und exekutivische Normsetzung zu sorgen.[52]
- (3) Das Grundgesetz hat durch Art 80 I 2 GG die überkommene Prämisse von der Notwendigkeit gesetzlicher Ermächtigung nicht nur übernommen, sondern durch

[46] *Hendler* Jahrbuch des Umwelt- und Technikrechts 40 (1997) 55, 59 f.

[47] Auf die sich die Exekutive nicht in gleicher Weise stützen kann, vgl *Pünder* Exekutive Normsetzung in den Vereinigten Staaten von Amerika und der Bundesrepublik Deutschland, 1995, 97.

[48] BVerfGE 95, 1, 16 f → JK GG Art 20 II 2/2.

[49] *Saurer* (Fn 42) 48 ff.

[50] *Ossenbühl* in: Isensee/Kirchhof V, § 105 Rn 25; *Di Fabio* NZS 1998, 449, 552; BVerfGE 111, 191.

[51] ZB BVerfGE 18, 52, 59; krit: *Schmidt-Aßmann* (Fn 2) FS, 477, 478; *v Danwitz* Die Gestaltungsfreiheit des Verordnungsgebers, 1989, 48.

[52] *Mößle* Inhalt, Zweck und Ausmaß, 1990, 57 f; *Saurer* (Fn 42) 202 ff.

das zusätzliche Erfordernis hinreichend bestimmter Ermächtigung sogar noch verstärkt.[53] Mag eine originäre Befugnis der Exekutive zur Außenrechtsetzung abstrakt diskutiert werden können, so hat sich jedenfalls das Grundgesetz eindeutig gegen ein derartiges Modell entschieden.[54]

- (4) Aufgabe jeglicher Handlungsformenlehre ist es, der Praxis ein nach Voraussetzungen und Rechtsfolgen ausdifferenziertes und abgestuftes System an Handlungsformen an die Hand zu geben (siehe oben Rn 2). Die Lehre vom originären Rechtsetzungsrecht der Exekutive, die die Unterschiede der Normsetzungsformen zunehmend einebnet, verfehlt dieses Ziel.
- (5) Bedürfnisse der Praxis erfordern ein originäres Normsetzungsrecht der Exekutive nicht. Dies gilt insbesondere für das vermeintliche Bedürfnis, Verwaltungsvorschriften jedenfalls in bestimmten Fällen Außenwirkung zuzuerkennen. Die hergebrachte Lehre von der Selbstbindung der Verwaltung einerseits sowie eine noch schärfer zu konturierende Lehre gesetzlicher Handlungsspielräume andererseits, innerhalb derer die Verwaltung ihr außenwirksames Handeln mittels innenrechtlicher Verwaltungsvorschriften selbst programmieren darf, geben ein dogmatisches Gerüst ab, das die differenzierten Bindungswirkungen von Verwaltungsvorschriften stimmig erklären kann und allen Praxisbedürfnissen genügt, ohne dass es dafür einer echten Außenwirksamkeit bedürfte (siehe bereits oben Rn 4 sowie unten → § 20 Rn 16 ff).

2. Arten exekutivischer Normsetzung – Numerus clausus der Normsetzungsformen?

8 Die unterschiedlichen Formen exekutivischer Normsetzung sind Ausfluss der verschiedenartigen Mandate, auf die die Exekutive ihre Befugnis zur Normsetzung stützt:

- Als Grundform[55] exekutivischer Rechtsetzung führt das Grundgesetz allein die *Rechtsverordnung* (Normsetzung kraft Delegation)[56] einer ausdrücklichen Regelung zu (Art 80 GG). Ihren Rechtswirkungen nach geht die Rechtsverordnung, die mit einer grundsätzlich gesetzesgleichen vollen Außenverbindlichkeit ausgestattet ist,[57] hierbei besonders weit. Im Gegenzug freilich wird Verordnungsgebung an das Erfordernis einer besonderen und hinreichend bestimmten gesetzlichen Ermächtigung gebunden (das über Art 28 I GG auch für die Länder gilt).[58]
- Die Möglichkeit, Verwaltungsträgern das Recht zum Erlass autonomer *Satzungen* zu verleihen (Rechtsetzung kraft verliehener Autonomie)[59], wird vom Grundgesetz zwar in einzelnen Bereichen (namentlich in Art 28 II GG) vorausgesetzt, nicht aber in allgemeiner Form geregelt, sondern nur stillschweigend anerkannt. Dass dies so ist, dh dass mit den Satzungen eine Form exekutiver Außenrechtsetzung existiert, die nicht an das verordnungstypische Erfordernis hinreichend bestimmter Ermächtigung gebunden sein soll, ist angesichts der Grundentscheidung des Art 80 GG keineswegs

[53] *Mößle* (Fn 52); s auch *Nolte* AöR 118 (1993) 378, 394 ff.
[54] Zur „Sperrwirkung“ von Art 80 I GG zB *Uhle* Parlament und Rechtsverordnung, 1999, 153 ff.
[55] *Ebsen* in: Schnapp (Hrsg), Probleme der Rechtsquellen im Sozialversicherungsrecht, Teil I, 1998, 13, 14.
[56] *Badura* (Fn 28) GS, 25, 27 ff.
[57] *Schmidt-Aßmann* (Fn 2) FS, 477, 487.
[58] *Bryde* in: v Münch/Kunig, GGK III, Art 80 Rn 2a; BVerfGE 55, 207, 226 → JK Art 80 I 2.
[59] *Badura* (Fn 28) GS, 25, 27 ff.

selbstverständlich, sondern allein unter der Prämisse akzeptabel, dass die Übertragung von Satzungsautonomie stets besondere Strukturen der Selbstverwaltung voraussetzt, insbesondere dass Satzungsgebung auf einer besonderen demokratischen Legitimation durch die von ihr Betroffenen (die mit der Satzung eigene Angelegenheiten regeln) beruht und in ihren Wirkungen auf diese beschränkt bleibt (insoweit beschränkte Außenwirkung).[60]

– Von ganz anderer Natur als die übertragene Befugnis zur Außenrechtsetzung mittels Rechtsverordnung und Satzung schließlich ist die Fähigkeit der Exekutive, *Verwaltungsvorschriften* zu erlassen (Normsetzung kraft eigenen Rechts). Sie gründet nicht auf einem legislativen Mandat zur abstrakt-generellen Rechtsetzung, das der Exekutive erst übertragen werden müsste, sondern wurzelt unmittelbar in ihrem originären verfassungsrechtlichen Wirkungskreis als vollziehende Gewalt, dh in ihrem Recht zum Vollzug im konkreten Einzelfall. Kern des Rechts zum Erlass von Verwaltungsvorschriften ist das letztlich aus einer Kombination von Art 20 III und Art 3 I GG entspringende Mandat der Exekutive, innerhalb ihrer durch das Gesetz belassenen Spielräume für einen geordneten und gleichmäßigen Vollzug zu sorgen. Dies geschieht dadurch, dass die Verwaltung – innerhalb der Spielräume des Gesetzes und in den Grenzen von Gesetzesvorbehalt und Wesentlichkeitsdoktrin – ihr außengerichtetes Vollzugshandeln dem Einzelnen gegenüber an selbst gesetzten Akten der internen Selbstprogrammierung (den Verwaltungsvorschriften) ausrichtet, dh einen Teil der in jedem Einzelfall zu leistenden Entscheidungsfindung in eine vorgelagerte Stufe interner Maßstabbildung ausgliedert und an sie bindet.[61] Bindungskraft und Rechtserheblichkeit der Verwaltungsvorschriften sind Ausfluss ihrer originär exekutiven, nicht-legislativen Natur: Mangels legislativen Übertragungsakts müssen Verwaltungsvorschriften gesetzesgleicher Außenverbindlichkeit entbehren. Entscheidend sind stattdessen Art 20 III und Art 3 I GG: Ersterer umreißt die Spielräume, die zur Ausfüllung mittels Verwaltungsvorschriften in Betracht kommen; letzterer determiniert die Bindungskraft, die den Verwaltungsvorschriften als im Interesse eines gleichmäßigen Vollzugs erlassenen Akten der Selbstprogrammierung zukommt.

Die Frage, ob das Allgemeine Verwaltungsrecht neben den genannten, auf je unterschiedlichen Verfassungstiteln beruhenden Normsetzungsformen weitere Arten exekutivischer Rechtsetzung kennt, hängt davon ab, ob das Verfassungsrecht weitere verallgemeinerbare Mandate bereithält, auf die die Exekutive ihr Normsetzungsrecht stützen könnte. In dem Maße, in dem derartige Titel nicht ersichtlich sind, ist es berechtigt, von einem „numerus clausus" der Normsetzungsformen zu sprechen; dass dem Gesetzgeber ein freies Normerfindungsrecht zusteht, kann angesichts des Art 80 GG jedenfalls nicht angenommen werden.[62] In jüngerer Zeit hat sich insbesondere *Peter Axer* gegen einen „numerus clausus" der Normsetzungsformen ausgesprochen und nachzuweisen versucht, dass sich im Bereich des Sozialrechts eine Fülle an Techniken exekutiver Normsetzung herausgebildet habe (Normenverträge, Schiedssprüche, Richtlinien etc), die sich in das klassische Dreier-Schema nicht mehr einordnen lassen.[63] Auf der Basis einer 9

[60] *Ossenbühl* in: Isensee/Kirchhof V, § 105 Rn 25; *Di Fabio* NZS 1998, 449, 552; *Schmidt-Aßmann* (Fn 2) FS, 477, 487.

[61] Programmbindung, vgl *Seibert* (Fn 26) 535, 539 ff.

[62] *Ossenbühl* NZS 1997, 497, 499 f.

[63] *Axer* (Fn 10); zur Problematik auch: *Ebsen* (Fn 55) 13, 14; *Neumann* Normenvertrag, Rechtsverordnung oder Allgemeinverbindlichkeitserklärung?, 2000; *Ossenbühl* NZS 1997, 497; *Di Fabio* NZS 1998, 449; *Schneider* (Fn 14) § 9 Rn 266 f.

neuartigen Klassifizierung der Gründe exekutivischer Normsetzung identifiziert er eine nicht in den klassischen Rechtsquellenkanon einordenbare Kategorie von Normen, die einerseits auf gesetzlicher Ermächtigung beruhen (nicht also autonomes Recht darstellen), ohne andererseits an bestimmte Anforderungen des Art 80 GG gebunden zu sein. Ob dieser Schluss zwingend ist oder ob nicht der Großteil der Problemfälle zufriedenstellend als (wenn auch in einem besonderen Verfahren, zB vertraglich zustande gekommene und mit besonderen verwaltungsträgerübergreifenden Bindungswirkungen ausgestattete) Verwaltungsvorschriften qualifiziert werden könnte, die gegenüber dem Versicherten einen der Exekutive eingeräumten Beurteilungsspielraum bei der Konkretisierung des gesetzlichen Leistungsanspruches ausfüllen,[64] kann hier dahingestellt bleiben. Entscheidend ist, dass auch *Axer* die von ihm postulierte Abweichung von Art 80 GG nur mit einem Rückgriff auf eine spezielle Vorschrift, nämlich Art 87 II GG zu rechtfertigen vermag, die spezifisch auf den Sozialversicherungsbereich zugeschnitten ist und daher keine verallgemeinerbare Wertung zu tragen vermag. Hieraus folgt: Es ist nicht ausgeschlossen, dass aus besonderen verfassungsrechtlichen Titeln in Spezialgebieten des Besonderen Verwaltungsrechts Sonderformen exekutivischer Normsetzung erwachsen. Der für das Allgemeine Verwaltungsrecht entscheidende Nachweis, dass der Exekutive eine neue Normsetzungsform offen steht, die sich auf einen verallgemeinerbaren verfassungsrechtlichen Titel stützen könnte, ist dagegen nicht erbracht.

3. Grenz- und Sonderfälle

10 Das soeben Gesagte ist zugleich Richtschnur für die Verortung weiterer Grenz- und Sonderfälle.[65] Grundsätzlich und vorrangig gilt es, unklare Normsetzungsformen einer der drei überkommenen Rechtsformen zuzuordnen. Die Annahme einer sich dieser Zuordnungslast entziehenden Normsetzungsform „sui generis" darf nicht vorschnell und nur dann erfolgen, wenn für diese besondere Normsetzungsform auch ein besonderer – die Sperrwirkung des Art 80 GG überwindender – verfassungsrechtlicher Rechtsgrund ersichtlich ist.

11 *Pläne*: Hinsichtlich der vielgestaltigen Formen exekutivischer Pläne ist inzwischen anerkannt, dass diese – mögen sie auch bestimmte Gemeinsamkeiten haben – jedenfalls keine eigenständige Rechtsform exekutivischen Handelns darstellen.[66] Die infolgedessen unumgängliche Zuordnung zu einer der allgemeinen Rechtsformen[67] administrativen Handelns kann deswegen schwierig sein, weil Pläne eine große Bandbreite zwischen den Polen einzelfallbezogen – abstrakt-generell[68], unverbindlich – voll beachtlich, bloß interne Bindung – Außenwirkung aufweisen können.[69] Nicht selten hat der Gesetzgeber eine klare Zuordnung getroffen (zB § 10 BauGB: Bebauungsplan als Satzung; Art 17 II, 19 I 2 BayLPlG: Raumordnungspläne als Rechtsverordnung). Fehlt eine sol-

[64] In diese Richtung: *Di Fabio* NZS 1998, 449, 453. Zu BSGE 78, 70 s u § 20 Rn 19 Fn 98.

[65] Zu weiteren Grenzfällen s auch *Schneider* (Fn 14) § 9 Rn 268 ff.

[66] *Maurer* Allg VwR, § 16 Rn 18; *Schmidt-Aßmann* FS Schlichter 1995, 3, 9; differenzierend *Köck* in: Hoffmann-Riem/Schmidt-Aßmann/Voßkuhle, Grundlagen II, § 27 Rn 30 f. Möglich erscheint eine Einordnung als rechtsformübergreifende „Handlungsform" im weiteren Sinne, vgl *Schuppert* Verwaltungswissenschaft, 143, 198 ff.

[67] ZB BayVGH DÖV 1984, 476; zu Aktionsplänen: *Cancik* ZUR 2007, 169, 175.

[68] Vgl die Planfeststellungsbeschlüsse (Verwaltungsakt; § 74 VwVfG) einerseits und die normativen Planungsakte (zB § 10 BauGB) andererseits.

[69] *Maurer* Allg VwR, § 16 Rn 15 ff, 22 f.

che, können Pläne nur solange problemlos als interne Verwaltungsvorschriften qualifiziert werden, als ihre Bindungswirkung auf Behörden und öffentliche Stellen begrenzt bleibt (dass diese Bindungswirkungen ggf über den engeren Geschäftsbereich des Plangebers hinausgehen und sich aufgrund besonderer gesetzlicher Anordnung behörden- oder verwaltungsträgerübergreifend auch auf andere Planungsträger erstrecken, schadet hierbei noch nicht; derartige „intersubjektive" Verwaltungsvorschriften sind ein häufiges Phänomen). Problematisch hingegen wird es, wenn die Vorgaben des Plans auf den Bürger durchschlagen sollen (wie dies zB über § 35 III 1 Nr 1 BauGB der Fall ist). Ein Festhalten an einer rein innenrechtlichen Qualifizierung ist in diesem Falle, da Innenrecht niemals Grundrechtseingriffe rechtfertigende Kraft haben kann, nur möglich, wenn erstens eine besondere gesetzliche Anordnung der Beachtlichkeit des Planinhalts für ein konkretes Verwaltungsverfahren existiert und wenn diese Anordnung zweitens eine vollständige – keiner außenrechtlichen Ergänzung bedürftige – Grundrechtsschranke darstellt, die dem Plangeber in verfassungskonformer Weise einen Gestaltungsspielraum einräumt, den dieser mittels innenrechtlichen Plans auszufüllen berechtigt oder verpflichtet ist.[70]

Sonderverordnungen: Unter diesem Begriff haben Teile der Literatur eine Gruppe exekutivischer Normen zu verselbständigen versucht, die speziell zur Regelung von Rechten und Pflichten im besonderen Gewaltverhältnis ergehen; in der Rspr hat sich diese Konzeption nicht durchgesetzt.[71] In dem Maße, in dem das besondere Gewaltverhältnis unter dem Grundgesetz seine ihm früher beigemessene grundrechtseinschränkende Kraft eingebüßt hat,[72] kann es auch nicht mehr als ein besonderer Verfassungstitel angesehen werden, der die Verwaltung zu einer Normsetzung jenseits der sonst für exekutive Rechtsetzung geltenden Bedingungen berechtigen könnte.[73] Unumgänglich ist somit die Zuordnung zu einer der gewöhnlichen Normsetzungsformen.[74] Für eine Klassifizierung als aus eigenem Recht erlassene Verwaltungsvorschriften bleibt – etwa im Rahmen anstaltlicher Benutzungsverhältnisse – Raum, soweit die Exekutive im Rahmen der Leistungsverwaltung zu gesetzesfreiem Handeln und damit auch zu einer eigenständigen Festlegung der Leistungsbedingungen befugt ist. Soweit dagegen der Vorbehalt des Gesetzes und die Wesentlichkeitsdoktrin den Weg innenrechtlicher Regelung des Sonderrechtsverhältnisses versperren – und dieser Bereich ist zunehmend größer geworden –[75], verbleibt allenfalls der Rückgriff auf eine Rechtsverordnung oder Satzung gemäß den hierfür bestehenden Bedingungen.[76] 12

Geschäftsordnungen: Unsicherheit[77] herrscht in der Einordnung von Geschäftsordnungen kollegial verfasster Organe der Exekutive, seien es Verfassungs- (zB Bundesregierung) oder Verwaltungsorgane (zB Gemeinderat). Geschäftsordnungen entsprin- 13

[70] Zur Anwendbarkeit von § 47 I Nr 1 VwGO auf Darstellungen des Flächennutzungsplans mit den besonderen, auf das Einzelvorhaben durchschlagenden Rechtswirkungen des § 35 III 3 BauGB: BVerwGE 128, 382; dazu *Scheidler* DÖV 2008, 766.

[71] ZB *Böckenförde/Grawert* AöR 95 (1970) 1; zusammenfassend: *Ossenbühl* (Fn 11) § 5 Rn 58 ff.

[72] Seit BVerfGE 33, 1.

[73] *Rogmann* Die Bindungswirkung von Verwaltungsvorschriften, 1998, 13.

[74] *Maurer* Allg VwR, § 8 Rn 31; *Schuppert* Verwaltungswissenschaft, 259; *Ruffert* (Fn 2) Rn 80.

[75] Vgl zuletzt zum Gesetzesvorbehalt für Beihilfevorschriften: BVerwGE 121, 103; dazu *Saurer* DÖV 2005, 587.

[76] ZB BVerfGE 111, 191, 216 f.

[77] Zum Meinungsstand: *Axer* (Fn 10) 221.

gen der Befugnis dieser Kollegialorgane, ihre interne Organisation und ihr internes Verfahren innerhalb der durch Verfassung und Gesetz gezogenen Grenzen selbst zu regeln. Geschäftsordnungen sind hierbei innenrechtlicher Natur, binden also allein die Mitglieder des Kollegialorgans selbst, ohne Rechte und Pflichten des Bürgers zu begründen. Hinsichtlich Geltungsgrund und Rechtswirkungen weisen Geschäftsordnungen damit eine große Nähe zu den sog organisatorischen Verwaltungsvorschriften[78] auf, die ihrerseits auf einer exekutiven Organisationsgewalt beruhen und innenrechtlicher Natur sind.[79] Große Unterschiede dagegen bestehen – trotz der landläufigen Bezeichnung als „autonome Satzungen"[80] – zu den Satzungen von Trägern der Selbstverwaltung (es geht um die interne Organisationsgewalt eines Organs und nicht um eine nach außen wirkende Satzungsgewalt eines verselbständigten Verwaltungsträgers).[81] Die Qualifizierung als (besondere Art der) Verwaltungsvorschrift wird nicht schon hinfällig, weil Geschäftsordnungen zu einer (autonomen) Selbstbindung innerhalb des Kollegiums, nicht aber – wie gewöhnliche Verwaltungsvorschriften – zu einer (heteronomen) Fremdbindung von oben nach unten innerhalb der Behörde führen.[82] Entscheidender Geltungsgrund von Verwaltungsvorschriften ist die originäre Befugnis der Exekutive, die Art und Weise des Vollzugs innerhalb der Grenzen von Gesetz und Recht in organisatorischer, verfahrensmäßiger und inhaltlicher Hinsicht selbst zu ordnen; die Geschäftsleitungsgewalt innerhalb der Behörde ist nur eine technische Form der Verwirklichung dieser der Verwaltung wesensmäßig zustehenden Kompetenz, ebenso wie die Geschäftsordnungsautonomie von Kollegialorganen eine andere ist. Auch das Geschäftsordnungen (zB des Gemeinderats) im Rahmen von intraorganschaftlichen Rechtsstreitigkeiten teilweise als Rechtsvorschrift iSv § 47 I Nr 2 VwGO eingestuft worden sind,[83] ist nichts weiter als Folge davon, dass innerhalb eines Kollegialorgans (anders als innerhalb einer Behörde) wehrfähige Rechtspositionen denkbar sind, nicht aber Ausdruck davon, dass Geschäftsordnungen an sich und zumal gegenüber dem Bürger eine andere Rechtsnatur hätten als Verwaltungsvorschriften im Allgemeinen.

14 *Normsetzung im staatlich-gesellschaftlichen Kooperationsbereich*: Erst in Ansätzen bewältigte Rechtsprobleme werden durch vielfältige Formen der Kooperation im Grenzbereich von staatlicher Normsetzung und gesellschaftlicher Selbstregulierung aufgeworfen.[84] Auf der einen Seite stehen Kooperationsformen, an deren Ende eine staatliche Norm steht, an deren Erlass Private in besonderer Form beteiligt waren; aus der Sicht der Handlungsformenlehre ist die Beteiligung Privater hierbei ein Problem der Gestaltung des Normsetzungsverfahrens, das, da es um einen staatlichen Rechtsetzungsakt geht, allen Anforderungen an Gesetzmäßigkeit, Legitimation, Transparenz und Ausgewogenheit genügen muss, die auch sonst für den Erlass des jeweiligen Normtyps gelten[85] (s u Rn 21). Auf der anderen Seite stehen private Regelwerke, an deren

[78] Dazu *Ossenbühl* (Fn 11) § 6 Rn 33; s auch unten → § 20 Rn 22.
[79] BVerwG NVwZ 1988, 1119, 1120.
[80] *Schneider* (Fn 14) § 10 Rn 281.
[81] *Ossenbühl* in: Isensee/Kirchhof V, § 105 Rn 42. Soweit Geschäftsordnungen des Gemeinderats in der Rechtsform der Satzung erlassen werden dürfen, handelt es sich um Satzungen im nur formellen Sinn ohne Außenwirkung.
[82] So *Maurer* Allg VwR, § 24 Rn 12.
[83] BVerwG NVwZ 1988, 1119; VGH BW DÖV 2002, 912 → JK GO BW § 36/2; weitergehend: BayVGH NVwZ-RR 2007, 405 zu kompetenzabgrenzenden Richtlinien des Gemeinderats nach Art 37 I 2 BayGO (interorganschaftliche Rügbarkeit; normkonkretisierende Wirkung).
[84] *Schmidt-Aßmann* Ordnungsidee, 330 ff.
[85] *Schmidt-Aßmann* Ordnungsidee, 330 f.

Zustandekommen wiederum der Staat – etwa im Kontext normersetzender Absprachen –[86] in besonderer Weise beteiligt ist; derartige Regelwerke sind als solche jedenfalls keine exekutivische Handlungsform mehr, so dass sie an dieser Stelle nicht zu vertiefen sind.[87]

III. Normsetzungsverfahren

Das deutsche Verfahrensrecht exekutivischer Normsetzung steckt – nicht zuletzt im Vergleich zu anderen Rechtsordnungen –[88] noch in den Kinderschuhen; seine Fortentwicklung wird allgemein als Desiderat empfunden.[89] Die Vielgestalt der in den Fachgesetzen verstreuten Einzelregelungen sowie der fragmentarische Charakter der wenigen fachübergreifenden Bestimmungen[90] verleihen ihm eine Gestalt, die weit von jener Konsolidiertheit entfernt ist, wie sie etwa in dem auf administrative Einzelakte bezogenen Verfahrensrecht der Verwaltungsverfahrensgesetze erreicht werden konnte, bei deren Schaffung der Bereich abstrakt-genereller Normsetzung – trotz mancher Kritik – bewusst ausgeklammert blieb.[91] Die Entwicklung eines Verfahrensrechts administrativer Normsetzung sieht sich mit zwei grundsätzlichen Schwierigkeiten konfrontiert: 15

Zum einen: Traditionelle Gering- sowie moderne Wertschätzung des Verfahrens- 16 gedankens treffen im deutschen Recht hart aufeinander. Das deutsche Recht legt herkömmlich nur geringen Wert auf besondere Verfahrensgestaltungen bei der exekutivischen Normsetzung. Insbesondere bezüglich Rechtsverordnungen und Verwaltungsvorschriften[92] setzt das deutsche Recht zur Bewältigung des charakteristischen legitimatorischen Defizits, das exekutiver Normsetzung im Vergleich zur parlamentarischen anhaftet, ganz auf eine materiell-rechtliche Lösung dergestalt, dass Rechtsverordnungen an eine hinreichend bestimmte parlamentarische Ermächtigung rückgebunden,[93] Verwaltungsvorschriften hingegen auf bloße Innenwirkung beschränkt bleiben. Die Idee einer kompensatorischen Legitimation durch Verfahren, etwa durch partizipativ-demokratische Elemente der Öffentlichkeitsbeteiligung und transparent dokumentierte Abwägung aller Belange spielt in deutschen Verfassungstexten – etwa in Art 80 GG – dagegen keine Rolle. Im Gegenteil wird es als Vorzug der Rechtsverordnungen und Verwaltungsvorschriften angesehen, gerade keinen besonderen Verfahrensanforderungen

[86] *Brohm* in: Biernat ua (Fn 2) 135 ff.

[87] Zu den verfassungsrechtlichen Bindungen derartiger Normsetzungsformen: *Michael* Rechtsetzende Gewalt im kooperierenden Verfassungsstaat, 2002.

[88] Rechtsvergleichend: *Frankenberger* Umweltschutz durch Rechtsverordnung, 1998, 21; *Pünder* (Fn 47) 276; *v Bogdandy* (Fn 33) 380 ff, 494; *Möllers* Gewaltengliederung, 2005, 191 ff; *Schädle* Exekutive Normsetzung in der Finanzmarktaufsicht, 2007.

[89] *Schmidt-Aßmann* Ordnungsidee, 327; *Gößwein* Allgemeines Verwaltungs(verfahrens)recht der administrativen Normsetzung?, 2001, 52 mwN; *Hill* (Fn 2) Rn 15; *Trips* Das Verfahren der exekutiven Rechtsetzung, 2006, 22 f.

[90] ZB §§ 53 ff LVwG SH (denen *Gößwein* [Fn 89] indes eine nur bescheidene Formungsleistung attestiert); für Rechtverordnungen des bayerischen Landesrechts: Art 42 ff BayLStVG.

[91] *Hufen* Fehler im Verwaltungsverfahren, 3. Aufl 1998, Rn 446.

[92] Anders (allerdings nicht verallgemeinerbar) allein der Bereich der Satzungen, bei denen das Verfahren der für die Satzungsgebung zuständigen Kollegialorgane stets eine große Rolle gespielt hat, s *Hufen* (Fn 91) Rn 450.

[93] *Saurer* (Fn 42) 355 f.

zu unterliegen und so für unkomplizierte und flexible Normsetzung besonders geeignet zu sein.[94] In krassem Gegensatz zu diesem Ausgangspunkt steht die Prozeduralisierungstendenz der neueren Gesetzgebung, in starkem Maße auf formalisierte Erlassverfahren zu setzen, in denen Beteiligungsrechte sowie sorgfältig dokumentierte Abwägungsentscheidungen die zentrale Rolle spielen. Nicht zuletzt im modernen Planungs- und Risikoverwaltungsrecht, bei denen komplexe Entscheidungssituationen oder strukturell ungeklärte Risikolagen zu bewältigen sind, die sich für eine gesetzliche Determinierung nur schlecht eignen und in besonderem Maß auf umfassende Informationsgewinnung und Sachverstand angewiesen sind, sind diese Techniken prägend geworden, und mehr und mehr setzt sich auch die Ansicht durch, der legitimatorische Gewinn derartiger Techniken sei geeignet, Defizite materieller Rückbindung an das Gesetz prozedural zu kompensieren.[95]

17 Zum anderen: Ungeklärt ist die Frage, wie einheitlich ein Verfahrensrecht normativer Handlungsformen ggf sein könnte. Einerseits ist es so, dass sich gerade im modernen Planungs- und Umweltrecht Verfahrensgestaltungen herauskristallisieren, die in grundsätzlich vergleichbarer Weise für die Handlungsformen Rechtsverordnung, Satzung und Verwaltungsvorschrift einsetzbar erscheinen. Dies gilt beispielsweise für die Formen der Öffentlichkeits- und Behördenbeteiligung im Raumordnungs- und Bauplanungsrecht, die sich nicht wesentlich danach unterscheiden, ob es um den Erlass von Rechtsverordnungen (Raumordnungspläne), Satzungen (Bebauungspläne) oder verwaltungsinternen Plänen (Flächennutzungspläne) geht;[96] dies gilt auch für den zunehmend austauschbaren Einsatz von Rechtsverordnungen und (normkonkretisierenden) Verwaltungsvorschriften im Umweltrecht.[97] Es erscheint vor diesem Hintergrund keineswegs aussichtslos, verallgemeinerbare Verfahrensgestaltungen für normative Handlungsformen zu entwickeln, zumindest in Gestalt vertypter Gestaltungsformen mit typenspezifischen Mindeststandards, auf die der Gesetzgeber wahlweise zurückgreifen kann.[98] Andererseits ist zu beachten, dass bei allen Konvergenzen in den geschilderten Rand- und Grenzbereichen Grundunterschiede der normativen Handlungsformen bleiben, die der Entwicklung einer einförmigen Verfahrens- und Fehlerlehre auch in Zukunft entgegenstehen:[99] Die Rechtsverordnung ist und bleibt ganz vom ermächtigenden Gesetz her geprägt; der Kreis der Ermächtigungsadressaten, das Zitiergebot sowie die Frage etwaiger zusätzlicher Zustimmungsvorbehalte gesetzgebender Körperschaften bleiben so die zentralen Verfahrensfragen.[100] Die Satzung dagegen hängt von Strukturen demokratischer Selbstverwaltung ab; dementsprechend zentral sind die Anforderungen an die Transparenz, Offenheit und Ausgewogenheit des Verfahrens im jeweiligen kollegialen Repräsentationskörper.[101] Die Verwaltungsvorschrift schließlich ist

[94] *Maurer* Allg VwR, § 24 Rn 35.

[95] Zum Streitstand, selbst im Ergebnis ablehnend: *Saurer* (Fn 42) 350 ff; skeptisch: *Möllers* (Fn 88) 190; befürwortend: *Hoffmann-Riem* AöR 130 (2005) 1, 5, 36 mwN; *Ruffert* (Fn 2) Rn 62.

[96] §§ 3 ff BauGB, Art 13 BayLPlG.

[97] *Saurer* (Fn 42) 299 f; vgl auch *Breuer* in: Schmidt-Aßmann/Schoch, Bes VwR, 5. Kap Rn 22.

[98] *Schmidt-Aßmann*, Ordnungsidee, 328; *Hill* (Fn 2) Rn 17.

[99] *Hufen* (Fn 91) Rn 450; *Hill* (Fn 2) Rn 15; gegen eine generelle Verrechtlichungstendenz auch *Möllers* (Fn 88) 196 f; für einheitliche Regelungen jedoch *Trips* (Fn 89).

[100] Vgl die Anforderungen des Art 80 GG; näher unten → § 19 Rn 5 ff.

[101] Vgl die Regelungen der Kommunalgesetze zum Geschäftsgang, zB Art 45 ff BayGO, näher unten → § 20 Rn 14.

Innenrecht der Verwaltung und in ihrer Grundform an keinerlei spezifische Form-, Verfahrens- oder Begründungsanforderungen gebunden.[102]

1. Anhörungs- und Beteiligungsrechte, insbesondere die Öffentlichkeitsbeteiligung

Zum Kernproblem des Normsetzungsverfahrens ist die Frage von Anhörungs- und Beteiligungsrechten geworden.[103] Fragt man diesbezüglich nach einem handlungsformübergreifenden Allgemeinen Teil, so ist im Ausgangspunkt festzuhalten, dass eine Beteiligung der Öffentlichkeit, von besonders Normbetroffenen, von Experten etc auch in Zukunft nicht allgemein verfassungsrechtlich geboten ist.[104] Zwar fehlt es nicht an Stimmen, die – in Anlehnung an das Anhörungsrecht des § 28 VwVfG – eine Anhörung von Normbetroffenen zumindest dann für rechtsstaatlich zwingend halten, wenn die Norm unmittelbar (ohne Vollzugsakt) in deren Rechte eingreift.[105] Hieran sind allerdings Zweifel angebracht: Erstens vermag diese Ansicht nicht diejenigen modernen Formen der Öffentlichkeitsbeteiligung zu erklären, die das Anhörungsrecht gerade nicht auf in eigenen Rechten Betroffene beschränken. Nicht trägt zweitens die Parallele zum VwVfG, dh zum Gesetzesvollzug im konkreten Einzelfall: Abstrakt-generelle Normsetzung ist auf eine unbestimmte Vielzahl von Normadressaten gemünzt und kennt daher keine „Beteiligten“, deren individuellen Verhältnisse durch Anhörung zu klären wären,[106] wie nicht zuletzt die Wertung des § 28 II Nr 4 VwVfG deutlich macht, der die Anhörungspflicht bereits bei Allgemeinverfügungen und einer Vielzahl gleichartiger VAe entfallen lässt und für Normen erst recht gelten müsste.[107] Wenn somit der rechtsstaatliche Begründungsansatz „Rechtsbetroffenheit“ als Rechtsgrund für Anhörungspflichten ausscheidet, so kommt in den Blick, was das tatsächlich vorherrschende – eher demokratische – Anliegen[108] von Formen der Öffentlichkeitsbeteiligung ist: Erstrebt wird, die Legitimität und Richtigkeitsgewähr exekutivischer Normsetzung zu steigern. Als wahrer Grund von Techniken der Öffentlichkeitsbeteiligung erweist sich somit ein Problem – das prinzipielle legitimatorische Defizit exekutiver Normsetzung, das diesem gegenüber dem demokratischen, diskursiven und transparenten Charakter parlamentarischer Gesetzgebung[109] anhaftet –, auf das das Grundgesetz bereits seine eigene spezifische Antwort gegeben hat: das grundsätzliche Normsetzungsmonopol des Parlaments, die enge Bindung der Rechtsverordnung an eine hinreichend bestimmte parlamentarische Ermächtigung, das Gekoppeltsein von Satzungsgebung an demokratische 18

[102] *Maurer* Allg VwR, § 24 Rn 34 ff.

[103] *Hufen* (Fn 91) Rn 464; allg hierzu *Rossen-Stadtfeld* in: Hoffmann-Riem/Schmidt-Aßmann/Voßkuhle, Grundlagen II, § 29.

[104] So die bisher herrschende Meinung, vgl BVerfGE 42, 191, 205; BVerwGE 59, 48, 55; referierend: *Pünder* (Fn 47) 142; *v Bogdandy* (Fn 33) 398; jeweils mwN; s auch *Möllers* (Fn 88) 196 f.

[105] *Hufen* (Fn 91) Rn 465 f.

[106] *Gößwein* (Fn 89) 93–102.

[107] Eine Analogie zum VwVfG kann ausnahmsweise geboten sein, je mehr eine formal als Norm erlassene Regelung im schwierigen Grenzbereich zum VA materiell in die Nähe einer konkret-individuellen Regelung kommt (zB bei kleinräumigen Planungsakten). Dazu *Hufen* (Fn 91) Rn 446 ff, 464; *v Bogdandy* (Fn 33) 398.

[108] *Gößwein* (Fn 89) 96 ff; *v Bogdandy* (Fn 33) 395.

[109] BVerfGE 95, 267, 307 f.

Entscheidungsverfahren der Selbstverwaltung, sowie die Beschränkung sonstiger exekutiver Normsetzung auf bloße Innenwirkung. Eine allgemeine Notwendigkeit der Kompensation durch besondere Verfahren der Partizipation kommt in diesem Konzept nicht vor;[110] derartige Verfahren sind und bleiben nicht allgemein verfassungsgeboten.

19 So wenig Anhörungs- und Beteiligungsrechte allgemein verfassungsgeboten sind, so sehr können derartige Rechte unter besonderen Voraussetzungen erforderlich werden, immer dann nämlich, wenn von den maßgeblichen materiellen Regelanforderungen der Verfassung abgewichen werden soll und diese Abweichung nach einer prozeduralen Kompensation durch besondere Verfahrensgestaltung ruft. Betroffen sind insbesondere jene Rechtsgebiete, in denen die Verwaltung aus strukturellen Gründen nicht mit der gleichen inhaltlichen Dichte gesetzlich determiniert werden kann, wie dies sonst der Fall ist; dies sind Rechtsgebiete, in denen das Verfahrensrecht auch in der Tat seinen Aufschwung genommen hat, namentlich das Planungsrecht (Planung ist ein gesetzlich nicht vorwegnehmbarer Akt gestalterischer Freiheit, in dem eine Vielzahl von Belangen zum Ausgleich zu bringen ist), sowie das Umwelt- und Technikrecht (hier besteht häufig eine strukturelle Ungewissheit über Risikolagen, die nach dynamischer Standardsetzung rufen und ohne externen Sachverstand nicht bewältigbar sind). Die Frage, wie bestimmt eine gesetzliche Verordnungsermächtigung zu sein hat, welche Beurteilungsspielräume der Verwaltung eingeräumt werden dürfen etc, kann in derartigen Rechtsgebieten nicht ohne Rücksicht auf deren strukturelle Eigenart und Normierbarkeit beantwortet werden.[111] In dem Maße aber, in dem infolge der strukturellen Eigenart eines Sachgebiets Lockerungen der inhaltlichen Rückbindung an das parlamentarische Gesetz mit dessen spezifischer Legitimität und Richtigkeitsgewähr unvermeidbar sind und tolerierbar erscheinen, hat es sich nicht nur bewährt, sondern muss es auch als verfassungsgeboten angesehen werden, in kompensatorischer Weise zusätzliche Legitimität und Richtigkeitsgewähr durch besondere Verfahrensgestaltungen der Öffentlichkeits- oder Expertenbeteiligung zu gewinnen (näher zur Bedeutung prozeduraler Kompensation im Rahmen des Art 80 I 2 GG unten → § 20 Rn 3; zu normkonkretisierenden Verwaltungsvorschriften s u Rn 29).[112]

20 Wenn Beteiligungsrechte nicht generell geboten, sondern von Besonderheiten des jeweiligen Rechtsgebiets abhängig sind, determiniert das zugleich, was diesbezüglich von einem „Allgemeinen Teil" erwartet werden kann. Die Einführung von Beteiligungsrechten ist Sache des jeweiligen Fachgesetzgebers; entsprechend vielfältig sind die Verfahrensgestaltungen. Die Rechtswissenschaft kann allenfalls ordnen und typisieren; als Ordnungskriterien kommen hierbei die Träger (Öffentlichkeit, Betroffene, beteiligte Kreise, Sachverständige, Interessengruppen, Kommissionen, Behörden etc) sowie der Grad des jeweiligen Beteiligungsrechts (Anhörung, Mitwirkung, Zustimmung etc) in Betracht. Auch wird man gewisse Mindeststandards formulieren können, mögen diese auch vage bleiben (rechtzeitige Ankündigung der Auslegung; hinreichende Information

110 Vgl *Saurer* (Fn 42) 356.

111 *Frankenberger* (Fn 88) 90; *Hoffmann-Riem* AöR 130 (2005) 1, 51; Bundesministerium für Umwelt, Naturschutz und Reaktorsicherheit (im Folgenden: Bundesumweltministerium) (Hrsg), Umweltgesetzbuch (UGB-KomE), 1998, 487.

112 *Hoffmann-Riem* AöR 130 (2005) 1, 35 f, 55; eher weitergehend: *Schmidt-Aßmann* (Fn 2) FS, 477, 489 f; eher enger: *Saurer* (Fn 42) 351 ff; BVerfGE 10, 221; *Frankenberger* (Fn 88) 273 f; *v Bogdandy* (Fn 33) 391; *Pünder* (Fn 47) 28; *Fisahn* Demokratie und Öffentlichkeitsbeteiligung, 2002, 328 ff.

über das Vorhaben; angemessene Frist zur Stellungnahme etc).[113] Weiter gehen kann der Reformgesetzgeber, der die bestehende Vielfalt jedenfalls bereichsweise vereinheitlichen kann.[114] Eine Regelung in allgemeingültiger Form – etwa im VwVfG – ist angesichts der Verfassungslage und der Abhängigkeiten von den Besonderheiten des Fachrechts weder nötig noch wünschenswert;[115] erwägenswert erscheint allenfalls das Zurverfügungstellen bestimmter typisierter Beteiligungsformen, auf die der Fachgesetzgeber ggf wahlweise zurückgreifen kann.[116]

Die Frage nach den Grenzen einer Mitwirkung Privater stellt sich, wenn diese Beteiligung über bloße Anhörungsrechte hinausgeht und Formen kooperativ privat-staatlicher Normsetzung annimmt, sei es dass eine exekutive Norm auf private Regelwerke verweist, dass Private bei der Ausarbeitung der Norm mitarbeiten oder privat erarbeitete Normen durch einen Akt der Allgemeinverbindlicherklärung in staatliches Recht transformiert werden.[117] Das überkommene rechtsstaatliche Verbot der dynamischen Verweisung auf außerstaatliche Regelwerke[118] deckt nur einen Teil der Fallgruppen ab und thematisiert überdies nicht das Zentralproblem derartiger Beteiligungsformen, die Gewährleistung einer transparenten und gemeinwohlorientierten Willensbildung. Soweit es (zB bei Rechtsverordnungen und Verwaltungsvorschriften) an speziellen Vorschriften über das Erlassverfahren fehlt und fehlen darf, wird man auch maßgebliche Beteiligungen privaten Sachverstands im Vorfeld des Normerlasses nicht als rechtswidrig ansehen können, solange die Norm letztlich auf einem Willensbildungsakt des zuständigen exekutiven Normgebers beruht. Eher strengere Maßgaben dürften für den Satzungserlass gelten, der ja bereits von Verfassungs wegen an Strukturen einer demokratischen Willensbildung in einem Repräsentationsorgan gebunden ist; dass auch insoweit Raum für Kooperation und gewisse Vorwegbindungen besteht, macht das Städtebaurecht (§§ 11 f BauGB) exemplarisch deutlich.[119] Eine wichtige Maßgabe schließlich besteht in all jenen Rechtsgebieten, bei denen eine gesetzliche Steuerung der Exekutive nur in reduzierter Form möglich ist und daher (kompensatorisch) zusätzliche prozedurale Sicherungen zur Gewährleistung von Legitimität und Qualität der exekutiven Norm unerlässlich werden; soll in diesen Bereichen privater Sachverstand in einer über Konsultationsrechte hinausgehenden Weise beteiligt werden, trifft den Gesetzgeber eine Strukturschaffungspflicht dahingehend, dass eine transparente und gemeinwohlorientierte Normgebung gewährleistet bleibt.[120] 21

[113] *V Bogdandy* (Fn 33) 410 ff.

[114] Vgl zB §§ 18, 20 UGB-KomE; dazu Bundesumweltministerium (Fn 111) 475 ff, 480 f.

[115] *Gößwein* (Fn 88) 225 ff; *v Bogdandy* (Fn 33) 401; aA *Trips* (Fn 890) 150 ff.

[116] *Schmidt-Aßmann* Ordnungsidee, 328.

[117] Hierzu: *Hoffmann-Riem* AöR 130 (2005) 1, 21 f; *Appel* in: Hoffmann-Riem/Schmidt-Aßmann/Voßkuhle, Grundlagen II, § 34 Rn 29 ff; zu §§ 42–40 UGB-KomE: Bundesumweltministerium (Fn 111) 491 ff; *Gößwein* (Fn 89) 179 ff; zur Gestaltungsform einer Beleihung: *Wiegand* Die Beleihung mit Normsetzungskompetenzen, 2008.

[118] Bundesumweltministerium (Fn 111) 426.

[119] Vgl *Hufen* (Fn 91) Rn 456 ff. Vgl auch *Krebs* in: Schmidt-Aßmann/Schoch, Bes VwR, 4. Kap Rn 174.

[120] *Hoffmann-Riem* AöR 130 (2005) 1, 60.

2. Begründung von Normsetzungsakten

22 Hinsichtlich einer Begründungspflicht für exekutive Normsetzungsakte gilt Ähnliches wie bei den Anhörungsrechten. Dass ein Zwang zur Begründung die Transparenz und Selbstdisziplinierung exekutiver Normsetzung fördert sowie den Rechtsschutz des Einzelnen erleichtert und in diesem Sinne rechtspolitisch vorteilhaft erscheint, kann nicht geleugnet werden;[121] ebenso wenig kann übersehen werden, dass die einfachgesetzliche Normierung von Begründungspflichten häufiger wird und in bestimmten Rechtsbereichen Standard geworden ist (zB §§ 2a, 5 V, 9 VIII BauGB). Umgekehrt bleibt es dabei, dass eine generelle Begründungspflicht exekutiver Normen weder deutscher Rechtspraxis entspricht noch ein zwingendes verfassungsrechtliches Gebot darstellt.[122] Die bei Rechtsverordnungen teilweise vorgesehene Pflicht zur Begründung von Verordnungsentwürfen[123] dient der internen Strukturierung des Erlassverfahrens und darf nicht mit einer Begründung des endgültigen Normtextes gegenüber dem Bürger verwechselt werden.[124] Zwar fehlt es auch hier nicht an Stimmen, die – in Anlehnung an den bei Einzelakten geltenden Standard (§ 39 VwVfG) – eine Begründung zumindest unmittelbar eingreifender Normen für rechtsstaatlich geboten halten.[125] Erneut sind Zweifel an dieser Parallele angebracht: Die Rechtsschutzsituation ist nicht vergleichbar (keine fristgebundene Anfechtungslast). Abstrakt-generelle Normsetzung kennt keine „Beteiligten" im Sinne des VwVfG. Selbst § 39 VwVfG schließlich normiert bei Verwaltungsakten in größerer Zahl und bei Allgemeinverfügungen Ausnahmen vom Begründungsgebot (II Nr 3 und 5). Eine denkbare Parallele zum parlamentarischen Gesetz führt zu nichts anderem: Parlamentarische Gesetzgebung trifft – im Vertrauen auf die Transparenz des parlamentarischen Entscheidungsverfahrens – keine Pflicht zur Begründung von Gesetzen.[126] Das legitimatorische Defizit, das exekutivische Rechtsetzung gegenüber parlamentarischer aufweist, gleicht das deutsche Verfassungsrecht auf seine eigene – materiellrechtliche – Weise aus, nicht aber dadurch, dass es exekutive Normsetzung durchgängig an ein Begründungserfordernis bände. Verfassungsrechtlich erforderlich kann ein Begründungszwang erneut allenfalls dann werden, wenn in den Besonderheiten bestimmter Sachgebiete begründete Defizite gesetzlicher Steuerung des kompensatorischen Ausgleichs durch besondere Verfahrensgestaltung bedürfen; eine Begründung wird hierbei regelmäßiges Pendant einer Öffentlichkeitsbeteiligung sein (im Sinne einer Darlegung, wie mit Einwendungen verfahren wurde, vgl zB § 10 IV BauGB).

3. Ausfertigung und Verkündung, In- und Außerkrafttreten

23 Bezüglich Ausfertigung, Verkündung und Inkrafttreten exekutiver Normen stehen der Formulierung übergreifender Regeln, jedenfalls wenn man die Verwaltungsvorschriften in die Überlegungen einbezieht, unüberwindbare Hindernisse entgegen. Für Rechtsverordnungen und Satzungen ist die Notwendigkeit von Ausfertigung und Verkündung ge-

[121] *Ossenbühl* in: Isensee/Kirchhof V, § 104 Rn 72; *v Bogdandy* (Fn 33) 441; *Trips* (Fn 89) 195 ff.

[122] Für die Rechtsverordnung: *v Danwitz* Jura 2002, 93, 101.

[123] § 62 II iVm § 42 I GGO (vormals § 66 GGO II).

[124] *Richter* Sind die Grundsätze über die Ermessensausübung beim Erlass von Verwaltungsakten übertragbar auf den Erlass von Rechtsverordnungen und Satzungen?, 1972, 54.

[125] *Hufen* (Fn 91) Rn 472; *Ossenbühl* NJW 1986, 2805, 2809 f.

[126] *V Danwitz* Jura 2002, 93, 100; *Ossenbühl* NJW 1986, 2805, 2809. Die Begründung von Gesetzesvorlagen, zB § 76 II GeschOBT ist etwas qualitativ anderes.

sicherter rechtsstaatlicher Standard.[127] Für Verwaltungsvorschriften dagegen ist und bleibt die grundsätzliche Entbehrlichkeit einer Publikation folgerichtiges Gegenstück ihrer – Rechte und Pflichten des Einzelnen grundsätzlich nicht begründenden – bloßen Innenwirkung[128] (näher unten → § 20 Rn 8, 14, 23).

Das Problem, dass exekutive Normen förmlich in Kraft bleiben, obwohl sie sich er- **24**
ledigt haben oder nicht mehr auf neuestem Stand sind, ist alt; bereits Preußen sah sich mehrfach gezwungen, zum Zwecke der Rechtsbereinigung pauschal alle vor einem bestimmten Stichtag erlassenen Polizeiverordnungen außer Kraft zu setzen.[129] Über derartige Maßnahmen hinausgehend wird es gerade heute zunehmend als Standard guter Normsetzung gesehen, die Exekutive zu einer fortlaufenden oder periodischen Evaluierung der einmal erlassenen Norm hinsichtlich ihrer Voraussetzungen und Regelungserfolge zu verpflichten („Monitoring", zB § 4c BauGB).[130] Allgemeine (*prozedurale*) Regeln einer derartigen Überprüfungspflicht oder zu einem automatischen Außerkrafttreten nach bestimmten Zeiträumen haben sich gleichwohl noch nicht durchgesetzt.[131]

IV. Normsetzungsermessen und Gesetzesbindung

Das Normsetzungsermessen der Exekutive (nach anderer Terminologie: die Gestal- **25**
tungsfreiheit exekutiver Normgeber[132]) ist wiederholt Gegenstand wissenschaftlicher Untersuchungen gewesen[133], ohne dass sich bislang eine konsensfähige Ermessenslehre herausgeschält hätte, die es mit jener Lehre vom Verwaltungsermessen aufnehmen könnte, wie sie für Einzelakte existiert und in den §§ 40 VwVfG, 114 VwGO ihren Niederschlag gefunden hat.[134] Unsicherheit herrscht dabei sowohl in der Frage, inwieweit eine übergreifende Ermessensfehlerlehre für die verschiedenen Normsetzungsarten denkbar ist, als auch in der Frage, in welchem Maße sich eine derartige Lehre ggf inhaltlich von der Lehre vom (Einzelakt-)Verwaltungsermessen einerseits oder aber von der Lehre vom Gestaltungsspielraum des Gesetzgebers andererseits inspirieren lassen darf (daher auch die terminologische Unsicherheit: Normsetzungsermessen/Gestaltungsfreiheit).

127 *V Bogdandy* (Fn 33) 440; *Ziegler* DVBl 1987, 280 ff.

128 *Maurer* Allg VwR, § 24 Rn 36.

129 *Naas* Die Entstehung des Preußischen Polizeiverwaltungsgesetzes von 1931, 2003, 241, 243, s auch 85 ff.

130 *Schmidt-Aßmann* Ordnungsidee, 328.

131 Vergleichbare Pflichten können indes aus materiellem Recht folgen (BVerfGE 110, 141, 166 → JK GG Art 12 I/75 zu Prognoseentscheidungen; zum Baurecht *Gelzer/Bracher/Reidt* Bauplanungsrecht, 7. Aufl 2004, Rn 46 ff).

132 Zur Begrifflichkeit: *v Danwitz* (Fn 51) 35 ff.

133 Aus der Literatur: *Zuleeg* DVBl 1970, 157; *Richter* (Fn 124); *Herdegen* AöR 114 (1989) 607; *Badura* (Fn 28) GS, 25; *v Danwitz* (Fn 51); *Weitzel* Justiziabilität des Rechtsetzungsermessens, 1998.

134 *Weitzel* (Fn 133) 23.

1. Das Gesetz als Determinante exekutiver Normsetzungsspielräume

26 Ausgangspunkt einer Lehre vom exekutiven Normsetzungsermessen hat die Erkenntnis zu sein, dass es für alle drei exekutiven Normsetzungsformen zuallererst das Gesetz ist, das über Freiheit und Gebundenheit exekutiver Normsetzung, über Art und Maß des normativen Ermessens sowie über die Reichweite richterlicher Prüfungsbefugnis entscheidet.[135] Das Ausmaß exekutiver Gestaltungsfreiheit ist Spiegelbild der Spielräume, die das zur Rechtsetzung ermächtigende oder durch Verwaltungsvorschriften auszufüllende Gesetz belässt. Dieser übergreifend richtige Ausgangspunkt hilft freilich nur bedingt weiter: Denn hinsichtlich der entscheidenden Folgefrage, wie groß denn die Spielräume sind, die der Gesetzgeber der Exekutive belassen darf, bzw (korrespondierend) wie bestimmt bereits das Gesetz selbst zu sein hat, mag die Wesentlichkeitslehre zwar noch einen – schwer handhabbaren – übergreifenden Mindeststandard bereithalten. Jenseits dieses Mindeststandards jedoch lässt sich die Frage nach der nötigen Bestimmtheit des Gesetzes und des korrespondierenden Normsetzungsermessens für die drei Normsetzungsformen Rechtsverordnung, Satzung und Verwaltungsvorschrift nur unterschiedlich beantworten; der Herausbildung einer übergreifenden Ermessenslehre sind dadurch Grenzen gesetzt.

27 Das Verordnungsermessen ist ganz von dem verfassungsrechtlichen Erfordernis einer nach Inhalt, Zweck und Ausmaß hinreichend bestimmten Verordnungsermächtigung geprägt; das Verordnungsermessen erscheint vor dem Hintergrund dieses Bestimmtheitsgebots als ein programmgeleiteter und zweckgebundener Gestaltungsfreiraum.[136]

28 Das Satzungsermessen verkörpert demgegenüber strukturell größere Freiräume. Grund ist die Verwurzelung der Satzungsgebung im Autonomiegedanken, der Umstand, dass Satzungsgebung grundsätzlich bereits auf der Basis einer Verleihung von Satzungsautonomie stattfinden darf, die sich näherer Vorgaben über Inhalt, Zweck und Ausmaß der zu treffenden Regelungen völlig enthalten kann.[137] Selbst soweit Satzungen in Grundrechte eingreifen und man daher aufgrund des rechtsstaatlichen Vorbehalts des Gesetzes zusätzlich eine besondere Satzungsermächtigung[138] verlangt, genügt regelmäßig eine Ermächtigung dem Gegenstande nach, die hinter der Programm- und Zweckbindung des Art 80 I 2 GG zurückbleibt. Nur ausnahmsweise verlangt die Wesentlichkeitstheorie eine eingehendere inhaltliche Steuerung[139] (näher unten → § 20 Rn 12).

29 Am schwierigsten sind die exekutivischen Freiräume beim Erlass von Verwaltungsvorschriften auf eine Formel zu bringen. Alles hängt hier davon ab, inwieweit der Verwaltung für ihr außenwirksames Vollzugshandeln Ermessens- oder Beurteilungsspielräume eingeräumt werden können oder sie sogar gesetzesfrei tätig werden darf, denn nur in den Grenzen eingeräumter Spielräume oder gesetzesfreier Betätigung kann die interne Selbstprogrammierung durch Verwaltungsvorschriften steuernde Kraft entfalten. Freilich halten Gesetzes- und Parlamentsvorbehalt eine prinzipielle Antwort bereit, und doch ist im Detail vieles unsicher:

So gibt es keine klar konturierte Doktrin zur Frage, in welchem Ausmaß der Gesetzgeber der Verwaltung *(Rechtsfolge-)Ermessen* einräumen darf (das dann durch Ermes-

[135] *Badura* (Fn 28) GS, 25 ff.

[136] *Badura* (Fn 28) GS, 25, 27 f.

[137] *Badura* (Fn 28) GS, 25, 28; vgl etwa die Verleihung kommunaler Satzungsautonomie, zB Art 23 S 1 BayGO.

[138] Vgl zB Art 24 BayGO; zur hM *Hill* (Fn 2) Rn 32.

[139] ZB *Scholz* in: Maunz/Dürig, GG, Art 12 Rn 324 ff.

sensrichtlinien ausgefüllt werden kann). Angenommen wird einerseits, dass die Einräumung von Ermessen selbst bei Eingriffsbefugnissen regelmäßig zulässig ist;[140] anerkannt sind andererseits einzelne Fallgruppen, in denen Ermessen aus grundrechtlichen Gründen unzulässig wäre (so namentlich bei behördlichen Erlaubnisvorbehalten bzgl grundrechtsgeschützter Tätigkeit), wobei bereits hier die Grenzlinien alles andere als leicht zu ziehen sind.[141] Erst recht bleibt jenseits dieser Orientierungspunkte allein die schwer handhabbare Wesentlichkeitstheorie, um Abgrenzungen vorzunehmen.[142]

Nicht vollends geklärt ist auch, inwieweit der Gesetzgeber der Exekutive *(tatbestandliche) Beurteilungsspielräume* einräumen darf, die diese sodann in einer durch den Richter nur begrenzt überprüfbaren Weise mittels Verwaltungsvorschrift auszufüllen berechtigt ist. Fort wirkt insoweit eine allgemeine Unsicherheit der deutschen Verwaltungsrechtslehre in der Frage, ob exekutive Beurteilungsspielräume – abweichend von der Prämisse des grundsätzlich voller richterlicher Prüfung unterliegenden unbestimmten Rechtsbegriffs – generell aufgrund entsprechender gesetzlicher Ermächtigung (die ggf auch konkludent möglich ist und durch Auslegung erschlossen werden kann) zulässig sind (normative Ermächtigungslehre) oder aber an bestimmte Sachgesetzlichkeiten (Funktionsgrenzen gesetzlicher Normierbarkeit oder richterlichen Nachvollzugs) geknüpft und daher von vornherein auf bestimmte Fallgruppen (Prüfungs-, Wertungs-, Prognoseentscheidungen etc) beschränkt bleiben.[143] Mit der Anerkennung des Phänomens der sog *„normkonkretisierenden Verwaltungsvorschriften“*, deren Konkretisierungen gesetzlicher Tatbestände für den Richter grundsätzlich bindend sein sollen, haben die Gerichte in der Sache akzeptiert, dass es möglich ist, der Verwaltung einen Beurteilungsspielraum einzuräumen, den diese mittels Verwaltungsvorschrift auszufüllen berechtigt ist.[144] Unklar bleibt auch hier, ob derartige normkonkretisierende Verwaltungsvorschriften allein in bestimmten Fallgruppen zulässig sind (Standardisierungsermächtigungen im Umwelt- und Technikrecht, zB § 48 BImSchG) oder aber generell vorstellbar sind; auch außerhalb des Umwelt- und Technikrechts gibt es Fälle, in denen die Rechtsprechung bestimmten aufgrund besonderer gesetzlicher Ermächtigung ergangenen Verwaltungsvorschriften erhöhte Bindungswirkungen zugebilligt hat.[145] Jede Theorie zur Zulässigkeit normkonkretisierender Verwaltungsvorschriften mit eigenständigem Beurteilungsspielraum hat sich einzufügen in ein Spannungsfeld, das von zwei unstreitigen Polen bestimmt wird: Einerseits ist klar, dass unbestimmte Rechtsbegriffe grundsätzlich voller richterlicher Prüfung unterliegen und daher gewöhnliche norminterpretierende Verwaltungsvorschriften nur solange maßgeblich sein können, wie sie der zur vollen Prüfung berechtigte Richter akzeptiert.[146] Andererseits ist klar, dass der Gesetzgeber – nach Maßgabe der hierfür bestehenden Voraussetzungen – die Exekutive als Verordnungs- oder Satzungsgeber zu einer konkretisierenden

140 *Schmidt-Aßmann* in: Maunz/Dürig, GG, Art 19 IV Rn 189.

141 *Papier* in: Maunz/Dürig, GG, Art 14 Rn 90 f; *Scholz* in: Maunz/Dürig, GG, Art 12 Rn 366.

142 Zur Wesentlichkeitslehre zB OVG NRW GewArch 2002, 192, 193 f.

143 *Maurer* Allg VwR, § 7 Rn 31 ff; *Wolff* in: Sodan/Ziekow (Hrsg), VwGO, 2. Aufl 2006, § 114 Rn 286 ff; dazu BVerf-K vom 10.12.2009 – 1 BvR 3151/07.

144 BVerwGE 72, 300; 107, 300 → JK BImSchG § 5 I/3; 107, 338; 110, 216; 114, 342; BVerwGE 129, 2009; *Di Fabio* DVBl 1992, 1338; *Uerpmann* BayVBl 2000, 705; *Ossenbühl* DVBl 1999, 1; *Wolff* (Fn 143) § 114 Rn 394 ff; *Hill* (Fn 2) Rn 44 f.

145 BVerwGE 119, 265, 267 → JK SG § 30 I/1.

146 BVerwGE 107, 338, 340 → JK Allg VerwR/1; 116, 332, 333 → JK VwVfG § 49a/1, näher dazu s → § 20 Rn 22.

Normsetzung ermächtigen kann, die der Richter zu akzeptieren hat und allein auf die Einhaltung des Ermächtigungsrahmens hin überprüfen darf.[147] Soll sich eine Doktrin nur beschränkt überprüfbarer normkonkretisierender Verwaltungsvorschriften stimmig zwischen diese beiden Pole einordnen, so bedeutet dies zweierlei: Zum einen muss die Annahme beschränkt überprüfbarer Beurteilungsspielräume an Voraussetzungen geknüpft sein, die die normkonkretisierenden Verwaltungsvorschriften klar von den voraussetzungslos zulässigen, aber auch ohne Beurteilungsspielraum bleibenden norminterpretierenden Verwaltungsvorschriften unterscheiden. Zum anderen dürfen normkonkretisierende Verwaltungsvorschriften, solange ihre Voraussetzungen hinter denen, die für außenwirksame Verordnungs- und Satzungsgebung gelten, zurückbleiben, auch in ihren Rechtswirkungen Verordnungen und Satzungen nicht gleichkommen; sie müssen einen bestimmten Abstand wahren.[148] Im Ergebnis bedeutet dies nach hier vertretener Ansicht: Je mehr eine Verwaltungsvorschrift nur auf der Basis besonderer Voraussetzungen zulässig ist, dh insbesondere an eine besondere gesetzliche Ermächtigung gebunden wird, an besondere Vorkehrungen prozeduraler oder materieller Richtigkeitsgewähr geknüpft wird und einer tauglichen Publikationspflicht unterworfen wird, desto mehr kann angenommen werden, dass der Exekutive ein gerichtlich nur begrenzt überprüfbarer Beurteilungsspielraum der Normkonkretisierung mittels Verwaltungsvorschrift eingeräumt werden soll.[149] Zugleich bleibt – bei allen Annäherungstendenzen – ein Abstand zur Rechtsverordnung und Satzung gewahrt: Normkonkretisierende Verwaltungsvorschriften haben keine echte Außenwirkung und brauchen auch keine, um maßgeblich werden zu können; sie haben zudem eine geringere und flexiblere Bindungskraft als außenwirksames Recht, ihre Wirkkraft steht unter dem Vorbehalt, dass von ihren Festlegungen in atypischen Fällen abgewichen werden kann und muss (vgl bereits Rn 4, 8; näher unten → § 20 Rn 19 ff).[150] Nichtsdestoweniger ist auf der Basis der hier vertretenen Meinung ein weiter Anwendungsbereich exekutiver Normkonkretisierung außerhalb der Bahnen von Verordnungs- und Satzungsgebung eröffnet, dessen Potential in der Praxis noch bei weitem nicht ausgeschöpft ist. Eine absolute Grenze findet die Einräumung von Normkonkretisierungsspielräumen, wie die Entscheidung des BVerwG zu den Beihilfevorschriften deutlich gemacht hat, freilich in der Lehre vom Parlamentsvorbehalt, die den Gesetzgeber zwingt, die jeweils wesentlichen Strukturentscheidungen selbst zu treffen.[151]

[147] *Ossenbühl* DVBl 1999, 1, 4.

[148] *Schmidt-Aßmann* Ordnungsidee, 329; *ders* in: Maunz/Dürig, GG, Art 19 IV Rn 206b.

[149] Ähnlich: *Hoffmann-Riem* AöR 130 (2005) 1, 5, 59; *Schmidt-Aßmann* Ordnungsidee, 330; allgemein zum Beurteilungsspielraum auch *Schuppert* Verwaltungswissenschaft, 530 ff; vgl auch BVerwGE 119, 265.

[150] *Schmidt-Aßmann* Ordnungsidee, 329 f; *ders* in: Maunz/Dürig, GG, Art 19 IV Rn 206b; *ders* (Fn 2) FS, 477, 493; *Ossenbühl* DVBl 1999, 1, 5.

[151] BVerwGE 121, 103 → JK BVerfGG § 35/1; dazu *Saurer* DÖV 2005, 587. Das System der Beihilfen für Beamte kann nicht in der Weise errichtet werden, dass der Gesetzgeber allein die Fürsorgepflicht statuiert und die gesamte Konkretisierung dieser Pflicht exekutivischen Verwaltungsvorschriften überlässt.

2. Übertragbarkeit von Elementen der auf exekutive Einzelakte bezogenen Lehre vom Ermessen/Beurteilungsspielraum?

30 Bereits die bisherigen Ausführungen haben deutlich gemacht, dass das Normsetzungsermessen beim Erlass von Rechtsverordnungen, Satzungen und Verwaltungsvorschriften hinsichtlich der jeweiligen Struktur gesetzlicher Vorprägung erhebliche Unterschiede aufweist. Dessen ungeachtet ist immer wieder versucht worden, exekutive Normsetzung in ihren verschiedenen Formen unter das Dach einer übergreifenden Ermessensfehlerlehre zu bringen.[152] Der in der Rechtsprechung zum Teil anzutreffende Versuch, sich hierbei an die Lehre vom gesetzgeberischen Gestaltungsspielraum anzulehnen,[153] wird von der Literatur überwiegend skeptisch beurteilt, weil die umfassende Gestaltungsfreiheit der Legislative und das gesetzes- sowie häufig auch zweckgebundene Normsetzungsermessen der Exekutive als strukturell nicht vergleichbar angesehen werden.[154] Häufiger dagegen ist der Versuch, die für das behördliche Einzelfallhandeln anerkannte Ermessenslehre (§§ 40 VwVfG, 114 VwGO) auch auf das behördliche Normsetzungsermessen zu übertragen bzw von einer übergreifenden, Einzelfallhandeln und Normsetzung umgreifenden Lehre des Verwaltungsermessens auszugehen.[155] So verlockend eine derartige Konzeption erscheint, so sehr darf sie nach hier vertretener Ansicht nur mit großer Vorsicht verfolgt werden. Freilich spricht nichts dagegen, sich von der Einzelakt-Ermessenslehre inspirieren zu lassen und auszutesten, inwieweit ihre Aussagen auf den Erlass von Normen übertragbar sind. Keinesfalls jedoch darf exekutive Normsetzung in das Korsett einer einheitlichen Ermessenslehre gezwängt werden, bei dem die die jeweilige Ermessensausübung prägenden fundamentalen Unterschiede zwischen Einzelfallhandeln (Umstände des Einzelfalls) und Normsetzung (Typisierung), zwischen der Setzung von Innen- und Außenrecht sowie zwischen programmgebundener Rechtsetzung kraft Delegation und freierer Rechtsetzung kraft Autonomie verwischt werden.[156]

31 Begrenzte Anleihen sind – wenn man zunächst Rechtsverordnungen und Satzungen, also allein exekutivisches Außenrecht betrachtet – möglich bei der für das deutsche Recht typischen Unterscheidung von voller richterlicher Überprüfung unterliegendem unbestimmtem Rechtsbegriff einerseits und exekutivem Beurteilungsspielraum andererseits. Zum Tragen kommt diese Unterscheidung, soweit exekutive Rechtsetzung zugleich einen Aspekt der Rechtsanwendung[157] in sich trägt, also etwa an bestimmte tatbestandliche Voraussetzungen oder bestimmte inhaltliche Maßgaben geknüpft wird (bei der nach Inhalt, Zweck und Ausmaß determinierten Verordnungsgebung wird dies tendenziell häufiger der Fall sein als bei der inhaltlich freieren Satzungsgebung). Verwendet der Gesetzgeber bei derartigen tatbestandlichen Voraussetzungen oder Maßgaben unbestimmte Rechtsbegriffe, so kann auch bei der exekutiven Normsetzung als

[152] Besonders weitgehend: *Weitzel* (Fn 133); krit hierzu: *Möstl* AöR 126 (2001) 655.

[153] Nachwbei *v Danwitz* (Fn 51) 167 f; *Herdegen* AöR 114 (1989) 607, 609 f (auch mit Nachw zur Gegenansicht); *Ossenbühl* FS H. Huber, 1981, 283, 287 f.

[154] *V Danwitz* (Fn 51) 168 f, 177 ff; *Badura* (Fn 28) GS, 25, 29.

[155] *Zuleeg* DVBl 1970, 157; *Schmidt-Aßmann* in: Maunz/Dürig, GG, Art 19 IV Rn 217a; *Weitzel* (Fn 133); *v Bogdandy* (Fn 33) 360 ff; teilweise wird auch der Anschluss an die Sonderdogmatik des Planungsermessens gesucht, so *Kloepfer* DVBl 1995, 441.

[156] *Möstl* AöR 126 (2001) 655, 657; für eine Eigenständigkeit des exekutiven Normsetzungsermessens auch: *v Danwitz* (Fn 51) 177 ff; *Ossenbühl* NJW 1986, 2805, 2809.

[157] Hierzu: *v Danwitz* (Fn 51) 54 f.

Ausgangspunkt gelten, dass die Einhaltung derartiger Voraussetzungen oder Maßgaben grundsätzlich voller richterlicher Überprüfung unterliegt (klassisches Beispiel: das Vorliegen einer abstrakten Gefahr bei Polizeiverordnungen)[158]. Bei diesem Ausgangspunkt darf man freilich nicht stehen bleiben. Denn exekutive Rechtsetzung erschöpft sich in derartigen Momenten der Rechtsanwendung nicht und schließt häufig, ja geradezu typischerweise neben der Setzung eigenständiger Rechtsfolgen auch die Aufgabe einer näheren Konkretisierung gesetzlicher Tatbestände mit ein.[159] Hat die Exekutive einen derartigen Konkretisierungsauftrag, kann es nicht angehen, sie voller richterlicher Kontrolle zu unterwerfen, vielmehr ist ihr ein Beurteilungs- und Konkretisierungsspielraum zuzubilligen.[160] Ob die Exekutive an eine richterlich überprüfbare Tatbestandsvoraussetzung gebunden oder aber ihr ein Konkretisierungsspielraum eingeräumt wurde, ist eine Frage, die nur durch eine am Zweck der Ermächtigung sowie an den Erfordernissen funktionsgerechter Gewaltenteilung orientierten Auslegung beantwortet werden kann.[161] Soweit ein Konkretisierungsspielraum besteht, kann die Rechtsprechung nur die Einhaltung des vorgegebenen Bedeutungsrahmens kontrollieren und ist auf eine Evidenz- oder Vertretbarkeitskontrolle beschränkt;[162] im Übrigen wird man Anleihen bei der Fehlerlehre ziehen können, die sogleich für das Rechtsfolgeermessen zu erörtern ist.[163]

32 Eine Übertragung von Elementen der Lehre vom (Rechtsfolge-)Ermessen der Verwaltung (§§ 40 VwVfG, 114 VwGO) auf exekutive Außenrechtsetzung kommt in Betracht, soweit diese mehr ist als bloße Rechtsanwendung (Rechtsetzungsfunktion)[164], insbesondere soweit sie eigenständige Rechtsfolgen setzt (zB Pflichten, Befugnisnormen statuiert etc). Das Ermessen kann sich dabei – wie bei Einzelakten – sowohl auf das „ob" des Tätigwerdens (Entschließungsermessen) als auch auf das „wie" der Regelung (Auswahlermessen) beziehen.

Jeglicher Versuch, für das Normsetzungsermessen Anleihen beim Einzelaktermessen zu machen, darf nie aus den Augen verlieren, dass die Entscheidungsstruktur bei Einzelfallentscheidungen einerseits und bei der Setzung abstrakt-genereller Regeln andererseits eine grundverschiedene ist.[165] Einzelaktermessen dient in besonderer Weise der Verwirklichung von Einzelfallgerechtigkeit, seine Ausübung ist ganz davon geprägt, dass zumal solche individuellen Belange und Besonderheiten in die Ermessensbetätigung einzustellen sind, deren Berücksichtigung auf der normativen Ebene unmöglich ist. Einzelaktsermessen ist daher zentral dadurch gekennzeichnet, dass es nicht nur

[158] ZB BVerwGE 116, 347 → JK Polizei- und OrdnungsR/Gefahrenbegriff/6; NdsOVG NVwZ 2001, 742, 745; zu anderen Bsp, etwa zum Streitfall Anschluss- und Benutzungszwang: *Herdegen* AöR 114 (1989) 607, 632; *Schoch* NVwZ 1990, 801, 810.

[159] Hierzu (auch zum Folgenden): *Herdegen* AöR 114 (1989) 607, 622 f, 632 ff; *Weitzel* (Fn 132) 71 (Konkretisierungsermessen), 219; *Ossenbühl* DVBl 1999, 1 ff; *ders* in: Isensee/Kirchhof V, § 103 Rn 42. Zu den Prognosespielräumen im kommunalen Abgabenrecht (Kostendeckungsprinzip): BVerwG NVwZ 2002, 1123 (dazu *Meyer* NdsVBl 2003, 117, 121 f).

[160] *Jesch* JZ 1963, 241, 244 f: „delegierte authentische Interpretation".

[161] *Badura* (Fn 28) GS, 25, 27; *Herdegen* AöR 114 (1989) 607, 622.

[162] *Ossenbühl* in: Isensee/Kirchhof V, § 103 Rn 43; *Herdegen* AöR 114 (1989) 607, 634 ff.

[163] Zur Strukturähnlichkeit und in der Praxis schweren Trennbarkeit von Konkretisierungs- und Rechtsfolgeermessen: *Weitzel* (Fn 133) 95; *v Danwitz* (Fn 51) 172; *Schmidt-Aßmann* in: Maunz/Dürig, GG, Art 19 IV Rn 192.

[164] *V Danwitz* (Fn 51) 54; zum Rechtsfolgeermessen allgemein: *Weitzel* (Fn 133) 71 ff.

[165] *Badura* (Fn 28) GS, 25, 31; *v Danwitz* (Fn 51) 171 f; *Seibert* (Fn 26) 535, 536, 539.

dann verletzt ist, wenn das Ergebnis der Ermessensbetätigung (Abwägungsergebnis) die äußeren Grenzen des Ermessens überschreitet (Ermessensüberschreitung), sondern – obwohl der normative Handlungsrahmen im Ergebnis voll und ganz eingehalten ist – auch dann, wenn der Vorgang der Ermessensbetätigung (Abwägungsvorgang) insofern fehlerhaft war, als von dem Ermessen nicht in einer dem Zweck der Ermächtigung entsprechenden Weise Gebrauch gemacht worden ist, dergestalt dass entweder nach dem Zweck wesentliche Einzelumstände übersehen oder aber sachfremde Einzelerwägungen angestellt wurden und so das Ziel der Verwirklichung von Einzelfallgerechtigkeit innerhalb des gesetzlich vorgegebenen abstrakt-generellen äußeren Handlungsrahmens verfehlt wurde (Ermessensfehlgebrauch; bei Planungsakten ist diese Stufe durch die Abwägungsfehlerlehre noch verfeinert).[166] Die Setzung abstrakt-generellen Rechts lässt sich damit nur bedingt vergleichen: Insbesondere kann es eine Stufe, auf der es auf die individuellen Besonderheiten des Einzelfalls ankäme, typischerweise nicht geben. Es ist – so die hier vertretene These – nur folgerichtig, dass bestehendes Normsetzungsermessen grundsätzlich allein dadurch verletzt werden kann, dass das Ergebnis der Ermessensbetätigung nicht mit dem durch das Gesetz vorgegebenen Handlungsrahmen übereinstimmt; der Abwägungsvorgang als solcher bleibt grundsätzlich außer Betracht, weil ihm die eigenständige Funktion einer Verwirklichung von Einzelfallgerechtigkeit fehlt.[167]

Konsequenz ist, dass eine auf den Abwägungsvorgang abzielende Prüfung des Ermessensfehlgebrauchs bei Normen grundsätzlich nicht stattfindet. Ausnahmen sind freilich denkbar, so namentlich bei normativen Planungsakten (hier greift die Abwägungsfehlerlehre), bei Normativakten, die in der Sache einer Einzelfallentscheidung nahe kommen, sowie wenn sich dies sonst aus der gesetzlichen Ermächtigung entnehmen lässt.[168]

Kern der Ermessensprüfung bei exekutiven Normativakten ist die Ermessensüberschreitung, die Frage also, ob sich das Ergebnis der Ermessensbetätigung in den durch höherrangiges Recht gezogenen Grenzen hält. Zum höherrangigen Recht gehört nicht nur die Ermächtigungsgrundlage oder sonstiges Gesetzesrecht, sondern auch das Verhältnismäßigkeitsprinzip, sowie der allgemeine Gleichheitssatz.[169] Ihrer Grundstruktur nach ähnelt das exekutive Normsetzungsermessen demnach der gesetzgeberischen Gestaltungsfreiheit (die ja ihrerseits in erster Linie auf Übereinstimmung mit höherrangigem Recht überprüft wird); freilich wird der exekutive Normgeber bei den im Rahmen von Verhältnismäßigkeits- und Gleichheitskontrolle vorzunehmenden Einschätzungen und Wertungen regelmäßig einer stärkeren Vorprogrammierung unterliegen als der diesbezüglich freiere Gesetzgeber; der Einschätzungs- und Prognosespielraum wird infolgedessen tendenziell kleiner sein.[170] Einen diesbezüglichen Unterschied gibt es – in-

[166] *Wolff* (Fn 143) § 114 Rn 162 ff, 241 ff.

[167] BVerwG v 26.4.2006 BeckRS 2006, 24119; BVerwG NVwZ 2007, 958; *Badura* (Fn 28) GS, 25, 32; *v Danwitz* (Fn 51) 201 f; *Maurer* in: Biernat ua (Fn 2) 59, 75; *Herdegen* AöR 114 (1989) 607, 639 ff; für das kommunale Abgabenrecht: BVerwG NVwZ 2002, 1123, 1124; dazu auch *Schoch* NVwZ 1990, 801, 802, 808; *Oerder* NJW 1990, 2104, 2107; für eine Prüfung des Abwägungsvorgangs jedoch: *Schmidt-Aßmann* in: Maunz/Dürig, GG, Art 19 IV Rn 217a; *Ossenbühl* in: Isensee/Kirchhof V, § 105 Rn 49; *Trips* (Fn 89) 186 f.

[168] *Badura* (Fn 28) GS, 25, 31; *Ossenbühl* NJW 1986, 2805, 2809.

[169] *Wolff* (Fn 143) § 114 Rn 156 ff.

[170] *Ossenbühl* in: Isensee/Kirchhof V, § 103 Rn 41; *Seibert* (Fn 26) 535, 538; *v Danwitz* (Fn 51) 203 ff.

nerhalb des Bereichs exekutiver Normsetzung – auch zwischen Verordnungs- und Satzungsgebung: Verhältnismäßigkeits- und Gleichheitserwägungen hängen entscheidend von den mit dem Normativakt verfolgten Zwecken zusammen; hinsichtlich dieser Zwecke wird der an eine nach Inhalt, Zweck und Ausmaß bestimmte Ermächtigung gebundene Verordnungsgeber indes typischerweise stärker vorprogrammiert sein als der Satzungsgeber, der zu autonomen Zwecksetzungen regelmäßig leichter in der Lage ist. Gleichheits- und Verhältnismäßigkeitskontrolle schließen ein Prüfprogramm ein (Ausschluss willkürlicher Erwägungen; Zugrundelegung von Einschätzungen und Prognosen, die vertretbar oder zumindest nicht evident falsch sind), das eine gewisse Nähe zu dem aufweist, was auch unter einem Prüfungspunkt Ermessensfehlgebrauch zu prüfen wäre (Ausschluss sachfremder Erwägungen; Ermittlung und Gewichtung der maßgeblichen Belange und Erwägungen). In der Tat wird man sagen können, dass Verhältnismäßigkeitsprinzip und Gleichheitssatz insoweit – bei Fehlen des Prüfungspunkts Ermessensfehlgebrauch – eine gewisse Auffangfunktion in Gestalt eines Mindeststandards einnehmen, ohne dabei die Dichte einer vollen Kontrolle des Abwägungsvorganges zu erreichen.

Eine Ermessensreduzierung auf Null wird bei Normativakten hinsichtlich des Auswahlermessens kaum jemals anzunehmen sein; hinsichtlich des Entschließungsermessens ist sie dagegen sehr wohl vorstellbar – mit der Konsequenz einer Pflicht zum Erlass der Norm. Der Fall wird dies insbesondere dann sein, wenn das Gesetz ohne die exekutive Norm nicht vollziehbar ist oder unpraktikabel bleibt; ausnahmsweise kann sich die Pflicht zum Normerlass auch unmittelbar aus der Verfassung (zB aus Schutzpflichten) ergeben.[171]

33 Die Frage nach einer Fehlerlehre hinsichtlich der Ausübung von Ermessens- oder Beurteilungsspielräumen beim Erlass von Verwaltungsvorschriften muss von vornherein ganz anders beantwortet werden, als dies bzgl Rechtsverordnungen und Satzungen der Fall war. Der Erlass von Verwaltungsvorschriften ist keine von der Legislative abgeleitete Befugnis zur Setzung allgemeinverbindlicher Normen, sondern entspringt der originären Kompetenz der Exekutive zum Vollzug im Einzelfall, welcher ihrerseits das Recht, diesen Einzelvollzug in den Spielräumen des Gesetzes durch Verwaltungsvorschriften intern zu programmieren (programmgeleiteter Vollzug)[172] selbstverständlich inhärent ist (siehe oben Rn 5, 8). Folgerichtig hat die Ausfüllung von Spielräumen mittels Verwaltungsvorschrift mit echtem Normsetzungsermessen nichts zu tun, sondern ist nichts weiter als eine besondere Technik einer (gestuften) Ausübung der der Verwaltung für ihren Einzelvollzug eingeräumten Ermessens- und Beurteilungsspielräume; sie kann von vornherein allein vom Einzelfallermessen her konstruiert und begriffen werden.

Die Besonderheit des durch interne Verwaltungsvorschriften programmgeleiteten Einzelvollzugs besteht dabei darin, dass von den der Verwaltung eingeräumten Ermessens- und Beurteilungsspielräumen in einer zweistufigen Weise Gebrauch gemacht wird:[173] Auf einer ersten Stufe (Verwaltungsvorschrift) wird der der Verwaltung einge-

[171] BVerwG NVwZ 2002, 1505, 1506 → JK VwGO § 43/13; *Ossenbühl* in: Isensee/Kirchhof V, § 103 Rn 50; *Westbomke* Der Anspruch auf Erlaß von Rechtsverordnungen und Satzungen, 1976; *Unruh/Strohmeyer* NuR 1998, 225.

[172] *Seibert* (Fn 26) 535, 539 ff.

[173] *Schröder* in: Hill (Hrsg), Verwaltungsvorschriften, 1991, 1, 18 f; *Maurer* Allg VwR, § 7 Rn 14 ff; BVerwG vom 27.12.1990, Az 1 B 162/90.

räumte Ermessens- oder Beurteilungsspielraum abstrakt und generell wahrgenommen; ein Teil der der Verwaltung aufgetragenen Entscheidung wird dadurch vorweggenommen, dass, soweit die für die Ausfüllung des Entscheidungsspielraums maßgeblichen Erwägungen typisierbar sind, ein Entscheidungsprogramm für den Einzelfall entwickelt wird; die Orientierung am typischen Einzelfall ist für diese Stufe der Ermessensbetätigung kennzeichnend. Auf der zweiten Stufe ist das so vorgegebene Entscheidungsprogramm auf den konkreten Einzelfall anzuwenden; in der bloßen Anwendungsfunktion erschöpft sich die zweite Stufe indes nicht; vielmehr hat sie zugleich die Aufgabe, zusätzlich diejenigen atypischen Besonderheiten des Einzelfalls in die Ermessensbetätigung einzustellen, die auf der ersten abstrakt-generellen Stufe nicht erfassbar sind. Auf beiden Stufen können Fehler unterlaufen; beide Stufen sind am Maßstab der für Beurteilungs- und Ermessensspielräume bestehenden Fehlerlehre zu prüfen; erst gemeinsam konstituieren sie die volle Wahrnehmung des jeweiligen Freiraums. Für das Rechtsfolgeermessen bedeutet dies, dass auf beiden Stufen zu fragen ist, ob die gesetzlichen Ermessensgrenzen beachtet und vom Ermessen in einer dem Zweck der Ermächtigung entsprechenden Weise (einmal im Blick auf den typischen, einmal im Blick auf den konkreten Einzelfall) Gebrauch gemacht wurde (§§ 40 VwVfG, 114 VwGO).

Die beiden Stufen der Ermessensbetätigung stehen in einem engen Wechselbezug. Eine der Behörde eingeräumte Ermessens- oder Beurteilungsermächtigung kann ohne Berücksichtigung der Besonderheiten des Einzelfalls nicht rechtmäßig ausgeübt werden; die erste Stufe bleibt ohne die zweite daher notwendig unvollständig. Aus der Pflicht, auf der zweiten Stufe die atypischen Umstände des Einzelfalls zu berücksichtigen, folgt im Umkehrschluss auch das Recht, bei Vorliegen derartiger atypischer Umstände von dem Entscheidungsprogramm der Verwaltungsvorschrift abweichen zu dürfen. Die für die Verwaltungsvorschrift kennzeichnende flexible Bindungswirkung, die im atypischen Fall zu einem Abweichen von der Verwaltungsvorschrift berechtigt und verpflichtet, ist demnach nicht allein Ausfluss des allgemeinen Gleichheitssatzes, sondern zugleich zwingende Folge der Ermessenslehre.[174] Wendet die Verwaltung eine Verwaltungsvorschrift ungeprüft an, ohne ihrer Pflicht zur Frage nach atypischen Abweichungsgründen nachzukommen, liegt ein (partieller) Ermessensausfall vor. Umgekehrt ist eine korrekte Ermessensbetätigung im Einzelfall durchaus vorstellbar, ohne dass eine Verwaltungsvorschrift existiert, die das Ermessen bereits vorprogrammiert; die zweite Stufe ist also ohne die erste vorstellbar. Dies gilt jedoch nicht uneingeschränkt: Je größer der Entscheidungsspielraum der Verwaltung, je bedeutender (grundrechtsrelevanter) die Entscheidung und je mehr eine Typisierung möglich, desto eher wird man annehmen können, dass die Verwaltung ihr Ermessen nicht korrekt ausübt, wenn sie in planloser Weise jeden Fall aufs Neue entscheidet, desto eher also wird man aus dem Gleichheitssatz und der Ermessenslehre eine Pflicht der Verwaltung zu einem mittels Verwaltungsvorschrift programmgeleiteten Einzelfallhandeln postulieren können.[175]

Die dargestellten Grundsätze eines zweistufigen „Ermessens" gelten im Grundsatz auch für die Ausfüllung eines Beurteilungsspielraums mittels normkonkretisierender

[174] *Maurer* Allg VwR, § 7 Rn 15; BVerwG vom 27.12.1990, Az 1 B 162/90; *Seibert* (Fn 26) 535, 546 f. Abweichungsrecht und -pflicht gelten dabei nicht nur im Außenverhältnis zum Bürger, sondern müssen, um Wertungswidersprüche zu vermeiden, auch als immanente Grenze der den jeweiligen Amtswalter im Innenverhältnis treffenden Folgepflicht begriffen werden.

[175] *Seibert* (Fn 26) 535, 539 ff mwN; aus der Rspr: NdsOVG, OVGE 20, 411 (Baubeseitigung); BVerwG NVwZ 1998, 273, 274 (Subventionsprogramm); BayVGH BayVBl 2003, 501 ff (Standplatzvergabe).

Verwaltungsvorschrift. Einzige Besonderheit ist, dass je nach Fallgestaltung der Beurteilungsspielraum ggf nicht schlechthin, sondern allein unter der Voraussetzung eingeräumt sein kann, dass die Verwaltung von ihm auch tatsächlich in Gestalt der gesetzlich näher vorgezeichneten Verwaltungsvorschrift Gebrauch macht (während ohne diese Verwaltungsvorschrift kein Beurteilungsspielraum im Einzelfall bestünde).[176] Dass auch in einem solchen Fall beim Erlass der Verwaltungsvorschrift nicht von einem echten (einstufigen) Normativermessen die Rede sein kann, sondern auch hier der Beurteilungsspielraum in den Bahnen zweistufig auszuübenden Einzelfall„ermessens" verbleibt, wird daran ersichtlich, dass auch bei normkonkretisierenden Verwaltungsvorschriften eine Pflicht zur Abweichung aufgrund atypischer Umstände des Einzelfalls besteht.[177]

V. Fehlerfolgen und Rechtsschutz

34 Hinsichtlich Fehlerfolgen und Rechtsschutz lassen sich für Rechtsverordnungen und Satzungen übergreifende Regeln formulieren; die Verwaltungsvorschriften folgen anderen Pfaden.

35 Formell oder materiell rechtswidrige Außenrechtssätze sind nach deutscher Tradition grundsätzlich ipso iure nichtig (Nichtigkeitsdogma).[178] Ausnahmen kann der Gesetzgeber vorsehen,[179] und in der Tat besteht eine zunehmende Tendenz, entsprechende Instrumente der „Normerhaltung" zu installieren, ohne dass diese Instrumente bislang ihren Charakter als Ausnahme verloren und zu einem Institut des Allgemeinen Verwaltungsrechts aufgestiegen wären.[180] Üblich geworden sind derartige Techniken insbesondere in Rechtsgebieten, in denen – abweichend vom Regelfall (Rn 18, 32) – komplexe Beteiligungsverfahren und ein umfassendes Abwägungsgebot prägend sind, so namentlich bei normativen Planungsakten (vgl paradigmatisch die §§ 214 ff BauGB). Normerhaltung wird dabei insbesondere dadurch verwirklicht, dass bestimmte Fehler als unbeachtlich eingestuft werden (Unbeachtlichkeitsmodell), dass sie nur beachtlich sind, soweit sie sich auf das Entscheidungsergebnis ausgewirkt haben (Kausalitätsmodell) oder aber binnen einer bestimmten Frist gerügt worden sind (Rügemodell); gerade letztere Technik führt zu einer Art „Bestandskraft" exekutiver Normen.[181] Einzug gehalten haben derartige Techniken auch ins Kommunalrecht bzgl bestimmter Verfahrens- und Formverstöße beim Satzungserlass (zB Art 47 IV GO Bay; Kausalitätsmodell); darüber hinausgehend hat sich die Mehrzahl der Kommunalgesetze für eine zu einer Art Be-

[176] Zu dieser Unterscheidung: *Wolff* (Fn 143) § 114 Rn 371 f.

[177] *Schmidt-Aßmann* Ordnungsidee, 329.

[178] *Ossenbühl* NJW 1986, 2805, 2806 f; *Schnelle* Eine Fehlerfolgenlehre für Rechtsverordnungen, 2007, 96 ff (letztlich – in Abkehr von der traditionellen Sichtweise – für ein differenziertes Fehlerfolgenmodell plädierend). Zur anders gelagerten (kompetenziellen) Folgefrage etwaiger behördlicher Normverwerfungskompetenzen: *Nonnemmacher/Feickert* VBlBW 2007, 328; *Schröer* NZBau 2007, 630.

[179] Anders gelagert ist die prozessuale Entscheidungsbefugnis der VerfGe, von der Nichtigerklärung einer exekutiven Norm abzusehen und sie übergangsweise für weiter anwendbar zu erklären, zB BVerfGE 111, 191, 224 f.

[180] *Gerhardt/Bier* (Fn 5) Vorb § 47 Rn 6, 12.

[181] *Hufen* (Fn 90) Rn 474; *Gerhardt/Bier* (Fn 5) Vorb § 47 Rn 12.

standskraft führende allgemeine Rügeklausel entschieden (zB § 7 VI GO NRW).[182] Die Regelungstechniken zur Normerhaltung sind in der Literatur nicht ohne Kritik geblieben.[183] Unter dem Blickwinkel der Voraussetzungen exekutiver Normsetzung können sie nur problematisch sein, soweit bestimmte Verfahrens- und Abwägungspflichten ausnahmsweise verfassungsgeboten sind (Rn 19), durch Normerhaltungsklauseln indes so weit konterkariert werden, dass ihr Zweck verfehlt wird, sowie (speziell für Satzungen), soweit die für den Satzungserlass unerlässliche Transparenz des Entscheidungsverfahrens in einem demokratischen Vertretungsorgan nicht mehr garantiert ist. Unter dem Blickwinkel des Gebotes effektiven Rechtsschutzes (Art 19 IV GG) kommt hinzu, dass das Abschneiden von Rechtsschutz nach einer bestimmten Frist durch Rügeklauseln nur in dem Maße zulässig sein kann, als sichergestellt ist, dass vor Fristablauf effektiver Rechtsschutz möglich war.[184] Nicht unproblematisch erscheinen vor diesem Hintergrund die Rügeklauseln in Kommunalgesetzen, da gewöhnlichen Kommunalsatzungen – anders als Plänen – typischerweise der konkrete Raumbezug fehlt und daher nicht ausgeschlossen werden kann, dass Bürger zu einem Zeitpunkt erstmals mit der Norm konfrontiert werden, zu dem die Rügefrist bereits abgelaufen ist.[185]

Die Frage verwaltungsgerichtlichen Rechtsschutzes gegen Rechtsverordnungen und 36
Satzungen hat von folgenden verfassungsrechtlichen Prämissen auszugehen: Exekutive Normen unterfallen der Rechtsweggarantie des Art 19 IV GG; effektiver Rechtsschutz muss daher gewährleistet sein – sei es im Wege der Inzidentkontrolle im Rahmen des Vorgehens gegen Vollzugsakte, sei es (wenn es an einem Vollzugsakt fehlt, die Norm also „self-executing" ist), dass die Norm durch prinzipale Normenkontrolle oder in sonstiger Weise zur Überprüfung des Gerichts gestellt werden kann. Eine prinzipale Normenkontrolle in der besonderen Gestalt des § 47 VwGO dagegen, die den Gedanken des subjektiven Rechtsschutzes in mehrerer Hinsicht überschreitet (objektives Beanstandungsverfahren; Allgemeinverbindlichkeit des Nichtigkeitsausspruches), geht über das hinaus, was Art 19 IV GG zwingend erfordert.[186]

Hieraus folgt für die Anwendung der VwGO: Stets möglich ist eine inzidente und inter partes wirkende Normprüfung im Rahmen von Rechtsschutz gegen behördliche Vollzugsakte. § 47 VwGO eröffnet weitergehenden Rechtsschutz, der indes nur einen begrenzten Anwendungsbereich hat (Anwendungsvorbehalt bzgl landesrechtlicher, Anwendungsausschluss bzgl bundesrechtlicher Normen). Eine gewisse Klärung der Streitfrage, wie exekutive Normen zur Überprüfung gestellt werden können, die von § 47 VwGO nicht erfasst werden, hat mittlerweile das BVerwG gebracht:[187] Jedenfalls soweit solche Normen den Rechtsschutzsuchenden, ohne einen Vollzugsakt vorauszusetzen, unmittelbar beschweren, muss eine Überprüfung der Norm möglich sein; statthaft ist eine allgemeine Feststellungsklage. Der Antrag ist nicht auf die (nach § 43 VwGO so nicht mögliche) Feststellung der Nichtigkeit der Norm, sondern auf die Feststellung des

[182] *Schmidt-Aßmann/Schoch* Die kommunale Rechtsetzung, 1981, 17 f; *Gerhardt/Bier* (Fn 5) Vorb § 47 Rn 12; *Schmidt-Aßmann/Röhl* in: Schmidt-Aßmann, Bes VwR, 1. Kap Rn 99.

[183] Zu rechtspolitischer Kritik und verfassungsrechtlicher Problematik: *Gerhardt/Bier* (Fn 5) Vorb § 47 Rn 13; *Hufen* (Fn 91) Rn 475; *Morlok* Die Folgen von Verfahrensfehlern am Beispiel kommunaler Satzungen, 1988.

[184] *Ossenbühl* NJW 1986, 2805, 2807.

[185] *Gerhardt/Bier* (Fn 5) Vorb § 47 Rn 13.

[186] *Gerhardt/Bier* (Fn 5) § 47 Rn 10, *Schmidt-Aßmann* ebd, Einleitung Rn 11; *Möstl* in: Posser/Wolff, VwGO, § 43 Rn 29.

[187] BVerwGE 111, 276; dazu *Maurer* Allg VwR, § 13 Rn 21 mwN.

Bestehens oder Nichtbestehens bestimmter aus der Norm folgender Rechte und Pflichten zu richten; noch nicht wirklich gelöst ist die Frage, gegen wen (Normgeber oder vollziehenden Verwaltungsträger) die Klage zu richten ist.[188] Weitgehende Klärung kann mittlerweile auch in der Frage sog Normerlassklagen konstatiert werden. Der Verwaltungsrechtsweg ist eröffnet; statthaft ist die allgemeine Feststellungsklage (die mangels Umgehungsgefahr von Fristerfordernissen, wegen der Beklagtenstellung des Staates sowie, weil sie den Verantwortungsbereich der Exekutive besser schont und insofern gewaltenteilungsfreundlicher ist, hier nicht als subsidiär hinter eine allgemeine Leistungsklage zurücktritt). § 47 VwGO ist weder umgekehrt analog anzuwenden noch steht er entgegen.[189]

37 Anderen Regeln folgen die Verwaltungsvorschriften. Was Fehlerfolgen[190] und Rechtsschutz anbelangt, ist zunächst zwischen dem Innen- und dem Außenverhältnis zu unterscheiden. Im Innenverhältnis führt eine etwaige Rechtswidrigkeit nicht als solche zur Unbeachtlichkeit, vielmehr geben die Regeln über die Remonstration (§ 34 BeamtStG) vor, in welcher Weise das Problem verfahrensrechtlich aufzulösen ist.[191] Im Außenverhältnis zum Bürger ist weiter zu differenzieren: Beruft sich die Behörde gegenüber dem Bürger auf die Einhaltung einer Verwaltungsvorschrift, die die Spielräume des Außenrechts überschreitet, so wird der Bürger mit seiner Klage gegen das jeweilige Behördenhandeln obsiegen, dies jedoch nicht, weil die Verwaltungsvorschrift (die für das Gericht kein Prüfungsmaßstab ist) als solche rechtswidrig wäre, sondern weil die Grenzen des Außenrechts verletzt wurden. Beruft sich umgekehrt ein Bürger auf eine Verwaltungsvorschrift, dh verlangt er – über den Gleichheitssatz – ihre Einhaltung auch in seinem Fall, so wird das Gericht nicht umhinkommen, die Rechtmäßigkeit der Verwaltungsvorschrift zu prüfen; erweist sie sich als rechtswidrig, dringt der Bürger mit seinem Anspruch nicht durch, da es kein Recht auf Gleichheit im Unrecht gibt.[192] Prinzipaler Rechtsschutz unmittelbar gegen Verwaltungsvorschriften nach § 47 VwGO ist grundsätzlich nicht möglich; Innenrecht stellt keine „Rechtsvorschrift" im Sinne des § 47 I Nr 2 VwGO dar.[193] Dies schadet auch nicht, da Verwaltungsvorschriften Rechte und Pflichten des Einzelnen unmittelbar nicht zu begründen vermögen; soweit rechtswidrige Verwaltungsvorschriften zu einem rechtswidrigen Vollzug führen und hierdurch mittelbar doch die Rechtssphäre des Einzelnen berühren, ist ausreichender Rechtsschutz noch immer durch einen Rechtsbehelf gegen den jeweiligen Vollzugsakt möglich. Eine Ausnahme hiervon ist nach hier vertretener Ansicht auch für die sog normkonkretisierenden Verwaltungsvorschriften (Rn 29) nicht angezeigt; diese konkretisieren gesetzliche Tatbestände, auch sie indes haben nicht die Kraft, eigenständig

188 BVerwGE 111, 276, 278; BVerfG NVwZ 2006, 922; BVerwG-K NVwZ 2007, 1311; *Pietzcker* in: Schoch/Schmidt-Aßmann/Pietzner, VwGO, § 43 Rn 25, 52; *Möstl* in: Posser/Wolff, VwGO, § 43 Rn 29.

189 BVerwG NVwZ 2002, 1505, 1506 → JK VwGO § 43/13; BVerwG DÖV 2008, 559; *Pielow* Verw 1999, 445; *Möstl* in Posser/Wolff, VwGO, § 43 Rn 33 f; zum Antrag auf Normergänzung nach § 47 VwGO bei unechtem Unterlassen: BayVGH BayVBl 2003, 433; dazu *Grünebaum* BayVBl 2005, 11.

190 Ausdrückliche Normerhaltungsvorschriften sind selten; für Flächennutzungspläne jedoch §§ 214 ff BauGB.

191 *Erichsen/Klüsche* Jura 2000, 540, 545. Zur Abweichungsbefugnis im atypischen Einzelfall s o Rn 33.

192 *Erichsen/Klüsche* Jura 2000, 540, 545 f.

193 BayVGH DVBl 2001, 311 ff.

Rechte und Pflichten zu begründen; überschreiten sie den gesetzlich eingeräumten Beurteilungsspielraum, so werden dadurch die gesetzlich normierten Rechte und Pflichten nicht modifiziert; nicht die den gesetzlichen Rahmen überschreitende Verwaltungsvorschrift, sondern erst der den gesetzlichen Rahmen sprengende Vollzug verletzt die Rechte des Betroffenen (indem er unter Berufung auf die Verwaltungsvorschrift eine Pflicht durchsetzt, die sich aus dem Gesetz gar nicht ergibt, oder ein Recht verweigert, das das Gesetz verleiht).[194] Eine nur scheinbare Ausnahme betrifft die im Rahmen des § 47 VwGO zu Recht befürwortete Angreifbarkeit von Geschäftsordnungen kommunaler Vertretungsköper;[195] Grund hierfür ist nicht eine vermeintlich satzungsgleiche Außenwirkung, sondern allein der besondere Umstand, dass hier ausnahmsweise auch im Innenverhältnis die Verletzung von subjektiven (Organ-)Rechten denkbar ist, deren Wehrfähigkeit zu garantieren ist.

§ 20
Besonderer Teil

I. Exekutive Normsetzung kraft Delegation: Die Rechtsverordnung

1 *Begriff.* Die Rechtsverordnung (siehe auch → § 2 Rn 49 ff) ist ein Rechtssatz, der von der Exekutive, dh von der Regierung, einem Ministerium oder einer Verwaltungsbehörde aufgrund einer gesetzlichen Ermächtigung (Delegation) erlassen wird.[1] Ihren Voraussetzungen, Funktionen und Wirkungen nach ist sie vom Gesetz und vom Parlament her zu denken: Verordnungsgebung ist delegierte, von der Legislative abgeleitete Rechtsetzungsmacht. Sie ist dekonzentrierte Rechtsetzung, die der Entlastung des Parlaments und einer funktionsgerechten Verteilung der zunächst beim Parlament konzentrierten Rechtsetzungsaufgabe auf Legislative und Exekutive dient. Sie verfügt über eine grundsätzlich gesetzesgleiche volle Außenwirksamkeit und Allgemeinverbindlichkeit, die Rechte und Pflichten des Einzelnen zu begründen vermag und auch den Richter bindet. Die Zahl der Rechtsverordnungen übersteigt die Anzahl der Gesetze um ein Vielfaches.[2]

2 Zentrale *Voraussetzung* der Rechtsverordnung ist das Erfordernis einer nach Inhalt, Zweck und Ausmaß bestimmten Ermächtigung durch Gesetz – ein Erfordernis, das gleichermaßen ein politisch-demokratisches (Verhältnis von Parlament und Exekutive) wie ein rechtsstaatliches (Verhältnis von Staat und Bürger) Anliegen zum Ausdruck

[194] AA *Schmidt-Aßmann* Ordnungsidee, 330; differenziert, aber jedenfalls gegen eine allgemeine Anwendung des § 47 VwGO: *Gerhardt/Bier* (Fn 5) § 47 Rn 26 ff; die Entscheidungen BVerwGE 94, 335; BVerwG DÖV 2005, 605 beruhen auf einer angreifbaren Annahme einer unmittelbaren Außenwirkung; s u → § 20 Rn 19, insbes Fn 98.

[195] BVerwG NVwZ 1988, 1119; zu Darstellungen im Flächennutzungsplan mit den Wirkungen des § 35 III 3 BauGB s bereits Fn 70.

[1] *Badura* StR, F 15; zum Folgenden auch *Ossenbühl* in: Isensee/Kirchhof V, § 103 Rn 1 ff; *v Danwitz* Jura 2002, 93, 94; *Schmidt-Aßmann* FS Vogel, 2000, 477, 486 ff; *Saurer* Die Funktionen der Rechtsverordnung, 2005, 238 f; *Hill* in: Hoffmann-Riem/Schmidt-Aßmann/Voßkuhle, Grundlagen II, § 34 Rn 19.

[2] *Schneider* Gesetzgebung, 3. Aufl 2002, § 9 Rn 231; *Ruffert* in: Hoffmann-Riem/Schmidt-Aßmann/Voßkuhle, Grundlagen I, § 17 Rn 60.

bringt.[3] Für bundesgesetzliche Verordnungsermächtigungen ergibt es sich unmittelbar aus Art 80 I 1 und 2 GG. Für Verordnungsermächtigungen des Landesrechts ist zu beachten, dass der durch Art 80 I 2 GG aufgerichtete Standard über das Homogenitätsgebot des Art 28 I GG zugleich bindende Vorgabe für die Länder ist; für die Auslegung der einschlägigen Landesverfassungen bedeutet dies, dass das Erfordernis einer nach Inhalt, Zweck und Ausmaß bestimmten Ermächtigung, sofern es nicht ausdrücklich statuiert ist, in anderer Weise aus der Landesverfassung (namentlich aus dem Rechtsstaats- und dem Demokratieprinzip) erschlossen werden muss.[4] Ein originäres Verordnungsrecht der Exekutive gibt es unter dem Grundgesetz nicht[5] (→ § 19 Rn 5 ff; verfassungsunmittelbare Verordnungsermächtigungen betreffen wenige, überwiegend obsolet gewordene Übergangsfragen;[6] vorkonstitutionelle Ermächtigungen zu „gesetzesvertretenden" Rechtsverordnungen sind erloschen, Art 129 III GG). Möglich dagegen ist es, der Exekutive das Recht einzuräumen, durch Verordnung von einer gesetzlichen Bestimmung abweichen („gesetzesändernde Verordnungen"); macht die Exekutive hiervon Gebrauch, so nimmt sie für sich nicht in Anspruch, Gesetzesrecht aus eigener Kraft abändern zu können; vielmehr aktualisiert sie eine Ausnahme, die im Gesetz selbst angelegt ist.[7] Eine Rechtsverordnung kann auch auf mehrere Ermächtigungsgrundlagen aus unterschiedlichen Gesetzen gestützt werden (Sammelverordnung).[8] Ob ein nachträglicher Wegfall der Verordnungsermächtigung die Verordnung automatisch außer Kraft treten lässt, ist nicht ins Letzte geklärt; weitergelten dürfte die Verordnung jedenfalls, soweit eine neue Ermächtigung an ihre Stelle getreten ist, welche die Verordnung auch in Zukunft zu tragen vermag.[9] Ständiger Praxis entspricht es, dass eine Verordnungsermächtigung auch in der Weise erteilt werden kann, dass eine Pflicht zum Gebrauchmachen mit ihr verbunden wird; das Entschließungsermessen des Verordnungsgebers darf insoweit eingeschränkt werden.[10]

3 Nicht leicht auf eine Formel zu bringen ist, was *hinreichende Bestimmtheit* der Verordnungsermächtigung im Sinne des Art 80 I 2 GG bedeutet. Inhalt, Zweck und Ausmaß müssen in der Ermächtigungsnorm jedenfalls nicht unbedingt ausdrücklich benannt werden, vielmehr reicht es aus, wenn sie im Wege der Auslegung, dh aus dem Gesamtzusammenhang, den Zielen und der Entstehungsgeschichte des Gesetzes sowie mithilfe allgemeiner Rechtsgrundsätze (etwa dem Verhältnismäßigkeitsgebot) ermittelt werden können (namentlich einer klaren Normierung des Zweckes kommt zentrale Bedeutung zu, weil aus ihm nicht selten auf Inhalt und Ausmaß geschlossen werden kann). Entscheidend ist, dass der Gesetzgeber dem Verordnungsgeber einen erkennbaren Rahmen setzt und ihm ein Regelungsprogramm vorgibt (Programmformel). Aus der Sicht des Demokratie- und des Gewaltenteilungsprinzips muss sichergestellt sein, dass Verordnungsgebung zweck- und programmgebundene Rechtsetzung bleibt, aus

[3] *Mößle* Inhalt, Zweck und Ausmaß, 1990, 57 ff.
[4] BVerfGE 55, 207, 226 → JK GG Art 80 I/2; *Bryde* in: v Münch/Kunig, GGK III, Art 80 Rn 2a; *Kreiner* BayVBl 2005, 106; BayVerfGH 24, 1, 19; zur Rechtslage in Hessen: *Cancik* JöR nF 51 (2003) 271, 292.
[5] *Badura* StR, F 16.
[6] Art 119 S 1, 127, 132 IV GG.
[7] *Ossenbühl* in: Isensee/Kirchhof V, § 103 Rn 27; zur verwandten Problematik sog „Entsteinerungsklauseln" s u Rn 9.
[8] *Ossenbühl* in: Isensee/Kirchhof V, § 103 Rn 24.
[9] *Maurer* Allg VwR, § 13 Rn 7; *Ossenbühl* in: Isensee/Kirchhof V, § 103 Rn 77.
[10] *Schneider* (Fn 2) § 9 Rn 248.

rechtsstaatlicher und grundrechtlicher Sicht muss für den Einzelnen aus dem Gesetz erkennbar sein, in welchen Fällen und mit welcher Tendenz der Verordnungsgeber von der ihm erteilten Ermächtigung Gebrauch machen wird (Vorhersehbarkeitsformel). Das Maß der zu fordernden Bestimmtheit hängt im Übrigen wesentlich von den Besonderheiten des jeweiligen Regelungsgegenstandes sowie von der Eingriffsintensität der in Aussicht genommenen Regelung ab.[11]

Vor allem zwei Problemfelder sind es, hinsichtlich derer, was die Frage des Maßes der zu fordernden Bestimmtheit anbelangt, derzeit Unsicherheit herrscht:

Das eine Problemfeld betrifft die in einigen neueren Referenzgebieten des Verwaltungsrechts (namentlich im Umwelt-, technischen Sicherheits- und im Planungsrecht) zu beobachtende Tendenz von Verordnungen, die inhaltlich relativ schwach programmiert sind, im Gegenzug aber Instrumenten prozeduraler Richtigkeitsgewähr unterworfen werden, sei es, dass Sachverständige oder die Öffentlichkeit zu beteiligen sind (→ § 19 Rn 18 ff) oder aber das Parlament in den Prozess der Verordnungsgebung eingebunden wird (s u Rn 6). Während Teile der Literatur[12] dem sehr aufgeschlossen gegenüberstehen, für eine funktionsgerechte Öffnung des Art 80 I 2 GG plädieren und vor allem der Kompensation fehlender inhaltlicher Programmierung durch Instrumente prozeduraler Richtigkeitsgewähr große Bedeutung beimessen, lehnen andere[13] dies ab, befürchten eine Erosion der überkommenen Bestimmtheitsanforderungen und fordern eine Rückkehr zu den grundgesetzlichen Ermächtigungsanforderungen. Nach hier vertretener Ansicht ist ein mittlerer Weg einzuschlagen: Falsch wäre es, im Ausgangspunkt anzunehmen, das Erfordernis hinreichender inhaltlicher Bestimmtheit der Verordnungsermächtigung und Instrumente prozeduraler Richtigkeitsgewähr seien – in der Art kommunizierender Röhren – frei austauschbar; zu eindeutig hat sich das Grundgesetz in Art 80 I 2 für eine ganz bestimmte Form der Bewältigung des legitimatorischen Defizits exekutiver Normsetzung entschieden, nämlich für eine substantielle inhaltliche Rückbindung an das Parlament (während prozedurale Kompensationsstrategien unerwähnt bleiben); zu unterschiedlich auch ist die Form der jeweils vermittelten Legitimation (input-Legitimation durch inhaltliche Programmierung – output-Legitimation durch Verfahren). Anzuerkennen ist umgekehrt, dass das, was Art 80 I 2 GG fordert, nicht ohne Rücksicht auf die Besonderheiten des jeweiligen Regelungsgegenstandes bestimmt werden darf, und dass es wenig Sinn macht, aus Art 80 I 2 GG heraus ein Maß an parlamentarischer Selbstentscheidung zu erwarten, das aufgrund der Eigenarten des Sachgebiets (etwa weil strukturelle Ungewissheitslagen bestehen, eine flexible Anpassung an den Stand von Wissenschaft und Technik erforderlich ist oder gestalterische Planungsentscheidungen zu treffen sind) entweder praktisch nicht einlösbar ist oder aber an den Erfordernissen einer funktionsgerechten Arbeitsteilung zwischen Parlament und Exekutive völlig vorbeigeht. Wenn man somit die Besonderheiten des Regelungsgegenstandes als Argumentationstopos anzuerkennen hat, der im Rahmen des

[11] Zu den Bestimmtheitsanforderungen: *v Danwitz* Jura 2002, 93, 98 f; *Ossenbühl* in: Isensee/Kirchhof V, § 103 Rn 20 ff; *Schneider* (Fn 2) § 9 Rn 236 ff; *Reimer* in: Hoffmann-Riem/Schmidt-Aßmann/Voßkuhle, Grundlagen I, § 9 Rn 71 ff; aus der jüngeren Rspr: BVerfGE 76, 130, 142; 101, 1, 31 ff → JK GG Art 80 I 3/4; 106, 1, 19; BVerwGE 89, 121, 131 f → JK GG Art 65, 80 I 2/1. Zur Sonderkonstellation experimenteller Verordnungsermächtigungen: *Lindner* DÖV 2007, 1003.

[12] *Schmidt-Aßmann* (Fn 1) 477, 490 f; *Hoffmann-Riem* AöR 130 (2005) 1, 5, 30 ff; *Ruffert* (Fn 2) Rn 62; *Reimer* (Fn 11) Rn 67.

[13] *Saurer* (Fn 1) 383 ff, 483 f.

Art 80 I 2 GG eine Absenkung des zu fordernden Bestimmtheitsgrades zu rechtfertigen vermag, so sollte man auch damit freilich nicht übers Ziel hinausschießen und sich von der legitimatorischen Messlatte des Art 80 I 2 GG nicht weiter entfernen als unbedingt erforderlich. Hierzu gehört, dass man, soweit man eine Absenkung inhaltlicher Legitimation in Kauf nehmen muss, zumindest zu fordern hat, dass von alternativen Formen prozeduraler Richtigkeitsgewähr, die nach Lage der Dinge möglich und erfolgversprechend erscheinen, auch tatsächlich Gebrauch gemacht wird. Erst der Verbund aus unabweisbaren Regelungsnotwendigkeiten des Sachgebiets *und* kompensatorischen Instrumenten prozeduraler Richtigkeitsgewähr vermag demnach eine hinsichtlich des Maßes der zu fordernden inhaltlichen Bestimmtheit modifizierende Auslegung des Art 80 I 2 GG zu tragen.

Das zweite Problemfeld betrifft eine zunehmende Anzahl von Verordnungsermächtigungen zur Umsetzung von Unionsrecht, in denen der Verordnungsgeber – durch eine Art Vorratsermächtigung – zum Teil recht pauschal dazu ermächtigt wird, zukünftige Unionsakte in deutsches Recht umzusetzen.[14] Die Zulässigkeit derartiger Ermächtigungen ist in der Literatur unterschiedlich beurteilt worden.[15] Nach hier vertretener Ansicht ist sie grundsätzlich zu bejahen. In einem integrierten Verfassungsstaat, der Teile seiner Legislativgewalt auf eine supranationale Union übertragen hat, kann es nicht angehen, die Frage, wie bestimmt die gesetzliche Ermächtigung zu sein hat, isoliert auf das deutsche Recht zu beziehen; vielmehr kann erst eine Gesamtschau aus deutscher Verordnungsermächtigung und umzusetzendem Unionsrecht ein Urteil über die Frage ausreichender legislativer Programmbindung gestatten. Dass die Unionsgesetzgebung ihrerseits exekutivlastig sei, so dass Art 80 I GG erst recht in Stellung zu bringen sei, ist kein zulässiger Einwand. Der Einwand der Exekutivlastigkeit europäischer Gesetzgebung ist ein Grundsatzeinwand gegen europäische Gesetzgebung schlechthin; in dem Maße aber, in dem das Grundgesetz – trotz dieses Grundsatzeinwandes – eine Übertragung von Legislativgewalt auf die Union gestattet, darf Unionsgesetzgebung nicht als Gesetzgebung zweiter Klasse abgestempelt werden, die für Art 80 GG bedeutungslos sei.[16]

4 Nicht leicht zu bestimmen ist das Verhältnis der (älteren) Bestimmtheitsanforderungen des Art 80 I 2 GG zur (jüngeren) Lehre vom Parlamentsvorbehalt (Wesentlichkeitstheorie).[17] Es handelt sich um ein komplexes Neben- und Ineinander zweier dogmatischer Figuren, bezüglich derer drei Fallkonstellationen auseinanderzuhalten sind: Die Bestimmtheitsanforderungen des Art 80 I 2 GG richten erstens einen Mindeststandard auf, der auch dann greift, wenn und soweit der Parlamentsvorbehalt für „unwesentliche" Regelungen an sich keine parlamentarische Befassung fordert; Art 80 I 2 GG geht insoweit über den Parlamentsvorbehalt hinaus.[18] Art 80 I 2 GG und Parlamentsvorbehalt können zweitens ineinanderfallen, dergestalt, dass das Maß der Bestimmtheit nach Art 80 I 2 GG im Lichte der Anforderungen der Wesentlichkeitslehre auszulegen

[14] ZB § 6a WHG, § 57 KrW-/AbfG.

[15] *Calliess* NVwZ 1998, 8; *Weihrauch* NVwZ 2001, 265; *v Danwitz* Jura 2002, 93, 98 f; *Schneider* (Fn 2) § 9 Rn 238; *Härtel* JZ 2007, 431; *Saurer* JZ 2007, 1073.

[16] Zu den Konsequenzen für das Zitiergebot s u Rn 7.

[17] Hierzu: BVerfGE 91, 148, 162 f; 98, 101, 133 f; BVerwGE 89, 121, 133 f → JK Art 65, 80 I 2/1; *v Danwitz* Jura 2002, 93, 99; *Maurer* Allg VwR, § 13 Rn 8; *Nolte* AöR 118 (1993) 378, 399 ff; *Schnelle* Eine Fehlerfolgenlehre für Rechtsverordnungen, 2007, 24 ff.

[18] Für eine Einbeziehung des Unionsrechts auch BVerwGE 121, 382.

ist; die Lehre vom Parlamentsvorbehalt vermag es insoweit, die gewöhnlichen Bestimmtheitsanforderungen in grundrechtswesentlichen Fragen anzuheben. Der Parlamentsvorbehalt kann drittens über Art 80 I 2 GG hinausgehen, dadurch nämlich, dass er für besonders wesentliche Fragen eine parlamentarische Entscheidung fordert und insoweit ein Delegationsverbot aufrichtet.

Hinsichtlich der zulässigen *Adressaten einer Verordnungsermächtigung*[19] enthalten die Landesverfassungen regelmäßig keine Eingrenzungen, so dass für den Erlass von auf Landesgesetz beruhenden Verordnungen nicht nur Landesregierung/-ministerien, sondern auch sonstige Stellen der unmittelbaren oder mittelbaren Staatsverwaltung (auch Kommunen) in Betracht kommen.[20] Art 80 I 1 GG dagegen statuiert einen numerus clausus der zulässigen Erst-Delegatare bundesrechtlicher Verordnungsermächtigungen; allein die Bundesregierung, ein Bundesminister oder die Landesregierungen können ermächtigt werden: 5

- Ist die Bundesregierung Ermächtigungsadressat, so folgt hieraus, dass das (in der GOBReg und der GGO näher geregelte) Erlassverfahren auch in einer Weise ausgestaltet sein muss, dass die Verordnung der Bundesregierung als Kollegium zugerechnet werden kann. Dies setzt voraus, dass alle Mitglieder mitwirken konnten, sich eine hinreichende Zahl tatsächlich beteiligt und die Vorlage eine Mehrheit gefunden hat. Zustimmungen dürfen nicht fingiert werden; namentlich das sog Umlaufverfahren (§ 20 II GOBReg) ist entsprechend auszugestalten.[21]
- Soweit ein Bundesminister ermächtigt ist (die Praxis ist dazu übergegangen, Bundes*ministerien* zu ermächtigen), wird seine nach außen bestehende Erlasszuständigkeit nicht dadurch tangiert, dass ggf innenrechtlich (zB § 62 III GGO) bei Vorlagen von allgemein-politischer Bedeutung oder bei Meinungsverschiedenheiten das Kabinett eingeschaltet werden muss. Zulässig ist es, mehrere Minister gemeinsam zu ermächtigen (gemeinsame Rechtsverordnungen). Die Frage, auf wen die Erlasszuständigkeit übergeht, wenn ein Ressort wegfällt oder Ressorts neu abgegrenzt werden, wird durch das Zuständigkeitsanpassungsgesetz von 1975 geregelt.[22]
- Landesregierungen können nur als Ganzes ermächtigt werden; unzulässig ist eine Ermächtigung einzelner oberster Landesbehörden oder gar sonstiger Stellen der Landesverwaltung.[23] Grund hierfür ist der vom Grundgesetz zu leistende Respekt vor der Organisationsgewalt der Länder; eine Subdelegation nach Art 80 I 4 GG ist dadurch nicht ausgeschlossen.[24]

Eine Ausweitung des Kreises der Ermächtigungsadressaten wird durch die Möglichkeit einer Subdelegation nach Art 80 I 4 GG erreicht. Die Subdelegation muss im Gesetz vorgesehen sein und dann durch eine Verordnung des Erst-Delegatars angeordnet werden; unzulässig ist es, die Subdelegation – durch Anordnung der Subdelegation und Bestimmung des Adressaten – bereits im Gesetz vorwegzunehmen. Die gesetzlich zugelas-

[19] Zum Folgenden (soweit nicht besonders nachgewiesen): *v Danwitz* Jura 2002, 92, 96; *Schneider* (Fn 2) § 9 Rn 241–247; *Ossenbühl* in: Isensee/Kirchhof V, § 103 Rn 29–37.

[20] Vgl zB die mannigfaltigen Verordnungsadressaten im LStVG Bay.

[21] BVerfGE 91, 148.

[22] G vom 18.3.1975 (BGBl I 705).

[23] BVerfGE 11, 77, 85 f; die zunächst zT abweichende Praxis wurde durch G v 3.7.1961 (BGBl I 856) bereinigt.

[24] *Badura* StR, F 17.

sene Möglichkeit einer Subdelegation nimmt dem Erstdelegatar nichts von seinem Recht, die Verordnung selbst zu erlassen.

6 Für das *Verfahren* des Verordnungserlasses gibt es nur wenige übergreifende Regelungen. Stark hängt das Erlassverfahren vom jeweils zuständigen Ermächtigungsadressaten ab (für Verordnungen von Bundesregierung/-ministerien gelten die §§ 62 ff GGO; vereinzelt normiert das Landesrecht adressatenübergreifende Verfahrensregeln, so zB Art 42 ff LStVG Bay). Im Übrigen steht es zuallererst im Ermessen des ermächtigenden Gesetzgebers, welche prozedurale Vorgaben er der Exekutive auferlegt; zur Frage von Anhörungs-/Beteiligungsrechten sowie Begründungspflichten sei insoweit auf die Ausführungen oben → § 19 Rn 18 bis 22 verwiesen. Für Verordnungen des Bundes ist vor allem auf zwei praxisbedeutsame Verfahrensfragen einzugehen, nämlich die Beteiligung des Bundesrates einerseits und des Bundestages andererseits:

Die Beteiligung des Bundesrates ist im Grundgesetz selbst geregelt; Art 80 II GG unterwirft dabei – wegen der Vollzugskompetenz der Länder, ihres exekutiven Sachverstands sowie zum Schutz spezifischer Infrastrukturinteressen – eine große Zahl von Bundesverordnungen der Zustimmungspflicht des Bundesrates;[25] Art 80 III GG räumt dem Bundesrat bezüglich ebensolcher Verordnungen ein Initiativrecht ein. Die Zustimmungspflicht betrifft bestimmte thematisch definierte Verordnungen aus dem Verkehrs- und Infrastrukturbereich sowie die sog Föderativverordnungen: Dies sind zum einen Verordnungen aufgrund von Bundesgesetzen, die von den Ländern als eigene oder als Auftragsangelegenheit vollzogen werden, sowie zum anderen Verordnungen aufgrund von Bundesgesetzen, die ihrerseits der Zustimmung des Bundesrates unterliegen. Entsprechend der Staatspraxis, dass sich die Zustimmungspflicht bei Gesetzen immer nur auf die gesetzgebungstechnische Einheit als Ganzes beziehen kann, wird auch bei Art 80 II GG angenommen, dass die Zustimmungspflicht des Bundesrats zur Rechtsverordnung bereits dann ausgelöst wird, wenn das die Ermächtigungsnorm enthaltende Bundesgesetz als Ganzes zustimmungspflichtig war (unabhängig davon, ob die Ermächtigungsnorm als solche die Zustimmungspflicht ausgelöst hat)[26]. Strittig ist, ob sich bei einer auf mehrere Ermächtigungsgrundlagen gestützten Verordnung, von denen nur eine die Zustimmungspflicht auslöst, die Zustimmungspflicht auf die gesamte Rechtsverordnung erstreckt oder nur auf den von der fraglichen Ermächtigungsnorm gedeckten Teil; richtigerweise wird man die Zustimmungspflicht auch hier nur auf die gesetzgebungstechnische Einheit als Ganzes, also auf den gesamten Verordnungstext beziehen können. Ein Ausschluss von an sich bestehenden Zustimmungspflichten ist aufgrund ausdrücklicher bundesgesetzlicher Regelung möglich, wobei dieser Ausschluss, um Umgehungen zu vermeiden, seinerseits von einer Zustimmung des Bundesrates abhängig sein muss.[27]

Hinsichtlich der Beteiligung des Bundestages an der Verordnungsgebung kennt die Staatspraxis seit langem vielfältige Gestaltungsformen, die von Kenntnisgabepflichten bis hin zu Zustimmungsvorbehalten oder Kassationsrechten reichen.[28] Die Rechtsprechung hat diese Vorbehalte, die im Grundgesetz ungeregelt geblieben sind und erst durch den ermächtigenden Gesetzgeber angeordnet werden, bereits früh akzeptiert und

[25] Hierzu und zum Folgenden: *v Danwitz* Jura 2002, 93, 97; *Schneider* (Fn 2) § 9 Rn 250 ff; *Ossenbühl* in: Isensee/Kirchhof V, § 103 Rn 53 ff.

[26] BVerfGE 24, 184, 189.

[27] BVerfGE 28, 66, 76, str.

[28] Hierzu, auch zum Folgenden: *Schneider* (Fn 2) § 9 Rn 253 ff; *Ossenbühl* in: Isensee/Kirchhof V, § 103 Rn 57 ff; *Möllers* Gewaltengliederung, 2005, 197 ff.

allein gefordert, dass ein legitimes Interesse der Legislative erkennbar sein muss, die Rechtsetzung bezüglich einer bestimmten Frage einerseits zu delegieren und andererseits doch von Einflussrechten des Parlaments abhängig zu machen.[29] Relativ unproblematisch ist die Statuierung parlamentarischer Mitwirkungsrechte deswegen, weil die Delegation von Verordnungsgewalt unter dem Vorbehalt parlamentarischer Beteiligung im Vergleich zu einer hiervon unbelasteten vorbehaltslosen Verordnungsermächtigung ein „minus" darstellt, das von der Delegationsbefugnis des Gesetzgebers selbstverständlich mit umfasst ist. Nicht überzeugen kann der Versuch einer alternativen Rechtfertigung, die die parlamentarischen Mitwirkungsrechte von den allgemeinen Kontrollbefugnissen des Parlaments gegenüber der Exekutive her konstruieren will (mit einem letztlich restriktiveren Ergebnis zur Zulässigkeit von Mitwirkungsrechten);[30] diese Sichtweise berücksichtigt nicht hinreichend, dass es bei parlamentarischen Mitwirkungsvorbehalten nicht um die gewöhnliche Überwachung von der Exekutive aus eigenem Recht zukommenden Kompetenzen geht, sondern um die Modifikation einer Befugnis, die ihr von der Legislative erst übertragen werden muss. Auf einem anderen Blatt steht die Frage, ob auch wirklich alle Formen parlamentarischer Mitwirkung als zulässig angesehen werden können. Als problematisch muss insbesondere der Versuch erachtet werden, dem Parlament das Recht zu einer Abänderung des Verordnungstexts zuzubilligen.[31] Jedenfalls soweit diese Änderungsbefugnis nicht nur als Vorschlagsrecht bezüglich des Verordnungsentwurfs, sondern als Letztentscheidungsrecht bezüglich des endgültigen Verordnungstextes ausgestaltet ist, führt dies zu einer im Grundgesetz so nicht vorgesehenen Mischform eines Normsetzungsakts, der weder exekutive Normsetzung ist (da der Exekutive die Letztentscheidungskompetenz aus der Hand genommen wird) und daher nicht von Art 80 GG gedeckt sein kann, noch als Sonderform parlamentarischer Gesetzgebung akzeptiert werden kann (da die Anforderungen des Art 76 GG in keiner Weise eingehalten sind). Nicht per se unzulässig ist es dagegen, wenn die Mitwirkungsbefugnis statt dem Plenum einem Ausschuss des Bundestages übertragen wird; freilich vermag allein der Aspekt der Entlastung des Plenums eine derartige Gestaltung nicht zu rechtfertigen (da auf die parlamentarische Mitwirkung ja auch ganz verzichtet werden könnte); nötig ist es vielmehr, das von der Rechtsprechung geforderte „legitime Interesse" an der parlamentarischen Mitwirkung positiv auf die besondere Kompetenz des Ausschusses zu beziehen.[32]

Die Rechtsgrundlage der Verordnung ist gemäß Art 80 I 3 GG in der Verordnung **7**
selbst anzugeben (*Zitiergebot*). Hierbei genügt nicht die pauschale Angabe des ermächtigenden Gesetzes, vielmehr ist die einzelne Vorschrift nach §, Absatz und Satz zu zitieren. Ist die Verordnung auf mehrere Ermächtigungsgrundlagen gestützt, sind diese vollständig aufzuführen, nicht nötig ist indes eine genauere Zuordnung dergestalt, welche Bestimmung der Verordnung auf welcher Rechtsgrundlage beruht. Ist das Zitiergebot verletzt, ist die Verordnung nichtig; das Zitiergebot ist keine bloße Ordnungsvorschrift, sondern eine formelle Wirksamkeitsvoraussetzung der Verordnung.[33] Die Rechtsprechung des BVerwG, wonach unionsrechtliche Rechtsgrundlagen nicht zu zi-

[29] BVerfGE 8, 321.
[30] *Uhle* Parlament und Rechtsverordnung, 1999.
[31] ZB § 48b S 3 BImSchG; *Saurer* (Fn 1) 375 ff; *Rupp* NVwZ 1993, 756; *Konzak* DVBl 1994, 1107.
[32] *V Danwitz* Jura 2002, 93, 97.
[33] Zum Vorstehenden BVerfGE 101, 1, 41 ff → JK GG Art 80 I 3/4, auch zu den Zwecken des Zitiergebots.

tieren sind,[34] kann nur richtig sein, soweit bereits die deutsche Ermächtigungsnorm aus sich heraus dem Bestimmtheitsgebot des Art 80 I 2 GG genügt; anderes hat bzgl Ermächtigungen zur Umsetzung von Unionsrecht zu gelten, soweit deren hinreichende Bestimmtheit erst in einer Gesamtschau mit dem umzusetzenden Unionsrechtsakt bejaht werden kann.[35] Die Anforderungen des Art 80 I 3 GG gelten unmittelbar nur für Verordnungen kraft bundesrechtlicher Ermächtigung. Das Landesrecht stellt bzgl Rechtsverordnungen kraft landesrechtlicher Ermächtigung zT weniger strenge Regeln auf (zB in Bayern, wo in Art 55 Nr 2 Verf Bay ein Zitiergebot fehlt und Art 45 II LStVG Bay das Zitiergebot als Sollvorschrift ausgestaltet). Nicht geklärt ist, ob der Standard des Art 80 I 3 GG über das Homogenitätsprinzip des Art 28 I GG auch für die Länder verbindlich ist; die (überzogene) Aussage des BVerfG, das Zitiergebot sei ein „unerlässliches Element des demokratischen Rechtsstaates“[36], scheint dies nahezulegen.[37]

8 Rechtsverordnungen müssen *ausgefertigt* werden und bedürfen einer ordnungsgemäßen *Verkündung*.[38] Für Bundesverordnungen trifft Art 82 I 2 GG die maßgeblichen Bestimmungen; nähere, innenrechtliche Regelungen finden sich in §§ 66 ff GGO; eine Verkündung ist wahlweise im Bundesgesetzblatt oder im Bundesanzeiger möglich.[39] Das Inkrafttreten regelt Art 82 II GG. Für landesrechtliche Verordnungen trifft das Landesrecht vergleichbare Regelungen.

9 Das Parlament kann eine durch Verordnung geregelte Materie jederzeit wieder an sich ziehen und durch Gesetz regeln.[40] Üblich geworden ist in diesem Zusammenhang eine Technik des Gesetzgebers, der in umfangreichen Artikelgesetzen gleich die einschlägigen Rechtsverordnungen per Gesetz mit abändert und diese sodann, um eine spätere Änderung der parlamentsgesetzlich geänderten Verordnung durch den Verordnungsgeber zu ermöglichen, mit einer sog *„Entsteinerungsklausel“* versieht, die den parlamentsgesetzlich geänderten Text „in den einheitlichen Verordnungsrang“ zurückkehren lässt. Diese Technik ist, da sie die Ebenen des Gesetzes und der Verordnung zu vermengen scheint und den Vorrang des Gesetzes berührt, nicht unumstritten gewesen.[41] Das BVerfG hat sie – mit gewissen Maßgaben – ausdrücklich gebilligt[42]. Klargestellt hat es dabei erstens den einheitlichen Verordnungsrang der parlamentsgesetzlich geänderten Verordnung, zweitens die volle (prozedurale) Bindung des Gesetzgebers an das Verfahren nach Art 76 ff GG, drittens seine (materiellrechtliche) Bindung an die Grenzen der Ermächtigungsgrundlage (Art 80 I 2 GG) sowie viertens die Unanwendbarkeit von Art 80 II GG, soweit es um die Zustimmungsbedürftigkeit durch den Bundesrat geht. Parlamentsgesetzlich geändertes Landes-Verordnungsrecht mit Entsteinerungsklausel ist zulässiger Gegenstand einer Normenkontrolle nach § 47 I Nr 2 VwGO; Art 100 I GG ist nicht anwendbar.[43]

[34] BVerwGE 118, 70, 73 f.
[35] Siehe oben Rn 3; zum Streitstand auch *Maurer* Allg VwR, § 13 Rn 12.
[36] BVerfGE 101, 1, 42 f → JK GG Art 80 I 3/4.
[37] Dazu: *Maurer* Allg VwR, § 13 Rn 4; krit: *Mößle* BayVBl 2003, 577 ff.
[38] Siehe bereits oben § 1 Rn 24; *Ossenbühl* in: Isensee/Kirchhof V § 103 Rn 75.
[39] § 1 I des Gesetzes über die Verkündung von Rechtsverordnungen vom 30.1.1950 (BGBl I 23), mit dem von dem Vorbehalt des Art 80 I 2 GG Gebrauch gemacht wurde.
[40] *Ossenbühl* in: Isensee/Kirchhof V, § 103 Rn 17.
[41] *Uhle* (Fn 30) 415 ff; *Jekewitz* NVwZ 1994, 956; *Conradi* NVwZ 1994, 977.
[42] BVerfGE 114, 196; 114, 303 → JK GG Art 100/14; dazu *Brosius-Gersdorf* JZ 2007, 305; *Lenz* NVwZ 2006, 296.
[43] BVerwGE 117, 313 → JK VwGO § 47/25; dazu *Kreiner* BayVBl 2005, 106; BVerfGE 114, 303 → JK GG Art 100/14; BayVGH DÖV 2007, 79.

Rechtsverordnungen müssen, um rechtmäßig zu sein, eine den verfassungsrechtlichen Anforderungen genügende Ermächtigungsgrundlage besitzen, formell (hinsichtlich Zuständigkeit, Verfahren und Form) ordnungsgemäß zustande gekommen sein, inhaltlich mit der Ermächtigungsgrundlage übereinstimmen und auch ansonsten mit höherrangigem Recht vereinbar sein.[44] Zur Frage des Normsetzungsermessens sei auf die Ausführungen oben → § 19 Rn 25 verwiesen. In formeller oder materieller Hinsicht rechtswidrige Rechtsverordnungen sind grundsätzlich nichtig (zu Fehlerfolgen und Ausnahmen vom Nichtigkeitsdogma siehe bereits → § 19 Rn 35 ff). Die Aussage des BVerfG, ein Verfahrensfehler führe nur dann zur Nichtigkeit einer Rechtsverordnung, wenn er evident sei,[45] bezog sich auf eine Konstellation, in der die nachträgliche Nichtigkeit von unzähligen, gemäß ständiger Staatspraxis zustande gekommenen Rechtsverordnungen zu einem verfassungsrechtlich unhaltbaren Zustand geführt hätte, und sollte nicht verallgemeinert werden.[46] Zu Fragen des Rechtsschutzes ist auf → § 19 Rn 36 zu verweisen. 10

II. Exekutive Normsetzung kraft (verliehener) Autonomie: Die Satzung

Begriff. Die Satzung (siehe auch → § 2 Rn 56 ff) ist, anders als die Rechtsverordnung, im Grundgesetz nicht näher geregelt; entsprechend schwieriger ist sie begrifflich zu fassen. Das BVerfG hat sie so definiert:[47] „Satzungen sind Rechtsvorschriften, die von einer dem Staat eingeordneten juristischen Person des öffentlichen Rechts im Rahmen der ihr gesetzlich verliehenen Autonomie mit Wirksamkeit für die ihr angehörigen und unterworfenen Personen erlassen werden". Entscheidende Charakteristika sind: (1) Autonomie: Zwar sind Satzungen – wie Rechtsverordnungen – eine Erscheinungsform von der staatlichen Legislative abgeleiteter (nicht originärer) Rechtsetzung; unterschiedlich ist jedoch die Art des gesetzlichen Übertragungsakts (Verleihung von Autonomie statt spezieller Ermächtigung) und infolgedessen auch der Grundzug exekutiver Normsetzungsmacht (Eigenverantwortlichkeit statt heteronomer Programmbindung).[48] (2) Dezentralisation: Eine Verleihung von Satzungsautonomie kommt – anders als die Delegation von Verordnungsmacht – nicht in Bezug auf Stellen der hierarchischen Staatsverwaltung in Betracht, sondern darf ausschließlich zu Gunsten eines vom Staat juristisch verselbständigten Verwaltungsträgers erfolgen; Satzungsgebung ist eine Form dezentralisierter (nicht nur dekonzentrierter) Rechtsetzung.[49] (3) Selbstverwaltung und „Demokratie von unten": Ihre sachliche Rechtfertigung findet Satzungsautonomie, die von den Anforderungen des Art 80 I GG (bzw vergleichbaren Landesverfassungsrechts) an eine hinreichende gesetzliche Vorprogrammierung befreit ist, in funktionierenden Strukturen der Selbstverwaltung sowie einer besonderen demokratischen Legitimation „von unten"[50] (durch die von der Selbstverwaltung Betroffenen); Satzungsautonomie 11

[44] *Maurer* Allg VwR, § 13 Rn 16.
[45] BVerfGE 91, 148, 175.
[46] Ähnlich: *Maurer* Allg VwR, 16. Aufl, § 13 Rn 17.
[47] BVerfGE 33, 125, 156 f.
[48] *Ossenbühl* in: Isensee/Kirchhof V, § 105 Rn 22 f; *ders* in: *Erichsen* 12. Aufl 2002, § 6 Rn 62; *Schneider* (Fn 2) § 10 Rn 278; *Badura* GS Martens, 1987, 25, 28.
[49] *Ossenbühl* in: *Erichsen* 12. Aufl 2002, § 6 Rn 63; *Hill* (Fn 1) Rn 26.
[50] Vgl den Gedanken des Art 11 IV Verf Bay: „Die Selbstverwaltung der Gemeinden dient dem Aufbau der Demokratie in Bayern von unten nach oben". Die „von oben" (über die dem Par-

ist in systemgerechter Weise nur möglich, soweit die Betroffenen ihre eigenen Angelegenheiten durch Vertretungen selbst bestimmen und diese Bestimmungen sich auf die Betroffenen beschränken.[51]

Das Einsatzfeld von Satzungen ist heterogen[52] und kennt Grenzbereiche, in denen die Begrifflichkeit ein wenig verschwimmt. Neben dem unproblematischen Kernfeld der kommunalen Selbstverwaltung, in dem die Satzungsautonomie als Aspekt der Selbstverwaltungsgarantie bereits verfassungsrechtlich gewährleistet ist und im Gegenzug auch die notwendigen Strukturen demokratischer Legitimation mitgarantiert sind (Art 28 I 2, II GG), steht der sehr vielgestaltige und durch die Verfassung nicht oder nur undeutlich vorkonturierte Bereich der funktionalen Selbstverwaltung[53] (wirtschaftliche und berufsständische Selbstverwaltung, Selbstverwaltung in der Sozialversicherung, akademische Selbstverwaltung, Anstalten mit Satzungsbefugnis etc), bei dem nicht durchwegs klar ist, ob die für eine substantielle Satzungsautonomie unabdingbaren organisatorischen Voraussetzungen hinsichtlich funktionierender Demokratie von unten auch wirklich gegeben sind (näher Rn 12). Auch die Abgrenzung zur Rechtsverordnung ist nicht immer leicht (gerade dann, wenn ein und derselbe Rechtsträger, zB eine Kommune, sowohl zum Satzungs- als auch zum Verordnungserlass in der Lage ist): Bereits im engeren Selbstverwaltungsbereich können – bei eingreifenden oder sonst grundrechtswesentlichen Satzungen – die Anforderungen an die Bestimmtheit der gesetzlichen Ermächtigung ausnahmsweise so angehoben sein, dass sie den für Verordnungsermächtigungen geltenden Regeln immerhin nahe kommen (siehe Rn 12). Erst recht rückt die Satzung in die Nähe der Rechtsverordnung, wenn, wie dies das überkommene Kommunalrecht vorsieht, Satzungen ausnahmsweise aufgrund einer besonderen gesetzlichen Ermächtigung auch im übertragenen Wirkungskreis zulässig sein sollen (zB Art 23 S 2 GO Bay). Gerade im schwierigen Grenzbereich von eigenem und übertragenem Wirkungskreis der Kommunen scheinen die Techniken der Übertragung von Satzungsgewalt (typischerweise eigener Wirkungskreis) sowie der Delegation von Verordnungsbefugnissen (typischerweise übertragener Wirkungskreis) bis zu einem gewissen Grade austauschbar.[54]

12 Satzungsgebung ist von zwei *Voraussetzungen* abhängig: erstens (materiell) von einer den verfassungsrechtlichen Anforderungen genügenden Übertragung von Satzungsautonomie, zweitens (organisatorisch) von dem Gegebensein funktionierender Strukturen der Selbstverwaltung und der demokratischen Legitimation durch die Satzungsbetroffenen.[55]

lament verantwortliche Regierung) legitimierte hierarchische Staatsverwaltung verfügt über diese besondere Legitimation nicht, so dass sie als Adressat von Verordnungsermächtigungen erhöhten Bestimmtheitsanforderungen unterworfen werden muss. S auch *Hill* (Fn 1) Rn 30.

51 *Hendler* Selbstverwaltung als Ordnungsprinzip, 1984, 311; *Ossenbühl* in: Isensee/Kirchhof V, § 105 Rn 25.

52 *Ossenbühl* in: Isensee/Kirchhof V, § 105 Rn 1, 4 ff; *Axer* Normsetzung der Exekutive in der Sozialversicherung, 2000, 188, 207.

53 *Kluth* Funktionale Selbstverwaltung, 1997.

54 Zur Problematik: *Ossenbühl* in: Isensee/Kirchhof V, § 105 Rn 39; *Schneider* (Fn 2) § 10 Rn 283; *Maurer* in: Biernat/Hendler/Schoch/Wasilewski (Hrsg), Grundfragen des Verwaltungsrechts und der Privatisierung, 1994, 59, 68 ff; *Schmidt-Aßmann* Die kommunale Rechtsetzung, 1981, 26 ff; *Badura* (Fn 48) 25, 28 f; *Heintzen* Verw 1996, 17, 21 ff.

55 Zwischen diesen beiden Voraussetzungen kann auch eine Wechselwirkung bestehen, dergestalt, dass je problematischer die demokratischen Selbstverwaltungsstrukturen sind, eine umso größere materielle Steuerung durch Gesetz erforderlich werden kann (und umgekehrt), BVerfGE 111, 191, 218.

- In materieller Hinsicht ist im Ausgangspunkt unstreitig, dass Satzungen grundsätzlich keiner nach Inhalt, Zweck und Ausmaß hinreichend bestimmten gesetzlichen Ermächtigung bedürfen; Art 80 I 2 GG ist weder direkt noch analog anwendbar.[56] Prinzipiell ausreichend ist vielmehr die inhaltlich nicht näher determinierte allgemeine Übertragung von Satzungsautonomie für einen bestimmten Kompetenzbereich der Selbstverwaltung eigener Angelegenheiten (für Gemeinden zB Art 23 S 1 GO Bay). Einschränkend gilt nach nur vereinzelt bestrittener[57] Ansicht allerdings, dass mit einer derartigen allgemeinen Verleihung von Satzungsautonomie zwar dem organisatorischen Gesetzesvorbehalt[58] für die Übertragung von Normsetzungsbefugnissen auf einen juristisch verselbständigten Verwaltungsträger genügt ist, nicht jedoch dem grundrechtlichen und rechtsstaatlichen Vorbehalt des Gesetzes, wonach Eingriffe in Freiheit und Eigentum nur auf der Basis einer gesetzlichen Ermächtigung zulässig sind. Für grundrechtsbeschränkende Satzungen ist deswegen – zusätzlich zur allgemeinen Verleihung von Satzungsautonomie – eine besondere gesetzliche Ermächtigung zum Satzungserlass zu fordern; das Kommunalrecht (zB Art 24 GO Bay), aber etwa auch das Kammerrecht der berufsständischen Selbstverwaltung enthalten derartige besondere Ermächtigungen in beträchtlicher Zahl. Nicht leicht auf eine Formel zu bringen ist, wie inhaltlich bestimmt eine derartige besondere Ermächtigung zu sein hat. Um den Unterschied zwischen autonomer Satzungs- und programmgeleiteter Verordnungsgebung nicht zu verwischen, sollte man sich nicht vorschnell an Art 80 I 2 GG orientieren; als grundsätzlich ausreichend ist es anzusehen, wenn die Ermächtigung den satzungsmäßigen Grundrechtseingriff dem Gegenstand nach[59] umreißt, ohne Zwecke und Ausmaß zu spezifizieren. Weitergehende Bestimmtheitsanforderungen – mit dem Ergebnis einer zunehmenden Annäherung an Art 80 I 2 GG – können aus der Wesentlichkeitslehre folgen, welche, je intensiver eine Satzung in Grundrechte eingreift oder sonst grundrechtswesentlich ist, in umso größerem Maße verlangt, dass der Gesetzgeber die wesentlichen Entscheidungen selbst trifft und sich nicht der Verantwortung begibt, diejenigen Gemeinschaftsinteressen zu bestimmen, hinter denen das Grundrecht zurückzutreten hat; äußerstenfalls können bestimmte Grundrechtseingriffe (zB statusbildende Berufsregelungen) einer „Delegation“ auf den Satzungsgeber sogar völlig entzogen sein.[60]
- In organisatorischer Hinsicht setzt Satzungsautonomie das Bestehen von Strukturen einer besonderen demokratischen Legitimation durch die Betroffenen voraus, auf die die Wirkungen der Satzung auch grundsätzlich beschränkt sein müssen.[61] Liegen derartige Strukturen demokratischer Selbstverwaltung vor, ist die Verleihung von Satzungsautonomie allgemein zulässig und nicht von einer besonderen verfassungs-

[56] Zum Folgenden: *Badura* StR, D 58; *Ossenbühl* in: Isensee/KirchhofV, § 103 Rn 28 ff, 39; *Schneider* (Fn 2) § 10 Rn 277, 285; *Achterberg* Allg VwR, § 21 Rn 33 f; *Schmidt-Aßmann* (Fn 54) 8 f.

[57] *Adler* Das Satzungsrecht der Gemeinden als verfassungsrechtlich eigenständiges Rechtsetzungsrecht, 1997; zweifelnd auch *Maurer* in: Biernat ua (Fn 54) 59, 66 f.

[58] *Badura* DÖV 1963, 561, 562.

[59] *Bauer/Böhle/Ecker* Bayerische Kommunalgesetze, Stand März 2008, Art 23 Rn 10; BVerwGE 6, 247, 251; zum Meinungsstand: *Hill* (Fn 1) Rn 33.

[60] BVerfGE 33, 125, 157 ff; 111, 191, 216; *Wieland* in: Dreier (Hrsg), Grundgesetz, Band I, 2. Aufl 2004, Art 12 Rn 98.

[61] *Ossenbühl* in: Isensee/Kirchhof V, § 105 Rn 24 f; *Schmidt-Aßmann* Ordnungsidee, 94 ff, 262, 327; *Hill* (Fn 1) Rn 30 f.

rechtlichen „Anerkennung“ abhängig.[62] Grundsätzlich möglich ist Satzungsautonomie zur Regelung eigener Angelegenheiten demnach bei Körperschaften, die über eine mitgliedschaftliche Basis und demokratisch legitimierte Repräsentationsorgane verfügen. Prinzipiell problematisch dagegen ist sie bei Anstalten, denen die korporative Basis und eine klar umrissene Betroffenengemeinschaft fehlt;[63] die Entscheidung des BVerfG vom 13.7.2004 (Notarkasse)[64] macht exemplarisch deutlich, dass auch eine Satzungsbefugnis von Anstalten möglich, hierbei aber an bestimmte organisatorische Vorkehrungen gebunden ist, die garantieren, dass eine angemessene Partizipation der Betroffenen und allseitige Interessenberücksichtigung gewährleistet sowie die Organe demokratisch gebildet sind. Große Schwierigkeiten macht die Auslotung der Möglichkeit und Grenzen einer Verleihung von Satzungsautonomie im Bereich der Sozialversicherungen und im Gesundheitswesen:[65] Bereits die Grundkonstruktion der einzelnen Sozialversicherungen und erst recht die verwaltungsträgerübergreifenden Erscheinungsformen sog „gemeinsamer Selbstverwaltung“ weichen, was die Zusammenspannung gegenläufiger Interessen (Kassen und Ärzte etc) und die Erstreckung von Normwirkungen auf Dritte anbelangt, so weit vom Ideal der Regelung gemeinsamer Angelegenheiten durch die Betroffenen ab, dass dem Einsatz der Handlungsform Satzung Grenzen gesetzt sind (vgl bereits → § 19 Rn 9).

13 Ihren *Wirkungen* nach haben Satzungen die Kraft, unmittelbar Rechte und Pflichten der Normunterworfenen zu begründen, sie verfügen also – ähnlich wie Rechtsverordnungen, anders als Verwaltungsvorschriften – über Außenwirksamkeit.[66] Genauer betrachtet ist freilich die Außenwirksamkeit von Satzungen nicht im selben umfassenden Sinn „gesetzesgleich“ wie diejenige der Rechtsverordnungen.[67] Aufgrund des für Satzungen grundlegenden Legitimationszusammenhangs der Selbstverwaltung durch eine abgegrenzte Betroffenengemeinschaft haben die Rechtswirkungen der Satzung grundsätzlich auf denjenigen abgegrenzten Betroffenenkreis beschränkt zu bleiben, von dem her der satzungsgebende Repräsentationskörper seine demokratische Legitimation empfängt (Korrespondenzgebot).[68] Unbeteiligte Dritte (sog Außenseiter) haben von der Rechtsetzungshoheit des Satzungsgebers unberührt zu bleiben[69]. Sollen sie in einer

[62] AA *Axer* (Fn 52) 198 f.

[63] *Ossenbühl* in: Isensee/Kirchhof V, § 105 Rn 27; *Schneider* (Fn 2) § 10 Rn 279.

[64] BVerfGE 111, 191.

[65] Zum Folgenden: *Ossenbühl* in: Isensee/Kirchhof V, § 105 Rn 11 f, 27; *Schneider* (Fn 2) § 10 Rn 287 f; *Schmidt-Aßmann* Ordnungsidee, 263, 327; *Burgi* VVDStRL 62 (2003) 405, 435 f; *Axer* (Fn 52); *Ebsen* 13, 16, *Ossenbühl* 65, 77 ff, beide in: Schnapp (Hrsg), Probleme der Rechtsquellen im Sozialversicherungsrecht, Teil I, 1998; BSGE 78, 70, 80 ff; *Kingreen* NJW 2006, 877.

[66] *Ossenbühl* in: *Erichsen* 12. Aufl 2002, § 6 Rn 62; *Schmidt-Aßmann* (Fn 54) 4 f; *Maurer* in: Biernat ua (Fn 54) 59, 62 f. Dieser Qualifikation tut es keinen Abbruch, dass sich Satzungen auf die Regelung interner Fragen beschränken können, ohne Rechte und Pflichten Einzelner zu begründen (Organisationssatzungen, Haushaltssatzung etc).

[67] *Schmidt-Aßmann* (Fn 1) 477, 487.

[68] *Schmidt-Aßmann* Ordnungsidee, 263 f.

[69] Zur Außenseiterproblematik: *Ossenbühl* in: Isensee/Kirchhof V, § 105 R 34; *Papenfuß* Die personellen Grenzen der Autonomie öffentlich-rechtlicher Körperschaften, 1991. Dass auf dem Gemeindegebiet auch Gemeindefremde der Satzungshoheit der Gemeinde unterliegen, ist nur eine scheinbare Ausnahme und hängt mit dem besonderen Status einer territorial radizierten Gebietskörperschaft zusammen.

mehr als nur marginalen Weise fremder Satzungshoheit unterworfen werden, so bedarf dies (sofern sie unmittelbar gebunden werden sollen) einer besonderen und je nach Intensität des Betroffenseins auch hinreichend bestimmten gesetzlichen Ermächtigung und Vorprägung, die die Interessen der Dritten wahrt. Ansonsten (va wenn Dritte nur mittelbar von den gegenüber den Satzungsunterworfenen getroffenen Regeln berührt werden) muss die Satzung zumindest einer verschärften richterlichen Kontrolle daraufhin unterworfen werden, ob die Regelung wirklich dem Gemeinwohl, oder allein dem (zB standesrechtlichen) Sonderinteresse des Satzungsgebers dient.[70]

Das *Verfahren* der Satzungsgebung ist regelmäßig spezialgesetzlich – in den jeweiligen Verfassungsgesetzen des mit Satzungsgewalt betrauten Verwaltungsträgers (zB Gemeindeordnung), ggf zusätzlich in einem besonders einschlägigen Fachgesetz (zB → §§ 2 ff, 10 BauGB) – geregelt.[71] Neben den bereits unter § 19 Rn 15 ff behandelten handlungsformübergreifenden Fragen (Beteiligungsrechte, Begründungspflichten) sind vor allem folgende satzungsspezifische Punkte erwähnenswert: (1) Die Organzuständigkeit[72] für den Satzungsbeschluss liegt bei dem demokratischen Kollegialorgan, das die Betroffenengemeinschaft repräsentiert (typischerweise das von den Mitgliedern gewählte Repräsentativorgan, zB Gemeinderat, ausnahmsweise – bei Anstalten ohne korporative Basis – auch ein pluralistisch oder fachlich zusammengesetztes Gremium). Eine Übertragung auf Ausschüsse ist nur ausnahmsweise, eine Wahrnehmung durch das Exekutivorgan (zB Bürgermeister) grundsätzlich nicht möglich. (2) Das Beschlussverfahren selbst folgt den Strukturen einer transparenten Entscheidungsfindung in einem demokratischen Repräsentativorgan; eine beispielhafte Regelung findet sich in den Bestimmungen über den Geschäftsgang in den Kommunalordnungen. Entscheidend sind die Beschlussfähigkeit (ordnungsgemäße Ladung, ausreichende Anwesenheit) sowie die Ordnungsgemäßheit der Beschlussfassung (ausreichende Mehrheit);[73] hinzu kommen ggf Vorschriften über die Öffentlichkeit der Sitzungen.[74] Eine besondere Bedeutung haben, etwa im Kommunalrecht, Vorschriften über Mitwirkungsverbote wegen Befangenheit/persönlicher Beteiligung; sie ziehen eine prekäre Grenzlinie zwischen der im Rahmen der Selbstverwaltung natürlichen und geradezu erwünschten allgemeinen Selbstinteressiertheit der Normbetroffenen einerseits und solchen persönlichen Sonderinteressen andererseits, die eine gemeinwohlorientierte Entscheidung gefährden und daher auszuschließen sind.[75] (3) Eine allgemeine und ipso iure geltende Pflicht, die gesetzliche Rechtsgrundlage der Satzung anzugeben (Zitiergebot), besteht, jedenfalls wenn diese auf der Basis der allgemeinen Verleihung von Satzungsautonomie und nicht auf einer besonderen Ermächtigung beruht, nicht; die Anordnung besonderer Zitiergebote durch den Gesetzgeber ist freilich möglich.[76] (4) Satzungen unterliegen häufig einer Genehmigungspflicht[77] durch die staatliche Aufsichtsbehörde (als „minus" können auch 14

[70] Zum Beispiel Berufsrecht und Art 12 GG: *Lorz* NJW 2002, 169; *Jaeger* Stbg 1997, 211, 212.

[71] *Ossenbühl* in: Isensee/Kirchhof V, § 105 Rn 51. *Schmidt-Aßmann/Röhl* in: Schmidt-Aßmann/Schoch, Bes VwR, 1. Kap Rn 97 ff; *Krebs* ebda, 4. Kap Rn 110 ff.

[72] *Ossenbühl* in: Isensee/Kirchhof V, § 105 Rn 53; *Knemeyer* (Fn 59) Rn 110; *Schoch* NVwZ 1990, 801, 806.

[73] *Meyer* NdsVBl 2003, 117, 118.

[74] Die Rechtsfolgen eines Verstoßes gegen die Vorschriften über die Öffentlichkeit im Kommunalrecht ist str; für Bayern: *Lissack* Bayerisches Kommunalrecht, 2. Aufl 2001, § 5 Rn 104.

[75] *Schmidt-Aßmann* (Fn 54) 15.

[76] ZB Art 23 S 3 BayGO; dazu *Mößle* BayVBl 2003, 577; aA *Achterberg* Allg VwR, § 21 Rn 38.

[77] Zum Folgenden: *Ossenbühl* in: Isensee/Kirchhof V, § 105 Rn 55 ff; *Schneider* (Fn 2) § 10 Rn 289 ff; *Meyer* NdsVBl 2003, 117, 119; *Ipsen* JZ 1990, 789, 792 ff; *Hill* (Fn 1) Rn 35.

Anzeigepflichten oder eine rein repressive Staatsaufsicht bestehen; gerade im Kommunalrecht ist die Genehmigungspflicht zur Ausnahme geworden). Eine aufgrund Gesetzes erforderliche Genehmigung ist Wirksamkeitsvoraussetzung für die Satzung und gegenüber der satzungsgebenden Körperschaft ein Verwaltungsakt. Ob die Genehmigung nur aus rechtlichen Gründen oder auch aus Zweckmäßigkeitsgründen versagt werden kann, hängt vom Gesetz ab und ist ggf durch Auslegung zu ermitteln. Systemgerecht und üblich ist in Selbstverwaltungsangelegenheiten eine bloße Rechtmäßigkeitskontrolle; gerade im Bereich der kommunalen Selbstverwaltung, wo die Satzungsautonomie bereits verfassungsrechtlich garantiert ist, wird dies regelmäßig ein Gebot der Verfassung sein.[78] Eine Genehmigung kann mit der Maßgabe (dh aufschiebend bedingt) erteilt werden, dass gewisse Änderungen vorgenommen werden; fasst das satzungsgebende Organ einen entsprechenden Beitrittsbeschluss, kann die Satzung verkündet werden und in Kraft treten, ohne dass es eines erneuten Genehmigungsverfahrens bedürfte. Unterlässt es ein Satzungsgeber rechtswidrigerweise, eine Satzung zu erlassen, kann es nach Maßgabe des jeweiligen Aufsichtsrechts (im Wege der Ersatzvornahme) zu einer staatlich oktroyierten Satzung kommen; nach außen bleibt diese dem Selbstverwaltungsträger zurechenbar.[79] (5) Satzungen müssen ausgefertigt und bekannt gemacht werden.[80] Eine Ausfertigung (Beurkundung durch Unterzeichnung) ist, auch soweit sie nicht ausdrücklich vorgeschrieben ist, rechtsstaatlich zwingend; gemäß dem Zweck der Ausfertigung, die Korrektheit des Normsetzungsverfahrens zu bezeugen und die Originalurkunde zu schaffen, die Grundlage für die Bekanntmachung ist, muss die Ausfertigung zeitlich nach einer etwa erforderlichen Genehmigung und vor der Bekanntmachung erfolgen; in der Praxis liegt offenbar einiges im Argen. Wo und in welcher Weise die Satzung zu publizieren ist, ergibt sich aus dem jeweils einschlägigen Fachrecht (für Gemeinden zB Art 26 II BayGO iVm der Bekanntmachungsverordnung); fehlt es an gesetzlichen Regeln, hat der jeweilige Selbstverwaltungsträger im Rahmen seiner Autonomie – in einer dem Zweck des Publikationserfordernisses gerecht werdenden Weise – durch Satzung selbst zu bestimmen, wie und wo die Bekanntgabe seiner Satzungen erfolgt. Den Zeitpunkt des Inkrafttretens hat der Satzungsgeber selbst zu bestimmen; nur partiell (im Kommunalrecht, zB Art 26 I GO Bay) hat der Gesetzgeber subsidiäre Festlegungen getroffen oder sonstige Vorgaben gemacht.[81]

15 Eine Satzung ist rechtmäßig, sofern sie auf einer den verfassungsrechtlichen Anforderungen genügenden Verleihung von Satzungsautonomie bzw, falls erforderlich, einer hinreichenden gesetzlichen Ermächtigung beruht (Rn 12), formell einwandfrei zustande gekommen ist (Rn 14), die Grenzen der verliehenen Autonomie bzw gesetzlichen Ermächtigung in inhaltlicher, personeller (Rn 13) und räumlicher Hinsicht einhält und auch sonst nicht gegen höherrangiges Recht[82] verstößt. Zur Reichweite und Kontrollierbarkeit des Normsetzungsermessens sei auf § 19 Rn 25 ff hingewiesen. Entgegen

[78] Für kommunale Steuersatzungen zB BayVerfGH BayVBl 1989, 237; 1992, 365.

[79] *Ossenbühl* in: Isensee/Kirchhof V, § 105 Rn 54, auch zu dem noch weiter gehenden § 105 I 1 HwO.

[80] *Ossenbühl* in: Isensee/Kirchhof V, § 105 Rn 60 f; *Schneider* (Fn 2) § 14 Rn 478 ff, 492; *Lissack* (Fn 74) § 3 Rn 16 ff; *Meyer* NdsVBl 2003, 117, 119 f; *Ziegler* DVBl 1987, 280; *Läger* LKV 1996, 119, 121 f; BVerwGE 120, 82 → JK VwGO § 47 II 1/26.

[81] *Schneider* (Fn 2) § 15 Rn 517.

[82] Gegenüber Satzungsrecht höherrangig ist auch Rechtsverordnungsrecht, *Heintzen* Verw 1996, 17.

Vorstößen der Literatur[83], die in Anlehnung an das Abwägungsgebot bei Bebauungsplänen den Satzungserlass allgemein einer Abwägungskontrolle unterwerfen will, ist nach hier vertretener Ansicht gerade für die (inhaltlich freieren) Satzungen daran festzuhalten, dass grundsätzlich allein das Ergebnis des Satzungserlasses an höherrangigem Recht zu messen ist, nicht aber darüber hinaus eine Kontrolle des zu diesem Ergebnis führenden Abwägungsvorganges stattfindet (ganz abgesehen davon, dass eine derartige Abwägungskontrolle einen gesetzlichen Maßstab braucht und daher unmöglich ist, soweit das Gesetz – wie bei der Satzungsgebung typisch – die relevanten Zwecke offen lassen und die Zweckbestimmung dem Satzungsgeber überlassen darf).[84] Eine fehlerhafte Satzung ist regelmäßig nichtig. Dies gilt prinzipiell auch für die Verletzung von Verfahrensvorschriften. Bereits unter § 19 Rn 35 ist gezeigt worden, dass die Kommunalgesetzgeber überwiegend (zT angreifbare) Regelungen zur Normerhaltung trotz Verfahrensverstoßes getroffen haben. Fehlt es an solchen Regelungen zur Normerhaltung (wie zB weitgehend im bayerischen Kommunalrecht), rückt die Frage in den Mittelpunkt, ob je nach dem Zweck der einschlägigen Verfahrensanforderung nicht ausnahmsweise eine von vornherein unbeachtliche bloße Ordnungsvorschrift angenommen werden kann oder aber eine Heilung in Betracht kommt.[85] Zu Fragen des Rechtsschutzes gegen Satzungen siehe oben § 19 Rn 36.

III. Exekutive Normsetzung kraft eigenen Rechts: Die Verwaltungsvorschrift

Die Verwaltungsvorschrift (siehe auch → § 2 Rn 65 ff) ist die am wenigsten gesicherte normative Handlungsform der Exekutive.[86] Nicht nur kommen Verwaltungsvorschriften in einer großen, nur schwer auf einen Nenner zu bringenden Vielzahl[87] an Bezeichnungen (Erlasse, Dienstanweisungen, Richtlinien etc) und Erscheinungsformen (von der in einem förmlichen Verfahren erlassenen, publizierten und bundesweit geltenden Allgemeinen Verwaltungsvorschrift[88] bis hin zum einfachen Rundschreiben des Behör- 16

[83] *Ossenbühl* in: Isensee/Kirchhof V, § 105 Rn 49; *Schmidt-Aßmann* (Fn 54) 11 f; *Kloepfer* DVBl 1995, 441.

[84] BVerwG vom 26.4.2006 BeckRS 2006, 24119 mwN; *Maurer* in: Biernat ua (Fn 54) 59, 75; s ansonsten o § 18 Rn 33.

[85] S zB *Lissack* (Fn 74) § 5 Rn 33 ff, 104.

[86] Zum „ungesicherten" Charakter der Verwaltungsvorschrift: *Wahl* FS BVerwG, 2003, 571; *Hill* (Fn 1) Rn 37; aus der Literatur: *Ossenbühl* Verwaltungsvorschriften und Grundgesetz, 1968; *ders* in: Isensee/KirchhofV, §104 Rn 3 ff; *Vogel* VVDStRL 24 (1966) 125; *Schmidt-Aßmann* (Fn 1) 477; *Lange* in: Hoffmann-Riem/Schmidt-Aßmann/Schuppert (Hrsg), Reform des Allgemeinen Verwaltungsrechts, Grundfragen, 1993, 307; *Jarass* JuS 1999, 105; *Kautz* GewArch 2000, 230; *Leisner* JZ 2002, 219; *Erichsen* FS Kruse, 2001, 39; *Rogmann* Die Bindung an die Verwaltungsvorschriften, 1998; *Erichsen/Klüsche* Jura 2000, 540; *Klein* FS Forsthoff, 1967, 163; *Sauerland* Die Verwaltungsvorschrift im System der Rechtsquellen, 2005; *Selmer* VerwArch 1968, 114; *Seibert* FS BVerwG, 2003, 535; *Schuppert* Verwaltungswissenschaft, 2000, 258 ff; *Hill* (Fn 1) Rn 37 ff; *Ruffert* (Fn 2) Rn 67 ff; *Saurer* VerwArch 97 (2006) 249; zur „normkonkretisierenden Verwaltungsvorschrift": *Di Fabio* DVBl 1992, 1338; *Uerpmann* BayVBl 2000, 705; *Hendler* Jahrbuch des Umwelt- und Technikrechts 40 (1997) 55; *Jachmann* Verw 1995, 17; *Wolf* DÖV 1992, 849; *Vogel* FS Thieme, 1993, 605; *Saurer* DÖV 2005, 587.

[87] *Schmidt-Aßmann* Ordnungsidee, 328; *Ossenbühl* in: Isensee/Kirchhof V, § 104 Rn 3 ff.

[88] *Schneider* (Fn 2) § 9 Rn 271 ff.

denleiters) vor, in Bewegung geraten ist vor allem auch die dogmatische Einordnung. Während die klassische Sichtweise betont, Verwaltungsvorschriften seien bloßes Innenrecht und für den Richter nicht Maßstab, sondern Gegenstand der Prüfung,[89] sich freilich aber gerade deswegen die Frage gefallen lassen muss, ob sie in der Lage ist, die herausragende Steuerungskraft angemessen zu deuten, die die Verwaltungsvorschrift in einigen Rechtsgebieten zu entfalten vermag, sind Teile der Literatur[90] und auch die neuere Rechtsprechung[91] bereit, den Verwaltungsvorschriften in jedenfalls immer mehr Fallgruppen eine für den Richter verbindliche und auf den Einzelnen durchschlagende Außenwirkung zuzuschreiben. Die Einheit der Dogmatik der Verwaltungsvorschrift wird dadurch aufgebrochen; zugleich wird der Unterschied zur Rechtsverordnung verwischt; die Grundentscheidung der Verfassung, für den Einzelnen verbindliches Exekutivrecht nur aufgrund eines bestimmten Anforderungen genügenden legislativen Übertragungsakts zuzulassen, wird missachtet (→ § 19 Rn 5 ff). Notwendig ist es nach hier vertretener Ansicht, zu einer einheitlichen, innenrechtlichen Deutung der Verwaltungsvorschriften zurückzukehren,[92] die freilich zugleich in der Lage sein muss, der großen Praxisbedeutung der Verwaltungsvorschrift gerecht zu werden. Möglich wird dies, wenn man erkennt, dass das Maß an effektiver Steuerungskraft der Verwaltungsvorschrift nicht in erster Linie von ihrer Qualifikation als Innen- oder Außenrecht abhängt, sondern davon, in welchem Maße das außenwirksame Gesetz der Exekutive in verfassungskonformer Weise Spielräume[93] eingeräumt oder belassen hat, innerhalb derer diese ihren außenwirksamen Vollzug mittels Akten interner Selbstprogrammierung[94] (den Verwaltungsvorschriften) zu steuern in der Lage ist. Es ergibt sich folgende Konzeption:

17 *Begriff.* Verwaltungsvorschriften sind innenrechtliche Normen, die die Exekutive aus eigenem Recht, dh ohne gesetzliche Ermächtigung erlassen kann und mithilfe derer sie ihr außenwirksames Vollzugshandeln in den Spielräumen des Gesetzes im Interesse eines gleichmäßigen Vollzugs selbst programmiert. Der Grundsatz der Gesetzmäßigkeit der Verwaltung (Art 20 III GG) gibt an, wie groß die Spielräume sind, innerhalb derer interne Verwaltungsvorschriften in einer vom Einzelnen wie vom Richter hinzunehmenden Weise den außenwirksamen Vollzug determinieren dürfen und so für den Einzelnen (mittelbar) maßgeblich werden können. Art 3 I GG bestimmt – folgerichtig zur

[89] Hierzu mwN *Wahl* (Fn 86) 571, 573.

[90] Aus den Nachweisen in Fn 86 insbesondere: *Vogel, Ossenbühl, Wahl, Leisner, Sauerland.*

[91] BVerwGE 72, 300; 107, 338 → JK Allg VerwR/1; BVerwGE 110, 216; 114, 342; 129, 209 (normkonkretisierende Verwaltungsvorschriften; das Gericht selbst meidet das Wort „Außenwirkung"; die Literatur indes versteht die Entscheidungen im Sinne einer Anerkennung von Außenwirkung, zB *Jarass* JuS 1999, 105, 109). Ausdrücklich für eine Außenwirkung: BVerwG DVBl 1994, 1213; DÖV 2005, 605 (sozialhilferechtliche Pauschalierungen); BSGE 78, 70 (Richtlinien des Bundesausschusses für Ärzte und Krankenkassen – „normative Wirkung" gegenüber den Versicherten); BVerwGE 72, 119, 121 f; 81, 27, 29 (Beihilfevorschriften, Auslegung wie revisible Rechtsnormen); allerdings BVerwGE 121, 103 → JK BVerfGG § 35/1: Erfordernis gesetzlicher Regelung; hierzu auch *Jachmann* ZBR 1997, 342; *Saurer* DÖV 2005, 587.

[92] Für eine Rückbesinnung: *Erichsen* (Fn 86) 39, 63.

[93] Den Spielraumgedanken betonen zB zu Recht: *Vogel* VVDStRL 24 (1966) 125, 160 ff; *Wahl* (Fn 86) 571, 580; *Kautz* GewArch 2000, 230, 233 ff; *Leisner* JZ 2002, 219, 230; *Uerpmann* BayVBl 2000, 705 ff.

[94] *Seibert* (Fn 86) 535, 539 ff.

Funktion der Gewährleistung eines gleichmäßigen Vollzugs –, inwieweit die Exekutive dem Einzelnen gegenüber zur Einhaltung der Verwaltungsvorschriften als selbst gesetztem Handlungsprogramm verpflichtet ist und sich der Einzelne (mittelbar) auf die Verwaltungsvorschrift berufen darf (→ § 19 Rn 8).

Voraussetzungen. Die Befugnis zum Erlass von Verwaltungsvorschriften ist durchwegs ein originäres Recht der Exekutive, zu dem sie nicht gesondert ermächtigt zu werden braucht; Rechtsgrund der Verwaltungsvorschriften ist die der vollziehenden Gewalt kraft Gewaltenteilungsprinzips inhärente Vollmacht, den Vollzug in den Spielräumen von Gesetz und Recht in inhaltlicher, verfahrensmäßiger und organisatorischer Weise intern selbst zu ordnen; nicht hingegen geht es um eine Ausübung von rechtsetzender Gewalt, die der Exekutive von der primär berufenen Legislative erst übertragen werden müsste.[95] Dem tut es keinen Abbruch, wenn freilich auch der regelmäßige Verwirklichungsmodus interner Bindung an Verwaltungsvorschriften, die sog Geschäftsleitungsgewalt gegenüber Bediensteten und nachgeordneten Behörden nicht im rechtsfreien Raum existiert, sondern erst rechtlich konstituiert werden muss: Die interne Verbindlichkeit von Verwaltungsvorschriften resultiert aus der Weisungsgebundenheit von Beamten und sonstigen Bediensteten, die sich aus dem Beamtenrecht (§ 35 BeamtStG), dem Tarif- und Arbeitsvertragsrecht, jeweils in Verbindung mit den einschlägigen Bestimmungen des Organisationsrechts ergibt.[96] Bei diesen Bestimmungen handelt es sich um die rein organisationsrechtliche, technische Verwirklichung einer der Exekutive wesensmäßig inhärenten Kompetenz, nicht jedoch um eine (etwa mit Art 80 I GG vergleichbare) materielle Delegation legislativer Rechtsetzungsmacht. Nichts anderes gilt, wenn einer bestimmten Stelle der Exekutive durch Gesetz oder Verfassung das Recht eingeräumt wird, Verwaltungsvorschriften zu erlassen, die ausnahmsweise auch jenseits der gewöhnlichen Hierarchiestränge interbehördliche oder gar intersubjektive (dh verwaltungsträgerübergreifende) Bindungskraft haben sollen (zB Art 84 II, 85 II, 108 VII GG im Bund-Länder-Verhältnis). Auch hier handelt es sich nicht um eine Delegation legislativer Rechtsetzungsmacht, sondern nur um eine organisationsrechtliche Erstreckung des Bereichs interner (in der Sphäre der Exekutive verbleibender) Bindung über die gewöhnlichen Hierarchiestränge hinaus.[97] Nichts anderes gilt schließlich für die Fälle, in denen die Verwaltung durch Gesetz ausdrücklich mit dem Erlass einer Verwaltungsvorschrift beauftragt wird (zB § 48 BImSchG): Auch hier wird die Exekutive nicht zu etwas ermächtigt, was sie nicht schon von sich aus dürfte. Allerdings kann die ausdrückliche gesetzliche Erwähnung der Verwaltungsvorschrift, ggf im Verbund mit besonderen prozeduralen oder inhaltlichen Anforderungen, Indiz dafür sein, dass die Verwaltung – abweichend von der Regel voller richterlicher Überprüfbarkeit unbestimmter Rechtsbegriffe – beim Erlass der Verwaltungsvorschrift über einen Beurteilungsspielraum verfügen soll (normkonkretisierende Verwaltungsvorschrift, siehe → § 19 Rn 29). Konsequenz ist also eine modifizierte Auslegung des außenwirksamen Gesetzes (in dem Sinne, dass bzgl der dort statuierten unbestimmten Rechtsbegriffe ein Beurteilungsspielraum angenommen wird); die Befugnis, bestehende Spielräume durch Verwaltungsvorschrift aufzufüllen, als solche indes besteht ohne weiteres und muss nicht extra verliehen werden. 18

[95] *Badura* StR, F 21 f; *Hill* (Fn 1) Rn 39; BVerfGE 26, 338, 396; BVerwGE 67, 222, 229 („inhärente" Befugnis).
[96] *Erichsen* (Fn 86) 39, 49; *Ossenbühl* in: Isensee/Kirchhof V, § 104 Rn 76.
[97] AA *Ossenbühl* in: Isensee/Kirchhof V, § 104 Rn 77.

19 *Wirkung.* Verwaltungsvorschriften haben durchwegs bloße Innenwirkung, dh sie binden exekutive Amtsträger, haben aber nicht die Kraft, unmittelbar Rechte und Pflichten des Einzelnen zu begründen. Hieran ist – auch für die normkonkretisierenden Verwaltungsvorschriften – festzuhalten. In Verwaltungsvorschriften enthaltene Bestimmungen und Standards taugen insbesondere niemals zur Rechtfertigung von Grundrechtseingriffen (siehe bereits → § 19 Rn 4); vielmehr setzt belastendes Verwaltungshandeln auf der Basis von Verwaltungsvorschriften stets voraus, dass bereits das außenwirksame Gesetz eine vollständige und keiner außenrechtlichen Ergänzung mehr bedürftige Grundrechtsschranke formuliert, mag diese – in den Grenzen der Wesentlichkeitslehre – der Exekutive auch Beurteilungs- oder Ermessensspielräume belassen, innerhalb derer diese ihr Handeln mittels Verwaltungsvorschriften programmieren kann. Das Festhalten an einer innenrechtlichen Konstruktion der Verwaltungsvorschriften bedeutet nicht, dass diese eine normative Handlungsform ohne außenrelevante Steuerungskraft wären: Vielmehr können interne Verwaltungsvorschriften sowohl in einer auch durch den Richter nicht überwindbaren Weise für den Einzelnen (mittelbar) maßgeblich werden und von ihm hinzunehmen sein, als auch kann sich der Einzelne über den Gleichheitssatz (mittelbar) auf eine Verwaltungsvorschrift berufen und ihre Einhaltung verlangen. Diese beiden mittelbaren „Außenwirkungen" genügen vollständig, um auch die besondere Bindungskraft von normkonkretisierenden Verwaltungsvorschriften zu erklären,[98] und werden allen Praxisbedürfnissen gerecht, ohne dass es auf eine echte normgleiche Außenwirkung ankäme. Zwei Konstellationen sind zu unterscheiden:

20 Erstens: Soweit sich eine Verwaltungsvorschrift innerhalb des durch Gesetz und Recht gezogenen Rahmens hält, haben es Bürger und Richter gleichermaßen hinzunehmen, wenn die Verwaltung ihren Vollzug an der Verwaltungsvorschrift ausrichtet – nicht weil diese als solche außenwirksam bestimmen könnte, was Recht ist, sondern weil die Spielräume des außenwirksamen Rechts nicht überschritten sind. Die Verwaltungsvorschrift als solche wendet der Richter nicht an; er prüft allein die Einhaltung des außenrechtlichen Rahmens; die Verwaltungsvorschrift bleibt Gegenstand, nicht Maßstab seiner Prüfung. Dies gilt für Ermessensspielräume (Ermessensrichtlinien), für die gesetzesfreie Verwaltung (gesetzesvertretende Verwaltungsvorschriften) und für tatbestandliche Beurteilungsspielräume (normkonkretisierende Verwaltungsvorschriften) in grundsätzlich gleicher Weise (zur Kontrolle der gestuften „Ermessens"betätigung siehe im Einzelnen → § 19 Rn 33). Speziell bei normkonkretisierenden Standardisierungsermächtigungen des Umwelt- und Technikrechts wird die Prüfung der Einhaltung des gesetzlichen Rahmens häufig einen zeitlichen Aspekt dahingehend haben, ob die Verwaltungsvorschrift

[98] Dies gilt für den Bereich des Umwelt- und Technikrechts, bei dem die Rspr selbst den Begriff „Außenwirkung" vermeidet (BVerwGE 72, 300; 107, 338 → JK Allg VerwR/1; BVerwGE 110, 216; 114, 342: Die „Verbindlichkeit" der normkonkretisierendenVerwaltungsvorschrift resultiert richtig betrachtet jeweils entweder daraus, dass diese den eingeräumten Spielraum einhält und daher vom Bürger hinzunehmen ist, oder daraus, dass sich der Bürger über Art 3 GG auf deren Einhaltung berufen kann). Es gilt insbesondere auch für den in BSGE 78, 70 entschiedenen Fall; die Verbindlichkeit der Richtlinien des Bundesausschusses für Ärzte und Krankenkassen für den Kassenarzt kann dabei als besondere Form der intrasubjektiven Innenwirkung innerhalb des öffentlich-rechtlichen Kassenarztsystems verstanden werden; die Maßgeblichkeit für den Versicherten resultiert aus einer der Exekutive eingeräumten Konkretisierungsermächtigung bezüglich des gesetzlichen Leistungsanspruchs; ähnlich auch die Fallgruppen in BVerwGE 94, 335; BVerwG DÖV 2005, 605 sowie BVerwGE 72, 119, 121 f; 81, 27, 29 (beachte nunmehr BVerwGE 121, 103 → JK BVerfGG § 35/1).

mit dem Erkenntnisfortschritt Schritt gehalten hat und noch dem Stand von Wissenschaft und Technik entspricht.[99] Fehlt es an einer Beurteilungsermächtigung, bezieht sich die Verwaltungsvorschrift also auf die Auslegung eines unbestimmten Rechtsbegriffs, der voller richterlicher Überprüfung unterliegt (norminterpretierende Verwaltungsvorschrift), gibt es keinen ausfüllungsfähigen Spielraum; der verwaltungsvorschriftgeleitete Vollzug wird vor dem Richter nur Bestand haben, wenn dieser die durch die Verwaltungsvorschrift favorisierte Auslegung als richtig akzeptiert und sich zu eigen macht.[100] Stets steht die Maßgeblichkeit von Verwaltungsvorschriften innerhalb gesetzlicher Spielräume unter dem Vorbehalt, dass die Verwaltung das Recht und die Pflicht hat, in atypischen Fällen vom Handlungsprogramm der Verwaltungsvorschrift abzuweichen. Dies folgt sowohl aus Art 3 I GG und ist damit Kehrseite und immanente Grenze der sogleich zu betrachtenden Selbstbindung der Verwaltung; als auch ist es zwingende Folge der für Verwaltungsvorschriften maßgeblichen zweistufigen Ermessensfehlerlehre, nach der die erste Stufe, das Vor-die-Klammer-Ziehen von auf den typischen Einzelfall bezogenen Ermessenserwägungen durch die Verwaltungsvorschrift unvollständig bleibt, wenn sie nicht unter dem Vorbehalt einer Ermessensbetätigung beim konkreten Einzelvollzug (der zweiten Stufe) steht, die in der Lage ist, den Besonderheiten des atypischen Einzelfalls Rechnung zu tragen (vgl bereits → § 19 Rn 33).[101] Das Abweichungsrecht im atypischen Einzelfall ist Kern der den Verwaltungsvorschriften zu Recht attestierten „differenzierten" und „flexiblen" Bindungswirkung und ein maßgebliches Unterscheidungskriterium zur allgemeinverbindlichen Rechtsnorm.[102]

Zweitens: Der Einzelne kann sich – über den allgemeinen Gleichheitssatz des Art 3 I GG – auf eine Verwaltungsvorschrift berufen und seine Einhaltung auch in seinem Fall verlangen. Dies entspricht der herrschenden Lehre und st Rspr zur sog „Selbstbindung der Verwaltung", die Verwaltungsvorschriften über den Gleichheitssatz zu einer Art mittelbaren, „quasi-normativen" Außenwirkung verhilft.[103] Es besteht dabei nach hier vertretener Ansicht kein Grund, mit der überkommenen Sichtweise[104] die Selbstbindung der Verwaltung nicht unmittelbar auf das in der Verwaltungsvorschrift niedergelegte Handlungsprogramm, sondern allein auf die durch die Verwaltungsvorschriften etablierte tatsächliche Verwaltungspraxis zu beziehen (in dem Sinne, dass nicht der Nachweis einer gültigen Verwaltungsvorschrift genügt, sondern aufzuzeigen ist, dass sich tatsächlich bereits eine der Verwaltungsvorschrift entsprechende Praxis herausgebildet hat). In dem Maße, in dem man anerkennt, dass die Verwaltung das Recht hat, ihr Vollzugshandeln in den Spielräumen des Gesetzes durch Verwaltungsvorschriften zu programmieren, muss man die aus dem Gleichheitssatz folgende Pflicht zu programmkonformem Vollzugshandeln auch unmittelbar auf das Handlungsprogramm der Verwaltungsvorschrift selbst beziehen dürfen. Im Übrigen wäre es verfehlt, Verwaltungsvorschrift und Verwaltungspraxis in einen Gegensatz bringen zu wollen; die Verwaltungsvorschrift, die einen Teil der der Verwaltung obliegenden Ermessensausübung vor die Klammer zieht und in ein auf den typischen Fall bezogenes abstrakt-generelles 21

[99] *Schmidt-Aßmann* Ordnungsidee, 329; dazu BVerwGE 114, 342, 345 ff.

[100] BVerwGE 107, 338, 340 → JK Allg VerwR/1; BVerwGE 116, 332, 333 → JK VwVfG § 49a/1.

[101] *Seibert* (Fn 86) 535, 546 f.

[102] *Schmidt-Aßmann* Ordnungsidee, 328 ff; kritisch allerdings *Wahl* (Fn 86) 571, 598.

[103] *Maurer* Allg VwR, § 24 Rn 21 ff; *Erichsen/Klüsche* Jura 2000, 540, 545; *Badura* StR, F 25; BVerwG GewArch 2003, 476, 477 (auch zum umgekehrten Fall einer Selbstbindung zu Lasten des Bürgers).

[104] ZB BVerwG GewArch 2003, 476, 477.

Handlungsprogramm gießt, ist bereits erster Schritt der Ermessensbetätigung und damit Teil der Verwaltungspraxis.[105] Es ist daher auch nicht nötig, im umstrittenen sog „ersten Fall" die Bindung an die Verwaltungsvorschrift erst über den Umweg einer „antizipierten Verwaltungspraxis" herbeizukonstruieren, vielmehr ist die Verwaltung von Anfang an an ihr bereits ins Werk gesetztes Handlungsprogramm gebunden. Deutlich wird dies, wenn man bedenkt, dass aus Art 3 GG in bestimmten Fallgruppen ein Verbot des planlosen Vorgehens, dh eine Pflicht zu (durch Verwaltungsvorschriften) programmgeleitetem Handeln folgen kann –[106] eine Pflicht, die ggf von Beginn an besteht und folglich auch von Beginn an Beachtung des selbst gesetzten Handlungsprogramms impliziert.

Der Anspruch auf Einhaltung von Verwaltungsvorschriften unterliegt bestimmten Voraussetzungen und Grenzen: (1) Ebenso wie es keinen allgemeinen (von einer konkreten drittschützenden Norm gelösten) Anspruch auf fehlerfreie Ermessensbetätigung im Sinne eines allgemeinen Anspruchs auf in jeder Hinsicht rechtmäßiges Verwaltungshandeln gibt, kann sich auch der aus Art 3 GG folgende Anspruch auf programmkonformes Handeln nicht auf jedwede Verwaltungsvorschrift beziehen, sondern nur dann gegeben sein, wenn entweder das durch die Verwaltungsvorschrift konkretisierte Gesetz oder aber die Verwaltungsvorschrift selbst zumindest auch dem Schutz des Einzelnen zu dienen bestimmt ist.[107] (2) Der Anspruch auf programmkonformes Handeln steht unter dem Vorbehalt eines Abweichungsrechts im atypischen Einzelfall (s bereits Rn 20)[108]. (3) Er steht des Weiteren unter dem Vorbehalt, dass die Exekutive jederzeit das Recht hat, ihr Handlungsprogramm für die Zukunft generell abzuändern; ein Vertrauen auf Fortbestand der bestehenden Verwaltungsvorschriften ist grundsätzlich nicht schutzwürdig; ausnahmsweise kann (zB bei im Blick auf eine Förderrichtlinie bereits getroffenen Dispositionen) aus Vertrauensschutzgründen eine Übergangsregelung nötig sein oder eine Abänderung gegen das Willkürverbot verstoßen.[109] (4) Es besteht kein Anspruch auf Einhaltung solcher Verwaltungsvorschriften, die den Rahmen des außenwirksamen Rechts überschreiten und insofern rechtswidrig sind („keine Gleichheit im Unrecht"); im Prozess ist ggf die Verwaltungsvorschrift inzident auf ihre Rechtmäßigkeit zu überprüfen.[110] (5) Bei Subventionen auf der Basis von Förderrichtlinien kann aus Art 3 GG ein derivativer Teilhabeanspruch in Bezug auf die Förderung nur so lange erwachsen, wie im Haushaltsplan entsprechende Mittel zur Verfügung gestellt worden und noch nicht erschöpft sind.[111]

Soweit aus dem Gleichheitssatz ein Anspruch auf Einhaltung des in der Verwaltungsvorschrift niedergelegten Handlungsprogramms folgt, führt kein Weg daran vorbei anzuerkennen, dass der Richter die Verwaltungsvorschrift anzuwenden hat; sie ist ausnahmsweise eben nicht allein Gegenstand, sondern sehr wohl Maßstab seiner Entscheidung. In diesem Zusammenhang kann auch eine Auslegung der Verwaltungsvorschrift erforderlich werden. Für die Frage, wie eine derartige Auslegung zu erfolgen hat, ist strikt auf den innenrechtlichen Charakter der Verwaltungsvorschrift zu achten: Eine

[105] *Seibert* (Fn 86) 535, 541 ff; auch zum Folgenden.
[106] *Seibert* (Fn 86) 535, 539; NdsOVG OVGE 20, 411; BVerwGE 104, 220, 223; BayVGH BayVBl 2003, 501 ff.
[107] *Seibert* (Fn 86) 535, 548 ff.
[108] *Maurer* Allg VwR, § 24 Rn 23.
[109] BVerwGE 104, 220, 223; *Seibert* (Fn 86) 535, 545.
[110] *Erichsen/Klüsche* Jura 2000, 540, 545; *Seibert* (Fn 86) 535, 544.
[111] BVerwGE 58, 45, 48; 104, 220, 222; BVerwG GewArch 2003, 111, 112.

Verwaltungsvorschrift darf nicht wie ein allgemeinverbindlicher Außenrechtssatz aus sich heraus (objektiv) ausgelegt werden, vielmehr muss sie als eine für den internen Gebrauch gedachte Willenserklärung der Verwaltung zuvörderst unter Berücksichtigung des wirklichen (subjektiven) Willens des Normgebers, der sich seinerseits am besten aus der tatsächlichen, dh vom Urheber gebilligten oder geduldeten Verwaltungspraxis erschließen lässt, interpretiert werden.[112] Auch nach der hier vertretenen Ansicht, die die Selbstbindung der Verwaltung unmittelbar auf die Verwaltungsvorschrift und nicht allein auf die tatsächliche Praxis bezieht, ist damit die Verwaltungspraxis der letztlich entscheidende Gradmesser für den Anspruch auf programmkonformes Handeln. Zwei wichtige Ausnahmen sind allerdings zu beachten: (1) Eine Handhabung durch die Praxis, die so undifferenziert ist oder sich so weit vom Normtext der Verwaltungsvorschrift entfernt, dass der Steuerungszweck der Verwaltungsvorschrift verfehlt wird, ist „ermessens"fehlerhaft (sie verfehlt den Zweck einer zweistufigen Ausübung von Ermessens- oder Beurteilungsspielräumen durch Verwaltungsvorschrift und Einzelfallanwendung, vgl → § 19 Rn 33) und muss vom Richter auch nicht akzeptiert werden; der Auslegungsprimat der Exekutive steht damit unter dem Vorbehalt einer Art richterlicher Vertretbarkeitskontrolle.[113] (2) Besonderheiten kann es bei normkonkretisierenden Verwaltungsvorschriften geben, sofern sie auf einer Beurteilungsermächtigung beruhen, die der Verwaltung nicht schlechthin für ihr Vollzugshandeln, sondern speziell in der Weise eingeräumt wurde, dass von ihr nur durch eine bestimmte (an gewisse prozedurale oder inhaltliche Maßgaben gebundene) Verwaltungsvorschrift Gebrauch gemacht werden kann (→ § 19 Rn 29, 33). In dem Maße, in dem die Normkonkretisierunsgsermächtigung nicht auf die Verwaltungspraxis schlechthin, sondern allein auf eine bestimmte Verwaltungsvorschrift bezogen ist, kann es nicht angehen, die Verwaltungsvorschrift im Lichte der Verwaltungspraxis auszulegen; im Gegenteil muss sich die Verwaltungspraxis an der normkonkretisierenden Verwaltungsvorschrift messen lassen (dies gilt auch für etwaige „nachrangige" Verwaltungsvorschriften zur weiteren Erläuterung der normkonkretisierenden Verwaltungsvorschrift).[114] Im Ergebnis kommt die Auslegung normkonkretisierender Verwaltungsvorschriften damit der Auslegung von Außenrechtsnormen sehr nahe.[115]

Nach ihrem Regelungsgegenstand können bestimmte *Arten* von Verwaltungsvorschriften[116] unterschieden werden: **22**

- Der Auslegung und Konkretisierung unbestimmter Rechtsbegriffe dienen *norminterpretierende* und *normkonkretisierende Verwaltungsvorschriften*. Norminterpretierende Verwaltungsvorschriften (Auslegungsrichtlinien) beziehen sich auf Rechtsbegriffe, die voller richterlicher Kontrolle unterliegen; das Recht zum Erlass von Auslegungsrichtlinien entspringt dem der Vollzugsaufgabe inhärenten Mandat, Erstinterpret der Gesetze zu sein, steht freilich aber von Beginn an unter dem Vorbehalt, vor dem Richter nur insoweit Bestand haben zu können, als sich dieser die Auslegung durch die Verwaltungsvorschrift zu eigen macht. Normkonkretisierende Verwal-

112 BVerwG DVBl 1982, 195, 197; BVerwGE 112, 63, 67; BFH BB 2006, 760; *Seibert* (Fn 86) 535, 544; *Guckelberger* Verw 35 (2002) 61, 80 ff.

113 ZB BayVGH GewArch 2004, 248, 251; BFH BB 2006, 760, 761.

114 BVerwGE 119, 265, 267 → JK SG § 30 I/1.

115 BVerwGE 119, 265, 267 → JK SG § 30 I/1 („wie revisible Rechtsnormen"); BVerwGE 107, 338, 341 → JK Allg VerwR/1 („wie Normen").

116 *Ossenbühl* in: Isensee/Kirchhof V, § 104 Rn 18 ff; *Maurer* Allg VwR, § 24 Rn 7 ff; *Hill* (Fn 1) Rn 40 ff; *Ruffert* (Fn 2) Rn 72 ff.

tungsvorschriften[117] ergehen, soweit der Exekutive ein vom Richter nur begrenzt überprüfbarer Beurteilungsspielraum eingeräumt wurde; sie führen zu Festlegungen, die vom Richter – in den Grenzen der Beurteilungsermächtigung – zu akzeptieren sind. Die Annahme normkonkretisierender Verwaltungsvorschriften ist an bestimmte Voraussetzungen gebunden und hat die Grenzen der Wesentlichkeitslehre[118] zu beachten (vgl im Einzelnen bereits → § 19 Rn 29, 33 sowie soeben Rn 18 bis 21). Normkonkretisierende Verwaltungsvorschriften, denen es an einer unmittelbaren Außenwirkung fehlt und von denen in atypischen Fällen abgewichen werden kann, sind nach den Kriterien des EuGH untauglich zur Umsetzung von Richtlinienrecht der Union.[119]

– *Ermessensrichtlinien* liefern Entscheidungsmaßstäbe für eine gleichmäßige Handhabung eines der Exekutive eingeräumten Verwaltungsermessens (zur insoweit „zweistufigen" Ermessenbetätigung und ihrer Kontrolle siehe → § 19 Rn 33). Eng verwandt sind die sog *gesetzesvertretenden Verwaltungsvorschriften*, die die Ermessensbetätigung in Bereichen steuern, in denen die Verwaltung gesetzesfrei tätig werden darf (zB Subventionsrichtlinien).
– *Organisationsvorschriften* regeln im Rahmen der exekutiven Organisationsgewalt, in den Grenzen des organisatorischen Gesetzesvorbehalts und, soweit das Gesetz keine Regelungen trifft, die Verteilung der Dienstgeschäfte sowie den verfahrensmäßigen Verwaltungsablauf.
– Im Steuerrecht gängig sind *Pauschalierungs- und Typisierungsrichtlinien zur Vereinfachung der Sachverhaltsermittlung*.[120] Bei ihnen geht es nicht um Auslegung oder Ermessensspielräume, sondern um eine Abkürzung von Ermittlungspflichten bzw Ersetzung von Einzelfallermittlungen durch Pauschalierungen.[121] Für den Richter „verbindlich" sind sie nur, falls und soweit das Gesetz der Finanzverwaltung Spielräume der eigenverantwortlichen Bemessung des Untersuchungsgrundsatzes oder der Schätzung von Besteuerungsgrundlagen im Massenverfahren einräumt.
– Ein besonderes Phänomen des Steuerrechts sind die sog *Nichtanwendungserlasse*,[122] mit denen die Finanzverwaltung dazu angehalten wird, ein bestimmtes Urteil des BFH über den konkreten Fall hinaus bis auf weiteres nicht anzuwenden. Die Spielräume der Bindung an Gesetz und Recht (Art 20 III GG) werden dadurch bis aufs Äußerste ausgeschöpft, aber noch nicht überschritten, da das Urteil nur inter partes bindet und es dem Steuerpflichtigen unbenommen bleibt, seinerseits die (an den Nichtanwendungserlass in keiner Weise gebundenen) Gerichte anzurufen und dort zu obsiegen. Jedenfalls soweit die Nichtanwendung nur übergangsweise (bis zur Klärung in einem erneuten Musterprozess oder einer von der Exekutive zu initiierenden Gesetzesänderung) verfügt wird und in keine rechtsstaatlich bedenkliche systematische Missachtung der Rechtsprechung ausartet, wird man die Praxis akzeptieren können.

[117] BVerwGE 72, 300; 107, 338 → JK Allg VerwR/1; BVerwGE 110, 216; 114, 342; 129, 209; zu einer Literaturauswahl s Fn 86.
[118] BVerwGE 121, 103 (Beihilfevorschriften), dazu *Saurer* DÖV 2005, 587.
[119] EuGH Slg 1991, I-865 – Grundwasser; I-2596 – Luftverschmutzung; I-2626 – Luftverschmutzung/Blei; I-5019 – Oberflächenwasser; dazu *Wahl* (Fn 86) 571, 589 ff; *Hoppe/Otting* NuR 1998, 61 ff; *Hill* (Fn 1) Rn 45.
[120] *Vogel* StuW 1991, 254; *ders* (Fn 86) FS, 605.
[121] Zur Abgrenzung BFH/NV 1998, 446 f, FG MV EFG 2002, 1323 m Anm *Fumi;* BFH DStRE 2008, 1356.
[122] *Pezzer* DStR 2004, 525, 528 ff; *Spindler* DStR 2007, 1061.

Je nach der Reichweite der internen Bindung unterscheidet man schließlich intrabehördliche, interbehördliche oder intersubjektive (verwaltungsträgerübergreifend bindende) Verwaltungsvorschriften (siehe schon Rn 18).[123]

Pendant der grundsätzlichen – Rechte und Pflichten des Einzelnen nicht unmittelbar begründenden – Innengerichtetheit von Verwaltungsvorschriften ist die prinzipielle Formlosigkeit des *Verfahrens* der Normerzeugung.[124] 23

Die Zuständigkeit zum Erlass von Verwaltungsvorschriften ergibt sich ohne weiteres aus der Geschäftsleitungsgewalt der jeweils erlassenden Stelle. Besonderer Zuständigkeitsregeln bedarf es nur, wenn es zu darüber hinausgehenden interbehördlichen oder intersubjektiven Bindungswirkungen kommen soll (siehe Rn 18); Art 84 II GG und Art 85 II GG regeln eine Zuständigkeit der Bundesregierung als Kollegium.[125] Die Befugnis der Bundesregierung zum Erlass allgemeiner Verwaltungsvorschriften für den bundeseigenen Vollzug (Art 86 GG) tut dem Recht der einzelnen Ministerien, für ihren Geschäftsbereich Verwaltungsvorschriften zu erlassen (Art 65 S 2 GG), keinerlei Abbruch.[126]

Besondere Beteiligungsrechte und Anhörungspflichten bestehen – vorbehaltlich gesetzlicher Anordnung – grundsätzlich nicht (siehe schon → § 19 Rn 18 ff). Verwaltungsvorschriften müssen nicht ausdrücklich als solche bezeichnet werden und sind an keine besondere Form gebunden; im Zeitalter des Electronic Government kann daher etwa auch eine das Verwaltungshandeln programmierende Computer-Software als Verwaltungsvorschrift eingestuft werden.[127]

Der Innengerichtetheit von Verwaltungsvorschriften gemäß besteht grundsätzlich auch keine Pflicht zu einer an die Allgemeinheit gerichteten Publikation (wenngleich in der Praxis Publikationen häufig sind und eine Fülle an Publikationsorganen besteht); ausreichend ist die interne Bekanntgabe an die Bediensteten und Behörden, an die die Verwaltungsvorschrift gerichtet ist.[128] Die Funktion von Verwaltungsvorschriften, für einen geordneten und gleichmäßigen Vollzug im Einzelfall zu sorgen, impliziert die unabdingbare Art und Weise, in der Verwaltungsvorschriften dem einzelnen Bürger gegenüber „bekannt zu machen" sind: im Rahmen des konkreten Verwaltungsverfahrens gegenüber den Verfahrensbeteiligten nämlich.[129] In dem Maße, in dem über den Gleichheitssatz ein Anspruch auf Einhaltung von Verwaltungsvorschriften besteht (Rn 21), muss der Betroffene von den einschlägigen Verwaltungsvorschriften auch Kenntnis erlangen können. Je nach Fallkonstellation und Rechtsschutzbedürfnis wird dabei ein Anspruch auf Vorwegauskunft noch vor Antragstellung, auf Auskunft oder Hinweis

[123] *Erichsen/Klüsche* Jura 2000, 540, 542.

[124] *Maurer* Allg VwR, § 24 Rn 35.

[125] BVerfGE 100, 249.

[126] *Ibler* in: Maunz/Dürig, GG, Art 86 Rn 135.

[127] *Hoffmann-Riem* AöR 130 (2005) 5, 59; *Tönsmeyer-Uzuner* Expertensysteme in der öffentlichen Verwaltung, 2000, 73; *Schubert* Privatisierung des eGovernment, 2009, 176 ff.

[128] BVerwGE 104, 220, 224; *Maurer* Allg VwR, § 24 Rn 36. Eine Ausnahme besteht nach BVerwG DÖV 2005, 605 für den Sonderfall von Verwaltungsvorschriften mit unmittelbarer Außenwirkung. Die Entscheidung ist in der Bejahung einer unmittelbaren Außenwirkung nach hier vertretener Ansicht (s o Rn 19) angreifbar, trifft sich in der Stoßrichtung indes mit der auch hier befürworteten These, dass eine nicht publizierte Verwaltungsvorschrift nicht als normkonkretisierende Verwaltungsvorschrift eingestuft werden darf, s u Fn 134.

[129] *Wittling* Die Publikation der Rechtsnormen einschließlich der Verwaltungsvorschriften, 1991, 288 ff; BVerwGE 61, 15 → JK GG Art 12 I/13; dazu auch *Ossenbühl* in: Isensee/Kirchhof V, § 104 Rn 82 f.

während des Verwaltungsverfahrens oder zumindest auf entsprechende Begründung der verfahrensabschließenden Entscheidung bestehen. Die einschlägigen Bestimmungen des VwVfG (§§ 25, 29, 39) sind entsprechend auszulegen; ansonsten besteht der Auskunftsanspruch verfassungsunmittelbar. Soweit von Teilen der Literatur allgemein oder für bestimmte Fallgruppen darüber hinaus von einem konkreten Verwaltungsverfahren losgelöste Bekanntgabepflichten angenommen werden, ist unstreitig, dass derartige Pflichten – anders als bei Rechtsverordnungen und Satzungen – jedenfalls keine Wirksamkeitsvoraussetzung für die Verwaltungsvorschriften darstellen, sondern allenfalls Folgepflichten bestehender Wirksamkeit sein können.[130] Mit einer Konstruktion als Wirksamkeitsvoraussetzung wäre auch nichts gewonnen, weil der Wegfall der Verwaltungsvorschrift der Verwaltung nichts von ihrer Befugnis zum außenwirksamen Einzelfallhandeln nähme – nur mit dem Nachteil, dass dieses Einzelfallhandeln dann nicht auf der gleichheitssichernden Basis der Verwaltungsvorschrift erfolgen könnte.

Flexibel sind auch die Regeln zur Änderung/Aufhebung einer Verwaltungsvorschrift. Die Änderung muss nicht unbedingt in der gleichen Form und Bekanntgabeart erfolgen, wie sie für die ursprüngliche Verwaltungsvorschrift gewählt wurde, ja selbst eine konkludente Änderung der Verwaltungsvorschrift (durch eine vom Urheber geduldete anhaltende Änderung der Praxis) hält die überkommene Lehre für möglich (mit der Folge des Endes der Selbstbindung).[131]

Das bisher Gesagte gilt nur, wenn nicht das Gesetz besondere Verfahrens- oder Publikationserfordernisse vorschreibt. Derartige Verfahrenserfordernisse können sich sowohl aus der Verfassung ergeben (zB die Mitwirkungserfordernisse des Bundesrates in Art 84 II, 85 II GG) als auch aus spezialgesetzlichen Regelungen (zB §§ 48, 51 BImSchG, siehe → § 19 Rn 18 ff).[132] Bestehen sie, kann auch eine Änderung nur in der vorgeschriebenen Form erfolgen.[133] Besondere prozedurale Anforderungen können Voraussetzung dafür sein, der Exekutive – abweichend von der Regel voller richterlicher Überprüfbarkeit unbestimmter Rechtsbegriffe – einen mittels normkonkretisierender Verwaltungsvorschrift auszufüllenden Beurteilungsspielraum zuzubilligen (→ § 19 Rn 29); einer nicht publizierten Verwaltungsvorschrift wird man den Status einer normkonkretisierenden Verwaltungsvorschrift nicht zuerkennen können.[134]

24 Zur Reichweite des „Normsetzungsermessens“ sei auf oben → § 19 Rn 26, 29, 33 verwiesen. Fehlerfolgen und Rechtsschutz werden in → § 19 Rn 37 behandelt. Die Frage, ob eine Rechtsverordnung oder eine Verwaltungsvorschrift vorliegt, kann nur ausnahmsweise Abgrenzungsschwierigkeiten bereiten.[135] Eine fehlerhafte Rechtsverordnung kann uU in eine Verwaltungsvorschrift umgedeutet und als solche aufrecht erhalten werden.[136]

130 *Maurer* Allg VwR, § 24 Rn 36; *Wittling* (Fn 129) 144, 270 ff; s auch *Gusy* DVBl 1979, 270 ff.

131 BVerwGE 104, 220, 227; *Guckelberger* Verw 35 (2002) 61, 68 ff; *Seibert* (Fn 86) 535, 544, 545 f; BVerwG DVBl 1982, 101 f.

132 Innenrechtliche Verfahrensregelungen bestehen nach §§ 69 ff GGO.

133 Für ein Publikationserfordernis: BVerwGE 104, 220, 227.

134 *Schmidt-Aßmann* in: Maunz/Dürig, GG, Art 19 IV Rn 252; BVerwG NVwZ 2004, 1003, 1004; BVerwG DÖV 2005, 605; eine Publikationspflicht ermessenslenkender Verwaltungsvorschriften ist dagegen nicht anerkannt (BVerwGE 104, 220, 227).

135 BayVGH BayVBl 2001, 311; zu Abgrenzungskriterien auch *Maurer* Allg VwR, § 24 Rn 37 ff; *Guckelberger* Verw 35 (2002) 61, 63.

136 *Maurer* Allg VwR, § 24 Rn 42.

3. Teil
Verwaltungsakt

Matthias Ruffert

Gliederung

§ 21
Bedeutung, Funktion und Begriff des Verwaltungsakts

I. Bedeutung und historische Entwicklung

Der Verwaltungsakt ist die zentrale rechtliche Handlungsform für verbindliche Einzelfallentscheidungen der Verwaltung. Mit dem Verwaltungsakt stellt die Verwaltungsrechtsordnung der Verwaltung ein Instrument zur einseitigen verbindlichen Regelung zur Verfügung, das ihr mit seiner Fülle von Funktionen und seiner reichhaltigen typologischen Bandbreite effizientes (dh schnelles und wirksames) Handeln ermöglicht. Nur in historischer Perspektive stellt sich die Existenz eines Instruments einseitiger hoheitlicher Rechtsfolgenbestimmung als obrigkeitsstaatliche Konstruktion dar[1]. Im rechtsstaatlich geprägten modernen Verwaltungsrecht lässt sich das einseitige Handeln der Verwaltung in das Denken in Rechtsverhältnissen zwischen Verwaltung und Bürger(n) einordnen[2]. In diesem Zusammenhang ist längst anerkannt, dass mit der Befugnis einseitiger hoheitlicher Regelung auch eine spezifische Verantwortungsverteilung im Rechtsverhältnis Bürger-Verwaltung einhergeht: Gestaltet die Verwaltung durch Verwaltungsakt ein Rechtsverhältnis hoheitlich-einseitig, entlastet dies den Bürger von eigener Gestaltungsverantwortung und den damit verbundenen Risiken[3]. In der jüngeren Vergangenheit ist dies besonders im Baurecht deutlich geworden. Das genehmigungsfreie Bauen im beplanten Gebiet mag verfahrensvereinfachend und vorhabenbeschleunigend gewirkt haben. Mangels Baugenehmigung kann sich der Bauherr aber nicht mehr auf deren abschirmende Wirkung berufen und sieht sich selbst dem Risiko gerichtlich geltend gemachter Abwehransprüche seiner Nachbarn gegenüber[4]. 1

Die Herstellung der Rechtssicherheit ist auch eigentlicher Grund der Herausbildung des Verwaltungsakts als dogmatischer Figur, die zeitlich mit dem Entstehen des Allgemeinen Verwaltungsrechts in der zweiten Hälfte des 19. Jahrhunderts einhergeht[5]. Im Anschluss an weniger bekannte Vorläufer ist es *Otto Mayer,* der ihn 1895 in der ersten Auflage seines Lehrbuchs definiert. Nach dieser berühmten Definition, die im Kern in der heutigen gesetzlichen Begriffsbestimmung des § 35 S 1 VwVfG fortwirkt, ist der 2

[1] Zur diesbezüglichen Kritik und den Gegenargumenten *Schmidt-Aßmann* Ordnungsidee, 6. Kap Rn 102. Der obrigkeitsstaatliche Ausgangspunkt ist unbestritten: *Gröschner* Das Überwachungsrechtsverhältnis, 1992, 119 ff; *Schmidt-De Caluwe* Der Verwaltungsakt in der Lehre Otto Mayers, 1999, 49 ff.

[2] Hierzu *Schoch* in: Hoffmann-Riem/Schmidt-Aßmann (Hrsg), Innovation und Flexibilität des Verwaltungshandelns, 1994, 199, 212 ff. Zur Kritik aus der Perspektive der Rechtsverhältnislehre *U. Stelkens* in: Stelkens/Bonk/Sachs, VwVfG, § 35 Rn 5. Zu anderen krit Stimmen ferner *Kahl* Jura 2001, 504 bei Fn 5.
Einer Konstruktion der Zweiseitigkeit (Zustimmung durch Nichtanfechtung) wie bei *J. Martens* DVBl 1968, 322, 324/325 (dagegen *von Mutius* FS Wolff, 1973, 167, 191 f), bedarf es daher nicht.

[3] So *Schmidt-Aßmann* Ordnungsidee, 6. Kap Rn 101 (einschließlich des Verweises auf genehmigungsfreies Bauen). Ähnlich *Maurer* Allg VwR, § 9 Rn 40.

[4] S nur *Calliess* Verw 34 (2001) 169, 194 ff; *U. Stelkens* in: Stelkens/Bonk/Sachs, VwVfG, § 35 Rn 37 mwN, sowie zur Regelung allg *Krebs* in: Schmidt-Aßmann Bes VwR, 4. Kap Rn 215.

[5] S zum folgenden *Stolleis* Geschichte des öffentlichen Rechts in Deutschland II, 1992, 410 f. Umfassend *Engert* Die historische Entwicklung des Rechtsinstituts Verwaltungsakt, 2002.

Verwaltungsakt „... ein der Verwaltung zugehöriger obrigkeitlicher Ausspruch, der dem Unterthanen gegenüber im Einzelfall bestimmt, was für ihn Rechtens sein soll."[6] Mit dem Instrument Verwaltungsakt wird im spätkonstitutionellen Rechtsstaat sichergestellt, dass „... die flutende Masse der Verwaltungstätigkeit" nicht nur durch das bei Eingriffen in Freiheit und Eigentum erforderliche Gesetz beschränkt, „eingedämmt" wird, sondern dass sich im Verwaltungshandeln verlässliche Fixpunkte zeigen, „... feste Punkte ..., welche dem Einzelnen Halt gewähren und ihn darüber sicherstellen, wohin es geht." – nämlich Verwaltungsakte[7]. Prototyp für *Mayers* Verwaltungsakt ist die Polizeiverfügung, dogmatisches Vorbild das gerichtliche Urteil, das, einmal rechtskräftig, nicht mehr auf seine Vereinbarkeit mit dem materiellen Recht hin überprüft werden kann[8]. Im aufkommenden gewaltenteiligen Rechtsstaat der spätkonstitutionellen Epoche benötigt auch die Verwaltung eine Handlungsform, die Entscheidungen unabhängig von ihrer Rechtmäßigkeit unter bestimmten Voraussetzungen Verlässlichkeit und Bestandskraft verleiht[9]. Vor allem gelingt es *Mayer,* mit dem Verwaltungsakt ein Rechtsinstitut zu schaffen, das sich von der Fülle möglicher Handlungsformen der Verwaltung als Rechtsform abgrenzen und mit bestimmten Voraussetzungen und Rechtsfolgen verknüpfen lässt[10].

3 Während der Rechtssicherheitsgedanke bei der Betrachtung der Verwaltungsaktsfunktionen heute wieder an Bedeutung gewinnt, wird deren Spektrum über Jahrzehnte von einer einzigen Funktion dominiert, und zwar mit Auswirkungen bis in die heutige verwaltungsgerichtliche Praxis und akademische Ausbildung, die durch die geltende Rechtslage nicht mehr gerechtfertigt sind. Bis 1960 tritt die *Rechtsschutzfunktion in den Mittelpunkt,* denn bis zu diesem Zeitpunkt ist die Möglichkeit, verwaltungsgerichtlichen Rechtsschutz zu erlangen, daran gekoppelt, dass die Verwaltung in der Form des Verwaltungsakts handelt[11]. Dies gilt sowohl für den Art 107 WRV zur Verwaltungsgerichtsbarkeit nach der WRV[12] als auch für vergleichbare landesrechtliche Regelungen wie die in der Verwaltungsgesetzgebung pionierhafte Landesverwaltungsordnung für Thüringen (1926)[13]. Auch nach dem Zweiten Weltkrieg bleibt der Verwaltungsrechtsschutz verwaltungsaktgebunden; der Verwaltungsakt wird „zum Angelpunkt des ganzen Rechtsschutzsystems"[14]. Entsprechend bedeutsam ist es, den Begriff des Verwaltungsakts genau zu definieren, denn wenn kein Verwaltungsakt vorliegt, bleibt das Rechtsschutzbegehren des Bürgers vor den Verwaltungsgerichten unbefriedigt. Infolgedessen wird der Verwaltungsakt 1948 in § 25 VO Nr 165 der britischen

[6] O. *Mayer* VwR I, 1. Aufl 1895, 64 f.

[7] O. *Mayer* VwR I, 1. Aufl 1895, 93.

[8] O. *Mayer* VwR I, 1. Aufl 1895, 99 f; Parallelen und Unterschiede zum Urteil bei *Maurer* Allg VwR, § 9 Rn 42 f.

[9] S wiederum *Stolleis* (Fn 5), 410. Zur „rechtsstaatlichen Programmierung" im System *Mayers* vgl *Vesting* in: Schmidt-Aßmann/Hoffmann-Riem (Hrsg), Methoden der Verwaltungsrechtswissenschaft, 2004, 253, 256 ff.

[10] S die instruktive Darstellung bei *Bumke* in: Hoffmann-Riem/Schmidt-Aßmann/Voßkuhle, Grundlagen II, § 35, Rn 6 ff.

[11] Die ältere Rspr spricht insoweit von einer „Zweckschöpfung" zur Gewährung von Rechtsschutz; s zB BVerwGE 3, 258, 262; 4, 289, 299; 5, 325, 329 f.

[12] „Im Reich und in den Ländern müssen nach Maßgabe der Gesetze Verwaltungsgerichte zum Schutze der Einzelnen gegen Anordnungen und Verfügungen der Verwaltungsbehörden bestehen."

[13] §§ 10 f, 70 f der Landesverwaltungsordnung für Thüringen vom 10.6.1926.

[14] *Bachof* Staatsbürger und Staatsgewalt II, 1963, 1, 8.

Militärregierung erstmals gesetzlich definiert als „... jede Verfügung, Anordnung, Entscheidung oder sonstige Maßnahme, die von einer Verwaltungsbehörde zur Regelung eines Einzelfalles auf dem Gebiete des öffentlichen Rechts getroffen wird."[15]

Weil die Begrenzung verwaltungsgerichtlichen Rechtsschutzes auf Verwaltungsakte 4
im Kern mit Art 19 IV 4 GG konfligiert, öffnete der Gesetzgeber der VwGO den Verwaltungsrechtsweg 1960 für alle öffentlich-rechtlichen Streitigkeiten nichtverfassungsrechtlicher Art (§ 40 I 1 VwGO). Die Rechtsschutzfunktion des Verwaltungsakts verliert damit gewissermaßen an Dramatik, wenn sie auch nicht vollständig verlorengeht, weil für den verwaltungsaktsbezogenen Rechtsschutz bestimmte Sonderregeln gelten (vgl Rn 12)[16]. Die Rechtswegeröffnung hängt aber nicht mehr vom Verwaltungsakt ab. In manchen Fällen lässt sich jedoch nachweisen, dass die Rechtsprechung der überkommenen Rechtslage verhaftet bleibt und im Interesse des rechtsschutzsuchenden Bürgers das Vorliegen eines Verwaltungsakts annimmt[17].

Heute speichert die Dogmatik des Verwaltungsakts ein Reservoir unterschiedlicher 5
Rechtswirkungen und Funktionen, das im Verwaltungsverfahrensgesetz legislativ verankert ist. In der Eröffnung dieses Reservoirs liegt die eigentliche Aufgabe des § 35 VwVfG. Immer dann, wenn die Tatbestandsmerkmale dieser Legaldefinition vorliegen, entfaltet sich der Kanon der dogmatisch entwickelten und gesetzlich abgesicherten Eigenschaften des Verwaltungsakts. Zentral ist die Entkopplung der Wirksamkeit von der Rechtswidrigkeit in § 43 II VwVfG, denn ein Verwaltungsakt verliert seine Wirksamkeit nur in den dort genannten Fällen, nicht jedoch schon dann, wenn er rechtswidrig ist (→ § 22 Rn 1). Dies unterscheidet den Verwaltungsakt von allen anderen Handlungsformen der Verwaltung. – Auch in der Diskussion um eine Reform des Verwaltungsrechts steht diese Speicherfunktion der Verwaltungsaktsdogmatik außer Streit[18]. Die abstrakte Rechtsform Verwaltungsakt hält als Regelungsmodell unabhängig vom Regelungsinhalt der jeweiligen Einzelfallentscheidung „Standardantworten" auf die sich stets stellenden Fragen des Wirksamkeitsumfangs, der Wirksamkeitsbedingungen oder der Rechtmäßigkeitsvoraussetzungen bereit[19].

[15] VOBlbrZ 1948, 263, 265; vgl auch § 22 I MilitärregierungsVO Nr 165 für die britische Zone sowie für die amerikanische Zone, § 22 I der gleichlautenden Verwaltungsgerichtsgesetze Bayerns (BayGVBl 1946, 281, 282), Bremens (Brem GBl 1947, 171, 172), Hessens (Hess GVBl 1946, 194, 195) und Württemberg-Badens (GVBl BW 1946, 221, 223) sowie § 19 I des Verwaltungsgerichtsgesetzes für West-Berlin (Berl GVBl 1951, 46, 47).

[16] Vgl *Löwer* JuS 1980, 805.

[17] S vor allem BVerwGE 26, 161, 164 (Schwabinger Krawalle). S aber auch BVerwGE 23, 223, 224 (Verwaltungsaktseigenschaft offen gelassen); 47, 238, 251 (schlichthoheitliches Handeln); 60, 144, 148 (Rechtsschutz losgelöst vom VA) → JK VwVfG § 35 S 1/5. Krit im Schrifttum bereits *Menger/Erichsen* VerwArch 58 (1967) 70, 78.
An dieser Stelle ist der Hinweis geboten, dass auch in studentischen Übungs- und Examensarbeiten häufig so verfahren wird – mit entsprechenden Nachteilen in der Bewertung. Wichtig am VA ist seine Rechtsschutzfunktion nur noch dann, wenn sich bestimmte prozessuale Folgerungen aus seinem Vorliegen ergeben (zB bei der Abgrenzung von §§ 80 f und § 123 VwGO im vorläufigen Rechtsschutz), unnötig und für die Bewertung schädlich das „Abklappern" der Tatbestandsmerkmale des § 35 S 1 VwVfG im Rahmen des § 42 I VwGO in klaren Fällen. Zentral – und oft defizitär – ist die Beherrschung der Gesamtheit der Verwaltungsaktsfunktionen.

[18] Zur Speicherfunktion der Dogmatik verwaltungsrechtlicher Rechtsformen *Schmidt-Aßmann* Verw 27 (1994) 137, 139; ähnlich *Hoffmann-Riem* in: Schmidt-Aßmann/ders (Fn 9) 9, 18.

[19] So *U. Stelkens* in: Stelkens/Bonk/Sachs, VwVfG, § 35 Rn 6. Zur Weiterentwicklung *Röben* VerwArch 99 (2008), 46.

6 Nur begrenzt lässt sich der Verwaltungsakt deutscher Prägung mit dogmatischen Figuren in anderen Ländern vergleichen. Die *actes administratifs* des französischen Verwaltungsrechts stehen zwar im Ausgangspunkt der Betrachtungen *Mayers* und wirken ersichtlich auch in der Nomenklatur fort[20], sind aber vielschichtiger als der Verwaltungsakt im Sinne des deutschen Rechts, denn *acte administratif* ist jedes rechtlich relevante Verwaltungshandeln (also auch Normsetzung und Verträge) der französischen Verwaltung[21]. Die Fokussierung des Verwaltungsakts auf rechtsverbindliche Einzelanordnungen ist mithin im französischen Verwaltungsrecht nicht erfolgt. Im anglo-amerikanischen Rechtskreis spielt der Begriff keine Rolle, denn dort konzentriert sich das Verwaltungsrecht auf die Kontrolle von Verfahrensanforderungen (*due process*), und nimmt Maßstäbe für die Überprüfung des „Verfahrensprodukts" nur begrenzt in den Blick[22]. – Im supranationalen Recht der EU weist die Handlungsform Beschluss/Entscheidung vergleichbare Voraussetzungen und Rechtswirkungen auf (vgl Rn 69 f). Außerdem ist das Verwaltungsrecht auch mit Bezug auf die Handlungsform Verwaltungsakt vielfach europarechtlich überformt (zB Rn 71 f).

II. Funktionen des Verwaltungsakts als Steuerungsinstrument der Verwaltung

7 Nach dem bisher Ausgeführten erschließen sich die Bedeutung der Rechtsform Verwaltungsakt wie der Sinn der Begriffsbestimmung in § 35 S 1 VwVfG nur durch einen Blick auf sämtliche Verwaltungsaktsfunktionen. Herkömmlich werden vier Hauptfunktionen des Verwaltungsakts unterschieden[23]:

8 Im *materiellen Verwaltungsrecht* kommt dem Verwaltungsakt (1) *Individualisierungs- und Klarstellungsfunktion* zu. Herkömmlich knüpft diese Funktion an die Rechtssicherheitsüberlegungen *Mayers* an: Dem Bürger gegenüber wird im Einzelfall bestimmt, was rechtens ist[24]. In der Eingriffsverwaltung werden gesetzlich festgelegte Pflichten, in der Leistungsverwaltung gesetzliche Ansprüche verbindlich konkretisiert[25], das Ergebnis der behördlichen Subsumtion festgesetzt[26]. Die Einzelfallregelung des Verwaltungsakts ist – mit Einschränkungen – von formellen und materiellen Rechtmäßigkeitsdefiziten unabhängig, und die dadurch entstehende Verbindlichkeit erzeugt Rechtssicherheit sowie Planungssicherheit für Unternehmen[27]. Sie selbst und nicht der

[20] *Erichsen* Verfassungs- und verwaltungsrechtsgeschichtliche Grundlagen der Lehre vom fehlerhaften belastenden Verwaltungsakt und seiner Aufhebung im Prozeß, 1971, 110.

[21] S nur *Chapus* Droit administratif général, 15. Aufl 2001, Rn 645 ff. Selbst „actes administratifs unilatéraux" – unilaterale VAe – sind weiter zu verstehen als der VA nach deutschem Verwaltungsrecht: *Dupuis/Guédon/Chrétien* Droit administratif, 11. Aufl 2009, 472 ff.

[22] Die britische Verwaltungsrechtslehre denkt daher nicht nach Handlungs-, sondern Rechtsschutzformen; vgl *Ruffert* in: Schmidt-Aßmann/Hoffmann-Riem (Fn 9) 165, 174 ff mwN. Für die USA: *Brugger* Einführung in das öffentliche Recht der USA, 2. Aufl 2001, 223 ff, 239 ff.

[23] Im Überblick *Maurer* Allg VwR, § 9 Rn 37 ff; *Kahl* Jura 2001, 505, 506; *Schoch* (Fn 2) 199, 201 f; *Fehling* JA 1997, 582; *Löwer* JuS 1980, 805, 805 ff. S auch die Kategorisierung bei *Bumke* in: Hoffmann-Riem/Schmidt-Aßmann/Voßkuhle, Grundlagen II, § 35, Rn 73 ff.

[24] Prägnant *Schoch* (Fn 2) 199, 201.

[25] *Löwer* JuS 1980, 805, 806.

[26] *U. Stelkens* in: Stelkens/Bonk/Sachs, VwVfG, § 35 Rn 43.

[27] Zur wirtschaftspolitischen („standortsichernden") Funktion s nur *Engel* Planungssicherheit für Unternehmen durch Verwaltungsakt, 1992.

zugrundeliegende gesetzliche Anspruch ist Rechtsgrundlage („causa") für Vermögensverschiebungen[28].

Im modernen, innovationsoffenen und reformorientierten Verwaltungsrecht ist diese Perspektive keineswegs falsch, aber unvollständig. Individualisierung und Klarstellung werden durch Verwaltungsakte nicht nur bezogen auf punktuelle Regelungsinhalte erreicht. Vollständig ist das Bild erst, wenn die Gestaltung von Rechtsverhältnissen durch Verwaltungsakt und dabei Komplexität dieser Verhältnisse in den Blick genommen wird, die zB durch die Beteiligung mehrerer Personen (zB: Nachbarschaftsverhältnisse im Bau- oder Umweltrecht; Konkurrentenverhältnisse im Vergabe- oder Subventionsschutzrecht) oder die Dauerhaftigkeit der Verwaltungsrechtsbeziehung (zB: Überwachungsrechtsverhältnis im Wirtschaftsverwaltungsrecht nach Erteilung einer Betriebserlaubnis) ausgelöst werden können[29]. Anders als die herkömmliche Polizeiverfügung zur Zeit *Otto Mayers* können Verwaltungsakte umfassende Regelwerke enthalten (zB Grenzwerte; Sicherheitsauflagen und andere Nebenbestimmungen). In komplexen Verwaltungsvorgängen wie zB im anlagenbezogenen Umweltrecht dringen Verhandlungselemente in diese Regelwerke ein, so dass der Verwaltungsakt als Instrument kooperativen Verwaltungshandelns fungieren kann[30]. Unter diesen Umständen gewinnt eine Auffassung an Boden, die den Verwaltungsakt zu den Rechtsquellen zählt[31]. **9**

(2) *Verwaltungsverfahrensrechtlich* indiziert der Verwaltungsakt die Anwendbarkeit des VwVfG und schließt das Verwaltungsverfahren nach diesem Gesetz ab, § 9 VwVfG. Liegt ein Verwaltungsakt iSv § 35 S 1 VwVfG vor, so richten sich formelle und materielle Rechtmäßigkeitserfordernisse sowie die Folgen von entsprechenden Fehlern nach den Vorschriften des VwVfG (→ § 22 Rn 30 ff[32]). Darüber hinausgehend erlaubt die Einflechtung der Handlungsform Verwaltungsakt in das Verwaltungsverfahrensrecht, die Erkenntnis von der ergebnisoptimierenden und dadurch legitimierenden Wirkung von Verwaltungsverfahren praktisch nutzbar zu machen und kooperative Verfahrensabläufe rechtlich zu strukturieren[33]. Dies kann schon dadurch geschehen, dass derjenige, der durch einen Antrag ein Verfahren auf Erteilung eines Verwaltungsakts (zB Baugenehmigung) in Gang setzt, den Prüfrahmen und die Aussichten für einen erfolgreichen Verfahrensabschluss durch entsprechend vollständige und aussagekräftige Antragsunterlagen (zB Bauvorlagen) beeinflusst. Auch darüber hinaus ist ein kooperatives Verfahren bei der Sachverhaltsermittlung (zB Umweltverträglichkeitsprüfung) oder Öffentlichkeitsbeteiligung (zB Anlagengenehmigung) denkbar, das durch Verwaltungsakt abgeschlossen wird. **10**

Ebenfalls zum Verfahrensrecht gehört die (3) *Titelfunktion* des Verwaltungsakts. Nach den Regelungen des Verwaltungsvollstreckungsrechts (→ § 27) kann unmittelbar auf der Grundlage eines Verwaltungsakts vollstreckt werden, ohne dass die vollstreckende Behörde erst einen gerichtlichen Titel erstreiten müsste[34]. Die Verwaltung ist **11**

[28] Erneut *Löwer* JuS 1980, 805, 806. Diese Wirkung ist als „Rechtsgrundfunktion" mit der Titelfunktion verwandt: *U. Stelkens* in: Stelkens/Bonk/Sachs, VwVfG, § 35 Rn 42.

[29] Ausf *Schoch* (Fn 2) 199, 210 ff, 218 ff.

[30] S *Ladeur* VerwArch 86 (1995), 511.

[31] *Schoch* (Fn 2) 199, 231 ff; *Schmidt-Aßmann* Ordnungsidee, 6. Kap Rn 104; *Ruffert* in: Hoffmann-Riem/Schmidt-Aßmann/Voßkuhle, Grundlagen I, § 17 Rn 59.

[32] *Kahl* Jura 2001, 505, 506.

[33] Ausf zum Folgenden *Schoch* (Fn 2) 199, 222 ff.

[34] Zur Übersicht *U. Stelkens* in: Stelkens/Bonk/Sachs, VwVfG, § 35 Rn 38 f. Aus der älteren Literatur *G. Arndt* Der Verwaltungakt als Grundlage der Verwaltungsvollstreckung, 1967.

dadurch in der Lage, sich selbst einen Vollstreckungstitel zu verschaffen – und uU trotz seiner Rechtswidrigkeit aus ihm zu vollstrecken. Rechtsstaatlich tragbar ist dies nur angesichts des grundsätzlich eröffneten Rechtsschutzes gegen Verwaltungsakte sowie angesichts der ausdrücklichen gesetzlichen Anordnungen in § 43 II VwVfG (Wirksamkeit unabhängig von Rechtmäßigkeit) und § 6 I VwVG (bestandskräftiger Verwaltungsakt als Titel in der Verwaltungsvollstreckung) bzw den entsprechenden Vorschriften der Landesverwaltungsvollstreckungsgesetze (→ § 27 Rn 1)[35].

12 Die (4) *verwaltungsprozessuale Funktion* ist an das Ende der funktionalen Dimensionen des Verwaltungsakts gerückt. Mit § 40 I 1 VwGO ist die rechtsschutzeröffnende Funktion des Verwaltungsakts entfallen. Weil es infolge der durch Art 19 IV 1 GG bedingten generalklauselartigen Eröffnung des Verwaltungsrechtswegs keinen numerus clausus der Rechtsschutzformen bzw Klagearten gibt, ist die Prüfung des Tatbestandsmerkmals „Verwaltungsakt" im Rahmen der Statthaftigkeit von Anfechtungs- und Verpflichtungsklage (§ 42 I VwGO)[36] nicht wegen der Statthaftigkeit selbst bedeutsam, sondern wegen der besonderen Sachurteilsvoraussetzungen, unter denen eine Anfechtungs- bzw Verpflichtungsklage zulässig ist, namentlich Vorverfahren (§ 68 VwGO) und Klagefrist (§ 74 VwGO). Schließlich und vor allem beeinflusst das Vorliegen bzw Nichtvorliegen eines Verwaltungsaktes das zulässige Verfahren des vorläufigen Rechtsschutzes, wobei zwischen beiden Verfahrensarten – §§ 80–80b VwGO einerseits, § 123 VwGO andererseits – gravierende Unterschiede bestehen (zB Erfordernis vorherigen behördlichen Rechtsschutzes, Schadensersatzregelung)[37].

13 Diese Funktionen und die in ihnen eingeschlossenen spezifischen Rechtsfolgen müssen bei der Auslegung des § 35 S 1 VwVfG berücksichtigt werden[38]. Anders gewendet: Wenn es nahe liegt, eine oder mehrere der Verwaltungsaktsfunktionen zu aktivieren, fließt diese teleologische Überlegung in die Interpretation und Anwendung des § 35 S 1 VwVfG ein. Jedenfalls sind bei der Prüfung der Einzelmerkmale und ihrer oft weit verästelten dogmatischen Einzelaspekte die Verwaltungsaktsfunktionen nie aus dem Auge zu verlieren!

III. Die Begriffsbestimmung des Verwaltungsakts

1. Verwaltungsrechtliche Willenserklärung

14 Als Verwaltungsakt bezeichnet § 35 S 1 VwVfG[39] jede Verfügung, Entscheidung oder andere hoheitliche Maßnahme, die fünf Kriterien erfüllen muss: (1) Urheberschaft einer Behörde, (2) Regelungsqualität, (3) Einzelfallregelung, (4) Zuordnung zum öffentlichen

[35] Vgl *Schmidt-De Caluwe* VerwArch 90 (1999) 49, sowie allgemein *Schmidt-Aßmann* Ordnungsidee, 6. Kap Rn 103.

[36] Nach ganz hM wird hier auf den bundesrechtlichen Verwaltungsaktsbegriff in § 35 S 1 VwVfG, nicht auf gleichlautende Bestimmungen der Verwaltungsverfahrensgesetze, Bezug genommen, vgl *Müller-Franken* VerwArch 90 (1999) 552.

[37] Die Rechtsschutzfunktion bezogen auf den vorläufigen Rechtsschutz hebt auch *Schoch* (Fn 2) 199, 202, hervor. Zum Anwendungsbereich der Verfahren und zu den Unterschieden zwischen ihnen statt aller *Hufen* VwPrR, § 31 Rn 12 ff.

[38] Die Regelung gilt vielen als sprachlich missglückt. S zB *Löwer* JuS 1980, 805, 807 „geschwätzig", ferner *Emmerich-Fritsche* NVwZ 2006, 76. Zur grundsätzlichen Kritik, die angesichts der gesetzl Regelung zT überholt ist, *Martens* DVBl 1968, 322; *Renck* BayVBl 1973, 365; *ders* FS Knöpfle, 1996, 291; *Brohm* VVDStRL 30 (1972), 245, 286.

[39] Die Definitionen in den LandesVwVfGen weichen hiervon nicht ab, so dass im folgenden

Recht und (5) finale Außenwirkung. Die Aufzählung „Verfügung, Entscheidung oder andere ... Maßnahme" dient neben diesen Kriterien allenfalls der Illustration.

Der Einleitungssatzteil des § 35 S 1 VwVfG verdeutlicht aber, dass es sich beim Verwaltungsakt um eine spezifische Willenserklärung der Verwaltung handelt[40]. Dies ist vor allem für die *Auslegung* von Verwaltungsakten bedeutsam. Weil Verwaltungsakte auf Rechtswirkung nach außen gerichtet (vgl Rn 44 ff) und für ihre Wirksamkeit „empfangsbedürftig" sind (§§ 41 I, 43 I 1 VwVfG), kommt es für die Auslegung auf den Empfängerhorizont an[41]. Dies gilt für den Inhalt des Verwaltungsakts wie für die Frage, ob eine behördliche Handlung Verwaltungsakt ist[42]. In diesem Rahmen ist der Gedanke des § 133 BGB anwendbar, wonach es auf die nach außen sichtbare, wirkliche Behördenintention, nicht auf den „buchstäblichen Sinn des Ausdrucks" ankommt. Zweifel gehen zu Lasten der Behörde[43]. 15

Auf die Form der Maßnahme kommt es nicht an. Auch mündliche und konkludente Maßnahmen (zB von Polizeibeamten) können Verwaltungsakte sein, § 37 II 1 VwVfG. Seit 2003 ist der *elektronische* Verwaltungsakt ausdrücklich zugelassen (§ 37 II 1 VwVfG)[44]; daneben ist der Verwaltungsakt als Ergebnis *automatisierter Verwaltung* seit langem anerkannt (§ 37 V VwVfG) und in der Praxis noch auf absehbare Zeit der erheblich häufigere. 16

Nicht jede behördliche Maßnahme zur Einzelfallregelung ist Verwaltungsakt, nur *hoheitliche* Maßnahmen. Hoheitlich sind solche Maßnahmen, die ein Träger öffentlicher Gewalt in Wahrnehmung seiner Zuständigkeit zu verbindlichem einseitigen Handeln trifft[45]. Damit fallen konsensorientierte Maßnahmen, insbesondere der Abschluss von Verwaltungsverträgen (→ § 29 Rn 1f) aus dem Verwaltungsaktsbegriff heraus. 17

2. Behörde

Die Verfügung, Entscheidung oder andere hoheitliche Maßnahme muss von einer Behörde getroffen werden. § 35 S 1 VwVfG nimmt insofern Bezug auf den verwaltungsverfahrensrechtlichen Behördenbegriff des § 1 IV VwVfG. Dieser knüpft an denjenigen des Verwaltungsorganisationsrechts an (→ § 8 Rn 29), reicht aber als funktioneller Begriff stellenweise über die verwaltungsorganisationsrechtliche Perspektive hinaus[46]. Behörde ist jede Stelle, die Aufgaben der öffentlichen Verwaltung wahrnimmt 18

allein auf das BundesVwVfG rekurriert werden kann. Gleichlautend sind auch die Begriffsbestimmungen in § 31 SGB X und § 118 AO.

40 *Krause* Rechtsformen des Verwaltungshandelns, 1974, 92 mit Fn 211; *J. Martens* DÖV 1987, 992, 994; differenzierend *Forsthoff* VwR, 205 ff (nur Erklärung, keine Willenserklärung); *Rüping* Verwaltungswille und Verwaltungsakt, 1986, 18 ff.

41 BVerwGE 12, 87, 91; 41, 305, 406; BGH NJW 1985, 1335, 1336, sowie BVerwGE 106, 187 für den „Ruf" an einen Bewerber um eine Professorenstelle.

42 Ausf *U. Stelkens* in: Stelkens/Bonk/Sachs, VwVfG, § 35 Rn 71 ff mwN.

43 BVerwGE 99, 101, 103, st Rspr. S *Bumke* in: Hoffmann-Riem/Schmidt-Aßmann/Voßkuhle, Grundlagen II, § 35, Rn 26.

44 3. VwVfÄndG vom 21.8.2002, BGBl I, 3322. Statt vieler *Storr* MMR 2002, 579; *Schmitz* FS BVerwG, 2003, 677; *Britz* in: Hoffmann-Riem/Schmidt-Aßmann (Hrsg), Verwaltungsverfahren und Verwaltungsverfahrensgesetz, 2002, 213; *Laubinger* FS K. König, 2004, 517; *Ruffert* in Knack/Henneke, VwVfG, 9. Aufl 2009, § 37 Rn 20 f; BayVGH NVwZ 1989, 163; OLG Hamm NJW 1972, 1769.

45 Wie hier *Wallerath* Allg VwR, Rn 3; *Hill* DVBl 1989, 321; *Maurer* Allg VwR, § 9 Rn 11.

46 *Schmitz* in: Stelkens/Bonk/Sachs, VwVfG, § 1 Rn 236, 240.

(§ 1 IV VwVfG). Stelle ist jede durch Rechtssätze des öffentlichen Organisationsrechts geschaffene, überindividuelle, mit konkreten Verwaltungszuständigkeiten ausgestattete organisatorische Einheit eines Trägers öffentlicher Verwaltung.

19 Behörde ist damit nicht der Rechtsträger selbst, sondern eine für den Rechtsträger handelnde Stelle, nicht die juristische Person des öffentlichen Rechts, der die Stelle angehört, sondern die Stelle selbst, der das Handeln der in ihr tätigen Menschen zugerechnet wird[47]. Der Behördenbegriff deckt sich daher teilweise mit dem Begriff des Organs im Sinne des Zurechnungsendsubjekts menschlichen Handelns für die Verwaltung (*Hans-Julius Wolff*). Jede Behörde ist zugleich Organ, nicht jedoch ist jedes Organ Behörde, denn nicht jedes Organ nimmt im Einzelfall aufgrund gesetzlicher Ermächtigung konkrete Verwaltungsaufgaben wahr[48]. Untaugliches Abgrenzungskriterium zwischen Organ und Behörde ist für den funktionalen Behördenbegriff der Verwaltungsaktsdefinition das Kriterium der Außenwirksamkeit des Organhandelns, mag es auch im Verwaltungsorganisationsrecht bedeutsam sein (→ § 8 Rn 29)[49]. Ist die Außenwirksamkeit behördlichen Handelns ein eigenes Begriffsmerkmal des Verwaltungsakts, so kann es nicht bereits im Tatbestandsmerkmal Behörde enthalten sein[50]. Die seit geraumer Zeit weit fortgeschrittene Entdeckung der Rechtsbeziehungen im Binnenbereich der Verwaltung spricht ebenfalls dafür, den funktionalen Behördenbegriff an dieser Stelle weit zu fassen.

20 Der funktionale Behördenbegriff setzt im Regelfall eine *gewisse organisatorische Verselbständigung* voraus. Keine Behörden iSd §§ 1 IV, 35 S 1 VwVfG sind daher unselbständige Untergliederungen von Behörden (Abteilungen, Referate, Dezernate etc) oder Ausschüsse[51]. Dies gilt im Grundsatz auch für „Ämter" der Kommunalverwaltung (Stadtplanungsamt, Umweltamt etc), es sei denn, sie werden durch geltendes Organisationsrecht und nicht lediglich aufgrund gemeindlicher Ermessensentscheidung zur selbständigen Aufgabenwahrnehmung ermächtigt und verpflichtet[52].

21 Behörden sind nur solche Stellen, die Aufgaben der öffentlichen *Verwaltung* (im materiellen Sinn, → § 1 Rn 5 ff) wahrnehmen, dh nicht solche der Gesetzgebung oder Rechtsprechung[53]. Der Behördenbegriff knüpft damit an das Gewaltenteilungsprinzip an. Als funktionaler Behördenbegriff bezieht er jedoch Organe der Gesetzgebung oder Rechtsprechung ein, wenn diese im Einzelfall konkrete Verwaltungsaufgaben wahrnehmen. Behörde ist auch der Bundestagspräsident als Leiter der Bundestagsverwaltung, wenn er einem Journalisten Hausverbot erteilt (vgl Art 40 II 1 GG)[54]. Behörde sind

[47] Plastisch *Wolff/Bachof* VwR II, § 76 Id 5: Juristische Personen sind keine Behörden, sondern „haben" eine oder mehrere.

[48] ZB bestimmte Kollegialorgane von Selbstverwaltungskörperschaften wie der Senat einer Universität.

[49] AA die hM: *Erichsen* 12. Aufl 2002, § 12 Rn 14; *Maurer* Allg VwR, § 21 Rn 35; *Ule/Laubinger* VwVfR, § 9 Rn 6; *Wallerath* in: von Maydell/Ruland, Sozialrechtshandbuch, 4. Aufl 2008, Kap 11 Rn 22. Wie hier *Schmitz* in: Stelkens/Bonk/Sachs, VwVfG, § 1 Rn 243; *U. Stelkens* in: Stelkens/Bonk/Sachs, VwVfG, § 35 Rn 50; *Meyer/Borgs* VwVfG, § 1 Rn 30; *Pitschas* Verwaltungsverantwortung und Verwaltungsverfahren, 1990, 622.

[50] Dezidiert *U. Stelkens* in: Stelkens/Bonk/Sachs, VwVfG, § 35 Rn 50.

[51] Prüfungsausschüsse: BVerwGE 70, 4, 6 ff; OVG NRW OVGE 18, 194; 22, 267, 269; Untersuchungsausschüsse: NdsOVG DÖV 1986, 210, 211 → JK Verf Nds Art 11 IV 1/1 (anders OVG NRW DVBl 1987, 100, 102); Petitionsausschuss: BayVGH BayVBl 1981, 209, 211.

[52] *Schmitz* in: Stelkens/Bonk/Sachs, VwVfG, § 1 Rn 251.

[53] *Maurer* Allg VwR, § 9 Rn 24.

[54] VG Berlin NJW 2002, 1063 → JK 9/02 GG Art 40/2.

auch die Präsidenten von OLG und LG bei der Leitung der Referendarausbildung. Behörde kann auch der Gemeinderat sein, wenn er dazu ermächtigt ist, bestimmte Personalentscheidungen zu treffen, die entweder für sich selbst außenwirksam sind oder nur noch vom Bürgermeister umgesetzt werden müssen. – Die handelnde Stelle muss zumindest auch zum hoheitlichen Handeln ermächtigt sein, nicht ausschließlich zum Handeln im Privatrechtsverkehr[55].

Auch *Private* können Behörde im funktionalen Sinn sein, wenn sie durch Beleihungsakt in den Funktionsbereich eines Verwaltungsträgers eingegliedert und zur Wahrnehmung öffentlicher Aufgaben ermächtigt sind. Voraussetzung für die *Beleihung* ist ein Gesetz (→ § 10 Rn 27)[56]. Klassisches Anwendungsbeispiel ist die Zuteilung der Prüfplakette nach § 29 StVZO durch KfZ-Sachverständige (TÜV, Dekra oder freie Sachverständige), die hierzu kraft Gesetzes ermächtigt worden sind; die Prüfplakette ist daher Verwaltungsakt[57]. Die Beleihung hat Konjunktur, etwa im Umweltrecht: Die Deutsche Akkreditierungs- und Zulassungsgesellschaft für Umweltgutachter (ZAU) ist gemäß § 28 UAG als Zulassungsstelle für Umweltgutachter im Öko-Audit-Verfahren beliehen worden[58]. Die Zulassung eines Umweltgutachters (§§ 9 ff UAG) erfolgt durch Verwaltungsakt[59]. 22

Handlungen Unbefugter sind grundsätzlich keine Maßnahmen von Behörden und damit keine Verwaltungsakte („Hauptmann von Köpenick"). Die Systematik des VwVfG, spezialgesetzliche Regelungen sowie Rechtsschutzüberlegungen erfordern jedoch eine differenzierte Betrachtung dieses Grundsatzes. Erweckt die Verwaltung selbst den Schein rechtmäßiger Amtsausübung, so liegt ein Verwaltungsakt vor, gegen den Rechtsschutz möglich ist. Rechtssicherheit schafft die beamtenrechtliche Regelung, wonach Amtshandlungen eines Beamten bei nichtiger oder zurückgenommener Ernennung gleichermaßen wirksam sind wie Amtshandlungen eines ordnungsgemäß ernannten Beamten (§ 14 BBG). Problematisch war die Behandlung von Maßnahmen fehlerhaft gebildeter (Abwasser-)Zweckverbände in den neuen Ländern[60]. Diese entfalteten oft jahrelange Tätigkeit, bis die Unwirksamkeit ihres Gründungsaktes festgestellt wurde. Die Rechtsprechung ist mittlerweile auf den einheitlichen Kurs eingeschwenkt, die von diesen Zweckverbänden (massenhaft) ausgesprochenen Verwaltungsakte als solche zu behandeln und ihre Wirksamkeit nach den §§ 43, 44 VwVfG zu beurteilen mit der Folge, dass sie Gegenstand verwaltungsgerichtlichen Rechtsschutzes sein können und sie nur im Fall offenkundiger Rechtswidrigkeit nichtig sind (§ 44 I VwVfG; → § 22 Rn 4 ff)[61]. 23

[55] *U. Stelkens* in: Stelkens/Bonk/Sachs, VwVfG, § 35 Rn 51.

[56] BVerwGE 81, 185, 188; *Steiner* Öffentliche Verwaltung durch Private, 1975, 46 ff. Zum Beliehenen auch *Burgi* Funktionale Privatisierung und Verwaltungshilfe, 1999, 79 ff.

[57] BayVGH DÖV 1975, 210.

[58] S *Sparwasser/Engel/Voßkuhle* Umweltrecht, 5. Aufl 2003, § 4 Rn 59, sowie § 3 Rn 48 mit weiteren Beispielen zur Beleihung im Umweltrecht.

[59] Näher zum Verfahren die Verordnung über das Verfahren zur Zulassung von Umweltgutachtern und Umweltgutachterorganisationen sowie zur Erteilung von Fachkenntnisbescheinigungen nach dem Umweltauditgesetz (UAGAnwG) vom 12.9.2002, BGBl I, 3654.

[60] Zum Folgenden *Degenhart* SächsVBl 2001, 85, 93; *U. Stelkens* in: Stelkens/Bonk/Sachs, VwVfG, § 35 Rn 64 mit Fn 254.

[61] BVerwG NVwZ 2003, 995, 996; ThürOVG LKV 2000, 360, 361; ThürVBl 2003, 38. In der ordentlichen Gerichtsbarkeit jetzt auch BGH NJW 2001, 748, 749 ff. Zur Nichtigkeit VG Gera LKV 1998, 203, 204; LKV 2000, 363, 364. S außerdem VerfG LSA LKV 1997, 411; SächsOVG LKV 1997, 417 sowie 418, 419 und 420, 421; LKV 1999, 61; SächsVBl 2000, 213, 215; SächsVBl 2004, 84; OVG Berlin-Bbg LKV 1997, 460; LKV 1997, 460, 461; LKV 1998, 197, 198.

3. Regelung

24 Nicht alle behördlichen Maßnahmen sind solche, die „zur Regelung“ getroffen werden. Regelungscharakter kommt unbestritten nur solchen Maßnahmen zu, die nach ihrem Erklärungsinhalt darauf gerichtet sind, eine Rechtsfolge zu bewirken, die – nach der bekannten Formel *Otto Mayers* (Rn 2) – festlegen „was ... Rechtens sein soll“. Hierzu ist der Gehalt der behördlichen Maßnahme durch Auslegung zu ermitteln. Mit dem Definitionselement der Regelung wird der Verwaltungsakt vom Realakt (schlichthoheitliches Handeln, → § 36 Rn 1) abgegrenzt (Rn 26) und von verfahrensrechtlichen Vorbereitungsakten abgeschichtet (Rn 27). Insoweit spricht der mehrdeutige Begriff der Regelung nicht das Verfahren, sondern das Verfahrensergebnis, die getroffene Entscheidung an[62]. Schon deswegen ist er nicht deckungsgleich mit dem weitaus komplexeren Begriff der Regulierung[63]. – Weggefallen ist die Abgrenzung zur nichtrechtlichen Regelung im besonderen Gewaltverhältnis (Strafvollzugs-, Wehrdienst-, Beamten-, Schul- oder Hochschulverhältnis), denn wegen der Bindung aller vollziehenden Gewalt an Gesetz und Recht (Art 20 III GG) sowie vor allem an die Grundrechte (Art 1 III GG) kann es unter dem Grundgesetz keinen von *rechtlicher* Regelung freien Raum geben[64]. Unsicherheiten in der Anwendung des Verwaltungsaktsbegriffs in solchen Verhältnissen wirken allerdings noch beim Merkmal der Außenwirkung fort (Rn 44 ff). Zudem wird auf dieser historischen Grundlage vereinzelt die rechtsverbindliche Regelungswirkung von Gnadenentscheidungen zu Unrecht noch bezweifelt[65].

25 Für das Merkmal der Regelung gilt wie für alle Begriffsmerkmale des Verwaltungsakts, dass bei ihrem Vorliegen die spezifischen Rechtswirkungen von Verwaltungsakten ausgelöst werden (rechtmäßigkeitsunabhängige Wirksamkeit, Bestandskraft, Titelfunktion; Rn 7 ff), so dass nicht umgekehrt von den Wirkungen einer Handlung auf deren vorhandene oder fehlende Verwaltungsaktsqualität geschlossen werden kann[66]. Allerdings muss die Interpretation einer behördlichen Handlung deren Intention in den Blick nehmen, die genannten Rechtswirkungen auszulösen.

26 Die Formen und Typen *schlichthoheitlichen Verwaltungshandelns* sind breit gefächert (→ § 37). Mangels Regelungscharakters sind sie *keine Verwaltungsakte*. Dies gilt vor allem für einfache Auskünfte, Mitteilungen, Belehrungen und Hinweise (sog „Wissenserklärungen“)[67]. Im Einzelfall kann die Mitteilung über einen bevorstehenden Verwaltungsakt (konkret: Mitteilung über die Löschung aus der Handwerksrolle nach § 13 III HandwO) aus Rechtsschutzgründen Regelungswirkungen entfalten, wobei

[62] Vgl *Maurer* Allg VwR, § 9 Rn 7.

[63] Zu diesem *Masing* in: Bauer/Huber/Niewiadomski (Hrsg), Ius Publicum Europaeum, 2002, 161; *ders* Verw 36 (2003) 1; *Ruffert* AöR 124 (1999) 237; *ders* in: Fehling/ders (Hrsg), Regulierungsrecht, 2010, § 7. Zur internationalen Entwicklung Scott (Hrsg) Regulation, 2003; *Breyer/Stewart/Sunstein/Spitzer* Administrative Law and Regulatory Policy, 5th ed 2002, 4 ff; *Baldwin/Cave* Understanding Regulation, 1999; *Black* Public Law 1995, 94; *dies* Public Law 1998, 77; *dies* Current Legal Problems 54 (2001) 103; *dies* Oxford Journal of Legal Studies 20 (2000) 597 und 21 (2001) 33.

[64] Dazu *Erichsen* 12. Aufl 2002, § 12 Rn 25, mwN zur älteren Literatur.

[65] *Henneke* in: Knack, VwVfG, § 35 Rn 75.

[66] Anders aber OVG NRW NVwZ 1987, 608, 609 f und NVwZ 1990, 1083, 1084 f → JK VwVfG § 35/3, zu Beweisanforderungen parlamentarischer Untersuchungsausschüsse.

[67] *Maurer* Allg VwR, § 9 Rn 8 und 62. Kasuistik bei *U. Stelkens* in: Stelkens/Bonk/Sachs, VwVfG, § 35 Rn 91, 99.

diese pragmatische Argumentation kaum verallgemeinerungsfähig ist[68]. Der Auskunft kann eine (Ermessens-)Entscheidung über ihre Erteilung vorausgehen, wenn etwa Geheimhaltungsinteressen Dritter berührt sind (zB Auskunft nach §4 UIG[69] oder §§ 3, 12 StUG[70]). In derartigen Fällen erkennt die Rechtsprechung zutreffend den Regelungscharakter dieser Entscheidung an und bewertet sie als Verwaltungsakt[71]. Auch sonstiges tatsächliches Handeln der Verwaltung geschieht nicht „zur Regelung". Bei polizeirechtlichen bzw ordnungsbehördlichen Standardmaßnahmen ist dies im Einzelfall zu prüfen[72].

Verfahrensrechtlichen Vorbereitungsakten sowie sonstigen *Teilakten* kommt ebenfalls kein Regelungscharakter zu. Sie werden nicht als Maßnahmen zur endgültigen Regelung eines Rechtsverhältnisses vorgenommen. Bei verfahrensrechtlichen Vorbereitungshandlungen ist jedoch zu berücksichtigen, dass schon § 44a VwGO deren selbständige Angreifbarkeit ausschließt und nur im Einzelfall zulässt. Diese verwaltungsprozessuale Bestimmung (vor allem die Ausnahmen in S 2) darf nicht dadurch ausgehebelt werden, dass dem angegriffenen Akt voreilig die Verwaltungsaktsqualität mangels Regelung abgesprochen wird, wenn er selbständig belastende Wirkungen zeitigt. Entsprechend zurückhaltend ist die Rechtsprechung zu bewerten, die Ladungen und Aufforderungen zu medizinischen Untersuchungen prinzipiell nicht als Verwaltungsakte ansieht[73] und die trotz gegenteiliger Annahmen im Schrifttum zum prominentesten Fall, der Aufforderung zur Vorlage eines medizinisch-psychologischen Gutachtens nach der Fahrerlaubnisverordnung, perpetuiert wurde, obwohl das Gutachten anders als nach § 15b II StVZO aF zwingend erforderlicher Verfahrensschritt geworden ist[74]. – Zu den Problemen von Zusicherung und Zusage s Rn 61 f. **27**

Auch aus Rechtsschutzerwägungen unproblematisch ist hingegen die Annahme, unselbständigen Teilregelungen fehle der die Verwaltungsaktsqualität begründende Regelungsgehalt. Dies gilt etwa im Schulrecht für die Bewertung einzelner Klassenarbeiten oder Teilnoten eines Abschlusszeugnisses. Verwaltungsakt ist nur das Gesamtergebnis[75]. Dies gilt auch für ein gestuftes Prüfungsverfahren an der Universität (zB Zwi- **28**

68 BVerwGE 88, 122, 123; im Ergebnis zustimmend *Maurer* Allg VwR, § 9 Rn 8.

69 BVerwGE 108, 369 → JK UIG § 4 I 2/1; BVerwG NVwZ 2000, 436, 437; OVG NRW DVBl 1995, 1020; OVG SH NVwZ 1999, 670, 671; *Schomerus/Schrader/Wegener* UIG, 1995, § 5 Rn 17; *Turiaux* UIG, 1995, § 5 Rn 15; aA *Kopp/Schenke* VwGO, Anh § 42 Rn 37.

70 Ausf *Bonk/Kallerhoff* in: Stelkens/Bonk/Sachs, VwVfG, § 29 Rn 86 ff.

71 BVerwGE 31, 301, 306 f (Auskunft über Informanten).

72 Hierzu *Rachor* in: Lisken/Denninger (Hrsg), Handbuch des Polizeirechts, 4. Aufl 2007, F 42; *Schoch* in: Schmidt-Aßmann, Bes VwR, 2. Kap Rn 193; *Pieroth/Schlink/Kniesel* Polizei- und Ordnungsrecht, 5. Aufl 2008, § 12 Rn 10 f; *Würtenberger/Heckmann/Riggert* Polizeirecht in Baden-Württemberg, 5. Aufl 2002, Rn 315 ff; anders als hier *Schenke* Polizei- und Ordnungsrecht, 6. Aufl 2009, Rn 115 (im Regelfall VA).

73 BVerwGE 34, 248; OVG NRW NJW 2001, 3427 (Aufforderung zur medizinisch-psychologischen Untersuchung); BVerwGE 111, 246, 251 (Aufforderung zur amtsärztlichen Untersuchung an Ruhestandsbeamten); OVG NRW NJW 2001, 3427 → JK 02 VwVfG § 35 S 1/20 (Aufforderung zur medizinisch-psychologischen Untersuchung); aA: VG Braunschweig NdsVBl 2001, 95.

74 Kritisch *Schreiber* ZRP 1999, 519, 520 ff; *Brenner* ZRP 2006, 223, 225. Zusammenfassend und befürwortend zur Rspr *Weber* NZV 2006, 399.

75 St Rspr; vgl BVerwG DVBl 1994, 1356. S auch *Fry* NWVBl 2007, 142, zur Schulformempfehlung.

schenprüfung). Rechtsschutz ist hier gegen den abschließenden Bescheid (zB Exmatrikulation nach nicht bestandender Zwischenprüfung) zu suchen, nicht schon gegen die Bewertung einer einzelnen Leistung (zB Zwischenprüfungsklausur im bürgerlichen Recht)[76]. Selbständig regelnde Verwaltungsaktsteile sind allerdings solche Bewertungen, die für sich betrachtet rechtserheblich sind, weil von ihnen bestimmte Rechtsfolgen abhängig gemacht werden (zB Zulassung zum Studium eines bestimmten Faches von der Mathematiknote)[77].

29 Problematisch ist der Regelungscharakter von behördlichen Entscheidungen, die eine bereits getroffene Entscheidung wiederholen. Lässt der Bürger die Ablehnung eines Antrags bestandskräftig werden und stellt er später den gleichen Antrag noch einmal, so stellt sich die Frage nach der Verwaltungsaktsqualität der erneuten Ablehnung. In der Tat fehlt ihr eine neue *sachliche* Regelung; sie ist insoweit bloße *wiederholende Verfügung*. Allerdings enthält sie auch den Ausspruch, das Verwaltungsverfahren nicht wieder aufzugreifen (→ § 26 Rn 2), ist insoweit auf Bewirkung einer *verfahrensrechtlichen* Rechtsfolge gerichtet und in diesem Umfang angreifbar[78], wobei der Verwaltungsrechtsschutz im Einzelnen allerdings von der dogmatischen Einordnung des Wiederaufgreifens abhängt (→ § 26 Rn 3 f). Wird die erneute Ablehnung mit einer geänderten Begründung versehen, so liegt ein sachlicher *Zweitbescheid* vor, der für sich genommen mit der Anfechtungsklage angreifbar ist[79].

30 Der notwendige Regelungsgehalt fehlt schließlich auch behördlichen Willenserklärungen im Rahmen von zivil- oder verwaltungsrechtlichen Schuldverhältnissen. Bei Aufrechnung[80], Fristsetzung, Stundung, Kündigung und Ausübung eines Zurückbehaltungsrechts geht es nicht um die einseitig regelnde behördliche Anordnung.

4. Einzelfall

31 a) *Grundsatz.* Verfügung, Entscheidung oder Maßnahme müssen von der Behörde zur Regelung *eines Einzelfalls* getroffen werden. Mit diesem Tatbestandsmerkmal wird der Verwaltungsakt von normativen Handlungsformen der Verwaltung (Rechtsnormen: Rechtsverordnung, Satzung, Verwaltungsvorschriften [str]) abgegrenzt, für die andere Wirksamkeitsbedingungen und Rechtsschutzformen gelten. So sind von der Verwaltung gesetzte Rechtsnormen zwar nichtig *ex tunc,* wenn sie rechtswidrig sind (→ § 19 Rn 35), dies kann jedoch – außer in einem laufenden Verwaltungsprozess – in der Hauptsache nur durch das Oberverwaltungsgericht festgestellt werden (und uU nur bei einer entsprechenden landesrechtlichen Regelung), § 47 I VwGO. – Behördliche Genehmigungen von Rechtsnormen (zB von kommunalen Satzungen durch die Aufsichtsbehörde) sind Verwaltungsakte[81]. Adressatenbezogen *relative Verwaltungsakte* (Verwaltungsakt gegenüber juristischer Person des öffentlichen Rechts – kein Verwaltungsakt

[76] BVerwG DVBl 2003, 871.
[77] HessVGH DVBl 1974, 469; OVG NRW NVwZ-RR 2001, 384.
[78] BVerwGE 44, 334 f; 57, 342, 345 → JK VwGO § 69/1; BVerwG NVwZ 2002, 483; *Martens* Jura 1979, 83, 88; *Erichsen/Ebber* Jura 1997, 424, 430 f.
[79] *Erichsen/Ebber* Jura 1997, 424, 431.
[80] BVerwGE 66, 218, 220; 77, 19, 21 f → JK VwGO § 94/1; BayVGH NJW 1997, 3392, 3392 f; aA OVG NRW NJW 1997, 3391; *Ehlers* JuS 1990, 777; *Detterbeck* DÖV 1996, 889, 891.
[81] BVerwGE 75, 142, 146 → JK BauGB § 2 IV/1.

gegenüber Bürger) sind nicht anzuerkennen[82]. Eine Handlung ist entweder Verwaltungsakt oder nicht; dem Bürger kann allenfalls die Klagebefugnis fehlen[83].

Die Abgrenzung zwischen Verwaltungsakt und Rechtsnorm vollzieht sich entlang der Parameter Regelungsinhalt (Maßstab: abstrakt – konkret) und Regelungsadressaten (Maßstab: generell – individuell)[84]. In diesem Schema, das vier Kombinationen ermöglicht, sind zwei von ihnen unumstritten: 32

Abstrakt-generelle Regelungen richten sich in einer unbestimmten Anzahl von Fällen an eine unbestimmte Anzahl von Adressaten. Sie sind stets *Rechtsnormen. Konkret-individuelle* Regelungen gelten in einem bestimmten Fall für einen bestimmten Adressaten. Sie sind stets *Verwaltungsakte.* Das Tatbestandsmerkmal „Einzelfall" ist hier sowohl bezogen auf den Inhalt als auch bezogen auf den Adressatenkreis erfüllt. 33

Verhältnismäßig unproblematisch sind außerdem *abstrakt-individuelle* Regelungen. Schulfall ist die Anordnung an ein Unternehmen, bei Glatteisbildung durch Dämpfe aus den von ihm betriebenen Kühltürmen durch Streumittel für die Beseitigung der entstehenden Rutschgefahr zu sorgen[85]. Die Anordnung richtet sich an einen individuellen Adressaten, ist aber abstrakt hinsichtlich des Umfangs der Streupflicht. Teilweise wird die Kategorie der *abstrakt-individuellen* Regelung für überflüssig gehalten, weil die Anordnung in Wirklichkeit nicht abstrakt sei, sondern eine konkrete Handlungspflicht regele[86]. Jedenfalls besteht aber Übereinstimmung, dass das Merkmal „Einzelfall" auch adressatenbezogen verstanden werden kann, so dass in jedem Fall von einem Verwaltungsakt auszugehen ist[87]. 34

b) *Die Allgemeinverfügung.* Die *konkret-generellen* Regelungen, also diejenigen Regelungen, die sich in einem bestimmten Fall an eine unbestimmte Anzahl von Adressaten richten, haben in § 35 S 2 VwVfG eine Sonderregelung erfahren, die die Anforderungen an das Merkmal „Einzelfall" lockert[88]. In den dort genannten Konstellationen wird das Einzelfallkriterium kraft gesetzlicher Anordnung durch die entsprechenden Merkmale der Allgemeinverfügung konkretisiert[89]. Sie ist nicht zu verwechseln mit der 35

[82] Beispiel: Erlass einer Gemeindesatzung im Wege der Ersatzvornahme. AA BVerwG NVwZ-RR, 1993, 513 → JK VwGO § 47/19, sowie vorher (für eine andere Fallkonstellation) BVerwG NVwZ 1990, 260, 260 f. Wie hier *Bumke* in: Hoffmann-Riem/Schmidt-Aßmann/Voßkuhle, Grundlagen II, § 35, Rn 34 mwN.

[83] Wie hier *Voßkuhle* SächsVBl 1995, 54, 56; *U. Stelkens* in: Stelkens/Bonk/Sachs, VwVfG, § 35 Rn 23 ff; VGH BW NVwZ 1998, 416. Offen gelassen in ThürOVG LKV 1994, 25, 26.

[84] Angesichts der Regelung in § 35 S 2 VwVfG (→ Rn 35 ff) kommt es auf die Streitfrage nicht an, ob Regelungsinhalt oder -adressaten für das Einzelfallkriterium maßgeblich sind; dazu einerseits (Regelungsinhalt) *Maurer* Allg VwR, § 9 Rn 18; *Kopp/Ramsauer* VwVfG, § 35 Rn 68 f; andererseits (Adressaten) *Obermayer* NJW 1980, 2386; *Vogel* BayVBl 1977, 617, 620.

[85] OVG NRW OVGE 16, 289.

[86] *Maurer* Allg VwR, § 9 Rn 20.

[87] *Wolff/Bachof/Stober* VwR II, § 45 Rn 79; *Volkmar* Allgemeiner Rechtssatz und Einzelakt, 1962, 150 ff; *Kahl* Jura 2001, 505, 511 ff.
Ein im Regelfall tragfähiges Hilfsargument ist die Geltungsdauer (einmalige Regelung: VA; Dauerregelung: Rechtsnorm); vgl *Maurer* Allg VwR, § 9 Rn 19.

[88] Im Vergleich zur Rechtsprechung im Vorfeld des VwVfG *Maurer* Allg VwR, § 9 Rn 31.

[89] Zu beachten sind außerdem verfahrensrechtliche Sonderregelungen bei der Anhörung der Beteiligten (§ 28 II Nr 4 VwVfG), der Begründung (§ 39 II Nr 5 VwVfG) und der öffentlichen Bekanntmachung (§ 41 III 2 VwVfG).

Sammelverfügung, die eine Reihe konkret-individueller Verwaltungsakte bündelt[90]. § 35 S 2 VwVfG unterscheidet drei Varianten der Allgemeinverfügung[91].

36 Die erste Variante ist die *adressatenbezogene Allgemeinverfügung*, dh der an einen nach allgemeinen Merkmalen bestimmte oder bestimmbare Personenkreis gerichtete Verwaltungsakt. Die gesetzliche Regelung ist wenig geglückt – alles bestimmbare ist letztlich bestimmt, und jede Rechtsnorm richtet sich auch an einen bestimmbaren Personenkreis[92] – doch bereitet sie in der Praxis nur noch in Ausnahmefällen Schwierigkeiten. Anders als bei Rechtsnormen sind die potentiell Betroffenen durch ihre Beziehung zu dem im Zeitpunkt des Erlasses der Allgemeinverfügung geregelten Sachverhalt bestimmbar (Schulbeispiele: Verbot einer Demonstration an einem bestimmten Tag; Verbot des Verkaufs eines bestimmten Lebensmittels in einem bestimmten Gebiet[93]). Feststehen muss der Personenkreis im Erlasszeitpunkt noch nicht; auch eine gewisse Überschaubarkeit ist nicht erforderlich (und auch kaum messbar)[94], denn das Merkmal „Einzelfall" wird bei der Allgemeinverfügung kraft gesetzlicher Anordnung durch den Bezug zum konkreten Sachverhalt und nicht zu den Adressaten hergestellt. Adressatenbezogen ist nicht der Einzelfall, sondern die Lockerung der Anforderungen dieses Kriteriums.

37 Die *sachbezogene Allgemeinverfügung* – öffentlich-rechtliche Eigenschaft einer Sache – ist die zweite Variante. Sie ist zwar auf die Sache bezogen, jedoch mit Blick auf Rechte und Pflichten von Personen im Kontext der Sache. Nur unter der Prämisse, dass Verwaltungsakte ohne personalen Adressatenkreis nicht denkbar sind, lässt sich die in diesem Zusammenhang gebrauchte Bezeichnung *dinglicher Verwaltungsakt* halten[95].

[90] *Wolff/Bachof/Stober* VwR II, § 45 Rn 77.

[91] Zum besonderen Problem der Allgemeinverbindlichkeitserklärung von Tarifverträgen (nach der Rspr kein VA) s BVerfGE 44, 322, 338 ff mwN; BVerwGE 80, 355, 357 f, 364 → JK VwGO §§ 40, 43/1.

[92] *Volkmar* (Fn 87), 68; *Vogel* BayVBl 1977, 617, 619.

[93] Dies ist die Situation des berühmten Endiviensalat-Falls BVerwGE 12, 87. Die Veräußerung von Endiviensalat wurde 1953 in bestimmten baden-württembergischen Landkreisen verboten, weil der begründete Verdacht aufgekommen war, die Häufung von Typhusfällen in diesen Landkreisen müsse auf den Verzehr von Endiviensalat zurückgeführt werden. Auch die Feststellung des Vorliegens einer austauscharmen Wetterlage nach §§ 40 II, 49 II BImSchG („Smog-Alarm") ist wegen der mit ihr bewirkten Rechtsfolgen adressatenbezogene Allgemeinverfügung: *U. Stelkens* in: Stelkens/Bonk/Sachs, VwVfG, § 35 Rn 287; *Appel/Melchinger* VerwArch 84 (1993) 349, 376 ff; *Jacobs* NVwZ 1987, 100, 105; *Jarass* NVwZ 1987, 95. AA (Rechtsnorm) *Ehlers* DVBl 1987, 972, 973; (verbindliche Feststellung eines Sachverhalts) *Kluth* NVwZ 1987, 960; *Maurer* Allg VwR, § 9 Rn 30. Zur immissionsschutzrechtlichen Neuregelung *Kloepfer* Umweltrecht, 3. Aufl 2004, § 14 Rn 280.
Gleiches gilt für die Bekanntgabe der wiederholten Unterschreitung der Mehrwegquote nach § 9 II 2 VerpackungsVO: BVerwGE 117, 322, 326 ff (aA – verbindliche Sachverhaltsfeststellung – *Maurer* Allg VwR, § 9 Rn 30).

[94] AA *Ehlers* Verw 31 (1998) 53, 65.

[95] § 35 S 2 VwVfG entschärft daher den Streit um den *dinglichen VA*. Diese Rechtsfigur wurde von *Niehues* DÖV 1965, 319 (*ders* FS Wolff, 1973, 247) begründet; ihm folgend *Wolff/Bachof/Stober* VwR II, § 45 Rn 89 ff; *Fluck* DVBl 1999, 496, 498; *ders* NuR 1999, 86, 91; *Kopp/Ramsauer* VwVfG, § 35 Rn 107; *U. Stelkens* in: Stelkens/Bonk/Sachs, VwVfG, § 35 Rn 310; *Henneke* in: Knack, VwVfG, § 35 Rn 93 f; *Gornig* Die sachbezogene hoheitliche Maßnahme, 1985; aus der Rspr BVerwG NVwZ 1986, 834, 835; VGH BW NJW 1981, 1749; OVG NRW NVwZ 1987, 427; sowie kritisch OVG RP NJW 1987, 1284.
Dagegen (adressatloser VA undenkbar) bereits *Penski* DÖV 1966, 845; sowie *Janßen* in: Obermayer, VwVfG, § 35 Rn 55; *Peine* Allg VwR, Rn 403.

Schulbeispiel für die sachbezogene Allgemeinverfügung ist die straßenrechtliche Widmung, die der Straße als Leistung der öffentlichen Hand die Eigenschaft einer öffentlichen Sache verleiht und im Rahmen des Widmungsaktes den Gemeingebrauch eröffnet[96]. Sachbezogene Allgemeinverfügung sind auch die Umbenennung einer Straße[97], die Eintragung in eine Denkmalliste[98], nicht jedoch die Festsetzung eines Wasserschutzgebietes[99].

Mit den sachbezogenen Allgemeinverfügungen eng verwandt ist die dritte Variante, die *Benutzungsregelungen*. Hier ist der Adressatenkreis durch den Terminus Benutzer eingegrenzt, jedoch nicht individualisiert. Das Einzelfallmerkmal wird durch den Bezug zur benutzten Sache erfüllt. „Sache" ist untechnisch zu verstehen und umfasst auch Sachgesamtheiten wie öffentliche Einrichtungen oder Anstalten (zB Badeordnung im städtischen Schwimmbad)[100]. **38**

Ausgestanden ist der Streit um die rechtliche Qualifikation von *Verkehrsschildern* gem §§ 41, 43 StVO. Während die Handzeichen des den Verkehr regelnden Polizisten oder die Phasenzeichen der Verkehrsampel problemlos adressatenbezogene Allgemeinverfügungen sind[101], war die Zuordnung von Verkehrszeichen lange umstritten. Teilweise wurden sie als abstrakt-generelle Anordnungen und damit als Rechtsverordnungen verstanden. Inzwischen hat sich ihre Deutung als Benutzungsregelungen (§ 35 S 2 VwVfG) durchgesetzt[102]: Verkehrszeichen regeln die Benutzung der öffentlichen Sache „Straße"[103]. Daher richten sich die formell-rechtlichen Anforderungen an Verkehrszei- **39**

[96] Ausf *Axer* Die Widmung als Schlüsselbegriff des Rechts der öffentlichen Sachen, 1994, 57 ff.

[97] OVG NRW NJW 1987, 2695 → JK VwVfG § 35 S 2/6; BayVGH BayVBl 1988, 496; VGH BW NVwZ 1992, 196 → JK VwVfG § 35 S 2/7. Erstaunlicherweise sind aus den neuen Bundesländern, wo Straßenumbenennungen Anfang der 1990er Jahre alltäglich waren, keine obergerichtlichen Entscheidungen bekannt.

[98] OVG NRW NVwZ-RR 1995, 314. AA ThürOVG ThürVBl 2004, 143. In einigen Bundesländern stellt die Eintragung in eine Denkmalliste aufgrund entspr gesetzl Regelungen keinen VA dar: Art 2 I Bay DSchG; § 4 I Berl DSchG; § 3 I 1 BbgDSchG; § 7 III Brem DSchG, § 9 I 1 Hess DSchG; § 10 I Sachs DSchG; § 18 I 1 LSA DSchG; § 4 I 1 Thür DSchG.
Weiterer Fall: Schutzbereichsanordnung gemäß § 2 Schutzbereichsgesetz.

[99] AA *Erichsen* 12. Aufl 2002, § 12 Rn 52. Die Festsetzung von Wasserschutzgebieten erfolgt nach den einschlägigen landesrechtlichen Regelungen durch Rechtsverordnung; vgl *Sparwasser/Engel/Voßkuhle* (Fn 58), § 8 Rn 239 mwN.

[100] Insofern löst die Benutzungsregelung die „Sonderverordnung" ab (zu ihr → § 19 Rn 12), die das Benutzungsverhältnis als besonderes Gewaltverhältnis qualifiziert. Auch im Benutzungsverhältnis gilt indes für (grundrechts-)wesentliche Fragen der Vorbehalt des Gesetzes (näher → § 19 Rn 12, sowie *Maurer* Allg VwR, § 9 Rn 31).
AA (Allgemeinverfügung nach § 35 S 2 1. Var): *Erichsen* 12. Aufl 2002, § 12 Rn 52; *Ehlers* Verw 31 (1998) 53, 65 f.

[101] *Maurer* Allg VwR, § 9 Rn 34.

[102] Ganz hM: BVerwGE 27, 181; 59, 221, 224 ff; 97, 214, 220 f; 97, 323, 326 ff → JK VwVfG § 38/1; 102, 316, 318; BVerwG DVBl 2004, 518; BayVGH NVwZ 1984, 383 (unter Aufgabe seiner früheren st Rspr etwa in BayVGH, NJW 1978, 1988 → JK VwVfG § 35 S 2/1). Aus dem Schrifttum *U. Stelkens* in: Stelkens/Bonk/Sachs, VwVfG, § 35 Rn 330 ff; *Maurer* JuS 1976, 485, 490; aA (Rechtsverordnung) *Renck* JuS 1967, 545; *ders* NVwZ 1984, 355; *Vogel* in: Drews/Wacke/Vogel/Martens, Gefahrenabwehr, § 23 Nr 7c; *Obermayer* NJW 1980, 2387. Krit *Prutsch* JuS 1980, 566.

[103] Hieraus erhellt, dass die Benutzungsregelung in § 35 S 2 VwVfG nicht auf das öffentliche Sachenrecht beschränkt ist, sondern auch gefahrenabwehrrechtliche Regelungen einschließen kann.

chen ebenso wie die Rechtsfolgen der Rechtswidrigkeit und die Rechtsschutzmöglichkeiten nach den Regelungen für Verwaltungsakte. Rechtsstaatlich problematisch ist die Auffassung des Bundesverwaltungsgerichts, wonach die Bekanntgabe und damit der Beginn der Wirksamkeit von Verkehrsschildern abweichend von der Regel des § 41 VwVfG mit deren Aufstellung erfolgt (§§ 39 I, Ia und 45 IV StVO)[104].

5. Gebiet des öffentlichen Rechts

40 Das Erfordernis der Regelung auf dem Gebiet des öffentlichen Rechts (sog Gebietsklausel) überlappt sich mit dem Kriterium der hoheitlichen Maßnahme[105]. Schon dieser Begriff erfasst jedoch nicht die gesamte Breite des öffentlichen Rechts, weil das VwVfG nur für die öffentlich-rechtliche *Verwaltungs*tätigkeit der Behörden gilt (§ 1 I, 3 VwVfG). Verfassungs-, prozess-, kirchen- und völkerrechtliche Maßnahmen sind daher keine Verwaltungsakte[106].

41 Ebenso wenig sind hoheitliche Maßnahmen *auf dem Gebiet des Privatrechts* Verwaltungsakte. Sie überhaupt anzuerkennen (Beispiele: Kündigung eines Arbeitsverhältnisses oder eines Mietvertrags durch Verwaltungsakt) verstieße gegen rechtsstaatliche Grundsätze, denn auf diese Weise könnte der öffentlichen Hand im Privatrechtsverkehr eine Sonderstellung eingeräumt werden („Fiskusprivileg")[107]. Jedenfalls aber handelt es sich nicht um Maßnahmen auf dem Gebiet des öffentlichen Rechts.

42 Einen anderen Sachverhalt betreffen die sog *privatrechtsgestaltenden Verwaltungsakte*[108]. Hier weist das öffentliche Recht der Verwaltung die Befugnis zu, durch Verwaltungsakt Privatrechtsverhältnisse zu begründen, auf diese einzuwirken oder sie zu beenden. Hauptanwendungsfall ist die Ausübung des gemeindlichen Vorkaufsrechts nach dem BauGB[109]. Dieses Recht steht jeder Gemeinde beim Kauf bestimmter Grundstücke in bestimmten Plangebieten (zB Flächen für öffentliche Zwecke oder unbebaute Wohngrundstücke) zu, § 24 I 1 BauGB. Übt die Gemeinde das Vorkaufsrecht aus, kommt ein Vertrag zwischen ihr und dem Verkäufer zu den Bedingungen zustande, die der Verkäufer als Vorkaufsverpflichteter mit dem dritten Käufer vereinbart hat, §§ 28 II 2 BauGB, 464 II BGB. Die Ausübung des Vorkaufsrechts erfolgt kraft ausdrücklicher gesetzlicher Anordnung durch – privatrechtsgestaltenden – Verwaltungsakt gegenüber dem Verkäufer, § 28 II 1 BauGB. Ähnliche privatrechtsgestaltende Verwaltungsakte sind die Grundstücksverkehrsgenehmigung nach § 2 GrdstVG, die Zustimmung des Arbeitsamtes zu Massenentlassungen nach § 18 KSchG, die Zustimmung des Integrationsamtes zur Kündigung eines Schwerbehinderten nach § 85 SGB IX[110] und die Ge-

[104] BVerwGE 102, 316; krit *Bitter/Konow* NJW 2001, 1386; zust *Hendler* JZ 1997, 782; *U. Stelkens* in: Stelkens/Bonk/Sachs, VwVfG, § 35 Rn 332 ff.

[105] Anders, aber ohne praktische Folgen *U. Stelkens* in: Stelkens/Bonk/Sachs, VwVfG, § 35 Rn 211.

[106] *Maurer* Allg VwR, § 9 Rn 13; *U. Stelkens* in: Stelkens/Bonk/Sachs, VwVfG, § 35 Rn 209.

[107] *U. Stelkens* in: Stelkens/Bonk/Sachs, VwVfG, § 35 Rn 210. S bereits NdsOVG DVBl 1954, 297; BVerwG NJW 1958, 1107, 1108.

[108] Grundlegend *Manssen* Privatrechtsgestaltung durch Hoheitsakt, 1994, 274 ff.

[109] Dazu *Krebs* in: Schmidt-Aßmann Bes VwR, 4. Kap Rn 155; *Brenner* Baurecht, 3. Aufl 2009, Rn 478; *Brohm* Öffentliches Baurecht, 3. Aufl 2002, § 25 Rn 1 ff; *Erbguth* Grundzüge des öffentlichen Baurechts, 4. Aufl 2005, § 6 Rn 15 ff.

[110] BVerwGE 91, 7, 9 f.

nehmigung einer Stiftung nach § 80 BGB sowie Entgeltgenehmigungen nach § 31 TKG. Aus Sicht des Privatrechts ist die Genehmigung eine Rechtsbedingung.

Die Gebietsklausel nimmt Bezug auf die Unterscheidung zwischen Privatrecht und öffentlichem Recht[111] und damit auf alle Überlagerungen privatrechtlicher Rechtsverhältnisse zwischen Bürger und Behörde durch öffentlich-rechtliche Bindungen. Die *Zweistufentheorie* (→ § 3 Rn 38 ff) wirkt sich auch hier aus; einseitige Maßnahmen auf der öffentlich-rechtlichen Stufe sind im Regelfall Verwaltungsakte. Im Rahmen der europarechtlich veranlassten Neuregelung des Vergaberechts hätte es nahe gelegen, auch den „Zuschlag" an den Bieter im Vergabeverfahren dem öffentlichen Recht zuzuordnen und als Verwaltungsakt zu qualifizieren; das deutsche Vergaberecht ist aber insoweit „auf halber Treppe" stehengeblieben[112] (zum *Vergaberecht* → § 15 Rn 38). **43**

6. Finale Außenwirkung

a) *Grundsatz.* Nur solche behördlichen Maßnahmen sind Verwaltungsakte, die auf unmittelbare Rechtswirkung nach außen gerichtet sind. Mithin geht es um solche Maßnahmen, die auf die Setzung einer Rechtsfolge für eine natürliche oder juristische Person in der Weise gerichtet sind, dass sie deren Rechtskreis erweiternd, verringernd oder feststellend gestalten soll. Maßgeblich ist die Wirkung *zwischen* dem Rechtsträger der Behörde und dem Adressaten, die *interpersonale Wirkung*[113]. Ausgeschieden werden sollen innerbehördliche Weisungen und Anordnungen sowie andere Verwaltungsinterna. Maßgeblich ist nicht die tatsächliche Außenwirkung, sondern die *Finalität* der Maßnahme („... auf ... gerichtet ..."). *Unmittelbarkeit* der intendierten Außenwirkung liegt daher nur vor, wenn die angestrebten Maßnahmen durch den Entscheidungssatz (Tenor) des Verwaltungsakts selbst herbeigeführt werden sollen und nicht lediglich – wenn auch beabsichtigte – Nebenfolge einer innerbehördlichen Maßnahme sind[114]. **44**

Die Handhabung dieses Verwaltungsaktskriteriums hat mit der Entwicklung des öffentlichen Rechts nicht immer Schritt gehalten. Unter dem GG ist die *Impermeabilitätslehre* spätkonstitutioneller Prägung passé, die Beziehungen innerhalb der Verwaltung nicht als rechtliche begreift[115]. Das besondere Gewaltverhältnis als gleichsam rechtsfreier Raum existiert nicht mehr (s schon Rn 24). Um in solchen Rechtsbeziehungen innerhalb der Verwaltung effektiven Rechtsschutz zu gewährleisten, ist es aber ebenso nicht mehr erforderlich, jede Maßnahme als Verwaltungsakt zu charakterisieren. Daher entstehen Abgrenzungsschwierigkeiten an bestimmten neuralgischen Punkten. **45**

111 Für juristische Übungsarbeiten bedeutet dies, dass auf die Erörterung dieser Unterscheidung – zumeist im Rahmen von § 40 I 1 VwGO – („nach oben") verwiesen werden kann, andererseits aber auch verwiesen werden muss, denn es ist ausgeschlossen, das Vorliegen einer öffentlich-rechtlichen Streitigkeit bei § 40 I 1 VwGO zu bejahen und sodann bei § 35 S 1 VwVfG zu verneinen – und umgekehrt.

112 So mit umfassender Erörterung der Europarechtskonformität *U. Stelkens* in: Stelkens/Bonk/Sachs, VwVfG, § 35 Rn 123 ff.

113 Zur Sondersituation einer an die Behörde selbst gerichteten Genehmigung (Bau-, Veranstaltungsgenehmigung) BVerwG NVwZ 1998, 737 → JK BauO NRW § 75/1; HessVGH NVwZ-RR 2003, 345; *Ehlers* Liber amicorum Erichsen, 2005, 1, 4 f.

114 BVerwGE 60, 144, 145 ff → JK VwVfG § 35 S 1/5; 81, 258, 260 ff → JK VwVfG § 35 S 1/16.

115 Begründet von *Laband* Das Staatsrecht des Deutschen Reiches, Bd I, 2. Aufl 1887, 680 (s aber 696 ff).

46 b) *Einzelne Problemfelder.* Bei *Anordnungen und Weisungen im Beamtenverhältnis* ist nicht mehr aus der Rechtsstellung des Beamten zu folgern, dass sie stets Verwaltungsinterna bleiben. Auch die von *Carl-Hermann Ule* begründete abstrakte *Unterscheidung von Grund- und Betriebsverhältnis*[116] trägt nicht mehr, weil auch ein (grund-)rechtsfreies Betriebsverhältnis nicht mit Art 1 III, 20 III 3 GG vereinbar sein kann. Solche Maßnahmen sind vielmehr dann auf unmittelbare Rechtswirkung nach außen gerichtet, wenn sie *im Einzelfall* eine Rechtsfolge für den Beamten als natürliche Person setzen sollen. Maßgeblich ist also die *interpersonale* Wirkung, die Frage nach der Berührung der (Grund-)Rechtssphäre des Beamten[117]. Insoweit überlappen sich das Merkmal der finalen Außenwirkung und die rechtsschutzrelevante Rechtsverletzung (s etwa § 42 II VwGO), was die Auflösung der Problematik keinesfalls erleichtert.

47 Keine Verwaltungsakte sind daher im Regelfall Anordnungen über die Arbeitserledigung[118]. Auch die Umsetzung innerhalb einer Behörde ist kein Verwaltungsakt, weil die Zuordnung des Amtswalters zu einem konkreten Amt nicht Teil der persönlichen Rechtssphäre des Beamten ist, denn der Beamte hat keinen Anspruch auf Verwendung an einer bestimmten Stelle in der Behörde[119]. Unstreitig Verwaltungsakte sind jedoch alle statusverändernden Maßnahmen (Ernennung, Versetzung, Beförderung etc)[120]. Schwierige Grenzfälle betreffen Regeln über das äußere Erscheinungsbild im Dienst (Bekleidung, Haartracht, politische Plaketten etc). Nach der Rspr des BVerwG sind derartige Anordnungen grundsätzlich nicht auf unmittelbare Rechtswirkung nach außen gerichtet, selbst dann nicht, wenn sie über den dienstlichen Bereich ieS hinausreichen (zB Wirkung des Gebots, einen Zopf abschneiden zu lassen, außerhalb des Dienstes), weil es nicht auf die Berührung subjektiver Recht des Beamten ankommt, sondern auf die Zielrichtung der Anordnung[121]. – Gemildert werden die Abgrenzungsprobleme dadurch, dass gem § 126 III BRRG die verwaltungsprozessualen Regeln über die verwaltungsaktsbezogenen Verfahren auch bei Leistungs- und Feststellungsklagen im Beamtenverhältnis für anwendbar erklärt werden[122].

48 *Organisationsakte* erfolgen häufig aufgrund ausdrücklicher landesverfassungsrechtlicher Anordnung kraft Gesetzes oder zumindest durch Rechtsverordnung. Eine sonstige organisationsrechtliche Maßnahme ist vor allem dann auf unmittelbare Rechtswirkung nach außen gerichtet, wenn sie auf den Rechtskreis der Bürger (oder einer juristischen Person des öffentlichen Rechts) gestaltend einwirkt, indem sie zB die Zuständigkeitsordnung ändert[123]. Andere Organisationsakte stellen sich als Allgemeinver-

116 *Ule* VVDStRL 15 (1957) 133, 151 ff.

117 S *Erichsen* 12. Aufl 2002, § 12, Rn 40.

118 *Maurer* Allg VwR, § 9 Rn 25. S BVerwGE 111, 246, zur Weisung an einen Ruhestandsbeamten, sich ärztlich untersuchen zu lassen (anders OVG Berlin-Bbg NVwZ-RR 2002, 762); OVG Rh-Pf NVwZ-RR 2003, 223: Weisung zum Dienstantritt kein VA.

119 BVerwGE 60, 144 → JK VwVfG § 35 S 1/5; 98, 334 → JK VwVfG § 35 S 1/19; BVerwG NVwZ 2008, 547.

120 Kasuistik bei *U. Stelkens* in: Stelkens/Bonk/Sachs, VwVfG, § 35 Rn 200. S auch BVerwG NVwZ 2001, 810: Zuweisung einer Dienstwohnung als VA.

121 BVerwGE 125, 85, 86, sowie bereits vorher BayVGH BayVBl 2003, 212, 213; OVG Rh-Pf NJW 2003, 3793, 3793 f. AA vorher BVerwGE 84, 292, 293; HessVGH NJW 1996, 1164 → JK GG Art 2 I/28, und im Anschluss daran die Voraufl. Zu diesen Fallkonstellationen s *J. Ipsen* in: FS K. Ipsen, 2000, 711.

122 S *Baßlsperger* ZBR 2005, 192.

123 *U. Stelkens* in: Stelkens/Bonk/Sachs, VwVfG, § 35 Rn 300 f.

fügung in Gestalt einer Benutzungsregelung (§ 35 S 2, 3. Var VwVfG) dar. Auf diese Weise können bestimmte schulorganisatorische Maßnahmen (Schließung einer Schule, Schließung einzelner Klassenstufen, Einführung der Fünf-Tage-Woche) Verwaltungsakt sein[124]. Gerade hier ist bedeutend, dass es für die Gewährung effektiven Rechtsschutzes nicht auf die Verwaltungsaktsqualität der Maßnahme ankommt.

Maßnahmen der *Aufsicht* zwischen selbständigen Rechtsträgern (zB Kommunalauf- 49
sicht) sind ebenfalls nur dann Verwaltungsakte, wenn sie auf interpersonale Wirkung zielen[125]. Dies gilt für alle einzelfallregelnden rechtsaufsichtlichen Maßnahmen der *Rechtsaufsicht* gegenüber den Gemeinden, sei es präventiv – zB Genehmigung im Sinne der einschlägigen Vorbehalte – oder repressiv – zB Beanstandung. Die Selbstverwaltungsgarantie (Art 28 II GG) führt hierbei zur Trennung der Kompetenzsphären von Träger der Aufsichtsbehörde und Gemeinde, so dass die Rechtsaufsichtsmaßnahme von Person zu Person getroffen wird[126]. Diese Trennung fehlt bei der *Fachaufsicht,* weil die Gemeinden bei den gesetzlich übertragenen Aufgaben, auf die sich die Fachaufsicht erstreckt, in der Substanz staatliche Aufgaben bleiben[127], die von den Gemeinden wahrgenommen werden. Allein die Wahrnehmungskompetenz sowie die Aufgabenwahrnehmung mit eigenen personalen und sächlichen Mitteln[128] begründen nicht die Verwaltungsaktsqualität fachaufsichtlicher Weisungen[129]. Rechtsschutzverkürzend ist dies nicht, denn die betroffene Gemeinde ist auch innerhalb nicht-verwaltungsaktsbezogener Rechtsformen klagebefugt, wenn die fachaufsichtliche Weisung in ihren kraft Art 28 II GG geschützten Kompetenzbereich übergreift[130].

Organschaftliche Maßnahmen, die Gegenstand sog Kommunalverfassungsstreitig- 50
keiten sind (zB Maßnahmen des Vorstehers der Gemeindevertretung in der Sitzung[131]), sind ebenfalls nicht auf Außenwirkung gerichtet, sondern betreffen Innenrechtsbeziehungen[132]. Die organschaftlichen Kompetenzen begründen innerhalb eines Rechtsträgers keine eigenen Außenrechtssphären. Anderes gilt nur, wenn final auf die Person des Organwalters durchgegriffen wird (zB Hausverbot).

124 Kasuistik bei *U. Stelkens* in: Stelkens/Bonk/Sachs, VwVfG, § 35 Rn 300. Auch die Schließung einer Kindertagesstätte kann VA sein; aA OVG Berlin-Bbg NVwZ-RR 1997, 555 → JK VwVfG § 35/6; OVG NRW NVwZ-RR 1990, 1, 2.

125 S allg *Jungkind* Verwaltungsakte zwischen Hoheitsträgern, 2008.

126 Unstr; s nur *Schmidt-Aßmann* Ordnungsidee, 1. Kap Rn 43.

127 *Schmidt-Aßmann* Ordnungsidee, 1. Kap Rn 36.

128 Darauf stellen *Kahl* Jura 2001, 505, 512; *Knemeyer* Bayerisches Kommunalrecht, 10. Aufl 2000, Rn 431, und *Widtmann* BayVBl 1978, 723, 725, ab.

129 HM und st Rspr seit BVerwGE 6, 101, 103; BVerwG DVBl 1995, 744 → JK VwVfG § 35 I/18; HessVGH NVwZ-RR 1990, 96; *Gern* Deutsches Kommunalrecht, 3. Aufl 2003, Rn 837; *Schmidt-Aßmann* Ordnungsidee, 1. Kap Rn 45; *Maurer* Allg VwR, § 23 Rn 23; *U. Stelkens* in: Stelkens/Bonk/Sachs, VwVfG, § 35 Rn 181; aA *Kahl* Die Staatsaufsicht, 2000, 455 ff, 562 f; *Hufen* VwPrR, § 14 Rn 40; *Schmidt-Jortzig* JuS 1979, 488, 491.

130 *Schmidt-Aßmann* Ordnungsidee, 1. Kap Rn 45. BVerwG DVBl 1995, 744 → JK VwVfG § 35 I/18, lässt in diesem Fall die interne Weisung in einen außenwirksamen VA umschlagen (dagegen *U. Stelkens* in: Stelkens/Bonk/Sachs, VwVfG, § 35 Rn 181).

131 Kasuistik bei *U. Stelkens* in: Stelkens/Bonk/Sachs, VwVfG, § 35 Rn 191 f.

132 HM, s BayVGH BayVBl 1988, 16; *Kahl* Jura 2001, 505, 512 f; *Ehlers* NVwZ 1990, 105, 106; *Pietzcker* in: Schoch/Schmidt-Aßmann/Pietzner, VwGO, Vorb § 42 I Rn 18; § 42 I Rn 61; *Schoch* JuS 1987, 783, 787 f. Problematisch ist schon das Tatbestandsmerkmal Behörde: *Gern* (Fn 129), Rn 787. AA *Hufen* VwPrR, § 21 Rn 3; *Martensen* JuS 1995, 1077; *Schenke* Verwaltungsprozeßrecht, 11. Aufl 2007, Rn 228.

IV. Arten und Typen von Verwaltungsakten

1. Differenzierter Regelungsinhalt

51 Die Vielfalt der möglichen Regelungen in Verwaltungsakten offenbart sich bei ihrer *Auslegung* (dazu bereits Rn 15). Diese kann zunächst den Regelungsinhalt in den Blick nehmen und nach dem behördlichen Ausspruch („Tenor") differenzieren[133]. *Befehlende Verwaltungsakte* sind solche, in denen die Behörde eine gesetzliche Verpflichtung konkretisiert und eine entsprechende Anordnung trifft. Zu ihnen gehören alle Verfügungen des Polizei- und Ordnungsrechts einschließlich der spezialgesetzlichen Anordnungen (zB der Anordnungen von Polizisten zur Verkehrsregelung nach § 36 StVO, Versammlungsverbot gem § 15 I VersG) und der Anordnungen des Wirtschaftsverwaltungsrechts (zB Gewerbeuntersagung nach § 35 GewO). Der konkrete Befehl ist durch Auslegung zu ermitteln und muss in den Grenzen der gesetzlichen Ermächtigung bleiben. *Gestaltende Verwaltungsakte* begründen, beenden oder verändern ein Rechtsverhältnis. Hauptbeispiele sind die Einbürgerung und Beamtenernennung; zu ihnen gehört auch die Immatrikulation. *Feststellende Verwaltungsakte* sichern gesetzliche Ansprüche mit den Rechtswirkungen des Verwaltungsakts ab, konkretisieren mithin für den Einzelfall die gesetzliche Regelung. Bei (Geld-)Leistungen der Verwaltung bilden sie den Rechtsgrund. Aus gestaltenden und feststellenden Verwaltungsakten kann nicht vollstreckt werden.

52 Zu beachten ist schließlich, dass Verwaltungsakte zugleich mehreren der genannten Gruppen zugehören bzw mehrere Regelungsinhalte haben können. Die Baugenehmigung ist gleichzeitig gestaltend und feststellend, indem sie einerseits dem Bauherrn das Bauen erlaubt (verfügende bzw gestaltende Wirkung) und andererseits für die Zukunft die Konformität des Bauvorhabens mit dem geltenden öffentlichen Recht im Zeitpunkt ihrer Erteilung feststellt (feststellende Wirkung)[134].

53 Verwaltungsakte können *begünstigende* oder *belastende* Regelungen enthalten. Bedeutsam ist die Unterscheidung zwischen begünstigenden und belastenden Verwaltungsakten für die Vertrauensschutzanforderungen an ihre Aufhebung (→ § 24 Rn 11 ff; → § 25 Rn 3 ff) sowie für die verwaltungsprozessuale Klagebefugnis (§ 42 II VwGO). Hier gilt, dass Adressaten eines belastenden Verwaltungsakts stets klagebefugt sind (sog Adressatentheorie)[135]. Prima facie begünstigende Verwaltungsakte können zugleich belastend sein, zB die Teilablehnung von Leistungsanträgen[136]. Ebenso können auf den ersten Blick belastende Verwaltungsakte mit der Begünstigung verbunden sein, dass die Belastung nicht stärker ausfällt (Beispiel: Leistungsbescheid in bestimmter Höhe enthält Feststellung, dass Belastung nicht höher ist)[137].

[133] Zum Folgenden Beispiele bei *Maurer* Allg VwR, § 9 Rn 44 ff. Weitere Differenzierung bei *U. Stelkens* in: Stelkens/Bonk/Sachs, VwVfG, § 35 Rn 213 ff.

[134] *Brohm* (Fn 109), § 28 Rn 25.

[135] S nur (mit kritischen Stimmen) *Wahl* in: Schoch/Schmidt-Aßmann/Pietzner VwGO, Vorb § 42 II Rn 115 ff.

[136] *Maurer* Allg VwR, § 9 Rn 49.

[137] So *Erichsen* Jura 1981, 534, 539; *Wolff/Bachof/Stober* VwR II, § 51 Rn 29; *Maurer* Allg VwR, § 9 Rn 49. AA BVerwGE 30, 132, 133; 67, 129, 134; 109, 283, 287; HessVGH NJW 1981, 596; VGH BW NVwZ-RR 1997, 120; *M. Schröder* JuS 1970, 615; *P. Stelkens* JuS 1984, 930, 932 f; *Sachs* in: Stelkens/Bonk/ders, VwVfG, § 35 Rn 131; *Bronnenmeyer* Der Widerruf begünstigender VAe nach § 49 VwVfG, 1994, 282.

54 Auf einer mittleren Ebene zwischen Allgemeinem und Besonderem Verwaltungsrecht liegt die Unterscheidung zwischen *Kontrollerlaubnis* und *Ausnahmebewilligung*[138]. Welche der beiden Kategorien vorliegt, erschließt sich nur aus dem aufgabenbezogenen Besonderen Verwaltungsrecht; dennoch lassen sich die Kategorien in dieser Weise verallgemeinern[139].

55 Eine *Kontrollerlaubnis* liegt vor, wenn ein bestimmtes Verhalten zwar grundsätzlich erlaubt ist, es aber deswegen verboten wird, um im Vorfeld die Einhaltung der gesetzlichen Voraussetzungen zu prüfen (sog *präventives Verbot mit Erlaubnisvorbehalt*). Das präventiv verbotene Verhalten ist zumeist grundrechtlich geschützt. Infolgedessen muss die Kontrollerlaubnis bei Vorliegen der gesetzlichen Voraussetzungen erteilt werden. Zur Kategorie der Kontrollerlaubnis gehören die Baugenehmigung (Baufreiheit durch Art 14 I GG und 2 I geschützt)[140], die Erlaubnisse des Gewerberechts – Gaststättenerlaubnis etc – (Grundrechtsschutz über Art 12 GG) sowie die Anlagengenehmigung nach § 4 BImSchG (Grundrechtsschutz der Aktivität ebenfalls nach Art 12 I GG)[141] und außerdem die Fahrerlaubnis nach § 4 I 1 FeV (Führen von Kraftfahrzeugen über Art 2 I GG grundrechtlich verbürgt).

56 Bei der *Ausnahmebewilligung* als Gegenstück zur Kontrollerlaubnis ist ein Verhalten generell als sozial schädlich bzw unerwünscht verboten, und in Ausnahmefällen wird von diesem Verbot eine Befreiung erteilt. Das generelle Verbot muss für sich genommen vor den betreffenden Grundrechten gerechtfertigt werden können, also insbesondere verhältnismäßig sein. Die Ausnahmebewilligung erfolgt in Härtefällen oder in außergewöhnlichen Situationen. Anwendungsfälle sind – neben anderen[142] – die Befreiung von gesetzlichen Vorgaben im Bauordnungsrecht bei bodenrechtlichen Härten[143], im Umweltrecht[144] sowie der Dispens nach den Ladenöffnungsgesetzen der Länder, zB § 11 I ThürLadÖG, § 10 LÖG NRW[145].

57 Die Kategorie des *dinglichen* Verwaltungsakts schließlich ist nur noch von eingeschränkter Bedeutung. In der Dogmatik des Verwaltungsakts hat er durch die Anerkennung sachbezogener Allgemeinverfügungen (einschließlich der Benutzungsregelungen; vgl Rn 38) seine Bedeutung verloren. Auch die Dogmatik der Rechtsnachfolge in ordnungsrechtliche Pflichten, der zweite große Anwendungsbereich des dinglichen Verwaltungsakts, hat sich von ihm gelöst[146]. Daher spricht wenig dafür, den Gedanken eines nicht an Personen adressierten Verwaltungsakts aufrechtzuerhalten – der für eine Übergangszeit der dogmatischen Entwicklung sinnvoll gewesen sein mag –, und nichts

138 „Klassisch" die Darstellung bei *Maurer* Allg VwR, § 9 Rn 51 ff. Zu Recht mahnt *Schoch* (Fn 2) 199, 216 ff den Rückgriff auf diese aufgabenbezogenen Kategorien an.

139 Zur Idee einer aufgabenbezogenen mittleren Ebene *Wahl* in: Hoffmann-Riem/Schmidt-Aßmann/Schuppert (Hrsg), Reform des Allgemeinen Verwaltungsrechts, 1993, 177, 214 ff.

140 Statt aller *Brenner* (Fn 109) 184 f.

141 Generell für Kontrollerlaubnisse im Umweltrecht *Sparwasser/Engel/Voßkuhle* (Fn 58) § 2 Rn 63 ff.

142 S BVerwGE 104, 154 zu §§ 29 I, 46 II StVO.

143 Vgl nur *Brohm* (Fn 109) § 5 Rn 32.

144 *Sparwasser/Engel/Voßkuhle* (Fn 58) § 2 Rn 66 f.

145 Aus neuerer Zeit VG Schwerin NVwZ 2001, 708.

146 Zu beidem deutlich *Maurer* Allg VwR, § 9 Rn 56 f, mit zahlreichen Nachw aus der älteren Lit. Zur Rechtsnachfolge im Polizei- und Ordnungsrecht s nur *Schoch* in: Schmidt-Aßmann, Bes VwR, 2. Kap Rn 159 ff mwN, sowie umfassend *Dietlein* Nachfolge im Öffentlichen Recht, 1999, 234 ff.

dagegen, an Personen adressierte Verwaltungsakte mit Bezug zu einer (öffentlichen) Sache zu akzeptieren.

2. Komplexe Regelungen

58 a) *Sequentielle Entscheidungen.* (1) *Vorbescheid und Teilgenehmigung.* Einer endgültigen Entscheidung durch Verwaltungsakt können Unsicherheiten entgegenstehen, während die Prüfung der Voraussetzungen für einen Teil der Entscheidung möglich oder bereits abgeschlossen ist. In solchen Fällen kann das Verfahren als gestuftes Verfahren[147] sequentiell abgeschichtet werden[148]. Dies gilt insbesondere für bauliche Vorhaben und genehmigungsbedürftige Anlagen nach dem BImSchG oder AtomG[149].

59 Durch *Vorbescheid* können einzelne Genehmigungsvoraussetzungen – aber eben nicht alle – abschließend und verbindlich außer Streit gestellt werden[150]. Auf diese Weise stellt der Bauvorbescheid abschließend und verbindlich die bauplanungsrechtliche Zulässigkeit eines Vorhabens fest, ohne dass die – oft technisch detaillierten – Einzelheiten der bauordnungsrechtlichen Zulässigkeit geklärt sein müssten (sog Bebauungsgenehmigung)[151]. Die Ausführung des Bauvorhabens ist allerdings erst mit einer wirksamen Baugenehmigung möglich. Bei komplexen Anlagenzulassungsentscheidungen ist die Möglichkeit, das Verfahren durch die Aufspaltung in Vorbescheid und endgültige Genehmigung abzuschichten, noch bedeutsamer, um unnötige Investitionen größeren Ausmaßes zu verhindern. Dementsprechend fordert der Vorbescheid im Immissionsschutz- sowie im Atomrecht auch ein *vorläufiges positives Gesamturteil* über das gesamte Vorhaben (§§ 9 BImSchG, 7a AtomG iVm § 19 AtVfV)[152]. Dies erschwert und verzögert zwar den Erlass des Vorbescheides, verschafft dem Antragsteller aber Sicherheit im Hinblick auf die grundsätzliche Billigung des Gesamtvorhabens[153]. Je nach Inhalt des Vorbescheids spricht man hier von Standortvorbescheid (Zulässigkeit des Vorhabens an einem bestimmten Standort) oder Konzeptvorbescheid (immissionsschutzrechtliche oder atomrechtliche Tragbarkeit eines bestimmten Anlagenkonzepts).

60 Die *Teilgenehmigung* schließt das Verfahren mit Gestattungswirkung ab, betrifft also alle Aspekte der Genehmigung, allerdings nur für einen Teil der Anlage[154]. Mit der Teilbaugenehmigung kann die Ausführung des Teils eines baulichen Vorhabens erfolgen[155]. Die Teilgenehmigung im Immissionsschutz-[156] und Atomrecht[157] setzt wiederum ein

147 Vgl *Salis* Gestufte Verwaltungsverfahren im Umweltrecht, 1991.

148 Kategorisierung und Terminologie: *Schmidt-Aßmann* Ordnungsidee, 6. Kap Rn 107–111.

149 Im Überblick *Sparwasser/Engel/Voßkuhle* (Fn 58) § 2 Rn 76 f; *Kloepfer* (Fn 93) § 14 Rn 168 ff. Zu genehmigungsbedürftigen Anlagen im Atomrecht *Lippert* Energiewirtschaftsrecht, 2002, 293 f.

150 Vgl *Maurer* Allg VwR, § 9 Rn 63.

151 BVerwGE 68, 241; 69, 1; BVerwG NVwZ 1989, 863. Aus dem Schrifttum *Ortloff* NVwZ 1983, 705; *Brohm* (Fn 109) § 28 Rn 29.

152 BVerwGE 72, 300, 306.

153 *Sparwasser/Engel/Voßkuhle* (Fn 58) § 2 Rn 77, § 10 Rn 248.

154 Vgl *Maurer* Allg VwR, § 9 Rn 63a.

155 *Brohm* (Fn 109) § 28 Rn 32.

156 Das Immissionsschutzrecht spricht insoweit von (Teil-)Errichtungs- (BVerwGE 88, 286, 290; 92, 185, 190) und Abschnittsgenehmigung; *Sparwasser/Engel/Voßkuhle* (Fn 58) § 10 Rn 243.

157 *Sparwasser/Engel/Voßkuhle* (Fn 58) § 7 Rn 213 ff.

vorläufiges positives Gesamturteil voraus (§§ 8 BImSchG [insbesondere S 1 Nr 3], § 6 IV 3 AtomG iVm § 18 I AtVfV)[158].

(2) *Zusicherung und Zusage.* Dem Erfordernis der temporalen Abschichtung kann auch Rechnung getragen werden, indem ein Verwaltungsakt zunächst zugesichert wird. Auf die – schriftliche – *Zusicherung* gem § 38 VwVfG finden zahlreiche verwaltungsverfahrensrechtliche und materiellrechtliche Vorschriften entsprechende Anwendung (§ 38 II VwVfG). Die Zusicherung bedarf der Schriftform (§ 38 I VwVfG[159]). Dadurch wird das praktisch wichtigste Problem der Zusicherung gelöst, denn die Anforderungen an den Nachweis einer behördlichen Zusicherung, auf die sich der Bürger beruft, sind damit eindeutig geregelt. Das Gesetz qualifiziert die Zusicherung nicht ausdrücklich als Verwaltungsakt, behandelt sie aber durch die Bezugnahme auf jene Vorschriften wie einen solchen, so dass der Streit über die Qualifikation der Zusicherung fruchtlos ist[160]. Dadurch, dass die Bindungswirkung der Zusicherung bei substantieller Änderung der Sach- oder Rechtslage entfällt (§ 38 III VwVfG)[161], aktiviert das VwVfG eine Flexibilitätsreserve der Handlungsform Verwaltungsakt[162]. 61

Wegen der offenkundigen Unsicherheit des Gesetzgebers[163] ist die Rechtsnatur der einfachen *Zusage,* die nicht auf Erteilung eines Verwaltungsaktes gerichtet ist, nach wie vor offen[164]. Generalisieren lässt sich die Fragestellung kaum. Vielmehr kommt es auf die Auslegung im Einzelfall an. Einer verwaltungsrechtlichen Willenserklärung, die sich nach dem Empfängerhorizont als verbindliche Zusage darstellt und sich – obwohl es kein Schriftformerfordernis gibt – nachweisen lässt, kommt Regelungswirkung zu, so dass die spezifischen Rechtsfolgen der Handlungsform Verwaltungsakt ausgelöst werden[165]. 62

(3) *Mehrstufiger Verwaltungsakt.* Im Geflecht unterschiedlicher Behördenzuständigkeiten erfolgt die sequentielle Abschichtung des Verfahrens durch *mehrstufige Verwaltungsakte*[166]. Die den Verwaltungsakt erlassende Behörde holt hierzu nach den entsprechenden gesetzlichen Vorschriften die Zustimmung oder das Einvernehmen einer anderen Behörde ein. Die Erklärung hierüber ist selbst kein Verwaltungsakt, sondern auf die Erteilung eines Verwaltungsaktes gerichtetes Verwaltungsinternum[167]. Für den Rechtsschutzsuchenden bedeutet dies, dass er sich allein gegen den verfahrensabschließenden Verwaltungsakt wehren kann; das fehlende Einvernehmen wird dann ggf durch das stattgebende Urteil ersetzt[168]. Allerdings sind Haftungsansprüche gegen den 63

[158] *Sparwasser/Engel/Voßkuhle* (Fn 58) § 10 Rn 243 ff.

[159] Illustratives Bsp für die Auslegung einer Zusicherung: ThürOVG ThürVBl 2008, 105; OVG Berlin DVBl 2003, 1333 (dazu *Pietzcker* ebda, 1339; *Kloepfer/Lenski* NVwZ 2006, 501; *Möllers* JZ 2005, 677; ferner *Noll* ThürVBl 2005, 145).

[160] Zu diesem *Stelkens/Stelkens* in: Stelkens/Bonk/Sachs, VwVfG, 6. Aufl 2001, § 38 Rn 3 ff; *Maurer* Allg VwR, § 9 Rn 60; *Ehlers* Verw 31 (1998) 53, 68.

[161] BVerwGE 97, 323 → JK VwVfG § 38/1; kritisch *Baumeister* DÖV 1997, 229.

[162] Zu diesen *Schmidt-Aßmann* Ordnungsidee, 6. Kap Rn 105.

[163] Deutlich in BT-Drucks 7/910, 59.

[164] *Erichsen* Jura 1991, 109.

[165] *U. Stelkens* in: Stelkens/Bonk/Sachs, VwVfG, § 38 Rn 39. AA wohl *Maurer* Allg VwR, § 9 Rn 61.

[166] Begriff von *Menger* VerwArch 50 (1959) 387, 397.

[167] HM BVerwGE 28, 145; BVerwG NVwZ 1986, 556; *Maurer* Allg VwR, § 9 Rn 30. Differenzierend *Erichsen* 12. Aufl 2002, § 12 Rn 44.

[168] BVerwG NVwZ-RR 2003, 719.

Rechtsträger der Behörde möglich, die ihr Einvernehmen rechtswidrig verweigert[169]. Hauptanwendungsfall ist das gemeindliche Einvernehmen nach § 36 VwVfG[170].

64 b) *Interessenausgleichende Entscheidungen.* Verwaltungsakte können für den Adressaten begünstigend, für einen Dritten jedoch belastend sein; auch die umgekehrte Konstellation ist denkbar. Bei solchen *Verwaltungsakten mit Doppelwirkung* oder *Drittwirkung* trifft die Verwaltung im Grunde eine konfliktschlichtende Entscheidung über den Interessenausgleich im Verhältnis zwischen den Betroffenen[171]. Durch die öffentlich-rechtlich veranlasste Einschaltung der Behörde in den Konflikt entsteht ein mehrpoliges (zumeist dreipoliges) Verwaltungsrechtsverhältnis[172], das häufig eine entsprechende mehrpolige Grundrechtskonstellation[173] abbildet. Typische Verwaltungsakte mit Doppelwirkungen sind drittbelastende Baugenehmigungen und Anlagenzulassungen im Umweltrecht. Das Verwaltungsrecht reagiert auf diese Konstellationen durch die Gewährung subjektiver Rechte an den Dritten (→ § 12 Rn 18), durch die Modifikation der Stabilität von Verwaltungsakten (§ 50 VwVfG; dazu → § 24 Rn 40 ff) sowie – prozessual – durch Sonderregelungen beim vorläufigen Rechtsschutz (§ 80a VwGO[174]).

65 Beim *mitwirkungsbedürftigen Verwaltungsakt* vollzieht sich der Interessenausgleich zwischen Behörde und Adressat. Die Figur des mitwirkungsbedürftigen Verwaltungsaktes trägt ein Element kooperativen Verwaltens in die auf einseitige Regelung orientierte Dogmatik des Verwaltungsaktes. Die Mitwirkungsbedürftigkeit ergibt sich aus dem Gesetz oder der Natur der Sache. Mitwirkungsbedürftig sind sonach alle Verwaltungsakte, die einen Antrag voraussetzen. Bisweilen ist die ausdrückliche Zustimmung zwingend, zB bei beamtenrechtlichen Statusveränderungen[175]. Fehlt sie, ist der betreffende Verwaltungsakt rechtswidrig[176]; sie ist nichtig, wenn der Verwaltungsakt in den Status des Adressaten eingreift (zB Beamtenernennung). Löst die Zustimmung des Bürgers auch Verpflichtungen aus, so spricht das ältere Schrifttum vom *Verwaltungsakt auf Unterwerfung*[177]. Die Wirksamkeit begünstigender Verwaltungsakte darf jedoch nur dann von einer entsprechenden „Unterwerfungserklärung“ unter die Bedingungen des Verwaltungsakts abhängig gemacht werden, wenn es hierfür im Einzelfall eine gesetzliche Grundlage gibt[178].

66 c) *Instrumentale Komplexität.* Verwaltungsakte sind in vielfältiger Weise in verwaltungsrechtliche Rechtsverhältnisse eingebunden und mit anderen Instrumenten des

169 St Rspr: BGHZ 65, 182; 99, 262, 273; BGH NVwZ-RR 2003, 403.

170 Zur Situation der Identität von unterer Bauaufsichtsbehörde und Gemeinde BVerwG NVwZ 2005, 83, Besprechung *Fehling* Jura 2006, 369.
Weitere Fälle: BVerwG DÖV 1975, 572 (Zustimmung nach § 9 FStrG), BVerwGE 67, 173, 174 f (Zustimmung des BMI zur Einbürgerung); BVerwGE 95, 333, 336 f → JK GG Art 28 II 1/21 (Einvernehmen der Gemeinde zu Anordnung der Straßenverkehrsbehörde nach § 45 Abs 1b StVO); BVerwGE 99, 371, 373 (Zustimmung des Richterwahlausschusses), sowie die weitere Kasuistik bei *U. Stelkens* in: Stelkens/Bonk/Sachs, VwVfG, § 35 Rn 172.

171 Grundlegend *Laubinger* Der Verwaltungsakt mit Doppelwirkung, 1967.

172 Vgl *Schoch* (Fn 2) 199, 218 ff.

173 Hierzu grundlegend *Calliess* Rechtsstaat und Umweltstaat, 2001, 256 ff, 373 ff.

174 Dazu *Schoch* in: ders/Schmidt-Aßmann/Pietzner, VwGO, § 80a Rn 14 ff.

175 Einzelheiten bei *Kunig* in: Schmidt-Aßmann, Bes VwR, 6. Kap Rn 73.

176 *U. Stelkens* in: Stelkens/Bonk/Sachs, VwVfG, § 35 Rn 239.

177 *O. Mayer* VwR I, 1. Aufl 1895, 98; *ders* VwR II, 151. Aus neuerer Zeit *Wolff/Bachof/Stober* VwR II, § 46 Rn 51–53. *F. Kirchhof* DVBl 1985, 651; *P. Stelkens* NuR 1985, 213, 214.

178 Hierzu BVerwG DVBl 1969, 665; *Menger/Erichsen* VerwArch 61 (1970) 168, 174 ff; *Renck* JuS 1971, 77; *Kirchhof* DVBl 1985, 651, 654.

Verwaltungsrechts verbunden[179]. Gemeinsam mit Plänen, die eine andere Rechtsnatur aufweisen können, regulieren sie die Zulässigkeit raumbedeutsamer Vorhaben. In Benutzungs- und Subventionsverhältnissen bilden sie die Grundlage einer privatrechtlichen Ausgestaltungsregelung. Das Entscheidende der Rechtsform Verwaltungsakt liegt nicht in der punktuellen Einzelfallregelung, sondern in den spezifischen Bindungswirkungen mit Rückkopplung an die anderen kombinierten Instrumente.

3. Verwaltungsaktstypen zur Flexibilitätssicherung

Lässt sich infolge der bestandserhaltenden Wirksamkeitsregelungen des Verwaltungsakts die hinreichende Flexibilität[180] auch durch den Gebrauch von Vorbescheiden, Teilgenehmigungen oder Zusagen (mit den durch § 38 III VwVfG eingeschränkten Bindungswirkungen) sowie durch Nebenbestimmungen (→ § 23) nicht mehr herstellen, so muss die Verwaltung selbst den Regelungsausspruch entsprechend begrenzen. Die Rechtsprechung hat hierfür den *vorläufigen Verwaltungsakt* einiger spezialgesetzlicher Regelungen (vor allem §§ 164 f AO[181]) verallgemeinert[182]. Unter der Voraussetzung, dass Inhalt und Reichweite des die Regelungswirkung begrenzenden Vorbehalts (zB „... vorbehaltlich des Ergebnisses der noch durchzuführenden Betriebsprüfung") von vornherein feststehen, lassen sich auch die häufig geäußerten Bedenken zerstreuen, die vor allem die Abweichung vom Typus der verbindlichen Einzelfallentscheidung für unzulässig halten[183]. Auch ohne eine ausdrückliche gesetzliche Regelung ist der vorläufige Verwaltungsakt zulässig[184], sofern – bei belastenden Verwaltungsakten – die Regelungen über Nebenbestimmungen nicht umgangen werden[185]. Die Streitfrage spielt in der Praxis eine untergeordnete Rolle. **67**

Eine „juristische Eintagsfliege" war der *vorsorgliche Verwaltungsakt* als Verwaltungsakt unter Vorbehalt der Entscheidung einer anderen Behörde[186]. Generell widerspricht es der verbindlichen Natur der Rechtsform Verwaltungsakt, sein Wirksamwerden von einem ungewissen zukünftigen Ereignis abhängig zu machen, ohne dass die **68**

[179] Zum Folgenden *Schmidt-Aßmann* Ordnungsidee, 6. Kap Rn 77 und 111.

[180] Zu diesem Erfordernis *Schoch* (Fn 2) 199, 235 f.

[181] Weitere Regelungen: §§ 8a BImSchG, 11 GastG, 20 PersBefG, 60 GWB, 130 TKG (dazu *Ruffert* in: Säcker (Hrsg), BerlKommTKG, 2005, § 130 Rn 2).

[182] BVerwGE 67, 99 → JK VwVfG § 35 S 1/9; 74, 357, 360, 365 (im Anschluss an *Tiedemann* DÖV 1981, 786); OVG NRW NVwZ 1991, 588.

[183] So insbes *Erichsen* 12. Aufl 2002, § 12 Rn 35; sowie auch *Maurer* Allg VwR, § 9 Rn 63b f. Gegen die Rechtfertigung aus der Beschränkung des Regelungsanspruchs *Henneke* DÖV 1997, 768, 781; *U. Stelkens* in: Stelkens/Bonk/Sachs, VwVfG, § 35 Rn 246. Gegen den vorläufigen VA auch *Kopp* DVBl 1989, 238; *Kemper* DVBl 1989, 981; *Eschenbach* DVBl 2002, 1247; *Axer* DÖV 2003, 271.

[184] Wie hier *Seibert* Die Bindungswirkung von Verwaltungsakten, 1989, 553; *Erfmeyer* DÖV 1998, 459; *Götz* JuS 1983, 924; *Peine* DÖV 1986, 849; *Martens* DÖV 1987, 992; *Schimmelpfennig* Vorläufige Verwaltungsakte, 1989, 137 ff; differenzierend *Ehlers* Verw 31 (1998) 53, 62.

[185] Zu diesem Aspekt *U. Stelkens* in: Stelkens/Bonk/Sachs, VwVfG, § 35 Rn 246.

[186] Für seine generelle Anerkennung *Peine* FS Thieme, 1993, 563, 585 (wenngleich krit zur Terminologie), sowie (Sonderform des vorläufigen VAs) *Di Fabio* DÖV 1991, 629, 630; *F. J. Kopp* Vorläufiges Verwaltungsverfahren und vorläufiger Verwaltungsakt, 1992, 86 f; *Losch* NVwZ 1995, 235, 237; *Wolff/Bachof/Stober* VwR II, § 45 Rn 59. Weniger krit als hier auch *Sanden* DÖV 2006, 811.

Behörde wie beim vorläufigen Verwaltungsakt für einen bestimmbaren Zeitraum eine einstweilige Regelung trifft. Über die einmalige Konstellation des § 21 SchwbG (jetzt: § 91 SGB IX) hinaus ist der vorsorgliche Verwaltungsakt nie mehr relevant geworden.

4. Supra- und transnationale Verwaltungsakte

69 a) *Der Beschluss bzw die Entscheidung des Unionsrechts.* Im Recht der Europäischen Union ist die Entscheidung der verbindliche Rechtsakt für Einzelfälle[187]. Im direkten Vollzug (→ § 4 Rn 31) erfüllt sie daher die Funktionen des Verwaltungsakts, sofern sie an einzelne natürliche oder juristische Personen gerichtet werden[188]. Als Entscheidungen wurden nur verbindliche Akte der Gemeinschaftsorgane angesehen, dh nur solche, die Rechtswirkungen hervorrufen, und nicht etwa lediglich vorbereitende Maßnahmen, sofern sie nicht selbst ein Verfahren endgültig abschließen[189]. Ob eine Entscheidung vorliegt, beurteilte sich nicht nach der Bezeichnung, sondern der Rechtsnatur des betreffenden Akts. Dies ist für den Rechtsschutz nach Art 230 IV EGV von herausragender Bedeutung gewesen[190].

70 Nach Art 288 IV AEUV löst der Beschluss die Entscheidung ab – und integriert zusätzlich die bislang nicht kodifizierte Rechtsform „Beschluss", die nicht der Handlungsform Verwaltungsakt zuzurechnen ist, in den unionsrechtlichen Formenkanon[191]. Art 288 IV AEUV-E weicht textlich von Art 249 IV EGV ab. Der bislang nur angedeutete Einzelfallbezug (Art 249 IV EGV: „... für diejenigen ..., die sie bezeichnet.")[192] wird nun dadurch unterstrichen, dass „bestimmte Adressaten" ausdrücklich genannt sind. Die Bedeutung des Einzelfallkriteriums für den Rechtsschutz ist im Vergleich zum EGV gemindert, da Art 263 IV AEUV im Gegensatz zu Art 230 IV 4 EGV nicht auf die Handlungsform (bislang: Entscheidung) abstellt, sondern jede Handlung der Organe tauglicher Klagegegenstand ist, wenn sie nur an den Kläger gerichtet worden ist bzw ihn individuell und unmittelbar betrifft und keine Durchführungsmaßnahmen nach sich zieht[193].

[187] Aus dem Schrifttum vgl *Greaves* ELRev 21 (1996) 3 und *Röhl* ZaöRV 60 (2000) 331, sowie *André* EuR 1969, 191; *Börner* Die Entscheidungen der Hohen Behörde, 1965; *C. Junker* Der Verwaltungsakt im Deutschen und Französischen Recht und die Entscheidung im Recht der Europäischen Gemeinschaften, 1990; *Paberl* Rechtscharakter und Anwendung der Entscheidung im EWGV, 1969; *Teitgen* RdC 134 (1971) 589; *Thierfelder* Die Entscheidung im EWG-Vertrag, 1968.

[188] Zu den Adressaten von Entscheidungen s *Ruffert* in: Calliess/ders, EUV/EGV, Art 249 EGV Rn 124.

[189] EuGH Slg 1955–56, 197, 224 – Fédéchar; Slg 1960, 45, 65 – Geitling; Slg 1961, 107, 154 – SNUPAT; Slg 1963, 467, 484 – Usines Émile Henricot; Slg 1966, 529, 544 – Forges de Châtillon; Slg 1967, 99, 122 – Cimenteries; Slg 1970, 980 Rn 10 ff – Chevalley/Kommission; Slg 1980, 1299 Rn 15 – Sucrimex/Kommission; Slg 1981, 2639 Rn 9 f, 11 und 19 – IBM/Kommission.

[190] Dazu EuGH Slg 2002, I-6677 – Unión de Pequeños Agricultores/Rat, und aus dem Schrifttum *W. Cremer* EuGRZ 2004, 577 mwN.

[191] S nur *von Bogdandy/Bast/Arndt* ZaöRV 62 (2002) 77, 101.

[192] Vgl *Schroeder* in: Streinz, EUV/EGV, Art 249 EGV Rn 134; *Mager* EuR 2001, 661, 673; *Biervert* Der Mißbrauch von Handlungsformen im Gemeinschaftsrecht, 1999, 114 ff, 144 ff; *Nettesheim* in: Grabitz/Hilf, EU, Art 249 EGV Rn 195, *Vogt* Die Entscheidung als Handlungsform des EG-Rechts, 2005, *U. Stelkens* ZeuS 2005, 61.

[193] Näher *Mayer* DVBl 2004, 606, 609 f; *M. Schröder* DÖV 2009, 61.

b) *Der transnationale Verwaltungsakt.* Im Unterschied zum Beschluss nach EU-Recht sind *transnationale Verwaltungsakte* solche, die nach nationalem Verwaltungsverfahrensrecht – wenn auch teilweise nach supranationalen materiellen Vorgaben – ergehen und grenzüberschreitend wirken[194]. Transnationale Verwaltungsakte sind die Handlungsform des europäischen und darüber hinausreichenden Verwaltungskooperationsrechts[195]. Am weitesten entwickelt ist die *wirkungsbezogene Transnationalität:* Verwaltungsentscheidungen eines Staates müssen in einem anderen Staat kraft völkerrechtlicher Vereinbarung oder gemeinschaftsrechtlicher Regelung anerkannt werden. Völkerrechtlich geregelt ist beispielsweise die weltweite Anerkennung der Fahrerlaubnis als Verwaltungsakt[196], gemeinschaftsrechtlich die Anerkennung von Diplomen[197] oder wirtschaftsverwaltungsrechtlichen Erlaubnissen („Europäischer Pass"[198]). Für besonders gravierende Probleme hat die gemeinschaftsrechtliche grenzüberschreitende Wirkung von Fahrerlaubnissen (in Ausfüllung der zitierten völkerrechtlichen Regelung) gesorgt. Deutsche Staatsbürger mit Wohnsitz in Deutschland, die ihre Fahrerlaubnis wegen Fahrens unter Alkohol- oder Drogeneinfluss verloren hatten, erwarben im EU-Ausland (zumeist in der Tschechischen Republik) eine neue Fahrerlaubnis unter leichteren Bedingungen als in Deutschland (vor allem ohne medizinisch-psychologische Untersuchung). Diesem sog „Führerscheintourismus" sollen neuere Entscheidungen des EuGH[199] entgegenwirken, nach der die Mitgliedstaaten die Anerkennung ausländischer Fahrerlaubnisse ablehnen können, wenn das Erfordernis des Wohnsitzes im Ausstellungsstaat nicht erfüllt ist[200]; außerdem ist das Sekundärrecht entsprechend geändert worden[201]. – Seltener ist die *adressatenbezogene Transnationalität.* Hier ergehen Verwaltungsakte infolge grenzüberschreitenden behördlichen Zusammenwirkens, so bei der Abfallverbringung innerhalb der EU[202]. Noch seltener ist bislang die *behördenbezogene Transnationalität.* Behörden, die zur Vornahme von Amtshandlungen im Aus- 71

[194] Zum transnationalen VA wegweisend *Schmidt-Aßmann* DVBl 1993, 924, ferner *Neßler* Europäisches Richtlinienrecht wandelt deutsches Verwaltungsrecht, 1994, 5 ff; *ders* NVwZ 1995, 863; *Fastenrath* Verw 31 (1998) 277, 301 ff; *Ohler* Die Kollisionsordnung des Allgemeinen Verwaltungsrechts, 2005, 151 ff; jetzt ausf *Bumke* in: Hoffmann-Riem/Schmidt-Aßmann/Voßkuhle, Grundlagen II, § 35, Rn 113 ff. Im Vorfeld bereits *Bleckmann* JZ 1985, 1072. Die Kritik von *Becker* DVBl 2001, 855, ist vereinzelt geblieben. Zur folgenden Typologie transnationaler VAe *Ruffert* Verw 34 (2001) 453, 457 ff.

[195] Zu diesem grundlegend *Schmidt-Aßmann* EuR 1996, 270, 273; *ders* Ordnungsidee, 6. Kap 7/18.

[196] S Art 41 mit Anhang 7 des Wiener Übereinkommens über den Straßenverkehr vom 8.11.1968, BGBl 1977 II, 809.

[197] Einzelne Rechtsakte bei *Haag* in: Bieber/Epiney/ders, Die EU, 8. Aufl 2009, § 11 Rn 115 f.

[198] Näher *Schlag* Grenzüberschreitende Verwaltungsbefugnisse im EG-Binnenmarkt, 1998, 46.

[199] EuGH, Verb Rs C-329/06 und C-343/06, Slg 2008, I-4635 – Wiedemann; Verb Rs C-334/06 bis C-336/06, Slg 2008, I-4691 – Zerche. Die vorige Rechtsprechung hatte die Probleme durch ihre Zurückhaltung verschärft, so dass deutsche Obergerichte verschiedene Hilfskonstruktionen zur Missbrauchsabwehr entwickelt hatten (s die Nachw bei *Zwerger* jurisPR-VerkR 2/2008, Anm 1; zusammenfassend zum Ganzen *Ruffert* Verw 41 (2008), 543, 554).

[200] Sehr krit dazu *Brenner* EuR 2010, i.E.

[201] RL 2006/126/EG des EP und des Rates vom 20.12.2006 über den Führerschein (Neufassung, ABlEU Nr L 403/18).

[202] Nach der Verordnung (EG) Nr 1013/06 des Europäischen Parlaments und des Rates vom 14.6.2006, ABlEU 2006 L 309, 7. Dazu *Schröder* FS Ritter, 1997, 957, 960 und 964; *Engels* Grenzüberschreitende Abfallverbringung nach EG-Recht, 1999, 120 ff.

land befugt sind, werden hierzu zumeist im Zusammenhang der Strafverfolgung, nicht des Verwaltungsrechts ermächtigt[203].

72 Als Verwaltungsakt eines anderen Staates richtet sich die Rechtmäßigkeit des transnationalen Verwaltungsakts nach dessen Recht[204]. Er entfaltet seine Rechtswirkungen auch, wenn er rechtswidrig ist[205]. Grundlage hierfür sind der jeweilige völkerrechtliche Vertrag iVm dem Zustimmungsgesetz bzw die sekundärrechtliche Norm des Gemeinschaftsrechts[206]. Die Annahme dieser Wirkung verstößt nicht gegen das Grundgesetz, weil Art 23 I 1 und 24 I GG auch die Einbindung der Bundesrepublik in Netzwerke grenzüberschreitender Verwaltungskooperation ermöglichen sollen[207].

§ 22
Rechtmäßigkeit und Rechtswirkungen von Verwaltungsakten

I. Rechtmäßigkeit und Rechtswirksamkeit

1. Grundlagen

1 Nach § 43 I 1 VwVfG wird ein Verwaltungsakt gegenüber dem Adressaten im Zeitpunkt der Bekanntgabe wirksam und bleibt es gem § 43 II VwVfG, solange und soweit er nicht aufgehoben wird oder erledigt ist. Die Rechtmäßigkeit zählt nicht zu den Wirksamkeitsvoraussetzungen des Verwaltungsakts – *Rechtswirksamkeit und Rechtmäßigkeit fallen auseinander*. Anders als Rechtsnormen[1] und öffentlich-rechtliche Verträge können auch rechtswidrige Verwaltungsakte rechtswirksam sein. In der Entstehungszeit der Rechtsfigur Verwaltungsakt, im deutschen Spätkonstitutionalismus um die Wende vom 19. zum 20. Jahrhundert, war dies unproblematisch durch das allgemeine Gewaltverhältnis zwischen Obrigkeitsstaat und Untertanen zu erklären. Für den Rechtsstaat (Art 20 III GG) des Grundgesetzes wie auch die der Rechtsstaatlichkeit verpflichtete Europäische Union (Art 6 I EUV bzw Art 6 EUV-E) ist die rechtmäßigkeitsunabhängige Rechtswirksamkeit hingegen eine Provokation[2]. Sie kann nur toleriert

[203] Näher *Ruffert* Verw 34 (2001) 453, 466 ff.
[204] *Ruffert* Verw 34 (2001) 453, 474.
[205] *Neßler* (Fn 194) 30 f; *ders* NVwZ 1995, 863, 865; *v Danwitz* in: Schmidt-Aßmann/Hoffmann-Riem, Strukturen des Europäischen Verwaltungsrechts, 1999, 171, 187 f; *Fastenrath* Verw 31 (1998) 277, 302; *U. Stelkens* in: Stelkens/Bonk/Sachs, VwVfG, § 35 Rn 360.
Entgegen der hM (AA die hM: *Neßler* (Fn 194) 31 mit Fn 120; *ders* NVwZ 1995, 863, 865 mit Fn 32; *Bumke* in: *Hoffmann-Riem/Schmidt-Aßmann/Voßkuhle,* Grundlagen II, § 35, Rn 124 a.E.) gilt dies auch für nichtige transnationale VAe, weil es keine Überprüfungskompetenz des Staates gibt, in dem der VA ergeht, *Ruffert* Verw 34 (2001) 453, 475 f (dort auch zu Ausnahmen).
[206] *Ruffert* Verw 34 (2001) 453, 478.
[207] Vgl *Ruffert* Verw 34 (2001) 453, 478 ff.

[1] Krit *Breuer* DVBl 2008, 555.
[2] Zur diesbezüglichen Kritik am Verwaltungsakt instruktiv *Bumke* in: Hoffmann-Riem/Schmidt-Aßmann/Voßkuhle, Grundlagen II, § 35 Rn 14 sowie 17–19.

werden, weil das Gesetz selbst in § 43 II VwVfG diese Anordnung zugunsten einer effektiven Verwaltung trifft, bei besonders gravierender Rechtswidrigkeit die Rechtswirksamkeit entfallen lässt (Nichtigkeit, § 44 VwVfG), der Verwaltung Mittel zur Aufhebung rechtswidriger Verwaltungsakte zur Verfügung stellt und dem Bürger innerhalb bestimmter Fristen Rechtsschutz gegen rechtswidrige Verwaltungsakte einräumt (s § 43 II VwVfG). Das Gesetz nennt die Rechtswirksamkeit ohne generellen Rückgriff auf die Rechtmäßigkeit Bestandskraft (Überschrift von Abschnitt 2 in Teil III des VwVfG; näher zu diesem Begriff Rn 24 f). Für Rechtsakte des Gemeinschafts- bzw Unionsrechts hat der Gerichtshof eine entsprechende Rechtsregel als allgemeinen Rechtsgrundsatz entwickelt[3].

Rechtmäßig ist ein Verwaltungsakt, wenn er allen Anforderungen der Rechtsordnung genügt[4]; er ist dementsprechend rechtswidrig, wenn er durch unrichtige Anwendung bestehender Rechtssätze zustande gekommen ist. Die Maßstäbe der Rechtsordnung für die Beurteilung der Rechtmäßigkeit von Verwaltungsakten werden nach formellen und materiellen Kriterien differenziert; hinzu tritt die Verwaltungsaktsbefugnis als konkrete Zuständigkeit der Behörde, unter Heranziehung der Handlungsform Verwaltungsakt tätig zu werden (Rn 27–29). Ergibt sich nach diesen Maßstäben die Rechtswidrigkeit des Verwaltungsakts, so bleibt er – wie bereits erörtert – grundsätzlich rechtswirksam. Bis zum Ablauf der Rechtsbehelfsfristen für Widerspruch und Anfechtungsklage (im Regelfall ein Monat, §§ 70 I 1, 74 I 1 VwGO) ist der Verwaltungsakt wirksam, aber anfechtbar. Während dieser Zeit und vor allem danach ist der rechtswidrige Verwaltungsakt nur noch unter bestimmten Voraussetzungen durch die Behörde aufhebbar (§§ 48 ff VwVfG, → §§ 24, 25). 2

Eine besondere Form der Fehlerhaftigkeit von Verwaltungsakten ist die *offenbare Unrichtigkeit* als Kategorie des Verwaltungsverfahrensrechts[5]. Fehlerhaft ist in diesen Fällen nicht der Inhalt des Verwaltungsakts, sondern seine Erscheinungsform. Nach § 42 S 1 VwVfG kann die Behörde Schreibfehler, Rechenfehler und vergleichbare Unrichtigkeiten jederzeit formlos berichtigen. Bei berechtigtem Interesse des Beteiligten ist die Berichtigung vorzunehmen, § 42 S 2 VwVfG. Beispiele sind Additionsfehler[6], computertechnische Darstellungsfehler[7] oder Fehler in der planerischen Darstellung[8]. 3

2. Nichtige Verwaltungsakte

Wiegt die Rechtswidrigkeit besonders schwer, lässt es sich vor dem Rechtsstaatsprinzip nicht rechtfertigen, den Verwaltungsakt trotzdem als rechtswirksam anzusehen. In einem solchen Fall ordnet § 43 III VwVfG die *Nichtigkeit*, dh Unwirksamkeit des Ver- 4

[3] EuGH Slg 1994, I-2555 Rn 48 – Kommission/BASF → JK EGV Art 85/1; Slg 1999, I-4399 Rn 69 – ICI; Slg 1999, 4443 Rn 69 – Hoechst; Slg 1999, I-4501 Rn 55 – Shell/Kommission; Slg 1999, I-4539 Rn 96 – Montecatini/Kommission; Slg 1999, I-4643 Rn 93 – Chemie Linz/Kommission. S dazu *D. Schroeder* Bindungswirkungen von Entscheidungen nach Art 249 EG im Vergleich zu denen von Verwaltungsakten nach deutschem Recht, 2006; *Annacker* Der fehlerhafte Rechtsakt im Gemeinschafts- und Unionsrecht, 1998, 92 ff.

[4] Vgl *Maurer* Allg VwR, § 10 Rn 2. Zum Sonderproblem fortgeltender DDR-Verwaltungsakte *Jessberger* NJ 2007, 247.

[5] Wie hier *Maurer* Allg VwR, § 10 Rn 4. S aber *Sachs* in: Stelkens/Bonk/ders, VwVfG, § 42 Rn 1; *Wolff/Bachof/Stober* VwR II, § 49 Rn 70. S auch *Musil* DÖV 2001, 947.

[6] BVerwG, DÖV 1970, 747.

[7] BVerwGE 48, 336, 338; BVerwG NVwZ 1986, 198.

[8] BVerwG, NVwZ 2000, 553 (Liste von Flächen in Planfeststellungsbeschluss).

waltungsakts an[9]. Voraussetzung hierfür ist nach § 44 I VwVfG aber nicht nur, dass der Verwaltungsakt an einem besonders schwerwiegenden (Rechts-)Fehler leidet[10]. Vielmehr kommt (kumulativ) hinzu, dass dies bei verständiger Würdigung aller in Betracht kommenden Umstände offensichtlich ist. Aus Gründen der Rechtssicherheit muss die besonders schwerwiegende Rechtsfehlerhaftigkeit mithin *evident* sein[11]. Um die Prüfung zu erleichtern bzw abzukürzen, sind in § 44 VwVfG einerseits Situationen der Nichtigkeit typisiert (Abs 2), andererseits solche der Wirksamkeit aufgezählt (Abs 3).

5 Dementsprechend ist ein Verwaltungsakt in den Fällen des § 44 II Nr 1–5 VwVfG nichtig, ohne dass die schwerwiegende Rechtswidrigkeit und deren Evidenz besonders geprüft werden müssten. Im Einzelnen benennt die Vorschrift die folgenden sog *absoluten Nichtigkeitsgründe*:

- Der Verwaltungsakt wurde schriftlich oder elektronisch erlassen, die *erlassende Behörde ist* aber *nicht erkennbar* (Nr 1). Hier muss Nichtigkeit eintreten, weil der Bürger nicht weiß, gegen wen er sein Rechtsschutzbegehren richten soll.
- Der Verwaltungsakt erfordert die besondere Form der *Aushändigung einer Urkunde* (Beamtenernennung, §§ 6 II BBG, 8 II BeamtStG; Einbürgerung, § 16 I StAG), die jedoch fehlt (Nr 2).
- Der Verwaltungsakt wird im Fall des § 3 I Nr 1 VwVfG, dh bei Rechtsverhältnissen mit Bezug zu unbeweglichem Vermögen oder sonstiger Ortsgebundenheit, von einer nicht speziell dazu ermächtigten *örtlich unzuständigen Behörde* erlassen (Nr 3), zB die Baugenehmigung durch die Bauaufsichtsbehörde einer benachbarten Stadt.
- Den Verwaltungsakt kann aus tatsächlichen Gründen niemand ausführen (Nr 4; *ultra posse nemo obligatur*), zB das Gebot, einen bereits gefällten Baum zu fällen.
- Der Verwaltungsakt verlangt die *Begehung einer rechtswidrigen* Tat, die einen Straf- oder Bußgeldtatbestand verwirklicht (Nr 5), zB Polizeiverfügung, mit einem LKW ein Fahrzeug zu rammen.
- Der Verwaltungsakt *verstößt gegen die guten Sitten* (Nr 6), zB Erlaubnis einer sog Peep-Show[12].

6 Als schwerwiegende, nicht in Abs 2 genannte und daher nach Abs 1 zu beurteilende Fehler verbleiben[13] zB die absolute sachliche Unzuständigkeit (Bsp: Immatrikulation durch Einwohnermeldeamt), ein Verwaltungsakt an einen nicht mehr existenten Adressaten (Beispiel: Steuerbescheid an Verstorbenen[14]) oder die absolute rechtliche Unmöglichkeit (Beispiel: Versetzung eines Nichtbeamten in den Ruhestand[15]).

[9] Im Gemeinschaftsrecht werden solche Rechtsakte als Nichtakte angesehen: EuGH Slg 1994, I-2555 Rn 49 – Kommission/BASF → JK EGV Art 85/1; Slg 1999, 4287 Rn 83 ff – Hüls; Slg 1999, I-4399 Rn 70 – ICI; Slg 1999, 4443 Rn 70 – Hoechst; Slg 1999, I-4501 Rn 56 – Shell/Kommission; Slg 1999, I-4539 Rn 97 – Montecatini/Kommission; Slg 1999, I-4643 Rn 94 – Chemie Linz/Kommission.

[10] Sehr streng BVerwGE 104, 289, 296.

[11] § 44 I VwVfG setzt damit die vor Inkrafttreten des VwVfG herrschende Evidenztheorie um (aus der Rspr BVerwGE 19, 284, 287 f; 23, 237, 238; 27, 295, 299; 35, 334, 343; im Ergebnis offen gelassen; BVerwG DÖV 1972, 173). Eine Faustregel umschreibt § 44 I VwVfG in der Weise, dass die Rechtswidrigkeit dem VA „auf die Stirn geschrieben" sein muss.

[12] BVerwGE 64, 274; 84, 314.

[13] Der Verstoß gegen Gemeinschafts-/Unionsrecht führt nicht zwingend die Nichtigkeit eines VAs herbei: BVerwG NVwZ 2000, 1039.

[14] BFHE 169, 103, 107 f.

[15] BVerwGE 19, 284, 287.

§ 44 III Nr 1–4 VwVfG normiert hingegen Fallgruppen, in denen die Nichtigkeit nicht *per se* eintreten soll. Im Einzelfall können gleichwohl die Voraussetzungen des § 44 I VwVfG gegeben sein: 7

- Örtliche Unzuständigkeit außer in der Situation des § 44 II Nr 3 VwVfG (Nr 1),
- Mitwirkung einer ausgeschlossenen, weil befangenen Person (Nr 2),
- fehlende Mitwirkung oder fehlende Beschlussfähigkeit eines zwingend zu beteiligenden Ausschusses (Nr 3) und
- fehlende Mitwirkung einer anderen Behörde.

Nichtige Verwaltungsakte bringen keine Rechtswirkungen hervor. Weder muss der Bürger sie beachten und die drohende Bestandskraft durch Einlegung eines Rechtsmittels verhindern, noch entfalten sie Wirkungen in anderen Verwaltungsverfahren. Die Nichtigkeit kann im behördlichen oder verwaltungsgerichtlichen Verfahren (oder auch vor den ordentlichen Gerichten) inzident festgestellt werden. Um dem Bürger das Risiko zu nehmen, das sich aus der Unsicherheit über die Nichtigkeit ergibt, stellt § 44 V VwVfG den Antrag auf behördliche Feststellung der Nichtigkeit als besonderen Rechtsbehelf zur Verfügung. Mit der Nichtigkeitsfeststellungsklage kann diese Feststellung auch beim Verwaltungsgericht begehrt werden, § 43 I 2. Alt VwGO. Beide Rechtsbehelfe können nebeneinander eingelegt werden und setzen ein berechtigtes Interesse des Antragstellers bzw Klägers voraus, das als Ausprägung des allgemeinen Rechtsschutzbedürfnisses weit zu verstehen ist[16]. Weil die Nichtigkeit unsicher sein kann, sind die gegen rechtswirksame Verwaltungsakte vorgesehenen Rechtsbehelfe (Widerspruch, Anfechtungsklage) auch gegen nichtige Verwaltungsakte möglich. Für das verwaltungsgerichtliche Verfahren ergibt sich dies im Umkehrschluss aus § 43 II 2 VwGO[17]. Der Bürger kann durch fristgerechte Anfechtung jedes Risiko der Wirksamkeit trotz Nichtigkeitsvermutung ausschließen. 8

3. Teilrechtswidrigkeit und Teilnichtigkeit

Rechtswidrigkeit oder Nichtigkeit können nur einen Teil des Verwaltungsakts erfassen, wenn etwa eine Geldforderung nur zu einem gewissen Teil überhöht ist, eine Baugenehmigung einzelne rechtswidrige Bestandteile enthält oder eine Polizeiverfügung teils Mögliches, teils Unmögliches verlangt. In einer solchen Situation stellt sich die Frage, ob die Rechtswidrigkeit oder Nichtigkeit eines Teils den gesamten Verwaltungsakt „infiziert" oder ein rechtmäßiger Rest Bestand haben kann. Die gesetzliche Regelung dieser Frage ist unzureichend. Zunächst regelt § 44 IV VwVfG nur die Nichtigkeit von Verwaltungsaktsteilen. Immerhin lässt sich die dort enthaltene Regelung *analog* auch auf die *Teilrechtswidrigkeit* von Verwaltungsakten ausdehnen: Dass Verwaltungsakte teilweise rechtswidrig sein können, lässt sich aus § 113 I 1 VwGO („*Soweit* der Verwaltungsakt rechtswidrig … ist, …") ablesen. Insofern ist die Regelungslücke hinsichtlich rechtswidriger Verwaltungsakte planwidrig. Die Interessenlage am teilweisen Erhalt des Verwaltungsakts ist zudem bei Rechtswidrigkeit und Nichtigkeit identisch, 9

[16] S nur *Pietzcker* in: Schoch/Schmidt-Aßmann/Pietzner, VwGO, § 43 Rn 32 ff.

[17] Das Verwaltungsgericht hebt dann auch den unwirksamen VA auf, § 113 I 1. Die Umstellung auf ein Feststellungverfahren mit entspr Urteil (s *Maurer* Allg VwR, § 9 Rn 37 aE; *Wahl* in: Schoch/Schmidt-Aßmann/Pietzner, VwGO, § 42 I Rn 18) wäre zwar zweckmäßig, ist aber gesetzlich nicht vorgesehen.

denn Rechtswidrigkeit und Nichtigkeit unterscheiden sich auf der Voraussetzungsseite nur graduell, nicht kategorial voneinander, so dass die Voraussetzungen für einen Analogieschluss vorliegen[18]. Im Ergebnis sollen sowohl Gesamtnichtigkeit als auch Gesamtrechtswidrigkeit die Ausnahme, Teilnichtigkeit bzw Teilrechtswidrigkeit die Regel sein[19]. – Besonders intensiv diskutiert wird die Konstellation der Teilrechtswidrigkeit beim Rechtsschutz gegen einzelne Nebenbestimmungen (ausf → § 23 Rn 16 ff).

10 Der Erhalt des wirksamen bzw nicht rechtswidrigen Verwaltungsaktsteils nach § 44 IV VwVfG (unmittelbar oder analog) setzt zunächst die *Teilbarkeit* des Verwaltungsakts voraus. Diese lässt sich dann bejahen, wenn der Teil, der Bestand haben soll, für sich genommen einen möglichen, selbständigen und sinnvollen Regelungsinhalt hat.

11 Die sich daran anschließende Frage, ob der nichtige bzw rechtswidrige Teil *so wesentlich ist, dass die Behörde den Verwaltungsakt ohne ihn nicht erlassen hätte*, ist für gebundene und Ermessensverwaltungsakte unterschiedlich zu beantworten. Musste die Behörde den zu erhaltenden Teil auch ohne den nichtigen oder rechtswidrigen erlassen, weil der Betroffene hierauf einen Anspruch hat (sog gebundener Verwaltungsakt),[20] kommt es insoweit nicht auf den subjektiven, sondern den objektivierten Behördenwillen an[21]. Bei Ermessensentscheidungen hingegen gehört zum behördlichen Ermessen auch die Beurteilung, ob der Restakt Bestand haben soll, was häufig zur Gesamtnichtigkeit bzw Gesamtrechtswidrigkeit führen wird.

4. Umdeutung

12 Ein fehlerhafter Verwaltungsakt kann in einen anderen, rechtmäßigen Verwaltungsakt umgedeutet werden, § 47 VwVfG. Die Komplexität der Vorschrift steht in einem umgekehrt proportionalen Verhältnis zur praktischen und wissenschaftlichen Bedeutung der *Umdeutung (Konversion)*[22]. Im Einzelnen setzt die Vorschrift voraus, dass der neue, andere Verwaltungsakt auf das gleiche Ziel gerichtet ist[23], von der Behörde, die den ursprünglichen Verwaltungsakt erlassen hat, im gleichen Verfahren und mit der gleichen Form hätte erlassen werden können, dass die Voraussetzungen für seinen Erlass erfüllt sind, dass er nicht der erkennbaren Absicht der erlassenden Behörde widerspricht, dass seine Rechtsfolgen für den Betroffenen nicht ungünstiger sind, dass der ursprüngliche Verwaltungsakt zurückgenommen werden durfte und der Betroffene angehört wurde. § 47 VwVfG bezieht sich auf fehlerhafte Verwaltungsakte insgesamt, dh auf rechtswidrige und nichtige.

13 Die Formulierung „kann umgedeutet werden" ist nicht so zu verstehen, als sei der Umdeutung eine behördliche (Ermessens-)Entscheidung vorgeschaltet. Vielmehr voll-

[18] Wie hier *Laubinger* VerwArch 73 (1982) 345, 365 ff.
[19] Vgl BT-Drucks 7/910, 65.
[20] HM: S bereits *Martens* DVBl 1965, 428, 431; sowie *Kopp/Ramsauer* VwVfG, § 44 Rn 63. AA OVG NRW DVBl 1991, 1366, 1367; *Meyer* in: Knack, VwVfG, § 44 Rn 55.
[21] *Maurer* Allg VwR, § 10 Rn 49.
[22] Zur geringen praktischen Bedeutung *Sachs* in: Stelkens/Bonk/ders, VwVfG, § 47 Rn 18, mit Bsp Rn 19 ff; *Berg* JZ 2005, 1039, 1045). Zur Rspr *Laubinger* VerwArch 78 (1987) 207 und 345. Umfassend *Samalee* Die Umdeutung fehlerhafter Verwaltungsakte, 1999; *Leopold* Jura 2006, 895.
[23] Eine gebundene Entscheidung darf nicht in eine Ermessensentscheidung umgedeutet werden, wenn die Behörde davon ausging, kein Ermessen zu haben (Ermessensausfall), BVerwGE 15, 196, 199; 48, 81, 84.

zieht sich die Umdeutung, wenn alle Voraussetzungen gegeben sind, *ex lege* und muss dann nur noch festgestellt werden, was auch im verwaltungsgerichtlichen Verfahren geschehen kann[24].

II. Beginn der Wirksamkeit

Die Wirksamkeit des Verwaltungsaktes beginnt mit der *Bekanntgabe*, § 43 I 1 VwVfG[25]. Gleich, ob es um die Wirksamkeit gegenüber dem Adressaten oder gegenüber sonst Betroffenen (etwa: Nachbarn bei Erteilung einer Baugenehmigung) geht – stets ist die Bekanntgabe der maßgebliche, die Wirksamkeit begründende Akt[26]. Die Modalitäten der Bekanntgabe ergeben sich aus § 41 VwVfG[27], wobei in besonderen, gesetzlich angeordneten Fällen eine Bekanntgabe durch förmliche Zustellung erfolgt, § 41 V VwVfG iVm dem VwZG bzw den entsprechenden landesrechtlichen Regelungen (näher zur Bekanntgabe im Verwaltungsverfahren → § 14 Rn 56). **14**

III. Einzelne Wirkungsebenen

1. Existenz und Wirksamkeit

Mit der Bekanntgabe wird der Verwaltungsakt *rechtlich existent*. Gleichzeitig tritt seine *äußere Wirksamkeit* ein: der Verwaltungsakt wird mit dem Inhalt, den er bei der Bekanntgabe hat, wirksam, § 43 I 2 VwVfG. Existenz und äußere Wirksamkeit müssen nicht unterschieden werden, weil die Bekanntgabe an den Regelungsadressaten wie an andere Betroffene erfolgen kann (Rn 14); der Verwaltungsakt ist dann „in der Welt", und Rechtsbehelfe gegen ihn sind statthaft, auch wenn die Bekanntgabe nicht gegenüber demjenigen erfolgt ist, der den Rechtsbehelf eingelegt hat[28]. *Inexistente Nichtakte* **15**

[24] BVerwGE 108, 30, 35; 110, 111, 114; 115, 111, 114. Andere dogmatische Konstruktion (Umdeutung als VA) *Wirth* Umdeutung fehlerhafter Verwaltungsakte, 1991, 75 ff; *Schenke* DVBl 1987, 641; *Windthorst/Lüdemann* NVwZ 1994, 244; *dies* BayVBl 1995, 357, 361. Wieder anders für den Verwaltungsprozess *Weyreuther*, DÖV 1985, 126 (Umdeutung nur nach § 140 BGB). Wie hier *Maurer* Allg VwR, § 10 Rn 44; *Achterberg* Allg VwR, § 21 Rn 44; *Hufen* VwPrR, § 36 Rn 36; *Schäfer* in: Obermayer, VwVfG, § 47 Rn 5; *Sachs* in: Stelkens/Bonk/ders, VwVfG, § 47 Rn 4; *Ule/Laubinger* VwVfR, § 60 Rn 20; aA BayVGH NVwZ 1984, 184; NVwZ-RR 1992, 507, 508; *Meyer* in: Knack, VwVfG, § 47 Rn 27.

[25] Das EU-Recht enthält in Art 254 III EGV eine vergleichbare Regelung, vgl *Ruffert* in: Calliess/ders, EUV/EGV, Art 254 EGV Rn 1 ff.

[26] Vgl *U. Stelkens* in: Stelkens/Bonk/Sachs, VwVfG, § 41 Rn 3. Zur – engen – Möglichkeit einer schwebenden Unwirksamkeit *Sachs* in: Stelkens/Bonk/ders, VwVfG, § 43 Rn 174.
Fehlt die Bekanntgabe, kann einem Betroffenen gleichwohl nach Treu und Glauben (§ 242 BGB) entgegengehalten werden, dass er sich spätestens ein Jahr nach Kenntnisnahme (entspr § 58 II VwGO) gegen den VA hätte wenden müssen; ansonsten ist das Anfechtungsrecht verwirkt: st Rspr, BVerwGE 44, 294; 78, 85, 88 ff. S auch BGH NJW 1998, 3055, 3055 f; dazu krit *Ehlers* Liber amicorum Erichsen, 2005, 1, 9.

[27] Zur Heilung von Bekanntgabemängeln analog § 9 VwZG. *U. Stelkens* in: Stelkens/Bank/Sachs, VwVfG, § 41 Rn 231 ff.

[28] Wie hier *Sachs* in: Stelkens/Bonk/ders, VwVfG, § 43 Rn 30; *Erichsen/Hörster* Jura 1997, 659. AA *Ehlers* Liber amicorum Erichsen, 2005, 1, 2 f; *Maurer* Allg VwR, § 9 Rn 66; *Kopp/Ramsauer* VwVfG, § 43 Rn 4; *Ehlers* Verw 37 (2004) 255, 272.

sind nur solche unbefugter Personen; Kompetenzüberschreitungen oder die fehlerhafte Errichtung der erlassenden Behörde berühren Existenz und äußere Wirksamkeit im Grundsatz nicht (→ § 21 Rn 23)[29].

16 Von der äußeren Wirksamkeit wird in Rechtsprechung und Schrifttum die *innere Wirksamkeit* unterschieden, die mit der äußeren auseinanderfallen kann, wenn die Wirkungen des Verwaltungsakts beispielsweise infolge einer Fristbestimmung erst später eintreten sollen[30]. An der Existenz des Verwaltungsakts und an möglichen Präjudizwirkungen bereits in diesem Stadium ändert dies nichts[31]. In der Sache geht es bei der Unterscheidung äußere/innere Wirksamkeit um das genaue Verständnis des Inhalts des Verwaltungsakts[32].

2. Bindungswirkung

17 a) *Tatbestandswirkung.* Die Regelungen jedes rechtlich existenten und damit wirksamen Verwaltungsakts entfalten Bindungswirkungen, die seine Rechtsaktsqualität und Steuerungsfunktion kennzeichnen. Die grundsätzliche Bindung aller staatlichen Instanzen an den Verwaltungsakt wird als *Tatbestandswirkung* bezeichnet: Behörden und Gerichte müssen bei der rechtlichen Beurteilung von Sachverhalten den vorhandenen Verwaltungsakt als Tatbestand beachten, wodurch eine eigene Regelung in Abweichung vom regelnden Ausspruch des Verwaltungsakts im Grundsatz verhindert wird.

18 Dies betrifft bereits die *erlassende Behörde.* Wollte sie die getroffene Regelung in einem späteren Verfahren außer Acht lassen, so könnten die §§ 48 ff VwVfG mit ihren stabilisierenden und vertrauenssichernden Wirkungen umgangen werden[33]. Bedeutsam ist die Selbstbindung der Erlassbehörde vor allem in gestuften Verwaltungsverfahren (→ § 21 Rn 58 ff). Hier ist es der Behörde nicht nur verwehrt, über die in Vorbescheid oder Teilgenehmigung getroffene Regelung hinwegzugehen und einzelne Genehmigungsvoraussetzungen oder Vorhabenbestandteile bei gleichbleibender Tatsachenlage einer erneuten Prüfung zu unterziehen und ggf sogar die Beurteilung zu ändern. Auch das vorläufige positive Gesamturteil ist grundsätzlich von der Bindungswirkung der Entscheidung auf der ersten Stufe umfasst und nur insoweit „vorläufig", als Änderungen der Sach- und Rechtslage berücksichtigt werden können[34]. Allerdings kann das jeweilige Fachrecht die Reichweite dieser Bindungswirkung bis hin zu ihrer Aufhebung modifizieren[35].

19 Darüber hinausgehend bindet die Tatbestandswirkung aber auch *alle anderen Behörden.* Diese müssen zunächst die *Existenz* des Verwaltungsakts als Tatbestand berücksichtigen, also beispielsweise ein Vorhaben als genehmigt ansehen, wenn eine Genehmigung vorliegt, oder den Beamtenstatus einer Person anerkennen, wenn diese zum Beamten ernannt worden ist[36]. Die Tatbestandswirkung erstreckt sich aber auch auf

[29] S zum Ganzen *Blink/Schroeder* JuS 2005, 602.
[30] BVerwGE 13, 1, 7; 55, 212, 215 ff; 57, 69, 70.
[31] *Ehlers* Liber amicorum Erichsen, 2005, 1, 12.
[32] Ausf *Steinweg* Zeitlicher Regelungsgehalt des Verwaltungsaktes, 2006.
[33] *Erichsen/Knoke* NVwZ 1983, 185, 188 f; *J. Ipsen* Verw 17 (1984) 169, 186 ff; *Seibert* Die Bindungswirkung von Verwaltungsakten, 1988, 192 ff; *Sachs* in: Stelkens/Bonk/ders, VwVfG, § 43 Rn 39 f.
[34] *Seibert* (Fn 29) 463.
[35] Statt aller *Sachs* in: Stelkens/Bonk/ders, VwVfG, § 43 Rn 82.
[36] *J. Ipsen* Verw 17 (1984) 169, 176 ff; *Seibert* (Fn 29) 69 ff.

den *Inhalt der Regelung,* zumal Existenz, dh wirksame Regelung und (Regelungs-)Inhalt bei Verwaltungsakten kaum vernünftig abgrenzbar sind und eine erneute Beurteilung des Inhalts durch die nunmehr entscheidende Behörde die Verteilung der Zuständigkeiten beeinträchtigen könnte[37]. Daher gilt die Tatbestandswirkung – selbstverständlich – auch rechtsträgerübergreifend (vor allem bezogen auf die Verwaltungen der Bundesländer)[38] und bei transnationalen Verwaltungsakten (→ § 21 Rn 71) auch über Staatsgrenzen hinweg.

Besondere Bedeutung erlangt die Tatbestandswirkung, wenn eine Genehmigung ein Vorhaben oder eine Anlage und deren Betrieb vom Zugriff des Ordnungsrechts, vor allem von der allgemeinen ordnungsrechtlichen Verantwortlichkeit abschirmt. Man spricht in einem solchen Fall von der *Legalisierungswirkung* des Verwaltungsakts Genehmigung. So weit diese reicht – zB die immissionsschutzrechtliche Genehmigung für eine konkrete Anlage –, ist eine ordnungsrechtliche Inanspruchnahme mit den entsprechenden Haftungsfolgen ausgeschlossen. Den Umfang der Legalisierungswirkung bestimmt das Fachrecht[39]. **20**

Fachrechtlich determiniert ist die sog *Konzentrationswirkung.* Hier schließt die genehmigende Entscheidung einer Behörde die Genehmigung ein, die sonst von anderen Behörden ausgesprochen (oder auch verweigert) worden wäre. Ihr Umfang richtet sich nach den fachrechtlichen Bestimmungen (zB §§ 13 BImSchG, 22 GenTG, 75 I S 1, 2. Hs VwVfG) und kann eine Zuständigkeits-, Verfahrens- und Entscheidungskonzentration beinhalten[40] (→ § 15 Rn 14 und 39). Konzentrations- wie Legalisierungswirkung befinden sich auf der mittleren Ebene der Dogmatik zwischen Allgemeinem Verwaltungsrecht und Besonderem Verwaltungsrecht (→ § 21 Rn 54), denn sie sind Abstraktionen vom speziellen Fachrecht, die nicht für die gesamte Handlungsform Verwaltungsakt gelten, sondern nur für vorhaben- bzw anlagenbezogene Genehmigungen. **21**

Auch für *Gerichte* gilt die Tatbestandswirkung im Grundsatz. Dies folgt aus dem Gewaltenteilungsprinzip, vor allem aber aus der gesetzlichen Anerkennung und Ausgestaltung der Handlungsform Verwaltungsakt. Daher sind die aus der Tatbestandswirkung folgenden Bindungen – selbstverständlich – nicht zu beachten, wenn die (Verwaltungs-)Gerichtsbarkeit durch Gesetz zur Kontrolle des Verwaltungshandelns in Verwaltungsaktsform aufgerufen ist (§§ 42, 113 VwGO). Während dies im Verwaltungsprozess und insbesondere bei den verwaltungsaktsorientierten Verfahrensarten (Anfechtungs-, Verpflichtungs-, Fortsetzungsfeststellungsklage) unproblematisch ist, bereitet es in anderen Situationen Schwierigkeiten, den Umfang der gerichtlichen Bindung genau zu bestimmen. Im Amtshaftungsprozess (Art 34 GG, § 839 BGB) verneint der BGH eine Bindungswirkung für die ordentliche Gerichtsbarkeit mit der Folge, dass die Rechtmäßigkeit im Zivilverfahren vor dem Landgericht geprüft werden kann[41]. Im **22**

[37] BVerwGE 74, 315, 325 f; 74, 327, 329 f; *Erichsen/Knoke* NVwZ 1983, 185, 189; *M. Schröder* VVDStRL 50 (1991) 198, 221 f; *Seibert* (Fn 29) 297 ff. Krit *Knöpfle* BayVBl 1982, 225, 228 f.

[38] S nur (auch zur heute einhellig abgelehnten impliziten Bundeskompetenz für einen „überregionalen Verwaltungsakt") *Lerche* in: Maunz/Dürig, GG, Art 83 Rn 49 f; *Seibert* (Fn 29) 274 f; *Bleckmann* NVwZ 1986, 1.

[39] Zum Ganzen *Sparwasser/Engel/Voßkuhle* Umweltrecht, 5. Aufl 2003, § 9 Rn 241–245; *Kloepfer* Umweltrecht, 3. Aufl 2004, § 12 Rn 157–165.

[40] Umfassend *Odendahl* VerwArch 94 (2003) 222.

[41] BGHZ 113, 17; 117, 159 → JK BGB § 839/4; mit zust Anm *M. Schröder* DVBl 1991, 751, 754; BGH NVwZ 1992, 404. Umfassend *Rohlfing* Die Nachprüfbarkeit bestandskräftiger Verwaltungsakte im Amtshaftungsprozeß, 2000.

Strafprozess wird die Bindungsfrage zumindest beim Widerstand gegen Vollstreckungsbeamte, § 113 StGB, durch eine besondere Rechtswidrigkeitsregelung entschärft[42]. Im Umweltstrafrecht entfalten Genehmigungen grundsätzlich Tatbestandswirkung mit der Folge, dass keine Bestrafung erfolgen kann (sog *Verwaltungsrechtsakzessorietät* des Umweltstrafrechts)[43].

23 b) *Feststellungswirkung.* Die sog *Feststellungswirkung* tritt ein, wenn die dem Entscheidungsausspruch im Verwaltungsakt zugrundeliegenden Feststellungen und Erwägungen in tatsächlicher Hinsicht für andere Behörden sowie für die Gerichtsbarkeit bindend sind. Sie muss gesetzlich vorgesehen sein, was nur äußerst selten geschieht, so in § 15 V BVFG aF (jetzt ähnlich § 15 I BVFG nF für die Spätaussiedlereigenschaft)[44]. Nach dieser Vorschrift ist die Feststellung der deutschen Volkszugehörigkeit iSv Art 116 I GG bei der Erteilung eines Ausweises der Vertriebenenbehörde zum Nachweis der Vertriebenen- oder Flüchtlingseigenschaft verbindlich für die nachfolgende Entscheidung über die Einbürgerung. Im Umkehrschluss ergibt sich aus einer solchen Vorschrift das Fehlen der Feststellungswirkung in anderen, vielleicht naheliegenderen Fällen[45].

24 c) *Bestandskraft.* Der vom Gesetz als Überschrift gebrauchte Begriff der Bestandskraft knüpft an die verwaltungsaktsspezifische Trennung von Rechtswirksamkeit und Rechtmäßigkeit an und kann im formellen wie im materiellen Sinn verstanden werden. Die *formelle Bestandskraft* tritt nach Ablauf der Rechtsbehelfsfristen bzw bei endgültiger Erfolglosigkeit aller Rechtsbehelfe ein[46]. In diesem Moment wird die durch den Verwaltungsakt getroffene Regelung *maßgeblich* für das geregelte Rechtsverhältnis – unabhängig von seiner Rechtmäßigkeit. Tatbestands- und ggf Feststellungswirkung können nun nicht mehr durch ein erfolgreiches Rechtsmittel gefährdet werden. Das Verwaltungsverfahren ist abgeschlossen; eine neue sachliche Entscheidung kann nicht beansprucht werden. Selbst eine Gesetzesänderung beseitigt die Regelung des Verwaltungsaktes nicht[47]. Soll der Verwaltungsakt nun aufgehoben werden, weil er rechtswidrig ist oder sich die Sach- und Rechtslage geändert hat oder auch aus anderen Gründen (vgl § 43 II VwVfG), so wird die Bestandskraft durchbrochen. Das Rechtsinstitut der Bestandskraft von Verwaltungsakten ist der Handlungsform immanent, weil es die rechtmäßigkeitsunabhängige Rechtswirksamkeit und damit die besondere Effektivität der Handlungsform für die Verwaltung sichert. Darüber hinaus wurzelt es wie die Rechtskraft gerichtlicher Urteile (§§ 322, 325 ZPO, 121 VwGO) im Grundsatz der Rechtssicherheit als Bestandteil des Rechtsstaatsprinzips (Art 20 III GG)[48].

[42] *M. Schröder* (Fn 37) 198, 221; *Lackner/Kühl* StGB, 26. Aufl 2007, § 113 Rn 7 mwN.

[43] S § 330 Nr 4d StGB; dazu *Kloepfer* (Fn 35) § 7 Rn 12–17; *ders/Vierhaus* Umweltstrafrecht, 2. Aufl 2002, Rn 26; *Dannecker/Streinz* in: EUDUR I, 2. Aufl 2003, § 8 Rn 17–23; *M. Schröder* (Fn 37) 198, 220 ff; *Rogall* in: Dolde (Hrsg), Umweltrecht im Wandel, 2001, 795, 811; *ders* GA 1995, 295, 299; *Schall* FS Roxin, 2001, 927.

[44] BVerwGE 34, 90; 35, 316; 60, 316, 320 f.

[45] *Sachs* in: Stelkens/Bonk/ders, VwVfG, § 43 Rn 113.

[46] Umfassend jetzt *D. Schroeder* (Fn 3) 81 ff; *dies* DÖV 2009, 217 ff.

[47] Zum seltenen Ausnahmefall einer anderslautenden gesetzgeberischen Anordnung *Beaucamp* DVBl 2006, 1401. S auch – für die Situation der Aufhebung der dem Verwaltungsakt zugrunde liegenden Norm – *Gerhard* Die Rechtsfolgen prinzipaler Normenkontrollen für Verwaltungsakte, 2008.

[48] BVerfGE 60, 253, 269 ff; *Maurer* Allg VwR, § 11 Rn 9; *Badura* 12. Aufl 2002, § 38 Rn 48.

Auch der Begriff der *materiellen Bestandskraft* sucht die Analogie zum gerichtlichen Urteil[49]. Dort bezeichnet er Abweichungs- und Abänderungsverbote vom Urteilsausspruch. Hier lässt sich die Reichweite dieser Verbote und damit der materiellen Bestandskraft zum einen aus dem Fachrecht ermitteln. Zum anderen regelt das VwVfG unter der Überschrift „Bestandskraft“ vor allem Möglichkeiten der behördlichen Aufhebung von Verwaltungsakten. In der Abänderung eines bestandskräftigen Verwaltungsaktes kann partiell seine konkludente Rücknahme bzw sein konkludenter Widerruf liegen, so dass dann die Begrenzungen der §§ 48 ff VwVfG greifen[50]. Insofern ist der Begriff der materiellen Bestandskraft nur erläuternder Natur; die gesetzliche Regelung knüpft an die Aufhebungstatbestände an[51]. **25**

IV. Ende der Wirksamkeit

Die Wirksamkeit eines Verwaltungsakts endet in den in § 43 II VwVfG abschließend aufgezählten Fällen. Die Vorschrift benennt fünf Varianten für das Ende der Wirksamkeit von Verwaltungsakten. Die ersten drei betreffen das Unwirksamwerden durch Aufhebung, entweder durch Rücknahme, durch Widerruf oder anderweitig, namentlich bei Wiederaufgreifen des Verfahrens (§ 51 VwVfG), im Vorverfahren (§§ 72, 73 VwGO) und vor dem Verwaltungsgericht (§ 113 VwGO)[52]. Diese Art des Wirkungsverlustes ist eine formalisierte. Ebenso formalisiert ist die Erledigung durch Zeitablauf; entsprechende Fristbestimmungen können Bestandteil der Hauptregelung oder Nebenbestimmung sein (→ § 23 Rn 5). Problematisch ist der Tatbestand der Erledigung „auf andere Weise“[53]. Er ist enger auszulegen als in der neueren Rechtsprechung vielfach angenommen, damit die Bestandskraft nicht ohne klar erkennbare Grenzen entformalisiert und die §§ 48 ff VwVfG übergangen werden[54]. Im Regelfall müssen Grund und Zeitpunkt der Erledigung durch Auslegung des Verwaltungsakts ermittelt werden können. Losgelöst vom Auslegungsergebnis tritt die Erledigung nur beim Wegfall von Regelungssubjekt oder -objekt ein[55]. **26**

V. Voraussetzungen der Rechtmäßigkeit von Verwaltungsakten

1. Ermächtigungsgrundlage und Verwaltungsaktsbefugnis

Grundsätzlich bedarf jeder Verwaltungsakt einer Grundlage in einer außenverbindlichen Rechtsnorm (Handlungs- oder Ermächtigungsgrundlage), die auf eine gesetzliche Regelung rückführbar sein muss. Dies ergibt sich aus dem im Rechtsstaatsprinzip **27**

[49] *Badura* 12. Aufl 2002, § 38 Rn 45.

[50] *Sachs* in: Stelkens/Bonk/ders, VwVfG, § 43 Rn 46.

[51] *Maurer* Allg VwR, § 11 Rn 5 ff.

[52] Die rechtskräftige Feststellung im Verfahren nach § 113 I 4 VwGO beseitigt ebenfalls die Regelungswirkung, weil es nach einem rechtskräftigen Urteil keinen Grund mehr für ein Auseinanderfallen von Rechtmäßigkeit und Rechtswirksamkeit gibt: BVerwGE 116, 1; *Schenke* JZ 2003, 31 ff.

[53] Näher *Ruffert* BayVBl 2003, 33.

[54] S etwa den Fall von ThürOVG DVBl 2000, 826, 828.

[55] BVerwGE 81, 74, 75; BVerwG NVwZ 1991, 570, 571; OVG NRW NVwZ-RR 1996, 503, 503 f; BVerwGE 87, 319, 323: Klinikschließung.

(Art 20 III GG) wurzelnden Vorbehalt des Gesetzes als Teilgewährleistung der Gesetzmäßigkeit der Verwaltung. Der Vorbehalt des Gesetzes wird mehr und mehr auch auf die leistende Verwaltung ausgedehnt, so dass nicht nur belastende Verwaltungsakte[56] einer gesetzlich abgesicherten Ermächtigung bedürfen[57]. Die Ermächtigungsgrundlage muss selbst mit höherrangigem Recht vereinbar sein: Eine gesetzliche Ermächtigungsgrundlage muss unionsrechts- und verfassungskonform sein, eine Rechtsverordnung muss einer verfassungskonformen Verordnungsermächtigung entsprechen und eine Satzung[58] innerhalb der durch Verfassung oder Gesetz eingeräumten Autonomie verbleiben[59].

28 Für den *Inhalt* der durch Verwaltungsakt getroffenen Regelung steht die Geltung des Vorbehalts des Gesetzes außer Frage[60]. Für die *Form* Verwaltungsakt wurde gerade in der älteren Rechtsprechung und Literatur anders argumentiert: Die Verwaltung bedürfte, wenn sie eine gesetzliche Regelung gerade *durch Verwaltungsakt* vollziehen wolle, keiner expliziten gesetzlichen Ermächtigung. Die *Verwaltungsaktsbefugnis* ergebe sich vielmehr aus dem allgemeinen Über-/Unterordnungsverhältnis zwischen Staat und Bürger[61], aus der Ermächtigung zur Tätigkeit auf Grund öffentlichen Rechts[62] oder kraft Gewohnheitsrechts[63]. Hinzu tritt das „Kehrseitenargument": Was die Verwaltung durch Verwaltungsakt vergeben darf (zB Subventionen), müsse sie auch durch Verwaltungsakt zurückfordern können dürfen[64].

29 Diese Ansätze sind indes abzulehnen[65]. Im Rechtsstaat des Grundgesetzes steht das Gesetz im Mittelpunkt. Eine Ermächtigung der Verwaltung zu eingreifenden Regelungen ohne gesetzliche Befugnis ist nicht denkbar. Gerade in der Verwendung der Rechtsform Verwaltungsakt kann aber wegen dessen möglicher rechtswidrigkeitsunabhängiger Rechtswirksamkeit eine Belastung liegen, und sei es auch nur die Last, fristgerecht einen Rechtsbehelf einzulegen, um den Eintritt der Bestandskraft zu verhindern. Im Ergebnis werden sich die Unterschiede zwischen beiden Ansätzen jedoch in Grenzen halten, denn die Befugnis zum Handeln durch Verwaltungsakt kann sich auch aus einer

[56] Die zivil- und strafrechtlichen Vorschriften über Notwehr und Notstand stellen (vor allem im Polizei- und Ordnungsrecht) keine ermächtigenden Regelungen dar: *Schoch* in: Schmidt-Aßmann, Bes VwR, 2. Kap Rn 60; *Schenke* Polizei- und Ordnungsrecht, 4. Aufl 2005, Rn 37 ff und 562; zur Diskussion *Erichsen* 12. Aufl 2002, § 15 Rn 15 mwN.

[57] Zur Ausdehnung des Vorbehalts des Gesetzes auf die Leistungsverwaltung → § 2 Rn 45.

[58] Zur Problematik rechtswidriger Hauptsatzungen *Gärtner* LKV 2006, 107.

[59] Hinweis: Die Prüfung der Vereinbarkeit von Ermächtigungsgrundlagen mit höherrangigem Recht wird in studentischen Übungsarbeiten oft überbetont. Als Faustregel gilt, dass von der Verfassungs- bzw Gesetzeskonformität der Ermächtigungsgrundlage auszugehen ist (insbesondere bei überkommenen, traditionell im Verwaltungsrecht verankerten Gesetzen der „klassischen" Gebiete des Verwaltungsrechts), sofern im Sachverhalt keine gegenteiligen Hinweise gegeben werden.

[60] Allg zum Vorbehalt des Gesetzes → § 2 Rn 38 ff.

[61] BVerwGE 18, 283, 285 f; 21, 270, 272 f.

[62] So *Maurer* Allg VwR, § 10 Rn 5. Angedeutet in BVerwGE 28, 1, 9.

[63] BVerwGE 19, 243, 245; BVerwG NJW 1977, 1838.

[64] Zurückhaltend *Hill* DVBl 1989, 321, 323 f.

[65] S bereits *Renck* JuS 1965, 129, 130, 132 f; *G. Arndt* Der Verwaltungsakt als Grundlage der Verwaltungsvollstreckung, 1967, 43; *Bachof* Verfassungsrecht, Verwaltungsrecht, Verfahrensrecht in der Rechtsprechung des BVerwG II, 1967, 23 ff; *Achterberg* DÖV 1971, 397, 403 ff; differenzierend *Arbeiter* Die Durchsetzung gesetzlicher Pflichten, 1978, 121 ff. S auch den Ansatz bei *Druschel* Die Verwaltungsaktsbefugnis, 1999, 258 ff, über § 43 VwVfG.

Auslegung des gesamten Normengefüges um eine Handlungsbefugnis der Verwaltung ergeben, und *leges imperfectae,* dh solche öffentlich-rechtlichen Vorschriften ohne eigene Vollzugsregelung, werden durch die polizei- und ordnungsrechtlichen Generalklauseln der Länder verwaltungsaktsbewehrt[66].

2. Formelle Rechtmäßigkeitsvoraussetzungen

a) *Vorbemerkung.* Wie bei den materiellen Rechtmäßigkeitsvoraussetzungen richtet **30**
sich die formelle Rechtmäßigkeit nach den Anforderungen der Ermächtigungsgrundlage. Diese kann für die einzelnen Aspekte der formellen Prüfung besondere Anforderungen formulieren. Im Übrigen ist auf die allgemeinen Bestimmungen des VwVfG zurückzugreifen[67]. Ein Verwaltungsakt ist formell rechtmäßig, wenn er von der zuständigen Behörde erlassen wird, die Verfahrensanforderungen beachtet wurden und die Form gewahrt ist.

b) *Zuständigkeit.* Die den Verwaltungsakt erlassende Behörde muss hierfür zustän- **31**
dig sein. Die Zuständigkeitsverteilung ist eine Frage des Verwaltungsorganisationsrechts[68]. Die behördliche Zuständigkeit muss in allen vier Dimensionen vorliegen: (1) Die *internationale Zuständigkeit* kann in seltenen Ausnahmefällen fehlen[69], wenn sie beispielsweise durch völkerrechtlichen Vertrag anders zugeordnet ist. (2) Die Behörde muss *sachlich* zuständig sein. Dies setzt zunächst die Verbandskompetenz voraus. Im Verhältnis zwischen EU und Bundesrepublik Deutschland bestimmt sich dies nach der Zuordnung zu den Verwaltungstypen der EU-Eigenverwaltung und der mitgliedstaatlichen Verwaltung (direkter bzw indirekter Vollzug)[70], im Bund-Länder-Verhältnis nach den Art 83 ff GG, für die Gemeinden nach der Ermächtigung aus Art 28 II GG, für sonstige juristische Personen des öffentlichen Rechts kraft Gesetzes. Die Abgrenzung zwischen den einzelnen Verwaltungszweigen innerhalb eines Kompetenzverbandes wird ebenfalls durch Gesetz bestimmt, ebenso ggf die Kompetenz einzelner Organe (Organkompetenz). (3) Zur Zuständigkeit gehört ferner die *instanzielle* Zuständigkeit, dh die Zuständigkeit auf der richtigen Ebene behördlicher Hierarchie. Dies ist im Regelfall (außer im Fall eines Selbsteintrittsrechts) die untere Behörde im Behördenaufbau[71]. Ein Verwaltungsakt, der nur gegen interne Geschäftsverteilungsregelungen verstößt, ist nicht rechtswidrig[72]. Allerdings können aufgrund der gesetzlich respektierten Organisationsgewalt der Exekutive außenwirksame Zuständigkeitsregelungen auch durch Verwaltungsvorschrift vorgenommen werden, sofern kein institutioneller Parlamentsvorbehalt eine gesetzliche Regelung fordert[73]. Die instanzielle Zuständigkeit im

[66] Hierzu *Schoch* in: Schmidt-Aßmann, Bes VwR, 2. Kap Rn 59 und 69.

[67] In studentischen Übungsarbeiten werden häufig schematisch die drei Anforderungen an die formelle Rechtmäßigkeit behandelt. Insbes werden häufig längere Ausführungen zur Anhörung (§ 28 VwVfG) gemacht, obwohl hier nur selten Probleme liegen. Tatsächlich sind nur problematische Punkte näher auszuführen. Die formelle Prüfung ist kein Selbstzweck, sondern muss immer in das Gutachten eingebunden sein.

[68] → §§ 7 ff.

[69] Dementsprechend ist dieser Punkt auf keinen Fall in Übungsarbeiten routinemäßig anzusprechen!

[70] Näher → § 4 Rn 31.

[71] → § 8 Rn 36.

[72] *Knoke* Rechtsfragen der Rücknahme von Verwaltungsakten, 1989, 44 f.

[73] BVerfGE 40, 237, 247 ff; 36, 327, 329; BVerwG DÖV 1971, 317; 1972, 129, 130; *Ossenbühl* FG 25 Jahre BVerwG, 1978, 433, 437 f; *Scheuing* VVDStRL 40 (1982) 153, 158 f; sowie näher

Widerspruchsverfahren ist in § 73 I und II VwGO besonders geregelt. (4) Schließlich muss die *örtlich* zuständige Behörde handeln. Die örtliche Zuständigkeit grenzt den räumlichen Befugnisbereich sachlich zuständiger Behörden voneinander ab. Innerhalb einzelner Verwaltungsträger kann eine solche Abgrenzung in Bezirke sinnvoll sein. In Ermangelung spezialgesetzlicher Bestimmungen ergibt sich die örtliche Zuständigkeit aus § 3 VwVfG.

32 c) *Verfahren.* Der Verwaltungsakt ist nur bei Beachtung aller Verfahrensvorschriften rechtmäßig. Zu den wichtigsten Vorgaben[74] zählen hier

- die Befangenheitsregelungen (§§ 20f VwVfG bzw Sonderbestimmungen in den Kommunalgesetzen der Länder),
- das Gebot der Anhörung (§ 28 VwVfG) sowie
- die gesetzliche Anordnung der Beteiligung anderer Behörden (wie in § 36 BauGB).

33 d) *Form.* Schließlich sind die Anforderungen an die Form des Verwaltungsakts zu beachten[75]. Im Grundsatz gilt das Prinzip der *Formwahlfreiheit*, § 37 II 1 VwVfG. Das Gesetz sieht nunmehr neben der *schriftlichen* und *mündlichen Form* die *elektronische* ausdrücklich vor. Daneben ist der Erlass in anderer Weise (konkludent, durch Zeichen etc) möglich, worin auch eine Verschärfung der Schriftform (zB urkundliche Form) durch gesetzliche Anordnung liegen kann. Bei berechtigtem Interesse sind mündliche und elektronische Verwaltungsakte schriftlich zu bestätigen, § 37 II 2, 3 VwVfG. Die konkrete Form schriftlicher und elektronischer Verwaltungsakte muss die erlassende Behörde identifizierbar machen, § 37 III VwVfG. Wird dagegen verstoßen, ist der Verwaltungsakt sogar nichtig, § 44 II Ziff 1 VwVfG. Verwaltungsakte können nicht durch reines Schweigen erlassen werden. Fiktive Verwaltungsakte sind keine Verwaltungsakte; hier tritt die angestrebte Rechtswirkung vielmehr kraft Gesetzes ein[76].

34 Zur angemessenen Form gehört bei schriftlichen Verwaltungsakten grundsätzlich eine Begründung, § 39 I 1 VwVfG. Sie hat die wesentlichen Gründe der Entscheidung mitzuteilen (§ 39 I 2 VwVfG), was bei Ermessensentscheidungen die *ermessensleitenden Gesichtspunkte* einschließt (§ 39 I 3 VwVfG). Von der fehlenden Begründung zu unterscheiden sind Ermessensausfall und Ermessensunterschreitung, wobei eine fehlende oder unzureichende Begründung häufig auf diese Ermessensfehler hindeuten kann.

35 e) *Heilung formeller Mängel.* Verfahrens- und Formfehler führen nur selten zur Rechtswidrigkeit von Verwaltungsakten, weil umfangreiche *Heilungsregelungen* in §§ 45, 46 VwVfG zu beachten sind. Die sog Beschleunigungsgesetzgebung der 1990er Jahre hat insbesondere den Zeitraum möglicher Heilung bis zum Ende des verwaltungsgerichtlichen Verfahrens ausgedehnt (§ 45 II VwVfG) und die Unbeachtlichkeitsvorschrift des § 46 VwVfG erweitert.

Ruffert in: Hoffmann-Riem/Schmidt-Aßmann/Voßkuhle (Hrsg), Handbuch der Verwaltungsrechtswissenschaft, 2006, § 17 Rn 73.

[74] Ausf → § 14.

[75] Praktisches Aufbauschema bei *Stelkens/Stelkens* in: Stelkens/Bonk/Sachs, VwVfG, 6. Aufl 2001, § 37 Rn 3. Ist die Bekanntgabe und nicht der VA formwidrig, so fehlt es bereits an einem wirksamen VA: *Ehlers* Liber amicorum Erichsen, 2005, 1, 6.

[76] Vgl *Bumke* in: Hoffmann-Riem/Schmidt-Aßmann/Voßkuhle, Grundlagen II, § 35 Rn 20; *Maurer* Allg VwR, § 10 Rn 12a.

3. Materielle Rechtmäßigkeitsvoraussetzungen

In materieller Hinsicht muss der Verwaltungsakt der nach dem Vorbehalt des Gesetzes notwendigen Ermächtigungsgrundlage (Rn 27 ff) entsprechen; dies fordert seinerseits der ebenfalls im Grundsatz der Gesetzmäßigkeit der Verwaltung und damit im Rechtsstaatsprinzip wurzelnde *Vorrang des Gesetzes*. Die einzelnen Tatbestandsmerkmale der Ermächtigungsgrundlage müssen erfüllt sein, damit die Ermächtigungsgrundlage den konkreten Verwaltungsakt trägt. Mit Ausnahme der Bestimmtheit (vgl Rn 37) lassen sich auf diese Weise auch die übrigen Anforderungen des Rechtsstaatsprinzips, insbesondere der Verhältnismäßigkeitsgrundsatz, abarbeiten[77]. Ein Verwaltungsakt, der auf einer verhältnismäßigen Ermächtigungsgrundlage beruht, ist grundsätzlich selbst verhältnismäßig. Selbständig zu prüfen ist das Verhältnismäßigkeitsprinzip nur im Rahmen behördlichen Ermessens[78]. Gleiches gilt für die Grundrechte: Zu prüfen ist nicht die Grundrechtskonformität des Verwaltungsakts im Einzelfall, sondern die Vereinbarkeit mit einer grundrechtskonformen Ermächtigungsgrundlage und die grundrechtskonforme Ermessensausübung. **36**

§ 37 I VwVfG normiert das rechtsstaatliche Erfordernis der *Bestimmtheit*. Der Adressat muss den Inhalt der Regelung eindeutig erkennen können, wobei hinreichend ist, wenn die Beteiligten (Adressat, Betroffene, Behörde) und das zu regelnde Rechtsverhältnis durch Auslegung ermittelt werden können[79]. Schließlich ist ein Verwaltungsakt fehlerhaft, der *auf ein tatsächlich oder rechtlich unmögliches Verhalten gerichtet* ist[80]. Richtet sich der Verwaltungsakt auf ein tatsächlich unmögliches Verhalten, so ist er nichtig (s o Rn 5), richtet er sich auf ein rechtlich unmögliches Verhalten (Beispiel: Gebot an Hauseigentümer zur sofortigen Räumung einer vermieteten Wohnung ohne gleichzeitige Verfügung an den Mieter), so ist er rechtswidrig. **37**

VI. Zeitpunkt der Beurteilung des Verwaltungsakts

Die Frage, ob ein Verwaltungsakt rechtswidrig (oder sogar nichtig) ist, wird *grundsätzlich bezogen auf den Erlasszeitpunkt* beurteilt[81]. Wird der Verwaltungsakt mit dem Rechtsmittel des Widerspruchs angegriffen und erlässt die Verwaltung einen Widerspruchsbescheid, der den ursprünglichen Verwaltungsakt ggf ändert (s § 79 I Nr 1 VwGO), so ist der Erlass des Widerspruchsbescheids der maßgebliche Zeitpunkt. Entscheidend ist also der Zeitpunkt der letzten Behördenentscheidung. Ändert sich nachträglich die Rechtslage, so wird ein ursprünglich rechtswidriger Verwaltungsakt nicht nachträglich rechtmäßig, ein ursprünglich rechtmäßiger Verwaltungsakt nicht nachträglich rechtswidrig. Ein rechtmäßiger Verwaltungsakt kann allerdings unter bestimmten Voraussetzungen bei Änderung der Sach- oder Rechtslage widerrufen werden, § 49 II Nr 3 und 4 VwVfG. Ausnahmsweise wird auf den Zeitpunkt der beurteilenden (gerichtlichen) Entscheidung abgestellt, namentlich bei Verwaltungsakten, deren Wirkung sich nicht in der punktuellen Verfügung erschöpft, sondern in der Gestattung **38**

[77] Nicht ganz eindeutig *Maurer* Allg VwR, § 10 Rn 17.
[78] Zur Verhältnismäßigkeit als Ermessensgrenze *Schoch* in: Schmidt-Aßmann Bes VwR, 2. Kap Rn 105 ff.
[79] *U. Stelkens* in: Stelkens/Bonk/Sachs, VwVfG, § 37 Rn 2.
[80] *Maurer* Allg VwR, § 10 Rn 19; *Drews/Wacke/Vogel/Martens*, Gefahrenabwehr, § 25 5b.
[81] S ausf *Sachs* in: Stelkens/Bonk/ders, VwVfG, § 44 Rn 16 ff. Gegenposition bei *Baumeister* Jura 2005, 655.

eines Verhaltens oder der regelmäßigen Zahlung von Geldbeträgen fortdauert (sog *Verwaltungsakte mit Dauerwirkung*)[82], wie bei BaföG-Bescheiden, Verkehrszeichen[83] oder der Anordnung des Anschluss- und Benutzungszwanges[84], weil hier gleichsam eine Kette von gewährenden oder verbietenden Verwaltungsakten vorliegt[85]. Im Sozialverwaltungsrecht sind diese Verwaltungsakte besonders häufig und daher gesondert geregelt (§§ 45 III, 48 SGB X). – Andere Ausnahmen betreffen Fälle, in denen Verwaltungsakte aus Gründen des Vertrauensschutzes und der Billigkeit nach der Sach- und Rechtslage zum Zeitpunkt der letzten mündlichen Verhandlung zu beurteilen sind. Dies umfasst alle noch nicht vollzogenen Verwaltungsakte, deren Vollstreckung aus Billigkeitserwägungen heraus nicht mehr erfolgen kann, weil sie entweder sofort wieder zurückgenommen werden müssten oder eine entsprechende Erlaubnis unverzüglich wieder erteilt werden müsste.[86] Für die Frage des Zeitpunkts der Beurteilung einer Gewerbeuntersagung nach § 35 GewO stellt das BVerwG indes unter Aufgabe seiner früheren Rechtsprechung[87] nunmehr wie bei allen übrigen Anfechtungsklagen auf die letzte Behördenentscheidung ab,[88] denn der neu hinzugefügte § 35 VI GewO ermöglicht den jederzeitigen Antrag auf Wiedergestattung. Bei Verwaltungsakten mit Doppelwirkung kommt es mit der Rechtsprechung darauf an, ob im Zeitpunkt der letzten mündlichen Verhandlung ein Anspruch auf die Begünstigung besteht.[89] Schließlich hat das BVerwG bei bestimmten Abgabenentscheidungen allein auf das materielle Recht abgestellte Beitragsbescheide nicht aufgehoben, wenn zwischen dem Bescheid und der letzten mündlichen Verhandlung eine im Moment des Bescheides nicht vorhandene Rechtsgrundlage in Kraft getreten ist, deren Heilungswirkung anderenfalls nicht mehr berücksichtigt werden könnte.[90]

§ 23
Nebenbestimmungen

I. Begriff und Bedeutung

1 Wenn es Aufgabe der Handlungsform Verwaltungsakt ist, die behördlich-einseitige, stabilisierende Regelung einer Vielzahl von Rechtsverhältnissen teils hoher Komplexität zu ermöglichen, bedarf es flexibler Regelungsinstrumente zur Anpassung an diese Vielfalt im Tatsächlichen. Diese Flexibilität wird zunächst durch die im Rahmen der gesetzlichen Vorgaben unbegrenzten Regelungsoptionen hergestellt. Darüber hinausge-

[82] Dazu *Wehr* BayVBl 2007, 385.
[83] BVerwG NJW 1993, 1729, 1730 → JK StVO § 45/1.
[84] NdsOVG NVwZ 1993, 1017.
[85] Weitere Bsp: Hinzuziehung zu Verwaltungsverfahren, HessVGH DVBl 2000, 210; abfallrechtliche Maßnahmen: VGH BW VBlBW 2008, 102, 103.
[86] ZB BVerwGE 5, 351, 353; BVerwG NJW 1986, 1187.
[87] BVerwGE 22, 16; 28, 202.
[88] BVerwGE 65, 1; BVerwG NVwZ 1991, 372; aA NdsOVG NVwZ 1995, 185; dazu krit *Mager* NVwZ 1996, 136; *Laubinger*, VerwArch 89 (1998) 145, 167.
[89] St Rspr BVerwGE 4, 164; BVerwG NVwZ-RR 1996, 628; aA *Hufen* VwPrR, § 24 Rn 12 mwN.
[90] BVerwG NVwZ 1986, 648; NVwZ 1990, 654.

hend typisiert § 36 II VwVfG eine Reihe vom Regelungsinhalt abstrahierter Regelungsinstrumente, die „neben" die eigentliche („Haupt-")Regelung treten und sie in Form und Wirkung verändern. Zum Teil sind diese *Nebenbestimmungen* der überkommenen Zivilrechtsdogmatik entlehnt (Befristung, Bedingung, Auflage), zum Teil genuin verwaltungsverfahrensrechtlicher Natur (Widerrufs- und Auflagenvorbehalt).

Der Begriff Nebenbestimmung ist treffend, sofern man auf ihre abstrakte Natur bezogen auf den Regelungsinhalt abstellt; er ist missverständlich, sofern Nebenbestimmungen nur als Hilfsmittel oder Hilfsregelungen angesehen werden[1]. Vor allem geht es darum, typische Regelungsinhalte mit ihren Rechtsfolgen in einem dogmatischen Konzept zu speichern. Dementsprechend ist die Aufzählung der Legaldefinitionen in § 36 II VwVfG nicht abschließend. Denkbar sind spezialgesetzliche Nebenbestimmungen wie die Bereitstellung einer Kaution oder Sicherheitsleistung[2]. Im *kooperativen Verwaltungsrecht* sind Nebenbestimmungen zur Feinsteuerung auch in Zusammenarbeit mit dem Regelungsadressaten einsetzbar. Grenzen der Kooperation ergeben sich dabei weniger aus dem Instrument der Nebenbestimmung als aus dem Rahmen, den rechtsstaatliche und demokratische Kautelen dem Verwaltungskooperationsrecht setzen. „Ausgehandelte" Verwaltungsakte mit Nebenbestimmungen können insofern nur begrenzt an die Stelle von Verwaltungsverträgen treten, wo die vertragliche Regelung unzulässig ist[3]. 2

§ 36 VwVfG regelt generell die Zulässigkeit von Nebenbestimmungen[4]. Lange dominiert, wenn nicht überschattet wurde die gestaltungseröffnende Wirkung von Nebenbestimmungen durch die endlose, manieristisch überdogmatisierte Debatte über die Behandlung von Nebenbestimmungen im Rechtsschutz. Erst in jüngerer Zeit hat eine Entscheidung des Bundesverwaltungsgerichts den unentwirrbaren gordischen Knoten durchtrennt, so dass die höchstrichterliche Rechtsprechung sich nicht mehr mit Blick auf den Rechtsschutz zu begrifflichen Konstruktionen veranlasst sehen muss, die sich durch die gesetzliche Regelung nicht erfassen lassen[5]. Viele Kontroversen um die Nebenbestimmungen und ihre Zulässigkeit können aber nur vor dem Hintergrund dieser Unsicherheiten verstanden werden. 3

II. Einzelne Nebenbestimmungen

1. Befristung, Bedingung und Widerrufsvorbehalt

Die erste von § 36 II VwVfG aufgelistete Gruppe von Nebenbestimmungen *verändert unmittelbar die durch den Verwaltungsakt getroffene Regelung*, indem sie diese zeitlich eingrenzt, von einer Bedingung abhängig macht oder widerrufbar stellt. Der Wortlaut des § 36 II VwVfG bringt dies durch die Formulierung „... darf ... erlassen werden mit ..." zum Ausdruck. Die beiden ersten von ihnen sind in Anlehnung an §§ 158, 163 BGB zu verstehen und rezipieren die traditionelle zivilrechtliche Dogmatik. 4

Dementsprechend gestaltet die *Befristung* die innere Wirksamkeit (→ § 22 Rn 26) des Verwaltungsakts in zeitlicher Hinsicht. Anfangsdatum, Enddatum oder Zeitraum 5

[1] S die Kennzeichnung bei *U. Stelkens* in: Stelkens/Bonk/Sachs, VwVfG, § 36 Rn 5.
[2] *U. Stelkens* in: Stelkens/Bonk/Sachs, VwVfG, § 36 Rn 107.
[3] Zum Verwaltungsakt in Kooperationsbeziehungen *Schoch* in: Hoffmann-Riem/Schmidt-Aßmann (Hrsg), Innovation und Flexibilität des Verwaltungshandelns, 1994, 199, 222 ff.
[4] S umfassend *Schachel* Nebenbestimmungen zu Verwaltungsakten, 1979, 86 ff.
[5] BVerwGE 112, 221 → JK VwVfG § 36 II/2; näher Rn 16 ff.

können mit der Befristung fixiert werden, § 36 II Nr 1 VwVfG (s auch § 163 BGB). Die zeitliche Verlängerung der inneren Wirksamkeit nach Ablauf einer Frist (Enddatum oder Zeitraum) ist durch Änderungsverwaltungsakt möglich[6].

6 Die *Bedingung* gemäß § 36 II Nr 2 VwVfG (s auch § 158 BGB) macht entweder als aufschiebende Bedingung den Eintritt der Regelungswirkung des Verwaltungsaktes oder als auflösende Bedingung den Wegfall dieser Wirkung vom ungewissen Eintritt eines zukünftigen Ereignisses abhängig. Mit dem zukünftigen Ereignis beginnt oder endet die Regelungswirkung – das Gesetz spricht insoweit umschreibend von „Vergünstigung oder Belastung" – gleichsam automatisch. Der Unterschied zur Befristung liegt wie im Zivilrecht in der Unsicherheit des Eintritts des Ereignisses, auf das sich die Bedingung bezieht; wann es eintritt und ob es überhaupt eintritt, ist bei der Bedingung unsicher[7]. Der Eintritt des Ereignisses kann auch vom Willen des Regelungsadressaten abhängen; in diesem Fall muss die (aufschiebende) Bedingung von der Auflage abgegrenzt werden.

7 Das verwaltungsverfahrensrechtliche Instrument des *Widerrufsvorbehalts* lehnt sich nicht wie Befristung und Bedingung an das Zivilrecht an. Es erleichtert die spätere Durchbrechung der Bestandskraft unter Abschwächung des Vertrauensschutzes, § 49 II 1 Nr 1 VwVfG (→ § 25 Rn 7). Wichtigstes Beispiel ist die Beamtenernennung auf Widerruf im Fall eines Vorbereitungsdienstes (§ 6 IV Nr 1 BBG bzw die entsprechenden landesrechtlichen Vorschriften).

2. Auflage und Auflagenvorbehalt

8 Nach § 36 II Nr 4 und 5 VwVfG kann der Verwaltungsakt „... verbunden werden mit ..." einer Auflage oder einem Auflagenvorbehalt. Es geht um eine zusätzliche, mit der Hauptregelung eng verbundene Regelung. Verbindungen zum heutigen Zivilrecht bestehen kaum; die Wurzeln der Auflage reichen aber bis in die Zivilrechtsgeschichte.

9 Die *Auflage* ist insgesamt die praktisch wichtigste Nebenbestimmung. Dem durch einen Verwaltungsakt Begünstigten wird ein Tun, Dulden oder Unterlassen auferlegt. Die Auflage enthält dadurch eine eigene, selbständig durchsetzbare und vollstreckbare Sachregelung (und ist insofern selbst Verwaltungsakt[8]), die jedoch von der Hauptregelung abhängig und deswegen Nebenbestimmung ist. Die eigenständige Durchsetzbarkeit ermöglicht die Abgrenzung der Auflage von aufschiebenden Bedingungen, bei denen der Eintritt des ungewissen Ereignisses vom Willen des Adressaten abhängt[9]. Zum Verständnis des Unterschiedes kann auf eine berühmte Formulierung *Carl Friedrich von Savignys* zurückgegriffen werden (‚Modus' steht für ‚Auflage'): „Die Bedingung ... suspendiert, zwingt aber nicht, der Modus zwingt, suspendiert aber nicht."[10] Der Automatismus der aufschiebenden Bedingung fehlt der Auflage, während die Bedingung

[6] Die dogmatische Konstruktion ist allerdings umstritten; vgl *M. Schröder* NVwZ 2007, 532, zu abw Lösungsansätzen der Rspr.

[7] Illustratives Beispiel: Einberufung für den glücklicherweise nicht eingetretenen Verteidigungsfall (BVerwGE 27, 263, 266; 57, 69, 70).

[8] Der Streit über die Verwaltungsaktsqualität der Auflage ist allerdings fruchtlos, s einerseits *Maurer* Allg VwR, § 12 Rn 9; *Peine* Allg VwR, Rn 168; *Wolff/Bachof/Stober* VwR II, § 47 Rn 9; *U. Stelkens* in: Stelkens/Bonk/Sachs, VwVfG, § 36 Rn 83; andererseits *Kopp/Ramsauer* VwVfG, § 36 Rn 29; *Schenke* JuS 1983, 182, 183 f; *Fehn* DÖV 1988, 203; *Erichsen* Jura 1990, 214, 217; *ders* 12. Aufl 2002, § 14 Rn 7.

[9] BVerwG DÖV 1988, 299, 300.

[10] *von Savigny* System des heutigen römischen Rechts III, 1840, 231.

nicht selbständig durchgesetzt werden kann. Verbleibende Zweifelsfälle sind durch Auslegung zu bewältigen[11]. Als weniger einschneidend unter Verhältnismäßigkeitsgesichtspunkten gilt die Auflage, weil sie dem Betroffenen eine Reaktion auf die Anforderung des Tuns, Duldens bzw Unterlassens noch im Verfahren der Durchsetzung ermöglicht und nicht wie die Bedingung eine begünstigende Regelung automatisch verhindert. Im Zweifel soll daher zugunsten des Betroffenen von einer Auflage ausgegangen werden[12].

Wegen ihres inhaltlich selbständigen, nur formal von der Hauptregelung abhängigen **10** Regelungsgehalts, wird die Auflage vielfach als eigenständiger Rechtsschutzgegenstand angesehen. Um im Einzelfall diese eigenständige Angreifbarkeit im Rechtsschutz abzuerkennen, hat die Rechtsprechung solchen Auflagen die Bezeichnung *modifizierende Auflage* verliehen[13], die sich auf den Inhalt der Hauptregelung auswirken, wie beispielsweise die Auflage zu einer Baugenehmigung, das genehmigte Einfamilienhaus mit einem Satteldach anstelle eines Walmdaches zu errichten[14]. Die modifizierende Auflage ist jedoch eine Falschbezeichnung; richtigerweise geht es um die Änderung des Regelungsinhalts, nicht um eine selbständig durchsetzbare Ergänzungsregelung[15]. Daher wird heute die Rechtsfigur der modifizierenden Auflage zu Recht überwiegend abgelehnt und eine entsprechende Regelung als inhaltliche Änderung des Verwaltungsakts verstanden[16]. Die Frage, ob eine Auflage vorliegt oder ob der Verwaltungsakt inhaltlich geändert worden ist, muss wiederum durch Auslegung nach dem Empfängerhorizont geklärt werden[17]. Dies ist insbesondere dann erforderlich, wenn die Wahl zwischen inhaltlicher Änderung des Verwaltungsakts und Nebenbestimmung oder zwischen Nebenbestimmungen im Ermessen der Verwaltung liegt. In dieser Situation ist die für den Empfänger erkennbar gewählte Form maßgeblich[18].

Der *Auflagenvorbehalt* ermöglicht der Behörde schließlich, mit Blick auf spätere Ver- **11** änderungen der Tatsachengrundlage selbständige Regelungen zu erlassen[19]. Ziel ist die vorausschauende Vorsorge für künftige Entwicklungen durch Begründung eines Gestaltungsspielraums für die Verwaltung[20].

[11] *U. Stelkens* in: Stelkens/Bonk/Sachs, VwVfG, § 36 Rn 68 f.

[12] *Maurer* Allg VwR, § 12 Rn 17.

[13] BVerwG DÖV 1974, 380. Entwickelt von *Weyreuther* DVBl 1969, 295; *ders* DVBl 1984, 365.

[14] *Maurer* Allg VwR, § 12 Rn 16, in Anlehnung an *Wolff/Bachof/Stober* VwR II, § 47 Rn 11. Weitere Beispiele: Genehmigung einer Industrieanlage unter der „Auflage", bestimmten Lärmpegel nicht zu überschreiten (BVerwG DÖV 1974, 380); Genehmigung einer Feuerungsanlage unter der „Auflage" der Verwendung eines bestimmten Brennstoffs (BVerwGE 69, 37), sowie ausf bei *Wolff/Bachof/Stober* VwR II, § 47 Rn 11.

[15] Zur Abgrenzung im einzelnen *Rumpel* BayVBl 1987, 577, 583; *Kuert* UPR 1991, 249, 251; *Schmehl* UPR 1998, 334.

[16] Auch das BVerwG spricht von „sogenannten" modifizierenden Auflagen (oder setzt den Begriff distanzierend in Anführungszeichen): BVerwGE 65, 139, 141 f; 69, 37, 39 und 85, 24, 26; „modifizierenden Charakter" → JK VwVfG § 36 II/1). Aus dem Schrifttum s etwa *Fluck* DVBl 1992, 862, 863.

[17] S SächsOVG BRS 70 Nr 154 (2006).

[18] Instruktiv zu den einzelnen Situationen *Bumke* in: Hoffmann-Riem/Schmidt-Aßmann/Voßkuhle, Grundlagen II, § 35 Rn 129 ff, im Anschluss an *Elster* Begünstigende Verwaltungsakte mit Bedingungen, Einschränkungen und Auflagen, 1979, 115 ff.

[19] Zur – praktisch kaum bedeutsamen – dogmatischen Zuordnung des Auflagenvorbehalts *Maurer* Allg VwR, § 12 Rn 14; *Kloepfer* Verw 8 (1975) 295.

[20] S *Bumke* in: Hoffmann-Riem/Schmidt-Aßmann/Voßkuhle, Grundlagen II, § 35 Rn 127.

III. Zulässigkeit

12 Die Prüfung, ob Erlass bzw Verbindung eines Verwaltungsakts[21] mit einer Nebenbestimmung zulässig und damit rechtmäßig ist, erfolgt in drei Schritten.

13 In einem ersten Schritt sind *spezialgesetzliche Zulässigkeitsbegrenzungen* zu beachten. Teilweise erklären solche Normen bestimmte Nebenbestimmungen ausdrücklich für zulässig (§ 12 II AufenthG, § 2 BÄO[22]), teilweise werden bestimmte Arten von Nebenbestimmungen vorgeschrieben, teilweise wird die Anwendung von Nebenbestimmungen unter bestimmte Voraussetzungen gestellt (zB nachträgliche Anordnungen nach § 17 BImSchG) und teilweise werden Nebenbestimmungen ganz ausgeschlossen (§ 15 IV PBefG). Die generelle Unzulässigkeit von Nebenbestimmungen kann sich auch aus der Natur des Verwaltungsakts ergeben (*nebenbestimmungsfeindliche Verwaltungsakte*), was für Prüfungsentscheidungen und statusverändernde Akte (Einbürgerung[23], Beamtenernennung) angenommen wird[24].

14 In einem zweiten Schritt sind die *allgemeinen Beschränkungen* des § 36 VwVfG in den Blick zu nehmen. Hier ist zwischen gebundenen und Ermessensverwaltungsakten zu unterscheiden. *Gebundene* Verwaltungsakte, dh solche, auf deren Erlass ein Anspruch besteht (Situation des präventiven Verbots mit Erlaubnisvorbehalt, → § 21 Rn 55), können nur unter eingeschränkten Voraussetzungen mit einer Nebenbestimmung versehen werden, denn die beanspruchte Begünstigung wird durch die Nebenbestimmung eingeschränkt: Entweder, die Nebenbestimmung ist durch Rechtsvorschrift zugelassen oder sie soll die Erfüllung der gesetzlichen Voraussetzungen für den Verwaltungsakt sicherstellen. Letzteres meint die Ausräumung anspruchshindernder Versagungsgründe durch die Nebenbestimmung[25]. Aus Sicht des Adressaten ist die durch Nebenbestimmung eingeschränkte Gewährleistung (etwa durch eine Genehmigung) günstiger als die Versagung mit der Begründung, es würden einzelne Voraussetzungen fehlen. Aus Sicht der Behörde wird eine angemessene Reaktion ermöglicht und das Genehmigungsverfahren kann beschleunigt und vereinfacht werden[26]. Die „Erfüllung der gesetzlichen Voraussetzungen" ist bei Dauerverwaltungsakten nicht als permanente Erfüllung der Voraussetzungen zu verstehen, so dass das „Erfülltbleiben" nicht durch Nebenbestimmungen gesichert werden kann, sondern durch eine jeweils neue Ermessensentscheidung gewährleistet werden muss[27]. – *Ermessensverwaltungsakte* können nach § 36 II VwVfG unter Beachtung der allgemeinen Ermessensgrenzen mit Nebenbestimmungen erlassen bzw verbunden werden[28]. Wenn die Erteilung einer Begünstigung im

[21] Alle Arten von Verwaltungsakten, auch Allgemeinverfügungen, können mit Nebenbestimmungen versehen werden: *U. Stelkens* in: Stelkens/Bonk/Sachs, VwVfG, § 36 Rn 111 ff.

[22] Arg e § 2 II BÄO: BVerwGE 108, 100, 103 ff.

[23] BVerwGE 27, 263, 266 (obiter dictum); OVG NRW NVwZ 1993, 488, 489 f.

[24] Vgl *Maurer* Allg VwR, § 12 Rn 18.

[25] *Henneke* in: Knack, VwVfG, § 36 Rn 4.

[26] S *Bumke* in: Hoffmann-Riem/Schmidt-Aßmann/Voßkuhle, Grundlagen II, § 35 Rn 126.

[27] Str; wie hier BVerwGE 60, 269, 276; OVG Rh-Pf DÖV 1989, 779; *Peine* Allg VwR, Rn 163 aE; *Kopp/Ramsauer* VwVfG, § 36 Rn 45. Anders BVerwG NVwZ 1998, 1067; *Brenner* JuS 1996, 281, 282; *Dietz* NuR 1999, 681, 684; *Janßen* in: Obermayer, VwVfG, § 36 Rn 32; *Henneke* in: Knack, VwVfG, § 36 Rn 19; *Erichsen* VerwArch 66 (1975) 299, 307. Nach den fachrechtlichen Vorgaben differenzierend *Heitsch* DÖV 2003, 367, 370.

[28] Die Nebenbestimmungen dürfen nur den Adressaten verpflichten, nicht Dritte: VG Potsdam NVwZ 1994, 535 → JK VwVfG § 36/5.

Ermessen der Behörde liegt, muss auch die eingeschränkte Erteilung im Ermessensspielraum liegen[29].

Diese Grenzen sind in einem dritten Schritt bei allen Verwaltungsakten auch hinsichtlich der *konkreten Ausgestaltung der Nebenbestimmung* zu beachten. Die Nebenbestimmung muss im sachlichen Zusammenhang zum Verwaltungsakt stehen und darf nicht unverhältnismäßig sein. Unter diesen Prämissen ist selbstverständlich, dass eine Nebenbestimmung dem Zweck des Verwaltungsaktes nicht widersprechen darf, § 36 III VwVfG[30]. Der Zweck der Einräumung des Ermessensspielraums umreißt den Rahmen für die Hinzufügung von Nebenbestimmungen. In diesem Rahmen ist es nach dem Rechtsgedanken des Koppelungsverbots (→ § 32 Rn 12) auch unzulässig, Gegenleistungen außerhalb des sachlichen Zusammenhangs mit dem Verwaltungsakt zu fordern[31]. Die *nachträgliche Beifügung von Nebenbestimmungen* ist nur zulässig, wenn sie gesetzlich ausdrücklich vorgesehen ist oder die in ihr liegende Bestandskraftdurchbrechung über die §§ 48 ff VwVfG gerechtfertigt werden kann[32]. 15

IV. Rechtsschutz gegen Nebenbestimmungen

Die Problematik des Rechtsschutzes gegen Nebenbestimmungen entfaltet sich in zwei Schwerpunkten: Erstens geht es um die richtige, statthafte Rechtsschutzform gegen Nebenbestimmungen, zweitens um die Kriterien für den Erfolg des Rechtsschutzbegehrens. 16

Was die statthafte Rechtsschutzform betrifft, so hat das Bundesverwaltungsgericht eine jahrzehntelange Auseinandersetzung, deren Aufwand zum praktischen und dogmatischen Ertrag in keinem vernünftigen Verhältnis stand[33], beendet, indem es postuliert: „Rechtsschutz gegen belastende Nebenbestimmungen erfolgt immer durch Anfechtungsklage; alles andere ist eine Frage der Begründetheit."[34] Vorher war als Alternative zur Anfechtung belastender Nebenbestimmungen die Verpflichtungsklage auf Erteilung eines neuen, nebenbestimmungsfreien Verwaltungsakts diskutiert worden[35]. Eine zentrale Differenzierung war die nach der Art der Nebenbestimmung, denn wegen der engeren Verbindung mit der Hauptregelung sollte bei Befristung, Bedingung und Widerrufsvorbehalt anders als bei Auflage und Auflagenvorbehalt eine isolierte Anfechtung unzulässig und die Verpflichtungsklage statthaft sein[36]. Daneben wurde eine Unterscheidung von gebundenen und Ermessensverwaltungsakten diskutiert; weil in letzterem Fall die isolierte Anfechtbarkeit von Nebenbestimmungen dazu führen 17

29 Skeptisch unter dem Gesichtspunkt des Vorbehalts des Gesetzes *Erichsen* 12. Aufl 2002, § 14 Rn 11; erläuternd *U. Stelkens* in: Stelkens/Bonk/Sachs, VwVfG, § 36 Rn 137.

30 Bsp: BVerwGE 24, 129.

31 Näher *Bumke* in: Hoffmann-Riem/Schmidt-Aßmann/Voßkuhle, Grundlagen II, § 35 Rn 147.

32 *U. Stelkens* in: Stelkens/Bonk/Sachs, VwVfG, § 36 Rn 39.

33 Zu den einzelnen Entwicklungsphasen der Rspr *Hanf* Rechtsschutz gegen Inhalts- und Nebenbestimmungen zu Verwaltungsakten, 2003, 70 ff. S auch den aktuellen Überblick bei *Ehlers/Schoch* Rechtsschutz, § 22 Rn 19 ff.

34 BVerwGE 112, 221 → JK VwVfG § 36 II/2.

35 Zu dieser Streitfrage s nur *Pietzcker* in: Schoch/Schmidt-Aßmann/Pietzner, VwGO, § 42 I Rn 120 ff; *Sproll* NJW 2002, 3221.

36 Zu dieser Position etwa *Pietzcker* NVwZ 1995, 15; *Störmer* DVBl 1996, 81; *Siekmann* DÖV 1998, 525.

konnte, dass ein Verwaltungsakt entstünde, den die Verwaltung so nie erlassen hätte, sollte auch hier die Verpflichtungsklage gewählt werden[37].

18 Der Streit um die richtige Differenzierung ist nun für die *statthafte Rechtsschutzform* hinfällig[38]. Wegen der Möglichkeit der teilweisen Aufhebung von Verwaltungsakten auch im Verwaltungsprozess (§ 113 I 1 VwGO: „Soweit ...“), (→ § 22 Rn 9), können auch Befristung und Bedingung isoliert angefochten werden, obwohl sie nach § 36 II VwVfG mit dem Verwaltungsakt erlassen worden sind. Rechtspolitisch spricht für diese Lösung, dass dem Kläger nicht zugemutet werden muss, mit der Verpflichtungsklage das bereits Erreichte wieder aufs Spiel zu setzen[39]. Einzige Voraussetzung ist grundsätzlich die Teilbarkeit des Verwaltungsakts, dh die Abtrennbarkeit der Nebenbestimmung als eigenständige Regelung (→ § 22 Rn 10)[40]. Die Praktikabilität dieser einheitlichen Lösung sollte auch bei aufschiebenden Bedingungen nicht aufgegeben werden. Zwar kann argumentiert werden, dass allein die erfolgreiche isolierte Anfechtung einer aufschiebenden Bedingung die Hauptregelung nicht wirksam macht[41]. Andererseits ist es aber gerade Ziel der Anfechtung, das Wirksamkeitshemmnis zu beseitigen und den Gleichklang von Bekanntgabe und Wirksamkeit wiederherzustellen[42].

19 Die Fokussierung des Rechtsschutzes gegen Nebenbestimmungen auf die Anfechtungsklage führt dazu, dass deren aufschiebende Wirkung gemäß § 80 I VwGO die Vollziehbarkeit der Nebenbestimmung hemmt. Dem Suspensiveffekt muss die Behörde mit der Anordnung der sofortigen Vollziehbarkeit nach § 80 II Nr 4 VwGO begegnen. Dies gilt auch bei der aufschiebenden Bedingung[43]. Die Unstimmigkeit, dass dann eine selbständig nicht vollziehbare Nebenbestimmung für sofort vollziehbar erklärt werden muss[44], ist angesichts der Vorteile der Anfechtungslösung hinzunehmen.

20 Auf der *Begründetheitsebene* muss die Lösung über die Anfechtungsklage sinnvollerweise dazu führen, dass (vor allem bei Ermessensentscheidungen) ein vom Willen der Verwaltung nicht getragener oder sogar rechtswidriger Verwaltungsakt übrig bleibt. In dieser Konstellation muss die Verwaltung auf das Prozessergebnis durch Aufhebung (§§ 48, 49 VwVfG) des „Restverwaltungsakts“ reagieren[45]. Dem Bürger kann die erfolgreiche Anfechtung einer rechtswidrigen Nebenbestimmung nicht verwehrt werden, weil ein nicht gewollter oder rechtswidriger Teil übrig bliebe[46].

[37] *Maurer* Allg VwR, § 12 Rn 28; jetzt auch *U. Stelkens* in: Stelkens/Bonk/Sachs, VwVfG, § 36 Rn 59 ff.

[38] Gegen die Position des BVerwG aber ausdrücklich *Kopp/Ramsauer* VwVfG, § 36 Rn 63 f; krit auch *Labrenz* NVwZ 2007, 161.

[39] *Hufen/Bickenbach* JuS 2004, 867, 871. S auch *Remmert* VerwArch 88 (1997) 112.

[40] *Brüning* NVwZ 2002, 1081.

[41] *Hufen* VwPrR, § 14 Rn 49; *Hufen/Bickenbach* JuS 2004, 867, 871; *J. Schmidt* NVwZ 1996, 1188, 1189.

[42] Wie hier *Schenke* Verwaltungsprozeßrecht, 9. Aufl 2004, Rn 295; *Laubinger* VerwArch 73 (1982) 345, 363.

[43] AA *J. Schmidt* NVwZ 1996, 1188, 1189.

[44] *Hufen/Bickenbach* JuS 2004, 966, 969.

[45] *Hufen/Bickenbach* JuS 2004, 966, 967 f; wohl auch *Maurer* Allg VwR, § 12 Rn 26; (wenn auch krit) *Kopp/Ramsauer* VwVfG, § 36 Rn 62 aE; *Laubinger* VerwArch 73 (1982) 345, 364 f.

[46] So aber iE BVerwGE 81, 185, 186; 112, 221, 224; BVerwG NVwZ 1984, 366; OVG Berlin-Bbg NVwZ 1997, 1005; *Siekmann* DÖV 1998, 525, 533 f.

§ 24
Rücknahme von Verwaltungsakten

I. Die behördliche Aufhebung von Verwaltungsakten

1 Die Wirksamkeit des Verwaltungsakts endet nach § 43 II VwVfG durch Aufhebung (→ § 22 Rn 26). Das Gesetz benennt mit Rücknahme und Widerruf die beiden *zentralen Tatbestände der behördlichen Aufhebung*; als weitere Form der Aufhebung tritt die Aufhebung im Wiederaufgreifensverfahren hinzu (→ § 26 Rn 4). Unterscheidungsmerkmal zwischen den beiden in §§ 48 und 49 VwVfG geregelten Aufhebungstatbeständen ist die Rechtswidrigkeit bzw Rechtmäßigkeit des Verwaltungsakts. § 49a VwVfG regelt die vermögensrechtliche Abwicklung der Aufhebung, § 50 VwVfG Rücknahme und Widerruf im Rechtsbehelfsverfahren.

2 Die verwaltungsverfahrensrechtlichen Tatbestände sind in hohem Maße *europarechtlich überformt*. Sie gelten im Prinzip auch bei der Aufhebung gemeinschaftsrechtlich determinierter Verwaltungsakte im mitgliedstaatlichen Recht. Dabei sind allerdings die Grundsätze der Nichtdiskriminierung und Effektivität zu beachten (→ § 2 Rn 28), was die verwaltungsverfahrensrechtlichen Einschränkungen der Rücknahme erheblich modifiziert[1]. Die Rücknahmebestimmungen dürfen nicht in einer Weise angewandt werden, durch die gemeinschaftsrechtliche Sachverhalte im Vergleich mit mitgliedstaatlichen Sachverhalten ungünstiger behandelt werden, und vor allem darf durch die Anwendung der Rücknahmebestimmungen die Durchsetzung des Gemeinschaftsrechts nicht übermäßig erschwert oder praktisch unmöglich gemacht werden (näher Rn 24, 32). Der EuGH hat außerdem für das EU-Eigenverwaltungsrecht entsprechende Tatbestände durch Richterrecht entwickelt[2]. Handelt die EU selbst, kommen die §§ 48 ff VwVfG also nicht zur Anwendung.

3 In diesem Kontext regeln die §§ 48 und 49 VwVfG zweierlei: Erstens enthalten sie die *gesetzliche Ermächtigung* der Verwaltung *zur Aufhebung von Verwaltungsakten* auch unter Durchbrechung der Bestandskraft. Zweitens normieren sie – im Anschluss an allgemeine, durch die Rechtsprechung erarbeitete Rechtsgrundsätze – einen gesetzlichen Ausgleich zwischen dem Aufhebungsinteresse der Verwaltung, das bei rechtswidrigen Verwaltungsakten durch das Gesetzlichkeitsprinzip (Art 20 III GG), bei Verwaltungsakten durch das Erfordernis der Flexibilität bestimmt wird, und dem *Vertrauensschutz* zugunsten des Bürgers, der ebenfalls aus dem Rechtsstaatsprinzip (Art 20 III GG) sowie den Grundrechten abgeleitet wird[3]. Dieser Vertrauensschutz entfaltet sich allein bei begünstigenden Verwaltungsakten (→ § 21 Rn 53).

[1] Grundlegend EuGH Slg 1983, 2633 Rn 15 ff – Deutsche Milchkontor; st Rspr.

[2] St Rspr: EuGH Slg 1978, 585 Rn 38 – Herpels/Kommission; Slg 1982, 749 Rn 10–12 – Alpha Steel/Kommission; Slg 1987, 1005 Rn 12–17 – Consorzio kooperative d'Abruzzo/Kommission; Slg 1991, I-2987 Rn 20 – Cargill/Kommission; Slg 1991, I-3045 Rn 18 – Cargill; Slg 1997, I-1999 Rn 35 ff – De Compte/Parlament; Slg 2002, I-867 Rn 90 – Conserve Italia/Kommission, sowie bereits EuGH Slg 1957, 83, 119 – Algera; Slg 1962, 511, 549 – Nederlandsche Hoogovens; Slg 1965, 893, 910 f – Lemmerz-Werke; zum Ganzen *Streinz* EuR, Rn 776.

[3] Ausführlich *Blanke* Vertrauensschutz im deutschen und europäischen Verwaltungsrecht, 2000, 12 ff, 31 ff, 51 ff, 76 ff; *Schwarz* Vertrauensschutz als Verfassungsprinzip, 2002, 103 ff.

II. Begriff und Funktion der Rücknahme

4 *Rücknahme* ist die behördliche Aufhebung eines wirksamen[4], *rechtswidrigen* Verwaltungsakts[5]. Fehlt eine Ermächtigungsgrundlage (Vorbehalt des Gesetzes) oder entspricht der Verwaltungsakt nicht deren Anforderungen (Vorrang des Gesetzes), kann er zurückgenommen werden. Die Rechtswidrigkeit darf nicht nach §§ 45–47 VwVfG entfallen bzw geheilt worden sein[6]. Rechtswidrigkeit löst nur der Verstoß gegen außenwirksames Recht aus. Wird eine verwaltungsinterne Regelung verletzt, ist der Verwaltungsakt deswegen nicht automatisch rechtswidrig im Sinne der Rücknahmeregelung. Jene Außenwirksamkeit kann allerdings auch *Verwaltungsvorschriften* – Hauptanwendungsfall: *Subventionsrichtlinien* – zukommen, die im Grundsatz zunächst nur verwaltungsintern wirken. Rechtsprechung und Schrifttum begründen dies überwiegend über den allgemeinen Gleichheitssatz (Art 3 I GG) und die daraus folgende Selbstbindung der Verwaltung[7].Tatsächlich ist es überzeugender, diese „Dogmatik des Als-Ob"[8] durch eine gesetzlich vermittelte Normsetzungskompetenz der Verwaltung abzulösen[9]. Verwaltungsvorschriften kann dann unter bestimmten Voraussetzungen unmittelbar Außenwirkung zukommen, so dass die Rechtswidrigkeit von Verwaltungsakten sich direkt aus dem Verstoß gegen die jeweilige Verwaltungsvorschrift ergäbe.

5 *Rechtswidrig* ist auch ein Verwaltungsakt, der *gegen EU-Recht verstößt*. Dies ist eine unausweichliche Konsequenz des Vorrangs des Gemeinschaftsrechts. Materiell rechtswidrig ist zB ein Subventionsbescheid, der gegen Art 107 AEUV (ex-Art Art 87 EGV) verstößt, weil eine Beihilfe iSv Abs 1 vorliegt und keine Ausnahme nach Abs 2 oder 3 greift[10]. Die Kommission ordnet in ihrer Entscheidung nach Art 108 II AEUV (ex-Art 88 II EGV) die Rückforderung der Subvention als gemeinschaftsrechtswidriger Beihilfe an[11]. Ist die Kommission durch den Mitgliedstaat nicht von der Einführung der Beihilfe unterrichtet worden, ist der Subventionsbescheid formell rechtswidrig, und die – in diesem Fall einstweilige – Rückforderung wird durch die Kommission angeordnet[12]. In beiden Fällen erfolgt diese Rückforderung der Subvention durch den Mitgliedstaat durch Rücknahme des gemeinschaftsrechtswidrigen Subventionsbescheids und Geltendmachung des Anspruchs aus § 49a VwVfG.

[4] Wegen der unterschiedlichen Rechtswirkungen von Rücknahme und Nichtigkeitsfeststellung darf die Behörde die Frage der Wirksamkeit im Zweifel nicht offenlassen: *Maurer* Allg VwR, § 11 Rn 16. AA *Kopp/Ramsauer* VwVfG, § 48 Rn 18; *Ule/Laubinger* VwVfR, § 61 Rn 11 jeweils mwN.

[5] S aus der älteren Literatur *Bullinger* JZ 1963, 466; *J. Martens* NJW 1963, 1856; *Ossenbühl* Die Rücknahme fehlerhafter begünstigender Verwaltungakte, 2. Aufl 1965.

[6] S *Maurer* Allg VwR, § 11 Rn 18.

[7] Aus der Rspr s BVerwG NVwZ 2003, 1384 → JK 8/04 VwVfG § 48 I/26; ThürOVG ThürVBl 2004, 241 → JK 2/05 VwVfG § 48/27.

[8] S *Wahl* FG 50 Jahre BVerwG, 2003, 571, 582 und 585.

[9] Zum Streitstand → § 20 Rn 16. S auch *Ruffert* in: Hoffmann-Riem/Schmidt-Aßmann/Voßkuhle, Grundlagen I, § 17 Rn 69 mwN.

[10] BVerwGE 92, 81.

[11] S Art 14 der Verordnung (EG) Nr 659/1999 des Rates vom 22.3.1999 über besondere Vorschriften für die Anwendung von Artikel 88 des EG-Vertrages, ABlEG 1999 L 83, 1. Dazu BVerwG DVBl 2005, 1275 LS.

[12] S Art 11 II der VO 659/1999/EG (Fn 11).

Maßgeblicher *Zeitpunkt* für die Beurteilung der *Rechtswidrigkeit* des Verwaltungsakts ist die Bekanntgabe[13]. Teilweise ist in Rechtsprechung und Schrifttum angenommen worden, rechtswidrig iSv § 48 I 1 VwVfG sei auch ein *rechtswidrig werdender Verwaltungsakt*[14]. Gegen diese Auffassung spricht aber, dass das VwVfG die Änderung der Sach- und Rechtslage bei § 49 II 1 Nr 3 und 4 als Widerrufsgründe berücksichtigt, den rechtswidrig werdenden Verwaltungsakt also in der Kategorisierung für Rücknahme und Widerruf als rechtmäßigen behandelt[15]. Für eine Beschränkung des § 49 II 1 Nr 3 und 4 VwVfG auf Verwaltungsakte, bei denen die Änderung der Sach- und Rechtslage das behördliche Ermessen aktiviert, von ihrem Erlass abzusehen[16], gibt es keine Anhaltspunkte. 6

Der zurückzunehmende Verwaltungsakt muss zwar rechtswirksam sein (→ § 22 Rn 1). Auf den Eintritt der formellen Bestandskraft kommt es aber nicht an: Verwaltungsakte können vor oder nach deren Eintritt zurückgenommen werden (§ 48 I 1 VwVfG). Durch die Rücknahme wird also ggf die Bestandskraft durchbrochen. 7

Adressat der Rücknahme ist der jeweils Belastete oder Begünstigte bzw dessen Rechtsnachfolger. Diese Eigenschaft beurteilt sich nach dem einschlägigen materiellen Recht[17]. 8

III. Sonderregelungen

Die allgemeinen Regeln der §§ 48 ff VwVfG werden teilweise durch besondere Vorschriften der Rücknahme und des Widerrufs *verdrängt*[18]. Wichtigste Beispiele sind § 15 GastG für die Gaststättenerlaubnis[19]; § 17 II AtomG für atomrechtliche Genehmigungen[20]; § 45 WaffG[21] für waffenrechtliche Erlaubnisse und § 12 BBG für beamtenrechtliche Ernennungen. Der Rückgriff auf die Vertrauensschutzbestimmungen der §§ 48 ff VwVfG ist nur möglich, soweit Sinn und Zweck der Sondervorschriften dem nicht ent- 9

[13] BVerwGE 31, 222, 223; 45, 235, 243; 84, 111 → JK VwVfG § 48/9; OVG NRW NVwZ 1988, 71, 72; VGH BW VBlBW 2002, 208 → JK 9/02 VwVfG § 48/23; *Erichsen/Brügge* Jura 1999, 155, 157; *Kopp/Ramsauer* VwVfG, § 48 Rn 34; *Lehner* Verw 26 (1993) 183, 199 f; *Ipsen* Allg VwR, Rn 738. Auf das materielle Recht abstellend *Scherzberg* BayVBl 1992, 426, 427. Ausf zum Ganzen *Mager* Der maßgebliche Zeitpunkt für die Beurteilung der Rechtswidrigkeit von Verwaltungsakten, 1994, 124 ff.

[14] BVerwGE 66, 65, 68; OVG NRW NVwZ-RR 1988, 1, 2; *Lange* Jura 1980, 456, 459 f; *Schenke* DVBl 1989, 433; *Bronnemeyer* Der Widerruf begünstigender Verwaltungsakte nach § 49 VwVfG, 1994, 60 ff.

[15] Wie hier auch *Bumke* in: Hoffmann-Riem/Schmidt-Aßmann/Voßkuhle, Grundlagen I, § 35 Rn 164, Fn 494.

[16] So *Lange* Jura 1980, 456, 459; *ders* WiVerw 1979, 15, 16 f. Ähnlich *Schenke* BayVBl 1990, 107, 108; *Kleinlein* VerwArch 81 (1990) 149, 163 ff.

[17] BVerwG NVwZ 1988, 151; VGH BW NVwZ 1998, 87, 88; *Erichsen/Brügge* Jura 1999, 155, 157; *Sachs* in: Stelkens/Bonk/ders, VwVfG, § 48 Rn 243.

[18] Umfassende Zusammenstellung der Judikatur bei *Sachs* in: Stelkens/Bonk/ders, VwVfG, § 48 Rn 6–11.

[19] BVerwGE 81, 74, 78.

[20] Dazu *Kloepfer* Umweltrecht, 3. Aufl 2004, § 15 Rn 109.

[21] BVerwGE 71, 248, 250.

gegenstehen[22] und keine höherrangigen, insbesondere gemeinschafts- oder verfassungsrechtlichen Rücknahmehindernisse bestehen[23].

10 Im *Abgabenrecht* (einschließlich des Kommunalabgabenrechts) gelten mit §§ 130 ff AO bzw §§ 172 AO (für Steuerbescheide) ebenso teils abweichende Regelungen wie im Sozialrecht, §§ 44 ff SGB X. Gerade das *Sozialrecht* räumt dem Vertrauensschutz einen breiteren Raum ein als das Allgemeine Verwaltungsrecht bzw die Spezialregelungen des Besonderen Verwaltungsrechts.

IV. Rücknahme belastender Verwaltungsakte

1. Begünstigende und belastende Verwaltungsakte

11 Für die Ermächtigung der Verwaltung zur Rücknahme rechtswidriger Verwaltungsakte ist nach § 48 I VwVfG entscheidend, ob es sich um begünstigende oder belastende Verwaltungsakte handelt. Nach der Legaldefinition des § 48 I 2 VwVfG sind begünstigende Verwaltungsakte solche, die ein Recht oder rechtlich erheblichen Vorteil begründen oder bestätigen; die übrigen sind belastend[24]. Mit der Formulierung „Recht oder rechtlich erheblicher Vorteil" wird einem engen Verständnis des Begriffs vom subjektiv-öffentlichen Recht an dieser Stelle entgegengewirkt; andererseits reicht ein tatsächlicher, nicht rechtlich relevanter Vorteil nicht aus[25].

12 Gewisse Schwierigkeiten bereiten gleichzeitig begünstigende wie belastende Verwaltungsakte. Dies sind zum einen die Verwaltungsakte mit *Dritt-* oder *Doppelwirkung,* bei denen Begünstigung und Belastung jeweils bei einem anderen Beteiligten im mehrpoligen Verwaltungsrechtsverhältnis eintritt (→ § 21 Rn 64). Ob sie als begünstigend oder belastend gelten, ist allein nach der Wirkung beim Adressaten zu beurteilen. Beim begünstigenden Verwaltungsakt mit belastender Drittwirkung (zB Baugenehmigung mit Belastung für den Nachbarn) ergibt sich dies schon daraus, dass der begünstigte Adressat belastende Wirkungen für andere nicht einmal kennen muss; zudem spricht die Regelung des § 50 VwVfG für eine Zuordnung zur Kategorie des begünstigenden Verwaltungsakts. Beim belastenden Verwaltungsakt mit begünstigender Wirkung (zB Ablehnung der Bewilligung einer Subvention und daraus folgende Begünstigung des Konkurrenten) wird es häufig schon an einem rechtlich erheblichen Vorteil fehlen, und bloße Rechtsreflexe für Dritte führen nicht dazu, dass ein Verwaltungsakt als begünstigender anzusehen ist[26].

13 Bei Verwaltungsakten mit *Mischwirkung* treten Begünstigung und Belastung beim Adressaten ein. Lassen sich Begünstigung und Belastung voneinander trennen (zB gewerberechtliche Genehmigung und dafür festgesetzte Gebühr), so sind für jeden Teil des Verwaltungsakts die jeweiligen Rücknahmevoraussetzungen anzuwenden[27]. Fehlt

[22] VGH BW DVBl 1990, 1068, 1069; *Erichsen/Brügge* Jura 1999, 155, 156; *Schnapp/Cordewener* JuS 1999, 39, 42. Zu den Regelungen des neuen EnWG *Britz* N & R 2006, 6.

[23] Art 16 I GG ist kein Hindernis für die Rücknahme einer durch Täuschung erwirkten Einbürgerung: BVerwGE 118, 216, 220 f; sowie OVG Hamburg NVwZ 2002, 885 → JK VwVfG § 48/24; bestätigt durch BVerfGE 116, 24; dazu *Engst* JuS 2007, 225.

[24] *Erichsen/Brügge* Jura 1999, 155, 157.

[25] Vgl *Sachs* in: Stelkens/Bonk/ders, VwVfG, § 48 Rn 116.

[26] Zum Ganzen *Erichsen/Brügge* Jura 1999, 155, 158.

[27] *Ule/Laubinger* VwVfR, § 61 Rn 27; *Wolff/Bachof/Stober* VwR II, § 51 Rn 29.

es an der Teilbarkeit, so gelten zugunsten des Adressaten die Vorschriften für die Rücknahme begünstigender Verwaltungsakte, wenn die Begünstigung in der Sache nicht völlig hinter der Belastung zurücktritt[28]. Bei nachträglicher Erhöhung des geschuldeten Betrages gilt ein Leistungsbescheid ebenfalls als begünstigender Verwaltungsakt (→ § 21 Rn 53).

2. Rücknahmeermessen

Nach § 48 I 1 VwVfG steht die Rücknahme rechtswidriger Verwaltungsakte im *Ermessen der Behörde („kann")*. Diejenigen Faktoren, welche diese Ermessensentscheidung steuern, sind die alleinige Grenze für die Rücknahme belastender Verwaltungsakte, denn hier sind die Absätze 2–4 unanwendbar (§ 48 I 2 VwVfG), zumal bei belastenden Verwaltungsakten die Berücksichtigung von Vertrauensschutz zugunsten des Adressaten kaum in Betracht kommt. **14**

Die Ermessensentscheidung nach § 48 I 1 VwVfG bewegt sich zwischen den jeweils im Grundsatz der Rechtsstaatlichkeit (Art 20 III GG) wurzelnden Polen Gesetzmäßigkeitsprinzip einerseits und Rechtssicherheit andererseits[29]. Insofern ist der zurücknehmenden Behörde aufgegeben, zwei gleichrangige Belange miteinander abzuwägen[30]. Maßgebliche Gesichtspunkte sind die Belastung des Betroffenen, die Schwere des Fehlers, die seit Erlass des Verwaltungsakts verstrichene Zeit und die Anzahl der betroffenen Fälle[31]. Mit dem Ermessensspielraum korrespondiert ein subjektiv-öffentliches Recht des Belasteten auf fehlerfreie Ermessensausübung[32]. **15**

In Ausnahmefällen kann das *Rücknahmeermessen der Behörde auf Null reduziert* sein; dann besteht eine Rücknahmeverpflichtung[33]. Dies kann wegen des im Wortlaut des § 48 I 1 VwVfG angelegten Spielraums nicht schon bei Rechtswidrigkeit des Verwaltungsakts der Fall sein, sondern es bedarf des Hinzutretens besonderer Umstände[34]. Rechtsprechung und Schrifttum sehen dies als gegeben an, wenn das Unterlassen der Rücknahme für den Betroffenen, Dritte oder die Allgemeinheit schlechthin unerträglich wäre bzw sich die Berufung auf die Bestandskraft als Verstoß gegen Treu und Glauben darstellte[35]. In einem solchen Fall *verdichtet sich der Anspruch auf fehlerfreie Ermessensausübung zu einem Rücknahmeanspruch*. Dabei dürfen keine Belange Dritter beeinträchtigt sein. Darüber hinaus kann das Ermessen durch eine ständige Verwaltungspraxis in der Weise gelenkt sein, dass eine Abweichung gegen Art 3 I GG verstieße (*Selbstbindung der Verwaltung*)[36]. **16**

[28] *Erichsen/Brügge* Jura 1999, 155, 158; *Kopp/Ramsauer* VwVfG, § 48 Rn 72; *Sachs* in: Stelkens/Bonk/ders, VwVfG, § 48 Rn 125.
[29] *Martens* Jura 1979, 83, 86 ff; *Erichsen/Brügge* Jura 1999, 155, 164.
[30] BVerwGE 28, 122, 127; 44, 333, 336. Zum Übergewicht eines Belangs im Ausnahmefall BVerwGE 44, 333, 336.
[31] Instruktiv *Erichsen* 12. Aufl 2002, § 17 Rn 53.
[32] BVerfGE 27, 297, 307; BVerwGE 44, 333, 335. *Sachs* in: Stelkens/Bonk/ders, VwVfG, § 48 Rn 78.
[33] *Kopp/Ramsauer* VwVfG, § 48 Rn 94; *Ule/Laubinger* VwVfR, § 62 Rn 16; BVerwG NVwZ 1985, 265; NVwZ 2002, 730.
[34] Anders die ältere Lehre: *Maurer* DÖV 1966, 477; *J. Martens* NJW 1963, 1856; *Forsthoff* VwR, 261.
[35] BVerwGE 28, 122, 127 f; 44, 333, 336; BVerwG NVwZ 1985, 265; VGH BW NVwZ 1989, 882, 884.
[36] BVerwGE 26, 153, 155; 28, 122, 127 f.

17 Für *gemeinschaftsrechtswidrige mitgliedstaatliche Verwaltungsakte* hat der EuGH die in Rn 15 genannten „besonderen Umstände" dahingehend präzisiert, dass ein Verwaltungsakt zurückgenommen werden muss, wenn (1) das mitgliedstaatliche Recht eine Rücknahmemöglichkeit auch nach Eintritt der Bestandskraft vorsieht (was nach dem Gesagten der Fall ist)[37], (2) der Verwaltungsakt nach einem letztinstanzlichen Urteil bestandskräftig ist (der Betroffene also alle Möglichkeiten ausgeschöpft hat), (3) das letztinstanzlich entscheidende Gericht das Gemeinschaftsrecht falsch, dh unter Missachtung der Rechtsprechung des EuGH, ausgelegt hat, ohne die einschlägige Frage vorher dem EuGH vorzulegen (Art 234 III EGV) und (4) der Betroffene sich unmittelbar nach Kenntnisnahme des Auslegungsfehlers (dh des einschlägigen EuGH-Urteils) an die Behörde wendet[38]. Diese Kriterien sind in der Rechtsprechung weiter vertieft worden. So muss sich der Kläger im gerichtlichen Verfahren, das wegen der falschen Auslegung des Gemeinschaftsrechts und Missachtung der Vorlagepflicht zur Gemeinschaftsrechtswidrigkeit des Verwaltungsakts geführt hat (Kriterium (3)), nicht auf Gemeinschaftsrecht berufen haben, denn zwingende Vorschriften des Gemeinschaftsrechts müssen von Amts wegen beachtet werden[39]. Allerdings muss der Betroffene den Verwaltungsakt überhaupt angefochten haben. Ist die Bestandskraft durch Zeitablauf eingetreten, besteht nicht automatisch ein Rücknahmeanspruch, sondern das mitgliedstaatliche Recht muss die Rücknahmepflicht entsprechend dem Äquivalenzprinzip (→ § 4 Rn 44) für den gemeinschaftsrechtswidrig-bestandskräftigen Verwaltungsakt nach den gleichen Kriterien beurteilen wie für einen vergleichbaren bestandskräftigen Verwaltungsakt, der nach mitgliedstaatlichem Recht rechtswidrig ist (vgl Rn 5)[40]. – Schließlich gibt es für die Unmittelbarkeit (Kriterium (4)) keine gemeinschaftsrechtlich vorgegebene Frist, sondern die Fristen des nationalen Rechts sind unter Beachtung von Äquivalenzprinzip und Effektivitätsgrundsatz anwendbar[41].

18 Teilweise wird diese Rechtsprechung auf das Wiederaufgreifen des Verfahrens nach § 51 VwVfG bezogen. Nur durch eine Rücknahmepflicht, nicht schon durch die ver-

[37] Die Rspr bezieht sich allein auf die Bestandskraft. Eine Modifikation mitgliedstaatlicher Bestimmungen über die Rechtskraft wird nicht verlangt: EuGH Slg 2006, I-2585 – Rosemarie Kapferer/Schlank & Schick GmbH.

[38] EuGH Slg 2004, I-837, Rn 26 – Kühne & Heitz; dazu *Britz/Richter* JuS 2005, 198; *Frenz* DVBl 2004, 375; *Ruffert* JZ 2004, 620.

[39] EuGH Slg 2008, I-411 Rn 42 ff – Willy Kempter KG/Hauptzollamt Hamburg-Jonas. Zustimmend *Ludwigs* JZ 2008, 466; *Ruffert* DV 41 (2008) 543 (547); *ders* Review of European Administrative Law 1 (2008) 127.

[40] EuGH Slg 2006, I-8559, Rn 62 ff – i 21 und Arcor/Deutschland. Dazu *Ludwigs* NVwZ 2007, 549; *Ruffert* JZ 2007, 407. Das abschließende Urteil des BVerwG (NVwZ 2007, 709) ist nur wegen der – ungewöhnlichen – Untätigkeit des betroffenen Unternehmens gegen den Ausgangsverwaltungsakt haltbar, während es deutliche Signale des EuGH hinsichtlich der Verletzung des Äquivalenzprinzips übersieht (wie hier *Weiß* DÖV 2008, 477, 482; aA *Gärditz* NWVBl 2006, 442; *Ludwigs* DVBl 2008, 1164, 1170 f). Die Besonderheit der Fallkonstellation (unterlassener Rechtsbehelf) heben auch *Ludwigs* NVwZ 2007, 549, 551, und *Rennert* DVBl 2007, 400, 408, hervor. S auch *Ruffert* DV 41 (2008) 543, 548 ff. – Wird ein für gemeinschaftsrechtswidrig gehaltener Akt angefochten, so kann das mitgliedstaatliche Verbot einer *reformatio in peius* im Gerichtsverfahren nicht durch Europarecht durchbrochen werden: EuGH NVwZ 2009, 168 (dazu *Lindner* DVBl 2009, 224).

[41] EuGH Slg 2008, I-411, Rn 15 – Willy Kempter KG/Hauptzollamt Hamburg-Jonas. Krit *Kanitz/Wendel* EuZW 2008, 231, 234.

fahrensrechtliche Verpflichtung zum Wiederaufgreifen kann jedoch die Gemeinschaftsrechtswidrigkeit beseitigt werden[42].

V. Vertrauensschutz bei der Rücknahme begünstigender Verwaltungsakte

1. Die Regelung des VwVfG

Bis in die 1950er Jahre hatte sich der allgemeine Rechtsgrundsatz der jederzeitigen Rücknehmbarkeit von Verwaltungsakten aufgrund des Gesetzmäßigkeitsprinzips (Art 20 III GG) gehalten. Der anschließende Wandel der Rechtsprechung hin zur Anerkennung des Vertrauensschutzes bei der Rücknahme rechtswidriger, begünstigender Verwaltungsakte war allerdings so stabil[43], dass sich die Regelung des § 48 I 2, II–IV VwVfG im Wesentlichen als *Kodifikation der Rücknahmegrenzen* darstellt, wie sie in der Rechtsprechung entwickelt worden waren[44]. Dabei ist die *gesetzliche Regelung vom Allgemeinen zum Besonderen* aufgebaut. In der konkreten Rücknahmeprüfung ist genau umgekehrt vorzugehen: Zunächst ist zu klären, ob die Rücknahmefrist nach Abs 4 S 1 (sofern nicht nach S 2 unanwendbar) abgelaufen ist. Sodann ist für den Vertrauensschutz zu unterscheiden, ob es sich um einen Geld- bzw Sachleistungsverwaltungsakt (Abs 2) oder einen sonstigen begünstigenden Verwaltungsakt handelt (Abs 3). In beiden Fällen ist zunächst der Ausschluss jeglichen Vertrauensschutzes zu prüfen (Abs 2 S 3, Abs 3 S 2). 19

2. Rücknahmefrist

§ 48 IV 1 VwVfG begrenzt den Rücknahmezeitraum bei begünstigenden Verwaltungsakten auf ein Jahr, wobei die Jahresfrist nicht gilt, wenn der Vertrauensschutz ausgeschlossen ist (S 2). Auf die Jahresfrist ist nicht nur bei der ersten Rücknahmeentscheidung zu achten, sondern bei jeder weiteren Entscheidung, die diese ersetzt[45]. Die Ermittlung des Zeitpunkts, in dem „... die Behörde von Tatsachen Kenntnis ...“ erhält, „... welche die Rücknahme eines rechtswidrigen Verwaltungsakts rechtfertigen, ...“, und damit der Fristbeginn nach § 48 IV 1 VwVfG, ist in dreifacher Hinsicht umstritten. Der Große Senat des BVerwG hat diese Streitfragen vor einiger Zeit in teilweise nicht überzeugender Weise aufzulösen versucht. 20

Erstens stellt sich die Frage, ob die Jahresfrist auch gilt, wenn der Verwaltungsakt aufgrund eines Rechtsanwendungsfehlers rechtswidrig ist, denn hier erhält die Behörde niemals Kenntnis von „Tatsachen“, welche die Rücknahme rechtfertigen, sondern wird nur auf das korrekte Verständnis des Rechts aufmerksam[46]. Bliebe hier die Jahresfrist 21

[42] Wie hier *Ludwigs* JZ 2008, 466, 468; *Lindner* BayVBl 2004, 589, 592; *Weiß* DÖV 2008, 477, 485, wohl auch *Berg* JZ 2005, 1039, 1046. Differenzierend *Britz/Richter* JuS 2005, 198, 201 f; *Englisch* DV 41 (2008) 99, 111 f; *Lenze* VerwArch 97 (2006) 49, 56 ff. Aus der Rspr s VGH BW VBlBW 2009, 32.

[43] Zur Herleitung des Vertrauensschutzgedankens aus dem Rechtsstaatsprinzip *Blanke* (Fn 3) 12 ff; *Weber-Dürler* Vertrauensschutz im öffentlichen Recht, 1983, S 47 ff; *Schwarz* (Fn 3) 103 ff. Zur Sonderrolle des Vertrauensschutzes in Deutschland *Bullinger* JZ 1999, 905.

[44] Zur historischen Entwicklung *Maurer* Allg VwR, § 11 Rn 21 ff.

[45] BVerwGE 100, 199, 205 → JK VwVfG § 48/15.

[46] BVerwG NVwZ 1984, 717; OVG Rh-Pf NVwZ 1984, 735; OVG NRW DVBl 1984, 1084,

unanwendbar, würde dies jedoch den Vertrauensschutz entgegen der Intention des § 48 IV 1 VwVfG unangemessen verkürzen. Der begünstigte Bürger soll gerade nicht unbefristet damit rechnen müssen, dass ein Rechtsanwendungsfehler gefunden wird und die Behörde daraufhin die Begünstigung rückgängig macht. „Tatsachen" sind nach dieser vertrauensschutzorientierten Interpretation daher auch Umstände der rechtlichen Bewertung[47].

22 Zweitens ist umstritten, *welche* „Tatsachen" die Behörde kennen muss, damit die Frist des § 48 IV 1 VwVfG beginnt. Dies kann nicht schon dann der Fall sein, wenn die Behörde alle Tatsachen kennt, sonst würde die Frist bei Rechtsanwendungsfehlern stets mit Erlass des Verwaltungsaktes zu laufen beginnen, was der Regelungsstruktur des § 48 IV 1 VwVfG zuwiderliefe und den Vertrauensschutz zu hoch gewichtete[48]. Überzeugend ist es, die Frist mit Kenntnisnahme der die Rechtswidrigkeit begründenden Tatsachen beginnen zu lassen[49]. Die Rechtsprechung geht allerdings darüber hinaus: Nach Auffassung des Großen Senats müssen sogar noch alle Umstände bekannt sein, die für die Rücknahmeentscheidung relevant sind, also sämtliche Vertrauensschutz- und Ermessensgesichtspunkte[50]. Dadurch jedoch wird die Frist des § 48 IV 1 VwVfG von einer Bearbeitungsfrist zu einer Entscheidungsfrist, was angesichts ihrer Länge und der damit verbundenen Verkürzung des Vertrauensschutzes kaum überzeugt, zumal die Behörde durch Aufnahme von Ermittlungen den Fristbeginn beliebig hinauszögern könnte[51]. Die hier vorgeschlagene Auslegung ist einer Korrektur mit Verwirkungsüberlegungen vorzuziehen[52], und von Verwirkung ist nur in Ausnahmefällen *vor* Ablauf der Jahresfrist auszugehen, wenn die Behörde beim Betroffenen berechtigte Erwartungen auf den Bestand des begünstigenden Verwaltungsakts hervorgerufen hat[53].

23 Drittens ist der *Behördenbegriff* umstritten. Der Große Senat stellt auf die Kenntnisnahme beim behördenintern zuständigen Amtswalter ab[54]. Dadurch wird das Risiko

1086; BayVGH DVBl 1983, 946, 947; *Allesch* BayVBl 1984, 519; *Weides* DÖV 1985, 91, 94; *Hendler* JuS 1985, 947, 948; *Pieroth* NVwZ 1984, 681, 685 f; *Schoch* NVwZ 1985, 880, 882 f; *Kopp* DVBl 1985, 525.

47 BVerwGE 70, 356, 357 ff, sowie bereits vorher BVerwGE 66, 61, 64 → JK VwVfG § 48/3; ferner BVerwG NVwZ 1984, 717; NVwZ 1986, 119; OVG Berlin-Bbg DVBl 1983, 354, 355; *Stadie* DÖV 1992, 247, 247 ff; aA: *Knoke* Rechtsfragen der Rücknahme von Verwaltungsakten, 1989, 249 f; *Busch* DVBl 1982, 1002. Für *Maurer* Allg VwR, § 11 Rn 35a, ist dies ein Analogieschluss.

48 So aber BayVGH NVwZ 1984, 735, 736.

49 *Schoch* NVwZ 1985, 880, 884; *Weides* DÖV 1985, 91, 96; *ders* DÖV 1985, 431, 434 f; *Stadie* DÖV 1992, 247, 250 ff.

50 BVerwGE 70, 356, 362 ff; 92, 81, 87; 100, 199, 203 → JK VwVfG § 48/15; 110, 226, 233 → JK VwVfG § 48/20; 112, 360, 362; NJW 1988, 2911, 2912; DVBl 1989, 41, 42; NVwZ 1995, 703, 704; NVwZ 1998, 87, 89; DVBl 2001, 1221, 1222; VGH BW NVwZ-RR 1993, 58; BayVGH BayVBl 1980, 501, 502; ZBR 1983, 66; BayVBl 1991, 339; NVwZ 2001, 931, 932; BayVGH NJW 1997, 2255, 2256; BSG NVwZ 1996, 1248; *Knoke* (Fn 41) 260 ff; *Allesch* BayVBl 1984, 519, 520 f; *Grziwotz* BayVBl 1990, 705; *Erichsen* 12. Aufl 2002, § 17 Rn 50. Nach BayVGH BauR 2009, 287 (LS), muss sogar ein Petitionsverfahren abgewartet werden.

51 *Maurer* Allg VwR, § 11 Rn 35a.

52 Vorgenommen in BVerwGE 110, 226, 236 → JK VwVfG § 48/20.

53 Vgl für Letzteres BVerwG NVwZ 1995, 703, 706; VGH BW VBlBW 1994, 111, 114; *Schäfer* in: Obermayer, VwVfG, § 48 Rn 108.

54 BVerwGE 70, 356, 364; DVBl 2001, 1221, 1223; OVG Berlin-Bbg NJW 1983, 2156; VGH BW VBlBW 1986, 221, 224; *Schoch* NVwZ 1985, 880, 884 f; *Pieroth* NVwZ 1984, 681, 684 f.

von Übermittlungsfehlern und -verzögerungen dem Adressaten der Rücknahme auferlegt. Dies überzeugt im Kontext einer Vertrauensschutzregelung nicht. Richtigerweise wird man „Behörde" iSv § 48 IV 1 VwVfG organisatorisch-abstrakt verstehen müssen (s auch § 1 IV VwVfG)[55].

Grundsätzlich gilt die Jahresfrist auch für *europarechtswidrige Verwaltungsakte*, allerdings nur, soweit ihre Anwendung als mitgliedstaatliche verwaltungsverfahrensrechtliche Bestimmung die Durchsetzung des Gemeinschaftsrechts nicht gegenüber vergleichbaren mitgliedstaatlichen Sachverhalten benachteiligt und nicht praktisch unmöglich macht (s o Rn 2). Daher muss ein Beihilfebescheid auch nach Ablauf der Frist des § 48 IV 1 VwVfG zurückgenommen werden, wenn die Kommission in einer Entscheidung nach Art 108 II AEUV (ex-Art 88 II EGV) an den Mitgliedstaat Deutschland die Rückforderung der Beihilfe verlangt hat (s Art 14 BeihilfeverfahrensVO[56]), denn sonst würde die Geltung des Unionsrechts ausgehebelt und der Mitgliedstaat Deutschland könnte durch Verzögerung der Rücknahme das Rückforderungsbegehren unterlaufen[57]. Wegen des Anwendungsvorrangs des Unionsrechts ist dies auch verfassungsrechtlich nicht zu beanstanden[58]. **24**

3. Geldleistungsverwaltungsakte

a) *Begriff und Prinzip.* § 48 II VwVfG regelt die Sicherung des Vertrauensschutzes bei der Rücknahme von Verwaltungsakten, die eine einmalige oder laufende Geldleistung bzw eine Sachleistung gewähren oder hierfür Voraussetzung sind. Eine solche Leistung liegt vor, wenn das Vermögen des Begünstigten unmittelbar vermehrt wird, was auch durch Verzicht auf eine geschuldete Leistung des Begünstigten geschehen kann[59]. Geldleistung ist jede in einer Währung bezifferbare Leistung (zB Subvention); Sachleistung jede Übereignung oder sonstige Überlassung eines körperlichen Gegenstandes (zB Kleidung), so dass immaterielle Leistungen (zB Beratung) aus § 48 II 1 VwVfG herausfal- **25**

Ähnlich unter Verweis auf die Entstehungsgeschichte (BT-Drucks 7/910, 71) *Erichsen* 12. Aufl 2002, § 17 Rn 51.

[55] Wie hier *Maurer* Allg VwR, § 11 Rn 35; *Stadie* DÖV 1992, 247, 251 f. Umfassend unter dem Gesichspunkt der Wissenszurechnung *Henning* Wissenszurechnung im Verwaltungsrecht, 2003.

[56] VO 659/1999/EG (Fn 11).

[57] EuGH Slg 1997, I-1591 Rn 37 – Alcan II → JK VwVfG §§ 48, 49a/16, sowie bereits vorher EuGH Slg 1990, I-3437 Rn 18 f – BUG-Alutechnik. BVerwGE 92, 81; BVerwG NVwZ 1995, 703, 706. S dazu *Berrisch* EuR 1997, 155; *Hoenike* EuZW 1997, 279; skeptisch *Classen* JZ 1997, 724; *ders* in: Kreuzer/Scheuing/Sieber (Hrsg), Die Europäisierung der mitgliedstaatlichen Rechtsordnungen in der Europäischen Union, 1997, 107, 111 f; bes krit *Scholz* DÖV 1998, 261 (gegen ihn zutreffend *Winkler* DÖV 1999, 148; *Frowein* DÖV 1998, 806, 807 f. S außerdem EuGH Slg 2002, I-11695 Rn 34 ff – Kommission/Deutschland – WestLB. Zu Recht weist *Hatje* Die gemeinschaftsrechtliche Steuerung der Wirtschaftsverwaltung, 1999, 283, auf das kollusive Zusammenwirken von Mitgliedstaat und Unternehmen hin.
S zum Ganzen *Scheuing* Verw 34 (2001) 107; *Schwarz* Verw 34 (2001) 397; *Richter* Rückforderung staatlicher Beihilfen nach §§ 48, 49 VwVfG bei Verstoß gegen Art 92 ff EGV, 1995.

[58] BVerfG NJW 2000, 2015; BVerwGE 106, 328 → JK VwVfG § 48/18; im Ergebnis befürwortend (teilw krit) *Lindner* BayVBl 2000, 656; *Bausback* BayVBl 2000, 658; *Gündisch* NVwZ 2000, 1125; skeptisch hingegen *H. Müller* Die Aufhebung von Verwaltungakten unter dem Einfluß des Europarechts, 2000, 284 ff; *Suerbaum* VerwArch 91 (2000) 169, 201 ff; teilw krit auch *Gromitsaris* ThürVBl 2000, 97.

[59] *Kopp/Ramsauer* VwVfG, § 48 Rn 87. Vgl auch BVerwG 85, 79, 89.

len[60]. Auch Genehmigungen sind keine Leistung, sondern klassischer Gegenstand des Abs 3. Ein Verwaltungsakt ist Voraussetzung für die Gewährung einer Geld- oder Sachleistung, wenn er die rechtliche Voraussetzung für eine solche Leistung schafft (zB Besoldungsdienstalter; Bescheinigung, die Voraussetzung für Abgabenbefreiung ist[61])[62].

26 Überwiegt nach der differenzierten gesetzlichen Regelung das Vertrauensschutzinteresse das Interesse an der Gesetzmäßigkeit der Verwaltung, entfällt die Rücknahmebefugnis. Vertrauensschutz entfaltet sich als *Bestandsschutz*[63]. Voraussetzung ist in jedem Fall, dass der Begünstigte tatsächlich *auf den Bestand des Verwaltungsaktes vertraut hat* (§ 48 II 1 VwVfG), was zB zu verneinen ist, wenn er den Verwaltungsakt nicht kennt[64]. Das Vertrauen muss nicht nach außen manifestiert werden; gleichwohl liegt in der Betätigung ein wichtiges Indiz für das Vertrauen[65].

27 b) *Verlust des Vertrauensschutzes bei Vorliegen eines Ausschlussgrundes.* Liegt ein Ausschlussgrund nach § 48 II 3 VwVfG vor, so kann sich der Begünstigte nicht auf sein Vertrauen in den Bestand des Verwaltungsakts berufen. Bei *arglistiger Täuschung, Drohung und Bestechung* (Nr 1) ist dies offensichtlich. Die Begriffe sind parallel zum Zivil- bzw Strafrecht auszulegen[66]. *Erwirkt* ist ein Verwaltungsakt durch arglistige Täuschung, Drohung oder Bestechung, wenn die Handlung des Begünstigten zum Erlass des Verwaltungsaktes geführt hat – gleich, ob er deswegen oder aus anderen Gründen rechtswidrig ist[67], wobei sich der Begünstigte das Verhalten eines Vertreters, nicht jedoch das eines Dritten zurechnen lassen muss[68].

28 Weiter reicht der Ausschlusstatbestand der *unrichtigen oder unvollständigen Angaben* (Nr 2). Hier wird eine Teilung der Verantwortungssphären vorgenommen und die Verantwortung für die Richtigkeit der Angaben – objektiven Tatsachen[69] – dem Bürger zugewiesen, zu deren Übermittlung er rechtlich verpflichtet ist oder behördlich aufgefordert wird[70]. Dementsprechend kommt es nicht auf Kenntnis oder fahrlässige Unkenntnis des Fehlers an[71]. Immerhin müssen die Angaben „in wesentlicher Hinsicht" unrichtig, dh für die Entscheidungsfindung der Behörde maßgeblich sein[72]. Außerdem kommt der Ausschlusstatbestand nicht zur Anwendung, wenn die Mitverantwortung der Behörde an den unrichtigen oder unvollständigen Angaben so schwer wiegt, dass sich der Fehler nicht der Verantwortungssphäre des Bürgers zuordnen lässt[73].

[60] Hierzu und zu den Beispielen *Erichsen* 12. Aufl 2002, § 17 Rn 26.
[61] BVerwGE 104, 289, 301.
[62] *Sachs* in: Stelkens/Bonk/ders, VwVfG, § 48 Rn 129.
[63] Differenzierend BVerwGE 104, 289, 300 f; *Maurer* FS Boorberg-Verlag, 1977, 223, 236.
[64] *Maurer* Allg VwR, § 11 Rn 30.
[65] AA – ohne Begr – *Sachs* in: Stelkens/Bonk/ders, VwVfG, § 48 Rn 136.
[66] *Ule/Laubinger* VwVfR, § 62 Rn 13.
[67] Wie hier *Ossenbühl* DÖV 1964, 511, 518; *Sachs* in: Stelkens/Bonk/ders, VwVfG, § 48 Rn 153. AA *Erichsen* 12. Aufl 2002, § 17 Rn 30.
[68] *Sachs* in: Stelkens/Bonk/ders, VwVfG, § 48 Rn 151; *Ehlers* GewArch 1999, 305, 313; BSG DVBl 1994, 1247.
[69] BayVGH BayVBl 1987, 696.
[70] OVG NRW NVwZ-RR 1997, 585, 587 → JK VwVfG §§ 48, 49/17; *Erichsen/Brügge* Jura 1999, 155, 159 f.
[71] St Rspr seit BVerwGE 8, 261, 271; 40, 212, 217; 74, 357, 364; 78, 139, 142 f.
[72] S *Bull/Mehde* Allg VwR, Rn 814.
[73] Vgl BVerwGE 88, 278, 283 f; *Sachs* in: Stelkens/Bonk/ders, VwVfG, § 48 Rn 158; *Erichsen/Brügge* Jura 1999, 155, 160. Anders noch BVerwGE 74, 357, 364: Anwendung allein von § 242 BGB.

Beim letzten Ausschlusstatbestand wird die Schutzwürdigkeit des Vertrauens jedoch gerade durch *Kenntnis oder grob fahrlässige Unkenntnis der Rechtswidrigkeit des Verwaltungsakts* (Nr 3) beseitigt. Kenntnis der Rechtswidrigkeit ist das Bewusstsein des Begünstigten, dass ihm die Geld- oder Sachleistung nicht zusteht[74]. Maßstab der Unkenntnis ist ein individualisierter Fahrlässigkeitsmaßstab: Es kommt darauf an, ob sich die Kenntnis der Rechtswidrigkeit geradezu hätte aufdrängen müssen, weil zB ganz einfache, naheliegende Überlegungen unterlassen wurden[75]. Besondere Kenntnisse eines Begünstigten rechtfertigen einen strengeren Maßstab.[76] So müssen Beamte und Versorgungsempfänger entsprechende Bescheide des Dienstherrn überprüfen[77]. 29

c) *Vertrauensschutz im Regelfall.* Liegt kein Ausschlussgrund vor, ist als nächstes die Anwendbarkeit des *Regelbeispiels* in § 48 II 2 zu prüfen. Bei Verbrauch der Leistung oder bei unumkehrbaren Vermögensdispositionen geht das Gesetz von schutzwürdigem Vertrauen aus und verwehrt der Behörde die Rücknahme. *Verbrauch* ist die Ausgabe der Leistung ohne Vermögensmehrung des Begünstigten per saldo (dh konsumtiver Verbrauch), vor allem im Rahmen der allgemeinen Lebensführung (nicht: Schuldentilgung)[78]. *Vermögensdisposition* ist als „Ins-Werk-Setzen" aufgrund der Begünstigung jede Handlung, die sich auf das Vermögen des Begünstigten auswirkt. Sie darf nicht oder nur unter unzumutbaren Nachteilen rückgängig zu machen sein, dh die Rücknahme müsste objektiv wirtschaftlich nachteilig für den Begünstigten sein. Beispiele sind die Ausrichtung der Lebensführung auf eine Pensionsfestsetzung, der Erwerb eines Grundstücks bzw Bau eines Hauses nach Erhalt einer Ausgleichszahlung oder Aufwendungen auf Baupläne nach Bewilligung eines öffentlichen Darlehens[79]. Grundsätzlich muss der Verwaltungsakt der Disposition vorausgehen[80]. 30

d) *Vertrauensschutz und Gesetzmäßigkeitsprinzip in der Abwägung.* Erst wenn feststeht, dass die Rücknahmefrist noch nicht abgelaufen ist, kein Ausschlusstatbestand und nicht schon das Regelbeispiel greift, kommt es zur allgemeinen Abwägung nach § 48 II 1 VwVfG. Das Vertrauensinteresse muss das öffentliche Interesse an der Rücknahme, das im Prinzip der Gesetzmäßigkeit der Verwaltung wurzelt, überwiegen. Abwägungsgesichtspunkte im Einzelfall sind die Auswirkungen der Rücknahme für den Begünstigten bzw die Folgen der Nichtrücknahme für die Allgemeinheit und Dritte, die Art und das Zustandekommen des Verwaltungsakts (zB vertrauenserweckende Formalität), die Schwere der Rechtswidrigkeit und (diesseits der Rücknahmefrist) der Zeitablauf[81]. 31

Bei *europarechtswidrigen Verwaltungsakten,* insbesondere bei *Subventionsbescheiden,* kommen die mitgliedstaatlichen Vertrauensschutzbestimmungen im Grundsatz zur Anwendung, denn der Vertrauensschutz ist auch ein allgemeiner Rechtsgrundsatz des Gemeinschaftsrechts[82] (→ § 2 Rn 30). Bei der Abwägung zwischen Vertrauensschutz 32

[74] Vgl BVerwG DVBl 1994, 115.

[75] BVerwGE 40, 212, 217; OVG NRW NVwZ-RR 1997, 585, 587; *Sachs* in: Stelkens/Bonk/ders, VwVfG, § 48 Rn 161.

[76] *Sachs* in: Stelkens/Bonk/ders, VwVfG, § 48 Rn 162.

[77] BVerwGE 40, 212, 217 f; BVerwG NVwZ 1987, 500; OVG NRW NVwZ 1988, 1037.

[78] S *Erichsen* 12. Aufl 2002, § 17 Rn 35.

[79] Fälle aus der älteren Rspr bei *Erichsen* 12. Aufl 2002, § 17 Rn 37.

[80] BayVGH DöD 1997, 199. Ausnahmefall: OVG Hamburg NVwZ 1988, 73.

[81] S *Maurer* Allg VwR, § 11 Rn 33.

[82] EuGH Slg 1983, 2633 Rn 30 – Deutsche Milchkontor; Slg 1990, I-3437 Rn 13 f, 16 – BUG-Alutechnik. Dies ist eine Mindestgarantie: *Streinz* Verw 23 (1990) 153, 176; *Triantafyllou* NVwZ 1992, 436, 438; *Schulze* EuZW 1993, 279, 280.

und Rechtmäßigkeitsprinzip muss aber „… dem Interesse der Gemeinschaft im vollen Umfang Rechnung getragen …" werden[83]. Damit die Durchsetzung des Gemeinschaftsrechts nicht übermäßig erschwert bzw praktisch unmöglich gemacht wird (s o Rn 2), verschieben sich die Gewichte in der Abwägung zu Lasten des Vertrauensschutzes[84]. In der Regel gebührt dem Rückforderungsinteresse der EU der Vorrang, schon, damit sich der Mitgliedstaat nicht unter Berufung auf das Vertrauen des Subventionsempfängers der europarechtlichen Verpflichtung entziehen kann[85]. Zudem kann schutzwürdiges Vertrauen nur dann entstehen, wenn die Beihilfe unter Beachtung des Verfahrens in Art 108 III AEUV (ex-Art 88 III EGV) gewährt, dh der Kommission angezeigt wurde; ein sorgfältiger Gewerbetreibender kann sich dessen regelmäßig bei Erhalt der Beihilfe vergewissern[86]. Im Ergebnis kann sich der Empfänger einer EU-rechtswidrigen Subvention nur in Ausnahmefällen auf Vertrauensschutz berufen, zB bei (rechtswidriger) Mitwirkung der Unionsorgane an der Gewährung einer gemeinschaftsrechtswidrigen Beihilfe[87]. Verfassungsrechtliche Bedenken gegen dieses Ergebnis[88] sind unbegründet, weil der Anwendungsvorrang des Europarechts sich auch gegenüber Verfassungsrecht durchsetzt (→ § 2 Rn 99 ff)[89], sofern man den Schutz des Vertrauens in einen mangels Notifikation rechtswidrigen Subventionsbescheid überhaupt als verfassungsrechtlich abgeschirmt ansieht. Schließlich gilt es, über die Gesetzmäßigkeit der Verwaltung hinaus die europäische Wettbewerbsordnung durchzusetzen, und seit der bereits 1983 (!) ergangenen Warnmitteilung der Kommission[90] und ihrer ständigen Verwaltungspraxis muss das Notifikationsverfahren des Art 88 III EGV als allgemein bekannt angesehen werden[91].

33 e) *Fehlender Vertrauensschutz.* Sind die Voraussetzungen für Vertrauensschutz nach Absatz 2 nicht erfüllt, entscheidet die Behörde nach ihrem Ermessen gemäß Absatz 1 Satz 1 über die Rücknahme. Weil kein Vertrauensschutz besteht, stehen sich Gesetzmäßigkeits- und Rechtssicherheitsprinzip wiederum gleichwertig gegenüber (s o Rn 14). Vertrauensschutzgesichtspunkte können in die Ermessenserwägungen nicht mehr einfließen, und das Ermessen entfällt ganz, wenn die Behörde nach EU-Recht zur Rücknahme verpflichtet ist (vor allem bei rechtswidrigen Beihilfen)[92].

34 Die Rücknahme ist nach § 48 II VwVfG nur ausgeschlossen, *soweit* Vertrauensschutz besteht. Bei *teilbaren Verwaltungsakten* (→ § 22 Rn 10) kann daher ein Teil zurückgenommen werden, während der andere Bestand hat.

[83] EuGH Slg 1983, 2633 Rn 32 ff – Deutsche Milchkontor; Slg 1989, 175 Rn 12 – Alcan I.
[84] *Kadelbach* Allg VwR, 476 f; *Blanke* (Fn 3) 550 ff; *Triantafyllou* NVwZ 1992, 436, 438; *Richter* DÖV 1995, 846, 851; *Polley* EuZW 1996, 300, 303.
[85] EuGH Slg 1990, I-3437 Rn 17 f – BUG-Alutechnik → JK VwVfG § 48/12; Slg 1997, I-135 Rn 48 – Spanien/Kommission.
[86] EuGH Slg 1990, I-3437 Rn 14 – BUG-Alutechnik; Slg 1997, I-135 Rn 51 – Spanien/Kommission; Slg 1997, I-1591 Rn 25 – Alcan II → JK VwVfG §§ 48, 49a/16; BVerwGE 92, 81, 86; OVG NRW JZ 1992, 1080, 1081; *Sommermann* DVBl 1996, 889, 894; zweifelnd *Pache* NVwZ 1994, 318, 323.
[87] *Erichsen* 12. Aufl 2002, § 17 Rn 34, Fn 96 aE.
[88] *von Danwitz* Verwaltungsrechtliches System und europäische Integration, 1996, 281 ff; *Scholz* DÖV 1998, 261, 266 f.
[89] So zu Recht bereits *Erichsen* 12. Aufl 2002, § 17 Rn 34.
[90] Mitteilung der Kommission vom 24.11.1983, ABlEG 1983 C 318, 3 ff.
[91] BVerwGE 106, 328 → JK VwVfG § 48/18; BVerfG, DVBl 2000, 900, 901.
[92] EuGH Slg 1997, I-1591 Rn 34 – Alcan II → JK VwVfG §§ 48, 49a/16.

4. Andere Verwaltungsakte

a) *Prinzip.* Bei den übrigen Verwaltungsakten, also bei solchen, die weder eine Geld- oder Sachleistung gewähren oder hierfür Voraussetzung sind, wird der Vertrauensschutz nicht durch den Ausschluss der Rücknahme, sondern durch eine Entschädigung gesichert, § 48 III VwVfG. Die Rücknahme nach § 48 I 1 VwVfG bleibt also im Ermessen der Behörde, doch ist der Vertrauensschaden auszugleichen. Vertrauensschutz wird als *Vermögensschutz* wirksam. Die ursprünglich für die Differenzierung zwischen Leistungs- und anderen Verwaltungsakten gegebene Begründung der „stärkeren Staatsbezogenheit"[93] überzeugt in der modernen Leistungsverwaltung kaum; im Grunde geht es um eine Unterscheidung aus Gründen der Praktikabilität, denn in der Sache ist auch der Bestandsschutz bei Leistungs-, vor allem den häufigeren Geldleistungsverwaltungsakten Vermögensschutz in den Grenzen berechtigten Vertrauens[94]. 35

Teilweise wird vertreten, dass in den Fällen, in denen trotz berechtigten Vertrauens durch die Rücknahme kein materieller Vertrauensschaden eintritt, der Vertrauensschutz im Rahmen der Ermessensentscheidung nach § 48 I 1 VwVfG durch *verfassungskonforme Auslegung der Ermessensnorm* gewährt werden müsse[95]. Dem steht jedoch die klare *Struktur der Unterscheidung* nach Geld-/Sachleistungsverwaltungsakten bzw sonstigen Verwaltungsakten und der damit verbundenen Form des Vertrauensschutzes entgegen; insoweit ist auch den verfassungsrechtlichen Anforderungen an die Gewährung von Vertrauensschutz Genüge getan[96]. Auch die Entstehungsgeschichte des § 48 VwVfG ist insoweit eindeutig[97]. 36

b) *Verlust des Vertrauensschutzes bei Vorliegen eines Ausschlussgrundes.* Jeglicher Vermögensausgleich ist jedoch ausgeschlossen, wenn ein *Ausschlussgrund* (arglistige Täuschung, Drohung, Bestechung/unrichtige oder unvollständige Angaben/Kenntnis oder grob fahrlässige Unkenntnis der Rechtswidrigkeit des Verwaltungsakts) vorliegt, § 48 III 2 mit II 3 VwVfG. 37

c) *Ausgleich des Vermögensnachteils.* Ausgeglichen wird der Vermögensnachteil, den der Begünstigte durch das Vertrauen in den zurückgenommenen Verwaltungsakt erleidet, soweit das Vertrauensinteresse in der Abwägung das Rücknahmeinteresse überwiegt. Die Kriterien sind insoweit mit denjenigen für den Rücknahmeausschluss bei Leistungsverwaltungsakten (→ Rn 24 ff) identisch. Der Begünstigte ist bei schutzwürdigem Vertrauen so zu stellen, als wäre der Verwaltungsakt nicht erlassen worden, dh es wird das negative Interesse ersetzt. Das Interesse am Bestand des Verwaltungsaktes, das positive Interesse, bildet allerdings die Obergrenze des Ausgleichsanspruchs, § 48 III 4 VwVfG. Für die Geltendmachung des Anspruchs gilt eine 38

[93] BT-Drucks 7/910, 71; *Ule/Laubinger* VwVfR, § 62 Rn 3.

[94] S *Maurer* Allg VwR, § 11 Rn 33 aE.

[95] *Maurer* Allg VwR, § 11 Rn 34; *Göldner* DÖV 1979, 805, 809 ff; *Schenke* DÖV 1983, 320, 322; *Kopp/Ramsauer* VwVfG, § 48 Rn 153; *Achterberg* AllgVerwR, § 23 Rn 71; VGH BW VBlBW 1985, 425, 426; teilweise unter Rückgriff auf BVerfGE 59, 128, 166 ff. Differenzierend *Ule/Laubinger* VwVfR, § 62 Rn 27.

[96] *Erichsen/Brügge* Jura 1999, 155, 162; *Sachs* in: Stelkens/Bonk/ders, VwVfG, § 48, Rn 179 ff; *Frotscher* DVBl 1976, 281, 285; *Erichsen* VerwArch 69 (1978) 307 f; OVG NRW DVBl 1980, 885, 887 → JK VwVfG § 48/1; VGH BW NJW 1980, 2597, 2598; OVG NRW NVwZ 1988, 942 ff → JK VwVfG § 48/8.

[97] Dazu *Sachs* in: Stelkens/Bonk/ders, VwVfG, § 48 Rn 179, mit dem zutreffenden Hinweis auf § 45 II SGB X.

Jahresfrist, die mit dem behördlichen Hinweis auf die Frist beginnt. Rechtsweg für die Geltendmachung ist der Verwaltungsrechtsweg[98]; § 48 III VwVfG ist nach neuerer Eigentumsdogmatik eine ausgleichspflichtige Inhaltsbestimmung[99].

5. Rücknahmeentscheidung

39 Der Rücknahme eines rechtswidrigen Verwaltungsakts kommt selbst *Verwaltungsaktseigenschaft* zu[100]. Sie kann selbst zurückgenommen werden[101]. Adressat ist der Begünstigte bzw Belastete[102]. *Örtlich zuständig* für die *Ermessensentscheidung* (→ Rn 13) ist die nach § 3 VwVfG zuständige Behörde, § 48 V VwVfG, auch wenn der Verwaltungsakt von einer anderen Behörde erlassen worden und daher – gerade wegen Unzuständigkeit – rechtswidrig ist[103]; für die sachliche Zuständigkeit gilt das jeweilige Fachrecht[104]. Der Verwaltungsakt kann *ganz oder teilweise* zurückgenommen werden. Außerdem ist die Rücknahme mit Wirkung für die Zukunft oder für die Vergangenheit möglich. Bei der Rücknahme mit Wirkung (lediglich) für die Zukunft bleibt der Verwaltungsakt Rechtsgrundlage für Entscheidungen und Vermögensverschiebungen in der Vergangenheit; bei der Rücknahme mit Wirkung für die Vergangenheit sind diese rückabzuwickeln (→ Rn 44 f). Bei Ausschluss berechtigten Vertrauens in den Fällen des § 48 II 3 bzw III 2 VwVfG soll der Verwaltungsakt in der Regel mit Wirkung für die Vergangenheit zurückgenommen werden, § 48 II 4 VwVfG.

6. Rücknahme begünstigender Verwaltungsakte anlässlich eines Rechtsbehelfsverfahrens

40 Die Vertrauensschutzregelungen des § 48 I 2 und II–IV VwVfG sind bei der Drittanfechtung eines begünstigenden Verwaltungsakts ausgeschlossen, § 50 VwVfG. Wird ein begünstigender Verwaltungsakt von einem Dritten angefochten, kann der Begünstigte nicht auf den Bestand des Verwaltungsakts vertrauen, so dass weder das vertrauensschutzbedingte Rücknahmeverbot bei Leistungsverwaltungsakten (→ Rn 22 ff) greift, noch Entschädigungsansprüche bei anderen Verwaltungsakten (→ Rn 32 ff) entstehen. Verfassungsrechtliche Bedenken aus Art 14 GG gegen diese gesetzliche Reduktion des Vertrauensschutzes[105] werden dadurch relativiert, dass die Rücknahmeregeln einschließlich § 50 VwVfG mögliche eigentumskräftige Vertrauenspositionen als Inhalts-

[98] Nach dem Wegfall von § 48 VI VwVfG (Gesetz zur Änderung verwaltungsverfahrensrechtlicher Vorschriften vom 2.5.1996, BGBl I, 656) läuft § 40 II 2 VwGO – jenseits spezieller Rücknahmevorschriften – leer: *Hufen* VwPrR, § 11 Rn 74.

[99] *Maurer* Allg VwR, § 11 Rn 38.

[100] Zum Rechtsschutz *Erbguth* Der Rechtsschutz gegen die Aufhebung begünstigender Verwaltungsakte, 1999.

[101] *Maurer* Allg VwR, § 11 Rn 20; *Sachs* in: Stelkens/Bonk/ders, VwVfG, § 48 Rn 251. VGH BW NVwZ 1992, 184.

[102] *Sachs* in: Stelkens/Bonk/ders, VwVfG, § 48 Rn 243.

[103] BVerwGE 110, 226, 231 f → JK VwVfG § 48/20; BVerwG NVwZ-RR 1996, 538; BVerwG DVBl 2002, 1045; *Sachs* in: Stelkens/Bonk/ders, VwVfG, § 48 Rn 257; *Uhle* NVwZ 2003, 811, 812.

[104] BVerwGE 110, 226, 230 → JK VwVfG § 48/20; *Sachs* in: Stelkens/Bonk/ders, VwVfG, § 48 Rn 255; *Kopp/Ramsauer* VwVfG, § 48 Rn 164. S ausf *Hößlein* DV 40 (2007) 281.

[105] Formuliert bei *Erichsen* 12. Aufl 2002, § 19 Rn 2.

und Schrankenbestimmungen iSv Art 14 I 2 GG im Rahmen des Verhältnismäßigen zulässig umschreiben und begrenzen können[106]. Außerdem schützt die verhältnismäßig kurze Anfechtungsfrist von einem Monat den Begünstigten[107]. In Grenzen ist es auch verfahrensökonomisch, der Behörde vor Entscheidung der Rechtsmittelinstanz die Aufhebung des Verwaltungsakts zu ermöglichen[108]. Zudem sind Schadensersatzansprüche über § 839 BGB/Art 34 GG nicht ausgeschlossen[109]. Im Einzelnen ist der Ausschluss der Vertrauensschutzbestimmungen nach § 50 VwVfG von fünf Voraussetzungen abhängig:

(1) Der Verwaltungsakt muss tatsächlich durch einen Dritten angefochten worden sein (zB Subventionsbescheid durch Konkurrenten: Ausschluss von § 48 II VwVfG; Baugenehmigung durch Nachbarn: Ausschluss von § 48 III VwVfG). Es genügt nicht die bloße Anfechtbarkeit des Verwaltungsakts, um dem Begünstigten den Vertrauensschutz zu nehmen[110]. Entsprechend anwendbar ist § 50 VwVfG, wenn ein Konkurrent die Unbedenklichkeitsbescheinigung der Europäischen Kommission für eine mitgliedstaatliche Beihilfe durch erfolgreiche Klage vor dem EuGH beseitigt, denn der Beihilfeempfänger muss innerhalb der Frist nach Art 263 V Hs 1 AEUV mit einer solchen Klage rechnen, und die Unbedenklichkeitsbescheinigung stellt gewissermaßen den Rechtsgrund für das Behaltendürfen der Beihilfe dar[111]. **41**

(2) Das vom Dritten eingelegte Rechtsmittel muss zulässig sein[112]. Bei unzulässigen, insbesondere verfristeten Rechtsmitteln bestünde kein Anlass zur Reduktion des Vertrauensschutzes. Nur bei zulässigen Rechtsmitteln besteht die Möglichkeit zur Abhilfe iSd § 50 VwVfG aE. **42**

(3) Das Rechtmittel muss begründet sein. Nur wenn der Dritte durch die Rechtswidrigkeit des Verwaltungsakts in seinen Rechten verletzt wird, ist der Ausschluss des Vertrauensschutzes gerechtfertigt[113]; nur dann kann dem Rechtsmittel abgeholfen und der Entscheidung in der Rechtsmittelinstanz zuvorgekommen werden[114]. Für die Begrenzung des Ausschlusses auf evident unbegründete Rechtsbehelfe[115] gibt es keinen Anhaltspunkt im Gesetz. Die Begründetheit des Rechtsmittels – dh Rechtswidrigkeit **43**

[106] Vgl *Sachs* in: Stelkens/Bonk/ders, VwVfG, § 50 Rn 2.

[107] Vgl *Maurer* Allg VwR, § 11 Rn 67 und 69.

[108] *Maurer* Allg VwR, § 11 Rn 69.

[109] *Sachs* in: Stelkens/Bonk/ders, VwVfG, § 50 Rn 2; *Maurer* Allg VwR, § 11 Rn 71.

[110] *Maurer* Allg VwR, § 11 Rn 70; *Ule/Laubinger* VwVfR, § 64 Rn 8; *Lange* Jura 1980, 456, 463 f; *Knoke* (Fn 41) 304 f; aA *Horn* DÖV 1990, 864 ff.

[111] *Polley* EuZW 1996, 300, 304. Eine weitergehende Analogiebildung in den Beihilfefällen – ohne Drittanfechtung – ist untunlich: BVerwG, NVwZ 1995, 703, 704.

[112] BVerwGE 105, 354, 360; *Kopp/Ramsauer* VwVfG, § 50 Rn 22; *Knoke* (Fn 41) 306 f; *Maurer* Allg VwR, § 11 Rn 70.

[113] *Kopp/Ramsauer* VwVfG, § 50 Rn 24; *Knoke* (Fn 41) 308 ff; *Lange* WiVerw 1979, 15, 20 f; *ders* Jura 1980, 456, 463 ff; *Simon* Rücknahme und Widerruf von Verwaltungsakten in bzw während des Rechtsbehelfsverfahrens, 1987, 149 ff; *Ule/Laubinger* VwVfR, § 64 Rn 9. AA *Wallerath* Allg VwR, § 7 IV 5; *Schenke* DÖV 1983, 320, 328; OVG NRW NVwZ 1989, 72, 73 → JK VwVfG § 50/1. Differenzierend (Ausschluss nur bei evident unbegründetem Rechtsbehelf) *Schäfer* in: Obermayer, VwVfG, § 50 Rn 18; offen gelassen in BayVGH NVwZ 1997, 701, 703 → JK VwVfG § 50/3.

[114] *Maurer* Allg VwR, § 11 Rn 71.

[115] So *Sachs* in: Stelkens/Bonk/ders, VwVfG, § 50 Rn 94 f; BVerwGE NVwZ 1983, 32, 34 zu § 21 VII BImSchG → JK VwGO § 79 II/4; SächsOVG LKV 1993, 97; VGH BW BWVPr 1987, 89; *Gassner* JuS 1997, 794, 799.

und Rechtsverletzung – kann als tatbestandliche Voraussetzung des § 50 VwVfG auch die erlassende Behörde prüfen, ohne sich dadurch Kompetenzen der Widerspruchsbehörde anzumaßen[116].

44 (4) Das Rechtsmittelverfahren darf noch nicht abgeschlossen sein. Wird der Verwaltungsakt im Rechtsmittelverfahren aufgehoben, ist ohnehin keine Rücknahme mehr möglich; wird er im Rechtsmittelverfahren bestätigt, ist die Behörde an die Beurteilung der Rechtmäßigkeit gebunden (§§ 73, 121 VwGO) und kann den Verwaltungsakt ebenfalls nicht zurücknehmen. § 50 VwVfG erfasst daher nicht das Rechtsmittelverfahren selbst[117]. Dort ist der Vertrauensschutz im Regelfall schon deswegen ausgeschlossen, weil sich ein berechtigtes Vertrauen nicht gebildet haben kann[118]. Ausgangs- und Widerspruchsbehörde haben mithin die Möglichkeit zu wählen, eine Entscheidung im Widerspruchsverfahren zu treffen oder den Verwaltungsakt zurückzunehmen[119]. Nur im letzteren Fall gilt § 50 VwVfG. Er gilt damit gerade in den Fällen, in denen das Rechtsmittelverfahren bei der mit der Ausgangsbehörde nicht identischen Widerspruchsbehörde oder beim Verwaltungsgericht anhängig ist. Die Ausgangsbehörde soll nicht aus Vertrauensschutzgründen an der Abhilfe gehindert sein[120].

45 (5) Durch die Rücknahme muss „... dem Widerspruch oder der Klage abgeholfen ...“ werden. Im Ergebnis muss dem Rechtsschutzbegehren des Dritten Genüge getan werden.

VI. Rechtsfolgen der Rücknahme

46 Für die Folgen des Rücknahmeverwaltungsakts (s o Rn 36) kommt es entscheidend darauf an, ob dieser lediglich für die Zukunft oder auch für die Vergangenheit wirken soll. Letzterenfalls bedarf es der Rückabwicklung der durch den Verwaltungsakt begründeten Rechtsverhältnisse, insbesondere der Rückgängigmachung bereits eingetretener Vermögensverschiebungen[121]. Die Neuregelung des § 49a VwVfG im Jahr 1996 hat insoweit eine Reihe von Problemlagen aufgelöst[122].

47 § 49a I 1 VwVfG enthält eine besondere Regelung des öffentlich-rechtlichen Erstattungsanspruches (→ § 35 Rn 17 ff) ausschließlich für Rücknahme und Widerruf, nicht für andere Situationen der Unwirksamkeit von Verwaltungsakten[123]. Satz 2 der

116 *Maurer* Allg VwR, § 11 Rn 71; *Knoke* (Fn 41) 309 f; *Schmidt-Aßmann* FG BVerwG, 1978, 569, 583; *Kopp/Ramsauer* VwVfG, § 50 Rn 29; *Gassner* JuS 1997, 794, 799. Grundsätzlich aA *Cornils* Verw 33 (2000) 484: Geltung nur im Verwaltungsprozess.

117 *Kopp/Ramsauer* VwVfG, § 50 Rn 10, 29; *Erichsen* 12. Aufl 2002, § 19 Rn 5; *Knoke* (Fn 41) 297 ff; *Allesch* Die Anwendbarkeit der VwVfGe auf das Widerspruchsverfahren nach der VwGO, 1984, 219; *Sachs* in: Stelkens/Bonk/ders, VwVfG, § 50 Rn 5. AA *Lange* Jura 1980, 456, 465.

118 *Erichsen* 12. Aufl 2002, § 19 Rn 5.

119 Gegen ein solches Wahlrecht *Knoke* (Fn 41) 298. Jedenfalls darf sich die Behörde durch die Entscheidung für Abhilfe durch Rücknahme außerhalb des Rechtsmittelverfahrens nicht ihrer Kostenlast (s § 80 VwVfG) entziehen: BVerwG NVwZ 1997, 272, 273 f. Zu diesem Problem *Meister* DÖV 1985, 146.

120 S *Maurer* Allg VwR, § 11 Rn 69. Vgl auch *Schäfer* in: Obermayer, VwVfG, § 50 Rn 20 ff.

121 *Baumeister* NVwZ 1997, 19, 23. ZT aA *Sachs* in: Stelkens/Bonk/ders, VwVfG, § 49a Rn 9.

122 Speziell zu den verwaltungsprozessualen Folgefragen *Pauly/Pudelka* DVBl 1999, 1609.

123 *Gröpl* VerwArch 88 (1997) 23, 45; *Sachs* in: Stelkens/Bonk/ders, VwVfG, § 49a Rn 7.

Vorschrift enthält die gesetzliche Ermächtigung zur Geltendmachung des Anspruchs (→ § 22 Rn 27–29). Rücknahme- und Rückforderungsbescheid können – ggf konkludent – in ein und demselben Verwaltungsakt enthalten sein[124]. Fordert die Behörde die Erstattung von Leistungen, so ist damit im Regelfall die Rücknahmeentscheidung verbunden[125]. Nimmt die Behörde den Leistungsbescheid zurück, *muss* sie die Rückforderung anordnen. Insoweit besteht kein Ermessen; Ermessenserwägungen können nur bei der Rücknahmeentscheidung angestrengt werden[126]. Eine Klage der Behörde ist dadurch ebenso ausgeschlossen wie eine vertragliche Regelung der Erstattungspflicht[127].

§ 49a VwVfG kommt nicht zur Anwendung, wenn es um die Rückforderung eines Darlehens geht, das zwar durch Verwaltungsakt bewilligt worden war, jedoch im Rahmen eines privatrechtlichen Vertrages ausbezahlt wurde („Zwei-Stufen-Theorie")[128]. Hingegen kann die Gewährung einer gemeinschaftsrechtswidrigen Beihilfe auch dann durch Verwaltungsakt zurückgenommen werden, wenn die Gewährung durch privatrechtlichen Vertrag vollzogen worden war. Die unmittelbar anwendbare (Art 288 II AEUV) Beihilfenverfahrensverordnung enthält hierfür in Art 14 III AEUV eine Ermächtigung, denn die Norm gibt den Mitgliedstaaten die unverzügliche Rückforderung nach nationalem Recht auf, damit die Entscheidung der Kommission effektiv vollstreckt werden kann. Dies erfolgt in Deutschland in Form eines Verwaltungsaktes[129]. **48**

Für die Abwicklung im Einzelnen wird auf das Bereicherungsrecht verwiesen, § 49a II 1 VwVfG, wobei der Verweis sich nur auf die Rechtsfolgen bezieht (§§ 818–822 BGB[130]), weil der Rechtsgrund in § 49a I 1 VwVfG selbst geregelt ist[131]. Die dadurch geschaffene Möglichkeit, sich auf § 818 III BGB zu berufen, erhöht den Vertrauensschutz des Begünstigten[132], wird aber durch § 49a II 2 VwVfG in Fällen der Kenntnis oder grob fahrlässigen Unkenntnis der Rücknahme und Widerruf begründenden Umstände stärker als durch § 819 I BGB beschränkt[133]. Die Haftungsverschärfung stellt allein auf die tatsächlichen Umstände, nicht auch auf die rechtliche Bewertung ab[134]. In den Fällen des § 48 II 3 VwVfG wird dies regelmäßig zum Ausschluss des Entreicherungseinwandes führen[135]. Außerdem kann sich der Empfänger einer europarechtswidrigen Beihilfe nicht auf Entreicherung oder den Grundsatz von Treu und Glauben berufen, weil ein Beihilfeempfänger sich der Einhaltung des Verfahrens nach Art 108 III AEUV (ex-Art 88 III EGV) vergewissern muss und die Durchsetzung des EU-rechtlichen Rückfor- **49**

124 BVerwG NJW 1992, 328, 329

125 BVerwGE 67, 305, 313. AA *Erichsen* 12. Aufl 2002, § 29 Rn 24.

126 Im Ergebnis *Maurer* Allg VwR, § 11 Rn 36.

127 *Gröpl* VerwArch 88 (1997) 23, 39 f.

128 BVerwG DVBl 2006, 118.

129 Wie hier OVG Berlin-Bbg NVwZ 2006, 104; *von Brevern* EWS 2006, 151. AA *Uwer/Wodarz* DÖV 2006, 989, 991 f; *Hildebrandt/Castillon* NVwZ 2006, 298; *Vögeler* NVwZ 2007, 294; *Ludwigs* Jura 2007, 612, 615 f; mit anderer Begr auch *Hofmann/Bollmann* EuZW 2006, 398. Ausführlicher *Ruffert* DV 41 (2008) 543, 556 f.

130 ZB Einbeziehung von Nutzungen und Surrogaten nach § 818 I BGB und Wertersatz nach § 818 II BGB: *Kopp/Ramsauer* VwVfG, § 49a Rn 12; *Sachs* in: Stelkens/Bonk/ders, VwVfG, § 49a Rn 41 ff.

131 *Maurer* Allg VwR, § 11 Rn 36.

132 Vgl BVerwGE 25, 72, 81 f; 50, 265, 273; *Maurer* Allg VwR, § 11 Rn 36.

133 *Maurer* Allg VwR, § 11 Rn 36.

134 *Sachs* in: Stelkens/Bonk/ders, VwVfG, § 49a Rn 65.

135 *Gröpl* VerwArch 88 (1997) 23, 37 f, 40 f.

derungsbegehrens nicht praktisch unmöglich gemacht werden darf[136]. – § 49a III 1 VwVfG sieht eine jährliche Verzinsung des Erstattungsanspruchs mit 5% über dem Basiszinssatz vor, wovon abgesehen werden kann, wenn die Rücknahmegründe nicht in den Verantwortungsbereich des Begünstigten fallen, § 49a III 2 VwVfG[137].

§ 25
Widerruf von Verwaltungsakten

I. Begriff und Funktion des Widerrufs

1 Widerruf ist die Aufhebung eines wirksamen, (formell[1] und materiell) *rechtmäßigen* Verwaltungsakts. Durch den Widerruf wird die durch den Verwaltungsakt erreichte Stabilisierung des Verwaltungsrechtsverhältnisses durchbrochen, die Handlungsform Verwaltungsakt der Flexibilisierung geöffnet. Damit sie ihre Stabilisierungsfunktion nicht verliert, kann der Widerruf rechtmäßiger Verwaltungsakte nur unter eingeschränkten Voraussetzungen zulässig sein. Dieser Einschränkungsbedarf wird bei begünstigenden Verwaltungsakten durch Vertrauensschutzüberlegungen, die in den Grundrechten wurzeln[2], weiter gesteigert. Der zeitweise vertretene Grundsatz der freien Widerrufbarkeit von Verwaltungsakten hat sich daher nicht halten lassen[3]. Ist die Rechtmäßigkeit eines Verwaltungsakts zweifelhaft, kann er – bei Vorliegen der Voraussetzungen dafür – widerrufen werden[4]. Allein bei sicherer Rechtswidrigkeit lässt der eindeutige Wortlaut einen Widerruf nicht zu. Nach der – herrschenden – Gegenauffassung können auch rechtswidrige Verwaltungsakte widerrufen werden, denn die Voraussetzungen für einen Widerruf sind strenger, und wenn sogar ein rechtmäßiger Verwaltungsakt widerrufen werden könne, müsse dies erst recht mit einem rechtswidrigen Verwaltungsakt möglich sein[5]. Wer etwa eine Subvention zweckwidrig verwende, dürfe sich nicht auf die möglicherweise umstrittene Rechtswidrigkeit des Subventionsbescheides berufen können, wenn sogar ein rechtmäßiger Bescheid (nach § 49 III VwVfG) widerrufbar sei[6]. Auch solche Überlegungen lösen jedoch keinen Bedarf für

[136] EuGH Slg 1997, I-1591 Rn 39 ff – Alcan II → JK VwVfG §§ 48, 49 a/16.
[137] Zur Verzinsung BVerwGE 116, 332.

[1] Auch nach Heilung bzw Unbeachtlichkeit von formellen Mängeln über §§ 42, 45, 46 VwVfG.
[2] Dies ist mittlerweile unbestritten; s *Erichsen* 12. Aufl 2002, § 18 Rn 12 mwN zur älteren Literatur und Rspr in Fn 43.
[3] Dazu *Erichsen* 12. Aufl 2002, § 18 Rn 5, sowie Rn 2 mwN zur älteren Rspr § 42 PrPVG erhielt allerdings bereits ausdrückliche Widerrufsgründe (dort als „Zurücknahme" bezeichnet) für polizeirechtliche Erlaubnisse. Aus der älteren Literatur s *Ipsen* Widerruf gültiger Verwaltungsakte, 1932; *Haueisen* NJW 1954, 1425; *Becker/Luhmann* Verwaltungsfehler und Vertrauensschutz, 1963.
[4] In diesem Sinne *Maurer* Allg VwR, § 11 Rn 19, sowie für eine asylrechtliche Sonderregelung BVerwGE 112, 80, 85.
[5] *Kopp/Ramsauer* VwVfG, § 49 Rn 12; *Sachs* in: Stelkens/Bonk/ders, VwVfG, § 49 Rn 6 (mwN aus der Rspr); *Suerbaum* VerwArch 90 (1999) 361, 367 f; *Ule/Laubinger* VwVfR, § 63 Rn 3 und § 61 Rn 23; wohl auch *Meyer* in: Knack, VwVfG, § 49 Rn 18; offen gelassen in OVG NRW NVwZ 1988, 942, 943 → JK VwVfG § 48/8.
[6] *Suerbaum* VerwArch 90 (1999) 361, 368.

eine ausdehnende Interpretation des § 49 VwVfG aus, da die Gründe für den angedachten Widerruf in die Abwägung zwischen Gesetzmäßigkeit und Vertrauensschutz nach § 48 II und III VwVfG einfließen können[7].

II. Sonderregelungen

Sondergesetzliche Widerrufsregelungen, die die allgemeine Norm des § 49 VwVfG verdrängen, finden sich in zahlreichen Gesetzen des Besonderen Verwaltungsrechts. Zu nennen sind § 5 II 1 BÄO[8], § 15 II und III GastG[9] für die Gaststättenerlaubnis; § 21 BImSchG für die immissionsschutzrechtliche Genehmigung; § 17 III–V AtomG für die atomrechtliche Genehmigung[10]; § 4 II ApothekenG; § 25 PBefG; § 45 II WaffG[11]. **2**

III. Widerruf nicht begünstigender Verwaltungsakte

Nicht begünstigende Verwaltungsakte sind solche, die weder ein Recht noch einen rechtserheblichen Vorteil gewähren, dh *belastende oder in ihrer Rechtswirkung für den Betroffenen neutrale* Verwaltungsakte (zur Definition des begünstigenden Verwaltungsakts → § 24 Rn 11 ff). Ihr Widerruf ist ausgeschlossen, wenn ein Verwaltungsakt gleichen Inhalts erneut erlassen werden müsste oder aus anderen Gründen der Widerruf unzulässig ist. Ein solcher inhaltsgleicher Verwaltungsakt muss bei gebundenen Verwaltungsakten[12] bzw Ermessensreduktion auf Null[13] und gleichbleibender Rechts- und Sachlage erlassen werden. Ein sonstiges Widerrufsverbot kann aus dem Sinn und Zweck einer gesetzlichen Regelung abgeleitet werden[14] oder sich aus der Bindung an eine Zusicherung oder vertragliche Vereinbarung ergeben[15]. Ein Widerrufsverbot aus *Verwaltungsvorschriften* wird überwiegend nur in den Grenzen einer Außenwirkung zugelassen, die aus der Selbstbindung der Verwaltung bei ständiger Verwaltungspraxis hergeleitet wird[16]. Darüber hinaus kann die Außenwirkung nach der hier vertretenen Ansicht (→ § 21 Rn 44) jedoch auch über die ausdrückliche oder konkludente gesetzliche Ermächtigung der Verwaltung zum Erlass von Verwaltungsvorschriften begründet werden[17], und insofern kann sich auch ein außenwirksames Widerrufsverbot ergeben[18]. **3**

[7] So *Erichsen/Brügge* Jura 1999, 496, 497.

[8] BVerwGE 105, 214, 219.

[9] BVerwGE 49, 160; 81, 74.

[10] BVerwGE 105, 6; BVerwG DVBl 1993, 1151; HessVGH DVBl 1998, 60; Bay VGH Urt v 28.7.2005, Az 22 A 04.40061.

[11] BVerwGE 67, 16; 71, 234, 243; BVerwG DVBl 1996, 1439, 1441.

[12] *Erichsen/Brügge* Jura 1999, 496, 497.

[13] *Meyer* in: Knack, VwVfG, § 49 Rn 34; *Schäfer* in: Obermayer, VwVfG, § 49 Rn 14.

[14] *K. Weber* BayVBl 1984, 268, 269; *Kopp/Ramsauer* VwVfG, § 49 Rn 22.

[15] *Meyer* in: Knack, VwVfG, § 49 Rn 35; *Erichsen/Brügge* Jura 1999, 496, 497.

[16] *Erichsen* 12. Aufl 2002, § 18 Rn 9; *Bronnemeyer* Der Widerruf rechtmäßiger begünstigender Verwaltungsakte nach § 49 VwVfG, 1994, 186 ff; *Kopp/Ramsauer* VwVfG, § 49 Rn 22; *Schäfer* in: Obermayer, VwVfG, § 49 Rn 15.

[17] Zu dieser Konstruktion s *Ruffert* in: Hoffmann-Riem/Schmidt-Aßmann/Voßkuhle, Grundlagen I, § 17 Rn 69.

[18] Im Ergebnis wie hier *Hengstschläger* Verw 12 (1979) 337, 352; *Sachs* in: Stelkens/Bonk/ders, VwVfG, § 49 Rn 25; *Meyer* in: Knack, VwVfG, § 49 Rn 35; Amtl Begr zu § 45 Entw 1973, BT Drucks 7/910, 72.

4 Ist der Widerruf des nicht belastenden Verwaltungsaktes nach diesen Voraussetzungen zulässig, so steht er im Ermessen der Behörde. Die Ermessenserwägungen sind denen bei der Rücknahme nicht begünstigender Verwaltungsakte vergleichbar. Eine Ermessensreduktion auf Null wird bei Änderung der Sach- und Rechtslage angenommen, wenn der Verwaltungsakt nach gegenwärtigem Stand nicht mehr erlassen werden dürfte[19]. In diesem Fall ist die Berufung auf die Bestandskraft oder gerichtliche Bestätigung des nach seinerzeitigem Stand rechtmäßigen Verwaltungsakts ausgeschlossen[20].

IV. Vertrauensschutz bei Widerruf begünstigender Verwaltungsakte

1. Widerrufsfrist

5 Bei begünstigenden Verwaltungsakten wird Vertrauensschutz zunächst durch die Ausschlussfrist des § 49 II 2, III 2 iVm § 48 IV VwVfG hergestellt. Nach Ablauf der *Jahresfrist*, die ebenso zu berechnen ist wie bei der Rücknahme (→ § 24 Rn 20 ff), kann die Bestandskraft nicht mehr durchbrochen werden. Bei Verwaltungsakten, die zunächst gemeinschaftsrechtskonform waren, nach Änderung der Sach- oder Rechtslage jetzt aber als *gemeinschaftsrechtswidrig* anzusehen wären – zB bei der Überwachung bestehender Beihilfen durch die Kommission[21] – würde die Anwendung der Jahresfrist die praktische Anwendbarkeit des vorrangigen Gemeinschaftsrechts übermäßig erschweren, so dass sie in diesem Fall kraft Gemeinschaftsrechts nicht greift. Gleiches gilt für die Rückforderungsentscheidung bei missbräuchlicher Verwendung von Beihilfen[22].

2. Widerrufsgründe

6 a) *Zulassung durch Rechtsvorschrift.* Der Widerruf begünstigender Verwaltungsakte ist nur unter den engen Voraussetzungen eines Widerrufsgrundes nach § 49 II 1 Nr 1–5 VwVfG zulässig. Der erste dort aufgeführte Widerrufsgrund ist jedoch ohne eigenständige Bedeutung. Indem § 49 II 1 Nr 1 1. Alt VwVfG den Widerruf bei ausdrücklicher Zulassung durch Rechtsvorschrift ermöglicht, verweist die Vorschrift lediglich auf die spezialgesetzlichen Widerrufsbestimmungen (s o Rn 2)[23].

7 b) *Widerrufsvorbehalt.* Der Widerrufsgrund des § 49 II 1 Nr 1 2. Alt VwVfG korrespondiert mit der Regelung der Nebenbestimmung des Widerrufsvorbehalts in § 36 II Nr 3 VwVfG. Durch einen Widerrufsvorbehalt wird bewirkt, dass geschütztes Vertrauen in den Bestand des Verwaltungsakts nicht entstehen kann[24]. Ob ein Widerrufsvorbehalt zulässig ist, entscheidet sich nach § 36 I und II Nr 3 VwVfG. Die Zulässigkeit, dh Rechtmäßigkeit des Widerrufsvorbehalts ist allerdings nach Eintritt der formellen Bestandskraft des Verwaltungsakts kein Rechtmäßigkeitskriterium mehr für

[19] *Sachs* in: Stelkens/Bonk/ders, VwVfG, § 49 Rn 26 f.

[20] *Erichsen/Brügge* Jura 1999, 497, 498; *Ule/Laubinger* VwVfR, § 63 Rn 2.

[21] S Art 88 I EGV, Art 17 ff der VO 659/1999/EG des Rates über besondere Vorschriften für die Anwendung von Artikel 88 des EG-Vertrages, ABlEG 1999 L 83, 1.

[22] S Art 16 der VO 659/1999/EG (Fn 21).

[23] *Sachs* in: Stelkens/Bonk/ders, VwVfG, § 49 Rn 44; *Erichsen/Brügge* Jura 1999, 496, 498; *Schäfer* in: Obermayer, VwVfG, § 49 Rn 23; *Kopp/Ramsauer* VwVfG, § 49 Rn 34; *Bronnemeyer* (Fn 16) 89.

[24] Vgl *Maurer* Allg VwR, § 11 Rn 45.

den Widerrufsgrund, denn die Bestandskraft erfasst auch die Nebenbestimmungen, so dass der Betroffene gegen den Widerrufsvorbehalt hätte vorgehen müssen[25]. Die Rechtswidrigkeit ist im Rahmen der Ermessensausübung zu berücksichtigen, wobei nicht jedes Gebrauchmachen vom Widerrufsvorbehalt zur Rechtswidrigkeit führen kann[26]. Widerrufen werden darf aber bei einem Widerrufsvorbehalt nur aus den Gründen, die die Aufnahme des Widerrufsvorbehalts in den Verwaltungsakt gerechtfertigt haben; der bloße Hinweis auf den Widerrufsvorbehalt reicht nicht aus[27].

c) *Nichterfüllung einer Auflage.* Ein Widerrufsgrund liegt auch vor, wenn der Be- **8**
günstigte eine Auflage nicht oder nicht fristgerecht erfüllt, § 49 II 1 Nr 2 VwVfG. Auch dann ist eine Berufung auf Vertrauensschutz ausgeschlossen[28]. Der Verwaltungsakt muss mit einer hinreichend bestimmten Auflage verbunden sein[29]. Auf ein Verschulden des Begünstigten bei der Nichterfüllung kommt es für die Anwendung der Vorschrift nicht an. Allerdings ist es bei der Ermessensentscheidung über den Widerruf (vgl Rn 23) ggf ebenso zu berücksichtigen wie der Umfang der Nichterfüllung. Im Rahmen dieser Ermessensentscheidung ist auch dem Verhältnismäßigkeitsgrundsatz durch die Beachtung der selbständigen Durchsetzbarkeit der Auflage Rechnung zu tragen. Zunächst ist diese Durchsetzung der Auflage zu versuchen, bevor als schärferes Mittel die gesamte Begünstigung widerrufen wird. Zunächst ist dem Begünstigten eine Frist zu setzen (außer bei bereits fristbewehrten Auflagen[30]); notfalls ist die Auflage zwangsweise durchzusetzen.

d) *Änderung der Tatsachenlage.* Nach § 49 II 1 Nr 3 VwVfG liegt ein Widerrufs- **9**
grund vor, wenn sich die *Tatsachenlage ändert* und die Behörde auf dieser Grundlage den Verwaltungsakt nicht hätte erlassen müssen und wenn außerdem das öffentliche Interesse den Widerruf fordert.

Tatsachen im Sinne der Vorschrift sind alle tatsächlichen inneren und äußeren Um- **10**
stände, gleich, ob sie vom Verhalten des Begünstigten abhängig sind[31]. Eine Änderung der Tatsachenlage tritt zB bei *neuen wissenschaftlichen Erkenntnissen* ein[32], nicht jedoch bei einer lediglich anderen Tatsachenbeurteilung bei gleichbleibender Sachlage[33]. – Bei *Zusicherungen* (→ § 21 Rn 61) gilt § 49 II Nr 3 VwVfG mit der erleichternden Maßgabe, dass die Bindungswirkung schon kraft Gesetzes entfällt, wenn die Behörde bei

25 BW VGH GewArch 1975, 330, 331; BVerwG, NVwZ 1987, 498, 499; VGH BW NVwZ-RR 1992, 543, 543; *Kopp/Ramsauer* VwVfG, § 49 Rn 37; *Ule/Laubinger* VwVfR, § 63 Rn 6; *Sachs* in: Stelkens/Bonk/ders, VwVfG, § 49 Rn 40; *Ehlers* GewArch 1999, 305, 314; aA BVerwG DVBl 1965, 728; *Maurer* Allg VwR, § 11 Rn 41; *Erichsen* 12. Aufl 2002, § 18 Rn 14. Differenzierend *Sarnighausen* NVwZ 1995, 563.

26 BVerwG NVwZ-RR 1994, 580. AA (stets Ermessensfehler) *Ehlers* Verw 37 (2004) 255, 282.

27 *Erichsen/Brügge* Jura 1999, 496, 498; *Wolff/Bachof/Stober* VwR II, § 51 Rn 42; NdsOVG DÖV 1999, 564, 566; HessVGH NVwZ 1989, 165, 166 → JK Hess VwVfG § 49 II/1.

28 Vgl *Maurer* Allg VwR, § 11 Rn 45.

29 Zur Vereinbarung der Auflage in einem öffentlich-rechtlichen Vertrag BVerwG NVwZ-RR 2004, 413 → JK 9/04 VwVfG § 49 III 1 Nr 2/2.

30 Ähnlich *Sachs* in: Stelkens/Bonk/ders, VwVfG, § 49 Rn 56.

31 BVerwGE 18, 34, 36; 59, 124, 128; BVerwG NJW 1988, 1991; OVG NRW NVwZ 1985, 132, 133; VGH BW DÖV 1994, 219 → JK VwVfG § 49/4; BVerwG GewArch 1997, 67; GewArch 1998, 379.

32 BVerwG DVBl 1982, 1004, 1004 f.

33 BVerwG NVwZ 1991, 577, 578 → JK VwVfG § 49 II Nr 3, 4/1; SächsOVG NJW 2000, 1057, 1059, zur Verschlechterung der Haushaltslage.

Kenntnis der Änderung die Zusicherung nicht gegeben hätte oder nicht hätte geben dürfen; § 49 VwVfG wird insoweit durch § 38 III VwVfG modifiziert[34].

11 Der Widerrufsgrund der geänderten Sachlage setzt schließlich voraus, dass ohne den Widerruf das öffentliche Interesse gefährdet wäre. Dies ist anzunehmen, wenn der Widerruf den Eintritt ansonsten unmittelbar bevorstehender Schäden für wichtige Rechtsgüter wie Volksgesundheit[35], Jugendschutz[36] oder Leben und Gesundheit anderer[37] verhindert[38]. Öffentliches Interesse in diesem Sinne ist auch das fiskalische Interesse, dh das Interesse an einer sparsamen Haushaltsführung[39].

12 e) *Änderung der Rechtslage.* In § 49 II 1 Nr 4 VwVfG sind die Voraussetzungen für einen Widerruf bei Änderung der Rechtslage geregelt. Änderung der Rechtslage meint jede Aufhebung von Rechtssätzen, ob durch den Normgeber selbst oder im Rahmen einer gerichtlichen Normenkontrolle. Auch die Änderung von Verwaltungsvorschriften mit Außenwirkung fällt unter die Vorschrift, nicht jedoch eine Rechtsprechungsänderung. Eine Änderung der Rechtslage tritt auch mit der bestandskräftigen Entscheidung der Kommission über die Unvereinbarkeit einer Beihilfe mit dem Gemeinschaftsrecht ein[40].

13 Soll der begünstigende Verwaltungsakt wegen Änderung der Rechtslage widerrufen werden, darf der Begünstigte noch keinen Gebrauch von der Vergünstigung gemacht oder noch keine Leistungen empfangen haben. Diese Formulierung knüpft an die Unterscheidung in § 48 II und III an. Bei Leistungsverwaltungsakten schließt hier schon der *Empfang der Leistung* den Widerruf aus. Da die Leistung aufgrund eines rechtmäßigen Verwaltungsakts gewährt wird, kommt es allein auf den Empfang und nicht auf Verbrauch oder Vermögensdispositionen (wie bei § 48 II 2 VwVfG) an. Bei sonstigen Vergünstigungen kann nach *Gebrauchmachen von der Vergünstigung,* dh nach jeder rechtserheblichen Nutzungshandlung nicht mehr widerrufen werden. Dies eröffnet die Möglichkeit zum Teilwiderruf bei teilweisem Empfang oder teilweisem Gebrauchmachen, zB mit Blick auf noch nicht gewährte Teilleistungen.

14 Wie im Fall des § 49 II 1 Nr 3 setzt der Widerruf nach Nr 4 schließlich voraus, dass der Fortbestand des Verwaltungsakts das öffentliche Interesse gefährdet (vgl Rn 11).

15 f) *Abwehr schwerer Nachteile für das Gemeinwohl.* Generalklauselartig schafft § 49 II 1 Nr 5 VwVfG den Widerrufsgrund der Verhütung oder Beseitigung *schwerer Nachteile für das Gemeinwohl.* Maßstab für die Schwere eines Nachteils ist das materielle Recht, insbesondere das Verfassungsrecht. Als Notstandsrecht (*ius eminens*) ist die Vorschrift eng zu interpretieren[41], so dass der Widerrufsgrund nur in besonderen Ausnahmefällen (zB Katastrophen) greift. Nur in Grenzen bietet die Rechtsprechung des Bundesverfassungsgerichts zu den objektiven Zulassungsschranken bei Art 12 GG nähere Anhaltspunkte darüber, was unter schweren Nachteilen für das Gemeinwohl zu

[34] Vgl nur *Sachs* in: Stelkens/Bonk/ders, VwVfG, § 38 Rn 95 ff.
[35] BVerwG BayVBl 1992, 730, 730 f.
[36] VGH BW GewArch 1993, 247.
[37] *Ule/Laubinger* VwVfR, § 63 Rn 12.
[38] Vgl außerdem BVerwG NVwZ 1992, 565, 565 f. Gegenbeispiel: Baurechtlicher Nachbarstreit (nur Individualinteressen): BVerwG NVwZ 1999, 417, 419 → JK BauGB § 29 I 1/1.
[39] BVerwG DÖV 1986, 202 → JK GG Art 12 I/14; OVG NRW DöD 1982, 110, 113.
[40] → § 24 Rn 5.
[41] Vgl *Erichsen* Verfassungs- und Verwaltungsgerichtliche Grundlagen der Lehre vom fehlerhaften belastenden Verwaltungsakt und seine Aufhebung im Prozeß, 1971, 44 f, 159 f.

verstehen ist, denn diese nimmt „herausragende Gemeinschaftsgüter“ zu großzügig an[42]. Die Nachteile müssen unmittelbar bevorstehen oder bereits eingetreten sein[43].

g) *Zweck- und auflagenwidrige Verwendung von Geldleistungsverwaltungsakten.* **16** § 49 III VwVfG enthält eine Sonderregelung für Geldleistungsverwaltungsakte, vor allem Subventionsbescheide. Die zweckwidrige Verwendung einer Subvention oder die Nichtbeachtung einer Auflage bei der Subventionsverwendung wirkt nicht auf die Rechtmäßigkeit des Verwaltungsakts zurück, so dass er deswegen nicht zurückgenommen werden kann. Ein Widerruf wegen nachträglich eingetretener Tatsachen (§ 49 II 1 Nr 3 VwVfG) wäre nur für die Zukunft möglich, so dass der Rechtsgrund für das Behaltendürfen der Subvention nicht beseitigt werden könnte. Bis zur Einfügung des § 49 III VwVfG (bzw der Vorläufernorm in § 44a BHO) wurde die Fallkonstellation der Fehlleitung von Subventionen von den Regelungen über Rücknahme und Widerruf nur schwer erfasst[44].

Daher begründet § 49 III 1 Nr 1 VwVfG den *Widerrufsgrund der zweckwidrigen* **17** *Verwendung einer Geldleistung.* Die Geldleistung muss (anders als bei § 48 II 1 VwVfG) für einen bestimmten Zweck gewährt werden bzw muss hierfür Voraussetzung sein. Erreicht schon die Leistung den Zweck (zB Sozialleistung, Fürsorgeleistung an Beamten), ist § 49 III 1 VwVfG nicht anwendbar[45]; vielmehr bedarf es einer konkreten Zweckbestimmung im Verwaltungsakt[46].

Für die gleiche Art von zweckgerichteten Geldleistungsverwaltungsakten eröffnet **18** § 49 III 1 Nr 2 VwVfG eine Widerrufsmöglichkeit bei Nichterfüllung einer mit dem Verwaltungsakt verbundenen Auflage.

3. Entschädigungsanspruch

Bei Änderung der Sach- oder Rechtslage oder in Notstandssituationen (§ 49 II 1 Nr 3–5 **19** VwVfG) ist nach § 49 VI 1 VwVfG Entschädigung für den Vertrauensschaden zu leisten. Obwohl der Anspruch je nach Fallkonstellation enteignungs- oder aufopferungsrechtlichen Charakters ist, verweist § 49 VI 2 VwVfG auf die für den diesseits der Enteignungs-/Aufopferungsschwelle liegenden Vertrauensschadensersatz geltenden Sätze 3–5 in § 48 III VwVfG. Der Enteignungs-/Aufopferungscharakter kommt jedoch bei der Verweisung auf den ordentlichen Rechtsweg nach § 49 VI 3 VwVfG zum Tragen[47].

[42] Paradigmatisch BVerfGE 11, 168, 187: Funktionsfähigkeit des Taxenverkehrs. Weiter *Erichsen* 12. Aufl 2002, § 18 Rn 26; *Häberle* FS Boorberg-Verlag, 1977, 47, 89; *Britz* DÖV 1982, 231, 233 f.

[43] *Bronnemeyer* (Fn 16) 164.

[44] Gesetzgebungsgeschichte umfassend bei *Sachs* in: Stelkens/Bonk/ders, VwVfG, § 49 Rn 88 ff.

[45] *Suerbaum* VerwArch 90 (1999) 361, 367.

[46] *Baumeister* NVwZ 1997, 19, 20; *Gröpl* VerwArch 88 (1997) 23, 35; *Suerbaum* VerwArch 90 (1999) 361, 369.

[47] Krit *Hufen* VwPrR, § 11 Rn 74.

4. Widerruf begünstigender Verwaltungsakte anlässlich eines Rechtsbehelfsverfahrens

20 Aus den gleichen Gründen wie bei der Rücknahme entfällt auch beim Widerruf der Vertrauensschutz bei der Drittanfechtung im Rechtsbehelfsverfahren (→ § 24 Rn 40 ff). Dass § 50 VwVfG mit dem Ausschluss der vertrauensschützenden Widerrufsgründe gleich die Rechtsgrundlage für den Widerruf in § 49 II 1 VwVfG beseitigt, ist ein Redaktionsversehen[48].

V. Widerrufsentscheidung und Folgen des Widerrufs

21 Der Widerruf ist – wie die Rücknahme – selbst Verwaltungsakt. Er erfolgt in den Fällen des § 49 II 1 VwVfG nur mit Wirkung für die Zukunft (*ex nunc*). Bei zweckgebundenen Geldleistungsverwaltungsakten ist auch ein Widerruf für die Vergangenheit möglich (*ex tunc*); dieser Möglichkeit bedarf es, weil ohne sie der Verwaltungsakt existent bliebe und als Rechtsgrund für das Behaltendürfen der Leistung einer Rückforderung nach § 49a I 1 VwVfG entgegengehalten werden könnte[49]. Nach § 49 IV VwVfG kann die Behörde in der Zukunft auch einen anderen Zeitpunkt als den des Widerrufs wählen. Im Fall der Teilbarkeit ist auch ein Teilwiderruf möglich, nicht jedoch ein Widerruf „dem Grunde nach" ohne Präzisierung des Widerrufsumfangs[50].

22 *Zuständig* für den Widerruf ist wiederum die örtlich zuständige Behörde nach § 3 VwVfG, § 49 V VwVfG. Die Vorschrift entspricht § 48 V VwVfG (→ § 24 Rn 39).

23 Der Widerruf steht bei begünstigenden Verwaltungsakten nach § 49 II und III VwVfG im Ermessen der Behörde („darf"/„kann"). Ausnahmsweise ist das Widerrufsermessen auf Null reduziert. Bei Geldleistungsverwaltungsakten führt die ermessenslenkende Wirkung der haushaltsrechtlichen Grundsätze von Wirtschaftlichkeit und Sparsamkeit normalerweise zu einer entsprechenden Ermessensreduktion[51]. Auch bei Verwaltungsakten, die durch Änderung der Sach- und Rechtslage nun als *gemeinschaftsrechtswidrig* gelten müssen, entfällt der Ermessensspielraum aufgrund der Loyalitätspflicht aus Art 10 EGV[52].

24 Der besondere *Erstattungsanspruch* nach § 49a VwVfG gilt auch beim Widerruf (→ § 24 Rn 47). Beim Widerruf nach § 49 III VwVfG gilt eine besondere (Zwischen-) Verzinsungsregelung nach § 49a IV VwVfG.

48 Wie hier *Sachs* in: Stelkens/Bonk/ders, VwVfG, § 50 Rn 79.
49 Vgl *Kopp/Ramsauer* VwVfG, § 49a Rn 9; BayVGH NJW 1997, 2255.
50 BVerwG NVwZ 2001, 556.
51 BVerwGE 105, 55, 58.
52 EuGH Slg 1983, 3707 Rn 8 ff – Kommission/Frankreich.

§ 26
Wiederaufgreifen des Verfahrens

I. Funktion des Wiederaufgreifens

Die Regelung in § 51 VwVfG soll dem Interesse des betroffenen Bürgers Rechnung tragen, nach Eintritt der Bestandskraft eines belastenden oder begünstigenden Verwaltungsakts[1] in einem *neuen Verwaltungsverfahren* eine *neue Sachentscheidung* zu erhalten, wenn sich die Sach- oder Rechtslage geändert hat, neue Beweismittel vorliegen oder Wiederaufnahmegründe im Sinne der ZPO gegeben sind[2]. Sie ist erkennbar den prozessrechtlichen Wiederaufnahmeregelungen nachempfunden und zieht damit eine Parallele zwischen bestandskräftigem Verwaltungsakt und rechtskräftigem Urteil. Das unklare Verhältnis des § 51 VwVfG zu Rücknahme und Widerruf hat jedoch einen dogmatisch fruchtlosen Streit in der Verwaltungsrechtslehre ausgelöst. **1**

Unbestritten ist allein die *verfahrensrechtliche Funktion des Wiederaufgreifens*. Ist es nicht durch besondere Regelungen ausgeschlossen (zB §§ 72 I, 75 II 2 VwVfG, 17 VI 2, VII FStRG)[3] und sind die Voraussetzungen für ein Wiederaufgreifen erfüllt (s Rn 6 ff), muss die Behörde in eine erneute Sachprüfung einsteigen. Es beginnt ein neues Verwaltungsverfahren, obwohl das alte durch Erlass eines nunmehr bestandskräftigen Verwaltungsaktes abgeschlossen worden war (s § 9 VwVfG). Lehnt die Behörde ein Wiederaufgreifen ab, weil die Voraussetzungen nicht erfüllt sind, so ist diese Ablehnungsentscheidung Verwaltungsakt („wiederholende Verfügung"); der Regelungscharakter liegt in der verfahrensrechtlichen Bedeutung der Entscheidung (→ § 21 Rn 29 mit Nachw in Fn 78). **2**

Ein unnötiger Streit ist um die *materiellrechtliche Bedeutung des § 51 VwVfG* entbrannt. Umstritten ist, auf welcher Rechtsgrundlage die erneute Sachprüfung stattfinden soll, wenn die Voraussetzungen für das Wiederaufgreifen erfüllt sind und das neue Verwaltungsverfahren begonnen hat. Überwiegend wird die erneute Sachprüfung den Normen unterstellt, die für den ursprünglich erlassenen Verwaltungsakt einschlägig sind, also die fachrechtlichen Normen des Bau-, Ordnungs-, Gewerberechts etc. Die erneute Sachentscheidung soll nicht unspezifisch im Ermessen der Behörde stehen, sondern den fachrechtlichen Vorgaben folgen[4]. Die Gegenauffassung bringt die §§ 48, 49 VwVfG zur Anwendung und versteht § 51 V VwVfG als Rechtsgrundverweisung; Rücknahme und Widerruf des ursprünglichen Verwaltungsaktes stehen dann im Ermessen der Behörde (→ § 24 Rn 14 und → § 25 Rn 23)[5]. Allerdings soll dieses Ermes- **3**

[1] Wiederaufgreifen bei begünstigendem Verwaltungsakt in VGH BW NVwZ 1986, 225.

[2] Aus der älteren Literatur s *Ossenbühl* JuS 1976, 25; *Bettermann* FS Wolff, 1973, 465.

[3] S *Peine* Allg VwR, Rn 357.

[4] BVerwG NJW 1982, 2204; BayVBl 1993, 120; ausf *Ule/Laubinger* VwVfR, § 65 Rn 30; *Schmidt* Das Wiederaufgreifen des Verwaltungsverfahrens – Zur Dogmatik des § 51 VwVfG, 1982, 35; *Gosch* Die Wiederaufnahme unanfechtbar abgeschlossener Verwaltungsverfahren, 1981, 27 ff, 63 ff; *Sachs* in: Stelkens/Bonk/ders, VwVfG, § 51 Rn 30 ff; *Meyer* in: Knack, VwVfG, § 51 Rn 20 f; *Kopp/Ramsauer* VwVfG, § 51 Rn 9; *Schäfer* in: Obermayer, VwVfG, § 51 Rn 1 ff; *Schenke* DÖV 1983, 320, 330; *Baumeister* VerwArch 83 (1992) 374, 376; *Selmer* JuS 1987, 363, 367; *Frohn* Verw 20 (1987) 337, 342; *ders* Jura 1993, 393, 396; *Achterberg* Allg VerwR, § 23 Rn 99; *Peine* Allg VwR, Rn 362; *Huber* AllgAllg VerwR, 208.

[5] So vor allem *Maurer* Allg VwR, § 11 Rn 61; *Burgi* JuS-Lernbogen 1991, 82, 84; *Weides* VwVf, 332 f; *Schaarschmidt* Wiederaufgreifen auf Antrag des Betroffenen, 1984, 111 ff, 129. Diffe-

sen im Einzelfall auf Null reduziert sein und Rücknahme- bzw Widerrufsansprüchen nicht im Wege stehen, so dass beide Auffassungen zum selben Ergebnis gelangen können[6].

4 Die Verweisung in § 51 V VwVfG ist insofern missverständlich, als sie nicht die Geltung der §§ 48 I, 49 I VwVfG für das Wideraufgreifen anordnen soll, sondern aufzeigt, dass die Aufhebung durch Rücknahme oder Widerruf neben die Aufhebung im wieder aufgegriffenen Verfahren tritt. § 43 II VwVfG lässt eine behördliche Aufhebung jenseits von Rücknahme und Widerruf ausdrücklich zu[7]. Außerdem sollte § 51 VwVfG eine seinerzeit existierende höchstrichterliche Rechtsprechung zum Wiederaufgreifen kodifizieren, nach der die Behörde bei Vorliegen der Wiederaufgreifensgründe zur erneuten Sachentscheidung verpflichtet war[8]. Ähnlich wie bei der gerichtlichen Wiederaufnahme – an das die Regelung des § 51 VwVfG angelehnt ist – tritt die Behörde beim Wiederaufgreifen des Verwaltungsverfahrens in eine erneute Sachprüfung ein – § 51 VwVfG versetzt das Verfahren in den Zustand *vor* der ursprünglichen Behördenentscheidung[9]. Wegen des Zwecks des § 51 VwVfG, dem durch einen Verwaltungsakt belasteten Betroffenen eine Korrekturmöglichkeit zu seinen Gunsten zu eröffnen, ist allerdings eine *reformatio in peius* nicht möglich[10]. Die Rechtskraft eines den Ausgangs-Verwaltungsakt bestätigenden Urteils steht dem Wiederaufgreifen nicht entgegen, weil die Befugnis zum Erlass eines neuen Verwaltungsakts außerhalb der Bindungswirkung des § 121 Nr 1 VwGO (Reichweite der Rechtskraft) liegt und der dem Rechtsschutz des Bürgers dienende Verwaltungsprozess nicht zu seinem Nachteil gereichen soll[11].

5 Der Gesetzgeber könnte durch eine ausdrückliche Normierung der Bestandskraftdurchbrechung aufgrund des Wiederaufgreifens selbst für Klarheit in dieser unübersichtlichen Streitfrage sorgen. Eine Neuregelung könnte auch schutzwürdige Interessen der durch den Ausgangs-Verwaltungsakt Begünstigten berücksichtigen, denen einstweilen durch analoge Anwendung von §§ 48 III, 49 VI VwVfG Rechnung getragen werden muss[12].

renzierend *Classen* DÖV 1989, 156; *Schwabe* JZ 1985, 545, 552. Umfassend *Bastian* Das verwaltungsbehördliche Ermessen zum Wiederaufgreifen des Verwaltungsverfahrens, 1985.

6 *Maurer* Allg VwR, § 11 Rn 61.

7 *Erichsen* 12. Aufl 2002, § 20 Rn 4 f. *Müller* Verw 10 (1977) 519, 520 f; *Sachs* in: Stelkens/Bonk/ders, VwVfG, § 51 Rn 30.

8 BT-Drucks 7/910, 74 zu § 47 I. Zu dieser älteren Rspr *Sachs* JuS 1982, 264, 267.

9 Zum Verhältnis Rücknahme/Wiederaufgreifen bei gemeinschaftsrechtswidrigen, belastenden Verwaltungsakten → § 24 Rn 18.

10 *Peine* Allg VwR, Rn 363; *Sachs* in: Stelkens/Bonk/ders, VwVfG, § 51 Rn 42 ff; *Ule/Laubinger* VwVfR, § 65 Rn 9. AA BVerwG BayVBl 1993, 120, 121. Die Behörde kann über §§ 48 f VwVfG vorgehen: *Erichsen/Ebber* Jura 1997, 424, 430 mwN.

11 BVerwGE 82, 272, 274 f → JK VwVfG § 51 Nr 2/1; 95, 86, 88 f → JK VwGO § 121/2; *Sachs* JuS 1982, 264, 266; *Kemper* NVwZ 1985, 872, 875; *Erfmayer* DVBl 1997, 27, 29 ff; aA wohl BVerfG-K NVwZ 1989, 141, 142; offen gelassen von BVerwG NVwZ 1989, 161, 162 rechte Sp.

12 *Erichsen* 12. Aufl 2002, § 20 Rn 5 aE; *Sachs* in: Stelkens/Bonk/ders, VwVfG, § 51 Rn 67; *Sasse* Jura 2009, 493, 496 f. Ausf für eine Änderung des VwVfG *Sanden* DVBl 2007, 665.

II. Voraussetzungen des Wiederaufgreifens

1. Wiederaufgreifensgründe

a) *Änderung der Sach- oder Rechtslage.* Das erfolgreiche Wiederaufgreifen des Verfahrens setzt zunächst einen *Wiederaufgreifensgrund* voraus. Erster Wiederaufgreifensgrund ist die dem Betroffenen günstige *Änderung der Sach- oder Rechtslage* (§ 51 I Nr 1 VwVfG)[13]. Hier wird – ähnlich wie beim Widerruf nach § 49 II 1 Nr 3 und 4 VwVfG – geltend gemacht, dass der Verwaltungsakt wegen der geänderten Umstände nicht mehr mit dem geltenden Recht in Einklang steht. Der Wiederaufgreifensgrund ist nur bei Verwaltungsakten einschlägig, bei denen sich die Änderung der Sach- oder Rechtslage auf die Rechtmäßigkeit auswirken kann (Dauerverwaltungsakte)[14]. – Eine Änderung der Rechtsprechung ist keine Änderung der Rechtslage, denn nur im Ausnahmefall ist eine Rechtsprechungsänderung rechtsfortbildend und stellt nicht lediglich eine andere Praxis mit Bezug auf die gleichbleibende Rechtslage dar (s aber → Rn 13)[15]. Für das Sozialrecht ist in § 48 II SGB X ausdrücklich etwas anderes bestimmt[16]. 6

b) *Änderung der Beweislage.* Der Wideraufgreifensgrund der *Änderung der Beweislage* (§ 51 I Nr 2 VwVfG) ist nicht mit der Änderung der Tatsachengrundlage zu verwechseln (zu dieser → Rn 6). Vielmehr geht es um bereits im Erlasszeitpunkt vorliegende Tatsachen, zu denen nunmehr Beweismittel vorliegen[17]. Das neue Beweismittel muss zu einer dem Betroffenen günstigeren Entscheidung führen können[18]. Beweismittel sind alle Erkenntnismittel iSv § 26 I VwVfG (→ § 14 Rn 25). Eine Änderung der Beweislage tritt zB ein, wenn erst nach Eintritt der Bestandskraft ein Zeuge benannt werden kann. Sachverständigengutachten sind nur neue Beweismittel, wenn sie selbst auf neuen Beweismitteln beruhen, damit nicht durch Einholung eines Sachverständigengutachtens ein Wiederaufnahmegrund kreiert werden kann[19]. 7

c) *Weitere Wiederaufgreifensgründe.* Gemäß § 51 I Nr 3 VwVfG sind weitere Wiederaufgreifensgründe die *Wiederaufnahmegründe der ZPO,* die auch im Verwaltungsprozess gelten (§ 153 VwGO), namentlich Eidesdelikte eines Zeugen, Urkundenfälschung, uneidliche Falschaussagen bzw falsche Gutachten und Rechtsbeugung. Die praktische Bedeutung dieser Regelung ist gering[20]. 8

2. Verhalten des Betroffenen

Damit das Wiederaufgreifen eine Bestandskraftdurchbrechung nur im Ausnahmefall herbeiführt und die differenzierte Regelung der Rechtsschutzmöglichkeiten erhalten bleibt, ist es an zwei weitere Voraussetzungen geknüpft, die im Verhalten des Betroffenen wurzeln. Erstens muss der Betroffene ohne grobes Verschulden (Vorsatz und grobe 9

[13] Zur Änderung der Sachlage zählen auch neue naturwissenschaftliche Erkenntnisse: BVerwGE 115, 274, 281.

[14] BVerwGE 104, 115, 120; *Huber* AllgVwR, 208; *Kopp/Ramsauer* VwVfG, § 51 Rn 27.

[15] BVerwGE 95, 86, 89 f → JK VwGO § 121/2; BVerwG NJW 1981, 2595; NVwZ 1989, 161, 162; ThürOVG ThürVBl 1998, 106, 106 f.

[16] Vgl *Sachs* in: Stelkens/Bonk/ders, VwVfG, § 51 Rn 104.

[17] BVerwGE 25, 241, 242; 82, 272, 275 ff → JK VwVfG § 51 Nr 2/1.

[18] BVerwG DVBl 2001, 305; DVBl 1982, 998. Krit *Ehlers* Verw 37 (2004) 255, 285.

[19] BVerwGE 95, 86, 90 f → JK VwGO § 121/2; 113, 322, 326.

[20] S *Maurer* Allg VwR, § 11 Rn 60. Aus der Rspr BVerwGE 95, 86, 91 → JK VwGO § 121/2.

Fahrlässigkeit) außerstande gewesen sein, den Wiederaufgreifensgrund schon im vorausgehenden Verfahren, das zum bestandskräftigen Verwaltungsakt geführt hat, geltend zu machen, vor allem durch einen Rechtsbehelf (§ 51 II VwVfG)[21]. Zweitens ist der Antrag nur binnen drei Monaten ab Kenntnisnahme vom Wiederaufgreifensgrund zulässig (§ 51 III VwVfG)[22].

III. Entscheidung der Behörde und Rechtsschutz

10 Zuständig für die Entscheidung über das Wiederaufgreifen ist stets die nach § 3 VwVfG zuständige Behörde, auch wenn der Verwaltungsakt von einer anderen Behörde erlassen wurde. Bei einem Wiederaufgreifensantrag hat sie *drei Optionen*, die sich aus der Zweistufigkeit des Verfahrens (verfahrensrechtliche Entscheidung über Wiederaufgreifen – neue Sachentscheidung)[23] ergeben[24]: (1) Sie kann den Antrag mit einem verfahrensrechtlichen Verwaltungsakt ablehnen (wiederholende Verfügung, → Rn 2), (2) sie kann das Verfahren wiederaufgreifen, aber in der Sache einen gleichlautenden Verwaltungsakt erlassen (negativer Zweitbescheid) oder (3) sie kann das Verfahren wiederaufgreifen und in der Sache einen neuen Verwaltungsakt erlassen (positiver Zweitbescheid).

11 Statthafte Rechtsschutzform gegen die wiederholende Verfügung bzw das Unterlassen des Wiederaufgreifens ist die Verpflichtungsklage[25]. Ihr steht nicht die Rechtskraft eines Urteils entgegen, das den Ausgangsverwaltungsakt bestätigt, denn die Rechtskraft betrifft nur den (abgelehnten) Aufhebungsanspruch, nicht aber den Anspruch auf Wiederaufgreifen des Verfahrens[26]. Gegen den negativen Zweitbescheid sind Anfechtungs- oder Verpflichtungsklage (in Form der Versagungsgegenklage) statthaft. Auch diesen steht nicht die Rechtskraft eines den Erstbescheid bestätigenden Urteils entgegen, obwohl die Streitgegenstände identisch sind. § 51 VwVfG wirkt insofern nicht nur bestands-, sondern sogar rechtskraftdurchbrechend, da der subjektive Neubescheidungsanspruch aus dem Wiederaufgreifenstatbestand auch effektiv klagbar sein muss (Art 19 IV 1 GG)[27]. – Gründe der Prozessökonomie scheinen dafür zu sprechen, dass jedenfalls bei gebundenen Verwaltungsakten direkt der positive Zweitbescheid mit der Verpflichtungsklage erstritten werden kann. Dem steht jedoch die im Gesetz angelegte Zweistufigkeit des Verfahrens entgegen: Es sieht zunächst den Wiedereintritt in das Ver-

[21] Zur Zurechnung von Anwaltsverschulden BVerfG-K DVBl 2000, 1279, 1281.

[22] BVerwG NVwZ 1990, 359; OVG NRW NVwZ 1986, 51: Selbständige Dreimonatsfrist für jeden Wiederaufnahmegrund.

[23] *Sachs* in: Stelkens/Bonk/ders, VwVfG, § 51 Rn 22 ff. AA *Wolff/Bachof/Stober* VwR II, § 51 Rn 123; *Peine* Allg VwR, Rn 360: Dreistufigkeit.

[24] S *Maurer* Allg VwR, § 11 Rn 56.

[25] *Ipsen* Allg VwR, Rn 784. AA für unterlassenes Wiederaufgreifen *Erichsen* 12. Aufl 2002, § 20 Rn 9; *Ule/Laubinger* VwVfR, § 65 Rn 28 aE. Umfassend zum Rechtsschutz *Geuder* Wiederaufgreifen des Verwaltungsverfahrens und neue Sachentscheidung, 1981, 171 ff.

[26] BVerwG NJW 1985, 280; *Sachs* JuS 1985, 447, 448; *ders* in: Stelkens/Bonk/ders, VwVfG, § 51 Rn 80.

[27] BVerwGE 70, 110, 112; *Erichsen/Ebber* Jura 1997, 424, 432; *Sachs* JuS 1985, 447, 449; ähnlich BVerwGE 82, 272, 274 → JK VwVfG § 51 Nr 2/1. AA noch BVerwGE 35, 234, 236; *Schachtschneider* VerwArch 63 (1972) 112, 277.

waltungsverfahren und sodann die Sachentscheidung vor[28], so dass zunächst auf Wiederaufgreifen geklagt werden muss. Im Übrigen tritt ein Zweitbescheid für den Rechtsschutz an die Stelle des Erstbescheides. – Ob eine wiederholende Verfügung oder ein Zweitbescheid vorliegt, ist eine Frage der Auslegung.[29]

IV. Wiederaufgreifen im weiteren Sinne?

Erschwert wird das Verständnis des § 51 VwVfG dadurch, dass die Aufhebung belastender Verwaltungsakte im Interesse des Betroffenen auch durch Rücknahme und Widerruf möglich ist (→ § 24 Rn 11 ff, und → § 25 Rn 3 f). § 51 V VwVfG stellt dies ausdrücklich klar. Bei belastenden Verwaltungsakten hat der Bürger einen Anspruch auf ermessensfehlerfreie Entscheidung über Rücknahme (bei rechtswidrigen Verwaltungsakten) und Widerruf (bei rechtmäßigen Verwaltungsakten), der sich in Ausnahmefällen zu einem Anspruch auf Rücknahme oder (sehr selten) Widerruf verdichtet (→ § 24 Rn 16, und → § 25 Rn 23). Überwiegend wird für diese Konstellationen von einem „Wiederaufgreifen im weiteren Sinne" oder einem Wiederaufgreifen „außerhalb von § 51 VwVfG" gesprochen[30]. Das ist insoweit missverständlich, als das verfahrensrechtliche Vor- und Umfeld der Rücknahme- oder Widerrufsentscheidung, also die Entscheidung darüber, ob über Rücknahme und Widerruf entschieden werden soll, nicht gesondert geregelt ist[31]; insoweit kommt § 22 S 1 VwVfG zur Anwendung und der Beginn des Verwaltungsverfahrens steht im pflichtgemäßen Ermessen der Behörde[32]. Terminologisch ist es daher vorzugswürdig, den Begriff des Wiederaufgreifens auf die Fälle des § 51 I Nr 1–3 VwVfG zu beschränken und die vornehmlich materiellrechtlichen Rücknahme- und Widerrufsansprüche diesen beiden anderen Aufhebungstatbeständen systematisch zuzuordnen[33]. **12**

In der Sache bedeutsam ist vor allem der Anspruch auf Rücknahme bei Rechtsprechungsänderung, weil in dieser Situation § 51 I Nr 1 VwVfG nicht greift. Ändert sich die Rechtsprechung mit Bezug auf die Grundlagen des Verwaltungsakts zugunsten des Bürgers, wird er als von Anfang an rechtswidrig angesehen und das Rücknahmeermessen ist auf Null reduziert[34]. **13**

[28] *Geuder* (Fn 24) 176 ff; ausf *Sachs* in: Stelkens/Bonk/ders, VwVfG, § 51 Rn 68 ff; *Ipsen* Allg VwR, Rn 784. AA BVerwG NJW 1982, 2204 (ohne Begr); *Kopp/Ramsauer* VwVfG, § 51 Rn 54; *Sasse* Jura 2009, 493, 496; wohl auch *Ehlers* Verw 37 (2004) 255, 284. Für das Asylverfahren BVerwGE 106, 171. Offen gelassen bei *Ule/Laubinger* VwVfR, § 65 Rn 14 mwN.

[29] Vgl BVerwGE 17, 256, 257 f; BVerwG NVwZ 2002, 482.

[30] So auch *Erichsen* 12. Aufl 2002, § 20 Rn 14; *Maurer* Allg VwR, § 11 Rn 62 f; *Baumeister* VerwArch 83 (1992) 374.

[31] *Korber* Einteiliges Aufhebungs- und zweiteiliges Wiederaufgreifensverfahren, 1983, 32 ff; *ders* DVBl 1984, 405; *ders* DÖV 1985, 309.

[32] *Erichsen* 12. Aufl 2002, § 20 Rn 15; *Erichsen/Ebber* Jura 1997, 424, 432 f.

[33] In der Tendenz schon *Erichsen* 12. Aufl 2002, § 20 Rn 17; *Wolff/Bachof/Stober* VwR I, § 51 Rn 112; *Schwabe* JZ 1985, 545, 547 linke Sp; *Ule/Laubinger* VwVfR, § 65 Rn 9; *Ehlers* Verw 31 (1998) 53, 75.

[34] Statt aller *Maurer* Allg VwR, § 11 Rn 66.

§ 27
Vollstreckung von Verwaltungsakten

I. Grundlagen

1 Infolge der Titelfunktion des Verwaltungsakts (§ 21 Rn 11) kann die Verwaltung ohne vorhergehendes gerichtliches Verfahren – ob vor den Verwaltungsgerichten nach der VwGO oder den ordentlichen Gerichten nach der ZPO – aus dem Verwaltungsakt gegen den Bürger vollstrecken[1]. Die belastenden Wirkungen der Verwaltungsvollstreckung rufen den rechtsstaatlichen Vorbehalt des Gesetzes auf den Plan[2], dessen Anforderungen durch differenzierte Vollstreckungsgesetze des Bundes und der Länder erfüllt werden[3]. Welches Gesetz (VwVG des Bundes oder entsprechendes Landesgesetz) zur Anwendung kommt, entscheidet sich allein danach, welche Behörde vollstreckt; darauf, ob der durchzusetzende Anspruch bundes- oder landesrechtlich begründet ist, kommt es nicht an[4]. Auf Bundesebene treten das UZwG für Vollzugsbeamte des Bundes sowie für den Bereich der Streitkräfte das UZwGBW hinzu, auf Landesebene die Polizei- und Ordnungsbehördengesetze der Länder, die teilweise in das allgemeine Verwaltungsvollstreckungsrecht zurückverweisen. Sonderregelungen enthalten schließlich die AO für das Steuerrecht, § 66 SGB X für das Sozialrecht sowie die JBeitrO für Geldforderungen von Justizbehörden.

2 Diesseits der genannten Spezialregelungen ist das allgemeine Verwaltungsvollstreckungsrecht zweigeteilt in die zwar praktisch, jedoch weniger für Forschung und Lehre relevante Beitreibung von Geldforderungen (§§ 1–5 VwVG), sowie in den Verwaltungszwang zur Erzwingung von Handlungen, Duldungen oder Unterlassungen (§§ 6–18 VwVG). Die allgemeinen Vollstreckungsvoraussetzungen sind im Grundsatz identisch, jedoch gegenstandsspezifisch geregelt.

II. Beitreibung von Geldforderungen

1. Gegenstand und Mittel der Vollstreckung

3 Im Wege der Beitreibung werden öffentlich-rechtliche Geldforderungen der öffentlichen Hand vollstreckt, namentlich Steuern, Gebühren und Beiträge. Forderungen, die im Wege privatrechtlicher Verwaltungstätigkeit entstanden sind, können nur dann im Wege der Beitreibung vollstreckt werden, wenn dies ausdrücklich gesetzlich zugelassen ist[5]. Vollstreckungsinstrumente sind gemäß § 5 I VwVG diejenigen der AO: Pfändung

[1] Wird ausnahmsweise die Vollstreckung im Zivilprozess betrieben, sind die §§ 704 ff ZPO anwendbar: BGH MDR 2008, 712.

[2] Dazu nur *Erichsen* 12. Aufl 2002, § 21 Rn 3.

[3] Bund: VwVG. Länder: VwVG BW; BayVwZVG; BerlVwVfG iVm VwVG, VwVG Bbg, BremVwVG; VwVG Hmb; VwVG Hess; VwVfG MV; NdsVwVG; VwVG NRW; VwVG RP; VwVG Saarl; VwVG Sachs; VwVG LSA; LVwG SH; VwZVG Thür. Im Folgenden wird der Praktikabilität wegen grundsätzlich das VwVG des Bundes herangezogen, soweit nicht landesrechtliche Besonderheiten für das Verständnis bedeutsam sind.

[4] *Horn* Jura 2004, 447. Zur Zuständigkeit insgesamt *Brühl* JuS 1997, 926, 927 f.

[5] ZB: § 2 I lit b, III VwVG Hmb; § 66 VwVG Hess; § 1 PrivVollstr VO LSA; § 14 KAG MV; § 1 II VwVG NRW iVm PrFordVerwVerfV NRW; § 71 VwVG RP; § 74 VwVG Saarl iVm

und Pfandverwertung durch Versteigerung bei der Vollstreckung in das bewegliche Vermögen, Pfändung und Einziehung bei der Vollstreckung in Forderungen und gerichtliche Zwangsvollstreckung bei der Vollstreckung in unbewegliches Vermögen[6].

2. Vollstreckungsvoraussetzungen

Die Beitreibung wird durch Vollstreckungsanordnung (§ 3 I VwVG) eingeleitet. Sie wird von der Anordnungsbehörde, dh der die Forderung geltend machenden Behörde, an die Vollstreckungsbehörde (§ 4 VwVG) erlassen und ist als Verwaltungsinternum kein vom Bürger angreifbarer Verwaltungsakt[7]. Die Beitreibung unterliegt insgesamt drei Voraussetzungen (§ 3 III lit a–c): 4

(1) Zunächst bedarf es eines zu vollstreckenden Verwaltungsakts in Gestalt eines Leistungsbescheides, der die eindeutige Aufforderung zur Geldleistung enthält. (2) Ferner muss die Leistung fällig sein. (3) Schließlich muss dem Vollstreckungsschuldner eine Frist von einer Woche seit dem Leistungsbescheid bzw seit Eintritt der Fälligkeit eingeräumt worden sein. 5

3. Vollstreckungsverfahren

Im Verfahren, das sich wiederum nach der AO richtet, soll der Vollstreckungsschuldner mit einer Zahlungsfrist von einer weiteren Woche besonders gemahnt werden (§ 3 III VwVG). 6

4. Rechtsschutz

Der Rechtsschutz gegen Maßnahmen der Beitreibung richtet sich nach ihrer jeweiligen Rechtsnatur. Gegen die verwaltungsinterne Vollstreckungsanordnung gibt es keinen Rechtsschutz[8]. Beitreibungsmaßnahmen, die sich als Verwaltungsakte darstellen – zB Sachpfändungen durch die Behörde – sind mit Widerspruch und Anfechtungsklage angreifbar[9]. Werden Gerichtsvollzieher und ordentliche Gerichte nach den Regelungen der AO in die Vollstreckung einbezogen, greifen entsprechende Rechtsbehelfe der ZPO. 7

Äußerst umstritten ist der Rechtsschutz gegen die Beitreibung, wenn nach Unanfechtbarkeit des Leistungsbescheides die Änderung der Sach- und Rechtslage geltend gemacht wird. Hier geht es nicht um Angriffe gegen die im Leistungsbescheid titulierte Forderung, sondern um deren Untergang durch Erfüllung, Aufrechnung, Stundung oder Erlass sowie durch sonstige nachträgliche Umstände. Häufig wird für diese Situationen auf die Vollstreckungsgegenklage nach § 767 ZPO iVm § 173 S 1 VwGO zurückgegriffen[10]. Dieser Rekurs wird jedoch der Subsidiarität zivilprozessualer Rechts- 8

PrGeldFVV Saarl; § 42 VwZVG Thür. Dies ist rechtsstaatlich problematisch, weil die öffentliche Hand einerseits die Vorteile des Privatrechts nutzt, andererseits im „Krisenfall“ auf öffentlich-rechtliche Befugnisse zurückgreift – eine Möglichkeit, die dem Bürger verwehrt ist. Kritisch-differenzierend *Sauthoff* DÖV 1987, 800; *ders* DÖV 1989, 1; *Röper* DÖV 1982, 680.

6 Ausf *Heuer* Zivilprozessuale Rechtsbehelfe in der Zwangsvollstreckung, 1996, 170 ff.

7 *Maurer* Allg VwR, § 20 Rn 10.

8 *Maurer* Allg VwR, § 20 Rn 11.

9 Für die Sachpfändung BVerwG NJW 1961, 332, 333; BVerwGE 54, 314, 316.

10 OVG NRW JZ 1965, 366 und 719; VG Freiburg NVwZ-RR 1989, 514; *Heuer* (Fn 5) 110 ff; *Traulsen* Die Rechtsbehelfe im Verwaltungsvollstreckungsverfahren, 1970, 174 ff; *Renck* NJW 1964, 848; *ders* NJW 1966, 1247; *Kröller* Vollstreckungsschutz im Verwaltungszwangsverfahren, 1970, 107 ff. Zur Sonderregelung in Art 21 VwZVG Bay *ders* BayVBl 1975, 637.

behelfe nicht gerecht, wie sie in § 173 S 1 VwGO zum Ausdruck kommt („Soweit dieses Gesetz keine Bestimmungen über das Verfahren enthält, ...“). Deswegen und wegen der besonderen Sachnähe der Verwaltungsgerichte sind zuerst die Rechtsschutzformen der VwGO heranzuziehen[11]. Weil der Erfüllungs- bzw sonstige Einwand sich selten gegen einen Verwaltungsakt richten wird, ist zumeist die Feststellungsklage gem § 43 VwGO statthaft, gerichtet auf die Feststellung, dass der Anspruch nicht mehr besteht oder dass die Vollstreckung aus dem Leistungsbescheid unzulässig geworden ist. Nach Landesrecht ist teilweise die Verpflichtungsklage auf vollstreckungshindernde Verwaltungsakte (nach entsprechendem Antrag bei der Behörde) möglich[12]. Einwände dritter Betroffener werden nach den einschlägigen bundes- bzw landesrechtlichen Regelungen mit der Drittwiderspruchsklage auf dem ordentlichen Rechtsweg geltend gemacht[13].

III. Verwaltungszwang

1. Gegenstand und Mittel der Vollstreckung

9 Beim Verwaltungszwang werden Verwaltungsakte, die nicht auf eine Geldleistung, sondern auf eine Handlung, Duldung oder Unterlassung gerichtet sind, mit den Zwangsmitteln Ersatzvornahme, Zwangsgeld und unmittelbarer Zwang vollstreckt (s § 9 VwVG). Die Vollstreckungsgesetze normieren insoweit einen *numerus clausus* der Zwangsmittel; andere Zwangsmittel (zB die Vorenthaltung lebensnotwendiger öffentlicher Leistungen[14]) sind nicht zulässig.

10 Soll die Verpflichtung zur Vornahme einer vertretbaren Handlung, dh einer Handlung, die auch ein anderer vornehmen kann, vollstreckt werden, so geschieht dies durch *Ersatzvornahme* in der Weise, dass entweder ein Dritter auf Kosten des Pflichtigen die Handlung vornimmt (*Fremdvornahme*) – zB ein Abschleppunternehmen das verkehrswidrig abgestellte Fahrzeug abschleppt oder ein Abbruchunternehmen das bauplanungswidrige Wochenendhaus abreißt – oder (was nur das Landesrecht überwiegend zulässt) die Behörde selbst tätig wird (*Selbstvornahme*) – zB die Zwangsräumung eines Gartengrundstücks durch städtische Bedienstete. Bei der Fremdvornahme (s § 10 VwVG) bestehen keine Rechtsbeziehungen zwischen dem Dritten und dem Pflich-

[11] BVerwGE 27, 141, 142 f; BVerwG NVwZ 1984, 168, 168 f; VGH BW NVwZ 1993, 72, 73; OVG NRW DÖV 1976, 673; *Schenke* VerwArch 61 (1970) 220, 342; *Schenke/Baumeister* NVwZ 1993, 1, 9 f; *Sadler* VwVG/VwZG, 6. Aufl 2005, § 5 Rn 13.

[12] S Art 21 VwZVG Bay; § 16 II VwVG RP.

[13] § 5 VwVG iVm § 262 AO; § 15 I VwVG BW iVm § 262 AO; Art 25, 26 VII VwZVG Bay iVm § 262 AO; § 5 VwVfG Berl iVm § 5 VwVG iVm § 262 AO; § 5 VwVG Bbg iVm § 262 AO; § 38 VwVG Hmb; § 111 VwVfG MV iVm § 5 VwVG iVm § 262 AO; § 26 VwVG Nds; § 8 VwVG NRW; § 26 VwV RP; § 38 VwVG Saarl; § 16 VwVG Sachs iVm § 262 AO; § 26 VwVG LSA; § 280 LVwG SH; § 38 I VwZVG Thür iVm § 262 AO. S BGH DÖV 1960, 597; *Bull/Mehde* Allg VwR, Rn 972; *Erichsen/Rauschenberg* Jura 1998, 323, 327 f; *App/Wettlaufer* Verwaltungsvollstreckungsrecht, 4. Aufl 2005, § 41 Rn 14. Zur Anwendung der gleichen Vorschrift in Hessen *Engelhardt/App* VwVG/VwZG, 5. Aufl 2001, § 262 AO Rn 10 Ziff 2.

[14] Beispiel von *Maurer* Allg VwR, § 20 Rn 13.

tigen[15]. Das Rechtsverhältnis zwischen Behörde und Drittem ist privatrechtlich ausgestaltet (im Regelfall Werkvertrag nach §§ 631 ff BGB)[16].

Geht es um eine unvertretbare Handlung, dh eine solche, die nur der Pflichtige vornehmen kann (zB Einstellung eines Gewerbebetriebes), wird ein *Zwangsgeld* verhängt (s § 11 I 1 VwVG)[17]. Es kann auch verhängt werden, wenn die Ersatzvornahme untunlich, dh unzweckmäßig oder unangemessen ist, vor allem dann, wenn der Pflichtige die Kosten der Ersatzvornahme nicht tragen kann (s § 11 I 2 VwVG). Ziel des Zwangsgeldes ist allein die Erzwingung der Handlung[18]. Es hat keinen Strafcharakter, so dass es auch mehrfach verhängt werden kann (s § 13 VI VwVG), weil der Grundsatz *ne bis in idem* nicht gilt. Daher ist es auch neben einer Kriminalstrafe oder Ordnungswidrigkeit zulässig[19]. Unter strengen Voraussetzungen (§ 16 I–III VwVG) tritt an die Stelle des Zwangsgeldes *Ersatzzwangshaft,* die ebenfalls Beugecharakter hat und bis zu zwei Wochen dauern kann[20]. **11**

Führen weder Ersatzvornahme noch Zwangsgeld zum Ziel oder sind sie untunlich, so kann die Behörde die Handlung, Duldung oder Unterlassung durch *unmittelbaren Zwang*, dh durch Einwirkung auf Personen oder Sachen mit körperlicher Gewalt, ihre Hilfsmitel oder mit Waffen erzwingen (s § 2 UZwG[21]). Der unmittelbare Zwang ist wegen seiner Eingriffsintensität *ultima ratio*. Hauptanwendungsbereich dieses Zwangsmittels ist das Polizeirecht. Wenn – wie im Bundesrecht und überwiegend im Landesrecht – der unmittelbare Zwang im Gegensatz zur Ersatzvornahme nicht kostenpflichtig ist, müssen die beiden Zwangsmittel voneinander abgegrenzt werden[22]. Bei körperlicher Einwirkung auf Personen liegt stets unmittelbarer Zwang vor; bei der Einwirkung auf Sachen kommt es darauf an, ob der Pflichtige sich wie die Behörde verhalten hätte (dann Ersatzvornahme; Beispiel: Öffnen einer Tür mit Ersatzschlüssel) oder ob die vollstreckende Behörde anders vorgeht, als dies der Pflichtige getan hätte, weil die Voraussetzung für weiteres Handeln des Pflichtigen herbeigeführt werden soll (dann unmittelbarer Zwang; Beispiel: Aufbrechen der Tür)[23]. **12**

2. Vollstreckungsvoraussetzungen

a) *Wirksamer, vollstreckungsfähiger Verwaltungsakt.* Pendant zum Leistungsbescheid bei der Beitreibung von Geldforderungen ist ein wirksamer Verwaltungsakt. Auch für die Titelfunktion kommt es nur auf die Wirksamkeit, nicht auf die Rechtmäßigkeit des Verwaltungsakts an. Nichtige Verwaltungsakte sind vollstreckungsunfähig[24]. **13**

Außerdem muss der Verwaltungsakt vollstreckungsfähigen Inhalts sein. Dies ist nur bei *befehlenden Verwaltungsakten* der Fall, nicht jedoch bei feststellenden oder gestal- **14**

[15] *Lemke* Verwaltungsvollstreckungsrecht des Bundes und der Länder, 1997, 359 ff; *Horn* Jura 2004, 447, 450.

[16] Näher *Maurer* Allg VwR, § 20 Rn 13.

[17] Aus der Rspr BVerwGE 117, 332.

[18] VGH BW DÖV 1996, 792, 793.

[19] S *Maurer* Allg VwR, § 20 Rn 15.

[20] Aus der – zu Recht – sehr zurückhaltenden Rspr VG Berlin NVwZ-RR 1999, 349; VG Meiningen NVwZ-RR 2000, 476; OVG Bremen DÖV 1972, 391.

[21] Sartorius I, Nr 115.

[22] Umfassend *Erdmann* Die Kostentragung bei Maßnahmen des unmittelbaren Zwangs, 1987.

[23] Beispiel von *Horn* Jura 2004, 447, 450.

[24] *Horn* Jura 2004, 447, 450.

tenden Verwaltungsakten: Beispielsweise können die Erteilung der Fahrerlaubnis oder die Anerkennung als Kriegsdienstverweigerer nicht vollstreckt werden.

15 b) *Vollstreckbarer Verwaltungsakt.* Wegen der erheblichen Eingriffswirkung des Verwaltungszwanges ist die Vollstreckung aus einem wirksamen Verwaltungsakt unabhängig von seiner Rechtmäßigkeit allerdings an eine weitere Voraussetzung gebunden. Die Titelfunktion in der Verwaltungsvollstreckung ist insoweit verfahrensrechtlich begrenzt, um nicht einseitig den Bürger mit dem Risiko der Vollstreckung bei ungewisser Rechtmäßigkeit zu belasten. *Vollstreckbar* sind Verwaltungsakte daher nur in drei Situationen (s § 6 I VwVG):

16 Vollstreckbar sind zunächst *unanfechtbare* Verwaltungsakte. Hat der Pflichtige die Anfechtungsfrist versäumt oder den entsprechenden Verwaltungsprozess rechtskräftig verloren, steht einer Vollstreckung nichts im Wege. In eiligen Fällen kann der *sofortige Vollzug* nach § 80 II 1 Nr 4 VwGO durch die Behörde angeordnet werden, wodurch unabhängig vom Rechtsbehelf in der Hauptsache Vollstreckbarkeit hergestellt wird. Gleiches gilt, wenn die *aufschiebende Wirkung eines Rechtsbehelfs* schon *kraft Gesetzes entfällt* (s § 80 II 1 Nr 3 VwGO).

17 Auch in den letztgenannten Fällen, in denen die Vollstreckbarkeit durch fehlende aufschiebende Wirkung von Rechtsbehelfen (ob kraft Gesetzes oder behördlicher Anordnung) erreicht wird, kommt es nicht auf die Rechtmäßigkeit des Verwaltungsakts an[25]. Die Titelfunktion des wirksamen Verwaltungsakts und seine damit verbundene Steuerungswirkung, die sich aus dem gesetzlich angeordneten, grundsätzlichen Auseinanderfallen von Wirksamkeit und Rechtmäßigkeit ergibt, würde sonst beeinträchtigt. Der vollstreckte Verwaltungsakt erledigt sich auch nicht durch die Vollstreckung, weil er für Folgeentscheidungen (insbesondere den Bescheid über die Vollstreckungskosten) bedeutsam bleibt[26]. Nur wenn der Pflichtige den Suspensiveffekt durch einen Antrag nach § 80 V VwGO herzustellen versucht, entfällt die Vollstreckbarkeit jedenfalls dann, wenn der Antrag erfolgreich ist. Aus dem Grundrecht auf effektiven Rechtsschutz (Art 19 IV GG) folgt zudem, dass die Vollstreckung bereits mit Antragstellung eingestellt werden muss[27]; notfalls ist dies wiederum im Wege einstweiligen Rechtsschutzes zu erzwingen[28].

18 c) *Vollstreckung ohne Verwaltungssakt.* Der Verwaltungszwang kann ohne vorausgehenden Verwaltungsakt zur Anwendung kommen, wenn dies zur Verhinderung einer

[25] Wie hier: BVerfGE 87, 399, 409 → JK GG Art 8 I/6; BVerfG-K NVwZ 1999, 290, 292 → JK GG Art 19 IV/19; SächsOVG NVwZ-RR 1999, 101, 102; OVG NRW NVwZ-RR 2004, 786; *Weiß* DÖV 2001, 275, 283 f; *Schenke/Baumeister* NVwZ 1993, 1, 2 f; *Poscher* VerwArch 89 (1998) 111, 123 ff; *App* JuS 2004, 786, 788; *Erichsen/Rauschenberg* Jura 1998, 33, 37; *dies* Jura 1998, 323; *Lemke* (Fn 14) 154 ff; *Selmer/Gersdorf* Verwaltungsvollstreckungsverfahren, 1996, 34 ff; *Werner* JA 2000, 902, 905; aA *Enders* NVwZ 2000, 1232, 1237; *Schoch* JuS 1995, 307, 309; *ders* in: Schmidt-Aßmann, Bes VwR, 2. Kap Rn 285. *Erichsen* 12. Aufl 2002, § 21 Rn 19, weist insoweit auf den in § 18 I 3 VwVG liegenden allgemeinen Rechtsgrundsatz hin.

[26] Wie hier: BVerwG BauR 1999, 733, 734; OVG Rh-Pf NVwZ 1997, 1009, 1009; BW VGH DVBl 2008, 471; *Hufen* VwPrR, § 18 Rn 61; aA noch VGH BW NVwZ 1994, 1131, 1132; *Gerhard* in: Schoch/Schmidt-Aßmann/Pietzner, VwGO, § 113 Rn 88; *Gröpl* JA 1995, 983, 987; *Schenke* Verwaltungsprozeßrecht, 9. Aufl 2004, Rn 316 f; *Winkler* JA 1999, 194, 195. *Erichsen* 12. Aufl 2002, § 21 Rn 19, weist insoweit auf den in § 18 I 3 VwVG liegenden allgemeinen Rechtsgrundsatz hin.

[27] BVerfG NJW 1987, 2219.

[28] *Horn* Jura 2004, 447, 449.

Straftat oder Ordnungswidrigkeit oder sonst zur Abwehr einer drohenden Gefahr notwendig ist, § 6 II VwVG. Bei Eilbedarf soll die Behörde sofort Zwangsmittel zur Anwendung bringen können. Das Gesetz spricht insoweit vom *sofortigen Vollzug*. Diese Zwangsmittelanwendung stellt sich als Realakt dar; Auffassungen, die den sofortigen Vollzug als Verwaltungsakt zu konstruieren versuchen, haben sich überlebt, weil es hierfür keine Notwendigkeit aus Rechtsschutzgründen mehr gibt (s aber Rn 23 für das Bundesrecht)[29]. Unnötige Probleme löst immer noch die Abgrenzung zu der in der polizei- und ordnungsrechtlichen Landesgesetzgebung geregelten unmittelbaren Ausführung aus. Nach diesen Vorschriften können polizeiliche und ordnungsbehördliche Maßnahmen unmittelbar, dh ohne vorausgehenden Verwaltungsakt, ausgeführt werden, wenn der polizei-/ordnungsrechtlich Verantwortliche für eine Inanspruchnahme nicht erreichbar ist[30]. Die Anwendung beider Rechtsinstitute kommt zu vergleichbaren Ergebnissen; allein die anwendbaren Vorschriften sind unterschiedlich. Letztlich handelt es sich beim Nebeneinander von unmittelbarer Ausführung und Sofortvollzug um eine sachlich kaum überzeugende legislatorische Redundanz[31]. Das überwiegend vorgeschlagene Abgrenzungskriterium, wonach der sofortige Vollzug zur Anwendung kommt, wenn ein tatsächlicher oder mutmaßlicher Wille des Pflichtigen gebrochen werden soll[32], ist kaum tragfähig, denn es gibt Anlass zu diffusen Spekulationen über den Willen des Verantwortlichen. Im Polizei- und Ordnungsrecht sollte der unmittelbaren Ausführung als genuin polizeirechtlichem Rechtsinstitut und typischer polizeilicher Handlungsweise der Vorrang vor dem vollstreckungsrechtlichen sofortigen Vollzug gebühren[33].

3. Vollstreckungsverfahren

a) *Gestrecktes Verfahren.* Verfahrensrechtlich stellt sich der sofortige Vollzug als abgekürztes Vollstreckungsverfahren dar. Der Normallfall ist das gestreckte Vollstreckungsverfahren: Auf den zu vollstreckenden Verwaltungsakt folgen mehrere verfahrensstrukturierende und rechtsschutzermöglichende behördliche Handlungen. Beim Verwaltungszwang ist die erlassende Behörde zugleich Vollstreckungsbehörde (s § 7 I VwVG). **19**

b) *Androhung.* Zwangsmittel sind zunächst schriftlich *anzudrohen*. Die Androhung mit – angemessener[34] – Fristsetzung soll dem Pflichtigen die freiwillige Erfüllung der Pflicht ermöglichen, verwirklicht insoweit den Verhältnismäßigkeitsgrundsatz[35] und ist **20**

[29] Zum insoweit erledigten Streit *Pietzner* VerwArch 84 (1993) 216, 274 ff; *Maurer* Allg VwR, § 20 Rn 26, und die „klassische" Entscheidung BVerwGE 26, 161, 164 – Schwabinger Krawalle.

[30] S statt aller *Schoch* in: Schmidt-Aßmann, Bes VwR, 2. Kap Rn 287 ff.

[31] Deutlich *Pietzner* VerwArch 84 (1993) 216, 264 in Fn 12; s auch *Schoch* JuS 1995, 307, 312; *Schwabe* NVwZ 1994, 629, 629; *Rachor* in: Lisken/Denninger (Hrsg), Handbuch des Polizeirechts, 4. Aufl 2007, Fn 884; *Schmitt-Kammler* NWVBl 1989, 289, 395; *Erichsen/Rauschenberg* Jura 1998, 33, 41. Zur historischen Entwicklung *Sadler* DVBl 2009, 292.

[32] S statt aller *Schoch* in: Schmidt-Aßmann, Bes VwR, 2. Kap Rn 288 mwN; *Schenke* Polizei- und Ordnungsrecht, 4. Aufl 2005, Rn 564.

[33] *Schoch* in: Schmidt-Aßmann, Bes VwR, 2. Kap Rn 288. Ähnlich *Pieroth/Schlink/Kniesel* Polizei- und Ordnungsrecht, 5. Aufl 2008, § 24 Rn 42; *Kugelmann* DÖV 1997, 153, 156 ff. Differenzierende Abgrenzung nach landesrechtlichen Regelungen bei *Lemke* (Fn 14) 203 ff.

[34] BVerwGE 16, 289; *Horn* Jura 2004, 597.

[35] VGH BW VBlBW 2005, 386.

Voraussetzung einer rechtmäßigen Vollstreckung[36] (s § 13 I VwVG). Sie kann – was in der Praxis zweckmäßigerweise im Regelfall geschieht – mit dem zu vollstreckenden Verwaltungsakt verbunden werden, § 13 II 1 VwVG. Bei der Ersatzvornahme muss die Androhung mit einem Kostenvoranschlag verbunden sein (s § 13 IV VwVG), beim Zwangsgeld mit der Kennzeichnung seiner Höhe. Sie ist zuzustellen (s § 13 VII VwVG). Eine Androhung „für jeden einzelnen Fall der Zuwiderhandlung" im Falle einer geforderten Unterlassung bedürfte wegen des Vorbehalts des Gesetzes einer ausdrücklichen Regelung und ist daher nach der gegenwärtigen Gesetzeslage beim Verwaltungszwang unzulässig[37].

21 c) *Festsetzung.* Wird die Verpflichtung nicht innerhalb der in der Androhung bestimmten Frist erfüllt, setzt die Behörde das Zwangsmittel fest (s § 14 VwVG). Die Festsetzung eines anderen als des angedrohten Zwangsmittels ist unzulässig. Viele landesrechtliche Regelungen kennen nur eingeschränkte Erfordernisse der Festsetzung bzw sehen sie überhaupt nicht vor[38].

22 d) *Anwendung.* An die Androhung und Festsetzung schließt sich die Anwendung des Zwangsmittels an. Widerstand kann mit Gewalt – notfalls mit Amtshilfe der Polizei – gebrochen werden, § 15 II VwVG.

4. Rechtsschutz

23 Die Rechtsschutzmöglichkeiten folgen der Rechtsnatur der Vollstreckungsmaßnahme. Sind diese – wie Androhung[39] und Festsetzung – als Verwaltungsakte zu qualifizieren, sind Widerspruch und Anfechtungsklage statthaft (s für die Androhung § 18 I VwVG[40]). Sie haben nach Landesrecht grundsätzlich keine aufschiebende Wirkung[41]. Die Anwendung von Ersatzvornahme und unmittelbarem Zwang ist hingegen ein Realakt[42]. Gleiches gilt für den sofortigen Vollzug (→ Rn 18). Hier ordnet das Bundesrecht (§ 18 II VwVG) in anachronistischer Perpetuierung der früheren Rechtsschutzfunktion des Verwaltungsakts die Anwendbarkeit der verwaltungsaktsbezogenen Rechtsbehelfe an; die Polizei- und Ordnungsbehördengesetze der Länder haben sich hiervon gelöst[43].

[36] HessVGH NVwZ 1990, 584; NVwZ 1982, 514; *Henneke* Jura 1989, 64, 67 f; differenzierend VGH BW NVwZ-RR 1992, 591; aA: *App/Wettlaufer* (Fn 12) § 37 Rn 5.

[37] BVerwG NVwZ 1998, 393.

[38] Die generelle Festsetzung des Zwangsmittels sehen vor: § 5 II VwVfG Berl iVm § 14 VwVG; § 24 VwVG Bbg; § 64 VwVG NRW. Die Festsetzung des Zwangsgeldes erfordern: § 23 VwVG BW; § 18 VwVG Brem; § 20 VwVG Hmb; § 76 VwVG Hess; § 110 VwVfG MV iVm § 88 IISOG MV; § 70 I VwVG Nds iVm § 67 I SOG Nds; § 64 II VwVG RP; § 20 II VwVG Saarl; § 22 II VwVG Sachs; § 71 I VwVG LSA iVm § 56 I SOG LSA; § 237 II LVwG SH; § 48 I VwZVG Thür.
Die Festsetzung eines Zwangsmittels ist in Bayern nicht vorgesehen.

[39] BVerwG, DVBl 1989, 362.

[40] Im einzelnen *Horn* Jura 2004, 597, 600.

[41] § 12 VwVG BW; Art 21a VwZVG Bay; § 39 VwVG Bbg; § 4 AGVwGO Berl; § 75 I 2 VwVG Hmb; § 16 AGVwGO Hess; § 110 VwVfG MV iVm § 99 SOG MV; § 10 I VwVG Nds iVm § 64 IV SOG Nds; § 8 AGVwGO NRW; § 20 AGVwGO RP; § 20 AGVwGO Saarl; § 11 VwVG Sachs; § 9 AGVwGO LSA; § 322 I iVm § 248 I 2 LVwG SH; § 30 VwZVG Thür; § 8 AGVwGO Thür.

[42] Statt aller *Schoch* in: Schmidt-Aßmann, Bes VwR, 2. Kap Rn 268.

[43] Ausnahme: Art 38 II VwZVG Bay; § 5 II VwVfG Berl iVm § 18 II VwVG; § 42 VII 4 VwZVG Thür.

Nach Zwangsmitteleinsatz ist die prozessuale Geltendmachung des (Vollzugs-)Folgenbeseitigungsanspruchs möglich, § 113 I 2 VwGO[44]. Scheidet eine Folgenbeseitigung aus, kann Fortsetzungsfeststellungsklage (§ 113 I 4 VwGO entsprechend) erhoben werden. Bei Amtspflichtverletzungen ist § 839 BGB iVm Art 34 GG – bzw § 1 StHG-DDR in den neuen Bundesländern – einschlägig[45].

[44] Zum Folgenbeseitigungsanspruch § 44 Rn 111 ff.
[45] Näher → § 46 Rn 27 ff.

4. Teil
Verwaltungsrechtlicher Vertrag und andere verwaltungsrechtliche Sonderverbindungen

Elke Gurlit

Gliederung

§ 28
Die verwaltungsrechtliche Willenserklärung

I. Begriff und Einordnung in die Handlungsformenlehre

Die Willenserklärung ist in der bürgerlichen Rechtsordnung das zentrale Mittel rechtlicher Gestaltung. Erst der erklärte Wille einer Person erzeugt Rechtswirkungen, weil und soweit die Rechtsordnung dies vorsieht.[1] Die Willenserklärung ist indes nicht ein dem bürgerlichen Recht vorbehaltenes Gestaltungsmittel, sondern findet auch im Verwaltungsrecht vielfachen Einsatz. Eine verwaltungsrechtliche Willenserklärung ist auf die Herbeiführung von Rechtsfolgen auf dem Gebiet des Verwaltungsrechts gerichtet. Sie kann sowohl von der Verwaltung als auch vom Bürger abgegeben werden.[2] 1

Die *Erscheinungsformen* verwaltungsrechtlicher Willenserklärungen sind vielfältig. Zu den der Verwaltung vorbehaltenen Willenserklärungen rechnen Verwaltungsvorschriften[3], Verwaltungsakte[4], Zusagen und Zusicherungen.[5] Auch Zustimmungen oder Einverständniserklärungen im Rahmen mitwirkungsbedürftiger Verwaltungsakte wie das gemeindliche Einvernehmen zu einer Baugenehmigung nach § 36 BauGB sind verwaltungsrechtliche Willenserklärungen.[6] Verwaltungsrechtliche Willenserklärungen des Bürgers sind der Antrag im Verwaltungsverfahren und nach materiellem Recht (→ § 14 Rn 18)[7], die Steuererklärung[8], Zustimmungserklärungen zu mitwirkungsbedürftigen Verwaltungsakten[9] oder verfahrensgestaltende Erklärungen im Verwaltungs- 2

[1] *Sachs* VerwArch 76 (1985), 398, 400; s auch *Kluth* NVwZ 1990, 608.

[2] *Krause* VerwArch 61 (1970) 297, 298; *ders* Rechtsformen des Verwaltungshandelns, 1974, 66; *Middel* Öffentlich-rechtliche Willenserklärungen von Privatpersonen, 1971, 22 f; auf das Merkmal der „Unmittelbarkeit" der Herbeiführung von Rechtsfolgen kann verzichtet werden, da es allein Abgrenzungsfunktion bei mehrstufigen VAen hat, s *Kluth* NVwZ 1990, 608, 609; *de Wall* Die Anwendbarkeit privatrechtlicher Vorschriften im Verwaltungsrecht, 1999, 109.

[3] BVerwGE 52, 193, 199; 84, 287, 288.

[4] *Löwer* DVBl 1980, 952, 955; *J. Martens* DÖV 1987, 992, 995; *Kluth* NVwZ 1990, 608; aA *Rüping* Verwaltungswille und Verwaltungsakt, 1986, 31.

[5] *Kluth* NVwZ 1990, 608.

[6] BayObLG 1986, 155; *Kluth* NVwZ 1990, 608.

[7] Ausf *Schnell* Der Antrag im Verwaltungsverfahren, 1986; *P. Stelkens* NuR 1985, 213; jüngst *Berger* DVBl 2009, 401.

[8] *Middel* (Fn 2) 26; *Kluth* NVwZ 1990, 608, 609.

[9] *Kluth* NVwZ 1990, 608, 609; *Hartmann* DÖV 1990, 8, 9 ff zu Zustimmungserklärungen des Nachbarn zu Bauvorhaben.

prozess wie die Klagerücknahme oder die Annahme eines Vergleichs.[10] Verwaltungsrechtliche Willenserklärungen insbesondere vertragsrechtlicher Art können sowohl vom Bürger als auch von der Verwaltung abgegeben werden. Hierzu zählen Willenserklärungen zum Abschluss eines öffentlich-rechtlichen Verwaltungsvertrages (→ § 31 Rn 2), Aufrechnungserklärungen[11], die Geltendmachung eines Zurückbehaltungsrechts[12], das Verlangen auf Anpassung eines Verwaltungsvertrages oder seine Kündigung nach § 60 I 1 und 2 VwVfG (→ § 33 Rn 3 f).[13]

3 Schon diese beispielhafte Aufzählung zeigt, dass das Institut der verwaltungsrechtlichen Willenserklärung quer zu den rechtsförmigen *Handlungsformen der Verwaltung* verläuft. Der Verwaltungsakt umfasst alle Elemente einer Willenserklärung. Diese muss hingegen nicht umgekehrt die Begriffsmerkmale eines Verwaltungsaktes iSv § 35 VwVfG erfüllen.[14] Willenserklärungen können auch im Innenverhältnis abgeben werden, setzen also anders als ein Verwaltungsakt keine Außenwirkung voraus.[15] Sie bedürfen auch nicht notwendig eines einseitig anordnenden Charakters, wie das Beispiel der verwaltungsvertraglichen Willenserklärung erweist. Eine verwaltungsrechtliche Willenserklärung der Verwaltung kann, da sie begrifflich auf die Herbeiführung von Rechtsfolgen gerichtet ist, kein Realakt sein, der einen bloß tatsächlichen Erfolg bezweckt (→ § 36 Rn 1). Eine als Auskunft oder Hinweis titulierte Erklärung kann gleichwohl Willenserklärung sein, wenn der tatsächliche Erklärungsgehalt auf einen Rechtsfolgewillen der Behörde schließen lässt.[16]

4 Konkludentem Verhalten kann ein rechtlicher Erklärungsgehalt zukommen, wenn die Rechtsgemeinschaft einem bestimmten Verhalten diese Bedeutung beimisst. Die Möglichkeit konkludenter Willenserklärungen ist für Verwaltungsakte in § 37 II VwVfG vorgesehen („in anderer Weise"). Die Annahme rechtsfolgenbezogenen Handelns ist bei den Handzeichen eines verkehrsregelnden Polizisten naheliegend[17], bedarf aber wegen der verwaltungsrechtlichen Grundsätze der Formenklarheit und Bestimmtheit zurückhaltender Handhabung.[18] Ist der rechtliche Erklärungswert zweifelhaft, so ist von einem Realakt auszugehen. Bei konkludenten Willenserklärungen des Bürgers ist maßgeblich, ob sie auf die Herbeiführung einer begünstigenden oder einer belastenden Rechtsfolge gerichtet sind. Die konkludente Erklärung eines Verzichts auf ein Recht kann nur angenommen werden, wenn das Verhalten des Bürgers eindeutig diese Annahme zulässt.[19]

[10] *Kluth* NVwZ 1990, 608, 609; zu Prozesshandlungen des Bürgers auch *Krause* VerwArch 61 (1970) 297, 328.

[11] BVerwGE 66, 218, 220; BVerwG DVBl 1986, 146; ausf *de Wall* (Fn 2) 451 ff; *Ehlers* NVwZ 1983, 446; *ders* JuS 1990, 777; *Veitenthal* BayVBl 1990, 615; *Detterbeck* DÖV 1996, 889; zur Aufrechnung als VA s *vom Rath* DÖV 2010, 180.

[12] OVG NRW DVBl 1983, 1074.

[13] OVG Bremen NVwZ 1987, 250, 251.

[14] Zur Willenerklärung der Verwaltung als Handlungsform ausf *C. Ernst* Die Verwaltungserklärung, 2008, 32 ff, 85 ff; *Kluth* NVwZ 1990, 608, 609; eine Zusicherung iSv § 38 VwVfG ist eine Willenserklärung, ein darüber hinausgehender VA-Charakter ist aber umstr → § 21 Rn 61.

[15] *Kluth* NVwZ 1990, 608, 609; s auch die Systematisierungsversuche von *Küchenhoff* BayVBl 1958, 325, 326 f.

[16] Dass ein behördliches Schreiben „höflich formuliert" ist und keine Rechtsmittelbelehrung enthält, steht umgekehrt der Annahme eines VAs nicht entgegen, BVerwGE 100, 206, 207 → JK VwVfG § 48/15.

[17] *Kopp/Ramsauer* VwVfG, § 35 Rn 22a.

[18] *U. Stelkens* in: Stelkens/Bonk/Sachs, VwVfG, § 35 Rn 81.

[19] *Krause* VerwArch 61 (1970) 297, 324 f; *P. Stelkens* NuR 1985, 213, 219; *de Wall* (Fn 2) 141 f.

Dem Schweigen kommt im Verwaltungsrecht grundsätzlich kein Erklärungswert zu. Das Schweigen der Behörde auf einen Antrag ist auch dann kein Verwaltungsakt, wenn der Antragsteller der Behörde mitgeteilt hat, er werde Schweigen als Zustimmung ansehen.[20] Für das Schweigen kann aber gesetzlich ein Erklärungswert fingiert sein. Das öffentliche Recht kennt neben fingierten Verwaltungsakten (§ 42a I VwVfG)[21] weitere fingierte Willenserklärungen wie die Einvernehmensfiktion nach § 36 II 2 BauGB.

II. Wirksamwerden verwaltungsrechtlicher Willenserklärungen

Der Nichtförmlichkeit des Verwaltungsverfahrens (§ 10 S 1 VwVfG) entspricht es, dass auch Willenserklärungen *formfrei* sind, soweit gesetzlich nicht ein anderes bestimmt ist. Dies ist für den Verwaltungsakt ausdrücklich normiert (§ 37 II VwVfG), gilt aber auch für andere Willenserklärungen. So kann ein Antrag des Bürgers schriftlich, mündlich oder durch konkludentes Verhalten gestellt werden. Schriftform ist aber für Anträge im förmlichen Verwaltungsverfahren (§ 64 I VwVfG) und auch für andere Verfahren vorgesehen, wie zB nach den Bauordnungen der Länder für den Antrag auf Erteilung der Bauerlaubnis.[22] 5

Zur Wahrung der Schriftform für einen Antrag reicht regelmäßig der Gebrauch eines handschriftlich unterschriebenen (§ 126 BGB) Formblattes.[23] Andererseits ist dessen Verwendung nicht Voraussetzung der Wirksamkeit eines Antrags, sofern dies nicht durch außenwirksame Rechtsnorm vorgesehen ist.[24] Das Schriftformgebot für öffentlich-rechtliche Verwaltungsverträge (§ 57 VwVfG) wird nicht nur durch Urkundeneinheit der wechselbezüglichen Willenserklärungen gewahrt, sondern auch durch Austausch schriftlicher Willenserklärungen (→ § 32 Rn 14). Unter den Voraussetzungen des § 3a II VwVfG wird der Schriftform durch e-mail mit qualifizierter elektronischer Signatur genügt.

Verwaltungsrechtliche Willenserklärungen des Bürgers können von einem *Vertreter* abgegeben werden (§ 14 VwVfG). Auch bei vertraglichen Willenserklärungen haben §§ 14 ff VwVfG Vorrang vor §§ 164 ff BGB (→ § 31 Rn 3). Während die gewillkürte Vertretung nach § 14 VwVfG sachlich weitgehend mit §§ 164 ff BGB übereinstimmt, normieren §§ 15 ff VwVfG spezifische verwaltungsverfahrensrechtliche Anforderungen für den Empfang oder die Abgabe von Willenserklärungen des Bürgers. Für Willenserklärungen Minderjähriger beansprucht § 12 I VwVfG auch bei vertraglichen Willenserklärungen Vorrang vor §§ 104 ff BGB (→ § 31 Rn 3). Die Behörde gibt durch ihre Organe oder Organwalter Willenserklärungen ab, die ihrem Rechtsträger zugerechnet werden. 6

Empfangsbedürftige verwaltungsrechtliche Willenserklärungen werden durch *Zugang* wirksam. Bei Verwaltungsakten als verwaltungsrechtlichen Willenserklärungen 7

[20] *C. Ernst* (Fn 14) 475 ff; s auch *de Wall* (Fn 2) 123 f zum fehlenden Erklärungswert des Schweigens des Bürgers.

[21] Ausf *Caspar* AöR 125 (2000) 131.

[22] S nur § 63 I BauO Rh-Pf, Art 67 BauO Bay, § 69 I BauO NRW, § 52 I BauO BW; § 64 I BauO LSA.

[23] Für förmliche Verwaltungsverfahren nach §§ 63 I, 64 I VwVfG *Kopp/Ramsauer* VwVfG, § 64 Rn 5 ff.

[24] BVerwGE 16, 198, 205; *Krause* VerwArch 61 (1970) 297, 316; *Ule/Laubinger* VwVfR, § 20 Rn 5; aA BVerwG NJW 1977, 772.

korrespondiert der Zugang mit der Bekanntgabe iSv §§ 43, 41 VwVfG. Der Zugangsfiktion in § 41 II 1 VwVfG kommt wegen § 41 II 2 VwVfG praktisch keine Bedeutung zu. Gleiches gilt für die Zugangsfiktion des § 4 VwZG für eingeschriebene Briefe, falls gesetzlich eine förmliche Zustellung vorgesehen ist.[25] Für den Zugang einer verkörperten Willenserklärung der *Verwaltung* beim Bürger ist § 130 I 1 BGB maßgeblich. Danach genügt für den Zugang, dass die Erklärung in den Herrschaftsbereich des Empfängers gelangt ist und von diesem nach der Verkehrsauffassung die Kenntnisnahme erwartet werden konnte.[26] Ungeachtet der Frage, ob § 130 III BGB auch für öffentlich-rechtliche Willenserklärungen gilt[27], finden jedenfalls die für Erklärungen der Verwaltung geltenden Zugangsmaßstäbe auf den *Bürger* keine Anwendung. Dessen Willenserklärungen sind der Verwaltung zugegangen, wenn sie in deren Einflussbereich gelangt sind. Beschränkte Öffnungs- und Dienstzeiten der Behörden dürfen nicht zu Lasten des Bürgers gehen. Wie das Recht zur Fristausschöpfung erweist[28], kann es für den Zugang nicht auf die dienstlichen Gepflogenheiten ankommen.[29]

III. Die Auslegung verwaltungsrechtlicher Willenserklärungen

8 Das Verwaltungsrecht enthält kaum Regelungen über Willenserklärungen. Eine die öffentlich-rechtlichen Gesetze übersteigende Analogie durch Rückgriff auf das BGB ist nicht ausgeschlossen, sofern eine planwidrige Lücke und eine vergleichbare Interessenlage bestehen. Für Verwaltungsverträge ist dieses abgestufte Anwendungsregime in § 62 S 2 VwVfG ausdrücklich normiert (→ § 30 Rn 11). Im übrigen gelten Gebote wie der Grundsatz von Treu und Glauben als teilrechtsordnungsübergreifende allgemeine Rechtsgrundsätze, die zwar nur im bürgerlichen Recht normative Ausprägung gefunden haben, aber auch im Verwaltungsrecht zur Anwendung kommen.[30] Es ist unstreitig, dass §§ 133, 157 BGB auf verwaltungsrechtliche Willenserklärungen entsprechend oder als allgemeiner Rechtsgrundsatz Anwendung finden.[31]

Eine die Analogiebildung tragende Annahme der Rechtsähnlichkeit darf aber nicht die strukturellen Unterschiede von Privatrecht und Öffentlichem Recht ignorieren.[32] Rechtsgeschäftliche Willenserklärungen sind im Privatrechtsverkehr Ausdruck der Privatautonomie. Die Rechtsfähigkeit der Privatrechtssubjekte ermöglicht Rechtsgeschäfte, die in §§ 134, 138 BGB ihre äußeren Grenzen finden. Die Regeln der Rechtsgeschäftslehre zielen maßgeblich auf den Verkehrsschutz ab. Dem entspricht es, dass die Auslegung zivilrechtlicher Willenserklärungen am Maßstab von §§ 133, 157 BGB

[25] Bei tatsächlich früherem Zugang verbleibt es bei der Legalfiktion, instruktiv BVerwG NVwZ 1988, 63 f.

[26] BVerwGE 9, 217, 219; 85, 213.

[27] Bejahend *Middel* (Fn 2) 94 f; *Singer/Benedict* in: Staudinger, BGB, § 130 Rn 13.

[28] BVerfGE 51, 352, 355; 52, 203, 207.

[29] *Schnell* (Fn 7) 104 f; *de Wall* (Fn 2) 129; *Kluth* NVwZ 1990, 608, 612; *Middel* (Fn 2) 96 f.

[30] Zum Grundsatz von Treu und Glauben BVerwGE 111, 162, 172 → JK Allg VerwR öff-rechtl Erstattungsanspruch/6; *de Wall* (Fn 2) 238 ff; zur Anwendung zivilrechtlicher Normen als allg Rechtsgrundsätze *Maurer* Allg VwR, § 4 Rn 32.

[31] BVerwGE 49, 244, 247; 67, 305, 307 f; 88, 286; 108, 1, 6; ThürOVG NVwZ-RR 2003, 232; OVG Rh-Pf NVwZ 2006, 1318; *Kluth* NVwZ 1990, 608, 610; *C. Ernst* (Fn 14) 411 f.

[32] *O. Mayer* VwR I, 117 verneinte noch jede Rechtsähnlichkeit von Privatrecht und Öffentlichem Recht.

durch den Empfängerhorizont bestimmt wird.[33] Diese Ausgangslage unterscheidet sich vom Verwaltungsrecht. Die Verwaltung ist handlungsfähig nur im Rahmen zugewiesener Kompetenzen und handlungsformunabhängig an das Gesetzmäßigkeitsprinzip gebunden. Über Privatautonomie verfügt sie gerade nicht. Mit der Orientierung am Gesetz verfolgt sie öffentliche Interessen. Diese können ihr aber gerade auch die Berücksichtigung privater Interessen der Bürger aufgeben.[34] Diese Besonderheiten prägen maßgeblich die Auslegung verwaltungsrechtlicher Willenserklärungen.

Willenserklärungen der *Verwaltung* sind entsprechend §§ 133, 157 BGB grundsätzlich am Maßstab des Empfängerhorizonts bzw nach ihrem objektiven Erklärungsgehalt auszulegen. Dem Empfänger erkennbare äußere Umstände sind bei der Auslegung beachtlich. So kann etwa eine dem behördlichen Schreiben beigefügte Rechtsbehelfsbelehrung indizieren, dass die Willenserklärung ein Verwaltungsakt ist.[35] Allerdings müssen die rechtlichen Bindungen des Verwaltungshandelns berücksichtigt werden. Das Gesetzmäßigkeitsgebot führt zu der Auslegungsregel, dass eine behördliche Willenserklärung bei Unklarheiten im Zweifelsfalle gesetzeskonform auszulegen ist.[36] Die Ersetzung des „Verwaltungswillens" durch den gesetzesdirigierten Willen setzt aber entsprechende Auslegungsspielräume voraus. Ist die Willenserklärung zweifelsfrei auf eine gesetzwidrige Rechtsfolge gerichtet, scheidet eine gesetzeskonforme Auslegung aus.[37] Die weitere Auslegungsregel, dass tatsächliche Unklarheiten zu Lasten der Behörde gehen[38], kann nur im Rahmen des Gesetzmäßigkeitsprinzips Anwendung finden.[39] **9**

Willenserklärungen des *Bürgers* sind hingegen schon vom Ansatz nicht am Empfängerhorizont der Behörde zu messen. Aus dem Rechtsstaats- und Sozialstaatsprinzip folgen Betreuungs- und Hinweispflichten der Verwaltung. Diese haben einfachgesetzlichen Ausdruck in §§ 24, 25 VwVfG und in §§ 14, 15 SGB I gefunden. Die Verwaltung muss in Beachtung des Untersuchungsgrundsatzes den wahren Willen des Bürgers erforschen und ihm ggf durch Umdeutung der Erklärung Rechnung tragen.[40] Diese behördliche Pflicht findet ihre Grenzen in den Mitwirkungspflichten des Bürgers nach § 26 II VwVfG. **10**

[33] *Medicus* BGB AT, 9. Aufl 2006, Rn 323 ff.

[34] *Häberle* Öffentliches Interesse als juristisches Problem, 1970, 54 ff; *Uerpmann* Das öffentliche Interesse, 1999, 38, 132; *Leisner* DÖV 1970, 217; s auch *Krause* VerwArch 61 (1970) 297, 306 f.

[35] BVerwGE 29, 310, 312 f; 57, 26, 29 f; 99, 101, 104.

[36] OVG NRW DVBl 1984, 1081; BayVGH BayVBl 1980, 501; *de Wall* (Fn 2) 136 ff; zur gesetzeskonformen Vertragsauslegung BVerwGE 106, 129, 133; BayVGH BayVBl 1977, 394; OVG Bbg LKV 2004, 339; NdsOVG NdsVBl. 2007, 169, 171.

[37] BayVGH BayVBl 1977, 394.

[38] BVerwGE 41, 305, 306; 48, 279, 281 f; 60, 223, 229; 99, 101, 103; OVG NRW DVBl 1979, 732, 733.

[39] Krit ggü dem Grundsatz *Kluth* NVwZ 1990, 608, 611.

[40] BVerwGE 16, 198, 203 ff; 25, 191, 194; *Krause* VerwArch 61 (1970) 297, 322 f; *Kluth* NVwZ 1990, 608, 611; *de Wall* (Fn 2) 140 ff.

IV. Widerruf und Anfechtung verwaltungsrechtlicher Willenserklärungen

11 Die Willenserklärung der *Verwaltung* wird mit dem Zugang bei ihrem Empfänger entsprechend § 130 I 1 BGB wirksam. Nach dem Rechtsgedanken des § 130 I 2 BGB wird die Willenserklärung nicht wirksam, wenn dem Empfänger spätestens zeitgleich ein Widerruf zugeht. Ist dies nicht der Fall, so ist die Verwaltung an ihre Willenserklärung gebunden.[41] Bei einem Verwaltungsakt ist mit der Bekanntgabe nach § 41 VwVfG die äußere Wirksamkeit eingetreten, die für die Bindung der Verwaltung maßgeblich ist.[42] Willenserklärungen in Form von Verwaltungsakten können nach diesem Zeitpunkt nur unter den Voraussetzungen der §§ 48, 49 VwVfG zurückgenommen bzw widerrufen werden. Für andere Willenserklärungen der Verwaltung finden, sofern keine besonderen Vorschriften bestehen, §§ 48, 49 VwVfG sinngemäß Anwendung. Die Analogiebildung innerhalb des Verwaltungsrechts hat Vorrang vor dem Rückgriff auf das BGB.[43] Auch die Geltendmachung von Willensmängeln durch Anfechtung ist durch §§ 48 ff VwVfG gesperrt.[44] Anderes gilt für verwaltungsrechtliche Verträge (→ § 32 Rn 21).

12 Umstritten ist, ob auch der *Bürger* mit dem Zugang der Willenserklärung bei der Verwaltung nach dem Gedanken des § 130 I 2 BGB an seine Erklärung gebunden ist. Nach richtiger Ansicht ist hierfür entscheidend, welche Rechtswirkungen von seiner Willenserklärung ausgehen. Bei mitwirkungsbedürftigen Verwaltungsakten ist der Antrag des Bürgers maßgeblich für die Verfahrenseinleitung, zeitigt aber keine weiteren Rechtsfolgen. Deshalb ist dem Bürger zumindest bis zum Erlass des Verwaltungsaktes eine Dispositionsbefugnis in Gestalt eines freien Widerrufsrechts einzuräumen (→ § 14 Rn 20).[45] Rechtsgestaltende Willenserklärungen sind hingegen an § 130 I 2 BGB zu messen und folglich nicht frei widerruflich.[46] Dies gilt auch für nachbarliche Zustimmungserklärungen zu Bauvorhaben. Diese sind zwar nicht für die Genehmigungsfähigkeit des Vorhabens konstitutiv und haben keine gestaltende Außenwirkung; mit dem Zugang der Nachbarerklärung bei der Bauaufsichtsbehörde wird aber der materielle Verzicht auf subjektiv-öffentliche Abwehrrechte unmittelbar wirksam.[47] Für vertragliche Willenserklärungen ist die Bindung an ein Vertragsangebot in § 145 BGB iVm § 62 S 2 VwVfG vorgesehen. Bei Willensmängeln steht dem Bürger in entsprechender

[41] Anderes kann für Willenserklärungen einer Behörde ggü einer anderen Behörde gelten, *de Wall* (Fn 2) 150 ff.

[42] Zu einem gescheiterten Widerruf bei noch fehlender innerer Wirksamkeit wegen bereits eingetretener äußerer Wirksamkeit s instruktiv BVerwGE 55, 212, 215 ff.

[43] *Kluth* NVwZ 1990, 608, 612; wohl auch *de Wall* (Fn 2) 154 f; aA *C. Ernst* (Fn 14) 513 ff.

[44] *Kluth* NVwZ 1990, 608, 613; *de Wall* (Fn 2) 170; eine Anfechtung soll aber bei Willenserklärungen zwischen Behörden möglich sein, s VGH BW VBlBW 1988, 151, 152 f.

[45] BVerwG NVwZ 1989, 476; *Kluth* NVwZ 1990, 608, 613; *Stelkens* NuR 1985, 213, 219; *Ule/Laubinger* VwVfR, § 20 Rn 5; für Rücknehmbarkeit bis zur Bestandskraft BVerwG NJW 1988, 275; BVerwG NVwZ 1989, 860; BSGE 60, 79, 82 f; *Ritgen* in: Knack/Henneke, VwVfG, § 22 Rn 28; *de Wall* (Fn 2) 164 f.

[46] *Kluth* NVwZ 1990, 608, 613; *de Wall* (Fn 2) 166 ff.

[47] Die Frage ist höchst umstritten, wie hier BayVGH DÖV 2006, 303; VGH BW VBlBW 1983, 75, 76; OVG Rh-Pf AS 21, 147; für Widerruflichkeit der Nachbarzustimmung bis zur Erteilung der Baugenehmigung *Jäde* UPR 2005, 161, 163 f.

Anwendung von §§ 119 ff BGB oder als Ausdruck eines allgemeinen Rechtsgedankens ein Anfechtungsrecht zu. Eine Ausnahme besteht – wie im Zivilprozessrecht – für prozessrechtliche Willenserklärungen.[48]

§ 29
Begriff, Bedeutung und Arten des Verwaltungsvertrages

I. Der Verwaltungsvertrag als kooperative Rechtsform des Verwaltungshandelns

Vertragliches Handeln ist nicht dem Privatrecht vorbehalten, sondern auch im öffentlichen Recht anerkannt. Für das Handeln der EU wird öffentlich-rechtliches Vertragshandeln durch Art 272 AEUV vorausgesetzt.[1] Vertragliches Handeln des Staates ist in Deutschland in mannigfachen Erscheinungsformen verbreitet. Als öffentlich-rechtliche Verträge gelten völkerrechtliche Verträge (Art 59, 32 GG) und Staatsverträge.[2] Während diese aber Rechtsfolgen auf den Ebenen des Völker- und des Staatsrecht bewirken, zielen verwaltungsrechtliche Verträge auf *Rechtsfolgen des Verwaltungsrechts* ab. Die für die §§ 54 ff VwVfG gewählte Überschrift „Öffentlich-rechtlicher Vertrag" ist deshalb zu weit geraten. Zu den verwaltungsrechtlichen Verträgen rechnen Verwaltungsabkommen (Art 59 II 2 GG) und Normsetzungsverträge, die auf den (Nicht-)Erlass untergesetzlicher Rechtsnormen gerichtet sind. Auch Verträge, die zwischen Zuordnungssubjekten des Innenrechts geschlossen werden (intrapersonale Verträge) wie „Zielvereinbarungen" zwischen Funktionseinheiten der Verwaltung oder Kontrakte zwischen Politik und Verwaltung sind verwaltungsrechtlicher Natur.[3] Schließlich sind Verträge zwischen Rechtsträgern der Verwaltung und zwischen Verwaltung und Bürgern über verwaltungsrechtliche Berechtigungen und Verpflichtungen zu nennen. Nur sie sind unmittelbarer Regelungsgegenstand der §§ 54 ff VwVfG (→ § 30 Rn 8). 1

Der Verwaltungsakt ist auf die einseitige Setzung von Rechtsfolgen gerichtet. Dies gilt auch, wenn er einer Mitwirkungshandlung des Bürgers in Gestalt eines Antrags zu seiner Rechtmäßigkeit oder Wirksamkeit bedarf oder sein Inhalt durch Vorfeldabstimmungen ausgehandelt wird.[4] Ein Vertrag erfordert hingegen als Existenzvoraussetzung die Einigung von mindestens zwei Rechtssubjekten[5] über die Herbeiführung von 2

[48] Prozessrechtliche Erklärungen sind unwiderruflich und unanfechtbar, VGH BW VBlBW 1983, 22, 23; *Kopp/Schenke* VwGO, vor § 40 Rn 15 mwN; zum Ausschluss der Irrtumsanfechtung im Widerspruchsverfahren BVerwGE 57, 342 → JK VwGO § 69/1.

[1] Zur Entfaltung eines rechtlichen Rahmens für den EG-Verwaltungsvertrag *U. Stelkens* EuZW 2005, 299; s auch *Bauer* in: Hoffmann-Riem/Schmidt-Aßmann/Voßkuhle, Grundlagen II, § 36 Rn 22 ff.

[2] Zu weiteren verfassungsrechtlichen Verträgen *Friauf* AöR 88 (1963) 257, 291 ff.

[3] Zu Formen des Kontraktmanagements *Hill* NVwZ 2002, 1059; *Trute* WissR 33 (2000), 134, 150 ff; *T. Schmidt* DÖV 2008, 760; *H. Bauer* (Fn 1) § 36 Rn 54 ff.

[4] Zur Abgrenzung NdsOVG NJW 1978, 2260; *Wolff/Bachof/Stober* VwR II, § 54 Rn 14a; *Maurer* Allg VwR, § 14 Rn 19 f; zu ausgehandelten Verwaltungsakten mit „kontraktlichem Einschlag" BayVGH NJW 1978, 2410; *Schlette* Die Verwaltung als Vertragspartner, 2000, 174 ff, 189 ff; *Ziekow/Siegel* VerwArch 94 (2003) 593, 595.

[5] Zu einer Systematisierung mehrseitiger Verwaltungsverträge s *Reimer* VerwArch 94 (2003), 543.

Rechtsfolgen. Unterscheidet sich der Verwaltungsvertrag als Handlungsform durch den Modus der Begründung von Rechtsfolgen vom Verwaltungsakt, so teilt er mit ihm das Merkmal der Rechtsförmigkeit. Dies grenzt ihn von anderen kooperativen Handlungsprozessen der Verwaltung ab, die wie zB informale Absprachen oder Selbstbeschränkungsabkommen ebenfalls auf einen Handlungserfolg abzielen, aber die Schwelle der Rechtsverbindlichkeit nicht erreichen.[6] Der Verwaltungsvertrag ist die *rechtlich verfasste und rechtsverbindliche kooperative Handlungsform der Verwaltung*. Die Rechtsverbindlichkeit ist wesentlicher Vorzug vor der informalen Kooperation, deren Erfolg von der freiwilligen Befolgung durch die Partner abhängt.[7] Seine Aufnahme in den Kanon der Handlungsformen der Verwaltung durch §§ 9, 54 ff VwVfG macht den öffentlich-rechtlichen Verwaltungsvertrag zugleich zu einem „Schlüsselbegriff", in dem die Anforderungen an die Rechtmäßigkeit, das einzuhaltende Verfahren, die Bestandskraft und den Rechtsschutz gespeichert sind.[8]

II. Anwendungsfelder von Verwaltungsverträgen

3 In der Vielzahl jüngerer monographischer Untersuchungen des Verwaltungsvertrages[9] spiegelt sich nicht nur ein gewachsenes rechtswissenschaftliches Interesse an den Formen konsensualen Verwaltungshandelns, sondern auch die praktische Bedeutung dieses Instruments im Verwaltungsalltag. Untersuchungen zeigen, dass die Verwaltung in zahlreichen Feldern routinemäßig von der Handlungsform des Verwaltungsvertrages Gebrauch macht.[10] Die anschwellende Judikatur bildet nur die pathologische Spitze vertragsförmigen Verwaltungshandelns ab, da Verträge wegen ihres konsensualen Zustandekommens weniger anfällig für gerichtliche Auseinandersetzungen sind. Eine Schlüsselrolle für die dogmatische Entfaltung des Verwaltungsvertragsrechts kommt dem *Städtebaurecht* zu, das für einen tatsächlichen Interessenausgleich in besonderem Maße auf Kooperation angewiesen ist. Neben dem traditionellen Instrument des Erschließungsvertrages[11] hat der Verwaltungsvertrag vor allem im Umfeld der Bauleitplanung ein stetig wachsendes Terrain. Zu den Folgekostenverträgen sind in den vergangenen Jahren vertragliche Gestaltungen getreten, welche die Baulandausweisung vertraglich mit der Sicherung günstigen Wohnraums für die einheimische Bevölkerung

[6] Auch eine als Absprache deklarierte Vereinbarung kann ein rechtsverbindlicher Vertrag sein, wenn ihre Auslegung aus der Sicht eines objektiven Betrachters einen Rechtsbindungswillen ergibt, BGHZ 56, 204, 210.

[7] Zu den Defiziten informaler Kooperation s die iA des BMWi erstellte Studie des ZEW, Möglichkeiten und Grenzen von freiwilligen Umweltschutzmaßnahmen der Wirtschaft unter ordnungspolitischen Aspekten, 1996; *Köpp* Normvermeidende Absprachen zwischen Staat und Wirtschaft, 2001, 79 ff.

[8] Zu den rechtsformabhängigen Speicherfunktionen *Schmidt-Aßmann* Ordnungsidee, 297 ff.

[9] S die Habilitationsschriften von *Spannowsky* Grenzen des Verwaltungshandelns durch Verträge und Absprachen, 1994; *Schlette* (Fn 4); *Gurlit* Verwaltungsvertrag und Gesetz, 2000; *Röhl* Verwaltung durch Vertrag (im Erscheinen) und die Dissertationen von *Preuss* Zu den Rechtmäßigkeitsvoraussetzungen subordinationsrechtlicher Verträge unter besonderer Berücksichtigung des Koppelungsverbots, 1999; *Lischke* Tauschgerechtigkeit und öffentlich-rechtlicher Vertrag, 2000; *Butterwegge* Verwaltungsvertrag und Verwaltungsakt, 2001; *M. Werner* Allgemeine Fehlerfolgenlehre für den Verwaltungsvertrag, 2008.

[10] *Bartscher* Der Verwaltungsvertrag in der Behördenpraxis, 1997; *Schlette* (Fn 4) 235 ff, 339 ff.

[11] § 124 BauGB; BVerwGE 32, 37; 89, 7; 101, 12; OVG SH NordÖR 2003, 206; BayObLG NVwZ-RR 2005, 135.

verknüpfen oder die Gemeinde durch Zwischenerwerbsmodelle am Wertzuwachs der Grundstücke beteiligen.[12] Im *Umweltrecht* hat sich vor allem der Vertragsnaturschutz etabliert.[13] Das neuere Bodenschutzrecht hat sich konsequent dem Vertragsgedanken geöffnet, um Sanierungspflichten einvernehmlich zwischen Ordnungsbehörden und Sanierungsverantwortlichen zu regeln.[14] Mit den Eingliederungsvereinbarungen, die mit Hartz IV-Empfängern geschlossen werden, ist der Verwaltungsvertrag in der Massenverwaltung des Sozialrechts angekommen.[15] Auch Materien, die wegen ihres engen normativen Korsetts vielfach als „vertragsfeindlich" angesehen werden, werden teilweise vertragsförmig vollzogen. Dies gilt für das *Abgabenrecht*, das vertragliche Gestaltungen seit langem in der Form von Ablösevereinbarungen im Erschließungsbeitrags- und Bauordnungsrecht kennt[16], aber auch den staatlichen Abgabenanspruch selbst zum Gegenstand einer Kooperation zwischen Abgabepflichtigem und Behörden macht, die weit über informale „tatsächliche Verständigungen" hinausgeht.[17] Des Weiteren sind auch dem *Beamtenrecht* vertragliche Regelungen nicht unbekannt. Verbreitet sind Vereinbarungen über die Rückzahlung von Ausbildungskosten bei Ausscheiden aus dem öffentlichen Dienst, gerichtsnotorisch überdies Versuche, Besoldungs- oder Versorgungsansprüche zum Gegenstand vertraglicher Regelung zu machen.[18] Zudem bietet sich das *Subventionsrecht* für vertragliche Gestaltungen in besonderem Maße an. Unter Vermeidung einer zweistufigen Vergabe lassen sich in einem öffentlich-rechtlichen Verwaltungsvertrag Subventionszwecke, Verwendungsbedingungen und Auszahlungsmodalitäten flexibel regeln.[19]

[12] § 11 BauGB; zu Folgekostenverträgen BVerwGE 42, 331; 90, 310; BVerwG NVwZ 2006, 243; BGH UPR 1986, 176 → JK VwGO § 40 II/2; BayVGH BayVBl 2004, 692; VGH BW BauR 2005, 1595; NdsOVG, ZfBR 2007, 804 → JK 5/08, BauGB § 11/01; zu vertraglichen Modellen der Einheimischensicherung BVerwGE 92, 96; BayVGH NVwZ 1999, 1008; BGH NJW 1999, 208 → JK BGB § 138/16; VGH BW NVwZ 2001, 694; BGH NVwZ 2003, 371; zu vertraglichen Zwischenerwerbsmodellen und Flächenabtretungen BGH NJW 1999, 209 → JK BGB § 138/16; Überblick zu städtebaulichen Verträgen bei *Schmidt-Aßmann/Krebs* Rechtsfragen städtebaulicher Verträge, 2. Aufl 1992; *Gurlit* (Fn 9) 36 ff; *Grziwotz* Vertragsgestaltung im öffentlichen Recht, 2002, 173 ff.

[13] § 8 BNatSchG; BVerwG NVwZ 2007, 1187; *Rengeling/Gellermann* ZG 1991, 317, 320; *Di Fabio* DVBl 1990, 338; *Rehbinder* DVBl 2000, 859; zu Verträgen nach § 1a III BauGB NdsOVG NVwZ 2001, 452; OVG Rh-Pf NuR 2003, 373.

[14] § 13 IV BBodSchG; *Sahm* UPR 1999, 374; *Dombert* ZUR 2000, 303; *Frenz/Heßler* NVwZ 2001, 13.

[15] § 15 SGB II; dazu *Kretschmer* DÖV 2006, 893; *Bauer* (Fn 1) § 36 Rn 37 ff.

[16] Zur Ablösung von Erschließungsbeiträgen nach § 133 III 5 BauGB BVerwGE 64, 311; 84, 183; BVerwG DVBl 1991, 447; NdsOVG KStZ 1988, 146; VGH BW NVwZ 1991, 583 → JK VwVfG §§ 56, 59; zur Ablösung der Stellplatzpflicht nach den LBauOen OVG NRW NVwZ 1992, 988; BayVerfGH NVwZ 1992, 160; OVG Rh-Pf BauR 2004, 477; zu finanzverfassungsrechtlichen Fragen BVerwGE 122, 1.

[17] Zu tatsächlichen Verständigungen in Steuerverfahren BFH NVwZ 1985, 863; BFHE 162, 211, 214; 164, 168; BFH NVwZ 2000, 598; zu Stundungsvereinbarungen BVerwG NVwZ 2003, 993; zu Verträgen im Kommunalabgabenrecht BVerwGE 49, 125; BGH NVwZ 2003, 1015; OVG Bbg LKV 2004, 330; BayVGH BayVBl 2006, 767.

[18] BVerfG-K NVwZ 2008, 1111; BVerwGE 30, 65; 30, 77; 40, 237; 52, 183; 74, 78; 91, 200; BVerwG NVwZ-RR 2003, 874; DVBl 2005, 516; NdsOVG NordÖR 2002, 307 → JK VwVfG § 59/3; OVG Bremen NordÖR 2003, 308; OVG Rh-Pf NVwZ 2006, 1318; NdsOVG NdsVBl 2007, 169.

[19] Für Aufgabe der Zweistufentheorie unter Hinweis auf vertragliche Gestaltungsmöglichkeiten

4 Zum Verwaltungsvertragsrecht gehört schließlich auch die *Vergabe öffentlicher Aufträge*. Das Vergaberecht hat unter dem Einfluss der richtlinienrechtlichen Vorgaben des Unionsrechts[20] einen beispiellosen Auftrieb erfahren und sich als eigenständige Materie etabliert. Wenn es wegen seiner teilweisen[21] Regelung im Gesetz gegen Wettbewerbsbeschränkungen (§§ 97 ff GWB) als „Kartellvergaberecht" bezeichnet wird[22], so darf diese Rubrizierung nicht dazu verleiten, das Vergaberecht dem Recht der allgemeinen Wettbewerbsaufsicht zuzuschlagen. Die unionsrechtlich gebotene Normierung subjektiver Bieterrechte[23] und eines behördlichen Vergabe- und Informationsverfahrens, das die Effektuierung dieser Rechte sicherstellt[24], hat ungeachtet der privatrechtlichen Natur der vergebenen Aufträge zu einer „Publifizierung" des Vergaberechts geführt. Das Nachprüfverfahren vor den Vergabekammern ist als Verwaltungsverfahren iSv § 9 VwVfG ausgestaltet.[25] Darüber hinaus erfasst das Vergaberecht als Maßstab auch unmittelbar das öffentlich-rechtliche Verwaltungsvertragsrecht. Denn der Abschluss von öffentlich-rechtlichen Unternehmerverträgen zB über die Übertragung der Abfallentsorgung auf Private kann selbst eine ausschreibungspflichtige Vergabe iSv §§ 97 ff GWB sein (→ § 30 Rn 7).

5 Vor allem der Abschluss von Verträgen, in denen die Verwaltung dem Privaten die Erfüllung öffentlicher Aufgaben anvertraut wie zB im Bereich der Abfallentsorgung oder der Abwasserbeseitigung, lässt Verwaltungsverträge als Element einer umfassenden *Public Private Partnership* (PPP) zwischen Verwaltung und Bürger erscheinen. Der schillernde Begriff entzieht sich präziser normativer Bestimmung.[26] Die §§ 54 ff VwVfG liefern einen rudimentären Rahmen für eine Form von PPP, die sich auf dem Boden des öffentlichen Rechts und in den Formen rechtsverbindlicher, vertragsförmiger Kooperation vollzieht (modisch: *Contracting Out*). Eine große Lösung der verfahrensrechtlichen Normierung der PPP würde den Rahmencharakter des VwVfG sprengen, gleichzeitig aber normativ ein Phänomen zementieren, dessen Fortentwicklung nur in Ansätzen absehbar ist. Dies spricht dafür, zunächst die Verarbeitungskapazitäten der §§ 54 ff VwVfG zu nutzen und ggf im Wege sukzessiver Fortschreibung des Verwaltungsverfahrensrechts weitere Rahmenbedingungen für PPP zu normieren.[27]

Henke Das Recht der Wirtschaftssubventionen, 1979, 20 ff, 26; *Menger* FS Ernst, 1980, 301, 311 ff; *Schlette* (Fn 4) 146 ff.

20 RL 2004/18/EG zur Koordinierung der Verfahren zur Vergabe öffentlicher Bauaufträge, Lieferaufträge und Dienstleistungsaufträge; RL 2004/17/EG zur Koordinierung der Zuschlagserteilung durch Auftraggeber im Bereich der Wasser-, Energie- und Verkehrsversorgung sowie der Postdienste; Rechtsmittel-RL 2007/66/EG.

21 Die Geltung der Regelungen ist beschränkt auf Vergabevorgänge im Anwendungsbereich der RL 2004/18/EG (§ 100 I GWB iVm § 2 VgV). Ca 90 % der Aufträge erreichen die maßgeblichen Schwellenwerte nicht.

22 BVerfG NVwZ 2004, 1224.

23 § 97 VII GWB; sa EuGH Slg 1995, I-2303 Rn 19 – Kommission/Deutschland.

24 Nunmehr § 101a GWB, zuvor § 13 VgV; s EuGH Slg 1999, I-7671 Rn 27 ff – Alcatel Austria; BKartA NJW 2000, 151 – Euro-Münzplättchen.

25 *Ziekow/Siegel* ZfBR 2004, 30; *Röhl* (Fn 9) 98, 282, 305.

26 *Schuppert* Grundzüge eines zu entwickelnden Verwaltungskooperationsrechts, 2001, 4, vergleicht Definitionsbemühungen mit dem Versuch, „einen Pudding an die Wand zu nageln"; s auch *Tettinger* DÖV 1996, 764; *Bauer* DÖV 1998, 89; *Bonk* DVBl 2004, 141; *Reicherzer* DÖV 2005, 603.

27 So auch die Empfehlungen des Beirats Verwaltungsverfahrensrecht beim BMI, abgedr NVwZ 2002, 834.

III. Subordinationsrechtliche und koordinationsrechtliche Verwaltungsverträge

Verwaltungsverträge lassen sich nach der Stellung der Beteiligten unterscheiden. § 54 S 2 VwVfG bestimmt den sog *subordinationsrechtlichen Vertrag* als einen solchen, der an die Stelle eines Verwaltungsakts tritt. Die eingebürgerte Bezeichnung ist missverständlich, denn Verträge sind dadurch gekennzeichnet, dass eine einseitige Abschlussmacht oder Inhaltsfreiheit der Verwaltung gerade nicht besteht, Verträge also immer Ergebnis gleichgeordneten Handelns sind.[28] Das begriffliche Verständnis des subordinationsrechtlichen Vertrages ist folgenreich, denn §§ 55, 56, 59 II VwVfG finden als Rechtmäßigkeits- und Wirksamkeitsmaßstäbe nur auf diesen Vertragstypus Anwendung. Da diese Normen dem Vertragspartner der Verwaltung einen erhöhten Schutz gewähren, muss sich die begriffliche Bestimmung des subordinationsrechtlichen Vertrages iSv § 54 S 2 VwVfG auch an den Schutzbedürfnissen des Vertragspartners der Verwaltung orientieren. 6

Trotz der sprachlich engeren Fassung zählen deshalb zu den subordinationsrechtlichen Verträgen nicht nur Vereinbarungen, die einen Verwaltungsakt ersetzen (Verfügungsverträge), sondern auch solche, die auf eine behördliche Verpflichtung zum Erlass eines Verwaltungsaktes oder auf eine andere Behördenleistung abzielen (Verpflichtungsverträge).[29] Der Wortlaut („insbesondere") bringt überdies zum Ausdruck, dass subordinationsrechtliche Verträge sich nicht in einer konkreten Ersetzungs- und Verpflichtungsfunktion erschöpfen. Nach überwiegender Meinung ist nicht erforderlich, dass der Verwaltung bei konkreter Betrachtung eine Verwaltungsaktsbefugnis zusteht, die Regelung also durch Verwaltungsakt treffen *dürfte*. Vielmehr ist der Vertrag bereits dann subordinationsrechtlicher Natur, wenn er Regelungen trifft, die bei abstrakter Betrachtung auch Gegenstand eines Verwaltungsaktes gegenüber dem Vertragspartner sein *könnten*.[30] 7

Das gewählte Differenzierungsmerkmal ist nicht unproblematisch. Verwaltungsverträge, in denen Privaten in der Form funktionaler Privatisierung die Erfüllung von Verwaltungsaufgaben übertragen wird, wären mangels „abstrakter Verwaltungsaktfähigkeit" koordinationsrechtlicher Natur. Hierzu rechnen etwa Unternehmerverträge über die Tierkörperbeseitigung[31], die Abfallentsorgung und die Abwasserbeseitigung, aber auch Erschließungs- und Investorenverträge über die Belastung des Projektträgers mit den Folgekosten eines städtebaulichen Vorhabens. Diese Verträge werden auch als *ko-* 8

[28] Begriffliche Kritik ua bei *Schlette* (Fn 4) 381 ff; *Gurlit* (Fn 9) 30 f; weitergehende Kritik bei *Burmeister* VVDStRL 52 (1993) 190, 222 ff „Unmöglichkeit" des subordinationsrechtlichen Vertrages.

[29] BVerwG NVwZ 1986, 554 → JK VwVfG § 54/2; *Fluck* Die Erfüllung des öffentlich-rechtlichen Verpflichtungsvertrages durch Verwaltungsakt, 1985, 16 f, 45 ff; *Gurlit* (Fn 9) 27 f; *Maurer* Allg VwR, § 14 Rn 14; aA *Wolff/Bachof/Stober* VwR II, § 54 Rn 18.

[30] Begr zu § 50 EVwVfG 1973, BT-Drucks 7/910, 78; BVerwGE 111, 162, 165 → JK AllgVerwR öff-rechtl Erstattungsanspruch/6; BVerwG NVwZ-RR 2003, 874; VGH BW NVwZ 1991, 583, 584 → JK VwVfG §§ 56, 59/2; VGH BW VBlBW 2004, 52; OVG Rh-Pf DVBl 2003, 811; *Maurer* Allg VwR, § 14 Rn 13; *Ule/Laubinger* VwVfR, § 68 Rn 12; für konkrete Verwaltungsaktsbefugnis BayVGH BayVBl 1991, 47, 50; s auch *Ziekow/Siegel* VerwArch 94 (2003) 593, 606 f.

[31] Zur koordinationsrechtlichen Natur von Verträgen nach § § 3 I 2 TierNebG (4 I 2 TierKBG aF) BVerwGE 97, 331, 339 f.

operationsrechtliche Verträge bezeichnet.[32] Teilweise wird angenommen, Verträge, die für den privaten Vertragspartner einen echten „Mehrwert" im Vergleich zu einseitig-hoheitlichen Regelungen bedeuteten, lösten keine besonderen Schutzbedürfnisse für den Bürger aus.[33] Dem ist in dieser Allgemeinheit nicht zu folgen. Ist ein Sachverhalt einer Regelung durch Verwaltungsakt gerade nicht zugänglich, ist das Schutzbedürfnis eher höher zu veranschlagen. Untauglich ist schon wegen der indisponiblen Gesetzesbindung der Verwaltung der Weg, für die Zuordnung jeweils auf die konkrete vertragliche Verhandlungsmacht abzustellen.[34] Methodisch anspruchsvoller ist das Vorhaben, fallgruppenspezifische Analogien zu den schutzverstärkenden §§ 55, 56, 59 II VwVfG zu bilden.[35] Unsicherheiten bei der Zuordnung werden gänzlich vermieden, wenn alle öffentlich-rechtlichen Verträge zwischen Verwaltung und Bürger als subordinationsrechtliche Verträge qualifiziert werden[36], solange der Gesetzgeber nicht ein ausdifferenziertes Schutzregime schafft, das den Filter des § 54 S 2 VwVfG entbehrlich macht. Die vorgeschlagene ausdrückliche Gestattung eines Kooperationsvertrages löst diese Aufgabe nicht.[37]

9 Der Begriff des *koordinationsrechtlichen Vertrages* ist negativ zu bestimmen. Als koordinationsrechtliche Verträge sind nur Vereinbarungen zu qualifizieren, die zwischen Trägern öffentlicher Verwaltung oder zwischen Privaten geschlossen werden. Zu den koordinationsrechtlichen Verträgen zwischen Verwaltungsträgern rechnen zB mit den Zweckvereinbarungen und der Gründung von Zweckverbänden die klassischen Formen interkommunaler Zusammenarbeit, Verträge über die Wahrnehmung von Landesaufgaben durch Bundesbehörden oder auch Finanzierungsverträge zwischen dem Land und den Universitäten.[38] Öffentlich-rechtliche Verträge zwischen Privaten sind möglich, soweit die Rechtsordnung den Bürgern die Befugnis einräumt, über die Zuordnung öffentlich-rechtlicher Berechtigungen und Verpflichtungen zu disponieren.[39] Als öffentlich-rechtlicher Vertrag wird zB die Einigung privater Beteiligter nach § 110 I BauGB angesehen, die einen Beschluss über den Enteignungsantrag entbehrlich macht.[40]

[32] W. *Henke* DÖV 1985, 41; *Krebs* VVDStRL 52 (1993), 248, 277 f; *Ziekow/Siegel* VerwArch 94 (2003) 593, 608; *Wolff/Bachof/Stober* VwR II, § 54 Rn 11, 19; s auch BVerwGE 111, 162, 166.

[33] *Ziekow/Siegel* VerwArch 94 (2003) 593, 608; iE ebenso *Weck* DVP 2003, 133, 138.

[34] *Spannowsky* (Fn 9) 204; krit *Gurlit* (Fn 9) 30; *Schlette* (Fn 4) 388 f.

[35] Abl BVerwGE 97, 331, 339 f.

[36] *Schlette* (Fn 4) 387; *Schmidt-Aßmann/Krebs* (Fn 12) 176; *Scherzberg* JuS 1992, 205, 208; *Gurlit* Jura 2001, 659, 662; enger noch *dies* (Fn 9) 30 f.

[37] Nach dem Beschluss der Konferenz der Verwaltungsverfahrensrechtsreferenten des Bundes und der Länder vom 21./22.4.2004 sollen §§ 55, 56, 59 II VwVfG auf den Kooperationsvertrag keine Anwendung finden, abgedr bei *Schmitz* DVBl 2005, 17, 21 ff; s auch *Reicherzer* DÖV 2005, 603; *U. Stelkens* NWVBl 2006, 1.

[38] VGH BW ESVGH 26, 51; BVerwG DÖV 1975, 855; zu Hochschulverträgen *Uerpmann* JZ 1999, 644; *Trute* WissR 33 (2000), 134; *Remmert* in: Liber amicorum Erichsen, 2004, 163; *Battis/Kersten* DVBl 2003, 349; weitere Bsp für koordinationsrechtliche Verträge bei *Maurer* Allg VwR § 14 Rn 12.

[39] BGH NJW 2000, 1042 f; BGH UPR 2005, 189; zur Zulässigkeit *Pestalozza* JZ 1975, 50; *K. Lange* JuS 1982, 500, 504; *Wolff/Bachof/Stober* VwR II, § 54 Rn 19; *Ule/Laubinger* VwVfR, § 67 Rn 6; aA *Gern* Der Vertrag zwischen Privaten über öffentlich-rechtliche Berechtigungen und Verpflichtungen, 1977, 45 ff, 51; *Kasten/Rapsch* NVwZ 1986, 708, 712.

[40] *Battis/Krautzberger/Löhr* BauGB, 11. Aufl 2009, § 110 Rn 2; weitere Bsp bei *Bauer* (Fn 1) § 36 Rn 59 f.

§ 30
Bestimmung der Rechtsnatur von Verwaltungsverträgen

I. Notwendigkeit der Unterscheidung

Der Vertrag ist als Rechtsfigur ein Instrument der konsensualen Erzeugung von Regelungen, das sich sowohl im öffentlichen Recht als auch im Privatrecht findet. Das Recht der Verträge wird teilweise als Gemeinrecht angesehen, das den Teilrechtsordnungen voraus liegt und in den Regelungen des BGB ein ausdifferenziertes Rechtsregime gefunden hat.[1] Die Bürger sind bei der Gestaltung ihrer Rechtsbeziehungen auf die Rechtsformen des Privatrechts verwiesen. Ein öffentlich-rechtlicher Vertrag unter Privaten ist nur ausnahmsweise möglich, wenn hierfür eine normative Ermächtigung vorhanden ist (→ § 29 Rn 9). Für die Verwaltung wird dagegen von einer weitreichenden *Wahlfreiheit* hinsichtlich des Rechtsregimes ausgegangen (→ § 3 Rn 35 ff). Die Auffassung, privatrechtliches Vertragshandeln sei der Verwaltung grundsätzlich nicht möglich[2], hat sich nicht durchgesetzt. Allerdings spricht eine Vermutung für die öffentlich-rechtliche Aufgabenerfüllung der Verwaltung, die für ihr Vertragshandeln normativen Ausdruck in § 62 S 2 VwVfG gefunden hat, der eine öffentlich-rechtliche Institutionenleihe beim Vertragsrecht des BGB ermöglicht.[3] Gleichwohl bedürfen Gestattungen privatrechtlichen Vertragshandelns der Verwaltung nicht einer ausdrücklichen normativen Grundlage. Als ausreichende Zuweisungsnorm ist etwa Art 28 II GG anzusehen, der die Gemeinden befugt, kommunale Aufgaben wie zB die Bauplanung auch mit dem Instrument des privatrechtlichen Vertrages zu verfolgen.[4] Die Wahlfreiheit endet, soweit der Verwaltung zwingend der Abschluss öffentlich-rechtlicher Verträge oder öffentlich-rechtliches Handeln in anderen Regelungsformen wie zB in Form des Satzungserlasses aufgegeben ist.[5] 1

Die Wahlfreiheit der Verwaltung wird virulent bei ihrem Vertragshandeln, weil diese Regelungsform den Teilrechtsordnungen gemein ist. Verträge der Verwaltung sind *ungeachtet ihrer Rechtsnatur Verwaltungsverträge*.[6] Die einheitliche Bezeichnung entbindet indes nicht von der Notwendigkeit der Bestimmung der Rechtsnatur. Denn zum einen ist die Zuordnung des Vertrages im Regelfall rechtswegbestimmend. Und zum anderen gelten die materiellen und prozeduralen Maßstabsnormen der §§ 54 ff VwVfG 2

[1] *Bullinger* Öffentliches Recht und Privates Recht, 1968, 75, 82.

[2] *Kelsen* AöR 31 (1913) 53, 75 ff; krit zur Privatrechtsfähigkeit der Verwaltung *Burmeister* VVDStRL 52 (1993) 190, 213 ff; *Schachtschneider* Staatsunternehmen und Privatrecht, 1986, 180 ff; *Kempen* Die Formenwahlfreiheit der Verwaltung, 1989, 37 f.

[3] *Ehlers* Verwaltung in Privatrechtsform, 1984, 66 f; *Schlette* Die Verwaltung als Vertragspartner, 2000, 124 ff; *Gurlit* Verwaltungsvertrag und Gesetz, 2000, 22; *v Zezschwitz* NJW 1983, 1873, 1875; *Brohm* JZ 2000, 321, 324.

[4] Ausdrücklich BVerwGE 92, 56, 64; sa *Ehlers* DVBl 1983, 422, 429; *Gurlit* (Fn 3) 21 f, 299 ff.

[5] BVerwGE 92, 56, 64; BGH DVBl 1985, 793, 794, VGH BW NuR 2002, 496, 498.

[6] Zur Terminologie *Krebs* VVDStRL 52 (1993) 248, 257 f; *Gurlit* (Fn 3) 20 ff; *Spannowsky* Grenzen des Verwaltungshandelns durch Verträge und Absprachen, 1994, 47 f; *Schmidt-Aßmann* Ordnungsidee 342; *Röhl* Verwaltung durch Vertrag, iE § 2; *Bauer* in: Hoffmann-Riem/Schmidt-Aßmann/Voßkuhle, Grundlagen II, § 36 Rn 70 f; *Schlette* (Fn 3) 164 ff will den Begriff des Verwaltungsvertrages den öffentlich-rechtlichen Verträgen vorbehalten; so auch *Maurer* Allg VwR, § 14 Rn 8b.

unmittelbar nur für den öffentlich-rechtlichen Verwaltungsvertrag. Ein die Teilrechtsordnungen überspannendes Verwaltungsvertragsrecht entwickelt sich zwar seit geraumer Zeit im Städtebaurecht.[7] Eine auch verfahrensrechtliche Vereinheitlichung würde aber den Bezugsrahmen des VwVfG sprengen.[8] Es bleibt die mühselige Aufgabe von Rechtsprechung und Wissenschaft, nicht nur die öffentlich-rechtlichen Bindungen der privatrechtlich handelnden Verwaltung zu bestimmen, sondern auch über die Anwendbarkeit privatrechtlicher Normen auf öffentlich-rechtliche Verwaltungsverträge zu befinden.

II. Unterscheidungskriterien

3 Wahlfreiheit der Verwaltung meint kein freies subjektives Bestimmungsrecht über das für den Vertrag geltende Rechtsregime. Ob ein von der Verwaltung geschlossener Vertrag dem öffentlichen Recht oder dem Privatrecht zurechnet, muss sich vielmehr nach objektiven Kriterien bemessen.[9] Die Subordinationstheorie versagt bereits begrifflich als Anknüpfungspunkt, weil sich die Vertragspartner auch beim Abschluss eines subordinationsrechtlichen Vertrages nicht im Verhältnis der Über- und Unterordnung befinden. Dass es andererseits keinen dem Privatrecht vorbehaltenen Typenschutz etwa für Darlehen, Miet- oder Kaufverträge gibt, folgt aus § 62 S 2 VwVfG.[10] Das Objekt der Qualifizierung wird nach dem Regelungsgedanken des § 54 S 1 VwVfG durch den *Gegenstand* des Vertrages gebildet. Gehören die durch Vertrag begründeten, geänderten oder aufgehobenen Rechte und Pflichten dem öffentlichen Recht zu, so ist auch der Vertrag öffentlich-rechtlicher Natur.[11] Da § 54 VwVfG ein normbezogenes Verständnis zugrunde liegt, ist die Qualifikation der Rechtssätze entscheidend. Damit sind im Ergebnis die Kriterien der Sonderrechtstheorie oder materiellen Subjektstheorie (→ § 3 Rn 28 ff) maßgeblich.[12]

[7] § 11 BauGB hat einen rechtsform*un*abhängigen Geltungsanspruch, BayVGH NVwZ 1999, 1008, 1010; BGH NJW 1999, 208 → JK BGB § 138/16; BGH NVwZ 2003, 371; *Gurlit* (Fn 3) 377 f; *Ziekow/Siegel* VerwArch 94 (2003) 593, 597, 602; krit *Erbguth* VerwArch 89 (1998) 189, 210; *Brohm* JZ 2000, 321, 327; aA NdsOVG NdsVBl 2006, 249, 253; allg krit gegenüber Vereinheitlichungstendenzen *Schlette* (Fn 3) 164 ff; für einen normbezogenen Ansatz der Ermittlung des Geltungsanspruchs *Schmidt-Aßmann/Krebs* Rechtsfragen städtebaulicher Verträge, 2. Aufl 1992, 143.

[8] *Ziekow* Verankerung verwaltungsrechtlicher Kooperationsverhältnisse (Public Private Partnership) im Verwaltungsverfahrensgesetz, Gutachten iA des BMI, 2001, 124 ff; *Schmitz* DVBl 2005, 17, 20; für bereichsübergreifende „große Lösung" *Schuppert* Grundzüge eines zu entwickelnden Verwaltungskooperationsrechts, Gutachten iA des BMI, 2001, 66 ff.

[9] BVerwGE 96, 71; OVG NRW NVwZ-RR 2004, 776; *Krebs* VVDStRL 52 (1993), 248, 275 f; *Scherzberg* JuS 1992, 205 f; *Gurlit* (Fn 3) 24; *Schlette* (Fn 3) 122 ff; aA *Braun* JZ 1983, 841, 845.

[10] OLG Schleswig NVwZ 1988, 761: öffentlich-rechtliches Darlehen; BVerwGE 96, 326, 330: ör Schuldanerkenntnis; BayVGH BayVBl 1991, 47: ör Vorkaufsrecht; VG Darmstadt NVwZ-RR 2004, 74 – ör Gesellschaftsvertrag.

[11] GmSOGB BGHZ 97, 312, 314; 116, 339, 342; BGH UPR 2005, 189; BVerwGE 22, 138; 42, 331; 92, 56.

[12] BVerwGE 129, 9, 11; OVG NRW NJW 1991, 61; BGHZ 89, 251; *Gurlit* (Fn 3) 24 f; *Ehlers* (Fn 3) 449.

4 Die Sonderrechtstheorie führt zu klaren Zuordnungen, sofern der Verwaltungsvertrag öffentlich-rechtliche Normen vollzieht. Ein *normvollziehender Vertrag* liegt vor, wenn durch Vertrag ein Verwaltungsakt ersetzt oder der Erlass eines Verwaltungsakts versprochen wird. So kann etwa die Verwaltung durch öffentlich-rechtlichen Vertrag eine straßenrechtliche Sondernutzungserlaubnis erteilen oder die Erteilung einer Erlaubnis versprechen.[13] In Ergänzung der Sonderrechtstheorie lassen sich auch solche Verträge dem öffentlichen Recht zuordnen, deren gegenständliche Regelungen im engen Sachzusammenhang mit Rechten und Pflichten stehen, die ihrerseits dem öffentlichen Recht zugehören.[14] Nach diesem Maßstab rechnen die sog. *hinkenden Austauschverträge* dem öffentlichen Recht zu, in denen eine öffentlich-rechtlich normierte Leistung nicht unmittelbarer Vertragsgegenstand, sondern Zweck oder Bedingung für das Leistungsversprechen des Bürgers ist.[15] Die bauplanungsrechtlichen Folgekostenverträge sind öffentlich-rechtlicher Natur, weil für die Zahlungsbereitschaft des Investors das gemeindliche Inaussichtstellen einer investorgerechten öffentlich-rechtlichen Bauleitplanung bestimmend ist.[16] Entscheidend für die Zuordnung zum öffentlichen Recht ist letztlich die geforderte Enge des Sachzusammenhangs mit öffentlich-rechtlichen Rechten und Pflichten. Die Rechtsprechung lässt es hierbei gelegentlich an klaren Maßstäben fehlen.[17] Qualifikationsprobleme entstehen, wenn der Gegenstand des Vertrages überhaupt nicht normativ vorgeordnet ist. „*Gesetzesfreie*" Verträge sind vor allem im Subventionsrecht verbreitet. Ihre öffentlich-rechtliche Qualifizierung nach den zugrunde liegenden Zuständigkeits- und Aufgabennormen ist trügerisch, weil öffentliche Aufgaben gerade auch mit den Mitteln des Privatrechts erfüllt werden können. Es hilft dann nur die Vermutungsregel, der Staat habe sich zur Erfüllung öffentlicher Aufgaben mangels eindeutiger Gegenindizien auch des öffentlichen Rechts bedient.[18]

5 Die Rechtsnatur eines Vertrages als ein Rechtsverhältnis kann nur *einheitlich bestimmt* werden.[19] Dass etwa ein Zahlungsversprechen auch privatrechtlich begründet werden könnte, ist unbeachtlich, wenn dieses Versprechen die Gegenleistung für eine öffentlich-rechtliche Leistung bildet oder im engen Sachzusammenhang mit einer solchen steht. Eine vertraglich begründete oder vorausgesetzte öffentlich-rechtliche Pflicht zieht also gleichsam die Gegenleistung in das öffentliche Recht hinüber. Den Bestimmungskriterien eignet eine Publifizierungstendenz.[20] Hiervon ist allerdings der Fall zu

13 VGH BW NVwZ 1993, 903; NdsOVG NdsVBl 1994, 38; BayVGH BayVBl 2009, 661.

14 BVerwGE 42, 331, 332 f; 111, 162, 164 f → JK Allg VwR öff-rechtl Erstattungsanspruch/6; OVG NRW MMR 2008, 770.

15 *Ehlers* (Fn 3) 447; *Gurlit* (Fn 3) 25 f; *Ziekow/Siegel* VerwArch 94 (2003) 593, 598; *Maurer* Allg VwR, § 14 Rn 11; *Ule/Laubinger* VwVfR, § 68 Rn 6; aA *K. Lange* NVwZ 1983, 313, 320 f.

16 BVerwGE 42, 331, 333; BVerwG NJW 1980, 2538; BVerwGE 84, 236 → JK VwVfG § 56/1; BVerwGE 111, 162, 164 f → JK Allg VwR öff-rechtl Erstattungsanspruch/6; VGH BW NVwZ 1991, 583 → JK VwVfG §§ 56, 59/2; BGH UPR 1986, 176 → JK VwGO § 40 II/2; zur Erteilung des Einvernehmens nach § 36 BauGB als Bedingung VGH BW VBlBW 2009, 61, 64.

17 BVerwGE 92, 56, 58 f; BayVGH NVwZ 1999, 1008, 1013; OVG NRW NVwZ-RR 2004, 776; BGH NVwZ 2003, 371, 372: kein ausreichender Sachzusammenhang mit Bauleitplanung bei Grundstücksgeschäften mit Einheimischensicherung im Vorfeld der Planung.

18 *K. Lange* NVwZ 1983, 313, 318; *Schimpf* Der verwaltungsrechtliche Vertrag unter besonderer Berücksichtigung seiner Rechtswidrigkeit, 1982, 53.

19 BVerwG NJW 1980, 2538; BVerwGE 84, 183, 186; *Ehlers* (Fn 3) 446; *Schmidt-Aßmann/Krebs* (Fn 7) 171; *Gurlit* (Fn 3) 26; *Schlette* (Fn 3) 134 f, 64 ff; *Höfling/Krings* JuS 2000, 625, 627.

20 *Gurlit* (Fn 3) 27; *Maurer* Allg VwR, § 14 Rn 11; s auch bereits *Ehlers* (Fn 3) 444.

unterscheiden, dass ein Vertragswerk – wie dies nicht selten der Fall ist – mehrere Rechtsverhältnisse begründet, ändert oder aufhebt (zusammengesetzte Verträge). So kann in einem zivilrechtlichen Grundstückskaufvertrag eine öffentlich-rechtliche Abrede über die Ablösung von Erschließungskosten getroffen oder ein privatrechtlicher Arbeitsvertrag um eine öffentlich-rechtliche Nebenabrede über die alsbaldige beamtenrechtliche Ernennung oder die vorzeitige Begründung von Versorgungsanwartschaften ergänzt werden.[21] Deshalb ist Vorsicht gegenüber der vor allem in der zivilgerichtlichen Judikatur anzutreffenden These geboten, der „Schwerpunkt“ des Vertrages sei bestimmend für seine Qualifizierung:[22] Eine eindeutig öffentlich-rechtliche Vertragsregelung wird auch dann nicht zivilrechtlich, wenn weitere Regelungen eines Vertragswerkes dem Privatrecht zurechnen. Eine Zuordnung nach dem Schwerpunkt des Vertrages kommt nur in Betracht, wenn die Rechtsverhältnisse eines Vertragswerkes nicht teilbar sind.[23]

6 Bei der Qualifizierung der *öffentlichen Aufträge* ist zu differenzieren. Ihre Zuordnung zum Privatrecht lässt sich nicht unter Berufung auf die Herkömmlichkeit begründen. Ebensowenig enthalten §§ 97 ff GWB oder das Haushaltsrecht eine Zuordnungsregel für öffentliche Aufträge zum Öffentlichen Recht.[24] Entscheidend ist vielmehr die Rechtsnatur des geschlossenen Auftrags, die sich nach seinem Gegenstand bestimmt. Handelt es sich um einen Beschaffungsvorgang, der als marktförmiger Kauf von Gütern oder Dienstleistungen ein „fiskalisches Hilfsgeschäft“ ist, so nimmt der öffentliche Auftraggeber am Privatrechtsverkehr teil (→ § 3 Rn 48).[25] Der Informationsanspruch des erfolglosen Bieters nach § 101a GWB (früher: § 13 VgV) im Verfahren nach §§ 97 ff GWB ändert auch bei öffentlich-rechtlicher Qualifizierung nichts an der privatrechtlichen Natur des Beschaffungsvertrages und führt auch nicht zu einem zweistufigen Vergabeverfahren.[26] Auch außerhalb des Anwendungsbereichs der §§ 97 ff, 100 I GWB werden bedarfsdeckende Aufträge stets einstufig ohne Vorschaltung einer öffentlichrechtlichen Vergabeentscheidung vergeben, wie das BVerwG nach heftigen instanzgerichtlichen Disputen klarzustellen gezwungen war.[27] Dasselbe gilt, wenn die Vergabe nicht nur im Dienste der sparsamen Verwendung haushaltsrechtlicher Mittel steht, sondern im Wege der „Bepackung“ mit weiteren öffentlichen Zwecken aufgeladen wird.

[21] BVerwGE 84, 183, 186; BayVGH BayVBl 2005, 438: Ablösungsvereinbarung im Kaufvertrag; BVerwG NVwZ-RR 2003, 874; BVerwG DVBl 2005, 516, NdsOVG NordÖR 2002, 307 → JK VwVfG § 59/3; OVG Rh-Pf NVwZ 2006, 1318: öffentlich-rechtliche Nebenabrede zu einem privatrechtlichen Arbeitsvertrag.

[22] BGHZ 56, 365, 373; 76, 16, 20 f → JK VwVfG § 59/1; BGHZ 116, 339, 342; BGH NVwZ 2003, 371, 372; OLG München BayVBl 1980, 504 f; OLG Schleswig NVwZ 1988, 761; OLG Schleswig NJW 2004, 1052.

[23] BayObLG NVwZ-RR 2005, 135 f: Die Sicherungsabrede zu einem öffentlich-rechtlichen Erschließungsvertrag teilt dessen Rechtsnatur.

[24] BVerwGE 129, 9, 17; *Burgi* NZBau 2002, 57, 58; aA *Schlette* (Fn 3) 151 f.

[25] BVerwGE 5, 235; 7, 89, 90; 14, 65, 72; 129, 9, 11 ff; GmSOGB BGHZ 97, 312, 316; BGHZ 116, 339, 344 f; *Pietzcker* Der Staatsauftrag als Instrument des Verwaltungshandelns, 1978, 362 ff; *Forsthoff* Der Staat als Auftraggeber, 1963, 18 ff.

[26] *Gurlit* (Fn 3) 330 f; *Röhl* (Fn 6) § 6 D I 3; *Dreher* in: Immenga/Mestmäcker (Hrsg), Wettbewerbsrecht, 4. Aufl 2007, § 114 Rn 28 ff.

[27] BVerwGE 129, 9, 18 f; zuvor OVG Berlin-Bbg NZBau 2006, 668; *Ehlers* (Fn 3) 191; *Ruthig* NZBau 2005, 497, 499 f; aA OVG Rh-Pf NZBau 2005, 411; OVG NRW NVwZ 2006, 1083; *Hermes* JZ 1997, 909, 915; *Pünder* VerwArch 95 (2004) 38, 57 f; *Hufen* VwPrR § 11 Rn 37.

Bedarfsdeckende Aufträge, für deren Vergabe als Vorbedingung, Bevorzugungsregel oder Vertragsinhalt die Einhaltung von Tarifverträgen, die Aufstellung eines Frauenförderplans oder der Einsatz umweltschonender Stoffe gefordert wird oder die subventionierenden Charakter haben, sind privatrechtlicher Natur.[28] Der Vergabe ist auch kein öffentlich-rechtlicher Akt über das „Ob" des Bevorzugungstatbestands vorgeschaltet.[29]

Anders stellt sich die Lage dar, wenn ein öffentlicher Auftrag nicht als bedarfs- 7
deckendes Geschäft im Dienste der behördlichen Aufgabenerfüllung steht, sondern selbst die unmittelbare Erfüllung öffentlicher Aufgaben zum Gegenstand hat. Derartige Verträge zB über die Erledigung der Abfallentsorgung oder der Tierkörperbeseitigung oder über die Durchführung von Rettungsdiensten werden in öffentlich-rechtlicher Form geschlossen, soweit sie öffentlich-rechtliche Pflichten und Befugnisse zum Gegenstand haben. Wie der EuGH klargestellt hat, ist die Rechtsnatur eines öffentlichen Auftrags nicht maßgeblich für die Anwendbarkeit der vergaberechtlichen Vorschriften.[30] Deshalb können auch öffentlich-rechtliche Verträge vergaberechtspflichtige entgeltliche Verträge iSv § 99 I GWB sein.[31] Die Rechtsnatur eines öffentlichen Auftrags ist allerdings bei Streitigkeiten um die Zuschlagserteilung im Anwendungsbereich der §§ 97 ff GWB nicht rechtswegbestimmend, weil § 116 III GWB in Anlehnung an das kartellrechtliche Beschwerdeverfahren die Zuständigkeit der Oberlandesgerichte begründet.

III. Die Anwendung der Verwaltungsverfahrensgesetze

Die Bestimmungen der §§ 54 ff VwVfG gelten nicht für alle Verträge, die Rechtsfolgen 8
auf der Ebene des Verwaltungsrechts bewirken. Nach §§ 1, 9 VwVfG sind vielmehr nur öffentlich-rechtliche Verwaltungsverträge erfasst, die Produkt eines Verwaltungsverfahrens als einer nach außen gerichteten Tätigkeit der Behörde sind. Für diese Verträge gelten nach § 62 S 1 VwVfG die handlungsformunabhängigen Verfahrensvorschriften des VwVfG. Mangels Behördeneigenschaft der Vertragspartner sind *öffentlich-rechtliche Verträge unter Privaten* nicht unmittelbar an §§ 54 ff VwVfG zu messen.[32] *Intrapersonale Verträge* innerhalb von Funktionseinheiten der Verwaltung wie zB „Zielvereinbarungen" zwischen über- und nachgeordneten Stellen sind ebenfalls nicht Gegenstand der §§ 54 ff VwVfG, weil es ihnen an einem rechtsfähigen Zurechnungssubjekt fehlt.[33] *Verwaltungsabkommen* zwischen mehreren Rechtsträgern werden zumeist keine Außenwirkung besitzen. Soweit sie aber ausnahmsweise auf die Begründung, Aufhe-

[28] *Gurlit* (Fn 3) 53; *Ziekow/Siegel* ZfBR 2004, 30, 32; *Maurer* Allg VwR, § 17 Rn 33; *Ehlers* in: Schoch/Schmidt-Aßmann/Pietzner, VwGO, § 40 Rn 250, 282; aA *Schlette* (Fn 3) 148 ff; *Zuleeg* WiVerw 1984, 112, 115 f; *v Zezschwitz* NJW 1983, 1873, 1877; offen gelassen von BVerwGE 129, 9, 12.

[29] BVerwGE 14, 65, 70; *Ehlers* (Fn 28) § 40 Rn 250; *Ruthig* NZBau 2005, 497, 499 f; aA BVerwGE 7, 89, 91; 34, 213, 215; VG Koblenz NZBau 2005, 412; *Prieß/Hölzl* NZBau 2005, 367, 370 f; *Ziekow/Siegel* ZfBR 2004, 30, 33.

[30] EuGH Slg 2001, I-5409 Rn 73 – Teatro alla Bicocca.

[31] BayObLG BayVBl 2003, 605, 606; OLG Düsseldorf NVwZ 2004, 1022, 1023; OLG Düsseldorf NVwZ 2004, 510, 511; frühzeitig *Pieper* DVBl 2000, 160.

[32] *Bonk* in: Stelkens/Bonk/Sachs, VwVfG, § 54 Rn 65; für analoge Anwendung *Kopp/Ramsauer* VwVfG, § 54 Rn 9. Ein Verwaltungsvertrag unter Privaten liegt nicht vor, wenn einer der Partner als Beliehener und damit als Behörde iSv § 1 IV VwVfG handelt.

[33] *Wallerath* DÖV 1997, 57, 64; *Pünder* DÖV 1998, 63, 65 f; *Oebbecke* DÖV 1998, 853, 857 ff.

bung oder Änderung konkreter Rechtsverhältnisse im Außenverhältnis gerichtet sind, können sie ungeachtet ihrer Bezeichnung Verträge iSd §§ 54 ff VwVfG sein. Umstritten ist die Einordnung von *Normsetzungsverträgen*, in denen sich der exekutive Normsetzer zum Erlass oder Nichterlass von Verordnungen oder Satzungen verpflichtet. Der administrative Normerlass ist materielle Verwaltungstätigkeit iSv § 1 I VwVfG und nicht Element der Gesetzgebung nach Art 20 III GG.[34] Dies spricht dafür, Normsetzungsverträge an §§ 54 ff VwVfG zu messen.[35] Erst recht gilt dies für Verträge, in denen der exekutive Normerlass nicht Vertragsgegenstand, sondern nur Geschäftsgrundlage für die Leistung eines Bürgers ist.

9 § 2 II VwVfG nimmt zahlreiche Materien vom Anwendungsbereich des VwVfG und damit auch von den §§ 54 ff VwVfG aus. Hierzu zählen nach § 2 II Nr 4 VwVfG *sozialrechtliche Verfahren* nach dem SGB. Allerdings regelt das Zehnte Buch des SGB (SGB X) in §§ 53–61 den öffentlich-rechtlichen Vertrag nahezu inhaltsgleich. So beurteilen sich die in § 15 SGB II vorgesehenen Eingliederungsvereinbarungen mit Hartz IV-Empfängern nach §§ 53 ff SGB X.[36] *Verfahren nach der Abgabenordnung* (AO) sind nach § 2 II Nr 1 VwVfG ebenfalls vom Anwendungsbereich des VwVfG ausgenommen. Soweit die VwVfGe der Länder diese Exemtion übernommen haben, kommt der Ausschluss der VwVfGe auch im *Kommunalabgabenrecht* zum Tragen, soweit diese Verfahren maßgeblich durch die AO geprägt werden.[37] Dies gilt zB nicht für Erschließungsverträge iSv § 124 BauGB, die nur mittelbar abgabenrechtlich bedeutsam sind. Auch Verträge, mit denen kommunalrechtliche Beitragspflichten abgelöst werden (§ 133 III 5 BauGB), unterfallen §§ 54 ff VwVfG, sofern auf sie nicht konkrete Vorschriften der AO anzuwenden sind.[38] Für das Abgabenrecht wie für die anderen in § 2 II VwVfG oder durch Landesrecht ausgeschlossenen Materien muss sich im Übrigen jeweils aus den bereichsspezifischen Regelungen ergeben, ob der Verwaltung vertragsförmiges Handeln gestattet ist (→ § 32 Rn 5). Ein ausdrücklich auf §§ 54 ff VwVfG bezogener Ausschluss wird durch § 2 III Nr 2 VwVfG für die Tätigkeit der Behörden bei *Leistungs-, Eignungs- und ähnlichen Prüfungen* angeordnet. Durch die VwVfGe der Länder wird diese vertragsspezifische Exemtion zumeist auf das Schul- und Hochschulwesen erstreckt.[39] Die §§ 54 ff VwVfG stehen zudem unter dem *Vor-*

[34] *Kopp/Ramsauer* VwVfG, § 1 Rn 18; *Krebs* VerwArch 72 (1981) 49, 54; *Degenhart* BayVBl 1979, 289, 296; s auch BVerfGE 65, 283, 289 → JK BBauG § 12/2; 78, 344, 348; BVerwGE 90, 359, 363 → JK GG Art 12 I/31.

[35] Für unmittelbare Geltung der §§ 54 ff VwVfG *Krebs* VerwArch 72 (1981) 49, 54; *Schimpf* (Fn 18) 83f; OVG MV LKV 2010, 38; für entspr Anwendung *Scherer* DÖV 1991, 1, 4; *Kopp/Ramsauer* VwVfG, § 54 Rn 9; *Ule/Laubinger* VwVfR, § 67 Rn 7; *Gurlit* (Fn 3) 262; aA *Birk* NJW 1977, 1797, 1798; *Tiedemann* in: Obermayer, VwVfG, § 54 Rn 62.

[36] Dazu ausführlicher *Kretschmer* DÖV 2006, 893; s auch *Bauer* (Fn 6) § 36 Rn 37 ff.

[37] Für einen weitreichenden Ausschluss der §§ 54 ff VwVfG im Kommunalabgabenrecht noch *Erichsen* VerwArch 70 (1979) 349, 355 ff; *Ehlers* DVBl 1986, 529, 531; HessVGH NVwZ 1997, 618, 620.

[38] Mehrere Länder haben den Vorrang der AO für kommunalabgabenrechtliche Verfahren deutlich beschränkt, dazu *Schmitz* in: Stelkens/Bonk/Sachs, VwVfG, § 2 Rn 61 ff; VGH BW VBlBW 2004, 224; OVG LSA LKV 2004, 425; BayVGH BayVBl 2006, 767; zuvor schon *Allesch* DÖV 1990, 270, 275 f; *Heun* DÖV 1989, 1053, 1064.

[39] Die Anwendung der §§ 54 ff LVwVfG auf Schulen oder zumindest schulische Prüfungen schließen zB aus § 2 III Nr 2 VwVfG Hmb, § 2 III Nr 3 VwVfG Hess, § 2 III Nr 3 VwVfG Thür, § 2 III Nr 2 VwVfG BW; zusätzlicher Ausschluss des Hochschulbereichs in § 2 I VwVfG Sachs, § 2 III Nr 3 VwVfG Saarl, § 2 III Nr 3 VwVfG NRW.

behalt fachgesetzlicher Regelung des Verwaltungsvertrages. Regelungen wie § 13 IV BBodSchG beschränken sich zumeist auf die ausdrückliche Gestattung der Handlungsform des Vertrages. Die detailliertesten Regelungen finden sich im Städtebaurecht. Dort ist in § 11 I BauGB nicht nur ein beispielhafter Katalog zulässiger Vertragsgegenstände genannt; vielmehr machen § 11 I und II BauGB auch Vorgaben für den zulässigen Inhalt derartiger Verträge, die im Anwendungsbereich des § 11 BauGB teilweise die Anforderungen des § 56 VwVfG verdrängen.

Eine entsprechende Anwendung der §§ 54 ff VwVfG auf *privatrechtliche Verwaltungsverträge* ist nicht ausgeschlossen. Sie wird teilweise für Verträge befürwortet, die der unmittelbaren Erfüllung öffentlicher Aufgaben dienen.[40] Indessen werden planwidrige Regelungslücken, die den Rückgriff auf Vorschriften der §§ 54 ff VwVfG erfordern, nur in seltenen Fällen auftreten. Hiervon ist die Frage zu unterscheiden, ob handlungsformunabhängige Verfahrensvorschriften des VwVfG entsprechend oder jedenfalls als Ausprägung rechtsstaatlicher Grundsätze auf das Verfahren des Abschlusses privatrechtlicher Verwaltungsverträge anzuwenden sind. Eine rechtsgrundsätzliche Anwendung hat die Rechtsprechung für das Verfahren der Vergabe öffentlicher Aufträge bejaht, solange die Regelungen der §§ 97 ff GWB und der VgV das Vergabeverfahren nicht abschließend regeln.[41] 10

IV. Die Anwendung des Bürgerlichen Gesetzbuchs

Auf öffentlich-rechtliche Verwaltungsverträge finden nach § 62 S 2 VwVfG die Vorschriften des Bürgerlichen Gesetzbuchs ergänzend entsprechende Anwendung. Die Norm ist Konsequenz der nur fragmentarischen Regelung des Verwaltungsvertrages durch §§ 54–61 VwVfG. Der Verweis auf das BGB ist dynamischer Natur. Seit Inkrafttreten des VwVfG war umstritten, ob das AGBG als Nebengesetz von der Verweisung erfasst wird. Mit der Eingliederung des AGBG in §§ 305 ff BGB durch das Schuldrechtsmodernisierungsgesetz ist dieser Streit obsolet geworden.[42] Das eigentliche Problem liegt auch nicht in der Bestimmung des Verweisungsumfangs, sondern in der Ermittlung planwidriger Regelungslücken im öffentlich-rechtlichen Vertragsrecht. So wird für eine Klauselkontrolle bei Verträgen zwischen Verwaltungsträgern kaum ein Bedürfnis bestehen. Bei subordinationsrechtlichen Verträgen wird hingegen in Anbetracht ihres routinemäßigen Einsatzes insbesondere im Städtebaurecht auch die Verwendung vorformulierter Bedingungen nicht selten sein. Hier sind zwar vor einem Rückgriff auf §§ 305 ff BGB die Anforderungen des § 56 VwVfG oder fachgesetzlicher Normierungen des Verhältnismäßigkeitsgrundsatzes und des Koppelungsverbots wie in 11

[40] *Achterberg* JA 1985, 503, 509 f; *Kahl* DÖV 2000, 793, 797; *Kopp/Ramsauer* VwVfG, § 54 Rn 9.

[41] OLG Brandenburg NVwZ 1999, 1142, 1146 → JK VwVfG § 20/2 zur Anwendung von §§ 20, 21 VwVfG; krit *Neßler* NVwZ 1999, 1081; *Ziekow/Siegel* ZfBR 2004, 30, 34; s auch nunmehr § 16 VgV; zur Anwendung von § 22 VwVfG OLG Düsseldorf NJW 2000, 145, 148.

[42] Der Streit ist nach Art 229 § 5 S 1 EGBGB nur für bis zum 31.12.2001 geschlossene Verträge bedeutsam; gegen die Anwendung des AGBG wegen seiner Stellung außerhalb des BGB OVG NRW NJW 1989, 1879, 1880; *Kahl* DÖV 2000, 793, 795; *de Wall* Die Anwendbarkeit privatrechtlicher Vorschriften im Verwaltungsrecht, 1999, 292; BVerwGE 74, 78, 83 wegen der spezielleren Regelung in §§ 56, 59 II Nr 4 VwVfG.

§ 11 II BauGB abzuarbeiten[43]; diese entfalten aber keine absolute Sperrwirkung für eine AGB-Kontrolle, weil mit der unionsrechtlich veranlassten Erweiterung der Kontrollzwecke um den Verbraucherschutz (§ 310 III BGB) uU auch die staatliche Verwaltung „Unternehmer", der Bürger „Verbraucher" sein kann.[44]

Für die Nichtigkeit eines Verwaltungsvertrages nach § 134 BGB bedarf es wegen der spezielleren Verweisungsnorm in § 59 I VwVfG nicht des Rückgriffs auf § 62 S 2 VwVfG. Das Bereicherungsrecht nach §§ 812 ff BGB ist nicht entsprechend anzuwenden, weil mit dem öffentlich-rechtlichen Erstattungsanspruch ein öffentlich-rechtliches Institut für die Rückabwicklung nichtiger öffentlich-rechtlicher Verträge zur Verfügung steht (→ § 35 Rn 24 ff).[45] § 62 S 2 VwVfG ist aber für vertragliche Leistungsstörungen bedeutsam, die in § 60 VwVfG nicht abschließend geregelt sind (→ § 33 Rn 5).

§ 31
Zustandekommen von Verwaltungsverträgen

1 Der Verwaltung wird das Handeln durch Vertrag in § 54 VwVfG unter dem Rubrum der „Zulässigkeit" gestattet. Das VwVfG verwendet damit einen Begriff, der dem zivilrechtlichen Vertragsrecht nicht vertraut ist. Denn die Bürger, die von ihrer grundrechtlich gewährleisteten Privatautonomie Gebrauch machen[1], handeln allein auf Grundlage ihrer Rechtsfähigkeit. Ihr vertragliches Handeln bedarf nicht der Zulassung, und ihr Anspruch auf Vertragserfüllung setzt allein das Zustandekommen und die Wirksamkeit des Rechtsgeschäfts voraus.[2] Ungeachtet der Kompetenzbindungen der Verwaltung gilt für die Begründung eines Erfüllungsanspruchs aus einem öffentlich-rechtlichen Verwaltungsvertrag nichts anderes. Die Zulässigkeit des Verwaltungsvertrages iSv § 54 VwVfG betrifft die Rechtmäßigkeit des Gebrauchs der Vertragsform und des Vertragsinhalts. Die hiermit verbundenen Fragen lassen sich ohne Weiteres den Kategorien des Zustandekommens und der Wirksamkeit eines Verwaltungsvertrages zuordnen. Einer gesonderten Zulässigkeitsprüfung bedarf es nicht.[3]

43 BVerwGE 74, 78, 83; nach BGH NVwZ 2003, 371, 373; BayVGH NVwZ 1999, 1008, 1010 sollen selbst bei einem privatrechtlichen kommunalen Grundstücksvertrag § 11 II 1 BauGB bzw das Verhältnismäßigkeitsprinzip als rechtsformunabhängig geltende Normen §§ 9 ff AGBG aF verdrängen.

44 BGH NVwZ 2003, 371, 373; BGH NJW-RR 2007, 962 für privatrechtliche Verwaltungsverträge; *Grziwotz* NVwZ 2002, 391, 394; iE auch *Geis* NVwZ 2002, 385, 386; *Pabst* NWVBl 2005, 369, 373.

45 BVerwGE 71, 85 → JK Allg VwR öff-rechtl Erstattungsanspruch/2; BVerwGE 111, 162, 164 → JK Allg VwR öff-rechtl Erstattungsanspruch/6; BVerwG DVBl 2005, 516; *Gurlit* (Fn 3) 446; *Ule/Laubinger* VwVfR, § 70 Rn 50; aA *Schlette* (Fn 3) 568; *Ziekow/Siegel* VerwArch 95 (2004) 281, 297; BayVGH BayVBl 1991, 114, 115.

1 BVerfGE 8, 274, 328; 72, 155, 170 → JK BGB § 1629/2; 88, 384, 403; 89, 214, 231 → JK GG Art 2 I/25; 95, 267, 303 f; ausf *Höfling* Vertragsfreiheit, 1991, 6 ff.

2 Zum Aufbau der Prüfung eines vertraglichen Erfüllungsanspruchs *Leenen* AcP 188 (1988) 381; *ders* Jura 2007, 721.

3 *Gurlit* Jura 2001, 659, 663; insoweit weicht die Darstellung im Aufbau von einigen Lehrbuch- und Kommentardarstellungen und Fallbesprechungen ab, s nur *Maurer* Allg VwR, § 14 Rn 26 ff; *Peine* Allg VwR, Anhang § 8; *Schliesky* in: Knack/Henneke, VwVfG, § 54 Rn 12 ff;

I. Zustandekommen eines Vertrages durch übereinstimmende Willenserklärung

Nach allgemeiner Rechtslehre ist ein Vertrag die Einigung von zwei oder mehr Rechtssubjekten über die Herbeiführung eines bestimmten Rechtserfolgs. Für das Zustandekommen eines solchen Rechtsgeschäfts enthalten §§ 54 ff VwVfG keine Regelungen. Über § 62 S 2 VwVfG finden deshalb §§ 145 ff BGB entsprechende Anwendung. Auch ein öffentlich-rechtlicher Verwaltungsvertrag kommt zustande, wenn mindestens zwei übereinstimmende Willenserklärungen, gerichtet auf Angebot und Annahme des Angebots, vorliegen. Die auf den Abschluss eines öffentlich-rechtlichen Vertrages gerichtete Willenserklärung der Behörde ist Rechtshandlung, trägt aber selbst keinen Verwaltungsaktcharakter.[4] Auch ist ihr nicht eine verwaltungsaktförmige Entscheidung über den Abschluss eines Vertrages vorgeschaltet. Eine Verwaltungsaktsakzessorietät des Verwaltungsvertrages würde der funktionalen Gleichwertigkeit des Vertrages nicht gerecht. Das Verfahren des Abschlusses von Verwaltungsverträgen ist einstufig.[5] Der behördlichen Ablehnung eines Vertragsschlusses kommt im Anwendungsbereich der §§ 54 ff VwVfG ebenso wenig Regelungscharakter zu. Die gegenteilige Annahme verspricht im Übrigen auch unter Rechtsschutzgesichtspunkten keinerlei Vorteile, da ein einklagbarer Anspruch auf Abschluss eines Vertrages regelmäßig nicht besteht (→ § 32 Rn 6).[6] 2

Da dem Bürger durch § 54 VwVfG ebenfalls Handlungsbefugnisse eingeräumt werden, ist auch seine auf den Abschluss eines öffentlich-rechtlichen Vertrages gerichtete Willenserklärung dem öffentlichen Recht – genauer: dem Verwaltungsrecht – zuzurechnen.[7] Für die Auslegung der behördlichen Willenserklärung gelten §§ 133, 157 BGB in entsprechender Anwendung (→ § 28 Rn 9). Hierbei ist zu berücksichtigen, dass der Wille der Behörde auf den Abschluss eines nicht nur wirksamen, sondern auch rechtmäßigen Vertrages gerichtet sein muss (→ § 32 Rn 7). Der Umstand, dass der Bürger möglicherweise in Anbetracht eines ansonsten drohenden belastenden Verwaltungsakts unter einem faktischen Kontrahierungsdruck steht, ändert nichts am Zustandekommen des Verwaltungsvertrages, wenn mit Rechtsbindungswillen eine Willenserklärung abgegeben wird. Die Qualifikation eines sog „unfreiwilligen" Vertrages als einseitige Regelung[8] würde die Differenz zur Handlungsform des Verwaltungsakts überspielen. Der

Höfling/Krings JuS 2000, 625, 627; *Gröpl* Jura 2003, 778, 780; s auch *Erichsen*, 12. Aufl § 26.

[4] OVG Rh-Pf AS 32, 17, 19; *Ehlers* VerwArch 74 (1983) 112, 120; *Krebs* VVDStRL (Fn 15) 261; *Ule/Laubinger* VwVfR, § 69 Rn 4; aA *Bleckmann* Subventionsrecht, 1978, 148.

[5] BayVGH NJW 1978, 2410, 2411; OVG NRW NVwZ 1984, 522; OVG Rh-Pf AS 32, 17, 19; *Schlette* Die Verwaltung als Vertragspartner, 2000, 447 f; *Röhl* Verwaltung durch Vertrag (im Erscheinen), § 6 D I; *Ehlers* VerwArch 74 (1983), 112, 122 ff; aA NdsOVG NdsVBl 1999, 285; HessVGH KPR 2006, 201; *Kopp* BayVBl 1980, 609, 611.

[6] AA *Schlette* (Fn 5) 449 f; anderes gilt für sozialrechtliche Vereinbarungen zwischen den Leistungsträgern und den Trägern der Sozialhilfe nach §§ 75 III, 76 SGB XII, deren (Nicht-)Abschluss eine Entscheidung des Sozialhilfeträgers vorausgeht, die nach § 77 I SGB XII gerichtlicher Kontrolle unterliegt, BVerwGE 94, 202; 108, 56; VG Hannover NordÖR 2005, 275; OVG NRW NVwZ 2005, 832, 834.

[7] *Schlette* (Fn 5) 441; *Schimpf* Der verwaltungsrechtliche Vertrag unter besonderer Berücksichtigung seiner Rechtswidrigkeit, 1982, 65, 126 f; aA *Gern* Der Vertrag zwischen Privaten über öffentlich-rechtliche Berechtigungen und Verpflichtungen, 1977, 51 ff, 74 ff, 90.

[8] *Schilling* VerwArch 87 (1996) 191, 210: einseitiges Rechtsgeschäft; *Burmeister* VVDStRL 52 (1993) 190, 228: VA auf Unterwerfung.

unter Druck zustande gekommene Vertrag kann aber uU nach den entsprechend anwendbaren §§ 119 ff BGB anfechtbar sein oder an einem Wirksamkeitsmangel leiden.[9] Ebenfalls keine Frage des Zustandekommens des Vertrages, sondern allein eine seiner Wirksamkeit ist die für öffentlich-rechtliche Verwaltungsverträge grundsätzlich geltende Schriftform (→ § 32 Rn 14).[10] Besonderheiten gelten für öffentliche Aufträge. Hier geht notwendig das Vertragsangebot vom Bieter aus, das mit der Zuschlagerteilung durch den Auftraggeber angenommen wird. Hierdurch kommt uno actu der Vertrag zustande (§ 28 Nr 2 VOB/A und VOL/A). Auch hier gilt, dass dem Vertragsschluss keine öffentlich-rechtliche Vergabeentscheidung vorgeschaltet ist (→ § 30 Rn 6).

3 Der Abschluss von Verträgen setzt die Rechtsfähigkeit der Vertragspartner voraus. Während diese beim Bürger qua Geburt besteht (§ 1 BGB) und auch juristischen Personen des Privatrechts und teilrechtsfähigen Vereinigungen zukommt, fehlt es hieran der in § 54 VwVfG genannten Behörde, sofern sie nicht als juristische Person Element mittelbarer Staatsverwaltung ist. Vertragspartner eines subordinationsrechtlichen Vertrages wird deshalb nicht die Behörde, sondern deren Rechtsträger.[11] Die Behörde gibt durch ihre Organe und Organwalter die erforderlichen Willenserklärungen ab, die dem Rechtsträger zugerechnet werden. Die organschaftliche Zurechnung ist vom rechtsgeschäftlichen Stellvertretungsrecht der §§ 164 ff BGB zu unterscheiden. Dies schließt allerdings nicht aus, jedenfalls für den Vertragspartner der Verwaltung die zivilrechtlichen Stellvertretungsregeln entsprechend zur Anwendung zu bringen. Dabei ist die über § 62 S 1 VwVfG vorrangig anwendbare Vorschrift des § 14 VwVfG zu berücksichtigen.[12] In gleicher Weise werden §§ 104 ff BGB durch § 12 Nr 2 VwVfG zugunsten der Vertragsschlussfähigkeit von beschränkt Geschäftsfähigen modifiziert.[13]

II. Verwaltungs- und Verbandskompetenz

4 Während die Bürger vertragliche Willenserklärungen in Ausübung ihrer grundrechtlich gewährleisteten Privatautonomie abgeben, handelt die Verwaltung auf der Grundlage von Kompetenzen, die ihr die Rechtsordnung zugewiesen hat. § 54 VwVfG gibt der Verwaltung die Befugnis zum Abschluss öffentlich-rechtlicher Verträge. Der zuvor jahrzehntelang ausgetragene Streit, ob die Verwaltung einer ausdrücklichen Ermächtigung zum Handeln in Vertragsform bedürfe, konnte mit dem Inkrafttreten des VwVfG weitgehend ad acta gelegt werden. Soweit eine Ermächtigung der Verwaltung zum vertraglichen Handeln für erforderlich gehalten wird[14], findet sich diese in allgemeiner Form in

[9] *Bonk* in: Stelkens/Bonk/Sachs, VwVfG, § 54 Rn 32; *Gurlit* Verwaltungsvertrag und Gesetz, 2000, 389 ff.

[10] *Schliesky* in: Knack/Henneke, VwVfG, § 57 Rn 29; aA *Bonk* (Fn 9) § 54 Rn 31.

[11] Koordinationsrechtliche Verträge können auch zwischen teilrechtsfähigen Einheiten desselben Rechtsträgers geschlossen werden, *Schliesky* in: Knack/Henneke, VwVfG, § 54 Rn 56; *Trute* WissR 33 (2000) 134, 150 für Verträge zwischen Universität und Fakultät.

[12] *de Wall* Die Anwendung privatrechtlicher Vorschriften im öffentlichen Recht, 1999, 207 ff; *Schlette* (Fn 5) 440.

[13] *Ule/Laubinger* VwVfR, § 69 Rn 7; *Bonk* (Fn 9) § 54 Rn 38.

[14] Zur sog normativen Ermächtigungslehre s *Stern* VerwArch 49 (1958), 106, 114 ff, 131 ff; zur sog utilitaristischen Theorie BVerwGE 42, 331, 335; *Krebs* VVDStRL 52 (1993) 248, 265; *Maurer* DVBl 1989, 798, 804; *Ziekow/Siegel* VerwArch 94 (2003), 593, 604.

§§ 54 ff VwVfG. Eine ausdrückliche normative Gestattung ist auch dann nicht erforderlich, wenn die Verwaltung privatrechtliche Verträge schließt (→ § 30 Rn 1). Die gesetzgeberische Entscheidung für die allgemeine Zulässigkeit des Verwaltungsvertrages fügt sich in die grundrechtlichen Lehren vom Gesetzesvorbehalt ein. Denn der Handlungsformvorbehalt, der in verschiedenen Konstellationen für den Verwaltungsakt aufgestellt wurde, speist sich maßgeblich aus der Vollstreckungsfunktion des belastenden Verwaltungsakts und aus der Verteilung der Prozessführungslasten (→ § 22 Rn 29). Ein formspezifischer Eingriffsgehalt eignet aber dem Verwaltungsvertrag nicht, weil der Bürger die Option hat, von einem Vertragsschluss Abstand zu nehmen. Von dem Gebrauch der Vertrags*form* geht kein Grundrechtseingriff aus.[15] Eine Frage der Wirksamkeit des Vertrages ist aber, ob die grundrechtlichen Gesetzesvorbehalte für den Vertrags*inhalt* eine gesetzliche Grundlage gebieten (→ § 32 Rn 8).

Allerdings können aus der Erweiterung des Gesetzesvorbehalts zu einem Parlamentsvorbehalt für die wesentlichen Angelegenheiten des Gemeinwesens Grenzen für die Vertragsschlusskompetenzen der Verwaltung folgen. Die Exekutive kann nicht vertraglich über dem Parlament vorbehaltene Kompetenzen disponieren. Als in diesem Sinne „wesentliche" Verträge kommen vor allem Vereinbarungen in Betracht, in denen Regelungen über Art und Maß der Erfüllung staatlicher Aufgaben von substantiellem Gewicht getroffen werden, wie etwa Verträge zur funktionalen oder materiellen Privatisierung von Verwaltungsaufgaben.[16] §§ 54 ff VwVfG können in diesen Konstellationen die Anforderungen an eine dem Parlamentsvorbehalt genügende, hinreichend bestimmte Vorordnung nicht erfüllen.[17] Für zahlreiche bedeutsame Verträge wie Vereinbarungen im Sozialrecht oder im Städtebaurecht bestehen auch besondere parlamentsgesetzliche Regelungen. Wollte man wegen der gewaltenteilenden Funktion des Parlamentsvorbehalts bei ihrem Fehlen bereits das Zustandekommen eines Verwaltungsvertrages verneinen, würden in Anbetracht der notorischen Vagheit des Wesentlichkeitskriteriums den Vertragspartnern Steine statt Brot gegeben. Bedürfnisse des Verkehrsschutzes sprechen dafür, nur schwere und offenkundige Überschreitungen der Verwaltungskompetenz nach § 59 II Nr 1 VwVfG mit der Nichtigkeit des Vertrages zu ahnden. Dann hindert der Parlamentsvorbehalt nicht das Zustandekommen, sondern allein die Wirksamkeit eines Verwaltungsvertrages.[18] Im Übrigen hat es der Gesetzgeber in der Hand, seine Regelungsprärogative für das Wesentliche durch gesetzliche Vertragsform- oder Vertragsinhaltsverbote abzusichern. So stehen nach Art 33 V GG Besoldungs- und Versorgungsansprüche der Beamten unter einem parlamentarischen Regelungsvorbehalt.[19] Vom Gesetz abweichende vertragliche Regelungen verfallen der

[15] *Krebs* VVDStRL (Fn 14) 265; *Göldner* JZ 1976, 352, 354; *Maurer* DVBl 1989, 798, 804; *Scherzberg* JuS 1992, 205, 208; *Schimpf* (Fn 7) 174 f; *Gurlit* (Fn 9) 295.

[16] Ähnlich *Krebs* VVDStRL (Fn 14) 266; *Schmidt-Aßmann* Ordnungsidee, 343; *Höfling/Krings* JuS 2000, 625, 630; *Gurlit* (Fn 9) 296 f; *Schlette* (Fn 5) 92 ff, 100.

[17] *Krebs* VVDStRL (Fn 14) 265; *Burmeister* VVDStRL (Fn 9) 212 f; *Scherzberg* JuS 1992, 205, 211; *Gurlit* (Fn 9) 294; aA *Schlette* (Fn 5) 100.

[18] *Gurlit* (Fn 9) 419 f; zur Anwendung von § 44 I VwVfG auf Fälle fehlender Verwaltungskompetenz HessVGH NVwZ-RR 1991, 226; für Nichtigkeit nach § 59 I VwVfG iVm § 134 BGB *Fluck/Schmitt* VerwArch 89 (1998) 220, 232 f.

[19] BVerfGE 8, 28; 81, 363, 369; BVerwGE 96, 224 → JK GG Art 33 V/12; VGH BW VBlBW 2003, 472; zur parlamentarischen Regelungsbedürftigkeit der Beihilfevorschriften BVerwGE 121, 103, 108.

Unwirksamkeit (§ 2 II BBesG, § 3 II BeamtVG, § 183 I BBG). Darüber hinaus besteht ein vertragsformspezifischer Gesetzesvorbehalt für das Beamtenrecht nicht.[20]

5 Neben die Verteilung der Organkompetenzen treten die Kompetenzabgrenzungen zwischen Bund, Ländern und Gemeinden und zwischen Verwaltungsträgern gleicher Verbandsstufe. Die *Verbandskompetenz* ist ein handlungsformunabhängiges Erfordernis des Verwaltungshandelns.[21] Sie bedarf nicht notwendig einer gesetzlichen Regelung, sondern kann auch – wie im Fall des Art 28 II 1 GG – durch die Verfassung eingeräumt werden.[22] Nach der Konzeption der Teilrechtsfähigkeit öffentlicher Verbände erlangen die Träger öffentlicher Verwaltung erst mit der Kompetenzzuweisung Rechtsfähigkeit. Außerhalb des zugewiesenen Verbandszwecks (ultra vires) fehlt es ihnen an Rechtsfähigkeit. Ultra vires vorgenommene Akte sind deshalb im Rechtssinne nicht existent.[23] Ebenso wie die Verwaltungskompetenz ist die Verbandskompetenz ein rechtsformunabhängiges Gebot und bestimmt damit auch die Grenzen privatrechtlichen Verwaltungshandelns.[24] Die dem anglo-amerikanischen Rechtskreis entstammende ultra vires-Lehre wird allerdings im Zivilrecht für juristische Personen des Privatrechts wegen ihrer Verkehrsschutzfeindlichkeit abgelehnt.[25] Auch im öffentlichen Recht mehren sich die kritischen Stimmen, die sich vor allem gegen die Rechtsfolgen der fehlenden Rechtsfähigkeit wenden. Sie können zu Recht darauf verweisen, dass für den Bürger häufig nicht erkennbar ist, ob sich die Verwaltung im Rahmen ihres zugewiesenen Aufgabenkreises bewegt.[26] Gleichwohl kann die Überschreitung der Verbandskompetenz nicht mit einem heilbaren oder unbeachtlichen Mangel der örtlichen oder sachlichen Zuständigkeit gleichgesetzt werden.[27] Auch eine Anwendung der bürgerlichrechtlichen Stellvertretungsregeln nach §§ 164 ff BGB lässt sich nicht begründen. Denn mangels Rechtsfähigkeit gibt es jedenfalls innerhalb des Verbandes kein Organ, welches das Rechtsgeschäft genehmigen könnte.[28] Wie im Fall mangelnder Verwaltungskompetenz kann dem Vertrauen des privaten Vertragspartners in die Handlungsfähigkeit der Ver-

[20] *Gurlit* (Fn 9) 297 mwN; dasselbe gilt für die unter Gesetzesvorbehalt stehende Abgabenerhebung: Aus dem „Wesen der Steuer" folgt kein Vorbehalt gerade für vertragliches Handeln, *Seer* Verständigungen in Steuerverfahren, 1996, 163 ff; aA *Heun* DÖV 1989, 1053, 1058 ff.

[21] OVG NRW DVBl 1976, 395, 396; HessVGH NVwZ-RR 1991, 226 – einseitig-hoheitliches Handeln; BVerfGE 105, 252, 270 ff; 105, 279, 306 ff – Realhandeln; BVerwGE 84, 236, 239 → JK VwVfG § 56/1 – vertragliches Handeln.

[22] BVerwGE 84, 236, 239 → JK VwVfG § 56/1; 87, 228, 230; 87, 237, 240.

[23] Grundlegend *Bachof* AöR 83 (1958) 208, 263 ff.

[24] Zur Geltung der Grenzen des Aufgabenkreises im Privatrechtsverkehr BGHZ 20, 119, 122 ff; 52, 283, 286; BVerfGE 12, 205; OVG Rh-Pf GewArch 1980, 339; *Ehlers* Verwaltung in Privatrechtsform, 1984, 235; *Koenig* WM 1995, 317, 320, 323 ff; aA *Oldiges* DÖV 1989, 873, 883.

[25] *K. Schmidt* AcP 184 (1984) 529, 536 ff; noch offen gelassen in BGHZ 20, 119, 124.

[26] *C. Fritz* Vertrauensschutz im Privatrechtsverkehr mit Gemeinden, 1983, 202 ff; krit *Ehlers* Die Lehre von der Teilrechtsfähigkeit juristischer Personen des öffentlichen Rechts und die Ultra-Vires-Doktrin des öffentlichen Rechts, 2000, insb 68 ff, 76 ff; s auch bereits *Bullinger* Vertrag und Verwaltungsakt, 1962, 102 ff.

[27] So aber *Oldiges* DÖV 1989, 873, 881 für die kommunale Wahrnehmung fremder Aufgaben als eigene Angelegenheit; BVerwGE 90, 25, 35 für die länderübergreifende Tätigkeit eines Landes.

[28] *Oldiges* DÖV 1989, 873, 883; *Gurlit* (Fn 9) 414 f; im Zivilrecht werden Verbandsüberschreitungen juristischer Personen des Privatrechts nach §§ 164 ff BGB beurteilt, *K. Schmidt* AcP 184 (1984), 529, 536.

waltung aber durch (analoge) Anwendung von § 44 I VwVfG im Rahmen von § 59 II Nr 1 VwVfG Rechnung getragen werden, in dem nicht offenkundige Kompetenzverstöße sanktionslos gestellt werden. Der „Nicht-Vertrag" wird also wie ein nichtiger Vertrag behandelt.[29]

§ 32
Wirksamkeit von Verwaltungsverträgen

I. Wirksamkeitserfordernisse

Ebenso wie das bürgerliche Recht kennt auch das Recht der öffentlich-rechtlichen Verträge das Institut der schwebenden Unwirksamkeit. § 58 VwVfG stellt besondere Wirksamkeitserfordernisse auf. Nach § 58 I VwVfG wird ein Verwaltungsvertrag, der in Rechte eines Dritten eingreift, erst wirksam, wenn der Dritte schriftlich zustimmt. Die Vorschrift normiert damit ein Verbot des Vertrages zu Lasten Dritter. Ein den Zustimmungsvorbehalt auslösender Eingriff liegt vor, wenn der Vertrag in subjektiv-öffentliche Rechte des Dritten eingreift. Dies ist immer dann der Fall, wenn der Dritte einen Verwaltungsakt mit demselben Inhalt anfechten könnte.[1] Deshalb wird zB der Zustimmungsvorbehalt ausgelöst, wenn in einem Baudispensvertrag die Baugenehmigung unter Befreiung von nachbarschützenden Vorschriften erteilt wird. 1

Umstritten ist, ob das Zustimmungserfordernis schon dann Platz greift, wenn ein Rechtseingriff beim Dritten erst durch die Erfüllung des Vertrages bewirkt wird. Diese Konstellation liegt zB vor, wenn die Behörde vertraglich die Erteilung einer Baugenehmigung unter Gewährung eines Dispenses von nachbarschützenden Vorschriften verspricht. Einer Vorverlagerung des Zustimmungsvorbehalts auf den Verpflichtungsvertrag bedürfte es nicht, wenn ein rechtswidriger Vertrag keinen Erfüllungsanspruch für den Vertragspartner begründete.[2] Indes kann auch ein auf den Erlass eines rechtswidrigen Verwaltungsaktes gerichteter Vertrag wirksam sein und die Verwaltung zu entsprechenden Erfüllungshandlungen verpflichten (vgl Rn 19). Der Rechtsquellencharakter des Verwaltungsvertrages ist zudem nicht auf die Vertragspartner beschränkt, sondern setzt sich auch gegenüber dem Dritten durch. Die von der Zustimmung des Dritten abhängige Wirksamkeit des Vertrages ist gerade Pendant des Umstands, dass die Rechtmäßigkeit des Erfüllungsaktes auch im Verhältnis zum Dritten nicht mehr durch das Gesetz, sondern durch die wirksame vertragliche Regelung bestimmt wird.[3] Bildet der

[29] Für die Maßstäblichkeit von § 44 I VwVfG für vertragliche Überschreitungen der Verbandskompetenz *Gurlit* (Fn 9) 415 f; *Bonk* (Fn 9) § 59 Rn 19; aA *Koenig* WM 1995, 317, 325; für Nichtigkeit nach § 59 I VwVfG iVm § 134 BGB *Ehlers* (Fn 26) 77.

[1] BVerwGE 66, 184, 186 → JK VwVfG § 28/2; OVG NRW NVwZ 1984, 522, 524; BayVGH BayVBl 2005, 211; *Schmidt-Aßmann/Krebs* Rechtsfragen städtebaulicher Verträge, 2. Aufl 1992, 228 f; *Schlette* Die Verwaltung als Vertragspartner, 2000, 436; *Ule/Laubinger* VwVfR, § 69 Rn 14.

[2] *Bullinger* DÖV 1977, 812, 814 plädiert für Erfüllungsverweigerung wegen Unmöglichkeit.

[3] *Fluck* Die Erfüllung des öffentlich-rechtlichen Verpflichtungsvertrages durch Verwaltungsakt, 1985, 64 ff; *Krebs* VVDStRL 52 (1993) 248, 270; *Erichsen* Jura 1994, 47, 48; *Schmidt-Aßmann/Krebs* (Fn 1) 227; *Röhl* Verwaltung durch Vertrag (im Erscheinen), § 5 C II; aA *Scherz-*

Vertrag die Rechtsgrundlage für die Beeinträchtigung, bedarf bereits der Verpflichtungsvertrag der Zustimmung des Dritten.[4]

Die Beteiligung des Dritten wird durch die obligatorische Hinzuziehung nach § 13 II 2 VwVfG gesichert.[5] Der Dritte kann allerdings seine Zustimmung auch nachträglich in analoger Anwendung von § 184 I BGB erteilen. Die Zustimmung wirkt ungeachtet des missverständlichen Wortlauts des § 58 I VwVfG auf den Zeitpunkt des Vertragsschlusses zurück und macht ihn von Anfang an wirksam. Die erteilte Zustimmung versperrt aber nicht die Prüfung, ob der Vertrag aus anderen, nicht drittschutzbezogenen Gründen nichtig ist.[6]

2 § 58 II VwVfG macht die Wirksamkeit eines öffentlich-rechtlichen Vertrages von der Mitwirkung einer Behörde abhängig, soweit diese bei einem Handeln durch Verwaltungsakt ihre Genehmigung, Zustimmung oder ihr Einvernehmen erteilen müsste. Die Beachtung von behördlichen Mitwirkungsbefugnissen soll auch beim Wechsel der Handlungsform gewährleistet werden. § 58 II VwVfG dient der Wahrung der Kompetenzordnung. Der Mitwirkungsvorbehalt ist auf echte Mitentscheidungsrechte wie zB das gemeindliche Einvernehmenserfordernis nach § 36 I BauGB beschränkt. Bloße Anhörungs- oder Benehmensgebote werden nicht erfasst. Trotz des insoweit engeren Wortlauts gilt der Mitwirkungsvorbehalt nach § 58 II VwVfG nicht nur für verwaltungsaktersetzende Verträge, sondern auch für Verpflichtungsverträge.[7]

Für die Anwendung von § 58 II VwVfG ist nicht entscheidend, ob die mitwirkungsbefugte Behörde selbst dem Geltungsbereich des VwVfG unterfällt. Maßgeblich ist vielmehr, dass das Mitentscheidungsrecht einer Stelle zukommt, die iSd materiellen Verwaltungsbegriffs Aufgaben öffentlicher Verwaltung wahrnimmt. Hierzu rechnet auch die EU-Kommission.[8] Ihre Einbeziehung hat Konsequenzen für das Wirksamwerden von Subventionsverträgen im Anwendungsbereich des Beihilfenrechts nach Art 107 ff AEUV. Die sich an die Notifizierung eines Beihilfevorhabens nach Art 108 III 1 AEUV und das Zuwarten nach Art 108 III 3 AEUV anschließende Entscheidung der Kommission über die Gemeinschaftsrechtskonformität einer staatlichen Beihilfe nach Art 108 II 1 EGV ist eine kompetenzwahrende Mitwirkungshandlung iSv § 58 II VwVfG.[9] Die positive Entscheidung macht einen Verpflichtungsvertrag rückwirkend wirksam, die

berg JuS 1992, 205, 214 f; *Spannowsky* Grenzen des Verwaltungshandelns durch Verträge und Absprachen, 1994, 206, 242; *Butterwegge* Verwaltungsvertrag und Verwaltungsakt, 2000, 27 ff; *Ule/Laubinger* VwVfR, § 69 Rn 15; *Ziekow/Siegel* VerwArch 95 (2004) 133, 138 f.

4 OVG NRW NVwZ 1988, 370, 371; *Fluck* (Fn 3) 57, 60 f; *Schimpf* Der verwaltungsrechtliche Vertrag unter besonderer Berücksichtigung seiner Rechtswidrigkeit, 1982, 282; *Schmidt-Aßmann/Krebs* (Fn 1) 227; *Gurlit* Verwaltungsvertrag und Gesetz, 2000, 321 f; *Schlette* (Fn 1) 432; modifizierend *Maurer* Allg VwR, § 14 Rn 30; aA *Ule/Laubinger* VwVfR, § 69 Rn 15; *Röhl* (Fn 3) § 6 C III 4; *Ziekow/Siegel* VerwArch 95 (2004) 133, 139.

5 *Krebs* VVDStRL (Fn 3) 262; *Schlette* (Fn 1) 433; *Ziekow/Siegel* VerwArch 95 (2004) 133, 138; aA *Röhl* (Fn 3) § 6 C III 1a).

6 *Gurlit* (Fn 4) 422 f, 443; *Schmidt-Aßmann/Krebs* (Fn 1) 229.

7 BVerwG NJW 1988, 662; *Ziekow/Siegel* VerwArch 95 (2004) 131, 140; aA *Ule/Laubinger* VwVfR, § 69 Rn 19.

8 *Gurlit/Sattler* Jura Sonderheft Examensklausurenkurs, 2. Aufl 2004, 80, 83; *J.-P. Schneider* NJW 1992, 1197, 1199; *Spannowsky* (Fn 3) 310; *Schlette* (Fn 1) 556; aA *Maurer* Allg VwR, § 14 Rn 43a.

9 *Schlette* (Fn 1) 556; *Spannowsky* (Fn 3) 310; *Gurlit/Sattler* (Fn 8) 83; aA *Erichsen*, 12. Aufl, § 26 Rn 25a.

negative führt zu seiner endgültigen Unwirksamkeit. Das Durchführungsverbot des Art 108 III 3 AEUV soll aber auch Wettbewerbsverzerrungen verhindern, die in einer vorzeitigen Beihilfegewährung liegen. Deshalb wird ein Verstoß gegen Art 108 III 3 AEUV durch eine spätere positive Entscheidung der Kommission über die Unionsrechtskonformität der Beihilfe nicht *ex tunc* geheilt.[10] Allerdings verlangt das Unionsrecht nicht die Rückforderung einer unter Verstoß gegen Art 108 III 3 AEUV ausgezahlten Beihilfe, wenn diese sich als materiell rechtmäßig erweist.[11] Das Ziel, den in der verfrühten Auszahlung liegenden Vorteil des Empfängers abzuschöpfen, kann auch erreicht werden, wenn mit dem Zeitpunkt der Entscheidung der Kommission die Vertragswirksamkeit *ex nunc* eintritt.[12] Der bloße Abschluss eines Verpflichtungsvertrages ist hingegen trotz seines Rechtsquellencharakters für die Erfüllung noch kein Verstoß gegen das Durchführungsverbot, weil der Vertrag nach der Notifizierung unter dem Damoklesschwert der Unwirksamkeit nach § 58 II VwVfG steht.[13]

II. Wirksamkeitshindernisse

Nach § 54 S 1 VwVfG kann ein Verwaltungsvertrag geschlossen werden, sofern Rechts- 3
vorschriften nicht entgegenstehen. Nach § 59 VwVfG führt hingegen nur ein abschließender Katalog von Rechtsfehlern zur Nichtigkeit eines Verwaltungsvertrages. Daraus lässt sich bereits an dieser Stelle folgern, dass über das Schicksal eines Vertrages nicht seine Rechtmäßigkeit, sondern allein seine Wirksamkeit entscheidet (vgl Rn 19). Sie ist im verwaltungsrechtlichen Gutachten der entscheidende Gesichtspunkt, wenn über Erfüllungs- oder Rückerstattungsansprüche zu befinden ist.[14] Gleichwohl werden damit die Rechtmäßigkeitsanforderungen an den Verwaltungsvertrag nicht zur *quantité négliable*. Denn zum einen können Sekundäransprüche wie die culpa in contrahendo auch bei Sorgfaltsverstößen zum Tragen kommen, die einen zwar wirksamen, aber rechtswidrigen öffentlich-rechtlichen Vertrag verursacht haben (→ § 33 Rn 5). Und zum anderen wird ein in jeder Hinsicht rechtmäßiger öffentlich-rechtlicher Vertrag nicht der Unwirksamkeit verfallen. Deshalb bedarf es der Ermittlung der vertragsspezifischen Rechtmäßigkeitsspielräume.

[10] EuGH EuZW 2004, 87 Rn 60 ff – van Calster; s auch Slg 1991, I-5505 Rn 16 – FNCE; Slg 1996, I-3547 Rn 67 – SFEI; aA noch *J.-P. Schneider* NJW 1992, 1197, 1199 f; *Spannowsky* (Fn 3) 310; *Schlette* (Fn 1) 556.

[11] EuGH EuZW 2008, 145 Rn 46 ff – CELF; s auch *Gundel* EWS 2008, 161; *Bartosch* EuZW 2008, 235; *Lindner* GewArch 2008, 236.

[12] Ähnlich für zivilrechtliche Verträge *Pütz* NJW 2004, 2199; *Quardt/Nielandt* EuZW 2004, 201, 204; *Habersack* ZHR 159 (1995) 663, 685.

[13] EuGH Slg 1973, 1471 Rn 4 – Lorenz entnimmt Art 88 III 3 EGV die Pflicht, das *Wirksamwerden* von Beihilfen zu unterbinden; bei einem zivilrechtlichen Vertrag bewirkt bereits der Abschluss eines Vertrages mangels einer § 58 II VwVfG vergleichbaren Norm den Verstoß gegen Art 88 III 3 EGV, BGH EuZW 2003, 444, 445.

[14] *Höfling/Krings* JuS 2000, 625, 631; *Gurlit* Jura 2001, 731, 732; *Gurlit/Sattler* (Fn 8) 80: Prüfung eines Erfüllungsanspruchs; *Detterbeck/Pöttgen* Jura 2003, 563; *Ruffert* Jura 2003, 633: Prüfung eines Rückerstattungsanspruchs.

1. Rechtmäßigkeitsmaßstäbe

a) Vertragsform

4 Mit dem Vorbehalt entgegenstehender Rechtsvorschriften wird für den öffentlich-rechtlichen Vertrag auf einfachgesetzlicher Ebene die Geltung des Gesetzesvorrangs normiert. Der Anordnung hätte es nicht bedurft, denn der Gesetzesvorrang nach Art 20 III GG gilt für die Verwaltung handlungsformunabhängig. § 54 S 1 VwVfG trifft aber in Anbetracht der vor Inkrafttreten des VwVfG umstrittenen Frage nach der Geltung des Gesetzesvorbehalts die Klarstellung, dass die Verwaltung zum vertraglichen Handeln einer besonderen Ermächtigung nicht bedarf (→ § 31 Rn 4). Rechtsnormen, die einem Handeln durch Vertrag entgegenstehen (*Vertragsformverbote*), können nur zwingende Außenrechtssätze sein. Neben der Verfassung, Parlamentsgesetzen, Verordnungen und Satzungen kommen auch unmittelbar anwendbare Vorschriften des Unionsrechts in Betracht.

Ausdrücklich normierte Vertragsformverbote sind selten. Eine Festlegung auf den Verwaltungsakt als Handlungsform besteht teilweise für justizähnlich ausgestaltete Entscheidungen von Kollegialorganen. So entscheiden die Beschlusskammern der Bundesnetzagentur in telekommunikationsrechtlichen Verfahren zwingend durch Verwaltungsakt (§ 132 I 2 TKG). Dasselbe gilt für Entscheidungen der Vergabekammern im vergaberechtlichen Nachprüfungsverfahren (§ 114 III 1 GWB). Die bloße Nichterwähnung vertraglichen Handelns in Befugnisnormen rechtfertigt allerdings nicht schon den Schluss auf ein Vertragsformverbot. Denn dadurch würde die funktionale Gleichwertigkeit von Vertrag und Verwaltungsakt, von der § 54 S 2 VwVfG ausgeht, empfindlich beeinträchtigt. Fehlt es an klaren Anhaltspunkten, sind die öffentlich-rechtlichen Normen darauf zu befragen, ob sie eine gleichberechtigte Mitwirkung Privater bei der Gestaltung von Rechtsfolgen zulassen.[15] Dies ist vor allem dann zu bejahen, wenn das Handlungsprogramm der Verwaltung inhaltliche Gestaltungsspielräume enthält. Allerdings ist eine materielle Dispositionsbefugnis zwar maßgebliche tatsächliche, nicht aber rechtliche Voraussetzung für vertragliches Handeln. Vertragsform und zulässiger Vertragsinhalt sind zu unterscheiden.[16]

5 Eine an diesen Maßstäben ausgerichtete Suche nach Vertragsformverboten zeigt, dass das Maß der wissenschaftlichen Befassung vermutlich die praktische Relevanz des Problems übersteigt.[17] Für die Abgabenerhebung gilt kein generelles Vertragsformverbot. Zwar kann die Steuer nur „durch Bescheid" festgesetzt werden (§ 155 I AO). Vertragliches Handeln ist aber im Umfeld von Steuerschätzung, Stundung und Erlass möglich, überdies im Kommunalabgabenrecht.[18] Auch im Beamtenrecht besteht kein allgemeines Verbot vertraglichen Handelns. Zwar darf die Beamtenernennung nicht

[15] *Scherzberg* JuS 1992, 205, 208; s auch *Kunig* DVBl 1992, 1193, 1196; *Tschaschnig* Die Nichtigkeit subordinationsrechtlicher Verträge nach dem Verwaltungsverfahrensgesetz, 1984, 143; *Schlette* (Fn 1) 563; *Ziekow/Siegel* VerwArch 94 (2003) 593, 604 f.

[16] *Kunig* DVBl 1992, 1193, 1196; *Gurlit* (Fn 4) 253; *Scherzberg* JuS 1992, 205, 208; *Höfling/Krings* JuS 2000, 625, 628.

[17] *Schmidt-Aßmann* FS Gelzer, 1991, 117, 125 bezeichnet die Figur des Handlungsformverbots als „wenig hilfreich"; s auch *Gurlit* (Fn 4) 261 f.

[18] *Sontheimer* Der verwaltungsrechtliche Vertrag im Steuerrecht, 1987, 143; *Heun* DÖV 1989, 1053, 1057; *Jachmann* BayVBl 1993, 326, 330; *Allesch* DÖV 1990, 270, 277; aA *Gern* KStZ 1979, 161.

durch Vertrag ausgesprochen werden[19]; die Vereinbarungsverbote für Besoldungs- und Versorgungsansprüche sanktionieren hingegen nicht die Vertragsform, sondern einen vom Gesetz abweichenden Vertragsinhalt (vgl Rn 23).[20] Formverbote gelten aber für Verträge, die auf eine Ersetzung der Normsetzung gerichtet sind. So bedarf ein Bebauungsplan satzungsförmiger Verabschiedung und eine naturschutzrechtliche Unterschutzstellung des Verordnungserlasses.[21]

Besteht kein Vertragsformverbot, so besitzt die Behörde *Auswahlermessen* über die Handlungsform. Das Ermessen kann durch gesetzliche Vorrangregeln für die Vertragsform beschränkt sein. Ein Vorrang vertraglicher Einigung ist traditionell für zahlreiche Enteignungs- und Entschädigungsverfahren nach dem BauGB vorgesehen und hat auch das kooperationsbedürftige Naturschutzrecht erobert.[22] Darüber hinaus lässt sich weder aus dem Demokratieprinzip noch aus den Grundrechten ein genereller Vorrang vertraglichen Verwaltungshandelns ableiten. Verfahrensrechtliche Vorrangregeln für die Vertragsform sind überdies zu unterscheiden von materiell wirkenden Kontrahierungsgeboten. Gibt es für ein Vertragsabschlussgebot keine gesetzliche Grundlage, kann der Gleichheitssatz nur ausnahmsweise die Verwaltung zum Abschluss eines Vertrages verpflichten.[23] 6

b) Vertragsinhalt

Der Vorbehalt entgegenstehender Rechtsvorschriften nach § 54 S 1 VwVfG bezieht sich nicht nur auf den Gebrauch der Vertragsform, sondern auch auf den Vertragsinhalt.[24] Aus der Zulässigkeit des Vertrages als Handlungsform folgt nicht die Zulässigkeit jedweden Vertragsinhalts. Das zivilrechtliche Modell der Richtigkeits- und Gerechtigkeitsgewähr durch Konsens lässt sich nicht auf die gesetzesgebundene Verwaltung übertragen. Sie darf nicht um den Vertragsinhalt bis zu den Grenzen der §§ 134, 138 BGB feilschen[25], sondern muss durch Beachtung des Gesetzes eine objektive Richtigkeitsge- 7

[19] *Scherzberg* JuS 1992, 205, 208; *Gurlit* (Fn 4) 259; *Maurer* Allg VwR, § 14 Rn 26; aA *Schlette* (Fn 1) 564 f; *Schmidt-Aßmann/Krebs* (Fn 1) 136 unter Hinweis auf den sich gerade an der Beamtenernennung entzündenden historischen Streit um den Verwaltungsvertrag.

[20] § 2 II BBesG, § 3 II BeamtVG; *Gurlit* (Fn 4) 258 f; *Ule/Laubinger* VwVfR, § 70 Rn 3; aA *Kopp/Ramsauer* VwVfG, § 54 Rn 43; *Tiedemann* in: Obermayer, VwVfG, § 54 Rn 69.

[21] Zu dem aus § 1 III 1 BauGB folgenden Kodifizierungsgebot BVerwGE 117, 25; 119, 25; zur Unzulässigkeit eines vertraglichen Planungsverzichts BVerwG NuR 2002, 494; BVerwG ZfBR 2006, 255, 256; VGH BW NuR 2002, 496, 498 f; OVG SH NordÖR 2009, 418; großzügiger *Reidt* UPR 2008, 410; zum Vertragsformverbot für naturschutzrechtliche Unterschutzstellungen *Di Fabio* DVBl 1990, 338, 342; *Rengeling/Gellermann* ZG 1991, 317, 325; ausf zum Ganzen *Gurlit* (Fn 4) 262 ff.

[22] §§ 18 II 4, 28 VI 3, 43 I 1 und II 1, 87, 110 I BauGB; als Vorrangregeln nach § 8 BNatSchG s §§ 2, 26b III NatSchG Bbg, §§ 3 II, 51 I LNatSchG MV, Art 2a NatSchG Bay, §§ 3a I, 7 IV LG NRW, § 45 NatSchG RP.

[23] Zum Kontrahierungszwang nach § 93 BSHG aF/§§ 75 ff SGB XII im Wege der Ermessensreduktion OVG NRW NVwZ 2005, 832, 834; VG Hannover NordÖR 2005, 275.

[24] BVerwGE 98, 58, 63 → JK VwVfG § 61/1: „inhaltliche Unzulässigkeit"; BVerwG NJW 1980, 1294; *Weyreuther* FS Reimers, 1979, 379, 387; *Ule/Laubinger* VwVfR, § 70 Rn 4; für nur handlungsformspezifische Geltung *Krebs* VerwArch 72 (1981), 49, 54 Fn 52; *Werner* Allgemeine Fehlerfolgenlehre für den Verwaltungsvertrag, 2008, 75 f; § 121 S 1 VwVfG SH bezieht den Gesetzesvorrang nur auf die Vertragsform.

[25] Formulierung von *Bullinger* Vertrag und Verwaltungsakt, 1962, 255.

währ anstreben.[26] Die vertraglichen Spielräume werden auch nicht durch die Mitwirkung des Bürgers erweitert, der von seiner Vertragsfreiheit Gebrauch macht. Seine Einwilligung in einen rechtswidrigen Vertragsinhalt verschafft der Verwaltung keine über das Gesetz hinaus gehende Legitimationsgrundlage.[27] Die Vertragsauslegung muss deshalb – in den Grenzen der entsprechend anwendbaren §§ 133, 157 BGB – auf einen rechtmäßigen Vertrag abzielen.[28]

Die im Rahmen der Gesetzesbindung bestehenden Gestaltungsspielräume sind zum einen in unbestimmten Rechtsbegriffen und Ermessenstatbeständen angelegt. Hiermit wäre allerdings im Bereich der gesetzesgebundenen Verwaltung nicht viel gewonnen, denn für die Konkretisierung von Rechtsbegriffen und für die Ausübung des Ermessens gelten beim vertraglichen Handeln dieselben Maßstäbe wie beim Handeln durch Verwaltungsakt. Ein gestalterischer Mehrwert kann dem vertraglichen Handeln jedoch dann zukommen, wenn ein gesetzliches Regelungsprogramm seinen Steuerungsanspruch auf einseitig-hoheitliches Handeln beschränkt und eine vertragliche Abweichung gestattet. *Vertragsspezifische Rechtmäßigkeitsspielräume*[29] lassen sich nur fachgesetzlich ermitteln. So sind zB die bauplanungsrechtlichen Normen über die Grundstücksumlegung nur Belastungsobergrenze für die Umlegung durch Verwaltungsakt, verbieten aber nicht eine einvernehmliche vertragliche Abweichung zu Lasten des Bürgers.[30] Städtebauliche Verträge nach § 11 I Nr 2 BauGB gestatten Regelungen, die nicht als satzungsförmige Festsetzungen im Bebauungsplan nach § 9 BauGB zulässig wären. Im Immissionsschutzrecht bilden die Immissionsgrenzwerte zwar den Maßstab für einseitig-hoheitliche Anordnungen, stehen aber einer vertraglich vereinbarten Unterschreitung mit dem Ziel eines verbesserten Umweltschutzes nicht entgegen.[31] Die vertragliche Gestaltung ist in diesen Konstellationen „gesetzesdirigiert", weil das Gesetz nicht nur Grenze, sondern auch Gestaltungsauftrag ist.[32] Insgesamt dürften in den eher offenen Zielprogrammen des Umwelt- und Planungsrechts größere vertragsspezifische Rechtmäßigkeitsspielräume bestehen als zB im durch den Gleichheitssatz geprägten Abgabenrecht.[33]

8 Die nach einigen Gesetzesprogrammen zulässige vertragliche Verschiebung der Rechtmäßigkeitsgrenzen und die möglicherweise unterschiedlich verteilte Verhandlungsmacht führen zu der Frage, ob zumindest für den Vertragsinhalt der *Vorbehalt des Gesetzes* gilt. § 54 S 1 VwVfG verneint dies, kann indes von allfälligen grundrechtlichen Anforderungen nicht suspendieren.[34] Nach dem gegenwärtigen Stand der grundrechtlichen Vorbehaltslehre ist zu differenzieren: Die Grundrechte in ihrer objektivrecht-

[26] *Gurlit* (Fn 4) 333 f; *Schimpf* (Fn 4) 182, 195 f; *Schlette* (Fn 1) 82; *Efstratiou* Die Bestandskraft des öffentlichrechtlichen Vertrages, 1988, 175; *Scherzberg* JuS 1992, 205, 210.

[27] *Schmidt-Aßmann* FS Brohm, 2002, 547, 557; *Scherzberg* JuS 1992, 205, 210; *Schlette* (Fn 1) 82; *Schimpf* (Fn 4) 197, 202.

[28] BayVGH BayVBl 1977, 246, 247; OVG NRW NVwZ 1992, 988, 989; OVG Bbg LKV 2004, 330.

[29] Begriff nach *Schmidt-Aßmann/Krebs* (Fn 1) 35 f, 197; *Scherzberg* JuS 1992, 205, 210; *Schlette* (Fn 1) 90 ff.

[30] BVerwG NJW 1985, 989 f → JK VwVfG § 54/1; VGH BW ZfBR 2001, 284; BVerwG NVwZ 2002, 473, 474.

[31] BVerwGE 84, 236, 241 → JK VwVfG § 56/1.

[32] Formulierung von *Schmidt-Aßmann* FS Gelzer, 1991, 117, 122; s auch *Kahl* DÖV 2000, 793, 795 ff.

[33] Bereichsspezifische Analyse bei *Gurlit* (Fn 4) 345 ff, 368 f.

[34] *Krebs* VVDStRL (Fn 3) 265; *Scherzberg* JuS 1992, 205, 211.

lichen Funktion können einer selbst auferlegten Bindung entgegenstehen. Verträge, in denen der Bürger in eine Beeinträchtigung seiner körperlichen Unversehrtheit einwilligt, können, so man sie überhaupt anerkennen will, nur auf gesetzlicher Grundlage geschlossen werden.[35] Im Übrigen ist die vom Bürger eingegangene Bindung nicht grundrechtliche Beeinträchtigung, sondern Freiheitsgebrauch.[36] Die Figur des „unfreiwilligen" Vertrages, dem wegen zwangsgleicher Wirkungen ein Eingriffsgehalt eignen soll[37], bedürfte näherer Bestimmung. Eingriffsäquivalente Wirkungen liegen nicht schon vor, wenn sich der Bürger eine gesetzlich nicht geforderte Begünstigung um den Preis einer gesetzlich nicht vorgesehenen Belastung erkaufen muss. Im Übrigen ist mit § 56 VwVfG eine Regelung vorhanden, die Rechtmäßigkeitsanforderungen an „gesetzlose" Verträge stellt.[38]

§ 56 VwVfG normiert Rechtmäßigkeitsvoraussetzungen für *Austauschverträge*. Gegenstand sind allein die normativen Grenzen für die Leistung des Vertragspartners der Behörde (Gegenleistung). Die Zulässigkeit der behördlichen Leistung und des darauf gerichteten Versprechens bemessen sich nach dem Gesetz (§ 54 S 1 VwVfG), im Übrigen ist die Zuständigkeitsordnung zu wahren. Mit der Konkretisierung der Grenzen zulässiger Gegenleistungen des Bürgers soll zum einen der Befürchtung des vertraglichen „Ausverkaufs von Hoheitsrechten" begegnet und zum anderen der Bürger vor dem Verlangen ungerechtfertigter Gegenleistungen geschützt werden.[39] **9**

§ 56 VwVfG ist eine entgegenstehende Vorschrift iSv § 54 S 1 VwVfG. Der Anwendungsbereich des § 56 VwVfG ist auf subordinationsrechtliche Verträge nach § 54 S 2 VwVfG beschränkt. Die Norm erfasst die Konstellationen, in denen für die Gegenleistung des Bürgers entweder überhaupt keine gesetzliche Grundlage besteht oder aber die Voraussetzungen ihrer Tauschförmigkeit nicht gesetzlich geregelt sind.[40] § 56 VwVfG fungiert damit als „zusätzliche Auffangbastion", die krasse Fehlverknüpfungen von Leistung und Gegenleistung verhindern soll.[41] Nach ihrem Sinn und Zweck findet die Vorschrift auch Anwendung auf „hinkende" Austauschverträge, in denen die behördliche Leistung nicht Vertragsgegenstand, sondern Bedingung oder Zweck für das (Gegen-)Leistungsversprechen des Bürgers ist.[42]

35 Zu den objektiven Grundrechtsfunktionen als Vertragsgrenze s *Scherzberg* JuS 1992, 205, 211; *Sturm* FS Geiger 1974, 173, 192; *Bleckmann* NVwZ 1990, 601, 603; *Ehlers* Verwaltung in Privatrechtsform, 1984, 221; *Gurlit* (Fn 4) 403 f; großzügiger BGHZ 79, 131, 142 für vertragliche Dispositionen über die körperliche Unversehrtheit; für einer weiter reichenden Vertragsinhaltsvorbehalt *Schlette* (Fn 1) 100.

36 BVerwGE 42, 331, 335; *Göldner* JZ 1976, 352, 355; *Maurer* DVBl 1989, 798, 805; *Kunig* DVBl 1992, 1193, 1198; *Krebs* VVDStRL (Fn 3) 265; *Scherzberg* JuS 1992, 205, 211; *Gurlit* (Fn 4) 391.

37 *Schilling* VerwArch 87 (1996) 191, 198 ff.

38 Str ist, ob § 56 VwVfG als ausreichende Umsetzung eines angenommenen Gesetzesvorbehalts anzusehen ist, bejahend *Bleckmann* NVwZ 1990, 601, 606; *Schlette* (Fn 1) 94, 100 f; zweifelnd *Gurlit* (Fn 4) 395 ff; *Kunig* DVBl 1992, 1193, 1198; *Scherzberg* JuS 1992, 205, 212.

39 Entwurfsbegründung, BT-Drucks 7/910, 79 f; skeptisch ggü dem doppelten Schutzzweck *Butzer* DÖV 2002, 881, 889 f mit dem Hinweis auf verhandlungsmächtige Vertragspartner der Verwaltung.

40 *Gurlit* (Fn 4) 336.

41 BVerwG NJW 1980, 1294, 1295 für die Rechtslage vor Inkrafttreten des VwVfG.

42 Die Rechtsprechung plädiert für eine „zumindest entsprechende Anwendung", s BVerwG NVwZ-RR 2003, 874, 875; BVerwGE 111, 162, 167 f → JK Allg VwR öff-rechtl Erstattungsanspruch/6; 96, 326, 330, 332; HessVGH NuR 2005, 331, 333; VGH BW BauR 2005, 1595,

10 Wenn der Bürger auf die behördliche Leistung einen Anspruch hat, darf nach § 56 II VwVfG nur eine Gegenleistung vereinbart werden, die auch Gegenstand einer Nebenbestimmung iSv § 36 VwVfG sein könnte. Gebundene Leistungspflichten und ihnen korrespondierende Ansprüche bestehen, wenn die rechtlichen Voraussetzungen für die Leistungserbringung vorliegen und der Behörde ein Ermessen nicht eingeräumt ist. Dem ist der Fall der Ermessensreduktion auf Null gleichzustellen.[43] Die Zulässigkeit der vereinbarten Gegenleistung beurteilt sich nach den restriktiven Maßgaben des § 36 I VwVfG. Ungeachtet des Verweises auf § 36 VwVfG ist § 56 II VwVfG nicht auf gebundene Entscheidungen in der Form des Verwaltungsaktes beschränkt, sondern erfasst auch tatsächliche Leistungspflichten der Behörde.[44] So ist die Gemeinde zB von Amts wegen verpflichtet, den bei ihr eingereichten Baugenehmigungsantrag an die zuständige Bauaufsichtsbehörde weiterzuleiten, und darf diese „Leistung" nicht von der Bereitschaft des Bauherrn zur Zahlung einer „Folgekostenpauschale" in fünfstelliger Höhe abhängig machen.[45] Es ist ihr wegen § 36 II 1 BauGB auch verwehrt, die Erteilung des Einvernehmens von einem vertraglichen Verzicht des Bauherrn auf eine planungsrechtlich zulässige Grundstücksnutzung abhängig zu machen.[46]

11 Der in der Praxis weit bedeutsamere § 56 I VwVfG kommt zum Tragen, wenn die Leistung der Verwaltung im Ermessen der Behörde steht. § 56 I VwVfG verlangt die *Zweckbestimmung* der Gegenleistung im Vertrag. Das Gebot, den Zweck im Vertragstext zum Ausdruck zu bringen, soll vor allem die Einhaltung der weiteren Voraussetzungen überprüfbar machen. Mit diesem Kontrollgedanken ist es nicht vereinbar, der Behörde für den Fall nur vager Zweckandeutungen ein Bestimmungsrecht in analoger Anwendung von § 315 I BGB auch nur zugunsten des Vertragspartners einzuräumen.[47] Die Gegenleistung des Vertragspartners muss des Weiteren der *Erfüllung öffentlicher Aufgaben* dienen. Hierbei muss es sich um Aufgaben handeln, die der vertragschließenden Behörde selbst obliegen.[48] Das Gebot der *Angemessenheit* der Gegenleistung ist einfachgesetzliche Konkretisierung des Übermaßverbots. Es soll sicherstellen, dass die Gegenleistung bei wirtschaftlicher Betrachtung nicht völlig außer Verhältnis zu der behördlichen Leistung steht.[49]

12 Als wichtigste Voraussetzung für Austauschverträge hat sich das *Gebot des Sachzusammenhangs* von Leistung und Gegenleistung erwiesen, das in der negativen Formulierung des Koppelungsverbots auch schon vor Schaffung des § 56 VwVfG anerkannt war.[50]

1597; VBlBW 2004, 52, 53; NVwZ 1991, 583, 584 → JK VwVfG §§ 56, 59/2 OVG Rh-Pf DVBl 1992, 785, 786 → JK VwVfG §§ 56, 59/3.

43 *Ziekow/Siegel* VerwArch 95 (2004) 133, 149; *Wolff/Bachof/Stober* VwR II, § 54 Rn 30.

44 *Kopp/Ramsauer* VwVfG, § 56 Rn 6; *Bonk* in: Stelkens/Bonk/Sachs, VwVfG § 56 Rn 22 f; *Schlette* (Fn 1) 471.

45 VGH BW NVwZ 1991, 583, 584 f → JK VwVfG §§ 56, 59/2.

46 VGH BW VBlBW 2009, 61, 64.

47 So aber BVerwGE 84, 236, 243 → JK VwVfG § 56/1; zu Recht krit *Ehlers* JZ 1990, 594, 595; ausf *de Wall* Die Anwendbarkeit privatrechtlicher Vorschriften im Verwaltungsrecht, 1999, 300 f.

48 *Gurlit* (Fn 4) 337 f; *Schlette* (Fn 1) 478 Fn 56; *Ziekow/Siegel* VerwArch 95 (2004) 133, 146 f; großzügiger NdsOVG ZfBR 2007, 804, 805; *Kopp/Ramsauer* VwVfG, § 56 Rn 11; *Bonk* (Fn 44) § 56 Rn 53: Aufgabenkompetenz des Rechtsträgers ausreichend; noch großzügiger *Wolff/Bachof/Stober* VwR II, § 54 Rn 29: Erfüllung von Verwaltungsaufgaben genügt.

49 *Schlette* (Fn 1) 482 f; *Spannowsky* (Fn 3) 347 f; zur Angemessenheit bei „hinkenden" Verträgen im Umfeld der Bauplanung *Stüer/König* ZfBR 2000, 528, 532 ff.

50 BGHZ 26, 84, 87 f; 35, 69, 75; BVerwGE 42, 331, 339; BVerwG NJW 1980, 1294.

Ein Sachzusammenhang von Leistung und Gegenleistung ist nicht bereits dann gewahrt, wenn die Gegenleistung der behördlichen Aufgabenerfüllung dient. Vielmehr muss die Gegenleistung demselben Interesse dienen wie die Norm, die die behördliche Leistung gestattet. Dies ist vor allem der Fall, wenn die Gegenleistung erst ein Hindernis für die Ermessensleistung der Behörde aus dem Weg räumt.[51] Es muss sich also um eine Gegenleistung handeln, die gemessen an § 40 VwVfG ein zulässiges Ermessenskriterium ist.

Damit entscheiden die Aufgabenzuweisungs- und Zuständigkeitsnormen und die Zwecke der gesetzlichen Handlungsprogramme der Verwaltung über die zulässige Weite des Sachzusammenhangs.[52] Das auf Art 28 II I GG fußende Mandat zur kommunalen Wirtschaftsförderung gestattet, die Förderung einer Betriebserweiterung von der Bereitschaft des Investors zur Unterschreitung immissionsschutzrechtlicher Grenzwerte abhängig zu machen.[53] Hingegen sind die Spielräume für die Vereinbarung von Geldleistungspflichten von Bauherrn in Gestalt von „Folgekosten“, die es der Gemeinde ermöglichen sollen, eine investorgerechte Bauplanung zu verwirklichen, enger. Der erforderliche Sachzusammenhang ist nur gewahrt, wenn die vom Investor übernommenen Kosten konkret zurechenbare Folge oder Voraussetzung des beabsichtigten Projekts sind (§ 11 I Nr. 3 BauGB).[54] Das Ursächlichkeitserfordernis ist Ausdruck abgabenrechtlicher Grundsätze, denn die Begründung von Zahlungspflichten der Bürger außerhalb des abgabenrechtlichen Instrumentariums bedarf besonderer Rechtfertigung.[55] Nach unionsrechtlichen und GWB-vergaberechtlichen Vorgaben beurteilt sich die Sachgerechtigkeit der Koppelung der Vergabe öffentlicher Aufträge mit Sekundärzwecken wie zB dem Umweltschutz, der Frauenförderung oder weiteren sozialen Belangen. Die EU-Vergaberichtlinien lassen insbesondere weitere soziale und umweltbezogene Bedingungen zu, die mit dem Primärrecht vereinbar sind.[56] § 97 IV 2 GWB gestattet im sachlichen Zusammenhang mit dem Auftragsgegenstand stehende zusätzliche Anforderungen sozialer oder umweltbezogener Art, § 97 IV 3 GWB ermächtigt Bund und Länder zur gesetzlichen Regelung weiterer, nicht unmittelbar auftragsbezogener Anforderungen. Die in Vergabegesetzen der Länder normierte Koppelung der Auftragsvergabe mit der Verpflichtung der Auftragnehmer zur Einhaltung örtlicher Tarifverträge ließ sich nach Auffassung des EuGH mit Primär- und Sekundärrecht nicht vereinbaren.[57]

[51] BVerwGE 42, 331, 339; 96, 326, 335; *Spannowsky* (Fn 3) 344; *Gurlit* (Fn 4) 338.

[52] *Krebs* Liber amicorum Erichsen, 2004, 63, 75; *Grzeszick* DV 42 (2009) 105, 114 ff einerseits, *Butzer* DÖV 2002, 881, 884 f andererseits; s auch *Preuss* Zu den Rechtmäßigkeitsvoraussetzungen subordinationsrechtlicher Verwaltungsverträge unter besonderer Berücksichtigung des Koppelungsverbots, 2000, insb 182 ff mit dem Versuch einer Fallgruppenbildung.

[53] BVerwGE 84, 236, 241 f → JK VwVfG § 56/1.

[54] Grundlegend BVerwGE 42, 331, 340; s a 90, 310, 313 f; 124, 385, 387 ff; BVerwG DVBl 2009, 782, 784 ff; NdsOVG ZfBR 2007, 804, 807; BayVGH BayVBl 2009, 722; zur Anwendung auf mehrere Grundstückseigentümer VGH BW BauR 2005, 1595, 1599.

[55] BVerwGE 90, 310, 312; NdsOVG ZfBR 2007, 804, 808; *Gurlit* (Fn 4) 369.

[56] Art 26 der RL 2004/18/EG; zu umweltbezogenen Kriterien zuvor EuGH Slg 2002 I-7213 Rn 87 ff – Concordia Bus Finland; Slg 2003, I-14527 – Wienstrom; *J.-P. Schneider* NJW 2009, 1057; zu arbeitsmarktpolitischen Sekundärzielen EuGH Slg 1988, 4635 – Beentjes; zur Frauenförderung *Gurlit* in: Koreuber/Mager (Hrsg), Recht und Geschlecht, 2004, 153, 164 ff.

[57] EuGH NJW 2008, 3485 – Rüffert; zu den Konsequenzen *Klumpp* NJW 2008, 3473; *Wittjen* ZfBR 2009, 30; zur Verfassungsmäßigkeit zuvor BVerfGE 116, 202; dazu *Dobmann* VergabeR 2007, 167; *Preis/Ulber* NJW 2007, 465; *Pietzcker* ZfBR 2007, 131, 135; *Tietje* NZBau 2007, 23.

13 Der *Vergleichsvertrag* hat in § 55 VwVfG eine eigenständige Regelung gefunden. Er kann zugleich Austauschvertrag sein. Seine Voraussetzungen gelten unbeschadet des engeren Wortlauts sinngemäß auch für koordinationsrechtliche Verträge.[58] Er ist zulässig, wenn bei verständiger Würdigung des Sachverhalts oder der Rechtslage eine Ungewissheit besteht und die Behörde einen Vergleichsabschluss durch gegenseitiges Nachgeben nach pflichtgemäßem Ermessen für zweckmäßig hält. Aus der Formulierung wird vielfach gefolgert, § 55 VwVfG gestatte eine Durchbrechung des Gesetzmäßigkeitsprinzips, denn dem in der Ungewissheitslage geschlossenen Vergleich sei die Nichtübereinstimmung mit dem Gesetz immanent.[59] Dem steht jedoch das Erfordernis der verständigen Würdigung der Sach- und Rechtslage entgegen. Ungewissheiten über die Sachlage ist mit dem auf den Vertrag anwendbaren Untersuchungsgrundsatz des § 24 VwVfG beizukommen.[60] Ungewissheiten über die Rechtslage bestehen nicht bereits dann, wenn es an höchstrichterlichen Entscheidungen fehlt. Vielmehr ist es Aufgabe der Behörde, das gesetzlich Gesagte und Gewollte zu ermitteln. Es kommt allein auf ihre Unsicherheit über die Rechtslage an. Die Behörde darf nicht im Kompromissweg der Auffassung des Vertragspartners nachgeben, wenn sie selbst anderer Auffassung ist.[61] Die Gesetzesinkongruenz des Vergleichsvertrages liegt nicht auf der Stufe behördlicher Rechtsanwendung, sondern in dem geminderten Maß seiner gerichtlichen Kontrolle (vgl Rn 20).

c) Form und Verfahren des Vertragsschlusses

14 § 57 VwVfG stellt für Verwaltungsverträge ein *Schriftformerfordernis* auf, soweit nicht durch andere Vorschriften eine strengere Form vorgeschrieben ist. Das in Abweichung vom Verwaltungsakt (§ 37 II VwVfG) grundsätzlich geltende Schriftformgebot wird allgemein als hinderlich für den Gebrauch der Vertragsform in der Massenverwaltung angesehen.[62] Das BVerwG hält die nach § 62 S 2 VwVfG iVm § 126 II 1 BGB erforderliche Urkundeneinheit jedenfalls bei einseitig verpflichtenden Verträgen wie einem Schuldanerkenntnis des Bürgers für entbehrlich.[63] Mit Sinn und Zweck des Schriftformgebots – Sicherheit des Rechtsverkehrs einerseits und Warnfunktion andererseits – ist es vereinbar, auch bei zweiseitig verpflichtenden Verträgen von dem Gebot der Urkundeneinheit abzusehen. Der Vertrag darf deshalb auch in der Form schriftlicher wechselbezüglicher Willenserklärungen geschlossen werden.[64] Der Vorbehalt strenge-

[58] BVerwGE 102, 119, 124 für eine Zuständigkeitsvereinbarung zwischen Bund und Land.

[59] BVerwGE 49, 359, 364; 84, 157, 165; 98, 58, 63 → JK VwVfG § 61/1: „Privileg gesteigerter Unempfindlichkeit gegenüber Gesetzesverletzungen"; *Schlette* (Fn 1) 85, 485; *Schimpf* (Fn 4) 229 ff; *Krebs* VVDStRL (Fn 3) 264; *Tiedemann* DÖV 1996, 594, 603.

[60] *Seer* Verständigungen in Steuerverfahren, 1996, 175 ff; ihm folgend *Schlette* (Fn 1) 488 f; *Gurlit* (Fn 4) 342 f; aA *Schliesky* in: Knack/Henneke, VwVfG, § 55 Rn 12; *Ule/Laubinger* VwVfR, § 68 Rn 23, die von geminderten Sachverhaltsermittlungspflichten ausgehen.

[61] *Seer* (Fn 60) 393 ff; *Gurlit* (Fn 4) 343; *Röhl* (Fn 3) § 7 B I 1; aA *Schimpf* (Fn 4) 229, 232 f; *Schliesky* in: Knack/Henneke, VwVfG, § 55 Rn 8, *Bonk* (Fn 44) § 55 Rn 38, die auf die Ungewissheit *beider* Vertragspartner abstellen.

[62] *Schmidt-Aßmann* Ordnungsidee, 345.

[63] BVerwGE 96, 326, 333.

[64] *Weihrauch* VerwArch 82 (1991) 543, 563 ff; *Wolff/Bachof/Stober* VwR II, § 54 Rn 39; *Bonk* (Fn 44) § 57 Rn 20; BVerwG NVwZ 2005, 1083, 1084 zu einer Vereinbarung zwischen zwei Bundesländern; HessVGH NuR 2005, 330, 332; aA NdsOVG NJW 1992, 1404; OVG Hamburg NordÖR 2008, 331, 332; *Schlette* (Fn 1) 456 ff; *Ule/Laubinger* VwVfR, § 69 Rn 9.

rer Formanforderungen kommt zB zum Tragen, wenn das Kommunalrecht Formanforderungen für Verpflichtungserklärungen der Gemeinden normiert oder aber mit Grundstücksüberlassungen verbundene Erschließungsverträge einer notariellen Beurkundung iSv § 311b I 1 BGB bedürfen.[65]

Zu den beachtlichen *Verfahrensnormen* iSv § 62 S 1 VwVfG zählen die nicht verwaltungsaktbezogenen Vorschriften des VwVfG. So dürfen am Vertragsschluss auf Seiten der Behörde keine ausgeschlossenen oder befangenen Personen iSv §§ 20, 21 VwVfG mitwirken und die Verwaltung muss dem potentiellen Vertragspartner nach § 25 VwVfG sachdienliche Hinweise geben.[66] Der Anwendung von § 28 VwVfG bedarf es im konsensualen Verfahren des Vertragsschlusses nicht.[67] Zu beachten sind aber Beteiligungsrechte Dritter, die kein Mitwirkungsrecht nach § 58 I VwVfG besitzen. Vorgaben bestehen überdies von Unionsrechts wegen für Subventionsverträge. Das Notifizierungsgebot für beabsichtigte Beihilfen und das anschließende Durchführungsverbot nach Art 108 III AEUV sind unmittelbar anwendbares Recht.[68] 15

Besondere Verfahrensvorgaben gelten wiederum für die *Vergabe öffentlicher Aufträge*. Weil auch öffentlich-rechtliche Verträge vergaberechtspflichtige öffentliche Aufträge iSv § 99 I GWB sein können (→ § 30 Rn 7), ergeben sich für das Verfahren des Abschlusses von Verwaltungsverträgen durch Zuschlagerteilung weitere Rechtmäßigkeitsmaßstäbe aus §§ 97 ff GWB iVm mit der Vergabeverordnung (VgV). Zwar besteht kein Anspruch des günstigsten Bieters auf Zuschlagerteilung, denn dem Auftraggeber bleibt es unbenommen, eine Beschaffungsidee aufzugeben oder das Vergabeverfahren förmlich aufzuheben.[69] Wohl aber ist ein subjektives Recht der potentiellen Bieter auf Durchführung eines förmlichen Vergabeverfahrens nach §§ 97 ff GWB anerkannt, wenn dessen Voraussetzungen objektiv vorliegen.[70] Für die Vergabestelle gilt grundsätzlich das Gebot, öffentliche Aufträge im sog offenen Verfahren zu vergeben, in dem eine unbeschränkte Anzahl von Unternehmen öffentlich zur Abgabe von Angeboten aufgefordert wird (§ 101 II und VII GWB). Wegen der Konstruktion des Vertragsschlusses durch Zuschlagerteilung und der fehlenden Möglichkeit der Aufhebung eines rechtswidrigen Zuschlags (§ 114 II 1 GWB) müssen zudem die erfolglosen Bieter zur Wahrung ihrer Rechtsschutzchancen nach § 101a GWB (früher: § 13 VgV) über eine bevorstehende Zuschlagerteilung an einen Dritten informiert werden.[71] Außerhalb des Anwendungsbereichs der §§ 97 ff GWB bestehen zwar Ausschreibungspflichten auf der Grundlage des Haushaltsrechts und der Verdingungsordnungen[72]; hierbei handelt es sich allerdings nicht um außenwirksame Rechtsnormen. 16

Für welche öffentlich-rechtlichen Verwaltungsverträge das GWB-Vergaberecht gilt, ist nicht abschließend geklärt. Bei Überschreiten der Schwellenwerte (§ 2 VgV) werden 17

65 Zu kommunalrechtlichen Formanforderungen s *Schlette* (Fn 1) 463; *Ule/Laubinger* VwVfR, § 69 Rn 10; zum Beurkundungsgebot OVG SH NJW 2008, 601.

66 *Schlette* (Fn 1) 416 ff; *Krebs* VVDStRL (Fn 3) 261.

67 *Krebs* VVDStRL (Fn 3) 261; *Schlette* (Fn 1) 423 f; *Gurlit* (Fn 4) 322; aA *Bernsdorff* in: Obermayer, VwVfG, § 62 Rn 11; *Ehlers* (Fn 35) 229.

68 EuGH Slg 1973, 8471 Rn 8 – Lorenz; Slg 1991, I-5505 Rn 11 – FNCE; Slg 1996, I-3547 Rn 39 – SFEI.

69 BGH NZBau 2003, 168, 169; s auch *Kus* NVwZ 2003, 1083.

70 BGH ZfBR 2005, 398, 404; zuvor *Burgi* NZBau 2003, 16.

71 Zur Herleitung aus Art 19 IV GG BKartA NJW 2000, 151, 153 – Euro Münzplättchen; zum Gebot eines effektiven Primärrechtsschutzes aus Gemeinschaftsrecht EuGH Slg 1999, I-7671 Rn 29 ff – Alcatel Austria.

72 § 30 HGrG; §§ 3 Nr 2 VOB/A; § 3 Nr 2 VOL/A.

unstreitig Verträge erfasst, mit denen entgeltlich die Erfüllung öffentlicher Aufgaben wie die Abfallentsorgung (§ 16 I KrW-/AbfG) oder die Tierkörperbeseitigung (§ 3 I 2 TierNebG/§ 4 I 2 TierKBG aF) auf Private übertragen wird.[73] Schwieriger zu beurteilen sind Konstellationen, in denen die öffentliche Aufgabe selbst auf Private übertragen wird, wie zB bei der Übertragung von Entsorgungspflichten nach § 16 II KrW-/AbfG. Auch wenn in dem Akt der Übertragung eine vergaberechtsfreie Beleihung mit hoheitlichen Befugnissen liegt, gilt dies nicht für das der Beleihung zugrunde liegende Rechtsgeschäft.[74] Allerdings sind sog. Dienstleistungskonzessionen vergaberechtsfrei, sofern sich der Auftragnehmer aus Nutzungsentgelten Dritter unter Übernahme des Betriebsrisikos finanziert.[75] Seit einigen Jahren geraten vermehrt *städtebauliche Verträge* in den Fokus des Vergaberechts. Grundstücksverkäufe der öffentlichen Hand, die mit der Vereinbarung bestimmter baulicher Vorgaben durch Abschluss von städtebaulichen Verträgen (§§ 11, 12, 124 BauGB) verbunden sind, sollen nach dem Willen des Gesetzgebers keine ausschreibungspflichtigen Bauaufträge sein, da die Bauleistung nicht unmittelbar der öffentlichen Hand zugute kommt und deshalb keinen Beschaffungscharakter habe (§ 99 III GWB nF).[76] Schwierige und durch die Vergaberechtsreform 2009 nicht gelöste Fragen werfen die Formen *interkommunaler Zusammenarbeit* auf. Nach richtiger Auffassung ist die Aufgabenübertragung auf einen kommunalen Zweckverband nicht am Vergaberecht zu messen. Denn durch die Übertragung mittels Gründung oder Beitritt zu einem Verband werden keine Leistungen für die Erfüllung eigener Aufgaben beschafft. Vielmehr kommt es zu einer mit dem Aufgabenverlust verbundenen Zuständigkeitsverlagerung.[77]

18 Die Spielräume für eine vergaberechtsfreie „Rekommunalisierung“ sind begrenzt. Ein vergaberechtsfreies Eigengeschäft, dem es am Marktbezug fehlt (*In-house*-Geschäft), wird vom EuGH nur anerkannt, wenn der Auftraggeber diese Einheit wie eine eigene Dienststelle kontrollieren kann und wenn diese im Wesentlichen nur für den Auftraggeber tätig wird.[78] Ein vergaberechtspflichtiger Marktbezug liegt stets bei der Aufgabenerledigung durch privatrechtsförmig organisierte öffentliche Unternehmen vor, an denen Private beteiligt sind (gemischtwirtschaftliche Unternehmen). Nach der jüngeren Judikatur wird aber das Kontrollkriterium gelockert, sofern die Aufgabener-

[73] Für Übertragungen nach § 16 I KrW-/AbfG OLG Düsseldorf NVwZ 2004, 510, 511; *Frenz/Kafka* GewArch 2000, 129, 131 f; *Knopp* DÖV 2004, 604, 606; *Gabriel* LKV 2005, 285, 287.

[74] BGHZ 148, 55, 61 ff; s auch OLG Naumburg NZBau 2004, 62; *Zeiss* DVBl 2003, 435; *Dreher* NZBau 2002, 245, 256; *Wilke* ZfBR 2004, 141, 142; *Burgi* NZBau 2002, 57, 61 f.

[75] Art 17 RL 2004/18/EG, Art 18 RL 2004/17/EG; EuGH EuZW 2009, 810 – WAZV Gotha; zu gleichwohl bestehenden primärrechtlichen Transparenzanforderungen EuGH Slg. 2005, I-8585, Rn 44 ff – Parking Brixen; für Vergaberechtspflichtigkeit von Übertragungen nach § 16 II KrW-/AbfG *Böckel* LKV 2003, 393, 395; *Gabriel* LKV 2005, 285, 288; *Knopp* DÖV 2004, 604, 609; *Jennert* NZBau 2005, 131, 134; aA *Burgi* NVwZ 2001, 601, 604.

[76] BT-Drucks 16/10117, 18 in Reaktion auf die Rspr des OLG Düsseldorf NZBau 2007, 530 – Ahlhorn; tendenziell der Rspr zust *Burgi* NVwZ 2008, 929; abl *Kühling* JZ 2008, 1117; *Pietzcker* NZBau 2008, 293; *Ziekow* DVBl 2008, 137; s auch OLG Düsseldorf VergabeR 2008, 933 – Vorlagebeschluss nach Art 267 II AEUV in Reaktion auf die legislative Pläne zur Korrektur seiner Rspr.

[77] OLG Düsseldorf NZBau 2006, 662; *Krohn* NZBau 2006, 610, 615 ff; *Bergmann/Vetter*, NVwZ 2006, 497, 500; aA OLG Naumburg ZfBR 2006, 81, 85 ff.

[78] EuGH Slg 1999, I-8121 Rn 50 – Teckal; Slg 2000, I-11037 Rn 40 – ARGE Gewässerschutz; DÖV 2005, 427 Rn 50 f – Stadt Halle.

ledigung innerhalb der öffentlichen Hand verbleibt. Aufträge an eine im Alleineigentum von Gemeinden stehende Aktiengesellschaft sollen nicht ausschreibungspflichtig sein.[79] Werden auf einen Zweckverband nicht nur Kompetenzen übertragen, sondern wird dieser zudem mit einer echten Leistungserbringung für Kommunen beauftragt, so reicht für die Aufsicht aus, dass der Auftraggeber selbst Mitglied des Zweckverbands ist und diesem keine privaten Mitglieder angehören.[80] Auch vertragliche Beauftragungen von Gemeinden unterhalb institutionalisierter Kooperation wie zB in Gestalt von Zweckvereinbarungen sollen nicht ausschreibungspflichtig sein, sofern hierdurch öffentliche Aufgaben erfüllt werden.[81] Komplexen ausschreibungspflichtigen Privatisierungsvorhaben wird das schlichte Reaktionsschema von Ausschreibung, Angebot und Zuschlagerteilung nicht gerecht. Dem Abstimmungs- und Aushandlungsbedarf trägt das Verfahren des „wettbewerblichen Dialogs" Rechnung. In diesem Verfahren werden nach einer Aufforderung zur Teilnahme mit ausgewählten Teilnehmern die Einzelheiten des Auftrags vor der Zuschlagerteilung verhandelt.[82] Während sich damit einerseits das Vergabeverfahren in seinem Ablauf stärker an das Modell kooperativen Verwaltungshandelns anlehnt, ist andererseits nicht zu verkennen, dass das Vergaberecht auch außerhalb seines Anwendungsbereichs das allgemeine Verwaltungsvertragsrecht zunehmend beeinflusst. Insbesondere bei kooperationsrechtlichen Verträgen muss sich die Auswahl des Vertragspartners an transparenten und sachgerechten Kriterien ausweisen.[83]

2. Nichtigkeitsgründe

Vor Inkrafttreten des VwVfG schloss die Rechtsprechung von der Rechtswidrigkeit eines Verwaltungsvertrages auf seine Unwirksamkeit.[84] Dem öffentlich-rechtlichen Vertrag wurde in Abgrenzung zum Verwaltungsakt eine besondere „Wirksamkeitsschwäche" zugeschrieben.[85] Der Gesetzgeber hat indes mit §§ 54 S 1, 59 VwVfG ein abgestuftes Wirksamkeitsmodell verwirklicht. Die „inhaltliche Unzulässigkeit" eines Vertrages nach § 54 S 1 VwVfG und seine Nichtigkeit nach § 59 VwVfG sind zu unterscheiden.[86] Diese Entscheidung des Gesetzgebers hat vor der Verfassung Bestand. **19**

[79] So für das italienische Recht EuGH NVwZ 2009, 1421 Rn 45 ff – Sea Srl; für das deutsche Aktienrecht wegen der Unabhängigkeit der Organe zweifelnd *Storr* SächsVBl 2006, 234, 236; s a *Siegel* NVwZ 2008, 7, 9 f; die Steuerungsfähigkeit einer Eigengesellschaft in der Rechtsform der GmbH bejaht BGHZ 148, 55, 63 ff.

[80] EuGH ZfBR 2009, 78 – Coditel Brabant; ähnlich schon EuGH NVwZ 2006, 800 Rn 69 – Carbotermo.

[81] EuGH EuZW 2009, 529 Rn 47 ff – Rugenberger Damm; dazu *Struve* EuZW 2009, 805; *Tomerius* LKV 2009, 395.

[82] § 101 IV GWB, § 6a VgV; *Pünder/Franzius* ZfBR 2006, 20; *Ruthig* NZBau 2006, 137, 140 ff.

[83] *Röhl* (Fn 3) § 6 C II; *Schmidt-Aßmann* Ordnungsidee, 346 f; s auch Vorschlag für einen neuen § 56a VwVfG der Konferenz der Verwaltungsverfahrensrechtsreferenten des Bundes und der Länder, der die Behörde zur Auswahl eines Vertragspartners verpflichtet, der „fachkundig, leistungsfähig und zuverlässig ist", abgedr bei *Schmitz* DVBl 2005, 17, 21; dazu *U. Stelkens* NWVBl 2006, 1, 4.

[84] BVerwGE 4, 111, 114 f; 5, 128, 136; 42, 331, 334; 49, 359, 361 f.

[85] BVerwGE 49, 359, 362.

[86] *Gurlit* Jura 2001, 731, 734; *Efstratiou* (Fn 26) 208 ff; *Höfling/Krings* JuS 2000, 625, 631 f; *Ule/Laubinger* VwVfR, § 70 Rn 10; aA *Henke* JZ 1984, 441, 445; *Bleckmann* NVwZ 1990, 601, 603.

Allerdings sind rechtswidrige Verwaltungsakte anfechtbar. Die einseitige Aufhebung eines rechtswidrigen Verwaltungsvertrages kommt demgegenüber – vorbehaltlich § 60 VwVfG – nicht in Betracht.[87] Das Gebot effektiven Rechtsschutzes gebietet aber nicht die Nichtigkeit jedes rechtswidrigen öffentlich-rechtlichen Vertrages. Denn zum einen liegt § 59 VwVfG im materiellrechtlichen Vorfeld der prozessualen Geltendmachung, und zum anderen gewährt Art 19 IV GG dem Gesetzgeber einen beträchtlichen Gestaltungsfreiraum für die Einräumung klagefähiger Rechte.[88] Im Übrigen wird das Gesetzmäßigkeitsprinzip auch nicht auf dem Altar des vertraglichen Vertrauensschutzes geopfert, weil § 59 VwVfG alle bedeutsamen Rechtsfehler mit der Nichtigkeit ahndet.

20 § 59 II VwVfG enthält Nichtigkeitsgründe, die nur für den subordinationsrechtlichen Vertrag gelten und deshalb bei Verträgen zwischen Staat und Bürger vorrangig zu prüfen sind. § 59 II Nr 1 VwVfG gewährleistet einen Gleichlauf mit dem Fehlerfolgenregime für Verwaltungsakte. Rechtsverstöße, die beim Verwaltungsakt nach § 44 VwVfG zur Nichtigkeit führen, lösen dieselbe Rechtsfolge beim Verwaltungsvertrag aus. Nach dem praktisch unbedeutenden § 59 II Nr 2 VwVfG können Rechtsfehler die Nichtigkeit auslösen, wenn sie iSv § 46 VwVfG beachtlich sind und beiden Vertragspartnern der Verstoß bekannt war. Kollusives Zusammenwirken der Vertragsparteien ist nicht erforderlich.[89] § 59 II Nr 3 VwVfG knüpft an die Rechtmäßigkeitsvoraussetzungen für den Vergleichsvertrag nach § 55 VwVfG an. Dieser ist nichtig, wenn seine tatbestandlichen Voraussetzungen nicht vorlagen, insbesondere eine im Vergleichswege zu überbrückende Ungewissheit nicht bestand, und ein entsprechender Verwaltungsakt nicht an einem iSv § 46 VwVfG unbeachtlichen Fehler litte. Eine fehlerhafte Ermessensausübung beim Abschluss eines Vergleichsvertrages rechnet nicht zu den Rechtmäßigkeitsvoraussetzungen und löst deshalb keine Nichtigkeit aus.[90] Da die behördliche Rechtskonkretisierung zur Überwindung der Ungewissheit auch bei Fehlerhaftigkeit nicht zur Nichtigkeit des Vertrages führt, liegt hierin die besondere Privilegierung des Vergleichsvertrages.[91] Von der fehlenden Ungewissheit der Sachlage ist der Fall zu unterscheiden, dass die Behörde oder beide Vertragspartner von einem Sachverhalt ausgegangen sind, welcher der Wirklichkeit nicht entsprach. Der Irrtum über die Vergleichsgrundlage löst Nichtigkeit nach § 59 I VwVfG iVm § 779 BGB aus.[92]

§ 59 II Nr 4 VwVfG regelt mit der Anknüpfung an die Rechtmäßigkeitsvoraussetzungen des § 56 VwVfG den wohl bedeutsamsten Nichtigkeitsgrund für subordinationsrechtliche Verträge. Verstöße gegen jede der Voraussetzungen für die Zulässigkeit der Gegenleistung des Bürgers führen zur Nichtigkeit des Vertrages.[93] Die Nichtigkeitsfolge für Austauschverträge nach § 59 II Nr 4 VwVfG wird teilweise als problematisch angesehen, da die Anforderungen an die Angemessenheit der Gegenleistung und an ihren Sachzusammenhang mit der behördlichen Leistung für die Verwaltung häufig

[87] Siehe aber die abweichende Regelung in § 126 III LVwG SH.

[88] *Schmidt-Aßmann/Krebs* (Fn 1) 206 ff, 209 f; *Schlette* (Fn 1) 543; *Efstratiou* (Fn 26) 267 ff; *Gurlit* (Fn 4) 408; aA *Schimpf* (Fn 4) 355 ff; *Schenke* JuS 1977, 281, 284.

[89] *Kopp/Ramsauer* VwVfG, § 59 Rn 24; enger *Maurer* Allg VwR, § 14 Rn 38.

[90] *Erichsen* Jura 1994, 47, 49; *Gurlit* Jura 2001, 731, 735; aA *Efstratiou* (Fn 26) 245; *Schlette* (Fn 1) 548; *Ziekow/Siegel* VerwArch 95 (2004) 281, 286 f; *Kopp/Ramsauer* VwVfG, § 59 Rn 26.

[91] *Röhl* (Fn 3) § 7 B II 1.

[92] BVerwG BayVBl 1974, 197.

[93] VGH BW NVwZ 1991, 583, 584 → JK VwVfG §§ 56, 59/2.

nicht klar vorhersehbar seien und die Behörde in eine „Nichtigkeitsfalle" tappe.[94] Zum einen wird für einen Vertragsänderungsanspruch plädiert, der unter Vermeidung der Nichtigkeitsfolge durch Vertragsanpassung eine wirksame Regelung herbeiführen soll.[95] Weniger radikal ist der Vorschlag für einen vorrangigen Vertragsersetzungsanspruch durch Austausch der nichtigen gegen eine rechtmäßige Vertragsregelung.[96] Die Geltungserhaltung oder Heilung eines gegen *§ 56* VwVfG verstoßenden Vertrages ist indessen abzulehnen. Es wird nicht nur ein fragwürdiges Signal gesetzt, wenn gerade der durch den Verstoß indizierte Machtmissbrauch der Behörde sanktionslos gestellt wird.[97] Die Heilung würde auch die erreichte Angleichung des Fehlerfolgenregimes für öffentlich-rechtliche und privatrechtliche Verwaltungsverträge in Frage stellen.

Nach *§ 59* I VwVfG ist ein öffentlich-rechtlicher Vertrag in entsprechender Anwendung des BGB nichtig. Der Verweis auf die zivilrechtlichen Nichtigkeitsgründe ist ein Beitrag zur Wahrung der Widerspruchsfreiheit der Rechtsordnung.[98] § 59 I VwVfG gilt nicht nur für koordinationsrechtliche Verträge, sondern auch für solche zwischen Staat und Bürger. Die Missachtung der nach § 57 VwVfG gebotenen Schriftform (vgl Rn 14) löst in entsprechender Anwendung von *§ 125 BGB* die Nichtigkeit des Verwaltungsvertrages aus.[99] Möglich ist auch Vertragsnichtigkeit in entsprechender Anwendung von *§ 142 BGB*, wenn ein Vertragspartner die vertragliche Willenserklärung nach §§ 119 ff BGB angefochten hat. Der Raum für eine entsprechende Anwendung von *§ 138 BGB* ist eng. Bei Verträgen mit Austauschcharakter nimmt das Angemessenheitsgebot nach § 56 I 2 VwVfG die wesentlichen Kriterien des Wucherverbots des § 138 II BGB auf[100], und sittenwidrige Umstände des Vertragsschlusses wie das Ausnutzen einer Zwangslage können jedenfalls bei subordinationsrechtlichen Verträgen nach § 59 II Nr 1 iVm § 44 II Nr 6 VwVfG geahndet werden. 21

Die entsprechende Anwendung von *§ 134 BGB* wird heute einhellig bejaht.[101] Wie im Bürgerlichen Recht kann nur eine Rechtsnorm iSv Art 2 EGBGB Verbotscharakter haben. Verwaltungsvorschriften sind deshalb nicht verbotstauglich.[102] Wegen der Abstufung von Rechtswidrigkeit und Nichtigkeit nach §§ 54 S 1, 59 VwVfG kann nicht in jedem Verstoß gegen den Vorrang des Gesetzes zugleich ein Verstoß gegen ein Verbotsgesetz liegen. Erforderlich ist vielmehr ein „qualifizierter Konflikt" zwischen der ver-

[94] *Schmitz* NVwZ 2000, 1238, 1241; *Butzer* DÖV 2002, 881, 882.

[95] *U. Stelkens* Verw 37 (2004) 193, 202 f; ähnlich *Ziekow* Verankerung verwaltungsrechtlicher Kooperationsverhältnisse (Public Private Partnership) im Verwaltungsverfahrensgesetz, 2001, 150 ff.

[96] So der Musterentwurf der Konferenz der Verwaltungsverfahrensrechtsreferenten des Bundes und der Länder, abgedr bei *Schmitz* DVBl 2005, 17, 23; krit *U. Stelkens* NWVBl 2006, 1, 7.

[97] So die Überlegungen in BVerwGE 111, 162, 173 f → JK Allg VwR öff-rechtl. Erstattungsanspruch/6; s auch bereits VGH BW NVwZ 1991, 583, 587 f → JK VwVfG §§ 56, 59/2; krit auch *Grziwotz* BauR 2005, 812, 817.

[98] *Ziekow/Siegel* VerwArch 95 (2004) 281, 283; *Bonk* (Fn 44) § 59 Rn 41.

[99] BVerwGE 96, 326, 332; zur Formnichtigkeit von kommunalen Verpflichtungserklärungen *Schlette* (Fn 1) 465.

[100] BVerwGE 92, 56, 65; VG München NJW 1998, 2070, 2071; BGH NJW 1999, 208, 209 → JK BGB § 138/16.

[101] BVerwGE 64, 361, 364; 84, 183, 188; 89, 7, 10; 98, 58, 63 → JK VwVfG § 61/1; OVG NRW NVwZ 1984, 522, 524; *Efstratiou* (Fn 26) 222 ff; *Schenke* JuS 1977, 281, 288; *Weyreuther* FS Reimers, 1979, 379, 383 f; *Schmidt-Aßmann/Krebs* (Fn 1) 218 ff; anders noch *Blankenagel* VerwArch 76 (1985) 276, 284 ff; *Bleckmann* NVwZ 1990, 601, 602.

[102] Zum Gesetzesbegriff von § 134 BGB s *Beater* AcP 197 (1997) 505, 523.

traglichen Regelung und dem Gesetz.[103] Auch hierbei handelt es sich freilich um eine Formel, die der Konkretisierung bedarf. In negativer Hinsicht kann der im Zivilrecht anzutreffenden Unterscheidung zwischen einseitigen und zweiseitigen Verboten[104] wegen der Gesetzesbindung der Verwaltung keine Bedeutung zukommen.[105] In positiver Hinsicht ist in Rechnung zu stellen, dass die vom Gesetzgeber getroffene Fehlerfolgenregelung einerseits Raum für den vertraglichen Vertrauensschutz lassen, andererseits aber die öffentlich-rechtliche Rechtsordnung Verträgen die Wirksamkeit versagen muss, deren Inhalt oder Vornahme den Regelungswillen des Gesetzgebers desavouieren würde. Deshalb werden zwingende Vorschriften, die sich als „Eckpfeiler" eines öffentlich-rechtlichen Ordnungsmodells darstellen, eher Verbotscharakter haben als annexe Regelungen.[106]

22 Der Verstoß gegen *Vertragsformverbote* führt zur Nichtigkeit des Rechtsgeschäfts. Teilweise wird diese Rechtsfolge unmittelbar § 54 S 1 VwVfG entnommen mit der Erwägung, vertragliches Handeln der Behörde entgegen einem Verbot sei ein Fall des Nicht-Könnens und insoweit einem ultra vires-Handeln gleichzustellen (→ § 31 Rn 5).[107] Die Rspr nimmt Nichtigkeit in entsprechender Anwendung von § 134 BGB an und behandelt folglich den Verstoß gegen ein Formverbot als Fall des Nicht-Dürfens.[108] Allerdings ist die Anwendung von § 134 BGB problematisch, denn Vertragsformverbote sind dem Bürgerlichen Recht nicht vertraut. Die analoge Anwendung von § 134 BGB auf Vertragsformverbote ist also ein Lückenschluss, der eine erweiternde Anwendung der Bezugsnorm erforderlich macht.[109]

23 Wesentlich bedeutsamer sind Verbote, die sich gegen den *Vertragsinhalt* richten. Im *Abgabenrecht* ist der Grundsatz, dass Steuern nur nach Maßgabe der Gesetze erhoben werden dürfen, „für einen Rechtsstaat so fundamental und für jeden rechtlich Denkenden so einleuchtend, dass seine Verletzung als Verstoß gegen ein gesetzliches Verbot zu betrachten ist, das Nichtigkeit zur Folge hat".[110] Im *Beamtenrecht* bringen § 2 II BBesG, § 3 II BeamtVG zum Ausdruck, dass Vereinbarungen über eine vom Gesetz abweichende Besoldung oder Versorgung nicht wirksam sind.[111] Im *Städtebaurecht* bestehen zwar im Rahmen des § 11 BauGB vertragsspezifische Rechtmäßigkeitsspielräume (vgl

103 Formel von *Weyreuther* FS Reimers, 1979, 379, 383; aufgegriffen zB in BVerwGE 89, 7, 10; 98, 58, 63 → JK VwVfG § 61/1; VGH BW VBlBW 2005, 73.

104 BGHZ 46, 24, 26; 89, 369, 373; einseitige Verbote können ein gesetzliches Verbot sein, wenn dies der Zweck der Norm erfordert, BGHZ 118, 182, 188; 139, 387; BGH EuZW 2003, 444, 445.

105 *Schlette* (Fn 1) 551 f; *Gurlit* (Fn 4) 411 f; *Scherzberg* JuS 1992, 205, 213; *Krebs* VVDStRL (Fn 3) 269; *Ule/Laubinger* VwVfR, § 70 Rn 24; aA *Efstratiou* (Fn 26) 233; *Schimpf* (Fn 4) 289 f.

106 *Schmidt-Aßmann/Krebs* (Fn 1) 223; *Gurlit* (Fn 4) 413; *Erichsen* Jura 1994, 47, 50; *Krebs* VVDStRL (Fn 3) 269; s auch *Werner* (Fn 24) 112 ff, 133 ff; krit gegenüber den entwickelten Konkretisierungen *U. Stelkens* DV 37 (2004) 193, 224.

107 *Krebs* VerwArch 70 (1979) 81, 86 f; *Efstratiou* (Fn 26) 215 ff; *Wolff/Bachof/Stober* VwR II, § 54 Rn 41.

108 BVerwGE 64, 361, 364; OVG NRW NVwZ 1984, 522, 524; BayVGH BayVBl 1991, 47, 49.

109 *Tschaschnig* (Fn 15) 135 f; *Müller* DV 10 (1977) 513, 524; *Gurlit* (Fn 4) 417 f.

110 BVerwGE 8, 329, 330; 48, 166, 168; BGH NVwZ 2003, 1015, 1017; zum Erschließungsbeitragsrecht BVerwGE 49, 125, 128; 64, 361, 363; 84, 183, 188; 89, 7, 11; VGH BW NVwZ 1991, 583, 586 f → JK VwVfG §§ 56, 59/2; BayVGH BayVBl 2005, 438.

111 BVerwGE 91, 200, 203; 52, 183, 189; OVG Bremen NordÖR 2003, 308, 309.

Rn 7); als ein Eckpfeiler gilt aber, dass der Inhalt eines Bebauungsplans als Ergebnis eines komplexen Abwägungsprozesses nicht zum Gegenstand vertraglicher Vereinbarung gemacht werden darf, wie dies § 1 III 2 BauGB nunmehr als Verbotsnorm iSv § 134 BGB zum Ausdruck bringt.[112]

Auch *Verfahrensnormen* können Verbotsgesetze sein. § 59 II Nr 2 VwVfG schließt die Nichtigkeit nach § 134 BGB bei nur einseitiger Kenntnis des Verfahrensverstoßes nicht aus. Denkbar ist insbesondere der Verbotscharakter von Beteiligungsvorschriften, die nicht bereits unter § 58 I VwVfG fallen. So wird etwa die Missachtung des Beteiligungsrechts von Naturschutzverbänden nach § 58 BNatSchG Nichtigkeit nach § 134 BGB auslösen.[113] Die Sanktionierung von Verfahrensverstößen wird vor allem im Anwendungsbereich des Gemeinschaftsrechts bedeutsam: **24**

Sowohl Verfahrens- als auch Inhaltsverbote enthalten die *unionsrechtlichen Anforderungen an die Subventionsvergabe* nach Art 107 ff AEUV iVm der VO 659/1999. Das Gebot des Art 108 III 3 AEUV, mit der Durchführung einer Beihilfe bis zu einer positiven Entscheidung der Kommission stillzuhalten, dient dem Schutz der Kompetenzordnung, indem es das Mitwirkungsrecht der Kommission nach § 58 II VwVfG sichert. Zugleich soll es Wettbewerbsverzerrungen verhindern. Seine selbständige Durchsetzbarkeit macht es zu einem Verbotsgesetz iSv § 134 BGB.[114] Ob aber in jedem Fall die Nichtigkeitsfolge zu ziehen ist, hängt davon ab, ob Art 108 III 3 AEUV „ein anderes" iSv § 134 Hs 2 BGB bestimmt. Zwar kann die Entscheidung der Kommission über die materielle Genehmigungsfähigkeit einer Beihilfe nicht rückwirkend den Verfahrensverstoß heilen; indes ist die mit der Nichtigkeitsfolge verbundene Rückabwicklung eines Subventionsvertrages unionsrechtlich nicht geboten.[115] Deshalb sollte der Genehmigungsentscheidung der Kommission ex nunc-Wirkung für die Vertragswirksamkeit zukommen (vgl Rn 2). **25**

Stellt die Kommission nach einem iSv Art 108 III AEUV ordnungsgemäß durchgeführten Verfahren die materielle Unionsrechtswidrigkeit einer Beihilfe fest, wird ein Subventionsvertrag nach § 58 II VwVfG endgültig unwirksam (vgl Rn 2). Dies schließt nicht aus, die negative Entscheidung wegen der unterschiedlichen Schutzzwecke auch an § 59 VwVfG zu messen.[116] Art 107 I AEUV selbst ist nicht unmittelbar anwendbar. Da ein Verbotsgesetz zum Zeitpunkt des Vertragsschlusses bestehen muss, kann Art 107 I AEUV auch nicht iVm der konkretisierenden Entscheidung rückwirkend zum Verbotsgesetz werden.[117] Die Kommissionsentscheidung nach Art 108 II 1 AEUV, **26**

[112] BVerwGE 124, 385, 389; BVerwG BauR 1982, 30, 32; BVerwG NJW 1980, 2538, 2539; BGHZ 76, 16, 28 → JK VwVfG § 59/1.

[113] *Di Fabio* DVBl 1990, 338, 345; *Gurlit* (Fn 4) 422 f; zu Verfahrensnormen als Verbotsgesetzen auch *Werner* (Fn 24) 170 ff.

[114] BGH EuZW 2003, 444, 445; BGH EuZW 2004, 252, 253; *Remmert* EuR 2000, 469, 476 ff; *Schmidt-Räntsch* NJW 2005, 106, 108; *Gellermann* DVBl 2003, 481, 485; *Gurlit/Sattler* (Fn 8) 80, 85; diff noch *Gurlit* (Fn 4) 426 ff.

[115] EuGH EuZW 2008, 145 Rn 46 ff – CELF.

[116] *Gurlit/Sattler* (Fn 8) 80, 85; *Remmert* EuR 2000, 469, 475; *Gellermann* DVBl 2003, 481, 485 für die Sanktionierung des Durchführungsverbots; allg für das Verhältnis von § 58 I zu § 59 I VwVfG *Ehlers* GewArch 1999, 305, 318.

[117] BGH EuZW 2003, 444, 445; *Gurlit* (Fn 4) 382 f; *Schmidt-Räntsch* NJW 2005, 106, 107; *Schlette* (Fn 1) 555 f; *Remmert* EuR 2000, 469, 478 f; aA *Steindorff* EuZW 1997, 7; anders, wenn ein unionsrechtswidriger Vertrag erst *nach* einer negativen Kommissionsentscheidung geschlossen wird, BGH EuZW 2003, 444, 445; aA *Remmert* EuR 2000, 469, 478 f.

Art 14 I VO 659/99 ist zwar unmittelbar anwendbar, erfüllt aber als individuell-konkrete Regelung nicht die Anforderungen an eine Rechtsnorm iSv Art 2 EGBGB. Soweit die Befolgung des Rückforderungsverlangens der Kommission die Unwirksamkeit des Vertrages voraussetzt[118], ist Nichtigkeit nach § 59 I VwVfG iVm einem ungeschriebenen Nichtigkeitsgrund anzunehmen.[119]

27 Besonderheiten gelten wiederum bei Rechtsverstößen im Verfahren der Vergabe *öffentlicher Aufträge* nach §§ 97 ff GWB. Nach § 101b I Nr 1 GWB (früher: § 13 S 6 VgV) ist ein unter Missachtung des Informationsanspruchs des erfolglosen Bieters erteilter öffentlicher Auftrag von Anfang an unwirksam, wenn der Verstoß in einem Nachprüfungsverfahren festgestellt worden ist. Die Unwirksamkeit bedarf also der Geltendmachung des übergangenen Bieters.[120] Wegen dieser Subjektivierung handelt es sich in der Sache um die Normierung einer schwebenden (Un-)Wirksamkeit, die zugleich „ein anderes" iSv § 134 Hs 2 BGB bestimmt.[121] Ein öffentlicher Auftrag ist hingegen nichtig, wenn er unter Missachtung eines bereits eingeleiteten Nachprüfungsverfahrens zugeschlagen wird. Das Zuschlagsverbot des § 115 I GWB ist ein gesetzliches Verbot iSv § 134 BGB.[122]

Umstritten war lange, ob ein öffentlicher Auftrag nichtig ist, wenn er unter Verletzung der Ausschreibungspflicht erteilt wurde. Für diese sog de facto-Vergabe ordnet nunmehr § 101b Nr 2 GWB ebenso die Unwirksamkeit des Auftrags ex tunc an, wenn der Verstoß gegen die Ausschreibungspflicht in einem Nachprüfungsverfahren festgestellt worden ist. Befugt zu einem Nachprüfungsverfahren sind Unternehmen, die ein Interesse am Auftrag haben und eine Rechtsverletzung durch den Verstoß gegen die Ausschreibungspflicht geltend machen (§ 107 II GWB).[123] Gibt es darüber hinaus Indizien für eine bewusste Missachtung des Vergaberechts und für ein kollusives Zusammenwirken von Auftraggeber und Auftragnehmer, kommt eine Vertragsnichtigkeit nach § 138 BGB in Betracht, die auch von Unternehmen geltend gemacht werden kann, die mangels Ausschreibung kein Gebot abgegeben haben.[124]

28 Ungeklärt ist bislang das Verhältnis der Nichtigkeitsgründe des GWB-Vergaberechts zu § 59 VwVfG, sofern die Vergabe eines öffentlich-rechtlichen Vertrages in Frage steht. Der Verstoß gegen das Zuschlagsverbot nach § 115 I 1 GWB führt als Verstoß gegen ein gesetzliches Verbot iSv § 134 BGB zur Nichtigkeit nach § 59 I VwVfG. Hingegen ist die Anordnung schwebender Unwirksamkeit nach § 101b I Nr 1 und 2 GWB

[118] Dies ist nicht zwingend, EuGH Slg 1996, II-1655 – Stadt Mainz; EuZW 2004, 87 – van Calster.

[119] *Gurlit/Sattler* (Fn 8) 80, 85 f; ähnlich *Ehlers* DVBl 1991, 605, 613; *Kadelbach* in: v Danwitz (Hrsg), Auf dem Weg zu einer europäischen Staatlichkeit, 1993, 131, 144; aA *Remmert* EuR 2000, 469, 479; *Spannowsky* (Fn 3) 310 mit der Annahme eines Verbotsgesetzes iSv § 134 BGB.

[120] Insoweit kodifiziert § 101b I Nr 1 GWB die bislang zu § 13 S 6 VgV ergangene Rspr, s BGH NVwZ 2005, 845, 846 f; OLG Düsseldorf VergabeR 2003, 594, 596.

[121] Zur Konstruktion *Dreher/Hoffmann* NZBau 2009, 216.

[122] BT-Drucks 13/9340, 20; *Dreher* in: Immenga/Mestmäcker, Wettbewerbsrecht, 4. Aufl 2007, § 115 Rn 10 ff zu den weiteren Verfahrenskonsequenzen.

[123] Zu den Anforderungen EuGH DÖV 2005, 427 Rn 32, 40 – Stadt Halle; BGH ZfBR 2005, 398, 403 f; OLG Düsseldorf ZfBR 2008, 820; ZfBR 2009, 197. Eine mit Präklusionswirkung versehene Rügeobliegenheit nach § 107 III GWB besteht im Fall der de facto-Vergabe nicht, § 107 III 2 GWB.

[124] OLG Düsseldorf ZfBR 2005, 404, 406: verabredete Auftragsstückelung zur Umgehung des Vergaberechts; s a BGH NZBau 2006, 590.

lex specialis zu § 59 I VwVfG.[125] Wegen der besonderen Anforderungen an die Geltendmachung im Nachprüfungsverfahren lassen sich die Gebote auch nicht im Rahmen von § 58 VwVfG umsetzen. Für die Vertragsnichtigkeit bei kollusiver Umgehung des Vergaberechts ist § 59 II Nr 2 VwVfG vorrangig gegenüber der Nichtigkeit nach § 59 I VwVfG iVm § 138 BGB.

Andererseits kann das Vergaberecht die Nichtigkeit „zugeschlagener" öffentlich-rechtlicher Verträge nicht auf vergaberechtliche Nichtigkeitsgründe beschränken. Wenn auch das *Verfahren* des Vertragsschlusses weitgehend durch das Vergaberecht determiniert ist, ist der Vertrags*inhalt* immer noch an § 59 VwVfG zu messen. So kann ein öffentlicher Auftrag unzulässige AGB enthalten.[126] § 59 VwVfG ist im Übrigen alleiniger Maßstab für öffentliche Aufträge außerhalb des Anwendungsbereichs der §§ 97 ff GWB. Sanktionsmechanismen, die eine rechtswidrige Zuschlagerteilung verhindern oder korrigieren, bestehen insoweit nicht. Wenn auch aus Art 3 I und 19 IV GG Ausschreibungs- und Informationsgebote der Vergabestellen folgen[127], kann aus deren Verletzung wegen des vom Gesetzgeber gewollten Ausschlusses des Primärrechtsschutzes nicht die Nichtigkeit eines öffentlichen Auftrags folgen.

Nach § 59 III VwVfG ist bei einer nur teilweisen Nichtigkeit des Vertrages von sei- **29**
ner *Gesamtnichtigkeit* auszugehen, wenn nicht anzunehmen ist, dass der Vertrag ohne den nichtigen Teil geschlossen worden wäre. Die zu dem wortgleichen § 139 BGB ausgebildeten Kriterien können für die Auslegung herangezogen werden. Danach entscheiden die objektive Teilbarkeit des Rechtsgeschäfts und der mutmaßliche Wille der Beteiligten, ob die Nichtigkeit eines Vertragsteils die Gesamtnichtigkeit nach sich zieht.[128] § 59 III VwVfG kommt bei komplexen Verträgen und bei zusammengesetzten Verträgen zur Anwendung, bei denen der mutmaßliche Wille der Parteien darüber entscheidet, ob ein einheitliches Rechtsgeschäft vorliegt.[129]

Durch den öffentlich-rechtlichen Erstattungsanspruch wird das nichtige Vertragsverhältnis in ein *Rückgewährverhältnis* umgewandelt. Das BVerwG gestattet eine Rückabwicklung des Vertrages zugunsten des Bürgers bei einem Verstoß gegen das Koppelungsverbot selbst dann, wenn er die ihm erbrachte Leistung nicht mehr zurückgeben kann. So handelt ein Investor nicht ohne Hinzutreten weiterer Umstände treuwidrig, wenn er eine sachwidrige Folgekostenzahlung zurückverlangt, nachdem der ihm in Aussicht gestellte Bebauungsplan unkondizierbar in Kraft getreten ist. Maßgeblich hierfür ist, dass die Rechtsordnung gerade die Verknüpfung der Leistungen missbilligt und die Behörde nicht durch das Behaltendürfen der zu Unrecht empfangenen Leistung belohnt werden soll.[130] Vor allem diese Judikatur hat die Kritik am Nichtigkeitsdogma

[125] So auch schon *Burgi* NZBau 2002, 57, 61 zu § 13 S 6 VgV.

[126] Dazu *Dreher* (Fn 123) vor § 97 Rn 148.

[127] BVerfGE 116, 135, 149 → JK GG Art 20 III/43 sieht Art 19 IV GG durch Vergabeentscheidungen nicht berührt; aA zu Recht *Englisch* VerwArch 98 (2007) 410, 417; *Pünder* VerwArch 95 (2004), 38, 50 ff; *O. Dörr* DÖV 2001, 1014, 1021; vermittelnd *Gundel* Jura 2008, 288, 289 f; zu den unionsrechtlichen Anforderungen s Mitteilung der Kommission, ABlEU C 179/02 v 1.8.2006; s auch *Köster* ZfBR 2007, 127.

[128] BVerwGE 98, 58, 77; BVerwG NVwZ 2002, 473, 474; BVerwGE 124, 385, 395; VGH BW VBlBW 2004, 52, 54.

[129] *Ule/Laubinger* VwVfR, § 70 Rn 44; *Bonk* (Rn 44) § 59 Rn 61.

[130] BVerwGE 111, 162, 173 f → JK Allg VwR öff-rechtl Erstattungsanspruch/6; BVerwG NVwZ 2002, 473; BVerwG NVwZ-RR 2003, 874, 875; BVerwG NVwZ 2003, 993, 994 f; BayVGH BayVBl 2009, 722, 725; s auch bereits VGH BW NVwZ 1991, 583, 587 f → JK VwVfG §§ 56, 59/2.

für Austauschverträge gespeist (vgl Rn 20).[131] Demgegenüber bleibt festzuhalten, dass die Vertragsnichtigkeit und ein allfälliger Rückerstattungsanspruch unterschiedlichen Regelungsebenen angehören. Auch wenn die Rückabwicklung in der Nichtigkeitsfolge des § 59 II Nr 4 VwVfG bereits „angelegt" ist[132], bieten die Grundsätze von Treu und Glauben auf der nachgelagerten Ebene der vertraglichen Rückabwicklung ausreichende Spielräume, den Umständen des Einzelfalles Rechnung zu tragen (→ § 35 Rn 28).

§ 33
Vertragserfüllung und Leistungsstörungen

1 §§ 54 ff VwVfG enthalten keine Regelungen über die Vertragserfüllung. Rechtsfolge der Erfüllung eines öffentlich-rechtlichen Verwaltungsvertrages ist das *Erlöschen* des Schuldverhältnisses, wie dies §§ 362 ff BGB für das Privatrecht vorsehen.[1] Es erlischt nicht der Vertrag als solcher, sondern die erfüllte Forderung. Über § 62 S 2 VwVfG finden auch die weiteren Erlöschenstatbestände des BGB entsprechende Anwendung. So erlischt das vertragliche Schuldverhältnis, wenn der zur Leistung Verpflichtete die Aufrechnung erklärt und die Voraussetzungen für eine Aufrechnung vorliegen (§§ 387 ff BGB).[2] In entsprechender Anwendung von § 397 BGB kann durch Erlassvertrag das Schuldverhältnis zum Erlöschen gebracht werden. Vorrangig sind aber öffentlich-rechtliche Regelungen vor allem des Abgabenrechts über die Voraussetzungen eines Erlasses.[3]

Auch der Erfüllung entgegenstehende Einreden und Einwendungen sind beim Verwaltungsvertrag zu berücksichtigen. Die Einrede des Ablaufs der dreijährigen Verjährungsfrist für vertragliche Ansprüche (§ 195 BGB)[4] findet ebenso auf den öffentlich-rechtlichen Vertrag Anwendung wie das von Amts wegen zu berücksichtigende Institut der Verwirkung.[5]

131 *U. Stelkens* DV 37 (2004) 193, 202; *Butzer* DÖV 2002, 881, 882, 884 f; *Schmitz* DVBl 2005, 17, 22; s auch *Stüer/König* ZfBR 2000, 528, 535.

132 So BVerwGE 111, 162, 173 → JK Allg VwR öff-rechtl Erstattungsanspruch/6; BVerwG NVwZ-RR 2003, 874, 875; BVerwG NVwZ 2003, 993, 995; VGH BW VBlBW 2004, 52, 55.

1 Für analoge Anwendung der §§ 362 ff BGB *de Wall* Die Anwendbarkeit privatrechtlicher Vorschriften im Verwaltungsrecht, 1999, 441 ff; *Schlette* Die Verwaltung als Vertragspartner, 2000, 581 f.

2 Für das Abgabenrecht § 226 AO; zur Aufrechnung im öffentlichen Recht *de Wall* (Fn 1) 443 ff; *Wolff/Bachof/Stober* VwR II, § 55 Rn 47a; BVerwG BayVBl 1972, 416.

3 §§ 163 I, 227 I AO; zur Voraussetzung der Billigkeit und den Ermessenskriterien BVerwGE 48, 166.

4 Eine 30jährige Verjährungsfrist nach § 197 I Nr 4 BGB kann nur unter den Voraussetzungen des § 61 VwVfG für vollstreckbare Vertragsansprüche in Betracht kommen; zur Auswirkung der Schuldrechtsreform im öffentlichen Vertragsrecht s *Ludorf* Die Schuldrechtsreform und die verwaltungsrechtlichen Verträge, 2005, 61 ff; *Dötsch* NWVBl 2001, 385, 386, 388; zum Einredecharakter der Verjährung im öffentlichen Recht s BVerwGE 23, 166, 174; 48, 279, 288; *Geis* NVwZ 2002, 385, 389.

5 Ausf *de Wall* (Fn 1) 246 ff; s auch VG Meiningen ThürVBl 2009, 191.

Die Parteien können eine *Vertragsstrafe* vereinbaren, auf die §§ 339 ff BGB entsprechende Anwendung finden.[6] Eine Vertragsstrafe kann nicht nur zur Sicherstellung der Erfüllung, sondern auch zur Gewährleistung eines Schadensausgleichs bei eingetretenen Leistungsstörungen vereinbart werden.[7] Sie setzt die Wirksamkeit der durch Vertragsstrafe abgesicherten Leistungspflicht voraus. Verspricht der private Vertragspartner der Behörde für den Fall der Nichterfüllung oder mangelhaften Erfüllung eine Vertragsstrafe, bleiben öffentlich-rechtliche Grenzen beachtlich. Mangels Gegenleistungscharakters der Vertragsstrafe kann zwar § 56 VwVfG keine unmittelbare Anwendung finden; insbesondere das Angemessenheitsgebot als Ausprägung des Verhältnismäßigkeitsgrundsatzes ist aber heranzuziehen.[8] 2

Wird der Verwaltungsvertrag nicht, nicht rechtzeitig oder mangelhaft erfüllt, liegt ein Fall der *Leistungsstörungen* vor. Vor einem Rückgriff über § 62 S 2 VwVfG auf die bürgerlichrechtlichen Vorschriften ist nach Lösungen im öffentlich-rechtlichen Leistungsstörungsrecht zu suchen.[9] § 60 I 1 VwVfG regelt für öffentlich-rechtliche Verwaltungsverträge Voraussetzungen und Folgen der *Änderung der vertragswesentlichen Verhältnisse*. Das öffentliche Recht besaß mit dieser Vorschrift über lange Jahre einen normativen Vorsprung vor dem BGB, das erst mit der Schuldrechtsreform in § 313 I BGB den Wegfall der Geschäftsgrundlage kodifiziert hat. Eine wesentliche Änderung der Verhältnisse wird auch im öffentlich-rechtlichen Vertragsrecht angenommen, wenn nachträgliche Änderungen eingetreten sind, mit denen die Vertragspartner nicht gerechnet haben und die so erheblich sind, dass bei ihrer Kenntnis der Vertrag nicht mit demselben Inhalt geschlossen worden wäre.[10] Es muss sich um gemeinsame Vertragsvorstellungen handeln, die nicht Inhalt der vertraglichen Regelung geworden sind. Wegen ihres Gegenstands sind öffentlich-rechtliche Verwaltungsverträge anfällig für Rechtsänderungen, die ebenso wie tatsächliche Änderungen an § 60 I 1 VwVfG zu messen sind.[11] 3

Änderungen der tatsächlichen oder rechtlichen Verhältnisse lösen nur dann einen Anpassungsanspruch oder ein Kündigungsrecht aus, wenn einer Vertragspartei das Festhalten an der ursprünglichen Vertragsregelung nicht zuzumuten ist. Der für zivilrechtliche Verträge geltende Vorrang gesetzlicher und vertraglicher Risikoverteilung (§ 313 I BGB) ist auch bei öffentlich-rechtlichen Verträgen zu beachten. Selbst gravierende Äquivalenzstörungen sind hinzunehmen, wenn sie Ausdruck eines vertragstypi-

[6] BVerwGE 74, 78, 81; 98, 58, 64 → JK VwVfG § 61 I/1; *Schilling* VerwArch 85 (1994) 226, 232; *Koch* DÖV 1998, 141, 143; *Pabst* NWVBl 2005, 369; *Schlette* (Fn 1) 526 ff.

[7] So die Konstellation in BVerwGE 98, 58, 64 → JK VwVfG § 61 I/1; s auch *Schlette* (Fn 1) 527; enger *Bonk* in: Stelkens/Bonk/Sachs, VwVfG, § 62 Rn 37; zur Doppelfunktion von Vertragsstrafen im Privatrecht BGHZ 85, 305, 313 → JK BGB § 341/1; 105, 24, 27; BGH NJW 2000, 2106; *Rieble* in: Staudinger, BGB, Neubearb 2009, vor § 339 Rn 6 ff.

[8] BVerwGE 74, 78, 83; OVG Hamburg NordÖR 2008, 331, 332; *Schilling* VerwArch 85 (1994) 226, 238, 243; *Koch* DÖV 1998, 141, 146; *Pabst* NWVBl 2005, 369, 371 für zusätzliche Berücksichtigung des Koppelungsverbots; *Schlette* (Fn 1) 531 f; für ausschließliche Anwendung von § 343 BGB *Koch* DÖV 1998, 141, 146 f.

[9] *Ziekow/Siegel* VerwArch 95 (2004) 573, 574; *Gurlit* Verwaltungsvertrag und Gesetz, 2000, 568; *Meyer* NJW 1977, 1705, 1710; aA *Schlette* (Fn 1) 608 f.

[10] BVerwGE 25, 299, 303; *Lorenz* DVBl 1997, 865, 866; *Ziekow/Siegel* VerwArch 95 (2004) 573, 575.

[11] BVerwG NJW 1974, 2247, 2248; BVerwG NuR 1998, 200, 201; *Lorenz* DVBl 1997, 865, 866; *Meyer* NJW 1977, 1705, 1710; *Bullinger* DÖV 1977, 812, 818; ausführlicher *Gurlit* (Fn 9) 558 f; *Schlette* (Fn 1) 611 f.

schen Risikos sind.[12] Im Übrigen gewährt § 60 I 1 VwVfG der Verwaltung keine „stille Reserve" zum Abstreifen lästig gewordener vertraglicher Bindungen.[13]

Nach seinem Wortlaut erfasst § 60 I 1 VwVfG anders als § 313 II BGB nur den nachträglichen Wegfall, nicht aber das ursprüngliche Fehlen der Geschäftsgrundlage. Die *clausula rebus sic stantibus*, die das BVerfG im Recht der Staatsverträge zur Anwendung bringt, umfassen das ursprüngliche Fehlen der subjektiven Geschäftsgrundlage nicht.[14] Ungeachtet der Abgrenzbarkeit der clausula- von der Geschäftsgrundlagenlehre[15] spricht die vergleichbare Interessenlage dafür, § 60 I 1 VwVfG sinngemäß auf das ursprüngliche Fehlen der Geschäftsgrundlage anzuwenden.[16]

Rechtsfolge einer wesentlichen Änderung ist vorrangig ein Anspruch auf Zustimmung zur Vertragsanpassung.[17] Der Vorrang der Vertragserhaltung folgt dem Grundsatz, dass wirksame Verträge einzuhalten sind (*pacta sunt servanda*). Sollte eine Anpassung nicht möglich oder für die andere Partei nicht zumutbar sein, kann die durch das Festhalten am Vertrag unzumutbar belastete Partei die Kündigung aussprechen.[18]

4 Unabhängig von den Voraussetzungen des § 60 I 1 VwVfG steht der Behörde nach § 60 I 2 VwVfG ein *besonderes Kündigungsrecht* zu. Dieses Sonderrecht der Behörde bedarf, weil es den Grundsatz der Waffengleichheit beeinträchtigt, restriktiver Auslegung. Eine schwere Gemeinwohlgefährdung liegt nicht bereits in einem rechtswidrigen Vertrag, der die Schwelle der Nichtigkeit nicht erreicht. Denn § 60 I 2 VwVfG darf die abschließende Regelung in § 59 VwVfG nicht unterlaufen. Fiskalische Interessen rechtfertigen eine Kündigung nicht.[19] Sollten die Voraussetzungen des § 60 I 2 VwVfG ausnahmsweise vorliegen[20], hat die Behörde vor dem schriftlichen (§ 60 II VwVfG) Aussprechen der Kündigung die Möglichkeit einer Vertragsanpassung zu prüfen.[21] Wenn sich die Kündigung für den Vertragspartner der Verwaltung im Einzelfall als

[12] BVerwGE 87, 77, 80: vertragliche Ablösungen des Erschließungsbeitrags nach § 133 III 5 BauGB sind für den Grundstückseigentümer erst dann unzumutbar, wenn der Ablösebetrag mindestens doppelt so hoch wie ein späterer beitragsförmiger Erschließungsbeitrag ist; s auch BayVGH BayVBl 1981, 754, 756; OVG NRW NVwZ-RR 1997, 475, 476.

[13] Instruktiv VG Leipzig SächsVBl 2008, 149: Kürzung vereinbarter Berufungsmittel eines Hochschullehrers.

[14] BVerfGE 34, 216, 229 ff.

[15] Die Abgrenzung zwischen Geschäftsgrundlagen- und clausula-Lehre betonend *Stern* FS Mikat 1989, 775, 784 f; *Littbarski* Der Wegfall der Geschäftsgrundlage im öffentlichen Recht, 1982, 9 ff; *Schwerdtner* VBlBW 1998, 9; krit zu der Differenzierung *Fiedler* VerwArch 67 (1976) 125, 136; die Entwurfsbegründung zu § 60 I 1 VwVfG bezog sich auf beide Lehren, BT-Drucks 7/910, 82.

[16] OVG NRW NVwZ 2001, 691, 692; NdsOVG NVwZ 2003, 629; *Oppenländer/Dolde* DVBl 1995, 637, 642; *Ziekow/Siegel* VerwArch 95 (2004) 573, 575; *Schlette* (Fn 1) 619 f; *Ule/Laubinger* VwVfR, § 71 Rn 10; *Kokott* VerwArch 83 (1992) 503, 507; *Sanden* NVwZ 2009, 491, 493.

[17] BVerwGE 25, 299, 304; *Ziekow/Siegel* VerwArch 95 (2004) 573, 577; *Lorenz* DVBl 1997, 865, 871; anders BVerwGE 97, 331, 343 für den Fall abweichender vertraglicher Vereinbarung.

[18] Zu Ausgleichspflichten wegen erbrachter Vorleistungen s BayVGH BayVBl 1995, 659, 661; *Bonk* in: Stelkens/Bonk/Sachs, VwVfG, § 60 Rn 25e.

[19] *Schenke* JuS 1977, 281, 290; *Ziekow/Siegel* VerwArch 95 (2004) 573, 578.

[20] NdsOVG NVwZ-RR 1997, 29, 30: Kündigung von Verträgen über Rettungsdienstleistungen, die nicht mehr dem gesetzlichen Stand entsprechen.

[21] *Lorenz* DVBl 1997, 865, 866; *Meyer* NJW 1977, 1705, 1711; *Kopp/Ramsauer* VwVfG, § 60 Rn 17.

unzumutbare Härte erweist, ist in analoger Anwendung von § 49 VI VwVfG ein Ausgleich zu leisten.[22]

§ 60 VwVfG schließt einen über § 62 S 2 VwVfG vermittelten Rückgriff auf das *Leistungsstörungsrecht des BGB* nicht aus. Das Bezugsobjekt des § 62 S 2 VwVfG hat sich allerdings durch die Schuldrechtsreform, welche die verschiedenen Formen der Leistungsstörung nunmehr unter dem begrifflichen Dach der Pflichtverletzung vereint (§ 280 I BGB), gravierend geändert. Es bleibt jeweils zu prüfen, inwieweit die Besonderheiten des öffentlichen Rechts eine Modifikation der Voraussetzungen und der Rechtsfolgen der bürgerlichrechtlichen Vorschriften gebieten.[23] 5

Auf den öffentlich-rechtlichen Vertrag finden die Regelungen über die *Unmöglichkeit* (§ 275 BGB) entsprechende Anwendung. Das Unmöglichkeitsrecht erlangt vor allem Bedeutung, wenn die behördliche Erfüllung wegen einer von der Behörde zu vertretenen (§ 280 I 2 BGB) Rechtsänderung iSv § 275 I–III BGB unmöglich geworden ist. Für den Bürger besteht ein Wahlrecht zwischen den Instrumenten des § 60 I 1 VwVfG und dem Unmöglichkeitsrecht.[24] Das Wahlrecht ist bedeutsam, weil die Unmöglichkeit der Leistungserbringung den Gläubiger zum Schadenersatz (§ 275 IV iVm §§ 280 I, 283 BGB) und ggf zum Rücktritt (§ 275 IV iVm § 326 V BGB) berechtigt und die Rechtsfolgen des bürgerlichen Rechts über § 60 I 1 VwVfG hinausgehen.[25] Ebenfalls zur entsprechenden Anwendung gelangen die Vorschriften über den *Verzug* (§§ 286 ff, 293 ff BGB).[26] Die Rechtsinstitute der *positiven Forderungsverletzung* (§ 280 I; § 282 iVm § 280 I BGB) und der *culpa in contrahendo* (§ 311 II iVm §§ 241 II, 280 BGB) wurden bereits vor ihrer Kodifizierung über § 62 S 2 VwVfG auf den öffentlich-rechtlichen Vertrag angewandt.[27] Fälle des Verschuldens bei öffentlich-rechtlichem Vertragsabschluss sind nicht selten. Ein vorvertraglicher Sorgfaltspflichtverstoß der Verwaltung kann insbesondere im Abschluss eines unwirksamen Vertrages liegen.[28] Denkbar sind Ansprüche aus cic auch, wenn behördliche Aufklärungsmängel zu einem zwar wirksamen, aber rechtswidrigen Verwaltungsvertrag führen. Die Behörde schuldet mit der Aufnahme von Vertragsverhandlungen den Hinweis, dass der beabsichtigte Vertrag von der

[22] Für die Einordnung des Kündigungsrechts als Inhalts- und Schrankenbestimmung *Schenke* JuS 1977, 281, 290 f; *Gurlit* (Fn 9) 566; *Ziekow/Siegel* VerwArch 95 (2004) 573, 579 f; *Schlette* (Fn 1) 626; für Enteignungscharakter und Verfassungswidrigkeit von § 60 I 2 VwVfG mangels Entschädigungsregelung *Kokott* VerwArch 83 (1992), 503, 518.

[23] Ausführlich *Ludorf* (Fn 4) 83 ff.

[24] *Bullinger* DÖV 1977, 812, 818; s auch *Meyer* NJW 1977, 1705, 1712; *Schimpf* Der verwaltungsrechtliche Vertrag unter besonderer Berücksichtigung seiner Rechtswidrigkeit, 1982, 315; für Subsidiarität von § 60 VwVfG *Schliesky* in: Knack/Henneke, VwVfG, § 60 Rn 4, für seinen Vorrang hingegen *Sanden* NVwZ 2009, 491, 494.

[25] Für die Anwendung auch dieser Rechtsfolgen im öffentlich-rechtlichen Vertragsrecht *Meyer* NJW 1977, 1705, 1713; *Papier* Die Forderungsverletzung im öffentlichen Recht, 1970, 147 f; *Eckert* DVBl 1962, 11, 18 f; *Beinhardt* VerwArch 55 (1964) 210, 257 f; für eine Rechtsfolgenmodifikation hingegen *Simons* Leistungsstörungen verwaltungsrechtlicher Schuldverhältnisse, 1967, 142 f.

[26] BVerwG NVwZ 1989, 876; *Kopp/Ramsauer* VwVfG, § 62 Rn 21; *Ludorf* (Fn 4) 109 ff.

[27] Zur pFV BVerwG NVwZ 1996, 174; zur cic BVerwG DÖV 1974, 133; OVG NRW DVBl 1959, 587; BGHZ 71, 386, 395; 76, 343, 348 f; s auch bereits Entwurfsbegründung, BT-Drucks 7/910, 83.

[28] BVerwG DÖV 1974, 133, 134; OVG NRW DÖV 1971, 270, 277 f; modifizierend OVG Bremen NordÖR 2003, 308, 310 f.

geltenden Rechtslage abweicht.[29] Soweit die zivilrechtliche Rechtsprechung allerdings dem Partner eines wegen Aufklärungsmängeln nachteiligen Vertrages als Ersatz für den Vertrauensschaden einen Aufhebungsanspruch gewährt[30], kommt diese Anspruchsmodalität beim öffentlich-rechtlichen Vertrag nicht zum Tragen. Sie würden das abgestufte Bestandskraftsystem der §§ 54, 59 VwVfG unterlaufen.[31]

6 Schließlich sind auch Ansprüche aus *Amtshaftung* nach Art 34 GG, § 839 BGB möglich. Sofern die Verletzung von Vertragspflichten durch die Verwaltung in Frage steht, ist das Leistungsstörungsrecht vorrangig zu berücksichtigen.[32] Ein solcher Vorrang besteht aber nicht, wenn der schuldhafte Fehler des Amtswalters nicht in der Durchführung, sondern im Abschluss oder im Inhalt des Vertrages liegt. In diesen Fällen kommen Leistungsstörungsrecht und Amtshaftungsanspruch nebeneinander zur Anwendung.[33]

§ 34
Durchsetzung vertraglicher Ansprüche

1 Wenn der Bürger seine Rechte aus einem Vertrag zwangsweise durchsetzen will, muss er Klage erheben. Erst ein gerichtliches Urteil gibt ihm einen vollstreckbaren Titel. Gleiches gilt für die Behörde. Mit dem Vertragsschluss hat sie sich auf die Ebene der Koordination begeben. Deshalb darf sie nicht ohne gesetzliche Ermächtigung den Vollzug des Verwaltungsvertrages durch einen Verwaltungsakt durchsetzen.[1] Dies stellt im Wege des Umkehrschlusses § 61 I 1 VwVfG klar, demzufolge sich jeder Vertragschließende der sofortigen Vollstreckung aus einem subordinationsrechtlichen Vertrag unterwerfen kann.[2] Die Vollstreckungserklärung kann von der Behörde wirksam nur durch den Behördenleiter, von seinem Vertreter oder einem Angehörigen des öffentlichen Dienstes, der die Befähigung zum Richteramt hat, abgegeben werden.[3]

[29] *Gurlit* (Fn 9) 474; *Schimpf* (Fn 24) 322; *Geis* NVwZ 2002, 385, 388; aA *Keller* Vorvertragliche Schuldverhältnisse im Verwaltungsrecht, 1997, 159 f; weitere Variante sind gescheiterte Bauplanungsabreden, wenn die Gemeinde den Investor nicht auf geänderte Planungsabsichten hinweist, s BGHZ 71, 386, 396; BGH UPR 1986, 176, 177 → JK VwGO § 40 II/2; BayObLG BayVBl 1976, 378, 379.

[30] BGHZ 116, 119 → JK AGBG § 8/4; s auch *Heinrichs* in: Palandt, Bürgerliches Gesetzbuch, 68. Aufl 2009, § 311 Rn 57.

[31] *Schlette* (Fn 1) 429; *Gurlit* (Fn 9) 474 f; *Kellner* DVBl 2002, 1648, 1649 f.

[32] BGHZ 87, 9, 17 f; 120, 184, 188.

[33] *Gurlit* (Fn 9) 458, 468 f; *Ossenbühl* StHR, 118; *Wolff/Bachof/Stober* VwR II, § 55 Rn 43.

[1] BVerwGE 50, 171, 173 f; 59, 60, 65; BayVGH BayVBl 1997, 596; *Fluck* Die Erfüllung des öffentlich-rechtlichen Verpflichtungsvertrages durch Verwaltungsakt, 1985, 78 f; *Schlette* Die Verwaltung als Vertragspartner, 2000, 627 ff; *Ule/Laubinger* VwVfR, § 72 Rn 14.

[2] Durch § 61 I 1 VwVfG soll nicht die Möglichkeit versperrt sein, sich der sofortigen Zwangsvollstreckung nach § 794 I Nr 5 ZPO zu unterwerfen, BVerwGE 96, 326, 334.

[3] Das Vertretungsgebot dient auch dem Schutz des Bürgers und findet deshalb ebenfalls Anwendung, wenn sich nur dieser der sofortigen Vollstreckung unterwirft, BVerwGE 98, 58, 66 ff → JK VwVfG § 61 I/1; *Schlette* (Fn 1) 636 ff; *Kowalski* NVwZ 1992, 351; aA *Meyer* JZ 1996, 78, 81; *Berg* JuS 1997, 888, 892.

Wird klageweise ein Anspruch auf Erfüllung eines öffentlich-rechtlichen Verwaltungsvertrages geltend gemacht, steht nach § 40 I 1 VwGO der Rechtsweg zum Verwaltungsgericht offen. Für die statthafte Klageart ist der Gegenstand des Erfüllungsanspruchs maßgeblich. Hat sich die Behörde vertraglich zum Erlass eines begünstigenden Verwaltungsaktes verpflichtet, so ist der Erfüllungsanspruch mit der Verpflichtungsklage durchzusetzen, tatsächliche Handlungen wie etwa eine Geldzahlung mit der allgemeinen Leistungsklage.[4] In beiden Varianten folgt die Klagebefugnis aus dem – wirksamen – Vertrag. Der gerichtliche Ausspruch der Unwirksamkeit des öffentlich-rechtlichen Vertrages kann von den Parteien, ggf auch von Dritten, mit der Feststellungsklage erstrebt werden.[5] Rückforderungsansprüche wegen der Unwirksamkeit eines öffentlich-rechtlichen Verwaltungsvertrages teilen als Kehrseite des Leistungsanspruchs die Rechtsnatur des Vertrages und sind mit der allgemeinen Leistungsklage geltend zu machen. Sie folgen nicht aus einer entsprechenden Anwendung von §§ 812 ff BGB, sondern beruhen auf dem eigenständigen Institut des öffentlich-rechtlichen Erstattungsanspruchs (→ § 35 Rn 24 ff). 2

Macht eine Partei eines öffentlich-rechtlichen Verwaltungsvertrages gegenüber der anderen Partei vergeblich eine unzumutbare wesentliche Änderung der Vertragsverhältnisse geltend[6], so ist die Zustimmung des Vertragspartners zu einer sachgerechten Änderung des Vertrages gerichtlich mit der Leistungsklage durchsetzbar. Die Klage kann aus Gründen der Prozessökonomie mit den Ansprüchen, die sich aus der Anpassung ergeben, verbunden werden.[7] Auch kann die Anpassung eines Vertrages einredeweise einem Erfüllungsanspruch entgegengehalten oder in Gestalt einer Widerklage geltend gemacht werden.[8] 3

Für Schadensersatzansprüche wegen Leistungsstörungen eines öffentlich-rechtlichen Verwaltungsvertrages ist ebenfalls nach der Generalklausel des § 40 I 1 VwGO der Rechtsweg zu den Verwaltungsgerichten eröffnet.[9] Nach Auffassung des BVerwG sollen aber Ansprüche aus öffentlich-rechtlicher cic iSd abdrängenden Klausel in § 40 II 1 Alt 3 VwGO nicht auf einem Vertrag „beruhen", wenn sie in einem Sachzusammenhang mit Amtshaftungsansprüchen stehen.[10] Diese Auffassung ist abzulehnen. Mit der Kodifizierung der cic hat der Gesetzgeber zum einen diesen Anspruch in einen vertraglichen Kontext eingeordnet (§§ 280 I, 241 II, 311 II BGB)[11]; des Weiteren führt die 4

[4] *Fluck* (Fn 1) 83 ff; *Ule/Laubinger* VwVfR, § 72 Rn 16.

[5] NdsOVG NdsVBl 2001, 316, 317; VGH BW NVwZ 2001, 694, 695; OVG NRW NVwZ 1984, 522; *Friehe* DÖV 1980, 673, 675; *Knuth* JuS 1986, 523, 524 f.

[6] Rechtsfolge des Wegfalls der Geschäftsgrundlage ist nicht die automatische Vertragsanpassung, sondern allein ein Anspruch auf Zustimmung des Vertragspartners zu der Änderung, BVerwGE 97, 331, 341; BVerwG NVwZ 2002, 486, 487; ein vergeblicher Einigungsversuch ist Sachurteilsvoraussetzung, *Lorenz* DVBl 1997, 865, 870 f.

[7] BVerwGE 97, 331, 342; *Ziekow/Siegel* VerwArch 95 (2004) 573, 584.

[8] Zum Anpassungsverlangen als Einrede BVerwG NVwZ 1998, 1075; BVerwG NVwZ 2002, 486, 488; BVerwG DVBl 2003, 750; OVG NRW NVwZ-RR 1997, 475, 476; zur Widerklage BVerwG NVwZ 2002, 486, 487 f; das Anpassungsverlangen kann inzident in einem Anfechtungsprozess überprüft werden, BVerwG DVBl 2003, 750.

[9] BVerwG DÖV 1971, 707; BGHZ 87, 9, 16.

[10] BVerwG DVBl 2002, 1555 → JK VwGO § 40 I 1/33; OVG Rh-Pf NJW 2002, 3724; OVG Rh-Pf NVwZ-RR 2004, 241; zuvor bereits BGH NJW 1986, 1109 → JK VwGO § 40 II/2.

[11] ThürOVG ThürVBl 2002, 113, 114 f; *Ludorf* Die Schuldrechtsreform und die verwaltungsrechtlichen Verträge, 2005, 132; *Haratsch* ThürVBl 2004, 101, 106; *Dötsch* NJW 2003, 1430,

Rechtswegbestimmung nach dem Sachzusammenhang mit anderen Ansprüchen zu Zufallsergebnissen und zu einer prozessualen Ungleichbehandlung von Verwaltung und Bürger.[12] Die Rechtsprechung ignoriert schließlich die legislative Grundentscheidung in § 40 II 1 VwGO, alle mit einem Vertrag zusammenhängenden Ansprüche der Verwaltungsgerichtsbarkeit zuzuweisen.[13]

§ 35
Weitere verwaltungsrechtliche Sonderverbindungen

I. Begriff und Rechtsfolgenregime

1 Verwaltungsrechtliche Sonderverbindungen sind durch ein spezifisches Näheverhältnis von Staat und Bürger gekennzeichnet. Vertragliche Schuldverhältnisse der Verwaltung[1] wurden in den vorhergehenden Kapiteln behandelt. Unter dem Zweckbegriff des verwaltungsrechtlichen Schuldverhältnisses hat die Judikatur weitere Rechtsverhältnisse zusammengefasst, bei denen ein Bedürfnis für eine angemessene Verantwortungsteilung für die Bestimmung von Sekundärpflichten und für die Haftung besteht, das unter Rückgriff auf zivilrechtliche Grundsätze zu befriedigen ist.[2] Die Entwicklung folgte der Einsicht, dass das Amtshaftungsrecht allein nach seinen Voraussetzungen und Folgen nicht geeignet ist, die aus einer Nähebeziehung resultierende Verdichtung der Pflichten und der Haftung angemessen zu erfassen.[3] Die rechtsfolgenorientierte Schöpfung führt indes mit dem Kriterium der Nähe eine Voraussetzung ein, die ihrerseits der Bestimmung bedarf.[4] Zu eng ist ein Verständnis, das nur Rechtsverhältnisse vermögensrecht-

1431; *Scherer* NJW 1986, 540, 541; aA *Ehlers* JZ 2003, 209, 210; *Kellner* DVBl 2002, 1648, 1649.

[12] Gegen das Sachzusammenhangskriterium ThürOVG ThürVBl 2002, 113, 114; *Keller* Vorvertragliche Schuldverhältnisse im Verwaltungsrecht, 1997, 203 f; *Scherer* NJW 1986, 540; *Ehlers* JZ 2003, 209, 211; *Kellner* DVBl 2002, 1648 *Haratsch* ThürVBl 2004, 101, 105. Ansprüche der *Verwaltung* aus öffentlich-rechtlicher cic sind immer vor den Verwaltungsgerichten geltend zu machen, BGHZ 43, 269, 277 f; BVerwGE 37, 231, 235 f.

[13] Entwurfsbegründung, BT-Drucks 7/910, 97; ThürOVG ThürVBl 2002, 113, 115; *Littbarski* JuS 1979, 537, 543 f; *Scherer* NJW 1986, 540, 541; *Dötsch* NJW 2003, 1430, 1431; *Haratsch* ThürVBl 2004, 101, 106.

[1] Verwaltungsverträge lassen sich den verwaltungsrechtlichen Schuldverhältnissen iwS zuordnen, wenn sie obligatorischen Charakter haben, *Schlette* Die Verwaltung als Vertragspartner, 2000, 211 ff.

[2] BGHZ 21, 214, 218; 54, 299, 303; 59, 303, 305; 61, 7, 11; 135, 341, 344 → JK Allg VwR vwr Schuldverhältnisse/1; 166, 268, 276 f; BGH UPR 2007, 145 → JK Allg VwR vwr Schuldverhältnisse/2; BVerwGE 13, 17; 52, 247, 254; 80, 123.

[3] Vgl *Ossenbühl* StHR, 336 ff; s auch *de Wall* Die Anwendbarkeit privatrechtlicher Vorschriften im Verwaltungsrecht, 1999, 326 ff; *Papier* Die Forderungsverletzung im öffentlichen Recht, 1970, 23 ff.

[4] Krit *Wolff/Bachof/Stober* VwR II, § 55 Rn 2a; *Maurer* Allg VwR, § 29 Rn 3; Systematisierungsversuch bei *de Wall* (Fn 3) 231 ff.

licher Art[5] oder durch Fürsorgepflichten gekennzeichnete Beziehungen[6] den verwaltungsrechtlichen Schuldverhältnissen zurechnet. Nicht vermögensrechtlich, sondern im Kern personal ist zB das Beamtenverhältnis geprägt, und die dieser Sonderbindung entspringenden besonderen Pflichten des Dienstherrn sind, wie die neuere Rechtsprechung erweist, nicht allein durch Fürsorge veranlasst.[7] Gleichwohl ist es nicht ausgeschlossen, dem Beamtenverhältnis spezifische verwaltungsrechtliche Schuldverhältnisse abzugewinnen. Auch in anderen nicht vermögensrechtlich geprägten Rechtsverhältnissen kann eine Nähe bestehen, welche die Entfaltung eines quasi-vertraglichen Pflichten- und Haftungsregimes gebietet.[8]

Bei verwaltungsrechtlichen Schuldverhältnissen bestimmen sich Pflichten, An- 2
sprüche und Folgen von Leistungsstörungen vorrangig nach öffentlichem Recht. Der Begriff des verwaltungsrechtlichen Schuldverhältnisses verdankt sich indes gerade dem Umstand, dass vielfach ein den öffentlich-rechtlichen Begründungsakt begleitendes Rechtsfolgenregime nicht vorhanden ist. Die Entstehungsgründe eines verwaltungsrechtlichen Schuldverhältnisses (→ § 18 Rn 9) korrespondieren – mit Ausnahme der Begründung durch Verwaltungsakt – der Struktur privatrechtlicher Schuldverhältnisse. Dass ein Rückgriff auf das Schuldrecht des BGB unentbehrlich ist, ist unumstritten. Als methodischer Weg wird zum einen die Analogiebildung vorgeschlagen;[9] zum anderen werden die schuldrechtlichen Regelungen des BGB als Ausdruck allgemeiner Rechtsgrundsätze gesehen, die teilrechtsordnungsübergreifende Geltung haben.[10] Die methodische Frage hat verfassungsrechtliche Implikationen im Hinblick auf den Gesetzesvorbehalt, soweit schuldrechtliche Ansprüche der Verwaltung gegenüber dem Bürger in Frage stehen.[11] Beide Ansätze kommen jedoch für die konkrete Problemlösung zu vergleichbaren Ergebnissen.

Auf verwaltungsrechtliche Schuldverhältnisse finden die BGB-Vorschriften über das 3
Erlöschen Anwendung. Auch öffentlich-rechtliche Schuldverhältnisse erlöschen nicht

[5] *Simons* Leistungsstörungen verwaltungsrechtlicher Schuldverhältnisse, 1967, 56, 59; *Wolff/Bachof/Stober* VwR II, § 55 Rn 3; aA *Papier* (Fn 3) 59 f; *de Wall* (Fn 3) 343 f; auch das bürgerliche Recht stellt nicht auf die vermögensrechtliche Natur ab, *Kramer* in: MünchKomm BGB, 5. Aufl 2007, Bd 2, Einl vor § 241 Rn 44.

[6] So noch BGHZ 21, 214, 219 f; BVerwGE 52, 247 für Fürsorgepflichten aus dem Soldatenverhältnis und BVerwGE 13, 17, 22; 94, 163, 164 für das Beamtenverhältnis.

[7] Nach BVerwGE 80, 123, 125; 102, 33, 38 → JK GG Art 33 II/17; 107, 29, 31 f; 124, 99, 101 f folgen Schadensersatzansprüche des Bewerbers aus der Verletzung der Auswahlkriterien als quasi-vertragliche Verbindlichkeit, die im Beamtenverhältnis fußt; s auch *Kellner* DVBl 2004, 207, 208 f; *Laubinger* VerwArch 99 (2008) 278, 291 ff.

[8] OLG Düsseldorf NVwZ 1992, 97: vwr Schuldverhältnis zwischen Träger des Jugendamtes und Teilnehmern einer Jugendfreizeit; BayVGH NVwZ 1998, 421; OLG Köln NVwZ 1994, 618, 619: vwr Schuldverhältnis zwischen Schulträger und Lehrer; weitere personale Sonderverbindungen bei *Detterbeck/Windthorst/Sproll* Staatshaftungsrecht, 2000, § 21 Rn 24 ff.

[9] BGH NJW 1990, 1230; BGHZ 109, 8, 9; *Papier* (Fn 3) 75 ff; *de Wall* (Fn 3) 81 f.

[10] BGHZ 59, 303, 305; 135, 341, 344 → JK Allg VerwR vwr Schuldverhältnisse/1; 166, 268, 276; BGH UPR 2007, 146; BVerwGE 13, 17, 22; wohl auch *Wolff/Bachof/Stober* VwR II, § 55 Rn 35 ff.

[11] Die rechtsgrundsätzliche Anwendung soll kompetenzbegründend sein, s *Maurer* Allg VwR, § 3 Rn 44; hingegen ist str, ob die analoge Anwendung privatrechtlicher Normen zu Lasten des Bürgers dem Gesetzesvorbehalt gerecht wird, bejahend *de Wall* (Fn 3) 68 ff, 99 ff, 349 f; abl wohl *Wolff/Bachof/Stober* VwR II, § 55 Rn 1; s auch BVerfG NJW 1996, 3146 → JK GG Art 2 I/29; BVerwGE 101, 51.

nur durch Erfüllung, sondern auch durch Aufrechnung. Unter Beachtung des Vorrangs spezialgesetzlicher Aufrechnungsvorschriften[12] kann auf §§ 387 ff BGB zurückgegriffen werden.[13] Privatrechtliche und öffentlich-rechtliche Forderungen können gegeneinander aufgerechnet werden.[14] Von besonderer Bedeutung ist die sinngemäße Anwendung der Regelungen über *Leistungsstörungen* in §§ 275, 280 ff, 323 ff BGB. Die nunmehr kodifizierten Grundsätze der cic (§ 311 II iVm §§ 241 II, 280 BGB)[15], der positiven Forderungsverletzung (§ 280 I; § 282 iVm § 280 I BGB)[16] und des Wegfalls der Geschäftsgrundlage (§ 313 BGB)[17] hat die Rechtsprechung bereits vor der Schuldrechtsmodernisierung auf verwaltungsrechtliche Schuldverhältnisse angewandt. Sie gelten sinngemäß nicht nur für Schadensersatzansprüche des Bürgers, sondern auch für diejenigen eines Hoheitsträgers[18] und schließen die Anwendung der *Haftungsmaßstäbe* nach §§ 276, 278 BGB und der Verschuldensvermutung nach § 280 I 2 BGB ein.[19] Dabei sind aber Haftungsprivilegierungen des öffentlichen Rechts, wie sie vor allem für die statusrechtlichen Sonderbindungen normiert sind, zu berücksichtigen.[20]

Die Judikatur hat bislang die Anwendung der §§ 286, 288 BGB auf die *Verzinsung* öffentlich-rechtlicher Geldforderungen aus verwaltungsrechtlichen Schuldverhältnissen abgelehnt, weil wegen der Vielgestaltigkeit öffentlich-rechtlicher Verzinsungsregelungen von einer mit dem Zivilrecht vergleichbaren Interessenlage nicht auszugehen sei.[21] Zugleich hat sie Ausdifferenzierungen vorgenommen, die der Frage der Verzinsung monographieträchtigen Raum geben.[22] Die seit der Schuldrechtsmodernisierung regelmäßig dreijährige *Verjährungsfrist* (§§ 195, 199 I BGB) findet sinngemäß auf verwal-

12 Vgl § 51 I SGB I, § 26 II SGB XII, § 226 AO, § 51 II BRRG, § 84 II BBG.

13 BVerwG NVwZ 1984, 168 f; BVerwGE 96, 71, 73; BayVGH NJW 1997, 3392; *Ehlers* NVwZ 1983, 446; *Detterbeck* DÖV 1996, 889; *Felix* NVwZ 1996, 734; *de Wall* (Fn 3) 443 ff; monographisch *K. Hartmann* Die Aufrechnung im Verwaltungsrecht, 1996; *Grandtner* Die Aufrechnung als Handlungsinstrument im Öffentlichen Recht, 1995; *Gaa* Die Aufrechnung im öffentlichen Recht unter besonderer Berücksichtigung der Neuregelung des § 17 II GVG für den Verwaltungsprozess, 1996.

14 BGHZ 16, 124, 127; BVerwGE 66, 218, 220; 77, 19, 24 → JK VwGO § 94/1; VGH BW NJW 1997, 3394, 3395; *Pietzner* VerwArch 74 (1983) 59, 66 ff; *Ehlers* NVwZ 1983, 446, 447.

15 BVerwG DÖV 1974, 133; BGHZ 71, 386, 395; 76, 343, 348 f; OVG NRW 1959, 587; s auch → § 33 Rn 5.

16 BGHZ 17, 191; 59, 303, 309; VGH BW VBlBW 2003, 231, 232; OVG NRW NWVBl 1998.

17 NdsOVG NJW 1977, 773, 774.

18 Besteht keine Sonderbindung, verletzt eine analoge Anwendung von Schadensersatzansprüchen zu Lasten des Bürgers den Vorbehalt des Gesetzes, BVerwGE 101, 51, 53 ff.

19 BGHZ 3, 162, 173; 54, 299, 302 f; 55, 303, 309; 61, 7, 11; BGH UPR 2007, 145, 146 → JK Allg VwR vwr Schuldverhältnisse/2; BGH UPR 2007, 146, 147; OLG Düsseldorf NVwZ-RR 1996, 305.

20 § 46 I BRRG, § 78 I BBG, § 24 I 2, II SG, § 34 I ZDG.

21 BVerwGE 14, 1; 15, 78, 81; 48, 133, 136; 80, 334, 335; OVG Hamburg NVwZ-RR 1995, 369, 376.

22 Prozesszinsen analog § 291 BGB werden anerkannt, BGH NJW 1982, 1277; BVerwG NJW 1999, 1201; BVerwGE 115; 274, 293; Aufwendungsersatzansprüche werden in entsprechender Anwendung von § 256 BGB verzinst, BVerwGE 80, 170, 176 → JK Allg VwR öff-rechtl GoA/2, ebenso Zahlungsansprüche, wenn die Geldleistung Hauptleistungspflicht eines Vertrages (BVerwGE 81, 312, 318 → JK GG Art 104a I/1) oder eines gesetzlichen Schuldverhältnisses ist (BVerwGE 98, 18, 30 → JK GG Art 104a/3).

tungsrechtliche Schuldverhältnisse Anwendung, sofern nicht im Einzelfall das öffentliche Recht vorrangige Regeln bereit hält.[23]

Verwaltungsrechtliche Schuldverhältnisse können eine sachliche Nähe zu den *Typisierungen des besonderen Schuldrechts* aufweisen. Dies ist anerkannt für den Verwaltungsvertrag, für den § 62 S 2 VwVfG eine Institutionenanleihe beim BGB ermöglicht (→ § 30 Rn 3). Auf andere verwaltungsrechtliche Sonderbindungen sollen nicht nur die Regelungen über Schuldanerkenntnis oder Schuldversprechen[24], sondern auch die Grundsätze des Kaufvertragsrechts als Ausprägung eines allgemeinen Rechtsgedankens Anwendung finden.[25] Zu den typisierten verwaltungsrechtlichen Schuldverhältnissen rechnen die Verwahrung und die Geschäftsführung ohne Auftrag, die im folgenden dargestellt werden.

II. Das öffentlich-rechtliche Verwahrungsverhältnis

Ein verwaltungsrechtliches Verwahrungsverhältnis entsteht, wenn bewegliche Sachen 4
auf der Grundlage öffentlich-rechtlicher Normen in Gewahrsam genommen werden. Maßgeblich ist nicht der bloße Besitz, sondern die Übernahme der Obhut durch den Aufbewahrer.[26] Der Grundfall des verwaltungsrechtlichen Verwahrungsverhältnisses wird durch die Inbesitznahme einer beweglichen Sache durch die Verwaltung kraft öffentlichen Rechts gebildet. Ein öffentlich-rechtliches Verwahrungsverhältnis liegt aber auch vor, wenn die Verwaltung die in Besitz genommene Sache wie zB ein abgeschlepptes Kfz bei einem Privaten in Verwahrung gibt.[27] Ausnahmsweise können öffentlich-rechtliche Normen die unmittelbare Verwahrung durch einen Privaten vorsehen. Für Aufbewahrungspflichten der Wehrpflichtigen für Ausrüstungsgegenstände (§ 24 VI Nr 4 WPflG) wird zu Recht eine Anwendung der Regeln über die öffentlich-rechtliche Verwahrung angenommen.[28]

Während im Privatrecht ein Verwahrungsverhältnis allein durch Vertragsschluss zu- 5
stande kommt (§ 688 BGB), gibt es verschiedene Formen der *Begründung* eines öffentlich-rechtlichen Verwahrungsverhältnisses. Neben die Vereinbarung durch öffentlich-rechtlichen Vertrag tritt die Begründung durch Verwaltungsakt mit anschließender Inbesitznahme. Als Standardbeispiel gilt die polizeirechtliche Sicherstellung bzw Beschlagnahme einer Sache mit darauf folgender Verwahrung.[29] Zudem kann ein öffentlich-recht-

[23] BVerwG BayVBl 2009, 182, 184; *Dötsch* NWVBl 2001, 385, 388; *Geis* NVwZ 2002, 385, 390.

[24] BVerwG DÖV 1977, 206 f; NdsOVG DÖV 1977, 208 f; BVerwG NJW 1995, 1104; BGHZ 102, 343 → JK BRRG § 126/2; BGH NJW 1994, 2620 f.

[25] BGHZ 59, 303, 305; krit *Wolff/Bachof/Stober* VwR II, § 55 Rn 36; aA VGH BW ESVGH 26, 155, 157.

[26] BGHZ 3, 200, 202; 34, 349, 354; OLG Köln NVwZ 1994, 618, 619; BVerwGE 52, 247, 252; *Büllesbach* Die öffentlich-rechtliche Verwahrung, 1994, 157 ff; *Ehlers* in: Schoch/Schmidt-Aßmann/Pietzner, VwGO, § 40 Rn 533; *Maurer* JuS 1994, 1015, 1017; *Quaritsch* in: Lüder (Hrsg), Staat und Verwaltung, 1997, 169, 171.

[27] BGH NJW 1987, 2573, 2574.

[28] VG Arnsberg MDR 1975, 255; *Maurer* JuS 1994, 1015, 1018; *Quaritsch* (Fn 26) 170; aA *Büllesbach* (Fn 26) 148 ff.

[29] LG Köln NJW 1965, 1440; *Dolderer* VBlBW 2003, 222, 223; § 47 f BPolG; §§ 22, 23 POG RP, § 32 PolG BW, Art 25, 26 PAG Bay, §§ 43, 44 PolG NRW, §§ 40, 41 SOG Hess, §§ 22, 23 OBG Thür, §§ 27, 28 PAG Thür; §§ 26, 29; PolG Sachs; zur Handlungsform von Standardmaßnahmen s *Schoch* in: Schmidt-Aßmann/Schoch Bes VwR, 2. Kap Rn 193; zu weiteren Gestaltungen s BGHZ 1, 369; BGH NJW 1987, 2573, 2574; BGH NJW 1990, 1230, 1231.

liches Verwahrungsverhältnis durch einen Realakt der Inbesitznahme entstehen. Für diese Konstellation steht das Abschleppen eines verkehrswidrig geparkten Kfz mit anschließender Unterstellung im Wege des Sofortvollzugs oder der unmittelbaren Ausführung[30] oder die Annahme einer Fundsache durch die Polizei.[31] Hinterlegt der Berechtigte aus eigenem Antrieb bewegliche Sachen zB im Rahmen einer Anstaltsnutzung, ist für die Begründung eines Verwahrungsverhältnisses entscheidend, ob diesem Akt ein nach objektiven Kriterien zu bestimmender Verwahrungswille der Anstalt korrespondiert.[32]

6 Auf die öffentlich-rechtliche Verwahrung finden *§§ 688 ff BGB analoge oder rechtsgrundsätzliche Anwendung.*[33] Vor einem Rückgriff ist zu prüfen, ob das öffentliche Recht bereits selbst die Rechte und Pflichten aus dem Verwahrverhältnis bestimmt.[34] Des Weiteren ist dem Umstand Rechnung zu tragen, dass ein öffentlich-rechtliches Verwahrungsverhältnis anders als im Privatrecht nicht einvernehmlich begründet werden muss. Durch die Möglichkeit zwangsweiser Begründung wird die Anwendbarkeit der §§ 688 ff BGB beträchtlich relativiert[35]: Soweit die Verwahrung nicht nur im Interesse des Hinterlegers, sondern zumindest auch im öffentlichen Interesse erfolgt, kommt ein jederzeitiges Rückforderungsrecht des Hinterlegers nach § 695 BGB nicht in Betracht.[36] Zudem steht die Zweckrichtung zumindest der zwangsweisen Begründung des Gewahrsams der Anwendung des großzügigen Haftungsmaßstabs nach §§ 690, 277 BGB entgegen.[37]

7 Wesentlich bedeutsamer als die durch zahlreiche Durchbrechungen gekennzeichnete Anwendung der §§ 688 ff BGB ist die entsprechende Anwendung des *BGB-Leistungsstörungsrechts.* Sie greift Platz, wenn die in Verwahrung genommene Sache beschädigt oder zerstört wird oder aus sonstigen Gründen nicht mehr zurückgegeben werden kann. Schuldrechtliche Ansprüche wegen Verletzung von Pflichten aus dem öffentlich-rechtlichen Verwahrungsverhältnis kommen neben dem Anspruch aus Amtshaftung nach § 839 BGB, Art 34 GG zur Anwendung.[38] Zu den sinngemäß anwendbaren Vorschriften rechnet neben §§ 275, 276, 280 auch § 278 BGB.[39] Ebenso wenig wie die Verwaltung sich einem Amtshaftungsanspruch bei einem schuldhaften Handeln eines Privaten entziehen kann, dessen sie sich bei der Erfüllung öffentlicher Aufgaben bedient[40],

[30] *Schenke* Polizei- und Ordnungsrecht, 6. Aufl 2009, Rn 164 mwN.

[31] BGH NJW 1990, 1230, 1231; s auch BGHZ 4, 192; BVerwGE 52, 247.

[32] Ein Verwahrwille der Verwaltung ist fraglich in den „Lehrerfällen", wenn private Videokassetten (OLG Köln NVwZ 1994, 618), technisches Gerät (BVerwG DVBl 1994, 582) oder Bücher (BayVGH NVwZ 1998, 421) in Räumlichkeiten der Schule ohne zwingenden Unterrichtszweck eingebracht werden (BVerwGE 94, 163).

[33] BGHZ 4, 192, 193; BGH NJW 1990, 1230; *Ossenbühl* StHR, 341.

[34] Zu Pflichten des Verwahrers zur Werterhaltung s § 48 III BPolG; § 23 III POG RP, § 29 I 1 PolG Sachs, § 44 III 1 PolG NRW, § 41 III 1 SOG Hess; zur Vergütung s die Kostentragungsvorschriften § 50 III BPolG; § 25 III POG RP; § 46 III PolG NRW, § 43 III SOG Hess.

[35] Grds gegen Analogiefähigkeit *Büllesbach* (Fn 26) 95 ff, 100 f.

[36] *Büllesbach* (Fn 26) 114; *Quaritsch* (Fn 26) 173; *Ossenbühl* StHR, 341; *Windthorst* JuS 1996, 605, 610.

[37] BGHZ 4, 192, 194; anders BVerwGE 52, 247, 254; BayVGH NVwZ 1998, 421, 422 für die freiwillige Verwahrung.

[38] BGHZ 72, 302, 306 m Anm *Boujong* NJW 1979, 425; BGH NJW 1990, 1230, 1231; BayVGH NVwZ 1998, 421.

[39] RGZ 166, 218, 223; BGHZ 1, 369, 383; 3, 162, 173; 4, 192, 195.

[40] BGHZ 121, 161, 165 f → JK BGB § 839/7; BGH NJW 1996, 1431; OLG Hamm NJW 2001, 375 → JK GG Art 34/19 für den Fall, dass eine schädigende Handlung des Privaten erst im Rahmen der Verwahrung erfolgt.

ist sie von der Haftung befreit, wenn sie die Sache einem Privaten zur Verwahrung anvertraut. Die Anwendung des Leistungsstörungsrechts ist vor allem wegen der Verschuldensvermutung in § 280 I 2 BGB für den geschädigten Bürger vorteilhaft.

Nach der ausdrücklichen Rechtswegzuweisung in § 40 II 1 Alt 2 VwGO[41] ist für vermögensrechtliche Ansprüche des Bürgers aus öffentlich-rechtlicher Verwahrung der *Rechtsweg* zu den Zivilgerichten gegeben. Vermögensrechtliche Ansprüche sind nicht nur Schadensersatzansprüche, sondern auch der Anspruch auf Herausgabe der verwahrten Sache.[42] Der Rechtsweg zu den ordentlichen Gerichten ist auch eröffnet, wenn Ansprüche aus einem vertraglichen Verwahrungsverhältnis geltend gemacht werden, weil § 40 II 1 Alt 2 VwGO lex specialis gegenüber § 40 II 1 Alt 3 VwGO ist.[43] Sofern allerdings Ansprüche aus Verwahrung auf der Grundlage des Beamtenverhältnisses geltend gemacht werden, sind nach § 126 BRRG immer die Verwaltungsgerichte zuständig.[44] Aus der Regelungssystematik des § 40 II 1 VwGO erhellt, dass die ordentlichen Gerichte nicht für Ansprüche der Verwaltung gegenüber dem Bürger zuständig sind. Ihre Ansprüche aus dem Verwahrungsverhältnis sind vor dem Verwaltungsgericht geltend zu machen.[45] 8

III. Die öffentlich-rechtliche Geschäftsführung ohne Auftrag

1. Begriff und Funktionen der GoA

Die Vorschriften über die Geschäftsführung ohne Auftrag (GoA) in §§ 677 ff BGB regeln die Folgen, wenn eine Person Angelegenheiten für einen anderen besorgt, ohne hierzu beauftragt oder sonst berechtigt zu sein. Die GoA ist ein gesetzliches Schuldverhältnis. Sie soll Ausprägung des Leitbildes der Menschenhilfe sein.[46] Diesem Verständnis entspricht es, dem uneigennützigen Geschäftsführer einen Ausgleich in Gestalt eines Aufwendungsersatzanspruchs zu gewähren (§ 683 BGB). Die GoA erschöpft sich aber nicht in einer Ausgleichsfunktion. Indem die sog. berechtigte GoA vorbehaltlich § 679 BGB auf den Willen des Geschäftsherrn hinsichtlich der Geschäftsübernahme und -durchführung abstellt (§§ 677, 683 S 1 BGB), soll dieser vor unerwünschten Einmischungen Dritter in seine Angelegenheiten geschützt werden. Ein nicht durch den Willen des Geschäftsherrn gedecktes Handeln löst als sog unberechtigte GoA Schadensersatzansprüche des Geschäftsherrn aus (§ 678 BGB). Bei der berechtigten GoA tritt die Legitimationsfunktion neben die Ausgleichsfunktion.[47] 9

[41] Zur Dogmengeschichte s *Schoch* FS Menger, 1985, 305, 311 f.

[42] *Büllesbach* (Fn 26) 15; *Erichsen/Menger* VerwArch 57 (1966) 64, 74 f; aA *Papier* (Fn 3) 145; *Ehlers* (Fn 26) Rn 538: nur Geldleistungsansprüche.

[43] *Ehlers* (Fn 26) Rn 536; *Büllesbach* (Fn 26) 16.

[44] Zur Abgrenzung BVerwGE 52, 247, 249 f; BayVGH NVwZ 1998, 421, 422.

[45] Dies gilt ungeachtet der Frage, ob die Verwaltung Hinterlegerin (VG Arnsberg MDR 1975, 255) oder Verwahrerin ist (LG Köln NJW 1965, 1440), s *Schoch* (Fn 41) 317; *Ehlers* (Fn 26) Rn 520, 537.

[46] Grundlegend *Kohler* JherJB 25 (1887) 1, 42 ff; dogmengeschichtliche Aufarbeitung bei *Wollschläger* Die Geschäftsführung ohne Auftrag, 1976, 24 ff; s auch *Bergmann* in: Staudinger BGB, Stand 2006, vor § 677 Rn 13 ff, 63 ff; krit *Seiler* in: MünchKomm BGB, Bd 4, 5. Aufl 2009, vor § 677 Rn 1, § 677 Rn 17.

[47] *Nedden* Die Geschäftsführung ohne Auftrag im öffentlichen Recht, 1994, 59 ff; *Knapp* Geschäftsführung ohne Auftrag bei Beteiligung von Trägern öffentlicher Verwaltung, 1999,

Geschäfte für Dritte können auch unter Beteiligung von Hoheitsträgern als Geschäftsführer oder Geschäftsherrn getätigt werden. Noble Motive der Menschenhilfe spielen hierbei die geringste Rolle. Wenn die Polizei in einer nächtlichen Notfallaktion einen brennenden städtischen Papierkorb löscht und sodann von der Stadt die Kosten für die Wiederbefüllung des Handfeuerlöschers begehrt[48], ist ein Zuständigkeitskonflikt Kern des Streits um die Kostenerstattung. Als handelnder „Geschäftsführer" gegenüber einem privaten „Geschäftsherrn" tritt die Verwaltung vor allem im Bereich der Gefahrenabwehr in Erscheinung. Verlangt sie vom Schiffseigner Ersatz für die Kosten der Bergung eines die Wasserstraße gefährdenden Schiffsankers[49], so geht es in der Sache um den Aufwand einer Ersatzvornahme. Führt schließlich ein Privater Geschäfte der Verwaltung, handelt es sich zumeist um einen Akt der Selbsthilfe. Dies ist zB der Fall, wenn ein Grundstückseigentümer Reinigungsarbeiten an der Schmutzwasserkanalisation durchführt, weil die zuständige Behörde trotz Aufforderung untätig bleibt.[50]

10 Auf die Geschäftsführung unter Beteiligung von Hoheitsträgern sind nach einhelliger Auffassung der Judikatur §§ 677 ff BGB analog oder als Ausprägung eines allgemeinen Rechtsgrundsatzes anzuwenden.[51] Im Zentrum steht der Aufwendungsersatzanspruch nach § 683 BGB, der als notwendige Ergänzung des als unvollkommen empfundenen staatshaftungsrechtlichen Regimes angesehen wird.[52] Tiefgreifende Zweifel über die Entfaltung der Legitimations- und Ausgleichsfunktion im öffentlichen Recht veranlassen einen beträchtlichen Teil des Schrifttums, die Voraussetzungen für eine Analogiebildung grundsätzlich oder doch für die meisten Konstellationen in Zweifel zu ziehen.[53] Vor einer Verwerfung der GoA im öffentlichen Recht steht allerdings eine Analyse der Fallgruppen, für die eine öffentlich-rechtliche GoA erwogen wird. Es sind dies das Handeln eines Verwaltungsträgers für einen anderen Verwaltungsträger, das Handeln der Verwaltung für einen Privaten und das Handeln des Bürgers für die Verwaltung.

2. Die GoA im Verhältnis zwischen Hoheitsträgern

11 Für die Bestimmung der Zulässigkeit der GoA im Verhältnis zwischen Hoheitsträgern muss Klarheit herrschen, in welchen Fällen ein Verwaltungsträger „für" einen anderen handelt. Dies ist nur anzunehmen, wenn ein Verwaltungsträger im Kompetenzbereich eines anderen tätig wird. Die Verwaltung tätigt kein fremdes „Geschäft", wenn sie die ihr zugewiesenen Aufgaben erfüllt. Ein Eigengeschäft liegt auch vor, wenn einem Ho-

105 ff; *Schoch* DV 38 (2005) 91, 94 f; *Kischel* VerwArch 90 (1999) 391, 393 ff; die Legitimationsfunktion abl *Wollschläger* (Fn 46) 274 ff; *Seiler* (Fn 46) vor § 677 Rn 17.

48 OVG NRW NJW 1986, 2526 → JK Allg VwR öff-rechtl GoA/1; dazu *Oldiges* JuS 1989, 616.

49 BGH NJW 1969, 1205.

50 NdsOVG NVwZ 1991, 81 f.

51 BVerfGE 18, 429, 436; BVerwGE 80, 170, 172; 110, 9, 12 → JK GG Art 83/1; BVerwG JZ 1992, 460; BGHZ 40, 28; 65, 364; 156, 394, 397; BGH NVwZ 2004, 764; BGH DÖV 2008, 80, 81; OVG Hamburg NVwZ-RR 1995, 369, 370; VGH BW VBlBW 2002, 252, 254; BayVGH BayVBl 2003, 116.

52 Das aus Kompetenzgründen gescheiterte Staatshaftungsgesetz 1981 (BVerfGE 61, 149 → JK GG Art 74 Nr 1/1) ließ in § 15 Nr 1 die öffentlich-rechtliche GoA im Verhältnis zwischen Bürgern und Hoheitsträger zu.

53 *Wollschläger* Geschäftsführung im öffentlichen Recht und Erstattungsanspruch, 1977, 95; aus jüngerer Zeit nachdrücklich *Nedden* (Fn 47) 100, 172 f; *Schoch* DV 38 (2005) 91, 109; *Kischel* VerwArch 90 (1999) 391, 413.

heitsträger Aufgaben eines anderen gesetzlich zur Erledigung übertragen werden. Dies gilt zB für staatliche Auftragsangelegenheiten, die von den Gemeinden wahrgenommen werden. Auch Selbsteintrittsrechte von übergeordneten Behörden[54] führen zu einem gegenständlich begrenzten Kompetenzübergang auf diese Stellen.[55] Die sachlich zuständige Behörde, die außerhalb ihrer örtlichen Zuständigkeit handelt (§ 3 IV VwVfG), nimmt ebenso eine eigene Aufgabe wahr wie die Polizei, die nach den Polizeigesetzen der Länder bei Gefahr im Verzuge außerhalb ihrer sachlichen Zuständigkeit Maßnahmen ergreift.[56] Dies gilt nicht nur, wenn die Polizei im Rahmen ihrer Eilkompetenz Aufgaben einer anderen Landesbehörde wahrnimmt[57], sondern auch, wenn sie im Aufgabenbereich einer Bundesbehörde tätig wird.[58] Auch bei der Inanspruchnahme gesetzlicher Eilkompetenzen sind die Hoheitsaufgaben überschneidungsfrei zugeordnet. Für die Annahme einer Parallelzuständigkeit von Bundes- und Landesbehörden, die allein ein „auch fremdes Geschäft" des handelnden Hoheitsträgers begründen könnte, bleibt regelmäßig kein Raum.[59]

Gegen das Handeln eines Verwaltungsträgers für einen anderen, an sich zuständigen Verwaltungsträger streitet die staatliche Kompetenzordnung. Das Gebot der Verantwortungsklarheit verbietet Kompetenzübergriffe, so dass sich die §§ 677 ff BGB zugrunde liegende Konstellation der Geschäftsführung für einen anderen im Verhältnis zwischen Hoheitsträgern im Grundsatz nicht stellen darf[60], wenn der Gesetzgeber nicht wie im Sozialrecht oder in Gestalt der Amtshilfe eine Fremdgeschäftsführung ausdrücklich autorisiert.[61] Art 35 I GG entbindet als Rahmenvorschrift überdies nicht vom Gebot spezialgesetzlicher Regelung, sofern die Amtshilfe in Grundrechte Dritter eingreift.[62] §§ 677 ff BGB knüpfen an den Eingriff „kompetenter", dh rechtsfähiger Privatrechtssubjekte in die Sphäre anderer Privater an und sind auf gegenständlich nicht begrenzte privatrechtliche Geschäfte zugeschnitten. Sie werden dem Vorbehalt des Gesetzes für Durchbrechungen der Kompetenzordnung nicht im Ansatz gerecht.[63] Sofern man aber für die zwischenbehördliche Spontanhilfe eine auf Art 35 I GG fußende Notkompetenz anerkennt[64], kann in ihrem Rahmen ein Hoheitsträger auch ohne Ersuchen im Kompetenzbereich eines anderen tätig werden.

54 § 93 II POG RP, § 65 II PolG BW, § 88 SOG Hess, § 67 II PolG Sachs, § 167 LVwG SH, § 78 II PolG Saarl.

55 *Nedden* (Fn 47) 69 f; *Süß* BayVBl 1987, 1, 4; aA *Kaup* BayVBl 1990, 193, 195.

56 § 1 VII POG RP, § 2 I PolG BW, Art 3 PAG Bay, § 2 S 1 SOG Hess, § 1 II 1 SOG Nds, § 1 I 3 PolG NRW.

57 OVG NRW NJW 1986, 2526 → JK Allg VwR öff-rechtl GoA/1; *Oldiges* JuS 1989, 616, 623.

58 *Nedden* (Fn 47) 75, 78; *Kischel* VerwArch 90 (1999) 391, 396, 407 f; *Maurer* Allg VwR, § 29 Rn 11; wohl auch BVerwG JZ 1992, 460, 461; aA BVerwG NJW 1986, 2524 f für Wahrnehmung schifffahrtspolizeilicher Aufgaben des Bundes durch ein Land.

59 BVerwG JZ 1992, 460, 461; aA *Lorenz* JZ 1992, 462, 464; für Mehrfachzuständigkeiten im Fall von Notkompetenzen *Oebbecke* FS Stree/Wessels, 1993, 1119, 1122; BVerfGE 105, 252, 271 f; 105, 279, 306 f für das Warnungshandeln der Bundesregierung.

60 *Schoch* DV 38 (2005) 91, 98; *Nedden* (Fn 47) 87; *Oldiges* JuS 1989, 616, 623; *v Einem* NWVBl 1992, 384, 386; aA OVG Hamburg NVwZ-RR 1995, 369, 373.

61 § 43 I SGB I, § 98 II 3 SGB XII; § 4 II Nr 2 VwVfG.

62 *Schlink* Die Amtshilfe, 1982, 155 ff; s auch *Bauer* in: Dreier (Hrsg), GG Bd II, 2. Aufl 2006, Art 35 Rn 23.

63 *Schoch* DV 38 (2005) 91, 98; *Kischel* VerwArch 90 (1999) 391, 398 f.

64 *Nedden* (Fn 47) 80 f; *Schlink* (Fn 62) 218 ff; wohl auch *Schoch* DV 38 (2005) 91, 99; *Maurer* Allg VwR, § 29 Rn 11; weit darüber hinausgehend OVG Hamburg NVwZ-RR 1995, 369, 373 mit Rekurs auf „übergeordnete Allgemeininteressen".

12 Es bleibt die Frage, in welchem Umfang die Ausgleichsfunktion der GoA zum Tragen kommen kann. Für kompetenzgemäßes Verwaltungshandeln fehlt es bereits an einer für die Analogiebildung zu § 683 BGB erforderlichen planwidrigen Regelungslücke. Vorrangig sind die öffentlich-rechtlichen Vorordnungen. Die Kosten der kommunalen Erledigung staatlicher Auftragsangelegenheiten werden pauschal mittels des kommunalen Finanzausgleichs abgegolten.[65] Sofern die Polizeigesetze keinen Ausgleich für unaufschiebbare Maßnahmen der Polizei anstelle der eigentlich zuständigen Behörden vorsehen[66], hat es damit sein Bewenden. Wenn bei Gefahr im Verzuge eine Landes- für eine Bundesbehörde tätig wird, verbleibt nach dem Konnexitätsprinzip des Art 104a I GG die Ausgabenlast bei dem Land, dessen Behörde in Wahrnehmung einer eigenen Notfallkompetenz gehandelt hat ungeachtet der Frage, wer den Aufwand veranlasst hat.[67] Es würde die Voraussetzungen der Analogiebildung überstrapazieren, einen Ausgleich entsprechend § 683 BGB auch für das Handeln im eigenen Kompetenzbereich zu gewähren.

Da für die gesetzlich normierten Fremdgeschäftsführungstatbestände Ausgleichsregelungen bestehen[68], reduziert sich die Problematik auf die Anerkennung von Ausgleichspflichten bei der Wahrnehmung verfassungsunmittelbarer Notfallkompetenzen. Art 104a I GG normiert eine Lastenverteilungsregel für die kompetenzgemäße Aufgabenerfüllung. Weil die Fremdgeschäftsführung nicht im Regelungsbereich des Art 104a I GG liegt, kann das Konnexitätsgebot eine Kostenerstattungspflicht nach den Regeln der GoA nicht begründen.[69] Auch wenn Art 104a I GG keine Sperrwirkung für eine anderweite Lastenverteilung entfaltet, streiten jedenfalls Sinn und Zweck des § 683 BGB gegen den Aufwendungsersatz zugunsten der handelnden Behörde: Ihre Tätigkeit ist durch einen verfassungsrechtlichen Auftrag (Art 35 I GG) gedeckt und deshalb iSv § 677 BGB „sonst berechtigt".[70] Im Einzelfall mögen die Voraussetzungen eines öffentlich-rechtlichen Erstattungsanspruch vorliegen. Im Übrigen ist es Sache des Gesetzgebers, ggf einen Ersatzanspruch für die spontane zwischenbehördliche Hilfe zu schaffen.

3. Die GoA der Verwaltung für den Bürger

13 Dass die Verwaltung für den Bürger tätig wird, ist im modernen Leistungsstaat eher Regel denn Ausnahme. So erbringt die Sozialbehörde gesetzlich geschuldete Leistungen an Berechtigte und erfüllt damit ggf auch Unterhalts- oder sonstige Pflichten, die dem

[65] Auch unter Geltung eines strikten Konnexitätsprinzips ist der Finanzausgleichsgesetzgeber zu Pauschalierungen befugt, s *P M. Huber/Storr* Der kommunale Finanzausgleich als Verfassungsproblem, 1999, 87 ff.

[66] Derartige Vorschriften enthalten zB § 90 II SOG LSA, § 102 I SOG Nds.

[67] *Nedden* (Fn 47) 78 f; *Detterbeck/Windthorst/Sproll* (Fn 8) § 21 Rn 52; für den umgekehrten Fall BVerwG JZ 1992, 460, 461; BVerwGE 98, 18 → JK GG Art 104a/3; BVerwG DVBl 2002, 1053, 1055; aA BVerwG NJW 1986, 2524 mit der Annahme einer Fremdgeschäftsführung der eilkompetenten Behörde; *Erichsen*, 12. Aufl, § 29 Rn 13.

[68] Beispielhaft §§ 102, 105 SGB X, § 106 I SGB XII; § 8 VwVfG; zum Vorrang gesetzlicher Regelungen s BGH NJW 2004, 513, 514 → JK 6/04 BGB § 677/1; BVerwG DÖV 2003, 732.

[69] *Nedden* (Fn 47) 109 f, 131 f; *Detterbeck/Windthorst/Sproll* (Fn 8) § 21 Rn 52 f; *Heun* in: Dreier (Hrsg), GG Bd III, 2. Aufl 2008, Art 104a Rn 21; *Ehlers* Verwaltung in Privatrechtsform, 1984, 477; aA *Bamberger* JuS 1989, 706, 708; *Beuthien* in: Soergel, BGB, Bd 4/2, 12. Aufl 1999, vor § 677 Rn 16.

[70] *Schoch* DV 38 (2005) 91, 99, 106; *Kischel* VerwArch 90 (1999) 391, 405 ff.

Empfänger von einer anderen Person geschuldet werden. Wenn die Ordnungsbehörden hingegen im Bereich der Gefahrenabwehr tätig werden, indem zB ein Polizist ein auf der Autobahn herumirrendes Rind mit einigen Schüssen tödlich niederstreckt[71], wird damit in den Rechtskreis des Rindereigentümers als „Geschäftsherrn" eingegriffen. Der Vorbehalt des Gesetzes verlangt eine spezifische Ermächtigung für den Grundrechtseingriff. Hat der Gesetzgeber der Verwaltung die von ihr als notwendig angesehenen Befugnisse vorenthalten, so darf diese legislative Entscheidung nicht unter Rückgriff auf die Vorschriften über die GoA obstruiert werden.[72] Insbesondere kann nicht mittels Anwendung von § 679 BGB trotz fehlender Eingriffsbefugnisse entgegen dem Willen des Geschäftsherrn das „öffentliche Interesse" durchgesetzt werden.[73]

Allerdings verfügt die Verwaltung im Gefahrenabwehr- und Vollstreckungsrecht über ein engmaschiges Netz von Eingriffsbefugnissen, die die Erschießung von Rindern oder das Löschen von Bränden abdecken. Liegen aber zB die Voraussetzungen einer Ersatzvornahme nicht vor, darf die GoA keine Surrogatfunktion übernehmen.[74] Erfüllt ein Hoheitsträger hingegen rechtmäßig seinen Gesetzesauftrag, so wirkt er an der aller staatlichen Gewalt aufgetragenen Gemeinwohlverwirklichung mit. Die Annahme, mit der Gesetzesvollziehung unter Einschluss der vollstreckungsrechtlichen Ersatzvornahme werde ein objektiv fremdes Geschäft „für" einen Dritten durchgeführt, ist nicht tragfähig. Die Judikatur bemüht zumeist die Figur des „auch fremden" Geschäfts, derzufolge die Behörde neben der Erfüllung eigener Aufgaben zugleich mit Fremdgeschäftsführungswillen für den Geschäftsherrn handelt.[75] Die damit verbundene Ausdehnung des Anwendungsbereichs der GoA wird bereits im zivilrechtlichen Anwendungsbereich von einem Großteil des Schrifttums abgelehnt[76] und führt bei ihrer Übertragung in das öffentliche Recht zu einer nicht akzeptablen Zwitternatur des behördlichen Handelns.[77] Auch unter Zurückstellung dieser Bedenken bleibt aber kein Raum für eine entsprechende Anwendung von § 677 BGB: Soweit das Gesetz den Hoheitsträger zur Fremdgeschäftsführung legitimiert, ist dieser iSv § 677 BGB „sonst berechtigt".[78]

Da beim Tätigwerden eines Hoheitsträgers für den Bürger ein Fremdgeschäft zu verneinen ist, zudem bei rechtmäßigem Handeln eine die GoA ausschließende Berechti- **14**

[71] BGHZ 156, 394.

[72] VGH BW VBlBW 2002, 252, 254; *Kischel* VerwArch 90 (1999) 391, 398 f; *Schoch* DV 38 (2005) 91, 101; *Bamberger* JuS 1998, 706, 709.

[73] VGH BW VBlBW 2002, 252, 254 f; *Maurer* Allg VwR § 29 Rn 11; aA OVG Rh-Pf DVBl 2003, 411, 413.

[74] Anders OLG Düsseldorf VersR 1973, 64 für den Fall einer verfahrensfehlerhaften Ersatzvornahme.

[75] BGHZ 40, 28, 30 f; 63, 167, 170; 65, 354, 357; BGH NVwZ 2002, 511 f; NJW-RR 2005, 639, 641; NJW 2006, 223, 224; dem folgend VGH BW NVwZ-RR 2004, 473; OVG Rh-Pf NVwZ-RR 2004, 241, 242; VG Gelsenkirchen NWVBl 2002, 281, 282.

[76] *Schubert* AcP 178 (1978) 425, 432 ff; *Larenz* SchuldR II/1, 13. Aufl 1986, 439 ff; *Medicus* Bürgerliches Recht, 20. Aufl 2004, Rn 412; modifizierend *Bergmann* (Fn 46) vor § 677 Rn 143; auch die jüngere Judikatur des BGH ist zurückhaltender geworden, s BGHZ 109, 354, 358 f; 156, 394, 398.

[77] So aber VGH BW NVwZ-RR 2004, 473; zu Recht krit *Schoch* DV 38 (2005) 91, 105; *Maurer* Allg VwR, § 29 Rn 12.

[78] VGH BW VBlBW 2002, 252, 254; VGH BW NVwZ-RR 2004, 473, 474; *Oldiges* JuS 1989, 616, 621; *Bamberger* JuS 1998, 706, 708 f; *Kischel* VerwArch 90 (1999) 391, 404; *Schoch* DV 38 (2005) 91, 100.

gung vorliegt, ist eine Anwendung der auf die Fremdgeschäftsführung zugeschnittenen Ausgleichsnorm des § 683 BGB bereits fraglich. Für ihren Ausschluss ist entscheidend, dass nicht nur die behördliche Geschäftsführung, sondern auch die Auferlegung von Kosten in Rechte des Bürgers eingreift. Das Ordnungs- und Verwaltungsvollstreckungsrecht normiert abschließend die Kostentragungspflicht des „Geschäftsherrn“. Diese Kostenvorschriften dürfen nicht durch Rückgriff auf die GoA unterlaufen werden.[79] Für leistendes Verwaltungshandeln kann bei Fehlen erstattungsrechtlicher Vorschriften ebenfalls nicht auf § 683 BGB zurückgegriffen werden. Denn auch soweit für die Geschäftsführung selbst nicht der Vorbehalt des Gesetzes gilt, bedarf die Auferlegung von Kosten einer Rechtsgrundlage.[80] Schon gar nicht darf rechtswidriges Verwaltungshandeln durch Anerkennung eines Aufwendungsersatzanspruchs belohnt werden.[81] Im Ergebnis dürfte für eine entsprechende Anwendung von §§ 677 BGB im Verhältnis zwischen Hoheitsträger und Bürger kein Raum verbleiben.

4. Die GoA des Bürgers für die Verwaltung

15 Das Handeln eines Bürgers für die Verwaltung ist in der Rechtsordnung nicht vorgesehen. Art 20 II 2 GG weist die Ausübung der Staatsgewalt den dafür bestimmten Organen zu. Vollziehende Gewalt äußert sich nicht nur im Erlass rechtsförmlicher Akte, sondern auch im schlichthoheitlichen Handeln. Dies darf nicht von einem Privaten, der sich auf keinen Legitimationsakt wie etwa eine Beleihung stützen kann[82], usurpiert werden. Eine Legitimationsgrundlage für die Ausübung staatlicher Befugnisse kann dem Privaten nicht durch entsprechende Anwendung von § 677 BGB verschafft werden.

Allerdings kann es Situationen geben, in denen die Aufgabenerledigung durch den Privaten ausnahmsweise gerechtfertigt ist. Wenn ein Bürger ohne Rechtspflicht einem Bedürftigen Geld- oder Sachleistungen erbringt, gewährt zwar bereits das Sozialrecht Erstattungsansprüche, die eine Anwendung der §§ 677 ff BGB ausschließen;[83] dies ist aber nicht der Fall, wenn der Bürger nicht altruistisch für einen Dritten tätig wird, sondern sich wegen Untätigkeit des zuständigen Hoheitsträgers selbst hilft. Dass ein Bürger nicht nur Pflichten des Hoheitsträgers erfüllt, sondern zugleich private Interessen verfolgt, steht der Annahme eines fremden Geschäfts nicht entgegen.[84] Die Legitimationswirkung durch Wille und Interesse der Verwaltung an der Führung des Geschäfts (§§ 677, 683 S 1 BGB)[85] wird indes durch das öffentliche Interesse bestimmt. Grundsätzlich besteht kein Interesse daran, dass die Bürger Verwaltungsaufgaben in Eigenregie mit finanziellen Folgen für öffentliche Haushalte erledigen. Zudem müsste das

[79] So auch BGHZ 156, 394, 398 f; BGH DÖV 2008, 80, 81; VGH BW VBlBW 2002, 252, 254; *Nedden* (Fn 47) 151 ff; *Oldiges* JuS 1989, 616, 622; *Schoch* DV 38 (2005) 91, 102. Einige Polizeigesetze verweisen für die Kostenerstattung auf die GoA, s § 57 PolG BW.

[80] *Oldiges* JuS 1989, 616, 622; BGHZ 109, 354, 358 f; aA *Detterbeck/Windthorst/Sproll* (Fn 8) § 21 Rn 55; *Seiler* (Fn 46) vor § 677 Rn 29 f; *Dahm* NVwZ 2005, 172.

[81] *Kischel* VerwArch 90 (1999) 391, 403 f; *Schoch* DV 38 (2005) 91, 102; *Bamberger* JuS 1998, 706, 709.

[82] Die Beleihung macht den Beliehenen indes selbst zum Hoheitsträger → § 10 Rn 24.

[83] § 25 SGB XII, § 76 I 2 SGB V; zum Vorrang von § 121 BSHG aF (= § 25 SGB XII) BGH NVwZ 1990, 499.

[84] BVerwGE 80, 170, 172 → JK Allg VwR öff-rechtl GoA/2; BGH NVwZ 2004, 764, 765.

[85] Für Identität von Wille und Interesse OVG NRW NVwZ-RR 1996, 653; *Schoch* DV 38 (2005) 91, 108.

Interesse der Verwaltung darauf gerichtet sein, dass gerade in der konkreten Situation das Geschäft durch den Privaten durchgeführt wird.[86] Der entsprechend anwendbare § 679 BGB markiert das legitime Feld bürgerlicher Selbsthilfe. Zu berücksichtigen ist, dass die Rechtsordnung vor die Selbsthilfe den Rechtsweg gesetzt hat. Bei Untätigkeit eines Hoheitsträgers müssen die Rechtsschutzmöglichkeiten unter Einschluss des vorläufigen Rechtsschutzes ausgeschöpft werden, um die Verwaltung zum Handeln zu zwingen. Dies gilt zumal, wenn dem Hoheitsträger ein Handlungsermessen eingeräumt ist.[87] § 679 BGB ermöglicht es, die Legitimation des Handelns für die Verwaltung auf Notfälle zu beschränken.[88] Nur unter diesen Voraussetzungen steht dem Geschäftsführer auch ein Aufwendungsersatzanspruch in analoger Anwendung von § 683 S 2 BGB zu.

Für die Bestimmung des Rechtswegs[89] ist zu klären, in welchen Fällen eine *öffentlich-rechtliche* GoA in Frage kommt. Richtigerweise muss das für den anderen geführte „Geschäft" iSv § 677 BGB den Anknüpfungspunkt bilden. Die GoA rechnet dem öffentlichen Recht zu, wenn das Geschäft, hätte es der Geschäftsherr selbst durchgeführt, öffentlich-rechtlicher Natur wäre.[90] Die GoA eines Bürgers ist öffentlich-rechtlich, wenn die Verwaltung bei eigener Erledigung in den Formen des öffentlichen Rechts gehandelt hätte. Wird entgegen der hier vertretenen Auffassung eine GoA der Verwaltung für den Bürger anerkannt, ist entscheidend, ob die hypothetischen Handlungen des Bürgers durch staatliches Sonderrecht bestimmt wären, weil ihm öffentlich-rechtliche Pflichten oder Berechtigungen oblagen bzw zustanden.[91] Geschäfte eines Bürgers für einen anderen Privaten können auch bei Erfüllung öffentlich-rechtlicher Pflichten nicht Gegenstand einer öffentlich-rechtlichen Geschäftsführung sein.[92] **16**

[86] BVerwGE 80, 170, 173 → JK Allg VwR öff-rechtl GoA/2; OVG NRW NVwZ-RR 1996, 653.

[87] BVerwGE 80, 170, 175 → JK Allg VwR öff-rechtl GoA/2; *Kischel* VerwArch 90 (1999) 391, 400 f; *Schoch* DV 38 (2005) 91, 103; *Bamberger* JuS 1998, 706, 710; *Menger* VerwArch 69 (1978) 397, 400.

[88] *Seiler* (Fn 46) vor § 677 Rn 28; *Maurer* Allg VwR, § 29 Rn 11; VG Gießen NVwZ-RR 2002, 95, 97: kein Aufwendungsersatz für einen Tierschutzverein, der aufgefundene Tiere betreut; s auch OVG NRW NVwZ-RR 1996, 653; zu großzügig BVerwGE 80, 170, 175 → JK Allg VwR öff-rechtl GoA/2; VGH BW NJW 1977, 1843, die beharrliche Untätigkeit der Behörde genügen lassen wollen; ähnlich *Erichsen* 12. Aufl, § 29 Rn 15.

[89] Sowohl Aufwendungsersatz- als auch Herausgabeansprüche aus öff-rechtl GoA sind nach § 40 I 1 VwGO im Verwaltungsrechtsweg geltend zu machen, NdsOVG NVwZ 1991, 81, Schadensersatzansprüche des privaten Geschäftsherrn aus öff-rechtl GoA nach § 40 II 1 Alt 3 VwGO hingegen vor den ordentlichen Gerichten.

[90] BVerwG DÖV 1973, 490, 491; BayVGH BayVBl 1979, 621, 623; *Menger* VerwArch 69 (1978) 397, 399; krit *Bamberger* JuS 1998, 706.

[91] *Habermehl* Jura 1987, 199, 201; *v Einem* NWVBl 1992, 384, 385; dies trifft sich mit dem Ansatz, der auf den Handlungszusammenhang von Aufwendungsersatz und primärer Handlungspflicht abstellt, VGH BW VBlBW 2002, 252, 254; BGHZ 109, 354, 356; *Schoch* Jura 1994, 241, 247; *Oldiges* JuS 1989, 616, 620.

[92] *Nedden* (Fn 47) 118 ff; *Detterbeck/Windthorst/Sproll* (Fn 8) § 21 Rn 40; *Wolff/Bachof/Stober* VwR II, § 55 Rn 17; *Schoch* Jura 1994, 241, 247; *Seiler* (Fn 46) vor § 677 Rn 23.

IV. Der öffentlich-rechtliche Erstattungsanspruch

17 Ebenso wie das Privatrecht kennt das öffentliche Recht einen Anspruch auf Rückgewähr rechtsgrundlos erbrachter Leistungen. Der öffentlich-rechtliche Erstattungsanspruch ist nicht Reaktion auf ein rechtswidriges Handeln, sondern auf einen ungerechtfertigten Vermögenszustand. Mit dessen Rückgängigmachung soll Gerechtigkeit wiederhergestellt werden.[93] Ein öffentlich-rechtlicher Erstattungsanspruch kann sowohl im Verhältnis zwischen Verwaltung und Bürger als auch im Verhältnis zwischen Hoheitsträgern bestehen. Er hat vielfach gesetzliche Regelung gefunden. Allerdings erfassen die gesetzlichen Erstattungsregeln häufig nur bestimmte Anspruchskonstellationen, wie etwa Rückforderungsbegehren der Verwaltung gegenüber dem Bürger. Soweit keine abschließende Regelung für die Rückabwicklung ungerechtfertigter Vermögensverschiebungen getroffen wurde, greift der allgemeine öffentlich-rechtliche Erstattungsanspruch Platz.

1. Gesetzliche Erstattungsansprüche

18 § 49a VwVfG wurde im Jahr 1996 in das VwVfG eingefügt und löst in modifizierter Form die Vorgängerregelung in § 48 II 5–8 VwVfG aF und § 44a II und III BHO ab.[94] Der *Anwendungsbereich* der Vorschrift ist schmal. Die Vorschrift regelt die Rückerstattung in den Fällen, in denen die causa für die Vermögensverschiebung durch einen Verwaltungsakt gebildet wurde. Der Verwaltungsakt ist indes nicht schon Rechtsgrund der Vermögensverschiebung, wenn die Behörde sich im Bescheid lediglich zum Abschluss eines Darlehensvertrags verpflichtet. Die in dieser Konstellation gebotene zivilrechtliche Rückabwicklung ist Konsequenz der Zweistufentheorie (→ § 3 Rn 38 f).[95] § 49a VwVfG erfasst auch nicht Vermögensverschiebungen auf der Grundlage eines Verwaltungsvertrages oder durch schlichthoheitliches Handeln wie zB Geldzahlungen.[96] Die Rückforderung nach § 49a VwVfG ist nach dem klaren Wortlaut nur bei einer rückwirkenden Aufhebung eines Verwaltungsaktes oder bei Eintritt einer auflösenden Bedingung (§ 36 II Nr 2 VwVfG) statthaft.[97] Vor In-Kraft-Treten von § 49a VwVfG hatte das BVerwG einen Erstattungsanspruch auch bei einem nur zukunftsgerichteten Widerruf bejaht, wenn der Fortbestand des Verwaltungsaktes Bedingung für das Behaltendürfen der Leistung sei.[98] Diese Rechtsprechung basierte auf § 49 VwVfG aF, der einen rückwirkenden Widerruf nicht gestattete. Aus der Verbundlösung von §§ 49 III, 49a I 1 VwVfG folgt, dass der Erstattungsanspruch an die rückwirkende Beseitigung des

[93] BVerwGE 71, 85, 87 → JK Allg VwR öff-rechtl Erstattg-Anspruch/2; *Ossenbühl* StHR, 415; *Schoch* Jura 1994, 82; grundlegend *Lassar* Der Erstattungsanspruch im Verwaltungs- und Finanzrecht, 1921.

[94] BGBl 1996-I, 656; zur Entstehungsgeschichte *Suerbaum* VerwArch 90 (1999) 361, 362 ff; *Sachs/Wermeckes* NVwZ 1996, 1185, 1186.

[95] BVerwG NJW 2006, 536; krit *Dorf* NVwZ 2008, 375.

[96] BVerwG NVwZ-RR 2003, 69; *Suerbaum* VerwArch 90 (1999) 361, 376; *Sachs* in: Stelkens/Bonk/Sachs, VwVfG, § 49a Rn 6.

[97] *Baumeister* NVwZ 1997, 18, 23; *Suerbaum* VerwArch 90 (1999) 361, 377, 380; VG Meiningen ThürVBl 2007, 284, 285; aA VG Regensburg NuR 2003, 65; OVG MV NordÖR 2007, 197.

[98] BVerwG DVBl 1983, 810, 812 → JK VwVfG § 49/2; s auch BVerwG NJW 1993, 1610 → JK VwGO § 80/1; HessVGH NVwZ 1989, 165, 166 → JK VwVfG Hess § 49 II/1.

Rechtsgrundes anknüpfen soll. Eine analoge Anwendung scheidet deshalb aus.[99] § 49a I 1 VwVfG gewährt zudem weder unmittelbar noch in analoger Anwendung einen Erstattungsanspruch nach der Aufhebung eines Verwaltungsaktes im (außer-)gerichtlichen Rechtsbehelfsverfahren[100], bei seiner Nichtigkeit nach § 44 VwVfG[101] oder nach der Ersetzung eines vorläufigen Verwaltungsaktes durch eine endgültige Regelung.[102]

Nach dem Wortlaut des § 49a I 1 VwVfG könnte ein Erstattungsanspruch bei Unwirksamkeit sowohl eines begünstigenden wie auch eines belastenden Verwaltungsaktes bestehen. Aus der Regelungssystematik des § 49a VwVfG[103] folgt aber, dass nur die Rückabwicklung eines nach §§ 48 II, 49 III VwVfG aufgehobenen oder nach Bedingungseintritt unwirksam gewordenen *begünstigenden* Verwaltungsaktes im Anwendungsbereich der Norm liegt. § 49a VwVfG findet deshalb nur auf Erstattungsbegehren der Verwaltung Anwendung.[104] Umstritten ist, ob § 49a VwVfG auch Rechtsgrundlage für Erstattungsansprüche gegenüber einem anderen Hoheitsträger sein kann.[105] Soweit es in diesem Verhältnis zu verwaltungsaktförmigen Leistungsbewilligungen kommt, ist dies nicht ausgeschlossen.

§ 49a I 1 VwVfG konstituiert ein *gesetzliches Schuldverhältnis*. Anspruchsgegner ist derjenige, der Adressat des aufgehobenen oder unwirksam gewordenen Verwaltungsakts war und damit in unmittelbaren Leistungsbeziehungen zu der gewährenden Behörde stand.[106] **19**

§ 49a II 1 VwVfG ordnet für den *Umfang* des Erstattungsanspruchs die entsprechende Anwendung von §§ 818 ff BGB an. Der Leistungsempfänger muss neben dem unmittelbar Erlangten[107] auch die gezogenen Nutzungen und allfällige Surrogate herausgeben (818 I BGB)[108] und schuldet bei Unmöglichkeit der Herausgabe Wertersatz (§ 818 II BGB). Abweichend von §§ 818 IV, 819 I BGB entfällt nach § 49a II 2 VwVfG die Berufung auf den Wegfall der Bereicherung nach § 818 III BGB bereits dann, wenn der Leistungsempfänger die Umstände, die zur Rücknahme, zum Widerruf oder zur Unwirksamkeit des Verwaltungsaktes führten, infolge grober Fahrlässigkeit nicht

[99] *Suerbaum* VerwArch 90 (1999) 361, 377, 386; *Baumeister* NVwZ 1997, 19, 23; *Gröpl* VerwArch 88 (1997) 2, 39 m Fn 75; *Ehlers* GewArch 1999, 305, 316; aA *Sachs* in: Stelkens/Bonk/Sachs, VwVfG, § 49a Rn 11, 16, 19.

[100] BT-Drucks 13/1534, 6; *Gröpl* VerwArch 88 (1997) 23, 45; *Suerbaum* VerwArch 90 (1999) 361, 381, 385.

[101] *Suerbaum* VerwArch 90 (1999) 361, 378, 383 f; *Gröpl* VerwArch 88 (1997) 23, 45; aA *Kopp/Ramsauer* VwVfG, § 49a Rn 4.

[102] *Suerbaum* VerwArch 90 (1999) 361, 379 f, 384 f; *Sachs* in: Stelkens/Bonk/Sachs, VwVfG, § 49a Rn 8; aA *Erfmeyer* DÖV 1998, 459, 463 f.

[103] § 49 I 2, II 2, III 2 und IV VwVfG liegt zugrunde, dass die Behörde den Anspruch geltend macht.

[104] *Suerbaum* VerwArch 90 (1999) 361, 381; *Sachs* in: Stelkens/Bonk/Sachs, VwVfG, § 49a Rn 13; *Wolff/Bachof/Stober* VwR II, § 55 Rn 21a; aA *Baumeister* NVwZ 1997, 19, 22 f.

[105] Bejahend OVG NRW NVwZ-RR 2004, 317; OVG NRW DÖV 2007, 703; wohl auch BVerwG BayVBl 2009, 182, 183; *Ziekow* VwVfG, § 49a Rn 2; abl *Kopp/Ramsauer* VwVfG, § 49a Rn 14; *Ossenbühl* StHR, 419; Vorauflage.

[106] BVerwG DVBl 2000, 907, 909 → JK VwVfG § 48/21; VG Frankfurt NVwZ-RR 2004, 306; zur Passivlegitimation des Rechtsnachfolgers BVerwG NVwZ 1988, 945; BFH NJW 1993, 2263.

[107] Hierzu rechnen Leistungen, die der Empfänger irrtümlich nach der rückwirkenden Aufhebung des Verwaltungsakts erhalten hat, *Sachs* in: Stelkens/Bonk/Sachs, VwVfG, § 49a Rn 27.

[108] Zu den herausgabepflichtigen Nutzungen zählen gezogene Zinsen, BVerwGE 71, 48, 55.

kannte.[109] § 49a II 2 VwVfG ist Beleg, dass sich der öffentlich-rechtliche Erstattungsanspruch nicht in einer Parallele zum Bereicherungsrecht erschöpft, sondern in das Koordinatensystem des öffentlich-rechtlichen Vertrauensschutzes eingefügt ist. Die Haftungsmodifikation spiegelt die Vertrauensschutzgesichtspunkte, die für die Aufhebung eines Verwaltungsaktes maßgeblich sind. Die Maßstäbe sind allerdings zu modifizieren, sofern Erstattungsansprüche gegenüber einem anderen Hoheitsträger geltend gemacht werden (vgl Rn 27). Prozedural ist die jeweilige Eigenständigkeit von Aufhebungs- und Rückerstattungsverfahren in Rechnung zu stellen. Deshalb kommt dem Leistungsempfänger die gegenüber § 818 III BGB privilegierende Voraussetzung des § 48 II 2 VwVfG bereits im Rücknahmeverfahren zugute. Ist eine Rücknahme oder ein Widerruf zulässig, so wird dem Leistungsempfänger in Anbetracht der Anforderungen in §§ 48 II, 49 III VwVfG zumeist auch der Entreicherungseinwand abgeschnitten sein. Zu den anwendbaren Vorschriften des bürgerlichen Rechts rechnet schließlich auch § 820 BGB, der iVm § 818 IV BGB zu einer Haftungsverschärfung führt.[110]

20 Hat die EU-Kommission nach Art 108 II AEUV, Art 14 I BeihilfenVO 659/99 die Rückforderung einer *unionsrechtswidrigen Beihilfe* durch die mitgliedstaatlichen Behörden bestandskräftig angeordnet, wird der Vertrauensschutz weiter modifiziert. Das unionsrechtliche Vereitelungsverbot oder Effizienzgebot[111] führt im Rücknahmeverfahren zur Suspendierung der Regelvermutung des § 48 II 2 VwVG und zu einer Abwägung nach § 48 II 1 VwVfG, die wegen der Bedeutung der Durchsetzung der unionsrechtlichen Wettbewerbsordnung regelmäßig zugunsten der Rücknahme des Subventionsbescheids ausfällt (→ § 24 Rn 32).[112] Im Rückforderungsverfahren nach § 49a VwVfG ist der Leistungsempfänger nicht einmal im Umfang von § 49a II 2 VwVfG geschützt. Auch wenn ihm grob fahrlässige Unkenntnis der die Unionsrechtswidrigkeit begründenden Umstände nicht vorzuwerfen ist[113], verlangt das Vereitelungsverbot die Rückerstattung bereits verbrauchter Leistungen.[114] Hingegen verpflichtet nicht schon ein Verstoß gegen das Durchführungsverbot gemäß Art 108 III 3 AEUV die

[109] Maßgeblich sind die *tatsächlichen* Umstände und nicht die rechtlichen Wertungen, BVerwGE 105, 354, 362; zum Maßstab grober Fahrlässigkeit VG Oldenburg NVwZ 2002, 119, 121.

[110] *Sachs* in: Stelkens/Bonk/Sachs, VwVfG, § 49a Rn 53 ff; s auch *Erichsen/Brügge* Jura 1999, 496, 502.

[111] EuGH Slg 1983, 2633 Rn 19 – Deutsche Milchkontor; Slg 1990, I-3437 Rn 12 – BUG Alutechnik; Slg 1997, I-1591 Rn 24 – Alcan II → JK VwVfG §§ 48, 49a/16; Slg 1998, I-4767 – Oelmühle; Art 14 III BeihilfenVO 659/99 hat den allgemeinen Rechtsgrundsatz kodifiziert.

[112] BVerwGE 92, 81, 85 f → JK VwVfG § 48/13; 106, 328, 336 → JK VwVfG § 48/18; BVerwG EuZW 1995, 314, 319; das Vertrauen des Empfängers kann nur bei Vorliegen besonderer Umstände überwiegen, EuGH Slg 1997, I-1591 Rn 24 f – Alcan II → JK VwVfG §§ 48, 49a/16; zu einem Ausnahmefall OVG MV NordÖR 2009, 38.

[113] Auch wenn der Beihilfenempfänger um die *materielle* Unionsrechtswidrigkeit der Subvention nicht wissen muss, wirkt wie auch im Rahmen des § 48 II 1 VwVfG vertrauensschutzmindernd der Umstand, dass es jedenfalls größeren Unternehmen möglich ist, sich über die Einhaltung der *formellen* Anforderungen des Art 108 III AEUV zu vergewissern, s EuGH Slg 1997, I-1591 Rn 49 – Alcan II → JK VwVfG §§ 48, 49a/16; s auch Slg 1990, I-3437 Rn 15 – BUG Alutechnik; BVerwGE 92, 81, 86 → JK VwVfG § 48/13; 106, 328, 336 f → JK VwVfG § 48/18; BVerwG EuZW 1995, 314, 318.

[114] EuGH Slg 1997, I-1591 Rn 54 – Alcan II → JK VwVfG §§ 48, 49a/16 bezog den Ausschluss des Entreicherungseinwands auf das Rücknahmeverfahren; s auch BVerwGE 106, 328, 338 → JK VwVfG § 48/18; zur Übertragung auf den Erstattungsanspruch *Erichsen/Brügge* Jura 1999, 496, 502.

Behörde zur vollständigen Rückforderung, sofern die Kommission die Subventionsgewährung materiell genehmigt.[115]

Erstattungsansprüche sind in Abweichung vom bürgerlichen Recht nach § 49a III 1 VwVfG grundsätzlich zu *verzinsen*. Die an den Zeitpunkt der Unwirksamkeit des Verwaltungsakts anknüpfende variable Verzinsung in Höhe von 5% über dem Basiszinssatz iSv § 247 BGB soll verhindern, dass ein Leistungsempfänger erhaltene Geldleistungen vor oder anstelle ihrer Verwendung zinsbringend anlegt. Da ein tatsächlicher Nachweis für einen Zinsgewinn des Leistungsempfängers nicht erforderlich ist, knüpft die Vorschrift eher an eine „Entreicherung" der Behörde – Wiederbeschaffungskosten durch Kapitalaufnahme – als an eine Bereicherung des Leistungsempfängers an.[116] **21**

Nach § 49a I 2 VwVfG ist die Rückforderung durch *schriftlichen Bescheid* festzusetzen. § 49a I 2 VwVfG normiert ein Handlungsformgebot und schließt die Rückforderung im Wege der Leistungsklage aus. Zum anderen wird klargestellt, dass der Behörde für die Rückforderung ein Ermessen nicht zukommt. Vertrauensschutzerwägungen sind auf der Stufe der im Ermessen stehenden Aufhebungsentscheidung anzustellen. Zuständig für die Rückforderung ist die Behörde, die den Verwaltungsakt aufgehoben hat. Sie kann den Rückforderungsbescheid mit der Aufhebung des Verwaltungsaktes verbinden.[117] Wird die Rückerstattung einer unionsrechtswidrigen Beihilfe verlangt, ist zu berücksichtigen, dass Art 14 III 1 BeihilfenVO Nr 699/99 vom nationalen Verwaltungsrecht die sofortige und tatsächliche Vollstreckung der Kommissionsentscheidung fordert. Deshalb wird die Behörde den Leistungsbescheid nach § 80 II 1 Nr 4 VwGO mit der Anordnung sofortiger Vollziehung versehen müssen.[118] **22**

§ 49a VwVfG findet keine Anwendung, soweit *spezialgesetzliche Vorschriften* abschließend die Erstattung regeln. § 50 SGB X ermöglicht auch die behördliche Rückforderung von Leistungen, die nicht auf einem Verwaltungsakt beruhen (§ 50 II SGB X) und enthält weitere auf das Sozialrecht zugeschnittene Besonderheiten, die einen Rückgriff auf § 49a VwVfG ausschließen.[119] Nach den beamtenrechtlichen Vorschriften kann der Dienstherr die Rückerstattung überzahlter Dienstbezüge (§ 12 II BBesG), oder Versorgungsbezüge (§ 52 II BeamtVG) verlangen. Die Vorschriften knüpfen nicht zwingend[120] an die Aufhebung eines Verwaltungsaktes an und sehen wie § 49a I VwVfG den Ausschluss des Einwands der Entreicherung bei grob fahrlässiger Unkenntnis des Mangels des Rechtsgrunds vor.[121] § 37 II AO gewährt einen Erstattungsanspruch, der auch vom Steuerzahler gegenüber der Finanzverwaltung geltend gemacht werden kann. Im Verhältnis zwischen Hoheitsträgern sind sog. Abwälzungsansprüche normiert, die entstehen, wenn ein nicht verpflichteter Verwaltungsträger für einen anderen in Vorleistung gegenüber Dritten geht.[122] **23**

[115] EuGH EuZW 2008, 145 Rn 46 ff – CELF.

[116] Krit *Gröpl* VerwArch 88 (1997) 23, 41 f.

[117] Zu den prozessualen Folgen der Verbindung *Pauly/Pudelka* DVBl 1999, 1609; OVG NRW DÖV 2007, 703.

[118] EuGH EuZW 2007, 56 Rn 49 ff – Kommission/Frankreich.

[119] BVerwGE 78, 164, 169; 105, 374, 375.

[120] Bildet aber ein VA den Rechtsgrund für die Zahlung, muss dieser zunächst beseitigt werden, BVerwGE 109, 365, 367 f → JK Allg VwR öff-rechtl Erstattg-Anspruch/5.

[121] Dies rechtfertigt sich aus der Treuepflicht des Beamten, s BVerwGE 32, 228, 230; 71, 77, 80; 84, 111 → JK VwVfG § 48/9; 91, 66; BayVGH ZBR 1996, 348; s auch *v Mutius* VerwArch 71 (1980) 413, 424 ff.

[122] § 102 SGB X, § 106 I SGB XII; s auch BVerwGE 125, 95, 99.

2. Der allgemeine öffentlich-rechtliche Erstattungsanspruch

24 Der allgemeine öffentlich-rechtliche Erstattungsanspruch kann sowohl im Verhältnis zwischen Bürger und Verwaltung als auch zwischen Hoheitsträgern zur Anwendung kommen. Er tritt gegenüber spezialgesetzlichen Erstattungsansprüchen zurück.[123] Seine dogmatische Herleitung ist bis heute umstritten. Ganz überwiegende Meinung ist, dass er nicht auf einer analogen Anwendung von §§ 812 ff BGB beruht.[124] Die präzise Normierung in §§ 812 ff BGB spricht aber dagegen, den öffentlich-rechtlichen Erstattungsanspruch von diesem Vorbild gänzlich abzulösen und ihn auf das Gesetzmäßigkeitsprinzip zu gründen[125], das als Sollensgebot keinen Anspruchscharakter besitzt und als lex imperfecta kaum die Anspruchsvoraussetzungen und -grenzen bestimmen kann. Der Versuch, den Erstattungsanspruch als Unterfall des Folgenbeseitigungsanspruchs stärker zu publifizieren[126], verspricht angesichts der Begründungsprobleme, mit denen dieses Institut geschlagen ist, keinen Gewinn, und könnte wegen dessen grundrechtlicher Fundierung auch nicht erklären, weshalb die Verwaltung Gläubigerin eines Erstattungsanspruchs sein kann. Ungeachtet dieser Unklarheiten gilt der allgemeine öffentlich-rechtliche Erstattungsanspruch als eigenständiges öffentlich-rechtliches Institut, dem gewohnheitsrechtliche Geltung zukommt.[127] Seine Eigenständigkeit schließt Anleihen beim Bereicherungsrecht nicht aus.

25 Ein öffentlich-rechtlicher Erstattungsanspruch setzt eine *Vermögensverschiebung* voraus.[128] Diese kann durch Leistung – wie etwa durch Zahlung des Bürgers aufgrund eines Beitragsbescheids[129] – oder „in sonstiger Weise" erfolgen. Wie auch im Zivilrecht umfasst die Nichtleistungskondiktion unterschiedliche Fallgestaltungen. So kann zB das Vermögen der Stadt in sonstiger Weise vermehrt sein, wenn ein Gemüsehändler in einer städtischen Markthalle Einbauten vornimmt und nach seinem Auszug von der Stadt Kostenersatz verlangt.[130]

26 Zentrale Voraussetzung des Erstattungsanspruchs ist die *Rechtsgrundlosigkeit* der Vermögensverschiebung. Die Maßstäbe hierfür sind abhängig von dem Handlungsmodus, der die Vermögensverschiebung bewirkt hat. Bei einem Realhandeln wie einer schlichten Geldzahlung fehlt der Rechtsgrund, soweit diese gegen das materielle Recht verstößt. Hingegen bildet auch ein rechtswidriger Vertrag einen zureichenden Rechts-

[123] VGH BW VBlBW 2003, 231, 232 zum Vorrang der Kostenerstattung für die polizeiliche Ersatzvornahme; BVerwG BayVBl 2009, 182: im Erstattungsverhältnis zwischen Bund und Ländern erzeugt Art 104a V GG keine Sperrwirkung.

[124] BVerwGE 71, 85, 88 → JK Allg VwR öff-rechtl Erstattg-Anspruch/2; *Ossenbühl* StHR, 422 f; *H. Weber* JuS 1986, 29, 33; *Schoch* Jura 1994, 82, 84.

[125] So aber BVerwGE 48, 279, 286; VGH BW NJW 1978, 2050, 2051; *Maurer* Allg VwR, § 29 Rn 21.

[126] So *Morlok* DV 25 (1992) 371, 386 ff.

[127] BVerwGE 20, 295, 297; 25, 72, 81; 44, 351, 366; 48, 279, 286; 71, 85, 88 → JK Allg VwR öff-rechtl Erstattg-Anspruch/2; *Schoch* Jura 1994, 82, 84 f; *H. Weber* JuS 1986, 29, 33; *Ossenbühl* StHR, 422 f.

[128] Zum Kriterium der Unmittelbarkeit im Zivilrecht und im öffentlichen Recht *Lorenz* FS Lerche, 1993, 929, 939; s auch *Schoch* Jura 1994, 82, 86.

[129] Zu Leistungsbeziehungen im öffentlichen Recht *Lorenz* (Fn 128) 929, 936 ff.

[130] OVG NRW DÖV 1971, 350; zur Bereicherung in sonstiger Weise gehört der sog Abwälzungsanspruch, den ein vorleistender Hoheitsträger gegenüber dem eigentlich Verpflichteten geltend macht, OVG Hamburg NVwZ-RR 1995, 369, 374; VGH BW NJW 1985, 2603, 2605; weitere Bsp bei *Lorenz* (Fn 128) 929, 933 ff.

grund für eine Vermögensverschiebung, sofern er nicht an einem Nichtigkeitsgrund nach § 59 VwVfG leidet. In gleicher Weise sind rechtswidrige Verwaltungsakte solange Rechtsgrund für eine Vermögensverschiebung, wie sie nicht ihre Wirksamkeit verloren haben. Dies bringt § 49a VwVfG zum Ausdruck, der für den Erstattungsanspruch der Verwaltung die rückwirkende Aufhebung des Verwaltungsaktes zur Anspruchsvoraussetzung macht (vgl Rn 18).

Die von § 49a I 1 VwVfG nicht erfasste Nichtigkeit eines Verwaltungsakts bedeutet ein anfängliches Fehlen des Rechtsgrunds und stützt im Rahmen des allgemeinen Erstattungsanspruchs sowohl Ansprüche des Bürgers als auch solche der Verwaltung.[131] Dasselbe gilt für die Aufhebung eines Verwaltungsaktes im Widerspruchsverfahren oder im Verwaltungsprozess.[132] Die ex nunc-Aufhebung eines Verwaltungsaktes führt hingegen nicht zum Wegfall des rechtlichen Grundes. Die vom BVerwG unter der Geltung von § 49 VwVfG aF entwickelte Konstruktion, ein Bewilligungsbescheid rechtfertige das Behaltendürfen nur dann, wenn er für den gesamten Zeitraum, der für die Zweckbindung des Geleisteten vorgesehen sei, wirksam bleibe[133], unterstellt dem gewährenden Verwaltungsakt einen Regelungsgehalt, den er zumeist nicht haben wird. Denn soweit der Verwaltungsakt nicht selbst in Gestalt einer Bedingung seinen Regelungs- und Wirksamkeitsanspruch beschränkt, wird mit ihm eine endgültige Entscheidung über das Behaltendürfen getroffen.[134] Mit §§ 49 III, 49a I 1 VwVfG hat der Gesetzgeber überdies eine abschließende Konzeption verwirklicht, die nicht unter Rückgriff auf den allgemeinen Erstattungsanspruch unterlaufen werden darf.[135]

Für den *Umfang* der Erstattungspflicht gelten die Rechtsgedanken von § 818 I und II **27**
BGB. Der Erstattungsschuldner hat tatsächlich gezogene Nutzungen unter Einschluss erwirtschafteter Zinsen herauszugeben.[136] Ein Zinsanspruch des Gläubigers besteht anders als nach § 49a III VwVfG (vgl Rn 21) nicht.[137] Modifikationen gegenüber dem Bereicherungsrecht bestehen für den *Wegfall der Bereicherung*. Ein Hoheitsträger kann sich wegen seiner Gesetzesbindung niemals auf Entreicherung berufen. Art 20 III GG schließt ein „Vertrauen" der Verwaltung aus, eine rechtsgrundlos erhaltene Leistung behalten zu dürfen und damit von rechtswidrigen Zuständen zu profitieren.[138] Ist hin-

131 *Gröpl* VerwArch 88 (1997) 23, 45 f; *Suerbaum* VerwArch 90 (1999) 361, 386.

132 *Suerbaum* VerwArch 90 (1999) 361, 386; *Gröpl* VerwArch 88 (1997) 23, 45 f.

133 BVerwG DVBl 1983, 810, 812 – Gleisanschluss → JK VwVfG § 49/2.

134 So auch die Entwurfsbegründung zu §§ 49 III, 49a I 1 VwVfG, BT-Drucks 13/1534, 5.

135 *Gröpl* VerwArch 88 (1997) 23, 39 mit Fn 75; *Baumeister* NVwZ 1997, 19, 23; *Detterbeck/Windthorst/Sproll* (Fn 8) § 24 Rn 19; VG Meiningen ThürVBl 2007, 284, 287; aA *Suerbaum* VerwArch 90 (1999) 361, 386 f; *Kopp/Ramsauer* VwVfG, § 49a Rn 6; *Sachs* in Stelkens/Bonk/Sachs, VwVfG, § 49a Rn 9.

136 BVerwGE 71, 85, 93 → JK Allg VwR öff-rechtl Erstattg-Anspruch/2; zum Einschluss von Umsatzsteuerbeiträgen BVerwG BauR 2008, 476; ein Ausgleich für unterbliebene Aufwendungen kann bei der Leistungskondiktion nicht verlangt werden, OVG Hamburg KStZ 1982, 234, 236; bei der Verwendungskondiktion ist der ersparte Aufwand zu erstatten, OVG Hamburg NVwZ-RR 1995, 369, 374; zum Anspruch auf Wertersatz BayObLG BayVBl 2004, 758, 759; VGH BW VBlBW 2004, 52, 55 → JK 7/04 VwVfG § 56 I/4; BVerwG DÖV 2005, 650 – Wertersatz für rechtsgrundlos geleistete gemeinnützige Arbeit.

137 OVG Hamburg NVwZ-RR 1995, 369, 375; s auch Rn 3.

138 BVerwGE 36, 108, 113 f; 71, 85, 89; 112, 351, 357; ThürOVG NVwZ-RR 2003, 830, 832; *Ossenbühl* StHR, 435; *Detterbeck/Windthorst/Sproll* (Fn 8) § 25 Rn 11 f; *Schlette* (Fn 1) 569; *Gurlit* Verwaltungsvertrag und Gesetz, 2000, 448 f.

gegen ein Bürger Erstattungsschuldner, ist der öffentlich-rechtliche Vertrauensschutz zu berücksichtigen. Die Wertungen entnimmt die Rechtsprechung §§ 48 II–IV, 49a II 2 VwVfG. Der Bürger ist nach dem Gedanken des § 48 II 2 VwVfG in seinem Vertrauen auf das Behaltendürfen bereits geschützt, wenn er eine unumkehrbare Vermögensdisposition getroffen hat. Andererseits muss er das rechtsgrundlos Erlangte schon dann herausgeben, wenn er nach den Wertungen der §§ 48 II 3 Nr 3, 49a II 2 VwVfG infolge grober Fahrlässigkeit nicht um die Rechtsgrundlosigkeit der Leistung wusste.[139] Die Gerichte haben damit den Weg beschritten, Voraussetzungen und Grenzen des allgemeinen Erstattungsanspruchs systemimmanent innerhalb des öffentlichen Rechts zu konkretisieren.[140] Indes ist der Wertungsgleichlauf mit §§ 48 II–IV, 49a II 2 VwVfG auf Leistungsbeziehungen in der Handlungsform des Verwaltungsakts zugeschnitten. Für die Rückabwicklung öffentlich-rechtlicher Verwaltungsverträge lässt sich fragen, ob nicht die zivilrechtlichen Wertungen der verdichteten vertraglichen Beziehung eher angemessen sind.[141]

28 Auch die Rechtsgedanken der bereicherungsrechtlichen Vorschriften zum *Anspruchsausschluss* können nicht unbesehen auf den allgemeinen öffentlich-rechtlichen Erstattungsanspruch übertragen werden. Die Anwendung des Gedankens von § 814 Alt 1 BGB zulasten der Verwaltung ist zwar zu bejahen, denn die Bürger dürfen sich darauf verlassen, dass die Verwaltung nur solche Leistungen verspricht, die sie auch erbringen darf[142]; leistet hingegen ein Bürger in Kenntnis der Rechtswidrigkeit, so steht die Gesetzesbindung der Verwaltung der Festschreibung rechtswidriger Zustände entgegen.[143] Aus demselben Grund werden Rückforderungsbegehren des Bürgers nicht nach dem Gedanken des § 817 S 2 BGB ausgeschlossen.[144]

Der zu den allgemeinen Grundsätzen des Verwaltungsrechts zählende Grundsatz von Treu und Glauben kann einem Erstattungsbegehren in seiner Ausprägung als Einwand unzulässiger Rechtsausübung entgegenstehen. Er kommt vornehmlich bei der Rückabwicklung von Verwaltungsverträgen zum Tragen, wenn eine beiderseitige Rückabwicklung nicht mehr möglich ist. Der Bereicherungsgläubiger soll nicht mehr erhalten als die Wiederherstellung rechtmäßiger Zustände.[145] Allerdings darf die Behörde nicht durch das Behaltendürfen belohnt werden, wenn die Rechtsordnung in Gestalt des Koppe-

139 BVerwGE 71, 85, 90 f → JK Allg VwR öff-rechtl Erstattg-Anspruch/2; 89, 345, 352 f.

140 *Ossenbühl* StHR 433 f; *Schoch* Jura 1994, 82, 88 f; krit *Maurer* Allg VwR, § 29 Rn 28 f.

141 *Gurlit* (Fn 138) 449 f; *Frank* DVBl 1977, 682, 689; *Kokott* VerwArch 83 (1992) 503, 512 f; *Schlette* (Fn 1) 568 und *Ziekow/Siegel* VerwArch 95 (2004) 281, 296 f wollen §§ 818 ff BGB über § 62 S 2 VwVfG anwenden.

142 Vgl BVerwG EuZW 1995, 314: Nach dem Rechtsgedanken des § 48 II 6 VwVfG aF ist die behördliche Rückforderung bereits ausgeschlossen, wenn diese in grob fahrlässiger Unkenntnis der Rechtslage geleistet hat.

143 BVerwGE 71, 85, 89 → JK Allg VwR öff-rechtl Erstattg-Anspruch/2; OVG Rh-Pf NVwZ 1992, 796, 798; ThürOVG NVwZ-RR 2003, 830, 832; VGH BW NVwZ 1991, 583, 587 → JK VwVfG §§ 56, 59/2; BVerwG NVwZ 2003, 993, 994; *Schlette* (Fn 1) 569; *Gurlit* (Fn 138) 447 f; *Ossenbühl* StHR, 434; aA *Ziekow/Siegel* VerwArch 95 (2004) 281, 297; NdsOVG ZfBR 2007, 804, 809 → JK BauGB § 11/1; BayVGH BayVBl 2009, 722, 725; OVG Hamburg NVwZ-RR 1995, 369, 374 will den Rechtsgedanken des § 814 BGB auch im Erstattungsverhältnis zwischen Hoheitsträgern ausschließen.

144 BVerwG NVwZ 2003, 993, 994; VGH BW VBlBW 2004, 52, 55 → JK VwVfG § 56 I/4.

145 BVerwG NJW 1974, 2247, 2248 f; s auch VG München NJW 1998, 2070, 2072.

lungsverbots gerade die Verknüpfung von Leistung und Gegenleistung missbilligt[146] oder wenn das Ergebnis der Vermögensverschiebung gegen ein gesetzliches Verbot verstößt.[147] Es müssen deshalb in diesen Konstellationen weitere Umstände hinzutreten, die das Rückforderungsbegehren des Bürgers als treuwidrig erscheinen lassen.

Bei der Rückabwicklung *unionsrechtswidriger Beihilfen* bedarf der allgemeine öffentlich-rechtliche Erstattungsanspruch ebenso wie der Anspruch nach § 49a VwVfG weiterer Modifikation. Dem Beihilfenempfänger ist auch im Rahmen des allgemeinen öffentlich-rechtlichen Erstattungsanspruchs regelmäßig der Entreicherungseinwand abgeschnitten.[148] Die Rückforderungsansprüche der Verwaltung ausschließenden §§ 814, 817 S 2 BGB kommen bei der Unionsrechtswidrigkeit der Subvention nicht zur Anwendung.[149] Selbst wenn es der Verwaltung bei einem innerstaatlichen Sachverhalt nach dem Grundsatz von Treu und Glauben verwehrt wäre, eine Rückforderung zu verlangen, gebietet das Vereitelungsverbot jedenfalls bei materieller Unionsrechtswidrigkeit einer Beihilfe die Durchsetzung des Erstattungsanspruchs.[150] 29

Für die Bestimmung der *Rechtsnatur* eines Erstattungsanspruchs ist entscheidend, ob die Vermögensverschiebung im Rahmen öffentlich-rechtlicher Rechtsbeziehungen erfolgt ist. Bei gescheiterten Leistungsbeziehungen ist die Zuordnung problemlos. Erstattungsansprüche sind „umgekehrte Leistungsansprüche" und teilen deren Rechtsnatur.[151] Beruhte die Leistung an den Empfänger auf einem nichtigen Vertrag, so ist dessen Rechtsnatur maßgeblich. Bei einer fehlgeleiteten Leistung an einen „falschen" Empfänger kommt es darauf an, welche Verbindlichkeit die Leistung erkennbar erfüllen sollte. Fehlt es an jeglichem Leistungsmotiv wie bei der Bereicherung „in sonstiger Weise", ist die Rechtsnatur der tatsächlich erbrachten Leistung entscheidend.[152] 30

Erstattungsansprüche des Bürgers sind im Wege der allgemeinen Leistungsklage geltend zu machen. Soweit ein Handlungsformgebot wie in § 49a I 2 VwVfG normiert ist, wird der Verwaltung der Weg der Leistungsklage abgeschnitten (vgl Rn 22). Zugleich wird aber dem Bürger die Anfechtungslast aufgebürdet. Gleichwohl anerkennt die Rechtsprechung eine Verwaltungsaktsbefugnis der Behörde zur Durchsetzung des Erstattungsanspruchs auch ohne normative Grundlage, wenn auch die Leistung durch Verwaltungsakt gewährt wurde (sog Kehrseitentheorie).[153] Diese Rechtsprechung ist 31

[146] BVerwGE 111, 162, 173 f → JK Allg VwR öff-rechtl Erstattg-Anspruch/6; BVerwG NVwZ 2002, 473; BVerwG NVwZ-RR 2003, 874, 875 → JK 12/03 VwVfG § 59 II/I; VGH BW VBlBW 2004, 52, 54 f → JK VwVfG § 56 I/4; s auch bereits VGH BW NVwZ 1991, 583, 587 f → JK VwVfG §§ 56, 59/2.

[147] BVerwG NVwZ 2003, 993, 994 f.

[148] EuGH Slg 1997, I-1591 Rn 52 ff – Alcan II → JK VwVfG §§ 48, 49a/16; *Gurlit* (Fn 138) 456 f; *Gellermann* DVBl 2003, 481, 487 f; *Schneider* NJW 1992, 1197, 1201; *Detterbeck/Windthorst/Sproll* (Fn 8) § 24 Rn 29.

[149] *Schmidt-Räntsch* NJW 2005, 106, 109 für zivilrechtliche Verträge.

[150] EuGH Slg 1997, I-1591 Rn 43 – Alcan II → JK VwVfG §§ 48, 49a/16; BVerwGE 106, 328, 338 → JK VwVfG § 48/18; bei nur formellem Unionssrechtsverstoß verlangt das Unionsrecht keine Rückforderung, EuGH EuZW 2008, 145 Rn 46 ff – CELF.

[151] BVerwGE 55, 337, 339; 89, 7, 9; 111, 162, 164 → JK Allg VwR öff-rechtl Erstattg-Anspruch/6; VGH BW VBlBW 2004, 52 → JK VwVfG § 56 I/4; VGH BW NVwZ 1991, 383 → JK VwVfG §§ 56, 59/2.

[152] *Ossenbühl* StHR, 416; *H. Weber* JuS 1986, 29, 31; *Schoch* Jura 1994, 82, 87.

[153] BVerwGE 20, 295, 297; 25, 72, 76 ff; 40, 85, 89; BVerwG DÖV 1977, 606, 607; für die Rückforderung überzahlter Leistungen an Beamte wird die VA-Befugnis als Gewohnheitsrecht angesehen, BVerwGE 28, 1; 52, 183, 185 f; 71, 354, 357 f.

abzulehnen, weil sie den Gesetzesvorbehalt für die Handlungsform überspielt.[154] Eine gesetzliche Grundlage für die Durchsetzung durch Verwaltungsakt ist erst recht erforderlich, wenn dem Erstattungsbegehren keine verwaltungsaktsförmige Leistungsgewähr vorausging.[155] Gegenstand der Diskussion ist, wie bei der Rückforderung unionsrechtswidriger Beihilfen zu verfahren ist, wenn eine bestandskräftige Kommissionsentscheidung die Erstattung verlangt. Das Gebot des Art 14 III 1 BeihilfenVO Nr 699/1999, im Rahmen des nationalen Rechts eine sofortige und tatsächliche Vollstreckung der Kommissionsentscheidung zu ermöglichen, lässt sich bei einer vertragsförmigen Beihilfengewähr durchsetzen, wenn sich der Beihilfenempfänger nach § 61 VwVfG der sofortigen Vollstreckung unterworfen hat (→ 34 Rn 1). Allerdings verlangt die Vorschrift nicht die verwaltungsaktförmige Durchsetzung und gewährt schon gar nicht eine entsprechende Befugnis. Art 14 III 2 BeihilfenVO Nr 699/1999 lässt vielmehr auch eine Rückforderung im Wege der Leistungsklage zu, die ggf um vorläufige Rechtsbehelfe zu ergänzen ist.[156]

V. Das öffentlich-rechtliche Benutzungsverhältnis

32 Das öffentlich-rechtliche Benutzungsverhältnis ist ein Sammelbegriff für die Rechtsverhältnisse, die der Staat mit den Bürgern im Rahmen der Daseinsvorsorge begründet. In einem weiteren Sinne rechnet hierzu auch die Benutzung öffentlicher Sachen. Während die Nutzungsrechte an öffentlichen Sachen aber regelmäßig dinglicher Natur sind, werden unter den Benutzungsverhältnissen zumeist die verwaltungsrechtlichen Schuldverhältnisse gefasst, die sich als obligatorische Nutzungsverhältnisse darstellen. Hierzu zählt die Nutzung von öffentlichen Einrichtungen und Anstalten des Kommunalrechts wie zB Kindergärten, Schulen, Theatern, Friedhöfen und Ver- und Entsorgungseinrichtungen wie die Abfallentsorgung oder Abwasserbeseitigungsanlagen.[157]

33 Öffentliche Einrichtungen der Kommunen und Anstalten können sowohl in den Organisationsformen des öffentlichen Rechts als auch in Privatrechtsform betrieben werden. Der kommunalrechtliche Begriff der öffentlichen Einrichtung ist nicht rechtsformbezogen, sondern stellt allein auf den öffentlichen Zweck der Daseinsvorsorge ab.[158] Der *Anspruch auf Zulassung* zu ihrer Nutzung nach den GemOen der Länder ebenso

[154] Krit *Osterloh* JuS 1983, 280, 283; *Renck* JuS 1965, 129; *Wolff/Bachof/Stober* VwR II, § 55 Rn 26, 50.

[155] BVerwGE 108, 1, 3 ff; instruktiv VG Frankfurt NVwZ-RR 2003, 69.

[156] *Hildebrandt/Castillon* NVwZ 2006, 298, 300; *Uwer/Wodarz* DÖV 2006, 989, 991 f; *Hoffmann/Bollmann* EuZW 2006, 398; *Ludwigs* Jura 2007, 612, 615; *Vögler* NVwZ 2007, 294, 297 gegen OVG Berlin-BbG NVwZ 2006, 104, 105 → JK EGV Art 87 I/2; aA *Rosenfeld* EuZW 2007, 59 unter Hinweis auf EuGH EuZW 2007, 56 Rn 49 ff – Kommission/Frankreich → JK EGV Art 88/3.

[157] Zur Abgrenzung von öffentlichen Sachen, Anstalten und öffentliche Einrichtungen *Roth* Die kommunalen öffentlichen Einrichtungen, 1998, 29 ff, 39 f; *Chen* Öffentlich-rechtliche Anstalten und ihre Nutzung, 1994, 26 ff; *Erichsen* Jura 1986, 148, 152; *Dietlein* Jura 2002, 445, 448; → § 38 Rn 24 ff.

[158] OVG Rh-Pf DÖV 1986, 153 → JK GO Rh-Pf § 14/1; *Fischedick* Die Wahl der Benutzungsform öffentlicher Einrichtungen, 1986, 14 ff; aA *Kempen* Die Formenwahlfreiheit der Verwaltung, 1989, 129; krit zum Wechsel in die privatrechtl Organisationsform *Ehlers* DÖV 1986, 897, 902 ff; zum Wegfall des öffentlichen Zwecks durch materielle Privatisierung s SächsOVG SächsVBl 2005, 256, 258.

wie nach besonderen gesetzlichen Grundlagen[159] ist auch dann öffentlich-rechtlicher Natur, wenn die Einrichtung privatrechtlich organisiert ist.[160] Vom Nutzungsrecht ist das eigentliche *Benutzungsverhältnis* zu unterscheiden. Ist Träger der Einrichtung oder Anstalt eine juristische Person des Privatrechts, kann auch das Benutzungsverhältnis nur zivilrechtlich ausgestaltet sein. Für öffentlich-rechtlich betriebene Einrichtungen und Anstalten wird aber dem Träger ganz überwiegend ein Wahlrecht für die Ausgestaltung des Benutzungsverhältnisses zugestanden.[161] Organisations- und Rechtsformen des verwaltungsrechtlichen Schuldverhältnisses sind also zu unterscheiden.

Für viel genutzte Einrichtungen und Anstalten wie Stadtbibliotheken oder Museen bestehen zumeist *Benutzungsordnungen*. Dies können Allgemeine Geschäftsbedingungen, Satzungen, aber uU auch Allgemeinverfügungen iSv § 35 S 2 Alt 1 VwVfG sein.[162] Eine Veröffentlichung im Amtsblatt oder die Verwendung von Begriffen wie „Gebühr" oder „Beitrag" sprechen für eine öffentlich-rechtliche Ausgestaltung des Benutzungsverhältnisses. Werden Bezeichnungen wie „Entgelt" oder „Mietzins" verwendet, ist dies Indiz für eine privatrechtliche Ausgestaltung. Fehlt es an klaren Hinweisen für die Rechtsform der Beziehungen zu den Nutzern, ist von der Regelvermutung auszugehen, der Träger der Einrichtung oder Anstalt wolle seine Aufgaben in den Formen des öffentlichen Rechts erbringen.[163]

Das Benutzungsverhältnis entsteht mit dem *Zulassungsakt*. Es kann in Entstehung **34**
und Ausgestaltung einstufig öffentlich-rechtlich sein, wenn es durch einen öffentlich-rechtlichen Verwaltungsvertrag begründet wird.[164] Zumeist erfolgt aber die Zulassung in Gestalt eines Verwaltungsakts oder konkludent mit der tatsächlichen Nutzung zB eines städtischen Parks. Ist das Benutzungsverhältnis privatrechtlich ausgestaltet, fragt sich, ob die zivilrechtliche Vertragsregelung bereits die Zulassungsentscheidung in sich trägt.[165] Dies mag deshalb erwogen werden, weil die Spaltung in einen öffentlich-rechtlichen Zulassungsakt und ein nachfolgendes privatrechtliches Benutzungsverhältnis als „überkonstruiert" erscheint.[166] Steht der Zugang zu kommunalen Einrichtungen in Frage, wird gleichwohl unter Zugrundelegung der Zweistufentheorie davon ausgegangen, dass über den Zulassungsanspruch als „Ob" auch dann öffentlich-rechtlich zu ent-

[159] Vgl § 5 PartG, § 22 PBefG, § 70 GewO.

[160] OVG NRW NJW 1969, 1077; BayVGH NVwZ-RR 1988, 71; OVG Rh-Pf DÖV 1986, 163; BVerwG SächsVBl 2005, 253, 254 → *Schmidt-Aßmann/Röhl* in: Schmidt-Aßmann/Schoch Bes VwR, 1. Kap Rn 109.

[161] *Fischedick* (Fn 158) 14 ff; *Roth* (Fn 157) 31 f; für Wahlrecht auch bei satzungsförmigem Anschluss- und Benutzungszwang BVerwG SächsVBl 2005, 253, 254; BGH NJW 2005, 1772; NdsOVG NJW 1977, 450; SächsOVG DVBl 1997, 507; abl *Chen* (Fn 157) 52 f; *Frotscher* Die Ausgestaltung kommunaler Nutzungsverhältnisse bei Anschluss- und Benutzungszwang, 1974, 12 ff.

[162] Zu Allgemeinverfügungen als Benutzungsregeln *Lange* VVDStRL 44 (1986) 169, 182 f; *Erichsen* Jura 1986, 196, 199; VGH BW NJW 1987, 1839: straßenrechtliche Allgemeinverfügung betr das Musizieren auf Straßen.

[163] BVerwG 1980, 1863, 1864; BVerwG NJW 1984, 989, 990 → JK VwGO § 40 I/12; OVG NRW NJW 1976, 820, 821; VGH BW NJW 1979, 1900 → JK VwGO § 40 I/2; OVG Rh-Pf NVwZ 2000, 1190; → *Schmidt-Aßmann/Röhl* in: Schmidt-Aßmann/Schoch Bes VwR 1. Kap Rn 112.

[164] Für grds verwaltungsvertragliche Natur des Benutzungsverhältnisses *Schlette* (Fn 1) 214 f; zu Vor- und Nachteilen eines öffentl-rechtl Einheitsmodells s *Roth* (Fn 157) 33 ff; → *Schmidt-Aßmann/Röhl* in: Schmidt-Aßmann/Schoch Bes VwR, 1. Kap Rn 110.

[165] OVG Rh-Pf NVwZ 1982, 379, 380; BVerwG NVwZ 1987, 46.

[166] So *Schmidt-Aßmann/Röhl* in: Schmidt-Aßmann/Schoch Bes VwR, 1. Kap Rn 112.

scheiden ist, wenn das eigentliche Benutzungsverhältnis privatrechtlicher Natur ist.[167] Die hiermit verbundene Rechtswegspaltung ist ein vielbeklagtes Ärgernis. Allerdings entscheiden auch bei öffentlich-rechtlicher Ausgestaltung die ordentlichen Gerichte über allfällige Schadensersatzansprüche (vgl Rn 39).

Die Zweistufigkeit bei privatrechtlicher Ausgestaltung des Benutzungsverhältnisses stellt immerhin sicher, dass die Einhaltung der gesetzlichen *Zulassungsvoraussetzungen* gesonderter Kontrolle unterliegt. Der Zulassungsanspruch zu öffentlichen Einrichtungen der Gemeinden besteht im Rahmen der Widmung und wird durch die vorhandene Kapazität begrenzt.[168] Zulassungsentscheidungen haben im Fall der Kapazitätserschöpfung der Einrichtung einen vergaberechtlichen Einschlag. Die Auswahlentscheidung unter mehreren potentiellen Benutzern muss nach Kriterien erfolgen, die dem Gleichheitssatz gerecht werden. Die Sachgerechtigkeit der Kriterien bestimmt sich letztlich nach dem Typus der Einrichtung und ihrem widmungsmäßigen Nutzungszweck.[169] So darf über die Zulassung zu Märkten nicht allein nach den Merkmalen der Zuverlässigkeit und Bekanntheit der Marktbeschicker („bekannt und bewährt") entschieden werden, weil dann Neubewerber chancenlos blieben.[170]

35 Der *Inhalt* des Benutzungsverhältnisses variiert nach der Art des Leistungsangebots. Krankenhäuser bedürfen anderer Regelungen als Friedhöfe, Schwimmbäder oder Theater. Der Inhalt des Benutzungsverhältnisses ergibt sich bei öffentlich-rechtlicher Ausgestaltung aus einer satzungsförmigen Benutzungsordnung, ggf aus Allgemeinverfügungen und Einzelregelungen. Bei privatrechtlicher Ausgestaltung bestimmen zumeist Allgemeine Geschäftsbedingungen Rechte und Pflichten der Benutzer. Ungeachtet der Rechtsform des Benutzungsverhältnisses ist der Träger der Einrichtung oder Anstalt an das Gesetzmäßigkeitsprinzip gebunden.[171] Satzungsförmige Benutzungsregeln dürfen nicht gegen höherrangiges Recht verstoßen. Soweit zB die Bedingungen für den Bezug von Energie und anderen Versorgungsleistungen bundesrechtlich geregelt sind, ist der kommunale Satzungsgeber an eigener Rechtsetzung gehindert.[172]

Überdies bleibt der Gesetzesvorbehalt beachtlich. Die in den GemOen der Länder enthaltenen Ermächtigungen zum Satzungserlass können zwar die satzungsmäßige Anordnung eines Rauchverbots in Bibliotheken oder die Festlegung von Öffnungszeiten eines Schwimmbades legitimieren, weil der Leistungsträger selbst Art und Umfang

[167] BVerwG NJW 1990, 134; OVG NRW NJW 1969, 1077; OVG Rh-Pf DÖV 1986, 153 → JK GO Rh-Pf § 14/1.

[168] Zu Zugangsberechtigung und -beschränkung nach den GOen der Länder *Roth* (Fn 157) 130 ff, 163 ff; *Erichsen* Jura 1986, 196; *Dietlein* Jura 2002, 445, 450 ff.

[169] Zur Zulassung von Parteien BVerfG-K NdsVBl 2007, 165; BVerwG NJW 1990, 134 → JK PartG § 5/1; VGH BW DVBl 1995, 927; OVG Bremen NordÖR 2007, 243; ThürOVG ThürVBl 2009, 36, 38; *Gassner* VerwArch 85 (1994) 533, 541 ff.

[170] Zu einer Auswahlentscheidung auf straßenrechtlicher Grundlage VGH BW NVwZ-RR 2001, 159 – Freiburger Kartoffelmarkt; zu §§ 69, 70 GewO BVerwG DVBl 1984, 1071; VGH BW NVwZ-RR 1992, 132; OVG NRW NVwZ-RR 1991, 297; NdsOVG NJW 2003, 531 → JK 6/03 GewO § 70/1.

[171] Zu öffentl-rechtl Bindungen bei privatrechtlicher Ausgestaltung des Benutzungsverhältnisses BGH DVBl 1984, 1118, 1119; BVerwG NVwZ 1990, 754; BGH NVwZ-RR 2000, 703; allg → § 3 Rn 86 ff.

[172] BVerwG NVwZ 1986, 754, 755; BVerwG NVwZ-RR 1992, 37, 38 f → JK GO Bay Art 29/3/1; vorrangige bundesrechtliche Regelungen finden sich im Bereich der Energie- und Wasserversorgung, s AVBWasserV BGBl I 1980, 750, 1067; AVBFernwärmeV BGBl I 1980, 742; GasGVV BGBl I 2006, 2391, 2396; StromGVV BGBl I 2006, 2391.

seines Leistungsangebots im Hinblick auf den Einrichtungszweck bestimmt;[173] sie genügen aber nicht den aus dem grundrechtlichen Parlamentsvorbehalt folgenden Anforderungen an Bestimmtheit und Dichte intensiver Beschränkungsregeln.[174] Betretungsrechte kommunaler Abfallbeauftragter können deshalb nicht satzungsrechtlich eingeführt werden.[175] Mit intensiven Grundrechtseingriffen ist die satzungsförmige Anordnung eines *Anschluss- und Benutzungszwangs* von Einrichtungen verbunden. Denn der Zwang zB zur Benutzung von Biotonnen[176] nimmt dem Benutzer die Möglichkeit, seinen Bedarf auf andere Weise zu decken und entwertet getätigte Investitionen in eine eigene Ver- oder Entsorgungsstruktur.[177] Die GemOen der Länder enthalten regelmäßig eine gesonderte Ermächtigung für die satzungsförmige Anordnung des Anschluss- und Benutzungszwangs.[178] Voraussetzung ist stets ein öffentliches Bedürfnis wie etwa die Gewährleistung der Volksgesundheit;[179] der Satzungsgeber darf aber zusätzlich fiskalische Erwägungen wie die rentable Auslastung öffentlicher Versorgungseinrichtungen anstellen.[180] Auch die Erhebung von *Kosten* für die Benutzung von Einrichtungen und Anstalten bedarf als Grundrechtseingriff spezifischer Ermächtigung. Diese findet sich in den KAGen der Länder, die zum Erlass von Beitrags- und Gebührensatzungen ermächtigen.[181] Neben dem Kostendeckungs- und dem Äquivalenzprinzip kommt vor allem dem Gleichheitssatz steuernde Kraft kommt zu, der auch die Staffelung von Gebühren und Beiträgen zB für die Nutzung kommunaler Kindergärten rechtfertigt.[182]

Die Benutzungsordnung ist von allen Benutzern zu beachten. Auch ohne ausdrückliche Regelung sind sie zudem verpflichtet, Rechtsgüter Dritter zu achten und Handlungen zu unterlassen, die den Betrieb der Einrichtung oder gar ihren Bestand gefährden.[183] Umstritten ist, inwieweit dem öffentlichen Einrichtungsträger die Befugnis zukommt, durch ordnungsrechtliche Maßnahmen die Beachtung der Benutzungsregelungen durchzusetzen. Dass ein „Hausrecht" als ungeschriebene Ordnungsgewalt oder kraft Gewohnheitsrecht besteht, ist in Anbetracht des Gesetzesvorbehalts eher fraglich. Bei kommunalen Einrichtungen wird aus den zugangseröffnenden Normen die Befugnis hergeleitet, die Sicherung des widmungsmäßigen Einrichtungszwecks durch Verwal- **36**

[173] *Roth* (157) 210; zu Benutzungsregeln bei Bibliotheken und Friedhöfen *Chen* (157) 79 ff; zum satzungsmäßigen Ausschluss der Nutzung gemeindlicher Räume durch Parteien SächsOVG DÖV 2002, 528.

[174] BVerfGE 33, 125, 160; 76, 170, 185; 86, 28, 40 → JK GewO § 36/1; 95, 372, 390; BVerwGE 90, 359, 362 f → JK GG Art 12 I/31; BVerwG DVBl 1995, 43, 45.

[175] VGH BW DVBl 1993, 778 → JK GG Art 13/6; BayVGH NVwZ 1998, 540.

[176] BVerwG DVBl 2001, 488 → JK Art 44/3.

[177] Zu den Grundrechtsfragen ausführlicher → *Schmidt-Aßmann/Röhl* in: Schmidt-Aßmann/Schoch Bes VwR, 1. Kap Rn 116 f.

[178] S nur § 11 GO BW, § 19 II GO Hess, § 26 GO RP, § 9 GO NRW.

[179] Zum Klimaschutz als öffentliches Bedürfnis für den Anschlusszwang an ein Fern- oder Nahwärmewerk s SächsOVG SächsVBl 2005, 256, 260; BVerwGE 125, 68; *Wagener* Anschluss- und Benutzungszwang für Fernwärme, 1989.

[180] BGHZ 59, 303, 307; BayVerfGH NVwZ-RR 2005, 757, 758: kein Bedürfnis für Benutzungszwang eines kommunalen Leichenhauses; s auch *Erichsen* Jura 1986, 196, 200 ff; *Brüning* LKV 2000, 54; *Chen* (Fn 158) 75 ff.

[181] VGH BW VBlBW 2003, 231, 232: Kosten für Abwasserentnahme und Laborprobe können nicht auf die Ermächtigung zur Einführung eines Anschluss- und Benutzungszwangs gestützt werden; VG Braunschweig NVwZ 2000, 962: Unzulässigkeit von Säumnisgebühren für Überschreiten von Buchausleihfristen.

[182] Dazu BVerfGE 97, 332; s auch BVerwG DVBl 2000, 633; BVerwG NVwZ 1995, 468.

[183] OVG NRW NWVBl 1998, 196, 197.

tungsakt durchzusetzen.[184] Die Zulässigkeit des Rückgriffs auf die ordnungsrechtlichen Generalklauseln hängt davon ab, ob der Einrichtungsträger zu den Behörden rechnet, denen durch das Ordnungsrecht Befugnisse eingeräumt werden.[185]

37 Nicht selten kommt es im Rahmen des Betriebs oder der Nutzung von öffentlichen Einrichtungen oder Anstalten zu Schäden auf Seiten der Benutzer. So können zB durch eine unsachgemäß verlegte Kanalisation Überschwemmungsschäden in den angeschlossenen Gebäuden verursacht werden[186] oder in einem kommunal betriebenen Schlachthof die eingestellten Tiere auf Grund der baulichen Beschaffenheit vor der Schlachtung verenden.[187] Auf das öffentlich-rechtliche Benutzungsverhältnis finden die Regelungen des *BGB-Leistungsstörungsrechts* entsprechende Anwendung. Sowohl der die Einrichtung tragende Hoheitsträger als auch die Benutzer können Ansprüche aus culpa in contrahendo und positiver Forderungsverletzung geltend machen. Dies schließt die Haftungsmaßstäbe der §§ 276, 278 BGB und die Verschuldensvermutung nach § 280 I 2 BGB ein (vgl Rn 3).

In Anbetracht der weithin üblichen Haftungsbeschränkungen im privaten Rechtsverkehr sind auch die Zuordnungssubjekte öffentlicher Einrichtungen und Anstalten bemüht, sich bei öffentlich-rechtlicher Ausgestaltung vor einer Überhaftung zu schützen. Eine *satzungsförmige Haftungsbeschränkung* auf Vorsatz und grobe Fahrlässigkeit soll auch zulässig sein, wenn das Benutzungsverhältnis durch einen Benutzungszwang gekennzeichnet ist, sofern die Haftungsfreizeichnung sachlich gerechtfertigt ist und dem Verhältnismäßigkeitsprinzip genügt.[188] Engere Grenzen bestehen aber, wenn satzungsförmige Haftungsbeschränkungen am Rechtsgedanken des § 309 Nr 7b BGB gemessen werden. Bei Benutzungsverhältnissen, die durch einen Benutzungszwang gekennzeichnet sind, befinden sich die Benutzer in einer Position, die derjenigen der „anderen Vertragspartei" iSv § 305 BGB vergleichbar ist.[189] Unzulässige satzungsförmige Haftungsausschlüsse lassen sich zudem genauso wenig wie im Privatrecht im Wege geltungserhaltender Reduktion retten.[190]

38 Schadensersatzansprüche der Benutzer aus dem Benutzungsverhältnis schließen Ansprüche aus *Amtshaftung* nicht aus.[191] Die Benutzer genießen bei Ansprüchen aus dem

[184] VG Frankfurt/Main NJW 1998, 1424 – Theaterkritiker; OVG NRW NJW 1998, 1425; VG Berlin NJW 2002, 1063, 1064 → JK GG Art 40/2; BVerfG NJW 2005, 2843 – Hausrecht des Bundestagspräsidenten.

[185] *Klenke* NWVBl 2006, 84, 86; VGH BW NVwZ 2000, 457 – Gefahrenabwehrverordnung keine Grundlage für Benutzungsregelungen.

[186] BGHZ 54, 299; BGH DVBl 1983, 1055, 1056; BGH NJW 1984, 615, 617; es handelt sich um eine bedeutsame Fallgruppe, weil für Rückstauschäden eine Haftung nach § 2 I HPflG verneint wird, s BGHZ 88, 85, 88 ff; 109, 8, 14; 115, 141, 143; BGH NVwZ 1998, 1218, 1219 → JK GG Art 34/16.

[187] BGHZ 61, 7.

[188] BGHZ 61, 7, 13; OVG NRW OVGE 18, 154, 161 ff; OVG NVwZ-RR 1991, 325; Freizeichnungsklauseln sind eng und im Zweifel gegen den auszulegen, der die Haftung abbedungen hat, BGHZ 54, 299, 305; 61, 7, 17.

[189] *Heintzen* NVwZ 1992, 857, 858 f; für rechtsgrundsätzliche Anwendung LG Köln NJW-RR 1988, 430, 431; *Basedow* in: MünchKomm BGB Bd 2, 5. Aufl 2007, vor § 307 Rn 13, § 305 Rn 8; *Heinrichs* in: Palandt BGB, 68. Aufl 2009, vor § 307 Rn 4; zweifelnd *de Wall* (Fn 3) 297 f.

[190] St Rspr des BGH bereits auf Grundlage des AGBG, s nur BGHZ 84, 109 – § 11 Nr 12 → JK AGBG § 11 Nr 12/1; BGHZ 96, 18 → JK PflVG § 3 Nr 8/1; BGHZ 120, 108 – § 9 AGBG aF = § 307 BGB.

[191] BGHZ 61, 7, 14; dies gilt insbes für die Rückstauschäden, s BGH DVBl 1983, 1055, 1056;

Benutzungsverhältnis wegen der Verschuldensvermutung nach § 280 I 2 BGB Vorteile gegenüber der Amtshaftung. Andererseits kann eine satzungsmäßige Haftungsbeschränkung zwar einem Schadensersatzanspruch aus dem Benutzungsverhältnis, nicht jedoch dem Anspruch aus Amtshaftung entgegen gehalten werden.[192] Im übrigen werden auch Ersatzansprüche der öffentlichen Hand aus dem Benutzungsverhältnis nicht durch die Möglichkeit hoheitlicher Inanspruchnahme des Benutzers ausgeschlossen.[193]

Hinsichtlich des *Rechtswegs* für Streitigkeiten aus öffentlich-rechtlichen Benutzungs- **39**
verhältnissen ist zu differenzieren. Für den Zugang zu öffentlichen Einrichtungen nach den GemOen ist der Verwaltungsrechtsweg nach § 40 I 1 VwGO auch eröffnet, wenn die Einrichtung in privatrechtlicher Organisationsform betrieben wird, da über den Zugang auf der Grundlage öffentlich-rechtlicher Normen entschieden wird.[194] Sofern um Rechte und Pflichten aus einem öffentlich-rechtlichen Benutzungsverhältnis gestritten wird, ist ebenfalls nicht nur für den Einrichtungsträger, sondern auch für den klagenden Bürger der Verwaltungsrechtsweg eröffnet. Nach wie vor umstritten ist, ob Schadensersatzansprüche aus öffentlich-rechtlichen Benutzungsverhältnissen in Anbetracht von § 40 II 1 Alt 3 VwGO dem Verwaltungsrechtsweg unterfallen. Dies ist der Fall, wenn das Benutzungsverhältnis auf einem öffentlich-rechtlichen Verwaltungsvertrag beruht. Den Benutzungsverhältnissen wird vielfach eine Vertragsähnlichkeit attestiert, die den Verwaltungsrechtsweg begründen soll.[195] Es soll Waffengleichheit mit der öffentlichen Hand hergestellt werden, für deren Schadensersatzansprüche immer der Verwaltungsrechtsweg eröffnet ist. Die Typisierung als vertragsähnlich wird aber der Wirklichkeit nicht gerecht, wenn das Benutzungsverhältnis durch einen Benutzungszwang gekennzeichnet ist. Es besteht auch keine Parallele zu den Ansprüchen aus cic, die im Zusammenhang mit einem gescheiterten Verwaltungsvertrag erhoben werden und deswegen als vertragliche Ansprüche dem Verwaltungsrechtsweg unterfallen (→ § 34 Rn 4). Schadensersatzansprüche des Benutzers aus einem nichtvertraglichen Benutzungsverhältnis sind nach dem insoweit eindeutigen § 40 II 1 Alt 3 VwGO vor den ordentlichen Gerichten geltend zu machen.[196] Das unbefriedigende, in § 40 II 1 Alt 3 selbst angelegte[197] Nebeneinander verschiedener Rechtswege für Erfüllungs- und Schadenersatzansprüche kann nur der Gesetzgeber beseitigen.

BGH NJW 1984, 615, 617; BGHZ 115, 141, 147; BGH DVBl 1993, 368, 369; BGH NJW 1998, 1307; BGH NVwZ 1998, 1218, 1219.

192 BGHZ 61, 7, 14 f; BGH NJW 2008, 238, 239; ausf *Erichsen* Jura 1986, 196, 205.

193 VGH BW VBlBW 2003, 231, 233.

194 OVG NRW NJW 1969, 1077; OVG NRW NJW 1976, 820, 821; BayVGH NVwZ-RR 1988, 71; BVerwG NJW 1990, 134, 135 → JK PartG § 5/1; abzulehnen ist die Auffassung, der kommunalrechtliche Zulassungsanspruch sei unmittelbar gegenüber dem privatrechtlichen Betreiber geltend zu machen, so aber OVG Rh-Pf DÖV 1986, 153 → JK GO Rh-Pf § 14/1; *Axer* NVwZ 1996, 114, 117; dagegen zu Recht NdsOVG NdsVBl 2008, 75.

195 VGH BW VBlBW 2003, 231, 232 allerdings bei einer Klage der Gemeinde; iE auch VG München BayVBl 1973, 135, 136; *Backhaus* DVBl 1981, 266, 269; *Henke* JZ 1984, 441, 446 f.

196 BGHZ 59, 303, 305; BGH DVBl 1978, 108, 109; VGH BW DVBl 1981, 265, 266 → JK VwGO § 40 II/1; *Schoch* (Fn 41) 324 f; *Ehlers* (Fn 26) § 40 Rn 544.

197 *Schoch* (Fn 41) 321: „de lege lata befriedigend nicht lösbare Schwierigkeiten"; teilweise hält die Rspr bei gleichzeitiger Geltendmachung von Erfüllungs- und Schadensersatzansprüchen wegen des engen Sachzusammenhangs den Verwaltungsrechtsweg für eröffnet, s BVerwGE 27, 131, 132; BVerwG DÖV 1971, 388, 389; BVerwG DÖV 1971, 707; davon wird aber wieder eine Rückausnahme gemacht, wenn zugleich ein Amtshaftungsanspruch in Frage steht, s BVerwGE 37, 231; BVerwG DÖV 1976, 319.

5. Teil
Schlichtes Verwaltungshandeln

Barbara Remmert

Gliederung

§ 36
Grundlagen des schlichten Verwaltungshandelns

I. Begriff und Bedeutung

1 Die Handlungsform[1] des *schlichten Verwaltungshandelns* ist eine Sammelkategorie[2] für alle *nicht regelnden Verwaltungstätigkeiten*.[3] Sie kommen in der Praxis in erheblichem Maße vor[4] und zeichnen sich dadurch aus, dass sie anders als die Rechtsformen des

[1] → § 17 Rn 1 f. Zum Überbl über Rechtsfragen schlichten Verwaltungshandelns auch *Remmert* Jura 2007, 736 ff.

[2] *Heintzen* in: Becker-Schwarze ua (Hrsg), Wandel der Handlungsformen im Öffentlichen Recht, 1991, 167, 170; ähnl *Krause* Rechtsformen des Verwaltungshandelns, 1974, 56; Wolff/ Bachof/*Stober* VwR II, § 57 Rn 3. Vgl auch *Hermes* in: Hoffmann-Riem/Schmidt-Aßmann/ Voßkuhle, Grundlagen II, § 39 Rn 2, der von einem „Suchbegriff" spricht.

[3] → § 17 Rn 3; *Remmert* Private Dienstleistungen in staatlichen Verwaltungsverfahren, 2003, 23 f; *Schuppert* Verwaltungswissenschaft, 252 ff; *Siems* Der Begriff des schlichten Verwaltungshandelns, 1999, 98 f. Oft werden – anders als hier – die Begriffe des Realakts oder der Tathandlung einerseits u der Begriff des schlichten Verwaltungshandelns andererseits synonym verwendet, zB *Maurer* Allg VwR, § 15 Rn 1; *Rasch* DVBl 1992, 207, 207 m Fn 2; wohl auch Wolff/Bachof/*Stober* VwR II, § 57 Rn 1 ff. Das ist ein engerer Begriff des schlichten Verwaltungshandelns als der hier verwendete. Zur uneinheitlichen Terminologie *Schulte* Schlichtes Verwaltungshandeln, 1995, 17 ff; *Widmann* Abgrenzung zwischen Verwaltungsakt und ein-

Verwaltungshandelns, also anders als Normen, Verwaltungsakte und Verträge keine Rechtsquellen und damit nicht in der Lage sind, auf die Rechtslage Einfluss zu nehmen.[5] Nicht regelnd sind zum einen[6] *Tathandlungen*. Das sind Tätigkeiten, die einen tatsächlichen Erfolg herbeiführen, die also die Wirklichkeit faktisch verändern und sich unmittelbar in der Realität auswirken.[7] Sie werden auch *Realakte*[8] genannt. Beispiele sind die Aushändigung eines Formulars oder die Übergabe eines Geldbetrages durch einen Amtswalter an einen Bürger, der Bau eines Hauses durch einen städtischen Arbeiter, der Schuss eines Polizisten auf einen Bankräuber, die Mitnahme einer Sache durch einen Vollstreckungsbeamten, das Löschen eines Feuers durch die staatliche Feuerwehr uvm. Nicht regelnd sind zum anderen – das sagt schon der Name – *Verwaltungsentscheidungen ohne Regelungscharakter*. Eine Verwaltungsentscheidung ist das – ggf nach außen bekannt gegebene – Ergebnis[9] eines internen Willensbildungsprozesses, also ein Entschluss einer Verwaltungseinheit.[10] Eine Entscheidung ohne Regelungscharakter ändert – wie die Tathandlung – die Rechtslage nicht, und sie wirkt sich – anders als die Tathandlung – auch nicht unmittelbar in der Wirklichkeit aus: Beschließt der schon an anderer Stelle als Beispiel genannte[11] städtische Arbeiter, in die zu errichtende Mauer einen bestimmten Stein einzusetzen, so ändert sich die Realität nicht durch seine Entscheidung, sondern erst durch den tatsächlichen Einbau des Steins. Konzentriert man sich im Folgenden auf nicht-regelnde Verwaltungsentscheidungen, die dem Bürger *bekannt gegeben* werden,[12] dann sind Auskünfte, Informationen, Warnungen, Berichte, Beratungen, Empfehlungen[13] oder Absichtserklärungen[14] wesentliche Anwendungs-

greifendem Realakt, 1996, 31 ff; *Siems* ebd, 4, 45 ff, *Hermes* in: Hoffmann-Riem/Schmidt-Aßmann/Voßkuhle, Grundlagen II, § 39 Rn 1 f, 8, jew mwN.

4 *Robbers* DÖV 1987, 272, 272: „Verwaltungshandeln ist vor allem Tathandeln" mwN. Viele Bsp bei *Hermes* in: Hoffmann-Riem/Schmidt-Aßmann/Voßkuhle, Grundlagen II, § 39 Rn 3 ff mwN.

5 → § 17 Rn 2 f.

6 Die hier gewählte Differenzierung wird idR nicht vorgenommen. Ähnl ist aber der Ansatz, zwischen tatsächlichen Verrichtungen u Wissenserklärungen zu unterscheiden, vgl *Peine* Allg VwR, Rn 871, 879 f; *Maurer* Allg VwR, § 15 Rn 2 u *Erbguth* Allg VwR, § 20 Rn 2, jew mit dem zutr Hinw, dass sich aus dieser Differenzierung keine rechtlichen Folgen ergeben. Weiter differenzierend Wolff/Bachof/*Stober* VwR II, § 57 Rn 7 ff; referierend mwN auch *Siems* (Fn 3) 103 ff.

7 ZB *Erichsen* 12. Aufl, § 30 Rn 1; Wolff/Bachof/*Stober* VwR II, § 57 Rn 1; *Maurer* Allg VwR, § 15 Rn 1; *Peine* Allg VwR, Rn 879; *Hoffmann* Der Abwehranspruch gegen hoheitliche Realakte, 1969, 18; *Heintzen* (Fn 2) 167, 170; *Schmidt-Aßmann* Ordnungsidee, 348.

8 ZB *Maurer* Allg VwR, § 15 Rn 1; *Erichsen* 12. Aufl, § 30 Rn 1; *Faber* VwR, 261 ff; *Peine* Allg VwR, Rn 879; Wolff/Bachof/*Stober* VwR II, § 57 Rn 1.

9 Zu der mit dieser Begriffsbildung verbundenen Vereinfachung → § 17 Rn 1 Fn 8. Der Akt der Bekanntgabe kann mit Tathandlungen verbunden sein.

10 → § 17 Rn 1 mwN.

11 → § 17 Rn 1 f.

12 Rein interne Verwaltungsentscheidungen ohne Regelungscharakter bleiben damit außer Betracht.

13 Derartige Informationsakte iwS werden unabhängig von der Terminologie durchweg als Bsp genannt, vgl *Erichsen* 12. Aufl, § 30 Rn 1; *Maurer* Allg VwR, § 15 Rn 2; *Ipsen* Allg VwR, Rn 839 f; *Peine* Allg VwR, Rn 880; *Robbers* DÖV 1987, 272, 274 ff; *Schuppert* Verwaltungswissenschaft, 253 ff; *Schulte* (Fn 3) 50 ff; *Siems* (Fn 3) 32 ff; *Hermes* in: Hoffmann-Riem/Schmidt-Aßmann/Voßkuhle, Grundlagen II, § 39 Rn 52 f. Näher → § 37 Rn 1 ff.

14 Zu Absichtserklärungen im Rahmen von Absprachen → § 37 Rn 5 ff.

fälle. Warnt zB eine Verwaltungseinheit vor dem Gebrauch bestimmter Produkte, so hat das nur dann reale Folgen, wenn die Verbraucher im Anschluss auf die Verwendung dieser Waren verzichten. Während Verwaltungsrealakte also die Wirklichkeit, in der der Bürger lebt, unmittelbar verändern, können nach außen bekannt gegebene Verwaltungsentscheidungen ohne Regelungscharakter seine tatsächlichen Entscheidungs- und Handlungsoptionen beeinflussen.

II. Rechtsbindungen

2 Selbstverständlich sind Verwaltungseinheiten auch dann rechtlich gebunden, wenn sie zur Wahrnehmung ihrer Aufgaben schlichtes Verwaltungshandeln einsetzen.[15] Das ergibt sich aus dem in Art 20 III GG enthaltenen Vorrang des Gesetzes,[16] der ausnahmslos gilt. Die Frage, ob es in Bezug auf schlichtes Verwaltungshandeln *handlungsformspezifische Rechtsbindungen*[17] gibt, also solche, die sich im Grundsatz einerseits nur auf schlichtes Verwaltungshandeln beziehen, andererseits dann aber auf jede seiner Formen, ist – anders als bei den Rechtsformen des Verwaltungshandelns – zu verneinen. Es gibt auch keine Rechtsbindungen, die wenigstens bestimmte Untergruppen schlichten Verwaltungshandelns einheitlich determinieren, die also zB übergreifend Anforderungen an staatliche Auskünfte, Beschlagnahmen, Datensammlungen oder an die ihnen vorausgehenden Entscheidungsverfahren stellen. Das heißt aber nicht, dass schlichtes Verwaltungshandeln nicht vielfach geregelt ist. So enthalten zB § 9 StrVG,[18] §§ 8 IV 3, 10 II GPSG[19] oder § 69 IV AMG[20] Vorgaben für bestimmte staatliche Informationstätigkeiten, und die Polizeigesetze der Länder regeln ua die Voraussetzungen für den Einsatz unmittelbaren polizeilichen Zwangs.[21] Derartige gesetzliche Vorgaben sind beim Gebrauch schlichten Verwaltungshandelns ebenso einzuhalten wie solche, die sich im Einzelfall aus einer Satzung, aus einem Vertrag oder aus einem Verwaltungsakt ergeben. Begründet zB ein Vertrag oder ein Verwaltungsakt die wirksame Verpflichtung einer Verwaltungseinheit zur Vornahme eines Realakts, so beurteilt sich dessen Rechtmäßigkeit anschließend am Maßstab der zugrunde liegenden Einzelfallregelung. Auch

[15] Vgl *Maurer* Allg VwR, § 15 Rn 5: „Die Realakte müssen den jeweils für sie bestehenden rechtlichen Anforderungen entsprechen. Es gilt insoweit grundsätzlich dasselbe wie für die Rechtsakte ..., wenngleich die rechtlichen Bindungen der Realakte in der Regel sehr viel lockerer sind, zumal sie großenteils im sog. gesetzesfreien (nicht rechtsfreiem!) Raum ergehen." Richtig ist, dass schlichtes Verwaltungshandeln gesetzl oft nicht stark vordeterminiert ist.

[16] → § 2 Rn 39 u § 11 Rn 5.

[17] → § 17 Rn 7.

[18] G zum vorsorgenden Schutz der Bevölkerung gegen Strahlenbelastung (StrahlenschutzvorsorgeG) v 19.12.1986 (BGBl I, 2610), zul geändert durch G v 8.4.2008 (BGBl I, 686), Sartorius I (E) 836.

[19] G über technische Arbeitsmittel und Verbraucherprodukte (Geräte- und ProduktsicherheitsG) v 6.1.2004 (BGBl I, 2), zul geändert durch G v 7.7.2005 (BGBl I, 1970), Sartorius I (E) 803.

[20] G über den Verkehr mit Arzneimitteln (ArzneimittelG) idF d Bekanntmachung v 12.12.2005 (BGBl I, 3394), zul geändert durch G v 17.7.2009 (BGBl I, 1990), Sartorius I (E) 272.

[21] § 52 I, III PolG BW; Art 58 I PAG Bay; § 1 I UZWG Berl; § 58 I PolG Bbg; § 41 V 1 PolG Brem; §§ 17 ff SOG Hmb; § 52 I SOG Hess; § 90 SOG MV; § 69 VI SOG Nds; § 55 I PolG NRW; §§ 57 ff POG RP; § 49 I PolG Saarl; § 32 PolG Sachs; § 58 VI SOG LSA; § 239 LVwG SH; § 56 I PAG Thür.

das ist eine Folge von Art 20 III GG, der die Verwaltung zur Beachtung jedweden höherrangigen Rechts verpflichtet. Schließlich zwingt der Vorrang des Gesetzes dazu, schlichtes Verwaltungshandeln zu unterlassen, wenn für die Wahrnehmung einer Aufgabe ausdrücklich die Verwendung einer anderen Handlungsform vorgeschrieben ist.[22]

Zu beachten sind darüber hinaus auch beim schlichten Verwaltungshandeln alle *handlungsformunabhängigen Rechtsbindungen.*[23] Dazu zählt neben uU einschlägigen *unionsrechtlichen Rechtmäßigkeitsanforderungen*[24] zunächst die *Zuständigkeitsordnung.* Aus ihr folgt zB, dass Selbstverwaltungsträger keine Erklärungen abgeben dürfen, die nicht in ihren Aufgabenbereich fallen,[25] oder dass ein Polizist für einen Realakt nur dann auf der Grundlage des einschlägigen Landespolizeigesetzes zuständig ist, wenn eine Gefahr iSd Aufgabenzuweisungsnorm des Gesetzes[26] besteht. Zur Zuständigkeitsordnung gehören darüber hinaus die Verbandskompetenzen von Bund und Ländern, die auch in Bezug auf schlichtes Verwaltungshandeln Geltung beanspruchen. Darüber besteht im Ausgangspunkt Einigkeit.[27] Welche Konsequenzen daraus in Fällen von Informationen und Warnungen durch die Bundesregierung zu ziehen sind, ist jedoch umstritten. Dem ist später gesondert nachzugehen.[28] Aus *grundrechtlicher Sicht* kann bei schlichtem Verwaltungshandeln Art 3 I GG von Interesse sein. Wendet sich zB eine Verwaltungseinheit mit Produktinformationen an die Öffentlichkeit, dirigiert Art 3 I GG die Modalitäten dieser Tätigkeit mit der Folge, dass die Produkte einzelner Hersteller nicht ohne ausreichenden sachlichen Grund besser oder schlechter dargestellt werden dürfen als die anderer Produzenten.[29] Art 3 I GG kann darüber hinaus auch Grundlage für Teilhabeansprüche an staatlichen Leistungen, die durch Realakte bewirkt werden, bzw für entsprechende Einräumungsansprüche[30] sein. 3

[22] Wolff/Bachof/*Stober* VwR II, § 57 Rn 18; *Jarass* DVBl 1985, 193, 195, 197 f.

[23] → § 17 Rn 7.

[24] → § 17 Rn 7.

[25] ZB BVerwGE 34, 69 ff; 64, 298 ff → JK GG Art 9 I/3; BVerwG DVBl 1980, 564 ff m Anm *Redeker* 569 ff → JK GG Art 9 I/2; HessVGH WissR 1997, 173 ff; OVG NRW NVwZ-RR 1995, 278 f → JK GG Art 12 I/35; OVG Bremen NJW 1994, 1606 ff → JK GG Art 12 I/34. Eingehend und zT krit *Laubinger* VerwArch 74 (1983) 175 ff, 263 ff; *Meßerschmidt* VerwArch 81 (1990) 55, 74 ff. Zur Aufgabenüberschreitung von Gemeinden BVerwGE 87, 228 ff („atomwaffenfreie Zone"); 87, 237 ff („internationale Städtepartnerschaft"); BVerfGE 98, 106, 122 ff („kommunale Verpackungssteuer"); BayVerfGH ZBR 1998, 143, 145 („Warnung eines Bürgermeisters vor Religionsgemeinschaft"); *Suerbaum/Brüning* JuS 2001, 992 ff („kommunales Kindergeld"); *Heberlein* NVwZ 1992, 543 ff („kommunale Außenpolitik"); *Ritgen* NVwZ 2000, 129 ff („Grenzen von Bürgerbegehren").

[26] § 1 I PolG BW; Art 2 I PAG Bay; § 1 I ASOG Berl; § 1 I 1 PolG Bbg; § 1 I 1 PolG Brem; § 3 SOG Hmb; § 1 I 1 SOG Hess; §§ 1 I, 2 I SOG MV; § 1 I 1 SOG Nds; § 1 I 1 PolG NRW; § 1 I 1 POG RP; § 1 II PolG Saarl; § 1 I 1 PolG Sachs; § 1 I 1 SOG LSA; §§ 162 I, 163 I LVwG SH; § 2 I 1 PAG Thür.

[27] BVerfGE 44, 125, 149; 105, 252, 270; 105, 279, 306 → JK GG Art 4 I, II/23a sowie zB *Schulte* (Fn 3) 147 ff; *Heintzen* NJW 1990, 1448, 1449 f; *Leidinger* DÖV 1993, 925, 933 ff; *Discher* JuS 1993, 463, 470 f; *Gusy* NJW 2000, 977, 980 ff; *Cremer* JuS 2003, 747, 750; *Ipsen* Allg VwR, Rn 831 f; *Bumke* Verw 37 (2004) 3, 11 ff; *Hermes* in: Hoffmann-Riem/Schmidt-Aßmann/Voßkuhle, Grundlagen II, § 39 Rn 89, jew mwN. Ausführl zum Problem *Voitl* Behördliche Warnkompetenzen im Bundesstaat, 1994.

[28] → § 37 Rn 4.

[29] Dazu *Philipp* Staatliche Verbraucherinformationen im Umwelt- und Gesundheitsrecht, 1989, 185 ff mwN.

[30] Zur Typologie subjektiver Rechte → § 12 Rn 2.

4 Führt schlichtes Verwaltungshandeln zu einer Beeinträchtigung von *Freiheitsgrundrechten*, löst das deren *abwehrrechtliche Schutzmechanismen* aus. Zu überlegen ist allerdings, unter welchen Voraussetzungen schlichtes Verwaltungshandeln Freiheitsgrundrechte überhaupt beeinträchtigen kann. Unproblematisch ist es, wenn durch staatliche *Tathandlungen* Rechtsgüter beschädigt werden, die in ihrer Unversehrtheit und in ihrem faktischen Bestand grundrechtlich geschützt sind. Wird zB bei einem Polizeieinsatz ein Bürger durch einen Realakt der Polizei in seiner körperlichen Unversehrtheit verletzt oder wird sein Eigentum zerstört, ist er in seinen Grundrechten aus Art 2 II 1 GG bzw Art 14 I GG beeinträchtigt. Schwieriger ist die Frage zu beantworten, unter welchen Voraussetzungen *Entscheidungen ohne Regelungsgehalt* zu Grundrechtsbeeinträchtigungen führen. Entscheidungen ohne Regelungscharakter ändern die Realität nicht und greifen daher nicht wie Tathandlungen unmittelbar auf grundrechtlich geschützte Rechtsgüter zu. Da nicht-regelnde Entscheidungen zudem weder Gebote noch Verbote enthalten, können sie nur zu sogenannten *faktischen Grundrechtsbeeinträchtigungen*[31] führen. Eine faktische Grundrechtsbeeinträchtigung liegt vor, wenn ein Privater durch ein staatliches Verhalten – und ggf vermittelt durch das Verhalten weiterer Privater[32] – in seinen tatsächlichen Handlungsmöglichkeiten so beeinflusst wird, dass das der Steuerung durch ein rechtliches Gebot oder Verbot in der Zielsetzung und in der Wirkung gleichkommt.[33] Wann das der Fall ist, ist eine – umstrittene – Wertungsfrage.[34] Maßgeblich ist vor allem,[35] ob die nachteilige Wirkung der Maßnahme für den Grundrechtsträger von der handelnden Verwaltungseinheit beabsichtigt bzw für sie vorhersehbar[36] war. Hinzu tritt als Bewertungsmaßstab die Intensität[37] der nach-

[31] Aus der unübersehbaren Lit *Gallwas* Faktische Beeinträchtigungen im Bereich der Grundrechte, 1970; *Ramsauer* Die faktischen Beeinträchtigungen des Eigentums, 1980; *Lübbe-Wolff* Die Grundrechte als Eingriffsabwehrrechte, 1988, 42 ff; *Roth* Verwaltungshandeln mit Drittbetroffenheit und Gesetzesvorbehalt, 1991, 134 ff; *Eckhoff* Der Grundrechtseingriff, 1992; *T. Koch* Der Grundrechtsschutz des Drittbetroffenen, 2000, 213 ff. Zusammenfassungen der Entwicklung mwN bei *Bethge* VVDStRL 57 (1998) 7, 37 ff u bei *Sachs* in: Stern StR III/2, 128 ff. Zur „Osho"- u „Glykol"-Entscheidung des BVerfG → § 37 Rn 2 ff. Dazu, dass der Schutz vor faktischen Grundrechtsbeeinträchtigungen schlüssig nur erklärt werden kann, wenn man davon ausgeht, dass die Grundrechte von ihrer Grundkonzeption her nicht den Schutz rechtlicher, sondern den Schutz realer Freiheit verfolgen *Krebs* in: Merten ua (Hrsg), Handbuch der Grundrechte in Deutschland und in Europa, Bd II, 2006, § 31 Rn 59 ff, 124.

[32] Bsp: durch behördliche Warnungen bewirkte Verhaltensänderungen beim Verbraucher führen zu Umsatzeinbußen beim Produzenten, → § 37 Rn 1 ff. Insoweit spricht man auch von *mittelbaren* Grundrechtsbeeinträchtigungen.

[33] Zahllose Nw bei *Sachs* (Fn 31) 130 m Fn 247 ff. Vgl auch BVerfGE 105, 252, 273.

[34] Zu Differenzen über Bedeutung u Gewichtung der Wertungskriterien zB *Albers* DVBl 1996, 233, 235; *P.-M. Huber* Konkurrenzschutz im Verwaltungsrecht, 1991, 230 ff; *Murswiek* DVBl 1997, 1021, 1023 f; *W. Cremer* DÖV 2003, 921, 925 ff sowie zahllose Nachw bei *Sachs* (Fn 31) 128 ff.

[35] Weitere Kriterien sollen zB die Inanspruchnahme staatlicher Autorität oder die Unmittelbarkeit zwischen staatlicher Handlung und Betroffenheit sein. Zahllose Nachw zu denkbaren Kriterien bei *Sachs* (Fn 31) 130 m Fn 247 ff.

[36] ZB BVerwGE 71, 183, 194; 75, 109, 115 → JK GG Art 12 I/16; 82, 76, 79; 90, 112, 119 ff → JK GG Art 4 I/9; vgl auch BVerwGE 102, 304, 312 f → JK GG Art 5 III/20; BVerfGE 105, 252, 273; *Eckhoff* (Fn 31) 196; *Discher* JuS 1993, 463, 465; *Di Fabio* Risikoentscheidungen im Rechtsstaat, 1994, 695 ff; *Gusy* NJW 2000, 977, 983. Krit zu diesem Kriterium zB *Lübbe-Wolff* NJW 1987, 2705, 2710; *Schulte* DVBl 1988, 512, 517; *Roth* (Fn 31) 206 f.

[37] ZB BVerwGE 87, 37, 44 → JK GG Art 12/5; 90, 112, 121 → JK GG Art 4 I/9; *Schoch* DVBl

teiligen Wirkung. Führt bei Zugrundelegung dieser Kriterien eine nicht-regelnde Verwaltungsentscheidung zu einer Grundrechtsbeeinträchtigung, bedarf es dafür – wie bei jeder Grundrechtsbeeinträchtigung – einer gesetzlichen Ermächtigungsgrundlage. Sind spezielle Normen[38] vorhanden, sind sie daraufhin zu untersuchen, ob sie der Exekutive tatsächliche Grundrechtsbeeinträchtigungen gestatten. Ermächtigungsgrundlagen für schlichtes Verwaltungshandeln zum Zwecke der Gefahrenabwehr können sich auch im besonderen sowie im allgemeinen Polizei- und Ordnungsrecht finden. Schließlich ist das Übermaßverbot zu beachten. In Bezug auf diese grundsätzlich allgemeingültigen freiheitsgrundrechtlichen Vorgaben für schlichtes Verwaltungshandeln ist allerdings ebenfalls umstritten, ob sie auch für staatliche Informationstätigkeiten Geltung beanspruchen. Auch darauf ist gesondert einzugehen.[39]

Insbesondere für grundrechtsbeeinträchtigendes schlichtes Verwaltungshandeln wird 5
schließlich diskutiert, ob bestimmte *Verfahrensanforderungen* zu beachten sind. Mangels übergreifender[40] ausdrücklicher gesetzlicher Regelungen konzentriert sich das Interesse darauf, ob und ggf wie die §§ 9 ff VwVfGe auf schlichtes Verwaltungshandeln entsprechend anwendbar sind.[41] Das kann man zumindest für solche der dort normierten Verfahrensanforderungen bejahen, die Ausprägung eines verfassungsrechtlichen Rechtssatzes sind und im Hinblick auf die man für Verwaltungsverfahren iSd § 9 VwVfGe einerseits und Entscheidungsverfahren, die auf ein schlichtes Verwaltungshandeln abzielen, andererseits, eine vergleichbare Interessenlage feststellen kann.[42] Das trifft im Ergebnis jedenfalls auf § 40 VwVfGe (Ermessensbindungen), auf §§ 20, 21 VwVfGe (ausgeschlossene Personen und Befangenheit) sowie auf § 28 VwVfGe (Anhörung einschließlich der Ausnahmetatbestände) zu.[43]

1991, 667, 670; *Huber* (Fn 34) 234 ff; *Lege* DVBl 1999, 569, 571. Gegen das Merkmal der Intensität wegen seiner Konturlosigkeit zB *Schulte* DVBl 1988, 512, 517. Nachw zum Meinungsstand bei *Sachs* (Fn 31) 157 m Fn 364.

38 S o Rn 2.

39 → § 37 Rn 2 ff.

40 Gelegentlich finden sich Spezialregelungen. § 16 G zur Ausführung des Lebensmittel- und Bedarfsgegenständegesetzes des Landes Baden Württemberg (AGLMBG BW) v 9.7.1991 (GBl 473), zul geändert durch G v 14.12.2004 (GBl 914) begründet zB für den Fall behördlicher Warnungen vor gefährlichen Lebensmitteln u Bedarfsgegenständen oder für den Fall behördlicher Öffentlichkeitsinformationen eine Pflicht zur vorherigen Anhörung von Herstellern oder Importeuren der betroffenen Waren.

41 Dazu *Schulte* (Fn 3) 135 ff; *Brohm* DVBl 1994, 133, 136; *Leidinger* DÖV 1993, 925, 934; *Hochhuth* NVwZ 2003, 30 ff; vgl auch *Robbers* DÖV 1987, 272, 278 f. Die Frage entspricht von der Struktur her der Frage nach der analogen Anwendung der §§ 9 ff VwVfGe auf privatrechtsförmiges Verwaltungshandeln → § 3 Rn 90. Für privatrechtsförmiges schlichtes Verwaltungshandeln bedarf es dann – streng genommen – einer doppelten Analogie.

42 Skeptisch in Bezug auf die Vergleichbarkeit Wolff/Bachof/*Stober* VwR II, § 57 Rn 22.

43 IE ebenso *Schulte* (Fn 3) 136 für § 40 VwVfGe und für §§ 20, 21 VwVfGe; speziell für § 28 VwVfGe bei behördlicher Informationstätigkeit, insbes bei Warnungen *Robbers* DÖV 1987, 273, 278; *Philipp* (Fn 29) 227 f; *Leidinger* DÖV 1993, 925, 934; *T. Engel* Die staatliche Informationstätigkeit in den Erscheinungsformen Warnung, Empfehlung und Aufklärung, 2000, 231 f; *Hochhuth* NVwZ 2003, 30 ff; LG Stuttgart NJW 1989, 2257, 2260 f.

III. Fehlerfolgen und Rechtsschutz

1. Fehlerfolgen

6 Unter dem Stichwort der *Fehlerfolgen* behandelt man üblicherweise die Konsequenzen, die die Rechtswidrigkeit eines regelnden Verwaltungshandelns für die Wirksamkeit der in ihm enthaltenen Regelung hat.[44] Es geht also darum, ob die getroffene Regelung wegen etwaiger Rechtsfehler unwirksam bzw aufhebbar oder aber trotz ihrer Rechtsfehler wirksam ist, oder – anders formuliert –, ob sie trotz ihrer Rechtswidrigkeit *Rechtsfolgen* auslöst.[45] Belässt man es bei dieser Begriffsbildung, macht die Frage nach den Fehlerfolgen von rechtwidrigem schlichten Verwaltungshandeln keinen Sinn, denn schlichtes Verwaltungshandeln zeichnet sich gerade dadurch aus, keine Regelung zu enthalten und selbst keine Rechtsfolgen zu setzen, so dass sich Rechtsfehler insoweit auch nicht auswirken können. Allerdings bleiben auch beim schlichten Verwaltungshandeln Fehler nicht folgenlos.[46] Besteht der Rechtsverstoß in einer Verletzung eines *subjektiven Rechts*,[47] können als Reaktion darauf – wie bei anderem rechtwidrigen Verwaltungshandeln – Ansprüche des Geschädigten entstehen. Zu nennen ist zum einen der *Folgenbeseitigungsanspruch*.[48] Danach kann der in seinem subjektiven Recht Verletzte beanspruchen, dass die durch ein rechtswidriges schlichtes Verwaltungshandeln verursachten Fakten beseitigt und der Ausgangszustand bzw ein vergleichbarer Zustand wiederhergestellt werden. Wird zB ein Gegenstand beschädigt, kann seine Reparatur verlangt werden. Ein Unterfall des Folgenbeseitigungsanspruchs ist der *Widerrufsanspruch*.[49] Er ist von Interesse, wenn es um die Beseitigung der Folgen einer staatlichen Auskunft, Information oder sonstigen Äußerung geht. Gegen andauernde oder in der näheren Zukunft zu erwartende Rechtsverletzungen können darüber hinaus *Unterlassungsansprüche*[50] bestehen. Durch rechtswidriges schlichtes Verwaltungshandeln verursachte Schäden sind ggf nach den Grundsätzen der *Aufopferung*[51] und des *enteignungsgleichen Eingriffs*[52] zu entschädigen. Liegt schuldhaftes Handeln vor, kommen auch *Amtshaftungsansprüche* aus Art 34 GG iVm § 839 BGB[53] in Betracht.

[44] Vgl *Maurer* Allg VwR, § 15 Rn 6; *Engel* (Fn 43) 245; *Peine* Allg VwR, Rn 887.

[45] → § 17 Rn 8 f.

[46] *Maurer* Allg VwR, § 15 Rn 6; *Hermes* in: Hoffmann-Riem/Schmidt-Aßmann/Voßkuhle, Grundlagen II, § 39 Rn 100 ff; *Engel* (Fn 43) 245.

[47] → § 12 Rn 1 ff.

[48] Dazu zB *Erichsen* VerwArch 63 (1972) 217 ff; *Redeker* DÖV 1987, 194 ff; *Schoch* VerwArch 79 (1988) 1 ff; *ders* Jura 1993, 478 ff; *T. Schneider* Folgenbeseitigung im Verwaltungsrecht, 1994; *Pietzko* Der materiellrechtliche Folgenbeseitigungsanspruch, 1994; *Höfling* VVDStRL 61 (2002) 260, 271 ff; *Enders* in: Hoffmann-Riem/Schmidt-Aßmann/Voßkuhle, Grundlagen III, § 53; BVerwGE 94, 100 ff → JK Allg VwR Folgenbeseitigungsanspruch/10; 105, 288, 297 f; NVwZ-RR 2002, 620 f; → § 45 Rn 111 ff.

[49] Dazu zB *Ossenbühl* StHR, 291; *Faber* NVwZ 2003, 159 ff; BVerwGE 59, 319, 325 ff; vgl auch BVerwGE 102, 304, 316 → JK GG Art 5 III/20; → § 45 Rn 126.

[50] Dazu zB *Laubinger* VerwArch 80 (1989) 261 ff; *Ossenbühl* StHR, 300 f; *Sproll* in: Detterbeck/Windthorst/Sproll, Staatshaftungsrecht, 2000, 244 ff; *Engel* (Fn 43) 248 ff; BVerwGE 82, 76, 77; 102, 304, 315 → JK GG Art 5 III/20. Krit zur Figur des Unterlassungsanspruchs *Schmidt-Preuß* Kollidierende Privatinteressen im Verwaltungsrecht, 1992, 446.

[51] Dazu *Sproll* (Fn 50) 351 ff; *Maurer* Allg VwR, § 28; → § 45 Rn 100 ff.

[52] Dazu zB *Sproll* (Fn 50) 353 ff; Wolff/Bachof/*Stober* VwR II, § 72 Rn 53 ff; *v Arnauld* VerwArch 93 (2002) 394 ff; *Klement* Verw 37 (2004) 73 ff; → § 45 Rn 62 ff.

[53] Dazu zB *Ossenbühl* StHR, 6 ff; *Papier* in: Münchener Kommentar zum BGB IV, 4. Aufl 2004,

Die genannten Anspruchsgrundlagen sind jedenfalls dann einschlägig, wenn das rechtswidrige schlichte Verwaltungshandeln *öffentlich-rechtlich* ist. Ob die Tatbestände auch bei privatrechtlichem Verwaltungshandeln greifen, oder ob stattdessen auf privatrechtliche Anspruchsgrundlagen[54] zurückzugreifen ist, ist offen. Geht man davon aus, dass der Folgenbeseitigungs-, der Widerrufs- und der Unterlassungsanspruch unmittelbarer Bestandteil der Freiheitsgrundrechte sind,[55] dann spricht angesichts der umfassenden Grundrechtsbindung, die Art 1 III GG[56] anordnet, alles dafür, dass diese Ansprüche auf rechtswidriges schlichtes Verwaltungshandeln unabhängig davon reagieren, ob das Verwaltungshandeln als öffentlich-rechtlich oder als privatrechtlich zu qualifizieren ist. Allerdings wird diese Konsequenz – soweit ersichtlich – in der Regel nicht gezogen.[57] Das liegt daran, dass man vielfach davon ausgeht, die genannten Ansprüche seien zwar grundrechtlich geboten, ihre inhaltliche Ausformung erfolge jedoch auf der Ebene des einfachen Rechts,[58] das dann auch zwischen öffentlich-rechtlichen und privatrechtlichen Beeinträchtigungen differenzieren kann. Für den Anspruch aus Art 34 GG iVm § 839 BGB wird demgegenüber zunehmend[59] in Erwägung gezogen, ihn unabhängig von der Qualifikation des schadensverursachenden Handelns als öffentlich- oder als privatrechtlich anzuwenden, sobald bei einem schadensverursachenden amtspflichtwidrigen Verhalten staatliche Zuständigkeiten wahrgenommen wurden.[60] Dafür spricht, dass anderenfalls ein vollkommen uneinheitliches Haftungsregime für öffentlich-rechtliches und privatrechtliches Verwaltungshandeln besteht, für das es keinen sachlichen Grund gibt. Folgt man indessen diesen beiden Überlegungen 7

§ 839 Rn 1 ff; *Morlok* in: Hoffmann-Riem/Schmidt-Aßmann/Voßkuhle, Grundlagen III, § 54; *Maurer* Allg VwR, § 26 mwN; → § 44 Rn 1 ff.

54 Zu denken ist an § 1004 I, II BGB als Grundlage eines Unterlassungs- u Beseitigungsanspruchs sowie an § 823 I iVm §§ 31, 89 bzw 831 BGB als Grundlage eines Schadensersatzanspruchs gegen den Staat.

55 So dezidiert *Röder* Die Haftungsfunktion der Grundrechte, 2002, 216 ff. Vgl weiter *Grzeszick* Rechte und Ansprüche, 2002, bes 334 ff; *Höfling* VVDStRL 61 (2002) 260, 273 sowie zu grundrechtlichen Ableitungszusammenhängen *Ossenbühl* StHR, 298 ff; *Schoch* VerwArch 79 (1988) 1, 34 ff. Das BVerwG stellt zT auf Art 20 III (E 69, 366, 370), zT auf Grundrechte (E 82, 24, 25), zT auf die Grundrechte und das Rechtsstaatsprinzip (E 82, 76, 95) und zT zusätzlich auf Gewohnheitsrecht ab (E 94, 100, 103).

56 Das ist nicht ganz unumstritten, → § 17 Rn 7 u → § 3 Rn 87.

57 Das gilt auch für die Autoren, die die genannten Ansprüche grundrechtlich fundieren, vgl statt anderer *Schoch* Jura 1993, 478, 482; *Maurer* Allg VwR, § 30 Rn 5, 8; *Peine* Allg VwR, Rn 1065 f; *Sproll* (Fn 50) 224 f, 227. *Grzeszick* (Fn 55) 334 ff, der das Staatshaftungsrecht insgesamt als „Grundrechtsverletzungsreaktionsrecht" konstruiert, betont dessen Einschlägigkeit „unabhängig von der Art und Weise des Eingriffs" (344). Dass damit auch Grundrechtsbeeinträchtigungen in Privatrechtsform gemeint sind, wird allerdings nicht ausdrücklich gesagt. Ähnlich der Befund bei *Röder* (Fn 55) 216 ff sowie bei *Höfling* VVDStRL 61 (2002) 260, 276. Vgl zum Folgenbeseitigungsanspruch ausf → § 45 Rn 111 ff.

58 *Ossenbühl* StHR, 298 ff, bes 300.

59 Zur klassischen Interpretation, der zufolge nur öffentlich-rechtliches Handeln erfasst ist, zB *Maurer* Allg VwR, § 26 Rn 12; *Bryde* in: v Münch/Kunig, GGK II, Art 34 Rn 17; *Erichsen* 12. Aufl, § 31 Rn 1; *Rüfner* 12. Aufl, § 47 Rn 7, jew mwN auch zur Rspr sowie → § 44 Rn 4 f.

60 *Wieland* in: Dreier (Hrsg), GG II, 2. Aufl 2006, Art 34 Rn 42; *Gurlit* Verwaltungsvertrag und Gesetz, 2000, 461; *Remmert* (Fn 3) 270. Vgl auch bereits *Lerche* Ordentlicher Rechtsweg und Verwaltungsrechtsweg, 1953, 105 m Fn 431 ff sowie *Ossenbühl* StHR, 24 f, 27 f.

nicht, können auf rechtswidriges schlichtes Verwaltungshandeln in Privatrechtsform nur privatrechtliche Anspruchsgrundlagen reagieren.

8 Dann aber muss geklärt werden, wann schlichtes Verwaltungshandeln als *öffentlich-* oder *privatrechtlich* zu qualifizieren ist. Das ist nicht immer einfach zu entscheiden, weil schlichtes Verwaltungshandeln, also zB die Fahrt eines Polizisten im Streifenwagen oder das Erteilen einer Auskunft, keine erkennbare öffentlich-rechtliche oder privatrechtliche Rechtsnatur hat. Maßgeblich ist insoweit – wie bei anderem Verwaltungshandeln auch – zunächst der *Normbezug*, also die Frage, ob das Verwaltungshandeln stärker durch das öffentliche oder durch das private Recht vorgeprägt ist.[61] Eine Prägung durch öffentliches Recht liegt vor, wenn schlichtes Verwaltungshandeln unmittelbar auf öffentlich-rechtlichen Normen beruht, die gerade dieses Handeln speziell normieren.[62] So sind zB die Speicherung oder Übermittlung von Daten nach §§ 13 ff BDSG[63] oder die Anwendung polizeilichen unmittelbaren Zwangs auf der Grundlage der einschlägigen polizeirechtlichen Normen[64] öffentlich-rechtliche Maßnahmen.[65] Umgekehrt ist eine privatrechtliche Prägung gegeben, wenn eine Verwaltungseinheit mittels schlichten Verwaltungshandelns einen privatrechtlichen Vertrag erfüllt.[66] Eine privatrechtliche Prägung besteht uU auch bei schlichtem Verwaltungshandeln im Vorfeld eines privatrechtlichen Vertrages. So hat die Rechtsprechung zB das Ausprobieren eines Feuerwehrfahrzeuges zum Zwecke des Kaufs als privatrechtlich angesehen.[67] Schwieriger ist es, wenn schlichtes Verwaltungshandeln nicht konkret normiert ist. Unklar ist zB, ob das Rundschreiben einer Industrie- und Handelskammer an ihre Mitglieder,[68] die Ausstrahlung von Sendungen durch öffentlich-rechtliche Rundfunkanstalten[69] oder die Dienstfahrt eines Amtswalters zu einem Außentermin[70] öffentlich- oder privatrechtlich sein soll. Nicht ausreichend ist es in derartigen Fällen, die öffentlich-rechtliche Rechtsnatur schlichten Verwaltungshandelns damit zu begründen, dass die fragliche Verwaltungseinheit eine ihr durch die öffentlich-rechtliche Zuständigkeitsordnung zugewie-

[61] → § 3 Rn 34 ff; → § 17 Rn 4.

[62] *Erichsen* 12. Aufl, § 31 Rn 4; *Scherer* NJW 1989, 2774, 2776; *Christ* Die Verwaltung zwischen öffentlichem und privatem Recht, 1984, 76 ff → § 3 Rn 58.

[63] BundesdatenschutzG (BDSG) idF der Bekanntmachung v 14.1.2003 (BGBl I, 66), zul geändert durch G v 14.8.2009 (BGBl I, 2814), Sartorius I 245.

[64] Nachw in Fn 21.

[65] Bsp angelehnt an *Ehlers* in: Schoch/Schmidt-Aßmann/Pietzner, VwGO, § 40 Rn 392 → § 3 Rn 58.

[66] IE ebenso *Ehlers* in: Schoch/Schmidt-Aßmann/Pietzner, VwGO, § 40 Rn 387.

[67] BGH MDR 1962, 803, 803.

[68] Bsp nach *Ehlers* in: Schoch/Schmidt-Aßmann/Pietzner, VwGO, § 40 Rn 392.

[69] Uneinheitlich beurteilt wird in diesem Zusammenhang die Einordnung von Widerrufsansprüchen gegen ehrverletzende Behauptungen in Sendungen öffentlich-rechtlicher Rundfunkanstalten. Dafür, dass sowohl die Behauptungen als auch der Widerrufsanspruch öffentlich-rechtlich sind BayVGH DVBl 1994, 642 ff → JK VwGO § 40 I/26; *Kopp* BayVBl 1988, 193 ff; *Bettermann* NJW 1977, 513 ff; *Renck* JuS 2000, 1001, 1005; vgl auch *Kopp/Schenke* VwGO, § 40 Rn 28b; *Ehlers* in: Schoch/Schmidt-Aßmann/Pietzner, VwGO, § 40 Rn 288, 402 f mwN. Dagegen BVerwG DVBl 1994, 1245; BGH NJW 1994, 2500; JZ 1987, 414 f; BGHZ 66, 182, 185 ff.

[70] Die Rspr differenziert nach Zielsetzung u Zusammenhang der Dienstfahrt: Öffentlich-rechtlich bei engem Zusammenhang mit sog hoheitlichen Aufgaben, privatrechtlich bei Durchführung fiskalischer Geschäfte, zB BGHZ 29, 38, 41; BGH NJW 1992, 1227, 1228. Krit *Maurer* Allg VwR, § 3 Rn 30; *Ehlers* in: Schoch/Schmidt-Aßmann/Pietzner, VwGO, § 40 Rn 410.

sene Aufgabe wahrnimmt.[71] Da jedem Tätigwerden einer Verwaltungseinheit eine öffentlich-rechtliche Aufgabenzuweisung zugrunde zu liegen hat, wäre mit dieser Begründung jedes Verwaltungshandeln öffentlich-rechtlich.[72] Davon geht man aber nicht aus.[73] Ist das öffentliche Recht das Sonderrecht des Staates, spricht umgekehrt wenig für die Annahme, nicht ausdrücklich normiertes schlichtes Verwaltungshandeln sei in der Regel privatrechtlich.[74] Oft wird versucht, zur Qualifikation schlichten Verwaltungshandelns als privat- oder öffentlich-rechtlich auf den Sachzusammenhang und die Zielsetzung des schlichten Verwaltungshandelns abzustellen.[75] Das führt allerdings zu keinen eindeutigen Ergebnissen. Der Annahme, es komme auf den Willen der Verwaltungseinheit an,[76] steht entgegen, dass eine Formenwahlfreiheit der Verwaltung nur bei normativer Ableitung besteht,[77] die bei rechtlich nicht weiter vorgeordnetem schlichten Verwaltungshandeln aber gerade fehlt.[78] Das wiederum spricht dafür, dass schlichtes Verwaltungshandeln, das nicht eindeutig öffentlich- oder privatrechtlich vorgeprägt ist, öffentlich-rechtlich ist.

2. Rechtsschutzfragen

Wird jemand durch rechtswidriges schlichtes Verwaltungshandeln in seinen subjektiven Rechten verletzt und will er *anschließend* die oben genannten Schadensersatz- oder Entschädigungsansprüche geltend machen, steht ihm der Rechtsweg zu den ordentlichen Gerichten offen. Das gilt abweichend von der Regel des § 40 I 1 VwGO auch für Ansprüche, die auf öffentlich-rechtlichen Anspruchsnormen beruhen. Für Ansprüche aus Art 34 GG iVm § 839 BGB folgt das aus Art 34 S 3 GG sowie aus § 40 II 1, 3. Var VwGO („Schadensersatzanspruch aus der Verletzung öffentlich-rechtlicher Pflichten"). Für Ansprüche aus Aufopferung und aus enteignungsgleichem Eingriff[79] gilt § 40 II 1, 1. Var VwGO („vermögensrechtliche Ansprüche aus Aufopferung für das gemeine 9

[71] *Erichsen* 12. Aufl, § 31 Rn 4; *Ehlers* in: Schoch/Schmidt-Aßmann/Pietzner, VwGO, § 40 Rn 396.

[72] Das gilt zumindest für das Handeln öffentlich-rechtlich organisierter Verwaltungseinheiten.

[73] → § 3 Rn 33 ff.

[74] So *Christ* (Fn 62) 94 f.

[75] Vgl BGHZ 29, 38, 40 f; DÖV 1979, 865, 865 f. Bei der Qualifikation von Verhaltensweisen, die Emissionen oder Immissionen verursachen, wird mit einem „öffentlich-rechtlichen Planungs- und Funktionszusammenhang" argumentiert, BVerwG NJW 1974, 817, 818; BGH DVBl 1976, 210, 211; *Ehlers* in: Schoch/Schmidt-Aßmann/Pietzner, VwGO, § 40 Rn 394 ff. Der Sache nach auch OVG NRW NJW 1984, 1982, 1983; HessVGH DVBl 2000, 207, 208 → § 3 Rn 60.

[76] ZB *Hoffmann* (Fn 7) 17 f; *Frotscher* JuS 1978, 505, 508; *Erichsen* 12. Aufl, § 31 Rn 5; *Ipsen* Allg VwR, Rn 827; Wolff/Bachof/*Stober* VwR I, § 22 Rn 49, jew mit der Annahme, es werde öffentlich-rechtlich gehandelt, wenn der Wille, privatrechtlich zu handeln, nicht eindeutig erkennbar ist. Vgl auch BVerwG DVBl 1970, 273, 274. Gegen das Kriterium des Willens *Renck* JuS 2000, 1001, 1003; *Hermes* in: Hoffmann-Riem/Schmidt-Aßmann/Voßkuhle, Grundlagen II, § 39 Rn 86.

[77] Das ist nicht unumstritten, wie hier mit näherer Begründung → § 3 Rn 33 ff, 44 mN zum Meinungsstand.

[78] *Ehlers* in: Schoch/Schmidt-Aßmann/Pietzner, VwGO, § 40 Rn 393.

[79] Dazu, dass § 40 II 1, 1. Var Ansprüche aus enteignungsgleichem Eingriff erfasst, statt anderer *Kopp/Schenke* VwGO, § 40 Rn 61 mwN auch zur Gegenauffassung, die auf § 40 II 1, 3. Var VwGO abstellt.

Wohl“). Für den Folgenbeseitigungsanspruch ist demgegenüber der Verwaltungsrechtsweg nach § 40 I 1 VwGO eröffnet.[80] Erfordert die begehrte Folgenbeseitigung die Vornahme eines schlichten Verwaltungshandelns, ist die allgemeine Leistungsklage die einschlägige Rechtsschutzform. Ist kein Schaden entstanden und sind keine Folgen zu beseitigen, kann ggf im Wege der Feststellungsklage nach § 43 I VwGO *nachträglich* festgestellt werden, dass dem Kläger gegenüber keine Befugnis zur Vornahme des entsprechenden schlichten Verwaltungshandelns bestand.[81]

10 Wird ein Bürger durch ein rechtswidriges schlichtes Verwaltungshandeln in seinen subjektiven Rechten verletzt und *dauert* das schlichte Verwaltungshandeln *fort*, kann im Verwaltungsrechtsweg[82] die allgemeine Leistungsklage in Form der *Unterlassungsklage*[83] erhoben werden. Auf diese Weise können zB fortlaufende behördliche Informationstätigkeiten[84] oder andauernde Verwaltungstätigkeiten, die Emissionen oder Immissionen auslösen,[85] unterbunden werden. Begehrt ein Bürger die Unterlassung eines schlichten Verwaltungshandelns, das erst *bevorsteht*, kommt die *vorbeugende Unterlassungsklage*[86] als Rechtsschutzform in Betracht. In Bezug auf die Klagebefugnis besteht beim vorbeugenden Rechtsschutz allerdings die Schwierigkeit, festzulegen, ab wann ein hinreichend konkretisierter, einklagbarer Unterlassungsanspruch des Bürgers gegen ein mutmaßliches, künftiges schlichtes Verwaltungshandeln besteht. Maßgeblich ist, ob „das künftige Verwaltungshandeln nach seinem Inhalt und seinen tatsächlichen wie rechtlichen Voraussetzungen soweit bestimmt ist, dass eine Rechtmäßigkeitsprüfung möglich ist“[87]. Das ist zB anzunehmen, wenn dem Betroffenen gegenüber eine bestimmte Handlung angekündigt wird.[88]

11 Denkbar ist schließlich, dass ein Kläger ein schlichtes Verwaltungshandeln nicht abwehren will, sondern seine *Vornahme* begehrt. Einschlägige Rechtsschutzform für dieses Begehren ist grundsätzlich die *allgemeine Leistungsklage*. Anders ist es, wenn es dem Kläger um eine Leistung geht, über deren Gewährung vorab durch einen – konklu-

[80] Statt anderer *Kopp/Schenke* VwGO, § 40 Rn 14b, 59 mwN. Geht man – anders als hier – davon aus, dass sich der Folgenbeseitigungsanspruch nicht auf privatrechtliches Verwaltungshandeln erstreckt, sind Beseitigungsansprüche gegen privatrechtliches schlichtes Verwaltungshandeln auf § 1004 I 1 BGB zu stützen und gem § 13 GVG vor den ordentlichen Gerichten einzuklagen.

[81] Zum Feststellungs- oder Fortsetzungsfeststellungsinteresse – zT mit dem Zusatz, es müsse um die Verletzung eines „besonders bedeutsamen Grundrechts“ gehen – BVerfG NJW 2004, 2510 ff → JK VwGO Art 113 I 4/19; BVerwG NVwZ 1999, 991, 991 f → JK VwGO § 113 I 4/15; OVG Bremen NVwZ 1990, 1188, 1189; VG Weimar ThürVBl 1995, 43 ff; *Sodan/Kluckert* VerwArch 94 (2003) 3, 11 ff; *Bader* JuS 2005, 126, 126 f mwN.

[82] Geht man – anders als hier – davon aus, andauerndes privatrechtliches schlichtes Verwaltungshandeln sei auf der Grundlage von § 1004 I 2 BGB abzuwehren, ist gem § 13 GVG der Rechtsweg zu den ordentlichen Gerichten gegeben.

[83] Dazu zB *Hufen* VwPrR, § 16 Rn 4 ff.

[84] → § 37 Rn 1 ff.

[85] Vgl Rn 8 m Fn 75.

[86] Zum vorbeugenden Rechtsschutz näher *Schenke* AöR 95 (1970) 223 ff; *Ule* VerwArch 65 (1974) 291 ff; *Peine* Jura 1983, 285 ff; *Dreier* JA 1987, 415 ff.

[87] BVerwGE 45, 99, 105. Ähnlich zB *Pietzcker* in: Schoch/Schmidt-Aßmann/Pietzner, VwGO, § 42 I Rn 163; *Müller-Volbehr* DVBl 1976, 57, 61 f.

[88] BVerwGE 71, 183, 188 – Ankündigung der Veröffentlichung einer Transparenzliste zu Arzneien; OVG NRW NJW 1984, 1642 – Ankündigung der Sperrung eines Telefonanschlusses; *Pietzcker* in: Schoch/Schmidt-Aßmann/Pietzner, VwGO, § 42 I Rn 163.

denten – Verwaltungsakt entschieden wird[89] bzw werden muss.[90] Dann ist die Verpflichtungsklage die richtige Rechtsschutzform.[91] Möglich ist auch folgende Situation: Beantragt ein Bürger bei der zuständigen Behörde die Gewährung einer Leistung, kann dieser Antrag durch *Verwaltungsakt* abgelehnt werden. Er regelt dann verbindlich, dass ein Leistungsanspruch des Bürgers nicht besteht. Eine anschließend erhobene allgemeine Leistungsklage kann daher nur Erfolg haben, wenn dem ablehnenden Verwaltungsakt widersprochen und wenn er ggf zusammen mit Erhebung der allgemeinen Leistungsklage angefochten wird. Allerdings sollte das Vorliegen eines ablehnenden Verwaltungsakts nur angenommen werden, wenn die Behörde diese Rechtsform eindeutig – etwa durch Beifügung einer Rechtsbehelfsbelehrung – gewählt hat. Anderenfalls würde entgegen der Intention der VwGO im praktischen Ergebnis auch bei allgemeinen Leistungsklagen generell ein fristgebundenes Vorverfahren durchzuführen sein.[92]

[89] So für den Fall der Preisgabe des Namens eines Informanten durch den Verfassungsschutz BVerwGE 31, 301, 306 f mit der Begründung, dass der Auskunftserteilung eine eingehende Ermessensprüfung durch die Verwaltung vorangehen müsse. Allerdings lässt die Komplexität einer Entscheidung, die einer Auskunftserteilung vorangeht, für sich genommen keinen Rückschluss darauf zu, ob sie mit oder ohne Regelungscharakter getroffen werden soll. Dazu *Pietzcker* in: Schoch/Schmidt-Aßmann/Pietzner, VwGO, § 42 I Rn 156; *Kopp/Schenke* VwGO Anh § 42 Rn 37 mwN auch zur Rspr.

[90] Das ist va bei Informationsansprüchen aus § 1 I IFG und aus § 1 I 1 VIG von Interesse. Aus §§ 8 II, 9 IV 1 IFG lässt sich entnehmen, dass die Behörde die Entscheidung über die Erteilung einer Auskunft nach dem IFG in jedem Fall durch VA treffen soll. Ebenso verhält es sich bei Entscheidungen über Ansprüche auf der Grundlage von § 1 I 1 VIG: 4 II 1 VIG geht davon aus, dass sowohl im Falle der Ablehnung als auch im Falle der Erteilung einer Verbraucherinformation vorab durch VA zu entscheiden ist. Ob auch über die Erteilung von Informationen auf der Grundlage des § 3 I 1 UIG so zu verfahren ist, ist umstr. Das UIG enthält keinen ausdrücklichen Hinweis, dass die Behörde die Entscheidung, die einer Auskunftserteilung vorangeht, durch VA zu treffen hat. Näher dazu *Guckelberger,* UPR 2006, 89 ff; *Kopp/Schenke* VwGO Anh § 42 Rn 37 mwN auch zur Rspr; *Remmert* Jura 2007, 736, 738 f, 743.

[91] Der Bürger klagt zunächst im Wege der Verpflichtungsklage einen VA ein, durch den ihm ein individueller Anspruch auf die begehrte Leistung eingeräumt wird. Dieser Anspruch ist anschließend durch die Bewirkung der Leistung zu erfüllen. Unterbleibt das, muss der Bürger ggf eine allgemeine Leistungsklage erheben. Begehrt also ein Bürger eine Information auf der Grundlage des § 1 I IFG oder des § 1 I 1 VIG u wird die Erteilung dieser Information verweigert, ist zunächst die Verpflichtungsklage die richtige Rechtsschutzform. Für Auskünfte auf der Grundlage des § 3 I 1 UIG ist das umstr. Für Verpflichtungsklage zB Hess VGH NVwZ 2007, 348, 349; *Kopp/Schenke* VwGO Anh § 42 Rn 37. Für allgemeine Leistungsklage *Stollmann* NWVBl 2002, 216, 221 sowie für § 4 I UIG aF ohne Diskussion BVerwG NJW 1997, 753 → JK UIG § 4 I/2.

[92] *Pietzcker* in: Schoch/Schmidt-Aßmann/Pietzner, VwGO, § 42 I Rn 156. Vgl auch *Kopp/Schenke* VwGO, Anh § 42 Rn 40; *Kopp/Ramsauer* VwVfG, § 35 Rn 15; *Stelkens* in: Stelkens/Bonk/Sachs, VwVfG, § 35 Rn 99, jew mwN auch zur – an Einzelfällen orientierten u daher divergierenden – Rspr.

§ 37
Einzelfälle

I. Staatliche Öffentlichkeitsinformationen

1. Formen und Relevanz staatlicher Informationstätigkeiten

1 Staatliche Informationstätigkeiten sind ein wichtiges Anwendungsfeld schlichten Verwaltungshandelns.[1] Zum Teil erfolgen Informationen zur Erfüllung von *Informationspflichten*, die die Gesetze aus unterschiedlichen Gründen vorsehen, um Bürgern Zugang zum Wissen der Verwaltung zu verschaffen. Während zB § 25 S 2 VwVfGe der Wahrung der Rechte der an einem Verwaltungsverfahren Beteiligten dient,[2] bezwecken § 1 I IFG, § 1 I 1 VIG sowie § 3 I UIG[3] die Kontrolle der Verwaltung und ihre Rückbindung an die Bürger durch eine Informationsteilhabe der Öffentlichkeit.[4] Außerhalb gesetzlicher Auskunftspflichten erfolgen staatliche Informationen zum einen zum Zwecke der Selbstdarstellung. Zu nennen ist insbesondere die *Öffentlichkeitsarbeit von Regierungen*,[5] deren Grenzen vor allem in Zeiten von Wahlkämpfen immer wieder zu Streit führen.[6] Schließlich sind staatliche Informationen ein Mittel, um auf Entscheidungsprozesse der Bürger Einfluss zu nehmen.[7] Der Staat *klärt auf*, *appelliert* oder *warnt*, um

[1] Ausf zu den Informationsbeziehungen zwischen Staat u Bürger *Gusy* in: Hoffmann-Riem/Schmidt-Aßmann/Voßkuhle, Grundlagen II, § 39; *Kloepfer* Informationsrecht, 2002. Vgl auch → § 1 Rn 68 ff.

[2] Auch die Auskunftspflichten zB nach §§ 19 I 1 BDSG, 15 I BVerfSchG dienen der Wahrung subjektiver Rechte.

[3] Das IFG vermittelt Informationsansprüche gegen Stellen der Verwaltung des Bundes iwS, vgl § 1 I IFG, → § 1 Rn 72. Vergleichbare landesrechtliche Normen bestehen in Brandenburg, Berlin, Bremen, Hamburg, Mecklenburg-Vorpommern, Nordrhein-Westfalen, Saarland, Sachsen-Anhalt, Schleswig-Holstein und Thüringen. Ausf dazu m Fundstellen u mwN aus Rspr u Lit *Schoch* IFG, 2009, Einl Rn 99 ff. Ausf Nachw auch bei *Gusy* in: Hoffmann-Riem/Schmidt-Aßmann/Voßkuhle, Grundlagen II, § 39 Rn 82 Fn 310. Das VIG vermittelt Informationsansprüche sowohl gegen Stellen der Bundes- als auch der Landesverwaltungen iwS, vgl § 1 II, III VIG. Das UIG vermittelt Informationsansprüche gegen Stellen der Verwaltung des Bundes iwS, vgl § 2 I UIG. Alle Länder verfügen über dem UIG vergleichbare Regelungen, dazu zB *Schomerus/Tolkmitt* NVwZ 2007, 1119 ff. Zu den Problemen, die sich aus der immer noch punktuellen Normierung von Informationsansprüchen in unterschiedlichen Gesetzen ergeben zB *Sydow* NVwZ 2008, 481 ff.

[4] Ausf zur Verwaltungsöffentlichkeit zB *Gurlit* Die Verwaltungsöffentlichkeit im Umweltrecht, 1989; *Scherzberg* Die Öffentlichkeit der Verwaltung, 2000; *Kugelmann* Die informatorische Rechtsstellung des Bürgers, 2001. Zu den völker- u europarechtlichen Hintergründen der Umweltinformationsansprüche zB *Sparwasser/Engel/Voßkuhle* Umweltrecht, 5. Aufl 2003, § 2 Rn 183 ff u § 4 Rn 38; *Schoch* IFG, 2009, Einl Rn 90 ff, jew mwN.

[5] *Leisner* Öffentlichkeitsarbeit der Regierung im Rechtsstaat, 1966; *Schürmann* Öffentlichkeitsarbeit der Bundesregierung, 1992. Zu Fragen regierungsamtlicher Öffentlichkeitsarbeit im Internet zB *Ladeur* DÖV 2002, 1 ff. Zur Öffentlichkeitsarbeit von Kommunen *Porsch* Warnungen und kritische Äußerungen als Mittel gemeindlicher Öffentlichkeitsarbeit, 1997. Zur Öffentlichkeitsarbeit durch Kirchen BGH NJW 2003, 1308, 1308.

[6] Dazu BVerfGE 44, 125 ff; 63, 230 ff → JK GG Art 38 I/3. Zur Abgrenzung von Wahlwerbung u Öffentlichkeitsarbeit durch einen Bürgermeister BVerwGE 104, 323, 327 ff → JK GG Art 5 I 1/26.

[7] Dazu, dass Informationen zu einem zentralen staatlichen Steuerungsfaktor geworden sind

die Bürger in die Lage zu versetzen, eigenverantwortlich zu entscheiden, oder – die Übergänge sind fließend[8] – um ihr Verhalten in eine bestimmte Richtung zu lenken. Beispiele sind Broschüren über umweltfreundliche Fahrweisen oder energiesparendes Heizen, Appelle, keine „Toilettensteine" oder „Waschverstärkertücher" zu verwenden,[9] die Veröffentlichung von Arzneimitteltransparenzlisten[10] oder Ergebnissen von Warentests,[11] die Empfehlung, in Kartons verpackte Getränke zu vermeiden,[12] die Warnung vor vermeintlich verseuchten Teigwaren,[13] die Bekanntgabe einer Liste mit glykolhaltigem Wein[14] sowie Warnungen vor Jugendreligionen bzw -sekten.[15] Verhaltensbeeinflussende staatliche Öffentlichkeitsinformationen[16] werfen Rechtsfragen auf, zu denen sich – nicht zuletzt wegen zweier Entscheidungen des BVerfG („Glykol" und „Osho")[17] – eine breite Diskussion[18] entwickelt hat. Die folgenden Ausführungen beschränken

Pitschas in: Hoffmann-Riem/Schmidt-Aßmann/Schuppert (Hrsg), Reform des Allgemeinen Verwaltungsrechts, 1993, 219, 232 ff; *Di Fabio* Risikoentscheidungen im Rechtsstaat, 1994, 395 ff; *Schoch* VVDStRL 57 (1998) 158, 160 ff; *ders* in: Isensee/Kirchhof III, § 37 Rn 54; *Voßkuhle* in: Hoffmann-Riem/Schmidt-Aßmann (Hrsg), Verwaltungsrecht in der Informationsgesellschaft, 2000, 349, 365 ff; *Kloepfer* Informationsrecht, 2000, 9 ff; *Gusy* in: Hoffmann-Riem/Schmidt-Aßmann/Voßkuhle, Grundlagen II, § 39 Rn 95 ff.

[8] Die begriffliche Trennung von Aufklärungsmaßnahmen, Empfehlungen und Warnungen hat nur beschreibende Funktion. Vgl unterschiedliche Umschreibungen und Systematisierungen bei *Kloepfer* Staatliche Informationen als Lenkungsmittel, 1998, 11 ff; *T. Engel* Die staatliche Informationstätigkeit in den Erscheinungsformen Warnung, Empfehlung und Aufklärung, 2000, 7 ff; *v Danwitz* Verfassungsfragen staatlicher Produktempfehlungen, 2003, 15 ff; *C. Schmidt* Verhaltenslenkende Informationsmaßnahmen der Bundesregierung, 2003, 27 ff. Sehr differenzierend die Typologie bei *Schoch* in: Isensee/Kirchhof III, § 37 Rn 76 ff.

[9] Dazu *Ossenbühl* Umweltpflege durch behördliche Warnungen und Empfehlungen, 1986, 1 f; *Schulte* Schlichtes Verwaltungshandeln, 1995, 56 f; *Schuppert* Verwaltungswissenschaft, 254 ff.

[10] BVerwGE 71, 183 ff.

[11] BVerwG DVBl 1996, 807 f → JK GG Art 12 I/40.

[12] HessVGH NVwZ 1995, 611 f.

[13] OLG Stuttgart NJW 1990, 2690 ff; LG Stuttgart NJW 1989, 2257 ff.

[14] BVerfGE 105, 252 ff; BVerwGE 87, 37 ff → JK GG Art 12/5.

[15] EGMR NVwZ 2010, 177, 179 ff; BVerfGE 105, 279 ff → JK GG Art 4 I, II/23a; BVerwGE 82, 76 ff – Osho; BVerfG-K NJW 1989, 3269 ff; BVerwG NJW 1989, 2272 ff – Transzendentale Meditation. Weitere Bsp bei *Schoch* in: Isensee/Kirchhof III, § 37 Rn 57 ff mwN.

[16] Eine einheitliche Terminologie fehlt. Vorgeschlagen wurden zB die Begriffe „Informationsakte", *Di Fabio* (Fn 7) 395 f oder „Publikumsinformationen", *Gramm* Der Staat 1991, 51, 53 f; dem folgend *Sparwasser/Engel/Voßkuhle* (Fn 3) § 2 Rn 179; *Bumke* Verw 37 (2004) 3, 6; *Volkmann* JZ 2005, 261, 270.

[17] BVerfGE 105, 252 ff – Glykol; 105, 279 ff – Osho → JK GG Art 4 I, II/23a; vgl im Anschluss auch BVerfGE 113, 63 ff – Junge Freiheit. Zum Fall Osho auch EGMR NVwZ 2010, 177, 179 ff.

[18] Krit va *Schoch* in: Isensee/Kirchhof III, § 37 Rn 112 ff; *Murswiek* NVwZ 2003, 1 ff; *Huber* JZ 2003, 290 ff; *Lindner* DÖV 2003, 185 ff; *Höfling* in: Muckel (Hrsg), Kirche und Religion im sozialen Rechtsstaat, 2003, 329 ff; *Kahl* Der Staat 2004, 167 ff; *Remmert* Jura 2007, 736, 740 f. Knapper *Dreier* Verw 36 (2003) 105, 135 f; *Cremer* DÖV 2003, 921, 928 f; *Bethge* Jura 2003, 327, 332 f. Knapp, aber harsch *Jestaedt* in: Hoffmann-Riem/Schmidt-Aßmann/Voßkuhle, Grundlagen I, § 14 Rn 53. Gegen diese Kritik *Hoffmann-Riem* in: Bäuerle ua (Hrsg), Haben wir wirklich Recht?, 2004, 53, 69 ff; *ders* Der Staat 2004, 203 ff. Den Entscheidungen insbes in ihren Kernaussagen zur Schutzbereichskonzeption der betroffenen Grundrechte im Prinzip zust *Bumke* Verw 37 (2004) 3, 21 ff; *Albers* GLJ 2002, Nr 11, 1 ff; *Volkmann* JZ 2005, 261 ff. Vgl auch *Böckenförde* Der Staat 2003, 163 ff.

sich auf derartige Öffentlichkeitsinformationen und hier auf produktbezogene Informationen.[19]

2. Rechtsfragen produktbezogener Öffentlichkeitsinformationen

2 Wird über ein Produkt negativ informiert oder vor ihm gewarnt und richten die Verbraucher ihre Kaufentscheidungen daran aus, erschwert das – vermittelt durch das Kundenverhalten – die tatsächlichen Bedingungen der Berufsausübung betroffener Hersteller, Importeure oder Händler. Für sie können Produktinformationen ähnlich wirken wie ein staatliches Verbot der Produktion oder des Vertriebs der betroffenen Ware. Aus ihrer Sicht stellt sich daher die Frage, ob Art 12 I GG[20] vor Öffentlichkeitsinformationen schützt und wann diese eine rechtlich relevante Grundrechtsbeeinträchtigung, also einen sog „mittelbaren, faktischen Grundrechtseingriff" bewirken.[21] *Vor* der *Glykol-* und der *Osho-Entscheidung* ging man davon aus, dass Art 12 I GG die ungestörte unternehmerische Betätigung schütze. Eine rechtlich erhebliche *Grundrechtsbeeinträchtigung* wurde angenommen, wenn die faktischen Möglichkeiten unternehmerischer Betätigung durch eine staatliche Information vermindert wurden und dies staatlicherseits *beabsichtigt* war. Eine Grundrechtsbeeinträchtigung sollte darüber hinaus vorliegen, wenn die Verminderung unternehmerischer Handlungsmöglichkeiten zwar nicht intendiert, aber mit der Information *vorhersehbar* verbunden und *nicht nur unerheblich* war. Schließlich sollte auch jede Verbreitung *falscher* Informationen ein Grundrechtseingriff sein.[22] Das BVerfG meint *nun* offenbar,[23] Art 12 I GG schütze *nicht* vor *inhaltlich richtigen* staatlichen Informationen,[24] die *schlicht informieren* wollen.[25] Art 12 I GG erfasst danach von seinem Schutzbereich her inhaltlich zutreffende Produktinformationen durch staatliche Stellen nur, wenn diese – einem Befehl oder Verbot ähnlich – gezielt zur Verhaltenssteuerung eingesetzt werden. Wird nur zur Erweiterung des

19 Öffentlichkeitsinformationen in Bezug auf Sekten, Religionen oder Personen bleiben außer Betracht.

20 UU können weitere Grundrechte betroffen sein.

21 → § 36 Rn 4.

22 Den Meinungsstand ähnl zusammenfassend *Bumke* Verw 37 (2004) 3, 16 ff; *Murswiek* NVwZ 2003, 1, 2. Verwendet wurden idR die umstr Kriterien der Finalität, der Vorhersehbarkeit und der Beeinträchtigungsintensität, → § 36 Rn 4 mwN. Anders die Kriterienwahl zB bei *Lübbe-Wolff* NJW 1987, 2705 ff und bei *Albers* DVBl 1996, 233 ff.

23 Wie die Entscheidungen zu deuten sind, ist unsicher. Daher variieren die Interpretationen in der Literatur. Das ist ein Grund für die unterschiedlichen Bewertungen der Entscheidungen, vgl Fn 18.

24 Voraussetzung dafür soll aber ua die Beachtung der Kompetenzordnung durch die informierende Stelle sein, BVerfGE 105, 252, 268. Dagegen ist einzuwenden, dass so ein und dieselbe Information grundrechtlich irrelevant ist, wenn sie durch die zuständige Stelle erfolgt, aber Grundrechtsschutz eröffnet, wenn eine unzuständige Stelle handelt, vgl *Murswiek* NVwZ 2003, 1, 5; *Huber* JZ 2003, 290, 291; *Volkmann* JZ 2005, 261, 267. Diese Kritik hält auch *Hoffmann-Riem* Der Staat 2004, 203, 218, für bedenkenswert. Vgl auch *dens* in: ders/Schmidt-Aßmann/Voßkuhle, Grundlagen I, § 10 Rn 137 Fn 561.

25 Dazu, dass *finale* Verhaltenslenkungen durch richtige Informationen nach wie vor als Beeinträchtigungen behandelt werden sollen, die einem rechtlichen Befehl gleich stehen, BVerfGE 105, 252, 273; 113, 63, 76. Bei der Glykolliste hat das BVerfG eine beabsichtigte Verhaltenssteuerung nicht festgestellt, vgl BVerfGE 105, 252, 274: „Die Erreichung entsprechender Wirkungen blieb aber den Marktteilnehmern überlassen; die Regierung beschränkte sich auf die Übermittlung der Untersuchungsbefunde".

Kenntnisstandes der Bevölkerung sachlich richtig informiert, bietet Art 12 I GG nach diesem Ansatz auch dann keinen Schutz, wenn sich dadurch – vorhersehbar – die faktischen Berufsausübungsmöglichkeiten eines Unternehmers verschlechtern.[26] Zur Begründung führt das Gericht ua aus, dass Art 12 I GG die Teilnahme am Markt nach Maßgabe seiner Funktionsbedingungen gewährleiste. Dazu zähle die Markttransparenz, die durch inhaltlich richtige staatliche Informationen gerade gefördert werde.[27] Darüber, ob diese Schutzbereichsverengung[28] des Art 12 I GG richtig ist und ob es nicht einen Unterschied macht, ob der Staat oder ein privater Wettbewerber marktrelevante Informationen gibt,[29] lässt sich ebenso streiten wie darüber, ob sich zwischen schlicht informierenden Öffentlichkeitsinformationen und solchen, die Verhaltenssteuerung bezwecken, tatsächlich sinnvoll trennen lässt.[30] Ob sich der Ansatz des BVerfG durchsetzt, lässt sich jedenfalls nach wie vor nicht absehen.

Bewirkt eine Produktinformation eine Grundrechtsbeeinträchtigung, stellt sich die Frage nach dem Erfordernis einer *gesetzlichen Ermächtigung*. Das gilt unabhängig vom zugrunde gelegten Konzept zum Schutzumfang des Art 12 I GG. Bisher ging man in der Literatur von einem Junktim[31] aus. Jede Grundrechtsbeeinträchtigung bedarf einer gesetzlichen Grundlage. Das BVerfG[32] differenziert jetzt offenbar: Bei *gezieltem Zugriff* auf die grundrechtliche Freiheit greife der Gesetzesvorbehalt.[33] Demgegenüber ließen sich die Voraussetzungen für *mittelbar-faktische Beeinträchtigungen*[34] in Gestalt von Öffentlichkeitsinformationen gesetzlich nicht immer sinnvoll regeln,[35] so dass hier eine gesetzliche Ermächtigung weder zu einem Gewinn an Berechenbarkeit des Staatshandelns für die Bürger noch zu einer Erhöhung der demokratischen Legitimation staatlicher Informationstätigkeit führen würde.[36] Sei einer staatlichen Stelle eine Informa- 3

[26] BVerfGE 105, 252, 265: Art 12 I GG schützt vor richtigen Informationen selbst dann nicht, „wenn die Inhalte sich auf einzelne Wettbewerbspositionen nachteilig auswirken". Dem folgend BVerfG-K NJW 2002, 3458, 3459.

[27] BVerfGE 105, 252, 267. Ähnl zuvor *Lübbe-Wolff* NJW 1987, 2705, 2711 ff; *Gröschner* WuR 1991, 71, 76.

[28] Dafür, grundrechtliche Gewährleistungsgehalte zukünftig eher zu begrenzen *Böckenförde* Der Staat 2003, 165 ff; *Hoffmann-Riem* in: Bäuerle (Fn 18) 53, 71 ff; *ders* Der Staat 2004, 203, 214 ff; *Möllers* NJW 2005, 1973, 1978; aA insbes *Kahl* Der Staat 2004, 167 ff.

[29] Vgl *Huber* JZ 2003, 290, 292; *v Danwitz* (Fn 8) 72.

[30] Zu letzteren zählen explizite Warnungen und Empfehlungen. Schwierig ist die Einordnung staatlicher Kritik, vgl *Murswiek* NVwZ 2003, 1, 8. Vgl auch *Huber* JZ 2003, 290, 294; *v Danwitz* (Fn 8) 78 ff.

[31] Ausdrückl *Bethge* VVDStRL 57 (1998) 7, 45; *Höfling* (Fn 18) 329, 339. Im Ausgangspunkt ist das unumstritten.

[32] BVerfGE 105, 279, 303 ff → JK GG Art 4 I, II/23a. In der Glykolentscheidung hat das BVerfG sich dazu nicht geäußert, weil nach seiner Ansicht schon der Schutzbereich nicht betroffen war.

[33] BVerfGE 105, 279, 304 → JK GG Art 4 I, II/23a. Das dürfte auch für finale faktische Beeinträchtigungen gelten, die das BVerfG als „Äquivalent eines Eingriffs" qualifiziert, ebd, 303 sowie BVerfGE 113, 63, 76 f.

[34] Das BVerfG unterscheidet zwischen unmittelbaren rechtlichen *Eingriffen* und gezielten faktischen Maßnahmen, die *Äquivalent eines Eingriffs* sind, einerseits sowie mittelbar-faktischen *Beeinträchtigungen* andererseits. Nur für letztere gelte der Gesetzesvorbehalt nicht. Sprachlich kann so das übliche Junktim zwischen *Eingriff* und *Gesetzesvorbehalt* beibehalten werden. *Hoffmann-Riem* in: ders/Schmidt-Aßmann/Voßkuhle, Grundlagen I, § 10 Rn 137 Fn 559 meint daher auch, dass „das traditionelle Prüfungsschema bei Grundrechtseingriffen" nicht in Frage gestellt sei.

[35] BVerfGE 105, 279, 304 → JK GG Art 4 I, II/23a.

[36] BVerfGE 105, 279, 305 → JK GG Art 4 I, II/23a.

tions*aufgabe* zugewiesen, könne das uU als Ermächtigung auch für solche Informationen ausreichen, die faktisch-mittelbare Grundrechtsbeeinträchtigungen bewirken.[37] Einer speziellen *Befugnisnorm* bedürfe es dann nicht. Dem ist entgegenzuhalten, dass eine Differenzierung zwischen verschiedenen Typen von Grundrechtsbeeinträchtigungen mit unterschiedlichen Auswirkungen in Bezug auf die Geltung des Gesetzesvorbehalts im Grundgesetz nicht angelegt ist.[38] Hinzu kommt, dass die bestehenden spezialgesetzlichen Informationsermächtigungen[39] beweisen, dass staatliches Informationshandeln normiert werden kann.[40] Grundrechtsbeeinträchtigende Öffentlichkeitsinformationen bedürfen deshalb einer gesetzlichen Grundlage. Fehlt sie, liegt eine *Grundrechtsverletzung* vor.

4 Die vorstehenden Überlegungen gelten auch für grundrechtsbeeinträchtigende Öffentlichkeitsinformationen durch *Regierungen als Organe der Staatsleitung*.[41] Die dafür derzeit fehlenden gesetzlichen Grundlagen könnten geschaffen werden, wenn Regierungen als Staatsleitungsorgane nach der verfassungsrechtlichen Kompetenzordnung für die Bereitstellung von Informationen *zuständig* sind.[42] Das ist für Informationen, die im Rahmen der *„klassischen" Öffentlichkeitsarbeit* dazu dienen, über die Arbeit einer Regierung zu berichten, ebenso zu bejahen[43] wie für solche, die Regierungen zur *Beantwortung parlamentarischer Anfragen* bedürfen.[44] Für Informationen, die gegeben werden, *um Verwaltungsaufgaben* zu erfüllen, sind demgegenüber nicht die Regierungen als Staatsleitungsorgane, sondern die Verwaltungseinheiten zuständig, denen die Wahrnehmung der jeweiligen Sachaufgabe zugewiesen ist.[45] ZB ist die Aufgabe der Gefahrenabwehr den Ordnungsbehörden sowie der Polizei zugeordnet.[46] Informa-

[37] BVerfGE 105, 279, 303 → JK GG Art 4 I, II/23a. Zuvor schon BVerwGE 82, 76, 80 f; 87, 37, 46 ff → JK GG Art 12/5; BVerfG-K NJW 1989, 3269, 3270. Dezidiert aA mwN *Schoch* DVBl 1991, 667, 673; *ders* in: Isensee/Kirchhof III, § 37 Rn 112; *Gusy* NJW 2000, 977, 984 f; *Ibler* in FS Maurer, 2001, 145, 156 f; *Huber* JZ 2003, 290, 295 f; *v Danwitz* (Fn 8) 111 f; *Bumke* Verw 37 (2004) 3, 19 mwN.

[38] Anders BVerfGE 105, 279, 303 → JK GG Art 4 I, II/23a sowie *Hoffmann-Riem* in: Bäuerle (Fn 18) 53, 70. Eine Ausweitung des Gesetzesvorbehalts auf faktisch-mittelbare Beeinträchtigungen sei „nicht selbstverständlich".

[39] → § 36 Rn 2 sowie die Listen bei *v Danwitz* (Fn 8) 41 ff u bei *Gusy* in: Hoffmann-Riem/Schmidt-Aßmann/Voßkuhle, Grundlagen II, § 39 Rn 99 Fn 400. Sind konkrete Gefahren abzuwehren, treten die gefahrenabwehrrechtlichen Ermächtigungen hinzu.

[40] *Bumke* Verw 37 (2004) 3, 20 mit dem zutreffenden Hinweis, dass sachgesetzliche Schwierigkeiten bei der Normierung allenfalls zur Absenkung der gebotenen Regelungsdichte führen. Vgl auch *Volkmann* JZ 2005, 261, 269; *Huber* JZ 2003, 290, 295 f. Ggf könnte sogar eine allgemeine Ermächtigung in die VwVfGe aufgenommen werden, *Di Fabio* JuS 1997, 1, 5.

[41] Nicht gemeint ist im Folgenden der Fall, dass ein Minister *als oberste Verwaltungsbehörde* im Rahmen der ihm zugewiesenen Verwaltungsaufgaben informiert. Hier bestehen keine Besonderheiten, vgl *Gusy* NJW 2000, 977, 981; *v Danwitz* (Fn 8) 65.

[42] Sind Regierungen kraft Verfassungsrechts für Informationstätigkeiten schon nicht zuständig, können die Gesetze ihnen auch keine entsprechenden Befugnisse zuweisen.

[43] *Leisner* (Fn 5) 67 ff; *T. Engel* (Fn 8) 31 ff; *Gusy* NJW 2000, 977, 981; *Bumke* Verw 37 (2004) 3, 12 mwN. Dazu, dass trennscharfe Abgrenzungen nicht ohne Weiteres möglich sind *Schürmann* (Fn 5) 53 ff.

[44] *Ibler* (Fn 37) 145, 156 f; *H.-J. Cremer* JuS 2003, 747, 750.

[45] Vgl *Schürmann* (Fn 5) 252 ff; *Gusy* NJW 2000, 977, 981; *Ibler* (Fn 37) 145, 156 f. Zum „Annexcharakter" von Informationsaufgaben auch *Gusy* in: Hoffmann-Riem/Schmidt-Aßmann/Voßkuhle, Grundlagen II, § 39 Rn 98.

[46] Vgl für die Polizei → § 36 Rn 3 Fn 26.

tionstätigkeiten im Rahmen der Gefahrenabwehr gehören daher zu den Verwaltungsaufgaben dieser Stellen. Fraglich ist nur, ob die Bereitstellung entsprechender Informationen nicht dennoch *zugleich* auch Regierungsaufgabe ist.[47] Das BVerfG geht davon aus. Es gehöre „in einer Demokratie zur Aufgabe der Regierung, die Öffentlichkeit auch außerhalb oder weit im Vorfeld ihrer eigenen gestaltenden politischen Tätigkeit zu unterrichten"[48]. Regierungen dürften zwar nicht unmittelbar zum Zwecke der Gefahrenabwehr informieren, aber Produktinformationen zB aussprechen, um verlorenes Vertrauen der Bürger in den Markt wiederherzustellen.[49] Begründet wird das vor allem mit entsprechenden Informationsbedürfnissen der Bürger.[50] Nimmt man die Funktion einer Regierung als Staats*leitungs*organ ernst, ist aber zumindest im Bereich von Produktinformationen eine neben der Zuständigkeit der Sachaufgabenträger stehende Kompetenz von Regierungen für Öffentlichkeitsinformationen kaum zu begründen.[51] Sollte eine Öffentlichkeitsinformation dennoch ausnahmsweise einmal zu den Regierungsaufgaben zählen, bleibt zu klären, ob insoweit die *Bundesregierung* oder die *Landesregierungen* zuständig sind. Das BVerfG hält die Verbandskompetenz des Bundes – ggf neben der der Länder – ua für gegeben, wenn eine „bundesweite Informationsarbeit der Regierung die Effektivität der Problembewältigung fördert"[52]. Das wird man – wenn überhaupt – ebenfalls nur in Ausnahmefällen annehmen können.[53] Auch hier bleibt angesichts der Rechtsprechung des BVerfG die Entwicklung abzuwarten.

II. Informales Verwaltungshandeln

Obwohl *informales Verwaltungshandeln* seit knapp 30 Jahren[54] diskutiert wird und die 5
Literatur dazu unübersehbar ist,[55] ist unklar, was genau darunter zu verstehen ist.

[47] Das würde voraussetzen, dass es „Doppelzuständigkeiten" geben kann. Dazu mN zum Meinungsstand *Bumke* Verw 37 (2004) 3, 12.

[48] BVerfGE 105, 252, 269; 105, 279, 302 → JK GG Art 4 I, II/23a; dem folgend *Bumke* Verw 37 (2004) 3, 12 ff. Zuvor schon BVerwGE 87, 37, 46 ff → JK GG Art 12/5.

[49] BVerfGE 105, 252, 275; dem folgend *Bumke* Verw 37 (2004) 3, 14.

[50] BVerfGE 105, 252, 269 f; 105, 279, 301 ff → JK GG Art 4 I, II/23a. Kritisch zu dieser Begründung *H.-J. Cremer* JuS 2003, 747, 749.

[51] Vgl *Lege* DVBl 1999, 569, 577: Eine Staatsleitungskompetenz von Regierungen sei denkbar, wenn es um „die Bemeisterung außergewöhnlicher Situationen, in die das Gemeinwesen gerät", geht. Krit zum Ansatz des BVerfG auch *H.-J. Cremer* JuS 2003, 747, 750; *Murswiek* NVwZ 2003, 1, 7.

[52] BVerfGE 105, 252, 271; 105, 279, 306 → JK GG Art 4 I, II/23a. Vgl auch *Bumke* Verw 37 (2004) 3, 15: Es bedürfe „bundespolitischer Relevanz". Die Verbandskompetenz des Bundes zu Recht verneinend zB *Schoch* in: Isensee/Kirchhof III, § 37 Rn 112 m Fn 490; *ders* DVBl 1991, 667, 673; *Leidinger* DÖV 1993, 925, 933 f; *Heintzen* NJW 1990, 1448, 1449; *Schulte* (Fn 9) 150; *Huber* JZ 2003, 290, 296; *Schlecht* (Fn 8) 188 ff. Kritisch auch *Murswiek* NVwZ 2003, 1, 7.

[53] *Gusy* NJW 2000, 977, 981; *Lege* DVBl 1999, 569, 578. Vgl auch *Huber* JZ 2003, 290, 296.

[54] Als begriffsprägend gilt *Bohne* Der informale Rechtsstaat, 1981; *ders* VerwArch 75 (1984) 343; *ders* in: Kimminich ua (Hrsg), Handwörterbuch des Umweltrechts, 2. Aufl 1994, 1046 ff.

[55] ZB *Hoffmann-Riem* VVDStRL 40 (1982) 187, 191 ff; *Becker* DÖV 1985, 1003 ff; *Ossenbühl* UTR 1987, 27 f; *Bauer* VerwArch 78 (1987) 241 ff; *Bulling* DÖV 1989, 277 ff; *Kunig/Rublack* Jura 1990, 1 ff; *Henneke* NuR 1991, 267 ff; *Dreier* StWStPr 1993, 647 ff; *Brohm* DVBl 1994, 133 ff; *Volkmann* UTR 2001, 97 ff; *Pünder* DV 28 (2005), 1 ff; *Fehling* in: Hoffmann-Riem/Schmidt-Aßmann/Voßkuhle, Grundlagen II, § 38. Zahllose Nachw zB bei *Körner* Infor-

Einigkeit besteht, dass informales Verwaltungshandeln *nicht-regelnd* ist. Ob es deshalb mit schlichtem Verwaltungshandeln gleichzusetzen ist[56] oder eine Unterkategorie[57] dazu bildet, ist offen. Hier wird schlichtes Verwaltungshandeln als informal bezeichnet, wenn es als Alternative oder Ergänzung zu einer staatlichen Regelung oder zu einem rechtlich geregelten Verfahren und unter Einbeziehung der von der potentiellen Regelung Betroffenen eingesetzt wird.[58] Informales Verwaltungshandeln ist dann ein weiteres Beispiel schlichten Verwaltungshandelns. Sein wichtigster Anwendungsfall[59] sind *Absprachen*, also nicht-regelnde Vereinbarungen zwischen Verwaltungseinheiten und Privaten. Sie kommen nicht nur,[60] aber wohl besonders häufig im Wirtschafts- und Umweltrecht vor.[61]

6 Absprachen erfolgen zum einen zur *Vermeidung* von *Einzelfallregelungen*. So liegt zB eine Absprache vor, wenn die zuständige Behörde in Bezug auf eine technisch überholte genehmigungsbedürftige Anlage iSd BImSchG eine nachträgliche Anordnung nach § 17 BImSchG[62] plant, davon aber nach Gesprächen mit dem Betreiber absieht, weil dieser

melles Verwaltungshandeln im Umweltrecht, 2000; *Kautz* Absprachen im Verwaltungsrecht, 2002, 25 ff; *Kellner* Haftungsprobleme bei informellem Verwaltungshandeln, 2004, 11 ff.

[56] ZB *Brohm* DVBl 1994, 133, 133 f; *Henneke* NuR 1991, 267 ff. Etwas anders *Ipsen* Allg VwR, Rn 820 ff, der schlichtes und „nichtförmliches" Verwaltungshandeln gleichsetzt. Krit dazu *Schuppert* Verwaltungswissenschaft, 233 ff mwN.

[57] ZB Wolff/Bachof/*Stober* VwR II, § 57 Rn 4 ff; *Maurer* Allg VwR, § 15 Rn 14 ff; *Bohne* VerwArch 75 (1984) 343, 344; *Schmidt-Aßmann* Ordnungsidee, 349: „Informales Handeln ist ... eine Untergruppe des schlichten Verwaltungshandelns."

[58] Vgl ähnl statt anderer *Bohne* in: Kimminich (Fn 54) 1046. Diese Begriffsbildung scheidet einseitiges Verwaltungshandeln aus, wie hier *Bauer* VerwArch 78 (1987) 241 ff; *Dreier* StWStPr 1993, 647 ff; *Schuppert* Verwaltungswissenschaft, 235. Anders zB *Ossenbühl* UTR 1987, 27 ff; *Henneke* NuR 1991, 267 ff; *Kautz* (Fn 55) 39. Anders demgegenüber *Fehling* in: Hoffmann-Riem/Schmidt-Aßmann/Voßkuhle, Grundlagen II, § 38 Rn 14, der auch einseitiges schlichtes Handeln von Aufsichtsbehörden erfassen will.

[59] Als informales Verwaltungshandeln, das gesetzl vorgesehene Entscheidungsverfahren ersetzt oder ergänzt, bleibt damit vorliegend die Projekt- und Konfliktmittlung außer Betracht (dazu → § 16 Rn 1 ff). Dazu jew mwN *Hoffmann-Riem* Konfliktmittler in Verwaltungsverfahren, 1989; *Holznagel* Jura 1999, 71 ff; *Sünderhauf* Mediation bei der außergerichtlichen Lösung von Umweltkonflikten in Deutschland, 1997; *Köster* DVBl 2002, 229 ff; *Krämer* NuR 2002, 257 ff; *Rüssel* Mediation in komplexen Verwaltungsverfahren, 2004; *Ortloff* NVwZ 2007, 33 ff. In diesem Bereich findet zT eine „Reformalisierung" statt, indem zB der Einsatz von Projektmanagern in § 2 II 3 Nr 5 der 9. BImSchVO oder Vorabkontakte und -beratungen in §§ 2 II 2, 2a der 9. BImSchVO sowie in § 71c II VwVfGe mittlerweile ausdrücklich gesetzlich vorgesehen wurden. Dazu mw Beispielen *Fehling* in: Hoffmann-Riem/Schmidt-Aßmann/Voßkuhle, Grundlagen II, § 38 Rn 84 f.

[60] Zum Steuerrecht zB *Seer* Verständigungen im Steuerverfahren, 1996; zum Versammlungsrecht BVerfGE 69, 315, 354 ff → JK GG Art 8/2. Weitere Beispiele bei *Fehling* in: Hoffmann-Riem/Schmidt-Aßmann/Voßkuhle, Grundlagen II, § 38 Rn 23 mwN.

[61] Empirisches Material zu Absprachen, die sich auf die Normsetzung beziehen, bei *Michael* Rechtsetzende Gewalt im kooperierenden Verfassungsstaat, 2002, 47 ff und zu projektbezogenen Absprachen bei *Tegethoff* BayVBl 2001, 644 ff. Vgl weiter *Fehling* in: Hoffmann-Riem/Schmidt-Aßmann/Voßkuhle, Grundlagen II, § 38 Rn 23; *Schoch* in: Isensee/Kirchhof III, § 37 Rn 36 ff.

[62] Bsp nach *Maurer* Allg VwR, § 15 Rn 14. Zur Sanierungsabsprache *Bohne* Rechtsstaat (Fn 54) 164 ff; *Jarass* DVBl 1985, 193, 197 ff; *Breuer* in: Hoffmann-Riem/Schmidt-Aßmann (Hrsg), Konfliktbewältigung durch Verhandlungen, 1990, 231, 249; *Tomerius* Informale Projektabsprachen im Umweltrecht, 1995, 37 f; *Kautz* (Fn 55) 63 f.

zusagt, die Anlage technisch zu verbessern. Zum anderen sind Absprachen im *Vorfeld* von *Einzelfallregelungen* möglich. Dann wird zwar nicht die Regelung, aber das ihr vorangehende, gesetzlich geregelte Entscheidungsverfahren durch die Absprache substituiert oder ergänzt und der Inhalt der Regelung damit vorbestimmt. Beispiele sind Verhandlungen zwischen Vorhabenträgern und Behörden vor Beginn eines Genehmigungsverfahrens, in denen der Inhalt der späteren Genehmigung – uU auf der Grundlage eines vom Vorhabenträger ausgearbeiteten Entwurfs[63] – ausgehandelt wird.[64] Da es bei den bisher genannten Absprachen um die Anwendung von Rechtssätzen auf einen Einzelfall geht, werden sie auch *normvollziehende*[65] oder, da es sich idR um konkrete Vorhaben dreht, *projektbezogene*[66] *Absprachen* genannt. Werden demgegenüber Absprachen im Zusammenhang mit *abstrakt-generellen Regelungen*, also mit Normen, getroffen, kann man von *normbezogenen Absprachen*[67] sprechen. Hier kann eine Absprache ebenfalls zur *Vermeidung* einer staatlichen Regelung[68] erfolgen. Beispiele dafür sind die im Einzelnen unterschiedlich ausgestalteten Selbstverpflichtungen der Wirtschaft[69], in denen Unternehmen oder Verbände gegenüber einer staatlichen Stelle zB zusagen, innerhalb einer bestimmten Frist bestimmte Umweltstandards zu erfüllen, wenn gleichzeitig auf eine Regelung des Sachbereichs im Wege eines Gesetzes[70] oder einer Verordnung verzichtet wird.[71] Denkbar ist gleichermaßen, dass der Inhalt *künftiger* Normen abgesprochen wird. Prominentes Beispiel dafür ist der sog Atomkonsens.[72]

[63] Vgl *Hoffmann-Riem* VVDStRL 40 (1982) 187, 193.

[64] Dazu zB *Tomerius* (Fn 62) 33 ff; *ders* StWStPr 1997, 289 ff; *Bullinger* DÖV 1989, 277, 279; *Schröder* NJW 1998, 1011, 1013 mwN.

[65] Statt anderer *Bohne* VerwArch 75 (1984) 343, 345; *Dreier* StWStPr 1993, 647, 655; *Schuppert* Verwaltungswissenschaft, 236 f; *Schmidt-Aßmann* Ordnungsidee, 352 f.

[66] Statt anderer *Sparwasser/Engel/Voßkuhle* (Fn 3) § 2 Rn 190; *Kloepfer* Umweltrecht, 3. Aufl 2004, § 5 Rn 524; *Tegethoff* BayVBl 2001, 644 ff. Die Terminologie ist aber uneinheitlich, vgl *Fehling* in: Hoffmann-Riem/Schmidt-Aßmann/Voßkuhle, Grundlagen II, § 38 Rn 28 ff, der zwischen Vorabsprachen und normvollziehenden Absprachen unterscheidet sowie *Schoch* in: Isensee/Kirchhof III, § 37 Rn 35.

[67] Die Terminologie ist uneinheitlich. *Michael* (Fn 61) 37 schlägt als Oberbegriff den der *normativen Absprache* vor. Häufig ist von *normvertretenden Absprachen* die Rede, *Bohne* in: Kimminich (Fn 54) 1057 f; *Henneke* NuR 1991, 267, 271; *Brohm* DVBl 1994, 133 ff. Verwendet wird auch der Begriff der *normersetzenden Absprache*, zB *Schmidt-Aßmann* Ordnungsidee, 353; *Scherer* DÖV 1991, 1 ff; *Brohm* DÖV 1992, 1025 ff.

[68] Insoweit kann man differenzieren, ob die formale Normierung einer Materie vorerst gänzlich unterbleibt oder ob eine Norm besteht, aber im Falle einer Absprache nicht zur Anwendung kommt (zB §§ 6 III, 9 II VerpackV). Zu letzterem *Schmidt-Preuß* VVDStRL 56 (1997), 160, 214.

[69] Aus der unübersehbaren Literatur zB *Helberg* Normabwendende Selbstverpflichtungen als Instrumente des Umweltrechts, 1999; *Knebel/Wicke/Michael* Selbstverpflichtungen und normersetzende Umweltverträge als Instrument des Umweltschutzes, 1999; *Huckenbruch* Umweltrelevante Selbstverpflichtungen – ein Instrument progressiven Umweltschutzes?, 2000; *Faber* Gesellschaftliche Selbstregulierungssysteme im Umweltrecht, 2001; *Frenz* Selbstverpflichtungen der Wirtschaft, 2001; *Schendel* NVwZ 2001, 494 ff.

[70] Die am Zustandekommen der Selbstverpflichtung beteiligten Verwaltungseinheiten können im Hinblick auf Parlamentsgesetze nur zusagen, nichts dafür zu tun, ein Gesetzgebungsverfahren anzustoßen.

[71] Zahlreiche Beispiele bei *Michael* (Fn 61) 47 ff.

[72] Vereinbarung zwischen der Bundesregierung und den Energieversorgungsunternehmen zur geordneten Beendigung der Kernenergie, Bulletin BReg Nr 40-4 v 11.06.2001. Dazu zB *Wagner* NVwZ 2001, 1089 ff; *Pasemann/Baufeld* ZRP 2002, 119 ff; *Schoch* in: Isensee/Kirchhof III,

7 Absprachen sind *unverbindlich*. Das bedeutet, dass keiner der Beteiligten zu ihrer Erfüllung verpflichtet ist.[73] Dementsprechend kann ihre Einhaltung auch nicht beansprucht werden. Daher mag es auf den ersten Blick verwundern, dass informalem Verwaltungshandeln eine Konjunktur nachgesagt wird.[74] Die Gründe, die dafür in der Literatur genannt werden, sind ebenso vielfältig wie die Bewertungen der mit Absprachen verbundenen Vorteile oder Gefahren.[75] Angesichts der Fülle von unterschiedlichen Beispielen und Konstellationen verbieten sich dazu pauschale Urteile.[76] Absprachen können je nach Fallgestaltung zB zur Verfahrensbeschleunigung beitragen, privaten Sachverstand nutzbar machen oder die Akzeptanz staatlicher Entscheidungen verbessern. Sie erschweren aber uU die Wahrnehmung von Allgemein- oder Drittinteressen, führen möglicherweise dazu, die negativen Auswirkungen einer Entscheidung auf die Umwelt oder auf Dritte zu verlagern und bevorzugen vielleicht größere, verhandlungsstärkere Unternehmen gegenüber kleinen. Gelegentlich wurde Absprachen deswegen eine rechtsstaatliche Fragwürdigkeit attestiert.[77] Allerdings ist die Verwaltung bei Absprachen – wie bei jedem Verwaltungshandeln – an die Rechtsordnung gebunden. Zu beachten sind zum einen die *handlungsformunabhängigen Rechtmäßigkeitsanforderungen*[78], also zB die Zuständigkeitsordnung sowie Art 3 I GG. Auch die Freiheitsgrundrechte können einschlägig sein, wenn eine faktische Bindung, die ein Privater im Wege einer Absprache eingeht, in einem solchen Maße auf staatlichem Druck beruht, dass sein Mitwirken an der Absprache nicht mehr als Freiheitsgebrauch, sondern als Grundrechtsbeeinträchtigung zu bewerten ist.[79] Zum anderen dürfen die Anforderungen, die die Rechtsordnung an die durch die Absprache vermiedene oder vorbereitete Regelung stellt, nicht mit Hilfe der Absprache *umgangen* werden. Das gilt sowohl für inhaltliche als auch für verfahrensrechtliche Rechtsbindungen. Wird zB in einem auf den Erlass eines Verwaltungsakts gerichteten Verfahren ein Dritter, der möglicherweise in seinen Rechten beeinträchtigt wird, erst zu einem Zeitpunkt angehört, zu dem wegen einer Absprache bereits vollendete Tatsachen vorliegen, dann entspricht das nicht den Anforderungen des § 28 I VwVfGe. Der Verwaltungsakt ist rechtswidrig. Um das zu vermeiden, ist der Dritte ggf an der Absprache zu beteiligen bzw schon bei ihrer Aushand-

§ 37 Rn 40 f. Zur Vorgeschichte und zum Ablauf *Michael* (Fn 61) 105 ff. Zu den Verwaltungskompetenzen BVerfGE 104, 249 ff → JK GG Art 85 III/3; *Frenz* NVwZ 2002, 561 ff.

[73] Das schließt nicht aus, dass Absprachen rechtliche Auswirkungen haben können. So ist es zB möglich, dass eine rechtwidrige Absprache Amtshaftungsansprüche auslöst, *Kautz* (Fn 55) 343; *Spannowsky* Grenzen des Verwaltungshandelns durch Verträge und Absprachen, 1994, 452 f; *Fehling* in: Hoffmann-Riem/Schmidt-Aßmann/Voßkuhle, Grundlagen II, § 38 Rn 116 ff.

[74] Vgl nur die Feststellung bei *Schuppert* Verwaltungswissenschaft, 242, dass „sich alle Beobachter über den Bedeutungszuwachs informalen Verwaltungshandelns einig sind".

[75] Zu den Vor- und Nachteilen *Hoffmann-Riem* VVDStRL 40 (1982) 187 ff; *Bauer* VerwArch 78 (1987) 241, 250 ff; *Henneke* NuR 1991, 267, 271 ff; *Brohm* DÖV 1992, 1025, 1026 f; *Dreier* StWStPr 1993, 647, 656 ff; *Schuppert* Verwaltungswissenschaft, 242 ff; *Michael* (Fn 61) 207 ff u ausf *Fehling* in: Hoffmann-Riem/Schmidt-Aßmann/Voßkuhle, Grundlagen II, § 38 Rn 44 ff.

[76] *Michael* (Fn 61) 665.

[77] So dezidiert *Sendler* DÖV 1989, 482, 486. Zu dieser Fragestellung *Schulze-Fielitz* in: Benz/Seibel (Hrsg), Zwischen Kooperation und Korruption, 1992, 233; *Schuppert* Verwaltungswissenschaft, 244 ff. Zu rechtlichen Bewältigungsstrategien *Fehling* in: Hoffmann-Riem/Schmidt-Aßmann/Voßkuhle, Grundlagen II, § 38 Rn 67 ff.

[78] → § 17 Rn 7.

[79] Dazu knapp *Brohm* DÖV 1992, 1025, 1032 ff; *Schulte* (Fn 9) 98 ff u ausf *Michael* (Fn 61) 324 ff mwN.

lung anzuhören. Absprachen stehen also einem rechtmäßigen Verwaltungshandeln nicht entgegen. Wenn Absprachen dennoch mit Skepsis betrachtet werden, dann liegt dem uU die Annahme zugrunde, dass der mit einer Absprache verbundene Verhandlungsprozess per se dazu verleite, über Rechtsbindungen unzulässig zu disponieren. Das erinnert an Einwände, die früher auch gegen die Zulässigkeit des Verwaltungsvertrages vorgebracht wurden. Dem ist entgegengehalten worden, dass die Neigung zu illegalen Entscheidungen – sollte sie auf Seiten einer Verwaltungseinheit vorhanden sein – nicht instrumentenabhängig sein dürfte.[80] Das gilt auch in Bezug auf informales Verwaltungshandeln. Über seine grundsätzliche Zulässigkeit wird daher – soweit ersichtlich – auch kaum noch gestritten.

[80] Bezogen auf parallele Einwendungen gegenüber Verwaltungsverträgen *Krebs* VVDStRL 52 (1993) 350.

SIEBENTER ABSCHNITT

Recht der öffentlichen Sachen

Hans-Jürgen Papier

Gliederung

§ 38
Begriff und Wesen der öffentlichen Sachen

1 Die „öffentliche Sache" ist eine im deutschen Verwaltungsrecht fest verankerte Sammelbezeichnung für einen unterschiedlich abgesteckten Kreis höchst inhomogener Vermögensgegenstände, die aber unbestritten in zweierlei Hinsicht Gemeinsamkeiten aufweisen: Es handelt sich um Vermögensgegenstände, die wegen ihrer öffentlichen Zweckbestimmung eine besondere, von den übrigen Gegenständen abgehobene Rechtsstellung aufweisen, einen Rechtsstatus also, der nicht oder nicht nur von der Privatrechtsordnung, sondern (auch) von der verwaltungsrechtlichen Sonderrechtsordnung geprägt ist.

2 Zum besseren Verständnis der nachfolgenden Ausführungen sind folgende, beispielhaft aufgeführte Gegenstände als zum gesicherten oder doch möglichen Bestand öffentlicher Sachen gehörig zu erwähnen: Straßen, Wege und Plätze, natürliche und künst-

liche Wasserläufe, Eisen-, Straßen- und Untergrundbahnen, Flugplätze, Häfen, Deiche, Grünanlagen, Kinderspielplätze, Sportplätze und Schwimmbäder, Kinder- und Jugendheime, Altersheime und Krankenhäuser, Schulen, Hoch- und Fachschulen, Bibliotheken, Forschungslaboratorien, Kasernen und Truppenübungsplätze, Parkplätze und Parkhäuser, Anlagen des Rundfunkwesens, Versorgungsanlagen für Wasser, Elektrizität und Gas, Kläranlagen, Müllschütten und Müllverbrennungsanlagen, Rathäuser und sonstige Verwaltungs- sowie Regierungs- und Gerichtsgebäude, Kirchen, Gemeinde- und Pfarrhäuser, kirchliche Begräbnisplätze sowie die zum kirchlichen Kultgebrauch bestimmten Gegenstände.

I. Der Sachbegriff

3 Zunächst ist der für das Recht der öffentlichen Sachen maßgebliche Sachbegriff zu definieren. Nach hL gilt für das öffentliche Recht der bürgerlich-rechtliche Sachbegriff (§§ 90 ff BGB) *nicht.*[1] Die Gegenstände brauchen also nicht die im § 90 BGB geforderte Körperlichkeit aufzuweisen. Das bedeutet, dass über den privatrechtlichen Sachbegriff hinausgehend auch der Luftraum außerhalb der vom Bodeneigentümer beherrschten Sphäre, die Stratosphäre, ferner das offene Meer sowie der elektrische Strom, denen sämtlich die körperliche Begrenzung und Beherrschbarkeit fehlen, zu den Sachen im öffentlich-rechtlichen Sinne gerechnet werden.

4 Ob diese Erweiterung des Sachbegriffs sinnvoll ist, hängt von der Vorentscheidung darüber ab, welche Zwecke mit der Qualifizierung als öffentliche Sache verfolgt werden und welche Ordnungsprinzipien der Begriffsbildung daher zugrunde liegen sollen. Mit der Zuordnung zum Kreis der öffentlichen Sachen soll um der Wahrung und Sicherung öffentlicher Funktionen willen eine (partielle) Exemtion von der sonst eingreifenden sachenrechtlichen Privatrechtsordnung und eine Unterstellung unter eine sonderrechtliche Herrschafts- oder Nutzungsordnung bewirkt werden.[2] Nur Gegenstände, die ohne den öffentlich-rechtlichen Status der allgemeinen, der spezifischen Zweckrichtung oder Aufgabenstellung aber nicht voll Rechnung tragenden privatrechtlichen Herrschafts- und Nutzungsordnung unterstünden, können sinnvollerweise dem Begriff der öffentlichen Sache zugeordnet werden. Dieser findet nur in diesem kontrastierenden und abgrenzenden Sinne seine Berechtigung. Gegenstände, die per se der allgemein-privatrechtlichen Zuordnung oder Herrschafts- und Nutzungsordnung nicht unterstehen, zu den öffentlichen Sachen zu zählen, ist danach sinnwidrig. Öffentliche Sachen können somit nur *körperliche* Gegenstände sein.[3]

5 Dagegen ist der hM insofern zu folgen, als sie die bürgerlich-rechtlichen Vorschriften über Sachzusammenhänge (§§ 93–95 BGB) im Recht der öffentlichen Sachen für unmaßgeblich erklärt[4]. Während nach § 93 BGB wesentliche Bestandteile einer Sache

[1] S *Forsthoff* VwR, 378; *Wolff/Bachof/Stober* VwR II, § 75 Rn 4; Begründung zum Entwurf einer Verwaltungsrechtsordnung für Württemberg, 1931, 532 f; *Pappermann* JuS 1979, 794, 797 f; *Papier* in: Berg/Knemeyer/Papier/Steiner (Hrsg), Staats- und Verwaltungsrecht in Bayern, 6. Aufl 1996, Teil G Rn 3.

[2] *W. Weber* Die öffentliche Sache, VVDStRL 21 (1964) 145, 149; *Papier* Recht der öffentlichen Sachen, 3. Aufl 1998, 2; *ders* (Fn 1) Teil G Rn 1.

[3] So auch *Weber* VVDStRL (Fn 2) 149.

[4] Vgl *Detterbeck* Allg VwR, Rn 963; *Erbguth*, Jura 2008, 193, 194.

das rechtliche Schicksal der Hauptsache teilen, kann sich der öffentlich-rechtliche Sonderstatus allein auf die Hauptsache oder auf einzelne ihrer (wesentlichen) Bestandteile beschränken. Als Beispiel sei die auf privatem Grundstück errichtete Verkehrsregelungsanlage erwähnt. Wesentliche Bestandteile können also zu einer eigenständigen öffentlichen Sache werden. Auch an den bürgerlich-rechtlichen Zubehörbegriff (§ 97 BGB) ist der einen öffentlich-rechtlichen Sonderstatus begründende Hoheitsträger nicht gebunden. Ferner können mehrere nach Privatrecht selbständige Sachen oder Sachgesamtheiten eine *einheitliche* öffentliche Sache sein, so beispielsweise der öffentliche Weg oder Platz, der sich über mehrere Privatgrundstücke erstreckt.[5]

II. Der öffentlich-rechtliche Status

6 Gemeinwohlfunktion und Indienststellung einer Sache für einen öffentlichen Zweck allein machen diese noch nicht zu einer „öffentlichen Sache". Vielmehr muss die gesetzliche, gewohnheitsrechtliche oder administrative, gemeinhin als Widmung[6] bezeichnete Begründung eines öffentlich-rechtlichen Rechtsstatus an der Sache hinzukommen. Sachen, die zwar öffentlichen Zwecken dienen und für das Gemeinwesen oder seine Bürger bedeutsame Funktionen besitzen, bei denen sich aber der Rechtsverkehr ausschließlich nach bürgerlichem Recht vollzieht, also nur privatrechtliche Herrschaftsrechte und Nutzungsverhältnisse bestehen, sind *keine* „öffentlichen Sachen".

1. Die Sachen des „Finanzvermögens"

7 Von dieser Einschränkung sind nicht nur die sog „tatsächlichen öffentlichen Sachen" betroffen,[7] die – im Eigentum einer *Zivil*person stehend – der Öffentlichkeit zugänglich gemacht sind, wie beispielsweise der private Waldweg, das private Schwimmbad oder die private Kunstgalerie. Auch die Sachen des *Finanzvermögens* eines öffentlichen Gemeinwesens, die diesem und seinen Aufgaben nur (mittelbar) über ihre Erträge dienen, also primär erwerbswirtschaftlich genutzt werden und deshalb ausschließlich dem bürgerlichen Rechtsverkehr unterstellt sind, bleiben mangels eines öffentlich-rechtlichen Sonderstatus in der Herrschafts- und Nutzungsmacht ausgeklammert.[8] Sie sind in das Verwaltungsrechtssystem nicht inkorporiert.

2. Entstehung durch Rechtsakt

8 Über Rechtsnatur und Inhalt des verwaltungsrechtlichen Sonderstatus öffentlicher Sachen gibt es hinsichtlich der Einzelheiten keine volle Übereinstimmung. Zunächst ist festzustellen, dass der verwaltungsrechtliche Rechtsstatus einer Sache nur aufgrund eines *Rechtsakts* entstehen kann. Dieser kann ein förmliches Gesetz, ein sonstiger

[5] S auch *Papier* Jura 1979, 93 f; *ders* (Fn 1) Teil G Rn 3; *ders* (Fn 2) 3; *Pappermann* JuS 1979, 794, 797 f.

[6] *Forsthoff* VwR, 383 f; *Wolff/Bachof/Stober* VwR II, § 76 Rn 1 ff; *Pappermann* JuS 1979, 794 f; *Papier* Jura 1979, 93, 94; *ders* (Fn 1) Teil G Rn 4, 6; *Zörner* NZV 2002, 261 f.

[7] *Wolff/Bachof/Stober* VwR II, § 75 Rn 6 ff.

[8] *Forsthoff* VwR, 376; *Pappermann* JuS 1979, 794 f; *Papier* Jura 1979, 93; *ders* (Fn 1) Teil G Rn 5.

Rechtsatz, zB ein Gewohnheitsrechtsatz, oder ein Administrativakt sein.[9] Inhalt und Umfang des öffentlich-rechtlichen Status der Sache werden in erster Linie durch diesen Rechtsakt bestimmt. Sie sind also nicht „aus der Natur“ oder „aus dem Wesen“ einer öffentlichen Sache „vorgegeben“. Ist der Rechtsakt ein Administrativakt, kann die statusbegründende Wirkung von dem zugrunde liegenden Gesetz abschließend bestimmt oder aber der Verwaltung hinsichtlich des Umfangs und Inhalts der verwaltungsrechtlichen Rechtsstellung ein Ermessen eingeräumt sein. Erst wenn der statusbegründende Rechtsakt keine statusspezifischen Inhalts- und Umfangsbestimmungen enthält, ist auf allgemeine Grundsätze des (sachenrechtlichen) Verwaltungsrechts zurückzugreifen.

3. Verwaltungsrechtlicher Sonderstatus als „dingliche“ Rechtsmacht

Der verwaltungsrechtliche Status einer Sache wird gemeinhin mit der Existenz einer 9
dinglichen Rechtsmacht des öffentlichen Rechts gleichgesetzt.[10] Auch für das Verwaltungsrecht ist die aus dem Privatrecht bekannte Unterscheidung subjektiver Rechte in absolute oder Darfrechte, insbesondere dingliche oder Sachenrechte einerseits, relative oder Sollrechte, insbesondere Forderungsrechte andererseits, gültig.[11] Diese Trennung ist keine spezifisch privatrechtliche Erscheinung, sondern Bestandteil der allgemeinen Rechtslehre. Während ein absolutes Recht von jedermann zu achten ist und deshalb eine ausschließende Rechtsmacht verleiht, ist die Rechtsmacht bei den relativen Rechten darauf beschränkt, dass eine bestimmte Person (oder mehrere Personen) dem Rechtsinhaber gegenüber ein bestimmtes Verhalten (Tun oder Unterlassen) schuldet (schulden).

Zu den absoluten Rechten gehören insbesondere die dinglichen oder Sachenrechte. 10
Diese werden vereinfachend oder verkürzend als Rechte bezeichnet, die sich unmittelbar auf eine Sache beziehen und die *an* der *Sache* bestehen. Diese Umschreibung darf nicht darüber hinwegtäuschen, dass rechtliche Beziehungen nur zwischen Rechtssubjekten bestehen, dass Rechts- oder Pflichtsubjekte nur Personen, nicht aber Sachen sein können.[12] Das Recht an der Sache jedermann gegenüber bedeutet also bei präziser Betrachtung, dass eine unbestimmte Vielheit von Rechtssubjekten (jedermann) zugunsten des Rechtsinhabers durch Unterlassungs-, Duldungs- oder Nichtstörungspflichten gebunden ist, damit der Rechtsträger den Gegenstand (Rechtsobjekt) ungestört „beherrschen“ kann. Die in der „Dinglichkeit“ eines Rechts zum Ausdruck kommende Person-Sachbeziehung ist also nur eine vereinfachende (Hilfs-)Konstruktion für eine Vielzahl *personaler* Rechtsbeziehungen in Bezug auf eine Sache.[13]

4. Das „öffentliche Eigentum“

Im deutschen Verwaltungsrecht werden vor allem seit *Otto Mayer* zwei Gestaltungs- 11
formen öffentlich-dinglicher Rechte an Sachen diskutiert: Zum einen wird das öffentliche Sachenrecht als ein in seiner Vollkommenheit und Umfassenheit dem privatrecht-

[9] *Wolff/Bachof/Stober* VwR II, § 76 Rn 8 ff.
[10] *Wolff/Bachof/Stober* VwR I, § 40 Rn 17 ff; *Papier* Jura 1979, 93, 94.
[11] *Niehues* FS Wolff, 1973, 247 ff.
[12] *Rupp* Grundfragen der heutigen Verwaltungsrechtslehre, 2. Aufl 1991, 17, 166, 223.
[13] *Niehues* (Fn 11) 252.

lichen Eigentum vergleichbares Recht, also als „öffentliches Eigentum“ verstanden.[14] Zum anderen wird die verwaltungsrechtliche dingliche Herrschaftsmacht als ein beschränkt-dingliches Recht, also als eine öffentlich-rechtliche „Dienstbarkeit“,[15] lastend auf dem (fortbestehenden) privatrechtlichen Eigentum an der Sache, konstruiert.[16]

12 Die Lehre vom „öffentlichen Eigentum“ hat *Otto Mayer,* in Anlehnung an das Institut des *domaine public* des französischen Rechts, in das deutsche Verwaltungsrecht einzufügen versucht. Erfolgreich war dieses Unterfangen im Wesentlichen nicht.[17] Immerhin ist das „öffentliche Eigentum“ gesetzlich eingeführt durch das Hamburger Wegegesetz für alle öffentlichen Wege, Straßen und Plätze der Stadt, die dem Gemeingebrauch gewidmet sind (§ 4 I HambWG; Hamb GVBl 1974, 41), ferner durch das Hamburger Wassergesetz für einen Teil der Hochwasserschutzanlagen (§§ 4a, 55 HambWG; Hamb GVBl 2005, 97) und schließlich durch das baden-württembergische Wassergesetz für das Bett der Gewässer erster und zweiter Ordnung (§ 4 I; BaWüGBl 2005, 219).

13 Nach dem oben Ausgeführten steht es dem Gesetzgeber frei, den verwaltungsrechtlichen Status öffentlichen Zwecken gewidmeter Sachen im Sinne einer umfassenden öffentlich-rechtlichen Sachherrschaft, insofern vergleichbar dem privatrechtlichen Vollrecht „Eigentum“, zu ordnen. Dies gilt trotz der sachenrechtlichen Kodifikation des Bürgerlichen Gesetzbuches und seines Einführungsgesetzes auch für den Landesgesetzgeber.[18]

14 Der wesentliche Grund für die (partielle) Unterstellung öffentlicher Sachen unter ein neuartiges, öffentlich-rechtliches Eigentumsinstitut besteht letztlich nur darin, die betreffenden Sachen dem bürgerlich-rechtlichen Veräußerungsverkehr zu entziehen.[19] Diese Konsequenz wäre sicher auch auf der Basis der überlieferten Konzeption einer dualistischen Rechtsgestaltung bei entsprechender gesetzlicher Ausgestaltung der öffentlich-rechtlichen Eigentumsbelastung denkbar.[20]

15 Die lapidare Unterstellung öffentlicher Sachen unter ein „öffentliches Eigentum“ im Hamburger Wege- und Deichrecht und im Baden-Württembergischen Wasserrecht ist als solche ziemlich aussage- oder sinnlos. Die unbestrittene Gestaltungsfreiheit des Gesetzgebers in Bezug auf Inhalt und Ausmaß der öffentlich-rechtlichen Sachherrschaft und sein Recht, diese öffentlich-rechtliche Sachherrschaft in einer dem privatrechtlichen Eigentum vergleichbar umfassenden Weise auszugestalten, dürfen nicht darüber hinweg täuschen, dass diese Gestaltungsmacht nicht schon durch Verwendung bloßer Leerformeln wie „öffentliches Eigentum“ ausgefüllt wird.

16 Das Eigentumsrecht ist wie jedes dingliche Recht eine „konstruktive Verkürzung“ („brennpunktartige Bündelung“)[21] einer Vielzahl personaler Rechtsbeziehungen, die im Hinblick auf eine Sache bestehen.[22] Das privatrechtliche Sacheigentum beispielsweise

14 O. *Mayer* VwR II, 49 ff; s ferner *Haas* DVBl 1962, 653 ff; *Papier* (Fn 1) Teil G Rn 6; *Schmidt-Jortzig* NVwZ 1987, 1025, 1026 f; *Wittig* DVBl 1969, 680 ff.

15 *Wolff/Bachof/Stober* VwR II, § 77 Rn 4; *Papier* Jura 1979, 93, 94; *ders* (Fn 1) Teil G Rn 7; *Pappermann* JuS 1979, 794, 798 f.

16 S auch BGHZ 9, 380; 19, 90; 21, 327; 48, 104; BGH NJW 1971, 95.

17 Ausf dazu *Forsthoff* VwR, 379 Fn 5.

18 BVerfGE 42, 20 ff.

19 *Weber* VVDStRL(Fn 2) 145, 149.

20 *Salzwedel* DÖV 1963, 241, 244.

21 *Rupp* (Fn 12) 225.

22 *Niehues* (Fn 11) 252.

erfährt eine inhaltliche Konturierung erst und allein durch die Rechte und Pflichten des Eigentümers und Dritter begründenden Vorschriften des BGB bzw seiner Nebengesetze. Losgelöst von diesem „Normenwerk“ ist das „Eigentum“ eine inhaltlich entleerte Hülse oder eine nichtssagende Floskel.

Entsprechendes gilt für ein „öffentliches Eigentum“, wenn der Gesetzgeber nicht zugleich ein dieses öffentlich-rechtliche Eigentum konturierendes Normenwerk zur Verfügung stellt. Bei Fehlen eines eigenen Systems personaler Rechte und Pflichten in Bezug auf öffentliche Sachen kann die gesetzgeberische Verwendung des Begriffs „öffentliches Eigentum“ nur zweierlei bedeuten: Entweder sollen zur Rechtsausfüllung die das privatrechtliche Eigentum konstituierenden Normen des bürgerlichen Rechts entsprechend gelten (so § 5 S 1 BaWüWaG). In diesem Fall ist die Verwendung des Begriffs „öffentliches Eigentum“ weitgehend sinnlos und ein „Etikettenschwindel“. Oder aber dieser Rückgriff soll gerade ausgeschlossen sein, was im § 4 I 5 HambWG und § 4a II 3 HambWaG ausdrücklich bestimmt ist. Dann aber ist die Regelung mangels eigenen, eigentumskonstituierenden verwaltungsrechtlichen Normenwerkes in höchstem Maße unvollständig. Inhalt und Ausmaß der öffentlich-rechtlichen Sachherrschaft, also des verwaltungsrechtlichen Rechtsstatus der Sachen, müssen weiterhin maßgeblich unter Rückgriff auf die allgemeinen Grundsätze des Verwaltungsrechts bestimmt werden. Dies trifft bezüglich der genannten Gesetze insbesondere für das Nachbarrecht zu.[23] **17**

5. Dualistische Konstruktion des Rechtsstatus

a) In Gesetzgebung, Rechtsprechung und Lehre ist eine *gemischt privatrechtlich-öffentlich-rechtliche Grundkonzeption* der öffentlichen Sachen herrschend. Öffentliche Sachen unterstehen danach der einen und einheitlichen Eigentumsordnung, die für das deutsche Rechtssystem im Bürgerlichen Gesetzbuch ausgeformt ist. Aufgrund der *Widmung* für einen öffentlichen Zweck lastet jedoch auf diesem Privateigentum ein beschränktes dingliches Recht, also eine „Dienstbarkeit“ des öffentlichen Rechts. Diese verleiht eine besondere öffentlich-rechtliche Sachherrschaft über die Sache, die verschieden abgesteckte Nutzungsbefugnisse einerseits und spezifische Unterhaltungspflichten des öffentlichen Rechts andererseits beinhaltet. Die Dienstbarkeit hat zugleich die negative Wirkung, dass die privatrechtlichen Eigentümerbefugnisse im jeweiligen Umfang der öffentlich-rechtlichen Sachherrschaft verdrängt werden.[24] **18**

Es ist möglich, dass diese „janusköpfige“[25] Rechtskonstruktion öffentlicher Sachen ihre Ursprünge in der Fiskustheorie hat, die vermögensrechtliche und zivilrechtliche Ansprüche identifizierte und die in der Judikatur mangels einer der Zivilgerichtsbarkeit vergleichbaren Verwaltungsrechtspflege und mangels einer unmittelbaren öffentlich-rechtlichen Staatshaftung lange Zeit – jedenfalls hinsichtlich ihrer praktischen Auswirkungen – gepflegt wurde.[26] Die hoheitlich-fiskalische Doppelrolle der öffentlichen **19**

[23] Vgl dazu *Papier* (Fn 2) 149 ff.

[24] BGHZ 9, 380; 19, 90; 21, 327; 48, 104; BGH NJW 1971, 95; VG Köln NJW 1991, 2584 ff; BayVerfGH BayVBl 1982, 238 ff; BayVGH BayVBl 1994, 441; *Wolff/Bachof/Stober* VwR II, § 77 Rn 4; *Salzwedel* DÖV 1963, 241, 244; *Pappermann* JuS 1979, 794, 798 f; *Papier* Jura 1979, 93, 94; *ders* (Fn 1) Teil G Rn 8; *ders* (Fn 2) 10; *Gaier* in: Münchener Kommentar zum BGB, 5. Aufl. 2009, Einl. Sachenrecht Rn 27.

[25] *Stern* Die Öffentliche Sache, VVDStRL 21 (1964) 183, 187.

[26] *Papier* JZ 1975, 585, 586; vgl aber auch *Rüfner* Verwaltungsrechtsschutz in Preußen von 1749 bis 1842, 1962, 172 ff und *Bullinger* Vertrag und Verwaltungsakt, 1962, 200 ff, 219 ff.

Sache und die Theorie vom öffentlich-rechtlich *„modifizierten Privateigentum"* boten die konstruktive Basis für die Zuordnung der Haftungsfragen zum Zivilrecht und für ihre Justiziabilität überhaupt.[27]

20 b) Andererseits darf nicht übersehen werden, dass auch das *geltende Recht,* soweit es sich mit dem Rechtsstatus öffentlicher Sachen befasst, abgesehen von den erwähnten landesgesetzlichen Regelungen in Hamburg und Baden-Württemberg, diese dualistische Konstruktion übernommen hat: Für das Straßen- und Wegerecht sehen das FStrG des Bundes sowie die Straßengesetze der Länder neben den öffentlich-rechtlichen Benutzungsformen des Gemein- und Sondergebrauchs nach wie vor die Benutzung der öffentlichen Sache aufgrund eines bürgerlich-rechtlichen (Gestattungs-)Vertrages mit dem Privateigentümer vor. Nach § 8 X FStrG beispielsweise richtet sich die „Einräumung von Rechten zur Benutzung des Eigentums der Bundesfernstraßen" nach bürgerlichem Recht, wenn die Benutzung „den Gemeingebrauch nicht beeinträchtigt". Die Landesstraßengesetze enthalten, abgesehen von der Hamburger Regelung, im Grundsatz entsprechende Vorschriften.[28]

21 Auch im Wasserrecht gehen die geltenden Gesetze von einem mit öffentlichen beschränkt-dinglichen Rechten belasteten Privateigentum am Gewässer und Gewässerbett aus.[29] Allerdings ist schon in diesem Zusammenhang darauf hinzuweisen, dass nach dem WHG und den Landeswassergesetzen die eigentumsrechtliche Restherrschaft weitaus stärker beschnitten ist als die des Wegeeigentümers:[30] Der Gewässereigentümer hat aufgrund von § 4 IV WHG in seiner ab 1.3.2010 geltenden Fassung Nutzungen des Gewässers durch Dritte zu dulden. Regelmäßig gewähren die – in Einzelheiten differierenden – Vorschriften der Landeswassergesetze hierfür keinen finanziellen Ausgleich, vgl etwa § 13 LWG NRW.[31] Der Eigentümer ist auch nicht in der Lage, gewisse Formen der Sondernutzung des Gewässers von dem Abschluss eines entgeltlichen, privatrechtlichen Vertrages abhängig zu machen.[32] Nach den Regelungen des WHG können Sondernutzungsrechte nur aufgrund eines *öffentlich-rechtlichen* Aktes, der „Erlaubnis" oder der „Bewilligung" des Trägers der Gewässerhoheit, begründet werden.

22 c) Die dualistische Rechtskonstruktion bietet den praktischen Vorteil, die nicht so seltenen Fälle einer Divergenz zwischen Eigentumsträgerschaft und öffentlich-rechtlicher Sachherrschaft angemessen zu lösen. Für den Bereich der öffentlichen Wege und Straßen sind die geltenden Gesetze zwar bestrebt, das Eigentum und die Funktionen der öffentlich-rechtlichen Wegehoheit in einer Rechtsperson zu vereinigen.[33] Dennoch sind öffentliche Straßen und Wege, die im Eigentum von Zivilpersonen stehen, keine so sel-

27 *Bartlsperger* Verkehrssicherungspflicht und öffentliche Sache, 1970, 62 f.

28 Vgl § 23 I StrWG NRW, Art 22 I BayStrWG.

29 *Breuer* Öffentliches und privates Wasserrecht, 3. Aufl 2004, Rn 156 ff; *Salzwedel* DÖV 1963, 241, 244. Zur beschränkten Eigentumsfähigkeit des fließenden Wassers und des Grundwassers siehe nunmehr § 4 IV in seiner ab 1.3.2010 geltenden Fassung.

30 Näher dazu → § 39 Rn 24 ff.

31 S aber Art 4 II 3 BayWG, wonach dem priv Gewässereigentümer grds ein Anspruch auf Entgelt zusteht; vgl dazu *Zeitler* in: Sieder/Zeitler/Dahme/Knopp, Bayerisches Wassergesetz, Art 4 Rn 64 ff.

32 *Salzwedel* DÖV 1963, 241, 244; anders bei einem erheblichen dauernden Eingriff in das Gewässerbett, *Salzwedel* in: Erichsen (Hrsg), Allgemeines Verwaltungsrecht, 10. Aufl 1995, § 44 Rn 10; *Papier* (Fn 2) 11.

33 *Herber* in: Kodal/Krämer, Straßenrecht, 6. Aufl 1999, Kap 7 Rn 10.2; § 6 I FStrG normiert einen ges Eigentumsübergang beim Wechsel der Straßenbaulast.

tene Erscheinung. Bei der Anlage von Wegeprovisorien aus Anlass großer Straßenbau- oder sonstiger Vorhaben beispielsweise ist diese Lösung häufig unausweichlich.[34]

Die Möglichkeit der Divergenz ist aber vor allem bei den öffentlichen Sachen gegeben, die dem (internen) Verwaltungsgebrauch oder der „anstaltlichen" Nutzung durch Zivilpersonen zu dienen bestimmt sind. Dienststellen der öffentlichen Verwaltung ebenso wie staatliche oder kommunale Einrichtungen sind nicht selten auf gemieteten Grundstücken oder in gemieteten Räumen untergebracht. Die Annahme eines „Doppelstatus" ist bei diesen öffentlichen Sachen unvermeidbar. Es ist deshalb auch kein Zufall, dass die gesetzliche Einführung „öffentlichen Eigentums" sich bisher nur auf einen Teilbereich der öffentlichen Sachen erstreckt: Erfasst vom öffentlichen Eigentum sind im Wesentlichen Sachen im Gemeingebrauch, an denen der öffentliche Sachherr überdies (privatrechtliches) Eigentum erlangt haben muss. Die Annahme eines „modifizierten Privateigentums" hat also den praktischen Vorteil, den Rechtsstatus *aller* öffentlichen Sachen im Grundsatz *einheitlich* bestimmen zu können. **23**

6. Öffentlich-rechtlicher Sonderstatus ohne „Dinglichkeit" – Das Verhältnis von „Sachen-" und „Anstaltsrecht"

a) Bei einer ganzen Reihe öffentlichen Zwecken unmittelbar dienender Sachen ist die Existenz eines dinglich-öffentlichen Rechts, also einer *sachenrechtlichen* Sonderstellung überhaupt, zweifelhaft. Dies gilt vornehmlich für diejenigen Sachen, die im Rahmen von Anstaltsnutzungsverhältnissen, beispielsweise zu Zwecken der daseinsvorsorgenden Leistungsverwaltung, dem Bürger zugänglich sind. Das Verhältnis des öffentlichen Anstaltsrechts zum Recht der öffentlichen Sachen kann noch immer nicht als geklärt angesehen werden.[35] Die Schwierigkeiten, beide Rechtssysteme in ein richtiges Bezugssystem zu bringen, folgen nicht aus dem öffentlichen Sachbegriff. Denn so wenig es im Privatrecht Mühe bereitet, das „Unternehmen", das „Handelsgeschäft" oder den „eingerichteten und ausgeübten Gewerbebetrieb" als einheitliches Rechts- und Vermögensobjekt zu verstehen, so wenig ist es ausgeschlossen, die Zusammenfassung persönlicher und sächlicher Verwaltungsmittel in einer öffentlichen Einrichtung oder Anstalt als Gegenstand eines verwaltungsrechtlichen Sonderrechts, also als einheitliche „öffentliche Sache" zu sehen. **24**

b) Schwierigkeiten entstehen aber dadurch, dass die Nutzung öffentlicher Einrichtungen und sonstiger anstaltlich gebundener öffentlicher Sachen durch den Bürger nicht aufgrund eines unmittelbaren, dh *dinglichen* Rechts an der Sache, sondern erst nach Begründung und nach Maßgabe eines öffentlich- oder privatrechtlichen Benutzungsverhältnisses erfolgt. Dieses Benutzungsverhältnis ist, soweit es dem öffentlichen Recht angehört, regelmäßig kein vertraglich begründetes Rechtsverhältnis. Es entsteht überwiegend durch Verwaltungsakt, nämlich durch ausdrückliche oder konkludent erklärte Zulassung zur Anstaltsnutzung.[36] Damit entstehen keine dinglichen oder Sachenrechte des Benutzers, sondern verwaltungsschuldrechtliche Sonderverbindungen des öffentlichen Rechts. Selbst wenn – wie bei den kommunalen Einrichtungen zugunsten der Gemeindeeinwohner (s § 8 II GO NRW, § 21 I BayGO) – ein Zulassungsanspruch besteht, kann von einem unmittelbaren, dh dinglichen (Benutzungs-)Recht an der öffentlichen **25**

[34] Vgl *Weber* VVDStRL (Fn 2) 145, 171.

[35] Vgl dazu *Krämer* in: Kodal/Krämer (Fn 32) Kap 5 Rn 1 ff; *Erichsen* Jura 1986, 148, 152.

[36] *Wolff/Bachof/Stober* VwR II, § 75 Rn 13; *Papier* (Fn 1) Teil G Rn 11.

Sache keine Rede sein. Auch das kommunalrechtliche Benutzungsrecht ist nur ein relatives öffentliches Recht auf Begründung einer verwaltungsschuldrechtlichen Sonderverbindung oder auf Abschluss eines bürgerlich-rechtlichen Benutzungsvertrages.[37]

26 c) Für die hL[38] kann der öffentlich-rechtliche Sonderstatus nur in der Existenz eines dinglich-öffentlichen Rechts an der Sache erblickt werden. Ohne diese sachenrechtliche Sonderstellung soll eine „öffentliche Sache" auch dann nicht vorliegen, wenn ihre Benutzung aufgrund und im Rahmen eines *öffentlich-rechtlichen* Benutzungsverhältnisses verwaltungsschuldrechtlicher Art erfolgt. Um dennoch die „anstaltlich genutzten" Sachen den „öffentlichen Sachen" zuordnen zu können, wird von der hL zusätzlich zum Benutzungsverhältnis und unabhängig von seiner Rechtsnatur eine öffentlich-rechtliche, dingliche Sachherrschaft des Anstalts- oder Unternehmensträgers an den zur Einrichtung gehörenden beweglichen und unbeweglichen Sachen angenommen.

27 Die Gemengelage zwischen öffentlichem Sachen- und Anstaltsrecht stellt sich danach wie folgt dar: Wird die öffentliche Anstalt oder Einrichtung von einem öffentlich-rechtlichen (Unternehmens-)Träger verwaltet, kann das Benutzungsverhältnis nach seiner Wahl entweder privatrechtlich oder öffentlich-rechtlich ausgestaltet sein. Aber diese Wahl zwischen öffentlich-rechtlicher oder privatrechtlicher Nutzungsordnung soll keinen Einfluss darauf haben, ob die dem Unternehmen zugehörigen Gegenstände den Status einer öffentlichen Sache haben oder nicht. Diesen erlangen sie nur, wenn neben der Einbeziehung in ein schuldrechtliches Benutzungsverhältnis eine sachenrechtliche Dienstbarkeit öffentlich-rechtlicher Art zugunsten des Unternehmensträgers, lastend auf dem Privateigentum, begründet worden ist. Dies erfordert eine Widmung, die zwar einen objektiv nachweisbaren Willensakt des öffentlichen Sachherrn voraussetzt, die aber auf jeden Fall bei denjenigen beweglichen und unbeweglichen Sachen vermutet werden soll, die unmittelbar zum Unternehmen gehören und seine Funktionsfähigkeit bedingen.[39]

28 d) Es ist theoretisch nicht ausgeschlossen, den sachenrechtlichen Status unterschiedlich zu bestimmen und ihn bei „anstaltlich" oder gar verwaltungsintern genutzten Sachen auf eine dingliche Sachherrschaft allein des Verwaltungsträgers zu beschränken, so dass Dritte – anders als beim Gemeingebrauch – nur aufgrund einer besonderen Zulassung und im Rahmen eines schuldrechtlichen Benutzungsverhältnisses daran partizipieren können. Es erscheint indes zweifelhaft, bei den im Rahmen anstaltlicher Benutzungsverhältnisse genutzten Sachen stets eine Belastung mit einer sachenrechtlichen Dienstbarkeit zu unterstellen. Im Privatrecht ist der Kreis der Sachenrechte gesetzlich abschließend bestimmt. Entsprechendes gilt für den Inhalt der einzelnen Rechte. Arten und Inhalt subjektiv-dinglicher Rechte unterliegen also selbst im Bürgerlichen Recht nicht der privatautonomen Bestimmung.[40] Entsprechendes gilt – erst recht – im *öffentlichen* Recht. Dingliche Rechte einschließlich öffentlich-rechtlicher Dienstbarkeiten als Belastungen des Privateigentums können nur *durch Gesetz* oder *aufgrund Gesetzes* entstehen. Eine solche Grundlage für eine öffentlich-dingliche Sachherrschaft findet sich beispielsweise im öffentlichen Wege- und Wasserrecht. Dagegen ist es den Verwaltungsträgern nicht möglich, beliebig, ohne gesetzliche Grundlage, an den von ihnen für interne Zwecke genutzten oder Dritten im Rahmen eines Benutzungsverhältnisses zur

[37] OVG NW NJW 1969, 1077; OVG Lüneburg NJW 1977, 450 f.
[38] *Wolff/Bachof/Stober* VwR II, § 77; *Forsthoff* VwR, 376 ff.
[39] *Wolff/Bachof/Stober* VwR II, § 76 Rn 15 ff.
[40] Palandt/*Bassenge* BGB, 68. Aufl 2009, Einl Vor § 854 BGB Rn 3.

Verfügung gestellten Sachen dingliche, das Privateigentum belastende oder modifizierende Sachherrschaften mit einem nach eigenem Ermessen bestimmten Inhalt zu begründen.

Die Eindeutigkeit dieses Ergebnisses ist besonders augenfällig, wenn die Verwal- **29**
tungseinrichtung mit beweglichen oder unbeweglichen Gegenständen betrieben wird, die von Zivilpersonen als Eigentümern gemietet oder gepachtet sind. Der Verwaltungsträger leitet dann sein Besitz- oder Nutzungsrecht allein aus einem privatrechtlichen Vertrag mit dem Eigentümer her. Wird dieser Vertrag wirksam gekündigt, muss der Verwaltungsträger die Sache kraft Privatrechts herausgeben, ohne sich auf eine öffentlich-rechtliche Sachherrschaft berufen zu können.[41] Hier zusätzlich und unabhängig vom privatrechtlichen Besitz- und Nutzungsrecht eine öffentlich-rechtliche Sachherrschaft kraft Widmung anzunehmen, erweist sich nicht nur als lebensfremde Fiktion, diese Konstruktion kollidiert überdies mit dem „sachenrechtlichen Gesetzmäßigkeitsprinzip". Das gestattet eine „gesetzesfreie", administrative Begründung *dinglicher* Rechte des öffentlichen Rechts nicht, auch dann nicht, wenn und soweit ein Besitzrecht des Verwaltungsträgers aufgrund privatrechtlichen Titels besteht.

Aus den gleichen Gründen kann von einem öffentlich-rechtlichen Träger nicht unter **30**
Berufung auf eine öffentlich-rechtliche Sachherrschaft kraft Widmung die Herausgabe einer Sache im früheren Verwaltungsgebrauch verlangt werden, an der ein Dritter gutgläubig Eigentum erworben hat („Hamburger Siegelstempel").[42] Ein solcher Eigentumseingriff, der in der öffentlich-rechtlichen Herausgabepflicht kraft Widmung läge, bedürfte der gesetzlichen Grundlage. Daran fehlt es beim Verwaltungsgebrauch ebenso wie beim Anstaltsgebrauch.[43]

e) Es ist andererseits nicht einzusehen, weshalb der für „öffentliche Sachen" cha- **31**
rakteristische Sonderrechtsstatus nur dann bestehen soll, wenn die öffentlich-rechtliche Nutzung in den Formen oder auf der Grundlage *dinglicher* Rechtspositionen erfolgt. Eine besondere, sie von den übrigen Gegenständen abhebende Rechtsstellung und einen nicht oder nicht nur von der Privatrechtsordnung bestimmten Rechtsstatus haben Sachen immer dann, wenn die Rechtsbeziehungen zu den Benutzern durch Rechtsätze des öffentlichen Rechts geregelt sind. Die öffentlich-rechtliche Natur des Benutzungsverhältnisses muss entscheidendes und ausreichendes Charakteristikum des Sonderstatus öffentlicher Sachen sein, egal, ob diese öffentlich-rechtliche Nutzungsordnung – in der grundsätzlichen Unterscheidung des Zivilrechts gesprochen – eine sachenrechtliche oder schuldrechtliche ist.

Dieses Ergebnis macht deutlich, dass die „anstaltlich" genutzten Sachen ebenso wie **32**
die Sachen im Verwaltungsgebrauch zu den „öffentlichen Sachen" gehören, weil und soweit sie einer öffentlich-rechtlichen Nutzungsordnung unterliegen. Das „Recht der öffentlichen Sachen" ist nicht begrenzt auf Normenkomplexe, die subjektiv-öffentliche *Sachen*rechte regeln.

[41] AA die überkommene früher hL: BayVGH BayVBl 1994, 441; *Wolff/Bachof/Stober* VwR II, § 76 Rn 33; zuletzt wieder für Widmungen in dem Zeitpunkt, zu dem die Verwaltung Eigentum besitzt, *Germann* AöR 2003, 458 ff mit umfassenden Nachw zum Meinungsstand auf S 464 ff.

[42] OVG NW NJW 1993, 2635 ff; BVerwG, NJW 1994, 144 f; s auch *Axer* NWVBl 1992, 11 ff; *Manssen* JuS 1992, 745 ff; *Ehlers* NWVBl 1993, 327 ff.

[43] So auch *Axer* Die Widmung als Schlüsselbegriff des Rechts der öffentlichen Sachen, 1994, 150 ff.

§ 39
Die Arten der öffentlichen Sachen

1 Unter der Voraussetzung, dass der Sachgebrauch selbst und nicht nur eine mögliche Ertragserwirtschaftung öffentliche Zwecke verfolgt, ist die für „öffentliche Sachen" charakteristische *direkte Gemeinwohlfunktion* vorhanden.[1] Diese kann im Einzelnen aber sehr unterschiedlichen Inhalts sein, was zu der herkömmlichen Unterscheidung öffentlicher Sachen in Sachen im Gemeingebrauch, im Sondergebrauch, im Anstaltsgebrauch sowie im Verwaltungsgebrauch geführt hat. Während die öffentlichen Sachen im Gemein-, Sonder- und Anstaltsgebrauch der Benutzung durch Zivilpersonen, also einer *externen* Nutzung dienen, heben sich die Sachen im Verwaltungsgebrauch von dieser ersten Gruppe durch die Bestimmung zur *internen* Nutzung seitens der Bediensteten öffentlicher Verwaltungen ab.

I. Öffentliche Sachen im Zivilgebrauch

2 Berechtigungen von Zivilpersonen, öffentliche Sachen zu nutzen, können entweder ohne vorgeschaltete Zulassung eingeräumt sein oder nur kraft besonderer – ausdrücklicher oder stillschweigender – Zulassung des Trägers öffentlicher Sachherrschaft bestehen. Zur ersten Gruppe gehören die Sachen im Gemeingebrauch, zur zweiten die Sachen im Sonder- und Anstaltsgebrauch.[2]

1. Sachen im Gemeingebrauch

3 An einer Sache besteht Gemeingebrauch, wenn sie kraft Hoheitsakts – Widmung durch normativen oder administrativen Rechtsakt – einer unbeschränkten Öffentlichkeit unmittelbar und ohne besondere Zulassung zur bestimmungsgemäßen Benutzung zur Verfügung steht.[3] Der dem allgemeinen Verwaltungsrecht angehörende Begriff des Gemeingebrauchs besitzt keine eigene normative Geltungs- und Steuerungskraft. Er gilt nur solange und mit dem Inhalt, wie ihn die besonderen Verwaltungsgesetze des Bundes und der Länder verwenden. Aufgrund der in der Bundesrepublik gültigen Rechtsordnung besteht Gemeingebrauch als nach der Zweckbestimmung regelmäßige Nutzungsart nur an den öffentlichen Straßen, an den Gewässern als Verkehrswege sowie am hohen Luftraum, soweit man diesen mit der hM[4] überhaupt dem Sachbegriff zuordnet.

4 a) *Öffentliche Straßen* iS des geltenden Straßenrechts sind diejenigen Straßen, Wege und Plätze, die dem öffentlichen Verkehr gewidmet sind. Nach der geltenden Gesetzeslage werden die öffentlichen Straßen gemäß ihrer Verkehrsbedeutung unterteilt in:

[1] *Wolff/Bachof/Stober* VwR II, §75 Rn 2; *Papier* in: Berg/Knemeyer/Papier/Steiner (Hrsg), Staats- und Verwaltungsrecht in Bayern, 6. Aufl 1996, Teil G Rn 1; *ders* Recht der öffentlichen Sachen, 3. Aufl 1998, 17.
[2] *Papier* (Fn 1) Teil G Rn 9; *Kromer* Sachenrecht des öffentlichen Rechts, 1985, 70 ff.
[3] *Wolff/Bachof/Stober* VwR II, § 78 Rn 1; *Papier* (Fn 1) Teil G Rn 13, 96.
[4] *Wolff/Bachof/Stober* VwR II, § 75 Rn 25.

- Bundesfernstraßen (Bundesautobahnen und Bundesstraßen mit den Ortsdurchfahrten, s § 1 II FStrG),
- Landstraßen I. Ordnung = Landstraßen, Staatsstraßen,
- Landstraßen II. Ordnung = Kreisstraßen,
- Gemeindestraßen und
- sonstige öffentliche Straßen (Art 3 I Nr 4 BayStrWG; § 3 I Nr 4 StrWG NRW).

Berlin und Hamburg kennen diese Einteilung nicht, in Bremen ist sie mit den Straßengruppen A, B und C modifiziert (s § 3 I BremLStrG). **5**

Das Straßenrecht ist entsprechend der verfassungsrechtlichen Kompetenzaufteilung teils bundesrechtlich, teils landesrechtlich geregelt. In Ausübung seines Rechts zur konkurrierenden Gesetzgebung für den Bereich „Bau und Unterhaltung der Landstraßen des Fernverkehrs" (Art 74 I Nr 22 GG) hat der Bund das Bundesfernstraßengesetz (FStrG) – in der Fassung der Bekanntmachung vom 28. Juni 2007, BGBl I 1206 – sowie das Gesetz über die vermögensrechtlichen Verhältnisse der Bundesautobahnen und sonstigen Bundesstraßen des Fernverkehrs erlassen (vom 2. März 1951, BGBl I 157; Bestimmungen hinsichtlich des Eigentums enthält auch Art 2 des Gesetzes zur Änderung des FStrG vom 10. Juli 1961, BGBl 877). Diese Gesetze regeln die Rechtsverhältnisse an den Bundesautobahnen und den Bundesstraßen einschließlich der Ortsdurchfahrten. **6**

Die Landesstraßengesetze erfassen die Landstraßen der I. und II. Ordnung, die Gemeindestraßen und die sonstigen öffentlichen Straßen. Für die Gemeindestraßen, die als sog „Ortsstraßen" innerhalb von Baugebieten oder innerhalb eines im Zusammenhang bebauten Ortsteils liegen und als „Erschließungsanlagen" anzusehen sind, gilt aber die Bundeskompetenz für das gemeindliche Erschließungsrecht aus Art 74 I Nr 18 GG.[5] Die bundesgesetzliche Sonderregelung für diesen speziellen Bereich der Gemeindestraßen findet sich in den §§ 123 ff BauGB. **7**

Der Gemeingebrauch an öffentlichen Straßen wird in § 7 I 1 FStrG und in den damit inhaltlich übereinstimmenden Normen der meisten Landesgesetze (s § 14 I 1 NStrG; Art 14 I 1 BayStrWG) als Gebrauch bezeichnet, der jedermann im Rahmen der Widmung und der verkehrsrechtlichen Vorschriften zum Verkehr gestattet ist. Die Verkehrsfunktion der öffentlichen Straße wird in § 7 I 3 FStrG mit den Worten ausdrücklich wiederholt, Gemeingebrauch liege nicht vor, wenn jemand die Straße nicht vorwiegend zum Verkehr, sondern zu anderen Zwecken benutzt. Das StrWG NRW umschreibt ausschließlich mit *jener* Klausel die Ausrichtung auf den Verkehrszweck (§ 14 III). **8**

Trotz dieser gesetzlichen Begrenzung des Gemeingebrauchs an öffentlichen Straßen auf die Nutzung zum Verkehr, also auf die beabsichtigte Ortsveränderung, ist die Straße ein „öffentlich-rechtliches Mehrzweckinstitut".[6] Neben dem (schlichten) Gemeingebrauch gibt es nämlich den Anliegergebrauch, die Sondernutzung kraft öffentlich-rechtlicher Erlaubnis sowie die Benutzung aufgrund privatrechtlichen (Gestattungs-)Vertrages. **9**

Der *Anlieger* einer öffentlichen Straße ist auf den Gemeingebrauch an ihr in einer gesteigerten Weise angewiesen. Eine ausschließliche Nutzung der Straße zum Verkehr in **10**

5 BVerfGE 3, 407 ff.

6 *Köttgen* Gemeindliche Daseinsvorsorge und gewerbliche Unternehmerinitiative, 1961, 28, 34; *W. Weber* Die öffentliche Sache VVDStRL 21 (1964) 145, 153; *Mussgnug* in: Bartlsperger/Blümel/Schroeter (Hrsg), Ein Vierteljahrhundert Straßenrechtsgesetzgebung, 1980, 81 ff; *Sauthoff* Straße und Anlieger, 2003, Rn 545 ff.

dem engen Sinne des Straßenverkehrs kann der verfassungsrechtlich garantierten (Art 14 I 1 GG) Kontaktmöglichkeit des Anliegers nach „außen“[7] nicht genügen. Aus der Eigentumsgarantie folgt daher unmittelbar ein Recht des Straßenanliegers, die öffentliche Straße über die jedem Dritten eröffnete Möglichkeit der *Verkehrs*benutzung *hinaus* in dem Maße in Anspruch zu nehmen, wie es eine angemessene Nutzung seines Anliegergrundstücks und/oder Gewerbebetriebes erfordert.[8] Das StrWG NRW hat den Anliegergebrauch auch ausdrücklich geregelt. Nach § 14a I StrWG NRW dürfen Straßenanlieger innerhalb der geschlossenen Ortslage die an ihre Grundstücke grenzenden Straßenteile über den Gemeingebrauch hinaus auch für Zwecke der Grundstücke benutzen, soweit diese Benutzung zur Nutzung des Grundstücks erforderlich ist, den Gemeingebrauch nicht dauernd ausschließt oder erheblich beeinträchtigt oder in den Straßenkörper eingreift.[9]

11 Die Straßengesetze des Bundes und der Länder berücksichtigen die Tatsache, dass Zivilpersonen nicht selten ein berechtigtes Interesse daran haben, die öffentliche Straße *über* den Gemein- und Anliegergebrauch *hinaus* zu nutzen, auf zweierlei Weise:[10] Durch verwaltungsrechtliche *Erlaubnis* des zuständigen Trägers der öffentlich-rechtlichen Sachherrschaft kann die Nutzung der Straße über den Gemein- und Anliegergebrauch hinaus (*Sondernutzung*) zeitlich befristet oder widerruflich und regelmäßig benutzungsgebührenpflichtig gestattet werden (vgl §§ 8 I/II FStrG; 18 I/II StrWG NRW; Art 18 I/II BayStrWG). Das Interesse von Zivilpersonen an einer andauernden, nicht selten erhebliche Investitionen bedingenden und meist in die Sachsubstanz eingreifenden Sondernutzung kann nach dem geltenden Straßenrecht nur über einen bürgerlichrechtlichen *Gestattungsvertrag* und nur unter der Voraussetzung befriedigt werden, dass diese Nutzung den Gemeingebrauch nicht beeinträchtigt. Eine nur kurzfristige Beeinträchtigung zum Zwecke der öffentlichen Versorgung bleibt aber dabei unberücksichtigt (vgl §§ 8 X FStrG, 23 StrWG NRW; Art 22 II BayStrWG).

12 b) Öffentliche Sachen im Gemeingebrauch sind auch die *Gewässer* in ihrer Eigenschaft als *Wasserwege*. Die schiffbaren Gewässer sind nach dem Gesetz in doppelter Hinsicht öffentlichen Zwecken gewidmet, nämlich zu verkehrlichen als auch zu wasserwirtschaftlichen Zwecken. Gemäß Art 74 I Nr 32 GG besitzt der Bund die konkurrierende Gesetzgebungszuständigkeit für den Bereich „Wasserhaushalt“, der auch häufig als „Wasserwirtschaft“[11] bezeichnet wird. Er umfasst die rechtlichen Regeln über die „haushalterische Bewirtschaftung des in der Natur vorhandenen Wassers nach Menge und Güte“.[12] Der Bundesgesetzgeber hat mit dem ab 1.3.2010 geltenden neuen WHG von dieser Kompetenz umfassend Gebrauch gemacht und auch Bereiche, die in Zeiten des alten Rahmen-WHG noch den Ländern überlassen waren, einer einheitlichen (Voll-) Regelung zugeführt. Gemäß Art 72 III 1 Nr 5 dürfen die Länder allerdings hiervon abweichende Regelungen treffen.

13 Im Bereich des Wasserwegerechts besaß der Bund auch schon vor der Föderalismusreform nach Art 74 I Nr 21 GG das Recht zur konkurrierenden Gesetzgebung für „Seewasserstraßen und die dem allgemeinen Verkehr dienenden Binnenwasserstraßen“. Aus

[7] BVerwGE 30, 235, 239; s auch *Erbguth*, Jura 2008, 193, 198.
[8] *Papier* (Fn 1) Teil G Rn 117.
[9] Zu den anderen landesrechtlichen Regelungen des Anliegergebrauchs → § 41 Rn 19 ff.
[10] *Papier* (Fn 1) Teil G Rn 120; *ders* (Fn 1) 20.
[11] *Breuer* Öffentliches und privates Wasserrecht, 3. Aufl 2004, Rn 2.
[12] BVerfGE 15, 1, 15.

der Gegenüberstellung dieses Kompetenztitels und der Zuständigkeit für den Bereich des „Wasserhaushalts" ergibt sich, dass auf Art 74 I Nr 21 GG nur Regelungen gestützt werden können, welche die Verkehrsfunktion der Wasserstraßen betreffen.[13] Die Zuständigkeit für den Wasserhaushalt richtet sich ausschließlich nach Art 74 I Nr 32, auch soweit es um Gewässer iS des Art 74 I Nr 21 GG geht.

Von seiner Kompetenz aus Art 74 I Nr 21 GG hat der Bund durch das WaStrG Gebrauch gemacht. Es betrifft die Seewasserstraßen und die „Binnenwasserstraßen des Bundes, die dem allgemeinen Verkehr dienen" (§ 1 I Nr 1 und 2 WaStrG). Für die übrigen schiffbaren Gewässer hat der Bund keine wasserwegerechtlichen Vorschriften erlassen, so dass insoweit die Länder zuständig sind (vgl Art 72 I, 74 I Nr 21 GG). Die Länder haben keine besonderen wasserstraßenrechtlichen Gesetze erlassen, sondern das Wasserwegerecht in ihre primär den Wasserhaushalt betreffenden (Landes-)Wassergesetze aufgenommen (zB §§ 33, 37 LWG NRW). **14**

Gemäß § 5 WaStrG darf jedermann die Bundeswasserstraßen im Rahmen der Vorschriften des Schiffahrtsrechts mit Wasserfahrzeugen befahren. Für die übrigen schiffbaren Gewässer enthalten die Landeswassergesetze entsprechende Gemeingebrauchsvorschriften. Nach § 37 I LWG NRW darf jedermann die schiffbaren Gewässer zur Schiff- und Flussfahrt benutzen. Darüber hinaus dürfen alle natürlichen oberirdischen Gewässer mit kleinen Fahrzeugen ohne eigene Triebkraft von jedermann befahren werden (§ 33 I LWG NRW). Das Befahren mit kleinen elektrisch angetriebenen Motorbooten kann durch die obere Wasserbehörde zusätzlich als Gemeingebrauch zugelassen werden (§ 33 II LWG NRW iVm § 25 WHG). **15**

Die hL zählt die Gewässer generell, also auch soweit es um die *wasserwirtschaftlichen* Benutzungen geht, zu den öffentlichen Sachen im Gemeingebrauch.[14] Dabei wird aber übersehen, dass nach dem WHG und nach den Landeswassergesetzen alle wesentlichen Benutzungen der öffentlichen Gewässer wasserwirtschaftlicher Art nicht im Gemeingebrauch stehen, sondern nur als öffentlich-rechtliche Sondernutzungen zulässig sind. Der Gemeingebrauch wasserwirtschaftlicher Art ist nach den genannten Gesetzen auf recht unbedeutende Randbereiche zurückgedrängt.[15] Er ist zunächst durch § 25 WHG allein auf die „oberirdischen Gewässer" beschränkt, die anderen Gewässergruppen des WHG („Küstengewässer", „Grundwasser") sind von vornherein ausgeklammert. Aufgrund der Ermächtigung des § 25 WHG haben die Landeswassergesetze den Gemeingebrauch überdies in sachlicher Hinsicht erheblich eingeschränkt. Er bezieht sich auf traditionelle, heute weniger bedeutsame Nutzungen wie das Baden, Waschen, Schöpfen mit Handgefäßen, Viehtränken, Schwemmen und den Eissport.[16] Die eigentlichen Einwirkungen auf den Wasserhaushalt wie das Entnehmen oder Ableiten von Wasser, das Entnehmen fester Stoffe aus Gewässern, das Einbringen und Einleiten von Stoffen in die Gewässer sind nach geltendem Wasserrecht „bewirtschaftet". Sie sind gerade nicht jedermann ohne besondere Zulassung gestattet, so dass es überholt ist, die Gewässer in wasserhaushaltsrechtlicher Sicht noch als „Sachen im Gemeingebrauch" zu bezeichnen.[17] **16**

[13] BVerfGE 15, 1; *Breuer* (Fn 11) Rn 4.

[14] BVerwGE 32, 299, 302 f; *Wolff/Bachof/Stober* VwR II, § 75 Rn 21; *Forsthoff* VwR, 389 f.

[15] *Breuer* (Fn 11) Rn 157.

[16] S § 33 I LWG NRW, Art 21 BayWG; vgl BayVGH DVBl 1980, 496 Nr 172 = ZfW 1980, 243.

[17] *Papier* (Fn 1) Teil G Rn 12.

17 c) Nach hL[18] ist auch der *Luftraum* eine öffentliche Sache im Gemeingebrauch. Die Widmung zum Gemeingebrauch wird unmittelbar dem Gesetz entnommen: Nach § 1 I LuftVG ist die Benutzung des Luftraums durch Luftfahrzeuge frei, soweit sie nicht durch das LuftVG selbst, durch die zu seiner Durchführung erlassenen Rechtsvorschriften, durch im Inland anwendbares internationales Recht, durch Verordnungen des Rates der Europäischen Union und die zu deren Durchführung erlassenen Rechtsvorschriften beschränkt wird.[19]

18 Da der hohe Luftraum überhaupt nicht Gegenstand der allgemeinen, sachenrechtlichen Privatrechtsordnung sein kann, ist seine Zuordnung zu einem diesen allgemeinen Status verdrängenden Sonderrechtsstatus als „öffentliche Sache" aber sinn- oder ertraglos.[20] Der hohe Luftraum ist daher nicht Gegenstand der nachfolgenden Ausführungen.

2. Öffentliche Sachen im Sondergebrauch

19 a) Die Benutzung der Gewässer zu wasserwirtschaftlichen Zwecken ist grundsätzlich nur dem erlaubt, dem der Träger der Gewässerhoheit (öffentlicher Sachherr) die Benutzung durch begünstigenden Verwaltungsakt gestattet hat. Nach § 8 I WHG bedarf jede Benutzung oberirdischer Gewässer, der Küstengewässer und des Grundwassers (s § 2 I WHG) der behördlichen Erlaubnis oder der Bewilligung.

20 „Benutzungen" iS dieser Vorschriften sind insbesondere das Entnehmen und Ableiten von Wasser aus oberirdischen Gewässern, das Aufstauen und Absenken oberirdischer Gewässer, das Entnehmen fester Stoffe aus oberirdischen Gewässern, das Einbringen und Einleiten von Stoffen in oberirdische Gewässer, Küstengewässer und in das Grundwasser sowie das Entnehmen, Zutagefördern, Zutageleiten und Ableiten von Grundwasser (vgl § 8 I WHG).

21 b) Erlaubniserteilung und Bewilligung stehen nach § 12 II WHG im *Bewirtschaftungsermessen* der Verwaltungsbehörde.[21] Eine äußerste Grenze dieses Ermessens ergibt sich aus § 12 I WHG, wonach Erlaubnis und Bewilligung nicht erteilt werden dürfen, wenn durch die beabsichtigte Benutzung schädliche, auch durch Nebenbestimmungen nicht vermeidbare oder nicht ausgleichbare Gewässerveränderungen zu erwarten sind, oder wenn andere Anforderungen nach öffentlich-rechtlichen Vorschriften nicht erfüllt werden. Die Erlaubnis für das Einleiten von Abwasser unterliegt den besonderen Anforderungen des § 57 WHG und darf insbesondere nur erteilt werden, wenn Menge und Schädlichkeit des Abwassers so gering gehalten werden, wie dies bei Anwendung der jeweils in Betracht kommenden Verfahren nach den allgemein anerkannten Regeln der Technik möglich ist. Bei Einleitung gefährlicher Stoffe müssen die in allgemeinen Verwaltungsvorschriften niederzulegenden Anforderungen dem Stand der Technik entsprechen (§ 57 II 1 WHG). Diese Vorschrift erzwingt – im Gegensatz zu § 12 WHG – eine Emissionsbegrenzung unabhängig von dem Zustand des konkreten Gewässers. Gem § 13 I WHG können nachträglich bestimmte Maßnahmen zur Sicherung der Zwecke des WHG getroffen werden.

[18] *Wolff/Bachof/Stober* VwR II, § 75 Rn 4; weitere Nachw bei *Papier* Jura 1979, 93.
[19] Vgl *Wolff/Bachof/Stober* VwR II, § 76 Rn 9.
[20] → § 38 Rn 3 f sowie *Weber* VVDStRL (Fn 6) 145, 149.
[21] *Breuer* (Fn 11) Rn 358 ff und 408 f.

Während die *Erlaubnis* nur eine widerrufliche (§ 18 I WHG) Benutzungsbefugnis (§ 10 I WHG) gewährt, die überdies befristet werden kann und unbeschadet der Rechte Dritter ergeht, begründet die *Bewilligung* (§ 14 WHG) ein gesteigertes Nutzungsrecht. Ihr Widerruf ist nur beschränkt zulässig (vgl § 18 II WHG), sie begründet eine grundsätzlich unentziehbare Rechtsposition auf Zeit. Die Bewilligung entfaltet außerdem eine Präklusionswirkung (§ 16 II WHG), die weiter geht als die in der vergleichbaren Regelung des §14 BImSchG: Nach Eintritt der Bestandskraft des Bewilligungsbescheides sind nicht nur Unterlassungs- und Beseitigungsansprüche Dritter gegen den Benutzer, sondern auch Ansprüche auf Vornahme von Schutzvorkehrungen und auf Schadensersatz ausgeschlossen.[22] Die Bewilligung genießt als „sonstiges Recht" iS von §§ 823 II BGB Schutz auch nach § 1004 BGB;[23] die explizite Anordnung der Geltung dieser Vorschriften, die viele Landeswassergesetze[24] beinhalten (vgl etwa § 26 I LWG NRW), dürfte allerdings nach der ab 1.3.2010 wirksamen Aufhebung Art 65 EGBGB nicht mehr von der Gesetzgebungskompetenz der Länder erfasst sein.[25] Für bestimmte Benutzungsformen, insbesondere für das Einleiten und Einbringen von Stoffen in Gewässer, dürfen Bewilligungen nicht erteilt werden (§ 14 I Nr 3 WHG); auch für die Abwasserbeseitigung existiert nur das Institut der Erlaubnis (§ 57 WHG). Eine Zwischenstellung zwischen Erlaubnis und Bewilligung nimmt die in § 15 WHG in seiner ab 1.3.2010 geltenden Fassung erstmals bundesrechtlich kodifizierte, aber aus den Landeswassergesetzen bereits bekannte „gehobene Erlaubnis" ein. Sie zeichnet sich dadurch aus, dass sie bestimmte Vorteile der Bewilligung wie die Präklusionswirkung (allerdings beschränkt auf Ansprüche auf Einstellung der Benutzung, § 16 I WHG) mit der leichten Widerruflichkeit der Erlaubnis (§ 18 I WHG) kombiniert. 22

c) An den Gewässern als öffentliche Sachen im Sondergebrauch gibt es nach dem Gesetz in geringem Umfange auch Gemeingebrauch (§ 25 WHG, § 33 LWG NRW, Art 21 BayWG). Aber die gemeingebräuchlichen Nutzungsmöglichkeiten sind – wie ausgeführt – für die öffentlich-rechtliche Zweckbestimmung, also die haushalterische Bewirtschaftung der Gewässer, nicht bestimmend. Der Gemeingebrauch liegt außerhalb dieser Zweckbestimmung, er steht in einem Ausnahmeverhältnis zu ihr. Der wasserhaushaltsrechtliche Gemeingebrauch ist daher mit dem straßenrechtlichen, der die öffentlich-rechtliche Zweckbestimmung der Straße prägt, insoweit nicht vergleichbar. Beim wasserhaushaltsrechtlichen Gemeingebrauch handelt es sich der Sache nach eher um eine wegen Bagatellität erlaubnisfreie Sonderbenutzung. 23

d) Auch an den Gewässern besteht – abgesehen von der Rechtslage in Baden-Württemberg – privatrechtliches Eigentum. Dieses erstreckt sich, wie nunmehr § 4 II WHG im Anschluss an die zivilrechtliche Eigentumslage klarstellt, bei oberirdischen Gewässern nur auf das Gewässerbett, nicht aber auf die sich über dem Gewässerbett jeweils befindliche Wassersäule, die „fließende Welle".[26] Nach Art 89 I GG ist der Bund Eigentümer der Bundeswasserstraßen. Die Gewässer der I. Ordnung stehen im Eigentum der Länder, die übrigen oberirdischen Gewässer stehen in der Regel im Eigentum des 24

22 Dazu *Breuer* (Fn 11) Rn 183.

23 Str, wie hier *Czychowski/Reinhardt* Wasserhaushaltsgesetz, 9. Aufl 2007 § 8 Rn 9; aA aber *Breuer* (Fn 11) Rn 1067 je mwN.

24 Zu den unterschiedlichen landesrechtlichen Regelungen s *Breuer* (Fn 11) Rn 1067 ff.

25 Zur früheren Rechtslage vgl *Breuer* (Fn 11) Rn 1067; *Czychowski/Reinhardt* (Fn 23) § 8 Rn 7.

26 AA zur Rechtslage vor dem 1.3.2010 noch *Salzwedel* in: v Münch (Hrsg), Besonderes Verwaltungsrecht, 8. Aufl 1988, 747.

jeweiligen Ufergrundstückseigentümers (siehe beispielsweise §§ 4, 5 LWG NRW; eine andere Regelung trifft § 4 LWG BaWü). Das Grundwasser ist nicht Bestandteil des Grundeigentums (§ 4 II WHG);[27] § 4 III WHG bestimmt, dass Gewässerausbau und wasserwirtschaftliche Nutzungen, die einer Erlaubnis oder Bewilligung bedürfen, nicht aus dem Grundeigentum folgen. Das BVerfG hat jene gesetzgeberischen Abspaltungen bestimmter Nutzungen vom Grundeigentum als Ausfluss einer Inhaltsbestimmung nach Art 14 I 2 GG für verfassungsrechtlich unbedenklich angesehen.[28]

25 Der Gewässereigentümer hat alle wasserwirtschaftlichen Benutzungen zu dulden, für die die erforderliche Erlaubnis oder Bewilligung erteilt ist oder die nach dem Gesetz als Gemein-, Eigentümer- oder Anliegergebrauch (vgl §§ 25, 26 WHG) erlaubnisfreie Nutzungen sind. Dem Gewässereigentümer selbst steht die (erlaubnisfreie) Eigentümernutzung des § 26 WHG zur Verfügung. Diese folgt aber nicht aus dem privatrechtlichen Eigentum, sie gehört vielmehr in den Zusammenhang mit den erlaubnisfreien Gewässerbenutzungen bei Bagatellfällen, also dem Gemein- und Anliegergebrauch. Ist der Gewässereigentümer zugleich Eigentümer von Sachen, die zum Zwecke der Gewässerbenutzung mit in Anspruch genommen werden (müssen), beispielsweise eines Ufergrundstücks, so bezieht sich die öffentlich-rechtliche Duldungspflicht nicht auch auf diese Sachnutzungen. Diese bedürfen eines privatrechtlichen Gestattungsvertrages.[29]

26 Die Landeswassergesetze bestimmen zT zusätzlich, dass der Eigentümer die zulässigen Gewässerbenutzungen *unentgeltlich* zu dulden hat. Es ist zweifelhaft und umstritten, ob sich diese Pflicht zur unentgeltlichen Duldung auch auf Nutzungsformen erstreckt, die einen dauernden (Substanz-)Eingriff in das Gewässerbett, etwa durch Errichtung fester technischer Anlagen, bedingen. Die hL bejaht dies, auch soweit die Landeswassergesetze, wie zB § 13 LWG NRW, die Unentgeltlichkeit auf die Gewässerbenutzung „als solche" begrenzen.[30] Das privatrechtliche Eigentum am Gewässer wäre unter diesen Voraussetzungen ein völlig inhaltsloses Recht, was dann, wenn Eigentümer eine Zivilperson ist, verfassungsrechtliche Bedenken wegen Art 14 I 1 GG auslösen dürfte.[31] Daher muss die Duldungspflicht des Eigentümers dann enden, wenn die Benutzung eine Inanspruchnahme des Gewässerbetts erfordert. In diesen Fällen kann der Eigentümer seine Nutzungsgestattung von der Zahlung eines Entgelts abhängig machen. Noch weitergehende Ansprüche des Eigentümers gewährt Art 4 II 3 BayWG.[32]

3. Öffentliche Sachen im „Anstaltsgebrauch"

27 a) Eine weitere Gruppe von Sachen, die Zivilpersonen im Rahmen einer öffentlich-rechtlichen Nutzungsordnung zur Verfügung stehen und die deshalb einen öffentlich-rechtlichen Sonderstatus aufweisen, bilden die von der hL so genannten „Sachen im Anstaltsgebrauch". Da darunter letztlich alle Sachen fallen, die von Zivilpersonen nach besonderer – oft stillschweigender – Zulassung benutzt werden dürfen, ist die Bezeichnung als „Anstaltsgebrauch" inkorrekt. Sie stützt sich auf einen weiten, von *Otto Mayer* geprägten, heute aber für Wissenschaft und Praxis als unbrauchbar erkannten

[27] So auch schon zur Rechtslage vor dem 1.3.2010 *Salzwedel* (Fn 26) 747.
[28] S BVerfGE 58, 300 – Nassauskiesung → JK GG Art 14 I 2/13.
[29] *Salzwedel* ZfW 1962, 80.
[30] Vgl *Czychowski/Reinhardt* (Fn 24) Einl Rn 45 f.
[31] *Salzwedel* (Fn 26) 788 f; *ders* ZfW 1962, 80 f.
[32] Vgl dazu *Zeitler* in: Sieder/Zeitler/Dahme/Knopp, Bayerisches Wassergesetz, Art 4 Rn 64 ff.

Anstaltsbegriff. Danach wurde die Anstalt definiert als „Bestand von Mitteln, sächlichen und persönlichen, welche in der Hand eines Trägers öffentlicher Verwaltung einem besonderen öffentlichen Zweck dauernd zu dienen bestimmt sind".[33]

Der Anstaltsbegriff hat für Wissenschaft und Praxis aber nur dann einen Wert, wenn er eine von der Körperschaft und Stiftung *abhebende* Organisationsform bezeichnet.[34] Er setzt daher eine „rechtlich subjektivierte und institutionalisierte"[35] Organisation voraus. „Öffentliche Anstalten" sind somit alle organisierten Subjekte öffentlicher Verwaltung, soweit diese keine Körperschaften oder Stiftungen sind. Rechtsfähigkeit ist nicht verlangt: Unter dem Begriff der „öffentlichen Anstalt" sind die rechtlich selbständigen Anstalten des öffentlichen Rechts *und* die organisatorisch verselbständigten Verwaltungseinheiten ohne Rechtspersönlichkeit zusammengefasst.[36] **28**

Nicht einbezogen sind daher „öffentliche Einrichtungen", die keine eigene Organisation erfordern oder aufweisen, sondern nur einen Sachinbegriff in der Hand eines Trägers öffentlicher Verwaltung darstellen (Bsp: Sportplatz, Schleuse, Park, Kanalisationsanlagen). Der Begriff der „gemeindlichen Einrichtungen" iS des Kommunalrechts (§ 8 GO NRW) ist also insofern weiter als der der öffentlichen „Anstalt". Keine öffentlichen Anstalten sind ferner die von juristischen Personen des Privatrechts betriebenen Unternehmen, auch soweit sie öffentlichen Zwecken dienen (Bsp: die Stadtwerke-AG). Auch insoweit kann aber eine „öffentliche Einrichtung" iS des Kommunalrechts vorliegen.[37] **29**

Benutzungen öffentlicher Sachen kraft besonderen Zulassungsakts des öffentlichen Rechts gibt es unbestreitbar nicht nur im Rahmen einer verwaltungsrechtlich subjektivierten und institutionalisierten Organisation, sondern auch bei öffentlichen Sachen oder Sachinbegriffen ohne besondere Anstaltsorganisation, ferner im Rahmen einer körperschaftlichen Organisation und Mitgliedschaft sowie bei Sachträgerschaften durch öffentlich-rechtliche Stiftungen. Der Begriff „Anstaltsgebrauch" bezeichnet somit den zu erfassenden Bereich öffentlicher Sachen in unzulänglicher Weise: Es geht viel allgemeiner um die von Zivilpersonen nicht (schon) kraft dinglichen Rechts wie bei der Widmung zum Gemeingebrauch, sondern (erst) im Rahmen einer öffentlich-rechtlichen, relativen Benutzungsordnung, etwa aufgrund einer verwaltungsschuldrechtlichen Sonderverbindung, nutzbaren Sachen oder Sachgesamtheiten. **30**

b) Soweit die nur in der Sonderverbindung nutzbaren öffentlichen Sachen nicht von der allgemeinen Staats- oder Gemeindeadministration, sondern von selbständigen Organisationseinheiten verwaltet werden, sind mehrere (Organisations-)Rechtsformen denkbar und gebräuchlich: Das Muttergemeinwesen kann eine juristische Person des Privatrechts, insbesondere eine Kapitalgesellschaft (AG, GmbH), als Unternehmensträgerin gründen. Es besteht aber auch die Möglichkeit der Schaffung selbständiger Rechtspersonen des öffentlichen Rechts, etwa einer rechtsfähigen Anstalt. Verzichtet das Muttergemeinwesen auf einen Verwaltungsträger mit eigener Rechtssubjektivität, so bleibt die Möglichkeit des Regie- oder Eigenbetriebes, der zwar organisatorisch verselbständigt, aber nicht rechtsfähig ist. **31**

c) Von der Rechtsform der Organisation ist die Rechtsform der Nutzung zu unterscheiden. Ist eine privatrechtliche Unternehmensrechtsform gewählt, so kann das Be- **32**

[33] O. *Mayer* VwR II, §§ 51, 52.
[34] *Wolff/Bachof/Stober* VwR II, 5. Aufl 1987, § 98 Rn 4.
[35] *Wolff/Bachof/Stober* VwR III, § 98 Rn 6.
[36] *Wolff/Bachof/Stober* VwR III, § 98 Rn 6.
[37] *Wolff/Bachof/Stober* VwR III, § 98 Rn 7.

nutzungsverhältnis grundsätzlich ebenfalls nur privatrechtlicher Natur sein. Öffentlich-rechtliche Benutzungsverhältnisse können Trägergesellschaften des Privatrechts nur bei (rechtsatzmäßiger) Beleihung mit öffentlicher Gewalt begründen.[38]

33 Bei öffentlich-rechtlichen Organisationsformen besteht für den Träger der Anstalt oder Einrichtung nach hL ein Wahlrecht zwischen privatrechtlicher und öffentlich-rechtlicher Gestaltung der Nutzungsverhältnisse. Die *privat*rechtliche Nutzung kann fiskalisch-erwerbswirtschaftlicher Natur sein (zB Ratskeller, staatliche Brauerei, Forstbetrieb = Sachen im Finanzvermögen) oder dem Verwaltungsprivatrecht angehören, was insbesondere bei den Anstalten und Einrichtungen der öffentlichen Daseinsvorsorge der Fall ist. *Öffentlich-rechtliche* Benutzungsverhältnisse können sowohl durch verwaltungsrechtlichen Vertrag, durch Verwaltungsakt (ausdrückliche oder stillschweigende Zulassung) oder unmittelbar durch Rechtsatz (zB Satzung) plus tatsächliche Inanspruchnahme begründet werden.[39] Ein Wahlrecht des Trägers scheidet allerdings dann aus, wenn gesetzliche Bestimmungen eine eindeutige Zuordnung vornehmen, wie zB im Schul- und Strafvollzugsrecht.

34 d) Besondere Probleme entstehen bei der Nutzung „öffentlicher Einrichtungen" der Gemeinden, die diese zur wirtschaftlichen, sozialen und kulturellen Betreuung ihrer Einwohner geschaffen haben und den Gemeindebürgern zur Benutzung zur Verfügung stellen. Denn nach den Gemeindeordnungen der Länder (vgl § 8 II GO NRW, Art 21 I BayGO) haben alle Gemeindeeinwohner einen kommunalrechtlichen, dh öffentlich-rechtlichen Anspruch auf Zulassung zur Benutzung der öffentlichen Einrichtungen ihrer Gemeinde im Rahmen des geltenden Rechts.[40] Diese öffentlich-rechtlichen Ansprüche auf Zulassung beschränken nach hL weder die Wahlfreiheit im Organisationsstatut noch diejenige in der Gestaltung der Nutzungsverhältnisse. Auch im Anwendungsbereich der kommunalrechtlichen Zulassungsberechtigung kann es mit anderen Worten selbständige Unternehmensträger des Privatrechts (AG, GmbH) und/oder privatrechtliche Benutzungsverhältnisse geben.[41] Auch soweit durch Gesetz oder Satzung ein Anschluss- und Benutzungszwang eingeführt ist, kann das Benutzungsverhältnis ein solches des Privatrechts sein.[42]

35 Betreibt die Gemeinde die „öffentliche Einrichtung" ohne Zwischenschaltung einer selbständigen Rechtsperson, sei es unmittelbar durch ihre allgemeine Verwaltung, sei es durch eine verselbständigte Organisationseinheit (nichtrechtsfähige Anstalt, Regie- oder Eigenbetrieb), so ist die Annahme eines einstufigen, einheitlich öffentlich-rechtlichen Rechtsverhältnisses in Bezug auf die Benutzung nur *eine* mögliche Gestaltungsform. Werden trotz öffentlich-rechtlicher Zulassungsberechtigungen privatrechtliche Benutzungsverträge geschlossen, ist das Rechtsverhältnis zweistufig: Dem Abschluss eines privatrechtlichen Vertrages ist die ausdrückliche oder – wie meist – konkludent erklärte Zulassung durch Verwaltungsakt vorgeschaltet. Der Streit um die Zulassungsberechtigung eines Gemeindeeinwohners ist eine öffentlich-rechtliche Streitigkeit iS des

[38] S auch *Pappermann/Löhr* JuS 1981, 117; *Pappermann/Löhr/Andriske* Recht der öffentlichen Sachen, 1987, 130.
[39] *Wolff/Bachof/Stober* VwR III, § 88 Rn 42.
[40] S dazu OVG NW NJW 1969, 1077.
[41] S *Papier* in: Münchener Kommentar zum BGB, 5. Aufl 2009, § 839 BGB, Rn 155; *Maurer* Allg VwR, § 3 Rn 25; ferner BVerwGE 32, 333 f.
[42] S Hess VGH ESVGH 25, 59, 72; OVG Lüneburg NJW 1977, 450; *Maurer* Allg VwR, § 3 Rn 25.

§ 40 I VwGO, auch dann, wenn das in Vollziehung der öffentlich-rechtlichen Zulassungsentscheidung entstehende Rechtsverhältnis dem Privatrecht angehört.[43]

Werden die „öffentlichen Einrichtungen" iS des Kommunalrechts durch rechtsfähige Unternehmensträger betrieben, stellt sich in Bezug auf die öffentlich-rechtliche Zulassungsberechtigung die Frage nach der Passivlegitimation. Geht man mit der hM davon aus, dass der kommunalrechtliche Zulassungsanspruch immer gegen die *Gemeinde* gerichtet ist, kann er im Falle einer rechtlich selbständigen Unternehmensträgerschaft nicht unmittelbar die Zulassung, sondern nur die *Einwirkung* des Muttergemeinwesens auf die unternehmensinterne Willensbildung zum Inhalt haben. Kraft dieser Einwirkungs- oder Ingerenzpflicht ist die Gemeinde gehalten, auf eine von ihr gegründete und unterhaltene, zur Erfüllung ihrer Aufgaben zwischengeschaltete Trägergesellschaft mit den ihr kraft Gesellschaftsrechts zur Verfügung stehenden Mitteln einzuwirken, damit diese der öffentlich-rechtlichen Zulassungsberechtigung der Einwohner Rechnung trägt. Diese Einwirkungspflichten sind im Verwaltungsrechtsweg und mittels der allgemeinen Leistungsklage durchsetzbar.[44] **36**

Das eine „öffentliche Sache" konstituierende Merkmal des öffentlich-rechtlichen Benutzungsstatus ist auch im Bereich der „anstaltlich genutzten Sachen" nur bei verwaltungsrechtlichen Leistungsverhältnissen gegeben. Die Existenz eines abstrakten, öffentlich-rechtlichen Zulassungsanspruchs gegen die Gemeinde rechtfertigt also noch nicht die Einbeziehung der zur Verfügung gestellten Sachen in den Kreis der „öffentlichen", dh öffentlich-rechtlich nutzbaren Sachen. Diese Restriktion ist zum einen deshalb geboten, weil es – wie ausgeführt – öffentlich-rechtliche Zulassungsansprüche auch bei Trägergesellschaften und Organisationsformen des Privatrechts gibt, wo die Qualifizierung als „öffentliche Sache" auf jeden Fall ausscheiden muss. Zum anderen ist zu berücksichtigen, dass der kommunalrechtliche Zulassungsanspruch nicht für alle Personen in Betracht kommt, die die „öffentliche Einrichtung" benutzen. Dieser öffentlich-rechtliche Anspruch steht nur den Einwohnern der betreffenden Gemeinde und den ortsansässigen juristischen Personen und Personenvereinigungen, nicht aber Dritten zu.[45] Diese Tatsache verbietet es nicht nur, aus der öffentlich-rechtlichen Natur des Zulassungsrechts zwingend die öffentlich-rechtliche Gestaltung des Leistungsverhältnisses zu folgern; die unterschiedliche Qualifizierung der Nutzungsverhältnisse zu ein und derselben Einrichtung wäre die Konsequenz. Ein Ansatz am (öffentlich-rechtlichen) Zulassungsanspruch würde letztlich auch eine *einheitliche* Zuordnung einer Sache zum Kreis der öffentlichen Sachen ausschließen: Es müsste auch insoweit danach differenziert werden, ob die Nutzungen Berechtigter oder Dritter in Frage stehen.[46] **37**

e) Auch bei den nur kraft verwaltungsrechtlicher Sonderverbindung nutzbaren öffentlichen Sachen („Sachen im Anstaltsgebrauch" iS der herrschenden Terminologie) ist zwischen ordentlicher Benutzung und Sonderbenutzung zu unterscheiden: **38**

Die ordentliche Benutzung kann eine freiwillige Nutzung sein oder auf einer öffentlich-rechtlichen Benutzungspflicht beruhen. Einem Benutzungszwang entspricht ein Benutzungsrecht,[47] ein solches kann überdies kraft besonderer rechtsatzmäßiger Bestim- **39**

[43] OVG NW NJW 1969, 1077; OVG Lüneburg NJW 1977, 450; BayVGH BayVBl 1988, 726; vgl auch *Kopp/Schenke* VwGO, § 40 Rn 16 mwN.

[44] Zur Einwirkungspflicht s a *Erichsen* Jura 1986, 196 f; *Püttner* DVBl 1975, 353 ff; *Papier* (Fn 41) § 839 BGB, Rn 155; *Pappermann/Löhr/Andriske* (Fn 38) 141 f.

[45] *Ossenbühl* DVBl 1973, 295.

[46] Vgl auch *Püttner* DVBl 1975, 353, 354.

[47] *Forsthoff* VwR, 415.

mung bestehen, was beispielsweise im Bereich der kommunalen Einrichtungen der Fall ist. Fehlt eine positiv-rechtliche Einräumung eines Benutzungsanspruchs, so haben diejenigen, die die Sache entsprechend ihrem (Anstalts-)Zweck benutzen wollen, nur einen Anspruch auf fehlerfreie Ermessensentscheidung über die Zulassung zur Benutzung.[48] Eine Ermessensreduzierung auf Null und damit ein Zulassungsanspruch ist in diesen Fällen aber aufgrund grundrechtlicher Einwirkungen insbes. des Art 3 I GG denkbar.

40 Die ordentliche Benutzung kann eine *offene* in dem Sinne sein, dass sie grundsätzlich von jedem Interessenten in Anspruch genommen werden kann (Beispiele: Verkehrsbetriebe, Theater, Krankenhäuser). Sie kann eine *geschlossene* Benutzung sein, die nur einem abgegrenzten, sich durch bestimmte sachliche oder persönliche Merkmale auszeichnenden Personenkreis offensteht – Beispiele: Schulen, Kindergärten, Schlachthäuser, Schleusenanlagen.[49] Die Benutzung kann schließlich eine *abgeschlossene* sein, bei der die Benutzer von der Umwelt abgesondert sind (Beispiele: Haftanstalten, Fürsorgeeinrichtungen, Heil- und Pflegeanstalten mit geschlossenen Abteilungen). Hier besteht über die öffentlich-rechtliche, sich auf die Sachnutzungen erstreckende Leistungsbeziehung hinaus ein verwaltungsrechtlicher Sonderstatus des Benutzers.[50]

41 f) Eine Sonderbenutzung[51] öffentlicher Sachen im „Anstaltsgebrauch" liegt vor, wenn die Sache von Personen benutzt wird, die nicht zu dem Personenkreis gehören, dem der Anstaltszweck zu dienen bestimmt ist, die also keine „Benutzungs-Destinatäre", sondern sonstige Benutzungsinteressenten sind, oder wenn die *Art* der Benutzung außerhalb der öffentlichen (Anstalts-)Zweckbestimmung liegt; Beispiel: Eröffnung eines Gewerbebetriebs (Handel mit Schiffausrüstungsgegenständen) auf dem Gelände einer Schleusenanlage.[52]

42 Eine Sonderbenutzung liegt auch vor, wenn die Nutzung zwar im Rahmen des Anstaltszwecks liegt, die ordentliche Benutzung aber erheblich übersteigt und/oder den Anstaltsgebrauch anderer erheblich beeinträchtigt; Beispiele: Sondergrabstätten und Erbbegräbnisse auf öffentlichen Friedhöfen; Sondernutzung öffentlicher Badeanstalten durch Sportvereine; besondere Nutzungskapazitäten von Großunternehmen bei der öffentlichen Versorgung.[53]

43 Im Gegensatz zu den Sondernutzungen an Sachen im Gemeingebrauch fehlt es hinsichtlich der Sonderbenutzungen öffentlicher Sachen im Anstaltsgebrauch regelmäßig an gesetzlichen oder satzungsrechtlichen Bestimmungen über Begründung und Inhalt der Nutzungsverhältnisse. Der Träger hat deshalb eine Wahlmöglichkeit zwischen einstufig-öffentlich-rechtlicher Begründung durch Verwaltungsakt (Erlaubnis, Bewilligung), zweistufiger Gestaltung durch öffentlich-rechtliche Bewilligung und privatrechtlichen Vollziehungsvertrag und schließlich einstufig-privatrechtlicher Ausformung ausschließlich durch Abschluss eines privatrechtlichen Vertrages (zB eines Miet- oder Pachtvertrages). Die neueren Friedhofssatzungen sehen im Allgemeinen Sonderbenutzungen *öffentlich-rechtlicher* Art auf Zeit vor.[54]

[48] *Forsthoff* VwR, 414 f; *Wolff/Bachof/Stober* VwR III, § 88 Rn 62 f.
[49] *Wolff/Bachof/Stober* VwR III, § 88 Rn 42.
[50] *Wolff/Bachof/Stober* VwR III, § 88 Rn 42.
[51] S auch *Forsthoff* VwR, 417 f; *Pappermann/Löhr* JuS 1981, 117, 119 f.
[52] BVerwGE 39, 235.
[53] *Forsthoff* VwR, 418.
[54] Vgl *Engelhardt* in: Listl/Pirson (Hrsg), HdbStKirchR, Bd 2, 2. Aufl 1995, § 43, 122; *Gaedke* Handbuch des Friedhofs- und Bestattungsrechts, 9. Aufl 2004, 180 ff.

Wird eine Sonderbenutzung außerhalb des Anstaltszwecks („der Anstaltsdestination") angestrebt, so hat der Bewerber weder einen Zulassungsanspruch noch einen Anspruch gegen den Träger auf fehlerfreie Ermessensentscheidung.[55] 44

4. Die „eisenbahnrechtliche Widmung"

Eine unerwartete Bedeutung hat in der Rechtsprechung im Laufe der 1990er Jahre das Institut der eisenbahnrechtlichen Widmung erlangt. Nachdem die im Eisenbahnrecht nicht gesetzlich geregelte Widmung bis in die 1980er Jahre hinein in Rechtsprechung und Schrifttum so gut wie keine Rolle spielte und förmliche Widmungen in der Praxis der Bundesbahn nie stattfanden[56], stellte das Bundesverwaltungsgericht in dem Urteil vom 16.12.1988 fest, dass sämtliche Eisenbahnanlagen samt der zugehörigen Grundflächen durch Planfeststellung oder in anderer Weise dem Betrieb der Eisenbahn gewidmet sind. Um diese Anlagen wieder in die allgemeine Rechtsordnung zurückzuführen, soll eine formlose Freigabe nicht ausreichen, sondern die Durchführung eines Planfeststellungsverfahrens oder zumindest ein Vorgehen geboten sein, das den Wechsel der Planungshoheit in einer geeigneten Weise bekannt macht und für jedermann klare Verhältnisse schafft.[57] Seitdem ist das Institut der eisenbahnrechtlichen Widmung weitgehend anerkannt und soll auch durch die Privatisierung der Bahn nicht berührt werden.[58] Die zT widersprüchlichen Aussagen zu den Anforderungen an eine Entwidmung haben jedoch zu erheblichen Unklarheiten über die Voraussetzungen und das Verfahren der eisenbahnrechtlichen Entwidmung geführt.[59] 45

Nach hL resultieren aus der Widmung als Bahnanlage weitreichende Rechtsfolgen. So gilt für alle dem Betrieb der Bahn gewidmeten Flächen, unabhängig davon, ob eine Planfeststellung tatsächlich stattgefunden hat, ein umfassender Fachplanungsvorbehalt nach § 38 BauGB mit der Folge, dass sie der gemeindlichen Planungshoheit weitgehend entzogen sind. Mit Entwidmung soll die Wirkung des § 38 BauGB automatisch entfallen.[60] Außerdem folgert die Rechtsprechung aus dem Vorhandensein einer Widmung, dass die Neuerrichtung einer aufgrund der deutschen Teilung stillgelegten und rückgebauten Eisenbahnstrecke auf alter Trasse weder einen Neubau noch eine Änderung einer Eisenbahnanlage, sondern lediglich eine Unterhaltsmaßnahme darstellen soll. Mangels einer förmlichen Entwidmung der Strecke sei für die Wiedererrichtung keine eisenbahnrechtliche Planfeststellung erforderlich, so dass die Anwohner ihre Wiedererrichtung ohne die bei einem Planfeststellungsverfahren gebotenen Schallschutzmaßnahmen zu dulden haben.[61] 46

Gegen die Qualität von Eisenbahnanlagen als öffentliche Sache spricht grundsätzlich, dass sie mittlerweile von juristischen Personen des Privatrechts betrieben werden.[62] Falls das Institut der eisenbahnrechtlichen Widmung dennoch anzuerkennen sein sollte, 47

55 *Wolff/Bachof/Stober* VwR III, § 88 Rn 62; *Papier* (Fn 1) 33 f; *Peine* JZ 2006, 593, 607.

56 Näher *Kühlwetter* FS Blümel, 1999, 309 ff.

57 BVerwGE 81, 111, 113, 118; BVerwGE 99, 166, 168 f; BVerwG NVwZ 1999, 535, 536; BayVGH BayVBl 1994, 441.

58 BVerwGE 102, 269, 271 f; *Steenhof* UPR 1998, 182 ff; abl *Durner* UPR 2000, 255 ff.

59 Näher dazu *Blümel* Fragen der Entwidmung von Eisenbahnbetriebsanlagen, 2000.

60 BVerwGE 81, 111, 113, 118; *Löhr* in: Battis/Krautzberger/Löhr (Hrsg), BauGB, 11. Aufl 2009, § 9 Rn 44; *Kraft* DVBl 2000, 1326 ff.

61 BVerwGE 99, 166, 169 ff; BVerwG NVwZ 1999, 535, 536; BVerwG NVwZ 2000, 567; *Steenhof* UPR 1998, 1237.

62 Vgl o Rn 29.

wären Eisenbahnen wegen der einer Benutzung vorgeschalteten Zulassung als Sachen im Anstaltsgebrauch einzuordnen.[63] Auch dann wären allerdings gegenüber der Rechtsprechung kritische Einwände geboten: Gegen die Annahme weitreichender Duldungspflichten der Anwohner ohne gesetzliche Ermächtigung bestehen auch im Eisenbahnrecht die oben angesprochenen verfassungsrechtlichen Bedenken.[64] Zudem entspricht es allgemeinen Grundsätzen, dass die öffentliche Sache mit ihrem Untergang endet[65], so dass eine wiedererrichtete Strecke einer neuen Widmung bedürfte. Weitere Bedenken bestehen im Hinblick auf die mangelnde Abgrenzung der planungsrechtlichen Genehmigung der Eisenbahnanlage von ihrer Widmung als öffentliche Sache[66]: Die Institute der Widmung und der Planfeststellung sind als selbständige Rechtsakte streng zu unterscheiden und haben unterschiedliche Rechtsfolgen.[67] Eine Widmung der Eisenbahnanlage hätte nur öffentlich-sachenrechtlich Bedeutung und kann daher auf Mängel der Genehmigung keinen Einfluss haben.[68] Wenn das Bundesverwaltungsgericht demgegenüber erklärt, dass Eisenbahnanlagen „durch Planfeststellung" dem Betrieb der Eisenbahn gewidmet seien und eine „Entwidmung" auch durch „Funktionslosigkeit" eintreten könne, falls die tatsächlichen Verhältnisse die Verwirklichung der Planung auf unabsehbare Zeit ausschließen[69], so haben diese Aussagen wenig mit einer öffentlich-rechtlichen Widmung zu tun, sondern betreffen unmittelbar den Bereich der planerischen Genehmigung. Aus der Annahme einer Widmung der Eisenbahnanlage als öffentliche Sache lassen sich die Aussagen der Rechtsprechung daher nicht begründen.

II. Öffentliche Sachen im Verwaltungsgebrauch

48 Sachen, deren öffentliche Zweckbestimmung in der *internen* Verwaltungsnutzung liegt, werden als öffentliche Sachen im „Verwaltungsgebrauch" bezeichnet.[70] Sie dienen der öffentlichen Verwaltung zur Aufgabenerfüllung unmittelbar durch den Gebrauch der Amtsträger selbst. Dazu zählen vor allem die von den Trägern öffentlicher Gewalt (Verwaltung, Justiz, Legislative) genutzten Dienstgebäude einschließlich des Inventars sowie die beweglichen sächlichen Mittel dieser öffentlichen Gewalthaber (Beispiele: Ausrüstungen und Waffen der Streitkräfte und Polizei, Fuhrpark der öffentlichen Verwaltung). Auch insoweit nimmt die hL eine zumindest stillschweigende Widmung und Entwidmung als öffentliche Sache an.[71] Über Sachen im Verwaltungsgebrauch verfügen idR auch die Verwaltungsträger, die primär öffentliche Sachen im Gemein-, Sonder- oder „Anstaltsgebrauch" verwalten (Beispiel: Fuhrpark und Geräte der Straßenbaubehörden).

49 Auch Sachen im Verwaltungsgebrauch sind nicht selten Dritten (Zivilpersonen) zugänglich (Beispiel: dem Publikumsverkehr zugängliche Dienstgebäude). Aber solche Zugangsberechtigungen sind nur Ausfluss von Rechten Dritter auf Wahrnehmung ihrer

[63] So *Blümel* (Fn 59) 5 f; *Durner* UPR 2000, 255, 259; ähnlich bereits *Forsthoff* VwR, 414 f.
[64] → § 38 Rn 30.
[65] *Forsthoff* VwR, 388.
[66] Näher dazu *Durner* UPR 2000, 255, 260 ff; krit auch *Frotscher/Kramer* NVwZ 2001, 24, 33.
[67] Näher *Papier* (Fn 1) 43 f.
[68] So auch BVerwGE 94, 100, 109.
[69] BVerwGE 81, 111, 118; BVerwGE 99, 166, 170; BVerwGE 102, 269, 272; BVerwG UPR 1999, 388, 389.
[70] *Wolff/Bachof/Stober* VwR II, § 75 Rn 11; *Papier* Jura 1979, 98.
[71] *Wallraven-Lindl/Strunz* UPR 1997, 94, 96 mwN.

Verwaltungsangelegenheiten durch Kontakt mit den zuständigen Amtsträgern. Die Zugangsberechtigung ist deshalb nur ein *Annex* zu dieser umfassenderen Befugnis. Sie besteht ausschließlich zum Zwecke der Wahrnehmung von Verwaltungsangelegenheiten. Die Zugänglichkeit durch Dritte ist ein Mittel des nutzungsberechtigten Verwaltungsträgers, seine Verwaltungsaufgaben zu erfüllen. Sie ist deshalb auch von der Art dieser Aufgabenstellung und von der näheren Bestimmung des nutzungsberechtigten Verwaltungsträgers abhängig. Eine originäre, eigenständige oder unmittelbare öffentlichrechtliche Nutzungsbefugnis von Zivilpersonen gibt es an Sachen im Verwaltungsgebrauch nicht – weder mit noch ohne Zulassung des Verwaltungsträgers. Benutzungs*rechte* Dritter kann es nur aufgrund und nach Maßgabe *privat*rechtlicher Verträge mit dem Sacheigentümer oder sonst nach Privatrecht Berechtigten geben (Beispiel: Besitzrecht des Kantinenpächters).

Die Rechtsbeziehungen zwischen dem öffentlichen Sachherrn und Dritten, denen die Sache im Verwaltungsgebrauch zugänglich ist oder die „Zugang nehmen", sind *öffentlich-rechtlicher* Natur, wenn dieser Zugang der Wahrnehmung öffentlich-rechtlich geregelter Verwaltungsangelegenheiten durch Kontakt mit den zuständigen Amtsträgern dient.[72] „*Hausverbote*" als Mittel oder als Annex von „Kontaktbeschränkungen" im Rahmen öffentlich-rechtlich geordneter Verwaltungsfunktionen sind Maßnahmen auf dem Gebiet des öffentlichen Rechts, also Verwaltungsakte. **50**

Besucher von Verwaltungsgebäuden hingegen, die allein zur Wahrnehmung ihrer privatrechtlichen Angelegenheiten, sei es durch Kontakt mit Amtsträgern – Beispiel: Handelsvertreter mit dem Ziel der Auftragsvergabe[73] –, sei es ohne dieses Ziel einer Kontaktaufnahme zur Verwaltung selbst – Beispiele: Fotograf im Standesamt,[74] Obdachloser[75] – das öffentliche Gebäude betreten, stehen in *privatrechtlichen* Beziehungen zum Sachherrn. Hausverbote sind hier – teilweise als Annex privatrechtlicher Auftragssperren – Maßnahmen auf dem Gebiet des bürgerlichen Rechts.[76] „Hausverbote" oder „Hausverweisungen" gegenüber Demonstranten, die in ein Verwaltungsgebäude eindringen, um die Behörde unter Druck zu setzen, sind hingegen dem *öffentlichen* Recht zuzuordnen, weil sie in einem Zusammenhang mit der Wahrnehmung der eigentlichen Verwaltungsfunktionen des öffentlichen Sachherrn stehen.[77] **51**

In der Literatur wird zT darauf abgestellt, ob das Hausverbot die Erfüllung der öffentlichen Aufgaben im Verwaltungsgebäude sichern soll. In diesem Fall wird ein Verwaltungsakt unabhängig davon angenommen, zu welchem Zweck der Dritte das Verwaltungsgebäude betreten hat.[78] **52**

Stellt das Hausverbot einen Verwaltungsakt dar, so besteht die notwendige normative Eingriffsgrundlage für den „Anstaltsherrn" im Gewohnheitsrecht.[79] **53**

72 *Papier* (Fn 1) 35; vgl auch OVG NW NJW 1998, 1425.

73 BGH DVBl 1968, 145; BVerwGE 35, 103.

74 BGHZ 33, 230.

75 Vgl OVG NW DVBl 1963, 303.

76 S auch *Knoke* AöR 94 (1969) 388 ff.

77 AA noch *Salzwedel* in: Erichsen (Hrsg), Allgemeines Verwaltungsrecht, 10. Aufl 1995, § 46 Rn 4. Siehe zu der Thematik auch BGH NJW 2006, 1054.

78 S *Knemeyer* DÖV 1970, 596 ff; *ders* VBlBW 1982, 249 ff; *Ronellenfitsch* VerwArch 73 (1982) 469 ff; *Maurer* Allg VwR, § 3 Rn 34; *Pappermann/Löhr* JuS 1981, 269, 274; *Pappermann/Löhr/Andriske* (Fn 38) 164; BayVGH BayVBl 1980, 723.

79 Ebenso *Pappermann/Löhr* JuS 1981, 269, 274 mwN; *Berg* JuS 1982, 260 ff; VG Frankfurt/Main NJW 1998, 1424: Annex zur Sachkompetenz; BayVGH BayVBl 1981, 657; aA BayVGH BayVBl 1980, 723: spezielle ges Ermächtigung erforderlich.

III. Die res sacrae

54 Da die Kirchen Körperschaften des öffentlichen Rechts sind (vgl Art 140 GG/137 V WV), zählen grundsätzlich auch die dem kirchlichen Gebrauch dienenden körperlichen Gegenstände zu den „öffentlichen Sachen“.[80] Allerdings muss auch hier einschränkend betont werden, dass „öffentliche Sachen“ nur die einem öffentlich-rechtlichen Herrschafts- und/oder Nutzungsregime unterworfenen Sachen sind. Damit zählen nur solche (körperlichen) Gegenstände des kirchlichen Vermögens zum Kreis der öffentlichen Sachen, die im Rahmen und zum Zwecke der öffentlich-rechtlich geordneten kirchlichen Funktionen genutzt werden. Das sind insbesondere Kirchengebäude, die kirchlichen Begräbnisstätten und die zum kirchlichen Kultgebrauch bestimmten Gegenstände.[81] Insoweit hat die Rechtsprechung aufgrund der Widmung einer Kirche für den Gottesdienst ein einem Herausgabeanspruch gemäß § 985 BGB entgegenstehendes Recht zum Besitz im Sinne von § 986 BGB anerkannt.[82]

55 Gegenstände des kirchlichen Vermögens, die in den Formen des Privatrechts genutzt werden, sind demgegenüber keine „öffentlichen Sachen“. Damit sind nicht nur die zu Erwerbszwecken genutzten Sachen, sondern auch die dem gemeinen Wohl oder karitativen Interessen dienenden Gegenstände gemeint (*Beispiel:* Der von der Kirche betriebene Kindergarten, dessen Benutzung aufgrund privatrechtlicher Verträge erfolgt).

56 Die kirchlichen öffentlichen Sachen sind entweder öffentliche Sachen im „Anstaltsgebrauch“ oder im (kirchlichen) Verwaltungsgebrauch. Der Begriff „Anstaltsgebrauch“ erfasst jede „Dritt“-Benutzung aufgrund verwaltungsrechtlicher Sonderverbindung, dh nicht kraft dinglichen, zulassungsfreien Jedermanns-Rechts, sondern im Rahmen einer bereits bestehenden oder erst durch (ausdrücklichen bzw konkludenten) Zulassungsakt begründeten Sonderverbindung. Unter diesen weiten Begriff „Anstaltsgebrauch“ fällt beispielsweise nicht nur die Friedhofsbenutzung,[83] sondern auch der Kirchenbesuch. Auch insoweit liegt *kein* Gemeingebrauch vor.[84] Die Benutzung der Gotteshäuser erfolgt im Rahmen einer kirchenverwaltungsrechtlichen Benutzungsordnung und einer durch (konkludente) Zulassung begründeten Sonderverbindung. Der „Sachherr“ regelt, ob das Gotteshaus nur zur Teilnahme an den Gottesdiensten oder auch darüber hinaus zu Andachtszwecken geöffnet wird oder ob gar die Kirche sonstigen Besuchern, die sie aus historischem oder kunsthistorischem Interesse aufsuchen, offen stehen soll. Er bestimmt dann die Öffnungszeiten und ist berechtigt, den Zugang von der Leistung eines Entgeltes sowie von bestimmten anderen Voraussetzungen abhängig zu machen.[85]

[80] *Wolff/Bachof/Stober* VwR II, § 75 Rn 11; krit hierzu *Kromer* (Fn 2) 31 f.

[81] *W. Weber* in: ZevKiR 11, 111.

[82] BVerwGE 87, 115, 118 (St. Salvatorkirche); im weiteren Verlauf des Verfahrens wurde die Widmung als res sacra im konkreten Fall verneint, BayVGH, VGHE 49, 44, 48 f.

[83] *Forsthoff* VwR, 418, für die öffentlichen Friedhöfe, für die kirchlichen muss das Gleiche gelten.

[84] *W. Weber* VVDStRL (Fn 6) 176 mit Fn 62.

[85] Insges zu den res sacrae *Forsthoff* AöR NF 31 (1940) 209 ff; *Axer* Die Widmung als Schlüsselbegriff des Rechts der öffentlichen Sachen, 1994, 202 ff; *Kromer* (Fn 2) 30 f, 72 ff; *Schütz* in: Listl/Pirson (Hrsg), HdbStKirchR, Bd 2, 2. Aufl 1995, § 38, 3 ff; *W. Weber* VVDStRL (Fn 6) 145 ff; vgl auch BayObLG JZ 1981, 190.

§ 40
Entstehung, Inhalt und Beendigung des öffentlich-rechtlichen Status

I. Entstehung einer „öffentlichen Sache" im Rechtssinne

Zu einer öffentlichen Sache im Rechtssinne kann eine Sache nach allgemeiner Auffassung nur dadurch werden, dass sie durch hoheitlichen Rechtsakt einer besonderen, öffentlich-rechtlichen Nutzungsordnung unterstellt wird. Dieser Rechtsakt, der sowohl ein Legislativ- als auch ein Administrativakt sein kann,[1] wird *Widmung* genannt. Zu diesem Rechtsakt Widmung muss als weitere Wirksamkeitsvoraussetzung des öffentlichen Rechtsstatus die tatsächliche *Indienststellung* hinzutreten.[2] 1

1. Rechtsform und Rechtsnatur der Widmung

a) Eine *Widmung durch Gesetz* und nicht (erst) aufgrund Gesetzes liegt vor, wenn einer Sache allein aufgrund Erfüllung der tatbestandlichen Voraussetzungen eines Gesetzes ein öffentlich-rechtlicher Sonderstatus zukommt. Solche „statusbegründenden" Normen können formelle Gesetze, Rechtsverordnungen, Satzungen und Gewohnheitsrechtsätze sein.[3] 2

Die Bundeswasserstraßen sind unmittelbar kraft *formellen Gesetzes* (§ 5 WaStrG) öffentliche Sachen im Gemeingebrauch.[4] Entsprechendes gilt für den Luftraum aufgrund des § 1 LuftVG, der nach hM ebenfalls zu den öffentlichen Sachen zählt. Auch die Gewässer der ersten Ordnung sind unmittelbar kraft der Landeswassergesetze iVm den ihnen anliegenden Verzeichnissen (vgl § 3 I Nr 1 LWG NRW, Art 2 I Nr 1 WG Bay) öffentliche Sachen, dh mit dem im WHG und in den Landeswassergesetzen näher ausgestalteten wasserhaushaltsrechtlichen, öffentlich-rechtlichen Sonderstatus belastet. Entsprechendes gilt zT für die Gewässer zweiter Ordnung (vgl § 3 I Nr 2 LWG NRW). 3

Widmungen durch *Rechtsverordnung* sind im Wasserrecht zT bezüglich der Gewässer zweiter Ordnung festzustellen. Diese erlangen ihren öffentlich-rechtlichen Sonderstatus teilweise durch Aufnahme in ein Verzeichnis, das von der obersten Wasserbehörde durch Rechtsverordnung aufzustellen ist.[5] 4

Die Unterstellung einer Sache oder Sachgesamtheit unter ein öffentlich-rechtliches Nutzungsregime kann schließlich durch *Satzung* erfolgen. Diese Widmungsform ist vor allem bei den sog „anstaltlich genutzten Sachen" anzutreffen. Sie liegt vor, wenn eine Gemeinde durch Erlass entsprechender Satzungen die Benutzung ihrer Anstalten und Einrichtungen *öffentlich-rechtlich* ausgestaltet. An einer Widmung fehlt es aber nach dem oben Gesagten (→ § 39 Rn 31 ff), wenn die Gemeinde im Satzungswege zwar die 5

[1] *Wolff/Bachof/Stober* VwR II, § 76 Rn 8; *Papier* Jura 1979, 98.
[2] *Wolff/Bachof/Stober* VwR II, § 76 Rn 21 f; *Herber* in: Kodal/Krämer, Straßenrecht, 6. Aufl 1999, Kap 7 Rn 15; *Papier* in: Berg/Knemeyer/Papier/Steiner (Hrsg), Staats- und Verwaltungsrecht in Bayern, 6. Aufl 1996, Teil G Rn 4; *ders* Recht der öffentlichen Sachen, 3. Aufl 1998, 39; *Erbguth* Jura 2008, 193, 196.
[3] *Wolff/Bachof/Stober* VwR I, § 76 Rn 8 ff.
[4] *Friesecke* WaStrG, 6. Aufl 2009, § 1 Rn 1.
[5] S Art 2 I Nr 2, 3 I BayWG; weitere Nachw bei *Wolff/Bachof/Stober* VwR II, § 76 Rn 9.

Zugänglichkeit ihrer Einrichtung für alle Gemeindebürger statuiert, diese also dem kommunalrechtlichen Zulassungsanspruch (vgl § 8 II GO NRW) unterwirft, die Benutzungsverhältnisse selbst hingegen dem Privatrecht unterstellt.

6 Durch *Gewohnheitsrechtssatz* ist der Meeresstrand als öffentliche Sache im Gemeingebrauch gewidmet.[6] Eine öffentliche Sache kraft natürlicher Beschaffenheit, wie es vor allem beim Meeresstrand nicht selten behauptet wird,[7] gibt es bei Annahme eines zwingenden Rechtsakterfordernisses nicht.

7 b) Die *Widmung durch dinglichen Verwaltungsakt* ist eine weitere und nach hM die wichtigste Form der Konstituierung „öffentlicher Sachen".[8] Sie ist vor allem für die öffentlichen *Straßen* als Regelform der Widmung gesetzlich vorgesehen. Nach § 2 I FStrG erhält eine Straße die Eigenschaft einer Bundesfernstraße durch Widmung, über die gemäß § 2 VI die oberste Landesstraßenbaubehörde entscheidet, und nach § 2 I StrWG NRW sind öffentliche Straßen im Sinne dieses Gesetzes alle diejenigen Straßen, Wege und Plätze, die dem öffentlichen Verkehr gewidmet sind. Widmung ist die Verfügung, durch die eine Straße die Eigenschaft einer öffentlichen Straße erhält (Art 6 I StrWG Bay). Die Widmung für den öffentlichen Verkehr „verfügt" der Träger der Straßenbaulast (vgl § 6 I 1 StrWGNRW) bzw die Straßenbaubehörde (Art 6 II StrWG Bay).

8 Der öffentlich-rechtliche Sonderstatus öffentlicher Straßen besteht nach den Straßengesetzen des Bundes und der Länder in einer öffentlichrechtlich-dinglichen Sachherrschaft, die auf dem (fortbestehenden) Privateigentum an der Sache als verwaltungsrechtliche „Dienstbarkeit" lastet. Dieses beschränkt-dingliche Recht an der Sache entsteht durch die Widmung, die deshalb als ein *dinglicher Verwaltungsakt* bezeichnet wird.[9] Die Verwaltungsverfahrensgesetze des Bundes und der Länder behandeln die dinglichen Verwaltungsakte und damit auch die Widmung als einen Unterfall der Allgemeinverfügung, § 35 S 2 VwVfG (s auch § 6 I StrWG NRW). Die Widmung regelt nicht unmittelbar personale Rechtsbeziehungen, sondern begründet eine rechtserhebliche Eigenschaft einer Sache. Rechte und Pflichten Dritter, beispielsweise der Eigentümer und der Unterhaltungspflichtigen, soweit sie mit dem Träger der öffentlich-rechtlichen Sachherrschaft nicht identisch sind, ferner der Benutzer, entstehen durch das an diese Sacheigenschaft Rechtsfolgen knüpfende Gesetz. Das Recht zum Gemein- einschließlich Anliegergebrauch beispielsweise wird nicht durch den Widmungsakt begründet und inhaltlich festgelegt, sondern folgt unmittelbar aus dem Gesetz, das im Falle einer Widmung einer Straße, eines Weges oder Platzes zum öffentlichen Verkehr Benutzungsrechte bestimmten Inhalts und Umfangs gewährt, vgl §§ 2 I, 14 I StrWG NRW.[10]

9 Erst durch „Vermittlung" dieser Rechtsätze, also mittelbar, begründet der administrative Akt der Widmung personale Rechtsbeziehungen gegenüber allen, die es angeht oder angehen wird. Soweit bei diesen Personen eine Verletzung subjektiver Rechte möglich ist (vgl § 42 II VwGO), ist eine Klage vor den allgemeinen Verwaltungsgerichten ge-

[6] *Wolff/Bachof/Stober* VwR II, § 76 Rn 9.
[7] *Krause-Dünow* DVBl 1965, 592.
[8] Vgl etwa *Henneke* in: Knack, VwVfG, § 35 Rn 93 und 128; *Janßen* in: Obermayer, VwVfG, § 35 Rn 90 und 131.
[9] *Wolff/Bachof/Stober* VwR II, § 76 Rn 12; *Salzwedel* DÖV 1963, 241, 243; *Papier* Jura 1979, 98 f; vgl *dens* (Fn 2) Teil G Rn 61.
[10] *Wolff/Bachof/Stober* VwR II, § 76 Rn 3.

gen diesen Akt zulässig. Der Einstufung der Widmung als dinglichen Verwaltungsakt hat sich auch der Gesetzgeber (vgl § 35 VwVfG) angeschlossen. Ob dieser dingliche Verwaltungsakt als „adressatloser" Verwaltungsakt[11] anzusehen ist, oder ob er – wegen seiner mittelbaren personalen Rechtswirkungen gegenüber Personen, die es angeht oder angehen wird – im Anschluss an § 35 S 2 VwVfG den „Allgemeinverfügungen" zuzuordnen ist, ist eine praktisch wie rechtsdogmatisch bedeutungslose Frage.[12]

Die Widmung ist auf jeden Fall kein gegen den Eigentümer gerichteter Eingriffsakt.[13] **10**
Das ergibt sich nicht nur daraus, dass die personelle Identität zwischen Sacheigentümer und Träger der öffentlich-rechtlichen Widmungszuständigkeit ein von den geltenden Straßengesetzen als Regelfall zugrunde gelegter Zustand ist (vgl § 6 I FStrG). Einem diesbezüglichen Regelungsgehalt der Widmung würde in diesen Fällen die Außenwirkung fehlen. Es ist auch zu beachten, dass nach dem Gesetz eine Widmung überhaupt nur erfolgen darf, wenn der für die Widmung zuständige Verwaltungsträger sich zuvor die privatrechtliche Verfügungsmacht, sei es durch privatrechtlichen Vertrag, sei es durch einseitige Zustimmungserklärung des Eigentümers oder aber durch öffentlich-rechtlichen Enteignungs- oder Besitzeinweisungsakt verschafft hat (s §§ 2 II FStrG, 6 V StrWG NRW, Art 6 III StrWG Bay). Der diesem Vorgang folgenden, statusbegründenden Widmung fehlt also der notwendige und primär eigentümergerichtete Eingriffs- oder Güterbeschaffungscharakter.

Für die dem Landesrecht unterliegenden Straßen ist nach einigen Landesstraßen- **11**
gesetzen unter bestimmten Voraussetzungen ein besonderer Rechtsakt der Widmung neben der (tatsächlichen) Indienststellung entbehrlich. Nach § 5 VI 1 StrG BW, § 2 I 2 StrG Hess, § 7 IV 1 StrWG MV, § 6 IV 1 StrWG SH *gilt* die Straße mit der Verkehrsübergabe als gewidmet, wenn in Vollzug eines aufgrund anderer gesetzlicher Vorschriften durchgeführten förmlichen Verfahrens der Bau oder die Änderung einer öffentlichen Straße unanfechtbar angeordnet ist. Ähnlich, aber ohne die Fiktion und in präziserer Umschreibung der Voraussetzungen bestimmen § 6 VII StrWG NRW und Art 6 VI StrWG Bay, dass bei Straßen, deren Bau oder wesentliche Änderung durch *Planfeststellung* geregelt wird, die Widmung in *diesem* Verfahren mit der Maßgabe verfügt werden kann, dass sie mit der Verkehrsübergabe wirksam wird (vgl auch § 6 V StrG Nds).

Die Art der Bekanntgabe der Widmungsverfügung ist nach den Straßengesetzen **12**
strikt *formgebunden:* Sie ist öffentlich bekanntzumachen (s § 5 IV 1 StrG BW, § 3 IV 1 StrG Berl, § 6 I 2 BbgStrG, § 4 III 1 StrG Hess, § 7 II StrWG-MV, § 6 III StrG Nds, § 6 I 2 StrWG NRW, § 36 III LStrG RP, § 6 IV StrG Saarl, § 6 I 2 StrG Sachs, § 6 I 2 StrG LSA, § 6 II StrWG SH, § 6 I 2 StrG Thür, s auch § 2 VI 2 FStrG).[14] Diese Formvorschriften gelten aber nur für diejenigen Widmungsverfügungen, die *nach* dem Inkrafttreten der neueren Straßengesetze ergangen sind (zB NRW = 1962). Öffentliche Straßen, die ihre Eigenschaft schon zuvor erlangt hatten, behalten diese Eigenschaft, auch wenn den heutigen Widmungsformerfordernissen nicht entsprochen worden war.[15] Nach preußischem Wegerecht mussten die drei „klassischen Widmungsbeteiligten" an

[11] *Forsthoff* VwR, 384.
[12] Vgl *Axer* Die Widmung als Schlüsselbegriff des Rechts der öffentlichen Sachen, 1994, 57 ff; *Papier* (Fn 2) 42.
[13] *Forsthoff* VwR, 384; *Papier* (Fn 2) Teil G Rn 84.
[14] In Bayern gilt mangels straßenrechtlicher Normierung Art 41 III BayVwVfG.
[15] S *Pappermann/Löhr* JuS 1980, 36 f.

der Widmung mitgewirkt haben: die Wegepolizeibehörde (in heutiger Sicht: Straßenaufsichtsbehörde), der Straßenbaulastträger sowie der Wegeeigentümer.[16] Aber Widmungsverfügungen bzw Zustimmungen waren nicht formgebunden, sie konnten aus schlüssigem Verhalten gefolgert werden.[17] Auch ohne gesetzliche Regelung ist allerdings für Widmung und Entwidmung aus rechtsstaatlichen Gesichtspunkten ein gewisses Mindestmaß an Publizität zu fordern.[18]

13 Lassen sich Widmungshandlungen nicht nachweisen, kommt noch das Institut der „unvordenklichen Verjährung" in Betracht.[19] Aus einer tatsächlichen und langjährigen Benutzung eines Weges kann die – widerlegbare – Vermutung seiner Widmung folgen, wenn diese Benutzung widerspruchslos hingenommen und in der Annahme der Rechtmäßigkeit durchgeführt worden ist.

2. Widmung bei Sachen im Anstalts- und Verwaltungsgebrauch

14 Nach hL kommt der Widmung durch Verwaltungsakt eine über den Bereich des Wegerechts hinausgehende Bedeutung zu. Auch bei den Sachen im Anstalts- und Verwaltungsgebrauch wird – wie ausgeführt (→ § 38 Rn 24 ff) – der öffentlich-rechtliche Sonderstatus der Sache in der Existenz eines *beschränkt-dinglichen,* öffentlichen Rechts *an* der Sache erblickt. Dies setzt notwendigerweise den Erlass eines „dinglichen" Verwaltungsakts, nämlich der Widmung voraus. Da aber bei diesen Sachen des Anstalts- und Verwaltungsgebrauchs in aller Regel eine förmliche Widmung nicht erfolgt, wird die Widmung als durch schlüssiges Handeln erklärt angesehen. Dieses schlüssige Handeln soll in den Vorgängen der Sachbeschaffung, Sachherstellung, Inventarisierung oder Ingebrauchnahme liegen.[20]

15 Richtiger Auffassung nach wird an den Sachen im Anstalts- und Verwaltungsgebrauch überhaupt kein subjektiv-dingliches, öffentliches Recht an der Sache begründet. Der öffentlich-rechtliche Sonderstatus besteht hier in der Einbeziehung dieser Sachen in ein verwaltungsrechtliches, durch relative, nicht aber durch absolut-dingliche Rechte gekennzeichnetes Nutzungsregime, insbesondere in ein öffentlich-rechtliches, „quasiobligatorisches" Benutzungsverhältnis (→ § 38 Rn 28 ff, 31 f). Ein der wegerechtlichen Widmung vergleichbarer dinglicher Verwaltungsakt begründet dieses Sonderrechtsverhältnis nicht. Der öffentlich-rechtliche Sonderstatus basiert auf dem *faktischen* Vorgang der Sachbeschaffung und Ingebrauchnahme im Rahmen oder zum Zwecke eines öffentlich-rechtlichen Benutzungs- oder sonstigen Verwaltungsrechtsverhältnisses. Dieses wiederum hat seine Grundlage regelmäßig in Gesetzen oder Satzungen, so dass die Eigenschaft der „öffentlichen Sache" hier letztlich durch *Rechtsatz* plus *faktische* Inanspruchnahme konstituiert wird.

[16] S PrOVGE 25, 212; 53, 294; 59, 410; 99, 134.

[17] S *Pappermann/Löhr* JuS 1980, 36 mwN.

[18] *Ehlers* NWVBl 1993, 327, 330; *Kromer* Sachenrecht des öffentlichen Rechts, 1985, 95 f, 135; *Niehues* DVBl 1982, 317, 319.

[19] S dazu *Wolff/Bachof/Stober* VwR II, § 76 Rn 20; *Krämer* in: Kodal/Krämer (Fn 2) Kap 4 Rn 5 f; *Papier* (Fn 2) Teil G Rn 71; *Pappermann/Löhr* JuS 1980, 36, 37; zu den Besonderheiten im Straßenrecht (tatsächlichen öffentlichen Straßen) *Zörner* NZV 2002, 261 ff.

[20] *Wolff/Bachof/Stober* VwR II, § 76 Rn 16; *Papier* (Fn 2) 50.

3. Zulässigkeitsvoraussetzungen einer verwaltungsaktsmäßigen Widmung

Die gemischt privatrechtlich-öffentlich-rechtliche Konstruktion der Rechtsverhältnisse **16**
an öffentlichen Sachen bedingt eine Mehrheit von beteiligten Rechtsträgern. So wie neben dem privatrechtlichen Eigentum ein öffentlich-rechtliches Sachherrschafts- und/oder Sachnutzungsverhältnis hinsichtlich derselben Sache besteht, brauchen Eigentümer und Träger der Verwaltungsfunktion nicht identisch zu sein. Im öffentlichen Straßenrecht gilt darüber hinaus die Besonderheit, dass die Verwaltungsfunktionen und -trägerschaften ihrerseits aufgespalten sind in die Straßenbaulast einerseits und die Straßenaufsicht andererseits.[21] Diese Differenzierungen bei den Verwaltungsfunktionen und die Aufspaltungen der Trägerschaft führen dazu, dass mehrere Rechtspersonen und/oder Behörden am Widmungsverfahren zu beteiligen sind und dass der für die wegerechtliche Widmung regelmäßig zuständige Straßenbaulastträger insofern besondere Zulässigkeitsvoraussetzungen zu beachten hat.

a) Ist der künftige Träger der Straßenbaulast nicht Eigentümer des der Straße **17**
dienenden Grundstücks, darf eine Widmung nach den geltenden Straßengesetzen (s § 2 II FStrG; § 6 V StrWG NRW; Art 6 III StrWG Bay) nur unter den folgenden, alternativ geltenden Voraussetzungen erfolgen:

(1) Der künftige Träger der Straßenbaulast muss sich aufgrund privatrechtlicher **18**
Verträge (Kaufvertrag, Auflassung) das Eigentum am Grundstück beschaffen. Ist der (bisherige) Eigentümer zur rechtsgeschäftlichen Veräußerung nicht bereit, kann das Eigentum der Straßenbaulastträger aufgrund hoheitsrechtlicher Enteignung begründet werden.

(2) Eine Widmung ist aber auch schon dann zulässig, wenn das Vollrecht „Eigen- **19**
tum“ zwar beim Dritten verbleibt, dem Träger der Straßenbaulast aber ein *dingliches* Recht an dem Grundstück nach den Vorschriften des BGB eingeräumt wird. In Betracht kommen sowohl eine Grunddienstbarkeit (subjektiv-dingliches Recht, vgl §§ 1018 ff BGB) als auch eine beschränkte persönliche Dienstbarkeit iS der §§ 1090 ff BGB. Im zweiten Fall ist Berechtigter der Träger der Straßenbaulast, im ersten Fall der jeweilige Eigentümer des „herrschenden“ Grundstücks. Als solches kommt ein bereits bestehendes, im Eigentum des Straßenbaulastträgers befindliches, angrenzendes Straßenstück in Betracht.

(3) Die privatrechtliche, entweder auf Eigentum oder auf einem sonstigen dinglichen **20**
Recht basierende Verfügungsmacht des Straßenbaulastträgers ist aber nicht unbedingt Voraussetzung einer straßenrechtlichen Widmung. Die notwendige Verfügungsmacht des Straßenbaulastträgers kann auch auf spezifisch öffentlich-rechtlichen Rechtsgeschäften beruhen. Diese sind entweder verwaltungsrechtliche *Verträge* zwischen dem Straßenbaulastträger und dem Eigentümer bzw dem sonst zur Nutzung dinglich Berechtigten oder *einseitige* empfangsbedürftige Willenserklärungen des Eigentümers bzw der sonst zur Nutzung dinglich Berechtigten.[22] Die Straßengesetze sprechen im ersten Fall von einer „Besitzerlangung“ „durch Vertrag“, im zweiten Fall von einer „Zustimmung“ (s § 2 II FStrG; § 6 V StrWG NRW; § 5 I StrG BW). Um Rechtsgeschäfte *öffentlich-rechtlicher* Natur handelt es sich in beiden Fällen, weil ihr *Gegenstand* dem öffentlichen Recht angehört.[23] Gegenstand dieser Rechtsgeschäfte ist die Begründung

[21] *Rinke* in: Kodal/Krämer (Fn 2) Kap 12 Rn 1 ff, Kap 17 Rn 1 ff.

[22] *Herber* in: Kodal/Krämer (Fn 2) Kap 7 Rn 11.1.

[23] Zum Gegenstand des Rechtsgeschäfts als Abgrenzungskriterium s allg BVerwGE 22, 138; BGHZ 57, 130.

einer öffentlich-rechtlichen Dienstbarkeit oder Sachherrschaft, es ist damit ein Sachverhalt betroffen, der von der gesetzlichen Ordnung öffentlichrechtlich geregelt ist. Die Zustimmung als Willenserklärung des öffentlichen Rechts ist grundsätzlich unwiderruflich, jedenfalls nach Erlass der Widmungsverfügung. Aber ebenso wie eine Dienstbarkeit des Privatrechts kann auch die Zustimmung inhaltlich beschränkt sein, dem Straßenbaulastträger also ein Recht zur Widmung begrenzten Umfangs gewähren. Eine bestimmte Form ist für die Zustimmungserklärung nicht vorgesehen. Die auf Zustimmung oder Vertrag beruhende öffentlich-rechtliche Eigentumsbelastung geht auch auf etwaige Rechtsnachfolger über.[24]

21 (4) Eine öffentlich-rechtliche Verfügungsmacht des Straßenbaulastträgers als Voraussetzung der straßenrechtlichen Widmung kann schließlich auf einem *Verwaltungsakt,* nämlich dem *Besitzeinweisungsbeschluss* der Enteignungsbehörde im Rahmen eines Enteignungsverfahrens basieren, s § 18f FStrG, § 41 StrWG NRW, Art 40 StrWG Bay iVm Art 39 EG Bay.

22 b) Mit der Widmung entsteht aber nicht nur eine das Eigentum beschränkende öffentlich-rechtliche Dienstbarkeit. Es entstehen zugleich öffentlich-rechtliche Unterhaltungspflichten.[25] Ist die widmende Behörde nicht Organ des Unterhaltungspflichtigen, so ist *dessen* Zustimmung eine weitere Zulässigkeitsvoraussetzung der Widmung.[26]

23 Auch bei den öffentlich-rechtlichen Straßenausbau- und Unterhaltungspflichten (Straßenbaulast) handelt es sich nicht um direkte (Regelungs-)Folgen der Widmung. Der Widmungsakt bestimmt auch nicht den Träger der Straßenbaulast. Beides ergibt sich unmittelbar aus dem Gesetz. Da die Widmungsverfügung aber die Straßengruppe, zu der die Straße gehören soll, zu bestimmen hat (s § 6 III StrWG NRW) und das Gesetz die Baulastträgerschaft anknüpfend an die Straßengruppe bestimmt (vgl §§ 43, 44, 45, 47 StrWG NRW; Art 41 ff, 46, 53 ff StrWG Bay), legt die wegerechtliche Widmungsverfügung *indirekt* auch den Träger der Straßenbaulast fest.

24 Die geltenden Straßengesetze des Bundes und der Länder haben die öffentlich-rechtlichen Sachherrschaftsbefugnisse weitgehend dem Baulastträger übertragen. Das gilt auch und vor allem für die Widmungsverfügung. Die Fälle möglicher Divergenz zwischen Widmungsbefugnis und Straßenbaulastträgerschaft sind also selten. Nach § 6 I 1, 2 StrG Nds ist der Straßenbaulastträger *immer* für die Widmung zuständig, es sei denn, es soll eine nicht dem Land oder einer sonstigen Gebietskörperschaft gehörende Straße für den öffentlichen Verkehr gewidmet werden. In diesem Fall hat die Straßenaufsichtsbehörde die Widmung zu verfügen. Nach dem Straßenrecht anderer Länder kann hingegen die Konstellation bestehen, dass die widmende Behörde nicht Organ des Straßenbaulastträgers ist. In solchen Fällen ist die Zustimmung des Trägers der Straßenbaulast weitere Zulässigkeitsvoraussetzung der Widmung (vgl Art 6 II 2 StrWG Bay; § 6 II 2 StrWG NRW). Für die Bundesfernstraßen ist sogar zu beachten, dass der Bund als Träger der Straßenbaulast (§ 5 I FStrG) keine eigenen Straßenbaubehörden hat. Über die Widmung entscheidet daher die oberste Landesstraßenbaubehörde (§ 2 VI 1 FStrG). Folgerichtig bestimmt § 2 VI 3 FStrG, dass die Widmungsbehörde das „Einverständnis" des Bundesministers für Verkehr als Organ des Trägers der Straßenbaulast herbeizuführen hat.

[24] Vgl *Herber* in: Kodal/Krämer (Fn 2) Kap 7 Rn 11.3.

[25] *Wolff/Bachof/Stober* VwR II, § 77 Rn 25; *Papier* (Fn 2) Teil G Rn 80.

[26] *Wolff/Bachof/Stober* VwR II, § 76 Rn 30 f; *Herber* in: Kodal/Krämer (Fn 2) Kap 7 Rn 13; *Papier* (Fn 2) Teil G Rn 77.

4. Rechtsfolgen bei fehlerhafter Widmungsverfügung

25 Fehlen die genannten Widmungsvoraussetzungen, ist die Widmungsverfügung fehlerhaft. Ob diese Fehlerhaftigkeit, insbesondere die fehlende Zustimmung des Eigentümers, die Widmung nichtig oder nur anfechtbar macht, ist in Literatur und Rechtsprechung umstritten.[27] Bei fehlender oder rechtlich unwirksamer Eigentümermitwirkung hätte die Annahme von Nichtigkeit die praktisch bedeutsame Konsequenz, dass der Eigentümer Herausgabe der dem Verkehr übergebenen Straße nach den Vorschriften des bürgerlichen Rechts verlangen und dieses Begehren vor den ordentlichen Gerichten durchsetzen könnte. Bei bloßer Anfechtbarkeit entstünde hingegen der öffentlich-rechtliche Rechtsstatus, das Verlangen seiner Aufhebung wäre als öffentlich-rechtliche Streitigkeit vor den Verwaltungsgerichten durchzusetzen. Die Widmung ist trotz der oben beschriebenen Beteiligung Dritter kein „Gesamtakt" in dem Sinne, dass bei Fehlen eines Teilaktes, etwa der Eigentümer- oder Baulastträgerzustimmung, der Tatbestand der Widmung nicht erfüllt, die Verfügung also gar nicht zustande gekommen ist.[28] Die Zustimmungserfordernisse bezeichnen nach dem Gesetz Rechtmäßigkeitsvoraussetzungen der Widmung, sind aber nicht Bestandteile des Widmungsvorgangs.[29] Dann aber besteht kein Grund, für diese Rechtmäßigkeitsvoraussetzung andere als die allgemeinen Fehlerfolgen gelten zu lassen. Nach den Grundsätzen des allgemeinen Verwaltungsrechts, die im § 44 I VwVfG einen positivgesetzlichen Niederschlag gefunden haben, ist ein Verwaltungsakt nur dann nichtig, wenn er an einem besonders schwerwiegenden Fehler leidet und dies bei verständiger Würdigung aller in Betracht kommenden Umstände offenkundig ist. Dass dies hinsichtlich der Nichteinhaltung der Widmungsvoraussetzungen stets oder auch nur üblicherweise anzunehmen sei, kann nicht gesagt werden. Dies leuchtet für die Fälle ohne weiteres ein, in denen die nach dem Gesetz in Betracht kommenden rechtsgeschäftlichen Erklärungen des Eigentümers zwar vorliegen, diese aber an rechtlichen Mängeln leiden, die ihre Unwirksamkeit, Nichtigkeit oder Anfechtbarkeit bedingen. Die Fehlerhaftigkeit der Widmungsverfügung ist hier sicher nicht offenkundig.

26 Dies gilt im Regelfall aber auch dann, wenn die rechtsgeschäftlichen Erklärungen des Eigentümers gar nicht erfolgt sind. Das geltende Recht ist durch das Bestreben gekennzeichnet, Eigentum und Straßenbaulast in einer Rechtsperson zu vereinigen. Widmungsverfügungen ergehen daher üblicherweise und rechtlich einwandfrei *ohne* besondere Eigentümerzustimmung, weil die widmende Behörde Organ des Straßeneigentümers ist. Ist dies ausnahmsweise nicht der Fall, musste also eine besondere Eigentümerzustimmung eingeholt werden und ist dies unterblieben, so kann dies nicht als Mangel angesehen werden, der für jeden verständigen Beobachter ohne weiteres ersichtlich sein müsste. Dies gilt um so mehr, als die Eigentumsverhältnisse an den öffentlichen Straßen nach der Gesetzeslage kompliziert und unübersichtlich gestaltet sind. Es ist also selten offenkundig, dass der Straßenbaulastträger (ausnahmsweise) nicht selbst Eigentümer ist.

[27] Für Nichtigkeit: *Axer* (Fn 12) 82 f; *Forsthoff* VwR, 386; *Sieder/Zeitler/Numberger/Schmid/Wiget* Bayerisches Straßen- und Wegegesetz, Art 6 Rn 76 ff; für Anfechtbarkeit: *Wolff/Bachof/Stober* VwR II, § 76 Rn 29; *Herber* in: Kodal/Krämer (Fn 2) Kap 7 Rn 18.52 f; BGH NJW 1967, 2309; BayObLG DÖV 1961, 832; BayVBl 1971, 196; *Pappermann/Löhr* JuS 1980, 36, 37 f; *Papier* (Fn 2) Teil G Rn 88 f; *ders* (Fn 2) 54 f.

[28] So aber noch *Salzwedel* in: Erichsen (Hrsg), Allgemeines Verwaltungsrecht, 10. Aufl 1995, § 43 Rn 8.

[29] Vgl *Herber* in: Kodal/Krämer (Fn 2) Kap 7 Rn 18.53; *Papier* (Fn 2) Teil G Rn 89.

27 Von einem schweren und offenkundigen Fehler wird man aber beispielsweise dann sprechen müssen, wenn eine öffentliche Straße über Grundstücke geführt werden soll, die unbestritten im Eigentum von Zivilpersonen stehen und deren Zustimmung nicht eingeholt oder nicht abgewartet wird.[30]

II. Beendigung des öffentlich-rechtlichen Sonderstatus („Entwidmung", „Einziehung")

28 Ebenso wie die Entstehung erfordert auch die Beendigung des öffentlich-rechtlichen Sonderstatus einen Rechtsakt, nämlich die *Entwidmung* oder – in der straßenrechtlichen Terminologie – die *Einziehung*.[31] Als actus contrarius der Widmung kann die Entwidmung nur in der für die Widmung jeweils vorgesehenen Rechtsform erfolgen. Geschieht die Widmung, wie im Straßenrecht, durch Verwaltungsakt, so ist auch die Entwidmung (Einziehung) einer öffentlichen Straße ein dinglicher Verwaltungsakt (vgl § 7 I StrWG NRW, „Allgemeinverfügung"). Mit der Entwidmung endet die öffentlich-rechtliche Dienstbarkeit, die auf dem Privateigentum an der Sache lastet, oder – soweit das Institut des *öffentlichen* Eigentums gesetzlich eingeführt ist – das öffentlich-rechtliche Eigentum an der Sache. Die Sache fällt in das Finanzvermögen des öffentlichen Sachherrn oder Verwaltungsträgers zurück oder die privaten Eigentums- oder sonstigen dinglichen Rechte Dritter an der Sache leben – frei von der bisherigen öffentlich-rechtlichen Belastung – wieder auf. Je nach dem Inhalt des öffentlich-rechtlichen Sonderstatus erlöschen aufgrund der Entwidmung der Gemeingebrauch einschließlich des Anliegergebrauchs und etwaige (schlichte) Sondernutzungsbefugnisse,[32] ferner anstaltsrechtliche oder sonstige öffentlich-rechtliche Benutzungsverhältnisse in Ansehung der entwidmeten Sache.

29 Im Straßenrecht ist die Entwidmung (= Einziehung) von bestimmten Voraussetzungen abhängig. Nach § 2 IV FStrG *ist* eine Bundesstraße einzuziehen, wenn sie jede Verkehrsbedeutung verloren hat oder überwiegende Gründe des öffentlichen Wohls für ihre Beseitigung vorliegen. Unter entsprechenden Voraussetzungen *soll* nach § 7 II StrWG NRW, § 8 I StrG Nds die Einziehung erfolgen.[33] Die Absicht der Einziehung, die vom Träger der Straßenbaulast bzw der Straßenbaubehörde (§ 7 I 3 StrWG NRW; Art 8 I StrWG Bay; § 8 StrG Nds; § 37 I LStrG RP; § 8 I StrG Saarl) oder von der Straßenaufsichtsbehörde (s § 6 I 2 StrG Hess; § 8 II 3 StrWG SH), bei Bundesstraßen von der obersten Landesstraßenbaubehörde (§ 2 VI FStrG) ausgesprochen wird, ist geraume Zeit vorher in den Gemeinden, die die Straße berührt, öffentlich bekannt zu machen. Es besteht die Möglichkeit, Einwendungen zu erheben. Die öffentlich bekanntzumachende Einziehungsverfügung kann von denen, die die Verletzung eigener Rechte

[30] Zur fehlerhaften Widmung s auch *Axer* (Fn 12) 81 ff; *Herber* in: Kodal/Krämer (Fn 2) Kap 7 Rn18.52 f; *Marschall/Schroeter/Kastner* Bundesfernstraßengesetz, 5. Aufl 1998, § 2 Rn 16, 37 ff; *Fickert* Aktuelle Fragen des Straßenrechts in Rechtspraxis und höchstrichterlicher Rechtsprechung, 1980, §6 Rn 23 ff; *Sieder/Zeitler/Numberger/Schmid/Wiget* (Fn 27) Art 6 Rn 31 ff; *Sauthoff* NVwZ 1998, 239, 240.

[31] S auch *Wolff/Bachof/Stober* VwR II, § 76 Rn 32; *Herber* in: Kodal/Krämer (Fn 2) Kap 7 Rn 20 ff.

[32] *Wolff/Bachof/Stober* VwR II, § 76 Rn 38; vgl *Papier* (Fn 2) Teil G Rn 139.

[33] S zur Bedeutung der Sollvorschrift in § 8 I 1 NStrG NdsOVG NVwZ-RR 2007, 147.

geltend machen können (vgl § 42 II VwGO), mit der Anfechtungsklage (§§ 40 I, 42 I VwGO) angegriffen werden. Möglich ist auch eine *Teil*einziehung, durch die die Widmung einer Straße nachträglich auf bestimmte Benutzungsarten, Benutzungszwecke oder Benutzerkreise (Beispiel: Errichtung einer Fußgängerstraße) beschränkt wird (s auch § 7 I 2 StrWG NRW, Art 8 I 2 StrWG Bay).

III. Die Änderungsverfügung („Umstufung")

Soweit Inhalt und Umfang des öffentlichen Rechtsstatus einer Sache durch die Widmungsverfügung bestimmt werden, bedarf die Statusänderung einer Änderungsverfügung. Im Straßenrecht hat diese Änderungsverfügung wegen ihrer praktischen Bedeutung eine besondere normative Ausgestaltung erfahren. Sie wird hier als *Umstufung* bezeichnet. **30**

1. Die verschiedenen Straßengruppen

Die öffentlichen Straßen sind nach den Wegegesetzen des Bundes und der Länder in verschiedene *Straßengruppen* (Straßenklassen) eingeteilt (§ 1 II FStrG, § 3 StrWG NRW, Art 3 I StrWG Bay, § 3 StrG Nds). Maßgebend für diese Eingruppierung ist die *Verkehrsbedeutung* der jeweiligen Straße, dh ihre räumliche Verkehrsbeziehung.[34] **31**

a) *Bundesfernstraßen* (Autobahnen und Bundesstraßen) sind diejenigen öffentlichen Straßen, die ein zusammenhängendes Verkehrsnetz bilden und einem weiträumigen Verkehr dienen oder zu dienen bestimmt sind (§ 1 I 1 FStrG). **32**

b) *Landstraßen erster Ordnung* (Staatsstraßen, Landstraßen) sind diejenigen öffentlichen Straßen, die untereinander oder zusammen mit Bundesfernstraßen ein Verkehrsnetz für den durchgehenden Verkehr im Lande bilden (vgl § 3 II StrWG NRW, § 3 I Nr 1 StrG Nds, Art 3 I Nr 1 StrWG Bay). **33**

c) *Kreisstraßen* (Landstraßen zweiter Ordnung) sind öffentliche Straßen, die vorwiegend dem überörtlichen Verkehr innerhalb eines Landkreises oder einer kreisfreien Stadt oder zwischen benachbarten Kreisen oder kreisfreien Städten dienen (vgl § 3 III StrWG NRW, Art 3 I Nr 2 StrWG Bay, § 3 I Nr 2 StrG Nds). **34**

d) *Gemeindestraßen* sind vornehmlich die Gemeindeverbindungsstraßen, die Ortsstraßen und die beschränkt öffentlichen Wege. *Gemeindeverbindungsstraßen* vermitteln den nachbarlichen Verkehr der Gemeinden oder Gemeindeteile untereinander oder den Verkehr mit anderen Verkehrswegen innerhalb des Gemeindegebiets (vgl Art 46 Nr 1 StrWG Bay). Die *Ortsstraßen,* die den größten Teil der Gemeindestraßen ausmachen, dienen dem Verkehr innerhalb der geschlossenen Ortslage oder ausgewiesener Baugebiete (vgl Art 46 Nr 2 StrWG Bay). Eine dritte Kategorie innerhalb der Gemeindestraßen sind die Wege, die etwa als Friedhofs-, Schul-, Wander- oder selbständige Geh- und Radwege nur einem beschränkten öffentlichen Verkehr dienen (vgl § 3 IV Nr 3, § 48 StrWG NRW). **35**

e) Zu den *sonstigen öffentlichen Straßen* (§ 3 V StrWG NRW; § 53 StrG Nds) zählen alle dem öffentlichen Verkehr dienenden Straßen, die keiner anderen Straßengruppe angehören. Hauptbeispiel für diese Kategorie sind die sog Eigentümerstraßen und -wege, **36**

[34] *Herber* in: Kodal/Krämer (Fn 2) Kap 8 Rn 4; *Allesch* BayVBl 2005, 677, 679.

die von Grundstückseigentümern freiwillig und unwiderruflich dem öffentlichen Verkehr zur Verfügung gestellt werden, wie zB Wege innerhalb von Wohnsiedlungen oder Zufahrtswege zu Industriewerken.[35]

2. Eingruppierung, Aufstufung, Abstufung

37 Die Zugehörigkeit zu einer bestimmten Straßengruppe ist danach durch das Gesetz selbst vorausbestimmt. Die normativen Zuordnungskriterien der Verkehrsbedeutung sind jedoch nicht immer offenkundig. Andererseits muss die Zuordnung einer bestimmten Straße eindeutig festliegen, weil von dieser Zugehörigkeit die Zuständigkeiten für die Straßenbaulast und die Straßenaufsicht abhängen. Aus diesem Grunde verlangen die Straßengesetze eine ausdrückliche Eingruppierung in der Widmungsverfügung (s § 6 III StrWG NRW, § 6 I 4 StrG Nds). Ändert sich die Verkehrsbedeutung der Straße mit der Folge, dass die in der Widmungsverfügung festgelegte Straßengruppe nicht mehr der gesetzlichen Einteilung oder Abgrenzung entspricht, hat eine *Umstufung* in die nunmehr gesetzesadäquate Straßengruppe zu erfolgen.[36] Dabei handelt es sich um eine *Aufstufung,* wenn eine öffentliche Straße in eine der oben genannten Straßengruppe mit *höherer* Verkehrsbedeutung umgestuft wird. Eine *Abstufung* liegt im umgekehrten Fall vor. Wie Widmung und Entwidmung (Einziehung) ist auch die Umstufung ein dinglicher Verwaltungsakt, der mit Rechtsbehelfsbelehrung öffentlich bekannt zu machen ist, s § 8 I StrWG NRW: „Allgemeinverfügung".[37]

IV. Die Bau- und Unterhaltungslast

38 Dem dualistischen Rechtsstatus öffentlicher Sachen entspricht die Notwendigkeit, zwischen dem privatrechtlichen Sacheigentümer und dem öffentlich-rechtlichen Sachherrn zu unterscheiden. Der öffentlich-rechtliche Sachherr ist der Träger der Hoheitsrechte, die sich aus dem öffentlich-rechtlichen Nutzungsregime ergeben. Dieser Träger kann, muss aber nicht auch der Sacheigentümer sein. Im öffentlichen Wege- und Wasserrecht tritt ein dritter Beteiligter hinzu: Hier wird traditionellerweise zwischen dem Wege- oder Gewässereigentümer, dem Träger der Wege- oder Gewässerhoheit und dem Träger der Bau- und Unterhaltungslast unterschieden.[38] Diese überkommene Unterscheidung ist in funktioneller Hinsicht auch noch für das geltende Straßen- und Wasserrecht bedeutsam, wenngleich die neuen Straßengesetze bestrebt sind, die drei Funktionen *einer* öffentlich-rechtlichen Körperschaft zuzuordnen. Andererseits drückt diese Trias der beteiligten Rechtsträger gerade für den Bereich des Straßenrechts die zu beachtenden Verwaltungsfunktionen und -trägerschaften nicht mehr erschöpfend aus. Insbesondere die Notwendigkeit der Vorschaltung eines Planfeststellungsverfahrens führt zu einer Erweiterung des Kreises der bei einer Straßenanlage oder -veränderung beteiligten oder zu beteiligenden Behörden.

39 Bei öffentlichen Wegen und Gewässern lastet auf dem Privateigentum ein beschränktes dingliches Recht, eine „Dienstbarkeit" des öffentlichen Rechts. Die daraus folgende

[35] *Herber* in: Kodal/Krämer (Fn 2) Kap 8 Rn 12.2 f; ausf s *Fickert* (Fn 30) § 3 Rn 65 ff.
[36] *Papier* (Fn 2) Teil G Rn 141 ff.
[37] Vgl *v Danwitz* in: Schmidt-Aßmann/Schoch, Bes VwR, 7. Kap Rn 50.
[38] *Wolff/Bachof/Stober* VwR II, § 77 Rn 8; *Salzwedel* DÖV 1963, 241, 247.

öffentlich-rechtliche Sachherrschaft vermittelt aber nicht nur Nutzungsbefugnisse, sie begründet auch spezifische Unterhaltungspflichten des *öffentlichen* Rechts.[39] Für das Wege- und Gewässerrecht ist eine gewisse Verselbständigung und Trennung dieser öffentlich-rechtlichen Unterhaltungspflichten von den wege- und gewässerherrschaftlichen Funktionen kennzeichnend, was sich ursprünglich auch in einer strikten organisatorischen Differenzierung zwischen den Trägern der öffentlich-rechtlichen Wege- oder Gewässerherrschaft einerseits und den Trägern der öffentlich-rechtlichen Bau- und Unterhaltungspflichten andererseits niederschlug.[40]

1. Inhalt

Nach § 3 I FStrG und den inhaltlich übereinstimmenden Vorschriften der Landes- **40**
straßengesetze umfasst die Straßenbaulast die Verpflichtung, im Rahmen der Leistungsfähigkeit die öffentlichen Straßen in einem dem regelmäßigen Verkehrsbedürfnis genügenden Zustand zu bauen, zu unterhalten, zu erweitern oder sonst zu verbessern.[41]

Die Straßenbaulast betrifft danach die Herstellung neuer Straßen ebenso wie die Un- **41**
terhaltung, Erweiterung, Verbesserung und Verlegung bestehender Straßen. Sie umfasst Planung und Entscheidung über Straßenanlegung, Straßenführung und Straßenbeschaffenheit, den Erwerb der benötigten Grundstücke, deren Freilegung, die technische Herstellung des Straßenkörpers (zB des Straßenunterbaus, der Straßendecken, Brücken, Tunnel, Rad- und Gehwege) sowie die Ausstattung der Straße mit dem erforderlichen Zubehör.[42] Dazu gehört die Beschaffung, Anbringung, Unterhaltung und der Betrieb der amtlichen Verkehrszeichen und -einrichtungen (vgl § 2 II Nr 3 StrWG NRW sowie § 45 V StVO). Die Straßenbaulast erstreckt sich ferner auf die Herstellung von Anlagen zur Entwässerung der öffentlichen Straße sowie auf deren *verkehrsmäßige* Reinigung.[43] Die *verkehrsmäßige* Reinigung betrifft die Beseitigung von Verkehrshindernissen oder Erschwerungen des Verkehrs im Interesse der Sicherheit oder Leichtigkeit des Verkehrs. Sie dient der Straßenunterhaltung und ist damit Bestandteil der Straßenbaulast.

Daneben gibt es die *polizeimäßige* (ordnungsmäßige) Reinigung zur Wahrung all- **42**
gemeiner ordnungsrechtlicher und gesundheitspolizeilicher Belange.[44] Sie besteht nur innerhalb von Ortschaften und obliegt grundsätzlich den Gemeinden (s § 1 StrReinG NW). Die *polizeimäßige* Reinigung ist *nicht* Bestandteil der Straßenbaulast. Sie umfasst – anders als jene – insbesondere auch das Räumen und Streuen der Straße bei Schnee und Eisglätte (Winterwartung), s § 1 II StrReinG NRW. Die Winterwartung *soll* allerdings auch von den Trägern der Straßenbaulast nach besten Kräften vorgenommen werden (s § 3 III FStrG, § 9 III StrWG NRW, Art 9 III 2 StrWG Bay). Eine Rechtspflicht wird damit jedoch nicht begründet.

Soweit ein Straßenbaulastträger zur Erfüllung seiner Verpflichtungen unter Berück- **43**
sichtigung seiner Leistungsfähigkeit nicht imstande ist, hat er auf den nicht verkehrssicheren Zustand durch Verkehrszeichen oder Verkehrseinrichtungen hinzuweisen (vgl § 9 I 3 StrWG NRW, Art 9 I 3 StrWG Bay).

[39] *Wolff/Bachof/Stober* VwR II, § 77 Rn 25; *Papier* (Fn 2) Teil G Rn 7 f.

[40] S auch *Salzwedel* DÖV 1963, 241, 247 ff; *Rinke* in: Kodal/Krämer (Fn 2) Kap 12 Rn 3 ff.

[41] Zur entsprechenden Duldungspflicht des Straßenanliegers s NdsOVG NdsVBl 2007, 197.

[42] *Rinke* in: Kodal/Krämer (Fn 2) Kap 12 Rn 10 ff.

[43] *Bauer* in: Kodal/Krämer (Fn 2) Kap 41 Rn 1 ff.

[44] *Bauer* in: Kodal/Krämer (Fn 2) Kap 41 Rn 4 ff; *Pappermann/Löhr* (Fn 15) 196.

2. Die „Begünstigten"

44 Die aus der Straßenbaulast folgenden Rechtspflichten bestehen nach traditionellem Verständnis grundsätzlich nur gegenüber dem öffentlich-rechtlichen Sachherrn, sind also nicht externer Natur oder „bürgergerichtet".[45] Der Träger der Straßenbaulast wird nach diesem Verständnis – auch soweit es sich, wie regelmäßig, um eine Körperschaft des öffentlichen Rechts handelt – nicht als Träger öffentlicher Gewalt, sondern als selbst Gewaltunterworfener in Erfüllung ordnungsrechtlicher Pflichten tätig, die ihm gegenüber dem öffentlichen Sachherrn, dem Träger der Straßenaufsicht, obliegen.[46] Dieses Verständnis der Straßenbaulast hat zur Konsequenz, dass die öffentlich-rechtlichen Bau- und Unterhaltungspflichten keine dritt- oder bürgergerichteten Amtspflichten sein können, deren schuldhafte Verletzung Schadensersatzansprüche verletzter Dritter gem § 839 BGB/Art 34 GG auszulösen vermag. Der Rückgriff auf eine *privatrechtliche* Verkehrssicherungshaftung (§ 823 I BGB) des Trägers der (faktischen) Straßenbaulast war der bekannte Ausweg der Judikatur.[47]

45 Die Verkehrssicherungspflicht in Ansehung öffentlicher Straßen deckt sich dem Inhalte nach mit den öffentlich-rechtlichen Unterhaltungspflichten, den Straßenbaulasten. Sie wird nicht aus dem privatrechtlichen (Rest-)Eigentum gefolgert und auch nicht dem Eigentümer zugeordnet, sondern aus einer entsprechenden Anwendung des § 836 BGB abgeleitet.[48] Haftungsgrund soll die Tatsache der von einer Sache ausgehenden Gefährdung Dritter sein, die überdies demjenigen zuzurechnen sei, der die tatsächliche Sachherrschaft innehabe.[49] Dieser Haftungsgrund bestehe unabhängig davon, ob der Träger der Sachherrschaft eine Zivilperson oder ein Hoheitsträger sei.[50] Gleichwohl soll die privatrechtliche Haftung wegen Verletzung der Verkehrssicherungspflicht keine objektive Gefährdungs-, sondern eine den Träger der (faktischen) Unterhaltungs- oder Baulast treffende Verschuldenshaftung nach § 823 I BGB sein.

46 Die Rechtsprechung lässt aber Ausnahmen vom privatrechtlichen Haftungsregime zu. So kann der Gesetzgeber bestimmen, dass für bestimmte Sachbereiche die Verkehrssicherung den zuständigen Verwaltungsträgern „als Amtspflicht in Ausübung öffentlicher Gewalt" obliegen soll.[51]

47 In Abkehr der tradierten Sicht der Straßenbaulast und in Wahrnehmung der von der Rechtsprechung eröffneten Möglichkeit bestimmen – mit Ausnahme des StrG Hess – die Landesstraßengesetze nunmehr, dass die straßenrechtlichen Bau- und Unterhaltungspflichten den betreffenden Körperschaften als Amtspflichten in Ausübung hoheitlicher Gewalt obliegen (s § 59 StrG BW; Art 72 StrWG Bay; § 7 VI StrG Berl; § 10 I StrG Bbg; § 9 LStrG Brem; § 5 WG Hmb; § 10 I StrWG MV; § 10 I StrG Nds; § 9a I StrWG NRW; § 48 II LStrG RP; § 9 IIIa StrG Saarl; § 10 I StrG Sachs; § 10 I StrG LSA; § 10 IV StrWG SH; § 10 I StrG Thür). Im FStrG fehlt eine diesbezügliche Regelung in

[45] BGHZ 24, 124; *Salzwedel* DÖV 1963, 241, 248; *Papier* (Fn 2) Teil G Rn 80; *ders* (Fn 2) 63.
[46] *Salzwedel* DÖV 1963, 241, 248; *Papier* (Fn 2) Teil G Rn 80.
[47] BGHZ 9, 373; 24, 124; 60, 54; s auch *Papier* in: Münchener Kommentar zum BGB, 5. Aufl 2009, § 839 BGB, Rn 177 ff.
[48] BGHZ 9, 373, 387.
[49] BGHZ 60, 54, 55; BGH VersR 1983, 639, 640.
[50] BGHZ 9, 373, 387.
[51] BGHZ 9, 373, 387; BGH NJW 1967, 1325, 1326; BGHZ 60, 54, 59; BGH NJW 1979, 2043 → JK BGB § 839/1 (insoweit in BGHZ 75, 134 nicht abgedruckt); BGH NJW 1980, 2194, 2195; BGH VersR 1983, 639, 640; BGH NJW 1983, 2021.

Ansehung der Verkehrssicherungspflicht für die Bundesfernstraßen. Da der Bund insoweit seine Gesetzgebungskompetenz nicht ausgeschöpft hat, werden die Länder für befugt erachtet, ihre oa Regelungen auch auf die Bundesfernstraßen zu erstrecken, was auch geschehen ist, so dass hier kraft des jeweiligen Landesrechts das Gleiche gilt.[52] Insoweit ist die Konstruktion einer subordinationsrechtlichen, ausschließlich dem Staat als öffentlichem Wegeherrn gegenüber bestehenden, quasi-polizeirechtlichen Unterhaltungspflicht aufgegeben. Die Verletzung der Bau- und Unterhaltungspflicht kann dann nicht nur zu Sanktionen des Trägers der Straßenaufsicht, sondern auch zu Schadensersatzansprüchen verletzter Dritter aus Art 34 GG / § 839 BGB führen. Diesen Weg beschritt auch das mit der Entscheidung vom 19.10.1982 vom BVerfG[53] für nichtig erklärte Staatshaftungsgesetz vom 26.6.1981: § 17 III StHG bestimmte, dass die Verkehrssicherung für öffentliche Straßen eine Pflicht des *öffentlichen* Rechts sei, bei deren Verletzung nach Staatshaftungsrecht gehaftet werde.

3. Träger der Straßenbaulast

Wer Träger der Straßenbaulast ist, bestimmt sich nach der Zugehörigkeit der Straße zu den gesetzlich vorgesehenen Straßengruppen: **48**

(1) Für die *Bundesfernstraßen* (Autobahnen und Bundesstraßen) ist gem § 5 I FStrG der *Bund* Träger der Straßenbaulast. Für die Ortsdurchfahrten bestehen Sonderregelungen; dazu unten. Die Verwaltungsorgane, deren sich die straßenbaulastpflichtigen Körperschaften zur Erfüllung ihrer Aufgabe bedienen, sind die *Straßenbaubehörden.* Der Bund besitzt keine eigenen Straßenbaubehörden. Nach Art 90 II GG verwalten die Länder oder die nach Landesrecht zuständigen Selbstverwaltungskörperschaften die Bundesfernstraßen im Auftrage des Bundes. Das bedeutet, dass bezüglich der Bundesfernstraßen zwischen der „finanziellen" Straßenbaulast, die gem § 5 I FStrG beim Bund liegt, und der „faktischen" Straßenbaulast unterschieden werden muss. Die letztere nehmen die Länder durch ihre Straßenbaubehörden wahr. Bei Verletzung der Verkehrssicherungspflicht haftet der Träger der *faktischen,* nicht der der finanziellen Straßenbaulast.[54] **49**

(2) Für die *Landstraßen erster Ordnung* (Staatsstraßen, Landstraßen) sind die Länder Träger der Straßenbaulast (s Art 41 1 Nr 1 StrWG Bay), für die *Landstraßen der zweiten Ordnung* (Kreisstraßen) sind es die Kreise bzw die kreisfreien Städte (s Art 41 1 Nr 2 StrWG Bay), im Saarland das Land (§ 46 I StrG Saarl). Auch die meisten Kreise verwalten ihre Straßen nicht selbst, sondern tragen nur die Kosten der Bau- und Unterhaltungsmaßnahmen, die die Straßenbaubehörden der Länder bzw der Landschaftsverbände nach Weisung der Kreise ausführen. Auch insoweit muss wieder zwischen finanzieller und faktischer Straßenbaulast unterschieden und die Haftung den Ländern aufgebürdet werden.[55] **50**

(3) Für die *Ortsdurchfahrten* von Bundesfernstraßen und Landstraßen gelten Sonderregelungen: Nach § 5 II FStrG sind bei den Ortsdurchfahrten von *Bundesfernstraßen* die *Gemeinden* Träger der Straßenbaulast, wenn sie mehr als 80000 Einwohner haben. Gemeinden mit einer Einwohnerzahl zwischen 50000 und 80000 werden Trä- **51**

[52] S auch *Grote* in: Kodal/Krämer (Fn 2) Kap 40 Rn 11 mwN.
[53] BVerfGE 61, 149 ff → JK GG Art 74 Nr 1/1.
[54] S BGHZ 14, 83; 16, 95; 24, 124; *Grote* in: Kodal/Krämer (Fn 2) Kap 40 Rn 33.
[55] S BGHZ 6, 195; 14, 83; *Grote* in: Kodal/Krämer (Fn 2) Kap 40 Rn 36 mwN.

ger der Straßenbaulast, wenn sie dies gegenüber der obersten Landesstraßenbaubehörde mit Zustimmung der obersten Kommunalaufsichtsbehörde verlangen (§ 5 IIa S 2 FStrG). Bei Ortsdurchfahrten von *Landstraßen* und *Kreisstraßen* sind die Gemeinden ebenfalls ab einer bestimmten Einwohnerzahl Träger der Straßenbaulast (vgl § 44 StrWG NRW: ab 80000 Einwohner; Art 42 StrWG Bay ab 25000 Einwohner).

52 (4) Die Gemeinden sind auch Träger der Straßenbaulast hinsichtlich der *Gemeindestraßen* (Gemeindeverbindungsstraßen, Ortsstraßen), s § 47 I StrWG NRW, Art 47 I StrWG Bay.

53 (5) Bei den *sonstigen öffentlichen Straßen* wird der Träger der Straßenbaulast durch die Widmungsverfügung (so § 50 I StrWG NRW) oder nach näherer Maßgabe des Landesrechts bestimmt (zB Gemeinden bzw Eigentümer: Art 54, 54a, 55 StrWG Bay).

54 Die behördlichen Einrichtungen des Straßenbaulastträgers sind die *Straßenbaubehörden.*

§ 41
Der Gemeingebrauch an öffentlichen Straßen

1 Für die dem öffentlichen Verkehr durch Verwaltungsakt gewidmeten Straßen, Wege und Plätze eröffnet das Gesetz den Gemeingebrauch. Der Gebrauch dieser Straßen ist also jedermann im Rahmen der Widmung und der Verkehrsvorschriften zum Verkehr gestattet (s § 7 I FStrG, § 16 I WG Hmb; § 14 StrG Nds; § 20 StrWG SH; abweichend von diesem Wortlaut Art 14 StrWG Bay, was jedoch keine sachliche Änderung bedeutet). In den anderen Gesetzen fehlt der Zusatz „zum Verkehr", siehe etwa § 34 LStrG RP, § 14 HStrG, § 14 I StrWG NRW, dafür wird dann aber ausdrücklich klargestellt, dass kein Gemeingebrauch mehr vorliegt, wenn die Straße nicht vorwiegend zu dem Verkehr benutzt wird, dem sie zu dienen bestimmt ist, s § 14 III StrWG NRW. Von verkehrsüblichen Grenzen sprechen § 13 StrG BW und § 14 I StrG Saarl.[1]

I. Eigentum, öffentlich-rechtliche Sachherrschaft, Gemeingebrauch

2 1. Der Gemeingebrauch ist Ausfluss oder Bestandteil der auf dem Privateigentum als Dienstbarkeit lastenden öffentlich-rechtlichen Sachherrschaft. Jede dem Gemeingebrauch entsprechende Sachnutzung hat der Sacheigentümer zu dulden. Während früher der öffentlich-rechtliche Herrschaftsstatus mit dem Gemeingebrauch gleichgesetzt, jede den Gemeingebrauch überschreitende Form der Sachnutzung als eine außerhalb der Disposition des öffentlichen Sachherrn liegende Eigentumsbeeinträchtigung angesehen wurde,[2] hat das geltende Straßenrecht den öffentlich-rechtlichen Sachherrschaftstatus *erweitert.*[3] Die öffentlich-rechtliche Dienstbarkeit beschränkt sich nicht mehr auf die

[1] Vgl zu den sich aus den verschiedenen Formulierungen ergebenden Interpretationen: *Maurer* DÖV 1975, 221 f; *Grote* in: Kodal/Krämer, Straßenrecht, 6. Aufl 1999, Kap 24 Rn 9; *Sauthoff* Straße und Anlieger, 2003, Rn 550 ff.
[2] Vgl BGHZ 9, 380.
[3] S W. *Weber* Die öffentliche Sache, VVDStRL 21 (1964) 145, 156; *Salzwedel* DÖV 1963, 241, 244 f.

Eröffnung des Gemeingebrauchs. Auch Straßennutzungen über den Gemeingebrauch hinaus stehen zur Disposition des öffentlichen Sachherrn, unterliegen daher der Duldungspflicht des Eigentümers (vgl § 8 I FStrG, § 18 I StrWG NRW, Art 18 I StrWG Bay). Der öffentlich-rechtliche Status der Straße ist damit nicht in vollem Umfange als Gemeingebrauch an das Publikum („jedermann") weitergegeben. Der öffentliche Sachherr ist vielmehr ermächtigt, einzelne („schlichte") Sondernutzungen, gegebenenfalls gegen öffentlich-rechtliche Benutzungsgebühren (siehe § 19a StrWG NRW, Art 18 IIa StrWG Bay), zu erlauben, ohne dass dies einer Gestattung des Eigentümers bedarf.[4] Nur die (Sonder-)Benutzungen des öffentlichen Straßenlandes, die den Gemeingebrauch nicht beeinträchtigen (können), wie zB die Anlage von Versorgungsleitungen im Erdreich, liegen außerhalb der Dispositionsgewalt des öffentlichen Sachherrn und jenseits der (öffentlich-rechtlichen) Duldungspflicht des Privateigentümers. Sie bedürfen daher eines privatrechtlichen Gestattungsvertrages mit dem Eigentümer (s § 8 X FStrG, § 23 StrWG NRW; Art 22 StrWG Bay[5]).

2. Als Ergebnis ist daher festzustellen: Die Wegehoheit als Summe aller öffentlich- 3
rechtlichen Sachherrschaftsbefugnisse überschreitet die Grenzen des Gemeingebrauchs. Der „privatrechtsgerichtete", eigentumsbeschränkende Wirkungsbereich der Widmungsverfügung bestimmt nicht zugleich den Gemeingebrauch. Aber neben dieser eigentumsbeeinträchtigenden Wirkung hat die wegerechtliche Widmung eine zweite, spezifisch öffentlich-rechtliche Gestaltungswirkung: Sie grenzt in Verbindung mit dem Gesetz auch den zulassungsfreien, jedermann eröffneten Gemeingebrauch gegen den erlaubnispflichtigen Sondergebrauch ab. Die Widmung hat also eine *Doppelfunktion*.[6]

3. Nach § 7 I FStrG, § 14 StrWG NRW sowie den übrigen Landesstraßengesetzen 4
(Ausnahme: Wortlaut des Art 14 I StrWG Bay) ist der Gebrauch der öffentlichen Straßen jedermann im Rahmen der Widmung und der *verkehrsrechtlichen Vorschriften* zum Verkehr gestattet. Der dem Einzelnen tatsächlich gestattete Gemeingebrauch ist damit auf die Gemeinverträglichkeit, die vornehmlich durch das Verkehrsrecht konkretisiert wird, reduziert. Der wegerechtliche Gemeingebrauch ist damit der *individuelle*, konkret und real ausübbare Gemeingebrauch.[7] Dieser individuelle, durch die Gemeinverträglichkeitsschranken „durchgefilterte"[8] Gemeingebrauch bleibt hinter der gemeingebrauchsbestimmenden und -begrenzenden Funktion der Widmung zurück. Wer zB eine Einbahnstraße in verbotener Richtung befährt, wer in einer Halteverbotszone parkt oder wer eine Geschwindigkeitsbeschränkung missachtet, hält sich *innerhalb* des widmungsbestimmten, abstrakten Gemeingebrauchs. Die Straße ist dem Publikumsverkehr gewidmet, diese abstrakte Zweckbestimmung wird nicht überschritten. Eine Sondernutzung liegt also nicht vor. Es sind mit solchem Verkehr aber die Grenzen des individuellen Gemeingebrauchs überschritten, die durch das Gemeinverträglichkeitserfordernis, dh vor allem durch das Verkehrsrecht, bestimmt werden und die daraus re-

[4] Ebenso *Grote* in: Kodal/Krämer (Fn 1) Kap 26 Rn 8; *Pappermann/Löhr/Andriske* Recht der öffentlichen Sachen, 1987, 90 f; *Steiner* in: ders, Bes VwR, IV Rn 115.

[5] S dazu auch BayVGH BayVBl 2007, 690, 691: Hineinragen von Balkonen in den Luftraum über der Straße.

[6] *Salzwedel* ZfW 1962, 73, 77 ff; *ders* DÖV 1963, 241, 244; *Papier* Recht der öffentlichen Sachen, 3. Aufl 1998, 78.

[7] *Salzwedel* ZfW 1962, 73, 75 ff; *ders* DÖV 1963, 241, 244; *Grote* in: Kodal/Krämer (Fn 1) Kap 24 Rn 10 ff; *Pappermann/Löhr* JuS 1980, 354; vgl *Papier* in: Berg/Knemeyer/Papier/Steiner (Hrsg), Staats- und Verwaltungsrecht in Bayern, 6. Aufl 1996, Teil G Rn 94.

[8] *Salzwedel* ZfW 1962, 73, 76; *ders* DÖV 1963, 241, 245; *Stuchlik* GewArch 2004, 143, 144.

sultieren, dass die öffentlichen Straßen von vielen anderen entsprechend ihrer abstrakten Verkehrsfunktion genutzt werden. Dieser Umstand verlangt, um Überforderungen zu vermeiden, gemeingebrauchsordnende, die Gemeinverträglichkeit der individuellen Nutzung sichernde Verkehrsvorschriften. Die Überschreitung des individuellen Gemeingebrauchs ist bis zur Grenze des abstrakten, widmungsbestimmten Gemeingebrauchs keine wegerechtlich erlaubnispflichtige und -fähige Sondernutzung, sondern unzulässiger *Gemeingebrauch*.[9] Diese nicht mehr gemeinverträgliche Gemeingebrauchsnutzung kann allenfalls durch *verkehrsbehördliche* Sondergenehmigung (vgl §§ 29 II, 46 I, II StVO) legalisiert werden.

II. Eigentumsbeschränkende Funktion der straßenrechtlichen Widmung – Zur Restherrschaft des Eigentümers

5 Die „eigentümergerichtete" Wirkung der Widmung besteht in der Begründung einer öffentlich-rechtlichen Dienstbarkeit, lastend auf dem (fortbestehenden) Privateigentum, und von Duldungspflichten des Eigentümers.[10] Damit wird die verbleibende Verfügungs- und Nutzungsmacht des Privateigentümers festgelegt. Hinsichtlich dieser Eigentumsbeschränkungen steht der die Widmung verfügenden Behörde jedoch kein Ermessensspielraum zu: Die Grenzziehung ist abschließend von den Straßengesetzen vorgenommen worden. Die Eigentumsbegrenzung erfolgt damit im Wegerecht zwar nicht unmittelbar durch Gesetz – es bedarf stets der administrativen Widmung –, aber *aufgrund* Gesetzes.

1. Die privatrechtliche Verfügungsbefugnis

6 Die von den Straßengesetzen den Grundeigentümern belassene Restherrschaft umfasst grundsätzlich alle diejenigen Verfügungen über das Eigentumsrecht und Nutzungen der Sache, die die öffentlich-rechtliche Zweckbestimmung unangetastet lassen. Die öffentliche Sache wird also nicht zur res *extra* commercium.[11] Privatrechtliche Verfügungen über das Eigentum (Veräußerung, Belastung) sind danach zulässig, wenn die Nutzung der Sache entsprechend ihrer öffentlich-rechtlichen Zweckbestimmung dadurch nicht beeinträchtigt wird.[12] Dabei ist zu berücksichtigen, dass die durch die Widmung begründete öffentlich-rechtliche Dienstbarkeit auf den Rechtsnachfolger im Eigentum übergeht (vgl § 2 III FStrG; § 6 VI StrWG NRW; Art 6 V StrWG Bay). Ein gutgläubiger, lastenfreier Erwerb des Straßengrundstücks gem § 892 BGB[13] kommt nicht in Betracht,

[9] *Salzwedel* ZfW 1962, 73, 76 f; *ders* DÖV 1963, 241, 244 f; *Grote* in: Kodal/Krämer (Fn 1) Kap 24 Rn 12; vgl *Papier* (Fn 6) Teil G Rn 95.

[10] *Salzwedel* ZfW 1962, 73, 77 f; *ders* DÖV 1963, 241, 244 f; *Pappermann* JuS 1979, 794, 798 f; *Erbguth* Jura 2008, 193, 196.

[11] *Wolff/Bachof/Stober* VwR II, § 77 Rn 18; *Forsthoff* VwR, 379.

[12] *Wolff/Bachof/Stober* VwR II, § 77 Rn 18; *Forsthoff* VwR, 379 f; *Pappermann* JuS 1979, 794, 799; *Papier* (Fn 6) Teil G Rn 79.

[13] Für gewidmete bewegliche Sachen (zB Dienstwagen) soll die öffentlich-rechtliche Zweckbestimmung die Anwendung des § 936 BGB ausschließen, *Wolff/Bachof/Stober* VwR II, § 77 Rn 22. Für einen gutgläubigen Erwerb aber OVG NRW NWVBl 1993, 348 ff → JK Allg VerwR Öff SachenR/1 m Anm *Ehlers* NWVBl 1993, 327 ff, vgl → § 38 Rn 30.

da die öffentlich-rechtliche Eigentumsbeschränkung kein in das Grundbuch eintragungsfähiges Recht ist.[14]

7 Privatrechtliche Verfügungen, durch welche die der öffentlich-rechtlichen Zweckbestimmung gemäße Sachnutzungen tangiert werden, sind unzulässig. Entsprechend den allgemeinen Regeln des bürgerlichen Rechts (§ 134 BGB) wird man solche Verfügungen daher als nichtig anzusehen haben.[15] Räumt beispielsweise der Eigentümer eines als öffentliche Straße gewidmeten Grundstücks einem Dritten eine persönliche Dienstbarkeit ein, die den Gemeingebrauch des Publikums ausschließt oder beeinträchtigt, so ist diese privatrechtliche Verfügung nichtig. Nach verbreiteter Auffassung[16] soll die der öffentlich-rechtlichen Zweckbestimmung zuwiderlaufende privatrechtliche Verfügung hingegen wirksam sein, nur die Ausübung des Rechts wird als unzulässig angesehen, solange die öffentlich-rechtliche Dienstbarkeit besteht. Wird jene aufgehoben, die öffentliche Straße entwidmet/eingezogen, so soll die Rechtsausübung nachträglich zulässig werden. Für eine solche Konstruktion des Ruhens dinglicher Privatrechte besteht jedoch weder im öffentlichen Recht noch im Privatrecht eine Grundlage. Unzulässigkeit der Verfügung heißt, dass das Rechtsgeschäft gegen ein gesetzliches Verbot verstößt, was grundsätzlich zur Nichtigkeit führt (§134 BGB). Das eben zur rechtsgeschäftlichen Verfügung Gesagte gilt entsprechend für die „Verfügungen" im Wege der Zwangsvollstreckung und des Enteignungsverfahrens (s Art 6 V StrWG Bay, § 6 VI StrWG NRW, § 2 III FStrG). Dem Straßeneigentümer stehen abgesehen von den erwähnten Duldungspflichten die aus dem Eigentum folgenden privatrechtlichen Abwehransprüche zu (§§ 1004, 823 BGB). Er kann zB von den Eigentümern anliegender Grundstücke verlangen, dass diese in den Straßenraum ragende Äste beseitigen.[17]

2. Realakte des Eigentümers

8 Unzulässig sind aber nicht nur der öffentlich-rechtlichen Zweckbestimmung zuwiderlaufende rechtsgeschäftliche Verfügungen des Eigentümers oder Hoheitsakte gegen den Eigentümer mit entsprechender Wirkung, sondern auch *tatsächliche Handlungen* des Eigentümers, die den Gemeingebrauch überschreiten und ihn vereiteln oder beeinträchtigen.[18] Eine solche Verletzung der öffentlich-rechtlichen Dienstbarkeit durch den Eigentümer kann in der Vorenthaltung des Besitzes oder in einer sonstigen Straßennutzung ohne die erforderliche öffentlich-rechtliche Erlaubnis liegen. Es ist umstritten, nach welchen Vorschriften sich die Geltendmachung der öffentlich-rechtlichen Dienstbarkeit richtet und wer für diese Geltendmachung zuständig ist.

3. Geltendmachung der öffentlich-rechtlichen Sachherrschaft

9 a) Das preußische Recht kannte das Institut der *Inanspruchnahmeverfügung*, mittels derer die Wegepolizeibehörde die öffentlich-rechtliche Dienstbarkeit gegenüber dem Eigentümer oder gegenüber sonstigen nach bürgerlichem Recht zum Besitz Berechtigten

[14] *Krämer* in: Kodal/Krämer (Fn 1) Kap 5 Rn 22; *Axer* Die Widmung als Schlüsselbegriff des Rechts der öffentlichen Sachen, 1994, 100 ff; *Papier* (Fn 5) 80 f.

[15] *Krämer* in: Kodal/Krämer (Fn 1) Kap 5 Rn 23.1; *Pappermann/Löhr/Andriske* (Fn 4) 19.

[16] S etwa *Marschall/Schroeter/Kastner* Bundesfernstraßengesetz, 5. Aufl 1998, § 2 Rn 21; *Wolff/Bachof/Stober* VwR II, § 77 Rn 21; *Prandl/Gillessen* Bayerisches Straßen- und Wegegesetz, 12. Aufl 2007, Art 6 Erl 7.

[17] BGH DVBl 1980, 496 Nr 171 = MDR 1979, 1009.

[18] *Krämer* in: Kodal/Krämer (Fn 1) Kap 5 Rn 23.1.

geltend machen konnte.[19] Soweit solche Inanspruchnahmeverfügungen dem geltenden Straßenrecht unbekannt sind, wird eine Eingriffsermächtigung des Trägers der Straßenbaulast gegen die öffentlich-rechtliche Dienstbarkeit beeinträchtigende Dritte, einschließlich der Eigentümer, von der hL und Judikatur abgelehnt.[20] Es wird auf die allgemeinen ordnungs- oder polizeirechtlichen Eingriffsermächtigungen verwiesen. Jede den öffentlich-rechtlichen Sachherrschaftsstatus verletzende Nutzung der Straße, auch die des insoweit zur Duldung oder Unterlassung verpflichteten Eigentümers, bedeutet eine Störung der öffentlichen Sicherheit. Zum Eingriff ermächtigt ist danach die allgemeine Ordnungs- bzw Sicherheitsbehörde, nicht aber der Träger der Straßenbaulast.

10 b) Diese Lösung ist jedenfalls rechtspolitisch nicht begrüßenswert. Der Verwaltungsträger, der die öffentlich-rechtliche Dienstbarkeit begründet, und dies ist im geltenden Recht regelmäßig der Straßenbaulastträger als Widmungsbehörde, sollte auch ermächtigt sein, die öffentlich-rechtliche Dienstbarkeit durchzusetzen und vor Störungen Dritter einschließlich der Eigentümer zu schützen. Dieser Forderung ist jetzt im FStrG und in den meisten Landesstraßengesetzen Rechnung getragen: Nach § 8 VIIa FStrG ist der für die Erteilung von Sondernutzungserlaubnissen zuständige Verwaltungsträger – also regelmäßig der Straßenbaulastträger – zum Einschreiten gegenüber demjenigen ermächtigt, der die Bundesfernstraße ohne die erforderliche Erlaubnis benutzt.[21] Ein solcher Fall unzulässiger Straßennutzung liegt auch vor, wenn der *Eigentümer* in Verletzung der ihm auferlegten öffentlich-rechtlichen Eigentumsschranken die Straße unter Überschreitung und Beeinträchtigung des Gemeingebrauchs nutzt.

11 c) Das öffentliche Recht enthält auf jeden Fall eigene Störungsabwehrermächtigungen, seien es speziell straßenrechtliche, seien es die allgemeinen ordnungs- oder polizeirechtlichen. Für eine sinngemäße Anwendung der bürgerlichrechtlichen Vorschriften über die actio negatoria (vgl §§ 1004, 1027 BGB) besteht kein Bedürfnis und keine Berechtigung.[22] Der Träger der Straßenbaulast hat gegen „störende" Eigentümer oder Dritte also keine Herausgabe-, Unterlassungs- oder Beseitigungsklage zu erheben. Er oder die allgemeine Ordnungsbehörde können das entsprechende Verhalten durch einseitige Herausgabe-, Unterlassungs- oder Beseitigungsverfügung durchsetzen.

4. Herausgabe- und Abwehransprüche des Eigentümers

12 a) Der öffentliche Rechtsstatus schränkt auf der anderen Seite die bürgerlichrechtlichen Ansprüche des Sacheigentümers aus seinem Eigentum ein: Der Herausgabeanspruch gem § 985 BGB gegen den öffentlich-rechtlichen Sachherrn bzw Straßenbaulastträger oder gegen solche Besitzer, die den Besitz kraft öffentlich-rechtlicher Sondernutzungserlaubnis ausüben, ist ausgeschlossen. Unterlassungs- und Beseitigungsansprüche gem § 1004 BGB bestehen gegenüber solchen Sachnutzungen nicht, die im

[19] S *Germershausen-Seydel* Wegerecht und Wegeverwaltung in Preußen, Bd I, 4. Aufl 1932, unveränderter Nachdruck, Köln 1953, 506 ff; *Salzwedel* (Fn 3) 249.

[20] BVerwG DÖV 1975, 208; *Brohl* DVBl 1962, 392, 396; *Nedden* DÖV 1959, 847 f; *Frotscher* VerwArch 1971, 159 f; *Pappermann/Löhr* JuS 1980, 196, 198; aA *Salzwedel* DÖV 1963, 241, 250.

[21] Vergleichbare Regelungen enthalten § 16 VIII StrG BW, Art 18a I StrWG Bay, § 20 I StrG Bbg, § 25 I StrWG MV, § 22 StrG Nds, § 22 StrWG NRW, § 41 VIII LStrG RP, § 18 VIII StrG Saarl, § 20 I StrG Sachs, § 20 I StrG LSA und § 20 I StrG Thür.

[22] AA offenbar *Fickert* Aktuelle Fragen des Straßenrechts in Rechtspraxis und höchstrichterlicher Rechtsprechung, 1980, § 18 Anm 18.

Rahmen der öffentlich-rechtlichen Dienstbarkeit liegen. Insoweit ist der Eigentümer zur Duldung verpflichtet (§ 1004 II BGB). Entsprechende Duldungspflichten bestehen für alle sonstigen nach bürgerlichem Recht zum Besitz Berechtigten.[23]

b) Die Duldungspflicht ist – wie oben ausgeführt – *nicht* auf die gemeingebräuchliche Nutzung begrenzt. Auch gemeingebrauchs*überschreitende* und zugleich gemeingebrauchs*beeinträchtigende,* also die öffentlich-rechtliche Zweckbestimmung der Sache tangierende Nutzungen unterliegen der ausschließlich *öffentlich-rechtlichen* Sachdisposition und damit der Duldungspflicht des Eigentümers bzw der sonst nach Privatrecht Berechtigten. Duldungspflicht und Ausschluss des Abwehranspruchs bestehen unabhängig davon, ob für diese Sondernutzungen die erforderliche öffentlich-rechtliche Erlaubnis vorliegt oder nicht. Die illegale Sondernutzung stellt eine Verletzung der öffentlich-rechtlichen Dienstbarkeit, nicht aber des privatrechtlichen Eigentums dar.[24] Demgegenüber war § 8 I StrG Berl aF zu eng geraten, wenn er bestimmte, dass das Privateigentum durch die Bestimmung der Straße für den Gemeingebrauch beschränkt ist.[25] Gleiches gilt für die jetzige Regelung in §§ 10 I, 11 VII StrG Berl. **13**

Eigentumseinwirkungen Dritter, die einerseits keine gemeingebräuchliche Nutzung darstellen und andererseits den Gemeingebrauch nicht beeinträchtigen, also die öffentlich-rechtliche Zweckbestimmung und den Sonderrechtsstatus gar nicht tangieren, liegen außerhalb der Duldungspflicht des Eigentümers. Hinsichtlich solcher Nutzungen hat jener die allgemeinen bürgerlichrechtlichen Abwehrbefugnisse; solche Nutzungen kann er aber auch aufgrund seiner privatrechtlichen Herrschaftsmacht im Rahmen bürgerlichrechtlicher Verträge, möglicherweise gegen Entgelt, gestatten (s § 8 X FStrG, § 23 StrWG NRW, Art 22 StrWG Bay). **14**

III. Gemeingebrauchsbestimmende und -begrenzende Widmungsfunktion

1. Grundlagen

Die wegerechtliche Widmungsverfügung konstituiert nicht nur einen öffentlich-rechtlichen, das Privateigentum beschränkenden Sachherrschaftsstatus, sie bestimmt auch die Grenzen dessen, was von dem öffentlich-rechtlichen Sachherrschaftsstatus an das Publikum als erlaubnisfreie Benutzungsberechtigung weitergegeben wird und welche Straßenbenutzungen nicht jedermann, sondern nur Einzelnen aufgrund besonderer öffentlich-rechtlicher Erlaubnis gestattet sein sollen.[26] Die „jedermann" gewährte öffentlich-rechtliche Berechtigung, die öffentliche Straße *ohne* besondere Zulassung zu benutzen, wird Gemeingebrauch genannt.[27] Dieser (abstrakte) Gemeingebrauch entsteht – als Bestandteil des (darüber hinausgehenden) öffentlich-rechtlichen Sachherrschaftsstatus – durch die Widmungsverfügung.[28] Sein Inhalt und Umfang werden aber **15**

[23] *Krämer* in: Kodal/Krämer (Fn 1) Kap 5 Rn 23.1.
[24] *Salzwedel* DÖV 1963, 241, 251.
[25] Krit auch *Kodal/Krämer* Straßenrecht, 4. Aufl 1985, Kap 5 Rn 23.
[26] *Salzwedel* DÖV 1963, 241, 244.
[27] S auch *Grote* in: Kodal/Krämer (Fn 1) Kap 24 Rn 1.1; *Wolff/Bachof/Stober* VwR II, § 78 Rn 1; vgl *Papier* (Fn 6) Teil G Rn 92.
[28] *Wolff/Bachof/Stober* VwR II, § 76 Rn 3.

nicht allein durch die Widmungsverfügung festgelegt, vielmehr bestimmt das Gesetz selbst eigene Schranken des abstrakten Gemeingebrauchs:

16 Nach § 7 I 1 FStrG, mit dem die Landesstraßengesetze wörtlich oder doch dem Sinne nach überwiegend übereinstimmen, ist eine Benutzung „im Rahmen der Widmung" „zum Verkehr" als Gemeingebrauch gestattet (eindeutig abweichend nur § 13 I StrG BW und § 14 I StrG Saarl: „innerhalb der verkehrsüblichen Grenzen"). Der *Verkehrszweck* ist also eine unmittelbare normative Gemeingebrauchsschranke, die durch die konkrete Widmungsverfügung nicht iS einer Gemeingebrauchserweiterung durchbrochen werden kann. Die Widmung kann nur durch *besondere* Zweckbestimmungen einzelner Wege *zusätzliche* Gemeingebrauchsschranken festlegen. Der normativ vorausgesetzte Verkehrszweck der Straßennutzung wird in § 7 FStrG sowie in den §§ 10 II StrG Berl, 14 III StrWG NRW, 14 I StrG Nds, 20 I StrWG SH und in Art 14 I 2 StrWG Bay durch die Bestimmungen unterstrichen, dass kein Gemeingebrauch vorliege, wenn die Straße nicht vorwiegend zum Verkehr, sondern zu anderen Zwecken benutzt werde.

2. Verkehrsgebrauch

17 Der straßenrechtliche Verkehrsbegriff wird von der hL in einem engen Sinne der *Ortsveränderung* verstanden.[29] Verkehrsgebrauch ist danach nur eine die Fortbewegung von Personen und Sachen bezweckende, also auf Ortsveränderung gerichtete Inanspruchnahme der Straßen. Straßenbenutzungen, die nicht der Ortsveränderung, sondern beispielsweise gewerblich-kommerziellen, politischen, kulturellen oder religiösen Zwecken dienen, unterfallen danach nicht mehr dem straßengesetzlichen Gemeingebrauch, ohne dass es auf die Gemeinüblichkeit und Gemeinverträglichkeit der konkreten Nutzung ankommt. Dieser Grundsatz bedarf näherer Erläuterung, wobei einige gewichtige, teils unstreitige, teils jedenfalls in der Judikatur überwiegend vertretene Ausnahmen festzustellen sind:

18 Ein Verkehrsgebrauch liegt auf jeden Fall *nicht* mehr vor, wenn es schon an einem *objektiven* Verkehrsverhalten fehlt. Dies ist der Fall, wenn die Inanspruchnahme der öffentlichen Straße sich nicht im Aufenthalt von Personen oder in der Fortbewegung von Personen und Sachen erschöpft, sondern in einer Lagerung von Sachen oder im Aufstellen von Gegenständen oder in einem Eingriff in den Straßenkörper bzw dessen Veränderung besteht.[30] Unabhängig von der später noch zu erörternden *subjektiven* Komponente des Benutzungs*zwecks* (politische Information und Werbung, kommerzielle Werbung, gewerbliche Tätigkeit) liegt also immer eine erlaubnispflichtige Sondernutzung und kein Gemeingebrauch mehr vor, wenn Verkaufs- oder Werbestände aufgestellt werden. Wird zB politische Information oder (partei-)politische Werbung nicht allein durch Verteilen von Handzetteln oder Zeitungen oder durch den Handverkauf entsprechenden Materials betrieben, sondern werden (zusätzlich) Ständer oder Werbeträger aufgestellt bzw in dem zum Straßenraum gehörenden Luftraum angebracht, so

[29] BVerwGE 35, 326, 329; BVerwG DVBl 1969, 308 ff u 696 f; OLG Hamm NJW 1977, 687, 689; *Grote* in: Kodal/Krämer (Fn 1) Kap 24 Rn 18 ff; *Marschall/Schroeter/Kastner* (Fn 15) § 7 Rn 8 ff; *Wiget* in: Sieder/Zeitler/Numberger/Schmid/Wiget, Bayerisches Straßen- und Wegegesetz, Art 14 Rn 15; *Pappermann/Löhr* JuS 1980, 351; *Steinberg* NJW 1978, 1898, 1900 f; *Papier* (Fn 6) Teil G Rn 99 ff; *ders* (Fn 5) 86 f.

[30] *Grote* in: Kodal/Krämer (Fn 1) Kap 24 Rn 10 ff; *Pappermann/Löhr* JuS 1980, 352; BGH NJW 1979, 1610 ff; OLG Stuttgart DÖV 1978, 770.

ist im Gegensatz zum ersten Fall die Überschreitung des abstrakten Gemeingebrauchs in Rspr und Lehre unbestritten.[31] Dies gilt auch für den Fall, dass Plakate an auf öffentlichem Straßenland stehende Verteilerschränke etc geklebt werden.[32] Eine Ausnahme von dem (Mindest-)Erfordernis des *objektiven* Verkehrsverhaltens wird lediglich beim *Anliegergebrauch* gemacht.

3. Anliegergebrauch

Die Eigentümer und Besitzer von Grundstücken, die an einer öffentlichen Straße gelegen sind (Straßenanlieger), haben aufgrund ihrer räumlichen Beziehung zur Straße ein unabweisbares Bedürfnis, die öffentliche Straße über den allgemeinen Gemeingebrauch iS eines ausschließlichen Verkehrsgebrauchs (Fahren, Gehen, Befördern von Personen und Sachen) hinaus zu nutzen. In gewissem Grade war die nicht verkehrszweckgerichtete Anliegernutzung als *gesteigerter Gemein*gebrauch stets anerkannt und damit ebenso wie der sog *schlichte* Gemeingebrauch zulassungsfrei. In seiner Grundsatzentscheidung aus dem Jahre 1929[33] hatte das RG bezüglich der Anbringung einer in den Straßenraum hineinragenden Lichtreklame festgestellt, dass die Straße nicht nur dem Gebrauch zum Reisen und Fortbringen von Sachen iS des § 7 II 15 ALR, sondern „auch sonstigem allgemein ausgeübten Gebrauch", insbesondere „auch den aus dem geschäftlichen Verkehr der Anlieger erwachsenden Bedürfnissen" diene. **19**

Eine ausdrückliche Regelung des Anliegergebrauchs enthalten neben den Bestimmungen über die Zufahrten, etwa in Art 19 StrWG Bay, lediglich § 14 IV StrG Bbg, § 10 III 1 StrG Berl, § 17 WG Hmb, § 14 IV StrG LSA, § 14a StrWG NRW und § 14 IV StrG Thür. Damit liegt die Annahme nahe, dass mit dem Erlass des FStrG und der übrigen Landesstraßengesetze, soweit darin der Gemeingebrauch normativ auf den Verkehrszweck beschränkt ist, das Rechtsinstitut des *gesteigerten* Gemeingebrauchs in der Form der Anliegernutzung nicht mehr anerkannt werden könne. Demgegenüber hat die Rechtsprechung lange Zeit die Auffassung vertreten, dass dem Anlieger durch Bundesverfassungsrecht (Art 14 I 1 GG) die angemessene Nutzung seines Grundstücks oder seines eingerichteten und ausgeübten Gewerbebetriebs garantiert sei. Dieser *gesteigerte* Gebrauch der öffentlichen Straßen durch den Anlieger wurde unmittelbar auf Art 14 I 1 GG gestützt, soweit er für eine angemessene Nutzung des Anliegergrundstücks oder des Anliegergewerbebetriebs *erforderlich* sei und er sich im Rahmen des Ortsüblichen und der Gemeinverträglichkeit halte.[34] Er umfasste allerdings nicht solche Benutzungen der öffentlichen Straße, die jene über ihre tatsächliche Beschaffenheit und Eignung hinaus übermäßig in Anspruch nehmen.[35] Diese Rechtsprechung berücksichtigte jedoch nicht **20**

[31] OLG Celle NJW 1975, 1894; NJW 1976, 204; OLG Karlsruhe NJW 1976, 1362; OLG Stuttgart DÖV 1978, 770; BGH NJW 1979, 1610 ff; vgl BVerwGE 56, 56 ff; BVerwG NJW 1981, 472 → JK FStrG § 8 I Nr 1/1; *Papier* (Fn 6) Teil G Rn 102; *Pappermann/Löhr* JuS 1980, 352; *Pappermann/Löhr/Andriske* (Fn 4) 69; *Steiner* (Fn 4) IV Rn 148.

[32] OLG Hamm DVBl 1977, 289.

[33] RGZ 123, 181.

[34] BVerwGE 30, 238; 32, 225; 54, 1 ff; BVerwG NJW 1983, 770 f; NJW 1975, 357; GewArch 1970, 280; DÖV 1971, 100 ff; BVerwGE 94, 136, 138 f; VGH BW NJW 1972, 837, 839; OLG Hamm DÖV 1975, 577; OVG NRW NVwZ-RR 1995, 482, 483; vgl BVerfG NVwZ 1991, 358; *Beckmann* NJW 1972, 837 f; *ders* NJW 1975, 846; *Maurer* DÖV 1975, 217 ff; *Papier* in: Maunz/Dürig, GG, Art 14 Rn 120; *ders* (Fn 5) 88; *Grote* in: Kodal/Krämer (Fn 1) Kap 25 Rn 28 f; *Pappermann/Löhr* JuS 1980, 580 ff.

[35] S VGH BW DÖV 1982, 206 ff → JK GG Art 14 I/14; *Papier* (Fn 6) Teil G Rn 117 ff.

in ausreichendem Maße die Tatsache, dass Inhalt und Grenzen auch des Grundeigentums durch die Gesetze bestimmt werden. Vor diesem Hintergrund erklärt das BVerwG in seiner neueren Rechtsprechung, der Anliegergebrauch sei keine aus Art 14 I 1 GG ableitbare Rechtsposition. In welchem Umfang er gewährleistet werde, richte sich nach dem einschlägigen Straßenrecht, das insoweit Inhalt und Schranken des Eigentums am Anliegergrundstück bestimme.[36]

21 Diesem Neuansatz ist im Grundsatz zuzustimmen. Allerdings muss der Gesetzgeber auf die Belange der Anlieger in spezifischer Weise Rücksicht zu nehmen, soweit diese in besonderem Maße auf den Gebrauch der Straße angewiesen sind. Soweit die straßenrechtlichen Vorschriften über den verfassungsrechtlich vorgegebenen Minimalstandard hinausgehen, sind sie alleinige Grundlage für den Straßengebrauch des Anliegers. Soweit sie dahinter zurückbleiben sollten, sind die entsprechenden Verhaltensweisen im Wege verfassungskonformer Auslegung entweder unter den Begriff des Gemeingebrauchs zu subsumieren oder es ist dem Anlieger im Rahmen der Ermessensentscheidung über eine entsprechende Sondernutzung ein Anspruch auf Erlaubniserteilung zuzuerkennen.[37] Zu der in ihrem Kerngehalt verfassungsrechtlich geschützten Anliegernutzung gehört der *Kontakt nach außen*,[38] was beispielsweise für den Gewerbetreibenden bedeutet, dass ihm im Regelfall die Möglichkeit eröffnet sein muss, durch nach außen ragende Hinweis- und Werbeschilder, Lichtzeichen, Lichttransparente und Aufschriften auf den auf der Straße sich abwickelnden und am Geschäft vorbeiflutenden Verkehr einzuwirken.[39] Im Bereich gewerblicher Tätigkeit ist das *Be- und Entladen* zu ermöglichen, es sei denn, wegen der Häufigkeit, Dauer und der Intensität der Verkehrsbehinderung werden die Grenzen des Ortsüblichen und Gemeinverträglichen überschritten.

22 Art 14 I GG verpflichtet den Gesetzgeber nicht, dem Eigentümer einen Anspruch darauf zu gewähren, dass Parkmöglichkeiten auf öffentlichen Straßen in unmittelbarer oder angemessener Nähe zu seinem Grundstück errichtet werden oder erhalten bleiben.[40] Gewährleistet ist allein der Zugang zum öffentlichen Straßennetz, nicht aber die Teilnahme am Straßenverkehr iS des Straßenverkehrsrechts.[41]

23 Ebenso wenig gehört im städtischen Ballungsgebiet einer Fußgängerzone die uneingeschränkte Anfahrtmöglichkeit zu einem privat genutzten Wohngrundstück zu dem durch Art 14 I GG geschützten Kernbereich des Anliegergebrauchs.[42]

24 Die Aufstellung oder das Anbringen eines *Warenautomaten* auf dem oder im öffentlichen Straßenraum ist nicht mehr Bestandteil eines gesteigerten Gemeingebrauchs des

[36] BVerwG NVwZ 1999, 1341; vgl dazu *Sauthoff* NVwZ 2004, 674, 680; *Stuchlik* GewArch 2004, 143, 144; *Peine* JZ 2006, 593, 602; abl *v Danwitz* in: Schmidt-Aßmann Bes VwR, 7. Kap Rn 62.

[37] Näher *Sauthoff* (Fn 1) Rn 618 ff; *ders* NVwZ 2004, 674, 681 mwN; zum grds Ermessen bei der Erteilung einer Sondernutzungserlaubnis → § 42 Rn 7 ff.

[38] *Papier* in: Maunz/Dürig, GG, Art 14 Rn 115 ff, mwN aus Rspr und Literatur; *Sauthoff* (Fn 1) Rn 632 ff.

[39] Vgl dazu *Papier* (Fn 6) Teil G Rn 117; *Sauthoff* (Fn 1) Rn 637 f; *Stuchlik* GewArch 2004, 143, 145; *Dietz* AöR 133 (2008), 556, 580; abl *v Danwitz* in: Schmidt-Aßmann Bes VwR, 7. Kap Rn 63.

[40] BVerwG NJW 1983, 770 f; *Sauthoff* NVwZ 1998, 239, 247.

[41] Vgl BVerwG NJW 1980, 354 → JK GG Art 14 I/2; VGH BW DVBl 1981, 416 Nr 144.

[42] BVerwGE 94, 136, 140 m Anm *Peine* JZ 1994, 522. Zur grds weitergehenden Zugänglichkeit gewerblich genutzter Grundstücke vgl BVerwG NJW 1975, 1528; *Sauthoff* NVwZ 1998, 239, 247.

Anliegers.[43] Denn dadurch wird, auch wenn der Automat vom Anlieger selbst aufgestellt und betrieben wird, nicht der Kontakt zwischen dem Geschäftslokal und der Öffentlichkeit vermittelt. Vielmehr wird ein Teil des Gewerbebetriebes selbst nach außen verlagert und auf der öffentlichen Straße abgewickelt. Es handelt sich somit um eine erlaubnispflichtige Sondernutzung. Entsprechendes gilt – im Gegensatz zu der oben erwähnten *Eigen*werbung des Anliegers – für die *Fremd*reklame.[44] Die Errichtung von Werbeanlagen im öffentlichen Straßenraum durch den Anlieger oder mit seiner Zustimmung zum Zwecke der Werbung *Dritter* ist nicht mehr Ausdruck der Notwendigkeit eines Kontakts nach außen und einer angemessenen Nutzung des Anliegergrundstücks. Zum Anliegergebrauch gehört also nicht mehr die gesonderte oder die mit dem Firmenschild (Eigenwerbung) verbundene Werbung für die vom Geschäftsinhaber vertriebenen Waren (Fremdwerbung). Solche „gemischten Werbeanlagen" bedürfen danach der Sondernutzungserlaubnis.[45] Kein (gesteigerter) Gemeingebrauch, sondern Sondernutzung des Gewerbetreibenden ist ferner das Aufstellen von *Obst-* und *Gemüsekisten* auf dem Bürgersteig vor Lebensmittelgeschäften sowie – jedenfalls im städtischen Bereich – von *Tischen* und *Stühlen* vor Restaurants, Cafés oder Eisdielen.[46]

Außerhalb der gewerblichen Anliegernutzung wird zum gesteigerten Gemeinge- **25**
brauch des Anliegers insbesondere die vorübergehende *Lagerung* von *Baumaterialien,* die vorübergehende *Aufstellung* von *Baumaschinen,* von *Bauzäunen* oder *Baugerüsten* aus Anlass eines Neubaus oder Wiederaufbaus eines Hauses angesehen.[47] Entsprechendes gilt für die Bereitstellung von *Müllkästen* auf dem Bürgersteig zum Zwecke der Abholung und von Sperrmüll[48] sowie das Anbringen von mit Metallrosten abgedeckten Lichtschächten.[49] Gegenstand des Anliegergebrauchs ist schließlich die Nutzung von *Zufahrten* über den Bürgersteig, jedenfalls innerhalb der geschlossenen Ortslage, vgl § 20 I StrWG NRW, sowie die Errichtung von nur geringfügig in den Luftraum der Straße hineinragenden *Balkonen.*

4. Der ruhende Verkehr

Außerhalb des eben erläuterten Anliegergebrauchs setzt der straßenrechtliche Gemein- **26**
gebrauch auf jeden Fall ein objektiv verkehrsmäßiges Verhalten voraus. Ein solches ist aber nicht nur das Gehen, Fahren mit Kraftfahrzeugen, -rädern und Fahrrädern sowie das Transportieren von Personen und Gütern, sondern auch das Parken und Abstellen von Fahrzeugen, soweit ein innerer Zusammenhang mit Verkehrsvorgängen besteht – „ruhender Verkehr".[50] Zum ruhenden Verkehr zählt nicht nur das kurzfristige Abstel-

[43] BVerwG NJW 1975, 357 mit Anm *Beckmann* NJW 1975, 846; BGH NJW 1973, 1281; NdSOVG KStZ 1971, 138; *Grote* in: Kodal/Krämer (Fn 1) Kap 25 Rn 105; *Pappermann/Löhr* JuS 1980, 581; *Papier* (Fn 6) Teil G Rn 118.

[44] S BVerwG DÖV 1977, 605; DÖV 1978, 374; OLG Hamm DÖV 1975, 577; BGH NJW 1978, 2201 → JK FStrG § 7 I/1; *Pappermann/Löhr* JuS 1980, 581; *Schmidt-Tophoff* DVBl 1970, 17.

[45] S *Pappermann/Löhr* JuS 1980, 581; zum Verbot der Lichtreklame s BVerwG DÖV 1980, 521.

[46] Vgl *Grote* in: Kodal/Krämer (Fn 1) Kap 25 Rn 106; VGH BW NZV 1996, 127, 128.

[47] Vgl BGHZ 23, 235; BayVGH BayVBl 2008, 276, 277; *Grote* in: Kodal/Krämer (Fn 1) Kap 25 Rn 104.

[48] Vgl *Hammes* DVBl 1950, 102, 103; *Grote* in: Kodal/Krämer (Fn 1) Kap 25 Rn 104.

[49] BVerwG NJW 1981, 412 f.

[50] Dazu *Grote* in: Kodal/Krämer (Fn 1) Kap 24 Rn 48 ff; *Marschall/Schroeter/Kastner* (Fn 15) § 7 Rn 9; *Sauthoff* (Fn 1) Rn 561 ff; *Steiner* JuS 1984, 1, 6 ff; *Salzwedel* DÖV 1963, 241, 251; *Papier* (Fn 6) Teil G Rn 100.

len von Fahrzeugen, sondern auch das *Dauer*parken, also das regelmäßige Abstellen von Fahrzeugen auf öffentlichen Straßen, etwa über Nacht oder an Sonn- und Feiertagen.[51] Auch während längerer Zeit und regelmäßig abgestellte Fahrzeuge, auch Lastkraftwagen und Omnibusse, nehmen am Verkehr immer dann noch teil, wenn sie zum Verkehr zugelassen und betriebsbereit sind. Es kommt nicht auf die Willensrichtung des Halters oder Benutzers an, wann eine Inbetriebsetzung erfolgen soll. Entscheidend sind die objektiven Merkmale der Möglichkeit und Zulässigkeit jederzeitiger Inbetriebsetzung.[52] Das Abstellen eines Fahrzeuges, das nicht (mehr) zugelassen und/oder nicht (mehr) betriebsbereit ist, ist erlaubnispflichtige Sondernutzung.[53] Kein Gemeingebrauch ist ferner im Abstellen eines Wohnwagens oder eines sonstigen Anhängers auf einer öffentlichen Straße zu sehen, wenn keine Verbindung zum Zugfahrzeug besteht.[54] Entsprechendes gilt, wenn das Abstellen des Fahrzeugs zu einem anderen Zweck als dem der späteren Inbetriebnahme erfolgt, also etwa zu gewerblichen Zwecken wie dem Verkauf von Gütern bzw des Fahrzeugs selbst, der Vornahme von Dienstleistungen oder zu Zwecken der Werbung.[55] Dagegen dürfte es sich noch um ein verkehrsrechtlich eröffnetes „Parken" und daher um Gemeingebrauch handeln, wenn eine Fahrzeugvermietungsfirma Fahrzeuge zum Zwecke der Vermietung an Kunden aufstellt.[56]

27 Da nach der Zweckbestimmung der öffentlichen Straße auch das (Dauer-)Parken als ruhender Verkehr innerhalb des abstrakten Gemeingebrauchs liegt, kann dieses nur als im konkreten Fall nicht mehr gemeinverträglich durch *verkehrs*rechtliche Vorschriften oder aufgrund des *Verkehrs*rechts eingeschränkt oder partiell ausgeschlossen werden. Verbote des Dauerparkens (etwa im innerstädtischen Bereich), die nicht durch das Straßenverkehrsrecht oder aufgrund des bundesrechtlichen Verkehrsrechts (Aufstellen von Verbotsschildern nach der StVO), sondern durch das *Landes*wegerecht ausgesprochen werden (s zB § 16 II 1 WG Hmb aF[57]), sind wegen Verstoßes gegen Art 72 I iVm Art 74 I Nr 22 GG verfassungswidrig.[58] Daher kann auch der Gemeingebrauch weder durch eine von vornherein begrenzte Widmung noch durch (nachträgliche) Teileinziehung auf den fließenden Verkehr unter Ausschluss des Parkens bzw des Dauerparkens begrenzt werden. Das Parken ist vom Bundesgesetzgeber im Recht des Straßenverkehrs abschließend geregelt, es unterliegt daher Einschränkungen oder Verboten nur nach Maßgabe des Straßenverkehrsrechts.[59] Insoweit besteht ein *Vorrang* des *Straßenver-*

[51] BVerwGE 23, 325; 34, 320; *Salzwedel* DÖV 1963, 241, 251; *Marschall/Schroeter/Kastner* (Fn 15) § 7 Rn 9; *Grote* in: Kodal/Krämer (Fn 1) Kap 24 Rn 49 ff.

[52] BVerwGE 34, 324; s ferner BVerwG DAR 1974, 55, 56; NJW 1982, 2332.

[53] BVerfGE 67, 299, 324 → JK GG Art 74 Nr 22/1; VGH BW NZV 1996, 511 → JK Pol- u. OrdR Störer/9; *Grote* in: Kodal/Krämer (Fn 1) Kap 24 Rn 54; *Salzwedel* ZfW 1962, 92; *Sauthoff* NVwZ 1998, 239, 244.

[54] S BVerwGE 34, 320 ff; BVerwG DVBl 1974, 290; *Grote* in: Kodal/Krämer (Fn 1) Kap 24 Rn 54; vgl OLG Braunschweig NVwZ 1982, 63.

[55] S OLG Hamm NJW 1977, 689; BayObLGSt 1977, 118, 120; BayObLG DÖV 1983, 297; OLG Düsseldorf NVwZ 1991, 206; OVG NRW NJW 2005, 3162; *Sauthoff* (Fn 1) Rn 563 ff; *Steiner* JuS 1984, 1, 7; *Peine* JZ 2006, 593, 601; vgl u Rn 30.

[56] BVerwG NJW 1982, 2332 f; BayVGH BayVBl 1979, 688; VG Meiningen NVwZ 1995, 1141 (L); aA BayObLG NJW 1980, 1807 f.

[57] Abgedruckt in BVerfGE 67, 299, 300 → JK GG Art 74 Nr 22/1.

[58] BVerfGE 67, 299 → JK GG Art 74 Nr 22/1; *Salzwedel* DÖV 1963, 241, 251.

[59] BVerfGE 67, 299, 324 ff → JK GG Art 74 Nr 22/1; s auch *Grote* in: Kodal/Krämer (Fn 1) Kap 24 Rn 52 f; *Stuchlik* GewArch 2004, 143, 144.

kehrsrechts.[60] Die Straßenbaubehörde (Träger der Baulast) ist nicht berechtigt, mittels des wegerechtlichen Instrumentariums der Widmungsbeschränkung bzw Teileinziehung der Sache nach verkehrsordnende Regelungen zu treffen. „Fließender" und „ruhender" Verkehr sind widmungsrechtlich nicht aufspaltbar. Es ist daher nicht möglich, durch Widmungsverfügung den „ruhenden Verkehr" vom Gemeingebrauch an einer bestimmten Straße als spezifische Benutzungsart abzutrennen und ihn einem Regime erlaubnis- und gebührenpflichtiger Sondernutzungen zu unterwerfen.[61] Soweit sich Verkehrsvorgänge im Rahmen der Verkehrsvorschriften halten, liegen sie innerhalb des wegerechtlichen Gemeingebrauchs.[62]

Diese Aussagen zum spezifischen Vorrang des Straßenverkehrsrechts gelten im Übrigen nicht nur für den ruhenden, sondern auch für den *fließenden* Verkehr (dazu unten Rn 49 ff). **28**

5. „Zum Zwecke des Verkehrs" als subjektive Komponente

Die Bestimmung des Verkehrsgebrauchs bereitet dann erhebliche Schwierigkeiten, wenn zwar objektiv gesehen Vorgänge des fließenden oder ruhenden Verkehrs vorliegen, es also nicht um Aufstellung, Errichtung, Befestigung oder Lagerung von Gegenständen oder um Substanzeinwirkungen geht, die Inanspruchnahme der öffentlichen Straße aber *subjektiv* einen anderen Zweck als den der Fortbewegung verfolgt. Ist die Ortsveränderung einschließlich eines kurzfristigen Verweilens an einem bestimmten Ort nicht der eigentliche Straßenbenutzungszweck, ist diese vielmehr nur eine Nebenfolge oder das notwendige Mittel zur Verfolgung eines anderen, etwa gewerblich-kommerziellen Ziels, so fehlt es nach hL grundsätzlich an einer gemeingebräuchlichen Straßennutzung.[63] **29**

a) Wer öffentliches Straßenland zum Verkauf von Waren, zur Erbringung von Dienstleistungen oder zum Zwecke der Werbung benutzt (*gewerblich-kommerzielle* Zweckverfolgung[64]), übt danach erlaubnispflichtige Sondernutzungen auch dann aus, wenn dies *ohne* feste Verkaufs- oder Werbestände[65] bzw ohne Errichtung von Kiosken geschieht. Bezüglich der gewerblich-kommerziellen Zweckverfolgung wird ein Verkehrsgebrauch allgemein abgelehnt bei allen Formen des Straßenhandels, beispielsweise **30**

[60] Dazu *Steiner* JuS 1984, 1, 6 ff; *ders* (Fn 4) V Rn 165, 167.

[61] S auch *Steiner* JuS 1984, 1, 7 f; aus der Rspr s BVerfGE 67, 299, 323 → JK GG Art 74 Nr 22/1; BVerwGE 34, 241 f; 34, 320, 323; 44, 193, 194; BVerwG DVBl 1979, 155, 156.

[62] S BVerwGE 34, 320, 321; BVerwG NJW 1982, 2332; vgl OLG Frankfurt aM NStZ-RR 1996, 250.

[63] Vgl BVerwG DVBl 1970, 873; BVerwGE 35, 329; BVerwG DVBl 1969, 308 ff und 696 f; OLG Hamm NJW 1977, 689; OLG Düsseldorf NVwZ 1991, 206, 207; BayVGH BayVBl 1996, 665, 666; so noch *Marschall/Schroeter/Kastner* BundesfernStraßengesetz, 4. Aufl 1977, § 7 Rn 2.1; aA nunmehr *Marschall/Schroeter/Kastner* (Fn 15) § 7 Rn 9, 14. Nach aA kommt es auf die äußerlich nicht erkennbaren Absichten und Motive des Wegebenutzers nicht an, sofern sich das Verhalten nicht wesentlich von dem anderer unterscheidet, vgl OVG Hamburg NJW 1996, 2051, 2052; OLG Köln NVwZ 1992, 100 f; *Grote* in: Kodal/Krämer (Fn 1) Kap 24 Rn 113.

[64] Zur gewerblichen Nutzung s auch *Pappermann/Löhr* JuS 1980, 352; *Sauthoff* NVwZ 1998, 239, 245.

[65] Vgl zum Anbringen von Plakatträgern OLG Hamm NVwZ 1991, 205 f.

durch Verkauf aus „Bauchläden“[66] oder aus parkenden Fahrzeugen,[67] ferner im Falle der Werbung etwa durch Verteilung von Handzetteln oder Prospekten,[68] durch Einsatz von Lautsprechern,[69] durch Anbringen von Plakatträgern im Bereich einer öffentlichen Straße,[70] durch Abstellen oder Inverkehrbringen von Fahrzeugen mit Plakatflächen,[71] sowie durch Plakattragen[72] oder Schaustellungen.

31 Dagegen soll auf innerörtlichen Straßen, insbesondere Fußgängerzonen, der Handverkauf von Zeitungen[73] und der Verkauf aus einem „Bauchladen“[74] noch gemeingebräuchlich sein, weil und soweit die Straße dadurch nicht wesentlich anders benutzt wird als durch sonstige Verkehrsteilnehmer.[75] Neben dem äußeren Erscheinungsbild soll es auf die äußerlich nicht erkennbaren Absichten und Motive des Wegebenutzers nicht ankommen.[76] Allein das Abstellen auf die äußere Erscheinungsform ohne Berücksichtigung des Zwecks der Straßenbenutzung widerspricht jedoch der den Straßengesetzen zugrunde liegenden Systematik. Zwar kommt es nicht auf die hinter der Straßenbenutzung zum Verkehr stehende Motivationslage an,[77] solange die Benutzung überwiegend zum Zwecke der Ortsveränderung erfolgt. Wird die Straße aber nicht mehr überwiegend zum Verkehr, sondern als Verkaufsfläche genutzt, ist wegen der vom Straßenrecht vorgegebenen Dichotomie von einer erlaubnispflichtigen Sondernutzung auszugehen.[78] Hierfür sprechen nicht zuletzt auch die Aspekte der Rechtssicherheit[79] und der Vermeidung einer Auflösung der Gesetzessystematik in eine unüberschaubare Einzelfallkasuistik. Bei einer grundrechtlich besonders legitimierten Straßenbenutzung, wie zB im Gewährleistungsbereich der Pressefreiheit, muss der straßenrechtliche Erlaubnisvorbehalt im Lichte des einschlägigen Grundrechts ausgelegt werden und einem legitimen Zweck, wie etwa der Wahrung der Sicherheit und Leichtigkeit des Verkehrs, dienen.[80]

32 b) Umstritten ist die Rechtslage bei *politischer Information und Werbung*, wie dem Verteilen oder Verkauf politischen Informations- oder Werbematerials sowie den Aufforderungen zu politischen Straßendiskussionen und ihren Durchführungen, soweit auf das Aufstellen fester Verkaufs- oder Werbestände und den Einsatz von Lautsprecheranlagen (Megaphone) verzichtet wird. Verteiler, Verkäufer und/oder „Diskutanten“ halten sich zwar regelmäßig noch im Rahmen eines objektiven Verkehrsverhaltens. Sie

[66] AA *Grote* in: Kodal/Krämer (Fn 1) Kap 24 Rn 98; OLG Köln NVwZ 1992, 100; vgl OVG Hamburg NJW 1996, 2051 f.
[67] OLG Hamm NJW 1977, 689; aA *Grote* in: Kodal/Krämer (Fn 1) Kap 24 Rn 99.
[68] BVerwGE 35, 329; vgl aber auch BGH DVBl 1981, 383, 385; OLG Köln NVwZ 1992, 100; krit zur Einordnung als Sondernutzung *Grote* in: Kodal/Krämer (Fn 1) Kap 24 Rn 113.
[69] OVG NRW OVGE 27, 252.
[70] OLG Hamm NVwZ 1991, 205 f; vgl BVerwG NVwZ 1996, 1210.
[71] OLG Düsseldorf NVwZ 1991, 206 f.
[72] AA *Grote* in: Kodal/Krämer (Fn 1) Kap 24 Rn 113, wegen der Vergleichbarkeit mit dem Verhalten sonstiger Fußgänger.
[73] OLG Frankfurt NJW 1976, 203 f; OLG Bremen NJW 1976, 1359; *Grote* in: Kodal/Krämer (Fn1) Kap 24 Rn 100.
[74] OLG Köln NVwZ 1992, 100; *Grote* in: Kodal/Krämer (Fn 1) Kap 24 Rn 98.
[75] Vgl *Grote* in: Kodal/Krämer (Fn 1) Kap 24 Rn 100.
[76] OVG Hamburg NJW 1996, 2051, 2052.
[77] *Wiget* (Fn 28) Art 14 Rn 37; *Grote* in: Kodal/Krämer (Fn 1) Kap 24 Rn 21.41.
[78] *Papier* (Fn 5) 94 f; BVerfG NVwZ 2007, 1306.
[79] Dies wird auch betont in BVerwGE 84, 71, 78.
[80] BVerfG NVwZ 2007, 1306, 1307: Straßenverkauf von Sonntagszeitungen.

üben Ortsveränderungen aus, indem sie an die vorbeigehenden Passanten jeweils herantreten. Sie verfolgen aber letztlich einen anderen Zweck als die von ihnen anzusprechenden oder zu erreichenden Fußgänger. Fortbewegung und Ortsveränderung sind nicht der Hauptzweck, den sie auf dem Straßenland verfolgen, sondern nur ein Mittel zur Wahrnehmung anderer, nicht verkehrsmäßiger Ziele, wie die der politischen Information, Überzeugung, Diskussion oder Agitation.

Während nach früherer Auffassung aus diesen Gründen ein Verkehrsgebrauch abge- **33** lehnt und ebenso wie bei Straßennutzungen mit vorwiegend gewerblich-kommerzieller Zielsetzung eine erlaubnispflichtige Sondernutzung angenommen wurde,[81] hat sich mittlerweile in der Judikatur[82] und Lehre[83] wegen der Grundrechtsgarantie des Art 5 I GG eine die straßenrechtliche Erlaubnispflicht *verneinende* Auffassung durchgesetzt. Ausgangspunkt dieser Neuabgrenzung ist die Rechtsprechung des BVerfG zum Schrankenvorbehalt der „allgemeinen Gesetze" im Rahmen der Meinungs- und Pressefreiheitsgarantie (Art 5 II GG). Danach setzen die allgemeinen Gesetze, zu denen unzweifelhaft auch die Straßengesetze mit ihren Erlaubnisvorbehalten gehören,[84] dem Grundrecht der Meinungs- und Pressefreiheit nicht unbedingt Grenzen. Vielmehr müssen die allgemeinen Gesetze ihrerseits im Lichte der überragenden Bedeutung der Meinungs- und Pressefreiheit für das demokratische Staatswesen ausgelegt und damit in ihrer das Grundrecht begrenzenden Wirkung eingeschränkt werden. Diese „Wechselwirkung" zwischen Grundrecht und Grundrechtsschranke führt dazu, dass „allgemeine Gesetze" der Meinungsfreiheit nur insoweit Grenzen setzen, als der Eingriff zum Schutze höher- oder gleichwertiger Rechtsgüter geboten ist.[85]

Für die Fälle der Verteilung oder des Verkaufs von Handzetteln oder Schriften poli- **34** tischen Inhalts werden auf der Grundlage dieser bundesverfassungsgerichtlichen Judikatur verschiedene Ansätze vorgeschlagen, die jedoch hinsichtlich ihrer Ergebnisse (Erlaubnisfreiheit entsprechender Straßennutzungen) im Wesentlichen übereinstimmen.

(1) Teils wird nicht am Gemeingebrauchs- und Verkehrszweckbegriff angesetzt, son- **35** dern mangels einer auf Ortsveränderungen gerichteten Inanspruchnahme, ungeachtet des Art 5 I GG, eine Sondernutzung angenommen. Die Einwirkung des Grundrechts

[81] Vgl BVerwGE 35, 326, 329; OVG NRW DVBl 1972, 509; BayObLG DVBl 1967, 202; BayVGH DVBl 1967, 920; *Kodal*, Straßenrecht, 2. Aufl 1964, 251 ff; s im Übrigen auch *Dietz* AöR 133 (2008), 556, 589 f.

[82] OLG Stuttgart NJW 1976, 201; OLG Frankfurt NJW 1976, 203; OLG Düsseldorf NJW 1975, 1288; OLG Celle NJW 1975, 1894 f; OLG Bremen NJW 1976, 1359; OLG Hamm NJW 1976, 2172; OVG Berlin NJW 1973, 2044 ff; NdSOVG NJW 1977, 916; offengeblieben in: OLG Saarbrücken NJW 1976, 1362; BVerwGE 56, 63, 66 f → JK FStrG § 71/2; aA wohl BayVGH NJW 1978, 1940 f. Vgl BVerfG NVwZ 1992, 53 f, wonach das Sondernutzungsgenehmigungserfordernis zur Gewährleistung der Leichtigkeit des Verkehrs in Fußgängerzonen und verkehrsberuhigten Bereichen unverhältnismäßig in Art 5 I 1 GG eingreift; krit hierzu: *Lorenz* JuS 1993, 375 ff; *Enders* VerwArch 83 (1992) 527 ff.

[83] *Pappermann* NJW 1976, 1343; *Pappermann/Löhr* JuS 1980, 351 f; *Crombach* DVBl 1977, 277, 278 ff; *Sigrist* DÖV 1976, 376 ff; vgl *Steinberg* NJW 1978, 1898 ff; *Meissner* JA 1980, 583 ff; *Thiele* DVBl 1980, 977 ff; abl *Schröder* Verw 10 (1977) 455 f. Nach *Grote* in: Kodal/Krämer (Fn 1) Kap 24 Rn 22, Kap 26 Rn 58.3, gehört das Verteilen politischer Schriften zum kommunikativen Verkehr und damit zum Gemeingebrauch, ohne dass es einer verfassungsrechtlichen Würdigung bedarf.

[84] Vgl BVerfG NVwZ 1992, 53.

[85] Grundlegend: BVerfGE 7, 198, 208 ff; s ferner 20, 162, 177; 21, 271, 281; 39, 334, 367; 82, 43, 50; BVerfG NVwZ 1992, 53.

der Meinungsfreiheit auf die schrankenziehende Bedeutung der straßenrechtlichen Sondernutzungsbestimmungen wird in einer Unwirksamkeit des normativen Erlaubnisvorbehalts gesehen. Es wird insofern also eine *erlaubnisfreie Sondernutzung* angenommen.[86] Auf der Grundlage desselben Ausgangspunkts einer straßenrechtlichen Sondernutzung wird von anderen Autoren auf die wegen Art 5 I GG eintretende generelle Ermessensreduzierung auf Null bei der Entscheidung über Anträge auf Sondernutzungserlaubnisse verwiesen.[87] Es wird ferner betont, dass unter diesen Voraussetzungen ein präventives Erlaubnisverfahren ein *unnötiger* Grundrechtseingriff sei, so dass eine verfassungskonforme Interpretation zu dem gleich geeigneten, aber weniger einschneidenden Anzeigeverfahren führe.[88]

36 Die Annahme erlaubnisfreier, allenfalls anzeigepflichtiger Sondernutzungen stößt aber schon deshalb auf Bedenken, weil damit die Grenzen einer verfassungskonformen Gesetzesinterpretation verlassen werden. Auch die These des BVerfG von der „Wechselwirkung" zwischen Grundrecht und Schranke erfordert und rechtfertigt nur die stärkere Gewichtung der Grundrechte des Art 5 I GG bei der *Interpretation* der schrankenziehenden Gesetze. Von einer *Auslegung* straßenrechtlicher Vorschriften kann aber dann nicht mehr gesprochen werden, wenn die dort vorgesehene grundlegende Unterscheidung zwischen zulassungsfreiem Gemeingebrauch und erlaubnispflichtiger Sondernutzung zugunsten einer dem Gesetz in dieser Form unbekannten Zwischenform der erlaubnisfreien bzw anzeigepflichtigen Sondernutzung verwischt wird.[89]

37 (2) Methodisch richtiger erscheint daher der Ansatz am Gemeingebrauchsbegriff und bei der Interpretation des normativen Verkehrszweckerfordernisses.[90] Der „Verkehrs"-begriff ist durchaus interpretationsfähig. Die enge Auslegung iS einer nur die Fortbewegung von Personen und Sachen bezweckenden, ausschließlich auf Ortsveränderung gerichteten Inanspruchnahme der Straße ist vom Wortsinn keinesfalls zwingend vorgegeben. „Verkehr" kann auch in dem weiteren Sinne einer die Kontaktaufnahme und Kommunikation mit anderen Verkehrsteilnehmern beabsichtigenden Straßenbenutzung verstanden werden. Es ist ferner darauf hinzuweisen, dass über Inhalt und Umfang des Gemeingebrauchs keine generellen Aussagen getroffen werden können, diese vielmehr auch abhängig sind von zeitlichen und örtlichen Gegebenheiten. Die Annahme, öffentliche Straßen und Plätze seien generell und ausschließlich für die Fortbewegung von Mensch und Sache bestimmt, lässt sich unter Berücksichtigung der grundrechtlichen Garantie einer nur begrenzt einschränkbaren Meinungs- und Pressefreiheit nicht mehr aufrechterhalten. Im *innerörtlichen* Bereich weisen öffentliche Straßen und Plätze eine über die bloße Fortbewegung und das umständebedingte Stehenbleiben hinausreichende Zweckbestimmung auf. Der von Art 5 I GG garantierte freie Meinungsbildungsprozess und freie Austausch von Informationen und Meinungen setzen jedenfalls auch voraus, dass im innerörtlichen Bereich (City-Bereich) allgemein zugängliche Foren der Kontaktaufnahme und Kommunikation bestehen. Hier umfasst die

[86] OLG Düsseldorf NJW 1975, 1288; OLG Celle NJW 1975, 1894; OLG Celle Nds Rpfl 1976, 18; s auch *Pache/Knauff* JA 2004, 47, 49 f.

[87] *Steinberg* NJW 1978, 1898, 1901 f; *Steinberg/Herbert* JuS 1980, 108, 111 ff.

[88] *Pappermann* NJW 1976, 1343; *Crombach* DVBl 1977, 277, 279.

[89] OVG NRW DVBl 1972, 510; OLG Stuttgart NJW 1976, 202; OLG Frankfurt NJW 1976, 203; OLG Bremen NJW 1976, 1359; s ferner *Pappermann/Löhr* JuS 1980, 352.

[90] Ebenso *Pappermann/Löhr* JuS 1980, 351 f; *Pappermann/Löhr/Andriske* (Fn 4) 68 f; *Papier* (Fn 6) Teil G Rn 103.

öffentliche Zweckbestimmung von Straßen und Plätzen grundsätzlich auch den Austausch von Informationen und Meinungen.[91]

Dass beispielsweise das längere Gespräch auf der Straße nach dem Einkauf oder Kinobesuch oder das längere abendliche oder sonntägliche Verweilen auf öffentlichen Straßen und Plätzen grundsätzlich vom Verkehrsgebrauch miterfasst ist, ist auch nie angezweifelt worden. Eine verfassungskonforme Interpretation des Verkehrszweckbegriffs muss aber auch andere Formen der Kommunikation im Rahmen eines objektiven Verkehrsverhaltens, also insbesondere die Verteilung von Handzetteln zum Zwecke politischer Werbung oder Information, erfassen. Besondere Beachtung erfordert in diesem Zusammenhang aber nicht nur die Meinungs- und Pressefreiheit. In vergleichbarer Weise sind auch Glaubens-, Bekenntnis- und Religionsausübungsfreiheit durch Art 4 I/II GG grundrechtlich garantiert,[92] so dass in dem oben beschriebenen Rahmen auch kirchliche „Werbungs"- und Informationstätigkeit noch vom Verkehrsgebrauch erfasst sein kann. 38

Diese Auffassung führt nicht zwangsläufig zu einer untragbaren Beeinträchtigung des primär auf Ortsveränderung zielenden fließenden Fußgänger- und Kraftwagenverkehrs. Denn stets sind die Schranken des *individuellen* Gemeingebrauchs einzuhalten, die sich aus dem Erfordernis der Gemeinverträglichkeit und den Vorschriften des Verkehrsrechts ergeben. Die Überschreitung dieser Grenzen macht die Gemeingebrauchsausübung unzulässig. Schließlich sei nochmals hervorgehoben, dass ein Gemeingebrauch auch unter Berücksichtigung der Grundrechte des GG ausscheidet, wenn ein objektiv-verkehrsmäßiges Verhalten nicht mehr vorliegt, wenn also Gegenstände auf der öffentlichen Straße aufgestellt, errichtet bzw gelagert werden (zB Aufstellen von Werbe- und Verkaufsständen, Plakatständer).[93] 39

c) Ob und inwieweit die *künstlerische Betätigung* im Bereich öffentlicher Straßen im Hinblick auf die grundrechtliche Gewährleistung des Art 5 III 1 GG als erlaubnisfreier kommunikativer Verkehr angesehen werden kann, ist umstritten.[94] Wesentliches Argument der Befürworter der Erlaubnisfreiheit von Straßenkunst ist die vorbehaltlose Gewährung der Kunstfreiheit in Art 5 III 1 GG. Wenn der Verkehrsbegriff zugunsten der in Art 5 II GG unter dem Vorbehalt der allgemeinen Gesetze stehenden Meinungsäußerungsfreiheit verfassungskonform auszulegen ist, müsse dies ebenso für die vorbehaltlos gewährleistete Kunstfreiheit gelten. Nach ständiger Rechtsprechung des BVerwG stellt Straßenkunst jedoch grundsätzlich eine Sondernutzung dar.[95] Angesichts der Notwendigkeit, im Einzelfall Konflikte miteinander konkurrierender Straßennutzungen zu 40

[91] OLG Stuttgart NJW 1976, 202; BayVGH BayVBl 1996, 665, 666; *Sauthoff* (Fn 1) Rn 567 ff; *Siems* Jura 2003, 587, 588.

[92] S BVerfGE 24, 245; vgl dazu u Rn 42.

[93] Vgl BVerwGE 47, 280, 282; 56, 56, 58; 56, 63, 65 f → JK FStrG § 71/2; BVerwG NVwZ-RR 1995, 129; OVG SH NVwZ 1992, 70. S ferner *Hagmann* DÖV 2006, 323, 325 f mwN.

[94] Vgl *Bismark* NJW 1985, 246; *Fischer/Reich* Der Künstler und sein Recht, 1992, 7 ff; *Goerlich* Jura 1990, 415, 417; *Goring/Jahn* JA-Übungsblätter 1992, 56; *Häde* JuS 1993, 113, 117; *Hufen* DÖV 1983, 353; *Laubinger* VerwArch 81 (1990) 583; *Meyer* DÖV 1991, 542; *Steinberg/Hartung* JuS 1990, 795; *Würkner* NVwZ 1987, 841; *ders* NJW 1987, 1793; *ders* GewArch 1987, 321; *Siems* Jura 2003, 587, 590; *Weber* in: Festgabe 50 Jahre BVerwG, 979, 1008 ff; *Wiget* (Fn 28) Art 14 Rn 50; *Steiner* (Fn 4) IV Rn 149; *Erbguth* Jura 2008, 193, 198.

[95] BVerwG DÖV 1981, 342 f; BVerwG NJW 1987, 1836 f → JK GG Art 5 III 1/8; BVerwGE 84, 71, 75 f = NJW 1990, 2011 m Anm *Würkner*; vgl die bei *Laubinger* (VerwArch 81 [1990] 583) wiedergegebenen unveröffentlichten Entscheidungen von BVerwG und BVerfG.

vermeiden, stelle das präventive Erlaubnisverfahren eine verhältnismäßige Einschränkung der Kunstfreiheit im Interesse der Grundrechte anderer Straßenbenutzer, insbesondere der Anlieger (Art 14 I 1 GG), der anderen Verkehrsteilnehmer (Art 2 I GG) und anderer Straßenkünstler (Art 5 III 1, 3 I GG) dar. Der Sondernutzungserlaubnis kommt damit eine Ausgleichs- und Verteilungsfunktion zu, um so im Einzelfall die widerstreitenden Grundrechte zu einem möglichst schonenden Ausgleich zu bringen.[96] Sofern im Einzelfall die straßenkünstlerische Darbietung Rechte anderer nicht ernstlich beeinträchtigt, ist in der Regel das bei der Sondernutzungserteilung bestehende Ermessen reduziert und es besteht ein Anspruch auf Erlaubniserteilung.[97] Eine Erlaubnisfreiheit kommt lediglich in solchen Fallgestaltungen in Betracht, bei denen die vorherige Einholung der Erlaubnis die Kunstausübung praktisch unmöglich machen würde, was bei „Spontankunst" der Fall sein könnte.[98]

41 Ebenso wie Art 5 I und Art 4 hat auch die Kunstfreiheitsgarantie des Art 5 III GG Auswirkungen auf die Bestimmung des straßenrechtlichen Gemeingebrauchs. Der „kommunikative Gemeingebrauch" kann auch Betätigungen im Gewährleistungsbereich des Art 5 III GG umschließen, so etwa das Musizieren in einer Fußgängerstraße.[99] Aber auch hier gilt die wesentliche Einschränkung, dass eine gegenständliche Inanspruchnahme der Straße jenseits objektiver Verkehrsvorgänge stets eine Sondernutzung darstellt. Das Aufstellen von Kunstgegenständen ist daher ebenso eine Sondernutzung wie das Bemalen des Straßenpflasters und das Aufstellen von Verstärkeranlagen, Lautsprechern und Instrumenten.[100] Die straßenrechtlichen Vorschriften über die erlaubnispflichtige Sondernutzung setzen in der erwähnten verfassungskonformen Einschränkung auch der Kunstfreiheit des Art 5 III GG legitime Schranken.[101] Da nahezu alle Formen der Straßenkunst die Straße gegenständlich in Anspruch nehmen, ist der Rechtsprechung für den Regelfall zu folgen, und eine Sondernutzungserlaubnispflicht anzunehmen.

42 d) Auch bei *religiöser und weltanschaulicher Information und Werbung* auf öffentlichen Straßen und Plätzen fehlt es an sich am Hauptzweck der Fortbewegung und Ortsveränderung. Soweit diese Tätigkeit lediglich durch die unentgeltliche Abgabe von Zeitschriften und Informationsmaterial ohne Hilfsmittel (zB Informationsstände) erfolgt, ist das Verhalten wie die politische Information und Werbung als kommunikativer Verkehr dem Gemeingebrauch zuzurechnen.[102] Werden zugleich entgeltliche Leistungen beworben oder angeboten, schließt dies nicht den Schutz des Art 4 GG aus, solange die Glaubenslehre nicht als bloßer Vorwand für die Verfolgung wirtschaftlicher Zwecke dient.[103] Sofern der Verkauf religiöser Schriften gegenüber dem Zweck der Vermittlung des eigenen Glaubens von erkennbar untergeordneter Bedeutung ist, kann dies noch dem kommunikativen Verkehr zugeordnet werden.[104] Wird dagegen der Straßen-

[96] BVerwGE 84, 71, 76.
[97] BVerwGE 84, 71, 78.
[98] BVerwGE 84, 71, 79 in Anlehnung an die Rspr des BVerfG zur „Spontanversammlung".
[99] S OLG Hamm NJW 1980, 1702 f; *Jarass* in: ders/Pieroth, GG, Art 5 Rn 110; aA BVerwG NJW 1987, 1836 f → JK GG Art 5 III 1/8; vgl BVerwGE 84, 71, 76 f, wo das Erlaubniserfordernis auf alle Formen der Straßenkunst erstreckt wird.
[100] S BVerwG DÖV 1981, 342; OLG Hamm NJW 1980, 1702, 1703.
[101] S BVerwG DÖV 1981, 342; BVerwGE 84, 71, 75 ff.
[102] BayVGH BayVBl 1996, 665 f; vgl BVerwG NJW 1997, 406, 407 → JK GG Art 4 I/15.
[103] BVerwG NJW 1997, 406, 407 → JK GG Art 4 I/15.
[104] OVG Hamburg NJW 1996, 2051 f; vgl BayVGH BayVBl 1996, 665, 666, zur deutlich untergeordneten Werbung in unentgeltlich verteilten Zeitschriften.

raum gegenständlich in Anspruch genommen (Aufstellung von Informations- bzw Verkaufstischen), besteht eine Sondernutzungserlaubnispflicht.[105] Insoweit gelten dieselben Grundsätze, die das BVerwG im Hinblick auf die ebenfalls vorbehaltlos gewährleistete Kunstfreiheit für die Fälle der Straßenkunst entwickelt hat.[106] Das präventive Kontrollverfahren der Sondernutzungserlaubnis soll einen Ausgleich der unterschiedlichen grundrechtlich geschützten Belange, die bei der Benutzung des Straßenraums miteinander in Konflikt geraten können, gewährleisten und stellt eine regelmäßig nur geringe und daher verhältnismäßige Belastung dar. Sofern im Einzelfall die beabsichtigte Straßenbenutzung weder die Rechte oder Belange anderer Verkehrsteilnehmer (Art 2 I, 3 I GG) noch das Recht auf Anliegergebrauch (Art 14 I GG) noch andere Grundrechte ernstlich beeinträchtigt, besteht in der Regel ein Anspruch auf Erlaubniserteilung.[107]

6. Sonderregelungen durch Satzung

Die örtlichen Gegebenheiten und Gepflogenheiten sind aber nicht nur bei der Bestimmung des Verkehrsgebrauchs im Rahmen der *gesetzlich* gezogenen Gemeingebrauchsgrenzen zu berücksichtigen. Die Straßengesetze *ermächtigen* zu diesem Zwecke auch die Gemeinden, *durch Satzung* bestimmte Sondernutzungen in den Ortsdurchfahrten der Bundesfernstraßen (§ 8 I 4 FStrG) und der Land- und Kreisstraßen sowie in den Gemeindestraßen (vgl § 19 StrWG NRW, § 18 I 4 StrG Nds, ferner Art 22a StrWG Bay) von der Erlaubnispflicht zu befreien. Solche Gemeindesatzungen bedürfen, wenn die Gemeinde nicht selbst Straßenbaulastträger ist, der Zustimmung des Trägers der Straßenbaulast (§ 8 I 5 FStrG: der obersten Landesstraßenbaubehörde). 43

7. Besondere Gemeingebrauchsschranken

Gemeingebrauchsschranken können sich über die normativ-abstrakte Verkehrszweckbestimmung hinaus aus der *besonderen* Zweckbestimmung einzelner Straßen und Wege ergeben.[108] Eine solche besondere Zweckbestimmung erfolgt durch die Widmungsverfügung. Regelmäßig ist die Widmung unbeschränkt, sie umfasst also alle nicht schienengebundenen Landverkehrsarten. Die Widmung kann aber auch auf bestimmte Verkehrsarten oder Verkehrszwecke beschränkt sein.[109] Wird die Widmung in dieser Weise *nachträglich* beschränkt, so liegt eine *Teil*einziehung vor.[110] Ist eine öffentliche Straße als Fußgängerstraße gewidmet, so liegt der Fahrzeugverkehr *außerhalb* des Gemeingebrauchs. Dementsprechend bedarf auch der Anlieger einer Sondernutzungserlaubnis zum Fahren und Parken in einer Fußgängerzone.[111] Der als Radweg gewidmete Teil einer öffentlichen Straße kann nur von Radfahrern gemeingebräuchlich genutzt werden, entsprechendes gilt für die Bürgersteige zugunsten der Fußgänger. Ist eine Straße als Bundesautobahn gewidmet, so ist sie ausschließlich für den Schnellverkehr mit 44

[105] VG Frankfurt NVwZ 1991, 195 f; NdsOVG NVwZ-RR 1996, 244, 245; vgl BVerwG NJW 1997, 406, 407 → JK GG Art 4 I/15.
[106] BVerwG NJW 1997, 406, 407 → JK GG Art 4 I/15; NJW 1997, 408.
[107] BVerwG NJW 1997, 406, 407 → JK GG Art 4 I/15; NJW 1997, 408.
[108] *Salzwedel* DÖV 1963, 241, 244; *ders* ZfW 1962, 84; *Kodal/Krämer* (Fn 1) Kap 24 Rn 16 ff.
[109] S *Grote* in: Kodal/Krämer (Fn 1) Kap 24 Rn 16; *Papier* (Fn 6) Teil G Rn 92; *Sauthoff* NVwZ 2004, 674, 675.
[110] Vgl *Grote* in: Kodal/Krämer (Fn 1) Kap 24 Rn 16.
[111] VGH BW DÖV 1980, 730 = JA 1980, 609.

Kraftfahrzeugen bestimmt (vgl § 1 III FStrG), so dass etwa das Parken, der Fußgängerverkehr oder der Verkehr mit Fahrzeugen unter einer Mindestgeschwindigkeit als *außerhalb* des (abstrakten) Gemeingebrauchs liegend unzulässig ist. Art und Maß der Beschränkung ergeben sich hier *mittelbar* aus der Widmung, nämlich aus der Zuweisung der Straße zu einer bestimmten Straßengruppe.

45 Die besonderen *wege*rechtlichen Widmungsschranken dürfen nicht mit den die Gemeingebrauchsausübung ordnenden Vorschriften des (Straßen-)Verkehrsrechts verwechselt werden, auch soweit diese die wegerechtlichen Gemeingebrauchsschranken zusätzlich verkehrsrechtlich absichern.[112] Die wegerechtlichen Gemeingebrauchsschranken betreffen den *abstrakten* Gemeingebrauch.[113] Sie legen fest, was schon abstrakt gesehen nicht auf öffentliche Straßen oder auf eine bestimmte öffentliche Straße gehört. Sie gelten ungeachtet dessen, wieviele Verkehrsteilnehmer zu erwarten sind. Ordnungsbedürfnisse, die sich erst daraus ergeben, dass zu viele den abstrakt eröffneten Gemeingebrauch ausüben, fallen ausschließlich unter das Verkehrsrecht, das nicht den Gemeingebrauch von der Sondernutzung, sondern den individuell zulässigen vom unzulässigen Gemeingebrauch abgrenzt.[114]

8. Erlaubnisfreie Benutzung

46 Die Benutzung zum Gemeingebrauch steht jedermann ohne besondere Zulassung offen, sie ist also – im Gegensatz zur Sondernutzung, die mangels abweichender satzungsrechtlicher Vorschriften erlaubnispflichtig ist – erlaubnisfrei.[115] Damit ist nicht nur der einseitige behördliche Zulassungsakt, sondern auch die „Vorschaltung“ eines Vertragsschlusses ausgeschlossen, unabhängig davon, ob Verwaltungsermessen oder Erlaubnispflicht bzw Kontrahierungszwang bestehen. Dagegen ist es mit dem straßenrechtlichen Gemeingebrauch nicht unvereinbar, wenn für bestimmte Formen des schlichten oder gesteigerten Gemeingebrauchs eine straßenverkehrsrechtliche oder (bau-)ordnungsrechtliche Genehmigung vorliegen muss.

9. Unentgeltlichkeit?

47 Ob die zulassungsfreie Benutzung durch jedermann auch die Unentgeltlichkeit der gemeingebräuchlichen Nutzung voraussetzt, ist stets umstritten gewesen.[116] Die geltenden Straßengesetze bringen in dieser Frage insoweit eine Klärung, als sie die Erhebung von Benutzungsgebühren *nicht* als unvereinbar mit dem Gemeingebrauch ansehen. Die Unentgeltlichkeit der Nutzung gehört also nicht zum „Wesen“ des Gemeingebrauchs.[117] Allerdings bedarf eine Gebührenerhebung einer besonderen *formell-gesetzlichen* Ermächtigung (s zB § 7 I 4 FStrG, § 14 IV StrWG NRW, Art 14 II StrWG Bay; § 14 III StrG Nds).

48 Seit der Ergänzung des Art 74 I Nr 22 GG im Jahr 1969[118] besitzt der Bund für die Erhebung und Verteilung von Gebühren für die Benutzung öffentlicher Straßen mit

[112] S dazu *Grote* in: Kodal/Krämer (Fn 1) Kap 24 Rn 17.3.
[113] *Salzwedel* DÖV 1963, 241, 251; *ders* ZfW 1962, 83; *Papier* (Fn 6) Teil G Rn 93.
[114] *Salzwedel* DÖV 1963, 241, 251; *ders* ZfW 1962, 83.
[115] S auch *Grote* in: Kodal/Krämer (Fn 1) Kap 24 Rn 15.
[116] Nachweise bei *Forsthoff* VwR, 390 mit Fn 2, 3; *Grote* in: Kodal/Krämer (Fn 1) Kap 24 Rn 23 ff.
[117] AA noch BVerwGE 4, 342.
[118] BGBl I 363.

Fahrzeugen explizit die konkurrierende Gesetzgebungskompetenz. Das im Jahr 1990 erlassene Gesetz über Gebühren für die Benutzung von Bundesfernstraßen mit schweren Lastfahrzeugen[119] verstieß wegen der gleichzeitig mit der von allen Verkehrsunternehmen zu zahlenden Straßenbenutzungsgebühr eingeführten Senkung der Kraftfahrzeugsteuer für deutsche Verkehrsunternehmen gegen ex Art 76 EGV (= Art 92 AEUV).[120] Durch die Richtlinie 93/89/EWG des Rates der Europäischen Gemeinschaften über die Besteuerung bestimmter Kraftfahrzeuge zur Güterbeförderung sowie die Erhebung von Maut- und Benutzungsgebühren für bestimmte Verkehrswege durch die Mitgliedstaaten vom 25.10.1993[121] wurde der gemeinschaftsrechtliche Rahmen für Straßenbenutzungsgebühren konkretisiert.[122] Gestützt auf Art 74 I Nr 22 GG wurden 1994 das Autobahnbenutzungsgebührengesetz für schwere Nutzfahrzeuge[123] und das Fernstraßenbauprivatfinanzierungsgesetz[124] erlassen.[125]

10. Gebrauch im Rahmen der Verkehrsvorschriften

Nach dem Inhalt und Umfang der meisten gemeingebrauchsbestimmenden straßenrechtlichen Vorschriften wird nur die Benutzung im Rahmen der *Verkehrsvorschriften* als Gemeingebrauch gestattet (so § 7 I 1 FStrG, § 13 I 1 StrG BW, § 14 I 1 StrG Bbg, § 14 1 HStrG, § 21 I 1 StrWG MV, § 14 I 1 StrG Nds, § 14 I 1 StrWG NRW, § 14 I 1 StrG Saarl, § 14 I 1 StrG Sachs, § 14 I 1 StrG LSA, § 20 I 1 StrWG SH, § 14 I StrG Thür, anders Art 14 I StrWG Bay, § 10 II 1 StrG Berl). Damit verweisen die Straßengesetze auf die verkehrsrechtlichen Bestimmungen vornehmlich des StVG, der StVZO und der StVO. Die verkehrsrechtlichen Ge- und Verbote sind an die Stelle des traditionellen wegerechtlichen *Gemeinverträglich*keitsgebots getreten.[126] Die Ausübung des „schlichten" Gemeingebrauchs an öffentlichen Straßen ist stets Straßenverkehr. Da der Bund für diesen Bereich von seinem Recht der konkurrierenden Gesetzgebung (Art 74 I Nr 22 GG) in vollem Umfange Gebrauch gemacht hat, kann sich die Frage der Gemeinverträglichkeit des Verkehrsgebrauchs heute ausschließlich nach dem (bundesrechtlichen) Verkehrsrecht, nicht aber nach dem (Landes-)Wegerecht bestimmen. **49**

Das das Gemeinverträglichkeitsprinzip abschließend bestimmende oder konkretisierende Verkehrsrecht (vgl insbesondere § 1 StVO) kann deshalb aber nicht den bisher behandelten wegerechtlichen Gemeingebrauchsschranken gleichgesetzt werden. Während jene den öffentlich-rechtlichen Sachherrschaftsstatus überhaupt oder die Grenzen zwischen Gemeingebrauch und Sondernutzung bestimmen, besagt das Verkehrsrecht, welche im Rahmen des wegerechtlich-abstrakten Gemeingebrauchs liegenden Nutzungen auch tatsächlich zulässigerweise ausgeübt werden dürfen. Es legt die Grenzen zwischen abstraktem und individuellem, zwischen zulässigem und unzulässigem Ge- **50**

119 BGBl I, 826.
120 EuGH Slg 1992, I-3141 – Kommission/Bundesrepublik Deutschland = NJW 1992, 1949.
121 ABl Nr L 279/32.
122 Vgl dazu *Rinke* in: Kodal/Krämer (Fn 1) Kap 16 Rn 19, 19.1.
123 Vom 30.8.1994, in Durchführung des Übereinkommens vom 9.2.1994 mit Belgien, Dänemark, Luxemburg und den Niederlanden, BGBl II, 1765.
124 Vom 30.8.1994, BGBl I, 2243.
125 Zu beiden vgl *Rinke* in: Kodal/Krämer (Fn 1) Kap 16 Rn 20 ff; *v Mangoldt/Klein/Pestalozza* GG VIII, 3. Aufl 1996, Rn 1628 ff.
126 *Grote* in: Kodal/Krämer (Fn 1) Kap 24 Rn 28 ff; *Wolff/Bachof/Stober*, VwR II, § 78 Rn 9; *Salzwedel* DÖV 1963, 241, 251; *ders* ZfW 1962, 88 f.

meingebrauch fest.[127] Die auf die Verkehrsvorschriften verweisenden Gemeingebrauchsklauseln der Straßengesetze sind letztlich überflüssig, weil sich die Bindung an die Verkehrsvorschriften schon unmittelbar aus ihrer Normativität ergibt.[128]

51 Wegerechtliche und verkehrsrechtliche Regelungen sind daher gegeneinander abzugrenzen.[129] Das *Wegerecht* legt die abstrakte Zweckbestimmung der öffentlichen Sache, also die abstrakte Verkehrsaufgabe der Straße fest. Es bestimmt, was überhaupt nicht auf öffentliche Straßen allgemein oder auf bestimmte, eine besondere wegerechtliche Zweckbestimmung aufweisende Verkehrswege gehört. Es verbietet alle diese abstrakte Zweckbestimmung überschreitenden Nutzungen unabhängig davon, ob im konkreten Fall eine Verkehrsstörung zu erwarten ist oder nicht.[130]

52 Im Gegensatz dazu bezieht sich das *Verkehrsrecht* auf Ordnungsbedürfnisse, die erst durch die Art und Menge der *bestimmungsgemäßen* Benutzungen der öffentlichen Straße entstehen.[131] Es hat an die Zahl der Verkehrsteilnehmer, an die Frequenzen der Straßenbenutzung und an die zeitlichen Verkehrsballungen anzuknüpfen. Die Gemeingebrauchsausübung unter diesen konkreten Gemeinverträglichkeitsgesichtspunkten zu ordnen, ist die Aufgabe des Verkehrsrechts und der es ausführenden Straßenverkehrsbehörden. Es ist auch für die Privatstraßen und Privatwege verbindlich, soweit diese dem öffentlichen Verkehr vom Eigentümer zur Verfügung gestellt werden. Die Fläche muss mit anderen Worten mit ausdrücklicher Zulassung oder stillschweigender Duldung des Verfügungsberechtigten für jedermann ohne Beschränkung auf einen abgegrenzten, durch persönliche Beziehungen verbundenen Personenkreis tatsächlich benutzbar sein.[132]

53 Das *Straßenverkehrsrecht* ermöglicht nur solche Regelungen, die sich mit der Nutzungsausübung im Rahmen der Widmung befassen.[133] Das Verkehrsrecht „knüpft an die wegerechtliche Widmung in ihrem gegebenen Bestand an" und regelt weder ihre Voraussetzungen noch ihren Umfang.[134] Das bedeutet zum einen, dass das Straßenverkehrsrecht nicht zu solchen verkehrsregelnden Maßnahmen berechtigt, die den Widmungsrahmen *überschreiten* und Verkehrsarten zulassen, die von der wegerechtlichen Widmung nicht umschlossen sind.[135] Es können zB keine verkehrsregelnden Maßnahmen auf der Grundlage des Straßenverkehrsrechts getroffen werden, die eine wegerechtliche Teilentwidmung der Straße (Einrichtung eines Fußgängerbereichs) durch Zulassung einer anderen Benutzungsart, etwa eines beschränkten Fahrzeugverkehrs, faktisch (partiell) wieder rückgängig machen.[136]

54 Verkehrsregelnde Maßnahmen auf der Grundlage des Straßenverkehrsrechts finden ihre Grenzen an der wegerechtlichen Widmung aber nicht nur, soweit sie den Wid-

[127] *Salzwedel* DÖV 1963, 241, 251; *ders* ZfW 1962, 83; *Grote* in: Kodal/Krämer (Fn 1) Kap 24 Rn 27 ff.

[128] S auch *Grote* in: Kodal/Krämer (Fn 1) Kap 24 Rn 29.

[129] Vgl dazu BVerfGE 67, 299, 314 f, 321 ff → JK GG Art 74 Nr 22/1.

[130] *Salzwedel* DÖV 1963, 241, 251; *Papier* (Fn 6) Teil G Rn 93.

[131] S auch BVerwGE 34, 241, 243; 320, 323; 62, 376, 378 → JK StVO Abgrenzung/1; *Steiner* JuS 1984, 1, 2 ff.

[132] *Steiner* JuS 1984, 1, 3.

[133] BVerwGE 62, 376, 378 = NJW 1982, 840 = DÖV 1981, 920 f → JK StVO Abgrenzung/1; BVerfGE 67, 299, 314 → JK GG Art 74 Nr 22/1; *Steiner* JuS 1984, 1, 4; *Papier* (Fn 6) Teil G Rn 108; *ders* (Fn 5) 107.

[134] S BVerwGE 34, 241, 243; 320, 323; 62, 376, 378 → JK StVO Abgrenzung/1.

[135] BVerwGE 62, 376, 378 f → JK StVO Abgrenzung/1; *Steiner* JuS 1984, 1, 4 f.

[136] S dazu BVerwGE 62, 376 ff → JK StVO Abgrenzung/1.

mungsrahmen sprengen, sondern im Grundsatz auch, soweit sie ihn *unterschreiten*. Dieser Grundsatz bedarf indes einer gewissen Präzisierung und Differenzierung: Durch Anordnung von Verkehrsverboten und Verkehrsbeschränkungen dürfen im Ergebnis keine dauerhaften Entwidmungen oder Widmungsbeschränkungen der Straße, also dauerhafte Ausschlüsse bestimmter Verkehrsarten bewirkt werden.[137] Praktisch bedeutet dies, dass beispielsweise die Einrichtung von Fußgängerzonen im Ortsstraßenbereich im Grundsatz nicht mittels und auf der Grundlage des Verkehrsrechts erfolgen darf. Denn insoweit geht es um Beschränkungen des abstrakten Verkehrsgebrauchs und der abstrakten Verkehrsaufgabe der öffentlichen Straße. Solche besonderen Zweckbestimmungen können nur durch die Widmungsverfügung ausgesprochen werden. Werden – wie in aller Regel – vorhandene, bisher einem umfassenderen Verkehrsgebrauch gewidmete Straßen betroffen, so handelt es sich bei solchen nachträglichen Widmungsbeschränkungen um eine Teileinziehung.[138] Eine verkehrsrechtliche Lösung ist grundsätzlich ausgeschlossen, wenn und soweit es nicht mehr um Ordnungsbedürfnisse innerhalb des bestimmungsgemäßen Gebrauchs, sondern um (Neu-)Festsetzung der abstrakten Verkehrsbestimmung und -funktion geht.

Auf der anderen Seite sind gemäß § 45 StVO auch Verkehrsverbote und Verkehrsbe- **55**
schränkungen *verkehrsrechtlicher* Art zulässig, die aus Gründen der Sicherheit oder Ordnung des Straßenverkehrs Verkehrs- und Benutzungsarten rechtlich ausschließen, die an sich innerhalb des widmungsrechtlichen Rahmens liegen, die also im Ergebnis den wegerechtlichen Benutzungsspielraum einengen.[139] So darf zB eine verkehrsrechtliche Anordnung zum Schutz der Nachtruhe den Lkw- oder Motorradverkehr beschränken (s § 45 I Nr 3, Ib 1 Nr 5 StVO). Die Grenzen zur dauerhaften Einziehung oder Teileinziehung, die dem Straßenrecht und *seinem* Instrumentarium vorbehalten sind, sind im Einzelfall schwer zu ziehen und umstritten. So wird zT die (enge) Auffassung vertreten, jede Verkehrsbeschränkung, die dauerhaft sein soll und die Einfluss auf die Zulässigkeit bestimmter Verkehrsarten hat, sei nicht mehr vom Straßenverkehrsrecht gedeckt.[140] Die Rechtsprechung des Bundesverwaltungsgerichts[141] und teilweise auch die Literatur[142] bemessen den Gestaltungsrahmen des Verkehrsrechts etwas großzügiger. Es wird darauf verwiesen, dass Maßnahmen nach § 45 StVO nur zur Gefahrenabwehr zulässig sind und daher voraussetzungsgemäß wegen dieser finalen Ausrichtung situationsbedingt und nicht dauerhafter Natur sind.[143] Die auf § 45 StVO gestützten Maßnahmen seien stets abhängig vom Fortbestehen der Gefahrensituation, durch die ihre Anordnung veranlasst wurde. Sie sind nach dieser Auffassung gewissermaßen per se oder de iure dauerhaften (Teil-)Einziehungen nicht gleichgeordnet, auch wenn tatsächlich ein Ende der sie legitimierenden Gefahrenlage nicht absehbar ist, die Anordnung also nur „potentiell befristet" ist.[144] In diesem Sinne hat das Bundesverwaltungsgericht eine verkehrsrechtliche Anordnung akzeptiert, die aus den engen

[137] S etwa *Grote* in: Kodal/Krämer (Fn 1) Kap 24 Rn 28.2; *Peine* Rechtsfragen der Einrichtung von Fußgängerstraßen, 1979, 66 ff; *ders* DÖV 1978, 835, 838; *Steiner* JuS 1984, 1, 5; *Papier* (Fn 6) Teil G Rn 109.

[138] BayVGH DVBl 1973, 508; HessVGH DVBl 1973, 510 f; *Wendrich* DVBl 1973, 475.

[139] S BVerwG DÖV 1980, 915 = DVBl 1980, 1045 ff; *Steiner* JuS 1984, 1, 5.

[140] So *Peine* (Fn 138) 66 ff; *ders* DÖV 1978, 835, 838.

[141] S DÖV 1980, 915; vgl BVerwGE 94, 136, 138.

[142] S *Steiner* JuS 1984, 1, 5; *dens* (Fn 4) V Rn 167; *Pappermann/Löhr/Andriske* (Fn 4) 37.

[143] S *Steiner* JuS 1984, 1, 5.

[144] *Steiner* JuS 1984, 1, 5.

Straßen einer historisch gewachsenen Innenstadt den Kraftfahrzeugverkehr „ausgliederte“, weil infolge des Nebeneinanders von starkem Fußgängerverkehr und intensivem Fahrzeugverkehr eine Verkehrsgefährdung sowie eine erhebliche Beeinträchtigung der Leichtigkeit und Flüssigkeit des Straßenverkehrs entstanden waren.[145]

56 Die Anlegung von Fußgängerbereichen, Fußgängerzonen oder Fußgängerstraßen, die primär aus *städtebaulichen Gründen* erfolgt, ist eindeutig nur mittels des wegerechtlichen Instrumentariums (Widmungsbeschränkung, Teileinziehung) möglich.[146] Die Straßenverkehrsbehörden sind aufgrund des § 45 Ib 1 Nr 3 StVO nur ermächtigt, wegerechtlich verfügte Maßnahmen verkehrsrechtlich zu *kennzeichnen*. Daneben besteht die Möglichkeit, im Bebauungsplan gemäß § 9 I 1 Nr 11 BauGB Verkehrsflächen mit entsprechender besonderer Zweckbestimmung auszuweisen, was eine planerisch-vorbereitende Bedeutung hat.

57 Die Anlegung so genannter „verkehrsberuhigter Bereiche“ ist indes auch aufgrund des Straßenverkehrsrechts zulässig (s § 45 Ib 1 Nr 3 StVO). Denn hier geht es nicht um den Ausschluss bestimmter Verkehrsarten von der gemeingebräuchlichen Nutzung der Straße, sondern um die Schaffung einer spezifisch verkehrsrechtlichen Ordnung.[147]

58 Umgekehrt liegt – wie oben bereits ausgeführt (Rn 26 f) – das Parken, auch das regelmäßige oder Dauerparken im innerstädtischen Bereich, im Rahmen der abstrakten Verkehrsaufgabe oder -bestimmung der Straße, so dass Beschränkungen und Verbote insoweit nur durch das bundesrechtliche Verkehrsrecht oder aufgrund des Verkehrsrechts zulässig sind, vgl §§ 12, 13 StVO.[148] Allein aufgrund des Verkehrsrechts darf daher auch das Parken gebührenpflichtig gemacht werden, was etwa durch die die Parkuhrenregelung enthaltende Ermächtigung des § 13 StVO möglich ist. Zum Gemeingebrauch gehört nach dem oben Gesagten (Rn 47) nicht zwingend die Unentgeltlichkeit. Gebührenerhebungen aufgrund förmlichen Gesetzes sind also auch bei gemeingebräuchlicher Straßenbenutzung zulässig.

59 Der Vorrang des Straßenverkehrsrechts bewirkt generell, dass die Straßenbaulastträger (Straßenbaubehörden) mittels der Widmungsbeschränkung nicht den bundesrechtlich abschließend geregelten Verkehrsbegriff modifizieren und damit bundesrechtlich zugelassene Verkehrsvorgänge nicht ausschließen dürfen. Das gilt daher auch für den fließenden Verkehr, so dass *wege*rechtlich zB kein Richtungsverkehr (Einbahnstraße) und keine Busspuren für den öffentlichen Nahverkehr eingerichtet werden dürfen.[149]

IV. Gemeingebrauch und subjektives öffentliches Recht

1. Der „schlichte“ Gemeingebrauch

60 a) Die Qualifizierung des Gemeingebrauchs hat in der Vergangenheit zu Kontroversen geführt.[150] Die Annahme eines subjektiven öffentlichen Rechts ist teilweise mit der Be-

[145] DÖV 1980, 915; s dazu *Steiner* JuS 1984, 1, 5.

[146] BVerwG BayVBl 1976, 692; *Steiner* JuS 1984, 1, 5, s auch *Herber* in: Kodal/Krämer (Fn 1) Kap 10 Rn 17.23; *Papier* (Fn 6) Teil G Rn 110; *ders* (Fn 5) 109.

[147] S auch *Steiner* JuS 1984, 1, 6; *Papier* (Fn 6) Teil G Rn 112; zur Zulässigkeit verkehrsberuhigender Straßeneinbauten vgl *Bartlsperger* Das Gefahrenrecht öffentlicher Straßen, 1994.

[148] BVerfGE 67, 299, 313 ff → JK GG Art 74 Nr 22/1; BVerwGE 23, 325; 34, 241 ff; 34, 320 ff; *Salzwedel* DÖV 1963, 241, 251; *Steiner* JuS 1984, 1, 6 ff.

[149] S *Steiner* JuS 1984, 1, 8; *dens* (Fn 4) IV Rn 165.

[150] Nachw bei *Wolff/Bachof/Stober* VwR II, § 78 Rn 4.

gründung abgelehnt worden, der Einzelne habe aufgrund des Gemeingebrauchs keine gegenüber dem Staat (Kommune) unentziehbare Rechtsposition, es läge in der Willensmacht des Staates (Kommune), den Gemeingebrauch an einer Straße wieder aufzuheben oder zu beschränken.[151] Andere haben die Existenz eines subjektiv-öffentlichen Rechts umgekehrt gerade deshalb geleugnet, weil der Gemeingebrauch mehr sei als eine gesetzlich verliehene Rechtsposition und – wie das „Recht zum Atmen" – Ausfluss einer „natürlichen" Handlungsfreiheit sei.[152]

b) Nach heutigem Erkenntnisstand erweist sich dieser Streit weitgehend als sinnlos: **61** Ein subjektives öffentliches Recht besteht dann, wenn jemandem durch Normen des öffentlichen Rechts die Willensmacht verliehen ist, von einem Dritten ein Tun oder Unterlassen verlangen zu können.[153] Nach den Straßengesetzen des Bundes und der Länder darf jedermann im Rahmen der Widmung und der Verkehrsvorschriften die öffentlichen Straßen zum Verkehr benutzen. Öffentliche Straßen sind all diejenigen Straßen, Wege und Plätze, die dem öffentlichen Verkehr gewidmet sind. Soweit und solange an einer Sache Gemeingebrauch besteht, hat der Bürger also ein subjektives öffentliches Recht auf Ausübung des individuell zulässigen, dh auch verkehrsrechtlich unbedenklichen Gemeingebrauchs. Er hat damit einen öffentlich-rechtlichen Anspruch gegen den Träger der Straßenbaulast, der Straßenaufsicht, gegen den Straßeneigentümer, gegen die Straßenverkehrsbehörde, die (örtliche) Ordnungsbehörde und die Polizei auf Duldung des individuellen Gemeingebrauchs und auf Unterlassung von (rechtswidrigen) Beschränkungen und Behinderungen entsprechender Straßenbenutzungen.[154] Diese Abwehrrechte (Duldungs- und Unterlassungsansprüche) sind Ausfluss oder Erscheinungsformen eines absoluten oder dinglichen (Nutzungs-)Rechts *an* der öffentlichen Sache. Rechtswidrige Eingriffe in den individuellen Gemeingebrauch durch Träger öffentlicher Gewalt stellen überdies eine Verletzung des Grundrechts der allgemeinen Handlungsfreiheit aus Art 2 I GG beim „schlichten" Gemeingebrauch,[155] beim Anliegergebrauch sogar des Eigentümergrundrechts aus Art 14 I 1 GG dar.[156]

c) Dieses subjektive öffentliche Recht des (individuellen) Gemeingebrauchs gewährt **62** aber *kein* Recht auf Begründung oder Aufrechterhaltung des Gemeingebrauchs an bestimmten Sachen.[157] Es gibt kein subjektives öffentliches Recht des Bürgers auf Anlegung und Widmung einer bestimmten Straße, auf einen bestimmten Widmungsinhalt, auf Unterlassen von Einziehungen, Umstufungen oder nachträglichen Widmungsbeschränkungen (Teileinziehungen) sowie auf Vornahme, Aufrechterhaltung oder Unterlassung bestimmter, die Gemeingebrauchsausübung ordnender *verkehrs*rechtlicher Regelungen. Diejenigen, die den Gemeingebrauch an einer bestimmten Straße ausüben (wollen), haben allerdings ein subjektives öffentliches Recht auf Einhaltung der verfahrensrechtlichen Vorschriften bei der (Teil-)Einziehung und auf Unterlassung materiellrechtswidriger (Teil-)Einziehungen.[158]

d) Andererseits ist zu berücksichtigen, dass den Freiheitsgarantien des GG, insbe- **63** sondere aus Art 12 I, 5 I, 2 II (Bewegungsfreiheit), 11, 14 I und 2 I GG, nur dann eine

[151] O. *Mayer* VwR II, 6 f.
[152] *H. Peters* Lehrbuch der Verwaltung, 1949, 211.
[153] *Maurer* Allg VwR, § 8 Rn 2.
[154] *Forsthoff* VwR, 391 f; *Wolff/Bachof/Stober* VwR II, § 78 Rn 5; *Steiner* (Fn 4) V Rn 112.
[155] *Grote* in: Kodal/Krämer (Fn 1) Kap 24 Rn 5 ff; *Papier* (Fn 6) Teil G Rn 96; *ders* (Fn 5) 111.
[156] BVerwGE 32, 222 ff; *Papier* in: Maunz/Dürig, GG, Art 14 Rn 115.
[157] *Papier* (Fn 6) Teil G Rn 97.
[158] S auch *Steiner* (Fn 4) IV Rn 124.

Funktionsfähigkeit zukommen kann, wenn ein öffentliches Straßennetz als Stätte der Fortbewegung und Kommunikation vom Staat zur Verfügung gestellt wird und wenn dem Einzelnen ein Recht auf Benutzung dieser öffentlichen „Einrichtungen“ zusteht. Die genannten Freiheitsrechte verpflichten also das jeweilige Gemeinwesen, ein öffentliches Straßennetz mit öffentlich-rechtlichen Benutzungsrechten des Bürgers in angemessenem Umfang zur Verfügung zu stellen. Eine in großem Stile betriebene Privatisierung des Straßennetzes oder die Einführung eines generellen, durch Verwaltungsermessen geprägten Zulassungsverfahrens würde der *institutionellen* (Verfassungs-)Garantie des Gemeingebrauchs widersprechen.[159] Eine Überschreitung der durch diese institutionelle Garantie gezogenen Grenzen könnte auch von einzelnen Gemeingebrauchsberechtigten gegenüber konkreten Einziehungen als Grundrechtsverletzung eingewandt werden.

2. Der Anliegergebrauch

64 a) Auch der *gesteigerte* Gemeingebrauch des *Anliegers* ist ein subjektiv-öffentliches Recht, das sich nach hM sogar unmittelbar aus dem Verfassungsrecht, nämlich aus Art 14 I GG, ergibt.[160] Aber auch insoweit bedeutet diese Aussage zunächst nur, dass, solange und soweit Gemeingebrauch an einer öffentlichen Sache tatsächlich eingeräumt ist, für den Anlieger ein subjektiv-öffentliches Recht auf ungestörte Nutzung im Rahmen der oben abgesteckten Grenzen besteht.[161] Wie beim „schlichten“ Gemeingebrauch ist auch im Hinblick auf den „gesteigerten“ Gemeingebrauch des Straßenanliegers zwischen dem Recht auf Wahrnehmung bestehenden Gemeingebrauchs einerseits und dem Recht auf Einräumung oder Aufrechterhaltung eines (gesteigerten) Gemeingebrauchs andererseits grundsätzlich zu unterscheiden.

65 b) Es ist aber auch zu berücksichtigen, dass der grundrechtliche Eigentumsschutz aus Art 14 GG zugunsten der Straßenanlieger (Eigentümer oder Besitzer von Grundstücken oder Gebäuden, Inhaber von eingerichteten und ausgeübten Gewerbebetrieben) stets die *„Kontaktmöglichkeit nach außen“* mitumfasst. Art 14 I GG garantiert also jedem Anlieger eine Zugänglichkeit zum öffentlichen Straßennetz als Bestandteil seiner Eigentumsposition und *nicht nur* die gesteigerte Benutzung *vorhandenen* Verkehrsraums.[162] Anliegerrecht bzw Anliegergebrauch beziehen sich auf solche Straßen, denen eine Erschließungsfunktion zukommt, also im Wesentlichen auf die Gemeindestraßen und die Ortsdurchfahrten.

66 Deshalb liegt ein Eingriff in die verfassungsrechtlich geschützte Eigentumsposition vor, wenn dem Straßenanlieger durch Einziehungsverfügungen, Widmungsbeschränkungen, verkehrsrechtliche Verbote oder durch tatsächliche Baumaßnahmen die Zufahrt oder der Zugang zur öffentlichen Straße auf Dauer unterbrochen oder derart erschwert werden, dass der Wert des Grundstücks oder eines Besitz- und Nutzungsrechts erheblich herabgemindert wird.[163] Solche Eigentumseingriffe sind nur zulässig und vom

159 *Papier* (Fn 6) Teil G Rn 97.

160 BVerwGE 30, 238; 32, 225; 54, 1 ff; BVerwG NJW 1981, 412; BVerfG NVwZ 1991, 358; *Papier* in: Maunz/Dürig, GG, Art 14 Rn 115 ff mwN; *ders* (Fn 5) 112.

161 *Grote* in: Kodal/Krämer (Fn 1) Kap 25 Rn 1 ff; *Papier* (Fn 6) Teil G Rn 117.

162 Zum Anliegerrecht s auch *Ossenbühl* StHR, 139 ff.

163 Vgl BVerwGE 30, 235, 238 f; 32, 222 ff; BGHZ 57, 359, 362 mit Nachw früherer Entscheidungen; BGHZ 66, 173, 177; *Ossenbühl* StHR, 139 ff.

Anlieger zu dulden, wenn sie durch Gesetz oder aufgrund eines Gesetzes erfolgen, das Art und Ausmaß der Entschädigung regelt (vgl Art 14 III GG). Selbst wenn man dabei im Sinne der Rechtsprechung des BVerfG keine Enteignung (mangels eines Eigentums*entzuges*) erblickte, wäre die Eigentumsbeschränkung wegen ihrer besonderen Schwere nur verhältnismäßig, wenn kein angemessener Ersatz geschaffen werden kann und die Eigentumsbeschränkung gegen Leistung einer Entschädigung in Geld erfolgte.[164] Der Gesetzgeber des FStrG und der Landesstraßengesetze hat von dieser verfassungsrechtlich als Ultima Ratio eröffneten Möglichkeit, den Eigentumsschutz des Anliegers von einer Bestands- auf eine (bloße) Wertgarantie zu reduzieren, Gebrauch gemacht: Ein Anspruch darauf, dass die Straße nicht verändert oder nicht eingezogen wird, wird auch dem Straßenanlieger entweder ausdrücklich (vgl § 14a II StrWG NRW, Art 17 I StrWG Bay) oder implizit – so das FStrG (vgl § 8a IV und V) – nicht eingeräumt. Es wird jedoch eine Entschädigungspflicht des Straßenbaulastträgers begründet, wenn der Anlieger auf Dauer entweder vom öffentlichen Verkehrsnetz völlig abgeschnitten oder wenn die Zugänglichkeit wesentlich erschwert wird und ein angemessener Ersatz für den beseitigten Zugang nicht geschaffen werden kann (s § 8a IV FStrG, § 20 V und VI StrWG NRW, Art 17 II StrWG Bay). Entsprechendes gilt, wenn durch Änderungen an der öffentlichen Straße der Zutritt von Licht und Luft zu einem Anliegergrundstück auf Dauer unterbunden oder erheblich beeinträchtigt wird (s § 8a VII FStrG, § 20 VIII StrWG NRW, Art 17 IV StrWG Bay).

c) Die Eigentumsposition des Straßenanliegers erstreckt sich aber *nicht* auf seine **67** *Lagevorteile*, die ihm aus der bisherigen Verkehrsbedeutung der öffentlichen Straße erwachsen sind.[165] Bleibt die öffentliche Straße als Mittel des Kontakts oder der Kommunikation mit dem öffentlichen Verkehrsnetz erhalten, verliert sie aber infolge von Veränderungen im Straßensystem, in der Verkehrsregelung oder bei den öffentlichen Verkehrsmitteln ihre bisherige Verkehrsbedeutung, indem etwa der Durchgangsverkehr abgezogen wird (Bau einer Umgehungsstraße), die Parkmöglichkeiten erheblich eingeschränkt werden[166] oder die Laufkundschaft durch Einführung neuer Verkehrsmittel (Betrieb einer U-Bahn) ausbleibt, so bedeuten der Verlust oder die Reduzierung des Kundenstammes *keinen* („enteignenden") Eingriff in den Gewerbebetrieb des Anliegers. Da hier eigentumskräftige Rechtspositionen gar nicht tangiert werden, gilt dies selbst dann, wenn der Verlust der Lagevorteile zur Existenzvernichtung führt.[167] Art 14 I GG begründet auch keine Rechtsposition, die den unveränderten Fortbestand einer *bestimmten* Verbindung der Anliegerstraße mit dem öffentlichen Straßennetz zum Gegenstand hat.[168]

Aus Art 14 GG folgt mithin grundsätzlich kein Anspruch darauf, dass die Widmung **68** einer bestimmten Straße unverändert aufrechterhalten bleibt (vgl auch Art 17 I StrWG Bay). Der grundrechtliche Schutz des Anliegergebrauches kann also in aller Regel nicht die Widmungsbeschränkung einer öffentlichen Straße durch Teileinziehung verhindern,

[164] S *Papier* in: Maunz/Dürig, GG, Art 14 Rn 116.

[165] S BGHZ 48, 58; 55, 261; 66, 177; 70, 212, 218 f; vgl BayVGH BayVBl 1992, 276, 277; BVerfG NVwZ 1991, 358; *Breuer* Die Bodennutzung im Konflikt zwischen Städtebau und Eigentumsgarantie, 1976, 356 ff mwN; *Ossenbühl* StHR, 140; *Papier* in: Maunz/Dürig, GG, Art 14 Rn 117.

[166] S BVerwG NJW 1983, 770 f.

[167] *Papier* in: Maunz/Dürig, GG, Art 14 Rn 117; *ders* (Fn 6) Teil G Rn 119.

[168] S BGHZ 55, 261, 264; 70, 212, 218 f.

soweit eine ausreichende Verkehrsanbindung des Anliegergrundstücks, bei der Errichtung einer Fußgängerzone vornehmlich über Zufahrten und Zugänge, erhalten bleibt.[169] Etwas anderes wird dann anzunehmen sein, wenn der an der Straße nur noch beschränkt fortbestehende Anliegergebrauch nicht mehr ausreicht, um die angemessene Nutzung der an ihr liegenden Grundstücke zu gewährleisten. Hier ist der Kern des durch die Eigentumsgarantie des Art 14 GG geschützten Anliegergebrauchs der öffentlichen Straße beeinträchtigt.[170] Allerdings ist nicht schon jede Nutzung als angemessen anzusehen, zu der das Grundstück Gelegenheit bietet oder die aus wirtschaftlichen Gründen wünschenswert erscheint. Erforderlich ist, dass das Grundstück nach seiner Lage und Art auf die betreffende Nutzung angewiesen ist.[171] Ein solches Angewiesensein auf eine bestimmte Grundstücksnutzung kommt zB dann in Betracht, wenn ohne diese die Errichtung bzw Fortführung eines Gewerbebetriebes nicht möglich oder jedenfalls wirtschaftlich unvertretbar wäre.[172] Die jeweilige Nutzung muss also für das Grundstück geradezu unentbehrlich sein, wenn nicht gar eine existentielle Bedeutung haben.

69 Diese Voraussetzungen wird man nur in Ausnahmefällen als gegeben ansehen können. Die Nutzung eines Grundstückes, selbst wenn diese gewerblicher Natur sein sollte, „steht und fällt“ in aller Regel nicht damit, dass in unmittelbarer oder angemessener Nähe zum Grundstück auf öffentlichen Straßen Parkmöglichkeiten vorhanden sind. Die Benutzung einer Straße zum Zwecke des Parkens gehört demgemäß nicht zum grundrechtlich geschützten Anliegergebrauch.[173] Es ist daher folgerichtig, wenn das Bundesverwaltungsgericht einen Anspruch des Anliegers aus Art 14 GG, gerichtet auf Schaffung und Erhaltung von Parkraum an öffentlichen, seinem Grundstück benachbarten Straßen verneint.[174]

70 Für die Beantwortung der Frage, ob eine bestimmte Grundstücksnutzung noch als angemessen zu bezeichnen ist und wie weit der durch Art 14 GG geschützte Anliegergebrauch im Einzelfall reicht, kommt es entscheidend auf die tatsächlichen Gegebenheiten und Umstände an. So wird zB ein Eingriff in den grundrechtlich geschützten Anliegergebrauch abzulehnen sein, wenn für bestimmte Straßen in der Kurzone eines Badeortes saisonbegrenzt ein Verkehrsverbot für Kraftfahrzeuge nach § 45 StVO angeordnet wird und ein Anlieger, der an einer dieser Straßen auf eigenem Grundstück eine Pension betreibt und dort einen Kfz-Einstellplatz hat, bzw seine Gäste diesen wenn überhaupt dann nur in eingeschränktem Maße nutzen können. Das Bundesverwaltungsgericht führt in einem Beschluss vom 26.6.1979 vor allem an, dass dem Anlieger eines Grundstücks, welches im Zentrum eines Kurbereichs gelegen ist, Beschränkungen der Grundstücksnutzung in weit höherem Maße als gewöhnlich zuzumuten seien.[175]

71 d) Eine besondere praktische Bedeutung haben ferner die *vorübergehenden „Kontaktunterbrechungen“* oder erheblichen *„Kontaktbeschränkungen“* durch *Baumaßnahmen* am öffentlichen Straßenland.[176] Hier werden zwar eigentumskräftige Rechtsposi-

[169] Vgl BVerwG NJW 1983, 770, 771; BVerwGE 94, 136, 138 ff m zust Anm *Peine* JZ 1994, 522; vgl *Sauthoff* NVwZ 1998, 239, 243.
[170] Vgl BVerwG NJW 1983, 1663, 1664.
[171] St Rspr, vgl BVerwG NJW 1969, 284; NJW 1977, 1789; BVerwGE 94, 136, 138 f.
[172] BVerwG NJW 1978, 2201.
[173] BVerwG NJW 1983, 770, 771.
[174] BVerwG NJW 1983, 770, 771.
[175] BVerwG NJW 1980, 354.
[176] Dazu *Ossenbühl* StHR, 140 ff; *Papier* in: Maunz/Dürig, GG, Art 14 Rn 119.

tionen der Anlieger tangiert, an einem entschädigungspflichtigen Eigentumseingriff fehlt es wegen der Sozialpflichtigkeit des Anliegereigentums aber unter folgenden Voraussetzungen:

(1) Der Anlieger muss grundsätzlich die Behinderungen entschädigungslos dulden, **72** die durch Ausbesserungs- und Verbesserungsarbeiten an der Straße entstehen. Die Straßenanlieger nehmen am Gemeingebrauch der Straße teil, können aber die Vorteile der Straße grundsätzlich nur im jeweiligen Rahmen des Gemeingebrauchs erwarten und müssen vor allem diejenigen Einschränkungen hinnehmen, die der Erhaltung, Sicherung und Förderung des Gemeingebrauchs dienen. Dazu zählen neben den verkehrsrechtlichen Maßnahmen insbesondere die Behinderungen, die durch Vornahme von Erhaltungs- und Ausbesserungsarbeiten sowie von solchen Arbeiten nötig werden, die der Verbesserung oder Modernisierung der Straße, dh ihrer Anpassung an gesteigerte oder geänderte Verkehrsbedürfnisse dienen.[177]

(2) Die öffentliche Straße ist ein „Mehrzweckinstitut". Sie dient nicht nur dem Ge- **73** meingebrauch. Die Straßenkörper haben herkömmlicherweise auch die Funktion, das Leitungsnetz der öffentlichen Versorgung aufzunehmen. Der Straßenanlieger muss auch mit Arbeiten rechnen, die zwar nicht dem Gemeingebrauch dienen, die aber zur Verlegung oder Ausbesserung der Versorgungsleitungen, -röhren oder sonstigen Anlagen ausgeführt werden, soweit jene üblicherweise im Interesse der Allgemeinheit und/oder der Straßenanlieger im Straßenkörper liegen.[178]

(3) Schließlich fällt den öffentlichen Straßen heute verstärkt die Aufgabe zu, Ver- **74** kehrseinrichtungen und -anlagen aufzunehmen, denen eine überörtliche Funktion, also eine Verkehrsbedeutung weit über die konkret betroffene Straße hinaus, zukommt. Zu denken ist hierbei an U-Bahnen, an Tunnel- oder Stelzenstraßen und Brücken. Es ist fraglich, ob die Anlieger Beschränkungen ihres Zugangs zum öffentlichen Straßennetz durch Bauarbeiten auch für solche Anlagen entschädigungslos dulden müssen. Während die Rechtsprechung zunächst wegen der überörtlichen Verkehrsbedeutung und des fehlenden Bezugs zum Gemeingebrauch einen entschädigungspflichtigen Eingriff weitgehend bejahte,[179] nimmt der BGH seit geraumer Zeit unter Hinweis auf die veränderten und gesteigerten Verkehrsbedürfnisse in städtischen Ballungsgebieten und wegen der Tatsache, dass diese Anlagen in der Regel jedenfalls auch einen Bezug zu der konkret betroffenen Straße haben, eine grundsätzlich entschädigungsfreie Duldungspflicht der Anlieger an.[180]

(4) Kontaktunterbrechungen und erhebliche Kontaktbeschränkungen durch die ge- **75** nannten drei Kategorien von Baumaßnahmen halten sich jedoch nicht uneingeschränkt im Rahmen dessen, was der Anlieger kraft der Sozialgebundenheit seines Eigentums entschädigungslos zu dulden hat. Die „Opfergrenze" ist *überschritten*, wenn die Beschränkungen aufgrund ihrer Dauer und Intensität dazu führen, dass ein an sich gesunder Gewerbebetrieb eines Anliegers zusammenbricht oder doch in seiner Existenz erheblich gefährdet ist; vgl auch die Regelungen des § 8a V FStrG, § 39 III LStrG RP, § 20 VI 1 StrWG NRW und § 39 WG Hmb.[181] Um solche Entschädigungskosten zu ver-

177 S BGHZ 57, 359, 361, 364; BGH NJW 1977, 1817; NJW 1979, 1043, 1045; NJW 1980, 2703, 2704; *Ossenbühl* StHR, 140.

178 BGH NJW 1962, 1816; BGH MDR 1964, 656; BGHZ 57, 359, 364 f; *Ossenbühl* StHR, 140 f.

179 BGH NJW 1965, 1907 f.

180 BGHZ 57, 359 – „Frankfurter U-Bahn" – s auch *Ossenbühl* StHR, 141.

181 S ferner BGH NJW 1965, 1908; *Ossenbühl* StHR, 141 f.

meiden, wird der Träger der Straßenbaulast vor Beginn der Bauarbeiten den Anliegern Gelegenheit zur Anhörung bieten müssen, um auf diese Weise auf mögliche besondere Gefährdungen aufmerksam zu werden und durch Umstellung oder Anpassung der Vorhaben sowie durch rechtzeitige Einleitung von Behelfs- oder Stützungsmaßnahmen Betriebszusammenbrüche zu vermeiden.

76 Die Grenzen entschädigungsloser Duldungspflichten der Anlieger sind zweitens dann überschritten, wenn die Beschränkungen nach Art und Dauer über das hinausgehen, was bei sorgfältiger und sachgerechter Planung sowie bei ordnungsgemäßer Durchführung der Arbeiten unter Einsatz möglicher und zumutbarer Mittel sachlicher und persönlicher Art notwendig gewesen ist.[182] Diese Grenze zulässiger Eigentumsbeschränkungen ergibt sich aus dem Grundsatz der Verhältnismäßigkeit, der Grundrechtseinwirkungen verbietet, die sich als unnötig, ungeeignet oder im Hinblick auf den erstrebten Zweck als nicht erforderlich oder unangemessen erweisen. Es handelt sich hier also um *rechtswidrige* Eingriffe der öffentlichen Gewalt in das Eigentum.

77 (5) Eine weitere Funktion des aus Art 14 I GG folgenden Anliegerrechts besteht in dem Recht, die Anliegerstraße über den schlichten Gemeingebrauch hinaus zu nutzen („*Gesteigerter Gemeingebrauch*", vgl auch § 14a I StrWG NRW). Der gesteigerte Gebrauch der öffentlichen Straße ist den Anliegern insoweit unmittelbar durch Art 14 I GG verfassungsrechtlich gewährleistet, als dieser Gebrauch für eine angemessene Nutzung des Anliegergrundstücks oder des Anliegergewerbebetriebes erforderlich ist und er sich im Rahmen des Ortsüblichen und der Gemeinverträglichkeit hält.[183] Wegen des Regelungsvorbehalts in Art 14 I GG bleibt es Aufgabe des Gesetzgebers, Inhalt und Grenzen des Anliegergebrauchs zu regeln. Einzelheiten sind oben unter Rn 19 ff behandelt.

§ 42
Sondernutzung

I. Grundlagen

1 Nutzungen öffentlicher Sachen im Gemeingebrauch, die über den Gemeingebrauch hinausgehen, stellen eine Sondernutzung dar. Nach früherem Wegerecht konnte der Sondergebrauch kraft *öffentlichen* Rechts in *zwei* Formen zugelassen werden: Neben der „schlichten" *Gebrauchserlaubnis* gab es die *Verleihung* eines subjektiven öffentlichen Rechts auf andauernde, in die Substanz der Sache eingreifende Benutzung („gesteigerte Sondernutzung"), s etwa Art 183 I EVRO Wü.

2 Das geltende Straßenrecht des Bundes und der Länder unterscheidet nicht mehr zwischen schlichter und gesteigerter öffentlich-rechtlicher Sondernutzung. Es gibt nur noch *eine* Form *öffentlich-rechtlicher* Sondernutzungserlaubnisse, die stets dann erforderlich sind, wenn der den Gemeingebrauch *überschreitende* Sondergebrauch zugleich den Gemeingebrauch *beeinträchtigt* (s § 8 I FStrG; § 18 I StrWG NRW; Art 18 I StrWG Bay; § 16 I StrG BW; § 21 I StrWG SH; § 41 LStrG RP; § 18 I StrG Nds; § 16 I StrG Hess). Fehlt dem (gemeingebrauchsüberschreitenden) Sondergebrauch diese Beeinträchti-

[182] BGH NJW 1965, 1908; *Ossenbühl* StHR, 141 f.
[183] S BVerwGE 30, 238; 32, 225; 54, 1 ff; BVerwG NJW 1983, 770 f; BVerwGE 94, 136, 138 f.

gungswirkung, so ist nach dem System des geltenden Wegerechts, soweit es der gemischt privatrechtlich-öffentlich-rechtlichen Konstruktion folgt, der öffentlich-rechtliche Sachherrschaftsstatus *nicht* tangiert: Solche Sondernutzungen können nur aufgrund privatrechtlicher Verträge mit dem Sacheigentümer gestattet werden (s § 8 X FStrG; §, 23 I StrWG NRW; § 22 StrG Saarl; Art 22 I StrWG Bay; § 21 I StrG BW; § 28 I StrWG SH; § 45 I LStrG RP; § 23 I StrG Nds; § 20 I StrG Hess).

An die Stelle der alten Unterscheidung zwischen öffentlich-rechtlicher Gebrauchs- 3
erlaubnis und öffentlich-rechtlicher Nutzungsverleihung ist also im Straßenrecht der Gegensatz von öffentlich-rechtlichem Sondergebrauch (Sondernutzung) und privatrechtlich zu begründenden Benutzungsrechten getreten. Maßgebliches Abgrenzungskriterium dieser beiden Formen des Sondergebrauchs ist die *Wirkung* auf den Gemeingebrauch: Wird durch den Sondergebrauch der Gemeingebrauch beeinträchtigt, regelt er sich ausschließlich nach öffentlichem Recht, ist das nicht der Fall, ist allein das Privatrecht maßgeblich.[1]

Ein Sondergebrauch an der dem Gemeingebrauch gewidmeten Verkehrsfläche beein- 4
trächtigt an der Stelle, auf der er ausgeübt wird, den Gemeingebrauch notwendigerweise.[2] „Oberflächensondernutzungen" richten sich also idR allein nach *öffentlichem* Recht, unabhängig davon, ob sie im Einzelfall die individuelle Gemeingebrauchsausübung Dritter tatsächlich gefährden.[3] Nur ausnahmsweise fehlt „Oberflächennutzungen" die abstrakte Eignung, den Gemeingebrauch zu beeinträchtigen. Dies ist etwa anzunehmen, wenn es um die Nutzung von Obstbäumen oder Rasenflächen am Straßenrand oder um die Nutzung des Luftraums weit oberhalb der Straße geht.

Den „Oberflächennutzungen" stehen die Benutzungen der öffentlichen Straße „in 5
der Tiefe des Straßenkörpers" gegenüber. Sie beeinträchtigen die öffentlich-rechtliche Zweckbestimmung, also die Verkehrsfunktion der Straße nicht. Entsprechende Benutzungsrechte können – mit Ausnahme der Rechtslage in Hamburg (§19 I WegeG) – nur aufgrund privatrechtlicher Gestattungsverträge mit dem Eigentümer eingeräumt werden (§ 8 X FStrG; § 23 I StrWG NRW; Art 22 I StrWG Bay; § 22 StrG Saarl; § 21 I StrG BW; § 28 I StrWG SH; § 45 I LStrG RP; § 23 I StrG Nds; § 20 I StrG Hess). Der „Nicht-Beeinträchtigung" steht nach den Straßengesetzen eine Beeinträchtigung von kurzer Dauer gleich, wenn diese für Zwecke der öffentlichen Versorgung und Entsorgung, also zB zur Verlegung von Kabeln, Rohren etc erfolgt.

II. Sondernutzungserlaubnis

Der den Gemein- einschließlich Anliegergebrauch überschreitende und ihn beeinträch- 6
tigende Gebrauch öffentlicher Straßen bedarf der Erlaubnis (s § 8 I FStrG, § 18 I StrWG NRW, Art 18 I StrWG Bay), es sei denn, kommunale Satzungen oder, bis zu ihrem Erlass, gesetzliche Überleitungsvorschriften sehen für Ortsdurchfahrten von Bundes- und Landesstraßen sowie für Gemeindestraßen etwas Abweichendes vor (§ 8 I 4 FStrG; §§ 19 StrWG NRW, 18 I 4 StrG Nds, Art 22a StrWG Bay). Wann der (abstrakte) Ge-

[1] *Papier* Recht der öffentlichen Sachen, 3. Aufl 1998, 119 f; *Sauthoff* Straße und Anlieger, 2003, Rn 643 f.

[2] BVerwGE 4, 344; 35, 329 f.

[3] S auch W. *Weber* Die öffentliche Sache, VVDStRL 21 (1964) 145, 163, 167, 175 f; *Pappermann/Löhr* JuS 1980, 732.

meingebrauch überschritten wird, ist oben im Rahmen der Gemeingebrauchserörterungen ausgeführt worden (→ § 41 Rn 15 ff). Die Beeinträchtigungswirkungen solcher Überschreitungen stimmen im Wesentlichen mit dem Bereich der „Oberflächensondernutzungen“ überein.[4]

1. Voraussetzungen, Formen und Inhalt der Erlaubniserteilung

7 Die Erlaubnis wird entweder in der Form eines (antragsbedingten) begünstigenden Verwaltungsaktes oder eines verwaltungsrechtlichen Vertrages erteilt.[5] Sie darf nach dem Gesetz (s § 8 II 1 FStrG, § 18 II 1 StrWG NRW, Art 18 II StrWG Bay) nur befristet oder widerruflich ergehen. Sie kann mit Bedingungen versehen und mit Auflagen verbunden werden. Ihre Erteilung steht im *Ermessen* der zuständigen Behörde, dasselbe gilt für die Ausübung des Widerrufs. Eine unwiderrufliche Sondernutzung könnte eine elastische Erfüllung der Verkehrsbedürfnisse mindern, weil die Straße jederzeit Veränderungen unterworfen sein kann. Feste Bindungen durch Rechte Dritter sind daher vom Gesetz ausgeschlossen. Für den Antragsteller besteht daher grundsätzlich kein Rechtsanspruch auf Erlaubniserteilung, sondern nur auf fehlerfreie Ermessensausübung bei der Antragsbescheidung. Allerdings besteht regelmäßig ein Anspruch auf Genehmigungserteilung, wenn eine straßenrechtliche Sondernutzung zugleich als Ausübung eines vorbehaltslos gewährleisteten Grundrechtes zu werten ist.[6] Ebenso besteht ein Anspruch des Anliegers einer Straße auf die Erteilung einer Sondernutzungserlaubnis, die für die angemessene Nutzung seines Grundstücks oder seines eingerichteten und ausgeübten Gewerbebetriebs erforderlich und daher durch Art 14 I GG geboten ist,[7] sofern nach den Straßengesetzen der Anliegergebrauch nicht ohnehin zum (gesteigerten) Gemeingebrauch gerechnet wird. Der *kommunalrechtliche* Zulassungsanspruch ist hingegen insoweit nicht einschlägig, weil dieser sich gemäß den Gemeindeordnungen der Länder nur auf die Benutzung öffentlicher Einrichtungen der Gemeinde bezieht (s § 8 II GO NW, Art 21 I BayGO). Zu diesen „Einrichtungen“ gehören die Sachen im Gemeingebrauch nicht.[8]

8 Die (inneren) Grenzen des Ermessens ergeben sich aus der wegehoheitlichen Funktion des Straßenbaulastträgers oder der Straßenbaubehörde. Die Entscheidung über Erteilung oder Nichterteilung einer Erlaubnis ist ermessensmissbräuchlich, wenn sie weder aus Gründen eines Schutzes der Straßensubstanz, noch der Aufrechterhaltung eines störungsfreien Gemeingebrauchs für alle, noch des Schutzes der Sicherheit und Leichtigkeit des Straßenverkehrs[9] gerechtfertigt ist.[10] Nicht alle beliebigen öffentlichen Inte-

[4] W. *Weber* VVDStRL (Fn 3) 175 f; *Pappermann/Löhr* JuS 1980, 732.

[5] *Wolff/Bachof/Stober* VwR II, § 79 Rn 8; *Papier* in: Berg/Knemeyer/Papier/Steiner (Hrsg) Staats- und Verwaltungsrecht in Bayern, 6. Aufl 1996, Teil G Rn 122.

[6] BVerwGE 84, 71, 75 ff; BVerwG NJW 1997, 406, 407 → JK GG Art 4 I/15; *v Danwitz* in: Schmidt-Aßmann, Bes VwR, 7. Kap Rn 58; *Sauthoff* (Fn 1) Rn 666 ff.

[7] VG Berlin LKV 2002, 37; *Sauthoff* NVwZ 2004, 674, 681, 684.

[8] S auch *Pappermann/Löhr* JuS 1980, 733 mwN.

[9] S BVerwGE 56, 58; BVerwG NJW 1981, 472 → JK FStrG § 8 I Nr 1/1.

[10] Vgl *Wiget* in: Sieder/Zeitler/Numberger/Schmid/Wiget, Bayerisches Straßen- und Wegegesetz, Art 18 Rn 14; *Sauthoff* (Fn 1) Rn 648 ff; *Schulke* BayVBl 1961, 206; *Papier* (Fn 5) Teil G Rn 122; *Dietz* AöR 133 (2008), 556, 575 ff; *Peine* JZ 2006, 593, 602 f; vgl *Sauthoff* NVwZ 1998, 239, 247 f; *dens* NVwZ 1994, 19, 23; *dens* NVwZ 1990, 223, 227.

ressen können also eine Erlaubnisversagung rechtfertigen.[11] Andererseits ist eine konkrete Gefahr der Beeinträchtigung von Sicherheit und Leichtigkeit des Straßenverkehrs nicht Voraussetzung einer zulässigen Versagung. Sie kann zB auch erfolgen, um spezifische verkehrsrechtliche Probleme von vornherein erst gar nicht aufkommen zu lassen. Nach der Rechtsprechung darf die Erlaubnis auch aus dem Grunde verweigert werden, eine Verschandelung und Verschmutzung des Stadtbildes zu verhindern oder einen besonders schützenswerten historischen Stadtkern von Nutzungen durch Sichtwerbung freizuhalten.[12] Innerhalb dieser Ermessensgrenzen darf die Erlaubnis mit Bedingungen und Auflagen verbunden werden.

Die ursprüngliche Auffassung des VGH Kassel,[13] eine Sondernutzungserlaubnis dürfe stets verweigert werden, wenn das Vorhaben des Antragstellers gesetzeswidrige Zwecke verfolge (Empfehlung, das Volkszählungsgesetz 1983 nicht zu befolgen), ist zu weitgehend und ignoriert den Sinn und Zweck des straßenrechtlichen Erlaubnisvorbehalts. Der VGH Kassel ist in einer späteren Entscheidung von dieser Auffassung auch ausdrücklich abgerückt.[14] Fiskalische Erwägungen können die Entscheidung über Erteilung oder Nichterteilung keinesfalls rechtfertigen. Wegen der abschließenden bundesrechtlichen Vorschriften über die Abfallvermeidung dürfen bei der Erteilung einer Sondernutzungserlaubnis auch nicht Zwecke der Abfallvermeidung dergestalt verfolgt werden, dass die ausschließliche Verwendung von Mehrweggeschirr und -besteck verlangt wird.[15] **9**

Die politischen Parteien haben kraft Bundesverfassungsrechts (Art 28 I 2, 38 I, 21 GG) einen Rechtsanspruch auf Erlaubniserteilung, soweit es um die Sichtwerbung im Wahlkampf geht. Die Bedeutung der Wahlen im demokratischen System des Grundgesetzes und die Bedeutung der Parteien für diese Wahlen schränken das Ermessen der Behörden bei der Entscheidung über die Erlaubnis zum Aufstellen von Wahlplakaten erheblich ein, so dass dem Grunde nach den Parteien Aufstellmöglichkeiten zu eröffnen *sind.*[16] Dagegen besteht keine Verpflichtung, einer Partei auch außerhalb der Zeiten unmittelbarer Wahlvorbereitung die Aufstellung von Plakatständern zu erlauben.[17] **10**

2. Benutzungsgebühr

Neben einer *Verwaltungsgebühr* für die Erteilung der Erlaubnis können für Sondernutzungen (*Benutzungs-*)Gebühren erhoben werden. Die Straßengesetze selbst bieten dafür aber keine unmittelbare Ermächtigungsgrundlage. Vielmehr müssen zu diesem Zwecke auf ihrer Grundlage entweder Rechtsverordnungen der Landesregierung (s § 8 III 3 **11**

[11] *Steiner* in: ders, Bes VwR, IV Rn 127; *Papier* (Fn 1) 122; *Stuchlik* GewArch 2004, 143, 147; aA *Wolff/Bachof/Stober* VwR II, § 79 Rn 8; *Pappermann/Löhr* JuS 1980, 734; *Löhr* NVwZ 1983, 20 ff.

[12] S BVerwGE 47, 280, 284; *Pappermann/Löhr* JuS 1980, 734; zum Schutzzweck der Sondernutzungserlaubnis s ferner BVerwG NJW 1981, 472 → JK FStrG § 8 I Nr 1/1.

[13] NJW 1983, 2280 → JK FStrG § 8 I/3.

[14] NVwZ 1987, 902 ff → JK StrG Hess § 16 I 1/1; vgl HessVGH NVwZ 1994, 189, 190 mwN.

[15] VGH BW NZV 1997, 308; vgl BVerwG DVBl 1997, 1118 f, zu einem mit einer Nebenbestimmung versehenen Bescheid auf der Grundlage einer gem Art 22a StrWG Bay erlassenen Sondernutzungssatzung; aA BayVGH NVwZ 1994, 187, 188 → JK StrWG Bay Art 18/1.

[16] S BVerwGE 47, 280 ff; *Pappermann/Löhr* JuS 1980, 734 f; vgl auch *Wiget* (Fn 10) Art 14 Rn 45.

[17] BVerwGE 56, 56 ff.

FStrG) oder kommunale Satzungen (s §§ 8 III 5 FStrG, 19a StrWG NRW; Art 18 IIa 2 und 3 StrWG Bay) ergehen. Für diese (Benutzungs-)Gebühren gilt das *Kostendeckungsprinzip* nicht. Sie können daher – in den Grenzen des *Äquivalenz*prinzips – insbesondere auch nach dem wirtschaftlichen Vorteil des Sondernutzungsberechtigten bemessen werden.[18] Die Sondernutzungsgebühr darf ihrer Höhe nach weder außer Verhältnis zum Ausmaß der mit der Sondernutzung verbundenen Beeinträchtigung des Gemeingebrauchs noch außer Verhältnis zu dem mit der Sondernutzung verfolgten wirtschaftlichen Interesse stehen.[19]

3. Erlaubnisbehörde

12 Zuständig für die Erteilung einer Sondernutzungserlaubnis ist der Träger der Straßenbaulast, in Baden-Württemberg (§ 16 II), Hessen (§ 16 I), Nordrhein-Westfalen (§ 18 I), Rheinland-Pfalz (§ 41 I) und Bayern (Art 18 I StrWG) die Straßenbaubehörde im Besonderen. Nur in Hamburg ist die Zuständigkeit der Wegeaufsichtsbehörde begründet (§ 19 I WegeG). Bei Bundesfernstraßen ist die Straßenbaubehörde nur außerhalb von Ortsdurchfahrten zuständig. Im Bereich der *Ortsdurchfahrten* ist die Gemeinde Erlaubnisbehörde, und zwar auch dann, wenn sie nicht Träger der Straßenbaulast ist. In diesem Fall bedarf die Erlaubnis aber der Zustimmung der Straßenbaubehörde (§ 8 I 3 FStrG). Eine entsprechende Regelung findet sich auch im Landesrecht (s etwa § 18 I 3 StrWG NRW, § 18 I 5 StrG Nds, Art 18 I 2 StrWG Bay).

4. Das Verhältnis zu anderen verwaltungsrechtlichen Erlaubnissen und Genehmigungen

13 Die Sondernutzungserlaubnis ersetzt nicht die nach anderen Verwaltungsgesetzen erforderlichen Erlaubnisse oder Genehmigungen, etwa eine Bauerlaubnis, eine straßenverkehrsrechtliche oder ordnungsbehördliche Erlaubnis. Auf der anderen Seite wird eine Sondernutzungserlaubnis durch eine straßenverkehrsrechtliche Erlaubnis für eine übermäßige Straßenbenutzung (§ 29 II/III StVO) oder Ausnahmegenehmigung *ersetzt* (s § 8 VI FStrG, § 21 StrWG NRW, Art 21 StrWG Bay; § 19 StrG Nds). Die Erlaubnis kann ferner durch ein Planfeststellungsverfahren ersetzt werden, weil von diesem allgemein eine Konzentrationswirkung ausgeht.[20]

14 Baugenehmigungen dürfen unter bestimmten Voraussetzungen nur mit *Zustimmung* der Straßenbaubehörden erteilt werden. So dürfen zB nach dem *Bundes*recht bauliche Anlagen längs der Bundesautobahnen in einer Entfernung bis zu 100 m und längs der Bundesstraßen bis zu 40 m nur errichtet, erheblich geändert und anders genutzt werden, wenn für die erforderliche Baugenehmigung die Zustimmung der obersten Landesstraßenbaubehörde vorliegt (§ 9 II Nr 1 FStrG). Entsprechendes gilt, wenn bauliche Anlagen auf Grundstücken, die außerhalb der zur Erschließung bestimmten Teile der Ortsdurchfahrt über Zufahrten oder Zugänge an Bundesstraßen angeschlossen sind, erheblich geändert oder anders genutzt werden sollen (§ 9 II Nr 2 FStrG). Vergleichbare

[18] S § 8 III 6 FStrG; Art 18 IIa 5 StrWG Bay; § 19a II 3 StrWG NRW; *Wiget* (Fn 10) Art 18 Rn 32; *Wolff/Bachof/Stober* VwR II, § 79 Rn 31 ff; *Pappermann/Löhr* JuS 1980, 880 f; *Stuchlik* GewArch 2004, 143, 150 ff.

[19] S BVerwG NVwZ 2009, 185, 186.

[20] S auch *Papier* (Fn 5) Teil G Rn 126.

Regelungen gibt es auch im *Landes*recht. So darf nach § 25 I StrWG NRW eine Baugenehmigung für bauliche Anlagen an Landstraßen und Kreisstraßen in einer Entfernung bis zu 40 m nur mit Zustimmung der Straßenbaubehörde erteilt werden. Entsprechendes gilt, wenn bauliche Anlagen auf Grundstücken, die außerhalb der Ortsdurchfahrten über Zufahrten oder Zugänge an Landstraßen oder Kreisstraßen angeschlossen sind, erheblich geändert oder anders genutzt werden sollen (§ 25 I Nr 2 StrWG NRW).

Diese Zustimmungen sind nach der Rechtsprechung keine (selbständigen) Verwaltungsakte, sondern verwaltungs*interne* Mitwirkungsakte.[21] Bei Versagung der Zustimmung hat der Antragsteller (Verpflichtungs-)Klage gegen die Baugenehmigungsbehörde, gerichtet auf Erteilung der Baugenehmigung, zu erheben. Wird die beklagte Behörde antragsgemäß verurteilt, ersetzt das Verpflichtungsurteil die Zustimmung der – zwingend beizuladenden – Straßenbaubehörde.[22] Das Verwaltungsgericht, das über das Vorliegen der gesetzlichen Genehmigungsvoraussetzungen zu befinden hat, hat in diesem Zusammenhang auch die Rechtmäßigkeit des Mitwirkungsakts der Straßenbaubehörde zu beurteilen. **15**

5. Duldungspflicht des Eigentümers

Der öffentlich-rechtliche Sachherrschaftsstatus erfasst nach dem oben Gesagten (→ § 41 Rn 2 ff) auch den *gemeingebrauchsbeeinträchtigenden* Sondergebrauch. Der Eigentümer hat diesen also zu dulden. Seine Zustimmung zur Erlaubniserteilung ist nicht erforderlich,[23] was zugleich bedeutet, dass die Erhebung eines privatrechtlichen Entgelts für den Sondernutzungsgebrauch nicht in Betracht kommt. Eine Ausnahme besteht nur nach § 11 X StrG Berl bei Sondernutzungen öffentlichen Straßenlandes, das nicht Eigentum Berlins ist. Der Eigentümer kann in diesem Fall für Sondernutzungen Entgelte erheben. **16**

6. Der „illegale" Sondergebrauch

Wird erlaubnispflichtiger Sondergebrauch ausgeübt, ohne dass eine Erlaubnis eingeholt ist, so berechtigt dies die allgemeinen Ordnungs- und Sicherheitsbehörden zum Einschreiten gemäß der ordnungsrechtlichen bzw polizeirechtlichen Generalermächtigung.[24] Eine speziell wegerechtliche Eingriffsermächtigung findet sich im Bundesrecht sowie in einigen Landesstraßengesetzen: Nach § 8 VIIa FStrG ist die für die Erlaubniserteilung zuständige Behörde ermächtigt, die erforderlichen Maßnahmen zur Beendigung der Benutzung zu treffen. Entsprechende Regelungen enthalten etwa Art 18a I BayStrW[25], § 22 StrWG NRW, § 16 VIII StrG BW[26] und § 18 VIII StrG Saarl. **17**

Da die Erteilung einer Sondernutzungserlaubnis grundsätzlich im Ermessen der zuständigen Behörde steht, hat der Einzelne nur einen Rechtsanspruch auf fehlerfreie Er- **18**

[21] Grundlegend BVerwGE 16, 116; s auch BVerwGE 18, 333; 21, 354; 26, 31; 32, 148, 154 ff; *Ruffert* § 20 Rn 63.

[22] S BVerwGE 16, 119.

[23] S auch *Wolff/Bachof/Stober* VwR II, § 79 Rn 12 ff; *Grote* in: Kodal/Krämer Straßenrecht, 6. Aufl 1999, Kap 26 Rn 9 ff, Kap 27 Rn 2 ff; *Nedden* NJW 1956, 81 f; *Ziegler* DVBl 1976, 89 ff; *Pappermann/Löhr* JuS 1980, 732.

[24] S *Pappermann/Löhr* JuS 1980, 197 f; *Sauthoff* NVwZ 2004, 674, 685 f; *Stuchlik* GewArch 2004, 143, 150.

[25] S *Pache/Knauff* JA 2004, 47, 48.

[26] S dazu VGH BW VBlBW 2006, 239.

messensausübung.[27] Ist in Ausnahmefällen dieses Ermessen auf „Null reduziert“, verdichtet sich auch dieser Anspruch zu einem Erlaubniserteilungsanspruch. Liegt ein solcher Fall vor, so ist ein Sondergebrauch *ohne* Erlaubnis zwar formell, nicht aber (auch) materiell illegal. Vergleichbar der Rechtslage im Baurecht[28] kann bei bloß formeller Illegalität ein Einschreiten ermessensfehlerhaft und daher rechtswidrig sein.[29]

III. Gestattung des Wegeeigentümers

1. Anwendungsbereich

19 Eine öffentlich-rechtliche Sondernutzungserlaubnis ist nicht erforderlich, wenn der den Gemeingebrauch überschreitende Sondergebrauch der öffentlichen Straße keine *dauernde* gemeingebrauchs*beeinträchtigende* Wirkung hat. Statt dessen muss in diesen Fällen die in den Formen des bürgerlichen Rechts erfolgende Gestattung des Wegeeigentümers eingeholt werden (s § 8 X FStrG, § 23 StrWG NRW, Art 22 StrWG Bay), deren Erteilung von einem privatrechtlichen Entgelt abhängig gemacht werden kann.[30]

20 Die Gestattung des Wegeeigentümers nach bürgerlichem Recht kann sowohl durch schuldrechtlichen Vertrag (Miete, Pacht, Leihe) als auch durch Einräumung dinglicher Rechte (Grunddienstbarkeit, beschränkte persönliche Dienstbarkeit) erfolgen. Wichtigste Beispielsfälle bilden die Konzessionsverträge mit den Versorgungsunternehmen (zB Elektrizitätsversorgungsunternehmen) über die Verlegung von Leitungen in den Straßenkörper.

21 Bei *vorübergehendem* gemeingebrauchs*beeinträchtigenden* Sondergebrauch kommt die bürgerlichrechtliche Gestaltung nur in Betracht, wenn dieser Gebrauch zum Zwecke der öffentlichen Versorgung (und Entsorgung) erfolgt (s etwa § 8 X FStrG, § 23 I StrWG NRW, Art 22 II StrWG Bay). Zur öffentlichen Versorgung zählt die Versorgung mit lebenswichtigen Gütern oder Dienstleistungen wie Gas, Wasser, Strom, Wärme und Abnahme der Abwässer. Abgesehen von bestimmten landesrechtlichen Sonderregelungen unterstehen daher Verlegung und Instandsetzung von Wasser-, Fernheizungs-, Gas-, Strom- und Abwasserleitungen ausschließlich dem privatrechtlichen Regime, und zwar auch insoweit, als infolge entsprechender Bauarbeiten kurzfristige Gemeingebrauchsbeeinträchtigungen vorkommen. Eine besondere Regelung gilt für sog „Telekommunikationslinien“ nach dem Telekommunikationsgesetz, also unter- oder oberirdisch geführte Telekommunikationskabelanlagen (s § 3 Nr 26 TKG). Nach § 68 I TKG ist der Bund befugt, Verkehrswege für die öffentlichen Zwecken dienenden Telekommunikationslinien unentgeltlich zu benutzen, soweit dadurch nicht der Widmungszweck der Verkehrswege dauernd beschränkt wird. Der Bund überträgt die Nutzungsberechtigung durch die Bundesnetzagentur auf schriftlichen Antrag an die Betreiber öffentlicher Telekommunikationsnetze (§ 69 I TKG).

[27] *Wiget* (Fn 10) Art 18 Rn 26; *Papier* (Fn 5) Teil G Rn 122.
[28] S dazu PrOVGE 105, 300; BVerwG DÖV 1958, 80 f; *Meyer* MDR 1971, 978.
[29] S auch *Sauthoff* NVwZ 1998, 239, 251.
[30] *Wolff/Bachof/Stober* VwR II, § 79 Rn 16.

2. Bindungen des Wegeeigentümers

Ist der Wegeeigentümer ein Träger öffentlicher Gewalt, so unterliegt er nach heute herrschender Auffassung auch bei Wahrnehmung seiner Gestattungs- oder Vergabebefugnis der Grundrechtsbindung, insbesondere der Bindung an den Gleichheitssatz des Art 3 I GG. Denn die Zurverfügungstellung des öffentlichen Straßenraums zur gemeingebrauchsüberschreitenden Nutzung für Zwecke der öffentlichen Versorgung bleibt unmittelbare Wahrnehmung öffentlicher Verwaltungszwecke, gehört also zum Bereich des Verwaltungsprivatrechts.[31] Das „Ausweichen" auf die Handlungsformen des bürgerlichen Rechts befreit nicht zugleich auch von der Grundrechtsbindung des Art 1 III GG.[32] Streitigkeiten zwischen „Bewerbern" und öffentlichen Straßeneigentümern sind jedoch *privatrechtlicher* Natur, so dass die ordentlichen Gerichte zur Entscheidung berufen sind (§ 13 GVG). Einschränkungen der Dispositionsfreiheit oder Privatautonomie können sich für die Wegeeigentümer ferner aus § 826 BGB ergeben, und zwar selbstverständlich auch für die privaten Wegeeigentümer. Die Ablehnung der Gestattung oder die Forderung eines unangemessenen Entgelts können sittenwidrig sein und die Reaktionsansprüche aus § 826 BGB auslösen, wenn der Wegeeigentümer faktisch eine Monopolstellung bei der Vergabe von Leitungsrechten innehat, was etwa in Stadtgebieten oder in Kreuzungsbereichen sehr häufig der Fall sein wird. 22

31 S dazu *Wolff/Bachof/Stober* VwR I, § 23 Rn 61 ff.
32 BGHZ 29, 76, 80; *Wolff/Bachof/Stober* VwR I, § 23 Rn 64.

ACHTER ABSCHNITT

Staatshaftungsrecht

Bernd Grzeszick

Gliederung

§ 43
Einleitung

1 In den folgenden §§ 43–47 wird das Staatshaftungsrecht als Recht der öffentlich-rechtlichen Schadensersatz-, Entschädigungs- und Ausgleichsleistungen dargestellt. Ziel der Darstellung ist es, einen Überblick über die Grundlagen des Rechtsgebietes zu geben. Die Betonung liegt dabei auf den dogmatischen Strukturen und den entsprechenden Streitfragen.

Dieses Vorhaben ist mit Problemen verbunden, denn das deutsche Staatshaftungsrecht bietet das Bild eines emsig gehegten und gepflegten Sammelsuriums. Dieser Zustand hat verschiedene Gründe. Die tradierte Amtshaftung ist den historischen Ursprüngen der Staatshaftung stark verhaftet, und der Bestand weiterer expliziter staatshaftungsrechtlicher Normen ist gering. Deshalb sind im Wege des Richterrechts eine Reihe von Ansprüchen geschaffen worden, die auf unterschiedlichen Rechtsquellen beruhen und in Begründung sowie Inhalt häufig auf bestimmte Konstellationen beschränkt sind. Die Aufspaltung des Rechtsweges zwischen Verwaltungsgerichtsbarkeit und Zivilgerichtsbarkeit hat das Potential für Widersprüchlichkeiten weiter erhöht. **2**

Die verschiedenen Einflüsse haben im Ergebnis zu einem dogmatischen Flickenteppich verschiedenster Ansprüche geführt. Die Pläne zu einer Reform des Staatshaftungsrechts sind zwar auch nach dem Scheitern des Staatshaftungsgesetzes von 1981 nicht versiegt, und für die Staatshaftung wurde mittlerweile eine konkurrierende Zuständigkeit des Bundes geschaffen. Ein neuer Gesetzesentwurf ist aber zur Zeit nicht absehbar. Das Staatshaftungsrecht ist deshalb weiterhin eines der komplexesten Gebiete des deutschen öffentlichen Rechts. **3**

Dieser Zustand entbindet aber nicht von der Aufgabe, die verschiedenen staatshaftungsrechtlichen Ansprüche mit hinreichender Klarheit nach Grundlagen, Voraussetzungen und Folgen herauszuarbeiten, zueinander in Bezug zu setzen und voneinander abzugrenzen. Mit dieser Aufgabe wird häufig die Perspektive einer systematischen Ordnung des Staatshaftungsrechts[1] verbunden. Der Sichtweise, die Ansprüche des Staatshaftungsrechts als Teil eines Systems des öffentlich-rechtlichen Nachteilsausgleichs[2] zu begreifen, wird allerdings auch kritisch begegnet: Angesichts der erheblichen Verschiedenheiten der staatshaftungsrechtlichen Ansprüche[3] sei zweifelhaft, ob sinnvollerweise von einem System der öffentlich-rechtlichen Ersatzleistungen gesprochen werden könne[4]. Die Funktion dogmatischer Prinzipien, Übersichtlichkeit, Systematik und Konsistenz des Rechts und damit Voraussehbarkeit insbesondere gerichtlicher Entscheidungen herzustellen, wird im Staatshaftungsrecht nur beschränkt erfüllt: „Im Staatshaftungsrecht gilt mehr als anderswo, daß das Recht aus dem Fall geschöpft und weiterentwickelt und nicht aus übergeordneten Prinzipien deduziert wird“[5]. **4**

Zugleich wird aber betont, „daß die Haftungsinstitute (…) durchweg auf elementare und evident einsehbare Grundsätze zurückzuführen sind (...). Es ist für die Einarbeitung und das Verständnis des Staatshaftungsrechts entscheidend wichtig, (…) das grundlegende Rechtsprinzip zum Ausgangspunkt der weiteren Überlegungen zu machen. Zu leicht gehen diese Urgründe der geltenden Anspruchsinstitute (...) im undurchdringlichen Dickicht der zunehmenden Differenzierungen verloren“[6]. In diesem Sinne lautet die hier zu bewältigende Aufgabe: Darstellung des derzeitigen Staatshaftungsrechts nach dessen rechtlichen Grundlagen. **5**

Die folgende Darstellung beruht deshalb auf den anspruchsbegründenden Normen. **6**
Zunächst wird die Amts- und Beamtenhaftung einschließlich möglicher Ansprüche des

[1] Dazu nur *Stern* StR I, 2. Aufl 1984, 855; *Schoch* VerwArch 79 (1988) 1, insbes Fn 1.

[2] Begriff des öffentlich-rechtlichen Nachteilsausgleichs nach *O. Mayer* VwR II, 1. Aufl 1896, 345ff.

[3] Dazu nur *Heidenhain* Amtshaftung und Entschädigung aus enteignungsgleichem Eingriff, 1965, 84 ff.

[4] *Dürig* in Maunz/Dürig, GG, Art 3 I Rn 60.

[5] *Ossenbühl* StHR, 3.

[6] *Ossenbühl* StHR, 3.

Staates im Innenverhältnis sowie aus Regress erörtert (§ 44). Danach werden die Ansprüche aufgrund von Eingriffen in Grundrechte bzw subjektive öffentliche Rechte dargestellt (§ 45): Ansprüche aus Enteignung, aus ausgleichspflichtiger Inhalts- und Schrankenbestimmung, aus enteignungsgleichem sowie aus enteignendem Eingriff, aus Aufopferung, auf Folgenbeseitigung sowie auf Herstellung. Anschließend werden die verschiedenen einfachgesetzlich geregelten Ansprüche dargestellt, die das allgemeine öffentlich-rechtliche Schadensersatz- und Entschädigungsrecht ergänzen (§ 46): Sonderbestimmungen des Polizeirechts, Entschädigungen bei Widerruf oder Rücknahme begünstigender Verwaltungsakte, soziale Entschädigung, Plangewährleistung, Schadensersatzansprüche aus verwaltungsrechtlichen Schuldverhältnissen, öffentlich-rechtliche Gefährdungshaftung sowie das Staatshaftungsrecht in den neuen Bundesländern. Dem folgt ein Überblick über die Haftung nach Europäischem Recht (§ 47) mit der Haftung der Union und der einzelnen Mitgliedstaaten nach dem Recht der Union sowie der Haftung nach dem Recht der Europäischen Menschenrechtskonvention. Die Darstellung schließt mit einem Ausblick auf die mögliche künftige Entwicklung des Staatshaftungsrechts (§ 48).

§ 44
Amtshaftung und Beamtenhaftung

I. Grundlagen

1. Geschichtliches

1 § 839 BGB enthält eine persönliche, deliktische Haftung des Beamten. Diese Regelung hat Vorläufer, so etwa die Regelung der §§ 89 ff II 10 PrALR. Danach haftete der Beamte persönlich für jede schuldhafte Amtspflichtverletzung. Seine Haftung ging über die des allgemeinen Deliktsrechts hinaus, war aber durch eine Subsidiaritätsklausel eingeschränkt. Eine Haftung des Staates bestand dagegen grundsätzlich nur nach allgemeinem zivilrechtlichem Deliktsrecht. Eine unmittelbare Staatshaftung wegen Verletzung öffentlich-rechtlicher Pflichten wurde zwar ab dem 19. Jahrhundert in der Rechtslehre vertreten[1], vermochte sich jedoch nicht durchzusetzen.

2 Das BGB hat diesen Rechtszustand unter Vereinheitlichung für das ganze Reich zwar kodifiziert, aber nicht reformiert[2]. § 839 BGB statuiert eine persönliche Haftung des Beamten, ohne zwischen öffentlich-rechtlichem und privatrechtlichem Handeln zu unterscheiden. Schon unmittelbar nach Erlass des BGB begann jedoch eine Entwicklung, die an die Stelle der Haftung des Beamten bei öffentlich-rechtlichem Handeln eine Haftung des Staates setzte. Vorläufiger Endpunkt dieser Entwicklung war Art 131 der Weimarer Reichsverfassung (WRV). Diese Regelung schrieb die Übernahme der Haftung durch den Staat oder die Körperschaft, in deren Dienst der Beamte stand, vor, wenn der Beamte in Ausübung der ihm anvertrauten öffentlichen Gewalt gehandelt

[1] Vgl *Windscheid/Kipp* Lehrbuch des Pandektenrechts, Bd II, 9. Aufl 1906, 1051 f; *Papier* in: Maunz/Dürig, GG, Art 34 Rn 1 ff.

[2] Dazu krit *Scheuner* GS Jellinek, 1955, 331, 338.

hatte. Während der Weimarer Zeit dehnte die Rechtsprechung zudem den haftungsrechtlichen Beamtenbegriff aus: Bei öffentlich-rechtlichem Handeln wurde als Haftungsbeamter jeder angesehen, den der Staat mit der Ausübung der öffentlichen Gewalt betraut hatte, und zwar ohne Rücksicht darauf, ob er Beamter im Sinne des Beamtenrechts war. Das RG kam so zu einer Staatshaftung bei der Verletzung öffentlich-rechtlicher Amtspflichten[3].

2. Geltendes Recht

§ 839 BGB gilt seit 1900 fast unverändert. An die Stelle von Art 131 WRV ist zwar **3** Art 34 GG getreten, aber ohne sachliche Änderung. Die abweichende Formulierung „Verletzt jemand in Ausübung eines ihm anvertrauten öffentlichen Amtes ..." trägt nur der Rechtsprechung des RG zum erweiterten haftungsrechtlichen Beamtenbegriff Rechnung: Die Staatshaftung greift stets ein, wenn ein innerer Zusammenhang mit der Ausübung des öffentlichen Amtes besteht.

Im Bereich öffentlich-rechtlichen Handelns ist Grundlage der Haftung und damit **4** Anspruchsgrundlage im technischen Sinn § 839 BGB[4]. Für den handelnden Beamten tritt aber die Anstellungskörperschaft ein: Sie übernimmt gemäß Art 34 GG die Haftung, welche nach § 839 BGB den Beamten träfe. Allerdings wird wegen der Erweiterung des Beamtenbegriffs in Art 34 GG teilweise eine Haftung des Staates begründet, die den handelnden Nichtbeamten nach § 839 BGB überhaupt nicht treffen könnte[5]. § 839 BGB geht als Spezialregelung allen Deliktstatbeständen des BGB[6] vor. Die Rechtsprechung neigt dazu, der tradierten Einengung der Haftung durch eine extensive Auslegung der Tatbestandsmerkmale zugunsten des betroffenen Bürgers entgegenzuwirken.

Im Bereich des privatrechtlichen Staatshandelns bleibt es bei der Eigenhaftung des **5** Beamten aus § 839 I BGB. Daneben haftet der Staat – wegen der nach § 839 I 2 BGB geltenden Subsidiarität allerdings vorrangig – nach den allgemeinen Grundsätzen des bürgerlichen Rechts, im Deliktsrecht also nach den §§ 31, 89, 831 BGB. Die extensive Auslegung des § 839 BGB wird im fiskalischen Bereich nicht nachvollzogen; insbesondere gilt nicht der erweiterte haftungsrechtliche Beamtenbegriff. § 839 BGB wird hier vielmehr so verstanden, dass nur der Beamte im beamtenrechtlichen Sinn haftet.

[3] *Anschütz* Die Verfassung des Deutschen Reichs, 14. Aufl 1933, Art 131, 609 f.

[4] Dazu *Windthorst* in: Detterbeck/Windthorst/Sproll Staatshaftungsrecht, 2000, § 8 Rn 3 ff mwN.

[5] Art 34 GG ist keine selbständige Haftungsnorm: *Papier* in: Maunz/Dürig, GG, Art 34 Rn 11; BGHZ 96, 50, 57.

[6] Andere Anspruchsgrundlagen, insbes aus Gefährdungshaftung, können mit dem Anspruch aus § 839 BGB konkurrieren, BGHZ 105, 65, 66; dies gilt nicht für verschuldensabhängige Anspruchsgrundlagen, die eine Haftung des Beamten begründen, BGHZ 118, 304, 311; 121, 161, 167.

II. Amtshaftung wegen Verletzung von Amtspflichten bei öffentlich-rechtlichem Handeln

1. Mittelbare Staatshaftung

6 a) *Öffentlich-rechtliches Verhalten.* Voraussetzung eines Amtshaftungsanspruchs gegen den Staat oder die Körperschaft, in deren Dienst der Handelnde steht, ist ein öffentlich-rechtliches Verhalten iSe Handelns oder eines Unterlassens einer gebotenen Amtshandlung[7] des Amtsträgers, dem eine Amtspflichtverletzung vorgeworfen wird. Nur bei öffentlich-rechtlichem Verhalten tritt nach Art 34 GG die Übernahme der Haftung ein, die an sich nach § 839 BGB den Beamten selbst trifft.

7 Für die Beurteilung der Frage, ob ein Handeln öffentlich-rechtlich oder privatrechtlich ist, gelten die allgemeinen Regeln[8]. In vielen Bereichen ist die Unterscheidung zwischen öffentlichem und privatem Recht häufig an Beispielen aus dem Amtshaftungsrecht herausgearbeitet worden. Das gilt zB für Krankenhäuser[9], für die frühere Bundesbahn[10] und Bundespost[11], für die Verkehrssicherungspflicht[12] und die Verkehrsregelung[13]. Bei Dienstfahrten nimmt die Rechtsprechung öffentlich-rechtliches Handeln an, wenn der Zweck der Fahrt in den Bereich des öffentlich-rechtlichen Handelns gehört[14]. Allerdings begünstigt die Entlastung, welche eine etwa bestehende Haftpflichtversicherung dem Fahrer bietet, auch den Träger öffentlicher Verwaltung[15].

8 b) *In Ausübung eines Amtes.* Ein Verhalten in Ausübung eines öffentlichen Amtes liegt nicht vor, wenn die Schädigung nur bei Gelegenheit der Amtsausübung erfolgt[16].

[7] Zum Unterlassen bei Verweigerung des Dienstes BGHZ 69, 128, 136 ff.

[8] → § 3 Rn 10 ff; *Ossenbühl* StHR, 26 ff; *Papier* in: Maunz/Dürig, GG, Art 34 Rn 120 ff; BGHZ 118, 304, 306 ff, bestätigt durch BGHZ 146, 385, 386 f.

[9] ZB BGHZ 9, 145 ff; BGH NJW 1985, 677 ff; BGHZ 38, 49 ff; zusammenfassend zur öffentlichen Gesundheitspflege BGHZ 59, 310, 313; Gesundheitsämter handeln auch bei freiwilligen Schutzimpfungen öffentlich-rechtlich, BGHZ 126, 386, 387; ebenso Landeskrankenhäuser bei der freiwilligen Aufnahme in die geschlossene psychiatrische Abteilung, BGH NJW 2008, 1444. Vgl auch BGH NVwZ 2007, 487: Die Ausgestaltung des Rechtsverhältnisses zwischen Arzt und Krankenkasse als privat- oder öffentlich-rechtliches Rechtsverhältnis ist ohne Bedeutung. Entscheidend ist das Verhältnis zwischen Krankenkasse und Versichertem. Wer aufgrund Gesetzes, durch Verwaltungsakt oder öffentlich-rechtlichem Vertrag wesentliche Entscheidungsgrundlagen für die Verwaltung beschafft, wird selbst hoheitlich tätig. Zur Tätigkeit des Notarztes vgl BGHZ 153, 268; BGHZ 160, 216 (öffentlich-rechtlich); anders noch BGHZ 120, 184, 189 aus mittlerweile überholten kompetenzrechtlichen Gründen.

[10] Privatrechtliches Verhältnis, BGHZ 2, 37, 40 f.

[11] Früher öffentlich-rechtlich, BGHZ 20, 102; 67, 69, 70. Zum geltenden Recht vgl → Rn 14.

[12] Die Frage der Verkehrssicherungspflicht für öffentliche Sachen ist sehr umstr. Entgegen der wohl hM in der Lit – vgl *Papier* in: Maunz/Dürig, GG, Art 34 Rn 148 ff – nimmt die Rspr grds eine privatrechtliche Pflicht an, BGHZ 9, 373 ff; 103, 338, 340 ff. Während die Organleihe nach der vom BGH vertretenen Amtsübertragungstheorie (vgl Rn 9) regelmäßig nicht zum Wechsel des Haftungssubjekts führt, kann sie sich im Rahmen der Haftung nach §§ 823, 31, 89 BGB auswirken, vgl BGH NVwZ 2006, 1084, 1085 f.

[13] Öffentlich-rechtliche Ordnung, vgl BGH NJW 1971, 2220, 2221; NJW 1972, 1268.

[14] BGHZ 29, 38, 41 f; BGH NJW 1985, 1950. Der Staat übernimmt auch die Haftung des Kraftfahrers aus § 18 StVG, BGH DVBl 1983, 1061 f mwN.

[15] BGHZ 146, 385, 387 für Haftung eines Zivildienstleistenden.

[16] *Papier* in: Isensee/Kirchhof VI, § 157 Rn 29; *Windthorst* (Fn 4) § 9 Rn 47 ff.

Die Rspr verlangt, dass zwischen der hoheitlichen Zielsetzung und dem schädigenden Verhalten ein hinreichend enger äußerer und innerer Zusammenhang besteht[17]. Dieser Zusammenhang ist bei hoheitlichem bzw öffentlich-rechtlichem Verhalten eines Amtswalters üblicherweise gegeben. Denn ein hinreichender Zusammenhang zwischen Verhalten und Schädigung liegt bereits vor, wenn die Beziehung zwischen Verhalten und Schädigung vom hoheitlichen Charakter der mit dem Verhalten zu erfüllenden Aufgabe bestimmt ist[18]. Nur soweit ausnahmsweise allein eine lose, äußere oder innere Verbindung des Verhaltens zum hoheitlichen Aufgabenbereich besteht, werden die Verhaltensfolgen dem Staat haftungsrechtlich nicht zugerechnet. Dabei unterbricht allein die Überschreitung der konkreten Zuständigkeit oder die Verletzung anderer Vorschriften den Zurechnungszusammenhang nicht. Die haftungsrechtliche Zurechnung endet erst dort, wo der Beamte mit seinem Verhalten seinen Zuständigkeitsbereich so weit verlässt, dass das Verhalten dem Aufgabengebiet des Beamten völlig wesensfremd ist oder überhaupt nicht im Kompetenzbereich der Körperschaft liegt[19]; dann handelt der Amtswalter als Privatmann. Derartige Fälle des Missbrauchs bzw Exzesses werden vor allem dann angenommen, wenn der Beamte allein aus persönlichen Gründen tätig wird.

c) *Anspruchsgegner.* Nach Art 34 GG trifft die Verantwortlichkeit grundsätzlich den **9**
Staat oder die Körperschaft, in deren Dienst der Amtsträger steht. Der BGH stellt darauf ab, „wer dem Amtsträger das Amt, bei dessen Ausübung er fehlsam gehandelt hat, anvertraut hat, mit anderen Worten dem Amtsträger die Aufgaben, bei deren Wahrnehmung die Amtspflichtverletzung vorgekommen ist, übertragen hat“[20]. Das Abstellen auf die Amtsübertragung führt im Regelfall dazu, dass die Anstellungskörperschaft haftet, und bietet für Zweifelsfälle eine angemessene Lösung[21].

Soweit dies gesetzlich geregelt ist, trifft die Haftung nicht die Anstellungskörper- **10**
schaft, sondern die Körperschaft, in deren Interesse der Beamte tätig geworden ist. So haftet für die Beamten der Landkreise, soweit sie in staatlichen Angelegenheiten tätig geworden sind, häufig nicht die Anstellungskörperschaft (der Kreis), sondern der Staat[22]. Falls derartige Bestimmungen nicht bestehen, haftet die Anstellungskörperschaft, und zwar auch dann, wenn der Beamte Aufgaben einer anderen Körperschaft erfüllt hat. Deshalb haften die Kommunen grundsätzlich auch für Amtspflichtverletzungen ihrer Beamten bei der Erfüllung von übertragenen Staatsaufgaben[23].

Die beliehenen Unternehmer, also natürliche oder juristische Personen des privaten **11**
Rechts, denen hoheitliche Aufgaben übertragen worden sind (Beliehene), haben keine Anstellungskörperschaft im eigentlichen Sinn[24]. Soweit die konkret handelnden, natürlichen Personen Angestellte einer Person des Privatrechts sind, haftet deshalb die juristische Person des öffentlichen Rechts, welche den Unternehmer beliehen hat[25]. Nach

17 Vgl nur BGHZ 69, 128, 132 f.
18 BGH NJW 1992, 1227, 1228; 1310.
19 Vgl BGHZ 11, 181, 187 ff; 124, 15 ff; BGH NJW 1992, 1227, 1228.
20 BGHZ 53, 217, 219; BGH NVwZ 1994, 823; NVwZ 2000, 963, 964 f.
21 BGH NVwZ 1994, 823.
22 ZB Art 35 III und 37 V BayLKrO.
23 BGHZ 11, 192, 197; BGH VersR 1986, 372, 373 u 683, 683; BGH DÖV 2007, 386; (frühere Entscheidungen nur bzgl Landkreisen, letztere bzgl Gemeinde); *Papier* in: Maunz/Dürig, GG, Art 34 Rn 290.
24 Dazu *Ossenbühl/Gallwas* VVDStRL 29 (1971) 137 ff.
25 *Steiner* JuS 1969, 69, 75 mwN. Der BGH folgt der Amtsübertragungstheorie, vgl Rn 9, BGHZ 122, 85, 87 ff; BGH NVwZ 1994, 823, 823.

der Rechtsprechung des BGH tritt zB für den TÜV-Sachverständigen das Land[26] ein, welches ihm die amtliche Anerkennung als Sachverständiger gewährt hat. Für den Prüfingenieur für Baustatik hat die Körperschaft einzutreten, welche Trägerin des jeweils beauftragenden Bauamtes ist[27]. Für Amtspflichtverletzungen von Zivildienstleistenden, die allerdings keine Beliehenen sind, sondern in einem öffentlich-rechtlichen Anstellungsverhältnis stehen, muss der Bund einstehen[28].

12 Der BGH unterscheidet von dem Beliehenen denjenigen, den die Verwaltung zu ihrer Unterstützung herangezogen hat, ohne ihm öffentliche Gewalt zu übertragen: der Verwaltungshelfer. Nach der früheren Rechtsprechung sollte sich die Verwaltung das Tätigwerden des Verwaltungshelfers nur dann zurechnen lassen, wenn sie es so sehr beeinflusste, dass der Private als ihr Werkzeug erschien[29]. Neuerdings erweitert der BGH die Staatshaftung in diesem Bereich. Dahinter steht zum einen die Erwägung, dass, je stärker der hoheitliche Charakter der Aufgabe in den Vordergrund tritt und je enger die Verbindung zwischen der auf den Verwaltungshelfers übertragenen Tätigkeit und der von der Behörde zu erfüllenden Aufgabe ist, es desto näher liegt, den Verwaltungshelfers als Beamten im haftungsrechtlichen Sinne anzusehen. Zum anderen soll sich die öffentliche Hand jedenfalls im Bereich der Eingriffsverwaltung der Amtshaftung für fehlerhaftes Verhalten ihrer Bediensteten nicht dadurch entziehen können, dass sie die Durchführung einer von ihr angeordneten Maßnahme durch privatrechtlichen Vertrag auf einen privaten Unternehmer überträgt. Der BGH stellt deshalb für die amtshaftungsrechtliche Zurechnung des Verhaltens eines Verwaltungshelfers zum Staat nicht mehr nur auf das Innenverhältnis zwischen Staat und Verwaltungshelfer ab, sondern auch auf das Außenverhältnis zum geschädigten Bürger[30]: Wenn das Handeln des Verwaltungshelfers sich aus der Perspektive des Bürgers wie ein Handeln des Hoheitsträgers darstellt, muss dieser sich das Verhalten des Verwaltungshelfers im Rahmen des Amtshaftungsrechts zurechnen lassen. Der vom BGH entschiedene Fall betraf Fehler beim polizeilich angeordneten Abschleppen eines Kraftfahrzeugs durch ein privates Unternehmen, die zu einem schweren Unfall geführt hatten[31]. Keine Verwaltungshelfer sind dagegen zB Pflegeeltern, auch wenn die Zuweisung durch Hoheitsakt des Jugendamtes erfolgt. Denn die Tätigkeit der Pflegeeltern unterscheidet sich aus der Perspektive des Bürgers nicht von der Tätigkeit der leiblichen Eltern, sie steht in keinem unmittelbaren Zusammenhang mit der Vollziehung von Kindesschutzmaßnahmen durch das Jugendamt[32].

[26] BGHZ 49, 108, 115 ff; 122, 85, 87 ff; 147, 169, 171 ff erstreckt diese Rspr auf die Luftfahrzeugprüfung. Die hoheitliche Tätigkeit beschränkt sich auf die Prüfung, OLG Braunschweig NJW 1990, 2629; ähnlich OLG Schleswig NJW 1996, 1218, 1219 zur Abgasprüfung.

[27] BGHZ 39, 358, 361 f.

[28] BGHZ 118, 304, 306 ff; zum Eintreten der Haftpflichtversicherung jedoch BGHZ 146, 385, 387.

[29] BGHZ 48, 99, 103 (zur Frage des enteignungsgleichen Eingriffs); BGH NJW 1971, 2220, 2221.

[30] *Kluth* in: Wolff/Bachof/Stober VwR II, § 67 Rn 28 ff. Die rechtliche Konstruktion der Zuordnung bleibt allerdings unklar: Tatsächlich Handelnder als Beamter oder als Verrichtungsgehilfe; dazu *Wienhues* in: Baldus/Grzeszick/Wienhues Staatshaftungsrecht, 2009, Rn 104. Zur Amtshaftung bei Schädigungen durch Verwaltungshelfer allg *Stelkens* JZ 2004, 656 ff.

[31] BGHZ 121, 161, 164 ff. Anders entschieden BGHZ 125, 19, 24 f. Zur Verwaltungshelfereigenschaft bei der Durchführung von BSE-Tests durch private Labore vgl BGHZ 161, 6, 10 f. Auch beim Verwaltungshelfer versagt die Anstellungstheorie, so dass auf die behördliche Zuständigkeit für die übertragene Aufgabe abzustellen ist, BGH NVwZ 2006, 966.

[32] BGHZ 166, 268, 274 ff; dazu die Anm von *Ossenbühl* JZ 2006, 924.

d) *Haftung der Kirchen.* Auch die Haftung der Kirchen richtet sich im Bereich der Ausübung von Staatsgewalt nach den allgemeinen Grundsätzen der Amtshaftung. Nach der Rspr des RG[33] und des BGH[34] gilt dies auch für die Wahrnehmung ihrer eigenen öffentlich-rechtlichen Aufgaben[35]. Soweit kirchliche Amtsträger im staatlichen Bereich, zB als Religionslehrer in staatlichen Schulen[36] tätig sind, haftet allerdings der Staat für das Handeln der Kirchen, wenn die weiteren Haftungsvoraussetzungen erfüllt sind. 13

e) *Ausnahmen von der Staatshaftung.* Von der Vorschrift, dass die Haftung auf die öffentliche Körperschaft übergeht, gibt es spezialgesetzliche Ausnahmen, die durch das Wort „grundsätzlich" in Art 34 GG gedeckt sind[37]. Insbesondere sind hier die fortgeltenden Bestimmungen der §§ 5 und 7 des Gesetzes über die Haftung des Reiches für seine Beamten (RBHG) zu nennen. Der Bund haftet demnach nicht für Gebührenbeamte[38]. Die Haftung gegenüber Ausländern ohne Wohnsitz im Inland kann nach Maßgabe des 1993 neu gefassten § 7 RBHG durch Rechtsverordnung zur Herstellung der Gegenseitigkeit beschränkt werden[39]. Für Beamte des auswärtigen Dienstes tritt der Bund nicht ein, wenn das Verhalten des Beamten nach einer amtlichen Erklärung des Bundeskanzlers politischen oder internationalen Rücksichten entsprochen hat[40]. In den entsprechenden Landesgesetzen finden sich ähnliche Vorbehalte, die jedoch, soweit es um die Haftung gegenüber Ausländern geht, zunehmend aufgehoben werden. In allen diesen Fällen ist nur die Übernahme der Haftung durch den Staat ausgeschlossen, die persönliche Haftung des Beamten bleibt unberührt[41]. Dies ist nur im Fall des Gebührenbeamten sinnvoll; im Übrigen ist es nicht zu begründen, warum der Beamte persönlich haften soll[42]. Letzteres war früher im Bereich der Post weithin der Fall, später wurde auch die Haftung der Beamten beschränkt[43]. Heute richtet sich die nach wie vor 14

33 RGZ 168, 143, 157 f.

34 BGHZ 22, 383, 387 ff; BGH VersR 1961, 437, 437; NJW-RR 1989, 921. Der BGH hält an der öffentlich-rechtlichen Qualifikation kirchlichen Handelns fest, BGHZ 148, 307, 308 ff; anders OLG Düsseldorf NVwZ 2001, 1449, 1450 in einer Amtshaftungssache.

35 In diesem Sinne *Papier* in: Maunz/Dürig, GG, Art 34 Rn 116 ff mit der Einschränkung, dass die Amtshandlung unter die Zuständigkeit der Gerichte fallen muss; anders *Ehlers* ZevKR 1999 (44), 4 ff mwN, der auch die Verwaltung kirchlicher Friedhöfe nicht zur Ausübung eines öffentlichen Amtes rechnet. In Ausübung eines öffentlichen Amtes handelt schließlich auch der Sektenbeauftragte der Kirchen, der wegen der Grundrechtsbetroffenheit Dritter gesteigerten Sorgfaltspflichten unterliegt, BGH NJW 2003, 1308 ff, dagegen *Wißmann* VerwArch 96 (2005), 369 ff.

36 BGHZ 34, 20, 23; OLG Celle DVBl 1974, 44, 44.

37 So die hM, *Papier* in: Maunz/Dürig, GG, Art 34 Rn 235 ff; *Pfab* Staatshaftung in Deutschland, 1996, 86 ff; BVerfGE 61, 149, 199 f mwN; BGHZ 135, 354, 356.

38 Dazu BGHZ 9, 289 ff.

39 Dazu krit *Ossenbühl* StHR, 98 ff. Überblick über alle Regelungen in Bund u Ländern *Papier* (Fn 1) Rn 282 ff.

40 § 5 Nr 2 RBHG. Die Bestimmung ist in vieler Hinsicht problematisch, wird aber von der hM als fortgeltend angesehen, *Dagtoglou* in: BK, Art 34 Rn 322 ff mwN; *Papier* in: Maunz/Dürig, GG, Art 34 Rn 281 hält sie für unvereinbar mit Art 34 GG.

41 Zur persönlichen Haftung des Beamten BGH NJW 1981, 518, 519.

42 Anders *Dagtoglou* (Fn 40) Rn 317 mwN. BGH NJW 1981, 518, 519 verweist auf die Möglichkeit ausgleichender Maßnahmen im Innenverhältnis zwischen Dienstherrn u Beamten.

43 Zum früheren Recht *Erichsen* DÖV 1965, 158 ff. Krit zum neuen Recht *Allgaier* VersR 1991, 636 ff.

eng begrenzte Haftung der Nachfolgeunternehmen der Bundespost nach Zivilrecht. Die verbliebenen öffentlich-rechtlichen Aufgaben erfüllt die Bundesanstalt für Post und Telekommunikation bzw der Bundesminister für Post und Telekommunikation[44].

2. Begriff des Beamten

15 Nach dem weiten haftungsrechtlichen Beamtenbegriff ist Beamter jeder, der öffentlich-rechtlich handelt. Beamter im Sinne des Staatshaftungsrechts kann, wie bereits erwähnt, auch der Angestellte oder Arbeiter im öffentlichen Dienst, ja sogar der beliehene Unternehmer oder die beliehene Privatperson sein, die eine Anstellungskörperschaft im strengen Sinn nicht haben[45]. Beamte können insbesondere auch Mitglieder von Kollegialbehörden und kommunalen[46] oder staatlichen Parlamenten sein. Die Probleme, die sich hier stellen, liegen nicht in der Eigenschaft als Beamter im Sinne des Haftungsrechts, sondern im Bereich der Amtspflicht[47].

3. Amtspflicht gegenüber einem Dritten

16 a) *Amtspflicht.* Der Beamte hat ähnlich wie jeder Arbeitnehmer Dienstpflichten gegenüber seinem Dienstherrn. Ein Teil dieser Pflichten obliegt ihm zugleich als Amtspflicht gegenüber außenstehenden Dritten. Grundlage des Tatbestands der Amtspflichtverletzung ist die Verletzung einer der Dienstpflichten, die dem Beamten zugleich Dritten gegenüber obliegen. Die Amtspflicht gegenüber Dritten wird demnach aus der internen Dienstpflicht abgeleitet und geht gerade deshalb über die allgemeinen deliktischen Haftungstatbestände hinaus. Die Amtspflicht wird nicht, jedenfalls nicht ausschließlich, durch die Rechte und Pflichten zwischen Verwaltung und Bürger bestimmt[48]. Amtspflichten können sich auch aus bloßen Verwaltungsvorschriften oder aus Einzelweisungen ergeben[49]. Daraus folgt, dass es auf das dienstpflichtwidrige Verhalten des Beamten ankommt, nicht auf die Rechtswidrigkeit einer behördlichen Maßnahme[50]. Der Beamte, der seinen Dienstpflichten entsprechend handelt, etwa einen Verwaltungsakt, auf den der Bürger Anspruch hat, nicht erlässt, weil die erforderliche Zustimmung einer anderen Behörde fehlt, oder der einer bindenden, dienstlichen Weisung folgt, handelt nicht amtspflichtwidrig. Der Vorwurf der Amtspflichtverletzung trifft in solchen Fällen den Beamten, der für die rechtswidrige Verweigerung der Zustimmung bzw für die rechtswidrige Weisung verantwortlich ist[51]. Das soll selbst dann gelten, wenn die Zustimmung objektiv nicht erforderlich war[52]. Den Erlass genereller

[44] Postneuordnungsgesetz vom 14.9.1994, BGBl I, 2325.

[45] *Ossenbühl* StHR, 13 ff.

[46] BGHZ 65, 182, 183; 110, 1, 8.

[47] *Ossenbühl* StHR, 13; *Scheuing* FS Bachof, 1984, 356 f.

[48] *Windthorst* (Fn 4) § 9 Rn 57 ff. Grundsätzlich gegen die hM *Papier* in: Maunz/Dürig, GG, Art 34 Rn 156 ff.

[49] *Kluth* (Fn 30) § 67 Rn 48 f; *Ossenbühl* StHR, 41 ff; BGH VersR 1961, 512; NJW 2001, 3054, 3056.

[50] Anders dagegen das StHG DDR: rein objektives Verständnis, vgl BGHZ 166, 22 ff; näher → § 46 Rn 27 ff.

[51] *Bender* JZ 1986, 839; *Ossenbühl* StHR, 55 ff. Aus der Rspr BGHZ 65, 182; 118, 263, 265 ff.

[52] BGH DÖV 2003, 3693 ff; NVwZ 2006, 117 ff. für die Verweigerung des gemeindlichen Einvernehmens.

Weisungen (Verwaltungsvorschriften) behandelt der BGH ähnlich wie die Rechtsetzung[53] und lehnt Amtspflichten gegenüber dem Bürger ab[54].

Die Rechtspflichten des Staates oder anderer Verwaltungsträger begründen aber zumeist auch Amtspflichten der Beamten, da es dem zuständigen Amtswalter dienstlich übertragen ist, diese Pflichten dem Bürger gegenüber zu erfüllen. Das verwaltungsgerichtliche Verfahren präjudiziert daher häufig den Amtshaftungsprozess. So ist Streitgegenstand der Anfechtungsklage gegen einen Verwaltungsakt auch dessen Rechtmäßigkeit. Ist ein Verwaltungsakt als rechtswidrig aufgehoben worden, so kann unter denselben Prozessparteien im Amtshaftungsprozess nicht mehr dessen Rechtmäßigkeit behauptet werden und umgekehrt[55]. **17**

b) *Dritter und Amtspflicht ihm gegenüber.* Die Amtspflicht muss – zumindest auch – gegenüber dem betroffenen Bürger bestehen. Grundsätzlich kann ein Schadensersatzanspruch aus § 839 BGB nur entstehen, soweit ein Nachteil vom Schutzzweck der verletzten Rechtsnorm personell und sachlich[56] umfasst wird[57]. Die Verletzung von Pflichten, die nur dem Interesse des Staates dienen sollen, begründet keine Amtshaftung. Hier besteht eine Parallele zum subjektiven öffentlichen Recht, das nach hM in ähnlicher Weise abgegrenzt wird[58]. Die Rechtsprechung neigt aber dazu, den Kreis der Amtspflichten gegenüber Dritten im Bereich des öffentlich-rechtlichen Handelns sehr weit auszudehnen, um dem Bürger die Vorteile der Staatshaftung zu sichern[59]. Davon unabhängig ist der Amtsmissbrauch zum Schaden des Bürgers immer als Amtspflichtverletzung diesem gegenüber zu bewerten[60]. **18**

Wenig Zweifel werfen rechtswidrige Handlungen im Bereich der Eingriffsverwaltung auf. Es gehört zu den Amtspflichten jedes Beamten, in die Rechte der Bürger nicht rechtswidrig einzugreifen. Das Eingreifen eines unzuständigen Beamten ist rechtswidrig und eine Amtspflichtverletzung[61]. Deshalb erfüllt ein rechtswidriger Eingriff in der Regel den Tatbestand einer Amtspflichtverletzung[62]. Darunter fällt auch die rechtswidrige Versagung einer Erlaubnis im Rahmen präventiver Kontrolle, zB einer Bauerlaubnis[63]. **19**

[53] Vgl Rn 27.

[54] BGH NJW 1971, 1699, 1699 f; BGHZ 75, 120, 127 f; 91, 243, 249; anders für Weisungen, die sich nur auf einen bestimmten Personenkreis auswirken konnten, BGHZ 63, 319, 324 f. Dem eine Amtshaftung für rechtswidrig-schuldhaft erlassene Verwaltungsvorschriften verneinenden BGH widerspricht *Leisner-Egensperger* DÖV 2004, 65 ff.

[55] *Kreft* Das Bürgerliche Gesetzbuch mit besonderer Berücksichtigung der Rechtsprechung des Reichsgerichts und des Bundesgerichtshofs, Kommentar, hrsg v Mitgliedern des BGHs, 12. Aufl 1974 ff, § 839 Rn 580 ff. *Schenke* Rechtsschutz bei normativem Unrecht, 1979, 92 f meint, dies widerspreche der Auffassung, die Amtspflicht ergebe sich aus der internen Dienstpflicht. Aus der Rspr BGH NJW 1986, 2952, 2953.

[56] Zu dieser Unterscheidung *Windthorst* (Fn 4) § 9 Rn 97 ff.

[57] BGH NJW 1986, 2952, 2954; BGHZ 129, 23, 25 f; zu Bauverwaltungsakten BGH DVBl 1994, 1132 ff.

[58] Zum Zusammenhang zwischen Amtspflicht gegenüber einem Dritten und subjektivem öffentlichem Recht sowie Klagebefugnis BGHZ 125, 258, 268.

[59] *Ossenbühl* StHR, 59.

[60] BGH DÖV 1979, 866, 866; BGHZ 91, 243, 252.

[61] BGHZ 117, 240, 244.

[62] BGHZ 97, 97, 102.

[63] BGHZ 93, 87, 90 ff. Dem Eigentümer gegenüber, der den Bauantrag nicht gestellt hat, besteht die Amtspflicht nicht, vgl BGH NVwZ 1987, 356, 356; NJW-RR 1996, 724; NVwZ-RR 1995, 1 f; NVwZ-RR 2008, 670, 671.

20 Im Rahmen der Leistungsverwaltung ist die Erfüllung der Rechtsansprüche des Bürgers, einschließlich des Rechts auf rechtsfehlerfreien Ermessensgebrauch, Amtspflicht[64]. Pflichten zur Erfüllung öffentlich-rechtlicher Verträge rechnet der BGH allerdings nicht zu den Amtspflichten[65]. Im Übrigen gehört aber zu den Amtspflichten eine ordnungsgemäße Sachbehandlung[66]. Entscheidungen sind nicht grundlos hinauszuzögern[67]. Sinnlose, den Bürger schädigende Verfahren und Rechtsmittel sind zu vermeiden[68]. Begangene Fehler sind nach Möglichkeit zu beheben, um den Betroffenen vor Schaden zu bewahren[69]. Das amtliche Handeln muss konsequent sein; insbesondere darf es durch vorherige – rechtmäßige – Handlungen begründete und deshalb berechtigte Erwartungen der Bürger nicht enttäuschen[70]. Der Beamte darf nicht sehenden Auges zulassen, dass der Bürger wegen Rechtsunkenntnis Schaden erleidet[71]. Zum Teil kehren hier die Grundsätze wieder, welche im bürgerlichen Recht bezüglich der Schutz- und Sorgfaltspflicht in einem Schuldverhältnis entwickelt worden sind[72]: So kann ein bestehendes Steuerschuldverhältnis in Verbindung mit dem Grundsatz von Treu und Glauben die Amtspflicht begründen, den Steuerschuldner vor Schaden zu bewahren, der ihm aus dem Konkurs eines Mittlers droht, über den er seine Steuerzahlungen leitet[73].

21 Amtliche Warnungen, insbesondere Warnungen vor bestimmten Produkten, müssen rechtmäßig, insbesondere begründet und verhältnismäßig sein[74]. Amtliche Gutachten[75] und Auskünfte sind richtig, unmissverständlich und vollständig zu erteilen[76]. Amts-

[64] BGHZ 130, 332, 334 ff; BGH NJW 1979, 642, 643.

[65] BGHZ 87, 9, 18; 120, 184, 188. Dagegen mit Recht *Papier* in: Maunz/Dürig, GG, Art 34 Rn 162; *ders* in: Rebmann/Säcker/Rixecker (Hrsg), Münchener Kommentar zum BGB, 5. Aufl 2009, § 839 Rn 197; *Ossenbühl* StHR, 60 f.

[66] BGH NJW 1986, 2829, 2830; BGHZ 117, 287, 291 ff; BGH DVBl 1994, 1065 f; BGHZ 129, 226, 232.

[67] BGH NJW 1979, 2041, 2042 f.

[68] BGHZ 110, 253, 254; BGH NVwZ 1995, 100 f.

[69] BGH NJW 1986, 2952, 2953.

[70] BGH NJW 1963, 644, 645; BGHZ 76, 343, 348; betr Zusicherung der Erschließung; zur Hinweispflicht auch BGH NJW 1981, 2122, 2123. Zu Bauleitplanungen vgl BGH NVwZ 2006, 1207, 1208: Planungsentscheidungen bis hin zum Abbruch sind solange nicht als inkonsequent anzusehen, als sie sich im Rahmen des Planungsermessens halten.

[71] Zu Beratungs- u Aufklärungspflichten BGH NJW 1985, 1335, 1337; BGHZ 142, 259, 277; BGH NJW 1994, 2283 f; vgl aber auch BGH NVwZ-RR 2006, 634 (Hinweis auf drohende Veränderungssperre): Besondere Beziehung zwischen Bürger u Behörde nötig.

[72] Dazu *Löwer* Staatshaftung für unterlassenes Verwaltungshandeln, 1979, 255 f. Zu den oft mit Amtshaftungsansprüchen konkurrierenden Ansprüchen aus der entsprechenden Anwendung der Regeln über eine vertragliche Haftung → § 46 Rn 18 ff.

[73] BGH NVwZ 1996, 512.

[74] Dazu *Ossenbühl* StHR, 290 f; OLG Stuttgart NJW 1990, 2690 ff, zur Verhältnismäßigkeit 2693 f (Birkel-Nudeln); BGH NJW 1994, 1950, 1952 verlangt besondere Sorgfalt vor namentlicher Nennung von Beteiligten an Strafverfahren. Zur Reichweite des Schutzbereichs einer Warnung vor Überschwemmungen BGH UPR 2005, 103 f. Vgl auch *Tremml/Luber* NJW 2005, 1745 ff. Zur unionsrechtlichen Dimension vgl auch EuGH Slg 2007, I-2749 (AGM) = EuZW 2007, 480; *Weiß* EuZW 2008, 74 ff: „bemerkenswerter Kontrast".

[75] OLG Hamm NWVBl 1996, 400, 402 f.

[76] BGH NJW 1965, 1226, 1227; BGHZ 137, 344, 349 f; BGH DVBl 2001, 811, 812; NVwZ 2002, 373, 374 f. BGHZ 117, 83, 90 f schließt jedoch ein Vertrauen auf die Auskunft über den voraussichtlichen Ausgang einer erkennbar noch nicht entschiedenen Sache aus: Dies sei eine Frage schon des Anspruchstatbestandes u des durch das Amtshaftungsrecht gewährten Vermögensschutzes. Ebenso BGH VersR 2008, 252, der im Rahmen des Schutzzwecks der

pflichten gegenüber dem Bürger kann auch ein Gutachterausschuss haben, der die Entscheidung einer anderen Behörde nach Art eines Sachverständigengutachtens nur vorbereitet[77]. Auch kritische Äußerungen in der Öffentlichkeit über andere Personen und Unternehmen können Amtshaftungsansprüche nach sich ziehen[78]. Amtspflichtwidrig ist eine rechtswidrige Erlaubnis, die den Bürger der Gefahr aussetzt, bei einer späteren Rücknahme geschädigt zu werden[79].

Fraglich ist die Bewältigung von Konstellationen, in denen die Schutzwürdigkeit des Vertrauens in eine rechtswidrige Genehmigung fraglich ist, zB wenn die Genehmigung durch arglistige Täuschung erschlichen wurde[80] oder wenn trotz Kenntnis von der Drittanfechtung der Genehmigung das Bauvorhaben fortgesetzt wird. Hier bietet sich an, den Amtshaftungsanspruch entweder schon tatbestandsmäßig entfallen zu lassen oder den fehlenden Vertrauensschutz erst unter dem Aspekt des Mitverschuldens zu berücksichtigen[81]. Früher ging der BGH vom Entfallen des Schadensersatzanspruches nach § 254 BGB aus[82]. Mittlerweile geht die höchstrichterliche Rechtsprechung dahin, bei etwaigem Mitwissen des Antragstellers zum Teil den sachlichen Schutzbereich der Amtspflicht und damit schon den Tatbestand des Amtshaftungsanspruchs für ausgeschlossen zu halten[83]. Danach ist zunächst zu fragen, ob die rechtswidrige Genehmigung überhaupt geeignet war, ein schutzwürdiges Vertrauen des Anspruchstellers zu begründen[84]. Das Bestehen einer Vertrauensgrundlage kann vor allem dann fraglich sein, wenn die Genehmigung mit Mängeln behaftet ist, die gemäß § 48 II 1 VwVfG die Behörde zur entschädigungslosen Rücknahme berechtigt[85]. Soweit die Schutzwürdigkeit des Vertrauens auf der Ebene des Tatbestands nicht vollständig auszuschließen ist, kann anschließend der Aspekt des Mitverschuldens zu einer Beschränkung des An- 22

behördlichen Maßnahme prüft, ob sie ihrer Art nach eine Verlässlichkeitsgrundlage schaffen konnte. Das soll durch den Zusatz „nach diesseitigem Erkenntnisstand" nicht ausgeschlossen sein.

77 BGHZ 146, 365, 367 ff; ähnlich BGHZ 137, 11, 15 ff; 139, 200, 204 ff.

78 Vgl hierzu BGH NJW 2003, 1308.

79 Dazu BGHZ 60, 112 betr eine rechtswidrige Bauerlaubnis. Zum Vorbescheid BGHZ 105, 52, 54 mwN; 122, 317, 321 ff.

80 Zum Versuch einer arglistigen Täuschung von Seiten des Antragstellers zur Erwirkung einer Baugenehmigung BGH DVBl 2003, 524 ff; dieser Versuch schließt ungeachtet der Rechtswidrigkeit der Baugenehmigung einen Amtshaftungsanspruch schon tatbestandsmäßig aus (525 f).

81 Vgl umfassend hierzu *Küch* Vertrauensschutz durch Staatshaftung, 2003, 48 ff mwN, insb auch zu Ansichten der Lit.

82 Vgl BGH DVBl 1976, 176 f; NJW 1985, 265 u 1692, 1693 zum Mitverschulden des Bauherrn, der auf eine bedenkliche Bauerlaubnis vertraut. BGHZ 149, 50, 52 ff schützt bei Anordnung der sofortigen Vollziehung sogar – jedenfalls zT – das Vertrauen in eine vom Nachbarn angefochtene Bauerlaubnis, obwohl in solchen Fällen dem Bauherrn, der bewusst ein Risiko auf sich nimmt, Mitverschulden angelastet werden kann, BGH NJW 2001, 3054, 3056, während Nichtweiterbau bei rechtswidriger Stilllegungsverfügung einen solchen Vorwurf nicht begründet, BGH DVBl 2001, 1439. Lagen die Anfechtungsgründe zudem schon im Genehmigungsfragen offen, tritt die Verantwortung der Behörde hinter diesem Mitverschulden regelmäßig auch nicht vollständig zurück, BGH NJW 2008, 2502 ff. Denn das Rechtsanwendungsrisiko soll nicht gänzlich auf den Bürger verlagert werden, auch wenn dieser im Einzelfall die besseren Erkenntnismöglichkeiten hat.

83 Eine Kehrtwende markiert insoweit BGHZ 117, 83, 90; vgl auch BGHZ 134, 268, 295 ff; BGH DVBl 2003, 524, 525 f.

84 Vgl dazu bereits BGH NJW 1992, 1230, dazu nun allerdings diff BGH NJW 2002, 432, 433.

85 BGH DVBl 2003, 524, 525.

spruchs führen[86]. In der Tendenz anders werden dagegen die Fälle bewältigt, in denen eine rechtswidrige Genehmigung von Dritten angefochten wird. Durch die Drittanfechtung fällt zwar die Vertrauensgrundlage nicht vollständig weg – jedenfalls nicht, soweit und solange eine sofortige Vollziehbarkeit der fraglichen Genehmigung gegeben ist[87]. Aber es kann im Rahmen von § 254 BGB insoweit eine Eigenverantwortung des Genehmigungsinhabers anzunehmen sein, als er bei den Aufwendungen zur Umsetzung der Genehmigung, die er in Kenntnis der Drittanfechtung vornimmt, bewusst das durch die Drittanfechtung bestehende Risiko in Kauf genommen hat[88]. Eine Einschränkung des Amtshaftungsanspruch des Bauherren wegen Mitverschuldens auch ab Kenntnis vom eingelegten Nachbarwiderspruch kommt allerdings nur dann in Betracht, wenn der Bauherr nach den Umständen dem Widerspruch Erfolgsaussichten beimessen musste; daran kann es insbesondere fehlen, wenn die rechtlichen Bedenken gegen die Baugenehmigung, auf denen die Drittanfechtung beruht, der Genehmigungsbehörde im Genehmigungsverfahren bereits vorgetragen worden waren[89]. Weiter ist stets auf die Reichweite des Schutzes zu achten[90]. So nimmt die Baugenehmigung, die unbeschadet der Rechte Dritter erteilt wird, dem Bauherrn nicht das Risiko, dass der Bau aus zivilrechtlichen Gründen nicht realisiert werden kann[91]. Die Behörde darf allerdings allgemein keine rechtswidrigen Zusagen machen und keine unwirksamen Verpflichtungen eingehen[92].

23 Ganz allgemein nimmt die Rechtsprechung an, dass im Bereich hoheitlichen Handelns die Pflicht des Beamten, kein Delikt im Sinne der §§ 823 ff BGB zu begehen, Amtspflicht gegenüber dem Bürger ist[93]. Jede Verwirklichung eines allgemeinen Deliktstatbestands ist darum Amtspflichtverletzung. Das führt zu der Konsequenz, dass auch die Beachtung der allgemeinen Pflichten im Straßenverkehr zur Amtspflicht wird und der Dienstherr über § 839 BGB iVm Art 34 GG bei deren Verletzung auf Hoheitsfahrten[94] öffentlich-rechtlich haftet. Die Kritik an diesen Ergebnissen sollte aber weniger bei dem Begriff der Amtspflicht als bei der übermäßigen Ausdehnung des öffentlichrechtlichen Handelns ansetzen[95]. An die Verletzung absoluter Rechtsgüter lässt sich auch die Haftung für Kriegsschäden anknüpfen. So hat der BGH in der Distomo-Entscheidung die Anwendbarkeit des Amtshaftungsrechts auf militärische Handlungen in der Zeit bis zum zweiten Weltkrieg zwar verneint, für die Zeit nach Inkrafttreten des Grundgesetz aber ausdrücklich offen gelassen[96].

[86] BGH NVwZ 1997, 714, 722.
[87] BGH NJW 2002, 432, 434.
[88] BGH NJW 2001, 3054, 3056; DVBl 2003, 524, 526.
[89] BGH NJW 2008, 2502 ff; dazu instruktiv *Cornils* ZJS 2008, 534 ff.
[90] In den Schutzzweck fällt zB bei fehlerhafter Zwangsversteigerung nicht der entgangene Gewinn des Meistbietenden, BGH DVBl 2001, 1841, 1842 (Änderung der Rspr).
[91] BGHZ 144, 394, 396 f.
[92] Dazu BGHZ 76, 16, 29 ff.
[93] *Kreft* (Fn 55) Rn 159 ff; BGHZ 69, 128, 138; 112, 74; BGH NJW 1994, 1950, 1951.
[94] Vgl Rn 8.
[95] *Ruland* BayVBl 1979, 582 f; *Papier* in: Maunz/Dürig, GG, Art 34 Rn 146 f; zur Begrenzung der Amtspflicht BGH NJW 1992, 1227, 1229 f.
[96] BGHZ 155, 279 – Distomo, bestätigt durch BVerfGK 7, 303; BGHZ 169, 348 – Varvarin, Besprechung von *Baufeld* JZ 2007, 502; *Selbmann* NJ 2007, 102; zum Ganzen *Dutta* VerwArch 99 (2008), 192; *Boysen* AVR 44 (2006), 362; *Schmahl* ZaöRV 66 (2006), 699. Zu den Folgen des „Stiftungsgesetzes" vgl *Safferling/Zumbansen* JR 2002, 6 sowie *Hennies*, Die Entschädigung für NS-Zwangsarbeit vor und unter der Geltung des Stiftungsgesetzes vom 2.8.2000, 2006.

Grenzfälle, bei denen zweifelhaft ist, ob eine Amtspflicht nur gegenüber der Allgemeinheit oder auch gegenüber dem geschädigten Bürger besteht, treten vielfach bei der Frage auf, ob polizeiliches Einschreiten geboten war. An sich ist heute anerkannt, dass Gefahrenabwehrbehörden nicht nur zugunsten der Allgemeinheit, sondern auch zugunsten des Einzelnen tätig werden. Sie arbeiten jedoch grundsätzlich nach dem Opportunitätsprinzip, so dass ihr Nichteinschreiten in der Regel rechtmäßig ist und deshalb keine Amtshaftungsansprüche begründen kann. Schon vor der grundsätzlichen Anerkennung eines Anspruchs auf polizeiliches Einschreiten bei Ermessensreduzierung[97] haben die Zivilgerichte aber angenommen, dass ein Nichteinschreiten in Fällen offenkundiger schwerer Gefahren eine Amtspflichtverletzung sein kann. Der BGH sieht inzwischen, dass die frühere Rechtsprechung, die eine Amtspflichtverletzung nur bei Willkür bejahte, zu eng war. Da die rechtmäßige Ermessensausübung Pflicht jedes Beamten ist, ist die Verletzung einer Amtspflicht gegenüber dem Bürger immer dann anzunehmen, wenn entweder wegen Ermessensreduzierung ein Recht auf Einschreiten bestand oder das Ermessen rechtsfehlerhaft ausgeübt wurde und dadurch ein Schaden entstand[98]. Die Pflicht des Staatsanwaltes, Straftaten zu verfolgen, besteht nach Ansicht des BGH dagegen grundsätzlich nicht gegenüber dem durch eine Straftat Geschädigten[99]. **24**

Im Übrigen gibt es zu diesem Problemkreis eine reichhaltige Kasuistik, die darauf abstellt, welchen Interessen die betreffende Amtspflicht zu dienen hat[100]. Besondere praktische Bedeutung gewinnt diese Abgrenzung, wenn Schäden unmittelbar durch das Verhalten Privater entstehen, zugleich aber eine Verletzung von Aufsichtspflichten durch die Behörde in Betracht kommt. So soll die Bauaufsicht nicht die Vermögensinteressen des Bauherrn sichern; eine nachlässige Prüfung der Standfestigkeit begründet also bei späterem Einsturz keine Amtshaftungsansprüche[101]. Der Amtsarzt, der die gesundheitliche Eignung eines Taxifahrers überprüft, hat bezüglich der beruflichen Interessen an der begehrten Erlaubnis eine Amtspflicht gegenüber dem Untersuchten, nicht dagegen bezüglich sonstiger drohender Gesundheitsgefahren[102]. Der Träger der Kraftfahrzeugzulassungsstelle haftet für alle Schäden, die der Fahrer eines nicht vorschriftsmäßig versicherten Fahrzeugs verursacht hat, wenn ihr Bediensteter die Amtspflicht verletzt hat, den Fahrzeugschein des Fahrzeugs unverzüglich einzuziehen und das Kennzeichen zu **25**

97 Grundlegend BVerwGE 11, 95.

98 *Ossenbühl* StHR, 46; *Kluth* (Fn 30) § 67 Rn 56; BGHZ 74, 144, 156; 75, 120, 124. – Zur Willkürrechtsprechung bei Ermessensfehlern BGHZ 2, 209, 214; 4, 302, 311 f; 12, 206, 208 f; 45, 143, 145 f. Zu den Kausalitätsproblemen bei Ermessensentscheidungen vgl Rn 31.

99 BGH NJW 1996, 2373, 2373; OLG Düsseldorf NJW 1996, 530. Rechtswidrige Verfolgungsmaßnahmen der Staatsanwaltschaft sind dagegen Amtspflichtverletzungen gegenüber dem Beschuldigten, BGH NJW 2000, 2672, 2674. Zur Telekommunikations-Überwachung BGH NJW 2003, 3693.

100 Dazu zusammenfassend mit vielen Nachweisen BGHZ 69, 128, 135 ff.

101 BGHZ 39, 358, 362 ff, dazu krit *Maser* FS Soergel, 1993, 193; BGH NJW 1965, 200, 200; ähnlich BGH NJW 1973, 458, 459 f. Relativiert durch BGHZ 142, 259, 267, wonach Schäden wegen der fehlenden Standfestigkeit eines ehemaligen Bergbaugeländes vom Schutzzweck der Baugenehmigung umfasst sind. Entscheidend sei die fehlende Beherrschbarkeit dieser Risiken für den Bauherrn. Umfassend dazu *Terwiesche* NVwZ 2007, 284 ff. Zu Drittbezogenheit im Baurecht umfassend *Hebeler* VerwArch 98 (2007), 136.

102 BGH NJW 1994, 2415, 2416 f. Ähnliche Gesichtspunkte bei BGHZ 65, 195, 198 ff; ähnlich BGH NVwZ 1994, 1237 f.

entstempeln[103]. Dagegen soll die Pflicht der Kraftfahrzeugzulassungsstelle, sich bei jeder Befassung mit einem Kraftfahrzeug, insbesondere bei einem Eigentümerwechsel, den Kraftfahrzeugbrief vorlegen zu lassen, Amtspflicht zwar gegenüber dem Eigentümer und sonstigen dinglichen Berechtigten[104], nicht aber gegenüber potentiellen Käufern sein[105]. Das Verbot der Mitnahme von Waffen in Justizvollzugsanstalten dient in erster Linie dem Schutz der dort Beschäftigten[106]. Die Pflichten der Versicherungsaufsicht bestehen nach der wenig überzeugenden Ansicht des BGH nicht gegenüber Versicherten und eventuellen Verkehrsopfern[107]. Dagegen nahm der BGH zutreffend an, dass dem Bundesaufsichtsamt für das Kreditwesen nach der alten Fassung des § 6 KWG Amtspflichten gegenüber den Einlagegläubigern der Banken oblagen[108]. Die Aufsicht über die Amtsführung der Notare ist Amtspflicht auch gegenüber den Klienten[109]. Die Stiftungsaufsicht dient auch den Interessen der Stiftung selbst[110]. Die Bekanntgabe der Verwertung beschlagnahmten Gutes dient auch dem Interesse der Eigentümer[111]. Der Amtsvormund bzw. Betreuer hat in besonderen Ausnahmefällen auch Amtspflichten gegenüber einem potentiellen Arbeitgeber seines Mündels bzw. Betreuten und muss ihn vor dessen besonders gefährlichen Neigungen warnen[112]. Die Amtspflicht, ein Kind nur auf Antrag vom Schulbesuch zu beurlauben, besteht auch gegenüber den Eltern des Kindes[113]. Die Warnpflichten des Deutschen Wetterdienstes sollten dagegen nur Rahmenbedingungen für die Luftfahrt sichern und begründen deshalb keine Amtspflichten gegenüber den Fluggesellschaften[114].

26 Sonderprobleme wirft die Amtshaftung im innerstaatlichen Bereich auf. Sie tritt nicht ein, wo der eine Verwaltungsträger Aufgaben des anderen in dessen Auftrag erfüllt. Insoweit wird die Verwaltung als Einheit betrachtet: Die untergeordnete Körperschaft steht der übergeordneten nicht wie ein geschädigter Bürger in Vertretung widerstreitender Interessen gegenüber. Anders ist es bei Eingriffen in den Bereich der Selbstverwaltung. Sie können zur Schadensersatzpflicht des Staates gegenüber Gemeinden oder anderen Trägern der Selbstverwaltung führen[115]. So besteht nach Ansicht des

[103] BGHZ 111, 272, 276 f: Die Haftung beschränkt sich auf die gesetzlich vorgeschriebene Mindestversicherungssumme.

[104] BGHZ 10, 122, 125; 30, 374, 377 f (auch Anwartschaftsrechtsinhaber geschützt); auch BGHZ 10, 389, 391.

[105] BGHZ 10, 122, 125; auch BGHZ 18, 110, 113 ff; BGH NJW 1982, 2188, 2189; etwas großzügiger noch BGH NJW 1965, 911 f.

[106] BGH NJW 2005, 3357, 3358.

[107] BGHZ 58, 96, 98; dagegen mit Recht *Scholz* NJW 1972, 1217 ff.

[108] BGHZ 74, 144, 148 u 75, 120, 122; BGH NJW 1983, 563; stille Gesellschafter sind dagegen nicht begünstigt, BGHZ 90, 310, 313 ff. Zur Bankenaufsicht § 6 IV des Gesetzes über das Kreditwesen idF v 11.7.1985, wonach die Bankenaufsicht nur im öffentl Interesse durchgeführt wird; die Regelung ist nach BGH NJW 2005, 742 ff mit EG-Recht u dem GG vereinbar; krit dazu *v Danwitz* JZ 2005, 729 ff.

[109] BGHZ 135, 354, 357 ff.

[110] BGHZ 68, 142, 145 f.

[111] BGH NJW 2005, 1865, 1866; ähnlich für den Gerichtsvollzieher BGH NJW-RR 2008, 338.

[112] BGHZ 100, 313, 316 ff.

[113] OLG Schleswig NJW 1990, 913, 914; das beurlaubte Kind war entführt worden.

[114] BGHZ 129, 23, 25 ff; auch BGHZ 129, 17, 18 ff.

[115] Zu diesem Problemkreis BGHZ 32, 145 ff; 116, 312, 315 ff; 148, 139, 145 f; *Stelkens* Verwaltungshaftungsrecht, 1998, insbes 424 ff zum Amtshaftungsanspruch; *Komorowski* VerwArch 93 (2002) 62 ff.

BGH[116] eine amtshaftungsrechtlich geschützte Pflicht der Bauaufsichtsbehörde, bei Entdeckung eines formellen Mangels einer Veränderungssperre der Gemeinde vor Entscheidung über einen der Sperre widersprechenden Bauantrag, Gelegenheit zur Behebung des Mangels zu geben. Insbesondere kann die kommunale Rechtsaufsicht amtshaftungsrechtliche Pflichten der Aufsichtsbehörde auch gegenüber der zu beaufsichtigenden Gemeinde als geschütztem Dritten begründen[117]. Keine widerstreitenden Interessen, sondern ein gleichsinniges Zusammenwirken bei der Erfüllung einer gemeinsamen Aufgabe hat der BGH dagegen bei der Rechnungsprüfung durch einen kommunalen Prüfungsverband angenommen[118]. Ein Vorgesetzter, der im Rahmen der gemeinsamen Dienstausübung einen untergeordneten Beamten respektlos behandelt, wird regelmäßig hoheitlich tätig[119]; die – amtshaftungsrechtlich relevante – Pflicht zum angemessenen Umgang ergibt sich hierbei aus den entsprechenden beamtenrechtlichen Normen, etwa den §§ 60 I 2, 61 I 3 BBG bzw 33 I 2, 34 S 3 BeamtStG.

Ob es eine Amtshaftung wegen rechtswidriger Rechtssetzung oder rechtswidriger Unterlassung der Rechtssetzung geben kann, ist umstritten. Nach dem weiten Beamtenbegriff, der für die öffentlich-rechtliche Amtshaftung gilt, kann die Beamteneigenschaft der Parlamentarier nicht verneint werden. Der BGH meint jedoch, dass Pflichten zur Rechtssetzung grundsätzlich nur gegenüber der Allgemeinheit bestünden, so dass es an der Amtspflicht gegenüber einem Dritten fehle[120]. Der Prärogative des Haushaltsgesetzgebers folgend ist daher auch die aus dem Justizgewährungsanspruch folgende Pflicht zur angemessenen Ausstattung der Gerichte nicht drittgerichtet[121], wohl aber die effektive Verteilung der Mittel durch Unter- und Zentralbehörden[122]. Dagegen erkennt der BGH bei Erlass von Bebauungsplänen Amtspflichten gegenüber Planbetroffenen insoweit an, als sie durch ein entsprechendes subjektives Recht geschützt sind, zB weil das Gebot der Rücksichtnahme zu ihren Gunsten drittschützende Wirkung entfaltet und ihnen ein subjektives Recht verleiht[123]. Weiter haben die Amtsträger der Gemeinde (Ratsmitglieder) bei der Aufstellung von Bebauungsplänen gegenüber Eigentümern, 27

[116] BGH NVwZ 2004, 1143, 1144; NVwZ 2008, 815, 816.

[117] BGHZ 153, 198, 201 ff. Eine Haftung der Rechtsaufsichtsbehörde tritt aber nicht ein, wenn die Genehmigungspflicht nur irrtümlicherweise angenommen wurde, BGHZ 170, 356. Zu Fragen der Amtshaftung bei rechtswidriger Weisung *Herbst* DV 37 (2004), 51 ff.

[118] BGHZ 177, 37, 39 ff.

[119] Vgl hierzu BGH NJW 2002, 3172 → JK GG Art 34/24.

[120] BGHZ 56, 40, 44 ff; BGH DVBl 1993, 718, 718. ISd BGH *Ossenbühl* StHR, 104 ff; krit zum BGH *Schenke* (Fn 55) 90; *Schenke/Guttenberg* DÖV 1991, 945, 949 ff; *Boujong* FS Geiger, 1989, 430, 431 ff; *Scheuing* (Fn 46) 357 f, der aber den Verschuldensnachweis für sehr problematisch hält; bei grundrechtsverletzenden Gesetzen will *Haverkate* NJW 1973, 441, 442 ff eine Amtspflichtverletzung gegenüber dem Grundrechtsträger annehmen; ähnlich *v Arnim* Die Haftung der Bundesrepublik Deutschland nach dem Investitionshilfegesetz, 1986, 46 ff; *Papier* in: Maunz/Dürig, GG, Art 34 Rn 195; *ders* in: Isensee/Kirchhof VI, § 157 Rn 39; *Wunderlich* Die Rechtsprechung des Bundesverfassungsgerichts zur Eigentumsgarantie und ihre Auswirkungen auf die Staatshaftung für legislatives Unrecht, 1993, 154; *Fetzer* Die Haftung des Staates für legislatives Unrecht, 1994, 88 ff. Speziell zur Staatshaftung wegen Vollzugs nichtiger Normen *Baumeister/Ruthig* JZ 1999, 117 ff. Zur Haftung wegen Volksgesetzgebung *Hartmann* VerwArch 98 (2007), 500 ff.

[121] BGHZ 111, 272 ff.

[122] Insoweit nun abw BGHZ 170, 260, 269 ff, dazu *Terhechte* DVBl 2007, 1134; allg zur Haftung wegen überlanger Dauer von Gerichtsverfahren *Brüning* NJW 2007, 1094.

[123] BGH DVBl 1976, 173, 175 f; BGHZ 92, 34, 51 ff.

zukünftigen Eigentümern und Bewohnern des Plangebiets die Amtspflicht, Gesundheitsschäden aus Altlasten zu vermeiden. Die Haftung aus einer diesbezüglichen Amtspflichtverletzung erstreckt sich auch auf Vermögensschäden künftiger Erwerber solcher Wohnungen[124].

4. Verschulden

28 § 839 BGB setzt als Deliktstatbestand des bürgerlichen Rechts Verschulden voraus: Der Beamte muss die Amtspflicht schuldhaft verletzt haben. Für das Verschulden gelten grundsätzlich die allgemeinen Regeln des bürgerlichen Rechts. Insbesondere gilt auch für § 839 BGB der objektivierte Schuldbegriff. Die Rechtsprechung stellt auf den pflichtgetreuen Durchschnittsbeamten[125] der entsprechenden Amtsstellung ab, so dass eine besondere individuelle Einfältigkeit die Haftung nicht ausschließt. Ehrenamtlich tätige Mitglieder kommunaler Vertretungen werden nicht etwa deshalb milder beurteilt, weil sie Laien sind; vielmehr darf der Bürger auch von ihnen die Einhaltung desselben Sorgfaltsmaßstabes erwarten[126]. Die Verschuldenshaftung kommt dadurch einer objektiven Haftung bereits nahe, und die hM, die seit langem nicht mehr die Namhaftmachung des handelnden schuldigen Beamten verlangt, zieht daraus die zutreffende Konsequenz[127]. Die Rspr überträgt zudem die Grundsätze des Organisationsverschuldens auch auf das Amtshaftungsrecht[128]. Die Haftung von Kollegialorganen bereitet deshalb keine besonderen Probleme[129]. Haftungsbeschränkungen durch gemeindliche Satzungen scheitern wiederum meist an der fehlenden Regelungskompetenz der Kommunen, da die allgemeine landesrechtliche Satzungsermächtigung keine ausreichende Ermächtigungsgrundlage bildet[130].

29 Deshalb wird eine Amtshaftungsklage nur selten am mangelnden Verschulden scheitern[131]. Der häufigste Fall mangelnden Verschuldens dürfte die Fehlentscheidung bei zweifelhafter Rechtslage sein[132], da die Rspr idR ein Verschulden verneint, wenn die Rechtmäßigkeit des Amtshandelns von einem Kollegialgericht gebilligt worden ist[133].

[124] BGHZ 106, 323, 330 ff; 108, 224, 226 ff; 109, 380, 388 ff; dazu ergänzend BGHZ 121, 65, 68 f; 142, 259, 263 f; einschränkend BGHZ 140, 380, 383 f. Zu diesem Komplex *Kühn* Die Amtshaftung der Gemeinden wegen der Überplanung von Altlasten, 1997; *Schink* NJW 1990, 351 ff; *Ossenbühl* DÖV 1992, 761 ff.

[125] BGH NVwZ 1986, 505; NVwZ-RR 1996, 65, 65; Bender (Fn 51) 843.

[126] BGHZ 106, 323, 329 f; NVwZ-RR 2003, 403, NVwZ 2006, 117, 118.

[127] RGZ 100, 102; BGH WM 1960, 1304, 1305; dazu *Ossenbühl* StHR, 77; *Papier* in: Maunz/Dürig, GG, Art 34 Rn 221.

[128] BGHZ 111, 273 ff; 120, 184, 191 ff (zum Sicherstellungsauftrag der Kassenärztlichen Vereinigungen); *Ossenbühl* StHR, 77.

[129] *Papier* (Fn 65) § 839 Rn 128.

[130] BGHZ 61, 7, 14 f; bestätigt durch BGH NVwZ 2008, 238, 239.

[131] Reform des Staatshaftungsrechts – Kommissionsbericht, 1973, 153 f; desgleichen Referentenentwürfe, 1976, 67 ff; *Papier* (Fn 65) § 839 Rn 282 ff.

[132] BGHZ 119, 365, 369 ff; ergänzend BGH JZ 1994, 1116, 1117. Zur Pflicht, die höchstrichterliche Rspr zu beachten, *Ossenbühl* StHR, 74.

[133] BGH NJW 1957, 1835, 1836; BGHZ 27, 338, 343; BGH NJW 2002, 1793, 1794. Die Prüfungsdichte muss dabei allerdings der des Amtsträgers gleichkommen und das Gericht darf keine wesentlichen Gesichtspunkte außer Acht lassen, vgl BGH NJW 2005, 3495, 3497. Nach BGHZ 117, 240, 250; 143, 362, 372 gilt der Ausschluss des Verschuldens daher grds nicht, wenn das Gericht nur im Eilverfahren entschieden hat; anders für beamtenrechtliche Konkurrentenstreitigkeiten BVerwG DÖV 2006, 264, 266 Rn 29. Zu Besonderheiten beim Haft-

Nach diesem – freilich in den letzten Jahren zunehmend aufgeweichten[134] – Grundsatz hat eine Amtshaftungsklage in den oberen Instanzen wenig Aussicht auf Erfolg, wenn eine kollegial verfasste Instanz die Amtshandlung für rechtmäßig gehalten hat. Ein haftungsbegründendes Verschulden ist bei einer fehlerhaften behördlichen Entscheidung zudem dann nicht anzunehmen, wenn sich von mehreren die Entscheidung selbständig tragenden Begründungen auch nur eine als unverschuldet erweist[135].

5. Kausalität

Die haftungsausfüllende Kausalität zwischen der Amtspflichtverletzung und dem Schaden bestimmt sich nach den allgemeinen Regeln des Bürgerlichen Rechts. Ein Schadensersatzanspruch aus § 839 BGB setzt voraus, dass die Amtspflichtverletzung für den Schaden adäquat kausal war. Dafür ist zu fragen, welchen Verlauf das Geschehen bei pflichtgemäßem Verhalten des Beamten genommen und wie sich die Vermögenslage des Geschädigten dann gestaltet hätte[136]. Kommt es für die Ursächlichkeit einer Amtspflichtverletzung darauf an, wie die Entscheidung eines Gerichts oder einer Behörde ausgefallen wäre, so ist darauf abzustellen, wie richtigerweise hätte entschieden werden müssen, nicht darauf, ob die Behörde oder das Gericht tatsächlich anders entschieden hätte[137]. **30**

Besondere Probleme ergeben sich bei Entscheidungen, für die den Behörden ein Ermessen oder ein Beurteilungsspielraum zusteht. Ist aufgrund einer Amtspflichtverletzung eine rechtmäßige Ermessensausübung unterblieben, dann ist die Amtspflichtverletzung nicht nur kausal für den Schaden, wenn der Beamte anders hätte entscheiden müssen (Ermessensreduzierung auf Null), sondern auch, wenn er bei rechtmäßiger Ermessensausübung zwar nur anders entscheiden hätte können, aber so entschieden hätte. In dieser Konstellation greift der Einwand des rechtmäßigen Alternativverhaltens also nur durch, wenn das den Schaden vermeidende Alternativverhalten nicht nur rechtlich möglich, sondern auch tatsächlich wahrscheinlich war. Wäre nach der Praxis der Behörde das Ermessen so ausgeübt worden, dass der Schaden nicht eingetreten wäre, ist die Amtspflichtverletzung für den Schaden kausal[138]. Diese Grundsätze hat der BGH auch bei der Haftung für verfahrensfehlerhafte Entscheidungen zugrundegelegt **31**

befehlsantrag eines Staatsanwalts BGH NJW 1998, 751 ff. Allein die spätere Missbilligung durch ein Gericht kann den Schuldvorwurf nicht begründen, BGHZ 139, 200, 203; 143, 362, 371 mwN.

134 Nach *Papier* in: Maunz/Dürig, GG, Art 34 Rn 218 ist diese Aufweichung bedenklich, während *Windthorst* (Fn 4) § 9 Rn 188 dafür eintritt, sie aufzugeben.

135 BGH NJW 2005, 748, 750.

136 BGH NVwZ 1994, 823, 825; zum Zurechnungszusammenhang BGH NJW 1992, 2086, 2087; BGHZ 138, 11, 19 ff; 146, 122, 135 f.

137 BGH NJW 1986, 1924, 1925 mwN; BGH NJW 1986, 2952, 2954; NVwZ 1994, 409; BGHZ 129, 226, 232 ff mindert die Darlegungs- u Beweislast eines verfahrensfehlerhaft übergangenen Beamtenbewerbers. BGHZ 143, 362, 365 f lässt Berufung auf ein Alternativverhalten, das der erkennbaren Absicht der Behörde widersprochen hätte, nicht zu. Im Bereich des § 839 III sind die Grundsätze zur Zugrundelegung des sachlich richtigen Verhaltens dagegen nicht uneingeschränkt übertragbar, da dem Bürger eine aussichtslose Klage nicht zugemutet werden kann, vgl BGH NJW 1986, 1924, 1925; NJW 2003, 1308, 1312 f. Kritisch sieht diesen Ansatz *Wißmann* NJW 2003, 3455, wegen der Gefahr des Aufschwingens der Zivilgerichte zur Superrevisionsinstanz der Verwaltungsgerichte. Im Regelfall wird aber auch hier die sachlich richtige Entscheidung zugrunde zu legen sein, BGHZ 173, 98, 102 f.

138 BGH NJW 1959, 1316, 1317; zum entsprechenden Problem des Beurteilungsspielraums bei Prüfungen BGH DVBl 1983, 586, 587.

mit der Folge, dass der Einwand des rechtmäßigen Alternativverhaltens durchgreift, falls die Entscheidung bei ordnungsgemäßem Verfahren gleichlautend ausgefallen wäre[139]. Gleiches soll gelten, falls die Behörde sich die zum Entscheidungszeitpunkt fehlende Rechtsgrundlage selbst hätte schaffen können[140]. Dagegen kann die Rechtslage anders zu beurteilen sein, falls eine andere als von der Behörde gewählte Rechtsgrundlage zum selben Ergebnis geführt hätte. So soll der Untersagung einer Gewässernutzung auf der Grundlage der polizeirechtlichen Generalklausel bei einer bestehenden wasserrechtlichen Erlaubnis, der eine umfassende Legalisierungswirkung zukommt, der Widerspruch der Gewässernutzung zu einer nachträglich erlassenen Wasserschutzgebietsverordnung und die entsprechende Möglichkeit eines Widerrufs der Erlaubnis zumindest dann nicht als rechtmäßiges Alternativverhalten entgegengehalten werden können, wenn ein Widerruf der erkennbaren Absicht der Behörde im Zeitpunkt der Nutzungsuntersagung widersprochen hätte[141].

6. Haftungseinschränkungen

32 a) *Subsidiarität.* Bei fahrlässiger[142] Verletzung der Amtspflicht tritt die Haftung nur ein, wenn der Geschädigte nicht auf andere Weise Ersatz zu erlangen vermag (§ 839 I S 2 BGB). Diese Subsidiaritätsklausel sollte den persönlich haftenden Beamten schützen. Ihr Zweck ist mit der Übernahme der Haftung durch den Staat im Bereich des öffentlich-rechtlichen Staatshandelns weggefallen[143]. Trotzdem hat die Rechtsprechung § 839 I 2 BGB noch jahrzehntelang zu Lasten der Geschädigten außerordentlich extensiv interpretiert. Versicherungsansprüche sollten als anderweitige Ersatzmöglichkeiten die Haftung ausschließen. Das Fehlen einer anderweitigen Ersatzmöglichkeit gilt noch immer als anspruchsbegründendes Merkmal des gesetzlichen Tatbestands, das der Kläger darzulegen und erforderlichenfalls zu beweisen hat[144].

33 In neuerer Zeit hat der BGH seine Rechtsprechung geändert und die Subsidiaritätsklausel zunehmend eingeengt[145]. Hier sind insbesondere drei Fallgruppen zu nennen. Der BGH schloss aus dem Grundsatz der Gleichbehandlung aller Verkehrsteilnehmer, dass § 839 I 2 BGB nicht anzuwenden sei, wenn ein Amtsträger bei dienstlicher, dem öffentlichen Recht zuzurechnender Teilnahme am allgemeinen Straßenverkehr ohne Inanspruchnahme von Sonderrechten nach § 35 StVO schuldhaft einen Verkehrsunfall verursacht hat[146]. Die Subsidiarität soll auch ausscheiden, wenn ein Amtsträger die ihm

139 BGH NJW 1971, 239.

140 BGH VersR 1963, 1175, 1176 zu einer Baupolizeiverordnung.

141 BGH NVwZ 2000, 1106.

142 BGH Rechtspfleger 1988, 353, 354: Für übliche Haftung genügt bedingter Vorsatz, und Vorsatz muss sich nicht auf den Schaden beziehen.

143 Deshalb für völligen Verzicht auf die Subsidiarität *Papier* in: Maunz/Dürig, GG, Art 34 Rn 250 ff mwN.

144 BGH NVwZ 1992, 911, 913; BGHZ 120, 124, 125, wo (126 ff) Grenzen einer zumutbaren Verfolgung schwer durchsetzbarer Ansprüche behandelt werden. Zurückhaltender auch BGH NVwZ 2008, 815, 816: Sinn und Zweck des Subsidiaritätsklausel sei es nicht, die Fachbehörde von dem Risiko der richtigen Rechtsanwendung und Kenntnis der neuesten Rspr zu befreien (im Zusammenhang mit der Haftung des Rechtsanwalts).

145 BGHZ 62, 380, 383; 62, 394, 399. Dazu *Nüßgens* FS Geiger 1989, 456 ff.

146 BGHZ 68, 217, 220; ergänzend BGH NJW 1981, 681, 681 u 1038, 1038; wurden Sonderrechte nach § 35 StVO in Anspruch genommen, gilt die Subsidiarität, BGHZ 85, 225, 228; 113, 164, 166 ff.

als hoheitliche Aufgabe obliegende Straßenverkehrssicherungspflicht nicht erfüllt. Die öffentlich-rechtlich gestaltete Amtspflicht zur Sorge für die Verkehrssicherung entspreche inhaltlich der Verkehrssicherungspflicht und stehe in engem Zusammenhang mit den Pflichten, die einem Amtsträger als Teilnehmer am allgemeinen Straßenverkehr oblägen. Deshalb sei es gerechtfertigt, auch insoweit dem Grundsatz der haftungsrechtlichen Gleichbehandlung Vorrang vor der Verweisungsklausel des § 839 I 2 BGB zu geben[147]. Für die ausschließlich dem hoheitlichen Pflichtenkreis zuzurechnende Verkehrsregelung soll dagegen die Subsidiarität nicht entfallen[148]. Wichtig ist ferner, dass der BGH es neuerdings ablehnt, die Subsidiaritätsklausel zu Lasten gesetzlicher oder privater Versicherungen anzuwenden[149]: Zweck der Versicherung sei es nicht, dem Staat das Haftungsrisiko abzunehmen.

Die Subsidiarität der Amtshaftung hat damit ihre wirtschaftliche Bedeutung[150] weitestgehend verloren. Soweit sie noch reicht, schließt sie eine gesamtschuldnerische Haftung des Staates und eines Dritten, der den Schaden verursacht hat, aus. Die anderweitige Ersatzmöglichkeit lässt den Anspruch aus Amtshaftung nicht entstehen. Folglich ist auch für eine Ausgleichspflicht unter Gesamtschuldnern kein Raum[151]. Die Ersatzpflicht ist allerdings nicht ausgeschlossen, wenn lediglich Ansprüche gegen die öffentliche Hand als anderweitige Ersatzmöglichkeit in Betracht kommen. Das gilt etwa für Ansprüche aus enteignungsgleichem Eingriff oder aus Aufopferung[152]. Dabei schadet es nicht, wenn die Ansprüche sich gegen verschiedene juristische Personen des öffentlichen Rechts richten, sofern die öffentliche Hand nur in dieser Beziehung wirtschaftlich als ein Ganzes anzusehen ist. Auch eine Verweisung auf andere öffentlich-rechtliche Körperschaften, die ebenfalls aus Amtshaftung in Anspruch genommen werden können, weil Beamte verschiedener Anstellungskörperschaften den Schaden verursacht haben, ist nicht möglich; hier besteht Gesamtschuldnerschaft[153]. **34**

b) *Mitverschulden*. Für das Mitverschulden gelten grundsätzlich die allgemeinen Regeln des BGB. Die Auferlegung von Obliegenheiten zur Schadensminderung gemäß § 254 BGB kann dabei nach Ansicht des BVerfG einen Eingriff in das jeweilige Grundrecht darstellen[154]. Bei vorsätzlichem Handeln des Beamten mindert Fahrlässigkeit des Geschädigten den Anspruch nicht[155]. **35**

c) *Versäumen eines Rechtsmittels*. Einen Sonderfall des Mitverschuldens regelt § 839 III BGB: Hat der Verletzte es schuldhaft[156] unterlassen, den Schaden durch Gebrauch **36**

[147] BGHZ 75, 134, 136; BGH NJW 1981, 682; auch BGH VersR 1985, 642, 643 zur Streupflicht. BGHZ 118, 368, 372 f: Verweisungsprivileg entfällt auch, wenn die Überwachung der Eigentümer vernachlässigt wird, auf welche die Streupflicht übertragen worden war.

[148] BGHZ 91, 48, 52 ff.

[149] BGHZ 70, 7; 79, 26 u 35; BGH NJW 1983, 2191.

[150] Zu den Gründen dagegen, die Subsidiaritätsklausel überhaupt als obsolet zu betrachten, *Nüßgens* FS Gelzer, 1991, 293, 296.

[151] Dazu krit *Schwendy* AcP 179 (1979) 385 ff.

[152] BGHZ 13, 88, 104 f; 49, 267, 275; dazu *Ossenbühl* StHR, 8 f; *Kreft* (Fn 55) Rn 503.

[153] BGHZ 9, 65, 67; 13, 88, 102; wohl auch BGH NJW 1972, 383 zu einer möglichen Gesamtschuldnerschaft zwischen EG u BRD. Das Verweisungsprivileg gilt auch nicht zwischen Staatshaftung u konkurrierender Notarhaftung, BGH NVwZ-RR 2002, 373, 374.

[154] BVerfG NJW 2003, 125 f → JK GG Art 12 I 7/67.

[155] BGH VersR 1985, 281, 283.

[156] BGH VersR 1985, 281, 282; NVwZ 1986, 76, 77; BGHZ 113, 17, 21 ff. Die Bestandskraft hindert das Zivilgericht an sich nicht, einen Verwaltungsakt auf seine Rechtmäßigkeit hin zu überprüfen, BGHZ 86, 356, 359; 127, 223, 225 = JR 1995, 498 m Anm *Oebbecke*, der berechtigte

eines Rechtsmittels abzuwenden, so tritt eine Ersatzpflicht nicht ein, soweit das Rechtsmittel den Schaden hätte verhindern können[157]. Diese Vorschrift sollte ursprünglich den Beamten schützen. Sie hat aber auch unter den heutigen Verhältnissen einen Sinn, selbst wenn sie tatsächlich den Staat entlastet: Der Bürger soll im Rahmen des Zumutbaren den voll ausgebauten Verwaltungsrechtsschutz in Anspruch nehmen, um den Schaden abzuwenden. Unter Rechtsmitteln sind alle förmlichen und nicht förmlichen Rechtsbehelfe[158] zu verstehen, also insbesondere Widerspruch und Klage, aber auch Gegenvorstellungen und Dienstaufsichtsbeschwerden, sofern sie geeignet sind, sowohl die amtliche Maßnahme zu berichtigen als auch den Schaden abzuwenden; sogar die Ladung eines Sachverständigen zur Erläuterung seines Gutachtens kann darunter fallen[159]. Dagegen darf sich der Geschädigte in der Regel auf die Richtigkeit eines richterlichen Urteils verlassen[160]. Auch ist die Verfassungsbeschwerde wegen ihres Ausnahmecharakters grundsätzlich nicht als Rechtsmittel in diesem Sinne anzusehen[161]. Davon kann allerdings möglicherweise eine Ausnahme anzunehmen sein, falls exzeptionellerweise eine gesetzgeberische Tätigkeit eine Amtspflichtverletzung enthält und daher die Verfassungsbeschwerde nach § 93 III BVerfGG primären Rechtsschutz darstellt[162].

37 d) *Richterspruchprivileg.* Besonders hohe Anforderungen werden an das Verschulden der Richter gestellt. Eine Amtshaftung gibt es bei einem Urteil in einer Rechtssache nur, falls die Pflichtverletzung in einer Straftat besteht, dh regelmäßig nur bei vorsätzlicher Rechtsbeugung (§ 839 II BGB)[163]. Zweck dieser Regelung ist die Sicherung der Rechtskraftwirkung[164]: Ein der Rechtskraft fähiger Richterspruch soll nicht im Wege des Haftungsprozesses erneut auf seine Richtigkeit überprüft werden können. Als urteilsvertretende Erkenntnis ist die Entscheidung über den Antrag auf Erlass einer einstweiligen Anordnung nach § 123 VwGO Urteil in einer Rechtssache iSd § 839 II 1 BGB und unterfällt damit dem Richterspruchprivileg; gleiches gilt für den Arrest und die einstweilige Anordnung im Zivilprozess, auch soweit die Entscheidung durch Beschluss ohne mündliche Verhandlung ergeht[165]. Bei sonstiger richterlicher Tätigkeit gel-

Kritik an den Ausführungen des BGH zum Schaden übt. Zu diesen Problemen *Rinne* FS Boujong, 1996, 633 ff sowie *Beaucamp* DVBl 2004, 352 ff.

157 BGH NJW 1994, 1647, 1649. Zu den Kausalitätsfragen BGH NJW 1986, 1924. Der BGH versagt nicht jeden Ersatzanspruch, wenn das Rechtsmittel den Schaden nur zum Teil hätte abwenden können, lässt sich aber, soweit das Rechtsmittel den Schaden vermieden hätte, nicht auf eine Schadensteilung nach § 254 BGB ein. Für den Erfolg des Rechtsmittels soll nicht ausschlaggebend sein, wie hätte entschieden werden müssen, sondern – insbes für die Dienstaufsichtsbeschwerde – wie tatsächlich entschieden worden wäre; dazu *Bender* (Fn 51) 843.

158 *Papier* (Fn 65) § 839 Rn 331 mwN; BGH DVBl 2001, 1439 verlangt nicht, dass der Bauherr, der gegen eine rechtswidrige Stilllegungsverfügung Widerspruch eingelegt hat, mit Rücksicht auf die aufschiebende Wirkung weiterbaut, um Schäden zu vermeiden.

159 BGHZ 173, 98, 101 ff.

160 BGH VersR 1985, 358, 359.

161 Zu diesem Komplex *Kreft* (Fn 55) Rn 529 ff; BGHZ 28, 104, 106; BGH NVwZ 1994, 409, 410.

162 So auch *Wienhues* (Fn 30) Rn 196.

163 Dazu *Ossenbühl* StHR, 101 ff mwN; BGHZ 64, 347, 349. Zur Haftung des Sachverständigen BGHZ 62, 54 ff; vgl auch *Scherzberg* NVwZ 2006, 377, 382 f.

164 *Ossenbühl* StHR, 101.

165 BGH NJW 2005, 436, Änderung der seit BGHZ 10, 55, 60 herrschenden Rspr, anders auch noch BGHZ 155, 306. Kein Urteil in einer Rechtssache iSd § 839 II 1 BGB soll eine vom Amtsgericht getroffene Anordnung über den Einsatz verdeckter technischer Mittel zur Datenerhebung in oder aus Wohnungen sein, da ihr das wesentliche Element der (vorherigen) Gewährung rechtlichen Gehörs fehle, BGH NJW 2003, 3693, 3696.

ten zwar die allgemeinen Regeln. Mit Rücksicht auf die richterliche Unabhängigkeit kann nach Ansicht der Rspr ein Schuldvorwurf aber nur bei besonders groben Verstößen gemacht werden[166]. Gleiches gilt für den Rechtspfleger, der gemäß § 9 RPflG in seiner Amtsausübung in gleicher Weise sachlich unabhängig und nur an Recht und Gesetz gebunden ist[167].

7. Verjährung und Rechtsweg

Für die Verjährung gelten die allgemeinen Regeln des BGB. Gemäß § 195 BGB gilt eine Regelverjährung von drei Jahren ab Schluss des Jahres, in dem der Anspruch entstanden ist und der Gläubiger Kenntnis von den, den Anspruch begründenden Umständen und der Person des Schuldners erlangt oder aufgrund grober Fahrlässigkeit nicht erlangt hat, vgl § 199 I BGB (relative Verjährungsfrist). Der Geschädigte muss also wissen, dass die Amtshandlung widerrechtlich und schuldhaft war und deshalb eine Amtspflichtverletzung darstellt. Dafür genügt es im Allgemeinen, dass der Verletzte die tatsächlichen Umstände kennt, die eine schuldhafte Amtspflichtverletzung als nahe liegend und eine Amtshaftungsklage – sei es auch nur als Feststellungsklage – als so aussichtsreich erscheinen lassen, dass ihm die Klageerhebung zugemutet werden kann[168]. Ohne Rücksicht auf Kenntnis bzw fahrlässige Unkenntnis des Schuldners gelten absolute Verjährungsfristen von 30 Jahren für Ansprüche auf Schadensersatz wegen der Verletzung von Leben, Körper, Gesundheit und Freiheit, § 199 II BGB, und von 10 bzw 30 Jahren für Schadensersatzansprüche aus anderen Gründen, § 199 III BGB[169]. Der BGH hatte in entsprechender Anwendung von § 209 und § 211 BGB aF angenommen, dass Widerspruch und Anfechtungsklage gegen einen amtspflichtwidrig erlassenen Verwaltungsakt die Verjährung unterbrechen[170]; diese Rspr dürfte auf die Hemmung der Verjährung nach § 204 I Nr 1 BGB nF übertragbar sein. 38

Nach Art 34 S 3 GG darf für den Schadensersatzanspruch aus Amtshaftung der ordentliche Rechtsweg nicht ausgeschlossen werden. Diese Bestimmung wird von der Rechtsprechung als spezielle Rechtswegzuweisung zu den ordentlichen Gerichten verstanden[171]. Sachlich sind gemäß § 71 II Nr 2 GVG die Landgerichte in erster Instanz zuständig.

166 BGHZ 155, 306, 311; OLG Frankfurt aM NJW 2001, 3270, 3271, dazu krit *Schlaeger* NJW 2001, 3244; *Tombrink* NJW 2002, 1324 ff.

167 BGH NJW 2007, 224, 226 m Anm *Theimer*.

168 BGHZ 138, 247, 252; 170, 260, 271. Für Amtshaftungsansprüche gegen die Staatsanwaltschaft kommt die Kenntnis der Unvertretbarkeit der Handlung als weitere Anspruchsvoraussetzung hinzu, BGHZ 138, 247, 252. Geht es um ein Unterlassen, wird man im Allgemeinen von einem Wissen um die Pflichtwidrigkeit der Amtsausübung ausgehen können, wenn sich auch einem außen stehenden Dritten aufdrängen muss, dass die angemessene Bearbeitungszeit ganz erheblich überschritten ist, BGHZ 170, 260, 271. Zur Verjährung (insb Beginn, Hemmung) des unionsrechtlichen Haftungsanspruchs vgl § 47 Rn 30.

169 Zur Kritik an der aus § 199 BGB folgende Privilegierung von Schadensersatzansprüchen wegen Verletzungen von Leben, Körper, Gesundheit u Freiheit *Heselhaus* DVBl 2004, 411, 416 f.

170 BGHZ 95, 238, 241 ff; 97, 97, 110 f; Erweiterungen in BGHZ 122, 317, 323 ff; BGH NJW 1995, 2778, 2779; NVwZ 2001, 468 f.

171 BGHZ 43, 34, 39; BVerwGE 37, 231, 234; zu jüngsten Reformüberlegungen vgl *Reichling* DRiZ 2008, 303.

III. Haftung wegen Verletzung einer Amtspflicht bei privatrechtlichem Handeln

1. Haftung des Beamten

39 Soweit das Verwaltungshandeln sich nicht nach den Normen des öffentlichen Rechts richten muss, sondern allein nach Privatrecht zu beurteilen ist[172], wirkt § 839 BGB noch in seinem ursprünglichen Sinn. Mangels Handeln in Ausübung eines öffentlichen Amtes tritt keine Haftungsüberleitung nach Art 34 GG ein. Der Beamte haftet persönlich nach der speziellen Norm des § 839 BGB, welche die allgemeinen Deliktstatbestände verdrängt. Dadurch wird seine Haftung einerseits erweitert, da auch für reine Vermögensschäden gehaftet wird, andererseits eingeschränkt durch die in § 839 BGB enthaltenen Beschränkungen, insbesondere die Subsidiarität. Für den privatrechtlichen Bereich gilt die Erweiterung des Beamtenbegriffs nicht. Eine Eigenhaftung gemäß § 839 BGB kommt daher nur für Beamte im beamtenrechtlichen Sinn in Betracht. Andere Bedienstete des Staates haften nach allgemeinem Deliktsrecht.

40 Der Anwendungsbereich der Eigenhaftung wird im Vergleich zur auf den Staat übergeleiteten Amtshaftung dadurch weiter eingeengt, dass die Rechtsprechung den Begriff der Amtspflicht im Bereich des privatrechtlichen Handelns enger auslegt und nicht auf die allgemeinen Pflichten im Verkehr erstreckt[173]. Die Eigenhaftung im privatrechtlichen Bereich greift nur bei der Verletzung spezifischer Dienstpflichten, nicht bei der Verletzung jedermann obliegender Sorgfaltspflichten. Als spezifische Dienstpflichten kommen etwa die Pflichten eines Bürgermeisters bei Tätigkeit für die Gemeinde im Privatrechtsverkehr[174] oder die Pflichten der Krankenhausärzte[175] in Betracht. Insgesamt ist die Eigenhaftung nicht sehr bedeutend, vor allem auch deshalb, weil der Beamte auf den je nach den Umständen aus anderen Rechtsgründen haftenden Dienstherrn als anderweitige Ersatzmöglichkeit verweisen kann[176].

2. Haftung des Dienstherrn

41 Der Dienstherr haftet für die Amtspflichtverletzungen von Organpersonen nach allgemeinen Grundsätzen, dh, soweit nicht Sondergesetze in Frage kommen, vertraglich und deliktisch nach den allgemeinen Regeln iVm den §§ 89 I, 31 BGB[177], für andere Personen gem § 831 BGB und § 278 BGB. Bei Verletzung einer vertraglichen Pflicht durch eine Organperson ist allerdings streitig, ob §§ 89, 31 BGB Anwendung finden oder ob § 278 BGB anzuwenden ist. Teilweise wird eine Anwendung der §§ 31, 89 BGB ver-

[172] Zu Abgrenzung und Fragen, vgl Rn 6 f.

[173] Vgl *Sprau* in: Palandt (Hrsg), Bürgerliches Gesetzbuch, 68. Aufl 2009, § 839 Rn 38: Allg Verkehrssicherungspflicht gehört nicht zu Amtspflichten ggü Dritten, wenn der Beamte im privatrechtlichen Bereich der Körperschaft handelt; auch BGHZ 16, 111, 114 für die Einhaltung von Verkehrsvorschriften.

[174] BGHZ 147, 381, 391 ff; vgl auch BGH NVwZ 2005, 484, 487.

[175] BGH DRiZ 1964, 197; nach BGHZ 85, 393, 396 ff auch bei gesondert berechenbarer ärztlicher Leistung; bei ambulanter Behandlung durch selbst liquidierenden Arzt hingegen keine Haftung nach § 839, sondern nach § 823, vgl BGHZ 120, 376, 380 f.

[176] Krit zur Anwendung des § 839 BGB im fiskalischen Bereich *Ruland* BayVBl 1979, 583 ff.

[177] So BGHZ 147, 381, 393; vgl auch BGH NVwZ 2005, 484, 486.

neint mit dem Argument, dass § 31 BGB nur im deliktischen Bereich gelte[178]. Der Wortlaut der Vorschrift vermag diese Ansicht jedoch nicht zu stützen. Auch hat der BGH die §§ 89, 31 BGB im Bereich der positiven Vertragsverletzung sowie im Bereich des Verschuldens bei Vertragsschluss bereits angewandt[179], so dass auch er nicht von einer Beschränkung des Anwendungsbereichs auf das Deliktsrecht auszugehen scheint. Da auf dem Gebiet des Privatrechts Vertragsverhältnisse die Regel sind, wird sich sehr häufig eine Haftung des Dienstherrn gemäß §§ 89, 31 bzw §§ 276, 278, 280 BGB ergeben, auf die der Beamte dann nach § 839 I 2 BGB verweisen kann[180]. Das Verweisungsprivileg gilt zwar nicht, soweit vertragliche Ansprüche gegen den Beamten betroffen sind[181], aber der Handelnde haftet bei Vertragsverletzung oder cic insoweit nicht, als alleine die Körperschaft berechtigt und verpflichtet wird[182].

IV. Art und Höhe des Schadensersatzes

Nach ständiger Rspr kann auf Grund von § 839 BGB nur Geldersatz, nicht Naturalrestitution verlangt werden. Das hat seinen Grund zum einen darin, dass jedenfalls im öffentlich-rechtlichen Bereich die Zivilgerichte nicht zur Vornahme amtlicher Handlungen verurteilen können. Zum anderen kann auf der Grundlage von § 839 BGB nur das verlangt werden, was der Beamte persönlich zu leisten vermag, und er hat persönlich keine Befugnis, über seine Amtshandlungen zu verfügen, sondern ist insoweit den Weisungen seines Dienstherrn unterworfen. Das gilt zB auch für den Widerruf von Ehrenkränkungen[183]. Richtiger Adressat eines Anspruchs auf Naturalrestitution oder Beseitigung einer Beeinträchtigung ist deshalb der Dienstherr, nicht der Beamte persönlich. Auf § 839 BGB iVm Art 34 GG kann auch ein Anspruch auf Naturalrestitution gegen den Staat nicht gestützt werden, weil auf Grund von Art 34 GG die Haftung nur so auf den Staat übergeht, wie sie auf Grund von § 839 BGB beim Beamten bestehen würde. Der betroffene Bürger muss sich daher auf andere Anspruchsgrundlagen stützen, wenn er Naturalrestitution wünscht[184]. Geldersatz kann er dagegen aus § 839 BGB auch bei Verletzung des allgemeinen Persönlichkeitsrechts unter den Voraussetzungen verlangen, die allgemein im Deliktsrecht gelten[185]. Die Höhe des Schadensersatzes richtet sich nach den allgemeinen bürgerlichrechtlichen Grundsätzen, eine ausreichende Kompensation kann aber auch schon durch die gerichtliche Feststellung der Rechts- 42

178 Vgl zum Meinungsstand *Hadding* in: Soergel (Hrsg), Bürgerliches Gesetzbuch, Bd I, 13. Aufl 2000, § 89 Rn 5, § 31 Rn 4 mwN.

179 BGH NVwZ 2005, 484, 486 (cic); NJW 2001, 2626, 2629 (pVV).

180 Das gilt auch für die Haftung aus cic, vgl BGH NVwZ 2005, 484, 487.

181 Vgl BGH NJW 1988, 2946 wo betont wird, dass das Verweisungsprivileg nur die deliktische, nicht die vertragliche Haftung betrifft.

182 *Heinrichs* in: Palandt (Hrsg), Bürgerliches Gesetzbuch, 68. Aufl 2009, § 89 Rn 3; *Stein/Itzel/Schwall* Praxishandbuch des Amts- und Staatshaftungsrechts, 2005, Rn 14; vgl aber auch *dies* Rn 477.

183 Dazu eingehend BGHZ 34, 99 ff; BVerwGE 75, 354, 356; weniger einschränkend *Papier* in: Maunz/Dürig, GG, Art 34 Rn 233, der Verurteilung zu jeder Leistung zulassen möchte, die keine Amtstätigkeit voraussetzt, also insbes zur Leistung vertretbarer Sachen.

184 Schon nach BGHZ 78, 274 konnten Hilfs- und Nebenansprüche zu Amtshaftungsansprüchen im ordentlichen Rechtsweg geltend gemacht werden. Jetzt § 17a GVG.

185 BGH VersR 1986, 441, 443; NJW 1994, 1950, 1952.

widrigkeit erfolgen[186]. Zum Schaden gehören auch die Kosten, die für einen gemäß § 839 I 2 BGB erforderlichen Prozess aufgewendet werden mussten[187].

V. Rückgriff des Staates und Innenhaftung

43 Muss der Staat für das Fehlverhalten Dritter einstehen, so wird der Geschädigte in aller Regel auch den Staat in Anspruch nehmen. Denn haftet der Staat nach § 839 BGB iVm Art 34 S 1 GG, so scheitert der Anspruch gegen den unmittelbaren Schädiger bereits an der befreienden Schuldübernahme des Staates[188]. Haftet der Staat wegen des privatrechtlichen Fehlverhaltens Dritter aufgrund der Zurechnung nach §§ 31, 89, 278, 831 BGB, hängt es von der privatrechtlichen Haftungskonstellation im Einzelfall ab, ob auch der unmittelbare Schädiger selbst Schuldner eines Anspruchs ist[189]. Aber auch dann wird in der Regel primär der Staat als solventer Schuldner herangezogen werden. In beiden Konstellationen hat der Staat deshalb ein Interesse, sich im Innenverhältnis bei dem unmittelbaren Schädiger schadlos zu halten und für den erlittenen Fremdschaden Rückgriff zu nehmen. Ansprüche des Staates aufgrund der Haftungsübernahme richten sich dabei jeweils nach denjenigen Normenkomplexen, die die Verbindung zwischen Staat und Schadensverursacher begründet haben, also deren jeweiligem Innenverhältnis[190]. Verletzt der Beamte im statusrechtlichem Sinne seine Beamtenpflichten, schuldet er nach den §§ 75 I BBG, 48 BeamtStG Ersatz[191]. Für Angestellte des öffentlichen Dienstes erklärt § 14 BAT die Beamtenhaftung für entsprechend anwendbar. Verwaltungshelfer und Beliehene haften aus dem verwaltungsrechtlichen Schuldverhältnis, für das die §§ 280 ff BGB entsprechend gelten[192]. Schadensersatzansprüche können dem Staat schließlich auch aufgrund privatrechtlicher Vorschriften, etwa aus Delikt oder zivilrechtlichem Vertrag zustehen. Haftet auch der unmittelbare Schädiger im Außenverhältnis neben dem Staat, kann sich ein Ausgleich auch aus § 426 BGB ergeben. Nach dieser Vorschrift bemisst sich auch der Ausgleich zweier Hoheitsträger untereinander, wenn Beamte beider Hoheitsträger gemeinsam als Gesamtschuldner für den Schaden verantwortlich sind[193].

[186] BGHZ 161, 33 ff; bestätigt durch BVerfG NJW 2006, 1580; dies gelte selbst bei Verstößen gegen die Menschenwürde; kritisch hierzu *Unterreitmeier* NJW 2005, 475.

[187] BGHZ 18, 366, 371 f; BGH VersR 1962, 740, 742; VersR 1964, 872, 875. Zur Vorteilsausgleichung BVerwG BayVBl 1988, 440 ff.

[188] *Ossenbühl* StHR, 10; *Papier* in: Maunz/Dürig, GG, Art 34 Rn 11.

[189] (Nur) Beamten im statusrechtlichen Sinne kommt für deliktisches Handeln das Verweisungsprivileg des § 839 I 2 zu Hilfe; andere Schädiger können dagegen neben dem Staat deliktisch haften, wenn nicht wiederum spezielle Ausschlussgründe wie § 104 SGB VII greifen. Haftet der Staat auf vertraglicher Grundlage, kommt eine Eigenhaftung des Vertreters oder Erfüllungsgehilfen nur unter engen Voraussetzungen in Betracht, vgl etwa § 311 III BGB.

[190] Vgl dazu die Aufstellung bei *Ossenbühl* StHR, 119 mwN.

[191] IVm mit den einschlägigen Landesbeamtengesetzen. Die früher bestehende Regelung des § 46 I BRRG ist hinfällig geworden.

[192] BGHZ 161, 6 ff. Im Einzelfall kann die Abgrenzung zwischen verwaltungsrechtlichem oder zivilrechtlichem Schuldverhältnis schwierig sein. Sie hängt davon ab, ob öffentlich-rechtliche Pflichten normiert werden, was bei der Beleihung immer der Fall sein dürfte (vgl BGHZ 135, 341 ff; NVwZ 1990, 1103, 1104) beim Verwaltungshelfer jedoch nicht zwingend ist (dazu BGHZ 161, 6 ff mit der unterschiedlichen Einschätzung der Vorinstanzen für die Qualifikation der Durchführung von BSE-Tests durch einen Verwaltungshelfer).

[193] BGHZ 9, 65 ff; BGHZ 175, 221 ff; zur gesamtschuldnerischen Haftung auch *Ossenbühl* StHR, 115 f.

Verfassungsrechtliche Einschränkungen für die Ausgestaltung des Rückgriffs gegenüber dem unmittelbaren Schädiger enthält Art 34 S 2 GG nur für den Fall, dass die haftende Körperschaft nach Amtshaftungsgrundsätzen in Anspruch genommen wird; der Rückgriff ist dann auf Vorsatz und grobe Fahrlässigkeit beschränkt[194]. Muss der Staat nach §§ 31, 89, 278, 831 BGB oder sonstigen privatrechtlichen Vorschriften für Dritte einstehen, gibt das Verfassungsrecht für den Rückgriff keine Vorgaben. Dieser Unterscheidung folgte das frühere Beamtenrecht (§ 46 BRRG aF) und gestaltete die Voraussetzungen des Rückgriffs je nach hoheitlichem oder fiskalischem Tätigwerden des Beamten unterschiedlich aus. Infolgedessen war einerseits die Abgrenzung beider Bereiche, andererseits die Frage der Übertragung der Grundsätze schadensgeneigter Tätigkeit aus dem Arbeitsrecht auf Beamte und Angestellte des öffentlichen Dienstes umstritten[195]. Mit der Neuregelung, die die rechtspolitische Kritik aufgenommen hat, haften Beamte und Angestellte des öffentlichen Dienstes einheitlich nur bei Vorsatz und grober Fahrlässigkeit. Der Rückgriff des Staates bei sonstigen verwaltungs- oder zivilrechtlichen Schuldverhältnissen richtet sich weiter nach den §§ 280 ff BGB, also dem Haftungsregime des jeweils zugrunde liegenden Schuldverhältnisses.

Hinsichtlich der Durchsetzung der Ansprüche macht Art 34 S 3 GG zur Bedingung, **44** dass der ordentliche Rechtsweg nicht ausgeschlossen sein darf. Art 34 S 3 GG enthält selbst allerdings keine Rechtswegzuweisung, sondern nur deren verfassungsrechtliche Garantie; einfach-rechtlich ergibt sich der Rechtsweg zu den ordentlichen Gerichten aus § 40 II 1 Alt 3 VwGO[196]. Damit ist in diesem Bereich nicht nur der Verwaltungsrechtsweg, sondern auch die Arbeitsgerichtsbarkeit ausgeschlossen, die nach der Terminologie des GG ebenfalls nicht zu den „ordentlichen Gerichten" zählt[197]. Der Zivilrechtsweg ist daher ohne Differenzierung nach der Stellung des Amtsträgers gegeben. Implizit wird dem Dienstherrn durch die Rechtswegzuweisung auch verwehrt, gegen Beamte Leistungsbescheide zu erlassen, da das Zivilprozessrecht insoweit keinen angemessenen Rechtschutz zur Verfügung stellt. Art 34 S 3 GG bezieht sich wie S 2 aber nur auf den Rückgriff bei hoheitlichem Tätigwerden des Amtsträgers, mithin nur auf die Fälle der Haftung der Körperschaft nach § 839 BGB iVm Art 34 GG. Die Durchsetzung, insbesondere der Rechtsweg für Ansprüche wegen Fremdschäden im Fiskalbereich richtet sich wie bei der sonstigen Innenhaftung nach der Rechtsnatur des Innenverhältnisses[198]. Für Beamte ist damit gemäß den §§ 126 I BBG, 54 I BeamtStG der Verwaltungsrechtsweg gegeben, für Angestellte des öffentlichen Dienstes die Arbeits-

[194] *Papier* in: Maunz/Dürig, GG, Art 34 Rn 298 ff; *Ossenbühl* StHR, 118 ff. Vgl aber BGHZ 161, 6 ff: die Privilegierung gilt nicht für selbständige private Unternehmer, so dass deren Rückgriffshaftung verfassungsrechtlich nicht davon abhängt, ob der Staat für sie nach Art 34 S 1 GG oder nur nach Privatrecht haftet. Art 34 S 2 GG sei insoweit teleologisch zu reduzieren, da sein Geltungsgrund (Stärkung der Entschlussfreudigkeit der Amtswalter u Fürsorgepflicht des Dienstherrn) bei gewerblichen als Verwaltungshelfer herangezogenen Unternehmern nicht eingreife.

[195] Vgl die Nachweise bei *Ossenbühl* StHR (4. Aufl), 97 Fn 10.

[196] *Papier* in: Maunz/Dürig, GG, Art 34 Rn 305. Nach hM umfasst § 40 II 1 Alt 3 zwar nur die Ansprüche des Bürgers gegen den Staat. Wegen Art 34 S 3 GG müssen aber auch Rückgriffsansprüche im hoheitlichen Bereich von der Verweisung umfasst sein, wenn man – wie hier – nicht von einer verfassungsunmittelbaren Zuweisung ausgeht; vgl *Kopp/Schenke* VwGO, § 40 Rn 73 mwN.

[197] *Papier* in: Maunz/Dürig, GG, Art 34 Rn 326.

[198] *Papier* in: Maunz/Dürig, GG, Art 34 Rn 328.

gerichtsbarkeit gemäß § 2 I Nr 3a ArbGG, im Übrigen je nach Rechtsnatur des Vertrages Verwaltungs- oder Zivilrechtsweg gemäß § 40 I 1 VwGO oder § 13 GVG.

45 Von der Regresshaftung ist die sonstige Innenhaftung der Beamten und Angestellten des öffentlichen Dienstes zu unterscheiden. Mit dem Begriff der Innenhaftung wird einerseits die Gesamtheit der Haftungsverhältnisse zwischen Staat und Dienstverpflichteten beschrieben, die auch den Rückgriff umfasst[199]. Im engeren Sinne bezeichnet die Innenhaftung andererseits die Haftung der Beamten und Angestellten für eigene Schäden des Staates[200]. Anwendungsbereich der Innenhaftung sind zB Kassenmanko, Gehaltsüberzahlungen, Beschädigungen von Arbeitsmitteln, etc und damit Konfliktlagen, wie sie dem Arbeitsrecht geläufig sind[201]. Hinsichtlich der Anspruchgrundlagen bleibt es auch hier bei den §§ 75 I BBG, 48 BeamtStG bzw § 14 BAT; Art 34 S 2, 3 GG sind dagegen auf die Innenhaftung im engeren Sinn nicht anwendbar[202]. Eine Verschärfung der Haftung bliebe dem Gesetzgeber bzw den Tarifparteien daher unbenommen. Schließlich können dem Staat auch sonst für Eigenschäden Ansprüche aus Delikt oder Vertrag zustehen. Hinsichtlich Durchsetzung und Rechtsweg gelten die Ausführungen zur Rückgriffshaftung im Fiskalbereich entsprechend.

§ 45
Grundrechtshaftung

I. Grundlagen

1. Historischer Ursprung: Enteignungs- und Aufopferungsrecht

1 Der historische Ursprung der Ausgleichs- und Ersatzansprüche wegen Grundrechtseingriffen liegt im spätabsolutistischen Enteignungs- und Aufopferungsrecht. Der Landesherr hatte mit dem ius eminens die allgemeine Befugnis, aus besonderen Gründen den Untertanen Rechtsgüter zu entziehen. Ein solcher Entzug war aber wegen der iura quaesita genannten Rechte der Untertanen nur gegen eine Entschädigung zulässig. Eine positive Ausprägung fand dies in den §§ 74, 75 Einl PrALR. Nach den dort geregelten Grundsätzen, die gemeinrechtlich auch in den anderen deutschen Ländern galten, war der Staat bei Eingriffen in vermögenswerte Rechte der Bürger zur Entschädigung verpflichtet. Vor allem für die Entziehung von Grundstücken wurden detaillierte Enteignungsgesetze erlassen[1]. Auf ihrer Grundlage konnten durch Verwaltungsakt Grundstücke entzogen oder Rechte an Grundstücken beschränkt werden. Neben diesen

[199] *Ossenbühl* StHR, 119. Die Regresshaftung geht allerdings begrifflich über die Innenhaftung insoweit hinaus, als auch Private regresspflichtig werden können, die nicht in einem Beamten- oder Dienstverhältnis stehen. Regress- und Innenhaftung überschneiden sich damit weithin, die Regresshaftung geht aber nicht vollständig in der Innenhaftung auf.

[200] In diesem Sinne die Terminologie bei *Stein/Itzel/Schwall* Praxishandbuch des Amts- und Staatshaftungsrechts, 2005, Rn 250.

[201] Nachweise zu den Anwendungsfällen der Eigenhaftung bei *Ossenbühl* StHR, 121.

[202] Vgl die Nachweise in Fn 187.

[1] Vgl insbes das preußische G über die Enteignung von Grundeigentum vom 11.6.1874.

Enteignungsgesetzen blieben die älteren Grundsätze der Aufopferung in Kraft. Die Auffangfunktion dieser Grundsätze hatte aber nur untergeordnete Bedeutung, weil in Preußen durch eine Kabinettsorder vom 4.12.1831[2] ein Entschädigungsanspruch bei der Aufhebung oder Beschränkung vermögenswerter Rechte durch Gesetze ausgeschlossen wurde.

2. Enteignung und Aufopferung unter der Weimarer Reichsverfassung

Die Weimarer Reichsverfassung brachte hier Fortentwicklungen. Das Recht der staat- 2 lichen Ausgleichs- und Ersatzansprüche wurde von der verfassungsrechtlichen Eigentumsgarantie in Art 153 WRV erheblich beeinflusst. Enteignungen durften nach Art 153 II WRV nur zum Wohle der Allgemeinheit und auf gesetzlicher Grundlage vorgenommen werden; zugleich war die Regelung einer angemessenen Entschädigung erforderlich. Allerdings blieb die Bindung an das Wohl der Allgemeinheit der gerichtlichen Kontrolle weitgehend verschlossen[3], und die Möglichkeit reichsgesetzlicher Entschädigungsausschlüsse wurde eröffnet. Mit Art 153 II WRV wurde der Aufopferungsgedanke aber in das Verfassungsrecht explizit aufgenommen. Enteignungen sollten prinzipiell nur gegen angemessene Entschädigung zulässig sein. Die grundrechtliche Eingriffsrechtfertigungslast war nicht mehr auf den Eingriffsakt selbst beschränkt, sondern erfasste nun qua Verfassungsrecht auch die Eingriffsfolgen iSv Ausgleichs- bzw Entschädigungsansprüchen.

Für die Bedeutung der Enteignungsentschädigung mindestens ebenso wichtig war die 3 dogmatische Entwicklung der Begriffe Eigentum und Enteignung. Der Begriff des Eigentums wurde über dingliche Rechte hinaus auf alle vermögenswerten privaten Rechte einschließlich der Forderungsrechte und des Rechts am eingerichteten und ausgeübten Gewerbebetrieb ausgedehnt[4]; lediglich öffentlich-rechtliche Ansprüche blieben ausgenommen[5]. Die Eingriffsart der Enteignung war nicht auf eine Güterbeschaffung durch eine Übertragung von Rechten beschränkt, sondern konnte auch sonstige hoheitliche Einschränkungen von Nutzungsbefugnissen erfassen[6]. Als Handlungsformen kamen sowohl Gesetz als auch Verwaltungsakt in Betracht[7].

Entscheidend für die Reichweite des Entschädigungsjunktims war deshalb die Ab- 4 grenzung des Eingriffstyps der Enteignung von dem der Inhalts- und Schrankenbestimmung. Die Abgrenzung wurde in der Rspr nach der Einzelaktstheorie vorgenommen: Das die Entschädigungspflicht begründende Sonderopfer wurde daraus abgeleitet, dass der Eingriff lediglich einzelne Bürger oder einen abgegrenzten engen Kreis von Bürgern betraf, die im Vergleich zu der durch den Eingriff begünstigten Allgemeinheit schlechter gestellt wurden[8]. Nicht die inhaltliche Schwere der Eigentumsbeeinträchtigung löste eine Entschädigungspflicht aus, sondern der den Bürger ungleich treffende hoheitliche Zugriff durch die Enteignung[9]. Ein Gesetz, das allgemein Inhalt und Schranken von

[2] GS 256.
[3] Dazu *Böhmer* Der Staat 24 (1985) 157, 171 f.
[4] RGZ 139, 177, 186.
[5] RGZ 129, 250 f; 139, 177, 182.
[6] RGZ 116, 268 ff.
[7] RGZ 116, 268, 272; 139, 177, 182.
[8] RGZ 128, 18, 28 ff; 132, 69, 73, 75; 133, 124, 125; 136, 113, 124; 137, 167, 170; 139, 177, 183.
[9] So auch *Ossenbühl* StHR, 169 f.

Eigentumsrechten bestimmte, löste dagegen die Entschädigungspflicht des Art 153 II WRV nicht aus.

5 Der inhaltliche Schutz des Individualgrundrechts Eigentum wurde deshalb im Ergebnis nicht wesentlich verstärkt. Die Erweiterung des Eigentumsbegriffs sowie die verfassungsrechtliche Kodifizierung der Enteignungsentschädigung führten in vielen Konstellationen lediglich dazu, dass der vorher durch den allgemeinen Aufopferungstatbestand gegebene Ausgleichsschutz nun nach Art 153 II WRV gewährt wurde[10]. Schließlich konnte nach Art 153 II 2 WRV auf Reichsebene eine Entschädigung durch gesetzliche Regelungen ausgeschlossen werden; lediglich die Länder mussten zwingend eine Entschädigung gewähren. Trotz der Relativierung der inhaltlichen Schutzwirkung von Art 153 II WRV bleibt aber für das Eigentum ein Paradigmenwechsel in der Dogmatik des Haftungsrechts festzuhalten: Mit den Enteignungsregelungen der Weimarer Reichsverfassung wurde die Wirkung der grundrechtlichen Freiheitsverteilung für den Bereich des Entschädigungs- und Ausgleichsrechts insoweit anerkannt, als eine Entschädigungspflicht für Enteignungen zum verfassungsrechtlichen Grundsatz wurde[11].

6 Neben der Enteignung bestand die allgemeine Aufopferungshaftung für Eingriffe in vermögenswerte[12] private Rechte zwar fort, sie wurde aber im Bereich des Ausgleichs für rechtmäßige Eigentumseingriffe von der Enteignungsentschädigung weitgehend verdrängt[13]. Lediglich außerhalb des Regelungsbereichs des Art 153 II WRV verblieb es bei der Anwendung der allgemeinen Aufopferung: Bei rechtmäßigen Eingriffen in vermögenswerte Rechte des Bürgers, die nicht unter Art 153 II WRV fielen, weil entweder das betroffene Recht zwar vermögenswert, aber kein Eigentum war, oder der Eingriff keine Enteignung darstellte, waren Entschädigungsansprüche für Sonderopfer weiterhin unter Rückgriff auf §§ 74, 75 Einl PrALR möglich[14]. Ein Sonderopfer erforderte dabei eine ungleiche Belastung der Art, dass die Maßnahme gegen einzelne Bürger gerichtet war. Gesetzliche Regelungen, die für eine Vielzahl von Bürgern Duldungspflichten statuierten, konnten danach Aufopferungsansprüche grundsätzlich nicht auslösen[15].

7 Darüber hinaus waren Grundlagen und Umfang von Ersatzleistungsansprüchen für rechtswidrige schuldlose Eingriffe ungesichert[16]. Die verfassungsrechtlichen Kodifizierungen von Haftungsansprüchen wurden trotz der Gegensätze in Grundlagen und Ausprägungen häufig als ein umfassendes und abschließendes Haftungssystem verstanden, das Ausgleichs- oder Ersatzleistungen für rechtswidrige, aber schuldlose Eingriffe nicht vorsah und deshalb ausschloss[17]. Auch das Reichsgericht lehnte einen Anspruch wegen rechtswidriger schuldloser Eigentumseingriffe zunächst ab: Eine Anwendung der Aufopferungsregeln auf rechtswidrige Maßnahmen, wie dies vor Erlass der WRV auch von der Rspr noch vertreten worden war, sei nicht möglich[18]. Die allgemeine Aufopferung

[10] *Weber* in: Neumann/Nipperdey/Scheuner (Hrsg), Die Grundrechte II, 1954, 331, 344 ff.

[11] *Schelcher* in: Nipperdey (Hrsg), Grundrechte und Grundpflichten der Reichsverfassung, Bd III, 1930, 235 f.

[12] Für nichtvermögenswerte Rechte wurde eine Entschädigung aus Aufopferung ohne sondergesetzliche Grundlage vom RG in st Rspr versagt; zuletzt RGZ 156, 305, 308 ff.

[13] So *Weber* (Fn 10) 344, 349 ff.

[14] RGZ 113, 301 ff; 118, 22, 26.

[15] So zuletzt RGZ 156, 305, 310 ff.

[16] *O. Mayer* VwR II, 300 ff; *W. Jellinek* VwR, 3. Aufl 1931, 328 ff.

[17] *Stödter* Öffentlichrechtliche Entschädigung, 1933, 44 ff.

[18] RGZ 112, 95, 98 noch zu einem Fall unter dem preußischen Staatshaftungsgesetz von 1909; RGZ 135, 308, 311; 137, 163, 167.

nach §§ 74, 75 Einl PrALR sollte nur bei rechtmäßigen Eingriffen in solche vermögenswerte Rechte anwendbar sein, die nicht als Eigentum qualifiziert wurden[19].

Von dieser abschließenden Interpretation des gesetzlich geregelten Staatshaftungsrechts wendete sich das Reichsgericht aber wieder ab: Es sprach dem Eigentümer eines Grundstücks für die rechtswidrige, aber schuldlose Versagung einer Baugenehmigung einen Aufopferungsanspruch zu[20]. Dazu griff das Gericht auf den allgemeinen Aufopferungsgedanken der §§ 74, 75 Einl PrALR zurück: Auch bei rechtswidrigen Eingriffen in privates Eigentum sollte ein Aufopferungsanspruch entstehen, wenn und soweit der Eingriff eine Sonderopferlage zu Lasten des einzelnen Bürgers und zugunsten der Allgemeinheit schuf. In der Begründung bestätigte das Reichsgericht zwar die Auffassung, dass der Aufopferungsanspruch im Sinne von §§ 74, 75 Einl PrALR grundsätzlich nur bei rechtlich zulässigen Eingriffen einschlägig sei, da nur dann das Gemeinwohlinteresse am Eingriff die Rechte des einzelnen Bürgers überwiegen könne. Auch war die Möglichkeit von Rechtsschutz gegen den Eingriffsakt zu berücksichtigen. Dies hinderte das Reichsgericht aber nicht an einer Anspruchsgewährung: Falls der Betroffene den rechtswidrigen Eingriff hinnehmen musste, sei es widersinnig, dem Geschädigten wegen einer Überschreitung der behördlichen Befugnisse einen Ausgleichsanspruch auch dann zu verwehren, wenn dem Staat durch den Eingriff wie bei einer rechtmäßigen Aufopferung Vorteile erwachsen seien. Soweit die Rechtsverletzung zu einem Sonderopfer führte und der Bürger sich gegen den rechtswidrigen Eingriff selbst nicht wehren konnte, könne der Bürger deshalb eine Entschädigung verlangen. 8

Im Ergebnis konnten sowohl rechtmäßige als auch rechtswidrige Eingriffe zu einer Entschädigungspflicht führen, soweit sie eine Sonderopferlage zu Lasten privater vermögenswerter Rechte des Bürgers herbeigeführt hatten. Die Anspruchsbegründung mittels der Figur des Sonderopfers führte nicht zu einer Unrechtshaftung in dem Sinne, dass grundsätzlich jede Verletzung subjektiver öffentlicher Rechte zu einem Haftungsanspruch führen konnte, denn die Dogmatik des Sonderopfers stand einer allgemeinen Rechtsverletzungshaftung und insbesondere einer Haftung für Gesetze entgegen. Trotz dieser Begrenzung erlangte der haftungsrechtliche Rechtsschutz aber eine ganz erhebliche grundsätzliche Reichweite: Für rechtsverletzendes, aber zu duldendes Verwaltungshandeln war eine Haftung regelmäßig möglich; lediglich der haftungsrechtliche Schutz nicht vermögenswerter Rechte blieb auf die gesetzlich geregelten Ansprüche beschränkt. 9

3. Entwicklung unter dem Grundgesetz

Die Eigentumsgarantie des Art 14 GG enthält gegenüber Art 153 WRV zwei wesentliche Änderungen. Zum einen ist eine entschädigungslose Enteignung ausgeschlossen. Zum anderen ist eine Enteignung nur durch Gesetz oder auf Grund eines Gesetzes zulässig, das Art und Ausmaß der Entschädigung regelt. In der WRV war demgegenüber die Festlegung auf eine angemessene Entschädigung in der Verfassung selbst enthalten, so dass in dem enteignenden Gesetz dazu nichts gesagt werden musste. Auch waren entschädigungslose Enteignungen zulässig. Das GG macht dagegen die Regelung 10

[19] RGZ 102, 390, 391 sprach zwar einen Aufopferungsanspruch bei einer rechtswidrigen Maßnahme noch 1921 zu, aber die Entscheidungsbegründung betraf nur die Anspruchshöhe, und die Verletzungshandlungen waren vor Inkrafttreten der WRV geschehen.

[20] Dazu sowie zum folgenden RGZ 140, 276, 283 ff.

der Entschädigung unter gerechter Abwägung der Interessen der Allgemeinheit und der Beteiligten zur Bedingung der Gültigkeit des Enteignungsgesetzes (sog Junktimklausel).

11 a) *Ältere Rechtsprechung des BGH*. Der BGH judizierte dabei zunächst weiterhin auf der Grundlage des weiten Enteignungsbegriffs, den das RG vorgezeichnet hatte. Zudem gewährte der BGH Entschädigung auch für rechtswidrige Eingriffe, die im Falle ihrer Rechtmäßigkeit als Enteignung zu betrachten gewesen wären[21]. Dieser Anspruch aus enteignungsgleichem Eingriff wurde auch bei schuldhaft rechtswidrigem hoheitlichem Eingriff angenommen[22]. Die Argumentation dafür beruhte auf einem zweifachen Erst-Recht-Schluss: Wenn schon ein rechtmäßiger Eingriff einen Entschädigungsanspruch auslöst, dann erst recht ein rechtswidriger[23]; und wenn schon ein rechtswidriger schuldloser, dann erst recht ein rechtswidriger schuldhafter[24]. Außer dem Entschädigungsanspruch aus einer ordnungsgemäßen Enteignung gab es danach Entschädigung wegen rechtswidriger enteignungsgleicher Eingriffe.

12 Daneben trat eine Entschädigung wegen rechtmäßiger Eingriffe mit enteignender Wirkung: der sog enteignende Eingriff. Das Sonderopfer des Bürgers musste bei rechtswidrigen Eingriffen, soweit die Rechtswidrigkeit nicht lediglich auf einem Verstoß gegen die Junktimklausel beruhte, nicht besonders begründet werden, sondern ergab sich schon daraus, dass der Bürger über das allen gleichmäßig und rechtmäßig auferlegte Maß belastet wurde. Bei enteignenden Eingriffen musste dagegen die ungleiche Belastung besonders nachgewiesen werden[25]. Sowohl beim enteignungsgleichen wie beim enteignenden Eingriff sprach der BGH Entschädigung nach Enteignungsgrundsätzen zu. Obwohl das GG keine dem Art 153 II 2 WRV entsprechende Regelung und damit keine Anspruchsgrundlage für einen Entschädigungsanspruch enthielt, gewährte der BGH somit Entschädigungsansprüche, und zwar unmittelbar aus Art 14 GG.

13 b) *Rechtsprechung des BVerfG*. Das BVerfG hat allerdings bereits früh darauf hingewiesen, dass nachkonstitutionelle Enteignungen ohne eine den Anforderungen der Junktimklausel entsprechende gesetzliche Grundlage rechtswidrig sind. Grundlage für einen Entschädigungsanspruch kann deshalb nicht unmittelbar Art 14 III GG, sondern nur ein Enteignungsgesetz sein[26]. In der Nassauskiesungs-Entscheidung[27] betonte dann das BVerfG ausdrücklich, dass es den Zivilgerichten nicht erlaubt sei, ohne gesetzliche Grundlage Enteignungsentschädigungen zuzusprechen. Der Bürger, der glaubt, dass ihm eine rechtswidrige Beeinträchtigung seines Eigentums zugemutet worden sei, muss sich deshalb gegen den eingreifenden Akt zur Wehr setzen und hat nicht die Möglichkeit, statt der Abwehr des Eingriffs Enteignungsentschädigung ohne gesetzliche Grundlage zu fordern[28]. Es gilt also nicht der Grundsatz dulde und liquidiere; vielmehr betont das BVerfG den Vorrang des Rechtsschutzes gegen den Eingriff. Das BVerfG verwarf zugleich den weiten, in der Rspr des BGH nahezu konturlos gewordenen Enteignungsbegriff. Als Enteignung ist nur eine zweckgerichtete Maßnahme anzusehen, die auf vollständige oder teilweise Entziehung konkreter, durch Art 14 I 1 GG geschützter Rechtspositionen gerichtet ist.

21 BGHZ 6, 270, 290.
22 BGHZ 13, 88, 92 f.
23 So BGHZ 6, 270, 290.
24 So BGHZ 13, 88, 92 f.
25 *Badura* AöR 98 (1973) 153, 171 f.
26 BVerfGE 4, 219, 230 ff.
27 BVerfGE 58, 300 ff.
28 BVerfGE 58, 300, 324; auch schon BVerfGE 52, 1, 27 f; 46, 268, 285 f.

Das BVerfG möchte damit das Eigentum aber nicht schlechter, sondern besser schützen. Im Vordergrund steht nun die Abwehr übermäßiger Eingriffe, nicht die Entschädigung. Die Möglichkeit, jenseits der Enteignung notwendige schwerwiegende Eigentumsbeschränkungen durch Ausgleichsansprüche zumutbar zu machen, wird damit allerdings nicht ausgeschlossen, sondern auf den Gesetzgeber verlagert[29]. Dieser kann in solchen Konstellationen den Eingriff rechtmäßig ausgestalten, indem er eine den Grundsätzen der ausgleichspflichtigen Inhalts- und Schrankenbestimmung entsprechende gesetzliche Regelung erlässt[30]. **14**

c) *Reaktion des BGH.* Der BGH hat seine Rspr mittlerweile zwar wesentlich geändert, den enteignungsgleichen Eingriff aber nicht aufgegeben. Der Enteignungsbegriff wurde im Sinne der Auffassung des BVerfG eingeengt und formalisiert. Während der BGH früher mit der sog Umschlagtheorie[31] angenommen hatte, dass jede das entschädigungslos hinzunehmende Maß übersteigende Beschränkung des Eigentums eine Enteignung sei und als solche entschädigt werden müsse, erkennt er jetzt an, dass Eigentumsbeschränkungen rechtswidrig sein können, weil sie das zulässige Maß übersteigen, aber nicht als Enteignung zu qualifizieren sind[32]. **15**

Diese Eigentumsbeschränkungen können aber nach Ansicht des BVerfG durch Zubilligung eines Ausgleichs zumutbar werden: als Teil ausgleichspflichtiger Inhalts- und Schrankenbestimmungen. Daraus ergibt sich neben der Enteignung als zweite Kategorie des Eigentumsschutzes die ausgleichspflichtige Inhalts- und Schrankenbestimmung[33]. Die Enteignungstheorien im Sinne der bisherigen Rspr des BGH, die nur zwischen entschädigungslos zulässigen Inhalts- und Schrankenbestimmungen und Enteignungen unterschieden und diese Abgrenzung vor allem nach der Schwere des Eingriffs vornahmen, sind damit dogmatisch zwar überholt. Die dahinter stehende Schwere des Eingriffs behält aber ihre Bedeutung, nämlich für die Abgrenzung von entschädigungslos zulässigen und entschädigungspflichtigen Inhalts- und Schrankenbestimmungen[34]. **16**

d) *Ansprüche wegen Eingriffe in Eigentum.* Als Ergebnis der Entwicklung haben sich neben der Enteignung drei weitere Rechtsinstitute herausgebildet, aufgrund deren eine Entschädigung bzw ein Ausgleich für Eingriffe in das Eigentum verlangt werden kann: die ausgleichspflichtige Inhalts- und Schrankenbestimmung, der enteignungsgleiche Eingriff sowie der enteignende Eingriff. **17**

e) *Ansprüche wegen Eingriffe in andere Rechte.* Die diesen Ansprüchen zugrunde liegende Idee, dass eine Beeinträchtigung der Rechte der Bürger haftungsrechtliche Ansprüche begründen kann, ist nicht auf das Eigentum beschränkt, sondern im Grundsatz auf andere Grundrechte sowie vergleichbare subjektive öffentliche Rechte übertragbar. Allerdings haben die Gerichte in diesen Bereichen die Rechtsfortbildung zurückhaltender betrieben. Lediglich für Eingriffe in Leben, Gesundheit und Freiheit im Sinne des Art 2 II GG gibt es Entschädigungsansprüche aus Aufopferung bzw aufopferungsgleichem Eingriff. Darüber hinaus kann bei der Verletzung von Grundrechten bzw subjektiven öffentlichen Rechten grundsätzlich nur eine Wiederherstellung des Zustands vor **18**

[29] Dazu schon BVerfGE 58, 137, 147 ff.

[30] BVerfGE 100, 226 ff. Dazu näher u Rn 16, 42 ff.

[31] Gegen diese Umschlagtheorie BGHZ 100, 136, 144.

[32] Deutlich BVerfG-K NJW 1998, 367, 367 f.

[33] So schon *Schulze-Osterloh* Das Prinzip der Opferentschädigung im Zivilrecht und im öffentlichen Recht, 1980, 235 ff; BVerfGE 58, 137, 149 ff.

[34] Vgl Rn 42 ff.

dem Eingriff im Wege der Folgenbeseitigung verlangt werden; ein Anspruch auf Folgenentschädigung ist die – umstrittene – Ausnahme, und ein umfassender Herstellungsanspruch wurde von den Gerichten bisher nur im Bereich des Sozialrechts zugesprochen.

II. Enteignung

1. Tatbestand der Enteignung

19 Nachdem sich der engere formalisierte Enteignungsbegriff des BVerfG durchgesetzt hat, ist als Enteignung nur noch die durch Hoheitsakt bewirkte vollständige oder teilweise Entziehung von als Eigentum geschützten Rechtspositionen anzusehen. In der Regel wird die Enteignung durch Verwaltungsakt aufgrund eines Gesetzes, in Ausnahmefällen auch unmittelbar durch Gesetz[35] vollzogen. Die Enteignung wird durch den formalen Enteignungsbegriff regelmäßig auf Vorgänge der Güterbeschaffung begrenzt; nach Ansicht des BVerfG ist die Enteignung beschränkt auf solche Fälle, in denen Güter hoheitlich beschafft werden, mit denen ein konkretes der Erfüllung öffentlicher Aufgaben dienendes Vorhaben durchgeführt werden soll[36].

20 Trotz der Formalisierung bleiben Abgrenzungsfragen zwischen Enteignung einerseits und Inhalts- und Schrankenbestimmung andererseits. Unproblematisch ist die Teilentziehung eines real teilbaren Gegenstandes, zB eines Grundstücks. Schwieriger wird es, wenn einzelne aus dem Eigentum fließende Rechtspositionen betroffen sind. Das BVerfG unterscheidet auch dort zwischen dem Entzug konkreter Eigentumspositionen und der generellen und abstrakten Beschränkung der Nutzungsmöglichkeiten[37]. Im Zweifel ist zu fragen, ob ein abspaltbares Teilrecht, das als solches Gegenstand rechtsgeschäftlicher Disposition (zB Belastung durch eine Dienstbarkeit[38]) sein könnte[39], als Eigentumsposition konkret entzogen wurde, oder ob das Teilrecht nur mit abstrakt-generellen Bindungen belegt wird, die die prinzipielle Zuordnung des Teilrechts zum Eigentümer nicht verändern.

21 Zu beachten ist, dass die verfassungsrechtlichen Anforderungen an eine Enteignung bereits dadurch ausgelöst werden können, dass die Zulässigkeit der Enteignung von Grundstücken verbindlich festgestellt wird. Eine solche enteignungsrechtliche Vorwirkung kann vor allem im Rahmen von Planungsverfahren auftreten, soweit ein Plan den Zugriff auf privates Eigentum im Wege der Enteignung eröffnet, indem er über die Zulässigkeit von Enteignungen rechtlich bindend entscheidet. Der Planbeschluss als solcher führt zwar noch nicht zum Eigentumsentzug bei den betroffenen Grundstückseigentümern. Allerdings ist er bereits an Art 14 III GG zu messen, da er abschließend und für das weitere Verfahren verbindlich über die Verwirklichung des Vorhabens unter Inanspruchnahme fremden Eigentums entscheidet; mit seiner Bestandskraft steht

[35] Vgl Rn 23.

[36] BVerfGE 104, 1, 9 f unter Berufung auf BVerfGE 38, 175, 179 f. Städtebauliche Unternehmensflurbereinigung ist dagegen nach BVerfGE 74, 264, 279 f Enteignung.

[37] BVerfGE 100, 226, 240.

[38] BVerfGE 45, 297, 339; BGHZ 83, 61, 63 ff; BGH NJW 1985, 387; BGHZ 120, 38, 42; BVerwG DVBl 1997, 68, 70.

[39] So *Maurer* Allg VwR, § 27 Rn 9; § 27 Rn 47; *Rozek* Die Unterscheidung von Eigentumsbindung und Enteignung, 1998, 241 f, 286 f.

die Zulässigkeit einer für das Vorhaben erforderlichen Enteignung dem Grunde nach fest[40].

Voraussetzung dafür, dass die Anforderungen von Art 14 III GG bereits für die Planung zu beachten sind, ist aber, dass eine derartige Bindungswirkung ausdrücklich durch Gesetz vorgesehen ist. Auch dann sind die Anforderungen von Art 14 III GG nicht bereits vollständig durch das Planungsrecht zu bewältigen. Da der Eigentümer den endgültigen Eigentumsverlust erst im späteren Enteignungsverfahren erleidet, kann der Gesetzgeber sich im Planungsrecht auf die Regelung der grundsätzlichen Zulässigkeit des Eigentumsentzugs beschränken und für die weiteren Einzelheiten auf die Regelungen des späteren Enteignungsverfahren verweisen, in dem dann der konkrete Umfang der Enteignung und der entsprechenden Entschädigung festgelegt wird[41]. Verfassungsrechtlich genügt es, dass die verschiedenen Regelungen eine sachlich-rechtliche Einheit bilden, die insgesamt den Anforderungen des Art 14 III GG entspricht. 22

2. Zulässigkeit der Enteignung

a) *Gesetz*. Wie jeder Eingriff in die Rechte des Bürgers bedarf die Enteignung gemäß Art 14 III 1 GG einer gesetzlichen Grundlage. Das Gesetz kann auch selbst unmittelbar enteignen (Legalenteignung). Allerdings ist die Legalenteignung nur ausnahmsweise zulässig, da dadurch der Rechtsschutz des Bürgers insofern verkürzt wird, als er gegen das enteignende Gesetz nur mit der Verfassungsbeschwerde vorgehen kann[42]. Die Zulässigkeitsvoraussetzungen einer Enteignung ergeben sich zunächst aus den jeweils einschlägigen Gesetzen. Für die Ausgestaltung der Enteignungsgesetze wie für deren Auslegung enthält das GG aber wichtige Vorgaben: 23

b) *Zum Wohl der Allgemeinheit*. Eine Enteignung ist nur zum Wohle der Allgemeinheit zulässig[43], gleichgültig, ob die öffentliche Hand oder ein Privater Enteignungsbegünstigter ist. Dabei ist das Prinzip der Verhältnismäßigkeit zu beachten: Der Eingriff in das Eigentum muss zur Förderung des öffentlichen Wohls geeignet und erforderlich sein. Er darf nicht außer Verhältnis zu dem Nutzen stehen, den die Allgemeinheit daraus ziehen soll. Die umfassende Rechtschutzgarantie ermöglicht dabei eine vollständige gerichtliche Kontrolle der Rechtmäßigkeit jeder Enteignung. Art 14 GG ist nicht mehr reduziert auf eine Garantie einer Entschädigung im Falle der Enteignung und damit eine bloße Wertgarantie[44]. Anders gewendet ist die Rechtmäßigkeit kein Begriffsmerkmal der Enteignung[45]. 24

Die zulässigen Enteignungszwecke lassen sich nicht abschließend aufzählen. Auch die Enteignung zugunsten Privater[46] ist nicht ausgeschlossen, und zwar selbst dann nicht, wenn das öffentliche Wohl nur mittelbar, zB durch Schaffung von Arbeitsplätzen oder durch Verbesserungen der regionalen Wirtschaftsstruktur gefördert werden soll. 25

40 BVerfGE 45, 297, 319 f; 56, 249, 264 f; 74, 264, 282; 95, 1, 22; vgl dazu *Jarass* DVBl 2006, 1329.

41 Vgl BVerfGE 45, 297, 320, 327 ff; BVerwGE 71, 166, 169 ff; BVerwGE 72, 282, 283 ff.

42 BVerfGE 24, 367, 401 ff; 45, 297, 324 ff.

43 Vgl BVerwGE 19, 171, 172; BGHZ 68, 100, 102 ff; BVerfGE 74, 264, 284 ff; BGHZ 105, 94, 95 ff; BVerwGE 87, 241, 246 ff.

44 BVerfGE 56, 249, 259 u insbes das Sondervotum, 266, 272 ff; *Böhmer* (Fn 3) 168 ff; *ders* NJW 1988, 2561 ff.

45 *Jarass* NJW 2000, 2841, 2845.

46 Dazu näher *Schmidbauer* Enteignung zugunsten Privater, 1989.

Das BVerfG verlangt jedoch in solchen Fällen eine genaue gesetzliche Beschreibung des Enteignungszwecks, damit die Entscheidung über die Zulässigkeit der Enteignung nicht allein in die Hand der Verwaltung gegeben und der Gemeinwohlbezug der Unternehmenstätigkeit auf Dauer garantiert wird[47].

26 c) *Junktimklausel.* Bedingung für jedes verfassungsmäßige Enteignungsgesetz ist nach Art 14 III 2 GG, dass Art und Ausmaß der Entschädigung im Gesetz geregelt sind. Die Junktimklausel gilt allerdings nur für nachkonstitutionelle Gesetze. Für vorkonstitutionelle Gesetze ist mangels besonderer Vorschriften die Regelung der WRV (angemessene Entschädigung) als Ergänzung zu betrachten[48]. Sog salvatorische Klauseln, welche nicht klarstellen, ob der Gesetzgeber eine Enteignung mit Entschädigungspflicht anordnen will, sondern eine Entschädigung für den Fall einer Enteignung vorsehen, sind als Entschädigungsregeln für Enteignungen mangels Bestimmtheit – und mangels Regelung des erforderlichen verfahrensrechtlichen Schutzes[49] – in der Regel nicht hinreichend[50]. Da nach dem formalisierten Enteignungsbegriff ein Umschlagen einer Inhalts- und Schrankenbestimmung in eine Enteignung bei besonderer Schwere des Eingriffs nicht mehr möglich ist, sind solche Klauseln auch nicht mehr erforderlich[51].

27 d) *Primärrechtsschutz.* Sofern Inhalt und Umfang der Entschädigung nicht nach Art 14 III 2 und 3 GG durch den Gesetzgeber geregelt sind, sind ein Dulden der Enteignung und eine Geltendmachung der Entschädigung vor den Zivilgerichten nicht möglich, da keine Anspruchsgrundlage für eine Enteignungsentschädigung besteht. Anders ist die Situation allerdings, wenn die Enteignungsvoraussetzungen einschließlich der Entschädigung hinreichend gesetzlich geregelt sind, aber der konkrete Enteignungsakt rechtswidrig ist, zB weil er von der – verfassungemäßen – Ermächtigungsgrundlage nicht gedeckt ist. In diesen Fällen kann der betroffene Eigentümer die gesetzlich geregelte Entschädigung vor den Zivilgerichten einklagen, auch wenn er zuvor keinen Rechtsschutz gegen die Enteignung vor den Verwaltungsgerichten in Anspruch genommen hat. Die Zivilgerichte haben im Rahmen der Klage auf Entschädigungsleistung die Rechtmäßigkeit der Enteignung nicht zu prüfen, da die Rechtmäßigkeit der Enteignung keine Voraussetzung der gesetzlich geregelten Entschädigung ist[52]. Insoweit also kann der Bürger den Streit um die Rechtmäßigkeit der Enteignung vermeiden, sich dem Enteignungsakt beugen und die gesetzlich vorgesehene Entschädigung verlangen.

[47] BVerfGE 74, 264, 284 ff, bestätigt durch BVerfG WM 2009, 423 ff. Ist der Geschäftsgegenstand dem Bereich der Daseinsvorsorge zuzuorden, genügt aber bereits die Kontrolle der ordnungsgemäßen Aufgabenerfüllung. Vgl auch BVerwG NJW 2003, 1336, 1337, wo offen gelassen wird, ob eine gesetzliche Sicherung der Allgemeinwohlbindung zu verlangen ist, wenn hinter dem von der Enteignung begünstigten Privatunternehmen ein fremder Staat steht; weiter auch OVG Hamburg NVwZ 2005, 105 ff; dazu *C. Lenz* NJW 2005, 257 ff.

[48] BVerfGE 4, 219; 46, 268, 286 ff; 58, 300, 319 ff; BGHZ 90, 4, 13 f; *Papier* in: Maunz/Dürig, GG, Art 14 Rn 577.

[49] Dazu BVerfGE 100, 226, 247 sowie u vgl Rn 58 f.

[50] Vorübergehend noch BVerwGE 84, 361, 368 f; dann aber BVerfGE 100, 226, 246 f.

[51] Vgl u Rn 42 ff, 58 ff.

[52] Vgl *Grzeszick* in: Baldus/Grzeszick/Wienhues, Staatshaftungsrecht, 2009, Rn 397 ff, insbes Rn 401.

3. Entschädigung

a) *Grundsätzliches.* Art 14 III 3 GG schreibt vor, die Entschädigung, die in der Regel in Geld besteht, unter gerechter Abwägung der Interessen der Allgemeinheit und der Beteiligten zu bestimmen[53]. Durch diese Formulierung sollte eine elastische Regelung geschaffen werden[54]. Umstritten ist, ob der volle Wert des durch die Enteignung entzogenen Eigentums entschädigt werden muss. So soll es bei einer Einzelenteignung aus Gründen der Gleichheit bei der Pflicht zur vollen Entschädigung bleiben, denn sie soll das besondere Opfer des Enteigneten ausgleichen[55]; die Einzelenteignung treffe den Eigentümer rein zufällig und eigne sich nicht für Zwecke der Umverteilung[56]. Bei der Gruppenenteignung soll dagegen das Prinzip der vollen Entschädigung nicht das letzte Wort sein; hier könne der Gesetzgeber aus besonderen Gründen auch eine niedrigere Entschädigung festsetzen[57]. Andere stellen auf das Kriterium der eigenen Leistung des Enteigneten ab[58]: Volle Entschädigung sei nur soweit zu gewähren, als der Wert des entzogenen Eigentums auf der eigenen Leistung des Enteigneten beruht; soweit der Wert dagegen Folge staatlichen Handelns ist, wie zB Wertsteigerungen von Grundstücken in Folge städtebaulicher Maßnahmen der öffentlichen Hand, sei dieser Wert nicht zwingend zu entschädigen. **28**

Das BVerfG vertritt die Auffassung, das Abwägungsgebot des Art 14 III 3 GG ermögliche es, auf die Besonderheiten des Sachverhalts Rücksicht zu nehmen. Eine starre, allein am Marktwert ausgerichtete Entschädigung sei dem GG fremd. Dem Enteigneten müsse nicht stets das volle Äquivalent für das Genommene gegeben werden. Der Gesetzgeber könne je nach den Umständen vollen Ersatz, aber auch eine darunter liegende Entschädigung bestimmen[59]. Dagegen sieht der BGH als Ausgangspunkt einer gerechten Entschädigung den Wiederbeschaffungswert (bei Eigentumsbeschränkungen den Minderwert) an und kommt so grundsätzlich zu einer Entschädigung nach Marktwerten, ohne indes die Befugnis des Gesetzgebers zu leugnen, in besonderen Fällen eine niedrigere Entschädigung vorzusehen[60]. Man kann darum weniger von einem Gegensatz zwischen BVerfG und BGH sprechen, als vielmehr von einer anderen Akzentuierung. Dies um so mehr, als das BVerfG in der maßgebenden Leitentscheidung einen **29**

[53] Zur Bemessung *Kimminich* in: BK, Art 14 GG Rn 437 ff; *Papier* in: Maunz/Dürig, GG, Art 14 Rn 599 ff; *Aust/Jacobs* Die Enteignungsentschädigung, 3. Aufl 1991.

[54] *Weber* (Fn 10) 389; *Scheuner* in: Reinhardt/Scheuner, Verfassungsschutz des Eigentums, 1954, 128 f; *Leisner* Sozialbindung des Eigentums, 1972, 109 f.

[55] So noch *Rüfner* in der 12. Aufl dieses Werkes, § 48 Rn 26.

[56] *Scheuner* (Fn 54) 132, 137; *Weber* FS Michaelis, 1972, 316, 323; *Rüfner* FS Scheuner, 1973, 512, 514 f; *Schmidt-Aßmann* FS W. Weber, 1974, 589, 601 f; *Kimminich* (Fn 53) Rn 448, 458 f; *Kreft* Öffentlich-rechtliche Ersatzleistungen, 2. Aufl 1998, Rn 308; *Sproll* in: Detterbeck/Windhorst/Sproll, Staatshaftungsrecht, 2000, § 16 Rn 146, der die Vollentschädigung als Grundsatz bezeichnet.

[57] Dazu im Einzelnen *Rüfner* (Fn 55) 524 ff. Krit gegen eine Entschädigung unter dem Marktwert *Leisner* NJW 1992, 1409 ff.

[58] *Opfermann* Die Enteignungsentschädigung nach dem Grundgesetz, 1974, 102 ff, stellt auf das Kriterium der eigenen Leistung des Enteigneten ab; ähnlich *Papier* in: Maunz/Dürig, GG, Art 14 Rn 615 ff.

[59] BVerfGE 24, 367, 421; auch BVerfGE 46, 268, 284 ff; aA *Schnöckel* DÖV 2009, 703 ff, der eine Entschädigung in Höhe des Verkehrswertes auch im Interesse der Allgemeinheit für erforderlich erachtet.

[60] BGHZ 39, 198, 200; 41, 354, 358. Zur Ertragswertmethode BGHZ 120, 38, 46 ff.

außergewöhnlichen Fall einer Gruppenenteignung durch Gesetz zu beurteilen hatte, nämlich die Enteignung der Hamburger Deichgrundstücke[61]. Der BGH hat sich dagegen mit Einzelenteignungen des Alltags zu befassen, für die zudem meist eine Entschädigung nach dem Verkehrswert gesetzlich vorgeschrieben ist[62]. Im Übrigen ist auch der BGH bemüht, die Entschädigungen nicht zu hoch werden zu lassen. So kann auf die Entschädigung das angerechnet werden, was der Eigentümer im Wege der entschädigungslos möglichen Sozialbindung zu tragen hätte[63]. Ferner sind nach dem Gedanken der Vorteilsausgleichung weitere Minderungen der Entschädigung möglich[64]. Bei Verschulden des Entschädigungsberechtigten ist § 254 BGB analog anzuwenden (vgl § 93 III 2 BauGB).

30 b) *Folgekosten*. Die Entschädigung beschränkt sich, wie auch in neueren Enteignungsregelungen einfachgesetzlich festgelegt ist (vgl §§ 93 II, 95, 96 BauGB), nicht unbedingt auf den Wert der entzogenen Substanz. Vielmehr werden in verhältnismäßig engen Grenzen auch andere Vermögensnachteile ausgeglichen, die durch die Enteignung verursacht worden sind[65]. Hierunter fallen etwa Umzugskosten, Kosten einer Betriebsverlegung, Einbußen durch den Verlust des bisherigen Kundenkreises[66], anfallende Umsatzsteuern[67], bei Teilenteignung auch Wertminderung des Restgrundstücks[68], sowie Kosten der Rechtsverteidigung[69]. Die Entschädigung muss dagegen nicht garantieren, dass der Enteignete sich real ein entsprechendes Grundstück wiederbeschaffen kann. Sie muss ihm nur das Äquivalent des Entzogenen gewähren[70]. Es bleibt ihm überlassen, wie er die Entschädigung anlegt. Daher erkennt die Rspr Wiederbeschaffungskosten grundsätzlich nicht als entschädigungspflichtige Folgekosten an[71].

31 c) *Bemessung der Entschädigung*. Bei der Bemessung der Entschädigung achtet der BGH darauf, dass nur gegenwärtige konkrete Werte in die Berechnung einbezogen werden, nicht jedoch Zukunftschancen und spekulativ überhöhte Werte. So sind künftige Gewinnchancen, die aus einem Gewerbebetrieb zu erhoffen sind[72], ebenso wenig zu berücksichtigen wie die künftige Entwicklung eines Grundstücks zu Bauland[73]. Insofern unterscheidet sich die Entschädigung vom Schadensersatz. Bereits vom sog gesunden Grundstücksverkehr honorierte Bauerwartungen erhöhen indes bei Einzelenteig-

[61] Gegen eine Überbewertung von BVerfGE 24, 367 *Leisner* (Fn 54) 114; *Meyer* AöR 97 (1972) 12, 19 f; *Rüfner* (Fn 55) 525.

[62] Vgl § 95 I, 194 BauGB.

[63] BGHZ 78, 41, 51 f; 92, 34, 50. Vgl auch *Papier* in: Maunz/Dürig, GG, Art 14 Rn 620. Ähnl *Bryde* in: v. Münch/Kunig, GGK I, Art 14 Rn 94.

[64] Vgl BGHZ 62, 305, 307 ff zur Vorteilsausgleichung, die allerdings aus dem Gleichheitsgedanken beschränkt wird; BGH WM 1977, 1004, 1006. Zu Beschränkungstendenzen vgl auch die Rspr zur Teilenteignung, BGHZ 61, 253; 76, 1; BGH DVBl 1978, 374.

[65] Dazu *Schmidt-Aßmann* (Fn 56) 590 ff; *Ossenbühl* StHR, 210f; *Opfermann* (Fn 58) 182 ff; BGH NJW 1977, 1725 f.

[66] BGHZ 55, 294; 95, 28, 38.

[67] BGHZ 65, 253, 261 ff, anders ebd 256 ff zur Einkommensteuer.

[68] BGHZ 61, 253; 67, 190, 197 ff; BGH NJW 1982, 95 u 2183; DVBl 1983, 625, 626 u 630, 631; NJW 1986, 2424, 2425; BGHZ 98, 341, 346 ff; 118, 309, 310 ff; 119, 62, 64 ff; 132, 63, 68 ff; 145, 83, 86 ff; zum Anspruch auf Enteignung des Restgrundstücks BGH NVwZ 2001, 351 f.

[69] BGHZ 63, 81, 83: Nicht für Umlegungsverfahren.

[70] BGH NJW 1966, 497, 498.

[71] BGHZ 41, 354, 358 ff; krit *Schmidt-Aßmann* NJW 1974, 1265, 1269 f.

[72] BGHZ 57, 359, 368 ff.

[73] BGHZ 62, 96, 98 f; 64, 382, 388 ff.

nungen die Entschädigung[74]. Werterhöhungen, die durch die vorstehende Enteignung bedingt sind, sind aber nicht zu berücksichtigen[75]. Der BGH gewährt Entschädigung gleichermaßen für rechtlich zulässige ausgeübte und nicht ausgeübte Nutzungen[76], soweit der Schutz nicht durch § 95 II Nr 7 iVm § 42 BauGB eingeschränkt ist[77]. Bei der Bestimmung des Verkehrswertes ist in der Praxis die Wertermittlungsverordnung (WertV) von großer Bedeutung[78].

Der maßgebliche Zeitpunkt für die Bestimmung der im Enteignungsobjekt selbst lie- 32
genden Bewertungsmerkmale, also für die Qualität des entzogenen Grundbesitzes, ist grundsätzlich derjenige der Vornahme des Eingriffs[79]. Für die Preisbemessung, dh die finanzielle Bewertung des entzogenen Eigentums, ist hingegen der Zeitpunkt der Auszahlung der Entschädigung an den Betroffenen maßgeblich[80]. Ist eine Entschädigung zu niedrig festgesetzt oder verspätet ausgezahlt worden, so ist darauf zu achten, dass der Betroffene insgesamt das Äquivalent für seinen Verlust erhält. Steigen die Preise vom Eigentumseingriff bis zum Zahlungszeitpunkt, ist dies daher grundsätzlich zu Gunsten des Enteigneten zu berücksichtigen[81]. Frühere Teilleistungen sind dabei nach den früheren Wertverhältnissen anzurechnen[82].

Allerdings gehen Enteignungsentschädigungen in der Praxis nicht selten über die 33
Marktpreise hinaus. Der Grund liegt in einem Enteignungsverfahren, das eine Verzögerung der Enteignung erlaubt. Da es in Zeiten steigender Baukosten für die öffentliche Hand häufig wirtschaftlicher ist, einen Überpreis für den Landerwerb zu zahlen, statt eine Verzögerung und damit zumeist erhebliche Verteuerung des Baus hinzunehmen, hat der Enteignete eine starke Stellung. § 112 II BauGB hat in diesem Zusammenhang eine Trennung der Enteignung vom Streit über die Höhe der Entschädigung zugelassen.

d) *Anspruchsinhaber und Anspruchsgegner*. Anspruch auf die Enteignungsentschä- 34
digung hat der Enteignete als Inhaber des vermögenswerten Eigentumsrechts, das entzogen wird. Entschädigungspflichtig ist grundsätzlich der durch die Enteignung begünstigte Hoheitsträger, der nicht mit dem eingreifenden Hoheitsträger identisch sein muss. Begünstigter kann neben Körperschaften der öffentlichen Hand uU auch ein Privater sein, zu dessen Gunsten enteignet wurde[83]. In der Regel ist derjenige Begünstigter,

[74] BGHZ 39, 198, 202 ff; die Frage, ob die Verfassung das fordert, dürfte zu verneinen sein, *Rüfner* (Fn 55) 521 ff.

[75] Vgl BGH NJW 1967, 2306, 2307; DVBl 1980, 677, 678.

[76] *Kreft* (Fn 56) Rn 324.

[77] BGHZ 141, 319 hält die Reduktion für verfassungsgemäß (324 f), gewährt aber nach Umplanung bei Enteignung für den Gemeinbedarf eine Entschädigung nach dem Wert, welcher den umliegenden, nicht für den Gemeinbedarf vorgesehenen Grundstücken verblieb (323 ff).

[78] Vgl dazu *Stein/Itzel/Schwall* Praxishandbuch des Amts- und Staatshaftungsrechts, 2005, Rn 313.

[79] BGH NJW 1966, 1075; BGHZ 39, 198, 200 f; zu Vorverlagerungen dieses Zeitpunktes BGH NJW-RR 2002, 1240, 1241.

[80] BGH NVwZ 1986, 1053, 1054.

[81] Fallen der Preise kann sich zum Nachteil des Enteigneten auswirken, BGH NJW 1977, 1535, 1535. Dies gilt nicht, wenn ein unbegründetes Rechtsmittel gegen die Zulässigkeit der Enteignung die Auszahlung verzögert hat, auch Preissteigerungen bleiben in diesem Fall unberücksichtigt: BGH NVwZ 1990, 797, 798 mwN. Zur Steigerungsrechtsprechung auch BGHZ 97, 361, 371; BGH NVwZ 1992, 915, 916.

[82] BGHZ 26, 373, 376 f; 61, 240, 245; BGH NJW 1976, 1255, 1256 u 1499; BGHZ 68, 100, 104 ff; BGH NVwZ 1986, 1053, 1054.

[83] *Kluth* in: Wolf/Bachof/Stober VwR II, § 71 Rn 62; § 44 I BauGB.

dem das entzogene Eigentumsrecht übertragen worden ist. Ein Hoheitsträger ist allerdings schon dann begünstigt, wenn die Maßnahme der Erfüllung einer ihm obliegenden Aufgabe dient. Die Erfüllung einer öffentlichen Aufgabe liegt bereits dann vor, wenn der Hoheitsträger diese Aufgabe ansonsten zu erledigen gehabt hätte. Bei Enteignungen im überörtlichen Interesse sind regelmäßig das Land bzw der Bund verpflichtet, während bei Enteignungen zur Erfüllung örtlicher Gemeinschaftsaufgaben die Gemeinde entschädigungspflichtig ist. Soweit mehrere Hoheitsträger begünstigt sind, haften sie als Gesamtschuldner.

35 e) *Verjährung*. Bis zur Schuldrechtsreform verjährte der Entschädigungsanspruch bei Enteignungen gemäß § 195 BGB aF analog in 30 Jahren[84]. Angesichts der grundlegenden Änderungen im Bereich der Verjährungsregelungen des BGB durch die Schuldrechtsreform stellt sich die Frage, ob nun für staatshaftungsrechtliche Ansprüche in analoger Anwendung des § 195 BGB nF von einer dreijährigen Regelverjährung auszugehen ist. Dies wird in der Literatur nicht einheitlich beurteilt. Überwiegend wird eine Analogie zu § 195 ff BGB nF befürwortet[85]. Daneben wird für staatshaftungsrechtliche Ansprüche zT die Weitergeltung der 30jährigen Frist gefordert[86], zT eine Analogie zu § 54 BGSG gezogen[87], der – wie §§ 195, 199 BGB nF – eine Verjährung in drei Jahren ab positiver Kenntnis vorsieht, aber anders als die zivilrechtlichen Verjährungsvorschriften in allen anderen Fällen eine 30jährige Frist vorsieht. Der BGH hat sich bislang nur zum enteignungsgleichen Eingriff geäußert und §§ 195 ff BGB nF zur Anwendung gebracht; man darf aber annehmen, dass die Entscheidung für die Entschädigung aus Art 14 III 3 nicht anders ausfallen würde.

36 f) *Rechtsweg*. Nach Art 14 III 4 GG steht wegen der Höhe der Entschädigung im Streitfalle der Rechtsweg zu den ordentlichen Gerichten offen. Ordentliche Gerichte in diesem Sinne sind die Zivilgerichte. Diese Regelung beinhaltet eine besondere Zuweisung einer öffentlich-rechtlichen Streitigkeit an eine andere Gerichtsbarkeit als die Verwaltungsgerichtsbarkeit im Sinne des § 40 I 1, 2 Hs VwGO. Ein zivilgerichtliches Urteil über die Anspruchshöhe setzt eine positive Entscheidung auch über den Anspruchsgrund voraus. Die Zuweisung des Art 14 III 4 GG bezieht sich aber nur auf die Höhe der Entschädigung. Gemäß der Systematik des Art 14 III GG ist deshalb zwischen Enteignungsstreitigkeiten und Entschädigungsstreitigkeiten zu unterscheiden. Für den Rechtsschutz gegen ungesetzliche Enteignungen sind die Verwaltungsgerichte zuständig. Die Zivilgerichte sind dagegen auf die Entscheidung beschränkt, ob dem Enteigneten eine den bestehenden gesetzlichen Vorschriften entsprechende Entschädigung gewährt worden ist.

37 Der in Art 14 III 2 und 3 GG normierte Grundsatz der Gesetzmäßigkeit der Enteignungsentschädigung verpflichtet den Gesetzgeber, Inhalt und Umfang der Entschädigung durch ein Gesetz zu bestimmen. Damit wird zugleich den Zivilgerichten verboten, eine Enteignungsentschädigung zuzusprechen, für die der Gesetzgeber eine verfassungsmäßige gesetzliche Anspruchsgrundlage nicht geschaffen hat. Daraus folgt, dass eine Enteignung, die den Anforderungen von Art 14 III GG nicht genügt, auch nicht im Rahmen eines Streites über die Höhe der Entschädigung vor den Zivilgerichten vorab auf ihre Rechtmäßigkeit zu prüfen ist. In dieser Konstellation ist eine zivilgerichtliche

[84] BGHZ 88, 97 f.
[85] *Maurer* Allg VwR, § 27 Rn 72a, 113; *Stein/Itzel/Schwall* (Fn 78) Rn 809.
[86] *Mansel* NJW 2002, 89, 91 mwN.
[87] *Dötsch* DÖV 2004, 277, 279; *Heselhaus* DVBl 2004, 411, 417.

Klage auf Enteignungsentschädigung bereits mangels hinreichender gesetzlicher Anspruchsgrundlage abzuweisen, ohne dass es einer Überprüfung der Enteignung bedarf. Hat das gegen die Enteignung angerufene Verwaltungsgericht Zweifel an der Verfassungsmäßigkeit einer nachkonstitutionellen gesetzlichen Enteignungsregelung, muss es diese nach Art 100 I GG dem BVerfG vorlegen. Bestätigt das BVerfG die Rechtsansicht des Verwaltungsgerichts oder hat das Verwaltungsgericht bei vorkonstitutionellen Gesetzen selbst die Normverwerfungskompetenz, ist der Klage gegen den Enteignungsakt stattzugeben. Bei einem rechtmäßigen Enteignungsakt ist die Klage hingegen abzuweisen. Der von der Enteignung betroffene Bürger kann dann seinen gesetzlichen Entschädigungsanspruch vor den Zivilgerichten geltend machen. Er ist daran auch nicht durch die Rechtskraft des verwaltungsgerichtlichen Urteils gehindert, da die Entschädigungshöhe nicht Streitgegenstand des verwaltungsgerichtlichen Verfahrens war.

Die Trennung zwischen Anspruchsgrund und Anspruchshöhe innerhalb eines Ent- **38**
schädigungsstreits bereitet Probleme, falls eine gesetzliche Entschädigungsregelung besteht. Die Zivilgerichte können dann geltend gemachte Entschädigungsansprüche sowohl dem Grund als auch der Höhe nach überprüfen, etwa wenn die auf eine verfassungsgemäße Enteignungsnorm gestützte Maßnahme von der Ermächtigungsgrundlage nicht gedeckt ist. Sie prüfen die Maßnahme aber nur insoweit, wie dies der anspruchsbegründende gesetzliche Tatbestand erfordert, insbesondere ob es sich um eine Enteignung handelt und eine dem Art 14 III GG genügende Entschädigungsregelung vorliegt. Dagegen prüfen sie nicht die Rechtmäßigkeit der Enteignung. Entsprechende rechtswidrige Eingriffe bleiben damit zwar ohne verwaltungsrechtliche Sanktion hinsichtlich des Bestands des Eingriffsaktes, unterliegen aber immerhin im zivilgerichtlichen Verfahren einer Entschädigungspflicht.

4. Enteignungsverfahren

Das Enteignungsverfahren ist teils bundes-, teils landesrechtlich geregelt. Der Bund hat **39**
die Kompetenz für die Enteignungsgesetzgebung nach Art 74 Nr 14 GG nur für Sachgebiete, für die er im Übrigen zur Gesetzgebung zuständig ist. Er hat diese Kompetenz bisher nicht durchweg zu einer erschöpfenden Regelung des Enteignungsverfahrens genutzt, sondern sich häufig damit begnügt, Voraussetzungen der Enteignung sowie einzelne wichtige Punkte des Verfahrens zu regeln und im Übrigen auf die Enteignungsgesetze der Länder zu verweisen. Das BauGB, das Enteignungen im Rahmen der Zwecke des § 85 I zulässt[88], enthält ebenso wie das Landbeschaffungsgesetz und das Bundesberggesetz eine vollständige Regelung, das Bundesfernstraßengesetz dagegen nur partielle Bestimmungen (§§ 19, 19a), während § 22 AEG lediglich die Zulässigkeit der Enteignung regelt. Soweit das Bundesrecht keine Regelungen enthält, ist auch bei Enteignungen für den Bund oder aufgrund von Bundesrecht auf das Landesrecht zurückzugreifen[89].

Zur Vermeidung langwieriger Enteignungsverfahren, in denen der Grundstücks- **40**
eigentümer das Verfahren durch überhöhte Entschädigungsforderungen in die Länge ziehen kann, haben die neueren Enteignungsgesetze das Verfahren wesentlich vereinfacht. Anders als nach dem Preußischen Enteignungsgesetz vom 11.6.1874 werden die

88 Dazu BVerfGE 74, 264, 287 ff; BGH DVBl 1988, 1217, 1218.

89 BGHZ 64, 361, 365; BVerfGE 45, 297, 320 (zum Zusammenspiel von PersBefG, Bundes- u Landesenteignungsgesetz).

Entscheidungen über die Enteignung und über die Entschädigung grundsätzlich in einem Beschluss verbunden. Eine Vorabentscheidung über die Enteignung ist möglich, wenn über die Höhe der Entschädigung noch nicht abschließend entschieden werden kann[90]. Zwar ist die Übereignung überall noch von einer besonderen Ausführungsanordnung (vgl § 117 BauGB) abhängig, die erst nach Bestandskraft des Enteignungsbeschlusses (regelmäßig dessen sämtlicher Teile) ergeht und den Eigentumswechsel bewirkt, jedoch ist eine vorzeitige Besitzeinweisung vorgesehen. Eine vorherige Zahlung der Entschädigung oder wenigstens eine Sicherung des Enteigneten ist vorgeschrieben[91].

41 Die vollständige Durchführung eines Enteignungsverfahrens ist grundsätzlich unerwünscht. Die Beteiligten sollen sich vielmehr möglichst gütlich einigen. Dies kann vor dem Enteignungsverfahren durch normalen freihändigen Erwerb nach den Regeln des Zivilrechts geschehen. Der ernsthafte Versuch, das Grundstück zu angemessenen Bedingungen freihändig zu erwerben, gehört zu den Zulässigkeitsvoraussetzungen der Enteignung[92]. Auch während des Verfahrens können sich die Beteiligten insgesamt oder über einzelne Teilbereiche einigen. Diese Einigung ist ein öffentlich-rechtlicher Vertrag; sie ersetzt und erübrigt soweit sie reicht den entsprechenden Verwaltungsakt. Die Enteignungsbehörde hat auf eine solche Einigung der Beteiligten hinzuwirken[93]. Stellt sich später wider Erwarten heraus, dass der Enteignungszweck nicht erreichbar ist, hat der enteignete Bürger kraft Verfassungsrechts einen Anspruch auf Rückübereignung, selbst wenn dies nicht – wie in den neueren Gesetzen, vgl § 102 BauGB – ausdrücklich vorgeschrieben ist[94].

III. Ausgleichspflichtige Inhalts- und Schrankenbestimmung

1. Grundlagen

42 Nach der früheren Rspr des BGH entschied bei Eingriffen in Eigentum die Qualifizierung der Eingriffsart zugleich über die Frage der Entschädigung: Entweder war ein ansonsten rechtmäßiger Eingriff in das Eigentum eine – entschädigungslos hinzunehmende – Inhalts- und Schrankenbestimmung oder eine – entschädigungspflichtige – Enteignung. Da die Abgrenzung zwischen Enteignung und Inhalts- und Schrankenbestimmung wegen des materialen Enteignungsbegriffs von Wertungen, insbesondere der Belastungsintensität abhing, waren in den Grenzfällen vorhersehbare eindeutige Ergebnisse nicht zu erwarten. Ob eine Maßnahme entschädigungslos hinzunehmen oder nur unter Zubilligung eines finanziellen Ausgleichs zumutbar ist, hing von den Umständen des Einzelfalles ab, die sich nicht in einem Gesetz vorab hinreichend bestimmt festlegen ließen. Der Gesetzgeber half sich deshalb mit sog salvatorischen Klauseln[95], welche für den Fall einer Enteignung einer Entschädigungspflicht anordneten und dadurch der Junktimklausel des Art 14 III 2 und 2 GG genügen sollten.

[90] § 28 II LEntG BW; Art 30 II BayEG; § 33 EnteigGNds; § 29 II EEG NW; § 112 II BauGB. Dazu BGHZ 77, 338, 346.

[91] Zur Verzinsung BGHZ 88, 337, 339 ff.

[92] § 4 II LEntG BW; Art 3 II Nr 1 EGBay; § 5 Nr 2 EGHess; § 5 Nr 1 EnteigGNds; § 4 Nr 2 EGRP; § 11 II c LBeschG; § 4 II EEG NW; § 87 II BauGB. Vgl auch BGHZ 90, 243, 245.

[93] Zur Formpflichtigkeit des Vertrages BGHZ 88, 165, 171 ff.

[94] BVerfGE 38, 175, 181; dazu *Kröner* FS Boujong, 1996, 563 ff; zur Entschädigung bei Rückübereignung BGHZ 76, 365, 368 ff.

[95] Vgl Rn 58 ff.

Die neuere Dogmatik der Eigentumsgarantie vermeidet dagegen im Ergebnis eine entschädigungsrechtliche entweder-oder-Lösung. Mit dem formalen Enteignungsbegriff verengt sie den Anwendungsbereich der Enteignung auf die zielgerichtete Entziehung des Eigentums[96]: Nur der Entzug des Eigentums oder selbständiger Eigentumsteile und deren Übertragung auf einen anderen Rechtsträger wird noch als Enteignung angesehen[97]. Jede sonstige Beschränkung des Eigentums, sei es unmittelbar durch Gesetz, sei es durch Verwaltungsakt aufgrund eines Gesetzes, ist Bestimmung von Inhalt und Schranken. Das gilt selbst dann, wenn die Beschränkung die Privatnützigkeit des Eigentums schwer beeinträchtigt oder beseitigt, so dass der Eingriff in seinen Auswirkungen für den Betroffenen einer Enteignung nahe- oder gleichkommt[98]. Das BVerfG erteilt damit allen Versuchen eine Absage, Eingriffe wegen ihrer Schwere als Enteignung zu qualifizieren[99]. **43**

Allerdings ist damit noch nicht über die Frage eines Belastungsausgleichs entschieden. Auch im Bereich der Inhalts- und Schrankenbestimmungen schützt Art 14 GG den Eigentümer vor zu intensiven Eingriffen. Und selbst wenn der Schutz des Bestands des Eigentums zugunsten des Wohls der Allgemeinheit überwunden wird, kann der Eigentümer unter bestimmten Voraussetzungen zumindest einen angemessenen Ausgleich für den Wert des verlorenen Eigentums verlangen, denn Art 14 GG schützt nicht nur den Bestand, sondern auch den Wert des Eigentums. Der Gesetzgeber kann deshalb unzumutbare Auswirkungen einer Inhalts- und Schrankenbestimmung durch Maßnahmen verhindern oder ausgleichen und damit die Rechtmäßigkeit der Bestimmung wahren. Ohne diesen Ausgleich wäre der Eingriff unzumutbar, weil übermäßig und ungleich, und damit rechtswidrig. Der grundrechtlich gebotene Ausgleich ist deshalb Bedingung der Rechtmäßigkeit des Eingriffs. Das Bundesverfassungsgericht spricht hier von einer ausgleichspflichtigen Inhalts- und Schrankenbestimmung[100]: eine Inhalts- und Schrankenbestimmung, die den Eigentümer so intensiv beeinträchtigt, dass sie nur gegen Ausgleich verfassungsgemäß ist. **44**

2. Voraussetzungen und Grenzen

a) *Überblick*. Derartige Inhalts- und Schrankenbestimmungen sind verfassungsrechtlich aber nur unter bestimmten Voraussetzungen zulässig: Der Vorrang des Bestandsschutzes vor dem Wertschutz muss gewahrt bleiben, ein allein finanzieller Ausgleich darf nur die Ausnahme sein, der Ausgleich muss vom Gesetzgeber selbst hinreichend bestimmt geregelt werden, und der betroffene Eigentümer muss verfahrensrechtlich besonders geschützt werden[101]. **45**

b) *Ausgleich nur Ausnahme*. Zunächst ist zu beachten, dass Ausgleichsregelungen kein generell verfassungsrechtlich zulässiges Mittel sind, um unverhältnismäßige und gleichheitswidrige Eigentumsbeschränkungen mit Art 14 I GG in Einklang zu bringen. **46**

[96] BVerfGE 58, 300, 330 ff; 83, 201, 211; 100, 226, 239 f; 104, 1, 10. Der BGH und das BVerwG haben sich dieser Auffassung angeschlossen: BGHZ 121, 73, 78; 121, 328, 333 ff; 123, 242, 244; BVerwGE 94, 1, 5 f.

[97] Nach BVerfGE 104, 1, 9 ist die Enteignung beschränkt auf solche Fälle, in denen Güter hoheitlich beschafft werden.

[98] Besonders deutlich BVerfGE 100, 226, 240.

[99] *Herdegen* FS BVerfG, 2001, Bd II, 282.

[100] BVerfGE 100, 226, 244.

[101] Dazu u zum Folgenden BVerfGE 100, 226, 244 ff.

Inhalts- und schrankenbestimmende Normen müssen grundsätzlich auch ohne Ausgleichsregelung verfassungsgemäß sein. Ausgleichsansprüche für ausgleichspflichtige Inhalts- und Schrankenbestimmungen sind daher auf Ausnahmen beschränkt: nämlich auf Konstellationen, in denen im Regelfall unbedenkliche Inhalts- und Schrankenbestimmungen ausnahmsweise Folgen haben, die dem Eigentümer nicht mehr zumutbar sind, weil sie ihn besonders intensiv und ungleich belasten. Nur in derartigen Ausnahmefällen kommen Ausgleichsregelungen zur Wahrung der Verhältnismäßigkeit und zur Vermeidung bzw zum Ausgleich gleichheitswidriger Sonderopfer in Betracht.

47 c) *Vorrang des Bestandsschutzes.* Weiter müssen die Ausgleichsregelungen den Vorrang des Bestandsschutzes vor dem Wertschutz beachten. Ausgleichsregelungen, die die Grundsätze der Verhältnismäßigkeit und der Gleichheit wahren sollen, dürfen sich deshalb nicht darauf beschränken, dem Betroffenen einen Entschädigungsanspruch in Geld zuzubilligen. Art 14 I 1 GG verlangt als Bestandsgarantie, dass in erster Linie Vorkehrungen getroffen werden, die eine unverhältnismäßige Belastung des Eigentümers vermeiden und dadurch die Privatnützigkeit des Eigentums so weit wie möglich erhalten. Zu diesen Vorkehrungen gehören zB Härteklauseln, Übergangsregelungen, Ausnahme- und Befreiungsvorschriften. Nur soweit solche Vorkehrungen nicht oder nur mit unverhältnismäßigem Aufwand möglich sind, kann ein allein finanzieller Ausgleich für die Beschränkungen in Betracht kommen. Als Alternative zu einer Ausgleichszahlung kann dem Eigentümer auch ein Anspruch auf Übernahme durch die öffentliche Hand zum Verkehrswert eingeräumt werden.

48 d) *Parlamentsvorbehalt.* Zudem bringen entsprechende Regelungen erhöhte Anforderungen an den Gesetzgeber mit sich. Inhalt und Schranken des Eigentums zu bestimmen ist grundsätzlich Sache des Gesetzgebers. Mit der Bestimmung von Inhalt und Schranken des Eigentums hat der Gesetzgeber deshalb auch Voraussetzungen, Art und Umfang des Ausgleichs sonst unverhältnismäßiger und gleichheitswidriger Belastungen zu regeln. Soweit Ausgleichsansprüche auf Geldzahlung begründet werden sollen, darf dies auch mit Rücksicht auf das Budgetrecht des Parlaments nur durch ein Gesetz erfolgen. Die Regelungen müssen dabei ein hinreichendes Maß an Bestimmtheit aufweisen, damit ersichtlich ist, unter welchen Voraussetzungen der Eigentümer welche Ausgleichsleistungen erhalten soll.

49 e) *Besonderer verwaltungsverfahrensrechtlicher Schutz.* Schließlich hat der Gesetzgeber den Schutz des Eigentümers verwaltungsverfahrensrechtlich besonders zu sichern. Dem betroffenen Eigentümer ist es nicht zuzumuten, den in das Eigentum eingreifenden Verwaltungsakt, den er für unvereinbar mit der Eigentumsgarantie hält, in der unsicheren Erwartung eines nachträglich in einem anderen Verfahren zu bewilligenden Ausgleichs regelmäßig bestandskräftig werden zu lassen. Der Gesetzgeber hat deshalb die materiellrechtliche Ausgleichsregelung durch verwaltungsverfahrensrechtliche Vorschriften zu ergänzen, die sicherstellen, dass mit dem in das Eigentum eingreifenden Verwaltungsakt zugleich über einen dem Eigentümer gegebenenfalls zu gewährenden Ausgleich zumindest dem Grunde nach entschieden wird.

50 Dieser besondere verwaltungsverfahrensrechtliche Schutz ist allerdings nach Ansicht des BVerwG nicht geboten, wenn die Beschränkung des Eigentums nicht durch einen Verwaltungsakt, sondern durch eine Rechtsverordnung erfolgt[102]. Zwar müssen auch dann die verfassungsrechtlich erforderlichen Ausgleichsregelungen auf einer gesetz-

102 Dazu BVerwGE 112, 373, 378 f. Dazu krit *Grzeszick* Agrar- und Umweltrecht 2003, 165, 167 f.

lichen Grundlage beruhen, und unverhältnismäßige Belastungen müssen zunächst durch reale Vorkehrungen, die dem Schutz der Bestandsgarantie des Art 14 GG dienen, vermieden werden, ehe ein allein finanzieller Ausgleich in Betracht kommt. Art 14 GG gebietet aber in Fällen der Belastung durch Rechtsverordnung keine gesetzlichen Vorkehrungen dafür, dass die Verordnung nur unter gleichzeitiger Festsetzung der verfassungsrechtlich erforderlichen kompensatorischen Maßnahmen erlassen werden darf. Der Grund für diese Unterscheidung liegt darin, dass der Eigentümer bei einer Beschränkung durch Rechtsverordnung keiner einem Verwaltungsakt entsprechenden Anfechtungslast ausgesetzt ist. Wegen des anderen Rechtsschutzrisikos für den betroffenen Eigentümer sind Verordnungen deshalb ohne gleichzeitige Festsetzung der eigentumsrechtlich erforderlichen Kompensationen zulässig. Auf dieser Linie liegt auch die Entscheidung des BVerfG, wonach Ausgleichsregelungen im TKG keiner Ergänzung um verfahrensrechtliche Vorschriften bedürfen, die mit der Entscheidung über die Duldungspflicht des Grundstückseigentümers eine Entscheidung über den Ausgleich vorsehen, denn der Grundstückseigentümer kann seinen Ausgleichsanspruch nach dem TKG vor einem Zivilgericht geltend machen, „ohne daß eine entschädigungslos bleibende Duldungspflicht mit einem in Bestandskraft erwachsenden Verwaltungsakt festgesetzt werde könnte“[103].

3. Folgen

Grundlage des Ausgleichsanspruchs ist das Gesetz, welches den Ausgleich vorsieht. Die **51**
Höhe dieses finanziellen Ausgleichs wird in der Regel in dem Gesetz in allgemeinen Formulierungen vorgezeichnet sein. Die Auslegung dieser Bestimmungen muss sich insoweit an dem verfassungsrechtlich vorgeprägten Zweck der Gesetze orientieren, als ein Ausgleich für die verfügten übermäßigen und gleichheitswidrigen Nachteile zu gewähren ist. Da der verfassungsrechtlich gebotene Ausgleich darauf zielt, die Belastungsgrenze des einzelnen Eigentümers auf ein zumutbares Maß abzumildern, erfordert Art 14 GG in diesen Konstellationen aber nur die Wahrung der Zumutbarkeit im Einzelfall, nicht die volle Kompensation des Eingriffs. Hoheitliche Eingriffe sind als Konsequenz der Sozialgebundenheit des Eigentums bis zur Opfergrenze der Zumutbarkeit ohne Ausgleich zulässig; nur darüber hinausgehende Beschränkungen des Eigentums sind verfassungsrechtlich ausgleichspflichtig. Der Eigentümer muss deshalb einen der zumutbaren Belastung entsprechenden Sockelbetrag seiner Vermögenseinbuße ohne Ausgleich hinnehmen, falls der Gesetzgeber dies so regelt.

Soweit die Voraussetzungen einer ausgleichspflichtigen Inhalts- und Schrankenbe- **52**
stimmung vom Gesetzgeber beachtet worden sind, besteht ein gesetzlich geregelter Anspruch auf Ausgleich der unzumutbaren Belastung, der gemäß § 40 II 1, 2. HS VwGO vor den Verwaltungsgerichten geltend zu machen ist. Falls die verfassungsrechtlichen Voraussetzungen nicht beachtet worden sind, führt dies zur Rechtswidrigkeit des Eingriffsaktes und seiner gesetzlichen Grundlage. Ein angesichts einer vom Gesetzgeber getroffenen Eingriffsregelung verfassungsrechtlich erforderlicher, aber vom Gesetzgeber nicht gewährter Ausgleichsanspruch führt in Ansehung des Gesetzmäßigkeitsprinzips zur Verfassungswidrigkeit der Inhalts- und Schrankenbestimmung des Eigentums. Daher ist der Eingriff rechtswidrig und im Wege des Rechtsschutzes gegen den Eingriffsakt angreifbar.

[103] BVerfG NJW 2003, 196, 198.

53 Dagegen ist es grundsätzlich unzulässig, den verfassungsrechtlich erforderlichen Ausgleich ohne hinreichende gesetzliche Grundlage durch die Exekutive oder im Wege des Richterrechts zu gewähren. Die Regelung der Ausgleichspflicht ist Aufgabe des Gesetzgebers, der Voraussetzungen, Art und Umfang des verfassungsrechtlich gebotenen Ausgleichs mit hinreichender Bestimmtheit zu regeln hat. Der Ausgleich darf deshalb ohne hinreichendes Gesetz nicht gewährt werden. Das Dulden des Eingriffsaktes führt nicht dazu, dass der Eigentümer das Sonderopfer liquidieren kann. Der Eigentümer, der sein Eigentum schützen möchte, muss den Eingriffsakt angreifen. Der Parlamentsvorbehalt für den erforderlichen Ausgleich führt damit zum Vorrang des Rechtsschutzes gegen den Eingriff.

54 Nur soweit der Rechtsschutz gegen den Eingriff für den Bürger unzumutbar ist, der Bürger diesen Rechtsschutz unverschuldet nicht wahrgenommen hat oder das Sonderopfer durch Rechtsschutz gegen den Eingriff nicht vermieden werden konnte, ist bei Inhalts- und Schrankenbestimmungen ein Ausgleich für den rechtswidrigen Eingriff in das Eigentum ohne gesetzliche Regelung zulässig: durch den richterrechtlichen Anspruch aus enteignungsgleichem Eingriff[104].

55 Die Verjährung des gesetzlich bestimmten Ausgleichsanspruchs kann in der gesetzlichen Ausgleichsregelung bestimmt werden. Ist eine solche spezielle Verjährungsregelung nicht getroffen worden, gelten die allgemeinen Regeln; welche Verjährungsfristen nach der Änderung der Verjährungsregelungen durch die Schuldrechtsreform gelten, ist bei der Enteignung bereits näher ausgeführt worden[105].

4. Abgrenzung von entschädigungspflichtiger und entschädigungslos zulässiger Inhaltsbestimmung

56 Die neuere Dogmatik des Eigentumsschutzes steht einem unmittelbaren Rückgriff auf die früheren Abgrenzungen von Inhaltsbestimmung und Enteignung entgegen. Jetzt muss zunächst gefragt werden, ob die Eigentumsbeschränkung nach dem Prinzip der Verhältnismäßigkeit zulässig ist. Nur wenn diese Frage grundsätzlich bejaht wird, die Belastung dem Eigentümer aber ausnahmsweise nur gegen Ausgleich zumutbar ist, kommt ein Geldausgleich in Frage. Dieser Ausgleich darf nicht ohne gesetzliche Grundlage gewährt werden. Legt ein Gesetz oder eine Maßnahme dem Eigentümer Lasten auf, ohne die verfassungsrechtlich erforderliche Entschädigung vorzusehen, ist das Gesetz verfassungswidrig, die Maßnahme rechtswidrig. Der Bürger kann und muss sich wehren und kann nicht ohne gesetzliche Grundlage Ausgleich einklagen, es sei denn für solche rechtswidrigen Eingriffe, die nicht abzuwehren waren[106]. Eine Umdeutung in eine Enteignung ist ausgeschlossen[107]. Die früheren Enteignungstheorien[108] sind damit überholt. Trotzdem lassen sich aus der älteren Rspr Maßstäbe für das gewinnen, was einem Eigentümer ohne Ausgleich zuzumuten ist. Nach wie vor kann die Sozialpflichtigkeit des Eigentums auch entschädigungslos konkretisiert werden, soweit dies verfassungsrechtlich zulässig ist, denn Eigentum, insbesondere Grundeigentum, unterliegt

[104] Vgl Rn 62 ff.
[105] Vgl Rn 35.
[106] Insoweit ist nach den Regeln des enteignungsgleichen Eingriffs zu verfahren, vgl Rn 62 ff.
[107] *Herdegen* (Fn 99) 283.
[108] Zu Einzelakts- u Schützwürdigkeitstheorie RGZ 129, 146, 149. Zum Ausgangspunkt unter dem GG BGHZ 6, 270, 280; BVerwGE 5, 143, 145.

kraft der Sozialbindung potentiellen Schranken, die durch Gesetz oder auf Grund eines Gesetzes festgelegt werden können[109].

57 Die Zumutbarkeit darf dabei, soll das Eigentum eine im Verkehr berechenbare Größe bleiben, nicht individuell nach der Lage des Einzelfalls ermittelt werden[110]. Dies wäre mit der Funktion des Eigentumsschutzes als Wertgarantie nicht vereinbar. Für welche Eigentumskategorien welche Belastungen ohne Ausgleich zumutbar sind, mag verschieden sein[111]. Für Ausgleichsfragen kann es aber nur auf die objektiven Gegebenheiten ankommen. Der BGH stellt deshalb mit Recht zur Bestimmung der Sozialpflichtigkeit auf das Grundstück ab, nicht auf den Eigentümer. Wenn die Rspr auf den Bestandsschutz, dh den Schutz der bisher rechtmäßigen ausgeübten Nutzung, abstellt[112], so berücksichtigt sie nicht die persönliche Lage des Eigentümers, sondern die objektivierbare Verwendung des Grundstücks.

5. Salvatorische Klauseln

58 Die Junktimklausel des Art 14 III 2 GG gilt nur für die Enteignung[113]. Eine Anwendung der dafür gedachten salvatorischen Entschädigungsregelungen auf die ausgleichspflichtige Inhalts- und Schrankenbestimmung ist nicht von vorneherein ausgeschlossen[114]. In vielen Gesetzen finden sich derartige Klauseln, die teils auf Enteignung bzw enteignende Wirkung abstellen, teils auch ohne diesen Rekurs auf den Eigentumsschutz Entschädigung gewähren.

59 Allerdings entsprechen diese Bestimmungen in der Regel nicht den verfassungsrechtlichen Anforderungen an eine ausgleichspflichtige Inhalts- und Schrankenbestimmung. Die älteren Bestimmungen, welche noch auf der früheren Rspr des BGH zur Enteignung (Umschlagtheorie) beruhen, sehen meist nur Geldentschädigung vor. Sie berücksichtigen damit zum einen nicht, dass vorrangig die Belastung des Eigentümers durch andere Maßnahmen vermindert werden muss[115]. Zum anderen missachten sie die Anforderung, dass bei Eingriffsverfügungen durch Verwaltungsakt über eine eventuelle Geldentschädigung zumindest dem Grunde nach mitzuentscheiden ist[116]. Der vom BVerwG vorgeschlagene Weg, die salvatorischen Klauseln im Wege verfassungskonformer Auslegung auf Fälle der ausgleichspflichtigen Inhalts- und Schrankenbestimmung anzuwenden[117], ist deshalb meist nicht gangbar[118].

60 Auch kann in diesen Fällen eine Entschädigung wegen eines rechtswidrigen enteignungsgleichen Eingriffs nicht gefordert werden, da es an der erforderlichen hinreichend

109 Umfassende Übersicht über die Rspr bei *Kreft* (Fn 56) Rn 167–231.

110 In diese Richtung, aber unter Anlehnung an die Enteignungsentschädigung die Vorauflage *Rüfner* (Fn 55) § 48 Rn 49 unter Verweis auf BVerfGE 58, 300, 323 u VGH BW DVBl 1988, 1219, 1223.

111 Vgl zur früheren Dogmatik BVerfGE 50, 290, 340 ff.

112 BGHZ 123, 242, 244, 248; BVerwGE 88, 191, 203 f; 92, 359, 365 f.

113 BVerfGE 100, 226, 240.

114 BGHZ 99, 24, 28; 105, 15, 16 f; 121, 73, 78; 123, 242, 244; 126, 379, 380 ff; BGH NVwZ 1996, 930; BGHZ 133, 271, 273 f. Einen Vorbehalt für existenzbedrohende Eingriffe macht BGHZ 133, 265, 267.

115 *Papier* DVBl 2000, 1406 f; *Rozek* (Fn 39) 117 ff, 281; BVerfGE 100, 226, 245 f.

116 *Stüer/Thorand* NJW 2000, 3737, 3742; *Roller* NJW 2001, 1003, 1009.

117 BVerwGE 84, 361, 368 f.

118 Entsprechend zurückhaltend für einen verbleibenden Anwendungsbereich salvatorischer Klauseln BVerfGE 100, 226, 247.

bestimmten gesetzlichen Grundlage für diesen Ausgleichsanspruch fehlt[119]. In den Fällen, in denen der Betroffene zB die Verfügung, welche sein Eigentum unter Denkmalschutz stellt, mit Erfolg angefochten hat oder hätte anfechten können, kann er deshalb lediglich für die bis zur – möglichen – Aufhebung durch das Verwaltungsgericht eingetretenen Schäden Entschädigung aus enteignungsgleichem Eingriff verlangen.

61 Es bleibt dem betroffenen Bürger allerdings unbenommen, die Verfügung hinzunehmen und Entschädigung nach den Bestimmungen der einschlägigen gesetzlichen Regelung zu verlangen, wenn deren Voraussetzungen vorliegen. Dies ist auch dann zulässig, wenn die gesetzliche Regelung als salvatorische Klausel den verfassungsrechtlichen Anforderungen an eine ausgleichspflichtige Inhalts- und Schrankenbestimmung nicht genügt. Insoweit hat der Bürger bei einer bestehenden gesetzlichen Regelung ein Wahlrecht und muss sich nicht auf den Primärrechtsschutz verweisen lassen[120]. Dies führt aber nicht zu einer Wahlfeststellung des Gerichts zwischen ausgleichspflichtiger Inhalts- und Schrankenbestimmung einerseits und Entschädigung wegen enteignenden oder enteignungsgleichen Eingriffs andererseits[121], sondern nur zur Behandlung der nicht angefochtenen Verfügung als rechtmäßig. Der beklagte Hoheitsträger kann sich im Entschädigungsprozess nicht darauf berufen, dass die Verfügung rechtswidrig sei und deshalb kein Ausgleich bzw keine Entschädigung geschuldet werde[122]; er kann allenfalls unter Beachtung des VwVfG die Verfügung aufheben. Dem Bürger ist das Risiko eines Prozesses um die Rechtmäßigkeit der Verfügung nicht zuzumuten, wenn er sich mit der gesetzlich vorgesehenen Entschädigung für rechtmäßige Verfügungen begnügen will[123].

IV. Enteignungsgleicher Eingriff

1. Grundlagen

62 Der Anspruch aus enteignungsgleichem Eingriff ist eine richterrechtliche Rechtsfortbildung und wird grundsätzlich anhand der Verletzung der als Eigentum im Sinne von Art 14 GG geschützten Rechtsposition bestimmt. Der Anspruch aus enteignungsgleichem Eingriff ist damit ein Entschädigungsanspruch wegen rechtswidriger Beeinträchtigung von Eigentum. Die nähere Begründung hängt wegen der Abgrenzung zu den nach den Eingriffsarten differenzierenden Anforderungen des Art 14 GG von der allgemeinen verfassungsrechtlichen Dogmatik des Eigentumsschutzes ab, und hat sich mit ihr verändert.

63 Die Haftung aus enteignungsgleichem Eingriff knüpfte nach ihrer ursprünglichen, am älteren weiten Enteignungsbegriff orientierten Begründung an Maßnahmen an, die im Fall ihrer gesetzlichen Zulässigkeit als Enteignung zu betrachten waren[124]. Da Enteignungen stets eine verfassungsrechtliche Entschädigungspflicht nach sich zogen, sollte dies erst recht gelten, wenn die Enteignung rechtswidrig war.

64 Die Begründung des richterrechtlichen Anspruchs unmittelbar aus der verfassungsrechtlichen Entschädigungspflicht des Art 14 III 2 GG ist nun in Folge des formalisier-

[119] BGHZ 110, 12, 14.
[120] So zutr BGHZ 90, 17, 32; anders *Körner* Denkmalschutz und Eigentum, 1992, 105 f.
[121] Dagegen mit Recht *Ossenbühl* FS Geiger, 1989, 475, 493.
[122] Anders *Ossenbühl* (Fn 121) 493.
[123] *Ehlers* VVDStRL 51 (1992) 211, 244.
[124] BGHZ 6, 270, 290.

ten Enteignungsbegriffs sowie wegen der verfassungsrechtlichen Pflicht des Gesetzgebers, für ausgleichspflichtige Inhalts- und Schrankenbestimmungen gesetzliche Ausgleichsansprüche vorzusehen, nicht mehr haltbar. Konsequenterweise hat der BGH dem BVerfG und dessen Ansatz, dass sowohl Enteignungsentschädigungen[125] als auch Ausgleichsansprüche wegen Inhalts- und Schrankenbestimmungen[126] nur auf gesetzlicher Grundlage zugesprochen werden können, zugestanden, dass ein Entschädigungsanspruch wegen eines rechtswidrigen (enteignungsgleichen) Eingriffs nicht mehr unmittelbar aus Art 14 III GG hergeleitet werden kann.

Dies ist aber nach Ansicht des BGH auch nicht erforderlich. Der Aufopferungsgedanke in seiner richterrechtlichen Ausformung biete eine hinreichende Anspruchsgrundlage, die dort zum Zuge komme, wo es sich nicht um eine Enteignung iSv Art 14 III GG handle. Auf dieser Grundlage könne auch die Zuständigkeit der ordentlichen Gerichte zur Entscheidung über diese Ansprüche nicht in Zweifel gezogen werden[127]. Hätte der BGH den enteignungsgleichen Eingriff aufgegeben, wäre dem von rechtswidrigen Maßnahmen betroffenen Bürgern zwar die Abwehrklage gegen die eingreifende Maßnahme, also Anfechtungsklage bzw gegen schlichtes Verwaltungshandeln Unterlassungs- oder Beseitigungsklage, geblieben. Soweit der primäre Rechtsschutz den Schaden nicht hätte verhindern können (zB bei rechtswidriger Ablehnung eines Bauantrags und dadurch verursachter Verzögerung eines Baus), wäre der Geschädigte aber ausschließlich auf den verschuldensabhängigen Amtshaftungsanspruch verwiesen worden, womit der haftungsrechtliche Schutz des Eigentümers gegen rechtswidrige Eingriffe erheblich verkürzt worden wäre. 65

Nach Ansicht des BGH beruht der Anspruch aus enteignungsgleichem Eingriff deshalb nun auf einer Kombination des allgemeinen abwehrrechtlichen Gehalts der Eigentumsgarantie des Art 14 I GG mit dem Prinzip der Lastengleichheit. Anspruchsgrund soll insoweit der allgemeine Aufopferungsgedanke entsprechend §§ 74, 75 Einl PrALR sein. Das inhaltlich dem Anspruch zu Grunde liegende Sonderopfer wird regelmäßig aus der Rechtswidrigkeit des Eingriffs gefolgert. In der Sache geht der BGH damit wieder auf den Aufopferungsanspruch und den Ansatz zurück, den das Reichsgericht schon unter der WRV aufgezeigt hatte[128]. Bedenken aus der Junktimklausel können insoweit aber nicht erhoben werden: Der enteignungsgleiche Eingriff ist dogmatisch von der Enteignung abgelöst und verselbständigt[129]. Der Anspruch ist nach Ansicht des BGH zwar im Verfassungsrecht verankert; die Ausgestaltung des Anspruchs nach Voraussetzungen und Rechtsfolgen soll aber weiterhin auf der Ebene des einfachen Rechts liegen. Der derart begründete Anspruch aus enteignungsgleichem Eingriff ist vom BVerfG akzeptiert worden, wenn auch nur in einer Kammerentscheidung und als Rechtsinstitut des einfachen Rechts[130]. 66

[125] BVerfGE 58, 300, 324.
[126] BVerfGE 100, 226 ff.
[127] BGHZ 90, 17, 31 unter Hinw auf BGHZ 6, 270, 276. Vgl auch BGHZ 91, 20, 26 zum enteignenden Eingriff.
[128] Vgl Rn 4 ff.
[129] *Schmitt-Kammler* FS Ernst Wolf, 1985, 606 f. Ausdrücklich BGHZ 99, 24, 29.
[130] BVerfG-K NJW 1992, 36, 37.

2. Tatbestand

67 a) *Überblick*. Der Entschädigungsanspruch aus enteignungsgleichem Eingriff setzt nach der Rspr des BGH voraus, dass rechtswidrig in eine durch Art 14 GG geschützte Rechtsposition von hoher Hand unmittelbar eingegriffen wurde[131]. Der unmittelbar in seinem Eigentum betroffene Bürger hat einen Anspruch auf angemessene Entschädigung für die Eigentumsbeeinträchtigung, soweit er sich gegen den rechtsverletzenden Eingriff nicht in zumutbarer Weise wehren konnte. Aus der Rechtswidrigkeit folgt dabei das Sonderopfer, das auszugleichen ist.

68 b) *Eigentum*. Mögliche Eingriffsobjekte sind rechtlich als Eigentum geschützte vermögenswerte Gegenstände[132]. Zu ihnen gehört nach der Rspr des BGH auch der eingerichtete und ausgeübte Gewerbebetrieb[133]. Die Beeinträchtigung von bloßen Erwerbschancen fällt allerdings aus dem enteignungsgleichen Eingriff heraus: Vorteile aus einer rechtlich nicht geschützten Geschäftslage oder andere tatsächliche Begünstigungen des Erwerbs sind keine möglichen Eingriffsobjekte[134].

69 c) *Eingriff*. Als Eingriff kommen grundsätzlich alle hoheitlichen Maßnahmen in Betracht unabhängig von ihrer Handlungsform. Aus der Voraussetzung des Eingriffs, die aus der Dogmatik der Enteignung übernommen wurde, wird zwar gefolgert, dass Unterlassen[135] im Sinne schlichter Untätigkeit nicht als Eingriff zu werten ist[136]. Ein Unterlassen kann aber ein Eingriff sein, soweit es hinreichend qualifiziert ist, also in der Bewertung seiner Wirkungen einem positiven Handeln entspricht. Dies ist vor allem dann der Fall, wenn die Behörde zu einer bestimmten Handlung verpflichtet ist, zB weil ein Anspruch des Antragstellers auf Vornahme der Handlung besteht und das Unterlassen der Handlung sich deshalb für den Betroffenen wie ein Eingriff in sein Eigentum darstellt. Die Ablehnung eines Antrags, welche die rechtmäßige Nutzung des Eigentums hindert, steht demnach als qualifiziertes Unterlassen dem Eingriff durch aktives Tun gleich[137]. Ein qualifiziertes Unterlassen kann auch in einer verzögerten Bearbeitung eines Gesuchs liegen: Soweit der Eigentümer einen Anspruch auf Erteilung einer Genehmigung hat, kann sich die verzögerte Bearbeitung der zu erteilenden Genehmigung wie eine Ablehnung der Genehmigung auswirken und damit als Eingriff in das Eigentum zu qualifizieren sein[138].

70 Die frühere Rspr des BGH schloss auch rechtswidrige Maßnahmen des Gesetzgebers nicht grundsätzlich aus den enteignungsgleichen Eingriffen aus[139]. Davon ist der BGH jedoch wieder abgerückt[140]: Der Ausgleich von Nachteilen, die unmittelbar oder mit-

[131] BGHZ 117, 240, 252 in Fortführung der bisherigen Rspr; BGH NJW 1994, 1468.

[132] *Sproll* (Fn 56) § 17 Rn 26.

[133] Vgl BGHZ 111, 349, 355 ff. Das BVerfG hat sich zu den Fragen bisher nicht eindeutig geäußert, vgl BVerfG NJW 1992, 1878, 1879.

[134] BGHZ 48, 58, 61; auch BGHZ 55, 261, 264 f; 94, 373, 377; BVerfG NJW 1992, 1878, 1879.

[135] Dazu krit *Ossenbühl* Neuere Entwicklungen im Staatshaftungsrecht, 1984, 22; ferner zum Problem des Unterlassens *Ossenbühl* StHR, 255 ff; BGHZ 56, 40, 42.

[136] BGH DVBl 1971, 464, 465; auch BGHZ 125, 19, 21 ff.

[137] BGHZ 19, 1; 65, 182, 188 f; BGH VersR 1986, 372, 374; NJW 1988, 478, 481; BGHZ 125, 258, 264; 134, 316, 320; 136, 182, 185 f; BGH JZ 2007, 686, 689.

[138] BGH VersR 2002, 714 f; BGHZ 170, 260 ff.

[139] Dazu BGHZ 25, 266, 269 f. Auch BGHZ 56, 40, 42, allerdings eine Rechtsverordnung betreffend, für die eine Haftung auch nach der neueren Rspr – s nachstehende Fn – nicht ausgeschlossen ist.

[140] BGHZ 100, 136, 145 f; bestätigt in BGHZ 102, 350, 359. Für Rechtsverordnungen kann eine Haftung aus enteignungsgleichem Eingriff eintreten: BGHZ 111, 349, 352 f; BGH DVBl 1993, 718, 719.

telbar durch ein verfassungswidriges formelles Gesetz herbeigeführt würden, halte sich nicht mehr im Rahmen eines richterrechtlich geprägten und ausgestalteten Haftungsinstituts, wie es der enteignungsgleiche Eingriff darstelle. Die Zubilligung von Entschädigungsansprüchen für legislatives Unrecht in Gestalt eines mit dem Grundgesetz nicht zu vereinbarenden formellen Gesetzes könne für die Staatsfinanzen weitreichende Folgen haben. Schon das spreche dafür, die Haushaltsprärogative des Parlaments in möglichst weitgehendem Umfang zu wahren und die Gewährung von Entschädigungen für legislatives Unrecht der Entscheidung des Parlamentsgesetzgebers zu überantworten.

Der BGH reduziert damit die Haftung für förmliche Gesetze auf den Stand, den sie **71** nach der preußischen Kabinettsorder vom 4.12.1831[141] hatte, wo eine Entschädigung für Akte des Gesetzgebers grundsätzlich ausgeschlossen und besonderer gesetzlicher Bestimmung vorbehalten war. Der BGH nimmt dem Gesetzgeber das finanzielle Risiko verfassungswidriger Gesetze ab und bürdet es dem Bürger auf, obwohl die nach der bisherigen Rspr grundsätzlich bestehende Möglichkeit, Entschädigung aus enteignungsgleichem Eingriff zu erlangen, nicht zu einer erheblichen Belastung des Staatshaushalts geführt hatte[142].

d) *Unmittelbarkeit.* Grundsätzlich ist jeder unmittelbare rechtswidrige Eingriff in **72** vermögenswerte Rechte geeignet, einen Anspruch aus enteignungsgleichem Eingriff auszulösen. Ein Eingriff erfordert nur Unmittelbarkeit, keine Finalität der staatlichen Maßnahme[143]. Der Eingriff in das Eigentum ist dann unmittelbar, wenn die Folgen der staatlichen Maßnahme für das Eigentum dem Staat zuzurechnen sind. Nötig ist ein Zusammenhang der Folgen mit der Maßnahme in der Art, dass sich in der Eigentumsbeeinträchtigung eine besondere Gefahr ausgewirkt hat, die in der hoheitlichen Maßnahme angelegt war[144].

Dem Staat werden als unmittelbare Auswirkungen auf das Eigentum auch solche **73** Eingriffsfolgen zugerechnet, die nicht beabsichtigt sind. Allerdings ist die Zurechnung auf solche Eingriffsfolgen beschränkt, die für die konkrete Betätigung der Hoheitsgewalt typisch sind bzw aus einer der Eigenart der Maßnahme entsprechenden Gefahrenlage folgen. Das schwer abzugrenzende Kriterium der Unmittelbarkeit[145] wird häufig zur Begrenzung der sonst weit ausgedehnten Haftung herangezogen[146]. Neben- und Fernwirkungen einer Maßnahme sowie auch im bürgerlichen Recht nicht zu ersetzende Drittschäden sollen ausscheiden[147]. Adäquate Verursachung im Sinn des Zivilrechts reicht nicht aus, wenn die Einwirkung auf die Rechtsposition des Bürgers auf eine näherliegende Zwischenursache zurückzuführen ist[148]. Gewisse Parallelen zur Theorie der unmittelbaren Verursachung im Polizeirecht drängen sich auf[149].

141 GS 256.

142 *Schäfer* in: Schäfer/Bonk, Staatshaftungsgesetz, 1982, § 5 Rn 66, 148.

143 Ausdrücklich gegen das Erfordernis des gezielten Eingriffs erstmals BGH NJW 1964, 104; jedoch schon vorher BGHZ 28, 310, 313 u BGHZ 37, 44, 47.

144 BGHZ 125, 19, 21.

145 *Ossenbühl* StHR, 248 ff; *ders* (Fn 121) 489 f; *ders* JZ 1994, 786; *Olivet* NVwZ 1986, 434 f; *Sproll* (Fn 56) § 17 Rn 31 f.

146 Dazu ausführlich *Kreft* (Fn 56) Rn 108 ff.

147 Ausführlich *Gronefeld* Preisgabe und Ersatz des enteignungsrechtlichen Finalitätsmerkmals, 1972, 98 ff; zum Drittschaden BGHZ 31, 1.

148 *Badura* AÖR 98 (1973) 153, 170 f.

149 So versagte der BGH früher (BGHZ 54, 332, 338) wegen fehlender Unmittelbarkeit Ersatz der Schäden, die durch Versagen einer Verkehrsampel verursacht worden waren; durch die Ampelanlage wurde lediglich eine Gefahrenlage geschaffen, die erst durch das Hinzutreten weiterer

74 e) *Rechtswidrigkeit.* Der Anspruch aus enteignungsgleichem Eingriff soll ein Sonderopfer ausgleichen. Rechtswidrige Eingriffe, die über das Maß dessen hinausgehen, was allen Bürgern zugemutet wird, legen dem Betroffenen stets ein Sonderopfer auf. Es folgt also aus der Rechtswidrigkeit regelmäßig das Sonderopfer[150]. Dabei kommt es nicht wie bei der Amtshaftung darauf an, ob das Verhalten des eingreifenden Beamten amtspflichtwidrig ist, sondern darauf, ob der Eingriff im Verhältnis von Staat und Bürger rechtswidrig ist[151]. Damit führt das Institut des enteignungsgleichen Eingriffs zu einer partiellen unmittelbaren, primären und verschuldensunabhängigen Staatsunrechtshaftung[152].

75 Die Rechtswidrigkeit des Eingriffs kann sich auch daraus ergeben, dass der Bürger ohne Entschädigung mit einer als Inhaltsbestimmung auferlegten Beschränkung seines Eigentums belastet wird, die nur gegen Entschädigung zulässig ist. Er kann in solchen Fällen allerdings – vom Vorrang des Primärrechtsschutzes[153] abgesehen – wegen des Ausschlusses der Haftung für parlamentarische Gesetze nach der neuen Rspr Entschädigung nur wegen rechtswidriger Maßnahmen im Rang unterhalb des förmlichen Gesetzes verlangen, nicht jedoch für Schäden, die sich unmittelbar oder mittelbar aus einem verfassungswidrigen Gesetz ergeben[154].

76 Die das Sonderopfer begründende Rechtswidrigkeit der Belastung des Eigentümers durch den Eingriff in sein Eigentum wird nach der Rspr des BGH regelmäßig durch die Rechtswidrigkeit der Eingriffshandlung indiziert. Nach der bisherigen Rspr kann sie aber ausnahmsweise entfallen. Dies soll zum einen der Fall sein, wenn die Maßnahme nur formell-rechtlich rechtswidrig und der Eigentumseingriff materiell-rechtlich rechtmäßig ist[155]. Zum anderen sollen solche rechtswidrigen Staatshandlungen aus dem Begriff des enteignungsgleichen Eingriffs herausfallen, die schon ihrer Natur nach nicht im Interesse der Allgemeinheit[156], sondern im privaten Interesse liegen, für dessen Durchsetzung der Staat tätig wird. So werden rechtswidrige Maßnahmen der Zwangsvollstreckung[157] und auch die rechtswidrige Konkurseröffnung[158] nicht als enteignungsgleiche Eingriffe bewertet. Diese beiden Ausgrenzungen sind mit der Begründung des Anspruchs nicht mehr vereinbar und sollten aufgegeben werden[159].

Umstände zum Schaden geführt habe. Inzwischen (BGHZ 99, 249, 252 – zu § 39 Ib OBGNW) hat er allerdings der Kritik Rechnung getragen u sieht den einzelnen Ampelbefehl als Verwaltungsakt iS einer Allgemeinverfügung u damit als Maßnahme an, die den Schaden unmittelbar verursacht hat.

150 BGHZ 32, 208, 211 f.

151 *Michaelis* FS Larenz, 1973, 947 ff.

152 So *Papier* in: Rebmann/Rixecker/Säcker (Hrsg), Münchener Kommentar zum BGB, 4. Aufl 2004, § 839 Rn 29.

153 Vgl Rn 84 f.

154 Vgl Rn 70 f.

155 BGHZ 58, 124, 127 f (Veränderungssperre).

156 Dabei wird bzgl der Förderung des allg Wohls nicht Effektivität verlangt – das wäre bei rechtswidrigen Maßnahmen kaum denkbar – sondern bloß Intentionalität, *Krumbiegel* Der Sonderopferbegriff in der Rechtsprechung des Bundesgerichtshofes, 1975, 50.

157 BGHZ 30, 123, 125 f; es handelte sich um die Vollziehung eines Steuerarrests, den der BGH aber der Zwangsvollstreckung im privaten Interesse gleichstellte; ebenso BGH NVwZ 1998, 878 f zur Steuervollstreckung. Ausführlich *Raue*, Die Zwangsvollstreckung als Nagelprobe für den modernen Enteignungsbegriff, 2006.

158 BGH NJW 1959, 1085.

159 *Ossenbühl* (Fn 135) 22; *ders* (Fn 121) 491 f; *Schmitt-Kammler* NJW 1990, 2515, 2519.

3. Rechtsfolge: Entschädigung

a) *Grundsätzliches.* Rechtsfolge des enteignungsgleichen Eingriffs ist ein Anspruch auf Ausgleich des erlittenen Sonderopfers am Eigentum in Geld. Die Gerichte sprechen einen Ausgleich soweit zu, wie dem Bürger eine Eigentumsbeeinträchtigung als rechtswidriges Sonderopfer abverlangt wird. Der Anspruch ist nicht darauf gerichtet, den Eingriff ungeschehen zu machen, sondern darauf, das Sonderopfer auszugleichen; er beinhaltet deshalb keinen Ersatz iSv Naturalrestitution, sondern Entschädigung des Sonderopfers in Geld[160]. 77

b) *Entschädigung für Substanzverlust.* Basis der Entschädigung ist, soweit es an einem diese Frage regelnden Gesetz fehlt, der allgemeine Gedanke des Ausgleichs eines Sonderopfers, der zur vollen Entschädigung für den Substanzverlust führt. Die Bemessung der Entschädigungshöhe für das Sonderopfer ist am Verkehrswert der entzogenen Substanz auszurichten und nicht an der hypothetischen Vermögensentwicklung. Verlorene Chancen und Gewinnmöglichkeiten sowie weitere Folgeschäden werden grundsätzlich nicht ersetzt. 78

Allerdings wäre es verfehlt, die Begrenzung der Entschädigung auf die Formel „kein Ersatz für entgangenen Gewinn" zu bringen. Zum einen wird bei einem rechtswidrigen Eingriff in den eingerichteten und ausgeübten Gewerbebetrieb – den allerdings auch der BGH nur zurückhaltend annimmt[161] – regelmäßig der entgangene Gewinn ersetzt. Wird eine Verkaufsveranstaltung verboten[162], eine Werbemöglichkeit rechtswidrig beeinträchtigt[163] oder die Vermietung eines vorhandenen Gegenstandes verhindert[164], wird Entschädigung gezahlt, obwohl in allen genannten Fällen entgangener Gewinn in Frage steht. Die Möglichkeit, vorhandene Eigentumsgegenstände zu nutzen, ist durch Art 14 GG geschützt. Die Nutzungsmöglichkeit ist ein gegenwärtiger konkreter Wert, der sich bei einem etwaigen Verkauf im Verkaufspreis, bei einer Vermietung im Mietpreis niederschlägt. Ihr Entzug ist ein Eingriff in das Objekt[165], also in die Substanz. Dagegen sind Gewinne, die aus erst zu schaffenden Anlagen, aus einer künftigen Geschäftserweiterung[166] oder einem erst noch zu errichtenden Betrieb gezogen werden könnten[167], nicht zu berücksichtigen. 79

Zum anderen wird bei Eingriffen in Grundeigentum Ausgleich für Nutzungsausfall in Form einer Bodenrente gewährt. Zwar wird der Ausfall der normalen Mieterträge aus einem noch zu errichtenden Gebäude dem Eigentümer des Grundstücks nicht ersetzt, da es sich lediglich um eine Gewinnmöglichkeit bzw -chance handelt; aber der Eigentümer erhält Entschädigung dafür, dass er sein Grundstück nicht nutzen konnte, und zwar in Höhe der Bodenrente[168]. Allerdings kann ihn eine eventuelle Erhöhung der 80

160 Dagegen für Schadensersatz *Ehlers* (Fn 123) 245 f.

161 BGHZ 111, 349, 355 ff.

162 BGHZ 32, 208, 213; zur Berechnung bei vorübergehenden u dauernden Eingriffen BGH BauR 1972, 364, 366.

163 BGH NJW 1960, 1995.

164 BGH NJW 1965, 1912, 1913.

165 BGHZ 30, 338, 351 f; 91, 20, 30 f; Entschädigung für den Ertragsausfall ist nur vereinfachte Berechnung, BGHZ 57, 359, 368; BGH JZ 1994, 1116, 1118 f.

166 BGHZ 34, 188, 191.

167 BGH NJW 1962, 2347 f; BGHZ 134, 316, 324.

168 So auch BGHZ 170, 260, 273, der die Ersatzfähigkeit von Kreditzinsen bei der Verzögerung einer Baugenehmigung verneinte. Zur Berechnung im Einzelnen BGHZ 30, 338, 352f; zur Vorteilsausgleichung BGH NJW 1989, 2117.

Baukosten infolge der Verzögerung des Baus treffen, für die er eine Entschädigung nicht verlangen kann.

81 c) *Vorteilsausgleichung und Mitverschulden.* Weiter sind die Prinzipien der Vorteilsausgleichung sowie des Mitverschuldens bei der Bestimmung der Anspruchshöhe zu berücksichtigen. Der Geschädigte muss sich ein Mitverschulden wie bei jeder anderen Haftungsnorm anrechnen lassen[169]. Schließlich können besondere Regelungen eine Haftung nach den Grundsätzen des enteignungsgleichen Eingriffs ausschließen. So können richterliche Urteile grundsätzlich – abgesehen vom Fall der Rechtsbeugung – keine Haftung auslösen, da dem die Bestimmung über das Spruchrichterprivileg gem § 839 II BGB analog entgegensteht[170].

82 d) *Berechtiger und Verpflichteter.* Anspruchsberechtigter ist der Eigentümer. Entschädigungspflichtig ist wie bei der Enteignung grundsätzlich der Begünstigte. Allerdings ist möglicher Anspruchsgegner beim rechtswidrigen enteignungsgleichen Eingriff immer nur die öffentliche Hand, nicht ein Privater, der aus dem Eingriff Vorteile gezogen hat. Zur Leistung verpflichtet ist grundsätzlich der durch den Eingriff unmittelbar begünstigte Hoheitsträger. Begünstigt ist sowohl der Hoheitsträger, dessen Aufgaben wahrgenommen wurden, als auch der Hoheitsträger, dem die Vorteile des Eingriffs zugeflossen sind[171]; gegebenenfalls sind sie Gesamtschuldner. Allerdings entstehen beim enteignungsgleichen Eingriff seltener Vorteile im Sinn des Enteignungsrechts. Mangels eines konkreten Vorteils tritt deshalb regelmäßig an die Stelle des Begünstigten derjenige Verwaltungsträger, dessen Aufgaben erfüllt wurden, dh in der Regel der, der eingegriffen hat[172].

83 e) *Verjährung und Rechtsweg.* Zur Verjährung des Anspruchs aus enteignungsgleichem Eingriff nach der Schuldrechtsreform hat der BGH ausdrücklich Stellung bezogen und ihn ebenfalls der dreijährigen Regelverjährungsfrist des §§ 195, 199 BGB unterworfen[173]. Für Ansprüche aus enteignungsgleichem Eingriff sind nach § 40 II 1, 1. Alt VwGO die Zivilgerichte zuständig[174].

4. Vorrang des Primärrechtsschutzes und Mitverschulden

84 Die Deutlichkeit, mit der das BVerfG im Bereich des Eigentumsschutzes auf den Vorrang des primären Rechtsschutzes (Abwehr durch Klage vor dem Verwaltungsgericht) hinweist[175], hätte dazu führen können, eingreifende Verwaltungsakte, die der Bürger nicht angefochten hat, als rechtmäßig zu behandeln und deshalb einen Anspruch wegen enteignungsgleichen Eingriffs zu verneinen. Dies lehnt der BGH jedoch ab und hält sich nur an rechtskräftige (verwaltungsgerichtliche) Urteile für gebunden, welche die Rechtmäßigkeit eines Verwaltungsakts bestätigt haben[176]. Die Versäumung eines Rechtsmit-

[169] BGHZ 56, 57, 64 ff, allerdings auf § 254 II BGB beschränkt. Ebenso schon vorher zur Aufopferung BGHZ 45, 290, 294 ff; 91, 243, 258 ff.

[170] BGHZ 50, 14, 19 ff zur Aufopferung; die Argumente gelten aber auch für den enteignungsgleichen Eingriff.

[171] BGHZ 76, 387, 396; 87, 66, 80; BGH JZ 1997, 557 ff.

[172] Dazu BGHZ 40, 49, 52 mwN; bestätigt durch BGHZ 60, 126, 143 ff; BGH NJW 1976, 1840, 1841 f; BGHZ 90, 17, 20 f; 91, 243, 253 f.

[173] NVwZ 2007, 362, 364; BGHZ 170, 260, 275. Zu den Ansichten in der Lit vgl oben Fn 87.

[174] BGHZ 90, 17, 31.

[175] BVerfGE 58, 300, 324.

[176] BGHZ 86, 226, 232 f; 95, 28, 35 f.

tels wird stattdessen als Mitverschulden im Sinne des § 254 BGB gewertet[177]. Es gibt danach zwar kein Wahlrecht des Bürgers, den Eingriff entweder abzuwehren oder Entschädigung zu verlangen. Die Versäumung eines Rechtsmittels schließt aber den Entschädigungsanspruch nicht unbedingt aus, sondern berücksichtigt die Zumutbarkeit des primären Rechtschutzes und seiner Risiken auf Seiten des Bürgers. Diese Lösung kommt dem betroffenen Eigentümer entgegen, denn oft ist zweifelhaft, ob eine Abwehrklage Aussicht auf Erfolg hat, so dass der Bürger bei unbedingtem Verlangen einer vorherigen Anfechtung des Eingriffsakts in unnötige Prozesse getrieben werden könnte[178].

Nach diesen Grundsätzen kann für den rechtswidrigen Eigentumsverlust eine Entschädigung aus enteignungsgleichem Eingriff nur soweit verlangt werden, als die Verletzung des Eigentums nicht im Wege des Rechtsschutzes gegen den Verletzungsakt selbst in zumutbarer Weise geltend gemacht werden konnte[179]. Der Entschädigungsanspruch wird aber nur soweit reduziert, als entsprechender Rechtsschutz möglich und zumutbar war. War ein den Eingriff verhindernder Rechtsschutz entweder überhaupt nicht oder nicht rechtzeitig möglich, weil zB der Eingriff durch ein plötzliches, nicht vorhersehbares Verhalten erfolgte[180] oder die Nachteile bereits während eines erforderlichen Verwaltungs- und Widerspruchsverfahrens entstanden sind[181], oder war der Rechtsschutz nicht zumutbar, weil zB die Erfolgsaussichten zum Entscheidungszeitpunkt gering und die Kostenrisiken hoch waren[182], wird der Anspruch nicht nach § 254 BGB analog ausgeschlossen. **85**

V. Enteignender Eingriff

1. Grundlagen

Der Anspruch aus enteignendem Eingriff beruht wie der Anspruch aus enteignungsgleichem Eingriff auf der Eigentumsgarantie des Art 14 GG und dem Sonderopfergedanken, betrifft aber rechtmäßige Eingriffe. Zur näheren Begründung greift der BGH auf den allgemeinen Aufopferungsgrundsatz zurück. Das anspruchsbegründende Sonderopfer besteht dabei in einer enteignungsrechtlich unzumutbaren Beeinträchtigung des Eigentums. Auch bei rechtmäßigen Eingriffen ist ein Anspruch auf Entschädigung für solche Eingriffsfolgen möglich, die die Schwelle des enteignungsrechtlich Zumutbaren überschreiten. Danach ist der Anspruch aus enteignendem Eingriff ein Entschädigungsanspruch wegen unzumutbarer Nebenfolgen rechtmäßiger bzw zu duldender Eigentumsbeeinträchtigungen: Soweit der Eigentümer durch einen rechtmäßigen Eingriff unmittelbar in seinem Eigentum iSv Art 14 GG unzumutbar beeinträchtigt wird, kann ihm ein Anspruch aus enteignendem Eingriff auf Entschädigung für die unzumutbare Eigentumsbeeinträchtigung zustehen. **86**

177 So BGHZ 92, 34, 50 f; zu diesen Problemen *Kreft* FS Geiger, 1989, 406 ff; *Scherzberg* DVBl 1991, 91 ff; *Papier* in: Isensee/Kirchhof VI, § 157 Rn 63 ist für die analoge Anwendung des § 839 III BGB. Ebenso *Ehlers* (Fn 123) 245, der zudem eine einengende Handhabung des § 839 III BGB fordert.

178 Vgl etwa BGHZ 91, 20, 24.

179 BGHZ 90, 17, 31 ff; 91, 20, 24; 92, 34, 50; 110, 12, 14 ff.

180 Vgl BGHZ 99, 249 ff.

181 BGH NJW 1984, 1172, 1173.

182 BGHZ 92, 34, 50.

2. Tatbestand

87 a) *Überblick*. Die Anspruchsvoraussetzungen entsprechen weitgehend denen des Anspruchs aus enteignungsgleichem Eingriff. Voraussetzung des Anspruchs aus enteignendem Eingriff ist, dass durch rechtmäßige staatliche Eingriffe Eigentum iSv Art 14 GG unmittelbar beeinträchtigt wird.

88 b) *Eingriff in Eigentum*. Eingriffe können sowohl Rechtsakte als auch Realakte sein. Ein Unterlassen genügt aber grds nicht, um einen Anspruch aus enteignendem Eingriff begründen zu können.

89 c) *Unmittelbarkeit*. Weiter muss die durch das staatliche Verhalten verursachte Eigentumsbeeinträchtigung unmittelbar sein. Unmittelbarkeit setzt voraus, dass die eigentumsschädigende Auswirkung des Eingriffs für die konkrete Betätigung der Hoheitsgewalt typisch ist und aus der Eigenart der Maßnahme folgt[183]. Dagegen soll der Staat nicht für Risiken haften, die im Verhältnis zum Bürger außerhalb der staatlichen Einfluss- und Verantwortungssphäre liegen[184]. Eine Entschädigung wird deshalb nicht gewährt, wenn sich als Folge rechtmäßigen staatlichen Handelns, das den Betroffenen keiner rechtswidrigen Gefährdung aussetzte, das allgemeine Lebensrisiko realisiert hat[185]. Der Hoheitsträger kann sich daher auch auf höhere Gewalt berufen[186].

90 d) *Unzumutbarkeit*. Die Beeinträchtigung des Eigentums muss nach der Rspr des BGH die Schwelle des enteignungsrechtlich Zumutbaren überschreiten. Diese Anspruchsbegründung aus dem Sonderopfer knüpft an die inhaltliche Schwere der Eigentumsbeeinträchtigung an. Zur Ausfüllung und genaueren Bestimmung der Schwelle werden in der Rspr je nach Sachgebiet das Sonderopfer im Sinne von §§ 74, 75 Einl PrALR, eine Anlehnung an § 906 II 2 BGB, der Grundsatz der Lastengleichheit sowie die Zumutbarkeitsgrenzen im Sinne der Verhältnismäßigkeit angeführt. Im Rahmen der Zumutbarkeitserwägungen ist auch zu berücksichtigen, ob sich der Eigentümer sehenden Auges in den Bereich der unmittelbaren Auswirkungen auf sein Eigentum begeben hat, so dass nicht von der Abverlangung eines Sonderopfers gesprochen werden kann[187].

3. Rechtsfolge: Entschädigung

91 Das Sonderopfer wird auch zur näheren Bestimmung des Anspruchsinhalts verwendet. Rechtsfolge eines enteignenden Eingriffs ist ein Anspruch auf Ausgleich des Sonderopfers, also der unzumutbaren Eigentumsbeeinträchtigung. Der Ausgleich erfolgt in Geld. Der Anspruch gewährt dabei keinen umfassenden Schadensersatz, sondern orientiert sich am Wert der dem Betroffenen entzogenen Eigentumssubstanz. Der Verlust von Chancen auf künftige Entwicklungen, wie zB ein möglicher Gewinn, wird grundsätzlich nicht ausgeglichen. Anspruchsberechtigter ist der Eigentümer. Zur Leistung der Entschädigung an den Eigentümer ist der durch den Eingriff unmittelbar begünstigte Hoheitsträger verpflichtet. Begünstigt ist sowohl der Hoheitsträger, dessen Aufgaben wahrgenommen worden sind, als auch der Hoheitsträger, dem die Vorteile des Eingriffs zugeflossen sind; gegebenenfalls sind sie Gesamtschuldner. Zur Frage, welche Verjäh-

183 BGH NJW 1980, 770 f.
184 BGHZ 100, 335, 337 ff.
185 So die Argumentation in BGHZ 46, 327, 331.
186 BGHZ 166, 37, 41 f.
187 Konstellation nach BGHZ 129, 124, 127 ff.

rungsfristen nach der Schuldrechtsreform für den Anspruch aus enteignendem Eingriff gelten, vergleiche die Ausführungen bei der Enteignung[188]. Für Ansprüche aus enteignendem Eingriff sind nach § 40 II 1, 1. Alt VwGO die Zivilgerichte zuständig[189].

4. Mitverschulden und Vorrang des Rechtsschutzes gegen Rechtsverletzungen

Eine Mitverantwortlichkeit des Geschädigten bei der Entstehung des Anspruchs ist in analoger Anwendung von § 254 BGB anspruchsmindernd oder -ausschließend zu berücksichtigen. Neben allgemeinen Konstellationen der Mitverantwortung ist hier im Ergebnis auch das Verhältnis zu den verfassungsrechtlichen Anforderungen an intensiv belastende Eigentumseingriffe zu bewältigen. Die Haftung aus enteignendem Eingriff erfasst nur rechtmäßige Eingriffe in dem Sinne, dass der Betroffene sich gegen den Eingriffsakt nicht wehren kann und ihn deshalb zu dulden hat. Mit der Duldungspflicht werden die Rechtsschutzmöglichkeiten gegen den Eingriffsakt und damit wiederum die verschiedenen gesetzlichen Inhalts- und Schrankenbestimmungen berücksichtigt: Wieweit Duldungspflichten bestehen, hängt zunächst von der einfachgesetzlichen Rechtslage ab, die rechtmäßige Beschränkungen des Eigentums enthalten kann. **92**

Allerdings sind dem einfachen Gesetzgeber nach der Rspr des BVerfG zu ausgleichspflichtigen Inhalts- und Schrankenbestimmungen enge Grenzen gesetzt: Soweit erkennbar ist, dass im Einzelfall unzumutbare Eingriffsfolgen auftreten können, ist der Gesetzgeber verfassungsrechtlich verpflichtet, den verfassungsrechtlich gebotenen Ausgleich in einem formellen Gesetz zu regeln. Die Duldungspflicht gegenüber rechtmäßigen Eingriffen reflektiert damit die Abgrenzung zu den ausgleichspflichtigen Inhalts- und Schrankenbestimmungen: Soweit durch den Eingriff verursachte unzumutbare Beeinträchtigungen des Eigentums vorhersehbar sind, ist der Gesetzgeber verfassungsrechtlich verpflichtet, dafür einen angemessenen Schutz sowie Ausgleich anzuordnen. Hat er dies nicht getan, ist das zum Eingriff ermächtigende parlamentarische Gesetz als Eingriffsgrundlage verfassungswidrig. **93**

In diesen Konstellationen kann der Eigentümer nicht den Eingriff dulden und den unzumutbaren Nachteil im Wege des richterrechtlichen Anspruchs aus enteignendem Eingriff liquidieren, sondern muss den mangels hinreichender Rechtsgrundlage rechtswidrigen Eingriff angreifen. Denn bei Inhalts- und Schrankenbestimmungen ist nach Ansicht des BVerfG der verfassungsrechtlich gebotene Ausgleich für im Ausnahmefall auftretende unzumutbare und gleichheitswidrige Belastungen dem Gesetzgeber vorbehalten, der den Ausgleich für ausgleichspflichtigen Inhalts- und Schrankenbestimmungen selbst im Parlamentsgesetz regeln muss. Das dem Eingriff zugrunde liegende Gesetz ist gegebenenfalls im gerichtlichen Verfahren nach Art 100 GG dem BVerfG zur Verwerfung vorzulegen. **94**

Der enteignende Eingriff, den der BGH entwickelt hatte, um denjenigen Eigentümern eine Entschädigung zuzusprechen, welchen durch einen rechtmäßigen Eingriff jenseits einer formalen Enteignung ein Sonderopfer auferlegt worden war, passt deshalb nicht zur neueren Eigentumsdogmatik. Die meisten Fälle, in denen der BGH unter dem Stichwort des enteignenden Eingriffs Entschädigung zusprach, gehören heute in die Kategorie der ausgleichspflichtigen Inhalts- und Schrankenbestimmung. Ein Eingriff, der ein **95**

[188] Vgl Rn 35.
[189] BGHZ 91, 20, 28.

nicht zumutbares Sonderopfer auferlegt, ohne dass ein Ausgleich vorgesehen ist, ist rechtswidrig, da er den Eigentümer übermäßig und damit unverhältnismäßig belastet. Der Gesetzgeber muss in solchen Konstellationen die unzumutbare Belastung grundsätzlich vermeiden und darf nur ausnahmsweise den Eingriff durch finanziellen Ausgleich verfassungsgemäß gestalten: als ausgleichspflichtige Inhalts- und Schrankenbestimmung, bei der er den Ausgleich selbst zu regeln hat. Kommt der Gesetzgeber seinen Regelungspflichten nicht nach, ist der Eingriff rechtswidrig, und muss der Eingriff in das Eigentum auf Klage vom Verwaltungsgericht oder wenn unmittelbar durch Gesetz verfügt auf Verfassungsbeschwerde hin aufgehoben werden. Der betroffene Eigentümer, dem im Grunde ein Anspruch aus enteignungsgleichem Eingriff zusteht, ist aus Gründen des Mitverschuldens gehalten, den zumutbaren Rechtsschutz gegen den Eingriff wahrzunehmen. Allein für die trotz zumutbaren Primärrechtsschutzes entstandenen Eigentumsbeeinträchtigungen oder in Fällen unzumutbaren Primärrechtsschutzes wird der Eigentümer für seine Eigentumsverluste durch einen Anspruch aus enteignungsgleichem Eingriff entschädigt.

96 Der BGH hat dennoch am enteignenden Eingriff festgehalten. Er hat die in der Rspr des BVerfG herausgebildete Figur der ausgleichspflichtigen Inhaltsbestimmung zwar grundsätzlich anerkannt. In seiner bisherigen Entscheidungspraxis tendiert der BGH aber dazu, die Regelungspflicht des Gesetzgebers und damit den Vorrang des Rechtsschutzes gegen den Eingriffsakt zurückhaltend zu bestimmen. Er wendet den Anspruch aus enteignungsgleichem Eingriff weiterhin in Fällen an, in denen nach seiner Ansicht die Schutzbedürftigkeit des Eigentümers gegenüber schweren und unzumutbaren Belastungen eine Entschädigung auch ohne parlamentsgesetzliche Grundlage gebiete[190]. In diesen Konstellationen wird der Eigentümer für das erlittene Sonderopfer vom BGH weiterhin durch den richterrechtlich geschaffenen Anspruch aus enteignendem Eingriff finanziell entschädigt.

97 Zum einen sind dies Fälle, in denen der BGH den bundesverfassungsgerichtlichen Anforderungen an die Regelungspflicht des Gesetzgebers zwar abstrakt entspricht, in der Anwendung der Anforderungen auf den Fall aber einen deutlich großzügigeren Maßstab zugrundegelegt, als dies in der neueren Rspr des BVerfG der Fall ist, und deshalb zu dem Ergebnis kommt, dass die das Sonderopfer ausmachenden unzumutbaren Belastungen sich einer gesetzlichen Regelung entziehen. So sollen nach Ansicht des BGH von einer Kläranlage ausgehende Geruchsbelästigungen ein Sonderopfer sein, das sich aufgrund seiner Atypizität und fehlenden Vorhersehbarkeit einer Regelung durch den Gesetzgeber entziehe[191].

98 Zum anderen sollen nach Ansicht des BGH gesetzliche Regelungen einen Anspruch aus enteignendem Eingriff auslösen können, falls das Gesetz keiner administrativen Umsetzung bedarf, Entschädigungsansprüche nicht ausschließt und durch Zulassung des Anspruchs aus enteignendem Eingriff nur überschaubare, einzelne Eigentümer betreffende Sonderopfer entschädigt werden. So kann nach Ansicht des BGH der Eigentümer eines Wohnhauses, das in der Nähe eines Militärflughafens liegt und deshalb unzumutbaren Fluglärmbelastungen ausgesetzt ist, einen Anspruch aus enteignendem Eingriff haben, falls der Flughafen zwar rechtmäßig, aber ohne Planfeststellungsbeschluss unmittelbar auf gesetzlicher Grundlage errichtet worden ist[192]. In jüngerer Zeit scheint allerdings eine gewisse Zurückhaltung zu greifen[193].

[190] BGHZ 91, 20, 26 ff.
[191] BGHZ 91, 20, 26 f.
[192] BGHZ 122, 76, 77; 129, 124, 126.
[193] BGH NJW 2005, 1363.

Ob diese Entscheidungspraxis des BGH auch angesichts der in der jüngeren Rspr des BVerfG erheblich verschärften verfassungsrechtlichen Regelungspflicht des Gesetzgebers für ausgleichspflichtige Inhalts- und Schrankenbestimmungen[194] Bestand haben wird, ist zu bezweifeln. In der Konsequenz der bundesverfassungsgerichtlichen Ansicht ist ein Ausgleich für vorhersehbare Eigentumssonderopfer stets vom Gesetzgeber zu regeln. Dabei legt das BVerfG in Hinsicht auf die Vorhersehbarkeit einen deutlich strengeren Maßstab an, als dies der BGH in seiner bisherigen Rspr getan hat. Bei Anwendung der bundesverfassungsgerichtlichen Kriterien dürfte der Anspruch aus enteignendem Eingriff deshalb nur noch einen kleinen Anwendungsbereich haben und allein die Konstellation erfassen, dass infolge rechtmäßiger Eingriffe Eigentumssonderopfer eintreten, die so atypisch und unvorhersehbar sind, dass sie sich nach dem bundesverfassungsrechtlichen Maßstab einer hinreichend bestimmten gesetzlichen Regelung entziehen. Solche Nachteile, die der Betroffene nicht abwehren kann, wird es regelmäßig nur bei atypischen und unvorhersehbaren und deshalb nicht regelbaren Zufallsfolgen hoheitlicher Maßnahmen geben. Nur insoweit[195] kann der Anspruch aus enteignendem Eingriff beibehalten werden[196]. 99

VI. Aufopferung

1. Tatbestand

a) *Geschützte Rechtsgüter.* Entsprechend der Entschädigung wegen enteignungsgleichen und enteignenden Eingriffs wird von den Gerichten eine Entschädigung wegen Aufopferung gewährt, wenn durch einen Hoheitsakt in die von Art 2 II GG geschützten Rechtsgüter eingegriffen und dadurch dem Betroffenen ein besonderes Opfer zugunsten der Allgemeinheit auferlegt wird. 100

Ob und inwieweit außer den genannten Rechtsgütern noch weitere grundrechtliche Schutzgüter in den Bereich der Aufopferung einbezogen werden können, ist zweifelhaft. In der Diskussion ist vor allem eine Erweiterung auf das allgemeine Persönlichkeitsrecht, das die Ehre des Menschen umfasst. Wenn eine Verletzung des Persönlichkeitsrechts Schadensersatzansprüche auslösen kann, wäre es konsequent, zumindest dieses Recht auch als Schutzgut der Aufopferung zu betrachten[197]. Große Bedeutung dürfte diese Erweiterung jedoch kaum erlangen, da es sich bei den Ansprüchen wegen Verletzung des allgemeinen Persönlichkeitsrechts zumeist um Schmerzensgeldansprüche handelt, die bei der Aufopferung ohnehin nicht berücksichtigt werden. Noch weiter gehen Forderungen, die andere grundrechtlich geschützte Positionen einbeziehen wollen und so auch bei Eingriffen in die Berufsfreiheit zur Aufopferungsentschädigung kommen. Die rechtswidrige Untersagung einer beruflichen Betätigung, zB der Eröffnung eines Gewerbebetriebes, wäre dann ein Entschädigung auslösender Eingriff in die Berufsfreiheit[198]. Die damit aufgeworfene Frage nach der Weiterentwicklung der bisher in der 101

[194] BVerfGE 100, 226 ff. Vgl Rn 42 ff.

[195] Weitergehend *Sass* Art 14 GG und das Entschädigungserfordernis, 1992, 367 ff.

[196] *Bender* JZ 1986, 888 f möchte den enteignenden Eingriff auf diese Fälle der Zufallschäden beschränken. Zur Haftung für Zufallsschäden eingehend *Haack* VerwArch 96 (2005), 70 ff.

[197] In diesem Sinne *Dürig* in: Maunz/Dürig, GG (bis 2001), Art 2 I Rn 27; ebenso *Papier* in: Maunz/Dürig, GG, Art 14 Rn 53; unentschieden BGHZ 50, 14, 18 f.

[198] In diesem Sinne *Battis* Erwerbsschutz durch Aufopferungsentschädigung, 1969, 98 ff mwN; *Löwer* Staatshaftung für unterlassenes Verwaltungshandeln, 1979, 418 ff; *Scheuing* FS Bachof,

Rspr anerkannten Haftungsinstitute zu einer grundsätzlich umfassenden Grundrechtsverletzungshaftung wird im Rahmen des Folgenbeseitigungsanspruchs eingehend behandelt[199]; die Rspr hat sich zu einer solchen Fortentwicklung bisher nicht durchringen können.

102 b) *Sonderopfer*. Rechtmäßigkeit und Rechtswidrigkeit spielen bei der Aufopferung nicht dieselbe Rolle wie bei der Enteignung. Der rechtmäßige entschädigungspflichtige Eingriff in Leben oder Gesundheit ist kaum denkbar, da der Staat – abgesehen von den Fällen des rechtmäßigen Vorgehens gegen Rechtsbrecher – nur selten das Recht haben dürfte, Leben oder Gesundheit seiner Bürger zu zerstören oder ernsthaft zu beeinträchtigen[200]. Als Fälle rechtmäßiger Aufopferung verbleiben nur diejenigen, in denen der Bürger durch hoheitliche Maßnahmen rechtmäßig einer besonderen Gefahr ausgesetzt wird, die sich in einzelnen Fällen realisiert und dadurch dem Betroffenen ein besonderes Opfer auferlegt[201]. Das trifft zB auf Impfschäden zu, die der BGH deshalb als Aufopferungsschäden anerkannt hat[202].

103 Im Übrigen ist die Aufopferung dem enteignungsgleichen bzw dem enteignenden Eingriff vergleichbar. Es handelt sich also entweder um rechtswidrige Eingriffe[203] oder um rechtswidrige Zufallsfolgen rechtmäßiger Eingriffe[204], für welche der Staat einzustehen hat. Immer wieder auftretende Beispiele bietet das Polizeirecht: Verletzt ein Polizist einen Passanten durch einen Fehlschuss, also durch rechtswidriges Handeln, so ist ebenso Entschädigung zu leisten wie für rechtmäßiges Handeln, das infolge eines technischen Fehlers zu einem Schaden führt[205] – der berühmte Querschläger. Wie bei der Enteignung kann aus der Gesetzwidrigkeit des staatlichen Handelns auf das Sonderopfer geschlossen werden[206]. Bei sonstigen Eingriffen muss dagegen das Sonderopfer besonders begründet werden. Die Beeinträchtigung des Betroffenen muss über das hinausgehen, was allen – uU allen aus einer Gruppe – zugemutet wurde[207].

104 Aus diesen Gründen sind normale Impfreaktionen entschädigungslos hinzunehmen[208]. Der BGH war auch der Ansicht, dass Tod und schwere Gesundheitsschädigung zu den entschädigungslos in Kauf zu nehmenden Folgen des Wehrdienstes gehörten,

1984, 362; *Ehlers* (Fn 123) 243 f; *Schenke* NJW 1991, 1777, 1779 f; *Maurer* Allg VwR, § 28 Rn 3; vorsichtige Öffnung befürwortend *Ossenbühl* (Fn 121) 496; *ders* StHR, 244 ff; *Sproll* (Fn 56) § 16 Rn 62; *Kluth* (Fn 83) § 72 Rn 78; abl BGHZ 111, 349, 355 ff mit klarer Unterscheidung des Schutzes nach Art 12 u Art 14 GG; desgl eine Haftung wg Verlusts von Erwerbschancen abl BGH NJW 1994, 1468 u 2229; BVerfG NVwZ 1998, 271, 272.

199 Vgl Rn 118 ff.

200 *Schmitt-Kammler* JuS 1995, 473, 474 hält diesen entspr der Enteignung umrissenen Tatbestand der Aufopferung für sehr eng.

201 *Ossenbühl* JuS 1970, 276, 277, 281, der mit Recht darauf hinweist, dass nur sehr selten der Zwang selbst die Sonderopferlage begründe.

202 BGHZ 9, 83, 91; vgl dazu jetzt §§ 60 ff InfektionsschutzG.

203 Zu dieser Unrechtshaftung, jedoch mit Kritik der Ableitung aus der Aufopferung *Schmitt-Kammler* (Fn 200) 476 ff.

204 *Schmitt-Kammler* JuS 1995, 473, 475 spricht von Unfallhaftung.

205 Die Fälle sind vielfach im Polizeirecht besonders geregelt → § 46 Rn 2 f.

206 Vgl jedoch BGHZ 65, 196, 206 ff: Kein Sonderopfer des Wehruntauglichen, der zum Wehrdienst einberufen wird u dadurch Zeit verliert, da das Mehr an Freiheit nicht Zweck seiner Verschonung ist. Vgl auch BGHZ 66, 118, 122.

207 BGHZ 36, 379, 391; der BGH war allerdings einer dezidierten Stellungnahme enthoben. Grds hierzu *Krumbiegel* (Fn 156) 27 f.

208 Vgl dazu auch die früheren Fassungen des ehemaligen § 2 BSeuchG, der auf der Rspr des BGH beruhte.

denn er verneinte Aufopferungsansprüche der Kriegsopfer mit dem Argument, die Wehrdienstgesetze verlangten ganz allgemein von allen dazu tauglichen Männern, im Krieg Wehrdienst zu leisten und die damit verbundenen Nachteile und Gefahren auf sich zu nehmen[209]. Er verkannte dabei aber, dass, wie bei der Impfung, nur die Gefährdung, nicht die Folgen für die Betroffenen gleich sind[210].

c) *Unmittelbarer Eingriff.* Kein dem Staat unmittelbar zuzurechnendes Sonderopfer **105** ist dort anzunehmen, wo sich nur das allgemeine Lebensrisiko realisiert hat, wenn auch zufällig im staatlichen Bereich. Mit dieser Begründung lehnte der BGH eine Aufopferungsentschädigung wegen eines Turnunfalls in der Schule ab, der trotz Beachtung aller Sorgfalt vorgekommen war[211]. Überhaupt muss das Risiko, das zu der Beschädigung geführt hat, dem Staat zugerechnet werden können; ist das nicht der Fall, scheidet eine Aufopferungshaftung des Staates aus[212].

Zur Begrenzung der Aufopferung kann ansonsten im Prinzip auf das verwiesen wer- **106** den, was zur Haftung aus enteignungsgleichem und enteignendem Eingriff ausgeführt wurde. Eine Aufopferung durch Unterlassen scheidet regelmäßig aus. Die Unmittelbarkeit wird ebenso wie beim enteignungsgleichen Eingriff gefordert[213]. Dabei war der BGH in der Frage der Zurechnung zum Staat wegen Zwangs großzügig. Zwar lösen freiwillige Opfer keine Ansprüche aus, es genügt jedoch das psychologische Abfordern, etwa durch eine allgemeine Empfehlung einer Impfung[214]. Auch wird die Entschädigung nicht verweigert, wenn ein Kranker einer gesetzlichen Pflicht zur ärztlichen Behandlung freiwillig nachgekommen ist[215]. Weiter muss der Eingriff wenigstens seiner Intention nach auch dem Wohl der Allgemeinheit dienen[216]. Akte der Rspr können dagegen grundsätzlich keine Ansprüche auslösen[217].

d) *Konkurrenzen.* Eine wesentliche Beschränkung des Aufopferungsanspruchs er- **107** gibt sich daraus, dass eine Konkurrenz mit dem Amtshaftungsanspruch zwar möglich ist, aber spezielle Ansprüche gegen die öffentliche Hand, die auf dem Aufopferungsgedanken beruhen oder einen Schadensausgleich anstreben, den allgemeinen Aufopferungsanspruch ausschließen[218]. Der Gesetzgeber kann, selbst wenn der Aufopferung im Kern Verfassungsrang zugebilligt wird, Art und Ausmaß der Entschädigung weitgehend nach seinen Vorstellungen regeln[219].

Die §§ 60 ff InfektionsschutzG schließen demnach für Impfschäden den allgemeinen **108** Aufopferungsanspruch aus. Die Aufopferung hat für Impfschäden somit de lege lata

209 BGHZ 20, 61, 64. Anders, Aufopferung bejahend *Rohwer-Kahlmann* FS Bogs, 1959, 303 ff; *Berg* FS Bogs, 1967, 19 ff.

210 BGH NJW 1980, 770 f lässt (für den enteignenden Eingriff) eine besondere von der Verwaltung geschaffene Gefahrenlage genügen.

211 BGHZ 46, 327, 331. Aufgrund der Entscheidung wurde die Nr 14 in § 539 I RVO eingefügt (jetzt § 2 I Nr 8 SGB VII).

212 BGHZ 17, 172, 174 ff; differenzierter BGHZ 60, 302, 303 ff.

213 *Bender* StHR, 2. Aufl 1974, Rn 120 f. Im Ampelfall, BGHZ 54, 332, wäre also auch für eine Körperverletzung die Entschädigung versagt worden. Vgl jedoch die Formulierung des BGH in NJW 1971, 1881, 1883, wonach das Opfer nicht unmittelbar durch den Eingriff bewirkt sein müsse.

214 BGHZ 24, 45, 46 f; 31, 187, 191 f.

215 BGHZ 25, 238, 242.

216 BGHZ 36, 379, 388; *Ossenbühl* (Fn 9) 136.

217 BGHZ 36, 379, 383 f; 50, 14, 19 ff; dazu krit *Konow* JR 1969, 6 ff.

218 *Papier* (Fn 152) § 839 Rn 59 f.

219 *Bender* (Fn 213) Rn 756 ff; s auch BVerfGE 31, 212, 221.

keine praktische Bedeutung mehr. Besondere Ausprägungen des Aufopferungsgedankens enthalten auch die Entschädigungsvorschriften des Polizeirechts, soweit sie sich auf Personenschäden beziehen[220], und die Regelungen über die Entschädigung wegen unschuldig erlittener Haft[221]. Allerdings entstehen Aufopferungsansprüche nicht, soweit der Schaden durch die Sozialversicherung abgedeckt wird, da der Geschädigte seinen Schaden damit bereits auf die Allgemeinheit abwälzen kann. Es gilt somit nicht die allgemeine Regel, nach welcher der Anspruch gemäß § 116 SGB X auf die leistende Versicherung übergeht; vielmehr entsteht der Aufopferungsanspruch überhaupt nicht[222].

2. Rechtsfolge: Entschädigung

109 Ist der Anspruch dem Tatbestand nach begründet, kann der Betroffene eine Entschädigung in Geld verlangen, nicht aber vollen Ersatz seines Schadens[223]. Grundsätzlich ist angemessener Ausgleich des durch den Eingriff verursachten Vermögensschadens geboten; ein Schmerzensgeld ist ausgeschlossen[224]. Fällt dem Betroffen ein Mitverschulden zur Last, so kann sich dies gemäß § 254 BGB analog haftungsmindernd auswirken. § 844 BGB ist anzuwenden[225]. Da die Berechnung des angemessenen Ausgleichs bei Körperschäden erhebliche Schwierigkeiten bereitet, neigt der BGH dazu, die Kriegsopferversorgung zum Maßstab der Entschädigung zu nehmen. Der Gesetzgeber hat sich dem bei der Neuregelung des Impfschädenrechts angeschlossen[226].

110 Zur Entschädigung verpflichtet ist grundsätzlich der begünstigte Verwaltungsträger. Regelmäßig ist jedoch bei Gesundheitsschädigungen kein Begünstigter vorhanden, so dass derjenige Verwaltungsträger Entschädigung leisten muss, dessen Aufgaben erfüllt wurden[227]. Soweit mehrere Hoheitsträger begünstigt wurden, kommt eine gesamtschuldnerische Haftung in Betracht[228]. Der Aufopferungsanspruch verjährte der Rspr zufolge, die vor der Novellierung des Verjährungsrechts erging, in dreißig Jahren[229]; es bleibt abzuwarten, ob die Rspr angesichts der neuen Regelverjährungsfrist von drei Jahren (vgl § 195 BGB) in Zukunft an der Anwendung der Regelverjährungsfrist festhalten wird[230]. Der Aufopferungsanspruch ist nach § 40 II VwGO vor den ordentlichen Gerichten einzuklagen, falls nicht eine spezielle Rechtswegzuweisung (vgl zB § 51 SGG) greift.

[220] → § 46 Rn 2 f.

[221] Dazu das Gesetz über die Entschädigung für Strafverfolgungsmaßnahmen vom 8.3.1971, BGBl I, 1157, das eine Ausprägung des Aufopferungsgedankens ist. Zum Ausschluss des allgemeinen Aufopferungsanspruchs BGHZ 45, 58, 76 ff.

[222] BGHZ 20, 81; der BGH erklärt es für unerheblich, dass die Sozialversicherungsrente anders berechnet wird als eine etwaige Aufopferungsentschädigung. Zur Subsidiarität des Aufopferungsanspruchs *Konow* DVBl 1968, 205 ff.

[223] BGHZ 45, 46, 77.

[224] BGHZ 20, 61, 68 ff.

[225] BGHZ 18, 286, 289 ff.

[226] BGHZ 20, 61, 68 ff; § 60 InfektionsschutzG.

[227] BGH NJW 1963, 1828, 1830.

[228] BGHZ VersR 1994, 471, 473.

[229] BGHZ 45, 46, 77.

[230] Vgl dazu die Überlegungen zur Enteignung, Rn 35.

VII. Folgenbeseitigungsanspruch

1. Entwicklung und Grundlagen des Folgenbeseitigungsanspruchs

a) *Vollzugsfolgenbeseitigung.* Ausgangspunkt der Diskussion um den Folgenbeseitigungsanspruch war ein typischer Fall der Nachkriegszeit. Eine Wohnung wurde beschlagnahmt, die Beschlagnahme für sofort vollziehbar erklärt, später auf Klage hin wieder aufgehoben. Die Zwangsmieter saßen aber in der Wohnung. Ausgehend von diesem Fall entwickelte Bachof einen Folgenbeseitigungsanspruch gerichtet auf Beseitigung der fortdauernden Beeinträchtigungen aus dem Vollzug eines rechtswidrigen Verwaltungsakts[231]. **111**

Der Folgenbeseitigungsanspruch gehört also in den Zusammenhang der Bemühungen, die Lücken des Staatshaftungsrechts zu schließen und insbesondere eine verschuldensunabhängige Haftung für staatliches Unrecht zu schaffen. Er richtet sich – im Gegensatz zum Anspruch aus enteignungsgleichem Eingriff – auf Naturalrestitution des ursprünglichen Zustands. Allerdings beschränkte er sich in der ursprünglichen Konzeption Bachofs auf die Beseitigung der unmittelbaren Folgen eines vor Bestandskraft vollzogenen Verwaltungsakts. Der Folgenbeseitigungsanspruch war also zunächst kein allgemeiner öffentlich-rechtlicher Wiedergutmachungsanspruch, wie er später insbesondere von Menger und Haas postuliert wurde[232], sondern nur ein partieller Anspruch auf Beseitigung der Schäden aus bestimmten Handlungen der Verwaltung, der sich auf Naturalrestitution des ursprünglichen Zustands richtete, aber auch beschränkte. **112**

b) *Allgemeine Folgenbeseitigung.* Die weitere Diskussion über den Folgenbeseitigungsanspruch[233] führte zu dem Ergebnis, dass die Begrenzung auf die Folgen des Vollzugs rechtswidriger Verwaltungsakte zu eng war. Für den Vollzugsfolgenbeseitigungsanspruch gelten zwar gewisse prozessuale Besonderheiten (§ 113 I 2 VwGO)[234]. Dies rechtfertigt es aber nicht, die Folgen rechtswidrigen Verwaltungshandelns grundsätzlich davon abhängig zu machen, ob ein Verwaltungsakt durchgesetzt wurde oder ob die Verwaltung ohne Verwaltungsakt vorgegangen war. Der Folgenbeseitigungsanspruch ist deshalb nach heutigem Verständnis generell auf die Beseitigung der Folgen rechtswidrigen Verwaltungshandelns gerichtet[235]. Er soll die Verwaltung verpflichten, einen rechtswidrigen Zustand, dessen Entstehung ihr zugerechnet werden kann, durch Wiederherstellung des ursprünglichen Zustandes zu beseitigen. **113**

c) *Frage nach Grundlagen und Grenzen.* Der Folgenbeseitigungsanspruch ist im geltenden Recht nicht umfassend positiviert[236], sondern in § 113 I 2 VwGO nur vorausgesetzt. Wie er zu begründen ist, ist deshalb weiterhin streitig. Vielfach beruft man sich schlicht auf den allgemein anerkannten Folgenbeseitigungsanspruch als gefestigtes Gewohnheitsrecht[237]. Dies verdeckt aber die Probleme, welche das Rechtsinstitut nach wie vor aufwirft. Zwar gibt es eine grundsätzliche Übereinstimmung darüber, dass ein **114**

[231] *Bachof* Die verwaltungsgerichtliche Klage auf Vornahme einer Amtshandlung, 1951, 98 ff.
[232] *Menger* GS W. Jellinek, 1955, 350 ff; *D. Haas* System der öffentlich-rechtlichen Entschädigungspflichten, 1955, 63 ff.
[233] Darstellung der Entwicklung in BVerwGE 69, 366, 368 ff.
[234] Zur lediglich prozessualen Bedeutung dieser Bestimmung BVerwG DÖV 1971, 857, 858.
[235] BVerwG DÖV 1971, 857.
[236] Zu einigen speziellen Vorschriften *Schoch* Jura 1993, 478, 480; *T. Schneider* Folgenbeseitigung im Verwaltungsrecht, 1994, 29.
[237] Schon BVerwG DÖV 1971, 857, 858.

Rechtsstaat rechtswidrige Zustände, welche die Verwaltung geschaffen hat, nicht ohne weiteres bestehen lassen soll. Inwieweit es dazu jedoch über die bestehenden staatshaftungsrechtlichen Ansprüche hinaus eines zusätzlichen Folgenbeseitigungsanspruchs bedarf und wie dieser begründet werden kann, ist zweifelhaft. Die Begründung dieses Anspruchs ist umso schwieriger, je weiter er reichen soll[238]. Das BVerwG schwankt und sieht die Grundlagen teils im Grundsatz der Gesetzmäßigkeit der Verwaltung[239], teils in den Freiheitsrechten[240]; häufig vermeidet es, sich auf eine Rechtsgrundlage festzulegen[241]. Die Gleichgültigkeit gegenüber der Frage nach der Rechtsgrundlage[242] verkennt, dass die Rechtsfolgen von der Rechtsgrundlage abhängen[243]:

115 d) *Negatorische Folgenbeseitigung.* Ist der Folgenbeseitigungsanspruch nur ein negatorischer Anspruch auf Beseitigung der rechtswidrigen Folgen staatlichen Handelns, so genügt es, darauf zu verweisen, dass die Freiheitsrechte Abwehrrechte des Bürgers sind, die nicht nur die Grundlage für die Abwehr belastender Verwaltungsakte bieten, sondern als Teil der Eingriffe abwehrenden Wirkung auch Ansprüche auf Abwehr tatsächlicher Beeinträchtigungen begründen[244]. Der Abwehranspruch ergibt sich aus den einzelnen Grundrechten oder auch aus einfachgesetzlich begründeten Rechten der Bürger und dem Vorbehalt des Gesetzes. Der Folgenbeseitigungsanspruch ist in einer solchen Konzeption[245] nur eine Bezeichnung für den Abwehranspruch, der ausgelöst wird, wenn in Grundrechte der Bürger eingegriffen wird und daraus eine fortdauernde rechtswidrige Beeinträchtigung entsteht[246]. Gleich dem grundrechtlichen Anspruch auf Unterlassen von Eingriffen lässt sich der Anspruch auf Beseitigung der rechtswidrigen Grundrechtsbeeinträchtigung deshalb aus den Grundrechten bzw entsprechenden subjektiven öffentlichen Rechten herleiten[247].

116 e) *Umfassende Wiedergutmachung.* Dagegen soll es schwieriger sein, einen Folgenbeseitigungsanspruch zu begründen, der über die Störungsbeseitigung hinausgeht und generell Wiederherstellung beinhaltet – und sich damit einem Schadensersatz- oder Entschädigungsanspruch nähert. Einen solchen Anspruch allein auf die Erwägung zu stützen, eine Grundrechtsverletzung müsse durch einen Ausgleichsanspruch kompensiert werden, soll nach überwiegender Ansicht nicht ausreichen[248]. Der Folgenbeseitigungsanspruch bedürfe als allgemeiner Wiedergutmachungsanspruch einer zusätzlichen Begründung, die nicht in einzelnen Regelungen der Verfassung oder des einfachen Rechts

[238] Dazu ausführlich *Brugger* JuS 1999, 625 ff.

[239] BVerwGE 69, 366, 370 (3. Senat); dazu krit *Ossenbühl* StHR, 298.

[240] BVerwG DÖV 1971, 857, 858; BVerwGE 82, 24, 25 (4. Senat).

[241] BVerwGE 82, 76, 95 (7. Senat).

[242] *Ossenbühl* StHR, 297.

[243] *Schneider* (Fn 236) 15 f, 26, 117.

[244] *Fiedler* NVwZ 1986, 970, 972.

[245] Zur Konzeption eines rein negatorischen Folgenbeseitigungsanspruchs *Bettermann* DÖV 1955, 528 ff; zum Zusammenhang von Unterlassungs- und Beseitigungsanspruch *H. Rupp* Grundfragen der heutigen Verwaltungsrechtslehre, 1965, 249 ff. Vom negatorischen Anspruch geht auch *Schoch* VerwArch 79 (1988) 32 ff aus, will ihn aber zu einem restitutorischen Beseitigungsanspruch erweitern (46 f).

[246] *Fiedler* NVwZ 1986, 970, 972 unter Bezugnahme auf BVerwG NJW 1985, 1481; ähnl *Ossenbühl* StHR, 297 ff, der aber nur auf die grundrechtliche Statusverletzung abstellt.

[247] *Schneider* (Fn 236) 64 ff.

[248] So noch *Rüfner* (Fn 55) § 49 Rn 22; *Schwabe* Probleme der Grundrechtsdogmatik, 1977, 198; insoweit gleichfalls krit *Sachs* in: Stern, StR III/1, 683 f; *Battis* (Fn 198) 21.

zu finden sei. In der Folge sei der Folgenbeseitigungsanspruch als Wiedergutmachungsanspruch letztlich nur durch Rückgriff auf die Argumente zu begründen, die auf einen allgemeinen öffentlich-rechtlichen Wiedergutmachungsanspruch hinauslaufen. Danach sei ein umfassender Schutz des Bürgers gegen die öffentliche Gewalt vom GG ersichtlich angestrebt. Er sei nur möglich, wenn über die Abwehr belastender Eingriffe hinaus Restitution, ja sogar Kompensation gewährt werde, wo die Abwehr nicht ausreicht. Dass das GG diese Kompensation im Prinzip fordert, lasse sich nicht nur aus Rechtsstaatsprinzip, sondern auch aus Art 34 GG schließen[249]. Der Folgenbeseitigungsanspruch, der über einen Abwehranspruch hinausgeht, ist danach ein verschuldensunabhängiger Schadensersatz- oder Entschädigungsanspruch, der die vorhandenen Lücken des Staatshaftungsrechts schließen soll[250].

Diese Argumente für einen allgemeinen öffentlich-rechtlichen Wiedergutmachungsanspruch überzeugen nicht vollständig. Dass das GG einen umfassenden haftungsrechtlichen Schutz des Bürgers gegen die öffentliche Gewalt anstrebt, ist nicht ohne weiteres ersichtlich. Dies kann nach Ansicht des BVerfG auch nicht aus Art 34 GG gefolgert werden. Zwar steht einerseits Art 34 GG der Einführung einer unmittelbaren Staatshaftung nicht entgegen[251]: „Denn Art. 34 GG will den durch eine Amtspflichtverletzung Geschädigten schützen, nicht aber den Staat gegen weitergehende Konsequenzen seiner Fehler abschirmen. Eine Ausweitung des Rechts der Entschädigung ist deshalb verfassungsgesetzlich nicht blockiert“[252]. Daraus folgt aber andererseits nicht, dass eine umfassende Ausweitung aus Art 34 GG abzuleiten ist: Die Übernahme der traditionell konzipierten Amtshaftung in das Grundgesetz „verwehrt es, aus dem Grundgesetz die Forderung nach einer Ablösung der Amtshaftung durch die unmittelbare Staatshaftung abzuleiten“[253]. **117**

f) *Grundrechtshaftung*. Allerdings ist damit die Begründung eines auf Wiedergutmachung gerichteten Folgenbeseitigungsanspruchs noch nicht ausgeschlossen. Denn bei näherer Betrachtung zeigt sich, dass ein solcher Anspruch durchaus aus dem geltenden Recht heraus begründet werden kann: Aus den Grundrechten und den diesen entsprechenden subjektiven öffentlichen Rechten[254]. Nach liberalem Grundrechtsverständnis wird die grundrechtsgeschützte Freiheit nicht durch den Staat konstituiert, sondern liegt ihm, grundrechtlich gesehen, voraus. Die grundrechtlich geschützte Freiheit des Einzelnen ist als vorstaatliche Freiheit zu denken[255]. Der derart staatstheoretisch abgesicherte grundrechtliche Schutz privater Freiheit gegenüber staatlichen Eingriffen ist Grundlage des strukturell umfassenden Grundrechtsschutzes des Grundgesetzes, wonach jedes Verhalten der Bürger grundrechtlich geschützte Ausübung einer als vorstaatlich zu denkenden Freiheit ist[256]. **118**

[249] Vgl *Fiedler* NVwZ 1986, 970 ff, der allerdings annimmt, dass die Einzelausgestaltung des Rechtsinstituts nicht aus dem GG abzulesen sei.

[250] Dafür *Schneider* (Fn 236) 117 ff.

[251] BVerfGE 61, 149, 198.

[252] BVerfGE 61, 149, 199.

[253] BVerfGE 61, 149, 198.

[254] Dazu sowie zum Folgenden näher *Grzeszick* Rechte und Ansprüche, 2002, insbes 186 ff, 221 ff, 340 ff, 469 ff, jew mwN. Gleichfalls in diese Richtung va *Schoch* DV 34 (2001) 261 ff; *Höfling* VVDStRL 61 (2002) 260, 268 ff, der aber den Grundrechtsgehalt auf einen restitutorischen Beseitigungsanspruch als mittelbare Grundrechtsberechtigung (271–273) beschränkt.

[255] *Isensee* in: ders/Kirchhof V, § 111 Rn 46.

[256] *H.H. Klein*, Die Grundrechte im demokratischen Staat, 2. Aufl, 1974, 43 ff, 62 f.

119 Das Verständnis der Grundrechte als staatsabwehrende Freiheitsrechte des Bürgers kann auch für das Staatshaftungsrecht fruchtbar gemacht werden. Haftungsansprüche können als Reaktionsansprüche begründet werden, die auf der Verletzung von Grundrechten beruhen. Dieser Zusammenhang ist auf die Wirkung der Grundrechte als Eingriffsabwehrrechte zurückzuführen: Fehlt die Rechtfertigung des Grundrechtseingriffs, bleibt es bei der Wirkung des Freiheitsschutzes durch Eingriffsabwehr. Diese grundrechtsunmittelbar gründende Reaktionswirkung wird in Form von Ansprüchen ausgedrückt. Die Grundrechte enthalten mit diesen Reaktionsansprüchen die unmittelbaren Reaktionen auf die durch einen verfassungswidrigen Grundrechtseingriff rechtswidrig veränderte Freiheitsverteilung zwischen Bürger und Staat. Die vorstaatliche Freiheit des Einzelnen wird dabei als Inhalt der Grundrechte zum Maßstab der grundrechtsunmittelbaren Verletzungsreaktionen; diese sind Ausdruck des grundrechtlichen Schutzes der Freiheit. Jede durch einen rechtswidrigen Eingriff verursachte Freiheitsbeeinträchtigung widerspricht der mit den Grundrechten verbindlich festgelegten Freiheitsverteilung zwischen Staat und Gesellschaft. Das staatstheoretische Verständnis von Freiheit als vorstaatliche Freiheit prägt die Grundrechtsverletzungsreaktionen auch in inhaltlicher Hinsicht: Zur Bestimmung der Verletzungsreaktionen ist qua Grundrechte die Sicht der grundrechtlich geschützten Freiheit einzunehmen. Die grundrechtsunmittelbaren Folgen der Rechtsverletzung werden durch die grundrechtlich geschützte vorstaatliche Freiheit bestimmt.

120 In Folge dieser Prägung ist die liberale Schutzwirkung der Grundrechte aus grundrechtstheoretischer Perspektive nicht auf ein Verbot rechtswidriger Eingriffe im Sinne des Eingriffsaktes selbst beschränkt, sondern erfasst auch dessen weitere Folgen, soweit sie dem Staat wegen des Eingriffs zurechenbar sind. Der Grund dafür liegt darin, dass die vorstaatlich zu denkende Freiheit der Bürger nicht nur durch das Eingriffsverhalten selbst beschränkt ist: Die Beliebigkeit der grundrechtlich geschützten privaten Freiheit begründet die inhaltliche Omnipotenz ihres grundrechtlichen Schutzes. Aus grundrechtstheoretischer Perspektive sind deshalb auch die weiteren, rechtlichen wie tatsächlichen Folgen des Eingriffs staatlich zu verantwortende Beschränkungen der Freiheit des einzelnen Bürgers, soweit sie auf den staatlichen Eingriff zurückzuführen sind.

121 Aus der Verletzung des zugunsten des einzelnen Bürgers freiheitsverteilenden Grundrechts folgen Ansprüche des Bürgers auf Beachtung und Einhaltung dieser Freiheitsverteilung. Nach liberalem Grundrechtsverständnis ist der Staat unmittelbar aus den Grundrechten gegenüber den Bürgern verpflichtet, die verfassungsgemäße Freiheitsverteilung zu beachten. Die in Folge einer Grundrechtsverletzung entstehenden Ansprüche sind Reaktionen auf die Verletzung der grundrechtlichen Freiheit des einzelnen Bürgers. Der aus der normativen Verbindlichkeit der grundrechtlich geschützten Freiheit des Einzelnen gegenüber dem Staat folgende Verletzungsreaktionsschutz wird in der jeweiligen, konkreten Situation als Anspruch ausgedrückt. Die auf die Integrität grundrechtlicher Freiheit gerichteten Verletzungsreaktionsansprüche sind damit grundrechtsunmittelbar hinreichend begründet.

122 Die Reflexion auf die staatstheoretischen Grundlagen der Grundrechte ergibt somit, dass Grundrechte in ihren Wirkungen nicht auf den Schutz vor bestimmten Grundrechtsverletzungen beschränkt sind, sondern grundsätzlich einen umfassenden Schutz vor rechtswidrigen Eingriffen vermitteln, der auch das Staatshaftungsrecht unterfängt. In der Konsequenz dieser Überlegung liegt die Umkehrung des traditionellen, dem Privatrecht entlehnten Verständnisses der Staatshaftung: Die Grundrechte vermitteln zunächst einen grundsätzlich umfassenden Schutz vor staatlichen Grundrechtsverletzungen. Die Verletzung eines Grundrechts ist zunächst hinreichender Grund für

die Entstehung eines der Verletzung inhaltlich entgegengerichteten Reaktionsanspruches.

Allerdings folgt aus den Grundrechten nicht stets ein umfassender Schutz der Freiheit des Bürgers im Ergebnis, denn Grundrechtseingriffe können gerechtfertigt sein. Das grundrechtliche Eingriffs- und Schrankendenken ist auch auf die staatshaftungsrechtlichen Grundrechtswirkungen anzuwenden. Eine Beschränkung des grundrechtlichen Schutzes kann im Wege der Eingriffsrechtfertigung sowohl in Bezug auf den Grundrechtseingriff selbst als auch in Bezug auf die Haftungsfolgen des Eingriffes erfolgen. Dabei müssen die einschränkenden Regelungen aber jeweils auch verhältnismäßig sein. Dagegen besteht keine grundrechtsunmittelbare Beschränkung des Freiheitsschutzes von vornherein auf die Abwehr nur unverhältnismäßiger Eingriffe. **123**

g) *Haftungsrechtlicher Konservativismus der Gerichte.* Die damit zu erreichende Weiterentwicklung der in der Rspr anerkannten Haftungsinstitute zu einer grundsätzlich umfassenden Grundrechtsverletzungshaftung ist sehr umstritten. Obwohl dies dogmatisch konsequent und bei näherer Betrachtung auch verfassungsrechtlich geboten ist[257], wird eine solche Haftung in der Literatur überwiegend abgelehnt mit der Begründung, dass eine derartige Haftung das im Grundgesetz angelegte System des Staatshaftungsrechts und die Grenzen richterrechtlicher Rechtsfortbildung überschreiten würde[258]. Diese Position wird von der Rspr im Prinzip geteilt, und die Gerichte haben sich bisher im Großen und Ganzen an die tradierten Haftungsinstitute und deren Grenzen gehalten[259]. **124**

Dies kann allerdings nicht darüber hinwegtäuschen, dass die gegen eine im Grundsatz umfassende Grundrechtshaftung vorgebrachten Argumente nicht überzeugen. Von einem – verfassungsrechtlich angelegten – System des Staatshaftungsrechts kann schwerlich die Rede sein, und die Grundrechte sind im Übrigen eine hinreichende Grundlage einer entsprechenden haftungsrechtlichen Fortentwicklung[260]. Zwar nimmt das BVerfG gegenüber Rechtsfortbildungen in Richtung einer umfassenden unmittelbaren Staatsunrechtshaftung eine eher restriktive Haltung ein. Es hat ein verfassungsrechtliches Gebot einer umfassenden und unmittelbaren Staatshaftung bisher abgelehnt. Eine umfassende unmittelbare Staatsunrechtshaftung wird danach von Verfassungs wegen nicht gefordert[261]. Die Übernahme der traditionell konzipierten Amtshaftung in das Grundgesetz verwehre es, aus dem Grundgesetz die Forderung nach einer Ablösung der Amtshaftung durch die unmittelbare Staatshaftung abzuleiten[262]. Zugleich hat es aber ausgeführt, dass Art 34 GG der Einführung einer unmittelbaren Staatshaftung nicht entgegenstehe[263], denn Art 34 GG will den durch eine Amtspflichtverletzung Geschädigten schützen, nicht aber den Staat gegen weitergehende Konsequenzen seiner Fehler abschirmen. Eine Fortentwicklung der staatshaftungsrechtlichen **125**

257 *Grzeszick* (Fn 254) 221 ff, 340 ff et passim.

258 Dazu o Fn 249.

259 Explizite Ablehnung eines allgemeinen Wiedergutmachungsanspruchs BVerwG, BayVBl 1987, 541. Explizite Ablehnung einer Übertragung der Grundsätze des sozialrechtlichen Herstellungsanspruchs auf andere Bereiche des öffentlichen Rechts BVerwGE 79, 192, 194; BVerwG, NJW 1997, 2966 ff; OVG Koblenz, NVwZ 1985, 509, 510. Dazu weiter *Pietzner/Müller* VerwArch 85 (1994) 603, 611 ff mwN.

260 *Grzeszick* (Fn 254) 221 ff, 340 ff.

261 BVerfG, NVwZ 1998, 271 LS 1.

262 BVerfGE 61, 149, 198.

263 BVerfGE 61, 149, 198.

Institute im Sinne einer grundsätzlich umfassenden Grundrechts(verletzungs)haftung ist deshalb verfassungsgesetzlich nicht blockiert[264]. Die Rspr hat dennoch den Schritt zu einer umfassenden Grundrechtshaftung bisher noch nicht getan; von dieser Lage ist deshalb für die weitere Darstellung auszugehen.

2. Einzelheiten

126 a) *Negatorische Beseitigung unmittelbarer Folgen.* Der Folgenbeseitigungsanspruch ist als negatorischer Anspruch auf Beseitigung der rechtswidrigen Folgen staatlichen Handelns in Rspr und Lehre allgemein anerkannt. Er kann gegen alle rechtswidrigen Störungen geltend gemacht werden, die auf Maßnahmen der öffentlichen Verwaltung zurückzuführen sind[265], gleichgültig, ob es um die Folgen eines rechtswidrigen bereits vollzogenen Verwaltungsakts oder um die Folgen schlichten Verwaltungshandelns geht. Der Folgenbeseitigungsanspruch kann auch Grundlage des Verlangens auf Widerruf einer ehrkränkenden Behauptung im öffentlich-rechtlichen Bereich sein[266]. Dies hat für behördliche Warnungen und Empfehlungen besondere Bedeutung erlangt[267]. Weiter können Immissionen öffentlich-rechtlich handelnder Unternehmen[268] auf der Grundlage des Folgenbeseitigungsanspruchs abgewehrt werden[269]. Desgleichen kann die Beseitigung der fortdauernden tatsächlichen Beeinträchtigungen aus einem aufgehobenen rechtswidrigen Verwaltungsakt unter dem Titel der Folgenbeseitigung verlangt werden. Die Verwaltungsgerichte gehen dabei so weit, dem Nachbarn, der sich mit Erfolg gegen eine rechtswidrige Bauerlaubnis zur Wehr gesetzt hat, einen Anspruch auf Anordnung des Abrisses zu geben[270], obwohl nicht lediglich ein Verwaltungsakt vollzogen wurde, sondern der Bürger die Beseitigung der weitergehenden Konsequenzen eines aufgehobenen Verwaltungsakts anstrebt[271]. Einen Folgenbeseitigungsanspruch auf Räumung

264 BVerfGE 61, 149, 199.

265 BVerwG DÖV 1971, 857; DÖV 1985, 362; BVerwGE 80, 178, 179; BayVGH BayVBl 2001, 115 f.

266 BGHZ 34, 99, 108 f; BVerwGE 38, 336, 346; 59, 319, 325 ff; 75, 354, 355.

267 *Ossenbühl* StHR, 291 mwN; BVerwGE 82, 76, 94 ff; 90, 112, 114.

268 BVerwG NJW 1974, 817, 818; OVG Hamburg NJW 1978, 658, 659; OVG NRW DÖV 1983, 1020, 1021.

269 Zum Folgenbeseitigungsanspruch zwischen Trägern öffentlicher Verwaltung *Fiedler/Fink* DÖV 1988, 317 ff.

270 NdsOVG DVBl 1962, 418, 420; DVBl 1975, 915, 916 ff; OVG Saarl NVwZ 1983, 685. Nur eine Folgenbeseitigungslast erkennt NdsOVG BauR 1982, 147, 148 an; in diesem Sinne auch *Ivo* Die Folgenbeseitigungslast, 1996, 20 ff, 105 ff; anders, Folgenbeseitigungsanspruch und Folgenbeseitigungslast verneinend, aber trotzdem regelmäßig eine Pflicht zum Einschreiten gegen den illegalen Bau annehmend OVG NRW NJW 1984, 883. *Horn* DÖV 1989, 976 ff sieht im Folgenbeseitigungsanspruch eine eigenständige Ermächtigung zum Einschreiten u bejaht jedenfalls regelmäßig eine Pflicht zum Einschreiten aufgrund spezialgesetzlicher Ermächtigungen, welche eine Abbruchsanordnung zulassen. Als ausreichende Ermächtigungsgrundlage mit Rechtsanspruch des belasteten Dritten sieht *Schenke* DVBl 1990, 328 ff den Folgenbeseitigungsanspruch an; ebenso *Schneider* (Fn 236) 150 ff. Gegen den Folgenbeseitigungsanspruch als Rechtsgrundlage *Fiedler/Fink* (Fn 269) 321. *Sproll* (Fn 56) § 12 Rn 46 gibt dem Belasteten einen Anspruch und sieht die Ermächtigungsgrundlage zum Einschreiten gegen den Begünstigten regelmäßig in der Generalklausel, allerdings wegen des Folgenbeseitigungsanspruchs mit Ermessensreduzierung.

271 OVG Saarl NVwZ 1983, 685.

seiner Wohnung hat nach Ablauf der Beschlagnahmefrist auch der Wohnungseigentümer, dessen Wohnung zur Abwehr von Obdachlosigkeit vorübergehend beschlagnahmt wurde, und zwar selbst dann, wenn der bisherige Mieter in die noch von ihm bewohnte Wohnung eingewiesen wurde[272].

Die unmittelbar intendierten Folgen einer Amtshandlung müssen beseitigt werden. **127** Inwieweit im Rahmen der haftungsbegründenden und haftungsausfüllenden Kausalität auch mittelbare adäquate Folgen berücksichtigt werden, ist bisher offen geblieben. Das BVerwG hat die Beseitigung sonstiger Folgen jedenfalls dann nicht verlangt, wenn sie erst durch das Verhalten des Betroffenen, das auf dessen eigener Entschließung beruhte, verursacht oder mitverursacht worden waren[273].

b) *Wiederherstellung*. Die neuere Rspr und Lehre neigen dazu, über diesen negato- **128** rischen Anspruchsinhalt hinauszugehen und den Folgenbeseitigungsanspruch als einen besonderen Wiederherstellungsanspruch zu betrachten. Das BVerwG spricht zum Teil von einem Anspruch auf Naturalherstellung, wie er in § 249 S 1 BGB seinen gesetzlichen Niederschlag gefunden habe, und meint, der Folgenbeseitigungsanspruch sei umfassender auf die Beseitigung der rechtswidrigen Folgen eines Tuns oder Unterlassens der vollziehenden Gewalt gerichtet und beinhalte neben der nur negatorischen Folgenbeseitigung auch einen Ausgleich in natura[274]. Die genauen Grenzen, die diesem Anspruch gezogen werden sollen, sind bislang aus Rspr und Lit nicht erkennbar. Es gibt noch keine höchstrichterliche Entscheidung, welche einen Anspruch, der über eine nur negatorische Folgenbeseitigung hinausging, zubilligte und sich darum mit dessen Umfang beschäftigen musste. Ein voller Schadensersatz solle jedenfalls nicht gewährt werden. Vielmehr könne nur Naturalrestitution verlangt werden, und zwar beschränkt auf die Herstellung des Zustandes, der vor dem rechtswidrigen Tun oder Unterlassen bestanden hat[275], und beschränkt auf die Beseitigung des rechtswidrigen Eingriffs[276]. So könne als Folgenbeseitigung nicht etwa eine Einstellung in ein Beamtenverhältnis als Schadensausgleich begehrt werden[277]. Entgangener Gewinn sei schon deshalb ausgeschlossen, weil er nicht als Wiederherstellung eines früheren Zustandes gewährt werden kann.

c) *Geldzahlung*. Ursprünglich lehnte das BVerwG jeglichen Geldleistungsan- **129** spruch[278] und folgerichtig auch eine Schadensteilung bei Mitverschulden[279] ab. Daran

[272] BGHZ 130, 332, 334 ff; gegen den BGH im Fall der unechten Wiedereinweisung *Roth* DVBl 1996, 1401 ff; *Enders* DV 30 (1997) 29 ff; *Masing* DÖV 1999, 573 ff; VGH BW NVwZ 1987, 1101; NJW 1990, 2770, 2771; der VGH meint aber, dass zusätzlich auf die polizeiliche Generalklausel als Grundlage für das Einschreiten gegen den Besitzer der Wohnung zurückgegriffen werden muss. Ebenso OVG NRW NVwZ 1991, 905, 906. *Ivo* (Fn 270) 47 will nur eine Folgenbeseitigungslast annehmen; ebenso *Blanke/Peilert* DV 31 (1998) 29, 43f. Auch VGH BW DÖV 1996, 1056, 1057 spricht in diesem Zusammenhang von der Folgenbeseitigungslast. Im Falle der Einweisung des bisherigen Mieters sind von diesem verursachte Schäden dagegen mangels Unmittelbarkeit nicht zu ersetzen, BGHZ 131, 163 ff; BGH NVwZ 2006, 963.

[273] BVerwGE 69, 366, 372 ff; dazu krit *Fiedler* NVwZ 1986, 970, 975; *Redeker* DÖV 1987, 194, 200.

[274] BVerwGE 69, 366, 371; dazu *Maaß* BayVBl 1987, 520 ff.

[275] BVerwGE 69, 366, 371; *Papier* in: Isensee/Kirchhof VI, § 137 Rn 73; *ders* in: Maunz/Dürig, GG, Art 14 Rn 85; *Bender* JZ 1986, 844.

[276] BVerwGE 94, 100, 119 ff.

[277] BVerwG DVBl 1979, 852, 855.

[278] BVerwGE 69, 366, 371.

[279] BVerwG DÖV 1978, 857, 859.

hält das Gericht nicht mehr fest. Soweit die Herstellung aus tatsächlichen oder rechtlichen Gründen ausgeschlossen ist, tritt auch beim verschuldensunabhängigen Folgenbeseitigungsanspruch, einem allgemeinen Rechtsgrundsatz entsprechend, an die Stelle der Wiederherstellung ein Geldanspruch. Dies ermöglicht auch eine Schadensteilung, wenn bei einem unteilbaren Folgenbeseitigungsanspruch Mitverschulden zu berücksichtigen ist[280]. Allerdings ist diese Fortentwicklung des Folgenbeseitigungsanspruchs zu einem Folgenentschädigungs- bzw Folgenersatzanspruch bisher auf diese Konstellationen beschränkt geblieben; darüber hinaus müssen Schadensersatz- oder Entschädigungsansprüche nach derzeitigem Stand der Rspr aus anderen Anspruchsgrundlagen begründet werden.

130 d) *Weitere Entwicklung*. Der Folgenbeseitigungsanspruch, wie ihn das BVerwG heute versteht, ist damit im Ergebnis bereits über einen rein negatorischen Beseitigungsanspruch hinausgewachsen und zu einem verkürzten Restitutionsanspruch auf Wiederherstellung des ursprünglichen, durch hoheitliches Verwaltungshandeln veränderten tatsächlichen Zustandes geworden[281]. Er hat insoweit den Charakter eines Ersatzanspruchs. Er würde also auch – dies entspricht einer alten Entscheidung des Württemberg-Badischen VGH[282] – das Begehren rechtfertigen, ein rechtswidrig abgerissenes Haus wieder in natura aufzubauen[283]. Allenfalls könnte dagegen eingewendet werden, die Naturalrestitution sei in einem solchen Fall nicht zumutbar[284], und der Geschädigte könne sich mit einer Geldentschädigung begnügen, die er aus enteignungsgleichem Eingriff erhalten könne.

131 Würde diese Linie der Rspr fortgesetzt und zudem die grundrechtlichen Grundlagen des Anspruchs ernst genommen, könnte der Folgenbeseitigungsanspruch zu einem umfassenden Grundtatbestand des Staatshaftungsrechts entwickelt werden, der den enteignungsgleichen Eingriff weitgehend überflüssig und die Amtshaftung auf eine ergänzende Funktion in Randbereichen beschränken könnte[285]. Dazu müsste freilich das BVerwG seine Zurückhaltung überwinden, die es bislang noch zeigt, wenn es hervorhebt, die Grenzen zum Amtshaftungsanspruch dürften nicht verwischt werden[286]. Schadensersatz kann jedenfalls zur Zeit, wie das BVerwG in einer neuen Entscheidung herausgearbeitet hat, auf Grund des Folgenbeseitigungsanspruchs nach Ansicht der Rspr noch nicht verlangt werden[287].

280 BVerwGE 82, 24, 28 f; BayVGH NVwZ 1999, 1237 f; gegen Geldersatz OVG NW NWVBl 1994, 109, 111 ff mwN.

281 *Bender* JZ 1986, 844; *Köckerbauer* JuS 1988, 782 ff.

282 VGH BW VwRspr 1, 342, 344; anders NVwZ-RR 1990, 449, da Schadensersatz nicht gefordert werden könne u die alte Mauer ohnehin nicht mehr aufgebaut werden könne, sondern nur eine neue Mauer; dazu krit *Schneider* (Fn 236) 121f, 146 f.

283 In diesem Sinne *Sproll* (Fn 56) § 12 Rn 25 f.

284 Dazu *Ossenbühl* StHR, 321 ff; *Schneider* (Fn 236) 162 ff; BVerwGE 94, 100, 113 ff; OVG NW NWVBl 1994, 109, 110; BayVGH NVwZ-RR 1995, 592 f.

285 In diesem Sinne *Fiedler* NVwZ 1986, 970, 977; *Redeker* DÖV 1987, 194, 198 ff.

286 BVerwGE 69, 366, 373. Die Konsequenzen zieht *Kreßel* Öffentliches Haftungsrecht und sozialrechtlicher Herstellungsanspruch, 1990; *Franckenstein* NVwZ 1999, 158 f sieht die Entwicklung auf dem Wege zu einem allgemeinen Folgenentschädigungsanspruch.

287 BVerwG NJW 2001, 1878, 1882.

3. Ansprüche im Umkreis des Folgenbeseitigungsanspruchs

Bis in die Mitte der 60er Jahre zeigten Lit und Rspr die Neigung, viele längst anerkannte öffentlich-rechtliche Ansprüche, die auf rechtswidriges Verwaltungshandeln zurückzuführen waren, als Folgenbeseitigungsansprüche zu bezeichnen, va dann, wenn sie auf einem rechtswidrigen Verwaltungsakt beruhten. So sind gelegentlich Erstattungs-[288], Herausgabe-[289] oder sogar Amtshaftungsansprüche[290] und Ansprüche aus enteignungsgleichem Eingriff Folgenbeseitigungsansprüche genannt worden. In neuerer Zeit sieht man davon mit Recht ab[291]. 132

Es bleibt eine Fallgruppe, die früher häufiger unter dem Stichwort Folgenbeseitigungsanspruch diskutiert wurde und bei der heute häufig von Folgenbeseitigungslast[292] die Rede ist. Die Verwaltung hat zu Unrecht eine Vergünstigung abgelehnt oder einen begünstigenden Verwaltungsakt nicht erlassen. Nachträglich, insbesondere während des Rechtsmittelverfahrens, haben sich dem Erlass des begehrten Akts Hindernisse in den Weg gestellt. Beispiele finden sich vor allem im Berufszulassungsrecht: Ein Bewerber wurde zu Unrecht nicht zugelassen, anschließend wurden die Zulassungsvoraussetzungen verschärft, so dass er nach neuem Recht nicht mehr zugelassen werden darf, aber den erstrebten Beruf ausüben könnte, wenn er rechtzeitig zugelassen worden wäre[293]. Hier haben sich die Gerichte auf den Standpunkt gestellt, die frühere rechtswidrige Ablehnung dürfe dem Bewerber nicht zum Nachteil gereichen, er sei also so zu behandeln, als ob er rechtzeitig zugelassen worden wäre. Eine andere Entscheidung laufe auf eine Rückwirkung der neuen ungünstigeren Norm hinaus[294]. 133

Das BVerwG hat es jedoch abgelehnt, dieses Prinzip auf das Baurecht zu übertragen[295]. Erhebliche Bedenken sprechen dagegen, die der Planung widerstreitenden Bauanträge kurz vor Planänderungen durch eine auf die Rechtslage der Vergangenheit abstellende Rspr zu begünstigen[296]. Dem zu Unrecht zur Zeit der Geltung des alten günstigeren Rechts abgewiesenen Bewerber hilft aber ein anderer Gedanke: Jede Behörde ist kraft ihrer Folgenbeseitigungslast gehalten, bei späteren Ermessensentscheidungen ihren früheren Fehler zu berücksichtigen und nach Möglichkeit wiedergutzumachen. Aus der früheren rechtswidrigen Ablehnung ergibt sich also bei einer neuen Ermessensentscheidung eine Ermessensbindung, die bis zu einer Ermessensreduzierung auf nur eine Entscheidung reichen kann[297]. So ist uU einem Bauwilligen ohne Verstoß 134

288 *Bachof* (Fn 231) 100 ff; anders *ders* im Vorwort zum Nachdruck (= 2. Aufl 1968), S XV.

289 HessVGH DÖV 1963, 389, 390.

290 *Theune* BayVBl 1963, 103 ff.

291 Dazu – noch vor BVerwG DÖV 1971, 857 – *Schmidt* JuS 1969, 16 ff (krit zu BVerwGE 28, 155).

292 In diesem Sinne *Ivo* (Fn 270) 53 ff; *Blanke/Peilert* DV 31 (1998) 29, 31 f.

293 Zu diesen Fällen *Ivo* (Fn 270) 49 ff.

294 BVerwGE 1, 291, 295 f; 4, 81, 88; BVerwG DVBl 1959, 775 ff; DVBl 1960, 778 f; DVBl 1961, 447 ff; BSGE 5, 238, 242; BGHZ 37, 179, 181; OVG Hamburg VerwRspr 9, 635 ff wendet das Prinzip auf eine Änderung von Prüfungsbestimmungen an; anders insoweit BayVGH DVBl 1981, 1158, 1159.

295 BVerwG NJW 1962, 507 f; aA NdsOVG OVGE 18, 501, 506.

296 Die Begründungen des BVerwG überzeugen nicht, immerhin lässt § 236 BauGB (früher § 174 II BBauG) erkennen, dass im Baurecht grds das zur Zeit der Entscheidung geltende Recht anzuwenden ist; dazu *Dürr* in: Brügelmann, Baugesetzbuch, § 236 Rn 1.

297 Der Gedanke wurde entwickelt von *Weyreuther* Empfiehlt es sich, die Folgen rechtswidrigen hoheitlichen Verwaltungshandelns gesetzlich zu regeln?, 1968, 107 ff; dazu BVerwG NJW 1968, 2350.

gegen das neue Baurecht durch einen Dispens zu helfen. Bei der Entscheidung über den Dispens ist die frühere rechtswidrige Ablehnung in die Erwägungen einzubeziehen. Ähnlich ist der zurückgewiesene Bewerber um eine Beamtenstelle oder der zu Unrecht nicht beförderte Beamte zu behandeln[298].

135 Die Folgenbeseitigungslast schafft nicht ohne weiteres strikte Rechtsansprüche der Betroffenen, gibt ihnen aber doch eine günstige Position. Für die Behörde hat sie gegenüber einem strikten Rechtsanspruch den Vorteil, dass sie die Berücksichtigung öffentlicher und anderer entgegenstehender Interessen erlaubt[299]. Im Zweifel droht freilich bei einer Entscheidung gegen den Bürger die Amtshaftungsklage wegen der früheren rechtswidrigen Versagung. Da die Behörden gewillt sein werden, der Amtshaftung auszuweichen, wird – auch ohne Folgenbeseitigungslast – ihre Neigung gering sein, den Antrag des Bürgers abzuweisen. Insofern ist die praktische Bedeutung der Folgenbeseitigungslast oft begrenzt.

4. Der sozialrechtliche Herstellungsanspruch

136 Der Folgenbeseitigungsanspruch beschränkt sich in seiner bisherigen Ausgestaltung auf die Eingriffsverwaltung. Wenn der Leistungsverwaltung Fehler unterlaufen, schafft sie regelmäßig nicht rechtswidrige Zustände, die beseitigt werden müssen[300]. Sie verweigert nur Leistungen, die noch nachträglich erbracht werden können. Soweit das aus tatsächlichen Gründen nicht möglich ist oder zum Schadensausgleich nicht ausreicht, stellen sich die üblichen Probleme des Schadensersatzes, für den der Folgenbeseitigungsanspruch nach noch überwiegender Ansicht in Lit und Rspr keine Grundlage bietet.

137 Das Problem der Folgen rechtswidrigen Verwaltungshandelns tritt in der Leistungsverwaltung in anderer Form auf: Häufig sind Leistungen von Dispositionen des Bürgers, insbesondere von rechtzeitiger Beitragszahlung, rechtzeitigen Anträgen oder richtiger Entscheidung für die eine oder die andere Leistungsform abhängig. Diese möglichen Dispositionen stellen den Bürger insbesondere im Sozialrecht vor schwierige Fragen, für die er die Hilfe der Verwaltung braucht. Die §§ 13–15 SGB I enthalten deshalb ausführliche Vorschriften über Aufklärung, Auskunft und Beratung. Eine Verletzung dieser Betreuungspflichten kann Schadensersatzansprüche aus Amtshaftung oder Schadensersatzansprüche wegen Verletzung von Pflichten im verwaltungsrechtlichen Schuldverhältnis auslösen. Die sozialgerichtliche Rspr hat darüber hinaus einen verschuldensunabhängigen Herstellungsanspruch entwickelt[301]. Danach hat der Bürger, der durch einen Betreuungsfehler[302] einen Nachteil erlitten hat, einen Anspruch auf

[298] Eine sofortige Einstellung oder Beförderung scheitert zumeist daran, dass die Stelle durch einen Konkurrenten besetzt worden ist; die hM lässt eine Anfechtung der Ernennung des Konkurrenten nicht zu. Abhilfe bietet rechtzeitiger Rechtsschutz für den Konkurrenten, wie von BVerfG NJW 1990, 501 gefordert; dazu *Ivo* (Fn 270) 125 ff.

[299] Diesen Unterschied betonen mit Recht *Blanke/Peilert* DV 31 (1998) 29, 46 ff.

[300] *Bieback* DVBl 1983, 159, 164; anders *Ebsen* DVBl 1987, 393 f, der die Nichterfüllung von Sozialleistungsansprüchen einem Eingriff gleichstellt.

[301] Dazu *Bieback* DVBl 1983, 159 ff; *Ebsen* DVBl 1987, 389 ff; *Wallerath* DÖV 1987, 505 ff; *Brugger* AöR 112 (1987) 389 ff; *Schmidt-De Caluwe* Der sozialrechtliche Herstellungsanspruch, 1992; aus der Rspr BSGE 41, 126; 49, 76; 50, 12, 13 ff; 51, 89, 92 ff; 57, 288, 290; 60, 245, 246 f.

[302] Siehe die Zusammenstellung der Fälle bei *Wallerath* DÖV 1987, 505, 506.

Herstellung des Zustandes, der bestehen würde, wenn sich der Sozialleistungsträger rechtmäßig verhalten hätte[303].

138 Dem Bürger wird danach gestattet, auch nach Fristablauf noch Anträge zu stellen, Beiträge nachzuzahlen oder sich in nunmehr richtiger Erkenntnis der Rechtslage entgegen an sich unwiderruflichen Erklärungen für eine andere Gestaltung zu entscheiden[304]. Die Grundlage dieses Herstellungsanspruchs sieht das BSG in seiner neueren Rspr in einer Parallele zum Folgenbeseitigungsanspruch. Dies ist nur möglich, wenn der Folgenbeseitigungsanspruch nicht nur als negatorischer Beseitigungsanspruch[305], sondern als Ausgleichsanspruch des Staatshaftungsrechts aufgefasst wird[306]. Davon geht auch das BSG ersichtlich aus[307]. Auch der Herstellungsanspruch tendiert damit zu einem verschuldensunabhängigen Wiedergutmachungsanspruch[308].

139 Allerdings bleibt fraglich, ob die Entwicklung eines solchen Wiedergutmachungsanspruchs für die bisher entschiedenen Fälle erforderlich war[309]. Denn soweit verschuldensabhängige Ansprüche nicht ausreichten, hätte der Gedanke genügt, dass der Verwaltung nicht erlaubt sein kann, aus ihrem eigenen rechtswidrigen Verhalten Vorteile zu ziehen, den Bürger an entsprechenden Dispositionen festzuhalten und deshalb Leistungen zu verweigern. Dies gilt auch für die Fälle, in denen die falsche Disposition nicht durch den Leistungsträger selbst, sondern durch einen anderen Träger der öffentlichen Verwaltung, insbesondere durch einen anderen Sozialleistungsträger, verursacht war[310]. Es hätte für die bisher aufgetretenen Bedürfnisse genügt, für diese Fälle den sozialrechtlichen Erfüllungsanspruch aufrechtzuerhalten[311].

140 Wie im allgemeinen Verwaltungsrecht bei der Entwicklung des Folgenbeseitigungsanspruchs scheint aber auch im Sozialrecht der Impetus wirkmächtig zu sein, einen verschuldensunabhängigen Ersatzanspruch im Wege richterlicher Rechtsfortbildung zu schaffen. Ein wesentlicher Grund für diese Entwicklung dürfte prozessualer Art sein: Die allgemeinen und besonderen Verwaltungsgerichte wollen entgegen § 40 II VwGO auch die in ihrem Bereich einschlägigen Schadensersatz- und Entschädigungsansprüche soweit wie möglich selbst beurteilen, um dem Bürger nicht ein zusätzliches Verfahren vor dem ordentlichen Gericht zuzumuten. Dies scheint wesentlich wichtiger zu sein als die Frage nach Naturalrestitution oder Geldersatz[312].

303 Definition nach *Wallerath* DÖV 1987, 505, 506.

304 BVerwG NJW 1997, 2966, 2967 will jedoch einen Herstellungsanspruch ausschließen, wenn speziellere Vorschriften, wie die Möglichkeit der Wiedereinsetzung im Wohngeldrecht, die Folgen der Fristversäumung regeln.

305 Anders *Ebsen* DVBl 1987, 389 ff; ähnlich *Brugger* AöR 112 (1987) 389, 410 ff, der in der Fehlbetreuung einen Eingriff in grundrechtsrelevante Rechte sieht; dagegen wiederum *Schoch* VerwArch 79 (1988) 32, 56 f.

306 *Wallerath* DÖV 1987, 505, 513 weist auf den Restitutionsgedanken im Folgenbeseitigungsanspruch hin.

307 BSGE 49, 76, 78; bestätigt in BSGE 51, 89, 94.

308 Dazu abl *Schoch* VerwArch 79 (1988) 32, 55.

309 *Schoch* VerwArch 79 (1988) 32, 59.

310 BSGE 51, 89, 94 ff; 57, 288, 290.

311 So bleibt die Erhaltung des Erfüllungsanspruchs das Hauptziel von *Kreßel* (Fn 286) wie insbes S 353 zeigt, wo die Erhaltung des Rentenanspruchs genannt wird; deutlich in diesem Sinne *Schmidt-De Caluwe* (Fn 301) 516. Neuer Ansatz von *Ladage* Der sozialrechtliche Herstellungsanspruch, 1990.

312 Dieser Gedanke klingt in BSGE 57, 288, 290 an; desgleichen bei *Ebsen* DVBl 1987, 389 f, der aber den materiell-rechtlichen Anspruch auf unmittelbare Wiedergutmachung in den Vordergrund stellt.

§ 46
Ergänzungen des allgemeinen öffentlich-rechtlichen Schadensersatz- und Entschädigungsrechts

1 Das allgemeine öffentlich-rechtliche Schadensersatz- und Entschädigungsrecht wird durch eine Vielzahl von Bestimmungen über Schadensersatz und Entschädigung in besonderen Fällen abgeändert und ergänzt. Sie gehören zum größten Teil in die speziellen Gebiete des besonderen Verwaltungsrechts und können hier nicht alle aufgeführt, sondern nur in Teilen skizziert werden.

I. Sonderbestimmungen des Polizeirechts

2 Im Polizeirecht gibt es besondere Entschädigungsansprüche der Bürger[1], die sich wie folgt unterscheiden. Bei rechtmäßigen Maßnahmen ist dem in Anspruch genommenen Nichtstörer[2] und dem unmittelbar betroffenen unbeteiligten Dritten[3] eine Entschädigung zu gewähren. Der Störer hingegen ist bei einer rechtmäßigen Maßnahme im Grundsatz nicht zu entschädigen, da er die Maßnahme veranlasst hat bzw sie ihm zugerechnet wird. Liegt hingegen eine rechtswidrige Maßnahme vor, so steht dem Nichtstörer und dem unmittelbar betroffenen Dritten erst Recht ein Entschädigungsanspruch zu. Auch dem Störer steht in diesem Fall ein Anspruch auf Entschädigung zu, der entweder ausdrücklich geregelt ist[4] oder aus einer Analogie bzw den allgemeinen Rechtsinstituten herzuleiten ist; zahlreiche Landesgesetze gewähren nach dem Vorbild Nordrhein-Westfalens (§ 39 Ib NWOBG) einen generellen Entschädigungsanspruch wegen rechtswidriger Maßnahmen. Schließlich bestehen nach einigen Landesgesetzen Ansprüche für Polizeihelfer[5] und Personen, die ihrer nach § 323c StGB[6] auferlegten Pflicht nachkommen.

3 Soweit Sonderbestimmungen nicht eingreifen, bestehen die allgemeinen Ansprüche wegen enteignungsgleichen Eingriffs und Aufopferung. Sie können – im Gegensatz zu den Amtshaftungsansprüchen – nicht mit den Ansprüchen aus den erwähnten Sonderregeln konkurrieren: Die Sonderregeln sind nämlich verfassungsrechtlich unbedenk-

[1] Vertiefend: *Treffer* Staatshaftung im Polizeirecht, 1993, 23 ff; *ders* BayVBl 1996, 200, 201; *Schoch* in: Schmidt-Aßmann, Bes VwR, 2. Kap Rn 189 f, 298 ff; *Ossenbühl* StHR, 392 ff; zu § 39 Ib OBG NW BGHZ 92, 302, 303; 99, 249, 250; 126, 279, 283 ff (zur Entschädigung des Anscheinsstörers); BGH NJW 1994, 2087, 2088 f; einschränkend BGHZ 86, 356, 361 f (keine Entschädigung des Nachbarn, wenn keine nachbarschützende Norm verletzt); BGHZ 123, 191, 198 f (einschränkend zum Schutzzweck der Norm und deshalb verneinend, wenn Baubehörde trotz aller Sorgfalt Baugenehmigung für belastetes Grundstück erteilte); *Fink* NVwZ 1992, 1045 ff, der wie der BGH die Vorschrift auch auf Fehler bei bauplanungsrechtlichen Entscheidungen anwenden will. Zum weiten Begriff der Maßnahme iS dieser Bestimmungen BGHZ 138, 15, 19 ff mwN. BGHZ 125, 258, 262 f will § 68 I 2 RPPVG (anders als § 39 Ib OBG NW) nicht auf Baubehörden erstrecken.

[2] In Bayern Art 70 I PAG Bay.

[3] In Bayern Art 70 II PAG Bay.

[4] In Hessen § 64 I 2 SOG Hess.

[5] In Hessen § 64 III SOG Hess.

[6] § 59 I Nr 3 ASOG Berl.

liche Einzelausgestaltungen der Ansprüche aus Aufopferung und enteignungsgleichem Eingriff, die an die Stelle der Ansprüche nach den allgemeinen Grundsätzen treten. Das gilt nicht nur für die Aufopferung, die ohnehin gegenüber anderen Ansprüchen gegen die öffentliche Hand subsidiär ist[7], sondern auch für den enteignungsgleichen Eingriff, dessen Einzelausgestaltung dem nach der Kompetenzordnung des GG zuständigen Gesetzgeber zusteht[8].

II. Entschädigung bei Widerruf oder Rücknahme begünstigender Verwaltungsakte

In den Verwaltungsverfahrensgesetzen des Bundes und der Länder (§§ bzw Art 48, 49) 4 sind die Zulässigkeit von Widerruf und Rücknahme sowie Entschädigungsansprüche bei Widerruf oder Rücknahme eingehend geregelt[9]. Diese allgemeinen Bestimmungen haben Vorschriften in Spezialgesetzen (zB im Baurecht) weitgehend entbehrlich werden lassen, die es nur noch gelegentlich gibt, zB im Immissionsschutzrecht (§ 21 BImSchG)[10] oder im Atomrecht (§ 18 AtomG).

III. Soziale Entschädigung

Eine große Zahl von Fällen, für die eine Entschädigung der öffentlichen Hand erforderlich erscheint, ist sozialrechtlich geregelt. 5 Vor allem ist auf den langen Katalog des § 2 I SGB VII (früher § 539 I RVO) hinzuweisen, in dem immer wieder Fallgruppen auftauchen, welche an sich unter die Aufopferung zu rechnen sind oder ihr wenigstens nahe stehen. Konkurrierende Amtshaftungsansprüche sind teilweise ausgeschlossen[11].

Für die Impfschäden hat der Gesetzgeber in den §§ 60 ff Infektionsschutzgesetz 6 (IfSG) eine Versorgung nach den Vorschriften über die Kriegsopferversorgung (BVG) vorgeschrieben[12]. Desgleichen richtet sich die Entschädigung der Opfer von Tumultschäden nach dem BVG[13]. Die erkennbare Neigung, die Aufopferungsentschädigung nach den Maßstäben des BVG zu bemessen, wurde schon erwähnt[14].

§ 5 SGB I hat die soziale Entschädigung grundsätzlich umrissen. 7 Damit ist, da § 5 SGB I wie alle anderen Bestimmungen über die sozialen Rechte unmittelbar keine Ansprüche schafft, nur ein Programm entworfen. Die soziale Entschädigung soll auf lange Sicht nach dem Muster der (noch fortzuentwickelnden und auf die Bedürfnisse der Frie-

7 → § 45 Rn 107 f.

8 BGHZ 72, 273, 276 f; 82, 361, 363 f.

9 Zu den Einzelheiten *Kopp/Ramsauer* VwVfG: Rückabwicklungsansprüche § 48 Rn 48 ff; Ausgleichsansprüche § 48 Rn 132, Vermögensausgleich § 48 Rn 139 ff; Aufwendungsersatz § 49 Rn 24, Ersatz des Vermögensnachteils § 49 Rn 78 ff.

10 Dazu OLG Hamm NVwZ 1990, 693 ff.

11 §§ 104 f SGB V.

12 Konkurrierende Amtshaftungsansprüche sind nicht ausgeschlossen, § 63 III IfSG, dazu BGH NJW 1990, 2311, 2311.

13 Dazu *Karpen* ZRP 1987, 349 ff. Die Rechtslage ist im Einzelnen sehr unübersichtlich; vgl dazu *Ossenbühl* StHR, 376.

14 → § 45 Rn 109.

densgesellschaft auszurichtenden) Kriegsopferversorgung geregelt werden. Das Gesetz über die Entschädigung für Opfer von Gewalttaten (OEG)[15] entspricht diesem Programm.

8 Inhaltlich unterscheidet sich die sozialrechtliche Entschädigung nach Höhe und Art von der allgemeinen Aufopferungsentschädigung: Es werden feste Sätze gezahlt, die den individuellen Schaden nur beschränkt berücksichtigen. Für die Heilung wird zumeist Leistung in Natur geboten, also nicht nur Geldersatz.

IV. Plangewährleistung

9 *1. Zweck und Schwierigkeiten der Planung.* Die Planung nutzt die üblichen Rechtsformen, mit denen Staat und Verwaltung für den Bürger verbindliche Regelungen schaffen[16], also Gesetz, Verordnung, Satzung und VA. Daneben finden sich Verwaltungsvorschriften, behördeninterne Richtlinien und auch bloße politische Programmerklärungen, für die eine rechtliche Verbindlichkeit nicht angestrebt wird. Informelle Kooperationen von Staat und Wirtschaft sowie gelegentlich vertragliche Abmachungen kommen hinzu.

10 Besondere Vorschriften finden sich vor allem im Bereich der Raumordnungs- und Bauplanung, wo mit den Raumordnungsplänen, Gebietsentwicklungsplänen und Flächennutzungsplänen besondere Zwischenformen zwischen der außenverbindlichen Planung durch Rechtsnorm oder VA und der unverbindlichen Absichtserklärung entwickelt wurden.

11 Kennzeichnend für jede Form der Planung ist, dass sie künftiges Verhalten der Träger öffentlicher Verwaltung und/oder der Bürger regulieren oder wenigstens beeinflussen will. Da dies das Ziel beinah jeder rechtlichen Steuerung ist, lässt sich ein trennscharfer Begriff der Planung schwerlich bilden.

12 Im Bereich des Staatshaftungsrechts stellt sich neben der Frage der Planbefolgung – sie spielt im Baunachbarrecht eine große Rolle – vor allem das Problem der Planungskonstanz und der Folgen von Planänderungen. Das Dilemma ist offensichtlich: Die Bürger werden sich auf Pläne des Staates einstellen, und regelmäßig ist das erwünscht oder sogar erforderlich, wenn die Planung durchgesetzt werden soll. Eine absolute Konstanz der Pläne ist indes nicht zu gewährleisten: Pläne müssen wechselnden Gegebenheiten angepasst werden, die Möglichkeit der Planänderung muss bestehen; andernfalls werden nach Veränderung der Verhältnisse sinnlos gewordene Maßnahmen zum Schaden der Allgemeinheit weitergeführt. Beispiele lassen sich aus allen Bereichen finden: Eine Raumordnungsplanung erweist sich wegen Veränderung der Bevölkerungsstruktur oder des Bedarfs der Wirtschaft als überholt. Eine Steuervergünstigung oder eine Subvention begünstigt eine Tätigkeit, die früher erwünscht war, heute – etwa aus Gründen des Umweltschutzes oder wegen entstandener Überkapazitäten – aber unerwünscht ist. Immer wieder tritt das Problem auf, ob und wie die Interessen derjenigen geschützt werden sollen, welche ihr Verhalten nach dem bisher gültigen Plan ausgerichtet hatten.

13 Es handelt sich also um ein Problem des Vertrauensschutzes und, soweit es um Rechtsetzung geht, der Rückwirkung. Dieses Problem des Vertrauensschutzes ist für jedes Rechtsinstitut, das Grundlage der Planung ist, gesondert zu lösen.

[15] OEG v 11.5.1976, BGBl I, 1181.
[16] Dazu *Maurer* Allg VwR, § 16 Rn 18.

14 2. *Planfortbestand und Planbefolgung.* Nach der Neuorientierung der Dogmatik des Eigentumsschutzes ist jedoch der Vorrang des Primärrechtsschutzes zu beachten. Eine Entschädigung wegen enteignungsgleichen Eingriffs durch den Gesetzgeber entfällt nach der Rspr des BGH ohnehin[17]. Wenn der Gesetzgeber keine Entschädigung bzw keinen Ausgleich vorgesehen hat, ist danach eine Planänderung, welche über das zulässige Maß in das Eigentum eingreift, rechtswidrig und muss auf Klage bzw Verfassungsbeschwerde des Betroffenen hin aufgehoben werden. Andererseits ermöglicht die neue Kategorie der ausgleichspflichtigen Inhalts- und Schrankenbestimmung flexiblere Regelungen und Übergangsbestimmungen.

15 Vorrangig bestehen nicht Ausgleichs- und Entschädigungsansprüche für die Aufhebung oder Änderung eines Plans, sondern Ansprüche auf Planfortbestand und Planbefolgung. Der Anspruch auf Planfortbestand ist auf die Beibehaltung des Plans, also gegen dessen Änderung oder Aufhebung gerichtet. Da aber ein allgemeiner Planfortbestandsanspruch nicht besteht, ist je nach der Rechtsnatur des Plans zu differenzieren[18]: Ergeht der Plan in Form eines Verwaltungsakts, so richtet sich dessen Änderung bzw Aufhebung nach Art bzw §§ 48, 49, 50 VwVfG. Wenn diese nicht einschlägig sind, kann der VA nicht geändert oder aufgehoben werden und besteht deshalb ein Anspruch auf den Fortbestand des Plans. Bei einem Plan durch einen öffentlich-rechtlichen Vertrag kann dieser nach Art bzw § 60 VwVfG aufgehoben oder geändert werden. Die Grundsätze der (echten und unechten) Rückwirkung sind bei der Aufhebung oder Änderung eines Plans, der in Form eines formellen oder materiellen Gesetzes erging, zu berücksichtigen. Dasselbe gilt im Ergebnis für Pläne durch Verwaltungsvorschriften. Kein Anspruch auf den Fortbestand eines Plans besteht dagegen, wenn ein rein informatorischer Plan auf schlichtem Verwaltungshandeln beruht.

16 Der Anspruch auf Planbefolgung ist auf die Beachtung und den Vollzug des Plans und damit gegen planwidriges Verhalten gerichtet. Ein allgemeiner Planbefolgungsanspruch besteht aber wiederum nicht[19]. Zunächst sind Rechtsverbindlichkeit und Bindungswirkung des Plans für die Behörde zu klären. Weiter ist zu differenzieren, ob einerseits die Behörde keine dem Plan entgegenstehenden Maßnahmen ergreifen darf, dh sie den Plan beachten muss, und anderseits, ob und inwieweit sie den Plan zu verwirklichen, dh zu vollziehen hat. Als weitere Anspruchsvoraussetzung muss der Vollzug des Plans dem Bürger ein subjektives Recht gewähren[20].

17 3. *Planausgleichs- und Entschädigungsansprüche.* Ausgleichs- und Entschädigungsansprüche sind auf Kompensation für Planaufhebung und -änderung gerichtet[21]. Die Rspr neigt hierbei dazu, den Schutz des Vertrauens in die Beständigkeit der Gesetzgebung nicht zu überdehnen. Grundsätzlich muss sich der Bürger mit einer Rechtsänderung abfinden, ein Schutz des Vertrauens in den Fortbestand von Gesetzen wird nur bei besonderen Vertrauenstatbeständen anerkannt[22]. Spezialgesetzliche Regelungen befinden sich in §§ 39–42 BauGB[23]. Fehlen Sondervorschriften, so ist auf die allgemeinen

[17] → § 45 Rn 70 f.

[18] *Detterbeck* in: ders/Windthorst/Sproll, Staatshaftungsrecht, § 29 Rn 2; *Stein/Itzel/Schwall* Praxishandbuch des Amts- und Staatshaftungsrechts, 2005, Rn 439 ff; *Maurer* Allg VwR, § 16 Rn 28 ff.

[19] *Maurer* Allg VwR, § 16 Rn 33; *Detterbeck* (Fn 18) § 29 Rn 17.

[20] Bzgl der Einzelheiten siehe *Maurer* Allg VwR, § 16 Rn 33; *Detterbeck* (Fn 18) § 29 Rn 17 ff.

[21] Vertiefend: *Maurer* Allg VwR, § 16 Rn 35; *Stein/Itzel/Schwall* (Fn 18) Rn 441 ff; *Detterbeck* (Fn 18) § 30 Rn 1 ff.

[22] Schon RGZ 139, 177, 181 ff; BVerfGE 30, 393, 402 ff → § 45 Rn 70.

[23] Vertiefend *Wienhues* in: Baldus/Grzeszick/Wienhues, Staatshaftungsrecht, 3. Aufl, 2009, Rn 474 ff.

Haftungsinstitute abzustellen, da eine allgemeine Anspruchsgrundlage für Planschäden nicht existiert[24]. Daneben und ergänzend ist der Bürger durch das Amtshaftungsrecht geschützt, denn die Verletzung der Amtspflicht zu konsequentem und rücksichtsvollem Verhalten kann Amtshaftungsansprüche auslösen[25]. Soweit ein weitergehender Schutz durch rechtliche Verbindlichkeit gewünscht wird, bieten sich vertragliche Absprachen an[26].

V. Schadensersatzansprüche aus verwaltungsrechtlichen Schuldverhältnissen

18 Grundsätzlich ist heute anerkannt, dass auf verwaltungsrechtliche Schuldverhältnisse Regeln des bürgerlichen Vertragsrechts entsprechend oder als Ausdruck allgemeiner Rechtsgrundsätze anzuwenden sind[27]. Dies bietet dem Bürger gegenüber dem Amtshaftungsanspruch manche Vorteile[28], insbes bezüglich der Beweislastregeln[29]. Die Subsidiarität der Amtshaftung entfällt[30], und der Geschädigte ist nicht auf Geldersatz beschränkt, sondern kann Naturalrestitution verlangen. Die Haftung für Hilfspersonen richtet sich nach § 278 BGB. Unter den Voraussetzungen des § 253 II BGB nF kann nun sogar Schmerzensgeld verlangt werden[31].

19 In den Einzelheiten besteht noch viel Unklarheit. Die Rspr hat sich kasuistisch vorangetastet, ohne den Begriff des verwaltungsrechtlichen Schuldverhältnisses eindeutig abzugrenzen[32]. Sie hat dabei auf das besonders enge Verhältnis des Einzelnen zum Staat und auch darauf abgestellt, ob das Handeln des Staates im Rahmen des betreffenden Rechtsverhältnisses Ausfluss einer fürsorgerischen Tätigkeit in Bezug auf den Einzelnen sei[33]. Anerkannt ist die Anwendung des bürgerlichen Haftungsrechts bei der öffentlich-rechtlichen Verwahrung, der öffentlich-rechtlichen Geschäftsführung ohne Auftrag[34], den verwaltungsrechtlichen Verträgen[35] und – hier war die praktische Bedeutung am größten – bei den öffentlich-rechtlichen Benutzungs- und Leistungsverhältnissen. Für die Rechtsverhältnisse der Strafgefangenen[36], Schüler[37] und Jugendamt und Pflege-

[24] *Detterbeck* (Fn 18) § 30 Rn 1 ff; *Maurer* Allg VwR, § 16 Rn 35; *Stein/Itzel/Schwall* (Fn 18) Rn 441 ff.

[25] *Papier* in: Rebmann/Rixecker/Säcker (Hrsg), Münchener Kommentar zum BGB, 4. Aufl 2004, § 839 Rn 220.

[26] Schon RGZ 139, 177, 189 erwähnt die Möglichkeit einer vertragsmäßigen Regelung. In diesem Sinne *Oldiges* Grundlagen des Plangewährleistungsrechts, 1970, 147 ff; *Ossenbühl* StHR, 389.

[27] Ausf dazu *de Wall* Die Anwendbarkeit privatrechtlicher Vorschriften im Verwaltungsrecht, 1999, 218 ff.

[28] Dazu *Detterbeck* (Fn 18) § 20 Rn 10 ff (zum bisherigen Schuldrecht).

[29] BGHZ 23, 288, 290 f und 28, 251, 254; BGH DVBl 1978, 108, 109 f; BVerwGE 13, 17, 20 f; BGH DVBl 1983, 1062, 1063; OLG Köln NVwZ 1994, 618, 619.

[30] BGHZ 63, 167, 171 ff.

[31] Im Übrigen zu den Unterschieden der Haftung *Ossenbühl* StHR, 338 f.

[32] *Detterbeck* (Fn 18) § 21; Überblick bei *Papier* (Fn 25) § 839 Rn 76; *Ossenbühl* StHR, 339 ff.

[33] BGHZ 21, 214, 218 ff; krit zur begrifflichen Abgrenzung *Ossenbühl* StHR, 353 ff.

[34] BGHZ 63, 167, 170. Zur zivilrechtlichen GoA eines Hoheitsträgers für einen Bürger jetzt BGHZ 156, 394 ff; dazu *Linke* DVBl 2006, 148 ff.

[35] *Maurer* Allg VwR, § 3 Rn 41 und § 14 Rn 52.

[36] BGHZ 21, 214, 220 f.

[37] BGH NJW 1963, 1828 u DVBl 1964, 584, 584; jedoch auch BGH DVBl 1964, 813, 814; dazu krit *Bender* StHR, 2. Aufl 1974, Rn 194.

kind[38] hat der BGH dagegen die Anwendung der Regeln des bürgerlichen Vertragsrechts abgelehnt[39].

Nicht abschließend geklärt ist auch, welche Regeln des privaten Schuldrechts auf verwaltungsrechtliche Schuldverhältnisse anzuwenden sind. Die Rspr neigt dazu, nach Bedarf im Einzelfall auf alle dem jeweiligen Fall angemessenen Bestimmungen zurückzugreifen[40]. Im Vordergrund standen stets die Schadensersatzansprüche, insbes die Schadensersatzansprüche wegen positiver Forderungsverletzung[41]. Auch die Vorschriften über Unmöglichkeit und Verzug sind anwendbar[42]. **20**

Schadensersatzansprüche sind gem § 40 II 1 VwGO grundsätzlich vor den Zivilgerichten geltend zu machen, soweit es nicht um die Verletzung von Pflichten aus öffentlich-rechtlichen Verträgen geht[43]. Erfasst sind dabei Ansprüche des Bürgers gegen den Staat aus öffentlich-rechtlicher Verwahrung[44], nicht aber umgekehrt Ansprüche der öffentlichen Hand gegen den Bürger[45]. Für Klagen des Staates gegen den Bürger und für Klagen eines Verwaltungsträgers gegen einen anderen Verwaltungsträger kann der Verwaltungsrechtsweg eröffnet sein[46]. Bei Ansprüchen aus culpa in contrahendo, die jetzt in § 311 II iVm § 280 I BGB nF normiert wurden, ist die Frage des Rechtswegs umstritten[47]. Aufgrund der Sonderregelung der § 126 BRRG, § 40 II 2 VwGO ist für sämtliche Klagen aus dem Beamtenverhältnis der Verwaltungsrechtsweg gegeben. Werden Ansprüche aus dem verwaltungsrechtlichen Schuldverhältnis zusammen mit Amtshaftungsansprüchen erhoben, so ist die Regelung des § 17 II GVG zu beachten. **21**

Im Zusammenhang mit der vertragsähnlichen Haftung, insbes bei der Nutzung öffentlicher Einrichtungen, stellt sich häufig die Frage, ob Haftungsbeschränkungen, wie sie im bürgerlichen Recht üblich sind, auch in verwaltungsrechtlichen Schuldverhältnissen zulässig sind. Die Praxis bejaht das, und zwar ungeachtet des grundsätzlich zwingenden Charakters des öffentlichen Rechts zu Recht. Die Haftungsregeln des bürgerlichen Rechts sind nicht zwingend, können es auch nicht sein, weil eine Anpassung an die besonderen Verhältnisse des Einzelfalls gestattet werden muss. Sie können deshalb auch nicht ohne die Möglichkeit der Modifikation in das öffentliche Recht übertragen werden. Anderenfalls wäre die Verwaltung oft gezwungen, um der Freizeichnung willen in das Privatrecht auszuweichen[48]. **22**

[38] BGHZ 166, 268, 277: Haftungsrechtlich werde das Kind damit nicht schlechter als jedes andere Kind gestellt; Anm *Ossenbühl* JZ 2006, 923 f.

[39] In der Lit zeichnet sich die Tendenz ab, das Verwaltungsrechtsverhältnis als besonderes Rechtsverhältnis anzusehen und das verwaltungsrechtliche Schuldverhältnis in ihm aufgehen zu lassen; dazu *Papier* Die Forderungsverletzung im öffentlichen Recht, 1970, 17 ff; *Meysen* Die Haftung aus Verwaltungsrechtsverhältnis, 2000.

[40] OVG NRW DÖV 1971, 276, 277 f; BGHZ 71, 386, 392 ff und 76, 343, 348 f sowie BGH DVBl 1986, 409, 410 zur Haftung aus culpa in contrahendo. Zur Sachmängelhaftung nach Kaufrecht BGHZ 59, 303, 305 f; BGH DVBl 1977, 893, 894.

[41] Dazu *de Wall* (Fn 27) 302 ff; jetzt § 280 iVm § 241 II BGB nF.

[42] *Kluth* in: *Wolff/Bachof/Stober* VerwR II, § 68 Rn 13 ff; Verzugszinsen sind nur ausnahmsweise zuzubilligen, wenn eine Geldleistungspflicht Hauptpflicht ist und in einem Gegenseitigkeitsverhältnis steht, BVerwGE 81, 312, 318.

[43] Dazu BGHZ 87, 9, 13 f; BGH DVBl 1986, 409, 410 (jedoch anders für culpa in contrahendo).

[44] Umfassend *Kopp/Schenke* VwGO, § 40 Rn 64 ff.

[45] *Kopp/Schenke* VwGO, § 40 Rn 67, 73.

[46] *Kopp/Schenke* VwGO, § 40 Rn 73.

[47] Dazu *Ehlers* in Schoch/Schmidt-Aßmann/Pietzner, VwGO, § 40 Rn 545 m Fn 1731.

[48] Dazu *Püttner* Die öffentlichen Unternehmen; 2. Aufl 1985, 254 ff; BGHZ 61, 7, 12 f; dazu *Heintzen* NVwZ 1992, 857 ff, der meint, das Verbot der geltungserhaltenden Reduktion für

23 Die Kompetenz, Haftungsbeschränkungen zu statuieren, fällt demjenigen zu, der zur Ausgestaltung des verwaltungsrechtlichen Schuldverhältnisses berechtigt ist. Bei öffentlich-rechtlichen Verträgen kann die Haftung daher nur durch den Vertrag, bei anderen verwaltungsrechtlichen Schuldverhältnissen auch einseitig durch die Verwaltung beschränkt werden. Üblich sind Haftungsbeschränkungen in Satzungen. Es genügt aber grundsätzlich jede Rechtsform, in der die Einzelheiten eines verwaltungsrechtlichen Schuldverhältnisses überhaupt festgelegt werden können, also uU auch eine schlichte Benutzungsordnung oder ein VA[49].

24 Grenzen dieser Freizeichnung ergeben sich zunächst aus dem bürgerlichen Recht. Haftungsbeschränkungen, die im bürgerlichen Recht wegen Monopolmissbrauchs oder Sittenwidrigkeit nicht zu tolerieren sind, sind auch im öffentlichen Recht unwirksam. §§ 305 ff BGB nF sind, soweit Regelungen durch Rechtsnormen (Gesetz, Verordnung, Satzung) getroffen worden sind, zwar nicht unmittelbar anwendbar[50], eine entsprechende Anwendung ist jedoch bei gegebenem Anlass möglich[51]. Schlichten Anstalts- und Benutzungsordnungen können die §§ 305 ff BGB nF jedenfalls entgegengesetzt werden. Darüber hinaus sind die verwaltungsrechtlichen Grundsätze der Erforderlichkeit und Verhältnismäßigkeit zu wahren. Haftungsbeschränkungen dürfen nicht mit den Zwecken der Verwaltung im Widerspruch stehen und zB nicht die Haftung für die Erreichung der Ziele ausschließen, deretwegen die öffentliche Hand eine Leistung anbietet. Im Übrigen muss die Verwaltung eine gerechte Risikoverteilung anstreben, ist aber dabei nicht notwendig an die zivilrechtlichen Kategorien von Vorsatz, grober und leichter Fahrlässigkeit gebunden. Der Ausschluss der Haftung für leichtere Schäden, die den Einzelnen wenig beeinträchtigen, aber wegen ihrer Summierung den Träger einer öffentlichen Einrichtung schwer belasten können, ist im Interesse niedriger Gebühren oft zu tolerieren. Dagegen darf dem Bürger kein unerträgliches Risiko aufgebürdet werden, insbes nicht das Risiko schwerer Gesundheitsschäden[52].

25 Besonders problematisch ist in diesem Zusammenhang, ob mit der vertragsähnlichen Haftung zugleich die Haftung aus § 839 BGB iVm Art 34 GG ausgeschlossen werden kann. Der BGH scheint das zu verneinen[53], ohne zu erkennen, dass die Freizeichnung im öffentlichen Recht weitgehend wirkungslos bleibt, wenn sie nicht auch die Amtshaftung einschließt. Ein Verstoß gegen Pflichten aus einem verwaltungsrechtlichen

Klauseln in AGB (BGHZ 106, 259, 267) müsse auch für das öffentlich-rechtliche Staatshandeln gelten.

[49] *Rüfner* DÖV 1973, 808, 809; anders *Götz* JuS 1971, 349, 352, der eine objektiv-rechtliche Regelung fordert; ähnlich *Kluth* (Fn 42) § 69 Rn 23.

[50] *Heinrichs* in: Palandt (Hrsg), Bürgerliches Gesetzbuch, 68. Aufl 2009, § 305 Anm 2.

[51] Hierzu *de Wall* (Fn 27) 292 ff.

[52] *Rüfner* DÖV 1973, 808, 810 f.

[53] BGHZ 61, 7, 14 f (bestätigt durch BGH NVwZ 2008, 238 f, ohne jedoch auf die Kritik einzugehen), wo ein Ausschluss der Haftung wegen Verletzung der allgemeinen Amtspflichten durch kommunale Satzung nicht zugelassen wird. Ob der BGH für spezielle, nur aus dem Schuldverhältnis entstehende Amtspflichten eine andere Lösung für möglich hält, steht dahin, ist aber kaum anzunehmen. Der BGH beschränkt sich in seinen Entscheidungen jedoch auf kompetenzrechtliche Erwägungen, die Haftungsbeschränkungen auf Grundlage einer speziellen (landes-)gesetzlichen Ermächtigung nicht im Wege stünden. Ebenso gegen einen Ausschluss der Amtshaftung *Tiemann* BayVBl 1974, 57, 60 ff; *Windthorst* in: Detterbeck/Windthorst/Sproll, Staatshaftungsrecht, 2000, § 10 Rn 5 (Haftungsbeschränkung nur aufgrund formellgesetzlicher Ermächtigung); ähnlich *Detterbeck* (Fn 18) § 21 Rn 13.

Schuldverhältnis ist in aller Regel ohne eine gleichzeitige Amtspflichtverletzung kaum denkbar[54]. Der Verwaltung steht es zu, die Pflichten aus verwaltungsrechtlichen Schuldverhältnissen und somit auch die Amtspflichten der beteiligten Beamten auszugestalten. Die Beschränkung der Haftung für Pflichtverletzung ist als ein zulässiges Minus gegenüber der Beschränkung der Pflichten anzusehen[55]. Allerdings ist demnach eine Beschränkung der Amtshaftung nur insoweit möglich, als die Verwaltung befugt ist, die Rechtsverhältnisse der Beteiligten zu regeln. Die Haftung für Amtspflichten, die unabhängig vom verwaltungsrechtlichen Schuldverhältnis bestehen, kann nicht ausgeschlossen werden[56].

VI. Öffentlich-rechtliche Gefährdungshaftung

Sowohl die überwiegende Meinung in der Lit als auch der BGH lehnen die Existenz einer allgemeinen Gefährdungshaftung im derzeitigen Recht ab[57]. Eine kritische Überprüfung der derzeitigen Rspr zeigt, dass Abgrenzungskriterien, die für eine Gefährdungshaftung maßgebend sein müssten, jetzt unter dem Gesichtspunkt der Unmittelbarkeit behandelt werden. So lehnt der BGH eine Entschädigung wegen enteignungsgleichen oder enteignenden Eingriffs dann nicht ab, falls durch eine hoheitliche Maßnahme eine außergewöhnliche Gefahrenlage geschaffen wird, die den Eintritt eines Schadens sehr wahrscheinlich macht[58]. Soweit der BGH eine Entschädigung wegen mangelnder Unmittelbarkeit abgelehnt hat, lag eine solche außergewöhnliche Gefährdung nicht vor[59]. Auch der Gesichtspunkt, eine bestimmte hoheitlich auferlegte Gefährdung sei nicht über das allgemeine Lebensrisiko hinausgegangen und daher im Schadensfall nicht zu entschädigen[60], ließe sich zur Abgrenzung einer Gefährdungshaftung verwenden. Davon unberührt bleibt die spezialgesetzlich geregelte Gefährdungshaftung, die Träger öffentlicher Verwaltung auch bei öffentlich-rechtlichem Handeln trifft[61]. Die Haftung des Staates nach OEG[62] ist einer Gefährdungshaftung zumindest ähnlich. 26

54 *Papier* (Fn 39) 108; aber auch BGHZ 87, 9, 17 f zum Verhältnis von Amtspflichten und Pflichten aus einem öffentlich-rechtlichen Vertrag.

55 Im Ergebnis ebenso *de Wall* (Fn 27) 438 ff, aber nur hinsichtlich der Amtshaftung, nicht der bei deren Verneinung eintretenden Beamtenhaftung.

56 In diesem Sinn *Rüfner* DÖV 1973, 808, 809 f mwN; präzisierend und mit Recht korrigierend weist *Seibert* DÖV 1986, 957, 965 darauf hin, dass die Zulassung zur Benutzung einer Einrichtung nicht den Ausschluss allgemeiner Pflichten erlaubt, insbes nicht der Verkehrssicherungspflicht.

57 BGHZ 54, 332, 336 f; 55, 229, 232 f; BGH VersR 1972, 1047, 1048; *Wolff/Bachof/Stober* VwR II, § 69 Rn 4; für eine Gefährdungshaftung im Bereich der Zufallsschäden plädiert *Haack* VerwArch 2005, 70 ff, der auch die maßgeblichen Tatbestandsmerkmale entwickelt.

58 BGH NJW 1964, 104; BGHZ 28, 310, 313.

59 BGHZ 55, 229, 232; BGH VersR 1972, 1047, 1048; BGHZ 54, 331 ff war freilich auch unter diesem Blickwinkel falsch entschieden; dazu BGHZ 99, 249, 256 → § 45 Rn 72 f.

60 BGHZ 46, 327, 330.

61 ZB § 7 StVG, § 22 WHG, weitere Beispiele in *Stein/Itzel/Schwall* (Fn 18) Rn 447 dazu → § 44 Rn 4 m Fn 6.

62 Vgl Rn 7.

VII. Staatshaftungsgesetze in den neuen Bundesländern

27 Im Gebiet der ehemaligen DDR wurde im Jahre 1969 ein Staatshaftungsgesetz (StHG DDR) erlassen, das im Grundsatz eine unmittelbare und verschuldensunabhängige Staatshaftung für rechtswidriges hoheitliches Handeln vorsah. Dieses Gesetz wurde im Einigungsvertrag wesentlich geändert und gilt, soweit nicht durch spätere Landesgesetze aufgehoben oder modifiziert, als Landesrecht im Beitrittsgebiet fort[63]. § 1 I[64] lautet nun wie folgt: „Für Schäden, die einer natürlichen oder juristischen Person hinsichtlich ihres Vermögens und ihrer Rechte durch Mitarbeiter oder Beauftragte staatlicher oder kommunaler Organe in Ausübung staatlicher Tätigkeit rechtswidrig zugefügt werden, haftet das jeweilige staatliche oder kommunale Organ." Für den Tatbestand kommt es zunächst nur darauf an, ob staatliches Verhalten ein Recht des Bürgers verletzt. Entscheidend ist danach allein die rechtswidrige Schadenszufügung, nicht die – auch mögliche – Rechtswidrigkeit der Tätigkeit[65]. Allerdings kann der Schutzzweck des verletzten Rechts als Haftungsbegrenzung wirken: Der von einer rechtswidrigen Maßnahme nachteilig betroffene Bürger kann nur dann einen Haftungsanspruch haben, falls die verletzte Norm ihrem Zweck nach zumindest auch dazu bestimmt war, die (Haftungs-)Interessen des betroffenen Bürgers zu schützen[66].

28 Die Haftung wurde durch Neufassung des § 10 StHG DDR uneingeschränkt auf Ausländer erstreckt. Weitere Änderungen des Gesetzes betreffen den Rechtsschutz durch die ordentlichen Gerichte, der nach Art 34 GG vorgesehen werden musste (§ 6a StHG DDR nF), und die Rückgriffshaftung (§ 9 StHG DDR nF) der Mitarbeiter und der Beauftragten. Ein unmittelbarer Schadensersatzanspruch gegen Mitarbeiter und Beauftragte[67] ist ausgeschlossen (§ 1 II StHG DDR). Die übrigen Bestimmungen wurden der Neufassung des § 1 I StHG DDR angepasst[68].

29 Das StHG DDR beschränkt sich auf die hoheitliche Tätigkeit. Für die Schadensersatzpflicht staatlicher Organe und Einrichtungen als Teilnehmer am Zivilrechtsverkehr gilt das Zivilrecht (§ 1 III StHG DDR). Das Gesetz gilt auch nicht für Schäden, die durch eine gerichtliche Entscheidung zugefügt wurden (§ 1 IV StHG DDR). Die Geschädigten haben alle ihnen möglichen und zumutbaren Maßnahmen zu ergreifen, um einen Schaden zu verhindern oder zu mindern. Verletzen sie diese Pflicht schuldhaft, wird die Haftung des staatlichen oder kommunalen Organs entsprechend eingeschränkt oder ausgeschlossen (§ 2 StHG DDR). Der Schadensersatz ist in Geld zu leisten. Das ersatzpflichtige staatliche Organ oder die staatliche Einrichtung kann den

[63] Einigungsvertrag Anl II, Kap III, Sachgeb B, Abschn III. Zum Problem der Altansprüche *Rädler* DtZ 1993, 296 ff.

[64] Zu Restriktionstendenzen durch die Rspr *Cornils* LKV 2003, 206 ff.

[65] *Lühmann* LKV 1991, 359, 360. So jetzt auch BGHZ 166, 22 ff mit zust Anm *Grzeszick* JZ 2006, 795 ff. Der BGH schließt dabei an seine Rspr zu § 39 Ib OBG NW an, der er seit BGHZ 99, 249 ein rein objektives Verständnis im Sinne einer Haftung für Erfolgsunrecht zugrunde legt. Entscheidend sei, ob der Verwaltungsakt, wie er sich im Ergebnis präsentiere, mit der sachlichen Rechtslage im Einklang stehe, BGHZ 123, 191, 197 ff. Die fehlende Erkennbarkeit der Rechtswidrigkeit könne sich jedoch in der Reichweite des Schutzzwecks niederschlagen, BGHZ 166, 22, 25; BGHZ 123, 191, 198 ff.

[66] BGHZ 166, 22, 27 f; zuvor angedeutet in BGHZ 127, 57, 73; 142, 259, 271 f; zust *Grzeszick* JZ 2006, 795 ff.

[67] Darunter sind ehrenamtlich tätige Bürger zu verstehen, *Lörler* NVwZ 1990, 830, 831.

[68] Zum StHG DDR *Lühmann* NJW 1998, 3001 ff.

Schaden auch durch Wiederherstellung des Zustandes ausgleichen, der vor dem Schadensfall bestanden hat (§ 3 I StHG DDR). Der gerichtlichen Geltendmachung des Anspruchs ist ein Verwaltungsverfahren vorgeschaltet. Über Grund und Höhe des Anspruchs entscheidet zunächst der Leiter des zuständigen staatlichen Organs oder der staatlichen Einrichtung, deren Mitarbeiter oder Beauftragte den Schaden verursacht haben (§ 5 StHG DDR). Gegen seine Entscheidung ist die Beschwerde zulässig, über die, wenn nicht abgeholfen wird, der Leiter des übergeordneten staatlichen Organs oder der übergeordneten staatlichen Einrichtung entscheidet (§ 6 StHG DDR).

Im Übrigen gesteht das Gesetz dem Geschädigten verschuldensunabhängig grund- **30** sätzlich vollen Schadensersatz (grundsätzlich in Geld) gem den zivilrechtlichen Bestimmungen zu (§ 3 III StHG DDR). Nach Einführung des BGB bedeutet dies, dass der Schadensersatzanspruch – von gewissen Ausnahmen abgesehen – nicht hinter dem Ersatzanspruch für schuldhafte Amtspflichtverletzungen nach § 839 BGB iVm Art 34 GG zurückbleibt[69]. Allerdings wird die Haftung durch den Schutzzweck der verletzten Norm begrenzt: Es sind nur solche Schadenspositionen ersatzfähig, die in den Schutzbereich der verletzten Norm fallen[70]. In diesem Rahmen können auch Aspekte der Drittbezogenheit bzw Drittgerichtetheit der verletzten Rechtspflicht berücksichtigt werden. So kann die Begrenzung durch den Schutzzweck der verletzten Norm dazu führen, dass Behörden für rechtswidrige begünstigende Verwaltungsakte wie zB Baugenehmigungen bei fehlender Erkennbarkeit der die Rechtswidrigkeit begründenden Umstände im Ergebnis nicht haften[71].

Der Anspruch aus dem StHG DDR konkurriert mit dem in ganz Deutschland beste- **31** henden Amtshaftungsanspruch[72], dagegen nicht mit dem richterrechtlichen Anspruch aus enteignungsgleichem Eingriff[73]. Das StHG DDR erfasst die Tatbestände, die unter den enteignungsgleichen Eingriff subsumiert werden können und ist als eine diesem richterrechtlichen Anspruch vorgehende landesrechtliche Spezialregelung anzusehen. Sie schließt die Lücke im Staatshaftungsrecht, und zwar besser und vollständiger als dies mit dem enteignungsgleichen Eingriff zu erreichen ist. Der Folgenbeseitigungsanspruch bleibt unberührt. Der Anspruch aus dem StHG DDR ersetzt ihn nicht, da die Wiederherstellung des früheren Zustandes in § 3 I 2 StHG DDR im Ermessen der Behörde steht.

Das StHG DDR idF des Einigungsvertrages sieht eine Staatshaftung vor, welche **32** nicht nur weit über das bisherige Recht der DDR, sondern auch über das in der alten Bundesrepublik geltende Staatshaftungsrecht hinausgeht[74]. Das hoheitliche Unterlassen wird über den enteignungsgleichen Eingriff hinaus erfasst, desgleichen Schäden aus

69 *Boujong* FS Gelzer, 1991, 273, 279 f; zur neueren Rspr *Rinne* NJW Beilage 14/2002, II 5 f.

70 BGHZ 166, 22, 27: Der Ersatz von Rechtsanwaltskosten im Falle der Abwehr eines belastenden Verwaltungsaktes falle jedoch immer in den Schutzzweck der Pflicht der Behörde zu rechtmäßigen Verhaltens. Die fehlende Erkennbarkeit der Rechtswidrigkeit kann sich nur bei begünstigenden Verwaltungsakten auswirken, bei der die sachliche Reichweite des Vertrauensschutzes zu prüfen ist.

71 BGHZ 166, 22, 27 f; 123, 191, 198 f.

72 *Ossenbühl* StHR, 487; *Lühmann* Neuordnung des Amtshaftungsrechts im vereinigten deutschen Staat – zurück zur Rechtswidrigkeit?, 3. Aufl 1994, 47 ff mwN.

73 BGH NVwZ-RR 1997, 204, 205; *Boujong* (Fn 69) 275 f; *Ossenbühl* StHR, 487; *Papier* (Fn 25) § 839 Rn 97; differenzierend *Lühmann* (Fn 72) 50 ff.

74 *Lörler* DtZ 1992, 135 f; *Ossenbühl* StHR, 476 f.

Versagen technischer Einrichtungen[75]. Mit der Formulierung „Mitarbeiter und Beauftragte" sollte eine Haftung für Kollektiventscheidungen ausgeschlossen werden. Dies könnte bei Schädigungen durch kommunale Satzungen, insbes durch Bebauungspläne, Bedeutung haben. Die Frage wurde im Einigungsvertrag anscheinend übersehen. In der Lit herrscht darüber Uneinigkeit und eine höchstrichterliche Klärung liegt noch nicht vor[76]. Eine Auslegung iSd Rechtsverständnisses der Bundesrepublik wird das Versehen korrigieren müssen[77].

33 Die Haftung der staatlichen bzw jetzt auch der kommunalen Organe und Einrichtungen, nicht der Körperschaften setzt eine juristische Selbständigkeit, dh die Rechtsfähigkeit des betreffenden staatlichen Organs oder der staatlichen Einrichtung voraus. Die örtlichen Volksvertretungen, die Räte waren nach dem Recht der DDR seit 1985 juristische Personen. Nach der Neuorganisation der Staats- und Selbstverwaltung ist als Haftungssubjekt die jeweilige juristische Person zu verstehen, die durch das zuständige Organ vertreten wird. Eine Beschwerde an eine übergeordnete staatliche Stelle kann es nach Einführung der kommunalen Selbstverwaltung in kommunalen Angelegenheiten nicht mehr geben. Die staatliche Stelle würde sonst ohne gerichtliche Kontrolle Schadensersatzansprüche zu Lasten der Kommunen zusprechen können. § 6 wurde deshalb mit Recht in Brandenburg gestrichen[78].

34 Das StHG der DDR gilt gem Art 9 I EinigungsV, beschränkt auf die Landesverwaltung sowie die Träger mittelbarer Landesverwaltung idF des Einigungsvertrages – abgesehen von Sonderregelungen im Polizei- und Straßenrecht – noch in Mecklenburg-Vorpommern. In Berlin[79] und Sachsen[80] wurde es aufgehoben, in Sachsen-Anhalt wesentlich[81], in Thüringen und Brandenburg in Einzelheiten[82] abgeändert. Die durch das StHG DDR verursachten Mehraufwendungen gegenüber dem allgemeinen Staatshaftungsrecht sind geringfügig[83]. Im Ergebnis hat das StHG DDR damit Modellcharakter für ein modernes, rechtsstaatliches Staatshaftungsrecht.

[75] Zu diesen Fragen *Boujong* (Fn 69) 276 ff.

[76] Offen gelassen zuletzt von BGH NJW 2000, 427, 430 mwN. Zu den Argumenten vgl *Wienhues* (Fn 23) Rn 200.

[77] In diesem Sinne BGHZ 127, 57, 66 zur ursprünglichen Fassung des Gesetzes; zurückhaltend *Ossenbühl* StHR, 480.

[78] Art 2 IV des Ges v 14.6.1993, GVBl I, 198.

[79] Ges v 29.9.1995, BerlGVBl 607.

[80] Rechtsbereinigungsgesetz v 17.4.1998, SächsGVBl 151, dazu *Ross* SächsVBl 1998, 182 ff.

[81] GVBl LSA 17; dazu *Schlotter* LKV 1993, 248 ff; *Ossenbühl* StHR, 473.

[82] Zuletzt geändert durch 1. ÄndG v 22.4.1997, GVBl Thür 165.

[83] Dazu *Herbst/Lühmann* LKV 1998, 49, 52 f.

§ 47
Haftung nach europäischem Recht

I. Haftung nach Unionsrecht

1. Haftung der Union

a) *Grundlagen.* Jenseits der Haftung aus einzelnen, besonderen Verträgen[1] (Art 340 I AEUV, Art 188 I EAGV) „ersetzt die Union den durch ihre Organe oder Bediensteten in Ausübung ihrer Amtstätigkeit verursachten Schaden nach den allgemeinen Rechtsgrundsätzen, die den Rechtsordnungen der Mitgliedstaaten gemeinsam sind", so Art 340 II AEUV. 1

b) *Verletzung einer Schutznorm.* Die Haftung der Union nach Art 340 II AEUV setzt voraus, dass Bedienstete oder Organe der EU in Ausübung ihrer Amtstätigkeit eine Norm des Unionsrechts verletzen. Die verletzte Norm muss zumindest auch dem individuellen Interesse des Betroffenen dienen[2] und darf nicht ausschließlich im Interesse der Allgemeinheit bestehen. Diese Umschreibung entspricht weitgehend der Schutznormtheorie des deutschen Verwaltungsprozessrechts. Allerdings sind die Anforderungen in der Sache geringer: Eine Schutznorm iSv Art 340 II AEUV liegt nach der Rspr des EuGH bereits dann vor, wenn die verletzte Norm zwar in erster Linie allgemeine Interessen schützt, aber daneben – als Reflex – auch den individuellen Interessen des Einzelnen dient[3]. Solche Schutznormen hat der EuGH in zahlreichen Normen und Grundsätzen des primären und des sekundären Unionsrechts erkannt[4], zB den Grundfreiheiten der EU, den unionsrechtlichen Grundrechten, dem Grundsatz der Verhältnismäßigkeit, dem Grundsatz des Vertrauensschutzes, dem Gebot der Rücksichtnahme, dem Verbot des Ermessensmissbrauchs und den Diskriminierungsverboten. 2

c) *Schaden.* Die Rechtsverletzung muss einen Schaden verursachen. Jeder Nachteil, den der Betroffene an seinem Vermögen oder an seinen sonstigen rechtlich geschützten Gütern erleidet, ist grundsätzlich ein Schaden[5]. Auch Einbußen an immateriellen Gütern können ein Schaden sein[6]. 3

d) *Kausalität.* Schließlich muss der Schaden durch die Amtstätigkeit verursacht werden. Der EuGH verlangt, dass zwischen dem rechtswidrigen Verhalten und dem Schaden ein unmittelbarer und ursächlicher Zusammenhang besteht. Maßgeblich ist die objektive Vorhersehbarkeit des Schadenseintritts. Diese kann dadurch entfallen, dass der Schadenseintritt vor allem dem Verhalten des Geschädigten zuzurechnen ist. 4

[1] Nach EuGH Slg 2007, I-1579 = JZ 2007, 781 schloss der damalige Art 35 EUV eine Schadensersatzklage gegen die Union aus.

[2] EuGH Slg 1961, 435, 469 (zu Art 40 EGKSV) – Société Commercial Antoine Vloeberghs/EGKS; 1967, 332, 341 – Kampffmeyer ua/Komm; 1992, I-1937 Rn 19 – Vreugdenhil/Komm.

[3] EuGH Slg 1967, 332, 354 – Kampffmeyer ua/Komm.

[4] Dazu *v Bogdandy* in: Grabitz/Hilf, EU, Art 288 EGV Rn 71 ff; *Gilsdorf/Niejahr* in: vd Groeben/Schwarze, EUV/EGV IV, Art 288 EG Rn 42 ff; *Detterbeck* AöR 125 (2000) 202, 213 ff. Keine Schutznormen sollen dagegen WTO-Regeln sein, vgl *Weiß* EuR, 2005, 277 mwN.

[5] EuGH Slg 1973, 1976, 1 Rn 4 ff – Société des Produits Bertrand SA/Komm.

[6] EuGH Slg 1957, 83, 124 (zu Art 40 EGKSV) – Algera; 1965, 859, 880; 1985, 3539 Rn 53 – Adams/Komm.

5 e) *Verschulden.* Ein Verschulden auf Seiten der Behörde wird in der Rspr grundsätzlich nicht mehr verlangt. Von Relevanz kann ein Verschulden der Union aber weiterhin bei der Haftung für normatives Unrecht sein. Die angeführten tatbestandlichen Voraussetzungen der außervertraglichen Haftung erfassen zwar grundsätzlich auch normatives Unrecht. Allerdings können dabei die Anforderungen an die Rechtsverletzung höher sein: Soweit das Verhalten im Erlass von generellen Rechtsakten besteht, die wirtschaftspolitische Entscheidungen beinhalten, muss nach der Rspr eine hinreichend qualifizierte Rechtsverletzung vorliegen[7]. Dazu hat der EuGH ausgeführt, „dass es den einzelnen auf den in die Wirtschaftspolitik der Gemeinschaften fallenden Gebieten zugemutet werden kann, in vernünftigen Grenzen gewisse schädliche Auswirkungen einer Rechtsvorschrift auf ihre Wirtschaftsinteressen ohne Anspruch auf Entschädigung aus öffentlichen Mitteln hinzunehmen (...). Auf einem Rechtsetzungsgebiet (...), das durch ein (...) weites Ermessen gekennzeichnet ist, kann die Haftung der Gemeinschaft somit nur ausgelöst werden, wenn das handelnde Organ die Grenzen seiner Befugnisse offenkundig und erheblich überschritten hat. Das ist bei einer wirtschaftspolitischen Maßnahme (...) angesichts der gegebenen Umstände nicht der Fall. In diesem Zusammenhang ist zunächst hervorzuheben, dass diese Maßnahme sehr große Gruppen von Marktteilnehmern betraf (...), so dass ihre Auswirkungen auf die einzelnen Unternehmen erheblich abgeschwächt wurden. Im Übrigen wirkte sich die Verordnung (...) nur in bescheidenem Umfang aus (...). Die Auswirkungen der Verordnung auf die Ertragskraft der Unternehmen überschritt alles in allem nicht den Umfang der wirtschaftlichen Risiken, die der Tätigkeit auf den betroffenen (...)sektoren innewohnen."[8].

6 f) *Schadensersatz.* Rechtsfolge ist ein Schadensersatzanspruch in Geld für den durch den Rechtsverstoß erlittenen Schaden. Die Union haftet für Vermögensschäden einschließlich des entgangenen Gewinns, soweit dieser hinreichend substantiiert und nicht bloße Erwartung oder Chance ist[9]. Auch immaterielle Schäden können ersatzfähig sein und zu einem Schmerzensgeldanspruch führen[10].

7 g) *Mitverschulden.* Ein Mitverschulden des Geschädigten wird anspruchsmindernd berücksichtigt[11]. Ein Unterlassen von zumutbaren primären Rechtsbehelfen des Unionsrechts bzw des nationalen Rechts gegen die rechtswidrige Maßnahme[12] oder ein Unterlassen eines üblichen Abwälzens des Schadens auf Dritte[13] kann den Anspruch einschränken oder ausschließen. Ob der Anspruch neben Geldersatz auch andere Ersatzarten iS einer Naturalrestitution oder einer Folgenbeseitigung beinhaltet, ist in der Lit umstritten[14]. Dabei wirft insbes die Abgrenzung zu Art 266 AEUV, der die Folgen

[7] Zuerst in EuGH Slg 1971, 975, 984 – Eugen Hoehn; zusammenfassender Überblick in EuG 1991, II-279 Rn 74 – Stahlwerke Peine-Salzgitter AG/Komm.

[8] EuGH Slg 1978, 1209 Rn 5–7 – Magermilchpulver.

[9] Dazu EuGH Slg 1967, 332, 357 – Kampffmeyer ua/Komm; 1992, I-3061 Rn 26 ff – Mulder ua/Rat u Komm.

[10] Dazu EuGH Slg 1957, 83, 134 f (zu Art 40 EGKS) – Algera; 1985, 3539 Rn 53 – Adams/Komm; 1986, 2801 Rn 18 – Leussink ua/Komm; 1994, I-341 Rn 37 – Grifoni/EAG.

[11] EuGH Slg 1982, 3057 Rn 22 ff – Oleifici Mediterranea/EWG.

[12] Grundlegend zur Schadensvermeidungspflicht EuGH Slg 1992, I-3061 Rn 33 – Mulder ua/Rat u Komm. Dazu weiter *Ossenbühl* StHR, 611 ff.

[13] EuGH Slg 1979, 3091 Rn 15 – Dumortier/Rat; 1984, 3693, 3730 f – Birra Wührer/Rat u Komm.

[14] Dafür *v Bogdandy* (Fn 4) Rn 112; *Gilsdorf/Niejahr* (Fn 4) Rn 67; *Ossenbühl* StHR, 613f; *Detterbeck* AöR 125 (2000) 202, 217. Dagegen *Rengeling/Middeke/Gellermann* Rechtsschutz in der Europäischen Union, 1994, Rn 277.

eines Nichtigkeits- oder Untätigkeitsurteils regelt, sowie zu Art 260, 261 AEUV vielfältige Fragen auf.

Damit ist auch das Verhältnis zu anderen Rechtsschutzmöglichkeiten angesprochen. **8**
Im Verhältnis zu den unionsrechtlichen Rechtsschutzmöglichkeiten gegen die rechtsverletzende Maßnahme ist der haftungsrechtliche Schutz subsidiär. Soweit der Geschädigte die Entstehung des Schadens durch zumutbare Rechtsschutzmöglichkeiten nicht verhindert oder verringert hat, ist ein Haftungsanspruch wegen Mitverantwortung des Geschädigten reduziert oder ausgeschlossen[15]. Dieser Grundsatz kommt auch zur Anwendung, soweit der Betroffene gegen die Maßnahme nach den Regeln des mitgliedstaatlichen Rechts effektiven Rechtsschutz erlangen kann[16]. Die unionsrechtliche Haftung soll auch gegenüber solchen nationalen Ersatzansprüchen subsidiär sein, die eine Naturalrestitution bzw eine Herstellung des status quo ante beinhalten[17].

h) *Haftung für rechtmäßiges Handeln.* Ob neben dem Anspruch aus außervertrag- **9**
licher Verletzung des Unionsrechts eine unionsrechtliche Haftung für rechtmäßiges Handeln besteht, und ob diese unter Art 340 II AEUV fällt, ist umstritten[18]. Die Unionsgerichte standen dieser Frage bisher sehr zurückhaltend gegenüber. In den ersten einschlägigen Urteilen wurde die Haftung für rechtmäßiges Handeln nicht problematisiert[19]. Sollte eine Haftung für rechtmäßiges Handeln zugelassen werden, dann höchstens unter den Voraussetzungen, die auch für die Haftung wegen rechtwidrigen Handelns gelten[20]. Auch das EuG hatte zunächst ausdrücklich offen gelassen, ob die Regelung des Art 340 AEUV eine Haftung für schuldloses Handeln umfasst[21]. Im Bereich der Haftung für generelle Akte hat das EuG sich zudem an die Voraussetzungen einer Haftung für normatives Unrecht angelehnt und diese engeren Voraussetzungen auch für eine Haftung der Union wegen rechtmäßigen Handelns betont: Eine Haftung für rechtmäßiges Handeln könne durch den Erlass einer Verordnung „nur ausgelöst werden, wenn der geltend gemachte Schaden, sofern er gegenwärtig wäre, eine besondere Gruppe von Wirtschaftsteilnehmern gegenüber den anderen unverhältnismäßig belasten (außergewöhnlicher Schaden) und die Grenzen der wirtschaftlichen Risiken, die der Tätigkeit in dem betreffenden Sektor innewohnen, überschreiten würde (besonderer Schaden), ohne dass die dem geltend gemachten Schaden zugrunde liegende Regelung durch ein allgemeines wirtschaftliches Interesse gerechtfertigt wäre“[22]. Der Versuch

15 Dazu *v Bogdandy* (Fn 4) Rn 42 ff; *Gilsdorf/Niejahr* (Fn 4) Rn 76; *Ossenbühl* StHR, 611 f; *Detterbeck* AöR 125 (2000) 202, 220.

16 Dazu *v Bogdandy* (Fn 4) Rn 47 ff; *Gilsdorf/Niejahr* (Fn 4) Rn 82 ff; *Detterbeck* AöR 125 (2000) 202, 221 f.

17 Dazu *v Bogdandy* (Fn 4) Rn 53 ff; *ders* AöR 122 (1997) 268, 284 ff; *Detterbeck* AöR 125 (2000) 202, 221 f.

18 Dazu *Albers* Die Haftung der Bundesrepublik Deutschland für die Nichtumsetzung von EG-Richtlinien, 1995, 48; *v Bogdandy* (Fn 4) Rn 94 ff; *Gilsdorf/Niejahr* (Fn 4) Rn 89 f; *Ossenbühl* StHR, 617 f; *Haack* EuR 1999, 395 ff; *Schmahl* ZEuS 1999, 426 ff; *Detterbeck* AöR 125 (2000) 202, 222 f.

19 EuGH Slg 1973, 1229 Rn 30 – Hansamühle ua/Rat; 1976, 711 Rn 23 – Kampffmeyer ua/Komm u Rat.

20 EuGH Slg 1984, 4057 Rn 28 f; Biovilac/EWG zur Frage der Haftung für normatives Handeln. Demzufolge müsste der Schaden die Grenzen der (üblichen) wirtschaftlichen Risiken übersteigen, die der Tätigkeit in dem betroffenen Sektor innewohnen.

21 EuG Slg 1998, II-125 Rn 42 – Edouard Dubois et Fils SA/Rat u Komm.

22 EuG Slg 1998, II-667 Rn 80 – Dorsch Consult Ingenieurgesellschaft/Rat u Komm; bestätigt durch EuGH Slg 2000, I-4549 Rn 19, der allerdings die Rechtfertigungsmöglichkeit nicht mehr erwähnt, folgend EuG Slg 2005, II-5393 Rn 160 FIAMM/Komm u Rat.

einer Rechtsfortbildung konnte zwar einer späteren Entscheidung des EuG entnommen werden, wonach das Unionsrecht einen allgemeinen Rechtsgrundsatz der Haftung für rechtmäßiges Verhalten enthalte, der den Mitgliedsstaaten gemeinsam sei[23]. Der EuGH ist diesem Ansatz allerdings als Rechtsmittelinstanz entgegengetreten[24]. Übermäßige Rechtsschutzlücken sind dadurch nicht zu befürchten, denn generelle Rechtsetzungsakte benötigen in Konstellationen, in denen unverhältnismäßige und besondere Schäden drohen, nach der Rspr des EuGH eine Härteregelung; andernfalls sind sie rechtswidrig[25] und lösen eine Haftung für rechtswidriges Handeln aus. Ob und wieweit im Unionsrecht Ansätze einer Gefährdungshaftung bestehen, ist gleichfalls umstritten und von den Unionsgerichten bisher noch nicht entschieden worden[26].

2. Haftung von Mitgliedstaaten

10 a) *Grundlagen.* Ein unionsrechtlicher Staatshaftungsanspruch des Bürgers gegen einen Mitgliedstaat wegen Verletzung von Unionsrecht[27] ist vom EuGH im Jahr 1991 im Francovich-Urteil[28] geschaffen worden. Dieser vom EuGH im Wege des Richterrechts geschaffene Haftungsanspruch war in der deutschen Lit zunächst erheblicher Kritik ausgesetzt. Vor allem wurde die Kompetenz des EuGH zu einer gegenüber den Mitgliedstaaten derart weitreichenden unionsrechtlichen Rechtsschöpfung bestritten[29]. Der Haftungsanspruch wurde aber in der Folgezeit in einer Reihe von Entscheidungen des EuGH weiter konkretisiert und fortentwickelt[30]. Spätestens in der durch das Brasserie

[23] EuG Slg 2005, II-5393 Rn 160 – FIAMM/Komm u Rat = EuR 2006, 675 mit Anm *Haack*, auch wenn die Formulierung des EuG unklar blieb und Verwirrung über die Tragweite der Passagen auslöste.

[24] EuGH vom 09.09.2008, Rs C-120/06 P; für die Notwendigkeit einer Fortentwicklung plädierte noch Generalanwalt *Maduro* in seinem Schlussanträgen Rn 54 ff, insb 61, der die Haftung ohne Fehlverhalten auf den Gedanken der Lastengleichheit der Bürger zurückführen wollte und ausdrücklich die deutsche Sonderopfertheorie erwähnte.

[25] EuGH Slg 1996, I-6065 Rn 38, 57 f – T. Port/Bundesanstalt für Landwirtschaft und Ernährung.

[26] Dazu *v Bogdandy* (Fn 4) Rn 98 f; *Gilsdorf/Niejahr* (Fn 4) Rn 51 f; *Detterbeck* AöR 125 (2000) 202, 223.

[27] Übersichten zum Folgenden sowie Rspr u Lit: *v Danwitz* Verwaltungsrechtliches System und Europäische Integration, 1996, 310 ff; *v Bogdandy* (Fn 3) Vor Rn 1, 123 ff; *Ossenbühl* StHR 492 ff; *Hermes* DV 31 (1998) 371 ff; *Kadelbach* Allgemeines Verwaltungsrecht unter europäischem Einfluß, 1999, 162 ff; *Detterbeck* AöR 125 (2000) 202, 228 ff.

[28] EuGH Slg 1991, I-5357 ff – Francovich.

[29] *Schlemmer-Schulte/Ukrow* EuR 1992, 82, 90 ff; *Ossenbühl* DVBl 1992, 993, 995 ff; *Häde* BayVBl 1992, 449, 455; *Neßler* RIW 1993, 206, 209 ff; *v Danwitz* JZ 1994, 335, 340 f; *ders* (Fn 27) 313 ff, 325 f; *ders* DVBl 1997, 1, 2 ff; *Schoch* JZ 1995, 109, 118; *Cornils* Der unionsrechtliche Staatshaftungsanspruch, 1995, 139 ff, 247 ff; *Tomuschat* FS Everling, 1995, 1585 f; *Ukrow* Richterliche Rechtsfortbildung durch den EuGH, 1995, 312 ff; *Mittmann* Die Rechtsfortbildung durch den Gerichtshof der Europäischen Gemeinschaften und die Rechtsstellung der Mitgliedstaaten der Europäischen Union, 2000, 43 ff.

[30] EuGH Slg 1993, I-6911 ff – Miret; 1994, I-3325 ff – Faccini Dori; 1996, I-1029 ff – Brasserie du pêcheur; I-1631 ff – The Queen/H. M. Treasury, ex parte British Telecommunications; I-2553 ff – The Queen/Ministry of Agriculture, Fisheries and Food, ex parte Hedley Lomas (Ireland) Ldt; I-4845 ff – Dillenkofer; I-5063 ff – Denkavit Internationaal ua/Bundesamt für Finanzen; 1997, I-2163 ff – The Queen/Secretary of State for Social Security, ex parte Sutton; I-3969 ff – Bonifaci ua/INPS; I-4025 ff – Palmisani/INPS; I-4051 ff; 1998, I-1531 ff; EuGH EuZW 1999, 635 ff – Konle/Republik Österreich; NJW 1999, 3181 ff – Rechberger.

du Pêcheur-Urteil des EuGH[31] präzisierten Fassung hat der Anspruch in der Lit überwiegend Zustimmung gefunden[32] und er ist auch vom BGH akzeptiert worden[33]. Dennoch ist der Anspruch weiterhin Gegenstand der rechtswissenschaftlichen Diskussion, die vor allem um die Grundlage des Anspruchs kreist. Die Diskussion geht nach der Akzeptanz des Anspruchs durch den BGH[34] nicht mehr so sehr um die Existenzberechtigung des Anspruchs, sondern um seine Gestalt und seine Umsetzung im nationalen Recht[35].

Trotzdem ist die Begründung des Anspruchs weiterhin von Bedeutung, denn sie ist **11** maßgeblich bei einer Reihe von Fragen bzgl des Inhalts bzw der Gestalt des Anspruchs: Welche Rechtsverletzungen die Haftung auslösen, welche Folgen zu entschädigen sind, wie das Verhältnis des Haftungsanspruchs zu anderen Rechtsschutzmöglichkeiten ist und wieweit mitgliedstaatliches Recht die unionsrechtliche Haftung einschränken darf, wird von der Grundlage des Haftungsanspruchs zumindest mitbestimmt. Besonders deutlich wird dies bei der Frage nach dem Verhältnis zum nationalen Recht: Ob der unionsrechtliche Haftungsgrundsatz bereits selbst einen eigenständigen Anspruch begründet[36], oder ob er nur eine Vorgabe für einen gegebenenfalls im nationalen Recht zu schaffenden Anspruch darstellt[37], hängt von den Grundlagen des Anspruchs ab[38].

Zur Begründung der Haftung rekurriert der EuGH vor allem auf den Grundsatz der **12** vollen Wirksamkeit des Unionsrechts, der eine Haftung der Mitgliedstaaten für derartige Rechtsverstöße verlange[39]. Das Prinzip der vollen Wirksamkeit sagt aber nichts darüber aus, welche Wirkung bzw welcher Gehalt der jeweiligen Regelung des Unionsrechts im Einzelnen zukommt, denn dem Prinzip ist über ein Mindestmaß an Wirkung hinaus nicht zu entnehmen, wie diese Wirkung jeweils zu erreichen ist[40]. Das Verlangen allein nach der vollen Wirksamkeit des Unionsrechts ist deshalb für eine Bestimmung der Folgen einer Normverletzung keine hinreichende Grundlage[41].

[31] EuGH Slg 1996, I-1029 ff – Brasserie du pêcheur.

[32] *Prieß* NVwZ 1993, 118 ff; *Geiger* DVBl 1993, 465, 467 ff; *Zuleeg* JZ 1994, 1 ff; *Gellermann* EuR 1994, 342, 347, 351 ff; *Borchardt* GS Grabitz, 1995, 29, 36; *Zenner* Die Haftung der EG-Mitgliedstaaten für die Anwendung europarechtswidriger Rechtsnormen, 1995, 21 ff; *Ehlers* JZ 1996, 776, 777; *Böhm* JZ 1997, 53, 55; *Seltenreich* Die Francovich-Rechtsprechung des EuGH und ihre Auswirkung auf das deutsche Staatshaftungsrecht, 1997, 67 ff; *Ruffert* in: Calliess/Ruffert, EUV/EGV, Art 288 EG Rn 31.

[33] BGHZ 134, 30, 33 ff; vgl. auch BGHZ 161, 224, 236: „der gemeinschaftsrechtliche Staatshaftungsanspruch [hat] aufgrund der Judikatur des Gerichtshofs der Europäischen Gemeinschaften in die innerstaatliche Rechtspraxis selbstverständlichen Einzug gehalten“.

[34] BGHZ 134, 30, 33 ff; zur Entwicklung der Rechtsprechung des BGH vgl *Dörr* DVBl 2006, 598 ff.

[35] *Ossenbühl* StHR, 497; *Kischel* EuR 2005, 441.

[36] *Prieß* NVwZ 1993, 118, 120; *Henrichs* Haftung der EG-Mitgliedstaaten für Verletzung von Gemeinschaftsrecht, 1995, 136 ff; *Kadelbach* (Fn 27) 165.

[37] *Nettesheim* DÖV 1992, 999, 1000; *Gellermann* EuR 1994, 342 ff; *Ehlers* JZ 1996, 776, 778; jew mwN.

[38] So *Pfab* Staatshaftung in Deutschland, 1997, 116 ff; *Hermes* DV 31 (1998) 371, 381 f. Die Bedeutung der Frage relativiert *Streinz* VVDStRL 61 (2002) 300, 349.

[39] EuGH Slg 1991, I-5357 Rn 33 – Francovich.

[40] Dazu eingehend *Cornils* (Fn 29) 145 ff, sowie *Geiger* Der gemeinschaftsrechtliche Grundsatz der Staatshaftung, 1997, 72 ff, 79 ff.

[41] *v Danwitz* (Fn 27) 313 f.

13 Dies trifft auch auf den in Art 4 III EUV kodifizierten Grundsatz der Unionstreue[42] zu. Eine Pflicht der Mitgliedstaaten zu einer positiven Handlung auf der Grundlage von Art 4 III EUV setzt aber grundsätzlich das Bestehen einer – anderweitig begründeten – Verpflichtung voraus[43]. Aus dem Gebot der Unionstreue kann nur insoweit eine Pflicht der Mitgliedstaaten zum Erlass bestimmter Maßnahmen folgen, als dies zur Erfüllung einer bereits bestehenden Verpflichtung notwendig ist bzw dies den Mitgliedstaaten der Union die Erfüllung von Aufgaben erleichtert, die bereits aus anderen Bestimmungen resultieren[44]. Die Unionstreue ist deshalb als originäre, eigenständige Grundlage für eine hinreichend bestimmte Ableitung von Rechtsfolgen unionsrechtswidrigen Verhaltens nicht genügend[45].

14 Der Haftungsanspruch kann auch nicht auf eine Pflicht der Mitgliedstaaten, Verstößen gegen das Unionsrecht durch effektive Sanktionen entgegenzuwirken[46], gestützt werden. Der Ableitung von Sanktionen für Verletzungen des Unionsrechts durch die Mitgliedstaaten steht das System des AEU-Vertrages entgegen, der in Art 260 AEUV ein nach Voraussetzungen und Folgen bestimmtes und damit begrenztes Verfahren vorsieht, um Vertragsverletzungen durch die Mitgliedstaaten zu sanktionieren; weitere Sanktionsmittel wurden in den Vertrag gerade nicht eingefügt[47]. In Bezug auf eine Sanktionspflicht aus Unionstreue[48] gilt das bereits Gesagte: Pflichten zu einer positiven Handlung setzen im Rahmen von Art 4 III EUV eine bereits bestehende Verpflichtung voraus, und selbst soweit eine derartige Pflicht zB als Pflicht zur Umsetzung einer Richtlinie bereits besteht[49], kann daraus im Regelfall eine bestimmte Sanktion bzw Rechtsverletzungsfolge nicht abgeleitet werden, denn die Sanktionierungspflicht erfordert nur ein Mindestmaß bzw eine effektive Sanktion, sagt aber nichts darüber aus, welche bestimmte Sanktion zu verhängen ist[50]. Die genannten Argumente stehen auch einer hinreichend bestimmten Anspruchsbegründung aus dem Grundsatz der einheitlichen Wirksamkeit des Unionsrechts[51] entgegen[52].

15 Als hinreichende Grundlage für den unionsrechtlichen Haftungsanspruch des Einzelnen gegen einen Mitgliedstaat bleibt aber der Grundsatz der vollen Wirksamkeit des Unionsrechts in Verbindung mit dem Schutz der Rechte des Bürgers[53]. Der EuGH führt

[42] Dazu EuGH Slg 1991, I-5357 Rn 36 – Francovich; 1996, I-1029 Rn 39 – Brasserie du pêcheur.

[43] Dazu *v Bogdandy* (Fn 4) Art 10 EGV Rn 10 ff.

[44] *Eilmannsberger* Rechtsfolgen und subjektives Recht im Gemeinschaftsrecht, 1997, 43.

[45] So auch *Cornils* (Fn 29) 243 ff; *v Danwitz* (Fn 27) 314 f; *Geiger* (Fn 40) 83 f; *Seltenreich* (Fn 32) 65 f.

[46] Dazu *Eilmannsberger* (Fn 44) 52 ff.

[47] Dazu *Nentwich* EuZW 1992, 235, 240; *Middeke/Szczekalla* JZ 1993, 284, 287 ff.

[48] EuGH Slg 1989, 2965 Rn 23 f – Komm/Griechenland.

[49] Dazu EuGH Slg 1985, 1891 Rn 15 u 23 – Komm/Société Anonyme Royale Belge.

[50] Dazu näher *Eilmannsberger* (Fn 44) 56 f mN zur Rspr des EuGH, der den Staaten Wahlfreiheit zwischen den effektiven Sanktionsmitteln einräumt.

[51] Dazu *Nettesheim* GS Grabitz, 1995, 447 ff; *Geiger* (Fn 40) 79 ff; *Eilmannsberger* (Fn 44) 58 f.

[52] *Ossenbühl* DVBl 1992, 993, 994 f; *Grzeszick* EuR 1998, 417, 418; *Eilmannsberger* (Fn 44) 59.

[53] Den Schutz der Rechte des Bürgers betonend *Zenner* (Fn 32) 16 ff; *Henrichs* (Fn 36) 54 ff; *Reich* EuZW 1996, 709 ff; *Classen* VerwArch 88 (1997) 645, 668 ff; *Deckert* EuR 1997, 203, 205, 208, 216 ff; *Seltenreich* (Fn 32) 62 ff; *Grzeszick* EuR 1998, 417, 419 ff; *ders* Rechte und Ansprüche, 2002, 513 ff. Ähnlich, aber für das gegenwärtige Unionsrecht kritisch *Cornils* (Fn 29) 179 ff, insbes 226 ff zur Frage des zu schützenden Rechts. Zutreffend *Haltern* VerwArch 96 (2005) 311, 325: Tragender Grund des Anspruchs ist die Verwirklichung der Effektivität des Unionsrechts und der Rechte Einzelner.

als Begründung für den unionsrechtlichen Haftungsanspruch das Gebot des effektiven Rechtsschutzes an: Der Schutz der durch die unionsrechtlichen Bestimmungen begründeten Rechte wäre gemindert, wenn der Einzelne nicht die Möglichkeit hätte, für den Fall eine Entschädigung zu verlangen, dass seine Rechte durch einen Verstoß gegen das Unionsrecht verletzt wurden, der einem Mitgliedstaat zuzurechnen ist[54]. Freilich spricht eine Haftungsgrundlage zumindest in Verbindung mit dem Grundsatz der vollen Wirksamkeit des Unionsrechts, dass eine Haftung nicht nur bei der Verletzung von subjektiven Rechten möglich ist, sondern auch dann, wenn diese subjektiven Rechte noch nicht bestehen, aber eine Pflicht zur Schaffung dieser Rechte verletzt wird. Zudem weist die Haftungsvoraussetzung einer hinreichend qualifizierten Rechtsverletzung darauf hin, dass die Haftung nicht allein durch den Schutz der Rechte des Bürgers legitimiert wird, sondern zumindest auch auf die Durchsetzung des Unionsrechts in den einzelnen Mitgliedstaaten abzielt; der Einzelne ist insoweit Motor zur Durchsetzung des Unionsrechts[55].

Ein Problem kann zwar mit dem Rückgriff nur auf den materialen Gehalt der subjektiven Unionsrechte einer Lösung nicht näher gebracht werden: die Frage nach der Verbandskompetenz der Union für die Schaffung eines unionsrechtlichen Haftungsanspruches der Bürger gegenüber den Mitgliedstaaten. Allein aus der materiellen Verankerung des Anspruchs im Unionsrecht kann nicht auf die Kompetenz der Union zur Durchsetzung des Anspruchs gefolgert werden. Dazu ist ein Rückgriff auf die weiteren, vom EuGH angeführten Gründe nötig, insbesondere den Grundsatz der vollen Wirksamkeit des Unionsrechts. Ob diese zur Begründung der Verbandskompetenz der Union genügen, ist zwar weiterhin sehr zweifelhaft. Mit der Anerkennung des Anspruchs durch die nationalen Gerichte ist dieser Aspekt in der Diskussion aber praktisch hinfällig geworden. Zudem beachtet der EuGH diese Grenze des Anspruchs, wenn er einen hinreichend qualifizierten Verstoß verlangt und hinsichtlich der Rechtsfolgen den Mitgliedstaaten einigen Spielraum belässt. **16**

b) *Überblick über Haftungsvoraussetzungen.* Der unionsrechtlich begründete Haftungsanspruch des Bürgers gegen einen Mitgliedstaat setzt voraus, dass der Staat eine den Individualschutz bezweckende Norm des Unionsrechts hinreichend qualifiziert verletzt und dadurch beim Bürger unmittelbar einen Schaden verursacht, den dieser nicht auf zumutbare Art und Weise abwehren kann. **17**

c) *Verstoß gegen Schutznorm.* Voraussetzung der Haftung eines Mitgliedstaates gegenüber dem Einzelnen ist, dass der Mitgliedstaat gegen eine unionsrechtliche Rechtsnorm verstößt, die bezweckt, dem Einzelnen Rechte zu verleihen. Die Haftung gilt für sämtliche mitgliedstaatlichen Verstöße[56], weshalb der Verstoß grundsätzlich durch jedes staatliche Verhalten erfolgen kann, unabhängig von der Handlungsform und dem handelnden Organ; erfasst sind Handlungen und Unterlassungen der Exekutive, der Judikative und der Legislative. **18**

Der Begriff des subjektiven Rechts, dessen Verleihung bezweckt sein muss, wird von der Rspr in Anlehnung an Art 340 II AEUV bestimmt[57]. Er ist damit deutlich weiter als **19**

[54] EuGH Slg 1991, I-5357 Rn 32 ff – Francovich.
[55] Vgl *Masing* Die Mobilisierung des Bürgers für die Durchsetzung des Rechts, 1997.
[56] EuGH Slg 1996, I-1029, 1030 LS 1 – Brasserie du pêcheur.
[57] EuGH Slg 1991, I-5357 Rn 40 – Francovich; 1996, I-1029 Rn 40 f – Brasserie du pêcheur; I-2553 Rn 25 – The Queen/Ministry of Agriculture, Fisheries and Food, ex parte Hedley Lomas (Ireland) Ltd.

der des subjektiven öffentlichen Rechts iSv Art 19 IV 1 GG, § 42 II VwGO. Die Anforderung erfüllen zum einen unionsrechtliche Rechtssätze, die dem Einzelnen ein entsprechendes subjektives Recht verleihen. Die Norm muss hierfür eine Rechtslage begründen, in der ein privater Rechtsträger ihre Durchsetzung in staatlichen Verfahren verlangen kann[58]. Die Norm kann zum Primärrecht oder auch zum Sekundärrecht gehören. Damit kann der Verstoß gegen jede unmittelbar wirksame Norm des Unionsrecht eine Haftung zur Folge haben, soweit die Norm ein unionsrechtliches subjektives öffentliches Recht des Bürgers begründet.

20 Zum anderen ist zu beachten, dass für den Haftungsanspruch das unionsrechtliche subjektive öffentliche Recht durch die verletzte Norm nicht bereits verliehen worden sein muss. Es genügt, dass die Norm die Verleihung bezweckt, also auf die künftige Verleihung eines hinreichend bestimmten subjektiven Rechts gerichtet ist[59]. Besondere Bedeutung hat dies in Bezug auf Richtlinien. Auch der Verstoß gegen das Gebot der ordnungsgemäßen Umsetzung einer Richtlinie, die selbst noch keine einklagbaren subjektiven Rechte des Bürgers begründet, sondern nur darauf ausgerichtet ist, solche Rechte zur Entstehung zu bringen, kann zur Haftung eines Staates führen. Der Haftungsanspruch wirkt dabei auch in Richtungen individualschützend, in die nach der Rspr des EuGH Richtlinien trotz hinreichender Bestimmtheit keine unmittelbare Wirkung zukommt: bei privatrechtsgestaltenden Richtlinien, die zur Umsetzung Vorschriften zu Lasten von Bürgern verlangen. In dieser Konstellation tritt an die Stelle der ausgeschlossenen horizontalen Wirkung der Richtlinie zu Lasten von Bürgern der Haftungsanspruch des klagenden Bürgers gegenüber dem Mitgliedstaat dafür, dass der Mitgliedstaat es unterlassen hat, das von der Richtlinie intendierte Recht des klagenden Bürgers gegenüber anderen Bürgern zu schaffen[60].

21 d) *Hinreichend qualifizierter Verstoß*. Der Verstoß muss nach dem EuGH hinreichend qualifiziert sein. Dieses haftungsbegrenzende Kriterium, das der Rspr zur außervertraglichen Haftung der EU für normatives Unrecht entlehnt ist, wird bei der unionsrechtlichen Haftung von Mitgliedstaaten generell angewendet. Die Formulierung dient dabei gleichfalls der Haftungsbegrenzung, vor allem bei legislativem Unrecht. Sie ist aber über den Bereich des legislativen Unrechts hinaus generell Einfallstor für haftungsbegrenzende Erwägungen und reflektiert damit die begrenzte Kompetenz der Union in Bezug auf die Haftung der Mitgliedstaaten wegen Verletzung von Unionsrecht.

22 Ein Verstoß gegen Unionsrecht ist grundsätzlich dann hinreichend qualifiziert, wenn das Organ, dessen Verhalten dem Mitgliedstaat zugerechnet wird, offenkundig und in schwerwiegender Weise gegen Unionsrecht verstoßen hat[61]. Dabei wird nach der Art des Verstoßes unterschieden in Hinsicht auf die Funktion, den Gegenstand und den Zweck der Entscheidung[62]. Zu den relevanten Aspekten zählen das Maß an Klarheit und Genauigkeit der verletzten Vorschrift; der Umfang des Ermessensspielraums, den

[58] EuGH Slg 1996, I-1029 Rn 23 u Rn 54 – Brasserie du pêcheur.

[59] EuGH Slg 1991, I-5357 Rn 40 – Francovich; 1996, I-4845 Rn 30 ff – Dillenkofer.

[60] EuGH Slg 1994, I-3325 Rn 27 – Faccini Dori; 1996, I-1281 Rn 15 ff – El Corte Inglés/Blázquo Rivero; I-4845 Rn 30, 43 ff – Dillenkofer.

[61] EuGH Slg 1996, I-1029 Rn 55 – Brasserie du pêcheur; I-1631 Rn 42 – The Queen/H. M. Treasury, ex parte British Telecommunications; I-4845 Rn 23, 25 – Dillenkofer.

[62] *v Bogdandy* (Fn 4) Art 288 EGV Rn 139 ff, insbes Rn 140; *Ossenbühl* StHR, 506 ff; *Detterbeck* AöR 125 (2000) 202, 235 ff; jew mwN.

die verletzte Vorschrift gewährt; die Frage, ob der Verstoß vorsätzlich begangen wurde; die Entschuldbarkeit eines möglichen Rechtsirrtums; sowie eine mögliche Mitverursachung des Verstoßes durch ein Verhalten eines Unionsorgans[63].

Auch bei einer Haftung für judikatives Unrecht muss der in der Gerichtsentscheidung liegende Verstoß hinreichend qualifiziert sein. Einem weitgehenden Haftungsausschluss für judikatives Unrecht zumindest letztinstanzlicher Gerichte steht dabei einerseits zwar die volle Wirksamkeit des Unionsrechts und der Schutz der dem Einzelnen aufgrund des Unionsrechts zustehender Rechte entgegen. Andererseits ist aber die Besonderheit der richterlichen Funktion zu berücksichtigen, die sich in der Rechtssicherheit nach Rechtskraft eines Urteils und der richterlichen Unabhängigkeit widerspiegelt. Deshalb haftet der Staat für eine unionsrechtswidrige Gerichtsentscheidung nur, falls das Gericht offenkundig gegen geltendes Unionsrecht verstoßen hat. Dies ist vor allem dann gegeben, wenn die Entscheidung des Gerichts einschlägige Entscheidungen der europäischen Gerichte offenkundig verkennt[64]. War dagegen die Rechtsfrage weder nach den Normen des Unionsrechts noch anhand der bisherigen Rspr der europäischen Gerichte zweifelsfrei und eindeutig zu beantworten, liegt ein offenkundiger und damit hinreichend qualifizierter Verstoß der Judikative gegen Unionsrecht nicht vor[65]. Für die Auslegung von Rechtsvorschriften und die Sachverhalts- und Beweiswürdigung gelten insoweit keine Besonderheiten[66]. 23

e) *Schaden und Kausalität.* Der Verstoß muss zu einem Schaden führen, dh zu einer Einbuße an einem rechtlich geschützten Gut[67]. Weiter muss zwischen dem Verstoß gegen das Unionsrecht und dem Schaden ein unmittelbarer Kausalzusammenhang bestehen[68]. Die Unmittelbarkeit des Kausalzusammenhangs erfordert eine wertende Zurechnung und hat insbes den Zusammenhang zwischen dem Schaden und der Rechtswidrigkeit des Verhaltens iSd Verletzung des individualschützenden Normgehaltes zu berücksichtigen[69]. Die Prüfung, ob im konkreten Fall ein unmittelbarer Kausalzusammenhang vorliegt, ist nach der Rspr des EuGH Aufgabe der nationalen Gerichte[70] bzw Behörden. 24

f) *Mitverschulden.* Soweit der Geschädigte zumutbare Rechtsbehelfe, die zur effektiven Abwehr des schädigenden Verhaltens oder zur Minderung des Schadens hätten führen können, nicht genutzt hat, entfällt der unionsrechtliche Haftungsanspruch gegen den Mitgliedstaat[71]. Der Geschädigte muss die Wahrung seiner Rechte primär im Rahmen des Rechtsschutzes gegen die verletzende Maßnahme suchen; der Haftungsanspruch ist demgegenüber ein nachrangiges Mittel zum Schutz seiner Rechte[72]. Die Zu- 25

[63] EuGH Slg 1996, I-1029 Rn 56 – Brasserie du pêcheur.

[64] EuGH NJW 2003, 3539 Rn 56 – Köbler → JK EGV Art 10/02. Vgl auch *Wegener* EuR 2002, 785 ff; *ders* EuR 2004, 84 ff; *Frenz/Götzkes* EuR 2009, 622 ff.

[65] EuGH NJW 2003, 3539 Rn 120 ff – Köbler → JK EGV Art 10/02; BGH NJW 2005, 747 ff.

[66] EuGH Slg 2006, I-5177 Rn 30 ff – Traghetti (zum italienischen Richterprivileg), vgl zum Ganzen auch *Kremer* EuR 2007, 471, 475 mwN.

[67] Dazu eingehend *v Bogdandy* (Fn 4) Rn 154.

[68] EuGH Slg 1996, I-1029 Rn 51 u 65 – Brasserie du pêcheur; I-1631 Rn 39 – The Queen/H. M. Treasury, ex parte British Telecommunications; I-2553 Rn 25 – The Queen/Ministry of Agriculture Fisheries and Food, ex parte Hedley Lomas (Ireland) Ltd; I-4845 Rn 21 – Dillenkofer.

[69] *v Bogdandy* (Fn 4) Rn 155 ff; *Ossenbühl* StHR, 508 f; *Detterbeck* AöR 125 (2000) 202, 238 f.

[70] EuGH Slg 1996, I-1029 Rn 65 – Brasserie du pêcheur.

[71] EuGH Slg 1996, I-1029 Rn 84 – Brasserie du pêcheur.

[72] EuGH Slg 1993, I-6911 Rn 23 – Miret.

mutbarkeit hängt nicht davon ab, ob der Rechtsbehelf mit großer Wahrscheinlichkeit zu einem Vorabentscheidungsverfahren gemäß Art 267 AEUV führen wird[73]. Auch ein bereits anhängiges Vertragsverletzungsverfahren nach Art 258 AEUV bewirkt wegen der Eigenständigkeit dieser Verfahrensart gegenüber nationalen Verfahren keine Unzumutbarkeit[74].

26 g) *Verhältnis zum nationalen Recht.* Der unionsrechtliche Haftungsanspruch ist durch den EuGH nicht abschließend bestimmt. Vielmehr beschreiben die unionsrechtlichen Vorgaben nur einen hinreichenden Grundtatbestand, der offen ist für Umsetzungen und Ergänzungen durch das jeweilige nationale Recht. Die in der Francovich-Entscheidung ausgesprochene Formel, dass der Mitgliedstaat die Folgen des verursachten Schadens im Rahmen des nationalen Haftungsrechts zu beheben hat[75], wurde in der Entscheidung Brasserie du Pêcheur weiter präzisiert. Danach sind die unionsrechtlichen Haftungsvoraussetzungen für die Begründung des Anspruchs erforderlich und ausreichend; insoweit findet der Anspruch seine Grundlage unmittelbar im Unionsrecht[76] und bestimmt sich die Haftung der Mitgliedstaaten unmittelbar nach Unionsrecht. Dagegen wird für die Behebung der Folgen auf das nationale Haftungsrecht verwiesen[77]. Die Begründung der Haftung im Unionsrecht hat Bedeutung für die prozessualen wie für die materiellen Wirkungen des Unionsrechts gegenüber dem nationalen Recht: Das nationale Recht darf die unionsrechtlich begründete Haftung nicht unterlaufen.

27 h) *Diskriminierungs- und Vereitelungsverbot.* Bei der demnach erforderlichen Bestimmung des unionsrechtlich gebotenen Haftungsmindeststandards sind nach der Rspr des EuGH insbes die Verbote der Diskriminierung und der Vereitelung zu beachten. Zum einen dürfen die im nationalen Recht für die unionsrechtliche Haftung festgelegten materiellen und prozessualen Voraussetzungen nicht schlechter sein als für ähnliche nationale Klagen[78]. Damit ist zB nicht vereinbar, eine Ausschlussfrist für unionsrechtlich begründete Ansprüche deutlich kürzer zu fassen als die Frist für vergleichbare rein nationale Ansprüche[79]. Zum anderen darf das nationale Recht nicht so ausgestaltet sein, dass die Erlangung einer Entschädigung übermäßig erschwert oder praktisch unmöglich gemacht wird[80]. Damit ist zB unvereinbar, eine Haftung wegen genereller Rechtsakte nur ganz ausnahmsweise zuzulassen[81]. Innerhalb der unionsrechtlichen Grenzen können nationale Regelungen, die auf den unionsrechtlichen Anspruchsgrund als Haftungsbeschränkung oder -ausschluss wirken, zulässig sein[82]. Insbesondere ist es zulässig, dass ein Mitverschulden des Klägers bzw ein Unterlassen zumutbaren und effektiven Rechtsschutzes gegen die rechtsverletzende Maßnahme zur Einschränkung des Anspruchs führt[83].

[73] EuGH NVwZ 2009, 771, 775.
[74] EuGH NVwZ 2009, 771, 776.
[75] EuGH Slg 1991, I-5357 Rn 42 – Francovich; vgl dazu *Kischel* EuR 2005, 441, 4438 f.
[76] EuGH Slg 1996, I-1029 Rn 66 – Brasserie du pêcheur.
[77] EuGH Slg 1996, I-1029 Rn 67 – Brasserie du pêcheur.
[78] EuGH Slg 1997, I-4025 Rn 28 – Palmisani/INPS.
[79] EuGH Slg 1997, I-4025 Rn 28 ff – Palmisani/INPS.
[80] EuGH Slg 1991, I-5357 Rn 42 f – Francovich; Slg 1997, I-4025 Rn 27 – Palmisani/INPS.
[81] EuGH Slg 1996, I-1029 Rn 71 – Brasserie du pêcheur.
[82] Für das deutsche Recht *Ossenbühl* StHR, 516 ff; *Detterbeck* AöR 125 (2000) 202, 239 ff, 244 ff, 249 f.
[83] EuGH Slg 1996, I-1029 Rn 84 – Brasserie du pêcheur; 1996, I-4845 Rn 72 – Dillenkofer.

i) *Art der Haftung*. Umstritten ist die Auswirkung des Unionsrechts auf die Art der Haftung. Während in der Lit einerseits eine Beschränkung auf Entschädigung in Geld für zulässig erachtet wird[84], ist dies nach anderer Ansicht unzulässig[85], weshalb zum Teil eine Naturalrestitution favorisiert wird[86]. Der EuGH hat zu der Frage bisher lediglich entschieden, dass Schäden durch die Nichtumsetzung einer Richtlinie auch durch eine rückwirkende Umsetzung beseitigt werden können[87]. Auch die Bemessung des Haftungsumfangs liegt weitgehend bei den Mitgliedstaaten. Allerdings muss die Entschädigung für den erlittenen Schaden angemessen sein[88]. Deshalb ist es nicht zulässig, bei Rechtsstreitigkeiten kommerzieller Natur eine Entschädigung für entgangenen Gewinn vollständig auszuschließen[89]. **28**

j) *Verbleibender Bereich nationaler Regelungen*. Im Übrigen können nationale Regelungen, die auf den unionsrechtlichen Anspruchsgrund als Haftungsbeschränkung oder -ausschluss wirken, innerhalb der unionsrechtlichen Grenzen zulässig sein. Insbes ist es zulässig, dass nach nationalem Recht ein Mitverschulden des Klägers, vor allem ein Unterlassen eines zumutbaren und effektiven Rechtsbehelfs gegen die rechtsverletzende Maßnahme zur Einschränkung des Anspruchs führt. Hier kann auf die Grundsätze des deutschen Staatshaftungsrechts zurückgegriffen werden, nach denen der Geschädigte aus dem Gedanken der Mitverantwortung heraus und gem § 254 BGB analog bzw § 839 III BGB analog gehalten ist, den Schutz seiner Rechte im Rahmen des Rechtsschutzes gegen die rechtsverletzende Maßnahme zu verfolgen. Soweit der Geschädigte zumutbare Rechtsbehelfe, die zur effektiven Abwehr des schädigenden Verhaltens oder zur Minderung des Schadens hätten führen können, nicht genutzt hat, kann der unionsrechtliche Haftungsanspruch gegen den Mitgliedstaat entfallen. **29**

k) *Verjährung*. Lange Zeit umstritten war die Frage, ob sich die Verjährung nach Unionsrecht richtet, was nach Art 46 S 1 der EuGH-Satzung zu einer Frist von fünf Jahren führen würde[90], oder nach nationalem Recht[91]. Im letzteren Fall wurde bisher als innerstaatliche Regelung § 852 BGB aF entsprechend herangezogen, was zu einer Dreijahresfrist führte. Anlässlich eines Vorlagebeschlusses hat der EuGH die Anwendung nationaler Verjährungsvorschriften anerkannt, da eine unionsrechtliche Regelung fehle[92]. Die Drei-Jahres-Frist des § 852 BGB aF hat der EuGH zwar für angemessen erachtet[93]. Allerdings überantwortete er die Frage der hinreichenden Vorhersehbarkeit einer analogen Anwendung des § 852 BGB aF dem nationalen Gericht[94]. Daraufhin **30**

[84] *Jarass* Grundfragen der innerstaatlichen Bedeutung des EG-Rechts, 1994, 121 f; *Zenner* (Fn 32) 82; *Seltenreich* (Fn 32) 187; *Diehr* Der Staatshaftungsanspruch des Bürgers wegen Verletzung des Unionsrechts durch die deutsche öffentliche Gewalt, 1997, 201 f.

[85] *Prieß* NVwZ 1993, 118, 123; *Streinz* EuZW 1993, 599, 604; *Binia* Das Francovich-Urteil des Europäischen Gerichtshofes im Kontext des deutschen Staatshaftungsrechts, 1998, 108 f.

[86] So *Detterbeck* AöR 125 (2000) 202, 247. Dagegen für eine Gestaltungsfreiheit der Mitgliedstaaten *Ossenbühl* StHR, 521.

[87] EuGH Slg 1997, I-3969 Rn 51 – Bonifaci ua/INPS.

[88] EuGH Slg 1996, I-1029 Rn 90 – Brasserie du pêcheur; 1997, I-3969 Rn 48 – Bonifaci ua/INPS; 1997, I-4062 Rn 36 – Maso ua /INPS u Italien.

[89] EuGH Slg 1996, I-1029 Rn 87 – Brasserie du pêcheur.

[90] *Prieß* NVwZ 1993, 118, 124; *Kopp* DÖV 1994, 201, 206.

[91] So BGH NVwZ 2007, 362, 364.

[92] EuGH NVwZ 2009, 771, 773.

[93] EuGH NVwZ 2009, 771, 773.

[94] EuGH NVwZ 2009, 771, 773.

lehnte der BGH die analoge Anwendung des § 852 BGB aF ab, da dies bis zum Vorlagebeschluss nicht mit hinreichender Sicherheit zu ermitteln gewesen sei[95]. Dadurch gilt für anhängige Altfälle aus der Zeit vor dem 1. Januar 2002 die 30jährige Verjährungsfrist des § 195 BGB aF[96]. Nach der, zu diesem Zeitpunkt in Kraft getretenen, Schuldrechtsreform hingegen verjährt ein Anspruch nach Maßgabe der Überleitungsvorschrift des Art 229 § 6 EGBGB im Bereich der Haftung wegen eines Verstoßes gegen Unionsrecht gem der Neuregelung in §§ 195, 199 BGB in drei Jahren[97].

31 l) *Anspruchsgegner*. Der Europäische Gerichtshof spricht stets von der Haftung des Mitgliedstaates. Damit ist aber noch nicht entschieden, wer innerhalb des Mitgliedstaates haftet. Der Verstoß kann durch jeden Hoheitsträger begangen werden, weshalb der Bund, die Länder oder die Gemeinden haften können. Vom EuGH wurde noch nicht entschieden, ob neben dem so bestimmten Verantwortlichen stets eine ergänzende Haftung des Bundes besteht; der BGH hält das unionsrechtlich nicht für geboten[98]. Im Übrigen kommt das nationale Recht zur Anwendung.

II. Haftung nach EMRK

1. Grundlagen

32 Neben der Eigenhaftung der Union nach Art 340 II AEUV und der vom EuGH entwickelten Staatshaftung der EU-Mitgliedstaaten ist die dritte Säule des europäischen Staatshaftungsrechts die Haftung der Vertragsstaaten nach der EMRK wegen Verletzung von Konventionsrechten und dadurch verursachter Schäden[99]. In Fällen der Feststellung einer EMRK-Verletzung sieht die EMRK eine gerechte Entschädigung und den Ersatz der Kosten vor. Damit besteht nach dem Recht der EMRK die Möglichkeit, Opfer von Menschenrechtsverletzungen für erlittene Nachteile zu entschädigen[100]. Die damit bewirkte Sanktion gravierender staatlicher Menschenrechtsverletzungen durch Schadensersatzleistungen trägt zugleich zur künftigen Beachtung der Menschenrechte bei[101].

33 Als Rechtsgrundlagen der konventionsrechtlichen Haftung kommen zwei ausdrückliche EMRK-Regelungen in Betracht: Art 5 V EMRK und Art 41 EMRK. Art 5 V EMRK sieht einen Anspruch auf Entschädigung für EMRK-widrige Haft vor. Diese Regelung ist kraft Umsetzung in deutsches Gesetzesrecht eine unmittelbar vor deutschen Gerichten durchsetzbare Anspruchsgrundlage des innerstaatlichen Staatshaftungsrechts[102]. Art 41 EMRK regelt die völkerrechtliche, hier konventionsrechtliche, Staats-

95 BGH v 4.6.2009, Az III ZR 144/05, abrufbar unter www.bundesgerichtshof.de, Rn. 45; vorauss BGHZ 181, 199–225.

96 BGH v 4.6.2009, Az III ZR 144/05, abrufbar unter www.bundesgerichtshof.de, Rn. 46; vorauss BGHZ 181, 199–225.

97 BGH v 4.6.2009, Az III ZR 144/05, abrufbar unter www.bundesgerichtshof.de, Rn. 46; vorauss BGHZ 181, 199–225.

98 BGHZ 161, 224, 235.

99 *Ossenbühl* StHR, 527.

100 *Dannemann* Schadensersatz bei Verletzung der Europäischen Menschenrechtskonvention, 1994, 4.

101 *Dannemann* (Fn 100) 2.

102 *Ossenbühl* StHR, 528.

haftung der Vertragsstaaten für Verstöße gegen die EMRK. Zwar kann auch im Völkerrecht nach den allgemeinen völkerrechtlichen Haftungsmaßstäben eine Entschädigungspflicht bestehen. Allerdings besteht diese grundsätzlich nur gegenüber den Staaten als Völkerrechtssubjekten. Art 41 EMRK kommt dagegen unmittelbar der verletzten Partei zugute. Eine nach dieser Regelung zuzubilligende Entschädigung kann durch Leistungsurteil direkt dem Betroffenen zugesprochen werden.

Der Gerichtshof hat weiter betont, dass Art 41 EMRK auf Individualbeschwerden zugeschnitten ist und sich direkt auf den Beschwerdeführer bezieht[103]. Verletzte Partei iSv Art 41 EMRK ist das Opfer der Menschenrechtsverletzung, also im gerichtlichen Verfahren der Beschwerdeführer bzw dessen Rechtsnachfolger[104]. Dies kann jede natürliche Person, nichtstaatliche Organisation oder Personenvereinigung sein (Art 34 EMRK). Ungeklärt ist, ob Art 41 EMRK auch für Staatenbeschwerden gilt. Ob der Gerichtshof im Falle einer Staatenbeschwerde, die zur Feststellung einer Konventionsverletzung führt, auch dem Einzelnen eine gerechte Entschädigung zusprechen kann, war bislang nicht zu entscheiden[105]. Grundsätzlich scheint der Gerichtshof eine Anwendung von Art 41 EMRK allerdings nicht auszuschließen, sofern ein Staat direkt für den Betroffenen Beschwerde einlegt[106]. 34

Im Gegensatz zur Haftung der EU nach Art 340 II AEUV ist die Entschädigung nach Art 41 EMRK oftmals erfolgreich, und die Entschädigung beschränkt sich auch nicht mehr auf Beträge mit symbolischen Charakter, sondern erfolgt mitunter in beachtlichem Umfang. Daher hat der Rückgriff auf eine gerechte Entschädigung gem Art 41 EMRK in der Praxis grundsätzlich größere Bedeutung. Allerdings lässt der Gerichtshof keine gesteigerten Bemühungen um eine methodische Herleitung seiner Entscheidungspraxis zu Art 41 EMRK erkennen. Diese Lücke hat der Gerichtshof auch nicht über das allgemeine völkerrechtliche Haftungsrecht zu schließen versucht[107]. In Deutschland war die Entschädigungsjudikatur des EGMR lange Zeit unbeachtet; ein umfassender Grundrechtsschutz wird hier bereits durch das BVerfG geleistet[108]. Mitunter kann aber die überlange Verfahrensdauer eines bundesverfassungsgerichtlichen Verfahrens einen Konventionsverstoß begründen[109]. 35

[103] EGMR v 10.3.1972 (De Wilde, Ooms und Versyp v Belgien), A 14 Rn 23; *Frowein/Peukert* EMRK, 2. Aufl 1996, Art 50 Rn 1.

[104] Verstirbt der Beschwerdeführer, können Rechtsnachfolger für den verstorbenen Beschwerdeführer das Verfahren fortsetzen und eine gerechte Entschädigung nach Art 41 EMRK verlangen. Vgl *Villiger* Handbuch der Europäischen Menschenrechtskonvention, 2. Aufl, 1999, § 17 Rn 237.

[105] Diese Frage wurde im Fall EGMR v 18.1.1978 (Irland v Großbritannien), A 25, 93 f Rn 244–246 nicht entschieden. Vgl ferner EGMR v 10.5.2001 (Zypern v Türkei), Application No 25781/94.

[106] So *Meyer-Ladewig* Konvention zum Schutze der Menschenrechte und Grundfreiheiten, 2003, Art 41 Rn 2; *Frowein/Peukert* (Fn 103) Art 50 Rn 2.

[107] *Dannemann* (Fn 100) 18.

[108] Dazu *Kirchhof* EuGRZ 1994, 16 ff.

[109] EGMR v 1.7.1997 (Pammel v Deutschland), E 1997-IV, 1096; EGMR v 1.7.1997 (Probstmeier v Deutschland), E 1997-IV, 1123.

2. Haftung nach Art 41 EMRK

36 a) *Allgemeines.* Für den Fall der Feststellung einer EMRK-Verletzung spricht der EGMR nach Art 41 EMRK erfolgreichen Beschwerdeführern eine gerechte Entschädigung zu, wenn dies erforderlich ist. Dieser Ausspruch ist eine Ausnahme von der Natur der Urteile des EGMR als feststellende Urteile: Der Gerichtshof kann den beklagten Staat unmittelbar und direkt dazu verurteilen, eine gerechte Entschädigung in bestimmter Höhe zu leisten[110]. Die Entschädigung umfasst Schadensersatz und Kostenersatz, beide nach Ermessen des Gerichts.

37 b) *Überblick über Haftungsvoraussetzungen.* Die Haftungsvoraussetzungen lauten wie folgt: Der EGMR gewährt Entschädigung, wenn er eine Konventionsverletzung festgestellt hat, der durch den Konventionsverstoß verletzten Partei daraus Folgen entstanden sind und die innerstaatlichen Gesetze des verletzenden Vertragsstaates nur eine unvollkommene Wiedergutmachung gestatten (sog Haftungstrias)[111].

38 c) *Feststellung einer Konventionsverletzung.* Voraussetzung für die Haftung ist die Feststellung durch den Gerichtshof, dass die Konvention (EMRK) oder eines ihrer Zusatzprotokolle verletzt ist. Nach Maßgabe des Vorläufers von Art 41 EMRK (Art 50 EMRK aF) wird auf eine Entscheidung oder Maßnahme eines Gerichts oder einer sonstigen Behörde des betreffenden Staates abgestellt, welche die in der EMRK garantierten Rechte verletzt hat. Ein Verschulden ist nicht erforderlich. Auch spielt es keine Rolle, ob die Konventionsverletzung in einem positiven Tun oder Unterlassen[112] besteht oder in einer Maßnahme, die angeordnet, aber noch nicht durchgesetzt wurde[113]. Weiter ist hier die Unterscheidung zwischen administrativen und legislativem Unrecht unerheblich: Die Vertragsstaaten haften für die Gesamtheit ihrer Organe. Konventionswidrige Gesetze können Grund einer Haftung sein ebenso wie Verwaltungshandeln[114].

39 Art 41 EMRK bezieht sich – im Unterschied zum Völkerrecht, wonach grundsätzlich jede objektive Verletzung des Völkerrechts eine Haftung auslösen kann[115] – auf die Verletzung der enumerativ in der Konvention und ihren Zusatzprotokollen aufgezählten, subjektiven Rechten. Die Regelung ist insoweit keine Generalklausel, sondern hat den Charakter einer Zusammenfassung von Einzeltatbeständen[116]. Zu beachten ist weiter, dass Art 41 EMRK ein prozessuales Erfordernis beinhaltet: Die Regelung greift nur, wenn die EMRK verletzt wurde und der Gerichtshof die Verletzung festgestellt hat.

40 d) *Unvollkommene Wiedergutmachung nach innerstaatlichem Recht.* Aus der Feststellung einer Konventionsverletzung folgt aber nicht automatisch die Zubilligung einer gerechten Entschädigung. Die Entschädigung hängt nach dem Wortlaut des Art 41 EMRK davon ab, dass die innerstaatlichen Gerichte des Vertragsstaates nur eine un-

[110] *Meyer-Ladewig* (Fn 106) Art 41 Rn 1.

[111] *Ossenbühl* StHR, 536.

[112] EGMR v 10.3.1972 (De Wilde, Ooms und Versyp v Belgien), A 14, Rn 22; *Dannemann* (Fn 100) 89.

[113] EGMR v 7.7.1989 (Soering v Großbritannien), A 161 Rn 126; EGMR v 26.3.1992 (Beldjoudi v Frankreich), A 234-A Rn 84.

[114] EGMR v. 22.10.1981 (Dudgeon v Großbritannien), A 45; EGMR v 24.3.1983, A 59, 6 ff; EGMR v 26.10.1988 (Norris v Großbritannien), A 142; EGMR v 26.3.1985 (X und Y v Niederlande), A 91.

[115] Vgl Grundsatzurteil des Ständigen Internationalen Gerichtshofs in PCIL v 13.9.1928 (Chorzów), Pub PCIL Ser A Nr 17, 29.

[116] *Dannemann* (Fn 100) 80 ff.

vollkommene Wiedergutmachung für die Folgen gestatten. Wenn die Folgen einer Konventionsverletzung durch staatliche Maßnahmen bereits ausgeglichen worden sind, lehnt der Gerichtshof deshalb eine Entschädigung ab[117].

Darüber hinaus ist aber fraglich, wieweit diese Voraussetzung für die Begründetheit der Schadensersatzklage reicht, anders gewendet: Ob und wieweit Art 41 EMRK zum innerstaatlichen Staatshaftungsrecht subsidiär ist. Diese Voraussetzung wird vom EGMR in der Praxis zurückhaltend und flexibel gehandhabt[118]. Grundsätzlich kann der Gerichtshof eine Entschädigung auch dann zusprechen, wenn nach innerstaatlichem Recht eine Entschädigung möglich ist. Insbesondere wenn der Beschwerdeführer erneut darauf verwiesen würde, im innerstaatlichen Recht gegebene Rechtsbehelfe zu erschöpfen, kann dies mitunter das Verfahren unzumutbar verlängern; dies kann mit dem Grundsatz eines effektiven Menschenrechtsschutzes unvereinbar sein[119]. Eine Entschädigung kann ebenfalls dann zugesprochen werden, wenn zwar eine vollkommene Wiedergutmachung nach nationalem Recht möglich, aber bis zum Urteil nicht erfolgt ist; ggf ist die Zusprechung einer Entschädigung durch den Gerichtshof auch hilfsweise möglich[120]. 41

Die Frage nach der Subsidiarität des Haftungsanspruchs aus Art 41 EMRK wird vor allem bei Fällen überlanger Verfahrensdauer innerstaatlicher Ausgangsverfahren virulent[121]. Wenn die Konventionsverletzung bereits Gegenstand eines langwierigen innerstaatlichen Verfahrens war, hat die Subsidiarität keine praktische Bedeutung mehr[122] bzw wird verneint[123]. Hier besteht die Möglichkeit, dass Art 41 EMRK bei Vertragsstaaten, die ein ausgebautes Staatshaftungsrecht haben, in eine wirkliche Konkurrenz zur innerstaatlichen Staatshaftung tritt[124]. Der Gerichtshof löst den Konflikt dadurch, dass er ggf das Verfahren bis zum Ausgang des innerstaatlichen Ausgangsverfahrens aussetzt[125]. Die überlange Verfahrensdauer kann anschließend immer noch über die Zusprechung von Zinsen kompensiert werden[126]. 42

e) *Schaden.* Der Gerichtshof spricht eine Entschädigung nur zu, wenn dies nach seiner Auffassung notwendig ist. Er sieht von einer Entschädigung ab, wenn er diese für unangemessen hält[127]. Die Gewährung oder Nichtgewährung steht in seinem billigen Ermessen[128]. Bei dieser Entscheidung berücksichtigt der EGMR den Schaden, den die 43

[117] EGMR v 21.6.1983 (Eckle v Deutschland), EuGRZ 1983, 553 Rn 14.

[118] Vgl *Ossenbühl* StHR, 543 f.

[119] EGMR v 31.10.1995 (Papamichalopoulos v Griechenland), A 330 Rn 40; EGMR v 10.3.1972 (De Wilde Ooms und Versyp v Belgien), A 14 Rn 16; EGMR v 20.5.1999 (Ogur v Türkei), NJW 2001, 1991 ff.

[120] *Meyer-Ladewig* (Fn 106) Rn 4 mit Verweis auf EGMR v 31.10.1995 (Papamichalopoulos v Griechenland), A 330 Rn 40.

[121] *Frowein/Peukert* (Fn 103) Rn 5; *Dannemann* (Fn 100) 53 f; *Ossenbühl* StHR, 544.

[122] *Meyer-Ladewig* (Fn 106) Rn 4.

[123] *Frowein/Peukert* (Fn 103) Rn 5.

[124] *Ossenbühl* StHR, 544.

[125] EGMR v 19.2.1991 (Zanghi v Italien), A 194-C Rn 25; EGMR v 27.11.1991 (Kemmache v Frankreich), A 218 Rn 74; EGMR v 12.12.1991 (Clooth v Belgien), A 225; EGMR v 27.2.1997 (Casciaroli v Italien), A 229-C Rn 22.

[126] Vgl dazu *Dannemann* (Fn 100) 53 f.

[127] EGMR v 27.9.1995 (McCann ua v Großbritannien), Serie A Bd 324 Rn 219.

[128] EGMR v 6.11.1980 (Sunday Times v Großbritannien), Art 50, A 38 Rn 15; EGMR v 6.11.1980 (Guzzardi v Italien), A 39 Rn 114.

Konventionsverletzung dem Beschwerdeführer verursacht hat, und die erstattungsfähigen Kosten und Auslagen, die dem Beschwerdeführer im Verfahren entstanden sind[129].

44 Eine Entschädigung ist grundsätzlich geboten, wenn dem Beschwerdeführer durch die Konventionsverletzung ein beachtlicher, nachweisbarer Schaden entstanden ist. Dabei differenziert der Gerichtshof nicht zwischen unmittelbaren und mittelbaren bzw Folgeschäden[130]. Auch die Abgrenzung zwischen materiellen und immateriellen Schaden ist im Bereich von Art 41 EMRK – im Unterschied zu vielen nationalen Rechtsordnungen – weniger gravierend, da immaterieller Schaden grundsätzlich erstattet wird und an den Nachweis beider Schadenspositionen keine unterschiedlichen Anforderungen gestellt werden[131]. Deshalb wird in den Urteilen des EGMR nicht immer zwischen materiellen und immateriellen Schäden unterschieden; ggf kann der Gerichtshof eine globale Summe festsetzen[132]. Im Ergebnis bereitet die Abgrenzung von materiellen und immateriellen Schäden im Bereich von Art 41 EMRK wenig Schwierigkeiten[133].

45 Materieller Schaden ist durch den Gerichtshof prinzipiell zu erstatten, steht aber in der Rangfolge der Haftungsfolgen hinter der Erstattung der Kosten und Auslagen sowie immateriellem Schadensersatz an letzter Stelle[134]. Als materieller Schaden wird jeder Nachteil erfasst, der sich auf das Vermögen oder die sonstigen rechtlich geschützten Güter des Geschädigten auswirkt[135]. Ersetzbare materielle Schäden sind zB Kosten für die Herstellung oder Wiederbeschaffung zerstörter oder entzogener Eigentumsobjekte[136]; bezahlte Geldstrafen und Kosten, die direkt mit der Konventionsverletzung im Zusammenhang stehen[137], wie Nachzahlung der aus Gründen der Staatsangehörigkeit nicht gewährten Arbeitslosenunterstützung[138]; Reisekosten bei konventionswidriger Familientrennung[139]; ungerechtfertigte Abgabenbelastungen[140]; konventionswidrige Verfahrenskosten[141]; sowie ersetzbare, durch die Konventionsverletzung verursachte sonstige Vermögenseinbußen, wie Nutzungsausfall[142], Zins- und Inflationsverlust[143].

46 Besondere Bedeutung hat die Schadenskategorie der entgangenen Chancen[144] bzw realen Möglichkeiten[145] oder real opportunities[146]. Dies sind vermutete Schäden, die sich nur mit einer geringeren Wahrscheinlichkeit auf die Konventionsverletzung zu-

129 *Frowein/Peukert* (Fn 103) Rn 4; *Meyer-Ladewig* (Fn 106) Rn 16.
130 EGMR v 26.10.1988 (Martins Moreira v Spanien) A 142; *Dannemann* (Fn 100) 139.
131 *Dannemann* (Fn 100) 337 f.
132 EGMR v 06.4.2000 (Comingersoll SA v Portugal), Slg 2000-IV Nr 29.
133 *Dannemann* (Fn 100) 338.
134 *Dannemann* (Fn 100) 331.
135 *Frowein/Peukert* (Fn 103) Rn 8.
136 *Frowein/Peukert* (Fn 103) Rn 8.
137 *Grabenwarter* Europäische Menschenrechtskonvention, 3. Aufl, 2008, § 15 Rn 7.
138 EGMR v 16.9.1996 (Gaygusuz v Österreich), Reports 1996-IV Rn 63.
139 EGMR v 21.6.1988 (Berrehab v Niederlande), A 138 Rn 34.
140 EGMR v 23.10.1990 (Darby v Schweden), A 187 Rn 38.
141 EGMR v 28.11.1978 (Luedicke, Belkacem und Koc v Deutschland), A 29 Rn 57; EGMR v 25.3.1985 (Minelli v Schweiz), A62 Rn 42 ff.
142 EGMR v 18.12.1984 (Sporrong v Schweden), Art 50 A 88 Rn 25 ff; EGMR v 31.10.1995 (Papamichalopoulos v Griechenland), A 330 Rn 40.
143 EGMR v 9.2.1993 (Pine Valley Developments Ltd v Irland), Art 50 A 246-B; EGMR v 9.12. 1994 (Stan Greek Refineries v Griechenland), A 301-B.
144 *Dannemann* (Fn 100) 264 ff.
145 *Frowein/Peukert* (Fn 103) Rn 9.
146 EGMR v 10.3.1980 (König v Deutschland), A 36 Rn 19; EGMR v 9.4.1984 (Goddi v Italien), A 76 Rn 35; EGMR v 12.2.1985 (Colozza v Italien), A 89 Rn 38.

rückführen lassen, ggf ohne beweisbaren Zurechnungszusammenhang ieS. Der EGMR erkennt diese Art des Schadens an, hat allerdings dafür nur in sehr wenigen Fällen Entschädigung gewährt und dabei die unsichere Kausalität bzw Zurechnung dadurch berücksichtigt, dass nur ein Teil der behaupteten Schadenssumme ersetzt wird[147].

Immaterielle Nachteile hat der Gerichtshof stets zum Schaden gezählt. Als immaterieller Schaden werden solche psychischen und physischen Auswirkungen der Konventionsverletzung auf den Beschwerdeführer erfasst, die nicht Vermögensschaden sind. Allerdings bestehen keine festen Kriterien für die Zuerkennung von immateriellem Schadensersatz. Die Höhe des Schadensersatzes liegt im Ermessen des Gerichts, und die im einzelnen Fall angeführten Kriterien sind kaum verallgemeinerungsfähig[148]. Oftmals erfolgt eine freie Schadensschätzung. Dabei erreichen Schmerzensgelder auf der einen Seite mitunter beachtliche Größenordnung, auf der anderen Seite wird zum Teil Wiedergutmachung allein durch bloße Feststellung der Konventionsverletzung zugesprochen[149]. **47**

Ersetzbare immaterielle Schäden mit Beträgen in größerem Umfang sind vor allem bei Verletzung von Art 2, 3 und 5 EMRK sowie ferner bei schweren Eingriffen in Art 8 EMRK zugesprochen worden[150], etwa bei Entschädigung für Misshandlungen in der Haft und für überlange Untersuchungshaft[151]; bei schweren Eingriffen in die Privatsphäre, die tiefgreifende Folgen für die Karriere und das Leben der Beschwerdeführer haben (vorliegend wurden die Beschwerdeführer aufgrund homosexueller Neigungen aus der britischen Armee ausgeschlossen)[152]; sowie bei unangemessener Dauer gerichtlicher Verfahren wegen der daraus resultierenden Ungewissheit für weitere Planungen[153]. **48**

Immaterieller Schaden wird auch bei juristischen Personen anerkannt. Dies betrifft zum einen Vereine oder Parteien, die wegen konventionswidrigen Verhaltens des Staates daran gehindert werden, Mitglieder zu werben[154]. Zum anderen wird bei Wirtschaftsunternehmen in Rechtsform juristischer Personen Ausgleich für immaterielle Schäden bejaht[155], etwa bei Rufschädigung des Unternehmens, bei Unsicherheit und Ungewissheit in Planungsentscheidungen wegen langer Verfahrensdauer, sowie bei Eingriffen in die Unternehmensführung und Unternehmensleitung, die zu Störungen des Managements und – allerdings nur in geringem Umfang zu entschädigender – Unsicherheit und Unbequemlichkeit für die Geschäftsführer führen[156]. **49**

Auch künftige Schäden können ersetzbar sein, sofern ihr Eintritt und Umfang zum Zeitpunkt der Entscheidung hinreichend sicher ist[157]. Dies hat einige Bedeutung, da der **50**

147 *Ossenbühl* StHR, 546 f.

148 *Grabenwarter* (Fn 137) Rn 8.

149 *Ossenbühl* StHR, 547.

150 *Grabenwarter* (Fn 137) Rn 8; *Frowein/Peukert* (Fn 103) Rn 10.

151 EGMR v 22.6.1972 (Ringeisen v Österreich), A 15 Rn 26; EGMR v 27.8.1992 (Tomasi v Frankreich), A 241-A Rn 130.

152 EGMR v 25.7.2000 (Smith u Grady v Großbritannien), RJD 2000-IX Rn 12 f.

153 EGMR v 28.6.1978 (König v Deutschland), A 27; EGMR v 10.3.1980, A 36 Rn 19; EGMR v 29.3.1989 (Bock v Deutschland), A 150.

154 *Grabenwarter* (Fn 137) Rn 9; vgl EGMR v 8.12.1999 (ÖZDEP v Türkei), Slg 1999-VIII Rn 57.

155 Hierzu näher *Dannemann* (Fn 100) 386 ff.

156 EGMR v 6.4.2000 (Comingersoll v Portugal), Slg 2000-IV Nr 35.

157 Ausdrückliche Anerkennung zukünftigen Schadens bisher nur im Fall EGMR v 18.10.1982 (Young, James und Webster v Großbritannien), A 55-A, Rn 11. Näher hierzu *Dannemann* (Fn 100) 299 ff.

Ersatz künftigen Schadens im allgemeinen Völkerrecht nur äußerst selten zuerkannt wird[158]. Strafschadensersatz nach Vorbild des US-amerikanischen Rechts wird durch den EGMR nicht zuerkannt[159]: Angemessene Entschädigung iSd Art 41 EMRK ist kompensatorisch, nicht sanktionierend[160]. Die Beweislast für die Existenz eines Schadens liegt grundsätzlich beim Beschwerdeführer; möglichen Schwierigkeiten bei der Erfüllung der Darlegungs- und Beweislast des Beschwerdeführers ist nach Billigkeit Rechnung zu tragen[161]. Nur in Ausnahmefällen untersucht der EGMR einen Schadenseintritt von Amts wegen[162].

51 f) *Kausalität und Zurechnungszusammenhang*. Die eigentlichen Probleme der Konventionshaftung nach Art 41 EMRK liegen nicht bei den Schadenspositionen, sondern bei Kausalität und Zurechnung[163]. Zwischen dem erlittenem Schaden und der Feststellung einer Konventionsverletzung muss ein Kausalzusammenhang bestehen[164]. Der Gerichtshof legt dabei einen strengen Maßstab an[165]: Der Schaden muss eindeutig durch die festgestellte EMRK-Verletzung verursacht worden sein.

52 Dies ist bei der Verletzung von Verfahrensgarantien, insbes Art 5 und 6 EMRK, nur selten der Fall. Der EGMR ist nicht bereit, etwa bei einer geltend gemachten Verletzung von Art 6 EMRK durch überlange Verfahrensdauer oder fehlendem Zugang zum Gericht den Ausgang eines – möglichen – Verfahrens zu vermuten[166]. Nur dann, wenn festgestellt werden kann, dass der Einzelne einen Schaden erlitten hat, den er ohne die Verletzung der Verfahrensgarantien aus Art 5 und 6 EMRK nicht erlitten hätte, ist er zur Anerkennung der Kausalität bereit[167]. Daran fehlt es bereits, wenn der Verfahrensfehler als solcher nur möglicherweise, nicht aber wahrscheinlich oder sicher den Schaden verursacht hat[168]. In diesen Fällen kann nach Ansicht des EGMR die bloße Feststellung der Konventionsverletzung bereits ausreichend sein; die Gewährung einer gerechten Ent-

158 Einzig im Fall *Lusitania* erhielten Angehörige der ertrunkenen Passagiere einen künftigen Unterhaltsschaden ersetzt, vgl Mixed Claims Commission (USA/Deutschland), 1.11.1923 (Lusitania), RIAA VII 32, 35 (Umpire Parker).

159 EGMR v 24.4.1998 (Secuk und Asker v Türkei), Slg 1998-II Rn 119; EGMR v 18.2.1999 (Hood v Vereinigtes Königreich), NVwZ 2001, 304, 307 Rn 89.

160 Allerdings kann eine „gerechte Entschädigung" einen weiten Ermessenspielraum umfassen/einräumen, der zu abschreckenden oder exemplarischen Entschädigungen durch den Gerichtshof führen könnte. So *Frowein/Peukert* (Fn 103) Rn 6.

161 EGMR v 3.7.1995 (Hentrich v Frankreich), A 320-A Rn 11; EGMR v 31.10.1995 (Papamichalopoulos v Griechenland), A 330 Rn 40.

162 EGMR v 30.3.1980 (König v Deutschland); EGMR v 6.11.1980 (Sunday Times v Großbritannien), Art 50, 38 Rn 18.

163 *Ossenbühl* StHR, 548.

164 Vgl EGMR v 10.12.1982 (Corigliano v Italien), A 57 Rn 53; EGMR v 28.8.1991 (FCB v Italien), A 208-B Rn 38.

165 Vgl EGMR v 25.6.1997 (Halford v Großbritannien), Reports 1997-III, 1023 Rn 76; EGMR v 24.10.1997 (Johnson v Großbritannien), Reports 1997-VII, 2414 Rn 77; EGMR v 17.12.1996 (Terra Woningen v Niederlande), Reports 1996-VI, 2124 Rn 61.

166 Vgl EGMR v 29.3.1990 (Kostovski v Niederlande), A 170-B; EGMR v 30.10.1997 (van Mechelen ua v Niederlande), Reports 1997-VII, 2432 Rn 18; EGMR v 19.2.1998 (Higgins ua v Frankreich), Reports 1998-I, 62 Rn 48; EGMR v 8.6.2006 (Sürmeli v Deutschland), NJW 2006, 2389, 2394 Rn 144.

167 *Meyer-Ladewig* (Fn 106) Rn 17; *Ossenbühl* StHR, 549.

168 *Ossenbühl* StHR, 550 mwN.

schädigung ist nicht notwendig[169]. Allerdings wird die Kausalität der Verletzung einer Verfahrensvorschrift für bestimmte Schäden durch den Gerichtshof mitunter insoweit anerkannt, als der Beschwerdeführer bei Vermeidung der Konventionsverletzung besser auf das Verfahren hätte Einfluss nehmen können[170]. Darüber hinaus lässt sich der Rspr des EGMR zur Kausalität ein klares Konzept kaum entnehmen[171]. Die Entscheidungsgründe zur Kausalität der Konventionsverletzung zu Art 41 EMRK fallen in der Regel sehr knapp aus[172], und selbst bei komplexen und schwierigen Fällen bleibt der Gerichtshof eine tragfähige Begründung zu seiner Antwort auf die Kausalitätsfragen oft schuldig[173]. Abhilfe könnte hier ggf eine Beweislastumkehr schaffen, falls der beklagte Staat prozessrechtlich keine Wiederaufnahmegründe für den Fall der Konventionswidrigkeit vorsieht[174].

g) *Allgemeines zu den Haftungsfolgen.* Soweit die Haftungsvoraussetzungen vorliegen, kann der Gerichtshof der verletzten Partei eine gerechte Entschädigung zusprechen. Da der EGMR in Bezug auf die Rechtsverletzung über die Feststellung der Konventionsverletzung hinaus die Konventionsverletzungen selbst bzw die zur Konventionsverletzung ursächlichen Maßnahmen weder aufheben, ändern, für nichtig erklären noch rückgängig machen kann, ist er grundsätzlich darauf beschränkt, im Rahmen von Art 41 EMRK nur Geldentschädigung zuzusprechen. 53

h) *Naturalrestitution.* Dies steht in einem gewissen Spannungsverhältnis zum allgemeinen Völkerrecht, das die Pflicht zur Beendigung der völkerrechtswidrigen Situation und zur Gewährung von Ersatz für den hieraus entstandenen Schaden kennt. Insoweit besteht zum einen auch die Möglichkeit von Naturalrestitution. Zum anderen umfasst der Schaden den ganzen durch die Rechtsverletzung umfassten Vermögensschäden, den es vollständig zu ersetzen gilt[175]. 54

Vor diesem Hintergrund hat sich der EGMR der Auffassung angeschlossen, dass der beklagte Staat der Verpflichtung unterliegt, Ersatz für die Konventionsverletzung zu leisten und zwar so, dass der Zustand vor der Verletzung so weit wie möglich wieder hergestellt wird. Dadurch wird der völkerrechtliche Grundsatz der Naturalrestitution für den konventionsrechtlichen Anspruch aus Art 41 EMRK zumindest indirekt anerkannt[176]. Der EGMR hat aber auch Urteile hervorgebracht, die dem Anspruch aus 55

169 EGMR v 25.4.1983 (Pakelli v Deutschland), A 64; EGMR v 29.5.1986 (Deumeland v Deutschland), A 100; EGMR v 16.12.1992 (Niemietz v Deutschland), EuGRZ 1993, 65 Rn 43; EGMR v 18.2.1999 (Buscarini v San Marino), Slg 1999-I Nr 45; EGMR v 25.3.1999 (Nikolova v Bulgarien), NJW 2000, 2883 Rn 76; EGMR v 29.4.1999 (Aquilina v Malta), NJW 2001, 51, 54 Rn 59; EGMR v 13.2.2001 (Lietzow v Deutschland), NJW 2002, 2013, 2015 Rn 52; großzügiger EGMR v 8.6.2006 (Sürmeli v Deutschland), NJW 2006, 2389, 2394 Rn 145.

170 EGMR v 13.7.2000 (Elsholz v Deutschland), NJW 2001, 2315 Rn 71.

171 *Ossenbühl* StHR, 548, 552; *Frowein/Peukert* (Fn 103) Art 5 Rn 11 ff insbes 13, 16, 22; *Dannemann* (Fn 100) 133 ff.

172 *Dannemann* (Fn 100) 71 ff.

173 Vgl dazu *Dannemann* (Fn 100) 71 ff mit Verweis auf EGMR v 24.4.1990 (Kruslin v Frankreich), A 176-A Rn 39. Erfreuliche Ausnahmen sind hier nur EGMR v 9.12.1993 (Pine Valley Developments Ltd v Irland), Art 50, A 246-B sowie EGMR v 4.10.1993 (Vermeire v Belgien), Art 50, A 270-A.

174 *Roth* NVwZ 2006, 753 ff.

175 Vgl PCIL v 13.9.1928 (Chorzów), Pub PCIL Ser A Nr 17.

176 EGMR v 31.10.1995 (Papamichalopoulos v Griechenland), Art 50 A 330; EGMR v 6.04.2000 (Comingersoll v Portugal), Slg 2000-IV Rn 29; EGMR v 25.7.2000 (Smith u Grady v Großbritannien), RJD 2000-IX Rn 18; EGMR v 18.10.1982 (Young, James und Webster v Großbritannien), A 55 Rn 10 ff.

Art 41 EMRK den Charakter eines vollen Restitutionsanspruchs absprechen und die Folge der gerechten Entschädigung als Befugnis des Gerichts zur Schadensbemessung interpretieren. Dem entsprechend bleibt in vielen Urteilen die Entschädigung hinter dem eigentlichen Schaden zurück[177].

56 In Folge dieser Grundsätze hat der beklagte Staat zwar einen Beurteilungsspielraum, wie er seine Verpflichtung aus dem Urteil erfüllen will; soweit Naturalrestitution möglich ist, muss er diese aber im Grundsatz vornehmen[178]. Verstößt er gegen diese Pflicht zur Naturalrestitution, kann der EGMR den Staat allerdings nur zu Geldentschädigung verurteilen. So hat der EGMR in Fällen mit Bezug zur Naturalrestitution den Staat zwar dazu verurteilt, enteignete Grundstücke zurückzugeben; ist dies binnen einer bestimmten Frist nicht passiert, wurde der Staat aber nur zur Entschädigung in Geld verurteilt[179]. Die Geldentschädigung tritt dann an die Stelle einer ursprünglich geschuldeten, aber vom Gericht nicht als Urteilsausspruch zu judizierenden Naturalrestitution. Dagegen ist die Lit der Ansicht, dass damit die Beschränkung auf einen feststellenden Tenor in ihren Wirkungen überinterpretiert ist. Vielmehr würde es der Intention von Art 41 EMRK entsprechen, wenn der Gerichtshof bei Bejahung seiner Entscheidungskompetenz nach Art 41 EMRK auch die Naturalrestitution anordnet, soweit diese möglich ist[180].

57 i) *Schadensersatz*. Der konventionsrechtliche Anspruch aus Art 41 EMRK ist nach Ansicht des EGMR auf Schadensersatz in Geld gerichtet. Dieser Ersatz steht jeder natürlichen Person, nichtstaatlichen Organisation oder Personenvereinigung zu (Art 34 EMRK). Insgesamt tendiert der EGMR dazu, dass prinzipiell voller Schadensersatz beansprucht werden kann, behält sich aber die Möglichkeit zu einer weitergehenden, auch einschränkenden Bestimmung des Ersatzes vor[181]. Sind innerstaatliche Rechtsbehelfe vorhanden und hat der Beschwerdeführer Wiedergutmachung erhalten, prüft der Gerichtshof, ob die Behörden die Konventionsverletzung mindestens in der Sache anerkannt haben und ob die Wiedergutmachung ausreichend und angemessen war. Liegen diese Voraussetzungen nicht vor, kann der Beschwerdeführer weiter geltend machen, Opfer der Konventionsverletzung zu sein und Entschädigung verlangen[182].

58 Für den Umfang der Entschädigung hat der Gerichtshof eine weite Schätzungspraxis entwickelt, bei der er nach billigem Ermessen entscheidet und die Höhe des Schadens nicht in allen Einzelheiten ermittelt[183]. Insbes beim Ersatz für immaterielle Schäden nimmt der EGMR gewöhnlich Kürzungen vor, wobei sich folgende Bemessungskriterien des EGMR festmachen lassen[184]: Schwere des Verstoßes bzw der Konventionsverletzung[185]; Zugrundelegung der Annahme, der Kläger begehre primär Feststellung der Konventionsverletzung und erst sekundär Entschädigung[186]; sowie das Verhalten des

[177] *Dannemann* (Fn 100) 240 mit Verweis auf EGMR v 21.6.1988 (Berrehab v Niederlande), A 138 Rn 34; EGMR v 28.10.1987 (Inze v Österreich), A 126 Rn 50.

[178] EGMR v 19.10.2000 (Iatridis v Griechenland), Art 41, Slg 2000-XI Rn 32. Sa *Meyer-Ladewig* (Fn 99) Rn 11.

[179] EGMR v 31.10.1995 (Papamichalopoulos v Griechenland), Art 50, A 330, 58 Rn 34.

[180] *Dannemann* (Fn 100) 207.

[181] *Ossenbühl* StHR, 555.

[182] EGMR v 29.3.2006 (Scordino v Italien) NJW 2007, 1259 ff.

[183] *Meyer-Ladewig* (Fn 106) Rn 12.

[184] *Ossenbühl* StHR, 556.

[185] EGMR v 25.9.1997 (Aydin v Türkei), Reports 1997-IV Rn 125 ff.

[186] EGMR v 22.2.1989 (Ciulla v Italien), A 148 Rn 48.

Beschwerdeführers nach der Schädigung iSd Frage eines Mitverschuldens[187]. Voller Ersatz des im Klageantrag begehrten Schadens wird nur gewährt, wenn genau bezifferte und zweifelsfrei belegte Schadenspositionen vorliegen[188]. Werden Schadensersatzforderungen vom beklagten Staat nicht bestritten, werden sie vom Gerichtshof in der Regel wie vom Beschwerdeführer vorgetragen angesetzt[189].

j) *Kostenersatz.* Als Teil der gerechten Entschädigung können Kosten und Auslagen **59**
ersetzt werden. Kosten und Auslagen werden aber nur erstattet, wenn sie tatsächlich entstanden sind, mit der Konventionsverletzung in Zusammenhang stehen, zur Abhilfe der Konventionsverletzung notwendig und angemessen waren[190]. Der Ersatz der Kosten und Ausgaben erfolgt nach diesen Grundsätzen für die rechtliche Vertretung im Verfahren vor dem Gerichtshof und im innerstaatlichen Verfahren, in Bezug auf letzteres aber nur insoweit, als sie der später festgestellte Konventionsverletzung abhelfen sollte[191]. Konkret sind erstattungsfähig: Gerichtskosten, Auslagen vor staatlichen Gerichten und vor dem EGMR, Anwaltskosten, Reise- und Aufenthaltskosten bzgl des EGMR, Übersetzungskosten[192] sowie Zinsen ab Rechtskraft des Urteils bis zur Zahlung der Entschädigung nach dem jeweiligen Zinssatz des beklagten Mitgliedstaats.

Das Verfahren vor dem EGMR ist zwar grundsätzlich kostenfrei, doch können sich **60**
Kosten des Erscheinens von Zeugen, Sachverständigen oder sonstigen Personen auf Antrag der Parteien ergeben, die der jeweiligen Partei auferlegt werden[193]. Wohl größter Kostenpunkt im Verfahren vor dem EGMR sind die Anwaltskosten. Hier sind als Orientierungspunkt für den Gerichtshof die jeweiligen innerstaatlichen Vertretungstarife bzw Vertretungspraktiken mit zu berücksichtigen[194]. Allerdings dürfen (zu) hohe Anwaltskosten nicht einem effektiven Menschenrechtsschutz entgegenstehen[195]. Der Gerichtshof prüft hier, ob das Honorar insgesamt angemessen ist.[196] Kosten können abgezogen werden, soweit einzelne Beschwerdepunkte als unzulässig oder unbegründet abgewiesen worden sind[197]. Bei Berechnungsschwierigkeiten kann der Gerichtshof die

[187] EGMR v 7.5.1974 (Neumeister v Österreich), A 17; *Dannemann* (Fn 100) 241 ff.

[188] EGMR v 27.2.1980 (Deweer v Belgien), A 35 Rn 60; EGMR v 28.8.1990 (Schwabe v Österreich), A 242-B Rn 38; *Ossenbühl* StHR, 556.

[189] EGMR III. Sektion v 10.4.2001 (Tanli v Türkei), Slg 2001-III Rn 182 ff; EGMR v 25.7.2000 (Smith u Grady v Großbritannien), RJD 2000-IX Rn 18.

[190] *Villiger* (Fn 97) § 13 Rn 242; *Grabenwarter* (Fn 137) Rn 12; *Meyer-Ladewig* (Fn 106) Rn 18 mit Verweis auf EGMR v 19.10.2000 (Iatridis v Griechenland), Art 41 Slg 2000-XI Rn 54; EGMR v 8.7.1999 (Baskaya und Okcuoglu v Türkei), NJW 2001, 1995, 2000 Rn 98.

[191] *Grabenwarter* (Fn 137) Rn 6, 10, 13, wobei Rechtshilfebeträge abgezogen werden. Sa *Meyer-Ladewig* (Fn 106) Rn 19.

[192] *Meyer-Ladewig* (Fn 106) Rn 20.

[193] Art 65 III VerfO.

[194] EGMR v 24.10.1983 (Silver ua v Großbritannien), Art 50 A 76; EGMR v 13.7.1995 (Miloslavsky v Großbritannien), A 316-B Rn 77; *Villiger* (Fn 97) § 13 Rn 242; *Frowein/Peukert* (Fn 103) Art 5 Rn 64.

[195] EGMR v 18.10.1982 (Young, James u Webster v Großbritannien), Art 50 A 55-A Rn 15; *Grabenwarter* (Fn 137) Rn 11.

[196] EGMR v 1.07.1997 (Pammel v Deutschland), E 1997-IV 1096 Rn 80; EGMR v 31.5.2001 (Metzger v Deutschland), NJW 2002, 2856, 2857 Rn 51. In Fällen durchschnittlicher Schwierigkeit werden für die anwaltliche Vertretung in Individualbeschwerdeverfahren etwa zwischen 5.000 und 15.000 € vom Gerichtshof akzeptiert, vgl *Frowein/Peukert* (Fn 103) Art 5 Rn 64.

[197] EGMR v 18.10.1982 (Le Compte ua v Belgien), A 54 Rn 21; EGMR v 28.6.1984 (Campbell u Fell v Großbritannien), A 80; *Frowein/Peukert* (Fn 103) Art 5 Rn 63.

Kosten unter Berücksichtigung aller Umstände bestimmen, womit ein grundsätzlich weiter Ermessensspielraum hinsichtlich der Erstattungsfähigkeit der Kosten durch den EGMR in Anspruch genommen wird[198].

61 k) *Verfahren, Urteil und Wirkungen.* Die Beschwerde zum EGMR ist erst nach Erschöpfung des innerstaatlichen Rechtsweges zulässig. Nach Erlass des innerstaatlichen Urteils muss die Beschwerde vor dem Gerichtshof innerhalb von 6 Monaten erfolgen, Art 35 EMRK. Der Beschwerdeführer muss vor dem EGMR einen Antrag stellen, in dem er eine Konventionsverletzung geltend macht. Weiter muss er eine Entschädigung beantragen[199], sowohl materielle und immaterielle Schäden als auch Kosten und Auslagen im Einzelnen aufschlüsseln, und Kostenforderungen müssen durch nachprüfbare Kostenberechnungen beweisbar sein[200], denn geltend gemachte Ansprüche bzw Beträge sind nach Art 60 II VerfO zu beziffern und zu ordnen.

62 Bei der Entscheidung des Gerichts ist nach Möglichkeit die Einheit von Feststellung der Konventionsverletzung und Entschädigung in einem Urteil zu erreichen, Art 75 I VerfO. Im Vordergrund steht dabei die Entscheidung über die Konventionsverletzung. Die Entscheidung nach Art 41 EMRK ist eine unselbstständige Nebenentscheidung, weshalb die Entschädigungsklage vor dem EGMR kein eigenständiger Rechtsbehelf ist[201]. Der konkrete Ausspruch über die gerechte Entschädigung erfolgt aber in der Praxis überwiegend getrennt vom Urteil in der Hauptsache, insbes wenn der Entschädigung noch nicht spruchreif ist[202], eine nationale Reaktion zugewartet werden soll oder die Frage nach der Entschädigung schwierig ist[203].

63 Die Entscheidung des Gerichts ist bindend für die Vertragsstaaten auch hinsichtlich des Ausspruchs über die Entschädigung. Dieser begründet die Verpflichtung des beklagten Staates, binnen einer Frist von 3 Monaten ab Rechtskraft des Urteils (Art 44 II EMRK) die Entschädigung zu zahlen. Soweit der verurteilte Vertragsstaat der Pflicht zur fristgerechten Erfüllung der Entschädigungsansprüche nicht nachkommt, werden Zinsansprüche des Beschwerdeführers begründet[204]. Umstritten ist, ob der Entschädigungsanspruch pfändbar bzw aufrechenbar ist: Während einerseits aus dem völkerrechtlichen Charakter der Entschädigung gefolgert wird, dass der jeweilige Staat diesen Anspruch nicht pfänden und damit bzw dagegen auch nicht aufrechnen könne[205], sind andere der Ansicht, dass diesbezüglich auf das jeweilige nationale Recht abzustellen ist[206].

198 Vgl etwa EGMR v 29.5.1997 (Georgiadis v Griechenland), Reports 1997-III Rn 52.

199 EGMR v 21.2.1975 (Golder v Großbritannien), A 18, 23; EGMR v 6.11.1980 (Sunday Times v Großbritannien), Art 50, A 38, S 9; *Ossenbühl* StHR, 533; *Meyer-Ladewig* (Fn 106) Rn 26.

200 *Dannemann* (Fn 100) 55; *Frowein/Peukert* (Fn 103) Art 5 Rn 59.

201 *Ossenbühl* StHR, 535.

202 EGMR v 2.09.1996 (Vogt v Deutschland), E 1996-I, 1986, 1989; näher hierzu *Dannemann* (Fn 100) 48 ff.

203 Letzteres etwa bei der Frage, wie hohe finanzielle Verluste entschädigt werden sollen, die schwierige Bewertungsfragen aufwerfen; vgl EGMR v 24.6.1993 (Papamichalopoulos ua v Griechenland), Serie A 260-B; EGMR v 31.10.1995 (Papamichalopoulos ua v Griechenland), Art 50 Serie A 330-B.

204 *Ossenbühl* StHR, 535; *Meyer-Ladewig* (Fn 106) Rn 27; *Frowein/Peukert* (Fn 103) Art 5 Rn 68.

205 *Frowein/Peukert* (Fn 103) Art 5 Rn 67.

206 *Meyer-Ladewig* (Fn 106) Rn 30.

3. Haftung nach Art 5 V EMRK

a) *Allgemeines.* Nach Art 5 V EMRK hat jede Person, die entgegen den in Art 5 EMRK normierten Bestimmungen von Festnahme oder Haft betroffen ist, Anspruch auf Schadensersatz. Art 5 V EMRK begründet mit diesem Individualanspruch ein spezifisches Anspruchsinstitut des deutschen Staatshaftungsrechts[207]: Nach Ansicht des BGH stellt Art 5 V EMRK einen „eigenartigen Spezialtatbestand des öffentlichrechtlichen Schadensausgleichs dar", der eine Gefährdungshaftung mit deliktsähnlichem Einschlag sei[208]. **64**

Fraglich ist das Verhältnis von Art 5 V EMRK zur anderen Rechtsgrundlage einer konventionsrechtlichen Haftung: Art 41 EMRK. Art 5 V EMRK richtet sich an die Mitgliedstaaten und begründet unmittelbar einen Entschädigungsanspruch gegen den Staat[209]. Der Anspruch aus Art 5 V EMRK entsteht deshalb im innerstaatlichen Verfahren gegenüber innerstaatlichen Behörden und ist ein vor den nationalen Gerichten durchsetzbarer Entschädigungsanspruch. Dagegen entsteht der Anspruch aus Art 41 EMRK im Verfahren vor dem EGMR aufgrund der Verletzung einer EMRK-Garantie. **65**

Der EGMR hat zum Verhältnis zwischen Art 5 V EMRK und Art 41 EMRK wechselnde Ansichten vertreten. Zunächst hat er sich für eine Anwendbarkeit von Art 5 V EMRK neben Art 41 EMRK ausgesprochen[210]. Später hat er diese Rspr aufgegeben und den materiellen Haftungsanspruch alleine auf Art 41 EMRK gestützt. Allerdings geht Art 5 V EMRK in der Rspr des EGMR weiterhin über eine bloße Rechtswegsgarantie ohne eigenständigen Entschädigungsgehalt[211] hinaus. Zwar sieht der Gerichtshof Art 5 V EMRK heute nicht mehr als lex specialis an, aber Art 5 V EMRK wird – neben anderen Faktoren – im Rahmen der Prüfung von Art 41 EMRK beachtet[212]: Wenn das nationale Recht in der Situationen des Art 5 V EMRK keinen Anspruch auf Schadensersatz bereithält, ist Art 5 V EMRK verletzt, was wiederum eine Entschädigung im Verfahren vor dem EGMR nach Maßgabe von Art 41 EMRK nach sich ziehen kann[213]. Der Anspruch aus Art 41 EMRK ist umgekehrt aber nicht abhängig von Art 5 V EMRK und kann davon unabhängig, zB aufgrund anderer Konventionsverletzungen entstehen[214]. **66**

b) *Haftungsvoraussetzungen.* Ein Anspruch aus Art 5 V EMRK setzt zunächst voraus, dass eine Person entgegen der Garantien von Art 5 I–IV EMRK in Haft gehalten wurde. Die Rechtswidrigkeit der Freiheitsentziehung ergibt sich aus den in Art 5 I–IV EMRK normierten Maßstäben, die teilweise auf das innerstaatliche Recht verweisen; Art 5 EMRK beinhaltet insofern konventionsrechtliche Mindestanforderungen[215]. Rechtskräftige Strafurteile müssen jedoch beachtet werden, die Unrichtigkeit kann nicht über Art 5 V EMRK geltend gemacht werden[216]. Zudem soll wie beim Amtshaf- **67**

207 *Ossenbühl* StHR, 531.
208 BGHZ 45, 58, 71, 74.
209 BGHZ 45, 30, 34; 122, 268, 280; *Villiger* (Fn 97) § 17 Rn 374; *Dannemann* (Fn 100) 375; *Streinz* (Fn 38) 312 f.
210 EGMR v 7.5.1974 (Neumeister v Österreich), A 17 Rn 30; EGMR v 25.4.1983 (Van Droogenbroeck v Belgien), Art 50, A 63 Rn 13.
211 Vgl *Dannemann* (Fn 100) 376.
212 *Frowein/Peukert* (Fn 103) Art 5 Rn 156.
213 *Villiger* (Fn 104) § 17 Rn 374.
214 *Villiger* (Fn 104) § 17 Rn 374.
215 *Ossenbühl* StHR, 532.
216 BGH NVwZ 2006, 960.

tungsanspruch der Einwand des rechtmäßigen Alternativverhaltens möglich sein, da Art 5 V EMRK nicht bezwecke, die Verletzung reiner Formvorschriften zu betrafen[217]. Weiter muss aufgrund der Verletzung von Art 5 I–IV EMRK im Zusammenhang mit der Haft ein Schaden des Beschwerdeführers entstanden sein. Verschulden wird nicht vorausgesetzt[218]. Schließlich muss zur Erlangung der Entschädigung gem Art 35 I EMRK gleichfalls der innerstaatliche Rechtsweg ausgeschöpft worden sein[219].

68 c) *Haftungsfolgen.* Die Rechtsfolge besteht in der Pflicht zum Ersatz der Schäden. Art und Höhe eines Schadensersatzanspruchs nach Art 5 V EMRK ergibt sich aus den Grundsätzen zu Art 41 EMRK. Danach kann der EGMR eine gerechte Entschädigung zubilligen. Aus der Rspr des Gerichtshofs zu Art 41 EMRK ist ableitbar, dass sowohl materielle als auch immaterielle Schäden bei Verletzung einer der Vorschriften der Art 5 I–IV EMRK zu berücksichtigen sind[220]. Unter Umständen kann der immaterielle Schaden bereits durch bloße Feststellung der Widerrechtlichkeit abgegolten werden[221]. Soweit Entschädigung gewährt wird, ist aber zu beachten, dass sowohl der BGH als auch der EGMR davon ausgehen, dass der Anspruch auf Entschädigung nach Art 5 V EMRK auf echten Schadensersatz und nicht nur auf eine angemessene Entschädigung gerichtet ist[222].

69 In der Spruchpraxis des EGMR sind Maßnahmen der Freiheitsentziehung häufig Gegenstand von Beschwerden vor dem EGMR. Allerdings ist Art 5 V EMRK in der Anwendung relativ selten von Bedeutung. Der Grund hierfür liegt in der Umsetzung der Konvention und ihrer Zusatzprotokolle durch die Mehrzahl der Vertragsstaaten in den innerstaatlichen Rechtsordnungen. Art 5 V EMRK ist somit eine von den nationalen Gerichten unmittelbar anwendbare Anspruchsgrundlage; der Schadensersatzanspruch kann direkt vor den nationalen Gerichten geltend gemacht werden[223]. In Deutschland ist der Entschädigungsanspruch vor den ordentlichen Gerichten geltend zu machen und unterliegt nach der Rspr gem § 195 BGB der dreijährigen Verjährung[224].

§ 48
Künftige Entwicklung des Staatshaftungsrechts

1 Die Darstellung des Staatshaftungsrechts hat die zu Beginn erwähnten Defizite aufgezeigt. Das Spannungsverhältnis zwischen einerseits den tradierten, normpositiv wie dogmatisch nur partiell schützenden Ausgleichs- und Ersatzansprüchen und anderer-

217 BGH aaO, 961. Das mag bei Bagatellfehlern vermittelbar sein. Allerdings wird die Verletzung einer Formvorschrift auch häufig Rückwirkungen auf die materielle Rechtmäßigkeit der Freiheitsentziehung haben oder der Schutzzweck der Formvorschrift entgegenstehen, wie etwa bei dem Erfordernis einer richterlichen Anordnung, vgl EGMR EuGRZ 2008, 582 ff.

218 BGHZ 45, 58, 66.

219 *Villiger* (Fn 104) § 17 Rn 374; *Frowein/Peukert* (Fn 103) Art 5 Rn 159.

220 EGMR v 22.6.1972 (Ringeisen v Österreich), A 15 Rn 23 ff; EGMR v 7.5.1974 (Neumeister v Österreich), A 17 Rn 41.

221 *Villiger* (Fn 97) § 17 Rn 374.

222 *Frowein/Peukert* (Fn 103) Art 5 Rn 161; BGHZ 45, 58, 66 ff.

223 *Frowein/Peukert* (Fn 103) Art 5 Rn 156.

224 Vgl BGHZ 45, 58, 66 f; OLG München NStZ-RR 1996, 125, 126, bestätigt durch BVerfG NJW 2005, 1567; *Meyer-Goßner* StPO, 51. Aufl 2008, Art 5 EMRK Rn 14 (allerdings kein Aufopferungsanspruch, sondern Gefährdungshaftung mit deliktsähnlichem Einschlag).

seits der umfassenden Eingriffsabwehrwirkung der Grundrechte sowie dem umfassenden Rechtsschutz gegen Eingriffsakte hat erhebliche Veränderungen im Staatshaftungsrecht nach sich gezogen, über die das Staatshaftungsrecht zu einem der komplexesten Gebiete des deutschen öffentlichen Rechts geworden ist. Im Vergleich zum grundrechtlichen Freiheitsschutz und zum allgemeinen Rechtsschutz gegen staatliche Hoheitsakte ist der staatshaftungsrechtliche Schutz des Bürgers aber weiterhin sowohl hinsichtlich der Dogmatik als auch hinsichtlich des Schutzniveaus defizitär.

Diese Defizite des deutschen Staatshaftungsrechts können durch eine Rekonstruk- **2**
tion der Ansprüche aus den Grundrechten überwunden werden. Eine Reflexion der staatstheoretischen Grundlagen zeigt, dass die Grundrechte in ihren Wirkungen nicht auf Schutz vor bestimmten Grundrechtsverletzungen beschränkt sind, sondern zunächst einen grundsätzlich umfassenden Schutz der Integrität privater Freiheit vermitteln. Dies betrifft auch das Staatshaftungsrecht. In der Konsequenz dieser Überlegungen liegt die Umkehrung des traditionellen, privatrechtsähnlichen Verständnisses der Staatshaftung: Im Bereich der Grundrechte besteht zunächst ein grundsätzlich umfassender Schutz vor Rechtsverletzungen.

Auf dieser Grundlage können viele Ansprüche des Staatshaftungsrechts als Rechts- **3**
verletzungsreaktionen entfaltet werden. Der haftungsrechtliche Gehalt der Grundrechte ist im Rahmen des geltenden Rechts hinreichende Grundlage einer Dogmatik des Staatshaftungsrechts. Welche Folgen im Ergebnis Gegenstand eines Verletzungsreaktionsanspruchs sind, ist dabei unter Rücksicht auf die jeweilige normpositive Ausgestaltung des Rechtsgebietes zu ermitteln. Staatshaftungsansprüche aus den Grundrechten zu rekonstruieren gestattet somit, die Grundrechte als dogmatischen Ausgangspunkt zu nehmen, ohne die Differenzierungen des positiven Rechts zwischen verschiedenen Individualrechten, dem primären Rechtsschutz und dem Staatshaftungsrecht zu überspielen.

Soweit der Schutz der Bürger durch staatshaftungsrechtliche Ansprüche auf die **4**
Grundrechte zurückgeführt wird, verdeutlicht die Rekonstruktion zugleich Vorgaben für Reformen des Staatshaftungsrechts. Die staatshaftungsrechtlichen Ansprüche sind bei der Abfassung eines Staatshaftungsgesetzes insoweit zwingend zu berücksichtigen, als sie aus dem Verfassungsrecht folgen. Die Grundrechte binden den einfachen Gesetzgeber, der Einschränkungen grundrechtlicher Positionen rechtfertigen muss. Die grundrechtliche Fundierung des Staatshaftungsrechts wird deshalb auch beim Erlass eines künftigen Staatshaftungsgesetzes zu beachten sein[1].

Dabei sind auch die Herausforderungen durch das europäische Unionsrecht zu be- **5**
wältigen. Das Unionsrecht hat erheblichen Einfluss auf das Staatshaftungsrecht. Im Mittelpunkt der unionsrechtlichen Entwicklung steht die Haftung der Mitgliedstaaten gegenüber den Bürgern. Die unionsrechtlich begründete Haftung der Mitgliedstaaten gegenüber den Bürgern kann aus dessen subjektiven Unionsrechten in Verbindung mit dem Grundsatz der vollen Wirksamkeit des Unionsrechts rekonstruiert werden. Der vom EuGH im Wege des Richterrechts geschaffene Haftungsanspruch des Bürgers gegen den Mitgliedstaat wegen Verletzung von Unionsrecht erfasst dabei auch Konstellationen des legislativen Unrechts, in denen von den deutschen Gerichten eine Staatshaftung bisher abgelehnt wird.

1 Vgl *Grzeszick*, Rechte und Ansprüche, 2002, insbes 340 ff, 358 ff, 437 ff, 527; *Stelkens* DÖV 2005, 770, 772; *Gromitsaris* DÖV 2006, 288 ff.

6 Insgesamt ist zu fordern, dass das deutsche Staatshaftungsrecht in Richtung einer unmittelbaren und verschuldensunabhängigen Haftung des Staates für Verletzungen der subjektiven öffentlichen Rechte seiner Bürger entwickelt wird. Dem StHG DDR kommt daher die Funktion eines Modells des Staatshaftungsrechts zu.

Sachverzeichnis

Die Angaben beziehen sich auf Paragraphen und Randnummern.